# LEIS PENAIS E PROCESSUAIS PENAIS
## COMENTADAS vol. 2

O GEN | Grupo Editorial Nacional – maior plataforma editorial brasileira no segmento científico, técnico e profissional – publica conteúdos nas áreas de concursos, ciências jurídicas, humanas, exatas, da saúde e sociais aplicadas, além de prover serviços direcionados à educação continuada.

As editoras que integram o GEN, das mais respeitadas no mercado editorial, construíram catálogos inigualáveis, com obras decisivas para a formação acadêmica e o aperfeiçoamento de várias gerações de profissionais e estudantes, tendo se tornado sinônimo de qualidade e seriedade.

A missão do GEN e dos núcleos de conteúdo que o compõem é prover a melhor informação científica e distribuí-la de maneira flexível e conveniente, a preços justos, gerando benefícios e servindo a autores, docentes, livreiros, funcionários, colaboradores e acionistas.

Nosso comportamento ético incondicional e nossa responsabilidade social e ambiental são reforçados pela natureza educacional de nossa atividade e dão sustentabilidade ao crescimento contínuo e à rentabilidade do grupo.

# GUILHERME DE SOUZA NUCCI

# LEIS PENAIS E PROCESSUAIS PENAIS COMENTADAS vol. 2

16.ª edição revista e atualizada

- O autor deste livro e a editora empenharam seus melhores esforços para assegurar que as informações e os procedimentos apresentados no texto estejam em acordo com os padrões aceitos à época da publicação, e todos os dados foram atualizados pelo autor até a data de fechamento do livro. Entretanto, tendo em conta a evolução das ciências, as atualizações legislativas, as mudanças regulamentares governamentais e o constante fluxo de novas informações sobre os temas que constam do livro, recomendamos enfaticamente que os leitores consultem sempre outras fontes fidedignas, de modo a se certificarem de que as informações contidas no texto estão corretas e de que não houve alterações nas recomendações ou na legislação regulamentadora.

- Fechamento desta edição: 08.05.2025

- O Autor e a editora se empenharam para citar adequadamente e dar o devido crédito a todos os detentores de direitos autorais de qualquer material utilizado neste livro, dispondo-se a possíveis acertos posteriores caso, inadvertida e involuntariamente, a identificação de algum deles tenha sido omitida.

- **Atendimento ao cliente: (11) 5080-0751 | faleconosco@grupogen.com.br**

- Direitos exclusivos para a língua portuguesa
  Copyright © 2025 by
  **Editora Forense Ltda.**
  *Uma editora integrante do GEN | Grupo Editorial Nacional*
  Travessa do Ouvidor, 11 – Térreo e 6º andar
  Rio de Janeiro – RJ – 20040-040
  www.grupogen.com.br

- Reservados todos os direitos. É proibida a duplicação ou reprodução deste volume, no todo ou em parte, em quaisquer formas ou por quaisquer meios (eletrônico, mecânico, gravação, fotocópia, distribuição pela Internet ou outros), sem permissão, por escrito, da Editora Forense Ltda.

- A Editora Forense passou a publicar esta obra a partir da 8ª edição.

- Capa: Fabricio Vale

- **CIP-BRASIL. CATALOGAÇÃO NA PUBLICAÇÃO**
  **SINDICATO NACIONAL DOS EDITORES DE LIVROS, RJ**

N876L
16. ed.
v. 2

    Nucci, Guilherme de Souza, 1963-
    Leis penais e processuais penais comentadas, vol. 2 / Guilherme de Souza Nucci. - 16. ed., rev., atual. e ampl. - Rio de Janeiro : Forense, 2025.

    Inclui bibliografia e índice
    ISBN 978-85-3099-746-5

    1. Direito penal - Brasil. 2. Processo penal - Brasil. I. Título.

25-97647.0

                CDU: 343.1(81)

Gabriela Faray Ferreira Lopes - Bibliotecária - CRB-7/6643

# Sobre o Autor

Livre-docente em Direito Penal, Doutor e Mestre em Direito Processual Penal pela PUC--SP. Professor associado da PUC-SP, atuando nos cursos de Graduação e Pós-graduação (Mestrado e Doutorado). Desembargador na Seção Criminal do Tribunal de Justiça de São Paulo.

www.guilhermenucci.com.br

# Tábua de Abreviaturas

| | |
|---|---|
| **AC** | – Apelação Criminal |
| **ADIn** | – Ação Direta de Inconstitucionalidade |
| **ADPF** | – Arguição de Descumprimento de Preceito Fundamental |
| **Ag** | – Agravo |
| **AgExec.** | – Agravo em Execução |
| **AgRg** | – Agravo Regimental |
| **AI** | – Agravo de Instrumento |
| **Ajuris** | – Revista da Associação dos Juízes do Rio Grande do Sul |
| **Ap.** | – Apelação |
| **Ap. Civ.** | – Apelação Civil |
| **Ap. Crim.** | – Apelação Criminal |
| **BACEN** | – Banco Central do Brasil |
| **BMJ** | – Boletim Mensal de Jurisprudência do Tribunal de Alçada Criminal de São Paulo |
| **Bol. AASP** | – Boletim da Associação dos Advogados de São Paulo |
| **Bol. IBCCrim** | – Boletim do Instituto Brasileiro de Ciências Criminais |
| **Bol. TJSP** | – Boletim de Jurisprudência da Biblioteca do Tribunal de Justiça de São Paulo |
| **C.** | – Câmara |
| **CC** | – Código Civil |
| **cit.** | – citado(a) |
| **CJ** | – Conflito de Jurisdição |
| **CLT** | – Consolidação das Leis do Trabalho |
| **Cor. Parc.** | – Correição Parcial |
| **CP** | – Código Penal |
| **CPC** | – Código de Processo Civil |
| **CPP** | – Código de Processo Penal |
| **Crim.** | – Criminal |

| | | |
|---|---|---|
| **CT** | – | Carta Testemunhável |
| **CTN** | – | Código Tributário Nacional |
| **Den.** | – | Denúncia |
| **Des.** | – | Desembargador |
| **DJ** | – | *Diário da Justiça* |
| **DJU** | – | *Diário da Justiça da União* |
| **ECA** | – | Estatuto da Criança e do Adolescente |
| **ED** | – | Embargos Declaratórios |
| **EI** | – | Embargos Infringentes |
| **Emb. Div.** | – | Embargos de Divergência |
| **EV** | – | Exceção da Verdade |
| **Extr.** | – | Extradição |
| **HC** | – | *Habeas corpus* |
| **Inq.** | – | Inquérito Policial |
| **IUF** | – | Incidente de Uniformização de Jurisprudência |
| **j.** | – | Julgado em |
| **JC** | – | Jurisprudência Catarinense |
| **JM** | – | Jurisprudência Mineira |
| **JSTF-Lex** | – | Jurisprudência do Supremo Tribunal Federal |
| **JSTJ** | – | Jurisprudência do Superior Tribunal de Justiça |
| **JTJ-Lex** | – | Julgados do Tribunal de Justiça (antiga Revista de Jurisprudência do Tribunal de Justiça de São Paulo – RJTJESP) |
| **JUBI** | – | Departamento Técnico de Jurisprudência e Biblioteca do Tribunal de Justiça de São Paulo (boletim) |
| **JUTACRIM-SP** | – | Julgados do Tribunal de Alçada Criminal de São Paulo |
| **JUTARS** | – | Julgados do Tribunal de Alçada do Rio Grande do Sul |
| **LCP** | – | Lei das Contravenções Penais |
| **LEP** | – | Lei de Execução Penal |
| **LRF** | – | Lei de Responsabilidade Fiscal |
| **MI** | – | Mandado de Injunção |
| **Min.** | – | Ministro |
| **MS** | – | Mandado de Segurança |
| **m.v.** | – | maioria de votos |
| **ob.** | – | obra |
| **p.** | – | página |
| **PE** | – | Pedido de Extradição |
| **PT** | – | Petição |
| **QC** | – | Queixa-crime |
| **RA** | – | Recurso de Agravo |
| **RBCCrim.** | – | Revista Brasileira de Ciências Criminais |

| | | |
|---:|:---|:---|
| **RC** | – | Reclamação |
| **RDA** | – | Revista de Direito Administrativo |
| **RDP** | – | Revista de Direito Público |
| **RDTJRJ** | – | Revista de Direito do Tribunal de Justiça do Rio de Janeiro |
| **RE** | – | Recurso Extraordinário |
| **Rec.** | – | Recurso Criminal |
| **Rec. Adm.** | – | Recurso Administrativo |
| **rel.** | – | Relator |
| **REsp** | – | Recurso Especial |
| **Rev.** | – | Revisão Criminal |
| ***RF*** | – | *Revista Forense* |
| **RHC** | – | Recurso de *Habeas Corpus* |
| **RISTF** | – | Regimento Interno do Supremo Tribunal Federal |
| ***RJDTACRIM*** | – | *Revista de Jurisprudência e Doutrina do Tribunal de Alçada Criminal de São Paulo* |
| ***RJTAMG*** | – | *Revista de Julgados do Tribunal de Alçada de Minas Gerais* |
| ***RJTJ*** | – | *Revista de Jurisprudência do Tribunal de Justiça (ex.: RJTJSP, RJTJRS)* |
| ***RJTJRJ*** | – | *Revista de Jurisprudência do Tribunal de Justiça do Rio de Janeiro* |
| ***RJTJRS*** | – | *Revista de Jurisprudência do Tribunal de Justiça do Rio Grande do Sul* |
| ***RJTJSP*** | – | *Revista de Jurisprudência do Tribunal de Justiça de São Paulo* |
| **RMS** | – | Recurso em Mandado de Segurança |
| **RO** | – | Recurso de Ofício |
| **RSE** | – | Recurso em Sentido Estrito |
| **RSTJ** | – | Revista do Superior Tribunal de Justiça |
| **RT** | – | Revista dos Tribunais |
| **RTFR** | – | Revista do Tribunal Federal de Recursos |
| **RTJ** | – | Revista Trimestral de Jurisprudência (STF) |
| **RTJE** | – | Revista Trimestral de Jurisprudência dos Estados |
| **STF** | – | Supremo Tribunal Federal |
| **STJ** | – | Superior Tribunal de Justiça |
| **t.** | – | tomo |
| **T.** | – | turma |
| **TA** | – | Tribunal de Alçada |
| **TACRIM/RJ** | – | Tribunal de Alçada Criminal do Rio de Janeiro |
| **TACRIM/SP** | – | Tribunal de Alçada Criminal de São Paulo |
| **TAPR** | – | Tribunal de Alçada do Paraná |
| **TFR** | – | Tribunal Federal de Recursos |
| **TJ** | – | Tribunal de Justiça |
| **TJM** | – | Tribunal de Justiça Militar |
| **TJMG** | – | Tribunal de Justiça de Minas Gerais |

**TJSP** – Tribunal de Justiça de São Paulo
**TP** – Tribunal Pleno
**TRF** – Tribunal Regional Federal
**VCP** – Verificação de Cessação de Periculosidade
**v.u.** – votação unânime

# Sumário

## Armas

**Lei 10.826, de 22 de dezembro de 2003** – Dispõe sobre registro, posse e co-mercialização de armas de fogo e munição, sobre o Sistema Nacional de Armas – SINARM, define crimes e dá outras providências (*arts. 1.º a 37*) ............................ 1

## Colegiado em Organização Criminosa

**Lei 12.694, de 24 de julho de 2012** – Dispõe sobre o processo e o julgamento colegiado em primeiro grau de jurisdição de crimes praticados por organizações criminosas (...) e dá outras providências (*arts. 1.º a 2.º e 10*) ....................................... 59

## Criança e Adolescente

**Lei 8.069, de 13 de julho de 1990** – Dispõe sobre o Estatuto da Criança e do Adolescente, e dá outras providências (*arts. 1.º e 2.º; 225 a 244-C; 262 e 263; 266 e 267*) ...................................................................................................................... 67

## Crimes contra a Economia Popular

**Lei 1.521, de 26 de dezembro de 1951** – Altera dispositivos da legislação vigente sobre crimes contra a economia popular (*arts. 1.º a 34*) ..................................... 125

## Disque-denúncia

**Lei 13.608, de 10 de janeiro de 2018** – Dispõe sobre o serviço telefônico de recebimento de denúncias e sobre recompensa por informações que auxiliem nas investigações policiais; e altera o art. 4.º da Lei n.º 10.201, de 14 de fevereiro de 2001, para prover recursos do Fundo Nacional de Segurança Pública para esses fins (*arts. 1.º a 6.º*) ..................................................................................... 147

## Escuta Especializada

**Lei 13.431, de 4 de abril de 2017** – Estabelece o sistema de garantia de direitos da criança e do adolescente vítima ou testemunha de violência e altera a Lei 8.069, de 13 de julho de 1990 (Estatuto da Criança e do Adolescente) (*arts. 1.º a 29*) ..................  151

## Estatuto da Advocacia

**Lei 8.906, de 4 de julho de 1994** – Dispõe sobre o Estatuto da Advocacia e a Ordem dos Advogados do Brasil (OAB) (*arts. 7.º-B e 86*) ................................................  177

## Execução Penal

**Lei 7.210, de 11 de julho de 1984** – Institui a Lei de Execução Penal (*arts. 1.º a 204*) ...  179

## Indígena

**Lei 6.001, de 19 de dezembro de 1973** – Dispõe sobre o Estatuto do Índio (*arts. 56 a 59 e 68*)................................................................................................................................  399

## Juizados Especiais Criminais – JECRIM

**Lei 9.099, de 26 de setembro de 1995** – Dispõe sobre os Juizados Especiais Cíveis e Criminais e dá outras providências (*arts. 1.º e 2.º; 60 a 97*) ...........................  409

## Lavagem de Capitais

**Lei 9.613, de 3 de março de 1998** – Dispõe sobre os crimes de "lavagem" ou ocultação de bens, direitos e valores; a prevenção da utilização do sistema financeiro para os ilícitos previstos nesta Lei; cria o Conselho de Controle de Atividades Financeiras – COAF, e dá outras providências (*arts. 1.º a 18*) .................  463

## Meio Ambiente

**Lei 9.605, de 12 de fevereiro de 1998** – Dispõe sobre as sanções penais e administrativas derivadas de condutas e atividades lesivas ao meio ambiente, e dá outras providências (*arts. 1.º a 82*)...............................................................................  495

## Mercado de Capitais

**Lei 6.385, de 7 de dezembro de 1976** – Dispõe sobre o mercado de valores mobiliários e cria a Comissão de Valores Mobiliários (*arts. 27-C a 27-F; 34 e 35*)...  597

## Migração

**Lei 13.445, de 24 de maio de 2017** – Institui a Lei de Migração (*arts. 1.º a 36; 46 a 62; 81 a 105; 115; 121 a 125*) ................................................................................................  607

## Organização Criminosa

**Lei 12.850, de 2 de agosto de 2013** – Define organização criminosa e dispõe sobre a investigação criminal, os meios de obtenção da prova, infrações penais correlatas e o procedimento criminal; altera o Decreto-Lei 2.848, de 7 de dezembro de 1940 (Código Penal); revoga a Lei 9.034, de 3 de maio de 1995; e dá outras providências (*arts. 1.º a 23 e 27*) ...................................................................... 647

## Presídio Federal

**Lei 11.671, de 8 de maio de 2008** – Dispõe sobre a transferência e inclusão de presos em estabelecimentos penais federais de segurança máxima e dá outras providências (*arts. 1.º a 12*)................................................................................. 725

## Prisão Temporária

**Lei 7.960, de 21 de dezembro de 1989** – Dispõe sobre prisão temporária (*arts. 1.º a 7.º*) ......................................................................................................................... 737

## Responsabilidade de Prefeitos e Vereadores

**Decreto-lei 201, de 27 de fevereiro de 1967** – Dispõe sobre a responsabilidade dos Prefeitos e Vereadores, e dá outras providências (*arts. 1.º a 9.º*) ........................ 751

## Serviços de Telecomunicações

**Lei 9.472, de 16 de julho de 1997** – Dispõe sobre a organização dos serviços de telecomunicações, a criação e funcionamento de um órgão regulador e outros aspectos institucionais, nos termos da Emenda Constitucional 8, de 1995 (*arts. 183 a 185 e 216*)........................................................................................................... 775

## Sistema Financeiro

**Lei 7.492, de 16 de junho de 1986** – Define os crimes contra o Sistema Financeiro Nacional e dá outras providências (*arts. 1.º a 35*) ................................................... 781

## Tortura

**Lei 9.455, de 7 de abril de 1997** – Define os crimes de tortura e dá outras providências (*arts. 1.º a 4.º*)................................................................................................ 825

## Tráfico de Pessoas

**Lei 13.344, de 6 de outubro de 2016** – Dispõe sobre prevenção e repressão ao tráfico interno e internacional de pessoas e sobre medidas de atenção às vítimas; altera a Lei 6.815, de 19 de agosto de 1980, o Decreto-lei 3.689, de 3 de outubro de 1941 (Código de Processo Penal), e o Decreto-lei 2.848, de 7 de dezembro de 1940 (Código Penal); e revoga dispositivos do Decreto-lei 2.848, de 7 de dezembro de 1940 (Código Penal) (*arts. 1.º a 17*) .......................................... 837

# Trânsito

**Lei 9.503, de 23 de setembro de 1997** – Institui o Código de Trânsito Brasileiro (*arts. 291 a 312-B; 340 e 341*)......................................................................................................................... 859

**Referências Bibliográficas**.................................................................................................. 891

**Índice Remissivo**..................................................................................................................... 905

**Obras do Autor** ......................................................................................................................... 921

# Armas

## Lei 10.826, de 22 de dezembro de 2003

*Dispõe sobre registro, posse e comercialização de armas de fogo e munição, sobre o Sistema Nacional de Armas – SINARM, define crimes e dá outras providências.*

O Presidente da República:

Faço saber que o Congresso Nacional decreta e eu sanciono a seguinte Lei:

### Capítulo I
### DO SISTEMA NACIONAL DE ARMAS

> **Art. 1.º** O Sistema Nacional de Armas – SINARM, instituído no Ministério da Justiça, no âmbito da Polícia Federal, tem circunscrição em todo o território nacional.[1-1-A]

**1. SINARM e valor fixado para registro da arma:** cabe a este órgão controlar e fiscalizar o registro das armas de fogo existentes no país em mãos de particulares. Consequentemente, dá-se o mesmo no tocante às regras para a concessão e renovação dos registros de posse e porte. Debate-se o caráter confiscatório do montante estabelecido para isso. Conferir: STF: "Agravo regimental em recurso extraordinário com agravo. 2. Administrativo. 3. Taxa de renovação de cadastro de arma de fogo. 4. Indispensabilidade do efetivo exercício do poder de polícia. 5. Conforme jurisprudência deste Supremo Tribunal Federal, a existência do órgão administrativo constitui um dos elementos admitidos para se inferir o efetivo exercício do poder de polícia, exigido constitucionalmente. 6. O SINARM, criado pelo art. 1.º da Lei 10.826/2003, com circunscrição em todo o território nacional, é órgão fiscalizatório atuante no registro e na renovação de registro de arma de fogo, cujas atividades são dispendiosas. 7. Razoabilidade do valor de R$ 300,00 (trezentos reais) por renovação de cadastro de uma arma, a ser realizada de três em três anos. 8. Ausência de efeito confiscatório. 9. Agravo regimental ao qual se nega provimento" (ARE 664.722-AgR – RS, 2.ª

# Art. 2.º

T., rel. Gilmar Mendes, 14.05.2012, independente do valor atual de renovação, serve o julgado para ilustrar a inexistência de caráter confiscatório dessa taxa).

**1-A. Norma penal em branco e política criminal:** esta lei depende de dois fatores para ser aplicada: *a)* complemento, especificando regras e categorias de armas de fogo, por meio de decreto do Presidente da República; *b)* política criminal de controle de armas, conforme o ideário político do chefe do Executivo. Observa-se, ao longo do tempo, a variação no controle e na fiscalização das armas de fogo no Brasil. Por vezes, torna-se mais rigorosa a classificação de armas permitidas, restritas e proibidas; noutras, flexibiliza-se. Há vários requisitos para permitir a compra e a posse de arma de fogo, assim como para o porte. Dependendo do momento político, esses requisitos tendem a ser estreitos, dificultando a compra e a regular propriedade e posse; noutra época, observa-se maior liberalidade para conseguir a arma de fogo. Na jurisprudência: STF: "Referendo na Medida Cautelar em Ação Declaratória de Constitucionalidade. 2. Decreto 11.366/2023. 3. Promoção de uma política rigorosa de controle da circulação de armas de fogo, mediante a implementação de 'mecanismos institucionais de restrição ao acesso, dentre os quais se incluem procedimentos fiscalizatórios de licenciamento, de registro, de monitoramento periódico, e de treinamentos compulsórios', concebida como dever do estado brasileiro e genuína 'condição de possibilidade da vida comum em democracia' (ADI 6.119 MC-Ref, Rel. Min. Edson Fachin, Tribunal Pleno, *DJe* 16.12.2022). 4. Reconhecimento de quadro de inconstitucional flexibilização exacerbada das normas de controle de armas de fogo a ser saneado por nova regulamentação do Estatuto do Desarmamento (Lei 10.826/2003). 5. Inequívoca proporcionalidade entre as medidas regulamentares veiculadas no Decreto 11.366/2023 e o seu propósito de viabilizar nova regulamentação do Estatuto do Desarmamento (Lei 10.826/2003). 6. Preenchimento dos requisitos para a concessão do remédio cautelar vindicado. 7. Medida cautelar referendada" (ADC 85 MC-Ref, Tribunal Pleno, rel. Gilmar Mendes, 13.03.2023, m.v.).

> **Art. 2.º** Ao SINARM compete:[1-A1]
>
> I – identificar as características e a propriedade de armas de fogo, mediante cadastro;
>
> II – cadastrar as armas de fogo produzidas, importadas e vendidas no País;
>
> III – cadastrar as autorizações de porte de arma de fogo e as renovações expedidas pela Polícia Federal;
>
> IV – cadastrar as transferências de propriedade, extravio, furto, roubo e outras ocorrências suscetíveis de alterar os dados cadastrais, inclusive as decorrentes de fechamento de empresas de segurança privada e de transporte de valores;
>
> V – identificar as modificações que alterem as características ou o funcionamento de arma de fogo;
>
> VI – integrar no cadastro os acervos policiais já existentes;
>
> VII – cadastrar as apreensões de armas de fogo, inclusive as vinculadas a procedimentos policiais e judiciais;
>
> VIII – cadastrar os armeiros em atividade no País, bem como conceder licença para exercer a atividade;
>
> IX – cadastrar mediante registro os produtores, atacadistas, varejistas, exportadores e importadores autorizados de armas de fogo, acessórios e munições;
>
> X – cadastrar a identificação do cano da arma, as características das impressões de raiamento e de microestriamento de projétil disparado, conforme marcação e testes obrigatoriamente realizados pelo fabricante;

> XI – informar às Secretarias de Segurança Pública dos Estados e do Distrito Federal os registros e autorizações de porte de armas de fogo nos respectivos territórios, bem como manter o cadastro atualizado para consulta.
>
> **Parágrafo único.** As disposições deste artigo não alcançam as armas de fogo das Forças Armadas e Auxiliares, bem como as demais que constem dos seus registros próprios.

**1-A1. Inviabilidade de legislação estadual:** o Estado-membro não pode legislar em matéria de armas de fogo, especialmente depois do advento desta Lei. Cabe ao SINARM, nos termos deste artigo, controlar e fiscalizar o cenário das armas no país. Por isso, não cabe destinar a arma apreendida para o uso de qualquer autoridade ou seu agente, nem por lei estadual, nem por outro ato normativo (decreto, portaria etc.). Além disso, não tem sentido a concessão de porte de arma por meio de lei estadual. Exceto a hipótese de complemento da norma penal em branco, por decreto do Poder Executivo (quais armas são permitidas, quais são restritas e quais são proibidas), outros pontos fundamentais não concernem à legislação estadual. Na jurisprudência: STF: "O Supremo já declarou a inconstitucionalidade de normas municipais ou estaduais que ampliavam o acesso ao porte de arma de fogo para além das hipóteses previstas na legislação federal vigente, com fundamento na competência da União, nos termos dos arts. 21, VI, e 22, XXI, da Constituição Federal, para definir os requisitos à concessão do porte de arma de fogo e os possíveis titulares de tal direito. A Lei 10.826/2003 é rigorosa, exigindo do cidadão interessado em adquirir arma de fogo, conforme disposto no art. 4.º: (i) comprovação de idoneidade; (ii) apresentação de documento comprobatório de ocupação lícita e de residência certa; (iii) demonstração de capacidade técnica e aptidão psicológica; e (iv) declaração de efetiva necessidade. Para obter a autorização de porte, além dos requisitos do art. 4.º que venho de referir, o interessado deve ainda, em atenção ao § 1.º do art. 10, demonstrar a efetiva necessidade e apresentar documentação de propriedade de arma de fogo" (ADI 7.570 – AL, Tribunal Pleno, rel. Nunes Marques, 30.09.2024, v.u.); "Direito constitucional e administrativo. Ação direta de inconstitucionalidade. Porte de armas para Procuradores do Estado. Competência privativa da União para legislar sobre material bélico. 1. Ação direta contra o art. 40, V, da Lei Complementar nº 20/1999, do Estado do Tocantins, que prevê o porte de arma como prerrogativa dos membros da Procuradoria-Geral do Estado. 2. Nos termos do art. 22, XXI, da Constituição Federal, compete à União a definição dos requisitos para a concessão do porte de arma de fogo e dos possíveis titulares de tal direito, inclusive no que se refere a servidores públicos estaduais ou municipais. Precedentes. 3. Inconstitucionalidade do art. 40, V, da Lei Complementar nº 20/1999, do Estado do Tocantins, por usurpação de competência legislativa privativa da União (art. 22, XXI, da CF). 4. Pedido julgado procedente. Fixação da seguinte tese de julgamento: 'É inconstitucional, por violação à competência legislativa privativa da União, lei estadual que concede porte de armas a Procuradores do Estado'" (ADI 6.974, Pleno, rel. Roberto Barroso, 08.08.2022, v.u.).

**Capítulo II**
**DO REGISTRO**

> **Art. 3.º** É obrigatório o registro de arma de fogo no órgão competente.[1-B-1-C1]
>
> **Parágrafo único.** As armas de fogo de uso restrito serão registradas no Comando do Exército, na forma do regulamento desta Lei.[1-D]

# Art. 3.º

Leis Penais e Processuais Penais Comentadas – Vol. 2 • Nucci

**1-B. Autoridades e servidores se submetem à lei:** mesmo quem tenha, por norma própria, autorização de porte pessoal do uso de arma de fogo, qualquer autoridade ou servidor, como, por exemplo, juízes, membros do Ministério Público, procuradores, dentre outros, devem submeter-se ao disposto na Lei 10.826/2003. Nessa ótica: STF: "Garantias e prerrogativas de Procuradores do Estado. Lei complementar estadual. Ação direta de inconstitucionalidade. 2. Impugnados dispositivos da Lei Complementar n. 240, de 27 de junho de 2002, do Estado do Rio Grande do Norte. 3. Ação julgada procedente para declarar a inconstitucionalidade do inciso I e §§ 1.º e 2.º do art. 86 e incisos V, VI, VIII e IX do art. 87. 3. Reconhecida a inconstitucionalidade da expressão 'com porte de arma, independente de qualquer ato formal de licença ou autorização', contida no art. 88 da lei impugnada" (ADI 2.729 – RN, Tribunal Pleno, rel. Gilmar Mendes, 12.02.2014). STJ: "1. A denúncia oferecida contra desembargador pela prática do crime de posse de arma de fogo e munições de uso permitido, capitulado no art. 12 da Lei n. 10.826/2003. 2. Os magistrados, por força de lei, têm o direito de portar arma de fogo e, por consequência, de possuí-la, mas não estão dispensados do registro da arma nos órgãos competentes. Precedente do Plenário do Supremo Tribunal Federal (AO 2.280-DF, relator Ministro Edson Fachin, DJe de 25.3.2019). 3. Havendo lastro probatório mínimo suficiente à instauração da ação penal – artefatos encontrados no interior da residência do denunciado, sem evidência alguma de que exista o necessário registro, e laudo de perícia criminal demonstrando as perfeitas condições de uso e eficiência das armas e munições – não se configura hipótese de absolvição sumária. Na fase de recebimento da denúncia, prepondera o princípio do *in dubio pro societate*, de modo que à defesa cumpriria demonstrar, de forma inequívoca, 'que o fato evidentemente não constitui crime', conforme previsto no inciso III do artigo 397 do Código de Processo Penal. 4. Recebida a denúncia, o instituto da suspensão condicional do processo (Lei n. 9.099/1995, art. 89) permite a proposta formulada pelo Ministério Público de sobrestamento do feito pelo prazo de 2 a 4 anos, desde que o acusado não esteja sendo processado e inexista condenação por outro crime, presentes os demais requisitos que autorizam a suspensão condicional da pena (art. 77 do CP). 5. Denúncia recebida" (APn 996 – DF, Corte Especial, rel. Maria Isabel Gallotti, 15.12.2021, v.u.).

**1-C. Vencimento do registro:** é irrelevante para a configuração de qualquer crime, pois a arma já foi registrada, logo, é de conhecimento do Estado, inclusive quem é o responsável pelo instrumento. A falta de renovação pode gerar apenas infração administrativa, punível, se for o caso, com multa. Consultar a nota 11-A ao art. 12, com jurisprudência, bem como a nota 1-F ao art. 5.º. Na jurisprudência: STJ: "2. Na espécie, o órgão governamental atestou, mediante a entrega do registro, que o material bélico encontrava-se com o recorrente, ou seja, o Estado exerceu o seu controle ao registrar a arma e a munição, embora o acusado estivesse com o documento vencido à época do fato. 3. Não obstante a reprovabilidade comportamental, a omissão restringe-se à esfera administrativa, não logrando repercussão penal a não revalidação periódica do certificado de registro. Precedentes. 4. Recurso provido a fim de reconhecer a atipicidade da conduta irrogada ao recorrente e determinar o trancamento do processo criminal" (RHC 80.365 – SP, 6.ª T., rel. Maria Thereza de Assis Moura, j. 14.03.2017, *DJe* 22.03.2017, v.u.).

**1-C1. Requisitos para autoridades:** há certas autoridades, como magistrados e membros do Ministério Público, que possuem o direito ao porte de arma de defesa pessoal incluído em Lei Complementar, sem qualquer requisito. Logo, não poderia a lei ordinária contrariar e restringir o direito. Parece-nos ilógica a ideia de que o juiz ou promotor *pode andar armado* (lei complementar), ao mesmo tempo em que a lei ordinária coloca empecilhos, como os testes de uso da arma e psicológico. Se o magistrado, avaliado por terceiro, não "passar" nesses testes, não poderá ter uma arma e, por consequência, fica privado da sua prerrogativa estabelecida na referida Lei Complementar. Se esse direito foi inserido no Estatuto da Magistratura é porque se partiu do princípio de que a autoridade judiciária é responsável o suficiente para aprender a usar a arma da maneira mais apropriada. Quanto à aptidão psicológica, cremos desnecessária, visto que se trata de categoria formada para aplicar a lei à vida de outras pessoas; fez teste de aptidão psicológica para ser juiz ou promotor, o que é perfeitamente natural e suficiente. Porém, o STF entendeu de modo diverso: "1. Os requisitos para a aquisição de arma de fogo estabelecidos pelo Estatuto do Desarmamento (Lei 10.826/2003) são aplicáveis a todos os interessados, cabendo somente à própria legislação excepcionar tais exigências. 2. O aparente silêncio da lei relativamente aos magistrados não pode ser interpretado como se os dispensasse do registro, obrigação legal que incide sobre todos os brasileiros. Não há silêncio eloquente na lei nem há submissão dos magistrados a uma obrigação que a lei não exige. 3. A prerrogativa funcional do magistrado quanto ao porte de arma de fogo (art. 33, V, da LOMAN) não pressupõe a efetiva habilidade e conhecimento para utilizá-la, necessitando, portanto, comprovar possuir capacidade técnica e aptidão psicológica. 4. Agravo regimental a que se nega provimento" (AO 2.280 AgR, Pleno, rel. Edson Fachin, 12.03.2019, v.u.).

**1-D. Registro no Exército:** envolve todas as armas de uso restrito, não sendo necessário o registro feito pela Polícia Federal. Entretanto, o decreto do Poder Executivo pode disciplinar de modo diverso, permitindo que a Polícia Federal proceda ao registro e ao controle.

---

**Art. 4.º** Para adquirir arma de fogo de uso permitido o interessado deverá, além de declarar a efetiva necessidade, atender aos seguintes requisitos:[1-E-1-E1]

I – comprovação de idoneidade, com a apresentação de certidões negativas de antecedentes criminais fornecidas pela Justiça Federal, Estadual, Militar e Eleitoral e de não estar respondendo a inquérito policial ou a processo criminal, que poderão ser fornecidas por meios eletrônicos;

II – apresentação de documento comprobatório de ocupação lícita e de residência certa;

III – comprovação de capacidade técnica e de aptidão psicológica para o manuseio de arma de fogo, atestadas na forma disposta no regulamento desta Lei.

§ 1.º O SINARM expedirá autorização de compra de arma de fogo após atendidos os requisitos anteriormente estabelecidos, em nome do requerente e para a arma indicada, sendo intransferível esta autorização.

§ 2.º A aquisição de munição somente poderá ser feita no calibre correspondente à arma registrada e na quantidade estabelecida no regulamento desta Lei.

§ 3.º A empresa que comercializar arma de fogo em território nacional é obrigada a comunicar a venda à autoridade competente, como também a manter banco de dados com todas as características da arma e cópia dos documentos previstos neste artigo.

§ 4.º A empresa que comercializa armas de fogo, acessórios e munições responde legalmente por essas mercadorias, ficando registradas como de sua propriedade enquanto não forem vendidas.

§ 5.º A comercialização de armas de fogo, acessórios e munições entre pessoas físicas somente será efetivada mediante autorização do SINARM.

§ 6.º A expedição da autorização a que se refere o § 1.º será concedida, ou recusada com a devida fundamentação, no prazo de 30 (trinta) dias úteis, a contar da data do requerimento do interessado.

> § 7.º O registro precário a que se refere o § 4.º prescinde do cumprimento dos requisitos dos incisos I, II e III deste artigo.
>
> § 8.º Estará dispensado das exigências constantes do inciso III do *caput* deste artigo, na forma do regulamento, o interessado em adquirir arma de fogo de uso permitido que comprove estar autorizado a portar arma com as mesmas características daquela a ser adquirida.

**1-E. Restituição de arma:** quando apreendida, em virtude da acusação da prática de um crime, havendo condições de ser restituída, não mais se tornando útil para o processo, deve-se verificar se o pretendente à restituição preenche os requisitos do art. 4.º.

**1-E1. Arma penhorada:** há viabilidade de ser adquirida em alienação judicial, mas o registro em nome do adquirente dependerá do cumprimento das exigências previstas nesta Lei e nos decretos de regulamentação. Por isso, a participação no leilão só é permitida a quem preencha os requisitos legais. Na jurisprudência: STJ: "1. Em Execução Fiscal promovida pela Anatel, o Tribunal de origem decidiu que a 'aquisição de arma de fogo, pelo interessado, deve atender aos requisitos do art. 4º da Lei 10.826/03, o que inviabiliza a penhora e a respectiva alienação por iniciativa particular ou por leilão judicial eletrônico ou presencial'. 2. Entre as excepcionais hipóteses de impenhorabilidade descritas no art. 833 do CPC/2015 não se inclui a arma de fogo. O inciso I da norma estabelece de forma geral que são impenhoráveis os bens inalienáveis, mas esse não é o caso das armas e munições, cuja comercialização e aquisição são regulamentadas, com diversas restrições, pela Lei 10.826/2003. 3. A alienação judicial de armas de fogo em procedimentos executivos é prevista pela Portaria 036-DMB, de 9.12.1999, do Ministério da Defesa, que, em seu art. 48, parágrafo único, estabelece: 'A participação em leilões de armas e munições só será permitida às pessoas físicas ou jurídicas, que preencherem os requisitos legais vigentes para arrematarem tais produtos controlados'. 4. Não se incluindo nas excepcionais hipóteses legais de impenhorabilidade, a arma de fogo pode ser penhorada e expropriada, desde que assegurada pelo Juízo da execução a observância das mesmas restrições impostas pela legislação de regência para a sua comercialização e aquisição. 5. Recurso Especial provido" (REsp 1.866.148 – RS, 2.ª T., rel. Herman Benjamin, 26.05.2020, v.u.).

> **Art. 5.º** O certificado de Registro de Arma de Fogo, com validade em todo o território nacional, autoriza o seu proprietário a manter a arma de fogo exclusivamente no interior de sua residência ou domicílio, ou dependência desses, ou, ainda, no seu local de trabalho, desde que seja ele o titular ou o responsável legal pelo estabelecimento ou empresa.[1-F]

**1-F. Trancamento de ação penal por falta de justa causa:** quando o possuidor de arma de fogo possui registro, demonstra, automaticamente, a ausência de dolo de ter arma sem o conhecimento do Poder Público. Portanto, pouco importa se o registro vence e não é renovado a tempo, pois se cuida de questão administrativa – e não mais penal. Na jurisprudência: STF: "*Habeas corpus*. Penal. Crime de posse irregular de arma de fogo de uso permitido (art. 12 da Lei nº 10.826/03). Atipicidade da conduta. Pretendido reconhecimento da existência de mera infração administrativa. Questão não analisada pelo Superior Tribunal de Justiça. Supressão de instância não admitida. Precedentes. Possibilidade de exame, de ofício, da matéria, a fim de se verificar eventual ilegalidade, teratologia ou abuso de poder. Arma de fogo. Registro vencido. Apreensão no domicílio do paciente. Agente que, em tese, possuía arma de fogo em desacordo com determinação legal ou regulamentar. Caso que se reveste de peculiaridades que tornam atípica a conduta do paciente. Paciente que, no último dia do prazo legal (art. 30 da Lei nº 10.826/03), requereu o registro provisório da arma de fogo e o obteve, com validade até 9/6/13. Posterior solicitação de sua renovação. Circunstâncias que elidem a situação de risco à incolumidade pública. Inexistência de vontade livre e consciente de possuir arma de fogo sem licença da autoridade. Dolo ausente. Não conhecimento da impetração. Concessão da ordem, de ofício, para determinar o trancamento da ação penal. 1. A questão relativa à atipicidade da conduta não foi submetida ao crivo do Superior Tribunal de Justiça, de modo que sua análise, de forma originária, pelo Supremo Tribunal Federal configura indevida supressão de instância. Precedentes. 2. Não obstante a hipótese de não conhecimento da impetração, nada impede que o Supremo Tribunal Federal analise, de ofício, a questão, nos casos de flagrante ilegalidade, abuso de poder ou teratologia. 3. A arma de fogo foi apreendida em poder do paciente com o registro vencido, razão por que, em tese, ele a possuía em desacordo com determinação legal ou regulamentar. 4. O caso concreto, todavia, se reveste de peculiaridades que tornam atípica a conduta do paciente. 5. O paciente, no último dia do prazo legal (art. 30 da Lei nº 10.826/03), requereu o registro provisório da arma de fogo, comunicando sua propriedade ao Departamento de Polícia Federal, obtendo seu registro com validade até 9/6/13. 6. Antes de seu vencimento, o paciente requereu a renovação do registro da arma, mas deixou de quitar a respectiva guia de recolhimento da União. 7. A arma, portanto, havia sido regularizada em 31/12/09 e, embora expirado seu registro em 9/6/13, o paciente havia requerido sua renovação. 8. Essas circunstâncias elidem a situação de risco à incolumidade pública, bem jurídico tutelado pelo Estatuto do Desarmamento, máxime considerando-se que, entre a solicitação da renovação (17/5/13) e a apreensão da arma em seu poder (27/11/13), transcorreram apenas seis meses. 9. Não bastasse isso, o registro da arma e o posterior pedido de sua renovação afastam o dolo do paciente, qual seja, a vontade livre e consciente de possuir arma de fogo sem licença da autoridade. 10. *Habeas corpus* do qual não se conhece. Concessão, de ofício, do *writ* para determinar o trancamento da ação penal" (HC 133.468, 2.ª T., rel. Dias Toffoli, j. 24.05.2016, v.u.).

> § 1.º O certificado de registro de arma de fogo será expedido pela Polícia Federal e será precedido de autorização do SINARM.
>
> § 2.º Os requisitos de que tratam os incisos I, II e III do art. 4.º deverão ser comprovados periodicamente, em período não inferior a 3 (três) anos, na conformidade do estabelecido no regulamento desta Lei, para a renovação do Certificado de Registro de Arma de Fogo.
>
> § 3.º O proprietário de arma de fogo com certificados de registro de propriedade expedido por órgão estadual ou do Distrito Federal até a data da publicação desta Lei que não optar pela entrega espontânea prevista no art. 32 desta Lei deverá renová-lo mediante o pertinente registro federal, até o dia 31 de dezembro de 2008, ante a apresentação de documento de identificação pessoal e comprovante de residência fixa, ficando dispensado do pagamento de taxas e do cumprimento das demais exigências constantes dos incisos I a III do *caput* do art. 4.º desta Lei.
>
> § 4.º Para fins do cumprimento do disposto no § 3.º deste artigo, o proprietário de arma de fogo poderá obter, no Departamento de Polícia Federal, certificado de registro provisório, expedido na rede mundial de computadores – internet, na forma do regulamento e obedecidos os procedimentos a seguir:
>
> I – emissão de certificado de registro provisório pela internet, com validade inicial de 90 (noventa) dias; e

> II – revalidação pela unidade do Departamento de Polícia Federal do certificado de registro provisório pelo prazo que estimar como necessário para a emissão definitiva do certificado de registro de propriedade.
>
> § 5.º Aos residentes em área rural, para os fins do disposto no *caput* deste artigo, considera-se residência ou domicílio toda a extensão do respectivo imóvel rural.[1-F1]

**1-F1. Conceito de residência ou domicílio rural:** diversamente, na zona urbana, o domicílio é bem delineado quanto à sua extensão. Quando se trata de casa, como regra, é cercada pelos muros ou grades e já se sabe o seu alcance: quintal e prédio. Quando se trata de apartamento, no mesmo prisma, há a área comum, que também não pode ser invadida, mas o apartamento é justamente o domicílio ou residência do morador. Enfim, são mais simples os conceitos. Na zona rural, entretanto, poder-se-ia imaginar, não só para fins de proteção contra a invasão, mas também para ter e portar a arma dentro das suas fronteiras, que o domicílio ou residência seria apenas a morada principal, com seus aposentos. No entanto, seria contraditório que, na zona urbana, o proprietário pudesse carregar a sua arma dentro do seu quintal, mas na zona rural o dono não pudesse fazer o mesmo só porque tem um espaço bem maior como fronteiras do seu imóvel. O artigo deixa bem claro que se considera residência ou domicílio *toda a extensão do respectivo imóvel rural*, seja ele uma chácara, um sítio ou uma fazenda.

**Capítulo III**
**DO PORTE**

> **Art. 6.º** É proibido o porte de arma de fogo em todo o território nacional, salvo para os casos previstos em legislação própria e para:
>
> I – os integrantes das Forças Armadas;
>
> II – os integrantes de órgãos referidos nos incisos I, II, III, IV e V do *caput* do art. 144 da Constituição Federal e os da Força Nacional de Segurança Pública (FNSP);
>
> III – os integrantes das guardas municipais das capitais dos Estados e dos Municípios com mais de 500.000 (quinhentos mil) habitantes, nas condições estabelecidas no regulamento desta Lei;
>
> IV – os integrantes das guardas municipais dos Municípios com mais de 50.000 (cinquenta mil) e menos de 500.000 (quinhentos mil) habitantes, quando em serviço;[1-G]

**1-G. Inconstitucionalidade do inciso IV:** já julgado pelo Pretório Excelso e outros tribunais: STF: "O Tribunal, por maioria, julgou parcialmente procedente o pedido formulado na ação direta, para declarar a inconstitucionalidade do inciso III do art. 6.º da Lei 10.826/2003, a fim de invalidar as expressões 'das capitais dos Estados' e 'com mais de 500.000 (quinhentos mil) habitantes', e declarar a inconstitucionalidade do inciso IV do art. 6.º da Lei 10.826/2003, por desrespeito aos princípios constitucionais da igualdade e da eficiência, nos termos do voto do Relator, vencidos os Ministros Roberto Barroso, Edson Fachin e Cármen Lúcia. Plenário, Sessão Virtual de 19.2.2021 a 26.2.2021" (ADI 5.948 – DF, Plenário, rel. Alexandre de Moraes). STJ: "2. Não se verifica a possibilidade de conceder ordem de ofício, para absolvição por atipicidade da conduta, pois, mesmo após o julgamento da ADI n. 5.948/DF, o guarda municipal fora de serviço não tem o direito de portar arma de fogo sem certificado de registro ou prévia autorização do órgão competente" (AgRg no AREsp n. 1.756.520 – SP, 6ª T., rel. Rogerio Schietti Cruz, 22.06.2021, v.u.).

> V – os agentes operacionais da Agência Brasileira de Inteligência e os agentes do Departamento de Segurança do Gabinete de Segurança Institucional da Presidência da República;
>
> VI – os integrantes dos órgãos policiais referidos no art. 51, IV, e no art. 52, XIII, da Constituição Federal;
>
> VII – os integrantes do quadro efetivo dos agentes e guardas prisionais, os integrantes das escoltas de presos e as guardas portuárias;
>
> VIII – as empresas de segurança privada e de transporte de valores constituídas, nos termos desta Lei;
>
> IX – para os integrantes das entidades de desporto legalmente constituídas, cujas atividades esportivas demandem o uso de armas de fogo, na forma do regulamento desta Lei, observando-se, no que couber, a legislação ambiental;
>
> X – integrantes das Carreiras de Auditoria da Receita Federal do Brasil e de Auditoria-Fiscal do Trabalho, cargos de Auditor-Fiscal e Analista Tributário;
>
> XI – os tribunais do Poder Judiciário descritos no art. 92 da Constituição Federal e os Ministérios Públicos da União e dos Estados, para uso exclusivo de servidores de seus quadros pessoais que efetivamente estejam no exercício de funções de segurança, na forma de regulamento a ser emitido pelo Conselho Nacional de Justiça – CNJ e pelo Conselho Nacional do Ministério Público – CNMP.
>
> § 1.º As pessoas previstas nos incisos I, II, III, V e VI do *caput* deste artigo terão direito de portar arma de fogo de propriedade particular ou fornecida pela respectiva corporação ou instituição, mesmo fora de serviço, nos termos do regulamento desta Lei, com validade em âmbito nacional para aquelas constantes dos incisos I, II, V e VI.
>
> § 1.º-A. (*Revogado pela Lei 11.706/2008.*)
>
> § 1.º-B. Os integrantes do quadro efetivo de agentes e guardas prisionais poderão portar arma de fogo de propriedade particular ou fornecida pela respectiva corporação ou instituição, mesmo fora de serviço, desde que estejam: (Incluído pela Lei 12.993, de 2014) [1-H]
>
> I – submetidos a regime de dedicação exclusiva; (Incluído pela Lei 12.993, de 2014)
>
> II – sujeitos à formação funcional, nos termos do regulamento; e (Incluído pela Lei 12.993, de 2014)
>
> III – subordinados a mecanismos de fiscalização e de controle interno. (Incluído pela Lei 12.993, de 2014)

**1-H. Respeito às regras estabelecidas para o porte de arma:** TJSP: "Porte ilegal de arma de fogo de uso permitido. Artigo 14, *caput*, da Lei nº 10.826/03. Sentença condenatória. Atipicidade da conduta não reconhecida. Réu que exerce a atividade de agente penitenciário em outro Estado da Federação. Arma não registrada. Artigo 6º, § 1º-B. Requisitos cumulativos. Materialidade e autoria comprovadas. Dosimetria e regime mantidos. Redução da pena de prestação pecuniária. Possibilidade. Recurso parcialmente provido" (Apelação 0004183-41.2014.8.26.0481, 15.ª Câmara de Direito Criminal de Presidente Epitácio, rel. Camargo Aranha Filho, j. 23.03.2017, v.u.).

§ 1.º-C. (*Vetado*). (Incluído pela Lei 12.993, de 2014)

§ 2.º A autorização para o porte de arma de fogo aos integrantes das instituições descritas nos incisos V, VI, VII e X do *caput* deste artigo está condicionada à comprovação do requisito a que se refere o inciso III do *caput* do art. 4.º desta Lei nas condições estabelecidas no regulamento desta Lei.

§ 3.º A autorização para o porte de arma de fogo das guardas municipais está condicionada à formação funcional de seus integrantes em estabelecimentos de ensino de atividade policial, à existência de mecanismos de fiscalização e de controle interno, nas condições estabelecidas no regulamento desta Lei, observada a supervisão do Ministério da Justiça.

§ 4.º Os integrantes das Forças Armadas, das polícias federais e estaduais e do Distrito Federal, bem como os militares dos Estados e do Distrito Federal, ao exercerem o direito descrito no art. 4.º, ficam dispensados do cumprimento do disposto nos incisos I, II e III do mesmo artigo, na forma do regulamento desta Lei.

§ 5.º Aos residentes em áreas rurais, maiores de 25 (vinte e cinco) anos que comprovem depender do emprego de arma de fogo para prover sua subsistência alimentar familiar será concedido pela Polícia Federal o porte de arma de fogo, na categoria caçador para subsistência, de uma arma de uso permitido, de tiro simples, com 1 (um) ou 2 (dois) canos, de alma lisa e de calibre igual ou inferior a 16 (dezesseis), desde que o interessado comprove a efetiva necessidade em requerimento ao qual deverão ser anexados os seguintes documentos:

I – documento de identificação pessoal;

II – comprovante de residência em área rural; e

III – atestado de bons antecedentes.

§ 6.º O caçador para subsistência que der outro uso à sua arma de fogo, independentemente de outras tipificações penais, responderá, conforme o caso, por porte ilegal ou por disparo de arma de fogo de uso permitido.

§ 7.º Aos integrantes das guardas municipais dos Municípios que integram regiões metropolitanas será autorizado porte de arma de fogo, quando em serviço.

**Art. 7.º** As armas de fogo utilizadas pelos profissionais de segurança privada dos prestadores de serviços de segurança privada e das empresas e dos condomínios edilícios possuidores de serviços orgânicos de segurança privada, constituídas na forma da lei, serão de propriedade, responsabilidade e guarda das respectivas empresas, somente podendo ser utilizadas quando em serviço, devendo essas observarem as condições de uso e de armazenagem estabelecidas pelo órgão competente, sendo o certificado de registro e a autorização de porte expedidos pela Polícia Federal em nome da empresa.

§ 1.º O proprietário ou diretor responsável de empresa de segurança privada e de transporte de valores responderá pelo crime previsto no parágrafo único do art. 13 desta Lei, sem prejuízo das demais sanções administrativas e civis, se deixar de registrar ocorrência policial e de comunicar à Polícia Federal perda, furto, roubo ou outras formas de extravio de armas de fogo, acessórios e munições que estejam sob sua guarda, nas primeiras 24 (vinte e quatro) horas depois de ocorrido o fato.

§ 2.º A empresa de segurança e de transporte de valores deverá apresentar documentação comprobatória do preenchimento dos requisitos constantes do art. 4.º desta Lei quanto aos empregados que portarão arma de fogo.

§ 3.º A listagem dos empregados das empresas referidas neste artigo deverá ser atualizada semestralmente junto ao SINARM.

**Art. 7.º-A.** As armas de fogo utilizadas pelos servidores das instituições descritas no inciso XI do art. 6.º serão de propriedade, responsabilidade e guarda das respectivas instituições, somente podendo ser utilizadas quando em serviço, devendo estas observar as condições de uso e de armazenagem estabelecidas pelo órgão competente, sendo o certificado de registro e a autorização de porte expedidos pela Polícia Federal em nome da instituição.

§ 1.º A autorização para o porte de arma de fogo de que trata este artigo independe do pagamento de taxa.

§ 2.º O presidente do tribunal ou o chefe do Ministério Público designará os servidores de seus quadros pessoais no exercício de funções de segurança que poderão portar arma de fogo, respeitado o limite máximo de 50% (cinquenta por cento) do número de servidores que exerçam funções de segurança.

§ 3.º O porte de arma pelos servidores das instituições de que trata este artigo fica condicionado à apresentação de documentação comprobatória do preenchimento dos requisitos constantes do art. 4.º desta Lei, bem como à formação funcional em estabelecimentos de ensino de atividade policial e à existência de mecanismos de fiscalização e de controle interno, nas condições estabelecidas no regulamento desta Lei.

§ 4.º A listagem dos servidores das instituições de que trata este artigo deverá ser atualizada semestralmente no Sinarm.

§ 5.º As instituições de que trata este artigo são obrigadas a registrar ocorrência policial e a comunicar à Polícia Federal eventual perda, furto, roubo ou outras formas de extravio de armas de fogo, acessórios e munições que estejam sob sua guarda, nas primeiras 24 (vinte e quatro) horas depois de ocorrido o fato.

**Art. 8.º** As armas de fogo utilizadas em entidades desportivas legalmente constituídas devem obedecer às condições de uso e de armazenagem estabelecidas pelo órgão competente, respondendo o possuidor ou o autorizado a portar a arma pela sua guarda na forma do regulamento desta Lei. [1-I]

**1-I. Respeito às regras de transporte:** STJ: "1. É atípica a conduta de colecionador, com registro para a prática desportiva e guia de tráfego, que se dirigia ao clube de tiros sem portar consigo a guia de trânsito da arma de fogo" (AgRg no AgRg no RHC 148.516 – SC, 5ª T., rel. Joel Ilan Paciornik, 09.08.2022, v.u.); "1. A prática esportiva de tiro é atividade que conta com disciplina legal. Para o transporte da arma, nesse contexto, além do registro, é necessária a expedição de 'guia de tráfego' (que não se confunde com 'porte de arma'). Atendidos esses requisitos, e respeitados os termos da autorização fornecida pelo Exército, é plenamente possível o traslado da arma para a realização de treinos e competições. 2. Recentemente, o Comando Logístico do Exército brasileiro, através da Portaria n. 28 COLOG, de 14/3/2017, reconheceu expressamente o direito do atirador desportivo, quando do transporte de arma entre seu local de guarda e o local onde se dará a prática desportiva, levar consigo 1 (uma) arma municiada. 3. No caso, os documentos apresentados não autorizam o porte da arma e munições apreendidas em poder do acusado – arma de fogo do tipo pistola, marca Taurus, calibre .380, n. KDY – 90955; dois carregadores de pistola, um deles municiado com 14 cartuchos íntegros; 1 cartucho íntegro de cal. .38; 80 cartuchos íntegros (para fuzil .762; para espingardas calibre 12 e 32; para

# Art. 9.º

pistola 9 mm, .45, .40, 6.35, .22, .380; para revólver cal. .38 e .357 Magnum e outros calibres não identificados). 4. O crime previsto no art. 16 da Lei n. 10.826/2003 é de perigo abstrato, cujo bem jurídico protegido é a segurança coletiva e a incolumidade pública, independentemente da existência de qualquer resultado naturalístico, bastando para a caracterização do delito o mero porte de arma, sem autorização ou em desconformidade com determinação legal ou regulamentar. 5. Concluindo as instâncias ordinárias, soberanas na análise das circunstâncias fáticas da causa pela condenação do agravante, chegar a entendimento diverso, seja para reconhecer a ocorrência de erro de tipo ou de proibição, absolvendo o acusado, implica revolvimento do contexto fático-probatório, inviável em sede de recurso especial, a teor da Súm. n. 7/STJ. 6. Agravo regimental a que se nega provimento" (AgRg no AREsp 1.069.131 – SP, 5.ª T., rel. Reynaldo Soares da Fonseca, j. 16.05.2017, *DJe* 22.05.2017, v.u.).

> **Art. 9.º** Compete ao Ministério da Justiça a autorização do porte de arma para os responsáveis pela segurança de cidadãos estrangeiros em visita ou sediados no Brasil e, ao Comando do Exército, nos termos do regulamento desta Lei, o registro e a concessão de porte de trânsito de arma de fogo para colecionadores, atiradores e caçadores e de representantes estrangeiros em competição internacional oficial de tiro realizada no território nacional.
>
> **Art. 10.** A autorização para o porte de arma de fogo de uso permitido, em todo o território nacional, é de competência da Polícia Federal e somente será concedida após autorização do SINARM.
>
> § 1.º A autorização prevista neste artigo poderá ser concedida com eficácia temporária e territorial limitada, nos termos de atos regulamentares, e dependerá de o requerente:
>
> I – demonstrar a sua efetiva necessidade por exercício de atividade profissional de risco ou de ameaça à sua integridade física;[1-I1]
>
> II – atender às exigências previstas no art. 4.º desta Lei;
>
> III – apresentar documentação de propriedade de arma de fogo, bem como o seu devido registro no órgão competente.
>
> § 2.º A autorização de porte de arma de fogo, prevista neste artigo, perderá automaticamente sua eficácia caso o portador dela seja detido ou abordado em estado de embriaguez ou sob efeito de substâncias químicas ou alucinógenas.

**1-I1. Exercício de atividade profissional de risco:** mesmo constando em decreto do Poder Executivo, é preciso que o profissional atenda os demais requisitos para possuir e, eventualmente, portar arma de fogo. Na jurisprudência: STJ: "1. O art. 14 da Lei 10.826/2003, por ser norma penal em branco, exige complementação por ato regulador que estabeleça critérios para a penalização das condutas descritas na referida lei. 2. O Decreto 9.797, de 21/05/2019, previu, no seu art. 20, § 3º, como atividades de risco, para fins do disposto no inciso I do § 1º do art. 10 da Lei 10.826/03, o exercício de diversas profissões, entre elas a advocacia, ampliando as hipóteses de concessão de porte de arma de fogo, vigendo, contudo, pouco mais de um mês, até ser revogado pelos Decretos 9.844/19 e 9.847/19. 3. Ainda que se cogitasse a retroação da normal penal mais benéfica, já revogada, que flexibilizou o porte de arma, ampliando-o à categoria dos advogados, o decreto não lhes conferiu direito automático, devendo o interessado, além de cumprir os requisitos do art. 10, § 1º, da Lei 10.826/2003, obter prévia autorização do Sinarm, responsável pelo controle de armas de fogo, no âmbito da Polícia Federal. (...)" (RHC 120.565 – RJ, 6.ª T., rel. Nefi Cordeiro, 25.08.2020, v.u.).

**Art. 11.** Fica instituída a cobrança de taxas, nos valores constantes do Anexo desta Lei, pela prestação de serviços relativos:

I – ao registro de arma de fogo;

II – à renovação de registro de arma de fogo;

III – à expedição de segunda via de registro de arma de fogo;

IV – à expedição de porte federal de arma de fogo;

V – à renovação de porte de arma de fogo;

VI – à expedição de segunda via de porte federal de arma de fogo.

§ 1.º Os valores arrecadados destinam-se ao custeio e à manutenção das atividades do SINARM, da Polícia Federal e do Comando do Exército, no âmbito de suas respectivas responsabilidades.

§ 2.º São isentas do pagamento das taxas previstas neste artigo as pessoas e as instituições a que se referem os incisos I a VII e X e o § 5.º do art. 6.º desta Lei.[1-J]

**1-J. Ampliação dos casos de isenção:** inviabilidade. Na jurisprudência: STJ: "Não há previsão legal expressa que autorize a extensão do benefício fiscal de isenção, prevista no art. 11, § 2º, da Lei n. 10.826/2003, aos policiais aposentados. Assim, é de rigor a manutenção da cobrança de taxas para o registro e renovação do porte de arma de fogo" (AgInt no REsp 1.632.588 – PR, 2.ª T., rel. Francisco Falcão, 19.03.2019, v.u.).

**Art. 11-A.** O Ministério da Justiça disciplinará a forma e as condições do credenciamento de profissionais pela Polícia Federal para comprovação da aptidão psicológica e da capacidade técnica para o manuseio de arma de fogo.

§ 1.º Na comprovação da aptidão psicológica, o valor cobrado pelo psicólogo não poderá exceder ao valor médio dos honorários profissionais para realização de avaliação psicológica constante do item 1.16 da tabela do Conselho Federal de Psicologia.

§ 2.º Na comprovação da capacidade técnica, o valor cobrado pelo instrutor de armamento e tiro não poderá exceder R$ 80,00 (oitenta reais), acrescido do custo da munição.

§ 3.º A cobrança de valores superiores aos previstos nos §§ 1.º e 2.º deste artigo implicará o descredenciamento do profissional pela Polícia Federal.

### Capítulo IV
### DOS CRIMES E DAS PENAS[1-K-1-N]

**Posse irregular de arma de fogo de uso permitido[2-3]**

**Art. 12.** Possuir ou manter[4-6] sob sua guarda arma de fogo,[7] acessório[8] ou munição,[9-9-B] de uso permitido,[10] em desacordo com determinação legal ou regulamentar,[11-11-A] no interior de sua residência[12] ou dependência desta,[13] ou, ainda no seu local de trabalho,[14] desde que seja o titular ou o responsável legal do estabelecimento ou empresa:[15-17]

Pena – detenção, de 1 (um) a 3 (três) anos, e multa.[18]

# Art. 12

**1-K. Fundamento constitucional:** preceitua o art. 5.º, *caput*, da Constituição Federal que "todos são iguais perante a lei, sem distinção de qualquer natureza, garantindo-se aos brasileiros e aos estrangeiros residentes no País a inviolabilidade do direito à vida, à liberdade, à igualdade, *à segurança* e à propriedade (...)" (grifo nosso). A arma de fogo é instrumento vulnerante, fabricado, particularmente, para ofender a integridade física de alguém, ainda que possa ser com o propósito de defesa contra agressão injusta. De todo modo, para o bem ou para o mal, em função do direito individual fundamental à segurança pública, é preciso que as armas de fogo, tal como se dá no contexto dos tóxicos, sejam rigorosamente controladas pelo Estado. Em especial, quando se trata de um país pobre, ainda constituído de grande parcela da sociedade sem formação cultural adequada, como o Brasil, o espaço para a circulação da arma de fogo deve ser restrito. Observou-se, nos últimos anos, uma modificação essencial no quadro das leis de controle e repressão ao comércio e uso indevido de armas de fogo, com considerável melhora para a segurança pública. À época em que portar uma arma de fogo, sem autorização legal, era considerada mera contravenção penal, vislumbrava-se uma situação caótica e havia a crescente *popularização* do emprego de armas. Notava-se que a punição branda constituía um fator de incentivo a quem, embora cidadão honesto, resolvesse carregar ou manter em casa uma arma ilegal. Quantos não eram os crimes banais, cometidos em tolas discussões decorrentes de acidentes de trânsito, pelo emprego de arma de fogo? Incontáveis. A falsa aparência de segurança, de quem portava arma, várias vezes, terminava em tragédia pelo uso indevido do instrumento vulnerante em brigas de bar e em casas noturnas. Era preciso tomar uma providência no campo legislativo, o que ocorreu, primeiramente, em 1997, com a edição da Lei 9.437, transformando a contravenção de porte ilegal de arma de fogo em crime. Houve imperfeições na lei, que foi aprimorada pela edição do atual *Estatuto do Desarmamento* (Lei 10.826/2003). Buscou-se, inclusive, proibir, por completo, o comércio de armas de fogo no Brasil, invocando-se um referendo popular para aprovar ou desaprovar o art. 35, *caput*, da Lei 10.826/2003. Em outubro de 2005, concretizou-se o mencionado referendo, consagrando-se a rejeição à proibição do comércio de armas e munições. É natural que toda medida de caráter absoluto, mormente envolvendo direitos há décadas consolidados, seja vista com desconfiança pela população, motivo pelo qual não se admitiu a aprovação do art. 35. Não somos defensores da simples proibição do comércio de armas de fogo, mas cremos na eficiência do rígido controle desse comércio, bem como do registro e do porte dessas armas. O cidadão honesto, ao menos, que não mais poderá encontrar armas de fogo em qualquer canto, fica livre de sua má utilização. Não temos a ilusão de que o controle estatal impedirá a ocorrência de crimes em geral, afinal, seria ingênuo imaginar que a marginalidade compra armas de fogo em lojas, promovendo o devido registro e conseguindo o necessário porte. Ocorre que, a proliferação incontrolada das armas de fogo pelo País pode levar à sensível piora na segurança pública, pois não somente o criminoso faz uso indevido desses instrumentos, mas também o pacato indivíduo que, pela facilidade de ter e usar uma arma de fogo, pode ser levado a resolver conflitos fúteis com agressão a tiros, gerando homicídios e lesões corporais de toda espécie cometidos de forma leviana e inconsequente. Em suma, o *Estatuto do Desarmamento* não trará a paz permanente à sociedade, mas poderá contribuir para melhorar a segurança pública, retirando de circulação, cada vez mais, armas de fogo sem qualquer registro ou controle, bem como permitindo à polícia que, prendendo o infrator que porta arma ilegal, evite a prática de delitos mais graves, como roubos, homicídios, estupros, extorsões etc. O potencial assaltante pode ser preso pelo simples porte ilegal de arma de fogo, *antes* de cometer o mal maior. Torna-se mais fácil e eficiente, portanto, a atuação policial. A mesma razão que leva o Estado ao controle rígido das substâncias entorpecentes, buscando preservar, na medida do possível, a saúde pública, também promoveu a edição da Lei 10.826/2003, almejando maior possibilidade de garantir a segurança pública e a paz social.

**1-L. Delito de perigo abstrato:** na classificação dos crimes, há os de dano e os de perigo. Os primeiros são os que punem quem lesiona o bem jurídico tutelado; os outros são os que punem quem coloca em risco o bem jurídico protegido. Na esfera dos delitos de perigo, dividem-se em crimes de perigo abstrato e de perigo concreto. Quando se trata de perigo abstrato, o tipo penal descreve a conduta, e a potencialidade lesiva é presumida, vale dizer, independe de prova. Tratando-se de perigo concreto, o tipo penal descreve a conduta e, também, sugere a potencialidade lesiva, que precisa ser provada. Os delitos previstos nesta Lei de Armas são de perigo abstrato. O Legislativo, ao editar tais normas, tem por objetivo *desarmar* a população, visto considerar *perigoso* ter e portar arma de fogo. Diante disso, basta possuir ou portar a arma, sem autorização legal, para se configurar a infração penal, independentemente da prova do perigo, pois abstrato. Sob outro prisma, cremos que os delitos previstos nessa Lei deixam vestígios, como ocorre com a posse ilegal de drogas ilícitas; por isso, entendemos indispensável haver a apreensão da arma ou da munição para que se possa punir o agente. Por se tratar de perigo abstrato, não cabe a discussão a respeito da potencialidade lesiva da arma (ou da munição), mas, ao menos, deve o Estado apreender o instrumento. Na jurisprudência: STF: "3. É despiciendo perquirir-se acerca da potencialidade lesiva das armas e munições eventualmente apreendidas, porquanto a posse irregular de arma de fogo, acessório ou munição é crime de perigo abstrato. Precedentes: HC 225.946-AgR, Primeira Turma, Rel. Min. Roberto Barroso, *DJe* de 17.05.2023; RHC 202.161-AgR, Primeira Turma, Rel. Min. Alexandre de Moraes, DJe de 1º.07.2021; HC 148.801-AgR, Segunda Turma, Rel. Min. Dias Toffoli, *DJe* de 07.08.2018" (HC 242.417 AgR, 1.ª T., rel. Luiz Fux, 07.08.2024, v.u.); "2. O delito de posse de arma de fogo, de seus acessórios ou de munições 'contempla crime de mera conduta, sendo suficiente a ação de possuir ilegalmente o armamento ou a munição. Objetiva-se, assim, antecipar a punição de fatos que apresentam potencial lesivo à população, prevenindo a prática de crimes' (HC 127.652, *DJe* de 17/6/2015). 3. Delineado nos autos quadro revelador de perigo de lesão (potencial, em termos de risco) à coletividade e, por consequência, ao bem jurídico tutelado, o fato se reveste de contornos penalmente relevantes, o que afasta a alegada atipicidade material da conduta" (HC 201.203 AgR, 1.ª T., rel. Alexandre de Moraes, 08.06.2021, v.u.).

**1-M. A questão relativa ao crime permanente:** a classificação dos delitos indica as formas *instantâneo* (crime que, ao consumar-se, apresenta um momento certo na linha do tempo) e *permanente* (crime que se consuma e o resultado se arrasta na linha do tempo). Os delitos previstos nesta Lei de Armas, na maioria, compõem-se de formatos *permanentes*. Isto significa que quem possui arma de fogo ou droga ilícita dentro de casa está praticando um crime, logo, em situação de flagrante delito. Tal situação autoriza, em princípio, a invasão do local, a qualquer hora, pela polícia, efetuando a apreensão do material ilícito e a detenção do morador, mesmo sem mandado judicial, conforme autorização advinda da própria Constituição Federal (art. 5.º, XI). No entanto, os Tribunais Superiores vêm restringindo o ingresso forçado na residência de alguém, especialmente no período noturno, pela polícia, sob o pretexto de ali haver armas de fogo ilegais (ou drogas ilícitas). É fundamental existirem provas, mesmo indiciárias, a indicar a existência de armas no domicílio (ex.: o depoimento de uma testemunha, que teria visto as várias armas de fogo no local). O mesmo critério tem sido utilizado, igualmente, para a invasão, a pretexto de apreender drogas ilícitas e prender o morador. Noutros termos, há que se conciliar os direitos em questão. O domicílio é asilo inviolável, como regra, somente podendo nele ingressar a polícia com o consentimento do morador ou possuindo mandado judicial. Durante o período noturno, somente com o consentimento do morador, mesmo havendo mandado do juiz. Mas, como a posse de arma de fogo ou drogas ilícitas configura crime permanente (consumação arrastada no tempo), estaria ocorrendo flagrante delito, autorizando o ingresso forçado por agentes policiais (conforme texto constitucional). Entretanto, torna-se essencial promover o equilíbrio dos valores em jogo (inviola-

# Art. 12

Leis Penais e Processuais Penais Comentadas – Vol. 2 • Nucci

bilidade de domicílio e segurança pública), pois armas e drogas podem ser simplesmente "plantadas" no local para justificar uma invasão indevida. Então, torna-se preciso que a polícia, se invadir a residência, demonstre os elementos mínimos de prova para constar que ali havia, realmente, armas ou drogas. E, quando houver o consentimento do morador, há decisão do Superior Tribunal de Justiça, exigindo prova escrita ou filmada da autorização do morador (ver a próxima nota). Tudo para que o trabalho policial possa ser o mais escorreito possível no enfrentamento à criminalidade. Na jurisprudência: STF: "2. A posse de drogas para fins de tráfico constitui crime permanente e autoriza, devido ao estado de flagrância, o ingresso no domicílio independentemente de mandado. 3. Para concluir em sentido diverso das instâncias anteriores quanto às circunstâncias do flagrante, imprescindíveis o reexame e a valoração de fatos e provas, para o que não se presta a via eleita 4. Cabe às instâncias ordinárias, mais próximas dos fatos e das provas, fixar as penas e às Cortes Superiores, em grau recursal, o controle da legalidade e da constitucionalidade dos critérios empregados, bem como a correção de eventuais discrepâncias, se gritantes ou arbitrárias, nas frações de aumento ou diminuição adotadas pelas instâncias anteriores" (HC 215.420 AgR, 1.ª T., rel. Rosa Weber, 21.06.2022, v.u.); "Recurso extraordinário representativo da controvérsia. Repercussão geral. 2. Inviolabilidade de domicílio – art. 5º, XI, da CF. Busca e apreensão domiciliar sem mandado judicial em caso de crime permanente. Possibilidade. A Constituição dispensa o mandado judicial para ingresso forçado em residência em caso de flagrante delito. No crime permanente, a situação de flagrância se protrai no tempo. 3. Período noturno. A cláusula que limita o ingresso ao período do dia é aplicável apenas aos casos em que a busca é determinada por ordem judicial. Nos demais casos – flagrante delito, desastre ou para prestar socorro – a Constituição não faz exigência quanto ao período do dia. 4. Controle judicial *a posteriori*. Necessidade de preservação da inviolabilidade domiciliar. Interpretação da Constituição. Proteção contra ingerências arbitrárias no domicílio. Muito embora o flagrante delito legitime o ingresso forçado em casa sem determinação judicial, a medida deve ser controlada judicialmente. A inexistência de controle judicial, ainda que posterior à execução da medida, esvaziaria o núcleo fundamental da garantia contra a inviolabilidade da casa (art. 5º, XI, da CF) e deixaria de proteger contra ingerências arbitrárias no domicílio (Pacto de São José da Costa Rica, artigo 11, 2, e Pacto Internacional sobre Direitos Civis e Políticos, artigo 17, 1). O controle judicial a posteriori decorre tanto da interpretação da Constituição, quanto da aplicação da proteção consagrada em tratados internacionais sobre direitos humanos incorporados ao ordenamento jurídico. Normas internacionais de caráter judicial que se incorporam à cláusula do devido processo legal. 5. Justa causa. A entrada forçada em domicílio, sem uma justificativa prévia conforme o direito, é arbitrária. Não será a constatação de situação de flagrância, posterior ao ingresso, que justificará a medida. Os agentes estatais devem demonstrar que havia elementos mínimos a caracterizar fundadas razões (justa causa) para a medida. 6. Fixada a interpretação de que a entrada forçada em domicílio sem mandado judicial só é lícita, mesmo em período noturno, quando amparada em fundadas razões, devidamente justificadas *a posteriori*, que indiquem que dentro da casa ocorre situação de flagrante delito, sob pena de responsabilidade disciplinar, civil e penal do agente ou da autoridade e de nulidade dos atos praticados. 7. Caso concreto. Existência de fundadas razões para suspeitar de flagrante de tráfico de drogas. Negativa de provimento ao recurso" (Rec. Ext. 603.616 – RO, Plenário, rel. Gilmar Mendes, 05.11.2015, m.v.). STJ: "1. O art. 5º, XI, da Constituição Federal consagrou o direito fundamental à inviolabilidade do domicílio, ao dispor que a casa é asilo inviolável do indivíduo, ninguém nela podendo penetrar sem consentimento do morador, salvo em caso de flagrante delito ou desastre, ou para prestar socorro, ou, durante o dia, por determinação judicial. 2. Na hipótese dos autos, ao dar cumprimento ao mandado de busca e apreensão, a polícia ingressou na residência do acusado, cujo nome e endereço não constavam do pedido da autoridade policial e nem da decisão judicial que autorizou a medida invasiva em outros locais, o que macula a validade da diligência. 3. O Supremo Tribunal Federal definiu, em repercussão geral (Tema 280), que o ingresso forçado em domicílio sem mandado judicial apenas se revela legítimo – a qualquer hora do dia, inclusive durante o período noturno – quando amparado em fundadas razões, devidamente justificadas pelas circunstâncias do caso concreto, que indiquem estar ocorrendo, no interior da casa, situação de flagrante delito (RE n. 603.616/RO, rel. Ministro Gilmar Mendes, DJe 8/10/2010). No mesmo sentido, neste STJ: REsp n. 1.574.681/RS (rel. Ministro Rogerio Schietti, DJe 30/5/2017). 4. No caso, não houve referência a prévia investigação, monitoramento ou campanas relacionadas ao acusado e ao endereço dele (tanto que a autoridade policial não pediu mandado de busca e apreensão para aquele local específico). Também não se tratava de averiguação de denúncia robusta e atual acerca da ocorrência de crimes naquele lugar. Há apenas a descrição de que havia denúncias anônimas dando conta da existência de venda de cocaína na loja de conveniência do acusado, droga que nem sequer foi encontrada pela polícia. 5. Como decorrência da proibição das provas ilícitas por derivação (art. 5º, LVI, da Constituição da República), é nula a prova derivada de conduta ilícita, pois evidente o nexo causal entre uma e outra conduta, ou seja, entre a invasão de domicílio (permeada de ilicitude) e a apreensão dos itens contidos na denúncia. 6. Pedido de suspensão da execução antecipada da pena prejudicado pelo reconhecimento da nulidade e porque já concedido em outro writ. 7. Ordem concedida para, considerando que não houve autorização judicial nem fundadas razões para o ingresso no domicílio do paciente, reconhecer a ilicitude das provas por tal meio obtidas, bem como de todas as que delas decorreram, e, por conseguinte, absolver o réu" (HC n. 526.915 – SP, 6.ª T., rel. Rogerio Schietti Cruz, 15.02.2022, v.u.).

**1-N. A problemática do consentimento do morador e as medidas de cautela dos agentes policiais:** na linha desenvolvida na nota anterior, sabe-se que o domicílio é asilo inviolável do indivíduo, nele somente se pode ingressar com consentimento do morador, com as seguintes exceções: flagrante delito; desastre; para prestar socorro (durante o período noturno); com mandado judicial (durante o dia), nos termos do art. 5.º, XI, CF. Por óbvio, o dono da casa pode receber quem quiser, a qualquer hora do dia ou da noite, mas, do contrário, para ter a sua residência invadida à força, torna-se indispensável haver uma das exceções supramencionadas. No campo criminal, interessa-nos analisar as duas alternativas pertinentes: a) qualquer um – especialmente, a polícia – pode ingressar compulsoriamente em domicílio alheio para efetuar uma prisão em flagrante delito, pois há urgência na situação; seria absurdo imaginar que alguém pudesse permanecer em cativeiro, sequestrado pelas mãos de um agressor, sem que outra pessoa pudesse salvá-lo, sendo agente policial ou não. Sob outro aspecto, construiu-se na doutrina e na jurisprudência a classificação referente aos delitos cuja consumação de arrasta no tempo, os crimes permanentes. Tendo em vista a continuidade da lesão ao bem jurídico protegido, o flagrante delito perpetua-se na linha temporal. É o caso de quem possui em casa arma de fogo ilegal ou drogas ilícitas; b) havendo fundada suspeita de que, em certa residência, há provas suficientes da prática de um delito, o juiz pode expedir um mandado de busca e apreensão, gerando a licitude do ingresso forçado na casa por agentes policiais. Afora essas hipóteses, se o morador autorizar, a qualquer momento, a polícia pode ingressar em seu domicílio; afinal, por vezes, o próprio residente no local pode precisar do auxílio policial, porque desconfia que o local foi invadido por um agressor. Entretanto, quando a pessoa residente em certo local pratica ali um crime, dificilmente, concordaria que a polícia ingressasse e, com isso, visse o que está acontecendo, efetuando a sua prisão. A tendência natural das pessoas é a autoproteção, justamente por isso ninguém é obrigado a produzir prova conta si mesmo, nem confessar a prática de um delito. Por esse motivo, muitos casos de apreensão de arma ou droga ilegal em algumas residências apresentam um cenário estranho; quando

# Art. 12

indagados pela autoridade policial ou pelo juiz acerca das razões que levaram os agentes policiais a ingressar em determinado domicílio, à falta de justificativa plausível, a resposta se concentra na *autorização* dada pelo próprio morador. Essa situação tem sido detectada justamente quando o flagrante delito não está claro, nem há alguma prova anterior à invasão, apontando para a posse de arma ou droga ilícita no local. Portanto, sem ter um mandado judicial, sem um flagrante claro e ausente prova pré-constituída a indicar a existência de crime permanente, utiliza-se, como desculpa, o consentimento dado pelo morador. Mesmo quando este negue, depois, a autorização, tem-se a sua palavra contra a dos policiais invasores. Enfim, o contexto é complexo para uma avaliação segura. Por isso, o Superior Tribunal de Justiça proferiu decisão anulando provas colhidas após a invasão, colocando em dúvida o consentimento do habitante do lugar. Aproveitando o ensejo, apresentou indicações de que eventual autorização de entrada no imóvel precisa se dar por escrito e, melhor ainda, filmada pelo policial. Não haveria dúvida alguma nesse sentido e a prova colhida, bem como a eventual prisão realizada seria validada sem qualquer questionamento a respeito. Na ponderação entre valores relevantes, o STJ estabeleceu limites para a atuação policial. Aliás, anteriormente, o STF fixou, como tese, a viabilidade de invasão de domicílio, mesmo em caso de flagrante de crime permanente, a necessidade de se encontrar prova suficiente para que isto se dê sem mandado judicial. Enfim, temos defendido, há muito, que o mais seguro a fazer, pelos agentes da segurança pública, é buscar o mandado judicial, resguardando-se de qualquer alegação de invasão ilegal. O ideal, ainda, seria a regulamentação desses limites por lei, proporcionando maior estabilidade aos julgamentos do Poder Judiciário como um todo. Na jurisprudência: STJ: "1. O art. 5º, XI, da Constituição Federal consagrou o direito fundamental à inviolabilidade do domicílio, ao dispor que 'a casa é asilo inviolável do indivíduo, ninguém nela podendo penetrar sem consentimento do morador, salvo em caso de flagrante delito ou desastre, ou para prestar socorro, ou, durante o dia, por determinação judicial'. 1.1 A inviolabilidade de sua morada é uma das expressões do direito à intimidade do indivíduo, o qual, sozinho ou na companhia de seu grupo familiar, espera ter o seu espaço íntimo preservado contra devassas indiscriminadas e arbitrárias, perpetradas sem os cuidados e os limites que a excepcionalidade da ressalva a tal franquia constitucional exige. (...) 2. O ingresso regular em domicílio alheio, na linha de inúmeros precedentes dos Tribunais Superiores, depende, para sua validade e regularidade, da existência de fundadas razões (justa causa) que sinalizem para a possibilidade de mitigação do direito fundamental em questão. É dizer, apenas quando o contexto fático anterior à invasão permitir a conclusão acerca da ocorrência de crime no interior da residência – cuja urgência em sua cessação demande ação imediata – é que se mostra possível sacrificar o direito à inviolabilidade do domicílio. 2.1. Somente o flagrante delito que traduza verdadeira urgência legitima o ingresso em domicílio alheio, como se infere da própria Lei de Drogas (L. 11.343/2006, art. 53, II) e da Lei 12.850/2013 (art. 8º), que autorizam o retardamento da atuação policial na investigação dos crimes de tráfico de entorpecentes, a denotar que nem sempre o caráter permanente do crime impõe sua interrupção imediata a fim de proteger bem jurídico e evitar danos; é dizer, mesmo diante de situação de flagrância delitiva, a maior segurança e a melhor instrumentalização da investigação – e, no que interessa a este caso, a proteção do direito à inviolabilidade do domicílio – justificam o retardo da cessação da prática delitiva. 2.2. A autorização judicial para a busca domiciliar, mediante mandado, é o caminho mais acertado a tomar, de sorte a se evitarem situações que possam, a depender das circunstâncias, comprometer a licitude da prova e, por sua vez, ensejar possível responsabilização administrativa, civil e penal do agente da segurança pública autor da ilegalidade, além, é claro, da anulação – amiúde irreversível – de todo o processo, em prejuízo da sociedade. 3. O Supremo Tribunal Federal definiu, em repercussão geral (Tema 280), a tese de que: 'A entrada forçada em domicílio sem mandado judicial só é lícita, mesmo em período noturno, quando amparada em fundadas razões, devidamente justificadas *a posteriori* (RE n. 603.616/RO, Rel. Ministro Gilmar Mendes, *DJe* 8.10.2010). Em conclusão a seu voto, o relator salientou que a interpretação jurisprudencial sobre o tema precisa evoluir, de sorte a trazer mais segurança tanto para os indivíduos sujeitos a tal medida invasiva quanto para os policiais, que deixariam de assumir o risco de cometer crime de invasão de domicílio ou de abuso de autoridade, principalmente quando a diligência não tiver alcançado o resultado esperado. 4. As circunstâncias que antecederem a violação do domicílio devem evidenciar, de modo satisfatório e objetivo, as fundadas razões que justifiquem tal diligência e a eventual prisão em flagrante do suspeito, as quais, portanto, não podem derivar de simples desconfiança policial, apoiada, v. g., em mera atitude "suspeita", ou na fuga do indivíduo em direção a sua casa diante de uma ronda ostensiva, comportamento que pode ser atribuído a vários motivos, não, necessariamente, o de estar o abordado portando ou comercializando substância entorpecente. 5. Se, por um lado, praticas ilícitas graves autorizam eventualmente o sacrifício de direitos fundamentais, por outro, a coletividade, sobretudo a integrada por segmentos das camadas sociais mais precárias economicamente, excluídas do usufruto pleno de sua cidadania, também precisa sentir-se segura e ver preservados seus mínimos direitos e garantias constitucionais, em especial o de não ter a residência invadida e devassada, a qualquer hora do dia ou da noite, por agentes do Estado, sem as cautelas devidas e sob a única justificativa, não amparada em elementos concretos de convicção, de que o local supostamente seria, por exemplo, um ponto de tráfico de drogas, ou de que o suspeito do tráfico ali se homiziou. (...) 7. São frequentes e notórias as notícias de abusos cometidos em operações e diligências policiais, quer em abordagens individuais, quer em intervenções realizadas em comunidades dos grandes centros urbanos. É, portanto, ingenuidade, academicismo e desconexão com a realidade conferir, em tais situações, valor absoluto ao depoimento daqueles que são, precisamente, os apontados responsáveis pelos atos abusivos. E, em um país conhecido por suas práticas autoritárias – não apenas históricas, mas atuais –, a aceitação desse comportamento compromete a necessária aquisição de uma cultura democrática de respeito aos direitos fundamentais de todos, independentemente de posição social, condição financeira, profissão, local da moradia, cor da pele ou raça. 7.1. Ante a ausência de normatização que oriente e regule o ingresso em domicílio alheio, nas hipóteses excepcionais previstas no Texto Maior, há de se aceitar com muita reserva a usual afirmação – como ocorreu no caso ora em julgamento – de que o morador anuiu livremente ao ingresso dos policiais para a busca domiciliar, máxime quando a diligência não é acompanhada de documentação que a imunize contra suspeitas e dúvidas sobre sua legalidade. 7.2. Por isso, avulta de importância que, além da documentação escrita da diligência policial (relatório circunstanciado), seja ela totalmente registrada em vídeo e áudio, de maneira a não deixar dúvidas quanto à legalidade da ação estatal como um todo e, particularmente, quanto ao livre consentimento do morador para o ingresso domiciliar. Semelhante providência resultará na diminuição da criminalidade em geral – pela maior eficácia probatória, bem como pela intimidação a abusos, de um lado, e falsas acusações contra policiais, por outro – e permitirá avaliar se houve, efetivamente, justa causa para o ingresso e, quando indicado ter havido consentimento do morador, se foi ele livremente prestado. 8. Ao Poder Judiciário, ante a lacuna da lei para melhor regulamentação do tema, cabe responder, na moldura do Direito, às situações que, trazidas por provocação do interessado, se mostrem violadoras de direitos fundamentais do indivíduo. E, especialmente, ao Superior Tribunal de Justiça compete, na sua função judicante, buscar a melhor interpretação possível da lei federal, de sorte a não apenas responder ao pedido da parte, mas também formar precedentes que orientem o julgamento de casos futuros similares. (...) 9. Na espécie, não havia elementos objetivos, seguros e racionais que justificassem a invasão de domicílio do suspeito, porquanto a simples avaliação subjetiva dos policiais era insuficiente para conduzir a diligência de ingresso na residência, visto que não foi encontrado nenhum entorpecente na busca pessoa realizada em via pública. 10. A seu turno, as regras de experiência e o senso comum, somadas às peculiaridades do caso concreto, não conferem verossimilhança à afirmação dos agentes castrenses de que o paciente teria autorizado, livre e voluntariamente, o ingresso em seu próprio domicílio, franqueando àqueles a apreensão de drogas e, consequentemente, a formação de prova incriminatória em seu desfavor. 11. Assim, como decorrência da proibição das provas ilícitas por derivação (art. 5º, LVI, da Constituição da República), é nula a prova derivada de conduta ilícita – no caso, a apreensão, após invasão desautorizada da residência do paciente, de 109 g de maconha –, pois evidente o nexo causal entre uma e outra conduta, ou seja, entre a invasão de domicílio (permeada de ilicitude) e a apreensão de drogas. 12. *Habeas Corpus* concedido, com a anulação da prova decorrente do ingresso desautorizado no domicílio e consequente absolvição do paciente (...)" (HC 598.051 – SP, 6.ª T., rel. Rogério Schietti Cruz, 02.03.2021, v.u., grifamos).

**2. Título:** o correto seria mencionar "posse *ilegal* de arma de fogo de uso permitido". Afinal, é a lei que dispõe como e quando se pode ter arma de fogo em casa, ainda que faça referência a qualquer disposição regulamentar.

**3. Competência:** como regra, cabe à Justiça Estadual. O bem jurídico tutelado – a segurança pública – não diz respeito a nenhum dos elementos previstos no art. 109 da Constituição Federal. Aliás, cabe ao Estado-membro, por intermédio de suas polícias – civil e militar – assegurar a ordem pública. Como sói acontecer, em qualquer situação correlata, se o delito é praticado em dependência federal, por exemplo, cabe à Justiça Federal (art. 109, I, CF). No mais, o singelo fato de haver um controle nacional dos registros e portes de arma de fogo, pelo SINARM, órgão submetido ao Ministério da Justiça, não significa absolutamente nada em matéria de competência penal para julgar os delitos previstos nesta Lei. Seria o mesmo que concentrar todas as execuções penais na Justiça Federal, caso o Governo providencie um cadastro nacional de presos, para controlar, nacionalmente, o *status* do sistema carcerário. Ou, ainda, transferir para a Justiça Federal todos os delitos ligados ao crime organizado, somente porque um cadastro nacional é criado para auxiliar as polícias a atuar em conjunto contra essa espécie de criminalidade.

**4. Análise do núcleo do tipo:** *possuir* (ter a posse de algo, deter) e *manter sob sua guarda* (conservar sob vigilância ou cuidado). O objeto das condutas é a arma de fogo, acessório ou munição de uso permitido. Há inadequação na redação do tipo. O antigo art. 10 da Lei 9.437/97 enumerava dezoito verbos, que poderiam ser praticados de forma alternativa. A previsão, formulada no art. 12 desta Lei, apresentou apenas duas condutas. São elas, igualmente, alternativas, porém, bastaria mencionar, então, o verbo *possuir*. O termo *manter sob sua guarda* implica, automaticamente, a posse da arma, do acessório ou da munição. Não há possibilidade de se manter algo sob tutela sem ter a posse. Por outro lado, a utilização do verbo *manter* é restritiva, pois implica em habitualidade. Ninguém pode *manter* algo num único dia. A mantença de uma situação demanda frequência, algo incompatível com o espírito da lei, afinal, quem tem a arma, ilegalmente, um único dia já pode e deve responder pelo delito. Por isso, pensamos que *possuir* seria mais que suficiente para caracterizar o crime. Se assim não fosse o intuito, o melhor seria a preservação dos inúmeros verbos anteriormente existentes, de modo a evitar qualquer dúvida na aplicação do tipo penal incriminador. Na jurisprudência: STJ: "5. As condutas de possuir arma de fogo e munições de uso permitido e de uso restrito, apreendidas em um mesmo contexto fático, configuram concurso formal de delitos. Precedentes" (HC 501.737 – SP, 5.ª T., rel. Reynaldo Soares da Fonseca, 06.06.2019, v.u.).

**5. Sujeitos ativo e passivo:** o sujeito ativo é qualquer pessoa. O sujeito passivo é a sociedade. Evidentemente, não se pode inserir o Estado como sujeito passivo, pois os objetos jurídicos tutelados – a segurança e a paz públicas – não lhe pertencem. Cuida-se de um crime vago, aquele que não tem sujeito passivo determinado. Nessa ótica, César Dario Mariano da Silva (*Estatuto do desarmamento*, p. 63). Em contrário, inserindo como sujeito passivo o Estado, Delmanto (*Leis penais especiais comentadas*, p. 627).

**6. Elemento subjetivo:** é o dolo. Não há elemento subjetivo específico, nem se pune a forma culposa.

**7. Arma de fogo:** trata-se da "arma que arremessa projéteis empregando a força expansiva dos gases, gerados pela combustão de um propelente confinado em uma câmara, normalmente solidária a um cano, que tem a função de dar continuidade à combustão do propelente, além de direção e estabilidade ao projétil" (glossário do Anexo III, Decreto 10.030/2019).

**8. Acessório de arma de fogo:** são os "artefatos listados nominalmente na legislação como Produto Controlado pelo Exército – PCE que, acoplados a uma arma, possibilitam a alteração da configuração normal do armamento, tal como um supressor de som." (glossário do Anexo III do Decreto 10.030/2019). Ex.: mira telescópica, silenciador.

**9. Munição:** é o artefato explosivo utilizado pelas armas de fogo (ex.: cartucho íntegro, que permite o disparo do projétil de chumbo). Na jurisprudência: STJ: "1. Conforme jurisprudência desta Corte, '[...] a posse de munição, mesmo desacompanhada de arma apta a deflagrá-la, continua a preencher a tipicidade penal, não podendo ser considerada atípica a conduta' (AgRg no HC 594.431/SP, Rel. Ministro Reynaldo Soares da Fonseca, Quinta Turma, julgado em 01/12/2020, DJe 7/12/2020). 2. E, apesar de não apreendida arma de fogo com o agente e da pequena quantidade de munição apreendida, a sua condenação pela prática do delito de tráfico de drogas, em concurso de crimes, revela a impossibilidade de reconhecimento da atipicidade da conduta do delito do art. 12, *caput*, da Lei 10.826/2003. A particularidade do caso demonstra a efetiva lesividade desta conduta" (AgRg no AREsp 2.401.290 – SC, 5.ª T., rel. Joel Ilan Paciornik, 06.08.2024, v.u.).

**9-A. Utilização do princípio da insignificância:** deter pouca munição, sem qualquer arma de fogo, torna-se conduta insignificante, em nosso entendimento. A conduta pode ser formalmente típica, mas é materialmente atípica, por completa ausência de potencial ofensivo ao bem jurídico tutelado. Entretanto, tudo depende do caso concreto, visto depender do preenchimento de requisitos: é preciso se cuidar de réu primário, sem antecedentes e não haver cumulatividade com outros delitos. Na jurisprudência: STF: "Posse de duas munições de uso permitido (art. 12) desacompanhadas de arma de fogo compatível com a sua utilização – Princípio da ofensividade e direito penal – 'Nullum crimen sine injuria' – O debate em torno dos crimes de perigo abstrato – Doutrina – Comportamento do agente que não caracterizou, no caso, situação de perigo concreto – Fundamento suficiente para a concessão da ordem de 'habeas corpus' – Existência, no entanto, de entendimento diverso desta corte em tema de crimes de perigo abstrato – Princípios da fragmentariedade e da intervenção mínima do direito penal – Incidência, na espécie, do postulado da insignificância, que se qualifica como causa supralegal de exclusão da tipicidade penal em sua dimensão material – Precedentes do Supremo Tribunal Federal, inclusive em matéria concernente ao estatuto do desarmamento" (HC 185.974 AgR, 2.ª T., rel. Celso de Mello, 03.10.2020, v.u.). STJ: "2. No caso, não há como se reconhecer a presença de excepcionalidade apta a permitir a aplicação do princípio em relação ao delito previsto no art. 12 na Lei n. 10.826/2003 (Estatuto do Desarmamento), pois, conforme destacado no acórdão recorrido, 'apesar de terem sido localizadas apenas cinco munições calibre .38, a referida diligência se deu em cumprimento de mandado de busca e apreensão que tinha como objetivo a localização de arma de fogo possivelmente utilizada em crime de homicídio, o que, aliado ao fato de o réu ser reincidente por crime de tráfico de drogas,

# Art. 12

afasta o reduzido grau de reprovabilidade da conduta e impede a incidência do princípio da insignificância' (e-STJ fl. 953)" (AgRg no AREsp 2.616.635 – DF, 6.ª T., rel. Antonio Saldanha Palheiro, 20.08.2024, v.u.).

**9-B. Perícia na munição:** não há necessidade, a menos que a defesa aponte o caso como crime impossível, ou seja, que as munições são incapazes integralmente para produzir disparo. Na jurisprudência: STJ: "1. A jurisprudência deste Superior Tribunal de Justiça aponta que os crimes previstos nos arts. 12, 14 e 16 da Lei n. 10.826/2003 são de perigo abstrato, sendo desnecessário perquirir sobre a lesividade concreta da conduta, porquanto o objeto jurídico tutelado não é a incolumidade física e sim a segurança pública e a paz social, colocadas em risco com a posse de munição, ainda que desacompanhada de arma de fogo, revelando-se despicienda a comprovação do potencial ofensivo do artefato através de laudo pericial (...)" (AgRg no REsp 1.872.425 – SC, 5.ª T., rel. Ribeiro Dantas, 06.10.2020, v.u., grifamos).

**10. Uso permitido:** este tipo penal incriminador é norma penal em branco e depende de complementação para a sua aplicação. Portanto, o *uso permitido* de arma de fogo, acessório e munição é fixado por decreto do Presidente da República, cujo cenário tem sido alterado com frequência. É sempre preciso consultar o decreto em vigor.

**11. Arma de fabricação caseira:** tratando-se de calibre permitido, deve encaixar-se no art. 12. Afinal, embora se trate de arma de uso não permitido, essa proibição deve-se à fabricação ilegal, mas não significa calibre restrito ou proibido. Cremos ser mais ajustado ao tipo penal do art. 12.

**11-A. Renovação de registro:** é irrelevante para a configuração do delito de posse irregular de arma de fogo. Desde que a arma tenha sido registrada pela primeira vez, a não renovação, com pagamento de custos e outros requisitos, representa apenas uma irregularidade administrativa. Afinal, o Estado conhece a referida *arma* e sabe quem é o responsável por ela. Na jurisprudência: STJ: "2. No caso, o réu foi denunciado por possuir arma de fogo de uso permitido, consistente em revólver da marca Taurus, calibre 38, em desacordo com determinação legal ou regulamentar, pois o registro do referido artefato se encontrava vencido. Sobreveio sentença condenatória nos autos, contra a qual a defesa interpôs apelação, sem êxito. 3. No julgamento da Ação Penal n. 686/AP, a Corte Especial deste Superior Tribunal de Justiça, alterando o seu entendimento anterior sobre a matéria, reconheceu a atipicidade da conduta imputada ao réu, denunciado como incurso nas sanções do art. 12 da Lei n. 10.826/2003, ressaltando que ele já havia procedido ao registro da arma e que a expiração do prazo constitui mera irregularidade administrativa, que enseja apenas a apreensão do artefato e a aplicação de multa, sem que reste caracterizada a prática de ilícito penal. Assim, considerando que o feito ora em exame versa sobre hipótese idêntica ao objeto do referido julgado, deve ser reconhecida, de igual modo, a atipicidade da conduta. Precedentes. 4. *Writ* não conhecido. Ordem concedida, de ofício, a fim de absolver o paciente quanto à prática do delito previsto no art. 12 da Lei n. 10.826/2003" (HC 587.834 – SP, 5.ª T., rel. Ribeiro Dantas, 18.08.2020, v.u.); "Além disso, verifica-se que o agravado é praticante de tiro esportivo e possui outras armas de fogo registradas mas deixou de proceder à renovação dos registros em razão de entraves administrativos, circunstância que autoriza eventual apreensão de armas e munição, além de imposição de sanções de natureza pecuniária típicas do Direito Administrativo, conforme decidido por esta Corte Superior de Justiça no julgamento da APn n. 686/AP, mas não se mostra materialmente relevante a ponto de atrair a atenção do Direito Penal" (AgRg no HC 551.897 – DF, 5.ª T., rel. Reynaldo Soares da Fonseca, 04.02.2020, v.u.).

**12. Residência:** é expressão equivalente à sua casa, vale dizer, o local onde habita o portador da arma com regularidade. Não há necessidade de ser domicílio, uma residência com ânimo definitivo. É também residência a casa de campo ou de praia, bem como a casa-sede da fazenda.

**13. Dependência da residência:** é o lugar a ela vinculado, tal como o quintal, a edícula, a garagem. Não se pode considerar como dependência da residência, por exemplo, um celeiro ou um galpão de fazenda, afastado da sede.

**14. Local de trabalho:** é qualquer lugar onde alguém exerce, licitamente, uma profissão ou ofício. Ex.: escritório de empresa, consultório médico. Exige a lei, no entanto, que a mantença da arma no lugar de trabalho diga respeito ao seu proprietário, titular do estabelecimento ou responsável por ele. Ilustrando, o médico pode manter uma arma no seu consultório, mas não pode fazer o mesmo, a sua secretária. O dono de uma empresa pode manter a arma no seu escritório, mas não tem aplicação a autorização aos funcionários do estabelecimento.

**15. Objetos material e jurídico:** o objeto material pode ser a arma de fogo, o acessório ou a munição de uso permitido. Os objetos jurídicos são a segurança e a paz públicas.

**16. Classificação:** é crime comum (pode ser praticado por qualquer pessoa); formal (não depende da ocorrência de nenhum efetivo prejuízo para a sociedade ou para qualquer pessoa); de forma livre (pode ser cometido por qualquer meio eleito pelo agente); comissivo (os verbos indicam ações); permanente (a consumação se arrasta no tempo); de perigo abstrato; unissubjetivo (pode ser cometido por uma só pessoa); plurissubsistente (cometido por mais de um ato); admite tentativa, embora de rara configuração.

**17. Concurso de crimes:** os tipos penais dos artigos 12 (posse de arma permitida sem autorização) e 14 (porte de arma ilegal) ou 16 (posse de arma proibida) são diversos e não há viabilidade para se aplicar o critério da absorção de um crime pelo outro. Nesse caso, há concurso material. Na jurisprudência: STJ: "2. Conforme jurisprudência desta Corte, é incabível a absorção do crime de posse ilegal de arma de fogo de uso permitido pelo de posse ilegal de arma de fogo de uso restrito, por se tratarem de condutas distintas e tutelarem bens jurídicos distintos" (AgRg no REsp 1.969.172 – SC, 5.ª T., rel. Joel Ilan Paciornik, 15.03.2022, v.u.); "2. Os delitos dos arts. 12 e 14 da Lei n. 10.826/2003 distinguem-se pelos núcleos dos tipos e pelo local onde é encontrada a arma de fogo, o acessório ou a munição. Na hipótese, não há como reconhecer a consunção entre ambos os crimes, haja vista que, conforme consignado no acórdão impugnado, o réu foi flagrado com munições de uso permitido dentro do automóvel que dirigia e, no cumprimento de mandado de busca e apreensão na residência do agente, foram encontradas mais munições e armas de uso permitido" (AgRg no REsp 1.848.629 – SC, 6.ª T., rel. Rogerio Schietti Cruz, 12.05.2020, v.u.).

**18. Benefício possível:** cabe suspensão condicional do processo, nos termos do art. 89 da Lei 9.099/95.

### Omissão de cautela

> **Art. 13.** Deixar[19-21] de observar as cautelas necessárias[22] para impedir que menor de 18 (dezoito) anos ou pessoa portadora de deficiência mental se apodere de arma de fogo que esteja sob sua posse ou que seja de sua propriedade:[23-25-A]
>
> Pena – detenção, de 1 (um) a 2 (dois) anos, e multa.[26]
>
> **Parágrafo único.** Nas mesmas penas incorrem o proprietário ou diretor responsável de empresa de segurança e transporte de valores que deixarem de registrar[27-29] ocorrência policial e de comunicar à Polícia Federal perda, furto,

# Art. 13

> roubo ou outras formas de extravio de arma de fogo, acessório ou munição que estejam sob sua guarda, nas primeiras 24 (vinte e quatro) horas[30] depois de ocorrido o fato.[31-32]

**19. Análise do núcleo do tipo:** *deixar de observar* (não prestar atenção, não examinar) as cautelas devidas (é o dever de cuidado objetivo, imposto a todos os que vivem em sociedade, significando atuar com atenção e zelo) para *impedir* (obstruir, colocar embaraço ou obstáculo) que menor de 18 anos ou pessoa portadora de deficiência mental (ambos, normalmente, considerados inimputáveis, incapacitados de compreender o caráter ilícito do que fazem) se *apodere* (tome posse) de arma de fogo (vide o conceito na nota 7 ao art. 12). A condição para o aperfeiçoamento da negligência do autor, como fato criminoso, exige a sua posse (lícita ou ilícita) ou a propriedade (lícita ou ilícita) da arma.

**20. Sujeitos ativo e passivo:** o sujeito ativo é o possuidor ou proprietário da arma de fogo, tanto faz se legal ou ilegalmente. O sujeito passivo é a sociedade. Secundariamente, a integridade do menor, do deficiente ou da pessoa prejudicada pelo emprego indevido da arma de fogo.

**21. Elemento subjetivo:** é a culpa. O tipo penal, fugindo à regra de inserir apenas o termo *culpa*, na descrição do preceito primário, optou por detalhar o formato da culpa, que, por se tratar de conduta omissiva desatenciosa, configura *negligência*.

**22. Cautelas necessárias:** constituem o formato do *dever de cuidado objetivo*, que é o dever de atenção, conforme as regras de experiência comuns a todos os que vivem em sociedade. Por isso, há inúmeras maneiras de se avaliar essa situação, constituindo, pois, elementos normativos do tipo, de valoração cultural.

**23. Objetos material e jurídico:** o objeto material é a arma de fogo que esteja sob a posse ou seja da propriedade do agente. Os objetos jurídicos são a segurança e a paz públicas. Em segundo plano, a integridade física tanto do menor, quanto do deficiente, mas também de terceiro que possa ser prejudicado.

**24. Classificação:** é crime próprio (somente pode ser praticado pelo possuidor ou proprietário da arma de fogo); formal (independe da ocorrência de qualquer efetivo prejuízo para quem quer que seja, em especial para a sociedade); de forma livre (pode ser cometido por qualquer meio eleito pelo agente); omissivo (deixar de fazer algo); instantâneo (a consumação ocorre em momento definido, geralmente quando o incapaz se apodera da arma de fogo); unissubjetivo (pode ser cometido por uma só pessoa); unissubsistente (cometido em um ato do agente). Exige-se, nesse caso, um particular enfoque: embora seja delito unissubsistente, até pelo fato de ser conduta omissiva (deixar de fazer alguma coisa), não se consuma imediatamente após a inação do agente. O preceito primário demanda o apossamento da arma de fogo pelo menor ou deficiente. Logo, se uma arma de fogo é esquecida sobre a mesa, mas inexiste menor ou deficiente que possa alcançá-la, cuida-se de conduta atípica. Vislumbra-se, portanto, um crime omissivo condicionado. A negligência seguida do apossamento configura o crime. Somente a primeira conduta não leva ao aperfeiçoamento do tipo penal. Não admite tentativa, por ser delito unissubsistente, condicionado e culposo. Lembremos, ainda, que se trata de crime de perigo abstrato (a probabilidade de haver dano, em face do apossamento da arma de fogo pelo menor ou deficiente é presumida pelo tipo penal).

**25. Concurso de crimes:** se a posse da arma for ilegal, caindo em mãos de menor de 18 anos ou portador de deficiência mental, ocorrerá concurso de delitos, devendo o agente responder tanto pela posse ilegal quanto pela omissão de cautela. Cremos que o tipo penal do art. 12 foi preciso ao indicar somente a *posse ilegal* de arma de fogo, pois quem tem a propriedade, reconhecida pelo Estado, respeitadas as regras impostas para tanto, quase sempre *possui* a referida arma de maneira regular. Quem é proprietário de arma, adquirida clandestinamente, torna-se, por óbvio, um possuidor ilegal. O contrário, entretanto, pode dar-se com maior regularidade. Uma arma de propriedade, por exemplo, da Polícia Militar, pode estar na posse do policial, no exercício da função, de maneira legal. Propriedade legalizada – e utilização do bem, conforme as regras estabelecidas pelo Estado – e posse ilegal são, como regra, incompatíveis. No entanto, propriedade legalizada, mas *porte* ilegal é situação viável.

**25-A. Confronto com o art. 242 da Lei 8.069/90:** dispõe o art. 242 do Estatuto da Criança e do Adolescente o seguinte: "Vender, fornecer ainda que gratuitamente ou entregar, de qualquer forma, a criança ou adolescente arma, munição ou explosivo. Pena – reclusão, de 3 (três) a 6 (seis) anos". Enquanto o tipo penal do art. 13 desta Lei é omissivo e o elemento subjetivo é a culpa, no caso do art. 242 da Lei 8.069/90, cuida-se de conduta comissiva e o elemento subjetivo é o dolo. Portanto, ambos coexistem para aplicação conforme a hipótese do caso concreto.

**26. Crime de menor potencial ofensivo:** admite transação e os benefícios da Lei 9.099/95.

**27. Análise do núcleo do tipo:** *deixar de registrar* (não inscrever em livro ou banco de dados apropriado) *ocorrência policial* (qualquer acontecimento que constitua fato típico, merecedor da lavratura de um boletim de ocorrência) e de *comunicar* (alertar, avisar) à Polícia Federal a perda (sumiço), furto (subtração de coisa alheia móvel, conforme art. 155, CP), roubo (subtração de coisa alheia móvel, mediante violência ou grave ameaça, nos termos do art. 157, CP) ou outras formas de extravio (desvio do destino próprio) de arma de fogo, acessório ou munição (ver os conceitos nas notas 7 a 9 ao art. 12). A condição para o aperfeiçoamento do tipo penal é que o agente possua a *guarda* (vigilância) da arma de fogo, acessório ou munição, bem como decorra o prazo de 24 horas, após a perda do controle do destino do objeto material. Na realidade, o tipo não tem a melhor redação. Menciona que o proprietário ou o diretor responsável de empresa de segurança e transporte de valores não pode deixar de registrar *ocorrência policial* e (forma aditiva?) comunicar à Polícia Federal a *perda* (não necessariamente constitui crime), o furto e o roubo (delitos) e *outras formas de extravio* (não necessariamente delituosas). Ora, se uma arma de fogo, sob sua guarda, toma rumo ignorado, por qualquer razão, é natural exigir-se, para melhor controle do Estado, o registro da *ocorrência policial* (há relevo para apuração e investigação estatal), porém, seria de se pressupor que, feita aquela comunicação, a Polícia Federal (organismo componente da estrutura estatal) tenha ciência imediata. No mesmo sentido – e indo além – Delmanto argumenta que basta o registro da ocorrência policial (*Leis penais especiais comentadas*, p. 633). No entanto, para não configurar a infração penal, o agente tem *dupla obrigação*: registrar a ocorrência, em qualquer repartição policial estadual (responsável pela investigação), além de, oficialmente, comunicar à Polícia Federal. Pressupõe-se, por óbvio, que, se a ocorrência for registrada em delegacia da polícia federal, dispensa-se a comunicação. É interesse observar que a "desorganização estatal" no controle das armas de fogo, acessórios e munições já é pressuposta pelo legislador, pois a pessoa física também deve fazer dupla comunicação, acerca do extravio, furto ou roubo da arma ao distrito policial mais próximo, e, posteriormente (não há o exíguo prazo de 24 horas), à Polícia Federal. Se não o fizer, crime não há, mas ficará com o porte suspenso por determinado período (sanção administrativa), conforme prevê o art. 25 do Dec. 5.123/2004. No mais, bastaria ter inserido no tipo o *extravio* de arma de fogo, acessório ou munição. Mencionar furto ou roubo (e, também, a perda) foi desnecessário, pois constituem espécies de desvio da arma do seu

# Art. 14

destino apropriado. Seria o caso, então, de elencar todas as possibilidades típicas para isso se dar: apropriação indébita, estelionato, peculato-furto etc., o que não foi feito.

**28. Sujeitos ativo e passivo:** o sujeito ativo é o proprietário ou diretor responsável de empresa de segurança e transporte de valores que tenha, sob sua guarda, ainda que através de prepostos, armas de fogo, acessórios ou munições. O sujeito passivo é a sociedade. Secundariamente, é o Estado, pois faz parte do controle das armas, acessórios e munições que pretende ter, com eficiência.

**29. Elemento subjetivo:** é o dolo. Não se exige elemento subjetivo específico, nem se pune a forma culposa. É essencial considerar que o dolo é *abrangente*, razão pela qual o proprietário ou diretor precisa ser *convenientemente* informado da perda, furto, roubo ou qualquer forma de extravio, para que possa providenciar a imediata comunicação. Por outro lado, esse registro e comunicação podem ser feitos por prepostos. Se estes, porventura, recebem a incumbência e não o fazem, não se pode responsabilizar criminalmente o proprietário ou diretor, uma vez que se está no âmbito penal e não na esfera civil, quando se poderia argumentar com a culpa *in vigilando*.

**30. Prazo de 24 horas:** menciona a lei o prazo em horas e não em *dia*, o que tem por fim reduzi-lo. Se o furto de uma arma ocorre às oito da manhã do dia 10 de abril, deve estar registrada a ocorrência e comunicada à Polícia Federal até às oito de manhã do dia 11 de abril. Não seria suficiente, por exemplo, que o mencionado furto fosse comunicado ao órgão da Polícia Federal, às 18 horas, do dia 11 de abril. Embora se possa falar em ter havido o alerta um dia depois, fugiu-se ao período de 24 horas. Em nosso entendimento, deve-se agir com cautela nessa interpretação, buscando-se dar sentido razoável à aplicação da lei penal. Ilustrando, pode ter havido um extravio de armas em grande escala que conturbe o andamento e o funcionamento da empresa de segurança e transporte de valores, devendo, muitas vezes, esses valores, ali guardados, ser protegidos de imediato, com eficiência, até que, depois, se proceda às comunicações de praxe aos órgãos estatais, em relação às armas. Por outro lado, pode ocorrer maior lentidão na comunicação até que se faça o inventário de tudo o que foi desviado. Em suma, eventual atraso, por motivo de força maior, afeta o dolo do agente e evita a punição.

**31. Objetos material e jurídico:** o objeto material é a arma de fogo, o acessório ou a munição extraviada de alguma forma. Os objetos jurídicos são a segurança e a paz públicas. Secundariamente, o interesse estatal no controle das armas extraviadas.

**32. Classificação:** é crime próprio (somente pode ser praticado pelo proprietário ou diretor responsável de empresa de segurança e transporte de valores); formal (independe da ocorrência de qualquer efetivo prejuízo para a segurança pública ou para o Estado); de forma livre (pode ser cometido por qualquer meio eleito pelo agente); omissivo (deixar de fazer algo); instantâneo (a consumação ocorre em momento definido, assim que decorridas as 24 horas previstas no tipo); unissubjetivo (pode ser cometido por uma só pessoa); unissubsistente (cometido num único ato) e condicionado (depende do decurso do prazo fixado). Não admite tentativa.

### Porte ilegal de arma de fogo de uso permitido

> **Art. 14.** Portar,[33-35] deter, adquirir, fornecer, receber, ter em depósito, transportar, ceder, ainda que gratuitamente, emprestar, remeter, empregar, manter sob guarda ou ocultar arma de fogo, acessório ou munição, de uso permitido[35-A], sem autorização[36] e em desacordo com determinação legal ou regulamentar:[37-39-R]

> Pena – reclusão, de 2 (dois) a 4 (quatro) anos, e multa.[40]
>
> **Parágrafo único.** O crime previsto neste artigo é inafiançável,[41] salvo quando a arma de fogo estiver registrada em nome do agente.

**33. Análise do núcleo do tipo:** o antigo art. 10 da Lei 9.437/97 foi desdobrado. A mera posse ilegal de arma concentrou-se no art. 12 da Lei 10.826/2003, enquanto o porte ilegal, com pena mais severa, passou ao art. 14 da mesma Lei. *Portar* (carregar consigo), *deter* (conservar em seu poder), *adquirir* (comprar mediante o pagamento de certo preço), *fornecer* (abastecer, prover), *receber* (aceitar algo de alguém), *ter em depósito* (possuir algo armazenado), *transportar* (carregar de um lugar a outro), *ceder* (transferir a posse) – mediante remuneração ou de modo gratuito, ou seja, sem qualquer ônus –, *emprestar* (ceder por tempo determinado), *remeter* (enviar de um lugar a outro), *empregar* (servir-se de algo, utilizar), *manter sob guarda* (conservar algo sob vigilância) ou *ocultar* (esconder). O objeto das condutas, constitutivas de tipo misto alternativo (tanto faz praticar uma delas, como várias, cometendo-se somente um delito), é a arma de fogo, o acessório e a munição, de *uso permitido* (quando há possibilidade legal de se obter a propriedade). Entretanto, as inúmeras condutas somente ganham contorno penal quando praticadas *sem autorização e em desacordo com determinação legal ou regulamentar*. A ausência do verbo *vender* não afasta a aplicação deste tipo penal, pois tal conduta está implícita em *fornecer*. Além disso, a previsão da venda, feita no art. 17 desta Lei, diz respeito ao exercício de comércio, logo, situação habitual. No caso do art. 14, pode dar-se apenas uma vez. No mais, o crime previsto neste tipo é de perigo abstrato, ou seja, o Estado não quer cidadãos armados, sem o seu específico controle e autorização, por constituir conduta perigosa. Diante disso, não cabe prova *em sentido contrário*, pretendendo demonstrar que determinado acusado, portando arma de fogo, não representaria perigo à ordem pública. Trata-se da mesma ideia construída na Lei de Drogas, não se admitindo o porte de entorpecentes, por se tratar de conduta perigosa à saúde pública (art. 33 da Lei 11.343/2006). Na jurisprudência: STJ: "1. Hipótese em que o réu foi condenado como incurso nas sanções do artigo 14, *caput*, da Lei n. 10.826/2003 porque transportava uma arma de fogo de uso permitido – revólver calibre 32 – municiado com 3 cartuchos picotados. 2. Este Superior Tribunal de Justiça firmou entendimento no sentido de que o artigo em questão busca tutelar a segurança pública, colocada em risco com a posse ou porte de arma, acessório ou munição à revelia do controle estatal, não impondo à sua configuração, pois, resultado naturalístico ou efetivo perigo de lesão. 3. Basta o simples porte ou posse de arma de fogo, munição ou acessório, em desacordo com determinação legal ou regulamentar para a incidência do tipo penal, uma vez que a impossibilidade de uso imediato da arma não descaracteriza a natureza criminosa da conduta. 4. Recurso provido" (REsp 1.745.264 – SP, 5.ª T., rel. Jorge Mussi, j. 16.08.2018, v.u.).

**33-A. Princípio da insignificância:** é o mesmo entendimento da posse, ou seja, o porte de pouca quantidade de munição pode levar ao reconhecimento do *crime de bagatela*. Consultar, também, a nota 54-A *infra*. Na jurisprudência: STJ: "2. Não há falar em atipicidade material da conduta atribuída ao réu, porque o simples fato de portar arma de fogo à margem do controle estatal – artefato que mesmo desmuniciado tem potencial de intimidação e reduz o nível de segurança coletiva exigido pelo legislador – caracteriza o tipo penal previsto no art. 14 do Estatuto do Desarmamento" (AgRg no HC 850.526 – SC, 6.ª T., rel. Rogerio Schietti Cruz, 18.12.2023, v.u.); "O delito de porte ilegal de munição de uso permitido é considerado crime de perigo abstrato, prescindindo da análise relativa à lesividade concreta da conduta, haja vista serem a segurança pública, a paz social e a incolumidade pública os objetos jurídicos tutelados. Desse modo, o porte de munição, mesmo que desacompanhado de arma de fogo ou

# Art. 14

Leis Penais e Processuais Penais Comentadas – Vol. 2 • Nucci

da comprovação pericial do potencial ofensivo do artefato, é suficiente para ocasionar lesão aos referidos bens. Passou-se a admitir, no entanto, a incidência do princípio da insignificância quando se tratar de posse de pequena quantidade de munição, desacompanhada de armamento capaz de deflagrá-la, uma vez que ambas as circunstâncias conjugadas denotam a inexpressividade da lesão jurídica provocada. Precedentes do STF e do STJ. A situação em apreço apresenta a nota de excepcionalidade que autoriza a incidência do referido princípio, porquanto apreendidos oito cartuchos calibre .38, desacompanhados de arma de fogo, ainda que no contexto de tráfico ilícito de entorpecentes, porquanto trata-se de paciente primário e de bons antecedentes, cuja dedicação às atividades criminosas – a qual justificou a negativa de incidência do tráfico privilegiado na fração máxima legal –, somente foi reconhecida, em virtude de ele possuir somente uma passagem pela Vara da Infância e da Juventude (Proc. n. 0002891-76.2014.8.26.0495), razão pela qual lhe foi aplicada uma medida socioeducativa de prestação de serviços à comunidade, cuja execução foi julgada extinta por sentença proferida em 15/10/2015 (e-STJ, fl. 149). Nesses termos, entendo ser cabível a flexibilização do entendimento consolidado nesta Corte de Justiça para o reconhecimento do princípio da insignificância, ante as particularidades do caso concreto e das condições pessoais do paciente. Agravo regimental desprovido" (AgRg no HC 534.279 – SP, 5.ª T., rel. Reynaldo Soares da Fonseca, 05.05.2020, v.u.).

**34. Sujeitos ativo e passivo:** o sujeito ativo pode ser qualquer pessoa. O sujeito passivo é a sociedade.

**35. Elemento subjetivo:** é o dolo. Não há elemento subjetivo específico, nem se pune a forma culposa.

**35-A. Uso permitido:** cuida-se de norma penal em branco, devendo ser complementada por decretos do Poder Executivo Federal. Portanto, consultar a nota 10 ao art. 12 *supra*.

**36. Porte de uso permitido e norma penal em branco:** esta norma penal em branco precisa de complemento, realizado por decretos do Poder Executivo Federal. Aliás, para aplicação deste artigo há de se buscar o complemento para se conhecer quais são as armas, acessórios e munições de uso permitido e, também, quais os requisitos para se conseguir o porte de arma, emitido pela Polícia Federal, como regra. Algumas profissões, geralmente, agentes de segurança pública possuem autorização de porte advinda diretamente desta Lei.

**37. Objetos material e jurídico:** o objeto material pode ser a arma de fogo, o acessório ou a munição de uso permitido. Os objetos jurídicos são a segurança e a paz públicas.

**38. Classificação:** é crime comum (pode ser praticado por qualquer pessoa); formal (independe da ocorrência de qualquer efetivo prejuízo para a sociedade); de perigo abstrato (a probabilidade de vir a ocorrer algum dano, pelo mau uso da arma, acessório ou munição, é presumido pelo tipo penal); de forma livre (pode ser cometido por qualquer meio eleito pelo agente); comissivo (os verbos implicam em ações); instantâneo (a consumação ocorre em momento definido), nas modalidades *adquirir, fornecer, receber, ceder, emprestar, remeter, empregar*, porém permanente (a consumação se prolonga no tempo) nas formas *portar, deter, ter em depósito, transportar, manter sob guarda* e *ocultar*; unissubjetivo (pode ser cometido por uma só pessoa); unissubsistente (cometido num único ato) ou plurissubsistente (cometido em vários atos), conforme o meio eleito pelo agente. Admite tentativa na forma plurissubsistente.

**39. Porte ilegal de acessórios e munições:** não era objeto de previsão na Lei 9.437/97, tornando-se típica pela redação do art. 14. Parece-nos correta a postura do legislador. Quer-se, no Brasil, efetivar o controle estatal de armas de fogo em geral, contando, para tanto, com os acessórios – igualmente perigosos – bem como levando-se em conta a munição – sem a qual a arma de fogo é inútil. Surpreender alguém portando grande quantidade de munição, por exemplo, sem autorização legal, pode ser conduta mais grave que o singelo porte de um revólver calibre 38, devidamente registrado. Logo, não vemos infringência a nenhum princípio penal, mormente o da proporcionalidade, devendo o magistrado, por ocasião da individualização da pena, levando em conta o disposto no art. 59 do Código Penal, fixar a pena-base para mais ou para menos.

**39-A. Porte de arma desmuniciada:** constitui crime. Não aquiescemos à posição daqueles que consideram *fato atípico* o porte não autorizado de arma de fogo, somente pelo fato de estar sem munição à vista, leia-se, apreendida juntamente com a referida arma. Ora, a conduta é igualmente perigosa para a segurança pública. Pode o agente carregar a arma de fogo sem munição e, ao atingir determinado ponto, onde está a vítima em potencial, conseguir a munição das mãos de um comparsa. Por isso, carregar tanto a arma quanto a munição, mesmo que separadamente, é delito. Igualmente: Delmanto (*Leis penais especiais comentadas*, p. 640); César Dario Mariano da Silva (*Estatuto do desarmamento*, p. 95).

**39-A1. Concurso possível entre porte de arma e munição:** se o porte de arma des- municiada, por si só (vide item anterior), deve ser considerado crime e o porte de munição, isoladamente considerado (vide item 39) também o é, pode-se até sustentar o concurso de crimes entre ambos, porém, se estiverem inseridos em contextos diversos. Afinal, quando o agente municia uma arma de fogo para portá-la ilegalmente, cuida-se de crime único, visto ser um único cenário e a munição é o meio para o eventual uso da arma de fogo.

**39-A2. Concurso de crimes de armas ou munições diferentes:** possibilidade. Possuir ou portar uma arma de uso permitido, mas não autorizado no caso concreto e possuir ou portar munição de uso restrito possibilitam o concurso de crimes, podendo tratar-se de concurso material ou formal, conforme a situação. Isto porque armas, acessórios e munições de uso permitido concentram-se em tipo diverso das armas, acessórios e munições de uso restrito e proibido. Na jurisprudência: STJ: "5. As condutas de possuir arma de fogo e munições de uso permitido e de uso restrito, apreendidas em um mesmo contexto fático, configuram concur- so formal de delitos. (...) O art. 16, do Estatuto do Desarmamento, além da paz e segurança públicas, também protege a seriedade dos cadastros do Sistema Nacional de Armas, sendo inviável o reconhecimento de crime único, pois há lesão a bens jurídicos diversos. Também não é adequada a aplicação da regra do concurso material ou do concurso formal impróprio, não havendo a demonstração da existência de desígnios autônomos. (HC n. 467.756/RJ, Ministro Reynaldo Soares da Fonseca, Quinta Turma, DJe 6/5/2019)" (AgRg no REsp 1.825.695 – MG, rel. Sebastião Reis Júnior, 6.ª T., j. 10.03.2020, *DJe* 16.03.2020, v.u.).

**39-B. Arma desmontada:** depende do caso concreto. Se estiver ao alcance do agente, como, por exemplo, dentro de uma bolsa, deve-se considerar crime, pois há quem monte uma arma em segundos, inclusive com a inserção de munição, representando perigo à sociedade. Porém, se a arma está desmontada, no porta-malas de um veículo, devidamente acondicionada em caixa lacrada, não nos parece crime, uma vez que o proprietário pode estar levando-a para a casa de campo, por exemplo.

**39-C. Arma quebrada e inapta para qualquer disparo:** não é crime. Carregar uma arma desmuniciada é algo diverso de ter consigo arma completamente inapta a produzir disparo, afinal, cuida-se de delito impossível; a segurança pública não corre risco nesse caso; nem argumentemos com o fato de uma arma quebrada poder intimidar alguém, em caso de roubo, pois arma de brinquedo também pode e isso não significa ser figura enquadrável no art. 14 desta Lei; depende de laudo pericial para atestar a sua imprestabilidade, o mesmo valendo para acessório e munição. Em igual prisma: Delmanto (*Leis penais especiais comentadas*, p. 638-639); César Dario Mariano da Silva (*Estatuto do desarmamento*, p. 94-95).

# Art. 14

**39-D. Erro de tipo e de proibição:** é possível a ocorrência tanto de um quanto de outro. O erro de tipo baseia-se na falsa percepção quanto a um dos elementos componentes do tipo penal incriminador (ex.: pensa o agente estar carregando consigo uma arma de brinquedo, quando se trata de arma de fogo). O erro de proibição surge em relação à falsa percepção do agente quanto à ilicitude da conduta (ex.: imagina o agente, de modo justificável, que portar um acessório de arma de fogo é conduta lícita, pois desconhece o novo preceito – art. 14, Lei 10.826/2003 – já que ficou muito tempo fora do Brasil e somente tinha ciência do conteúdo da anterior Lei 9.437/97).

**39-E. Concurso com crime de dano:** parece-nos deva o delito de perigo ser absorvido pelo de dano, desde que ambos sejam cometidos no mesmo contexto. Aquele que possui ou porta (tanto faz) arma de fogo, sem autorização legal, é punido porque coloca em risco a segurança pública, ou seja, a qualquer momento pode fazer uso do instrumento e o Estado nem mesmo sabia da sua existência, o que torna mais fácil a obtenção da arma e, logicamente, o uso indevido. No entanto, se mata ou rouba alguém, valendo-se dessa arma, torna-se evidente que o crime de dano – que se queria evitar punindo o delito de perigo – foi atingido. Absorvido será o perigo pelo delito de dano, mais grave e finalidade última do agente. Entretanto, se os fatos forem completamente diversos, em cenários diferentes, pode haver concurso de infrações, punindo-se o agente tanto pelo crime de perigo quanto pelo de dano. O elemento relevante para avaliação diz respeito ao momento de posse ou porte da arma, ou seja, se no momento da prática do delito de dano (ocorre absorção) ou se em momento anterior ou posterior, totalmente desvinculado (concurso de infrações). Na jurisprudência: STJ: "7. O voto condutor do acórdão estadual demonstrou não ter vinculação exclusiva entre o delito de porte de arma de fogo e o crime de homicídio, de maneira que aquele pudesse ser considerado crime meio e, portanto, *ante factum* impunível. Ao contrário, o Sodalício estadual apontou o porte do artefato pelo réu em outras ocasiões que não a prática do crime de homicídio, tornando inviável a aplicação da regra da consunção, haja vista a existência de crimes autônomos e independentes (HC n. 395.268/SP, Ministra Maria Thereza de Assis moura, Sexta Turma, DJe 19/12/2017). 8. A absorção do crime de porte ilegal de arma de fogo pelo de homicídio exige que as condutas tenham sido praticadas no mesmo contexto, guardando relação de dependência ou subordinação, de modo que o porte tenha como fim unicamente a prática do delito de homicídio. A reversão das premissas fáticas deduzidas no acórdão de apelação – que manteve a condenação pela prática de homicídio e de porte ilegal de arma de fogo, em concurso material – implica revisão fático-probatória, providência inadmissível na via eleita, nos termos da Súmula 7/STJ (AgRg no AREsp n. 1.186.399/MS, Ministro Nefi Cordeiro, Sexta Turma, DJe 15/5/2018)" (AgRg no REsp 1.687.824 – RJ, 6.ª T., rel. Sebastião Reis Júnior, 18.02.2020, *DJe* 02.03.2020, v.u.).

**39-F. Confronto com o art. 19 da Lei das Contravenções Penais:** remetemos o leitor para os comentários feitos, nesse contexto, ao Decreto-lei 3.688/41 (nota 48 ao art. 19). Porém, antecipamos a nossa visão pela inaplicabilidade do porte de arma branca, por completa ausência de previsão legal para tutelar esse tipo de arma (registro, autorização para porte etc.) e por integral lesão à taxatividade, ou seja, não fixa o tipo qual arma se pode carregar. O STF, no entanto, considerou válido o mencionado art. 19 para o caso de armas brancas, que não são armas de fogo.

**39-G. Legítima defesa e estado de necessidade:** a ocorrência da utilização de arma de fogo em legítima defesa ou estado de necessidade, ainda que configure qualquer tipo penal da Lei 10.826/2003, afasta a possibilidade de punição do agente. Afinal, a situação maior – de licitude – para a proteção da integridade física própria ou de terceiro, envolve e absorve o delito de perigo, relativo à posse ou porte de arma de fogo, acessório ou munição irregular.

**39-H. Inexigibilidade de conduta diversa:** configura causa supralegal de exclusão da culpabilidade, hoje consagrada pela maioria da doutrina e da jurisprudência pátrias. Logo, se devidamente provada pelo agente, deve ser ele absolvido, excluindo-se a culpabilidade, quando houver, por exemplo, um homicídio cometido nessas circunstâncias. Assim ocorrendo, absorvida fica a infração penal relativa à posse ou porte de arma de fogo ilegal, não havendo sentido em se punir a conduta menos grave, quando o Estado já reconheceu a inexigibilidade (ausência de censura) da conduta mais grave. Porém, é preciso que o acusado apresente provas da excludente de culpabilidade. Do contrário, seria fácil e simples *alegar* uma excludente excepcional, mas não provar.

**39-I. Possuir ou portar mais de uma arma de fogo, acessório ou munição:** configura-se crime único, se no mesmo contexto. Assim, o agente que possui, em sua residência, por exemplo, dois revólveres, calibre 38, não registrados, comete um único delito (art. 12 desta Lei). Se portar ambos, igualmente, há crime único (art. 14 desta Lei). No entanto, se possuir um revólver calibre 38, não registrado, na casa de campo, carregando consigo uma outra arma para onde quer que vá, pensamos haver dois delitos, pois os cenários são totalmente diversos (art. 12 + art. 14 desta Lei).

**39-J. Posse e porte de arma de fogo por membros do Ministério Público e da Magistratura:** em primeiro lugar, é fundamental que a arma de fogo seja devidamente registrada – há conhecimento da sua existência pelo Estado – bem como seja de uso permitido. Se o promotor ou juiz possuir arma de numeração raspada, por exemplo, sem registro, portanto, comete o crime previsto no art. 16, IV, desta Lei. No entanto, constituindo arma de fogo devidamente registrada, o direito ao porte independe de qualquer autorização da Polícia Federal, em função da Lei 10.826/2003. Tal situação se dá pelo fato de haver lei específica, regendo cada uma das carreiras e considerando o porte como prerrogativa inerente à função (art. 42, Lei 8.625/93 – MP; art. 33, V, Lei Complementar 35/79 – Magistratura). Assim já interpretavam, sob a vigência da Lei 9.437/97, Luiz Flávio Gomes e William Terra de Oliveira (*Lei de armas de fogo*, p. 124-125). Ora, a finalidade do porte não é, por evidente, ligada à necessidade da pessoa comum de ter que demonstrar ao Estado a sua necessidade e capacitação para obter essa autorização. Essa prerrogativa funcional das carreiras mencionadas faz presumir a necessidade e a capacitação. Ressaltemos, no entanto, que a Polícia Federal vem fazendo, na prática, interpretação restritiva dessa prerrogativa. Exemplo: para que um magistrado adquira um simples revólver calibre 38 *deve*, para conseguir o mero registro (nem se fala em porte), fazer teste de tiro e exame psicológico. Se bem-sucedido, registra-se a arma de fogo e o porte é consequência natural disso. Pergunta-se: e se falhar, não acertando a tal silhueta, conforme os critérios do *examinador*? Não podendo a Polícia Federal evitar a concessão de porte, pois sabe que é prerrogativa funcional, invade o campo do registro e nega-se a fazê-lo. Porém, o STF concluiu pela legalidade desse procedimento. Consultar a nota 1-C1 ao art. 3.º *supra*.

**39-K. Legítima defesa potencial:** portar arma, sem autorização legal, sob o pretexto de estar ameaçado de morte por alguém não pode ser motivo para excluir a ilicitude da conduta. O mesmo se diga da desculpa de se portar arma de fogo para proteção, pois a criminalidade anda violenta e crescente. A única situação viável, em nossa visão, para afastar a antijuridicidade do porte ilegal de arma, conforme exposto na nota 39-G *supra*, é a de legítima defesa ou estado de necessidade *real*. Entretanto, não vemos óbice à eventual absolvição do agente, que porte arma de fogo sem autorização da autoridade competente, por estar ameaçado de morte, desde que invoque – e produza prova convincente – a tese da inexigibilidade de conduta diversa. Exemplo: ameaçado por um perigoso traficante, alguém anda armado, sem autorização, para tentar defender-se em caso de ataque. Poder-se-ia argumentar com a tese supralegal da inexigibilidade de conduta diversa. Esta ilustração difere do que explicamos na nota 39-H

**Art. 14**

*supra*, pois nesta é o homicídio que resulta da inexigibilidade de conduta diversa, absorvendo a infração de porte ilegal de arma de fogo.

**39-L. Porte de arma por policiais:** deve respeitar o que dispõe o regulamento de cada categoria. Pode configurar porte ilegal se tais regras não forem respeitadas.

**39-M. Transporte de arma de fogo em bolsa:** caracteriza o crime, pois configura perfeitamente o porte.

**39-N. Laudo pericial da arma:** como regra, é desnecessário. Sem dúvida, exige-se a apreensão da arma, mas não se cuida de perícia imprescindível a checagem de sua potencialidade lesiva, o que se presume. Afinal, o controle estatal de armas de fogo é patente, pouco importando o grau de eficiência do instrumento. Entretanto, se constituir tese da defesa, como, por exemplo, a imprestabilidade da arma, configurando crime impossível, deve-se realizar o laudo, sob pena de cerceamento. Na jurisprudência: STJ: "3. Segundo a jurisprudência deste Superior Tribunal, o simples fato de possuir arma de fogo, mesmo que desacompanhada de munição, acessório ou munição, isoladamente considerada, já é suficiente para caracterizar o delito previsto no art. 14 da Lei n. 10.826/2003, por se tratar de crime de perigo abstrato. Nesse contexto, é irrelevante aferir a eficácia da arma de fogo/acessório/munição para a configuração do tipo penal, que é misto-alternativo, em que se consubstanciam, justamente, as condutas que o legislador entendeu por bem prevenir, seja ela o simples porte de munição, seja o porte de arma desmuniciada" (AgRg no REsp 1.947.592 – SP, 6.ª T., rel. Sebastião Reis Júnior, 22.02.2022, v.u.).

**39-O. Efeito da condenação:** um dos efeitos da condenação, previsto no art. 91, II, *a*, do Código Penal é a perda, em favor da União, ressalvado o direito do lesado ou de terceiro de boa-fé dos instrumentos do crime, desde que consistam em coisas cujo fabrico, alienação, uso, *porte* ou detenção constitua *fato ilícito*. Quem porta ilegalmente uma arma de fogo, mesmo registrada, incide no tipo penal do art. 14 desta Lei. Logo, quando condenado, perde essa arma para o Estado. Eventualmente, o agente pode manter em sua residência uma arma de uso restrito, sem registro e autorização do Exército. Se condenado, como incurso no art. 12 desta Lei, igualmente perderá a referida arma. Na jurisprudência: STJ: "1. A Terceira Seção do Superior Tribunal de Justiça firmou o entendimento de que a condenação por porte ilegal de arma de fogo acarreta, como efeito, o perdimento do armamento apreendido, em razão do disposto nos arts. 91, II, 'a', do CP e 1º da LCP (EREsp 83.359/SP, Rel. Ministro Gilson Dipp, Terceira Seção, julgado em 13/12/1999, DJ 21/02/2000). 2. O perdimento do armamento apreendido é um efeito da prática da conduta tipificada no art. 14, *caput*, do Estatuto do Desarmamento, não podendo ser conferido prazo para regularização do artefato, haja vista que tal providência somente é cabível nos casos de posse de arma de fogo, não sendo aplicada à hipótese de porte, como o caso dos autos. 3. Recurso Especial provido para reformar o acórdão recorrido e restabelecer a sentença que condenou o réu à perda em favor da União da arma de fogo apreendida" (REsp 1.666.879 – SC, 5.ª T., rel. Jorge Mussi, 26.06.2018, v.u.).

**39-P. Arma em veículo:** cuida-se de porte de arma, previsto no art. 14, e não de posse em residência, como disposto pelo art. 12. O veículo não é uma extensão da morada do agente. Entretanto, se o veículo for destinado à residência, como ocorre com o *trailer*, pode-se considerar preenchido o art. 12 – e não o art. 14.

**39-Q. Porte de arma vencido:** configura crime. O entendimento do vencimento do porte é diverso daquele considerado vencimento para posse. Afinal, nesse caso, a arma se encontra em residência e a potencialidade de dano é muito menor; por isso, vencido o prazo, cuida-se de mera infração administrativa. Mas, quanto ao porte de arma, por representar potencialidade lesiva maior, quer-se que o interessado renove, sempre, a sua autorização, pois fatos novos podem indicar a inviabilidade de manter o porte de arma. Na jurisprudência: STJ: "1. Trata-se de denúncia pela prática do crime de porte ilegal de arma de fogo (art. 14 da Lei 10.826/2003) e ameaça (art. 147 do Código Penal), no qual o recorrente é acusado de portar arma de fogo com o porte e o registro da arma vencidos, além de ameaçar a vítima mediante o uso do artefato. 2. O trancamento de ação penal ou de inquérito policial, em sede de *habeas corpus* ou recurso ordinário, constitui medida excepcional, somente admitida quando restar demonstradas, sem a necessidade de exame do conjunto fático-probatório, a atipicidade da conduta, a ocorrência de causa extintiva da punibilidade ou a ausência de indícios suficientes da autoria ou prova da materialidade. Precedentes. 3. Em relação ao porte ilegal de arma de fogo, embora o recorrente afirme que a autorização não estava vencida, tampouco o registro da arma portada, não foi produzida nenhuma prova pré-constituída nesse sentido. Ao contrário, consta do documento acostado a e-STJ fl. 59, expedido pela Polícia Federal, que o porte de arma de fogo do recorrente, bem como o registro da arma, estavam vencidos na data da apreensão. 4. O entendimento firmado pelo Superior Tribunal de Justiça no julgamento da APn n. 686/AP (Rel. Ministro João Otávio de Noronha, Corte Especial, *DJe* 29/10/2015) é restrito ao delito de posse ilegal de arma de fogo de uso permitido (art. 12 da Lei 10.826/2003), não se aplicando ao crime de porte ilegal de arma de fogo (art. 14 da Lei 10.826/2003), cuja elementar é diversa e a reprovabilidade mais intensa. 5. 'O simples fato de portar ilegalmente arma de fogo caracteriza a conduta descrita no artigo 14 da Lei 10.826/2003, por se tratar de crime de perigo abstrato, cujo objeto imediato é a segurança coletiva' (HC 356.198/SP, Rel. Ministro Jorge Mussi, Quinta Turma, *DJe* 5/10/2016) (...)" (RHC 63.686 – DF, 5.ª T., rel. Reynaldo Soares da Fonseca, 16.02.2017, v.u.).

**39-R. Possibilidade de concurso de pessoas:** o crime pode ser cometido por um só agente, pois é unissubjetivo. Mas nada impede que várias pessoas estejam em concurso para o porte ilegal de armas, ainda que seja desnecessário que todos estejam portando a arma. É preciso que haja aderência de todos ao porte ilegal de um ou de uns. Na jurisprudência: STJ: "III – Extrai-se da redação do art. 14, *caput*, do Estatuto do Desarmamento que não se exige, no crime de porte de arma de uso permitido, condição especial do sujeito ativo ou que a conduta seja praticada pessoal e exclusivamente por um único agente para o aperfeiçoamento da figura delitiva. Cuida-se, no caso, de crime unissubjetivo, que, embora possa ser praticado pelo agente individualmente, não é refratário ao concurso eventual de pessoas. IV – Assim, comprovada a existência de pluralidade de agentes que atuaram conjuntamente na realização de uma única e mesma conduta típica – compra, posse compartilhada e transporte do artefato –, com identidade de propósitos e divisão dos atos de execução, os quais dispunham, ambos, de ampla liberdade em eventual emprego da arma de fogo – que se encontrava no interior de veículo ocupado por eles –, preenchidos estão os requisitos para o reconhecimento do concurso de pessoas na modalidade coautoria, não havendo que se falar em constrangimento ilegal no v. acórdão impugnado. *Habeas corpus* não conhecido" (HC 477.765 – SP, 5.ª T., rel. Felix Fischer, 07.02.2019, v.u.).

**40. Benefícios penais:** nenhum benefício previsto na Lei 9.099/95 é aplicável, pois a pena máxima supera dois anos (incabível a transação) e a pena mínima supera um ano (incabível a suspensão condicional do processo). Em caso de condenação, no entanto, é viável a aplicação de pena alternativa (arts. 43 e 44, CP), *sursis*, conforme o caso (art. 77, CP) e regime aberto (art. 33, § 2.º, CP).

**41. Liberdade provisória:** a ilusão da inafiançabilidade de um delito, no Brasil, é algo a ser, sempre, ressaltado. Toda vez que uma norma estabelece cuidar-se de crime inafiançável, refere-se à impossibilidade legal de o delegado ou juiz conceder liberdade provisória, *com fiança*, isto é, mediante o pagamento ou depósito de certo valor, para aguardar em liberdade

# Art. 15

o transcurso do processo. Olvida-se, no mais das vezes, que cabe a liberdade provisória, *sem fiança* (mais benéfica, inclusive), para qualquer delito, quando não estiverem presentes os requisitos da prisão preventiva. Logo, é totalmente inócua a proibição de fiança neste caso. Apesar disso, o Supremo Tribunal Federal considerou inconstitucional o disposto nos parágrafos únicos dos arts. 14 e 15, sob a alegação de ser desproporcional, ferindo o princípio da razoabilidade. Afinal, estar-se-ia equiparando os delitos dos arts. 14 e 15 aos mais graves, previstos na Constituição Federal como infrações penais inafiançáveis (tortura, tráfico ilícito de entorpecentes e drogas afins, terrorismo e dos definidos em lei como hediondos) (cf. ADI 3.112 – DF, Pleno, rel. Ricardo Lewandowski, 02.05.2007, m.v., *Informativo* 465).

### Disparo de arma de fogo

> **Art. 15.** Disparar[42-44] arma de fogo ou acionar munição em lugar habitado[45] ou em suas adjacências,[46] em via pública[47] ou em direção a ela, desde que essa conduta não tenha como finalidade[48] a prática de outro crime:[49-51]
>
> Pena – reclusão, de 2 (dois) a 4 (quatro) anos, e multa.[52]
>
> **Parágrafo único.** O crime previsto neste artigo é inafiançável.[53]

**42. Análise do núcleo do tipo:** *disparar* (desfechar, descarregar) arma de fogo (vide conceito na nota 7 ao art. 12) ou *acionar* (fazer funcionar) munição (vide conceito na nota 9 ao art. 12) em lugar habitado ou nas adjacências, em via pública ou na sua direção, se tal conduta não tiver como base a prática de outro delito. Há elementos normativos do tipo (lugar habitado e adjacências; via pública ou sua direção) a serem analisados em notas próprias. Cuida-se de delito de perigo abstrato (ver a nota 45 *infra*). Na jurisprudência: STJ: "3. O delito previsto no art. 15 da Lei n. 10.826/2003 é crime de perigo abstrato que presume dano à segurança pública, sendo desnecessária a comprovação da lesividade ao bem jurídico tutelado, ou seja, a existência, ou não, de pessoas nos locais habitados ou em suas adjacências ou em via pública é irrelevante para a configuração do crime" (AgRg no REsp 1.991.582 – MG, 5.ª T., rel. Reynaldo Soares da Fonseca, 19.04.2022, v.u.).

**43. Sujeitos ativo e passivo:** o sujeito ativo é qualquer pessoa. O sujeito passivo é a sociedade. Secundariamente, a(s) pessoa(s) submetida(s) a risco de lesão.

**44. Elemento subjetivo:** é o dolo. Não há elemento subjetivo específico, nem se pune a forma culposa. Sobre a finalidade específica do agente, que é dado utilizado para descaracterizar o crime do art. 15, consultar a nota 48, *infra*.

**45. Lugar habitado:** é o local que possui, em redor, pessoas residindo. Cuida-se de analisar, no caso concreto, em que tipo de região ocorreu o disparo. Se ninguém por ali habita, é natural não haver sentido algum na punição, pois o disparo em local ermo (deserto) não constitui perigo para a segurança pública. Cremos que, havendo residência por perto, estando ela com pessoas ou não, é vedada a produção de disparos, o que significa ser delito de perigo *abstrato* e não concreto. Em outras palavras, não cabe ao agente buscar provar que, embora em lugar povoado, seus tiros não acertariam ninguém, pois as casas estavam vazias. Seria a mesma ideia de se tentar provar que o porte não autorizado de arma de fogo a ninguém afetaria, pois o agente é equilibrado e muito responsável.

**46. Adjacências:** significa o que está próximo ou vizinho a alguma coisa. Portanto, o disparo está vedado tanto no lugar habitado (imagine-se um condomínio horizontal, de casas

# Armas

# Art. 15

lado a lado, onde o agente desfere tiros de arma de fogo no seu quintal), como também na área externa a tal condomínio, desde constitua lugar *vizinho*. A chance de se ferir alguém é idêntica.

**47. Via pública ou em direção a ela:** a via pública é constituída dos caminhos pelos quais trafegam pessoas e veículos em geral (ruas, estradas, alamedas etc.), livremente, sem constituir a esfera privada (ex.: as trilhas de uma fazenda particular) de qualquer cidadão. A expressão *em direção a ela* quer dizer que o disparo foi feito de dentro de uma residência privada, mas tendo por alvo a referida via pública. Exige-se interpretação, valoração, de ordem cultural, leia-se, conforme as características específicas de cada lugar.

**48. Finalidade específica e tipo subsidiário:** se o agente possuir, como fim específico a prática de qualquer delito de dano, desaparece a figura do art. 15, remanescendo somente a outra, relativa a essa finalidade. Exemplo: o autor dá um disparo na direção de X, que está em plena via pública, pretendendo matá-lo. Responderá, apenas, por tentativa de homicídio (se não conseguir o seu desiderato) ou homicídio consumado (caso o ofendido perca a vida). O tipo se autoproclama subsidiário e concentra essa subsidiariedade na finalidade *específica* do agente. É natural que, dando disparo de arma de fogo em lugar habitado, sem a finalidade de atingir alguém, embora tal situação ocorra, é preciso cautela. Pensamos que, em face da gravidade do crime previsto no art. 15 (vide a pena aplicável), não se pode abrir mão de punir o agente com base na Lei 10.826/2003, ainda que uma ou outra vítima, efetivamente atingida, sofra lesões. Não era essa a finalidade do autor dos disparos, motivo pelo qual a lesão culposa ocorrida deve desaparecer (pelo critério da absorção), cedendo espaço ao crime mais grave, que é o disparo de arma de fogo em lugar habitado. No entanto, se a intenção do agente era ferir, ainda que levemente, a vítima, o delito de dano (art. 129, *caput*, CP) prevalece sobre o de perigo, embora este tenha pena abstrata mais grave que o outro. É a incoerência do sistema penal brasileiro.

**49. Objetos material e jurídico:** o objeto material é a arma de fogo ou a munição deflagrada. Os objetos jurídicos são a segurança e a paz públicas. Secundariamente, a integridade física de alguém.

**50. Classificação:** é crime comum (pode ser praticado por qualquer pessoa); formal (independe da ocorrência de qualquer efetivo prejuízo para a sociedade ou para alguma pessoa especificamente); de forma livre (pode ser cometido por qualquer meio eleito pelo agente); comissivo (o verbo implica em ação); instantâneo (a consumação ocorre em momento definido); unissubjetivo (pode ser cometido por uma só pessoa); unissubsistente (cometido num único ato) ou plurissubsistente (cometido por vários atos), conforme o mecanismo eleito pelo agente. Admite tentativa na forma plurissubsistente, embora de difícil configuração.

**51. Concurso de crimes de perigo:** se a finalidade for o cometimento de crime de dano, como já expusemos, este delito resta absorvido. Porém, caso o agente possua (ou porte) arma ilegal e efetue disparo na via pública, pensávamos devesse responder somente pelo crime de disparo de arma de fogo, pois este seria o crime-fim. O fato anterior restaria não punido. Entretanto, é preciso considerar tratar-se de autêntico concurso de crimes de perigo abstrato, que não envolve nenhum *dano* específico. Há perigo em ter arma não registrada ou porte não autorizado e, pior, caso o agente efetue disparo em via pública (não para o cometimento de crime de dano), por qualquer razão sem justificativa plausível (como legítima defesa ou estado de necessidade), o perigo se torna duplo. Por isso, constituindo tipos diversos, também, não é aplicável o crime continuado, restando configurado o concurso material (art. 12 ou 14 e 15 desta Lei).

**52. Benefícios penais:** nenhum benefício previsto na Lei 9.099/95 é aplicável, pois a pena máxima supera dois anos (incabível a transação) e a pena mínima supera um ano (in-

# Art. 16

**Leis Penais e Processuais Penais Comentadas – Vol. 2 · Nucci**

cabível a suspensão condicional do processo). Em caso de condenação, no entanto, é viável a aplicação de pena alternativa (arts. 43 e 44, CP), *sursis*, conforme o caso (art. 77, CP) e regime aberto (art. 33, § 2.º, CP).

**53. Liberdade provisória:** ver a nota 41 ao art. 14, parágrafo único.

### Posse ou porte ilegal de arma de fogo de uso restrito

> **Art. 16.** Possuir,[54-56] deter, portar, adquirir, fornecer, receber, ter em depósito, transportar, ceder, ainda que gratuitamente, emprestar, remeter, empregar, manter sob sua guarda ou ocultar arma de fogo, acessório ou munição de uso proibido ou restrito,[57-57-A] sem autorização[58] e em desacordo com determinação legal ou regulamentar:[59-60-B]
>
> Pena – reclusão, de 3 (três) a 6 (seis) anos, e multa.[61]
>
> § 1.º Nas mesmas penas incorre quem:
>
> I – suprimir[62-64] ou alterar marca, numeração ou qualquer sinal de identificação de arma de fogo ou artefato;[65-66-B]
>
> II – modificar[67-69] as características de arma de fogo, de forma a torná-la equivalente a arma de fogo de uso proibido ou restrito ou para fins de dificultar ou de qualquer modo induzir a erro autoridade policial, perito ou juiz;[70-71]
>
> III – possuir,[72-74] deter, fabricar ou empregar artefato explosivo ou incendiário, sem autorização ou em desacordo com determinação legal ou regulamentar;[75-76]
>
> IV – portar,[77-79] possuir, adquirir, transportar ou fornecer arma de fogo com numeração, marca ou qualquer outro sinal de identificação raspado, suprimido ou adulterado;[80-81]
>
> V – vender,[82-84] entregar ou fornecer, ainda que gratuitamente, arma de fogo, acessório, munição ou explosivo a criança ou adolescente; e[85-86]
>
> VI – produzir,[87-89] recarregar ou reciclar, sem autorização legal, ou adulterar, de qualquer forma, munição ou explosivo.[90-91]
>
> § 2.º Se as condutas descritas no *caput* e no § 1º deste artigo envolverem arma de fogo de uso proibido, a pena é de reclusão, de 4 (quatro) a 12 (doze) anos.[91-A]

**54. Análise do núcleo do tipo:** *possuir* (ter a posse ou desfrutar de algo), *deter* (conservar em seu poder, ainda que passageiramente), *portar* (carregar consigo), *adquirir* (comprar mediante o pagamento de certo preço), *fornecer* (abastecer, prover), *receber* (aceitar algo de alguém), *ter em depósito* (possuir algo armazenado), *transportar* (carregar de um lugar a outro), *ceder* (transferir a posse) – mediante remuneração ou de modo gratuito, ou seja, sem qualquer ônus –, *emprestar* (ceder por tempo determinado), *remeter* (enviar de um lugar a outro), *empregar* (servir-se de algo, utilizar), *manter sob guarda* (conservar algo sob vigilância) ou *ocultar* (esconder). Cuida-se de tipo misto alternativo, ou seja, a prática de uma ou mais condutas configura um só delito. O objeto de tais condutas pode ser a arma de fogo, o acessório ou a munição de *uso restrito* (controladas rigidamente pelo Estado, conforme a nota 57, *infra*). Vale-se o tipo, como quase todos nesta Lei, do complemento: *sem autorização e em desacordo com determinação legal ou regulamentar*. E, para a configuração do crime, une-se, na realidade, o art. 12 com o art. 14, voltando-se a um objeto diferenciado, que é a arma, acessório ou munição de uso restrito. Na jurisprudência: STJ: "6. O crime previsto no art. 16, *caput*, da Lei n. 10.826/2003 é chamado tipo misto alternativo, aquele que prevê diversos núcleos que, uma vez praticados no mesmo contexto fático, caracterizam apenas um delito. Nesse diapasão, o porte e o transporte de arma de fogo de uso restrito devem ser imputados ao paciente como um único delito" (HC 516.153 – SC, 5.ª T., rel. Ribeiro Dantas, 18.08.2020, v.u.).

**54-A. Princípio da insignificância:** depende do caso concreto, porém, admitimos a sua viabilidade para vários tipos incriminadores previstos nesta Lei. Imagine-se quem guarda um único projétil de arma de fogo como lembrança de um evento ou porque algum parente ou amigo lhe deu há muito tempo. Ainda que se possa sustentar estarem os tipos penais desta Lei calcados em perigo abstrato, seria demasiado apego à força punitiva agir contra esse indivíduo. Há precedentes do STF: "3. Hipótese em que não é possível a aplicação do princípio da bagatela, uma vez que o paciente restou condenado pela prática dos crimes do art. 33, *caput* e § 4º, da Lei n. 11.343/2006 e 16 da Lei n. 10.826/2003, "em razão da posse de aproximadamente 20g (vinte gramas) de maconha e de 5 munições intactas, calibre 7.62 de uso restrito, em desacordo com determinação legal ou regulamentar'" (HC 229.413 AgR, 1.ª T., rel. Luís Roberto Barroso, 02.10.2023, v.u.); "Pretendido reconhecimento do princípio da insignificância. Possibilidade, à luz do caso concreto. Paciente que guardava em sua residência uma única munição de fuzil (calibre 762). Ação que não tem o condão de gerar perigo para a sociedade, de modo a contundir o bem jurídico tutelado pela norma penal incriminadora. Precedentes. Atipicidade material da conduta reconhecida. Ordem concedida" (HC 154.390, 2.ª T., rel. Dias Toffoli, j. 17.04.2018, v.u.). STJ: "2. Reconhece-se a atipicidade material da posse e do porte ilegal de munições excepcionalmente, quando é ínfima a quantidade de munição e inexiste artefato capaz de disparar os projéteis, situação em que se analisam as circunstâncias do delito e as peculiaridades do caso concreto para aferir: a) a mínima ofensividade da conduta do agente; b) a ausência de periculosidade social da ação; c) o reduzido grau de reprovabilidade do comportamento; e d) a inexpressividade da lesão jurídica provocada (EREsp n. 1.856.980/SC)" (REsp 1.978.284 – GO, 5.ª T., rel. João Otávio de Noronha, 14.06.2022, v.u.).

**54-B. Concurso de crimes:** são tipos penais diversos (arts. 14 e 16), com diferentes potencialidades lesivas, motivo pelo qual, se houver apreensão de arma de uso permitido e arma de uso restrito (*caput*) ou proibido (§ 2.º), sem autorização legal, no mesmo local, considerando-se o mesmo sujeito ativo, haverá concurso formal.

**54-C. Sobre o concurso de crimes com roubo:** o porte de arma de uso restrito (*caput*) ou proibido (§ 2.º) representa um delito de perigo abstrato, colocando em risco a segurança pública. Diante disso, havendo a prática de roubo, com arma proibida ou restrita, defendíamos devesse aplicar o concurso de crimes, podendo até se tratar de concurso formal (art. 70, CP). No entanto, alteramos o nosso entendimento, pois o crime de dano deve absorver o crime de perigo, quando aquele é o fim e este é o meio. Aliás, pune-se o perigo para que não se torne um dano. Se o agente faz uso de arma de fogo, portando-a ilegalmente, justamente para poder cometer um roubo, não há sentido em se punir ambas as condutas. Além disso, as reformas introduzidas pelas Leis 13.654/2018 e 13.964/2019 cominaram causas de aumento elevadas para quem assalta com arma de fogo (aumento de 2/3) ou com arma proibida (dobra-se a pena), nos termos do art. 157, §§ 2.º-A e 2.º-B, do Código Penal.

**55. Sujeitos ativo e passivo:** o sujeito ativo pode ser qualquer pessoa. O sujeito passivo é a sociedade.

**56. Elemento subjetivo:** é o dolo. Não há elemento subjetivo específico, nem se pune a forma culposa.

**57. Uso restrito ou proibido:** este tipo penal é norma penal em branco e depende de complementação para a sua aplicação. Portanto, o *uso restrito ou proibido* de arma de fogo, acessório e munição é fixado por decreto do Presidente da República, cujo cenário tem sido alterado com frequência. É sempre preciso consultar o decreto em vigor.

**57-A. Sobre as armas de fogo e munição de uso proibido:** conforme expõem Almir Santos Reis Junior e Christiano Jorge Santos, no tocante as que constam em tratados e acordos internacionais assinados pelo Brasil, "as armas proibidas podem ser identificadas na Convenção da ONU sobre Armas Convencionais (CAC, cuja sigla em inglês é CCW) e que possui como nome oficial Convenção sobre Proibições ou Restrições ao Emprego de Certas Armas Convencionais que Podem Ser Consideradas como Excessivamente Lesivas ou Geradoras de Efeitos Indiscriminados, a qual foi concluída em outubro de 1980, que entrou em vigor internacionalmente, em dezembro de 1983 e que suplementa as Convenções de Genebra de 1949. Dela o Brasil é signatário, inclusive dos protocolos posteriormente realizados. A Convenção, em si, apenas contém disposições gerais. Todas as proibições ou restrições ao uso específico de armamentos e sistemas de arma são objetos dos Protocolos anexados na Convenção. Houve internalização em nosso ordenamento jurídico por meio do Decreto nº 2.739, de 20 de agosto de 1998. Portanto, de modo objetivo, pode-se afirmar que são armas de fogo de uso proibido no Brasil: as dissimuladas (...); aquelas cujo efeito primário seja ferir por meio de fragmentos que, no corpo humano, não são detectáveis por raios X (artigo único do Protocolo I), e as armas incendiárias (nos exatos termos da definição e com as exclusões definidas no artigo 1 do Protocolo III). Tal hipótese se verifica desde que a arma de fogo funcione nos moldes da definição contida no Glossário que compõe o Anexo III do Decreto nº 10.030, de 30 de setembro de 2019 e assim dispare munição incendiária. Contrariamente, portanto, um aparelho de 'lança chamas' que funcione com base no incandescer de gás inflamável expelido sobre pressão não será arma incendiária para os fins do Estatuto do Desarmamento, embora o seja para a Convenção, pois não funciona com arremesso de projétil em processo iniciado pelo incêndio da pólvora. A maioria das armas mencionadas nos demais protocolos da Convenção não dizem respeito ao Estatuto do Desarmamento porque, conquanto igualmente proibidas e altamente lesivas, não são armas de fogo (exemplos: algumas armas incendiárias com propulsão de gás comprimido ou armas cegantes de laser, previstas, respectivamente, nos protocolos III e IV)". Quanto às armas dissimuladas, os autores mencionam serem aquelas possuidoras de aparência de objetos inofensivos e "são as armas que, normalmente, se valem de munições de baixos calibres (o calibre mais comum é o .22) e que, na grande maioria das vezes, permitem a efetuação de um único disparo. Como é próprio de sua natureza, tem como objetivo evitar sua identificação e apreensão em buscas pessoais ou domiciliares. Por dificultar ou impossibilitar a percepção de que uma pessoa se encontre armada, pode ser útil, por exemplo, para permitir a aproximação do atirador a seu alvo, numa hipótese de atentado, ou o ingresso de alguém armado em local cujo acesso é vedado a pessoas que portam armas. Em sendo produzidas artesanalmente (ou assim adaptadas) não possuem numeração de série e, por conseguinte, permanecem alheias ao controle estatal. Por suas características de tiro, em regra, não se prestam às atividades criminosas ordinárias. Imagine-se uma cena de roubo: uma arma disfarçada no formato de uma caneta intimidará muito menos uma vítima que um simulacro de arma de fogo ou até mesmo uma arma 'de brinquedo' (cujo porte não é criminalizado por não serem efetivamente armas de fogo). Também uma 'caneta pistola' não se prestará à proteção de um traficante de drogas que muitas vezes se envolverá em confrontos e até em troca de tiros e que preferirá ter em seu poder, num tiroteio, armas de grosso calibre, capacidade de efetuação de vários disparos e também preferirá portar armas de ágil processo de recarga de munição (motivo pelo qual a criminalidade organizada há muito substituiu os revólveres por pistolas, metralhadoras e até fuzis). Igualmente, tal arma será imprestável a um homicida que precise atirar em alguém mais de uma vez ou que não tem a oportunidade de se aproximar da vítima. Por todos os motivos, poucas são as armas de tal espécie vistas em nosso país e pequena a incidência de apreensões.

A título de ilustração e de curiosidade, na rede mundial de computadores encontram-se disponíveis fotografias de diversas armas de fogo do tipo dissimuladas, em formatos de canetas, bengalas, relógios, isqueiros e até mesmo de crucifixos". No tocante às munições de uso proibido, Reis Junior e Santos explicam que "o Estatuto de Roma do Tribunal Penal Internacional previu como crime de guerra (e, portanto, há de se entender como de uso proibido) a utilização de munições (com termo tecnicamente não recomendável: 'balas') que se expandem ou achatam facilmente no interior do corpo humano, tais como balas de revestimento duro que não cobre totalmente o interior ou possui incisões (artigo 8º, 2, b, XIX). (...) Munições que se expandem ou que agem por mecanismo de expansão (amplificando os danos aos órgãos internos dos corpos que penetra) tem como principais exemplos os cartuchos que contém projéteis da chamada munição expansiva ou de ponta oca (*holler point*). (...) Uma das espécies de munições proibidas é a 'Mina', definida no item 1 do artigo 2 do Protocolo II da Convenção [da ONU sobre Armas Convencionais]. Note-se que para se caracterizar como munição de arma de fogo do Estatuto do Desarmamento, isso somente se dará na figura da mina lançada à distância, quando isso se der por arma de fogo, como por exemplo, um morteiro (em sendo assim considerado). (...) Também são proibidas as munições incendiárias arremessadas pelas armas de fogo incendiárias (nos exatos termos da definição e com as exclusões definidas no artigo 1 do Protocolo III da Convenção da ONU sobre Armas Convencionais) e para cá valem as mesmas ressalvas realizadas quanto às armas proibidas incendiárias, ou seja, não basta que a munição seja incendiária, exigindo-se que arma incendiária seja de fogo e, portanto funcione nos moldes da definição contida no Glossário que compõe o Anexo III do Decreto nº 10.030, de 30 de setembro de 2019. (...) Resta, portanto, a análise da última espécie de munição proibida: a munição química. O Brasil é signatário da Convenção Internacional sobre a Proibição do Desenvolvimento, Produção, Estocagem e Uso de Armas Químicas e sobre a Destruição das Armas Químicas Existentes no Mundo, a qual foi assinada em Paris, em 13 de janeiro de 1993. Tal Convenção foi incorporada em nosso ordenamento jurídico com a publicação do Decreto nº 2.977, de 1º de março de 1999. No artigo II da Convenção, item 1, consta que 'por armas químicas entende-se, conjunta ou separadamente: a) As substâncias químicas tóxicas ou seus precursores, com exceção das que forem destinadas para fins não proibidos por esta Convenção, desde que os tipos e as quantidades em questão sejam compatíveis com esses fins; b) As munições ou dispositivos destinados de forma expressa para causar morte ou lesões mediante as propriedades tóxicas das substâncias especificadas no subparágrafo a) que sejam liberadas pelo uso dessas munições ou dispositivos; ou c) Qualquer tipo destinado de forma expressa a ser utilizado diretamente em relação com o uso das munições ou dispositivos especificados no subparágrafo b). No capítulo B do Anexo sobre Substâncias Químicas da Convenção estão três tabelas que contêm diversas substâncias que, em fazendo parte das armas químicas e munições químicas, deverão ser destruídas. A título de exemplificação, podem-se mencionar Fosgênio: dicloreto de carbonila (gás asfixiante), o Cianeto de hidrogênio (gás ou líquido asfixiante) ou o gás-mostarda (vapor ou líquido), leva à morte dolorosa por asfixia após provocação de bolhas na pele. Este último foi largamente utilizado durante a 1ª Guerra Mundial. Para caracterizar munição tóxica para efeito de incidência da Lei 10.826/2003, faz-se necessário que a munição seja disparada por arma de fogo, como já observado" ("Posse ou porte ilegal de arma de fogo de uso restrito. Art. 16 da Lei 10.826/03". In: Hammerschmidt (coord.), Crimes hediondos e assemelhados, p. 296-297; 299-301).

**58. Norma penal em branco:** igualmente, no contexto da autorização para a propriedade, posse e porte, em geral, de armas de uso restrito, deve-se consultar a legislação extrapenal apropriada para tomar conhecimento integral do alcance do tipo penal incriminador.

# Art. 16

**59. Objetos material e jurídico:** o objeto material é a arma de fogo, acessório ou munição proibida ou de uso restrito. Os objetos jurídicos são a segurança e a paz públicas.

**60. Classificação:** é crime comum (pode ser praticado por qualquer pessoa); formal (independe da ocorrência de qualquer efetivo prejuízo para a sociedade); de perigo abstrato (a probabilidade de vir a ocorrer algum dano, pelo mau uso da arma, acessório ou munição, é presumido pelo tipo penal, em especial por se tratar de objeto proibido ou de uso restrito); de forma livre (pode ser cometido por qualquer meio eleito pelo agente); comissivo (os verbos implicam em ações); instantâneo (a consumação ocorre em momento definido), nas modalidades *adquirir, fornecer, receber, ceder, emprestar, remeter, empregar,* porém permanente (a consumação se prolonga no tempo) nas formas *possuir, portar, deter, ter em depósito, transportar, manter sob guarda* e *ocultar*; unissubjetivo (pode ser cometido por uma só pessoa); unissubsistente (cometido num único ato) ou plurissubsistente (cometido em vários atos), conforme o meio eleito pelo agente. Admite tentativa na forma plurissubsistente.

**60-A. Competência:** é da Justiça Estadual, como regra. O simples fato de se tratar de arma de uso restrito não afeta a União, da mesma forma como sustentamos, em nota anterior, a fiscalização e controle do SINARM não é capaz de deslocar a competência para a Justiça Federal.

**60-B. Crime hediondo:** conforme a redação dada pela Lei 13.964/2019 ao art. 1º, parágrafo único, II, da Lei 8.072/90 ("o crime de posse ou porte ilegal de arma de fogo de uso proibido, previsto no art. 16 da Lei nº 10.826, de 22 de dezembro de 2003"), passa a ser considerada crime hediondo a forma do parágrafo único do art. 16, que faz referência a arma proibida.

**61. Benefícios penais:** são poucos. A pena é corretamente elevada, em razão da gravidade objetiva da posse ou porte de arma potencialmente mais lesiva que as de uso permitido. Não se trata de infração de menor potencial ofensivo, logo, afastada está a aplicação da Lei 9.099/95. Em caso de condenação, o juiz somente poderia conceder *sursis* se o sentenciado fosse maior de 70 anos ou estivesse gravemente enfermo (art. 77, § 2.º, CP). Caberia, em tese, se a pena for fixada em montante não superior a quatro anos a substituição por pena restritiva de direitos (arts. 43 e 44, CP). Igualmente, não ultrapassando quatro anos, poder-se-ia fixar regime aberto.

**62. Análise do núcleo do tipo:** *suprimir* (eliminar, extinguir) ou *alterar* (modificar) marca (sinal feito para reconhecer alguma coisa), numeração (números usados para a identificação de algo) ou qualquer sinal de identificação (expediente inominado que serve para identificar algo, notando-se nítido caráter residual, até por que marca também quer dizer sinal) de arma de fogo (ver o conceito na nota 7 ao art. 12) ou artefato (no glossário do antigo Decreto 9.493/2018: é o acessório de arma de fogo "que, acoplado a uma arma, possibilita a melhoria do desempenho do atirador, a modificação de um efeito secundário do tiro ou a modificação do aspecto visual da arma"). Usa-se, pois, o termo *artefato* como sinônimo de acessório da arma de fogo. Entretanto, pode-se considerá-lo, também, qualquer peça destinada à explosão ou combustão. Dependendo, pois, do contexto, tende-se a interpretá-lo de um modo ou de outro). Consulte-se, ainda, a Súmula 668 do STJ: "Não é hediondo o delito de porte ou posse de arma de fogo de uso permitido, ainda que com numeração, marca ou qualquer outro sinal de identificação raspado, suprimido ou adulterado". Na jurisprudência: STJ: "2. O fato do experto ter detectado, em seu laborioso trabalho, a marca e o número de série da arma não permite desconsiderar que a numeração ostensiva originalmente gravada no cano estava suprimida, inviabilizando sua pronta identificação pelo simples exame ocular, o que efetivamente dificulta o controle por parte do Estado e ofende o bem jurídico tutelado pelo tipo penal" (AgRg no RHC 166.821 – MG, 5.ª T., rel. Ribeiro Dantas, 16.08.2022, v.u.).

**63. Sujeitos ativo e passivo:** o sujeito ativo pode ser qualquer pessoa. O sujeito passivo é a sociedade. Secundariamente, o Estado.

**64. Elemento subjetivo:** é o dolo. Não há elemento subjetivo específico, nem se pune a forma culposa.

**65. Objetos material e jurídico:** o objeto material é a arma de fogo ou outro artefato. Os objetos jurídicos são a segurança e a paz públicas. Secundariamente, a administração da justiça.

**66. Classificação:** é crime comum (pode ser praticado por qualquer pessoa); formal (independe da ocorrência de qualquer efetivo prejuízo para a sociedade); de perigo abstrato (a probabilidade de vir a ocorrer algum dano, pelo mau uso da arma ou artefato, não identifica-do, é presumido pelo tipo penal); de forma livre (pode ser cometido por qualquer meio eleito pelo agente); comissivo (os verbos implicam em ações); instantâneo (a consumação ocorre em momento definido); unissubjetivo (pode ser cometido por uma só pessoa); plurissubsistente (cometido em vários atos). Admite tentativa. Em contrário: Delmanto (*Leis penais especiais comentadas*, p. 656). Em nosso entendimento, *alterar* ou *suprimir* pode significar uma só *ação*, mas sempre constituída de vários atos, passíveis de interrupção por terceiros.

**66-A. Arma com numeração suprimida sem munição:** configura o crime por variadas razões: a) a arma de fogo deve ser controlada pelo Estado; a numeração supri-mida impede tal fiscalização, o que, por si só, permite a configuração deste tipo penal; b) pune-se, nesta Lei, a posse ou o porte de munição de modo independente, razão pela qual a arma desmuniciada também é criminalizada; c) o fato de estar a arma de fogo sem munição não significa que não possa ser municiada a qualquer momento, de forma rápida. Enfim, o perigo se concretiza de toda forma.

**66-B. Arma com numeração suprimida ineficaz para uso:** atipicidade. Do mesmo modo que defendemos essa posição nos comentários ao art. 12, é preciso considerar que uma arma quebrada e inútil, constatada tal situação por laudo, mesmo com numeração suprimida, não representa nenhuma potencialidade lesiva.

**67. Análise do núcleo do tipo:** *modificar* (alterar, transformar) as características (particularidades, elementos distintivos) de arma de fogo, tornando-a (fazendo surgir em seu lugar) uma arma de fogo de uso proibido ou restrito (uso controlado, para certas atividades, pelo Estado), ou com a finalidade de *dificultar* (colocar impedimento) ou de qualquer forma *induzir* (levar a uma situação, através do incentivo ou instigação) a erro (falsa percepção da realidade) autoridade policial, perito ou juiz. A conduta é mista alternativa (praticar uma ou várias leva ao cometimento de um só crime). Focaliza-se o agente que transforma arma de uso permitido em arma de fogo de uso restrito (aumentando, por exemplo, o seu calibre ou poder de destruição), bem como leva-se em consideração aquele que tem por fim dificultar a identificação da arma ou fazer com que autoridades e especialistas se enganem ao examiná--la. Note-se a proximidade deste tipo penal (inciso II) com o previsto anteriormente, que é a supressão ou alteração de marca (inciso I). Na essência, quem modifica a numeração de uma arma de fogo – embora o tipo nada mencione a respeito – está buscando dificultar o reconhe-cimento da arma, iludindo autoridades em geral. Por outro lado, quem modifica a arma em si, também leva à impossibilidade de identificação. Os tipos se interligam. Depende do caso concreto para que se saiba qual figura aplicar.

**68. Sujeitos ativo e passivo:** o sujeito ativo pode ser qualquer pessoa. O sujeito passivo é a sociedade. Secundariamente, o Estado.

# Art. 16

**69. Elemento subjetivo:** é o dolo. Há elemento subjetivo específico, consistente em tornar a arma equivalente àquela de uso restrito, bem como com o fim de dificultar a sua identificação ou induzir em erro autoridades ou especialistas. Não se pune a forma culposa.

**70. Objetos material e jurídico:** o objeto material é a arma de fogo. Os objetos jurídicos são a segurança e a paz públicas. Secundariamente, a administração da justiça.

**71. Classificação:** é crime comum (pode ser praticado por qualquer pessoa); formal (independe da ocorrência de qualquer efetivo prejuízo para a sociedade); de perigo abstrato (a probabilidade de vir a ocorrer algum dano, pelo mau uso da arma de fogo modificada é presumido pelo tipo penal); de forma livre (pode ser cometido por qualquer meio eleito pelo agente); comissivo (o verbo implica em ação); instantâneo (a consumação ocorre em momento definido); unissubjetivo (pode ser cometido por uma só pessoa); plurissubsistente (cometido em vários atos). Admite tentativa.

**72. Análise do núcleo do tipo:** *possuir* (reter algo em seu poder, sob período prolongado), *deter* (reter algo em seu poder sob curto período), *fabricar* (construir) ou *empregar* (dar aplicação a algo) artefato explosivo (peça capaz de produzir abalo seguido de forte ruído, causando pelo surgimento repentino de energia física ou expansão de gás) ou incendiário (peça capaz de provocar fogo intenso, com forte poder de destruição). A situação somente é passível de punição se não houver autorização legal.

**73. Sujeitos ativo e passivo:** o sujeito ativo pode ser qualquer pessoa. O sujeito passivo é a sociedade.

**74. Elemento subjetivo:** é o dolo. Não há elemento subjetivo específico, nem se pune a forma culposa.

**75. Objetos material e jurídico:** o objeto material poder ser o artefato explosivo ou incendiário. O objeto jurídico é a segurança pública.

**76. Classificação:** é crime comum (pode ser praticado por qualquer pessoa); formal (independe da ocorrência de qualquer efetivo prejuízo para a sociedade); de perigo abstrato (a probabilidade de vir a ocorrer algum dano, pelo mau uso do artefato, é presumido pelo tipo penal); de forma livre (pode ser cometido por qualquer meio eleito pelo agente); comissivo (os verbos implicam em ações); instantâneo (a consumação ocorre em momento definido), nas modalidades *fabricar* e *empregar*, mas permanente (a consumação se arrasta no tempo) nas formas *possuir* e *deter;* unissubjetivo (pode ser cometido por uma só pessoa); plurissubsistente (cometido em vários atos). Admite tentativa.

**77. Análise do núcleo do tipo:** *portar* (carregar consigo), *possuir* (reter algo em seu poder, sob período prolongado), *adquirir* (comprar, mediante o pagamento de certo preço), *transportar* (carregar de um lugar para outro) ou *fornecer* (abastecer, prover) são as condutas, cujo objeto é a arma de fogo com numeração (ver o conceito na nota 62 ao inciso I), marca (idem) ou outro sinal identificador raspado (tornado ilegível mediante raspagem), suprimido (desaparecido) ou adulterado (modificado). Esta figura típica tem por alvo qualquer arma cujos sinais identificadores possam ter sido eliminados, pouco importando se o calibre é permitido ou proibido.

**78. Sujeitos ativo e passivo:** o sujeito ativo pode ser qualquer pessoa. O sujeito passivo é a sociedade. Secundariamente, o Estado.

**79. Elemento subjetivo:** é o dolo. Não há elemento subjetivo específico, nem se pune a forma culposa.

**80. Objetos material e jurídico:** o objeto material é a arma de fogo alterada. Os objetos jurídicos são a segurança e a paz públicas. Secundariamente, a administração da justiça.

**81. Classificação:** é crime comum (pode ser praticado por qualquer pessoa); formal (independe da ocorrência de qualquer efetivo prejuízo para a sociedade); de perigo abstrato (a probabilidade de vir a ocorrer algum dano, pelo mau uso da arma, ou prejuízo à Justiça, é presumido pelo tipo penal); de forma livre (pode ser cometido por qualquer meio eleito pelo agente); comissivo (os verbos implicam em ações); instantâneo (a consumação ocorre em momento definido), nas modalidades *adquirir* e *fornecer*, porém permanente (a consumação se prolonga no tempo) nas formas *portar*, *possuir* e *transportar*; unissubjetivo (pode ser cometido por uma só pessoa); plurissubsistente (cometido em vários atos). Admite tentativa.

**82. Análise do núcleo do tipo:** *vender* (alienar por certo preço), *entregar* (passar às mãos de alguém) ou *fornecer* (abastecer, prover), de forma gratuita ou onerosa, arma de fogo, acessório, munição (ver conceitos nas notas 7 a 9 ao art. 12) ou explosivo (substância capaz de gerar abalo seguido de forte ruído, advindo do surgimento repentino de uma energia física ou expansão de gás) a criança (pessoa até onze anos completos) ou adolescente (pessoa com doze anos completos até dezessete). Esta Lei, por ser mais recente, afastou a aplicação do art. 242 da Lei 8.069/90 (Estatuto da Criança e do Adolescente), que cuida do mesmo tema.

**83. Sujeitos ativo e passivo:** o sujeito ativo pode ser qualquer pessoa. O sujeito passivo é a sociedade. Secundariamente, a criança ou adolescente.

**84. Elemento subjetivo:** é o dolo. Não há elemento subjetivo específico, nem se pune a forma culposa.

**85. Objetos material e jurídico:** o objeto material poder ser arma de fogo, acessório, munição ou explosivo. O objeto jurídico é a segurança pública. Secundariamente, a incolumidade física da criança e do adolescente.

**86. Classificação:** é crime comum (pode ser praticado por qualquer pessoa); formal (independe da ocorrência de qualquer efetivo prejuízo para a sociedade); de perigo abstrato (a probabilidade de vir a ocorrer algum dano, pelo mau uso da arma, acessório, munição ou explosivo, é presumido pelo tipo penal); de forma livre (pode ser cometido por qualquer meio eleito pelo agente); comissivo (os verbos implicam em ações); instantâneo (a consumação ocorre em momento definido); unissubjetivo (pode ser cometido por uma só pessoa); plurissubsistente (cometido em vários atos). Admite tentativa.

**87. Análise do núcleo do tipo:** *produzir* (criar, gerar), *recarregar* (pôr carga novamente em algo) ou *reciclar* (atualizar algo para obter melhor rendimento) e *adulterar* (modificar) munição (ver conceito na nota 9 ao art. 12) ou explosivo (ver conceito na nota 82 ao inciso anterior). Acrescenta-se, ao tipo, o elemento normativo *sem autorização legal*, formando norma penal em branco, dependente da análise de outras normas extrapenais para a correta inteligência da figura deste inciso.

**88. Sujeitos ativo e passivo:** o sujeito ativo pode ser qualquer pessoa. O sujeito passivo é a sociedade.

**89. Elemento subjetivo:** é o dolo. Não há elemento subjetivo específico, nem se pune a forma culposa.

**90. Objetos material e jurídico:** o objeto material é a munição ou o explosivo. O objeto jurídico é a segurança pública.

**91. Classificação:** é crime comum (pode ser praticado por qualquer pessoa); formal (independe da ocorrência de qualquer efetivo prejuízo para a sociedade); de perigo abstrato (a probabilidade de vir a ocorrer algum dano, pelo mau uso da munição ou explosivo, é presumido pelo tipo penal); de forma livre (pode ser cometido por qualquer meio eleito pelo agente); comissivo (os verbos implicam em ações); instantâneo (a consumação ocorre em momento definido; unissubjetivo (pode ser cometido por uma só pessoa); plurissubsistente (cometido em vários atos). Admite tentativa.

**91-A. Arma de fogo de uso proibido:** a Lei 13.964/2019 houve por bem alterar a pena, passando para reclusão de 4 a 12 anos. Olvidou a multa. Este delito é hediondo.

### Comércio ilegal de arma de fogo

> **Art. 17.** Adquirir,[92-94] alugar, receber, transportar, conduzir, ocultar, ter em depósito, desmontar, montar, remontar, adulterar, vender, expor à venda, ou de qualquer forma utilizar, em proveito próprio ou alheio, no exercício[95] de atividade comercial ou industrial, arma de fogo,[96] acessório ou munição, sem autorização[97] ou em desacordo com determinação legal ou regulamentar:[98-99]
>
> Pena – reclusão, de 6 (seis) a 12 (doze) anos, e multa.[100]
>
> § 1.º Equipara-se à atividade comercial ou industrial, para efeito deste artigo, qualquer forma de prestação de serviços, fabricação ou comércio irregular ou clandestino, inclusive o exercido em residência.[101]
>
> § 2.º Incorre na mesma pena quem vende ou entrega arma de fogo, acessório ou munição, sem autorização ou em desacordo com a determinação legal ou regulamentar, a agente policial disfarçado, quando presentes elementos probatórios razoáveis de conduta criminal preexistente.[101-A]

**92. Análise do núcleo do tipo:** *adquirir* (comprar mediante o pagamento de certo preço), *alugar* (cessão de algo por um tempo mediante o pagamento de um preço), *receber* (obter a posse de algo sem pagamento), *transportar* (levar de um lugar a outro), *conduzir* (carregar, equivalendo a trazer consigo), *ocultar* (esconder), *ter em depósito* (possuir algo armazenado), *desmontar* (separar peças de um objeto), *montar* (unir peças para formar um objeto), *remontar* (repor as peças de algo no devido lugar), *adulterar* (modificar o estado original de algo), *vender* (alienar por determinado preço), *expor à venda* (apresentar algo para que seja alienado por determinado preço), *utilizar* (fazer uso de alguma coisa). As várias condutas componentes de tipo misto alternativo (pode-se praticar uma delas ou várias e a punição será por um só delito) voltam-se à arma de fogo, acessório ou munição, embora constitua um crime específico de comerciantes e industriais, com a finalidade de lucro. Aliás, por tal motivo, o título é *comércio ilegal de arma de fogo*. A última das condutas é residual: *utilizar de qualquer forma*. Imagina-se, pois, que se alguma ação específica foi olvidada na descrição típica, é possível encaixar-se nesse verbo, cujo complemento é de *qualquer maneira*.

**93. Sujeitos ativo e passivo:** o sujeito ativo é o comerciante ou industrial. O sujeito passivo é a sociedade.

**94. Elemento subjetivo:** é o dolo. Há elemento subjetivo específico, consistente na finalidade de auferir algum tipo de lucro para si ou para outrem (em proveito próprio ou alheio). Não se pune a forma culposa.

**95. Habitualidade da atividade:** a inserção no tipo penal da expressão *no exercício*, referindo-se a comércio ou indústria, demonstra não ser viável enquadrar-se neste crime qualquer pessoa que, *eventualmente*, receba, venda ou compre uma arma de fogo. Afinal, exige-se a conduta habitual de *exercitar* o comércio (compra e venda ou locação) ou a indústria (fabricação, com montagem, desmontagem etc.), como condição. Quem praticar qualquer dos verbos desse tipo em atividade comercial ou industrial de caráter eventual, deve ser inserido em outra figura desta Lei. Não se exige, no entanto, para a concretização do delito, a habitualidade das condutas descritas no art. 17 (para tanto, ver a observação que fazemos na nota 91, referente à classificação do crime), pois é um crime instantâneo ou permanente de habitualidade preexistente.

**96. Arma de fogo, acessório ou munição:** ver os conceitos nas notas 7 a 9 do art. 12.

**97. Norma penal em branco:** é preciso consultar a legislação extrapenal, que traga as regras e condições para o exercício do comércio e da indústria no campo das armas de fogo, acessórios e munições.

**98. Objetos material e jurídico:** o objeto material pode ser a arma de fogo, o acessório ou a munição. Os objetos jurídicos são a segurança e a paz públicas.

**99. Classificação:** é crime próprio (somente pode ser praticado pelo comerciante ou industrial); formal (independe da ocorrência de qualquer efetivo prejuízo para a sociedade); de perigo abstrato (a probabilidade de vir a ocorrer algum dano, pelo mau uso da arma, acessório ou munição, é presumido pelo tipo penal); de forma livre (pode ser cometido por qualquer meio eleito pelo agente); comissivo (os verbos implicam em ações); instantâneo (a consumação ocorre em momento definido), nas modalidades *adquirir*, *receber*, *adulterar*, *vender*, *desmontar*, *montar*, *remontar* e *utilizar*, porém permanente (a consumação se prolonga no tempo) nas formas *alugar*, *transportar*, *conduzir*, *ocultar*, *ter em depósito* e *expor à venda*. De qualquer maneira, cuida-se de um delito instantâneo ou permanente de habitualidade preexistente, significando que a conduta de *adquirir*, por exemplo, se concretiza de maneira instantânea, mas é exigível uma conduta anterior, habitual, que é *exercer* atividade comercial ou industrial. O mesmo ocorre no tocante ao crime previsto no art. 334, § 1.º, III, do Código Penal; unissubjetivo (pode ser cometido por uma só pessoa); plurissubsistente (cometido em vários atos). Admite tentativa, embora de difícil configuração pela existência de inúmeras condutas típicas, significando que, para vender, o agente transporta ou conduz. Logo, ainda que seja surpreendido *tentando* vender, será autuado em flagrante por *transportar* arma de fogo sem autorização legal, no exercício da atividade comercial.

**100. Benefícios penais:** são diminutos, demonstrando o rigor com que pretende agir o Estado em virtude do comércio ilegal de armas. A pena mínima de seis anos elimina a concessão de suspensão condicional da pena (*sursis*). Pode-se, em tese, havendo aplicação no mínimo, falar em regime semiaberto. Visualiza-se um agravamento provocado pela edição da Lei 13.964/2019. De um patamar de reclusão, de 4 a 8 anos, e multa, passou-se a reclusão, de 6 a 12 anos, e multa. Uma pena equivalente ao homicídio simples. Pode-se, em tese, invocar o princípio da proporcionalidade para apontar um excesso neste tipo penal, que é de perigo abstrato; porém, de igual forma – e parece-nos mais justo – indicar a pena do homicídio simples completamente desatualizada, ao menos no tocante ao mínimo de seis anos, que já foi ultrapassada (ou igualada) por dezenas de novos tipos incriminadores, tratando de outros temas e tutelando diversos bens jurídicos.

**101. Atividade comercial ou industrial por equiparação:** a preocupação do legislador foi a mesma estampada no art. 180, § 2.º, do Código Penal, quando quis atingir o "comerciante de fundo de quintal", nos casos de desmanches de veículos, no cenário do crime de receptação. Portanto, o disposto no parágrafo único, do art. 17, desta Lei, tem a mesma finalidade. Há quem *exerça* (a habitualidade preexistente permanece) o comércio ou a indústria em caráter *informal*, prestando serviços (consertando armas, por exemplo), fabricando (construindo acessórios ou munições, em outro exemplo) ou comercializando (comprando, vendendo e alugando armas

# Art. 18

Leis Penais e Processuais Penais Comentadas – Vol. 2 • Nucci

de fogo, como ilustração), em sua própria casa, sem a aparência de atividade comercial ou industrial regular. Aliás, na verdade, cuida-se, de fato, de atividade irregular, vale dizer, ilegal.

**101-A. Eliminação do crime impossível:** no § 2.º, do art. 17 desta Lei, acrescentou-se o seguinte: *vender ou entregar arma de fogo, acessório ou munição, sem autorização ou em desacordo com a lei ou regulamento, a agente policial disfarçado, desde que presentes elementos de prova razoáveis de conduta criminal preexistente*. Essa conduta é considerada delito, buscando-se, com isso, evitar a alegação de crime impossível, vale dizer, vender uma arma de fogo a quem não quer comprar, mas prender, torna o meio ineficaz ou objeto absolutamente inviável (art. 17, CP). Mas, na realidade, esta inserção não produzirá efeito prático relevante, pois quem vende ou entrega alguma coisa, anteriormente, a adquiriu, recebeu, transportou, conduziu, ocultou ou teve em depósito (outros verbos típicos do *caput* do art. 17). Então, quem vende arma a policial disfarçado não precisa ser detido em flagrante com base na conduta *vender*. Pode ser preso por transportar a arma até chegar à venda. Aliás, o próprio tipo exige que haja prova suficiente de conduta criminal preexistente. Com a modificação legal, torna-se viável a prisão pela venda ou entrega ao policial disfarçado, não configurando crime impossível – algo que o legislador pode excepcionar por lei – permitindo, inclusive, a consideração de ter ocorrido delito consumado (a menos que a venda não chegue a se efetivar; quanto a esta conduta seria uma tentativa). Vale lembrar que o Código Penal (no qual se prevê o crime impossível) é lei geral, de modo que a Lei de Armas, sendo especial, deve prevalecer. Nesse cenário, portanto, quem vender ou tentar vender a policial disfarçado arma de fogo ilícita deve responder pelo crime de comércio ilegal de arma de fogo. Porém, focalizando-se aquela hipótese de crime impossível viável neste contexto: o policial disfarçado chega a um sujeito que é atirador, oferecendo um preço excepcional por uma arma de fogo. Esse indivíduo vai buscar em algum lugar *somente* para vender ao policial disfarçado. Assim ocorrendo, o crime foi uma ficção criada pelo policial, continuando, em nosso entendimento, a figurar como delito impossível. Não deve o Estado, por seus agentes, fomentar a prática de crime, que, antes, inexistia. Relembre-se mais uma vez que o tipo exige prova razoável de conduta criminosa *anterior*. Em suma, uma reforma que se dará em nível teórico.

### Tráfico internacional de arma de fogo

> **Art. 18.** Importar,[102-104] exportar, favorecer a entrada ou saída do território nacional, a qualquer título, de arma de fogo, acessório ou munição, sem autorização da autoridade competente:[105-108]
>
> Pena – reclusão, de 8 (oito) a 16 (dezesseis) anos, e multa.[109]
>
> **Parágrafo único.** Incorre na mesma pena quem vende ou entrega arma de fogo, acessório ou munição, em operação de importação, sem autorização da autoridade competente, a agente policial disfarçado, quando presentes elementos probatórios razoáveis de conduta criminal preexistente.[109-A]

**102. Análise do núcleo do tipo:** *importar* (fazer ingressar algo no território nacional); *exportar* (retirar algo do território nacional, enviando ao estrangeiro), *favorecer a entrada ou saída* (permitir que outrem importe ou exporte). As condutas têm por objeto a arma de fogo, o acessório ou a munição (ver os conceitos nas notas 7 a 9 ao art. 12). Naturalmente, inseriu-se, no tipo, a falta de autorização para essa atividade e não se demanda intuito de lucro (fala-se: *a qualquer título*). O tipo é misto alternativo, permitindo que o agente promova, no mesmo cenário, a importação e exportação de arma de fogo, respondendo por um só delito. Na jurisprudência: STJ: "1. Esta Corte Superior detém o entendimento no sentido de que, '(...) em se tratando de tráfico internacional de munições ou armas, cumpre firmar a competência da Justiça Federal para conhecer do tema, já que o Estado brasileiro é signatário de instrumento internacional (Protocolo contra a Fabricação e o Tráfico Ilícitos de Armas de Fogo, suas Peças e Componentes e Munições – complementando a Convenção das Nações Unidas contra o Crime Organizado Transnacional –, promulgado pelo Decreto n. 5.941, de 26/10/2006), no qual se comprometeu a tipificar a conduta como crime' (AgRg no Ag 1.389.833/MT, Rel. Ministro Sebastião Reis Júnior, sexta turma, DJe 25/4/2013). (...)" (AgRg no RHC 123.301 – SP, 5.ª T., rel. Ribeiro Dantas, 02.06.2020, v.u.).

**103. Sujeitos ativo e passivo:** o sujeito ativo pode ser qualquer pessoa. O sujeito passivo é a sociedade. Em segundo plano, o Estado, que tem interesse – inclusive para a arrecadação tributária e regulamentação da atividade econômica – de controlar o que entra e sai do país.

**104. Elemento subjetivo:** é o dolo. Não há elemento subjetivo específico, nem se pune a forma culposa.

**105. Objetos material e jurídico:** o objeto material pode ser a arma de fogo, o acessório ou a munição. Os objetos jurídicos são a segurança e a paz públicas. Secundariamente, a administração pública, no seu particular interesse patrimonial e moral.

**106. Classificação:** é crime comum (pode ser praticado por qualquer pessoa); formal (independe da ocorrência de qualquer efetivo prejuízo para a sociedade, mas pode haver, inclusive, a ausência de recolhimento do tributo devido pela entrada e saída de mercadoria); de perigo abstrato (a probabilidade de vir a ocorrer algum dano, pelo mau uso da arma, acessório ou munição, é presumido pelo tipo penal); de forma livre (pode ser cometido por qualquer meio eleito pelo agente); comissivo (os verbos implicam em ações); instantâneo (a consumação ocorre em momento definido); unissubjetivo (pode ser cometido por uma só pessoa); plurissubsistente (cometido em vários atos). Admite tentativa.

**106-A. Princípio da insignificância:** é de rara aplicação, pois os crimes previstos nesta Lei são de perigo abstrato. Por vezes, a importação de um único projétil ou instrumento pode ser insignificante para afetar a segurança pública. Depende do caso concreto.

**107. Conflito aparente de normas:** em confronto com o art. 334-A do Código Penal ("importar ou exportar mercadoria proibida"), é natural que prevaleça o disposto no art. 18 desta Lei, em face do critério da especialidade. Comparando-se com o delito previsto no art. 318 do Código Penal ("facilitar, com infração do dever funcional, a prática de contrabando..."), ocorre idêntica solução. Aplica-se o art. 18 desta Lei, seja o autor funcionário público ou não. A opção é pelo critério da especialidade. Aliás, o preceito primário do art. 18 é claro: as condutas podem ser praticadas *a qualquer título*.

**108. Competência:** é da Justiça Federal (art. 109, IV e V, CF), levando-se em conta que a saída ou entrada irregular de mercadoria proibida no país ofende o interesse da União de exercer controle sobre a zona alfandegária, sobre a arrecadação de tributos, bem como sobre a economia em geral. Note-se, ainda, o disposto no art. 24 desta Lei ("compete ao *Comando do Exército autorizar e fiscalizar* a produção, *exportação, importação*, desembaraço alfandegário e o comércio de armas de fogo e demais produtos controlados", com grifos nossos). Além disso, quando o crime tem alcance internacional, iniciando-se no exterior e findando no Brasil, ou reciprocamente (crime a distância), a depender de convenção ou tratado para o combate ao tráfico de armas, insere-se na alçada da Justiça Federal.

**109. Benefícios penais:** são diminutos, demonstrando o rigor com que pretende agir o Estado em virtude do comércio internacional ilegal de armas. A pena mínima de oito anos

# Art. 19

pode ensejar, no máximo, o regime inicial semiaberto. Visualiza-se um agravamento provocado pela edição da Lei 13.964/2019. De um patamar de reclusão, de 4 a 8 anos, e multa, passou-se a reclusão, de 8 a 16 anos, e multa. Uma pena mínima superior ao homicídio simples. Pode-se, em tese, invocar o princípio da proporcionalidade para apontar um excesso neste tipo penal, que é de perigo abstrato; porém, de igual forma – e parece-nos mais justo – indicar a pena do homicídio simples completamente desatualizada, ao menos no tocante ao mínimo de seis anos, que já foi ultrapassada (ou igualada) por dezenas de novos tipos incriminadores, tratando de outros temas e tutelando diversos bens jurídicos.

**109-A. Eliminação do crime impossível:** insere-se o parágrafo único ao art. 18 com o seguinte teor: *vender ou entregar arma de fogo, acessório ou munição, em operação de importação, sem autorização, a agente policial disfarçado, desde que presentes elementos de prova razoáveis de conduta criminal preexistente*. Essa conduta é considerada delito, buscando-se, com isso, evitar a alegação de crime impossível, vale dizer, vender uma arma de fogo a quem não quer comprar, mas prender, torna o meio ineficaz ou objeto absolutamente inviável (art. 17, CP). Mas, na realidade, esta inserção não produzirá efeito prático relevante, pois quem vende ou entrega alguma coisa, anteriormente, conforme o próprio tipo acusa (em operação de importação), a importou, sem poder fazê-lo, licitamente. Então, quem vende arma a policial disfarçado não precisa ser detido em flagrante com base na conduta *vender*. Pode ser preso por importar o armamento. Aliás, o próprio tipo exige que haja prova suficiente de conduta criminal preexistente (importação ilegal). Com a modificação, torna-se viável a prisão pela venda ou entrega ao policial disfarçado, não configurando crime impossível – algo que o legislador pode excepcionar por lei – permitindo, inclusive, a consideração de ter ocorrido delito consumado (a menos que a venda não chegue a se efetivar; quanto a esta conduta seria uma tentativa). Vale lembrar que o Código Penal (no qual se prevê o crime impossível) é lei geral, de modo que a Lei de Armas, sendo especial, deve prevalecer. Nesse cenário, portanto, quem vender ou tentar vender a policial disfarçado arma de fogo ilícita deve responder pelo crime de tráfico internacional ilegal de arma de fogo. Porém, focalizando-se aquela hipótese de crime impossível viável neste contexto: o policial disfarçado chega a um sujeito que é atirador, oferecendo um preço excepcional por uma arma de fogo. Esse indivíduo vai buscar em algum lugar *somente* para vender ao policial disfarçado, mesmo em se tratando de arma importada ilicitamente. Assim ocorrendo, o crime foi uma ficção criada pelo policial, continuando, em nosso entendimento, a figurar como delito impossível. Não deve o Estado, por seus agentes, fomentar a prática de crime, que, antes, inexistia. Relembro mais uma vez que o tipo exige prova razoável de conduta criminosa *anterior*. Em suma, uma reforma que se dará em nível teórico.

> **Art. 19.** Nos crimes previstos nos arts. 17 e 18, a pena é aumentada da metade[110] se a arma de fogo, acessório ou munição forem de uso proibido ou restrito.

**110. Causa de aumento de pena:** levando-se em conta a particular preocupação do legislador, em face da gravidade objetiva apresentada, no tocante às armas de fogo, acessórios e munições de uso restrito ou proibido, aumenta-se a pena da metade, quando o comércio ilegal ou o tráfico internacional disser respeito a esses objetos. Assim ocorrendo, ainda que aplicada a pena no mínimo legal, o agente deve, necessariamente, começar o cumprimento da sua pena, pelo menos, no regime semiaberto.

> **Art. 20.** Nos crimes previstos nos arts. 14, 15, 16, 17 e 18, a pena é aumentada da metade se:
>
> I – forem praticados por integrante dos órgãos e empresas referidas nos arts. 6.º, 7.º e 8.º desta Lei;[111] ou
>
> II – o agente for reincidente específico em crimes dessa natureza.[111-A]

**111. Causa de aumento de pena:** impõe-se o aumento de metade da pena nos casos dos delitos de porte ilegal de arma de fogo de uso permitido (art. 14), disparo de arma de fogo (art. 15), posse ou porte ilegal de arma de fogo de uso restrito (art. 16), comércio ilegal de arma de fogo (art. 17) e tráfico internacional de arma de fogo (art. 18), se forem cometidos por agentes integrantes dos órgãos e empresas mencionadas nos arts. 6.º, 7.º e 8.º da Lei 10.826, que são os seguintes: a) Forças Armadas; b) órgãos referidos nos incisos do *caput* do art. 144 da Constituição Federal; c) guardas municipais das capitais dos Estados e dos Municípios com mais de 500.000 (quinhentos mil) habitantes, nas condições estabelecidas no regulamento desta Lei; d) guardas municipais dos Municípios com mais de 50.000 (cinquenta mil) e menos de 500.000 (quinhentos mil) habitantes, quando em serviço; e) Agência Brasileira de Inteligência e Departamento de Segurança do Gabinete de Segurança Institucional da Presidência da República; f) órgãos policiais referidos no art. 51, IV, e no art. 52, XIII, da Constituição Federal; g) quadro efetivo dos agentes e guardas prisionais, das escoltas de presos e das guardas portuárias; h) empresas de segurança privada e de transporte de valores constituídas de maneira regular; i) entidades de desporto legalmente constituídas, cujas atividades esportivas demandem o uso de armas de fogo; j) Carreira de Auditoria da Receita Federal, Auditores Fiscais e Técnicos da Receita Federal; l) estabelecimento de armazenagem das armas de fogo usadas em entidades desportivas. Em tese, poderia haver a dupla incidência dos arts. 19 e 20 (dois aumentos de metade na pena), se, por exemplo, houver o comércio ilegal de arma de fogo de uso restrito por integrante das Forças Armadas. Por outro lado, pode-se, também, aplicar, por analogia *in bonam partem*, o disposto no art. 68, parágrafo único, do Código Penal, que preceitua: "no *concurso de causas de aumento* ou de diminuição *previstas na parte especial, pode* o juiz limitar-se a *um só aumento* ou a uma só diminuição, prevalecendo, todavia, a causa que mais aumente ou diminua" (grifamos). Na jurisprudência: STJ: "6. Nos termos de precedente do Superior Tribunal de Justiça, a condição de policial militar da ativa é suficiente para fazer incidir a causa de aumento do art. 20 da Lei n. 10.826/2003, não sendo necessário que o delito tenha nexo de causalidade com a condição funcional ou tenha sido cometido em função ou no exercício do cargo ocupado" (AgRg no AREsp 1.570.325 – RJ, 6.ª T., rel. Laurita Vaz, 01.09.2020, v.u.).

**111-A. Reincidência específica:** criou-se mais uma hipótese de causa de aumento de pena por conta da reincidência específica: tornar a cometer o crime da mesma natureza, respeitado o prazo de cinco anos, nos termos dos arts. 63 e 64 do Código Penal. Neste caso, a especificidade da reincidência diz respeito ao cometimento de outro delito tipificado nos arts. 14 a 18 desta Lei.

> **Art. 21.** Os crimes previstos nos arts. 16, 17 e 18 são insuscetíveis de liberdade provisória.[112]

**112. Insuscetibilidade de liberdade provisória:** quanto aos delitos previstos nos artigos 14 e 15 (parágrafos únicos), o legislador fomentou a vã ilusão de que, no Brasil, tornar um crime inafiançável tem algum resultado efetivo. Nenhum resultado concreto há, pois cabe, sempre, liberdade provisória sem fiança. Ainda assim, foram considerados inconstitucionais

# Art. 21

os parágrafos únicos dos artigos 14 e 15 desta Lei pelo STF (ver a nota 41 ao art. 14 e a nota 53 ao art. 15). No caso do art. 21, entretanto, referindo-se aos delitos dos arts. 16, 17 e 18, o legislador foi radical. Vedou, explicitamente, a liberdade provisória, agora pouco importando se com ou sem fiança. A Constituição Federal mencionou que ninguém ficaria preso, quando a lei admitisse a liberdade provisória (art. 5.º, LXVI). Esta é uma das hipóteses, portanto, em que o legislador optou por restringir o direito à liberdade de quem responde a processo criminal por delito considerado grave (arts. 16 a 18 desta Lei). Em nosso entendimento, sustentávamos tratar-se de esdrúxulo preceito. Não se concebia a seguinte contradição: quem fosse preso em flagrante pela prática de delito de porte ilegal de arma de uso restrito, por exemplo, não poderia aguardar solto o seu julgamento; quem não fosse preso em flagrante pelo cometimento do mesmo tipo de crime, se não estivessem preenchidos os requisitos da prisão preventiva (art. 312, CP), poderia ficar solto até o final do processo criminal. Das duas uma: ou o equívoco legislativo estava concentrado no art. 21 desta Lei ou no art. 312 do Código de Processo Penal, que não impõe a prisão preventiva, obrigatoriamente, a todos os acusados por delitos considerados graves. Tornava-se, pois, fator ligado à sorte do agente. Se preso em flagrante, não havia liberdade provisória e ficaria segregado até final julgamento. Se conseguisse furtar-se ao flagrante, poderia permanecer livre até que se decidisse a causa definitivamente. O equívoco estava focado no referido art. 21. Buscou-se uma indevida solução padronizada. Entretanto, alguns acusados pelos delitos previstos nos arts. 16, 17 e 18 da Lei 10.826/2003 *precisam* aguardar presos o julgamento, por questão de segurança pública; muitos outros, não. Logo, deve caber ao juiz, em cada caso concreto, decidir se decreta ou não a prisão preventiva, seja do delito considerado grave ou não. Do mesmo modo, quando houver prisão em flagrante, pode-se conceder liberdade provisória a quem faça jus, negando o benefício a quem não possa ficar em liberdade, sob o prisma dos requisitos da prisão preventiva (art. 312, CPP). A questão foi solucionada pelo Supremo Tribunal Federal, que considerou inconstitucional o art. 21 desta Lei. STF: "O Tribunal, por maioria, julgou procedente, em parte, pedido formulado em várias ações diretas ajuizadas pelo Partido Trabalhista Brasileiro – PTB e outros para declarar a inconstitucionalidade dos parágrafos únicos dos artigos 14 e 15 e do art. 21 da Lei 10.826/2003 – Estatuto do Desarmamento, que dispõe sobre registro, posse e comercialização de armas de fogo e munição, sobre o Sistema Nacional de Armas – Sinarm, define crimes e dá outras providências. Inicialmente, o Tribunal rejeitou as alegações de inconstitucionalidade formal, ao fundamento de que os dispositivos do texto legal impugnado não violam o art. 61, § 1.º, II, *a e e*, da CF. Salientando-se que a Lei 10.826/2003 foi aprovada depois da entrada em vigor da EC 32/2001, que suprimiu da iniciativa exclusiva do Presidente da República a estruturação e o estabelecimento de atribuições dos Ministérios e órgãos da Administração Pública, considerou-se que os seus dispositivos não versam sobre a criação de órgãos, cargos, funções ou empregos públicos, nem sobre sua extinção, como também não desbordam do poder de apresentar ou emendar projetos de lei, que o texto constitucional atribui aos congressistas. Asseverou-se que a maior parte desses dispositivos constitui mera reprodução de normas contidas na Lei 9.437/97, de iniciativa do Poder Executivo, revogada pela lei em comento, ou são consentâneos com o que nela se dispunha. Ressaltou-se que os demais consubstanciam preceitos que mantêm relação de pertinência com a Lei 9.437/97 ou com o projeto de Lei 1.073/99, encaminhados ao Congresso Nacional pela Presidência da República, geralmente explicitando prazos e procedimentos administrativos, ou foram introduzidos no texto por diplomas legais originados fora do âmbito congressual (Leis 10.867/2004, 10.884/2004, 11.118/2005 e 11.191/2005), ou, ainda, são prescrições normativas que em nada interferem com a iniciativa do Presidente da República. Salientou-se, por fim, a natureza concorrente da iniciativa em matéria criminal e processual, e a possibilidade, em razão disso, da criação, modificação ou extensão de tipos penais e respectivas sanções, bem como o estabelecimento de taxas ou a instituição de isenções pela lei impugnada, ainda que resultantes de emendas ou projetos de lei parlamentares. Em seguida, relativamente aos parágrafos únicos dos artigos 14 e 15 da Lei 10.826/2003, que proíbem o estabelecimento de fiança, respectivamente, para os crimes de porte ilegal de arma de fogo de uso permitido e de disparo de arma de fogo, considerou-se desarrazoada a vedação, ao fundamento de que tais delitos não poderiam ser equiparados a terrorismo, prática de tortura, tráfico ilícito de entorpecentes ou crimes hediondos (CF, art. 5.º, XLIII). Asseverou-se, ademais, cuidar-se, na verdade, de crimes de mera conduta que, embora impliquem redução no nível de segurança coletiva, não podem ser igualados aos crimes que acarretam lesão ou ameaça de lesão à vida ou à propriedade. Quanto ao art. 21 da lei impugnada, que prevê serem insuscetíveis de liberdade provisória os delitos capitulados nos artigos 16 (posse ou porte ilegal de arma de fogo de uso restrito), 17 (comércio ilegal de arma de fogo) e 18 (tráfico internacional de arma de fogo), entendeu-se haver afronta aos princípios constitucionais da presunção de inocência e do devido processo legal (CF, art. 5.º, LVII e LIV). Ressaltou-se, no ponto, que, não obstante a interdição à liberdade provisória tenha sido estabelecida para crimes de suma gravidade, liberando-se a franquia para os demais delitos, a Constituição não permite a prisão *ex lege*, sem motivação, a qual viola, ainda, os princípios da ampla defesa e do contraditório (CF, art. 5.º, LV). Vencidos, parcialmente, os Ministros Carlos Britto, Gilmar Mendes e Sepúlveda Pertence, que julgavam improcedente o pedido formulado quanto aos parágrafos únicos dos artigos 14 e 15, e o Ministro Marco Aurélio, que o julgava improcedente quanto ao parágrafo único do art. 15 e, em relação ao art. 21, apenas quanto à referência ao art. 16. O Tribunal, por unanimidade, julgou, ainda, improcedente o pedido quanto aos artigos 2.º, X; 5.º, §§ 1.º, 2.º e 3.º; 10; 11, II; 12; 23, §§ 1.º, 2.º e 3.º; 25, parágrafo único; 28; 29 e ao parágrafo único do art. 32, e declarou o prejuízo da ação em relação ao art. 35, todos da Lei 10.826/2003" (ADI 3.112 – DF, Pleno, rel. Ricardo Lewandowski, 02.05.2007, m.v., *Informativo* 465).

### Capítulo V
### DISPOSIÇÕES GERAIS

**Art. 22.** O Ministério da Justiça poderá celebrar convênios com os Estados e o Distrito Federal para o cumprimento do disposto nesta Lei.

**Art. 23.** A classificação legal, técnica e geral bem como a definição das armas de fogo e demais produtos controlados, de usos proibidos, restritos, permitidos ou obsoletos e de valor histórico serão disciplinadas em ato do chefe do Poder Executivo Federal, mediante proposta do Comando do Exército.

§ 1.º Todas as munições comercializadas no País deverão estar acondicionadas em embalagens com sistema de código de barras, gravado na caixa, visando possibilitar a identificação do fabricante e do adquirente, entre outras informações definidas pelo regulamento desta Lei.

§ 2.º Para os órgãos referidos no art. 6.º, somente serão expedidas autorizações de compra de munição com identificação do lote e do adquirente no culote dos projéteis, na forma do regulamento desta Lei.

§ 3.º As armas de fogo fabricadas a partir de 1 (um) ano da data de publicação desta Lei conterão dispositivo intrínseco de segurança e de identificação, gravado no corpo da arma, definido pelo regulamento desta Lei, exclusive para os órgãos previstos no art. 6.º.

§ 4.º As instituições de ensino policial, as guardas municipais referidas no inciso III do *caput* do art. 6.º e no seu § 7.º e as escolas de formação de profissionais de segurança privada poderão adquirir insumos e máquinas de recarga

# Art. 24

de munição para o fim exclusivo de suprimento de suas atividades, mediante autorização concedida nos termos do regulamento.

**Art. 24.** Excetuadas as atribuições a que se refere o art. 2.º desta Lei, compete ao Comando do Exército autorizar e fiscalizar a produção, exportação, importação, desembaraço alfandegário e o comércio de armas de fogo e demais produtos controlados, inclusive o registro e o porte de trânsito de arma de fogo de colecionadores, atiradores e caçadores.

**Art. 25.** As armas de fogo apreendidas, após a elaboração do laudo pericial e sua juntada aos autos, quando não mais interessarem à persecução penal serão encaminhadas pelo juiz competente ao Comando do Exército, no prazo máximo de 48 (quarenta e oito) horas, para destruição ou doação aos órgãos de segurança pública ou às Forças Armadas, na forma do regulamento desta Lei.[113]

§ 1.º As armas de fogo encaminhadas ao Comando do Exército que receberem parecer favorável à doação, obedecidos o padrão e a dotação de cada Força Armada ou órgão de segurança pública, atendidos os critérios de prioridade estabelecidos pelo Ministério da Justiça e ouvido o Comando do Exército, serão arroladas em relatório reservado trimestral a ser encaminhado àquelas instituições, abrindo-se-lhes prazo para manifestação de interesse.[114]

§ 1.º-A. As armas de fogo e munições apreendidas em decorrência do tráfico de drogas de abuso, ou de qualquer forma utilizadas em atividades ilícitas de produção ou comercialização de drogas abusivas, ou, ainda, que tenham sido adquiridas com recursos provenientes do tráfico de drogas de abuso, perdidas em favor da União e encaminhadas para o Comando do Exército, devem ser, após perícia ou vistoria que atestem seu bom estado, destinadas com prioridade para os órgãos de segurança pública e do sistema penitenciário da unidade da federação responsável pela apreensão.[114-A]

§ 2.º O Comando do Exército encaminhará a relação das armas a serem doadas ao juiz competente, que determinará o seu perdimento em favor da instituição beneficiada.

§ 3.º O transporte das armas de fogo doadas será de responsabilidade da instituição beneficiada, que procederá ao seu cadastramento no SINARM ou no SIGMA.

§ 4.º (*Vetado.*)

§ 5.º O Poder Judiciário instituirá instrumentos para o encaminhamento ao SINARM ou ao SIGMA, conforme se trate de arma de uso permitido ou de uso restrito, semestralmente, da relação de armas acauteladas em juízo, mencionando suas características e o local onde se encontram.

**113. Destino das armas, acessórios e munições:** após a regular apreensão, seja em que quantidade for, realizada a perícia, muitas vezes fundamental para a verificação da materialidade do crime, não mais há interesse em se manter armazenado no fórum ou em repartição policial um montante razoável de material desse tipo, chamativo natural para o furto ou roubo. Assim, reservada sempre uma quantidade para contraprova, o restante deve ser encaminhado ao Exército para a destruição ou, após a edição da Lei 11.706/2008, para doação aos órgãos de segurança pública ou às Forças Armadas, conforme previsto no regulamento da própria lei. Atende-se, finalmente, ao reclamo formulado por inúmeros setores vinculados à segurança pública no sentido de que não se poderia, simplesmente, destruir as armas, quando a própria polícia e também as Forças Armadas necessitam das mesmas para o bom desempenho das suas atividades. Os integrantes de organizações criminosas, como regra, mantêm armamento moderno e pesado, razão pela qual, quando apreendido, em lugar de ser destruído, pode ser útil ao trabalho policial. Confere-se, então, a possibilidade legal de se deferir o perdimento do bem em favor da instituição beneficiada (art. 25, § 2.º). Na jurisprudência: STJ: "3. No que se refere à aplicação do art. 25 da Lei n. 10.826/2003, melhor sorte [não] assiste ao recorrente, haja vista a jurisprudência do Superior Tribunal de Justiça determinar o perdimento de armas de fogo nas hipóteses em que há a condenação pelo art. 14, *caput*, da Lei n. 10.826/2003, conforme o caso concreto. 4. A Terceira Seção do Superior Tribunal de Justiça firmou o entendimento de que a condenação por porte ilegal de arma de fogo acarreta, como efeito, o perdimento do armamento apreendido, em razão do disposto nos arts. 91, II, 'a', do CP e 1º da LCP (EREsp 83.359/SP, Ministro Gilson Dipp, Terceira Seção, julgado em 13/12/1999, *DJ* 21/02/2000). (...) O perdimento do armamento apreendido é um efeito da prática da conduta tipificada no art. 14, *caput,* do Estatuto do Desarmamento, não podendo ser conferido prazo para regularização do artefato, haja vista que tal providência somente é cabível nos casos de posse de arma de fogo, não sendo aplicada à hipótese de porte, como o caso dos autos. (REsp n. 1.666.879/SC, Ministro Jorge Mussi, Quinta Turma, *DJe* 1º/8/2018). 5. Recurso especial parcialmente provido para cassar o acórdão recorrido, no sentido de determinar o perdimento da arma de fogo em favor da União, nos termos do art. 25 da Lei n. 10.826/2003" (REsp 1756202 – SP, 6.ª T., rel. Sebastião Reis Júnior, 21.02.2019, v.u.).

**114. Armas de fogo desinteressantes para inquérito ou processo criminal:** devem ser encaminhadas ao Comando do Exército, para avaliação. Dependendo do parecer emitido, as armas serão destruídas ou doadas aos órgãos de segurança pública ou às Forças Armadas. Eventualmente, é possível que alguma arma de fogo seja encontrada abandonada em determinado local, sem que se consiga apurar de onde veio. Se não houver inquérito – ou este já estiver arquivado – é natural que a referida arma seja entregue, igualmente, ao Comando do Exército. Termina-se, assim, com o antigo hábito de se entregar, em carga, as armas apreendidas, para variada utilização. Observe-se, pois, que as armas de fogo não devem ser depositadas, transitoriamente, em mãos de terceiros. O caminho correto é a legalização da sua posse, depois do perdimento decretado pelo magistrado.

**114-A. Armas de fogo e munições decorrentes do tráfico ilícito de drogas:** serão destinadas aos órgãos de segurança pública e do sistema penitenciário da unidade federativa responsável pela apreensão, desde que estejam em boas condições de uso e já tenha havido o perdimento em favor da União. Esses armamentos podem decorrer de uso dos traficantes ou adquiridas com recursos do tráfico. O Comando do Exército providenciará perícia ou vistoria para atestar o bom funcionamento. Cuida-se de medida prática para que as armas e munições não sejam simplesmente destruídas, como no passado, dando-lhes um destino útil.

> **Art. 26.** São vedadas a fabricação, a venda, a comercialização e a importação de brinquedos, réplicas e simulacros de armas de fogo, que com estas se possam confundir.[115-115-A]
>
> **Parágrafo único.** Excetuam-se da proibição as réplicas e os simulacros destinados à instrução, ao adestramento, ou à coleção de usuário autorizado, nas condições fixadas pelo Comando do Exército.

**115. Vedação da fabricação de arma de brinquedo:** muita polêmica já causou a utilização de arma de brinquedo para variadas finalidades, em especial, para o cometimento de roubos e extorsões. Chegou a se tornar Súmula do Superior Tribunal de Justiça (n. 174), hoje revogada, o emprego de arma de brinquedo, como causa suficiente para provocar o au-

# Art. 27

mento de pena previsto no art. 157, § 2.º-A, I, do Código Penal. Chegou-se, ainda, a ponto de transformar em figura típica a "utilização de arma de brinquedo, simulacro de arma capaz de atemorizar outrem, para o fim de cometer crimes" (art. 10, § 1.º, II, da Lei 9.437/97, hoje revogada), ainda que sob acirrada crítica da doutrina e praticamente nenhuma aplicação pelos tribunais. Em suma, a atual Lei 10.826/2003 evitou o erro de criminalizar essa conduta, mas vedou a fabricação, a venda, a comercialização e a importação desse tipo de brinquedo, réplica ou simulacro que, realmente, contribui, efetivamente, para a prática de variados delitos, em particular, os que envolvem *grave ameaça*.

**115-A. Arma de pressão:** não é considerada arma de brinquedo, não se enquadrando também como arma, tutelada por esta Lei. Na jurisprudência: STJ: "I – A arma de pressão é um produto controlado pelo Exército brasileiro, de uso permitido pelas pessoas em geral, nos termos da legislação de regência, cuja importação somente é possível nas condições estabelecidas na legislação e mediante autorização prévia do órgão competente. É, portanto, mercadoria relativamente proibida, pois possui restrições, sendo a importação autorizada apenas se observados determinados requisitos. II – Assim sendo, a conduta de importar arma de pressão de calibre igual ou inferior a seis milímetros, sem o atendimento do regramento legal, configura o crime de contrabando. III – É incabível a aplicação do princípio da insignificância, haja vista que o bem jurídico tutelado não possui caráter exclusivamente patrimonial, pois envolve a vontade estatal de controlar a entrada de determinado produto em prol da segurança e da saúde pública. Precedentes. Agravo regimental desprovido" (AgRg no AgRg no REsp 1.427.793 – RS, 5.ª T., rel. Felix Fischer, 16.02.2016, v.u.).

**Art. 27.** Caberá ao Comando do Exército autorizar, excepcionalmente, a aquisição de armas de fogo de uso restrito.

**Parágrafo único.** O disposto neste artigo não se aplica às aquisições dos Comandos Militares.

**Art. 28.** É vedado ao menor de 25 (vinte e cinco) anos adquirir arma de fogo, ressalvados os integrantes das entidades constantes dos incisos I, II, III, V, VI, VII e X do *caput* do art. 6.º desta Lei.

**Art. 29.** As autorizações de porte de armas de fogo já concedidas expirar-se-ão 90 (noventa) dias após a publicação desta Lei.

**Parágrafo único.** O detentor de autorização com prazo de validade superior a 90 (noventa) dias poderá renová-la, perante a Polícia Federal, nas condições dos arts. 4.º, 6.º e 10 desta Lei, no prazo de 90 (noventa) dias após sua publicação, sem ônus para o requerente.

**Art. 30.** Os possuidores e proprietários de arma de fogo de uso permitido ainda não registrada deverão solicitar seu registro até o dia 31 de dezembro de 2008, mediante apresentação de documento de identificação pessoal e comprovante de residência fixa, acompanhados de nota fiscal de compra ou comprovação da origem lícita da posse, pelos meios de prova admitidos em direito, ou declaração firmada na qual constem as características da arma e a sua condição de proprietário, ficando este dispensado do pagamento de taxas e do cumprimento das demais exigências constantes dos incisos I a III do *caput* do art. 4.º desta Lei.[116-116-A]

**Parágrafo único.** Para fins do cumprimento do disposto no *caput* deste artigo, o proprietário de arma de fogo poderá obter, no Departamento de Polícia Federal, certificado de registro provisório, expedido na forma do § 4.º do art. 5.º desta Lei.

**116. Exclusão da ilicitude temporária:** parcela da doutrina e da jurisprudência optou por denominar de *"abolitio criminis* temporária" o disposto pelos arts. 30, 31 e 32, que dizem respeito à posse ilegal de arma de fogo, mas não ao porte. Em razão do disposto na Medida Provisória 417/2008, consagrada pela Lei 11.706/2008, o prazo para a regularização aumentou, estendendo-se até 31 de dezembro de 2008. E, na sequência, a Lei 11.922/2009 prorrogou tal prazo até o dia 31 de dezembro de 2009. Debate-se a natureza jurídica dessa prorrogação e qual o efeito provocado no processo. Embora tivéssemos compartilhado do entendimento da *abolitio criminis* temporária, hoje, não nos parece a melhor opção. Afinal, se houver abolição do crime, por qualquer razão, jamais poderia ser temporária. A novel norma penal benéfica estenderia seus efeitos, automaticamente, a todos para o passado e, como teria havido descriminalização, somente a edição de outra norma incriminadora poderia repristinar o conteúdo da anterior. Por isso, o que o legislador fez, em verdade, foi criar um direito paralelo ao tipo incriminador, que configura o exercício regular de direito, excludente de ilicitude. Esta, sim, pode ser temporária, pois depende da duração do direito posto. Portanto, até o dia 31 de dezembro de 2009 os possuidores de armas de fogo, regulares ou irregulares, lícitas ou ilícitas, têm o direito de entregá-las à polícia. O art. 32, para extirpar qualquer dúvida, chega a mencionar a extinção da punibilidade de eventual posse irregular de arma. Ora, nem precisaria mencionar tal aspecto, pois se há o direito de entregar até certa data, por óbvio, é lícito mantê-las consigo até o último dia. Não se trata de extinguir a punibilidade, o que significaria a preexistência de fato típico, ilícito e culpável. Tecnicamente, o Estado tipificou, como crime, a posse ilegal de armas e trata-se de norma penal definitiva, sem qualquer caráter temporário. Mas, concomitantemente, estabeleceu o direito de manter consigo a arma até o prazo fatal indicado em lei. Quem possui a arma irregular ou em desacordo com o permitido, por certo, pratica fato típico, mas lícito, enquanto durar a temporariedade de seu direito correlato de entrega dessa arma. Porém, o referido direito não se estendeu ao porte de arma de fogo irregular ou ilegal. Considerando como *abolitio criminis* temporária: STF: "Em conclusão de julgamento, a Turma desproveu recurso ordinário em *habeas corpus* em que se pretendia o trancamento de ação penal instaurada contra denunciado pela suposta prática do crime de porte ilegal de arma de fogo de uso permitido (Lei 10.826/2003, art. 14). Sustentava, a impetração, a atipicidade da conduta, porquanto o paciente fora preso em flagrante durante o período de *vacatio legis* da citada lei – v. Informativo 412. Entendeu-se que os arts. 30 e 32 da Lei 10.826/2003 não descriminalizaram o porte ilegal de arma de fogo. Ressaltou-se que os referidos artigos destinam-se aos possuidores de armas de fogo e que os portadores não foram incluídos na benesse. Precedentes citados: RHC 86681/DF (*DJU* 24.02.2006); HC 86559/MG (acórdão pendente de publicação)" (RHC 86.723 – GO, 2.ª T., rel. Joaquim Barbosa, 08.08.2006, *Informativo* 435). Após debate, o STJ editou a Súmula 513 que estabelece: "A *abolitio criminis* temporária prevista na Lei 10.826/2003 aplica-se ao crime de posse de arma de fogo de uso permitido com numeração, marca ou qualquer outro sinal de identificação raspado, suprimido ou adulterado, praticado somente até 23.10.2005". Em nosso entendimento, a única parte com a qual não concordamos é a data-limite. As prorrogações feitas até 2009 deveriam ser computadas igualmente.

**116-A. Arma ilegal:** a *exclusão da ilicitude* temporária não faz diferença entre arma legal ou ilegal, valendo, pois, para as que não possuírem sinal identificador ou forem consideradas de uso restrito. Consultar, também, a nota anterior.

> **Art. 31.** Os possuidores e proprietários de armas de fogo adquiridas regularmente poderão, a qualquer tempo, entregá-las à Polícia Federal, mediante recibo e indenização, nos termos do regulamento desta Lei.[117]

# Art. 32

**117. Entrega voluntária de armas de fogo:** quem possuir ou for proprietário de arma de fogo adquirida *regularmente*, logo, com documentação de origem e registro, sem se submeter a qualquer prazo, como previsto no art. 30, pode entregá-la à Polícia Federal, mediante recibo e direito a indenização. Neste caso, a pessoa não mais deseja manter arma de fogo consigo e o caminho viável e legal para dela se desfazer é a entrega à polícia.

> **Art. 32.** Os possuidores e proprietários de arma de fogo poderão entregá-la, espontaneamente, mediante recibo, e, presumindo-se de boa-fé, serão indenizados, na forma do regulamento, ficando extinta a punibilidade de eventual posse irregular da referida arma.[118]
>
> **Parágrafo único.** (*Revogado pela Lei 11.706/2008.*)

**118. Entrega voluntária de armas de fogo irregulares:** quem possuir ou for proprietário de arma de fogo adquirida *irregularmente*, embora de boa-fé, deve entregá-la à Polícia Federal, no prazo fixado no art. 30, sob pena de responder pelo delito de posse ilegal de arma. A expressão contida neste artigo 32 "ficando extinta a punibilidade de eventual posse irregular da referia arma", embora equivocada, constitui o sinal legislativo de ausência de interesse punitivo estatal, desde que o agente o faça no período em que o *direito de entrega* for estabelecido. Na realidade, criou-se um *direito de disposição* da arma irregular, sem sofrer punição; trata-se do exercício regular do direito, excludente de ilicitude. Na jurisprudência: STF: "1. Como se lê na jurisprudência da Corte, '[a] mera possibilidade de entrega da arma de fogo, de uso permitido ou restrito, às autoridades policiais, conforme previsto no art. 32 da Lei nº 10.826/2003, não tem pertinência quando ausente prova de que o agente estava promovendo a entrega ou pelo menos tinha a intenção de entregar a arma de posse irregular' (RHC nº 114.970/DF, Primeira Turma, Relatora a Ministra Rosa Weber, *DJe* de 8/4/13). 2. Por esse panorama, ainda que a conduta do agravante estivesse inserida dentro da hipótese de descriminalização temporária subscrita pelo art. 32 da Lei nº 10.826/06, o fato é que ele não tinha a intenção de entregar o armamento de uso restrito à autoridade policial competente, uma vez que dele se utilizou, um dia antes da prisão em flagrante, para praticar crime grave (extorsão mediante sequestro) juntamente com outros corréus. 3. Agravo regimental não provido" (HC 135.481 AgR – RN, 2.ª T., rel. Dias Toffoli, 14.10.2016, v.u.).

> **Art. 33.** Será aplicada multa de R$ 100.000,00 (cem mil reais) a R$ 300.000,00 (trezentos mil reais), conforme especificar o regulamento desta Lei:
>
> I – à empresa de transporte aéreo, rodoviário, ferroviário, marítimo, fluvial ou lacustre que deliberadamente, por qualquer meio, faça, promova, facilite ou permita o transporte de arma ou munição sem a devida autorização ou com inobservância das normas de segurança;
>
> II – à empresa de produção ou comércio de armamentos que realize publicidade para venda, estimulando o uso indiscriminado de armas de fogo, exceto nas publicações especializadas.
>
> **Art. 34.** Os promotores de eventos em locais fechados, com aglomeração superior a 1.000 (um mil) pessoas, adotarão, sob pena de responsabilidade, as providências necessárias para evitar o ingresso de pessoas armadas, ressalvados os eventos garantidos pelo inciso VI do art. 5.º da Constituição Federal.

**Parágrafo único.** As empresas responsáveis pela prestação dos serviços de transporte internacional e interestadual de passageiros adotarão as providências necessárias para evitar o embarque de passageiros armados.

**Art. 34-A.** Os dados relacionados à coleta de registros balísticos serão armazenados no Banco Nacional de Perfis Balísticos.[118-A]

§ 1.º O Banco Nacional de Perfis Balísticos tem como objetivo cadastrar armas de fogo e armazenar características de classe e individualizadoras de projéteis e de estojos de munição deflagrados por arma de fogo.

§ 2.º O Banco Nacional de Perfis Balísticos será constituído pelos registros de elementos de munição deflagrados por armas de fogo relacionados a crimes, para subsidiar ações destinadas às apurações criminais federais, estaduais e distritais.

§ 3.º O Banco Nacional de Perfis Balísticos será gerido pela unidade oficial de perícia criminal.

§ 4.º Os dados constantes do Banco Nacional de Perfis Balísticos terão caráter sigiloso, e aquele que permitir ou promover sua utilização para fins diversos dos previstos nesta Lei ou em decisão judicial responderá civil, penal e administrativamente.

§ 5.º É vedada a comercialização, total ou parcial, da base de dados do Banco Nacional de Perfis Balísticos.

§ 6.º A formação, a gestão e o acesso ao Banco Nacional de Perfis Balísticos serão regulamentados em ato do Poder Executivo federal.

**118-A. Banco Nacional de Perfis Balísticos:** cadastros de âmbito nacional são muito relevantes no embate contra o crime, especialmente quando organizado. Há a colheita do perfil genético, determinada em outra lei. Neste caso, estabelece-se o registro de munição deflagrada por armas de fogo relacionadas a crimes, o que poderá, no futuro, desvendar novos delitos pela comparação balística. Enfim, mais uma providência de natureza administrativa necessária e útil.

### Capítulo VI
### DISPOSIÇÕES FINAIS

**Art. 35.** É proibida a comercialização de arma de fogo e munição em todo o território nacional, salvo para as entidades previstas no art. 6.º desta Lei.

§ 1.º Este dispositivo, para entrar em vigor, dependerá de aprovação mediante referendo popular, a ser realizado em outubro de 2005.[119]

§ 2.º Em caso de aprovação do referendo popular, o disposto neste artigo entrará em vigor na data de publicação de seu resultado pelo Tribunal Superior Eleitoral.

**119. Referendo popular:** foi realizado e, por ampla maioria, foi rejeitada a proibição. Logo, a comercialização de arma de fogo e munição, no Brasil, continua a existir, embora rigidamente controlada, nos termos desta Lei e dos demais regulamentos que a integram.

**Art. 36.** É revogada a Lei 9.437, de 20 de fevereiro de 1997.

**Art. 37.** Esta Lei entra em vigor na data de sua publicação.

> Brasília, 22 de dezembro de 2003; 182.º da Independência e 115.º da República.
> Luiz Inácio Lula da Silva
>
> (*DOU* 23.12.2003)

## ANEXO
## TABELA DE TAXAS

| ATO ADMINISTRATIVO | R$ |
|---|---|
| I – Registro de arma de fogo: | |
| – até 31 de dezembro de 2008 | Gratuito (art. 30) |
| – a partir de 1.º de janeiro de 2009 | 60,00 |
| II – Renovação do certificado de registro de arma de fogo: | |
| – até 31 de dezembro de 2008 | Gratuito (art. 5.º, § 3.º) |
| – a partir de 1.º de janeiro de 2009 | 60,00 |
| III – Registro de arma de fogo para empresa de segurança privada e de transporte de valores | 60,00 |
| IV – Renovação do certificado de registro de arma de fogo para empresa de segurança privada e de transporte de valores: | |
| – até 30 de junho de 2008 | 30,00 |
| – de 1.º de julho de 2008 a 31 de outubro de 2008 | 45,00 |
| – a partir de 1.º de novembro de 2008 | 60,00 |
| V – Expedição de porte de arma de fogo | 1.000,00 |
| VI – Renovação de porte de arma de fogo | 1.000,00 |
| VII – Expedição de segunda via de certificado de registro de arma de fogo | 60,00 |
| VIII – Expedição de segunda via de porte de arma de fogo | 60,00 |

# Colegiado em Organização Criminosa

## Lei 12.694, de 24 de julho de 2012

*Dispõe sobre o processo e o julgamento colegiado em primeiro grau de jurisdição de crimes praticados por organizações criminosas (...) e dá outras providências.*

A Presidenta da República:

Faço saber que o Congresso Nacional decreta e eu sanciono a seguinte Lei:

> **Art. 1.º** Em processos ou procedimentos que tenham por objeto crimes praticados por organizações criminosas, o juiz poderá decidir pela formação de colegiado para a prática de qualquer ato processual, especialmente:[1-3]
>
> I – decretação de prisão ou de medidas assecuratórias;
>
> II – concessão de liberdade provisória ou revogação de prisão;
>
> III – sentença;
>
> IV – progressão ou regressão de regime de cumprimento de pena;
>
> V – concessão de liberdade condicional;
>
> VI – transferência de preso para estabelecimento prisional de segurança máxima; e[3-A]
>
> VII – inclusão do preso no regime disciplinar diferenciado.

**1. Finalidade do colegiado:** a formação de um colegiado de magistrados de primeiro grau de jurisdição obedece a certos critérios e objetivos. Em primeiro lugar, pode dar-se em nível de inquérito policial (procedimento) ou de processo (demanda já ajuizada). Em segundo, conforme o disposto pelo art. 2.º desta Lei, somente para delitos cometidos por organizações criminosas, cuja pena máxima seja igual ou superior a quatro anos ou tenham o caráter transnacional. O escopo desta Lei, ao permitir a formação do colegiado, não é extrair garantias individuais do acusado, tampouco assegurar o conhecido juiz sem rosto, famoso em outras partes do mundo. Os magistrados integrantes do colegiado devem ter rosto conhecido das

# Art. 1.º

partes do processo e da sociedade em geral. Não se forma um colegiado secreto, mas apenas a possibilidade de haver uma decisão conjunta, nos mesmos moldes que ocorre em graus de jurisdição superiores. Confere-se, com isso, a sensação de segurança, pois o responsável pela prisão, condenação ou outro ato restritivo da liberdade não se circunscreve a um magistrado, mas a três juízes. Se o crime organizado quiser agir, haverá de se voltar contra três pessoas, o que torna muito mais complexa e dificultosa a sua atuação. Em suma, atenua-se o fardo do juiz singular na condução de decisões rigorosas em feitos envolvendo organização criminosa. Na jurisprudência: STJ: "2. Quanto à formação do colegiado de primeiro grau, é certo que o magistrado singular justificou tal procedimento diante do receio que passou a ter, durante a instrução processual, de que sua integridade física e segurança poderiam estar comprometidas, o que encontra guarida tanto nos termos da Lei n. 12.694/2012, quanto na jurisprudência desta Corte Superior" (AgRg no HC 824.426 – BA, 6.ª T., rel. Jesuíno Rissato, 18.09.2023, v.u.).

**2. Faculdade do juiz:** trata-se de faculdade do magistrado de primeiro grau, responsável pelo inquérito ou processo, a convocação do colegiado. Significa não ser automática, nem obrigatória, a todos os feitos, a decisão conjunta de juízes.

**3. Medidas judiciais admissíveis:** o colegiado se forma para decidir acerca da decretação de qualquer modalidade de prisão cautelar (temporária, preventiva, prisão para recorrer, prisão para aguardar o júri), incluindo-se, por óbvio, a decisão de manutenção da prisão em flagrante, convertendo-a em preventiva. Além disso, todas as medidas assecuratórias restritivas de direitos, como as previstas no art. 319 do Código de Processo Penal, bem como as relativas a bens móveis ou imóveis, como o sequestro, especialização de hipoteca legal e arresto (arts. 125 e seguintes, CPP). Por outro lado, a medida oposta à decretação da prisão, concernente à soltura do indiciado ou réu, também merece enfoque, pois pode submeter o magistrado a algum tipo de pressão (concessão de liberdade provisória ou revogação de prisão temporária ou preventiva). O ato decisório culminante do processo – a sentença – ingressa nesse rol, exigindo cautela para a atuação conjunta, pois muito mais complexa que as decisões interlocutórias. Esta decisão precisa de particular atenção, sob pena de lesão ao princípio da identidade física do juiz (veremos em nota à parte). As demais decisões são pertinentes à fase da execução penal. Deferir ou indeferir a progressão de regime (fechado ao semiaberto e deste ao aberto) ou determinar a regressão (transferência de regime mais favorável ao mais severo), por conta da prática de falta grave ou outro motivo relevante. Conceder a liberdade condicional, por lógico, não geraria a necessidade, mas o alcance da lei pretende atingir o indeferimento do pedido de livramento condicional. A decisão de transferência do preso para estabelecimento de segurança máxima, como os presídios federais, que possam abrigar condenados por delitos hediondos e assemelhados, muitas vezes, é tomada por autoridade administrativa, chegando, após, ao conhecimento do juiz. Porém, se porventura esta autoridade judiciaria for chamada à decisão, pode convocar o colegiado. Enfim, a inclusão no RDD (art. 52, LEP) pode requerer a formação do colégio de juízes. Nota-se que todas as situações, previstas nos incisos I a VII, são prejudiciais ao interesse do indiciado ou réu e lidam, na maioria delas, com a liberdade. Diante disso, buscando evitar represália direta a um só juiz, permite-se a formação do colegiado, como forma de dissipar a responsabilidade pela decisão hostil.

**3-A. Presídio federal de segurança máxima:** uma das decisões judiciais tendentes a incomodar presos é a mantença de alguém em presídio federal de segurança máxima, independentemente do Regime Disciplinar Diferenciado (RDD). Isto se dá porque os presídios federais, como regra, situam-se em locais bem distantes de grandes centros urbanos, o que determina o isolamento total dos internos. Esta é uma razão plausível para invocar o colegiado, não assumindo um só magistrado o ônus de decidir pela transferência ou permanência do preso nessa espécie de presídio.

> § 1.º O juiz poderá instaurar o colegiado, indicando os motivos e as circunstâncias que acarretam risco à sua integridade física em decisão fundamentada, da qual será dado conhecimento ao órgão correicional.[4-5]

**4. Motivos e circunstâncias para o colegiado:** o destaque dado para fundamentar a decisão do juiz, responsável pelo feito, em instaurar o colegiado, é o risco à sua integridade física. Portanto, ele deve sentir-se ameaçado de morte, lesão ou privação da liberdade. Não se há que provocar o colegiado pelo simples temor de outros riscos, como agressões à honra ou morais, além de ameaças voltadas a terceiros, mesmo que sejam seus familiares. Este é um ponto equivocado da lei, pois a ameaça a parentes do juiz pode ser mais eficiente do que a ele mesmo. Pelo teor da norma, o magistrado é o senhor da instauração do colegiado, não dependendo de aprovação prévia de órgão jurisdicional ou administrativo superior. Deve, no entanto, motivar a sua decisão, expondo as razões que o levam a tomar tal atitude, dando-se ciência à Corregedoria. Tal conhecimento ao órgão disciplinar é apenas fiscalizador – mas não homologador da decisão. Se o magistrado exagerar na busca pelo colegiado ou o fizer de maneira indevida, cuida-se de infração a dever funcional, podendo responder por isso.

**5. *Habeas corpus:*** não se pode afastar do Poder Judiciário qualquer lesão à liberdade de ir e vir, motivo pelo qual a convocação do colegiado, quando absolutamente incabível, pode ser questionada por habeas corpus, impetrado em favor do indiciado ou réu. A ampliação do juiz natural não é regular, mas excepcional, motivando, inclusive, a predisposição de todos em relação a quem será julgado – como pessoa perigosa e sujeita a medidas rigorosas. Logo, não deve ser a regra, mas a exceção. E, como tal, pode ser questionada, afinal, não deixa de ser uma decisão jurisdicional, passível de análise por órgão jurisdicional superior. Não cabe à Corregedoria deliberar a respeito. Ademais, não há recurso previsto expressamente em lei para combater a instauração do colegiado, restando o *habeas corpus*. Se o caso tiver peculiar relevo e gravidade, pode o relator decretar o sigilo, restringindo o acesso aos autos somente ao impetrante, ao juiz impetrado e ao Ministério Público. Finalmente, se a própria lei exige decisão fundamentada, pode ela ser objeto de questionamento pelas vias de impugnação disponíveis.

> § 2.º O colegiado será formado pelo juiz do processo e por 2 (dois) outros juízes escolhidos por sorteio eletrônico dentre aqueles de competência criminal em exercício no primeiro grau de jurisdição.[6]

**6. Composição do colegiado e juiz natural:** forma-se pela reunião do juiz do feito (inquérito ou processo), mais dois magistrados de primeiro grau, com competência criminal, escolhidos aleatoriamente por sorteio eletrônico. Não vemos lesão ao princípio constitucional do juiz natural e imparcial, pois há expressa previsão legal para a instauração do colegiado. Diante disso, não se forma um tribunal de exceção. Além de tal aspecto, o colegiado possui, como um de seus integrantes nato, o juiz da causa, logo, natural. Os outros dois que a ele se juntarão não são escolhidos por indicação, amizade ou outro critério abusivo, mas por sorteio eletrônico. O processo é totalmente aleatório. Enfim, três juízes, naturais para a causa, pois isentos, são selecionados, conforme expressa e prévia disposição legal.

> § 3.º A competência do colegiado limita-se ao ato para o qual foi convocado.[7-8]

# Art. 1.º

**7. Competência do colegiado:** para cada um dos atos judiciais previstos no art. 1.º, incisos I a VII, pode-se formar o colegiado, limitada a sua competência à decisão para a qual foi convocado. Não se pode manter o colegiado instaurado, para acompanhar o desenvolvimento de todo o inquérito e execução da pena do acusado. Então, se for preciso um colegiado para decretar a preventiva e, posteriormente, houver necessidade de se apreciar uma medida de sequestro, forma-se outro colegiado, mantendo-se, apenas, o juiz natural da causa, que é fixo. Os magistrados volantes podem – e devem – variar.

**8. Identidade física do juiz:** um dos relevantes princípios processuais penais, hoje consagrado pelo art. 399, § 2.º, do Código de Processo Penal, deve ser respeitado fielmente, não se reputando afastado pela incidência desta Lei. Além da previsão em lei, sempre se constituiu em princípio processual penal, motivo pelo qual possui alcance supralegal. Quando o magistrado do feito perceber a necessidade de proferir sentença em colegiado, deve instaurá-lo no momento da audiência de instrução e julgamento, possibilitando que os outros dois juízes participem da colheita da prova para formar o seu convencimento. Autoriza-se, até mesmo, a videoconferência, como se observa no § 5.º abaixo. Porém, não vemos como a instrução possa ser presidida por um só juiz e, ao final, outros dois (maioria) são chamados para julgar o caso. Esfacelar-se-ia a identidade física do magistrado, de maneira inadequada e sem razão plausível. Assim não fazendo, convocando-se juízes para julgar o caso, ao final da instrução, gera nulidade absoluta.

> § 4.º As reuniões poderão ser sigilosas sempre que houver risco de que a publicidade resulte em prejuízo à eficácia da decisão judicial.[9-10]

**9. Sigilo *versus* publicidade:** compreende-se possam ser as reuniões do colegiado realizadas de maneira sigilosa, a portas fechadas, pois nada mais representam do que o momento decisório do juiz, em face de uma situação qualquer. Noutros termos, quando o magistrado estuda o processo e decide pela prisão cautelar, age solitário – e não em audiência pública. Logo, o mesmo pode dar-se no tocante ao colegiado. Aliás, para a decretação de medidas de cautela, é mais que justificado o sigilo.

**10. Sigilo *versus* juiz imparcial:** o acusado tem o pleno direito de conhecer o magistrado que o processa e julga, especialmente para controlar a sua imparcialidade. Nem sempre o simples respeito ao princípio do juiz natural assegura a atuação de magistrado imparcial. Por isso, detectada a parcialidade (arts. 252 e 254, CPP), ingressa-se com a exceção cabível. O mesmo se dá no tocante aos outros dois juízes chamados a formar o colegiado. Os seus nomes devem ser divulgados, previamente à decisão, com ciência às partes, que podem impugnar tais juízes pelas vias próprias. Sigilosa é a reunião dos magistrados, mas não a sua identidade.

> § 5.º A reunião do colegiado composto por juízes domiciliados em cidades diversas poderá ser feita pela via eletrônica.[11]

**11. Videoconferência:** a Lei 11.900/2009 já havia introduzido no Código de Processo Penal a viabilidade de se realizar, de modo excepcional, o interrogatório e outros atos processuais por meio da videoconferência. Portanto, não é novidade o disposto neste parágrafo. Podem os juízes reunir-se por esse meio para decidir a respeito do ato para o qual foram convocados, bem como podem acompanhar a instrução, em hipótese de sentença.

> § 6.º As decisões do colegiado, devidamente fundamentadas e firmadas, sem exceção, por todos os seus integrantes, serão publicadas sem qualquer referência a voto divergente de qualquer membro.[12]

**12. Maioria anônima:** o colegiado, formado por três juízes, julga por maioria de votos, proferindo decisão fundamentada, assinada por todos. Entretanto, diversamente do que ocorre na instância superior, não se terá conhecimento dos votos dados pelos integrantes do colegiado. Se a decisão foi unânime ou proferida por 2 x 1 pouco importa. O colegiado decidiu pela decretação da prisão ou pelo seu indeferimento, por exemplo. Publica-se a decisão, seus fundamentos e o nome dos três juízes que a proferiram. Internamente, como os três chegaram ao veredito é irrelevante. Não vemos nenhum óbice a tal dispositivo, pois não se prevê nenhum tipo de recurso contra tal *decisum*, logo, irrelevante eventual voto vencido, que somente serviria para acirrar os ânimos, especialmente de quem se sente prejudicado pela decisão.

> § 7.º Os tribunais, no âmbito de suas competências, expedirão normas regulamentando a composição do colegiado e os procedimentos a serem adotados para o seu funcionamento.[13]

**13. Regulamentação do colegiado:** cabe a cada tribunal estadual ou federal disciplinar, no seu Estado ou Região, como funcionará, na prática, o colegiado. Um dos pontos fundamentais a ser regulamentado é o sorteio eletrônico (como será feito, por qual órgão, abrange quantos e quais juízes etc.). Entretanto, não está o tribunal autorizado a dispor contra os termos desta Lei, criando instrumentos novos, que possam deturpar o sentido legal. Resoluções, portarias ou atos administrativos não têm o condão de ampliar o conteúdo e alcance de uma lei processual penal de tamanho relevo como esta.

> **Art. 1.º-A.** Os Tribunais de Justiça e os Tribunais Regionais Federais poderão instalar, nas comarcas sedes de Circunscrição ou Seção Judiciária, mediante resolução, Varas Criminais Colegiadas com competência para o processo e julgamento:[13-A]
>
> I – de crimes de pertinência a organizações criminosas armadas ou que tenham armas à disposição;
>
> II – do crime do art. 288-A do Decreto-Lei 2.848, de 7 de dezembro de 1940 (Código Penal); e
>
> III – das infrações penais conexas aos crimes a que se referem os incisos I e II do *caput* deste artigo.
>
> § 1.º As Varas Criminais Colegiadas terão competência para todos os atos jurisdicionais no decorrer da investigação, da ação penal e da execução da pena, inclusive a transferência do preso para estabelecimento prisional de segurança máxima ou para regime disciplinar diferenciado.[13-B]
>
> § 2.º Ao receber, segundo as regras normais de distribuição, processos ou procedimentos que tenham por objeto os crimes mencionados no *caput* deste artigo, o juiz deverá declinar da competência e remeter os autos, em qualquer fase em que se encontrem, à Vara Criminal Colegiada de sua Circunscrição ou Seção Judiciária.[13-C]

# Art. 2.º

> § 3.º Feita a remessa mencionada no § 2.º deste artigo, a Vara Criminal Colegiada terá competência para todos os atos processuais posteriores, incluindo os da fase de execução.[13-D]

**13-A. Varas Criminais Colegiadas:** a inclusão do art. 1.º-A nesta Lei tem pouquíssima utilidade. Isto porque, antes da alteração, havia possibilidade de se constituir o colegiado de três juízes para julgar casos de organização criminosa. Apontou-se no art. 2.º o conceito de organização criminosa, mas já foi derrogado pela Lei 12.850/2013, apenas no tocante ao número mínimo de pessoas, que precisa ser de quatro ou mais pessoas. Logo, para qualquer situação de organização criminosa, armada ou não, o colegiado pode instalar-se. A Lei 13.964/2019 introduziu o art. 1.º-A, cuja inovação é a viabilidade de os Tribunais (estaduais e federais), por resolução, na sede das circunscrições, organizarem Varas Criminais Colegiadas, algo como *colegiados definitivos* ou, pelo menos, *definidos*. Mas, voltando-se aos incisos I a III do art. 1.º-A, observa-se que o inciso I já estava englobado na lei, mas a inovação é a inclusão do art. 288-A (milícias). Fora disso, o inciso III amplia a base para o colegiado apontando crimes conexos aos de organização criminosa e milícia privada. Pode-se acrescer que a parte final do inciso I seria também inédita: "tenham armas à disposição", ou seja, não somente se instala o colegiado para julgar organizações criminosas (armadas ou não), mas as que tenham armas à disposição. Mesmo assim, pela redação primitiva, o colegiado pode julgar qualquer organização criminosa, seja armada ou não. Então, organizar Varas Criminais Colegiadas permanentes será inócuo, pois não há tantos delitos assim.

**13-B. Nenhuma inovação:** o disposto neste parágrafo equipara-se ao já previsto no art. 1.º desta Lei.

**13-C. Competência firmada:** a ideia no art. 1.º-A, como já se mencionou, é o estabelecimento de uma Vara específica, logo, permanente, para apurar os delitos de organizações criminosas armadas (ou com armas à disposição), as milícias privadas e os delitos conexos. Porém, chega a haver certa contradição entre o previsto no art. 1.º e no art. 1.º-A. Afinal, pode-se instaurar o colegiado para julgar casos de organização criminosa (sem armas); pode-se enviar a Varas Criminais Colegiadas os casos de organização criminosa armada. No entanto, às Varas fixas envia-se a hipótese de crimes de milícia privada, mas ao colegiado transitório para organização criminosa desarmada. Enfim, as Varas definidas podem julgar casos menos graves do que o colegiado transitório.

**13-D. Perpetuação da jurisdição:** o § 3.º é dispensável, pois já se frisou a competência das Varas Criminais Colegiadas. Então, para não haver dúvida, repetiu-se e enfatizou-se que, uma vez transferido o caso para essas Varas, ali ficarão para tudo o que acontecer posteriormente, incluindo a execução (retira-se do juízo das execuções penais esse encargo).

> **Art. 2.º** Para os efeitos desta Lei, considera-se organização criminosa[14] a associação, de 3 (três) ou mais pessoas,[15] estruturalmente ordenada e caracterizada pela divisão de tarefas, ainda que informalmente,[16] com objetivo de obter, direta ou indiretamente, vantagem de qualquer natureza,[17] mediante a prática de crimes cuja pena máxima seja igual ou superior a 4 (quatro) anos ou que sejam de caráter transnacional.[18]

**14. Conceito de organização criminosa:** a partir da edição da Lei 12.850/2013, estabeleceu-se novo conceito, consistente no seguinte: "considera-se organização criminosa a associação de 4 (quatro) ou mais pessoas estruturalmente ordenada e caracterizada pela divisão de tarefas, ainda que informalmente, com objetivo de obter, direta ou indiretamente, vantagem de qualquer natureza, mediante a prática de infrações penais cujas penas máximas sejam superiores a 4 (quatro) anos, ou que sejam de caráter transnacional" (art. 1.º, § 1.º). Nota-se, pois, que a única diferença entre os dois conceitos concentra-se no número mínimo de pessoas. O art. 2.º da Lei em comento fixa em três ou mais, enquanto o art. 1.º, § 1.º, da Lei 12.850/2013 estabelece em quatro ou mais. Considerando-se o critério para resolver o conflito aparente de normas, baseado no preceito de que lei mais recente afasta a aplicação de norma mais antiga, deve prevalecer o dispositivo da nova Lei de Organização Criminosa. Noutros termos, somente se chama o julgamento pelo colegiado quando o processo se concentrar na apuração de delitos cometidos, de maneira organizada, por quatro ou mais pessoas. Pode-se argumentar que a expressão "para os efeitos desta lei", constante do início deste art. 2.º, tornaria essa norma especial em relação à outra, embora mais recente; diante disso, lei especial afastaria a aplicação de norma geral. Contudo, esse argumento cede sob os seguintes dados: a) ambas as leis são especiais, motivo pelo qual a mais recente deve prevalecer; b) não pode haver duas definições de organização criminosa no mesmo sistema jurídico – uma composta por três pessoas; outra, por quatro; c) esta Lei, que disciplina o colegiado, tem natureza eminentemente processual, enquanto a outra (Lei 12.850/2013) possui o caráter essencialmente penal, devendo prevalecer, tendo em vista as próprias finalidades: a tipificação do delito de organização criminosa. Em suma, o art. 2.º desta Lei encontra-se derrogado, na parte em que fixa o número mínimo de três pessoas.

**15. Número mínimo de quatro integrantes:** trata-se de discricionariedade legislativa a fixação do número mínimo de componentes de uma organização criminosa. Embora possa soar estranho, em princípio, uma organização com apenas duas pessoas pode perfeitamente existir; aliás, como início de algo muito mais amplo. Respeita-se, no entanto, o critério legal estampado neste artigo (modificado pela Lei 12.850/2013, como mencionado na nota anterior), ressaltando ter sido mais adequado o número de três do que algo superior a tal base.

**16. Estrutura e tarefas:** demanda-se uma estrutura ordenada, ou seja, devidamente estabelecida em bases próprias, com recursos definidos e responsabilidades bem distribuídas, havendo líder e liderados, com divisão das tarefas, destinando-se a cada membro a sua atividade particular. Nada impede, ao contrário, recomenda, possa cuidar-se de estrutura informal.

**17. Finalidade:** o objetivo da organização criminosa é alcançar qualquer vantagem ilícita, de cunho econômico ou não, de forma direta ou indireta. Porém, tal fim somente pode ser atingido mediante a prática de crimes, com pena máxima igual ou superior a 4 anos, ou de fundo transnacional.

**18. Espécies de crimes:** estabelece-se, como atividade da organização, o cometimento de crimes – excluídas, pois, as contravenções penais – cuja pena máxima seja igual ou superior a quatro anos. Ou delitos de cunho transnacional, vale dizer, que ultrapassem as fronteiras brasileiras. Parece-nos indevida essa restrição. Há contravenções relevantes – como o jogo do bicho –, que geram inúmeras organizações criminosas, há décadas, e não poderiam ter sido ignoradas pela nova Lei. Além disso, nada impede a formação do crime organizado em torno de delitos cuja pena máxima seja inferior a quatro anos, como os crimes contra a organização do trabalho. Perde-se a oportunidade de estabelecer a organização criminosa em qualquer nível de delinquência.

> (...)
>
> **Art. 10.** Esta Lei entra em vigor após decorridos 90 (noventa) dias de sua publicação oficial.
>
> Brasília, 24 de julho de 2012; 191.º da Independência e 124.º da República.
>
> Dilma Rousseff
>
> José Eduardo Cardozo
>
> (*DOU* 25.07.2012)

# Criança e Adolescente

## Lei 8.069, de 13 de julho de 1990

*Dispõe sobre o Estatuto da Criança e do Adolescente, e dá outras providências.*

O Presidente da República:

Faço saber que o Congresso Nacional decreta e eu sanciono a seguinte Lei:

### LIVRO I
### PARTE GERAL

### TÍTULO I
### DAS DISPOSIÇÕES PRELIMINARES

**Art. 1.º** Esta Lei dispõe sobre a proteção integral à criança e ao adolescente.[1-3]

**Art. 2.º** Considera-se criança, para os efeitos desta Lei, a pessoa até 12 (doze) anos de idade incompletos, e adolescente aquela entre 12 (doze) e 18 (dezoito) anos de idade.[3-A]

**Parágrafo único.** Nos casos expressos em lei, aplica-se excepcionalmente este Estatuto às pessoas entre 18 (dezoito) e 21 (vinte e um) anos de idade.

(...)

**1. Responsabilidade penal:** preceitua o art. 228 da Constituição Federal que "são penalmente inimputáveis os menores de dezoito anos, sujeitos às normas da legislação especial". No mesmo prisma, encontra-se o art. 27 do Código Penal. A Lei 8.069/90 regula as sanções cabíveis às pessoas menores de dezoito anos que cometam fatos criminosos (típicos e antijurídicos). Entretanto, sem a possibilidade de se fazer um juízo de censura (culpabilidade), não podem tais atos ser considerados *crimes*. Constituem meros atos infracionais, sujeitos às medidas socioeducativas previstas neste Estatuto.

**2. Redução ou mantença da idade de 18 anos como padrão para a responsabilização penal:** a questão proposta envolve, naturalmente, dois aspectos, um deles subdividido: a) *jurídico*, que se decompõe em: a.1) *constitucional*; a.2) *penal*; b) *político-criminal ou meramente político*. Sob o prisma *jurídico-constitucional* desenvolve-se a seguinte polêmica: seria o art. 228 da Constituição Federal uma cláusula pétrea? Se afirmativa a resposta, nem mesmo por Emenda Constitucional se poderia alterar a responsabilidade penal no Brasil, reduzindo-a para qualquer patamar abaixo dos dezoito anos. Se negativa, havendo Emenda que suprima o referido art. 228, em seguida, poder-se-ia rever o art. 27 do Código Penal, fornecendo outros critérios para a apuração da idade ideal para a responsabilização do autor de fato criminoso. Posicionamo-nos pela tese que nega o caráter de cláusula pétrea ao art. 228 da Constituição Federal, conforme já deixamos claro na nota 8 ao art. 27 do nosso *Código Penal comentado*. Temos dois pontos a destacar. Em primeiro lugar, não se encontra o dispositivo no Título II (Dos direitos e garantias fundamentais), Capítulo I (Dos direitos e deveres individuais e coletivos) da Constituição Federal. Insere-se, como vontade do constituinte, no Título VIII (Da ordem social), Capítulo VII (Da família, da criança, do adolescente e do idoso). Formalmente, pois, não é direito ou garantia humana fundamental. Em segundo lugar, poder-se-ia dizer que se trata de direito fundamental deslocado do seu contexto natural (art. 5.º da CF). Para que isso fosse possível, segundo nos parece, deveria ser considerado um direito ou garantia humana fundamental de conteúdo material, vale dizer, universalmente aceito como tal. Assim não nos parece. A idade de responsabilização penal varia no mundo todo, conforme os costumes e necessidades das nações. Cada legislação adota um patamar e nem por isso se pode acoimar de antidemocrática a posição daqueles que preveem a possibilidade de punição, com maior severidade, da pessoa menor de dezoito anos. Em suma, a idade de dezoito anos não pode ter o mesmo *status*, como direito ou garantia humana fundamental, que tantos outros valores, como a vida, a integridade física, a honra, a ampla defesa, o contraditório etc. Ademais, o critério é arbitrário. Por que dezoito anos e não dezenove? Ou dezessete? Alguns dias não podem fazer tanta diferença no universo da consciência da ilicitude. No Brasil, quem tiver dezessete anos, faltando um dia para completar dezoito, pode fazer o que bem quiser e será levado às brandas punições do Estatuto da Criança e do Adolescente. Porém, se possuir dezoito anos (a diferença é mínima), admite-se ter ele consciência do ilícito, estando sujeito ao rigor da legislação penal, ao menos em tese. No cenário constitucional, parece-nos ser o art. 228 uma norma constitucional como outra qualquer, possível de alteração por Emenda Constitucional. Sob o ponto de vista jurídico-penal, a fixação da idade de dezoito anos soa cada vez mais despropositada. A imputabilidade é a capacidade do ser humano de discernir entre o certo e o errado e, assim fazendo, optar, livremente, pelo caminho do lícito ou do ilícito (ver o disposto no art. 26 do Código Penal). Não é crível existir alguém que defenda ser a pessoa maior de dezoito anos a única capacitada para ter esse entendimento. No mundo atual, onde as informações circulam com intensa rapidez e chegam aos mais distantes pontos do globo pelos mais variados meios, é mais do que certo ser possível um indivíduo atingir a consciência do lícito e do ilícito mais cedo. Por outro lado, é conveniente destacar que a chegada aos dezoito anos pode não significar nada, em matéria de autêntico amadurecimento, para algumas pessoas. Encontramos imaturos com dezenove, vinte ou mais anos. Soa-nos razoável, em matéria penal, a revisão legal desse patamar. Uma faixa mais larga seria conveniente. Dos doze (adolescente, segundo o disposto na Lei 8.069/90) aos vinte e um anos (finalização do amadurecimento, segundo a maioria dos estudos de psicologia), *de lege ferenda*, determinaria o magistrado a realização de um exame de maturidade. Havendo entendimento do ilícito, a punição se daria no campo penal. Caso contrário, pela legislação especial. Mas há outra ótica, possivelmente a mais importante. O aspecto político-criminal ou meramente político. Os presídios brasileiros estão superlotados. A população carcerária não encontra o amparo suficiente, segundo o disposto em lei, para a recuperação e ressocialização. Logo, a redução da idade penal para patamares inferiores aos dezoito anos representaria consequência catastrófica. Os cárceres *explodiriam* de tanta gente e não haveria, com certeza, a menor chance de recuperação do menor delinquente. Se o maior de dezoito anos já enfrenta esse caos, reduzindo-se a idade penal, teríamos um maior contingente de pessoas sujeitas às mesmas condições. Não se quer com isso sustentar que as instituições de ressocialização do menor delinquente são modelos de perfeição. Ao contrário, representam, igualmente, locais inadequados em grande parte dos casos. Porém, há sempre a viabilidade legal de o magistrado desinternar o menor, entregando-o aos cuidados de sua família. De uma forma ou de outra, seria mais flexível o sistema. Concluindo, não vemos óbice legal para a redução de responsabilidade penal. Entretanto, sob o prisma político-criminal, preferimos acreditar que *dos males o menor*: mantém-se a idade em dezoito anos, modificando-se apenas alguns instrumentos punitivos previstos na Lei 8.069/90, para que não se torne tão leniente com relação a alguns casos muito graves.

**3. Parâmetros de análise da Lei 8.069/90:** não pretendemos tecer comentários pormenorizados quanto às situações relacionadas à prática de ato infracional, possuindo como sujeito ativo o menor de dezoito anos. Nosso enfoque primordial será a análise dos delitos *contra* a criança e o adolescente. Não poderíamos, entretanto, deixar de tecer considerações quanto à idade de responsabilização penal, até pelo fato de já termos exposto nosso ponto de vista em nosso *Código Penal comentado*. Aliás, se houver redução da idade de responsabilização penal, os crimes previstos nesta Lei terão o seu alcance diminuído, pois as vítimas em potencial são os menores de 18 anos.

**3-A. Prova da idade para fins penais:** pode ser feita por meio de qualquer documento hábil a evidenciar a idade da pessoa. Na jurisprudência: STF: "A comprovação da idade da vítima do crime de corrupção de menores (art. 244-B do ECA) poderá ser realizada por meio da certidão de nascimento ou por outro documento oficial, dotado de fé pública. Precedentes" (HC 146.181 AgR, 2.ª T., rel. Edson Fachin, 01.03.2019, v.u.).

**LIVRO II**

**PARTE ESPECIAL**

**(...)**

**TÍTULO VII**

**DOS CRIMES E DAS INFRAÇÕES ADMINISTRATIVAS**

**Capítulo I**

**DOS CRIMES**

**Seção I**

**Disposições gerais**

> **Art. 225.** Este Capítulo dispõe sobre crimes praticados contra a criança[4] e o adolescente,[5] por ação ou omissão, sem prejuízo do disposto na legislação penal.[6]

**4. Criança:** para os efeitos desta Lei, é a pessoa humana que possua até 11 anos completos (ou doze anos incompletos), nos termos do art. 2.º. Temos sustentado que o conceito de *criança*

# Art. 226

Leis Penais e Processuais Penais Comentadas – Vol. 2 • Nucci

deva ser o mesmo para outros fins, na órbita penal, como, por exemplo, para a aplicação da agravante prevista no art. 61, II, *h*, do Código Penal (para maiores detalhes, consultar a nota 47 ao art. 61 do nosso *Código Penal comentado*).

**5. Adolescente:** para os efeitos desta Lei, é a pessoa humana que possua entre 12 anos completos e 17 anos completos (18 anos incompletos). Embora o art. 2.º faça referência à pessoa entre 12 e 18 anos de idade, é preciso considerar ser o maior de 18 totalmente capaz, civil e penalmente, para todos os fins. Logo, somente em hipótese excepcional, terá seus atos regulados pela Lei 8.069/90, como previsto no art. 2.º, parágrafo único. Entretanto, para ser vítima dos crimes descritos nos arts. 228 a 244-B, deve-se levar em consideração somente o adolescente que possua até 17 anos completos. Cuida-se de uma interpretação literal, mas também lógico-sistemática. Ilustrando, não teria sentido buscar a punição de alguém que vendesse cerveja a uma pessoa com 18 anos de idade, como incurso no art. 243 desta Lei.

**6. Dispositivo de precaução:** embora soe inútil dizer que os crimes contra a criança e o adolescente podem ser cometidos por ação ou omissão, até porque dependem do tipo penal construído pelo legislador, ressalva-se, ao final do art. 225, a possibilidade de aplicação dos dispositivos gerais da legislação penal. Melhor assim. Não há, pois, dúvida. O Estatuto da Criança e do Adolescente cederá, quando houver lei penal mais específica, cuidando do mesmo tema. Exemplo: se alguém vender bebida alcoólica a uma criança ou adolescente, responde com base no art. 243 da Lei 8.069/90; porém, se vender cocaína, submete-se ao disposto no art. 33 c.c. art. 40, VI, da Lei 11.343/2006 (Lei de Tóxicos).

> **Art. 226.** Aplicam-se aos crimes definidos nesta Lei as normas da Parte Geral do Código Penal e, quanto ao processo, as pertinentes ao Código de Processo Penal.[7]
>
> § 1º Aos crimes cometidos contra a criança e o adolescente, independentemente da pena prevista, não se aplica a Lei 9.099, de 26 de setembro de 1995.[7-A]
>
> § 2º Nos casos de violência doméstica e familiar contra a criança e o adolescente, é vedada a aplicação de penas de cesta básica ou de outras de prestação pecuniária, bem como a substituição de pena que implique o pagamento isolado de multa.[7-B]

**7. Dispositivo complementar:** embora se saiba que a toda lei especial são aplicáveis as regras gerais previstas no Código Penal e no Código de Processo Penal de maneira suplementar, o dispositivo reitera esse prisma. A relevância atual se dá por conta dos §§ 1º e 2º.

**7-A. Vedação aos benefícios da Lei 9.099/95:** a política criminal de proteção à criança e ao adolescente iguala-se à sustentada para o cenário dos crimes contra a mulher, em especial, no contexto da violência doméstica e familiar. Por isso, institutos despenalizadores, amenizando punições e permitindo acordos para a não instauração de processo, não devem ser aplicados quando houver crime contra infante ou jovem. Descabe transação e suspensão condicional do processo. Parece-nos que, nesse mesmo caminho, não se deve utilizar o acordo de não persecução penal, até porque há uma vedação para delitos cometidos no âmbito da violência doméstica ou familiar (onde há grande parte da criminalidade infantojuvenil). Além disso, proíbe-se o ANPP para crimes contra a mulher, podendo-se interpretar, de maneira extensiva, conforme a política criminal atual, também contra a criança e o adolescente (art. 28-A, § 2º, IV, CPP). À época da edição da Lei 11.340/2006 (Lei Maria da Penha), que contém idêntica restrição (art. 41), debateu-se a constitucionalidade do dispositivo e os tribunais brasileiros, de maneira acertada, acolheram essa vedação. Em épocas difíceis para conter a violência contra pessoas mais vulneráveis – como mulheres, crianças e adolescentes – o Estado precisa desenvolver uma política criminal diferenciada e promover exatamente o princípio da isonomia (tratar desigualmente os desiguais) para tentar reequilibrar o pêndulo, que vacila entre segurança e insegurança para vítimas em potencial. Consultar, ainda, a nota 43 ao art. 41 da Lei 11.340/2006.

**7-B. Penas de cesta básica e pecuniárias:** retoma-se o dispositivo inserido na Lei 11.340/2006 (art. 17), dispondo acerca de pena inexistente no ordenamento jurídico-penal, mas que, por conta de erros de critério e interpretação, terminou por ser aplicada na prática no cenário da violência doméstica e familiar contra a mulher. Isso se deu, basicamente, nos Juizados Especiais Criminais, cujas transações terminavam por contrapor ao crime violento sofrido pela mulher a entrega de cesta básica a entidades assistenciais (quando crimes contra a mulher, em violência doméstica, eram julgados no JECRIM). Consultar a nota 26 ao art. 17 da Lei 11.340/2006, em que detalhamos o percurso para atingir essa forma de penalidade. De outro lado, veda-se a aplicação de pena restritiva de direitos consistente em prestação pecuniária, além de impedir a imposição isolada de pena de multa, com o objetivo de evitar o pagamento em pecúnia para violência tão traumática para a vítima. Esta última parte é razoável, pois existem penas em pecúnia, que devem ser afastadas para não dar ensejo à ideia de que basta pagar para poder espancar. A proibição agora se faz presente no quadro das infrações penais contra crianças e adolescentes. É preciso registrar que esses crimes não estão previstos apenas nesta Lei, podendo ser encontrados em outras, como, por exemplo, na Lei 14.344/2022 (Lei Henry Borel).

> **Art. 227.** Os crimes definidos nesta Lei são de ação pública incondicionada.[8]

**8. Ação pública incondicionada:** cuida-se de outra disposição desnecessária. Qualquer tipo penal incriminador que não traga, especificamente, o alerta de se tratar de delito de ação pública condicionada ("somente de procede mediante representação") ou de ação privada ("somente se procede mediante queixa") é de ação pública incondicionada. Em suma, na falta de disposição expressa, a ação é pública, promovida pelo Ministério Público, sem qualquer condição de procedibilidade. Por isso, o art. 227 não tem efeito prático.

> **Art. 227-A.** Os efeitos da condenação prevista no inciso I do *caput* do art. 92 do Decreto-Lei 2.848, de 7 de dezembro de 1940 (Código Penal), para os crimes previstos nesta Lei, praticados por servidores públicos com abuso de autoridade, são condicionados à ocorrência de reincidência.[8-A]
>
> **Parágrafo único.** A perda do cargo, do mandato ou da função, nesse caso, independerá da pena aplicada na reincidência.

**8-A. Restrição do efeito da condenação:** de maneira incompreensível, este artigo favoreceu o agente criminoso. Só poderá perder o cargo, função ou mandato eletivo o servidor que for *reincidente*, o que antes não era exigido. Entretanto, amenizando o efeito da condenação, quando houver reincidência, conforme se vê do parágrafo único, a perda pode acontecer com qualquer pena aplicada.

# Art. 228

## Seção II
## Dos crimes em espécie

> **Art. 228.** Deixar[9-11] o encarregado de serviço ou o dirigente de estabelecimento de atenção à saúde de gestante de manter registro das atividades desenvolvidas, na forma e prazo referidos no art. 10 desta Lei, bem como de fornecer à parturiente ou a seu responsável, por ocasião da alta médica, declaração de nascimento, onde constem as intercorrências do parto e do desenvolvimento do neonato:[12-13]
>
> Pena – detenção de 6 (seis) meses a 2 (dois) anos.[14]
>
> **Parágrafo único.** Se o crime é culposo:
>
> Pena – detenção de 2 (dois) a 6 (seis) meses, ou multa.

**9. Análise do núcleo do tipo:** *deixar* (não considerar, omitir) é a conduta central, que se une aos outros verbos *manter* (conservar ou preservar) e *fornecer* (entregar algo a alguém). Os objetos são o registro das atividades desenvolvidas nos estabelecimentos de saúde e o fornecimento de declaração de nascimento, com anotações sobre as intercorrências do parto e desenvolvimento do neonato (recém-nascido). Cuida-se de um tipo remetido, embora de redação criticável. Faz-se menção à obrigação de se manter registro das atividades desenvolvidas nos estabelecimentos de saúde, *na forma e prazo referidos no art. 10 desta Lei*, para onde se remete, então, o interessado em conhecer os detalhes acerca do tipo penal. Porém, na segunda parte, insere-se a obrigação de fornecimento à parturiente ou seu responsável da declaração de nascimento com os dados necessários, *algo* que também faz parte do descrito no art. 10 da Lei 8.069/90. Portanto, a expressão *na forma e prazo referidos no art. 10 desta Lei* deveria ter sido deslocada para o final do tipo penal e sem necessidade de repetir parcela do art. 10 no texto do próprio art. 228, *caput*, desta Lei. Essa redação é remetida, e, ao mesmo tempo, tautológica. O objetivo, no entanto, é criminalizar a conduta daqueles que devem cumprir o disposto no art. 10 e não o fizerem, dolosa ou culposamente. Preceitua o art. 10 da Lei 8.069/90 o seguinte: "Os hospitais e demais estabelecimentos de atenção à saúde de gestantes, públicos e particulares, são obrigados a: I – manter registro das atividades desenvolvidas, através de prontuários individuais, pelo prazo de 18 (dezoito) anos; II – identificar o recém-nascido mediante o registro de sua impressão plantar e digital e da impressão digital da mãe, sem prejuízo de outras formas normatizadas pela autoridade administrativa competente; III – proceder a exames visando ao diagnóstico e terapêutica de anormalidades no metabolismo do recém-nascido, bem como prestar orientação aos pais; IV – fornecer declaração de nascimento onde constem necessariamente as intercorrências do parto e do desenvolvimento do neonato; V – manter alojamento conjunto, possibilitando ao neonato a permanência junto à mãe; VI – acompanhar a prática do processo de amamentação, prestando orientações quanto à técnica adequada, enquanto a mãe permanecer na unidade hospitalar, utilizando o corpo técnico já existente; VII – desenvolver atividades de educação, de conscientização e de esclarecimentos a respeito da saúde mental da mulher no período da gravidez e do puerpério". Vale ressaltar que o tipo incriminador do art. 228 leva em consideração, em relação ao mencionado art. 10, apenas a não manutenção de registro das atividades desenvolvidas e o não fornecimento de declaração de nascimento, com as anotações importantes. Porém, não se incluem, neste tipo, a identificação do recém-nascido (inciso II do art. 10), a realização de exames para orientar os pais (inciso III do art. 10), nem mesmo a obrigação de manter alojamento conjunto do filho com a mãe (inciso V do art. 10). Preferiu o legislador, valendo-se de critérios contestáveis, pois idênticas são as penas, criar outro tipo penal (art. 229). Cremos que, por uma questão de melhor sistematização, todas as figuras referentes ao art. 10 deveriam estar concentradas em um só tipo incriminador. Sem criminalização, entretanto, restou a parte concernente à mantença de alojamento conjunto para mãe e recém-nascido (inciso V do art. 10), o acompanhamento da prática do processo de amamentação, prestando orientações quanto à técnica adequada, enquanto a mãe permanecer na unidade hospitalar, utilizando o corpo técnico já existente (inciso VI do art. 10) e o desenvolvimento de atividades de educação, conscientização e esclarecimentos (inciso VII do art. 10). Outro ponto relevante a salientar é quanto ao verbo *manter*, normalmente considerado ícone do crime denominado *habitual*. No caso do art. 228 desta Lei, foge-se à regra, justamente pela sua conjugação com o verbo *deixar*. Não se trata, pois, de *manter* (sustentar, prover) registro simplesmente, auferindo um caráter de habitualidade, mas de não cumprir a obrigação de anotar ou registrar a atividade desenvolvida. Logo, uma só vez que tal não se dê, desde que por dolo ou culpa, pode configurar-se delito.

**10. Sujeitos ativo e passivo:** o sujeito ativo somente pode ser o encarregado do serviço ou o dirigente do estabelecimento de saúde, que lide com a gestante, porém, a depender de cada lugar, torna-se curial buscar o efetivo responsável pela realização dos registros das atividades desenvolvidas. Em suma, não se pode pretender a criminalização de eventual omissão de um diretor do hospital, se a este não cabe o controle do setor de registro das várias ações ali desenvolvidas. Por isso, quando a lei faz referência ao *dirigente* do estabelecimento, quer-se crer ser o responsável pelo encarregado das anotações. Em outros termos, pode-se punir o dirigente que, dolosa ou culposamente, deixa de determinar o registro; ou, tomando ciência de que o registro não é feito, podendo interferir para regularizar a situação, aceita a omissão como algo natural. A punição do encarregado do serviço de registro é mais fácil, pois de maior visibilidade. A do dirigente é complexa, uma vez que depende de prova de seu conhecimento da carência dos registros obrigatórios, aceitando-a como normal. O sujeito passivo principal, em nosso entendimento, é a criança recém-nascida. Lembremos que já é pessoa humana, logo, sujeito de direitos. Note-se que é a ela que se volta o Estatuto da Criança e do Adolescente nesse tópico. O registro das atividades é guardado por 18 anos, quando a pessoa humana atinge a maioridade. Além disso, a declaração de nascimento interessa, em primeiro plano, a quem nasceu, até pelo fato de que, no futuro, qualquer problema de saúde, advindo do parto, será igualmente do seu interesse. Como sujeitos passivos secundários, estão a parturiente e seu eventual responsável. Aliás, permitimo-nos incluir, também, o pai do recém-nascido, outro interessado na declaração de nascimento de seu filho, contendo todas as intercorrências do parto e do desenvolvimento do neonato.

**11. Elemento subjetivo:** é o dolo ou a culpa, conforme o caso (*caput* ou parágrafo único). Não há elemento subjetivo específico.

**12. Objetos material e jurídico:** os objetos materiais são o registro das atividades desenvolvidas (por qualquer forma viável: livros, cadernos, fichas, CD, DVD, disco rígido de computador etc.) e a declaração de nascimento. O objeto jurídico é a proteção à vida e à saúde da criança.

**13. Classificação:** é crime próprio (só pode ser cometido por pessoa qualificada, conforme indicação feita no tipo); formal (independe da ocorrência de resultado naturalístico, consistente em efetivo prejuízo à criança ou aos seus pais); de forma vinculada (só pode ser cometido pelos modos aventados no tipo, inclusive em face da referência feita ao art. 10 desta Lei); omissivo (os verbos implicam inações); instantâneo (a consumação se dá em momento determinado), porém, na primeira modalidade, cuida-se da figura do crime instantâneo de efeitos permanentes, pois o reflexo do não registro se prolonga no tempo; de perigo abstrato (presume-se o prejuízo à criança, caso as condutas do tipo sejam praticadas); unissubjetivo

# Art. 229

(pode ser cometido por uma só pessoa); unissubsistente (praticada em um ato), como típico crime omissivo que é; não admite tentativa.

**14. Benefícios penais:** não cabe aplicação da Lei 9.099/95 (art. 226, § 1º, desta Lei). Seguindo-se o parâmetro de vedação ao acordo de não persecução penal para os casos de violência doméstica e familiar e contra a mulher, parece-nos indevido o benefício em contexto de delitos contra a criança e o adolescente. É possível aplicar pena alternativa, desde que não seja a prestação pecuniária (art. 226, § 2º, desta Lei). Cabe o regime inicial aberto, conforme o caso.

> **Art. 229.** Deixar[15-17] o médico, enfermeiro ou dirigente de estabelecimento de atenção à saúde de gestante de identificar corretamente o neonato e a parturiente, por ocasião do parto, bem como deixar de proceder aos exames referidos no art. 10 desta Lei:[18-19]
>
> Pena – detenção de 6 (seis) meses a 2 (dois) anos.[20]
>
> **Parágrafo único.** Se o crime é culposo:
>
> Pena – detenção de 2 (dois) a 6 (seis) meses, ou multa.

**15. Análise do núcleo do tipo:** *deixar* (não considerar, omitir) é o verbo central, que se associa aos outros dois: *identificar* (determinar o conjunto de características individuais de uma pessoa, de modo a torná-la única) e *proceder* (realizar, concretizar). Há, pois, em relação às condutas obrigatórias previstas no art. 10 desta Lei, duas figuras típicas a merecer análise: a) a omissão do médico, enfermeiro ou dirigente de estabelecimento de saúde quanto à identificação do neonato e sua mãe, por ocasião do parto; b) a omissão das mesmas pessoas em relação aos exames visando ao diagnóstico e terapêutica de anormalidades no metabolismo do recém-nascido. O tipo também é remetido, nos moldes do art. 228. Contém idêntica formulação equivocada. Deveria referir-se ao art. 10 da Lei 8.069/90 nas duas condutas. Se assim tivesse feito, evitaria o uso da dúbia palavra *corretamente*, prevista na primeira parte. O que significa identificar o neonato e a parturiente *corretamente*? É natural que o termo é impróprio para a taxatividade que o tipo incriminador exige, além de ser frugal. Melhor seria a referência feita, de modo mais apurado, no art. 10: "(...) mediante o registro de sua impressão plantar e digital e da impressão digital da mãe, sem prejuízo de outras formas normatizadas pela autoridade administrativa competente". É assim que se identifica *corretamente* alguém. Além disso, abrir-se-ia espaço para uma norma penal em branco, levando-se em conta as regras normatizadas pela autoridade administrativa competente. Do modo como ficou redigido, tornou-se o termo *corretamente* sujeito a interpretações variadas, incompatíveis com a segurança exigível de um tipo penal. Entretanto, devemos utilizar o disposto no art. 10 desta Lei para lhe dar um sentido razoável. O importante é identificar o neonato pela impressão plantar e digital, assim como de sua mãe, para evitar os transtornos lamentáveis trazidos pela eventual "troca de bebês". Além disso, quanto aos demais exames, a Lei 14.154/2021 incluiu os §§ 1.º a 4.º no art. 10, especificando quais devem ser realizados no recém-nascido. Naturalmente, há de ter o suporte do SUS e a regulamentação do Ministério da Saúde para que o agente possa responder pela omissão dolosa ou culposa. Afinal, o autor somente pode responsabilizar-se pelos exames colocados à disposição pelo serviço público.

**16. Sujeitos ativo e passivo:** o sujeito ativo somente pode ser o médico, enfermeiro ou dirigente de estabelecimento de atenção à saúde da gestante. Cremos que o tipo penal deveria ter sido mais aberto, como se previu no art. 228. Olvidou-se o encarregado pelo estabelecimento de fazer a identificação e os exames. Não necessariamente há de ser o médico ou o enfermeiro e muito menos o dirigente do estabelecimento a fazê-lo pessoalmente. No entanto, à ausência de outra menção, somente as pessoas enumeradas neste tipo, caso sejam as encarregadas de providenciar a identificação e os exames. Quanto ao dirigente, valem as mesmas observações já traçadas anteriormente, ou seja, depende da sua ciência a respeito da não identificação ou não realização dos exames, com sua concordância expressa ou tácita, porém dolosa ou culposa. Dificilmente, será o dirigente incriminado pela conduta pessoal e direta em relação a tais atividades, que não são da sua alçada, como regra. Quanto ao médico, deve receitar os exames, mas outro profissional pode ser o encarregado de concretizá-lo. Por isso, o tipo é falho. Se o médico determinar, mas alguém não fizer, torna-se impune, por falta de previsão legal. Por outro lado, é possível que o médico determine ao enfermeiro e este não realize o exame necessário. Nesse caso, será responsabilizado criminalmente, se agir com dolo ou culpa. Não se pode usar a figura genérica do art. 13, § 2.º, do Código Penal, para atingir outra pessoa, não prevista no art. 229, pois este é um tipo penal especial, que afasta a norma geral. O sujeito passivo, na primeira figura, é duplo: o neonato e a parturiente; na segunda, somente o recém-nascido. Secundariamente, encontra-se o pai da criança, também vítima do sofrimento causado pela eventual troca de bebês ou pelo advento de algum mal ao seu filho, caso os exames indispensáveis não sejam realizados.

**17. Elemento subjetivo:** é o dolo ou a culpa, conforme o caso (*caput* e parágrafo único). Não há elemento subjetivo específico.

**18. Objetos material e jurídico:** o objeto material é o neonato e a parturiente, quando não identificados, bem como o recém-nascido, privado dos exames necessários. O objeto jurídico é a proteção ao estado de filiação.

**19. Classificação:** é crime próprio (só pode ser cometido por pessoa qualificada, conforme indicação feita no tipo); formal (independe da ocorrência de resultado naturalístico, consistente em efetivo prejuízo à criança ou aos seus pais); de forma vinculada (só pode ser cometido pelos modos aventados no tipo, inclusive em face da referência feita ao art. 10 desta Lei); omissivo (os verbos implicam inações); instantâneo (a consumação se dá em momento determinado); de perigo abstrato (presume-se o prejuízo à criança, caso as condutas do tipo sejam praticadas); unissubjetivo (pode ser cometido por uma só pessoa); unissubsistente (praticada em um ato), como típico crime omissivo que é; não admite tentativa.

**20. Benefícios penais:** não cabe aplicação da Lei 9.099/95 (art. 226, § 1.º, desta Lei). Seguindo-se o parâmetro de vedação ao acordo de não persecução penal para os casos de violência doméstica e familiar e contra a mulher, parece-nos indevido o benefício em contexto de delitos contra a criança e o adolescente. É possível aplicar pena alternativa, desde que não seja a prestação pecuniária (art. 226, § 2.º, desta Lei). Cabe o regime inicial aberto, conforme o caso.

> **Art. 230.** Privar[21-23] a criança ou o adolescente de sua liberdade, procedendo à sua apreensão[24] sem estar em flagrante de ato infracional ou inexistindo ordem escrita da autoridade judiciária competente:[25-26]
>
> Pena – detenção de 6 (seis) meses a 2 (dois) anos.[27]
>
> **Parágrafo único.** Incide na mesma pena aquele que procede à apreensão sem observância das formalidades legais.[28]

**21. Análise do núcleo do tipo:** *privar* (tolher, tirar o gozo de algo) é o núcleo do tipo, possuindo como objeto a liberdade de locomoção (ir, vir e ficar) da pessoa humana, no caso a criança ou o adolescente. É uma modalidade de crime de sequestro ou cárcere privado, especialmente previsto na Lei 8.069/90. Porém, não se confunde com o crime do art. 148 do Código

# Art. 230

Penal, em particular com a figura qualificada prevista no art. 148, § 1.º, IV. Cuida-se de figura mais branda que a prevista no Código Penal, envolvendo somente a *apreensão* de menor de 18 anos, sem flagrante ou ordem judicial. *Apreender* significa, neste caso, prender, mas não colocar em cárcere. Em outros termos, quem fizer a apreensão do menor, sem as formalidades legais (cf. art. 106 desta Lei), incide na figura do art. 230. Aquele que privar o menor de 18 anos de sua liberdade, inserindo-o em cárcere, deve responder pelo art. 148, § 1.º, IV, do Código Penal, com pena mais grave. Insistimos: a mera apreensão (retenção, prisão por algumas horas, detenção para averiguação) configura o delito do art. 230; outras formas mais duradouras de privação de liberdade equivalem, em nosso entendimento, ao sequestro ou cárcere privado. Aliás, não teria o menor sentido uma lei de proteção à criança ou adolescente considerar infração de menor potencial ofensivo a privação ilegal e duradoura da liberdade do menor de 18 anos, prevendo pena de detenção, de seis meses a dois anos, enquanto o Código Penal comina pena de reclusão, de dois a cinco anos. Vale registrar o disposto no art. 106 desta Lei: "Nenhum adolescente será privado de sua liberdade senão em flagrante de ato infracional ou por ordem escrita e fundamentada da autoridade judiciária competente. Parágrafo único. O adolescente tem direito à identificação dos responsáveis pela sua apreensão, devendo ser informado acerca de seus direitos".

**22. Sujeitos ativo e passivo:** o sujeito ativo pode ser qualquer pessoa. O sujeito passivo é a criança ou adolescente.

**23. Elemento subjetivo:** é o dolo. Não se pune a forma culposa, nem existe elemento subjetivo específico.

**24. Elementos normativos:** ao mencionar que a privação da liberdade se dá por meio de *apreensão* do menor, queremos crer, como já expusemos em nota anterior, tratar-se de uma detenção momentânea, mas não uma inserção em cativeiro ou cárcere. Há quem abuse do poder (especialmente funcionários públicos), em relação a menores de 18 anos, *apreendendo-os,* como se fossem seres humanos privados de direitos, unicamente por não serem, ainda, adultos. Soltam, na sequência, mas não havia estado de flagrância ou ordem judicial. É o que se busca evitar com a figura típica do art. 230.

**25. Objetos material e jurídico:** o objeto material é a criança ou o adolescente. O objeto jurídico é a liberdade de locomoção da criança ou do adolescente.

**26. Classificação:** é crime comum (pode ser cometido por qualquer pessoa); material (depende da ocorrência de resultado naturalístico, consistente na efetiva privação da liberdade, ainda que momentânea, da criança ou do adolescente); de forma livre (pode ser cometido por qualquer meio eleito pelo agente); comissivo (o verbo implica ação), excepcionalmente, comissivo por omissão (art. 13, § 2.º, CP); permanente (a consumação se prolonga, enquanto durar a apreensão); de dano; unissubjetivo (pode ser cometido por uma só pessoa); plurissubsistente (praticada em vários atos); admite-se a tentativa, embora de rara configuração, até pelo fato de se cuidar de *privação momentânea* da liberdade.

**27. Benefícios penais:** não cabe aplicação da Lei 9.099/95 (art. 226, § 1.º, desta Lei). Seguindo-se o parâmetro de vedação ao acordo de não persecução penal para os casos de violência doméstica e familiar e contra a mulher, parece-nos indevido o benefício em contexto de delitos contra a criança e o adolescente. É possível aplicar pena alternativa, desde que não seja a prestação pecuniária (art. 226, § 2.º, desta Lei). Cabe o regime inicial aberto, conforme o caso.

**28. Figura correlata:** a privação da liberdade, ainda que momentânea, sob pena de incidir a figura típica mais grave do art. 148, § 1.º, IV, do Código Penal, quando realizada sem *outras* formalidades legais, diversas das que foram mencionadas no *caput* (estar em flagrante de ato infracional ou inexistir ordem escrita de autoridade judiciária competente), dá margem à aplicação do art. 230, parágrafo único. Nos arts. 106, parágrafo único, 107 e 109 da Lei

8.069/90, podemos encontrar outros exemplos de formalidades a serem respeitadas para a apreensão de um menor.

> **Art. 231.** Deixar[29-31] a autoridade policial responsável pela apreensão de criança ou adolescente de fazer imediata comunicação à autoridade judiciária competente e à família do apreendido ou à pessoa por ele indicada:[32-33]
>
> Pena – detenção de 6 (seis) meses a 2 (dois) anos.[34]

**29. Análise do núcleo do tipo:** *deixar* (omitir, não considerar) é o núcleo do tipo, chamando, como complemento a *imediata comunicação* (transmissão de notícia de modo urgente) ao juiz, à família do menor ou a outra pessoa por ele indicada. No caso deste artigo, nota-se que a apreensão ocorre em situação de flagrante de ato infracional, pois, do contrário, incidiria a figura do art. 230 ou mesmo o crime do art. 148, § 1.º, IV, do Código Penal. Não se trata, ainda, da aplicação do art. 230, parágrafo único, pois é situação alheia ao flagrante. Outro ponto merece destaque: cuida-se, realmente, de estado de flagrância, pois se menciona a comunicação à autoridade judiciária competente. Logo, não pode a ordem partir do juiz. Com relação a crianças e adolescentes, aplica-se o art. 231 desta Lei.

**30. Sujeitos ativo e passivo:** o sujeito ativo é a autoridade policial. Devemos entender tratar-se somente do delegado de polícia. Este seria a autoridade policial autêntica. Investigadores de polícia ou detetives, bem como policiais militares, devem ser considerados apenas agentes da autoridade policial, conforme o caso. Assim, a figura típica destina-se à autoridade policial que lavrou o termo de apreensão e deixou de fazer as comunicações exigidas por lei. Outros policiais que tenham apreendido o menor, sem as formalidades legais, devem ser inseridos em tipos diversos. O sujeito passivo é a criança ou adolescente.

**31. Elemento subjetivo:** é o dolo. Não se exige elemento subjetivo do tipo específico, nem se pune a forma culposa. Se a comunicação deixar de ser feita por negligência ou outra causa correlata, deve a autoridade policial responder, somente, na órbita administrativa.

**32. Objetos material e jurídico:** o objeto material é a criança ou o adolescente. O objeto jurídico é a proteção à liberdade de locomoção da criança ou do adolescente.

**33. Classificação:** é crime próprio (só pode ser cometido pela autoridade policial); formal (independe da ocorrência de resultado naturalístico, consistente em efetivo prejuízo para a criança ou adolescente); de forma livre (pode ser cometido por qualquer meio eleito pelo agente); omissivo (os verbos conjugados implicam inação); instantâneo (a consumação se dá em momento determinado); de perigo abstrato (presume-se prejuízo à criança e ao adolescente); unissubjetivo (pode ser cometido por uma só pessoa); unissubsistente (praticada em um ato, como é típico do delito omissivo próprio); não admite tentativa.

**34. Benefícios penais:** não cabe aplicação da Lei 9.099/95 (art. 226, § 1.º, desta Lei). Seguindo-se o parâmetro de vedação ao acordo de não persecução penal para os casos de violência doméstica e familiar e contra a mulher, parece-nos indevido o benefício em contexto de delitos contra a criança e o adolescente. É possível aplicar pena alternativa, desde que não seja a prestação pecuniária (art. 226, § 2.º, desta Lei). Cabe o regime inicial aberto, conforme o caso.

> **Art. 232.** Submeter[35-37] criança ou adolescente sob sua autoridade, guarda ou vigilância a vexame ou a constrangimento:[38-39]
>
> Pena – detenção de 6 (seis) meses a 2 (dois) anos.[40]

# Art. 232

**35. Análise do núcleo do tipo:** *submeter* (sujeitar, subjugar) é o núcleo do tipo, que se conjuga a *vexame* (vergonha, ultraje) ou *constrangimento* (situação de violência ou coação psicológica). O objeto dessa conduta é a criança (menor de 12 anos) ou o adolescente (12 a 17 anos completos). Está o menor, no caso do tipo do art. 232, legalmente sob custódia, guarda ou vigilância; do contrário, outras figuras típicas de privação da liberdade incidirão. De todo modo, o tipo penal é aberto demais, lesando o princípio da taxatividade; deveria o legislador ter descrito devidamente a conduta incriminada. Na jurisprudência: STJ: "3. Neste caso, imputa-se ao paciente a conduta descrita no art. 232 do Estatuto da Criança e do Adolescente, porque ele teria causado constrangimento a um adolescente, durante uma aula de História. 4. A conduta narrada, embora possa, até certo ponto, ser considerada reprovável, não é suficiente para justificar seu enquadramento no tipo penal em discussão. De fato, não se consegue extrair dos autos a prática de atos que expressam a submissão da vítima a situação evidente de vexame e humilhação. A controvérsia girou em torno de questionamentos sobre a análise histórico-política de determinada época nos EUA (ideologias e opiniões pessoais). Exame da jurisprudência do STJ a respeito do art. 232 do ECA. Distanciamento da hipótese vertente. 5. Por mais que se vislumbre eventual excesso na conduta acadêmica do docente, não parece razoável a atribuição de responsabilidade criminal pelos fatos aqui narrados. Não se ignora a possibilidade de sancionamento da conduta por outros ramos do Direito. Porém, não se pode perder de vista que a lei penal não deve ser invocada para atuar em hipóteses desprovidas de significação social-criminal, razão pela qual o princípio da intervenção mínima surge para atuar como instrumento de interpretação restrita do tipo penal. 6. *Habeas corpus* não conhecido. Ordem concedida de ofício para determinar o trancamento da Ação Penal n. 0133059-42.2018.8.05.0001, ajuizada em desfavor do paciente, confirmando a liminar" (HC 548.875 – BA, 5.ª T., rel. Reynaldo Soares da Fonseca, 17.12.2019, v.u.).

**35-A. Desclassificação proveniente do art. 217-A do CP:** tem-se utilizado o art. 232 desse estatuto, mas é preciso verificar o caso concreto, pois, a depender da situação, pode-se aplicar o crime de importunação sexual (art. 215-A, CP), que sucedeu a contravenção de importunação ofensiva ao pudor. No entanto, não é despido de viabilidade o enquadramento na figura típica do art. 232. A exposição do menor, sem qualquer toque físico, à contemplação da libidinagem alheia, desde que não adequado ao estupro de vulnerável, pode resultar em mero vexame ou constrangimento.

**36. Sujeitos ativo e passivo:** o sujeito ativo somente pode ser a pessoa que possua autoridade, guarda ou poder de vigilância em relação à criança ou ao adolescente. Assim, tanto pode ser o pai, como o agente do Estado que cuide do menor, tudo a depender do caso concreto. O sujeito passivo é a criança ou o adolescente.

**37. Elemento subjetivo:** é o dolo. Não se exige elemento subjetivo do tipo específico, nem se pune a forma culposa.

**38. Objetos material e jurídico:** o objeto material é a criança ou o adolescente. O objeto jurídico é a proteção às integridades física e moral da criança e do adolescente.

**39. Classificação:** é crime próprio (só pode ser cometido pela pessoa qualificada, indicada no tipo); material (depende da ocorrência de resultado naturalístico, consistente na efetiva prática de ato que exponha a criança ou o adolescente a vexame ou constrangimento); de forma livre (pode ser cometido por qualquer meio eleito pelo agente); comissivo (o verbo implica ação); instantâneo (a consumação se dá em momento determinado), porém pode transformar-se em permanente, caso a situação constrangedora ou vexatória seja mantida sem qualquer interrupção; de dano; unissubjetivo (pode ser cometido por uma só pessoa); unissubsistente (praticada em um só ato) ou plurissubsistente (praticada em vários atos), conforme o meio eleito pelo autor; admite tentativa na forma plurissubsistente.

**40. Benefícios penais:** não cabe aplicação da Lei 9.099/95 (art. 226, § 1.º, desta Lei). Seguindo-se o parâmetro de vedação ao acordo de não persecução penal para os casos de violência doméstica e familiar e contra a mulher, parece-nos indevido o benefício em contexto de delitos contra a criança e o adolescente. É possível aplicar pena alternativa, desde que não seja a prestação pecuniária (art. 226, § 2.º, desta Lei). Cabe o regime inicial aberto, conforme o caso.

> **Art. 233.** (*Revogado pela Lei 9.455/97*).
>
> **Art. 234.** Deixar[41-43] a autoridade competente, sem justa causa,[44] de ordenar a imediata[45] liberação de criança ou adolescente, tão logo tenha conhecimento da ilegalidade da apreensão:[46-47]
>
> Pena – detenção de 6 (seis) meses a 2 (dois) anos.[48]

**41. Análise do núcleo do tipo:** *deixar* (omitir, não considerar) associa-se a *ordenar* (mandar que se faça algo), tendo por objeto a liberação imediata da criança ou adolescente. Portanto, cuida-se de um tipo penal voltado, primordialmente, ao juiz, como regra. Em segundo plano, ao delegado de polícia. Se a apreensão é feita formalmente pela autoridade policial, cabe a esta oficiar ao magistrado, dando-lhe ciência (se não o fizer, pode incidir a figura prevista no art. 231 desta Lei). Se o juiz deixar de determinar a liberação, caso ilegal a apreensão, agindo com dolo, configura-se o crime do art. 234. Secundariamente, pode atuar o delegado de polícia, ao tomar conhecimento, por exemplo, de apreensão feita por subordinado seu, sem estado de flagrância, como na hipótese prevista no art. 230 desta Lei. Deve *ordenar* a liberação imediata do menor e tomar as providências para punir o responsável pela ilegal apreensão. Dentro das atribuições constitucionais e legais, vislumbramos somente o juiz e o delegado como sujeitos ativos desta modalidade de crime.

**42. Sujeitos ativo e passivo:** o sujeito ativo é, principalmente, o magistrado. Secundariamente, o delegado de polícia. O sujeito passivo é a criança ou adolescente.

**43. Elemento subjetivo:** é o dolo. Não se exige elemento subjetivo do tipo específico, nem se pune a forma culposa.

**44. Elementos normativos:** a expressão *sem justa causa* faz parte do campo da licitude ou ilicitude da conduta. Porém, trazido para o contexto do tipo penal, caso a apreensão do menor tenha preenchido as formalidades legais, em lugar de se cuidar de um estrito cumprimento do dever legal, passa a ser fato atípico. Portanto, quando a apreensão for juridicamente correta, é natural que a autoridade pode deixar de ordenar a liberação imediata.

**45. Imediatidade:** é outro elemento normativo, que depende de valoração. Tratando-se de privação da liberdade, mormente ilegal, deve-se dar ao termo interpretação literal, vale dizer, imediato é urgente, feito no momento, sem qualquer tipo de delonga.

**46. Objetos material e jurídico:** o objeto material é a criança ou o adolescente. O objeto jurídico é a proteção à liberdade de locomoção da criança ou do adolescente.

**47. Classificação:** é crime próprio (só pode ser cometido pela autoridade competente em dar ordem à liberação); material (depende da ocorrência de resultado naturalístico, consistente em efetivo prejuízo para a criança ou adolescente no que toca ao seu direito de ir, vir e ficar); de forma livre (pode ser cometido por qualquer meio eleito pelo agente); omissivo (os verbos conjugados implicam inação); permanente (a consumação se protrai no tempo, enquanto dure a privação ilegal e a possibilidade de ordem para a liberação); de dano; unissubjetivo (pode ser

# Art. 235

**Leis Penais e Processuais Penais Comentadas – Vol. 2 · Nucci**

cometido por uma só pessoa); unissubsistente (praticada em um ato, como é típico do delito omissivo próprio); não admite tentativa.

**48. Benefícios penais:** não cabe aplicação da Lei 9.099/95 (art. 226, § 1.º, desta Lei). Seguindo-se o parâmetro de vedação ao acordo de não persecução penal para os casos de violência doméstica e familiar e contra a mulher, parece-nos indevido o benefício em contexto de delitos contra a criança e o adolescente. É possível aplicar pena alternativa, desde que não seja a prestação pecuniária (art. 226, § 2.º, desta Lei). Cabe o regime inicial aberto, conforme o caso.

> **Art. 235.** Descumprir,[49-51] injustificadamente,[52] prazo fixado nesta Lei em benefício de adolescente privado de liberdade:[53-54]
>
> Pena – detenção de 6 (seis) meses a 2 (dois) anos.[55]

**49. Análise do núcleo do tipo:** *descumprir* (deixar de executar ou tornar algo efetivo) é a conduta nuclear, cujo objeto é prazo relativo à privação da liberdade de adolescente. Em outros termos, há sempre um período de tempo máximo, em que se pode deter o adolescente, aplicando-lhe medidas socioeducativas ou por mera cautela. A Lei 8.069/90 estabelece tais prazos e prevê, como figura típica incriminadora, a sua inobservância. Ilustrando, podemos conferir alguns prazos estabelecidos no Estatuto da Criança e do Adolescente: a) "a internação, antes da sentença, pode ser determinada pelo prazo máximo de 45 (quarenta e cinco) dias" (art. 108, *caput*); b) "o prazo máximo e improrrogável para a conclusão do procedimento, estando o adolescente internado provisoriamente, será de 45 (quarenta e cinco) dias" (art. 183); c) "a internação constitui medida privativa da liberdade, sujeita aos princípios de brevidade, excepcionalidade e respeito à condição peculiar de pessoa em desenvolvimento. (...) § 2.º A medida não comporta prazo determinado, devendo sua manutenção ser reavaliada, mediante decisão fundamentada, no máximo a cada 6 (seis) meses. § 3.º Em nenhuma hipótese o período máximo de internação excederá a 3 (três) anos. § 4.º Atingido o limite estabelecido no parágrafo anterior, o adolescente deverá ser liberado, colocado em regime de semiliberdade ou de liberdade assistida. § 5.º A liberação será compulsória aos 21 (vinte e um) anos de idade. § 6.º Em qualquer hipótese a desinternação será precedida de autorização judicial, ouvido o Ministério Público. (...)" (art. 121); d) não havendo liberação do menor, "a autoridade policial encaminhará, desde logo, o adolescente ao representante do Ministério Público, juntamente com cópia do auto de apreensão ou boletim de ocorrência. § 1.º Sendo impossível a apresentação imediata, a autoridade policial encaminhará o adolescente a entidade de atendimento, que fará a apresentação ao representante do Ministério Público no prazo de 24 (vinte e quatro) horas. § 2.º Nas localidades onde não houver entidade de atendimento, a apresentação far-se-á pela autoridade policial. À falta de repartição policial especializada, o adolescente aguardará a apresentação em dependência separada da destinada a maiores, não podendo, em qualquer hipótese, exceder o prazo referido no parágrafo anterior" (art. 175); e) quando a internação for a medida determinada pelo juiz, não pode ser cumprida em estabelecimento prisional comum. Por isso, não havendo na comarca lugar adequado, o adolescente deve ser transferido imediatamente para local próximo. "Sendo impossível a pronta transferência, o adolescente aguardará sua remoção em repartição policial, desde que em seção isolada dos adultos e com instalações apropriadas, não podendo ultrapassar o prazo máximo de 5 (cinco) dias, sob pena de responsabilidade" (art. 185, § 2.º).

**50. Sujeitos ativo e passivo:** o sujeito ativo é, principalmente, o juiz e a autoridade policial, encarregados de ordenar a liberação ou a apresentação do menor a outra autoridade. O sujeito passivo é o adolescente.

**51. Elemento subjetivo:** é o dolo. Não se exige elemento subjetivo do tipo específico, nem se pune a forma culposa.

**52. Elemento normativo do tipo:** inseriu-se, no tipo incriminador, o termo *injustificadamente*, concernente à esfera do ilícito, para demonstrar que a impossibilidade de cumprir os prazos estabelecidos pela Lei 8.069/90, representa fato atípico e não mera excludente de antijuridicidade. Excesso de processos e falta de juízes e/ou funcionários em uma Vara que cuide de adolescentes infratores poderia redundar em detenções cautelares superiores a 45 dias, por exemplo, sem que se possa dizer ter havido crime. Pode-se até buscar a soltura do menor e exigir uma indenização do Estado, mas não se deve processar a autoridade judiciária que não deu causa à lentidão do trâmite processual.

**53. Objetos material e jurídico:** o objeto material é o prazo fixado em lei, que deixa de ser respeitado. O objeto jurídico é a proteção à liberdade do adolescente.

**54. Classificação:** é crime próprio (só pode ser cometido pela autoridade competente em providenciar o escorreito cumprimento dos prazos); material (depende da ocorrência de resultado naturalístico, consistente em efetivo prejuízo para a criança ou adolescente no que toca ao seu direito de ir, vir e ficar); de forma livre (pode ser cometido por qualquer meio eleito pelo agente); omissivo (o verbo implica inação); permanente (a consumação se protrai no tempo, enquanto dure a privação ilegal e a possibilidade de ordem para a liberação); de dano; unissubjetivo (pode ser cometido por uma só pessoa); unissubsistente (praticada em um ato, como é típico do delito omissivo próprio); não admite tentativa.

**55. Benefícios penais:** não cabe aplicação da Lei 9.099/95 (art. 226, § 1.º, desta Lei). Seguindo-se o parâmetro de vedação ao acordo de não persecução penal para os casos de violência doméstica e familiar e contra a mulher, parece-nos indevido o benefício em contexto de delitos contra a criança e o adolescente. É possível aplicar pena alternativa, desde que não seja a prestação pecuniária (art. 226, § 2.º, desta Lei). Cabe o regime inicial aberto, conforme o caso.

> **Art. 236.** Impedir[56-58] ou embaraçar a ação de autoridade judiciária, membro do Conselho Tutelar ou representante do Ministério Público no exercício de função prevista nesta Lei:[59-60]
>
> Pena – detenção de 6 (seis) meses a 2 (dois) anos.[61]

**56. Análise do núcleo do tipo:** *impedir* (colocar obstáculo, interromper) ou *embaraçar* (perturbar, complicar a realização de algo) são os verbos alternativos, cujo objeto é a ação de juiz, representante do Conselho Tutelar ou do Ministério Público, quando exercerem as funções previstas na Lei 8.069/90. Outros modos de impedimento ou embaraço às atividades de autoridades devem ser punidos por tipos penais diversos, previstos no Código Penal ou em diversas leis especiais. Registre-se que este é um tipo misto alternativo, ou seja, se o autor praticar ambas as condutas (embaraçar e impedir) responde por um só delito. Cabe ao juiz, ao Conselho Tutelar e ao Ministério Público a fiscalização das entidades governamentais e não governamentais de atendimento à criança ou ao adolescente (art. 95 desta Lei). À Vara da Infância e da Juventude compete: "I – conhecer de representações promovidas pelo Ministério Público, para apuração de ato infracional atribuído a adolescente, aplicando as medidas cabíveis; II – conceder a remissão, como forma de suspensão ou extinção do processo; III – conhecer de pedidos de adoção e seus incidentes; IV – conhecer de ações civis fundadas em interesses individuais, difusos ou coletivos afetos à criança e ao adolescente, observado o disposto no art. 209; V – conhecer de ações decorrentes de irregularidades em entidades de

# Art. 236

Leis Penais e Processuais Penais Comentadas – Vol. 2 · Nucci

atendimento, aplicando as medidas cabíveis; VI – aplicar penalidades administrativas nos casos de infrações contra norma de proteção a criança ou adolescentes; VII – conhecer de casos encaminhados pelo Conselho Tutelar, aplicando as medidas cabíveis. Parágrafo único. Quando se tratar de criança ou adolescente nas hipóteses do art. 98, é também competente a Justiça da Infância e da Juventude para o fim de: *a*) conhecer de pedidos de guarda e tutela; *b*) conhecer de ações de destituição do poder familiar, perda ou modificação da tutela ou guarda; *c*) suprir a capacidade ou o consentimento para o casamento; *d*) conhecer de pedidos baseados em discordância paterna ou materna, em relação ao exercício do poder familiar; *e*) conceder a emancipação, nos termos da lei civil, quando faltarem os pais; *f*) designar curador especial em casos de apresentação de queixa ou representação, ou de outros procedimentos judiciais ou extrajudiciais em que haja interesses de criança ou adolescente; *g*) conhecer de ações de alimentos; *h*) determinar o cancelamento, a retificação e o suprimento dos registros de nascimento e óbito" (art. 148 desta Lei). E, ainda, cabe ao juiz disciplinar, por meio de portaria, ou autorizar, mediante alvará: "I – a entrada e permanência de criança ou adolescente, desacompanhado dos pais ou responsável, em: *a*) estádio, ginásio e campo desportivo; *b*) bailes ou promoções dançantes; *c*) boate ou congêneres; *d*) casa que explore comercialmente diversões eletrônicas; *e*) estúdios cinematográficos, de teatro, rádio e televisão; II – a participação de criança e adolescente em: *a*) espetáculos públicos e seus ensaios; *b*) certames de beleza. § 1.º Para os fins do disposto neste artigo, a autoridade judiciária levará em conta, dentre outros fatores: *a*) os princípios desta Lei; *b*) as peculiaridades locais; *c*) a existência de instalações adequadas; *d*) o tipo de frequência habitual ao local; *e*) a adequação do ambiente a eventual participação ou frequência de crianças e adolescentes; *f*) a natureza do espetáculo. § 2.º As medidas adotadas na conformidade deste artigo deverão ser fundamentadas, caso a caso, vedadas as determinações de caráter geral" (art. 149 desta Lei). Por outro lado, as atribuições do Conselho Tutelar são as seguintes: "I – atender as crianças e adolescentes nas hipóteses previstas nos arts. 98 e 105, aplicando as medidas previstas no art. 101, I a VII; II – atender e aconselhar os pais ou responsável, aplicando as medidas previstas no art. 129, I a VII; III – promover a execução de suas decisões, podendo para tanto: a) requisitar serviços públicos nas áreas de saúde, educação, serviço social, previdência, trabalho e segurança; b) representar junto à autoridade judiciária nos casos de descumprimento injustificado de suas deliberações; IV – encaminhar ao Ministério Público notícia de fato que constitua infração administrativa ou penal contra os direitos da criança ou adolescente; V – encaminhar à autoridade judiciária os casos de sua competência; VI – providenciar a medida estabelecida pela autoridade judiciária, dentre as previstas no art. 101, de I a VI, para o adolescente autor de ato infracional; VII – expedir notificações; VIII – requisitar certidões de nascimento e de óbito de criança ou adolescente quando necessário; IX – assessorar o Poder Executivo local na elaboração da proposta orçamentária para planos e programas de atendimento dos direitos da criança e do adolescente; X – representar, em nome da pessoa e da família, contra a violação dos direitos previstos no art. 220, § 3.º, inciso II da Constituição Federal; XI – representar ao Ministério Público para efeito das ações de perda ou suspensão do poder familiar, após esgotadas as possibilidades de manutenção da criança ou do adolescente junto à família natural; XII – promover e incentivar, na comunidade e nos grupos profissionais, ações de divulgação e treinamento para o reconhecimento de sintomas de maus-tratos em crianças e adolescentes. Parágrafo único. Se, no exercício de suas atribuições, o Conselho Tutelar entender necessário o afastamento do convívio familiar, comunicará incontinenti o fato ao Ministério Público, prestando-lhe informações sobre os motivos de tal entendimento e as providências tomadas para a orientação, o apoio e a promoção social da família" (art. 136 desta Lei). Quanto ao Ministério Público, cabe-lhe: "I – conceder a remissão como forma de exclusão do processo; II – promover e acompanhar os procedimentos relativos às infrações atribuídas a adolescentes;

III – promover e acompanhar as ações de alimentos e os procedimentos de suspensão e destituição do poder familiar, nomeação e remoção de tutores, curadores e guardiães, bem como oficiar em todos os demais procedimentos da competência da Justiça da Infância e da Juventude; IV – promover, de ofício ou por solicitação dos interessados, a especialização e a inscrição de hipoteca legal e a prestação de contas dos tutores, curadores e quaisquer administradores de bens de crianças e adolescentes nas hipóteses do art. 98; V – promover o inquérito civil e a ação civil pública para a proteção dos interesses individuais, difusos ou coletivos relativos à infância e à adolescência, inclusive os definidos no art. 220, § 3.º, inciso II, da Constituição Federal; VI – instaurar procedimentos administrativos e, para instruí-los: *a*) expedir notificações para colher depoimentos ou esclarecimentos e, em caso de não comparecimento injustificado, requisitar condução coercitiva, inclusive pela polícia civil ou militar; *b*) requisitar informações, exames, perícias e documentos de autoridades municipais, estaduais e federais, da administração direta ou indireta, bem como promover inspeções e diligências investigatórias; *c*) requisitar informações e documentos a particulares e instituições privadas; VII – instaurar sindicâncias, requisitar diligências investigatórias e determinar a instauração de inquérito policial, para apuração de ilícitos ou infrações às normas de proteção à infância e à juventude; VIII – zelar pelo efetivo respeito aos direitos e garantias legais assegurados às crianças e adolescentes, promovendo as medidas judiciais e extrajudiciais cabíveis; IX – impetrar mandado de segurança, de injunção e habeas corpus, em qualquer juízo, instância ou tribunal, na defesa dos interesses sociais e individuais indisponíveis afetos à criança e ao adolescente; X – representar ao juízo visando à aplicação de penalidade por infrações cometidas contra as normas de proteção à infância e à juventude, sem prejuízo da promoção da responsabilidade civil e penal do infrator, quando cabível; XI – inspecionar as entidades públicas e particulares de atendimento e os programas de que trata esta Lei, adotando de pronto as medidas administrativas ou judiciais necessárias à remoção de irregularidades porventura verificadas; XII – requisitar força policial, bem como a colaboração dos serviços médicos, hospitalares, educacionais e de assistência social, públicos ou privados, para o desempenho de suas atribuições. § 1.º A legitimação do Ministério Público para as ações cíveis previstas neste artigo não impede a de terceiros, nas mesmas hipóteses, segundo dispuserem a Constituição e esta Lei. § 2.º As atribuições constantes deste artigo não excluem outras, desde que compatíveis com a finalidade do Ministério Público. § 3.º O representante do Ministério Público, no exercício de suas funções, terá livre acesso a todo local onde se encontre criança ou adolescente. § 4.º O representante do Ministério Público será responsável pelo uso indevido das informações e documentos que requisitar, nas hipóteses legais de sigilo. § 5.º Para o exercício da atribuição de que trata o inciso VIII deste artigo, poderá o representante do Ministério Público: *a*) reduzir a termo as declarações do reclamante, instaurando o competente procedimento, sob sua presidência; *b*) entender-se diretamente com a pessoa ou autoridade reclamada, em dia, local e horário previamente notificados ou acertados; *c*) efetuar recomendações visando à melhoria dos serviços públicos e de relevância pública afetos à criança e ao adolescente, fixando prazo razoável para sua perfeita adequação" (art. 201 desta Lei). Portanto, obstáculos interpostos por terceiros às atuações *supra* descritas são suficientes e capazes de gerar o crime descrito no art. 236 da Lei 8.069/90. Na jurisprudência: TJRS: "Diante da prova judicializada não se constata o dolo inerente ao tipo penal denunciado, ou seja, a intenção de impedir ou embaraçar a ação de membros do Conselho Tutelar no exercício de função prevista na Lei nº 8.069/90. Além disso, a obstrução deve ser evidente e objetiva, não caracterizando o tipo penal em comento a manifestação de descontentamento, falta de educação ou o comportamento hostil" (Recurso Crime 71006943310, Turma Recursal Criminal, rel. Luis Gustavo Zanella Piccinin, j. 04.09.2017).

# Art. 237

**57. Sujeitos ativo e passivo:** o sujeito ativo pode ser qualquer pessoa. O sujeito passivo é o Estado, no cenário da proteção aos interesses da criança e do adolescente.

**58. Elemento subjetivo do tipo:** é o dolo. Não há elemento subjetivo específico, nem se pune a forma culposa.

**59. Objetos material e jurídico:** o objeto material é a ação da autoridade judiciária, membro do Conselho Tutelar ou representante do Ministério Público. O objeto jurídico é o interesse da Administração da Justiça, no campo da proteção aos interesses da criança e do adolescente.

**60. Classificação:** é crime comum (pode ser cometido por qualquer pessoa); formal (independe da ocorrência de resultado naturalístico, consistente em efetivo prejuízo para a atuação dos órgãos mencionados no tipo); de forma livre (pode ser cometido por qualquer meio eleito pelo agente); comissivo (os verbos implicam ações); instantâneo (a consumação se dá em momento determinado); de perigo abstrato (presume-se a probabilidade de dano); unissubjetivo (pode ser cometido por uma só pessoa); unissubsistente (praticada em um só ato) ou plurissubsistente (praticada em vários atos), conforme o meio eleito pelo autor; admite tentativa na forma plurissubsistente.

**61. Benefícios penais:** não cabe aplicação da Lei 9.099/95 (art. 226, § 1.º, desta Lei). Seguindo-se o parâmetro de vedação ao acordo de não persecução penal para os casos de violência doméstica e familiar e contra a mulher, parece-nos indevido o benefício em contexto de delitos contra a criança e o adolescente. É possível aplicar pena alternativa, desde que não seja a prestação pecuniária (art. 226, § 2.º, desta Lei). Cabe o regime inicial aberto, conforme o caso.

> **Art. 237.** Subtrair[62-64] criança ou adolescente ao poder de quem o tem sob sua guarda em virtude de lei ou ordem judicial, com o fim de colocação em lar substituto:[65-66]
>
> Pena – reclusão de 2 (dois) a 6 (seis) anos, e multa.[67]

**62. Análise do núcleo do tipo:** *subtrair* (retirar de um lugar, levando a outro) é a conduta que tem por objeto a criança ou o adolescente sob guarda de terceiros. A conjugação que se faz do verbo *subtrair* com a expressão *ao poder de quem o tem sob sua guarda*, demonstra a ilegalidade do ato de retirada do menor do local onde se encontra, levando-o a outro diverso. Observa-se, ainda, na construção do tipo penal, de que a guarda de quem autoridade sobre o menor é fruto de ordem judicial (ex.: tutor) ou de lei (ex.: pais). Há uma finalidade específica, que é a colocação em lar substituto, ou seja, fazer com que a criança ou o adolescente passe a viver em outra família, adotado oficialmente ou não. Em confronto com o disposto no art. 249 do Código Penal (subtração de incapazes), verifica-se que o tipo do art. 237 deve prevalecer por existir finalidade especial para agir, além de ser lei mais recente. Na jurisprudência: TJSP: "Apelante que ocultou o neto por quase quatro anos, não obstante a intimação da Justiça para que o entregasse à genitora. Desclassificação da conduta prevista no Estatuto da Criança e do Adolescente para o delito previsto no art. 249 do Código Penal. Impossibilidade. Finalidade de colocação em lar substituto devidamente demonstrada. Desobediência à ordem judicial que constituiu meio para a prática do crime de subtração de criança ou adolescente. Princípio da consunção reconhecido" (Apelação 0008390-70.2011.8.26.0196, 16.ª Câmara de Direito Criminal, rel. Leme Garcia, j. 10.12.2018).

**63. Sujeitos ativo e passivo:** o sujeito ativo pode ser qualquer pessoa. Basta não possuir a guarda do menor. O sujeito passivo é a criança ou o adolescente. Secundariamente, deve-se inserir, também, a pessoa que possui, legalmente, a guarda do menor.

**64. Elemento subjetivo:** é o dolo. Exige-se o elemento subjetivo do tipo específico, consistente na finalidade de inserção em lar substituto. Não se pune a forma culposa.

**65. Objetos material e jurídico:** o objeto material é a criança ou o adolescente. O objeto jurídico é a proteção dos interesses da criança e do adolescente em ser orientado e guiado pela família indicada pela lei ou pelo juiz.

**66. Classificação:** é crime comum (pode ser cometido por qualquer pessoa); formal (independe da ocorrência de resultado naturalístico, consistente em efetivo prejuízo para o menor com a inserção em lar substituto. Se isto ocorrer, está-se diante do exaurimento do crime); de forma livre (pode ser cometido por qualquer meio eleito pelo agente); comissivo (o verbo implica ação); instantâneo (a consumação se dá em momento determinado). Pode haver rastro do crime, mantendo-se, por exemplo, a criança subtraída no lar substituto, motivo pelo qual o delito não se torna permanente, mas deve ser considerado *instantâneo de efeitos permanentes*; de dano (fere-se o direito do menor de estar com a família legalmente prevista); unissubjetivo (pode ser cometido por uma só pessoa); plurissubsistente (praticada em vários atos); admite tentativa.

**67. Benefícios penais:** seguindo-se o parâmetro de vedação ao acordo de não persecução penal para os casos de violência doméstica e familiar e contra a mulher, parece-nos indevido o benefício em contexto de delitos contra a criança e o adolescente. É possível aplicar pena alternativa, desde que não seja a prestação pecuniária (art. 226, § 2.º, desta Lei). Cabe o regime inicial aberto e *sursis*, conforme o caso.

> **Art. 238.** Prometer ou efetivar[68-70] a entrega de filho ou pupilo a terceiro, mediante paga ou recompensa:[71-72]
>
> Pena – reclusão de 1 (um) a 4 (quatro) anos, e multa.[73]
>
> **Parágrafo único.** Incide nas mesmas penas quem oferece ou efetiva a paga ou recompensa.[74]

**68. Análise do núcleo do tipo:** *prometer* (obrigar-se a dar ou fazer algo no futuro) ou *efetivar* (concretizar algo, realizar) são os verbos, cujo objeto é a entrega de filho ou pupilo a terceiro, envolvendo paga (benefício pecuniário) ou recompensa (outro benefício qualquer). Busca-se evitar o *tráfico de crianças*, impedindo-se que famílias pobres, seduzidas por dinheiro ou outros bens, prometam a venda de filhos a terceiros endinheirados. Almeja-se, ainda, contornar o problema da denominada *barriga de aluguel*, situação em que mães, durante a gestação, prometem entregar seus filhos, após o nascimento, a outras famílias, mediante recompensa. A entrega do filho, em adoção, a terceiros, não é vedada, desde que ausente o fito de obter lucro ou vantagem. Por isso, conforme a situação concreta, torna-se muito complexa e difícil a prova de que houve a promessa ou a efetivação da entrega de filho, mediante paga ou recompensa. Se as partes envolvidas negarem o ocorrido, torna-se quase impossível ao Estado provar o contrário. Confrontando-se com o art. 245 do Código Penal, conclui-se pela concomitante vigência de ambos. Entretanto, o art. 238, por ser especial, afasta a aplicação do art. 245 do Código Penal. Este, por seu turno, fica reservado para outras hipóteses, mais genéricas, como o pai que entrega o filho menor de 18 anos a pessoa de má reputação, para simples convivência, com ou sem intuito de lucro, mas sem caráter definitivo.

# Art. 239

**69. Sujeitos ativo e passivo:** o sujeito ativo é o pai, a mãe, o tutor ou o guardião. O sujeito passivo é a criança ou o adolescente privado de sua família biológica ou do tutor ou guardião determinado pelo juiz.

**70. Elemento subjetivo:** é o dolo. Exige-se o elemento subjetivo específico, consistente na obtenção de paga ou recompensa. Não se pune a forma culposa.

**71. Objetos material e jurídico:** o objeto material é a criança ou o adolescente (filho ou pupilo). O objeto jurídico é a proteção dos interesses da criança e do adolescente na mantença dos laços familiares legais ou mesmo da situação familiar determinada pelo juiz.

**72. Classificação:** é crime próprio (só pode ser cometido pelos pais, tutores ou guardiões); formal (independe da ocorrência de resultado naturalístico, consistente na entrega do menor a terceiros), na modalidade *prometer*, porém material (exige-se a efetiva entrega da criança ou do adolescente, mediante paga ou recompensa) no formato *efetivar*; de forma livre (pode ser cometido por qualquer meio eleito pelo agente); comissivo (os verbos implicam ações); instantâneo (a consumação se dá em momento determinado); de dano (fere-se o direito do menor de estar com a família legalmente prevista); plurissubjetivo (somente pode ser cometido por mais de uma pessoa). Não visualizamos a possibilidade de alguém *prometer* ou *efetivar* a entrega de filho, por exemplo, a terceira pessoa, sem que esta nada lhe dê em troca. Assim ocorrendo, não se preencheria o tipo penal, que demanda a paga ou recompensa. Por isso, é fundamental a existência de alguém, além do pai ou da mãe, que corresponda, entregando o dinheiro ou outro valor qualquer. Tanto assim que se prevê a mesma pena para quem oferece ou efetiva a paga ou recompensa (art. 238, parágrafo único); plurissubsistente (praticada em vários atos); admite tentativa.

**73. Benefícios penais:** não cabe aplicação da Lei 9.099/95 (art. 226, § 1.º, desta Lei). Seguindo-se o parâmetro de vedação ao acordo de não persecução penal para os casos de violência doméstica e familiar e contra a mulher, parece-nos indevido o benefício em contexto de delitos contra a criança e o adolescente. É possível aplicar pena alternativa, desde que não seja a prestação pecuniária (art. 226, § 2.º, desta Lei). Cabe o regime inicial aberto e *sursis*, conforme o caso.

**74. Figura correlata:** a pessoa que oferece (a quem promete) ou paga (a quem efetiva) o dinheiro ou a recompensa também responderá pelo delito. Cuida-se de previsão óbvia, tendo em vista ser um delito plurissubjetivo. Para que se possa oferecer uma criança, *mediante paga*, é fundamental haver, de outro lado, quem efetue o pagamento.

> **Art. 239.** Promover ou auxiliar[75-78] a efetivação de ato destinado ao envio de criança ou adolescente para o exterior com inobservância das formalidades legais[79] ou com o fito de obter lucro:[80-82]
>
> Pena – reclusão de 4 (quatro) a 6 (seis) anos, e multa.[83]
>
> **Parágrafo único.** Se há emprego de violência, grave ameaça ou fraude:
>
> Pena – reclusão, de 6 (seis) a 8 (oito) anos, além da pena correspondente à violência.[84-85]

**75. Análise do núcleo do tipo:** *promover* (proporcionar o implemento de algo, impulsionar) ou *auxiliar* (fornecer ajuda ou suporte de qualquer espécie) são os verbos, cujo objeto é a efetivação de ato (concretização de determinada ação) voltado a enviar criança ou adolescente para o exterior. A conduta criminosa, no entanto, vem acompanhada de elementos normativos alternativos: a) sem observar as formalidades legais, ainda que sem o intuito de obter lucro; b) observando ou não as formalidades legais, mas com o objetivo de obter lucro. Busca-se evitar o tráfico internacional de crianças, preocupação reinante em todo o mundo. A consumação do delito, no entanto, independe da remessa efetiva da criança ou do adolescente para o estrangeiro. Basta a concretização de ato, cujo objetivo seja esse. Na realidade, se o menor for para o exterior, dá-se o exaurimento do crime. Na jurisprudência: STJ: "2. A promoção ou auxílio na prática de ato destinado ao envio de criança ou adolescente ao exterior, com inobservância das formalidades legais ou finalidade de obtenção de lucro, é crime formal e múltiplo. Vale dizer que ele se consuma com a promoção ou o mero auxílio na prática do ilícito, seja com a inobservância das formalidades legais, seja com a obtenção de lucro. 3. A Corte Regional, em suma, confirmou a sentença no tocante à subsunção da conduta ao tipo penal do art. 239 do ECA, pelos fundamentos de que a recorrente visava o lucro na sua empreitada criminosa, bem como não cumpriu as formalidades legais para legitimar o envio da criança ao exterior. Desconstituir tais conclusões demandaria reexame das provas contidas nos autos, o que incide no óbice da Súmula 7/STJ. (AgRg no AREsp 906.853/GO, Rel. Ministro Felix Fischer, Quinta Turma, julgado em 9/3/2021, DJe 22/3/2021)" (AgRg nos EDcl no REsp 1.481.166 – PE, 5.ª T., rel. Ribeiro Dantas, 13.04.2021, v.u.).

**76. Confronto com o art. 245, § 2.º, do Código Penal:** analisando detidamente os dois tipos penais, cremos que o art. 239 da Lei 8.069/90, por ser mais abrangente e, também, especial, revogou, tacitamente, o referido art. 245, § 2.º, do Código Penal. Neste, o agente auxilia a efetivação de ato destinado ao envio de menor para o exterior, *com o fito de obter lucro*. Naquele, o autor auxilia *ou promove* a efetivação de ato destinado a enviar criança ou adolescente ao exterior, com o fito de obter lucro ou *com inobservância das formalidades legais*. Logo, mais amplo e abrangente.

**77. Sujeitos ativo e passivo:** o sujeito ativo pode ser qualquer pessoa. O sujeito passivo é a criança ou o adolescente.

**78. Elemento subjetivo do tipo:** é o dolo. Não se pune a forma culposa. Pode haver elemento subjetivo do tipo específico, consistente em "ter o fito de obter lucro".

**79. Formalidades legais:** crianças e adolescentes podem seguir para o exterior, em situações variadas, desde que sejam respeitadas as regras estabelecidas pelo Estatuto da Criança e do Adolescente. Por exemplo, se um menor pretende estudar no exterior, autorizado pelos pais – ou pelo juiz da Vara da Infância e Juventude – pode seguir viagem sem que isso represente um crime para quem o auxilie ou promova a sua ida.

**80. Objetos material e jurídico:** o objeto material é o ato destinado ao envio de criança ou adolescente ao exterior. O objeto jurídico é proteção à família da criança e do adolescente.

**81. Classificação:** é crime comum (pode ser cometido por qualquer pessoa); formal (independe da ocorrência de resultado naturalístico, consistente em efetivo prejuízo para a família ou para a criança ou adolescente); de forma livre (pode ser cometido por qualquer meio eleito pelo agente); comissivo (os verbos implicam ações); instantâneo (a consumação se dá em momento determinado); de perigo abstrato (presume-se a probabilidade de dano); unissubjetivo (pode ser cometido por uma só pessoa); plurissubsistente (praticada em vários atos); admite tentativa.

**82. Competência:** conforme o caso concreto, respeitado o disposto no art. 109, V, da Constituição Federal, é da Justiça Federal.

**83. Benefícios penais:** nesse caso, já que o objetivo do legislador é atingir o *traficante* de crianças e adolescentes, a pena é elevada. Se aplicada no mínimo legal, poderá o juiz conceder

# Art. 240

o regime aberto. Porém, acima disso, o regime pode ser o semiaberto ou fechado, conforme o caso. Em situações excepcionais, poderia haver *sursis* (art. 77, § 2.º, CP).

**84. Benefícios penais:** havendo violência, grave ameaça ou fraude, a pena é ainda mais elevada. Aplicada no mínimo, o regime mais favorável é o semiaberto.

**85. Acumulação material:** o sistema adotado é o da acumulação material, vale dizer, ainda que o agente pratique uma só conduta (promover a efetivação de ato destinado ao envio de criança ou adolescente ao exterior, sem as formalidades legais ou com o intuito de lucro, com fraude, violência ou grave ameaça) responderá pela pena prevista no art. 239, parágrafo único, associada àquela destinada ao tipo penal relacionado à fraude, violência ou grave ameaça.

---

**Art. 240.**[86] Produzir, reproduzir, dirigir, fotografar, filmar ou registrar,[86-A-86-C] por qualquer meio, cena de sexo explícito ou pornográfica[86-D], envolvendo criança ou adolescente:[86-E-86-G]

Pena – reclusão, de 4 (quatro) a 8 (oito) anos, e multa.[87]

§ 1.º Incorre nas mesmas penas quem:

I – agencia, facilita, recruta, coage, ou de qualquer modo intermedeia[88-88-B] a participação de criança ou adolescente nas cenas referidas no *caput* deste artigo, ou ainda quem com esses contracena;[88-C-88-D]

II – exibe, transmite, auxilia ou facilita[88-E-88-G] a exibição ou transmissão, em tempo real, pela internet, por aplicativos, por meio de dispositivo informático ou qualquer meio ou ambiente digital, de cena de sexo explícito ou pornográfica com a participação de criança ou adolescente.[88-H-88-I]

§ 2.º Aumenta-se a pena de 1/3 (um terço) se o agente comete o crime:[89]

I – no exercício de cargo ou função pública ou a pretexto de exercê-la;[90]

II – prevalecendo-se de relações domésticas, de coabitação ou de hospitalidade;[91] ou

III – prevalecendo-se de relações de parentesco consanguíneo ou afim até o terceiro grau, ou por adoção, de tutor, curador, preceptor, empregador da vítima ou de quem, a qualquer outro título, tenha autoridade sobre ela, ou com seu consentimento.[92]

---

**86. A dignidade da criança e do adolescente e sua liberdade sexual:** a reforma introduzida pela Lei 11.829, de 25 de novembro de 2008, no Estatuto da Criança e do Adolescente, tem por finalidade acompanhar os passos da modernidade e da tecnologia, esta cada vez mais disseminada entre os jovens, com livre e fácil acesso, não somente no Brasil, mas também em outros países. Indiscutivelmente, uma das prioridades, no Estado Democrático de Direito, é assegurar a boa formação e o proveitoso desenvolvimento educacional das pessoas durante a fase infantojuvenil. Segue-se a meta proposta pelo art. 227 da Constituição Federal, proporcionando segurança para que toda criança e todo adolescente possam viver em ambiente saudável, com respeito à dignidade da pessoa e livre de qualquer forma de exploração. Dentre as mais comuns e nefastas formas de opressão, prejudicial à correta formação de personalidade humana, encontra-se a exploração sexual. O Código Penal busca assegurar, por meio dos tipos incriminadores, a punição dos agentes que cometam atos violentos contra a liberdade sexual, além de outros, configuradores de fraudes, assédios e investidas diretas em relação às vítimas. O Estatuto da Criança e do Adolescente, em visão mais particularizada, tem por fim a punição, no cenário da liberdade sexual, de agentes que envolvam crianças e adolescentes, em práticas sexuais, com o objetivo de satisfação da lascívia, em grande parte dos casos, porém sem haver o contato sexual direto, ao menos necessariamente. Volta-se a Lei 8.069/90 aos crimes cometidos contra os menores de 18 anos no contexto da exposição visual, abrangendo fotos, filmes e outras formas de registro de imagens e sons. As anteriores redações dos arts. 240 e 241 cuidavam dos delitos relacionados à exploração das crianças e dos adolescentes, por meio da criação e divulgação, em geral, de imagens vinculadas a sexo explícito ou pornografia. Havia, entretanto, lacunas a serem supridas. Parece-nos positiva a edição da Lei 11.829/2008, com a geração de inéditas figuras típicas incriminadoras, mormente em tempos de Internet e fácil acesso dos jovens à informação. Ademais, cumpre salientar o maior detalhamento às atitudes dos denominados pedófilos, que se valem da rede mundial de computadores, em especial, para suas atividades criminosas. A pedofilia é um distúrbio psicossexual, consistente em intenso desejo de manter práticas sexuais, reais ou fantasiosas, com crianças. É natural que, por extensão, possa-se entender como pedófilo, igualmente, aquele que se liga a adolescentes, em particular os mais novos, uma vez que a proteção legal se dá no mesmo diapasão. Nesse sentido, a Lei 11.829/2008 ampliou as possibilidades de punição, preenchendo determinados vazios e conferindo modernidade ao texto do Estatuto da Criança e do Adolescente. Em parte, o desiderato da novel lei teve por finalidade a alteração das penas, o que se deu no cenário dos arts. 240 e 241, ambos com outra redação. Sob outro aspecto, criaram-se figuras novas, buscando penalizar aqueles que mantêm fotos e outros registros de menores de 18 anos, envoltos em cenas pornográficas ou de sexo explícito. Além disso, visou-se à formação de tipos penais que pudessem alcançar os que se comprazem em montagens e edições de fotos e filmes em geral, igualmente contendo imagens sexuais de jovens. Finalmente, a lei ampliou a criminalização dos agentes que buscam jovens em programas de comunicação, com o fim de praticar ato libidinoso, mormente em sites específicos da Internet, como salas de bate-papo e outros sistemas de interação. Soa-nos positiva a reforma legislativa e promissoras as possibilidades de punir os agentes infratores no contexto dos delitos sexuais contra a criança e o adolescente. Na mesma linha de proteção, a Lei 12.650/2012 alterou o prazo prescricional dos crimes contra a dignidade sexual de crianças e adolescentes, previstos no Código Penal ou em legislação especial. Passa-se a computar a prescrição a partir da data em que a vítima completar 18 anos, salvo se a esse tempo já houver sido proposta a ação penal (art. 111, V, CP).

**86-A. Análise do núcleo do tipo:** *produzir* (criar, gerar, financiar, dar origem), *reproduzir* (significa tanto tornar a produzir como também imitar ou copiar), *dirigir* (comandar, orientar), *fotografar* (reproduzir imagem por meio de fotografia), *filmar* (registrar imagem e som em filme) e *registrar* (lançar imagem, som ou sinal em base material apropriada, de modo a reproduzir dados e informações) são os verbos componentes do núcleo do tipo, cujo objeto é cena de sexo explícito ou pornográfica, abrangendo criança ou adolescente. O tipo é misto alternativo, significando que qualquer das condutas empreendidas é suficiente para a configuração do delito. Por outro lado, se mais de uma conduta for realizada, no mesmo contexto, cuida-se de crime único (ex.: o agente fotografa e filma adolescente em cena de sexo explícito; comete um só delito, previsto no art. 240). Observe-se que o verbo *registrar* é o gênero, do qual se podem extrair as espécies de registro como *fotografar* e *filmar*. Por outro lado, incluiu a reforma trazida pela Lei 11.829/2008 a forma *reproduzir*, na realidade, voltada à tendência de copiar algo sob imitação, conduta que pode ser aplicada, também, para fotos e filmes modificados em relação ao original. Vale salientar, ainda, a correção de rumo adotada pelo legislador, tornando a incluir no tipo incriminador o verbo *fotografar*. A anterior Lei 10.764/2003 havia excluído essa conduta, trazendo consequências para o âmbito penal. Ilustra-se com acórdão: "Como se vê a conduta imputada aos réus (a de fotografar etc.) não se insere no novo tipo legal, o qual pune a divulgação, a publicação de foto ou imagens pornográficas envolvendo crianças ou adolescentes. A simples tomada de fotos não mais é considerada criminosa. Destarte, a ação descrita na exordial (fotografar) passou a ser atípica, face a nova redação dada ao

# Art. 240

art. 241 do ECA" (Ap. 444.907-3/9, São Paulo, 3.ª C., rel. Segurado Braz, 03.05.2005, m.v., porém o voto vencido dizia respeito a outra temática). De toda forma, foi correta a reinserção da conduta *fotografar*. Cumpre destacar, ainda, pretender o legislador envolver toda e qualquer maneira de lidar, manipular ou construir registros de imagens em geral, abarcando crianças e adolescentes em situações consideradas perniciosas (cenas de sexo explícito ou pornográficas). Por isso, valeu-se da genérica expressão "por qualquer meio". A finalidade do tipo penal é evitar o envolvimento de menores em produções de entretenimento sexual, o que não deixa de ser uma forma de *corrupção de menores*. O art. 218-A do Código Penal cuida de situação similar, porém sem o disfarce da produção artística, tratando de relacionamento pessoal. O art. 240 desta Lei envolve cenário de produção de imagens, não se exigindo a prática de relação sexual entre o agente e a vítima. Aliás, igualmente, não se demanda qualquer correção moral por parte do ofendido, pouco importando se é pessoa moralmente íntegra ou corrompida. Na jurisprudência: STJ: "3. O crime do art. 240 do ECA se insere no contexto de proibição da produção e registro visual, por qualquer meio, de cenas de sexo explícito, no sentido da interpretação autêntica do art. 241-E do ECA, envolvendo crianças e adolescentes, o que caracteriza violência sexual, nos termos do art. 4º da Lei 13.431/17. Trata-se de crime comum, de subjetividade passiva própria, consistente em tipo misto alternativo, de forma que a prática de mais de um verbo típico no mesmo contexto implica a subsunção típica única" (PExt no HC 438.080 – MG, 5.ª T., rel. Ribeiro Dantas, 27.08.2019, v.u.); "1. A teoria monista – adotada pelo Código Penal (Exposição de Motivos n. 25) – preceitua que todos os que concorrerem para o crime, sejam autores, coautores, ou partícipes, realizam um único fato, razão pela qual haverá apenas um crime, e não vários. 1.1. Segundo o art. 29 do CP, todo aquele que concorre de alguma forma para o fato incide nas penas a este cominadas, na medida de sua culpabilidade. 1.2. Consoante a melhor compreensão da atual dogmática-penal, o réu A. S. P. F., ainda que não tenha diretamente fotografado as vítimas, embora haja depoimento de uma delas afirmando que sim, prestou auxílio ou suporte para a realização do delito descrito no art. 240, *caput*, do ECA, conforme atestado pelo acórdão recorrido. 1.3. Ademais, malgrado A. S. P. F. não tenha praticado com toda a certeza o verbo fotografar, extrai-se do aresto impugnado a convergência de vontades entre ele e a autora para a prática do delito previsto no art. 240, *caput*, do ECA, razão pela qual ele deve responder pelo mesmo delito da autora" (AgRg no AREsp 1.169.526 – SP, 5.ª T., rel. Ribeiro Dantas, 02.10.2018, v.u.). TJRS: "Depreende-se do contexto probatório que o réu tirou uma fotografia da vítima, então com 16 anos de idade, enquanto ela praticava sexo oral nele. Inclusive, em conversas pelo aplicativo WhatsApp, o denunciado referiu que enviou a fotografia para um grupo de amigos. Autoria evidente, diante do farto conjunto de provas e da confissão do acusado. Palavra da vítima. Em delitos como o da espécie, não raras vezes cometidos sem a presença de testemunhas, a palavra da vítima merece ser recepcionada com especial valor para a elucidação do fato, sob pena de não ser possível a responsabilização penal do autor desse tipo de ilícito patrimonial" (Apelação Crime 70077092690, 7.ª Câmara Criminal, rel. Ivan Leomar Bruxel, j. 11.10.2018); "2. Comprovada a existência do fato e recaindo a autoria sobre a pessoa do acusado (50 anos de idade), confesso, inviável aventar fragilidade probatória para fins condenatórios. Palavra da vítima (13 anos de idade). Apreensão do aparelho telefônico contendo as fotografias, de cunho pornográfico, da vítima. Eventual consentimento da ofendida não retira a responsabilidade do acusado, visto que o sistema visa a proteção integral da criança e do adolescente, *in casu*, a proteção da intimidade de sua sexualidade" (Apelação Crime 70077951515, 5.ª Câmara Criminal, rel. Lizete Andreis Sebben, j. 29.08.2018). TJRJ: "Com a reforma no ECA, encampada pela Lei nº 11.829/08, o art. 240 foi modificado, aumentando ainda mais a abrangência do tipo. Os núcleos 'produzir' e 'dirigir' passaram a ser acompanhados pelos verbos 'reproduzir', 'fotografar', 'filmar por qualquer meio' ou 'registrar por qualquer meio', sempre no tocante à cena de sexo explícito ou pornográfica envolvendo criança ou adolescente. Considerando, portanto, a atual redação do art. 240 do ECA, verifica-se que a laboriosa defesa se equivoca ao aventar a atipicidade da conduta. 6 – Rejeita-se a tese de atipicidade da conduta sustentada por ambas as defesas, tendo em vista que as imagens se referem ao 'nu artístico'. A definição legal de pornografia infantil apresentada pelo artigo 241-E do Estatuto da Criança e do Adolescente não é completa e deve ser interpretada com vistas à proteção da criança e do adolescente em condição peculiar de pessoas em desenvolvimento (art. 6º do ECA), tratando-se de norma penal explicativa que contribui para a interpretação dos tipos penais abertos criados pela Lei nº 11.829/2008, sem, contudo, restringir-lhes o alcance. No caso concreto, e isto é incontroverso, as fotografias retratam a adolescente usando jaquetas, com calcinha abaixada na altura da coxa, de botas, com blusa transparente, com seios e parte de sua genitália a mostra, sendo que muitas fotos enquadram única e exclusivamente essas partes do corpo da menor, não retratando cenas de sexo, nem estando a adolescente totalmente nua. Sem maiores debates, sexo explícito, no caso, não há. No entanto, entende-se configurada a cena pornográfica, eis que restou incontroversa a finalidade sexual e libidinosa das fotografias, com enfoque nos órgãos genitais da vítima – ainda que cobertos por peças de roupas –, e de poses nitidamente sensuais, em que é explorada sua sexualidade com conotação obscena e pornográfica. Precedente do STJ. 7 – Repele-se a tese de desconhecimento da ilicitude, na medida em que havia uma 'autorização' da genitora da ofendida. *In casu*, restou evidente que o respectivo contrato serviria para eximir os acusados de eventual responsabilidade. A justificativa utilizada por eles, no entanto, restou infrutífera e foi descortinada pelos demais elementos probatórios que conduziram à emissão do juízo de censura. A mera assinatura de um contrato não tem o condão de retirar a ilicitude penal da conduta. Seguindo essa linha de intelecção, não há por que se cogitar a tese de ausência de culpabilidade esposada pela defesa do primeiro apelante. Pelo que se pode notar, o acusado possui experiência profissional, e conforme constado através da mídia audiovisual, verifica-se que não se trata de um indivíduo com escassos conhecimentos socioculturais. Sob essa ótica, não se acredita que o apelante tivesse agido em erro de proibição ou que desconhecesse a lei, tal como pretende fazer crer a nobre defesa. Não há dúvida de que o consentimento da menor ou de sua mãe, na espécie, não produziu/ produziria qualquer efeito (...)" (Ap. 0022222-86.2013.8.19.0038 – RJ, 7.ª Câmara Criminal, rel. Maria Angélica Guimarães Guerra Guedes, 16.05.2017).

**86-B. Sujeitos ativo e passivo:** o sujeito ativo pode ser qualquer pessoa. O sujeito passivo é a criança ou o adolescente. Fazíamos uma crítica à anterior redação do art. 240, que não abrangia as pessoas que pudessem agenciar ou intermediar, de um modo geral, as atividades artísticas pornográficas ou contendo cenas de sexo explícito com menores de dezoito anos. A reforma introduzida pela Lei 11.829/2008 corrigiu essa distorção e passa a figurar, expressamente, no art. 240, § 1.º, todas as possibilidades de participação no evento criminoso.

**86-C. Elemento subjetivo do tipo:** é o dolo. Não há elemento subjetivo específico, nem se pune a forma culposa. É interessante observar que a proteção voltada aos menores de dezoito anos prescinde de qualquer finalidade especial do agente, o que é correto. Portanto, se o autor do delito fim libidinoso, lucrativo, especulador, deletério, incerto ou mesmo gratuito é inteiramente irrelevante. A utilização da criança ou adolescente em ambiente inadequado coloca em risco a sua formação moral, independentemente do objetivo do agente.

**86-D. Elementos normativos do tipo:** os termos utilizados em lei necessitam de valoração cultural, não se cuidando de expressões de conteúdo meramente descritivo. Cena pornográfica é a situação de libidinagem ou devassidão, com ou sem contato físico. Cena de sexo explícito é a que envolve relações sexuais aparentes e visíveis.

# Art. 240

**86-E. Objetos material e jurídico:** o objeto material é a criança ou adolescente em cena de sexo explícito ou pornográfica. O objeto jurídico é a proteção à formação moral das crianças e adolescentes.

**86-F. Classificação:** é crime comum (pode ser cometido por qualquer pessoa); formal (independe da ocorrência de resultado naturalístico, consistente em efetivo prejuízo para a formação moral da criança ou do adolescente); de forma livre (pode ser cometido por qualquer meio eleito pelo agente); comissivo (os verbos implicam ações); instantâneo (a consumação se dá em momento determinado); de perigo abstrato (presume-se a probabilidade de dano); unissubjetivo (pode ser cometido por uma só pessoa); plurissubsistente (praticada em vários atos); admite tentativa.

**86-G. Erro de tipo:** se houver engano do agente quanto à idade da vítima (se maior ou menor de 18 anos), pode-se eliminar o dolo, nos termos do art. 20 do Código Penal. Mesmo que o engano seja inescusável, este crime não possui a forma culposa, razão pela qual continua a imperar a absolvição. Na jurisprudência: TJGO: "Tendo a vítima, de aparência física madura, aderido voluntária e conscientemente às sessões fotográficas, incutindo o agente em erro sobre elemento constitutivo do tipo previsto no art. 240 do Estatuto da Criança e do Adolescente, qual seja, idade inferior a 18 anos, exclui-se o dolo e, por conseguinte, a tipicidade da conduta, nos termos do art. 20, *caput*, do Código Penal. 3 – Recurso conhecido e provido para absolver o processado" (Ap. Crim. 177550-04.2015.8.09.0107 – GO, 1.ª Câmara Criminal, rel. J. Paganucci Jr., 23.03.2017, v.u.).

**87. Benefícios penais:** a Lei 11.829/2008 elevou substancialmente as penas em abstrato do delito, alterando a faixa anterior, de dois a seis anos, para quatro a oito anos de reclusão, mantida a cumulação com multa. Em face disso, diminuem muitos benefícios penais, não cabendo transação, suspensão condicional do processo e suspensão condicional da pena, como regra. A condenação à pena mínima – quatro anos – pode resultar na imposição de regime aberto (art. 33, § 2.º, *c*, CP). Se o magistrado aplicar mais de quatro anos, mas até oito anos, permite-se a fixação do regime semiaberto. Convém registrar, ainda, o cabimento, para o patamar mínimo de quatro anos, da substituição da pena privativa de liberdade por restritiva de direitos (menos a prestação pecuniária), já que não se trata de crime cometido com violência ou grave ameaça à pessoa.

**88. Análise do núcleo do tipo:** *agenciar* (promover o encontro entre duas ou mais pessoas como representante de uma das partes), *facilitar* (tornar algo possível de ser realizado sem custo ou esforço), *recrutar* (angariar adepto), *coagir* (constranger) e *intermediar* (colocar-se entre duas ou mais pessoas, com o fito de levar e trazer mensagens, promovendo contato) são as condutas alternativas, cujo objeto é a participação da criança ou do adolescente nas cenas de sexo explícito (atuação ou desenvolvimento de ato envolvendo o sexo às claras – ato libidinoso apto a dar prazer) ou pornográfica (atuação ou desenvolvimento de ato envolvendo devassidão ou obscenidade sexual, significando conduta apta a constranger o pudor ou excitar a licenciosidade). A prática de uma ou mais das ações descritas neste parágrafo provoca a concretização de uma só infração penal. No *caput* do artigo, encontram-se as condutas dos agentes que, diretamente, lidam com o material inadequado, envolvendo menores. No § 1.º, estão as ações dos autores que, indiretamente, promovem o mesmo. Seriam autênticos partícipes das condutas de terceiros, mas a construção do tipo básico específico tem o condão de transformá-los em autores. Vale destacar, ainda, a inserção do verbo *coagir*, configurador de uma modalidade especial de constrangimento ilegal (art. 146, CP). Porém, a pena prevista no art. 240, § 1.º, da Lei 8.069/90, modificado pela Lei 11.829/2008, é específica e muito superior, razão pela qual afasta a aplicação do tipo penal do art. 146 do Código Penal. *Contracenar* (participar de representação teatral, televisiva, cinematográfica ou fotográfica) é o verbo nuclear, que se associa ao envolvimento com crianças ou adolescentes. Cuida-se de uma figura suplementar àquelas previstas no *caput*. Em outros termos, quem produz, reproduz, dirige, fotografa, filma ou registra as cenas está sujeito a uma pena de quatro a oito anos, mas o ator, que trabalha com o menor, igualmente, responde pela *corrupção moral*, devendo, como regra, receber a mesma pena.

**88-A. Sujeitos ativo e passivo:** o sujeito ativo pode ser qualquer pessoa. O sujeito passivo é a criança ou o adolescente.

**88-B. Elemento subjetivo do tipo:** é o dolo. Não há elemento subjetivo específico, nem se pune a forma culposa. Em grande parte dos casos, o agenciador ou intermediário tem fim lucrativo. A anterior redação do art. 240 previa esse específico intuito, punindo-o com sanção mais rigorosa. A Lei 11.829/2008, entretanto, expurgou qualquer causa de aumento de pena no tocante à intenção de obter vantagem patrimonial. Deve o magistrado, a despeito disso, no processo de aplicação da pena, analisar as finalidades do agente (os motivos do crime, como determina o art. 59 do Código Penal) e, sendo o caso, valorar o intuito de lucro para elevar a reprimenda. Afinal, agir com intenção de ganho patrimonial, em detrimento da formação moral de crianças e adolescentes, soa-nos motivação deveras negativa.

**88-C. Objetos material e jurídico:** o objeto material é a criança ou o adolescente. O objeto jurídico é a proteção à escorreita formação moral da criança ou do adolescente.

**88-D. Classificação:** é crime comum (pode ser cometido por qualquer pessoa); formal (independe da ocorrência de resultado naturalístico, consistente em efetivo prejuízo para a formação moral da criança ou do adolescente); de forma livre (pode ser cometido por qualquer meio eleito pelo agente); comissivo (os verbos implicam ações); instantâneo (a consumação se dá em momento determinado); de perigo abstrato (presume-se a probabilidade de dano); unissubjetivo (pode ser cometido por uma só pessoa); plurissubsistente (praticada em vários atos); admite tentativa.

**88-E. Análise do núcleo do tipo:** *exibir* (mostrar, apresentar), *transmitir* (propagar, enviar), *auxiliar* (dar suporte) ou *facilitar* (tornar algo mais simples) a exibição (mostra, demonstração) ou transmissão (propagação) de cena de sexo explícito ou pornográfica (vide a nota 88). Essa conduta se liga a uma mostra realizada *em tempo real* (ao vivo), pela internet (rede mundial de computadores), valendo-se de aplicativos (*softwares* ou programas feitos para servir a dispositivos informáticos) e cujo instrumento é o dispositivo informático (*hardware* apto a armazenar dados) ou qualquer outro meio ou ambiente digital (fórmula residual, prevendo possíveis novas tecnologias capazes de transmitir dados por caminhos digitais inéditos). O objetivo é permitir a punição de quem reproduz a cena sexual ou pornográfica com criança ou jovem *ao vivo*, como se os espectadores estivessem no local. É um tipo misto alternativo, de modo que a prática de uma ou mais condutas permitem, no mesmo contexto, a punição por delito único. Cria-se este inciso para abranger não só a filmagem e a posterior transmissão ou recepção (arts. 241, 241-A e 241-B desta lei), mas a transmissão em tempo real.

**88-F. Sujeitos ativo e passivo:** o sujeito ativo pode ser qualquer pessoa. O sujeito passivo é a criança ou o adolescente.

**88-G. Elemento subjetivo do tipo:** é o dolo. Não há elemento subjetivo específico nem se pune a forma culposa. Se houver intuito de lucro, deve o juiz levar em conta para agravar a pena quando da sua aplicação.

**88-H. Objetos material e jurídico:** o objeto material é a criança ou o adolescente. O objeto jurídico é a proteção à escorreita formação moral da criança ou do adolescente.

# Art. 240

**88-I. Classificação:** é crime comum (pode ser cometido por qualquer pessoa); formal (independe da ocorrência de resultado naturalístico, consistente em efetivo prejuízo para a formação moral da criança ou do adolescente); de forma livre (pode ser cometido por qualquer meio eleito pelo agente); comissivo (os verbos implicam ações); instantâneo (a consumação se dá em momento determinado); de perigo abstrato (presume-se a probabilidade de dano); unissubjetivo (pode ser cometido por uma só pessoa); plurissubsistente (praticado em vários atos); admite tentativa.

**89. Causas de aumento de pena:** para as situações descritas nos incisos do § 2.º, instituem-se causas de aumento de pena, que são de obrigatória aplicação e ingressam no terceiro estágio da fixação da pena, nos termos do art. 68, *caput*, do Código Penal. Na anterior redação do art. 240, § 2.º, previa-se a existência de qualificadoras, alterando-se a faixa abstrata das penas mínima e máxima. Com a edição da Lei 11.829/2008, manteve-se como causa de elevação da pena, com o acréscimo de um terço, o cometimento do delito no exercício de cargo ou função pública, aprimorando-se a redação do dispositivo. Eliminou-se a circunstância de haver finalidade específica do agente, consistente na obtenção de vantagem patrimonial. Acrescentaram-se novas situações para o aumento da pena, descritas nos incisos II e III.

**90. Exercício de cargo ou função pública:** *cargo* é o posto criado por lei, com denominação própria na estrutura administrativa, número certo e remunerado pelos cofres do Estado, vinculando o servidor à Administração estatutariamente; *função pública* é a atribuição feita pelo Estado aos seus servidores para que realizem serviços nos três Poderes, sem ocupar cargo ou emprego. Por interpretação extensiva, necessária para conferir lógica ao sistema, deve-se incluir, também, o *emprego público*, que é o posto criado por lei, na estrutura hierárquica da administração, com denominação própria e padrão de vencimentos específico, ocupado por servidor com vínculo contratual diverso do estatutário. A previsão legal é correta: o agente encontra-se no *exercício* do cargo, função ou emprego público ou, mesmo que não esteja, *vale-se disso* para a prática do crime (a pretexto de exercê-la).

**91. Relações domésticas, coabitação e hospitalidade:** as relações domésticas são as ligações estabelecidas entre participantes de uma mesma vida familiar, com ou sem laços de parentesco. Normalmente, as relações domésticas existem entre parentes, quando vivem sob o mesmo teto e possuem atividades em comum. Nada impede, entretanto, que amigos ou parentes mais distantes estabeleçam uma vida rotineira própria de integrantes da mesma família, constituindo, pois, um núcleo de relação doméstica. Exemplo disso é a família formada por companheiros, independentemente do matrimônio. As relações de coabitação consistem em ligações formadas por pessoas que habitam sob o mesmo teto. Não se exige amizade ou intimidade entre elas. Ilustrando, coabitam os moradores de uma pensão ou estudantes que dividam um apartamento. As relações de hospitalidade são formadas por ocasião de visitas ou estadas temporárias em lar alheio. Originam-se das relações sociais e de convívio. Cuida-se de causa inédita de aumento de pena no contexto dos crimes envolvendo sexo e pornografia, com inequívoco acerto por parte do legislador. Muitos produtores ou intermediários para fotos, filmes e outras atividades, nesse cenário, originam-se do núcleo de convivência da vítima, justamente pela maior proximidade que possuem e acesso facilitado. Na jurisprudência: STJ: "2. Incide a majorante prevista no art. 240, § 2º, II, do ECA, quando evidenciada na origem que foi cometido o delito, prevalecendo-se das relações domésticas e de hospitalidade oferecidas pelos familiares da vítima, em razão de frequentarem a mesma instituição religiosa, sendo certo que a desconstituição das premissas fáticas do acórdão recorrido necessitaria de reexame probatório, incabível a teor da Súmula 7/STJ" (AgRg no AREsp 1.575.134 – SP, 6.ª T., rel. Nefi Cordeiro, 18.02.2020, v.u.).

**92. Relações de parentesco:** complementando o disposto no inciso anterior, insere-se no texto legal a possibilidade de haver laços de parentesco ou de qualquer forma de subordinação entre agente e vítima. Soa-nos correta a introdução dessas causas de aumento de pena, pois há maior proximidade e acesso livre do autor do delito em relação à pessoa ofendida. Não importa, para a configuração da causa de elevação da pena, se o parentesco é consanguíneo ou originário da adoção. Incluem-se, ainda, os vínculos formados entre tutor e tutelado, curador e curatelado, preceptor e aluno ou aprendiz, empregador e empregado. Afirma-se, por derradeiro, com correção, a viabilidade de qualquer outra forma de relação de autoridade criada entre agente e vítima, tal como a de guarda e pupilo. Neste cenário, admite-se a relação de autoridade criada com o consentimento do ofendido, algo razoável, pois se cuida de criança ou adolescente. A aquiescência do menor de dezoito anos não deve ter relevo, quando se cuida da proteção de sua formação moral no âmbito sexual.

> **Art. 241.** Vender ou expor à venda[93-93-B] fotografia, vídeo ou outro registro que contenha cena de sexo explícito ou pornográfica envolvendo criança ou adolescente:[93-C-93-D]
>
> Pena – reclusão, de 4 (quatro) a 8 (oito) anos, e multa.[94-94-A]

**93. Análise do núcleo do tipo:** *vender* (alienar por determinado preço) e *expor à venda* (apresentar algo para que seja objeto de alienação) são as condutas alternativas, cujo objeto é a fotografia (processo de fixação da imagem estática de algo ou alguém em base material, valendo-se de câmaras aptas a tanto), vídeo (obra audiovisual, que proporciona a fixação de imagens e/ou som, em sequência) ou registro (base material apropriada, apta a fixar dados em geral) de criança ou adolescente em cenas de sexo explícito (relações sexuais aparentes e visíveis) ou em cenário pornográfico (situações de libidinagem ou devassidão). A figura típica é inédita e cuida, especificamente, do comerciante de fotos e imagens em geral de crianças e adolescentes, envoltas em situações pornográficas ou de sexo explícito. Parece-nos correta a sua inserção na Lei 8.069/90. Por outro lado, o adquirente das fotos ou vídeos, antes do advento da Lei 11.829/2008, por carência de tipo penal incriminador, poderia ficar impune. Essa situação foi modificada com a criação do art. 241-B, conforme se verá. Não há menção do meio circulante de tais fotos, vídeos ou registros, muito embora, atualmente, a maioria dos casos circunscreva-se à rede mundial de computadores (Internet). Na jurisprudência: STJ: "2. Há autonomia dos tipos penais trazidos nos arts. 241 e 241-B, ambos do Estatuto da Criança e do Adolescente, uma vez que o crime no art. 241-B não configura fase normal nem meio de execução para o crime do art. 241. De fato, é possível que alguém venda sem efetivar armazenamento, como pode realizar o armazenamento sem a comercialização. Ou seja, são efetivamente verbos e condutas distintas, que podem ter aplicação autônoma" (AgRg no AREsp 1.714.855 – RJ, 5.ª T., rel. Reynaldo Soares da Fonseca, 27.10.2020, v.u.).

**93-A. Sujeitos ativo e passivo:** o sujeito ativo pode ser qualquer pessoa. O sujeito passivo é a criança ou o adolescente.

**93-B. Elemento subjetivo do tipo:** é o dolo. Não há elemento subjetivo específico, nem se pune a forma culposa. Embora o tipo penal encerre a venda de fotos, vídeos e outros registros, o que, na maioria das vezes, implica ânimo de lucro ou percepção de vantagem patrimonial, não se exige tal finalidade específica. O agente pode vender ou expor à venda as fotos, vídeos ou registros por motivo diverso da finalidade lucrativa, devendo ser punido da mesma forma.

# Art. 241

**93-C. Objetos material e jurídico:** o objeto material é a foto, vídeo ou registro, contendo pornografia ou sexo explícito com criança ou adolescente. O objeto jurídico é a proteção à formação moral de crianças e adolescentes.

**93-D. Classificação:** é crime comum (pode ser cometido por qualquer pessoa); formal (independe da ocorrência de resultado naturalístico, consistente em efetivo prejuízo para a formação moral da criança ou do adolescente); de forma livre (pode ser cometido por qualquer meio eleito pelo agente); comissivo (os verbos implicam ações); instantâneo (a consumação se dá em momento determinado); de perigo abstrato (presume-se a probabilidade de dano); unissubjetivo (pode ser cometido por uma só pessoa); plurissubsistente (praticada em vários atos); admite tentativa.

**94. Benefícios penais:** a condenação à pena mínima – quatro anos – pode resultar na imposição de regime aberto (art. 33, § 2.º, *c*, CP). Se o magistrado aplicar mais de quatro anos, mas até oito anos, permite-se a fixação do regime semiaberto. Convém registrar, ainda, o cabimento, para o patamar mínimo de quatro anos, da substituição da pena privativa de liberdade por restritiva de direitos, já que não se trata de crime cometido com violência ou grave ameaça à pessoa (não se podendo aplicar a prestação pecuniária).

**94-A. Competência:** se o trânsito das fotos, vídeos ou outros registros se der, exclusivamente, no território nacional, cabe à Justiça Estadual. Entretanto, havendo interligação com outros países, de modo que se possa considerar o delito iniciado ou finalizado no exterior, a competência é da Justiça Federal, incluindo-se nesse contexto a utilização da Internet. Na jurisprudência: STF: "1. O Plenário da Corte, apreciando o tema 393 da repercussão geral, fixou tese nos seguintes termos: 'Compete à Justiça Federal processar e julgar os crimes consistentes em disponibilizar ou adquirir material pornográfico envolvendo criança ou adolescente (arts. 241, 241-A e 241-B da Lei nº 8.069/1990) quando praticados por meio da rede mundial de computadores'. 2. Embargos de declaração acolhidos, com efeitos infringentes" (RE 612.030 AgR-ED, 2.ª T., rel. Dias Toffoli, j. 28.08.2018). STJ: "1. O Supremo Tribunal Federal, ao apreciar o *leading case* referente ao Tema n. 393 do regime da repercussão geral, firmou a tese de que 'compete à Justiça Federal processar e julgar os crimes consistentes em disponibilizar ou adquirir material pornográfico envolvendo criança ou adolescente (arts. 241, 241-A e 241-B da Lei nº 8.069/1990) quando praticados por meio da rede mundial de computadores'. 2. De acordo com a orientação firmada pelo Pretório Excelso, '[b]asta à configuração da competência da Justiça Federal que o material pornográfico envolvendo crianças ou adolescentes tenha estado acessível por alguém no estrangeiro, ainda que não haja evidências de que esse acesso realmente ocorreu'. 3. No caso concreto, segundo a denúncia, para compartilhar as fotos contendo o material pedopornográfico, o Acusado se utilizava do programa P2P (Peer-to-Peer), o qual, conforme a peça acusatória, tem como uma das principais características o fato de que 'todos os arquivos existentes na pasta compartilhada do computador membro estarão 'visíveis' para os demais componentes da rede'. 4. Se os arquivos ficavam disponíveis a usuários indefinidos e ilimitados, inclusive no estrangeiro, bastando que instalassem o aludido programa em seus dispositivos eletrônicos, para que tivessem acesso ao conteúdo pornográfico, a competência é da Justiça Federal. 5. No caso concreto, não obstante inexista formalmente a imputação dos crimes do art. 240 da mesma Lei e também do art. 217-A do Código Penal, o afastamento da competência da Justiça Federal não se mostra possível. Os elementos probatórios que podem eventualmente surgir, ou a melhor análise, durante a instrução, daqueles que já foram produzidos, assinalam a configuração, no caso, da conexão processual com os crimes praticados por R. A. V., em relação aos quais o Juízo Federal reconheceu a sua competência (arts. 241-A e 241-B do Estatuto da Criança e do Adolescente). Aplicação da Súmula n. 122 do Superior

Tribunal de Justiça. 6. Conflito conhecido para declarar competente o Juízo da 3ª. Vara Federal de Campo Grande" (CC 173.960 – MS, 3.ª Seção, rel. Laurita Vaz, 14.10.2020, v.u.).

> **Art. 241-A.** Oferecer, trocar, disponibilizar, transmitir, distribuir, publicar ou divulgar[95-95-B] por qualquer meio, inclusive por meio de sistema de informática ou telemático, fotografia, vídeo ou outro registro que contenha cena de sexo explícito ou pornográfica envolvendo criança ou adolescente:[95-C-95-D]
>
> Pena – reclusão, de 3 (três) a 6 (seis) anos, e multa.[96-96-A]
>
> § 1.º Nas mesmas penas incorre quem:
>
> I – assegura[97-97-B] os meios ou serviços para o armazenamento das fotografias, cenas ou imagens de que trata o *caput* deste artigo;[97-C-97-D]
>
> II – assegura,[98-98-B] por qualquer meio, o acesso por rede de computadores às fotografias, cenas ou imagens de que trata o *caput* deste artigo.[98-C-98-D]
>
> § 2.º As condutas tipificadas nos incisos I e II do § 1.º deste artigo são puníveis[99] quando o responsável legal[99-A-99-B] pela prestação do serviço, oficialmente notificado,[99-C-99-E] deixa de desabilitar o acesso ao conteúdo ilícito de que trata o *caput* deste artigo.

**95. Análise do núcleo do tipo:** *oferecer* (dar como presente ou apresentar para aceitação), *trocar* (substituir determinada coisa por outra), *disponibilizar* (tornar acessível para aquisição), *transmitir* (enviar de um lugar a outro), *distribuir* (entregar a várias pessoas), *publicar* (tornar público, de maneira expressa e ampla) e *divulgar* (difundir, ainda que implicitamente) são as condutas alternativas, cujo objeto é a fotografia (processo de fixação da imagem estática de algo ou alguém em base material, valendo-se de câmaras aptas a tanto), o vídeo (obra audiovisual, que proporciona a fixação de imagens e/ou som, em sequência) ou registro (base material apropriada, apta a fixar dados em geral) de criança ou adolescente em cenas de sexo explícito (relações sexuais aparentes e visíveis) ou em cenário pornográfico (situações de libidinagem ou devassidão). A figura típica tem por escopo atingir *todos* os meios de comunicação, em especial a rede mundial de computadores (Internet). O tipo é misto alternativo, vale dizer, a prática de uma ou mais condutas sequenciais implicam o cometimento de um único delito. O meio ligado a sistema de informática diz respeito a todos os instrumentos vinculados ao computador; a telemática liga-se a sistemas mistos de computador e meios de comunicação. Na jurisprudência: STF: "I – São autônomos os delitos de armazenamento de pornografia infantil (ECA, art. 241-B) e divulgação de pornografia infantil (ECA, art. 241-A), quando não houver identidade entre os respectivos conteúdos. II – Para o acolhimento da tese defensiva 'consunção entre os delitos de armazenamento e divulgação de pornografia infantil', seria indispensável o reexame de todo conjunto fático-probatório que levou as instâncias inferiores a concluírem pela 'ausência de estrita correspondência entre os arquivos armazenados com os que foram divulgados', fato esse inviável na via estreita do *habeas corpus*, que não admite dilação probatória. III – Agravo regimental a que se nega provimento" (HC 187.900 AgR, 2.ª T., rel. Nunes Marques, 17.05.2021, v.u.). STJ: "2. A doutrina penalista, em geral, assim como a jurisprudência desta Corte Superior, entendem que, para ser aplicado o princípio da consunção, deve existir a relação de subordinação entre as condutas, o que não se verifica em relação às condutas tipificadas nos arts. 240 e 241-A da Lei n. 8.069/1990, pois são condutas autônomas, além de serem crimes formais, isto é, não dependem de resultado naturalístico, e, portanto, a consumação delitiva ocorre na própria prática da conduta criminosa, o que afasta a tese de relação de subordinação entre condutas típicas. 3. Agravo regimental provido para conhecer do agravo e prover o recurso especial, a fim de restabelecer a condenação do agravado pela

# Art. 241-A

prática do crime tipificado no art. 240, § 2.º, da Lei n. 8.069/1990, e, consequentemente, determinar que o Tribunal de origem refaça a dosimetria da pena considerando essa condenação" (AgRg no AREsp 1.859.898 – SP 2021/0084570-9, 6.ª T., rel. Jesuíno Rissato, 08.08.2023, v.u.); "2. Delimitação da controvérsia: 'Os tipos penais trazidos nos arts. 241-A e 241-B do Estatuto da Criança e do Adolescente são autônomos, com verbos e condutas distintas, sendo que o crime do art. 241-B não configura fase normal tampouco meio de execução para o crime do art. 241-A, o que possibilita o reconhecimento de concurso material de crimes'. 3. TESE: 'Os tipos penais trazidos nos arts. 241-A e 241-B do Estatuto da Criança e do Adolescente são autônomos, com verbos e condutas distintas, sendo que o crime do art. 241-B não configura fase normal, tampouco meio de execução para o crime do art. 241-A, o que possibilita o reconhecimento de concurso material de crimes'" (REsp 1.970.216 – SP, 3.ª Seção, rel. Reynaldo Soares da Fonseca, 03.08.2023, m.v.).

**95-A. Sujeitos ativo e passivo:** o sujeito ativo pode ser qualquer pessoa. O sujeito passivo é a criança ou adolescente.

**95-B. Elemento subjetivo do tipo:** é o dolo. Não há elemento subjetivo específico, nem se pune a forma culposa. O ânimo específico do agente pode ser qualquer um (obtenção de vantagem patrimonial, satisfação da lascívia, entre outros), porém, parece-nos deva ser levado em consideração para a fixação da pena, nos termos do art. 59 do Código Penal (motivos do crime).

**95-C. Objetos material e jurídico:** o objeto material é a foto, o vídeo ou outro registro, contendo pornografia ou sexo explícito com criança ou adolescente. O objeto jurídico é a proteção à formação moral de crianças e adolescentes.

**95-D. Classificação:** é crime comum (pode ser cometido por qualquer pessoa); formal (independe da ocorrência de resultado naturalístico, consistente em efetivo prejuízo para a formação moral da criança ou do adolescente); de forma livre (pode ser cometido por qualquer meio eleito pelo agente); comissivo (os verbos implicam ações); instantâneo (a consumação se dá em momento determinado), porém é viável considerá-lo permanente nas modalidades "disponibilizar" e "divulgar", conforme o meio escolhido pelo agente. A disponibilização de fotos ou vídeos, pela Internet, proporcionando o livre acesso de qualquer pessoa a qualquer momento, evidencia a contínua exposição da imagem da criança ou adolescente, resultando em permanência; de perigo abstrato (presume-se a probabilidade de dano) vide o acórdão citado acima; unissubjetivo (pode ser cometido por uma só pessoa); plurissubsistente (praticada em vários atos); admite tentativa.

**96. Benefícios penais:** a condenação à pena mínima – três anos – pode resultar na imposição de regime aberto (art. 33, § 2.º, *c*, CP). Se o magistrado aplicar mais de quatro anos, mas até seis anos, permite-se a fixação do regime semiaberto. Convém registrar, ainda, o cabimento, para o patamar de três a quatro anos, da substituição da pena privativa de liberdade por restritiva de direitos, já que não se trata de crime cometido com violência ou grave ameaça à pessoa (não se podendo aplicar a prestação pecuniária).

**96-A. Competência:** se fotos ou vídeos pornográficos envolvendo cena de sexo explícito com crianças ou adolescentes forem inseridas na Internet (rede mundial de computadores), permitindo, como consequência, que sejam acessadas por qualquer lugar do mundo, a competência é da Justiça Federal. Se forem passadas por *e-mail* de um indivíduo para outro, cabe à Justiça Estadual. Na jurisprudência: STF: "1. O Plenário da Corte, apreciando o tema 393 da repercussão geral, fixou tese nos seguintes termos: 'Compete à Justiça Federal processar e julgar os crimes consistentes em disponibilizar ou adquirir material pornográfico envolvendo criança ou adolescente (arts. 241, 241-A e 241-B da Lei nº 8.069/1990) quando praticados por meio da rede mundial de computadores'. 2. Embargos de declaração acolhidos, com efeitos infringentes" (RE 612030 AgR-ED, 2.ª T., rel. Dias Toffoli, j. 28.08.2018). STJ: "1. O Supremo Tribunal Federal, ao apreciar o *leading case* referente ao Tema n. 393 do regime da repercussão geral, firmou a tese de que 'compete à Justiça Federal processar e julgar os crimes consistentes em disponibilizar ou adquirir material pornográfico envolvendo criança ou adolescente (arts. 241, 241-A e 241-B da Lei nº 8.069/1990) quando praticados por meio da rede mundial de computadores'. 2. De acordo com a orientação firmada pelo Pretório Excelso, '[b]asta à configuração da competência da Justiça Federal que o material pornográfico envolvendo crianças ou adolescentes tenha estado acessível por alguém no estrangeiro, ainda que não haja evidências de que esse acesso realmente ocorreu'. 3. No caso concreto, segundo a denúncia, para compartilhar as fotos contendo o material pedopornográfico, o Acusado se utilizava do programa P2P (Peer-to-Peer), o qual, conforme a peça acusatória, tem como uma das principais características o fato de que 'todos os arquivos existentes na pasta compartilhada do computador membro estarão 'visíveis' para os demais componentes da rede'. 4. Se os arquivos ficavam disponíveis a usuários indefinidos e ilimitados, inclusive no estrangeiro, bastando que instalassem o aludido programa em seus dispositivos eletrônicos, para que tivessem acesso ao conteúdo pornográfico, a competência é da Justiça Federal. 5. No caso concreto, não obstante inexista formalmente a imputação dos crimes do art. 240 da mesma Lei e também do art. 217-A do Código Penal, o afastamento da competência da Justiça Federal não se mostra possível. Os elementos probatórios que podem eventualmente surgir, ou a melhor análise, durante a instrução, daqueles que já foram produzidos, assinalam a configuração, no caso, da conexão processual com os crimes praticados por R. A. V., em relação aos quais o Juízo Federal reconheceu a sua competência (arts. 241-A e 241-B do Estatuto da Criança e do Adolescente). Aplicação da Súmula n. 122 do Superior Tribunal de Justiça. 6. Conflito conhecido para declarar competente o Juízo da 3ª. Vara Federal de Campo Grande" (CC 173.960 – MS, 3.ª Seção, rel. Laurita Vaz, 14.10.2020, v.u.).

**97. Análise do núcleo do tipo:** *assegurar* (garantir, proporcionar a realização de algo com certeza) é o verbo nuclear, cujo objeto é o meio (recurso empregado para a obtenção de algo) ou serviço (desempenho de trabalho ou atividade, como regra, remunerada) para o armazenamento (manter em depósito ou outro lugar a isto destinado) das fotografias e demais imagens referidas no *caput*. Busca-se deixar clara a necessidade de punição do partícipe, que, embora não tenha divulgado, por exemplo, as fotos de pornografia infantojuvenil, em qualquer meio de comunicação, proporciona os mecanismos para o acúmulo do material. Ainda ilustrando, pode ser a pessoa que possui computadores com elevada capacidade de armazenamento, em discos rígidos, de fotografias digitais (que consomem muito espaço em base material apropriada, como cartuchos e CDs), propiciando àquele que oferece, troca, disponibiliza, transmite, distribui, publica ou divulga maiores opções de escolha quando inserir as fotos nos meios de comunicação, comumente a Internet.

**97-A. Sujeitos ativo e passivo:** o sujeito ativo pode ser qualquer pessoa. O sujeito passivo é a criança ou o adolescente.

**97-B. Elemento subjetivo do tipo:** é o dolo. Não há elemento subjetivo específico, nem se pune a forma culposa.

**97-C. Objetos material e jurídico:** o objeto material é o meio ou serviço de armazenamento de fotos, vídeos ou registros pornográficos, envolvendo menores. O objeto jurídico é a proteção à formação moral de crianças e adolescentes.

**97-D. Classificação:** é crime comum (pode ser cometido por qualquer pessoa); formal (independe da ocorrência de resultado naturalístico, consistente em efetivo prejuízo para a formação moral da criança ou do adolescente); de forma livre (pode ser cometido por qualquer

# Art. 241-A

Leis Penais e Processuais Penais Comentadas – Vol. 2 • **Nucci**

meio eleito pelo agente); comissivo (o verbo implica ação); permanente (a consumação se protrai no tempo, enquanto durar o armazenamento); de perigo abstrato (presume-se a probabilidade de dano); unissubjetivo (pode ser cometido por uma só pessoa); plurissubsistente (praticada em vários atos); admite tentativa.

**98. Análise do núcleo do tipo:** *assegurar* (garantir, proporcionar a realização de algo com certeza) é o verbo nuclear, cujo objeto é o acesso (estabelecer comunicação, como regra, por computador), por rede de computadores (Internet ou outra forma de sistema de conexão de máquinas), às fotos, cenas ou imagens pornográficas, envolvendo crianças ou adolescentes. É o partícipe ligado à mantença de *sites*, que hospedam o material inadequado, a ser visualizado por terceiros, usuários da Internet, como regra. Pode ser, inclusive, o provedor, que possibilita o acesso à Internet, bem como a navegação em *sites* de conteúdo indevido, como também o criador do *site*, hospedeiro do material pornográfico. Este último somente deve ser punido se tiver ciência do tipo de *site* que está criando e qual sua finalidade. A atual redação do art. 241-A, § 1.º, II, amplia a tipificação incriminadora antes existente no art. 241, § 1.º, III. Neste artigo, mencionava-se apenas a rede mundial de computadores (Internet). Após a edição da Lei 11.829/2008, passa-se a punir a mantença de qualquer tipo de rede de computadores (inclusive, por exemplo, a existente dentro de uma empresa), que proporcione o acesso ao material pornográfico envolvendo menores de dezoito anos. Logicamente, a ampliação mantém o foco voltado à Internet, pois esta não deixa de ser uma rede de computadores. Na jurisprudência: TRF-1: "1. A prova colhida durante a instrução penal permite concluir pela certeza da materialidade e autoria do delito previsto no art. 241-A da Lei 8.069/1990, uma vez que o acusado compartilhou o vídeo Kim03.wmv por meio da rede 'peer-to-peer', 'eDonkei2000', sendo que o laudo pericial da polícia federal, efetivamente, atesta que no computador do acusado está instalado o programa 'eMulle'. 2. É inequívoco que o agente que instala o programa 'eMulle' em seu computador possui ciência plena de que outros usuários conectados na internet podem, quando e onde quiserem, captar os vídeos e imagens de pornografia infantil ali instalado, formando uma rede de compartilhamento de material pedófilo, de forma livre e consciente" (Apelação Criminal 0009529-63.2014.4.01.3500, 4.ª T., Olindo Menezes, 30.10.2018).

**98-A. Sujeitos ativo e passivo:** o sujeito ativo pode ser qualquer pessoa. O sujeito passivo é a criança ou o adolescente.

**98-B. Elemento subjetivo do tipo:** é o dolo. Não há elemento subjetivo específico, nem se pune a forma culposa.

**98-C. Objetos material e jurídico:** o objeto material é o meio que permite o acesso às fotos, cenas ou imagens pornográficas, envolvendo menores, em navegação por rede de computadores. O objeto jurídico é a proteção à formação moral de crianças e adolescentes.

**98-D. Classificação:** é crime comum (pode ser cometido por qualquer pessoa); formal (independe da ocorrência de resultado naturalístico, consistente em efetivo prejuízo para a formação moral da criança ou do adolescente); de forma livre (pode ser cometido por qualquer meio eleito pelo agente); comissivo (o verbo implica ação); permanente (a consumação se protrai no tempo, enquanto durar a manutenção do acesso ao material inadequado); de perigo abstrato (presume-se a probabilidade de dano); unissubjetivo (pode ser cometido por uma só pessoa); plurissubsistente (praticada em vários atos); admite tentativa.

**99. Condição objetiva de punibilidade:** considera-se *condição objetiva de punibilidade* a condição exterior à conduta delituosa, não abrangida pelo elemento subjetivo, que, como regra, encontra-se fora do tipo incriminador, tornando-se parâmetro para a punição do agente. A inserção do disposto no § 2.º do art. 241-A é inédita. A lei anterior, ao cuidar das mesmas condutas no art. 241, § 1.º, II e III, deixou de prever qualquer tipo de obstáculo para

Criança e Adolescente

# Art. 241-A

a punição do agente. A atual previsão evidencia cautela por parte do legislador e não deixa de ter significado prático, bem como utilidade razoável. Em primeiro lugar, vale destacar que as condutas incriminadas envolvem, em grande parte, as pessoas que lidam com a Internet, particularmente, os provedores de acesso e mantenedores de sites. Assim sendo, quando o material pornográfico infantojuvenil é viabilizado na rede mundial de computadores, torna-se mais fácil localizar o provedor do que propriamente o criador da imagem. No entanto, há inúmeros profissionais que alegam ignorância ou procuram isentar-se de responsabilidade, afirmando que única e tão somente sustentam o acesso aos *sites*, mas não fiscalizam o seu conteúdo. Alegam, ainda, ser impossível controlar todo o material circulante pela Internet, durante 24 horas, sem interrupção. Eis por que se insere essa condição objetiva de punibilidade, que passa a funcionar como anteparo às alegadas situações de erro ou ignorância. O tipo penal é preenchido, nas formas dos incisos I ou II, do § 1.º, do art. 241-A, porém, antes de qualquer medida penal, demanda-se a notificação do responsável pela prestação do serviço, alertando-o acerca do material pornográfico e, ao mesmo tempo, possibilitando-lhe que desative o acesso imediatamente, o que demonstraria a ausência de ligação com o agente criminoso. Naturalmente, muitos profissionais que atuam como autênticos partícipes da conduta delituosa, cientes e coniventes com a divulgação de imagens de menores envolvidos em pornografia, terminarão favorecidos pela condição estabelecida em lei. Afinal, ainda que eles tenham agido com dolo e bem certos de que o material acessível pela rede de computadores era ilícito, não poderão ser punidos enquanto não for preenchida a formalidade legalmente imposta. Por isso, voltamos a insistir, cuida-se de condição objetiva de punibilidade, que não se liga ao dolo do agente. Havendo ou não a vontade de divulgar fotos ou imagens pornográficas, exige-se a notificação e, consequentemente, a possibilidade de evitar a punição criminal se o serviço for desabilitado. Os bons profissionais, que, porventura, possam ser ludibriados, possibilitando o acesso de pedófilos, por exemplo, à rede de computadores, assim que oficialmente alertados, terão condições de sustar a prestação do serviço, interrompendo o acesso ao material. De todo modo, parece-nos positiva a inserção dessa condição, uma vez que a maioria dos casos envolve operadores honestos, muitas vezes alheios ao conteúdo que circula pela rede de computadores, particularmente, a Internet.

**99-A. Responsável legal:** é a pessoa que possui condições técnicas e efetivas de alcançar a interrupção do serviço de acesso à rede de computadores. A referência ao *responsável legal* deve circunscrever-se àquele que detém poder de mando, vale dizer, o sujeito com possibilidade real de interferir no meio de acesso, ordenando a sua interrupção. De nada adiantaria notificar um funcionário qualquer de empresa provedora do serviço de acesso, quando ele nada possa fazer para bloquear, de imediato, a situação indesejada. Deve-se, pois, buscar a pessoa capaz de receber citação em nome da empresa, pois é legalmente capaz de, em nome desta, agir. A condição objetiva de punibilidade volta-se, basicamente, ao universo das empresas, que mantêm sites e serviços de acesso à Internet. Acrescente-se, ainda, que o responsável pela prestadora de serviços é justamente, como regra, aquele que ignora a circulação do material ilícito. Alertado, deve desabilitar o acesso. Não o fazendo, demonstra que a mantença do meio ou do serviço de acesso lhe é vantajosa de algum modo, razão pela qual o preenchimento do tipo incriminador fica patente, incluindo-se a condição para punir. Lembremos que, tecnicamente, inexiste obstáculo à configuração plena do tipo penal após a notificação, uma vez que as formas descritas nos incisos I e II do § 1.º do art. 241-A são permanentes. Desse modo, enquanto durar o acesso ao material pornográfico o crime se encontra em fase de consumação.

**99-B. Prisão em flagrante:** é viável, pois os crimes tratados pelos incisos I e II do § 1.º são permanentes. Assim, ultrapassada a fase da notificação, não cessado o serviço de acesso ou armazenamento, preenche-se a condição objetiva de punibilidade, permitindo a ocorrência de prisão em flagrante do responsável legal. Por outro lado, convém salientar a inviabilidade dessa modalidade de prisão *antes* de efetivada a notificação. Aliás, para que não haja qualquer dúvida, é recomendável que tal notificação contenha um prazo para a desativação do serviço (ex.: 24 ou 48 horas). Acrescente-se, ainda, não ser possível a banalização da prisão em flagrante de funcionários ou prepostos da empresa provedora do serviço de armazenamento ou acesso, pois o crime é condicionado e a referida condição diz respeito ao responsável legal. Portanto, somente quando este for notificado e não desativar o serviço, pode-se falar em punição do autor principal – eleito, pela lei, como o responsável legal – e de eventuais coautores ou partícipes. Em suma, tornando-se viável a prisão em flagrante do responsável legal (após a notificação), inclui-se a possibilidade, em tese, de se prender, também, os colaboradores diretos, cientes do conteúdo ilícito do material.

**99-C. Notificação oficial:** é a comunicação formal emitida por autoridade competente para apurar o cometimento do crime. Cuida-se, portanto, de uma intimação, dando-se ciência da ocorrência de fato relevante (o serviço de armazenamento ou de acesso a material pornográfico infantojuvenil) e aguardando-se providência (a desativação do referido serviço). Parece-nos fundamental seja feita pessoalmente, por mandado, afinal, o descumprimento dos seus termos implica a viabilização de punição criminal. Entretanto, se for realizada por outra forma (meio eletrônico ou por correio), depende-se, para o preenchimento da condição objetiva de punibilidade, de prova idônea do seu recebimento pelo destinatário. Exemplos: pelo correio, o aviso de recebimento deve ser assinado diretamente pelo responsável legal; por meio eletrônico, o acesso ao e-mail deve ser validado pela assinatura digital, por certificação. Não são notificações oficiais outras formas de comunicação, como cartas enviadas pela vítima ou seus parentes; reportagens em meios de comunicação; cartas emitidas por organizações não governamentais, embora de apoio à criança ou adolescente. Preenche o perfil da notificação oficial a intimação realizada por juiz ou promotor da Infância e da Juventude, pois se trata de autoridade encarregada de zelar pelo bem-estar de crianças e adolescentes. Ademais, apurando-se o envolvimento de criança ou adolescente em pornografia, cabe às autoridades ligadas à Vara da Infância e da Juventude atuar imediatamente, antes mesmo que o fato chegue ao conhecimento da esfera criminal. Seria demasiado apego à forma exigir que a notificação fosse feita exclusivamente pela autoridade policial, representante do Ministério Público ou juiz criminal.

**99-D. Prazo para as providências:** é indispensável, evitando-se qualquer dúvida quanto ao preenchimento da condição objetiva de punibilidade. A lei menciona apenas a *notificação oficial*, mas há uma providência aguardada por parte do destinatário. Por isso, a cautela demanda a fixação de um prazo, ainda que curto, para a desativação do serviço, objeto da notificação. O período variável de 24 a 48 horas parece-nos suficiente.

**99-E. Formalidades para a persecução penal:** a notificação, constituindo condição objetiva de punibilidade, passa a representar, no âmbito processual, uma condição de procedibilidade. Portanto, permite-se a instauração de inquérito policial para investigar os delitos previstos nos incisos I e II do § 1.º do art. 241-A, mas o indiciamento dos autores e partícipes somente se fará após o decurso do prazo fixado pela notificação realizada com sucesso. Antes, a medida se constituirá em constrangimento ilegal. O mesmo se diga em relação ao início da ação penal. Somente cabe denúncia ou queixa quando a notificação tiver sido, efetivamente, realizada, e o serviço de armazenamento ou acesso não tiver sido desabilitado. Lembremos, ademais, que a tardia desativação não impede a consumação do crime, nem o preenchimento da condição objetiva de punibilidade. Em outras palavras, se o prazo da notificação decorrer, preenchida a condição, torna-se punível o fato. Se, porventura, em momento posterior, o responsável legal resolver interromper o serviço, não mais evitará a ação penal, que é pública incondicionada. Pode-se utilizar a sua atitude como atenuante (art. 65, III, *b*, CP).

> **Art. 241-B.** Adquirir, possuir ou armazenar,[100-100-B] por qualquer meio, fotografia, vídeo ou outra forma de registro que contenha cena de sexo explícito ou pornográfica envolvendo criança ou adolescente:[100-C-100-E]
>
> Pena – reclusão, de 1 (um) a 4 (quatro) anos, e multa.[101]
>
> § 1.º A pena é diminuída de 1 (um) a 2/3 (dois terços) se de pequena quantidade o material a que se refere o *caput* deste artigo.[102]
>
> § 2.º Não há crime[103] se a posse ou o armazenamento tem a finalidade de comunicar às autoridades competentes a ocorrência das condutas descritas nos arts. 240, 241, 241-A e 241-C desta Lei, quando a comunicação for feita por:
>
> I – agente público no exercício de suas funções;[104]
>
> II – membro de entidade, legalmente constituída, que inclua, entre suas finalidades institucionais, o recebimento, o processamento e o encaminhamento de notícia dos crimes referidos neste parágrafo;[105]
>
> III – representante legal e funcionários responsáveis de provedor de acesso ou serviço prestado por meio de rede de computadores, até o recebimento do material relativo à notícia feita à autoridade policial, ao Ministério Público ou ao Poder Judiciário.[106]
>
> § 3.º As pessoas referidas no § 2.º deste artigo deverão manter sob sigilo o material ilícito referido.[107]

**100. Análise do núcleo do tipo:** *adquirir* (obter ou alcançar algo), *possuir* (ter algo em sua posse ou detenção) e *armazenar* (manter em depósito) são as condutas alternativas do tipo penal, tendo por objeto fotografia (processo de fixação da imagem estática de algo ou alguém em base material, valendo-se de câmaras aptas a tanto), vídeo (obra audiovisual, que proporciona a fixação de imagens e/ou som, em sequência) ou registro (base material apropriada, apta a fixar dados em geral), contendo cenas de sexo explícito ou pornográfica, com criança ou adolescente. A prática de mais de uma conduta implica a realização de um só delito (ex.: adquirir e armazenar fotos pornográficas constitui um crime). O tipo penal é inédito e corretamente idealizado, tendo por finalidade atingir a pessoa que obtém o material, guardando-o consigo. Anteriormente, inexistia punição para essa situação, como regra. Em casos excepcionais, demandando prova mais detalhada e específica, poder-se-ia encaixar o receptor das fotos, vídeos ou outros registros como partícipe do delito cometido por aquele que apresentava, vendia, fornecia, divulgava ou publicava o material. Com a inclusão da figura criminosa prevista no art. 241-B, torna-se mais simples a possibilidade de punição do sujeito que mantém as imagens de menores de dezoito anos, envolvidos em pornografia. Lembremos, no entanto, a maior cautela para verificar o dolo do agente, pois a posse de material pornográfico, por si só, não é crime. A figura delitiva surge quando abrange menores de dezoito anos. Por isso, é fundamental analisar se não houve erro do agente quanto à idade das pessoas retratadas ou filmadas. A maneira pela qual o autor do crime adquire, possui ou armazena o material é livre, valendo-se o tipo da expressão "por qualquer meio". Comumente, com o avanço da tecnologia e da difusão dos computadores pessoais, dá-se a obtenção de extenso número de fotos e vídeos pela Internet, guardando-se o material no disco rígido do computador, DVDs, CDs, *pen drives*, entre outros. Na jurisprudência: STF: "III – Arquivos digitais que contenham cena de sexo explícito ou pornográfica envolvendo criança ou adolescente constituem o próprio corpo de delito da infração do art. 241-B do ECA, de modo que não é direito da defesa extrair

# Art. 241-B

cópia desse conjunto de vestígios materiais deixados pelo crime para poder analisá-los fora do ambiente do órgão oficial. IV – Nos termos do art. 159, § 6º, do Código de Processo Penal – CPP, 'havendo requerimento das partes, o material probatório que serviu de base à perícia será disponibilizado no ambiente do órgão oficial, que manterá sempre sua guarda, e na presença de perito oficial, para exame pelos assistentes, salvo se for impossível a sua conservação'. V – A extração de cópia e armazenamento da mídia objeto do processo poderia configurar o crime tipificado no art. 241-B do Estatuto da Criança e do Adolescente – ECA, uma vez que não incidiria, na hipótese, a causa justificante prevista no § 2º do mesmo artigo" (Rcl 51.143 AgR, 2.ª T., rel. Ricardo Lewandowski, 04.04.2022, v.u.); "I – São autônomos os delitos de armazenamento de pornografia infantil (ECA, art. 241-B) e divulgação de pornografia infantil (ECA, art. 241-A), quando não houver identidade entre os respectivos conteúdos. II – Para o acolhimento da tese defensiva 'consunção entre os delitos de armazenamento e divulgação de pornografia infantil', seria indispensável o reexame de todo conjunto fático-probatório que levou as instâncias inferiores a concluírem pela 'ausência de estrita correspondência entre os arquivos armazenados com os que foram divulgados', fato esse inviável na via estreita do *habeas corpus*, que não admite dilação probatória. III – Agravo regimental a que se nega provimento" (HC 187.900 AgR, 2.ª T., rel. Nunes Marques, 17.05.2021, v.u.). STJ: "2. Há autonomia dos tipos penais trazidos nos arts. 241 e 241-B, ambos do Estatuto da Criança e do Adolescente, uma vez que o crime no art. 241-B não configura fase normal nem meio de execução para o crime do art. 241. De fato, é possível que alguém venda sem efetivar armazenamento, como pode realizar o armazenamento sem a comercialização. Ou seja, são efetivamente verbos e condutas distintas, que podem ter aplicação autônoma" (AgRg no AREsp 1.714.855 – RJ, 5.ª T., rel. Reynaldo Soares da Fonseca, 27.10.2020, v.u.).

**100-A. Sujeitos ativo e passivo:** o sujeito ativo pode ser qualquer pessoa. O sujeito passivo é a criança ou o adolescente.

**100-B. Elemento subjetivo do tipo:** é o dolo. Não há elemento subjetivo específico, nem se pune a forma culposa.

**100-C. Objetos material e jurídico:** o objeto material é a foto, vídeo ou outro registro pornográfico, envolvendo menores de dezoito anos. O objeto jurídico é a proteção à formação moral de crianças e adolescentes.

**100-D. Classificação:** é crime comum (pode ser cometido por qualquer pessoa); formal (independe da ocorrência de resultado naturalístico, consistente em efetivo prejuízo para a formação moral da criança ou do adolescente); de forma livre (pode ser cometido por qualquer meio eleito pelo agente); comissivo (os verbos implicam ações); instantâneo (a consumação se dá em momento determinado) na forma *adquirir* e permanente (a consumação se protrai no tempo, enquanto durar a posse ou armazenagem do material inadequado) nas modalidades *possuir* e *armazenar*; de perigo abstrato (presume-se a probabilidade de dano).

**100-E. Competência:** é da Justiça Estadual se as condutas previstas no tipo permitirem a circulação do material dentro das fronteiras brasileiras. É da Justiça Federal, quando potencialmente puder ultrapassar os limites nacionais, como é o caso de uso da Internet. Na jurisprudência: STF: "1. O Plenário da Corte, apreciando o tema 393 da repercussão geral, fixou tese nos seguintes termos: 'Compete à Justiça Federal processar e julgar os crimes consistentes em disponibilizar ou adquirir material pornográfico envolvendo criança ou adolescente (arts. 241, 241-A e 241-B da Lei nº 8.069/1990) quando praticados por meio da rede mundial de computadores'. 2. Embargos de declaração acolhidos, com efeitos infringentes" (RE 612030 AgR-ED, 2.ª T., rel. Dias Toffoli, j. 28.08.2018). STJ: "1. O Supremo Tribunal Federal, ao apreciar o *leading case* referente ao Tema n. 393 do regime da repercussão geral, firmou a tese de que 'compete à Justiça Federal processar e julgar os crimes consistentes em disponibilizar ou adquirir material pornográfico envolvendo criança ou adolescente (arts. 241, 241-A e 241-B da Lei nº 8.069/1990) quando praticados por meio da rede mundial de computadores'. 2. De acordo com a orientação firmada pelo Pretório Excelso, '[b]asta à configuração da competência da Justiça Federal que o material pornográfico envolvendo crianças ou adolescentes tenha estado acessível por alguém no estrangeiro, ainda que não haja evidências de que esse acesso realmente ocorreu'. 3. No caso concreto, segundo a denúncia, para compartilhar as fotos contendo o material pedopornográfico, o Acusado se utilizava do programa P2P (Peer-to-Peer), o qual, conforme a peça acusatória, tem como uma das principais características o fato de que 'todos os arquivos existentes na pasta compartilhada do computador membro estarão 'visíveis' para os demais componentes da rede'. 4. Se os arquivos ficavam disponíveis a usuários indefinidos e ilimitados, inclusive no estrangeiro, bastando que instalassem o aludido programa em seus dispositivos eletrônicos, para que tivessem acesso ao conteúdo pornográfico, a competência é da Justiça Federal. 5. No caso concreto, não obstante inexista formalmente a imputação dos crimes do art. 240 da mesma Lei e também do art. 217-A do Código Penal, o afastamento da competência da Justiça Federal não se mostra possível. Os elementos probatórios que podem eventualmente surgir, ou a melhor análise, durante a instrução, daqueles que já foram produzidos, assinalam a configuração, no caso, da conexão processual com os crimes praticados por R. A. V., em relação aos quais o Juízo Federal reconheceu a sua competência (arts. 241-A e 241-B do Estatuto da Criança e do Adolescente). Aplicação da Súmula n. 122 do Superior Tribunal de Justiça. 6. Conflito conhecido para declarar competente o Juízo da 3ª. Vara Federal de Campo Grande" (CC 173.960 – MS, 3.ª Seção, rel. Laurita Vaz, 14.10.2020, v.u.).

**101. Benefícios penais:** não cabe aplicação da Lei 9.099/95 (art. 226, § 1.º, desta Lei). Seguindo-se o parâmetro de vedação ao acordo de não persecução penal para os casos de violência doméstica e familiar e contra a mulher, parece-nos indevido o benefício em contexto de delitos contra a criança e o adolescente. É possível aplicar pena alternativa, desde que não seja a prestação pecuniária (art. 226, § 2.º, desta Lei). Cabe o regime inicial aberto, conforme o caso.

**102. Causa de diminuição de pena:** a possibilidade de diminuição da pena se volta ao volume do material apreendido, registrando-se, desde logo, tratar-se de infração penal que deixa vestígio material, razão pela qual é indispensável o exame pericial. O legislador foi sensível à existência de casos em que se apure ser mínima a quantidade de fotos, vídeos ou outros registros, envolvendo pornografia infanto-juvenil. Por isso, a punição ocorrerá, quase como um alerta para que tais fatos não se repitam, mas com uma diminuição razoável de pena. A medida da redução (1/3 a 2/3) deve dar-se no cenário da qualidade do material apreendido. Pensamos devam existir três faixas: a) ínfima quantidade (uma foto de conteúdo levemente obsceno, por exemplo), capaz de configurar o crime de bagatela, tornando o fato atípico; b) pequena quantidade (algumas fotos ou um vídeo, que é a composição sequencial de várias fotos), apta a gerar a diminuição de um a dois terços; c) grande quantidade (várias fotos ou inúmeros vídeos, ou mesmo um vídeo muito extenso), que fomenta a aplicação da pena nos patamares normais (de um a quatro anos de reclusão). Levando-se em conta que a pequena quantidade é fator desencadeante de redução da pena, resta, ainda, a análise do *quantum* a ser aplicado. Ora, outro elemento essencial para a avaliação do grau de censura merecido pela conduta criminosa é o conteúdo do material pornográfico. Há fotos, vídeos e registros expondo situações grotescas, envolvendo menores de dezoito anos. Nesse caso, a apreensão de algumas fotografias desse quilate permite a diminuição da pena, porém valendo-se o juiz do mínimo possível (um terço). Em casos de fotos, vídeos e outros registros espelhando situações obscenas sutis ou indiretas, sugestivas de sexo, sem explicitação, pode-se operar a diminuição em

# Art. 241-B

Leis Penais e Processuais Penais Comentadas – Vol. 2 · Nucci

patamar máximo (dois terços). Outros percentuais devem ser aplicados, conforme o prudente critério do magistrado no caso concreto.

**103. Excludente de ilicitude:** a expressão *não há crime* é indicativa do afastamento da antijuridicidade da conduta, que não deixa de ser típica. Cuida-se, na hipótese retratada no § 2.º, de exercício regular de direito ou de estrito cumprimento do dever legal, conforme o caso (conferir o disposto no art. 5.º, I, e § 3.º, do Código de Processo Penal). Em verdade, nem seria necessária a existência do preceituado neste dispositivo, pois as excludentes estão previstas, de modo genérico, no art. 23, III, do Código Penal. Por cautela, entretanto, o legislador deixou bem clara a viabilidade de armazenamento do material para o fim de denúncia dos delitos envolvendo criança ou adolescente no âmbito da pornografia. Aliás, outra não poderia ser a hipótese, pois, como já mencionado, tratando-se de crime que deixa vestígios, torna-se fundamental a apreensão das fotos, vídeos ou registros para a elaboração do laudo pericial. Eis por que agentes públicos e outros entes ligados à proteção dos interesses infantojuvenis podem – e devem – atuar. Não é demais ressaltar a precaução que se deve ter ao avaliar a posse ou o armazenamento desse tipo de material pornográfico, justamente para que não exista a *camuflagem* de agentes do crime, sob o pretexto de terem consigo fotos, vídeos e outros registros com o fim de comunicação à autoridade competente. É fundamental a produção de provas a respeito, demandando-se análise minuciosa em relação à quantidade de material guardado, o tempo de posse ou armazenagem, a específica atividade ou função exercida pelo agente, dentre outros pontos essenciais para a configuração da excludente de ilicitude.

**104. Agente público:** cuida-se do servidor ocupante de cargo, emprego ou função pública. Embora a lei não especifique, como regra, envolve o agente público cujas atividades se vinculam à área da infância e da juventude, além de abranger aquele que for ligado à investigação criminal em geral. Por outro lado, quando a posse ou o armazenamento se realizar, nesse cenário, trata-se de especial hipótese de estrito cumprimento do dever legal. Entretanto, se o agente não estiver *no exercício de suas funções*, ainda assim pode atuar, cuidando-se, então, de exercício regular de direito. Afinal, como já mencionado na nota anterior, qualquer pessoa pode levar ao conhecimento da autoridade a ocorrência de crime, mormente os de ação pública incondicionada.

**105. Membro de entidade de proteção ao menor:** o inciso II do § 2.º volta-se, em grande parte, às entidades não governamentais, que se envolvam em atividades de proteção à criança e ao adolescente, o que, certamente, abrange a manipulação de dados acerca da exploração do menor de dezoito anos. Por isso, vários desses entes recebem, registram, encaminham e acompanham as denúncias relativas ao envolvimento de crianças e adolescentes em atos pornográficos. É natural que, assim procedendo, devam reter material consigo, de modo a instruir as comunicações às autoridades competentes. Trata-se de hipótese específica de exercício regular de direito.

**106. Representante legal ou funcionário de provedor:** as empresas prestadoras de serviços na área da rede de computadores, particularmente os provedores de acesso à Internet, lidam com o armazenamento de material variado, podendo abranger fotos, vídeos e outros registros de crianças ou adolescentes em cena de sexo explícito ou pornográfica. Portanto, em razão da atividade diretamente ligada ao conhecimento desse material, torna-se natural que possam manter esses registros com o fim de comunicação à autoridade competente. Aliás, quando notificadas oficialmente, nos termos do art. 241-A, § 2.º, desta Lei, devem desabilitar o acesso do público ao conteúdo ilícito do material, não significando destruí-lo ou inutilizá-lo de qualquer forma. Mantém-se o volume de registros para que permita a utilização pelas autoridades competentes e para a feitura do exame de corpo de delito. Tal mantença deve ser breve, em tempo suficiente para transmitir os dados aos agentes públicos.

**107. Dever de sigilo:** impõe a lei o dever de ser mantido em sigilo o material ilícito sob posse ou armazenamento feito pelos agentes públicos, membros de entidades de proteção ao menor ou empregados de empresa provedora de serviços de acesso à rede de computadores. A violação desse preceito, quando dolosa, pode acarretar a configuração do crime previsto no art. 241-A desta Lei.

> **Art. 241-C.** Simular[108-108-B] a participação de criança ou adolescente em cena de sexo explícito ou pornográfica por meio de adulteração, montagem ou modificação de fotografia, vídeo ou qualquer outra forma de representação visual:[108-C-108-D]
>
> Pena – reclusão, de 1 (um) a 3 (três) anos, e multa.[109]
>
> **Parágrafo único.** Incorre nas mesmas penas quem vende, expõe à venda, disponibiliza, distribui, publica ou divulga[110-112] por qualquer meio, adquire, possui ou armazena o material produzido na forma do *caput* deste artigo.[113-114]

**108. Análise do núcleo do tipo:** *simular* significa representar ou reproduzir algo com a aparência de realidade. O objeto da conduta é a participação de criança ou adolescente em cena de sexo explícito ou pornográfica. Na realidade, o que se busca nesta figura típica é a punição daquele que, não possuindo material verdadeiro (fotos, vídeos ou outros registros contendo imagens de menores de dezoito anos em cenas pornográficas), promove o simulacro necessário, alterando cenas, por meio de programas específicos, com o fim de *criar* imagens dissimuladas. Ilustrando, o agente possui fotos de cenas de sexo explícito, abrangendo maiores de dezoito anos; entretanto, promove a modificação desse material, inserindo rostos de adolescentes no lugar dos verdadeiros protagonistas das referidas cenas. Embora não se esteja lidando com uma produção autêntica, de qualquer modo fere-se o bem jurídico tutelado, vale dizer, a boa formação moral da criança ou adolescente. Divulgar fotos ou outras imagens simuladas, contendo pornografia, causa, igualmente, prejuízo às pessoas retratadas, além de estimular outras a buscar cenas reais. As condutas possíveis são as seguintes: simular a participação do menor, adulterando (falsificar, modificar); simular a participação do menor, montando (reunir peças ou elementos para constituir um todo); simular a participação do menor, modificando (alterar, transformar). As ações de *adulterar* e *modificar* são similares, constituindo a primeira uma espécie de falsificação.

**108-A. Sujeitos ativo e passivo:** o sujeito ativo pode ser qualquer pessoa. O sujeito passivo é a criança ou adolescente envolvidas na cena simulada.

**108-B. Elemento subjetivo do tipo:** é o dolo. Não se exige elemento subjetivo específico, nem se pune a forma culposa.

**108-C. Objetos material e jurídico:** o objeto material é a foto, vídeo ou outra forma de representação visual pornográfica, envolvendo menores de dezoito anos. O objeto jurídico é a proteção à formação moral de crianças e adolescentes.

**108-D. Classificação:** é crime comum (pode ser cometido por qualquer pessoa); formal (independe da ocorrência de resultado naturalístico, consistente em efetivo prejuízo para a formação moral da criança ou do adolescente); de forma livre (pode ser cometido por qualquer meio eleito pelo agente); comissivo (o verbo implica ação); instantâneo (a consumação se dá em momento determinado); de perigo abstrato (presume-se a probabilidade de dano); unissubjetivo (pode ser cometido por uma só pessoa); plurissubsistente (praticada em vários atos); admite tentativa.

**109. Benefícios penais:** não cabe aplicação da Lei 9.099/95 (art. 226, § 1.º, desta Lei). Seguindo-se o parâmetro de vedação ao acordo de não persecução penal para os casos de violência doméstica e familiar e contra a mulher, parece-nos indevido o benefício em contexto de delitos contra a criança e o adolescente. É possível aplicar pena alternativa, desde que não seja a prestação pecuniária (art. 226, § 2.º, desta Lei). Cabe o regime inicial aberto, conforme o caso.

**110. Análise do núcleo do tipo:** *vender* (alienar por certo preço), *expor à venda* (oferecer algo para alienação), *disponibilizar* (tornar acessível para aquisição), *distribuir* (entregar a várias pessoas), *publicar* (tornar público, de maneira expressa e ampla), *divulgar* (difundir, ainda que implicitamente), *adquirir* (obter), *possuir* (ter em seu poder, sob posse ou detenção) e *armazenar* (guardar, manter em depósito) são as condutas alternativas, cujo objeto é o material adulterado, montado ou modificado, simulando a participação de criança ou adolescente em cena de sexo explícito ou pornográfica. Cuida-se de natural decorrência da figura criminosa descrita no *caput*, pois interessa punir, igualmente, quem, de qualquer forma, difunde ou mantém o material simulado.

**111. Sujeitos ativo e passivo:** o sujeito ativo pode ser qualquer pessoa. O sujeito passivo é a criança ou adolescente, participante da simulação realizada.

**112. Elemento subjetivo do tipo:** é o dolo. Não há elemento subjetivo específico, nem se pune a forma culposa.

**113. Objetos material e jurídico:** o objeto material é a foto, vídeo ou outra forma de representação visual pornográfica simulada, envolvendo menores de dezoito anos. O objeto jurídico é a proteção à formação moral de crianças e adolescentes.

**114. Classificação:** é crime comum (pode ser cometido por qualquer pessoa); formal (independe da ocorrência de resultado naturalístico, consistente em efetivo prejuízo para a formação moral da criança ou do adolescente); de forma livre (pode ser cometido por qualquer meio eleito pelo agente); comissivo (os verbos implicam ações); instantâneo (a consumação se dá em momento determinado) na maior parte das condutas, porém adquire o caráter permanente (a consumação se protrai no tempo) nos formatos *disponibilizar* e *divulgar*, dependendo do meio eleito pelo agente; de perigo abstrato (presume-se a probabilidade de dano); unissubjetivo (pode ser cometido por uma só pessoa); plurissubsistente (praticada em vários atos); admite tentativa.

> **Art. 241-D.** Aliciar, assediar, instigar ou constranger,[115-115-B] por qualquer meio de comunicação, criança, com o fim de com ela praticar ato libidinoso:[115-C-115-D]
>
> Pena – reclusão, de 1 (um) a 3 (três) anos, e multa.[116]
>
> **Parágrafo único.** Nas mesmas penas incorre quem:
>
> I – facilita ou induz[117-117-B] o acesso à criança de material contendo cena de sexo explícito ou pornográfica com o fim de com ela praticar ato libidinoso;[117-C-117-D]
>
> II – pratica as condutas descritas no *caput* deste artigo com o fim de induzir criança a se exibir de forma pornográfica ou sexualmente explícita.[118]

**115. Análise do núcleo do tipo:** *aliciar* (seduzir, atrair), *assediar* (perseguir, importunar), *instigar* (incentivar, fomentar) e *constranger* (incomodar, obrigar pela força) são as condutas componentes de tipo misto alternativo, cujo objeto é a criança. A finalidade do cerco empreendido pelo agente é a prática de ato libidinoso (envolvimento lascivo, apto a gerar prazer sexual). O tipo incriminador é inédito e corretamente inserido no Estatuto da Criança e do

Adolescente pela Lei 11.829/2008. Volta-se, primordialmente, ao agente que se comunica, via Internet (embora a lei mencione qualquer meio de comunicação), por intermédio de salas de bate-papo, sites, mensagens eletrônicas, dentre outros instrumentos, com crianças, buscando atraí-las para a mantença de relacionamento sexual. Lembremos que outros atos, cuidando do mero registro de imagens pornográficas, provoca a configuração de delitos diversos. No caso da figura do art. 241-D, preocupou-se o legislador com o sujeito que percorre diversificados meios de comunicação, mas basicamente a Internet, para encontrar crianças disponíveis ao sexo. E, atualmente, as crianças já possuem acesso facilitado à rede mundial de computadores. São os agentes denominados pedófilos. Note-se que não se exige o efetivo envolvimento sexual, pois, se tal ocorrer, configura-se estupro de vulnerável (art. 217-A, CP). Vale destacar que o tipo penal é essencialmente preventivo: punindo-se o pedófilo em atividade de captação do menor, evita-se o mal maior, que é, justamente, a ocorrência da relação ou outro envolvimento sexual. Cuida-se, por vezes, da preparação de um estupro de vulnerável. Outro ponto a merecer destaque é a não inclusão do adolescente. Afigura-se correta essa posição, pois o maior de 12 anos já possui discernimento suficiente, na maior parte dos casos, para evitar o assédio. Ademais, passados os 14 anos, nem mesmo a relação sexual efetiva é suficiente para configurar, por si só, crime contra a liberdade sexual. Por isso, o mero aliciamento deve circunscrever-se, em cenário de crime, ao contexto da criança. Na jurisprudência: STJ: "1. A conduta de abordar criança de 9 anos de idade para oferecer dinheiro, em troca de apalpar o corpo da ofendida, com inegável conotação lasciva, possui adequação típica ao delito do art. 241-D do ECA, e não à contravenção penal de perturbação da tranquilidade, sendo impertinente a desclassificação a conduta para o art. 65 da Lei de Contravenções Penais. 2. O elemento do tipo penal do art. 241-D 'qualquer meio de comunicação' inclui a abordagem pessoal à infante. 3. A análise restringe-se ao enquadramento típico do fato, exigindo para tanto nova valoração jurídica da prova, e não o seu reexame. 4. Recurso especial provido para restabelecer a sentença condenatória pela prática do delito previsto no art. 241-D do ECA" (REsp 1.894.300 – SC, 6.ª T., rel. Nefî Cordeiro, 15.12.2020, v.u.).

**115-A. Sujeitos ativo e passivo:** o sujeito ativo pode ser qualquer pessoa. O sujeito passivo é a criança (pessoa com até 11 anos completos).

**115-B. Elemento subjetivo do tipo:** é o dolo. Exige-se o elemento subjetivo específico, consistente na finalidade de praticar ato libidinoso. Não se pune a forma culposa.

**115-C. Objetos material e jurídico:** o objeto material é a criança. O objeto jurídico é a proteção à formação moral de crianças, em primeiro plano. Porém, deve-se incluir a liberdade sexual da criança, sob outro prisma, pois o tipo penal é nitidamente preventivo. Evitando--se o assédio com finalidade libidinosa, impede-se a ocorrência de crime sexual, como, por exemplo, o estupro.

**115-D. Classificação:** é crime comum (pode ser cometido por qualquer pessoa); formal (independe da ocorrência de resultado naturalístico, consistente em efetivo prejuízo para a formação moral da criança); de forma livre (pode ser cometido por qualquer meio eleito pelo agente); comissivo (os verbos implicam ações); instantâneo (a consumação se dá em momento determinado); de perigo abstrato (presume-se a probabilidade de dano); unissubjetivo (pode ser cometido por uma só pessoa); plurissubsistente (praticada em vários atos); admite tentativa.

**116. Benefícios penais:** não cabe aplicação da Lei 9.099/95 (art. 226, § 1.º, desta Lei). Seguindo-se o parâmetro de vedação ao acordo de não persecução penal para os casos de violência doméstica e familiar e contra a mulher, parece-nos indevido o benefício em contexto de

# Art. 241-E

Leis Penais e Processuais Penais Comentadas – Vol. 2 · **Nucci**

delitos contra a criança e o adolescente. É possível aplicar pena alternativa, desde que não seja a prestação pecuniária (art. 226, § 2.º, desta Lei). Cabe o regime inicial aberto, conforme o caso.

**117. Análise do núcleo do tipo:** *facilitar* (tornar simplificado) e *induzir* (dar a ideia) são as condutas alternativas, cujo objeto é o acesso da criança a material contendo cena de sexo explícito ou pornográfica. A figura típica constitui-se em desdobramento do *caput*, pois a maneira de aliciar, assediar, instigar ou constranger o menor dá-se de forma camuflada. Por intermédio do acesso da criança ao material pornográfico, o agente busca dar ar de *normalidade* àquelas cenas, visando manter com o infante ato libidinoso.

**117-A. Sujeitos ativo e passivo:** o sujeito ativo pode ser qualquer pessoa. O sujeito passivo é a criança (pessoa com até 11 anos completos).

**117-B. Elemento subjetivo do tipo:** é o dolo. Exige-se o elemento subjetivo do tipo, consistente na finalidade de praticar ato libidinoso. Não se pune a forma culposa.

**117-C. Objetos material e jurídico:** o objeto material é a criança. O objeto jurídico é a proteção à formação moral de crianças, em primeiro plano. Porém, deve-se incluir a liberdade sexual da criança, sob outro prisma, pois o tipo penal é nitidamente preventivo. Evitando-se o assédio com finalidade libidinosa, impede-se a ocorrência de crime sexual (por exemplo, estupro).

**117-D. Classificação:** é crime comum (pode ser cometido por qualquer pessoa); formal (independe da ocorrência de resultado naturalístico, consistente em efetivo prejuízo para a formação moral da criança); de forma livre (pode ser cometido por qualquer meio eleito pelo agente); comissivo (os verbos implicam ações); instantâneo (a consumação se dá em momento determinado); de perigo abstrato (presume-se a probabilidade de dano); unissubjetivo (pode ser cometido por uma só pessoa); plurissubsistente (praticada em vários atos); admite tentativa.

**118. Tipo remetido:** a figura típica do inciso II do parágrafo único é constituída dos mesmos verbos constantes do *caput*, bem como se volta ao mesmo objeto, a criança. Entretanto, altera-se o elemento subjetivo específico, que, nesta hipótese, é a finalidade de obter cenas pornográficas ou de sexo explícito de criança ("com o fim de induzir criança a se exibir de forma pornográfica ou sexualmente explícita"). O agente deste delito não pretende manter relacionamento sexual com o infante, mas almeja conseguir fotos, vídeos ou outros registros. A infração penal do inciso II é a prevenção à configuração das outras figuras típicas dos arts. 240, 241 e 241-A, substancialmente.

> **Art. 241-E.** Para efeito dos crimes previstos nesta Lei, a expressão "cena de sexo explícito ou pornográfica" compreende qualquer situação que envolva criança ou adolescente em atividades sexuais explícitas, reais ou simuladas, ou exibição dos órgãos genitais de uma criança ou adolescente para fins primordialmente sexuais.[119]

**119. Norma penal explicativa:** pretendendo evitar contratempos em matéria de interpretação, define o legislador o que vem a ser a cena de sexo explícito ou pornográfica. É um conceito amplo, que, embora passível de captação pela vivência cultural, tornou-se legalmente explicitado. Entretanto, a busca pela definição perfeita não foi atingida. A pornografia pode envolver atividades sexuais implícitas e poses sensuais, sem a expressa mostra dos órgãos genitais, constituindo situações igualmente inadequadas. Entretanto, não há previsão, para tanto, no art. 241-E. Infelizmente, a tentativa de tornar mais clara a redação dos tipos incriminadores trouxe a redução do contexto da pornografia. Teria sido melhor permitir a interpretação dos operadores do Direito em relação às cenas de sexo explícito e, sobretudo, à cena pornográfica. Na jurisprudência: STJ: "2. *In casu*, a Corte *a quo* adotou entendimento segundo o qual, para a configuração das condutas típicas preconizadas nos arts. 240 e 241-B do Estatuto da Criança e do Adolescente, seria necessário que as fotografias das Vítimas – adolescentes – contivessem a exibição de órgãos genitais, cena de sexo explícito ou pornográfica. 3. O art. 241-E da Lei n. 8.069/90, ao explicitar o sentido da expressão 'cena de sexo explícito ou pornográfica' não restringe tal conceito apenas àquelas imagens em que a genitália de crianças e adolescentes esteja desnuda. 4. Para efeito dos crimes previstos no Estatuto da Criança e do Adolescente, o alcance da expressão 'cena de sexo explícito ou pornográfica' deve ser definido à luz do contexto fático da conduta, sendo imprescindível verificar se, a despeito de não ocorrer exposição de órgãos genitais de criança ou adolescente, a finalidade sexual ressai evidente do contexto obsceno ou pornográfico. 5. Recurso especial conhecido e parcialmente provido, a fim de afastar a premissa que lastreou o desprovimento da apelação interposta pelo *Parquet* estadual e determinar o retorno dos autos ao Tribunal de origem, para que proceda novo julgamento, como entender de direito, quanto ao pleito pela condenação do Réu também pelos delitos preconizados nos arts. 240 e 241-B da Lei n. 8.069/90" (REsp 1.899.266 – SC, 6.ª T., rel. Laurita Vaz, 15.03.2022, v.u.).

> **Art. 242.** Vender, fornecer ainda que gratuitamente ou entregar,[120-122] de qualquer forma, a criança ou adolescente arma,[123] munição[124] ou explosivo:[125-128-A]
>
> Pena – reclusão, de 3 (três) a 6 (seis) anos.[129]

**120. Análise do núcleo do tipo:** *vender* (alienar algo mediante preço determinado), *fornecer* (abastecer, munir do necessário) ou *entregar* (colocar algo à disposição de alguém) são as condutas alternativas, cujo objeto é arma, munição ou explosivo (ver as notas próprias sobre a definição de cada um dos termos). O destinatário da venda, fornecimento ou entrega é a criança ou adolescente. No caso do verbo *fornecer*, deixa claro o tipo penal poder ser a título gratuito, vale dizer, sem qualquer contraprestação, valor ou recompensa. Deve-se mencionar o disposto no art. 81, I, desta Lei: "É proibida a venda à criança ou ao adolescente de: I – armas, munições e explosivos". Sobre a aplicabilidade deste artigo, verificar a nota 178-A *infra*. Apontamos que o art. 242 continua vigendo para armas brancas. Para quem entende ainda ser aplicável o art. 242, elaboramos os comentários.

**121. Sujeitos ativo e passivo:** o sujeito ativo pode ser qualquer pessoa. O sujeito passivo é a criança ou adolescente. Secundariamente, devemos incluir a sociedade, uma vez que *crianças e adolescentes armados* configuram nítido perigo à coletividade.

**122. Elemento subjetivo:** é o dolo. Não há elemento subjetivo específico, nem se pune a forma culposa.

**123. Arma:** é o instrumento destinado à defesa ou ataque. Dividem-se em *armas próprias*, cuja finalidade primordial é servir para ataque ou defesa (ex.: revólver, espingarda, espada, punhal), e *armas impróprias*, cujo destino é diverso da utilização para ataque ou defesa, mas assim podem ser usadas (ex.: machado, foice, faca de cozinha). O tipo penal não fez referência específica à arma de fogo (como ocorreu com o art. 13 da Lei 10.826/2003 – vide nota infra), razão pela qual se pode incluir qualquer modalidade de arma, capaz de gerar perigo à incolumidade física, desde que colocada em mãos de criança ou adolescente. De fato, um machado entregue a uma criança pode causar tanto estrago quanto um revólver. Por isso, não há que se vender, fornecer ou entregar nenhum tipo de arma, *especialmente* as denominadas próprias a

# Art. 242

menores de 18 anos. Quanto às impróprias, no entanto, deve-se ter cautela para promover a tipificação da conduta, o que dependerá, em grande parte, da intenção do agente. Ilustrando: vender um conjunto de facas pontiagudas, mesmo que para cozinha, a um menino de oito anos, tendo noção de que ele utilizará os instrumentos para brincar pode configurar o crime previsto no art. 242 desta Lei. Por outro lado, fazer o mesmo em relação a um rapaz de 17 anos, que deseja presentear alguém, é completamente diferente. Naturalmente, poder-se-ia dizer que, por uma questão de segurança jurídica, somente as armas próprias seriam passíveis de tipificação no referido art. 242. Porém, não tem cabimento pensarmos na exclusão do delito, quando o agente fornecedor da arma imprópria tem perfeito conhecimento de que a criança ou adolescente irá utilizar determinado instrumento (como um facão) para brincadeiras ou mesmo para a prática de atos infracionais. Pensamos, pois, ser mais adequado manter a possibilidade de se encaixar neste tipo qualquer espécie de arma. Quanto às armas de fogo, cujo controle estatal deve ser absoluto, nem se tem dúvida. Em relação às demais armas, somente o caso concreto irá delimitar a possibilidade de adequação típica.

**124. Munição:** é, basicamente, o artefato explosivo utilizado pelas armas de fogo (ex.: cartucho íntegro, que permite o disparo de projétil de chumbo). Porém, no caso presente, pode-se considerar todo material disposto a abastecer o funcionamento de armas (ex.: flechas para serem usadas com um arco). Se as armas exigirem material específico para o seu funcionamento, podemos considerá-lo como munição (outro exemplo: o fornecimento de chumbo em formato pontiagudo ou setas de metal para serem disparadas com espingardas de pressão).

**125. Explosivo:** é a substância inflamável, capaz de produzir explosão (abalo seguido de forte ruído causado pelo surgimento repentino de uma energia física ou expansão de gás).

**126. Objetos material e jurídico:** o objeto material é a arma, munição ou explosivo. O objeto jurídico é a proteção à integridade física das crianças e adolescentes, bem como de outras pessoas com as quais tenham contato.

**127. Classificação:** é crime comum (pode ser praticado por qualquer pessoa); formal (não depende da ocorrência de resultado naturalístico, consistente em efetivo prejuízo para o menor ou para qualquer outra pessoa); de forma livre (pode ser cometido por qualquer meio eleito pelo agente); comissivo (os verbos indicam ações); instantâneo (a consumação ocorre em momento definido); unissubjetivo (pode ser cometido por uma só pessoa); plurissubsistente (cometido por mais de um ato); admite tentativa.

**128. Confronto com o art. 13 da Lei 10.826/2003:** preceitua o referido art. 13 o seguinte: "Deixar de observar as cautelas necessárias para impedir que menor de 18 (dezoito) anos ou pessoa portadora de deficiência mental se apodere de arma de fogo que esteja sob sua posse ou que seja de sua propriedade: Pena – detenção, de 1 (um) a 2 (dois) anos, e multa". Este tipo penal é omissivo e o elemento subjetivo é a culpa. No caso do art. 242 da Lei 8.069/90, cuida-se de conduta comissiva e o elemento subjetivo é o dolo. Portanto, ambos coexistem para aplicação conforme a hipótese do caso concreto.

**128-A. Confronto com o art. 16, § 1.º, V, da Lei 10.826/2003:** este dispositivo dispõe o seguinte: "V – vender, entregar ou fornecer, ainda que gratuitamente, arma de fogo, acessório, munição ou explosivo a criança ou adolescente". A pena é de reclusão, de 3 a 6 anos, e multa. Esse tipo deveria prevalecer sobre o art. 242 deste estatuto porque se aplica o princípio da sucessividade, ou seja, lei mais recente afasta a aplicação de lei mais antiga. O art. 242 foi modificado pela Lei 10.764/2003. No entanto, a Lei 10.826/2003, na qual consta o referido art. 16, § 1.º, V, é mais recente. Ambas as leis são especiais, razão pela qual deve predominar a mais nova. Observa-se, na prática, que os julgados variam e não há uma análise detalhada a respeito do conflito aparente de normas. No entanto, a pena privativa de liberdade é a mesma.

A única diferença é a existência da multa na Lei 10.826/2003. O art. 242 foi derrogado (revogado parcialmente pela Lei 10.826/2003), podendo ser aplicado em relação às armas brancas, não abrangidas pelo Estatuto do Desarmamento.

**129. Benefícios penais:** havendo condenação no mínimo legal, como regra, não se aplica o *sursis*, mas se poderia substituir a pena privativa de liberdade por restritiva de direitos (condenação a até quatro anos de reclusão, menos prestação pecuniária), por não se tratar de delito praticado com violência ou grave ameaça à pessoa. Se a pena ultrapassar os quatro anos, o regime inicial pode ser o semiaberto ou fechado, dependendo das circunstâncias do art. 59 do Código Penal.

> **Art. 243.** Vender, fornecer, servir, ministrar ou entregar,[130-132] ainda que gratuitamente, de qualquer forma, a criança ou a adolescente, bebida alcoólica ou, sem justa causa,[133] outros produtos cujos componentes possam causar dependência física ou psíquica:[134-138]
>
> Pena – detenção de 2 (dois) a 4 (quatro) anos, e multa,[139] se o fato não constitui crime mais grave.[139-A]

**130. Análise do núcleo do tipo:** *vender* (alienar algo mediante preço determinado), *servir* (colocar algo à disposição de alguém para consumo), *fornecer* (abastecer, munir do necessário), *ministrar* (aplicar algo em alguém) ou *entregar* (colocar algo à disposição de alguém) são as condutas alternativas, cujo objeto é o produto que o componente pode causar dependência física ou psíquica, o que inclui cigarros, cigarrilhas, charutos, cachimbos ou qualquer outro produto fumígeno, derivado ou não do tabaco, conforme dispõe o art. 2.º da Lei 9.294/96. O destinatário da venda, fornecimento, apresentação, aplicação ou entrega é a criança ou adolescente. No caso do verbo *fornecer*, deixa claro o tipo penal poder ser a título gratuito, vale dizer, sem qualquer contraprestação, valor ou recompensa. A prática de mais de uma conduta, no mesmo cenário, para a mesma vítima, implica o cometimento de um só delito. Vale mencionar o disposto no art. 81, II e III, dessa Lei: "É proibida a venda à criança ou ao adolescente de: (...) II – bebidas alcoólicas; III – produtos cujos componentes possam causar dependência física ou psíquica ainda que por utilização indevida". A Lei 13.106/2015 alterou a redação desse artigo para incluir, *claramente*, a bebida alcoólica, pois, infelizmente, seguia-se na jurisprudência a tendência, que não era a nossa posição, de somente aceitar *outros produtos*, exceto a bebida, causadores de dependência. Conferir, ainda, a Súmula 669 do STJ: "O fornecimento de bebida alcoólica para criança ou adolescente, após o advento da Lei 13.106, de 17 de março de 2015, configura o crime previsto no artigo 243 do ECA". Na jurisprudência: STJ: "2. Inviável a aplicação do princípio da adequação social, pois, com o advento da Lei n. 13.106/2015, configura crime previsto no art. 243 do Estatuto da Criança e do Adolescente o fornecimento de bebida alcóolica a menores de idade" (AgRg no AREsp 2.004.887 – DF, 5.ª T., rel. Joel Ilan Paciornik, 02.08.2022, v.u.).

**131. Sujeitos ativo e passivo:** o sujeito ativo pode ser qualquer pessoa. O sujeito passivo é a criança ou adolescente.

**132. Elemento subjetivo:** é o dolo. Não há elemento subjetivo específico nem se pune a forma culposa.

**133. Elementos normativos do tipo:** acrescentou-se a expressão "sem justa causa", particular forma de evidenciar aspecto ligado à ilicitude, no tipo penal. Portanto, se o agente ministra, como médico, por exemplo, uma droga capaz de gerar dependência física ou psíquica, com o intuito de curar qualquer enfermidade de criança ou adolescente, o fato é atípico.

# Art. 244

**134. Produtos geradores de dependência física ou psíquica:** são todas as substâncias, geralmente químicas, aptas a produzir dependência, ou seja, viciar alguém na sua utilização. Os produtos proscritos, no Brasil, tais como as drogas constantes da relação apropriada da Agência Nacional de Vigilância Sanitária (Anvisa) – maconha, cocaína, heroína etc. –, se forem destinados a crianças e adolescentes, servem para configurar o tráfico ilícito de entorpecentes (art. 33 da Lei 11.343/2006), inclusive com agravamento de pena (art. 40, VI, da Lei 11.343/2006). Restam, pois, os produtos de utilização livre ou controlada, tais como o álcool, o cigarro, os remédios em geral, entre outros.

**135. Confronto com o art. 63 da Lei de Contravenções Penais (LCP):** essa contravenção previa, no tipo penal, a seguinte conduta: *servir* bebidas alcoólicas a menor de 18 anos (inciso I). Debatia-se se prevalecia em relação ao art. 243 desta Lei. Não há mais conflito aparente de normas, pois o art. 63, inciso I, foi revogado.

**136. Utilização indevida:** esta é outra expressão que constava da antiga redação e foi retirada. Agora, basta a análise da *falta de justa causa* para se chegar ao mesmo destino configurador do delito.

**137. Objetos material e jurídico:** o objeto material é o produto capaz de gerar dependência física ou psíquica. O objeto jurídico é a proteção à integridade física da criança ou adolescente.

**138. Classificação:** é crime comum (pode ser praticado por qualquer pessoa); formal (não depende da ocorrência de resultado naturalístico, consistente em efetivo prejuízo para a criança ou adolescente, vale dizer, independe de causação de vício); de forma livre (pode ser cometido por qualquer meio eleito pelo agente), o que fica bem claro no tipo com a expressão "de qualquer forma"; comissivo (os verbos indicam ações); instantâneo (a consumação ocorre em momento definido); unissubjetivo (pode ser cometido por uma só pessoa); plurissubsistente (cometido por mais de um ato); admite tentativa. Na jurisprudência: TJSP: "Delito formal, não dependendo de resultado naturalístico – Ocorrendo o fornecimento e entrega aos menores de idade, o crime se consuma" (Apelação 0000235-95.2016.8.26.0069, 8.ª Câmara de Direito Criminal, rel. Ely Amioka, j. 08.11.2018).

**139. Benefícios penais:** se houver condenação, no mínimo legal, cabe a aplicação de *sursis*. Acima do mínimo, pode haver a substituição da pena privativa de liberdade por restritiva de direitos, por não se tratar de crime com violência ou grave ameaça à pessoa (exceto prestação pecuniária). Eventualmente, torna-se viável, ainda, o *sursis* etário ou humanitário (art. 77, § 2.º, do CP).

**139-A. Crime subsidiário:** deixou claro que o tipo penal se trata de infração penal subsidiária, ou seja, somente se aplica o art. 243 da Lei 8.069/90 se não estiver configurado delito mais grave. Exemplo disso é o tráfico ilícito de drogas (art. 33 da Lei 11.343/2006), como entregar cocaína a um adolescente, infração mais grave que a prevista no art. 243 dessa Lei.

> **Art. 244.** Vender, fornecer ainda que gratuitamente ou entregar,[140-142] de qualquer forma, a criança ou adolescente fogos de estampido[143] ou de artifício,[144] exceto[145] aqueles que, pelo seu reduzido potencial, sejam incapazes de provocar qualquer dano físico em caso de utilização indevida:[146-147]
>
> Pena – detenção de 6 (seis) meses a 2 (dois) anos, e multa.[148]

**140. Análise do núcleo do tipo:** *vender* (alienar algo mediante preço determinado), *fornecer* (abastecer, munir do necessário) ou *entregar* (colocar algo à disposição de alguém) são as condutas alternativas, cujo objeto é fogo de estampido ou artifício (vide os conceitos nas notas próprias). O destinatário da venda, fornecimento ou entrega é a criança ou adolescente.

No caso do verbo *fornecer*, deixa claro o tipo penal poder ser a título gratuito, vale dizer, sem qualquer contraprestação, valor ou recompensa. É fundamental ressaltar que tais fogos, em mãos de crianças e adolescentes, sem a supervisão de pessoa adulta e responsável, constituem situação de efetivo perigo à incolumidade física tanto do menor que os manipula, como também de quem estiver por perto. Há vários casos registrados de crianças e adolescentes, vítimas de mutilações de seus próprios corpos, em razão da má utilização dos fogos de estampido ou de artifício. A criminalização da conduta feita neste tipo penal é correta. Vale mencionar o disposto no art. 81, IV, desta Lei: "É proibida a venda à criança ou ao adolescente de: (...) IV – fogos de estampido e de artifício, exceto aqueles que pelo seu reduzido potencial sejam incapazes de provocar qualquer dano físico em caso de utilização indevida".

**141. Sujeitos ativo e passivo:** o sujeito ativo pode ser qualquer pessoa. O sujeito passivo é a criança e o adolescente. Secundariamente, podemos incluir a sociedade, pois fogos de estampido ou de artifício em mãos de menores podem gerar perigo coletivo.

**142. Elemento subjetivo:** é o dolo. Não há elemento subjetivo específico, nem se pune a forma culposa.

**143. Fogos de estampido:** são as peças e instrumentos fabricados em atividade pirotécnica, capazes de queimar, produzindo barulho. Ex.: são os rojões e as bombinhas (também conhecidos como *fogos de São João*), capazes de gerar explosões, embora sem a produção de desenhos ou luzes coloridas.

**144. Fogos de artifício:** são as peças e instrumentos fabricados em atividade pirotécnica, capazes de queimar, produzindo luzes e fogo de caráter ornamental. Ex.: rojões ou foguetes disparados para o céu, que, ao explodir, provocam desenhos e figuras coloridas.

**145. Exceção à criminalização da conduta:** há determinados fogos de estampido ou de artifício, considerados inofensivos, ainda que sejam queimados ou sofram explosão. Ilustrando, é o que ocorre com as denominadas, vulgarmente, *biribinhas*, que são pequeninas bombinhas com quantidade ínfima de pólvora, cercada por pedrinhas e envoltas em papel que, atiradas ao chão ou contra outro objeto, estouram, produzindo barulho reduzido. Ainda que se pressione a *biribinha* entre os dedos, a explosão gerada não é suficiente para gerar qualquer mutilação. Aliás, atualmente, existem fogos, em formato de *vela*, para serem queimados em cima de bolos de aniversário, produzindo fagulhas coloridas, porém inofensivas.

**146. Objetos material e jurídico:** o objeto material é o fogo de estampido ou de artifício. O objeto jurídico é a proteção à incolumidade física de crianças e adolescentes. Secundariamente, protege-se a integridade física de outras pessoas.

**147. Classificação:** é crime comum (pode ser praticado por qualquer pessoa); formal (não depende da ocorrência de resultado naturalístico, consistente em efetivo dano à integridade física da criança, do adolescente ou de outra pessoa); de forma livre (pode ser cometido por qualquer meio eleito pelo agente), o que o tipo penal deixa claro com a utilização da expressão *de qualquer forma*; comissivo (os verbos indicam ações); instantâneo (a consumação ocorre em momento definido); unissubjetivo (pode ser cometido por uma só pessoa); plurissubsistente (cometido por mais de um ato); admite tentativa.

**148. Benefícios penais:** não cabe aplicação da Lei 9.099/95 (art. 226, § 1.º, desta Lei). Seguindo-se o parâmetro de vedação ao acordo de não persecução penal para os casos de violência doméstica e familiar e contra a mulher, parece-nos indevido o benefício em contexto de delitos contra a criança e o adolescente. É possível aplicar pena alternativa, desde que não seja a prestação pecuniária (art. 226, § 2.º, desta Lei). Cabe o regime inicial aberto, conforme o caso.

# Art. 244-A

**Art. 244-A.** Submeter[148-A-151] criança ou adolescente, como tais definidos no *caput* do art. 2.º desta Lei,[152] à prostituição ou à exploração sexual:[153-154]

Pena – reclusão de 4 (quatro) a 10 (dez) anos, e multa,[155] além da perda de bens e valores utilizados na prática criminosa em favor do Fundo dos Direitos da Criança e do Adolescente da unidade da Federação (Estado ou Distrito Federal) em que foi cometido o crime, ressalvado o direito de terceiro de boa-fé.

§ 1.º Incorrem nas mesmas penas o proprietário, o gerente ou o responsável pelo local em que se verifique a submissão de criança ou adolescente às práticas referidas no *caput* deste artigo.[156]

§ 2.º Constitui efeito obrigatório da condenação a cassação da licença de localização e de funcionamento do estabelecimento.[157]

**148-A. Confusão legislativa:** todo o conteúdo do art. 244-A foi reproduzido pelo art. 218-B do Código Penal, inserido pela Lei 12.015/2009. Tratando-se esta de lei mais recente, o art. 218-B afastaria a aplicação do art. 244-A. Chegamos a opinar pela revogação tácita do art. 244-A. Entretanto, diante da edição da Lei 13.440/2017, alterando a pena do art. 244-A, quer-se crer tenha o legislador acreditado na mantença do mencionado art. 244-A. Vale-se, então, do critério de lei especial afastando lei geral. O art. 244-A deve afastar o art. 218-B, na parcela nele prevista. Subsistiria o referido art. 218-B quanto à conduta não tutelada pelo art. 244-A. No caso do art. 218-B, quanto ao *caput*, subsistiriam as condutas *induzir* e *atrair*. No § 2.º, permanece o inciso I. Quanto ao inciso II, aplica-se no tocante às condutas de *induzir* e *atrair*. No entanto, a pena é a mesma para os dois tipos penais (art. 244-A desta lei e art. 218-B do Código Penal).

**149. Análise do núcleo do tipo:** *submeter* (subjugar, dominar moralmente) é o verbo nuclear, cujo objeto é a prostituição (realização de ato sexual mediante paga, em caráter habitual) ou exploração sexual (tirar proveito de ato sexual). O destinatário da submissão é a criança ou o adolescente. Menciona-se, primeiramente, a prostituição, que significa entregar-se à devassidão e à corrupção moral, relacionando-se sexualmente com alguém em troca de dinheiro ou outra vantagem. Cuida-se de conduta visivelmente habitual, exigindo regularidade. Não se pode sustentar haver prostituição se, em uma única ocasião, alguém se relaciona sexualmente em troca de alguma recompensa. Por outro lado, a exploração sexual não exige esse caráter duradouro. O agente que se vale de criança ou adolescente, obrigando-o, por domínio moral, à prática da prostituição ou de atos sexuais isolados, porém lucrativos, encaixa-se neste tipo penal. O mesmo se diga do autor que, valendo-se de fraude ou engodo, consegue levar o menor à prática sexual. Se o domínio for físico, ou envolva menor de 14 anos, pode haver concurso com estupro. A pessoa que mantém relação sexual com o menor de 18 anos, tendo conhecimento da exploração sofrida pela criança ou adolescente, pode responder, como autor, pelo delito previsto no art. 218-B, § 2.º, I, do Código Penal (substituto do art. 244-A desta Lei). A configuração de um ou mais crimes, em relação a quem mantém com o menor de 18 anos, a relação sexual, depende do caso concreto. Eventualmente, nenhuma infração penal se configura (ex.: mantém-se relação sexual consentida com adolescente já prostituída(o), maior de 14 anos, sem estar sob exploração de quem quer que seja, mas atuando por conta própria). Observe-se, entretanto, ser o consentimento da vítima irrelevante, desde que haja a submissão provocada por outrem. Na jurisprudência: STJ: "Conforme já decidiu esta Corte, ao examinar o delito do art. 244-A, *caput*, da Lei 8.069/90: 'o núcleo do tipo em questão é representado pelo verbo submeter, que significa dominar, subjugar, sujeitar, subordinar alguém a alguma ação, fazendo pressupor a existência de uma relação de domínio sobre a vítima' (REsp n. 1.361.521/ DF, Sexta Turma, Rel. Min. Nefi Cordeiro, *DJe* de 13/6/2014), hipótese não verificada no caso

Criança e Adolescente

# Art. 244-A

em análise, já que a conduta atribuída ao recorrido foi a de oferecer R$ 100,00 (cem reais) à adolescente para que 'ficassem juntos', o que foi imediatamente repudiado. Agravo regimental desprovido" (AgRg no REsp 1.518.580 – RJ, 5.ª T., rel. Felix Fischer, 22.11.2016, *DJe* 30.11.2016).

**150. Sujeitos ativo e passivo:** o sujeito ativo pode ser qualquer pessoa, inclusive os pais da criança ou adolescente. O sujeito passivo é o menor de 18 anos (na redação atual do art. 218-B do CP). Deve ser, entretanto, maior de 14, pois, do contrário, configura-se estupro de vulnerável e não mera exploração sexual.

**151. Elemento subjetivo:** é o dolo. Não há elemento subjetivo específico, nem se pune a forma culposa. Embora a prostituição e a exploração sexual impliquem, naturalmente, proveito pecuniário ou de outra ordem, o agente do delito previsto no art. 244-A não precisa ter essa finalidade. Exemplificando, alguém pode submeter um adolescente à prostituição por achar que é um meio de vida adequado, até por também exercer o agente a mesma atividade. Logo, não visa ao lucro, que fica com o menor, mas comete o delito do mesmo modo.

**152. Tipo remetido:** a menção ao art. 2.º, *caput*, desta Lei, tem por fim deixar claro que os sujeitos passivos desta infração penal são somente os menores de 18 anos. Isto porque o parágrafo único do referido art. 2.º explicita que, excepcionalmente, aplica-se a Lei 8.069/90 àqueles que possuem entre 18 e 21 anos.

**153. Objetos material e jurídico:** o objeto material é o menor de 18 anos e maior de 14. O objeto jurídico é a proteção à formação moral da criança ou adolescente.

**154. Classificação:** é crime comum (pode ser praticado por qualquer pessoa); material (depende da ocorrência de resultado naturalístico, consistente em efetiva prática da prostituição ou da exploração sexual, que levam, automaticamente, ao prejuízo para a formação moral do menor); de forma livre (pode ser cometido por qualquer meio eleito pelo agente); comissivo (o verbo indica ação); instantâneo (a consumação ocorre em momento definido), porém, quando se tratar de prostituição, é o que denominamos de crime instantâneo de continuidade habitual (ver a nota 5 ao Título II da Parte Geral do nosso *Código Penal comentado*); unissubjetivo (pode ser cometido por uma só pessoa); plurissubsistente (cometido por mais de um ato). A figura típica do art. 218-B do Código Penal possui outros verbos, além de *submeter*. De toda forma, não cabe tentativa nos modelos *submeter, atrair, induzir e facilitar*, pois é crime condicionado, dependente da prática da prostituição ou da exploração sexual. Admite tentativa nas formas *impedir* e *dificultar*.

**155. Benefícios penais:** as penas são elevadas, em face da gravidade da situação, buscando-se o combate à prostituição infanto-juvenil, que já gerou, inclusive, o denominado *turismo sexual*, especialmente em países com população muito pobre ou miserável. Se for aplicada a pena mínima, pode-se substituí-la por restritiva de direitos, por não se tratar de crime cometido com violência ou grave ameaça à pessoa (exceto prestação pecuniária). Acima do mínimo, pode o magistrado aplicar os regimes semiaberto ou fechado, conforme a pena concretizada e os elementos previstos no art. 59 do Código Penal.

**156. Explicitação do partícipe:** embora desnecessária, pois se poderia aplicar o disposto no art. 29 do Código Penal, dispõe o art. 244-A, § 1.º, desta Lei, o dever de responder pelo crime o proprietário, gerente ou outro responsável pelo lugar onde o menor se prostitui ou é explorado sexualmente, desde que haja submissão a tais situações. Esse conteúdo é reproduzido pelo art. 218-B, § 2.º, II, do Código Penal.

**157. Efeito específico e obrigatório da condenação:** impõe o art. 244-A, § 2.º, desta Lei (reproduzido pelo art. 218-B, § 3.º, do CP), que, havendo condenação do proprietário, gerente ou responsável pelo lugar onde se dá a submissão do menor à prostituição ou explo-

# Art. 244-B

Leis Penais e Processuais Penais Comentadas – Vol. 2 • Nucci

ração sexual, deve haver a cassação da licença de funcionamento (ex.: hotel, motel, bar, casa de massagem, sauna etc.).

> **Art. 244-B.** Corromper ou facilitar[158-161] a corrupção de menor de 18 (dezoito) anos, com ele praticando infração penal ou induzindo-o a praticá-la:[162-163]
>
> Pena – reclusão, de 1 (um) a 4 (quatro) anos.[164-165-B]
>
> § 1.º Incorre nas penas previstas no *caput* deste artigo quem pratica as condutas ali tipificadas utilizando-se de quaisquer meios eletrônicos, inclusive salas de bate-papo da internet.[166]
>
> § 2.º As penas previstas no *caput* deste artigo são aumentadas de 1/3 (um terço) no caso de a infração cometida ou induzida estar incluída no rol do art. 1.º da Lei 8.072, de 25 de julho de 1990.[167]

**158. Análise do núcleo do tipo:** *corromper* (perverter, estragar) ou *facilitar a corrupção* (tornar mais fácil tal perversão) são os verbos do tipo misto alternativo, cujo objeto é o menor de 18 anos. O meio utilizado pelo agente, para atingir a corrupção da criança ou adolescente, desagregando sua personalidade, ainda em formação, é a sua inserção no mundo do crime, por dois modos: a) a prática conjunta (agente + vítima) de infração penal (crime ou contravenção penal); b) a indução (dar a ideia) à prática da infração penal, atuando a vítima por sua conta. Esta nova figura típica, inserida na Lei 8.069/90, substitui a prevista anteriormente na Lei 2.252/54, ora revogada pela Lei 12.015/2009. Lembremos que o menor de 18 anos, pela legislação brasileira, não comete *crime* ou *contravenção penal* (art. 228, CF; art. 27, CP). Portanto, quando o tipo penal faz alusão ao termo *infração penal,* está-se referindo a dois prismas: a) do ponto de vista do maior de 18 anos, ele comete um crime ou uma contravenção penal; b) do ponto de vista do menor de 18 anos, ele comete um ato infracional (conduta descrita *como* crime ou contravenção, conforme dispõe o art. 103 do Estatuto da Criança e do Adolescente). De um modo ou de outro, o que se busca punir é a *associação* do maior com o menor, gerando do a corrupção deste último que, precocemente, insere-se no mundo da criminalidade. Essa inserção tem origem, em grande parte das vezes, por atuação do maior, pessoa amadurecida, que se vale do menor, imaturo, para fins ilícitos. Além disso, é preciso destacar que o agente maior, ao praticar um delito na companhia do menor, comete duas infrações penais (crime qualquer + corrupção de menores) em concurso formal, não havendo sentido para incluir-se o concurso material, pois a conduta foi única, preenchendo, ao mesmo tempo, dois tipos penais. Na jurisprudência: STJ: "2. Tendo sido delineado no contexto fático-probatório analisado pelas instâncias ordinárias que o agente praticou o roubo majorado na companhia de dois adolescentes, verifica-se que o entendimento firmado no acórdão atacado não destoa da jurisprudência desta Corte, cristalizada na Súmula n. 500 do Superior Tribunal de Justiça, *in verbis*: 'A configuração do crime do art. 244-B do ECA independe da prova da efetiva corrupção do menor, por se tratar de delito formal'" (AgRg no REsp 1.969.914 – SP, 6.ª T., rel. Antonio Saldanha Palheiro, 05.04.2022, v.u.); "1. O crime previsto no art. 244-B da Lei n. 8.069/1990 é delito de natureza formal, por isso sua configuração não depende de prova da efetiva corrupção de menor, bastando apenas evidências da participação dele em crime na companhia de agente imputável, independentemente da existência de dolo específico (Tema n. 221, fixado no julgamento de recurso especial repetitivo que resultou na edição da Súmula n. 500)" (AgRg no HC 614.106 – PR, 5.ª T., rel. João Otávio de Noronha, 26.10.2021, v.u.).

**159. Conceito de corrupção de menores:** há várias formas de se perverter a boa formação dos jovens, desde o aliciamento para a vida sexual precoce até o cometimento de crimes. Lembremos, pois fundamental, que a formação da personalidade ocorre, de forma decisiva e concentrada, durante a adolescência. *Personalidade*, como já tivemos oportunidade de explicitar em trabalho anterior, constitui o papel que desempenhamos em sociedade, formando o conjunto dos caracteres exclusivos de uma pessoa, parte herdada, parte adquirida. A personalidade é a síntese do "eu", compondo o núcleo inconfundível de cada indivíduo. A ela devem-se os valores e a particular visão do mundo de cada um. Revela a individualidade humana, com as escolhas e preferências dadas a determinado caminho ou a certo modo de agir e ser (do nosso *Individualização da pena*). Não há seres humanos idênticos no mundo, ao menos no que tange à formação da personalidade – seu modo particular de reação aos estímulos da vida em sociedade. Embora a constituição do ego (personalidade) dê-se, basicamente, na fase da adolescência, que segue, segundo o disposto no Estatuto da Criança e do Adolescente, a partir dos doze anos, a infância (fase anterior aos doze anos) não perde seu caráter essencial na formação equilibrada do ser humano. Traumas e sofrimentos atrozes vivenciados neste estágio, certamente, podem levar ao descortino de uma personalidade repleta de aspectos negativos, por ausência de valores superiores a inspirar o jovem a portar-se de acordo com os regramentos sociais. Elege-se a idade de dezoito anos como o marco – presunção absoluta – ideal para o alcance da maturidade civil e penal. Assim, antes dessa idade, o menor está sujeito às influências dos adultos, pois imaturo, podendo ser vítima de *corrupção* de seus valores positivos, o que representa problema grave para si mesmo e para a sociedade que o cerca. Há várias formas de deturpação da formação da personalidade do menor de dezoito anos. O tipo penal construído pelo art. 244-B (antiga previsão da Lei 2.252/54) cuida, apenas, de um aspecto, que é a inserção do jovem na criminalidade. Não se deve olvidar o disposto nos arts. 218-A e 218-B do Código Penal, que cuidam da corrupção de menores no campo sexual, favorecendo a depravação precoce do ser humano adolescente que, levado pelo adulto, passa a praticar o ato sexual como se fosse algo banal, prejudicando a boa formação de seus valores morais. No mesmo prisma, há o art. 240 da Lei 8.069/90, referindo-se à produção, reprodução, direção, fotografia, filme ou outro registro de cenas de sexo explícito ou pornográfica, envolvendo criança ou adolescente, o que não deixa de constituir, igualmente, corrupção de menor no cenário da boa formação dos seus valores morais.

**160. Sujeitos ativo e passivo:** o sujeito ativo pode ser qualquer pessoa. O sujeito passivo deve ser o menor de 18 anos. Secundariamente, encontra-se a família do menor e também a sociedade, interessada na boa formação moral dos jovens. Para a configuração do crime é indispensável comprovar a *menoridade* por documento hábil, não servindo mera declaração de idade da pessoa envolvida na infração ou de testemunha.

**161. Elemento subjetivo do tipo:** é o dolo. Não há elemento subjetivo específico, nem se pune a forma culposa.

**162. Objetos material e jurídico:** o objeto material é o menor de 18 anos. O objeto jurídico é a boa formação moral da criança e do adolescente. Na jurisprudência: STJ: "I – O art. 244-B do ECA tem como finalidade impedir tanto o ingresso como a permanência do menor no universo do crime. O bem juridicamente tutelado não se restringe à inocência moral do menor, abrangendo, também, a formação moral da criança e do adolescente" (AgRg no AREsp 1389738 – GO, 5.ª T., rel. Reynaldo Soares da Fonseca, 11.12.2018, v.u.).

**163. Classificação:** é crime comum (pode ser praticado por qualquer pessoa); formal (independe da ocorrência de resultado naturalístico, consistente em efetivo prejuízo para a formação moral do menor, ou seja, ele precisa corromper-se). Consultar a nota 165 *infra*. Nesse sentido: Súmula 500, STJ: "a configuração do crime previsto no art. 244-B do Estatuto da Criança e do adolescente independe da prova da efetiva corrupção do menor, por se tratar de delito formal"; de forma livre (pode ser cometido por qualquer meio eleito pelo agente);

# Art. 244-B

Leis Penais e Processuais Penais Comentadas – Vol. 2 · Nucci

comissivo (os verbos indicam ações); instantâneo (a consumação ocorre em momento definido); unissubjetivo (pode ser cometido por uma só pessoa); plurissubsistente (cometido por mais de um ato); admite tentativa, embora de difícil configuração.

**164. Benefícios penais:** não cabe aplicação da Lei 9.099/95 (art. 226, § 1.º, desta Lei). Seguindo-se o parâmetro de vedação ao acordo de não persecução penal para os casos de violência doméstica e familiar e contra a mulher, parece-nos indevido o benefício em contexto de delitos contra a criança e o adolescente. Quanto à aplicação de penas alternativas, permite o art. 44, I, do Código Penal, a referida substituição, quando a pena privativa de liberdade não for superior a quatro anos, bem como quando o delito não for cometido com violência ou grave ameaça à pessoa. Em tese, em singela leitura deste tipo penal, não haveria óbice à substituição, ainda que o réu fosse apenado com quatro anos de reclusão (pena máxima) pela prática de corrupção de menores. Entretanto, deve-se ter cautela nesse caso. O tipo do art. 244-B faz referência à prática de infração penal pelo adulto juntamente com o menor ou à indução do menor a praticá-la, motivo pelo qual se deve analisar qual foi a conduta realizada pela criança ou adolescente. Se o adulto praticou um roubo com o menor, conseguindo, com isso, corrompê-lo, vislumbra-se a inserção da violência ou grave ameaça (por intermédio do delito patrimonial) no contexto do crime de corrupção de menores. Assim ocorrendo, parece-nos vedada a substituição da pena privativa de liberdade por restritiva de direitos. O cenário foi, ainda que indiretamente, tingido pela violência ou grave ameaça. Porém, se o menor pratica um furto com o maior, logo, um delito sem violência ou grave ameaça, pode-se aplicar a substituição prevista no art. 44 do Código Penal, desde que respeitadas as demais condições legais fixadas e não se trate de prestação pecuniária.

**165. Alteração de entendimento:** sustentávamos ser o delito de corrupção de menores, no contexto da classificação dos delitos, como material, ou seja, dependeria, para a consumação, da produção de um resultado visível no mundo fático; no caso concreto, a prova da efetiva corrupção do menor. Era o que nos soava mais lógico, pois, se o adolescente já fosse corrompido pelas próprias atitudes e pela força do tempo, não seria justo punir o agente. Entretanto, dois pontos de apoio nos fizeram alterar nosso entendimento: a) o estudo aprofundado do Estatuto da Criança e do Adolescente (que chegamos a comentar), suas metas e seus fundamentos, mormente o princípio da proteção integral, constitucionalmente assegurado; b) a confusão que ora se desfaz entre o delito material ou formal e o crime impossível. O objeto jurídico deste e de outros crimes previstos nesta Lei é a boa formação *moral* da criança e do adolescente. Essa formação se desenvolve, na realidade, ao longo de toda a vida humana, constituindo-se na *personalidade*, sempre dinâmica e mutável. Ninguém passa pelos anos sem alterar o seu comportamento – para bem ou para mal. No tocante ao adulto, em face da sua liberdade de pensamento, expressão e julgamento crítico de seus próprios atos, o Direito Penal passa ao largo, não havendo tipo incriminador cuidando a *corrupção moral*. Na realidade, a corrupção ativa ou passiva, delitos previstos no Código Penal, tutela a Administração Pública, mas não a formação moral do agente. Aliás, a vítima é a própria Administração, e não outro ser humano, que possa ser moralmente corrompido. Diante disso, vislumbra-se acerto nas posições daqueles que sustentam a confiança a ser depositada na formação moral permanente de crianças e adolescentes, vale dizer, deve-se preservar essa boa formação até que se chegue à maioridade. Não acreditar nisso, permitindo visualizar um quadro separatista entre *adolescentes corrompidos* e *adolescentes não corrompidos*, seria o mesmo que decretar a falência da medida socioeducativa, antes mesmo de aplicá-la. É preciso crer na reforma interior de cada menino ou menina, desde seus primeiros passos no caminho do entendimento e da compreensão, até atingir a juventude. Aliás, justamente para isso existem as várias normas previstas no Estatuto da Criança e do Adolescente. Nunca é tarde demais para *educar* ou *reeducar* o menor de 18 anos e com isso deve preocupar-se e ocupar-se o Estado. Precisa-se de fé na recuperação dos maus passos em direção oposta, motivo pelo qual apontar o adolescente (nem se pense na criança) como *corrompido*, inviável como vítima deste delito do art. 244-B, significa decretar a inviabilidade de sua reordenação de valores e princípios. Em face disso, convencem-nos os argumentos que sustentam a plausibilidade de se condenar alguém pela corrupção de menores, quando o agente com ele (criança ou adolescente) pratica infração penal ou o induz a praticá-la, pois está obstando qualquer possibilidade de recuperação. Por outro lado, mesmo sendo formal o delito, é possível encontrar alternativas de configuração do crime impossível. Eis o fundamento pelo qual se torna mais adequada a classificação desse crime como formal. Sobre o crime impossível, ver a próxima nota. Sobre o delito ser formal, o STJ editou a Súmula 500: "A configuração do crime do art. 244-B do ECA independe da provada efetiva corrupção do menor, por se tratar de delito formal".

**165-A. Crime impossível:** é importante ressaltar não cometer o crime previsto neste artigo o agente que pratica crime ou contravenção na companhia do menor "incorruptível", no sentido material do termo. São hipóteses de *objeto absolutamente impróprio*, entre outras: a) quando se trata de criança, cujo entendimento do ato ilícito inexiste, servindo de instrumento ao maior (ex.: o agente pede a uma criança que entre na loja e pegue o pacote esquecido no balcão; pensando ajudar, o infante assim age, quando, na verdade, está servindo de instrumento para furtar alguém); b) quando faltarem ao menor condições físicas para entender o caráter ilícito do que faz (ex.: o agente, acompanhado de um adolescente cego, pede que ele o acompanhe para se tornar mais fácil subtrair objetos de uma loja); c) no cenário do erro de proibição, a ingenuidade do menor pode ser suficiente para que ele nem perceba o caráter ilícito do que realiza (com o maior ou por indução deste). Além disso, é preciso considerar situações em que o agente efetiva condutas, com uma criança ou adolescente, por meio integralmente inócuo para produzir qualquer resultado. São hipóteses de *instrumento absolutamente ineficaz*, entre outros: a) maior e menor pensam matar determinada vítima, que, no entanto, nada sofre, pois o objeto eleito é inútil – se o delito de homicídio (ou tentativa) deixa de ser típico para o maior, por óbvio, também não pode se consumar o tipo do art. 244-B; b) maior induz menor a subtrair um lápis usado do balcão de um bar; considerando-se crime de bagatela, logo, fato atípico, o meio usado para "corromper" o jovem é ineficiente. Em suma, embora aquiesçamos ser formal o delito de corrupção de menores, isso não impede a eventual existência de crime impossível. Ainda assim, é preciso cautela em certas hipóteses, como já havíamos usado de exemplo antes: o rapaz com 17 anos, chefe do agrupamento, corrompe um moço de 18, que nunca cometeu crime antes. Praticam, juntos, um roubo. O menor de 17 já cumula dez atos infracionais (roubos) e o maior inaugura o seu primeiro. Presos, sob o ponto de vista formal, haveria corrupção de menor; entretanto, avaliando-se sob o prisma material, inexistiu corrupção alguma, tendo em vista que ela se deu, na essência, do menor para o maior. Quanto a outra ilustração que fizemos, noutro texto, o adolescente pode ser computado para compor o número mínimo de uma associação criminosa, pois, embora naquele momento tenha noção do ilícito, ao mesmo tempo está sendo impedido de se aprimorar para o lado correto, motivo pelo qual surge a corrupção. Em outras palavras, o menor pode cometer o ilícito, ciente disso – ainda que inimputável por força de lei –, permitindo a formação de associação criminosa ou organização criminosa; isso não afasta a posição do maior que com ele atua, pois o mantém no cenário do ilícito, degenerando a sua boa formação moral. Mantemos a nossa anterior posição, no sentido de que se está no âmbito de política criminal do Estado, ao adotar o critério meramente cronológico para distinguir, de maneira absoluta, menores (inimputáveis) de maiores (imputáveis). Por isso, algumas cenas terminam por parecer estranhas – e efetivamente o são – quando dois rapazes, 17 e 18 anos, cometem um ilícito, seguindo cada qual para julgamento em Vara diversa, sob diferente legislação. A diferença cronológica entre eles pode

# Art. 244-C

Leis Penais e Processuais Penais Comentadas – Vol. 2 • **Nucci**

ser de simplesmente um dia e, mesmo assim, seus caminhos serão completamente distintos. Não vemos como acolher tal confronto no campo naturalístico, mas devemos nos conformar com ele no setor normativo.

**165-B. Crime formal e o princípio do** *in dubio pro reo*: constituir o delito um crime de atividade (mera conduta ou formal) não o transforma em infração de condenação certa. Pode – e deve – haver a absolvição do acusado, quando o juiz tiver dúvida acerca de sua colaboração efetiva na atividade delituosa. Logo, embora não se exija qualquer resultado naturalístico para a consumação do crime, demanda-se o mínimo necessário para subjugar o princípio da prevalência do réu, significando haver provas suficientes de ter ele cometido a atividade prevista no tipo penal.

**166. Meios eletrônicos:** a modernidade trouxe a preocupação em ampliar o leque de possibilidades de atuação do agente corruptor. Portanto, mesmo a distância, é viável encontrar formas de aliciamento de menores de 18 anos para o cometimento de infrações penais. Cuidar-se-ia de uma *corrupção virtual*, praticada, basicamente, pela internet.

**167. Aumento de pena:** prevê-se o aumento da pena em um terço, caso a corrupção envolva a prática de crimes considerados hediondos. Sem dúvida, são delitos de maior potencial ofensivo, motivo pelo qual a corrupção do menor é mais grave. Entretanto, houve uma falha: dever-se-ia ter incluído, ao menos, o tráfico ilícito de drogas, *equiparado* a hediondo, que, atualmente, envolve vários jovens.

> **Art. 244-C.** Deixar o pai, a mãe ou o responsável legal,[168-170] de forma dolosa, de comunicar à autoridade pública o desaparecimento de criança ou adolescente:[171-172]
>
> Pena – reclusão, de 2 (dois) a 4 (quatro) anos, e multa.[173]

**168. Análise do núcleo do tipo:** *deixar* de *comunicar* (não fazer a transmissão ou envio de informe) é a conduta omissiva de quem é pai, mãe ou responsável legal (guarda, tutor, curador) de criança ou adolescente e não avisa a autoridade pública competente a respeito do desaparecimento de filho ou pupilo. A figura típica cria o dever de zelar pelo menor de 18 anos, cuidando da sua exata localização, a fim de protegê-lo de agressões físicas ou morais de terceiros. Quando o infante ou jovem sumir, constitui obrigação dos genitores ou outro responsável encontrá-lo, pois o desleixo em saber onde se encontra pode inseri-lo em conjuntura perigosa ou lesiva.

**169. Sujeitos ativo e passivo:** o sujeito ativo é indicado no tipo: pai, mãe ou responsável legal. O sujeito passivo é a criança ou adolescente desaparecido.

**170. Elemento subjetivo:** é o dolo, aliás, apontado de forma expressa no tipo, o que seria desnecessário, pois a regra é prevista no art. 18, I, do Código Penal. Noutros termos, quando não se menciona ser o crime culposo, é punido a título de dolo. Seria desnecessário mencionar a expressão *de forma dolosa* na descrição da conduta. No entanto, é preciso ressaltar que o dolo não é apenas direto, comportando, igualmente, o eventual. Aliás, essa última forma deve ser a mais comum para a configuração do delito. Ilustrando, seria a situação dos pais displicentes que assumem o risco de que seu filho, desaparecido, seja vítima de uma agressão qualquer, ao omitir da autoridade o sumiço.

**171. Objetos material e jurídico:** o objeto material é a criança ou jovem. O objeto jurídico é a incolumidade do infante ou jovem.

**172. Classificação:** é crime próprio (só pode ser praticado pelo pai, mãe ou responsável legal do menor de 18 anos); formal (não depende da ocorrência de resultado naturalístico, consistente em efetivo dano à integridade física da criança ou do adolescente); omissivo (o verbo *deixar* indica inação); instantâneo (a consumação ocorre em momento definido); unissubjetivo (pode ser cometido por uma só pessoa); unissubsistente (cometido em um só ato); não admite tentativa.

**173. Benefícios penais:** o crime comporta a fixação de regime aberto e, por ser violento, igualmente, pode ter as penas substituídas por restritivas de direitos.

(...)

## DISPOSIÇÕES FINAIS E TRANSITÓRIAS

(...)

**Art. 262.** Enquanto não instalados os Conselhos Tutelares, as atribuições a eles conferidas serão exercidas pela autoridade judiciária.

**Art. 263.** O Dec.-lei 2.848, de 7 de dezembro de 1940, Código Penal, passa a vigorar com as seguintes alterações:

(...)

**Art. 266.** Esta Lei entra em vigor 90 (noventa) dias após sua publicação.

**Parágrafo único.** Durante o período de vacância deverão ser promovidas atividades e campanhas de divulgação e esclarecimentos acerca do disposto nesta Lei.

**Art. 267.** Revogam-se as Leis 4.513, de 1964, e 6.697, de 10 de outubro de 1979 (Código de Menores), e as demais disposições em contrário.

Brasília, em 13 de julho de 1990; 169.º da Independência e 102.º da República.

Fernando Collor

(*DOU* 16.07.1990; ret. 27.09.1990)

# Crimes contra a Economia Popular

## Lei 1.521, de 26 de dezembro de 1951

*Altera dispositivos da legislação vigente sobre crimes contra a economia popular.*

**Art. 1.º** Serão punidos, na forma desta Lei, os crimes e as contravenções contra a economia popular, Esta Lei regulará o seu julgamento.

**Art. 2.º** São crimes desta natureza:

I – recusar[1-3] individualmente em estabelecimento comercial a prestação de serviços essenciais à subsistência,[4-5] sonegar mercadoria ou recusar vendê-la a quem esteja em condições de comprar a pronto pagamento;

* 2.ª parte do inciso I: revogado pela Lei 8.137/90 – Art. 7.º, VI – sonegar insumos ou bens, recusando-se a vendê-los a quem pretenda comprá-los nas condições publicamente ofertadas, ou retê-los para o fim de especulação.

**1. Análise do núcleo do tipo:** *recusar* (não aceitar, não atender, negar) é o verbo principal, cujo objeto é a *prestação de serviço essencial à subsistência*, fazendo-o de modo individual (e não coletivo, envolvendo várias pessoas), dentro de estabelecimento comercial de acesso público. Em jogo está a prestação de serviço colocado à disposição da comunidade e, por conta de algo pessoal, negá-lo a certo indivíduo. Exemplos: eletricistas (em pane elétrica), encanador (em vazamento abundante), dentre outros.

**2. Sujeitos ativo e passivo:** o sujeito ativo é o profissional habilitado para prestar o serviço essencial; o sujeito passivo é a sociedade, pois o bem jurídico é a economia popular. Secundariamente, o sujeito diretamente lesado pela recusa.

**3. Elemento subjetivo:** é o dolo. Não há elemento subjetivo específico, nem se pune a forma culposa.

**4. Objetos material e jurídico:** o objeto material é a prestação de serviços essenciais à subsistência; o objeto jurídico é a economia popular (como ensina Hungria, "são as condições favoráveis à economia do povo, a justa proporção entre os preços e os valores,

# Art. 2.º

a previdente formação de reservas pecuniárias no seio das classes menos favorecidas da fortuna e que estão em maioria, bem como a segurança do depósito ou aplicação de pecúlios acumulados, do dinheiro arduamente poupado pelo povo", *Dos crimes contra a economia popular*, p. 14-15).

**5. Classificação:** trata-se de crime próprio (aquele que demanda sujeito ativo qualificado ou especial, no caso o prestador de serviço); formal (delito que não exige resultado naturalístico, consistente no efetivo prejuízo para o consumidor); de forma livre (podendo ser cometido por qualquer meio eleito pelo agente); omissivo (o verbo implica inação); instantâneo (cuja consumação não se arrasta no tempo); de perigo (consuma-se apenas com a potencial lesão ao bem jurídico tutelado); unissubjetivo (que pode ser praticado por um só agente); unissubsistente (em regra, basta um ato para a negativa); não admite tentativa.

II – favorecer ou preferir comprador ou freguês em detrimento de outro, ressalvados os sistemas de entrega ao consumo por intermédio de distribuidores ou revendedores;

\* Inciso II, revogado pela Lei 8.137/90 – Art. 7.º, I – favorecer ou preferir, sem justa causa, comprador ou freguês, ressalvados os sistemas de entrega ao consumo por intermédio de distribuidores ou revendedores.

III – expor à venda ou vender mercadoria ou produto alimentício, cujo fabrico haja desatendido a determinações oficiais, quanto ao peso e composição;

\* Inciso III, revogado pela Lei 8.137/90 – Art. 7.º, II – vender ou expor à venda mercadoria cuja embalagem, tipo, especificação, peso ou composição esteja em desacordo com as prescrições legais, ou que não corresponda à respectiva classificação oficial.

IV – negar ou deixar o fornecedor de serviços essenciais de entregar ao freguês a nota relativa à prestação de serviço, desde que a importância exceda de quinze cruzeiros, e com a indicação do preço, do nome e endereço do estabelecimento, do nome da firma ou responsável, da data e local da transação e do nome e residência do freguês;

\* Inciso IV, revogado pela Lei 8.137/90 – Art. 1.º, V – negar ou deixar de fornecer, quando obrigatório, nota fiscal ou documento equivalente, relativa a venda de mercadoria ou prestação de serviço, efetivamente realizada, ou fornecê-la em desacordo com a legislação.

V – misturar gêneros e mercadorias de espécies diferentes, expô-los à venda ou vendê-los, como puros; misturar gêneros e mercadorias de qualidades desiguais para expô-los à venda ou vendê-los por preço marcado para os de mais alto custo;

\* Inciso V, revogado pela Lei 8.137/90 – Art. 7.º, III – misturar gêneros e mercadorias de espécies diferentes, para vendê-los ou expô-los à venda como puros; misturar gêneros e mercadorias de qualidades desiguais para vendê-los ou expô-los à venda por preço estabelecido para os de mais alto custo;

VI – transgredir tabelas oficiais de gêneros e mercadorias, ou de serviços essenciais, bem como expor à venda ou oferecer ao público ou vender tais gêneros, mercadorias ou serviços, por preço superior ao tabelado, assim como não manter afixadas, em lugar visível e de fácil leitura, as tabelas de preços aprovadas pelos órgãos competentes;

\* Inciso VI revogado pela Lei 8.137/90 – Art. 6.º Constitui crime da mesma natureza:

I – vender ou oferecer à venda mercadoria, ou contratar ou oferecer serviço, por preço superior ao oficialmente tabelado, ao regime legal de controle;

**II** – aplicar fórmula de reajustamento de preços ou indexação de contrato proibida, ou diversa daquela que for legalmente estabelecida, ou fixada por autoridade competente;

**III** – exigir, cobrar ou receber qualquer vantagem ou importância adicional de preço tabelado, congelado, administrado, fixado ou controlado pelo Poder Público, inclusive por meio da adoção ou de aumento de taxa ou outro percentual, incidente sobre qualquer contratação.

Pena – detenção, de 1 (um) a 4 (quatro) anos, ou multa. (*Revogado pela Lei 12.529, de 2011*).

**VII** – negar ou deixar o vendedor de fornecer nota ou caderno de venda de gêneros de primeira necessidade, seja à vista ou a prazo, e cuja importância exceda de dez cruzeiros, ou de especificar na nota ou caderno – que serão isentos de selo – o preço da mercadoria vendida, o nome e o endereço do estabelecimento, a firma ou o responsável, a data e local da transação e o nome e residência do freguês;

\* Inciso VII, revogado pela Lei 8.137/90 – Art. 1.º, V – negar ou deixar de fornecer, quando obrigatório, nota fiscal ou documento equivalente, relativa a venda de mercadoria ou prestação de serviço, efetivamente realizada, ou fornecê-la em desacordo com a legislação.

**VIII** – celebrar[6-8] ajuste para impor determinado preço de revenda ou exigir do comprador que não compre de outro vendedor;[9-10]

**6. Análise do núcleo do tipo:** *celebrar* (realizar algo com solenidade, promover) é o verbo principal, cujo objeto é o ajuste (acordo) para impor determinado preço de revenda (padronizar um valor de revenda, que limita a procura do consumidor). A segunda conduta, alternativa, é *exigir* (demandar, determinar), cujo objeto é o comprador, especificando que este não adquira o produto de outro vendedor. As condutas alternativas (a prática de uma ou das duas gera um único crime) envolvem o estreitamento das possibilidades de compra do consumidor a preços mais favoráveis.

**7. Sujeitos ativo e passivo:** o sujeito ativo é o empresário, que pode ajustar com outros, um certo preço de revenda ou exigir do consumidor que não compre de outro, embora, neste caso, as formas de exigência são camufladas com a oferta de alguns benefícios vazios de conteúdo, mas que servem para impressionar o comprador. O sujeito passivo é a sociedade; secundariamente, a pessoa compradora.

**8. Elemento subjetivo:** é o dolo. Não há elemento subjetivo específico, nem se pune a forma culposa.

**9. Objetos material e jurídico:** o objeto material é o ajuste de determinado preço de revenda ou o comprador. O objeto jurídico é a economia popular (como ensina Hungria, "são as condições favoráveis à economia do povo, a justa proporção entre os preços e os valores, a previdente formação de reservas pecuniárias no seio das classes menos favorecidas da fortuna e que estão em maioria, bem como a segurança do depósito ou aplicação de pecúlios acumulados, do dinheiro arduamente poupado pelo povo", *Dos crimes contra a economia popular*, p. 14-15). Secundariamente, o comprador lesado.

**10. Classificação:** trata-se de crime próprio (aquele que demanda sujeito ativo qualificado ou especial, no caso o fornecedor de certo produto); formal (delito que não exige resultado naturalístico, consistente no efetivo prejuízo para o consumidor); de forma livre (podendo ser cometido por qualquer meio eleito pelo agente); comissivo (os verbos implicam ações); instantâneo (cuja consumação não se arrasta no tempo); unissubjetivo (que pode ser praticado por um só agente); unissubsistente (em regra, basta um ato para compor o tipo) ou

# Art. 2.º

plurissubsistente (mais de um ato é exigido para a configuração do crime), conforme o caso; admite tentativa na figura plurissubsistente.

> IX – obter ou tentar obter[11-13] ganhos ilícitos em detrimento do povo ou de número indeterminado de pessoas mediante especulações ou processos fraudulentos ("bola de neve", "cadeias", "pichardismo" e quaisquer outros equivalentes);[14-15]

**11. Análise do núcleo do tipo:** *obter* (conseguir algo para si) ou *tentar obter* (basta buscar algo para si, mesmo que não consiga) são as condutas alternativas, que servem para configurar um delito de atentado (basta tentar para chegar à consumação), cujo objeto são os ganhos ilícitos (proventos ilegais). Esses ganhos advêm de *especulações* (aproveitar-se de certa posição para obter vantagens, que, neste caso, envolve fraude) ou *processos fraudulentos* (mecanismos de logro, ato enganoso ou má-fé). Indicam-se exemplos: "bola de neve", "cadeias", "pichardismo" e equivalentes. Distingue-se do estelionato, porque este último crime se volta a uma vítima determinada (ou a mais de uma, desde que determinadas), envolvendo um patrimônio certo passível de lesão; o delito previsto neste inciso da Lei 1.521/51 tem por finalidade proteger o patrimônio indeterminado de pessoas em geral, razão pela qual o objeto jurídico é a economia popular. Nas palavras de Elias de Oliveira, a *"bola de neve* é um sistema cooperativo de venda, em que o povo sai sempre logrado, iludido na sua boa-fé. Quem melhor o definiu foi Doná: é a organização de um engano contra o público, pelo qual, com a sedutora promessa de ceder por preço exíguo um objeto de notável valor, se induz alguém à aquisição de bilhetes especiais, fazendo-o assumir a incumbência – se quer alcançar o prêmio – de, por sua vez, induzir outras pessoas a iguais compras, sob as mesmas condições. Um negociante, por exemplo, promete entregar uma bicicleta por dez liras e emite títulos por tal quantia, aos quais são anexos cinco cupões do mesmo valor. O primeiro comprador paga, portanto, sessenta liras, das quais pode logo recuperar cinquenta, passando adiante os cinco cupões, cada qual correspondendo a outros cinco bilhetes com cinco cupões, respectivamente destinados a idêntica distribuição; e, quando os cinco adquirentes houverem pago a sua quota (mantida a obrigação de colocar seus cupões), o afortunado primeiro comprador receberá a bicicleta; mas a decepção será para os compradores sucessivos, que acabarão fatalmente por não encontrar como colocar os cupões, pois a rede se estenderá prodigiosamente, e um vasto número deles, embora haja pago, não receberá coisa alguma." (*Crimes contra a economia popular e o júri tradicional*, p. 95). Seguindo Elias de Oliveira, "as 'cadeias' são um ardil conhecido, vez por outro aparecendo com ares de novidade. São uma espécie de capitalização captadora, em que os últimos sempre ficam espoliados" (*Crimes contra a economia popular e o júri tradicional*, p. 96). Na mesma trilha, "o 'pichardismo', assim chamado como derivação do nome de seu autor, o italiano Manuel Severo Pichardo, é uma espécie de sistema reintegrativo. Enliça os incautos, prometendo restituir aos compradores, ao fim de algum tempo, as quantias pagas. Mas como não será possível pagar aos fornecedores de mercadorias e restituir o dinheiro das compras, o plano fraudulento acarreta, afinal, uma enorme lesão ao patrimônio do povo, enquanto o autor da fraude se locupleta" (*Crimes contra a economia popular e o júri tradicional*, p. 96). Na jurisprudência: STJ: "1. Configura crime contra a economia popular 'obter ou tentar obter ganhos ilícitos em detrimento do povo ou de número indeterminado de pessoas mediante especulações ou processos fraudulentos ('bola de neve', 'cadeias', 'pichardismo' e quaisquer outros equivalentes)', nos termos do art. 2º, IX, da Lei 1.521/1951. 2. Já o crime de estelionato (art. 171, *caput*, do CP) é dirigido contra o patrimônio individual. 3. Como regra, a pirâmide financeira ou a criação de *site* na internet sob o falso pretexto de investimento em criptomoedas subsume ao delito do art. 2º, IX, da Lei 1.521/1951. 4. Assim, narrados casos de prejuízos genéricos por infinidade de usuários, sem verificação de conduta transcendente, mas mera cooptação pelo site eletrônico, ainda que possível identificar algumas vítimas, verifica-se apenas o crime contra a economia popular. Porém, havendo o aliciamento particularizado, mediante induzimento e convencimento, de vítimas determinadas, através de emissários dos agentes criminosos principais, torna-se possível falar, em tese, em concurso de crimes entre o delito contra a economia popular e o estelionato. Isto porque, paralelamente ao ato voltado contra o público em geral (sítio eletrônico para angariar vítimas), verificam-se condutas autônomas de aliciadores voltadas contra o patrimônio particular de vítimas específicas, cuja adesão ao *site* (instrumento para a fraude) se revela apenas como exaurimento do estelionato. 5. Recurso em *habeas corpus* parcialmente provido para determinar o trancamento do feito em relação a alguns delitos de estelionato cometidos contra vítimas que não tiveram as fraudes devidamente particularizadas na denúncia, mantidos os demais termos da denúncia pelos crimes de estelionato remanescentes, associação criminosa e infração contra a economia popular" (RHC 161.635 – DF, 5.ª T., rel. Ribeiro Dantas, 23.08.2022, v.u.); "1. A controvérsia em análise cinge-se à configuração de crime único e à ocorrência de *bis in idem*, diante da imputação, ao ora recorrente, da incursão nos arts. 171 do Código Penal e 2º, IX, da Lei n. 1.521/1951. 2. Importante distinção entre os aspectos material e processual do *ne bis in idem* reside nos efeitos e no momento em que se opera essa regra. Sob a ótica da proibição de dupla persecução penal, a garantia em tela impede a formação, a continuação ou a sobrevivência da relação jurídica processual, enquanto que a proibição da dupla punição impossibilita tão somente que alguém seja, efetivamente, punido em duplicidade, ou que tenha o mesmo fato, elemento ou circunstância considerados mais de uma vez para se definir a sanção criminal. 3. No caso em análise, vê-se que a descrição das circunstâncias fáticas que permeiam os ilícitos imputados ao recorrente crime contra a economia popular e estelionatos são semelhantes, pois mencionam a prática de 'golpe' em que ele e os coacusados induziriam as vítimas em erro, mediante a promessa de ganhos financeiros muito elevados, com o intuito de levá-las a investir em suposta empresa voltada a realizar apostas em eventos esportivos. A diferença está na identificação dos ofendidos nos estelionatos. 4. Em situação similar, esta Corte Superior já decidiu que, nas hipóteses de crime contra a economia popular por pirâmide financeira, a identificação de algumas das vítimas não enseja a responsabilização penal do agente pela prática de estelionato. Precedentes. 5. Recurso provido para, diante do *bis in idem* identificado na hipótese, determinar o trancamento do processo, em relação ao ora recorrente, no que atine aos crimes de estelionato (fatos 4º ao 29º da denúncia)" (RHC 132.655 – RS, 6.ª T., rel. Rogerio Schietti Cruz, 28.09.2021, v.u.); "2. Neste caso, a denúncia narra que o recorrente supostamente atuava na direção de grupo empresarial destinado à obtenção de ganhos ilícitos em detrimento de consumidores mediante esquema conhecido como Esquema Ponzi, ou 'pirâmide financeira', disfarçada de *marketing* multinível. 3. Ainda que esta Corte, em julgamento anterior, tenha excluído a imputação de crimes contra o mercado de capitais e contra o sistema financeiro nacional, remanesceu a possibilidade de imputar ao recorrente a prática de delitos contra a economia popular, de modo que fica preservada a higidez da denúncia quanto a esse ponto. 4. Revela-se prematuro o trancamento da ação penal, porquanto devidamente narrada a materialidade do crime e demonstrados os indícios suficientes de autoria. Assim, as alegações do recorrente devem ser examinadas ao longo da instrução processual, uma vez que não se revela possível, em habeas corpus, afirmar que os fatos ocorreram como narrados nem desqualificar a narrativa trazida na denúncia. 5. Recurso ordinário improvido" (RHC 111.187 – SP, 5.ª T., rel. Reynaldo Soares da Fonseca, 18.02.2020, v.u.).

**12. Sujeitos ativo e passivo:** o sujeito ativo pode ser qualquer pessoa. O sujeito passivo é a sociedade; secundariamente, a pessoa que perde dinheiro nessas cadeias fraudulentas.

# Art. 2.º

**13. Elemento subjetivo:** é o dolo. Cremos existir, implicitamente, o elemento subjetivo do tipo, consistente no desejo de fraudar. Não há a forma culposa.

**14. Objetos material e jurídico:** o objeto material é o ganho ilícito, por processos fraudulentos. O objeto jurídico é a economia popular (como ensina Hungria, "são as condições favoráveis à economia do povo, a justa proporção entre os preços e os valores, a previdente formação de reservas pecuniárias no seio das classes menos favorecidas da fortuna e que estão em maioria, bem como a segurança do depósito ou aplicação de pecúlios acumulados, do dinheiro arduamente poupado pelo povo", *Dos crimes contra a economia popular*, p. 14-15). Secundariamente, as pessoas prejudicadas pelas cadeias.

**15. Classificação:** trata-se de crime comum (aquele que não demanda sujeito ativo qualificado ou especial); formal (delito que não exige resultado naturalístico, consistente no efetivo prejuízo para o consumidor); de forma livre (podendo ser cometido por qualquer meio eleito pelo agente); comissivo (os verbos implicam ações); instantâneo (cuja consumação não se arrasta no tempo); unissubjetivo (que pode ser praticado por um só agente); plurissubsistente (mais de um ato é exigido para a configuração do crime), conforme o caso; não admite tentativa porque o crime abrange também o atentado (tentar obter).

> X – violar[16-18] contrato de venda a prestações, fraudando sorteios ou deixando de entregar a coisa vendida, sem devolução das prestações pagas, ou descontar destas, nas vendas com reserva de domínio, quando o contrato for rescindido por culpa do comprador, quantia maior do que a correspondente à depreciação do objeto.[19-20]

**16. Análise do núcleo do tipo:** *violar* (infringir, transgredir) é o verbo principal, tendo por objeto o contrato de venda a prestações; associa-se a violação à fraude de sorteios ou à negativa de entrega da coisa vendida, sem devolver as parcelas pagas. Ainda, constitui figura típica *descontar* (fazer dedução de uma soma total), cujo objeto é a venda com reserva de domínio, quando o contrato for rescindido por culpa do comprador, quantia maior do que a correspondente à depreciação do objeto. Na realidade, quem lucra com a venda a prazo, mas, rescindido o contrato, não devolver a quantia correta, constitui crime contra a economia popular. O mesmo acontece quando se compra um produto com reserva de domínio (veículo, por exemplo) e, rescindido o contrato por culpa do comprador, este não recebe de volta a quantia justa.

**17. Sujeitos ativo e passivo:** o sujeito ativo deve ser parte contratante, disponibilizando o valor a ser pago em prestações, com ou sem reserva de domínio. O sujeito passivo é a sociedade; secundariamente, a pessoa que perde dinheiro nesses financiamentos.

**18. Elemento subjetivo:** é o dolo. Não há elemento subjetivo específico, nem se pune a forma culposa.

**19. Objetos material e jurídico:** o objeto material é o contrato de venda a prestações. O objeto jurídico é a economia popular (como ensina Hungria, "são as condições favoráveis à economia do povo, a justa proporção entre os preços e os valores, a previdente formação de reservas pecuniárias no seio das classes menos favorecidas da fortuna e que estão em maioria, bem como a segurança do depósito ou aplicação de pecúlios acumulados, do dinheiro arduamente poupado pelo povo", *Dos crimes contra a economia popular*, p. 14-15). Secundariamente, a pessoa prejudicada pela violação contratual ou devolução a menor.

**20. Classificação:** trata-se de crime próprio (aquele que demanda sujeito ativo qualificado ou especial, participante do contrato); material (delito que exige resultado naturalístico, consistente no efetivo prejuízo para o contratante); de forma livre (podendo ser cometido por qualquer meio eleito pelo agente); comissivo (os verbos implicam ações); instantâneo (cuja consumação não se arrasta no tempo); plurissubsistente (mais de um ato é exigido para a configuração do crime); admite tentativa.

> XI – fraudar[21-23] pesos ou medidas padronizados em lei ou regulamentos; possuí-los ou detê-los, para efeitos de comércio, sabendo estarem fraudados.[24-25]
>
> Pena – detenção, de 6 (seis) meses a 2 (dois) anos, e multa, de dois mil a cinquenta mil cruzeiros.[26]
>
> **Parágrafo único.** Na configuração dos crimes previstos nesta Lei, bem como na de qualquer outro de defesa da economia popular, sua guarda e seu emprego considerar-se-ão como de primeira necessidade ou necessários ao consumo do povo, os gêneros, artigos, mercadorias e qualquer outra espécie de coisas ou bens indispensáveis à subsistência do indivíduo em condições higiênicas e ao exercício normal de suas atividades. Estão compreendidos nesta definição os artigos destinados à alimentação, ao vestuário e à iluminação, os terapêuticos ou sanitários, o combustível, a habitação e os materiais de construção.[27]

**21. Análise do núcleo do tipo:** *fraudar* (burlar, lesar) é a conduta principal, cujo objeto é composto de pesos ou medidas padronizadas em lei ou regulamentos. A segunda parte envolve os verbos *possuir* (ter a posse de algo) ou *deter* (reter algo em seu poder) tem por objeto pesos ou medidas padronizadas em lei. Todas as condutas apontam para o efeito do comércio e também aponta o dolo direto: saber haver fraude. Na jurisprudência: TJSP: "Adulteração de bomba de combustível do posto de propriedade do réu. Prova robusta da autoria e da materialidade delitiva. Depoimentos seguros dos policiais civis e do delegado regional do IPEM que participaram da diligência, confirmando a existência de adulterações no equipamento inspecionado, com diferenças expressivas, para menos, na vazão do combustível. Prova oral corroborada por exame técnico realizado no local dos fatos. Hipótese, contudo, de desclassificação da conduta para o crime previsto no artigo 2º, inciso XI, da Lei nº 1.521/51. Situação que se subsume melhor ao delito contra a economia popular, aplicável a combustíveis. Medida fraudada que é padronizada pela legislação. Penas fixadas nos mínimos legais, substituída a privativa de liberdade por prestação pecuniária. Regime aberto adequado. Apelo parcialmente provido" (Apelação Criminal 0026638-87.2011.8.26.0001; 5.ª Câm. Criminal, rel. Tristão Ribeiro, 29.03.2019; v.u.).

**22. Sujeitos ativo e passivo:** o sujeito ativo pode ser qualquer pessoa. O sujeito passivo é a sociedade; secundariamente, a pessoa que sofre os efeitos da fraude empregada.

**23. Elemento subjetivo:** é o dolo. Somente se pune com dolo direto ("sabendo estarem fraudados). Logo, desnecessário o elemento subjetivo específico. Não se pune a forma culposa.

**24. Objetos material e jurídico:** o objeto material são os pesos e medidas padronizados. O objeto jurídico é a economia popular (como ensina Hungria, "são as condições favoráveis à economia do povo, a justa proporção entre os preços e os valores, a previdente formação de reservas pecuniárias no seio das classes menos favorecidas da fortuna e que estão em maioria, bem como a segurança do depósito ou aplicação de pecúlios acumulados, do dinheiro arduamente poupado pelo povo", *Dos crimes contra a economia popular*, p. 14-15). Secundariamente, a pessoa prejudicada pela fraude dos pesos ou medidas.

**25. Classificação:** trata-se de crime comum (aquele que não demanda sujeito ativo qualificado ou especial); formal (delito que não exige resultado naturalístico, consistente no efetivo prejuízo para alguém); de forma livre (podendo ser cometido por qualquer meio eleito pelo agente); comissivo (os verbos implicam ações); instantâneo (cuja consumação não se arrasta no tempo), quanto ao verbo *fraudar*, mas permanente quanto aos verbos *possuir* e *deter*; plurissubsistente (mais de um ato é exigido para a configuração do crime); admite tentativa.

**26. Benefícios penais:** cuida-se de infração de menor potencial ofensivo, passível de transação. A multa pode variar de 10 a 360 dias-multa, nos termos do art. 49 do Código Penal.

**27. Norma penal explicativa:** demonstra-se o objeto jurídico tutelado pelos crimes de economia popular.

> **Art. 3.º** São também crimes desta natureza:
>
> I – destruir ou inutilizar, intencionalmente e sem autorização legal, com o fim de determinar alta de preços, em proveito próprio ou de terceiro, matérias-primas ou produtos necessários ao consumo do povo;
>
> \* Inciso I, revogado pela Lei 8.137/90 – Art. 7.º, VIII – destruir, inutilizar ou danificar matéria-prima ou mercadoria, com o fim de provocar alta de preço, em proveito próprio ou de terceiros;
>
> II – abandonar ou fazer abandonar[28-30] lavoura ou plantações, suspender ou fazer suspender a atividade de fábricas, usinas ou quaisquer estabelecimentos de produção, ou meios de transporte, mediante indenização paga pela desistência da competição;[31-32]

**28. Análise do núcleo do tipo:** *abandonar* (deixar, desamparar) ou *fazer abandonar* (provocar o abandono em relação a outrem) são os verbos principais, cujo objeto é a lavoura ou plantação. Na segunda parte, há as condutas *suspender* (interromper algo) ou *fazer suspender* (provocar a interrupção de algo), cujo objeto é a atividade de fábricas, usinas ou outros estabelecimentos de produção ou meios de transporte, mediante *indenização* (pagamento em valor pecuniário) efetivada pela desistência da competição. Nota-se o *suborno* de terceiros para que não haja concorrência, prejudicando o comprador.

**29. Sujeitos ativo e passivo:** o sujeito ativo pode ser qualquer pessoa. O sujeito passivo é a sociedade; secundariamente, a pessoa que perde dinheiro nessa falta de concorrência.

**30. Elemento subjetivo:** é o dolo. Parece-nos existente o elemento subjetivo específico, consistente na fraude entre competidores. Não se pune a forma culposa.

**31. Objetos material e jurídico:** o objeto material pode ser a lavoura ou plantação, bem como a atividade de fábricas, usinas ou outros estabelecimentos de produção ou, ainda, meios de transporte. O objeto jurídico é a economia popular (como ensina Hungria, "são as condições favoráveis à economia do povo, a justa proporção entre os preços e os valores, a previdente formação de reservas pecuniárias no seio das classes menos favorecidas da fortuna e que estão em maioria, bem como a segurança do depósito ou aplicação de pecúlios acumulados, do dinheiro arduamente poupado pelo povo", *Dos crimes contra a economia popular*, p. 14-15). Secundariamente, a pessoa prejudicada pela burla à concorrência.

# Art. 3.º

**Crimes contra a Economia Popular**

**32. Classificação:** trata-se de crime comum (aquele que não demanda sujeito ativo qualificado ou especial); formal (delito que não exige resultado naturalístico, consistente no efetivo prejuízo para o contratante); de forma livre (podendo ser cometido por qualquer meio eleito pelo agente); comissivo (os verbos implicam ações); instantâneo (cuja consumação não se arrasta no tempo); plurissubsistente (mais de um ato é exigido para a configuração do crime); admite tentativa.

> III – promover ou participar de consórcio, convênio, ajuste, aliança ou fusão de capitais, com o fim de impedir ou dificultar, para o efeito de aumento arbitrário de lucros, a concorrência em matéria de produção, transportes ou comércio;
>
> * Inciso III, revogado pela Lei 8.137/90 – Art. 4.º Constitui crime contra a ordem econômica:
>
> I – abusar do poder econômico, dominando o mercado ou eliminando, total ou parcialmente, a concorrência mediante qualquer forma de ajuste ou acordo de empresas;
>
> II – formar acordo, convênio, ajuste ou aliança entre ofertantes, visando:
>
> a) à fixação artificial de preços ou quantidades vendidas ou produzidas;
>
> b) ao controle regionalizado do mercado por empresa ou grupo de empresas;
>
> c) ao controle, em detrimento da concorrência, de rede de distribuição ou de fornecedores.
>
> Pena – reclusão, de 2 (dois) a 5 (cinco) anos e multa.
>
> IV – reter ou açambarcar matérias-primas, meios de produção ou produtos necessários ao consumo do povo, com o fim de dominar o mercado em qualquer ponto do País e provocar a alta dos preços;
>
> * Inciso IV, revogado pela Lei 8.137/90 – Art. 4.º, IV –açambarcar, sonegar, destruir ou inutilizar bens de produção ou de consumo, com o fim de estabelecer monopólio ou de eliminar, total ou parcialmente, a concorrência; (*Revogado pela Lei 12.529, de 2011*).
>
> V – vender mercadorias abaixo do preço de custo com o fim de impedir a concorrência.
>
> * Inciso V, revogado pela Lei 8.137/90 – Art. 4.º, VI – vender mercadorias abaixo do preço de custo, com o fim de impedir a concorrência (*Revogado pela Lei 12.529, de 2011*).
>
> VI – provocar a alta ou baixa de preços de mercadorias, títulos públicos, valores ou salários por meio de notícias falsas, operações fictícias ou qualquer outro artifício;
>
> VII – dar indicações ou fazer afirmações falsas em prospectos ou anúncios, para fim de substituição, compra ou venda de títulos, ações ou quotas;
>
> * Inciso VII, revogado pela Lei 8.078/90 – Art. 67 – Fazer ou promover publicidade que sabe ou deveria saber ser enganosa ou abusiva: Pena Detenção de três meses a um ano e multa.
>
> VIII – exercer[33-35] funções de direção, administração ou gerência de mais de uma empresa ou sociedade do mesmo ramo de indústria ou comércio com o fim de impedir ou dificultar a concorrência;[36-37]

**33. Análise do núcleo do tipo:** *exercer* (praticar com habitualidade) é o verbo principal, cujo objeto é a função de direção, administração ou gerência de mais de uma empresa ou sociedade do mesmo ramo de indústria ou comércio. A ideia é punir quem assim age para impedir ou dificultar a concorrência. Para a configuração do tipo é indispensável a comprovação da habitualidade.

**34. Sujeitos ativo e passivo:** o sujeito ativo é qualquer pessoa. O sujeito passivo é a sociedade; secundariamente, a pessoa que perde dinheiro por conta da fraude à concorrência.

**35. Elemento subjetivo:** é o dolo. Parece-nos existente o elemento subjetivo específico, consistente na fraude para evitar a concorrência. Não se pune a forma culposa.

**36. Objetos material e jurídico:** o objeto material é a direção, administração ou gerência de mais de uma empresa ou sociedade do mesmo ramo. O objeto jurídico é a economia popular (como ensina Hungria, "são as condições favoráveis à economia do povo, a justa proporção entre os preços e os valores, a previdente formação de reservas pecuniárias no seio das classes menos favorecidas da fortuna e que estão em maioria, bem como a segurança do depósito ou aplicação de pecúlios acumulados, do dinheiro arduamente poupado pelo povo", *Dos crimes contra a economia popular*, p. 14-15). Secundariamente, a pessoa prejudicada pela burla à concorrência.

**37. Classificação:** trata-se de crime comum (aquele que não demanda sujeito ativo qualificado ou especial); formal (delito que não exige resultado naturalístico, consistente no efetivo prejuízo para alguém); de forma livre (podendo ser cometido por qualquer meio eleito pelo agente); comissivo (os verbos implicam ações); habitual (consuma-se com a prática reiterada da conduta); plurissubsistente (mais de um ato é exigido para a configuração do crime); não admite tentativa por se tratar de delito habitual.

> IX – gerir fraudulenta ou temerariamente[37-A-37-D] bancos ou estabelecimentos bancários, ou de capitalização; sociedades de seguros, pecúlios ou pensões vitalícias; sociedades para empréstimos ou financiamento de construções e de vendas e imóveis a prestações, com ou sem sorteio ou preferência por meio de pontos ou quotas; caixas econômicas; caixas Raiffeisen; caixas mútuas, de beneficência, socorros ou empréstimos; caixas de pecúlios, pensão e aposentadoria; caixas construtoras; cooperativas; sociedades de economia coletiva, levando-as à falência ou à insolvência, ou não cumprindo qualquer das cláusulas contratuais com prejuízo dos interessados;[37-E-37-F]

**37-A. Análise do núcleo do tipo:** *gerir* significa administrar, gerenciar, dirigir. O objeto da gestão é composto pelas pessoas ali enumeradas, muitas das quais instituições financeiras. Em vez de produzir um conceito genérico, optou-se pela enumeração de pessoas jurídicas. Essa gestão precisa ser conduzida com o emprego de *fraude* (mecanismo enganoso, cujo propósito é ludibriar pessoas, com má-fé). Embora seja um tipo aberto, a segunda parte é ainda pior, pois envolve uma administração *temerária*, que significa atuação arriscada ou imprudente. A vagueza é inaceitável, na exata medida em que se considera, praticamente, uma gestão *culposa* a título de dolo. Inexiste definição precisa, demonstrativo da lesão ao princípio da taxatividade e, por via de consequência, da legalidade ("não há crime sem lei anterior que o *defina*...", destacamos). No entanto, o Judiciário brasileiro não tem tradição alguma em proclamar a inconstitucionalidade de tipos penais por lesão à taxatividade. Outro ponto relevante para a consecução deste delito é o resultado naturalístico exigido no tocante à falência ou insolvência. De outra parte, quanto ao segundo resultado, encontra-se um crime *aparentemente* formal, enfocando-se apenas o descumprimento de cláusula contratual; tal visão não pode ser acolhida, visto que existe a expressa menção à produção de *prejuízo* aos interessados.

**37-B. Revogação tácita pela Lei 7.492/86:** segundo nos parece, a intenção do legislador, em 1986, foi *reescrever* o quadro relativo à administração de pessoas jurídicas que lidam com dinheiro de terceiros, de modo a manter a confiabilidade no sistema financeiro, mas, por óbvio, refletindo na economia popular. Então, envolve o que efetivamente interessa na ótica legislativa, devendo-se considerar afastado o inciso IX do art. 3.º da antiquada Lei 1.521/51. Porém, há posição contrária, entendendo coexistirem ambas as figuras típicas. Na jurisprudência, acolhendo, em tese, a vigência do art. 3.º, IX, da Lei 1.521/1951: STJ: "1. Ao agravante incumbe demonstrar o equívoco da decisão contra a qual se insurge, não bastando sua impugnação genérica, ou a simples repetição das mesmas razões do recurso especial. É indispensável, no recurso de agravo, que todos os óbices apontados sejam rebatidos, de maneira específica e suficientemente demonstrada. Incidência do art. 932, III, do CPC e, por analogia, da Súmula 182 do STJ. Precedentes. 2. O agravante foi condenado pelo crime descrito no art. 3º, inciso IX, da Lei 1.521, de 26/12/1951 ('gerir fraudulenta ou temerariamente bancos ou estabelecimentos bancários, ou de capitalização; sociedades de seguros, pecúlios ou pensões vitalícias; sociedades para empréstimos ou financiamento de construções e de vendas e imóveis a prestações, com ou sem sorteio ou preferência por meio de pontos ou quotas; caixas econômicas; caixas Raiffeisen; caixas mútuas, de beneficência, socorros ou empréstimos; caixas de pecúlios, pensão e aposentadoria; caixas construtoras; cooperativas; sociedades de economia coletiva, levando-as à falência ou à insolvência, ou não cumprindo qualquer das cláusulas contratuais com prejuízo dos interessados'), conduta que na realidade não praticou. 3. A sociedade empresária administrada pelo agravante, Pallissander Engenharia Ltda., não se enquadra na descrição do tipo penal imputado, haja vista que se trata de uma empresa de engenharia do setor da construção civil, sem nenhuma estrutura de financiamento ou empréstimo de construções, não se perfazendo o núcleo alternativo 'sociedades para empréstimos ou financiamento de construções e de vendas e imóveis a prestações, com ou sem sorteio ou preferência por meio de pontos ou quotas'. Registra-se flagrante atipicidade da conduta descrita (e imputada) na denúncia e adotada pelo Tribunal de origem. 4. O Tribunal de origem entendeu que o art. 65 da Lei 4.591/1964 que traça um tipo penal pelo qual o recorrente sequer foi denunciado traz um conceito extensivo dos entes que poderão ser sujeitos ativos do crime contra a economia popular, e que a previsão legal enquadra o agravante como possível sujeito ativo desses crimes (contra a economia popular), estando, por via de consequência, abrigados também pela Lei 1.521/1951. 5. Ainda que a Corte de origem tenha entendido que os termos do art. 65 da Lei 4.591/64 poderiam ser utilizados como conceito extensivo ('dos entes que poderão ser sujeitos ativos do crime contra a economia popular'), bem como o seu art. 29 (voto do relator nos embargos de declaração), que não trata de crime e apenas define a figura legal do incorporador, a realidade é que tais preceitos não foram referidos na denúncia e também não foram citados na sentença condenatória, o que fere o princípio da correlação e representa combinação de leis, vedada pelos precedentes. 6. De qualquer forma, o art. 65 da Lei n. 4.591/64 dispõe que 'é crime contra a economia popular promover incorporação, fazendo, em proposta, contratos, prospectos ou comunicação ao público ou aos interessados, afirmação falsa sobre a construção do condomínio, alienação das frações ideais do terreno ou sobre a construção das edificações', mas não fora essa a conduta descrita na denúncia e imputada aos acusados. 7. Pela denúncia, 'entre os anos de 2003 a 2008 os denunciados, com vontade livre e consciente e unidade de desígnios, geriram temerariamente as empresas J Martini Construtora e Incorporadora Ltda., Cidade Ambiental Ltda., Millenium Construtora e Pallissander Engenharia Ltda. em prejuízo da economia popular, ao descumprirem as cláusulas contratuais pertinentes à data em que as diversas obras deveriam ser entregues, não adimplindo com suas obrigações, nem sequer registrando a necessária incorporação imobiliária'. 8. Fosse necessário dizer algo a respeito o recorrente não foi denunciado nem condenado pelo art. 65 da Lei 4.591/64, seria o caso de destacar (*ex abundantia*) que não foram indicados na sentença, ou na denúncia, elementos probatórios do dolo do agravante na prática de afirmações falsas sobre empreendimentos imobiliários, com a finalidade de ludibriar consumidores. Diversamente, tanto no édito condenatório, quanto na exordial acusatória, é descrita ação que indica a gestão temerária tipificada no art. 3º, inc. IX, da Lei n. 1.521/1951, que não se aplica ao agravante. 9. Definida a situação jurídico-penal do recorrente, condenado por fato atípico e por combinação de leis, verifica-se que a situação fático-processual dos corréus é a mesma. Nenhuma das sociedades empresárias envolvidas nas condutas apuradas J Martini Construtora e Incorporadora Ltda., Cidade Ambiental Ltda., Millenium Construtora e Pallissander Engenharia Ltda. é instituição financeira. Não há, também em relação a elas, nenhum elemento constitutivo do tipo penal imputado, descrito no art. 3º, IX, da Lei n. 1.521/1951. 10. Havendo claro prejuízo à ampla defesa de Marcos Antônio Gonçalves dos Santos, configurando o vício na intimação efetuada por meio eletrônico e não pessoal (aplica-se ao advogado integrante do núcleo de prática jurídica de instituição de ensino superior o mesmo regramento que rege a Defensoria Pública, quanto à necessidade de intimação pessoal HC 387.135/RS, Rel. Ministro Ribeiro Dantas, Quinta Turma, julgado em 01/06/2017, DJe 09/06/2017), impõe-se declarar sem efeito a certificação de trânsito em julgado, reabrindo-se o prazo recursal com a devida intimação pessoal da decisão que não admitiu os recursos especial e extraordinário. 11. Improvimento do agravo regimental. Concessão de *habeas corpus* de ofício para absolver o agravante Rubem Soares Braquinho da imputação de gestão temerária tipificada no art. 3º, *caput*, inciso IX, da Lei 1.521/1951 (art. 386, III – CPP). Extensão do resultado (nesse tipo) aos corréus Argemiro José Martini, Everton Luiz Augusto de Oliveira Martini, Marcos Antônio Gonçalves dos Santos, por estarem na mesma situação fático-processual daquele (art. 580 – CPP). 12. Reconhecimento da nulidade arguida pela defesa de Marcos Antônio Gonçalves dos Santos, a fim de cancelar a certificação do trânsito em julgado e determinar a devolução dos autos ao Tribunal de origem, para a reabertura do prazo para a interposição de eventual recurso contra a decisão que não admitiu os recursos especial e extraordinário, intimando-se pessoalmente o Núcleo de Prática Jurídica do Centro Universitário de Brasília" (AgRg no AREsp 1.627.490 – DF, 6.ª T., rel. Olindo Menezes, 15.06.2021, v.u.).

**37-C. Sujeitos ativo e passivo:** o sujeito ativo é o administrador da pessoa jurídica, podendo tratar-se de diretor ou gerente com poderes para tanto. O sujeito passivo é a pessoa jurídica administrada, bem como as pessoas que sofreram prejuízo em razão da conduta típica.

**37-D. Elemento subjetivo:** é o dolo. Não há elemento subjetivo específico, pois a construção do delito já exige o ânimo de produzir fraude. Não se pune a forma culposa.

**37-E. Objetos material e jurídico:** o objeto material é o ato (ou o conjunto de atos) apto a administrar a pessoa jurídica. O objeto jurídico é a economia popular.

**37-F. Classificação:** trata-se de crime próprio (aquele que demanda sujeito ativo qualificado ou especial: o administrador da pessoa jurídica); material (delito que exige resultado naturalístico, consistente na produção de falência ou insolvência ou, ainda, efetivo prejuízo para alguém); de forma livre (podendo ser cometido por qualquer meio eleito pelo agente); comissivo (o verbo implica ação); plurissubsistente (mais de um ato é exigido para a configuração do crime); admite tentativa, embora de difícil comprovação.

> X – fraudar[38-40] de qualquer modo escriturações, lançamentos, registros, relatórios, pareceres e outras informações devidas a sócios de sociedades civis ou comerciais, em que o capital seja fracionado em ações ou quotas de valor nominativo igual ou inferior a um mil cruzeiros com o fim de sonegar

> lucros, dividendos, percentagens, rateios ou bonificações, ou de desfalcar ou de desviar fundos de reserva ou reservas técnicas.[41-42]
>
> Pena – detenção, de 2 (dois) anos a 10 (dez) anos, e multa, de vinte mil a cem mil cruzeiros.[43]

**38. Análise do núcleo do tipo:** *fraudar* (lesar, agir de má-fé) é o núcleo principal, cujos objetos são escriturações, lançamentos, registros, relatórios, pareceres e outras informações devidas a sócios. Essas sociedades podem ser civis ou comerciais, em que o capital seja fracionado em ações ou quotas de valor nominativo. O objetivo é sonegar lucros, dividendos, percentagens, rateios ou bonificações, ou ainda desfalcar ou desviar fundos de reserva ou reservas técnicas. Observa-se ser um crime praticado contra sócios de empresas, mas que, pela situação, atinge a economia popular. Sobre o conflito com o estelionato: TJRS: "1. Inviabilidade de readequação típica para o *crime* contra a *economia popular,* de menor potencial ofensivo, voltado para vítimas incertas e indeterminadas, o que não é o caso dos autos, que trata de denúncia pela prática de 60 *crimes* de estelionato contra vítimas certas e determinadas, todas qualificadas na denúncia. 2. Impossibilidade de reconhecimento da extinção da punibilidade do paciente, pois a prescrição pela pena em abstrato, no *crime* de estelionato, ocorre em 12 anos, período não transcorrido entre a data do fato (março de 2007) e o recebimento da denúncia (13/09/2012). 3. Tampouco cabível o reconhecimento da prescrição pela pena projetada por completa ausência de amparo legal, o que também não tem sido admitido pelos Tribunais Superiores, consoante a Súmula 438 do STJ. Ordem denegada" (HC 70084491968, 5.ª C., rel. Cristina Pereira Gonzales, 23.09.2020, v.u.).

**39. Sujeitos ativo e passivo:** o sujeito ativo é qualquer pessoa. O sujeito passivo é a sociedade; secundariamente, o sócio prejudicado.

**40. Elemento subjetivo:** é o dolo. Parece-nos existente o elemento subjetivo específico, consistente na fraude para prejudicar sócios. Não se pune a forma culposa.

**41. Objetos material e jurídico:** o objeto material é a escrituração, lançamentos, registros, relatórios, pareceres e outras informações devidas a sócios. O objeto jurídico é a economia popular (como ensina Hungria, "são as condições favoráveis à economia do povo, a justa proporção entre os preços e os valores, a previdente formação de reservas pecuniárias no seio das classes menos favorecidas da fortuna e que estão em maioria, bem como a segurança do depósito ou aplicação de pecúlios acumulados, do dinheiro arduamente poupado pelo povo", *Dos crimes contra a economia popular*, p. 14-15). Secundariamente, os sócios prejudicados.

**42. Classificação:** trata-se de crime comum (aquele que não demanda sujeito ativo qualificado ou especial); formal (delito que não exige resultado naturalístico, consistente no efetivo prejuízo para alguém); de forma livre (podendo ser cometido por qualquer meio eleito pelo agente); comissivo (o verbo implica ação); instantâneo (consuma-se em momento determinado no tempo); admite tentativa.

**43. Benefícios penais:** se aplicada a pena mínima, cabe *sursis.* Aplicando-se até 4 anos, pode-se substituir a pena privativa de liberdade por restritivas de direito. Fora disso, a multa varia de 10 dias-multa a 360 dias-multa.

> **Art. 4.º** Constitui crime da mesma natureza a usura pecuniária[44] ou real,[45] assim se considerando:

# Art. 4.º

Leis Penais e Processuais Penais Comentadas – Vol. 2 · **Nucci**

> a) cobrar[46-48] juros, comissões ou descontos percentuais, sobre dívidas em dinheiro superiores à taxa permitida por lei; cobrar ágio superior à taxa oficial de câmbio, sobre quantia permutada por moeda estrangeira; ou, ainda, emprestar sob penhor que seja privativo de instituição oficial de crédito;[49-50]
>
> b) obter, ou estipular,[51-53] em qualquer contrato, abusando da premente necessidade, inexperiência ou leviandade de outra parte, lucro patrimonial que exceda o quinto do valor corrente ou justo da prestação feita ou prometida.[54-55]
>
> Pena – detenção, de 6 (seis) meses a 2 (dois) anos, e multa, de cinco mil a vinte mil cruzeiros.[56]
>
> § 1.º. Nas mesmas penas incorrerão os procuradores, mandatários ou mediadores que intervierem na operação usuária, bem como os cessionários de crédito usurário que, cientes de sua natureza ilícita, o fizerem valer em sucessiva transmissão ou execução judicial.[57]
>
> § 2.º. São circunstâncias agravantes do crime de usura:[58]
>
> I – ser cometido em época de grave crise econômica;
>
> II –ocasionar grave dano individual;
>
> III – dissimular-se a natureza usurária do contrato;
>
> IV – quando cometido:
>
> a) por militar, funcionário público, ministro de culto religioso; por pessoa cuja condição econômico-social seja manifestamente superior à da vítima;
>
> b) em detrimento de operário ou de agricultor; de menor de 18 (dezoito) anos ou de deficiente mental, interditado ou não.
>
> § 3.º (*Revogado pela Medida Provisória 2.172-32, de 2001*).

**44. Usura pecuniária:** constitui-se da cobrança de juros superiores à taxa permitida legalmente. Trata-se de crime material, pois depende da efetiva cobrança. Como bem ensina Hungria, "não importa saber, para que se reconheça a usura de dinheiro, qual era o grau de necessidade da vítima, ou se esta poderia ter obtido o dinheiro alhures, menos onerosamente" (*Dos crimes contra a economia popular*, p. 167). Sobre a usura, Roberto Lyra expõe que "o dano resultante da usura não é o próprio dos crimes patrimoniais, mas o político e social. Transportado para a nova, adequada e expressiva capitulação o crime de usura liberta-se das preocupações relativas ao dano e ao proveito individual, ao dolo, à dificuldade de entrosar um negócio privado nas condições de ordem geral. (...). A consciência social passa a ver, nessa repressão, não a defesa de um indivíduo, mas a proteção de categorias inteiras de desgraçados, bem como a tutela preventiva da probidade e da justiça social nos contratos (Florian)" (*Crimes contra a economia popular*, p. 164-165). Na jurisprudência: TJSP: "Crime contra a economia popular. Lei nº 1.521/51. Usura pecuniária. Agiota. Empréstimo de dinheiro mediante a cobrança de juros superiores à taxa permitida por lei. Dissimulação por contrato de prestação de serviços e grave dano financeiro individual. Hipótese, ademais, de empréstimo sem autorização legal para tanto. Prova oral hábil. Perícia conclusiva. Condenação de rigor. Penas bem dosadas. Regime aberto adequado. Substituição que atende à finalidade da lei penal. Apelo parcialmente provido, tão-somente para reconhecer a extinção da punibilidade relativamente ao crime do artigo 340, do C. Penal, pela prescrição da pretensão punitiva do Estado. Inteligência dos artigos 107, 109, inciso VI, e 110, § 1º, todos do C. Penal, mantida a sentença quanto ao mais" (Apelação Criminal 0002420-22.2005.8.26.0060; 5.ª Câm. Criminal, rel. Pinheiro Franco, 02.07.2009; v.u.).

**45. Usura real:** constitui-se da obtenção ou estipulação, em contrato, abusando da necessidade da outra parte, de um lucro patrimonial elevado. Nesse cenário, diz Hungria tratar-se de "crime de natureza formal: basta a simples estipulação do lucro exagerado" para consumar o delito (*Dos crimes contra a economia popular*, p. 169). Para Elias de Oliveira, a usura "real tem o seu mais vasto campo de ação entre as classes mais pobres, de que ambas [usuras pecuniária e real] são um verdadeiro flagelo. Sob qualquer de suas formas, a usura é a desgraça secundando a desgraça, é a locupletação com a jatura alheia, é a ímproba vantagem tirada das falhas da organização econômica, que ela torna ainda menos ajustada", em citação de Hungria (*Crimes contra a economia popular*, p. 178).

**46. Análise do núcleo do tipo:** *cobrar* (exigir pagamento) é o centro da figura típica, cujos objetos são os juros, as comissões ou descontos percentuais sobre dívidas em dinheiro. Eis o elemento a indicar norma em branco, dependente de complemento: *superiores ao permitido em lei*. Há de se conhecer o que a lei permite para determinada época, a fim de se apontar a concretização – ou não – do delito de usura. A segunda figura típica, ainda na alínea *a*, diz respeito a *cobrar* (exigir o pagamento) ágio (comissão do cambista pela troca de moeda) em quantidade superior à taxa oficial (estabelecida pelo Governo) de câmbio, no tocante à quantia permutada por moeda estrangeira (também norma em branco, dependente de complemento). A terceira figura típica liga-se a *emprestar* (ceder algo temporariamente) sob penhor (entrega de um bem móvel para garantir uma operação), quando esta situação seja privativa de instituição oficial de crédito (para saber isto, é preciso consultar outras fontes; logo, norma penal em branco). Na jurisprudência: TJDFT: "1. Trata-se de Apelação Criminal interposta contra r. sentença que julgou procedente a pretensão punitiva estatal, condenando o réu nas penas do art. 4º, 'a', da Lei n. 1.521/1951, aplicando-lhe a pena de 6 (seis) meses de detenção, a ser cumprida no regime inicial aberto, substituindo-a por uma restritiva de direitos, e 10 (dez) dias-multa a razão de dois salários-mínimos. 2. O apelante, inconformado com a sentença, requer sua reforma para ser absolvido, alegando serem insuficientes as provas para um decreto condenatório. Requereu, subsidiariamente, a suspensão condicional do processo, caso mantida a condenação. Recurso próprio e tempestivo. Parecer ministerial pelo conhecimento e não provimento do recurso. 3. Narra a denúncia que na primeira semana do mês de outubro de 2016, nas dependências do Hospital Maria Auxiliadora, Gama/DF, a vítima, por indicação de uma amiga, procurou o réu para tomar empréstimo na quantia de R$ 1.700,00. O empréstimo seria quitado em 30 dias pelo valor de R$ 2.700,00. Por não conseguir pagar o empréstimo na data aprazada, o réu passou a fazer cobranças com ameaças, bem como passou a cobrar da vítima uma mensalidade de R$ 500,00. Ainda, o réu, não satisfeito, preencheu um cheque em branco que a vítima lhe havia dado como garantia no valor de R$ 20.000,00, tendo inclusive ajuizado ação de locupletamento no 2º Juizado Especial Cível do Gama. 4. O crime de usura pecuniária é formal e prescinde de resultado concreto. Nesse sentido: (Acórdão n. 1026350, 20151110047120APR (0004584-86.2015.8.07.0011 – Res. 65 CNJ), Relator: Desª. Sandra de Santis 1ª Turma Criminal, Data do Julgamento 22.06.2017, Publicado no DJE: 27.06.2017. Pág.: 130/141). 5. A materialidade e a autoria do crime em comento estão sobejamente demonstradas nos autos, em especial pela oitiva da testemunha e pela ação de locupletamento ajuizada pelo réu em desfavor da vítima. 6. No caso, a testemunha ouvida em juízo, que foi colega de trabalho do apelante, afirmou que sabia que ele emprestava dinheiro a juros, sendo que ela própria contraiu um empréstimo com ele no valor de R$ 2.000,00 (dois mil reais) com juros de 10% (dez por cento) ao mês. A referida testemunha confirmou a versão da autora e, ainda, comprovou a habitualidade da conduta do réu de emprestar dinheiro a juros, acima do permitido por lei. 7. A ação de locupletamento n. 0707563-93/2018, ajuizada contra vítima, comprova o empréstimo e seus termos, em especial pelas mensagens de *WhatsApp* trocadas entre as partes, tendo a sentença julgado improcedente o pedido do autor, ora réu, e procedente o pedido contraposto formulado pela vítima, condenando o réu ao pagamento de valores indevidamente cobrados, considerando que a autora já havia pagado valores a maiores do que o tomado a título de empréstimo. 8. Portanto, há prova

# Art. 4.º

Leis Penais e Processuais Penais Comentadas – Vol. 2 · **NUCCI** 140

cabal de que réu de forma livre, voluntária e consciente cobrou da vítima juros sobre dívida em dinheiro superiores à taxa permitida por lei, incidindo no fato típico previsto no artigo 4º, alínea 'a', da Lei nº 1.521/1951. (Lei de Economia Popular). 9. Assim, não prosperam os pedidos de absolvição, isso porque foge ao razoável quando o conjunto probatório é farto e coeso apontando em direção oposta. As provas colhidas na fase inquisitorial e ratificadas em juízo não deixam dúvidas sobre o fato ocorrido, conforme descrito na denúncia. 10. Nada a reparar na dosimetria da pena, haja vista ter sido fixada no mínimo legal e nos termos do art. 44 do Código de Penal foi substituída a pena privativa de liberdade por restritiva de direitos, a ser fixada pelo juízo da execução. 11. O art. 89 da Lei nº 9.099/95 prevê que, nos crimes em que a pena mínima cominada for igual ou inferior a um ano, o Ministério Público ao oferecer a denúncia poderá propor a suspensão do processo, por dois a quatro anos, desde que o acusado não esteja sendo processado ou não tenha sido condenado por outro crime e presentes os demais requisitos que autorizariam a suspensão condicional da pena, conforme art. 77 do Código Penal. 12. Se o acusado não preenche os requisitos subjetivos necessários para o oferecimento de suspensão condicional do processo, a ausência da proposta deste benefício não acarreta a nulidade do processo, porquanto não traduz direito subjetivo do acusado, mas sim faculdade processual ínsita ao Ministério Público, por ter o instituto natureza de transação processual. Precedentes do STF (HC 129.346, Relator(a): Min. Dias Toffoli, Segunda Turma, julgado em 05/04/2016, processo eletrônico dje-094 divulg. 10-05-2016 public. 11-05-2016)). 13. De qualquer forma, insta registrar que o Ministério Público, ao propor a denúncia, elencou os motivos pelos quais não proporia a transação penal e a suspensão condicional do processo, tendo em vista que o apelante estava sendo processado por crimes contra a economia popular na 2ª Vara Criminal do Gama (processo no 2019.04.1.001475-5) e pelo delito de usura no juízo a quo (processo no 2018.04.1.001704-7). 14. Recurso conhecido e não provido. Sentença mantida por seus próprios fundamentos. 15. A Súmula do julgamento servirá de acórdão nos termos do artigo 82, § 5º, da Lei 9.099/95" (Apelação 00017750820198070004, 2.ª T. Recursal, rel. Arnaldo Corrêa Silva, 22.5.2020, v.u.).

**47. Sujeitos ativo e passivo:** o sujeito ativo pode ser qualquer pessoa. O sujeito passivo é a sociedade, pois se trata da economia *popular*. Secundariamente, a pessoa diretamente prejudicada pela usura.

**48. Elemento subjetivo:** é o dolo. Parece-nos existente o elemento subjetivo específico, consistente na vontade de abusar da vítima em face do empréstimo ou câmbio. Não se pune a forma culposa.

**49. Objetos material e jurídico:** o objeto material pode ser os juros, comissões ou descontos percentuais, bem como o ágio, ou, ainda, o penhor. O objeto jurídico é a economia popular (como ensina Hungria, "são as condições favoráveis à economia do povo, a justa proporção entre os preços e os valores, a previdente formação de reservas pecuniárias no seio das classes menos favorecidas da fortuna e que estão em maioria, bem como a segurança do depósito ou aplicação de pecúlios acumulados, do dinheiro arduamente poupado pelo povo", *Dos crimes contra a economia popular*, p. 14-15). Secundariamente, as pessoas prejudicadas pela usura.

**50. Classificação:** trata-se de crime comum (aquele que não demanda sujeito ativo qualificado ou especial); material (depende de efeito patrimonial naturalístico) nas duas primeiras figuras; formal (delito que não exige resultado naturalístico, consistente no efetivo prejuízo para alguém) na terceira; de forma livre (podendo ser cometido por qualquer meio eleito pelo agente); comissivo (os verbos implicam ações); instantâneo (consuma-se em momento determinado no tempo); unissubjetivo (pode ser cometido por uma só pessoa); plurissubsistente (depende de vários atos para a consumação); admite tentativa.

**51. Análise do núcleo do tipo:** *obter* (receber) ou estipular (estabelecer, fixar) são as condutas alternativas, cujo objeto é o lucro patrimonial excedente ao quinto do valor corrente ou justo da prestação feita ou prometida. O cenário exige ainda que isto se desenvolva em *qualquer contrato* e que haja abuso em relação à necessidade da vítima direta, por conta da sua inexperiência ou leviandade. Enfim, é, basicamente, um estelionato calcado na economia popular, que não abrange somente uma vítima, mas que coloca em risco a sociedade.

**52. Sujeitos ativo e passivo:** o sujeito ativo pode ser qualquer pessoa. O sujeito passivo é a sociedade, pois se trata da economia *popular*. Secundariamente, a pessoa diretamente prejudicada pela usura.

**53. Elemento subjetivo:** é o dolo. Parece-nos existente o elemento subjetivo específico, consistente na vontade de abusar da vítima em face do contrato abusivo. Não se pune a forma culposa.

**54. Objetos material e jurídico:** o objeto material é o contrato abusivo, no tocante a lucro patrimonial excessivo. O objeto jurídico é a economia popular (como ensina Hungria, "são as condições favoráveis à economia do povo, a justa proporção entre os preços e os valores, a previdente formação de reservas pecuniárias no seio das classes menos favorecidas da fortuna e que estão em maioria, bem como a segurança do depósito ou aplicação de pecúlios acumulados, do dinheiro arduamente poupado pelo povo", *Dos crimes contra a economia popular*, p. 14-15). Secundariamente, as pessoas prejudicadas pela usura real.

**55. Classificação:** trata-se de crime comum (aquele que não demanda sujeito ativo qualificado ou especial); material (depende de efeito patrimonial naturalístico) na primeira figura (obter), mas formal (delito que não exige resultado naturalístico, consistente no efetivo prejuízo para alguém) na segunda (estipular); de forma livre (podendo ser cometido por qualquer meio eleito pelo agente); comissivo (os verbos implicam ações); instantâneo (consuma-se em momento determinado no tempo); unissubjetivo (pode ser cometido por uma só pessoa); plurissubsistente (depende de vários atos para a consumação); admite tentativa.

**56. Benefícios penais:** o crime é de menor potencial ofensivo, comportando transação. Se esta não for viável, admite a substituição por penas restritivas de direitos e, até mesmo, a concessão de *sursis*. A multa é representada pela quantia de 10 a 360 dias-multa, nos termos do art. 49 do Código Penal.

**57. Concurso de agentes:** este item nos parece excessivo. Pode-se considerar coautores ou partícipes do crime de usura quem é cessionário de crédito usurário, cientes da sua natureza ilícita, promovendo a sucessiva transmissão ou execução judicial. Entretanto, não nos parece cabível o mesmo tratamento aos procuradores, mandatário ou mediadores, onde se pode incluir o advogado que prepara o contrato, dentro das suas atividades profissionais. Há diversidade no elemento subjetivo entre eles.

**58. Agravantes específicas:** a usura torna-se mais grave, sem dúvida, em época de grave crise econômica, quando as pessoas precisam muito de empréstimos para quitar suas dívidas. Além disso, quando provocar grave dano individual e, neste caso, a ser analisada caso a caso. Em terceiro aspecto, quando se mascara um contrato, contendo usura, para o ofendido não perceber. A quarta hipótese concentra-se no sujeito ativo, na alínea *a* do inciso IV do § 2.º do art. 4.º, supondo-se ser mais grave a conduta do militar, do funcionário público, do ministro religioso ou de pessoa de condição econômico-social superior à da vítima, o que é bastante justo. Finalmente, quando, visualizando-se a vítima, a usura for praticada contra operário ou agricultor, menor de 18 anos ou deficiente mental (interditado ou não).

# Art. 5.º

> **Art. 5.º** Nos crimes definidos nesta lei, haverá suspensão da pena e livramento condicional em todos os casos permitidos pela legislação comum. Será a fiança concedida nos têrmos da legislação em vigor, devendo ser arbitrada dentro dos limites de Cr$ 5.000,00 (cinco mil cruzeiros) a Cr$ 50.000,00 (cinqüenta mil cruzeiros), nas hipóteses do artigo 2º, e dentro dos limites de Cr$ 10.000,00 (dez mil cruzeiros) a Cr$100.000,00 (cem mil cruzeiros) nos demais casos, reduzida à metade dentro dêsses limites, quando o infrator fôr empregado do estabelecimento comercial ou industrial, ou não ocupe cargo ou pôsto de direção dos negócios.[59]

**59. Artigo defasado:** deve-se seguir os atuais benefícios previstos em lei. Exemplo é que as infrações são de menor potencial ofensivo e comportam transação.

> **Art. 6.º** Verificado qualquer crime contra a economia popular ou contra a saúde pública (Capítulo III do Título VIII do Código Penal) e atendendo à gravidade do fato, sua repercussão e efeitos, o juiz, na sentença, declarará a interdição de direito, determinada no art. 69, IV, do Código Penal, de 6 (seis) meses a 1 (um) ano, assim como, mediante representação da autoridade policial, poderá decretar, dentro de 48 (quarenta e oito) horas, a suspensão provisória, pelo prazo de 15 (quinze) dias, do exercício da profissão ou atividade do infrator.[60]

**60. Artigo defasado:** deve-se seguir a atualidade da legislação em razão de efeitos da condenação e outras medidas cautelares.

> **Art. 7.º** Os juízes recorrerão de ofício sempre que absolverem os acusados em processo por crime contra a economia popular ou contra a saúde pública, ou quando determinarem o arquivamento dos autos do respectivo inquérito policial.[61]

**61. Recurso de ofício:** algo antiquado, atualmente denominado *duplo grau de jurisdição obrigatório*, ainda perdura no contexto dos crimes contra a economia popular, já que é admitido em outros cenários.

> **Art. 8.º** Nos crimes contra a saúde pública, os exames periciais serão realizados, no Distrito Federal, pelas repartições da Secretaria-Geral da Saúde e Assistência e da Secretaria da Agricultura, Indústria e Comércio da Prefeitura ou pelo Gabinete de Exames Periciais do Departamento de Segurança Pública e nos Estados e Territórios pelos serviços congêneres, valendo qualquer dos laudos como corpo de delito.
>
> **Art. 9.º** *(Revogado pela Lei 6.649/79)*.
>
> **Art. 10.** Terá forma sumária, nos termos do Capítulo V, Título II, Livro II, do Código de Processo Penal, o processo das contravenções e dos crimes contra a economia popular, não submetidos ao julgamento pelo júri[62] (Vide Decreto-lei 2.848, de 1940)
>
> § 1.º Os atos policiais (inquérito ou processo iniciado por portaria) deverão terminar no prazo de 10 (dez) dias.

§ 2.º O prazo para oferecimento da denúncia será de 2 (dois) dias, esteja ou não o réu preso.

§ 3.º A sentença do juiz será proferida dentro do prazo de 30 (trinta) dias contados do recebimento dos autos da autoridade policial (art. 536 do Código de Processo Penal).

§ 4.º A retardação injustificada, pura e simples, dos prazos indicados nos parágrafos anteriores, importa em crime de prevaricação (art. 319 do Código Penal).

**62. Procedimento:** deve-se seguir o que for, hoje, previsto para as hipóteses penais desta Lei, conforme a pena abstratamente cominada.

**Art. 11.** No Distrito Federal, o processo das infrações penais relativas à economia popular caberá, indistintamente, a todas as varas criminais com exceção das 1.ª e 20.ª, observadas as disposições quanto aos crimes da competência do júri de que trata o art. 12.

**Art. 12.** São da competência do Júri os crimes previstos no art. 2.º desta Lei. (Vide Emenda Constitucional 1, de 1969)

* A partir deste artigo, deve-se desconsiderar os artigos que unem o crime contra a economia popular ao Tribunal do Júri, pois a Constituição Federal, alterada pela Emenda n. 1/69, deixou claro que o Tribunal Popular, no Brasil, ocupar-se-ia apenas de crimes dolosos contra a vida.

**Art. 13.** O Júri compõe de um juiz, que é o seu presidente, e de vinte jurados sorteados dentre os eleitores de cada zona eleitoral, de uma lista de cento e cinqüenta a duzentos eleitores, cinco dos quais constituirão o conselho de sentença em cada sessão de julgamento. (Vide Emenda Constitucional 1, de 1969)

**Art. 14.** A lista a que se refere o artigo anterior será semestralmente organizada pelo presidente do Júri, sob sua responsabilidade, entre pessoas de notória idoneidade, incluídos de preferência os chefes de família e as donas de casa. (Vide Emenda Constitucional 1, de 1969)

**Art. 15.** Até o dia quinze de cada mês, far-se-á o sorteio dos jurados que devam constituir o tribunal do mês seguinte. (Vide Emenda Constitucional 1, de 1969)

**Art. 16.** O Júri funcionará quando estiverem presentes, pelo menos quinze jurados. (Vide Emenda Constitucional 1, de 1969)

**Art. 17.** O presidente do Júri fará as convocações para o julgamento com quarenta e oito horas de antecedência pelo menos, observada a ordem de recebimento dos processos. (Vide Emenda Constitucional 1, de 1969)

**Art. 18.** Além dos casos de suspeição e impedimento previstos em Lei, não poderá servir jurado da mesma atividade profissional do acusado. (Vide Emenda Constitucional 1, de 1969)

**Art. 19.** Poderá ser constituído um Júri em cada zona eleitoral. (Vide Emenda Constitucional 1, de 1969)

**Art. 20.** A presidência do Júri caberá ao Juiz do processo, salvo quando a Lei de organização judiciária atribuir a presidência a outro. (Vide Emenda Constitucional 1, de 1969)

**Art. 21.** No Distrito Federal, poderá o juiz presidente do Júri representar ao Tribunal de Justiça para que seja substituído na presidência do Júri por Juiz substituto ou Juízes substitutos, nos têrmos do art. 20 da Lei 1.301, de 28 de dezembro de 1950. Servirá no Júri o Promotor Público que fôr designado. (Vide Emenda Constitucional 1, de 1969)

**Art. 22.** O Júri poderá funcionar com pessoal, material e instalações destinados aos serviços eleitorais. (Vide Emenda Constitucional 1, de 1969)

**Art. 23.** Nos processos da competência do Júri far-se-á a instrução contraditória, observado o disposto no Código de Processo Penal, relativamente ao processo comum (livro II, título I, capítulo I) com às seguintes modificações: (Vide Emenda Constitucional 1, de 1969)

I) o número de testemunhas, tanto para a acusação como para a defesa, será de seis no máximo.

II) Serão ouvidas as testemunhas de acusação e de defesa, dentro do prazo de quinze dias se o réu estiver prêso, e de vinte quando sôlto.

III) Havendo acôrdo entre o Ministério Público e o réu, por seu defensor, mediante têrmo lavrado nos autos, será dispensada a inquirição das testemunhas arroladas pelas partes e cujos depoimentos constem do inquérito policial.

IV) Ouvidas as testemunhas e realizada qualquer diligência porventura requeda, o Juiz, depois de sanadas as nulidades e irregularidades e determinar ou realizar qualquer outra diligência, que entender conveniente, ouvirá, nos autos, sucessivamente, por quarenta e oito horas, o órgão do Ministério Público e o defensor.

V) Em seguida, o Juiz poderá absolver, desde logo, o acusado, quando estiver provado que êle não praticou o crime, fundamentando a sentença e recorrendo ex-officio.

VI) Se o Juiz assim não proceder, sem manifestar, entretanto, sua opinião, determinará a remessa do processo ao presidente do Júri ou que se faça a inclusão do processo na pauta do julgamento se lhe couber a presidência.

VII) São dispensadas a pronúncia e a formação de libelo.

**Art. 24.** O órgão do Ministério Público, o réu e o seu defensor, serão intimados do dia designado para o julgamento. Será julgado à revelia o réu sôlto que deixar de comparecer sem justa causa. (Vide Emenda Constitucional 1, de 1969)

**Art. 25.** Poderão ser ouvidas em plenário as testemunhas da instrução que, previamente, e com quarenta e oito horas de antecedência, forem indicadas pelo Ministério Público ou pelo acusado.

**Art. 26.** Em plenário, constituído o conselho de sentença, o Juiz tomará aos jurados o juramento de bem e sinceramente decidirem a causa, proferindo o voto a bem da verdade e da justiça. (Vide Emenda Constitucional 1, de 1969)

**Art. 27.** Qualificado a réu e sendo-lhe permitida qualquer declaração a bem da defesa, observada as formalidades processuais, aplicáveis e constantes da seção IV do cap. II do livro II, tit. I do Código de Processo Penal, o juiz abrirá os debates, dando a palavra ao órgão do Ministério Público e ao assistente, se houver, para dedução da acusação e ao defensor para produzir a defesa. (Vide Emenda Constitucional 1, de 1969)

**Art. 28.** O tempo, destinado à acusação e à defesa será de uma hora para cada uma. Havendo mais de um réu, o tempo será elevado ao dôbro, desde que assim seja requerido. Não haverá réplica nem tréplica. (Vide Emenda Constitucional 1, de 1969)

**Art. 29.** No julgamento que se realizará em sala secreta com a presença do Juiz, do escrivão e de um oficial de Justiça, bem como dos acusadores e dos defensores que se conservarão em seus lugares sem intervir na votação, os jurados depositarão na urna a resposta – sim ou não – ao quesito único indagando se o réu praticou o crime que lhe foi imputado. (Vide Emenda Constitucional 1, de 1969)

**Parágrafo único.** Em seguida, o Juiz, no caso de condenação, lavrará sentença tendo em vista as circunstâncias atenuantes ou agravantes existentes nos autos e levando em conta na aplicação da pena o disposto nos arts. 42 e 43 do Código Penal.

**Art. 30.** Das decisões do Júri, e nos têrmos da legislação em vigor, cabe apelação, sem efeito suspensivo, em qualquer caso. (Vide Emenda Constitucional 1, de 1969)

**Art. 31.** Em tudo mais que couber e não contrariar esta Lei aplicar-se-á o Código de Processo Penal. (Vide Emenda Constitucional 1, de 1969)

**Art. 32.** É o Poder Executivo autorizado a abrir ao Poder Judiciário o crédito especial de Cr$ 2.000.000,00 (dois milhões de cruzeiros) para ocorrer, Vetado, às despesas do pessoal e material necessários à execução desta Lei no Distrito Federal e nos Territórios.

**Art. 33.** Esta Lei entrará em vigor sessenta dias depois de sua publicação, aplicando-se aos processos iniciados na sua vigência.

**Art. 34.** Revogam-se as disposições em contrário.

Rio de Janeiro, 26 de dezembro de 1951; 130.º da Independência e 63.º da República.

GETÚLIO VARGAS

Francisco Negrão de Lima

Horácio Lafer

(*DOU* 27.12.1951)

# Disque-denúncia

## Lei 13.608, de 10 de janeiro de 2018

*Dispõe sobre o serviço telefônico de recebimento de denúncias e sobre recompensa por informações que auxiliem nas investigações policiais; e altera o art. 4.º da Lei 10.201, de 14 de fevereiro de 2001, para prover recursos do Fundo Nacional de Segurança Pública para esses fins.*

O Presidente da República

Faço saber que o Congresso Nacional decreta e eu sanciono a seguinte Lei:

> **Art. 1.º** As empresas de transportes terrestres que operam sob concessão da União, dos Estados, do Distrito Federal ou dos Municípios são obrigadas a exibir em seus veículos, em formato de fácil leitura e visualização:[1]
>
> I – a expressão "Disque-Denúncia", relacionada a uma das modalidades existentes, com o respectivo número telefônico de acesso gratuito;
>
> II – expressões de incentivo à colaboração da população e de garantia do anonimato, na forma do regulamento desta Lei.

**1. Disque-denúncia:** trata-se de uma medida de política criminal do Governo para auxiliar na busca de criminosos e, também, na descoberta de delitos. Não significa, por óbvio, que a denúncia *anônima* (este é o perfil desejado) seja base para uma denúncia ou queixa. Ou mesmo seja fundamento para a instauração de um inquérito contra alguém. Espera-se que a denúncia anônima forneça subsídios para as investigações da polícia, até chegar na materialidade e na autoria de um delito. O anonimato serve de escudo protetor a quem não deseja aparecer; por outro lado, não serve de aparato para uma denúncia ou queixa, nem tampouco ao indiciamento de alguém. A mensagem anônima serve ao Estado para investigar e conseguir substrato consistente para um inquérito, um indiciamento e, depois, uma denúncia ou queixa.

# Art. 2.º

> **Art. 2.º** Os Estados são autorizados a estabelecer serviço de recepção de denúncias por telefone, preferencialmente gratuito, que também poderá ser mantido por entidade privada sem fins lucrativos, por meio de convênio.
>
> **Art. 3.º** O informante que se identificar terá assegurado, pelo órgão que receber a denúncia, o sigilo dos seus dados.[2]

**2. Informante identificado:** eis um ponto interessante, pois um denunciante qualquer é identificado, seja porque quis, seja porque já era conhecido. Ele narra algo no anonimato, do contrário, nem mais informante é, convertendo-se em testemunha (aparente, portanto). No entanto, a Lei garante ao informante conhecido o sigilo de seus dados. Há dois modos de se entender essa previsão: a) ele funcionará como anônimo na sua informação; b) ele é conhecido e apresentará seus informes para, depois, ser protegido pela Lei de Proteção a Vítima e Testemunhas. Resta saber qual será o seu destino. Na jurisprudência: STF: "2. O pleito de quebra de sigilo de dados telefônicos do Núcleo de Inteligência da Polícia Federal não tem por objeto qualquer investigação da prática de uma infração penal, como exige a Lei 9.296/1996, mas apenas a ciência de quem seria o autor de notícia criminal que culminou com diligência de busca e apreensão. Assim, aos agravantes falta legitimidade ao exercício da pretensão, nos termos do art. 3.º do aludido diploma legal, a qual também encontra óbice no art. 3.º da Lei 13.608/2018, que protege o sigilo dos dados de informante que se utiliza de serviço telefônico de recebimento de denúncias" (AP 1.030 AgR, 2.ª T., rel. Edson Fachin, 25.09.2018, v.u.). STJ: "A alegação no sentido de que a providência requerida pela defesa prestigia a ampla defesa e o contraditório é trazida de forma vaga, não podendo, portanto, se sobrepor aos demais valores em jogo, consistentes na preservação da segurança dos informantes que colaboram com a justiça. É nesse sentido, inclusive, o art. 3.º da Lei 13.608/2018, o qual assegura o sigilo dos dados do informante. Deve prevalecer a preservação da identidade do 'denunciante', à míngua de efetiva demonstração de prejuízo acarretado à defesa ou de eventual benefício com a oitiva da gravação, cuja transcrição integral consta dos autos, de modo que é perfeitamente possível exercer o contraditório e a ampla defesa" (AgRg no HC 680.474 – SE, 5.ª T., rel. Reynaldo Soares da Fonseca, 06.09.2022, v.u.).

> **Art. 4.º** A União, os Estados, o Distrito Federal e os Municípios, no âmbito de suas competências, poderão estabelecer formas de recompensa pelo oferecimento de informações que sejam úteis para a prevenção, a repressão ou a apuração de crimes ou ilícitos administrativos.[3]
>
> **Parágrafo único.** Entre as recompensas a serem estabelecidas, poderá ser instituído o pagamento de valores em espécie.

**3. Recompensa:** esse formato de incentivo à população para denunciar crimes e seus autores costuma dar certo em outros países. Resta saber como se sairá no Brasil. De qualquer modo, para receber a recompensa basta que a informação seja útil, independentemente de identificação do denunciante.

> **Art. 4.º-A.** A União, os Estados, o Distrito Federal e os Municípios e suas autarquias e fundações, empresas públicas e sociedades de economia mista manterão unidade de ouvidoria ou correição, para assegurar a qualquer pessoa o direito de relatar informações sobre crimes contra a administração pública, ilícitos administrativos ou quaisquer ações ou omissões lesivas ao interesse público.[4]

> **Parágrafo único.** Considerado razoável o relato pela unidade de ouvidoria ou correição e procedido o encaminhamento para apuração, ao informante serão asseguradas proteção integral contra retaliações e isenção de responsabilização civil ou penal em relação ao relato, exceto se o informante tiver apresentado, de modo consciente, informações ou provas falsas.

**4. Inovação legal:** a Lei 13.964/2019 incluiu o art. 4º-A, obrigando que a União, os Estados, o DF e os Municípios, com suas autarquias e fundações, empresas públicas e sociedades de economia mista *favoreçam* a denúncia de ilícitos administrativos, mantendo unidades de ouvidoria ou correição para tanto. Pelo conteúdo legal, não se trata de uma mera denúncia anônima. Trata-se o denunciante como *informante*. Se esse relato for consistente, encaminha-se a apuração e, nesse caso, *garante-se* ao informante a preservação de sua identidade (isto significa que ele já se mostrou antes), para preservá-lo de retaliações e isenção de responsabilização civil ou penal em relação ao seu relato (evidencia-se que muitos deles são os próprios servidores públicos, que conhecem os ilícitos da Administração). Se o informante ofertar provas falsas poderá responder por isso, sem proteção.

> **Art. 4.º-B.** O informante terá direito à preservação de sua identidade, a qual apenas será revelada em caso de relevante interesse público ou interesse concreto para a apuração dos fatos.[5]
>
> **Parágrafo único.** A revelação da identidade somente será efetivada mediante comunicação prévia ao informante e com sua concordância formal.

**5. Revelação da identidade do informante:** a introdução feita pela Lei 13.964/2019 é, de certa forma, duvidosa, pois o informante de ilícitos administrativos poderá ter a sua identidade conhecida *em caso de relevante interesse público ou interesse concreto para a apuração dos fatos*. Esse é o objetivo da Lei. Mas, por outro lado, de maneira contraditória, especifica o parágrafo único do art. 4º-B, que a identidade somente será conhecida se o informante for cientificado antes e apresentar a sua formal concordância. O que prevalece afinal? O interesse público ou a vontade do informante?

> **Art. 4.º-C.** Além das medidas de proteção previstas na Lei 9.807, de 13 de julho de 1999, será assegurada ao informante proteção contra ações ou omissões praticadas em retaliação ao exercício do direito de relatar, tais como demissão arbitrária, alteração injustificada de funções ou atribuições, imposição de sanções, de prejuízos remuneratórios ou materiais de qualquer espécie, retirada de benefícios, diretos ou indiretos, ou negativa de fornecimento de referências profissionais positivas.[6]
>
> § 1.º. A prática de ações ou omissões de retaliação ao informante configurará falta disciplinar grave e sujeitará o agente à demissão a bem do serviço público.[7]
>
> § 2.º. O informante será ressarcido em dobro por eventuais danos materiais causados por ações ou omissões praticadas em retaliação, sem prejuízo de danos morais.[8]
>
> § 3.º. Quando as informações disponibilizadas resultarem em recuperação de produto de crime contra a administração pública, poderá ser fixada recompensa em favor do informante em até 5% (cinco por cento) do valor recuperado.[9]

**6. Proteção a testemunhas:** se o informante acreditar nas medidas brasileiras de proteção, poderá concordar em se expor e contará com o disposto na Lei 9.807/99, assegurando-lhe proteção total. Se alguém acreditar nisso, que seja informante. Este sistema, infelizmente, nunca foi testado em casos graves. Resta saber quem acredita na sua eficiência, numa País que não tem recursos para quase nada, em matéria de segurança pública.

**7. Sanções contra quem atuar contra o informante:** nota-se que a própria lei admite ser isto possível. Em outros termos, o informante, nesse cenário, não tem muitas garantias. Tanto é verdade que se prevê medidas contra quem agir contra ele, após a denúncia feita. Seja como for, é preciso coragem, no Brasil, para ser informante no contexto dos ilícitos administrativos.

**8. Ressarcimento do informante:** se estiver vivo, o informante, já conhecido, será ressarcido de eventuais danos materiais causados pela ação ou omissão advinda de retaliação, sem prejuízo dos danos morais. Como registramos, se o caso for particularmente grave, o informante terá sorte de sobreviver. E se isto ocorrer, terá que demandar anos a fio por uma indenização (material ou moral). Resta saber o responsável por essas indenizações. Quer-se crer seja o Estado. Só faltava debruçar a responsabilidade pela indenização ao malfeitor denunciado, que, como regra, não tem nada visível e muito menos de fácil acesso.

**9. Recompensa um pouco mais concreta:** se as informações que ele (informante) disponibilizou foram úteis e ajudarem na recuperação do produto do crime, pode-se extrair uma recompensa de até 5% sobre o valor recuperado. Pode ser relevante se tudo correr absolutamente bem. Como se sabe que processos desse nível demoram anos e a represália ao informante pode ser física, nem sempre se terá alguém a pleitear a recompensa.

> **Art. 5.º** O *caput* do art. 4.º da Lei 10.201, de 14 de fevereiro de 2001, passa a vigorar acrescido dos seguintes incisos VI e VII:
>
> "Art. 4.º ...............................................................
>
> ...............................................................
>
> VI – serviço telefônico para recebimento de denúncias, com garantia de sigilo para o usuário;
>
> VII – premiação, em dinheiro, para informações que levem à resolução de crimes.
>
> ..............................................................." (NR)
>
> **Art. 6.º** Esta Lei entra em vigor na data de sua publicação.
>
> Brasília, 10 de janeiro de 2018; 197.º da Independência e 130.º da República.
>
> MICHEL TEMER
>
> Gustavo do Vale Rocha
>
> (*DOU* 11.01.2018)

# Escuta Especializada

## Lei 13.431, de 4 de abril de 2017

*Estabelece o sistema de garantia de direitos da criança e do adolescente vítima ou testemunha de violência e altera a Lei 8.069, de 13 de julho de 1990 (Estatuto da Criança e do Adolescente).*

O Presidente da República:

Faço saber que o Congresso Nacional decreta e eu sanciono a seguinte Lei:

### TÍTULO I
### DISPOSIÇÕES GERAIS

> **Art. 1.º** Esta Lei normatiza e organiza o sistema de garantia[1] de direitos da criança e do adolescente vítima ou testemunha de violência, cria mecanismos para prevenir e coibir a violência, nos termos do art. 227 da Constituição Federal,[2] da Convenção sobre os Direitos da Criança[3] e seus protocolos adicionais, da Resolução 20/2005 do Conselho Econômico e Social das Nações Unidas e de outros diplomas internacionais, e estabelece medidas de assistência e proteção à criança e ao adolescente em situação de violência.[4]

**1. Sistema de garantia:** esta Lei indica, desde logo, a ideia de construir uma organização das normas apropriadas para assegurar os direitos infantojuvenis, voltados à criança ou adolescente vítima de abuso ou testemunha de violência.

**2. Art. 227 da Constituição Federal:** É dever da família, da sociedade e do Estado assegurar à criança, ao adolescente e ao jovem, com absoluta prioridade, o direito à vida, à saúde, à alimentação, à educação, ao lazer, à profissionalização, à cultura, à dignidade, ao respeito, à liberdade e à convivência familiar e comunitária, além de colocá-los a salvo de toda forma de negligência, discriminação, exploração, violência, crueldade e opressão. § 1.º O Estado promo-

# Art. 2.º

verá programas de assistência integral à saúde da criança, do adolescente e do jovem, admitida a participação de entidades não governamentais, mediante políticas específicas e obedecendo aos seguintes preceitos: I – aplicação de percentual dos recursos públicos destinados à saúde na assistência materno-infantil; II – criação de programas de prevenção e atendimento especializado para as pessoas portadoras de deficiência física, sensorial ou mental, bem como de integração social do adolescente e do jovem portador de deficiência, mediante o treinamento para o trabalho e a convivência, e a facilitação do acesso aos bens e serviços coletivos, com a eliminação de obstáculos arquitetônicos e de todas as formas de discriminação. § 2.º A lei disporá sobre normas de construção dos logradouros e dos edifícios de uso público e de fabricação de veículos de transporte coletivo, a fim de garantir acesso adequado às pessoas portadoras de deficiência. § 3.º O direito a proteção especial abrangerá os seguintes aspectos: I – idade mínima de 14 anos para admissão ao trabalho, observado o disposto no art. 7.º, XXXIII; II – garantia de direitos previdenciários e trabalhistas; III – garantia de acesso do trabalhador adolescente e jovem à escola; IV – garantia de pleno e formal conhecimento da atribuição de ato infracional, igualdade na relação processual e defesa técnica por profissional habilitado, segundo dispuser a legislação tutelar específica; V – obediência aos princípios de brevidade, excepcionalidade e respeito à condição peculiar de pessoa em desenvolvimento, quando da aplicação de qualquer medida privativa da liberdade; VI – estímulo do Poder Público, através de assistência jurídica, incentivos fiscais e subsídios, nos termos da lei, ao acolhimento, sob a forma de guarda, de criança ou adolescente órfão ou abandonado; VII – programas de prevenção e atendimento especializado à criança, ao adolescente e ao jovem dependente de entorpecentes e drogas afins. § 4.º A lei punirá severamente o abuso, a violência e a exploração sexual da criança e do adolescente. § 5.º A adoção será assistida pelo Poder Público, na forma da lei, que estabelecerá casos e condições de sua efetivação por parte de estrangeiros. § 6.º Os filhos, havidos ou não da relação do casamento, ou por adoção, terão os mesmos direitos e qualificações, proibidas quaisquer designações discriminatórias relativas à filiação. § 7.º No atendimento dos direitos da criança e do adolescente levar-se- á em consideração o disposto no art. 204. § 8.º A lei estabelecerá: I – o estatuto da juventude, destinado a regular os direitos dos jovens; II – o plano nacional de juventude, de duração decenal, visando à articulação das várias esferas do poder público para a execução de políticas públicas.

**3. Convenção dos direitos da criança:** aprovada pelo Decreto Legislativo 28, de 14 de setembro de 1990, entrou em vigor internacional em 2 de setembro de 1990; ratificada pelo Governo Brasileiro em 24 de setembro de 1990, tendo entrado em vigor para o Brasil em 23 de outubro de 1990; promulgada pelo Poder Executivo por meio do Decreto 99.710/90.

**4. Situação de violência:** há várias leis cuja finalidade é proteger o infante ou jovem da violência, venha de onde vier. Muitas delas permitiram a alteração de artigos do Estatuto da Criança e do Adolescente, como ocorreu, por exemplo, com o advento da denominada Lei da Palmada (Lei 13.010/2014). Na essência, há que se observar o ponto crucial da questão: a prática é muito mais relevante do que a edição de inúmeras leis, que cuidam da violência contra crianças e adolescentes, em tese. Os organismos de proteção infantojuvenis, no Brasil, falham demais e também se omitem, em grande parte por causa da falta de servidores capacitados para atender os dramas familiares e os seus diversos desdobramentos. Diante disso, o excessivo número de leis *afirmando* direitos e *prometendo* garantias chega a ser contraditório, pois o real não atinge o ideal.

> **Art. 2.º** A criança e o adolescente gozam dos direitos fundamentais inerentes à pessoa humana, sendo-lhes asseguradas a proteção integral e as oportunidades e facilidades para viver sem violência e preservar sua saúde

> física e mental e seu desenvolvimento moral, intelectual e social, e gozam de direitos específicos à sua condição de vítima ou testemunha.[5]
>
> **Parágrafo único.** A União, os Estados, o Distrito Federal e os Municípios desenvolverão políticas integradas e coordenadas que visem a garantir os direitos humanos da criança e do adolescente no âmbito das relações domésticas, familiares e sociais, para resguardá-los de toda forma de negligência, discriminação, exploração, violência, abuso, crueldade e opressão.[6]

**5. Direitos específicos:** o que se deve buscar, nesta Lei, são os direitos específicos para a criança ou jovem vítima de violência e, principalmente, testemunha de violência. Afinal, o restante do disposto pelo *caput* do art. 2º. é sobejamente afirmado e reafirmado por ampla legislação, inclusive o Estatuto da Criança e do Adolescente, além da própria Constituição Federal.

**6. Políticas integradas e coordenadas:** é justamente o que falta para colocar em prática o sistema de garantias dos direitos infantojuvenis. Essa é mais uma norma a tocar nesse relevante tema, como sempre, em teoria.

> **Art. 3.º** Na aplicação e interpretação desta Lei, serão considerados os fins sociais a que ela se destina e, especialmente, as condições peculiares da criança e do adolescente como pessoas em desenvolvimento, às quais o Estado, a família e a sociedade devem assegurar a fruição dos direitos fundamentais com absoluta prioridade.[7]
>
> **Parágrafo único.** A aplicação desta Lei é facultativa para as vítimas e testemunhas de violência entre 18 e 21 anos, conforme disposto no parágrafo único do art. 2.º da Lei 8.069, de 13 de julho de 1990 (Estatuto da Criança e do Adolescente).[8]

**7. Fins sociais e absoluta prioridade:** não são poucas as normas recomendando que as leis, em prol das crianças e adolescentes, sejam interpretadas e aplicadas de acordo com os seus fins sociais e considerando a absoluta prioridade a que deve ser elevado o interesse infantojuvenil. Infelizmente, juízes e promotores da Infância e Juventude, bem como equipes técnicas dos Juizados, nem sempre levam em conta tais finalidades e propósitos. Ideias preconcebidas e individuais levam operadores do direito a proferir pareceres e decisões sem levar em consideração o bem-estar e a felicidade da criança ou do adolescente, mas outras metas ou objetivos, tais como o de privilegiar os laços da família natural a qualquer custo, preferir manter a criança em acolhimento institucional em vez de família substituta, faltar ao dever de acompanhamento imediato e pessoal junto aos problemas dos jovens transgressores da lei, entre outros.

**8. Aplicação facultativa:** ao fazer referência ao art. 2º, parágrafo único, do Estatuto da Criança e do Adolescente, em relação à aplicação facultativa da Lei 13.431/2017, indicou-se, em verdade, outra condicional, pois a redação daquele parágrafo único é a seguinte: "*nos casos expressos em lei*, aplica-se excepcionalmente este Estatuto às pessoas entre 18 e 21 anos" (grifamos). Noutros termos, o referido parágrafo único aplica-se somente em certos casos, normalmente vinculados à prática de atos infracionais por maiores de 18 e menores de 21. Verifica-se o uso da Lei 8.069/90 quando há agentes infratores, sendo inviável a aplicação da lei penal comum. Portanto, considerando-se que o maior de 18 anos é maior, para fins penais e civis, não há por que considerá-lo incapaz ou semi-incapaz para prestar depoimentos, utilizando-se o preceituado nesta Lei. Mesmo quando for vítima de violência, não pode

# Art. 4.º

equiparar-se aos adolescentes e crianças para ser tutelado e protegido; quem pode cometer um crime violento e ser por ele punido não é frágil o suficiente para ser amparado quando for a parte ofendida. Na jurisprudência: "2. Os mecanismos de 'Escuta Especializada' estão colocados à disposição e discricionariedade das vítimas e testemunhas de violência para o seu devido resguardo, não sendo plausível o reconhecimento de suposta nulidade em virtude da sua não realização, quando a vítima ou testemunha efetivamente deseja depor perante o Juízo, como ocorreu na espécie, não se podendo retirar a validade das declarações colhidas perante o magistrado, mormente quando respeitados o contraditório e a ampla defesa" (HC 422.635 – SP, 6.ª T., rel. Antonio Saldanha Palheiro, 26.02.2019, v.u.).

> **Art. 4.º** Para os efeitos desta Lei, sem prejuízo da tipificação das condutas criminosas, são formas de violência:
>
> I – violência física, entendida como a ação infligida à criança ou ao adolescente que ofenda sua integridade ou saúde corporal ou que lhe cause sofrimento físico;[9]
>
> II – violência psicológica:[10]
>
> *a)* qualquer conduta de discriminação, depreciação ou desrespeito em relação à criança ou ao adolescente mediante ameaça, constrangimento, humilhação, manipulação, isolamento, agressão verbal e xingamento, ridicularização, indiferença, exploração ou intimidação sistemática (*bullying*) que possa comprometer seu desenvolvimento psíquico ou emocional;[11]
>
> *b)* o ato de alienação parental, assim entendido como a interferência na formação psicológica da criança ou do adolescente, promovida ou induzida por um dos genitores, pelos avós ou por quem os tenha sob sua autoridade, guarda ou vigilância, que leve ao repúdio de genitor ou que cause prejuízo ao estabelecimento ou à manutenção de vínculo com este;[12]
>
> *c)* qualquer conduta que exponha a criança ou o adolescente, direta ou indiretamente, a crime violento contra membro de sua família ou de sua rede de apoio, independentemente do ambiente em que cometido, particularmente quando isto a torna testemunha;[13]
>
> III – violência sexual, entendida como qualquer conduta que constranja a criança ou o adolescente a praticar ou presenciar conjunção carnal ou qualquer outro ato libidinoso, inclusive exposição do corpo em foto ou vídeo por meio eletrônico ou não, que compreenda:[14]
>
> *a)* abuso sexual, entendido como toda ação que se utiliza da criança ou do adolescente para fins sexuais, seja conjunção carnal ou outro ato libidinoso, realizado de modo presencial ou por meio eletrônico, para estimulação sexual do agente ou de terceiro;
>
> *b)* exploração sexual comercial, entendida como o uso da criança ou do adolescente em atividade sexual em troca de remuneração ou qualquer outra forma de compensação, de forma independente ou sob patrocínio, apoio ou incentivo de terceiro, seja de modo presencial ou por meio eletrônico;
>
> *c)* tráfico de pessoas, entendido como o recrutamento, o transporte, a transferência, o alojamento ou o acolhimento da criança ou do adolescente, dentro do território nacional ou para o estrangeiro, com o fim de exploração sexual, mediante ameaça, uso de força ou outra forma de coação, rapto, fraude, engano, abuso de autoridade, aproveitamento de situação de vulnerabilidade ou entrega ou aceitação de pagamento, entre os casos previstos na legislação;

Escuta Especializada

**Art. 4.º**

> IV – violência institucional, entendida como a praticada por instituição pública ou conveniada, inclusive quando gerar revitimização.[15]
>
> V – violência patrimonial, entendida como qualquer conduta que configure retenção, subtração, destruição parcial ou total de seus documentos pessoais, bens, valores e direitos ou recursos econômicos, incluídos os destinados a satisfazer suas necessidades, desde que a medida não se enquadre como educacional.[15-A]
>
> § 1.º Para os efeitos desta Lei, a criança e o adolescente serão ouvidos sobre a situação de violência por meio de escuta especializada e depoimento especial.[16]
>
> § 2.º Os órgãos de saúde, assistência social, educação, segurança pública e justiça adotarão os procedimentos necessários por ocasião da revelação espontânea da violência.[17]
>
> § 3.º Na hipótese de revelação espontânea da violência, a criança e o adolescente serão chamados a confirmar os fatos na forma especificada no § 1.º deste artigo, salvo em caso de intervenções de saúde.[18]
>
> § 4.º O não cumprimento do disposto nesta Lei implicará a aplicação das sanções previstas na Lei 8.069, de 13 de julho de 1990 (Estatuto da Criança e do Adolescente).

**9. Violência física:** torna-se cada vez mais usual – e indevida – a intromissão das leis para definir (e redefinir) termos conhecidos e utilizados na legislação em geral, não somente no âmbito da Infância e Juventude. Já tivemos a oportunidade de criticar a redação do art. 18-A (introduzido pela Lei da Palmada) no Estatuto da Criança e do Adolescente, em que se busca definir *castigo físico*, mencionando ser o uso da força física, que resulte em *sofrimento físico* ou *lesão*. Na realidade, o castigo físico, resultante em lesão, é uma autêntica *lesão corporal* que, nos termos do art. 129 do Código Penal, é "ofender a integridade corporal ou a saúde de outrem". Desnecessário, então, citar a expressão *sofrimento físico*, que resta sem definição apropriada, gerando dúvida. Neste inciso I, retorna-se ao equívoco de conceituar *violência física* como ofensa à integridade corporal ou à saúde ou que cause *sofrimento físico*. *Violência* não é *sofrimento físico*, pois esta é decorrência daquela. Mais adequado restringir o conceito a ofensa à integridade corporal ou à saúde.

**10. Violência psicológica:** em direito penal, o termo *violência* possui dois sentidos: física e moral. A física implica lesão corporal ou vias de fato; a moral é a grave ameaça. Não se lida com a expressão *violência psicológica* diretamente, como integrante do tipo penal, mas, por óbvio, há tipos incriminadores que levam à violência psicológica, vale dizer, abalos emocionais profundos e difíceis de superação. Exemplo disso é o crime de maus-tratos (art. 136, CP): "expor a perigo a vida ou a saúde de pessoa sob sua autoridade, guarda ou vigilância, para fim de educação, ensino, tratamento ou custódia, quer privando-a de alimentação ou cuidados indispensáveis, quer sujeitando-a a trabalho excessivo ou inadequado, quer abusando de meios de correção ou disciplina". Quem se torna vítima desse delito deve padecer violência psicológica. Essa Lei optou por definir a *violência psicológica* em termos amplos e abrangentes, devendo-se considerar apropriado usar uma interpretação restritiva para esse contexto, sob pena de considerar, por exemplo, um simples xingamento uma forma de violência, o que seria exagerado. Diante disso, há de se enfocar, como formato de violência psicológica, o xingamento sistemático, abusivo e contínuo, constitutivo em forma de *bullying*.

**11. *Bullying*:** observa-se que a primeira alínea do inciso II, definindo a violência psicológica, volta-se, basicamente, ao *bullying*, uma forma de intimidação sistemática e contínua,

# Art. 4.º

abrangendo as formas ali descritas, desde que insistentes e intensas. O foco dessa intimidação é promover atos de discriminação, depreciação ou desrespeito no tocante à vítima, por meio de ameaça, constrangimento, humilhação, manipulação, isolamento, agressão verbal, xingamento, ridicularização, indiferença, exploração etc. Tudo isso pode acarretar distúrbios psíquicos ou emocionais (ou ambos). Na realidade, essa Lei nem precisaria dispor a respeito, pois foi editada a Lei 13.185/2015, que institui o Programa de Combate à Intimidação Sistemática (*bullying*), valendo para todos os estabelecimentos de ensino, clubes e agremiações. Por óbvio, vale também à família. Dispõe o art. 3.º da referida Lei 13.185/2015: "A intimidação sistemática (*bullying*) pode ser classificada, conforme as ações praticadas, como: I – verbal: insultar, xingar e apelidar pejorativamente; II – moral: difamar, caluniar, disseminar rumores; III – sexual: assediar, induzir e/ou abusar; IV – social: ignorar, isolar e excluir; V – psicológica: perseguir, amedrontar, aterrorizar, intimidar, dominar, manipular, chantagear e infernizar; VI – físico: socar, chutar, bater; VII – material: furtar, roubar, destruir pertences de outrem; VIII – virtual: depreciar, enviar mensagens intrusivas da intimidade, enviar ou adulterar fotos e dados pessoais que resultem em sofrimento ou com o intuito de criar meios de constrangimento psicológico e social."

**12. Alienação parental:** a Lei 12.318/2010 já dispõe sobre a alienação parental, definindo-a e estabelecendo as medidas para contorná-la e evitar o prejuízo para os filhos. A alínea *b* do inciso II dessa Lei volta ao tema, classificando a referida alienação como uma forma de violência psicológica. De todo modo, se a Lei 12.318/2010 mais serve às famílias constituídas, que podem custear um advogado para defender seus interesses, essa Lei de garantia aos direitos da criança e do adolescente deve voltar-se basicamente às famílias em situação irregular e hipossuficientes, conjugando-se com o disposto pelo Estatuto da Criança e do Adolescente.

**13. Testemunha de violência:** não são poucos os casos, infelizmente, de casais que brigam na frente de seus filhos, muitas vezes atingindo a prática de atos violentos, que podem até mesmo matar um dos membros da família, tornando a criança ou o jovem uma testemunha do fato. Inúmeras são as situações de violência doméstica e, nesse contexto, os infantes e os adolescentes terminam vítimas ou testemunhas. É nesse cenário que ingressam a escuta especializada e o depoimento especial.

**14. Violência sexual:** entre as formas de violência inseridas no contexto dessa Lei encontra-se a sexual. As alíneas *a, b* e *c* expõem cenários de violência sexual já descritos em tipos penais existentes no Código Penal, no Título referente aos delitos contra a dignidade sexual, além de outros, previstos como crimes contra a liberdade individual. Infelizmente, são frequentes os casos criminais sexuais envolvendo a criança ou adolescente como vítimas ou testemunhas.

**15. Violência institucional:** justamente essa forma de violência incomum na legislação, que deveria ter sido definida por esta Lei, não foi. Resta, por uma questão de lógica, apontar os desmandos e abusos de toda ordem cometidos por funcionários ou dirigentes de instituições acolhedoras de crianças ou jovens, prejudicando, ainda mais, a sua recuperação. O termo *revitimização* refere-se ao fato de o infante ou adolescente ter sido acolhido por instituição, por determinação judicial, porque sofreu algum tipo de violência em sua família natural. Se for vítima de outro abuso quando estiver em abrigo, termina por sofrer dupla vitimização.

**15-A. Violência patrimonial:** trata-se de inovação produzida pela Lei 14.344/2022, levando em consideração a viabilidade de crianças e adolescentes possuírem patrimônio, possivelmente deixado por conta do recebimento de herança, motivo pelo qual é curial a proteção dos valores até que possam atingir a maioridade.

**16. Indicação de escuta ou depoimento especial:** essa Lei disciplina várias formas de violência que podem vitimar a criança ou adolescente, ou podem transformá-la em testemunha. Por isso, as formas de violência abrangem inúmeros tipos incriminadores previstos no Código Penal e no Estatuto da Criança e do Adolescente. Devem as Varas Criminais e as da Infância e Juventude estar preparadas para os novos métodos de colheita de declarações ou depoimentos. O objetivo, por certo, é captar a versão dos fatos sem causar mais traumas ou prejuízos psicológicos à criança (ou jovem) vítima ou testemunha.

**17. Revelação espontânea de violência:** significa a *voz da criança ou adolescente* quando narrar o que vivenciou como vítima ou o que viu como testemunha. Pode contar para um médico, uma professora, um policial, enfim, qualquer pessoa com a qual tenha contato após a violência sofrida ou testemunhada. Indica-se, nesta Lei, que sejam adotados os métodos previstos, encaminhando-se a vítima (ou testemunha) ao Juizado da Infância e Juventude ou à polícia.

**18. Confirmação da revelação:** a narrativa espontânea da criança ou adolescente acerca da violência que a vitimou ou sobre os fatos violentos testemunhados precisa ser *formalmente* colhida, para que sirva de prova em juízo. Por isso, o encaminhamento ao órgão estatal que possa promover a escuta ou depoimento especial.

### TÍTULO II
### DOS DIREITOS E GARANTIAS

**Art. 5.º** A aplicação desta Lei, sem prejuízo dos princípios estabelecidos nas demais normas nacionais e internacionais de proteção dos direitos da criança e do adolescente, terá como base, entre outros, os direitos e garantias fundamentais da criança e do adolescente a:[19-20]

I – receber prioridade absoluta e ter considerada a condição peculiar de pessoa em desenvolvimento;

II – receber tratamento digno e abrangente;

III – ter a intimidade e as condições pessoais protegidas quando vítima ou testemunha de violência;[21]

IV – ser protegido contra qualquer tipo de discriminação, independentemente de classe, sexo, raça, etnia, renda, cultura, nível educacional, idade, religião, nacionalidade, procedência regional, regularidade migratória, deficiência ou qualquer outra condição sua, de seus pais ou de seus representantes legais;

V – receber informação adequada à sua etapa de desenvolvimento sobre direitos, inclusive sociais, serviços disponíveis, representação jurídica, medidas de proteção, reparação de danos e qualquer procedimento a que seja submetido;

VI – ser ouvido e expressar seus desejos e opiniões, assim como permanecer em silêncio;[22]

VII – receber assistência qualificada jurídica e psicossocial especializada, que facilite a sua participação e o resguarde contra comportamento inadequado adotado pelos demais órgãos atuantes no processo;[23]

VIII – ser resguardado e protegido de sofrimento, com direito a apoio, planejamento de sua participação, prioridade na tramitação do processo, celeridade processual, idoneidade do atendimento e limitação das intervenções;[24]

IX – ser ouvido em horário que lhe for mais adequado e conveniente, sempre que possível;[25]

# Art. 5.º

> X – ter segurança, com avaliação contínua sobre possibilidades de intimidação, ameaça e outras formas de violência;
>
> XI – ser assistido por profissional capacitado e conhecer os profissionais que participam dos procedimentos de escuta especializada e depoimento especial;[26]
>
> XII – ser reparado quando seus direitos forem violados;
>
> XIII – conviver em família e em comunidade;
>
> XIV – ter as informações prestadas tratadas confidencialmente, sendo vedada a utilização ou o repasse a terceiro das declarações feitas pela criança e pelo adolescente vítima, salvo para os fins de assistência à saúde e de persecução penal;[27]
>
> XV – prestar declarações em formato adaptado à criança e ao adolescente com deficiência ou em idioma diverso do português.[28]
>
> **Parágrafo único.** O planejamento referido no inciso VIII, no caso de depoimento especial, será realizado entre os profissionais especializados e o juízo.[29]

**19. Nota excluída pelo autor.**

**20. Rol de direitos e garantias:** o art. 5º dessa Lei não cria um rol inédito de direitos e garantias da criança e do adolescente, mas apenas repete, em grande parte, tudo o que o Estatuto da Criança e do Adolescente prevê, além do texto constitucional e de várias outras leis especiais. Em verdade, se algo novo pode ser considerado introduzido por essa Lei são as questões referentes à captação da escuta especializada ou o depoimento especial, constantes dos incisos III, VI, VII, VIII, IX, XI, XIV e XV. Por isso, comentaremos somente os mencionados incisos.

**21. Proteção à intimidade:** a escuta especializada e o depoimento especial constituem justamente as metas principais desta Lei. Diante disso, várias regras são estabelecidas para a proteção da intimidade, vida privada e imagem das crianças e adolescentes, prevendo-se até mesmo um tipo incriminador no art. 24, para o caso de violação do sigilo imposto.

**22. Direito ao silêncio:** além de prever o óbvio direito do infante ou jovem de ser ouvido e expressar, livremente, suas opiniões e desejos, quando em procedimentos ou processos relativos à sua vida, inaugura-se o específico direito do menor de 18 anos de *silenciar*, quando bem quiser. Pode calar-se como averiguado (autor de ato infracional), o que advém da própria Constituição, e o direito ao silêncio do adulto preso ou acusado; pode silenciar, igualmente, como vítima e como testemunha. Nesse ponto, choca-se com o Código de Processo Penal, pois o art. 208 prevê o seguinte: "não se deferirá o compromisso a que alude o art. 203 aos doentes e deficientes mentais e aos menores de 14 anos, nem às pessoas a que se refere o art. 206". Em cumprimento à lei processual penal, pode-se compromissar a dizer a verdade toda pessoa maior de 14 anos. No entanto, a partir da edição desta Lei 13.431/2017, os menores de 18 anos não podem ser mais obrigados a depor. A presente lei é mais recente e especial em relação ao CPP. Quanto à vítima, estipula o art. 201 do Código de Processo Penal o seguinte: "sempre que possível, o ofendido será qualificado e perguntado sobre as circunstâncias da infração, quem seja ou presuma ser o seu autor, as provas que possa indicar, tomando-se por termo as suas declarações. § 1º Se, intimado para esse fim, deixar de comparecer sem motivo justo, o ofendido poderá ser conduzido à presença da autoridade (...)". Nota-se que o ofendido, embora não seja compromissado a dizer a verdade, tem a obrigação de prestar declarações em juízo, podendo até ser conduzido coercitivamente à presença do magistrado. No caso da presente lei, quando o menor de 18 anos for vítima de um crime, terá direito ao silêncio.

**23. Assistência especial:** o menor deve contar com assistência jurídica (advogado ou defensor público) e psicossocial (psicólogo e/ou assistente social) durante o trâmite processual ou para ser ouvido como vítima ou testemunha, se quiser falar, além de ser acompanhado durante essa oitiva, protegendo a criança ou adolescente de *comportamento inadequado* (agressivo, violador, insistente, repetitivo, ameaçador etc.) que possa ser adotado pelo delegado, pelo promotor ou pelo juiz. Se o menor for ouvido *sem* a assistência especial pode-se considerar violado o seu direito, tornando falho o ato processual, logo, passível de anulação. Trata-se de uma nulidade absoluta, pois o direito violado é do menor, portanto, indisponível. Retorna-se a esse tema nos comentários ao inciso XI.

**24. Apoio para participação em processo:** além da tutela ao menor durante o seu depoimento, prevista no inciso anterior, prevê-se, neste, uma proteção ao sofrimento, certamente psicológico ou emocional, no tocante à sua participação em qualquer processo. No entanto, deve-se considerar o processo criminal ou outro procedimento que envolva qualquer forma de violência, tal como descrita no art. 4.º dessa Lei. Havendo criança ou adolescente vítima ou testemunha de fato violento, o processo que o apura deve tramitar em regime de urgência, fazendo-se o possível para limitar suas intervenções, vale dizer, quanto menos forem chamados para comparecer em juízo, melhor.

**25. Horário conveniente:** um dos direitos estabelecidos por esta Lei é a designação, pela autoridade policial ou judiciária, de um horário adequado à oitiva da criança ou adolescente. Porém, em nosso entendimento, mais relevante do que o horário é a segurança de que o infante ou jovem não aguarde demais para ser inquirido. A espera causa ansiedade e desgasta a pessoa psicologicamente.

**26. Assistência na escuta ou depoimento especial:** complementando o disposto pelo inciso VII, é direito do menor conhecer os profissionais que lhe dão suporte durante o transcurso do procedimento de escuta especializada e depoimento especial.

**27. Informações confidenciais:** o escopo dessa Lei, entre outros, é tratar sigilosamente as declarações prestadas por menores vítimas de violência ou testemunhas de atos violentos, vedando-se o repasse a terceiros, mesmo que seja para a imprensa. As exceções são para fins de assistência médica ou para compor autos de persecução penal (investigação ou processo).

**28. Adaptação ao deficiente ou estrangeiro:** a medida fixada nesse inciso é correta e adequada, visando à adaptação do método de colheita da declaração ou depoimento à criança ou jovem deficiente (surdo-mudo, mudo, cego, mentalmente retardado etc.) ou estrangeiro, que desconheça o português.

**29. Planejamento conjunto:** conforme comentamos linhas antes, o menor tem direito de ser ouvido por método especial, devidamente acompanhado por advogado ou defensor e psicólogo ou assistente social, seguindo-se um planejamento entre esses profissionais e o delegado ou juiz. Logo, não é possível que a autoridade policial ou judiciária marque dia e hora para ouvir a criança ou adolescente sem um prévio planejamento e consenso entre todos os envolvidos.

> **Art. 6.º** A criança e o adolescente vítima ou testemunha de violência têm direito a pleitear, por meio de seu representante legal, medidas protetivas contra o autor da violência.[30]
>
> **Parágrafo único.** Os casos omissos nesta Lei serão interpretados à luz do disposto na Lei 8.069, de 13 de julho de 1990 (Estatuto da Criança e do Adolescente), na Lei 11.340, de 7 de agosto de 2006 (Lei Maria da Penha), e em normas conexas.[31]

# Art. 7.º

**30. Medidas de proteção:** nunca é demais salientar a possibilidade de se proporcionar às crianças e jovens a necessária proteção contra o autor da violência, sejam os menores as vítimas ou testemunhas. Por certo, pode-se apontar a viabilidade de auferir proteção nos termos da Lei de Proteção à Vítima e à Testemunha (Lei 9.807/99) ou, ainda, quando o caso, nos termos da Lei da Violência Doméstica (Lei 11.340/2006). Entretanto, o disposto nesta Lei *ratifica* esse direito, que deve ser pleiteado ao juiz do caso, que apura o fato violento, por intermédio do representante legal do menor (pai, mãe, tutor, guardião ou curador especialmente nomeado para esse fim).

**31. Interpretação e analogia:** esse dispositivo aponta para o uso de interpretação, quando houver casos omissos; entretanto, havendo lacunas, o correto é indicar a utilização de analogia (processo de integração de normas, quando existem omissões legais). O uso da interpretação *à luz de dispositivos do ECA e da Lei de Violência Doméstica* indica, na realidade, o intuito legislativo de proporcionar a integração desta Lei com o Estatuto da Criança e do Adolescente, bem como da Violência Doméstica. Nada de original, pois a violência contra a criança ou jovem vem tutelada, em grande parte, nessas duas Leis.

## TÍTULO III
### DA ESCUTA ESPECIALIZADA E DO DEPOIMENTO ESPECIAL

> **Art. 7.º** Escuta especializada é o procedimento de entrevista sobre situação de violência com criança ou adolescente perante órgão da rede de proteção, limitado o relato estritamente ao necessário para o cumprimento de sua finalidade.[32]

**32. Escuta especializada:** essa forma de colheita de informações de crianças ou adolescentes vítimas ou testemunhas de qualquer espécie de violência, como as formas retratadas no art. 4º dessa Lei, tem por finalidade a elaboração de um estudo social ou de um laudo, por meio de psicólogos, assistentes sociais ou psiquiatras. O resultado dessa escuta deve compor a peça técnica a ser apresentada ao juízo. Pode ser ao Juízo da Infância e Juventude ou ao Juízo criminal (ou ambos). Esse laudo pode servir para amparar a definição de um caso na Vara da Infância e Juventude, encaminhando o menor a uma família adotiva, caso a violência origine-se da família natural, por exemplo. Pode, ainda, ser útil à decisão de um juiz criminal, em relação ao autor da agressão sexual contra a criança ou adolescente, também como ilustração. Enfim, esse estudo terá inúmeras utilidades, permitindo conhecer mais profundamente o que se passa na mente e na memória de quem foi vítima ou testemunha de violência. Na jurisprudência: STJ: "2. Os mecanismos de 'Escuta Especializada' estão colocados à disposição e discricionariedade das vítimas e testemunhas de violência para o seu devido resguardo, não sendo plausível o reconhecimento de suposta nulidade em virtude da sua não realização, quando a vítima ou testemunha efetivamente deseja depor perante o Juízo, como ocorreu na espécie, não se podendo retirar a validade das declarações colhidas perante o magistrado, mormente quando respeitados o contraditório e a ampla defesa" (HC 422.635 – SP, rel. Antonio Saldanha Palheiro, 6.ª T., j. 26.02.2019, *DJe* 12.03.2019, v.u.).

> **Art. 8.º** Depoimento especial é o procedimento de oitiva de criança ou adolescente vítima ou testemunha de violência perante autoridade policial ou judiciária.[33]

**33. Depoimento especial:** trata-se da declaração da criança ou adolescente, quando tiver sido vítima ou testemunha de ato violento, conforme as espécies de violência descritas pelo art. 4º desta Lei. Esse depoimento é especial, pois deve ser acompanhado por profissional jurídico (advogado ou defensor público), bem como por profissional psicossocial. Os referidos profissionais servirão de contrapeso a eventuais questionamentos inoportunos, inconvenientes ou abusivos por parte de delegados, juízes, promotores ou defensores do réu, acusado da violência. Na jurisprudência: STJ: "2. Infere-se dos autos o indiciamento do agravante por estupro de vulnerável e a distribuição do inquérito policial, com a fixação do juízo natural para apreciação de pedido do Ministério Público, consistente em depoimento especial cautelar. O Juiz não avocou a função acusatória, tampouco deflagrou ação penal de ofício contra o postulante. 3. A oitiva da criança antes do oferecimento da denúncia não consubstancia ilegalidade; tem a natureza de produção antecipada de prova requerida pelo *dominus litis* da ação penal, respaldada pelo art. 8º da Lei n. 13.431/2017. 4. Eventual insurgência da defesa contra a rotina de distribuição do procedimento (número de registro e classificação) não foi objeto de deliberação pelo Tribunal de Justiça e, quando muito, demandaria a mera correção dos registros" (AgRg no RHC 165.731 – RS, 6.ª T., rel. Rogerio Schietti Cruz, 23.08.2022, v.u.); "II – Conforme se apreende, o crime em voga teria sido cometido contra criança, que, atualmente, atingiu os 4 (quatro) anos de idade. Nesse contexto, deve-se considerar que a vítima se enquadra na condição de pessoa em desenvolvimento, merecendo ser tratada como tal, jurídica e psicologicamente. III – No que atine ao debate da medida cautelar de produção antecipada de provas em si, o eg. Tribunal de origem fundamentou de forma suficiente e adequada a sua decisão, bem como ressaltou a mera aplicação de Lei Federal que protege o melhor interesse da vítima (criança). A oitiva especial da vítima, mesmo que de tenra idade, além de não encontrar qualquer óbice legal, tampouco causa prejuízo à defesa. Deve-se rememorar que tal forma de depoimento visa à proteção da depoente/declarante precipuamente" (HC 714.236 – RS, 5.ª T., rel. Jesuíno Rissato, 22.02.2022, v.u.).

> **Art. 9.º** A criança ou o adolescente será resguardado de qualquer contato, ainda que visual, com o suposto autor ou acusado, ou com outra pessoa que represente ameaça, coação ou constrangimento.[34]

**34. Preservação de contato:** esse dispositivo é mandamental, significando que a criança ou adolescente, vítima ou testemunha, *não terá contato* com o suspeito ou autor de ato violento do qual seja vítima ou ao qual tenha testemunhado. Isso significa que, sempre que ouvido, deve o delegado ou juiz assegurar a ausência do indiciado ou réu na sala onde se encontra o menor. Além disso, evitar-se-á qualquer contato com outra pessoa que represente ameaça, coação ou constrangimento, vale dizer, parentes do suspeito ou réu, por exemplo. Em suma, o depoimento especial será prestado *sob segredo de justiça*. Naturalmente, o advogado do acusado estará presente, para assegurar a ampla defesa e o contraditório.

> **Art. 10.** A escuta especializada e o depoimento especial serão realizados em local apropriado e acolhedor, com infraestrutura e espaço físico que garantam a privacidade da criança ou do adolescente vítima ou testemunha de violência.[35]

# Art. 11

**35. Local apropriado e acolhedor:** a imposição legal deste artigo será uma das mais difíceis de se implementar, pois as delegacias e fóruns brasileiros não possuem estrutura para adaptar salas específicas para ouvir crianças ou adolescentes, transformando-as em lugares *apropriados* e *acolhedores* (com pintura especial, brinquedos, móveis baixos para infantes etc.). Se muito, a sala da delegacia ou do fórum estará livre de pessoas além do necessário (juiz, promotor, advogado, escrevente e equipe de assessoria do menor). Algumas Varas da Infância e Juventude possuem essas salas especialmente montadas para a *conversa* entre menores e psicólogos ou assistentes sociais (seria a escuta especializada).

> **Art. 11.** O depoimento especial reger-se-á por protocolos e, sempre que possível,[36] será realizado uma única vez, em sede de produção antecipada de prova judicial,[37] garantida a ampla defesa do investigado.[38]
>
> § 1.º O depoimento especial seguirá o rito cautelar de antecipação de prova:[39-40]
>
> I – quando a criança ou o adolescente tiver menos de 7 anos;
>
> II – em caso de violência sexual.
>
> § 2.º Não será admitida a tomada de novo depoimento especial, salvo quando justificada a sua imprescindibilidade pela autoridade competente e houver a concordância da vítima ou da testemunha, ou de seu representante legal.[41]

**36. Sempre que possível:** essa expressão indica a colheita do depoimento especial *uma única vez*. Se não houver possibilidade de realizar a produção antecipada de provas, a criança ou jovem será ouvido pelo delegado e, depois, novamente inquirido pelo juiz, na fase processual. Porém, essa duplicidade de depoimentos deve ser a exceção – e não a regra.

**37. Produção antecipada de provas:** determina esse dispositivo que, *como regra*, o depoimento especial da criança ou adolescente, vítima ou testemunha de fato violento, *deve* ser prestado uma única vez. Assim sendo, para formar a *opinio delicti* (convencimento) do promotor o ideal é colhê-lo na fase investigatória; porém, para ser captado uma única vez, aponta-se para o uso da produção antecipada de provas, que está aprovada pelo art. 156, I, do Código de Processo Penal. Diante disso, o delegado representa pela realização da produção antecipada de provas, havendo necessidade de colher depoimento especial (ou o membro do Ministério Público requer a sua realização). O juiz determina a autuação à parte dos autos do inquérito policial, designa audiência, cientificando o MP e a defesa constituída do indiciado; se este ainda não tiver advogado, pode-se intimar a defensoria pública para o ato. Além disso, é preciso que o magistrado nomeie advogado *ad hoc* (para o ato) ou solicite a presença de defensor público para compor a equipe de assistência ao menor, juntamente com um psicólogo ou assistente social. No dia e hora da audiência, *sem a presença do indiciado*, contando com a equipe de apoio ao menor (advogado e psicólogo e/ou assistente social), com a presença do Ministério Público e do defensor do indiciado (constituído, dativo ou público), colhe-se a declaração da criança ou adolescente, seguindo-se um método apropriado para isso, a ser fornecido pela equipe multidisciplinar de apoio ao menor ou conjuntamente organizado entre aquela e o juiz. Na jurisprudência: STJ: "3. A Lei 13.431/2017, em seu art. 11, *caput*, e § 1.º, II, prevê que o depoimento da vítima de violência sexual menor de idade será realizado, sempre que possível, uma única vez, dado o caráter protetivo da norma e *ratio legis* de resguardo da infância e limitação das intervenções – art. 5.º, VIII, da mesma lei –, com vistas a evitar a revitimização, considerada violência institucional em seu art. 4.º, IV. 4. Logo, agiu bem o Magistrado singular ao indeferir o pleito de realização da perícia, porquanto já realizado depoimento especial prévio, ocasião em que o réu teve oportunizada a defesa técnica, que apresentou parecer e solicitou nova diligência, devidamente rejeitada, observados os preceitos legais acima" (AgRg nos EDcl no HC 765.562 – SP, 6.ª T., rel. Antonio Saldanha Palheiro, 16.10.2023, v.u.).

**38. Ampla defesa:** cuida-se de garantia constitucional de todo réu, em processo criminal, razão pela qual, mesmo em se tratando de produção *antecipada* de provas, deve-se assegurar a presença de defensor, para que cuide dos interesses do acusado.

**39. Rito da produção antecipada de provas:** não há tal disciplina no CPP, devendo-se buscar, então, o emprego do rito previsto no Código de Processo Civil: "Art. 382. Na petição, o requerente apresentará as razões que justificam a necessidade de antecipação da prova e mencionará com precisão os fatos sobre os quais a prova há de recair. § 1º O juiz determinará, de ofício ou a requerimento da parte, a citação de interessados na produção da prova ou no fato a ser provado, salvo se inexistente caráter contencioso. § 2º O juiz não se pronunciará sobre a ocorrência ou a inocorrência do fato, nem sobre as respectivas consequências jurídicas. § 3º Os interessados poderão requerer a produção de qualquer prova no mesmo procedimento, desde que relacionada ao mesmo fato, salvo se a sua produção conjunta acarretar excessiva demora. § 4º Neste procedimento, não se admitirá defesa ou recurso, salvo contra decisão que indeferir totalmente a produção da prova pleiteada pelo requerente originário." Por vezes, a produção antecipada de provas pode ser inviável, por conta de excesso de processos tramitando na Vara Criminal – especializada ou não, indicando ser mais efetiva a inquirição da vítima durante a instrução da causa. De todo modo, é fundamental haver celeridade no procedimento, sem que haja supressão de direitos fundamentais do acusado. Na jurisprudência: STJ: "2. No caso, embora o agravante esteja preso cautelarmente há mais de 1 ano e 9 meses, houve 'atraso generalizado na pauta de audiência por conta da recente suspensão dos prazos e atos processuais diante do quadro de pandemia pelo novo coronavírus'. Ademais, pela natureza da infração penal apurada – delito de estupro de vulnerável supostamente praticado contra criança de 6 (seis) anos de idade –, foi necessária a realização de audiência para tomada de depoimento especial da menor, na presença da equipe multidisciplinar, nos moldes da Lei n. 13.431/2017. Nessa conjuntura, também se fez necessária a juntada de relatório circunstanciado elaborado pela psicóloga que acompanhou o depoimento. 3. Ademais, já foram apresentadas alegações finais e, inclusive, os autos encontram-se conclusos para sentença, o que atrai a incidência da Súmula 52 do STJ, segundo a qual 'encerrada a instrução criminal, fica superada a alegação de constrangimento por excesso de prazo'. 4. Assim, não se identifica, por ora, o alegado constrangimento ilegal decorrente de excesso de prazo para a conclusão da instrução processual ou, ainda, para a prolação da sentença penal, não havendo falar em desídia por parte do Poder Judiciário, que, ao que tudo indica, vem empreendendo esforços para finalizá-lo" (AgRg no RHC 154.499 – AL, 5.ª T., rel. Ribeiro Dantas, j. 02.08.2022, v.u.).

**40. Duas situações para a produção antecipada de provas:** a) quando a criança tiver menos de 7 anos de idade (como vítima ou testemunha). A menção a adolescente é completamente ilógica, visto que não há nenhum jovem com menos de 7 anos. Quer-se garantir um depoimento rico em detalhes, pois a memória infantil perde-se com o passar do tempo; quanto mais cedo forem ouvidos, melhor; b) em caso de violência sexual, pois os delitos contra a dignidade sexual são de difícil comprovação, diante da delicadeza da situação, do disfarce da conduta e do sigilo com que é praticado o ato sexual com criança ou adolescente.

**41. Outro depoimento especial:** esse dispositivo faz parte do contexto da produção antecipada de provas, quando se colhe o depoimento de menor de 7 anos ou vítima (ou testemunha) de crime sexual. Se houver a produção antecipada, quem capta o depoimento é o juiz, com a garantia da ampla defesa. Dessa forma, inexiste razão para colher outro depoimento da mesma pessoa uma segunda vez. Porém, havendo necessidade, por qualquer razão fundamentada (ex.: contradição ou omissão de fatos), o juiz determina a reinquirição, motivando a decisão, assim como contando com a concordância do representante legal da criança ou adolescente. Não é cabível, como indica, aparentemente, o § 2.º, a aquiescência de um infante ou jovem sem capacidade para decidir.

---

**Art. 12.** O depoimento especial será colhido conforme o seguinte procedimento:[42]

I – os profissionais especializados esclarecerão a criança ou o adolescente sobre a tomada do depoimento especial, informando-lhe os seus direitos e os procedimentos a serem adotados e planejando sua participação, sendo vedada a leitura da denúncia ou de outras peças processuais;[43]

II – é assegurada à criança ou ao adolescente a livre narrativa sobre a situação de violência, podendo o profissional especializado intervir quando necessário, utilizando técnicas que permitam a elucidação dos fatos;[44]

III – no curso do processo judicial, o depoimento especial será transmitido em tempo real para a sala de audiência, preservado o sigilo;[45]

IV – findo o procedimento previsto no inciso II deste artigo, o juiz, após consultar o Ministério Público, o defensor e os assistentes técnicos, avaliará a pertinência de perguntas complementares, organizadas em bloco;[46]

V – o profissional especializado poderá adaptar as perguntas à linguagem de melhor compreensão da criança ou do adolescente;[47]

VI – o depoimento especial será gravado em áudio e vídeo.[48]

§ 1.º À vítima ou testemunha de violência é garantido o direito de prestar depoimento diretamente ao juiz, se assim o entender.[49]

§ 2.º O juiz tomará todas as medidas apropriadas para a preservação da intimidade e da privacidade da vítima ou testemunha.[50]

§ 3.º O profissional especializado comunicará ao juiz se verificar que a presença, na sala de audiência, do autor da violência pode prejudicar o depoimento especial ou colocar o depoente em situação de risco, caso em que, fazendo constar em termo, será autorizado o afastamento do imputado.[51]

§ 4.º Nas hipóteses em que houver risco à vida ou à integridade física da vítima ou testemunha, o juiz tomará as medidas de proteção cabíveis, inclusive a restrição do disposto nos incisos III e VI deste artigo.[52]

§ 5.º As condições de preservação e de segurança da mídia relativa ao depoimento da criança ou do adolescente serão objeto de regulamentação, de forma a garantir o direito à intimidade e à privacidade da vítima ou testemunha.[53]

§ 6.º O depoimento especial tramitará em segredo de justiça.[54]

---

**42. Procedimento para o depoimento especial:** colhido em antecipação de provas ou em normal persecução penal (quando se pode ouvir a vítima ou testemunha na fase investigatória e, depois, na fase judicial), deve-se seguir o procedimento indicado nesse artigo.

**43. Utilização da equipe de apoio:** segundo dispõe o art. 5.º, VII, dessa Lei, a criança ou adolescente (vítima ou testemunha) tem o direito de apoio jurídico e psicossocial durante o seu depoimento, para orientá-la e ampará-la, inclusive contra inquirições impertinentes e indevidas. Esses profissionais orientam o depoente, conforme o seu grau de entendimento, a respeito de como se comportar naquele ato, bem como o objetivo a ser alcançado, sem influenciar no conteúdo da narrativa. Quem fará as perguntas, no entanto, pode ser o delegado (durante a investigação) ou o juiz (durante a instrução), mas também podem combinar de passar a inquirição ao psicólogo ou assistente social. Não se permite – com razão – a leitura da denúncia ou outras peças processuais, pois, em muitos casos, termina por expor, de forma inadequada, a violência que se está apurando.

**44. Narrativa livre:** a criança ou adolescente, ao prestar o depoimento especial, deverá falar livremente, contando o que sabe ou lembra, sem a formalidade dos depoimentos comuns, colhidos pelas autoridades. Para isso, conta com o apoio psicossocial, a fim de esclarecer algum ponto ou dúvida surgida durante a narrativa. Nada impede que o juiz (ou o delegado) intervenha junto ao depoente para tentar obter algum dado, lembrando sempre que a equipe de apoio pode desencorajar perguntas diretas ou agressivas sobre os fatos. Na jurisprudência: STJ: "3. Quanto à suscitada nulidade do interrogatório da vítima V., em decorrência do fato de sua mãe ter entrado em contato com ela no decorrer da audiência de Depoimento sem Dano – art. 12, II, da Lei 13.431/17 –, a Corte de origem, soberana na análise dos elementos fáticos e probatórios dos autos, adotando como razões de decidir o parecer da lavra do ilustre Procurador de Justiça, destacou expressamente que o acontecimento em nada interferiu no contexto probatório, na medida em que a aproximação foi apenas momentânea, não restando demonstrado, conforme quer a defesa, nenhum direcionamento por parte da genitora da ofendida no depoimento prestado pela menor, de modo que a modificação desse entendimento encontra óbice na Súmula 7 desta Corte. 4. No que tange à alegação de nulidade por violação à norma do art. 12, I, da Lei 13.431/17, sob o argumento de que foi feita a leitura de uma peça processual durante o procedimento de Depoimento Processual, verifica-se que essa questão não foi objeto de análise pelo acórdão recorrido, tampouco constou dos embargos declaratórios opostos pela defesa, faltando-lhe, assim, o requisito indispensável do prequestionamento. Aplica-se, por conseguinte, o óbice da Súmula 282/STF, segundo o qual 'é inadmissível o recurso extraordinário, quando não ventilada, na decisão recorrida, a questão federal suscitada'. 5. A alteração do julgado acerca das conclusões firmadas no acórdão objurgado, sobre a autoria dos crimes imputados ao réu, demandaria necessariamente o reexame dos elementos fáticos e probatórios da lide, o que não é possível nesta via especial, consoante pacífico entendimento desta Corte Superior, nos termos da Súmula 7/STJ. 6. Por fim, cumpre destacar que, de acordo com a jurisprudência desta Corte, 'nos crimes contra os costumes, a palavra da vítima é de suma importância para o esclarecimento dos fatos, considerando a maneira como tais delitos são cometidos, ou seja, de forma obscura e na clandestinidade' (AgRg no AREsp 652.144/SP, Rel. Ministro Reynaldo Soares da Fonseca, quinta turma, julgado em 11/6/2015, DJe 17/6/2015). Na espécie, as vítimas prestaram depoimentos detalhados e coerentes, os quais foram corroborados pelas demais provas colhidas no curso do processo, notadamente o depoimento de seus pais e o laudo elaborado pela psicóloga do juízo. 7. Embargos de declaração recebidos como agravo regimental, a que se nega provimento" (AgRg no AREsp 1.612.036 – RS, 5.ª T., rel. Ribeiro Dantas, 05.03.2020, v.u.).

**45. Transmissão em tempo real:** dispõe o art. 10 deva o depoimento especial ser colhido em sala apropriada, que seria diversa da sala de audiência (no fórum) ou da sala de colheita de depoimentos da delegacia. A infraestrutura dos distritos policiais e dos fóruns brasileiros, com raras exceções, não permitirá a existência desses lugares específicos para depoimentos especiais. Portanto, dificilmente ele será prestado em local diverso da sala de audiência (ou equivalente). Por outro lado, ainda que exista um lugar específico, há de se exigir um equipamento moderno para a transmissão em tempo real para onde estariam juiz, promotor e advogado (nesse caso, com o réu presente). A realidade deve levar à colheita do depoimento especial em sala comum, embora sem a presença do indiciado ou acusado, com apoio jurídico e psicossocial, contando com a presença do juiz, promotor e defensor do indiciado ou réu. Aliás, esse inciso dá a entender que o depoimento pessoal seria tomado pelo psicólogo ou as-

# Art. 12

sistente social em lugar apropriado, *sem a participação direta do juiz ou delegado* e das partes interessadas (acusação e defesa). Não vemos desse modo, como único método de colheita do depoimento especial, a menos que haja prévio planejamento entre o juiz (ou delegado) e a equipe de apoio, com a concordância das partes. O depoimento especial não pode *eliminar* a figura do juiz (ou delegado) para a inquirição.

**46. Perguntas e reperguntas:** após a livre narrativa da criança ou adolescente (vítima ou testemunha), o juiz colherá perguntas ou reperguntas dos presentes (MP, defensor do réu, assistentes técnicos se existentes) e repassará ao depoente em bloco. Pode o juiz (ou delegado) fazer diretamente as perguntas ou permitir que o psicólogo ou assistente social o faça. A ideia de questionamentos complementares à narrativa livre do depoente ser feita em bloco afasta o desgaste de dirigir pergunta por pergunta e ainda haver eventual indeferimento, com contrariedades, na frente da criança ou adolescente.

**47. Adaptação da pergunta:** este inciso indica a viabilidade de intervenção positiva da equipe psicossocial para transformar a pergunta do juiz (ou delegado), ou das partes, em linguagem adaptada ao entendimento infantojuvenil. Por certo, essa participação terá maior razão quando se tratar de criança, visto que o adolescente é mais preparado para compreender o que se busca.

**48. Gravação do depoimento:** essa norma é cogente, razão pela qual todos os depoimentos especiais *devem* ser gravados em áudio e vídeo. Essa Lei possui *vacatio legis* de um ano, razão pela qual é tempo suficiente para que distritos e fóruns possuam, pelo menos, uma câmara de vídeo. Entretanto, as realidades brasileiras são bem diversas. Onde não for possível o equipamento, reduz-se o depoimento por escrito. O que não pode ocorrer é existir o aparelho para gravação e isso não ser feito, gerando, então, nulidade.

**49. Depoimento direto ao juiz:** em primeira leitura, parece que o inquiridor não é o juiz e somente o será se a vítima ou testemunha assim quiser. Não deve ser a interpretação correta, pois em vários outros dispositivos nota-se que o juiz (ou delegado) pode fazer perguntas, tanto assim que a equipe de apoio ao infante ou jovem pode interferir para evitar abusos ou excessos. Além disso, chega a ser ilógico supor que uma criança *exija* falar diretamente ao magistrado. Talvez o adolescente, mas, ainda assim, somente haveria esse pleito se ele for bem orientado antes por alguém. De todo modo, segundo nos parece, é o juiz (ou delegado) que faz a inquirição, de acordo com o planejamento organizado junto à equipe de apoio.

**50. Preservação do sigilo:** em vários pontos dessa Lei recomenda-se a preservação da intimidade e da privacidade da vítima ou testemunha de fato violento. Há, inclusive, um novo tipo penal incriminador a respeito, como se pode ver no art. 24.

**51. Presença do autor da violência:** esse parágrafo entra em conflito com o disposto pelo art. 9.º, pois este último disciplina a nítida separação entre vítima ou testemunha menor de 18 anos e o autor da agressão de qualquer espécie. Portanto, o indiciado ou réu não deverá ter contato com a pessoa que presta o depoimento especial.

**52. Medidas de proteção:** dispõe o art. 6º ser direito da criança ou adolescente, vítima ou testemunha de violência, pleitear medidas de proteção contra o autor da violência. Nesse dispositivo, retoma-se o tema, apontando-se deva o juiz determinar as medidas cabíveis, restringindo o acesso ao depoimento especial, enquanto é prestado ou depois de gravado. Essa Lei contém vários dispositivos repetidos, que chegam até a ser contraditórios, demandando-se uma interpretação sistemática para atingir os objetivos desejados.

**53. Condições de preservação e segurança da mídia:** esse parágrafo indica que haverá *regulamentação* em relação a essas condições, quando a mídia envolver depoimento de criança ou adolescente, tudo de forma a assegurar a intimidade e a privacidade da vítima ou testemunha. Repete-se, outra vez, a indispensabilidade de garantir o sigilo da narrativa do menor, quando for ofendido ou testemunha de violência. Essa regulamentação é uma incógnita, se terá origem em Decreto do Poder Executivo ou qualquer outro ato administrativo, inclusive proveniente do Poder Judiciário, que cuidará da mídia diretamente.

**54. Segredo de justiça:** após todas as recomendações acerca de preservação da intimidade e privacidade do depoimento especial, esse parágrafo impõe o segredo de justiça para a colheita do referido depoimento. Na verdade, em termos errôneos, pois menciona que o "depoimento especial tramitará" em segredo de justiça. Quer-se dizer que o procedimento ou processo, onde for colhido o depoimento especial, tramitará em segredo de justiça. Em suma, havendo criança ou adolescente, vítima ou testemunha de qualquer espécie de violência, *deve* o inquérito ou processo-crime tramitar em segredo de justiça, por força de lei.

## TÍTULO IV
### DA INTEGRAÇÃO DAS POLÍTICAS DE ATENDIMENTO

### Capítulo I
### DISPOSIÇÕES GERAIS

> **Art. 13.** Qualquer pessoa que tenha conhecimento ou presencie ação ou omissão, praticada em local público ou privado, que constitua violência contra criança ou adolescente, tem o dever[55] de comunicar o fato imediatamente ao serviço de recebimento e monitoramento de denúncias, ao conselho tutelar ou à autoridade policial, os quais, por sua vez, cientificarão imediatamente o Ministério Público.[56]
>
> **Parágrafo único.** A União, os Estados, o Distrito Federal e os Municípios poderão promover, periodicamente, campanhas de conscientização da sociedade, promovendo a identificação das violações de direitos e garantias de crianças e adolescentes e a divulgação dos serviços de proteção e dos fluxos de atendimento, como forma de evitar a violência institucional.[57]

**55. Delação obrigatória:** institui esse dispositivo uma hipótese de delação, em sentido amplo, obrigatória para quem tiver ciência de algum modo no tocante a violência contra criança ou adolescente, comunicando ao conselho tutelar, à autoridade policial, ao Ministério Público e ao "serviço de recebimento de denúncias", geralmente anônimas. O fundamento da norma é positivo, pois se encontra em harmonia com a defesa dos direitos e garantias das crianças e adolescentes no Brasil. No entanto, havendo uma campanha de conscientização, no sentido do "denuncismo" indiscriminado, como sugerido pelo parágrafo único deste artigo 13, pode haver invasão de intimidade e de privacidade de várias famílias, o que, por certo, também é indevido e inadequado. O meio-termo parece-nos o ideal, significando vedar a *denúncia anônima* como elemento suficiente para que autoridades invadam, *sem ordem judicial*, domicílios alheios ou perturbem a tranquilidade familiar de denunciados. Há quem sustente a vantagem da "denúncia anônima", pois, do contrário, muitos ficariam temerosos de sofrer represálias do autor da violência. Ora, se houver denúncia anônima, cabe ao órgão receptor transmiti-la ao conselho tutelar ou ao Ministério Público, que deverá promover uma investigação prévia, até obter um grau de segurança suficiente para abordar a família. Fora disso, quando a denúncia for feita por pessoa que se identifique e preste depoimento, a ação da autoridade torna-se mais fácil e ágil, até porque quem o fizer de modo falso responderá por isso.

# Art. 14

**56. Grau de relevância da omissão:** embora o art. 13, *caput*, dessa Lei imponha o dever de comunicar o fato violento contra infante ou jovem à autoridade, não se trata da criação de outra hipótese de *omissão penalmente relevante*, nos moldes do disposto pelo art. 13, § 2.º, do Código Penal. Afinal, a norma do art. 13, *caput*, dessa Lei é genérica, não se podendo confundir com os casos específicos expostos no Código Penal. Neste, preceitua-se ser penalmente relevante quando o omitente (deixar de fazer alguma coisa e não simplesmente deixar de denunciar) devia e podia *agir* para evitar o resultado. Esse dever de agir advém de lei impositiva de cuidado, proteção ou vigilância (art. 13, § 2.º, *a*, CP). Ora, nenhum vizinho ou estranho, que tome conhecimento de ato violento contra criança ou adolescente, é cuidador, protetor ou vigia alheio. Eventualmente, tomando-se a posição, por exemplo, da mãe que sabe de abuso sexual praticado por seu companheiro contra a filha e *nada faz* para impedir o resultado, pode responder pelo crime de estupro, diante da omissão penalmente relevante. Ela é cuidadora, protetora e vigilante de sua filha graças ao poder familiar. As outras hipóteses do art. 13, § 2.º, alíneas *b* (de outro modo assumiu a responsabilidade de impedir o resultado) e *c* (gerou o risco com seu comportamento anterior), do CP, também não se aplicam ao *dever genérico* de denunciar atos violentos. Diante disso, o dever imposto pelo art. 13, *caput*, dessa Lei envolve a obrigação moral de evitar o mal e proteger crianças e jovens.

**57. Campanhas de conscientização da sociedade:** segundo o disposto neste parágrafo, a União, os Estados, o Distrito Federal e os Municípios "poderão" promover campanhas de conscientização da sociedade a respeito dos direitos e garantias das crianças e adolescentes. Na verdade, em lugar de *poder*, o correto seriam *dever*. Por outro lado, como mencionado em nota anterior, essas campanhas não devem incentivar o *denuncismo*, especialmente anônimo, pois estimula a invasão à intimidade e vida privada alheia. O ideal é que a sociedade compreenda seu dever de zelar pela integridade e bem-estar de crianças e jovens, assumindo o ônus de delatar o que for preciso, sem se valer do anonimato. Mas, em casos difíceis, o anonimato pode ajudar, embora seja ônus das autoridades conseguir um mínimo de substrato para intervir na vida familiar de outrem. Sob outro aspecto, de maneira a estreitar o âmbito dessa campanha, o objetivo previsto nesse dispositivo é *evitar a violência institucional*. Ora, essa modalidade de violência ocorre em abrigos, que acolhem crianças e jovens desamparados ou vítimas de agressões de toda ordem. Seriam essas campanhas voltadas somente à fiscalização de locais de acolhimento? A menos que se pretenda apontar para o fato de que infantes e adolescentes, quando vítimas de violência, terminam abrigados em instituições, o que, por si só, seria uma forma de violência, ao retirar o menor do convívio familiar. Enfim, não parece coerente a redação desse dispositivo.

> **Art. 14.** As políticas implementadas nos sistemas de justiça, segurança pública, assistência social, educação e saúde deverão adotar ações articuladas, coordenadas e efetivas voltadas ao acolhimento e ao atendimento integral às vítimas de violência.[58]
>
> § 1.º As ações de que trata o *caput* observarão as seguintes diretrizes:
>
> I – abrangência e integralidade, devendo comportar avaliação e atenção de todas as necessidades da vítima decorrente da ofensa sofrida;
>
> II – capacitação interdisciplinar continuada, preferencialmente conjunta, dos profissionais;
>
> III – estabelecimento de mecanismos de informação, referência, contrarreferência e monitoramento;

IV – planejamento coordenado do atendimento e do acompanhamento, respeitadas as especificidades da vítima ou testemunha e de suas famílias;

V – celeridade do atendimento, que deve ser realizado imediatamente – ou tão logo quanto possível – após a revelação da violência;

VI – priorização do atendimento em razão da idade ou de eventual prejuízo ao desenvolvimento psicossocial, garantida a intervenção preventiva;

VII – mínima intervenção dos profissionais envolvidos; e

VIII – monitoramento e avaliação periódica das políticas de atendimento.

§ 2.º Nos casos de violência sexual, cabe ao responsável da rede de proteção garantir a urgência e a celeridade necessárias ao atendimento de saúde e à produção probatória, preservada a confidencialidade.

**58. Políticas de proteção à vítima de violência:** a descrição das ações cabíveis ao Estado para assegurar mecanismos de atendimento às vítimas de violência, constantes dos incisos I a VIII, significaria muito se tudo fosse realmente implementado. Entretanto, quando a reforma processual penal de 2008 modificou o art. 201 do Código de Processo Penal, inserindo medidas de atendimento às vítimas de crimes, nada foi cumprido. As várias medidas protetivas previstas no Estatuto da Criança e do Adolescente também não são, na maioria, cumpridas. Disso decorre que o papel aceita tudo, mas há de se caminhar bastante para que essas providências sejam efetivadas no Brasil.

**Art. 15.** A União, os Estados, o Distrito Federal e os Municípios poderão criar serviços de atendimento, de ouvidoria ou de resposta, pelos meios de comunicação disponíveis, integrados às redes de proteção, para receber denúncias de violações de direitos de crianças e adolescentes.[59]

**Parágrafo único.** As denúncias recebidas serão encaminhadas:

I – à autoridade policial do local dos fatos, para apuração;

II – ao conselho tutelar, para aplicação de medidas de proteção; e

III – ao Ministério Público, nos casos que forem de sua atribuição específica.

**59. Serviços de atendimento:** já existem tais serviços, inclusive os que recebem denúncias anônimas e encaminham aos órgãos investigatórios competentes. Resta saber se esse artigo pretende a implementação de órgãos novos, totalmente voltados à criança e ao adolescente. De toda forma, como comentado em notas anteriores, é preciso cautela para receber denúncias anônimas, com a tomada de providências imediatas e invasivas à intimidade e vida privada alheia. Segundo dispõe o parágrafo único, as denúncias devem ser encaminhadas às seguintes instituições: a) polícia do local dos fatos para apuração. É correto supor que a autoridade policial promoverá uma investigação *antes* de tomar providências diretamente contra a família onde se encontra o menor supostamente vítima, se houver denúncia anônima; caso seja denúncia nominada, o primeiro passo é colher o depoimento do denunciante; b) conselho tutelar para a aplicação de medidas de proteção, desde que se tenha algum dado probatório preliminar; c) Ministério Público, para tomar as medidas investigatórias necessárias.

**Art. 16.** O Poder Público poderá criar programas, serviços ou equipamentos que proporcionem atenção e atendimento integral e interinstitucional às crianças e adolescentes vítimas ou testemunhas de violência, compostos por equipes multidisciplinares especializadas.

**Parágrafo único.** Os programas, serviços ou equipamentos públicos poderão contar com delegacias especializadas, serviços de saúde, perícia médico-legal, serviços socioassistenciais, varas especializadas, Ministério Público e Defensoria Pública, entre outros possíveis de integração, e deverão estabelecer parcerias em caso de indisponibilidade de serviços de atendimento.

## Capítulo II
### DA SAÚDE

**Art. 17.** A União, os Estados, o Distrito Federal e os Municípios poderão criar, no âmbito do Sistema Único de Saúde (SUS), serviços para atenção integral à criança e ao adolescente em situação de violência, de forma a garantir o atendimento acolhedor.

**Art. 18.** A coleta, guarda provisória e preservação de material com vestígios de violência serão realizadas pelo Instituto Médico Legal (IML) ou por serviço credenciado do sistema de saúde mais próximo, que entregará o material para perícia imediata, observado o disposto no art. 5.º desta Lei.

## Capítulo III
### DA ASSISTÊNCIA SOCIAL

**Art. 19.** A União, os Estados, o Distrito Federal e os Municípios poderão estabelecer, no âmbito do Sistema Único de Assistência Social (Suas), os seguintes procedimentos:

I – elaboração de plano individual e familiar de atendimento, valorizando a participação da criança e do adolescente e, sempre que possível, a preservação dos vínculos familiares;

II – atenção à vulnerabilidade indireta dos demais membros da família decorrente da situação de violência, e solicitação, quando necessário, aos órgãos competentes, de inclusão da vítima ou testemunha e de suas famílias nas políticas, programas e serviços existentes;

III – avaliação e atenção às situações de intimidação, ameaça, constrangimento ou discriminação decorrentes da vitimização, inclusive durante o trâmite do processo judicial, as quais deverão ser comunicadas imediatamente à autoridade judicial para tomada de providências; e

IV – representação ao Ministério Público, nos casos de falta de responsável legal com capacidade protetiva em razão da situação de violência, para colocação da criança ou do adolescente sob os cuidados da família extensa, de família substituta ou de serviço de acolhimento familiar ou, em sua falta, institucional.

## Capítulo IV
## DA SEGURANÇA PÚBLICA

> **Art. 20.** O Poder Público poderá criar delegacias especializadas no atendimento de crianças e adolescentes vítimas de violência.[60]
>
> § 1.º Na elaboração de suas propostas orçamentárias, as unidades da Federação alocarão recursos para manutenção de equipes multidisciplinares destinadas a assessorar as delegacias especializadas.
>
> § 2.º Até a criação do órgão previsto no *caput* deste artigo, a vítima será encaminhada prioritariamente a delegacia especializada em temas de direitos humanos.
>
> § 3.º A tomada de depoimento especial da criança ou do adolescente vítima ou testemunha de violência observará o disposto no art. 14 desta Lei.[61]

**60. Delegacias especializadas:** preceitua esse artigo que o Poder Público *poderá* criar distritos adaptados ao atendimento de crianças e adolescentes vítimas de violência. Na verdade, deveria instituir delegacias especializadas, de forma a possuir salas especiais para a colheita do depoimento especial. Enquanto essas delegacias inexistirem, os menores devem ser encaminhados a distritos especializados em temas de direitos humanos, conforme dispõe o § 2.º. Mas podemos ir além. Na ausência de locais especializados em direitos humanos, é importante levar o menor a delegacias que cuidem de minorias, como distritos da mulher, de discriminação racial ou até mesmo de violência doméstica.

**61. Método para a colheita do depoimento especial:** a referência ao art. 14 não tem sentido, pois este dispositivo prevê políticas públicas gerais para o acolhimento e o atendimento integral às crianças e aos adolescentes vítimas de violência. O correto seria apontar o art. 12, que contém as regras para a coleta do depoimento especial. Em verdade, deve haver o acompanhamento de equipe psicossocial para que o menor preste suas declarações, com as informações previstas o inciso I do mencionado art. 12, garantindo livre narrativa da vítima ou testemunha, sem que haja a realização de perguntas específicas por parte de quem a ouve. Se estiver presente o membro do Ministério Público, poderá haver perguntas ao final da narração, com apoio dos profissionais especializados; dá-se o mesmo se, porventura, comparecer ao ato o defensor do indiciado. Havendo viabilidade, grava-se o depoimento em áudio e vídeo. Todo esse procedimento é o ideal, quando for indispensável ouvir o infante ou jovem sem a produção antecipada de prova conduzida pela autoridade judicial, lembrando que muitas delegacias podem não ter amparo de equipe psicossocial, nem mesmo aparelhagem para registro em vídeo e áudio. No entanto, a tomada de providências para apurar eventual crime, ouvindo a criança ou adolescente, como vítima ou testemunha, na maioria das situações, demanda celeridade e não pode aguardar, além de se ressaltar a condição geral de muitas Comarcas brasileiras, que mal possuem equipamento adequado para desempenhar as suas funções no fórum ou na delegacia, tudo a conduzir a uma realidade diversa da prevista nesta Lei. Há de se adaptar, pelo menos, o que for possível, devendo a autoridade policial zelar pela máxima preservação da integridade moral e psicológica de quem é inquirido, proporcionando uma narrativa livre e autêntica, sem perguntas dirigidas ou impositivas. O afastamento proposital das recomendações feitas nesta Lei pode conduzir a um desvio funcional ou mesmo à prática de crime de abuso de autoridade (art. 15-A da Lei 13.869/2019).

# Art. 21

> **Art. 21.** Constatado que a criança ou o adolescente está em risco, a autoridade policial requisitará[62] à autoridade judicial responsável, em qualquer momento dos procedimentos de investigação e responsabilização dos suspeitos, as medidas de proteção pertinentes, entre as quais:[63]
>
> I – evitar o contato direto da criança ou do adolescente vítima ou testemunha de violência com o suposto autor da violência;[64]
>
> II – solicitar o afastamento cautelar do investigado da residência ou local de convivência, em se tratando de pessoa que tenha contato com a criança ou o adolescente;[65]
>
> III – requerer a prisão preventiva do investigado, quando houver suficientes indícios de ameaça à criança ou adolescente vítima ou testemunha de violência;[66]
>
> IV – solicitar aos órgãos socioassistenciais a inclusão da vítima e de sua família nos atendimentos a que têm direito;[67]
>
> V – requerer a inclusão da criança ou do adolescente em programa de proteção a vítimas ou testemunhas ameaçadas; e[68]
>
> VI – representar ao Ministério Público para que proponha ação cautelar de antecipação de prova, resguardados os pressupostos legais e as garantias previstas no art. 5.º desta Lei, sempre que a demora possa causar prejuízo ao desenvolvimento da criança ou do adolescente.[69]

**62. Requisição inadequada:** trata-se de outro equívoco, entre vários, do legislador ao elaborar nova lei. Ao Poder Judiciário nenhuma autoridade, de qualquer outro Poder ou órgão, faz *requisição* (exigência legal), visto que o magistrado conhece as leis, por presunção legal, devendo simplesmente cumpri-la conforme seu entendimento. Por isso, quando se trata da parte, esta *requer* alguma providência ao juiz; tratando-se de autoridade policial, pertencente ao Poder Executivo, cabe-lhe *representar*, ou seja, expor um fato e sugerir diligência. Assim, onde se lê *requisitará*, leia-se *representará*.

**63. Medidas de proteção:** dispõe o art. 6º que a criança e o adolescente, vítima ou testemunha de ato violento, possuem direito de pleitear medidas de proteção, por meio de seu representante legal, à autoridade judicial. Indica-se, inclusive, como fontes das medidas protetivas, o Estatuto da Criança e do Adolescente e a Lei de Violência Doméstica. Durante a investigação, mesmo sem o requerimento do representante legal do infante ou jovem, o delegado pode representar ao juiz pela decretação de medidas de proteção, conforme indicadas nos incisos desse art. 21.

**64. Evitar o contato:** para isso é preciso valer-se da medida de proteção prevista no art. 22, III, *a* (proibir a aproximação do agressor em relação à vítima ou testemunha, fixando o limite mínimo de distância entre eles), previsto na Lei 11.340/2006.

**65. Afastamento cautelar da residência comum:** a autoridade policial não requisita, nem solicita, mas *representa* pelo afastamento do agressor do lar comum, quando for parente ou convivente da vítima. Essa é uma medida típica da Lei de Violência Doméstica para distanciar agressor e agredida, valendo para a vítima infante ou jovem. Por outro lado, esta Lei 13.431/2017 cuida, também, dos interesses das testemunhas de atos violentos, como, por exemplo, no caso de uma criança que tenha presenciado violência em casa (ex.: agressão do pai contra a mãe). Pode ser causa suficiente para afastar o agressor do lar comum.

**66. Decretação da prisão preventiva:** uma vez mais, os termos usados pelo legislador são inadequados; consta que a autoridade policial "requisitará" ao juiz competente as medidas protetivas cabíveis, dentre elas "requerer a prisão preventiva do investigado". Como mencionado anteriormente, cabe à autoridade policial *representar* à autoridade judicial pela imposição de medidas de proteção, uma das quais seria a decretação da prisão cautelar. Essa é a leitura adequada do dispositivo. Naturalmente, cabe ao juiz verificar se estão preenchidos os requisitos processuais penais (arts. 312 e 313 do CPP) para tanto. Pode-se apontar o art. 313, III, do Código de Processo Penal, autorizando a prisão preventiva para permitir a execução de medidas protetivas como, por exemplo, assegurar a separação de corpos entre companheiro e companheira ou a retirada do agressor do lar comum. Por vezes, tratando-se da prática de crime grave (como estupro, homicídio, tortura etc.), a prisão preventiva pode ser necessária por mais tempo.

**67. Inclusão em órgão socioassistencial:** tratando-se de um abrigo, da área de competência do Juiz da Infância e Juventude, este pode determinar a inclusão da criança ou jovem em acolhimento institucional, retirando a vítima do lar onde sofre abuso. Cuidando-se de juiz criminal, cabe a ele oficiar a seu colega da Infância e Juventude para que essa providência seja tomada.

**68. Programa de proteção a vítima ou testemunha:** nos termos da Lei 9.807/99, a autoridade policial pode requerer diretamente ao Conselho Diretivo do Programa. Vale o mesmo procedimento para o membro do Ministério Público e para o juiz que acompanha a investigação ou conduz a instrução.

**69. Produção antecipada de provas:** a medida ideal seria *representar* ao juiz pela produção antecipada de provas, já que a autoridade policial pode, sempre que necessário, tomar o depoimento especial e até representar pela prisão cautelar do investigado. Diante disso, seria perda de tempo acionar o MP para que proponha a ação cautelar. Em face da representação da autoridade policial, ouvido o membro do Ministério Público, o juiz determina a antecipação da prova, nos termos do art. 11 desta Lei.

> **Art. 22.** Os órgãos policiais envolvidos envidarão esforços investigativos para que o depoimento especial não seja o único meio de prova para o julgamento do réu.[70]

**70. Meio de prova único:** o depoimento especial decorre da narrativa de uma criança ou adolescente. Considerando-se a possibilidade de haver distorções e fantasias na referida narrativa, típica situação advinda da idade da vítima ou testemunha, o art. 22 desta Lei teve a cautela de indicar a necessidade de conseguir mais provas, para que o depoimento especial não seja a prova única contra o réu. A mesma cautela é tomada no tocante ao delator, quando se trata de *delação premiada*. O depoimento do colaborador não pode ser a única prova existente para a condenação do acusado, apontado pelo delator. Diante disso, recomenda-se aos órgãos policiais os esforços investigativos pertinentes para ratificar o depoimento especial pela colheita de outras provas. Porém, inexiste sanção para o não cumprimento deste dispositivo, de modo que, pelo menos, deve o juiz do processo no qual se apura o crime cometido pelo apontado agressor da criança ou adolescente ter em mente a nítida recomendação legal para que se verifique o grau do empenho do órgão investigatório para captar provas alheias à declaração da própria vítima, pois há possibilidade de erro judiciário.

**Capítulo V**
**DA JUSTIÇA**

> **Art. 23.** Os órgãos responsáveis pela organização judiciária poderão criar juizados ou varas especializadas em crimes contra a criança e o adolescente.[71]

> **Parágrafo único.** Até a implementação do disposto no *caput* deste artigo, o julgamento e a execução das causas decorrentes das práticas de violência ficarão, preferencialmente, a cargo dos juizados ou varas especializadas em violência doméstica e temas afins.

**71. Juizados especiais para crimes contra a criança ou adolescente:** assim como delegacias especializadas seriam ideais, Varas especializadas também deveriam existir, pois haveria salas apropriadas para escutas e depoimentos especiais. Além disso, nesses locais existiriam equipes multidisciplinares, formadas por psicólogos, assistentes sociais, advogados, psiquiatras etc. Na jurisprudência: STJ: "2. No entanto, o posicionamento jurisprudencial do Superior Tribunal de Justiça sobre o tema é no sentido de que, a partir da entrada em vigor da Lei 13.431/2017, estabeleceu-se que as ações penais que apurem crimes envolvendo violência contra crianças e adolescentes devem tramitar nas varas especializadas previstas no *caput* do art. 23, no caso de não criação das referidas varas, devem transitar nos juizados ou varas especializados em violência doméstica, independentemente de considerações acerca da idade, do sexo da vítima ou da motivação da violência, conforme determina o parágrafo único do mesmo artigo. Assim, somente nas comarcas em que não houver varas especializadas em violência contra crianças e adolescentes ou juizados/varas de violência doméstica é que poderá a ação tramitar na vara criminal comum (EAREsp 2.099.532/RJ, relator Ministro Sebastião Reis Júnior, Terceira Seção, julgado em 26.10.2022, *DJe* de 30.11.2022). 3. Assim, a competência dos juizados ou varas especializadas, cuja criação é preconizada pelo art. 23 da Lei 13.431/2017, para processamento das ações penais que envolvam delitos praticados com violência contra crianças e adolescentes, sobrepõe-se a dos juizados ou varas de violência doméstica, bem como a das varas comuns. Portanto, não há que se falar em incompetência da vara especializada, inexistindo, pois, constrangimento ilegal sanável pela via do *habeas corpus*" (AgRg no HC 898.313 – SP, 5.ª T., rel. Reynaldo Soares da Fonseca, 09.09.2024, v.u.).

**TÍTULO V**

**DOS CRIMES**

> **Art. 24.** Violar[72-74] sigilo processual, permitindo que depoimento de criança ou adolescente seja assistido por pessoa estranha ao processo, sem autorização judicial e sem o consentimento do depoente ou de seu representante legal.[75-76]
>
> Pena – reclusão, de 1 (um) a 4 (quatro) anos, e multa.[77]

**72. Análise do núcleo do tipo:** *violar* (invadir para tomar conhecimento; quebrar; romper) é a conduta principal, que tem por objeto o *sigilo processual* (o segredo de justiça, que vale tanto para a fase investigatória quanto para a processual propriamente dita). A expressão *sigilo processual* deve ser objeto de interpretação extensiva, abrangendo o sigilo procedimental, por força de lei, existente no inquérito. Essa violação traz por consequências o acesso e o conhecimento do conteúdo de depoimento especial de criança ou adolescente, durante a narrativa ou depois. Tendo em vista que o depoimento deve ser gravado em áudio e vídeo (art. 12, VI, dessa Lei), também pode ser assistido *depois* de ter sido captado e registrado. A pessoa estranha ao processo é qualquer indivíduo que não faça parte da equipe operacional do inquérito ou do processo. No inquérito, participam a autoridade judiciária e o escrivão, mais a equipe de apoio à criança ou adolescente. No processo, estão autorizados o juiz, o promotor, o defensor do réu, o escrevente e a equipe de apoio ao menor. Há dois elementos normativos do tipo, demonstrativos da ilicitude: a) sem autorização judicial; b) sem o consentimento do depoente ou de seu representante legal. Insere-se, no tipo penal, a duplicidade de *autorização* para tomar conhecimento do depoimento: juiz e depoente ou seu representante legal. Há que se considerar, em primeiro lugar, que o menor de 18 anos, ao prestar depoimento especial, não possui capacidade legal para concordar ou discordar de quem possa tomar conhecimento da sua narrativa. Logo, reduz-se a autorização ao juiz e ao represente do menor. Em segundo lugar, deve-se levar em conta que *assistir* o depoimento pode dar-se em tempo real ou depois da gravação realizada. Em terceiro, descabe ao representante legal do menor autorizar ou não pessoas previstas em lei, como promotor, defensor do réu, escrevente e equipe de apoio à criança ou adolescente. Em suma, quando já estiver gravado, cuidando-se de pessoa estranha aos quadros judiciários, deve-se colher a concordância do representante legal da vítima ou testemunha menor de 18 anos.

**73. Sujeitos ativo e passivo:** o sujeito ativo pode ser qualquer pessoa. O sujeito passivo é o Estado e, secundariamente, a criança ou adolescente cujo depoimento especial foi visto por outrem não autorizado.

**74. Elemento subjetivo:** é o dolo. Não existe a forma culposa nem se exige o elemento subjetivo específico.

**75. Objetos material e jurídico:** o objeto material é depoimento pessoal sob sigilo; o objeto jurídico é administração de justiça.

**76. Classificação:** trata-se de crime comum (pode ser cometido por qualquer pessoa); formal (delito que não exige resultado naturalístico para se consumar, bastando a prática da conduta); de forma livre (pode ser cometido por qualquer meio); comissivo (delito praticado por meio de ação); instantâneo (crime que se consuma em momento determinado na linha do tempo); unissubjetivo (pode ser cometido por uma só pessoa); plurissubsistente (delito cometido em vários atos); admite tentativa.

**77. Benefícios penais:** não é infração de menor potencial ofensivo, mas comporta suspensão condicional do processo ou o acordo de não persecução penal. Em caso de condenação, pode haver substituição da pena privativa de liberdade por restritivas de direitos. Cabe, ainda, o regime aberto inicial, conforme o caso.

### TÍTULO VI
### DISPOSIÇÕES FINAIS E TRANSITÓRIAS

> **Art. 25.** O art. 208 da Lei 8.069, de 13 de julho de 1990 (Estatuto da Criança e do Adolescente), passa a vigorar acrescido do seguinte inciso XI:
>
> "Art. 208. ............................................................
>
> ............................................................
>
> XI – de políticas e programas integrados de atendimento à criança e ao adolescente vítima ou testemunha de violência.
>
> ............................................................" (NR)
>
> **Art. 26.** Cabe ao Poder Público, no prazo máximo de sessenta dias contado da entrada em vigor desta Lei, emanar atos normativos necessários à sua efetividade.[77-A]

# Art. 27

Leis Penais e Processuais Penais Comentadas – Vol. 2 • **Nucci**

**77-A. Prazo para efetivar aparatos previstos nesta Lei:** após o decurso da *vacatio legis*, há mais sessenta dias para expedir atos normativos para concretizar as medidas previstas para lugares e métodos de colheita de escuta e depoimento especiais.

> **Art. 27.** Cabe aos Estados, ao Distrito Federal e aos Municípios, no prazo máximo de 180 dias contado da entrada em vigor desta Lei, estabelecer normas sobre o sistema de garantia de direitos da criança e do adolescente vítima ou testemunha de violência, no âmbito das respectivas competências.[78]

**78. Prazo para aprimoramento legislativo estadual e municipal:** há uma *vacatio legis* de um ano e, após entrar em vigor, concedem-se mais 180 dias para implementar a legislação estadual e municipal para concretizar os direitos e garantias da criança e do adolescente, previstos nessa Lei.

> **Art. 28.** Revoga-se o art. 248 da Lei 8.069, de 13 de julho de 1990 (Estatuto da Criança e do Adolescente).
>
> **Art. 29.** Esta Lei entra em vigor após decorrido um ano de sua publicação oficial.
>
> Brasília, 4 de abril de 2017; 196.º da Independência e 129.º da República.
>
> Michel Temer
>
> Osmar Serraglio
>
> (*DOU* 05.04.2017)

# Estatuto da Advocacia

## Lei 8.906, de 4 de julho de 1994

*Dispõe sobre o Estatuto da Advocacia e a Ordem dos Advogados do Brasil (OAB).*

O Presidente da República:

Faço saber que o Congresso Nacional decreta e eu sanciono a seguinte Lei:

### TÍTULO I
### Da Advocacia

(...)

### Capítulo II
### DOS DIREITOS DO ADVOGADO

(...)

> **Art. 7º-B.** Constitui crime violar[1-3] direito ou prerrogativa[4] de advogado previstos nos incisos II, III, IV e V do *caput* do art. 7.º desta Lei:[5-6]
>
> Pena – detenção, de 2 (dois) a 4 (quatro) anos, e multa.

**1. Análise do núcleo do tipo:** *violar* (desrespeitar, descumprir, infringir) é o verbo do delito cujo complemento é direito ou prerrogativa do advogado. Em primeiro plano, pode-se apontar a distinção entre direito e prerrogativa. O *direito* é situação que pode ser assegurada por lei, como o *direito à vida* ou *direito à liberdade*, constituindo o gênero do qual se pode extrair a *prerrogativa*, que é um privilégio garantido em lei, voltado a determinadas classes de profissionais, para cumprir devidamente a sua função. Embora o Estatuto da Advocacia (Lei 8.906/94) estipule os direitos do advogado no art. 7.º, tem-se que muitos deles são au-

# Art. 86

tênticas prerrogativas para o melhor desempenho profissional. Assim sendo, o desrespeito a tais direitos constitui crime, representando, na maioria das situações, uma hipótese de abuso de autoridade. Afinal, as prerrogativas dificilmente seriam violadas por outra pessoa que não fosse agente público. No entanto, o crime não foi incluído na Lei 13.869/2019, de modo que pode ser praticado por qualquer pessoa, por exemplo, a violação do escritório do advogado.

**2. Sujeitos ativo e passivo:** o sujeito ativo pode ser qualquer pessoa, embora, na maior parte das vezes, seja o agente público. O sujeito passivo é o advogado cujo direito foi desrespeitado.

**3. Elemento subjetivo do tipo:** é o dolo, não havendo a forma culposa. Se fosse considerado autêntico crime de abuso de autoridade, previsto na lei própria, teria elemento subjetivo específico; no entanto, neste caso, inexiste. Pode-se praticar o tipo por qualquer motivo ou finalidade.

**4. Prerrogativas do advogado:** o tipo penal menciona, expressamente, os incisos II, III, IV e V do art. 7.º, a saber, respectivamente: "II – a inviolabilidade de seu escritório ou local de trabalho, bem como de seus instrumentos de trabalho, de sua correspondência escrita, eletrônica, telefônica e telemática, desde que relativas ao exercício da advocacia; III – comunicar-se com seus clientes, pessoal e reservadamente, mesmo sem procuração, quando estes se acharem presos, detidos ou recolhidos em estabelecimentos civis ou militares, ainda que considerados incomunicáveis; IV – ter a presença de representante da OAB, quando preso em flagrante, por motivo ligado ao exercício da advocacia, para lavratura do auto respectivo, sob pena de nulidade e, nos demais casos, a comunicação expressa à seccional da OAB; V – não ser recolhido preso, antes de sentença transitada em julgado, senão em sala de Estado Maior, com instalações e comodidades condignas, assim reconhecidas pela OAB, e, na sua falta, em prisão domiciliar;" (a parte referente a "assim reconhecidas pela OAB" foi considerada inconstitucional: ADI 1.127 – DF, Plenário, rel. Marco Aurélio, rel. do acórdão Ricardo Lewandowski, 17.05.2006, m.v.).

**5. Objetos material e jurídico:** o objeto material é a prerrogativa violada. O objeto jurídico é a proteção à atividade advocatícia.

**6. Classificação:** é crime comum (pode ser praticado por qualquer pessoa); formal (independe da ocorrência de qualquer efetivo prejuízo para o advogado); de forma livre (pode ser cometido por qualquer meio eleito pelo agente); comissivo (o verbo indica ação); instantâneo (a consumação ocorre em momento definido); unissubjetivo (pode ser cometido por uma só pessoa); unissubsistente (cometido num único ato) ou plurissubsistente (cometido por mais de um ato), conforme o meio eleito pelo agente. Admite tentativa na forma plurissubsistente.

> (...)
> **Art. 86.** Esta lei entra em vigor na data de sua publicação.
> (...)
> Brasília, 4 de julho de 1994; 173.º da Independência e 106.º da República.
> Itamar Franco
>
> (*DOU* 05.07.1994)

# Execução Penal

## Lei 7.210, de 11 de julho de 1984

*Institui a Lei de Execução Penal.*

O Presidente da República:

Faço saber que o Congresso Nacional decreta e eu sanciono a seguinte Lei:

### TÍTULO I
### DO OBJETO E DA APLICAÇÃO
### DA LEI DE EXECUÇÃO PENAL

> **Art. 1.º** A execução penal[1-4-A] tem por objetivo efetivar as disposições de sentença ou decisão criminal[5] e proporcionar condições para a harmônica integração social do condenado e do internado.[6]

**1. Fundamentos constitucionais:** em especial, no art. 5.º, da Constituição Federal, podemos mencionar os seguintes preceitos relativos à execução penal: "XLVI – a lei regulará a individualização da pena..."; "XLVII – não haverá penas: a) de morte, salvo em caso de guerra declarada, nos termos do art. 84, XIX; b) de caráter perpétuo; c) de trabalhos forçados; d) de banimento; e) cruéis"; "XLVIII – a pena será cumprida em estabelecimentos distintos, de acordo com a natureza do delito, a idade e o sexo do apenado"; "XLIX – é assegurado aos presos o respeito à integridade física e moral"; "L – às presidiárias serão asseguradas condições para que possam permanecer com seus filhos durante o período de amamentação". Ressaltemos alguns fatores importantes, decorrentes desses dispositivos constitucionais. Quanto à individualização da pena, sabe-se que há três aspectos a considerar: a) *individualização legislativa*: o primeiro responsável pela individualização da pena é o legislador, afinal, ao criar um tipo penal incriminador inédito, deve-se estabelecer a espécie de pena (detenção ou reclusão) e a faixa na qual o juiz pode mover-se (ex.: 1 a 4 anos; 2 a 8 anos; 12 a 30 anos); b) *individualização judicial*: na sentença condenatória, deve o magistrado fixar a pena concreta, escolhendo o valor

# Art. 1.º

cabível, entre o mínimo e o máximo, abstratamente previstos pelo legislador, além de optar pelo regime de cumprimento da pena e pelos eventuais benefícios (penas alternativas, suspensão condicional da pena etc.); c) *individualização executória*: a terceira etapa da individualização da pena se desenvolve no estágio da execução penal. A sentença condenatória não é estática, mas dinâmica. Um título executivo judicial, na órbita penal, é mutável. Um réu condenado ao cumprimento da pena de reclusão de doze anos, em regime inicial fechado, pode cumpri-la exatamente em doze anos, no regime fechado (basta ter péssimo comportamento carcerário, recusar-se a trabalhar etc.) ou cumpri-la em menor tempo, valendo-se de benefícios específicos (remição, comutação, progressão de regime, livramento condicional etc.). Outro ponto a constatar é a impossibilidade de trabalhos forçados e penas cruéis. As consequências, para a execução penal, são as seguintes: o preso não pode ser punido, sofrendo sanções dentro do presídio, se não quiser trabalhar; porém, perde direito a benefícios penais; as penas não podem ser cruéis, valendo considerar que a mantença de um condenado em cela superlotada, sem a menor condição salubre de subsistência, também é pena cruel. Esta não pode ser confundida, exclusivamente, com base em sua aparência, mas deve ser verificada na sua essência. Exemplo: seria pena cruel o açoite de condenado em praça pública, logo, é pena vedada no Brasil; no entanto, é igualmente cruel manter o preso sem trabalho, em cela superlotada, desrespeitada a Lei de Execução Penal. A separação dos presos em estabelecimentos distintos, conforme a natureza dos delitos, a idade do condenado e o sexo é parcialmente cumprida. Existem penitenciárias para homens e mulheres, mas não há a devida divisão entre presos condenados por crimes mais sérios e outros, menos importantes. Na prática, pois, descumpre-se mandamento constitucional. Presos são misturados, sob o pretexto de carência de vagas. Um condenado por furto pode conviver com o sentenciado por roubo e este com o condenado por latrocínio. Dá-se o mesmo no tocante à idade. A maior parte dos presídios brasileiros permite a promiscuidade entre condenados de 18 anos e outros, com muito mais idade. Quanto ao respeito à integridade física e moral do condenado, é óbvio o desrespeito, também, de dispositivo constitucional. Se em vários estabelecimentos penitenciários brasileiros não se consegue evitar a violência sexual, pois não se garante o isolamento do preso, tampouco se concede ao condenado, no devido tempo, os benefícios a que faz jus, não há respeito algum pela sua integridade física e moral. É fundamental mudar a mentalidade dos operadores do Direito para que se provoque a alteração de comportamento do Poder Executivo, responsável pela administração dos presídios. Pena cruel não é somente açoitar um condenado em praça pública, mas também mantê-lo em cárceres insalubres e superlotados. Logo, o despertar da magistratura para essa realidade é essencial. Na jurisprudência, sobre a individualização executória da pena: STJ: "1. A jurisprudência do Superior Tribunal de Justiça posiciona-se no sentido de que a reincidência do acusado constitui circunstância pessoal que acompanha o condenado durante toda a execução criminal, podendo ser reconhecida pelo Juízo da execução que supervisiona o cumprimento da pena, ainda que não reconhecida pelo juízo que prolatou a sentença condenatória (AgRg no AREsp n. 1341499/MG, relator Ministro Felix Fischer, Quinta Turma, julgado em 16/10/2018, *DJe* 22/10/2018). 2. A Lei de Execução Penal, em seu art. 1º, estabelece como objetivo da execução penal, 'efetivar as disposições da sentença ou decisão criminal e proporcionar condições para a harmônica integração social do condenado e do internado'. 3. O mencionado dispositivo legal é claro e não limita a atuação do juízo executório ao mero cumprimento automático da sentença condenatória. 4. O Juízo da execução deve obediência ao comando exarado da sentença penal condenatória, no que diz respeito ao *quantum* da pena, ao regime inicial fixado para o seu cumprimento e à eventual substituição da pena corporal por restritiva de direitos. 5. As condições pessoais do condenado, a qual a reincidência se encaixa, devem ser observadas durante a execução penal, independente de tal condição ter sido objeto de consideração na sentença penal condenatória, uma vez que também é atribuição do juízo da execução penal a individualização da pena. 6. A reincidência deve ser considerada como um fato relacionado à condição pessoal do condenado que não pode ser simplesmente desconsiderado pelo juízo da execução. É circunstância pessoal que interfere na execução como um todo. 7. Agravo regimental não provido" (AgRg no HC 510.572 – MG, 6.ª T., rel. Antonio Saldanha Palheiro, 06.08.2019, v.u.).

**2. Conceito de execução penal:** trata-se da fase processual em que o Estado faz valer a pretensão executória da pena, tornando efetiva a punição do agente e buscando a concretude das finalidades da sanção penal. Não há necessidade de nova citação – salvo, quanto à execução da pena de multa, pois esta passa a ser cobrada *como se fosse* dívida ativa da Fazenda Pública –, tendo em vista que o condenado já tem ciência da ação penal contra ele ajuizada, bem como foi intimado da sentença condenatória, quando pôde exercer o seu direito ao duplo grau de jurisdição. Além disso, a pretensão punitiva do Estado é cogente e indisponível. Com o trânsito em julgado da decisão, a sentença torna-se título executivo judicial, passando-se do processo de conhecimento ao processo de execução. Embora seja este um processo especial, com particularidades que um típico processo executório não possui (ex.: tem o seu início determinado de ofício pelo juiz, na maior parte dos casos) é a fase do processo penal em que o Estado faz valer a sua pretensão punitiva, desdobrada em pretensão executória.

**3. Natureza jurídica da execução penal:** cuida-se da atividade jurisdicional, voltada a tornar efetiva a pretensão punitiva do Estado, em associação à atividade administrativa, fornecedora dos meios materiais para tanto. Trata-se de atividade mista: administrativo-judiciária. Nessa ótica, está a posição de Ada Pellegrini Grinover, para quem "a execução penal é atividade complexa, que se desenvolve, entrosadamente, nos planos jurisdicional e administrativo. Nem se desconhece que dessa atividade participam dois Poderes estatais: o Judiciário e o Executivo, por intermédio, respectivamente, dos órgãos jurisdicionais e dos estabelecimentos penais" (Natureza jurídica da execução penal, p. 7). Destacando a inviabilidade de se pensar o processo de execução penal distante da atuação do Poder Judiciário, está, também, a lição de Sidnei Agostinho Beneti (*Execução penal*, p. 6-7). O ponto de encontro entre as atividades judicial e administrativa ocorre porque o Judiciário é o órgão encarregado de proferir os comandos pertinentes à execução da pena, embora o efetivo cumprimento se dê em estabelecimentos administrados pelo Executivo e sob sua responsabilidade. É certo que o juiz é o corregedor do presídio, mas a sua atividade fiscalizatória não supre o aspecto de autonomia administrativa plena de que gozam os estabelecimentos penais no Estado, bem como os hospitais de custódia e tratamento. Por outro lado, é impossível dissociar-se o Direito de Execução Penal do Direito Penal e do Processo Penal, pois o primeiro regula vários institutos de individualização da pena, úteis e utilizados pela execução penal, enquanto o segundo estabelece os princípios e formas fundamentais de se regular o procedimento da execução, impondo garantias processuais penais típicas, como o contraditório, a ampla defesa, o duplo grau de jurisdição, entre outros. Por isso, é preciso frisar que cabe à União, privativamente, a competência para legislar em matéria de execução penal, quando as regras concernirem à esfera penal ou processual penal (art. 22, I, CF). Sob outro aspecto, quando envolver matéria pertinente a direito penitenciário, vinculada à organização e funcionamento de estabelecimentos prisionais, normas de assistência ao preso ou ao egresso, órgãos auxiliares da execução penal, entre outros temas correlatos à parte administrativa da execução, a competência legislativa é da União, mas concorrentemente com os Estados e Distrito Federal (art. 24, I, CF).

**4. Autonomia do Direito de Execução Penal:** esta é a denominação adotada, na Exposição de Motivos da Lei 7.210/1984 (itens 9 e 12), para o ramo do direito que cuida da execução da pena e das medidas de segurança aplicadas, envolvendo todos os aspectos pertinentes a tornar efetiva a sanção punitiva estatal. Trata-se de ciência autônoma, com princípios próprios, embora sem, jamais, desvincular-se do Direito Penal e do Direito Processual Penal, por razões inerentes à sua própria existência. O Direito de Execução Penal é autônomo e interdependente. Sua base constitucional e os direitos e garantias individuais que o norteiam advêm do Direito Penal e do Processo Penal, constituindo sua relação de interdependência. A autonomia decorre de legislação específica (Lei Federal 7.210/84), além de se poder apontar a existência de inúmeras Varas Privativas de Execução Penal, evidenciando a especialidade da atividade judiciária. Por outro lado, a natureza complexa de sua manifestação, abrangendo aspectos jurisdicionais e administrativos, compõe o quadro de independência dos demais ramos do Direito. A insuficiência da denominação Direito Penitenciário, quando utilizada para se referir à execução penal, torna-se nítida, na medida em que a Lei de Execução Penal cuida de temas muito mais abrangentes do que o cumprimento de penas em regime fechado ou da fiscalização exercida por órgãos do Poder Executivo (sobre o tema, consultar a nota 4-A, *infra*).

**4-A. Direito Penitenciário:** deveria cuidar-se de ramo voltado apenas à esfera administrativa da execução penal, que é um procedimento complexo, envolvendo aspectos jurisdicionais e administrativos concomitantemente. Porém, a expressão *direito de execução penal* é mais recente e é preciso reconhecer o fato de que o constituinte, ao inserir a possibilidade de a União, os Estados e o Distrito Federal legislarem, concorrentemente, em certas matérias, incluiu no art. 24, inciso I, o termo *direito penitenciário*. Refere-se, por óbvio, à execução penal. De qualquer forma, de acordo com o princípio da legalidade, o correto seria exigir sempre que a legislação pertinente ao direito penitenciário (ou direito de execução penal) se desse por meio de lei, aprovada pelo Poder Legislativo – e não por regulamentos, resoluções ou qualquer outro ato administrativo proveniente do Poder Executivo. Quanto aos aspectos ligados estritamente ao direito penal ou ao processo penal, exige-se lei advinda do Poder Legislativo federal (art. 22, I, CF). Na jurisprudência: STF: "3. O Direito Penitenciário, no ordenamento jurídico brasileiro, compreende um conjunto de regras e princípios que não estão reunidos em um único estatuto, mas emergem de diversas fontes: Constituição Federal, Lei de Execução Penal – LEP, Tratados Internacionais, os Códigos Penal e de Processo Penal, leis estaduais e atos administrativos emanados dos órgãos superiores de Política Penitenciária" (RE 1.224.396 AgR-segundo, 1.ª T., rel. Alexandre de Moraes, 29.05.2020, v.u.).

**5. Sentença e decisão criminal:** a sentença condenatória é o título principal a ser executado pelo juízo próprio (Vara da Execução Penal), mas há, também, decisões criminais (interlocutórias), proferidas durante a execução da pena, que devem ser efetivadas. Portanto, iniciada a execução, ela se baseia na sentença condenatória. Posteriormente, decisões interlocutórias são proferidas pelo juiz da execução penal, transferindo o preso para regime mais favorável (ex.: passagem do regime fechado ao semiaberto) ou concedendo qualquer outro benefício (ex.: livramento condicional). Todas essas decisões judiciais têm uma função comum: proporcionar a ressocialização do preso ou a cura do internado (este último é a pessoa sujeita à medida de segurança).

**6. Funções e finalidade da pena:** a sanção penal apresenta duas funções e três finalidades, que podem ser analisadas e, por certo, atuam concomitantemente. A função retributiva é o alerta gerado ao criminoso acerca de seu comportamento penalmente ilícito, produzindo uma aflição corretiva, cuja proporcionalidade precisa estar em rigoroso paralelo com a gravidade do que foi realizado. A função reeducativa ou ressocializadora oportuniza ao sentenciado uma revisão de seus conceitos e valores de vida para, querendo, alterar seu comportamento futuro e não mais delinquir; porém, a reeducação é uma faculdade e não uma obrigatoriedade. Caso cumpra sua pena e mantenha seus próprios princípios, desde que não torne a delinquir, não mais será sancionado. A primeira finalidade da pena é a legitimação do direito penal, evidenciando à sociedade a eficácia das suas regras e a eficiência das suas sanções. A

Execução Penal

# Art. 2.º

segunda cuida da meta de intimidação geral da sociedade, por meio da cominação de penas às condutas previstas como criminosas; é preciso que o destinatário da norma penal conheça as consequências de sua opção pela prática do delito. A terceira se volta à segregação, quando necessária, para inserir o sentenciado em regime fechado ou semiaberto, evitando que torne a delinquir, ao menos durante o período em que cumpre a pena.

> **Art. 2.º** A jurisdição penal[7-7-A] dos juízes ou tribunais da justiça ordinária, em todo o território nacional, será exercida, no processo de execução, na conformidade desta Lei e do Código de Processo Penal.[8]
>
> **Parágrafo único.** Esta Lei aplicar-se-á igualmente ao preso provisório e ao condenado pela Justiça Eleitoral ou Militar, quando recolhido a estabelecimento sujeito à jurisdição ordinária.[9-10-B]

**7. Jurisdição ordinária e jurisdição especial:** ordinária é a jurisdição comum – federal ou estadual – não concernente a nenhuma matéria específica, fixada pela Constituição. Por outro lado, em relação à chamada jurisdição especial, que trata de matéria específica, constitucionalmente prevista, somente há possibilidade de haver condenação criminal na Justiça Eleitoral ou na Justiça Militar. Assim, caso o condenado por delito eleitoral ou por crime militar cumpra pena em estabelecimento sujeito à jurisdição comum, sob corregedoria do juiz da execução criminal estadual, no caso de presídios administrados pelo Estado, ou do juiz da execução criminal federal, se o presídio for administrado pela União, deve integrar-se às mesmas regras condutoras da execução penal dos demais detentos. Não teria sentido haver qualquer tipo de discriminação entre um e outro, se ambos estão sob o abrigo do mesmo estabelecimento penitenciário. Aliás, para evitar que houvesse a intensificação de conflitos de competência entre juízes federais e estaduais, o Superior Tribunal de Justiça editou a Súmula 192, estabelecendo que "compete ao Juízo das Execuções Penais do Estado a execução das penas impostas a sentenciados pela Justiça Federal, Militar ou Eleitoral, quando recolhidos a estabelecimentos sujeitos à administração estadual". Portanto, do mesmo modo, compete ao juiz federal das execuções criminais a execução de penas impostas pela Justiça Estadual, se os condenados estiverem recolhidos em presídios sujeitos à administração federal. Registre-se o disposto no art. 3.º da Lei 8.072/90 (Lei dos Crimes Hediondos): "A União manterá estabelecimentos penais, de segurança máxima, destinados ao cumprimento de penas impostas a condenados de alta periculosidade, cuja permanência em presídios estaduais ponha em risco a ordem ou incolumidade pública". A partir de 2006, iniciou as atividades o primeiro presídio federal, no Brasil, com tal finalidade, situado no município de Catanduvas, no Estado do Paraná. Após, outros já surgiram em Mossoró, Campo Grande e Porto Velho.

**7-A. Progressão de regime e mantença da competência do juízo:** o sentenciado, quando cumprir pena em presídio estadual, terá seu processo analisado pelo juiz estadual, responsável pela fiscalização do estabelecimento. O mesmo acontece se o condenado cumpre pena em presídio federal; seu processo fica a cargo do juiz federal. Entretanto, havendo um sentenciado pela Justiça Federal, que cumpra pena em presídio estadual, o processo executório é da competência do juiz estadual. Se esse preso progride para o semiaberto e depois aberto, continua competente o juiz estadual. Na jurisprudência: STJ: "1. 'Compete ao Juízo das Execuções Penais do Estado a execução das penas impostas a sentenciados pela Justiça Federal, Militar ou Eleitoral, quando recolhidos a estabelecimentos sujeitos à administração estadual.' Súmula n. 192 do STJ. 2. Segundo a jurisprudência desta Corte, a progressão para o regime aberto não afasta a competência do Juízo estadual para fiscalizar a execução da pena. 3. Conflito conhecido para declarar a competência do Juízo de Direito da Vara de Execuções

# Art. 2.º

Leis Penais e Processuais Penais Comentadas – Vol. 2 · Nucci

Penais de Foz do Iguaçu/PR, o suscitado" (CC 157.691 – PR, 3.ª S., rel. Joel Ilan Paciornik, j. 23.05.2018, v.u.).

**8. Lei de Execução Penal e Código de Processo Penal:** a redação do art. 2.º dá a entender que os dispositivos da Lei 7.210/84 convivem harmoniosamente com os arts. 668 e seguintes do Código de Processo Penal, que cuidam da execução penal. Assim não nos parece. Toda a matéria regulada por lei especial (Lei 7.210/84) prevalece sobre o disposto nos arts. 668 e seguintes do Código de Processo Penal. Não é possível que dois diplomas legais cuidem do mesmo tema, aplicando-se à execução da pena qualquer norma, a bel prazer do magistrado. O Código de Processo Penal será, logicamente, aplicado à execução penal, quando se tratar de preceito inexistente na Lei de Execução Penal. Portanto, ilustrando, da mesma forma que o réu tem direito à ampla defesa, patrocinada por advogado (art. 261, CPP), o preso possui idêntico direito. No mais, os dispositivos do CPP que conflitarem com a Lei de Execução Penal não mais serão aplicados, tanto porque a Lei 7.210/84 é mais recente (critério da sucessividade) como também porque é especial (critério da especialidade). Outras normas do CPP, por exemplo, o capítulo dos recursos, encontram-se aptas a subsidiar esta Lei de Execução Penal.

**9. Execução provisória da pena:** iniciemos a abordagem do tema, mencionando a Súmula 716 do Supremo Tribunal Federal: "Admite-se a progressão de regime de cumprimento da pena ou a aplicação imediata de regime menos severo nela determinada, antes do trânsito em julgado da sentença condenatória". O advento da referida Súmula decorre da consolidada jurisprudência formada em inúmeros tribunais pátrios, cuja origem remonta ao início dos anos 1990. Não é demais ressaltar que a lentidão da Justiça é evidente. Uma decisão condenatória pode levar anos para transitar em julgado, bastando que o réu se valha de todos os recursos permitidos pela legislação processual penal. Por isso, o que vinha ocorrendo era o seguinte: o acusado, condenado, por exemplo, a seis anos de reclusão por roubo, preso preventivamente, inserido no regime fechado, apresentava apelação. Até que esta fosse julgada pelo tribunal e computando-se o tempo de prisão cautelar, para o fim de aplicar a detração (art. 42, CP), era possível que ele atingisse mais da metade da pena no regime fechado, quando, então, transitaria em julgado a sentença. Ora, a partir daí, iria requerer a progressão para o regime semiaberto, em procedimento que levava outro extenso período para ser apreciado. Em suma, iria para a colônia penal quando já tivesse cumprido muito mais que metade da pena, embora, como dispõe o art. 112 da Lei 7.210/84, no seu caso concreto, ele tivesse direito à progressão ao atingir um prazo menor no regime fechado. Outro preso, em igual situação, se não oferecesse apelação, poderia obter a progressão de regime muito tempo antes. A lentidão da Justiça transformou-se, então, em obstáculo ao exercício do direito de recorrer, pois, se tal se desse, a progressão seria postergada indefinidamente. Diante disso, os juízos de execução penal, apoiados pelos tribunais, adotaram medida extremamente justa. Passaram a conceder ao condenado, ainda que pendente recurso seu contra a decisão condenatória, a progressão do regime fechado para o semiaberto, se preenchidos os requisitos legais. O Tribunal de Justiça de São Paulo, em 1999, editou o Provimento 653/99, determinando que os juízes da condenação expedissem guia de recolhimento provisória, encaminhada ao juízo da execução penal, para que este pudesse deliberar sobre a progressão de regime do preso provisório. Não se trata de *ordem* do tribunal para que qualquer juiz *conceda* a progressão, mas tão somente para que seja expedida a guia provisória, viabilizando, quando for o caso, a progressão. Nenhum prejuízo advém ao réu. Se este, no futuro, tiver seu apelo provido e terminar absolvido, ao menos já estará em regime mais favorável que o fechado. Alguns doutrinadores objetaram, alegando lesão ao princípio constitucional da presunção de inocência. Como se poderia promover de regime um preso provisório, logo, considerado inocente até o trânsito em julgado da decisão, sem ferir a presunção estabelecida pelo art. 5.º, LVII, da Constituição Federal? Como poderia um preso provisório *cumprir pena*? Seria o mesmo que considerá-lo *condenado antes do trânsito em julgado*. Tais alegações não nos convenceram, desde o princípio. Os direitos e garantias fundamentais (art. 5.º, CF) são escudos protetores do indivíduo contra o Estado e não podem, jamais, ser usados contra os seus interesses. Portanto, não se pode alegar que, em homenagem à presunção de inocência, mantém-se o preso no regime fechado, porque em decorrência de prisão cautelar, quando ele poderia ir para regime mais favorável, sem nenhum prejuízo à sua ampla possibilidade de defesa. Em função da presunção de inocência, ninguém pode ser prejudicado. Logo, a consolidação da progressão de regime do preso provisório é uma vitória dos direitos humanos fundamentais contra a lamentável lentidão da Justiça brasileira. A viabilidade, segundo entendíamos, somente estaria presente, quando a decisão, no tocante à pena, tivesse transitado em julgado para o Ministério Público, pois, assim, haveria um teto máximo para a sanção penal, servindo de base ao juiz da execução penal para o cálculo da progressão. Por outro lado, ainda que o órgão acusatório apresentasse apelo para elevar a pena, o juiz da execução penal poderia determinar a progressão de regime, levando em conta o máximo em abstrato previsto para o delito. Se o condenado já tivesse atingido o patamar previsto em lei, seria óbvio que pudesse progredir, mesmo que pendente recurso da acusação. Hoje, cremos ser viável a concessão da progressão de regime, fazendo-se a execução provisória, mesmo quando o órgão acusatório oferecer recurso pretendendo a elevação da pena. O apelo é uma mera probabilidade de alteração do *quantum* da pena, muitas vezes interposto somente para impedir o direito do acusado à execução provisória. Além do mais, do mesmo modo que há progressão, existe a regressão. Se, provido o recurso ministerial, houver substancial mudança na pena, conforme o caso, pode aplicar-se o regresso do condenado a regime menos favorável. Na jurisprudência: STJ: "5. A demora no julgamento da apelação não pode impedir o paciente de usufruir de benefícios relativos à execução da pena, motivo pelo qual se faz necessária a expedição da competente guia de execução provisória. Compulsando os autos, verifico que o Magistrado determinou apenas a expedição de guia de recolhimento (e-STJ fl. 101), dessarte, mister se faz a expedição da guia de execução provisória. 6. *Habeas corpus* não conhecido, com recomendação de celeridade nas providências cabíveis para o recebimento e julgamento da Apelação n. 424-43.1997.8.17.1410 e determinação de expedição de guia de execução provisória da pena" (HC 520.914 – PE, 5.ª T., rel. Reynaldo Soares da Fonseca, 10.09.2019, v.u.). Atualmente, encontra-se em vigor a Resolução n. 113, de 20 de abril de 2010, do Conselho Nacional de Justiça, disciplinando a matéria referente à guia de recolhimento provisória, nos arts. 8.º a 11.

**9-A. Direitos e deveres do preso provisório:** a partir do reconhecimento do direito do preso provisório à execução provisória de sua pena, para beneficiá-lo, é imperioso que ele respeite os mesmos deveres dos condenados. O preso provisório deve trabalhar, se quiser progredir; deve ter bom comportamento, se pretender obter benefícios. Na jurisprudência: STJ: "1. A teor do parágrafo único do art. 2º da Lei 7.210/84, as normas da execução penal devem ser igualmente aplicadas ao preso provisório e ao condenado pela Justiça Eleitoral ou Militar, quando recolhido a estabelecimento sujeito à jurisdição ordinária. 2. Presos, provisório ou definitivo, estão sujeitos ao mesmo dever de cumprimento às regras regulamentares, sob pena de caracterizar-se falta disciplinar, com correspondente sanção administrativa e reflexos no cumprimento da pena, inclusive como modo de preservação da ordem nos estabelecimentos prisionais. 3. O reconhecimento de falta grave é também relevante ao preso provisório, que possui direito à progressão de regime antes do trânsito em julgado e à futura detração, assim gerando a falta disciplinar reflexos no cumprimento da pena. 4. O art. 39 da Lei de Execução Penal elenca os deveres do condenado e, em complemento, o parágrafo único prevê a aplicação do disposto no *caput* ao preso provisório, no que couber. Da mesma forma, o art. 50 da LEP prevê os atos considerados como falta de natureza grave, e o parágrafo único dispõe sobre a

# Art. 2.º

aplicação do disposto no *caput* ao preso provisório, também no que couber. 5. Ordem denegada" (HC 390.340 – RS, 6.ª T., rel. Nefi Cordeiro, j. 24.10.2017, v.u.).

**10. Execução provisória e prisão especial:** em nosso *Código de Processo Penal comentado* tecemos considerações a respeito da possibilidade de progressão de regime ao preso provisório colocado em prisão especial, em função da edição da Súmula 717 do STF. Permitimo-nos reproduzir o que lá fizemos constar: "esta modalidade de prisão, como já comentamos, é autêntica regalia legal a uma categoria privilegiada de brasileiros, quando deveria valer para todos, ou seja, a separação dos presos mereceria um critério único, sem distinção por grau universitário ou outro título qualquer. A despeito disso, os réus sujeitos à prisão especial contam com mais um benefício – e dos mais importantes – que é possibilidade de auferir a progressão de regime, quando ainda estão confinados nessas celas privativas. É o teor da Súmula 717 do STF: 'Não impede a progressão de regime de execução da pena, fixada em sentença não transitada em julgado, o fato de o réu se encontrar em prisão especial'. Com a devida vênia, com isso não podemos concordar. O acusado colocado em prisão especial não conta com o mesmo tratamento dos demais presos provisórios. Estes, quando almejam a progressão de regime, são transferidos para o sistema penitenciário, para que possam ser avaliados pela Comissão Técnica de Classificação (merecimento para a progressão – art. 33, § 2.º, CP – ver nota 21 [conferir também a nota 21-A ao referido artigo], bem como para que possam trabalhar regularmente (obrigação de todo preso para poder pleitear a progressão de regime – arts. 31 e 39, V, da Lei 7.210/84 – Lei de Execução Penal). É certo que o art. 31, parágrafo único, da Lei de Execução Penal, abre exceção para o preso provisório, ou seja, preceitua ser facultativo o trabalho para essa categoria de presos (registre-se que essa norma foi elaborada quando não se imaginava possível a progressão de regime em plena custódia cautelar). Ocorre que, nos demais casos, quando o custodiado pretende a progressão, ele é levado ao sistema penitenciário justamente para que possa trabalhar, como qualquer outro, na medida em que pleiteia benefício típico de quem já se encontra cumprindo pena. Em verdade, permitir a progressão de regime ao preso sujeito à prisão especial representará, no Brasil, cujo sistema processual é lento e repleto de recursos procrastinatórios, praticamente o impedimento do cumprimento da pena em regime carcerário severo. Como exemplo: determinada autoridade, condenada a 6 anos de reclusão, em regime fechado inicial, por ter cometido variados delitos, encontra-se presa preventivamente, recolhida em prisão especial. Enquanto aguarda o arrastado trâmite processual, seu tempo de 'cumprimento de pena' encontra-se em decurso. Assim, antes mesmo de transitar em julgado a decisão condenatória, quase certamente já atingiu o regime aberto (cumprido um ano – um sexto – pode pedir o semiaberto; depois, outro sexto cumprido, tem direito ao aberto). Sai da prisão especial diretamente para a liberdade (lembremos que em muitas Comarcas não há Casa do Albergado, como ocorre em São Paulo, que concentra o maior número de condenados do país), recolhido no sistema denominado de *prisão-albergue domiciliar* (ver as notas 42 e 43 ao art. 36 do CP)".

**10-A. Execução provisória da medida de segurança:** depende do caso concreto. Se o sentenciado estiver solto, quando proferida a decisão impondo a medida de segurança, deve-se aguardar o trânsito em julgado para determinar o seu cumprimento. Porém, é possível que esteja provisoriamente internado (art. 319, VII, CPP), razão pela qual, uma vez imposta a medida de segurança de internação, pode-se iniciar o seu cumprimento provisório em benefício do próprio sentenciado. Lembremos que, atualmente, aceita-se a desinternação progressiva, de forma que a execução provisória da medida de segurança pode configurar-se um fator positivo.

**10-B. Execução provisória da pena para quem está solto:** houve uma nova tendência, implantada por julgamento do STF, em 2016, permitindo que réus, condenados a penas privativas de liberdade (especialmente) pudessem ser presos, executando-se provisoriamente a pena. Seria um outro modelo, que não se equipara ao previsto na nota 9 *supra*. Nesta hipótese, não havia um benefício criado para o acusado. O enfoque era o combate à impunidade. Desse modo, quem fosse condenado em 2.º grau, não precisaria aguardar o trânsito em julgado da decisão para que pudesse cumprir a pena. Esta decisão, tomada pelo Pleno do STF, foi revista em 2019, retornando à visão anterior, vale dizer, é preciso esperar o trânsito em julgado da decisão condenatória para que se possa impor a pena, seja ela de que espécie for. A atual posição do Pretório Excelso foi tomada por maioria estreita (6 x 5), podendo ser alterada, no futuro, conforme haja mudança de ministros naquele tribunal.

> **Art. 3.º** Ao condenado e ao internado serão assegurados todos os direitos não atingidos pela sentença ou pela Lei.[11-12]
>
> **Parágrafo único.** Não haverá qualquer distinção de natureza racial, social, religiosa ou política.[13]

**11. Direitos fundamentais:** punição não significa transformar o ser humano em objeto, logo, continua o condenado, ao cumprir sua pena, e o internado, cumprindo medida de segurança, com todos os direitos humanos fundamentais em pleno vigor. Dispõe o art. 5.º, XLIX, da Constituição Federal que "é assegurado aos presos o respeito à integridade física e moral". No mesmo prisma, o art. 38 do Código Penal estipula que "o preso conserva todos os direitos não atingidos pela perda da liberdade, impondo-se a todas as autoridades o respeito à sua integridade física e moral". O disposto no art. 3.º da Lei 7.210/84, entretanto, é coerente ao prever que serão assegurados os direitos *não atingidos pela sentença ou pela Lei*. É lógico que um dos direitos fundamentais, eventualmente atingido pela sentença penal condenatória, é a perda temporária da liberdade. Ou a restrição a algum direito, o que acontece quando o condenado está cumprindo, por exemplo, a pena de prestação de serviços à comunidade.

**12. Direitos políticos:** estão suspensos, conforme preceitua o art. 15, III, da Constituição: "É vedada a cassação de direitos políticos, cuja perda ou suspensão só se dará nos casos de: (...) III – condenação criminal transitada em julgado, enquanto durarem seus efeitos". Portanto, durante o período de cumprimento da pena, seja qual for a sua natureza, não pode o sentenciado votar e ser votado, ainda que não esteja em estabelecimento fechado. Mirabete entende ainda vigente a Lei Complementar 42/82, cujos efeitos dizem respeito à inelegibilidade e não ao direito de votar, embora o autor reconheça que o preso condenado não tem direito ao voto, para garantir um "mínimo de eficácia" ao texto constitucional. Afirma, ainda, que o alcance da lei referida envolve somente determinados crimes: contra a segurança nacional e ordem pública, a administração e a fé pública, a economia popular, o patrimônio e eleitorais (*Execução penal*, p. 41-42). Assim não nos parece. A Constituição Federal de 1988, posterior à mencionada lei complementar, não exige qualquer complemento para o seu preceito, que é impositivo. Enquanto durar o efeito da condenação, portanto, durante o seu cumprimento – em qualquer tipo de regime ou de qualquer maneira – não pode o condenado votar e ser votado. Quanto aos presos provisórios, é certo que mantêm os direitos de votar e ser votado, mas, na prática, não tem sido possível assegurar a eles o direito ao sufrágio, em face da inviabilidade de instalação de sessões eleitorais no interior dos presídios. No ano de 2010, entretanto, o Tribunal Superior Eleitoral decidiu ser viável o processo de votação dos presos provisórios, determinando que os Tribunais Regionais dos Estados preparem as sessões nos estabelecimentos adequados.

**13. Menção desnecessária:** a proibição da distinção entre seres humanos, vedando-se toda e qualquer forma de discriminação, é matéria constitucional e já foi abordada no art. 3.º, IV, da Constituição Federal: "Constituem objetivos fundamentais da República Federativa do

# Art. 4.º

Brasil: (...) IV – promover o bem de todos, sem preconceitos de origem, raça, sexo, cor, idade e quaisquer outras formas de discriminação". O repúdio ao racismo é expresso (arts. 4.º, VIII, e 5.º, XLII, CF). Portanto, a lei ordinária não tem a menor necessidade de repetir o óbvio. Aliás, o art. 3.º, *caput*, também já previu que ao condenado e ao internado são assegurados todos os direitos não atingidos pela sentença ou pela lei. E não haveria a menor possibilidade, pois seria inconstitucional, de se estabelecer em sentença ou lei a discriminação a pessoas condenadas criminalmente.

> **Art. 4.º** O Estado deverá recorrer à cooperação da comunidade nas atividades de execução da pena e da medida de segurança.[14]

**14. Cooperação da comunidade na execução da pena:** esclarece a Exposição de Motivos da Lei de Execução Penal (item 25) que "muito além da passividade ou da ausência de reação quanto às vítimas mortas ou traumatizadas, a comunidade participa ativamente do procedimento da execução, quer através de um Conselho, quer através das pessoas jurídicas ou naturais que assistem ou fiscalizam não somente as reações penais em meio fechado (penas privativas da liberdade e medida de segurança detentiva) como também em meio livre (pena de multa e penas restritivas de direitos)". Portanto, havendo a integração da comunidade, através de organismos representativos, no acompanhamento da execução das penas, torna-se maior a probabilidade de recuperação do condenado, inclusive porque, quando findar a pena, possivelmente já terá apoio garantido para a sua reinserção social, mormente no mercado de trabalho. Para tanto, são previstos como órgãos da execução penal o Patronato (arts. 78 e 79, LEP) e o Conselho da Comunidade (arts. 80 e 81, LEP).

**TÍTULO II**

**DO CONDENADO**
**E DO INTERNADO**

**Capítulo I**
**DA CLASSIFICAÇÃO**

> **Art. 5.º** Os condenados serão classificados,[15] segundo os seus antecedentes[16] e personalidade,[17] para orientar a individualização da execução penal.

**15. Classificação e individualização executória da pena:** *classificar*, em sentido amplo, significa distribuir em grupos ou classes, conforme determinados critérios. No caso da Lei de Execução Penal, torna-se fundamental separar os presos, determinando o melhor lugar para que cumpram suas penas, de modo a evitar o contato negativo entre reincidentes e primários, pessoas com elevadas penas e outros, com penas brandas, dentre outros fatores. Em suma, não se deve mesclar, num mesmo espaço, condenados diferenciados. A individualização da pena é preceito constitucional (art. 5.º, XLVI, CF) e vale tanto para o momento em que o magistrado condena o réu, aplicando a pena concreta, quanto para a fase da execução da sanção. Sobre o tema, com maiores detalhes, consultar o nosso *Individualização da pena*. Por isso, conforme os antecedentes e a personalidade de cada sentenciado, orienta-se a maneira ideal de cumprimento da pena, desde a escolha do estabelecimento penal até o mais indicado pavilhão ou bloco de um presídio para que seja inserido.

**16. Antecedentes:** trata-se de tudo o que ocorreu, no campo penal, ao agente, vale dizer, é a sua vida pregressa em matéria criminal. Antes da Reforma da Parte Geral de 1984, podia-se dizer que os antecedentes abrangiam todo o passado do sentenciado, desde as condenações porventura existentes até o seu relacionamento na família ou no trabalho. Atualmente, no entanto, o termo *antecedentes* destacou-se da expressão *conduta social* – igualmente inserida no art. 59 do Código Penal – circunscrevendo-se à análise da folha de antecedentes criminais. Em decorrência dessa verificação, pode o diretor do estabelecimento penitenciário evitar que reincidentes se misturem com primários, por exemplo.

**17. Personalidade:** trata-se do conjunto de caracteres exclusivos de uma pessoa, parte herdada, parte adquirida. "A personalidade tem uma estrutura muito complexa. Na verdade é um conjunto somatopsíquico (ou psicossomático) no qual se integra um componente morfológico, estático, que é a conformação física; um componente dinâmico-humoral ou fisiológico, que é o temperamento; e o caráter, que é a expressão psicológica do temperamento (...) Na configuração da personalidade congregam-se elementos hereditários e socioambientais, o que vale dizer que as experiências da vida contribuem para a sua evolução. Esta se faz em cinco fases bem caracterizadas: infância, juventude, estado adulto, maturidade e velhice" (Guilherme Oswaldo Arbenz, *Compêndio de medicina legal*). É imprescindível, no entanto, haver uma análise do meio e das condições em que o sentenciado se formou e viveu, até chegar ao presídio, pois o bem-nascido, livre de agruras e privações de ordem econômica ou mesmo de abandono familiar, quando tende ao crime, deve ser mais rigorosamente observado do que o miserável, que tenha praticado uma infração penal, para garantir sua sobrevivência. Por outro lado, personalidade não é algo estático, mas se encontra em constante mutação. Estímulos e traumas de toda ordem agem sobre ela. Não é demais supor que alguém, após ter cumprido vários anos de pena privativa de liberdade em regime fechado, tenha alterado sobremaneira sua personalidade. São exemplos de fatores positivos da personalidade: bondade, calma, paciência, amabilidade, maturidade, responsabilidade, bom humor, coragem, sensibilidade, tolerância, honestidade, simplicidade, desprendimento material, solidariedade. São fatores negativos: maldade, agressividade (hostil ou destrutiva), impaciência, rispidez, hostilidade, imaturidade, irresponsabilidade, mau-humor, covardia, frieza, insensibilidade, intolerância (racismo, homofobia, xenofobia), desonestidade, soberba, inveja, cobiça, egoísmo.

> **Art. 6.º** A classificação[18] será feita por Comissão Técnica de Classificação que elaborará o programa individualizador da pena privativa de liberdade adequada ao condenado ou preso provisório.[19]

**18. Diferença entre exame de classificação e exame criminológico:** o primeiro é mais amplo e genérico, envolvendo aspectos relacionados à personalidade do condenado, seus antecedentes, sua vida familiar e social, sua capacidade laborativa, entre outros fatores, aptos a evidenciar o modo pelo qual deve cumprir sua pena no estabelecimento penitenciário (regime fechado ou semiaberto); o segundo é mais específico, abrangendo a parte psicológica e psiquiátrica do exame de classificação, pois concede maior atenção à maturidade do condenado, sua disciplina, capacidade de suportar frustrações e estabelecer laços afetivos com a família ou terceiros, grau de agressividade, visando à composição de um conjunto de fatores, destinados a construir um prognóstico de periculosidade, isto é, sua tendência a voltar à vida criminosa. Em verdade, o exame de classificação, o exame criminológico e o parecer da Comissão Técnica de Classificação não diferem, na prática, constituindo uma única peça, feita, por vezes, pelos mesmos profissionais em exercício no estabelecimento prisional. Logo, cabe ao magistrado extrair os aspectos interessantes à análise que fará

# Art. 7.º

Leis Penais e Processuais Penais Comentadas – Vol. 2 · **Nucci**

tanto da personalidade, quanto da tendência do sentenciado à delinquência, além da sua disciplina e adaptabilidade ao benefício que almeja conquistar. Como ensina Mirabete, "as duas perícias, a criminológica e a da personalidade, colocadas em conjugação, tendem a fornecer elementos para a percepção das causas do delito e indicadores para sua prevenção" (*Execução penal*, p. 51).

**19. Função da Comissão Técnica de Classificação:** após o advento da Lei 10.792/2003, modificou-se a redação do art. 6.º. A anterior disposição era a seguinte: "A classificação será feita por Comissão Técnica de Classificação que elaborará o programa individualizador e acompanhará a execução das penas privativas de liberdade e restritivas de direitos, devendo propor, à autoridade competente, as progressões e regressões dos regimes, bem como as conversões". Buscou-se manietar a execução penal, restringindo o conhecimento do juiz e eliminando a participação da Comissão Técnica de Classificação no valioso momento de análise do merecimento para a progressão de regime. A modificação deveu-se a pressões de vários setores, especialmente de integrantes do Poder Executivo, que arca com os custos não só das Comissões existentes, mas também dos presídios em geral, sob o argumento de serem os laudos das referidas Comissões Técnicas de Classificação "padronizados", de pouca valia para a individualização executória. Por outro lado, haveria excesso de subjetivismo nesses pareceres, que acabavam por convencer o juiz a segurar o preso no regime mais severo (fechado ou semiaberto), o que terminava por gerar a superlotação das cadeias e estabelecimentos penitenciários. Entretanto, a mudança não foi ideal para o processo de individualização executória da pena. Não se pode obrigar o magistrado, como se pretendeu com a edição da Lei 10.792/2003, a conceder ou negar benefícios penais somente com a apresentação do simples atestado de conduta carcerária (ver o art. 112, § 1.º, da Lei 7.210/84). A submissão do Poder Judiciário aos órgãos administrativos do Executivo não pode jamais ocorrer. Um diretor de presídio não pode ter força suficiente para determinar os rumos da execução penal no Brasil. Fosse assim e transformar-se-ia em execução administrativa da pena, perdendo seu aspecto jurisdicional. Portanto, cabe ao juiz da execução penal determinar a realização do exame criminológico, quando entender necessário, o que deve fazer no caso de autores de crimes violentos contra a pessoa. A requisição do exame fundamenta-se não apenas no preceito constitucional de que ninguém se exime de colaborar com o Poder Judiciário, mas também na clara norma da Constituição Federal a respeito da individualização da pena, que não se limita à aplicação da pena na sentença condenatória. Qualquer tentativa de engessar a atividade jurisdicional deve ser coibida. Nesse prisma, a Súmula Vinculante 26 do STF autoriza a realização do exame criminológico, quando o juiz entender necessário para formar o seu convencimento, em especial, nos casos de condenações por crimes violentos contra a pessoa. Eis o conteúdo da súmula: "Para efeito de progressão de regime no cumprimento de pena por crime hediondo, ou equiparado, o juízo da execução observará a inconstitucionalidade do art. 2º da Lei 8.072, de 25 de julho de 1990, sem prejuízo de avaliar se o condenado preenche, ou não, os requisitos objetivos e subjetivos do benefício, *podendo determinar, para tal fim, de modo fundamentado, a realização de exame criminológico*" (grifamos).

> **Art. 7.º** A Comissão Técnica de Classificação, existente em cada estabelecimento, será presidida pelo diretor e composta, no mínimo, por dois chefes de serviço, um psiquiatra, um psicólogo e um assistente social, quando se tratar de condenado à pena privativa da liberdade.[20]
>
> **Parágrafo único.** Nos demais casos a Comissão atuará junto ao Juízo da Execução e será integrada por fiscais do Serviço Social.

**20. Importância da Comissão Técnica de Classificação:** pela própria composição da equipe de avaliação do preso pode-se constatar a sua relevância. Quem pode analisar o condenado com maior profundidade que os profissionais atuando no presídio? O diretor do estabelecimento penitenciário, os chefes de serviço de setores variados (trabalho, lazer, administração etc.), o psiquiatra, o psicólogo e o assistente social são os valorosos observadores dos presos, elaborando não somente o parecer para o início do cumprimento da pena, mas também o parecer para a progressão de regime. O juiz da execução penal, última voz na individualização executória da pena, precisa ser bem informado e *dar a cada um o que é seu* por direito e justiça. Presos ligados ao crime organizado, por exemplo, podem ser detectados pelos profissionais da Comissão Técnica de Classificação, que atuam no presídio, embora nunca tenham cometido falta grave, logo, podem possuir prontuário "limpo", mas atividade sub-reptícia no presídio, sem qualquer merecimento para a progressão. O ideal é que os pareceres dessa Comissão sejam compostos pela integralidade dos seus membros. Entretanto, por vezes, faltam profissionais, por exemplo, o psiquiatra. Dependendo do conteúdo do exame, há juízes que permitem a progressão, mesmo sem a parte do psiquiatra, enquanto outros negam. Segundo o nosso entendimento, é preciso verificar minuciosamente o parecer apresentado. Por vezes, o conjunto das demais opiniões, em particular a do psicólogo, pode ser suficiente para atestar as condições do condenado, para fins do deferimento ou indeferimento da progressão.

> **Art. 8.º** O condenado ao cumprimento de pena privativa de liberdade, em regime fechado, será submetido a exame criminológico[21] para a obtenção dos elementos necessários a uma adequada classificação e com vistas à individualização da execução.
>
> **Parágrafo único.** Ao exame de que trata este artigo poderá ser submetido o condenado ao cumprimento da pena privativa de liberdade em regime semiaberto.[22]

**21. Exame criminológico:** sobre seu conceito e diferenças do exame de classificação, ver a nota 18 ao art. 6.º. Reiteramos ser avaliação muito importante do condenado para o fim de individualizar, corretamente, a execução da sua pena. Deve-se utilizar esse exame desde o início do cumprimento da pena até o seu término, em especial nos momentos destinados à progressão de regime. Não podemos concordar com a visão simplista de que o sentenciado deve ser analisado, unicamente, pelo seu prontuário, ou seja, se registra ou não faltas graves. Ver, ainda, o correspondente art. 34 do Código Penal.

**22. Exame criminológico e regime semiaberto:** o parágrafo único do art. 8.º, em contradição com o disposto no art. 35, *caput*, do Código Penal, demonstra ser facultativo ("poderá ser submetido") o exame criminológico para aqueles que ingressam no regime semiaberto. Não é a melhor solução. Deve prevalecer o disposto no art. 35, *caput*, do Código Penal, que faz remissão do art. 34, *caput*, do mesmo Código, considerando necessária a realização do exame criminológico também para o condenado em regime semiaberto. É o que já defendemos em nosso *Código Penal comentado* (nota 39 ao art. 35). Lembremos, inclusive, que esse exame é benéfico não somente ao condenado, mas também à justa individualização da sua pena.

> **Art. 9.º** A Comissão, no exame para a obtenção de dados reveladores da personalidade,[23] observando a ética profissional e tendo sempre presentes peças ou informações do processo, poderá:
>
> I – entrevistar pessoas;

> II – requisitar, de repartições ou estabelecimentos privados, dados e informações a respeito do condenado;
>
> III – realizar outras diligências e exames necessários.

**23. Análise da personalidade:** temos sustentado que o mais relevante fator de diferenciação de um ser humano de outro é a personalidade. Pessoas, inclusive irmãos gêmeos, jamais possuem, exatamente, a mesma maneira de ser e agir. Por isso, para a ideal individualização executória da pena, precisa o magistrado deter todas as informações possíveis acerca do preso. Para tanto, valendo-se da fundamental atividade da Comissão Técnica de Classificação, buscará conhecer melhor a pessoa que está sob seu julgamento, para o fim de receber – ou não – benefícios durante a execução da pena. E a obtenção dos dados necessários para revelar a personalidade depende, de fato, como prevê o art. 9.º, de uma ampla coleta de material em todas as fontes possíveis. A entrevista de pessoas, preferencialmente, da família do condenado, bem como a consecução de informes em geral de repartições e estabelecimentos privados (ex.: antigo emprego do sentenciado) e a realização de outras diligências (ex.: visita à morada da família ou de amigos) constituem mecanismos válidos, dentro do sigilo profissional da equipe multidisciplinar, para atingir a conclusão sobre a personalidade do reeducando.

> **Art. 9.º-A.** O condenado por crime doloso praticado com violência grave contra a pessoa, bem como por crime contra a vida, contra a liberdade sexual ou por crime sexual contra vulnerável, será submetido, obrigatoriamente, à identificação do perfil genético, mediante extração de DNA (ácido desoxirribonucleico), por técnica adequada e indolor, por ocasião do ingresso no estabelecimento prisional.[23-A-23-B]
>
> § 1.º A identificação do perfil genético será armazenada em banco de dados sigiloso, conforme regulamento a ser expedido pelo Poder Executivo.[23-C]
>
> § 1.º-A. A regulamentação deverá fazer constar garantias mínimas de proteção de dados genéticos, observando as melhores práticas da genética forense.[23-D]
>
> § 2.º A autoridade policial, federal ou estadual, poderá requerer ao juiz competente, no caso de inquérito instaurado, o acesso ao banco de dados de identificação de perfil genético.[23-E]
>
> § 3.º Deve ser viabilizado ao titular de dados genéticos o acesso aos seus dados constantes nos bancos de perfis genéticos, bem como a todos os documentos da cadeia de custódia que gerou esse dado, de maneira que possa ser contraditado pela defesa.[23-F]
>
> § 4.º O condenado pelos crimes previstos no *caput* deste artigo que não tiver sido submetido à identificação do perfil genético por ocasião do ingresso no estabelecimento prisional deverá ser submetido ao procedimento durante o cumprimento da pena.[23-G]
>
> § 5.º A amostra biológica coletada só poderá ser utilizada para o único e exclusivo fim de permitir a identificação pelo perfil genético, não estando autorizadas as práticas de fenotipagem genética ou de busca familiar.[23-H]
>
> § 6.º Uma vez identificado o perfil genético, a amostra biológica recolhida nos termos do *caput* deste artigo deverá ser correta e imediatamente descartada, de maneira a impedir a sua utilização para qualquer outro fim.[23-I]
>
> § 7.º A coleta da amostra biológica e a elaboração do respectivo laudo serão realizadas por perito oficial.[23-J]

> § 8.º Constitui falta grave a recusa do condenado em submeter-se ao procedimento de identificação do perfil genético.[23-K]

**23-A. Identificação do perfil genético:** a reforma inserida pela Lei 13.964/2019, conferiu a atual redação ao art. 9º-A. Esta redação foi vetada, mas o Parlamento derrubou o veto. O motivo do referido veto pareceu-nos correto, pois a anterior redação permitia a submissão do condenado à identificação do perfil genético nos casos de crimes violentos graves contra a pessoa e para *todos os demais delitos considerados hediondos*, previstos no art. 1.º da Lei 8.072/90. Por isso, o atual conteúdo do art. 9.º-A, afastado o veto, *reduziu* o conjunto de crimes, retirando o rol dos crimes hediondos e, em seu lugar, inseriu os crimes contra a vida, contra a liberdade sexual e crime sexual contra vulnerável, em redação contestável. Em primeiro lugar, aponta crimes contra a vida, sem nem especificar se isto abrange os dolosos e os culposos ou somente os dolosos. Tudo indica serem somente os dolosos, porque os mais graves, avaliando-se, teleologicamente, o conteúdo deste dispositivo. Mesmo assim, em vez de listar unicamente os crimes de homicídio, terminou generalizando, o que envolve o apoio a suicídio ou automutilação (art. 122, CP); infanticídio (art. 123, CP) e as formas de aborto (arts. 124 a 126, CP). Não faz nenhum sentido, pois, afora o homicídio qualificado, dificilmente os demais provocam o ingresso do condenado em regime carcerário, logo, em estabelecimento prisional. Portanto, para essa finalidade, foi inócua a reforma. Não bastasse, ao mencionar, exclusivamente, crimes contra a *liberdade sexual*, além do estupro (art. 213, CP), delito realmente grave, abrange outras infrações penais menos importantes, que raramente conduzem o sentenciado a estabelecimento prisional: violação sexual mediante fraude (art. 215, CP); importunação sexual (art. 215-A, CP) e assédio sexual (art. 216-A, CP). Outra inutilidade. O terceiro grupo menciona os crimes sexuais contra vulnerável, envolvendo o grave delito de estupro de vulnerável (art. 217-A, CP), mas, também, crimes menos relevantes, que dificilmente levam o condenado ao cárcere: corrupção de menores (art. 218, CP); satisfação de lascívia mediante presença de criança ou adolescente (art. 218-A, CP); favorecimento da prostituição ou de outra forma de exploração sexual de criança ou adolescentes ou de vulnerável (art. 218-B, CP) e divulgação de cena de estupro ou de cena de estupro de vulnerável, de cena de sexo ou de pornografia (art. 218-C, CP). Em suma, quanto à modificação do *caput* do art. 9.º-A, teria sido melhor manter o veto presidencial. De qualquer forma, para os delitos indicados nesse dispositivo, a identificação é obrigatória, quando da entrada no estabelecimento prisional. Temos sustentado que a identificação criminal, quanto mais segura, melhor. Portanto, não se vislumbra nenhum vício de constitucionalidade. O Estado tem possibilidade de apurar crimes e sua autoria com a certeza de não processar um indivíduo em lugar de outro, por falha na documentação colhida, sujeita que é aos mais diversos procedimentos de falsificação. O acusado, igualmente, terá a oportunidade de não responder por delitos cometidos por pessoa diversa. Logo, como já exposto, não vislumbramos nenhuma lesão a direito ou garantia individual nessa medida. Coleta-se material biológico (DNA) para a perfeita identificação criminal, de acordo com o perfil genético. Em verdade, deveria ter sido fixado para todos os condenados, evitando-se *qualquer espécie de erro judiciário*, independentemente da gravidade do crime. A colheita do material não será invasiva, como já não é no tocante à impressão datiloscópica e à fotografia. Os dados ficam arquivados em banco sigiloso. A eles somente terá acesso o juiz competente, em caso de investigação criminal, a pedido de autoridade policial, de modo a realizar confronto com outros elementos colhidos, permitindo-se estabelecer, com nitidez, a autoria de um delito – ou excluí-la com a mesma segurança. Note-se: não se vai exigir do indiciado ou acusado que

# Art. 9.º-A

faça prova contra si mesmo *doando* material genético para confrontar com o perfil contido no banco de dados. Na verdade, a polícia poderá extrair da cena do crime todos os elementos necessários para estabelecer um padrão de confronto (ex.: fio de cabelo, sêmen, sangue etc.). Diante disso, havendo dúvida quanto à identidade do autor, pode-se acessar o banco de dados para checar o perfil genético ali constante, a ser estabelecido por laudo pericial. O material encontrado na cena do crime não foi compulsoriamente extraído do autor da infração penal, mas apenas colhido pelo agente estatal. Aliás, dá-se o mesmo, hoje, quando uma câmera qualquer filma um crime; valendo-se das imagens, a polícia pode encontrar o suspeito. Ou, ainda, quando se colhe, no local da infração, a impressão datiloscópica, permitindo-se encontrar o agente. Em suma, colher material genético para a identificação criminal de qualquer condenado não é procedimento suficiente para prejudicá-lo; ao contrário, busca-se assegurar a sua perfeita individualização. Se, no futuro, ele tornar a cometer um crime e o Estado, de posse de material colhido no local do delito ou da vítima, puder confrontar com os dados constantes do banco genético, encontrando-se o autor, cuida-se do aperfeiçoamento do sistema investigatório. O acusado não forneceu, obrigatoriamente, material algum para *fazer prova contra si mesmo*. O ponto de vista é outro: o Estado colheu dados noutras fontes e confrontou com perfil genético já existente. Não é cabível a coleta de indiciados ou réus de processos em andamento: STJ: "3. O STF reconheceu a repercussão geral da arguição de inconstitucionalidade do art. 9º-A da Lei n. 7.210/1984, que prevê a inclusão e a manutenção de perfil genético de condenados por crimes violentos ou hediondos em banco estatal (Tema n. 905). 4. Muito embora o tema penda de análise, há discussão relevante no Pretório Excelso sobre a violação a direitos da personalidade na preservação de perfis biológicos de sentenciados e quanto à prerrogativa de os réus não se autoincriminarem conforme, inclusive, orientação da Corte Europeia de Direitos Humanos. 5. A infração praticada não deixa vestígios, tampouco a autoridade policial noticiou de que forma a providência restritiva traria utilidade às investigações. Aliás, o órgão ministerial foi contrário à coleta de dados orgânicos do investigado, que, ao revés dos demais suspeitos, sequer havia sido denunciado. 6. Os precedentes desta Corte Superior no sentido de que a extração de saliva não representa método invasivo da intimidade se referem a casos em que o material genético foi encontrado em objetos descartados como cigarros jogados no lixo ou copos de plástico utilizados e eliminados ou quando a arrecadação do elemento biológico é consentida. 7. Recurso provido, para declarar a nulidade da coleta compulsória de material genético do recorrente e da inserção dos respectivos dados em banco estatal, além de determinar o desentranhamento das informações biológicas dos autos de eventual investigação ou processo em andamento, em desfavor do insurgente, por força dos atos descritos pelo Juízo Federal" (RHC 162.703 – RS, 6.ª T., rel. Rogerio Schietti Cruz, 13.09.2022, v.u.).

**23-B. Constitucionalidade da medida:** a identificação criminal, quanto mais segura, melhor. O Estado tem possibilidade de apurar crimes e sua autoria com certeza de não processar um indivíduo em lugar de outro, por falha na documentação colhida, sujeita que é aos mais diversos procedimentos de falsificação. O acusado, igualmente, terá a oportunidade de não responder por delitos cometidos por pessoa diversa. Logo, não vislumbramos nenhuma lesão a direito ou garantia individual nessa medida, como explanado na nota anterior. Na jurisprudência: STJ: "2. O art. 9º-A, da Lei de Execução Penal prevê que os condenados por crimes praticados, dolosamente, com violência de natureza grave contra pessoa serão submetidos, obrigatoriamente, à identificação do perfil genético, mediante extração do DNA. 3. Mantém-se integralmente a decisão agravada cujos fundamentos estão em conformidade com o entendimento do STJ sobre a matéria suscitada" (AgRg no HC 675.408 – MG, 5.ª T., rel. João Otávio de Noronha, 22.02.2022, v.u.).

**23-C. Banco de dados sigiloso:** não há livre acesso a tais dados identificadores. O perfil genético contará com sigilo absoluto, a ser regulado pelo Poder Executivo, encarregado de organizar o referido material. Somente o magistrado terá acesso a tais dados, em situações de investigação criminal.

**23-D. Proteção dos dados genéticos:** refere-se este dispositivo à utilização da técnica mais aperfeiçoada possível para proteger a *integridade* dos dados genéticos colhidos, indicando-se o uso das mais avançadas práticas de genética forense. Nem haveria necessidade de se prover o óbvio em lei, pois esse é o objetivo científico da colheita dos dados genéticos: preservar a sua integralidade e idoneidade.

**23-E. Acesso judicial:** estabeleceu-se a necessidade de acesso por meio da autoridade judicial competente, quando se tratar de inquérito instaurado, mediante requerimento da polícia federal ou estadual. A norma exclui outra modalidade de investigação criminal, distinta do inquérito, bem como afasta a legitimidade do Ministério Público para requerer, diretamente, ao juiz a apuração de dados identificadores. Segundo cremos, essa estreiteza não pode permanecer. Em primeiro lugar, o magistrado pode, de ofício, acessar tais dados para garantir a perfeita identificação de acusado em processo sob sua apreciação. Afinal, é ele o destinatário da prova produzida, cabendo-lhe formar a sua convicção como bem quiser, dentro da legalidade. Em segundo, o Ministério Público, podendo requisitar diligências da autoridade policial, certamente tem legitimidade para se dirigir, diretamente, ao magistrado, solicitando acesso ao banco de dados de perfil genético, desde que se trate de investigação criminal legitimamente instaurada.

**23-F. Acesso aos dados de perfil genético:** cuida-se de garantir ao titular dos dados genéticos colhidos e inseridos no banco apropriado o livre acesso, o que é perfeitamente compatível com o princípio da ampla defesa, para que conheça o conteúdo e também todos os documentos à colheita referentes, incluindo a nova cadeia de custódia, introduzida pela Lei 13.964/2019 no CPP. Isso permitirá que, havendo qualquer erro, possa ser questionado pela defesa.

**23-G. Obrigação de identificação do perfil genético:** considera-se dever do condenado submeter-se à referida identificação do perfil genético que, como já se explicou, não implica constituição de prova para crimes já cometidos. Serve de modelo para o futuro. Inclusive, aproveita-se como garantia de não se estar processando pessoa errada. Portanto, se não foi identificado no início do cumprimento da pena, pode ser instado a fazê-lo durante a execução.

**23-H. Finalidade da amostra biológica:** houve veto a esse parágrafo (que foi derrubado pelo Parlamento), nos seguintes termos: "a propositura legislativa, ao vedar a utilização da amostra biológica coletada para fins de fenotipagem e busca familiar infralegal, contraria o interesse público por ser uma técnica que poderá auxiliar no desvendamento de crimes reputados graves, a exemplo de identificação de irmãos gêmeos, que compartilham o mesmo perfil genético, e da busca familiar simples para identificar um estuprador, quando o estupro resulta em gravidez, valendo-se, no caso, do feto abortado ou, até mesmo, do bebê, caso a gestação seja levada a termo." Pareceram-nos corretas as observações formuladas nas razões do veto, o que provocaria o estreitamento do uso do perfil genético, em detrimento do interesse público. Portanto, a vigência do parágrafo não foi o caminho ideal.

**23-I. Descarte imediato da amostra biológica:** houve veto ao § 6º, da seguinte forma: "a proposta legislativa, ao prever o descarte imediato da amostra biológica, uma vez identificado o perfil genético, contraria o interesse público tendo em vista que a medida pode impactar diretamente no exercício do direito da defesa, que pode solicitar a refeitura do teste, para fins probatórios. Ademais, as melhores práticas e recomendações internacionais dizem que após a obtenção de uma coincidência (*match*) a amostra do indivíduo deve ser novamente testada

# Art. 10

Leis Penais e Processuais Penais Comentadas – Vol. 2 · **Nucci**

para confirmação do resultado. Trata-se de procedimento de controle de qualidade com o objetivo de evitar erros." Em nosso entendimento, se os dados coletados são sigilosos, inexiste razão plausível para o descarte, até pelo fato de permitir uma contraprova útil, inclusive, à defesa. Portanto, o veto era positivo.

**23-J. Coleta e laudo por perito oficial:** houve veto a esse parágrafo (derrubado pelo Parlamento), com os seguintes motivos: "a proposta legislativa, ao determinar que a coleta da amostra biológica ficará a cargo de perito oficial, contraria o interesse público, notadamente por se tratar de mero procedimento de retirada do material. Ademais, embora a análise da amostra biológica e a elaboração do respectivo laudo pericial sejam atribuições exclusivas de perito oficial, já existe um consenso que a coleta deve ser supervisionada pela perícia oficial, não necessariamente realizada por perito oficial. Além disso, tal restrição traria prejuízos à execução da medida e até mesmo a inviabilizaria em alguns estados em que o número de peritos oficiais é insuficiente." De fato, o veto fazia sentido, pois a simples coleta da amostra biológica não precisaria ser realizada por perito oficial, como se fosse um laudo. Afastado o veto, há de se exigir o perito oficial não somente para o laudo, mas, igualmente, para a coleta.

**23-K. Falta grave:** cria-se mais uma hipótese de falta grave, que é a recusa do sentenciado em se submeter ao procedimento de identificação de perfil genético. A falta grave pode trazer vários inconvenientes, como impedimento à progressão de regime, indeferimento de livramento condicional, efeito na remição, entre outros. O que não se compreende é a inútil repetição do dispositivo: encontra-se neste § 8.º e, também, no art. 50, VIII, da LEP. Ver os comentários a este último dispositivo.

## Capítulo II
### DA ASSISTÊNCIA

### Seção I
### Disposições gerais

> **Art. 10.** A assistência ao preso e ao internado é dever do Estado, objetivando prevenir o crime e orientar o retorno à convivência em sociedade.[24]
>
> **Parágrafo único.** A assistência estende-se ao egresso.[25]

**24. Prevenção pela reeducação e direito de cumprir pena próximo à residência:** o disposto no art. 10 desta Lei comprova ser uma das primordiais finalidades da pena a prevenção ao crime, por meio da reeducação do condenado, favorecendo a sua reinserção social. É a denominada *prevenção especial positiva* (outros detalhes podem ser encontrados na nota 1 ao Título V do nosso *Código Penal comentado*). No cenário dessa assistência para promover o retorno à sociedade, encontra-se o direito do sentenciado a cumprir pena em local próximo à sua residência, para que receba visita dos familiares e não interrompa um contato positivo para sua ressocialização. No entanto, por vezes, o interesse público encontra-se acima desse direito, vez que presos perigosos precisam ser transferidos para presídios distantes do local onde ainda mantêm influência sobre comparsas que estão fora da prisão. Portanto, como regra, o cumprimento de pena deve dar-se em local próximo da residência familiar do condenado; não sendo possível, permite-se o deslocamento para outros estabelecimentos penais.

**25. Assistência ao egresso:** aquele que deixa o cárcere, especialmente se passou muitos anos preso, necessita de amparo do Estado para retomar sua vida em sociedade. Possuindo o apoio da família ou de amigos, melhor será. Porém, pode não ser a realidade, motivo pelo qual os organismos estatais precisam de aparelhamento suficiente para não abandonar o recém-saído do presídio. Cremos ser fundamental, no mínimo, a busca conjunta (egresso e Estado) pelo emprego, sem contar, naturalmente, algum tempo em que se possa proporcionar morada e sustento a quem deixou o cárcere, porque cumpriu a pena ou está em livramento condicional. Sobre o conceito de egresso, para os fins desta Lei, consultar o art. 26.

> **Art. 11.** A assistência será:[26]
>
> I – material;
>
> II – à saúde;
>
> III – jurídica;
>
> IV – educacional;
>
> V – social;
>
> VI – religiosa.

**26. Modalidades de assistência:** ao preso, parecem-nos cabíveis todas as formas indicadas nos incisos I a VI, do art. 11, desta Lei, respeitando-se, naturalmente, a sua convicção íntima, ao menos em matéria de religião, não se podendo obrigá-lo a frequentar qualquer tipo de culto ou adotar qualquer crença. No tocante ao egresso, não vemos sentido em se manter o Estado apto a prestar-lhe assistência religiosa, por exemplo. As mais importantes são a material e social. Eventualmente, se necessárias, a assistência à saúde e a educacional. Em segundo plano, voltando-se ao condenado em livramento condicional, a assistência jurídica.

### Seção II
### Da assistência material

> **Art. 12.** A assistência material ao preso e ao internado consistirá no fornecimento de alimentação, vestuário e instalações higiênicas.[27]

**27. Assistência material e remição:** para o fornecimento de alimentação, vestuário e instalações higiênicas, pode e, em nosso pensamento, deve o Estado buscar associá-las ao trabalho do sentenciado, propiciando o benefício da remição (a cada três dias trabalhados, desconta-se um dia na pena). Não significa dizer que o preso deve trabalhar para ser alimentado, vestido ou gozar de instalações salubres. Representa, isto sim, a oportunidade para que os estabelecimentos penais mantenham, em suas instalações, cozinha, lavanderia e departamento de limpeza, sem promover a cômoda *terceirização*. Dessa maneira, os condenados podem trabalhar na cozinha, na lavanderia ou no serviço de limpeza geral do presídio, conseguindo alcançar o benefício da remição e cumprir um de seus deveres, que é, justamente, executar o trabalho que lhe for destinado (art. 39, V, LEP). Muitos estabelecimentos penais desativaram a cozinha, a lavanderia e o setor de limpeza próprios, passando essas tarefas a empresas particulares e gerando, com isso, a pretexto de *economizar* dinheiro público, a falta de postos de trabalho a todos os detidos. O sustento ao cumprimento de pena é algo oneroso para o Estado e não pode ser tratado de forma superficial ou simplista. Aliás, tivesse o Poder Público cumprido melhor a sua função, distribuindo riqueza, fornecendo meios de garantir a educação, o emprego e tantas outras necessidades à sociedade e, com certeza, o crime diminuiria, evitando-se a superlotação de

# Art. 13

Leis Penais e Processuais Penais Comentadas – Vol. 2 · Nucci

presídios. Portanto, é mais do que óbvio dever o Estado garantir a alimentação, o vestuário e as instalações higiênicas adequadas aos presos sob sua custódia, embora devesse investir na vinculação dessas atividades com o trabalho dos sentenciados.

> **Art. 13.** O estabelecimento disporá de instalações e serviços que atendam aos presos nas suas necessidades pessoais, além de locais destinados à venda de produtos e objetos permitidos e não fornecidos pela Administração.[28]

**28. Outras instalações:** além das indispensáveis à garantia da sobrevivência do preso, em condições dignas, o estabelecimento penal deve dispor de locais para a venda de produtos e objetos permitidos, que estão fora da obrigação estatal de fornecimento (ex.: cantina, onde se possam adquirir refrigerantes, guloseimas, cigarros etc.).

### Seção III
### Da assistência à saúde

> **Art. 14.** A assistência à saúde do preso e do internado, de caráter preventivo e curativo, compreenderá atendimento médico, farmacêutico e odontológico.[29]
>
> § 1.º *(Vetado.)*
>
> § 2.º Quando o estabelecimento penal não estiver aparelhado para prover a assistência médica necessária, esta será prestada em outro local, mediante autorização da direção do estabelecimento.[30-30-A]
>
> § 3.º Será assegurado acompanhamento médico à mulher, principalmente no pré-natal e no pós-parto, extensivo ao recém-nascido.[30-B]
>
> § 4.º Será assegurado tratamento humanitário à mulher grávida durante os atos médico-hospitalares preparatórios para a realização do parto e durante o trabalho de parto, bem como à mulher no período de puerpério, cabendo ao poder público promover a assistência integral à sua saúde e à do recém-nascido.

**29. Assistência à saúde e remição:** nos mesmos moldes anteriormente expostos, a mantença de consultório médico e dentário no presídio pode facilitar não somente a prevenção e a cura de doenças, mas também constituir local adequado para que os sentenciados trabalhem, cumprindo seu dever e garantindo o benefício da remição.

**30. Assistência médica fora do presídio:** necessitando o preso de um tratamento mais relevante do que uma simples consulta, possivelmente, não encontrará amparo dentro do presídio. O Estado deve, portanto, proporcionar-lhe acesso a hospitais adequados, pelo período necessário. Lembremos que esse é um dos fatores que permitem considerar o condenado em pleno cumprimento da pena, ainda que não esteja presente no estabelecimento penitenciário, submetido às regras gerais dos demais sentenciados (art. 112, II, parte final, CP). Na jurisprudência: STJ: "A Lei de Execuções Penais assinala, em seu art. 14, que a assistência à saúde do preso e do internado de caráter preventivo e curativo, compreenderá atendimento médico, farmacêutico e odontológico. Quando o estabelecimento penal não estiver aparelhado para prover a assistência médica necessária, esta será prestada em outro local, mediante autorização da direção do estabelecimento. Se a defesa compreende que o reeducando precisa de outra abordagem, 'é garantida a liberdade de contratar médico de confiança pessoal do internado ou do submetido a tratamento ambulatorial, por seus familiares ou dependentes, a fim de orientar e acompanhar o tratamento' (art. 43 da LEP). Além disso, se houver possibilidade de melhor tratamento, necessário ao restabelecimento do preso, a família pode realizar o agendamento e requerer a permissão de saída do estabelecimento, para pontual consulta, exame ou outra intervenção. Deveras, 'Os condenados que cumprem pena em regime fechado ou semiaberto e os presos provisórios poderão obter permissão para sair do estabelecimento, mediante escolta, quando ocorrer um dos seguintes fatos: II – necessidade de tratamento médico (parágrafo único do artigo 14 [atual § 2.º])'" (AgRg no HC 859.644 – SP, 6.ª T., rel. Rogerio Schietti Cruz, 15.04.2024, v.u.).

**30-A. Regime fechado e enfermidade grave:** inexiste previsão legal para que condenados em regime fechado cumpram pena em regime domiciliar, ainda que sofram de enfermidade grave. Esses presos devem ser encaminhados a hospital para tratamento, tantas vezes quantas forem necessárias, mas devem permanecer no regime fechado. Somente o regime aberto, nos termos do art. 117 desta Lei, permite o cumprimento em regime de Prisão Albergue Domiciliar, se houver enfermidade grave.

**30-B. Assistência médica à mulher e ao recém-nascido:** a inserção do § 3.º neste artigo tem por finalidade dar cumprimento efetivo ao disposto no art. 5.º, L, da Constituição Federal: "às presidiárias serão asseguradas condições para que possam permanecer com seus filhos durante o período de amamentação". Portanto, garante-se o acompanhamento médico à presa, durante toda a gestação e na fase do pós-parto, incluindo-se nesses cuidados o recém--nascido. Na realidade, os avanços obtidos nos últimos anos, em relação aos estabelecimentos penais e à nova ideia de cumprimento de pena, proporcionaram, dentre outros, o surgimento do direito à visita íntima. Ora, havendo contato sexual da presa com seu marido, companheiro ou namorado, é possível que ocorra a gravidez, não deixando de ser um direito correlato, portanto, a assistência médica durante o período de gestação e, também, logo após. Ademais, outras modificações introduzidas nesta Lei permitem o contato da presidiária com seu filho, ao menos, até os sete anos (ver art. 89, *caput*).

Seção IV

Da assistência jurídica

> **Art. 15.** A assistência jurídica é destinada aos presos e aos internados sem recursos financeiros para constituir advogado.[31]
>
> **Art. 16.** As Unidades da Federação deverão ter serviços de assistência jurídica, integral e gratuita, pela Defensoria Pública, dentro e fora dos estabelecimentos penais.[31-A]
>
> § 1.º As Unidades da Federação deverão prestar auxílio estrutural, pessoal e material à Defensoria Pública, no exercício de suas funções, dentro e fora dos estabelecimentos penais.
>
> § 2.º Em todos os estabelecimentos penais, haverá local apropriado destinado ao atendimento pelo Defensor Público.
>
> § 3.º Fora dos estabelecimentos penais, serão implementados Núcleos Especializados da Defensoria Pública para a prestação de assistência jurídica integral e gratuita aos réus, sentenciados em liberdade, egressos e seus familiares, sem recursos financeiros para constituir advogado.

**31. Assistência jurídica obrigatória:** o disposto no art. 15 desta Lei prevê a concessão de assistência jurídica aos presos e internados *sem recursos para constituir advogado*. Permitimo-

# Art. 17

-nos discordar. O direito à liberdade e, consequentemente, o de receber os benefícios cabíveis durante a execução penal é indisponível. Se o preso, abonado financeiramente ou não, tiver necessidade de um advogado, o Estado *deve* proporcionar-lhe um defensor dativo, ainda que possa, ao final da assistência, cobrar pelos serviços prestados, conforme a situação. Garante-se, com isso, o efetivo exercício da ampla defesa e do contraditório em todas as fases processuais. Lembremos que a execução da pena faz parte da continuidade do processo de conhecimento, ocasião em que o Estado faz valer a sua pretensão punitiva. Imaginemos, portanto, que o representante do Ministério Público pleiteie a revogação do livramento condicional ou a regressão a regime mais severo. Não pode o sentenciado ficar privado do direito de defesa técnica. Se for pobre, o Estado lhe proporcionará a assistência da defensoria pública. Se for rico e não quiser contratar um profissional, o Estado, ainda assim, lhe destinará advogado, devendo, depois, o beneficiário ressarcir os cofres públicos (art. 261, *caput*, c.c. art. 263, parágrafo único, do CPP). É verdade que a Constituição Federal preceitua que o Estado prestará assistência jurídica integral e *gratuita* aos que demonstrarem insuficiência de recursos (art. 5.º, LXXIV). Isso não quer dizer que o preso em melhores condições financeiras possa ser prejudicado somente porque se recusou a contratar um advogado (ele pode, inclusive, agir propositadamente para, no futuro, buscar anular o processo ou a decisão proferida, por cerceamento de defesa). O Estado *deve* proporcionar assistência jurídica a *todos* os presos. Será gratuita aos pobres; será cobrada, quando se tratar de condenado com suficiência de recursos.

**31-A. Defensoria Pública:** constituída, pela Lei 12.313/2010, como órgão da execução penal, além de possuir várias atribuições em relação aos interesses dos sentenciados hipossuficientes, é natural esteja presente em todos os presídios, com amplo apoio dos Governos Estaduais, conferindo-lhes a estrutura necessária para exercer o seu mister.

**Seção V**

**Da assistência educacional**

> **Art. 17.** A assistência educacional compreenderá a instrução escolar e a formação profissional do preso e do internado.[32-33]

**32. Assistência educacional:** preceitua o art. 205 da Constituição Federal que "a educação, direito de todos e dever do Estado e da família, será promovida e incentivada com a colaboração da sociedade, visando ao pleno desenvolvimento da pessoa, seu preparo para o exercício da cidadania e sua qualificação para o trabalho". Por outro lado, deixa claro no art. 208 o seguinte: (...) § 1.º, que "o acesso ao ensino obrigatório e gratuito é direito público subjetivo. § 2.º O não oferecimento do ensino obrigatório pelo Poder Público, ou sua oferta irregular, importa responsabilidade da autoridade competente". Por isso cabe ao Estado promover o ensino fundamental (antigo 1.º grau) ao sentenciado que dele necessitar. Dispõe o art. 32 da Lei 9.394/96 ser "o ensino fundamental obrigatório, com duração de 9 (nove) anos, gratuito na escola pública, iniciando-se aos 6 (seis) anos de idade, terá por objetivo a formação básica do cidadão, mediante: I – o desenvolvimento da capacidade de aprender, tendo como meios básicos o pleno domínio da leitura, da escrita e do cálculo; II – a compreensão do ambiente natural e social, do sistema político, da tecnologia, das artes e dos valores em que se fundamenta a sociedade; III – o desenvolvimento da capacidade de aprendizagem, tendo em vista a aquisição de conhecimentos e habilidades e a formação de atitudes e valores; IV – o fortalecimento dos vínculos de família, dos laços de solidariedade humana e de tolerância recíproca em que se assenta a vida social. § 1.º É facultado aos sistemas de ensino desdobrar o ensino fundamental em ciclos. § 2.º Os estabelecimentos que utilizam progressão regular por série podem adotar no ensino fundamental o regime de progressão continuada, sem prejuízo da avaliação do processo de ensino-aprendizagem, observadas as normas do respectivo sistema de ensino. § 3.º O ensino fundamental regular será ministrado em língua portuguesa, assegurada as comunidades indígenas a utilização de suas línguas maternas e processos próprios de aprendizagem. § 4.º O ensino fundamental será presencial, sendo o ensino a distância utilizado como complementação da aprendizagem ou em situações emergenciais. § 5.º O currículo do ensino fundamental incluirá, obrigatoriamente, conteúdo que trate dos direitos das crianças e dos adolescentes, tendo como diretriz a Lei 8.069, de 13 de julho de 1990, que institui o Estatuto da Criança e do Adolescente, observada a produção e distribuição de material didático adequado. § 6.º O estudo sobre os símbolos nacionais será incluído como tema transversal nos currículos do ensino fundamental". Quanto ao ensino profissionalizante, torna-se parte essencial para que o condenado, alfabetizado, possa desenvolver o aprendizado de alguma profissão, se já não possuir uma. De toda maneira, fica o Estado obrigado a garantir-lhe, nesta última hipótese, o aperfeiçoamento de seus conhecimentos, nos termos do art. 19 da Lei 7.210/84.

**33. Estudo e remição:** já existe previsão legal para que o estudo do preso possa significar abatimento da sua pena. Cuidaremos do tema no contexto da remição.

> **Art. 18.** O ensino de primeiro grau[34] será obrigatório, integrando-se no sistema escolar da unidade federativa.
>
> **Art. 18-A.** O ensino médio, regular ou supletivo, com formação geral ou educação profissional de nível médio, será implantado nos presídios, em obediência ao preceito constitucional de sua universalização.[34-A]
>
> § 1.º O ensino ministrado aos presos e presas integrar-se-á ao sistema estadual e municipal de ensino e será mantido, administrativa e financeiramente, com o apoio da União, não só com os recursos destinados à educação, mas pelo sistema estadual de justiça ou administração penitenciária.
>
> § 2.º Os sistemas de ensino oferecerão aos presos e às presas cursos supletivos de educação de jovens e adultos.
>
> § 3.º A União, os Estados, os Municípios e o Distrito Federal incluirão em seus programas de educação a distância e de utilização de novas tecnologias de ensino, o atendimento aos presos e às presas.

**34. Ensino de primeiro grau:** é o atual ensino fundamental. Vide a nota 32 ao art. 17.

**34-A. Ensino médio:** sem dúvida, o preceituado nesse artigo é positivo. O problema, como sempre, é a sua concretização. Há vários institutos da execução penal que ainda não contam com a devida aplicação (ex.: regime aberto em Casa do Albergado).

> **Art. 19.** O ensino profissional será ministrado em nível de iniciação ou de aperfeiçoamento técnico.[35]
>
> **Parágrafo único.** A mulher condenada terá ensino profissional adequado à sua condição.[36]

**35. Ensino profissional:** vide a nota 32 ao art. 17.

**36. Meta constitucional:** a proteção à mulher, em face de suas peculiaridades como ser humano, especialmente por ser fisicamente mais fraca que o homem, impõe que a "pena será cumprida em estabelecimentos distintos, de acordo com a natureza do delito, a idade e o sexo do apenado" (art. 5.º, XLVIII, CF) e, também, que "às presidiárias serão asseguradas condições para que possam permanecer com seus filhos durante o período de amamentação" (art. 5.º, L, CF). Em consonância com essa particular proteção, anote-se o disposto no art. 9.º da Lei 8.069/90: "O Poder Público, as instituições e os empregadores propiciarão condições adequadas ao aleitamento materno inclusive aos filhos de mães submetidas a medida privativa de liberdade. § 1.º Os profissionais das unidades primárias de saúde desenvolverão ações sistemáticas, individuais ou coletivas, visando ao planejamento, à implementação e à avaliação de ações de promoção, proteção e apoio ao aleitamento materno e à alimentação complementar saudável, de forma contínua. § 2.º Os serviços de unidades de terapia intensiva neonatal deverão dispor de banco de leite humano ou unidade de coleta de leite humano". É mais do que natural, portanto, tenham as presidiárias direito a um ensino profissional diferenciado e adequado às suas reais necessidades.

> **Art. 20.** As atividades educacionais podem ser objeto de convênio com entidades públicas ou particulares, que instalem escolas ou ofereçam cursos especializados.[37]

**37. Escolas nas unidades penitenciárias:** a ideia central é que o Poder Público ou entidades particulares possam instalar escolas ou oferecer cursos especializados no interior dos presídios, inclusive porque esta seria uma eficiente maneira de se atingir o condenado em regime fechado. Por isso, como já ressaltamos em nota anterior e ainda debateremos no capítulo da remição, o estudo bem dirigido e fiscalizado pode ser utilizado como mecanismo de diminuição gradual da pena.

> **Art. 21.** Em atendimento às condições locais, dotar-se-á cada estabelecimento de uma biblioteca, para uso de todas as categorias de reclusos, provida de livros instrutivos, recreativos e didáticos.[37-A]
>
> **Art. 21-A.** O censo penitenciário deverá apurar:
>
> I – o nível de escolaridade dos presos e das presas;
>
> II – a existência de cursos nos níveis fundamental e médio e o número de presos e presas atendidos;
>
> III – a implementação de cursos profissionais em nível de iniciação ou aperfeiçoamento técnico e o número de presos e presas atendidos;
>
> IV – a existência de bibliotecas e as condições de seu acervo;
>
> V – outros dados relevantes para o aprimoramento educacional de presos e presas.

**37-A. Prodigalidade legislativa:** o Parlamento brasileiro é pródigo em benesses, mormente na área da execução penal. No entanto, o Executivo simplesmente não cumpre o que foi estipulado em lei. Além disso, nem o Ministério Público, nem o Judiciário fazem nada a respeito. A norma em comento é positiva, sem dúvida, mas necessita de verbas e empenho do Poder Executivo, responsável pelos estabelecimentos prisionais. Um dos pontos controversos, atualmente em debate, é se a simples leitura de um livro (com feitura de resenha) pelo condenador seria suficiente para provocar a remição. Segundo já defendemos, haveria necessidade da disciplina legal para se saber como avaliar tal leitura, entre outros aspectos do aproveitamento escolar.

## Seção VI
## Da assistência social

> **Art. 22.** A assistência social tem por finalidade amparar o preso e o internado e prepará-los para o retorno à liberdade.[38]

**38. Assistência social:** os profissionais da assistência social são aqueles que permitem um liame entre o preso e sua vida fora do cárcere, abrangendo família, trabalho, atividades comunitárias etc. Além disso, participam das Comissões Técnicas de Classificação, emitindo pareceres quanto à mais indicada forma de individualização da pena, de progressão de regime e se é cabível o livramento condicional.

> **Art. 23.** Incumbe ao serviço de assistência social:
>
> I – conhecer os resultados dos diagnósticos e exames;
>
> II – relatar, por escrito, ao diretor do estabelecimento, os problemas e as dificuldades enfrentadas pelo assistido;
>
> III – acompanhar o resultado das permissões de saídas e das saídas temporárias;
>
> IV – promover, no estabelecimento, pelos meios disponíveis, a recreação;
>
> V – promover a orientação do assistido, na fase final do cumprimento da pena, e do liberando, de modo a facilitar o seu retorno à liberdade;
>
> VI – providenciar a obtenção de documentos, dos benefícios da previdência social e do seguro por acidente no trabalho;
>
> VII – orientar e amparar, quando necessário, a família do preso, do internado e da vítima.

## Seção VII
## Da assistência religiosa

> **Art. 24.** A assistência religiosa, com liberdade de culto, será prestada aos presos e aos internados, permitindo-se-lhes a participação nos serviços organizados no estabelecimento penal, bem como a posse de livros de instrução religiosa.[39]
>
> § 1.º No estabelecimento haverá local apropriado para os cultos religiosos.
>
> § 2.º Nenhum preso ou internado poderá ser obrigado a participar de atividade religiosa.

**39. Assistência religiosa:** estabelece o art. 5.º, VI, da Constituição Federal ser "inviolável a liberdade de consciência e de crença, sendo assegurado o livre exercício dos cultos religiosos e garantida, na forma da lei, a proteção aos locais de culto e a suas liturgias". O preso merece receber a oportunidade de participar de cultos, com ampla liberdade de crença, inclusive de não ter nenhuma, bem como de ter consigo livros referentes à religião adotada. Porém, a motivação religiosa deve ser permitida em caráter igualitário a todos os condenados, sem qualquer privilégio.

# Art. 25

## Seção VIII
### Da assistência ao egresso

> **Art. 25.** A assistência ao egresso consiste:[40]
>
> I – na orientação e apoio para reintegrá-lo à vida em liberdade;
>
> II – na concessão, se necessário, de alojamento e alimentação, em estabelecimento adequado, pelo prazo de 2 (dois) meses.
>
> **Parágrafo único.** O prazo estabelecido no inciso II poderá ser prorrogado uma única vez, comprovado, por declaração do assistente social, o empenho na obtenção de emprego.

**40. Assistência ao egresso:** cremos ser fundamental à ideal ressocialização do sentenciado o amparo àquele que deixa o cárcere, em especial quando passou muitos anos detido, para que não se frustre e retorne à vida criminosa. Lamentavelmente, na maior parte das cidades brasileiras, onde há presídios, esse serviço inexiste. A consequência é o abandono ao qual é lançado o egresso, que nem mesmo para onde ir tem, após o cumprimento da pena. Se tiver família que o ampare, pode-se dispensar o alojamento e a alimentação, valendo, somente, o empenho para a busca do emprego lícito.

> **Art. 26.** Considera-se egresso para os efeitos desta Lei:[41-42]
>
> I – o liberado definitivo, pelo prazo de 1 (um) ano a contar da saída do estabelecimento;
>
> II – o liberado condicional, durante o período de prova.

**41. Conceito de egresso:** em sentido amplo, quer dizer a pessoa que se afasta de uma comunidade qualquer após um período de ligação mais ou menos duradouro. O preso viveu em comunidade, no estabelecimento penitenciário – regimes fechado e semiaberto, motivo pelo qual é considerado liberado definitivo pelo prazo de um ano. Durante esse tempo, pode necessitar de orientação e amparo para a perfeita reinserção social. Se preciso for, o Estado deve providenciar alojamento e alimentação, em local adequado, por, pelo menos, dois meses. Não deveria ser considerado *egresso* o condenado que estava inserido em Casa do Albergado e, finda a pena, é liberado definitivamente. Afinal, ele já estava, praticamente, reintegrado à sociedade, tanto que trabalhava fora da Casa do Albergado durante todo o dia e somente nela comparecia para o repouso noturno e para passar os fins de semana. Parece-nos que seria mais que suficiente para o período de transição, de modo que, ao terminar a pena, poderia seguir para onde desejar, não necessitando de amparo estatal para tanto. Diversamente, aquele que deixa, abruptamente, o regime fechado – e mesmo o regime semiaberto – pode enfrentar o *choque* trazido pela súbita liberdade, sem saber o que fazer, nem mesmo para onde ir. Eis aí a ingerência do Poder Público, prestando-lhe assistência e amparo. Mas a lei não faz distinção, afirmando, apenas, que é considerado egresso o liberado definitivo, pelo prazo de um ano, a contar da saída do estabelecimento (presídio, colônia penal ou Casa do Albergado). Por outro lado, também é considerado *egresso* aquele que se encontra em livramento condicional, durante o período de prova. Neste caso, a situação é mais coerente do que a enfrentada pelo albergado. Há presos que podem sair diretamente do regime fechado (após cumprir, por exemplo, um terço da pena, se primário, de bons antecedentes, pode requerer o livramento condicional) para a liberdade. Em tese, precisam mais de assistência do Poder Público, justamente para conseguir trabalho lícito e morada imediata (desde que não contem com o apoio da família).

**42. Benefícios previdenciários:** dispõe o Decreto 3.048/99, no art. 13, IV, o seguinte: "Mantém a qualidade de segurado, independentemente de contribuições: (...) IV – até doze meses após o livramento, o segurado detido ou recluso".

> **Art. 27.** O serviço de assistência social colaborará com o egresso para a obtenção de trabalho.

### Capítulo III
### DO TRABALHO

### Seção I
### Disposições gerais

> **Art. 28.** O trabalho do condenado, como dever social e condição de dignidade humana, terá finalidade educativa e produtiva.[43]
>
> § 1.º Aplicam-se à organização e aos métodos de trabalho as precauções relativas à segurança e à higiene.
>
> § 2.º O trabalho do preso não está sujeito ao regime da Consolidação das Leis do Trabalho.[44]

**43. Trabalho do preso:** é obrigatório (art. 39, V, LEP) e faz parte da laborterapia inerente à execução da pena do condenado, que necessita de reeducação. Por outro lado, a Constituição Federal veda a pena de trabalhos forçados (art. 5.º, XLVII, *c*, o que significa não poder se exigir do preso o trabalho sob pena de castigos corporais ou outras formas de punição ativa, além de não se poder exigir a prestação de serviços sem qualquer benefício ou remuneração. Diz Luiz Vicente Cernicchiaro: "Extinta a escravatura, não faz sentido o trabalho gratuito, ainda que imposto pelo Estado, mesmo na execução da sentença criminal. A remuneração do trabalho está definitivamente assentada. O Direito Penal virou também a página da história. O Código Criminal do Império estatuía no art. 46: 'A pena de prisão com trabalho obrigará os réus a ocuparem-se diariamente no trabalho que lhes for designado dentro do recinto das prisões, na conformidade das sentenças e dos regulamentos policiais das mesmas prisões'. A superação do trabalho gratuito caminha paralelamente à rejeição do confisco de bens" (*Direito penal na Constituição*, p. 133). É natural que a obrigatoriedade do trabalho implica, em caso de inobservância pelo condenado, a concretização de falta grave (art. 50, VI, LEP). Se esta se configurar, perde o preso o direito a determinados benefícios, como, exemplificando, a progressão de regime, o livramento condicional, o indulto, os dias remidos pelo trabalho etc.

**44. Diversidade do trabalhador livre:** quem está solto e trabalha goza dos benefícios previstos na CLT (ex.: 13.º salário, férias, horas extras etc.). O preso, ao exercer o trabalho como um dos seus deveres, não tem direito a tais proveitos. Na verdade, ao exercer qualquer atividade no presídio, tem outras vantagens, como, por exemplo, a remição (desconto na pena dos dias trabalhados, na proporção de três dias de trabalho por um dia de pena). Será, ainda, remunerado pelo que fizer, nos termos do art. 29, *caput*, desta Lei.

# Art. 29

> **Art. 29.** O trabalho do preso será remunerado, mediante prévia tabela, não podendo ser inferior a 3/4 (três quartos) do salário mínimo.[45]
>
> § 1.º O produto da remuneração pelo trabalho deverá atender:[46]
>
> *a)* à indenização dos danos causados pelo crime, desde que determinados judicialmente e não reparados por outros meios;
>
> *b)* à assistência à família;
>
> *c)* a pequenas despesas pessoais;
>
> *d)* ao ressarcimento ao Estado das despesas realizadas com a manutenção do condenado, em proporção a ser fixada e sem prejuízo da destinação prevista nas letras anteriores.
>
> § 2.º Ressalvadas outras aplicações legais, será depositada a parte restante para constituição do pecúlio, em caderneta de poupança, que será entregue ao condenado quando posto em liberdade.

**45. Trabalho remunerado:** conforme dispõe o art. 39 do Código Penal ("o trabalho do preso será sempre remunerado, sendo-lhe garantidos os benefícios da Previdência Social"), além da remuneração, o preso pode gozar dos benefícios previdenciários em geral. Nos termos do art. 201 da Constituição Federal, a previdência social será organizada sob a forma de regime geral, de caráter contributivo e de filiação obrigatória, observados os critérios que preservem o equilíbrio financeiro e atuarial, e atenderá, nos termos da lei, a: (...) IV – salário-família e auxílio-reclusão para os dependentes dos segurados de baixa renda. Nos termos do art. 11, § 1.º, IX, pode filiar-se, facultativamente, "o presidiário que não exerce atividade remunerada nem esteja vinculado a qualquer regime de previdência social". E o inciso XI, conforme Decreto 7.054/2009, dispõe a filiação de "segurado recolhido à prisão sob regime fechado ou semiaberto, que, nesta condição, preste serviço, dentro ou fora da unidade penal, a uma ou mais empresas, com ou sem intermediação da organização carcerária ou entidade afim, ou que exerce atividade artesanal por conta própria". O mesmo Decreto 3.048/99 estabelece as condições para a obtenção do auxílio-reclusão pelos dependentes do preso, em particular no art. 116: "O auxílio-reclusão será devido, nas mesmas condições da pensão por morte, aos dependentes do segurado recolhido à prisão que não receber remuneração da empresa nem estiver em gozo de auxílio-doença, aposentadoria ou abono de permanência em serviço, desde que o seu último salário de contribuição seja inferior ou igual a R$ 360,00 (trezentos e sessenta reais). § 1.º É devido auxílio-reclusão aos dependentes do segurado quando não houver salário de contribuição na data do seu efetivo recolhimento à prisão, desde que mantida a qualidade de segurado. § 2.º O pedido de auxílio-reclusão deve ser instruído com certidão do efetivo recolhimento do segurado à prisão, firmada pela autoridade competente. § 3.º Aplicam-se ao auxílio-reclusão as normas referentes à pensão por morte, sendo necessária, no caso de qualificação de dependentes após a reclusão ou detenção do segurado, a preexistência da dependência econômica. § 4.º A data de início do benefício será fixada na data do efetivo recolhimento do segurado à prisão, se requerido até trinta dias depois desta, ou na data do requerimento, se posterior, observado, no que couber, o disposto no inciso I do art. 105. § 5.º O auxílio-reclusão é devido, apenas, durante o período em que o segurado estiver recolhido à prisão sob regime fechado ou semiaberto. § 6.º O exercício de atividade remunerada pelo segurado recluso em cumprimento de pena em regime fechado ou semiaberto que contribuir na condição de segurado de que trata a alínea *o* do inciso V do art. 9.º ou do inciso IX do § 1.º do art. 11 não acarreta perda do direito ao recebimento do auxílio-reclusão pelos seus dependentes". Na jurisprudência: STF: "4. A pessoa em cumprimento de pena privativa de liberdade, por isso não está sujeita ao regime da Consolidação das Leis do Trabalho, bem como que será remunerada por tabela previamente fixada, em valor não inferior a três quartos do salário--mínimo (respectivamente, artigos 28, § 2º, e 29, *caput*, da Lei de Execução Penal). 5. O trabalho do condenado constitui um dever, obrigatório na medida de suas aptidões e capacidade, e possui finalidades educativa e produtiva, nos termos dos artigos 28, *caput*, 31 e 39, V, da Lei de Execução Penal, em contraste com a liberdade para trabalhar e prover o seu sustento garantida aos que não cumprem pena prisional pelo artigo 6º da Constituição. 6. O cumprimento da pena privativa de liberdade gera restrições naturais ao exercício do trabalho, com potencial repercussão negativa na remuneração da mão de obra, o que se extrai do peculiar regime jurídico a que se submetem os trabalhadores presos, a saber: (i) necessidade de implantação de oficinas de trabalho, por empregadores privados, referentes a setores de apoio dos presídios (artigo 34, § 2º, da LEP); (ii) a finalidade de formação profissional do condenado (artigo 34 da LEP), ainda que não produza benefício econômico para terceiros; (iii) a aquisição pelo poder público, com dispensa da concorrência pública, dos bens ou produtos do trabalho prisional, sempre que não for possível ou recomendável realizar-se a venda a particulares (artigo 35 da LEP); (iv) a necessidade de observância das cautelas contra a fuga e em favor da disciplina no trabalho externo (artigo 36 da LEP); (v) a possibilidade de revogação da autorização de trabalho externo se o preso tiver comportamento contrário aos requisitos de aptidão, disciplina e responsabilidade, bem assim quando praticar fato definido como crime ou for punido por falta grave (artigo 37, parágrafo único, da LEP) etc. 7. A legitimidade da diferenciação entre o trabalho do preso e o dos empregados em geral na política pública de limites mínimos de remuneração é evidenciada pela distinta lógica econômica do labor no sistema executório penal, que pode até mesmo ser subsidiado pelo Erário, de modo que o discrímen promove, em vez de violar, o mandamento de isonomia contido no artigo 5º, *caput*, da Constituição, no seu aspecto material. 8. A autorização legal para a percepção de remuneração inferior ao salário mínimo no trabalho do preso é acompanhada de medidas compensatórias, quais sejam: (i) é fixado um patamar mínimo de três quartos do salário mínimo, percentual razoável para configurar uma justa remuneração pelo trabalho humano, nos termos definidos democraticamente pelo Parlamento; (ii) são impostos ao Estado deveres de prestação material em relação ao interno, a fim de garantir o atendimento de todas as suas carências básicas; e (iii) concede-se ao preso o benefício da remição da pena, na proporção de 1 (um) dia de redução da sanção criminal para cada 3 (três) dias de trabalho. 9. O salário mínimo, na dicção do artigo 7º, IV, da Constituição, visa satisfazer as necessidades vitais básicas do trabalhador e as de sua família 'com moradia, alimentação, educação, saúde, lazer, vestuário, higiene, transporte e previdência social', ao passo que o preso, conforme previsão legal, já deve ter atendidas pelo Estado boa parte das necessidades vitais básicas que o salário mínimo objetiva atender, tais como educação (artigos 17 e seguintes da LEP), alojamento (artigo 88 da LEP), saúde (artigo 14 da LEP), alimentação, vestuário e higiene (artigo 12 da LEP). 10. A disciplina do trabalho do preso no Brasil também está em conformidade com as normas internacionais que regem o tema, porquanto o acordo sobre as regras mínimas das Nações Unidas para o tratamento de prisioneiros de 2015 (denominadas 'regras de Mandela'), aprovado por Resolução da Comissão sobre Prevenção de Crime e Justiça Criminal de Viena, determina seja 'estabelecido sistema justo de remuneração do trabalho dos presos' (Regra 103.1), em contraste com outras disposições do mesmo diploma que exigem condições não menos vantajosas que aquelas que a lei disponha para os trabalhadores livres (*v.g.*, Regra 101.2). 11. O soldo daqueles que exercem serviço militar obrigatório pode ser inferior ao salário-mínimo definido nacionalmente, sem que isso implique lesão aos princípios da dignidade humana (artigo 1º, III, da CRFB) e da isonomia (artigo 5º, *caput*, da CRFB), ou à regra do artigo 7º, IV, da Carta Magna: RE 570.177, Relator Min. Ricardo Lewandowski, Tribunal Pleno, julgado em

30/4/2008. Súmula Vinculante 6 deste Supremo Tribunal Federal. 12. O patamar mínimo diferenciado de remuneração aos presos previsto no artigo 29, *caput*, da Lei de Execução Penal não representa violação aos princípios da dignidade humana (artigo 1º, III, da CRFB) e da isonomia (artigo 5º, *caput*, da CRFB), sendo inaplicável à hipótese a garantia de salário--mínimo prevista no artigo 7º, IV, da Constituição. 13. As normas insculpidas nos artigos 1º, III, 5º, *caput*, e 7º, IV, da Carta Magna caracterizam preceitos fundamentais, autorizando o ajuizamento de Arguição de Descumprimento de Preceito Fundamental quando apontada violação direta à Carta Magna e atendido o teste da subsidiariedade. Precedentes: ADPF 388, Relator Min. Gilmar Mendes, Tribunal Pleno, julgado em 9/3/2016; ADPF 33 MC, Relator Min. Gilmar Mendes, Tribunal Pleno, julgado em 29/10/2003). 14. Arguição de Descumprimento de Preceito Fundamental julgada improcedente" (ADPF 336, Pleno, rel. Luiz Fux, 01.03.2021, maioria).

**46. Insuficiência da remuneração:** se o valor percebido pelo preso deve ser de, pelo menos, 3/4 do salário mínimo, a listagem de destinações do produto da remuneração é irreal. Com tal montante, ele precisaria indenizar o dano causado pelo crime, garantir assistência à sua família, gastar consigo em pequenas despesas, além de ressarcir o Estado pelas despesas com sua manutenção. Não bastasse, ainda deveria haver uma sobra para formar um pecúlio, conforme prevê o § 2.º deste artigo. Seria o *milagre* da multiplicação do dinheiro. Na jurisprudência: STJ: "O pecúlio, recebido pelo prisioneiro, consiste em valores monetários ou ativos adquiridos durante o período de cumprimento da pena, seja por meio do trabalho exercido dentro ou fora da instituição prisional, desde que em conformidade com a legislação vigente. Esses recursos têm diversas finalidades: o detento pode utilizá-los para adquirir produtos dentro do estabelecimento prisional, custear suas despesas pessoais e, em determinados casos, pode até mesmo reservá-los para o período posterior à sua liberação. O propósito principal do pecúlio é garantir ao detento meios de subsistência e contribuir para sua reintegração à sociedade após o cumprimento da pena. Além disso, o pecúlio pode ser utilizado para a reparação dos danos causados pelo crime cometido, desde que haja determinação judicial nesse sentido e que tais danos não sejam indenizados por outras fontes. Este instituto encontra-se previsto no art. 29, *caput*, e §§ 1º e 2º, da Lei 7.210/1984, cujo teor segue transcrito abaixo: Art. 29. O trabalho do preso será remunerado, mediante prévia tabela, não podendo ser inferior a 3/4 (três quartos) do salário mínimo. § 1º O produto da remuneração pelo trabalho deverá atender: a) à indenização dos danos causados pelo crime, desde que determinados judicialmente e não reparados por outros meios; b) à assistência à família; c) a pequenas despesas pessoais; d) ao ressarcimento ao Estado das despesas realizadas com a manutenção do condenado, em proporção a ser fixada e sem prejuízo da destinação prevista nas letras anteriores. § 2º Ressalvadas outras aplicações legais, será depositada a parte restante para constituição do pecúlio, em Caderneta de Poupança, que será entregue ao condenado quando posto em liberdade. A pena de multa representa uma modalidade específica de sanção penal, impondo ao sentenciado a obrigação de contribuir com um valor determinado ao fundo penitenciário" (REsp 2.113.000 – SP, 5.ª T., rel. Ribeiro Dantas, 02.04.2024, v.u.).

> **Art. 30.** As tarefas executadas como prestação de serviço à comunidade não serão remuneradas.[47]

**47. Atividade não remunerada:** a prestação de serviços à comunidade, por definição, é uma pena alternativa ao encarceramento, cuja finalidade é a atribuição de tarefas *gratuitas* ao condenado (art. 46, § 1.º, CP), dando-lhe a oportunidade de reparar, pelo seu trabalho, o dano social provocado pela prática do crime. O dispositivo é, portanto, inútil.

## Seção II
## Do trabalho interno

> **Art. 31.** O condenado à pena privativa de liberdade está obrigado ao trabalho na medida de suas aptidões e capacidade.[48]
>
> **Parágrafo único.** Para o preso provisório, o trabalho não é obrigatório e só poderá ser executado no interior do estabelecimento.[49]

**48. Trabalho compatível com a capacitação:** esse é um dos reflexos positivos da individualização executória da pena, fruto natural do exame de classificação realizado no início do cumprimento da pena. Desvenda-se a aptidão e conhece-se a capacitação do condenado para o exercício de atividades no estabelecimento prisional. Destina-se o trabalho ideal para o preso (ex.: um médico pode trabalhar no consultório do presídio; um pedreiro, na reforma de um bloco do estabelecimento penal). Outro ponto a considerar é o curso profissionalizante que ele pode fazer (art. 19, LEP), associando-se o seu aproveitamento ao trabalho a ser realizado no dia a dia.

**49. Trabalho facultativo:** embora a lei preveja ser facultativo o trabalho ao preso provisório, consagrada a possibilidade de haver a execução provisória da pena, cremos que está ele obrigado a desempenhar alguma atividade no estabelecimento onde se encontre. Afinal, se pretende progredir de regime, passando, por exemplo, do fechado ao semiaberto, torna-se essencial que trabalhe, a fim de ser avaliado, quanto ao mérito, nas mesmas condições de igualdade dos demais condenados. O art. 31, parágrafo único, desta Lei foi elaborado muito antes de se falar em execução provisória da pena, motivo pelo qual se facultou o trabalho ao preso provisório. Sob outro aspecto, o mencionado dispositivo estipula que a atividade laborativa se dê no interior do estabelecimento. Segundo nos parece, no regime fechado, o correto é o trabalho interno, inclusive para os condenados definitivos (em trabalho externo só em caráter excepcional, conforme art. 36, *caput*, desta Lei). Porém, no regime semiaberto, já que os condenados podem trabalhar fora, cremos ser viável aos presos provisórios igualmente. Na jurisprudência: STJ: "1. Conforme o disposto na Súmula n. 716/STJ, admite-se a progressão de regime de cumprimento da pena ou a aplicação imediata de regime menos severo nela determinada, antes do trânsito em julgado da sentença condenatória. 2. Conforme a jurisprudência desta Corte Superior, a ausência do trânsito em julgado da ação penal originária não obsta a obtenção de benefícios na execução provisória, porém, o art. 31, parágrafo único, da LEP, expressamente dispõe que o trabalho do preso provisório somente poderá ser executado no interior do estabelecimento. 3. Apesar de o paciente estar cumprindo execução provisória em regime semiaberto, a denegação em pleito de trabalho externo a preso provisório não constitui flagrante ilegalidade. 4. *Habeas corpus* denegado" (HC 602.928 – MG, 6.ª T., rel. Nefi Cordeiro, 22.09.2020, v.u.).

> **Art. 32.** Na atribuição do trabalho deverão ser levadas em conta a habilitação, a condição pessoal e as necessidades futuras do preso, bem como as oportunidades oferecidas pelo mercado.[50]
>
> § 1.º Deverá ser limitado, tanto quanto possível, o artesanato sem expressão econômica, salvo nas regiões de turismo.
>
> § 2.º Os maiores de 60 (sessenta) anos poderão solicitar ocupação adequada à sua idade.[51]
>
> § 3.º Os doentes ou deficientes físicos somente exercerão atividades apropriadas ao seu estado.

# Art. 33

**Leis Penais e Processuais Penais Comentadas – Vol. 2 · Nucci**

**50. Individualização executória da pena:** novamente se constata a importância não somente do exame de classificação inicial, mas do acompanhamento da Comissão Técnica de Classificação durante toda a execução da pena. Somente nesses termos haverá possibilidade de se garantir o início da atividade laborativa em atividade compatível com a habilitação e condição pessoal do condenado. Após, o acompanhamento, durante o cumprimento da pena, pode proporcionar aos setores especializados do presídio, transferir o sentenciado para outro setor, onde possa aprimorar alguma habilidade ou profissão, bem como se poderá pensar nas necessidades futuras, quando deixar o cárcere. Em nossa visão, manter a atividade da Comissão Técnica de Classificação restrita a um exame inicial é manietar a execução, prejudicando-a seriamente.

**51. Estatuto do idoso:** é natural que o preso idoso, pessoa com mais de 60 anos, possa requerer o desempenho de atividade compatível com sua idade, pois a Lei 10.741/2003, no art. 26, prevê o seguinte: "O idoso tem direito ao exercício de atividade profissional, respeitadas suas condições físicas, intelectuais e psíquicas".

> **Art. 33.** A jornada normal de trabalho não será inferior a 6 (seis), nem superior a 8 (oito) horas, com descanso nos domingos e feriados.[52]
>
> **Parágrafo único.** Poderá ser atribuído horário especial de trabalho aos presos designados para os serviços de conservação e manutenção do estabelecimento penal.[52-A]

**52. Jornada de trabalho:** estabelece o art. 33, *caput*, desta Lei, não dever ser inferior a seis, nem superior a oito horas diárias, com descanso aos domingos e feriados, mas, corretamente, prevê-se uma exceção no parágrafo único, com a fixação de horários especiais aos presos designados para serviços de conservação e manutenção do presídio. É o que se dá, por exemplo, a quem exerce as suas atividades na cozinha. Nos domingos e feriados, todos os presos se alimentam normalmente, razão pela qual alguém há de lhes preparar as refeições. O condenado, trabalhando nesse setor, termina por exercer serviços aos domingos e feriados. Outro ponto que não é incomum. Para melhor aproveitamento do trabalho na cozinha, pode--se estipular uma jornada de doze horas, com descanso no dia seguinte. Esse dia trabalhado, na realidade, valerá por dois (como se cuidássemos de dois dias, com seis horas de serviço prestado cada um). Na jurisprudência: STJ: "1. O apenado desenvolveu atividades laborais, no interior do presídio, e em jornada inferior a 6 horas diárias, com autorização da administração penitenciária, nos termos do art. 33 da Lei de Execução Penal, uma vez que desempenhava serviço de conservação e manutenção do estabelecimento penal, trabalhando como 'pagador' e ASG. 2. Se a regra geral disposta na cabeça do art. 33 da LEP prevê que a jornada normal de trabalho não pode ser inferior a 6 horas e nem superior a 8 horas diárias, com descanso aos domingos e feriados, a situação de horário reduzido, autorizada pelo parágrafo único do mesmo artigo, deve ser equiparada à 'jornada normal de trabalho'. 3. O Superior Tribunal de Justiça compreende que, pelo teor do art. 33, c/c o art. 126, § 1º, ambos da LEP, na jornada de trabalho não inferior a 6 nem superior a 8 horas diárias, o cálculo para remição deve se dar pela quantidade de dias efetivamente trabalhados. Com essa premissa, não há motivo para que a exceção autorizada no parágrafo único do art. 33, caso dos autos, conte com raciocínio diverso" (AgRg no AREsp 2.356.272 – RN, 6.ª T., rel. Jesuíno Rissato, 27.02.2024, v.u.).

**52-A. Banco de horas:** devem ser computadas todas as horas trabalhadas (ou estudadas) pelo condenado, desde que em serviço (estudo) reconhecido pela direção do presídio, não valendo atividades particulares de artesanato ou passatempo. No entanto, vários sentenciados terminam desenvolvendo o seu trabalho por um tempo inferior a seis horas diárias (ou excedendo as oito).

Em nossa visão, isso não significa que esse tempo deve ser ignorado, pois não é o mínimo (ou o máximo) estabelecido em lei. Quer dizer, isto sim, deva ser anotado no seu prontuário até que ele atinja o montante necessário por dia, durante os três dias para fazer jus à remição de um dia de pena. Exemplo: o preso trabalhou 2 horas por dia naquela semana; na essência, os três dias de serviço (duas horas/dia) atingem o mínimo de seis horas; diante disso, atingindo as seis horas, completou um dia de trabalho. Ainda faltarão mais 12 horas para que ele possa ter reconhecido outros dois dias de trabalho, completando os três necessários para remir um dia de pena. Por outro lado, existem os condenados que trabalham mais de seis horas por dia. As horas remanescentes, já que somente seis são necessárias para configurar um dia de trabalho, não devem ser perdidas, mas guardadas para compor outro dia, quando completar mais seis horas. Enfim, o mesmo critério deve ser usado no cômputo das horas de estudo. Acolhendo o cômputo, como dia trabalhado, de apenas quatro horas, há decisão do STF (ora, podendo-se computar menos de seis horas para valer por um dia, parece-nos cabível o *banco de horas*): "Remição (arts. 33 e 126 da Lei de Execução Penal). Trabalho do preso. Jornada diária de 4 (quatro) horas. Cômputo para fins de remição de pena. Admissibilidade. Jornada atribuída pela própria administração penitenciária. Inexistência de ato de insubmissão ou de indisciplina do preso. Impossibilidade de se desprezarem as horas trabalhadas pelo só fato de serem inferiores ao mínimo legal de 6 (seis) horas. Princípio da proteção da confiança. Recurso provido. Ordem de *habeas corpus* concedida para que seja considerado, para fins de remição de pena, o total de horas trabalhadas pelo recorrente em jornada diária inferior a 6 (seis) horas. 1. O direito à remição pressupõe o efetivo exercício de atividades laborais ou estudantis por parte do preso, o qual deve comprovar, de modo inequívoco, seu real envolvimento no processo ressocializador. 2. É obrigatório o cômputo de tempo de trabalho nas hipóteses em que o sentenciado, por determinação da administração penitenciária, cumpra jornada inferior ao mínimo legal de 6 (seis) horas, vale dizer, em que essa jornada não derive de ato de insubmissão ou de indisciplina do preso. 3. Os princípios da segurança jurídica e da proteção da confiança tornam indeclinável o dever estatal de honrar o compromisso de remir a pena do sentenciado, legítima contraprestação ao trabalho prestado por ele na forma estipulada pela administração penitenciária, sob pena de desestímulo ao trabalho e à ressocialização. 4. Recurso provido. Ordem de *habeas corpus* concedida para que seja considerado, para fins de remição de pena, o total de horas trabalhadas pelo recorrente em jornada diária inferior a 6 (seis) horas" (RHC 136509, 2.ª T., rel. Dias Toffoli, j. 04.04.2017, v.u.). Há julgados que acolhem o *banco de horas*, embora sem essa designação: STJ: "1. Não se desconhece o entendimento desta Corte Superior no sentido de que a interpretação extensiva de que a jornada máxima de estudo fixada em 4 horas por dia decorre da especificada determinada pela literalidade normativa. 2. Ocorre que, tendo a norma do art. 126 da LEP o objetivo de ressocialização do condenado, deve-se observar o recente entendimento da decisão proferida no âmbito da Sexta Turma desta Corte Superior, no julgamento do HC 461.047/SP, Rel. Ministra Laurita Vaz, DJe 14/08/2020, no sentido de ser possível a remição das horas excedentes de estudo, não se limitando a jornada de estudo em 4 horas por dia. 3. Não se mostra razoável admitir-se horas extras na remição pelo trabalho e, por outro lado, negá-las quando a remição é feita por meio do estudo. 4. Agravo regimental não provido" (AgRg no AREsp 1.720.688 – SC, 5.ª T., rel. Reynaldo Soares da Fonseca, 06.10.2020, v.u.).

> **Art. 34.** O trabalho poderá ser gerenciado por fundação, ou empresa pública, com autonomia administrativa, e terá por objetivo a formação profissional do condenado.[53-53-A]
>
> § 1.º Nessa hipótese, incumbirá à entidade gerenciadora promover e supervisionar a produção, com critérios e métodos empresariais, encarregar-se

> de sua comercialização, bem como suportar despesas, inclusive pagamento de remuneração adequada.
>
> § 2.º Os governos federal, estadual e municipal poderão celebrar convênio com a iniciativa privada, para implantação de oficinas de trabalho referentes a setores de apoio dos presídios.[54]

**53. Trabalho do preso e responsabilidade do Estado:** observa-se a preocupação da Lei de Execução Penal em entregar ao Poder Público a tarefa de organizar, supervisionar e coordenar o trabalho desenvolvido pelos condenados (art. 34, *caput* e § 1.º). Indica, inicialmente, uma fundação ou empresa pública. Afirma a viabilidade da celebração de convênios com a iniciativa privada para a implantação de oficinas de trabalho nos presídios (art. 34, § 2.º). Na sequência (art. 35), busca-se facilitar a venda dos bens ou produtos advindos do trabalho do preso, até mesmo com dispensa de licitação, aos órgãos da administração direta ou indireta da União, Estados, Distrito Federal e Municípios. Se o valor pago por particulares for mais elevado, a este comércio dá-se preferência. As importâncias arrecadadas voltam-se às fundações ou empresas públicas, que organizaram o serviço. Na falta, ao estabelecimento penal. Em suma, a responsabilidade pelo trabalho do preso é do Poder Público, que pode até se valer da iniciativa privada, por convênios, para tanto, remunerando-se o preso e arrecadando-se valores ao próprio ente estatal. Trabalho de condenado não pode gerar lucro para empresas privadas, pois é uma distorção do processo de execução da pena. O preso receberia, por exemplo, 3/4 do salário mínimo e produziria bens e produtos de alto valor, em oficinas montadas e administradas pela iniciativa privada, que os venderia e ficaria com o lucro, sem nem mesmo conferir ao condenado os benefícios da CLT (lembremo-nos da vedação estabelecida pelo art. 28, § 2.º, desta Lei). Tal situação seria ilegal e absurda. O cumprimento da pena e o exercício do trabalho pelo preso não têm por fim *dar lucro*. É um ônus estatal a ser suportado. Se, porventura, houver lucro na organização e administração da atividade laborativa do condenado, a este e ao Estado devem ser repartidos os ganhos. Por ora, é a previsão legal.

**53-A. Trabalho efetivo e comprovado:** um dos principais aspectos do trabalho do preso para fins de remição é a sua regulamentação pelo estabelecimento prisional, reconhecendo-o formalmente. Portanto, se o condenado varre todas as celas por sua conta, sem a direção do presídio ter conhecimento, não poderá, depois, pleitear remição, pois inexistirá atestado de serviço prestado, fornecido pelo órgão competente. Sem o atestado, inexiste viabilidade para a concessão da remição. Sob outro prisma, se o preso varre as celas e isso pode ser considerado um trabalho, o correto é ele requerer a sua regulamentação e controle; caso a direção do presídio se recuse, deve apresentar seu pleito ao juiz da execução penal. O importante é que o trabalho seja *efetivo* e *comprovado*. Sem isso, a remição não se viabiliza.

**54. Privatização de presídios:** segundo cremos, há de se editar lei específica para reger tal situação. Antes disso, não se pode tolerar que a iniciativa privada assuma a direção de um estabelecimento penal, contrate funcionários e administre o trabalho do preso, bem como conduza as anotações em seu prontuário. As regras precisariam ser bem claras e discutidas com a sociedade e com a comunidade jurídica antes de qualquer implantação arrojada nesse sentido. Tem-se notícia, entretanto, da falsa *privatização* de presídio, que não passa de uma *terceirização* de alguns serviços. O Estado continua a dirigir o presídio e manter os principais cargos diretivos. Contrata-se uma empresa para fornecer a segurança interna do estabelecimento, sem abrir mão, naturalmente, dos agentes penitenciários estatais. Seria o equivalente a *terceirizar* a alimentação dos presos, o que já é uma realidade em inúmeros presídios brasileiros.

## Art. 35.

> **Art. 35.** Os órgãos da administração direta ou indireta da União, Estados, Territórios, Distrito Federal e dos Municípios adquirirão, com dispensa de concorrência pública, os bens ou produtos do trabalho prisional, sempre que não for possível ou recomendável realizar-se a venda a particulares.
>
> **Parágrafo único.** Todas as importâncias arrecadadas com as vendas reverterão em favor da fundação ou empresa pública a que alude o artigo anterior ou, na sua falta, do estabelecimento penal.

### Seção III
### Do trabalho externo

> **Art. 36.** O trabalho externo será admissível para os presos em regime fechado somente em serviço ou obras públicas realizadas por órgãos da administração direta ou indireta, ou entidades privadas, desde que tomadas as cautelas contra a fuga e em favor da disciplina.[55-56]
>
> § 1.º O limite máximo do número de presos será de 10% (dez por cento) do total de empregados na obra.[57]
>
> § 2.º Caberá ao órgão da administração, à entidade ou à empresa empreiteira a remuneração desse trabalho.[58]
>
> § 3.º A prestação de trabalho a entidade privada depende do consentimento expresso do preso.[59]

**55. Trabalho externo excepcional:** não deve ser a regra, mas a exceção. O ideal, como vimos defendendo em notas anteriores, é que o Estado providencie, dentro dos estabelecimentos penais (regimes fechado e semiaberto), as condições e instalações necessárias para o desempenho do trabalho obrigatório dos sentenciados. Não há sentido na inserção do preso em serviços externos, especialmente quando se cuidar de condenados perigosos, com penas elevadas a cumprir, deslocando-se um número razoável de agentes de segurança para evitar fugas, a pretexto de não haver local próprio dentro do presídio. Esse descaso estatal, em relação à falta de estrutura dos estabelecimentos penitenciários, precisa ser contornado, em nome da correta individualização executória da pena. Temos acompanhado, lamentavelmente, em algumas localidades, por todo o Brasil, situações incompatíveis com o preceituado nesta Lei. Por ausência de instalações apropriadas no estabelecimento fechado, mas também não tendo condições de providenciar escolta, alguns magistrados têm autorizado o trabalho externo do preso, sem nenhuma vigilância. É a consagração da falência do sistema carcerário, pois tal método de cumprimento da pena equivale ao regime aberto, ou seja, o presídio, para o regime fechado, torna-se autêntica Casa do Albergado, na prática. O prejuízo, nesse caso, quem experimentará será a sociedade, pois se a pessoa *deve* estar recolhida em regime *fechado*, não pode circular livremente pelas ruas, como se nenhuma punição houvesse. As consequências são imponderáveis e totalmente imprevisíveis.

**55-A. Trabalho externo no regime semiaberto:** é possível que se permita ao sentenciado o trabalho fora da colônia penal, embora o ideal é que haja atividades laborativas internas. Pode-se permitir o trabalho em saídas específicas, preferencialmente com monitoração eletrônica, sem que se possa *automatizar* essa autorização. Noutros termos, cuida-se de análise de caso individual de cada sentenciado, quando demonstrar bom comportamento e um certo tempo de cumprimento da pena. Na jurisprudência: STJ: "Vale destacar que esta Corte Superior entende ainda que a simples progressão ao regime semiaberto não concede o direito automático ao trabalho extramuros ou outros benefícios, devendo o aspecto subjetivo do apenado ainda ser apreciado em cada caso. Nesse sentido: 'É pacífico o entendimento de que o fato de o apenado ter progredido para o regime semiaberto não lhe assegura o direito automático ao trabalho extramuros, devendo ser analisada a compatibilidade entre a concessão do benefício e os objetivos da pena' (AgRg no RHC n. 155.097/RJ, Quinta Turma, Rel. Min. Ribeiro Dantas, DJe de 17/12/2021). Na situação vertente, o Tribunal de origem asseverou que o benefício não seria adequado, porquanto não atendido o requisito subjetivo disposto em lei (Art. 37, parágrafo único, do CPP: 'tiver comportamento contrário aos requisitos estabelecidos neste artigo')" (AgRg no HC 845.525 – RJ, 5.ª T., rel. Messod Azulay Neto, 04.03.2024, v.u.).

**56. Trabalho externo e crime hediondo ou equiparado:** levando-se em consideração o que expusemos na nota anterior, não há nenhum impedimento legal para que condenados por crimes hediondos ou equiparados possam trabalhar fora do estabelecimento penal, desde que assegurada a devida escolta.

**57. Cautela em nome da segurança:** do total de empregados na obra (serviço público ou privado) somente haverá o máximo de 10% de presos, o que representa, mais uma vez, um demonstrativo da preocupação legislativa em prol da segurança, evitando-se fugas e garantindo-se a disciplina. Não se poderia controlar, a contento, evitando-se, inclusive, rebeliões eficientes, um contingente de 100 presos, por exemplo, em uma obra com outros 100 empregados. Entretanto, entre 1000 trabalhadores, é viável acolher um máximo de 100 condenados, formando nítida minoria dentre todos.

**58. Remuneração e não exploração:** segundo nos parece, colocado em trabalho externo, o preso deve perceber o mesmo montante que outro trabalhador, desempenhando exatamente as mesmas tarefas, recebe, respeitadas, logicamente, as situações peculiares, como, por exemplo, verbas e gratificações de ordem pessoal que o empregado pode ter e o preso não possuirá. Situação injusta e inadmissível seria pagar ao preso 3/4 do salário mínimo (art. 29, *caput*, desta Lei), quando o outro empregado recebe dois salários mínimos, por exemplo. Representaria pura exploração do trabalho de quem está cumprindo pena. Somente para ilustrar, poder-se-ia chegar ao absurdo de "emprestar" trabalhadores presos a empresas privadas, que se encarregariam de contratar segurança privada para escoltar os condenados, desde que pudessem pagar salários ínfimos aos mesmos. O Estado não desembolsaria nada, as empresas teriam lucro certo e o preso perderia, pois desempenharia uma atividade sem a remuneração condigna. Lembremos que não há trabalho forçado no Brasil, equivalente ao desenvolvimento de tarefas em geral sem qualquer remuneração e de maneira compulsória, sob pena de punição.

**59. Consentimento do preso:** estando à disposição do Estado, é natural que possa o Poder Público determinar o melhor lugar para que o condenado desempenhe atividades laborativas, respeitada, naturalmente, a individualização executória da pena (suas condições pessoais e aptidão). Portanto, pode ser dentro ou fora do presídio, conforme o caso concreto. No entanto, para prestar serviços a entidade privada, até pelo fato de não haver vínculo trabalhista algum (art. 28, § 2.º, LEP), torna-se necessário obter a sua aquiescência *expressa*, o que implica, pois, a assinatura de termo adequado. Preso não pode, jamais, servir de *mão de obra barata* para empresas privadas.

> **Art. 37.** A prestação de trabalho externo, a ser autorizada pela direção do estabelecimento, dependerá de aptidão, disciplina e responsabilidade, além do cumprimento mínimo de 1/6 (um sexto) da pena.[60]

> **Parágrafo único.** Revogar-se-á a autorização de trabalho externo ao preso que vier a praticar fato definido como crime, for punido por falta grave, ou tiver comportamento contrário aos requisitos estabelecidos neste artigo.[61]

**60. Requisitos para o trabalho externo:** deve haver autorização da direção do presídio, não havendo necessidade de deferimento pelo juiz da execução penal. Entretanto, este poderá intervir, caso provocado, por exemplo, por condenado que se sinta discriminado pela direção do estabelecimento penal onde se encontre, se outros presos, em igual situação, tiverem obtido tal autorização e ele esteja sem qualquer oportunidade de atividade laborativa, nem mesmo interna. Poderia ser instaurado um incidente denominado *desvio de execução* (art. 185 desta Lei). Ou, por praticidade, bastaria peticionar diretamente ao juiz da execução penal, solicitando a autorização para trabalho externo. E para a obtenção da referida autorização, leva-se em conta a aptidão do preso (no tocante ao trabalho externo a ser realizado), sua disciplina (comportamento dentro do presídio onde se encontra) e sua responsabilidade (bom desempenho em atividades laborativas no estabelecimento onde está), além do cumprimento mínimo de um sexto da pena. Este último requisito é sensato. Não haveria nenhum sentido em se permitir ao condenado, recém-inserido no regime fechado, sem nem mesmo haver tempo para avaliá-lo, que pudesse prestar trabalho externo. Afinal, o art. 36, *caput*, desta Lei prevê que se assegure a inviabilidade de fuga e condições ideais de disciplina. Após o cumprimento de um sexto da pena, torna-se possível analisar o comportamento do preso, justamente para detectar a sua aptidão, disciplina e responsabilidade. Na jurisprudência: STJ: "1. A concessão do trabalho externo aos condenados em regime inicial fechado exige o cumprimento mínimo de 1/6 (um sexto) da pena, nos termos do art. 37 da Lei de Execuções Penais. 2. No caso concreto, na data em que ajuizado o pedido para trabalho externo, o Recorrente sequer havia iniciado o cumprimento de sua pena, o que evidencia a falta de preenchimento do requisito objetivo. 3. Recurso especial desprovido" (REsp 1.864.858 – AM, 6.ª T., rel. Laurita Vaz, 01.09.2020, v.u.).

**61. Causas para a revogação do trabalho externo:** são três: a) praticar *fato* definido como crime. Neste caso, não é preciso haver processo criminal e condenação com trânsito em julgado, pois a lei é clara ao mencionar *fato definido como crime* e não simplesmente *crime*. Aliás, se fosse necessário aguardar a condenação definitiva, a medida de revogação perderia completamente a eficiência; b) cometer e ser punido por falta grave. Nesta situação, não basta o cometimento da falta grave (ver o art. 50 desta Lei), mas é necessário haver apuração e, em seguida, a devida punição; c) ter comportamento inadequado no trabalho que lhe foi designado, agir com indisciplina ou irresponsabilidade. A última hipótese espelha apenas o contrário dos requisitos necessários para a concessão do benefício do trabalho externo (art. 37, *caput*, LEP). Em qualquer hipótese de revogação arbitrária, sem causa justificada, pode o sentenciado provocar a instauração do incidente de desvio de execução (art. 185, LEP).

## Capítulo IV
### DOS DEVERES, DOS DIREITOS E DA DISCIPLINA

### Seção I
### Dos deveres

> **Art. 38.** Cumpre ao condenado, além das obrigações legais inerentes ao seu estado, submeter-se às normas de execução da pena.[62]

# Art. 39

**62. Condenado como sujeito de direitos:** compreendemos o disposto neste dispositivo como uma consequência natural do explicitado no art. 38 do Código Penal ("O preso conserva todos os direitos não atingidos pela perda da liberdade, impondo-se a todas as autoridades o respeito à sua integridade física e moral"). Na mesma esteira, não se deve olvidar o preceituado no art. 5.º, XLIX, da Constituição Federal: "é assegurado ao preso o respeito à integridade física e moral". É certo que qualquer sentenciado sofre a natural diminuição da sua liberdade em geral, pois o Estado, detentor do poder punitivo, fará valer a sanção aplicada pelo juiz. Logo, em especial no tocante ao preso, não há como evitar as obrigações legais inerentes ao seu estado, como aceitar a privação da liberdade de ir, vir e ficar; a estreiteza do seu direito à intimidade, em particular pelo permanente acompanhamento e pela constante vigilância; a diminuição do seu direito de se associar, de se comunicar com terceiros, de ter um *domicílio como asilo inviolável* (a cela, embora seja seu lugar de permanência, não pode ser considerada sua casa); a imposição de horários para se alimentar e para dormir, dentre outros fatores. O condenado a pena restritiva de direitos sofre outras privações, inerentes ao seu estado, que é diverso do preso. O sentenciado à pena pecuniária sofre o constrangimento estatal incidindo sobre seu patrimônio, não deixando de ser um cerceamento. Entretanto, há deveres do condenado, enumerados no art. 39 desta Lei, especialmente voltados aos que estão inseridos em estabelecimentos penais. Em suma, deve-se respeitar o sentenciado como *sujeito de direitos* – não devendo ser tratado como *objeto* – mas sem a hipocrisia de se pretender que seja considerado no mesmo patamar de direitos e garantias em que se encontra o cidadão livre de qualquer condenação.

> **Art. 39.** Constituem deveres do condenado:
>
> I – comportamento disciplinado e cumprimento fiel da sentença;[63]
>
> II – obediência ao servidor e respeito a qualquer pessoa com quem deva relacionar-se;[64]
>
> III – urbanidade e respeito no trato com os demais condenados;[65]
>
> IV – conduta oposta aos movimentos individuais ou coletivos de fuga ou de subversão à ordem ou à disciplina;[66]
>
> V – execução do trabalho, das tarefas e das ordens recebidas;[67]
>
> VI – submissão à sanção disciplinar imposta;[68]
>
> VII – indenização à vítima ou aos seus sucessores;[69]
>
> VIII – indenização ao Estado, quando possível, das despesas realizadas com a sua manutenção, mediante desconto proporcional da remuneração do trabalho;[70]
>
> IX – higiene pessoal e asseio da cela ou alojamento;[71]
>
> X – conservação dos objetos de uso pessoal.[72]
>
> **Parágrafo único.** Aplica-se ao preso provisório, no que couber, o disposto neste artigo.[73]

**63. Sujeição ao Estado:** ter comportamento disciplinado somente pode ter relação com o preso, o que é natural para quem está inserido em outra forma de vida comunitária, como a firmada no estabelecimento penal onde se encontra. *Disciplina* (submissão a ordens, regulamentos ou normas) é, como dissemos, mais propícia a se exigir do condenado preso. Os sentenciados a penas restritivas de direitos e pecuniárias têm avaliação mais branda nesse contexto. Imagine-se o condenado a pena de multa. Na atual configuração da pena pecuniária (como dívida ativa da Fazenda Pública, conforme art. 51, CP), estaria ele sendo *indisciplina-*

*do* ao deixar de pagá-la? É evidente que não, pois o próprio Estado incumbiu-se de abolir a conversão da pena de multa em prisão (Lei 9.268/96), logo, excluiu a *disciplina* desse cenário. Por outro lado, há atos de *indisciplina*, ainda que manifestados pelo preso, configurando faltas graves (ver o rol do art. 50 desta Lei) e outros, desconsiderados como tais. Sob outro aspecto, estabelecer como *dever* do condenado *cumprir* fielmente a sentença condenatória é outra situação que beira a utopia. Quem, em sã consciência, quer ser privado de seus direitos mais importantes, como a liberdade? Aliás, não fosse assim e, há muito, já se deveria ter a *fuga* do cárcere (ou após proferida a sentença condenatória definitiva) como crime. Somente a fuga (ou tentativa), praticada com violência ou grave ameaça à pessoa, o é (art. 352, CP). No mais, fugir é uma alternativa para o preso, sem qualquer consequência, se ele ainda não foi inserido no sistema carcerário, ou considerada falta grave, se já estiver cumprindo pena. Por isso, deve-se interpretar com parcimônia o disposto no art. 39, I, desta Lei.

**64. Obediência e respeito:** esses deveres devem ser, sem dúvida, cumpridos, pois não há condição de convívio digno em estabelecimento penal ou em lugar destinado a cumprir penas restritivas de direitos sem sujeição a determinadas regras nem deferência em relação a outras pessoas com as quais deve existir natural convivência. Aliás, a infração a esses deveres constitui falta grave, nos termos dos arts. 50, VI, e 51, III, desta Lei.

**65. Civilidade no trato:** embora o ambiente carcerário seja, em grande parte das situações, regido por violência, domínio, imposições de toda ordem e constituído por um sistema próprio de regras rígidas, criadas pelos próprios presos, a lei busca o ideal, que é garantir, como dever do condenado, o exercício de civilidade, ou seja, o respeito mútuo entre os sentenciados. Esse dever, na essência, já está contido no inciso II, quando se refere a lei ao "respeito a qualquer pessoa com quem deva relacionar-se".

**66. Dificuldade da exigência:** demandar, como dever do preso, manter *conduta oposta* às atividades daqueles que pretendem fugir do presídio é, praticamente, exigir o impossível. Ambientes carcerários não são paraísos, nem conventos, onde as regras ideais são as que prevalecem, ao contrário, como já mencionamos anteriormente, constituem espaços de disputa, com normas peculiares e próprias, diversas do Direito posto. Exemplo disso é a "lei", impositiva de "pena de morte", executada por qualquer um, ao delator. Portanto, reclamar do preso que se oponha a quem pretenda fugir é, basicamente, inaceitável. Cuida-se de autêntico *estado de necessidade*, em inúmeros casos, participar da fuga, sob pena de *morrer*, antes mesmo de ter conduta *oposta* a quem pretende evadir-se. Pretendemos evidenciar com isto que a inserção, no prontuário do preso, de falta grave porque não "se opôs" às escapadelas de terceiros soa injusto e não deve ser acolhido pelo magistrado, se for o caso, como situação impeditiva para o recebimento de benefícios. No mais, parece-nos razoável o dever de se abster de participar da subversão à ordem ou à disciplina. Nesta hipótese, entretanto, há a participação ativa e a passiva. Cremos que o dever imposto pelo art. 39, IV, diz respeito à forma ativa, isto é, liderar e movimentar-se ostensivamente para organizar motins e rebeliões. Aquele que, simplesmente, permanece calado ou, passivamente, acompanha a subversão por outrem liderada ou organizada não deve ser considerado autor de falta grave.

**67. Trabalho obrigatório:** ressaltamos, mais uma vez, que o trabalho, em variados formatos, é parte importante da execução da pena, razão pela qual é *dever* do condenado, logo, obrigatório. O Estado não pode *forçá-lo* a cumprir qualquer atividade, tarefa ou ordem, mediante punição (como, por exemplo, a inserção em solitária), mas tem o direito de considerar sua atitude inercial como falta grave (arts. 50, VI, 51, III, LEP). Assim ocorrendo, deixará o preso, no futuro, de receber benefícios, *v.g.*, a progressão para regime menos gravoso. Na situação do condenado à pena restritiva de direitos, a recusa ao trabalho licitamente imposto pode proporcionar a reconversão para pena privativa de liberdade.

# Art. 40

**68. Sujeição à sanção:** parece-nos que tal *dever* nem precisaria constar do texto legal, pois é consequência mais do que óbvia. Se houve a imposição de uma sanção disciplinar justa, com base legal, torna-se mais do que lógico dever o condenado cumpri-la. Seria o mesmo que inserir no Código Penal que, havendo a condenação definitiva, é dever do sentenciado cumprir a pena.

**69. Indenização à vítima ou sucessores:** inserir esse *dever* no contexto da Lei de Execução Penal é mera decorrência dos vários preceitos existentes no Código Penal, buscando priorizar a reparação do dano ao ofendido. Dentre eles, pode-se citar, como exemplo, o principal, previsto no art. 91, I, do Código Penal: "São efeitos da condenação: I – tornar certa a obrigação de indenizar o dano causado pelo crime (...)". A infração a tal dever não foi incluída como falta grave nesta Lei, porém, pode acarretar prejuízos ao sentenciado ao longo do cumprimento da pena. Ilustrando, para a obtenção de livramento condicional, deve demonstrar ter reparado o dano, salvo impossibilidade de fazê-lo (art. 83, IV, CP).

**70. Indenização ao Estado:** cuida-se de dever razoável e lógico, porém de difícil concretização. Além de muitos presos receberem parca remuneração, quando conseguem trabalhar no presídio onde se encontram, destina-se ela a várias outras prioridades, como a indenização à vítima, à assistência à família (embora exista o auxílio-reclusão), à satisfação de despesas pessoais, ao pagamento de eventual multa aplicada, sem olvidar a formação do pecúlio, destinado à sua saída futura do cárcere.

**71. Higiene e asseio:** são termos correlatos, cujo significado é, na essência, *limpeza*. Deve o preso manter-se asseado, bem como assegurar que a cela, onde habita, assim também permaneça. Quando a lei menciona *alojamento*, refere-se à acomodação coletiva do sistema semiaberto. Lembremos que tal dever será acompanhado da atividade estatal de lhe proporcionar cela individual, nos termos do art. 88 desta Lei. Não se podem exigir salubridade e limpeza em um ambiente superlotado e promíscuo na prática.

**72. Conservação dos objetos de uso pessoal:** liga-se este dever ao material que lhe é destinado pelo estabelecimento penal onde se encontre (como vestuário ou o colchão onde dorme), pois não se pode exigir do preso que mantenha bem conservado aquilo que é, exclusivamente, seu, recebido, por exemplo, da família. Constitui falta grave destruir objetos da cela.

**73. Deveres do preso provisório:** parecem-nos compatíveis os deveres previstos nos incisos I, primeira parte, II, III, adaptando-se o termo *condenados* a *presos*, IV, V (embora facultativo o trabalho, conforme previsão do art. 31, parágrafo único, desta Lei, hoje, há interesse para o preso provisório, pois existe o benefício da execução provisória da pena), VI, IX e X do art. 39.

## Seção II
### Dos direitos

> **Art. 40.** Impõe-se a todas as autoridades o respeito à integridade física e moral dos condenados e dos presos provisórios.[74]

**74. Respeito ao preso:** é a decorrência do previsto no art. 5.º, XLIX, da Constituição Federal, bem como do art. 38 do Código Penal.

> **Art. 41.** Constituem direitos do preso: [74-A-74-B]
> I – alimentação suficiente e vestuário;[75]
> II – atribuição de trabalho e sua remuneração;[76]

III – Previdência Social;[77]

IV – constituição de pecúlio;[78]

V – proporcionalidade na distribuição do tempo para o trabalho, o descanso e a recreação;[79]

VI – exercício das atividades profissionais, intelectuais, artísticas e desportivas anteriores, desde que compatíveis com a execução da pena;[80]

VII – assistência material, à saúde, jurídica, educacional, social e religiosa;[81]

VIII – proteção contra qualquer forma de sensacionalismo;[82]

IX – entrevista pessoal e reservada com o advogado;[83]

X – visita do cônjuge, da companheira, de parentes e amigos em dias determinados;[84-84-D]

XI – chamamento nominal;[85]

XII – igualdade de tratamento salvo quanto às exigências da individualização da pena;[86]

XIII – audiência especial com o diretor do estabelecimento;[87]

XIV – representação e petição a qualquer autoridade, em defesa de direito;[88]

XV – contato com o mundo exterior por meio de correspondência escrita, da leitura e de outros meios de informação que não comprometam a moral e os bons costumes;[89-89-A]

XVI – atestado de pena a cumprir, emitido anualmente, sob pena da responsabilidade da autoridade judiciária competente.[90]

§ 1.º Os direitos previstos nos incisos V, X e XV poderão ser suspensos ou restringidos mediante ato motivado do juiz da execução penal.[91]

§ 2.º O preso condenado por crime contra a mulher por razões da condição do sexo feminino, nos termos do § 1.º do art. 121-A do Decreto-Lei 2.848, de 7 de dezembro de 1940 (Código Penal), não poderá usufruir do direito previsto no inciso X em relação à visita íntima ou conjugal. [91-A]

**74-A. Direito de cumprir pena no local de domicílio de sua família:** embora seja desejável que isto ocorra, garantindo a mais adequada ressocialização, mantendo-se o contato do preso com familiares, não há como assegurar essa hipótese, em face do caos existente no sistema penitenciário no Brasil. Na jurisprudência: STJ: "1. Não se desconhece o entendimento desta Corte Superior no sentido de que '[o] cumprimento de pena em proximidade ao meio social e familiar não consiste em mero interesse pessoal do apenado. Pelo contrário, atende ele também ao interesse público e a uma das finalidades da pena que é, precisamente, promover a ressocialização do preso (...)' (AgRg no RHC 73.261/SP, Rel. Ministro Felix Fischer, Quinta Turma, julgado em 18/04/2017, *DJe* 26/04/2017). 2. Na hipótese, as instâncias ordinárias entenderam pela inviabilidade da transferência do ora Recorrente, pois há superlotação do Sistema Prisional da Capital, que, 'em sua média geral, extrapolam em 40% as suas capacidades', de modo que 'a unidade onde (...) se encontra custodiado lhe oferece melhores condições'. Tais motivos revelam a inconveniência da efetivação da transferência para a administração penitenciária, já que, caso concretizada, implicaria interferência em questões atreladas à preservação da salubridade e da segurança prisional, o que legitima o indeferimento do pleito defensivo. 3. Recurso desprovido" (RHC 109.403 – AL, 6.ª T., rel. Laurita Vaz, 04.06.2019, v.u.).

**74-B. Assistência judiciária:** o réu sem a suficiente provisão de fundos, mesmo condenado ao pagamento de custas, na sentença condenatória, pode pleitear os benefícios da justiça

# Art. 41

gratuita; porém, deve fazê-lo na fase de execução, quando esta situação poderá ser constatada. Na jurisprudência: STJ: "1. É devida a condenação do réu, ainda que beneficiário da justiça gratuita, ao pagamento das custas processuais, cuja exigibilidade poderá ficar suspensa diante de sua hipossuficiência, nos termos do art. 98, § 3º, do CPC. 2. Não é possível em recurso especial analisar o pedido de justiça gratuita que visa suspender, desde já, a exigibilidade do pagamento das despesas processuais, uma vez que o momento adequado de verificação da miserabilidade do condenado, para tal finalidade, é na fase de execução, diante da possibilidade de alteração financeira do apenado entre a data da condenação e a execução do decreto condenatório" (AgRg no REsp 1699679 – SC, 6.ª T., rel. Rogerio Schietti Cruz, 06.08.2019, v.u.); "Cabe ao Juiz da execução aferir acerca da assistência judiciária gratuita. Precedentes" (AgRg no AREsp 1.368.267 – MG, 6.ª T., rel. Sebastião Reis Júnior, 19.03.2019, v.u.).

**75. Alimentação e vestuário:** soa óbvia essa previsão, pois seria inconsequente e inviável que o Estado mantivesse alguém encarcerado deixando-o sem alimentos, em quantidade suficiente para mantença da sua saúde, e vestimenta. A pena seria cruel e poderia levar, inclusive, à morte, o que é vedado pela Constituição Federal (art. 5.º, XLVII, *a* e *e*). Porém, faremos duas ressalvas: a) quanto à alimentação, temos defendido que o Poder Público deveria incentivar a instalação e organização de cozinhas dentro dos presídios, como forma viável de abrir inúmeros postos de trabalho aos condenados, evitando-se a *terceirização* do serviço, sob o pretexto de ser mais econômico. Assim, eles seriam os responsáveis pelo preparo da própria alimentação, auferindo, também, as vantagens inerentes à remição; b) quanto ao vestuário, parece-nos viável que o preso possua uniforme, até para ser facilmente identificado dentro do estabelecimento penal, desde que se opte por algo que não o ridicularize.

**76. Trabalho remunerado:** esse, segundo nos parece, é um dos principais direitos do preso. Não somente porque a própria lei prevê o exercício de atividade laborativa como *dever* do condenado, mas também por ser oportunidade de obtenção de redução da pena, por meio da remição (arts. 126 a 130, LEP). Além do mais, constitui a mais importante forma de reeducação e ressocialização, buscando-se incentivar o trabalho honesto e, se possível, proporcionar ao recluso ou detento a formação profissional que não possua, porém deseje. Lembremos, ainda, que o trabalho, condignamente remunerado, pode viabilizar o sustento da família, das suas necessidades pessoais, bem como tem o fim de indenizar a vítima e o Estado, além de permitir a formação do pecúlio, dentre outras necessidades.

**77. Previdência social:** dispõe o art. 39 do Código Penal que o trabalho do preso será sempre remunerado, sendo-lhe garantidos os benefícios da Previdência Social. Remetemos o leitor à nota 45 ao art. 29, em que cuidamos desse tema.

**78. Pecúlio:** é uma reserva em dinheiro, que lhe servirá de lastro para retomar sua vida em liberdade, assim que findar o cumprimento da pena, for colocado em liberdade condicional ou ingressar no regime aberto. É a figura similar à "caderneta de poupança", que muitas pessoas mantêm em bancos para lhes garantir maior conforto material no futuro ou o atendimento de alguma necessidade emergencial.

**79. Distribuição de tempo:** devem as autoridades administrativas encarregadas de ordenar o programa do dia de cada preso atentar para a proporcionalidade natural entre trabalho, descanso e recreação, de modo a não transformar, por exemplo, o trabalho em algo exagerado, a ponto de atingir o grau de penalidade cruel. Por outro lado, também não se pode descurar da possibilidade de se reduzir eventual jornada de recreação em prol de uma extensão na atividade laborativa no interesse do próprio condenado, como faculta o art. 33, parágrafo único, desta Lei. Em suma, imperando o bom senso, nenhuma das partes (Administração e preso) sai prejudicada.

**80. Continuidade das atividades anteriores:** ingressando em recinto prisional, o condenado pode manter as mesmas atividades que já desenvolvia antes do encarceramento, desde que compatíveis com a execução da pena. Por isso, se trabalhava em atividade artística, por exemplo, pode efetuar a composição de uma música ou a redação de um livro, ainda que esteja em regime fechado, devendo a administração do presídio assegurar-lhe espaço para tanto. Por outro lado, não é compatível com o regime fechado que um preso saia, em turnê pelo Brasil, promovendo shows de suas músicas. A cautela do inciso VI deste artigo é correta: o sentenciado pode desenvolver qualquer atividade profissional, intelectual, artística ou desportiva anterior à prisão, desde que haja compatibilidade com o novo sistema vivenciado.

**81. Direito à assistência estatal:** tais direitos são meras decorrências da obrigação do Estado de prover as necessidades básicas do preso e do internado, conforme disposto nos arts. 10 e 11 desta Lei. Como regra, a assistência material, à saúde, jurídica, educacional, social e religiosa deve ser prestada no interior do estabelecimento prisional, especialmente quando se tratar de regime fechado. Porém, existe a possibilidade de o diretor do estabelecimento conceder a permissão de saída para tratamento médico (art. 120, II, LEP), nos termos também do art. 14, § 2.º. Lembremos que, no cenário da saúde, incluem-se o amparo médico, farmacêutico e odontológico (art. 14, *caput*, LEP).

**82. Proteção à imagem:** a Constituição Federal explicita, no art. 5.º, XLIX, ser assegurado ao preso o respeito à integridade física e *moral*. Essa decorre, dentre outros fatores, do direito à honra e à imagem (art. 5.º, X, CF). Associam-se tais dispositivos ao preceituado no art. 38 do Código Penal, no sentido de que devem ser preservados todos os direitos do preso não atingidos pela condenação. Em suma, a honra e a imagem de quem é levado ao cárcere já sofrem o natural desgaste imposto pela violência da prisão, com inevitável perda da liberdade e a consequente desmoralização no âmbito social. Por isso, não mais exposto deve o condenado ficar, enquanto estiver sob tutela estatal. É, pois, razoável e justo que se proteja o sentenciado contra qualquer forma de sensacionalismo (exploração escandalosa da imagem de alguém ou de fatos). Aliás, a mesma meta está prevista no art. 198 da LEP. Deve ser ressalvada, no entanto, a hipótese de desejar o preso se expor a uma entrevista ou reportagem de órgão de imprensa, de maneira espontânea, por qualquer razão pessoal. Porém, ainda assim, se estiver sob proteção do Estado, impõe-se o dever da administração do presídio de evitar situações humilhantes de qualquer nível.

**83. Direito de defesa:** ao preso deve ser assegurado todo direito não atingido pela condenação e pela prisão. É mais do que óbvio que o direito à ampla defesa (art. 5.º, LV, CF) jamais lhe será retirado, ainda e especialmente durante o cumprimento da pena. Por isso, necessita avistar-se com seu advogado sempre que for imprescindível para a sustentação do referido direito à ampla defesa. Aliás, sob a ótica do defensor, dispõe o art. 7.º, III, da Lei 8.906/94, constituir direito do advogado "comunicar-se com seus clientes, pessoal e reservadamente, mesmo sem procuração, quando estes se acharem presos, detidos ou recolhidos em estabelecimentos civis ou militares, ainda que considerados incomunicáveis". A entrevista deve ser pessoalmente assegurada, bem como o seu sigilo, sem a invasão de terceiros nessa conversação. Inexistem, no entanto, em nosso ponto de vista, direitos absolutos, mesmo de status constitucional, merecendo haver harmonia entre a proteção do direito de defesa, por exemplo, e o direito da coletividade à segurança pública. Portanto, cuidando-se de preso recolhido em regime especial (como, *v.g.*, o RDD – art. 52 desta Lei), as cautelas para a entrevista serão redobradas. O ingresso do advogado no presídio pode ser dificultado, mas jamais totalmente afastado. Um condenado integrante do crime organizado pode ter o acesso a seu defensor sob maior supervisão estatal, porém sem haver a supressão desse direito. Da mesma forma que não se deve admitir o impedimento absoluto da entrevista de um preso, por mais perigoso que possa ser considerado,

# Art. 41

com seu defensor, também não se pode tolerar que o mesmo condenado, ilustrando, constitua dezenas de advogados e passe a falar com cada um deles diariamente. Abusos de parte a parte precisam ser coibidos. Garante-se o direito de entrevista pessoal e reservada, sem escuta de terceiros, com o advogado, mas não se devem aceitar exageros na frequência e na variedade de defensores, a fim de não se deturpar a finalidade da norma que lhe assegura direito de *defesa* e não de liderar atos ou organizações fora do cárcere, valendo-se de terceiros.

**84. Direito de visita:** o acompanhamento da execução da pena por parentes, amigos e, em particular, pelo cônjuge ou companheiro(a) é fundamental para a ressocialização. Feliz do preso que consegue manter de dentro do cárcere estreitos laços com sua família e seus amigos, que se encontram em liberdade. O Estado deve assegurar esse contato, estabelecendo dias e horários determinados para o exercício desse direito. A parte referente à regulamentação do direito de visita ingressa no cenário do direito penitenciário, aceitando legislação estadual, nos termos do art. 24, I, da CF. Porém, temos entendido que o correto seria a edição de lei estadual e não Resolução Administrativa da Secretaria de Estado. Na jurisprudência: STF: "1. O *habeas corpus* não constitui meio idôneo para se discutir a legalidade da proibição de visita a paciente preso, por inexistência de efetiva restrição ao seu *status libertatis*. Precedentes. 2. Na espécie, nem sequer houve negativa de autorização para visita, mas sim a mera restrição a que seja realizada nas dependências do parlatório, diante da impossibilidade de a paciente, em razão de suas condições médicas particulares, ser submetida à prévia revista mecânica. 3. Embora seja direito do preso 'a visita do cônjuge, da companheira, de parentes e amigos em dias determinados' (art. 41, X, da Lei nº 7.210/84), esse direito não é absoluto, de modo que a forma de seu exercício pode e deve ser regulamentada pela administração penitenciária e pelo juízo das execuções. 4. *Habeas corpus* do qual não se conhece" (HC 133.305, 2.ª T., rel. Dias Toffoli, j. 24.05.2016, v.u.). STJ: "2. O ordenamento jurídico garante a toda pessoa privada da liberdade o direito a um tratamento humano e à assistência familiar e não prevê nenhuma hipótese de perda definitiva do direito de visita. 3. A assistência ao preso é dever do Estado, com o objetivo de prevenir o crime e orientar o retorno à convivência em sociedade. 4. O cancelamento do registro de visitante ante a tentativa de ingresso no presídio com celulares perdura desde 2012 e, conquanto haja sido lastreado em circunstâncias ligadas à segurança da unidade prisional, a negativa de sua revisão está em descompasso com a proibição constitucional de penalidades de caráter perpétuo. 5. É ilegal, por suprimir o direito previsto no art. 41, X, da LEP, a sanção administrativa que impede definitivamente o preso de estabelecer contato com seu genitor, situação que perdura há mais de sete anos. Está caracterizado o excesso de prazo da medida, que deveria subsistir por prazo razoável à implementação de sua finalidade, porquanto até mesmo nos casos de homologação de faltas graves (fuga, subversão da disciplina etc.) ou de condenações definitivas existe, nos regimentos penitenciários ou no art. 94 do CP, a possibilidade de reabilitação. Toda pena deve atender ao caráter de temporariedade. 6. Recurso em mandado de segurança provido a fim de restabelecer o direito de o recorrente receber visitas de seu genitor, sem prejuízo de novo cancelamento do registro do visitante, por prazo razoável, se houver reiteração de condutas ofensivas à segurança das unidades prisionais" (RMS 48.818 – SP, 6.ª T., rel. Rogerio Schietti Cruz, 26.11.2019, v.u.).

**84-A. Visita íntima:** o disposto no inciso X deste artigo não atinge, por óbvio, o direito à relação sexual, quando alguém está condenado e preso em regime fechado ou semiaberto. Sempre se tratou da visita social, até que, por decisões tomadas pela direção de presídios, começou a integrar o encontro de presos com cônjuges ou companheiras. Tornou-se um *direito* pelo costume, depois ingressando em normas administrativas. Assim sendo, por uma questão de aplicação do princípio constitucional da igualdade, não é cabível permitir que alguns tenham contato sexual com seus parceiros ou parceiras e outros, não. Ainda que institucionalizado pela tradição – há anos, vários presos já usufruem de tal direito nos estabelecimentos penais – como forma salutar de evitar a violência sexual e, também, para incentivar o contato com a família e com o mundo exterior, não se pode considerá-lo um *direito absoluto*. Por outro lado, cremos ser necessário democratizar – e legalizar, com regras claras – esse *novo* direito à visita íntima, permitindo que o maior número possível de presos dele possa fazer uso, sem preconceitos, discriminações de toda ordem e com critérios previamente estabelecidos. O preso casado pode ser beneficiado, pois seu cônjuge cadastra-se e passa à esfera de conhecimento da autoridade. E o solteiro? Como exercitar o direito à visita íntima, vale dizer, à relação sexual com pessoa do sexo oposto ou mesmo com pessoa do mesmo sexo, mas que lhe seja próxima ou com quem tenha laços afetivos? Parece-nos que, havendo o cadastro e o registro da pessoa com quem o preso pretende relacionar-se, não deve a administração vetar-lhe o direito somente porque não se trata de cônjuge ou companheiro(a). O direito à visita íntima originou-se do costume adotado pelas direções dos presídios, de modo que não pode encontrar barreira justamente em critérios subjetivos e, por vezes, preconceituosos. Se o casado pode manter relação sexual com sua esposa, o mesmo valendo para aquele que mantém união estável, é preciso estender o benefício ao solteiro, que pode eleger a pessoa que desejar para tal fim. Sob tutela estatal, com fiscalização e controle, o ganho para a ressocialização será evidente. Naturalmente, o preso inserido em regime disciplinar diferenciado (RDD), com visitas limitadas (ver o art. 52, III, LEP), não tem como usufruir de visita íntima, em qualquer forma que seja. Prevalece, neste último caso, a segurança pública em detrimento do direito individual. É indiscutível haver pontos negativos, levantados por parcela da doutrina: a) o direito à visita íntima retira o controle integral do Estado em relação aos contatos entre presos e pessoas de fora do estabelecimento penal; b) permite-se, dessa forma, o ingresso de instrumentos e aparelhos celulares, pois não se consegue fazer a revista pessoal no visitante de maneira completa, até por ser uma questão de invasão de privacidade; c) pode-se incentivar a prostituição, uma vez que o preso solteiro, pretendendo fazer valer o direito, tende a servir-se desse tipo de atendimento; d) se a prisão não deixa de ser um castigo, a possibilidade de acesso ao relacionamento sexual periódico torna a vida no estabelecimento prisional muito próxima do cotidiano de quem está solto; e) o ambiente prisional não é adequado, nem há instalações próprias para tal ato de intimidade, podendo gerar promiscuidade; f) há presos que são obrigados a *vender* suas mulheres a outros, para que prestem favores sexuais em virtude de dívidas ou outros aspectos. Como mencionamos linhas atrás, não comungamos dessas objeções. O direito à visita íntima é, em nosso ponto de vista, um mal menor. Não somente incentiva à ressocialização como inibe a violência sexual entre presos, aspectos de maior relevo, a merecer a consideração do legislador, regulamentando-o na Lei de Execução Penal. Por derradeiro, vale lembrar que o Decreto Federal 6.049/2007 ingressou no contexto da visita íntima e delegou a disciplina do assunto ao Ministério da Justiça: "art. 95. A visita íntima tem por finalidade fortalecer as relações familiares do preso e será regulamentada pelo Ministério da Justiça. Parágrafo único. É proibida a visita íntima nas celas de convivência dos presos".

**84-B. Visita de pessoas menores de 18 anos:** nessa categoria podem ser incluídos os parentes do condenado, como os filhos. Para o bom convívio da família, ora separada pela prisão do varão, é fundamental que a mulher possa levar os filhos menores a ter contato com o pai (ou que o genitor possa levar os menores a ver a mãe). Entretanto, inexiste direito absoluto. Se, de um lado se encontra o interesse de reunião familiar, por outro, há de se garantir e preservar a segurança físico-moral dos menores (crianças e adolescentes). Assim sendo, conforme o presídio (organização, grau de tensão, bom comportamento geral etc.), os menores podem ser admitidos; do contrário, evitando-se o pior, é mais prudente afastá-los das visitas. Na jurisprudência: STJ: "1. O direito do preso a visitação não é absoluto nem ilimitado. Para aferi-lo, é imprescindível, em juízo de ponderação, considerar as particularidades do caso concreto e

# Art. 41

medir os interesses envolvidos. 2. Os estabelecimentos prisionais são, por sua própria natureza, ambientes impróprios à formação psíquica e moral de crianças e adolescentes, cuja proteção integral tem base constitucional, nos termos do art. 227 da Constituição Federal (HC 304.325/DF, Rel. Ministro Felix Fischer, Quinta Turma, *DJe* 23/06/2015). 3. Agravo regimental não provido" (AgRg no REsp 1.789.332 – RS, 5.ª T., rel. Reynaldo Soares da Fonseca, 12.03.2019, v.u.).

**84-C. Proibição de receber determinada visita:** pode ser imposta, quando algum visitante tenta ingressar no presídio com drogas, armas ou celulares, mas essa medida há de ser temporária; tornando-se permanente, transforma-se em penalidade inadequada para a própria função reeducativa da pena. Afinal, essa pessoa proibida de visitar o preso pode ser um familiar próximo e a sua ausência tende a proporcionar prejuízo ao comportamento do sentenciado. Além disso, a Constituição Federal veda qualquer espécie de pena de caráter perpétuo (art. 5.º, XLVII, *b*). Na jurisprudência: STJ: "4. O cancelamento do registro de visitante ante a tentativa de ingresso no presídio com celulares perdura desde 2012 e, conquanto haja sido lastreado em circunstâncias ligadas à segurança da unidade prisional, a negativa de sua revisão está em descompasso com a proibição constitucional de penalidades de caráter perpétuo. 5. É ilegal, por suprimir o direito previsto no art. 41, X, da LEP, a sanção administrativa que impede definitivamente o preso de estabelecer contato com seu genitor, situação que perdura há mais de sete anos. Está caracterizado o excesso de prazo da medida, que deveria subsistir por prazo razoável à implementação de sua finalidade, porquanto até mesmo nos casos de homologação de faltas graves (fuga, subversão da disciplina etc.) ou de condenações definitivas existe, nos regimentos penitenciários ou no art. 94 do CP, a possibilidade de reabilitação. Toda pena deve atender ao caráter de temporariedade. 6. Recurso em mandado de segurança provido a fim de restabelecer o direito de o recorrente receber visitas de seu genitor, sem prejuízo de novo cancelamento do registro do visitante, por prazo razoável, se houver reiteração de condutas ofensivas à segurança das unidades prisionais" (RMS 48.818 – SP, 6.ª T., rel. Rogerio Schietti Cruz, 26.11.2019, v.u.).

**84-D. Visita de condenado a quem está preso:** não existe óbice legal para que uma pessoa, em livramento condicional ou regime aberto, possa visitar outra, que se encontra em regime fechado. Observe-se que as regras de ambos os benefícios são claras e nenhuma estipula essa vedação. O sentenciado, quando em liberdade, pode visitar quem está preso. Na jurisprudência: STJ: "1. A controvérsia está relacionada com a violação dos arts. 1º e 41, X, da Lei de Execução Penal. Discute-se a possibilidade de o preso receber visitas de quem está cumprindo pena em regime aberto ou em gozo de livramento condicional. (...) Além disso, os efeitos da condenação do visitante não têm o condão de transcender o que está previsto na lei, tampouco o que foi disposto na sentença condenatória, visto que, não obstante se tratar de pessoa que cumpre pena em regime aberto, não há impedimento válido para as visitas, de modo que frustrar tal direito significaria violação do princípio da dignidade da pessoa humana e do próprio alcance da sentença condenatória. Dessa forma, o Tribunal de origem violou o artigo 41, inciso X, e artigo 1º, ambos da Lei 7.210/1984" (ProAfR no REsp 2.119.556 – DF, 3.ª Seção, rel. Otávio de Almeida Toledo, 13.08.2024, v.u.).

**85. Chamamento nominal:** cuida-se de uma das formas mais sutis de mantença da dignidade da pessoa humana, vale dizer, ser chamado pelo seu nome e não por um número ou um apelido qualquer. O preso conserva todos os direitos não atingidos pela decisão condenatória e o respeito à sua honra e à sua imagem faz parte disso. Logo, inexiste sentido para "numerar" os presos, a não ser pelo indeclinável desgaste de "despersonalizá-lo", para que se sinta mais objeto que pessoa.

**86. Igualdade e individualização:** a individualização executória da pena, corolário natural do princípio constitucional da individualização da pena (art. 5.º, XLVI, primeira parte, CF), demonstra a sua importância ao, aparentemente, mitigar até mesmo a igualdade de todos perante a lei. Em verdade, segundo o nosso pensamento, a individualização aproxima-se da isonomia, ou seja, deve-se tratar desigualmente os desiguais, fazendo com que a autêntica forma de igualdade seja observada. Na realidade, todos os presos devem ser tratados com igualdade, porém *na forma da lei*. Esta, por sua vez, seguindo parâmetros identicamente constitucionais, estabelece critérios de merecimento para a obtenção de diversos benefícios. O condenado com bom comportamento pode progredir do regime fechado ao semiaberto, por exemplo. O que ostenta mau comportamento, por outro lado, permanece no fechado. E todos continuam iguais perante *a lei*. Entretanto, o preceito do inciso XII deste artigo é correto, ao estipular como regra a igualdade e, excepcionalmente, as exigências da individualização da pena. Não se poderia, ilustrando, colocar um preso de mau comportamento em uma cela insalubre e outro, de bom comportamento, em cela ideal, tal como moldada pela Lei de Execução Penal. Essa medida estatal seria inconstitucional, seja porque fere a igualdade de todos *perante a lei*, seja porque não segue os parâmetros da individualização da pena.

**87. Direito de audiência:** inserido em um estabelecimento penal, que passa a ser a sua comunidade, é natural ter o direito de se avistar com o diretor do presídio, para que possa apresentar eventual reclamação, sem intermediação de outros funcionários ou agentes de segurança, bem como propor alguma medida ou apresentar sugestão. O direito não deve ser absoluto, mas regrado. O diretor-geral não pode negar-se sistematicamente a receber os presos em audiência, mas pode impor limites e condições, em nome da disciplina e da segurança.

**88. Direito de petição:** trata-se de reflexo do direito constitucional de petição: "são a todos assegurados, independentemente do pagamento de taxas: a) o direito de petição aos Poderes Públicos em defesa dos direitos ou contra ilegalidade ou abuso de poder" (art. 5.º, XXXIV, CF). A isso, devemos acrescer o direito de se socorrer do Poder Judiciário, sempre que for conveniente, fazendo-o, também por petição, diretamente, afinal, "a lei não excluirá da apreciação do Poder Judiciário lesão ou ameaça a direito (...)" (art. 5.º, XXXV, CF).

**89. Contato com o mundo exterior:** há variadas formas de se manter um preso em contato com o mundo alheio ao estabelecimento penitenciário: acesso a jornais, revistas, livros e programas de rádio e televisão. Nestas situações, deve a direção do estabelecimento privilegiar os meios de informação úteis ao processo de reeducação ao qual se submete o sentenciado. Não se trata de uma mera *censura* a programas de rádio e TV ou a periódicos escritos, por capricho da direção do presídio, mas uma medida salutar de seleção dos informes ajustados a quem se encontra preso. Lembremos que ao condenado são assegurados todos os direitos não atingidos pela decisão condenatória, razão pela qual a sua liberdade de acessar todo e qualquer programa ou informação é, também, limitada. Registremos a existência da *Internet* na vida em sociedade, igualmente levada para os estabelecimentos penais, em face de aulas de informática e outros benefícios de lazer e aprendizado. Alguns *sites* podem ser vedados ao preso (ex.: de conteúdo pornográfico ou alusivo a armas, bombas, atos ilícitos etc.). No mesmo prisma, pode ser válido o impedimento a um filme violento, cuja temática é, *v. g.*, uma rebelião em um presídio. Enfim, a lei está correta ao mencionar que é garantido o acesso ao mundo exterior, porém sem comprometer a moral e os bons costumes. Além disso, em formato privado, existe a correspondência escrita, sempre dirigida (ou recebida) em relação a alguém específico. Nesta hipótese, admitimos a possibilidade de abertura da correspondência, com acompanhamento do seu teor, pois o emitente ou o destinatário está preso, logo, não tem *total* e *completo* acesso ao mundo exterior. Não fosse assim e estaríamos privilegiando um direito absoluto, quando todos são relativos, merecendo harmonização com os demais. Maiores detalhes, desenvolvemos na nota 21 ao art. 240, em nosso *Código de Processo Penal comentado*, inclusive mencionando acórdão do STF, autorizando o conhecimento do conteúdo da correspondência, para que não se transforme em veículo da concretização de atos ilícitos. Aliás, muito alarde hoje se faz em

# Art. 41

Leis Penais e Processuais Penais Comentadas – Vol. 2 · Nucci

razão do celular, que invadiu as penitenciárias por todo o Brasil. Ora, se a correspondência se tornar inviolável, em qualquer circunstância, o preso poderá interagir com o(s) comparsa(s) do crime, que está(ão) fora do cárcere, por cartas, independentemente do uso do telefone celular.

**89-A. Visualizar o conteúdo do celular:** equivale a fiscalizar a correspondência do preso, logo, como mencionado na nota anterior, constitui atividade lícita. Na jurisprudência: STJ: "1. Como é cediço, ambas as Turmas da Terceira Seção deste Tribunal entendem que é ilícita a prova obtida diretamente dos dados constantes de aparelho celular, sem prévia autorização judicial. O mencionado entendimento, todavia, deve ser distinguido da situação apresentada nesses autos. Os julgados do STJ concluem pela violação ao art. 5º, inciso XII, da Constituição Federal, quanto a dados obtidos, sem autorização judicial, de aparelhos celulares apreendidos fora de estabelecimentos prisionais. A controvérsia ora colocada, contudo, se refere à hipótese em que o aparelho é encontrado dentro de estabelecimento prisional, em situação de explícita violação às normas jurídicas que regem a execução penal. 2. De acordo com entendimento pacífico da Suprema Corte, os direitos e garantias individuais não têm caráter absoluto, sendo possível a existência de limitações de ordem jurídica. Os arts. 3º, 38 e 46, todos da LEP, representam hipóteses de restrição legal aos direitos individuais dos presos. Nesse cenário, uma das consequências da imposição da prisão – penal ou processual – é a proibição da comunicação do recluso com o ambiente externo por meios diversos daqueles permitidos pela lei. Para garantir a observância dessa restrição foram editadas diversas normas que têm por objetivo coibir o acesso do segregado a aparelhos telefônicos, de rádio ou similares. Exemplificativamente: art. 50, inciso VII, da Lei n. 7.210/1984; arts. 319-A e 349-A, ambos do Código Penal; art. 4º da Lei n. 10.792/2013. 3. Conforme previsto no art. 41, inciso XV, da LEP, o contato do preso com o mundo exterior é autorizado por meio de correspondência escrita, da leitura e de outros meios de informação que não comprometam a moral e os bons costumes. Mesmo no caso de comunicação por intermédio de correspondência escrita, permitida legalmente, a Suprema Corte firmou jurisprudência no sentido de que, diante da inexistência de liberdades individuais absolutas, é possível que a Administração Penitenciária, sem prévia autorização judicial, acesse o seu conteúdo quando houver inequívoca suspeita de sua utilização como meio para a preparação ou a prática de ilícitos. A necessidade de se resguardar a segurança, a ordem pública e a disciplina prisional, segundo a Corte Suprema, prevalece sobre a reserva constitucional de jurisdição. 4. Nessa conjuntura, se é prescindível decisão judicial para a análise do conteúdo de correspondência a fim de preservar interesses sociais e garantir a disciplina prisional, com mais razão se revela legítimo, para a mesma finalidade, o acesso dos dados e comunicações constantes em aparelhos celulares encontrados ilicitamente dentro do estabelecimento penal, pois a posse, o uso e o fornecimento do citado objeto são expressamente proibidos pelo ordenamento jurídico. Tratando-se de ilicitude manifesta e incontestável, não há direito ao sigilo e, por consequência, inexiste a possibilidade de invocar a proteção constitucional prevista no art. 5º, inciso XII, da Carta da República. Por certo, os direitos fundamentais não podem ser utilizados para a salvaguarda de práticas ilícitas, não sendo razoável pretender proteger aquele que age em notória desconformidade com as normas de regência. 5. O controle pelo Poder Judiciário será realizado posteriormente e eventuais abusos cometidos deverão ser devidamente apurados e punidos pelos órgãos públicos competentes. 6. No caso em questão, a Polícia Penal, durante procedimento de revista em uma das galerias do presídio, encontrou dois aparelhos celulares, 'um escondido embaixo da escadaria próxima a porta do solário e outro em um vão aberto devido a corrosão no batente da ducha'. Como não foi localizado, naquele momento, o segregado, que usava e tinha a posse de um desses objetos, os agentes acessaram o conteúdo ali existente, ocasião em que foram encontrados dados do Paciente em aplicativos instalados no referido aparelho. Identificado o Paciente, o Juízo das Execuções Penais, na audiência de justificação, homologou a falta disciplinar de natureza grave e revogou 1/9 (um nono) dos dias remidos. A atuação da Polícia Penal e do Poder Judiciário foi legítima, estando, inclusive, em conformidade com o princípio da individualização da execução penal e com a regra de que é vedada a sanção coletiva (art. 45, § 3º, da Lei n. 7.210/1984). Assim, não havendo ilicitude da prova obtida por meio do acesso ao aparelho celular, inexiste nulidade a ser sanada" (HC 546.830 – PR, 6.ª T., rel. Laurita Vaz, 09.03.2021, v.u.).

**90. Informes acerca da pena:** é razoável que o preso tenha, no mínimo uma vez por ano, um panorama da sua condenação. Por isso, cabe ao juiz da execução penal, que controla o cumprimento da pena, informar ao preso, por atestado, o montante a cumprir, a parcela já extinta, os benefícios eventuais auferidos, aqueles que foram indeferidos, enfim, um relatório completo da execução no último ano. Menciona o inciso XVI deste artigo que o atestado de pena envolve a "pena a cumprir", vale dizer, espelharia o futuro. Entretanto, para atingir, corretamente, o montante *a cumprir*, torna-se necessário, em grande parte das vezes, informar o estágio atual e passado da execução. O preso pode ter mais ou menos pena a cumprir, conforme os benefícios recebidos ou indeferidos. Parece-nos, pois, deva o atestado ser completo.

**91. Disciplina e cerceamento de direitos:** o preso de mau comportamento e, pior, de atitudes agressivas e rebeldes, pode ficar privado do exercício do trabalho ou da recreação (do descanso não há sentido, pois equivaleria a empreender o trabalho forçado), bem como pode deixar de receber visitas por um determinado período. Finalmente, pode ser privado de acesso ao mundo exterior, ao menos em relação àquelas atividades que representam lazer (como assistir TV). São formas de disciplina, sob tutela do diretor do estabelecimento penal, a serem exercidas motivadamente. O formato da medida pode ser total (suspensão) ou parcial (restrição), porém, sempre por tempo determinado. Note-se, ainda, o disposto no art. 53, III, desta Lei, demonstrando que tais ações da direção devem ter por base a aplicação de sanção disciplinar. Lembremos, uma vez mais, que o acesso à correspondência do preso não é sanção, mas medida de cautela e segurança.

**91-A. Vedação ao *direito* de visita íntima:** a Lei 14.994/2024 ao inserir o § 2.º no art. 41 teve por objetivo *punir* o agressor de mulher, que esteja preso, impedindo-o de ter visita íntima ou conjugal. Embora não haja conexão direta entre a prática do delito e a visita íntima – relação sexual –, não deixa de ser uma forma de sancionar o condenado. O aspecto mais interessante é a formalização ainda que *indireta*, do *direito à visita íntima*, nunca antes previsto, expressamente, em lei. Vedar essa visitação, para fins sexuais, significa que se trata de um direito dos presos em geral, excepcionando-se apenas o agressor de mulher.

> **Art. 42.** Aplica-se ao preso provisório e ao submetido à medida de segurança, no que couber, o disposto nesta Seção.[92-93]

**92. Direitos dos presos provisórios:** são compatíveis os previstos nos incisos I, II (o trabalho é facultativo, mas, se exercido, deve ser remunerado), III, IV (o pecúlio é, tipicamente, voltado ao condenado, mas o preso provisório pode levar muito tempo até ser definitivamente julgado, motivo pelo qual, se trabalhou, pode também ter formado uma reserva em dinheiro), V, VI (depende, neste caso, do lugar onde se encontra recolhido), VII, VIII, IX, X, XI, XII (hoje, admite-se a execução provisória da pena, de forma que tem aplicação este inciso), XIII, XIV, XV. O único direito que não lhe diz respeito é o atestado de pena (inciso XVI), até pelo fato de não haver pena definitiva a cumprir.

**93. Direitos dos internos:** podem ser aplicados todos os direitos dos presos provisórios, a depender do seu estado de saúde. Afinal, a meta principal da medida de segurança é a cura e não a reeducação, motivo pelo qual é possível que se tenha um interno recebendo somente medicação, sem a menor condição de trabalhar. Assim ocorrendo, não se fala, por exemplo,

# Art. 43

em "atribuição de trabalho e remuneração". Depende, portanto, de cada caso concreto. O ideal seria que, melhorando em seu quadro clínico, pudesse tanto trabalhar como formar pecúlio, gozar de atividades de recreação e até mesmo estudar, dentre outros direitos.

> **Art. 43.** É garantida a liberdade de contratar médico de confiança pessoal do internado ou do submetido a tratamento ambulatorial, por seus familiares ou dependentes, a fim de orientar e acompanhar o tratamento.[94]
>
> **Parágrafo único.** As divergências entre o médico oficial e o particular serão resolvidas pelo juiz de execução.[95]

**94. Médico particular:** embora, aparentemente, consista num direito sem maiores consequências, na realidade, transmuda-se para uma forma de discriminação em face do poder aquisitivo do interno. Pessoas provenientes de famílias de posses poderão obter a assistência e o acompanhamento de médico particular, muitas vezes com maior conhecimento e/ou titulação que o médico do Estado, permitindo que sejam liberadas de maneira mais célere. Por outro lado, uma gama imensa de internos, sem poder aquisitivo à altura desse "direito", fica circunscrita a médicos oficiais, podendo haver descuido do Estado em manter um número razoável de profissionais, levando à maior lentidão nas suas avaliações periódicas. Pensamos que, nesse aspecto, o ideal seria a igualdade de todos perante a lei. Em outras palavras, a orientação e acompanhamento se fazem pelo médico oficial, para ricos ou pobres. Qualquer conturbação ou lentidão, durante a execução da medida de segurança, necessitaria ser resolvida de igual maneira para todos os internos, inclusive com a interferência do juiz da execução penal. A permissão para o acompanhamento do médico particular, permitindo, inclusive, que este divirja do perito oficial, levando o caso à resolução do juiz, cria um privilégio, em nosso entendimento, inadmissível. Seria o mesmo que o preso de posses exigir o acompanhamento dos trabalhos de individualização executória da pena, realizado pela Comissão Técnica de Classificação, por profissionais particulares por ele contratados, emitindo um laudo divergente. Se tal situação não é permitida, não vemos a razão de se autorizar a intervenção do médico particular no cumprimento da medida de segurança.

**95. Divergência entre o médico particular e o oficial:** parece-nos que, nessa hipótese, a única solução viável é a aplicação, por analogia, do disposto no art. 180 do Código de Processo Penal: "se houver divergência entre os peritos, serão consignadas no auto do exame as declarações e respostas de um e de outro, ou cada um redigirá separadamente o seu laudo, e a autoridade nomeará um terceiro; se este divergir de ambos, a autoridade poderá mandar proceder a novo exame por outros peritos".

## Seção III
### Da disciplina

*Subseção I*
*Disposições gerais*

> **Art. 44.** A disciplina consiste na colaboração com a ordem, na obediência às determinações das autoridades e seus agentes e no desempenho do trabalho.[96]
>
> **Parágrafo único.** Estão sujeitos à disciplina o condenado à pena privativa de liberdade ou restritiva de direitos e o preso provisório.[97]

**96. Disciplina e execução da pena:** o cumprimento às regras gerais de um estabelecimento penal ou de qualquer lugar onde se efetue a execução da pena é fundamental tanto para o condenado como para quem administra o local. Por isso, corretamente, estabelece esse artigo que o sentenciado deve colaborar com a ordem, obedecer às determinações emanadas das autoridades e seus agentes, bem como desempenhar algum trabalho. Nota-se, mais uma vez, que o trabalho, especialmente do preso, é um dever (art. 39, V, LEP), um direito (art. 41, V e VI, LEP) e também um corolário da disciplina. É natural deduzir que determinações abusivas constituem desvios de execução, cabendo ao preso representar a quem de direito, podendo ser tanto ao diretor-geral como ao juiz da execução penal (art. 41, XIV, LEP).

**97. Disciplina e restrição de direitos ou prisão provisória:** neste último caso, é mais que natural exigir-se do preso a mesma disciplina que se aguarda do condenado definitivo, seja porque ambos podem conviver no mesmo presídio – embora se espere, ao menos, que estejam em alas separadas – como também pelo fato de o preso provisório contar com a possibilidade de execução provisória da sua pena, o que lhe vai exigir prova de bom comportamento carcerário, logo, disciplina. Por outro lado, há penas restritivas de direitos que inserem o condenado em contato com outros trabalhadores, além de poder ter acesso a pessoas carentes de um modo geral, o que redobra o cuidado com a observância às regras e normas do estabelecimento. Como exemplo maior, temos a prestação de serviços à comunidade, demandando respeito aos regulamentos dos orfanatos, hospitais, creches, asilos etc., locais onde o sentenciado deverá cumprir sua pena.

> **Art. 45.** Não haverá falta nem sanção disciplinar sem expressa e anterior previsão legal ou regulamentar.[98]
>
> § 1.º As sanções não poderão colocar em perigo a integridade física e moral do condenado.[99]
>
> § 2.º É vedado o emprego de cela escura.[100]
>
> § 3.º São vedadas as sanções coletivas.[101]

**98. Princípio da legalidade:** a execução penal, como não poderia deixar de ser, constituindo a efetivação do poder punitivo do Estado, exige o respeito à legalidade. Portanto, da mesma forma que inexiste crime sem lei anterior que o defina, nem pena sem lei anterior que a comine (art. 5.º, XXXIX, CF; art. 1.º, CP), demanda-se que não haverá falta nem sanção disciplinar sem *expressa* e *anterior* lei ou regra regulamentar. Reserva-se à *lei*, como se pode observar nos arts. 49 e 50 desta Lei, a definição de faltas leves, médias e graves. Estas devem estar previstas na Lei de Execução Penal. As outras duas podem fazer parte da legislação estadual (art. 24, I, CF). Denota-se que o legislador entende ser matéria de menor importância, típica do funcionamento de estabelecimentos penais, a definição das faltas leves e médias, tanto que inseriu no contexto do direito penitenciário. No mais, quanto às faltas graves, causadoras dos maiores prejuízos ao sentenciado, inclusive com a perda de vários benefícios, necessitam ser prévia e expressamente inseridas no art. 50 desta Lei. Há menção à possibilidade de previsão de falta e/ou sanção em regulamento – não significando "legislação local" (atividade do Estado-membro) –, o que não lhe retira a validade. Parece-nos ser uma disposição geral, de caráter nitidamente suplementar, de menor alcance. Assim, determinado diretor pode baixar uma portaria fixando o horário de funcionamento da biblioteca, por exemplo. Quem infringir a norma, ultrapassando o horário de fechamento, pode ficar privado de retirar livros por algum tempo. São situações não constitutivas de faltas leves ou médias, que possam influir na avaliação do bom ou mau comportamento do preso para efeito de benefícios durante o cumprimento da pena. A sanção fixada esgota-se em si mesma, servindo para impor naturais limites aos presos, sem maiores consequências. Não fosse assim, estaria aberta a possibilidade de diretores de presídios "legislarem" em matéria de execução penal, com reflexos na individualização da pena, algo inadmissível para o contexto jurisdicionalizado do cumprimento da pena no Brasil. Entretanto, o Presidente da República editou o Decreto 6.049/2007, entendendo viável dispor acerca das faltas leves e médias (arts. 43 e 44), estabelecendo, inclusive, as sanções aplicáveis (art. 46). Parece-nos que, à falta de legislação estadual sobre o assunto e, cuidando-se de presídio federal, deveria ser editada lei federal, disciplinando o tema. Assim não ocorrendo, teremos o direito de execução penal, com reflexos no cumprimento da pena (direito penal), fugindo do princípio da legalidade. Note-se que o atestado de conduta carcerária fará constar *conduta regular* e não *boa conduta*, em caso de prática de faltas leves ou médias (art. 79 do mencionado Decreto Federal). Ora, ficará o preso privado de progressão. E as tais faltas não têm respaldo legal. Cremos inadmissível a sua aceitação para tais fins.

**99. Vedação constitucional:** o disposto no § 1.º do art. 45 é consectário lógico do art. 5.º, XLIX, da Constituição Federal ("é assegurado aos presos o respeito à integridade física e moral").

**100. Solitária:** a denominada *cela escura*, também conhecida como *solitária*, foi abolida pelo art. 5.º, XLVII, *e*, da Constituição Federal (vedação às penas cruéis). No entanto, a Lei de Execução Penal reitera essa tendência, até pelo fato de ser sido editada antes da Constituição de 1988. Registre-se que a *cela escura* é completamente diversa da cela individual, prevista para o preso em regime disciplinar diferenciado (art. 52, II, LEP). Neste último caso, o preso deve ficar isolado de outros, mas não se pretende fique relegado a condições sub-humanas.

**101. Sanções coletivas e princípio da responsabilidade pessoal:** um dos mais caros princípios penais é o da responsabilidade pessoal ou da personalidade (art. 5.º, XLV, CF), significando que a "pena não passará da pessoa do condenado". Da mesma forma e em idêntico prisma, deve-se buscar que a sanção disciplinar não ultrapasse a pessoa do infrator. Logo, é vedada a aplicação de sanção coletiva. Exemplo: encontra-se um estilete em uma cela, habitada por vários presos, o que constitui falta grave (art. 50, III, LEP). Realizada sindicância, não se apura a quem pertence. É justo que não se possam punir todos os condenados ali encontrados, sob pena de se estar aplicando sanção coletiva, exatamente o que é proibido por este dispositivo, em consonância com o disposto na Constituição Federal. Essa ideia de *sanção coletiva* não significa a prática de uma falta grave por vários detentos (ex.: motim). O ponto essencial é identificar cada um dos presos, que tomaram parte na conduta ilícita, podendo-se aplicar a sanção. Na jurisprudência: STJ: "1. De acordo com a jurisprudência desta Corte, não há sanção coletiva, vedada no ordenamento jurídico (art. 45, § 3º, da LEP), mas sim falta disciplinar de autoria coletiva quando são identificados os autores da infração e individualizada a conduta do apenado" (AgRg no HC 903.936 – SP, 5.ª T., rel. Ribeiro Dantas, 20.05.2024, v.u.).

> **Art. 46.** O condenado ou denunciado, no início da execução da pena ou da prisão, será cientificado das normas disciplinares.[102]

**102. Conhecimento prévio das normas de disciplina:** a medida de cautela é correta. Presume-se que todo cidadão conheça o universo das leis do seu país. Publicadas no *Diário Oficial*, vencida a *vacatio legis*, entram em vigor, com a presunção de que todos delas tomaram ciência. Porém, ao ingressar no estabelecimento penitenciário, mormente pela primeira vez, ninguém está obrigado a conhecer as regras ali existentes, em muitos aspectos diversas das normas às quais está o preso habituado quando desfrutava da liberdade. Por isso, é mais que justo que as autoridades ou seus agentes deem conhecimento das normas disciplinares. Não se poderá, após, alegar ignorância ou erro. O dispositivo refere-se tanto ao condenado quanto ao preso provisório (denominado *denunciado*, embora possa ser apenas indiciado, pois há prisão cautelar antes da denúncia).

> **Art. 47.** O poder disciplinar, na execução da pena privativa de liberdade, será exercido pela autoridade administrativa conforme as disposições regulamentares.[103-104]

**103. Poder disciplinar:** quem tem contato direto com o preso é a autoridade administrativa, inclusive pelo fato de ser o Executivo o Poder de Estado encarregado de organizar, sustentar e fazer funcionar um estabelecimento penal. Portanto, torna-se natural que a aplicação da sanção disciplinar se faça por meio do diretor do presídio e seus agentes. Há o regulamento, estipulando regras gerais de funcionamento do estabelecimento, mas também o procedimento pelo qual as faltas são apuradas e como as sanções serão cumpridas, respeitadas, naturalmente, as disposições específicas desta Lei no contexto punitivo-disciplinar (arts. 53 a 60).

**104. Direito de defesa:** para a garantia do devido processo legal na execução penal, em qualquer cenário, quando seja viável a aplicação de sanção (da mais leve à mais grave), torna-se fundamental conceder ao condenado o direito de defesa, ainda que seja a autodefesa. Ele precisa ser ouvido sempre, antes de se lhe aplicar qualquer penalidade. Em situações excepcionais, quando entender ter sido cerceado na sua defesa ou ter experimentado sanção excessiva, nada impede que o preso provoque a atuação do juiz da execução penal, dando ensejo ao incidente de desvio de execução. Nesta situação, ingressando em juízo, parece-nos indispensável o suporte do advogado, vale dizer, a atuação da defesa técnica.

> **Art. 48.** Na execução das penas restritivas de direitos, o poder disciplinar será exercido pela autoridade administrativa a que estiver sujeito o condenado.[105]
>
> **Parágrafo único.** Nas faltas graves, a autoridade representará ao juiz da execução para os fins dos arts. 118, I, 125, 127, 181, §§ 1.º, *d*, e 2.º desta Lei.[106]

**105. Penas restritivas de direitos e poder disciplinar:** algumas penas restritivas de direitos podem ser cumpridas em lugares públicos, administrados ou fiscalizados por agentes do Estado. Logo, a esses cabe o poder de apurar as faltas e aplicar as sanções, sem prejuízo de outras medidas mais graves, dependentes da intervenção do juiz, como, por exemplo, a reconversão da pena restritiva de direitos em privativa de liberdade. Ilustrando, em uma Casa do Albergado cumpre-se limitação de fim de semana (art. 48, CP). Por isso, desrespeitadas as regras estabelecidas para o desenvolvimento dos cursos de finais de semana, conforme o caso, cabe à autoridade administrativa responsável pelo local a punição.

**106. Consequências das faltas graves:** após sindicância, onde também teve oportunidade de se defender – muito embora, possa tê-lo feito pessoalmente (autodefesa) –, apurada a falta grave, determina o diretor o registro no prontuário do condenado. Assim ocorrendo, deve a autoridade administrativa representar ao juiz da execução penal, buscando-se atingir as consequências negativas previstas em lei. Pode ocorrer: a) regressão de regime (do aberto para o semiaberto ou deste para o fechado, nos termos do art. 118, I); b) perda do direito de saída temporária (art. 125); c) perda de parte do tempo remido pelo trabalho (art. 127); d)

# Art. 49

reconversão da restritiva de direitos em privativa de liberdade (art. 181, §§ 1.º, *d*, e 2.º). Reper-cutirá, ainda, em outros pontos, como, ilustrando, no livramento condicional, na concessão de indulto total ou parcial, na progressão de regime etc.

*Subseção II*
*Das faltas disciplinares*

> **Art. 49.** As faltas disciplinares classificam-se em leves, médias e graves. A legislação local[107] especificará as leves e médias, bem assim as respectivas sanções.[107-A]
>
> **Parágrafo único.** Pune-se a tentativa com a sanção correspondente à falta consumada.[108]

**107. Legislação local:** deve-se entender a lei editada pelo Estado-membro, nos termos do art. 24, I, da Constituição Federal (direito penitenciário). Não se trata, naturalmente, de regulamento interno de presídio, editado pelo diretor, por ato normativo unilateral e sem qualquer consulta a terceiros. Como já dissemos anteriormente, tais regulamentos podem existir (art. 45, *caput*, LEP), mas apenas para estabelecer regras de funcionamento do estabelecimento penal e sanções que se esgotem em si mesmas, sem anotações no prontuário do preso. Consultar a nota 98, *supra*. Lembrar da Súmula 533 do STJ, que dispõe: "Para o reconhecimento da prática de falta disciplinar no âmbito da execução penal, é imprescindível a instauração de procedimento administrativo pelo diretor do estabelecimento prisional, assegurado o direito de defesa, a ser realizado por advogado constituído ou defensor público nomeado".

**107-A. Resolução para estabelecer faltas médias e leves:** no Estado de São Paulo, estabelecem-se pela Resolução 144/2010 da Secretaria de Administração Penitenciária quais são as faltas médias e as leves, bem como a consequência delas no prontuário do preso. Na verdade, possuindo faltas médias e leves já não haverá um ótimo ou bom comportamento, o que lhe pode retirar o benefício da progressão. Diante disso, está-se prejudicando o sentenciado, em nível penal, por meio de ato administrativo, em claro desprestígio ao princípio da legalidade.

**108. Equiparação entre falta consumada e tentada:** cremos haver viabilidade para tal previsão, pois existem vários tipos penais incriminadores (ex.: art. 352, CP) que também equiparam a figura tentada à consumada, razão pela qual se buscou, no art. 49, parágrafo único, desta Lei, o mesmo propósito. Logo, fugir ou tentar fugir constitui, igualmente, falta grave.

> **Art. 50.** Comete falta grave o condenado à pena privativa de liberdade que:[109-110-A]
>
> I – incitar ou participar de movimento para subverter a ordem ou a disciplina;[111]
>
> II – fugir;[112]
>
> III – possuir, indevidamente, instrumento capaz de ofender a integridade física de outrem;[113]
>
> IV – provocar acidente de trabalho;[114]
>
> V – descumprir, no regime aberto, as condições impostas;[115]
>
> VI – inobservar os deveres previstos nos incisos II e V do art. 39 desta Lei;[116-116-A]

> VII – tiver em sua posse, utilizar ou fornecer aparelho telefônico, de rádio ou similar, que permita a comunicação com outros presos ou com o ambiente externo;[117-117-D]
>
> VIII – recusar submeter-se ao procedimento de identificação do perfil genético.[117-E]
>
> **Parágrafo único.** O disposto neste artigo aplica-se, no que couber, ao preso provisório.[118]

**109. Falta grave e princípio da legalidade:** o rol previsto neste artigo é taxativo. Não é viável a criação, por meio de Resolução, Portaria ou Decreto, de outras espécies de faltas graves, sob pena de ofensa à legalidade, até porque o registro desse tipo de falta no prontuário do condenado pode inviabilizar a progressão de regime, o reconhecimento da remição, o indulto e outros benefícios.

**110. Apuração da falta grave e ampla defesa:** para considerar e registrar no prontuário do sentenciado uma falta grave é indispensável haver processo administrativo, assegurando-se a ampla defesa e o contraditório. Quanto aos critérios para apurar se houve ampla defesa, há *duas correntes*: a) *é preciso garantir defesa técnica* ao sentenciado, inclusive com a possibilidade de produção de provas. Recentemente, o Decreto Federal 6.049/2007, disciplinando o funcionamento de presídios federais, nos procedimentos administrativos de apuração de falta do preso, prevê a designação de defensor público para acompanhar o seu trâmite, se o detido não tiver advogado (art. 66, § 2º); b) *basta assegurar ao condenado que se defenda*, com a possibilidade de ser ouvido, dando suas explicações e propondo meios de prova, não sendo necessária a defesa técnica. Era a posição que adotávamos. A execução penal tem caráter jurisdicional, portanto está sob constante controle do juiz, que conduz o processo de execução garantindo ao condenado a ampla defesa e o contraditório. Diante disso, achávamos que não se podia exigir que, num presídio, mormente os de grandes proporções, fosse conduzida uma sindicância para apurar falta grave como se processo fosse, pois seria uma meta infindável, complexa e ineficiente. Ouvindo-se o sentenciado e propiciando-lhe oportunidade de se explicar seria suficiente, nos termos do art. 59 da LEP ("Praticada a falta disciplinar, deverá ser instaurado o procedimento para sua apuração, conforme regulamento, assegurado o *direito de defesa*. Parágrafo único. A decisão será motivada" – grifamos), embora nada impedisse que, na avaliação do procedimento administrativo, a defesa técnica, presente no processo de execução, requeresse diligências complementares e esclarecimentos de modo a afastar eventual consideração da falta grave para efeito de progressão da pena. Assim, o contraditório e a ampla defesa ficariam assegurados através da execução penal, sem qualquer prejuízo para o condenado, tampouco para a celeridade que os atos administrativos exigem. No entanto, na atualidade, a Defensoria Pública foi alçada à categoria de órgão da execução penal, devendo ter quadros próprios nos presídios brasileiros. Desse modo, mais adequado se torna que o preso tenha, desde logo, defesa técnica no procedimento administrativo interno para apurar falta grave. Aliás, continua podendo a defesa técnica pleitear junto ao juiz da execução a eliminação da falta grave anotada no prontuário do preso, por falhas formais no procedimento administrativo ou mesmo quanto ao mérito. E se o magistrado negar, cabe agravo ao Tribunal. Diante disso, o devido processo legal é perfeitamente assegurado. Há de se ressaltar haver divergência entre o STF e o STJ. Para o primeiro, havendo audiência, onde se assegure o contraditório e a ampla defesa pode-se suprir o procedimento administrativo disciplinar. Para o segundo, é imprescindível a instauração do referido procedimento administrativo disciplinar. Considerando-se que a decisão do STF foi tomada em plenário, deve prevalecer. Na jurisprudência: STF: "Prévio procedimento administrativo disciplinar para o

# Art. 50

reconhecimento de falta grave. Desnecessidade. Audiência em juízo na qual assegurados o contraditório e a ampla defesa. Provimento do Recurso. 1. O Supremo Tribunal Federal tem entendido que a oitiva do condenado pelo Juízo da Execução Penal, em audiência de justificação realizada na presença do defensor e do Ministério Público, afasta a necessidade de prévio Procedimento Administrativo Disciplinar (PAD), assim como supre eventual ausência ou insuficiência de defesa técnica no PAD instaurado para apurar a prática de falta grave durante o cumprimento da pena. 2. No sistema de jurisdição una, o procedimento judicial conta com mais e maiores garantias que o procedimento administrativo, razão pela qual o segundo pode ser revisto judicialmente, prevalecendo a decisão judicial sobre a administrativa. 3. Por outro lado, em um sistema congestionado como o da Execução Penal, qualquer atividade redundante ou puramente formal significa desvio de recursos humanos da atividade principal do Juízo, inclusive e notadamente a de assegurar os benefícios legais para que ninguém permaneça no cárcere por período superior à condenação. 4. Desse modo, a apuração de falta grave em procedimento judicial, com as garantias a ele inerentes, perante o juízo da Execução Penal não só é compatível com os princípios do contraditório e da ampla defesa (art. 5º, LIV e LV, da CF) como torna desnecessário o prévio procedimento administrativo, o que atende, por igual, ao princípio da eficiência de que cuida o art. 37 da Constituição Federal. 5. Provimento do Recurso com a afirmação da seguinte tese: 'A oitiva do condenado pelo Juízo da Execução Penal, em audiência de justificação realizada na presença do defensor e do Ministério Público, afasta a necessidade de prévio Procedimento Administrativo Disciplinar (PAD), assim como supre eventual ausência ou insuficiência de defesa técnica no PAD instaurado para apurar a prática de falta grave durante o cumprimento da pena'" (RE 972.598, Pleno, rel. Roberto Barroso, 04.05.2020, maioria). STJ: "2. A oitiva do condenado pelo Juízo da Execução Penal, em audiência de justificação realizada na presença do defensor e do Ministério Público, afasta a necessidade de prévio Procedimento Administrativo Disciplinar (PAD), assim como supre eventual ausência ou insuficiência de defesa técnica no PAD instaurado para apurar a prática de falta grave durante o cumprimento da pena (RE 972.598/RS, Relator Min. Roberto Barroso Tema 941, Plenário, Sessão Virtual de 24/4/2020 a 30/4/2020). 3. Diante dessa nova orientação traçada pelo Supremo Tribunal Federal, esta Corte tem entendido que a Súmula n. 533 do STJ, que reputa obrigatória a prévia realização de procedimento administrativo disciplinar para o reconhecimento de falta praticada pelo condenado durante a execução penal, deve ser relativizada, sobretudo em casos nos quais o reeducando pratica falta grave durante o cumprimento de pena extra muros, ocasiões em que a realização de audiência de justificação em juízo, com a presença da defesa técnica e do Parquet, é suficiente para a homologação da falta, não havendo que se falar em prejuízo para o executado, visto que atendidas as exigências do contraditório e da ampla defesa, assim como os princípios da celeridade e da instrumentalidade das formas. Isso porque a sindicância realizada por meio do PAD somente se revelaria útil e justificável para averiguar fatos vinculados à casa prisional, praticados no interior da cadeia ou sujeitos ao conhecimento e à supervisão administrativa da autoridade penitenciária. Precedentes: HC 581.854/PR, Rel. Ministro Nefi Cordeiro, Dje de 19/6/2020; HC 585.769/MG, Rel. Ministro Jorge Mussi, DJe de 30/06/2020; HC 582.486/PR, Rel. Ministro Rogério Schietti, DJe de 28/05/2020; HC 577.233/PR, Rel. Ministro Reynaldo Soares da Fonseca, Quinta Turma do STJ, unânime, julgado em 18/08/2020, DJe de 24/08/2020. 4. A relativização do verbete sumular n. 533/STJ não desprestigia o disposto nos arts. 47, 48 e 59 da LEP, pois, como se sabe, o executado que cumpre pena em regime aberto, semiaberto harmonizado (com tornozeleira eletrônica ou em prisão domiciliar sem tornozeleira) ou em livramento condicional deixa de se reportar à direção do presídio e passa a se reportar diretamente ao Juízo de Execução Criminal, responsável pelo estabelecimento e fiscalização das condições a serem observadas durante o cumprimento da pena extra muros, não havendo como se afirmar que nessa etapa da execução penal o executado remanesce sob o poder disciplinar da autoridade administrativa penitenciária. 5. Situação em que o paciente, durante o período de cumprimento de pena no regime semiaberto harmonizado, praticou duas faltas graves: manteve o equipamento de monitoramento sem carga por mais de dois meses e cometeu novo delito. 6. Agravo regimental a que se nega provimento" (AgRg no HC 579.647 – PR, 5.ª T., rel. Reynaldo Soares da Fonseca, 08.09.2020, v.u.).

**110-A. Falta grave e prescrição:** há regimentos internos de estabelecimentos penitenciários que fixam prazos para o início da apuração administrativa após a ocorrência da falta grave (de 30 a 90 dias, em geral); outros preveem o período máximo para ser concluído o processo administrativo. Alguns, invadindo seara alheia, valem-se da expressão *extinção da punibilidade* para justificar a demora em apurar a falta grave. Entretanto, não se pode cuidar de *prescrição* da falta grave, ao menos em relação aos regimentos internos dos presídios, pois tais normas destinam-se, unicamente, aos funcionários do próprio estabelecimento. Se os referidos prazos não forem cumpridos, os servidores cometem falta administrativa, a merecer apuração e eventual punição. O contorno da falta grave do condenado atinge diretamente a execução penal, cuidando-se, pois, de fato relevante, impossível de ser regulado por regimento de presídio. O caminho correto, partindo-se para a analogia, visto que a Lei de Execução Penal, é omissa a respeito, deve voltar-se à prescrição das faltas administrativas em geral. Tomando-se por base o disposto pela Lei 8.112/90, disciplinando o regime jurídico dos servidores públicos civis da União, das autarquias e das fundações públicas federais, tem-se o prazo de 180 dias, quando a penalidade é advertência (a mais branda), nos termos do art. 142, III. O prazo começa a correr da data em que o fato se tornou conhecido (art. 142, § 1.º). A abertura de sindicância ou processo disciplinar *interrompe* a prescrição até a decisão final ser proferida pela autoridade competente (art. 142, § 2.º). Portanto, praticada a falta grave, admite-se o menor prazo possível, válido em nível nacional para os servidores federais, de seis meses para o início da apuração. Assim ocorrendo, interrompe-se a prescrição até a decisão ser proferida. Após, retoma o prazo prescricional o seu curso para que se torne efetiva a punição. Mais adequada a analogia com lei federal do que com regimento de estabelecimento penitenciário. A matéria, entretanto, deveria ser regulada pela Lei de Execução Penal. Na jurisprudência, prevalece o critério da prescrição (menor prazo) do Código Penal para penas privativas de liberdade: STJ: "5. Na apuração de falta disciplinar de natureza grave, deve ser aplicado o prazo prescricional previsto no inciso VI do art. 109 do Código Penal, ou seja, após a vigência da Lei n. 12.234/2010, o prazo prescricional a ser considerado é de 3 (três) anos. 6. Não decorreu lapso superior ao mencionado entre a data da falta disciplinar, ocorrida em 2/9/2018, e a data de sua homologação judicial, em 10/6/2021" (AgRg nos EDcl no RHC 166.884 – RS, 6.ª T., rel. Antonio Saldanha Palheiro, 22.04.2024, v.u.).

**111. Falta correspondente ao crime de motim:** conforme preceitua o art. 354 do Código Penal ("amotinarem-se presos, perturbando a ordem ou a disciplina da prisão"), observa-se que esta falta grave lhe é similar. A incitação (instigação, estímulo) ou a participação ativa no movimento faz emergir, justamente, a figura criminosa do motim. Há diferenças, contudo. Na infração penal, exige-se um número razoável de presos (temos defendido, pelo menos, quatro presos, conforme a nota 186 ao art. 354 do nosso *Código Penal comentado*), enquanto para a configuração da falta grave basta que um preso comece o processo de instigação para que ela se concretize. No crime, exige-se o dolo. Na falta grave, pouco interesse o objetivo do preso. Em suma, guardadas as proporções devidas, as figuras do crime e da falta grave se aproximam. Por isso, é importante que se diga o seguinte: em caso de absolvição do preso pelo mesmo fato na órbita criminal, conforme o fundamento utilizado pelo magistrado, não tem cabimento subsistir a anotação de falta grave no prontuário do sentenciado. Ver a nota 112 ao inciso II deste artigo.

# Art. 50

Leis Penais e Processuais Penais Comentadas – Vol. 2 • **Nucci**

**112. Fuga e correspondência com crime:** uma falta grave cometida pelo condenado pode ser igualmente figura típica de crime, o que ocasionaria dupla investigação e processo. Exemplo: se o condenado foge, valendo-se de violência contra o carcereiro, responderá pelo delito previsto no art. 352 do Código Penal (haverá a instauração de inquérito e, depois, processo), bem como sofrerá processo administrativo para inscrição de falta grave em seu prontuário. Entretanto, conforme o caso, se for absolvido no processo-crime, já não se pode mais anotar no prontuário a falta grave. Ainda que se possa dizer serem distintas as esferas penal e administrativa, não se aplica essa regra neste contexto. A única razão de existência da falta grave é justamente a sua exata correspondência com figura típica incriminadora. Ora, afastada esta, não pode subsistir aquela, menos importante. Na jurisprudência: STF: "O princípio constitucionalmente assegurado da liberdade (art. 5.º, *caput*, CF) não outorga ao paciente o direito de se evadir mediante violência, diante do interesse público na manutenção de sua prisão, legalmente ordenada, e na preservação da integridade física e psíquica dos responsáveis por sua custódia. O fato de a fuga constituir um impulso natural não a erige em um direito de quem já se encontre sob custódia, diante de seu dever de se submeter às consequências jurídicas do crime. Embora a fuga sem violência não constitua crime por parte do preso, constitui, tanto quanto a fuga com violência contra a pessoa, falta grave (art. 50, II, da Lei n.º 7.210/84), que o sujeita, além das penas disciplinares, à regressão de regime e à perda de até 1/3 (um terço) do tempo remido (arts. 53; 118, I, e 127, I, todos da Lei n.º 7.210/84). Nesse diapasão, a fuga do preso definitivo ou provisório (art. 2.º, parágrafo único, da Lei n.º 7.210/84), com ou sem violência contra a pessoa, constitui ato ilícito, com reflexos sancionatórios nos direitos do preso e na própria execução da pena. Ordem denegada" (HC 129936 – SP, 2.ª T., rel. Dias Toffoli, 31.05.2016, v.u.).

**113. Posse indevida de instrumento perigoso:** o preso, sem autorização da administração do presídio, não pode manter consigo qualquer tipo de instrumento capaz de ofender a integridade física de outra pessoa, como, por exemplo, uma faca. Há, naturalmente, situações em que tal posse é *devida*, como ocorre, a título de ilustração, para os presos que trabalham na cozinha. No mais, andar pelo presídio carregando consigo estiletes, canivetes e outros instrumentos perigosos à incolumidade alheia constitui falta grave. Parece-nos fundamental, inclusive para se justificar o devido processo legal na execução penal, que a autoridade administrativa, descobrindo a posse indevida, determine a lavratura de auto de apreensão formal, juntando-se na sindicância. Se possível, pode-se providenciar a juntada do próprio instrumento ao procedimento administrativo, o que, no futuro, poderá ser útil ao juiz da execução penal, caso seja questionada a legalidade ou a validade da sanção aplicada. Na jurisprudência: STJ: "O Superior Tribunal de Justiça tem decidido que, para o reconhecimento da falta grave pelo apenado, é dispensável a realização de laudo pericial no objeto apreendido a fim de perquirir sua potencialidade lesiva, por absoluta falta de previsão legal. Na hipótese, os objetos apreendidos com o paciente – dois pedaços de espelhos de vidro (5x4x3cm e o menor, 2x2x3cm) – são aptos a ofender a integridade física de outrem, uma vez que, em razão das suas características inerentes, podem 'produzir extremidades cortantes ao fragmentar-se', caracterizando, assim, a infração disciplinar prevista no art. 50, III, da Lei de Execução Penal. 3. Não cabe, na via estreita do *habeas corpus*, a análise se o fato cometido pelo paciente configura-se ou não infração disciplinar de natureza grave, uma vez que indispensável o revolvimento do conteúdo fático-probatório dos autos. Precedentes. 4. *Habeas corpus* não conhecido" (HC 300.982 – DF, 5.ª T., rel. Ribeiro Dantas, 28.06.2016, v.u.).

**114. Acidente provocado:** o trabalho, como se sabe, é obrigatório durante o cumprimento da pena. Por isso, o preso que provoca – no sentido de facilitar, dar ensejo a que ocorra, agir de propósito – acidente de trabalho, seja para receber algum tipo de remuneração suplementar, seja para deixar de exercer atividade laborativa, comete falta grave. É o mesmo que não querer trabalhar.

**115. Condições do regime aberto:** estão previstas no art. 115 desta Lei, sem prejuízo de outras que o magistrado fixe, por julgar convenientes para a individualização executória da pena. Além disso, tem-se utilizado esse inciso para o descumprimento das regras estabelecidas no regime semiaberto, em nítida interpretação extensiva. Na jurisprudência: STJ: "1. Na hipótese dos autos, as instâncias ordinárias consignaram que o agravante, que cumpria pena em regime aberto, cometeu falta disciplinar de natureza grave, a teor do art. 50, V, da Lei de Execução Penal, na medida em que deixou de comparecer em juízo e mudou de endereço sem comunicar previamente, não se mostrando plausível a justificativa por ele apresentada, quanto ao tratamento médico ao qual se submetera, tendo permanecido internado por curto período de tempo" (AgRg no HC 591.070 – SP, 5.ª T., rel. Ribeiro Dantas, 18.08.2020, v.u.); "3. No caso, o paciente descumpriu uma das condições que lhe foi imposta para cumprimento no regime aberto, qual seja, o comparecimento trimestral, tendo ficado foragido desde 30/6/2016 até 23/5/2017, dia em que foi preso em flagrante. Dessa forma, não só cometeu falta grave (art. 50, V, LEP), como também crime, tendo frustrado, assim, por duas vezes, os fins da execução, demonstrando que a autodisciplina e a responsabilidade exigidas no regime aberto não foram atendidas pelo paciente, como mencionou o Tribunal coator" (HC 482.915 – SP, 5.ª T., rel. Reynaldo Soares da Fonseca, 11.06.2019, v.u.).

**116. Descumprimento de deveres:** dentre os deveres previstos no art. 39, deixar de observar o disposto nos incisos II ("obediência ao servidor e respeito a qualquer pessoa com quem deva relacionar-se") e V ("execução do trabalho, das tarefas e das ordens recebidas") dá ensejo à configuração de falta grave. Nunca é demais observar que a insistência legislativa em fomentar o trabalho do preso é nítida e salutar. Se o fizer, recebe benefícios (ex.: remição); se não quiser desempenhar qualquer atividade, é sancionado e perde benefícios. A medida é positiva, pois o interesse estatal é a reeducação, com o objetivo de ressocializar o preso. Sem o desenvolvimento de trabalho honesto, fora do cárcere, é natural a tendência à reincidência. Quanto à desobediência, parece-nos fundamental que as ordens recebidas sejam diretas e claras, além de estar na esfera de atribuição do agente penitenciário e se referir a um tema importante para a ordem e disciplina internas. Não é viável que qualquer ordem, algumas banais, gere necessariamente o dever de obediência por parte do preso. Na jurisprudência: STJ: "1. Esta Corte possui entendimento segundo o qual o descumprimento de ordem emitida por agente penitenciário é apto, em princípio, a ensejar o reconhecimento de falta grave cometida pelo reeducando, nos termos dos arts. 50, VI e 39, II e V, ambos da Lei de Execução Penal. Precedentes" (AgRg no HC 895.251 – SP, 6.ª T., rel. Antonio Saldanha Palheiro, 29.04.2024, v.u.); "1. O atraso no retorno da saída temporária configura falta grave consistente na execução das ordens recebidas (art. 50, da LEP)" (AgRg no HC 894.560 – SC, 5.ª T., rel. Ribeiro Dantas, 20.05.2024, v.u.).

**116-A. Sobre a violação de regras da monitoração eletrônica:** consultar as notas ao art. 146-D.

**117. Posse, utilização ou fornecimento de aparelho telefônico, de rádio ou similar:** há muitos anos está-se diante do problema de inserção do aparelho telefônico móvel (celular) nos presídios, permitindo a comunicação entre presos e entre estes e pessoas do ambiente externo. Muitas dessas comunicações redundaram em delitos e atos de vandalismo em largas proporções, comandados pelo crime organizado. Essa medida, portanto, de, ao menos, considerar como *falta grave* a posse, uso ou fornecimento do aparelho telefônico, de rádio ou similar era indispensável. Resta, no entanto, o controle efetivo, pois somente a edição de uma lei não soluciona concretamente problema algum. Checar, ainda, a nota 109 *supra*, que cuida

# Art. 50

da taxatividade do rol de faltas graves do art. 50 e tece algumas considerações quanto à posse de celular. Conferir, também, o tipo penal, cuja finalidade é punir o funcionário público que permitir o acesso do preso ao aparelho telefônico, de rádio ou similar (art. 319-A, CP), bem como o tipo penal prevendo punição para qualquer pessoa, que introduza celular no presídio (art. 349-A, CP).

**117-A. Componentes fracionados:** tem-se verificado, na prática, a introdução nos presídios dos aparelhos de telefonia móvel em partes. Quer-se descaracterizar, quando surpreendido o preso, a posse do aparelho completo, que seria o objeto da falta grave. Em princípio, o ideal seria a lei prever, igualmente, a guarda de partes do celular ou rádio comunicador; não o fazendo, a figura típica criminosa não pode se valer desse quadro para condenar o detento, atendo-se à legalidade estrita. No entanto, quanto à órbita administrativa, parece-nos viável a consideração de falta grave quando forem localizadas partes relevantes do aparelho, como o seu corpo, embora sem bateria ou sem chip. De outro lado, encontrada somente a bateria, soa-nos desproporcional registrar-se a falta grave. Ademais, é possível a apreensão de várias partes de um celular, embora esteja este desmontado, permitindo a concretização da falta disciplinar. É preciso analisar cada caso com cautela. Consulte-se a Súmula 660 do STJ: "A posse, pelo apenado, de aparelho celular ou de seus componentes essenciais constitui falta grave" e a Súmula 661, também do STJ: "A falta grave prescinde da perícia do celular apreendido ou de seus componentes essenciais". Na jurisprudência: STF: "1. A manifestação de investigado, acompanhada de defesa técnica, com a observância do princípio do contraditório em procedimento administrativo de apuração de falta grave, em sede de execução penal, é lídima, sendo desnecessária nova oitiva antes da homologação da infração disciplinar. Precedentes: RHC 167.849-AgR, Primeira Turma, Rel. Min. Roberto Barroso, DJe de 13/2/2020; e HC 176.077-AgR, Segunda Turma, Rel. Min. Celso de Mello, DJe de 18/12/2019. 2. *In casu*, i) o juízo das Execuções homologou procedimento administrativo disciplinar no qual foi reconhecida a prática de falta grave pelo paciente, tendo-lhe sido imposta a perda de 1/5 dos dias remidos bem como a alteração da data-base para obtenção de novos benefícios no curso da execução; ii) o Tribunal *a quo* assinalou que 'não há qualquer mácula na decisão agravada, acerca da fundamentação das decisões das instâncias ordinárias que reconheceram a prática de falta grave na conduta do agravante, uma vez restou assentado que foram encontradas *uma bateria de celular, micro cartões de memória e adaptadores USB junto aos pertences do recorrente* (fl. 154), na medida em que tal conduta foi apurada mediante a instauração de procedimento administrativo disciplinar, conforme enunciado n. 533 da Súmula do STJ, e se circunscreve à conduta do art. 50, VII, da LEP. Pretendendo, em verdade, a rediscussão de matéria já analisada e superada pela decisão atacada'. 3. O *habeas corpus* é ação inadequada para a valoração e exame minucioso do acervo fático-probatório engendrado nos autos. 4. A irresignação recursal é incompatível com a realização de inovação argumentativa preclusa, ante a ausência de insurgência em momento processual anterior. Precedentes: HC 127.975-AgR, Segunda Turma, Rel. Min. Teori Zavascki, DJe 3/8/2015, RHC 124.715-AgR, Primeira Turma, Rel. Min. Roberto Barroso, DJe 19/5/2015, e AI 518.051-AgR, Segunda Turma, Rel. Min. Ellen Gracie, DJ de 17/2/2006. 5. A reiteração dos argumentos trazidos pelo agravante na petição inicial da impetração é insuscetível de modificar a decisão agravada. Precedentes: HC 136.071-AgR, Segunda Turma, Rel. Min. Ricardo Lewandowski, DJe de 9/5/2017; HC 122.904-AgR, Primeira Turma, Rel. Min. Edson Fachin, DJe de 17/5/2016; RHC 124.487-AgR, Primeira Turma, Rel. Min. Roberto Barroso, DJe de 1º/7/2015. 6. Agravo regimental desprovido" (HC 182.325 AgR, 1.ª T., rel. Luiz Fux, 22.05.2020, maioria, grifamos). STJ: "Esta Superior Corte de Justiça, na mesma esteira, compreende que não apenas a posse de aparelho de telefonia celular, mas também de componentes dessa espécie de aparelho torna típica a conduta, por entender que a intenção do legislador, neste caso, foi dificultar a comunicação dos presos. Precedentes" (AgRg no HC 604.008 – RS, 5.ª T., rel. Reynaldo Soares da Fonseca, 06.10.2020,v.u.).

**117-B. Desnecessidade de perícia:** acolhendo-se a possibilidade de posse de componentes fracionados do aparelho telefônico (rádio ou similar), por óbvio, é inútil determinar-se a realização de perícia para checar o funcionamento do objeto. Assim sendo, também é inócua a realização de exame pericial para atestar as condições de qualquer aparelho telefônico, rádio ou similar, mesmo porque, se permitido fosse manter um desses objetos quebrados, a qualquer instante, poderia haver o conserto e, por via de consequência, a burla à vedação imposta pela norma. Além disso, o aparelho em boas condições pode ser danificado pelo condenado no momento em que haja revista à sua cela, de modo que seria um modo inadmissível para contornar a norma existente. Na jurisprudência: STJ: "2. A jurisprudência do Superior Tribunal de Justiça consolidou-se no sentido de que é prescindível a perícia do aparelho celular apreendido para a configuração da falta disciplinar de natureza grave. Precedentes (AgRg no HC n. 506.102/SP, Ministra Laurita Vaz, Sexta Turma, DJe 17/12/2019)" (AgRg no HC 481.163 – SP, 6.ª T., rel. Sebastião Reis Júnior, 01.12.2020, v.u.).

**117-C. Aplicação dos princípios da responsabilidade pessoal e da intranscendência:** não são poucos os casos nos quais se descobre uma encomenda enviada pelos correios a determinado preso, contendo um aparelho celular ou seus componentes, bem como drogas ilícitas. Igualmente, ocorre, com certa frequência, encontrar o celular (ou drogas) em alimentos levados pela esposa ou companheira, ou mesmo junto ao corpo desta, dizendo-se seja destinado a certo preso. Entretanto, não se pode punir o preso por conta disso, afinal, ele não chega a ter a posse do objeto. A mulher pode praticar o crime do art. 349-A do Código Penal (ou art. 33, da Lei 11.343/2006); porém, o preso a quem *seria* destinado o aparelho (ou drogas) não pode ser punido. Quem enviou pelo correio deve ser processado e punido (se localizado), mas não o preso, visto que o celular (ou entorpecente) foi barrado antes de chegar às mãos dele. A pena não passará da pessoa do delinquente (responsabilidade pessoal) e a ação penal não pode atingir quem não seja o sujeito ativo do crime (intranscendência). Poder-se-ia incluir o preso como partícipe (instigou ou induziu alguém a levar o objeto proibido) se houver prova suficiente para tanto, o que, na prática, é muito difícil. Na jurisprudência: STJ: "1. O Desembargador da Corte de origem, ao realizar a análise fático-probatória do caso, ressaltou que o Paciente não teve a posse do objeto, bem como não se comprovou a solicitação de envio do produto apreendido, de modo que, como já afirmado na decisão ora impugnada, deve-se aplicar o entendimento de que o reconhecimento da prática de falta grave em razão da conduta praticada por terceiro, que enviou a encomenda via SEDEX, viola o princípio constitucional da intranscendência (art. 5.º, inciso XLV, da Constituição da República), o qual preconiza que ninguém pode ser responsabilizado por ato praticado por terceira pessoa" (AgRg no HC 510.838– MG, 6.ª T., rel. Laurita Vaz, 20.08.2019, v.u.). Dando a entender ser punível por constituir tentativa: STJ: "1. A pretendida absolvição da falta grave (apreensão de entorpecentes inseridos na unidade prisional pela visitante do preso), aos argumentos de que se trataria de conduta praticada por terceiro, e que não haveria comprovação da destinação comercial da droga, são questões que demandam aprofundada análise do conjunto probatório produzido em juízo, providência vedada na via estreita do remédio constitucional. Precedentes. 2. Segundo se depreende do art. 49, parágrafo único, da LEP, a tentativa é punida com a sanção correspondente à consumação da falta disciplinar de natureza grave" (AgRg no HC 505.843 – SP, 5.ª T., rel. Ribeiro Dantas, 15.08.2019, v.u.). Neste último julgado, quando o objeto ilícito é apreendido, segundo nos parece, pode-se falar em tentativa dos crimes dos arts. 349-A do CP ou 33 da Lei de Drogas, mas não se

# Art. 50

Leis Penais e Processuais Penais Comentadas – Vol. 2 • Nucci

pode envolver o preso nesse *iter criminis*, a não ser que haja prova suficiente de que o celular (ou droga) foi pedido pelo preso e o objeto foi interceptado com terceira pessoa. Sem essa prova, não há como estender a responsabilidade penal por presunção de que o detento estaria comandando a operação. Note-se situação na qual se comprovou o envolvimento do preso: STJ: "1. Na hipótese, as instâncias ordinárias concluíram que as provas são uníssonas em indicar a prática da falta grave cometida pelo apenado, consistente no recebimento pelo apenado via 'sedex' de uma placa de celular ocultada em uma barra de doce, o qual inclusive identificou o pacote e permitiu a abertura pelos agentes penitenciários em sua presença, sendo que somente não conseguiu se apossar do objeto proibido em razão da intervenção da segurança do presídio, nos termos do artigo 50, incisos VI e VII, da Lei n. 7.210/1984. 2. Segundo se depreende do art. 49, parágrafo único, da LEP, a tentativa é punida com a sanção correspondente à consumação da falta disciplinar de natureza grave. 3. A análise da tese de que não ocorreu a prática de falta grave não se coaduna com a via estreita do *habeas corpus*, dada a necessidade, na espécie, de incursão na seara fático-probatória, incabível nesta sede. 4. Agravo regimental não provido" (AgRg no HC 563.159 – SP, 5.ª T., rel. Ribeiro Dantas, 05.03.2020, v.u.).

**117-D. Visualização do conteúdo do celular:** assim como ocorre no tocante à correspondência do preso, parece-nos perfeitamente lícita a atitude dos policiais penais. É uma atividade de fiscalização e voltada à individualização do autor da falta grave. Consultar a nota 89-A ao art. 41.

**117-E. Recusa à submissão de identificação de perfil genético:** embora seja correta a previsão de falta grave para o sentenciado, nos casos apontados pelo art. 9.º-A, *caput*, desta Lei, visto que não se trata de autoincriminação, mas da formação de banco de dados para eventuais delitos futuros, não havia necessidade de dupla previsão. Estipula-se a falta grave no art. 50 e, também, no § 8.º do art. 9.º-A, desta Lei. Sob outro aspecto, resta saber se a falta grave poderia incidir várias vezes, ou seja, tantas vezes quantas o condenado se recusar a fornecer material para a identificação do seu perfil genético. Parece-nos que sim, desde que respeitadas algumas regras: a) havendo o cometimento de uma falta grave, após um ano da ocorrência do fato, o sentenciado readquire o bom comportamento (art. 112, § 7.º, LEP); logo, expirada essa falta, pode o Estado, novamente, buscar a coleta do material; havendo recusa, configura-se outra falta grave; b) não há impedimento para buscar o procedimento de identificação do perfil genético do condenado, durante o cumprimento da pena, como deixa claro o disposto pelo § 4.º do art. 9.º-A, da LEP. Isto significa que, reabilitado da recusa anterior, consistente em falta grave, procura-se novamente a colheita do material, sendo viável a reiteração da falta se houver oposição.

**118. Aplicação ao preso provisório:** pode-se, igualmente, anotar no prontuário do preso provisório qualquer falta grave por ele cometida. Em especial, devemos relembrar o seu direito à execução provisória da pena, motivo pelo qual o bom comportamento é não somente desejado como requisito para tanto. Atualmente, cremos aplicável ao preso provisório – ao menos àquele que pretenda obter algum benefício típico de execução da pena, antes do trânsito em julgado de sentença condenatória – todos os incisos do art. 50 desta Lei. É certo que o art. 31, parágrafo único, desta Lei *faculta* ao preso provisório o exercício de atividade laborativa. Entretanto, foi o dispositivo redigido quando nem mesmo se falava em execução provisória da pena. Logo, alterado o entendimento dos tribunais e sumulada a questão pelo Supremo Tribunal Federal (Súmula 716), permitindo-se a referida execução provisória, é evidente que, para obter a progressão de regime, passando do fechado para o semiaberto, aguarda-se que o preso provisório esteja trabalhando, do mesmo modo que o condenado definitivo.

> **Art. 51.** Comete falta grave o condenado à pena restritiva de direitos que:[119]
>
> I – descumprir, injustificadamente, a restrição imposta;[120]
>
> II – retardar, injustificadamente, o cumprimento da obrigação imposta;[121]
>
> III – inobservar os deveres previstos nos incisos II e V do art. 39 desta Lei.[122]

**119. Falta grave e restrição de direito:** o disposto no art. 51 desta Lei chega a ser tautológico, sob certos aspectos, pois, pretendendo definir o que seria *falta grave* no contexto das penas restritivas de direitos, acaba repetindo, com outras palavras, o disposto no art. 181 da mesma Lei. Exemplificando: "descumprir, injustificadamente, a restrição imposta" (art. 51, I, LEP) é o mesmo que "não comparecer, injustificadamente, à entidade ou programa em que deva prestar serviço" ou "recusar-se, injustificadamente, a prestar o serviço que lhe foi imposto" (art. 181, § 1.º, *b* e *c*, LEP). Entretanto, deve-se entender como um princípio geral o preceituado no art. 51: é *falta grave* não cumprir (ou retardar) a restrição de direitos imposta pela decisão condenatória definitiva, sem justificativa plausível. No mais, também o é qualquer ato de insubordinação e não executar as tarefas tal como determinado por quem de direito. Porém, o mais importante nesse contexto não é definir *falta grave*, mas ter a noção de que o descumprimento injustificado da restrição imposta implica conversão da restrição de direitos em pena privativa de liberdade (art. 44, § 4.º, primeira parte, CP).

**120. Descumprimento de restrição imposta:** qualquer condicionamento imposto pelo juiz, na sentença condenatória, em substituição à pena privativa de liberdade, deve ser cumprido pelo condenado fielmente. Do contrário, aplica-se a conversão em pena de prisão, nos termos do art. 44, § 4.º, do Código Penal.

**121. Retardamento da obrigação imposta:** este inciso cuida de uma forma anômala de *descumprimento* da restrição estabelecida, pois *retardar* o adimplemento da obrigação é o mesmo que não a cumprir, a tempo e a hora. A consequência é a mesma já mencionada: conversão em pena privativa de liberdade.

**122. Inobservância de deveres:** esta regra geral, válida para todos os condenados a penas restritivas de direitos, pretende evitar atos de insubordinação e desatendimento às tarefas que forem impostas aos condenados. É evidente que, conforme a pena restritiva de direitos, não tem aplicação o disposto neste inciso. Exemplos: a) não se pode falar em insubordinação pelo não pagamento de prestação pecuniária; b) não se pode levar em consideração a não execução de tarefas para o condenado à pena de proibição de frequentar lugares.

> **Art. 52.** A prática de fato previsto como crime doloso constitui falta grave[122-A] e, quando ocasionar subversão da ordem ou disciplina internas, sujeitará o preso provisório, ou condenado, nacional ou estrangeiro, sem prejuízo da sanção penal, ao regime disciplinar diferenciado,[123-124] com as seguintes características:[125-126]
>
> I – duração máxima de até 2 (dois) anos, sem prejuízo de repetição da sanção por nova falta grave de mesma espécie;[127]
>
> II – recolhimento em cela individual;[128]
>
> III – visitas quinzenais, de 2 (duas) pessoas por vez, a serem realizadas em instalações equipadas para impedir o contato físico e a passagem de objetos, por pessoa da família ou, no caso de terceiro, autorizado judicialmente, com duração de 2 (duas) horas;[129]

# Art. 52

IV – direito do preso à saída da cela[130] por 2 (duas) horas diárias para banho de sol[131], em grupos de até 4 (quatro) presos, desde que não haja contato com presos do mesmo grupo criminoso;

V – entrevistas sempre monitoradas, exceto aquelas com seu defensor, em instalações equipadas para impedir o contato físico e a passagem de objetos, salvo expressa autorização judicial em contrário;[131-A]

VI – fiscalização do conteúdo da correspondência;[131-B]

VII – participação em audiências judiciais preferencialmente por videoconferência, garantindo-se a participação do defensor no mesmo ambiente do preso.[131-C]

§ 1.º O regime disciplinar diferenciado também será aplicado aos presos provisórios ou condenados, nacionais ou estrangeiros:

I – que apresentem alto risco para a ordem e a segurança do estabelecimento penal ou da sociedade;[132]

II – sob os quais recaiam fundadas suspeitas de envolvimento ou participação, a qualquer título, em organização criminosa, associação criminosa ou milícia privada, independentemente da prática de falta grave.[133]

§ 2.º (*Revogado*).

§ 3.º Existindo indícios de que o preso exerce liderança em organização criminosa, associação criminosa ou milícia privada, ou que tenha atuação criminosa em 2 (dois) ou mais Estados da Federação, o regime disciplinar diferenciado será obrigatoriamente cumprido em estabelecimento prisional federal.[133-A]

§ 4.º Na hipótese dos parágrafos anteriores, o regime disciplinar diferenciado poderá ser prorrogado sucessivamente, por períodos de 1 (um) ano, existindo indícios de que o preso:[133-B]

I – continua apresentando alto risco para a ordem e a segurança do estabelecimento penal de origem ou da sociedade;

II – mantém os vínculos com organização criminosa, associação criminosa ou milícia privada, considerados também o perfil criminal e a função desempenhada por ele no grupo criminoso, a operação duradoura do grupo, a superveniência de novos processos criminais e os resultados do tratamento penitenciário.

§ 5.º Na hipótese prevista no § 3º deste artigo, o regime disciplinar diferenciado deverá contar com alta segurança interna e externa, principalmente no que diz respeito à necessidade de se evitar contato do preso com membros de sua organização criminosa, associação criminosa ou milícia privada, ou de grupos rivais.[133-C]

§ 6.º A visita de que trata o inciso III do *caput* deste artigo será gravada em sistema de áudio ou de áudio e vídeo e, com autorização judicial, fiscalizada por agente penitenciário.[133-D]

§ 7.º Após os primeiros 6 (seis) meses de regime disciplinar diferenciado, o preso que não receber a visita de que trata o inciso III do *caput* deste artigo poderá, após prévio agendamento, ter contato telefônico, que será gravado, com uma pessoa da família, 2 (duas) vezes por mês e por 10 (dez) minutos.[133-E]

**122-A. Fato descrito como crime doloso:** não é preciso que a prática de fato definido como delito doloso seja, efetivamente, julgada em definitivo. Fosse assim, prejudicaria – e muito

– o curso da execução. Portanto, basta o cometimento do ato, que poderá ser avaliado pelo juiz das execuções para *fins de eventual regressão* ou para *cortar um benefício*. Na jurisprudência: STJ: "1. Esta Corte Superior de Justiça possui entendimento pacificado de que a posse de drogas no interior de estabelecimentos prisionais, ainda que para uso próprio, configura falta disciplinar de natureza grave, nos moldes do art. 52 da Lei de Execução Penal. Precedentes. 2. Nos termos da Súmula 526/STJ, 'o reconhecimento de falta grave decorrente do cometimento de fato definido como crime doloso no cumprimento da pena prescinde do trânsito em julgado de sentença penal condenatória no processo penal instaurado para apuração do fato'. 3. Ademais, segundo se depreende do art. 49, parágrafo único, da LEP, a tentativa é punida com a sanção correspondente à consumação da falta disciplinar de natureza grave. 4. Agravo regimental não provido" (AgRg no HC 590.178 – SC, 5.ª T., rel. Ribeiro Dantas, 18.08.2020, v.u.).

**123. Regime Disciplinar Diferenciado:** introduzido pela Lei 10.792/2003, o regime disciplinar diferenciado é uma modalidade de cumprimento da pena no regime fechado. É caracterizado pelo disposto no art. 52, incisos e parágrafos, desta Lei. A esse regime serão encaminhados os presos que praticarem *fato previsto como crime doloso* (note-se bem: *fato* previsto como crime e não *crime*, pois se esta fosse a previsão dever-se-ia aguardar o julgamento definitivo do Poder Judiciário, em razão da presunção de inocência, o que inviabilizaria a rapidez e a segurança que o regime exige), considerado *falta grave*, desde que ocasione a subversão da ordem ou disciplina internas, *sem prejuízo da sanção penal cabível*. O regime é válido para condenados ou presos provisórios, nacionais ou estrangeiros. Podem ser incluídos no mesmo regime os presos, nacionais ou estrangeiros, provisórios ou condenados, que apresentem alto risco para a ordem e a segurança do estabelecimento penal ou da sociedade (art. 52, § 1.º, I), bem como aqueles que (provisórios ou condenados) estiverem envolvidos ou participarem – com fundadas suspeitas –, a qualquer título, de organização criminosa, associação criminosa ou milícia privada, independentemente da prática de falta grave (art. 52, § 1.º, II). Enfim, três são as hipóteses para a inclusão no RDD: *a)* quando o preso provisório ou condenado praticar fato previsto como crime doloso, conturbando a ordem e a disciplina interna do presídio onde se encontre; *b)* quando o preso provisório ou condenado representar alto risco para a ordem e à segurança do estabelecimento penal ou da sociedade; *c)* quando o preso provisório ou condenado estiver envolvido com organização criminosa, associação criminosa ou milícia privada, bastando fundada suspeita. Observa-se a severidade inconteste do mencionado regime, infelizmente criado para atender às necessidades prementes de combate ao crime organizado e aos líderes de facções que, de dentro dos presídios brasileiros, continuam a atuar na condução dos negócios criminosos fora do cárcere, além de incitarem seus comparsas soltos à prática de atos delituosos graves de todos os tipos. Por isso, é preciso que o magistrado encarregado da execução penal tenha a sensibilidade que o cargo lhe exige para avaliar a real e efetiva necessidade de inclusão do preso no RDD, especialmente do provisório, cuja inocência pode ser constatada posteriormente.

**124. Constitucionalidade do regime disciplinar diferenciado:** não se combate o crime organizado, dentro ou fora dos presídios, com o mesmo tratamento destinado ao delinquente comum. Se todos os dispositivos do Código Penal e da Lei de Execução Penal fossem fielmente cumpridos, há muitos anos, pelo Poder Executivo, encarregado de construir, sustentar e administrar os estabelecimentos penais, certamente o crime não estaria, hoje, organizado, de modo que não precisaríamos de regimes como o estabelecido pelo art. 52 desta Lei. A realidade distanciou-se da lei, dando margem à estruturação do crime, em todos os níveis. Mas, pior, organizou-se a marginalidade *dentro* do cárcere, o que é situação inconcebível, mormente se pensarmos que o preso deve estar, no regime fechado, à noite, isolado em sua cela, bem como, durante o dia, trabalhando ou desenvolvendo atividades de lazer ou aprendizado. Dado o fato, não se pode voltar as costas à realidade. Por isso, o regime disciplinar diferenciado tornou-se um *mal necessário*, mas está longe de representar uma pena cruel. Severa, sim; desumana, não. Aliás, proclamar a inconstitucionalidade desse regime, mas fechando os olhos aos imundos cárceres aos quais estão lançados muitos presos no Brasil é, com a devida vênia, uma imensa contradição. É, sem dúvida, pior ser inserido em uma cela coletiva, repleta de condenados perigosos, com penas elevadas, muitos deles misturados aos presos provisórios, sem qualquer regramento em ambiente completamente insalubre, do que ser colocado em cela individual, longe da violência de qualquer espécie, com mais higiene e asseio, além de não se submeter a nenhum tipo de assédio de outros criminosos. Há presídios brasileiros, onde não existe o RDD, mas presos matam outros, rebeliões são uma atividade constante, fugas ocorrem a todo o momento, a violência sexual não é contida e condenados contraem doenças gravíssimas. Pensamos ser essa situação mais séria e penosa do que o regime disciplinar diferenciado. Obviamente, poder-se-ia argumentar, que *um erro não justifica outro*, mas é fundamental lembrar que o *erro essencial* provém, primordialmente, do descaso de décadas com o sistema penitenciário, gerando e possibilitando o crescimento do crime organizado dentro dos presídios. Ora, essa situação necessita de controle imediato, sem falsa utopia. Ademais, não há direito absoluto, como vimos defendendo em todos os nossos estudos, razão pela qual a harmonia entre direitos e garantias é fundamental. Se o preso deveria estar inserido em um regime fechado ajustado à lei – e não o possui no plano real –, a sociedade também tem direito à segurança pública. Por isso, o RDD tornou-se uma alternativa viável para conter o avanço da criminalidade incontrolada, constituindo meio adequado para o momento vivido pela sociedade brasileira. Em lugar de combater, idealmente, o regime disciplinar diferenciado, cremos ser mais ajustado defender, por todas as formas possíveis, o fiel cumprimento às leis penais e de execução penal, buscando implementar, *na prática*, os regimes fechado, semiaberto e aberto, que, em muitos lugares, constituem quimeras.

**125. Espécie de regime fechado:** o regime disciplinar diferenciado é apenas uma subdivisão do regime fechado, mais rigoroso e exigente. Não se trata, pois, de um quarto regime de cumprimento de pena. Continuamos a ter somente três: fechado, semiaberto e aberto. O primeiro, entretanto, possui uma alternativa, conforme descrita no art. 52 desta Lei.

**126. Requisitos:** para a inclusão no regime disciplinar diferenciado, na hipótese prevista no *caput*, demandam-se dois pressupostos cumulativos: a) a prática de fato previsto como crime doloso + b) ocasionar subversão da ordem ou disciplina internas. Muito embora se possa defender que a simples prática de fato previsto como crime doloso já teria o condão de acarretar a desordem ou a indisciplina no interior do presídio, cremos ser possível o cometimento de uma falta menos importante, de modo a não dar ensejo à inclusão no RDD. Ex.: não teria cabimento que uma lesão corporal dolosa simples cometida por um preso contra outro, por motivos tolos, pudesse levar o agressor ao regime disciplinar diferenciado. Diversa situação seria a prática de um homicídio.

**127. Duração máxima e renovação:** a Lei 13.964/2019 trouxe nova redação a algumas partes do art. 52, dentre as quais o inciso I, corretamente. Atualmente, o prazo máximo do RDD passa a ser de até dois anos, sem prejuízo de repetição, havendo nova falta grave de mesma espécie. Não há um teto: pode-se repetir tantas vezes quantas forem necessárias. Anteriormente, havia o limite de 1/6 do total da pena aplicada ao condenado, o que nos parecia um contrassenso, felizmente consertado. Afinal, tantas vezes quantas as faltas graves forem cometidas, o preso pode retornar ao RDD, dentro da mais absoluta proporcionalidade (ação e reação). Os demais presos envolvidos em organizações criminosas (ou similares) ou que apresentem alto risco para a ordem e a segurança do presídio e da sociedade (§§ 1.º e 4.º do art. 52) não estão abrangidos pela repetição de determinada conduta, considerada especificamente falta grave. Essas hipóteses não estão definidas como *faltas graves* na Lei de Execução Penal.

**128. Recolhimento em cela individual:** nunca é demais ressaltar que a inserção em cela individual é direito de todo e qualquer preso (art. 88, *caput*, LEP). Entretanto, como a realidade desmente a lei, novamente viu-se o legislador obrigado a repetir o óbvio para quem está em cumprimento de pena no regime fechado. Desta vez, no entanto, o Estado (Poder Executivo) tem interesse e, por via de consequência, fornece recursos para a construção de presídios onde o RDD se viabiliza em celas individuais. Aliás, seria o ápice do desprestígio estatal se o regime disciplinar diferenciado permitisse o mesmo caos de convivência desordenada entre presos, muitos deles lotando celas que deveriam conter um número muito menor de detentos. Deveria o Poder Público fazer o mesmo em relação a todos os demais condenados em regime fechado. Sem esse investimento, continuar-se-á criticando a pena de prisão, mas nada se faz para cumprir o que já está disposto em lei.

**129. Regulamentação de visitas:** a limitação do direito de receber visitas – nem se considere nesse regime, por total incompatibilidade com seus fins, a visita íntima – diz respeito ao maior controle estatal sobre o preso. Duas horas por quinzena são consideradas suficientes para que duas pessoas – familiares ou amigos – possam conviver com o sentenciado inserido no RDD, mesmo assim tomadas as devidas providências para que não tenham contato pessoal, o que se faz através de sala própria. É um sistema rigoroso, sem dúvida, mas indispensável, mormente se voltarmos os olhos ao crime organizado, que busca transmitir informações aos seus comandados, muitas vezes situados fora dos presídios. A lei passa a mencionar o direito de visita de familiares. Quando não, como amigos por exemplo, depende de autorização judicial prévia. Resta um ponto de dúvida: as visitas são quinzenais de duas pessoas por vez. Isto quer dizer que, no mesmo dia, o sentenciado ou provisório só pode receber até (e somente) duas pessoas *por vez* (podendo ser uma pessoa e depois outra ou as duas juntas), ou significa que no dia de visita o preso pode receber várias pessoas, embora limitando a duas por vez? Parece-nos que são duas pessoas a cada quinze dias, como antes, quando eram apenas duas pessoas por semana.

**130. Saída da cela para trabalho:** não há essa possibilidade nesta Lei. Entretanto, dispõe o Decreto 6.049/2007 que o preso, em regime disciplinar diferenciado, deverá trabalhar. Porém, como o art. 52 da Lei de Execução Penal prevê que ele somente sairá da sua cela duas horas por dia, para banhos de sol, o art. 98, § 2.º, do mencionado Decreto dispôs: "O trabalho aos presos em regime disciplinar diferenciado terá caráter remuneratório e laborterápico, sendo desenvolvido na própria cela ou em local adequado, desde que não haja contato com outros presos". Se a criatividade e aparato material forem suficientes, o Estado pode proporcionar trabalho ao preso em RDD no interior da sua cela, mas, desta, ele não pode sair para dirigir-se a "outro local adequado". Foge ao disposto na Lei 7.210/84, que deve prevalecer sobre qualquer decreto.

**131. Saída da cela para banho de sol:** estabelece o inciso IV do art. 52 a saída por duas horas diárias para banho de sol. Pensamos ser tímida essa previsão. O preso deve permanecer 22 horas do dia na cela individual. Por isso, essas duas horas de saída precisariam ser, sempre, garantidas, haja sol ou não. Na realidade, o fator maior a ser considerado é a possibilidade de deixar a cela por alguns momentos, sendo levado para outro ambiente, seja qual for. Havendo sol, pode ir para o pátio. Se não houver, parece-nos razoável que saia da cela para ser levado a outro lugar qualquer no interior do presídio (ex.: uma sala de leitura ou um local de lazer controlado). O ponto de alteração, dado pela Lei 13.964/2019, diz respeito à viabilidade de o preso ser colocado no banho de sol, em grupos de até quatro presos (possibilitando o convívio), desde que não sejam, por óbvio, integrantes do mesmo grupo criminoso.

# Art. 52

Leis Penais e Processuais Penais Comentadas – Vol. 2 • NUCCI

**131-A. Entrevistas monitoradas:** há muito se pratica esse método em outros países com todos os presos em regime fechado. Porém, afirma-se, agora, em RDD, que as entrevistas dos presos com seus visitantes serão *monitoradas*, acompanhadas por agente do presídio, exceto as que ocorrerem com o seu defensor (note-se: com o defensor e não com qualquer advogado). Haverá instalações adequadas para não se dar o contato físico entre eles, nem mesmo a passagem de objetos, a menos que haja autorização judicial *expressa* em contrário.

**131-B. Fiscalização do conteúdo de correspondência:** algo que já acontece há décadas para presos no regime fechado passa a ficar claro na lei, no tocante aos inseridos no RDD. Afinal, é desse modo que se controla, de modo mais simples, o que entra e sai do presídio em matéria de mensagens, buscando-se evitar motins, rebeliões, além de tutelar as hipóteses de crimes a serem cometidos fora do cárcere. Menciono *de modo mais simples*, porque a correspondência (peça escrita, como regra, significando a *troca de cartas*) já perdeu importância. Cedeu seu espaço ao celular, que corre solto na maior parte dos presídios brasileiros, bem como a vários comunicadores de mensagens eletrônicas. Assim sendo, até mesmo o art. 5.º, XII, da CF (de 1988) perdeu seu efeito: "é inviolável o *sigilo da correspondência* e das comunicações telegráficas, de dados e das comunicações telefônicas, salvo, no último caso, por ordem judicial, nas hipóteses e na forma que a lei estabelecer para fins de investigação criminal ou instrução processual penal" (grifamos). Atualmente, as comunicações se fazem por meios telefônicos e eletrônicos, não abrangidos pelo termo *correspondência* de 32 anos passados, quando nem se conhecia celular ou Internet para particulares no Brasil. Desse modo, a quase totalidade das comunicações pode ser interceptada com ordem judicial. Em suma, a previsão feita neste inciso é constitucional e até mesmo atrasada, mesmo que se considere a troca de cartas, pois nenhum direito é absoluto.

**131-C. Participação em audiências:** isto ocorrerá, cuidando-se de presos inseridos no RDD, preferencialmente por videoconferência, assegurando-se a presença do defensor no mesmo recinto do preso. Essa é outra questão praticamente ultrapassada. Há muitos anos, debate-se a viabilidade do interrogatório por videoconferência, quando este era o primeiro ato do processo. A partir de 2008, passou a ser o último, a ser tomado na audiência de instrução e julgamento. Portanto, perdeu razão debater sobre o interrogatório por videoconferência. Passou-se a visualizar a audiência toda em videoconferência. Para tanto, o art. 185 do CPP foi alterado em 2009 e o autorizou, desde que em caráter excepcional e plenamente justificado pelas circunstâncias. Já transcorreram 11 anos e chega o momento dos julgamentos virtuais, que se concretizam em quase todos os tribunais brasileiros, inclusive no STF. Portanto, cuidando-se de presos em Regime Disciplinar Diferenciado, nada mais justificado para a sua participação em audiência por meio da videoconferência, até pelo fato de que podem estar recolhidos em presídios federais muito distantes da Comarca onde se realizará a audiência. Tornar-se-ia absolutamente impossível o deslocamento em padrões brasileiros: voo, segurança, custo etc. A nova lei, neste inciso, comunga do óbvio.

**132. A segunda possibilidade de inclusão no RDD:** presos provisórios ou condenados, de nacionalidade brasileira ou estrangeiros, podem seguir para o regime disciplinar diferenciado se representarem *alto risco* para a ordem e a segurança do estabelecimento penal ou da sociedade. Esta norma merece críticas, pois apresenta preceito exageradamente aberto. O que seria *alto risco* para a segurança da sociedade? Se o indivíduo está preso, em tese, encontra-se sob tutela estatal e nenhum risco correria a sociedade. Logo, se for aplicada a esmo dará ensejo ao abuso estatal, pois qualquer preso poderia ser inserido no RDD, mesmo sem necessidade. O critério é muito subjetivo e não fornece contornos e limites para ser analisado devidamente. Em nossa visão, a única forma de acolher o disposto no § 1.º, I, deste artigo é associá-lo ao inciso II, que faz expressa remissão às organizações criminosas. Portanto, presos de alta periculosidade para o presídio ou para a sociedade são aqueles que integram o crime organizado ou, pior, lideram tais agrupamentos. Essa é, na essência, a autêntica legitimidade do RDD: o isolamento dos líderes de organizações criminosas.

**133. A terceira hipótese de inclusão no RDD:** estabelece o § 1.º, II, deste artigo ser viável a inclusão do preso no RDD se sobre ele recaírem *fundadas suspeitas* (apurável pela própria administração do presídio, por sindicância interna, ou com base em inquérito ou processo já instaurado, neste último caso, sem necessidade do trânsito em julgado de decisão condenatória) de envolvimento ou participação, a qualquer título, em organização criminosa, associação criminosa ou milícia privada. Logo, mesmo que a associação criminosa seja de âmbito local (sem expansão regional ou nacional), limitada a quatro pessoas, de pouca periculosidade, haveria condições de ser o preso inserido no RDD. Não deixa, no entanto, de ser um abuso. Por isso, voltamos ao já mencionado anteriormente. A união dos incisos I e II do § 1.º do art. 52 daria o melhor cenário para a decisão judicial de transferência do preso para o regime disciplinar diferenciado. Um ou outro, isoladamente considerados, não nos parece suficiente.

**133-A. Liderança em organização criminosa:** havendo indícios (fundadas suspeitas) de que o preso é líder de organização criminosa, associação criminosa ou milícia privada, ou que tenha atuação delituosa em dois ou mais Estados da Federação, deve cumprir o seu RDD (se nele estiver inserido) em presídio federal, que será sempre de segurança máxima. Além disso, como regra, bem distante do lugar onde o preso exercia a sua influência. É válido observar que a simples transferência do preso a estabelecimento federal já o insere em sistema quase idêntico ao RDD, mesmo que não haja essa inclusão oficialmente. Isto porque o funcionamento do presídio federal possui regras rígidas, similares às do RDD.

**133-B. RDD com prazo indefinido:** a modificação inserida pela Lei 13.964/2019 permite a prorrogação do regime disciplinar diferenciado de modo indefinido, até a conclusão da pena. Isto porque as prorrogações podem ser por períodos de um ano, sucessivamente, desde que continuem apresentando alto risco para a ordem e segurança do estabelecimento penal ou da sociedade (questão aberta demais) ou mantenham vínculos com organização criminosa, associação criminosa ou milícia privada (algo estranho, pois estão presos em RDD). A lei aponta que devem ser considerados, ainda, o perfil criminal de cada um e a função desempenhada no grupo criminoso, além de se saber se a operação do grupo seria duradoura, havendo superveniência de novos processos criminais e os resultados do tratamento penitenciário. Enfim, embora a segunda parte, tratando do perfil, da função, da duração da operação, de novos processos criminais e do resultado da estada na penitenciária, fornecendo um contorno mais fechado e objetivo, na realidade, o preso em RDD poderá assim permanecer até o final da sua pena.

**133-C. Alta segurança interna e externa no RDD:** o § 5.º, introduzido pela Lei 13.964/2019, peca pela sua contradição em face do sistema adotado. Se o preso está em RDD, seja por qual motivo for, como se pode exigir, além de todas as restrições às quais está sujeito, também a imposição de um sistema de *alta segurança interna e externa*, especialmente para evitar o contato do preso com membros da organização criminosa e similares. Uma norma sem sentido: ou alguém está em RDD ou não está. Não se pode criar um *super* RDD.

**133-D. Gravação e fiscalização:** este parágrafo é outra contradição. Preceitua que a visita quinzenal, que é uma entrevista (encontro combinado entre pelo menos duas pessoas), conforme inciso III do art. 52, será gravada (áudio ou áudio e vídeo). Havendo autorização judicial, será fiscalizada por agente penitenciário. Então, um primeiro confronto: gravar (que é mais gravoso) pode ser feito sem autorização judicial, mas como regra; fiscalizar por agente (ouvir o que se fala, que é o menos) depende de autorização judicial. Não bastasse, o inciso V menciona que as entrevistas serão sempre monitoradas. Ora, o que significa o monitoramento? *Monitorar* é acompanhar, mas não gravar. Parece-nos, pois, que o inciso V autoriza

# Art. 53

que agentes fiscalizem as conversas nas visitas. O § 6.º preceitua que a gravação é normal, mas o acompanhamento precisa de autorização judicial. Em suma, há um conflito de normas: a) gravar as entrevistas: permitido; b) monitorar/fiscalizar as entrevistas: permitido pelo inciso V do art. 52; dependente de autorização judicial, conforme § 6.º do art. 52. Para o nosso entendimento, quem pode o mais, pode o menos. Diante disso, se pode haver gravação, pode haver, automaticamente, monitoramento/fiscalização por agente penitenciário.

**133-E. Conversa telefônica:** para não se alegar descumprimento de lei ou benefício irregular, prevê-se a viabilidade de o preso em RDD conversar por telefone com familiares, duas vezes por mês, por dez minutos cada vez. A condição para isto ocorrer é o decurso do prazo de seis meses de RDD, sem visitas. Assim, mediante prévio agendamento, pode haver o contato por telefone.

*Subseção III*

*Das sanções e das recompensas*

> **Art. 53.** Constituem sanções disciplinares:[134]
>
> I – advertência verbal;[135]
>
> II – repreensão;[136]
>
> III – suspensão ou restrição de direitos (art. 41, parágrafo único);[137]
>
> IV – isolamento na própria cela, ou em local adequado, nos estabelecimentos que possuam alojamento coletivo, observado o disposto no art. 88 desta Lei;[138]
>
> V – inclusão no regime disciplinar diferenciado.[139]

**134. Sanções disciplinares:** são instrumentos importantes para a avaliação do condenado, em especial no tocante ao seu mérito, vale dizer, o progresso que vem auferindo durante seu processo de reeducação. Logicamente, quanto maior o número de sanções anotadas em seu prontuário, pior o seu comportamento. Por outro lado, um prontuário sem qualquer sanção registrada permite supor um bom comportamento, embora este deva ser avaliado por outros fatores também. Há inúmeros líderes de facções criminosas dentro de estabelecimentos penais, cujo prontuário não registra nenhuma sanção, porém são conhecidos por suas atividades ilícitas camufladas, valendo-se de terceiros para chegarem aos seus propósitos. Eis a razão de ser primordial da Comissão Técnica de Classificação, cujos componentes devem manter contato direto com os condenados e conhecer o que se passa no presídio, motivo pelo qual tem condições de emitir um parecer que vai além do simples prontuário.

**135. Advertência verbal e repreensão:** ambas as sanções constituem *chamadas* ou *alertas* formais, feitos pela autoridade administrativa do presídio ao condenado, inscrevendo-se em seu prontuário, quando praticar faltas médias ou leves. Estas devem ser descritas pela legislação estadual. Há uma gradação entre ambas: a advertência, segundo pensamos, deve circunscrever-se a faltas leves; a repreensão, a faltas médias ou à reincidência em faltas leves. Logicamente, o acúmulo de faltas leves ou médias pode dar ensejo à aplicação de sanções mais rigorosas, como as previstas nos incisos III e IV deste artigo.

**136. Repreensão:** ver a nota anterior.

**137. Suspensão ou restrição de direitos:** são os apontados no art. 41, parágrafo único: a) redução da recreação e mantença do trabalho, com o mínimo de descanso (art. 41, V, LEP);

b) restrição ou suspensão das visitas, até o máximo de 30 dias (art. 58, LEP). É preciso ressaltar que o *direito* à visita íntima, que terminou consagrado pelo costume, tornou-se valiosa *moeda de troca* entre a administração do presídio e o condenado, pois este, quando tem possibilidade de usufruir da *visita íntima*, obviamente, faz o possível para mantê-la. Por tal motivo, tem-se obtido, em variados estabelecimentos penais, a redução da frequência do cometimento de faltas pelos sentenciados; c) redução do contato com o mundo exterior, seja por envio e recebimento de correspondência, seja pela restrição a outros meios de comunicação, como, por exemplo, a televisão. Para faltas graves, somente cabe a aplicação desta sanção (inciso III) ou a prevista no inciso IV (art. 57, parágrafo único, LEP).

**138. Isolamento na cela ou em local adequado:** mencionar que o preso, em regime fechado, como punição, será mantido *isolado* em sua *própria* cela, não fosse trágico, seria risível. Na imensa maioria dos presídios brasileiros, não há cela individual, como determina esta Lei (art. 88, *caput*). Os presos são mantidos em celas coletivas e, pior, em muitos locais, superlotadas. Como se pode isolar *na própria cela*, quem nunca teve *cela individual*? A *cela escura* é vedada (art. 45, § 2.º, LEP), logo, a única solução seria o presídio manter uma cela comum individual para inserir presos sancionados com base no inciso IV deste artigo. É outra solução rara, justamente pela superlotação dos presídios que abrigam o regime fechado. Entretanto, havendo cela individual, ficará o preso isolado dos demais e de outras pessoas (visitas, por exemplo) durante um período máximo de 30 dias. Não trabalha e não tem lazer fora desse local. Sob outro aspecto, quando a lei menciona *local adequado*, nos estabelecimentos de alojamento coletivo, faz referência ao regime semiaberto. Nas colônias penais, os presos não mais devem ser mantidos em celas individuais, mas em alojamentos coletivos. Por isso, para sofrer a sanção do isolamento, torna-se necessário assegurar-se a existência de um local para tanto. A observância ao disposto no art. 88 desta Lei diz respeito a dever o local respeitar os requisitos previstos em lei (área mínima de 6 m², salubridade etc.). Esta é outra sanção disciplinar que se destina, basicamente, a quem comete faltas graves (art. 57, parágrafo único, LEP). Nada impede, entretanto, que possa ser aplicada ao reincidente em faltas leves ou médias, conforme o caso concreto.

**139. Inclusão no regime disciplinar diferenciado:** deve dar-se de acordo com o disposto no art. 52, para o qual remetemos o leitor.

> **Art. 54.** As sanções dos incisos I a IV do art. 53 serão aplicadas por ato motivado do diretor do estabelecimento e a do inciso V, por prévio e fundamentado despacho do juiz competente.[140]
>
> § 1.º A autorização para a inclusão do preso em regime disciplinar dependerá de requerimento circunstanciado elaborado pelo diretor do estabelecimento ou outra autoridade administrativa.[141-142]
>
> § 2.º A decisão judicial sobre inclusão de preso em regime disciplinar será precedida de manifestação do Ministério Público e da defesa e prolatada no prazo máximo de 15 (quinze) dias.[143-144]

**140. Motivação para a aplicação de sanção:** não poderia ser diferente para se assegurar o devido processo legal durante a execução penal. As sanções de natureza administrativa, aplicadas pelo diretor-geral do estabelecimento penal, devem ser fundamentadas, até pelo fato de haver sindicância para apurar a falta cometida e ampla defesa garantida ao preso. Logo, a conclusão merece a devida exposição dos motivos que levaram à punição. A sanção de natureza jurisdicional (inclusão no RDD), aplicada pelo juiz da execução penal, como não poderia deixar de ser, necessita de fundamentação (art. 93, IX, CF).

# Art. 54

Leis Penais e Processuais Penais Comentadas – Vol. 2 · **Nucci**

**141. Procedimento para inclusão no regime disciplinar diferenciado:** observa-se, desde logo, não ser cabível ao juiz da execução penal tomar a medida de ofício. Deve haver participação ativa da administração do presídio, provocando a atuação judicial e demonstrando a necessidade da aplicação desse tipo de sanção. Não poderia, de fato, o magistrado decretá-la de ofício, não somente por fugir à sua posição de imparcialidade, mas, sobretudo, por desconhecer a realidade do presídio. Portanto, ainda que o juiz da execução penal tome conhecimento, por algum dado que lhe chegue às mãos, acerca da atividade de um determinado preso, conectado ao crime organizado, por exemplo, deve provocar a autoridade administrativa para que esta represente pela inclusão no regime disciplinar diferenciado. Nos termos previstos neste parágrafo, nota-se, ainda, não ser da atribuição do membro do Ministério Público esta iniciativa. Limita-se ele a emitir parecer a respeito, quando houver a provocação do diretor do estabelecimento penal (ou outra autoridade do Executivo, como, por exemplo, o Secretário de Estado, cuja pasta tem sob responsabilidade o sistema carcerário). Temos sustentado a necessidade de união dos §§ 1.º e 2.º do art. 52 desta Lei para que tenha sentido e utilidade a aplicação do regime disciplinar diferenciado. O preso, embora condenado pelo crime de quadrilha ou bando, pode não representar alto risco para a ordem ou segurança do presídio ou da sociedade, razão pela qual não será inserido no RDD. Em suma, a iniciativa atribuída à autoridade administrativa cria uma forma mista de executar a pena, em que a responsabilidade pela inclusão em regime tão gravoso não se situa em um dos polos apenas (Executivo ou Judiciário). Agem ambos no mesmo sentido, o que demonstra a *real* necessidade de afastar o preso do convívio com os demais.

**142. Requerimento ou representação:** embora a lei tenha utilizado o termo *requerimento*, pensamos que o adequado seria *representação*. O diretor do estabelecimento penal não é parte na execução penal e não tem qualquer interesse pessoal no cumprimento da pena, logo, cabe-lhe expor um fato e solicitar providências, o que é típico do termo *representação*. Assim como o delegado de polícia *representa* pela prisão temporária ou preventiva (não *requer* a prisão cautelar, pois não é parte interessada), deveria a autoridade administrativa *representar* pela inclusão no RDD, demonstrando, de modo detalhado, os fatos que lhe servem de base.

**143. Respeito ao contraditório e à ampla defesa:** cuidando-se de sanção disciplinar de natureza mista (provocada pela administração, mas decretada pelo juiz), com reflexo nítido na execução da pena, que possui essência jurisdicional, torna-se fundamental ouvir, previamente, as partes. Por isso, garante-se a manifestação do membro do Ministério Público, representando o Estado-acusação, bem como da defesa técnica do condenado (advogado constituído ou defensor público ou dativo). Nessa situação, não há possibilidade de haver somente a autodefesa por parte do sentenciado. Há uma previsão legal expressa de oitiva da defesa e a medida extravasa o âmbito de uma mera correção disciplinar dentro do próprio presídio. Na realidade, imposto o regime disciplinar diferenciado, será o preso transferido para estabelecimento apropriado e terá um regime carcerário totalmente diverso daquele que vinha experimentando.

**143-A. Competência para impor o RDD:** é do juiz que cuida da execução penal do preso, seja ele da esfera estadual ou federal. Ainda que se determine a inserção do detento em presídio federal, quem decide é o magistrado do processo de execução e não do juiz corregedor do estabelecimento penal. Na jurisprudência: STJ: "1. Tratando-se de hipótese em que ambos os juízos se declararam competentes para decidir acerca da manutenção ou não do apenado no Regime Disciplinar Diferenciado (RDD), tem-se configurado o conflito positivo de competência, residindo a controvérsia em determinar qual juízo é competente para dirimir sobre tal questão. 2. Considerando que não cabe ao Juízo Federal (suscitado) a revisão dos critérios de necessidade expendidos pelo Juízo estadual (suscitante) sobre a requisição de encaminhamento do custodiado ao Presídio Federal, a competência a ser declarada é a do Juízo de Direito da Vara de Execuções Penais de Manaus/AM, ora suscitante, a quem cabe decidir sobre a permanência ou não do acusado no Regime Disciplinar Diferenciado, conforme recente precedente da Terceira Seção" (AgRg no CC 163.466 – AM, 3.ª S., rel. Nefi Cordeiro, 22.05.2019, v.u.).

**144. Prazo para a decisão judicial:** menciona a lei ser de 15 dias. Entretanto, permite-se, por medida de cautela, o isolamento preventivo do condenado, ordenado pela autoridade administrativa pelo prazo de 10 dias (art. 60, LEP). Ora, se o juiz levar 15 dias para dar a decisão, sem contar o prazo dado ao Ministério Público e à defesa para suas manifestações, é evidente que haverá um período superior aos mencionados 10 dias de isolamento preventivo. Decorrido este período, sem ter havido a decisão judicial, o que fará a autoridade administrativa? Retorna o preso ao convívio com os demais? Portanto, o ideal seria compatibilizar o período de isolamento preventivo com o prazo para o juiz decidir e, também, para a manifestação das partes. Enquanto tal reforma não se verifica, parece-nos deva o magistrado decidir em menor prazo, assim como as manifestações das partes devem ser colhidas brevemente, tudo para não ultrapassar os 10 dias de isolamento cautelar.

> **Art. 55.** As recompensas têm em vista o bom comportamento reconhecido em favor do condenado, de sua colaboração com a disciplina e de sua dedicação ao trabalho.[145]

**145. Recompensas:** é o método natural e usual de estímulo a qualquer pessoa para que produza mais ou apresente resultados mais significativos em variados setores da vida profissional, estudantil ou em outro cenário. *Recompensar* significa premiar, dar uma compensação pelo esforço, empenho ou sofrimento demonstrado por alguém para atingir um objetivo positivo. É evidente que, pretendendo-se a reeducação do condenado, o estímulo da recompensa pode e deve surtir efeito promissor. Estabelece o art. 55 desta Lei que as recompensas advirão do *bom comportamento*, da *colaboração com a disciplina* e em razão da *dedicação ao trabalho*. Nota-se, pois, não fugir do âmbito geral ideal da execução da pena: comportamento, disciplina e trabalho.

> **Art. 56.** São recompensas:
> I – o elogio;[146]
> II – a concessão de regalias.[147]
> **Parágrafo único.** A legislação local e os regulamentos estabelecerão a natureza e a forma de concessão de regalias.[148]

**146. Elogio:** do mesmo modo que, no caso da sanção, a advertência verbal se faz da autoridade administrativa ao preso, o *elogio* (ato de louvor ou de aprovação) também deve ser verbal, embora anotado no prontuário, como forma de auxiliar a análise futura do comportamento do condenado.

**147. Concessão de regalias:** a regalia é um privilégio ou uma vantagem que alguns auferem em detrimento de outros. Quando é feita de modo discricionário, sem qualquer critério, torna-se forma de expressão de abuso de autoridade e desprezo ao princípio constitucional da igualdade de todos perante a lei. Porém, se uma permissão especial é concedida a determinado preso, de maneira justificada, com critérios preestabelecidos, de maneira transparente, em lugar de causar revolta nos demais, torna-se uma maneira útil de se incentivar o bom comportamento, a disciplina e o empenho no trabalho. É a aplicação da isonomia: tratar desigualmente os desiguais. Quem tem bom comportamento tem privilégios em relação a quem ostenta mau comportamento.

# Art. 57

**Leis Penais e Processuais Penais Comentadas – Vol. 2 · Nucci**

**148. Legalidade e regalia:** não se deve permitir que a administração *invente* regalias, critérios e demais formas para privilegiar determinados presos em detrimento de outros. Exige-se respeito ao princípio da legalidade. É fundamental que a legislação estadual forneça o regramento básico, permitindo que, conforme as peculiaridades de cada presídio, a direção edite regulamentos internos, complementando a atividade do legislador. Na ausência de lei estadual, observa-se, muitas vezes, a estranha mania do Poder Executivo de *legislar* em matéria de execução penal, impondo regras e critérios sem qualquer amparo na voz do Poder Legislativo. O Judiciário se omite, em várias situações, permitindo a lesão à legalidade. Registremos que o RDD foi criado, originalmente, por *resolução* de uma Secretaria de Estado, em São Paulo, sem passar pelo Congresso Nacional ou pela Assembleia Legislativa. Se o *mais* já foi feito (criação de sanção grave), o que se poderá dizer em relação ao *menos* (estabelecimento de regalias)? Porém, não podemos olvidar que, quanto maior poder se conceder ao Executivo para esse mister, menos jurisdicionalizada e menos regrada se tornará a execução penal, o que, em nosso entendimento, é lamentável.

*Subseção IV*
*Da aplicação das sanções*

> **Art. 57.** Na aplicação das sanções disciplinares, levar-se-ão em conta a natureza, os motivos, as circunstâncias e consequências do fato, bem como a pessoa do faltoso e seu tempo de prisão.[149-149-A]
>
> **Parágrafo único.** Nas faltas graves, aplicam-se as sanções previstas nos incisos III a V do art. 53 desta Lei.

**149. Individualização da sanção disciplinar:** tão importante é o princípio constitucional da *individualização da pena* que há reflexos seus para outros cenários, como se pode observar pelo disposto no art. 57 desta Lei. Para eleger a sanção disciplinar adequada a cada condenado faltoso, deve a direção do presídio analisar a natureza da sua infração (leve, média ou grave), os motivos que o levaram a cometê-la, as circunstâncias e consequências do fato e a pessoa do sentenciado (personalidade), bem como seu tempo de prisão. É uma reprodução minorada do art. 59 do Código Penal. No entanto, merecedora de aplauso. Aliás, esta é outra razão para que a decisão do diretor seja motivada, tanto quanto a do juiz. O elemento concernente ao *tempo de prisão* é característica especial da execução penal, porém relevante. A personalidade de qualquer pessoa é dinâmica e mutável, variando conforme o ambiente onde se encontra. Se o preso está no cárcere há muitos anos apresenta-se de um modo; se é um recém-chegado, de outro. A administração do presídio tem perfeita noção disso e pode discernir entre o ainda indisciplinado recém-chegado, que leva um tempo para habituar-se às várias regras do presídio, e o condenado de longa data, já acostumado à rotina do local. Por isso, a insubordinação do recém-chegado pode não ser tão grave quanto a mesma indisciplina demonstrada pelo condenado de vários anos. Daí a variação da sanção disciplinar.

**149-A. Perda dos dias remidos:** tendo em vista que o art. 127 desta Lei estabelece a perda de *até* 1/3 dos dias remidos em caso de falta grave, indicando a utilização do art. 57, é preciso ponderar o *quantum* deve ser descontado do montante da pena já remida, vale dizer, é preciso individualizar a sanção e não se deve fixar automaticamente a perda de 1/3.

> **Art. 58.** O isolamento, a suspensão e a restrição de direitos não poderão exceder a 30 (trinta) dias, ressalvada a hipótese do regime disciplinar diferenciado.[150]

> **Parágrafo único.** O isolamento será sempre comunicado ao juiz da execução.[151]

**150. Limite para as sanções mais graves:** as sanções previstas nos incisos III e IV do art. 53 desta Lei tem o limite máximo de 30 dias, o que não significa devam, sempre, ser aplicadas nesse patamar. Ressalva-se o disposto no inciso V do mesmo artigo, pois o regime disciplinar diferenciado tem prazo totalmente diverso, podendo atingir 360 dias (passível de repetição, conforme o caso).

**151. Controle judicial do isolamento:** embora o isolamento seja imposto pelo diretor do estabelecimento penal, comunica-se ao juiz da execução penal, que é também o corregedor do presídio, permitindo-lhe cumprir suas funções legais de fiscalização (art. 66, VI e VII, LEP).

*Subseção V*
*Do procedimento disciplinar*

> **Art. 59.** Praticada a falta disciplinar, deverá ser instaurado o procedimento para sua apuração, conforme regulamento, assegurado o direito de defesa.[152-154]
>
> **Parágrafo único.** A decisão será motivada.[155]

**152. Apuração da falta disciplinar e direito de defesa:** já expusemos em nota anterior que a ampla defesa é fundamental para a garantia de existência do devido processo legal na execução penal. Entretanto, temos sustentado ser suficiente a garantia ao preso de apresentação de seus motivos para o cometimento da falta (ou para a negação de ser o autor) pessoalmente. Não há necessidade de defesa técnica, inclusive para não burocratizar e emperrar o procedimento administrativo, que necessita ser célere para a garantia da ordem e disciplina internas do estabelecimento penal. Se já não há defensor em número suficiente para dar amparo ao condenado no processo de execução penal, imagine-se criar um corpo de advogados, dentro do presídio, somente para cuidar de faltas disciplinares. Não quer isto dizer estar o juiz afastado do caso e impossibilitado de anular a falta indevidamente inscrita no prontuário do preso. Como já mencionamos, o preso se defende pessoalmente e eventual sanção lhe pode ser aplicada. Caso exista abuso ou cerceamento de defesa, invoca-se a atuação do juiz corregedor do presídio. Nesse caso, ingressa a defesa técnica e a falta anotada pode ser revista. Ver, ainda, a nota 110 ao art. 50, *caput*, desta Lei.

**152-A. Indispensabilidade do procedimento disciplinar:** é o estrito cumprimento do devido processo legal, perfeitamente aplicável em sede de execução penal.

**153. Recurso contra a sanção disciplinar:** em nosso ponto de vista, havendo silêncio desta Lei, a matéria deveria ser abordada por legislação estadual. Inexistindo esta, parece-nos plenamente cabível que a parte prejudicada, no caso o preso, suscite o incidente de excesso ou desvio de execução, conforme o caso, com pedido liminar de sustação do ato sancionador, se preciso, ao juiz da execução penal. Não vemos o ato do diretor do presídio, ao isolar o preso, por exemplo, por 30 dias, como um simples *ato administrativo*, passível de impugnação por via do mandado de segurança na Vara da Fazenda Pública ou, na falta desta, em Vara Cível. Cuida-se de situação inexoravelmente ligada à execução da pena e tudo o que concerne a essa matéria é da competência do juiz da execução penal, responsável pela fiscalização do presídio onde se encontra o condenado eventualmente prejudicado pela atitude da administração do estabelecimento penal. Note-se o

# Art. 59

disposto no art. 185 desta Lei: "Haverá excesso ou desvio de execução sempre que algum ato for praticado além dos limites fixados na sentença, em *normas legais ou regulamentares*" (grifamos). A descrição das faltas leves e médias deve ser feita, primordialmente, por legislação estadual e, subsidiariamente, pelos regulamentos internos dos presídios. As faltas graves estão descritas na Lei de Execução Penal, que é federal, de alcance nacional. O procedimento para apurá-las e as sanções disciplinares estão elencadas nesta Lei. Poderá haver legislação estadual suplementar. Enfim, não se trata de uma matéria tipicamente administrativa e discricionária, sem qualquer ingerência do juízo da execução penal. Registremos, novamente, ser a execução da pena, no Brasil, de natureza mista, envolvendo uma parte administrativa e outra, jurisdicional. Por isso, todas as ocorrências que envolverem a vida do preso no cárcere concernem ao juízo próprio, um dos órgãos da execução penal (art. 61, II, LEP). Não há necessidade de se impetrar mandado de segurança ou *habeas corpus* neste juízo, bastando suscitar o incidente cabível (desvio ou excesso), com pedido liminar, que está dentro do poder geral de cautela de qualquer magistrado. Exemplificando: uma punição grave – como o isolamento ou a suspensão de direitos – imposta sem sindicância e sem ouvir o preso pode ser por esta forma questionada e o juiz da execução penal tem competência para determinar, de imediato, a suspensão da ordem administrativa até que o incidente seja julgado. Uma sanção disciplinar indevida ou injusta é um patente desvio da execução. Ou, ainda, uma sanção disciplinar que ultrapasse os limites impostos pela lei é um nítido excesso de execução. Não se pode ficar circunscrito, em matéria de desvio ou excesso de execução, à pena em si, pois o referido art. 185 mencionou, além da sentença condenatória, as *normas legais ou regulamentares*. Entretanto, qualquer solução que se adote, não há viabilidade em excluir qualquer *recurso* do preso contra a sanção disciplinar. Se ele optar pelo mandado de segurança (medida mais acertada que o *habeas corpus*, pois se está questionando a legalidade do ato administrativo), impetrado no juízo da execução penal ou da Fazenda Pública, merece ser conhecido e analisada a necessidade ou não de concessão de liminar. Não se pode, por ausência de previsão legal, deixar desamparado o condenado injustamente sancionado no âmbito administrativo-disciplinar. Para isso existe a ação constitucional para coibir abuso de poder ou ilegalidade cometida por autoridade pública (art. 5.º, LXIX, CF). E vamos além. Se, porventura, o preso, à falta de defensor para impetrar mandado de segurança e diante da urgência, optar pelo *habeas corpus*, que ele mesmo pode ajuizar, cuidando-se de matéria criminal, deve fazê-lo ao juiz da execução penal, mas também merece conhecimento e concessão ou denegação. Afinal, houve, na atualidade, um alargamento considerável na utilização do *habeas corpus*, que não mais se limita a coibir violência ou coação à liberdade de ir, vir e ficar, porém se volta contra atos ilegais que violem indiretamente a liberdade individual. Em resumo: a) a primeira e melhor opção seria o recurso administrativo previsto em lei, além de haver também a previsão expressa de recurso ao Judiciário, por meio do juiz da execução penal, afinal, nenhuma lesão será excluída da apreciação desse Poder; b) ausentes tanto o recurso na órbita administrativa quanto o meio de impugnação expresso no juízo competente, optamos pela suscitação do incidente de execução previsto no art. 185 desta Lei; c) não sendo a eleição do preso ou de seu defensor, entendemos aceitáveis tanto o *habeas corpus* (no juízo da execução penal, em razão da matéria discutida, que pode ser impetrado pelo condenado, sem advogado) quanto o mandado de segurança (preferencialmente, ao juiz da execução penal, também em função da matéria em debate, mas sem exclusão da opção pelo juiz da Fazenda Pública ou, na sua falta, à Vara Cível). A única opção que reputamos ilegal (e inconstitucional) é não haver recurso (ou meio de impugnação) algum à sanção administrativa disciplinar aplicada. Sobre a intervenção judicial: STJ: "2. É possível o controle judicial sobre decisão de Conselho Disciplinar que, no uso de suas atribuições, absolveu o sentenciado pela prescrição do PAD, podendo o Juízo da execução penal desconstituir o procedimento administrativo no todo ou em parte. 3. Inafastável, pois, a possibilidade de o Magistrado da execução, após requerimento do órgão ministerial, 'zelar pelo correto cumprimento da pena' (art. 66, VI, da LEP), o que inclui a apreciação das penalidades administrativas aplicadas pelo diretor do presídio, dentro do controle de legalidade da referida decisão administrativa. 4. *In casu*, extrai-se que, embora a decisão do Conselho Disciplinar tenha sido no sentido de absolver o reeducando do cometimento de falta, em razão do reconhecimento da prescrição do PAD, poderá o órgão judicial analisar a ocorrência de falta, no âmbito da execução penal. 5. 'Assim, ainda que se reconheça certa discricionariedade da autoridade administrativa prisional no exercício de dosimetria da penalidade administrativa – conforme previsto no art. 59 da LEP –, não se pode admitir a convolação dessa atividade em arbitrariedade, e, ainda, retirar do Poder Judiciário a devida intervenção' (HC 365.431/MG, Rel. Ministra Maria Thereza de Assis Moura, Sexta Turma, julgado em 18/10/2016, *DJe* 8/11/2016)" (HC 418.569 – RS, 5.ª T., rel. Ribeiro Dantas, j. 26.06.2018, v.u.).

**154. Legitimidade ativa para o incidente ou ação constitucional:** no caso de suscitação de incidente de excesso ou desvio de execução estão legitimados o Ministério Público, o Conselho Penitenciário, o sentenciado, o defensor e qualquer dos demais órgãos da execução penal, nos termos do art. 186 desta Lei (excetuando-se, obviamente, o juiz). Para o ajuizamento de *habeas corpus*, pode ser qualquer pessoa, inclusive o próprio sentenciado, bem como o Ministério Público. Cuidando-se de mandado de segurança, deve ser o sentenciado, por meio de seu defensor.

**155. Decisão motivada:** é o reflexo natural do anterior procedimento administrativo de apuração da falta, onde se colhem provas e permite-se ao condenado exercer o direito à ampla defesa. Por isso, é mais que lógico haver fundamentação para a decisão administrativa. Do contrário, seria totalmente inútil produzir prova e ouvir o preso, pois a imposição imotivada de sanção equivaleria a um ato administrativo puramente discricionário, que, na essência, não o é.

> **Art. 60.** A autoridade administrativa poderá decretar o isolamento preventivo do faltoso pelo prazo de até 10 (dez) dias. A inclusão do preso no regime disciplinar diferenciado, no interesse da disciplina e da averiguação do fato, dependerá de despacho do juiz competente.[156]
>
> **Parágrafo único.** O tempo de isolamento ou inclusão preventiva no regime disciplinar diferenciado será computado no período de cumprimento da sanção disciplinar.[157-157-A]

**156. Contradição de prazos:** a autoridade administrativa pode decretar o isolamento imediato e preventivo do condenado faltoso por até 10 dias. Entretanto, quando houver necessidade de decisão judicial para a inclusão no regime disciplinar diferenciado, como forma de sanção, somente para dar seu veredicto o magistrado dispõe de 15 dias, sem contar o tempo gasto para ouvir as partes (MP e defesa). Logo, há uma incoerência nesses prazos, o que já apontamos na nota 144 ao art. 54, § 2.º, para a qual remetemos o leitor. Na jurisprudência: STJ: "1. Nos termos do art. 60 da Lei de Execução Penal, a autoridade administrativa penitenciária poderá decretar o isolamento preventivo de detentos por até 10 dias. 2. *In casu*, o agravante se envolveu num tumulto, tendo sua conduta sido devidamente considerada como subversão da ordem e da disciplina, não havendo que se falar em ilegalidade na determinação de isolamento cautelar" (AgRg nos EDcl no RHC 55.384 – PR, 6.ª T., rel. Antonio Saldanha Palheiro, 12.12.2022, v.u.).

**157. Detração:** nos moldes estabelecidos pelo art. 42 do Código Penal, na situação do art. 60 da Lei de Execução Penal, o tempo de isolamento cautelar, até a consolidação da sanção disciplinar, será computado para todos os fins. Exemplificando: se a sanção consistir em 30 dias de isolamento, o condenado cumprirá somente mais 20. Por outro lado, se a sanção

# Art. 60

Leis Penais e Processuais Penais Comentadas – Vol. 2 • **Nucci**

consistir em inserção no regime disciplinar diferenciado por 360 dias, cumprirá somente mais 350. É natural que, ultrapassando-se por qualquer razão, o prazo de 10 dias para o isolamento preventivo, o acréscimo também será computado para fins de detração.

**157-A. Detração de medida cautelar de restrição de direitos:** o Código Penal e o Código de Processo Penal não especificaram, de maneira expressa, se a aplicação de medida cautelar (art. 319 do CPP) poderia levar à detração da pena privativa de liberdade aplicada na sentença condenatória. Temos defendido que, havendo igualdade, deve haver a detração, por analogia *in bonam partem*. Desse modo, se a medida de recolhimento noturno confrontar com o regime aberto, onde se impõe exatamente o mesmo sistema, seria aplicável a detração. O Superior Tribunal de Justiça caminhou nesse sentido, demonstrando que medidas restritivas à liberdade devem provocar detração em penas privativas de liberdade. No entanto, leva-se em consideração apenas as horas de restrição à liberdade (ex.: na medida de recolhimento noturno, computam-se as horas em que a pessoa permaneceu em casa). Na jurisprudência: STJ: "1. A detração é prevista no art. 42 do Código Penal, segundo o qual se computa, 'na pena privativa de liberdade e na medida de segurança, o tempo de prisão provisória, no Brasil ou no estrangeiro, o de prisão administrativa e o de internação em qualquer dos estabelecimentos referidos no artigo anterior'. 2. Interpretar a legislação que regula a detração de forma que favoreça o Sentenciado harmoniza-se com o Princípio da Humanidade, que impõe ao Juiz da Execução Penal a especial percepção da pessoa presa como sujeito de direitos. Doutrina. 3. No clássico Direito e Razão, Ferrajoli esclareceu a dupla função preventiva do Direito Penal. De um lado, há a finalidade de prevenção geral dos delitos, decorrente das exigências de segurança e defesa social. De outro, o Direito Penal visa também a prevenir penas arbitrárias ou desmedidas. Essas duas funções são conexas e legitimam o Direito Penal como instrumento concreto para a tutela dos direitos fundamentais, ao definir concomitantemente dois limites que devem minimizar uma dupla violência: a prática de delitos é antijurídica, mas também o é a punição excessiva. 4. O óbice à detração do tempo de recolhimento noturno e aos finais de semana determinado com fundamento no art. 319 do Código de Processo Penal sujeita o Apenado a excesso de execução, em razão da limitação objetiva à liberdade concretizada pela referida medida diversa do cárcere. 5. A medida diversa da prisão que impede o Acautelado de sair de casa após o anoitecer e em dias não úteis assemelha-se ao cumprimento de pena em regime prisional semiaberto. Se nesta última hipótese não se diverge que a restrição da liberdade decorre notadamente da circunstância de o Agente ser obrigado a recolher-se, igual premissa deve permitir a detração do tempo de aplicação daquela limitação cautelar. *Ubi eadem ratio, ibi eadem legis dispositio*: onde existe a mesma razão fundamental, aplica-se a mesma regra jurídica. 6. O Superior Tribunal de Justiça, nos casos em que há a configuração dos requisitos do art. 312 do Código de Processo Penal, admite que a condenação em regime semiaberto produza efeitos antes do trânsito em julgado da sentença (prisão preventiva compatibilizada com o regime carcerário do título prisional). Nessa perspectiva, mostra-se incoerente impedir que a medida cautelar que pressuponha a saída do Paciente de casa apenas para laborar, e durante o dia, seja descontada da reprimenda. 7. Conforme ponderou em seu voto-vogal o eminente Ministro João Otávio de Noronha, o réu submetido a recolhimento noturno domiciliar e dias não úteis – ainda que se encontre em situação mais confortável em relação àqueles a quem se impõe o retorno ao estabelecimento prisional –, 'não é mais senhor da sua vontade', por não dispor da mesma autodeterminação de uma pessoa integralmente livre. Assim, em razão da evidente restrição ao *status libertatis* nesses casos, deve haver a detração. 8. Conjuntura que impõe o reconhecimento de que as hipóteses do art. 42 do Código Penal não consubstanciam rol taxativo. 9. A Terceira Seção do Superior Tribunal de Justiça deliberou que a soma das horas de recolhimento domiciliar a que o Paciente foi submetido devem ser convertidas em dias para contagem da detração da pena. Se no cômputo total remanescer período menor que vinte e quatro horas, essa fração de dia deverá ser desprezada. 10. Parecer ministerial acolhido. Ordem de *habeas corpus* concedida, para que o período de recolhimento domiciliar a que o Paciente foi submetido (fiscalizado, no caso, por monitoramento eletrônico) seja detraído da pena do Paciente, nos termos do presente julgamento" (HC 455.097/PR, 3ª S., rel. Laurita Vaz, 14.04.2021, v.u.).

## TÍTULO III
## DOS ÓRGÃOS
## DA EXECUÇÃO PENAL

### Capítulo I
### DISPOSIÇÕES GERAIS

**Art. 61.** São órgãos da execução penal:[158]

I – o Conselho Nacional de Política Criminal e Penitenciária;[159]

II – o Juízo da Execução;[160]

III – o Ministério Público;[161]

IV – o Conselho Penitenciário;[162]

V – os Departamentos Penitenciários;[163]

VI – o Patronato;[164]

VII – o Conselho da Comunidade.[165]

VIII – a Defensoria Pública.[165-A]

**158. Órgãos da execução penal:** são os que, de alguma forma, interferem no cumprimento da pena de todos os condenados, fiscalizado, orientando, decidindo, propondo modificações, auxiliando o preso e o egresso, denunciando irregularidades etc. Cada qual na sua função, os órgãos da execução penal tutelam o fiel cumprimento da pena, de acordo com a sentença condenatória e com os parâmetros legais. Parece-nos, entretanto, que, dentre esses órgãos, deveria ter sido incluída a defesa do condenado, parte indispensável no processo de execução penal. Nessa ótica, conferir as lições de Ada Pellegrini Grinover (*Anotações sobre os aspectos processuais da Lei de Execução Penal*, p. 17) e de Antonio Magalhães Gomes Filho (*A defesa do condenado na execução penal*, p. 41).

**159. Conselho Nacional de Política Criminal e Penitenciária:** é um colegiado com sede em Brasília e subordinado ao Ministério da Justiça, composto por treze membros designados pelo Ministro da Justiça, dentre professores e profissionais da área do Direito Penal, Processual Penal, Penitenciário e ciências correlatas, além de membros da comunidade e dos Ministérios da área social (arts. 62 e 63, LEP). Suas atribuições estão descritas no art. 64 desta Lei. Olvidou-se os profissionais vinculados estreitamente ao ramo autônomo do Direito de Execução Penal (aliás, denominação dada na Exposição de Motivos desta Lei), que, conforme já expusemos na nota 4 ao art. 1.º, é independente do Direito Penal, do Processo Penal e do Direito Penitenciário. Constitui, certamente, uma junção desses ramos, mas ganha força e liberdade intelectual cada vez maior.

**160. Juízo da Execução:** a organização judiciária (estadual e federal) nacional está estruturada para a criação e autonomia das Varas de Execução Penal, juízes especializados, que, diversamente da área cível, executam as sentenças condenatórias definitivas, provenientes das

# Art. 61

Varas Criminais e do Júri. Temos sustentado a necessidade de preparo igualmente especializado – e por que não dizer *vocacional*? – dos magistrados atuantes nessas Varas. Parece-nos incompatível, na atualidade, admitir-se a promoção e remoção de juízes para qualquer Vara, sem apurar o seu grau de especialização, conhecimento, preparo e afeição ao trabalho que irá desempenhar. Se, em qualquer profissão, cresce, cada vez mais, o nível de especialização pormenorizado de cada agente (ex.: há médicos singularizados em cada uma das áreas da sua profissão, de modo que a antiga figura do *clínico geral* praticamente desapareceu nos grandes centros urbanos, remanescendo somente em regiões do interior), a magistratura carece do mesmo enfoque. Juízes sem paciência em ouvir as partes, por exemplo, não irão desempenhar a contento sua função em Varas de Família. Do mesmo modo, magistrados que não se dediquem à causa da regeneração de pessoas humanas, bem como não tenham um domínio mínimo das matérias com as quais lidará no seu dia a dia (Penal, Processo Penal, Execução Penal), provavelmente, serão copartícipes de desarranjos no sistema carcerário e não contribuirão para a ressocialização do egresso, até pelo fato de se distanciarem da comunidade. Ao contrário, juízes vocacionados para a execução penal facilitam a comunicação entre o Poder Executivo e seus agentes, administradores dos presídios, e os presos e seus familiares, bem como conseguem penetração na comunidade onde atuam, fazendo proliferar os Patronatos e os Conselhos da Comunidade. É tempo de repensar esse ponto.

**161. Ministério Público:** da mesma forma que a organização judiciária, o Ministério Público (estadual e federal) vem criando cada vez mais cargos exclusivos de promotores e procuradores da República para atuar junto a Varas especializadas de Execução Penal. As mesmas observações que fizemos em relação à magistratura, no tocante à exigência de especialização e aptidão para o desempenho das funções em matéria de execução penal, estendemos ao Ministério Público. Se o representante da Instituição trabalhar em harmonia não somente com o juiz, mas também com os demais órgãos da execução penal, certamente, melhor e mais firme será a fiscalização em relação ao cumprimento da pena. Não significa que o promotor ideal é o que persegue implacavelmente o condenado, sempre buscado mantê-lo no cárcere e posicionando-se contrariamente, quase com automatismo, pela concessão de benefícios. Tampouco que deve ser um promotor-advogado aquele que pretende agir como se defensor do condenado fosse, concordando com todos os benefícios e apressando a libertação do sentenciado, seja para esvaziar presídios, seja pelo fato de não acreditar na pena de prisão. Em execução penal, segundo cremos, tem preferência a legalidade, em lugar da ideologia pessoal de cada profissional (membro do Ministério Público ou juiz), excetuando-se, naturalmente, o advogado, que deve sempre pleitear em favor do condenado. Portanto, o promotor vocacionado fará, em sua Comarca, imensa diferença, constituindo autêntico fiscal da execução penal, mas também coautor da regeneração do condenado.

**162. Conselho Penitenciário:** cuida-se de órgão colegiado estadual, cuja finalidade é fiscalizar a execução e emitir pareceres em certas matérias. É composto, nos termos do art. 69, § 1.º, desta Lei, por membros nomeados pelo Governador dentre professores e profissionais da área de Direito Penal, Processual Penal, Penitenciário e ciências correlatas, além de representantes da comunidade. Faltou, como já mencionamos na nota 159 ao art. 61, I, *supra*, menção expressa ao Direito de Execução Penal.

**163. Departamentos Penitenciários:** subordinado ao Ministério da Justiça, nos termos do art. 71 desta Lei, é órgão executivo da Política Penitenciária Nacional, constituindo o apoio administrativo e financeiro do Conselho Nacional de Política Criminal e Penitenciária. É o executor das metas traçadas pelo CNPCP. Pode ser de âmbito nacional (Departamento Penitenciário Nacional), como também estadual (Departamento Penitenciário Estadual). Suas atribuições estão elencadas no art. 72 desta Lei.

**164. Patronato:** é órgão público ou privado de assistência ao albergado (condenado em regime aberto) e ao egresso (aquele que deixa o presídio, pelo prazo de um ano, bem como o que se encontra em livramento condicional), composto por membros da comunidade. Suas atribuições estão enumeradas no art. 79 desta Lei.

**165. Conselho da Comunidade:** é órgão colegiado local, situado em cada Comarca onde haja presídio, composto, nos termos do art. 80 desta Lei, por um representante de associação comercial ou industrial, um advogado indicado pela OAB, um defensor público, indicado pelo Defensor Público Geral, e um assistente social, escolhido pela Delegacia Seccional do Conselho Nacional de Assistentes Sociais. Podem existir outros membros (ex.: um psicólogo, um especialista em psiquiatria forense etc.). O juiz da execução penal deve cuidar de sua instalação e composição (art. 66, IX, LEP). Como faculta o art. 80, parágrafo único, desta Lei, não havendo, na Comarca, os representantes elencados no *caput* do referido art. 80, pode o magistrado escolher outros profissionais para compô-lo. Note-se que, em várias Comarcas, por falta de interesse do juiz da execução penal, não há Conselho da Comunidade instalado, tampouco Patronatos. Eis aí mais uma razão para se demandar do magistrado aptidão para o exercício da jurisdição especializada em Vara de Execução Penal. As atribuições do Conselho estão enumeradas no art. 81 desta Lei.

**165-A. Defensoria Pública:** há muito, aguardava-se a instituição da Defensoria Pública como um dos órgãos da execução penal, com o fim de dar assistência jurídica gratuita aos presos em geral, particularmente aos hipossuficientes. A Lei 12.313/2010 inseriu o inciso V do art. 61, ao mesmo tempo em que o Poder Executivo deve implementar, na prática, a instalação desse organismo junto aos presídios para dar eficiência à lei. Com isso, conseguir-se-á assegurar o respeito ao contraditório e à ampla defesa no processo de execução penal.

## Capítulo II
### DO CONSELHO NACIONAL DE POLÍTICA CRIMINAL E PENITENCIÁRIA

**Art. 62.** O Conselho Nacional de Política Criminal e Penitenciária, com sede na Capital da República, é subordinado ao Ministério da Justiça.

**Art. 63.** O Conselho Nacional de Política Criminal e Penitenciária será integrado por 13 (treze) membros designados através de ato do Ministério da Justiça, dentre professores e profissionais da área do Direito Penal, Processual Penal, Penitenciário e ciências correlatas, bem como por representantes da comunidade e dos Ministérios da área social.

**Parágrafo único.** O mandato dos membros do Conselho terá duração de dois anos, renovado 1/3 (um terço) em cada ano.

**Art. 64.** Ao Conselho Nacional de Política Criminal e Penitenciária, no exercício de suas atividades, em âmbito federal ou estadual, incumbe:[166-167]

I – propor diretrizes da política criminal[168] quanto à prevenção do delito, administração da justiça criminal e execução das penas e das medidas de segurança;

II – contribuir na elaboração de planos nacionais de desenvolvimento, sugerindo as metas e prioridades da política criminal e penitenciária;

III – promover a avaliação periódica do sistema criminal para a sua adequação às necessidades do País;

IV – estimular e promover a pesquisa criminológica;

> V – elaborar programa nacional penitenciário de formação e aperfeiçoamento do servidor;
>
> VI – estabelecer regras sobre a arquitetura e construção de estabelecimentos penais e casas de albergados;[169]
>
> VII – estabelecer os critérios para a elaboração da estatística criminal;
>
> VIII – inspecionar e fiscalizar os estabelecimentos penais, bem assim informar-se, mediante relatório do Conselho Penitenciário, requisições, visitas ou outros meios, acerca do desenvolvimento da execução penal nos Estados, Territórios e Distrito Federal, propondo às autoridades dela incumbidas as medidas necessárias ao seu aprimoramento;
>
> IX – representar ao juiz da execução ou à autoridade administrativa para instauração de sindicância ou procedimento administrativo, em caso de violação das normas referentes à execução penal;
>
> X – representar à autoridade competente para a interdição, no todo ou em parte, de estabelecimento penal.

**166. Órgão de natureza política:** vinculando-se à política nacional, o Conselho é formado pelo Ministro da Justiça, razão pela qual há um forte conteúdo político nessas designações. Dificilmente, vê-se, nos meios de comunicação em geral, a atuação crítica desse Conselho em face da atividade governamental quanto à administração penitenciária. A explicação é lógica: a sua composição é *amistosa*. Na prática, portanto, o Conselho acaba propondo diretrizes harmônicas com o Governo, seja de que partido for, deixando de exercer a importante função crítica e a devida fiscalização dos presídios. Em lugar de se dirigir à sociedade, como órgão público que é, criticando, por exemplo, a falta de Casas do Albergado em vários Estados ou a superlotação de inúmeros estabelecimentos penais, termina por agir de maneira imperceptível aos meios de comunicação. Por isso, os critérios de composição de tão importante Conselho deveriam ser alterados, dando-lhe maior autonomia e independência do Poder Executivo. A sua *subordinação* ao Ministério da Justiça, como determina o art. 62 desta Lei, acaba por transformá-lo em mais um apêndice do Governo. Para agir de modo *controlado* e *pacato*, não haveria necessidade de existir. Bastaria o Ministério da Justiça dispor de assessores para tanto, recrutados, inclusive, dentre profissionais das áreas do Direito Penal, Processual Penal, Penitenciário etc.

**167. Incumbências do CNPCP:** além das enumeradas no art. 64 desta Lei, conferir o disposto na Portaria MJ n. 1.107, de 5 de junho de 2008.

**168. Política criminal:** como já definimos em nosso *Código Penal comentado* (nota 1-D ao Título I da Parte Geral), "é um modo de raciocinar e estudar o Direito Penal, fazendo-o de modo crítico, voltando ao direito posto, expondo seus defeitos, sugerindo reformas e aperfeiçoamentos, bem como com vistas à criação de novos institutos jurídicos que possam satisfazer as finalidades primordiais de controle social desse ramo do ordenamento. A política criminal se dá tanto antes da criação da norma penal como também por ocasião de sua aplicação". Logicamente, neste último contexto (aplicação da lei penal), encontra-se a execução penal. Por isso, cabe ao Conselho Nacional de Política Criminal e Penitenciária "propor diretrizes da política criminal", vale dizer, como o Poder Público deve combater a criminalidade e preveni-la. Dentre suas atribuições, encontra-se avaliar periodicamente o sistema criminal brasileiro para a sua adequação às necessidades do País (art. 64, III, LEP).

**169. Regras sobre arquitetura e construção de estabelecimentos penais:** o disposto no inciso VI do art. 64, cuidando das incumbências do Conselho Nacional de Política Criminal

# Execução Penal

**Art. 66**

e Penitenciária, é, visivelmente, suplementar aos preceitos estabelecidos pela Lei de Execução Penal. Não tem – e não pode ter – o referido Conselho poder normativo *acima* de lei federal emanada do Congresso Nacional. Por isso, embora possa fixar regras sobre a estrutura do presídio e da casa do albergado, deve pautar-se pelos critérios legais.

## Capítulo III
## DO JUÍZO DA EXECUÇÃO

> **Art. 65.** A execução penal competirá ao juiz indicado na lei local de organização judiciária e, na sua ausência, ao da sentença.[170]

**170. Juízo da execução penal:** já fizemos referência à organização judiciária atual, que possui o propósito nítido de criar e instalar Varas especializadas em execução penal por todo o Brasil. Por isso, ao menos nos grandes centros urbanos, a execução da pena não ficará a cargo do juiz da sentença, como mencionado no art. 65, parte final. Entretanto, em Comarcas menores, especialmente as de entrância inicial, onde pode existir apenas uma Vara, é natural que o mesmo juiz que condena seja, igualmente, o responsável pela execução da pena.

> **Art. 66.** Compete ao juiz da execução:[171]
>
> I – aplicar aos casos julgados lei posterior que de qualquer modo favorecer o condenado;[172-173]
>
> II – declarar extinta a punibilidade;[174]
>
> III – decidir sobre:
>
> *a)* soma ou unificação de penas;[175-175-B]
>
> *b)* progressão ou regressão nos regimes;[176]
>
> *c)* detração[177] e remição da pena;[178]
>
> *d)* suspensão condicional da pena;[179]
>
> *e)* livramento condicional;[180]
>
> *f)* incidentes da execução;[181]
>
> IV – autorizar saídas temporárias;[182]
>
> V – determinar:
>
> *a)* a forma de cumprimento da pena restritiva de direitos e fiscalizar sua execução;[183]
>
> *b)* a conversão da pena restritiva de direitos e de multa em privativa de liberdade;[184]
>
> *c)* a conversão da pena privativa de liberdade em restritiva de direitos;[185]
>
> *d)* a aplicação da medida de segurança, bem como a substituição da pena por medida de segurança;[186]
>
> *e)* a revogação da medida de segurança;[187]
>
> *f)* a desinternação e o restabelecimento da situação anterior;[188]
>
> *g)* o cumprimento de pena ou medida de segurança em outra comarca;[189]
>
> *h)* a remoção do condenado na hipótese prevista no § 1.º do art. 86 desta Lei;[190-190-A]
>
> *i) (Vetado);*

# Art. 66

*j)* a utilização do equipamento de monitoração eletrônica pelo condenado nas hipóteses legais;[190-B]

VI – zelar pelo correto cumprimento da pena e da medida de segurança;[191]

VII – inspecionar, mensalmente, os estabelecimentos penais, tomando providências para o adequado funcionamento e promovendo, quando for o caso, a apuração de responsabilidade;[192]

VIII – interditar, no todo ou em parte, estabelecimento penal que estiver funcionando em condições inadequadas ou com infringência aos dispositivos desta Lei;[193]

IX – compor e instalar o Conselho da Comunidade;[194]

X – emitir anualmente atestado de pena a cumprir.[195]

**171. Execução penal jurisdicionalizada:** como mencionado na nota 3 ao art. 1.º, a execução penal, no Brasil, é, basicamente, atividade jurisdicional. Cabe ao magistrado conduzi-la e fiscalizar o escorreito cumprimento da pena, bem como os estabelecimentos penais. Secundariamente, porém não menos importante, está a atuação do Poder Executivo, encarregado de criar, sustentar, controlar e organizar a estrutura dos presídios. Sobre o juízo universal da execução, consultar a nota 248 ao art. 111.

**172. Aplicação da lei penal mais favorável:** esta é uma das principais atividades do juiz da execução penal, que, aliás, já deu margem a muita discussão – e continua gerando – no campo acadêmico e mesmo no âmbito dos tribunais quanto à amplitude da competência de *reforma* de decisões condenatórias definitivas. Primeiramente, cabe lembrar ser preceito constitucional a *retroatividade da lei penal benéfica* (art. 5.º, XL, CF). No mesmo sentido, dispõe o art. 2.º, parágrafo único, do Código Penal que "a lei posterior, que de qualquer modo favorecer o agente, aplica-se aos fatos anteriores, ainda que decididos por sentença condenatória transitada em julgado". Tem o juiz da execução penal, portanto, competência para *modificar* qualquer decisão condenatória definitiva, adaptando-a à nova lei penal benigna. As críticas feitas a essa atribuição podem advir de parcela da doutrina, inconformada, por exemplo, com o fato de o juiz de primeiro grau poder alterar uma decisão proveniente de tribunal superior. Pensamos ser acertada a posição consagrada majoritariamente na jurisprudência e reconhecida em lei no inciso I deste artigo, bem como pela Súmula 611 do STF ("Transitada em julgado a sentença condenatória, compete ao juízo das execuções a aplicação de lei mais benigna"). Não há que se considerar o juiz da execução um *superjuiz*; ao contrário, tomemos como parâmetro o interesse do condenado e a celeridade do processo, hoje preceito constitucionalmente previsto (art. 5.º, LXXVIII, CF). Se um acórdão proferir decisão condenatória, fixando a pena ao réu, advindo lei posterior benéfica, cabe ao juiz da execução penal aplicá-la, revendo a pena aplicada à luz da nova legislação. Não nos esqueçamos de que há possibilidade de a parte inconformada com a nova decisão recorrer à superior instância, até o limite previsto pelo sistema recursal pátrio. Portanto, embora o magistrado de primeiro grau faça a adaptação da pena ou dos benefícios penais à novel realidade jurídica, não proferirá decisão final e definitiva. Sujeita à reavaliação dos tribunais superiores, respeita-se a celeridade e revê-se a pena com maior facilidade. É lógico que, não havendo recurso nem do condenado, nem do Ministério Público, consolida-se a nova pena aplicada pelo juiz da execução penal, como se fosse uma autêntica *revisão criminal* do julgado anterior. Mas tal sistemática não nos parece estranha, até pelo fato de que a *coisa julgada* no âmbito criminal é maleável, ao menos no que toca à fase de execução da pena. O preso inicia, por exemplo, o cumprimento da pena no regime fechado, pois assim determinou o tribunal, mas, algum tempo depois, por avaliação do juiz da execução penal, pode passar ao semiaberto e, na sequência, ao aberto. Pode, ainda, regredir do regime semiaberto ou aberto ao fechado. Sob outro aspecto, tem a possibilidade de reduzir o montante da pena por meio da remição, ao mesmo tempo em que pode receber de volta os dias remidos caso cometa falta grave. Em suma, a pena é cumprida de modo *individualizado*, não havendo um título consolidado para ser executado. Não teria sentido o condenado se dirigir ao Supremo Tribunal Federal, solicitando a aplicação da lei penal mais favorável recém-editada somente porque esta Corte conheceu recurso extraordinário de uma das partes e alterou algum ponto referente à pena aplicada. Seria esta, sem dúvida, a decisão em execução, mas a sua modificação pelo juiz de primeiro grau é somente consequência natural do sistema legal, não implicando subversão da hierarquia jurisdicional. Não se está ingressando no mérito da decisão do STF, proferindo outra, simplesmente porque o magistrado da execução penal formou convicção em sentido contrário. O que há, na realidade, é a mutação legislativa, surgindo, pois, *fato integralmente novo*, proporcionando ao juiz de primeiro grau reformular, à luz da lei, o julgado em relação à pena. Naturalmente, poderá invadir a seara de avaliação dos fatos, quando a nova lei impuser tal medida. Exemplo: cria-se nova atenuante ou causa de diminuição da pena. O juiz da execução penal poderá aplicá-la, caso entenda presente ao caso concreto. Se o fizer, modificará a pena imposta pelo juízo ou tribunal. Acaso entenda impertinente, negará a aplicação e dará margem a recurso. Sintetizando, cremos perfeitamente adequado ao sistema criminal brasileiro o disposto no art. 66, I, desta Lei. Ilustrando: a Lei 11.343/2006 – Lei de Drogas – eliminou, completamente, a pena de prisão ao usuário de drogas (art. 28). Ora, é natural que os condenados com base no antigo art. 16 da Lei 6.368/76 que estejam cumprindo pena privativa de liberdade, em qualquer regime, irão receber, por parte do juiz da execução penal, a adaptação imediata aos critérios da nova lei. Com certeza, deixarão o cárcere. Podem ser submetidos, conforme a situação concreta, a outras medidas (advertência, prestação de serviços à comunidade ou frequência a cursos), mas também podem ter sua punibilidade extinta. Imaginemos duas hipóteses: a) o condenado, com base no art. 16, iria iniciar o cumprimento da pena de um ano de detenção, em regime aberto. Não mais o fará. O juiz da execução penal promoverá a substituição da pena privativa de liberdade por uma das previstas no art. 28 da Lei 11.343/2006. E pouco importa se aquela pena de um ano de detenção adveio de juízo de primeiro grau ou do Supremo Tribunal Federal; b) o condenado, com base no art. 16, foi apenado a dois anos de detenção, em regime aberto, já tendo cumprido um ano. O advento da nova lei fará com que haja a imediata extinção da punibilidade, pois nenhuma das penas do art. 28 atinge o patamar de um ano (a prestação de serviços à comunidade e a frequência a cursos, no máximo, atingem 10 meses) e ele já cumpriu um ano.

**173. Momento de aplicação da lei penal benéfica:** evidentemente, se uma nova lei penal entra em vigor durante o processo de conhecimento, cabe o juiz, por ocasião da sentença, em caso de condenação, aplicar a norma mais benéfica. Entretanto, havendo o trânsito em julgado, como já expusemos na nota anterior, é competente o juiz da execução penal. Porém, para que o faça, torna-se imperioso o início da execução, o que se faz com a expedição da guia de recolhimento (art. 105, LEP), em virtude da prisão.

**174. Extinção da punibilidade:** tanto o juiz do processo de conhecimento pode chegar a essa decisão (ex.: prescrição da pretensão punitiva), como o magistrado da execução penal (ex.: prescrição da pretensão executória). Aliás, vale ressaltar que as causas de extinção da punibilidade são variadas (art. 107, CP, e outras previstas na Parte Especial do Código Penal, bem como em leis especiais), motivo pelo qual a sua ocorrência pode dar-se somente na fase de execução da pena ou apenas se consegue detectá-la nesse estágio. Outro ponto interessante é a *abolitio criminis*. Se uma lei posterior deixa de considerar crime determinada conduta, a aplicação da nova lei pelo juiz da execução penal (art. 66, inciso I) termina por levar à imediata

# Art. 66

extinção da punibilidade. Ex.: a Lei 11.106/2005 descriminalizou a sedução (art. 217, CP). Dessa forma, se algum condenado por tal crime, à época da sua entrada em vigor, estivesse preso ou cumprindo pena em liberdade, seria imediatamente liberado, julgando-se extinta sua punibilidade (art. 107, III, CP).

**175. Soma e unificação de penas:** esta é uma atividade primordial do juiz da execução penal, embora o magistrado da condenação também possa fazê-lo. A soma das penas decorre do disposto no art. 69 do Código Penal: quando o agente comete vários delitos, decorrentes de variadas ações ou omissões, deve haver o somatório das penas aplicadas, resultando num montante global a cumprir. Em outras palavras, no sistema criminal brasileiro, o agente não cumpre duas penas de cinco anos de reclusão, mas, sim, dez anos de reclusão (resultado da soma das duas penas). O juiz da condenação, quando julga em conjunto os dois delitos, fará essa soma. Entretanto, se cada uma delas advier de um juiz diferente, cabe ao magistrado da execução penal providenciar a soma (na prática, faz-se essa soma automaticamente, ou seja, cada nova pena recebida na Vara de Execução Penal é acrescida no total, pois há procedimento informatizado para o cálculo, na maioria das Comarcas). A unificação diz respeito aos artigos 70, 71 e 75. *Unificar* significa transformar várias coisas em uma só. Em matéria de execução penal, deve o juiz transformar vários títulos executivos (várias penas) em um só. Assim procederá quando constatar ter havido *concurso formal* (art. 70, CP), *crime continuado* (art. 71) ou *superação do limite de 40 anos* (art. 75, CP). O concurso formal é, normalmente, constatado pelo juiz da condenação. Dificilmente, caberá ao magistrado da execução penal essa avaliação. O crime continuado, no entanto, é muito mais comum. Ex.: o autor de vários furtos é condenado a 15 anos de reclusão, como derivação de penas aplicadas por juízos diferentes. Durante a execução, constata-se que os furtos cometidos, na verdade, constituem exatamente a hipótese prevista no art. 71 do Código Penal. Cabe ao juiz da execução penal a unificação, podendo transformar a anterior pena de 15 anos em apenas 2 anos, por exemplo. Quanto ao art. 75, § 1.º, do Código Penal, a unificação se faz somente para efeito de impedir que o condenado cumpra mais de 40 anos, mas não se relaciona aos benefícios penais (maiores detalhes, ver a nota 138 ao art. 75 do nosso *Código Penal comentado*). Na jurisprudência: STF: "Soma das penas para definição do regime prisional: harmonia com a jurisprudência deste Supremo Tribunal" (HC 167.223 AgR, 1.ª T., rel. Cármen Lúcia, 29.03.2019, v.u.). STJ: "1. Sobrevindo nova condenação, incumbe ao Juízo das Execuções Criminais proceder à unificação das penas, adequando o regime prisional ao resultado da soma, observadas, quando for o caso, a detração ou remição. Precedentes. 2. Na espécie, a soma das três condenações impostas ao agravante supera o patamar de 8 anos, inexistindo ilegalidade na decisão que fixou o regime fechado" (AgRg no HC 490.351 – PR, 5.ª T., rel. Reynaldo Soares da Fonseca, 26.03.2019, v.u.).

**175-A. Inalterabilidade da data-base para benefícios:** realizada a unificação de penas, inexiste respaldo legal para fixar outra data-base de cálculo dos benefícios de execução penal. O que pode alterar essa data-base, por exemplo, é a prática de uma falta grave. No mais, ela deve ser mantida. Na jurisprudência: STJ: "1. Este Superior Tribunal de Justiça se posicionava no sentido de que, sobrevindo nova condenação ao apenado no curso da execução da pena, o marco inicial da contagem do novo prazo para concessão de eventuais benefícios executórios é o trânsito em julgado da sentença condenatória do delito praticado. 2. Contudo, a Terceira Seção desta Corte Superior de Justiça, no julgamento do REsp n. 1.557.461/SC, Relator Ministro Rogério Schietti Cruz, e no *Habeas Corpus* n. 381.248/MG, com Relator para o acórdão Ministro Sebastião Reis Júnior, modificou a orientação anterior e estabeleceu como marco inicial para a concessão de benefícios na execução, após a unificação de penas, a data da última prisão do apenado. 3. Deve ser mantido o afastamento do trânsito em julgado da última condenação como marco interruptivo para a concessão de benefícios na execução da pena, estabelecendo a data da última prisão para a concessão de novos benefícios executórios, no caso 14/2/2011, uma vez que o acusado ficou preso desde esta data, em razão da primeira condenação, permanecendo nesta situação, mesmo após o cumprimento da pena, em razão da nova sentença condenatória. 4. Agravo regimental não provido" (AgRg no AREsp 1.511.426 – GO, 5.ª T., rel. Reynaldo Soares da Fonseca, 27.08.2019, v.u.). Porém, há decisão do STF alterando esse entendimento: STF: "Unificação das penas. Termo inicial para concessão de benefícios. Trânsito em julgado da última condenação. 1. O acórdão impugnado não se amolda à jurisprudência do Supremo Tribunal Federal segundo a qual, em se tratando de unificação de penas, como no presente caso, modifica-se a data-base para a concessão de benefícios, sendo considerado como termo inicial o trânsito em julgado da última condenação. 2. Não cabe falar em imutabilidade do cálculo de penas anteriormente homologado, dada a sobrevinda de fato novo consistente no trânsito em julgado da condenação penal do réu. 3. Agravo Interno a que se nega provimento" (RE 1.195.491 AgR, 1.ª T., rel. Alexandre de Moraes, 06.05.2019, v.u.).

**175-B. Soma de reclusão e detenção:** não vemos como manter o preciosismo teórico do legislador de 1940, separando os crimes de reclusão e de detenção, ambas penas privativas de liberdade, que não diferem, na prática, em absolutamente nada. Portanto, somos da opinião de que deve haver a soma para fins de unificação de penas e análise dos benefícios cabíveis. Na jurisprudência: a) *nesse sentido*: STJ: "1. As reprimendas de reclusão e de detenção devem ser somadas para fins de unificação da pena, haja vista que ambas são modalidades de pena privativa de liberdade e, portanto, configuram sanções de mesma espécie. Precedentes do STF e desta Corte Superior de Justiça. 2. Agravo regimental não provido" (AgRg nos EDcl no HC 502.549 – PR, 5.ª T., rel. Ribeiro Dantas, 13.08.2019, v.u.); b) *em sentido diverso*: STJ: "1. A teor do art. 76 do Código Penal, em casos de concurso de infrações com tipos de gravidade diferentes, deve-se executar primeiro a pena mais grave. 2. No cálculo da liquidação das penas impostas, é imprescindível que seja observada a ordem de gravidade dos delitos, ressaltando-se a impossibilidade de unificação das penas de reclusão e detenção para determinar o regime de cumprimento de pena. 3. *Habeas corpus* concedido" (HC 505.768 – SP, 6.ª T., rel. Nefi Cordeiro, 06.08.2019, v.u.).

**176. Progressão e regressão nos regimes:** cuida-se de aspecto intimamente ligado ao princípio constitucional da individualização executória da pena. Da mesma forma que a pena sofre alterações ao longo do seu cumprimento, podendo diminuir (ex.: indulto, remição), também pode voltar ao patamar anterior (ex.: em caso da prática de falta grave, os dias remidos serão desconsiderados). Nessa ótica, devemos relembrar que o regime de cumprimento também faz parte da individualização da pena. A opção pelo regime fechado, semiaberto ou aberto é legalmente regrada (art. 33, § 2.º, CP). Após a escolha, cuidando-se de regime mais gravoso (fechado ou semiaberto), tem o condenado o direito à progressão, após preencher os requisitos legais. Maiores detalhes, desenvolvemos nas notas 16 a 22-A ao art. 33 do nosso *Código Penal comentado*. Por outro lado, ainda que consiga atingir o regime mais brando (aberto), poderá o condenado *regredir*, isto é, ser conduzido a regime mais severo. Tal situação ocorrerá se as condições do regime atual não forem corretamente cumpridas ou outra incompatibilidade advier (ver o art. 118 desta Lei). A regressão se fará, conforme o prudente critério do magistrado, para o regime imediatamente anterior (aberto ao semiaberto) ou *por salto* (aberto ao fechado), dependendo do caso concreto.

**177. Detração:** é a contagem no tempo da pena privativa de liberdade e da medida de segurança (neste último caso, em relação ao prazo mínimo, pois não há máximo) do período em que o condenado ficou detido em prisão provisória, no Brasil ou no exterior, bem como do tempo de prisão administrativa e o de internação em hospital de custódia e tratamento (art. 42, CP). O cálculo da detração se dá automaticamente. Assim que o processo de execução é

# Art. 66

cadastrado pelo setor competente do cartório, há programas específicos de software que promovem o desconto na pena do tempo de prisão cautelar. Algumas questões mais polêmicas sobre detração podem ser levadas ao conhecimento do juiz, como, por exemplo, se deve haver ligação entre a prisão provisória e a pena aplicada (consultar a nota 61 ao art. 42 do nosso Código Penal comentado).

**178. Remição da pena:** é o desconto de dias de pena em função do trabalho desenvolvido pelo condenado. Consultar os artigos 126 a 130 desta Lei.

**179. Suspensão condicional da pena:** normalmente, cabe ao juiz da condenação deliberar sobre a concessão ou não do *sursis*. Em caso de deferimento, devem ser estabelecidas as condições às quais ficará sujeito o condenado (não há mais *sursis* incondicionado). Excepcionalmente, entretanto, pode o juiz da execução penal cuidar da suspensão condicional da pena. Uma dessas situações está descrita no art. 159, § 2.º, desta Lei, quando Tribunal concede o *sursis* e confere ao juiz da execução penal a incumbência de estabelecer as condições. Outro exemplo advém da ausência do condenado na audiência admonitória, que acarrete a perda de efeito do *sursis*. Posteriormente, verificando-se que ele não compareceu, pois não foi corretamente intimado, quem restabelece o benefício é o juiz da execução penal. É viável, ainda, a modificação das condições anteriormente fixadas (art. 158, § 2.º, LEP).

**180. Livramento condicional:** é uma medida de política criminal, cuja finalidade é antecipar a libertação do condenado, mediante o preenchimento de certos requisitos e o cumprimento de determinadas condições. Ver os artigos 131 a 146 desta Lei, bem como os artigos 83 a 90 do Código Penal.

**181. Incidentes da execução:** os nominados por esta Lei são os seguintes: a) conversão da pena privativa de liberdade em restritiva de direitos (art. 180, LEP) ou o contrário (art. 181, LEP), bem como da pena em medida de segurança (art. 183, LEP). Pode-se, ainda, converter o tratamento ambulatorial em internação (art. 184, LEP). Cremos existirem, ainda, os incidentes inominados. Como exemplos, citamos a reconversão da medida de segurança em pena, quando o condenado estiver curado (consultar a nota 10-A ao art. 97 do nosso *Código Penal comentado*), bem como a desinternação progressiva, que significa a transferência da pessoa sujeita a medida de segurança de internação ao tratamento ambulatorial (ver a nota 19 ao art. 97 do nosso *Código Penal comentado*).

**182. Saída temporária e outras saídas:** a *saída temporária* é um benefício destinado aos presos em regime semiaberto, conforme previsão feita pelos artigos 122 a 125 desta Lei, para os quais remetemos o leitor. Na jurisprudência: STJ: "1. A teor do art. 66, III, f, e IV, da Lei de Execução Penal, compete ao juiz da execução decidir sobre pedidos de autorização para trabalho extramuros. Precedentes. 2. Não se constata constrangimento ilegal na decisão do Juízo da execução que, ao apreciar o pleito de autorização para o trabalho externo, intimou a defesa para emendar o pedido formulado, 'indicando ao Juízo o local em que o apenado permanecerá no horário de descanso, bem como a regularidade fiscal da empresa nas três esferas, em cinco dias, sob pena de indeferimento'. 3. Agravo regimental desprovido" (AgRg no HC 400.450 – SC, 5.ª T., rel. Ribeiro Dantas, 30.05.2019, v.u.).

**183. Forma e fiscalização da pena restritiva de direitos:** cabe ao juiz da execução penal alterar, quando for conveniente, nos termos do art. 148 desta Lei, a *forma* de cumprimento da pena de prestação de serviços à comunidade e da limitação de fim de semana, dependendo das condições pessoais de cada sentenciado. O método de fiscalização também pode ser, livremente, modificado.

**184. Conversão em prisão:** somente se admite a conversão da pena restritiva de direitos quando não cumprida satisfatoriamente ou se houver o advento de fato novo (consultar o art.

181 desta Lei). A multa não mais pode ser convertida em prisão, em face da modificação do art. 51 do Código Penal, realizada pela Lei 9.268/96. Passou a pena pecuniária, quando transitada em julgado, a ser considerada dívida de valor, sujeita à execução como se fosse *dívida ativa da Fazenda Pública*. Logo, inexiste possibilidade jurídica de convertê-la em pena privativa de liberdade, mesmo que não seja propositadamente paga pelo condenado. O máximo que o Estado pode fazer é providenciar a execução forçada, buscando a penhora e venda de bens em hasta pública.

**185. Conversão da prisão em restrição de direitos:** embora constitua situação rara, durante a execução da pena, é autorizada pelo art. 180 desta Lei, para o qual remetemos o leitor.

**186. Medida de segurança, pena e substituição:** é natural que o juiz da execução penal seja o encarregado de fazer cumprir a medida de segurança aplicada pelo juiz do processo de conhecimento. Afinal, cuida-se de uma modalidade de sanção penal da alçada da Justiça Criminal. Por outro lado, cabe-lhe, também, providenciar, quando for o caso, preenchidos os requisitos legais, a substituição da pena privativa de liberdade por medida de segurança. Nesse contexto, remetemos o leitor aos comentários formulados ao art. 183 desta Lei.

**187. Revogação da medida de segurança:** *revogar* significa invalidar, tornar sem efeito. O termo foi utilizado em relação à medida de segurança por se tratar de sanção penal de natureza diversa da pena. Esta, quando cumprida, dá margem à extinção da punibilidade, ou seja, o Estado vê cessado o seu direito de punir em relação ao condenado. A medida de segurança, por seu turno, tem finalidade precípua de *curar* o interno ou paciente em tratamento ambulatorial. Conseguido o intento, o magistrado libera o indivíduo, para, decorrido o prazo de um ano (art. 97, § 3.º, CP), sem novas intercorrências, *revogar* em definitivo a medida imposta.

**188. Desinternação e retorno:** cessada a periculosidade, deve a pessoa submetida ao regime de internação ser liberada condicionalmente (art. 97, § 3.º, CP, c.c. art. 178, LEP). Caso não cumpra satisfatoriamente as condições impostas para manter-se em liberdade, cabe ao juiz da execução penal determinar a sua recondução ao hospital de custódia e tratamento.

**189. Autorização de transferência de preso:** a lei é clara ao preceituar ser da competência do juiz da execução penal do lugar onde se encontra o condenado *autorizar* a sua transferência para outra Comarca ou outro presídio, a fim de cumprir sua pena ou medida de segurança. Muitas vezes, o Poder Executivo *atropela* esse dispositivo, transfere o preso, alegando razões de segurança, comunicando ao juízo e, praticamente, pedindo a *homologação* do que já se consolidou. Lembremos que a execução da pena é um procedimento misto, mas precipuamente jurisdicional, logo, não tem cabimento que o Judiciário tolere esse tipo de método.

**190. Remoção do condenado considerado perigoso:** da mesma forma, para que um sentenciado seja transferido para um presídio federal, distante, pois, do local da condenação, é fundamental haver determinação judicial a respeito. Primeiro, a decisão do juiz responsável pelo presídio onde se encontra o condenado a ser transferido; supõe-se ser o juiz estadual, pois, do contrário, o sentenciado já estaria em presídio federal. Na sequência, ouve-se o juiz federal. Se este não acolher a transferência, pode-se suscitar conflito, que seguirá ao Superior Tribunal de Justiça (conflito entre juízo estadual e juízo federal). Na jurisprudência: STF: "*Habeas corpus*. 2. Impetração contra decisão denegatória de liminar em ação da mesma natureza articulada perante tribunal superior. Manifesto o constrangimento ilegal ao direito do paciente. Superação da Súmula 691. 3. Transferência de preso provisório para estabelecimento penal federal de segurança máxima, no interesse da segurança pública (art. 3º da Lei 11.671/08). A inclusão em estabelecimento penal federal de segurança máxima é medida excepcional (art. 10 da Lei 11.671/08), razão das 'raras razões justificadoras da medida' e do 'especial rigor a que estão, nela, sujeitos os detentos' – voto do Min. Edson Fachin, HC 129.509, Primeira

# Art. 66

Turma, julgado em 24.11.2015, Redator para acórdão Min. Roberto Barroso. A permanência no presídio federal envolve 'a imposição ao preso de um regime prisional mais gravoso, pela maior restrição da liberdade' – HC 112.650, Rel. Min. Rosa Weber, Primeira Turma, julgado em 11.3.2014. As hipóteses de inclusão e transferência ao sistema federal devem ser rigorosamente observadas e podem ser combatidas pela defesa. 4. Transferência fundamentada em (i) menção à atividade profissional da família do juiz e (ii) tratamento privilegiado no sistema carcerário. Impossibilidade de acrescentarem-se novos fundamentos em sede de *habeas corpus*. 5. Atividade profissional da família do juiz publicizada em matéria do jornalista, pouco antes da audiência. O preso tem direito a manter 'contato com o mundo exterior', por meio 'da leitura e de outros meios de informação' (art. 41, XV, da Lei 7.210/84). 6. O tratamento privilegiado no sistema carcerário é fato grave, a merecer reação vigorosa, mas não constitui risco à segurança pública. 7. Ordem concedida, para reformar a determinação de transferência do paciente ao sistema penitenciário federal" (HC 149.734, 2.ª T., rel. Gilmar Mendes, 10.04.2018, v.u.).

**190-A. Critérios para transferência a presídio federal:** a Lei 11.671/2008 fixa os critérios para a transferência e inclusão de presos em presídios federais de segurança máxima. *In verbis*: "Art. 1º A inclusão de presos em estabelecimentos penais federais de segurança máxima e a transferência de presos de outros estabelecimentos para aqueles obedecerão ao disposto nesta Lei. Art. 2º A atividade jurisdicional de execução penal nos estabelecimentos penais federais será desenvolvida pelo juízo federal da seção ou subseção judiciária em que estiver localizado o estabelecimento penal federal de segurança máxima ao qual for recolhido o preso. Art. 3º Serão recolhidos em estabelecimentos penais federais de segurança máxima aqueles cuja medida se justifique no interesse da segurança pública ou do próprio preso, condenado ou provisório. Art. 4º A admissão do preso, condenado ou provisório, dependerá de decisão prévia e fundamentada do juízo federal competente, após receber os autos de transferência enviados pelo juízo responsável pela execução penal ou pela prisão provisória. § 1º A execução penal da pena privativa de liberdade, no período em que durar a transferência, ficará a cargo do juízo federal competente. § 2º Apenas a fiscalização da prisão provisória será deprecada, mediante carta precatória, pelo juízo de origem ao juízo federal competente, mantendo aquele juízo a competência para o processo e para os respectivos incidentes. Art. 5º São legitimados para requerer o processo de transferência, cujo início se dá com a admissibilidade pelo juiz da origem da necessidade da transferência do preso para estabelecimento penal federal de segurança máxima, a autoridade administrativa, o Ministério Público e o próprio preso. § 1º Caberá à Defensoria Pública da União a assistência jurídica ao preso que estiver nos estabelecimentos penais federais de segurança máxima. § 2º Instruídos os autos do processo de transferência, serão ouvidos, no prazo de 5 (cinco) dias cada, quando não requerentes, a autoridade administrativa, o Ministério Público e a defesa, bem como o Departamento Penitenciário Nacional – DEPEN, a quem é facultado indicar o estabelecimento penal federal mais adequado. § 3º A instrução dos autos do processo de transferência será disciplinada no regulamento para fiel execução desta Lei. § 4º Na hipótese de imprescindibilidade de diligências complementares, o juiz federal ouvirá, no prazo de 5 (cinco) dias, o Ministério Público Federal e a defesa e, em seguida, decidirá acerca da transferência no mesmo prazo. § 5º A decisão que admitir o preso no estabelecimento penal federal de segurança máxima indicará o período de permanência. § 6º Havendo extrema necessidade, o juiz federal poderá autorizar a imediata transferência do preso e, após a instrução dos autos, na forma do § 2º deste artigo, decidir pela manutenção ou revogação da medida adotada. § 7º A autoridade policial será comunicada sobre a transferência do preso provisório quando a autorização da transferência ocorrer antes da conclusão do inquérito policial que presidir. Art. 6º Admitida a transferência do preso condenado, o juízo de origem deverá encaminhar ao juízo federal os autos da execução penal. Art. 7º Admitida a transferência do preso provisório, será suficiente a carta precatória remetida pelo juízo de origem, devidamente instruída, para que o juízo federal competente dê início à fiscalização da prisão no estabelecimento penal federal de segurança máxima. Art. 8º As visitas feitas pelo juiz responsável ou por membro do Ministério Público, às quais se referem os arts. 66 e 68 da Lei nº 7.210, de 11 de julho de 1984, serão registradas em livro próprio, mantido no respectivo estabelecimento. Art. 9º Rejeitada a transferência, o juízo de origem poderá suscitar o conflito de competência perante o tribunal competente, que o apreciará em caráter prioritário. Art. 10. A inclusão de preso em estabelecimento penal federal de segurança máxima será excepcional e por prazo determinado. § 1º O período de permanência não poderá ser superior a 360 (trezentos e sessenta) dias, renovável, excepcionalmente, quando solicitado motivadamente pelo juízo de origem, observados os requisitos da transferência. § 2º Decorrido o prazo, sem que seja feito, imediatamente após seu decurso, pedido de renovação da permanência do preso em estabelecimento penal federal de segurança máxima, ficará o juízo de origem obrigado a receber o preso no estabelecimento penal sob sua jurisdição. § 3º Tendo havido pedido de renovação, o preso, recolhido no estabelecimento federal em que estiver, aguardará que o juízo federal profira decisão. § 4º Aceita a renovação, o preso permanecerá no estabelecimento federal de segurança máxima em que estiver, retroagindo o termo inicial do prazo ao dia seguinte ao término do prazo anterior. § 5º Rejeitada a renovação, o juízo de origem poderá suscitar o conflito de competência, que o tribunal apreciará em caráter prioritário. § 6º Enquanto não decidido o conflito de competência em caso de renovação, o preso permanecerá no estabelecimento penal federal. Art. 11. A lotação máxima do estabelecimento penal federal de segurança máxima não será ultrapassada. § 1º O número de presos, sempre que possível, será mantido aquém do limite de vagas, para que delas o juízo federal competente possa dispor em casos emergenciais. § 2º No julgamento dos conflitos de competência, o tribunal competente observará a vedação estabelecida no *caput* deste artigo".

**190-B. Monitoração eletrônica:** a partir da edição da Lei 14.843/2024, ampliou-se o rol das hipóteses de imposição de uso de equipamento de monitoração eletrônica pelo condenado, abrangendo a saída temporária, a prisão domiciliar, os regimes aberto e semiaberto, a pena restritiva de direitos consistente em proibição de frequentar lugares e o livramento condicional.

**191. Fiscalização da execução penal:** o juiz da execução penal é, também, o corregedor do presídio, vale dizer, o fiscal da correta execução da pena e da medida de segurança. Aliás, justamente por isso, tem a obrigação de inspecionar, periodicamente, os estabelecimentos penais – incluído nesse contexto os hospitais de custódia e tratamento – como vem disposto no inciso VII seguinte. Deve exercer a função fiscalizadora valendo-se do seu bom senso e prudente critério, até mesmo para avaliar a lotação (ou superlotação) do estabelecimento penal. Se encontrar excesso, o caminho é promover a interdição do referido estabelecimento, como estipulado no inciso VIII do mesmo art. 66. Na jurisprudência: STF: "Considerando que incumbe ao Juiz zelar pelo correto cumprimento da pena (art. 66, VI, da Lei 7.210/84), a Execução Penal submete-se ao impulso oficial, de modo que ajustes de ordem pública associados à efetivação da retribuição penal, como a alteração da data-base para progressão de regime em decorrência de outra condenação, podem ser validamente implementados pelo Juiz da Execução, ainda que sem pedido do Ministério Público, o que não gera preclusão ou implica violação à vedação da *reformatio in pejus*" (HC 130.692 AgR – RS, 1.ª T., rel. Edson Fachin, 15.03.2016, m.v.).

**192. Inspeção:** é atribuição do juiz da execução penal, com a função de corregedoria do presídio, visitar, mensalmente – em casos excepcionais (rebeliões, motins, fugas, interdições etc.), em períodos mais dilatados – os estabelecimentos penais da sua região. Verificando alguma incorreção, cabe-lhe tomar as providências para sanar o erro ou defeito, oficiando, se for o caso, para a autoridade do Poder Executivo competente. O disposto neste inciso expõe,

# Art. 66

ainda, a obrigação de se tomar providência para a *apuração de responsabilidade*. Tal medida se daria em caso de se verificar a prática de crime (ex.: corrupção, tortura, maus-tratos etc.), quando teria competência para requisitar a instauração de inquérito policial. No mais, se a falta se concentrar no âmbito funcional, não cabe ao magistrado *promover* a apuração, mas, sim, oficiar a quem de direito, na órbita do Poder Executivo, para que tal via se concretize.

**193. Interdição do estabelecimento penal:** nota-se ser essa uma atribuição do juiz da execução penal, mormente quando for, também, o corregedor do presídio. Parece-nos ser uma medida de ordem jurisdicional e não de caráter administrativo, até pelo fato de não ter o magistrado atuação nesse campo. Sua atividade, como integrante do Poder Judiciário, é jurisdicional. Por isso, soa-nos incompreensível que, em certos Estados, haja a obrigação de o juiz da execução penal, quando promover a interdição de um estabelecimento penal que estiver funcionando em precárias condições, aguardar a consolidação da sua decisão por órgão superior do Tribunal ao qual está vinculado, como, por exemplo, do Corregedor-Geral da Justiça ou do Presidente do Tribunal. Ora, determinada a interdição, se com ela não estiver de acordo o Executivo ou qualquer outro interessado (Ministério Público ou presos do local), o mecanismo correto é o agravo. Este, por sua vez, deve ser julgado por Câmara ou Turma do Tribunal, mas não nos parece adequado que um dirigente do Tribunal assuma a tarefa de verificar se está certo ou errado o magistrado. Se esta é uma decisão de cunho jurisdicional, não cabe a interferência da cúpula do Tribunal. E insistimos: não se pode considerá-la uma decisão meramente administrativa, pois o juiz não tem, no exercício da sua função, nenhum liame com o Executivo, de modo a servir de *fiscal* do Governador para saber se as unidades prisionais atuam a contento. É o magistrado um *fiscal da execução da pena* e defensor da lei e dos condenados, pouco interessando a eventual conveniência do Poder Público em manter em funcionamento um lugar totalmente inapropriado aos fins aos quais se destina. Na jurisprudência: STJ: "1. É firme o entendimento desta Corte no sentido de que 'não há ato ilegal ou abusivo na decisão de interdição do estabelecimento prisional, ao tempo em que não existe direito líquido e certo do Estado à manutenção do funcionamento de estabelecimento penal, na hipótese em que constatada violação a direitos e garantias estabelecidos na Lei de Execução Penal' (AgInt no RMS n. 53.061/PR, Rel. Ministro Benedito Gonçalves, Primeira Turma, DJe de 18/11/2021). Nesse mesmo sentido: EDcl no AgInt no RMS 55.163/RS, Rel. Ministro Manoel Erhardt (Des. Convocado do TRF-5ª R.), Primeira Turma, DJe de 20/4/2021; RMS n. 45.212/MG, Rel. Ministro Ribeiro Dantas, Quinta Turma, DJe de 29/5/2018; AgRg no RMS n. 27.858/RS, Rel. Ministro Nefi Cordeiro, Sexta Turma, DJe de 3/12/2015. 2. No julgamento do RE 592.581/RS, com repercussão geral, o Supremo Tribunal Federal entendeu que a supremacia dos postulados da dignidade da pessoa humana e do mínimo existencial legitima a imposição, ao Poder Executivo, de medidas em estabelecimentos prisionais destinadas a assegurar aos detentos o respeito à sua integridade física e moral, não sendo oponível à decisão o argumento da reserva do possível. Eis a ementa do aludido julgado: RE n. 592.581, Rel. Ministro Ricardo Lewandowski, Tribunal Pleno, DJe de 29/1/2016). 3. Hipótese em que não se vislumbra no ato apontado como coator eventual abuso de direito, na medida em que a intervenção judicial restou fundamentada na necessidade de fazer cessar ou, no mínimo, amenizar a situação de grave violação à garantia constitucional do respeito à integridade física e moral dos presos e aos princípios da dignidade da pessoa humana, encontrada em razão da superpopulação carcerária. 4. O acolhimento da tese aduzida pelo agravante, no sentido de que 'o Presídio em questão não submete seus internos à situação degradante ou de risco mas, pelo contrário, realiza todos os esforços para garantir-lhes dignidade e reinserção social, com implementação de projetos variados para os reeducandos' (fl. 467) demandaria dilação probatória, o que é inviável no rito estreito do mandado de segurança" (AgInt no RMS 64.660 – MG, 1.ª T., rel. Sérgio Kukina, 22.08.2022, v.u.).

**194. Compor e instalar o Conselho da Comunidade:** o órgão colegiado vem descrito, como órgão da execução penal, no art. 61, VII. Sua composição e suas atribuições constam nos arts. 80 e 81. Cabe ao juiz organizá-lo, indicando seus membros, valendo-se dos critérios legais (art. 80), bem como promovendo o seu funcionamento. Não nos parece deva integrá-lo, pois uma das atribuições do Conselho é apresentar relatórios mensais ao juiz da execução (equidistante, pois) sobre suas atividades. Logo, o magistrado apenas organizaria o Conselho da Comunidade, deixando-o livre para atuar.

**195. Emitir atestado de pena:** cabe ao juiz determinar ao cartório que providencie o cálculo total da pena do condenado, ao menos uma vez por ano, emitindo, depois, um atestado que será enviado ao interessado. Este, por sua vez, manter-se-á informado acerca do cumprimento da sua pena, podendo, inclusive, fazer requerimentos de benefícios em geral.

**Capítulo IV**

**DO MINISTÉRIO PÚBLICO**

> **Art. 67.** O Ministério Público fiscalizará a execução da pena e da medida de segurança, oficiando no processo executivo e nos incidentes da execução.[196]

**196. Ministério Público como fiscal e parte na execução penal:** cabe, fundamentalmente, ao representante do Ministério Público fiscalizar todo o andamento da execução penal até que seja declarada extinta a punibilidade do condenado. Normalmente, a execução inicia-se por determinação judicial, sem necessidade de provocação de qualquer interessado, muito embora o art. 195 legitime, para esse fim, tanto o órgão do Ministério Público quanto o condenado ou quem o represente (cônjuge, parente ou descendente), além do Conselho Penitenciário e da autoridade administrativa (entenda-se a que for responsável pela administração penitenciária). É evidente que, se há de fiscalizar e oficiar no processo executivo, além de fazê-lo nos incidentes, torna-se dispensável enumerar, ponto por ponto, das suas atribuições, como se vê no art. 68 desta Lei.

> **Art. 68.** Incumbe, ainda, ao Ministério Público:[197]
>
> I – fiscalizar a regularidade formal das guias de recolhimento e de internamento;
>
> II – requerer:
>
> *a)* todas as providências necessárias ao desenvolvimento do processo executivo;
>
> *b)* a instauração dos incidentes de excesso ou desvio de execução;
>
> *c)* a aplicação de medida de segurança, bem como a substituição da pena por medida de segurança;
>
> *d)* a revogação da medida de segurança;
>
> *e)* a conversão de pena, a progressão ou regressão nos regimes e a revogação da suspensão condicional da pena e do livramento condicional;
>
> *f)* a internação, a desinternação e o restabelecimento da situação anterior;
>
> III – interpor recursos de decisões proferidas pela autoridade judiciária, durante a execução.
>
> **Parágrafo único.** O órgão do Ministério Público visitará mensalmente os estabelecimentos penais, registrando a sua presença em livro próprio.[198]

# Art. 69

Leis Penais e Processuais Penais Comentadas – Vol. 2 • **Nucci**

**197. Rol de atribuições:** como se mencionou na nota anterior, se cabe ao Ministério Público fiscalizar a execução penal, oficiando no processo e nos incidentes, é mais do que óbvio poder requerer todas as providências enumeradas neste artigo. Desnecessário, pois, elencá-las. Diga-se mais: além das possibilidades previstas no art. 68, que é rol exemplificativo, muito mais pode competir ao membro da Instituição, como, por exemplo, requerer, em favor do condenado, a concessão de livramento condicional, quando julgar cabível.

**198. Visita aos estabelecimentos penais:** do mesmo modo que o juiz (art. 66, VII, LEP), incumbe ao representante do Ministério Público visitar, mensalmente, os presídios da sua área de atuação para que possa tomar conhecimento da situação e promover as medidas apropriadas para fazer cessar eventuais abusos e irregularidades.

## Capítulo V
### DO CONSELHO PENITENCIÁRIO

> **Art. 69.** O Conselho Penitenciário é órgão consultivo e fiscalizador da execução da pena.
>
> § 1.º O Conselho será integrado por membros nomeados pelo governador do Estado, do Distrito Federal e dos Territórios, dentre professores e profissionais da área de Direito Penal, Processual Penal, Penitenciário e ciências correlatas, bem como por representantes da comunidade. A legislação federal e estadual regulará o seu funcionamento.[199]
>
> § 2.º O mandato dos membros do Conselho Penitenciário terá a duração de quatro anos.

**199. Composição do Conselho Penitenciário:** somente para exemplificar, no Estado de São Paulo, compõe-se de vinte membros efetivos, designados pelo Governador do Estado: a) seis médicos psiquiatras, indicados pelo Conselho Regional de Medicina do Estado de São Paulo; b) quatro Procuradores de Justiça, indicados pelo Procurador-Geral de Justiça do Estado; c) dois Procuradores da República, indicados pelo Procurador-Geral da República; d) quatro Advogados, indicados pela Ordem dos Advogados do Brasil – Seção São Paulo, sendo 2 (dois) deles na qualidade de representantes da comunidade; e) dois Procuradores do Estado, da Procuradoria de Assistência Judiciária, indicados pelo Procurador-Geral do Estado; f) dois Psicólogos, indicados pelo Conselho Regional de Psicologia do Estado de São Paulo (art. 71, Decreto 46.623/2002, com as alterações do Decreto 51.074/2006).

> **Art. 70.** Incumbe ao Conselho Penitenciário:[200]
>
> I – emitir parecer sobre indulto e comutação de pena,[201] excetuada a hipótese de pedido de indulto com base no estado de saúde do preso;
>
> II – inspecionar os estabelecimentos e serviços penais;
>
> III – apresentar, no primeiro trimestre de cada ano, ao Conselho Nacional de Política Criminal e Penitenciária, relatório dos trabalhos efetuados no exercício anterior;
>
> IV – supervisionar os patronatos, bem como a assistência aos egressos.

**200. Ausência no rol das atribuições:** cabe ao Conselho Penitenciário emitir parecer nos pedidos de livramento condicional (art. 131, LEP), embora neste artigo 70 nada se mencione a

# Art. 72

esse respeito. A Lei 10.792/2003 reformulou a redação do inciso I, retirando a anterior previsão para emissão de parecer acerca de livramento condicional, mas se esqueceu o legislador de modificar todo o contexto da Lei de Execução Penal. Por isso, tem-se entendido, nos termos do disposto no art. 131 e seguintes desta Lei, continuar o Conselho Penitenciário vinculado à concessão do livramento condicional (apresentando parecer) e à sua fiscalização. Esse é mais um exemplo de que *reformas pontuais* introduzidas em Códigos ou Leis Especiais, de modo açodado e sem estudo aprofundado, causam perplexidade ao operador do Direito no momento de aplicação do instituto.

**201. Indulto e comutação:** o indulto é o perdão concedido pelo Presidente da República, por decreto (art. 84, XII, CF), provocando a extinção da punibilidade do condenado (art. 107, II, CP); a comutação (indulto parcial) é a redução da pena ou sua substituição por outra, mais branda, sem acarretar a extinção da punibilidade. Na realidade, quando o Conselho Penitenciário é chamado a opinar, o Presidente da República já editou o Decreto de Indulto, cabendo ao referido Conselho avaliar se o condenado preenche os seus requisitos. O parecer do Conselho não vincula o juiz da execução penal. Pensamos, com a devida vênia, ser um entrave burocrático desnecessário ao processo de análise do indulto.

**Capítulo VI**

**DOS DEPARTAMENTOS PENITENCIÁRIOS**

**Seção I**

**Do Departamento Penitenciário Nacional**

> **Art. 71.** O Departamento Penitenciário Nacional, subordinado ao Ministério da Justiça, é órgão executivo da Política Penitenciária Nacional e de apoio administrativo e financeiro do Conselho Nacional de Política Criminal e Penitenciária.
>
> **Art. 72.** São atribuições do Departamento Penitenciário Nacional:[202]
>
> I – acompanhar a fiel aplicação das normas de execução penal em todo o território nacional;
>
> II – inspecionar e fiscalizar periodicamente os estabelecimentos e serviços penais;
>
> III – assistir tecnicamente as unidades federativas na implementação dos princípios e regras estabelecidos nesta Lei;
>
> IV – colaborar com as unidades federativas, mediante convênios, na implantação de estabelecimentos e serviços penais;
>
> V – colaborar com as unidades federativas para a realização de cursos de formação de pessoal penitenciário e de ensino profissionalizante do condenado e do internado;
>
> VI – estabelecer, mediante convênios com as unidades federativas, o cadastro nacional das vagas existentes em estabelecimentos locais destinadas ao cumprimento de penas privativas de liberdade aplicadas pela justiça de outra unidade federativa, em especial para presos sujeitos a regime disciplinar.
>
> VII – acompanhar a execução da pena das mulheres beneficiadas pela progressão especial de que trata o § 3.º do art. 112 desta Lei, monitorando sua integração social e a ocorrência de reincidência, específica ou não, mediante a realização de avaliações periódicas e de estatísticas criminais.[202-A]

# Art. 73

> § 1.º Incumbem também ao Departamento a coordenação e supervisão dos estabelecimentos penais e de internamento federais.
>
> § 2.º Os resultados obtidos por meio do monitoramento e das avaliações periódicas previstas no inciso VII do *caput* deste artigo serão utilizados para, em função da efetividade da progressão especial para a ressocialização das mulheres de que trata o § 3.º do art. 112 desta Lei, avaliar eventual desnecessidade do regime fechado de cumprimento de pena para essas mulheres nos casos de crimes cometidos sem violência ou grave ameaça.[202-B]

**202. Incumbências do Departamento Penitenciário Nacional:** além do disposto nos artigos 71 e 72, a Portaria 156, de 6 de fevereiro de 2006, do Ministro da Justiça, estabelece serem suas atribuições: "planejar e coordenar a política penitenciária nacional" (art. 1.º, I); "processar, estudar e encaminhar, na forma prevista em lei, os pedidos de indultos individuais" (art. 1.º, VIII); "gerir os recursos do Fundo Penitenciário Nacional – FUNPEN" (art. 1.º, IX).

**202-A. Zelar pelas mulheres:** atribuiu-se ao DPN cuidar do cumprimento das penas das mulheres gestantes ou com filhos pequenos/deficientes para que, preenchendo os requisitos do § 3.º do art. 112 desta Lei, possam progredir mais rapidamente de regime. E, depois, sejam acompanhadas.

**202-B. Reiteração da fiscalização:** o resultado do acompanhamento sugerido pelo inciso VII será usado para verificar a efetiva progressão especial; noutros termos, trata-se de uma dupla fiscalização imposta por normas modificadas. O DPN deve acompanhar as mulheres condenadas para que possam progredir o mais rapidamente possível (1/8 da pena no regime anterior).

## Seção II
### Do Departamento Penitenciário local

> **Art. 73.** A legislação local poderá criar Departamento Penitenciário ou órgão similar, com as atribuições que estabelecer.
>
> **Art. 74.** O Departamento Penitenciário local, ou órgão similar, tem por finalidade supervisionar e coordenar os estabelecimentos penais da unidade da Federação a que pertencer.
>
> **Parágrafo único.** Os órgãos referidos no *caput* deste artigo realizarão o acompanhamento de que trata o inciso VII do *caput* do art. 72 desta Lei e encaminharão ao Departamento Penitenciário Nacional os resultados obtidos.[202-C]

**202-C. Nova atribuição:** se o Departamento Penitenciário Nacional não conseguir fiscalizar a contento a nova progressão das mulheres gestantes ou responsáveis por filhos pequenos/deficientes, caberá aos Departamentos Penitenciários Estaduais essa verificação. Tudo no objetivo de soltar mais rapidamente as mulheres, conforme o § 3.º do art. 112 desta Lei.

## Seção III
### Da direção e do pessoal dos estabelecimentos penais

> **Art. 75.** O ocupante do cargo de diretor de estabelecimento deverá satisfazer os seguintes requisitos:[203]

I – ser portador de diploma de nível superior de Direito, ou Psicologia, ou Ciências Sociais, ou Pedagogia, ou Serviços Sociais;

II – possuir experiência administrativa na área;

III – ter idoneidade moral e reconhecida aptidão para o desempenho da função.

**Parágrafo único.** O diretor deverá residir no estabelecimento, ou nas proximidades, e dedicará tempo integral à sua função.

**203. Formação do diretor do estabelecimento penal:** deve ser portador de diploma de nível superior em área logicamente ligada aos aspectos essenciais à individualização executória da pena: Direito, Psicologia, Sociologia, Pedagogia ou Serviços Sociais. Lembremos, inclusive, ser ele integrante da Comissão Técnica de Classificação, que emite pareceres sobre a forma de cumprimento da pena e a respeito do merecimento do condenado (ver os arts. 7.º e 9.º desta Lei). Exige-se, por certo, experiência administrativa na área de estabelecimentos penais, bem como idoneidade moral e aptidão para desempenhar suas funções.

**Art. 76.** O Quadro do Pessoal Penitenciário será organizado em diferentes categorias funcionais, segundo as necessidades do serviço, com especificação de atribuições relativas às funções de direção, chefia e assessoramento do estabelecimento e às demais funções.

**Art. 77.** A escolha do pessoal administrativo, especializado, de instrução técnica e de vigilância atenderá a vocação, preparação profissional e antecedentes pessoais do candidato.[204]

§ 1.º O ingresso do pessoal penitenciário, bem como a progressão ou a ascensão funcional dependerão de cursos específicos de formação, procedendo-se à reciclagem periódica dos servidores em exercício.

§ 2.º No estabelecimento para mulheres somente se permitirá o trabalho de pessoal do sexo feminino, salvo quando se tratar de pessoal técnico especializado.

**204. Aspectos acerca da privatização dos presídios:** muito se fala, hoje em dia, conforme já abordamos anteriormente, a respeito da *privatização* dos presídios, entregando-se à iniciativa privada a construção e o controle dos estabelecimentos penais. Seria uma economia para o Estado e possibilitaria o incremento do número de presídios para atender à crescente demanda. Entretanto, é preciso modificar a Lei de Execução Penal. Nota-se, no art. 77, *caput* e § 1.º, desta Lei, haver regras para a escolha do pessoal administrativo, de instrução técnica e de vigilância, assim como para a progressão e ascensão funcionais. Logo, se o presídio for vigiado e administrado por pessoas estranhas aos quadros da Administração Pública, torna-se imprescindível haver leis específicas e expressas em relação a tais métodos.

**Capítulo VII**
**DO PATRONATO**

**Art. 78.** O Patronato público ou particular destina-se a prestar assistência aos albergados e aos egressos (art. 26).[205]

# Art. 79

**205. Conceito de patronato:** ver a nota 164 ao art. 61, VI, *supra*.

> **Art. 79.** Incumbe também ao Patronato:[206]
>
> I – orientar os condenados à pena restritiva de direitos;
>
> II – fiscalizar o cumprimento das penas de prestação de serviço à comunidade e de limitação de fim de semana;
>
> III – colaborar na fiscalização do cumprimento das condições da suspensão e do livramento condicional.

**206. Incumbências do patronato:** tem uma função fiscalizadora e social. Não lida com presos, mas com condenados soltos. Pode orientar o sentenciado a bem desempenhar a pena restritiva de direitos que lhe foi imposta, em especial a prestação de serviços à comunidade e a limitação de fim de semana, sobre as quais possui, igualmente, a tarefa de fiscalização. Pode colaborar na fiscalização do cumprimento das condições impostas para o gozo de *sursis* (muitas vezes, é a prestação de serviços à comunidade e a limitação de fim de semana) e do livramento condicional. Não deixa de ser a participação ativa da sociedade no cumprimento da pena do condenado.

## Capítulo VIII
## DO CONSELHO DA COMUNIDADE

> **Art. 80.** Haverá, em cada comarca, um Conselho da Comunidade composto, no mínimo, por 1 (um) representante de associação comercial ou industrial, 1 (um) advogado indicado pela Seção da Ordem dos Advogados do Brasil, 1 (um) Defensor Público indicado pelo Defensor Público Geral e 1 (um) assistente social escolhido pela Delegacia Seccional do Conselho Nacional de Assistentes Sociais.[207]
>
> **Parágrafo único.** Na falta da representação prevista neste artigo, ficará a critério do juiz da execução a escolha dos integrantes do Conselho.

**207. Conceito de Conselho da Comunidade e considerações:** ver a nota 165 ao art. 61, VII, *supra*. Registre-se que, após a edição da Lei 12.313/2010, inseriu-se no Conselho da Comunidade a figura do Defensor Público, o que merece aplauso, pois, como órgão da execução penal, deve estar engajado na melhoria do sistema carcerário, independentemente da atividade individual de defesa dos presos.

> **Art. 81.** Incumbe ao Conselho da Comunidade:[208]
>
> I – visitar, pelo menos mensalmente, os estabelecimentos penais existentes na comarca;
>
> II – entrevistar presos;
>
> III – apresentar relatórios mensais ao juiz da execução e ao Conselho Penitenciário;
>
> IV – diligenciar a obtenção de recursos materiais e humanos para melhor assistência ao preso ou internado, em harmonia com a direção do estabelecimento.

**208. Incumbências do Conselho da Comunidade:** além de ser uma forma de engajar membros da sociedade no processo de ressocialização do preso, observa-se que as atividades do Conselho diferem do Patronato, porque, enquanto este órgão cuida de condenados soltos, aquele se volta aos presos. Por isso, impõe a lei que os membros do Conselho visitem, mensalmente, os estabelecimentos penais da sua Comarca, entrevistem presos – quando poderão apurar os bons ou maus tratos por eles vivenciados –, além de apresentar relatórios ao juiz da execução penal e ao Conselho Penitenciário, demonstrando problemas, propondo soluções e registrando desvios da execução. Deve, ainda, diligenciar para a obtenção de recursos materiais e humanos para melhor assistir ao preso, desde que o faça em harmonia com a direção do presídio. Cuida-se de missão relevante, pois são membros da comunidade demandando melhores condições de sustentação para determinado presídio. Certamente, podem dirigir-se aos órgãos governamentais em geral (Poderes Executivo e Legislativo).

## Capítulo IX
### DA DEFENSORIA PÚBLICA

**Art. 81-A.** A Defensoria Pública velará pela regular execução da pena e da medida de segurança, oficiando, no processo executivo e nos incidentes da execução, para a defesa dos necessitados em todos os graus e instâncias, de forma individual e coletiva.[208-A]

**Art. 81-B.** Incumbe, ainda, à Defensoria Pública:[208-B]

I – requerer:

*a)* todas as providências necessárias ao desenvolvimento do processo executivo;

*b)* a aplicação aos casos julgados de lei posterior que de qualquer modo favorecer o condenado;

*c)* a declaração de extinção da punibilidade;

*d)* a unificação de penas;

*e)* a detração e remição da pena;

*f)* a instauração dos incidentes de excesso ou desvio de execução;

*g)* a aplicação de medida de segurança e sua revogação, bem como a substituição da pena por medida de segurança;

*h)* a conversão de penas, a progressão nos regimes, a suspensão condicional da pena, o livramento condicional, a comutação de pena e o indulto;

*i)* a autorização de saídas temporárias;

*j)* a internação, a desinternação e o restabelecimento da situação anterior;

*k)* o cumprimento de pena ou medida de segurança em outra comarca;

*l)* a remoção do condenado na hipótese prevista no § 1.º do art. 86 desta Lei;

II – requerer a emissão anual do atestado de pena a cumprir;

III – interpor recursos de decisões proferidas pela autoridade judiciária ou administrativa durante a execução;

IV – representar ao Juiz da execução ou à autoridade administrativa para instauração de sindicância ou procedimento administrativo em caso de violação das normas referentes à execução penal;

# Art. 82

> V – visitar os estabelecimentos penais, tomando providências para o adequado funcionamento, e requerer, quando for o caso, a apuração de responsabilidade;
>
> VI – requerer à autoridade competente a interdição, no todo ou em parte, de estabelecimento penal.
>
> **Parágrafo único.** O órgão da Defensoria Pública visitará periodicamente os estabelecimentos penais, registrando a sua presença em livro próprio.[208-C]

**208-A. Defensoria Pública como fiscal e parte na execução penal:** equiparou-se a Defensoria Pública ao Ministério Público nas atividades relativas à fiscalização da execução penal e no tocante ao individual acompanhamento dos interesses dos presos hipossuficientes. Os pleitos formulados podem ser dirigidos ao Judiciário de modo individual ou coletivo, abrangendo vários detidos ao mesmo tempo, facilitando o pleito (ex.: garantir o direito de saída temporária, em determinada data, para todos os presos de certo estabelecimento penitenciário). Observe-se que *todos* os presos têm direito ao contraditório e à ampla defesa, embora a lei tenha estipulado o atendimento da Defensoria Pública somente aos necessitados. Diante disso, cabe ao juiz da execução nomear defensor dativo para cumprir as funções constitucionais para os condenados que tenham condições financeiras, mas, na realidade, não possuam assistência jurídica. Depois, poderá o defensor cobrar seus honorários na Justiça.

**208-B. Rol de atribuições:** embora extenso, cuida-se de rol meramente exemplificativo, pois a Defensoria Pública deve engajar-se em todos os casos pertinentes aos direitos e garantias dos presos, na ótica individual ou coletiva. De todo modo, tais atribuições são mais numerosas do que as previstas para o Ministério Público; o fundamento disso reside na particular missão de defesa dos interesses dos sentenciados, enquanto o órgão ministerial deve, primordialmente, zelar pela regularidade da execução, mas não necessariamente requerer benefícios em favor dos condenados.

**208-C. Visita aos presídios:** entre as atribuições encontra-se o dever de visitar os estabelecimentos penais para checar o seu regular funcionamento, algo que confere à instituição a posição de fiscal da execução penal.

### TÍTULO IV
### DOS ESTABELECIMENTOS PENAIS

#### Capítulo I
#### DISPOSIÇÕES GERAIS

> **Art. 82.** Os estabelecimentos penais destinam-se ao condenado, ao submetido à medida de segurança, ao preso provisório e ao egresso.[209]
>
> § 1.º A mulher e o maior de 60 anos, separadamente, serão recolhidos a estabelecimento próprio e adequado à sua condição pessoal.[210]
>
> § 2.º O mesmo conjunto arquitetônico poderá abrigar estabelecimentos de destinação diversa desde que devidamente isolados.[211, 211-A]

**209. Destinação dos estabelecimentos penais:** ao condenado (regimes fechado, semiaberto e aberto), ao submetido a medida de segurança (internado em hospital de custódia de tratamento), ao preso provisório (decorrência da prisão cautelar) e ao egresso (neste caso, nos termos do art. 26 desta Lei, seria a pessoa que foi liberada definitivamente do estabelecimento onde se encontrava, pelo período de um ano, bem como aquele que for colocado em liberdade condicional). Quanto ao egresso, não se pode pressupor que os estabelecimentos penais em geral a ele se destinem, pois está em liberdade. Entretanto, se considerarmos o período de assistência de dois meses em *estabelecimento adequado* (art. 25, II, LEP), seria este o lugar mencionado no art. 82 compatível com o egresso.

**210. Proteção à mulher e ao idoso:** cumpre-se o disposto no art. 5.º, XLVIII, da Constituição Federal: "a pena será cumprida em estabelecimentos distintos, de acordo com a natureza do delito, a idade e o sexo do apenado". A separação de homens e mulheres evita a promiscuidade e as violências sexuais. Quanto ao idoso, por sua situação mais frágil, no cenário físico e psicológico, é justo ter um estabelecimento apropriado para cumprir sua pena, seja ela no regime fechado, semiaberto ou aberto. Aliás, quando estiver em regime aberto, possuindo mais de 70 anos, está livre da Casa do Albergado, podendo recolher-se em sua própria residência (é a prisão-albergue domiciliar).

**211. Presídios únicos com nítidas separações:** a lei não impõe que o Poder Público mantenha um prédio isolado para mulheres e outro, em lugar totalmente distinto, para idosos. É viável que, no mesmo complexo de prédios, volteado por uma só muralha, existam diversos pavilhões ou alas, devidamente isoladas, que possam abrigar mulheres e pessoas idosas. A tendência, entretanto, é a separação completa, pois o imenso presídio, como ocorreu com a Casa de Detenção de São Paulo, que abrigava cerca de 7.000 presos, demonstra a inviabilidade no controle e, também, quanto ao progresso para a ressocialização. Torna-se autêntica *cidade*, que pode fugir ao controle da administração geral. A referida Casa de Detenção foi desativada, depois da ocorrência do conhecido *massacre do Carandiru*, ocorrido em 1992, quando a PM invadiu o presídio e matou 111 detentos.

**211-A. Transexuais femininas e travestis:** é preciso regulamentar, de preferência em lei, o lugar adequado para que sejam presas provisoriamente e, igualmente, para que cumpram a pena. Afinal, a evolução dos costumes e o aprendizado geral da comunidade científica reconhecem a diversidade de gênero. Parece-nos importante que tenham um local apropriado para o seu recolhimento, a fim de se evitar que sejam vítimas de violências físicas ou morais. Em decisão monocrática, o STF concedeu a elas o direito de escolher o lugar para o cumprimento da prisão. O ideal, segundo nos parece, seria haver uma ala ou pavilhão específico para todas as detentas, porque a mera opção entre presídio masculino e presídio feminino não resolve, de vez, o problema. Além disso, a opção por uma penitenciária feminina, igualmente, pode não ser a proposta mais adequada. Um estudo especializado seria indispensável para que uma lei seja editada para resolver esse ponto especificamente. Na sua dissertação de mestrado (*Execução penal e transexualidade*), aprovada em 21 de fevereiro de 2020, na PUC-SP, Amanda Ferreira de Souza Nucci apresenta relevantes pontos nesse tópico, concentradas na conclusão do trabalho: "assim, discute-se a criação de um novo modelo carcerário, de modo que seja possível abarcar as diversidades humanas, ou seja, garantir ao sentenciado transgênero (transexual, travesti, andróginos e outros) que sua dignidade humana seja preservada acima de tudo. (...) Para tanto, seria imperioso que efetivamente fosse implementado um projeto para alteração da Lei de Execução Penal a fim de que conste expressamente em lei como se dará o tratamento para essa população quando do encarceramento, devendo constar na proposta soluções que abarquem alas específicas para destinação desta população a fim de proteger a incolumidade física e psicológica dessas pessoas. Assim, primeiramente é importante que conste em todos os prontuários, documentos e sistemas de informação e pela administração dos estabelecimentos prisionais o nome social dos presos e presas travestis e

# Art. 82

Leis Penais e Processuais Penais Comentadas – Vol. 2 • Nucci

transexuais, com determinação para que todos os agentes os chamem pelos devidos nomes. Para além disso, é imperioso que a população transgênero encarcerada seja chamada pelo seu nome social, devendo utilizar as roupas condizentes com sua opção de gênero (femininas, masculinas ou neutras), podendo e devendo manter seus cabelos compridos caso desejarem. (...) Ademais, uma das possibilidades para adequação do sistema prisional seria endereçar a população transgênero, quando necessário o confinamento, em ala específica dentro do estabelecimento prisional para não permanecer em situação de risco. (...) Contudo, é indiscutível que a pessoa travesti ou transexual deve ser endereçada para uma ala segura, sem dividir cela com pessoas de outro gênero ou orientação sexual diversa, a fim de evitar situações como estupros, lesões corporais, abusos psicológicos diversos, entre outros. (...) Em caso de dúvida sobre para qual local deve ser encaminhado o indivíduo, em razão da sua opção de gênero, é evidente que deve existir uma cela e ala própria para seu acolhimento – ainda que momentânea – sem a presença de homens ou mulheres, a fim de que, somente após a definição de seu efetivo encaminhamento, esta pessoa possa ser transferida de acordo com o gênero que escolheu. (...) Além disso, o Estado precisa fomentar a capacitação de seus funcionários, por meios de cursos e fornecendo estudo, em especial nos estabelecimentos prisionais, sob o ponto de vista de que a identidade de gênero deve ser respeitada, frisando o princípio norteador da dignidade da pessoa humana e fornecendo elementos para que os colaboradores estejam capacitados para lidar com a vulnerabilidade dos sentenciados transgêneros. (...) As administrações prisionais devem fazer todos os ajustes possíveis para garantir que todos os presos (incluindo transgêneros, deficientes físicos e mentais, mulheres grávidas) tenham total acesso e de forma efetiva à vida prisional, em respeito à igualdade e ao princípio da dignidade da pessoa humana. (...) Conforme amplamente exposto e reiterado, a expressão da orientação sexual e identidade de gênero, implicam essencialmente em respeito à dignidade da pessoa humana, estando a pessoa encarcerada ou não, sendo certo que, por qualquer prisma que se analise, a conclusão que se toma é de que todo ser humano deve cumprir sua pena em estabelecimentos dignos, de acordo com a natureza do delito, a idade e o sexo do apenado (art. 5º, XLVIII, da CF), bem assim vedando-se o tratamento desumano e degradante (art. 5º, III, da CF), independentemente de sua orientação sexual ou identidade de gênero". Na jurisprudência: STF: "1. Direito das transexuais femininas e travestis ao cumprimento de pena em condições compatíveis com a sua identidade de gênero. Incidência do direito à dignidade humana, à autonomia, à liberdade, à igualdade, à saúde, vedação à tortura e ao tratamento degradante e desumano (CF/1988, art. 1º, III; e art. 5º, *caput*, III). Normas internacionais e Princípios de Yogyakarta. Precedentes: ADI 4.275, red. p/ acórdão Min. Edson Fachin; RE 670.422, rel. Min. Dias Toffoli. 2. Amadurecimento da matéria alcançado por meio de diálogo institucional estabelecido entre Poder Executivo, Poder Judiciário e entidades representativas da sociedade civil. Relatório do Ministério da Mulher, da Família e dos Direitos Humanos e Nota Técnica do Ministério da Justiça e da Segurança Pública sinalizando uma notável evolução do entendimento do Poder Executivo quanto ao tratamento a ser conferido a transexuais e travestis identificados com o gênero feminino, no âmbito do sistema carcerário. 3. *Ambos os documentos recomendam a transferência, mediante consulta individual da pessoa trans ou da travesti, para estabelecimento prisional feminino ou masculino, no último caso, para ala separada, que lhes garanta a segurança.* Necessidade de acomodar: (i) questões de identidade de gênero com (ii) relações de afeto e/ou estratégias de sobrevivência eventualmente estabelecidas, que minimizam o sofrimento de um grupo profundamente vulnerável e estigmatizado. 4. Cautelar ajustada quanto às transexuais e estendida às travestis" (Medida cautelar na arguição de descumprimento de preceito fundamental 527 – DF, rel. Roberto Barroso, 18.03.2021, decisão monocrática).

# Art. 83

**Art. 83.** O estabelecimento penal, conforme a sua natureza, deverá contar em suas dependências com áreas e serviços destinados a dar assistência, educação, trabalho, recreação e prática esportiva.[212]

§ 1.º Haverá instalação destinada a estágio de estudantes universitários.

§ 2.º Os estabelecimentos penais destinados a mulheres serão dotados de berçário, onde as condenadas possam cuidar de seus filhos, inclusive amamentá-los, no mínimo, até 6 (seis) meses de idade.[213]

§ 3.º Os estabelecimentos de que trata o § 2.º deste artigo deverão possuir, exclusivamente, agentes do sexo feminino na segurança de suas dependências internas.[213-A]

§ 4.º Serão instaladas salas de aulas destinadas a cursos do ensino básico e profissionalizante.[213-B]

§ 5.º Haverá instalação destinada à Defensoria Pública.[213-C]

**212. Estabelecimento penal e serviços oferecidos:** presídios não devem ser construídos, organizados e administrados para *dar lucro* ao Estado. Infelizmente, lida-se com o lado cruel da sociedade, que é a criminalidade. Se várias pessoas erraram, muitas delas pelas carências impostas pela própria política estatal, que lhes retirou a chance do emprego lícito e os demais benefícios em função disso, tornando-se condenadas, necessitam de reeducação. Esse é um processo caro e complexo, motivo pelo qual não vemos com bons olhos nenhuma administração que se proclama *econômica* no patrocínio do cumprimento das penas dos presos. Surge, nesse cenário, como já abordamos anteriormente, o processo de *terceirização* de serviços e até mesmo o pensamento de se *privatizar* presídios. Na realidade, o estabelecimento penal deve funcionar de acordo com o disposto em lei. No regime fechado, é imperioso existir vaga de trabalho para cada um dos presos, por exemplo. Não compreendemos e não podemos aceitar que a direção do presídio, em conjunto com outros organismos estatais, promova a desativação de vários setores do estabelecimento (ex.: cozinha, lavanderia) com o fito de terceirizar o serviço, a pretexto de *sair mais barato* aos cofres públicos. Pode até ser verdade, mas os postos de trabalho desperdiçados são inúmeros. Muitos presos podem deixar de exercer qualquer atividade justamente por isso. O art. 83, ora em comento, é claro ao determinar que o estabelecimento, conforme sua natureza, deve contar com serviços de assistência, educação, trabalho, recreação e prática esportiva ao condenado. É inconcebível que um presídio desative a lavanderia, somente para ilustrar, contratando empresas particulares para cuidar das roupas dos presos, enquanto vários deles ficam o dia todo em plena ociosidade, por total falta de ocupação. O dinheiro que o Estado diz poupar nessa fase do cumprimento da pena, com certeza, vai gastar no futuro, comprando mais armas para a polícia, aumentando o número de vagas nos cárceres e elevando o contingente de policiais. Afinal, se o preso for ilusoriamente reeducado, poderá tornar à liberdade em situação piorada e a criminalidade somente experimentará incremento. Se o preso não aprender a trabalhar e a gostar de viver da força da sua atividade laborativa, não terá como sobreviver, fora do cárcere, de maneira honesta. Logo, retirar os serviços descritos no art. 83, desta Lei, dos estabelecimentos penais somente merece crítica. Lembremos, ainda, que a autorização para trabalho externo é excepcional e não a regra. Se se tornar a regra, é possível que o alto preço seja pago pela sociedade, pois condenados despreparados voltam às ruas para continuar cometendo crimes, sob o pretexto de estarem trabalhando fora do presídio, pois neste não há oferta de labor. O círculo vicioso da economia-terceirização de serviços-falha no processo de reeducação precisa ser rompido.

# Art. 83

**213. Mães presas:** o § 2.º do art. 83 desta Lei, modificado pela Lei 11.942/2009, também é uma decorrência do disposto no art. 5.º, L, da Constituição Federal: "às presidiárias serão asseguradas condições para que possam permanecer com seus filhos durante o período de amamentação". Em igual sentido, o art. 10 da Lei 8.069/90 preceitua que os "hospitais e demais estabelecimentos de atenção à saúde de gestantes, públicos e particulares, são obrigados: (...) V – manter alojamento conjunto, possibilitando ao neonato a permanência junto à mãe; VI – acompanhar a prática do processo de amamentação, prestando orientações quanto à técnica adequada, enquanto a mãe permanecer na unidade hospitalar, utilizando o corpo técnico já existente". Na realidade, a novidade concentrou-se em dois pontos: a) a mãe pode *cuidar* de seu filho – e não somente amamentá-lo, como constava da anterior redação; b) o período para esse trato, inclusive amamentação, foi fixado em seis meses, o que inexistia anteriormente.

**213-A. Segurança interna:** deve ser realizada, exclusivamente, por agentes do sexo feminino, buscando-se assegurar a integridade moral das presas, evitando-se qualquer assédio ou invasão de privacidade, motivada por questões sexuais. Cumpre-se, pois, o disposto nos incisos XLVIII ("a pena será cumprida em estabelecimentos distintos, de acordo com a natureza do delito, a idade e o sexo do apenado") e XLIX ("é assegurado aos presos o respeito à integridade física e moral") da Constituição Federal. A preocupação em estabelecer divisão por sexos nas atividades que envolvem contato direto, físico e moral, também encontra previsão na legislação ordinária, *v.g.*, no art. 249 do Código de Processo Penal, tratando da revista pessoal: "A busca em mulher será feita por outra mulher, se não importar retardamento ou prejuízo da diligência". Sabe-se, por certo, que eventual assédio pode dar-se de uma mulher (agente de segurança) em relação a outra (presa), mas, nessa hipótese, cuida-se de exceção. Mais conveniente, para a harmonia interna do estabelecimento prisional, seja a segurança conduzida por mulheres, uma vez que se trata de local destinado a pessoas presas do sexo feminino. A previsão feita no § 3.º não envolve a guarda externa, em particular nos estabelecimentos de regime fechado, onde existem as muralhas, com policiais ou agentes de segurança armados, podendo ser de ambos os sexos. A pretexto de impedir a revista humilhante que se fazia em mulheres, por exemplo, o agachamento para verificar algo escondido nas partes íntimas, a Lei 13.271/2016 explica o seguinte: "dispõe sobre a proibição de revista íntima de funcionárias nos locais de trabalho e trata da revista íntima em ambientes prisionais". Entretanto, após o veto da Presidente da República ao art. 3.º ("Nos casos previstos em lei, para revistas em ambientes prisionais e sob investigação policial, a revista será unicamente realizada por funcionários servidores femininos"), sob o pálido argumento de que "a redação do dispositivo possibilitaria interpretação no sentido de ser permitida a revista íntima nos estabelecimentos prisionais. Além disso, permitiria interpretação de que quaisquer revistas seriam realizadas unicamente por servidores femininos, tanto em pessoas do sexo masculino quanto do feminino", *não há mais nenhuma norma que alcance o ambiente prisional*. Restou, apenas, o art. 1.º: "as empresas privadas, os órgãos e entidades da administração pública, direta e indireta, ficam proibidos de adotar qualquer prática de revista íntima de suas funcionárias e de clientes do sexo feminino". Ora, as visitas dos presos não são nem funcionárias, nem clientes dos órgãos e entidades da administração pública. Logo, a lei não tem aplicabilidade ao sistema prisional.

**213-B. Ensino básico e profissionalizante:** constitui o ensino básico, nos termos do art. 21, I, da Lei 9.394/96, a educação infantil, o ensino fundamental e o ensino médio. Nos termos dos arts. 32 e 35 da referida Lei, no campo do ensino fundamental, busca-se abranger toda a formação necessária à completa alfabetização, com o domínio da leitura, da escrita e do cálculo, bem como se agregando a compreensão do ambiente natural e social, do sistema político, das artes, da tecnologia e dos demais valores da sociedade. Desenvolve-se, ainda, a capacidade de aprendizagem, com o objetivo de adquirir novos conhecimentos e habilidades.

No cenário do ensino médio, tem-se por fim consolidar o conhecimento auferido no ensino fundamental, aprofundando-o e preparando a pessoa para o trabalho e para o exercício da cidadania. Almeja-se atingir o desenvolvimento intelectual e a compreensão de fundamentos científicos e tecnológicos dos processos produtivos em geral. A inserção do § 4.º ao art. 83, fruto da Lei 12.245/2010, complementa o determinado pelo *caput*, no sentido de que o estabelecimento penal deve contar com dependências voltadas à educação. Esmiúça-se o âmbito do ensino objetivado para o preso, fixando a meta de formá-lo nos níveis fundamental e médio, sendo que, neste último caso, associa-se o programa profissionalizante, perfeitamente compatível com essa fase do estudo. Por isso, nos termos do art. 36-B, I, da Lei 9.394/96, deve-se conduzir o programa do ensino médio em harmonia com o ensino profissionalizante. Idealiza-se cumprir, na prática, o horizonte do art. 208, I, da Constituição Federal, garantindo-se a todos a "educação básica obrigatória e gratuita (...)". Certamente, colocando-se em funcionamento as aulas de ensino básico e profissionalizante, pode-se mais adequadamente seguir o disposto no art. 126 desta Lei de Execução Penal, com a redação dada pela Lei 12.433/2011, regularizando o estudo como forma de remição da pena dos sentenciados. Assim, os presos terão condições de auferir melhores condições intelectuais e profissionais para enfrentar o mercado de trabalho, quando deixarem o cárcere.

**213-C. Defensoria Pública:** se a instituição passa a ser considerada órgão da execução penal e deve visitar os estabelecimentos penais com regularidade, além da incumbência de cuidar dos interesses dos presos hipossuficientes, é mais que natural e lógico possuir instalações condignas nos presídios. Poderá manter arquivos, computadores e outros instrumentos de apoio para facilitar o exercício das suas funções.

> **Art. 83-A.** Poderão ser objeto de execução indireta as atividades materiais acessórias, instrumentais ou complementares desenvolvidas em estabelecimentos penais, e notadamente:[213-D]
>
> I – serviços de conservação, limpeza, informática, copeiragem, portaria, recepção, reprografia, telecomunicações, lavanderia e manutenção de prédios, instalações e equipamentos internos e externos;
>
> II – serviços relacionados à execução de trabalho pelo preso.
>
> § 1.º A execução indireta será realizada sob supervisão e fiscalização do poder público.
>
> § 2.º Os serviços relacionados neste artigo poderão compreender o fornecimento de materiais, equipamentos, máquinas e profissionais.

**213-D. Execução indireta das atividades desenvolvidas em presídios:** o Estado consagra, nessa modificação legal, justamente o contrário do que se esperava. Todos os serviços narrados nos incisos I e II deveriam ser atribuídos ao preso, para que ele pudesse gozar do benefício da remição. Terceirizar tudo significa, simplesmente, exterminar o trabalho lícito do preso. É mais uma lei eliminatória dos fundamentos e finalidades da pena, em nome de interesses administrativos do Poder Executivo.

> **Art. 83-B.** São indelegáveis as funções de direção, chefia e coordenação no âmbito do sistema penal, bem como todas as atividades que exijam o exercício do poder de polícia, e notadamente:[213-E]
>
> I – classificação de condenados;
>
> II – aplicação de sanções disciplinares;

# Art. 84

> III – controle de rebeliões;
>
> IV – transporte de presos para órgãos do Poder Judiciário, hospitais e outros locais externos aos estabelecimentos penais.

**213-E. Funções indelegáveis:** nem era preciso este artigo, pois consta nesta Lei quem exerce a função de direção no sistema carcerário. A sua fixação legal serve apenas para ratificar o artigo anterior (das atividades delegáveis). Fica, então, claro que a direção geral, chefia e coordenação, no estabelecimento penal, é uma atividade designada pelo Executivo. E, nesse prisma, cabe a esses postos a classificação dos condenados (em verdade, uma tarefa da Comissão Técnica de Classificação), a aplicação das sanções disciplinares (após o devido processo legal, no âmbito administrativo), o controle das rebeliões (que somente teria cabimento se feito por alguém designado diretamente pelo Estado) e o transporte de presos (terceirizar seria como fazer o mesmo com a polícia). Enfim, nada de novo neste artigo; apenas ratifica-se o óbvio, sob pena de, prevendo em sentido contrário, ser considerado ilegal ou inconstitucional.

> **Art. 84.** O preso provisório ficará separado do condenado por sentença transitada em julgado.[214]
>
> § 1.º Os presos provisórios ficarão separados de acordo com os seguintes critérios:[215]
>
> I – acusados pela prática de crimes hediondos ou equiparados;[215-A]
>
> II – acusados pela prática de crimes cometidos com violência ou grave ameaça à pessoa;[215-B]
>
> III – acusados pela prática de outros crimes ou contravenções diversos dos apontados nos incisos I e II.[215-C]
>
> § 2.º O preso que, ao tempo do fato, era funcionário da Administração da Justiça Criminal ficará em dependência separada.[215-D]
>
> § 3.º Os presos condenados ficarão separados de acordo com os seguintes critérios:[215-E]
>
> I – condenados pela prática de crimes hediondos ou equiparados;[215-F]
>
> II – reincidentes condenados pela prática de crimes cometidos com violência ou grave ameaça à pessoa;[215-G]
>
> III – primários condenados pela prática de crimes cometidos com violência ou grave ameaça à pessoa;[215-H]
>
> IV – demais condenados pela prática de outros crimes ou contravenções em situação diversa das previstas nos incisos I, II e III.[215-I]
>
> § 4.º O preso que tiver sua integridade física, moral ou psicológica ameaçada pela convivência com os demais presos ficará segregado em local próprio. (NR) [216-216-A]

**214. Regras de separação de presos:** sempre defendemos que o disposto no art. 84 desta Lei é não somente sensato como imprescindível para a devida ressocialização de cada preso, tornando o processo de individualização executória da pena uma realidade. Não se pode conceber que condenados definitivos compartilhem espaços conjuntos com presos provisórios. Estes estão detidos por medida de cautela, sem apuração de culpa formada, podendo deixar o cárcere a qualquer momento, inclusive em decorrência de absolvição. Se forem mantidos juntamente com sentenciados, mormente os perigosos, tendem a absorver defeitos e lições errôneas, passíveis de lhes transformar a vida, especialmente quando deixarem o cárcere. Além disso, estão sujeitos a violências de toda ordem, tornando a prisão cautelar uma medida extremamente amarga e, até mesmo, cruel. Sob outra ótica, também não tem o menor cabimento a mistura, na mesma cela, ou nas mesmas atividades, do condenado primário com o reincidente. Este apresenta, sem dúvida, maior tendência à criminalidade, tanto que já possui condenações variadas. O outro é *estreante*, podendo nunca mais tornar a delinquir, desde que consiga ser convenientemente reeducado. Para isso, o Estado deve assumir a responsabilidade de não prejudicar o seu aprendizado, não permitindo que conviva com delinquentes habituais, muito mais distantes de qualquer chance de ressocialização efetiva. Se um ou outro preso, reincidente e perigoso, é recalcitrante ao processo educacional que a pena lhe visa impor, não pode contaminar a maioria da população carcerária, que apresenta condições de melhora, *desde que o Estado cumpra a sua parte* no método imposto por lei. Antes de se defender, com certa ingenuidade, que a pena de prisão está *falida*, deve-se voltar os olhos às verdadeiras condições dos cárceres brasileiros, constatando não se cumprir, na sua imensa maioria, o disposto na Lei de Execução Penal, tampouco no Código Penal. Portanto, não se pode ter por *falido* o que nunca teve crédito, nem foi concretizado. A terceira etapa de separação tem viabilidade e não afeta o princípio da igualdade: deve-se separar dos demais presos os condenados que eram funcionários da Justiça criminal. É evidente que há forte probabilidade de represália de presos comuns contra condenados, que, antes, trabalhavam como servidores da Justiça (policiais, oficiais de justiça, juízes, promotores etc.). Na jurisprudência: STF: "Agravo regimental em *habeas corpus*. 2. Art. 84 da Lei de Execução Penal (LEP). 3. Constrangimento ilegal. Impossibilidade de o preso provisório ser encarcerado preventivamente em local destinado a presos definitivos. 4. Decisão do Juízo *a quo*, que determinara a necessária transferência do paciente, encontra-se legitimamente justificada, nos termos do art. 86, § 3º, da Lei 7.210/1984 e, por conseguinte, tem o condão de elidir a aplicação do disposto no art. 84 da mesma Lei. Precedentes. 5. No caso concreto, está sendo assegurado ao paciente o tratamento diferenciado exigido pela lei aos presos provisórios, porquanto, embora preso em presídio destinado a presos definitivos, o estabelecimento prisional possui ala específica para presos provisórios, os quais ficam isolados dos condenados e recebem tratamento diferenciado. 6. Agravo regimental a que se nega provimento" (HC 132.830 AgR – PR, 2.ª T., rel. Gilmar Mendes, 07.10.2016, v.u.).

**215. Os específicos critérios introduzidos pela Lei 13.167, de 6 de outubro de 2015:** em primeiro plano, merece aplauso a referida lei, pois torna ainda mais detalhado o critério de separação de presos, tal como sustentamos na nota anterior. Porém, em segundo momento, quais as chances de o Poder Executivo implantar, com efetividade, tais critérios? Arriscaríamos dizer que são mínimas. Se não for implementada a lei, cujo vigor é imediato, pode-se cuidar de desvio (para o condenado) ou excesso (para o provisório) de execução. Entendemos deva o Judiciário zelar por isso. Não se faz lei à toa. Leis são o espelho fiel do princípio da legalidade, razão pela qual o seu deliberado descumprimento pode acarretar os referidos incidentes. Conforme a gravidade da situação – um preso provisório primário, por furto simples, com um reincidente violento, por crime hediondo, como o latrocínio – deve-se admitir o *habeas corpus* para imediatamente corrigir a situação de constrangimento ilegal patente. No entanto, se o Judiciário, contentando o Executivo, fechar as vistas para essa mescla ilegal, será mais uma lei (promissora) a cair no vazio. Quanto aos critérios legais, cremos razoáveis. Em ordem de relevância: autores de delitos hediondos; agentes de crimes violentos; os demais (para os provisórios). No quadro dos condenados: a) hediondos; b) reincidentes em crimes violentos; c) autores de delitos violentos; d) os demais. Naturalmente, podem-se discutir, com base na criminologia, tais vetores. O autor de uma falsificação de remédio, embora crime hediondo, não é, como regra, tão perigoso quanto um homicida ou latrocida, embora possam ficar juntos na mesma cela. E assim outras críticas podem ser tecidas. A mais importante, entretanto, é

# Art. 84

Leis Penais e Processuais Penais Comentadas – Vol. 2 • **Nucci**

o potencial desprezo à novel legislação pelo Poder encarregado de aplicá-la nos presídios do Brasil: o Executivo (União, nos presídios federais; Estados, nos estaduais).

**215-A. Crimes hediondos e equiparados:** são os previstos no art. 1.º da Lei 8.072/90: "I – homicídio (art. 121), quando praticado em atividade típica de grupo de extermínio, ainda que cometido por 1 (um) só agente, e homicídio qualificado (art. 121, § 2.º, incisos I, II, III, IV, V, VII, VIII e IX; I-A – lesão corporal dolosa de natureza gravíssima (art. 129, § 2º) e lesão corporal seguida de morte (art. 129, § 3º), quando praticadas contra: a) autoridade ou agente descrito nos arts. 142 e 144 da Constituição Federal, integrantes do sistema prisional e da Força Nacional de Segurança Pública, no exercício da função ou em decorrência dela, ou contra seu cônjuge, companheiro ou parente consanguíneo até o terceiro grau, em razão dessa condição; b) membro do Poder Judiciário, do Ministério Público, da Defensoria Pública ou da Advocacia Pública, de que tratam os arts. 131 e 132 da Constituição Federal, ou oficial de justiça, no exercício da função ou em decorrência dela, ou contra seu cônjuge, companheiro ou parente, inclusive por afinidade, até o terceiro grau, em razão dessa condição; I-B – feminicídio (art. 121-A); II – roubo: a) circunstanciado pela restrição de liberdade da vítima (art. 157, § 2.º, inciso V); b) circunstanciado pelo emprego de arma de fogo (art. 157, § 2.º-A, inciso I) ou pelo emprego de arma de fogo de uso proibido ou restrito (art. 157, § 2.º-B); c) qualificado pelo resultado lesão corporal grave ou morte (art. 157, § 3.º); III – extorsão qualificada pela restrição da liberdade da vítima, ocorrência de lesão corporal ou morte (art. 158, § 3.º); IV – extorsão mediante sequestro e na forma qualificada (art. 159, *caput*, e §§ 1.º, 2.º e 3.º); V – estupro (art. 213, *caput*, §§ 1.º e 2.º); VI – estupro de vulnerável (art. 217-A, *caput*, §§ 1.º, 2.º, 3.º e 4.º; VII – epidemia com resultado morte (art. 267, § 1.º); VII-A – (VETADO); VII-B – falsificação, corrupção, adulteração ou alteração de produto destinado a fins terapêuticos ou medicinais (art. 273, *caput* e § 1.º, §§ 1.º-A e 1.º-B, com a redação dada pela Lei 9.677, de 2 de julho de 1998); VIII – favorecimento da prostituição ou de outra forma de exploração sexual de criança ou adolescente ou de vulnerável (art. 218-B, *caput*, §§ 1.º e 2.º); IX – furto qualificado pelo emprego de explosivo ou de artefato análogo que cause perigo comum (art. 155, § 4.º-A); X – induzimento, instigação ou auxílio a suicídio ou a automutilação realizados por meio da rede de computadores, de rede social ou transmitidos em tempo real (art. 122, *caput* e § 4.º); XI – sequestro e cárcere privado cometido contra menor de 18 (dezoito) anos (art. 148, § 1.º, inciso IV); XII – tráfico de pessoas cometido contra criança ou adolescente (art. 149-A, *caput*, incisos I a V, e § 1.º, inciso II)". Ainda, no parágrafo único: "consideram-se também hediondos tentados ou consumados: I – o crime de genocídio, previsto nos arts. 1.º, 2.º e 3.º da Lei 2.889, de 1.º de outubro de 1956; II – o crime de posse ou porte ilegal de arma de fogo de uso proibido, previsto no art. 16 da Lei nº 10.826, de 22 de dezembro de 2003; III – o crime de comércio ilegal de armas de fogo, previsto no art. 17 da Lei nº 10.826, de 22 de dezembro de 2003; IV – o crime de tráfico internacional de arma de fogo, acessório ou munição, previsto no art. 18 da Lei nº 10.826, de 22 de dezembro de 2003; V – o crime de organização criminosa, quando direcionado à prática de crime hediondo ou equiparado; VI – os crimes previstos no Decreto-lei 1.001, de 21 de outubro de 1969 (Código Penal Militar), que apresentem identidade com os crimes previstos no art. 1.º desta Lei; VII – os crimes previstos no § 1.º do art. 240 e no art. 241-B da Lei 8.069, de 13 de julho de 1990 (Estatuto da Criança e do Adolescente)". São delitos equiparados a hediondos, conforme previsão do art. 2.º, *caput*, da mesma Lei: "a prática da tortura, o tráfico ilícito de entorpecentes e drogas afins e o terrorismo".

**215-B. Crimes violentos contra a pessoa:** há muito, por força da tradição, habituou-se o legislador a separar a violência física da violência moral (ameaça grave). De toda forma, são variados os crimes inseridos nesse perfil, mas de longe, em número, encontra-se o roubo. Autores desse delito devem ficar separados de outros delitos, mesmo patrimoniais, como o furto, o estelionato etc. Porém, há um desacerto nesse critério, quando se colocar na mesma cela o agente de uma ameaça, no lar, com um assaltante de banco. É preciso prudência para localizar o cerne dessa divisão.

**215-C. Crimes diversos:** todos os demais delitos, que não se encaixarem nos incisos anteriores possibilitarão aos seus autores permanecer juntos, na mesma cela. Entretanto, esta nos parece uma norma verdadeiramente difícil de ser aplicada. Não por má vontade do Poder Executivo, mas por falta de *candidatos*. Quem consegue, atualmente, depois do advento da Lei 9.099/95, ser preso pela prática de contravenção? Com a transação e o *sursis* processual, o processo nem termina para as infrações de menor potencial ofensivo. Se houver julgamento, há as penas alternativas, o *sursis*, o regime aberto (cumprido em casa – Prisão-albergue Domiciliar). Enfim, um inciso de pouca utilidade prática.

**215-D. Funcionários da administração da justiça criminal:** envolve um critério de segurança, evitando a indevida mescla de pessoas, que antes cuidavam da vigilância de presos, por exemplo, uma vez condenados, passem a conviver com aqueles vigiados. É possível haver represália, colocando em risco a integridade física dos ex-funcionários. A expressão "administração da justiça criminal" abrange uma gama enorme de serventuários – e não apenas os que trabalhavam como agentes penitenciários, podendo tratar-se de pessoas que faziam escolta de presos, os que atuavam na administração do presídio, o oficial de justiça de Vara Criminal e assim por diante.

**215-E. Sobre os novos critérios:** ver os comentários feitos na nota 215 *supra*.

**215-F. Crimes hediondos e equiparados:** ver os comentários formulados na nota 215-A.

**215-G. Reincidentes em crimes violentos:** eis um dos equívocos desta Lei, ao indicar (repetindo o disposto no antigo § 1.º, deste artigo) a mera separação entre reincidentes e primários. Ora, existem os condenados não reincidentes, mas com inúmeros antecedentes criminais dos mais graves. Segundo o art. 63 do Código Penal, é reincidente quem comete um crime após ter sido condenado anteriormente por outro crime, com trânsito em julgado da decisão. Porém, o art. 64, II, estabelece um período de caducidade da condenação anterior (que alguns denominam de *período depurador*). Assim, caso o agente cometa um roubo após seis anos de sua última condenação com trânsito em julgado, é considerado primário. Mas ele pode ter, por exemplo, dez outras condenações por crimes gravíssimos, que antecedem os cinco anos do período de caducidade. Não nos parece correto colocá-lo na mesma cela que um autor de roubo primário *sem nenhum outro antecedente*. Se é para separar o condenado *professor* do sentenciado *aprendiz*, a regra deste inciso não irá atender o desejado.

**215-H. Primários em crimes violentos:** como mencionado na nota anterior, há vários presos primários (atingidos pelo período depurador, previsto no art. 64, II, do CP) que, no entanto, possuem vários antecedentes criminais graves. O legislador deveria ter cuidado dos maus *antecedentes* nesta revisão ao art. 84, o que não fez. Problemas ainda continuarão a ocorrer na indevida mistura entre o delinquente habitual e o de primeira viagem.

**215-I. Crimes diversos:** ver os comentários feitos na nota 215-C.

**216. Presos potencialmente ameaçados:** a redação do § 2.º é a seguinte: "o preso que, ao tempo do fato, era funcionário da Administração da Justiça Criminal ficará em dependência separada". Trata-se de uma garantia, por presunção, de que policiais, juízes, carcereiros, promotores e outros agentes da segurança e administração criminal podem tornar-se vítimas *em potencial* dos demais presos, que, no passado, prenderam. É uma norma correta, pois não se deseja o extermínio de pessoas no cárcere. Aliás, qualquer preso ameaçado de morte (como o estuprador) deve ser imediatamente separado dos demais. E, se possível, nem devem ser mantidos juntos, como o "justiceiro" e o "assaltante". A nova redação do § 4.º ratificou esse entendimento, ampliando a qualquer condenado: "o preso que tiver sua integridade física,

# Art. 85

moral ou psicológica ameaçada pela convivência com os demais presos ficará segregado em local próprio". Essa referência vale tanto para os funcionários da administração da Justiça criminal quanto para os demais presos que, por divergências variadas, encontrarem-se jurados de morte. Ressalte-se, a bem da verdade, a existência de certas *presunções absolutas* nesse meio: a) funcionários, como policiais, não podem ser colocados com presos comuns; b) estupradores devem conviver com outros autores de delitos sexuais; c) *matadores de aluguel* precisam ficar afastados de criminosos comuns; d) devedores de traficantes não podem ficar em contato com o credor. E assim sucessivamente.

**216-A. Escolha do estabelecimento penal:** cabe ao Estado e não ao preso a eleição do local mais adequado em que deve o funcionário da administração da Justiça cumprir sua pena ou aguardar o julgamento.

> **Art. 85.** O estabelecimento penal deverá ter lotação compatível com a sua estrutura e finalidade.[217]
>
> **Parágrafo único.** O Conselho Nacional de Política Criminal e Penitenciária determinará o limite máximo de capacidade do estabelecimento, atendendo a sua natureza e peculiaridades.

**217. Controle populacional do presídio:** não há dúvida de ser ideal haver estabelecimentos penais com lotação compatível com o número de vagas oferecidas. Somente desse modo se pode falar em cumprimento satisfatório da pena, com um processo de reeducação minimamente eficiente. O contrário, infelizmente, constitui o cenário da maioria dos estabelecimentos nacionais. Muitos dos referidos estabelecimentos penais, até mesmo os recém-construídos, atingem a superlotação assim que são inaugurados. E pode-se observar que inúmeros presídios já são erguidos em desacordo com os preceitos desta Lei, que prevê isolamento noturno do preso, quando, na realidade, as celas são moldadas para receber vários condenados. Há, até mesmo, decisão do Conselho Nacional de Política Criminal e Penitenciária autorizando a construção em molde incompatível com o previsto nesta Lei (consultar a nota 169 ao art. 64, VI, desta Lei). A principal fiscalização é de responsabilidade do juiz da execução penal, que deverá, inclusive, sendo o caso, providenciar a interdição do estabelecimento que ultrapasse a sua capacidade, tornando insalubre a vida dos condenados (art. 66, VI, VII e VIII, LEP). Consultar, em especial, a nota 191 ao art. 66, VI, em que se faz referência ao prudente critério do magistrado para analisar a situação, inclusive com citação de decisão do Superior Tribunal de Justiça.

> **Art. 86.** As penas privativas de liberdade aplicadas pela justiça de uma unidade federativa podem ser executadas em outra unidade, em estabelecimento local ou da União.[218]
>
> § 1.º A União Federal poderá construir estabelecimento penal em local distante da condenação para recolher os condenados, quando a medida se justifique no interesse da segurança pública ou do próprio condenado.[219]
>
> § 2.º Conforme a natureza do estabelecimento, nele poderão trabalhar os liberados ou egressos que se dediquem a obras públicas ou ao aproveitamento de terras ociosas.[220]
>
> § 3.º Caberá ao juiz competente, a requerimento da autoridade administrativa definir o estabelecimento prisional adequado para abrigar o preso provisório ou condenado, em atenção ao regime e aos requisitos estabelecidos.[221]

§ 4.º Será transferido para estabelecimento penal distante do local de residência da vítima, ainda que localizado em outra unidade federativa, inclusive da União, o condenado ou preso provisório que, tendo cometido crime de violência doméstica e familiar contra a mulher, ameace ou pratique violência contra a vítima ou seus familiares durante o cumprimento da pena.[221-A]

**218. Mobilidade do preso:** o ideal e a regra é que a pena seja cumprida no lugar onde o crime foi cometido e o réu, julgado. Afinal, uma das finalidades da pena é a legitimação do Direito Penal associada à intimidação coletiva, motivo pelo qual se torna preciso que a sociedade conheça o teor da condenação e acompanhe o cumprimento da pena. Mas não é rígida essa regra. Fundamentos calcados no interesse público podem alterá-la. Aliás, também com base no interesse do preso, voltando-se o enfoque ao processo de ressocialização, é possível modificar a sua base de cumprimento da pena (ex.: o preso pretende cumprir pena próximo aos seus familiares em cidade diversa daquela em que foi condenado; havendo vaga, a transferência pode ser autorizada). Os motivos mais comuns, no entanto, dizem respeito à segurança pública. Presídios superlotados precisam ser esvaziados; locais onde estão acumulados líderes de facções criminosas precisam de filtragem; presos ameaçados de morte necessitam de transferência; lugares onde houve rebelião precisam ser reconstruídos, dentre outras causas. Atualmente, uma das principais, é a desmobilização do crime organizado, removendo-se muitos líderes para presídios de segurança máxima, em regime disciplinar diferenciado, que começam a surgir, inclusive no plano federal. Lembremos, no entanto, que a transferência precisa do aval judicial (art. 66, V, *g* e *h*, LEP). Na jurisprudência: STJ: "1. A deprecação da pena privativa de liberdade aplicada pela Justiça de um estado (art. 86 da LEP) para ser executada em outra unidade federativa não constitui direito absoluto do réu, ainda que sob o fundamento de proximidade com a família. Cabe ao Juízo das Execuções analisar a viabilidade da transferência, fundada a decisão não somente nas conveniências pessoais do apenado, mas também nas da Administração Pública. As circunstâncias de cada caso é que devem justificar a medida. 2. O ato judicial atacado no *habeas corpus* foi exarado em consonância com o art. 86, § 3°, da LEP, porquanto as instâncias ordinárias, de forma motivada, indeferiram o pedido de deprecação da pena por falta de estabelecimento penal na comarca de destino, razão pela qual não há falar em flagrante ilegalidade ao direito de locomoção do agravante. 3. Agravo regimental não provido" (AgRg no RHC 58.528 – DF, 6.ª T., rel. Rogerio Schietti Cruz, 14.03.2017, v.u.).

**219. Presídio federal:** há muitos anos se aguarda que a União participe ativamente da segurança pública, ao menos no que se refere à construção, à manutenção e à fiscalização de estabelecimentos penais, destinados a criminosos perigosos, que são incapazes de conviver com outros presos em cárceres comuns. Por isso, o ideal é que tais estabelecimentos situem-se bem distantes do lugar do crime ou do local onde o preso possui alguma influência, neste caso quando vinculado ao crime organizado. Dispõe o art. 3.º da Lei 8.072/90: "A União manterá estabelecimentos penais de segurança máxima, destinados ao cumprimento de penas impostas a condenados de alta periculosidade, cuja permanência em presídios estaduais ponha em risco a ordem ou incolumidade pública". Não é preciso dizer que vários anos se passaram e esse artigo foi completamente ignorado por inúmeros governos, de diversos partidos políticos. Como já mencionamos, *preso não dá voto* e o descaso nessa área é imenso. Em 2006, inaugurou-se o primeiro presídio federal, em Catanduvas, Estado do Paraná, mas é preciso ressaltar que, antes disso, o crime se organizou, tornou-se forte, incendiou ônibus em cidades, depredou e metralhou estabelecimentos comerciais, matou policiais e agentes penitenciários e comandou o crime de dentro para fora do cárcere, promovendo líderes que se tornaram nacionalmente conhecidos, pois nenhum Estado da Federação pretendia mantê-los em seus cárceres. A situação

# Art. 87

era de total descalabro, o que empurrou a União para um *beco sem saída*, motivo pelo qual, associada à criação legal do regime disciplinar diferenciado (Lei 10.792/2003), com a introdução do art. 86, § 1.º, nesta Lei, alternativa não houve. Muitos outros presídios federais precisam surgir para atender à demanda estrangulada de criminosos perigosos a serem futuramente transferidos. Esperemos que haja esperança para tanto, uma vez que foi dado o primeiro passo.

**220. Oportunidade de trabalho:** os liberados de medida de segurança (art. 178 c.c. art. 132, § 1.º, *a*, LEP) e os egressos (art. 26, LEP) devem trabalhar licitamente. Por isso, buscando proporcionar-lhes oportunidades, permite-se que desenvolvam alguma atividade em estabelecimentos penais compatíveis, como as colônias penais e as Casas do Albergado. Excepcionalmente, podem exercer algum labor em presídios de regime fechado, mas é mais raro e mais complexo, justamente para evitar a mistura com os presos.

**221. Definição jurisdicional do presídio:** esse dispositivo tende a não ser cumprido, pois o magistrado raramente tem condições de saber em qual estabelecimento penal deve inserir o preso, por falta de dados e de condições de avaliar a segurança e as necessidades do momento. Termina por seguir a orientação dada pelas autoridades administrativas.

**221-A. Transferência de agressor à mulher:** entre as várias medidas impostas pela Lei 14.994/2024 aos autores de crimes de violência doméstica e familiar contra a mulher, que estejam presos, a sua transferência para qualquer estabelecimento penal em território nacional pode dar-se, sem direito de cumprir pena no seu domicílio, para que fique distante do lugar de residência da vítima. Nem sempre isso será necessário, pois a norma explicitamente indica a conduta determinante para isso: ameaçar ou cometer violência contra a ofendida ou os seus familiares durante o cumprimento da pena. Se estiver em regime fechado, torna-se difícil agredir fisicamente a vítima ou os seus parentes; ameaçar, contudo, é mais fácil, porque pode se dar por interposta pessoa. O mais relevante é evitar a revitimização de quem já foi agredida e não deve sofrer outra investida do condenado.

## Capítulo II
### DA PENITENCIÁRIA

> **Art. 87.** A Penitenciária destina-se ao condenado à pena de reclusão, em regime fechado.[222]
>
> **Parágrafo único.** A União Federal, os Estados, o Distrito Federal e os Territórios poderão construir Penitenciárias destinadas, exclusivamente, aos presos provisórios e condenados que estejam em regime fechado, sujeitos ao regime disciplinar diferenciado, nos termos do art. 52 desta Lei.[223]

**222. Penitenciária:** é o estabelecimento penal destinado ao cumprimento da pena privativa de liberdade, em regime fechado, quando se tratar de reclusão. Busca-se a segurança máxima, com muralhas ou grades de proteção, bem como a atuação de policiais ou agentes penitenciários em constante vigilância. Olvidou-se, por completo, o preso condenado a pena de detenção. Muito embora o art. 33, *caput*, do Código Penal, preceitue que os detentos serão inseridos, inicialmente, nos regimes semiaberto ou aberto, é possível a sua transferência para o fechado, por regressão. Nesse caso, é óbvio que haverão de cumprir a pena em lugares destinados aos reclusos, como as penitenciárias, pois inexiste estabelecimento exclusivo para apenados a detenção, quando estiverem, porventura, em regime fechado. Espera-se, então, que haja a conveniente separação entre os condenados por reclusão e os apenados por detenção.

# Execução Penal — Art. 88

**223. Presídios apropriados ao RDD:** a leitura do parágrafo único do art. 87 desta lei dá a entender que a União, os Estados e o Distrito Federal (não há Territórios) poderão (faculdade) construir penitenciárias destinadas a abrigar os presos inseridos no regime disciplinar diferenciado. Ora, parece-nos uma necessidade, logo, uma obrigação. Aliás, no tocante à União, como já foi destacado, o art. 3.º da Lei 8.072/90 impõe o dever de manter presídios para presos de alta periculosidade, que, normalmente, são os mesmos inseridos no RDD. Quanto aos Estados ou DF, é possível que eles construam os presídios ou destinem alas especiais de penitenciárias já existentes para isso (esta última opção seria o caráter facultativo da norma). O fato é que todos os Estados e o Distrito Federal precisam ter lugares apropriados para o regime disciplinar diferenciado.

> **Art. 88.** O condenado será alojado em cela individual que conterá dormitório, aparelho sanitário e lavatório.[224]
>
> **Parágrafo único.** São requisitos básicos da unidade celular:
>
> *a)* salubridade do ambiente pela concorrência dos fatores de aeração, insolação e condicionamento térmico adequado à existência humana;
>
> *b)* área mínima de 6 m².

**224. Prisão e dignidade da pessoa humana:** não importa o crime e sua gravidade, como também não importa a pessoa do delinquente. Acima de tudo, o Estado deve dar o exemplo, por se constituir em ente abstrato e perfeito, diverso, pois, das pessoas que ocupam cargos públicos e podem agir de maneira equivocada. Por isso, busca-se que a lei privilegie o respeito aos direitos e garantias fundamentais do preso, constituindo parâmetro para a reverência à dignidade da pessoa humana. Logicamente, para um país pobre como o Brasil, ao menos em matéria de justa distribuição de renda, prever-se o alojamento em cela individual, com dormitório, aparelho sanitário e lavatório, em ambiente salubre, com área mínima de seis metros quadrados, pode soar falacioso ou, infelizmente, até jocoso para aquele que vive em barracos menores que isso, ainda que honestamente. No entanto, deve-se manter o princípio de que um erro não pode justificar outro, devendo o Estado investir na área social tanto quanto o fará na área da segurança pública, respeitadas as condições legais. O que se observa, na prática, é a pena de prisão ser cumprida ao arrepio do disposto no art. 88 desta Lei, sem que o Judiciário tome medidas drásticas para impedir tal situação, interditando, por exemplo, o local. Acostumado a contar com a *compreensão* judicial, o Executivo deixa de cumprir sua obrigação e as celas não adquirem a forma prevista em lei. O vício perpetua-se, portanto, enquanto, de outra banda, critica-se a pena privativa de liberdade, como se ela tivesse substituto civilizado para destinar aos autores de crimes graves. Em nosso entendimento, é pura ilusão. Qualquer outra medida, se for realmente séria, poderia implicar em crueldade, o que a Constituição Federal veda (ex.: trocar o cárcere por castigo corporal ou banimento). Por outro lado, ironicamente, aos presos considerados perigoso, abrigados em presídios federais, destina-se justamente a necessária cela individual. Confira-se o disposto no Decreto Federal 6.049/2007: "Art. 6.º O estabelecimento penal federal tem as seguintes características: I – destinação a presos provisórios e condenados em regime fechado; II – capacidade para até duzentos e oito presos; III – segurança externa e guaritas de responsabilidade dos Agentes Penitenciários Federais; IV – segurança interna que preserve os direitos do preso, a ordem e a disciplina; V – *acomodação do preso em cela individual*; e VI – existência de locais de trabalho, de atividades socioeducativas e culturais, de esporte, de prática religiosa e de visitas, dentro das possibilidades do estabelecimento penal" (grifamos).

# Art. 89

> **Art. 89.** Além dos requisitos referidos no art. 88, a penitenciária de mulheres será dotada de seção para gestante e parturiente e de creche para abrigar crianças maiores de 6 (seis) meses e menores de 7 (sete) anos, com a finalidade de assistir a criança desamparada cuja responsável estiver presa.[224-A]
>
> **Parágrafo único.** São requisitos básicos da seção e da creche referidas neste artigo:[224-B]
>
> I – atendimento por pessoal qualificado, de acordo com as diretrizes adotadas pela legislação educacional e em unidades autônomas; e
>
> II – horário de funcionamento que garanta a melhor assistência à criança e à sua responsável.

**224-A. Assistência obrigatória à mulher e seu filho:** a modificação introduzida pela Lei 11.942/2009 transformou em norma cogente o que, anteriormente, era apenas facultativo. Portanto, os presídios femininos *devem* ter seção específica para abrigar a gestante ou parturiente, conforme os padrões de cuidados médicos necessários, previstos no art. 14, § 3.º, da LEP. Outra imposição legal diz respeito à mantença de creche, no âmbito do estabelecimento penal, para acolher as crianças entre seis meses e seis anos, possibilitando-a permanecer sob os cuidados maternos, em fase tão delicada e importante de sua vida. Não há, pois, necessidade de se retirar a criança da mãe, colocando-a para adoção, quando não existirem familiares próximos, aptos a cuidar do recém-nascido. Após os sete anos, quando será incluída, obrigatoriamente, no ensino básico, continuando a mãe detida, outro encaminhamento social deverá ser feito. Espera-se, entretanto, ter havido o cuidado indispensável da mãe, com relação ao seu filho, no período mais relevante. Estabeleceu-se a idade mínima de seis meses para ingressar na creche, visto que, até esse patamar, deverá ser amamentada (art. 83, § 2.º, LEP), logo, ficará em outro setor, à disposição da mãe.

**224-B. Requisitos essenciais:** a seção destinada às gestantes e às parturientes constitui o local apropriado para o acompanhamento médico pré-natal e para a assistência pós-parto, onde se realizam, também, as amamentações. Portanto, deve ser aparelhado tanto para a assistência médica quanto para a existência de berçário. A creche é o lugar destinado à mantença das crianças entre seis meses e seis anos. Prevê-se estrutura de atendimento similar à exigida para as escolas em geral, sem qualquer distinção ou discriminação.

> **Art. 90.** A penitenciária de homens será construída em local afastado do centro urbano a distância que não restrinja a visitação.[225]

**225. Penitenciária afastada:** em grande parte das Comarcas, quando a penitenciária é nova, busca-se respeitar a regra, que envolve fatores de segurança. Porém, há inúmeros lugares que convivem com penitenciárias praticamente dentro do centro urbano, sem que haja a perspectiva breve de solução do problema.

## Capítulo III
### DA COLÔNIA AGRÍCOLA, INDUSTRIAL OU SIMILAR

> **Art. 91.** A Colônia Agrícola, Industrial ou similar destina-se ao cumprimento da pena em regime semiaberto.[226-226-A]

**226. Colônia penal:** cuida-se de estabelecimento penal de segurança média, onde já não existem muralhas e guardas armados, de modo que a permanência dos presos se dá, em grande parte, por sua própria disciplina e senso de responsabilidade. É o regime intermediário, portanto, o mais adequado em matéria de eficiência. Enquanto o regime fechado encontra-se superlotado (em várias Comarcas) e o aberto é sinônimo de impunidade, nos lugares onde não existe a Casa do Albergado, o regime semiaberto pode representar um alento, ao menos quando a colônia efetivamente funciona dentro dos parâmetros legais. Na jurisprudência: STJ: "1. Na espécie, a Corte de origem consigna que: (...) Denota-se do relatório da Penitenciária Industrial de Joinville (fls. 13-56) que, no local, 'o trabalho no que concerne à valorização do ser humano é incessante, com o acesso do apenado ao trabalho digno e profissionalizante que lhe dará frutos, não somente enquanto estiver cumprindo sua pena, mas também quando estiver livre, pois poderá utilizar-se do aprendizado que obteve dentro da unidade, tanto para a conclusão dos ensinos médio e fundamental como para aperfeiçoamento em cursos técnicos e profissionalizantes' (fl. 19). Além do mais, os reeducandos contam com assistência material e recursos humanos, assistência saúde, social, religiosa e jurídica, concluindo-se, desta forma, que o estabelecimento prisional busca a efetiva reintegração do apenado ao convívio em sociedade, em total conformidade com o que determina a Lei de Execução Penal. Registre-se, também, que os documentos colacionados aos autos demonstram que o ergástulo, conquanto não tenha a nomenclatura de 'Colônia agrícola ou industrial', possui local próprio para os detentos em regime semiaberto, sendo assegurado, inclusive, o direito de exercer trabalho externo, usufruir de saídas temporárias e frequentar cursos profissionalizantes. Assim, ainda que não haja vagas suficientes para o exercício de trabalho interno para todos os apenados, a viabilidade de trabalho externo o torna adequado (...). 2. De fato, o estabelecimento prisional acima referido enquadra-se no conceito de estabelecimento similar à colônia agrícola ou industrial, em consonância com o disposto no art. 91 da Lei de Execução Penal e no art. 33, § 1º, 'b', do Código Penal. Ressalte-se que o Recurso Extraordinário que ensejou o verbete sumular n. 56 assegura que estabelecimentos que não se qualifiquem como colônia agrícola, industrial (regime semiaberto) ou casa de albergado ou estabelecimento adequado (regime aberto) (art. 33, § 1º, alíneas *b* e *c*) são aceitáveis, desde que não haja alojamento conjunto de presos dos regimes semiaberto e aberto com presos do regime fechado. 3. Sobre o tema, esta Corte Superior consolidou entendimento de que, se o apenado encontra-se alojado em pavilhão independente e autônomo de estabelecimento destinado ao regime fechado, sem ligação física com o restante do presídio, resguardando-se os direitos inerentes ao cumprimento da pena no modo intermediário, não há falar em constrangimento ilegal. Precedentes" (AgRg no HC 565.204 – SC, 5.ª T., rel. Reynaldo Soares da Fonseca, 28.04.2020, v.u.).

**226-A. Ausência de vagas no semiaberto:** trata-se de responsabilidade estatal providenciar vagas suficientes para atender a demanda de presos em regime semiaberto, tanto os que o obtêm como regime inicial quanto os que recebem tal regime por progressão. A falta de vagas não pode acarretar prejuízo ao condenado, inserindo-o no regime fechado, enquanto aguarda a transferência ao semiaberto. Em realidade, se assim ocorrer, deve-se transferir o preso ao regime aberto, onde aguardará tal vaga e, quando surgir, verificar-se-á a necessidade da transferência. Na jurisprudência: STJ: "2. A jurisprudência desta Corte Superior é assente no sentido de que, em caso de falta de vaga em estabelecimento prisional adequado ao cumprimento da pena, ou, ainda, de sua precariedade ou superlotação, deve-se conceder ao apenado, em caráter excepcional, o cumprimento da pena em regime aberto, ou, na falta de vaga em casa de albergado, em regime domiciliar, até o surgimento de vagas. 3. O Supremo Tribunal Federal, nos termos da Súmula Vinculante n. 56, entende que 'a falta de estabelecimento penal adequado não autoriza a manutenção do condenado em regime prisional mais gravoso, devendo-se observar, nessa hipótese, os parâmetros fixados no RE 641.320/RS'. 4. Os

# Art. 92

parâmetros mencionados na citada Súmula são: a) a falta de estabelecimento penal adequado não autoriza a manutenção do condenado em regime prisional mais gravoso; b) os Juízes da execução penal poderão avaliar os estabelecimentos destinados aos regimes semiaberto e aberto, para verificar se são adequados a tais regimes, sendo aceitáveis estabelecimentos que não se qualifiquem como colônia agrícola, industrial (regime semiaberto), casa de albergado ou estabelecimento adequado – regime aberto – (art. 33, § 1º, alíneas 'b' e 'c'); c) no caso de haver déficit de vagas, deverão determinar: (i) a saída antecipada de sentenciado no regime com falta de vagas; (ii) a liberdade eletronicamente monitorada ao preso que sai antecipadamente ou é posto em prisão domiciliar por falta de vagas; (iii) o cumprimento de penas restritivas de direito e/ou estudo ao sentenciado que progride ao regime aberto; e d) até que sejam estruturadas as medidas alternativas propostas, poderá ser deferida a prisão domiciliar ao sentenciado. 5. Dessa forma, consoante entendimento do STF, a prisão domiciliar não pode ser a primeira opção, devendo-se antes adotar as outras medidas acima propostas, a fim de se evitar prejuízo aos executados que já estariam, há mais tempo, cumprindo pena em determinado regime e que devem ser beneficiados, prioritariamente, com a saída antecipada. 6. *Habeas corpus* não conhecido, com determinação, de ofício, ao Juízo da Execução, caso persista a ausência de vagas no regime intermediário, para que promova a saída do apenado com menor saldo de pena a cumprir no regime semiaberto, dando vaga ao paciente" (HC 500.915 – RS, 5.ª T., rel. Reynaldo Soares da Fonseca, 21.05.2019, v.u.).

> **Art. 92.** O condenado poderá ser alojado em compartimento coletivo, observados os requisitos da letra *a* do parágrafo único do art. 88 desta Lei.[227]
>
> **Parágrafo único.** São também requisitos básicos das dependências coletivas:[228]
>
> *a)* a seleção adequada dos presos;
>
> *b)* o limite de capacidade máxima que atenda os objetivos de individualização da pena.

**227. Alojamento coletivo:** em virtude do maior preparo do preso, advindo com bom comportamento do regime fechado, quando ocorre a progressão de regime, ou do seu reduzido grau de periculosidade, quando inicia diretamente no regime semiaberto, já se pode introduzi-lo em alojamento coletivo, onde poderá partilhar espaço comum com outros condenados. Não haverá, pois, o isolamento noturno previsto no regime fechado e, durante o dia, o trabalho será comum, com a viabilidade de o preso circular pela colônia sem as mesmas cautelas tomadas na penitenciária. Embora o art. 92, *caput*, mencione que o condenado *poderá* ser alojado em compartimento coletivo, é óbvio que assim deve ser. Do contrário, se for instalado em cela individual, isolado durante a noite, estará em regime fechado e não no semiaberto. Somente se for punido, poderá ser colocado em local próprio devidamente isolado (art. 53, IV, LEP). Esse alojamento coletivo deve respeitar a salubridade do ambiente, em face dos fatores de aeração, insolação e condicionamento térmico adequado (art. 88, parágrafo único, *a*, LEP).

**228. Semiaberto e individualização da pena:** respeita-se, como requisito básico, dentre outros, a seleção adequada dos presos, colocando cada um próximo a outro com o qual não irá manter desavenças ou trazer litígios ou disputas de outros presídios ou da criminalidade exterior, além de se buscar separar os condenados, conforme a sua aptidão para o trabalho, estado civil e outros pontos comuns de interesse. Naturalmente, como em todo estabelecimento penal, deve-se respeitar a capacidade máxima do local, pois, do contrário, a individualização executória da pena sofrerá abalos imponderáveis. A superlotação de qualquer presídio ou estabelecimento similar torna inócua a tarefa do Estado de buscar a reeducação do condenado.

## Capítulo IV
## DA CASA DO ALBERGADO

> **Art. 93.** A Casa do Albergado destina-se ao cumprimento de pena privativa de liberdade, em regime aberto, e da pena de limitação de fim de semana.[229]

**229. Casa do Albergado:** ilustre desconhecida de muitas Comarcas, como, por exemplo, da cidade de São Paulo, onde há um número elevado de presos inseridos no regime aberto, cuida-se do estabelecimento adequado ao cumprimento da pena no mencionado regime aberto. Além disso, serve também a abrigar aqueles que devem cumprir a pena de limitação de fim de semana (restritiva de direitos). A sua inexistência levou a gravíssimos fatores ligados à impunidade e ao descrédito do Direito Penal. Há décadas, muitos governantes simplesmente ignoram a sua necessidade. Por isso, o Judiciário foi obrigado a promover a inadequada analogia, porém inafastável, com o art. 117 desta Lei. Passou-se a inserir o condenado em regime aberto na denominada *prisão-albergue domiciliar* (P.A.D.). O que era para se tornar uma exceção, destinada a sentenciados maiores de 70 anos, pessoas acometidas de doenças graves, condenadas com filhos menores ou deficientes físicos ou mentais, bem como a mulheres gestantes, passou a ser regra. Nem é preciso salientar que não há a menor chance de fiscalização adequada, de modo que é impossível saber se o condenado recolhe-se, em sua casa particular, nos horários determinados pelo juiz, bem como o que faz durante o seu dia inteiro. Se não há interesse político nesse regime, é preciso extirpá-lo da lei, substituindo-o por outra medida, possivelmente o regime semiaberto, com dois estágios, mas não se pode conviver com a lei sem implementá-la. Cuida-se de autêntica afronta à legalidade. A maioria da jurisprudência, no entanto, acolhe a possibilidade de se empregar a analogia *in bonam partem*, admitindo a inserção de qualquer condenado em regime aberto na modalidade de prisão-albergue domiciliar, por não haver alternativa. Na jurisprudência: STJ: "Esta Corte Superior tem determinado que, mesmo em decisão de provimento cautelar, seja possibilitado ao condenado aguardar em prisão domiciliar o restante do cumprimento da reprimenda, até que seja resolvida a ausência de estabelecimento adequado ao cumprimento em regime aberto. Precedentes" (AgRg no HC 277.595 – RS, 6.ª T., rel. Rogério Schietti Cruz, 17.12.2013).

> **Art. 94.** O prédio deverá situar-se em centro urbano, separado dos demais estabelecimentos, e caracterizar-se pela ausência de obstáculos físicos contra a fuga.[230]

**230. Prédio sem vigilância:** preceitua o art. 36, *caput*, do Código Penal, ser o regime aberto baseado na "autodisciplina e senso de responsabilidade do condenado". Por isso, o estabelecimento onde se encontra não pode ter vigilância armada, nem grades ou obstáculos contra a fuga. Porém, não se trata de uma *pensão*, onde os sentenciados entram e saem à vontade, sem qualquer controle. Casas do Albergado como essas, muitas vezes custeadas pela Prefeitura de algumas cidades, a pedido do juiz da execução penal, já tivemos a oportunidade de visitar. É um arremedo de regime aberto, pois os presos ficariam encarregados de "controlar" as entradas, saídas e ocorrências internas. Palestras não existem, nem orientação alguma. Ora, é sabido que preso não controla preso, ao menos no que se refere à delação, vale

# Art. 95

dizer, se tiver que narrar ao juiz eventuais faltas cometidas por outro. Portanto, o mínimo que se espera da Casa do Albergado é haver fiscalização e controle de entradas e saídas, além de um espaço próprio para palestras, eventos, cursos etc. Aliás, nada do que já não está previsto expressamente em lei (art. 95 desta Lei).

> **Art. 95.** Em cada região haverá, pelo menos, uma Casa de Albergado, a qual deverá conter, além dos aposentos para acomodar os presos, local adequado para cursos e palestras.[231]
>
> **Parágrafo único.** O estabelecimento terá instalações para os serviços de fiscalização e orientação dos condenados.

**231. Local para cursos e palestras:** além de aposentos, a Casa do Albergado, por se destinar a condenados à pena de limitação de fim de semana, onde se busca ministrar palestras, promover cursos e atividades educativas (art. 48, parágrafo único, CP), deve ter, como ponto indispensável, um local apropriado para tanto, bem como um corpo de profissionais apto a desenvolver tais tarefas. Não se trata de elevado investimento por parte do Estado, mas que, se fosse realizado, traria imenso avanço ao cumprimento da pena no Brasil, reativando uma proposta de regime de prisão amena, sem os traumas do regime fechado e com possibilidade de êxito para criminosos de baixa periculosidade.

## Capítulo V
## DO CENTRO DE OBSERVAÇÃO

> **Art. 96.** No Centro de Observação realizar-se-ão os exames gerais e o criminológico, cujos resultados serão encaminhados à Comissão Técnica de Classificação.[232]
>
> **Parágrafo único.** No Centro poderão ser realizadas pesquisas criminológicas.
>
> **Art. 97.** O Centro de Observação será instalado em unidade autônoma ou em anexo a estabelecimento penal.
>
> **Art. 98.** Os exames poderão ser realizados pela Comissão Técnica de Classificação, na falta do Centro de Observação.

**232. Centros de Observação:** são importantes locais situados em prédios anexos aos estabelecimentos penais, onde atuam os profissionais ligados à Comissão Técnica de Classificação e outros, que possam contribuir para o aperfeiçoamento dos dados estatísticos e da pesquisa criminológica. Os pareceres elaborados por tais Centros, em sua grande maioria, possuem elevado nível e permitem ao juiz conhecer, realmente, a personalidade do condenado, auxiliando-o no processo de convencimento para a concessão – ou não – dos benefícios penais. Lamentavelmente, sob o argumento vetusto da falta de recursos, vários Estados estão abandonando esses Centros, interrompendo suas atividades e desativando-os. A meta parece ser a construção de presídios em regime fechado, para que a população veja o resultado da administração penitenciária, sem qualquer substrato ou fundamento em um escorreito processo de individualização executória da pena. Lida-se, em matéria de execução penal, no Brasil, em grande parte, com a *aparência* de um cumprimento de pena, sem qualquer apego científico ou mesmo produtivo e promissor. Há penitenciárias *ocas* espalhadas pelo país, aquelas que se limitam a manter o preso em seu interior, dando-lhe alimentação e vestuário. Não há trabalho, nem orientação psicossocial, muito menos uma atuante Comissão Técnica de Classificação. A ociosidade impera e a promiscuidade entre os presos torna-se a regra. Nessa ótica, defender-se que a pena de prisão está falida é extremamente fácil; complexo e difícil é desvendar as razões verdadeiras por meio das quais se chegou a esse caos no sistema carcerário brasileiro.

## Capítulo VI
### DO HOSPITAL DE CUSTÓDIA
### E TRATAMENTO PSIQUIÁTRICO

> **Art. 99.** O Hospital de Custódia e Tratamento Psiquiátrico destina-se aos inimputáveis e semi-imputáveis referidos no art. 26 e seu parágrafo único do Código Penal.[233]
>
> **Parágrafo único.** Aplica-se ao Hospital, no que couber, o disposto no parágrafo único do art. 88 desta Lei.

**233. Hospital de Custódia e Tratamento Psiquiátrico:** é o lugar adequado para receber e tratar os indivíduos sujeitos ao cumprimento de medida de segurança de internação. Naturalmente, equipara-se, em matéria de cuidados e cautelas contra a fuga, ao regime fechado. Suas dependências, além dos indispensáveis equipamentos e medicamentos, devem possuir salas próprias para segurar os internos, mormente os de periculosidade elevada. Por tal motivo, estipula o parágrafo único deste artigo que se deve aplicar, no que couber, o disposto no parágrafo único do art. 88 desta Lei, vale dizer, unidade celular com salubridade e área mínima de 6 metros quadrados. Não se admite o recolhimento de enfermo mental em estabelecimento prisional, mesmo que se alegue a falta de vagas em hospitais apropriados, pois a falha estatal não pode representar prejuízo ao doente.

> **Art. 100.** O exame psiquiátrico e os demais exames necessários ao tratamento são obrigatórios para todos os internados.[234]

**234. Exame psiquiátrico e demais exames:** o psiquiátrico é o exame realizado para controle da doença, visando alternativas para a cura. Deve ser realizado com a periodicidade que o médico entender necessária. Por outro lado, há o exame de cessação de periculosidade, envolvendo a avaliação anual, exigida pela lei (art. 175 e seguintes desta Lei), para transmitir ao magistrado da execução penal se é viável a liberação do internado ou se deve ele continuar em tratamento por outro período.

> **Art. 101.** O tratamento ambulatorial, previsto no art. 97, segunda parte, do Código Penal, será realizado no Hospital de Custódia e Tratamento Psiquiátrico ou em outro local com dependência médica adequada.[235]

**235. Tratamento ambulatorial:** equivalente a uma pena restritiva de direitos, há o inimputável ou semi-imputável que necessita apenas de tratamento ambulatorial, ou seja, precisa frequentar determinado posto de saúde ou hospital para entrevistas e acompanhamento médico, porém sem a necessidade de permanecer internado. Esse tratamento pode dar-se, como prevê o art. 101 desta Lei, no próprio Hospital de Custódia e Tratamento Psiquiátrico, em dependência apropriada, ou em outro local distinto.

# Art. 102

## Capítulo VII
## DA CADEIA PÚBLICA

> **Art. 102.** A Cadeia Pública destina-se ao recolhimento de presos provisórios.[236]
>
> **Art. 103.** Cada comarca terá, pelo menos, uma Cadeia Pública a fim de resguardar o interesse da administração da justiça criminal e a permanência do preso em local próximo ao seu meio social e familiar.[236-A]
>
> **Art. 104.** O estabelecimento de que trata este Capítulo será instalado próximo de centro urbano, observando-se na construção as exigências mínimas referidas no art. 88 e seu parágrafo único desta Lei.

**236. Cadeia Pública:** é o estabelecimento destinado a abrigar presos provisórios, em *sistema* fechado, porém sem as características do *regime* fechado. Em outras palavras, a cadeia, normalmente encontrada na maioria das cidades brasileiras, é um prédio (muitas vezes anexo à delegacia de polícia) que abriga celas – o ideal é que fossem individuais ou, pelo menos, sem superlotação –, contendo um pátio para banho de sol. Não há trabalho disponível, nem outras dependências de lazer, cursos etc., justamente por ser lugar de passagem, onde não se deve cumprir pena. Atualmente, está-se mudando o conceito de estabelecimento penal para abrigar presos provisórios, inclusive pelo fato de se estar autorizado a execução provisória da pena. Há, pois, a construção e instalação de estabelecimentos penais bem maiores que uma cadeia pública, com estrutura de presídio, porém voltado somente aos presos provisórios. Melhor assim que abrigar o preso em infectas celas de cadeias pequenas superlotadas. Aliás, nesses presídios maiores, pode haver a possibilidade de trabalho e outras atividades, ocupando o dia dos presos.

**236-A. Impropriedade para o cumprimento de pena:** transitada em julgado a decisão condenatória, deve o sentenciado ser transferido para o estabelecimento penitenciário compatível com o regime fixado (fechado ou semiaberto). Cuidando-se do aberto, naturalmente, deve dirigir-se à Casa do Albergado. No entanto, a cadeia pública existente nas Comarcas é lugar inadequado para o cumprimento de penas. Pode-se configurar constrangimento ilegal a mantença de condenado nesses estabelecimentos. Entretanto, o que esta norma evidencia é o ideal para o condenado: cumprir pena próximo à sua residência, para manter contato com seus familiares e amigos, favorecendo a sua ressocialização. Nem sempre isto será possível e o interesse público haverá de prevalecer. Na jurisprudência: STF: "*Habeas corpus*. 2. Impetração contra decisão denegatória de liminar em ação da mesma natureza articulada perante tribunal superior. Manifesto o constrangimento ilegal ao direito do paciente. Superação da Súmula 691. 3. Paciente com prisão preventiva decretada por Juízos de duas unidades da federação. Ações penais em fase de apelação. Ordens de transferência de uma unidade para a outra, expedidas pelos Juízos de primeira instância. Usurpação da competência dos Tribunais Regionais Federais ou do Juízo das execuções penais. Não ocorrência. Compete ao juiz da ação penal definir o local de recolhimento do preso provisório. 4. Transferência de preso provisório a outra unidade da federação, sob alegação de 'tratamento privilegiado' no sistema penitenciário estadual. Reação não fundada no direito. O direito do preso à assistência da família (art. 5º, LXIII, da CF) e ao recolhimento 'em local próximo ao seu meio social e familiar' (art. 103 da LEP). Apenas razões excepcionalíssimas e devidamente fundamentadas autorizariam uma transferência para outra unidade da federação. 5. Transferência do preso provisório para unidade da federação na qual não responde à ação penal em fase de instrução. Ausência de sentido processual. 6. O CPP prevê que 'ressalvados os casos de urgência ou de perigo de ineficácia da medida', o juiz deve estabelecer contraditório prévio em relação a requerimentos de medida cautelar pessoal (art. 282, § 3º, do CPP). Transferência não urgente, determinada sem estabelecimento de contraditório prévio. Inexistência de procedimento disciplinar em razão do comportamento carcerário. 7. Exibição do preso às câmeras de televisão algemado por pés e mãos, durante o transporte, a despeito de sua aparente passividade, desafiando a Súmula Vinculante 8. O uso infundado de algemas é causa de 'nulidade da prisão ou do ato processual a que se refere'. 9. Concedida a ordem, para determinar que os Juízos de origem providenciem o retorno do paciente, com brevidade, a estabelecimento penal no Estado do Rio de Janeiro" (HC 152.720, 2.ª T., rel. Gilmar Mendes, j. 10.04.2018, m.v.).

## TÍTULO V
## DA EXECUÇÃO DAS PENAS EM ESPÉCIE

### Capítulo I
### DAS PENAS PRIVATIVAS DE LIBERDADE

### Seção I
### Disposições gerais

> **Art. 105.** Transitando em julgado a sentença que aplicar pena privativa de liberdade, se o réu estiver ou vier a ser preso, o juiz ordenará a expedição de guia de recolhimento para a execução.[237-238]

**237. Início formal da execução da pena:** dá-se, segundo o teor do art. 105 desta Lei, com a expedição da guia de recolhimento. Esta, por seu turno, somente será emitida quando o réu, após o trânsito em julgado da sentença condenatória, vier a ser preso ou já se encontrar detido. Deve o cartório do juízo da condenação providenciar a expedição da guia, enviando-a, com as peças necessárias, ao juízo da execução penal. Cópias serão igualmente remetidas à autoridade administrativa onde se encontra preso o condenado. Na jurisprudência: STF: "1. Nos termos do artigo 105 da Lei 7.210/1984, transitando em julgado a sentença que aplicar pena privativa de liberdade, se o réu estiver ou vier a ser preso, o Juiz ordenará a expedição de guia de recolhimento para a execução. Dessa forma, a pena a ser executada observará os termos estabelecidos no decreto condenatório, sem prejuízo de que o Juízo da Execução examine a possível aplicação de benefícios executórios. 2. Portanto, as questões suscitadas nesta impetração deverão ser submetidas, por primeiro, ao Juízo das Execuções Penais, nos termos do artigo 66, III, "c", da Lei 7.210/84. Qualquer juízo desta Corte a respeito da matéria implicaria supressão de instância e contrariedade à repartição constitucional de competências, o que não é admitido pela jurisprudência do STF. 3. Agravo regimental a que se nega provimento" (STF, HC 163.092 AgR, 1.ª T., rel. Alexandre de Moraes, 08.02.2019, v.u.). STJ: "3. É certo que a execução da pena privativa de liberdade apenas terá início com a expedição da guia de recolhimento (ainda que provisória). Isso porque, dito de outro modo, a guia de recolhimento é a peça processual que formaliza o início da execução. 4. A teor do art. 105 da LEP, o Juiz ordenará a expedição da guia de recolhimento para execução da pena somente se o réu estiver ou vier a ser preso. Na hipótese em apreço, conforme consignado pelo Tribunal *a quo*, não há informação de que a Agravante tenha sido recolhida à prisão, o que impede a expedição da guia de recolhimento provisória. Precedentes do STJ" (AgRg no HC 467.416 – PE, 6.ª T., rel. Laurita Vaz, 25.06.2019, v.u.).

# Art. 106

**237-A. Apreciação dos benefícios de execução penal:** como regra, é preciso que o sentenciado inicie o cumprimento da sua pena para que possa pleitear benefícios. Sob tal prisma, se lhe é destinada uma pena de reclusão de 6 anos em regime inicial fechado, mas ele ficou preso cautelarmente por dois anos, estando em liberdade quando a decisão condenatória transita em julgado, ao ser expedido mandado de prisão, é preciso atualizar o quadro. Utilizando este caso, não nos parece razoável que ele seja obrigado a ingressar no regime fechado para cumprir seis anos, pois, com a detração, dois anos já foram afastados. Por isso, restando quatro anos de pena a cumprir, pode, em tese, seguir para o aberto (ou para o semiaberto). Parece-nos ideal que o juiz da execução penal possa apreciar a situação do sentenciado *antes* que ele seja inserido no regime fechado e tenha que aguardar longo período até ser reconhecida a detração, com a diminuição da pena a cumprir e a adaptação do regime para outro mais favorável. Na jurisprudência: STJ: "1. Nos termos do art. 105 da Lei de Execução Penal e art. 675 do Código de Processo Penal, o início do cumprimento da pena privativa de liberdade se dá com o recolhimento do sentenciado à prisão e a expedição da respectiva guia de execução. 2. Segundo entendimento reiterado deste Superior Tribunal de Justiça, em regra, o exame dos pedidos de progressão prisional (art. 66, III, 'b' e 112 da LEP) e de detração (art. 66, 'c', III, da LEP), ou de qualquer outro benefício, estão condicionados ao cumprimento do mandado de prisão e, consequentemente, à expedição da guia definitiva pelo Juízo da Execução. 3. Tal entendimento tem sido excepcionado em casos específicos em que a condição do prévio recolhimento ao cárcere possa ser excessivamente gravosa, a depender das particularidades das situações de cada sentenciado. 4. Na hipótese sob exame, não foi demonstrada nenhuma excepcionalidade a autorizar o cancelamento do mandado de prisão do recorrente, em especial ao se considerar 'que o apenado está em liberdade, dificultando a referida aferição a partir de elementos concretos. Até mesmo porque, como ostenta diversas condenações pretéritas, ainda há pena a ser resgatada em estabelecimento prisional, que não pode ser desconsiderada ou perdoada tão somente com base nas alegações defensivas' (e-STJ, fl. 72)" (AgRg no REsp 2.004.977 – SC, 5.ª T., rel. Ribeiro Dantas, 02.08.2022, v.u.).

**238. Execução provisória da pena:** trata-se de uma realidade no cenário jurídico brasileiro, já regulamentada pelos Tribunais dos Estados e, também, pelo Conselho Nacional da Justiça. Por isso, o juízo da condenação, assim que o réu vier a ser preso ou se já se encontrar detido, deve determinar a expedição da guia de recolhimento, ainda que haja recurso das partes, portanto, antes do trânsito em julgado, colocando a observação de se tratar de guia de recolhimento provisória. Seguem as peças ao juiz da execução penal, que decidirá, conforme o seu convencimento, se, como e quando deve o preso, condenado provisório, obter algum benefício, como, por exemplo, a progressão de regime.

> **Art. 106.** A guia de recolhimento, extraída pelo escrivão, que a rubricará em todas as folhas e a assinará com o juiz, será remetida à autoridade administrativa incumbida da execução e conterá:[239]
>
> I – o nome do condenado;
>
> II – a sua qualificação civil e o número do registro geral no órgão oficial de identificação;
>
> III – o inteiro teor da denúncia e da sentença condenatória, bem como certidão do trânsito em julgado;
>
> IV – a informação sobre os antecedentes e o grau de instrução;
>
> V – a data da terminação da pena;

Execução Penal **Art. 107**

> VI – outras peças do processo reputadas indispensáveis ao adequado tratamento penitenciário.
>
> § 1.º Ao Ministério Público se dará ciência da guia de recolhimento.[240]
>
> § 2.º A guia de recolhimento será retificada sempre que sobrevier modificação quanto ao início da execução, ou ao tempo de duração da pena.[241]
>
> § 3.º Se o condenado, ao tempo do fato, era funcionário da Administração da Justiça Criminal, far-se-á, na guia, menção dessa circunstância, para fins do disposto no § 2.º do art. 84 desta Lei.[242]

**239. Guia de recolhimento:** constitui não somente a petição inicial da execução penal, como a comunicação formal e detalhada à autoridade administrativa, responsável pela prisão do condenado, do teor da sentença (pena aplicada, regime, benefícios etc.). Deve conter todos os dados descritos nos incisos do art. 106, acompanhada das cópias das peças que instruíram o processo principal, de onde se originou a condenação. Os detalhes, em especial quanto às datas (fato, sentença, acórdão, trânsito em julgado etc.), são úteis para o cálculo da prescrição, uma das primeiras providências a ser tomada pelo juiz da execução penal. Não há sentido em se providenciar a execução de pena prescrita.

**240. Ciência ao Ministério Público:** é fundamental, até pelo fato de ser ele o fiscal da execução da pena. Como o processo de execução inicia-se de ofício, na imensa maioria dos casos, torna-se providência lógica abrir vista ao membro do Ministério Público para que se manifeste, requerendo algo em favor ou contra o condenado, conforme seu entendimento, desde logo, já que não foi ele o órgão a propor a inicialização do processo executório.

**241. Modificação dos dados da guia:** além dos erros materiais que possa conter e merecem ser corrigidos, altera-se a guia sempre que houver alguma modificação provocada por outros fatores, como, por exemplo, o provimento a um recurso do MP (no caso de guia de recolhimento provisória) ou o deferimento de uma ação de revisão criminal (proposta pelo condenado, após o trânsito em julgado), que altere a pena.

**242. Observação quanto à função pública do condenado:** para fins de separação do preso dos demais, evitando-se retaliações, nos termos do art. 84, § 2.º, desta Lei, para o qual remetemos o leitor, deve haver expressa menção de que o sentenciado era funcionário da administração da justiça (juiz, promotor, policial etc.).

> **Art. 107.** Ninguém será recolhido, para cumprimento de pena privativa de liberdade, sem a guia expedida pela autoridade judiciária.[243]
>
> § 1.º A autoridade administrativa incumbida da execução passará recibo da guia de recolhimento, para juntá-la aos autos do processo, e dará ciência dos seus termos ao condenado.
>
> § 2.º As guias de recolhimento serão registradas em livro especial, segundo a ordem cronológica do recebimento, e anexadas ao prontuário do condenado, aditando-se, no curso da execução, o cálculo das remições e de outras retificações posteriores.

**243. Cautela e formalidade legal para a prisão:** a norma prevista no art. 107 impõe razoável e correta cautela para que alguém seja levado ao cárcere, impedindo-se, pois, a ausência de controle estatal de quem está preso e quando deve deixar o estabelecimento penal. A autoridade administrativa responsável pelo presídio, cadeia ou estabelecimento similar

# Art. 108

somente poderá receber alguém, concretizando-se o cerceamento da sua liberdade, caso exista documento formal para tanto, com lastro constitucional. Se fosse uma prisão preventiva, viria acompanhada do mandado de prisão expedido pelo juiz. No caso presente, a guia de recolhimento é o documento hábil a espelhar que há uma pena efetiva a cumprir, motivo pelo qual a prisão é formalmente legal. A mesma precaução se dá no cenário das internações em Hospitais de Custódia e Tratamento (ver art. 172, LEP).

> **Art. 108.** O condenado a quem sobrevier doença mental será internado em Hospital de Custódia e Tratamento Psiquiátrico.[244]

**244. Internações provisórias e de longa duração:** há situações passageiras de perturbação da saúde mental, que, no entanto, precisam de tratamento especializado. Nesse caso, transfere-se o preso do estabelecimento penal comum para o Hospital de Custódia e Tratamento Psiquiátrico pelo tempo necessário à sua recuperação, tornando em seguida para o presídio. Não se converte a pena em medida de segurança (art. 183, LEP). A conversão, no entanto, será a medida adequada, se houver a comprovação de se tratar de doença mental ou perturbação da saúde mental de longa duração, vale dizer, cujo tratamento não envolverá somente algumas semanas ou meses, mas, provavelmente, anos. Assim ocorrendo, transforma-se a pena em medida de segurança. As condições para isso e a reversibilidade da situação são analisadas nos comentários ao art. 183 desta Lei.

> **Art. 109.** Cumprida ou extinta a pena, o condenado será posto em liberdade, mediante alvará do juiz, se por outro motivo não estiver preso.[245]

**245. Libertação após a extinção da punibilidade:** cumprida a pena ou extinta a pena, por qualquer razão (exemplos são encontrados no art. 107 do Código Penal), é lógico dever o Estado libertar o preso. A razão de ser do art. 109 é especificar que tal autorização deve originar-se do juiz da execução penal, mediante a expedição de alvará de soltura. Sempre se expede este documento com o alerta de que o preso somente será libertado se não houver outro motivo que o segure no cárcere (ex.: a decretação de uma prisão preventiva em outro processo).

## Seção II
### Dos regimes

> **Art. 110.** O juiz, na sentença, estabelecerá o regime no qual o condenado iniciará o cumprimento da pena privativa de liberdade, observado o disposto no art. 33 e seus parágrafos do Código Penal.[246-247]

**246. Individualização judicial da pena:** além da individualização legislativa e da individualização executória da pena (ver a nota 1 ao art. 1.º), a fase mais decisiva para qualquer condenado é a individualização judicial, quando o magistrado do processo de conhecimento chega à conclusão acerca da culpa do réu e decide condená-lo. Deve, então, seguir três fases: a) *primária*: escolhe-se o *quantum* da pena (ex.: entre 1 e 4 anos, pode-se fixar dois anos), com base nos elementos fornecidos pelo art. 59, *caput*, do Código Penal; b) *secundária*: elege-se o regime, dentre os legalmente possíveis, ou seja, fechado, semiaberto ou aberto. Devem-se levar em consideração os limites impostos no art. 33, §§ 2.º e 3.º, do Código Penal; c) *terciária*: é a fase em que o julgador pondera os benefícios cabíveis ao sentenciado, isto é, se pode substituir a pena privativa de liberdade por restritiva de direitos (art. 44, CP) ou por multa (art. 60, § 2.º, CP). Não sendo viável a substituição, cabe ao magistrado ponderar sobre a possibilidade de concessão de suspensão condicional da pena. O disposto no art. 110 da Lei de Execução Penal, em sintonia com o Código Penal (art. 59, III), preceitua ser, *sempre*, dever do julgador estabelecer o regime no qual o condenado iniciará o cumprimento da pena privativa de liberdade. Maiores detalhes podem ser encontrados nas notas 17 e 18 ao art. 59 do nosso *Código Penal comentado*. Logo, não é tarefa do juiz da execução penal fazê-lo, exceto quando houver de adaptar o montante total da pena a uma nova realidade, como veremos no disposto no art. 111 desta Lei.

**247. Regime de cumprimento da pena e sursis:** parece-nos fundamental destacar a indispensabilidade de fixação do regime inicial de cumprimento da pena privativa de liberdade, ainda que se possa conceder a suspensão condicional da pena. Registremos que o *sursis* é condicionado e haverá audiência admonitória especialmente designada para a aceitação de seus termos pelo sentenciado (art. 160, LEP). Se, feita a advertência, desde logo o condenado manifestar sua não concordância com as condições impostas, perde efeito o benefício e será ele inserido no regime inicial estabelecido na sentença condenatória. Ex.: pode ter recebido uma pena de dois anos por tentativa de estupro, fixando o magistrado o regime inicial fechado, porém, por preencher os requisitos do art. 77 do Código Penal, concede-lhe *sursis*. Caso não seja este aceito ou não compareça o réu, devidamente intimado, à audiência admonitória, perde efeito o benefício e será preso o condenado. Sobre o tema, em maiores detalhes, inclusive com menção a jurisprudência, consultar a nota 17 ao art. 78 do nosso *Código Penal comentado*.

> **Art. 111.** Quando houver condenação por mais de um crime, no mesmo processo ou em processos distintos, a determinação do regime de cumprimento será feita pelo resultado da soma ou unificação das penas, observada, quando for o caso, a detração ou remição.[248-249]
>
> **Parágrafo único.** Sobrevindo condenação no curso da execução, somar-se-á pena ao restante da que está sendo cumprida, para determinação do regime.[250-250-B]

**248. Juízo universal da execução da pena:** todas as penas aplicadas ao réu concentrar-se-ão em uma única Vara de Execução Criminal, normalmente a da Comarca onde ele estiver preso ou fixar domicílio (caso se encontre em liberdade). Por isso, cabe ao juiz que controla todas as suas condenações promover o necessário somatório das penas e verificar a adequação do regime imposto, bem como dos benefícios auferidos. Em caso de concurso material, quando as penas serão somadas, é possível que o réu tenha, exemplificando, três penas de dois anos em regime aberto, cada uma delas, pois todas provenientes de juízos criminais diferentes. É natural que, concentrando-se todas elas na Vara de Execução Penal, o montante atingirá seis anos e o regime aberto torna-se incompatível (art. 33, § 2.º, *b*, CP). Deve o magistrado adaptá-lo ao semiaberto, no mínimo. Por outro lado, é viável haver a unificação de penas (consultar a nota 175 ao art. 66, III, *a*, desta Lei), ocasião em que nova adaptação de regime pode ser necessária. Ilustrando: o réu possui dez condenações por furto simples, atingindo dez anos de reclusão, motivo pelo qual foi inserido no regime inicial fechado (art. 33, § 2.º, *a*, CP). Porém, em seu processo de execução da pena, constata-se ter havido crime continuado (art. 71, CP), razão pela qual o juiz unifica todas elas em um ano e seis meses de reclusão. Deve, logicamente, afastar o regime fechado, concedendo o aberto. Determina, ainda, o art. 111 desta Lei, que se leve em conta, para tal cálculo os benefícios trazidos pela detração (art. 42, CP) e remição

# Art. 111

Leis Penais e Processuais Penais Comentadas – Vol. 2 • **Nucci**

(art. 126, § 1.º, LEP). Portanto, para atingir a pena justa, soma-se ou unifica-se o montante geral, aplica-se a detração e/ou a remição, conforme o caso, para chegar-se ao regime ideal. Além disso, se houver penas de reclusão e de detenção a serem cumpridas, torna-se necessário unificá-las, igualmente, para que se possa escolher o regime adequado. O fato de o art. 69 do Código Penal prever o cumprimento, primeiro, da pena de reclusão e, depois, da de detenção, não tem qualquer significado prático hoje em dia. Afinal, nunca existiu separação entre reclusos e detentos. Portanto, o mais relevante sempre foi o regime de cumprimento da pena. E o art. 33, *caput*, do Código Penal, não veda o cumprimento da pena de detenção em regime fechado (quando houver necessidade de regressão). Logo, dentro de um quadro de absoluta realidade, unificar as penas de reclusão e detenção – ambas privativas de liberdade – significa apenas e tão-somente escolher o regime adequado. Quem é condenado a anos de reclusão e outros anos de detenção precisa ter esse montante somado para o fim de se apontar o regime cabível. Outro aspecto é unificar as penas para verificar se cabe ao condenado continuar a cumprir pena restritiva de direitos; pode ser que isto seja inviável, pois várias restrições a direitos não podem, quando somadas, ultrapassar os 4 anos (teto máximo para isso). Cabe ao juiz das execuções revogar as restritivas de direitos e aplicar o regime cabível para que o sentenciado cumpra pena privativa de liberdade. Na jurisprudência: STF: "1. Viola o que decidido pela Suprema Corte nas ADCs nº 43/DF, nº 44/DF e nº 54/DF a decisão que leva em consideração nova condenação, ainda sem trânsito em julgado, para somá-la a outras, de modo a agravar o regime de cumprimento da pena. Os efeitos da condenação somente podem ocorrer após o trânsito em julgado da sentença. (...) 9. Dito isso, nego provimento ao agravo regimental, mantendo a decisão que julgou procedente o pedido reclamatório para cassar a decisão que somou a nova condenação, sem trânsito em julgado (CES 0017451-03.2018.8.19.0002 – 8 anos de reclusão, em regime fechado), a outras execuções penais e definitivas em curso, na forma do art. 111 da LEP, sem embargo do regular cumprimento do mandado de prisão cautelar afeto ao respectivo processo de conhecimento" (Rcl 53.549 AgR, 2.ª T., rel. André Mendonça, 03.07.2023, v.u.). STJ: "1. A superveniência de nova condenação no curso da execução penal enseja a unificação das reprimendas impostas ao reeducando. Caso o *quantum* obtido após o somatório torne incabível o regime atual, está o condenado sujeito a regressão a regime de cumprimento de pena mais gravoso, consoante inteligência dos arts. 111, parágrafo único, e 118, II, da Lei de Execução Penal" (AgRg no RHC 169.094 – AL, 6.ª T., rel. Rogerio Schietti Cruz, 20.09.2022, v.u.); "As reprimendas de reclusão e de detenção devem ser somadas para fins de unificação da pena, haja vista que ambas são modalidades de pena privativa de liberdade e, portanto, configuram sanções da mesma espécie. Precedentes do STF e desta Corte Superior de Justiça. Precedentes" (AgRg no HC 538.896 – ES, 5.ª T., rel. Ribeiro Dantas, 18.02.2020).

**248-A. Prévia oitiva do condenado:** como regra, é desnecessária, pois a unificação deve ser determinada pelo juiz de ofício, assim que outras penas se juntarem à execução em trâmite. No entanto, se o sentenciado possuir defensor constituído ou houver defensoria pública que lhe dê assistência, o magistrado poderá abrir vista para a sua prévia manifestação, valendo o mesmo procedimento para o membro do Ministério Público. Privilegiar o contraditório e a ampla defesa no processo executório da pena nunca é demais.

**249. Adaptação dos benefícios penais concedidos à nova realidade das penas:** os mesmos critérios expostos na nota 248 serão utilizados no tocante ao cenário dos benefícios. Exemplificando: a) o réu recebe três penas de três anos, por diversos crimes dolosos, em Varas diferentes; cada magistrado, na sentença condenatória, concede-lhe a substituição por penas restritivas de direitos. Quando as três condenações chegarem à Vara da Execução Penal, o juiz promoverá a somatória, verificará o total de nove anos de reclusão e deverá cassar o benefício da pena alternativa, inserindo o condenado no regime fechado; b) o contrário pode ser viável, ou seja, o acusado é condenado por vários juízes diferentes a um montante que atingiu doze anos de reclusão, por crimes dolosos. Ingressou no regime fechado e seu processo de execução penal tem início. O juiz observa que é possível a unificação, em face da existência de crime continuado, reduzindo a pena para três anos. Poderá conceder-lhe, preenchidas as condições legais (art. 44, CP), a substituição desse novo montante por pena restritiva de direitos.

**250. Pena cumprida é pena extinta:** sempre que nova pena chegar, para cumprimento, na Vara de Execução Penal, será ela somada ao restante da pena e não no montante total inicial, afinal, pena cumprida é pena extinta. Com esses novos valores, decidirá o magistrado acerca do regime cabível. Ilustrando: iniciou o réu o cumprimento da pena de doze anos de reclusão, em regime fechado; por merecimento e cumprido mais de um sexto, passou ao semiaberto; depois, atingiu o regime aberto. Faltando três anos para terminar a pena, recebe-se na Vara de Execução Penal mais uma condenação de um ano de reclusão. Não será somada esta nova pena aos doze anos iniciais, mas aos três anos derradeiros. Logo, o total será de quatro anos de reclusão e não de treze anos. Por isso, pode o magistrado mantê-lo no regime aberto, pois a pena a cumprir não ultrapassa quatro anos (art. 33, § 2.º, *c*, CP). Na jurisprudência: STJ: "2. A superveniência de nova condenação no curso da execução penal enseja a unificação das reprimendas impostas ao reeducando. Caso o *quantum* obtido após o somatório torne incabível o regime atual, está o condenado sujeito à regressão a regime de cumprimento de pena mais gravoso, consoante inteligência dos arts. 111, parágrafo único, e 118, II, da Lei de Execução Penal" (AgRg no HC 429.717 – DF, 6.ª T., rel. Sebastião Reis Júnior, j. 25.09.2018, m.v.).

**250-A. Início do prazo para o cômputo de novos benefícios:** como regra, não se altera. Realizada a unificação, pelo somatório de outras penas, fixa o magistrado o regime adequado. Não se altera a data-base para a contagem de benefício de execução. Na jurisprudência: STJ: "2. A superveniência de nova condenação no curso da execução penal enseja a unificação das reprimendas impostas ao reeducando. Caso o *quantum* obtido após o somatório torne incabível o regime atual, está o condenado sujeito à regressão a regime de cumprimento de pena mais gravoso, consoante inteligência dos arts. 111, parágrafo único, e 118, II, da Lei de Execução Penal. 3. A alteração da data-base para concessão de novos benefícios executórios, em razão da unificação das penas, não encontra respaldo legal. Portanto, a desconsideração do período de cumprimento de pena desde a última prisão ou desde a última infração disciplinar, seja por delito ocorrido antes do início da execução da pena, seja por crime praticado depois e já apontado como falta disciplinar grave, configura excesso de execução (REsp n. 1.557.461/SC). 4. Agravo regimental conhecido, contudo, improvido" (AgRg no HC 429.717 – DF, 6.ª T., rel. Sebastião Reis Júnior, 25.09.2018, m.v.).

**250-B. Execução provisória da pena:** inexistindo o trânsito em julgado de sentença condenatória, mas sendo, hoje, possível e recomendável o início da execução provisória da pena, quando o acusado estiver preso – o que significa atuar em seu benefício –, deve-se considerar como marco inicial para o cálculo de benefícios (como a progressão de regime, por exemplo) a data da publicação da última sentença condenatória. É possível haver mais de uma condenação e nenhuma delas ter, ainda, trânsito em julgado para a acusação. Uma vez iniciado o cômputo do prazo para benefícios, o advento do trânsito em julgado não o interrompe, a menos que se trate de outro processo. Noutros termos, o objetivo é evitar *duas* interrupções para receber benefícios provocadas pelo mesmo processo.

---

**Art. 112.** A pena privativa de liberdade será executada em forma progressiva[251-251-C] com a transferência para regime menos rigoroso,[252-252-B] a ser determinada pelo juiz, quando o preso tiver cumprido ao menos:[253-255]

I – 16% (dezesseis por cento) da pena, se o apenado for primário e o crime tiver sido cometido sem violência à pessoa ou grave ameaça;

II – 20% (vinte por cento) da pena, se o apenado for reincidente em crime cometido sem violência à pessoa ou grave ameaça;

III – 25% (vinte e cinco por cento) da pena, se o apenado for primário e o crime tiver sido cometido com violência à pessoa ou grave ameaça;

IV – 30% (trinta por cento) da pena, se o apenado for reincidente em crime cometido com violência à pessoa ou grave ameaça;

V – 40% (quarenta por cento) da pena, se o apenado for condenado pela prática de crime hediondo ou equiparado, se for primário;

VI – 50% (cinquenta por cento) da pena, se o apenado for:

a) condenado pela prática de crime hediondo ou equiparado, com resultado morte, se for primário, vedado o livramento condicional;

b) condenado por exercer o comando, individual ou coletivo, de organização criminosa estruturada para a prática de crime hediondo ou equiparado; ou

c) condenado pela prática do crime de constituição de milícia privada;

VI-A – 55% (cinquenta e cinco por cento) da pena, se o apenado for condenado pela prática de feminicídio, se for primário, vedado o livramento condicional;[255-A]

VII – 60% (sessenta por cento) da pena, se o apenado for reincidente na prática de crime hediondo ou equiparado;[255-A1]

VIII – 70% (setenta por cento) da pena, se o apenado for reincidente em crime hediondo ou equiparado com resultado morte, vedado o livramento condicional.[255-B]

§ 1.º Em todos os casos, o apenado só terá direito à progressão de regime se ostentar boa conduta carcerária, comprovada pelo diretor do estabelecimento, e pelos resultados do exame criminológico, respeitadas as normas que vedam a progressão.[255-C-257]

§ 2.º A decisão do juiz que determinar a progressão de regime será sempre motivada e precedida de manifestação do Ministério Público e do defensor, procedimento que também será adotado na concessão de livramento condicional, indulto e comutação de penas, respeitados os prazos previstos nas normas vigentes.[258]

§ 3.º No caso de mulher gestante ou que for mãe ou responsável por crianças ou pessoas com deficiência, os requisitos para progressão de regime são, cumulativamente:[258-A]

I – não ter cometido crime com violência ou grave ameaça a pessoa;

II – não ter cometido o crime contra seu filho ou dependente;

III – ter cumprido ao menos 1/8 (um oitavo) da pena no regime anterior;

IV – ser primária e ter bom comportamento carcerário, comprovado pelo diretor do estabelecimento;

V – não ter integrado organização criminosa.

§ 4.º O cometimento de novo crime doloso ou falta grave implicará a revogação do benefício previsto no § 3.º deste artigo.[258-B]

§ 5.º Não se considera hediondo ou equiparado, para os fins deste artigo, o crime de tráfico de drogas previsto no § 4.º do art. 33 da Lei 11.343, de 23 de agosto de 2006.[259]

# Art. 112

§ 6.º O cometimento de falta grave durante a execução da pena privativa de liberdade interrompe o prazo para a obtenção da progressão no regime de cumprimento da pena, caso em que o reinício da contagem do requisito objetivo terá como base a pena remanescente.[259-A]

§ 7.º O bom comportamento é readquirido após 1 (um) ano da ocorrência do fato, ou antes, após o cumprimento do requisito temporal exigível para a obtenção do direito.[259-B]

**251. Critérios para a progressão de regime:** as bases para a transferência de regime rigoroso para o mais brando (fechado ao semiaberto e deste ao aberto) alteraram-se bastante desde a edição da Lei de Execução Penal. Inicialmente, além do requisito objetivo, consistente em cumprir parte da pena num regime antes de passar ao outro, a análise subjetiva dependia de bom comportamento carcerário, avaliado pela Comissão Técnica de Classificação, além de elaboração de exame criminológico, especialmente para os condenados por crimes violentos contra a pessoa. Em 2003, aboliu-se a participação da Comissão e passou-se a exigir somente o atestado de boa conduta carcerária. Todavia, o Judiciário não permitiu o afastamento completo da realização do exame criminológico, afirmando poder o juiz da execução requisitá-lo em casos específicos. É o teor da Súmula Vinculante 26 do STF: "Para efeito de progressão de regime no cumprimento de pena por crime hediondo, ou equiparado, o juízo da execução observará a inconstitucionalidade do art. 2º da Lei n. 8.072, de 25 de julho de 1990, sem prejuízo de avaliar se o condenado preenche, ou não, os requisitos objetivos e subjetivos do benefício, *podendo determinar, para tal fim, de modo fundamentado, a realização de exame criminológico*" (grifamos). E da Súmula 439 do STJ: "*Admite-se o exame criminológico* pelas peculiaridades do caso, desde que em decisão motivada" (grifo nosso). Atualmente, tornou-se a prever a realização do exame criminológico para a progressão, embora impondo a todas as execuções (ver as notas 255-C e 255-D *infra*). Na jurisprudência: STF: "Progressão de regime. Determinação de exame criminológico por decisão fundamentada. Inexistência de ofensa à Súmula Vinculante n. 26. Precedentes. Agravo regimental ao qual se nega provimento" (Rcl 44.080 AgR, 2.ª T., rel. Cármen Lúcia, 15.12.2020, v.u.); "O enunciado 26 da Súmula Vinculante não proibiu a determinação de prévia realização do exame criminológico, para análise do cabimento da progressão de regime. Exige-se, apenas, que a decisão seja fundamentada. Precedentes. 2. *In casu*, verifica-se que a decisão que determinou a realização do exame criminológico encontra-se fundamentada em elementos concretos dos autos, não se podendo falar em ausência de fundamentação do *decisum* ora impugnado. 3. *Ex positis*, ausente violação do conteúdo da Súmula Vinculante 26 deste Supremo Tribunal Federal, nego provimento ao agravo regimental" (Rcl 40.068 AgR, 1.ª T., rel. Luiz Fux, 22.05.2020, v.u.). STJ: "2. A determinação de submissão do ora paciente a exame criminológico para progredir de regime prisional está devidamente fundamentada em elementos concretos da execução, especialmente na existência de falta grave (fuga), em consonância com o enunciado n. 439 da Súmula do STJ. Precedentes. 3. Não se aplica limite temporal à análise do requisito subjetivo, devendo ser analisado todo o período de execução da pena, a fim de se averiguar o mérito do apenado. Precedentes" (HC 556.422 – SP, 5.ª T., rel. Joel Ilan Paciornik, 05.03.2020, v.u.).

**251-A. Exame criminológico não vinculativo:** a avaliação do mérito do sentenciado, quando efetivada por meio do exame criminológico, é um subsídio a mais para o juiz, mas não o vincula, até porque a verificação de periculosidade não se trata de uma ciência exata. Havendo outros elementos, nos autos da execução, que forneçam ao magistrado um perfil do condenado, o exame, mesmo negativo, pode ser afastado. Ademais, o mais relevante é fazer o referido exame somente em condenações por crimes violentos contra a pessoa.

# Art. 112

**251-B. Estado de coisas inconstitucional:** há muito tempo, a doutrina e a jurisprudência, no Brasil, vêm apontando o descalabro no sistema carcerário por todo o país, situação reconhecida em julgamento realizado pelo Supremo Tribunal Federal, em 2015 (ADPF 347-MC-DF, Plenário, rel. Marco Aurélio, 09.09.2015, confirmada a decisão em 2023, quanto ao mérito), o que significa uma decisão relevante para o cenário da execução penal. No entanto, sem o apoio decisivo e firme dos Poderes Executivo e Legislativo, o Judiciário não tem como resolver tudo e reequilibrar o cumprimento de penas ao menos para seguir o disposto, expressamente, em lei. Uma das decorrências positivas desse julgado foi a edição da Súmula Vinculante 56, em sessão plenária de 29 de junho de 2016, nos seguintes termos: "A falta de estabelecimento penal adequado não autoriza a manutenção do condenado em regime prisional mais gravoso, devendo-se observar, nessa hipótese, os parâmetros fixados no RE 641.320/RS". Na prática, autorizou-se que magistrados da execução penal pudessem transferir o condenado, que aguarda vaga em regime semiaberto, depois de deferida a progressão do fechado ao semiaberto, a um regime mais favorável, como o aberto, minimizando as consequências do sistema penitenciário inadequado. Além disso, já existem decisões da Corte Interamericana dos Direitos Humanos impondo resoluções ao Brasil no tocante a certos presídios, como no Rio de Janeiro e em Pernambuco. Consultar a nota *infra*.

**251-C. Cômputo da pena em dobro:** a Corte Interamericana de Direitos Humanos já produziu julgados avaliando presídios específicos no Brasil, como o complexo penitenciário de Curado (PE) e o complexo prisional de Gericinó (RJ). Em ambas as situações, apontou-se, como paliativo, a contagem da pena em dobro enquanto perdurarem as péssimas condições em que estão inseridos os presos. Pela relevância do tema, como ilustração, segue o dispositivo da Resolução da Corte Interamericana de Direitos Humanos, de 28 de novembro de 2018, acerca de medidas provisórias a respeito do Brasil, no tocante ao complexo penitenciário de Curado: "1.Requerer ao Estado que adote imediatamente todas as medidas que sejam necessárias para proteger eficazmente a vida, a saúde e a integridade pessoal de todas as pessoas privadas de liberdade no Complexo de Curado bem como de qualquer pessoa que se encontre nesse estabelecimento, inclusive os agentes penitenciários, os funcionários e os visitantes. Solicitar também que ponha em execução imediatamente o Diagnóstico Técnico e o Plano de Contingência, de acordo com o exposto nos Considerandos 8 a 13 da presente resolução. 2. Requerer ao Estado que garanta o efetivo respeito à vida e à integridade pessoal das defensoras Wilma Melo e Guacira Rodrigues. 3. Requerer ao Estado que mantenha os Representantes informados sobre as medidas adotadas para cumprir as medidas provisórias ordenadas e que lhes garanta o acesso amplo e irrestrito ao Complexo de Curado, com o exclusivo propósito de acompanhar e documentar, de maneira fidedigna, a implementação das presentes medidas. 4. O Estado deve tomar as medidas necessárias para que, em atenção ao disposto na Súmula Vinculante No. 56, do Supremo Tribunal Federal do Brasil, a partir da notificação da presente resolução, não ingressem novos presos no Complexo de Curado, e nem se efetuem traslados dos que estejam ali alojados para outros estabelecimentos penais, por disposição administrativa. Quando, por ordem judicial, se deva trasladar um preso a outro estabelecimento, o disposto a seguir, a respeito do cômputo duplo, valerá para os dias em que tenha permanecido privado de liberdade no Complexo de Curado, em atenção ao disposto nos Considerandos 118 a 133 da presente resolução. 5. O Estado deve adotar as medidas necessárias para que o mesmo cômputo se aplique, conforme o disposto a seguir, para aqueles que tenham deixado o Complexo de Curado, em tudo o que se refere ao cálculo do tempo em que nele tenham permanecido, de acordo com os Considerandos 118 a 133 da presente resolução. 6. O Estado deverá arbitrar os meios para que, no prazo de seis meses a contar da presente decisão, se compute em dobro cada dia de privação de liberdade cumprido no Complexo de Curado, para todas as pessoas ali alojadas que não sejam acusadas de crimes contra a vida ou a integridade física, ou de crimes sexuais, ou não tenham sido por eles condenadas, nos termos dos Considerandos 118 a 133 da presente resolução. 7. O Estado deverá organizar, no prazo de quatro meses a partir da presente decisão, uma equipe criminológica de profissionais, em especial psicólogos e assistentes sociais, sem prejuízo de outros, que, em pareceres assinados pelo menos por três deles, avalie o prognóstico de conduta, com base em indicadores de agressividade dos presos alojados no Complexo de Curado, acusados de crimes contra a vida e a integridade física, ou de crimes sexuais, ou por eles condenados. Segundo o resultado alcançado em cada caso, a equipe criminológica, ou pelo menos três de seus profissionais, conforme o prognóstico de conduta a que tenha chegado, aconselhará a conveniência ou inconveniência do cômputo em dobro do tempo de privação de liberdade ou, então, sua redução em menor medida. 8. O Estado deverá dotar a equipe criminológica do número de profissionais e da infraestrutura necessária para que seu trabalho possa ser realizado no prazo de oito meses a partir de seu início. 9. Requerer ao Estado que continue informando a Corte Interamericana de Direitos Humanos, a cada três meses, contados a partir da notificação da presente resolução, sobre a implementação das medidas provisórias adotadas em conformidade com esta decisão, e sobre seus efeitos, referindo-se, em especial, às perguntas discriminadas no Considerando 164 da presente resolução. 10. Requerer aos Representantes que apresentem as observações que julguem pertinentes sobre o relatório a que se refere o ponto resolutivo acima, no prazo de quatro semanas, contado a partir do recebimento do relatório estatal mencionado. 11. Requerer à Comissão Interamericana de Direitos Humanos que apresente as observações que julgue pertinentes sobre o relatório estatal a que se refere o ponto resolutivo quatro e sobre as respectivas observações dos Representantes, no prazo de duas semanas, contado a partir do encaminhamento das referidas observações dos Representantes. 12. Continuar avaliando, ao longo de um ano, em conformidade com o artigo 27.8 de seu Regulamento, a pertinência de que uma delegação da Corte Interamericana realize uma nova diligência *in situ* ao Complexo Penitenciário de Curado, e de que se peça o parecer de peritos sobre a matéria, ou seu acompanhamento da referida diligência, a fim de verificar a implementação das medidas provisórias, após o consentimento da República Federativa do Brasil, e com seu consentimento, de acordo com o Considerando 58 da presente resolução. 13. Dispor que a Secretaria da Corte notifique da presente resolução o Estado, a Comissão Interamericana e os Representantes dos beneficiários. 14. Dispor que o Estado, imediatamente, leve a presente resolução ao conhecimento dos órgãos encarregados do monitoramento das presentes medidas provisórias bem como do Supremo Tribunal Federal e do Conselho Nacional de Justiça. Corte IDH. Assunto do Complexo Penitenciário de Curado a respeito do Brasil. Resolução de 28 de novembro de 2018, da Corte Interamericana de Direitos Humanos". Na esteira dessa decisão, o STF determinou o cumprimento da resolução: "Ante o exposto, com amparo no art. 580 do CPP, defiro o pedido de extensão em favor de todas as pessoas que estejam ou tenham estado custodiadas no Complexo Prisional do Curado para determinar que em 60 (sessenta) dias: (i) seja-lhes concedida a contagem em dobro do período em que estiveram no Complexo do Curado, caso não tenham sido acusadas ou condenadas por crimes contra a vida, contra a integridade física ou sexuais, *ainda que se trate de delito hediondo ou equiparado*; (ii) no caso das pessoas acusadas ou condenadas por crimes contra a vida, contra a integridade física ou sexuais, *também independentemente de tratar-se de infração penal hedionda ou equiparada*: a) sejam os presos avaliados por uma equipe criminológica que preencha os requisitos estabelecidos pelo item 7 do dispositivo da Resolução da Corte Interamericana de Direitos Humanos de 28 de novembro de 2018; b) o Juízo da Execução profira nova decisão a respeito da cômputo do período de cumprimento de pena pelo interno no Complexo Prisional do Curado à luz da avaliação efetuada e da mencionada resolução" (HC 208.337 MC-EXTN – PE, rel. Edson Fachin, 19.12.2022, decisão monocrática, destaques no original). Outro exemplo, agora se referindo ao presídio de Bangu,

# Art. 112

no Rio de Janeiro, é a decisão do STJ: "Trata-se de Recurso em *habeas corpus* interposto por O. O. S. em face de acórdão do Tribunal de Justiça do Rio de Janeiro (HC n. 0056922-61.2020.8.19.0000). Consta dos autos que a defesa impetrou *habeas corpus* em favor do ora recorrente, perante a Corte estadual, pleiteando o cômputo em dobro de todo o período em que o paciente cumpriu pena no Instituto Penal Plácido de Sá Carvalho, vale dizer, de 09 de julho de 2017 a 24 de maio de 2019. (...) Nesta sede, pretende o recorrente seja o seu recurso provido para que, uma vez reformada a decisão atacada, que o período de pena cumprida pelo apenado, no Complexo Prisional de Gericinó, em Bangu/RJ, seja considerado em dobro, por se tratar de pena cumprida de maneira degradante e desumana, conforme determinação da Corte Interamericana de Direitos Humanos. (...) Ante o exposto, dou provimento ao recurso ordinário em *habeas corpus*, para que se efetue o cômputo em dobro de todo o período em que o paciente cumpriu pena no Instituto Penal Plácido de Sá Carvalho, de 09 de julho de 2017 a 24 de maio de 2019" (RHC 136.961 – RJ, decisão monocrática, rel. Reynaldo Soares da Fonseca, 28.04.2021).

**252. Pena extensa, gravidade do crime e transferência a regime menos severo:** possibilidade, desde que o condenado preencha os requisitos legais. O fato de o sentenciado apresentar pena longa não pode ser empecilho para a sua progressão, pois é um elemento não previsto em lei (ex.: condenado a 60 anos de reclusão, inserido no regime fechado, após 10 anos, embora faltem praticamente 50 anos, pode, em tese, seguir para o regime semiaberto). Além disso, não se pode, igualmente, vedar a progressão sob o argumento de que o delito praticado foi grave. Para a punição dessa gravidade já se aplicou a pena; a partir do início do cumprimento, deve-se zerar o passado e avaliar o sentenciado onde se encontre (regime fechado, semiaberto ou aberto). Essa postura não afasta a necessidade de realização do exame criminológico para condenados por delitos violentos contra a pessoa, com pena longa, para o fim de detectar a sua efetiva ressocialização para migrar a outro regime mais brando.

**252-A. Prejudicialidade do pedido de progressão:** se o condenado cometer falta grave, como, por exemplo, empreender fuga, durante o período em que se analisa seu pedido de progressão, torna-se prejudicado o pleito, nem mesmo merecendo avaliação de mérito.

**252-B. Marcos para a progressão de regime:** devem ser consideradas as datas nas quais o condenado preencheu o lapso temporal objetivo e, também, o requisito subjetivo; não se deve levar em conta a data em que o juiz deferiu o benefício – e muito menos a data em que houve a efetiva transferência. Tratando-se de requisito duplo (objetivo e subjetivo), quando a situação do condenado exigir a realização do exame criminológico, somente quando este exame é efetivado completa-se tudo o que a lei demanda. Na jurisprudência: STJ: "1. Esta Corte passou a adotar o entendimento do Supremo Tribunal Federal – STF, externado no julgamento do HC n. 115.254 (Rel. Ministro Gilmar Mendes, Segunda Turma, julgado em 15.12.2015), para estabelecer, como marco para a subsequente progressão de regime, a data em que o apenado preencheu ambos os requisitos legais previstos no art. 112 da Lei de Execução Penal – LEP" (AgRg no REsp 2.103.527 – SC, 5.ª T., rel. Joel Ilan Paciornik, 13.05.2024, v.u.); "1. Delimitação da controvérsia: 'A decisão que defere a progressão de regime não tem natureza constitutiva, senão declaratória. O termo inicial para a progressão de regime deverá ser a data em que preenchidos os requisitos objetivo e subjetivo descritos no art. 112 da Lei 7.210, de 11/07/1984 (Lei de Execução Penal), e não a data em que efetivamente foi deferida a progressão. Essa data deverá ser definida de forma casuística, fixando-se como termo inicial o momento em que preenchido o último requisito pendente, seja ele o objetivo ou o subjetivo. Se por último for preenchido o requisito subjetivo, independentemente da anterior implementação do requisito objetivo, será aquele (o subjetivo) o marco para fixação da data-base para efeito de nova progressão de regime'" (ProAfR no REsp 1.972.187, 3.ª Seção, rel. Jesuíno Rissato, 14.08.2024, m.v.).

**253. Prática de falta grave e nova contagem:** se o condenado comete falta grave, enquanto cumpre pena no regime fechado (ou semiaberto), para efeito de progressão, deve começar a computar o período fixado em lei novamente. Consequências: a) não poderá receber o benefício da progressão, por ausência de merecimento; b) começará a contar novo período da data em que cometeu a falta; c) lembrar que esse novo período incide sobre o remanescente da pena e não sobre o total.

**253-A. Indeferimento do pedido de progressão e novo requerimento:** quando o juiz da execução penal indeferir o pleito formulado pelo condenado, inexiste prazo para o interessado requerer novamente o benefício. O juiz pode indeferir de plano, caso o pedido seja feito logo após o indeferimento; entretanto, não cabe fixar prazo para que o requerimento seja reiterado. Na jurisprudência: STJ: "IV – A limitação temporal imposta pelo Juízo de 1º grau a fim de que novo pedido de progressão de regime seja formulado, além de não possuir previsão legal, representa afronta ao princípio da inafastabilidade da jurisdição. É inviável presumir que não possam ocorrer mudanças fáticas que concorram para a eventual mudança no resultado do exame criminológico, tampouco obstar que o sentenciado pleiteie novamente os benefícios executórios a que ele entenda fazer jus. *Habeas corpus* não conhecido. Ordem concedida de ofício para afastar a limitação temporal de seis meses a fim de que novo pedido de progressão de regime seja formulado pelo paciente" (HC 426.927 – SP, 5.ª T., rel. Felix Fischer, 15.05.2018, v.u.).

**254. Lapso temporal e inquérito em andamento:** a existência, por si só, de um inquérito policial em trâmite, para apurar eventual crime cometido pelo condenado, antes do início da execução, não pode servir de obstáculo à concessão de progressão de regime ou outro benefício qualquer, desde que ele tenha preenchido o lapso temporal e os demais requisitos do merecimento (laudos favoráveis). Em primeiro lugar, porque um inquérito em trâmite é uma mera suspeita, não podendo ser acolhido para impedir benefícios de execução penal. Em segundo lugar, não há previsão legal para esse obstáculo à progressão, a menos que o delito tenha sido cometido durante a execução da pena.

**255. Novos critérios para a progressão de regime:** a nova sistemática, imposta pela Lei 13.964/2019, criou faixas para a progressão de regime (fechado ao semiaberto e deste para o aberto). Essas faixas respeitam critérios múltiplos, envolvendo gravidade do delito, mas também atributo pessoal do condenado (como a reincidência). A primeira delas é de 16% (equivalente a 1/6) para primários, com crime sem violência ou grave ameaça à pessoa. A segunda é de 20% (similar a 1/5), tratando-se de reincidente em crimes sem violência ou grave ameaça à pessoa. A terceira é de 25% (igual a 1/4) para quem é primário, mas comete crime violento ou com grave ameaça à pessoa. A quarta é de 30% (3/10 da pena), quando o apenado for reincidente em crime violento ou com grave ameaça à pessoa. A quinta envolve 40% (2/5 da pena), se o condenado responder por crime hediondo ou equiparado, sendo primário. A sexta chega a 50% (metade), tratando-se de (a) condenado pela prática de delito hediondo ou equiparado, com resultado morte, sendo primário, vedado o livramento condicional; (b) cuidando-se de quem exerce o comando, individual ou coletivo, de organização criminosa estruturada para a prática de crime hediondo ou equiparado; (c) quando se cuidar de milícia privada. A sétima sustenta 60% (equivalente a 3/5), se o condenado for reincidente em crime hediondo ou equiparado. A oitava faixa envolve 70% (similar a 7/10) caso o apenado for reincidente em crime hediondo ou equiparado com resultado morte, vedado o livramento condicional.

# Art. 112

**255-A. Maior rigor para o feminicida:** o agressor da mulher passa a ter um tratamento mais severo que o autor de crime hediondo, ou equiparado, com resultado morte (como o latrocínio), pois a parcela de cumprimento da pena, para pleitear a progressão, passa a ser de 55%, sem direito a liberdade condicional. Há lógica nessa mensuração, pois a pena para o feminicídio se torna uma das mais rigorosas da legislação penal (reclusão, de 20 a 40 anos).

**255-A1. Progressão nos casos de condenados por crimes hediondos ou equiparados, quando reincidentes:** após a edição da Lei 13.964/2019, foram criadas várias faixas para a progressão, no art. 112 da Lei de Execução Penal, gerando dúvida no seguinte cenário: a) utiliza-se o percentual de 40% da pena, se o apenado for condenado pelo cometimento de delito hediondo ou equiparado, sendo primário; b) usa-se o percentual de 60% da pena, caso o sentenciado seja reincidente na prática de crime hediondo ou equiparado; c) vale-se do percentual de 50% da pena, se o apenado for condenado pelo cometimento de crime hediondo ou equiparado, com resultado morte, se primário; d) utiliza-se o percentual de 70% da pena, caso haja condenação de reincidente em crime hediondo ou equiparado, com resultado morte. Comparando-se as hipóteses das alíneas *a* e *b*, emerge o seguinte conflito aparente de normas: quem é reincidente não específico (comete um crime hediondo e depois um crime comum ou o contrário), deve progredir ao atingir 40% ou 60%, na medida em que, na referência feita aos 60%, menciona-se ser reincidente na prática de crime hediondo ou equiparado, vale dizer, estaria apontando uma reincidência específica. O mesmo conflito pode dar-se no cenário das alíneas *c* e *d*, pois a faixa dos 50% indica primariedade, enquanto a faixa dos 70% aponta para reincidência em crime hediondo e equiparado. Levando em consideração o erro legislativo, que proporcionou uma lacuna, no tocante ao condenado por crime hediondo ou equiparado, com ou sem resultado morte, sendo reincidente, mas não específico – inexiste percentual exclusivo a ele –, bem como o princípio da prevalência do interesse do réu (*in dubio pro reo*), os Tribunais Superiores optaram pela aplicação da faixa mais favorável. Desse modo, quem for condenado por crime hediondo ou equiparado, sendo reincidente não específico, encaixa-se no inciso V (40% da pena). Quem for condenado por crime hediondo ou equiparado, resultante em morte, sendo reincidente não específico, incide no inciso VI, alínea *a* (50% da pena). Na jurisprudência: STF: "1. O Plenário do Supremo Tribunal Federal, no julgamento do ARE 1.327.963/SP, Rel. Min. Gilmar Mendes, consignou a tese de que 'a alteração promovida pela Lei 13.964/2019 no artigo 112 da LEP não autoriza a incidência do percentual de 60% (inciso VII) aos condenados reincidentes não específicos para o fim de progressão de regime. Diante da omissão legislativa, impõe-se a analogia *in bonam partem*, para aplicação, inclusive retroativa, do inciso V do artigo 112 da LEP (lapso temporal de 40%) ao condenado por crime hediondo ou equiparado sem resultado morte reincidente não específico'. No mesmo sentido, veja-se o RHC 200.873, Rel. Min. Edson Fachin. 2. Tratando-se de paciente reincidente não específico, condenado por crime de homicídio qualificado com resultado morte, são acertadas as decisões das instâncias precedentes, que estabeleceram o percentual de 50% para fins de progressão de regime, nos termos do inciso VI, a, do art. 112 da LEP, na redação da Lei nº 13.964/2019. No mesmo sentido, veja-se o RHC 196.811, Relª. Minª. Rosa Weber; e o RHC 203.530, Rel. Min. Ricardo Lewandowski" (HC 227.366 AgR, 1.ª T., rel. Roberto Barroso, 13.06.2023, v.u.). STJ: "1. Em recente mudança de orientação jurisprudencial, esta egrégia Quinta Turma, por unanimidade de votos, no julgamento do HC 613.268/SP, deu provimento ao agravo regimental, concedendo *habeas corpus* de ofício para que seja retificado o cálculo de pena, fazendo constar o percentual de 40% (quarenta por cento) para fins de progressão de regime prisional, nos termos da ementa a seguir transcrita, por entender que inexiste na *novatio legis* (a nova redação dada ao art. 112 da Lei de Execução Penal) percentual a disciplinar a progressão de regime ora pretendida, pois os percentuais de 60% e 70% foram destinados aos reincidentes específicos. 2. Nessa ordem de ideias, no caso concreto, o paciente cumpre pena pelo crime de tráfico de drogas, sua condenação anterior é por crime distinto, sendo, pois, é reincidente genérico, impõe-se a aplicação do percentual equivalente ao que é previsto para o primário – 40%. 3. Agravo regimental provido. *Habeas corpus* concedido, de ofício, para que a transferência do paciente ao regime menos rigoroso observe, quanto ao requisito objetivo, o cumprimento de 40% da pena privativa de liberdade a que condenado, salvo se cometida falta grave" (AgRg no HC 609.319 – SP, 5.ª T., rel. Joel Ilan Paciornik, 23.02.2021).

**255-B. Progressão nos casos de condenados por crimes hediondos ou equiparados, com resultado morte, quando reincidentes:** utiliza-se o mesmo critério exposto na nota anterior. Se a reincidência for específica, usa-se o percentual de 70%. Se a reincidência for genérica, o percentual utilizado para os primários (50%). Na jurisprudência: STJ: "3. Assim, na espécie, considerando que o recorrente, condenado por crime hediondo (latrocínio), é reincidente genérico, conforme se extrai dos presentes autos (e-STJ fl. 132), impõe-se o uso da analogia *in bonam partem*, para aplicar o percentual equivalente ao que é previsto para o primário – com resultado morte (art. 112, inciso VI, da LEP), qual seja, o de 50% (cinquenta por cento), para fins de cálculo da progressão de regime prisional, em relação ao delito do art. 157, § 3° do Código Penal" (AgRg no REsp 1.908.208 – PR, 5.ª T., rel. Reynaldo Soares da Fonseca, 23.02.2021, *DJe* 01.03.2021).

**255-C. Requisitos para a progressão:** além da parte objetiva (cumprimento de um percentual da pena aplicada), há dois fatores que preenchem a parte subjetiva: o atestado de boa conduta carcerária e a realização do exame criminológico. Esse último foi considerado obrigatório para todos os casos de progressão de regime, pela Lei 14.843/2024. A parte final ("respeitadas as normas que vedam a progressão"), como regra, não há de ser seguida, porque o STF determinou a progressão de regime para qualquer delito. No tocante ao exame criminológico, verificar a próxima nota. Na jurisprudência: STF: "1. A orientação jurisprudencial do Supremo Tribunal Federal é no sentido de que o 'art. 112 da Lei de Execuções Penais – na redação dada pela Lei 10.792/03 – não mais considera indispensável a realização do exame criminológico para fins de progressão de regime. A inovação legal tem o condão de auxiliar o juiz a avaliar o pedido do benefício executório. Os laudos dos exames criminológicos possuem caráter meramente opinativo, não vinculando o juízo, cuja convicção pode se formar com base também em outros elementos constantes dos autos' (HC 123.025, Rel[a]. Min[a]. Rosa Weber). 2. Para além de observar que a hipótese é de paciente condenado à pena de 60 anos e 21 dias de reclusão, pelos crimes de homicídios qualificados e porte de arma, o fato é que, tal como assentou a autoridade impetrada, 'as instâncias ordinárias indeferiram a progressão de regime ao paciente com amparo em aspectos concretos da execução penal, consistentes em observações desfavoráveis postas em exame criminológico realizado à época, fazendo alusão ao relatório da área de serviço social e ao relatório psicológico'. 3. Agravo regimental a que se nega provimento" (HC 216.268 AgR, 1.ª T., rel. Roberto Barroso, 16.08.2022, v.u.). STJ: "Não é vedado ao órgão julgador determinar a submissão do apenado ao exame criminológico para a aferição do mérito subjetivo, desde que o faça de maneira fundamentada, em estrita observância à garantia constitucional de motivação das decisões judiciais, expressa no art. 93, IX, bem como no art. 112, § 1°, da LEP, conforme entendimento inclusive já sumulado por esta Corte Superior em seu enunciado n. 439. 3. Uma vez realizado o exame criminológico, o Magistrado da Execução e a Corte Estadual devem abalizar suas decisões, em face do livre convencimento motivado, com base nos relatos e conclusões constantes dos laudos social e psicológico elaborados por profissionais habilitados, fundamentando de forma idônea e coerente. 4. No caso concreto, a Corte estadual destacou trechos da decisão do Juízo de primeiro grau no sentido de que: 'apesar da conclusão do relatório conjunto de avaliação ter sido favorável à concessão do benefício almejado, o laudo psicológico encartado às fls. 13/14 aponta aspectos negativos relevantes, referindo acerca do agravado: 'Discurso feito com vocábulo estereo-tipado, colocações generalizadas, relato pré-elaborado, omisso e vago', sua 'personalidade é relativamente estruturada, maturidade em desenvolvimento, com predominância de aspectos emocionais'. 5. Em que pese a existência de pontos positivos na avaliação psicológica e social, os elementos negativos dos referidos relatórios e a análise do histórico criminal da agravante revelam a impossibilidade de sua promoção a regime mais brando (...) (HC n. 490.487/SP, Rel. Ministro Joel Ilan Paciornik, Quinta Turma, DJe 8/4/2019) [AgRg no HC 639.850/RS, Rel. Ministro Reynaldo Soares da Fonseca, Quinta Turma, julgado em 25/5/2021, DJe 1º/6/2021]. 6. Lado outro, o atestado de boa conduta carcerária emitido pelo diretor da unidade prisional é insuficiente para se aferir, por si só, o mérito subjetivo, na medida em que o comportamento disciplinado é dever de todos que se encontram temporariamente encarcerados, sob pena de imposição de sanções disciplinares" (AgRg no HC 770.035 – SP, 5.ª T., rel. Reynaldo Soares da Fonseca, 27.09.2022, v.u.).

**255-D. Exame criminológico obrigatório:** a Lei 14.843/2024 impôs, para qualquer progressão de regime, a realização do exame criminológico. Embora nos pareça relevante esse exame, a imposição em todas as execuções não é a medida mais adequada, especialmen-te quando se sabe inexistir aparato suficiente para a sua confecção. Essa providência pode significar o estrangulamento das progressões e o agravamento do sistema carcerário, com superlotação. O STF declarou o estado de coisas inconstitucional (ver a nota 251-B) quanto às prisões existentes no Brasil, de modo que, caso a realização do exame criminológico se torne regra, haverá piora da situação carcerária, logo, parece-nos que a referida Lei 14.843/2024, nessa parte, incide em inconstitucionalidade material. Por outro lado, se acolhido o exame como rotina, deve ser aplicado aos casos ocorridos após a edição dessa lei, afinal, criou-se um requisito de ordem subjetiva, que pode servir de obstáculo à progressão. Leis de conteúdo penal não devem retroagir para prejudicar réus ou condenados. Sob outro prisma, considerando a livre escolha do juiz para exigir o exame criminológico, há posicionamento do STJ no sentido de que somente deve acontecer se o sentenciado tiver sido condenado por crime violento, com penas extensas, e, em particular, caso haja a prática de faltas graves durante a execução. A importância do exame criminológico foi reconhecida por órgão internacional. A Corte Interamericana de Direitos Humanos, ao indicar o cômputo em dobro da pena em presídios com péssimas condições, aponta a realização de exame criminológico para tanto ("7. O Estado deverá organizar, no prazo de quatro meses a partir da presente decisão, uma *equipe crimi-nológica de profissionais*, em especial psicólogos e assistentes sociais, sem prejuízo de outros, que, em pareceres assinados pelo menos por três deles, avalie o *prognóstico de conduta*, com base em *indicadores de agressividade* dos presos alojados no Complexo de Curado, acusados de crimes contra a vida e a integridade física, ou de crimes sexuais, ou por eles condenados. Segundo o resultado alcançado em cada caso, a equipe criminológica, ou pelo menos três de seus profissionais, conforme o prognóstico de conduta a que tenha chegado, aconselhará a conveniência ou inconveniência do cômputo em dobro do tempo de privação de liberdade ou, então, sua redução em menor medida. 8. O Estado deverá dotar a *equipe criminológica* do número de profissionais e da infraestrutura necessária para que seu trabalho possa ser rea-lizado no prazo de oito meses a partir de seu início"). Na jurisprudência: STJ: "1. Consoante preleciona a Súmula n. 439/STJ, é admissível o exame criminológico pelas peculiaridades do caso, desde que em decisão motivada. 2. 'Para que seja indeferida a progressão de regime ou determinada a realização do exame criminológico, é necessária motivação idônea e concreta, o que não foi observado na espécie, pois se ressaltou, no acórdão combatido, apenas a gravidade dos crimes pelos quais a Paciente foi condenada e a longa pena a cumprir. Não houve, portanto, a indicação de fatos ocorridos no curso da execução da pena que impedissem a concessão do benefício ou indicassem a necessidade da perícia' (HC n. 620.368/SP, relatora Ministra Laurita

Vaz, Sexta Turma, julgado em 24/11/2020, DJe 2/12/2020)" (AgRg no HC 726.860 – SP, 6.ª T., rel. Antonio Saldanha Palheiro, 05.04.2022, v.u.); "1. Embora a alteração legislativa produzida pela Lei 10.792/2003, no art. 112 da Lei 7.210/84 (Lei de Execução Penal – LEP), tenha suprimido a referência expressa ao exame criminológico como requisito à progressão de regime, esta Corte consolidou entendimento de que o magistrado pode, de forma fundamentada, exigir a sua realização, nos termos da Súmula 439 do STJ. 2. A simples referência à gravidade abstrata do delito e à longevidade da pena, desvinculados de algum elemento concreto da execução da pena, são considerados insuficientes para fundamentar a exigência de exame criminológico, na linha da orientação jurisprudencial desta Corte. Precedentes do STJ" (AgRg no REsp 2.002.906 – DF, 5.ª T., rel. Reynaldo Soares da Fonseca, 27.09.2022, v.u.).

**255-E. Pagamento da multa como requisito para a progressão:** essa condição não se encontra expressa em lei. Anteriormente à edição da Lei 9.268/96, o art. 51 do Código Penal autorizava a conversão da pena de multa (fixada em dias-multa) em prisão, caso o sentenciado, quando solvente, não efetuasse o pagamento, furtando-se deliberadamente. Após a referida lei, a multa passou a ser considerada dívida de valor, devendo ser cobrada como se fosse dívida da Fazenda Pública, buscando evitar, por completo, a viabilidade de se converter em pena privativa de liberdade. No ordenamento jurídico-penal, a mescla de qualquer penalidade de fundo pecuniário com pena privativa de liberdade não leva à prisão caso aquela não seja devidamente paga. Sobre outro aspecto, a edição da Lei 10.763/2003 incluiu o § 4º ao art. 33 do Código Penal, nos seguintes termos: "O condenado por crime contra a administração pública terá a progressão de regime do cumprimento da pena condicionada à reparação do dano que causou, ou à devolução do produto do ilícito praticado, com os acréscimos legais". Esta norma simbolizou o condicionamento à progressão voltado à indenização pelo dano provocado pelo delito, embora limitado ao contexto do crime contra a Administração Pública. Sem dúvida, se ficar provado que o condenado, nesse caso, tem posses, pode-se colocar a condição em prática; no entanto, se não tiver condições econômicas, parece-nos inviável impedir a progressão. Outro enfoque foi trazido pelo Supremo Tribunal Federal, no tocante à pena de multa; quem não a quitar, fica com a sua progressão inviabilizada. Espelha-se esse entendimento na ausência de um comportamento ideal, que possa alicerçar a passagem para um regime mais favorável, o que pode ser interpretado como uma mostra de merecimento. Em situações específicas, pode-se visualizar um requisito tácito, demonstrativo do mérito do condenado, embora sempre se deva ter em vista que o cenário dos sentenciados pobres, sem condições de arcar com a sanção pecuniária, não pode servir de obstáculo à sua progressão, afinal, não pagam a multa porque efetivamente não têm suporte financeiro. Na jurisprudência: STF: "Inviabilidade do regime aberto ante o inadimplemento deliberado da pena de multa. Ausência de ilegalidade. Parcelamento do valor em 50 (cinquenta) prestações mensais. Alegada incapacidade da agravante. Exame de fatos e provas. Não cabimento em *habeas corpus*. Agravo não provido. 1. Segundo a firme jurisprudência da Corte, 'o inadimplemento deliberado da pena de multa cumulativamente aplicada ao sentenciado impede a progressão no regime prisional' (EP nº 16-ProgReg-AgR, Tribunal Pleno, Rel. Min. Roberto Barroso, DJe de 20/5/15). 2. Avaliar a incapacidade da agravante para o cumprimento da referida obrigação, quando já facultado o parcelamento da pena de multa, demanda necessariamente o exame de fatos e provas, providência inviável por meio de *habeas corpus*. 3. Agravo regimental não provido" (HC 205.609 AgR, 1.ª T., rel. Dias Toffoli, 11.11.2021, v.u.). Consultar, ainda, a nota 366-A ao art. 164.

**256. Progressão** *por saltos* **e a questão da falta de vagas:** deve-se observar, rigorosamente, o disposto no Código Penal e na Lei de Execução Penal para promover a execução da pena, sem a criação de subterfúgios contornando a finalidade da lei, que é a da reintegração gradativa do condenado, especialmente daquele que se encontra em regime fechado, à socie-

# Art. 112

Leis Penais e Processuais Penais Comentadas – Vol. 2 • Nucci

dade. Assim, é incabível, como regra, a execução da pena "por saltos", ou seja, a passagem do regime fechado para o aberto diretamente, sem o necessário estágio no regime intermediário (semiaberto). Porém, é preciso considerar que, por vezes, deferindo o juiz a progressão do sentenciado do regime fechado ao regime semiaberto, não havendo vaga neste último, tem-se permitido que se aguarde a referida vaga no regime aberto. Há de se computar os casos em que a vaga não surge a tempo e o condenado cumpre tempo suficiente para novamente progredir; assim sendo, deve passar do fechado ao aberto, sem retorno ao semiaberto. Ilustrando: o sentenciado tem uma pena de seis anos, iniciada no regime fechado; após um ano (um sexto), obtém do juiz o direito de progredir ao semiaberto; entretanto, inexiste vaga; determina-se que aguarde no regime aberto, onde permanece por mais de ano (cumpre, novamente, mais de um sexto do remanescente da sua pena), já tendo direito de pleitear, oficialmente, o regime aberto. Não haveria sentido algum em retornar ao semiaberto – mesmo que surja vaga – quando atingiu mais de um terço do cumprimento da pena, podendo situar-se em definitivo no regime aberto. Sem dúvida, houve progressão *por salto*, mas por culpa exclusiva do Estado, que não lhe arranjou vaga no semiaberto. A falta de vagas no regime semiaberto levou o STF a editar a Súmula Vinculante 56: "A falta de estabelecimento penal adequado não autoriza a manutenção do condenado em regime prisional mais gravoso, devendo-se observar, nessa hipótese, os parâmetros fixados no RE 641.320/RS". O RE mencionado, em síntese, explica: "3. 'Os juízes da execução penal poderão avaliar os estabelecimentos destinados aos regimes semiaberto e aberto, para qualificação como adequados a tais regimes. São aceitáveis estabelecimentos que não se qualifiquem como 'colônia agrícola, industrial' (regime semiaberto) ou 'casa de albergado ou estabelecimento adequado' (regime aberto) (art. 33, § 1.º, alíneas 'b' e 'c'). No entanto, não deverá haver alojamento conjunto de presos dos regimes semiaberto e aberto com presos do regime fechado. 4. Havendo déficit de vagas, deverão ser determinados: (i) a saída antecipada de sentenciado no regime com falta de vagas; (ii) a liberdade eletronicamente monitorada ao sentenciado que sai antecipadamente ou é posto em prisão domiciliar por falta de vagas; (iii) o cumprimento de penas restritivas de direito e/ou estudo ao sentenciado que progride ao regime aberto. Até que sejam estruturadas as medidas alternativas propostas, poderá ser deferida a prisão domiciliar ao sentenciado' (RE 641.320, Relator Ministro Gilmar Mendes, Tribunal Pleno, julgamento em 11.5.2016, *DJe* de 8.8.2016). Após essa Súmula, o Pretório Excelso pronunciou-se da seguinte forma: '7. (...) o enunciado vinculante tem por objetivo evitar que o condenado cumpra pena em regime mais gravoso do que o determinado na sentença; ou (...) do que o autorizado por lei, em razão da inexistência de vagas ou de condições específicas que o possibilitem. (...) 8. No presente caso, e do que se colhe dos autos, o reclamante faz jus à progressão de regime do fechado para o semiaberto, mas, em razão da ausência de estabelecimentos adequados ao cumprimento da pena em regime semiaberto, o Juízo da Execução Penal, apreciando o caso concreto, de forma fundamentada, determinara a sua colocação em prisão domiciliar. Esta decisão, contudo, foi reformada pelo Tribunal de Justiça de Santa Catarina, o qual determinou o retorno do reclamante ao regime fechado. 9. Nesta análise perfunctória, entendo que existe plausibilidade no direito do reclamante (...)' (Rcl 24.840 MC, Relator Ministro Roberto Barroso, Decisão Monocrática, julgamento em 10.8.2016, *DJe* de 15.8.2016); '11. Nesta análise perfunctória dos elementos constantes dos autos, entendo que não existe plausibilidade do direito da reclamante, uma vez que o RE 641.320 permite que a pena em regime semiaberto seja executada em locais diversos da colônia agrícola, vedando-se apenas a sua execução no mesmo ambiente em que cumprem pena os condenados ao regime fechado. No presente caso, não restou evidente que o local em que acautelada a reclamante não ofereça as condições que seriam a ela oferecidas no regime semiaberto'" (Rcl 25.054 MC, rel. Roberto Barroso, decisão monocrática, j. 19.09.2016, *DJe* 21.09.2016).

**256-A. Deferimento de progressão do regime fechado ao semiaberto e falta de vagas:** a questão encontra-se, hoje, disciplinada pela Súmula Vinculante n. 56 do STF: "A falta de estabelecimento penal adequado não autoriza a manutenção do condenado em regime prisional mais gravoso, devendo-se observar, nessa hipótese, os parâmetros fixados no RE 641.320/RS". É fundamental transferir o preso do regime fechado a outro regime diverso, mesmo que seja um semiaberto adaptado. Na jurisprudência: STJ: "1. Em sessão de julgamento realizada no dia 11/5/2016, o Supremo Tribunal Federal, ao reconhecer a repercussão geral nos autos do RE n. 641.320/RS, de relatoria do Ministro Gilmar Mendes, reafirmou que a falta de estabelecimento penal adequado não autoriza a manutenção do condenado em regime prisional mais gravoso, o que resultou na edição da Súmula Vinculante n. 56 do STF. 2. No caso, ficou constatada a deficiência do sistema carcerário estatal, em afronta ao princípio da dignidade da pessoa humana. Não é adequado que o paciente permaneça em situação mais severa devido à omissão do Estado 3. Agravo regimental não provido" (AgRg no HC 623.896 – RS, 6.ª T., rel. Rogerio Schietti Cruz, 24.11.2020, v.u.). Consultar, também, a nota 256 *supra*.

**257. Vedação à *reformatio in pejus*:** denomina-se *reformatio in pejus* a reforma de decisão anterior, normalmente realizada por tribunal superior, em recurso exclusivo da defesa. Essa situação é vedada em processo penal e, consequentemente, na execução penal. Não pode o condenado apresentar recurso contra determinada decisão que o prejudicou e o tribunal, ao conhecer do referido recurso, dar-lhe provimento para *piorar* ainda mais sua situação. Se a medida fosse admissível, ofenderia o princípio constitucional da ampla defesa, pois não teria o menor sentido assegurar ao acusado a possibilidade do duplo grau de jurisdição caso, na prática, enfrentasse uma verdadeira *loteria*, vale dizer, o recurso tanto poderia ser provido para bem ou para mal.

**257-A. Progressão em casos de múltiplos crimes:** cremos se deva respeitar as faixas, como antes sempre se fez, no tocante ao confronto entre delitos hediondos e comuns. Primeiro, executa-se a faixa mais severa. Atingida essa, passa-se ao crime cuja faixa é menos severa, lembrando-se sempre que se levará em conta o restante da pena, pois pena cumprida é pena extinta.

**258. Procedimento para o livramento condicional, indulto e comutação de penas:** não basta atingir o requisito temporal de cumprimento de pena, necessitando-se a avaliação do merecimento. Esta se dá tanto pelo atestado de boa conduta carcerária como, também, se necessário à formação do convencimento do magistrado, pelo exame criminológico (para casos de condenados por crime violento contra pessoa) e outros dados que possam ser colhidos do prontuário do sentenciado. Privilegia-se, desse modo, o princípio constitucional da individualização executória da pena. Por outro lado, cuidando-se o indulto e a comutação de autênticas formas de clemência estatal, concedida pelo Poder Executivo, há de se levar em consideração o disposto no Decreto concessivo desses benefícios. Respeitado o princípio da legalidade, somente o que ali constar pode ser exigido para o deferimento do indulto ou da comutação. Se não se demandar a análise do merecimento no decreto de indulto total ou comutação, é incabível que o juiz assim exija. Na jurisprudência: STJ: "2. Para a concessão do benefício do livramento condicional, deve o reeducando preencher os requisitos de natureza objetiva (fração de cumprimento da pena) e subjetiva (comportamento satisfatório, conforme anterior redação da lei, durante a execução da pena, bom desempenho no trabalho que lhe foi atribuído e aptidão para prover o próprio sustento de maneira lícita). 3. De acordo com os precedentes desta Casa, fatos ocorridos durante a execução penal podem, sim, justificar *o indeferimento do pleito de livramento condicional pelo inadimplemento do requisito subjetivo.* 4. Conforme a Súmula 439/STJ, é admissível, para a concessão do benefício, o exame criminológico pelas peculiaridades do caso, desde que em decisão motivada. 5. No caso, o Tribunal paulista, ao decidir como decidiu, procedeu a *um atento exame do mérito da condenada* e

# Art. 112

entendeu incabível a benesse, ao menos naquele momento, fundamentando concretamente a sua decisão de necessidade de submissão da ora agravante ao exame pericial. Essa conclusão encontra respaldo na jurisprudência desta Corte, pois, ela teria praticado *duas faltas disciplinares de natureza grave*, consistentes em desrespeito a servidor público, ocorridas em 8/4/2014 e 6/6/2014. Após ser beneficiada, em 28/7/2016, com a progressão ao regime semiaberto, ela abandonou o cumprimento da pena, deixando de retornar da saída temporária que lhe tinha sido concedida em 23/12/2016. Somente foi recapturada em 24/1/2017. Para o Tribunal local, tais circunstâncias são suficientes a recomendar a prudência na concessão de benefícios, mostrando-se imprescindível que, ao menos, a agravada fosse submetida em 2019 a exame criminológico. 6. Agravo regimental improvido" (AgRg no HC 501.313 – SP, 6.ª T., rel. Sebastião Reis Júnior, 06.10.2020, v.u.); "1. O atestado de boa conduta carcerária não assegura o livramento condicional ou a progressão de regime ao apenado que cumpriu o requisito temporal, pois o Juiz não é mero órgão chancelador de documentos administrativos e pode, com lastros em dados concretos, fundamentar sua dúvida quanto ao bom comportamento durante a execução da pena. 2. Realizado o exame criminológico, com resultado desfavorável ao agravante, nada obsta sua consideração no discricionário e motivado indeferimento do pedido de livramento condicional. A conclusão do Juiz das Execuções, abalizada por perícia, não é ilegal. 3. A Recomendação n. 62/2020 do Conselho Nacional de Justiça não é norma cogente, de observância obrigatória. Se o Magistrado indeferiu a prisão domiciliar ao recluso do regime fechado de forma justificada, por não considerar preocupante o contexto local de disseminação da Covid-19, após mencionar que sua saúde não está comprometida e não existe situação atual de descontrole epidemiológico na penitenciária, além de explicar que a soltura antecipada está sendo direcionada, primeiramente, a presos de menor periculosidade, não há falar em ilegal constrição ao direito de ir e vir do postulante. 4. É indevida a inovação recursal em agravo regimental e em pedido de reconsideração posterior, com o propósito de impugnar novas decisões do Juiz das Execuções, não submetidas ao controle do Tribunal de Justiça *a quo*. 5. Agravo regimental não provido" (AgRg no HC 572.409 – SP, 6.ª T., rel. Rogerio Schietti Cruz, 02.06.2020, v.u.).

**258-A. Facilitação da progressão de regime para mulheres:** vê-se crescer em leis e em julgados o objetivo de garantir a permanência de mães criminosas com seus filhos pequenos. Essa meta já produziu efeitos no Estatuto da Criança e do Adolescente, no Código de Processo Penal e, agora, na Lei de Execução Penal. O STF tem seguido o mesmo critério, buscando manter em prisão domiciliar as mulheres segregadas cautelarmente ou condenadas, desde que tenham filhos pequenos sob seus cuidados ou estejam em gestação. Parece-nos uma medida favorável aos liames familiares entre pais e filhos; porém, é possível que existam abusos, como as mulheres usadas para o tráfico pesado, justamente as que são mães de crianças ou até mesmo estão grávidas. De todo modo, a inclusão do § 3.º, no art. 112, cria um novo quadro para a progressão das mulheres responsáveis por crianças ou pessoas com deficiência, incluindo a mulher gestante. Há algumas restrições e benefícios: a) cumprir 1/8 da pena no regime anterior (benefício); b) ser primária e ter bom comportamento carcerário comprovado pelo diretor do estabelecimento (o atestado de bom comportamento é igual ao dos demais condenados; ser primária é um requisito a mais, que outros condenados – exceto os sentenciados a crimes hediondos – não possuem); c) não ter cometido crime com violência ou grave ameaça a pessoa (restrição, que outros não têm); d) não ter cometido o crime contra seu filho ou dependente (restrição, que outros presos homens não têm); e) não ter integrado organização criminosa (restrição, que outros não possuem). Cumpridos esses requisitos, a mulher condenada pode progredir mais rapidamente (1/8 da pena em regime anterior). No entanto, se ela não preencher tais condições, o que ocorre? Parece-nos que ela deve simplesmente retornar ao sistema geral, progredindo quando completar 1/6 da pena (crimes comuns); 2/5 (hediondos); 3/5 (hediondos com reincidência). Na jurisprudência: STJ: "1. Na hipótese, como bem salientado pelas instâncias ordinárias, a apenada foi também condenada pelo delito de associação ao tráfico de drogas, o que afasta a possibilidade de incidência do lapso diferenciado para progressão, uma vez que, consoante previsto no art. 112, § 3º, V, da Lei de Execução Penal, é necessário que a sentenciada 'não [tenha] integrado organização criminosa'. 2. Agravo regimental não provido" (AgRg no HC 534.836 – SP, 6.ª T., rel. Rogerio Schietti Cruz, 22.09.2020, v.u.).

**258-B. Revogação do benefício:** se a mulher gestante ou responsável por crianças ou deficientes cometer novo crime doloso ou praticar falta grave terá o benefício do § 3.º revogado. Ora, o único benefício é a progressão após 1/8 da pena em regime anterior.

**259. Afastamento da hediondez:** embora o STF já tenha considerado que a hipótese prevista no art. 33, § 4.º, da Lei de Drogas, não se configura como crime hediondo, muitos tribunais inferiores não seguiam esta orientação (não houve súmula vinculante). Então, a Lei 13.964/2019 houve por bem fixar isto por lei, obrigando o seu cumprimento. O tráfico privilegiado do § 4.º do art. 33 *não é hediondo*.

**259-A. Falta grave durante o cumprimento da pena:** louvando-se em jurisprudência, agora fixa a lei que a prática de falta grave interrompe o prazo para a obtenção do regime mais favorável. Deve o apenado, a partir daí, começar um novo período, levando em conta a pena remanescente (pena cumprida é pena extinta). Na jurisprudência: STJ: "1. A prática de falta grave no curso da execução penal acarreta, dentre outros efeitos, a interrupção do prazo para a progressão de regime. 2. A reabilitação afasta a possibilidade da falta reabilitada, em regra, ser utilizada para afastar o mérito do paciente à progressão do regime. Contudo, a reabilitação não faz desaparecer o novo marco temporal para a progressão do regime decorrente da prática da infração disciplinar grave. 3. O paciente não cumpriu o lapso temporal mínimo para a progressão de regime (requisito objetivo) desde a prática da última falta grave, sendo irrelevante a reabilitação como comprovatória do preenchimento apenas do requisito subjetivo. Agravo Regimental desprovido" (AgRg no HC 542.111 – SP, 5.ª T., rel. Joel Ilan Paciornik, 10.03.2020, v.u.).

**259-B. Reabilitação após falta grave:** esse parágrafo foi vetado sob o seguinte fundamento: "a propositura legislativa, ao dispor que o bom comportamento, para fins de progressão de regime, é readquirido após um ano da ocorrência do fato, ou antes, após o cumprimento do requisito temporal exigível para a obtenção do direito, contraria o interesse público, tendo em vista que a concessão da progressão de regime depende da satisfação de requisitos não apenas objetivos, mas, sobretudo de aspectos subjetivos, consistindo este em bom comportamento carcerário, a ser comprovado, a partir da análise de todo o período da execução da pena, pelo diretor do estabelecimento prisional. Assim, eventual pretensão de objetivação do requisito vai de encontro à própria natureza do instituto, já pré-concebida pela Lei nº 7.210, de 1984, além de poder gerar a percepção de impunidade com relação às faltas e ocasionar, em alguns casos, o cometimento de injustiças em relação à concessão de benesses aos custodiados". O veto foi derrubado pelo Congresso Nacional, corretamente. Estabelecer um prazo objetivo, em *lei federal*, portanto, válida para todo o Brasil, para a reabilitação é positivo. Isto não significa que é a concessão de imunidade ou impunidade para o preso, pois se ele cometer outra falta grave, antes do prazo de um ano, por exemplo, acaba eliminando a sua reabilitação. Diga-se o mesmo se ele praticar falta grave, logo após o decurso de um ano. Enfim, o bom comportamento será considerado como um todo, independente do prazo objetivo fixado pelo § 7.º. Por outro lado, torna-se muito mais adequado prever a reabilitação da falta em lei do que em atos administrativos, como tem ocorrido em vários Estados, ferindo o princípio da legalidade. Confira-se o disposto na Resolução da Secretaria de Administração Penitenciária 144, de 29.06.2010, que instituiu o Regimento Interno Padrão das Unidades Prisionais do Estado de

# Art. 113

Leis Penais e Processuais Penais Comentadas – Vol. 2 • **Nucci**

São Paulo, fixando os seguintes prazos para a reabilitação de faltas cometidas pelo preso: "artigo 89 – o preso em regime fechado ou em regime semiaberto tem, no âmbito administrativo, os seguintes prazos para reabilitação do comportamento, contados a partir do cumprimento da sanção imposta: I – 03 (três) meses para as faltas de natureza leve; II – 06 (seis) meses para as faltas de natureza média; III – 12 (doze) meses para as faltas de natureza grave". Ora, se o Judiciário paulista tem seguido o disposto na referida resolução, podendo outra unidade da federação seguir ato administrativo diverso, parece-nos mais sensato ter sido derrubado o veto e uniformizado essa reabilitação na Lei de Execução Penal.

**259-C. Confronto entre reabilitação da falta grave e prazo prescricional:** este dispositivo estabelece, com clareza, que a reabilitação da falta grave ocorre em um ano a contar da data do fato – e não do seu reconhecimento pela administração do presídio. Sob outro aspecto, o Superior Tribunal de Justiça (ver a nota 110-A ao art. 50 desta Lei) entende cabível o prazo prescricional de três anos para apurar a falta grave. Diante desse confronto, pode-se chegar ao paradoxo de a falta grave cometida ser apurada muito tempo depois de já estar o sentenciado por ela reabilitado, retomando o bom comportamento. Torna-se basicamente inútil instaurar procedimento apuratório depois de um ano da data do fato, porque mesmo comprovada e inscrita no prontuário do condenado não gera efeito prático. Há, ao menos, a vantagem de apurar a falta grave, registrando-a no histórico do reeducando para o fim de verificar o número de faltas, caso ele torne a cometê-las e, com isso, produzir uma causa razoável para determinar a realização de exame criminológico antes de autorizar a sua progressão de regime. O ideal seria fixar um prazo prescricional definido nesta Lei para apurar a falta, no âmbito administrativo, sob pena de não mais poder fazê-lo, adotando-se um prazo menor do que o de reabilitação. Em nosso entendimento, como expusemos na nota 110-A ao art. 50, o parâmetro deveria ser de seis meses.

> **Art. 113.** O ingresso do condenado em regime aberto supõe a aceitação de seu programa e das condições impostas pelo juiz.[260]

**260. Regime aberto e suas premissas:** preceitua o art. 36 do Código Penal que o regime aberto "baseia-se na autodisciplina e senso de responsabilidade do preso do condenado". Por tal razão, é preciso que ele se submeta às condições impostas pelo magistrado de espontânea vontade.

> **Art. 114.** Somente poderá ingressar no regime aberto o condenado que:
>
> I – estiver trabalhando ou comprovar a possibilidade de fazê-lo imediatamente;[261]
>
> II – apresentar, pelos seus antecedentes e pelos resultados do exame criminológico, fundados indícios de que irá ajustar-se, com autodisciplina, baixa periculosidade e senso de responsabilidade, ao novo regime.[261-A-261-B]
>
> **Parágrafo único.** Poderão ser dispensadas do trabalho as pessoas referidas no art. 117 desta Lei.[262]

**261. Requisito básico de ingresso no regime aberto:** deve o albergado trabalhar, demonstrando ao juiz da execução penal já exercer alguma atividade (pode estar solto e ingressar no regime aberto) ou comprovar a viabilidade de fazê-lo (ainda que desempregado, tem empenho em recolocar-se). O requisito da potencialidade para o trabalho deve ser analisado com cautela, pois o mercado de trabalho é variável, conforme as condições econômicas do País. Afora a questão do desemprego, pode haver sentenciado que não quer trabalhar e já não vinha trabalhando, quando no regime semiaberto, razão pela qual demonstra a elevada probabilidade de não se dispor a exercer qualquer atividade laborativa honesta. Na jurisprudência: STJ: "Ademais, a menção ao art. 114 da LEP exige cuidado, pois, muitas vezes, é o próprio Estado que se omite e deixa de oferecer ao reeducando as oportunidades de ressocialização. Não consta das decisões proferidas pelas instâncias antecedentes, por exemplo, que o paciente se esquivou de oportunidades laborais ou de estudo oferecidas a ele durante o período de seu encarceramento. Assim, não pode ser exigido, com tamanha inflexibilidade, a comprovação de trabalho. Ora, 'o fato de [...] não possuir emprego não obsta à concessão do benefício de progressão de regime, tendo em vista a dificuldade de reinserção de um ex-presidiário no mercado de trabalho. De acordo, com a jurisprudência deste Tribunal o artigo 114, I, da LEP dever ser interpretado com razoabilidade' (HC n. 332.577/RJ, Rel. Ministro Felix Fischer, 5ª T., DJe 27/11/2015)" (AgRg no HC 874.866 – SP, 6.ª T., rel. Rogerio Schietti Cruz, 18.03.2024, v.u.).

**261-A. Conjunto de requisitos subjetivos:** destaca-se a importância da individualização executória da pena, apontando os antecedentes (a avaliação dos crimes pelos quais foi condenado, em especial se forem violentos contra a pessoa) juntamente com os resultados do exame criminológico (pode-se realizar mais de um, conforme a necessidade), como elementos necessários a se constatar a probabilidade de um comportamento disciplinado, de desenvolver um senso de responsabilidade e apresentar *baixa periculosidade* (antissociabilidade diminuída).

**261-B. Gravidade do crime praticado:** não se deve analisar, para efeito de progressão, a gravidade, mesmo que concreta, do crime cometido pelo sentenciado, pois já foi objeto de avaliação quando a pena lhe foi fixada. A atividade do juiz, na execução, não é fazer uma diagnose do delito, mas uma prognose de como se comportará o condenado em regime mais favorável, de acordo com os dados obtidos durante a própria execução da pena. Naturalmente, se foi condenado por delitos violentos contra a pessoa, pode ficar evidenciada a indispensabilidade do exame criminológico e a criteriosa análise de seu resultado.

**262. Albergados dispensados do trabalho:** os condenados que estiverem nas condições do art. 117 desta Lei (vide nota abaixo), não precisam trabalhar, embora possam fazê-lo. Trata-se de uma faculdade, conforme cada caso concreto. Uma pessoa idosa pode estar em perfeita forma e em gozo de saúde ideal, logo, pode desempenhar alguma atividade laborativa. Por outro lado, a pessoa gravemente enferma dificilmente conseguirá desenvolver qualquer tarefa.

> **Art. 115.** O juiz poderá estabelecer condições especiais para a concessão de regime aberto, entre as quais, a fiscalização por monitoramento eletrônico, sem prejuízo das seguintes condições gerais e obrigatórias:[263-264]
>
> I – permanecer no local que for designado, durante o repouso e nos dias de folga;
>
> II – sair para o trabalho e retornar, nos horários fixados;
>
> III – não se ausentar da cidade onde reside, sem autorização judicial;
>
> IV – comparecer a juízo, para informar e justificar as suas atividades, quando for determinado.

**263. Condições do regime aberto:** além de fiscalização por monitoração eletrônica e de condições específicas, conforme as necessidades de individualização executória da pena de cada condenado, o magistrado deve estabelecer as previstas nos incisos do art. 115 ao albergado. São as seguintes: a) permanecer na Casa do Albergado quando não estiver trabalhando (durante o

# Art. 116

repouso e nos dias de folga); b) respeitar os horários estabelecidos pelo juiz para sair e volta à Casa do Albergado (dependerá do tipo de trabalho que conseguiu); c) não sair da cidade onde se situa a Casa do Albergado, sem prévia autorização do juiz da execução penal; d) comparecer a juízo sempre que for chamado a informar o que vem fazendo e justificar suas atividades.

**263-A. Ausência de Casa do Albergado:** ver a nota 266, *infra*.

**264. Condições legalmente inexistentes:** são vedadas, como regra, em homenagem ao princípio da legalidade. Porém, se o magistrado encontrar alguma hipótese, cuja dimensão da condição imposta, além das previstas expressamente no art. 115 desta Lei, comportar adequação, pode implementar. Ex.: acompanhar um curso esclarecedor dos males das drogas (caso sua condenação tenha algum aspecto nesse campo) ou dos prejuízos do uso do álcool para quem vai dirigir veículo (também se o crime disser respeito a esse cenário). É totalmente inviável inserir como condição qualquer sanção, que tenha outra roupagem, como as penas restritivas de direitos. Seria um indesejável *bis in idem*.

> **Art. 116.** O juiz poderá modificar as condições estabelecidas, de ofício, a requerimento do Ministério Público, da autoridade administrativa ou do condenado, desde que as circunstâncias assim o recomendem.[265]

**265. Modificação das condições do regime aberto:** é perfeitamente viável que as condições possam ser alteradas para se adaptar ao cenário atual de vida do condenado. Imagine-se que ele passe de um trabalho diurno para uma atividade laborativa noturna. Nesse caso, haverá o magistrado de adaptar seus horários de saída e chegada à Casa do Albergado, para que possa cumprir satisfatoriamente as regras fixadas. Outro exemplo: se arrumar um emprego de vendedor, que exija constantes viagens para outras cidades. Necessitará de uma autorização duradoura do juiz para deixar a cidade onde se situa a Casa do Albergado, informado quando e onde poderá ser encontrado. Há, pois, maleabilidade na execução da pena, o que se conforma ao espírito da individualização.

> **Art. 117.** Somente se admitirá o recolhimento do beneficiário de regime aberto em residência particular quando se tratar de:[266-266-F]
>
> I – condenado maior de 70 anos;
>
> II – condenado acometido de doença grave;
>
> III – condenada com filho menor ou deficiente físico ou mental;
>
> IV – condenada gestante.

**266. Prisão-albergue domiciliar:** a conhecida PAD foi hipótese idealizada para presos inseridos no regime aberto em condições pessoais particularizadas. Seria muito mais complicado e, por vezes, inútil aos propósitos ressocializadores da pena, manter na Casa do Albergado as pessoas descritas nos incisos do art. 117 desta Lei. Os condenados maiores de 70 anos são idosos e podem padecer de dificuldades naturais físicas ou mentais. Os sentenciados enfermos merecem cuidados permanentes. A condenada, com filho menor ou deficiente físico ou mental, deve destinar grande parte do seu tempo a seu descendente, não podendo se instalar, junto com a família, na Casa do Albergado. Por derradeiro, a condenada gestante, conforme o caso, pode estar prestes a dar à luz, o que justifica maior observação e cautela. Em suma, todos são condenados com particularidades específicas, de menor periculosidade à sociedade, motivo pelo qual podem ser inseridos em prisão domiciliar. O que, na prática, houve, lamentavelmente, em decorrência do descaso do Poder Executivo de vários Estados brasileiros, foi a proliferação dessa modalidade de prisão a todos os sentenciados em regime aberto, por total ausência de Casas do Albergado. Cuida-se de nítida forma de impunidade, até pelo fato de não haver fiscalização para atestar o cumprimento das condições fixadas pelo juiz, já que estão recolhidos, em tese, em suas próprias casas, cada qual situada em lugar diverso da cidade. Na jurisprudência: STJ: "2. Na espécie, não procede a pretensão formulada no presente recurso, pois, consoante a jurisprudência desta Corte, embora a mãe seja indispensável à criação de seus filhos, o benefício previsto no art. 117 da LEP não possui aplicação automática, sendo necessário que a apenada comprove ser a única responsável pelos cuidados do filho menor, o que não ocorreu no caso, como ressaltado pelas instâncias ordinárias. Ademais, o Juízo de Execução aguarda a realização do estudo social, para analisar eventual pleito defensivo quanto ao acompanhamento de seus filhos. 3. A hipótese revela, ainda, situação excepcionalíssima a desautorizar a concessão da prisão domiciliar, porquanto as instâncias ordinárias salientaram tratar-se de paciente que envolvia um outro filho na atividade criminosa, filho este que era menor à época dos fatos que ensejaram a condenação" (AgRg no HC 863.088 – MG, 5.ª T., rel. Ribeiro Dantas, 15.04.2024, v.u.).

**266-A. Vigilância eletrônica:** consultar a nota 318-B ao art. 139.

**266-B. Regime semiaberto e albergue domiciliar:** são incompatíveis. O local adequado para o cumprimento do semiaberto é a colônia penal agrícola ou industrial, deve haver, preferencialmente, trabalho interno. Excepcionalmente, autoriza-se o condenado a sair para atividades educacionais ou laborativas. Porém, temos conhecimento da precariedade de vários estabelecimentos destinados ao semiaberto, motivando os juízes a permitir a saída para o trabalho ou estudo. O semiaberto torna-se, praticamente, uma *casa de albergado*, onde o sentenciado repousa à noite. No entanto, transformar o regime semiaberto em albergue domiciliar, que, segundo o disposto pelo art. 117 desta Lei, constitui uma exceção até mesmo para o aberto, é inaceitável. Confiram-se, entretanto, exceções perfeitamente justificáveis: STJ: "2. Embora reclusa no regime semiaberto, verifica-se que a paciente possui 2 filhos menores, restando comprovada, nos autos, sua imprescindibilidade aos cuidados deles, além de ter sido atestada, pelo Juízo da execução, a ressocialização da reeducanda, pois está há mais de 10 anos sem se envolver com práticas delitivas, graduou-se em Direito durante o cumprimento da pena e ainda está trabalhando em escritório de advocacia, tudo a concluir pela excepcionalidade do caso, a permitir o restabelecimento da decisão de 1º grau. 3. Agravo regimental improvido" (AgInt no HC 495.573 – SP, 6.ª T., rel. Nefi Cordeiro, 21.05.2019, v.u.).

**266-C. Regime fechado e albergue domiciliar:** são incompatíveis, pois a Prisão Albergue Domiciliar (PAD) somente serve a quem está no regime aberto, desde que preencha as condições previstas no art. 117 dessa Lei. Inexiste previsão legal para que o condenado, inserido no regime fechado, possa desfrutar de PAD. Pode ser que o sentenciado, cumprindo pena no fechado, padeça de alguma doença grave. Seja o que for, cabe ao Estado conceder-lhe o tratamento adequado, mesmo que contínuo e sistemático. Observa-se, no entanto, quando algum preso do regime fechado é deslocado para regime domiciliar, como regra, é pessoa economicamente favorecida; dificilmente, para a pessoa desprovida de recursos, a mesma situação é delineada. Isso gera uma nítida desigualdade perante a lei. Sob outro prisma, além das condições econômicas, nota-se que a maioria dos pedidos nesse sentido (passar do fechado para prisão domiciliar) origina-se de condenado idoso. Entretanto, pessoas idosas possuem certas enfermidades decorrentes da própria idade avançada. Fosse este o critério único para ser inserido em PAD, levaria ao disparate de que pessoa idosa possuiria um "alvará" para cometer os mais graves crimes, pois o regime fechado lhe seria afastado. Parece-nos incompreensível que o Estado não possa fornecer um tratamento eficiente para quem se encontra em regime

# Art. 117

fechado, mesmo podendo levar o sentenciado ao hospital quando necessitar. Diante disso, ficar *preso* em seu domicílio, que não é o mesmo que ficar num hospital, deve apresentar similitude com a posição de quem está em cela de presídio. Se o Estado não conseguir manter preso, no regime fechado, nem mesmo uma pessoa enferma, significa que o sistema penitenciário está mais que falido. Há posição em sentido contrário: STJ: "1. A teor dos julgados desta Corte, é admissível, por interpretação extensiva do art. 117 da LEP, a concessão da prisão domiciliar 'no caso de regime prisional diverso do aberto, excepcionalmente, em face de comprovada doença grave, se o tratamento médico necessário não puder ser ministrado no presídio' (HC n. 755.764/SP, Rel. Ministro Jesuíno Rissato (Desembargador Convocado do TJDFT), 5ª T., DJe 26/8/2022). 2. Na hipótese, conforme a premissa fática do aresto recorrido: 'não há prova de que o agravante, de fato, não esteja recebendo o adequado tratamento na unidade em que se encontra recolhido, sendo apresentado relatório de saúde no qual consta-se, a princípio, que vem recebendo acompanhamento médico periódico e uso de medicação para o tratamento das dores crônicas'" (AgRg no HC 859.644 – SP, 6.ª T., rel. Rogerio Schietti Cruz, 15.04.2024, v.u.).

**266-D. Falta de residência fixa:** inicialmente, o sistema não previu essa possibilidade, pois o cumprimento do regime aberto deveria dar-se em Casa do Albergado. Assim sendo, o sentenciado passaria a noite recolhido e, durante o dia, sairia para trabalhar. Não houve a criação de Casas do Albergado, passando o aberto ao sistema da *prisão albergue domiciliar* (P.A.D.). Logo, exige-se do condenado que tenha, ao menos, residência fixa, onde ele se recolherá no período noturno e nos fins de semana. Mas existem os condenados que, por alguma razão, não oferecem endereço certo, como o morador de rua. Não se pode prejudicá-lo por conta da pobreza que o envolve. É preciso conceder o regime aberto, impondo-se outras condições. Na jurisprudência: STJ: "2. Na hipótese, malgrado a comprovação de residência fixa constitua exigência para o ingresso no regime prisional aberto, a impossibilidade de fazê-lo, por ser o apenado morador de rua, não justifica, por si só, a sua manutenção em meio prisional mais gravoso do que o cabível, restando evidenciada flagrante ilegalidade sanável na via do *writ*. 3. *Habeas corpus* não conhecido. Ordem concedida, de ofício, para garantir ao paciente o cumprimento do restante da pena no regime aberto, sem prejuízo da fixação de condições especiais, nos termos do art. 115 da LEP, a critério do Juízo *a quo*, se por outro motivo não for revogado o direito" (HC 414.447 – SP, 5.ª T., rel. Ribeiro Dantas, 10.10.2017, v.u.).

**266-E. Possibilidade de frequência a culto religioso:** a prisão domiciliar impõe, como regra, a permanência em casa no período noturno, quando o sentenciado não está trabalhando. Porém, uma das principais finalidades da pena é a ressocialização; nada melhor que a frequência a um culto religioso. Na jurisprudência: STJ: "1. O cumprimento de prisão domiciliar não impede a liberdade de culto, quando compatível com as condições impostas ao reeducando, atendendo à finalidade ressocializadora da pena. 2. Não havendo notícia do descumprimento das condições impostas pelo juízo da execução, admite-se ao executado, em prisão domiciliar, ausentar-se de sua residência para frequentar culto religioso, no período noturno. 3. Considerada a possibilidade de controle do horário e de delimitação da área percorrida por meio do monitoramento eletrônico, o comparecimento a culto religioso não representa risco ao cumprimento da pena. 4. Recurso especial parcialmente provido para permitir ao reeducando o comparecimento a culto religioso às quintas e domingos, das 19h às 21h, mantidas as demais condições impostas pelo Juízo das Execuções Criminais" (REsp 1.788.562 – TO, 6.ª T., rel. Nefi Cordeiro, 17.09.2019, v.u.).

**266-F. Conversão da medida de segurança em prisão domiciliar:** inexiste previsão legal para tanto. A medida de segurança pode ser executada em regime de internação, que equivale ao fechado, ou em regime ambulatorial, equivalente a uma pena restritiva de direitos. Portanto, não há nenhuma previsão para o sentenciado, cumprindo medida de segurança, ser recolhido em seu domicílio, visto não se tratar nem de internação em hospital de custódia nem de tratamento ambulatorial. Ademais, nem mesmo se encaixa nos requisitos do art. 117 desta Lei, pois a hipótese prevista no inciso II ("condenado acometido de doença grave") diz respeito a uma enfermidade demonstrativa de incompatibilidade com o regime aberto cumprido em Casa do Albergado. Ilustrando, o condenado com deficiência física ou mental, mas não o doente mental que tenha agilidade física suficiente para agredir pessoas, pode ficar em prisão domiciliar para seu maior conforto. O enfermo mental, que tenha cometido um fato grave, como homicídio, precisa ser tratado em hospital ou ambulatório – e não ficar em casa detido. Na jurisprudência: STJ: "1. No caso concreto, afirmou a Corte estadual, ao analisar a insurgência manifestada pela defesa, ser descabida a pretensão de substituição da medida de internação pela prisão domiciliar, eis que, apesar de se tratar de portador de doença mental, a defesa não trouxe aos autos qualquer atestado apto a comprovar que o réu esteja sendo privado do tratamento psiquiátrico que necessita, bem como sua situação não se enquadra naquelas previstas no artigo 117, da Lei de Execução Penal. 2. Para se concluir de modo contrário e acolher o pleito da defesa, seria necessário o revolvimento fático-probatório, providência vedada conforme Súmula 7/ STJ" (AgRg no AREsp 1.807.745 – ES, 6.ª T., rel. Sebastião Reis Júnior, 25.05.2021, v.u.).

> **Art. 118.** A execução da pena privativa de liberdade ficará sujeita à forma regressiva, com a transferência para qualquer dos regimes mais rigorosos, quando o condenado:[267-268]
>
> I – praticar fato definido como crime doloso ou falta grave;[269-269-A]
>
> II – sofrer condenação, por crime anterior, cuja pena, somada ao restante da pena em execução, torne incabível o regime (art. 111).[270]
>
> § 1.º O condenado será transferido do regime aberto se, além das hipóteses referidas nos incisos anteriores, frustrar os fins da execução ou não pagar, podendo, a multa cumulativamente imposta.[271]
>
> § 2.º Nas hipóteses do inciso I e do parágrafo anterior, deverá ser ouvido, previamente, o condenado.[272]

**267. Regressão de regime:** conforme já afirmamos anteriormente, a execução da pena é flexível e respeita a individualidade de cada condenado. Havendo merecimento, a tendência é a finalização da pena no regime mais brando, que é o aberto. Se faltas forem cometidas, demonstrando a inadaptação do condenado ao regime no qual está inserido, poderá haver a regressão. Não existe a obrigatoriedade de retornar ao regime anterior, vale dizer, se estava no aberto, deve seguir ao semiaberto. Eventualmente, conforme preceitua o art. 118, *caput*, pode ser o condenado transferido para *qualquer dos regimes mais rigorosos*, sendo viável o salto do aberto para o fechado. Depende, pois, do caso concreto. Na jurisprudência: STF "1. O art. 118 da Lei de Execução Penal permite a regressão de regime a 'qualquer dos regimes mais rigorosos'. 2. É idônea a regressão do regime aberto ao fechado, notadamente quando a unificação das penas resultar em pena residual superior a 8 anos, nos termos do art. 33, § 2º, 'a', do Código Penal" (HC 211.100 AgR, 2.ª T., rel. Nunes Marques, 27.04.2022, v.u.). STJ: "4. De acordo com o art. 118, da LEP, a regressão direta do regime prisional aberto para fechado, ao prever que a execução da pena privativa ativa de Liberdade ficará sujeita à forma regressiva com a transferência para qualquer dos regimes mais gravosos. 5. Constitui falta grave, passível de regressão ao regime mais gravoso, a inobservância das condições estabelecidas para a prisão domiciliar, no caso dos autos, monitoramento eletrônico, *ex vi* do disposto no art. 50, inciso VI, c.c. art. 39, inciso V, ambos da Lei de Execução Penal Agravo regimental

# Art. 118

desprovido. (AgRg no REsp 1.738.805/TO, Rel. Ministro Felix Fischer, Quinta Turma, julgado em 02/08/2018, DJe 15/08/2018). [...] (AgRg no HC n. 696.467/PB, relator Ministro Reynaldo Soares da Fonseca, Quinta Turma, julgado em 19/10/2021, DJe de 25/10/2021.) 6. No caso, o executado também descumpriu condição que lhe foi imposta no regime mais ameno, ao desrespeitar o horário para recolhimento noturno, de forma injustificada, o que por si só dá provas de um comportamento irresponsável e indisciplinado, incompatível com o regime não só aberto como também o semiaberto" (AgRg no HC 911.742 – SP, 5.ª T., rel. Reynaldo Soares da Fonseca, 21.05.2024, v.u.).

**268. Vedação à *reformatio in pejus:*** ver a nota 257 ao art. 112.

**269. Prática de fato definido como crime doloso ou falta grave:** a relação das faltas graves consta do art. 50 desta Lei. Por outro lado, cometer um fato (note-se que se fala em *fato* e não em *crime*, de modo que não há necessidade de se aguardar o trânsito em julgado de eventual sentença condenatória) definido em lei como crime doloso (despreza-se o delito culposo para tal finalidade), conforme a gravidade concreta auferida pelo juiz, pode levar o condenado do aberto ao semiaberto ou desse para o fechado, bem como do aberto diretamente para o fechado. Exemplo: estando no aberto, comete uma extorsão mediante sequestro, pela qual é preso em flagrante. Ora, cabe regressão ao regime fechado, em razão da gravidade do fato praticado. Conferir: STF: "I – A decisão atacada está em perfeita sintonia com a orientação jurisprudencial desta Suprema Corte, firme no sentido de que, à luz do art. 118, I, parte final, da Lei de Execução Penal – LEP, o cometimento de falta disciplinar de natureza grave no curso da execução permite a regressão para regime prisional mais rigoroso do que o fixado na sentença condenatória. Precedentes. II – Enquanto não concluído o inquérito policial que apura a suposta prática de novo crime no curso da execução, não há desconsiderar, desde já, a decisão que regrediu cautelarmente o paciente de regime em razão do cometimento de falta grave, sob pena de desvirtuamento das normas de regressão previstas no art. 118 da LEP" (HC 207.956 AgR, 2.ª T., rel. Ricardo Lewandowski, 06.12.2021, v.u.). STJ: "2. Esta Corte Superior de Justiça possui entendimento no sentido de que, a teor do art. 118, I, da LEP, o reeducando que comete *fato definido como crime incorre em falta grave, mesmo sem o trânsito em julgado da sentença penal condenatória referente ao novo delito* (AgRg no HC n. 478.724/ES, Rel. Ministro Reynaldo Soares da Fonseca, Quinta Turma, julgado em 09/04/2019, *DJe* 06/05/2019). 3. São consectários do reconhecimento da prática de falta grave a regressão do regime prisional, o estabelecimento de novo marco para benefícios da execução – exceto livramento condicional, comutação e indulto –, bem como a perda dos dias remidos, independente do trânsito em julgado de eventual sentença penal condenatória referente ao delito cometido no curso da execução. (HC n. 399.472/MG, Rel. Ministro Felix Fischer, Quinta Turma, julgado em 19/10/2017, *DJe* 30/10/2017) 4. Consolidou-se nesta Corte entendimento no sentido de que a falta grave consistente em novo crime justifica a adoção do percentual máximo de perda dos dias remidos (art. 127 da Lei de Execução Penal – LEP). (HC 466.243/SC, Rel. Ministro Reynaldo Soares da Fonseca, Quinta Turma, julgado em 27/11/2018, *DJe* 10/12/2018) 5. No caso, o paciente cometeu novo delito (roubo majorado), no dia 17/7/2018, no decorrer da execução penal, e, mais ainda, quando estava em gozo de livramento condicional, tendo sido decretada a prisão preventiva e recebida a denúncia, havendo, assim, indícios suficientes de materialidade e autoria. Tal fato ensejou todos esses consectários legais acima mencionados, independentemente de sentença penal transitada em julgado. 6. *Habeas corpus* não conhecido" (HC 515.284 – RS, 5.ª T., rel. Reynaldo Soares da Fonseca, 25.06.2019, v.u., grifamos).

**269-A. Suspensão ou regressão cautelar:** possibilidade, dentro do poder geral de cautela, cabível aos juízes criminais para disciplinar situações urgentes, quando não previstas expressamente em lei. Dependendo do caso concreto, pode o juiz da execução penal suspender cautelarmente o regime mais benéfico (aberto ou semiaberto), inserindo o condenado em regime fechado. Afinal, conforme o crime, em tese, cometido, podendo, inclusive, haver prisão em flagrante, a gravidade da situação impõe medida urgente, de modo a evitar qualquer frustração no cumprimento da pena. Ilustrando, se o sentenciado, em regime aberto, comete um roubo e é preso em flagrante, não pode permanecer no referido regime aberto. De imediato, *suspende-se* o regime, inserindo-o no fechado, para depois ouvi-lo e decidir, em definitivo, qual será o cabível. Na jurisprudência: STF: "I – A decisão atacada está em perfeita sintonia com a orientação jurisprudencial desta Suprema Corte, firme no sentido de que, à luz do art. 118, I, parte final, da Lei de Execução Penal – LEP, o cometimento de falta disciplinar de natureza grave no curso da execução permite a regressão para regime prisional mais rigoroso do que o fixado na sentença condenatória. Precedentes. II – Enquanto não concluído o inquérito policial que apura a suposta prática de novo crime no curso da execução, não há desconsiderar, desde já, a decisão que regrediu cautelarmente o paciente de regime em razão do cometimento de falta grave, sob pena de desvirtuamento das normas de regressão previstas no art. 118 da LEP. III – Agravo regimental a que se nega provimento" (HC 207.956 AgR, 2.ª T., rel. Ministro Ricardo Lewandowski, 06.12.2021, v.u.). STJ: "1. Segundo orientação desta Corte, 'não há manifesta ilegalidade se a decisão que determinou a regressão cautelar de regime foi devidamente fundamentada, com base no poder geral de cautela do magistrado, nos termos do art. 52 da LEP, tendo em vista que o reeducando foi preso por ter praticado novo delito. 3. Agravo regimental desprovido' (AgRg no HC n. 808.310/PE, relator Ministro Jesuíno Rissato (Desembargador Convocado do TJDFT), Sexta Turma, julgado em 11/3/2024, DJe de 14/3/2024.) 2. Ao contrário do que sustenta o recorrente, a questão a respeito da (a) tipicidade da conduta consistente na posse de aparelho celular durante o trabalho externo do preso não é questão pacífica nesta Corte de Justiça, não havendo, portanto, flagrante ilegalidade ou teratologia na decisão que determinou a regressão cautelar do sentenciado" (AgRg no HC 900.742 – SP 2024/0101443-7, 5.ª T., rel. Daniela Teixeira, 11.06.2024, v.u.).

**270. Advento de nova condenação:** em cumprimento da pena, o sentenciado pode sofrer novas condenações. Se o montante delas tornar o regime incompatível com o preceituado em lei, precisa o juiz adaptá-lo à nova realidade, podendo implicar regressão. Ver os comentários feitos ao art. 111, *supra*.

**271. Frustração dos fins da execução e não pagamento da multa:** o objetivo principal da execução é a reeducação do preso, com vistas à sua ressocialização. Portanto, atitudes hostis a tal propósito comprometem o escopo da execução penal, autorizando a transferência do condenado do regime aberto a outro, mais severo. Em especial, para isso, verifica-se o descumprimento às condições impostas pelo juiz (art. 115, LEP). Outro ponto é o não pagamento da multa *cumulativamente* imposta. Em nosso entendimento, o fato de ter a multa sido transformada em dívida de valor (art. 51, CP), não implicando mais prisão, por conversão dos dias-multa em dias de prisão, caso deixe de ser paga, não afeta o previsto neste artigo. Estamos situados em outro cenário: o da autodisciplina e do senso de responsabilidade do condenado (art. 36, CP). Ora, se está trabalhando, ganha o suficiente, por que não pagaria a multa que lhe foi imposta? Por que haveria de deixar o Estado gastar tempo e dinheiro para executar a pena pecuniária? Não se trata, naturalmente, de atitude responsável. Por isso, pensamos que o albergado deve pagar, podendo, a multa imposta cumulativamente à sua pena privativa de liberdade. Não o fazendo, é motivo para regressão.

**272. Ampla defesa e oitiva do sentenciado:** quando praticar fato definido como crime doloso ou quando deixar de cumprir as condições impostas pelo juiz, bem como deixar de pagar a multa, antes de haver a regressão, o condenado precisa ser ouvido *pelo magistrado*. Cremos que o exercício da ampla defesa é fundamental, tanto da autodefesa quanto da defesa técnica. Pode

# Art. 119

ele apresentar justificativa razoável para o evento. E, se o fizer, o juiz pode mantê-lo no regime aberto, embora advertido a não repetir o equívoco. Não se ouve o condenado no caso do inciso II do art. 118, tendo em vista que se trata de situação objetiva e incontornável. Na jurisprudência: STF: "1. A regressão a regime de cumprimento de pena mais gravoso do que o fixado inicialmente na condenação é possível, *ex vi* do artigo 118 da Lei de Execução Penal. Precedentes: RHC 104.585, Rel. Min. Gilmar Mendes, Segunda Turma, DJe de 8/10/2010; HC 106. 909, Rel. Min. Ayres Britto, Segunda Turma, DJe de 4/10/2011; HC 180.522, Rel. Min. Roberto Barroso, DJe de 6/2/2020 e RHC 168.270, Rel. Min. Alexandre de Moraes, DJe de 28/3/2019. 2. *In casu*, i) a paciente foi condenada à pena de 3 (três) anos, 1 (um) mês e 10 (dez) dias, em regime inicial aberto, em razão da prática do crime tipificado no artigo 155, § 4º, I e IV, do Código Penal; ii) O Juízo da execução penal determinou a regressão de regime em razão da prática de falta disciplinar grave consubstanciada no descumprimento das condições impostas. 3. A impugnação específica da decisão agravada, quando ausente, conduz ao desprovimento do agravo regimental. Precedentes: HC 137.749-AgR, Primeira Turma, Rel. Min. Roberto Barroso, DJe de 17/5/2017; e HC 133.602-AgR, Segunda Turma, Rel. Min. Cármen Lúcia, DJe de 8/8/2016. 4. A reiteração dos argumentos trazidos pelo agravante na petição inicial da impetração é insuscetível de modificar a decisão agravada. Precedentes: HC 136.071-AgR, Segunda Turma, Rel. Min. Ricardo Lewandowski, DJe de 9/5/2017; HC 122.904-AgR, Primeira Turma, Rel. Min. Edson Fachin, DJe de 17/5/2016; e RHC 124.487-AgR, Primeira Turma, Rel. Min. Roberto Barroso, DJe de 1º/7/2015. 5. Agravo regimental desprovido (HC 179.595 AgR, 1.ª T., rel. Luiz Fux, 29.05.2020, v.u.). STJ: "1. Nos termos a jurisprudência consolidada desta Corte Superior, em caso de prática de fato definido como crime doloso ou falta grave, consoante exegese do art. 118, § 2º, da Lei de Execução Penal, é necessária a prévia oitiva judicial do apenado antes que se proceda à regressão de regime. (...)" (AgRg no HC 767.394 – SP, 6.ª T., rel. Rogerio Schietti Cruz, 11.10.2022, *DJe* 17.10.2022).

> **Art. 119.** A legislação local poderá estabelecer normas complementares para o cumprimento da pena privativa de liberdade em regime aberto (art. 36, § 1.º, do Código Penal).[273]

**273. Normas complementares:** a legislação estadual pode criar mais regras para aprimorar o cumprimento da pena em regime aberto, como, por exemplo, criar e dar o contorno a cursos e outras atividades para preencher o tempo do albergado nas horas vagas, como, por exemplo, durante os finais de semana. Infelizmente, nem mesmo Casa do Albergado existe em muitas Comarcas.

## Seção III
## Das autorizações de saída

### Subseção I
### Da permissão de saída

> **Art. 120.** Os condenados que cumprem pena em regime fechado ou semiaberto e os presos provisórios poderão obter permissão[274] para sair do estabelecimento, mediante escolta, quando ocorrer um dos seguintes fatos:
>
> I – falecimento ou doença grave do cônjuge, companheira, ascendente, descendente ou irmão;

> II – necessidade de tratamento médico (parágrafo único do art. 14).[275]
>
> **Parágrafo único.** A permissão de saída será concedida pelo diretor do estabelecimento onde se encontra o preso.[276]

**274. Permissão de saída:** os presos, condenados ou provisórios, podem deixar o estabelecimento penal, sob escolta de policiais ou agentes penitenciárias, que assegurem não haver fuga, para situações de necessidade: a) participar de cerimônia funerária em decorrência de falecimento do cônjuge, companheiro(a), ascendente, descendente ou irmão; b) visitar as mesmas pessoas retro mencionadas quando padecerem de doença grave; c) necessidade de submissão a tratamento médico não disponível no presídio ou em hospital penitenciário anexo. Vale registrar o fato inusitado, ocorrido no dia 14 de outubro de 2006, na Penitenciária José Parada Neto, em Guarulhos, Estado de São Paulo, quando a mulher de um preso considerado perigoso faleceu. Ele não pôde ir ao velório, pois os responsáveis pela escolta ficaram com medo de ocorrer um eventual resgate. Diante disso, o caixão foi levado para ser velado na prisão, com autorização da Coordenadoria dos Estabelecimentos Penitenciários da Capital e Grande São Paulo (*Jornal da Tarde*, 20.10.2006, p. 7A). A permissão de saída somente se aplica aos inseridos nos regimes fechado e semiaberto, tendo em vista que os albergados (regime aberto) já estão soltos. Entretanto, em casos excepcionais, porque eles têm horários certos para entrar e sair da Casa do Albergado podem necessitar de autorização do juiz da execução penal para, sem escolta, ficar em local diverso (ex.: passar a noite no velório de um parente). Não se trata, nessa última hipótese, de permissão de saída, porém não deixará de ser o caso de se buscar uma autorização do magistrado ou, pelo menos, comunicar ao juízo, assim que possível, o não cumprimento das condições estabelecidas em face de situação excepcional.

**275. Referência equivocada:** trata-se do art. 14, § 2.º e não do parágrafo único. Preceitua o referido § 2.º: "quando o estabelecimento penal não estiver aparelhado para prover a assistência médica necessária, esta será prestada em outro local, mediante autorização da direção do presídio".

**276. Autorização da autoridade administrativa:** não se trata de medida de ordem jurisdicional, a ponto de influenciar o cumprimento da pena, em qualquer prisma. Cuida-se de situação emergencial da órbita puramente administrativa.

> **Art. 121.** A permanência do preso fora do estabelecimento terá duração necessária à finalidade da saída.[277]

**277. Permissão não é saída temporária:** diversamente do instituto tratado no art. 122 e seguintes desta Lei, a permissão é medida excepcional e deve ter, realmente, a mera função de corrigir um problema (tratamento de saúde) ou atender a uma razão de natureza humanitária (visita a um doente ou participação em cerimônia fúnebre). Por isso, tem curta duração.

*Subseção II*

*Da saída temporária*

> **Art. 122.** Os condenados que cumprem pena em regime semiaberto poderão obter autorização para saída temporária[278-278-A] do estabelecimento, sem vigilância direta, nos seguintes casos:[279]

# Art. 122

> I – (*Revogado*);
>
> II – frequência a curso supletivo profissionalizante, bem como de instrução do segundo grau ou superior, na comarca do Juízo da Execução;[279-A]
>
> III – (*Revogado*).
>
> § 1.º A ausência de vigilância direta não impede a utilização de equipamento de monitoração eletrônica pelo condenado, quando assim determinar o juiz da execução.[279-B]
>
> § 2.º Não terá direito à saída temporária de que trata o *caput* deste artigo ou a trabalho externo sem vigilância direta o condenado que cumpre pena por praticar crime hediondo ou com violência ou grave ameaça contra pessoa.[279-C]
>
> § 3.º Quando se tratar de frequência a curso profissionalizante ou de instrução de ensino médio ou superior, o tempo de saída será o necessário para o cumprimento das atividades discentes.[279-D]

**278. Saída temporária:** cuida-se de benefício de execução penal destinado aos presos que cumprem pena em regime semiaberto, como forma de viabilizar, cada vez mais, a reeducação, buscando desenvolver o seu senso de responsabilidade, para, no futuro, ingressar no regime aberto, bem como para dar início ao processo de ressocialização. Por isso, é concedida pelo juiz da execução penal, respeitados os requisitos descritos no art. 123 *infra*, com a finalidade prevista no inciso II do art. 122 desta Lei. Não há, por decorrência lógica dos objetivos que pretende alcançar, vigilância direta de agentes policiais ou penitenciários, mas abrange a monitoração eletrônica. Lembre-se de não existir saída temporária voltada aos presos em regime fechado, algo que, infelizmente, alguns magistrados, a pretexto de contornar problemas relativos à superlotação do presídio, concedem, muito embora assumindo postura contrária à lei. Verifique-se a Súmula 520 do STJ, que dispõe: "O benefício de saída temporária no âmbito da execução penal é ato jurisdicional insuscetível de delegação à autoridade administrativa do estabelecimento prisional". Na jurisprudência: STJ: "1. Inexiste constrangimento ilegal no indeferimento do pedido de fixação de data para a saída temporária, de acordo com a escolha do apenado. 2. O benefício de saída temporária no âmbito da execução penal é ato jurisdicional insuscetível de delegação à autoridade administrativa do estabelecimento prisional (Súmula 520/STJ). 3. Assim, a escolha das datas da saída temporária é atribuição exclusiva do Magistrado singular, que dispõe de discricionariedade para escolher as datas que melhor se adequem à gestão dos estabelecimentos prisionais e às finalidades da pena, insuscetível de delegação, inclusive, à autoridade administrativa" (AgRg no HC 744.669 – SC, 6.ª T., rel. Sebastião Reis Júnior, 13.09.2022, v.u.).

**278-A. Execução provisória da pena:** defendíamos a inviabilidade de, em execução provisória da sanção penal, quando no regime semiaberto, não ser viável a saída temporária. Porém, nada impede, realmente, que o condenado, estando em gozo de regime semiaberto, usufrua de todos os benefícios atinentes ao referido regime, desde que cumpra os requisitos legais. Logo, cabe saída temporária também a quem está em execução provisória de sua pena.

**279. Meta da saída temporária:** proporcionar ao preso de bom comportamento uma oportunidade de estudar, profissionalizar-se ou especializar-se, assegurando formação suficiente para adentrar o mercado de trabalho assim que ingressar no regime aberto.

**279-A. Estudo como função de ressocialização:** cabe ao sentenciado optar pelo estudo, não constituindo uma obrigação; entretanto, também, não pode ser considerada uma discricionariedade do magistrado conceder tal oportunidade. Se o condenado estiver em regime semiaberto e manifestar o intuito de estudar, particularmente em ensino superior, que se dá fora da colônia penal, possuindo bom comportamento, parece-nos ser direito seu. Na jurisprudência: STJ: "1. O art. 205 da Constituição da República de 1988 estabelece que 'A educação, direito de todos e dever do Estado e da família, será promovida e incentivada com a colaboração da sociedade, visando ao pleno desenvolvimento da pessoa, seu preparo para o exercício da cidadania e sua qualificação para o trabalho'. No âmbito do sistema penitenciário, prevê a Lei de Execução Penal que '[a] assistência ao preso e ao internado é dever do Estado, objetivando prevenir o crime e orientar o retorno à convivência em sociedade', e, ainda, que '[a] assistência educacional compreenderá a instrução escolar e a formação profissional do preso e do internado'. 2. A própria Declaração Universal dos Direitos Humanos estipula que '[t]oda pessoa tem direito à educação. A educação deve ser gratuita, pelo menos a correspondente ao ensino elementar fundamental. O ensino elementar é obrigatório. O ensino técnico e profissional dever ser generalizado; o acesso aos estudos superiores deve estar aberto a todos em plena igualdade, em função do seu mérito'. Na mesma toada, as Regras de Mandela estabelecem que '[o]s objetivos de uma pena de prisão ou de qualquer outra medida restritiva da liberdade são, prioritariamente, proteger a sociedade contra a criminalidade e reduzir a reincidência. Estes objetivos só podem ser alcançados se o período de detenção for utilizado para assegurar, sempre que possível, a reintegração destas pessoas na sociedade após a sua libertação, para que possam levar uma vida autossuficiente e de respeito para com as leis'. 3. No caso, a despeito da autorização para prestar vestibular, o Juízo singular indeferiu, após a aprovação e matrícula do sentenciado em curso de ensino superior, o pedido de frequência às aulas, visto que 'o apenado já possui formação superior, nada justificando seu interesse por retomar os estudos, notadamente durante o período de encarceramento' (fl. 52). 4. A decisão impugnada vai de encontro às normas relativas ao direito ao estudo, concebido como válvula impulsionadora do processo de reinserção do apenado, de modo a permitir uma reintegração mais efetiva após o resgate das reprimendas a ele impostas, ou seja, em outros termos, um mecanismo de auxílio ao alcance de uma vida autossuficiente, como enfatizam as Regras de Mandela. A justificativa para o indeferimento do pleito defensivo não encontra amparo legal e o fato de o apenado já possuir diploma de curso de ensino superior não elide a importância dos estudos para o adequado cumprimento das penas. Tampouco a recente inclusão no regime semiaberto pode ser utilizada como óbice à concessão do benefício, visto que tal conjuntura apenas demonstra a avaliação favorável do comportamento do sentenciado, sendo incongruente que seja interpretada em seu desfavor. 5. *Habeas corpus* concedido para assegurar ao paciente o direito às saídas temporárias, mediante monitoramento eletrônico, caso disponível na comarca, para frequentar as aulas do curso de Recursos Humanos na Faculdade Anhanguera de Taubaté, para o qual obteve aprovação e está matriculado" (HC 535.383 – SP, 6.ª T., rel. Rogerio Schietti Cruz, 15.09.2020, v.u.).

**279-B. Vigilância indireta:** após a edição da Lei Federal 12.258, de 15 de junho de 2010, disciplinou-se o uso da monitoração eletrônica. Consideramos a medida constitucional, pois não impõe gravame de natureza cruel ou humilhante.

**279-C. Impedimento à saída temporária:** a Lei 14.843/2024 ampliou a vedação ao benefício para todo sentenciado que cumpre pena por delito hediondo ou cometido com violência ou grave ameaça contra pessoa. Anteriormente, proibia-se a saída temporária somente a condenados por crime hediondo, com resultado morte, como, por exemplo, latrocínio. Embora esses delitos sejam graves, o ideal seria avaliar caso a caso, afinal, se o preso já se encontra em regime semiaberto, deveria ser incentivado a se aprimorar, frequentando curso supletivo profissionalizante, de instrução em 2.º grau ou superior, melhorando o convívio social.

**279-D. Saída por tempo limitado:** quando a Lei 14.843/2024 vedou duas hipóteses de saída temporária (visita à família e participação em atividades gerais), permitindo apenas o estudo fora da colônia penal, estreitou o tempo da saída para envolver o cumprimento das

# Art. 123

Leis Penais e Processuais Penais Comentadas – Vol. 2 • **Nucci**

atividades discentes, sem qualquer outra extensão ou flexibilidade. Nesse caso, não há prejuízo, pois o objetivo da saída temporária será atingido.

> **Art. 123.** A autorização será concedida por ato motivado[280] do juiz da execução, ouvidos o Ministério Público e a administração penitenciária, e dependerá da satisfação dos seguintes requisitos:[281]
>
> I – comportamento adequado;
>
> II – cumprimento mínimo de 1/6 (um sexto) da pena, se o condenado for primário, e 1/4 (um quarto), se reincidente;[281-A]
>
> III – compatibilidade do benefício com os objetivos da pena.[281-B]

**280. Ato motivado do juiz:** é importante que seja bem delineado o quadro do sentenciado para que obtenha a saída temporária, seja para estudo, seja para trabalho fora da colônia penal. Na jurisprudência: STJ: "1. A concessão da saída temporária para o trabalho externo do preso em cumprimento de pena definitiva em regime inicialmente semiaberto depende do cumprimento de requisitos objetivos e subjetivos a serem avaliados pelo Juízo das Execuções no curso do cumprimento da pena. 2. O entendimento desta Corte Superior é no sentido de que, à luz do disposto no art. 123, inciso II, da Lei de Execução Penal, o condenado deve atender ao requisito do prazo mínimo de cumprimento da pena, mesmo nos casos de condenados em regime inicial semiaberto" (AgRg no HC 761.151 – SP, 5.ª T., rel. Ribeiro Dantas, 13.03.2023, v.u.).

**281. Requisitos para a saída temporária:** é preciso preencher os seguintes: a) comportamento adequado, o que não significa, necessariamente, ser ótimo. Por vezes, o preso pode ser sancionado por falta leve, exemplificando, o que não lhe retiraria a possibilidade de obter o benefício; b) cumprimento de, pelo menos, um sexto da pena, se primário, e um quarto, se reincidente. Caso ingresse diretamente no regime semiaberto, para cumprir, por exemplo, seis anos de reclusão, somente poderá pleitear a saída temporária após um ano. Porém, se ingressa no regime semiaberto, por progressão, advindo do regime fechado, já tendo cumprido neste último um sexto do total da pena, pode obter, de imediato, a saída temporária. É o teor da Súmula 40 do STJ: "Para obtenção dos benefícios de saída temporária e trabalho externo, considera-se o tempo de cumprimento da pena no regime fechado". Está correta essa disposição, pois o condenado já teve tempo suficiente para demonstrar seu bom comportamento e adequação à disciplina exigida pelo estabelecimento penal mais severo (regime fechado), tanto que conseguiu a transferência ao semiaberto. Assim que viável, pode ser beneficiado pela saída temporária; c) compatibilidade do benefício com os objetivos da pena, no caso, fundamentalmente, os aspectos da reeducação e da ressocialização.

**281-A. Trabalho externo:** o ideal seria haver trabalho interno, nas colônias penais, para os sentenciados inseridos no regime semiaberto. Entretanto, tal situação nem sempre é verdadeira. Por isso, muitos juízes têm autorizado o trabalho externo dos condenados, hipótese prevista em lei (art. 35, § 2.º, CP). Essa saída para trabalhar, no entanto, deveria seguir o disposto no art. 123, II, da LEP (cumprir 1/6 da pena, se primário; 1/4, se reincidente). Os tribunais vêm amenizando a necessidade de permanecer um tempo mínimo recolhido, permitindo, conforme o caso concreto, a imediata saída para trabalho, tão logo ingresse na colônia. Tudo depende da situação concreta, a critério ponderado do magistrado.

**281-B. Verificação individualizada da situação do condenado:** é preciso que o juiz confira, concretamente, o caso de cada sentenciado para autorizar a sua saída temporária (ou negá-la). Não se trata de direito automático receber esse benefício somente porque se encontra o regime semiaberto.

# Art. 126

## 333 | Execução Penal

> **Art. 124.** *(Revogado pela Lei 14.843/2024.)*

**282 e 283. Notas excluídas em decorrência da revogação dos artigos.**

> **Art. 125.** O benefício será automaticamente revogado quando o condenado praticar fato definido como crime doloso, for punido por falta grave, desatender as condições impostas na autorização ou revelar baixo grau de aproveitamento do curso.[284]
>
> **Parágrafo único.** A recuperação do direito à saída temporária dependerá da absolvição no processo penal, do cancelamento da punição disciplinar ou da demonstração do merecimento do condenado.[285]

**284. Revogação da saída temporária:** deve-se entender sob duplo aspecto o disposto no art. 125, *caput*, desta Lei. O preso que, por exemplo, pratique fato definido como crime tanto pode ter a sua saída temporária revogada, como pode não a obter no futuro, nos termos expostos no parágrafo único do mesmo artigo. Assim também nos outros casos (desatendimento das condições impostas, punição por falta grave ou baixo aproveitamento em curso.

**285. Recuperação do direito:** dependendo da situação, exige-se uma das seguintes medidas: a) quem cometer fato definido como crime doloso, transformandose o caso em processo criminal contra o condenado inserido no regime semiaberto, é preciso aguardar a sua absolvição (entendemos não haver necessidade de decisão com trânsito em julgado, pois a lei assim não explicita); b) o preso que cometer falta grave e por ela for punido, somente se reabilitará caso consiga reverter a sanção, cancelando-a. Tal situação poderá advir de recurso administrativo, quando previsto na legislação local, ou por meio do juiz da execução penal, em face de irregularidade no processo administrativo. Sustentamos, ainda, a viabilidade de ser superada a falta grave, readquirindo o preso o direito à saída temporária, desde que cumpra mais um sexto da pena, certamente se não conseguir a progressão para o regime aberto; c) o desatendimento das condições da autorização de saída ou o baixo desempenho estudantil podem ser revertidos em face do *merecimento* do condenado, vale dizer, deve ele, na colônia, passar a demonstrar seu empenho efetivo em reverter a situação de indisciplina evidenciada, seja elevando o número de horas dedicadas ao trabalho, seja colaborando com as atividades internas, até auferir novamente elogios em seu prontuário, que sejam contrapontos às irresponsabilidades demonstradas.

### Seção IV
### Da remição

> **Art. 126.** O condenado que cumpre a pena em regime fechado ou semiaberto poderá remir,[286] por trabalho ou por estudo, parte do tempo de execução da pena.[287-287-B]
>
> § 1.º A contagem de tempo referida no *caput* será feita à razão de:
>
> I – 1 (um) dia de pena a cada 12 (doze) horas de frequência escolar – atividade de ensino fundamental, médio, inclusive profissionalizante, ou superior, ou ainda de requalificação profissional – divididas, no mínimo, em 3 (três) dias;[288-289]
>
> II – 1 (um) dia de pena a cada 3 (três) dias de trabalho.[290]

# Art. 126

> § 2.º As atividades de estudo a que se refere o § 1.º deste artigo poderão ser desenvolvidas de forma presencial ou por metodologia de ensino a distância e deverão ser certificadas pelas autoridades educacionais competentes dos cursos frequentados.[291]
>
> § 3.º Para fins de cumulação dos casos de remição, as horas diárias de trabalho e de estudo serão definidas de forma a se compatibilizarem.[292]
>
> § 4.º O preso impossibilitado, por acidente, de prosseguir no trabalho ou nos estudos continuará a beneficiar-se com a remição.[293]
>
> § 5.º O tempo a remir em função das horas de estudo será acrescido de 1/3 (um terço) no caso de conclusão do ensino fundamental, médio ou superior durante o cumprimento da pena, desde que certificada pelo órgão competente do sistema de educação.[294-294-A]
>
> § 6.º O condenado que cumpre pena em regime aberto ou semiaberto e o que usufrui liberdade condicional poderão remir, pela frequência a curso de ensino regular ou de educação profissional, parte do tempo de execução da pena ou do período de prova, observado o disposto no inciso I do § 1.º deste artigo.[295-295-A]
>
> § 7.º O disposto neste artigo aplica-se às hipóteses de prisão cautelar.[296]
>
> § 8.º A remição será declarada pelo juiz da execução, ouvidos o Ministério Público e a defesa.[297]

**286. Remição:** trata-se do desconto na pena do tempo relativo ao trabalho ou estudo do condenado, conforme a proporção prevista em lei. É um incentivo para que o sentenciado desenvolva uma atividade laborterápica ou ingresse em curso de qualquer nível, aperfeiçoando a sua formação. Constituindo uma das finalidades da pena a reeducação, não há dúvida de que o trabalho e o estudo são fortes instrumentos para tanto, impedindo a ociosidade perniciosa no cárcere. Ademais, o trabalho constitui um dos deveres do preso (art. 39, V, LEP). A remição somente é viável quando o sentenciado estiver nos regimes fechado e semiaberto, pois, nessas hipóteses, como regra, deve trabalhar ou estudar no próprio estabelecimento penitenciário. No regime aberto, não cabe remição pelo trabalho, pois é obrigação do condenado, como condição para permanecer no mencionado regime, o exercício de atividade laboral honesta. Entretanto, a Lei 12.433/2011 permitiu a remição, em regime aberto, pelo estudo, como forma de incentivo ao sentenciado para tal atividade (art. 126, § 6.º, LEP). Acrescente-se o teor da Súmula 562 do STJ: "É possível a remição de parte do tempo de execução da pena quando o condenado, em regime fechado ou semiaberto, desempenha atividade laborativa, ainda que extramuros". É preciso ressaltar ser admissível que o sentenciado desenvolva, concomitantemente, trabalho e estudo, bastando respeitar os limites para cada um. Ilustrando, é viável uma jornada de 8 horas de trabalho junto com 4 horas de estudo por dia. Na jurisprudência: STF: "I – É permitida a remição da pena em decorrência de realização concomitante de trabalho e estudo, desde que haja compatibilidade de horário. II – Há independência entre os limites máximos diários de jornada de trabalho (oito horas) e de frequência escolar (quatro horas), podendo o condenado, em razão de trabalho e estudo, cumular a remição da pena, contanto que não sejam ultrapassados referidos limites, individualmente considerados. III – Recurso ordinário em *habeas corpus* provido, para determinar ao Juízo da Unidade Regional de Departamento Estadual de Execução Criminal da comarca de São Paulo/SP que aprecie o pedido formulado pela recorrente de remição da pena por estudo e trabalho realizados de forma concomitante, com observância dos limites máximos diários de jornada de trabalho e de frequência escolar, individualmente considerados" (RHC 187.940, 2.ª T., rel. Nunes Marques, 08.03.2021, v.u.).

STJ: "1. O condenado em regime fechado ou semiaberto poderá remir, por trabalho ou por estudos efetivamente realizados, parte do tempo de execução da pena. O instituto previsto no art. 126 da LEP é prêmio concedido em razão de factual envolvimento no processo de ressocialização. 2. Não caracteriza ilegalidade a decisão que indefere o pedido de se computar os dias de descanso semanal para fins de remição, pois o período, mesmo para aqueles que não estão encarcerados, é caracterizado pela ausência de trabalho" (HC 735.446 – AM, 6.ª T., rel. Rogerio Schietti Cruz, 10.05.2022, v.u.).

**287. Requisitos para a remição:** a) três dias de trabalho ou de estudo, à razão de 6 horas de trabalho por dia e 4 horas de estudo; b) atestado de trabalho ou frequência escolar apresentado pela direção do presídio, que goza de presunção de veracidade; c) exercício de trabalho ou estudo reconhecido pelo estabelecimento prisional. Sobre este último requisito, parece-nos que *qualquer trabalho* no presídio é válido, desde que reconhecido pela direção e emitido atestado de trabalho. Entretanto, os tribunais vêm flexibilizando essa última regra, porque o Estado deve fornecer trabalho, embora não venha fazendo a contento. Na jurisprudência: STJ: "1. O art. 126 da Lei de Execução Penal determina que o condenado que cumpre a pena em regime fechado ou semiaberto poderá remir, por trabalho ou por estudo, parte do tempo de execução da pena. 2. *In casu*, a remição da pena do sentenciado pelo trabalho intramuros foi indeferida pelo Tribunal de origem, fundamentalmente, por não haver comprovação das horas trabalhadas, não havendo que se falar na ressocialização do reeducando. 3. 'Esta Corte, em recentes julgados, vem flexibilizando as regras previstas do art. 126 da LEP a fim de se reconhecer a remição pela leitura, pelo estudo por conta própria e por tarefas de artesanato, não sendo, portanto, razoável que se afaste a remição da pena por atividade laboral devidamente reconhecida pelo estabelecimento prisional – representante de galeria –, sob pena de se inviabilizar o benefício para apenados que estejam encarcerados em unidades sem outras atividades laborais' (REsp n. 1.804.266/RS, relator o Ministro Nefi Cordeiro, Sexta Turma, DJe de 25/6/2019)" (AgRg no HC 870.002 – RS, 5.ª T., rel. Ribeiro Dantas, 26.02.2024, v.u.); "1. Nos termos do Parecer da Procuradoria-Geral da República, essa Corte Superior vem decidindo pela flexibilização do art. 126 da LEP, que prevê sobre a possibilidade de remição de parte do tempo de execução da pena, pelo trabalho ou pelo estudo. [...], não é razoável que o apenado fique prejudicado pela ineficiência do sistema penitenciário, em vista da ausência de disponibilidade de liga formal de trabalho no presídio, não havendo sequer registro da atividade, apesar de ter sido o trabalho efetivamente realizado. Assim, não se pode afastar a possibilidade de que a comprovação formal mínima do trabalho seja realizada por meio de prova testemunhal produzida no Juízo da Execução, como no caso dos autos" (AgRg no REsp 2.055.229 – RS, 6.ª T., rel. Sebastião Reis Júnior, 04.03.2024, v.u.).

**287-A. Inexistência de trabalho ou estudo no presídio:** se o Estado não providencia trabalho ou estudo ao preso, falha no seu dever de manter e fazer funcionar a contento o estabelecimento penitenciário sob seu controle e administração. Esse vício dá ensejo à propositura do incidente de desvio de execução. Cabe ao magistrado utilizar o seu poder de fiscalização para obrigar o órgão competente a tomar as medidas cabíveis a suprir a deficiência. Se nada for feito pelo órgão administrador do presídio, cremos que se deva aceitar a contagem do tempo, quando o preso está à disposição para trabalhar, como tempo remido. Alteramos a nossa posição, pois verifica-se que a culpa da falta de atividade laborativa – que, além de dever, é direito do condenado – é exclusiva do Estado. O sentenciado não deve arcar com esse prejuízo. Em decisão pioneira, o Superior Tribunal de Justiça adotou a contagem da remição, mesmo sem o efetivo trabalho do preso, na época da pandemia da covid-19: "1. O princípio da individualização da pena, previsto no artigo 5º, XLVI da Constituição da República, diz-nos que a pena deve sempre ser individualizada para cada infrator. Doutrina e jurisprudência

# Art. 126

Leis Penais e Processuais Penais Comentadas – Vol. 2 • **Nucci**

explicam que a individualização ocorre em três etapas: (a) legislativa; (b) judicial; e (c) executória. 2. Discorrendo sobre a terceira etapa da individualização da pena, Guilherme Nucci assevera que 'a sentença condenatória não é estática, mas dinâmica. Um título executivo judicial, na órbita penal, é mutável' (Nucci, Guilherme de Souza. Curso de Execução Penal. 5ª ed. Rio de Janeiro: Forense, 2022, p. 18). 3. A remição é o resgate (ou abatimento) de parte da pena pelo sentenciado por meio do trabalho ou do estudo na proporção estabelecida em lei (art. 126 da Lei 7.210/84, Lei de Execução Penal – LEP). 4. Conforme jurisprudência assente nesta Corte Superior, a ausência de previsão legal específica impossibilita a concessão de remição da pena pelo simples fato de o Estado não propiciar meios necessários para o labor ou a educação de todos os custodiados. Entende-se, portanto, que a omissão estatal não pode implicar remição ficta da pena, haja vista a *ratio* do referido benefício, que é encurtar o tempo de pena mediante a efetiva dedicação do preso a atividades lícitas e favoráveis à sua reinserção social e ao seu progresso educativo. 5. Nada obstante tal entendimento, ele não se aplica à hipótese excepcionalíssima da pandemia de covid-19 por várias razões (*distinguishing*). A jurisprudência mencionada foi construída para um estado normal das coisas, não para uma pandemia com a dimensão que se está a observar com o vírus da covid-19. Exemplifique-se a particularidade do caso com as seguintes medidas verificadas: (a) estado de emergência reconhecido por emenda constitucional (EC 123/22); (b) auxílios emergenciais concedidos à população necessitada; (c) trabalho remoto tanto no setor público quanto no setor privado à maioria dos trabalhadores por determinado período; e (d) recolhimento familiar compulsório decretado pelos governantes. Esse contexto geral demonstra que os instrumentos ordinariamente utilizados não se mostravam suficientes e adequados para a extraordinariedade dos acontecimentos. 6. Nas palavras de Uadi Lammêgo Bulos, a 'Derrotabilidade é o ato pelo qual uma norma jurídica deixa de ser aplicada, mesmo presentes todas as condições de sua aplicabilidade, de modo a prevalecer a justiça material no caso concreto' (BULOS, Uadi Lammêgo. *Curso de direito constitucional*, 13ª ed. São Paulo: Saraiva, 2020, p. 133). Nessa linha, negar aos presos que já trabalhavam ou estudavam antes da pandemia de Covid-19 o direito de continuar a remitir sua pena se revela medida injusta, pois: (a) desconsidera o seu pertencimento à sociedade em geral, que padeceu, mas também se viu compensada com algumas medidas jurídicas favoráveis, o que afrontaria o princípio da individualização da pena (art. 5º, XLVI, da CR), da isonomia (art. 5º, *caput*, da CR) e da fraternidade (art. 1º, II e III, 3º, I e III, da CR); (b) exige que o legislador tivesse previsto a pandemia como forma de continuar a remição, o que é desnecessário ante o instituto da derrotabilidade da lei. 7. Nessa senda, o art. 3º da Lei 7.210/84 estabelece que, 'ao condenado e ao internado serão assegurados todos os direitos não atingidos pela sentença ou pela lei'. Em outros termos, ressalvadas as restrições decorrentes da sentença penal e os efeitos da condenação, o condenado mantém todos os direitos que lhe assistiam antes do trânsito em julgado da decisão condenatória. 8. Com efeito, o princípio da dignidade da pessoa humana conjugado com os princípios da isonomia e da fraternidade (este último tão bem trabalhado pelo em. Min. Reynaldo Soares da Fonseca) não permitem negar aos indivíduos que tiveram seus trabalhos ou estudos interrompidos pela superveniência da pandemia de covid-19 o direito de remitir parte da sua pena tão somente por estarem privados de liberdade. Não se observa nenhum discrímen legítimo que autorize negar àqueles presos que já trabalhavam ou estudavam o direito de remitir a pena durante as medidas sanitárias restritivas. 9. Porém, deve-se realizar um exame, caso a caso, diferenciado-se duas situações: (a) de um lado, os presos trabalhadores e estudantes que se viram impedidos de realizarem suas atividades tão somente pela superveniência do estado pandêmico e, sendo o caso, reconhecer-lhes o direito à remição da pena; (b) de outro, aquelas pessoas custodiadas que não trabalhavam nem estudavam, às quais não se deve estender a benesse. Note-se, assim, que não se está a conferir uma espécie de remição ficta pura e simplesmente ante a impossibilidade material de trabalhar ou estudar. O benefício não deve ser direcionado a todo e qualquer preso que não pôde trabalhar ou estudar durante a pandemia, mas tão somente àqueles que, já estavam trabalhando ou estudando e, em razão da Covid, viram-se impossibilitados de continuar com suas atividades. 10. Ainda que não sobre idêntica temática, mas também afeto ao campo da execução penal, a Sexta Turma em precedente recente reconheceu como cumprida a obrigação de comparecimento em juízo suspensa em virtude da pandemia, considerando 'desproporcional o prolongamento da pena sem a participação do apenado em tal retardamento'. 11. Tese: Nada obstante a interpretação restritiva que deve ser conferida ao art. 126, § 4º, da LEP, os princípios da individualização da pena, da dignidade da pessoa humana, da isonomia e da fraternidade, ao lado da teoria da derrotabilidade da norma e da situação excepcionalíssima da pandemia de Covid-19, impõem o cômputo do período de restrições sanitárias como de efetivo estudo ou trabalho em favor dos presos que já estavam trabalhando ou estudando e se viram impossibilitados de continuar seus afazeres unicamente em razão do estado pandêmico. 12. Recurso especial provido" (REsp 1.953.607 – SC, 3.ª S., Ribeiro Dantas, 14.09.2022, v.u.). Na jurisprudência, em sentido diverso: STF: "Apenado que não exerce atividade laboral ou de estudo por conta da ausência de oferta estatal. Inexistência de meios, no estabelecimento prisional, para o desempenho de atividades laborais ou pedagógicas. Pretendido cômputo fictício de potenciais dias de trabalho ou estudo. Inadmissibilidade. Remição que só é devida em caso de efetivo trabalho ou estudo. Inteligência do art. 126, da LEP. Impossibilidade de afastar a conclusão implementada pelas instâncias antecedentes. Análise de fatos e provas incompatível com esta via processual. Agravo a que se nega provimento" (RHC 183.079 AgR, 1.ª T., rel. Alexandre de Moraes, 11.05.2020, m.v.). STJ: "2. O entendimento consolidado e reiterado do Superior Tribunal de Justiça é no sentido de que a suposta omissão estatal, em propiciar ao apenado padrões mínimos previstos no ordenamento jurídico, não pode ser utilizada como causa a ensejar a concessão ficta de um benefício que depende de um real envolvimento da pessoa do apenado em seu progresso educativo e ressocializador (AgRg no HC n. 434.636/MG, Ministro Nefi Cordeiro, Sexta Turma, *DJe* 6/6/2018). 3. Agravo regimental improvido" (AgRg no AREsp 1.218.186 – SC, 6.ª T., rel. Sebastião Reis Júnior, 23.08.2018, v.u.).

**287-B. Interpretação extensiva:** já se tem noção plena de que o Estado-Executivo não cumpre a Lei de Execução Penal na íntegra como deveria. Portanto, o Judiciário sempre é chamado a solucionar novos casos, que surgem justamente da falta de suporte adequado nos termos legais. Assim sendo, estendeu-se o alcance do estudo para abranger o estudo musical, que também auxilia o aprendizado geral e a ressocialização do condenado. Resta a cada juízo disciplinar os modos de verificar o aproveitamento dessa espécie de estudo. Na jurisprudência: STJ: "1. Em se tratando de remição da pena, é, sim, possível proceder à interpretação extensiva em prol do preso e da sociedade, uma vez que o aprimoramento dele contribui decisivamente para os destinos da execução (HC n. 312.486/SP, *DJe* 22/6/2015). 2. A intenção do legislador ao permitir a remição pelo trabalho ou pelo estudo é incentivar o aprimoramento do reeducando, afastando-o, assim, do ócio e da prática de novos delitos, e, por outro lado, proporcionar condições para a harmônica integração social do condenado (art. 1º da LEP). Ao fomentar o estudo e o trabalho, pretende-se a inserção do reeducando ao mercado de trabalho, a fim de que ele obtenha o seu próprio sustento, de forma lícita, após o cumprimento de sua pena. 3. O meio musical, além do aprimoramento cultural proporcionado ao apenado, promove sua formação profissional nos âmbitos cultural e artístico. A atividade musical realizada pelo reeducando profissionaliza, qualifica e capacita o réu, afastando-o do crime e reintegrando-o na sociedade. 4. Recurso especial provido para reconhecer o direito do recorrente à remição de suas penas pela atividade realizada no Coral Decreto de Vida, determinando ao Juízo competente que proceda a novo cálculo da reprimenda, computando, desta feita, os dias remidos

# Art. 126

### Leis Penais e Processuais Penais Comentadas – Vol. 2 · Nucci

como pena efetivamente cumprida" (REsp 1.666.637 – ES, 6.ª T., rel. Sebastião Reis Júnior, j. 26.09.2017, v.u.).

**288. Tempo de estudo:** prevê-se o período de estudo de 12 horas para a obtenção de um dia de remição da pena. O montante leva em consideração a partilha de 4 horas por dia (carga horária normal de estudo diário de muitos cursos), o que significa, como se faz no tocante ao trabalho, três dias de estudo para um dia de pena. Nada impede, entretanto, outra divisão de carga horária, desde que se atinja 12 horas para remir um dia de pena. Admite-se variados graus de estudo, desde o fundamental (estágio inicial) até o superior (estágio final).

**288-A. Aprovação no ENEM:** cuida-se de tempo dedicado ao estudo, razão pela qual o Conselho Nacional de Justiça aprovou a Recomendação n. 44/2013, para que seja acolhida a aprovação nesse exame como horas válidas para a remição ("art. 1º, IV – na hipótese de o apenado não estar, circunstancialmente, vinculado a atividades regulares de ensino no interior do estabelecimento penal e realizar estudos por conta própria, ou com simples acompanhamento pedagógico, logrando, com isso, obter aprovação nos exames nacionais que certificam a conclusão do ensino fundamental Exame Nacional para Certificação de Competências de Jovens e Adultos (ENCCEJA) ou médio Exame Nacional do Ensino Médio (ENEM), a fim de se dar plena aplicação ao disposto no § 5.º do art. 126 da LEP (Lei 7.210/84), considerar, como base de cálculo para fins de cômputo das horas, visando à remição da pena pelo estudo, 50% (cinquenta por cento) da carga horária definida legalmente para cada nível de ensino [fundamental ou médio – art. 4º, incisos II, III e seu parágrafo único, todos da Resolução n. 03/2010, do CNE], isto é, 1600 (mil e seiscentas) horas para os anos finais do ensino fundamental e 1200 (mil e duzentas) horas para o ensino médio ou educação profissional técnica de nível médio". Na jurisprudência: STF: "Remição por estudo próprio. Aplicação da legislação pertinente. Ausência de teratologia, ilegalidade ou abuso de poder. 1. Não se comprovou ter havido equívoco no cálculo para a remição pretendida pela defesa pelas instâncias antecedentes, sendo aplicada ao caso a legislação pertinente. Tal como consta no acórdão proferido pelo STJ, 'a Recomendação n. 44/2013 é expressa ao estabelecer que, na hipótese de remição por aprovação em exames nacionais por esforço próprio, o Juiz deverá utilizar, como base de cálculo para o benefício, 50% da carga horária definida no art. 4º, II, III e seu parágrafo único, da Resolução n. 03/2010, do CNE'. Precedentes. 2. Agravo regimental a que se nega provimento" (RHC 193.365 AgR, 1.ª T., rel. Roberto Barroso, 15.12.2020, v.u.). STJ: "1. Em razão de uma interpretação analógica, *in bonam partem,* da norma inserta no art. 126 da Lei de Execuções Penais, segundo reiterada jurisprudência desta Corte, é possível a hipótese de abreviação da reprimenda em razão de atividades que não tenham previsão expressa no texto legal. 2. Em relação à aprovação no Exame Nacional do Ensino Médio – ENEM, a jurisprudência desta Corte Superior já admitiu que a remição decorrente desta inegável conquista individual, pelo esforço pessoal que demanda do candidato que se submete ao exame, deve ser aplicada mesmo quando o Apenado está vinculado a atividades regulares de ensino no interior do estabelecimento prisional. 3. É cabível a remição pela aprovação no Exame Nacional do Ensino Médio – ENEM ainda que o Apenado já tenha concluído o ensino médio anteriormente, pois a aprovação no exame demanda estudos por conta própria mesmo para aqueles que, fora do ambiente carcerário, já possuem o referido grau de ensino. Desse modo, é devido o aproveitamento dos estudos realizados durante a execução da pena com o objetivo específico de lograr aprovação nesta exigente avaliação nacional, nos termos do art. 126 da Lei de Execução Penal e da Recomendação n. 44/2013 do Conselho Nacional de Justiça. 4. O fato de o Apenado já haver concluído o ensino médio antes do início da execução da pena impede apenas o acréscimo de 1/3 (um terço) no tempo a remir em função da conclusão da etapa de ensino, afastando-se a incidência do art. 126, § 5.º, da Lei de Execução Penal. 5. Recurso especial provido para determinar ao Juízo das Execuções Penais que examine o pedido de remição do Recorrente, nos termos do art. 1.º, inciso I, da Recomendação 44/2013-CNJ, considerando a aprovação no Exame Nacional do Ensino Médio – ENEM, ainda que ele já tenha concluído o ensino médio em momento anterior e mesmo que ele esteja vinculado a atividades regulares de ensino no interior do estabelecimento prisional" (REsp 1.854.391 – DF, 6.ª T., rel. Laurita Vaz, 22.09.2020, v.u.); "1. A carga horária utilizada como base de cálculo para a obtenção dos dias remidos é aquela referente à duração dos cursos presenciais de Educação de Jovens e Adultos para ensino médio, qual seja, 1.200 h, nos moldes estabelecidos pela Resolução n. 3/2010 do Conselho Nacional de Educação, a qual foi adequadamente aplicada pelo Juízo da execução penal. 2. Agravo regimental não provido" (AgRg no HC 501.713 – SC, 6.ª T., rel. Rogerio Schietti Cruz, 23.04.2019, v.u.).

**288-B. Inviabilidade de ampliação excessiva dos termos trabalho e estudo:** a falta de lugares apropriados para o sentenciado desenvolver atividades laborativas ou estudar não autoriza a ampliação do significado desses termos, de modo a abranger ações incompatíveis com o objetivo da remição. Trabalhar e/ou estudar confere ao condenado a oportunidade de adquirir novas habilidades e aprimorar o seu conhecimento, permitindo a sua ressocialização com maior facilidade. Atividades de lazer ou a prática de esportes, embora positivas para o cenário da reeducação, não podem ser consideradas para efeito de remição.

**288-C. Banco de horas:** consultar a nota 52-A ao art. 33.

**289. Aproveitamento escolar:** a lei se refere apenas à frequência do preso às aulas, sem qualquer menção expressa ao aproveitamento. Parece-nos deva o Estado, que organiza e proporciona o estudo, cuidar de mensurar o referido aproveitamento; afinal, o simples comparecimento às aulas não significa rendimento e desenvolvimento positivo. É verdade que a conclusão do curso provoca o aumento da remição em um terço (vide o § 5.º), porém, conceder o desconto pela simples frequência também não é razoável. Ademais, observa-se uma contradição: se o sentenciado estudar fora do presídio, deverá ser comprovado o seu aproveitamento escolar (art. 129, § 1.º, LEP); se estudar no presídio, não precisaria. Ora, por uma questão de coerência, visando ao ganho do próprio reeducando, deve-se exigir o aproveitamento em todas as situações. Tal rendimento escolar submete-se às regras estabelecidas pela administração, conforme a situação concreta de cada estabelecimento penal. Portanto, não existindo aproveitamento, deve-se excluir o sentenciado do curso, impedindo-o de receber o benefício da remição. Se não se fizer a exclusão, não há como negar o cômputo dos dias estudados, leia-se, com frequência escolar. Por fim, a eventual exclusão não deve ser permanente, permitindo-se que o sentenciado opte por outro curso ou retome o início daquele não concluído. Sobre o aproveitamento em estudo: STJ: "1. A interpretação mais ampla do art. 126 da LEP, de acordo com a Recomendação n. 44/2013 do CNJ, permite a remição da pena pelo estudo ao apenado não vinculado a atividade regular de ensino que obtém, por esforço próprio, aprovação em exame nacional (ENEM) que certifique o ensino médio a jovens e adultos. 2. O Juiz deverá considerar, segundo expressa previsão do art. 1º, IV, da Resolução n. 44/2013 do CNJ, '50% (cinquenta por cento) da carga horária definida legalmente para cada nível de ensino [fundamental ou médio – art. 4º, incisos II, III e seu parágrafo único, todos da Resolução n. 03/2010, do CNE], isto é, (...) 1.200 (mil e duzentas) horas para o ensino médio'. 3. A Lei n. 9.394/1996 – que estabelece carga horária mínima de 2.400 horas para o ensino médio – não pode ser aplicada ao preso, por estabelecer diretrizes nacionais de 'educação básica obrigatória e gratuita dos 4 (quatro) aos 17 (dezessete) anos de idade' (art. 4º, I). Ao sentenciado são aplicáveis as regras específicas de educação de jovens e adultos, as quais contêm previsão de duração menor do ensino médio (1.200 horas). 4. Para o cálculo da remição devem ser observados os termos do art. 126, § 1º, I, e § 5º, e a Recomendação n. 44/2013 do CNJ, de forma a ser considerada como

# Art. 126

**Leis Penais e Processuais Penais Comentadas – Vol. 2 · Nucci**

base de cálculo 50% da carga horária definida legalmente para o ensino médio de jovens e adultos, de 1.200 horas. Divide-se o total obtido, 600 horas, por 12 (um dia de pena para cada doze horas), o que resulta 50 dias de remição. 5. Não há ilegalidade na decisão do Juízo das Execuções que, em razão da aprovação do apenado em três das cinco áreas de conhecimento do ENEM, declarou remidos, proporcionalmente, 30 dias da pena a cumprir. 6. Ordem denegada" (HC 420.682 – SC, 6.ª T., rel. Rogerio Schietti Cruz, j. 03.05.2018, v.u.).

**290. Tempo de trabalho:** deve o condenado desenvolver três dias de trabalho para obter o desconto de um dia de pena. O dia trabalhado deve ter, no mínimo, seis horas e, no máximo, oito, com descanso aos domingos e feriados (art. 33, *caput*, LEP). Note-se ser o período base para o dia de trabalho computado para a remição o montante de seis horas. Se o condenado trabalhar oito, duas horas ficam anotadas em sua ficha para posterior utilização, ao formar outras seis horas. Além disso, é viável o estabelecimento de horário especial de trabalho, conforme as peculiaridades do caso concreto, como, por exemplo, para serviços de conservação e manutenção do presídio (art. 33, parágrafo único, LEP). Há julgado reconhecendo quatro horas por dia de trabalho para fim de remição: STF: "Remição (arts. 33 e 126 da Lei de Execução Penal). Trabalho do preso. Jornada diária de 4 (quatro) horas. Cômputo para fins de remição de pena. Admissibilidade. Jornada atribuída pela própria administração penitenciária. Inexistência de ato de insubmissão ou de indisciplina do preso. Impossibilidade de se desprezarem as horas trabalhadas pelo só fato de serem inferiores ao mínimo legal de 6 (seis) horas. Princípio da proteção da confiança. Recurso provido. Ordem de *habeas corpus* concedida para que seja considerado, para fins de remição de pena, o total de horas trabalhadas pelo recorrente em jornada diária inferior a 6 (seis) horas. 1. O direito à remição pressupõe o efetivo exercício de atividades laborais ou estudantis por parte do preso, o qual deve comprovar, de modo inequívoco, seu real envolvimento no processo ressocializador. 2. É obrigatório o cômputo de tempo de trabalho nas hipóteses em que o sentenciado, por determinação da administração penitenciária, cumpra jornada inferior ao mínimo legal de 6 (seis) horas, vale dizer, em que essa jornada não derive de ato insubmissão ou de indisciplina do preso. 3. Os princípios da segurança jurídica e da proteção da confiança tornam indeclinável o dever estatal de honrar o compromisso de remir a pena do sentenciado, legítima contraprestação ao trabalho prestado por ele na forma estipulada pela administração penitenciária, sob pena de desestímulo ao trabalho e à ressocialização. 4. Recurso provido. Ordem de *habeas corpus* concedida para que seja considerado, para fins de remição de pena, o total de horas trabalhadas pelo recorrente em jornada diária inferior a 6 (seis) horas" (RHC 136.509, 2.ª T., rel. Dias Toffoli, j. 04.04.2017, v.u.).

**291. Ensino presencial ou a distância:** a Lei 12.433/2011 acompanhou o atual estágio dos estudos, em quase todos os níveis, no Brasil e no mundo, acolhendo o ensino a distância, denominado telepresencial. Essa modalidade tem permitido o acesso de muitas pessoas, situadas em cidades distantes dos grandes centros, a cursos existentes apenas em determinadas cidades, razão pela qual deve ser incentivado. Entretanto, precisa ser atividade devidamente certificada pela direção do presídio, logo, comprovada. Na jurisprudência: STJ: "1. Na hipótese vertente, o Juízo das Execuções Criminais e o Tribunal *a quo* negaram a remição tendo em vista que o curso realizado na modalidade de ensino à distância não teve nenhuma fiscalização de horas diárias estudadas ou de grade curricular por parte da Administração, tendo sido realizadas ao talante exclusivo do apenado, sem nenhum aval das autoridades penitenciárias. (...) 3. Como se vê, de fato, ainda que concluído o curso na modalidade à distância – *in casu* – a remição em decorrência do estudo exige, para cada dia de pena remido, a comprovação de horas de estudo, que, dada a sistemática da lei de execução penal, encontrando-se o apenado sob a custódia do Estado, deve preceder de fiscalização e autenticidade do cumprimento dos requisitos legais. 4. Na espécie, infere-se que as instâncias ordinárias entenderam que os requi-

# Art. 126

**Execução Penal**

sitos necessários à concessão do benefício da remição não restaram preenchidos, mormente em relação à comprovação das horas estudadas em cela pelo paciente, sendo que a reforma de tal decisão revela-se providência inviável na via estreita deste *writ*, pois demandaria apreciação fático-probatória. 5. A propósito, no recente julgamento do HC 473.098/MG, decidiu o Ministro Felix Fischer, em caso similar – relativo à insuficiência da comprovação acerca das horas estudadas em cela pelo paciente –, que a demonstração do cumprimento dos requisitos necessários à concessão do benefício demanda a análise de fatos e provas, providência inviável na via estreita do *habeas corpus* (HC 473.098/MG, *DJe* 3/12/2018). 6. Agravo regimental não provido" (AgRg no HC 478.271 – SP, 5.ª T., rel. Reynaldo Soares da Fonseca, 15.08.2019, v.u.).

**292. Compatibilidade de carga horária:** embora o dispositivo preveja medida óbvia, pois não teria sentido a cumulação de trabalho e estudo no mesmo horário, nada melhor do que deixar bem claro. O preso pode remir sua pena pelo trabalho e pelo estudo, concomitantemente, desde que as horas dedicadas ao trabalho não coincidam com as horas voltadas ao estudo. Levando-se em conta o mínimo para o trabalho (6 horas) e para o estudo (4 horas), por dia o sentenciado pode dedicar 10 horas do seu tempo para auferir a remição da pena.

**293. Preso acidentado:** preceitua-se a viabilidade de computar a remição, ainda que o sentenciado não trabalhe nem estude. Tal situação ocorreria se o preso sofresse um acidente, que o impossibilitasse a continuar laborando ou estudando. Deve-se agir com cautela. Na hipótese de ocorrência de um acidente de trabalho, pode até ser acolhida a ideia; porém, se qualquer tipo de acidente propiciar o ganho fácil da remição, o sentenciado pode até mesmo provocar um evento qualquer para levá-lo a tal situação de inaptidão para o trabalho ou estudo. Enquanto não faz absolutamente nada, computa-se, concomitantemente, trabalho e estudo. Pensamos que, no mínimo, deve-se anotar em seu prontuário a continuidade das mesmas atividades anteriormente desenvolvidas, antes do acidente, nos termos e horários efetivados. Se o preso não trabalhava ou estudava, uma vez acidentado, nada terá a computar em favor da remição. Outro ponto a ser considerado é a possibilidade de provocação intencional de acidente de trabalho, que se registra como falta grave (art. 50, IV, LEP). Ora, se assim acontecer, parece-nos incabível computar-se a remição, tendo em vista a fonte do acidente constituir uma falta. Não se deve privilegiar a má-fé.

**294. Acréscimo de um terço:** premia-se o reeducando com o referido acréscimo nas horas de estudo, caso ele consiga concluir o ensino fundamental, médio ou superior durante o cumprimento da pena. Toma-se o tempo de estudo desenvolvido no estabelecimento penal, que redundou na conclusão do curso, acrescentando-se um terço. Ilustrando, o preso estudou, durante um ano, cerca de 960 horas e conseguiu concluir qualquer fase do ensino; ao montante de 960 horas válidas para remição somam-se 320 horas visando ao mesmo fim.

**294-A. Conclusão de curso antes do cumprimento da pena:** é inválido para fins de remição. Na jurisprudência: STJ: "II – Esta Corte Superior firmou orientação no sentido de que é 'viável a concessão da remição por atividades não expressas na lei, diante de uma interpretação extensiva *in bonam partem* do artigo 126 da Lei de Execução Penal' (AgRg no AREsp n. 696.637/SP, Quinta Turma, Rel. Ministro Jorge Mussi, *DJe* de 4/3/2016). Assim, estaria autorizada, em tese, a concessão da remição pelo estudo nas hipóteses previstas na Recomendação n. 44/2013 do CNJ. III – Todavia, no caso do inciso IV, do art. 1º, da Recomendação n. 44/2013, do CNJ, não é dispensado o requisito legal expressamente previsto no art. 126, § 5º, da LEP, para a concessão da remição por estudo, qual seja, a certificação, pelo órgão competente do sistema de educação, da conclusão, *durante o cumprimento da pena*, do ensino fundamental ou médio. IV – De acordo com a Portaria Normativa n. 10 de 23 de maio de 2012 do Ministério da Educação, que dispõe sobre certificação de conclusão do ensino médio ou declaração de proficiência com base no Exame Nacional do Ensino Médio – ENEM, 'a certificação de conclusão do ensino

# Art. 126

médio ou declaração de proficiência destina-se aos maiores de 18 anos que não concluíram o Ensino Médio em idade apropriada, inclusive às pessoas privadas de liberdade e que estão fora do sistema escolar regular'. V – Assim, havendo as instâncias ordinárias consignado que o paciente teria concluído o ensino médio regular em momento anterior à prática do delito que deu origem à pena ora em cumprimento, não é devida a remição da pena pelo estudo, por ausência de preenchimento de requisito legal. Agravo regimental desprovido" (AgRg no HC 464.802 – PR, 5.ª T, rel. Felix Fischer, 23.10.2018, v.u.).

**295. Estudo em liberdade:** as novidades da Lei 12.433/2011 não se cingiram à autorização da remição da pena pelo estudo, mas também pela possibilidade de se fazer isso em regime aberto ou em livramento condicional. Note-se que a praxe sempre foi considerar, para fins de remição pelo trabalho, apenas os regimes fechado e semiaberto, pois, quando em liberdade, é obrigação do preso laborar licitamente como condição para permanecer solto, antes do cumprimento da pena. Permanece a mesma situação, no tocante ao trabalho, mas, em relação ao estudo, inova-se, com o nítido propósito de incentivar o sentenciado a estudar, em qualquer nível, para o aprimoramento pessoal. Quer-se crer que a formação intelectual possa habilitá-lo com maiores chances para enfrentar o mercado de trabalho, evitando o retorno à delinquência. Por isso, em regime aberto ou em livramento condicional, além de trabalhar, pode estudar, recebendo em troca o desconto da pena ou do período de prova pela remição.

**295-A. Tempo gasto em leitura:** em tese, o ideal seria a efetividade do trabalho e, também, do estudo, visualizando-se o aproveitamento de ambos. No entanto, a lei é omissa no tocante ao referido aproveitamento escolar. Associado a isso, temos que concordar com a carência estatal a respeito de proporcionar ao preso o melhor caminho para o estudo e até mesmo para o trabalho. Diante dessa lacuna, muitos magistrados têm autorizado que o condenado promova a sua remição por meio de leitura de livros. Se, por um lado, a leitura é também aprendizado, por outro, é fundamental que exista um acompanhamento para as leituras e a indicação de obras relevantes. Na jurisprudência: STJ: "Esta Corte Superior tem precedentes em que se analisou a possibilidade de concessão da remição da pena pela leitura, pois ambas as Turmas da Terceira Seção desse Tribunal Superior vem decidindo no sentido da flexibilização das regras previstas do art. 126 da LEP com a finalidade de se reconhecer a remição pela leitura, considerando o disposto na Portaria Conjunta 276/2012, do Departamento Penitenciário Nacional/MJ e do Conselho da Justiça Federal, e na Recomendação 44/2013 do Conselho Nacional de Justiça" (ProAfR no REsp 2.121.878 – SP, 3.ª Seção, rel. Jesuíno Rissato, 13.08.2024, v.u.).

**296. Prisão provisória:** durante muito tempo debateu-se na jurisprudência, antes do advento da Lei 12.433/2011, se o preso cautelar poderia valer-se da remição, caso exercesse atividade laborativa. Aos poucos, consolidou-se o entendimento favorável à remição, em especial porque se autorizou a execução provisória da pena. Ora, sendo cabível até mesmo a progressão de regime – uma situação, em tese, viável somente aos condenados – com maior razão deveria ser computada a remição. Hoje, o disposto neste parágrafo consolidou o entendimento predominante. Cabe remição ao preso provisório, tanto no campo do trabalho como no cenário do estudo. Lembremos, no entanto, ser facultativo o trabalho ao preso cautelar e, do mesmo modo, o estudo.

**297. Decisão declaratória:** o juiz declara remidos os dias de pena, conforme o trabalho ou estudo desenvolvido. Antes, porém, deve ouvir o Ministério Público e a defesa. Na anterior redação da lei, somente o órgão ministerial era ouvido previamente; com razão, estendeu-se tal direito ao defensor, constituído, dativo ou público. Privilegia-se, cada vez mais, a atuação da defesa técnica no curso da execução penal.

**Art. 127.** Em caso de falta grave, o juiz poderá revogar até 1/3 (um terço) do tempo remido, observado o disposto no art. 57, recomeçando a contagem a partir da data da infração disciplinar.[298-298-A]

**298. Perda dos dias remidos:** intenso debate havia em relação à perda dos dias remidos, quando preso cometia falta grave. Dispunha a anterior redação do art. 127 que ele deveria perder todo o tempo remido, recomeçando novo período a partir da data da infração disciplinar. Editou-se a Súmula Vinculante 9 (STF) a respeito, confirmando esse entendimento. Não deixava de ser injusto em alguns casos, pois o preso poderia trabalhar muitos anos e, cometendo apenas uma falta, perderia tudo de uma só vez. A nova redação impôs um limite de um terço para a perda dos dias remidos, quando cometida a falta grave. Trata-se de lei penal nova mais benéfica, devendo-se aplicar retroativamente, mesmo aos casos já julgados, desde que a execução ainda esteja em andamento. Por outro lado, não andou bem o legislador ao estabelecer um limite máximo sem a imposição de um mínimo. Se o teto da perda é de um terço, qual seria o mínimo? Um dia? Por certo, foi inadequado deixar tal questão ao livre arbítrio judicial. Entretanto, como a pena mínima possível é de um dia, esse é o montante mínimo a ser perdido. Contudo, tem-se padronizado, como mínimo, a perda de 1/6 dos dias remidos. Outra cautela concentrou-se na menção ao disposto pelo art. 57 da LEP, com o fim de estabelecer critérios para mensurar a perda de até um terço. Deve o juiz levar em consideração a natureza, os motivos, as circunstâncias e consequências do fato, bem como a pessoa do faltoso (personalidade) e seu tempo de prisão. Havendo uma individualização legal para a perda do tempo remido, é indispensável a fundamentação do magistrado para apontar a opção tomada. Quando faltar motivação, o ideal seria anular a decisão para que o juízo emitisse outra, devidamente fundamentada. Todavia, os tribunais têm contornado essa situação, impondo uma perda de dias em torno de 1/6 – valor mínimo utilizado – a fim de não mais prolongar a execução, cujo trâmite pode ser lento na maior parte das comarcas pelo volume excessivo de processos. Na jurisprudência: STJ: "6. Já em relação à fundamentação empregada para justificar a perda dos dias remidos, limitou-se o Magistrado de primeira instância a destacar que a perda dos dias remidos deve alcançar o montante de 1/3 (um terço), para garantia do princípio da suficiência da pena, em face do caráter acintoso e grave da conduta em foco, comprometedora do primado da disciplina. Entretanto, consoante o entendimento firmado pelo Superior Tribunal de Justiça, a perda de até 1/3 (um terço) dos dias remidos, em razão da prática de falta grave, exige fundamentação concreta, consoante determina a Lei de Execução Penal, nos seus arts. 57 e 127 (HC 648.297/RS, Rel. Ministro Felix Fischer, 5ª T., DJe 31/5/2021)" (AgRg no HC 767.394 – SP, 6.ª T., rel. Rogerio Schietti Cruz, 11.10.2022, v.u.).

**298-A. Critério para a perda de 1/3:** a prática de falta particularmente grave dá ensejo, no caso concreto, à perda do máximo permitido em lei. Exemplos de faltas indicativas da perda de 1/3: fuga, uso de violência, incitação a motim. Na jurisprudência: STJ: "1. Consolidou-se nesta Superior Corte de Justiça entendimento no sentido de que a natureza especialmente grave da falta disciplinar justifica a adoção do percentual máximo de perda dos dias remidos (art. 127 da Lei de Execução Penal – LEP). 2. No caso, a decisão do Juiz da execução fundamentou bem a aplicação da fração máxima de dias remidos, ao explicar que o sentenciado se evadiu por quase doze meses do estabelecimento prisional, demonstrando 'o excessivo descaso e falta de responsabilidade de João Alberto para com a execução de sua pena.'" (AgRg no HC 848.344 – PR, 6.ª T., rel. Jesuíno Rissato, 04.06.2024, v.u.); "4. Firmou-se neste Tribunal jurisprudência no sentido de que a natureza especialmente grave da falta disciplinar (fuga) justifica a adoção do percentual máximo de perda dos dias remidos (art. 127 da Lei de Execução Penal – LEP).

# Art. 128

**Leis Penais e Processuais Penais Comentadas – Vol. 2 • Nucci**

5. *Habeas corpus* não conhecido" (HC 465.565 – RS, 5.ª T., rel. Reynaldo Soares da Fonseca, j. 25.09.2018, v.u.).

> **Art. 128.** O tempo remido será computado como pena cumprida, para todos os efeitos.[299]

**299. Tempo remido como pena cumprida:** outra discussão que teve fim com a edição da Lei 12.433/2011. Estabelece-se, claramente, que o tempo remido deve ser computado como pena cumprida, para todos os fins, ou seja, quando houver o desconto na pena, recalculam-se todos os benefícios com base no novo montante atingido. A remição não significa apenas abatimento na pena ao final do seu cumprimento; durante a execução, conforme os dias remidos, o tempo se altera para efeito de progressão de regime, livramento condicional, saída temporária etc. Na jurisprudência: STJ: "1. A redação do art. 128 da Lei 12.433, de 29.06.2011, que dispõe sobre a remição de parte do tempo de execução da pena por estudo ou por trabalho, estabelece que o tempo remido será computado como pena cumprida, para todos os efeitos. 2. Esta Corte Superior de Justiça já havia firmado jurisprudência, antes da alteração na Lei de Execução Penal, no sentido de que o tempo remido deve ser considerado como pena efetivamente cumprida para fins de obtenção dos benefícios da execução, e não simplesmente como tempo a ser descontado do total da pena. Precedentes. 3. Ordem concedida para restabelecer a decisão do Juízo das Execuções Criminais, que considerou os dias remidos como pena efetivamente cumprida para obtenção de benefícios na execução" (HC 167.537 – SP, 6.ª T., rel. Sebastião Reis Júnior, 20.03.2012).

> **Art. 129.** A autoridade administrativa encaminhará mensalmente ao juízo da execução cópia do registro de todos os condenados que estejam trabalhando ou estudando, com informação dos dias de trabalho ou das horas de frequência escolar ou de atividades de ensino de cada um deles.[300]
>
> § 1.º O condenado autorizado a estudar fora do estabelecimento penal deverá comprovar mensalmente, por meio de declaração da respectiva unidade de ensino, a frequência e o aproveitamento escolar.[300-A]
>
> § 2.º Ao condenado dar-se-á a relação de seus dias remidos. [300-B]

**300. Remição mensal:** se o encaminhamento dos atestados de trabalho ou frequência a estudo será feito todos os meses, quer-se crer deva a remição ser computada mensalmente. Entretanto, conforme o volume de trabalho da Vara de Execução Penal, nada impede seja o cálculo da remição feito a cada "x" meses, desde que não prejudique qualquer benefício do condenado.

**300-A. Estudo fora do estabelecimento penal:** deve ser comprovado, mensalmente, pela unidade de ensino, tanto a frequência quanto o aproveitamento escolar do sentenciado. Configura-nos essencial a demonstração do aproveitamento, pois é esse o cerne do estudo. Afinal, o mero comparecimento às aulas não serve de base para a formação, nem para a conclusão de qualquer curso. O mesmo se deve fazer, em nossa visão, no tocante ao estudo mantido dentro do estabelecimento penal.

**300-B. Comunicação ao preso:** o envio da relação dos dias remidos ao sentenciado é uma forma de mantê-lo ciente dos seus direitos e, por via de consequência, dos benefícios que pode pleitear junto à Vara de Execução Penal.

> **Art. 130.** Constitui o crime do art. 299 do Código Penal declarar ou atestar falsamente prestação de serviço para fim de instruir pedido de remição.[301]

**301. Presunção de veracidade:** o atestado de trabalho, emitido pelo presídio, goza de presunção de veracidade, não devendo haver a juntada de outras provas, dando conta do trabalho do preso. Se o funcionário encarregado da sua emissão falsear a verdade, deve responder pelo delito de falsidade ideológica (art. 299, CP).

### Seção V
### Do livramento condicional[302-304]

> **Art. 131.** O livramento condicional poderá[305] ser concedido pelo juiz da execução, presentes os requisitos do art. 83, incisos e parágrafo único, do Código Penal,[306-308] ouvidos o Ministério Público e o Conselho Penitenciário.[309]

**302. Conceito de livramento condicional:** trata-se de um instituto de política criminal, destinado a permitir a redução do tempo de prisão com a concessão antecipada e provisória da liberdade do condenado, quando é cumprida pena privativa de liberdade, mediante o preenchimento de determinados requisitos e a aceitação de certas condições.

**303. Natureza jurídica do livramento condicional:** é medida penal restritiva da liberdade de locomoção, que se constitui num benefício ao condenado e, portanto, consiste em um direito subjetivo de sua titularidade, integrando um estágio do cumprimento da pena. Não se trata de um incidente da execução, porque a própria Lei de Execução Penal não o considerou como tal (vide Título VII – Dos Incidentes de Execução: Das conversões, Do excesso ou desvio, Da anistia e do indulto).

**304. Duração do livramento:** é o tempo restante da pena privativa de liberdade a ser cumprida. Exemplo: condenado a 10 anos de reclusão, o sentenciado obtém livramento condicional ao atingir 5 anos de cumprimento da pena. O tempo do benefício será de 5 anos.

**305. Faculdade do juiz ou direito subjetivo do condenado:** a utilização do termo *"poderá"* fornece a impressão de que se trata de mera faculdade do juiz a sua concessão ao sentenciado. Porém, pensamos que se cuida de uma situação mista. Se o condenado preencher todos os requisitos estabelecidos no art. 83 do Código Penal, *deve* o magistrado conceder o benefício. Entretanto, é preciso ressaltar que alguns dos referidos requisitos são de natureza subjetiva, isto é, de livre valoração do juiz, motivo pelo qual não se pode exigir análise favorável ao condenado. Nesse caso, o magistrado *pode* entender que não é cabível o benefício.

**306. Requisitos objetivos:** a) *a pena aplicada deve ser igual ou superior a 2 anos (caput)*; b) *o tempo para o cumprimento da pena varia entre um terço (primário com bons antecedentes), metade (reincidentes em crimes dolosos) e dois terços (condenados por delitos hediondos e equiparados), conforme incisos I, II e V.* O condenado primário (em crime doloso) e com bons antecedentes faz jus ao livramento condicional, após cumprir *1/3 da pena*. Houve uma lacuna lamentável no tocante ao primário, que possua maus antecedentes. Não se pode incluí-lo com perfeita adequação nem neste dispositivo, nem no próximo, que cuida do reincidente. Surgiram *duas posições*: b1) *na falta de expressa previsão, deve ser adotada a posição mais favorável ao condenado*, ou seja, o primário, com maus antecedentes, pode receber o livramento quando completar 1/3 da pena; b2) *deve-se fazer a adequação por exclusão.* Não se encaixando no primeiro dispositivo, que, expressamente, exige os bons antecedentes, somente lhe resta o se-

# Art. 131

Leis Penais e Processuais Penais Comentadas – Vol. 2 · **Nucci**

gundo. Assim, o primário com maus antecedentes deve cumprir metade da pena para pleitear o livramento condicional. É a posição que adotamos, pois o art. 83, I, exige "duplo requisito" e é expresso acerca da impossibilidade de concessão do livramento com 1/3 da pena a quem possua maus antecedentes. E quanto ao reincidente em crime hediondo ou equiparado, não haverá a concessão de livramento condicional; c) *reparação do dano (inciso IV)*. É preciso que o sentenciado tenha reparado o prejuízo causado à vítima, salvo a efetiva demonstração de que não pôde fazê-lo, em face de sua precária situação econômica. Há muitos condenados que, pelo próprio exame realizado pela Comissão Técnica de Classificação e por serem defendidos pela defensoria pública, são evidentemente pessoas pobres, de modo que fica dispensada a prova de reparação do dano. Leva-se, também, em conta o desaparecimento da vítima ou seu desinteresse pelo ressarcimento, o que significa a possibilidade de concessão do livramento condicional, sem ter havido a reparação do dano; d) *não cometimento de falta grave nos últimos 12 (doze) meses* (inciso III, *b*): incluído esse requisito pela Lei 13.964/2019, cuida-se de mais um elemento objetivo. A jurisprudência não permitia que a constatação de falta grave interrompesse o prazo para o livramento condicional por falta de previsão legal, o que agora foi sanado. Na jurisprudência: STF: "1. A decisão impugnada amolda-se ao entendimento firmado por este Supremo Tribunal Federal, no sentido de que, havendo pluralidade de condenações, as penas que correspondem a infrações penais diversas devem somar-se para o cálculo do livramento condicional. 2. *In casu*, o Juízo da Execução indeferiu o pedido de livramento condicional, ao fundamento de que, sendo reincidente, a fração de 1/2 (metade) do tempo de pena cumprida para a concessão do livramento deverá ser aplicada às penas somadas de todos os crimes" (HC 166.740 AgR, 1.ª T., rel. Luiz Fux, 15.03.2019, v.u.).

**306-A. Prática de falta grave e prazo do livramento:** não há alteração no prazo para a obtenção do livramento condicional, caso o sentenciado cometa falta grave durante a execução da pena (1/3, 1/2 e 2/3). Portanto, exemplificando, se for primário e de bons antecedentes, deve aguardar um terço do cumprimento da pena para pleitear o benefício. Durante esse período, ainda que cometa falta grave, devidamente apurada e anotada, permanece o mesmo prazo de um terço para o pedido de livramento condicional. Mas, agora, deve aguardar 12 meses para pleitear o benefício, após o registro da falta grave (art. 83, III, *b*, CP). A esta última alteração deve-se adaptar a Súmula 441 do STJ: "A falta grave não interrompe o prazo para obtenção de livramento condicional", vale dizer, suspende o benefício por 12 meses.

**307. Requisitos subjetivos:** a) *apresentar bom comportamento durante a execução da pena*. Deve-se analisar se houve a prática de faltas durante o cumprimento da pena, em particular, as graves. Conforme o número de faltas e o conteúdo de cada uma delas, não se deve conceder o benefício, pois o comportamento foi negativo; b) *apresentar bom desempenho no trabalho*. Sabemos que o trabalho é obrigatório durante a execução da pena. Para o recebimento do livramento condicional, portanto, não basta trabalhar, mas é preciso fazê-lo com eficiência e dedicação, algo que somente pode ser atestado pela Comissão Técnica de Classificação; c) *demonstrar aptidão para trabalho honesto*. Esse requisito mereceria ser revisto e revogado, pois extremamente aberto. Entretanto, uma das situações em que se pode perceber a inaptidão para o trabalho honesto, fora do cárcere, também é pela avaliação da Comissão Técnica de Classificação, em especial, pelo parecer da assistência social. No mais, os tribunais têm ignorado o requisito, justamente pela sua patente vagueza; d) estar demonstrada a *presunção de que não voltará a delinquir*. É um requisito voltado aos condenados por crimes com violência ou grave ameaça à pessoa, exigindo-se o exame criminológico. Assim, faz-se um autêntico prognóstico do que o condenado poderá fazer se colocado em liberdade. É a parte do psicólogo e do psiquiatra. Na jurisprudência: STJ: "I – Para a concessão do livramento condicional, deve o apenado preencher tanto o requisito de natureza objetiva (lapso temporal) quanto os pressupostos de cunho subjetivo (comprovado comportamento satisfatório durante a execução da pena, bom desempenho no trabalho que lhe foi atribuído e aptidão para prover à própria subsistência mediante trabalho honesto), nos termos do artigo 83 do Código Penal, c.c. o artigo 131 da Lei de Execução Penal. II – No presente caso, o reeducando ostenta histórico prisional conturbado, consistente no cometimento de 5 (cinco) faltas graves, além da reiteração delitiva no decorrer do cumprimento da pena, fatos que demonstram a ausência do preenchimento do requisito subjetivo. III – Com efeito, ainda que a prática de falta grave não possa interromper o prazo para aquisição de benefícios da execução penal, o histórico de infrações disciplinares pode ser considerado pelo juiz da execução para aferição do requisito subjetivo" (AgRg no HC 771.264 – MS, 5.ª T., rel. Messod Azulay Neto, 26.02.2024, v.u.).

**308. Exame criminológico e parecer da Comissão Técnica de Classificação:** continuam viáveis e exigíveis, desde que presentes as circunstâncias descritas no parágrafo único do art. 83 do CP. O condenado por crime doloso, cometido com violência ou grave ameaça à pessoa, para auferir o benefício do livramento condicional, deve ser submetido a avaliação psicológica, demonstrando, então, condições pessoais que façam presumir que não tornará a delinquir. Em relação à possibilidade de exigência do exame criminológico, já se pacificou a jurisprudência no sentido de ser possível, desde que devidamente motivada a decisão de sua realização pelo magistrado. É o teor da Súmula 439 do STJ: "Admite-se o exame criminológico pelas peculiaridades do caso, desde que em decisão motivada".

**309. Parecer do Conselho Penitenciário:** segundo o art. 131 da Lei de Execução Penal, é indispensável o parecer do Conselho Penitenciário. Entretanto, o juiz não fica, em tese, vinculado nem ao referido parecer, nem à opinião do Ministério Público, podendo decidir de acordo com seu livre convencimento. O mais importante, nesse contexto, é a avaliação da Comissão Técnica de Classificação (ou exame criminológico), porque se trata da visualização real do comportamento do condenado durante a execução da pena.

> **Art. 132.** Deferido o pedido, o juiz especificará as condições a que fica subordinado o livramento.
>
> § 1.º Serão sempre impostas ao liberado condicional as obrigações seguintes:[310]
>
> a) obter ocupação lícita, dentro de prazo razoável se for apto para o trabalho;
>
> b) comunicar periodicamente ao juiz sua ocupação;
>
> c) não mudar do território da comarca do Juízo da Execução, sem prévia autorização deste.
>
> § 2.º Poderão ainda ser impostas ao liberado condicional, entre outras obrigações, as seguintes:[311]
>
> a) não mudar de residência sem comunicação ao juiz e à autoridade incumbida da observação cautelar e de proteção;
>
> b) recolher-se à habitação em hora fixada;
>
> c) não frequentar determinados lugares;
>
> d) (Vetado.);
>
> e) utilizar equipamento de monitoração eletrônica.

**310. Condições obrigatórias:** a) *obter ocupação lícita*, dentro de prazo razoável, se for apto ao trabalho. É mais do que natural deva o Estado agir com cautela. Em primeiro lugar, buscando dar ao egresso assistência para procurar um emprego lícito. Em segundo lugar, da

# Art. 133

Leis Penais e Processuais Penais Comentadas – Vol. 2 · Nucci

parte do magistrado, compreender as limitações existentes a todos os trabalhadores, em relação à falta de postos de trabalho, motivo pelo qual é fundamental interpretar com cautela o "prazo razoável"; b) *comunicar a ocupação*. Periodicamente, a critério do juiz, o liberado vai ao fórum para informar onde e como está trabalhando. Logicamente, cuida-se de uma consequência natural do anterior requisito (arrumar um emprego); c) *não mudar da Comarca sem prévia autorização*. É um modo de exercer controle sobre o liberado. Caso ele precise mudar, o juiz pode enviar os autos da execução penal a outra Comarca, para que a fiscalização continue.

**311. Condições facultativas:** normalmente, os juízes as impõem também, associadas às obrigatórias. São as seguintes: a) *não mudar de residência*. Esta situação difere da prevista no § 1.º, *c*, pois a mudança não é de Comarca, mas tão somente de endereço residencial. É válida, pois o magistrado e a fiscalização do livramento, quando existente, devem saber onde encontrar o condenado, sempre que for necessário; b) *recolher-se à habitação em horário predeterminado*. O juiz pode fixar, conforme o emprego do condenado, a hora em que ele deve seguir para sua casa, não mais permanecendo na via pública. A situação pode ser salutar, mas é de fiscalização quase impossível; c) *não frequentar determinados lugares*. Esta é uma das condições mais frágeis, pois nunca se sabe ao certo o que proibir nem fiscalizar. Por outro lado, não bastasse já ser uma condição facultativa quase inócua do livramento condicional, o legislador ainda a elegeu como pena alternativa autônoma, válida para substituir pena privativa de liberdade, o que nos parece hipótese absurda (art. 47, IV, CP); d) *usar equipamento de monitoração eletrônica*. Há uma tendência de se ampliar o emprego de tornozeleira eletrônica para as fases do cumprimento de pena em que o sentenciado está em liberdade. Institui-se uma vigilância a distância.

> **Art. 133.** Se for permitido ao liberado residir fora da comarca do Juízo da Execução, remeter-se-á cópia da sentença do livramento ao juízo do lugar para onde ele se houver transferido e à autoridade incumbida da observação cautelar e de proteção.[312]

**312. Fiscalização a distância:** caso o juiz da execução penal permita que o liberado resida em Comarca diversa, deve comunicar ao magistrado dessa região, para que possa fiscalizar o cumprimento das condições impostas.

> **Art. 134.** O liberado será advertido da obrigação de apresentar-se imediatamente às autoridades referidas no artigo anterior.[313]

**313. Apresentação imediata quando convocado:** o liberado é um condenado em gozo de liberdade *condicional*, concedida *antecipadamente*, vale dizer, está em liberdade como medida de política criminal, visando à sua ressocialização, porém ainda cumpre pena e tem vínculo com o Estado, devendo, pois, apresentar-se, imediatamente, quando intimado, para prestar qualquer esclarecimento. Lembremos que ele possui várias obrigações a desenvolver enquanto está em liberdade, motivo pelo qual tanto o juiz quanto a autoridade administrativa designada para acompanhá-lo podem ouvi-lo a respeito, a qualquer tempo. O não comparecimento pode dar ensejo à revogação do benefício, se não houver justo motivo.

> **Art. 135.** Reformada a sentença denegatória do livramento, os autos baixarão ao Juízo da Execução, para as providências cabíveis.[314]

**314. Concessão pelo tribunal:** se o juiz negou o benefício ao livramento condicional, cabe agravo (art. 197, LEP). Dado provimento ao agravo, os autos baixam para que o magistrado fixe as condições cabíveis e providencie a cerimônia de formalização do benefício.

> **Art. 136.** Concedido o benefício, será expedida a carta de livramento[315] com a cópia integral da sentença em 2 (duas) vias, remetendo-se uma à autoridade administrativa incumbida da execução e outra ao Conselho Penitenciário.[316]

**315. Carta de livramento:** é o documento que contém a concessão do benefício, bem como todas as condições às quais ficou submetido o condenado. O seu conteúdo será transposto para caderneta do liberado (art. 138, *caput*, LEP). Assim, caso seja interpelado, por exemplo, pela polícia, em qualquer situação, deve exibi-la. Se estiver, por exemplo, fora de casa em horário inadequado, pode estar infringindo as regras do livramento e o juízo será comunicado disso.

**316. Remessa de cópia ao Conselho Penitenciário:** busca-se, com isso, garantir a sua fiscalização em relação ao livramento condicional, cumprindo sua precípua função, nos termos do art. 69, *caput*, da Lei de Execução Penal.

> **Art. 137.** A cerimônia do livramento condicional será realizada solenemente no dia marcado pelo presidente do Conselho Penitenciário, no estabelecimento onde está sendo cumprida a pena, observando-se o seguinte:[317]
>
> I – a sentença será lida ao liberando, na presença dos demais condenados, pelo presidente do Conselho Penitenciário ou membro por ele designado, ou, na falta, pelo juiz;
>
> II – a autoridade administrativa chamará a atenção do liberando para as condições impostas na sentença de livramento;
>
> III – o liberando declarará se aceita as condições.
>
> § 1.º De tudo, em livro próprio, será lavrado termo subscrito por quem presidir a cerimônia e pelo liberando, ou alguém a seu rogo, se não souber ou não puder escrever.
>
> § 2.º Cópia desse termo deverá ser remetida ao juiz da execução.

**317. Cerimônia oficial:** optou-se pela formalização do ato de concessão do livramento condicional, como método de incentivo aos demais presos para a busca do mesmo benefício. Por tal motivo, realiza-se em ato solene, acompanhado por outros condenados. Lembremos, entretanto, que, infelizmente, o livramento condicional vem rareando. Não há mais interesse na sua obtenção. Muitos presos têm preferido os regimes semiaberto e aberto. O semiaberto, em várias Comarcas, tornou-se um arremedo de Casa do Albergado (o condenado sai durante o dia para trabalhar e retorna no início da noite para dormir na colônia penal); o aberto tornou-se uma aberração, implicando *albergue domiciliar*, vale dizer, o sentenciado fica recolhido em sua própria casa, sem nenhuma fiscalização eficiente. Para que livramento condicional? Tornou-se, em muitos casos, desnecessário.

> **Art. 138.** Ao sair o liberado do estabelecimento penal, ser-lhe-á entregue, além do saldo de seu pecúlio e do que lhe pertencer, uma caderneta, que exibirá à autoridade judiciária ou administrativa sempre que lhe for exigida.[318]

# Art. 139

> § 1.º A caderneta conterá:
>
> *a)* a identificação do liberado;
>
> *b)* o texto impresso do presente Capítulo;
>
> *c)* as condições impostas.
>
> § 2.º Na falta de caderneta, será entregue ao liberado um salvo-conduto, em que constem as condições do livramento, podendo substituir-se a ficha de identificação ou o seu retrato pela descrição dos sinais que possam identificá-lo.
>
> § 3.º Na caderneta e no salvo-conduto deverá haver espaço para consignar-se o cumprimento das condições referidas no art. 132 desta Lei.

**318. Identificação do liberado e condições do livramento:** tratando-se de sentenciado em pleno cumprimento de pena, é mais que natural tenha ele um documento de identificação específico, contendo as condições do seu benefício. Dessa forma, as autoridades em geral, especialmente, a polícia, caso o encontre em lugar inapropriado ou desenvolvendo atividades que lhe estão vetadas, poderão tomar as medidas cabíveis para encaminhá-lo ao juiz da execução penal. Este, conforme o caso, pode revogar o benefício.

> **Art. 139.** A observação cautelar e a proteção realizadas por serviço social penitenciário, Patronato ou Conselho da Comunidade terão a finalidade de:
>
> I – fazer observar o cumprimento das condições especificadas na sentença concessiva do benefício;[318-A-318-B]
>
> II – proteger o beneficiário, orientando-o na execução de suas obrigações e auxiliando-o na obtenção de atividade laborativa.
>
> **Parágrafo único.** A entidade encarregada da observação cautelar e da proteção do liberado apresentará relatório ao Conselho Penitenciário, para efeito da representação prevista nos arts. 143 e 144 desta Lei.[319]
>
> **Art. 140.** A revogação do livramento condicional dar-se-á nas hipóteses previstas nos arts. 86[320] e 87[321] do Código Penal.
>
> **Parágrafo único.** Mantido o livramento condicional, na hipótese da revogação facultativa, o juiz deverá advertir o liberado ou agravar as condições.[321-A]

**318-A. Fiscalização das condições do livramento condicional:** o cumprimento da pena precisa ser efetivo e real, em particular quando se trata de benefício concedido para avaliar o grau de ressocialização do sentenciado. Nesse cenário, as condições fixadas pelo juiz para o gozo do livramento condicional devem ser fielmente respeitadas. O mesmo se diga em relação a outros benefícios, como os regimes semiaberto e aberto, quando atingidos por progressão, a saída temporária, a suspensão condicional da pena etc. Cabe ao serviço social penitenciário, ao Patronato ou ao Conselho da Comunidade tal fiscalização. Entretanto, na maior parte das cidades brasileiras, por inexistência de Patronato ou Conselho da Comunidade, incumbe ao órgão do Executivo essa tarefa. Parece-nos, assim, vincular-se essa atividade fiscalizatória ao Direito Penitenciário (ver a nota 4-A). Nada impede que o Estado-membro ou o Distrito Federal legisle nesse campo, desde que não haja conflito com leis federais.

**318-B. Vigilância eletrônica:** deve-se seguir o disposto na Lei Federal 12.258/2010, não havendo mais espaço para a legislação estadual atuar, visto ser matéria disciplinada pela União. Portanto, não mais se aplica a Lei Estadual 12.906/2008, de São Paulo. Ver o disposto pelos arts. 146-B e seguintes.

**319. Atuação do Conselho Penitenciário:** como já mencionamos na nota 200 ao art. 70, o Conselho Penitenciário deve não somente emitir parecer a respeito da concessão ou não do livramento condicional como precisa acompanhar o seu cumprimento. Se entender necessário, pode representar pela revogação do benefício ou pela modificação das condições (arts. 143 e 144, LEP).

**320. Revogação obrigatória:** a) se o liberado for condenado a pena privativa de liberdade, em sentença irrecorrível, por crime cometido durante a vigência do benefício; b) se o liberado for condenado a pena privativa de liberdade, em sentença irrecorrível, por crime anterior, mas cujo montante de pena somado não autorize a continuidade do benefício, nos moldes do art. 84 do CP. Quanto ao cometimento de crime durante a vigência do livramento, primeiro, prorroga-se o prazo nos termos do art. 89 do Código Penal; após, com a condenação definitiva, revoga-se o livramento. Na jurisprudência: STJ: "1. O cometimento de novo crime no curso do livramento condicional não acarreta os mesmos efeitos da falta grave prevista na Lei n. 7.210/1984, pois a eventual condenação pelo delito mais recente terá as implicações inerentes e previstas no Código Penal, as quais não fazem parte do sistema de progressão de penas. 2. No período de livramento condicional, embora o condenado esteja em cumprimento de pena, não está recolhido ou submetido às regras de nenhum estabelecimento prisional, mas, sim, às condições que foram fixadas pelo Juízo da Execução, por ocasião da audiência admonitória" (AgRg no REsp 1.990.407 – MG, 6.ª T., rel. Laurita Vaz, 13.09.2022, v.u.).

**321. Revogação facultativa:** a) se o liberado deixar de cumprir qualquer das obrigações impostas na decisão de concessão do benefício; b) se o liberado for irrecorrivelmente condenado, por crime ou contravenção, a pena que não seja privativa de liberdade.

**321-A. Renovação das condições:** pode ser a mais adequada alternativa, em caso de revogação facultativa. Assim, somente não se faz a ratificação das condições ou até o agravamento delas em hipótese excepcional.

> **Art. 141.** Se a revogação for motivada por infração penal anterior à vigência do livramento, computar-se-á como tempo de cumprimento da pena o período de prova, sendo permitida, para a concessão de novo livramento, a soma do tempo das duas penas.[322]

**322. Renovação da possibilidade de livramento:** caso a revogação tenha por fundamento o disposto no art. 86, II, do Código Penal, é possível receber novo benefício, assim que preenchidos os requisitos legais. Exemplificando: o condenado "A", com 10 anos de pena, obteve livramento ao atingir 4 anos; depois de 2 anos, recebeu condenação de 20 anos. Sua situação não permitia permanecer em livramento. Volta ao cárcere, porém, o tempo de 2 anos que ficou em liberdade condicional, será computado como cumprimento da pena. Teremos, então, um total de 30 anos, menos os 6 anos já cumpridos. O resultado é de 24 anos. Logo, conforme a situação individual, ele poderá receber o benefício após cumprir 1/3 (primário, de bons antecedentes) de 24 ou 1/2 (reincidente), conforme o caso.

> **Art. 142.** No caso de revogação por outro motivo, não se computará na pena o tempo em que esteve solto o liberado, e tampouco se concederá, em relação à mesma pena, novo livramento.[323]

**323. Outras hipóteses de revogação:** retirando-se a situação do art. 86, II, do Código Penal, havendo a revogação do livramento condicional, deve-se desprezar o tempo em que

# Art. 143

Leis Penais e Processuais Penais Comentadas – Vol. 2 · **Nucci** 352

o liberado permaneceu solto, não podendo ele receber novamente o benefício, em relação à mesma pena.

> **Art. 143.** A revogação será decretada a requerimento do Ministério Público, mediante representação do Conselho Penitenciário, ou de ofício, pelo juiz, ouvido o liberado.[324]
>
> **Art. 144.** O Juiz, de ofício, a requerimento do Ministério Público, da Defensoria Pública ou mediante representação do Conselho Penitenciário, e ouvido o liberado, poderá modificar as condições especificadas na sentença, devendo o respectivo ato decisório ser lido ao liberado por uma das autoridades ou funcionários indicados no inciso I do *caput* do art. 137 desta Lei, observado o disposto nos incisos II e III e §§ 1.º e 2.º do mesmo artigo.

**324. Ampla defesa:** como temos sustentado em várias oportunidades, tem o condenado direito à ampla defesa, da mesma forma que os demais réus. Logo, seja rico ou pobre, deve o Estado garantir-lhe acesso ao advogado, para promover a sua defesa técnica. Logo, a previsão de ser o requerimento formulado pela Defensoria Pública resolve, parcialmente, o ponto, mas não envolve o preso de melhor condição econômica. Diante disso, é sempre importante haver um defensor, constituído ou dativo, tratando dos interesses dos condenados, quando a Defensoria Pública não o fizer. Aliás, se para a regressão de regime demanda-se a oitiva do sentenciado em audiência judicial, parece-nos fundamental que se proporcione a mesma oportunidade no tocante ao livramento condicional. Na jurisprudência: STF: "1. Segundo a firme jurisprudência do Supremo Tribunal Federal, a audiência prévia é indispensável quando for o caso de revogação definitiva do livramento condicional (*v.g.* HC nº 163.096/PR, Primeira Turma, Rel. Min. Marco Aurélio, DJe de 18/9/19). Esse entendimento foi observado no caso, conforme foi reconhecido nos autos" (HC 204.033 AgR, 1.ª T., rel. Dias Toffoli, 23.08.2021, v.u.).

> **Art. 145.** Praticada pelo liberado outra infração penal, o juiz poderá ordenar a sua prisão,[325] ouvidos o Conselho Penitenciário e o Ministério Público, suspendendo[326] o curso do livramento condicional, cuja revogação, entretanto, ficará dependendo da decisão final. [327-327-A]

**325. Recolhimento cautelar e revogação posterior:** a prática de infração penal, mormente grave, por parte do liberado impõe ao juiz que tome uma medida célere, determinando o seu retorno à prisão. Trata-se de um *recolhimento cautelar*, independente de outra medida igualmente de ordem cautelar que tenha sido tomada (lavratura de auto de prisão em flagrante ou decretação de prisão preventiva por outro juízo). Aguarda-se, então, o término do processo-crime instaurado para apurar o caso. Se for definitivamente condenado, revoga-se o livramento condicional e o tempo em que permaneceu solto será ignorado como cumprimento de pena. Caso seja absolvido, será novamente posto em liberdade condicional e o tempo em que esteve solto, bem como o período do recolhimento cautelar, serão computados como cumprimento de pena. É natural que, demorando o processo-crime para ter um fim, torna-se hipótese viável que o condenado, em recolhimento cautelar, termine a sua pena. Se não houver prisão cautelar decretada, deve ser, de qualquer modo, colocado em liberdade. Note-se que o magistrado *poderá* ordenar o seu recolhimento cautelar. Afinal, conforme a infração penal cometida, de natureza leve, por exemplo, sem possibilidade de acarretar prisão (ilustrando, hoje é o que ocorre com o art. 28 da Lei 11.343/2006, em relação ao usuário de drogas, que receberá, sempre, penas alternativas à privativa de liberdade), eventualmente, o juiz pode mantê-lo em liberdade, mas adverti-lo, novamente, bem como aplicar-lhe outras obrigações (art. 140, parágrafo único, LEP). Na jurisprudência: STF: "1. Nos termos do art. 145 da Lei de Execução Penal, o registro do cometimento de nova infração penal durante o período de prova viabiliza a suspensão do livramento condicional, como medida cautelar, até o desfecho da ação penal em que se apura a prática do ilícito penal imputado ao condenado. 2. Agravo regimental a que se nega provimento" (HC 172.632 AgR, 1.ª T., rel. Alexandre de Moraes, 23.08.2019, m.v.). STJ: "II – Nos termos do entendimento sumulado por esta Corte de Justiça 'A ausência de suspensão ou revogação do livramento condicional antes do término do período de prova enseja a extinção da punibilidade pelo integral cumprimento da pena' (Súmula 617, Terceira Seção, *DJe* de 1º/10/2018). III – Na dicção do art. 145 da LEP, ocorrendo a prática de infração penal durante o período de prova, cumpre ao Juízo da Execução Penal suspender o curso do livramento condicional. A revogação dependerá da decisão final da nova ação penal. IV – Decorrido o período de prova do livramento condicional sem que seja suspenso ou revogado, a pena deve ser extinta, nos termos do art. 90 do Código Penal. *Habeas corpus* não conhecido. Ordem concedida de ofício para restabelecer a decisão do Juízo da Execução que julgou extinta a pena privativa de liberdade imposta ao paciente, objeto da execução n. 12 (autos n. 562/2007)" (HC 468.418 – SP, 5.ª T., rel. Felix Fischer, 04.10.2018, v.u.).

**326. Suspensão do livramento condicional e presunção de inocência:** nenhum prejuízo ocorre ao princípio constitucional da presunção de inocência a suspensão do livramento condicional, pois se trata de medida cautelar, como, aliás, no processo penal, acontece com frequência (ex.: decretação de prisão temporária ou preventiva).

**327. Prorrogação automática:** lembremos que a prática de nova infração penal, durante o período do livramento condicional, autoriza o juiz a ordenar a prisão do sentenciado, o que, por lógica, acarreta a suspensão do curso do benefício (não há como estar preso e solto ao mesmo tempo). Isso não significa que, findo o prazo do livramento condicional, mesmo que o magistrado não determine a prisão do liberado, a pena está extinta. Aplica-se ao caso o disposto no art. 89 do Código Penal: "O juiz não poderá declarar extinta a pena, enquanto não passar em julgado a sentença em processo a que responde o liberado, por crime cometido na vigência do livramento". Essa é a nossa posição; conferir o conteúdo da nota 327-A *infra*.

**327-A. Suspensão cautelar indispensável:** a posição estampada na nota anterior, no sentido de que ocorre a prorrogação automática do período do livramento condicional, quando o condenado praticar novo delito durante o prazo do benefício, sem necessidade de suspensão cautelar imediata é somente um dos entendimentos. Há outro, demonstrando que, se não houver a suspensão do livramento, decorrendo o seu período, sem a revogação, pouco interessa que se fale em "prorrogação automática", pois está extinta a pena. Na jurisprudência: STJ: "1. Esta Corte firmou o entendimento de que a prática de outra infração penal durante o período de prova do livramento condicional autoriza a suspensão cautelar do referido benefício, nos termos do art. 145 da Lei de Execução Penal, sendo desnecessária a prévia ouvida do reeducando, o que ocorrerá apenas na sua revogação definitiva, em audiência de justificação, a teor do art. 86 do Código Penal" (AgRg no AREsp 2.488.798 – GO, 5.ª T., rel. Ribeiro Dantas, 19.03.2024, v.u.); "1. É imperioso salientar que, 'consoante entendimento consolidado nesta Corte Superior, não ocorrendo o sobrestamento durante o período de prova, descabida é a sua revogação posterior, devendo ser declarada a extinção da pena, nos termos do art. 90 do Código Penal' (AgRg no HC n. 394.664/MG, Rel. Ministro Jorge Mussi, 5ª T., *DJe* 30/10/2017, destaquei)" (AgRg no HC 482.605 – SP, 6.ª T., rel. Rogerio Schietti Cruz, 06.08.2019, v.u.). Diante disso, é recomendável ao juiz da execução penal que, sempre, suspenda cautelarmente o livramento condicional, recolhendo-se o preso, se houver o cometimento de infração penal durante o gozo do benefício. Caso não o faça, corre-se o risco de haver o decurso do período,

# Art. 146

enquanto se aguarda o julgamento da nova infração e, conforme o entendimento retro exposto, estaria extinta a pena. Particularmente, entendemos haver prorrogação automática do período de prova do livramento até o julgamento definitivo do novo crime cometido, não se podendo falar de extinção da pena. Mas, existindo posição em sentido contrário, o ideal é não correr o risco: a suspensão cautelar do livramento condicional torna-se indispensável.

> **Art. 146.** O juiz, de ofício, a requerimento do interessado, do Ministério Público ou mediante representação do Conselho Penitenciário, julgará extinta a pena privativa de liberdade, se expirar o prazo do livramento sem revogação.[328]

**328. Extinção da punibilidade:** findo o prazo do livramento condicional, sem ter havido qualquer hipótese de prorrogação, nem mesmo revogação, *considera-se*, por lei, extinta a pena privativa de liberdade (art. 90, CP). Por isso, a decisão será meramente declaratória e não constitutiva. O ideal é haver um controle eficiente disso, a ponto de o juiz da execução penal fazê-lo de ofício, ouvido, antes, ao menos, o Ministério Público. Porém, cabe a provocação do MP e do Conselho Penitenciário para que tal decisão se concretize. Conferir a Súmula 617 do STJ: "A ausência de suspensão ou revogação do livramento condicional antes do término do período de prova enseja a extinção da punibilidade pelo integral cumprimento da pena". Na jurisprudência: STJ: "2. O acórdão impugnado está em dissonância com o entendimento desta Corte de que o livramento condicional deve ser suspenso ou revogado de forma expressa no curso do período de prova. Do contrário, a pena restará extinta, nos termos dos arts. 90 do Código Penal – CP e 146 da Lei de Execução Penal – LEP. Enunciado n. 617 da Súmula desta Corte: 'A ausência de suspensão ou revogação do livramento condicional antes do término do período de prova enseja a extinção da punibilidade pelo integral cumprimento da pena'" (HC 507.145 – SP, 5.ª T., rel. Joel Ilan Paciornik, 17.09.2019, v.u.).

**Seção VI**
**Da Monitoração Eletrônica**

> **Art. 146-A.** (*Vetado.*)

> **Art. 146-B.** O juiz poderá[328-A] definir a fiscalização por meio da monitoração eletrônica quando:
>
> I – (*Vetado.*);
>
> II – autorizar a saída temporária no regime semiaberto;[328-B]
>
> III – (*Vetado.*);
>
> IV – determinar a prisão domiciliar;[328-C]
>
> V – (*Vetado.*);
>
> VI – aplicar pena privativa de liberdade a ser cumprida nos regimes aberto ou semiaberto, ou conceder progressão para tais regimes;[328-C1]
>
> VII – aplicar pena restritiva de direitos que estabeleça limitação de frequência a lugares específicos;[328-C2]
>
> VIII – conceder o livramento condicional.[328-C3]
>
> **Parágrafo único.** (*Vetado.*).

# Art. 146-B

Execução Penal

**328-A. Faculdade do juiz:** a utilização do monitoramento eletrônico não pode ser uma obrigação a ser, sempre, aplicada pelo magistrado, para todos os casos viáveis. A situação concreta do sentenciado, a espécie de benefício pleiteado, o grau de confiabilidade do beneficiário e a estrutura de fiscalização da Vara de Execuções Criminais podem ser fatores determinantes para a indicação do monitoramento ou não. Por vezes, ilustrando, uma prisão domiciliar de pessoa idosa e enferma constitui cenário despropositado para o uso de vigilância indireta. Enfim, deve o juiz lançar mão da monitoração eletrônica quando perceber a sua necessidade para fazer valer, de fato, as regras do benefício concedido.

**328-B. Saída temporária:** cuida-se de típico benefício para os que cumprem pena no regime semiaberto. Não há que se tolerar saída temporária para os sentenciados inseridos em regime fechado, visto não terem a menor confiabilidade para gozarem do benefício. Igualmente, a quem está em regime aberto pouco interessa a saída temporária, pois grande parte do tempo de seu dia encontra-se livre, fora do ambiente limitador da liberdade. Na jurisprudência: STJ: "1. Não olvido que [o] fato de o condenado encontrar-se no regime semiaberto (...) é suficiente para garantir-lhe os benefícios da saída temporária ou de trabalho externo, quando ausentes outras condições especificadas em lei (AgRg no HC 698.331/RJ, Rel. Ministro Reynaldo Soares da Fonseca, 5ª T., DJe 12/11/2021). 2. Todavia, consoante apontado pela Corte de origem, é necessária a manutenção da limitação geográfica da tornozeleira eletrônica, visto que a ampliação para toda a área do Município de Horizontina (inclusive zona rural) se demonstra demasiada. Ainda que o labor seja uma ferramenta de imensurável valor à ressocialização dos apenados, não se pode olvidar a exigência de controle e fiscalização pelo Estado, diante da necessidade de comprovação do senso de responsabilidade e maturidade do apenado para o retorno ao convívio social" (AgRg no HC 733.178 – RS, 6.ª T., rel. Rogerio Schietti Cruz, 10.05.2022, v.u.).

**328-C. Prisão domiciliar:** trata-se da prisão proveniente do regime aberto, a ser cumprida em residência particular, nos termos do art. 117 da Lei de Execução Penal. Em tese, portanto, destina-se somente aos condenados maiores de 70 anos, acometidos de doença grave, com filho menor ou deficiente físico ou mental e às condenadas gestantes. Ocorre que, lamentavelmente, por deficiência da atuação do Poder Executivo, em grande parte das Comarcas brasileiras, inexiste a Casa do Albergado, lugar apropriado para o cumprimento do regime aberto. Por tal motivo, os magistrados têm determinado a inserção dos sentenciados nesse regime em prisão-albergue domiciliar. A ausência de fiscalização é evidente e a pena torna-se um autêntico arremedo. Porém, para tais situações, prevê-se a utilização do monitoramento eletrônico, que, se for bem utilizado, poderá controlar as entradas e saídas da residência, bem como o afastamento indevido do local onde deve permanecer quando se encontra fora do trabalho ou nos dias de folga. Não se confunda a prisão domiciliar, em regime aberto, com a prisão domiciliar, fruto da Lei 5.256/67, que a prevê para quem estiver preso cautelarmente, com direito a prisão especial, mas sem lugar adequado a tanto. Entretanto, a Lei 12.258/2010 não especificou qual das duas pretendia atingir, pois se referiu apenas à *prisão domiciliar*. Assim, pode-se usar a monitoração eletrônica, igualmente, aos presos cautelares nesse contexto. Na jurisprudência: STJ: "II – Assente nesta eg. Corte Superior que 'Conjugados o art. 33, § 1º, alínea *c*, do Código Penal; o art. 146-B, inciso IV, e o art. 146-D, inciso I, ambos da Lei de Execução Penal; e a Súmula Vinculante n. 56 do col. STF, com aplicação dos parâmetros fixados no julgamento do RE 641.320/RS, conclui-se que: na ausência de estabelecimento adequado para o cumprimento da pena privativa de liberdade em regime aberto, em virtude de déficit de vagas, pode o Juízo da Execução deferir a prisão domiciliar, em substituição ao recolhimento em casa de albergado ou estabelecimento congênere, com monitoramento eletrônico, desde que este se mostre necessário e adequado' (RHC 105.952/PR, Quinta Turma, Rel. Min. Félix Fischer, DJe de 1º/3/2019). III – No caso concreto, diante da ausência de estabelecimento adequado para o cumprimento da pena privativa de liberdade em

# Art. 146-C

regime aberto, em virtude de déficit de vagas, o d. Juízo da Execução devidamente deferiu ao ora agravante a prisão domiciliar, em substituição ao recolhimento em casa de albergado ou estabelecimento congênere, com monitoramento eletrônico, sob fundamentação concreta e adequada, na qual bem destacou que o apenado não se encontra exposto à condição de cumprimento da pena mais gravosa, mesmo com o histórico de infrações disciplinares (fls. 682-684) – tudo em consonância com a Súmula Vinculante n. 56 e o RE n. 641.320/RS da col. Suprema Corte" (AgRg no HC 735.396 – PR, 5.ª T., rel. Jesuíno Rissato, 14.06.2022, v.u.); "1. Na hipótese em que o sentenciado foi progredido ao regime aberto e, ante a ausência de vagas em estabelecimento penal compatível, foi-lhe deferido a prisão domiciliar com monitoramento eletrônico, esta Corte Superior se orienta no sentido de que não há ilegalidade, uma vez que a tornozeleira eletrônica constitui apenas o meio de fiscalização do cumprimento de pena" (AgRg no HC 737.045 – PR, 5.ª T., rel. Ribeiro Dantas, 10.05.2022, v.u.).

**328-C1. Pena em regime aberto ou semiaberto:** inaugura-se a correta hipótese de permitir a fiscalização de sentenciados, em cumprimento da pena nos regimes aberto e semiaberto. Em primeiro plano, no regime semiaberto, cabe saída temporária para estudo e, por vezes, trabalho externo, justificando-se a monitoração eletrônica. Em segundo, no regime aberto, a inexistência de Casa do Albergado impôs o cumprimento da pena em albergue domiciliar, de forma que se torna essencial a fiscalização por monitoração.

**328-C2. Restrição à frequência de lugares específicos:** cuida-se de pena restritiva de direitos, buscando evitar a frequência do sentenciado a certos lugares, embora nunca se tenha tido uma relação de locais adequados para vedar a incursão. Seja como for, prevê-se a fiscalização por tornozeleira eletrônica, restando constatar, com o passar do tempo, se essa pena se tornará eficaz e, com o acompanhamento a distância, mais controlada.

**328-C3. Livramento condicional:** essa alternativa para o emprego de monitoração eletrônica parece-nos útil para fiscalizar os passos de quem se encontra em gozo de liberdade condicional. Entre as condições para esse benefício, úteis para o uso da tornozeleira, estão o impedimento de mudança do território da Comarca do juízo da execução, sem autorização, não mudar de residência sem comunicação ao magistrado, recolher-se à habitação em certo horário e não frequentar determinados lugares.

> **Art. 146-C.** O condenado será instruído acerca dos cuidados que deverá adotar com o equipamento eletrônico e dos seguintes deveres:[328-D]
>
> I – receber visitas do servidor responsável pela monitoração eletrônica, responder aos seus contatos e cumprir suas orientações;
>
> II – abster-se de remover, de violar, de modificar, de danificar de qualquer forma o dispositivo de monitoração eletrônica ou de permitir que outrem o faça;
>
> III – (*Vetado.*);
>
> **Parágrafo único.** A violação comprovada dos deveres previstos neste artigo poderá acarretar, a critério do juiz da execução, ouvidos o Ministério Público e a defesa:[328-E-328-E2]
>
> I – a regressão do regime;
>
> II – a revogação da autorização de saída temporária;
>
> III – (*Vetado.*);
>
> IV – (*Vetado.*);
>
> V – (*Vetado.*);
>
> VI – a revogação da prisão domiciliar;

> VII – advertência, por escrito, para todos os casos em que o juiz da execução decida não aplicar alguma das medidas previstas nos incisos de I a VI deste parágrafo;
>
> VIII – a revogação do livramento condicional;
>
> IX – a conversão da pena restritiva de direitos em pena privativa de liberdade.

**328-D. Deveres do monitorado:** cabe-lhe manter contato com o servidor responsável pela fiscalização de sua situação, a fim de se saber onde e como está, nos períodos em que se encontra em liberdade, bem como nos espaços de tempo em que deve recolher-se a determinado lugar. Resta a indagação acerca da existência desse servidor, pois a falta de material humano sempre foi a mais comum desculpa do Executivo para não dar cumprimento às diversas formas de fiscalização. Afinal, havendo carência de fiscais, o monitoramento eletrônico não surtirá nenhum efeito prático. Por outro lado, deve o sentenciado zelar pelo aparelho, não podendo danificá-lo ou alterá-lo de qualquer forma, de modo a impedir a sua correta utilização, o que inclui deixar de carregar a bateria, tornando inútil o aparelho. Na jurisprudência: STJ: "III – No caso sob exame, as instâncias ordinárias, ao analisar as provas produzidas nos autos, assentaram que o paciente rompeu a tornozeleira eletrônica em diversas situações (16/3/2020, 21/3/2020, 14/4/2020, 8/5/2020 e 2/6/2020), bem como deixou de carregar o equipamento e violou a área de inclusão, evitando, desta forma, a fiscalização do cumprimento da pena. IV – Assentou-se, pois, que o paciente descumpriu o dever de inviolabilidade estabelecido na Lei de Execuções Penais, conduta que configura a falta grave tipificada na Lei de Execução Penal, verbis: '*In casu*, ao deixar de carregar a bateria da tornozeleira eletrônica e circular pela cidade livremente, longe da esfera de vigilância das autoridades competentes, como consta dos autos, o paciente desobedeceu à ordem de manter o aparelho em funcionamento, incidindo na hipótese do art. 50, inciso VI, c.c. o art. 39, inciso V, ambos da Lei de Execução Penal – LEP (AgRg no HC 595.942/SP, Quinta Turma, Rel. Min. Reynaldo Soares da Fonseca, DJe de 11/2/2021)' (...) VI – A prática de falta grave autoriza a regressão de regime prisional, conforme reza o art. 118, I, da Lei de Execução Penal" (HC 710.332 – MG, 5.ª T., rel. Jesuíno Rissato, 22.03.2022, v.u.).

**328-E. Consequências da violação dos deveres do monitorado:** a critério do juiz, conforme o caso concreto, são as seguintes possibilidades, da mais branda à mais grave: a) *advertência, por escrito*. Intima-se o sentenciado a comparecer à Vara de Execuções e, em audiência, o juiz colhe as suas explicações. Dependendo da situação, insere no termo a advertência de que a recidiva na mesma falta ou em outra similar dará ensejo a medidas mais drásticas. Assegura-se defesa técnica, incluindo a produção de provas, se assim for necessário, e assinam o termo tanto o juiz, quanto o representante do Ministério Público, o defensor e o condenado; b) *revogação do benefício concedido*, seja a autorização para saída temporária, seja a prisão domiciliar. No primeiro caso, o resultado será colhido para o futuro, na medida em que a próxima (ou as próximas) saída temporária será vedada pelo juiz. Nada impede que, durante a saída, constatando-se qualquer falta, o juiz revogue imediatamente o benefício, com o fito de ouvir o sentenciado, proporcionando-lhe defesa. A partir disso, analisando suas justificativas, poderá, ou não, coibir saídas futuras. A segunda revogação é mais complexa. Se o sentenciado se encontra em prisão domiciliar, fruto do regime aberto, onde não existe Casa do Albergado, a revogação da prisão em domicílio implicará, automaticamente, a regressão de regime, pois somente ao semiaberto ou ao fechado poderá ser encaminhado. Entretanto, na hipótese de se tratar de pessoa com mais de 70 anos, por exemplo, em prisão domiciliar, em local onde há Casa do Albergado, o cometimento de falta pode implicar a revogação da prisão em domicílio com transferência para a Casa do Albergado. Tal situação, porém, é rara; c) *regressão do regime*. Encontrando-se no regime semiaberto, praticando falta

# Art. 146-C

durante a saída temporária, conforme a gravidade (como o cometimento de delito doloso), pode o juiz determinar a regressão ao regime fechado. Cabe-lhe assegurar ao condenado a ampla defesa (autodefesa e defesa técnica, com produção de provas, se necessário). Se estiver inserido no regime aberto, a regressão pode dar-se ao semiaberto; em situações mais graves, nada impede que a regressão se faça diretamente ao regime fechado. Lembre-se, entretanto, da indispensabilidade de se garantir defesa antes da decisão a respeito da regressão; d) *conversão da pena restritiva de direitos em privativa de liberdade*. Refere-se unicamente à proibição de frequentar lugares, um formato de pena que jamais foi eficaz, seja porque não há locais específicos e úteis para isso, seja porque inexiste fiscalização suficiente. A hipótese de monitoração eletrônica pode, em tese, favorecer ao menos o controle dessa sanção; e) *revogação do livramento condicional*. Cuida-se de perda significativa, porque pode impedir a concessão de outro livramento, nem se desconta na pena o tempo em que o sentenciado ficou em liberdade.

**328-E1. Violação das regras de monitoração e falta grave:** em nosso entendimento, não configura falta grave qualquer violação dos deveres impostos para usufruir da monitoração eletrônica, pelos seguintes motivos: a) o art. 146-D desta Lei especifica qual a sanção para essa violação (infringir a zona fixada ou danificar a tornozeleira), que é a revogação do benefício; b) aliás, o próprio art. 146-D, inciso II, especifica que é causa de revogação o cometimento de falta grave; portanto, são coisas diversas a violação e a prática de falta grave; não há falta grave se cometer falta grave (um contrassenso); c) o art. 50 é rol exaustivo e não deve ser ampliado; ali, não há violação das regras do monitoramento; não nos parece adequado inserir no inciso VI do referido art. 50 (descumprir ordem que lhe foi dada). Note-se que essa ordem é a proferida pelos agentes penitenciários no dia a dia do sentenciado e não as condições de um regime ou de um benefício; d) o descumprimento das regras do livramento condicional não configura falta grave (posição pacífica da jurisprudência, inclusive do STJ); se o fizer, revoga-se o livramento; não há essa causa no rol do art. 50 e não se encaixa no inciso VI da mesma forma; e) todos os regimes têm regras; descumpri-las não gera falta grave, mas regressão, quando semiaberto ou aberto; f) se descumprir ordens (art. 39, V, c. c. art. 50, VI, LEP) envolver a monitoração, então, pode abranger qualquer coisa. Observe-se um antecedente: quando ter consigo celular não estava no rol do art. 50 (hoje, encontra-se no inciso VII), alguns julgados buscaram enquadrar no art. 50, VI, para figurar como falta grave; o STJ teve entendimento diverso e não acolheu essa tese; g) no inciso VIII do art. 50, consta "recusar submeter-se ao procedimento de identificação do perfil genético"; imagine-se que não existisse essa previsão; caso o agente penitenciário desse a "ordem" para o sentenciado se submeter a essa identificação, não poderia configurar falta grave a sua recusa, pois atípica. Na jurisprudência: STJ: "Com efeito, esta Corte já decidiu que a violação da zona de monitoramento pode configurar falta grave, nos termos dos arts. 50, inciso VI, e 39, inciso V, ambos da Lei de Execução Penal, o que autoriza a regressão de regime e a alteração da data-base para progressão (AgRg no HC 509.270/SP, Ministra Laurita Vaz, Sexta Turma, DJe 27/11/2020)" (AgRg no HC 913.372 – RS, 6.ª T., rel. Sebastião Reis Júnior, 24.06.2024, v.u.).

**328-E2. Análise de julgado de descumprimento de regras da monitoração:** o STJ pronunciou-se no sentido de que essa violação constitui falta grave, por desobediência às ordens dadas. No entanto, ao debater a sanção cabível, entre as previstas nos incisos I a IX do art. 146-C, parágrafo único, da LEP, demonstrou que nem sempre há de ser aplicada a mais grave delas. No caso presente, destacou-se que o sentenciado rompeu o equipamento, mas não agiu *com dolo*, além de ter se prontificado a ressarcir o dano e ter retornado à prisão na data e hora marcados. Observe-se que o juiz poderia aplicar tão somente uma advertência. Por isso, a consideração de que isto seria, também, falta grave, em decorrência do descumprimento de ordem (crê-se sejam as orientações a respeito do trato do equipamento), pode acarretar severas consequências, incluindo a regressão de regime, a revogação do livramento condicional, a perda momentânea do bom comportamento, a nova contagem de prazo para progredir, enfim, situações graves diante de um erro admitido e de pouca consequência. Confira-se: "1. O descumprimento das regras do monitoramento é previsto como falta grave na LEP, porque significa descumprimento das ordens recebidas (regras) – art. 50, VI, c/c art. 39, V. No entanto, citados dispositivos devem ser interpretados em conjunto com o art. 146-C, parágrafo único, da LEP, que dispõe sobre as consequências da violação, deixando ao critério discricionário do Juiz da execução o dever de primar pela melhor medida a ser tomada, desde que de forma bem fundamentada: Art. 146-C. O condenado será instruído acerca dos cuidados que deverá adotar com o equipamento eletrônico e dos seguintes deveres: [...] Parágrafo único. A violação comprovada dos deveres previstos neste artigo poderá acarretar, a critério do juiz da execução, ouvidos o Ministério Público e a defesa: I – a regressão do regime; II – a revogação da autorização de saída temporária; III VI – a revogação da prisão domiciliar; VII – advertência, por escrito, para todos os casos em que o juiz da execução decida não aplicar alguma das medidas previstas nos incisos de I a VI deste parágrafo. 2. Para a jurisprudência desta Corte, o rompimento da tornozeleira nem sempre acarreta a sanção mais grave – regressão de regime (a não ser em casos em que a conduta é acompanhada de uma fuga ou não retorno de saída no prazo certo, ou reiteração de rompimentos etc.). 3. No caso, constata-se que o executado descumpriu os seguintes deveres e orientações acerca do monitoramento eletrônico e do benefício de saída temporária: não retorno com equipamento de monitoramento eletrônico e com carregador de parede. Justificativa de acidente. Retorno na data e horário certos. 4. Na hipótese, embora realmente tenha havido o rompimento do equipamento, não se constata a presença de dolo, tanto que o executado se prontificou a ressarcir o dano e retornou à unidade prisional na data e horário aprazados, conforme afirmado pelo próprio Tribunal a quo. Além disso, não houve fundamentação concreta pelas instâncias de origem quanto à não aceitação da explicação apresentada pelo apenado, afigurando-se proporcional a aplicação, na espécie, de sanções menos severas, mas próprias da violação das regras de monitoramento eletrônico, previstas no art. 146-C, parágrafo único, da LEP" (AgRg no HC 893.030 – SP, 5.ª T., rel. Reynaldo Soares da Fonseca, 09.04.2024, v.u.).

> **Art. 146-D.** A monitoração eletrônica poderá ser revogada:[328-F-328-G]
>
> I – quando se tornar desnecessária ou inadequada;
>
> II – se o acusado ou condenado violar os deveres a que estiver sujeito durante a sua vigência ou cometer falta grave.

**328-F. Revogação do benefício:** há dois focos básicos para sustentar a revogação da monitoração eletrônica, um positivo e outro negativo. Sob o aspecto positivo, o monitoramento se torna desnecessário ou inadequado, demonstrando ter o sentenciado assumido um comportamento tão diligente e responsável que a vigilância indireta torna-se inútil. Por vezes, conforme a atividade laborativa do condenado (ex.: professor de natação), o aparelho pode ficar exposto e trazer constrangimento a quem o utiliza. De todo modo, pode-se falar em foco positivo, pois a retirada da monitoração será feita para o bem do sentenciado. Sob o prisma negativo, revoga-se o benefício se forem violados os deveres do sentenciado durante a sua utilização. Em realidade, como regra, a retirada do monitoramento eletrônico termina por implicar medidas mais drásticas, como a regressão de regime ou a proibição de saídas temporárias. Nota-se que, neste artigo, menciona-se, além do termo *sentenciado*, a palavra *acusado*, apontando-se para a utilização do aparelho, quando em prisão domiciliar, fruto de medida processual cautelar.

**328-G. Decreto regulamentador:** confira-se o teor do Decreto 7.627, de 24 de novembro de 2011, editado pela Presidência da República, em relação à monitoração eletrônica: "Art. 1.º Este Decreto regulamenta a monitoração eletrônica de pessoas prevista no inciso

# Art. 146-E

IX do art. 319 do Decreto-lei 3.689, de 3 de outubro de 1941 – Código de Processo Penal, e nos arts. 146-B, 146-C e 146-D da Lei 7.210, de 11 de julho de 1984 – Lei de Execução Penal. Art. 2.º Considera-se monitoração eletrônica a vigilância telemática posicional a distância de pessoas presas sob medida cautelar ou condenadas por sentença transitada em julgado, executada por meios técnicos que permitam indicar a sua localização. Art. 3.º A pessoa monitorada deverá receber documento no qual constem, de forma clara e expressa, seus direitos e os deveres a que estará sujeita, o período de vigilância e os procedimentos a serem observados durante a monitoração. Art. 4.º A responsabilidade pela administração, execução e controle da monitoração eletrônica caberá aos órgãos de gestão penitenciária, cabendo-lhes ainda: I – verificar o cumprimento dos deveres legais e das condições especificadas na decisão judicial que autorizar a monitoração eletrônica; II – encaminhar relatório circunstanciado sobre a pessoa monitorada ao juiz competente na periodicidade estabelecida ou, a qualquer momento, quando por este determinado ou quando as circunstâncias assim o exigirem; III – adequar e manter programas e equipes multiprofissionais de acompanhamento e apoio à pessoa monitorada condenada; IV – orientar a pessoa monitorada no cumprimento de suas obrigações e auxiliá-la na reintegração social, se for o caso; e V – comunicar, imediatamente, ao juiz competente sobre fato que possa dar causa à revogação da medida ou modificação de suas condições. Parágrafo único. A elaboração e o envio de relatório circunstanciado poderão ser feitos por meio eletrônico certificado digitalmente pelo órgão competente. Art. 5.º O equipamento de monitoração eletrônica deverá ser utilizado de modo a respeitar a integridade física, moral e social da pessoa monitorada. Art. 6.º O sistema de monitoramento será estruturado de modo a preservar o sigilo dos dados e das informações da pessoa monitorada. Art. 7.º O acesso aos dados e informações da pessoa monitorada ficará restrito aos servidores expressamente autorizados que tenham necessidade de conhecê-los em virtude de suas atribuições".

> **Art. 146-E.** O condenado por crime contra a mulher por razões da condição do sexo feminino, nos termos do § 1.º do art. 121-A do Decreto-Lei 2.848, de 7 de dezembro de 1940 (Código Penal), ao usufruir de qualquer benefício em que ocorra a sua saída de estabelecimento penal, será fiscalizado por meio de monitoração eletrônica.[328-H]

**328-H. Obrigatoriedade de monitoração:** cuida-se de hipótese impositiva da monitoração eletrônica para maior controle das atividades do condenado, evitando que se aproxime da vítima, durante o cumprimento da pena, desde que esteja em liberdade (regime aberto, livramento condicional, proibição de frequentar lugares, saída temporária para estudo).

**Capítulo II**

**DAS PENAS RESTRITIVAS DE DIREITO**

**Seção I**

**Disposições gerais**

> **Art. 147.** Transitada em julgado a sentença que aplicou a pena restritiva de direitos, o juiz de execução, de ofício ou a requerimento do Ministério Público, promoverá a execução, podendo, para tanto, requisitar, quando necessário, a colaboração de entidades públicas ou solicitá-la a particulares.[329-329-B]

**329. Execução das penas restritivas de direitos:** como se dá com a privativa de liberdade, inicia-se a execução, como regra, de ofício, sem necessidade de provocação do Ministério Público ou mesmo do condenado. Porém, há de se fazer um registro importante. Embora o art. 147 mencione poder o magistrado *requisitar* (exigir legalmente) a colaboração de entidades públicas ou *solicitá-la* (pedir, pleitear) a entidades particulares, essa referência se aplica, basicamente, à pena de prestação de serviços à comunidade. As demais, também como regra geral, prescindem da participação de entes públicos ou de particulares. E mesmo em relação à prestação de serviços à comunidade torna-se essencial haver estrutura, organização e *boa vontade*. De nada adianta o juiz da execução penal requisitar auxílio de organismos públicos despreparados ou solicitar a particulares, que possam atuar a contragosto. O engajamento do Estado e da comunidade no cumprimento da pena é muito importante para consagrar a meta de ressocialização do condenado. Atualmente, em vários Estados, existem centrais específicas para o cumprimento das penas alternativas, especialmente a prestação de serviços à comunidade. Por isso, facilitou-se o acesso do condenado ao seu cumprimento.

**329-A. Execução provisória da pena restritiva de direitos:** ilegalidade, em nosso entendimento. Deve-se aguardar o trânsito em julgado da decisão condenatória para que se possa exigir o cumprimento da pena restritiva de direitos. A execução provisória, nessa situação, não traria nenhum benefício ao condenado; ao contrário, somente malefícios, pois estaria cumprindo pena antes do trânsito em julgado da sentença condenatória. Entretanto, se houve o início do cumprimento dessa modalidade de pena, antes do trânsito em julgado, não se pode considerar o disposto no art. 117, V, do Código Penal, vale dizer, interrupção da prescrição executória pelo início do cumprimento da pena, tendo em vista a patente ilegalidade na qual está incurso o sentenciado. Na jurisprudência: STF: "I – O art. 147 da Lei de Execuções Penais determina que a pena restritiva de direitos será aplicada somente após o trânsito em julgado da sentença penal condenatória. II – O Plenário do Supremo Tribunal Federal julgou procedente as Ações Diretas de Constitucionalidade 43/DF e 44/DF, ambas de relatoria do Ministro Marco Aurélio, para assentar a constitucionalidade do art. 283 do Código de Processo Penal. III – Agravo regimental a que se nega provimento" (ARE 1.235.057 AgR, 2.ª T., rel. Ricardo Lewandowski, 27.03.2020, v.u.). STJ: "2. É descabida a execução provisória de penas restritivas de direitos. Precedentes da Terceira Seção. 3. Recurso especial parcialmente provido, para obstar a execução das penas restritivas de direitos, impostas ao ora Recorrente, antes do trânsito em julgado da condenação" (REsp 1.854.995 – PR, 6.ª T., rel. Laurita Vaz, 03.11.2020, v.u.).

**329-B. Revogação da pena restritiva de direitos:** poderá ser feita, durante o seu cumprimento, desde que advenha outra condenação, demonstrativa da incompatibilidade dessa modalidade de pena. Ilustrando: o condenado cumpre prestação de serviços à comunidade, por dois anos; logo no início do cumprimento, advém outra condenação a pena de quatro anos de reclusão. Ora, somadas as penas, o total atinge seis anos, ultrapassando o limite (quatro anos) previsto no art. 44, I, do Código Penal. Portanto, o juiz deve converter as penas em privativa de liberdade, no montante de seis anos, escolhendo o regime adequado à situação concreta. Por outro lado, é viável que o condenado esteja cumprimento pena privativa de liberdade, em regime aberto, no total de dois anos; advinda outra condenação, de um ano de reclusão, convertida em prestação pecuniária, torna-se possível a convivência de ambas, sem necessidade de revogação da pena alternativa. Outra hipótese: o sentenciado cumpre prestação de serviços à comunidade por três anos; advém outra condenação a pena de seis meses de detenção, com *sursis*. Pode-se manter o quadro tal como posto: cumpre-se a prestação de serviços e a suspensão condicional da outra pena de seis meses, sem prejuízo, aplicando-se o disposto no art. 44, § 5.º, do CP. O Superior Tribunal de Justiça chegou à conclusão de que o juízo das execuções penais deve fazer o possível para manter a pena alternativa, se compatível com uma pena

# Art. 148

privativa de liberdade suspensa ou em regime aberto, em especial, quando a pena restritiva de direitos foi estabelecida após a anterior pena de prisão e já possua trânsito em julgado. Na jurisprudência: STJ: "1. A lei contempla a possibilidade de conversão da pena restritiva de direitos quando o apenado vem a ser posteriormente condenado à pena privativa de liberdade. Inteligência dos arts. 44, § 5.º, do Código Penal e 181, § 1.º, *e*, da Lei n. 7.210/84. 2. Os arts. 44, § 5.º, do Código Penal e 181, § 1.º, *e*, da Lei n. 7.210/84, não amparam a conversão na situação inversa, qual seja, aquela em que o apenado já se encontra em cumprimento de pena privativa de liberdade e sobrevém nova condenação em que a pena corporal foi substituída por pena alternativa. 3. Em tais casos, a conversão não conta com o indispensável amparo legal e ainda ofende a coisa julgada, tendo em vista que o benefício foi concedido em sentença definitiva e, portanto, somente comporta a conversão nas situações expressamente previstas em lei, em especial no art. 44, §§ 4.º e 5.º, do Código Penal. 4. A pena restritiva de direitos serve como uma alternativa ao cárcere. Logo, se o julgador reputou adequada a concessão do benefício, a situação do condenado não pode ser agravada por meio de interpretação que amplia o alcance do § 5.º do art. 44 do Código Penal em seu prejuízo, notadamente à vista da possibilidade de cumprimento sucessivo das penas. 5. Recurso especial desprovido, com a fixação da seguinte tese: 'Sobrevindo condenação por pena privativa de liberdade no curso da execução de pena restritiva de direitos, as penas serão objeto de unificação, com a reconversão da pena alternativa em privativa de liberdade, ressalvada a possibilidade de cumprimento simultâneo aos apenados em regime aberto e vedada a unificação automática nos casos em que a condenação substituída por pena alternativa é superveniente'" (REsp 1.925.861 – SP, 3.ª S., rel. Laurita Vaz, 27.04.2022, maioria).

> **Art. 148.** Em qualquer fase da execução, poderá o juiz, motivadamente, alterar, a forma de cumprimento[330] das penas de prestação de serviços à comunidade e de limitação de fim de semana, ajustando-as às condições pessoais do condenado e às características do estabelecimento, da entidade ou do programa comunitário ou estatal.[331]

**330. Alteração da forma de cumprimento:** imposta a pena alternativa na sentença condenatória, a alteração mencionada no art. 148 diz respeito à *forma de cumprimento*, mas não à modificação da pena em si, trocando uma por outra, pois tal medida seria ofensiva à coisa julgada material, sem que haja autorização legal a tanto. Portanto, se o juiz da condenação impôs limitação de fim de semana, não pode o juiz da execução penal alterar a pena, substituindo-a para prestação de serviços à comunidade (ou outra qualquer). O que lhe é dado fazer é modificar a estrutura do cumprimento da pena. Assim, exemplificando, em lugar de permanecer por cinco horas diárias, aos sábados e domingos, em casa do albergado (art. 48, CP), como determinou o juiz da condenação, na impossibilidade, é possível – embora improvável – que o juiz da execução determine o comparecimento em outro órgão público (ilustrando, a Prefeitura Municipal da Comarca) para que participe de algum curso, nos fins de semana, ocupando-se durante as cinco horas diárias. No caso de pena de prestação de serviços à comunidade, é possível ao juiz da execução alterar a forma de cumprimento, ou seja, em lugar de uma hora-tarefa por dia de condenação, pode determinar que o condenado, respeitado o seu interesse, preste sete horas de serviços, num único dia, em determinada entidade assistencial. Na jurisprudência: STJ: "O art. 148 da LEP dispõe que, 'em qualquer fase da execução, poderá o Juiz, motivadamente, alterar, a forma de cumprimento das penas de prestação de serviços à comunidade e de limitação de fim de semana, ajustando-as às condições pessoais do condenado e às características do estabelecimento, da entidade ou do programa comunitário ou estatal". Conforme os trechos acima transcritos, o juízo da execução alterou a forma de cumprimento da pena de prestação de serviços à comunidade, adequando-a às condições pessoais do recorrente, o qual não pode realizar esforço físico. Por sua vez, a Central de Penas e Medidas Alternativas informou possuir 'parceria com instituições com opções de vagas de baixo esforço físico, como recepcionista, digitador e telefonista'. Nesse contexto, não restou verificada a presença de flagrante ilegalidade à liberdade do ora recorrente" (AgRg no HC 871.054 – SP, 5.ª T., rel. Joel Ilan Paciornik, 23.04.2024, v.u.); "1. É vedado ao Juízo da Execução alterar a pena restritiva de direitos estabelecida em sentença condenatória transitada em julgado, sendo-lhe possível apenas alterar a forma de seu cumprimento adaptando-a às peculiaridades do caso concreto, a fim de possibilitar o regular cumprimento da medida pelo condenado, sem prejuízo de suas atividades profissionais. 2. No caso, contudo, consignaram as instâncias ordinárias que não há nos autos elementos que indiquem a impossibilidade do condenado prestar serviços conforme designado. Concluir de forma diversa implica em exame aprofundado de provas, vedado em recurso especial, a teor da Súm. n. 7/STJ" (AgRg no REsp 1.988.089 – RS, 5.ª T., rel. Reynaldo Soares da Fonseca, 07.06.2022, v.u.).

**331. Prestação pecuniária e prestação de outra natureza:** quando foi editada a Lei de Execução Penal em 1984, não existiam as penas de perda de bens e valores e de prestação pecuniária, criações da Lei 9.714/98. Porém, valendo-se do disposto no art. 45, § 2.º, do Código Penal, é perfeitamente viável a alteração da pena de prestação pecuniária ao longo da execução. Assim, imposta uma pena de prestação pecuniária consistente no pagamento de 100 salários mínimos à vítima (art. 45, § 1.º, CP), no momento de executar, verifica-se que o condenado não tem condições de arcar com tal montante. Acolhendo pleito do próprio sentenciado, contando-se com a aceitação do beneficiário, o juiz converte o pagamento em pecúnia em prestação de outra natureza, como, por exemplo, a prestação de serviços à vítima (ex.: por ser mecânico, pode empreender à revisão ou algum reparo de funilaria em um veículo do ofendido). Temos sustentado em nosso *Código Penal comentado* (notas 89 e 90 ao art. 45, § 2.º) não ser alternativa legalmente viável a concessão, de pronto, na sentença condenatória, de *prestação de outra natureza*. Essa é uma modificação a ser, quando for o caso, implementada pelo juízo da execução penal, nos mesmos moldes em que, expressamente, garantiu o art. 148 nos cenários das penas de prestação de serviços à comunidade e limitação de fim de semana.

**Seção II**
**Da prestação de serviços**
**à comunidade**

> **Art. 149.** Caberá ao juiz da execução:[332]
>
> I – designar a entidade ou programa comunitário ou estatal, devidamente credenciado ou convencionado, junto ao qual o condenado deverá trabalhar gratuitamente, de acordo com as suas aptidões;
>
> II – determinar a intimação do condenado, cientificando-o da entidade, dias e horário em que deverá cumprir a pena;
>
> III – alterar a forma de execução, a fim de ajustá-la às modificações ocorridas na jornada de trabalho.
>
> § 1.º O trabalho terá a duração de 8 (oito) horas semanais e será realizado aos sábados, domingos e feriados, ou em dias úteis, de modo a não prejudicar a jornada normal de trabalho, nos horários estabelecidos pelo juiz.[333]
>
> § 2.º A execução terá início a partir da data do primeiro comparecimento.[334]

# Art. 150

**332. Mecanismos de cumprimento da prestação de serviços à comunidade:** moderniza-se, atualmente, essa incumbência do juiz da execução penal. Como já mencionamos, em muitas Comarcas, há centrais de penas alternativas – o que representa o método ideal –, organizadas pelo Poder Executivo, para encaminhar a vários órgãos estatais os condenados sujeitos à prestação de serviços à comunidade. Assim, basta ao juiz encaminhar o sentenciado a essa central e, depois, receber os relatórios mensais (art. 150, LEP), a respeito do seu desempenho no serviço. Apenas a alteração quanto à *forma* de execução necessita da autorização judicial, mas pode ser intermediada pela central que recepcionou o sentenciado.

**333. Derrogação do art. 149, § 1.º:** a Lei 9.714/98 alterou a redação do art. 46, § 3.º, do Código Penal, estabelecendo, diversamente do contido no art. 149, § 1.º, da Lei de Execução Penal, que a prestação de serviços à comunidade deverá ser cumprida à razão de uma hora de tarefa por dia de condenação, o que implica jornada semanal de sete horas e não de oito, como anteriormente constava tanto nesta Lei como no Código Penal. Por ser norma mais recente, afasta-se o disposto no art. 149, § 1.º, da Lei de Execução Penal, no tocante à duração de *oito horas semanais*. Continua-se, entretanto, a permitir que a atividade seja desenvolvida aos sábados, domingos, feriados ou em dias úteis, como for mais conveniente aos interesses do condenado, de forma a não lhe prejudicar a jornada normal de trabalho. O juiz da execução penal tem autonomia para acertar a jornada da melhor maneira (ex.: o sentenciado pode comparecer à entidade assistencial que lhe foi designada uma hora por dia, todos os dias da semana, bem como pode trabalhar sete horas no sábado ou domingo). Lembremos, ainda, de outra novidade, introduzida também pela Lei 9.714/98: a possibilidade de antecipação do cumprimento dessa modalidade de pena (art. 46, § 4.º, CP). Para tanto, será necessário fazer o cálculo em horas do total da pena, permitindo-se que a antecipação se dê, no máximo, até a metade do total fixado. Maiores detalhes, consultar a nota 102 ao art. 46, § 4.º, do nosso *Código Penal comentado*.

**334. Transcurso da prescrição:** conforme dispõe o art. 117, V, do Código Penal, interrompe-se o curso da prescrição – neste caso, em relação à pretensão executória da pena – quando se iniciar o cumprimento. No caso da prestação de serviços à comunidade, tem início, interrompendo-se a prescrição, no primeiro comparecimento do sentenciado à entidade que lhe foi designada. Logo, não é por ocasião de sua ida ao fórum ou à central de penas alternativas, a fim de tomar conhecimento de como será desenvolvido seu trabalho, para efeito de interrupção do curso da prescrição.

> **Art. 150.** A entidade beneficiada com a prestação de serviços encaminhará mensalmente, ao juiz da execução, relatório circunstanciado das atividades do condenado, bem como, a qualquer tempo, comunicação sobre ausência ou falta disciplinar.[335-336]

**335. Relatório mensal:** destina-se ao acompanhamento do cumprimento da pena de prestação de serviços à comunidade. Exige-se do condenado assiduidade, pontualidade e obediência. Consulte-se o disposto no art. 51 desta Lei, a respeito das faltas graves em relação a penas restritivas de direitos, dando margem, se for o caso, à sua conversão em privativa de liberdade. Ver, ainda, o disposto no art. 181, § 1.º, desta Lei.

**336. Inexistência de local para a prestação de serviços à comunidade:** embora atualmente tal situação seja rara de ocorrer, não é impossível. E assim sendo, há, em nosso ponto de vista, somente duas soluções viáveis: *a)* aguardar a prescrição, enquanto o Estado não oferece condições concretas para o cumprimento da pena, o que é o correto, já que o mesmo se daria se estivesse foragido; *b)* dá-se a pena por cumprida, caso o tempo transcorra, estando o condenado à disposição do Estado para tanto. Esta não é a melhor alternativa, pois, paralelamente, somente para ilustrar, sabe-se que muitos mandados de prisão deixam de ser cumpridos por falta de vagas em presídios e nem por isso as penas "fingem-se" executadas.

### Seção III
### Da limitação de fim de semana

> **Art. 151.** Caberá ao juiz da execução determinar a intimação do condenado, cientificando-o do local, dias e horário em que deverá cumprir a pena.[337-337-A]
>
> **Parágrafo único.** A execução terá início a partir da data do primeiro comparecimento.[338]

**337. Necessidade da casa do albergado:** o lugar ideal para o cumprimento da pena de limitação de fim de semana é a casa do albergado (art. 48, CP). É certo que existe a possibilidade de haver um local alternativo ("ou outro estabelecimento adequado"), mas, na imensa maioria dos casos, não há. O que existe, infelizmente, são arremedos de cumprimento de pena. Tem-se determinado que o réu permaneça em sua própria casa (prisão-albergue domiciliar), nos fins de semana, durante cinco horas no sábado e no domingo. Sem fiscalização. Sem curso ou palestra. A pena se torna uma ficção.

**337-A. Utilização de cadeia pública ou local similar:** inviabilidade. Não se pode conceber a hipótese de uma pena restritiva de direitos ser, de uma forma ou outra, executada em ambiente carcerário fechado. Constitui constrangimento ilegal tal medida.

**338. Transcurso da prescrição:** ver a nota 334 ao art. 149, § 2.º.

> **Art. 152.** Poderão ser ministrados ao condenado, durante o tempo de permanência, cursos e palestras, ou atribuídas atividades educativas.[339]
>
> **Parágrafo único.** Nos casos de violência doméstica e familiar contra a criança, o adolescente e a mulher e de tratamento cruel ou degradante, ou de uso de formas violentas de educação, correção ou disciplina contra a criança e o adolescente, o juiz poderá determinar o comparecimento obrigatório do agressor a programas de recuperação e reeducação.[340]

**339. Faculdade ou obrigação estatal:** pensamos ser obrigação, pois não teria o menor sentido determinar a alguém que passe cinco horas no sábado e outras cinco no domingo sem fazer absolutamente nada na casa do albergado. Se for para se ocupar, sozinho, da leitura de um livro ou para assistir televisão, que fique em casa e não cumpra pena. O Estado, pois, tem o dever de lhe proporcionar atividades educativas, em harmonia com a finalidade da pena: a reeducação do condenado.

**340. Limitação de fim de semana e violência doméstica:** um dos principais propósitos, em matéria de aplicação de penas, da Lei 11.340/2006, que cuidou dos casos de violência doméstica e familiar, foi evitar a substituição de penas privativas de liberdade em pecúnia, por qualquer forma (prestação pecuniária, multa ou a tal "doação de cestas básicas", conforme dispõe o art. 17 da referida Lei 11.340/2006). Não se impediu, em tese, a substituição de penas privativas de liberdade por restritivas de direitos, como, exemplificando, a prestação de serviços

# Art. 153

à comunidade ou a limitação de fim de semana. Neste último caso, no entanto, acrescentou-se o parágrafo único ao art. 152 desta Lei, com o objetivo de proporcionar ao agressor cursos específicos à sua situação, vale dizer, de recuperação e reeducação no contexto de *respeito* à mulher e à família. É preciso considerar que, na prática, a jurisprudência tem rejeitado a substituição da pena privativa de liberdade por qualquer pena restritiva de direitos, nos casos de violência física contra a mulher, como lesão corporal. E faz bem, pois a limitação de fim de semana nem mesmo é cumprida, visto não haver Casa do Albergado nas Comarcas, logo, inexiste lugar adequado para programas de recuperação e reeducação, conforme sugerido pelo art. 152, parágrafo único. Não significa que o autor da lesão corporal deva ser preso em regime fechado, mas que fique submetido a suspensão condicional da pena, com as condições decorrentes disso. Conferir a Súmula 588 do STJ: "A prática de crime ou contravenção penal contra a mulher com violência ou grave ameaça no ambiente doméstico impossibilita a substituição da pena privativa de liberdade por restritiva de direitos". A Lei 14.344/2022 acrescentou além da mulher como vítima, também os casos de violência doméstica e familiar contra a criança e o adolescente, bem como de tratamento cruel ou degradante, ou de uso de formas violentas de educação, correção ou disciplina contra a criança e o adolescente.

> **Art. 153.** O estabelecimento designado encaminhará, mensalmente, ao juiz da execução, relatório, bem assim comunicará, a qualquer tempo, a ausência ou falta disciplinar do condenado.[341]

**341. Relatório mensal:** destina-se ao acompanhamento do cumprimento da pena de fim de semana. Exige-se do condenado assiduidade, pontualidade e obediência. Consulte-se o disposto no art. 51 desta Lei, a respeito das faltas graves em relação a penas restritivas de direitos, dando margem, se for o caso, à sua conversão em privativa de liberdade. Ver, ainda, o disposto no art. 181, § 2.º, desta Lei.

### Seção IV
### Da interdição temporária de direitos

> **Art. 154.** Caberá ao juiz da execução comunicar à autoridade competente a pena aplicada, determinada a intimação do condenado.[342-344]
>
> § 1.º Na hipótese de pena de interdição do art. 47, I, do Código Penal, a autoridade deverá, em 24 (vinte e quatro) horas, contadas do recebimento do ofício, baixar ato, a partir do qual a execução terá seu início.[345]
>
> § 2.º Nas hipóteses do art. 47, II e III, do Código Penal, o Juízo da Execução determinará a apreensão dos documentos, que autorizam o exercício do direito interditado.[346]

**342. Da inviabilidade da pena de interdição temporária de direitos:** as modalidades de penas previstas no art. 47 do Código Penal (proibição do exercício de cargo, função ou atividade pública, bem como de mandato eletivo; proibição do exercício de profissão, atividade ou ofício que dependam de habilitação especial, de licença ou autorização do poder público; suspensão de autoridade ou de habilitação para dirigir veículo; proibição de frequentar lugares) são totalmente dissociadas dos propósitos regeneradores da pena. Qual a utilidade de se proibir o condenado de exercer uma profissão ou atividade lícita? Nenhuma. Se ele errou no exercício funcional, certamente, deve pagar pelo que fez, mas jamais com a imposição estatal de não se poder autossustentar. Caso o erro seja muito grave, deve deixar o cargo, a função, a atividade, o mandato, o ofício ou a profissão em definitivo. A proibição temporária é mais severa, pois implica desorientação e desativação da vida profissional, seja ela qual for, por um determinado período, vale dizer, não se parte para outro foco de atividade de uma vez por todas, porém, não se sabe se haverá condições de retornar ao antigo posto com dignidade. Imagine-se o médico que seja obrigado a permanecer um ano sem exercer sua profissão. Ele fecha o consultório, dispensa os pacientes e faz o que da sua vida? Sustenta a si e à sua família de que modo? Não se tem notícia de sucesso nessa *proposta do Estado* para punir crimes cometidos no exercício profissional. Por outro lado, passado um ano, como esse médico terá condições de reabrir o consultório e reativar sua antiga clientela? É humanamente impossível tal proeza, mormente em cidades do interior, onde todos conhecem o que se passa e torna-se inviável ocultar o cumprimento da pena. Se ele for obrigado a mudar de cidade para retomar sua vida, recria-se a pena de *banimento* indireto ou mesmo de *ostracismo*, o que é inadequado. Somos contrários à proibição de exercício profissional de qualquer espécie. Insistimos: se o erro for muito grave, não há mais condições de se permitir o exercício da profissão, merecendo, pois, como efeito da condenação, a cessação permanente da autorização para tal. Entretanto, o art. 92, I, do Código Penal, cuida disso de maneira limitada e voltada somente aos funcionários públicos.

**343. Derrogação do art. 47, III, do Código Penal:** o Código de Trânsito Brasileiro (Lei 9.503/97) regulou, por inteiro, a pena restritiva de direitos consistente em suspensão da permissão ou habilitação para dirigir veículos, razão pela qual afastou o disposto no inciso III do art. 47 em relação à *habilitação para dirigir*. Remanesce a figura da autorização para dirigir, que, na realidade, destina-se, apenas, aos ciclomotores.

**344. Criação de nova espécie de interdição temporária de direitos:** não bastasse a *proibição de frequentar lugares* ser inócua, especialmente em matéria de fiscalização, como mera condição do *sursis* (art. 78, § 2.º, *a*, CP) e do livramento condicional (art. 132, § 2.º, *c*, LEP), a Lei 9.714/98 fez o desfavor de trazê-la para o universo das penas restritivas de direitos, inserindo-a no art. 47, IV, do Código Penal. Por tal razão, não se encontra regulada nesta Seção da Lei de Execução Penal, datada de 1984. É uma espécie de pena que não teve repercussão e os magistrados, com razão, evitam aplicá-la, pois, como já frisamos, é inútil. Como se poderia pensar em substituir uma pena privativa de liberdade de até quatro anos de reclusão, por crime doloso, pela *proibição de frequentar determinados lugares*? Quais seriam esses locais? Teria a eficiência de causar aflição ao condenado, a ponto, inclusive, de reeducá-lo? É evidente que não. Além disso, nem é preciso ressalvar a completa desestrutura do Estado em fiscalizar tal penalidade. Se nem mesmo a prisão em regime aberto conta com a fiscalização adequada, é mais que natural estar essa pretensa punição (proibição de frequentar lugares) fadada a permanecer no esquecimento.

**345. Proibição do exercício de cargo, função ou atividade pública e mandato eletivo:** para o cumprimento dessa pena restritiva de direitos, deve o magistrado oficiar ao superior do funcionário público condenado, comunicando-lhe a vedação e o período de duração. A partir daí, a autoridade competente baixará ato para impedir que o servidor tenha acesso ao seu local costumeiro de trabalho. É o início do cumprimento da pena, com interrupção da prescrição (art. 117, V, CP).

**346. Proibição do exercício de profissão, atividade ou ofício e autorização para dirigir:** para o cumprimento dessas restrições, deve o juiz da execução penal determinar a intimação do condenado para que apresente seu documento funcional (ex.: cuidando-se do advogado, entregaria a carteira de identificação expedida pela OAB). Em tese, apreendido o referido documento pelo tempo de duração da pena, o profissional estaria impedido de exercer a profissão, atividade ou ofício, pois dependentes de licença ou autorização do poder público. Vã

# Art. 155

ilusão. A imensa maioria dos profissionais exerce as suas atividades laborativas normalmente, sem ter que exibir, nos seus locais de trabalho, a carteira de identificação. Nem mesmo em audiência, tornando ao exemplo do advogado, exige o juiz a sua identificação, especialmente quando há procuração nos autos e o profissional já esteve na Vara antes. O mesmo se pode dizer das demais profissões. Os médicos, em outra ilustração, não praticam a medicina em seus consultórios exibindo a carteira de identificação aos pacientes. Em suma, a apreensão é inócua. A par dessa medida, deve o juiz oficiar ao órgão de classe, que tomaria a providência de publicar nota a respeito (ex.: comunicação no jornal do sindicato ou do órgão de classe), bem como assumiria o compromisso de fiscalizar o condenado através de mecanismos próprios (ex.: o Conselho Regional de Medicina pode ter acesso aos lugares comuns onde determinado médico exerce sua profissão, tais como consultório, hospitais, clínicas etc., devendo colaborar com o juízo para evitar o exercício da atividade).

> **Art. 155.** A autoridade deverá comunicar imediatamente ao juiz da execução o descumprimento da pena.[347]
>
> **Parágrafo único.** A comunicação prevista neste artigo poderá ser feita por qualquer prejudicado.[348]

**347. Comunicação do descumprimento:** tanto a autoridade, cuidando-se de funcionário público, como os órgãos de classe ao qual se vincularem os profissionais impedidos de trabalhar, devem comunicar ao juízo da execução penal se tomarem conhecimento acerca da infringência da interdição. Ver o art. 51 (falta grave) e o art. 181, § 3.º (conversão em prisão), ambos desta Lei.

**348. Comunicação extensível a terceiros:** se um funcionário público ou um profissional qualquer estiver impedido de exercer sua atividade, naturalmente, o que fizer deverá ser desconsiderado (ex. a audiência realizada com a presença de advogado interditado do exercício profissional será anulada e refeita). Tal medida poderá prejudicar terceiros. Estes também estão legitimados a levar ao conhecimento do juiz da execução penal o ocorrido, para que as providências legais sejam concretizadas, especialmente no que toca à possibilidade de conversão da interdição em pena privativa de liberdade.

## Capítulo III
## DA SUSPENSÃO CONDICIONAL[349-351]

> **Art. 156.** O juiz poderá suspender, pelo período de 2 (dois) a 4 (quatro) anos, a execução da pena privativa de liberdade, não superior a 2 (dois) anos, na forma prevista nos arts. 77 a 82 do Código Penal.

**349. Conceito de suspensão condicional da pena:** trata-se de um instituto de política criminal, tendo por fim a suspensão da execução da pena privativa de liberdade, evitando o recolhimento ao cárcere do condenado não reincidente em crime doloso, cuja pena não é superior a dois anos (ou quatro, se septuagenário ou enfermo), sob determinadas condições, fixadas pelo juiz, bem como dentro de um período de prova predefinido.

**350. Natureza jurídica:** é medida de política criminal para evitar a aplicação da pena privativa de liberdade, consubstanciada numa outra forma de cumprimento de pena, logo, cuida-se de um benefício.

**351. Duração do benefício:** como regra, de dois a quatro anos. Tratando-se de condenado maior de 70 anos ou enfermo, o período de suspensão será de quatro a seis anos, caso a pena seja superior a dois, mas não ultrapasse quatro anos. No cenário das contravenções penais, a suspensão será de um a três anos.

> **Art. 157.** O Juiz ou Tribunal, na sentença que aplicar pena privativa de liberdade, na situação determinada no artigo anterior, deverá pronunciar-se, motivadamente, sobre a suspensão condicional, quer a conceda, quer a denegue.[352]

**352. Obrigatoriedade de abordagem na sentença:** sempre que a pena não ultrapassar dois anos, *deve* o magistrado fazer expressa referência ao *sursis*, seja para concedê-lo, seja para denegá-lo. E, como todas as decisões do Judiciário, motivadamente. Se a pena não for superior a quatro anos, tratando-se de condenado maior de 70 anos ou enfermo, dá-se o mesmo. Atualmente, em virtude da reforma provocada pela Lei 9.714/98, as penas privativas de liberdade de até quatro anos podem ser substituídas por restritivas de direitos. Por isso, se o juiz optar por essa penalidade, considerada mais benéfica que o *sursis*, conforme dispõe o art. 59, IV, do Código Penal, não há necessidade de se pronunciar a respeito da suspensão condicional da pena. O disposto no art. 157 da Lei de Execução Penal foi editado *antes* da edição da Lei 9.714/98. Até esta data, as penas restritivas de direitos poderiam ser concedidas em substituição a penas privativas de liberdade de menos de um ano. Portanto, penas superiores a um e que não ultrapassem dois anos comportavam apenas o benefício da suspensão condicional da pena, motivo pelo qual o julgador devia se pronunciar a respeito disso.

> **Art. 158.** Concedida a suspensão, o juiz especificará as condições a que fica sujeito o condenado, pelo prazo fixado, começando este a correr da audiência prevista no art. 160 desta Lei.[353]
>
> § 1.º As condições serão adequadas ao fato e à situação pessoal do condenado, devendo ser incluída entre as mesmas a de prestar serviços à comunidade, ou limitação de fim de semana, salvo hipótese do art. 78, § 2.º, do Código Penal.
>
> § 2.º O juiz poderá, a qualquer tempo, de ofício, a requerimento do Ministério Público ou mediante proposta do Conselho Penitenciário, modificar as condições e regras estabelecidas na sentença, ouvido o condenado.[354]
>
> § 3.º A fiscalização do cumprimento das condições, regulada nos Estados, Territórios e Distrito Federal por normas supletivas, será atribuída a serviço social penitenciário, Patronato, Conselho da Comunidade ou instituição beneficiada com a prestação de serviços, inspecionados pelo Conselho Penitenciário, pelo Ministério Público, ou ambos, devendo o juiz da execução suprir, por ato, a falta das normas supletivas.[355-355-A]
>
> § 4.º O beneficiário, ao comparecer periodicamente à entidade fiscalizadora, para comprovar a observância das condições a que está sujeito, comunicará, também, a sua ocupação e os salários ou proventos de que vive.[356]
>
> § 5.º A entidade fiscalizadora deverá comunicar imediatamente ao órgão de inspeção, para os fins legais, qualquer fato capaz de acarretar a revogação do benefício, a prorrogação do prazo ou a modificação das condições.[357]
>
> § 6.º Se for permitido ao beneficiário mudar-se, será feita comunicação ao juiz e à entidade fiscalizadora do local da nova residência, aos quais o primeiro deverá apresentar-se imediatamente.[358]

# Art. 158

**353. *Sursis* condicionado:** concedido o benefício, é imprescindível que o juiz opte entre o denominado *sursis* simples, fixando as condições previstas no art. 78, § 1.º, (prestação de serviços à comunidade ou limitação de fim de semana), e o *sursis* especial, estabelecendo as condições previstas no art. 78, § 2.º (proibição de frequentar determinados lugares, proibição de ausentar-se da comarca onde reside, sem autorização do juiz e comparecimento pessoal e obrigatório a juízo, mensalmente, para informar e justificar as atividades), do Código Penal. Não há suspensão condicional da pena sem a fixação de condições adequadas ao caso concreto. Sobre a escolha entre as variadas possibilidades de condições, consultar as notas ao art. 78 do nosso *Código Penal comentado*. Lembremos, ainda, que, além das condições previstas pelo art. 78, há também as genéricas, indicadas pelo art. 79 do Código Penal.

**354. Alteração das condições do *sursis*:** verificando qualquer inviabilidade de cumprimento, o juiz da execução penal pode, de ofício, ou por provocação do Ministério Público e do Conselho Penitenciário, modificar as condições, substituindo as que não surtirem efeitos por outras. Ex.: o magistrado do processo de conhecimento estabelece na sentença condenatória, como condição, a limitação de fim de semana. Vislumbrando não haver casa do albergado na comarca, nem local adequado para a referida pena ser cumprida a contento, poderia alterá-la para a prestação de serviços à comunidade. A modificação não ofenderia a coisa julgada, já que está expressamente autorizada em lei e a execução penal, por natureza, é flexível, respeitada a individualização executória da pena.

**355. Fiscalização do *sursis*:** é atribuição de variados órgãos, até para que seja mais eficiente. Em primeiro lugar, deve-se destacar a intenção da Lei de Execução Penal de delegar aos Estados e ao Distrito Federal (não há Territórios, atualmente, no Brasil) a possibilidade de legislar nesse cenário, editando regras de fiscalização da suspensão condicional da pena, conforme as peculiaridades locais ou regionais. Por isso, chega a mencionar que, à falta de tais normas supletivas, pode o próprio juiz da execução penal supri-las por ato seu. Uma portaria, por exemplo, tem a possibilidade de credenciar algum órgão da comunidade a fiscalizar o cumprimento do *sursis*. Além disso, há o serviço social atuante em estabelecimentos penais, o Patronato, o Conselho da Comunidade e a entidade beneficiada pela prestação de serviços à comunidade. Órgãos naturais de fiscalização de todas as fases da execução e de quaisquer penas também devem observar a suspensão condicional da pena, tais como o Conselho Penitenciário e o Ministério Público. Estes dois últimos, entretanto, atuam como órgãos de inspeção, vale dizer, devem supervisionar a atuação dos fiscais.

**355-A. Vigilância eletrônica:** consultar a nota 318-B ao art. 139.

**356. Comparecimento periódico do condenado:** primordialmente, esse comparecimento diz respeito à condição prevista no art. 78, § 2.º, *c*, do Código Penal, destinando-se a informar ao juízo as atividades que vem desenvolvendo mês a mês. Nada impede que, além disso, o magistrado da execução penal determine o comparecimento à sede da entidade fiscalizadora credenciada ou indicada em lei para haver uma atuação com maior minúcia, checando os informes prestados.

**357. Consequência da fiscalização:** por óbvio, deve a entidade fiscalizadora comunicar ao juiz da execução penal qualquer percalço no cumprimento das condições do *sursis*, possibilitando a tomada de medidas de ordem jurisdicional, como, por exemplo, a revogação do benefício. Sobre a prorrogação do prazo e quanto às hipóteses de revogação, consultar as notas ao artigo 81 do nosso *Código Penal comentado*.

**358. Alteração de residência:** autorizado pelo juiz da execução penal, pode o condenado mudar-se para outra comarca. Neste caso, nos mesmos moldes previstos pelos arts. 133

e 134 desta Lei, em relação ao livramento condicional, o condenado será acompanhado pelas entidades fiscalizadoras do lugar onde se estabeleceu.

> **Art. 159.** Quando a suspensão condicional da pena for concedida por tribunal, a este caberá estabelecer as condições do benefício.[359]
>
> § 1.º De igual modo proceder-se-á quando o Tribunal modificar as condições estabelecidas na sentença recorrida.[360]
>
> § 2.º O Tribunal, ao conceder a suspensão condicional da pena, poderá, todavia, conferir ao Juízo da execução a incumbência de estabelecer as condições do benefício, e, em qualquer caso, a de realizar a audiência admonitória.[361]

**359. Condições fixadas pelo tribunal:** é possível que o magistrado, na sentença condenatória, de acordo com seu livre convencimento motivado, negue o benefício do *sursis*. Apelando o réu e sendo dado provimento ao recurso, o tribunal concede a suspensão condicional da pena, cabendo-lhe, pois, estabelecer as condições apropriadas, conforme previsão feita pelos arts. 78 e 79 do Código Penal.

**360. Modificação das condições pelo tribunal:** possivelmente, as condições estabelecidas pelo juiz da condenação podem não agradar ao réu ou ao órgão acusatório. Havendo apelação de um ou outro, devidamente provida, cabe ao tribunal alterá-las, atendendo aos interesses da parte que recorreu. Por isso, pode agravar as condições ou atenuá-las.

**361. Delegação do tribunal:** embora seja hipótese mais rara, pois, provido o recurso da parte, o mais indicado é que o tribunal estabeleça, desde logo, quais são as condições ideais para o condenado, não se trata de situação legalmente impossível. Imaginemos que o magistrado, na sentença condenatória, conceda o *sursis* incondicionado. Havendo apelo do Ministério Público, como nenhuma condição foi fixada, nem o órgão acusatório sugeriu alguma específica, pode o tribunal delegar ao juiz da execução penal que o faça. A audiência admonitória, como regra, é realizada, realmente, em primeiro grau: a) na Vara da Execução Penal, quando couber a esta a fixação das condições; b) no juízo da condenação, quando o próprio tribunal já estipulou as condições da suspensão condicional da pena.

> **Art. 160.** Transitada em julgado a sentença condenatória, o juiz a lerá ao condenado, em audiência, advertindo-o das consequências de nova infração penal e do descumprimento das condições impostas.[362]

**362. Aceitação do benefício:** como já vimos, ao tratarmos da natureza jurídica do *sursis*, cuida-se de um benefício, sob condições. Estas precisam ser entendidas e aceitas pelo condenado. Não é possível obrigá-lo, à força, a cumprir, por exemplo, uma prestação de serviços à comunidade. Por tal motivo, o juiz, na audiência admonitória, lerá a decisão ao sentenciado, incluídas as condições às quais ficará submetido, alertando-o para as consequências do não cumprimento e da prática de outra infração penal, que será a revogação do benefício, mas, obviamente, colhendo o seu ciente e a sua aceitação. A lei não menciona expressamente essa concordância, que se dará, por uma questão lógica, ao final da audiência, com a assinatura do termo. Recusando-se, eventualmente, ao cumprimento das regras do *sursis*, perderá este o efeito e será o condenado encaminhado para o regime fixado na sentença (aberto, semiaberto ou fechado). Entendemos não ser o caso de haver *revogação*, pois nem mesmo aceitação houve. Na jurisprudência: STJ: "Assim, embora a suspensão condicional

# Art. 161

da pena seja um benefício que pode ser recusado pelo réu (caráter facultativo), tal recusa somente há de ser feita no momento adequado (audiência admonitória), cabendo ao juiz sentenciante apenas a análise quanto ao seu cabimento e à sua efetiva aplicação. Dessa forma, não é cabível, neste momento, a revogação do *sursis* concedido pelo magistrado sentenciante, uma vez que, somente após o trânsito em julgado e designada audiência admonitória pelo juízo da execução penal, é que poderá o apenado renunciar ao *sursis*, caso não concorde com as condições estabelecidas e entenda ser mais benéfico o cumprimento da pena privativa de liberdade. Precedentes. *Habeas corpus* não conhecido" (HC 447.662 – SP, 5.ª T., rel. Reynaldo Soares da Fonseca, 18.10.2018, v.u.).

> **Art. 161.** Se, intimado pessoalmente ou por edital com prazo de 20 (vinte) dias, o réu não comparecer injustificadamente à audiência admonitória, a suspensão ficará sem efeito e será executada imediatamente a pena.[363]

**363. Ausência da audiência admonitória:** assim ocorrendo, não se colherá a sua concordância, nem haverá a possibilidade de se ter por iniciado o cumprimento do benefício. Por isso, como bem esclarecido no texto do art. 161, *ficará sem efeito o sursis*. Não é caso de revogação, pois nem mesmo foi aceito. Na jurisprudência: STJ: "2. 'Tornado sem efeito o *sursis*, retoma-se o cumprimento da pena imposta na condenação, em seus exatos termos, não se afigurando acertado, à primeira vista, a imposição de regime mais gravoso do que o estatuído na sentença, única e exclusivamente pelo não cumprimento de mandado de intimação, vez que tal hipótese não se encontra entre aquelas elencadas no art. 118 da Lei de Execuções Penais para a regressão a regime mais rigoroso do que o estatuído na condenação' (HC n. 344.974/SP, Relatora Ministra Maria Thereza de Assis Moura, Sexta Turma, julgado em 1º/3/2016, *DJe* 9/3/2016). 3. A sentença condenatória não deferiu a substituição da pena, de forma que é incabível a pretensão para o restabelecimento da substituição da pena privativa de liberdade por restritiva de direitos. 4. *Habeas corpus* não conhecido. Ordem concedida de ofício para determinar que a execução da pena do paciente se dê no regime aberto, nos termos fixados pela sentença condenatória, mantida a liminar anteriormente concedida" (HC 433.344 – SP, 5.ª T., Reynaldo Soares da Fonseca, j. 01.03.2018, v.u.).

> **Art. 162.** A revogação da suspensão condicional da pena e a prorrogação do período de prova dar-se-ão na forma do art. 81 e respectivos parágrafos do Código Penal.[364]

**364. Revogação e prorrogação do** *sursis*: consultar as notas 25 a 35 ao art. 81 do nosso *Código Penal comentado*.

> **Art. 163.** A sentença condenatória será registrada, com a nota de suspensão, em livro especial do Juízo a que couber a execução da pena.[365]
>
> § 1.º Revogada a suspensão ou extinta a pena, será o fato averbado à margem do registro.
>
> § 2.º O registro e a averbação serão sigilosos, salvo para efeito de informações requisitadas por órgão judiciário ou pelo Ministério Público, para instruir processo penal.

**365. Livro de registro da sentença condenatória:** serve para o controle do cumprimento da pena pelo juízo da execução penal. Por isso, haverá nota específica mencionando o gozo de suspensão condicional da pena pelo condenado.

## Capítulo IV
## DA PENA DE MULTA

> **Art. 164.** Extraída certidão da sentença condenatória com trânsito em julgado, que valerá como título executivo judicial, o Ministério Público requererá, em autos apartados, a citação do condenado para, no prazo de 10 (dez) dias, pagar o valor da multa ou nomear bens à penhora.[366-366-C]
>
> § 1.º Decorrido o prazo sem o pagamento da multa, ou o depósito da respectiva importância, proceder-se-á à penhora de tantos bens quantos bastem para garantir a execução.
>
> § 2.º A nomeação de bens à penhora e a posterior execução seguirão o que dispuser a lei processual civil.

**366. Multa como dívida de valor:** a Lei 9.268/96 modificou a redação do art. 51 do Código Penal, passando a constar o seguinte: "Transitada em julgado a sentença condenatória, a multa será considerada dívida de valor, aplicando-se-lhes as normas da legislação relativa à dívida ativa da Fazenda Pública, inclusive no que concerne às causas interruptivas e suspensivas da prescrição". A meta pretendida era evitar a conversão da multa em prisão, o que anteriormente era possível. Não se deveria, com isso, imaginar que a pena de multa se transfigurou a ponto de perder a sua identidade, ou seja, passaria a constituir, na essência, uma sanção civil. Tanto assim que, havendo morte do agente, não se pode estender a sua cobrança aos herdeiros do condenado, respeitando-se o disposto na Constituição Federal de que "nenhuma pena passará da pessoa do condenado" (art. 5.º, XLV). Segundo o que vimos defendendo, agora adotado esse entendimento pela edição da Lei 13.964/2019, modificando o *caput* do art. 51, deve ela ser executada pelo Ministério Público, na Vara das Execuções Penais, embora seguindo o rito procedimental da Lei 6.830/80, naquilo que for aplicável. Assim, o executado deve ser citado (pelo correio, pessoalmente ou por edital) para, no prazo de 5 (cinco) dias, pagar a dívida atualizada pela correção monetária. O devedor, então, pode efetuar o depósito, oferecer fiança bancária, nomear bens à penhora ou indicar à penhora bens oferecidos por terceiros e devidamente aceitos. Se não o fizer, devem ser penhorados bens suficientes para garantir a execução. Após, realizar-se-á leilão público. Mesmo que se considere a multa como sanção penal, na essência, embora cobrada *como se fosse dívida de valor*, respeita-se o procedimento da Lei 6.830/80, não mais se utilizando os arts. 164, 165 e 166 da Lei de Execução Penal. Os demais artigos não conflitam com as normas de execução fiscal, merecendo aplicação, quando possível. Na jurisprudência: STJ: "1. Incumbe ao Ministério Público a execução da pena de multa, o qual, atento às disposições contidas nos arts. 164 e seguintes da Lei de Execução Penal, deverá promovê-la, não cabendo ao juízo da execução a determinação, de ofício, do respectivo pagamento" (AgRg no AREsp 2.092.616 – GO, 5.ª T., rel. Ribeiro Dantas, 02.08.2022, v.u.).

**366-A. Não pagamento da multa, sendo solvente o sentenciado:** na visão atual do STF é caso de impedimento à progressão de regime. É perfeitamente compreensível essa preocupação, tendo em vista que condenados, com condições de satisfazer a pena pecuniária, não deveriam furtar-se a isso. No entanto, não é uma condição específica para a progressão e, em verdade, quando o legislador transformou a cobrança da pena pecuniária *como se fosse*

# Art. 164

*dívida ativa* eliminou por completo qualquer ligação com a privativa de liberdade. Logo, como regra, deve a multa ser executada nos termos legais. Não se pode descartar por completo, para casos específicos, que o inadimplemento deliberado por parte de quem é solvente, de maneira inequívoca, pode influir na progressão. Na jurisprudência: STF: "1. O Supremo Tribunal Federal firmou orientação no sentido de que o inadimplemento deliberado da pena de multa cumulativamente aplicada ao sentenciado impede a progressão no regime prisional. Precedente: EP 12-AgR, Rel. Min. Luís Roberto Barroso. 2. Hipótese em que a decisão agravada, com apoio na orientação do Plenário do Supremo Tribunal Federal, condicionou a manutenção da sentenciada no regime semiaberto ao adimplemento das parcelas da pena de multa. 3. Eventual inadimplemento injustificado das parcelas da pena de multa autoriza a regressão de regime. Tal condição somente é excepcionada pela comprovação da absoluta impossibilidade econômica em pagar as parcelas do ajuste. 4. Agravo regimental desprovido" (EP 8 ProgReg-AgR, Pleno, rel. Roberto Barroso, j. 01.07.2016, m.v.).

**366-B. Não pagamento da multa e hipossuficiência:** recentemente, os Tribunais Superiores – STF e STJ – começaram a analisar valores de pena de multa muito elevados, sem que o executado tenha condições econômicas para arcar com o montante, chegando-se à conclusão de que é possível a extinção da punibilidade mesmo assim. Esse entendimento nasceu das inúmeras condenações advindas de tráfico de drogas, levando ao seguinte quadro: o sentenciado cumpria toda a pena privativa de liberdade e ainda tinha que pagar uma multa em valor exorbitante (a mínima multa para o tráfico é de 500 dias-multa). Terminava em situação complicada, pois teria que aguardar a prescrição da multa para ter extinta a sua punibilidade, lembrando-se de que o período de prescrição acompanha a pena privativa de liberdade. Para a pena mínima por tráfico – 5 anos –, o prazo prescricional é de 12 anos. Por conta disso, o STJ passou a considerar injusto o cenário e, levando em consideração a hipossuficiência, permitiu a extinção da punibilidade sem o pagamento. O STF ratificou o entendimento, desde que devidamente provada essa hipossuficiência. Todavia, vários condenados, *abusando do direito*, com penas de R$ 500,00, por exemplo, quiseram partilhar dessa posição, sem qualquer fundamento plausível, inclusive pelo fato de a multa poder ser parcelada. Se for admitida a extinção da punibilidade desse montante de multa, bastando a *presunção* de incapacidade de pagamento – muitas vezes apontado o simples fato de que é patrocinado pela Defensoria Pública –, está sepultada de vez a pena pecuniária no Brasil para inúmeros condenados. Em suma, a tese da hipossuficiência é válida quando se está diante de condenado pobre, que já cumpriu a pena privativa de liberdade, além de seu valor de multa ser inequivocamente elevado (ilustrando, a pena mínima de multa para o tráfico é de aproximadamente R$ 25.000,00, em valores de 2025). Não se pode acolher a mesma tese, quando se está tratando da menor pena de multa do Código Penal (cerca de R$ 500,00, em 2025), com viabilidade de pagar em prestações. Não são poucos os sentenciados que, penhorados bens para pagamento (veículos, saldo em conta bancária etc.), pleiteiam a extinção da punibilidade, com liberação desses bens, alegando incapacidade econômica, sem qualquer evidência. É importante que o juízo analise caso a caso, sem fixar um padrão único para todos os executados. Na jurisprudência: STJ: "O inadimplemento da pena de multa, após cumprida a pena privativa de liberdade ou restritiva de direitos, não obsta a extinção da punibilidade, ante a alegada hipossuficiência do condenado, salvo se diversamente entender o juiz competente, em decisão suficientemente motivada, que indique concretamente a possibilidade de pagamento da sanção pecuniária" (REsp 2.090.454 – SP, 3.ª S., rel. Rogerio Schietti Cruz, 28.02.2024, v.u.).

**366-C. Competência para a execução:** a multa deve ser executada, quando fixada cumulativamente à pena privativa de liberdade, no lugar onde se encontra o condenado, conforme o juízo universal da execução (consultar a nota 248 ao art. 111). Caso a sanção pecuniária seja a única aplicada ou a derradeira a ser cumprida, deve-se buscar o juízo de domicílio do sentenciado. Na jurisprudência: STJ: "1. A execução penal é una, não sendo possível cindir o processo executivo para que a execução da pena privativa de liberdade seja processada perante o Juízo das Execuções Penais de um estado da federação e a execução da pena de multa imposta na mesma condenação penal seja processada em Juízo de estado diverso. 2. A execução da pena de multa compete ao mesmo Juízo que executa a pena privativa de liberdade cumulativamente imposta" (CC 189.130 – SC, 3.ª S., rel. Laurita Vaz, 14.09.2022, v.u.).

> **Art. 165.** Se a penhora recair em bem imóvel, os autos apartados serão remetidos ao juízo cível para prosseguimento.
>
> **Art. 166.** Recaindo a penhora em outros bens, dar-se-á prosseguimento nos termos do § 2.º do art. 164 desta Lei.
>
> **Art. 167.** A execução da pena de multa será suspensa quando sobrevier ao condenado doença mental (art. 52 do Código Penal).[367]

**367. Suspensão da execução:** é razoável que, não tendo condições de entender o caráter compulsório da execução, que implica penhora de bens etc., fique suspensa a execução até que o condenado se recobre de eventual doença mental. Não se suspende o curso da prescrição por falta de previsão legal. Outro fator diz respeito à indispensabilidade da realização de exame pericial para a constatação da enfermidade mental. Na jurisprudência: STF: "8. Tese subsidiária alusiva à suspensão da pena de multa com esteio no art. 167 da Lei 7.210/1984 que tampouco merece acolhida, uma vez que o diagnóstico alegado pela defesa não foi confirmado em laudo elaborado por Peritos Oficiais, no qual são constatados prejuízos cognitivos leve, condizentes e relacionados à faixa etária do periciado, sem a caracterização dos critérios diagnósticos para demência" (EP 29 AgR, Pleno, rel. Edson Fachin, 23.05.2022, v.u.).

> **Art. 168.** O juiz poderá determinar que a cobrança da multa se efetue mediante desconto no vencimento ou salário do condenado, nas hipóteses do art. 50, § 1.º, do Código Penal, observando-se o seguinte:[368]
>
> I – o limite máximo do desconto mensal será o da quarta parte da remuneração e o mínimo o de um décimo;
>
> II – o desconto será feito mediante ordem do juiz a quem de direito;
>
> III – o responsável pelo desconto será intimado a recolher mensalmente, até o dia fixado pelo Juiz, a importância determinada.

**368. Desconto no vencimento:** cobrada a multa na Vara da Execução Penal ou em Vara Cível, nada impede que seja aplicado o disposto no art. 168 desta Lei. O desconto no vencimento ou salário do sentenciado é forma mais branda de execução, pois não lhe toma bens de maneira abrupta.

> **Art. 169.** Até o término do prazo a que se refere o art. 164 desta Lei, poderá o condenado requerer ao Juiz o pagamento da multa em prestações mensais, iguais e sucessivas.[369-369-A]
>
> § 1.º O Juiz, antes de decidir, poderá determinar diligências para verificar a real situação econômica do condenado e, ouvido o Ministério Público, fixará o número de prestações.

> § 2.º Se o condenado for impontual ou se melhorar de situação econômica, o Juiz, de ofício ou a requerimento do Ministério Público, revogará o benefício executando-se a multa, na forma prevista neste Capítulo, ou prosseguindo-se na execução já iniciada.

**369. Divisão da multa em prestações:** do mesmo modo já defendido na nota anterior, nada impede que o juiz possa parcelar a multa, para que se evite a penhora de bens e se possa garantir o adimplemento da obrigação. Registremos, sempre, que se trata, na essência, de pena, razão pela qual precisa ser cumprida, evitando-se a impunidade. Quando mais se fizer para atingir esse objetivo, melhor para a finalidade da sanção penal.

**369-A. Parcelamento da prestação pecuniária:** por analogia, *in bonam partem*, pode-se utilizar o mesmo parcelamento para a pena alternativa de prestação pecuniária.

> **Art. 170.** Quando a pena de multa for aplicada cumulativamente com pena privativa da liberdade, enquanto esta estiver sendo executada, poderá aquela ser cobrada mediante desconto na remuneração do condenado (art. 168).[370]
>
> § 1.º Se o condenado cumprir a pena privativa de liberdade ou obtiver livramento condicional, sem haver resgatado a multa, far-se-á a cobrança nos termos deste Capítulo.
>
> § 2.º Aplicar-se-á o disposto no parágrafo anterior aos casos em que for concedida a suspensão condicional da pena.

**370. Cobrança da multa cumulada com pena privativa de liberdade:** não se faz a cobrança compulsória, vale dizer, penhorando-se bens e vendendo-os em hasta pública. Pode-se descontar do seu salário, percebido na prisão, mas é preciso aguardar a sua colocação em liberdade para haver execução forçada.

## TÍTULO VI
## DA EXECUÇÃO DAS MEDIDAS DE SEGURANÇA

### Capítulo I
### DISPOSIÇÕES GERAIS

> **Art. 171.** Transitada em julgado a sentença que aplicar medida de segurança, será ordenada a expedição de guia para a execução.[371-371-A]

**371. Guia de execução:** trata-se, na realidade, da guia de internamento. O seu conteúdo vem disciplinado no art. 173, *infra*. Na jurisprudência: STJ: "1. Nos termos do art. 171 da Lei de Execuções Penais, é necessário o trânsito em julgado da sentença absolutória imprópria para o início do cumprimento de medida de segurança imposta ao réu inimputável. 2. Não se inserindo a medida de segurança no caráter de pena e, menos ainda, podendo ser comparada à pena privativa de liberdade, cuja execução provisória foi pela Suprema Corte admitida, descabe sua execução para internação provisória. Precedente. 3. *Habeas corpus* concedido para garantir ao paciente o direito de que não seja iniciada a medida de segurança de internação até o trânsito em julgado da sentença absolutória imprópria" (HC 466.145 – PR, 6.ª T., rel. Nefi Cordeiro, 25.06.2019, v.u.).

**371-A. Conversão de tratamento ambulatorial em internação:** viabilidade, desde que o sentenciado não venha cumprindo os termos a ele prescritos. Na jurisprudência: STJ: "1. *In casu*, as instâncias ordinárias determinaram a conversão da medida de segurança de tratamento ambulatorial imposta ao paciente em internação ao argumento da incompatibilidade do apenado com a medida menos gravosa, tendo em vista a sua não localização para realização de perícia médica, bem como o histórico recente de abandonos do tratamento ambulatorial. A situação do paciente esclarecida nos autos evidencia sua total desídia em submeter-se ao tratamento ambulatorial, fato que revela a incompatibilidade da medida e justifica a conversão em internação, nos moldes do art. 184 da Lei de Execução Penal, c.c. o art. 97, § 4º, do Código Penal. 2. Ordem denegada" (HC 404.448 – SC, 6.ª T., rel. Maria Thereza de Assis Moura, j. 02.08.2018, v.u.).

> **Art. 172.** Ninguém será internado em Hospital de Custódia e Tratamento Psiquiátrico, ou submetido a tratamento ambulatorial, para cumprimento de medida de segurança, sem a guia expedida pela autoridade judiciária.[372]

**372. Cautela e formalidade para a internação:** para que não se perca o controle sobre quem está internado, por quanto tempo e sob ordem de que autoridade, é fundamental a emissão de guia de internamento pela autoridade judiciária competente. Remetemos o leitor para as observações feitas na nota 243 ao art. 107, *caput*, desta Lei. Lembremos, no entanto, que outros documentos podem existir, fornecendo base legal para a internação em Hospital de Custódia e Tratamento. Atualmente, não mais existe a denominada *medida de segurança provisória*, eliminada após a Reforma Penal de 1984. Entretanto, a lacuna havida neste contexto foi suprida pelo advento da Lei 11.403/2011, que criou a medida de internação provisória (art. 319, VII, CPP); portanto, o juiz expede um mandado de internação provisória, que substitui a guia de internamento. Lembremos que esse hospital não é comum, mas um estabelecimento penal (antigo manicômio judiciário), que somente recebe pessoas doentes mentais autoras de fatos criminosos.

> **Art. 173.** A guia de internamento ou de tratamento ambulatorial, extraída pelo escrivão, que a rubricará em todas as folhas e a subscreverá com o juiz, será remetida à autoridade administrativa incumbida da execução e conterá:[373]
>
> I – a qualificação do agente e o número do registro geral do órgão oficial de identificação;
>
> II – o inteiro teor da denúncia e da sentença que tiver aplicado a medida de segurança, bem como a certidão do trânsito em julgado;
>
> III – a data em que terminará o prazo mínimo de internação, ou do tratamento ambulatorial;
>
> IV – outras peças do processo reputadas indispensáveis ao adequado tratamento ou internamento.
>
> § 1.º Ao Ministério Público será dada ciência da guia de recolhimento e de sujeição a tratamento.[374]
>
> § 2.º A guia será retificada sempre que sobrevier modificação quanto ao prazo de execução.[375]

**373. Conteúdo da guia de internação ou tratamento ambulatorial:** constitui não somente a *petição inicial* da execução penal, como a comunicação formal e detalhada à autoridade admi-

# Art. 174

Leis Penais e Processuais Penais Comentadas – Vol. 2 • **Nucci**

nistrativa, responsável pela internação e tratamento do agente, acerca do teor da sentença (medida de segurança aplicada, duração mínima, espécie etc.). Deve conter todos os dados descritos nos incisos do art. 173, acompanhada das cópias das peças que instruíram o processo principal, de onde se originou a absolvição imprópria, com imposição da medida. Os detalhes, em especial quanto às datas (fato, sentença, acórdão, trânsito em julgado etc.), são úteis para o cálculo da prescrição, uma das primeiras providências a ser tomada pelo juiz da execução penal. Não há sentido em se providenciar a execução de medida de segurança prescrita. Sobre a possibilidade de prescrição dessa espécie de sanção penal, consultar a nota 33 ao art. 109 do nosso *Código Penal comentado*.

**374. Ciência ao Ministério Público:** é parte essencial da execução, pois é o principal órgão de fiscalização do cumprimento da medida de segurança. A partir daí, caberá ao promotor acompanhar os prazos mínimos para a realização do exame de cessação da periculosidade, que será analisado no próximo capítulo.

**375. Modificação dos dados da guia:** além dos erros materiais que possa conter e merecerem ser corrigidos, altera-se a guia sempre que houver alguma modificação provocada por outros fatores, como, por exemplo, o provimento a um recurso do MP (no caso de guia de internação provisória) ou o deferimento de uma ação de revisão criminal (proposta pelo agente, após o trânsito em julgado), que altere a medida de segurança em qualquer dos seus aspectos.

> **Art. 174.** Aplicar-se-á, na execução da medida de segurança, naquilo que couber, o disposto nos arts. 8.º e 9.º desta Lei.[376]

**376. Exame criminológico:** ao agente sujeito a medida de segurança torna-se importante realizar o exame criminológico para avaliar o seu grau de periculosidade (art. 8.º, LEP), auxiliando, pois, os médicos a realizar, no futuro, o exame de cessação da periculosidade. Se possível, haverá a interferência da Comissão Técnica de Classificação, colhendo outros dados a seu respeito (art. 9.º, LEP).

## Capítulo II
### DA CESSAÇÃO DA PERICULOSIDADE

> **Art. 175.** A cessação da periculosidade[377] será averiguada no fim do prazo mínimo de duração da medida de segurança,[378-378-A] pelo exame das condições pessoais do agente, observando-se o seguinte:
>
> I – a autoridade administrativa, até 1 (um) mês antes de expirar o prazo de duração mínima da medida, remeterá ao juiz minucioso relatório que o habilite a resolver sobre a revogação ou permanência da medida;[379]
>
> II – o relatório será instruído com o laudo psiquiátrico;[380-381]
>
> III – juntado aos autos o relatório ou realizadas as diligências, serão ouvidos, sucessivamente, o Ministério Público e o curador ou defensor, no prazo de 3 (três) dias para cada um;[382]
>
> IV – o juiz nomeará curador ou defensor para o agente que não o tiver;[383]
>
> V – o juiz, de ofício ou a requerimento de qualquer das partes, poderá determinar novas diligências, ainda que expirado o prazo de duração mínima da medida de segurança;[384]
>
> VI – ouvidas as partes ou realizadas as diligências a que se refere o inciso anterior, o juiz proferirá a sua decisão, no prazo de 5 (cinco) dias.

**377. Periculosidade e culpabilidade:** o inimputável não sofre juízo de culpabilidade, embora com relação a ele se possa falar em periculosidade (um estado duradouro de antissociabilidade de origem subjetiva). Quanto mais fatos criminosos o inimputável cometa, mais demonstra a sua antissociabilidade. A periculosidade pode ser *real* ou *presumida*. É real quando há de ser reconhecida pelo juiz, como acontece nos casos de semi-imputabilidade (art. 26, parágrafo único, CP). Para aplicar uma medida de segurança ao semi-imputável o magistrado precisa verificar, no caso concreto, a existência de periculosidade. É presumida quando a própria lei a afirma, como ocorre nos casos de inimputabilidade (art. 26, *caput*, CP). Nesse caso, o juiz não necessita demonstrá-la, bastando concluir que o inimputável praticou um injusto (fato típico e antijurídico) para aplicar-lhe a medida de segurança. Por outro lado, em comparação, o imputável sofre juízo de reprovação (culpabilidade), merecendo receber em contraposição ao crime praticado a sanção penal denominada pena. A essencial diferença entre as duas situações é que o imputável tem consciência, ao menos potencial, da ilicitude, enquanto o inimputável não consegue vislumbrar a diferença entre o lícito e o ilícito, pautando-se apenas por atos voluntários e conscientes, porém impossíveis de sofrer um juízo de censura.

**378. Prazo mínimo da medida de segurança:** segundo dispõe o art. 97, § 1.º, parte final, do Código Penal, o juiz deve determinar a internação ou o tratamento ambulatorial pelo prazo mínimo de um a três anos. A avaliação e a opção pelo prazo observarão os critérios de periculosidade do agente, baseados no fato cometido e na enfermidade mental ou perturbação apresentada. Portanto, um homicídio cometido de maneira cruel, por doente mental, pode levar o magistrado a impor o mínimo de três anos de internação. Entretanto, um homicídio culposo, praticado por quem padece de enfermidade considerada controlável, pode ser posto em tratamento ambulatorial, pelo prazo mínimo de um ano.

**378-A. Conversão da medida de segurança em prisão domiciliar:** a medida de segurança se destina a pessoas inimputáveis, que necessitam de acompanhamento frequente; portanto, quem estiver sujeito a essa medida pode estar em tratamento ambulatorial, significando estar em liberdade, como pode estar internado, o que equivale ao regime fechado. Se precisa estar recolhido, por representar um risco a si mesmo e a terceiros não tem sentido situá-lo em prisão domiciliar. Na jurisprudência: STJ: "1. No caso concreto, afirmou a Corte estadual, ao analisar a insurgência manifestada pela defesa, ser descabida a pretensão de substituição da medida de internação pela prisão domiciliar, eis que, apesar de se tratar de portador de doença mental, a defesa não trouxe aos autos qualquer atestado apto a comprovar que o réu esteja sendo privado do tratamento psiquiátrico que necessita, bem como sua situação não se enquadra naquelas previstas no artigo 117, da Lei de Execução Penal. 2. Para se concluir de modo contrário e acolher o pleito da defesa, seria necessário o revolvimento fático-probatório, providência vedada conforme Súmula 7/ STJ" (AgRg no AREsp 1.807.745 – ES, 6.ª T., rel. Sebastião Reis Júnior, 25.05.2021, v.u.).

**379. Relatório e laudo:** um mês antes de expirar o prazo mínimo de duração da medida de segurança, a autoridade administrativa (diretor do hospital de custódia e tratamento) deve remeter ao juiz da execução penal um relatório detalhado do paciente, fornecendo um histórico completo da sua situação, desde que ingressou no nosocômio até aquele momento. Juntamente com esse relatório, é preciso anexar o laudo psiquiátrico, onde efetivamente constará a análise médica, sugerindo a mantença da periculosidade ou a afirmando a sua cessação. É com base, essencialmente, nesse parecer médico que o magistrado decidirá acerca da liberação do internado ou da pessoa submetida a tratamento ambulatorial. O laudo não pode demorar abusivamente para ser emitido, sob pena de gerar constrangimento ilegal.

**380. Laudo pericial:** deve ser assinado por um perito oficial, nos termos do art. 159, *caput*, do Código de Processo Penal. No caso de internação e tratamento ambulatorial, não

# Art. 176

Leis Penais e Processuais Penais Comentadas – Vol. 2 • Nucci

vemos como aplicar o disposto no art. 159, § 1.º, do CPP, em relação à nomeação de pessoas leigas e idôneas, embora com diploma em curso superior. Devem ser sempre médico o perito, em função da especificidade do exame realizado.

**381. Assistência de médico particular:** pode haver, nos termos do art. 43 desta Lei. Embora critiquemos essa postura autorizada pelo legislador (ver a nota 94 ao art. 43), há viabilidade legal para que um médico particular influa na avaliação psiquiátrica do interno ou submetido a tratamento ambulatorial, tanto assim que o art. 43, parágrafo único, desta Lei, prevê a possibilidade de resolução da divergência pelo juiz.

**382. Contraditório e ampla defesa:** na avaliação da cessação da periculosidade outros interessados devem ser, necessariamente, ouvidos. O Ministério Público, como órgão fiscalizador principal da execução penal, terá vista dos autos. Após, ouve-se a defesa técnica do agente internado ou submetido a tratamento. A lei menciona, alternativamente, a oitiva do curador, porque, quando do incidente para apurar a inimputabilidade ou semi-imputabilidade (art. 149, § 2.º, CPP), o juiz deve ter nomeado ao réu um curador. Porém, na prática, o curador nomeado é sempre o advogado que já o defende (constituído ou dativo). Assim também ocorrerá na execução penal, vale dizer, não há necessidade de se ouvir o curador, pois este faria as funções de *defensor* do réu, agora submetido a medida de segurança. Basta, portanto, a manifestação do defensor.

**383. Indispensabilidade da defesa técnica:** se o interno ou submetido a tratamento não possuir defensor (ou curador), o juiz lhe garantirá a nomeação de um. Normalmente, estruturam-se os Estados para manter defensores públicos vinculados às Varas de Execução Penal para suprir essas deficiências.

**384. Poder geral de cautela do juiz:** a duração mínima da medida de segurança não equivale à pena aplicada ao imputável. Esta, quando findar, não admite qualquer tipo de prorrogação, devendo ser colocado o condenado imediatamente em liberdade. Entretanto, tendo em vista que a medida de segurança não tem prazo determinado, ultrapassado o mínimo imposto pelo juiz, nada impede que outras diligências, além do relatório e do laudo psiquiátrico, possam ser realizadas. Lembremos, ainda, que, confirmada a mantença da periculosidade, a medida de segurança será prorrogada indefinidamente, muito embora se promova, anualmente, um exame para a reavaliação do caso.

> **Art. 176.** Em qualquer tempo, ainda no decorrer do prazo mínimo de duração da medida de segurança, poderá o Juiz da execução, diante de requerimento fundamentado do Ministério Público ou do interessado, seu procurador ou defensor, ordenar o exame para que se verifique a cessação da periculosidade, procedendo-se nos termos do artigo anterior.[385]

**385. Antecipação do exame de cessação de periculosidade:** o prazo mínimo fixado pelo juiz não é estanque, de modo que seja compulsoriamente observado. Na verdade, cuida-se de uma referência para o tratamento realizar-se. Em casos mais sérios, aguarda-se pelo menos o prazo de três anos para avaliar o paciente. Em outras situações, pode-se fazer o mesmo em um ou dois anos. Porém, advindo súbita melhora – por vezes, em razão da aplicação de novas drogas –, é possível antecipar a realização do exame de cessação de periculosidade, desde que alguém provoque o juízo da Execução Penal (MP, internado ou submetido a tratamento, seu procurador ou seu defensor) de modo *fundamentado*. Há, também, a possibilidade de o administrador do hospital ou do médico do paciente empreender essa provocação. O importante é ter em vista que a medida de segurança tem por finalidade a *cura* do agente e não a sua punição, motivo pelo qual a sua liberação eventual *antes* do prazo mínimo não destoa da finalidade dessa espécie de sanção penal. Entretanto, vale ressaltar a indispensabilidade de surgimento de um *fato novo*, durante o prazo mínimo, para que se antecipe a realização do exame de cessação de periculosidade. Na jurisprudência: STJ: "II – O art. 97, § 1º, do Código Penal estabelece que a medida de segurança de internação ou de tratamento ambulatorial deve se dar por tempo indeterminado, até que se verifique a efetiva cessação da periculosidade do indivíduo, sendo o prazo mínimo de 1 (um) a 3 (três) anos. III – Trata-se de previsão legal que deve ser interpretada em conformidade com a redação da Súmula n. 527/STJ: 'O tempo de duração da medida de segurança não deve ultrapassar o limite máximo da pena abstratamente cominada ao delito praticado'. IV – No caso concreto, ao contrário do alegado pela d. Defesa, não se verifica constrangimento ilegal, porquanto a manutenção da medida de segurança é medida que se impõe, sobretudo, em razão da imposição de prazo mínimo de 3 (três) anos de internação em sentença absolutória imprópria, diante da alta periculosidade do paciente e por ter praticado delitos de elevado potencial ofensivo (art. 33, *caput*, da Lei n. 11.343/06 e art. 217-A, *caput*, por três vezes, do Código Penal). V – *In casu*, o período mínimo de execução da medida de segurança sequer foi alcançado (pouco mais de 1 ano de cumprimento), o que *afasta a possibilidade de desinternação, mesmo após a constatação do laudo*" (HC 706.148 – SC, 5.ª T., rel. Jesuíno Rissato, 08.03.2022, v.u.).

> **Art. 177.** Nos exames sucessivos para verificar-se a cessação da periculosidade, observar-se-á, no que lhes for aplicável, o disposto no artigo anterior.[386]

**386. Exames sucessivos:** realizado o primeiro exame de cessação de periculosidade e constatada a sua mantença, o interno ou aquele que estiver em tratamento continuará submetido à medida de segurança. Anualmente, far-se-ão exames sucessivos, observando-se o disposto no art. 175 desta Lei.

> **Art. 178.** Nas hipóteses de desinternação ou de liberação (art. 97, § 3.º, do Código Penal), aplicar-se-á o disposto nos arts. 132 e 133 desta Lei.[387-388]

**387. Desinternação e liberação:** constatada, por perícia médica, a cessação de periculosidade, após o prazo mínimo fixado pelo juiz ou depois do tempo que for necessário para a eficácia do tratamento, ocorrerá a desinternação (para os que estiverem em medida detentiva) ou a liberação (para os que estiverem em tratamento ambulatorial). É preciso destacar que tanto a desinternação, como a liberação, serão sempre condicionais. Durante um ano ficará o agente sob prova; caso pratique algum ato indicativo de sua periculosidade – que não precisa ser um fato típico e antijurídico –, poderá voltar à situação anterior. Normalmente, faz-se o controle mediante análise da folha de antecedentes do liberado, pois não há outra forma de acompanhamento mais eficaz. E, havendo a desinternação ou a liberação do tratamento ambulatorial, fica o agente em observação por um ano, sujeitando-se, como determina o art. 178 da Lei de Execução Penal, às condições do livramento condicional (arts. 132 e 133, LEP): a) *obrigatórias*: obter ocupação lícita; comunicar ao juiz sua ocupação, periodicamente; não mudar do território da comarca; b) *facultativas*: não mudar de residência, sem prévia comunicação; recolher-se à habitação no horário fixado; não frequentar determinados lugares. Na jurisprudência: STJ: "1. A cessação da periculosidade do paciente, atestada por laudo pericial, enseja sua desinternação do estabelecimento psiquiátrico, sendo que o fato de ele não possuir parentes em condições de

# Art. 179

o receber não autoriza a manutenção da internação. 2. Passados mais de 17 anos desde a internação do paciente, bem como tendo o laudo pericial atestado, em 18/9/2009, que sua periculosidade cessou, deve ser concedida a sua desinternação do estabelecimento psiquiátrico em que se encontra, condicionada ao cumprimento das condições previstas nos arts. 132 e 133 da Lei de Execução Penal. 3. Ordem concedida para determinar a desinternação condicional do paciente, nos termos dos arts. 97, 3º, do Código Penal, e 132, 133 e 178 da Lei de Execução Penal" (HC 185.944 – MG, 6.ª T., rel. Sebastião Reis Júnior, j. 19.09.2017, v.u.).

**387-A. Vigilância eletrônica:** consultar a nota 318-B ao art. 139.

**388. Desinternação progressiva:** prevê a lei penal que o tratamento ambulatorial pode ser convertido em internação, caso essa providência seja necessária para *fins curativos*. Nada fala, no entanto, quanto à conversão da internação em tratamento ambulatorial, o que se nos afigura perfeitamente possível. Muitas vezes, o agente pode não revelar periculosidade suficiente para ser mantido internado, mas ainda necessitar de um tratamento acompanhado. Assim, valendo-se, por analogia, da hipótese prevista no art. 97, § 4.º, do Código Penal, pode o magistrado determinar a desinternação do agente para o fim de se submeter a tratamento ambulatorial, que seria a *conversão* da internação em tratamento ambulatorial. Leia-se, uma autêntica *desintegração progressiva*. Não é, pois, o método de desinternação previsto no art. 97, § 3.º, do Código Penal, porque cessada a periculosidade, porém se destina à continuidade dos cuidados médicos, sob outra forma. Essa medida torna-se particularmente importante, porquanto existem vários casos em que os médicos sugerem a desinternação, para o bem do próprio doente, embora sem que haja a desvinculação do tratamento médico obrigatório. Ora, o art. 178 da Lei de Execução Penal é claro ao determinar que, havendo desinternação ou liberação, devem ser impostas ao apenado as condições obrigatórias e facultativas do livramento condicional (arts. 132 e 133, LEP). Ocorre que, nenhuma delas prevê a possibilidade de se fixar, como condição, a obrigação de continuar o tratamento ambulatorial, após ter sido desinternado. Dessa forma, o melhor a fazer é converter a internação em tratamento ambulatorial, pelo tempo que for necessário à recuperação, até que seja possível, verificando-se a cessação da periculosidade, haver a liberação condicional. Essa metodologia terminou por predominar em muitas Varas de Execução Penal, em experiência pioneira implantada na de São Paulo. Ilustrando: a decisão do magistrado José Antonio Colombo, no processo n. 358.442, de um sentenciado internado há quase 7 anos, na Casa de Custódia e Tratamento de Taubaté, que, submetido a exame de cessação de periculosidade, teve sugerida a desinternação com aplicação de tratamento ambulatorial pelos peritos. Nesse prisma, por entender contraditória a decisão que declarasse cessada a periculosidade, mas, ao mesmo tempo, impusesse tratamento ambulatorial, deliberou o juiz converter a medida de internação na mais branda, consistente em tratamento ambulatorial. Ademais, em reunião realizada no dia 26 de abril de 2001, no Hospital de Custódia e Tratamento Psiquiátrico "Prof. André Teixeira Lima", de Franco da Rocha, com a participação de autoridades da área (juiz, promotor, procurador do Estado e diretores técnicos), foi deliberado que, para a progressão do regime de internação para o tratamento ambulatorial, devem os peritos, que examinarem o internado, concluir pela cessação da periculosidade, embora seja recomendável o prosseguimento do acompanhamento com equipe técnica de saúde mental. Assim, os juízes das execuções penais poderiam viabilizar a colocação do internado em tratamento ambulatorial.

> **Art. 179.** Transitada em julgado a sentença, o juiz expedirá ordem para a desinternação ou a liberação.[389]

**389. Efeito suspensivo:** contra a decisão de desinternação ou liberação do paciente, cabe agravo por parte do Ministério Público, com efeito suspensivo, de modo que a efetiva desinternação ou liberação somente ocorrerá com o trânsito em julgado. Por outro lado, não é demais lembrar que indeferida a desinternação ou liberação também cabe agravo, agora por parte da defesa (e mesmo do MP, em favor do agente), mas sem efeito suspensivo.

## TÍTULO VII
## DOS INCIDENTES DE EXECUÇÃO[390]

### Capítulo I
### DAS CONVERSÕES[391]

> **Art. 180.** A pena privativa de liberdade, não superior a 2 (dois) anos, poderá ser convertida em restritiva de direitos, desde que:[392-394]
>
> I – o condenado a esteja cumprindo em regime aberto;
>
> II – tenha sido cumprido pelo menos 1/4 (um quarto) da pena;
>
> III – os antecedentes e a personalidade do condenado indiquem ser a conversão recomendável.

**390. Incidentes de execução:** os incidentes processuais são as questões e os procedimentos secundários, que incidem sobre o procedimento principal, merecendo solução antes da decisão da causa ser proferida, quando tratamos do processo penal de conhecimento. Na execução, não há de ser diferente. Há questões e procedimentos secundários à execução da pena principal, merecedores de solução antes que esta termine. São os *incidentes de execução*. Podem ser nominados ou inominados. Os constantes dos capítulos I (conversões), II (excesso ou desvio) e III (anistia e indulto) do Título VII desta Lei são os nominados. Há outros que podem ocorrer, embora sem expressa menção da Lei de Execução Penal como tais (ex.: o incidente de unificação de penas).

**391. Conversões positiva e negativa:** a possibilidade de se transformar uma pena privativa de liberdade em restritiva de direitos é dada pelo art. 180 desta Lei, constituindo a forma positiva de conversão de penas, durante a fase de execução. Por outro lado, prevê o art. 181 a forma negativa de conversão, autorizando a transformação da pena restritiva de direitos em privativa de liberdade. Além do preceituado no referido art. 181, respeita-se o disposto no art. 44, §§ 4.º e 5.º, do Código Penal.

**392. Conversão positiva:** a previsão feita no art. 180 desta Lei é, para muitas situações, inútil. Em primeiro lugar, quem foi condenado a pena privativa de liberdade não superior a dois anos, como regra, já obteve benefícios penais na sentença condenatória (ex.: substituição por pena restritiva de direitos ou *sursis*). Imaginando-se não ter conseguido nenhum benefício, nessa ocasião, ainda poderia auferir alguma vantagem durante o cumprimento da pena. Mas, surge o segundo obstáculo: o condenado precisa estar inserido no regime aberto. Ora, se considerarmos o cumprimento da pena em prisão-albergue domiciliar, sem qualquer fiscalização efetiva, como ocorre na maior parte das comarcas brasileiras, não há vantagem nenhuma nessa conversão. O sentenciado deixaria o conforto da sua vida rotineira (lembremos que sua prisão é domiciliar, em período noturno ou de folga do trabalho e sem supervisão estatal) para passar, por exemplo, a uma prestação de serviços à comunidade, o que lhe tomaria pelo menos sete horas semanais de exercício de tarefas gratuitas a entidades sociais. Por uma questão de lógica,

# Art. 181

prefere o condenado permanecer no tranquilo regime aberto sem se empenhar em nada de proveitoso para a comunidade. Entretanto, onde houver casa do albergado, pode ser vantajosa a conversão em pena restritiva de direitos. Depende, pois, do caso concreto.

**393. Requisitos objetivos:** a) *pena privativa de liberdade não superior a dois anos* (art. 180, *caput*). Não deixa claro o texto legal se a pena de dois anos precisa ser fixada na sentença condenatória ou, simplesmente, ser o montante atual em cumprimento pelo condenado. *In dubio pro reo*. Assim, parece-nos que qualquer que seja o montante da pena aplicada na decisão condenatória, tão logo atinja os dois anos, permite-se, associandose aos demais requisitos, a conversão proposta neste artigo. Ex.: condenado a seis anos de reclusão, iniciando no regime fechado, passando pelo semiaberto, quando atingir a marca dos dois anos de pena faltante, estando no regime aberto, em que já cumpriu, pelo menos um quarto, pode pleitear a conversão para pena restritiva de direitos; b) *cumprimento em regime aberto* (art. 180, I). O condenado precisa estar inserido no mais brando dos regimes, o que significa, na prática, já gozar de liberdade, ao menos durante boa parte do seu dia; c) *cumprimento de, no mínimo, um quarto da pena* (art. 180, II). Parece-nos razoável associar esse requisito ao anterior, vale dizer, torna-se necessário que o sentenciado cumpra, ao menos, um quarto da pena *no regime aberto*. Ainda que ele já tenha cumprido dois terços do total da pena em outros regimes (fechado e semiaberto), soa-nos indispensável, para testar sua autodisciplina e senso de responsabilidade, que cumpra um quarto no regime aberto. Após, pode-se converter a privativa de liberdade em restritiva de direitos pelo tempo remanescente da pena.

**394. Requisitos subjetivos:** a) *análise dos antecedentes*. Deve o juiz verificar os antecedentes criminais do condenado. Se forem muitos, advindos de delitos dolosos e graves, pode negar-lhe a conversão; b) *análise da personalidade*. Sentenciados de boa índole – o que pode ser atestado pela Comissão Técnica de Classificação, nas periódicas avaliações feitas – merecem maior chance de afastamento de qualquer forma de prisão, ainda que aberta.

> **Art. 181.** A pena restritiva de direitos será convertida em privativa de liberdade nas hipóteses e na forma do art. 45 e seus incisos do Código Penal.[395]
>
> § 1.º A pena de prestação de serviços à comunidade será convertida quando o condenado:
>
> *a)* não for encontrado por estar em lugar incerto e não sabido, ou desatender à intimação por edital;[396]
>
> *b)* não comparecer, injustificadamente, à entidade ou programa em que deva prestar serviço;[397]
>
> *c)* recusar-se, injustificadamente, a prestar o serviço que lhe foi imposto;[398]
>
> *d)* praticar falta grave;[399]
>
> *e)* sofrer condenação por outro crime à pena privativa de liberdade, cuja execução não tenha sido suspensa.[400-400-A]
>
> § 2.º A pena de limitação de fim de semana será convertida quando o condenado não comparecer ao estabelecimento designado para o cumprimento da pena, recusar-se a exercer a atividade determinada pelo Juiz ou se ocorrer qualquer das hipóteses das letras *a, d* e *e* do parágrafo anterior.[401]
>
> § 3.º A pena de interdição temporária de direitos será convertida quando o condenado exercer, injustificadamente, o direito interditado ou se ocorrer qualquer das hipóteses das letras *a* e *e* do § 1.º deste artigo.[402]

**395. Conversão negativa:** a substituição da pena privativa de liberdade por restritiva de direitos já foi um benefício conseguido pelo agente na sentença condenatória. Não é cabível decepcionar o Estado, que confiou na sua condição moral e na sua responsabilidade para cumpri-la, sem necessidade da utilização de qualquer mecanismo de coerção. Assim não ocorrendo, a única alternativa viável é a conversão em privativa de liberdade novamente. Faz-se da forma estabelecida no art. 44, § 4.º, do Código Penal (a menção ao art. 45 feita no *caput* do art. 181 dizia respeito a momento anterior à edição da Lei 9.714/98, que alterou sua redação). Portanto, no cálculo da pena privativa de liberdade, fruto da conversão, deduz-se o tempo de pena restritiva de direitos já cumprido, respeitando-se um saldo mínimo de 30 dias de detenção ou reclusão, conforme o caso. Na jurisprudência: STJ: "2. As hipóteses de conversão das penas restritivas de direitos em privativa de liberdade estão previstas nos arts. 44, §§ 4º e 5º, do Código Penal, e 181 da Lei de Execução Penal, sendo certo que o descumprimento injustificado da restrição imposta autoriza a adoção dessa medida. 3. Segundo entendimento deste Superior Tribunal, antes da conversão, é imprescindível a intimação do reeducando para que esclareça as razões do descumprimento. Isso porque cabe ao apenado, essencialmente, justificar o não cumprimento da reprimenda. 4. No caso, embora tenha sido realizada a audiência de justificação com o aviso de que o descumprimento da pena restritiva ocasionaria a conversão da reprimenda, o apenado permaneceu inerte e não compareceu para a prestação dos serviços à comunidade, não havendo que se falar em ilegalidade na conversão determinada pelas instâncias ordinárias. 5. *Habeas corpus* não conhecido" (HC 359.098 – RS, 5.ª T., rel. Ribeiro Dantas, 20.04.2017, v.u.).

**396. Não atendimento ao cumprimento da prestação de serviços à comunidade:** transitando em julgado a sentença condenatória, é medida consequencial o chamamento do réu para dar início ao cumprimento da pena restritiva de direitos imposta (art. 149, II, LEP). A intimação poderá ser providenciada pelo juiz da condenação ou da execução penal, conforme a organização judiciária local. Entretanto, não sendo encontrado no endereço constante dos autos, porque o alterou sem a necessária comunicação, será intimado por edital, de maneira ficta. O não atendimento equivale ao descumprimento, justificando a conversão em pena privativa de liberdade, com expedição do mandado de prisão. É evidente que, encontrado posteriormente, ainda que em decorrência de prisão, dispondo-se, de imediato, a cumprir a pena restritiva de direitos, soa-nos razoável o restabelecimento do benefício, afinal, não houve falta grave ou cometimento de outro crime, obstáculos mais que justificáveis para a sua cassação. Conferir: STJ: "1. É inviável a expedição de ofícios ou a realização de diligências outras tendentes a descobrir o paradeiro do condenado, pois é sua obrigação comunicar a nova residência ao Juízo, sob pena de arcar com o ônus de sua desídia, que é o seguimento do processo sem sua presença. 2. No caso, a decisão não é ilegal, porquanto está em consonância com o art. 181, § 1º, 'a', da LEP, que não faz referência à instauração de juízo de justificação, à semelhança do que ocorre no art. 118, § 2º, da LEP (regressão de regime em razão de falta grave, prática de novo crime ou falta de pagamento da multa cumulativamente imposta)" (AgRg no HC 761.122 – MG, 6.ª T., rel. Rogerio Schietti Cruz, 23.08.2022, v.u.).

**397. Não comparecimento à entidade ou programa:** intimado a prestar o serviço no lugar que lhe for designado, o não comparecimento, sem motivo justo, implica, igualmente, descumprimento da pena alternativa, dando margem à conversão. É fundamental, nessa hipótese, ouvir o condenado *antes* da efetivação da prisão. Afinal, pode ele oferecer um motivo razoável para não ter comparecido, dispondo-se a fazê-lo prontamente. Na jurisprudência: "1. O art. 44, § 4º, do Código Penal autoriza a conversão da pena restritiva de direitos em privativa de liberdade quando ocorrer o descumprimento injustificado da restrição imposta. O art. 181, § 1º, 'b', da Lei de Execução Penal, por sua vez, estabelece que a pena de prestação de serviços à comunidade será convertida em privativa de liberdade quando o condenado não comparecer, injustificadamente, à entidade ou programa em que deva prestar serviço. 2. O condenado que, apesar de ter participado de todos os atos processuais e conhecer as consequências do descumprimento da pena restritiva de direito que lhe foi imposta, não é encontrado no endereço e nos contatos indicados ao juízo competente, evidencia desprezo pela execução penal, não havendo falar, assim, em qualquer nulidade. 3. Conforme já decidiu esta CORTE, 'o art. 181, § 1º, *a*, da LEP, não exige que haja intimação por edital do condenado que participou de todo o processo, tratando-se de hipótese diversa do réu revel' (HC 92.012. Rel. Min. Ellen Gracie, Segunda Turma, DJe de 26/6/2008). 4. Agravo regimental a que se nega provimento" (HC 191.893 AgR, 1.ª T., rel. Alexandre de Moraes, 23.11.2020, v.u.).

**398. Recusa em prestar o serviço:** mais uma vez, o texto legal mencionou o termo *injustificadamente*, o que é correto. Atividades humilhantes ou que impliquem esforço excessivo, configurando autêntico *trabalho forçado* ou *cruel* estão completamente fora do parâmetro das penas restritivas de direitos. Por isso, a recusa do condenado pode apresentar motivação razoável. Ouvindo-o, previamente, terá o juiz condições de decidir, com prudência, acerca da necessidade de conversão, ou optar pela atribuição de outra tarefa, possivelmente em lugar diverso.

**399. Prática de falta grave:** as faltas estão descritas no art. 51 desta Lei, embora as previstas nos incisos I e II sejam, na essência, reiterações do disposto na alínea *c* do art. 181, § 1.º, ora em comento.

**400. Sofrer condenação a pena privativa de liberdade:** se o condenado, a cumprir pena restritiva de direitos, terminar recebendo pena privativa de liberdade cuja execução não foi suspensa, por exemplo, pela concessão de *sursis*, é natural que, em regime carcerário, não possa exercitar a contento a prestação de serviços à comunidade. Entretanto, em alguns casos excepcionais, tal possibilidade se daria. Imagine-se alguém condenado a pena privativa de liberdade e inserido no regime aberto. Poderia encontrar algum período do seu dia ou do fim de semana, autorizado pelo juiz da execução penal, a cumprir a referida prestação de serviços à comunidade. A conversão pode não atender aos reclamos da política criminal de reeducação, buscada pelo Estado, durante o cumprimento da pena, evitando-se o encarceramento, quando inútil. Na jurisprudência: STJ: "1. Esta Corte Superior firmou entendimento no sentido de que a conversão da pena restritiva de direitos poderá ocorrer quando houver incompatibilidade na execução da pena restritiva de direitos com a privativa de liberdade (art. 181, § 1º, alínea 'e', da LEP e art. 44, § 5º, do Código Penal). 2. Na espécie, o recorrente cumpria pena restritiva de direitos quando sobreveio nova condenação onde, também, foi a pena privativa de liberdade substituída por restritiva de direitos. Assim, inexiste incompatibilidade de cumprimento das penas restritivas impostas ao recorrente, constatando-se perfeitamente possível a execução sucessiva das medidas despenalizadoras. 3. Recurso ordinário em *habeas corpus* provido para determinar que as penas restritivas de direitos sejam cumpridas sucessivamente pelo recorrente" (RHC 96.829 – RS, 5.ª T., rel. Reynaldo Soares da Fonseca, 24.04.2018, v.u.).

**400-A. Pena privativa de liberdade seguida de pena alternativa:** o STJ estabeleceu um critério para não revogar a pena alternativa, quando é aplicada após o condenado estar em cumprimento de pena privativa de liberdade. Entende-se que a concessão de pena restritiva de direitos, após a pena de prisão, deve respeitar o critério judicial, devendo-se aguardar o cumprimento da privativa de liberdade para, após, seguir a pena alternativa. Embora o propósito seja positivo, parece-nos que a unificação de todas as penas, sejam quais forem e sem interessar quando foram proferidas, ao atingir a fase da execução, devem ser transformadas em uma só a ser cumprida; por isso, o total de todas deve orientar o regime ideal a ser seguido. Naturalmente, se a pena de prisão, em regime aberto, por exemplo, comportar o cumprimento concomitante com pena alternativa (prestação pecuniária, para ilustrar), pode-se manter as duas, sem a conversão da restritiva de direitos em pena privativa de liberdade. Na jurisprudência: STJ: "1.

A lei contempla a possibilidade de conversão da pena restritiva de direitos quando o apenado vem a ser posteriormente condenado à pena privativa de liberdade. Inteligência dos arts. 44, § 5.º, do Código Penal e 181, § 1.º, *e*, da Lei n. 7.210/84. 2. Os arts. 44, § 5.º, do Código Penal e 181, § 1.º, *e*, da Lei n. 7.210/84, não amparam a conversão na situação inversa, qual seja, aquela em que o apenado já se encontra em cumprimento de pena privativa de liberdade e sobrevém nova condenação em que a pena corporal foi substituída por pena alternativa. 3. Em tais casos, a conversão não conta com o indispensável amparo legal e ainda ofende a coisa julgada, tendo em vista que o benefício foi concedido em sentença definitiva e, portanto, somente comporta a conversão nas situações expressamente previstas em lei, em especial no art. 44, §§ 4.º e 5.º, do Código Penal. 4. A pena restritiva de direitos serve como uma alternativa ao cárcere. Logo, se o julgador reputou adequada a concessão do benefício, a situação do condenado não pode ser agravada por meio de interpretação que amplia o alcance do § 5.º do art. 44 do Código Penal em seu prejuízo, notadamente à vista da possibilidade de cumprimento sucessivo das penas" (REsp 1.925.861 – SP, 3.ª S., rel. Laurita Vaz, 27.04.2022, v.u.).

**401. Conversão da pena de limitação de fim de semana:** adaptando-se o disposto no parágrafo anterior, que cuidou da prestação de serviços à comunidade, ao qual remetemos o leitor, o § 2.º apenas acrescentou algumas peculiaridades. Estabeleceu ser causa de conversão o não comparecimento à casa do albergado ou lugar alternativo, designado pelo juiz da execução penal (logicamente, sem motivo justo), bem como a recusa ao exercício de atividade nesse recinto (igualmente, sem razão justificável). Vale, sempre, ouvir o condenado *antes* de se determinar a conversão.

**402. Conversão da pena de interdição temporária de direitos:** valendo-se, ainda, do disposto no § 1.º, ao qual remetemos o leitor, acresceu-se no § 3.º as particularidades dessa espécie de pena. É mais do que óbvio que o exercício de atividade da qual está impedido, sem motivo justo, implica descumprimento da medida (exemplo de motivo razoável: o médico, impedido de clinicar, atende um paciente em emergência).

> **Art. 182.** *(Revogado pela Lei 9.268/1996.)*
>
> **Art. 183.** Quando, no curso da execução da pena privativa de liberdade, sobrevier doença mental ou perturbação da saúde mental, o Juiz, de ofício, a requerimento do Ministério Público, da Defensoria Pública ou da autoridade administrativa, poderá determinar a substituição da pena por medida de segurança.[403-404]

**403. Conversão da pena em medida de segurança:** nesse contexto, é preciso distinguir duas hipóteses: a) se o condenado sofrer de doença mental, não se tratando de enfermidade duradoura, deve ser aplicado o disposto no art. 41 do Código Penal, ou seja, transfere-se o sentenciado para o hospital de custódia e tratamento psiquiátrico pelo tempo suficiente à sua cura (considerando-se o período em que estiver afastado do presídio como cumprimento de pena). Não se trata de conversão da pena em medida de segurança, mas tão somente de providência provisória para cuidar da doença do condenado. Estando melhor, voltará a cumprir sua pena no presídio de onde saiu; b) caso a doença mental tenha caráter duradouro, a transferência do condenado não deve ser feita como providência transitória, mas, sim, definitiva. Por isso, cabe ao juiz converter a pena em medida de segurança, aplicando-se o disposto no art. 183 da Lei de Execução Penal. A discussão que se estabelece, no entanto, dá-se no tocante à duração da medida de segurança. Há quatro correntes a respeito: b.1) tem duração indefinida, nos termos do disposto no art. 97, § 1.º, do Código Penal; b.2) tem a mesma duração da pena privativa de

# Art. 183

liberdade aplicada. O sentenciado cumpre, internado, o restante da pena aplicada; b.3) tem a duração máxima de 40 anos, limite fixado para a pena privativa de liberdade (art. 75, CP); b.4) tem a duração do máximo em abstrato previsto como pena para o delito que deu origem à medida de segurança. Parece-nos que o legislador deveria ter disciplinado melhor o disposto no referido art. 183 desta, deixando bem claro o limite para o seu cumprimento, após a conversão. Afinal, não mais sendo adotado o sistema do duplo binário (pena + medida de segurança), cabe a verificação de imputabilidade no momento do crime, e não depois. Caso fosse considerado inimputável à época do crime, receberia por tal fato medida de segurança, podendo cumpri-la indefinidamente. A situação ora aventada, portanto, é diferente: num primeiro caso, já que cometeu um crime no estado de imputabilidade, recebeu pena. Este é o pagamento à sociedade pelo mal praticado, embora com o objetivo comum de reeducação. Ficando doente, merece tratamento, mas não por tempo indefinido. Num segundo caso, uma vez que praticou o delito no estado de inimputabilidade, recebeu medida de segurança. Pode ficar detido até que se cure. O injusto cometido tem ligação direta com a medida de segurança aplicada, justificando-se, pois, a indeterminação do término da sanção penal. Melhor seria exigir-se a clareza da lei. Não existindo tal nitidez, parece-nos mais lógico não interpretar a lei penal em desfavor do réu. Assim, tendo em vista que, na época da infração penal, o réu foi considerado imputável, recebeu do Estado, por consequência disso, uma pena, fixada em montante certo. Caso tenha havido conversão, é justo que a medida de segurança aplicada respeite o limite estabelecido pela condenação, ou seja, cumprirá a medida de segurança pelo prazo máximo da pena. Terminado esse prazo, continuando doente, torna-se um caso de saúde pública, merecendo ser interditado, como aconteceria com qualquer pessoa que sofresse de enfermidade mental, mesmo sem praticar crime. Não há contradição com a tese de ser constitucional a medida de segurança ter duração indefinida. O que se busca é analisar a situação do criminoso quando pratica o delito, para evitar o malfadado duplo binário. Se era inimputável, pode receber medida de segurança por tempo indefinido, já que essa é a sanção merecida pelo que praticou. Sendo imputável, cabe-lhe a aplicação de uma pena, que não deve ser alterada no meio da execução por uma medida indeterminada. Afinal, de uma pena com limite prefixado, com trânsito em julgado, passaria o condenado a uma sanção sem limite, não nos parecendo isso correto. Na jurisprudência: STJ: "1. Consolidou-se nesta Superior Corte de Justiça entendimento no sentido de que a medida de segurança prevista no art. 183 da Lei de Execução Penal é aplicada quando, no curso da execução da pena privativa de liberdade, sobrevier doença mental ou perturbação da saúde mental, ocasião em que a sanção é substituída pela medida de segurança, que deve perdurar pelo período de cumprimento da reprimenda imposta na sentença penal condenatória, sob pena de ofensa à coisa julgada. 2. Na hipótese vertente, ficou devidamente comprovada a perturbação da saúde mental do sentenciado, conforme laudo apresentado por Junta Médica Oficial do Tribunal de Justiça do Estado de Goiás, registrando-se que 'o periciando (...) possui perturbação da saúde mental codificada por Depressão recorrente (CID-10: F.33)'. Também possui diagnósticos de Hipertensão arterial (CID-10:1.10) e Apnéia obstrutiva do sono (C1D-1(l: G.47.3). Hipoxemia. Consta dos autos, outrossim, relatório médico subscrito por psiquiatra forense, atestando a gravidade do quadro psiquiátrico do ora paciente, com recomendação de sua internação hospitalar, ocasião em que o referido profissional relatou, inclusive, risco de suicídio. 3. Assim, impõe-se, efetivamente, a conversão da medida de segurança por internação em hospital psiquiátrico. 4. Agravo regimental não provido" (AgRg no HC 531.438 – GO, 5.ª T., rel. Reynaldo Soares da Fonseca, 12.05.2020, v.u.). No mesmo prisma, encontramos o disposto no Código Penal português (arts. 104 e 105), determinando que a pena seja convertida em medida de segurança, se tal não se deu à época da sentença, quando ocorrer a constatação de doença mental e o agente se encontrar em estabelecimento prisional comum, pelo restante da pena aplicada. Diz Carlota Pizarro de Almeida que, nessa hipótese, o que está em jogo não é a periculosidade do agente, mas a sua inadaptação para permanecer no meio prisional. Por isso, a internação será determinada pelo restante da pena, como se fosse o cumprimento da pena em estabelecimento destinado a inimputáveis (*Modelos de inimputabilidade*: da teoria à prática, p. 121).

**404. Reconversão da medida de segurança em pena:** evitando-se qualquer tipo de subterfúgio, caso o condenado melhore, após a conversão de sua pena em medida de segurança, deve tornar a cumprir a pena privativa de liberdade, havendo, portanto, a reconversão. Outra solução implicaria abuso. Se a pena fosse convertida em medida de segurança indefinida, ultrapassando até mesmo o teto originalmente fixado como sanção penal pelo Estado, estaríamos diante de situação prejudicial ao sentenciado, uma vez que a imputabilidade deve ser analisada no momento do crime, como analisado na nota anterior. Se a pena fosse convertida em medida de segurança, mas, pouco tempo depois, fosse constatada a melhora do condenado, caso pudesse conseguir a sua liberdade, muitas seriam as situações injustas. Ilustrando: se um condenado a 20 anos de reclusão por latrocínio adoecesse 5 anos após; convertida sua pena em medida de segurança e melhorando ele após 2 anos, o mais lógico é voltar a cumprir a pena faltante, ou seja, 13 anos. Liberdade imediata é o que não lhe cabe. O direito espanhol disciplinou tal situação expressamente, prevendo a possibilidade de haver a reconversão (art. 60, Código Penal). Na jurisprudência: STJ: "1. A medida de segurança é tratamento a que deve ser submetido o autor de crime com o fim de curá-lo ou, no caso de tratar-se de portador de doença mental incurável, de torná-lo apto a conviver em sociedade. 2. O restabelecimento da sanidade mental não pode gerar como consequência a extinção de sua punibilidade, mas tão somente a retomada do cumprimento da pena já que imputável a época do crime. 3. No caso, após iniciada a execução constatou-se a enfermidade do agravado, impossibilitando o cumprimento de pena alternativa e houve a imposição de tratamento ambulatorial que suspendeu o cumprimento da pena enquanto persistiu a enfermidade. Atestada a desnecessidade de sua continuidade, foi retomado o cumprimento da pena" (AgRg no HC 519.917 – SP, 5.ª T., rel. Ribeiro Dantas, 09.11.2021, v.u.).

> **Art. 184.** O tratamento ambulatorial poderá ser convertido em internação se o agente revelar incompatibilidade com a medida.[405]
>
> **Parágrafo único.** Nesta hipótese, o prazo mínimo de internação será de 1 (um) ano.

**405. Conversão do tratamento ambulatorial em internação:** é o que está igualmente previsto no art. 97, § 4.º, do Código Penal, uma vez que se busca a cura do paciente, pouco importando se internado ou em liberdade. Faz-se o melhor para alcançá-la. Não havendo compatibilidade entre o tratamento ambulatorial e o fim da medida de segurança, deve o magistrado determinar a conversão.

## Capítulo II
### DO EXCESSO OU DESVIO

> **Art. 185.** Haverá excesso ou desvio de execução[406] sempre que algum ato for praticado além dos limites fixados na sentença, em' normas legais ou regulamentares.

**406. Excesso ou desvio de execução:** instaura-se um incidente próprio, que correrá em apenso ao processo de execução, quando houver *desvio* (destinação diversa da finalidade da pena) ou *excesso* (aplicação abusiva do previsto em lei) em relação ao cumprimento da pena, seja ela de que espécie for. Exemplos: a) o condenado é privado do trabalho, embora deseje participar das atividades, porque se encontra em cela isolada, apenas para garantir a sua incolumidade física, vez que se encontra ameaçado por outros presos. O Estado deve buscar formas alternativas de proteção à integridade dos presos, mas não pode privá-los do trabalho, que, além de um dever, é um direito do condenado. Trata-se de um desvio da execução penal; b) o condenado, por ter cometido alguma falta disciplinar, passa mais de trinta dias em isolamento, infringindo o disposto no art. 58 desta Lei. Há nítido excesso de execução; c) pode-se aventar uma hipótese mista, em que se vislumbra desvio e excesso. Imagine-se o preso inserido no regime disciplinar diferenciado por ter desrespeitado o diretor do presídio (falta grave), porém fato que não se coaduna com o previsto nas hipóteses do art. 52 desta Lei. A punição é desviada do preceituado em lei e, também, excessiva, pois a punição vai além do necessário. Na jurisprudência: STF: "1. A falta de estabelecimento penal adequado não autoriza a manutenção do condenado em regime prisional mais gravoso. Esse o teor da Súmula Vinculante 56, a qual se ofende com a imposição de permanência do apenado em unidade incompatível com o regime a que fez jus, porque inviabilizada a sua transferência em razão da pandemia de Covid-19. 2. O Plenário da Corte, no julgamento do RE 641.320/RS, reconheceu a impossibilidade de excesso de execução penal e assentou o dever de o Estado-Juiz, em havendo déficit de vagas, adotar medidas alternativas, consentâneas com as particularidades do caso concreto, como (i) a saída antecipada de sentenciados em regimes menos graves ou mais antigos; (ii) a liberdade eletronicamente monitorada; (iii) o cumprimento de penas restritivas de direito e/ou estudo, para aquele que progrediu ao regime aberto; (iv) ou mesmo a prisão domiciliar, até que haja estrutura para aplicação das demais providências. 3. Agravo regimental provido, para julgar procedente a reclamação, a fim de determinar a inclusão imediata do reclamante no regime semiaberto ou a adoção, pelo Juízo da Execução Penal, das medidas alternativas, conforme os parâmetros estabelecidos no RE 641.320/RS" (Rcl 40.761 AgR, 2.ª T., rel. Edson Fachin, 29.06.2020, maioria). STJ: "1. A superveniência de nova condenação no curso da execução penal enseja a unificação das reprimendas impostas ao reeducando. Caso o *quantum* obtido após o somatório torne incabível o regime atual, está o condenado sujeito a regressão a regime de cumprimento de pena mais gravoso, consoante inteligência dos arts. 111, parágrafo único, e 118, II, da Lei de Execução Penal. 2. A alteração da data-base para concessão de novos benefícios executórios, em razão da unificação das penas, não encontra respaldo legal. Portanto, a desconsideração do período de cumprimento de pena desde a última prisão ou desde a última infração disciplinar, seja por delito ocorrido antes do início da execução da pena, seja por crime praticado depois e já apontado como falta disciplinar grave, *configura excesso de execução*. 3. O entendimento jurisprudencial incidente na hipótese deu origem ao texto do Enunciado Sumular n. 534 do STJ, segundo o qual '[a] prática da falta grave interrompe a contagem do prazo para a progressão de regime de cumprimento de pena, o qual se reinicia a partir do cometimento dessa infração'. 4. Agravo regimental não provido" (AgRg no RHC 169.094 – AL, 6.ª T., rel. Rogerio Schietti Cruz, 20.09.2022, v.u.).

> **Art. 186.** Podem suscitar o incidente de excesso ou desvio de execução:[407]
>
> I – o Ministério Público;
>
> II – o Conselho Penitenciário;
>
> III – o sentenciado;
>
> IV – qualquer dos demais órgãos da execução penal.

**407. Partes legitimadas para suscitar o incidente de desvio ou excesso:** segundo o disposto no art. 186, o Ministério Público, o Conselho Penitenciário, o sentenciado e os demais órgãos da execução penal (Conselho Nacional de Política Criminal e Penitenciária, o próprio juiz, agindo de ofício, os Departamentos Penitenciários, o Patronato e o Conselho da Comunidade). Acrescemos à lista, por decorrência natural e lógica da consagração do princípio da ampla defesa na execução penal, o defensor, constituído ou dativo.

## Capítulo III
## DA ANISTIA E DO INDULTO[408]

> **Art. 187.** Concedida a anistia,[409] o Juiz, de ofício, a requerimento do interessado ou do Ministério Público, por proposta da autoridade administrativa ou do Conselho Penitenciário, declarará extinta a punibilidade.[410]

**408. Vedação a crimes hediondos e equiparados:** esses benefícios são vedados aos autores de crimes hediondos e equiparados (art. 5.º, XLIII, CF; art. 2.º, I, Lei 8.072/90). Mais detalhes sobre o tema podem ser encontrados nas notas 26 a 28 ao art. 2.º da Lei 8.072/90 do nosso *Leis Penais e Processuais comentadas* – Volume 1.

**409. Anistia:** é a declaração feita pelo Poder Público, através de lei, editada pelo Congresso Nacional, de que determinado fato, anteriormente considerado criminoso, se tornou impunível por motivo de utilidade social. Volta-se, primordialmente, a crimes políticos, mas nada impede a sua aplicação a outras infrações penais. Maiores detalhes podem ser encontrados na nota 12 ao art. 107 do nosso *Código Penal comentado*.

**410. Consequência da anistia:** segundo o disposto no art. 107, II, do Código Penal, deve o magistrado declarar extinta a punibilidade do condenado. Caso esteja preso, será imediatamente libertado. Se já estiver cumprindo a pena em liberdade, de qualquer modo, terá extinta a sua punibilidade. E, caso já tenha cumprido a pena, o antecedente criminal por ela deixado na folha de antecedentes será apagado. A natureza jurídica da anistia é de autêntica extinção da tipicidade, pois o Legislativo declara, por lei, inexistente o fato que foi anteriormente objeto de tipificação em lei penal incriminadora.

> **Art. 188.** O indulto individual[411] poderá ser provocado por petição do condenado, por iniciativa do Ministério Público, do Conselho Penitenciário, ou da autoridade administrativa.

**411. Indulto individual:** também conhecido por *graça*, é a clemência concedida pelo Presidente da República, por meio de decreto, a um condenado específico, levando-se em conta, em tese, seu mérito incomum no cumprimento da pena (ex.: ato de bravura ou heroísmo), mas também por questões humanitárias (ex.: está gravemente enfermo, à beira da morte). Como preceitua o art. 188 desta Lei, pode ser provocado pelo próprio sentenciado, pelo Ministério Público, pelo Conselho Penitenciário e pela autoridade administrativa (diretor do presídio, por exemplo). Conferir a Súmula 631 do STJ: "O indulto extingue os efeitos primários da condenação (pretensão executória), mas não atinge os efeitos secundários, penais ou extrapenais".

> **Art. 189.** A petição do indulto, acompanhada dos documentos que a instruírem, será entregue ao Conselho Penitenciário, para a elaboração de parecer e posterior encaminhamento ao Ministério da Justiça.[412]

# Art. 190

**412. Procedimento regular:** quando parte do sentenciado, do Ministério Público, da autoridade administrativa ou de outro órgão da execução penal, ouve-se o Conselho Penitenciário e segue o expediente ao Ministério da Justiça. Há casos concretos em que o condenado encaminhou carta diretamente à Presidência da República e, por motivos variados, teve seu pedido conhecido e aprovado, auferindo o benefício do indulto individual. Tais situações demonstram, nitidamente, ser a decisão discricionária do Presidente da República, que pode, inclusive, ignorar o parecer formulado pelo Conselho Penitenciário.

> **Art. 190.** O Conselho Penitenciário, à vista dos autos do processo e do prontuário, promoverá as diligências que entender necessárias e fará, em relatório, a narração do ilícito penal e dos fundamentos da sentença condenatória, a exposição dos antecedentes do condenado e do procedimento deste depois da prisão, emitindo seu parecer sobre o mérito do pedido e esclarecendo qualquer formalidade ou circunstâncias omitidas na petição.[413]
>
> **Art. 191.** Processada no Ministério da Justiça com documentos e o relatório do Conselho Penitenciário, a petição será submetida a despacho do Presidente da República, a quem serão presentes os autos do processo ou a certidão de qualquer de suas peças, se ele o determinar.

**413. Parecer do Conselho Penitenciário:** como já mencionamos na nota anterior, não vincula o Presidente da República, servindo, apenas, de base de dados para a formação do convencimento do Chefe do Poder Executivo.

> **Art. 192.** Concedido o indulto e anexada aos autos cópia do decreto, o Juiz declarará extinta a pena ou ajustará a execução aos termos do decreto, no caso de comutação.[414]

**414. Consequência do indulto:** cabe ao juiz, tomando conhecimento da publicação do decreto de indulto individual no Diário Oficial, declarar extinta a punibilidade do condenado (art. 107, II, CP). Nesse caso, apesar de dever ser o beneficiário colocado em liberdade, se preso estiver, ou cessar qualquer outra restrição, se em liberdade, não se apagará da sua folha de antecedentes a condenação. Esta, inclusive, pode gerar reincidência e ser considerada como antecedente criminal para todos os efeitos. É preciso lembrar que a graça (indulto individual), como regra, não possui condições, porque dirigido a uma pessoa determinada, razão pela qual o juiz declara extinta a punibilidade. No entanto, o indulto coletivo se aplica a vários condenados, devendo o magistrado analisar as condições e extinguir a punibilidade (indulto geral), quando considerá-las preenchidas, conceder redução da pena (indulto parcial ou comutação) ou indeferir a aplicação do indulto, quando não preenchidas as condições do decreto.

> **Art. 193.** Se o sentenciado for beneficiado por indulto coletivo,[415-415-A] o Juiz, de ofício, a requerimento do interessado, do Ministério Público, ou por iniciativa do Conselho Penitenciário ou da autoridade administrativa, providenciará de acordo com o disposto no artigo anterior.[415-B]

**415. Indulto coletivo:** é a clemência concedida pelo Presidente da República, por decreto, a condenados em geral, desde que preencham determinadas condições objetivas e/ou subjetivas. Cuida-se, também, de ato discricionário do Chefe do Poder Executivo, sem qualquer vinculação a parecer de órgão da execução penal. Anualmente, no mínimo um decreto é editado (como regra, o denominado *indulto de natal*), podendo perdoar integralmente a pena, gerando a extinção da punibilidade, mas se mantendo o registro da condenação na folha de antecedentes do beneficiário, para fins de reincidência e análise de antecedentes criminais, como pode perdoar parcialmente a pena, operando-se um desconto (comutação), sem provocar a extinção da punibilidade. É preciso ressaltar que o indulto coletivo, como regra, é editado com condições e elas devem ser apreciadas pelo juiz das execuções penais que, entendendo presentes as condições, aplica o indulto e julga extinta a punibilidade de alguns condenados; se não considerar presentes as condições, indefere o benefício. Na jurisprudência: STF: "1. Os documentos colacionados pela defesa em apoio ao pedido consubstanciam declarações e informações não oficiais, emitidas por profissionais da confiança do ora requerente no exercício privado das suas atividades, o que não perfaz a expressa exigência prescrita pelo Decreto Presidencial. 2. Nas respostas à quesitação, após a exposição do método adotado e dos critérios técnicos seguidos, o laudo pericial mostra-se conclusivo ao refutar paraplegia, tetraplegia, ou cegueira, adquirida posteriormente à prática do delito ou dele consequente, assim como em afastar o enquadramento de doença grave das enfermidades de que o apenado é portador. 3. À míngua de previsão no ato presidencial, descabe potencializar os efeitos do parecer técnico emitido por iniciativa do Ministério Público de São Paulo, pelo Centro de Apoio Operacional à Execução, para o fim de afastar a conclusão do documento oficial exigido pelo ato presidencial, pois se trata de manifestação opinativa que não atende aos requisitos do art. 473 do Código de Processo Civil e tampouco tem o condão de peremptoriamente afastar as conclusões dos Peritos Oficiais. 4. Exigida a comprovação das patologias por laudo oficial no ato presidencial, e, somente em sua falta, por médico designado pelo juízo da execução, imperiosa a conclusão de que a valoração da gravidade da doença não pode seguir critério discricionário" (EP 29 IndCom-AgR, Pleno, rel. Edson Fachin, 23.05.2022, maioria). STJ: "1. A concessão de indulto ou comutação da pena é ato de indulgência do Presidente da República, condicionado ao cumprimento, pelo apenado, das exigências taxativas previstas no decreto de regência. 2. O Decreto Presidencial n. 9.246/2017 estabelece em seu art. 7º, parágrafo único, que '[a] comutação a que se refere o *caput* será concedida às pessoas condenadas à pena privativa de liberdade que não tenham, até 25 de dezembro de 2017, obtido as comutações decorrentes de Decretos anteriores, independentemente de pedido anterior'. 3. No caso, o fato de o paciente ter sido beneficiado por comutações de pena anteriores inviabiliza a pretensão defensiva" (AgRg no HC 714.744 – PR, 6.ª T., rel. Rogerio Schietti Cruz, 14.06.2022, v.u.).

**415-A. Falta grave e suas possíveis consequências:** a prática de falta grave gera a interrupção do prazo para a progressão de regime e o recomeço do cômputo para efeito de apurar o período de cumprimento da pena em que o sentenciado permaneceu com bom comportamento, fazendo também jus ao benefício do indulto total ou parcial (comutação). Porém, depende dos termos do decreto concessivo do indulto. Ilustrando: se o decreto presidencial exigir 16% do cumprimento da pena com bom comportamento, para efeito de aplicar o indulto, a prática de falta grave pode interromper essa contagem, determinando novo prazo, a partir do seu cometimento. Por outro lado, caso o decreto mencione somente o não cometimento de falta grave nos últimos doze meses, logicamente, pouco importa a prática da falta em período anterior a esse. Tomando como exemplo o Decreto 6.294/2007, menciona-se, para a obtenção de comutação (indulto parcial), o cumprimento de 1/4 (um quarto) da pena, se não reincidente, ou 1/3 (um terço), se reincidente, além do não cometimento de falta grave nos últimos doze meses. Nessa situação, a prática de falta grave, antes dos doze meses, não serve para interromper o prazo relativo a um quarto ou um terço da pena. Outro ponto importante é que a prática da falta grave não interrompe o prazo do livramento condicional, mas pode resultar em fator negativo no aspecto subjetivo. Igual-

# Art. 194

mente, não altera o prazo para saída temporária ou trabalho externo, mas pode constituir fator negativo no tocante ao merecimento. Na jurisprudência: STJ: "1. A Terceira Seção do Superior Tribunal de Justiça, no REsp n. 1.364.192/RS, processado sob o regime dos recursos repetitivos, firmou o entendimento de que 'não é interrompido automaticamente o prazo pela falta grave no que diz respeito à comutação de pena ou indulto, mas a sua concessão deverá observar o cumprimento dos requisitos previstos no decreto presidencial pelo qual foram instituídos'. 2. Diante dessa situação, não há constrangimento ilegal no indeferimento do benefício, pois a falta disciplinar foi praticada no prazo previsto no art. 5.º do Decreto n. 8.615/2015. Além disso, nos termos da jurisprudência do Superior Tribunal de Justiça, é prescindível a respectiva homologação no mesmo interregno, ou seja, pode ocorrer antes ou depois do ato presidencial" (AgRg no HC 691.892 – RS, 6.ª T., rel. Laurita Vaz, 21.06.2022, v.u.); "1. Em relação à prática de falta grave nos últimos 12 meses anteriores à publicação da norma concessiva do indulto, estabelece o art. 4º, § 1º, do Decreto Presencial n. 9.246/2017, *in verbis*: Na hipótese de apuração da infração disciplinar não ter sido concluída e encaminhada ao juízo competente, o processo de declaração do indulto natalino ou da comutação será suspenso até a conclusão da sindicância ou do procedimento administrativo, que ocorrerá no prazo de trinta dias, sob pena de prosseguimento do processo e efetivação da declaração. 2. Na espécie, a suposta falta grave foi praticada em 2017 (prática de novo crime), e passados quase 3 (três) anos não se finalizou a apuração da suposta infração, estendendo e muito o prazo de 30 (trinta) dias fixado no decreto presidencial, o que configura constrangimento ilegal. 3. Agravo regimental improvido" (AgRg no HC 542.224 – MS, 5.ª T., rel. Reynaldo Soares da Fonseca, 09.06.2020, v.u.).

**415-B. Indulto humanitário:** é possível ser concedido, contendo, igualmente, condições para ser implementado, quando coletivo. Eventualmente, o indulto individual também pode ser considerado humanitário, mas, nesta hipótese, inexiste análise, pois o Presidente da República confere o perdão e ele deve ser cumprido.

## TÍTULO VIII
## DO PROCEDIMENTO JUDICIAL

> **Art. 194.** O procedimento correspondente às situações previstas nesta Lei será judicial, desenvolvendo-se perante o Juízo da Execução.[416]

**416. Caráter jurisdicional da execução penal:** há nítida predominância do caráter jurisdicional da execução penal no Brasil, consagrado por esta Lei. Portanto, o procedimento desenvolvido para a individualização executória da pena é, basicamente, da alçada do juiz, pouco restando à autoridade administrativa (ex.: provocar o juízo para a inserção do preso em regime disciplinar diferenciado).

> **Art. 195.** O procedimento judicial iniciar-se-á de ofício, a requerimento do Ministério Público, do interessado, de quem o represente, de seu cônjuge, parente ou descendente, mediante proposta do Conselho Penitenciário, ou, ainda, da autoridade administrativa.[417]

**417. Início da execução penal:** já tivemos oportunidade de expor que a execução da pena, como regra, inicia-se, de ofício, pelo Judiciário, sem necessidade da provocação de qualquer parte interessada. Transitada em julgado a sentença condenatória, preso o condenado, o juiz da condenação expede a guia de recolhimento (ou de internamento, quando se tratar de medida de segurança), encaminhando-a, juntamente com outras peças do processo, ao juízo da execução penal. Tem início o procedimento, contando, a partir daí, com a intervenção dos interessados: o Ministério Público, como fiscal da lei, bem como o condenado, como maior interessado no término breve da pena. Além deles, os demais órgãos da execução penal podem oficiar ao juiz, solicitando providências.

> **Art. 196.** A portaria ou petição será autuada ouvindo-se, em 3 (três) dias, o condenado e o Ministério Público, quando não figurem como requerentes da medida.[418]
>
> § 1.º Sendo desnecessária a produção de prova, o Juiz decidirá de plano, em igual prazo.
>
> § 2.º Entendendo indispensável a realização de prova pericial ou oral, o Juiz a ordenará, decidindo após a produção daquela ou na audiência designada.

**418. Medidas em favor ou desfavor do condenado:** a progressão ou regressão de regime, a concessão de livramento condicional, o desconto de dias de pena em virtude da remição, a soma ou unificação de penas etc., podem ser medidas requeridas pelo Ministério Público ou pelo condenado (diretamente ou por intermédio de seu defensor). Instaura-se o apenso próprio e pode-se produzir prova, quando necessário (ex.: exame criminológico). Concluída a instrução, há o julgamento pelo juiz.

> **Art. 197.** Das decisões proferidas pelo Juiz caberá recurso de agravo, sem efeito suspensivo.[419-419-A]

**419. Agravo:** o único recurso previsto nesta Lei é o denominado *agravo em execução*. Afinal, as decisões são, na imensa maioria, interlocutórias. O recurso não tem efeito suspensivo, exceto no caso de desinternação ou liberação de pessoa sujeita a medida de segurança. O rito do agravo em execução é o mesmo do recurso em sentido estrito (arts. 582 a 592 do Código de Processo Penal). Atualmente, é a posição pacífica da jurisprudência brasileira. Mais detalhes sobre a origem e processamento do recurso de agravo, consultar as notas 10 a 13 do Capítulo II, Título II, Livro III, do nosso *Código de Processo Penal comentado*. Na jurisprudência: STJ: "1. A insurgência contra decisão prolatada pelo Juízo da Execução desafia a oposição de agravo em execução penal, nos termos do art. 197 da Lei n. 7.210/84. Deve obedecer ao rito do recurso em sentido estrito, sendo interposto junto ao juízo de primeiro grau, a quem compete analisar sua admissibilidade. 2. A oposição de agravo de instrumento contra decisão do juízo da execução que é atacável pela via do agravo em execução penal, constituindo erro grosseiro, que não autoriza a incidência do princípio da fungibilidade" (AgRg no HC 845.832 – SC, 5.ª T., rel. Ribeiro Dantas, 29.04.2024, v.u.).

**419-A. Efeito suspensivo por mandado de segurança:** é inviável, pois o mandado de segurança assegura direito líquido e certo; o agravo em execução não tem, como regra, efeito suspensivo, por força de lei. Diante disso, inexiste direito líquido e certo a ser amparado. Se, porventura, alguma medida do juiz da execução for considerada muito grave, cabe a ação mandamental diretamente contra ela, se disser respeito a garantir direito líquido e certo, em nível material.

# TÍTULO IX
## DAS DISPOSIÇÕES FINAIS E TRANSITÓRIAS

> **Art. 198.** É defesa ao integrante dos órgãos da execução penal, e ao servidor a divulgação de ocorrência que perturbe a segurança e a disciplina dos estabelecimentos, bem como exponha o preso a inconveniente notoriedade, durante o cumprimento da pena.[420]

**420. Vedação à publicidade perniciosa:** a execução penal lida com a segurança pública e com a dignidade da pessoa humana, por si só em situação rebaixada por estar cumprindo pena, com direitos fundamentais cerceados. Assim, deve-se preservar o sigilo das informações concernentes à segurança e à disciplina dos presídios, bem como é fundamental evitar a exposição do preso à mídia e à população em geral. Cumprimento de pena não é show, tampouco divertimento para terceiros.

> **Art. 199.** O emprego de algemas será disciplinado por decreto federal.[421]

**421. Emprego de algemas:** aos poucos, ora em lei, ora em decreto e até em Súmula Vinculante do STF, vai-se disciplinando o assunto relativo às algemas. A Lei 13.434/2017 acrescentou o parágrafo único ao art. 292 do CPP: "É vedado o uso de algemas em mulheres grávidas durante os atos médico-hospitalares preparatórios para a realização do parto e durante o trabalho de parto, bem como em mulheres durante o período de puerpério imediato". Editou-se, ainda, a Súmula Vinculante 11 do STF: "Só é lícito o uso de algemas em casos de resistência e de fundado receio de fuga ou de perigo à integridade física própria ou alheia, por parte do preso ou de terceiros, justificada a excepcionalidade por escrito, sob pena de responsabilidade disciplinar, civil e penal do agente ou da autoridade e de nulidade da prisão ou do ato processual a que se refere, sem prejuízo da responsabilidade civil do Estado". Na jurisprudência: STF: "7. Exibição do preso às câmeras de televisão algemado por pés e mãos, durante o transporte, a despeito de sua aparente passividade, desafiando a Súmula Vinculante 8. O uso infundado de algemas é causa de 'nulidade da prisão ou do ato processual a que se refere'. 9. Concedida a ordem, para determinar que os Juízos de origem providenciem o retorno do paciente, com brevidade, a estabelecimento penal no Estado do Rio de Janeiro" (HC 152.720, 2.ª T., rel. Gilmar Mendes, 10.04.2018, v.u.). Há, também, a edição do Decreto 8.858/2016: "Art. 1.º O emprego de algemas observará o disposto neste Decreto e terá como diretrizes: I – o inciso III do *caput* do art. 1.º e o inciso III do *caput* do art. 5.º da Constituição, que dispõem sobre a proteção e a promoção da dignidade da pessoa humana e sobre a proibição de submissão ao tratamento desumano e degradante; II – a Resolução n.º 2.010/16, de 22 de julho de 2010, das Nações Unidas sobre o tratamento de mulheres presas e medidas não privativas de liberdade para mulheres infratoras (Regras de Bangkok); e III – o Pacto de San José da Costa Rica, que determina o tratamento humanitário dos presos e, em especial, das mulheres em condição de vulnerabilidade. Art. 2.º É permitido o emprego de algemas apenas em casos de resistência e de fundado receio de fuga ou de perigo à integridade física própria ou alheia, causado pelo preso ou por terceiros, justificada a sua excepcionalidade por escrito. Art. 3.º É vedado emprego de algemas em mulheres presas em qualquer unidade do sistema penitenciário nacional durante o trabalho de parto, no trajeto da parturiente entre a unidade prisional e a unidade hospitalar e após o parto, durante o período em que se encontrar hospitalizada".

**Art. 200.** O condenado por crime político não está obrigado ao trabalho.[422]

**422. Facultatividade do trabalho:** o preso político tem, de fato, *status* diferenciado, pois não se trata de criminoso comum. Assim, a atividade laborativa obrigatória, mormente a manual, pode não ser útil no seu processo de reeducação, até pelo fato de, muitas vezes, preferir atuar em ocupações intelectuais.

**Art. 201.** Na falta de estabelecimento adequado, o cumprimento da prisão civil e da prisão administrativa se efetivará em seção especial da Cadeia Pública.[423]

**423. Separação de presos diferenciados:** a prisão civil (ex.: do devedor de alimentos) e a prisão administrativa (hoje não mais existe) têm natureza diversa da prisão decorrente da prática de crime, razão pela qual não se pode, de fato, misturar presos delinquentes e presos civis ou administrativos. Seria um abuso, com resultados imponderáveis.

**Art. 202.** Cumprida ou extinta a pena, não constarão da folha corrida, atestados ou certidões fornecidas por autoridade policial ou por auxiliares da Justiça, qualquer notícia ou referência à condenação, salvo para instruir processo pela prática de nova infração penal ou outros casos expressos em lei.[424]

**424. Cancelamento dos registros criminais para efeitos civis:** extinta a punibilidade do condenado, pelo cumprimento da pena ou por outro motivo, não mais se fornecerá certidão, a qualquer do povo, sobre a condenação. Preserva-se o processo de reintegração do egresso à sociedade, permitindo-lhe conseguir emprego e restabelecer-se. Porém, para fins criminais e para certos concursos públicos, continuam a constar tais registros, o que é justo, pois o objetivo é completamente distinto. Um juiz criminal, para aplicar corretamente uma pena, precisa conhecer a vida pregressa do réu, o que incluirá todos os antecedentes registrados em sua folha. Lembremos que o disposto neste artigo terminou por esvaziar a função da reabilitação (art. 93, *caput*, CP), pois o ex-condenado não mais precisa disso para *apagar* os registros criminais existentes em sua folha, ao menos para fins civis. Na jurisprudência: STJ: "2. Sem perder de vista o disposto no art. 202 da Lei de Execuções Penais, a manutenção, no banco de dados do IIRGD, de informações relativas a processos criminais cujas punibilidades foram extintas é de rigor, posto que, como o Tribunal de Justiça do Estado de São Paulo não possui sistema de armazenamento de dados próprio e centralizado, nos moldes do IIRGD, do qual constem informações oriundas de todo o estado acerca de todos os processos em trâmite relacionados a determinada pessoa, a exclusão das informações implicaria na impossibilidade de sua recuperação nas hipóteses em que a lei o permite. Precedentes. 3. O acesso a tais dados é condicionado a requerimento fundamentado dirigido ao juiz criminal, única autoridade habilitada a autorizar o acesso aos antecedentes penais daqueles protegidos pelo manto da reabilitação, da absolvição ou da extinção da punibilidade pela prescrição. Isso porque, operada a reabilitação, aparenta vício de ilegalidade o livre acesso aos terminais de identificação por agentes públicos que não o juiz criminal, visto que a Lei de Execuções Penais, bem como o Código de Processo Penal, atentos à disciplina do Código Penal, fixaram o caráter sigiloso das informações penais acerca do reabilitado e daquele em favor de quem se tenha operado a extinção da punibilidade. 4. De outro lado, se o cidadão foi reabilitado, tem o direito de

# Art. 203

obter, perante a vara criminal, certidão negativa, para o fim de posse em concurso público, na qual não conste nenhuma referência à prévia existência de processo(s) no qual tenha sido reabilitado, já que nem sempre o destinatário da certidão consegue ler o seu conteúdo com o mesmo valor que aquela que informa 'Nada Consta', o que pode colocar em risco o exercício de direitos constitucionalmente garantidos, tais como o trabalho e a livre participação em certame público de provas e títulos. 5. Recurso provido, em parte, apenas para garantir ao recorrente o direito da obtenção de certidão de nada consta, perante a autoridade apontada como coatora, unicamente para a finalidade de apresentação dos documentos exigidos na convocação realizada no Concurso Público para o cargo de vigia do município de Caraguatatuba" (RMS 52.714 – SP, 5.ª T., rel. Reynaldo Soares da Fonseca, 07.03.2017, v.u.).

> **Art. 203.** No prazo de 6 (seis) meses, a contar da publicação desta Lei, serão editadas as normas complementares ou regulamentares, necessárias à eficácia dos dispositivos não autoaplicáveis.
>
> § 1.º Dentro do mesmo prazo deverão as Unidades Federativas, em convênio com o Ministério da Justiça, projetar a adaptação, construção e equipamento de estabelecimentos e serviços penais previstos nesta Lei.[425]
>
> § 2.º Também, no mesmo prazo, deverá ser providenciada a aquisição ou desapropriação de prédios para instalação de casas de albergados.[426]
>
> § 3.º O prazo a que se refere o *caput* deste artigo poderá ser ampliado, por ato do Conselho Nacional de Política Criminal e Penitenciária, mediante justificada solicitação, instruída com os projetos de reforma ou de construção de estabelecimentos.
>
> § 4.º O descumprimento injustificado dos deveres estabelecidos para as unidades federativas implicará na suspensão de qualquer ajuda financeira a elas destinada pela União, para atender às despesas de execução das penas e medidas de segurança.

**425. Presídios ideais:** aguarda-se há décadas o cumprimento do disposto no art. 203, § 1.º, desta Lei. Infelizmente, até hoje, cuida-se de letra morta na imensa maioria dos estabelecimentos penais brasileiros.

**426. Casas de albergados:** inúmeros governantes desconhecem ou fingem ignorar o disposto em lei. O maior exemplo pode ser extraído do art. 203, § 2.º, desta Lei, indagando-se onde estão as casas de albergados em várias comarcas brasileiras, a começar da maior delas, que é a Capital do Estado de São Paulo. Torna-se difícil convencer o brasileiro comum a cumprir as leis do seu País, quando os administradores as desprezam sem o menor pudor.

> **Art. 204.** Esta Lei entra em vigor concomitantemente com a lei de reforma da Parte Geral do Código Penal, revogadas as disposições em contrário, especialmente a Lei 3.274, de 2 de outubro de 1957.
>
> Brasília, em 11 de julho de 1984; 163.º da Independência e 96.º da República.
>
> João Figueiredo
>
> *(DOU* 13.07.1984)

# Indígena

## Lei 6.001, de 19 de dezembro de 1973

*Dispõe sobre o Estatuto do Índio[1-3-A]*

O Presidente da República:

Faço saber que o Congresso Nacional decreta e eu sanciono a seguinte Lei:

(...)

### TÍTULO VI
### DAS NORMAS PENAIS

### Capítulo I
### DOS PRINCÍPIOS

**Art. 56.** No caso de condenação do índio por infração penal, a pena deverá ser atenuada e na sua aplicação o juiz atenderá também ao grau de integração do silvícola.[4]

**Parágrafo único.** As penas de reclusão e de detenção serão cumpridas, se possível, em regime especial de semiliberdade, no local de funcionamento do órgão federal de assistência aos índios mais próximo da habitação do condenado.[5-5-A]

**1. Fundamento constitucional:** preceitua o art. 231 da Constituição Federal: "São reconhecidos aos índios sua organização social, costumes, línguas, crenças e tradições, e os direitos originários sobre as terras que tradicionalmente ocupam, competindo à União demarcá-las, proteger e fazer respeitar todos os seus bens. § 1.º São terras tradicionalmente ocupadas pelos índios as por eles habitadas em caráter permanente, as utilizadas para suas atividades produtivas, as imprescindíveis à preservação dos recursos ambientais necessários a seu bem-estar

# Art. 56

Leis Penais e Processuais Penais Comentadas – Vol. 2 • NUCCI

e as necessárias a sua reprodução física e cultural, segundo seus usos, costumes e tradições. § 2.º As terras tradicionalmente ocupadas pelos índios destinam-se a sua posse permanente, cabendo-lhes o usufruto exclusivo das riquezas do solo, dos rios e dos lagos nelas existentes. § 3.º O aproveitamento dos recursos hídricos, incluídos os potenciais energéticos, a pesquisa e a lavra das riquezas minerais em terras indígenas só podem ser efetivados com autorização do Congresso Nacional, ouvidas as comunidades afetadas, ficando-lhes assegurada participação nos resultados da lavra, na forma da lei. § 4.º As terras de que trata este artigo são inalienáveis e indisponíveis, e os direitos sobre elas, imprescritíveis. § 5.º É vedada a remoção dos grupos indígenas de suas terras, salvo, *ad referendum* do Congresso Nacional, em caso de catástrofe ou epidemia que ponha em risco sua população, ou no interesse da soberania do País, após deliberação do Congresso Nacional, garantido, em qualquer hipótese, o retorno imediato logo que cesse o risco. § 6.º São nulos e extintos, não produzindo efeitos jurídicos, os atos que tenham por objeto a ocupação, o domínio e a posse das terras a que se refere este artigo, ou a exploração das riquezas naturais do solo, dos rios e dos lagos nelas existentes, ressalvado relevante interesse público da União, segundo o que dispuser lei complementar, não gerando a nulidade e a extinção direito a indenização ou a ações contra a União, salvo, na forma da lei, quanto às benfeitorias derivadas da ocupação de boa-fé. § 7.º Não se aplica às terras indígenas o disposto no art. 174, §§ 3.º e 4.º". E o art. 232 dispõe que "os índios, suas comunidades e organizações são partes legítimas para ingressar em juízo em defesa de seus direitos e interesses, intervindo o Ministério Público em todos os atos do processo".

**2. Histórico do silvícola no Brasil:** em estudo específico, explica João Bernardino Gonzaga que "para fazer um estudo completo, deveríamos, então, desvendar a alma indígena, que já se perdeu. Seus hábitos nem sempre foram bem descritos pelos cronistas. Já se esvaeceram no tempo e se nos apresentam agora muitas vezes filtrados pela influência dos colonizadores. Povo animista, místico como todo homem primitivo, envolvido por tabus, sua lógica não era a nossa. Torna-se por isso extremamente difícil colocar-nos dentro dos esquemas mentais que lhe orientavam a vida, como seria imprescindível para bem compreendê-la (*Pareto*, Traité de Sociologie Générale, I, p. 592)" (*O direito penal indígena. À época do descobrimento do Brasil*, p. 60). E continua: "A explicação será que o silvícola vive permanentemente integrado na natureza, em estreita dependência do que ali existe, de tal modo que é forçado a conhecê-la. Assim, quando algum mais dotado procede a sistematizações e a novas descobertas nesse campo, encontra fácil receptividade por parte dos demais. O que inegavelmente falta, entretanto, são igual vocação e a mesma receptividade para as construções lógico-abstratas, que constituem o alicerce do pensamento jurídico. Esse o motivo do profundo atraso em que se acham todas as instituições primitivas que dependam *a priori* de tal tipo de raciocínio. E, quando consegue algum povo alçar-se nesse domínio, aí está um sinal seguro de que começa a emergir do estado bruto" (*O direito penal indígena. À época do descobrimento do Brasil*, p. 67-68). (...) "Aqui, portanto, encontramos inserido um Direito Penal enigmático, místico, para nós incompreensível. A quebra de certo tabu acarretará consequências inexoráveis e automáticas para o agente. Mas pode também suceder que sobrevenha um risco para toda a coletividade, sobre a qual recairá a vingança dos espíritos ofendidos. E então é preciso punir o culpado, ou porque criou a possibilidade de um mal generalizado, ou porque, tomando-se a iniciativa do seu castigo, se aplacam as iras da divindade ultrajada. Também em razão do exposto decorre a enorme dificuldade de fazer-se o catálogo dos procedimentos puníveis, numa comunidade bárbara, porque o seu campo é muito flutuante, sobretudo no amplo setor em que a noção de 'crime' se liga à de desobediência a tabus" (*O direito penal indígena. À época do descobrimento do Brasil*, p. 80-81). Em suma: "Em nossos indígenas, vários fatores concorriam para o fenômeno: seu ínfimo teor de vida; o hábito, que necessariamente adquiriam, de suportar o desconforto, a dor, o padecimento, as desgraças; a falta de imaginação; o consequente embrutecimento que lhes embotava a alma; o sentimento de impotência para afastar a generalidade dos males, com os quais portanto se deviam conformar; a suposição de que muitas das suas desventuras provinham das forças ocultas, sendo assim inevitáveis. Tudo isso os tornava grosseiros e estoicos, pouco os incomodando o sofrimento, ao contrário do que sucede com o homem de cultura, hábitos e sentimentos mais apurados. Os textos estão repletos de exemplos em tal sentido. Desde a infância o silvícola se submetia a provas de iniciação, que 'eram as mais rudes. Algumas tão brutas que o iniciando não as suportava e morria em consequência do excessivo rigor'. Havia a flagelação, a tatuagem, a perfuração do septo, dos lábios e das orelhas" (*O direito penal indígena. À época do descobrimento do Brasil*, p. 83-84).

**3. Definição de indígena e de comunidade indígena ou grupo tribal:** encontramos no art. 3.º desta Lei: "Para os efeitos de lei, ficam estabelecidas as definições a seguir discriminadas: I – Índio ou Silvícola – É todo indivíduo de origem e ascendência pré-colombiana que se identifica e é identificado como pertencente a um grupo étnico cujas características culturais o distinguem da sociedade nacional; II – Comunidade Indígena ou Grupo Tribal – É um conjunto de famílias ou comunidades índias, quer vivendo em estado de completo isolamento em relação aos outros setores da comunhão nacional, quer em contatos intermitentes ou permanentes, sem contudo estarem neles integrados". E o art. 4.º disciplina que os índios devem ser considerados: "I – Isolados – Quando vivem em grupos desconhecidos ou de que se possuem poucos e vagos informes através de contatos eventuais com elementos da comunhão nacional; II – Em vias de integração – Quando, em contato intermitente ou permanente com grupos estranhos, conservam menor ou maior parte das condições de sua vida nativa, mas aceitam algumas práticas e modos de existência comuns aos demais setores da comunhão nacional, da qual vão necessitando cada vez mais para o próprio sustento; III – Integrados – Quando incorporados à comunhão nacional e reconhecidos no pleno exercício dos direitos civis, ainda que conservem usos, costumes e tradições característicos da sua cultura".

**3-A. Exame antropológico:** como regra, é dispensável, pois o juiz pode colher, pelas provas produzidas nos autos, se o indígena é aculturado ou isolado (ou em vias de integração).

**4. Atenuante específica:** o disposto neste artigo deve ser interpretado com cautela. O indígena denominado isolado ou em vias de integração, caso não seja absolvido, por inimputabilidade, e aplicada a medida de segurança cabível, deve ser apenado, porém com atenuação específica da pena. A atenuante será confrontada, nos termos do art. 67 do Código Penal, se houver, com outras agravantes. Porém, se houver o confronto, cuidando-se de lei especial, deve preponderar sobre as eventuais agravantes previstas no Código Penal. Sob outro prisma, não vemos sentido algum em aplicar qualquer atenuante ao silvícola considerado integrado. Possuindo plena noção das leis nacionais, não há razão plausível para obter atenuação da pena. Na jurisprudência: STJ: "1. A pretendida aplicação da atenuante de que cuida o art. 56, parágrafo único, da Lei n. 6.001/1973 somente tem incidência ao indígena não integrado socialmente, não assim àquele já incorporado à comunhão nacional e no pleno exercício dos seus direitos civis, ainda que conserve usos, costumes e tradições características de sua cultura. 2. Agravo regimental a que se nega provimento" (AgRg no RHC 79.210 – SC, 6.ª T., rel. Antonio Saldanha Palheiro, 30.03.2017, v.u.).

**5. Cumprimento da pena:** mais uma vez, devemos ressaltar que tal dispositivo somente deve ter aplicação ao silvícola isolado ou em vias de integração, quando não receberem medida de segurança, de acordo com a análise do caso concreto. O indígena integrado deve ser equiparado, completamente, até por uma questão de isonomia, ao cidadão comum. Encaixando-se, pois, no preceituado neste artigo (isolado ou em vias de integração), por mais grave tenha sido o delito, cumprirá a pena em regime de semiliberdade, o que equivale ao regime semiaberto. A colônia, no entanto, deve ser mantida pela União e pelos órgãos federais fiscalizada. Na juris-

# Art. 56

prudência: STJ: "2. 'O art. 56, parágrafo único, da Lei 6.001/73, que prevê o cumprimento da pena em regime de semiliberdade e em estabelecimento da FUNAI, somente se aplica ao réu indígena não integrado socialmente ou em fase de aculturação' (AgRg no AREsp 1.467.017/MT)" (AgRg no HC 621.553 – PR, 5.ª T., rel. João Otávio de Noronha, 19.04.2022, v.u.); "3. O art. 56, parágrafo único, da Lei n. 6.001/1973, que prevê o cumprimento da pena em regime de semiliberdade e em estabelecimento da FUNAI, somente se aplica ao réu indígena não integrado socialmente ou em fase de aculturação. (...) 6. No caso concreto, trata-se de indígena alfabetizado, totalmente integrado à sociedade e que cumpre pena em regime fechado pela prática do delito de homicídio, não tendo sido comprovado que necessite de qualquer cuidado especial de saúde" (AgRg no AREsp 1.916.005 – MS, 5.ª T., rel. Reynaldo Soares da Fonseca, 08.02.2022, v.u.); "1. O art. 56, parágrafo único, da Lei n. 6.001/1973, que prevê o cumprimento da pena em regime de semiliberdade e em estabelecimento da FUNAI, somente se aplica ao réu indígena não integrado socialmente ou em fase de aculturação. Precedentes. (...) 3. Na hipótese dos autos, o agravante cumpre pena em regime fechado, pela prática do delito de roubo, crime praticado mediante violência à pessoa e, não obstante seja indígena, não comprovou a necessidade de cuidados de saúde especiais, sobretudo em se tratando de condenado jovem (23 anos de idade)" (AgRg no HC 575.814 – PR, 5.ª T., rel. Ribeiro Dantas, 09.11.2021, v.u.).

**5-A. Prisão provisória:** há entendimentos no sentido de que também se deve assegurar ao indígena o *status* de semiliberdade. Porém, conforme o tempo passa verifica-se a integração do indígena à comunidade e, com isso, a viabilidade de prisão preventiva em regime isolado como qualquer outro preso. Na jurisprudência: TJRS: "O artigo 231 da Constituição Federal não trata acerca da impossibilidade de custódia preventiva dos indígenas, mas reconhece aos índios sua organização social, costumes, línguas, crenças e tradições, e os direitos originários sobre as terras que tradicionalmente ocupam. Assim, é garantido aos povos indígenas o direito de conservar seus costumes e instituições próprias, desde que estes sejam compatíveis com os direitos fundamentais definidos pelo sistema jurídico nacional, não sendo defeso o decreto preventivo quando por sua própria ação o indivíduo viola o direito fundamental de outro, no caso, o direito à vida. Não existe qualquer vedação em relação ao recolhimento de indígena a estabelecimento prisional. O artigo 56 da Lei nº 6.001/73, em seu parágrafo único, possibilita que, em caso de condenação do índio por infração penal, as penas, se possível, serão cumpridas em regime especial de semiliberdade, em 'local de funcionamento do órgão federal de assistência aos índios mais próximos da habitação do condenado'. Ocorre que, como se verifica da leitura do artigo, tal ponderação é aplicável unicamente aos casos em que já haja condenação, não havendo qualquer disposição acerca de prisões preventivas. 7. Pandemia de covid-19. Orientação do Conselho Nacional de Justiça, por intermédio da Recomendação CNJ 62/2020, que consignou a possibilidade de concessão da liberdade aos presos que se enquadrem no grupo de risco, que tenham excedido o prazo de 90 dias por crimes, praticados sem violência ou grave ameaça. Entretanto, trata-se de mera recomendação, cabendo ao Juízo singular a análise de cada caso. Hipótese em que sequer houve a comprovação de que o coacto se enquadre em qualquer grupo de risco, não se podendo olvidar sua periculosidade social, evidenciada pela reiteração delitiva. População já se encontra confinada em quarentena, para evitar a propagação do COVID-19 e, por consequência, o colapso do sistema de saúde, suportando as consequências econômicas da paralisação das atividades comerciais do País. Não se podendo dela exigir o enclausuramento por medo, pela soltura indiscriminada de todo e qualquer indivíduo preso, sem que o grau de periculosidade do agente seja antes apreciada. A evidente periculosidade do agente é fator que tolhe a aplicação da recomendação do Conselho Nacional de Justiça, devendo o Poder Público buscar outras alternativas, como o isolamento dos constritos do grupo de risco, e, somente quando outra solução não há, a prisão domiciliar ou a

# Art. 57

Indígena

403

aplicação das medidas cautelares diversas à prisão deverão ser aplicadas. Ordem denegada" (HC Criminal 70084116268, 3.ª Câmara Criminal, rel. Viviane de Faria Miranda, 24.04.2020, v.u.).

> **Art. 57.** Será tolerada a aplicação, pelos grupos tribais, de acordo com as instituições próprias, de sanções penais ou disciplinares contra os seus membros, desde que não revistam caráter cruel ou infamante, proibida em qualquer caso a pena de morte.[6-7]

**6. Tolerância às sanções penais indígenas e vedações específicas:** o art. 57 desta Lei menciona que será tolerada a aplicação de sanções penais pelos grupos tribais, conforme suas tradições. Excepciona, no entanto, as penas de caráter cruel, infamante e de morte. Parece-nos vazia esta norma. Em primeiro lugar, os estudiosos do denominado *direito penal indígena* não apontam sanções "civilizadas", aplicadas pelos silvícolas. Por isso, na sua imensa maioria, serão penas cruéis, infamantes ou até mesmo a morte. Logo, vedadas. Em segundo lugar, se as tais "sanções" forem inofensivas, sob a visão constitucional-penal brasileira, nem precisaria haver a exceção expressamente prevista no Estatuto do Índio, pois perderiam a sua natureza jurídica de *reprimenda penal*. Segundo o relato de João Bernardino Gonzaga, nas comunidades indígenas, era comum matar os velhos, enterrando-os vivos, em cerimônias. Homicídios em família eram tolerados, como um cônjuge envenenar o outro. Abortamentos eram muito utilizados, até como forma de vingança da mulher contra o marido que a maltratasse. Infanticídios também ocorriam com pública indiferença, especialmente de crianças deformadas ou cujo nascimento adveio de um suspeito adultério. Havia, ainda, a execução dos adversários escravizados e dos doentes (*O direito penal indígena. À época do descobrimento do Brasil*, p. 135-136). Esse quadro nos mostra que não havia um *direito penal indígena* compatível com o Estado Democrático de Direito. Por tal razão, a Lei 6.001/73 está desatualizada e não deve encontrar amparo, na prática, para a permissão aventada pelo referido art. 57. Na jurisprudência: STJ: "2. Nos termos do art. 57 do Estatuto do Índio, não é permitido aos líderes de grupos tribais a imposição de sanções de caráter cruel ou infamante, nem de pena de morte contra seus membros, sendo típica, portanto, a conduta que impôs à vítima intenso sofrimento físico, como forma de aplicar castigo. 3. Fixado pelas instâncias ordinárias, com amplo arrimo no acervo probatório, que a vítima – indígena sob sua autoridade – foi submetida a intenso sofrimento físico, não há como ilidir essa conclusão, pois demandaria revolvimento de provas e fatos, não condizente com a via estreita do remédio constitucional, que possui rito célere e desprovido de dilação probatória. 4. *Habeas corpus* não conhecido" (HC 208.634 – RS, 6.ª T., rel. Rogerio Schietti Cruz, j. 14.06.2016, *DJe* 23.06.2016).

**7. Capacidades civil e penal:** dispõe o art. 4.º, parágrafo único, do Código Civil, que "a capacidade dos indígenas será regulada por legislação especial". A Lei 6.001/73, por sua vez, disciplina no art. 9.º que "qualquer índio poderá requerer ao Juiz competente a sua liberação do regime tutelar previsto nesta Lei, investindo-se na plenitude da capacidade civil, desde que preencha os requisitos seguintes: I – idade mínima de 21 anos; II – conhecimento da língua portuguesa; III – habilitação para o exercício de atividade útil, na comunhão nacional; IV – razoável compreensão dos usos e costumes da comunhão nacional. Parágrafo único. O Juiz decidirá após instrução sumária, ouvidos o órgão de assistência ao índio e o Ministério Público, transcrita a sentença concessiva no registro civil". No art. 10, preceitua-se que "satisfeitos os requisitos do artigo anterior e a pedido escrito do interessado, o órgão de assistência poderá reconhecer ao índio, mediante declaração formal, a condição de integrado, cessando toda restrição à capacidade, desde que, homologado judicialmente o ato, seja inscrito no registro civil". Por outro lado, o art. 49 dispões que a "alfabetização dos índios far-se-á na língua do grupo a que pertençam, e em português, salvaguardado o uso da primeira", enquanto o art. 50 menciona que a "educação do índio será orientada para a integração na comunhão nacional mediante processo de gradativa compreensão dos problemas gerais e valores da sociedade nacional, bem como do aproveitamento das suas aptidões individuais". Em suma, não se pode considerar, incondicionalmente, imputável (ou penalmente capaz) o silvícola. Se ele for considerado "isolado", dificilmente conhecerá as normas penais e o caráter ilícito do que faz. Se o denominado direito penal indígena, como já mencionamos, permite atos violentos, considerados normais, como matar crianças e idosos, ou mesmo cônjuges adúlteros, não se pode simplesmente aceitar a imputabilidade penal, caso um indígena mate outro, a pretexto de seguir a sua tradição. Por outro lado, aplicar pena e inserir o silvícola não civilizado em presídio comum também não adianta. Parece-nos que o caminho a seguir é a aplicação de medida de segurança, quando possível, assumido o seu cumprimento e fiscalização pelo órgão estatal da União encarregado de tutelar a vida do silvícola não aculturado. Logicamente, valendo-se o indígena do disposto no art. 9.º da Lei 6.001/73, investindo-se de plena capacidade, vivendo em sociedade, qualquer infração penal lhe será acoimada normalmente, podendo receber pena, como outro cidadão qualquer. De outra parte, o denominado "indígena em fase de integração" pode ser considerado semi-imputável, submetido às regras do art. 26, parágrafo único, do Código Penal, recebendo pena ou medida de segurança, conforme o caso concreto. Devemos ponderar, ainda, as figuras do erro de tipo e erro de proibição. Muitos silvícolas podem equivocar-se quanto a elementos dos tipos penais ou quanto à ilicitude do que praticam. Se assim ocorrer, a eles podem ser aplicadas as regras dos arts. 20 e 21 do Código Penal.

**Capítulo II**
**DOS CRIMES CONTRA OS ÍNDIOS**

> **Art. 58.** Constituem crimes[8] contra os índios[9] e a cultura indígena:
>
> I – escarnecer[10-12] de cerimônia, rito, uso, costume ou tradição culturais indígenas, vilipendiá-los ou perturbar, de qualquer modo, a sua prática:[13-14]
>
> Pena – detenção de 1 (um) a 3 (três) meses;[15]
>
> II – utilizar[16-18] o índio ou a comunidade indígena como objeto de propaganda turística ou de exibição para fins lucrativos:[19-20]
>
> Pena – detenção de 2 (dois) a 6 (seis) meses;[21]
>
> III – propiciar,[22-24] por qualquer meio, a aquisição, o uso e a disseminação de bebidas alcoólicas, nos grupos tribais ou entre índios não integrados:[25-26]
>
> Pena – detenção de 6 (seis) meses a 2 (dois) anos.[27]
>
> **Parágrafo único.** As penas estatuídas neste artigo são agravadas de um terço, quando o crime for praticado por funcionário ou empregado do órgão de assistência ao índio.[28-28-A]

**8. Redação equivocada:** não há razão para construir um tipo penal dessa maneira: "Constituem crimes...". Basta dizer exatamente qual é a conduta típica e fixar a pena.

**9. Contra qual indígena:** voltamos ao que vimos defendendo. O silvícola totalmente integrado não pode ser considerado sujeito passivo deste crime, como também não merece atenuante alguma, somente por ter ascendência indígena, tampouco se dirá que ele é inimputável. O indígena isolado ou em vias de integração é o objetivo desta norma.

**10. Análise do núcleo do tipo:** escarnecer (zombar, fazer troça de algo ou alguém) é a primeira conduta típica, cujo objeto é cerimônia (forma exteriorizada de um culto), rito (regras da cerimônia), uso (praxe), costume (hábito) ou tradição (transmissão de rituais ou valores através de gerações), relacionados à cultura indígena (padrões próprios que regem a comunidade dos silvícolas). Em seguida, são previstos os verbos vilipendiar (humilhar, desonrar) e perturbar (atrapalhar, estorvar), cujo objeto é, igualmente, a cultura indígena. Portanto, há um tipo misto alternativo. A prática de uma ou mais condutas, em um único cenário, contra a mesma vítima, implica um único delito. Objetiva-se, na essência, obrigar o brasileiro civilizado (não silvícola) a respeitar a cultura alheia, daqueles que, neste território, já se encontravam muito antes da colonização.

**11. Sujeitos ativo e passivo:** o sujeito ativo pode ser qualquer pessoa. O sujeito passivo é o indígena ou sua comunidade. Secundariamente, pode-se apontar o Estado, que tem interesse na manutenção da cultura indígena.

**12. Elemento subjetivo do tipo:** é o dolo. Não existe a forma culposa. Exige-se o elemento subjetivo específico, nos moldes dos delitos contra a honra, consistente na vontade de menosprezar a cultura indígena. Por exemplo, o *animus narrandi* ou *jocandi* afasta a punição.

**13. Objetos material e jurídico:** o objeto material é a cerimônia, o rito, o uso, o costume ou a tradição cultural indígena. O objetivo jurídico é a preservação da cultura indígena.

**14. Classificação:** trata-se de crime comum (aquele que não demanda sujeito ativo qualificado ou especial); formal (delito que não exige resultado naturalístico, consistente em qualquer prejuízo à cultura indígena); de forma livre (pode ser cometido por qualquer meio eleito pelo agente); comissivo (os verbos indicam ações); instantâneo (cujo resultado se dá de maneira instantânea, não se prolongando no tempo); unissubjetivo (que pode ser praticado por um só agente); plurissubsistente (em regra, vários atos integram a conduta); admite tentativa.

**15. Benefícios penais:** constitui infração de menor potencial ofensivo, admitindo transação e os demais benefícios da Lei 9.099/95.

**16. Análise do núcleo do tipo:** utilizar (fazer uso, aproveitar) é o verbo nuclear, cujo objeto é o indígena ou a comunidade indígena. Queremos crer que seja o indígena isolado ou em vias de integração. Além disso, o proveito que se tira do indígena ou da comunidade indígena é para fins de propaganda turística (atrativo para quem excursiona por prazer) ou para exibição com fins lucrativos (apresentação de algo com a finalidade de obter vantagem, normalmente, pecuniária).

**17. Sujeitos ativo e passivo:** o sujeito ativo pode ser qualquer pessoa. O sujeito passivo é o indígena ou sua comunidade. Secundariamente, pode-se apontar o Estado, que tem interesse na manutenção da cultura indígena, sem qualquer forma de exploração.

**18. Elemento subjetivo do tipo:** é o dolo. Não existe a forma culposa. Exige-se o elemento subjetivo específico, consistente na propaganda para turistas ou para obtenção de lucro. Na essência, a propaganda turística também tem o ânimo de obter vantagem.

**19. Objetos material e jurídico:** o objeto material é o indígena ou a comunidade indígena. O objeto jurídico é a preservação da cultura indígena, sem qualquer forma de exploração.

**20. Classificação:** trata-se de crime comum (aquele que não demanda sujeito ativo qualificado ou especial); formal (delito que não exige resultado naturalístico, consistente em qualquer prejuízo efetivo à cultura indígena); de forma livre (pode ser cometido por qualquer meio eleito pelo agente); comissivo (o verbo indica ação); instantâneo (cujo resultado se dá de maneira instantânea, não se prolongando no tempo); unissubjetivo (que pode ser praticado por um só agente); plurissubsistente (em regra, vários atos integram a conduta); admite tentativa.

# Art. 58

**21. Benefícios penais:** constitui infração de menor potencial ofensivo, admitindo transação e os demais benefícios da Lei 9.099/95.

**22. Análise do núcleo do tipo:** propiciar (proporcionar, tornar algo favorável) é o verbo principal, cujos objetos, a serem atingidos por qualquer meio, são a aquisição (ato de obtenção de algo), o uso (servir-se de algo) e a disseminação (difusão, espalhamento) de bebidas alcoólicas, nos grupos tribais ou entre indígenas não integrados. Mais uma vez, neste tipo ao menos, torna-se clara a proteção destinada ao silvícola não civilizado.

**23. Sujeitos ativo e passivo:** o sujeito ativo pode ser qualquer pessoa. O sujeito passivo é o indígena ou sua comunidade. Secundariamente, pode-se apontar o Estado, que tem interesse na manutenção da cultura indígena, sem qualquer forma de intervenção ou desagregação.

**24. Elemento subjetivo do tipo:** é o dolo. Não existe a forma culposa, nem se exige o elemento subjetivo específico.

**25. Objetos material e jurídico:** o objeto material é o indígena não integrado ou a comunidade indígena. O objeto jurídico é a preservação da cultura indígena, sem qualquer forma de intervenção exterior.

**26. Classificação:** trata-se de crime comum (aquele que não demanda sujeito ativo qualificado ou especial); formal (delito que não exige resultado naturalístico, consistente em qualquer prejuízo efetivo à cultura indígena); de forma livre (pode ser cometido por qualquer meio eleito pelo agente); comissivo (o verbo indica ação); instantâneo (cujo resultado se dá de maneira instantânea, não se prolongando no tempo); unissubjetivo (que pode ser praticado por um só agente); plurissubsistente (em regra, vários atos integram a conduta); admite tentativa.

**27. Benefícios penais:** constitui infração de menor potencial ofensivo, admitindo transação e os demais benefícios da Lei 9.099/95.

**28. Causa de aumento de pena:** eleva-se a pena em um terço, na terceira fase da aplicação da pena, caso se trate de agente funcionário público (ver o conceito no art. 327 do Código Penal) ou empregado do órgão de assistência do indígena (normalmente, para fins penais, também um funcionário público).

**28-A. Competência:** é da Justiça Federal se envolver "a disputa sobre direitos indígenas", nos termos do art. 109, XI, da CF. Nesse prisma: TRF-1: "1. O critério primordial para a definição da competência da Justiça Federal, no que diz respeito a questões indígenas, está relacionado à disputa sobre direitos indígenas, nos dizeres do art. 109, XI, da Constituição Federal. 2. Nos termos da Súmula nº 140 do STJ, 'Compete à Justiça Comum Estadual processar e julgar crime em que o indígena figure como autor ou vítima'. 3. Não há nos autos demonstração de violação aos direitos indígenas, prevista na Constituição Federal ou no Estatuto do Índio, de cunho coletivo que expresse e justifique o interesse da União, capaz de ensejar a competência da Justiça Federal. 4. Recurso em sentido estrito desprovido. A Turma negou provimento ao recurso em sentido estrito, à unanimidade" (RSE 0013656-42.2012.4.01.3200, 4.ª T., rel. Olindo Menezes, j. 04.09.2018). Porém, crimes comuns, cometidos por indígenas aculturados, que já não permanecem em reservas demarcadas, devem ser julgados pela Justiça Estadual. Na jurisprudência: STJ: "O roubo circunstanciado pelo qual foram os pacientes condenados, de acordo com as instâncias ordinárias, não está ligado intimamente com a luta do grupo de indígenas Guarani-Kaiowá pelo direito originário às suas terras de ocupação tradicional. Injustificável a declaração da competência da Justiça Federal. Incidência da Súmula 140/STJ" (HC 263.987 – MS, 6.ª T., rel. Sebastião Reis Júnior, 25.11.2014, v.u.). Preceitua a Súmula 140 do STJ: "Compete à Justiça Comum Estadual processar e julgar crime em que o indígena figure como autor ou vítima".

> **Art. 59.** No caso de crime contra a pessoa, o patrimônio ou os costumes, em que o ofendido seja índio não integrado ou comunidade indígena, a pena será agravada de 1/3 (um terço).[29]

**29. Causa de aumento específica:** serve como fundamento para elevação da pena, na terceira fase da aplicação, o fato de o delito dar-se contra a vida, o patrimônio ou os costumes do indígena não aculturado (isolado ou em vias de integração) ou contra a comunidade onde vive. Na jurisprudência: TRF-1: "3. A extração de madeira no interior de reserva indígena devidamente consignada na denúncia autoriza a incidência da causa de aumento prevista no art. 59 da Lei 6.001/73 (Estatuto do Índio). 4. A ausência de precisão no dimensionamento do dano ambiental causado, que foi valorado por estimativa, mormente pelo fato de a perícia ter sido realizada três meses após a data do fato, não justifica a majoração da pena-base" (ACR 0002722-25.2008.4.01.3601, 3.ª T., rel. Monica Sifuentes, j. 20.02.2018).

## TÍTULO VII
## DISPOSIÇÕES GERAIS

> (...)
> **Art. 68.** Esta Lei entrará em vigor na data de sua publicação, revogadas as disposições em contrário.
> Emílio G. Médici
>
> (*DOU* 21.12.1973)

# Juizados Especiais
# Criminais – JECRIM

## Lei 9.099, de 26 de setembro de 1995[1-2]

*Dispõe sobre os Juizados Especiais Cíveis e Criminais e dá outras providências.*

O Presidente da República:

Faço saber que o Congresso Nacional decreta e eu sanciono a seguinte Lei:

### Capítulo I
### DISPOSIÇÕES GERAIS

**Art. 1.º** Os Juizados Especiais Cíveis e Criminais,[3-4] órgãos da Justiça Ordinária,[5-7] serão criados pela União, no Distrito Federal e nos Territórios, e pelos Estados, para conciliação, processo, julgamento e execução, nas causas de sua competência.

**Art. 2.º** O processo orientar-se-á pelos critérios da oralidade,[8] simplicidade,[9] informalidade,[10] economia processual[11] e celeridade,[12] buscando, sempre que possível, a conciliação ou a transação.[13-14]

(...)

**1. Juizados Especiais Criminais:** a Lei 9.099/95 fez nascer o Juizado Especial Criminal, para julgar as infrações penais de menor potencial ofensivo, na esfera estadual. A Lei 10.259/2001 deu origem ao Juizado Especial Criminal, para julgar a mesma espécie de infração penal, na órbita federal. Entretanto, o art. 1.º da Lei 10.259/2001 estabeleceu a aplicação, como regra, do disposto na Lei 9.099/95 nos Juizados Especiais Criminais Federais, quando não houver conflito com a lei mais nova. Por isso, comentaremos as duas leis em conjunto, fazendo as ressalvas necessárias e excepcionais de uma e outra.

**2. Lei 10.259/2001:** alterada que foi pela Lei 11.313/2006, não há mais definição de crime de menor potencial ofensivo nessa Lei. O art. 2.º da Lei 10.259/2001 simplesmente se

# Art. 2.º

refere à competência do JECRIM Federal para processar e julgar os feitos da competência da Justiça Federal. Quem fixa o conceito de infração de menor potencial ofensivo é o art. 61 da Lei 9.099/95.

**3. Fundamento constitucional:** dispõe o art. 98 da Constituição Federal que "a União, no Distrito Federal e nos Territórios, e os Estados criarão: I – juizados especiais, providos por juízes togados, ou togados e leigos, competentes para a conciliação, o julgamento e a execução de causas cíveis de menor complexidade e infrações penais de menor potencial ofensivo, mediante os procedimentos oral e sumaríssimo, permitidos, nas hipóteses previstas em lei, a transação e o julgamento de recursos por turmas de juízes de primeiro grau". No § 1.º, preceitua que "lei federal disporá sobre a criação de juizados especiais no âmbito da Justiça Federal".

**4. Fundamento de existência:** além, obviamente, da determinação constitucional para a criação dos denominados Juizados Especiais Criminais, para o julgamento de infrações de menor potencial ofensivo, admitida a transação e um procedimento desburocratizado, parcela da doutrina tem enaltecido, com razão, os méritos dessa nova proposta de tratamento das infrações penais, elencando, dentre outros, os seguintes pontos: a) *deformalização* do processo, tornando-o mais rápido e eficiente, logo, mais democrático, pois acessível à sociedade; b) *deformalização* das controvérsias, tratando-as por meios alternativos, como a conciliação; c) diminuição do movimento forense criminal, com pronta resposta do Estado; d) fim das prescrições; e) ressocialização do autor dos fatos, associada à sua não reincidência (cf. Ada Pellegrini Grinover, Antonio Magalhães Gomes Filho, Antonio Scarance Fernandes e Luiz Flavio Gomes, *Juizados Especiais Criminais*, p. 36, 49-50). Não podemos discordar desses pontos positivos, mas também não nos pode escapar à análise alguns aspectos negativos. A existência do Juizado Especial Criminal vem incentivando o legislador a não respeitar o princípio penal da intervenção mínima (subsidiariedade ou fragmentariedade). Ora, justamente em virtude da *facilidade* com que se pode chegar a uma solução de pendências, desburocratizando a Justiça Criminal, evitando-se prescrições e acúmulo de papéis, perde-se o interesse em "limpar" o Direito Penal de inúmeras infrações totalmente defasadas e ignoradas pela maioria dos brasileiros. É a lei que vigora, mas não é aplicada. Muitas das infrações, ainda que denominadas de menor potencial ofensivo, não têm a menor utilidade e são nitidamente ofensivas à pretensão de se atingir um Direito Penal condizente com o Estado Democrático de Direito (ex.: adiantaria levar o autor da contravenção de vadiagem ao JECRIM somente para que ele receba oferta de transação e liquide seu "débito" com a sociedade de modo célere? Pensamos que não, pois a meta é extirpar esse tipo de infração do cenário penal). Lembremos que essas infrações *esquecidas* propiciam a aplicação de um Direito Penal seletivo, vale dizer, quando a autoridade policial – ou seus agentes – entende cabível, dá-se valor a algum tipo penal incriminador, lavra-se o termo circunstanciado e o autor é levado ao Juizado. Quando não é interessante, fecham-se os olhos e nenhuma providência é tomada. A *deformalização* do processo, por seu turno, pode conduzir à diminuição da demanda nas Varas Criminais e nos Tribunais, mas também é capaz de gerar a falsa impressão de que leis penais são aplicadas com eficiência, quando, na verdade, nem mesmo chegam ao JECRIM (ex.: quem se preocupa – e com qual frequência – em investigar, lavrando termo circunstanciado em relação, a um autor de charlatanismo?). Outro ponto negativo está no incremento das infrações de menor potencial ofensivo. Tendo em vista a facilidade com que se obtém a transação no JECRIM, livrando a Justiça comum dos inúmeros processos, a tendência legislativa seria aumentar o rol das infrações de competência dos Juizados, o que pode significar grave lesão ao princípio penal da proporcionalidade. Atualmente, são assim consideradas aquelas cuja pena máxima não ultrapasse dois anos (exatamente o dobro da ideia original, lançada pela Lei 9.099/95). A desburocratização trazida pelo JECRIM faz com que, muitas vezes, a pena seja vista de modo banal, fácil de ser aplicada e executada, transformando o momento da transação, em inúmeras Comarcas, num momento de pressão sobre o autor do fato, para que aceite logo o tal acordo, livrando-se do malfadado processo criminal. A partir disso, surgem as penas *criativas*, aplaudidas por muitos e criticadas por outros tantos, mas ofensivas ao princípio da legalidade, como a doação de cestas básicas – algo inexistente no cenário das penas restritivas de direitos e também no campo da pena pecuniária. A banalização e a facilitação da aplicação de sanções penais pode até ser vista como um momento promissor da Justiça Criminal, mas também pode servir de incentivo ao legislador para evitar a revisão do entulho de leis penais defasadas, pode instigar os operadores do Direito a *facilitar* o seu trabalho, pressionando autores de fatos criminosos a transacionar, pode provocar a vulgarização de determinadas condutas graves (exemplo disso ocorre no cenário da lesão corporal, em que o espancamento de alguém pode representar ao agente, muitas vezes, a doação de uma cesta básica, tornando risível a sanção) e pode estimular a prática de outras infrações, na medida em que a *pronta* resposta estatal é ínfima. Há, ainda, o lado do novo papel dos operadores do direito: "propulsores da conciliação no âmbito penal" (Ada Pellegrini Grinover, Antonio Magalhães Gomes Filho, Antonio Scarance Fernandes e Luiz Flavio Gomes, *Juizados Especiais Criminais*, p. 50). Seria este, realmente, um novo paradigma de Justiça criminal? Teriam os operadores do Direito, na órbita penal, o mesmo papel dos conciliadores do âmbito civil? A reparação do dano civil, afastando, em muitos casos, a possibilidade de haver litígio penal, não seria o indicativo da inutilidade do dispositivo penal? Afinal, um dos principais postulados da intervenção mínima é transferir para outros ramos do Direito os conflitos de interesses que foram, indevidamente, deslocados para o cenário penal. Em suma, ponderando prós e contras, parece-nos que a razão de existência dos Juizados Especiais Criminais possui saldo positivo. Mantemos, entretanto, alguns alertas: a pretexto de se possuir uma Justiça Criminal desburocratizada não há que se tolerar o crescimento do número de infrações de menor potencial ofensivo, ofendendo os princípios penais da intervenção mínima, da fragmentariedade e da proporcionalidade. Igualmente, é fundamental cercear a atividade *criadora* dos operadores do Direito, no momento da transação, aplicando sanções penais inexistentes, ofensivas, pois, ao princípio penal da legalidade. Finalmente, não é pelo fato de haver o Juizado Especial Criminal, regido pela informalidade, facilitando o trabalho das autoridades policiais e judiciárias, que se vai olvidar a real meta legislativa de *limpeza* do entulho de tipos penais incriminadores defasados e configuradores de autênticas molas propulsoras do sentimento de impunidade reinante em parcelas consideráveis da sociedade brasileira.

**5. Justiça comum:** tanto o Juizado Especial Criminal estadual – criado em primeiro lugar – quanto o Juizado Especial Criminal federal constituem órgãos da Justiça comum, respeitada a mesma regra de jurisdição e competência em relação às Justiças Estadual e Federal, ou seja, são órgãos da Justiça comum. Especiais, em matéria penal, são as Justiças Eleitoral e Militar.

**6. Aplicação dos benefícios penais à esfera especial:** tanto a Lei 9.099/95, como a Lei 10.259/2001, constituem conjuntos de normas benéficas aos agentes das infrações consideradas de menor potencial ofensivo. Por isso, discute-se o seu alcance à órbita das Justiças Eleitoral e Militar. Quanto a esta última, após a edição da Lei 9.839/99, que acrescentou o art. 90-A à Lei 9.099/95, não há possibilidade de aplicação dos benefícios da transação, suspensão condicional do processo, composição civil dos danos, entre outros favores, aos delitos militares. Estas infrações são específicas e, diante da hierarquia e rigidez da vida militar, não teria cabimento qualquer flexibilidade nesse cenário. Por outro lado, embora não exista Juizado Especial Criminal Eleitoral, pode-se aplicar às infrações penais eleitorais, pelo juiz competente, os benefícios da Lei 9.099/95.

**7. Competência originária:** autoridades que gozam do foro privilegiado também podem cometer infrações penais de menor potencial ofensivo. Embora não possam ser processadas

# Art. 2.º

no Juizado Especial Criminal, é natural que os benefícios da Lei 9.099/95, associada à Lei 10.259/2001, lhes possam ser aplicados. Afinal, a Constituição Federal criou uma competência em razão da matéria (infração de menor potencial ofensivo), embora o STF tenha declarado ser relativa essa competência do JECRIM (vide a nota 17 infra), merecedora de interpretação congruente com a outra forma constitucional de se delimitar a competência, que é a prerrogativa de função.

**8. Oralidade:** significa o predomínio da palavra oral sobre a palavra escrita, o que traz, sem dúvida, celeridade e eficiência. Em decorrência da adoção do princípio da oralidade advêm os seguintes corolários: a) concentração: os atos processuais podem ser realizados em uma única audiência; b) imediatidade: o julgador tem contato direto com as partes e com as provas colhidas; c) identidade física do juiz: o magistrado que colhe a prova, julga o feito. Ressalte-se, ainda, que a adoção da oralidade é determinação constitucional (art. 98, I, CF).

**9. Simplicidade:** significa que o desenvolvimento do processo deve dar-se de maneira facilitada, sem obstáculos, valendo também a atuação dos operadores do Direito, em qualquer das fases, livre de formalismos ou afetação.

**10. Informalidade:** quer dizer que os atos processuais devem ser produzidos sem cerimônia ou burocracia inútil, livres, portanto, de fórmulas rígidas para a sua consecução.

**11. Economia processual:** significa que o ganho de tempo é fundamental, motivo pelo qual o processo não pode ter longa duração.

**12. Celeridade:** decorrência da economia processual, significa a realização rápida dos atos processuais, o que permite encurtar a instrução e garantir a eficiência do Estado na persecução penal. Se não for possível, o indicado é remeter o caso à Justiça comum. Na jurisprudência: STJ: "2. A criação dos Juizados Especiais concretiza a garantia do acesso à Justiça e permite a materialização da tutela jurisdicional de maneira célere e mais simples. Já no aspecto penal, adota medidas despenalizadoras, reduzindo a característica punitiva para crimes considerados de menor potencial ofensivo" (RHC 84.633 – RJ, 5.ª T., rel. Ribeiro Dantas, j. 14.09.2017, *DJe* 22.09.2017, v.u.).

**13. Conciliação e transação:** são as metas eleitas pelo legislador para inspirar o funcionamento do Juizado Especial Criminal e, consequentemente, a atuação dos operadores do Direito. A conciliação envolve acordo entre agressor e ofendido, evitando-se, por meio da reparação do dano, a aplicação de sanção penal. A transação abrange a decisão de não litigar, aceitando o agressor, desde logo, a penalidade – restrição de direito ou multa – sugerida pelo órgão acusatório.

**14. Constitucionalidade da transação:** parece-nos viável que, como exceção, estabeleça o legislador-constituinte uma fórmula alternativa para a punição daqueles que cometem infrações penais definidas como de menor potencial ofensivo (art. 98, I, CF). A ideia, como bem expõem Grinover, Magalhães, Scarance e Gomes não é a singela admissão de culpa, com a passagem à fase de aplicação da pena, vigente em outros ordenamentos jurídicos estrangeiros, mas, sim, o objetivo de *evitar* o desgaste do processo criminal, mitigando a obrigatoriedade da ação penal – mormente no contexto da ação pública incondicionada – sem a discussão da culpa. Cuida-se da *discricionariedade regulada ou regrada* (cf. *Juizados Especiais Criminais*, p. 48). É verdade que há, dentre os direitos e garantias individuais, o princípio do devido processo legal (art. 5.º, LIV, CF), assegurando-se a qualquer acusado o direito ao contraditório e à ampla defesa (art. 5.º, LV, CF), para que possa sofrer eventual punição no campo penal. No entanto, na fase preliminar do Juizado Especial Criminal não se debate culpa, logo, cuida-se de exceção à regra geral da obrigatoriedade de existência de ação penal, com a aplicação dos princípios constitucionais mencionados. Normas constitucionais devem conviver em harmonia,

# Juizados Especiais Criminais – JECRIM

# Art. 60

sem o predomínio absoluto de uma sobre outra, motivo pelo qual a aplicação de restrição de direito ou de multa, sem o devido processo legal, segundo nos parece, respeita os princípios da proporcionalidade e da razoabilidade. Conflito inadmissível haveria se, em uma transação, fosse aplicada pena privativa de liberdade. Tornar-se-ia incompatível com o objetivo de evitar o processo, buscando a celeridade, pois implicaria a privação de um direito fundamental. Por outro lado, acatar o autor do fato uma restrição a direito ou obrigar-se a pagar uma multa não envolve privação tão grave de modo a justificar, em infrações de menor potencial ofensivo, necessariamente a existência de uma instrução contraditória e extensa. Justamente por isso, é preciso conter os arroubos legislativos de ampliação da competência do JECRIM, evitando-se a inclusão de infrações penais graves como se fossem de *menor potencial ofensivo*, bem como contornar o eventual descumprimento das sanções aplicadas (restrição a direito ou multa) de modo contido, sem a conversão em prisão, tudo para evitar lesão efetiva ao direito fundamental ao devido processo legal.

(...)

## Capítulo III
## DOS JUIZADOS ESPECIAIS CRIMINAIS

### DISPOSIÇÕES GERAIS

> **Art. 60.** O Juizado Especial Criminal, provido por juízes togados ou togados e leigos,[15] tem competência para a conciliação, o julgamento e a execução das infrações penais de menor potencial ofensivo, respeitadas as regras de conexão e continência.[16]
>
> **Parágrafo único.** Na reunião de processos, perante o juízo comum ou o tribunal do júri, decorrentes da aplicação das regras de conexão e continência, observar-se-ão os institutos da transação penal e da composição dos danos civis.[17]

**15. Composição do Juizado Especial Criminal:** pode ser provido, nos termos previstos no art. 60 desta Lei, por magistrados togados – integrantes de carreira do Poder Judiciário –, apenas, bem como por togados e leigos, formando-se autêntico colegiado de juízes de direito e juízes de fato. Cabe à lei de organização judiciária de cada Estado a opção pela inclusão de pessoas leigas no cenário do JECRIM. Parece-nos, entretanto, que a participação do leigo precisa ser acompanhada pelo magistrado togado, não podendo haver um julgamento proferido exclusivamente por um juiz de fato. Afinal, está-se no cenário penal, regido pela legalidade, o que é extremamente difícil ao leigo acompanhar (senão impossível). O Tribunal do Júri, outra exceção constitucionalmente prevista e autorizada, tem demonstrado a imensa dificuldade em se buscar a fórmula perfeita e balanceada entre *cumprir a lei* e acolher o *veredicto popular*, muitas vezes dissociado da norma posta e codificada. Uma conciliação, por exemplo, pode ser conduzida por pessoa leiga, sem dúvida, pois, frequentemente, prevalece nessa situação somente o bom senso. No entanto, a homologação de uma transação ou a condução de um processo, caso aquela proposta não seja possível ou não seja aceita, deve ficar a cargo do juiz togado. Eventualmente, se a lei de organização judiciária permitir, poder-se-ia formar um colegiado, em modelo similar ao Tribunal do Júri, havendo a presidência pelo juiz togado e o julgamento por magistrados togados e leigos ou somente por estes. Não nos parece, entretanto, viável essa solução, pois o leigo tende a evitar os *chamamentos cívicos*, para participar de julgamentos ou do processo eleitoral. Muitos anos de atividade como juiz presidente no

# Art. 61

Tribunal do Júri nos permite afirmar que a inclusão de leigos na esfera da Justiça pode provocar atrasos e complicações, pois muitos são os jurados que praticamente *imploram* pela dispensa da convocação, que lhes foi dirigida. Logo, não cremos que a celeridade exigida pelo processo no âmbito do JECRIM comporte a inclusão de juízes leigos para outras atividades que não sejam a mera conciliação das partes.

**16. Regras de conexão e continência:** a conexão é a ligação existente entre infrações penais, cometidas em situações de tempo e lugar que as tornem indissociáveis, para o fim de produção de provas, privilegiando a economia processual e evitando decisões judiciais conflitantes. A continência é o liame entre infrações penais, cujo fato delituoso envolve outros, tornando-os uma unidade indivisível, para efeito de produção de provas e julgamento. Portanto, quando infrações penais são conexas ou continentes, conforme as regras estabelecidas pelo Código de Processo Penal, deve haver a reunião de feitos para uma instrução e julgamento conjuntos. Ocorre que, no caso dos Juizados Especiais Criminais, cremos ser indevida essa ressalva introduzida pela Lei 11.313/2006. Em primeiro lugar, é preciso destacar que a competência do JECRIM advém da Constituição Federal (art. 98, I). Por isso, não haveria regra de conexão ou continência, fixada por lei ordinária, capaz de alterar tal situação. Infrações de menor potencial ofensivo *deveriam* ser julgadas pelo JECRIM. Logo, pensamos ser correta a lição de Ada, Magalhães, Scarance e Gomes no sentido de que "havendo conexão ou continência, deve haver separação de processos para julgamento de infrações de competência dos Juizados Especiais Criminais e da infração de outra natureza. Não prevalece a regra do art. 79, *caput* [do CPP], que determina a unidade de processo e julgamento de infrações conexas, porque, no caso, a competência dos Juizados Especiais é fixada na Constituição Federal (art. 98, I), não podendo ser alterada por lei ordinária" (*Juizados Especiais Criminais*, p. 71). Mas a questão perdeu o sentido, pois o Pretório Excelso decidiu ser constitucional toda regra de conexão e continência estabelecida nesta Lei, visto considerar a competência do JECRIM apenas relativa (e não absoluta), conforme mencionado na nota 17 abaixo.

**17. Sobre a constitucionalidade do dispositivo:** em nosso entendimento, como mencionado na nota anterior, se uma infração de menor potencial ofensivo ocorrer em cenário de conexão ou continência com outro delito qualquer, em face da sua competência constitucionalmente fixada (art. 98, I, CF), deveria ser encaminhada ao JECRIM. Permaneceria no juízo original, seja ele qual fosse, a outra infração penal. Deveria haver a *separação dos processos*. É o que ocorre, por exemplo, no caso de infração militar conexa com infração comum. Não poderia a lei ordinária alterar o disposto na Constituição Federal. Parece-nos inconstitucional o disposto no parágrafo único do art. 60. Entretanto, o Supremo Tribunal Federal apreciou a questão, proclamando a *constitucionalidade* do dispositivo: "1. É relativa a competência dos Juizados Especiais Criminais, pela qual se admite o deslocamento da competência, por regras de conexão ou continência, para o Juízo Comum ou Tribunal do Júri, no concurso de infrações penais de menor potencial ofensivo e comum. 2. Os institutos despenalizadores previstos na Lei n. 9.099/1995 constituem garantia individual do acusado e têm de ser assegurados, quando cabíveis, independente do juízo no qual tramitam os processos. 3. No § 2º do art. 77 e no parágrafo único do art. 66 da Lei n. 9.099/1995, normas não impugnadas, também se estabelecem hipóteses que resultam na modificação da competência do Juizado Especial para o Juízo Comum. Ação direta julgada improcedente" (ADI 5.264, Tribunal Pleno, rel. Cármen Lúcia, j. 07.12.2020, v.u.).

> **Art. 61.** Consideram-se infrações penais de menor potencial ofensivo, para os efeitos desta Lei, as contravenções penais e os crimes a que a lei comine pena máxima não superior a 2 (dois) anos,[18-19] cumulada ou não com multa.[20-25-C]

**18. Infrações de menor potencial ofensivo:** segundo o disposto no art. 61, são as contravenções penais (qualquer que seja a pena prevista em abstrato), bem como os crimes a que a lei comine pena máxima de até dois anos. Supera-se, finalmente, a discussão absurda, que se havia criado, na doutrina e na jurisprudência, entre o disposto no antigo art. 61, considerando infração de menor potencial ofensivo a que tiver pena máxima de até um ano, e o art. 2.º, parágrafo único, da Lei 10.259/2001, que instituiu o Juizado Especial Criminal Federal, tratando a infração de menor potencial ofensivo como aquela que possui pena máxima de até dois anos. Está unificado o entendimento. É infração de menor potencial ofensivo a que possuir pena máxima, em abstrato, não superior a dois anos. Outra alteração significativa, para evitar debates estéreis: o que importa, para qualificar uma infração como sendo de *menor potencial ofensivo* é a pena privativa de liberdade, pouco importando se há multa cumulada ou não. É preciso considerar, ainda, a existência de concurso de crimes, impondo pela somatória de todos, uma pena máxima superior a dois anos e tornando o JECRIM o foro incompetente para apreciar a causa. Além disso, deve-se inserir na pena máxima em abstrato as causas de aumento incidentes ao caso; se ultrapassar dois anos, não se encaixa nas regras desta Lei. Na jurisprudência: STJ: "1. O delito de lesão corporal na direção de veículo automotor (art. 303 da Lei nº 9.503/97), a teor do art. 61 da Lei nº 9.099/95, é considerado crime de menor potencial ofensivo, aplicando-se os institutos despenalizadores da transação penal e da composição civil de danos. No entanto, a incidência de causa de aumento especial da pena (praticá-lo em faixa de pedestre ou calçada – art. 302, § 1º, II, do mesmo diploma legal), em razão da pena mínima em abstrato superar 2 (dois) anos, deixa de ser considerado infração de menor potencial ofensivo, o que afasta a aplicação dos institutos despenalizadores citados. Precedentes" (AgRg no HC 584.784 – SP, 5.ª T., rel. Reynaldo Soares da Fonseca, j. 02.02.2021, v.u.).

**19. Análise do art. 20 da Lei 10.259/2001:** determina o referido artigo que "onde não houver Vara Federal, a causa poderá ser proposta no Juizado Especial Federal mais próximo do foro definido no art. 4.º da Lei 9.099/95, de 26 de dezembro de 1995, *vedada a aplicação desta Lei no juízo estadual*" (grifamos). Aparentemente, parece que o conteúdo da Lei 10.259/2001 somente cabe à esfera federal, inclusive o conceito de infração de menor potencial ofensivo. Entretanto, não é esta a melhor exegese. Concordamos com a lição de Cezar Roberto Bitencourt: "a ressalva do art. 20 da Lei 10.259/2001 quis deixar claro, tão somente, que aquelas infrações de menor potencial ofensivo da competência dos Juizados Especiais Criminais Federais não poderão ser julgadas pela Justiça Estadual, mesmo e 'sempre que a comarca não seja sede de vara do juízo federal'. Não há, portanto, qualquer discriminação conceitual quer sobre a definição de infração de menor potencial ofensivo, quer sobre sua extensão ou abrangência, inocorrendo, por conseguinte, a propalada inconstitucionalidade" (*Juizados Especiais Criminais Federais*, p. 10).

**20. Leis com procedimento especial:** era um obstáculo à aplicação dos benefícios da Lei 9.099/95, o que nunca se nos afigurou razoável. Entretanto, a partir da edição da Lei 11.313/2006, não mais se afasta do JECRIM as infrações de menor potencial ofensivo que possuam procedimento especial.

**21. Aplicação aos crimes de trânsito:** o art. 291, parágrafo único, do Código de Trânsito Brasileiro, havia estabelecido três espécies de infração penal, que podiam ser consideradas de menor potencial ofensivo, independentemente da pena em abstrato: eram os delitos previstos nos arts. 303, 306 e 308 da Lei 9.503/97. Não víamos nenhum problema em destacar o legislador, em caráter excepcional, nas leis especiais, algumas outras infrações de menor potencial ofensivo, o que tornaria viável a transação, desde que, obviamente, não ferisse a proporcionalidade. A edição da Lei 11.705/2008 alterou esse cenário, conferindo nova redação ao art. 291, bem como excluindo do contexto de infrações de menor potencial ofensivo a embriaguez

# Art. 61

ao volante (art. 306) e a participação em competição não autorizada (art. 308). Manteve-se como infração de menor potencial ofensivo apenas a lesão corporal culposa, desde que não estejam presentes quaisquer das situações descritas nos incisos I a III do § 1.º do art. 291 da Lei 9.503/97. Na jurisprudência: STJ: "1. O delito de lesão corporal na direção de veículo automotor (art. 303 da Lei nº 9.503/97), a teor do art. 61 da Lei nº 9.099/95, é considerado crime de menor potencial ofensivo, aplicando-se os institutos despenalizadores da transação penal e da composição civil de danos. No entanto, a incidência de causa de aumento especial da pena (praticá-lo em faixa de pedestre ou calçada – art. 302, § 1º, II, do mesmo diploma legal), em razão da pena mínima em abstrato superar 2 (dois) anos, deixa de ser considerado infração de menor potencial ofensivo, o que afasta a aplicação dos institutos despenalizadores citados. Precedentes. 2. Agravo regimental não provido" (AgRg no HC 584.784 – SP, 5.ª T., rel. Reynaldo Soares da Fonseca, 02.02.2021, v.u.).

**22. Aplicação aos crimes de abuso de autoridade:** com o advento da Lei 13.869/2019 (nova lei de abuso de autoridade), adotando procedimentos comuns, é viável a aplicação desta Lei 9.099/95.

**23. Aplicação ao crime previsto no art. 28 da Lei 11.343/2006:** é viável a consideração do porte de entorpecentes, para uso próprio, como infração de menor potencial ofensivo (aliás, de *ínfimo potencial ofensivo*), uma vez que, para esse delito, não há mais pena privativa de liberdade. Consultar os comentários feitos à Lei de Drogas no volume 1 desta obra.

**24. Concurso de crimes:** é preciso verificar o conjunto das infrações penais, de modo a analisar se cabe ou não a aplicação dos benefícios da Lei 9.099/95. Aquele que comete vários crimes punidos com pena máxima de dois anos, em concurso material, não pode seguir ao JECRIM para empreender inúmeras transações, uma para cada delito. Seria a consagração da falta de lógica, pois, caso condenado, utilizado, por exemplo, o somatório da pena mínima, ele pode atingir montantes elevados, que obriguem, inclusive, o magistrado a impor o regime fechado. Portanto, nada há, nesse cenário, de *menor potencial ofensivo*. Cuidando-se de concurso formal e crime continuado, deve-se analisar a pena máxima com o aumento máximo previsto para cada uma dessas formas de concurso (metade, para o concurso formal; dois terços para o crime continuado simples; o triplo para o crime continuado qualificado). Na jurisprudência: STJ: "1. O Superior Tribunal de Justiça tem entendimento pacificado no sentido de que, para fins de fixação de competência do Juizado Especial, será considerada a soma das penas máximas cominadas aos delitos, em concurso material, com as causas de aumento que lhes sejam imputadas, igualmente em patamar máximo, resultado que, ultrapassado o montante de dois anos, fica afastada a competência do Juizado Especial Criminal. 2. *Habeas corpus* concedido para anular a sentença proferida na Ação Penal 1000494-91.2016.8.26.0160, devendo os autos principais serem encaminhados para a vara criminal" (HC 530.268 – SP, 6.ª T., rel. Nefi Cordeiro, j. 03.12.2019, v.u.).

**25. Crimes tentados:** será de menor potencial ofensivo a infração tentada em que se tome o máximo em abstrato previsto no tipo incriminador, deduzindo-se o mínimo de um terço (art. 14, parágrafo único, CP). Afinal, assim fazendo, encontra-se o máximo possível para aplicação pelo juiz. Não ultrapassando dois anos, é válida a aplicação da Lei 9.099/95.

**25-A. Vedação aos casos de agressão à mulher em violência doméstica e familiar:** estabelece o art. 41 da Lei 11.340/2006 que "aos crimes praticados com violência doméstica e familiar contra a mulher, independentemente a pena prevista, não se aplica a Lei 9.099/95, de 26 de setembro de 1995". A nova Lei 11.340/2006 passa a desconsiderar a agressão à mulher, no lar ou na família, como infração de menor potencial ofensivo. Sobre o tema, consultar a nota 42 ao art. 33 da Lei 11.340/2006. Na jurisprudência: STJ: "2. Nas infrações penais cometidas com violência doméstica contra a mulher, sejam elas crimes ou contravenções, não se aplicam as disposições da Lei n. 9.099/1995" (AgRg no REsp 1.628.271 – SP, 5.ª T., rel. Reynaldo Soares da Fonseca, j. 23.05.2017, *DJe* 31.05.2017, v.u.). Conferir a Súmula 588 do STJ: "A prática de crime ou contravenção penal contra a mulher com violência ou grave ameaça no ambiente doméstico impossibilita a substituição da pena privativa de liberdade por restritiva de direitos".

**25-B. Desclassificação em juízo comum para infração de menor potencial ofensivo:** se houver desclassificação de um delito, segue-se a regra do art. 383, § 2.º, do CPP, ou seja, remete-se o feito ao JECRIM para apreciação. Mas, se houver conexão (ou continência) com mais delitos, que seguem no juízo comum, o magistrado pode apreciar todo o conjunto, pois o STF considerou relativa a competência do Juizado (ver a nota 17 *supra*).

**25-C. Outra hipótese de julgamento na justiça comum:** quando se trata de crime apurado na justiça comum, onde foi decretada a prisão cautelar do acusado; ao final, havendo desclassificação para infração de menor potencial ofensivo, punida com pena inferior ao tempo de prisão provisória, deve o juiz da Justiça comum decretar, de pronto, extinta a punibilidade, valendo-se da detração. Exemplo disso ocorre justamente na hipótese da desclassificação de tráfico de drogas (art. 33, Lei 11.343/2006) para o uso (art. 28 da mesma Lei), quando o acusado já ficou preso cautelarmente. As penas do art. 28 referido jamais poderão ser privativas de liberdade e, na prática, o réu já enfrentou essa reprimenda, mesmo que em nível provisório. Portanto, existe, nesse campo, uma modalidade de *detração imprópria*, mas válida para extinguir a sua punibilidade, assim que transitar em julgado a decisão desclassificatória. Poderá o Tribunal, mantendo a desclassificação, decretar a punibilidade extinta pela mesma razão. Além de tudo, como já explicitado nas notas 25-B e 17 *supra*, o STF proclamou relativa a competência do JECRIM.

> **Art. 62.** O processo perante o Juizado Especial orientar-se-á pelos critérios da oralidade, simplicidade, informalidade, economia processual e celeridade,[26-26-B] objetivando, sempre que possível, a reparação dos danos sofridos pela vítima e a aplicação de pena não privativa de liberdade.[27]

**26. Critérios do processo:** consultar as notas 8, 10, 11 e 12 ao art. 2.º desta Lei. Faltou mencionar no art. 62 o critério da simplicidade, porém devemos considerá-lo presente, para uma interpretação harmônica do texto da Lei 9.099/95.

**26-A. Prazo em dobro para a Defensoria:** deve ser respeitado, independentemente da ideia da celeridade lançada pela Lei do JECRIM.

**26-B. Complexidade da causa:** afasta o processo e o julgamento do Juizado Especial Criminal, devendo seguir para a Vara Comum, visto quebrar o sentido da infração de menor potencial ofensivo, cuja apreciação se faz por meio de um simples termo circunstanciado, de maneira célere e simples.

**27. Aplicação de pena não privativa de liberdade:** o destaque para esse aspecto é justamente o que permite a sobrevivência da Lei 9.099/95 no sistema jurídico, pois seria inconcebível que a simples transação impusesse a quem quer que fosse uma pena privativa de liberdade. Estar-se-ia abrindo mão do devido processo legal, previsto como garantia pelo art. 5.º, LIV, da Constituição Federal, com relação ao direito à liberdade, considerado indisponível. Por isso, quando se trata de pagamento de multa ou de restrição de algum direito, torna-se possível compatibilizar a ideia de *evitar* o processo, agilizando a solução do problema penal, embora em detrimento da existência de contraditório e ampla defesa.

# Art. 63

Leis Penais e Processuais Penais Comentadas – Vol. 2 · **Nucci**

## Seção I
## Da competência e dos atos processuais

> **Art. 63.** A competência do Juizado será determinada pelo lugar em que foi praticada a infração penal.[28]

**28. Dubiedade acerca da competência:** há três teorias possíveis para a fixação da competência para a escolha do juiz natural, que julgará a causa. São elas: a) teoria da atividade: prevalece o lugar onde se deu a ação ou omissão; b) teoria do resultado: predomina o lugar onde se deu o resultado; c) teoria mista ou da ubiquidade: tanto pode ser lugar do crime onde se deu a ação ou omissão como o local onde se deu o resultado. O art. 70, *caput*, do Código de Processo Penal optou pela teoria do resultado ("A competência será, de regra, determinada pelo lugar em que se consumar a infração..."). Por outro lado, o art. 6.º do Código Penal valeu-se do critério misto ("considera-se praticado o crime no lugar em que ocorreu a ação ou omissão, no todo ou em parte, bem como onde se produziu ou deveria produzir-se o resultado"). Entre o disposto no CPP e no CP aparenta haver um conflito, na realidade, inexistente. O Código Penal disciplina, no art. 6.º, ser lugar do crime tanto o local onde ocorreu a ação ou omissão como o lugar onde ocorreu ou deveria ter ocorrido o resultado, voltando-se ao direito penal internacional, vale dizer, à aplicação da lei penal quando houver o *crime a distância* (inicia-se no Brasil e termina no exterior ou reciprocamente), preservando-se a soberania nacional. Quanto ao Código de Processo Penal, regula-se a competência dos crimes ocorridos dentro do Brasil e deve ser utilizada a teoria do resultado. Logo, inexiste conflito. A Lei 9.099/95 proporcionou, no art. 63, uma redação evidentemente ambígua, deixando de fazer, como seria curial observar, qualquer referência à ação ou omissão e ao resultado da infração penal. Preferiu utilizar o termo vago *praticada* para relacioná-lo à infração penal, ou seja, *não disse nada*. Qual é o lugar da *prática* (execução, cometimento) do crime? Ora, tanto pode ser o local da ação ou omissão como pode ser o do resultado. Por tal motivo, não podemos concordar com a posição ambivalente de Grinover, Magalhães, Scarance e Gomes ao dizerem que a competência do JECRIM deve ser estabelecida pelo lugar onde se deu a ação ou omissão e não o lugar do resultado, mas afirmam, logo após, que tem inteira aplicação o art. 6.º do Código Penal, que elege a teoria mista. Não bastasse, os ilustres doutrinadores finalizam enunciando o disposto no art. 4.º do Código Penal, que não tem, em nosso juízo, relação com o *lugar* do crime, mas somente com o *tempo* do delito (*Juizado Especial Criminal*, p. 90). Em suma, o que houve na Lei 9.099/95 foi uma dubiedade impossível de ser solucionada com posições radicalmente opostas, optando-se, a bel-prazer, pela teoria da atividade (lugar da ação ou omissão) ou pela teoria do resultado (lugar da consumação). Assim sendo, cremos não haver outra solução senão adotar a teoria mista: a infração penal deve ser apurada no lugar onde se deu a ação ou omissão, bem como no local onde ocorreu – ou deveria ocorrer – o resultado.

> **Art. 64.** Os atos processuais serão públicos[29] e poderão realizar-se em horário noturno e em qualquer dia da semana, conforme dispuserem as normas de organização judiciária.[30]

**29. Princípio da publicidade:** estabelece a Constituição Federal que "a lei só poderá restringir a publicidade dos atos processuais quando a defesa da intimidade ou o interesse social o exigirem" (art. 5.º, LX) e também que "todos os julgamentos dos órgãos do Poder Judiciário serão públicos, e fundamentadas todas as decisões, sob pena de nulidade, podendo a lei limitar a presença, em determinados atos, às próprias partes e a seus advogados, ou somente a estes, em casos nos quais a preservação do direito à intimidade do interessado no sigilo não prejudique o interesse público à informação" (art. 93, IX). Portanto, o art. 63 da Lei 9.099/95 apenas reitera o óbvio, que é a publicidade do processo. Excepcionalmente, como autorizado pelo texto constitucional, pode haver a decretação, pelo juiz, do sigilo do processo, resguardando-se o interesse social ou a intimidade das partes envolvidas. No caso de infrações de menor potencial ofensivo, segundo nos parece, o segredo de justiça dificilmente se aplicaria em relação ao *interesse social*, mas, provavelmente, em relação à *intimidade* do agente ou da vítima.

**30. Organização judiciária:** cada Estado poderá disciplinar o funcionamento do Juizado Especial Criminal. A opção pelo horário noturno e por qualquer dia da semana (inclusive, por óbvio, o fim de semana) tem por finalidade cumprir os objetivos da lei, que é garantir uma justiça célere e eficiente. Ilustrando, estabelece a Lei Complementar 851/98, do Estado de São Paulo, que "os Juizados Especiais e de Conciliação funcionarão no horário de expediente forense a ser fixado pelo Conselho Superior da Magistratura" (art. 3.º, *caput*). E continua: "Por proposta do Conselho Supervisor, os Juizados poderão funcionar diariamente, inclusive no período de férias forenses, realizando-se os atos processuais até às 21 horas, com ressalva dos já iniciados" (art. 3.º, parágrafo único). O Provimento 806/2003 do Conselho Superior da Magistratura, no art. 1.3, estipulou que "o horário de funcionamento será entre as oito (8) e às vinte e uma (21), reservando-se uma hora diária para o expediente interno". Há, também, o Juizado Itinerante Permanente que pode funcionar no horário de expediente forense, mas também à noite, em feriados, férias forenses e finais de semana, conforme autorização do Conselho Supervisor" (art. 1.4.1).

> **Art. 65.** Os atos processuais serão válidos sempre que preencherem as finalidades para as quais foram realizados,[31] atendidos os critérios indicados no art. 62 desta Lei.
>
> § 1.º Não se pronunciará qualquer nulidade sem que tenha havido prejuízo.
>
> § 2.º A prática de atos processuais em outras comarcas poderá ser solicitada por qualquer meio hábil de comunicação.[32]
>
> § 3.º Serão objeto de registro escrito exclusivamente os atos havidos por essenciais. Os atos realizados em audiência de instrução e julgamento poderão ser gravados em fita magnética ou equivalente.[33]

**31. Princípio geral das nulidades:** não havendo prejuízo, não se deve proclamar a nulidade de um ato processual, embora tenha sido produzido em desacordo com as formalidades legais, conforme preceitua o art. 563 do CPP. Por isso, os atos processuais realizados no contexto dos processos do JECRIM serão sempre considerados válidos se atingirem as finalidades para as quais foram idealizados, ainda que, porventura, possam conter algum vício ou falha. Logicamente, deve-se analisar essa questão à luz dos demais princípios constitucionais. Não seria viável supor que a falha ferisse gravemente a ampla defesa do acusado e, ainda assim, fosse reputado válido. No mais, sem que tal cenário se desenhe, respeita-se a regra geral de não se decretar a nulidade de atos que atingiram, em última análise, as suas finalidades.

**32. Ampliação dos meios de comunicação entre diferentes juízos:** não há mais sentido em se exigir que a prática de qualquer ato processual (ex.: intimação de alguém) se faça por meio da expedição de carta precatória, expediente nitidamente formal e burocratizado. Celeridade, informalidade e simplicidade dos atos processuais no contexto do JECRIM impulsionam para novos métodos, como a utilização da correspondência postal, do telefone, do fax, bem como

# Art. 66

do *e-mail*. Este último vem substituindo, aos poucos e cada vez mais, o uso do fax, devendo ser admitido, especialmente, quando o destinatário confirma o recebimento da mensagem.

**33. Eficiência no registro dos atos e na colheita da prova:** o princípio da oralidade que, como já mencionamos, deve ser adotado por determinação constitucional (art. 98, I, CF), impõe, por óbvio, o predomínio da palavra oral sobre a palavra escrita. Por isso, não teria o menor sentido *formalizar* o registro dos atos processuais, reduzindo tudo o que se passa na audiência a termo. Os requerimentos das partes devem ser feitos oralmente e a decisão do juiz, proferida de igual modo. Insere-se no termo da audiência o resumo do que foi solicitado, a síntese da manifestação da parte contrária e a essência da decisão judicial. No mais, a colheita dos depoimentos das testemunhas, em nosso entendimento, *deve* ser objeto de gravação por qualquer mecanismo. Não há sentido em utilizar o tradicional *ditado* feito pelo juiz ao escrevente, reduzindo por escrito, com inteiro teor, a narrativa de cada uma das pessoas ouvidas, ao menos no contexto do Juizado. O prolongamento da audiência será inevitável e a celeridade esvai-se por completo. Há informes, no entanto, da existência de Comarcas que possuem equipamentos para filmar a audiência, registrando tudo em DVD, razão pela qual a Turma Recursal pode não somente ouvir, mas ver o que se passou durante a colheita da prova. Em último caso, se não houver equipamento disponível para a gravação – ou, por força maior, estiver quebrado e não houver reposição imediata – colhe-se a prova testemunhal, reduzindo-a por escrito *de maneira resumida*, sem necessidade de inteiro teor. Aliás, após a reforma do processo penal, as Leis 11.689/2008 e 11.719/2008 permitiram o registro dos depoimentos colhidos em audiência por meio de gravação, além de indicar deverem ser os debates realizados oralmente (arts. 403, *caput*, 405, §§ 1.º e 2.º, 411, § 4.º, 475, 534, *caput*, CPP).

> **Art. 66.** A citação será pessoal e far-se-á no próprio Juizado, sempre que possível, ou por mandado.[34]
>
> **Parágrafo único.** Não encontrado o acusado para ser citado, o juiz encaminhará as peças existentes ao juízo comum para adoção do procedimento previsto em lei.[35-35-A]

**34. Citação:** é o chamamento do réu a juízo, dando-lhe ciência do conteúdo da imputação formulada pelo órgão acusatório, para que possa se defender pessoalmente e por intermédio de defesa técnica. O art. 66 menciona que a citação será pessoal, no próprio Juizado, quando viável, ou por mandado. Esta última forma também é considerada citação pessoal, embora realizada por oficial de justiça. O que se pretende é uma dupla garantia: celeridade e efetiva ciência da acusação. Em virtude disso, determina-se que a citação será pessoal: a) no Juizado, feita por qualquer servidor da Justiça, colhendo-se o ciente do acusado, em qualquer momento propício; b) por mandado, feita, como regra, fora do Juizado, por oficial de justiça. Poderia a lei ter previsto a forma de citação pelo correio (como, aliás, previsto nos arts. 246 e 248 do CPC/2015), que pode ser mais célere do que a realizada por mandado, conforme o caso e o volume de serviço existente no JECRIM. Não vemos óbice para ser usada analogia com o Código de Processo Civil e viabilizada, no âmbito do Juizado Especial Criminal, essa forma de citação, desde que se dê integral conhecimento do conteúdo da acusação ao acusado. Quando realizada por mandado, deve-se respeitar o disposto no art. 352 do CPP, quanto ao conteúdo (nome do juiz, nome do querelante nas ações promovidas por queixa, nome do acusado, sua residência, a finalidade da citação, o juízo e o lugar, dia e hora em que deve comparecer, subscrição do escrivão e assinatura do juiz). Além disso, sempre que se fizer a citação pessoal, por qualquer forma, deve o acusado ser alertado para que compareça com advogado, com a advertência de que, não o fazendo, ser-lhe-á nomeado defensor dativo, bem como para que leve suas testemunhas ou apresente petição, requerendo a intimação das mesmas. Eventualmente, pode o acusado encontrar-se preso por outro delito qualquer. Por isso, além do mandado de citação, o juiz deve expedir a requisição à autoridade competente para a apresentação do preso no dia e hora designados para a audiência.

**35. Citação por edital e por hora certa:** a forma regular de citação, no âmbito do JECRIM, é a pessoal. Quando o acusado não for localizado, a outra espécie de citação, prevista no processo penal (art. 366, CPP), é a realização por edital (citação ficta). Por outro lado, passou-se a admitir, também, a citação por hora certa (art. 362, CPP), verificando-se que o réu se oculta para não ser citado (citação ficta). Nesses casos, haverá, certamente, demora no procedimento, além do que, em muitas situações, o réu não comparecerá, nem constituirá advogado. Assim sendo, conforme dispõe o art. 366, *caput*, do CPP, será o processo suspenso até que seja encontrado, suspensa igualmente a prescrição (ver as notas 30 a 39-B ao art. 366 do nosso *Código de Processo Penal comentado*). Defendemos, ainda, que igual suspensão deve ocorrer se houver citação por hora certa, desde que o acusado não compareça. Tudo isso forma um quadro de prolongamento da fase inaugural do processo, que é incompatível com a celeridade e a informalidade exigidas pelo procedimento no JECRIM. Eis a razão pela qual o processo será remetido ao juízo comum, onde passará a tramitar em definitivo, não mais retornando ao Juizado Especial Criminal. Na jurisprudência: STJ: "1. Diversamente do afirmado no recurso, a regra trazida no art. 66 da Lei n. 9.099/1995 foi observada, sendo o recorrente citado pessoalmente, por mandado apresentado pelo oficial de justiça, no qual após sua assinatura. Assim, não há espaço para aplicação da norma trazida no parágrafo único do art. 66 da Lei n. 9.099/1995, que determina a remessa dos autos ao Juízo comum, nos casos em que o autor do fato não for encontrado para ser citado pessoalmente. Portanto, não há se falar em ausência de citação nem em errônea decretação da revelia. 2. A partir do não comparecimento do acusado em Juízo e da decretação regular de sua revelia, tornam-se desnecessárias novas intimações pessoais quanto aos atos processuais a serem realizados, nos termos do art. 367 do Código de Processo Penal. 3. Recurso em *habeas corpus* improvido" (RHC 79.243 – MG, 5.ª T., rel. Reynaldo Soares da Fonseca, 21.02.2017, v.u.).

**35-A. Remessa à Justiça comum quando não cumprido o acordo, sem se saber o paradeiro do acusado:** tem-se permitido que, após a transação realizada, quando o réu for intimado para cumprir o pacto, caso não seja localizado no endereço que ele mesmo forneceu, possa-se enviar o caso à esfera comum, nos termos deste parágrafo único.

> **Art. 67.** A intimação[36] far-se-á por correspondência, com aviso de recebimento pessoal ou, tratando-se de pessoa jurídica ou firma individual, mediante entrega ao encarregado da recepção, que será obrigatoriamente identificado, ou, sendo necessário, por oficial de justiça, independentemente de mandado ou carta precatória, ou ainda por qualquer meio idôneo de comunicação.[37]
>
> **Parágrafo único.** Dos atos praticados em audiência considerar-se-ão desde logo cientes as partes, os interessados e defensores.[38]

**36. Intimação:** é o ato processual pelo qual se dá ciência à parte da prática de algum outro ato processual já realizado ou a ser realizado, importando ou não na obrigação de fazer ou não fazer alguma coisa.

**37. Formas de intimação:** há três métodos: a) por correspondência: a.1) à pessoa física, com aviso de recebimento assinado pelo próprio intimado e não por terceiros; a.2) à pessoa jurídica ou firma individual, com aviso de recebimento assinado pelo encarregado da recepção,

# Art. 68

necessariamente identificado; b) por oficial de justiça, independentemente de mandado ou precatória; c) por qualquer meio idôneo de comunicação. Algumas observações necessárias: quando a intimação for enviada à pessoa jurídica (para comparecimento à audiência de tentativa de composição dos danos, por exemplo, uma vez que seria responsável, civilmente, pelos atos de um funcionário), é natural que, além do encarregado da recepção, pode o representante legal da pessoa jurídica receber a correspondência; quando a lei menciona o oficial de justiça, independentemente da expedição de mandado ou precatória, deve-se entender que o referido servidor tem a possibilidade de ir ao encontro da pessoa a ser intimada, comunicando-lhe verbalmente a ocorrência do ato e, depois, certificando o ocorrido nos autos; estando o sujeito a ser intimado em outra Comarca, pode-se utilizar o telefone, transmitindo o conteúdo da intimação ao cartório do lugar onde deva ser realizado o ato, passando-se a incumbência ao oficial de justiça; com relação a outro meio idôneo de comunicação, pode-se considerar tanto a imprensa oficial, quando houver defensor constituído, como o telefone, o fax e o e-mail. Temos a experiência bem-sucedida de autorizar a intimação de jurados por telefone, realizada por oficial de justiça, quase sempre atendida por quem a recebeu.

**38. Intimação em audiência:** nem precisaria haver o parágrafo único do art. 67, pois em todo processo comum – civil ou penal –, quando realizada a audiência, as partes saem cientes dos atos nela praticados, até porque assinam o termo lavrado.

> **Art. 68.** Do ato de intimação do autor do fato[39] e do mandado de citação do acusado, constará a necessidade de seu comparecimento acompanhado de advogado, com a advertência de que, na sua falta, ser-lhe-á designado defensor público.[40]

**39. Autor do fato:** é a pessoa a quem se imputa a prática da infração penal de menor potencial ofensivo. Com razão, lembram Grinover, Magalhães, Scarance e Gomes não haver, nessa situação, necessidade de indiciamento, com o registro na folha de antecedentes, do agente (*Juizado Especial Criminal*, p. 102). Afinal, se não há inquérito, mas mero termo circunstanciado, inexistiria motivo para apontar, formalmente, o autor do fato como agente da infração penal. Após a realização de eventual transação ou se for recebida denúncia ou queixa, faz-se a comunicação ao órgão competente, para o devido registro, de modo a impedir que outra transação se realize no prazo de cinco anos (art. 76, § 2.º, II, desta Lei) ou para acompanhamento, por outro juiz criminal, da vida pregressa do acusado, quando proposta a ação penal.

**40. Defensor constituído ou dativo:** em homenagem à ampla defesa, dispõe, corretamente, o art. 68 que o acusado, ao ser citado (ou o autor do fato, intimado para a audiência de conciliação), deve comparecer acompanhado de defensor da sua confiança (constituído). Se desprezar essa oportunidade ou caso não tenha condições financeiras para contratar um advogado, fica advertido que será acompanhado por defensor público (melhor seria ter sido mencionado, também, um defensor dativo, que é o advogado nomeado pelo juiz). Não vemos nenhum problema nisso, até pelo fato de haver no Código de Processo Penal a mesma situação: ninguém será processado ou julgado sem defensor (art. 261) e, caso não disponha de um, o juiz nomeará, queira o acusado sim, queria não, um defensor dativo, podendo o réu contratar algum de sua confiança a qualquer tempo (art. 263). E mais, o art. 263, parágrafo único, do CPP, prevê a hipótese de o acusado ser obrigado a pagar os honorários do defensor dativo, arbitrados pelo juiz, se não for pessoa pobre. Tal medida se impõe pelo fato de inexistir qualquer chance de ficar o réu solitário na promoção de sua defesa. Logo, rico ou pobre, recusando-se ou não podendo contratar advogado, terá defensor nomeado pelo juiz ou o Estado, caso exista a possibilidade, lhe designará defensor público. Por isso, não podemos concordar com a afirmação de Cezar Roberto Bitencourt, no sentido de ser essa designação compulsória uma marca do "Direito Penal do terror", própria de Estados totalitários (*Juizados Especiais Criminais Federais*, p. 86). O mais relevante é que nenhum acusado fique sem defesa técnica. Portanto, se ele se recusar a contratar advogado, ainda que tenha recursos, é natural que o defensor dativo (ou defensor público) lhe será imposto pelo Estado. Essa medida é própria e digna de um Estado Democrático de Direito, em virtude da garantia constitucional da ampla defesa.

**Seção II**

**Da fase preliminar**

> **Art. 69.** A autoridade policial[41] que tomar conhecimento da ocorrência lavrará termo circunstanciado[42] e o encaminhará imediatamente ao Juizado, com o autor do fato e a vítima, providenciando-se as requisições dos exames periciais necessários.[43-45]
>
> **Parágrafo único.** Ao autor do fato que, após a lavratura do termo, for imediatamente encaminhado ao Juizado ou assumir o compromisso de a ele comparecer, não se imporá prisão em flagrante,[46] nem se exigirá fiança. Em caso de violência doméstica, o juiz poderá determinar, como medida de cautela, seu afastamento do lar, domicílio ou local de convivência com a vítima.[47]

**41. Autoridade policial:** na realidade, é apenas o delegado de polícia, estadual ou federal. Policiais civis ou militares constituem *agentes* da autoridade policial. Portanto, o correto é que o termo circunstanciado seja lavrado unicamente pelo delegado. Assim, também, a posição de Cezar Roberto Bitencourt, *Juizados Especiais Criminais Federais*, p. 59-60. Em sentido contrário, Grinover, Magalhães, Scarance e Gomes, *Juizado Especial Criminal*, p. 117. Neste último prisma, decidiu o Tribunal de Justiça de São Paulo, no Provimento 806/2003, do Conselho Superior da Magistratura: "considera-se autoridade policial, apta a tomar conhecimento da ocorrência e a lavrar termo circunstanciado, o agente do Poder Público, investido legalmente para intervir na vida da pessoa natural, que atue no policiamento ostensivo ou investigatório" (item 41.1). E continua o referido Provimento: "O Juiz de Direito, responsável pelas atividades do Juizado, é autorizado a tomar conhecimento dos termos circunstanciados elaborados por policiais militares, desde que também assinados por Oficial da Polícia Militar" (item 41.2). Esta posição tem se disseminado em outros Estados da Federação.

**42. Termo circunstanciado:** é a formalização da ocorrência policial, referente à prática de uma infração de menor potencial ofensivo, em uma peça escrita, contendo dados detalhados, tais como data e hora do fato, data e hora da comunicação, local e natureza da ocorrência, nome e qualificação do condutor, com resumo de suas declarações, nome e qualificação de outra(s) testemunha(s), com resumo das declarações, nome e qualificação do autor do fato, com resumo de suas declarações, se ele quiser prestá-las, indicação dos eventuais exames periciais requisitados, bem como de juntada de informes sobre a vida pregressa do autor.

**43. Encaminhamento imediato:** esse procedimento seria o ideal, se houvesse Juizados Especiais Criminais de plantão em qualquer hora do dia e da noite, bem como em finais de semana. Tudo se resolveria fácil e rapidamente. Porém, se as partes forem encaminhadas, eventual transação realizada, sem o devido esclarecimento, poderá ser questionada por apelação (art. 76, § 5.º, desta Lei) ou por *habeas corpus*, conforme a urgência da situação.

# Art. 69

**43-A. *Habeas corpus* para questionar a realização de audiência preliminar:** não vemos óbice para permitir o ingresso de *habeas corpus* contra a designação de audiência preliminar (art. 72, Lei 9.099/95). Esta, certamente, possibilita a ocorrência de transação, logo, em restrição a qualquer direito ou ao pagamento de multa. Porventura, pode tratar-se, ilustrando, de fato atípico. Assim, para não perder a oportunidade e por não pretender se submeter ao constrangimento de comparecer à audiência, onde se vai discutir a mencionada transação, a pessoa apontada como autora no termo circunstanciado tem o direito de, por meio de *habeas corpus*, apresentar suas razões para a não realização do ato processual. Lembremos, afinal, que, não obtida a transação, haverá, possivelmente, o prosseguimento da ação (art. 77, Lei 9.099/95). Outro ponto a considerar é o encaminhamento imediato, nos termos expostos na nota anterior. Se tal se der, é natural que, havendo transação, pode o autor do fato questioná-la, igualmente.

**44. Conflito de atribuições entre a autoridade policial e o juiz de direito:** temos sustentado essa possibilidade. Na nota 4 ao art. 113 do nosso *Código de Processo Penal comentado* expusemos o seguinte: quando a autoridade judiciária atua, no campo da investigação policial, determinando a realização de diligências ou concedendo prazo para tanto, profere decisões de caráter administrativo, razão pela qual pode entrar em conflito, em tese, com a autoridade policial. Exemplo disso é o que vem ocorrendo no tocante ao procedimento instituído pela Lei 9.099/95, para infrações de menor potencial ofensivo. Realizado o Termo Circunstanciado, deve a autoridade policial remeter o mesmo ao fórum, cabendo, então, ao juiz, como determina a Lei, designar audiência para, eventualmente, haver oferta de transação. Não ocorrendo esta, bem como necessitando-se de outras diligências para haver denúncia, pode o promotor solicitar o retorno do Termo à polícia, continuando-se, por meio do inquérito, na investigação imprescindível. Entretanto, imagine-se que o juiz, recebendo o Termo Circunstanciado, em vez de designar a audiência que lhe compete, determina o retorno para novas diligências. Ao descumprir a lei, provoca um conflito de atribuições negativo, uma vez que a autoridade policial não se vê na obrigação de proceder a novas investigações, mais complexas, antes da audiência acontecer. Dessa maneira, o juiz entende não dever marcar a referida audiência até que as diligências sejam feitas, enquanto a autoridade policial crê não ser obrigada a empreendê-las até que o procedimento da Lei 9.099/95 seja fielmente cumprido. Em nossa visão, há um conflito e deve ser resolvido em favor da autoridade policial. O Termo Circunstanciado encaminhado ao fórum deve ser sucedido de audiência. É o cumprimento do disposto nos arts. 69 a 77 da Lei 9.099/95 e o delegado não tem atribuição para investigar antes da audiência prevista no art. 70. De qualquer forma, não cabe ao magistrado, especialmente após a criação do juiz das garantias, no sistema acusatório, determinar a realização de diligências por sua iniciativa. É atribuição do Ministério Público requerer a produção de outras diligências se considerar necessário, em vez de propor transação, de modo que a investigação pode prosseguir. Portanto, a hipótese de conflito de atribuição entre magistrado e autoridade policial delineia-se apenas em tese.

**45. Termo circunstanciado bem elaborado:** é natural que, evitando-se a completa falta de dados para avaliação do Ministério Público, torna-se fundamental que o termo circunstanciado seja detalhadamente realizado, contendo todos os elementos indispensáveis à visualização da prática de uma infração penal de menor potencial ofensivo, possibilitando, então, a ocorrência da audiência de conciliação e, se for o caso, a oferta de transação. O termo circunstanciado não substitui o mero boletim de ocorrência, mas também pode significar a completa substituição do inquérito policial. Afinal de contas, uma vez bem elaborado, permite ao membro do Ministério Público ter dados suficientes para oferecer a proposta de transação ou mesmo requerer o arquivamento do termo. E mais, rejeitada a proposta, somente com o termo circunstanciado, seria possível propor ação penal. Entretanto, a imperfeita concretização do mencionado termo tornará inviável a formação da *opinio delicti* do órgão acusatório. Assim ocorrendo, pensamos dever o Ministério Público requisitar diretamente da autoridade policial, quando receber o termo e antes da ocorrência da audiência, maiores detalhes, inclusive, se for o caso, com a realização das diligências imprescindíveis para a formação da materialidade e dos indícios razoáveis de autoria. Se as partes forem encaminhadas diretamente ao Juizado, tudo dependerá do caso concreto. Havendo provas suficientes, ainda que resumidamente colhidas, pode haver a conciliação e a composição (civil e/ou penal). Do contrário, se o termo circunstanciado for materializado como se fosse um singelo boletim de ocorrência, parece-nos ideal adiar a audiência da fase preliminar, colhendo-se da autoridade policial outros dados, para, então, o Ministério Público poder atuar convenientemente.

**46. Prisão em flagrante:** é desnecessária a sua formalização, por meio da lavratura do auto, caso o termo circunstanciado seja realizado e as partes envolvidas – autor do fato e vítima –, encaminhadas ao JECRIM de imediato. Por outro lado, não sendo possível a ida ao Juizado, o autor do fato deve assumir o compromisso de que o fará, assim que for intimado a tanto, fornecendo, para isso, todos os seus dados de qualificação. Tal compromisso de comparecimento será registrado no próprio termo. É natural que a imensa maioria dos autores de fatos criminosos de menor potencial ofensivo concordarão em ir ao JECRIM, assim que intimados. Porventura, se houver alguém que se recuse, por exemplo, a fornecer seus dados de qualificação, demonstrando, nitidamente, o desinteresse em colaborar com a Justiça, deve a autoridade policial lavrar o auto de prisão em flagrante, aplicando-se as regras processuais penais gerais para a eventual concessão de liberdade provisória, com ou sem fiança, conforme o caso. Lembremos que o parágrafo único do art. 69 está inserido no contexto da apresentação do autor do fato e da vítima, logo após a prática da infração penal, normalmente conduzidos pela polícia militar. Eis por que há situação de flagrância em muitas situações. Porém, como se trata de infração de menor potencial ofensivo, lavra-se o termo circunstanciado, caso haja colaboração do agente e a assunção do compromisso de comparecimento futuro ao JECRIM. É evidente que, não existindo situação de flagrância, mas apenas a notícia da ocorrência de uma infração de menor potencial ofensivo, deve a autoridade policial determinar a intimação do autor do fato (imagine-se que compareceu a vítima à delegacia narrando ter sido lesada por alguém) para que acompanhe a lavratura do termo circunstanciado. Havendo recusa, o referido termo é lavrado apenas com a versão dada pela vítima, com apresentação de eventuais testemunhas, encaminhando-se a peça ao JECRIM, do mesmo modo, para que, futuramente, seja o autor do fato intimado a comparecer para a busca da conciliação.

**47. Medida cautelar de afastamento do lar:** no contexto da violência doméstica, não mais se aplica qualquer dispositivo da Lei 9.099/95. Diversamente do que antes nos parecia, visualizamos, hoje, que o preceituado pelo art. 69, parágrafo único, parte final, da Lei 9.099/95, foi acrescentado pela Lei 10.455/2002 para auxiliar a proteção das mulheres vítimas de violência doméstica, porém, antes do advento da Lei 11.340/2006, que cuidou inteiramente do tema. Diante disso, reformulamos o nosso entendimento para dar coerência ao sistema normativo em sua aplicação. O juiz do JECRIM está afastado dos casos de violência doméstica. Todos os crimes nesse cenário passam a tramitar em Vara Criminal comum. Cabe a esta tomar as providências cautelares protetivas à vítima. Para tornar o assunto bem claro, convém citar os dois artigos da Lei 11.340/2006 (Lei Maria da Penha), regendo o assunto: "Art. 33. Enquanto não estruturados os Juizados de Violência Doméstica e Familiar contra a Mulher, as varas criminais acumularão as competências cível e criminal para conhecer e julgar as causas decorrentes da prática de violência doméstica e familiar contra a mulher, observadas as previsões do Título IV desta Lei, subsidiada pela legislação processual pertinente. Art. 41. Aos crimes praticados com violência doméstica e familiar contra a mulher, independentemente da pena prevista, não se aplica a Lei 9.099/95".

# Art. 70

> **Art. 70.** Comparecendo o autor do fato e a vítima, e não sendo possível a realização imediata da audiência preliminar, será designada data próxima, da qual ambos sairão cientes.[48]

**48. Encaminhamento frustrado:** prevendo a possibilidade de a autoridade policial encaminhar ao JECRIM o autor do fato e a vítima, na busca de uma conciliação rápida e imediata, mas não havendo a possibilidade de realização da audiência (excesso de casos, por exemplo), o art. 70 desta Lei já estabeleceu a solução adequada: designa-se, ao menos, uma data próxima para o ato e as partes serão dispensadas, já intimadas para o comparecimento.

> **Art. 71.** Na falta do comparecimento de qualquer dos envolvidos, a Secretaria providenciará sua intimação e, se for o caso, a do responsável civil, na forma dos arts. 67 e 68 desta Lei.[49]

**49. Falta de comparecimento:** levando-se em conta que a autoridade policial não *conduz coercitivamente* os envolvidos ao JECRIM, mas apenas os encaminha ao Juizado, é possível que ambos ou um deles não compareça. Nesse caso, marca-se nova data, providenciando-se a intimação nas formas previstas nesta Lei (arts. 67 e 68).

> **Art. 72.** Na audiência preliminar,[50] presente o representante do Ministério Público, o autor do fato e a vítima[51] e, se possível, o responsável civil,[52] acompanhados por seus advogados,[53] o juiz esclarecerá sobre a possibilidade da composição dos danos e da aceitação da proposta de aplicação imediata de pena não privativa de liberdade.[54]

**50. Audiência preliminar:** trata-se de fase pré-processual, uma vez que não há denúncia ou queixa ofertada, nem mesmo recebida, logo inexiste processo criminal. A ideia central desse ato é a busca da conciliação, se possível, entre autor do fato e vítima, bem como a composição dos danos civis, se existentes. É natural que, havendo a conciliação, tomada por termo, cuidando-se de infração penal de ação privada ou pública condicionada, equivale à renúncia da vítima à propositura da demanda ou ao direito de representação, acarretando a extinção da punibilidade do agente. Por outro lado, cuidando-se de ação pública incondicionada, ainda que o autor do fato e a vítima se recomponham e mesmo que exista a reparação civil, pode o membro do Ministério Público oferecer proposta de transação, para a aplicação de sanção não privativa de liberdade, que, contando com a aquiescência do autor do fato, será homologada pelo juiz. Na jurisprudência: STJ: "2. A composição civil dos danos é a proposta feita pelo suposto autor do fato a vítima para reparar os prejuízos causados por crime de menor potencial ofensivo. 3. No caso em exame, verifica-se que a audiência realizada em 24/9/2008, a qual homologou a composição civil entre o recorrente e seu irmão, nos termos do art. 72 da Lei n. 9.099/1995, refere-se ao delito previsto no art. 147 do Código Penal. 4. A composição civil quanto ao crime de ameaça não tem o condão de obstar o oferecimento de denúncia em desfavor do recorrente em relação a outras infrações penais, uma vez que, nos termos do art. 107, V, do Código Penal, a extinção da punibilidade pela renúncia do direito de queixa ocorre apenas nos crimes de ação penal privada, não alcançando delitos, cuja natureza requer a apuração por meio de ação penal pública" (RHC 93.628 – PE, 5.ª T., rel. Ribeiro Dantas, 19.04.2018, *DJe* 25.04.2018, v.u.).

**51. Presença facultativa:** está em fase pré-processual, como já ressaltado, motivo pelo qual, ainda que intimados da data da audiência, a presença tanto do autor do fato quanto da vítima é facultativa. Busca-se a conciliação, a reparação do dano ou a transação, todas formas de acordo. Logo, não há o menor sentido em se pensar em condução coercitiva, determinada pelo magistrado, se algum deles não comparecer. O autor do fato, assim agindo, abre mão de receber o benefício da transação. O ofendido, por sua vez, abre mão de receber eventual reparação civil.

**52. Responsável civil:** para que a reparação civil se torne uma hipótese concreta e viável, preocupa-se a lei em intimar o responsável pelo dano, que pode ser, por exemplo, a empresa que tem por funcionário o autor do fato. A responsabilidade penal é pessoal, limitando-se a este último. Porém, a responsabilidade civil é mais ampla, envolvendo o patrão, por ato de seu empregado. Logo, se o responsável civil estiver presente, torna-se mais fácil a composição e, conforme o caso, a extinção do feito. Esta situação ocorreria se a vítima, dando-se por satisfeita, evidencia a renúncia ao direito de queixa ou representação (art. 74, parágrafo único, desta Lei).

**53. Presença dos advogados:** buscando-se resguardar a garantia constitucional da ampla defesa, bem como o direito de ação, impõe-se a presença dos advogados tanto do autor do fato quanto da vítima. Ambos devem ser cientificados, quando da intimação para o comparecimento, do direito de se fazerem acompanhar por advogado. Não sendo possível, por variadas razões, inclusive de ordem financeira, deve o Estado encarregar-se de designar um defensor para o autor do fato e um advogado para tutelar os interesses do ofendido. A ideia é resguardar a ampla defesa, no tocante ao autor do fato. Seria ele assistido pelo defensor para que compreenda o alcance da conciliação, envolvendo o compromisso de reparação do dano, mas também – e fundamentalmente – o conteúdo da transação eventualmente proposta pelo Ministério Público. Por outro lado, a assistência jurídica prestada à vítima não se dá exclusivamente no tocante à realização do acordo para a reparação do dano, mas que ela esteja ciente de que, havendo este tipo de composição, ocorrerá a renúncia ao direito de queixa ou representação. Por isso, a composição na órbita civil desencadeia reflexo no contexto penal, merecendo ser o ofendido devidamente alertado para esse aspecto. Naturalmente, poder-se-ia imaginar que o juiz seria capaz de promover tal alerta, mas não é de se aguardar do magistrado – ou do conciliador – que saia da sua posição de neutralidade para *orientar* interesses da parte ofendida. O mesmo se diga do membro do Ministério Público que, em caso de ação privada ou pública condicionada, está presente na condição de fiscal da lei; tratando-se de ação pública incondicionada o seu interesse restringe-se à transação e não à orientação ao ofendido.

**54. Esclarecimento sobre a composição dos danos e transação:** cabe ao magistrado – ou ao conciliador (art. 73 desta Lei) – prestar às partes presentes os esclarecimentos necessários para buscar a reparação dos danos e também sobre as vantagens de eventual transação, dependendo da proposta do Ministério Público.

> **Art. 73.** A conciliação será conduzida pelo juiz ou por conciliador[55] sob sua orientação.
>
> **Parágrafo único.** Os conciliadores são auxiliares da Justiça, recrutados, na forma da lei local, preferentemente entre bacharéis em Direito, excluídos os que exerçam funções na administração da Justiça Criminal.

**55. Conciliador:** é a pessoa investida na função de mediador, conforme dispuser a lei de organização do Juizado Especial Criminal em cada Estado da Federação. Preceitua o parágrafo único deste artigo serem eles auxiliares da Justiça, angariados, preferencialmente, dentre bacharéis em Direito (por conhecerem as leis, torna-se mais fácil promover a composição),

# Art. 74

mas excluídos os servidores da Justiça. Logo, conforme a Comarca, o conciliador pode ser um médico, um empresário, um psicólogo ou qualquer outro profissional, desde que a lei local assim autorize. Aliás, para promover a mediação entre partes conflitantes basta ter paciência e bom senso e não necessariamente conhecimento jurídico. Segundo a Lei Complementar 851/98 do Estado de São Paulo, estabelece o art. 10 que "os conciliadores, com a função específica de tentar o entendimento e a composição entre as partes, são auxiliares da Justiça, recrutados, preferencialmente, entre os bacharéis em Direito, de reputação ilibada e que tenham conduta profissional e social compatíveis com a função". No Provimento 806/2003, do Conselho Superior da Magistratura de São Paulo, fixa o art. 3, da Seção III, que "os conciliadores, inclusive dos anexos, serão recrutados mediante portaria pelo juiz diretor, preferencialmente entre os bacharéis ou estudantes de direito, com reputação ilibada, após a verificação dos antecedentes e a expedição de edital para eventual impugnação, com o prazo de dez (10) dias, a ser afixado na sede do Juizado e, se for o caso, do Anexo".

> **Art. 74.** A composição dos danos civis será reduzida a escrito e, homologada pelo juiz mediante sentença irrecorrível, terá eficácia de título a ser executado no juízo civil competente.[56]
>
> **Parágrafo único.** Tratando-se de ação penal de iniciativa privada ou de ação penal pública condicionada à representação, o acordo homologado acarreta a renúncia ao direito de queixa ou representação.[57]

**56. Composição civil dos danos:** um dos principais objetivos da Lei 9.099/95 é assegurar a reparação civil dos danos causados à vítima, motivo pelo qual, realizado o acordo em audiência, com a presença dos advogados do autor do fato e do ofendido, bem como contando com a presença do membro do Ministério Público, resta ao juiz homologá-lo, mediante sentença irrecorrível, com eficácia de título executivo judicial. Defende parcela da doutrina o cabimento de embargos de declaração, se for o caso (cf. Grinover, Magalhães, Scarance e Gomes, *Juizado Especial Criminal*, p. 143). Entretanto, parece-nos ilógico o oferecimento de embargos para sanar obscuridade, contradição, omissão ou dúvida a respeito de um acordo que foi efetivado pelas partes envolvidas, com seus advogados, na presença de representante do Ministério Público e homologado, à vista de todos, pelo juiz. Logo, cremos inadmissível, efetivamente, qualquer recurso, inclusive embargos de declaração. A execução será realizada no juízo civil comum ou, conforme o valor, no Juizado Especial Cível (até 40 vezes o salário mínimo). Na jurisprudência: STJ: "(...) esta Corte Superior já se manifestou no sentido de que a composição realizada no juizado especial criminal, de fato, não exclui o direito de a vítima pleitear a complementação da indenização pelos mesmos danos sofridos, seja de ordem moral ou material, ante o princípio da plena reparação dos danos, salvo se constar do termo de acordo homologado, expressamente, disposição em contrário, a qual somente produzirá efeitos para as partes da transação" (AgRg no Ag 1.423.207 – SC, 4.ª T., rel. Antonio Carlos Ferreira, j. 26.08.2019, *DJe* 30.08.2019, v.u.).

**57. Renúncia tácita:** *renunciar* significa desistir ou abdicar de algo. Tendo em vista que, no caso de ação penal privada ou pública condicionada à representação, o Estado confere à vítima o direito de manifestar o seu interesse em acionar o Judiciário para ver o agressor punido, é preciso que esse interesse seja, realmente, exercitado. Em outras palavras, qualquer demonstração de descaso pelo processo criminal faz com que o ofendido perca a legitimidade para propor a ação penal, por intermédio da queixa (ação penal privada) ou para representar (ação penal pública condicionada). Entendeu o art. 74, parágrafo único, da Lei 9.099/95, ser equivalente à desistência do direito de queixa ou de representação o fato de a vítima aceitar a reparação do dano, como forma de satisfação pela lesão sofrida. Parece-nos exagerada essa postura legal. Na realidade, se o ofendido ajuizasse ação penal, conseguindo, ao final, atingir a condenação do autor do fato, poderia, valendo-se da sentença condenatória, promover, na esfera cível, a execução, atingindo tanto a condenação criminal como a indenização civil (art. 63, CPP). Logo, o que se efetivou na Lei 9.099/95 foi, praticamente, uma *instigação* estatal para que a composição civil do dano fosse apressada, antecipada, sem que se tivesse que aguardar todo o processo criminal para, então, seguir ao juízo cível (aliás, nem mesmo isso seria necessário, pois o art. 64 do CPP prevê a possibilidade de ajuizamento de ação civil, sem prejuízo do processo criminal). Além disso, após a edição da Lei 11.719/2008, permite-se que o magistrado, na sentença penal condenatória, fixe, de pronto, a indenização civil para o dano apurado (art. 387, IV, CPP). Em outros termos, se a vítima quer receber o que julga devido, rapidamente, faz o acordo de reparação do dano civil, mas sofre a consequência de não obter nenhuma resposta do Estado na esfera criminal. Por outro lado, se recusar o acordo para a reparação civil do dano, tem direito de propor ação penal e, ao seu término, exigir a devida indenização. Não vemos nenhum sentido nisso. Compor o dano civil não deveria significar renúncia, até pelo fato de prever o art. 104, parágrafo único, do Código Penal, que "o fato de receber o ofendido a indenização do dano causado pelo crime" não implica renúncia tácita. A Lei 9.099/95, pretendendo inovar no cenário, incita a vítima a se conformar com a reparação do dano civil – algo que lhe seria devido de todo modo, em caso de apuração da culpa do agente –, abrindo mão de exercer o seu natural direito de queixa ou de representação. Se existem duas esferas de proteção ao bem jurídico – a civil e a penal –, não poderia a lei simplesmente ignorar uma delas, somente porque a outra foi utilizada. Ilustrando: "A" é agredido fisicamente por "B", o que lhe causa não somente uma lesão corporal, mas a humilhação de ter sido atacado em público. Busca a proteção estatal, visando, ao mesmo tempo, conseguir uma indenização pelos danos causados (pagamento do tratamento para recuperação da lesão e eventual dano moral), mas também a punição criminal do violento agressor (para que não se incentive a "justiça pelas próprias mãos"). Ora, se conseguir a reparação civil, não mais pode ver o Estado atuar, na órbita penal, contra o agente. Tal situação é, em nosso entendimento, um contrassenso, uma vez que o monopólio punitivo é do Estado, motivo pelo qual ele não poderia *barganhar* com as partes (vítima e agressor), dizendo-lhes: "façam acordo civil que nada mais será exigido na esfera penal". Para o ofendido, garante-se a indenização de maneira mais célere; para o agressor, obriga-se, igualmente, que chegue logo a um valor indenizatório para se ver livre do processo criminal. Em suma, não visualizamos aspecto positivo na renúncia idealizada pelo art. 74, parágrafo único, da Lei 9.099/95 e nenhum lado *moderno* ou *avançado* nesse induzimento estatal pela cessação breve do conflito. Quem garante que o ofendido, desejando o ressarcimento civil que lhe é efetivamente devido, ficará, no íntimo, satisfeito com a atuação do Estado? Quem pode sustentar, em sã consciência, que pressionar o autor do fato a pagar logo qualquer quantia à vítima, para livrar-se de ação penal, é conduta ideal? Por outro lado, quem pode pagar, livra-se de ação penal; quem não tem condições de arcar com a indenização almejada pelo ofendido, sofre ação penal. Essa situação não nos parece isonômica. Beira, pois, a inconstitucionalidade, já que existe a garantia de que nenhuma lesão será afastada da apreciação do Poder Judiciário (art. 5.º, XXXV), seja na esfera cível, seja na penal. Outro exemplo: o autor de um furto (infração que não é de menor potencial ofensivo) responderá penal e civilmente pela subtração patrimonial de outrem. O autor de uma lesão corporal simples (infração de menor potencial ofensivo) pode *pagar* pela agressão e se livra do processo criminal. A integridade física do ser humano adquire ares de valor patrimonial, livrando o agente da condenação na esfera penal. O patrimônio de alguém, no entanto, quando afetado pelo furto, não permite o mesmo tratamento, pois, o autor, mesmo que pague tudo o que retirou da vítima, após a consumação e antes da denúncia, será condenado criminalmente, conforme o caso (art. 16, CP), com diminuição de pena.

# Art. 75

> **Art. 75.** Não obtida a composição dos danos civis, será dada imediatamente ao ofendido a oportunidade de exercer o direito de representação verbal, que será reduzida a termo.[58]
>
> **Parágrafo único.** O não oferecimento da representação na audiência preliminar não implica decadência do direito, que poderá ser exercido no prazo previsto em lei.[59]

**58. Direito de representação e queixa:** se a composição civil não for atingida, eliminando o direito de queixa e de representação, pela renúncia tácita, cabe à vítima a possibilidade de formalizar a representação (crime de ação pública condicionada), de modo célere, através de verbalização, reduzida a termo. No mesmo sentido, deve-se considerar a viabilidade de oferecimento verbal de queixa (ação penal privada), embora não prevista a hipótese expressamente no art. 75.

**59. Decadência:** é previsto o prazo de seis meses, como regra, para a vítima oferecer representação nos crimes de ação pública condicionada, sob pena de se configurar a decadência e, em consequência, a extinção da punibilidade do autor do fato. Portanto, ainda que não ofereça a representação na fase preliminar (pré-processual), pode o ofendido fazê-lo dentro do prazo legal de seis meses. Realmente, só faltava a Lei 9.099/95 tentar coibir, de todo modo, o direito de representação da vítima, obrigando-a a formalizá-la na audiência preliminar. É preciso considerar que o período de seis meses é tempo suficiente para a maturação da ideia de provocar ou não a ação punitiva estatal.

> **Art. 76.** Havendo representação ou tratando-se de crime de ação penal pública incondicionada,[60-62] não sendo caso de arquivamento,[63] o Ministério Público poderá[64] propor a aplicação imediata de pena restritiva de direitos ou multas,[65-65-A] a ser especificada na proposta.[66-67]
>
> § 1.º Nas hipóteses de ser a pena de multa a única aplicável, o juiz poderá reduzi-la até a metade.[68]
>
> § 2.º Não se admitirá a proposta se ficar comprovado:[69-70]
>
> I – ter sido o autor da infração condenado, pela prática de crime, à pena privativa de liberdade, por sentença definitiva;
>
> II – ter sido o agente beneficiado anteriormente, no prazo de 5 (cinco) anos, pela aplicação de pena restritiva ou multa, nos termos deste artigo;
>
> III – não indicarem os antecedentes, a conduta social e a personalidade do agente, bem como os motivos e as circunstâncias, ser necessária e suficiente a adoção da medida.
>
> § 3.º Aceita a proposta pelo autor da infração e seu defensor, será submetida à apreciação do juiz.[71]
>
> § 4.º Acolhendo a proposta do Ministério Público aceita pelo autor da infração, o juiz aplicará[72-72-A] a pena restritiva de direitos ou multa, que não importará em reincidência,[73] sendo registrada apenas para impedir novamente o mesmo benefício no prazo de 5 (cinco) anos.[73-A]
>
> § 5.º Da sentença prevista no parágrafo anterior caberá a apelação referida no art. 82 desta Lei.[74-75]
>
> § 6.º A imposição da sanção de que trata o § 4.º deste artigo não constará de certidão de antecedentes criminais, salvo para os fins previstos no mesmo dispositivo, e não terá efeitos civis, cabendo aos interessados propor ação cabível no juízo cível.[76-77]

**60. Transação:** conforme já expusemos na nota 4 ao art. 2.º desta Lei, a transação envolve um acordo entre órgão acusatório, na hipótese enunciada no art. 76 da Lei 9.099/95, e autor do fato, visando à imposição de pena de multa ou restritiva de direito, imediatamente, sem a necessidade do devido processo legal, evitando-se, pois, a discussão acerca da culpa e os males trazidos, por consequência, pelo litígio na esfera criminal. Entendemos que, em virtude do disposto no art. 98, I, da Constituição Federal, autorizando expressamente a transação penal, ela pode ser admissível em nosso ordenamento jurídico (ver a nota 3 ao art. 2.º). Na jurisprudência: STJ: "1. Tratando-se de caso envolvendo Juizado Especial Criminal, importante ressaltar que as medidas despenalizadoras são como verdadeiros alicerces de política criminal que visam possibilitar maior celeridade e efetividade às infrações de menor potencial ofensivo, no contexto maior de desjudicialização dos conflitos e sistema multiportas de acesso à Justiça, ressalvada sempre a possibilidade de constatação de ilegalidade como em qualquer ato do processo penal. (...) 4. Não há falar em ilegalidade no oferecimento da transação penal pelo Ministério Público, quanto à contravenção, pois é um direito do acusado aceitar ou não os termos oferecidos, sendo que, passados mais de dois meses após a transação, a recorrente mostrou desinteresse em cumprir as condições, legitimando o *Parquet* a oferecer a denúncia, tal como advertido na audiência, e nos termos autorizados pela jurisprudência desta Corte Superior e do Supremo Tribunal Federal" (RHC 107.603 – PR, 5.ª T., rel. Ribeiro Dantas, 13.08.2019, *DJe* 19.08.2019, v.u.).

**61. Crimes de ação pública:** pelo teor do art. 76, optou-se pela possibilidade de transação no cenário dos crimes de ação pública apenas, razão pela qual a proposta deve partir do Ministério Público. Cuidando-se de ação pública incondicionada, independentemente de concordância da parte ofendida, o órgão acusatório pode fazer a proposta de aplicação imediata de multa ou pena restritiva de direito. Tratando-se de ação pública condicionada à representação, oferecida esta pela vítima, legitima-se o Ministério Público a fazer a referida proposta.

**62. Crimes de ação privada:** não vemos nenhum sentido em terem eles sido excluídos do contexto da transação. Possivelmente, inspirou-se o legislador na ultrapassada concepção de que a vítima do crime não teria interesse na pena, mas somente na reparação do dano. Aliás, essa seria a razão pela qual contrataria assistente de acusação, no processo comum, para buscar, juntamente com o Ministério Público, a condenação do réu. Assim não pensamos e já deixamos nossa posição bem clara na nota 1 ao Capítulo IV, Título VIII, Livro I, do nosso *Código de Processo Penal comentado*. A vítima, para não "realizar justiça pelas próprias mãos", confiando no monopólio punitivo estatal, pode exercitar o direito de queixa ou de representação, como pode, nas ações públicas incondicionadas, atuar como coadjuvante, no polo ativo, de modo a aguardar a condenação de quem agrediu direito seu, penalmente tutelado. Por isso, concordamos plenamente com a postura sugerida por Grinover, Magalhães, Scarance e Gomes, no sentido de ser admitida a transação, por analogia *in bonam partem* (é favorável ao autor do fato), também na órbita da ação penal privada (*Juizado Especial Criminal*, p. 150). Destacamos, no entanto, a incongruência de poder a vítima transacionar com o autor do fato, recebendo este, de imediato, uma punição, mas não poder o ofendido fazer o mesmo, caso tenha aceitado qualquer oferta de reparação civil do dano. Ora, imaginemos que haja a transação penal entre vítima e autor do fato, devidamente homologada, contando, evidentemente, com a participação indispensável do Ministério Público, representando o titular efetivo do poder punitivo, que é o Estado. Poder-se-ia impedir a vítima de buscar o amparo de seu direito à reparação do dano na esfera civil? Cremos que não, motivo pelo qual, mais uma vez, inexiste lógica em impedir o seguimento da fase preliminar, passando-se ao estágio da transação, caso tenha havido composição civil dos danos anteriormente. Na jurisprudência: STJ: "1. Tratando-se de caso envolvendo Juizado Especial Criminal, importante ressaltar que as medidas despenalizadoras

# Art. 76

são como verdadeiros alicerces de política criminal que visam possibilitar maior celeridade e efetividade às infrações de menor potencial ofensivo, no contexto maior de desjudicialização dos conflitos e sistema multiportas de acesso à Justiça, ressalvada sempre a possibilidade de constatação de ilegalidade como em qualquer ato do processo penal. 2. No caso em exame, a recorrente, assistida por advogado, aceitou acordo de composição firmado entre as partes, com auxílio de conciliador, restando extinta sua punibilidade quanto aos crimes de injúria e difamação, mediante cumprimento de condições, dentre as quais a renúncia ao direito de representação criminal contra os noticiantes. (...)" (RHC 107.603 – PR, 5.ª T., rel. Ribeiro Dantas, julgado em 13.08.2019, v.u.).

**63. Arquivamento do termo circunstanciado:** é perfeitamente possível que, inexistindo justa causa para a ação penal, possa o Ministério Público deixar de propor transação e requerer ao juiz o arquivamento do termo circunstanciado. Pelos dados colhidos pela autoridade policial, é possível constatar inúmeras possibilidades, dentre as quais a atipicidade da conduta do autor do fato. Não teria sentido propor transação, com aplicação de qualquer espécie de punição, a quem realizou algo penalmente irrelevante. Discordando o juiz, utiliza-se do art. 28 do CPP, encaminhando o termo ao Procurador-Geral de Justiça (ou, na esfera federal, às Câmaras Criminais do Ministério Público). Se o órgão superior do Ministério Público concordar com o promotor (ou procurador da República), insiste no arquivamento e o juiz fica obrigado a acatar. Caso discorde do promotor (ou procurador da República), deve haver a designação de outro membro da instituição para oferecer a proposta de transação ou, recusada esta, propor a ação penal.

**64. Faculdade ou obrigação do Ministério Público em relação à proposta de transação:** em nosso entendimento, vigendo, ainda, no Brasil, o critério da obrigatoriedade da ação penal pública, apenas mitigado pela possibilidade de oferta de transação penal, não se pode *obrigar* o Ministério Público a fazer a proposta, assim como não se pode obrigar a instituição a propor ação penal. Logo, parece-nos totalmente inadequado que o juiz se substitua ao membro do Ministério Público, quando este se recusar a oferecer a proposta, fazendo-o em seu lugar e homologando o que ele mesmo, magistrado, propôs ao autor do fato. Atua o juiz como mediador, afinal, nem mesmo processo existe ainda. A atuação judicial de ofício, nesse cenário, avilta o princípio constitucional de que a iniciativa da ação penal pública é exclusiva do Ministério Público. Caso o promotor (ou procurador da República) se recuse, injustificadamente, a fazer a proposta, cabe a aplicação, por analogia, do art. 28 do CPP. Envia-se o termo circunstanciado ao Procurador-Geral de Justiça (ou à Câmara Criminal do MP Federal), que poderá designar membro do Ministério Público para elaborar a proposta ou poderá concordar com a sua negativa, ocasião em que será proposta ação penal. Em suma, a transação é um acordo entre as partes – acusação e autor do fato – não podendo um e outro ser alijado desse processo de convergência de vontades por quem quer que seja, especialmente pelo magistrado. Aliás, do mesmo modo, não se pode obrigar o autor do fato a aceitar a proposta, ainda que pareça ao juiz mais favorável a ele do que a propositura de ação penal. É também a posição de Grinover, Magalhães, Scarance e Gomes, *Juizado Especial Criminal*, p. 155. Há jurisprudência nos dois sentidos, embora a tendência majoritária seja pela tese ora exposta. Aliás, a Súmula 696 do STF indica essa posição, embora cuide da suspensão condicional do processo: "Reunidos os pressupostos legais permissivos da suspensão condicional do processo, mas se recusando o Promotor de Justiça a propô-la, o Juiz, dissentindo, remeterá a questão ao Procurador-Geral, aplicando-se por analogia o art. 28 do Código de Processo Penal". Ora, se já existindo ação penal em andamento, não pode o magistrado substituir-se ao promotor, a fim de propor a suspensão condicional do processo, devendo valer-se do disposto no art. 28 do CPP, é mais do que lógico não poder fazê-lo no âmbito da transação, quando a ação penal inexiste.

**65. Penalidades possíveis:** as penas compatíveis com a transação são restritivas de direitos ou multa, excluídas as privativas de liberdade. Entretanto, é preciso deixar claro que as penas respeitam, tanto quanto a definição de crime, o princípio da legalidade (não há pena sem prévia cominação legal). Por tal motivo, a aplicação da multa deve obedecer aos critérios gerais, fixados pelo Código Penal, variando entre 10 e 360 dias-multa, calculado cada dia em valores de 1/30 a 5 vezes o salário mínimo. No campo das penas restritivas de direitos, existem somente cinco: a) prestação pecuniária; b) perda de bens e valores; c) prestação de serviços à comunidade ou a entidades públicas; d) interdição temporária de direitos; e) limitação de fim de semana (art. 43, CP). A prestação pecuniária consiste no pagamento da quantia, em dinheiro, à vítima ou a seus dependentes, bem como a entidade pública ou privada com destinação social da importância de 1 a 360 salários mínimos (consultar o art. 45, § 1.º, do Código Penal). Esse valor será deduzido de eventual reparação civil. Ora, se, eventualmente, na audiência preliminar, em caso de ação pública incondicionada, houve composição civil dos danos, pensamos que, no momento da transação, está prejudicada esta pena. Como poderia a vítima receber, novamente, indenização? Certamente, não poderia *lucrar* com o delito, razão pela qual esta não é a penalidade adequada. Poder-se-ia dizer que o pagamento se daria, então, a entidades assistenciais, públicas ou privadas. É uma possibilidade, mas o montante em dinheiro deve ser razoável e não pode *simular* uma pena, consistindo no pagamento de quantias ínfimas. Por outro lado, a denominada *prestação de outra natureza*, prevista no art. 45, § 2.º, do Código Penal, depende da aceitação do beneficiário e somente deve ser aplicada quando for impossível ao acusado, em processos comuns, suportar o pagamento em pecúnia estabelecido pelo magistrado. Temos sustentando a inviabilidade dessa disposição, ao menos para os delitos não considerados de menor potencial ofensivo, pois configuram autêntica transação, a ser realizada no momento da execução, com a aceitação do beneficiário. Logo, comungamos do entendimento de Cezar Roberto Bitencourt, no sentido de ser inadequada a fixação da obrigação de doar cestas básicas a esta ou aquela entidade. Não há previsão legal para essa pena. A proposta do Ministério Público deveria concentrar-se na prestação pecuniária, que é o pagamento de quantia em dinheiro à vítima (se já não obteve reparação) ou a entidades assistenciais. Acordar que o autor do fato entregue cestas básicas a quem quer que seja deveria pressupor a aceitação do beneficiário. Essa aceitação não pode ser presumida e, pelo que se sabe, não há representante algum de orfanato, creche ou qualquer outra entidade presente na audiência. Diz Bitencourt: "O entusiasmo com que se tem divulgado a aplicação aqui e acolá da indigitada 'cesta básica', como *pena alternativa* tem *cegado* um grande segmento de aplicadores do Direito que, provavelmente, não se deram conta da *ilegalidade* de tal modalidade de 'pena'. Hoje se viola o princípio secular da *reserva legal* por um motivo nobre, amanhã talvez por um motivo nem tão nobre assim, depois... bem, depois, quem sabe, pode-se começar a defender que o *princípio da reserva legal* não é tão absoluto assim, que os fins justificam os meios etc. etc. etc." (*Juizados Especiais Criminais Federais*, p. 48-49). Temos conhecimento de *acordos* fixados em Juizados Especiais Criminais, cuja *pena* do autor do fato seria a *reforma do prédio do fórum*; outros previam a doação de *bebedouro* para o fórum e até de *aparelho de ar-condicionado* para a sala dos juízes e promotores. A Presidência do Tribunal de Justiça de São Paulo, há alguns anos, em face disso, fez publicar no Diário Oficial um comunicado que tais bens, obtidos em virtude de *transações penais*, não seriam incorporados ao patrimônio do Tribunal, razão pela qual deveriam cessar tais acordos. Aliás, por conta desses variados problemas, a Corregedoria Geral da Justiça de São Paulo fez publicar o Comunicado CG 329/2006, recomendando aos juízes que "eventuais cestas básicas decorrentes de transações penais ou de outras medidas ou penas alternativas sejam entregues diretamente pelo autor do fato a entidade assistencial previamente cadastrada perante o juízo, evitando-se assim o trânsito de mercadorias pelos ofícios judiciais" (*DOE* 20.03.2006, Caderno 1, Parte 1, p. 245). A perda

# Art. 76

de bens e valores refere-se ao patrimônio do autor do fato. Ele poderia concordar em *perder* o veículo, que seria encaminhado ao Fundo Penitenciário Nacional, por exemplo. Qualquer bem ou valor, desde que não ultrapasse o prejuízo causado pela infração penal – ou o lucro obtido pelo agente – comportaria a inclusão no acordo (verificar o art. 45, § 3.º, do Código Penal). A prestação de serviços à comunidade ou a entidades públicas é, de todas, a melhor pena alternativa, pois confere um significado ético à punição, implicando o dever de colaboração e, ainda, a instigação à solidariedade. Pode dar-se a prestação em hospitais, escolas, orfanatos e outros estabelecimentos congêneres, em programas comunitários ou estatais (consultar o art. 46 do Código Penal). A interdição temporária de direitos pode consistir nas seguintes situações: a) proibição do exercício de cargo, função ou atividade pública, bem como de mandato eletivo; b) proibição do exercício de profissão, atividade ou ofício que dependam de habilitação especial, de licença ou autorização do poder público; c) de suspensão de autorização ou habilitação para dirigir veículo; d) proibição de frequentar determinados lugares; e) proibição de inscrever-se em concurso, avaliação ou exame públicos (conforme art. 47 do Código Penal). Embora sejam penas legalmente previstas não vemos nenhuma utilidade em muitas delas. Proibir alguém de exercer cargo público ou sua profissão habitual não faz sentido. Durante o período de interdição do direito, vai viver de quê? Não há razão para tanto. Impedir o direito de dirigir veículo pode ser eficiente, especialmente quando voltado para os crimes de trânsito. Por derradeiro, a pena de proibição de frequentar lugares é fictícia e utópica. Não há fiscalização suficiente, nem sentido prático na sua fixação. A pena de limitação de fim de semana (consultar o art. 48 do Código Penal) somente seria viável nos locais onde houver Casa do Albergado, pois a obrigação é permanecer nessa Casa, durante cinco horas no sábado e cinco horas no domingo, participando de atividades educativas. Na falta de Casa do Albergado, a pena se torna inútil.

**65-A. Penalidades previstas em leis especiais:** aplicabilidade. Como regra, conforme exposto na nota anterior, deve-se respeitar o contexto da legalidade, seguindo-se as possibilidades de penas de multa e restritivas de direitos fixadas pelo Código Penal. Porém, sabe-se que há a legislação penal especial, onde existem previsões diferenciadas, tanto de multa quanto de restrições a direitos. É o que se pode observar, por exemplo, no cenário das penas restritivas de direitos da Lei 9.605/98 (arts. 9.º, 10 e 13). São elas diferenciadas das similares estabelecidas no Código Penal. Enquanto a prestação de serviços à comunidade, na lei ambiental, tem por objeto a atribuição de tarefas gratuitas junto a parques e jardins públicos, ainda ilustrando, no Código Penal, tal atribuição volta-se a entidades assistenciais em geral. Nada impede, pois, que uma transação, tendo por fundamento a prática de um delito ambiental, possa dar-se em função da prestação de serviços gratuitos em parques públicos. O mesmo se diga da Lei de Drogas (Lei 11.343/2006), no tocante ao art. 28 (voltado ao usuário). Há um rol específico de restrições de direitos, envolvendo desde a mera advertência, passando pela prestação de serviços à comunidade e atingindo a medida educativa de comparecimento a programa ou curso educativo (art. 28, I a III). Pode-se elaborar transação englobando qualquer dessas modalidades de restrição a direito (vide art. 48, § 5.º, da Lei 11.343/2006). A simples advertência é uma modalidade restritiva, pois obriga o agente a comparecer em juízo para ouvir censura do magistrado. Não nos parece seja aplicável o disposto no art. 28, § 6.º, I e II (admoestação verbal e multa), pois são instrumentos coercitivos para o cumprimento das medidas anteriormente aplicadas. No cenário da transação, tal fixação seria inadequada, já que a sanção primária é o objetivo do pacto, inexistindo sanção secundária, de conteúdo constritivo.

**66. Não cumprimento do acordo:** conforme a atual redação da Lei 9.099/95, segundo nos parece, nada haveria a fazer, em nossa visão, a não ser executar o que fosse possível. Estabelecendo-se pena de multa, por exemplo, uma vez que não seja paga, cabe ao Ministério Público, no âmbito do JECRIM, promover a execução, nos termos legais (conferir art. 51 do CP e art. 164 e seguintes da Lei de Execução Penal). Há uma lacuna nesta Lei, que deveria ser reparada, de maneira expressa, pelo Legislativo. A homologação do acordo é uma decisão terminativa. Se transitar em julgado, deveria encerrar a questão. Restaria o registro da transação, para o fim de impedir outras que viessem nos próximos cinco anos (art. 76, § 2.º, II, desta Lei). Surgiram inúmeras posições acerca desse ponto. Porém, todas foram superadas pela edição, pelo Supremo Tribunal Federal, da Súmula Vinculante 35: "A homologação da transação penal prevista no art. 76 da Lei 9.099/95 não faz coisa julgada material e, descumpridas suas cláusulas, retoma-se a situação anterior, possibilitando-se ao Ministério Público a continuidade da persecução penal mediante oferecimento de renúncia ou requisição de inquérito policial".

**67. Não homologação:** alguns juízes, buscando contornar o problema do descumprimento da penalidade acordada, não homologavam a transação, até que fosse cumprida a pena restritiva de direito ou paga a multa. Se não houvesse a satisfação da medida, haveria chance de o órgão acusatório propor ação penal. Mas essa questão encontra-se superada pela edição da Súmula Vinculante 35 (*vide* a nota anterior).

**68. Redução da multa:** especifica a lei poder o juiz reduzir a pena de multa até a metade, se for ela a única aplicável. Imagina-se, pois, que, efetuado o acordo entre o Ministério Público e o autor do fato, o magistrado se imiscua e promova, por sua conta, a redução da pena de multa em metade. Se assim for, não há o menor sentido, afinal, as partes chegaram a um valor em comum, inexistindo razão para o juiz interferir. Por outro lado, pode-se, ainda, supor que o montante da multa, mesmo fixado no mínimo legal, seja superior à capacidade econômica do autor do fato, quando, então, as partes pediriam ao magistrado que autorizasse a fixação em até metade do valor. Essa situação seria mais lógica, embora nos pareça muito improvável. A multa mínima é de 10 dias-multa, calculado cada dia em 1/30 do salário mínimo. Sendo a única punição pela prática de uma infração penal, parece-nos mais do que razoável manter-se nesse patamar. Se o autor do fato, porventura, não tiver condições de pagar, poderá ser acordada outra penalidade, como prestação de serviços à comunidade.

**69. Inviabilidade da proposta de transação:** torna-se incabível a transação, nas seguintes situações, que devem ser analisadas de modo alternativo e não cumulativo: a) *o autor do fato já foi condenado, por outro delito, à pena privativa de liberdade, com trânsito em julgado*. Na realidade, o que impediria o acordo entre o Ministério Público e o agente seria a reincidência ou os maus antecedentes? Se ele foi condenado anteriormente, já cumpriu a pena privativa de liberdade, teve extinta a punibilidade, ultrapassou-se o período de caducidade para gerar a reincidência (cinco anos), conforme dispõe o art. 64, I, do Código Penal, registra antecedente criminal, mas não é reincidente. Qual teria sido o propósito do legislador? Na aplicação literal do disposto no inciso I do § 2.º deste artigo 76, qualquer condenação anterior, por infração dolosa ou culposa, com trânsito em julgado, impositiva de pena privativa de liberdade, a cumprir, em cumprimento ou cumprida, impediria a transação. Cremos viável uma interpretação lógico-sistemática, devendo ingressar, nesse contexto, a discricionariedade regulada do Ministério Público, que será o proponente, bem como a do juiz, que deverá homologar o acordo. Se o autor do fato é reincidente em crime doloso, parece-nos razoável que não tenha direito à transação. Afinal, no processo comum, o fato de ser reincidente em delito doloso impede a aplicação de vários benefícios (como, por exemplo, *sursis*, penas alternativas e até mesmo o regime aberto). Por outro lado, se for reincidente em delito culposo, não vemos óbice a eventual transação, pois na esfera penal comum, os benefícios podem ser concedidos. Afastada a reincidência, pelo decurso de mais de cinco anos, conforme previsão feita no art. 64, I, do Código Penal, resta a análise da condenação como antecedente criminal. Para tanto, devem promotor e juiz conjugar a análise do inciso I ao inciso III deste parágrafo, que menciona expressamente o termo *antecedentes*. Uma pessoa condenada anteriormente por homicídio qualificado, embora não mais seja reincidente, pode não merecer o benefício da transação por

# Art. 76

Leis Penais e Processuais Penais Comentadas – Vol. 2 • **Nucci**

envolver-se em crime de lesão corporal dolosa. Eis uma situação em que a negativa da proposta seria, em nossa visão, válida. Portanto, o ideal é avaliar cada caso, sem a prefixação de regras imutáveis; b) *ter recebido, anteriormente, no prazo de cinco anos, idêntico benefício, ou seja, a transação*. A situação é lógica. Não se deve tolerar que a prática reiterada de infrações de menor potencial ofensivo possa desacreditar, completamente, o sistema penal punitivo. Portanto, o autor do fato, se já recebeu o benefício da transação, evitando o processo-crime, bem como uma eventual condenação, com registro em sua folha de antecedentes, deve evitar a prática de outra infração penal, ainda que de menor potencial ofensivo, pelo menos durante cinco anos; c) *não indicarem as circunstâncias gerais, a maioria delas de natureza pessoal e de avaliação subjetiva, ser suficiente a transação*. Os antecedentes (vida pregressa criminal, consistente, em nosso entendimento, nas condenações anteriores, com trânsito em julgado), a conduta social (modo de comportamento do autor do fato na comunidade onde vive, em variados prismas: trabalho, família, escola etc.), a personalidade (conjunto de caracteres específicos de alguém, parte herdada, parte adquirida), os motivos (fatores que impulsionam ao cometimento da infração penal) e as circunstâncias (demais elementos que circundam a prática da infração penal de maneira peculiar) podem indicar não ser cabível a transação, pois muito branda e, consequentemente, inócua.

**70. Violência doméstica:** diante da gravidade social desse problema, não se aplicam os benefícios da transação penal, nem da suspensão condicional do processo aos casos de violência doméstica. A proibição encontra respaldo legal no art. 41 da Lei 11.340/2006. Ademais, o STJ editou a Súmula 536: "A suspensão condicional do processo e a transação penal não se aplicam na hipótese de delitos sujeitos ao rito da Lei Maria da Penha". Ainda assim, quando o processo tramita na Justiça específica da Vara da Violência Doméstica ou Vara comum (quando aquela não existe na Comarca) e, mesmo em grau de recurso, vários juízes insistem em aplicar penas alternativas, completamente ineficientes, como a limitação de fim de semana, onde nem Casa do Albergado existe. Sabe-se da gravidade do problema e, no momento da sentença condenatória, aplica-se pena insuficiente e, em nosso entendimento, ilegal, pois o art. 44 veda as restritivas de direitos a delitos violentos.

**71. Desnecessidade do § 3.º:** bastaria a existência do disposto no parágrafo seguinte, pois é mais do que óbvio que, aceita a proposta pelo autor da infração e seu defensor, deve ela ser submetida ao juiz, afinal, é a ele que cabe a homologação da transação. Porém, um ponto mereceria destaque: precisaria a proposta ser aceita tanto pelo autor do fato quanto pelo seu defensor? E se o autor quiser, mas o defensor não aceitar? Parece-nos que a função do defensor, na audiência, é orientar o autor do fato, mas não pode decidir por ele, único destinatário da transação e quem deverá cumpri-la. Tanto é verdade que, no § 4.º, menciona-se somente a aceitação do autor da infração e não mais se faz referência ao defensor. Ademais, exemplificando, se o advogado é contratado e divergir do seu cliente, pode este desconstituí-lo, optando pelos préstimos de outro profissional, tudo para que se beneficie da transação. É também a posição de Grinover, Magalhães, Scarance e Gomes, Juizado Especial Criminal, p. 164. Por isso, soa-nos desnecessário o § 3.º.

**72. Homologação judicial:** tratando-se de um acordo, valeria ter sido mencionado na lei que o juiz *homologará a transação* e *aplicará* a pena eleita pelas partes. Mencionou-se, apenas, a aplicação da pena, omitindo-se o ato de homologação.

**72-A. Utilização do *habeas corpus* para questionar a tipicidade do fato:** mesmo homologada a transação – ou antes da sua ocorrência –, é sempre viável valer-se o interessado, apontado como agente de crime ou contravenção penal, da ação constitucional, com a finalidade de questionar a tipicidade do fato; afinal, ninguém é obrigado a cumprir qualquer penalidade, no cenário criminal, por fato atípico. Entretanto, levantar questões de fato, dependentes de

# Art. 76

instrução para apurar a sua ocorrência, depois de realizada a transação, não nos soa cabível. Afinal, o *habeas corpus* não comporta dilação probatória e o que se analisa são questões de direito. Se o questionamento do agente diz respeito à própria existência do fato, o correto é não aceitar transação. Feito o acordo, pressupõe-se, pelo menos, ter ficado clara a ocorrência do fato. No entanto, é possível que esse fato não seja típico, passando pelo juiz, sem que impedisse a homologação. Nada impede o seu questionamento posteriormente. Na jurisprudência: STF: "Penal e Processual Penal. 2. A celebração de acordo de transação penal não acarreta a perda de objeto de *habeas corpus* em que se alega atipicidade da conduta e ausência de justa causa. 3. Embora o sistema penal negocial possa acarretar aprimoramentos positivos em certas hipóteses, a barganha no processo penal inevitavelmente gera riscos relevantes aos direitos fundamentais do imputado e deve ser estruturada de modo limitado, para evitar a imposição de penas pelo Estado de forma ilegítima. 4. Ainda que consentidos pelo imputado, os acordos penais precisam ser submetidos à homologação judicial, pois o julgador deve realizar controle sobre a legitimidade da persecução penal, de modo que casos de manifesta atipicidade da conduta narrada, extinção da punibilidade do imputado ou evidente inviabilidade da denúncia por ausência de justa causa acarretem a não homologação da proposta. 5. Portanto, não há perda de objeto do *habeas corpus* em que se alega a atipicidade da conduta e a falta de justa causa para a persecução penal, ao passo que, se concedido, inviabiliza-se a manutenção do acordo de transação penal, ainda que consentido pelo imputado. 6. Precedente desta Segunda Turma no sentido de que constitui constrangimento ilegal 'a mera intimação para comparecimento à audiência preliminar para proposta de transação penal, se o fato é atípico' (HC 86.162, Rel. Min. Carlos Velloso, Segunda Turma, DJ 3.2.2006). 7. Ordem concedida para determinar a análise do mérito da impetração, visto que a realização do acordo de transação penal não é motivo legítimo para a sua perda de objeto" (HC 176.785, 2.ª T., rel. Gilmar Mendes, j. 17.12.2019, v.u.). Em visão diferenciada, mas envolvendo questionamento acerca da *justa causa* para a ação penal: STJ: "1. No caso, após o recebimento da denúncia, alterada a acusação, foi celebrado acordo de transação penal, motivo pelo qual o *writ* impetrado na origem, no qual se alegava a ausência de justa causa para a ação penal e a inépcia da denúncia, foi julgado prejudicado. 2. A transação penal, prevista no art. 76 da Lei n. 9.099/1995, prevê a possibilidade de o autor da infração penal celebrar acordo com o Ministério Público (ou querelante), mediante a imposição de pena restritiva de direitos ou multa, obstando o oferecimento de denúncia (ou queixa). Trata-se de instituto cuja aplicação, por natureza e como regra, ocorre na fase pré-processual, pois visa impedir a instauração da *persecutio criminis in iudicio*. E é por esse motivo que não se revela viável, após a celebração do acordo, pretender discutir em ação autônoma a existência de justa causa para ação penal. Trata-se de decorrência lógica, pois não há ação penal instaurada que se possa trancar. 3. Situação diversa ocorre com a suspensão condicional do processo, em relação a qual se admite a impetração, porquanto, neste caso, já foi deflagrada a ação penal, cuja denúncia foi recebida, revelando-se possível perquirir a existência ou não de justa causa. 4. Assim, somente se houver o descumprimento do acordo é que, concomitantemente, poderá ser deflagrada a ação penal, nos termos da Súmula Vinculante n. 35 do Supremo Tribunal Federal, e impetrado o *habeas corpus* para, daí sim, apontar a falha da incoativa ou a ausência de justa causa. 5. Ordem denegada" (HC 495.148 – DF, 6.ª T., rel. Antonio Saldanha Palheiro, j. 24.09.2019, v.u.). Nesta situação, outra matéria foi levantada, envolvendo fatos, de modo a questionar a ausência de justa causa para a ação penal. Ora, não há mesmo ação a ser trancada pela via do *habeas corpus*, pois houve acordo, homologado judicialmente. Portanto, embora se possa até mesmo dizer a atipicidade retira a justa causa para a ação penal, não foi esse o ponto abordado.

**73. Invisibilidade para reincidência:** uma das vantagens da transação é justamente o fato de, evitando-se o processo criminal, que pode redundar em condenação, registrada na

# Art. 76

Leis Penais e Processuais Penais Comentadas – Vol. 2 • Nucci

folha de antecedentes, para todos os fins. No futuro, poderia o agente tornar a cometer uma infração penal, acarretando-lhe o peso da reincidência, com suas consequências negativas. No caso presente, a transação é *invisível* para futuras e eventuais infrações cometidas pelo autor do fato. Logicamente, para que ele não se beneficie novamente da transação, durante o período de cinco anos (inciso II do § 2.º), é preciso promover-se o registro na folha de antecedentes, porém condicionado à finalidade de evitar a repetição da transação no prazo referido.

**73-A. Invisibilidade para todos os demais fins:** a anotação da transação será registrada, com o fim exclusivo de impedir, novamente, o mesmo benefício no período de cinco anos vindouros. No mais, não pode ser levada em consideração, contra os interesses de quem transacionou, para qualquer fim. Portanto, nem mesmo em concursos públicos tal registro tem valia.

**74. Recursos cabíveis:** o § 5.º menciona que caberá apelação da sentença prevista no parágrafo anterior, somente podendo ser a *homologação do acordo*, com a aplicação da pena. Assim ocorrendo, profere-se decisão terminativa e definitiva. Por isso, se alguma das partes não concordar com o teor da homologação, pode dela apelar, recurso que será encaminhado à Turma Recursal, formada por magistrados de primeiro grau, como dispõe o art. 82. Entretanto, parece-nos extremamente difícil e raro que se admita apelação contra a decisão homologatória de acordo das partes. Haveria, na maioria das vezes, falta de interesse recursal. Se o juiz ratificar exatamente o que ficou acordado pelas partes, como pode haver insurgência contra essa decisão? Pensamos que, em situações excepcionais, pode o magistrado *homologar* o acordo, mas inovar na aplicação da pena, acrescentando algo que as partes não pediram, nem aceitaram. Nesse caso, valeria o apelo. Por outro lado, outra situação que nos parece viável seria o autor do fato ser pressionado a aceitar o acordo, de algum modo, sem que o seu defensor estivesse presente. Há um vício, que deve ser sanado pelo recurso de apelação. No contexto geral, cumprida fielmente a lei, não caberia apelação por falta de interesse. Outro aspecto a demandar preocupação é o olvido do recurso cabível contra a decisão interlocutória que rejeita o acordo e desencadeia, de imediato, o momento para o oferecimento de denúncia oral. Seria fundamental que o legislador tivesse previsto tal hipótese, evitando-se a dúvida da parte a respeito de como se insurgir contra tal postura judicial. Se o acordo é viável, pois respeitadas foram as regras legais, não haveria motivo para a sua rejeição. Ademais, se o Ministério Público não concordar com a recusa da homologação, poderá apresentar correição parcial. O mais rápido instrumento a sanar esse constrangimento ilegal, para o agente da infração penal, é o *habeas corpus*, que será julgado pela Turma Recursal. Se esta denegar, ainda cabe interposição ao Tribunal de Justiça (ou Tribunal Regional Federal). E, depois disso, ao STJ e ao STF.

**75. Natureza jurídica da sentença:** parece-nos cuidar-se de decisão homologatória de transação penal. Para o STF, não produz coisa julgada material (Súm. Vinculante 35); não cumprido o acordo, pode haver o oferecimento de denúncia. Embora não nos pareça o ideal, assim considerando, é uma decisão de natureza mista (interlocutória, pois decide um ponto controverso, colocando fim àquela fase, mas pode ser revista, reabrindo-se a instrução). Não é, obviamente, condenatória, pois não houve o devido processo legal, tampouco absolutória, tanto porque não se discutiu culpa, como também pelo fato de sair o autor do fato com o fardo de cumprir uma penalidade. Afinal, não tem força para gerar reincidência, nem pode figurar como antecedente criminal.

**76. Registro da penalidade:** faz-se o registro da pena aplicada para o fim exclusivo de evitar nova transação no período de cinco anos posteriores ao trânsito em julgado da decisão homologatória do acordo. Não servirá o mencionado registro para ser considerado como antecedente criminal, em relação a futuros e eventuais delitos que o autor do fato possa cometer. Essa, aliás, é a grande vantagem trazida pela transação. Há uma punição, mas sem as consequências secundárias que a condenação criminal comum acarreta.

# Art. 77

**77. Ausência de efeitos civis:** se não é sentença condenatória, não configura título executivo para ser utilizado na esfera cível (art. 63, CPP). Logo, se os interessados quiserem receber indenização civil, devem ingressar com ação de conhecimento, onde será discutida e verificada a culpa do autor do fato. Aliás, é mais um argumento favorável ao que mencionamos linhas atrás, ao criticar a *renúncia tácita* se o ofendido aceitar a reparação civil do dano na audiência de conciliação. Ora, se pode a parte interessada, após a transação efetivada, discutir na órbita civil a reparação do dano, por que não poderia receber o que lhe é devido e, ainda assim, permanecer legitimado a ingressar com ação penal privada ou promover a representação? Cremos que o disposto no art. 74, parágrafo único, da Lei 9.099/95 não é o caminho correto para incentivar o apaziguamento dos ânimos entre agressor e ofendido.

**Seção III**

**Do procedimento sumaríssimo**

> **Art. 77.** Na ação penal de iniciativa pública, quando não houver aplicação de pena, pela ausência do autor do fato, ou pela não ocorrência da hipótese prevista no art. 76 desta Lei, o Ministério Público oferecerá ao Juiz, de imediato, denúncia oral,[78-79] se não houver necessidade de diligências imprescindíveis.[80-81]
>
> § 1.º Para o oferecimento da denúncia, que será elaborada com base no termo de ocorrência referido no art. 69 desta Lei, com dispensa do inquérito policial,[82] prescindir-se-á do exame do corpo de delito quando a materialidade do crime estiver aferida por boletim médico ou prova equivalente.[83]
>
> § 2.º Se a complexidade ou circunstância do caso não permitirem a formulação da denúncia, o Ministério Público poderá requerer ao Juiz o encaminhamento das peças existentes, na forma do parágrafo único do art. 66 desta Lei.[84]
>
> § 3.º Na ação penal de iniciativa do ofendido poderá ser oferecida queixa oral, cabendo ao Juiz verificar se a complexidade e as circunstâncias do caso determinam a adoção das providências previstas no parágrafo único do art. 66 desta Lei.[85]

**78. Início da ação penal:** não havendo transação, seja porque não foi aceita pelas partes, seja porque o autor do fato não compareceu à audiência preliminar – e não pode ser conduzido coercitivamente ao fórum –, cabe ao Ministério Público oferecer, desde logo, em homenagem à celeridade, simplicidade e informalidade, a denúncia na forma oral (princípio da oralidade). Tem início, então, a ação penal.

**79. Requisitos da denúncia e número de testemunhas:** os requisitos são os mesmos da denúncia formulada no processo comum (art. 41, CPP), já contendo o rol das testemunhas (crimes com sanção máxima cominada igual ou superior a quatro anos de pena privativa de liberdade: oito; crimes com sanção máxima cominada inferior a quatro anos de pena privativa de liberdade: cinco). Com relação às contravenções penais, consideradas infrações de menor potencial ofensivo, indica-se para a sua apuração, após a edição da Lei 11.719/2008, o procedimento sumaríssimo da Lei 9.099/95 (art. 394, III, CPP). Ocorre que, na Lei 9.099/95, não há a determinação do número legal para o rol de testemunhas. Dessa forma, pensamos ser aplicável o disposto no art. 538 do CPP, vale dizer, quando o juizado especial criminal encaminhar ao juízo comum a apreciação de qualquer infração de menor potencial ofensivo (incluindo as contravenções), observar-se-á o procedimento sumário. E, neste procedimento, o número máximo é de cinco testemunhas (art. 532, CPP). A denúncia será reduzida a termo, ou seja, colocada na forma escrita, até para que possa ser entregue ao autor do fato, a fim de preparar

# Art. 77

Leis Penais e Processuais Penais Comentadas – Vol. 2 • **Nucci**

sua defesa. Nada impede que o membro do Ministério Público a apresente por petição, desde que o faça na audiência onde não se realizou o acordo.

**80. Diligências imprescindíveis:** deve-se encarar essa possibilidade como exceção e não como regra. Se o termo circunstanciado for corretamente elaborado e encaminhado ao JECRIM, acompanhado de laudos relevantes (materialidade de uma lesão, por exemplo), nada poderia impedir a realização da audiência de conciliação, a efetivação de uma transação e mesmo o oferecimento da denúncia ou queixa. Porém, se o termo circunstanciado for realizado com poucos dados ou não houver prova suficiente da materialidade, não somente a denúncia ou queixa tornam-se inviáveis, como a própria formação da convicção do membro do Ministério Público pode ser afetada para o fim de oferecer proposta de transação. Como poderia haver transação se o promotor não está convencido de ter ocorrido o delito, por falta de prova da materialidade? Logo, se a transação é situação viável, parece-nos que a denúncia também o será, caso o acordo não aconteça. Porém, somente para argumentar, se o termo circunstanciado está mal instruído e as partes comparecem ao JECRIM, as diligências imprescindíveis devem ser alcançadas antes, para, somente depois, designar-se a audiência de conciliação. E, não tendo sucesso a transação, oferece, então, o membro do Ministério Público a denúncia oral. A simples necessidade de conseguir mais provas (diligências imprescindíveis), em nosso entendimento, não pode ser situação apta a afastar a competência do JECRIM, enviando-se o caso à esfera comum. Parece-nos que tal medida somente se dá quando a complexidade envolver a própria infração penal, razão pela qual não há outra possibilidade a não ser a continuidade da investigação policial para, depois, seguir o feito ao juízo comum.

**81. Não concordância do magistrado:** se o juiz entender viável o oferecimento da denúncia, com as provas existentes, mas essa não for a postura adotada pelo membro do Ministério Público, que entende ser fundamental haver mais alguma diligência – inclusive para oferecer proposta de transação – pensamos que o caminho natural é a utilização, por analogia, do art. 28 do CPP. Pode causar certo retardamento, mas é melhor do que simplesmente remeter o feito à Justiça comum. Em contrário, defendendo a imediata remessa, conferir a lição de Grinover, Magalhães, Scarance e Gomes, *Juizado Especial Criminal*, p. 179. Ora, se o juiz não puder insurgir-se contra a recusa do promotor em oferecer denúncia, devendo retirar o feito da alçada do JECRIM, a única parte a cuidar da competência será o promotor (ou procurador da República). Imagine-se, somente para argumentar, que haja um promotor extremamente detalhista ou outro, relapso: ambos podem recusar-se a oferecer denúncia a pretexto de faltarem elementos indispensáveis. O juiz não pode simplesmente ceder e remeter o feito à Justiça comum, pois isso significaria o esvaziamento do JECRIM, de maneira indevida e sem razoabilidade.

**82. Dispensa do inquérito:** a filosofia da Lei 9.099/95 é justamente privilegiar a celeridade, a simplicidade e a informalidade. Por isso, dispensa-se o inquérito policial, que é peça naturalmente formal, feita por escrito e com trâmite lento. Isso não significa que a ação penal possa ser ajuizada sem justa causa. Por isso, o ideal é a realização de um termo circunstanciado detalhado, contendo todos os elementos necessários para embasar a formação da convicção do órgão acusatório.

**83. Formação da materialidade:** a regra, para apurar a materialidade nos crimes que deixam vestígios materiais, é a realização do exame de corpo de delito (prova pericial), nos termos do art. 158 do CPP. A Lei 9.099/95 não inova nessa área, mas apenas deixa claro que há possibilidade de se formar o corpo de delito de maneira mais informal. Significa, portanto, que o boletim médico ou prova equivalente serve para compor a prova da existência do delito. No processo comum, faz-se quase o mesmo, com a diferença que, de posse do boletim médico, envia-se o documento ao perito judicial, que elabora o exame de corpo de delito indireto (ver a nota 2 e 4 ao art. 158 do nosso *Código de Processo Penal comentado*).

**84. Complexidade ou circunstância especial:** os princípios regentes do JECRIM são bem claros: oralidade, simplicidade, informalidade, economia processual e celeridade (art. 2.º, Lei 9.099/95). Aliás, até mesmo a Constituição Federal menciona que o procedimento deve ser regido pela oralidade e de modo sumaríssimo. Para que tais princípios sejam respeitados, outra conduta não pode haver senão remeter ao juízo comum o processo criminal de natureza complexa ou que envolva circunstância especial, incompatível com a agilidade demandada pelo Juizado. Cremos que a análise desses elementos (complexidade ou circunstância peculiar) deve ficar a cargo tanto do órgão acusatório quanto do magistrado. Se o membro do Ministério Público requerer ao juiz a remessa das peças, recusando-se a oferecer denúncia, em face da complexidade ou de outra circunstância especial, não concordando, deve o juiz valer-se do art. 28 do CPP. Embora possa haver um certo retardamento, ao menos divide-se o encargo da decisão, que não pode ficar concentrado, exclusivamente, nas mãos de uma pessoa (o promotor ou procurador da República de primeiro grau). Logicamente, concordando com o membro do Ministério Público, a remessa será efetivada. Pode, ainda, o magistrado, de ofício, entender complexa a causa, para processamento no JECRIM, determinando a remessa ao juízo comum, após o oferecimento da denúncia. Nesse caso, não concordando, pode o Ministério Público ingressar com correição parcial. Se não houver esse recurso no Estado da Federação, utiliza-se do mandado de segurança. Na jurisprudência: STJ: "1. Quanto ao envio do processo à justiça comum, cabe esclarecer que, diante da complexidade do presente caso, o *Parquet* solicitou ao juiz a realização de diligências investigatórias. 2. A Corte de origem, por sua vez, consignou que 'Não há que se falar em incompetência do Juízo Comum, na presente hipótese, eis que a necessidade de diligências investigatórias é incompatível com o rito sumário e a Decisão de Declínio ao Juízo Comum encontra-se em observância ao que dispõe o art. 77, § 2º, da Lei nº 9.099/95.' 3. Por isso, diante da complexidade da causa reconhecida nas instâncias ordinárias, mostra-se incompatível a tramitação do feito sob o rito sumaríssimo da Lei n. 9.099/1995, razão pela qual inexiste flagrante ilegalidade do retorno dos autos ao Juízo Comum, conforme disposto no art. 77, § 2º, c/c o art. 66, parágrafo único, ambos da Lei n. 9.099/1995. 4. Agravo regimental a que se nega provimento" (AgRg no AgRg no AREsp 1.490.961 – RJ, 5.ª T., rel. Reynaldo Soares da Fonseca, 10.09.2019, v.u.).

**85. Queixa oral:** respeita-se, do mesmo modo que se faz em relação ao Ministério Público, a possibilidade de oferecimento de queixa, pela vítima, por intermédio de seu advogado, na forma oral. Será ela reduzida a termo (por escrito), para entrega ao autor do fato. Se a parte quiser, poderá apresentar a petição por escrito, desde que o faça na audiência marcada. A complexidade da causa ou outra circunstância especial pode ser levantada tanto pelo querelante como detectada pelo juiz. Se o querelante requerer a remessa ao juízo comum, pode o juiz indeferir. Pensamos caber correição parcial. Se o querelante nada pedir, mas o juiz entender cabível a remessa, igualmente pode a parte insurgir-se e ingressar com correição parcial (o MP pode fazê-lo também, como fiscal da lei). Inexistindo correição parcial, vale a utilização do mandado de segurança.

> **Art. 78.** Oferecida a denúncia ou queixa, será reduzida a termo, entregando-se cópia ao acusado, que com ela ficará citado e imediatamente cientificado da designação de dia e hora para a audiência de instrução e julgamento, da qual também tomarão ciência o Ministério Público, o ofendido, o responsável civil e seus advogados.[86]

# Art. 78

**Leis Penais e Processuais Penais Comentadas – Vol. 2 • Nucci**

> § 1.º Se o acusado não estiver presente, será citado na forma dos arts. 66 e 68 desta Lei e cientificado da data da audiência de instrução e julgamento, devendo a ela trazer suas testemunhas ou apresentar requerimento para intimação, no mínimo 5 (cinco) dias antes de sua realização.[87]
>
> § 2.º Não estando presentes o ofendido e o responsável civil, serão intimados nos termos do art. 67 desta Lei para comparecerem à audiência de instrução e julgamento.[88]
>
> § 3.º As testemunhas arroladas serão intimadas na forma prevista no art. 67 desta Lei.[89]

**86. Primeiros passos:** como já mencionado, reduz-se por escrito a denúncia ou queixa ofertada oralmente, especialmente para poder entregar uma cópia ao autor do fato, garantindo-se o seu direito à ampla defesa. Designa-se a audiência de instrução e julgamento, da qual saem cientes o órgão acusatório, o autor do fato e seu defensor, bem como a vítima e o responsável civil. Estes últimos não terão que participar, na verdade, da referida audiência, a menos que o ofendido deseje contratar assistente de acusação.

**87. Presença facultativa:** na audiência de conciliação, onde poderá ocorrer tanto a reparação dos danos como a transação, a presença do autor do fato é facultativa. Após, ofertada a denúncia ou queixa é fundamental que a ciência da imputação se realize de modo efetivo, bem como a data da audiência de instrução e julgamento, onde serão produzidas as provas. As testemunhas podem ser apresentadas diretamente na audiência ou será viável a apresentação do rol para que se realize a intimação. É evidente que, apresentando diretamente as testemunhas na audiência, não há possibilidade de conhecimento prévio de quem vai depor, significando um obstáculo ao eventual direito da parte à contradita, o que é decorrência natural da celeridade demandada pelo procedimento no Juizado.

**88. Intimação do ofendido e responsável civil:** a intimação do ofendido, para que seja ouvido na audiência de instrução e julgamento, é razoável, pois parte integrante do contexto geral probatório. Aliás, o art. 201 do CPP estipula que a vítima será, sempre que possível, ouvida no processo, com o objetivo de compor o quadro probatório, em busca da verdade real. No tocante ao responsável civil, cremos inadmissível a sua intimação. Cuida-se de uma insistência para a ocorrência de conciliação, na órbita civil, que não é razoável. Se o responsável civil não comparecer, cremos que, por não ser testemunha, não pode ser conduzido coercitivamente ao fórum.

**89. Intimação das testemunhas:** será feita nos termos do art. 67 desta Lei, ou seja, da maneira mais eficiente possível: por correspondência, por oficial de justiça, independentemente de mandado ou precatória e por qualquer outro meio idôneo de comunicação (telefone, fax, *e-mail*). O rol das testemunhas deve ser apresentado na denúncia ou queixa. Para a defesa, necessita ser protocolado no JECRIM até cinco dias antes da data da audiência, no mínimo. O ideal é que se faça o requerimento de intimação o quanto antes, para viabilizar a intimação de todas. Se a parte optar pela apresentação das testemunhas diretamente na audiência não precisa protocolar o rol. Testemunhas arroladas, residentes em outra Comarca, devem ser intimadas, mas com a expressa advertência de que não estão obrigadas a comparecer, afinal, essa é a regra geral em qualquer processo. Pessoas que moram fora da Comarca onde se realiza a audiência têm o direito de ser ouvidas por precatória. Por isso, se o depoimento de alguém for imprescindível para a produção da prova, em busca da verdade real, é preciso que o juiz determine a expedição de precatória para ouvir a testemunha, de preferência antes da audiência de instrução e julgamento. A expedição será informal (por telefone ou outro método), intimando-se as partes, e o juízo deprecado deve agir com celeridade, ouvindo a pessoa indicada, fazendo retornar a precatória igualmente por método informal (por fax ou e-mail, por exemplo).

> **Art. 79.** No dia e hora designados para a audiência de instrução e julgamento, se na fase preliminar não tiver havido possibilidade de tentativa de conciliação e de oferecimento de proposta pelo Ministério Público, proceder-se-á nos termos dos arts. 72, 73, 74 e 75 desta Lei.[90]

**90. Outra oportunidade para composição e transação:** em princípio, somente é viável nova tentativa de composição, com proposta para a reparação de eventuais danos e transação, caso não tenha sido possível, anteriormente, por algum motivo (ex.: ausência do autor do fato). Entretanto, nada impede que o juiz, antes de iniciada a instrução, novamente proponha aos presentes a conciliação, nas esferas civil e penal. Parece-nos, entretanto, muito difícil que, não tendo o Ministério Público oferecido proposta de transação anteriormente, resolva fazê-lo na abertura da audiência de instrução e julgamento, quando já há denúncia ofertada. No entanto, é viável supor que o autor do fato, não tendo aceitado, antes, as condições ofertadas pelo órgão acusatório, tenha mudado de ideia e resolva fazê-lo naquele momento. Assim sendo, o juiz pode homologar a transação e colocar fim ao procedimento. Cuidando-se de ação penal privada, a composição civil dos danos, nessa fase, provocaria igualmente a renúncia tácita e extinção da punibilidade. Poderia haver, também, transação – o que defendemos possa ocorrer na esfera da ação privada – homologada por sentença.

> **Art. 80.** Nenhum ato será adiado, determinando o juiz, quando imprescindível, a condução coercitiva de quem deva comparecer.[91]

**91. Adiamento da audiência:** embora a lei idealize a celeridade como meta principal do procedimento, buscando evitar qualquer obstáculo à realização da audiência, pode não ser possível que o ato transcorra normalmente. Testemunhas intimadas podem faltar e, em cidades grandes, torna-se inviável aguardar a condução coercitiva, até pelo fato de existirem outras audiências em pauta. Por outro lado, a referida condução coercitiva não é a regra, como aparenta ser pela redação do art. 80, mas uma exceção. O autor do fato, por exemplo, que tem direito à audiência e não dever de comparecimento, bem como possui o direito de permanecer calado, sem ser interrogado sobre os fatos a ele imputados, somente seria conduzido coercitivamente em caso extremado (ex.: para ser corretamente qualificado ou se for indispensável o seu reconhecimento). O mesmo se diga em relação à vítima que não compareça. Somente se deve determinar a sua condução coercitiva se ela tiver sido intimada e suas declarações forem fundamentais para a produção da prova. De qualquer forma, em muitos casos, quando a condução coercitiva se tornar necessária, o adiamento da audiência é, praticamente, inevitável.

> **Art. 81.** Aberta a audiência, será dada a palavra ao defensor para responder à acusação,[92] após o que o juiz receberá,[93] ou não, a denúncia ou queixa; havendo recebimento, serão ouvidas a vítima e as testemunhas de acusação e defesa,[94] interrogando-se a seguir o acusado, se presente,[95] passando-se imediatamente aos debates orais e à prolação da sentença.[96]
>
> § 1.º Todas as provas serão produzidas na audiência de instrução e julgamento, podendo o juiz limitar ou excluir as que considerar excessivas, impertinentes ou protelatórias.[97]

# Art. 81

> § 1.º-A. Durante a audiência, todas as partes e demais sujeitos processuais presentes no ato deverão respeitar a dignidade da vítima, sob pena de responsabilização civil, penal e administrativa, cabendo ao juiz garantir o cumprimento do disposto neste artigo, vedadas:[97-A]
>
> I – a manifestação sobre circunstâncias ou elementos alheios aos fatos objeto de apuração nos autos;[97-B]
>
> II – a utilização de linguagem, de informações ou de material que ofendam a dignidade da vítima ou de testemunhas.[97-C]
>
> § 2.º De todo o ocorrido na audiência será lavrado termo, assinado pelo juiz e pelas partes, contendo breve resumo dos fatos relevantes ocorridos em audiência e a sentença.[98]
>
> § 3.º A sentença, dispensado o relatório, mencionará os elementos de convicção do juiz.[99]

**92. Defesa preliminar:** aberta a audiência, pressupondo-se ter sido tentada a conciliação (civil e penal) em vão, dá-se a palavra à defesa que, oralmente, apresentará as razões pelas quais entende não dever ser recebida a denúncia ou queixa. Reduz-se a termo, em resumo, a defesa ofertada, que também pode ser apresentada, desde que já esteja pronta, por petição. O juiz decide na sequência.

**93. Recebimento da denúncia ou queixa motivado:** sempre que houver defesa preliminar ofertada *antes* do recebimento da peça acusatória, é natural que o magistrado deva fundamentar o recebimento da denúncia ou queixa. Não teria sentido menosprezar, por completo, os argumentos da defesa, lançando no feito apenas a expressão formal "recebo a denúncia". Se não houver motivação, parece-nos causa de nulidade, embora relativa, dependendo da arguição da parte interessada e demonstração de prejuízo.

**94. Ordem de inquirição:** deve ser a prevista no art. 81, *caput*, ou seja, em primeiro lugar, ouve-se a vítima, depois as testemunhas da acusação, após, as da defesa. Eventualmente, se houver inversão, cuida-se de nulidade relativa, dependente do protesto da parte interessada e da demonstração do prejuízo (exemplo plausível de inversão: enquanto se aguarda a apresentação de uma das testemunhas de acusação, sujeita à condução coercitiva determinada pelo juiz, pode-se ouvir as demais, inclusive de defesa, para que não aguardem muito tempo o término dos trabalhos).

**95. Interrogatório ao final:** a transferência do momento do interrogatório do acusado para o final da fase de instrução tem a vantagem de proporcionar-lhe a oportunidade de autodefesa, quando já conhece toda a prova contra si produzida. Por outro lado, há a desvantagem de impedir o juiz de conhecer os seus argumentos de autodefesa (não confundir com a defesa técnica, apresentada pelo advogado na defesa preliminar) para que possa melhor inquirir a vítima e as testemunhas de acusação e defesa. Muitas vezes, ouvindo o réu em primeiro lugar, colhe o magistrado elementos para fazer determinadas perguntas às pessoas que serão posteriormente inquiridas. Embora pareça medida procrastinatória, o ideal seria ouvir o acusado no início, em primeira versão defensiva, se quiser falar, naturalmente, bem como ao final, em conclusão, avaliando a prova contra si deduzida. Lembremos, sempre, que há o direito ao silêncio, isto é, o réu não está obrigado a dar sua versão sobre a imputação. A parte relativa à sua qualificação é, no entanto, obrigatória.

**96. Debates orais e sentença:** o ideal, quanto aos debates, é que sejam gravados tanto quanto se faz com a colheita da prova testemunhal e pelo mesmo método. No termo da audiência, constaria apenas o resumo do que foi requerido pela acusação e pela defesa. A sentença, naturalmente, deve ser reduzida a termo. Nos termos do art. 38 e do art. 81, § 3.º, desta Lei, é dispensado o relatório, bastando haver a fundamentação e o dispositivo. A aplicação da pena, obviamente, deve ser motivada, em caso de condenação.

**97. Provas concentradas e essenciais:** o disposto no § 1.º, desde que utilizado pelo magistrado com a sua prudência, é salutar. As provas devem ser produzidas de maneira concentrada, a fim de que se realize apenas uma audiência. Por outro lado, pedidos de produção de provas excessivas (aquelas que são apenas ratificações do que já consta nos autos), impertinentes (não dizem respeito aos fatos apurados) ou protelatórias (a sua produção implicaria o adiamento da audiência, sem qualquer ganho efetivo para a busca da verdade real) devem ser indeferidos.

**97-A. Zelo pela integridade física e psicológica da vítima:** o Projeto de Lei 5.096/2020 foi aprovado pelo Congresso Nacional e, após sanção do Presidente da República, transformou-se na Lei 14.245/2021. Foi inspirado pelo caso da influenciadora Mariana Ferrer, que teria sido vítima de estupro de vulnerável, por ter sido dopada e violentada durante uma festa em Santa Catarina, em 2018. Durante o julgamento, realizado por videoconferência, em cenas divulgadas pela Internet, a ofendida sofreu uma pressão intensa, por meio de perguntas realizadas pelo defensor do acusado, não bloqueadas pelo juiz. A inquirição invadiu a privacidade e a intimidade da vítima, questionando aspectos relativos à sua vida pessoal, inclusive se valendo de fotografias íntimas. O advogado do réu a teria ofendido, afirmando que fez poses "ginecológicas" nas fotos e que jamais teria uma filha "do nível da blogueira" (disponível em: <https://g1.globo.com/politica/noticia/2021/10/27/lei-mariana-ferrer-senado-aprova-projeto--que-pune-ofensa-a-vitima-durante-julgamento.ghtml>. Acesso em: 28 out. 2021; disponível em: <https://veja.abril.com.br/brasil/senado-aprova-lei-mariana-ferrer-para-proibir-humilha-coes-em-audiencias/>. Acesso em: 28 out. 2021). O magistrado, que presidia os trabalhos, não interveio em favor da vítima, impedindo o constrangimento ou as ofensivas perguntas. Ao final, o acusado foi absolvido e a sentença de primeiro grau, confirmada pelo Tribunal de Justiça de Santa Catarina. O ponto em questão não concerne à análise da inocência ou da culpa do réu e, portanto, se houve, realmente, um estupro. Em verdade, o que se debateu no Parlamento, ora transformado em lei, foi o respeito e o cuidado que se deve ter com toda e qualquer vítima de crimes sexuais, pois constituem delitos lesivos à dignidade da pessoa humana, de modo que a maneira pela qual a pessoa ofendida é tratada durante a investigação ou o processo criminal pode conduzi-la a uma segunda forma de vitimização, gerando maiores traumas. Pouco importa se o delito ocorreu ou não, se o acusado deve ser condenado ou absolvido, pois o tratamento dispensado à vítima do crime sexual precisa ser remodelado, no Brasil, como um método indispensável para evitar maior sofrimento. Aliás, essa conduta respeitosa precisa ser utilizada para todas as pessoas ofendidas por qualquer infração penal. Diante disso, busca-se coibir as inquirições feitas na fase policial ou na judicial, de modo ríspido e humilhante, pois esse procedimento termina por afastar, ainda mais, a vítima dos órgãos estatais de repressão ao crime; afinal, ela já sofreu a intimidação e o trauma causados pela infração penal, sendo inconcebível que enfrente, justamente diante de um tribunal, outra maneira de experimentar vexame e aviltamento. A introdução do mencionado art. 400-A busca proteger qualquer vítima de crime, embora se faça expressa referência à particularidade da pessoa ofendida de crime contra a dignidade sexual, que se refere à instrução comum, quando as provas são colhidas para o julgamento de juiz singular. Afinal, os crimes sexuais são processados perante o juízo comum. As novas regras impõem o dever, para as partes e outros sujeitos processuais, de zelar pela integridade física e psicológica da vítima – em particular, por óbvio, da parte psicológica, pois em juízo não se tem notícia de agressão física à pessoa ofendida. Para tanto, atribui-se ao juiz, que preside a audiência ou o julgamento em plenário, a atribuição de assegurar o cum-

# Art. 82

primento dessa proteção, impedindo qualquer manifestação acerca de fatos não constantes dos autos, significando a devida *imunidade* quanto à vida privada e seu comportamento na intimidade, como regra. No entanto, há um conflito de direitos, que haverá de ser superado na prática: a dignidade da vítima, resguardando-se a sua intimidade, mormente no campo sexual, em confronto com a ampla defesa (e plenitude de defesa), cabível a todo acusado.

**97-B. Manifestação sobre fatos não constantes dos autos:** por vezes, avaliar o comportamento da pessoa ofendida pode interessar à linha defensiva do acusado, não somente em crimes sexuais, mas em diversos outros casos. Além disso, é possível *introduzir* nos autos alguns fatos referentes à vida privada da vítima, por meio de documentos ou mesmo de prova testemunhal. A partir daí, tanto o promotor quanto o defensor podem fazer perguntas à vítima, referentes a *fatos constantes dos autos.* Pode-se argumentar, então, que o foco da questão se vincula à *forma* como se faz a pergunta ou o *modo* como se produz a inquirição, evitando-se comentários pessoais dos envolvidos no processo, como, por exemplo, dizer o defensor à vítima que "jamais teria uma filha como você"; tal opinião é completamente desnecessária e termina sendo ofensiva, sem que se justifique por conta do direito de defesa.

**97-C. Utilização de linguagem, informações ou material ofensivo:** outro ponto vedado refere-se à utilização de linguagem, informação ou material ofensivo à dignidade da vítima ou de testemunhas (ampliou-se, nesta hipótese, a proteção à testemunha). É justamente o que expressamos no parágrafo anterior: muitas vezes, o que se torna ofensivo, invasivo e humilhante é a forma de se fazer uma pergunta e não o seu conteúdo. A par disso, outro aspecto ligado ao constrangimento de quem é ouvido em juízo concerne às inadequadas opiniões expostas pelas partes (acusação ou defesa) em relação à pessoa da vítima ou da testemunha. Pode-se agir de modo inconveniente e, portanto, ilegal, ao proferir ofensas, ao oferecer informes relativos ao indivíduo inquirido ou ao apresentar um material, que traga consigo, para confrontar quem é ouvido (ex.: apresentar uma revista na qual há fotos da vítima em posições pornográficas).

**98. Termo da audiência:** é o resumo dos acontecimentos transcorridos em audiência, onde são inseridos os seguintes dados: o nome do juiz que preside os trabalhos, os nomes das partes (membro do Ministério Público e acusado), do defensor do réu, da vítima e das testemunhas presentes, bem como os requerimentos formulados (ex.: defesa preliminar), as decisões judiciais (ex.: recebimento da denúncia ou queixa), outras ocorrências (ex.: requerimento de produção de prova e deferimento ou indeferimento pelo juiz), bem como os debates orais em resumo e a sentença.

**99. Decisão fundamentada:** toda sentença, no processo comum, deve conter três partes, ou seja, o relatório, a fundamentação e o dispositivo (neste, consta a absolvição ou a condenação, com a fixação da pena, igualmente motivada). Dispensa-se, pela concentração dos atos e em homenagem à celeridade e à informalidade, o relatório, no caso do JECRIM, o que é natural, pois os presentes acompanharam todos os acontecimentos da audiência, não havendo necessidade de haver relato do magistrado acerca de cada um deles.

> **Art. 82.** Da decisão de rejeição da denúncia ou queixa e da sentença caberá apelação,[100-100-A] que poderá ser julgada por turma composta de 3 (três) juízes em exercício no primeiro grau de jurisdição, reunidos na sede do Juizado.[101-102-A]
>
> § 1.º A apelação será interposta no prazo de 10 (dez) dias, contados da ciência da sentença pelo Ministério Público, pelo réu e seu defensor,[103] por petição escrita, da qual constarão as razões e o pedido do recorrente.[104]
>
> § 2.º O recorrido será intimado para oferecer resposta escrita no prazo de 10 (dez) dias.[105]

> § 3.º As partes poderão requerer a transcrição da gravação da fita magnética a que alude o § 3.º do art. 65 desta Lei.[106]
>
> § 4.º As partes serão intimadas da data da sessão de julgamento pela imprensa.[107]
>
> § 5.º Se a sentença for confirmada pelos próprios fundamentos, a súmula do julgamento servirá de acórdão.[108]

**100. Apelação:** tanto a decisão de rejeição da denúncia ou queixa quanto a sentença de absolvição ou condenação são decisões terminativas do processo, razão pela qual o recurso correto cabível é a apelação, que deve ser recebida no efeito devolutivo. Em caso de condenação, será recebida nos efeitos suspensivo e devolutivo.

**100-A. Dúvida quanto à competência:** proferida decisão no JECRIM, deve ser encaminhada a apelação à Turma Recursal, ainda que seja para questionar a competência do próprio Juizado.

**101. Turma e Colégio Recursal:** a Lei 9.099/95 refere-se, como órgão de segundo grau, no âmbito das infrações de menor potencial ofensivo à formação de uma turma recursal, composta por três juízes em exercício em primeiro grau de jurisdição. Aliás, a mesma terminologia é utilizada pela Constituição Federal (art. 98, I). Refere-se, ainda, o Provimento 806/2003 do Conselho Superior da Magistratura de São Paulo à existência do Colégio Recursal, na realidade um órgão maior, que representa a reunião das Turmas Recursais existentes. Seria similar à composição do Tribunal de Justiça, dividido em Câmaras Criminais. Ou à de outro Tribunal qualquer, composto por Turmas.

**101-A. Conflito entre Tribunal de Justiça e Turma Recursal:** sendo ambos do mesmo Estado-membro, inexiste conflito, pois cabe ao Tribunal de Justiça, considerado funcionalmente superior, resolver a quem cabe julgar o feito. Se forem de Estados diferentes, desloca-se a competência ao Superior Tribunal de Justiça (art. 105, I, *d*, CF). Pode-se aplicar, por analogia, o disposto na antiga Súmula 22 do STJ ("Não há conflito de competência entre o Tribunal de Justiça e o Tribunal de Alçada do mesmo Estadomembro"), cuidando do conflito entre o Tribunal de Justiça e o Tribunal de Alçada, este último, órgão considerado, funcionalmente, inferior. Essa questão foi superada pela edição da Emenda Constitucional 45/2004, que extinguiu os Tribunais de Alçada do País. Quanto à resolução do conflito, porventura existente, entre uma Câmara (ou Turma) do Tribunal de Justiça (ou Tribunal Regional Federal) e uma Turma Recursal (componente de um Colégio Recursal), deve ser sanado pelo Tribunal de Justiça, conforme dispuser seu Regimento Interno. Em São Paulo, ilustrando, a competência é do Órgão Especial. Por outro lado, tem-se entendido que a competência recursal se vincula ao juízo do qual emanou a decisão. Se a sentença advém do JECRIM, cabe o julgamento do recurso à Turma Recursal. Se provém de juiz de direito, atuando em Vara comum, pouco importando ser a infração de menor potencial ofensivo, cabe a uma das Câmaras do Tribunal de Justiça. Nesse sentido: STJ: "1. Tratando-se de caso envolvendo Juizado Especial Criminal, importante ressaltar que as medidas despenalizadoras são como verdadeiros alicerces de política criminal que visam possibilitar maior celeridade e efetividade às infrações de menor potencial ofensivo, no contexto maior de desjudicialização dos conflitos e sistema multiportas de acesso à Justiça, ressalvada sempre a possibilidade de constatação de ilegalidade como em qualquer ato do processo penal. (...) 4. Não há falar em ilegalidade no oferecimento da transação penal pelo Ministério Público, quanto à contravenção, pois é um direito do acusado aceitar ou não os termos oferecidos, sendo que, passados mais de dois meses após a transação, a recorrente mostrou desinteresse em cumprir as condições, legitimando o *Parquet* a oferecer a denúncia,

# Art. 82

Leis Penais e Processuais Penais Comentadas – Vol. 2 • **Nucci**

tal como advertido na audiência, e nos termos autorizados pela jurisprudência desta Corte Superior e do Supremo Tribunal Federal" (RHC 107.603 – PR, 5.ª T., rel. Ribeiro Dantas, j. 13.08.2019, *DJe* 19.08.2019, v.u.).

**102. Ações de impugnação:** devem ser apreciadas, igualmente, pela Turma Recursal. Em primeiro lugar, é preciso destacar que elas são consideradas, para efeito de organização judiciária do JECRIM, como órgãos de jurisdição superior. Por outro prisma, não há sentido em se enviar o *habeas corpus*, o mandado de segurança e a revisão criminal ao tribunal comum, desapegado dos princípios regentes no Juizado, bem como podendo tomar decisões conflitantes com as comumente adotadas pelas Turmas Recursais em idênticos casos. Imagine-se que, ao indeferir uma prova, o acusado ingresse com *habeas corpus* perante o Tribunal de Justiça, mas outro réu, em outro feito, ingresse com correição parcial a ser processada para a Turma Recursal. Pode haver conflito de decisões, o que fere a credibilidade da Justiça. Além disso, as leis de organização judiciária têm autorizado, expressamente, o julgamento de mandado de segurança e *habeas corpus* pelas Turmas Recursais (como exemplo, pode-se citar a Lei Complementar 851/98, do Estado de São Paulo, art. 14). No mesmo prisma, dispõe o Provimento 806/2003 do Conselho Superior da Magistratura de São Paulo, incluindo na competência do Colégio Recursal todas as ações de impugnação: revisão criminal (art. 64, *a*) e mandado de segurança e *habeas corpus* (art. 64, *g*). Quanto à revisão criminal, reproduziremos o que já defendemos em nosso *Código de Processo Penal comentado* (nota 21 ao art. 622): "Nenhum dispositivo legal exclui essa possibilidade, o que, aliás, encontra abrigo constitucional, pois todo condenado tem direito de rever julgado que o prejudicou por erro judiciário. Sérgio de Oliveira Médici sustenta, ainda, o cabimento da revisão no caso de transação, pois afirma que não deixa de haver, nessa hipótese, a aplicação de uma sanção penal (*Revisão criminal*, p. 176), o que nos parece cabível. Quanto à competência para o processamento da revisão criminal, escrevem Ada, Magalhães, Scarance e Luiz Flávio que 'deve prevalecer a regra geral de competência do art. 624, II, CPP, que determina o seu julgamento pelos Tribunais de Justiça ou de Alçada [este último, está extinto]. A repartição de competência entre esses dois órgãos é matéria da legislação estadual. No Estado de São Paulo, vem regulada pelos arts. 74, VII, e 79, II e § 1.º, da Constituição Estadual' (*Juizados Especiais Criminais*, 5. ed., p. 203). Igualmente: Maria Lúcia Karam, *Juizados Especiais Criminais*, p. 208-209. Essa visão, em nosso entendimento, é equivocada. Primeiramente, apegar-se ao disposto no art. 624, II, CPP, significaria desprezar o fato de que sua redação advém de época anterior à Constituição de 1988, quando não havia infração de menor potencial ofensivo, nem foro especial para o seu julgamento (Juizado Especial Criminal e Turma Recursal). Por outro lado, lastrear o entendimento na Constituição Estadual também não é convincente. Tomando como exemplo a Constituição de São Paulo, o art. 74, VII, preceitua ser da competência do Tribunal de Justiça julgar "as revisões criminais nos processos de sua competência". As infrações de menor potencial ofensivo não são da competência do Tribunal de Justiça, uma vez que não constituem igualmente competência dos Juízes Criminais de 1.º grau. Nem comentaremos o disposto no art. 79, II, § 1.º, pois os Tribunais de Alçada foram extintos pela edição da Emenda Constitucional 45/2004. Aliás, a mesma Constituição, no art. 84, *caput*, disciplina que "as Turmas de Recursos são formadas por juízes de direito titulares da mais elevada entrância de Primeiro Grau, na Capital ou no Interior, observada a sua sede, nos termos da resolução do Tribunal de Justiça, que designará seus integrantes, os quais poderão ser dispensados, quando necessário, do serviço de suas varas". No § 1.º prevê-se que "as Turmas de Recurso constituem-se em *órgão de segunda instância, cuja competência é vinculada aos Juizados Especiais* e de Pequenas Causas" (grifamos). É bem claro, portanto, que o julgado prolatado no Juizado Especial Criminal ou mesmo pela Turma Recursal, deve ser submetido à revisão criminal no âmbito da Turma Recursal. É o entendimento de Fernando da Costa Tourinho Neto: "Estou com o Tribunal de Justiça do

Rio Grande do Sul. Cabe às Turmas Recursais proceder à revisão de suas decisões criminais e dos julgados dos Juizados Especiais. É a interpretação mais consentânea e lógica" (*Juizados Especiais Federais cíveis e criminais*, p. 701).

**102-A. *Habeas corpus* contra decisão de Turma Recursal:** editou-se a Súmula 690 do STF: "Compete originariamente ao Supremo Tribunal Federal o julgamento de habeas corpus contra decisão de turma recursal de juizados especiais criminais". Parece-nos correta essa interpretação, na medida em que, residualmente, seria o único órgão judiciário a receber a ação de impugnação contra medida abusiva tomada pela Turma Recursal. Não se encontra o julgamento de *habeas corpus*, nesses casos, na competência constitucional do STJ, nem se poderia atribuir ao Tribunal de Justiça do Estado (ou ao Tribunal Regional Federal) a apreciação da matéria, uma vez que se trata de órgão de segunda instância da esfera do Juizado Especial Criminal. Em outras palavras, o Tribunal de Justiça (ou o Tribunal Regional Federal) não é órgão revisor ou superior à Turma Recursal. Por isso, não poderia apreciar *habeas corpus* em virtude de ato abusivo praticado pela referida Turma Recursal. Caberia, por ausência de outra opção, ao STF. Entretanto, o Pleno do Pretório Excelso modificou seu entendimento e não mais conhece de *habeas corpus* impetrado contra Turma Recursal, entendendo cabível o julgamento pelo Tribunal de Justiça do Estado (ou Tribunal Regional Federal): HC 86.834 – SP, Pleno, rel. Marco Aurélio, 23.08.2006, m.v.

**103. Dupla legitimação para recorrer:** como se dá no processo penal comum, tanto o réu como seu defensor são intimados da sentença. Se houver interesse, ambos têm legitimidade para apresentar recurso. É natural que, como regra, haja acordo entre eles e somente o defensor apresente a petição de apelação, já acompanhada das razões. Se discordarem – um quer recorrer e o outro não – deve haver cautela, pelo magistrado, para determinar o processamento do apelo. O ideal é que acusado e defensor sejam intimados para apresentarem o real intento: manter o recurso ou desistir do apelo. Perpetuada a divergência, enquanto o réu mantiver o seu advogado, deve prevalecer a defesa técnica, processando-se a apelação. Porém, cuidando-se de defensor constituído, pode o acusado afastá-lo da sua defesa, contratando outro profissional, que poderá apresentar o pedido de desistência do recurso. Aliás, por outro ângulo, se o réu quiser recorrer e seu advogado entender não ser o caso, é preferível que ele contrate outro – ou peça ao juiz a nomeação de um defensor dativo, caso não tenha condições para tanto – ingressando com a apelação. Maiores detalhes sobre o tema, consultar a nota 19 ao art. 577 do nosso *Código de Processo Penal comentado*.

**104. Outros recursos:** não há somente apelação, como único recurso a ser utilizado no âmbito do JECRIM. Havendo outras decisões controversas e prejudiciais às partes, é possível o uso de outras formas de recurso ou ações de impugnação, como o mandado de segurança e o *habeas corpus*. Em caso de inversão tumultuária dos atos processuais, o recurso ideal é a correição parcial. Pode-se, também, utilizar o recurso em sentido estrito quando o magistrado, por exemplo, decretar extinta a punibilidade. Em suma, o quadro recursal previsto no Código de Processo Penal pode ser usado quando necessário e cabível.

**105. Contrarrazões de apelação:** em dez dias, deve a parte contrária oferecer sua resposta, acompanhada, naturalmente, das razões de mantença da decisão tomada pelo juiz.

**106. Momento infeliz da lei:** não vemos nenhum sentido em transcrever o conteúdo das fitas magnéticas, que foram utilizadas para evitar a forma escrita e privilegiar o princípio da oralidade – exigência constitucional e legal –, motivo pelo qual, se fosse obrigatória essa transcrição, transformando tudo o que foi colhido de maneira célere em várias e várias páginas por escrito, voltaríamos à constituição do tradicional e antiquado modelo processual, com autos volumosos, em nítido desprezo à informalidade. Parece-nos que não há *direito* da parte de obter a transcrição, mas apenas uma sugestão, caso seja útil que algum depoimento ganhe

# Art. 83

Leis Penais e Processuais Penais Comentadas – Vol. 2 • **Nucci**      450

a forma escrita, por qualquer razão (até para apuração de um falso testemunho, por exemplo). No mais, devem subir os autos com as fitas magnéticas e os componentes da Turma Recursal poderão ouvir, com maior fidelidade ainda, exatamente o que se passou durante a colheita da prova. A lei ordinária não pode dispor contra preceito constitucional, que consagra o procedimento oral no JECRIM (art. 98, I, CF).

**107. Intimação da sessão de julgamento:** determina a lei que a intimação se dê pela imprensa, o que contraria, em tese, o procedimento comum, garantindo-se ao Ministério Público e à Defensoria Pública a intimação pessoal. Porém, como informam Grinover, Magalhães, Scarance e Gomes (*Juizado Especial Criminal*, p. 209), tal forma foi acolhida pelo Supremo Tribunal Federal, em virtude do princípio da especialidade.

**108. Acórdão fundamentado:** embora em homenagem à informalidade, celeridade e simplicidade, não vemos como o acórdão possa ser lavrado em torno de uma singela *súmula* (brevíssimo resumo, por vezes, em duas ou três linhas). Cremos que, por interesse público, a motivação de *todas* as decisões do Poder Judiciário (art. 93, IX, CF) é fundamental. Logo, confirmando ou reformando a sentença de primeiro grau, parece-nos óbvio que a Turma Recursal deva motivar a sua decisão, ainda que de forma abreviada. O conteúdo resumido da fundamentação do acórdão permite celeridade, mas sem abrir mão do dever de qualquer magistrado de tecer algumas considerações próprias do seu pensamento e da sua convicção.

> **Art. 83.** Cabem embargos de declaração[109] quando, em sentença ou acórdão, houver obscuridade,[110] contradição[111] ou omissão.[112-114]
>
> § 1.º Os embargos de declaração serão opostos por escrito ou oralmente, no prazo de 5 (cinco) dias, contados da ciência da decisão.[115]
>
> § 2.º Os embargos de declaração interrompem o prazo para a interposição de recurso.[116]
>
> § 3.º Os erros materiais podem ser corrigidos de ofício.[117]

**109. Embargos de declaração:** não nos parece ser autêntico *recurso*, até pelo fato de ser dirigido ao mesmo órgão prolator da decisão, para corrigir eventuais equívocos. Cuida-se, no fundo, de um pedido de reconsideração ou de revisão. Ganha ares de recurso, no entanto, pois permite ao juiz ou à turma alterar o que anteriormente decidiu-se, quando eventual contradição, obscuridade, omissão ou dúvida, uma vez sanada, provoca outra solução ao caso. Ex.: o juiz omitiu-se na avaliação de uma das teses de defesa; instado a analisá-la, resolve acolher o alegado e, de sentença condenatória, transforma a decisão em sentença absolutória).

**110. Obscuridade:** é o estado daquilo que é difícil de ser entendido, gerando confusão e ininteligência no receptor da decisão. Ex.: a utilização de frases muito longas, de sentido desconexo.

**111. Contradição:** é uma incoerência entre uma afirmação anterior, proferida no julgado, e outra, posterior, ambas referentes ao mesmo tema, gerando a impossibilidade de compreensão da decisão. Ex.: o juiz cita um acórdão que leva à condenação do réu e, noutro trecho, menciona posição doutrinária, que conduz à sua absolvição.

**112. Omissão:** é a lacuna ou o esquecimento na abordagem do alegado por qualquer das partes. Ex.: a defesa invoca legítima defesa e, subsidiariamente, violenta emoção seguida de injusta provocação da vítima. O magistrado condena o réu por lesões corporais, rejeitando a legítima defesa, mas sem fazer qualquer menção ao privilégio invocado.

**113. Dúvida:** a Lei 13.105/2015 deu nova redação a este artigo, retirando o termo "dúvida" do âmbito dos embargos de declaração. Na realidade, o referido termo já era uma substituição de "ambiguidade", o que dava no mesmo. Na realidade, as partes terminavam usando a abertura provocada pela terminologia da dúvida para ingressar com embargos impertinentes e buscar, na verdade, o efeito infringente. Parece-nos adequado o afastamento realizado.

**114. Exagero na utilização dos embargos de declaração:** há incontáveis exemplos de partes que se valem dos embargos de declaração para demonstrar o seu mero inconformismo com a postura adotada pelo magistrado ou pela turma, seja para condenar ou para absolver. Não há, na decisão atacada, qualquer equívoco, mas apenas a opção por uma tese que desagradou a parte perdedora, que ingressa com embargos de declaração, buscando *obrigar* o juízo a analisar exatamente aquilo que alegou, como se o magistrado fosse um autômato processador de textos. Por isso, é preciso separar o que é matéria de impugnação pela via da apelação daquilo que, efetivamente, cabe ao contexto dos embargos de declaração. Se o juiz, por exemplo, menciona, expressamente, na decisão condenatória inexistir qualquer excludente de ilicitude, enumerando as razões para isso, não é preciso afastar uma por uma das que estão previstas no art. 23 do Código Penal. Seria obrigar o juiz a adotar um estilo de exposição de ideias diverso do seu próprio, o que é algo ilógico e inviável.

**115. Formas escrita e oral:** a forma escrita dá-se por petição; a oral deve ser apresentada ao final da audiência, quando a sentença terminou de ser prolatada. Reduz-se a termo e já se pode obter a decisão judicial a respeito. Não vemos sentido em interpor embargos de declaração, oralmente, cinco dias após a ciência da decisão. Compareceria o advogado ou promotor ao cartório do Juizado e narraria oralmente seu inconformismo? Ou faria isso diretamente ao juiz na sala de audiências? É evidente que a forma oral deve ser utilizada ao final da audiência de instrução e julgamento.

**116. Interrupção do prazo para apelação:** a partir da edição do CPC/2015, passa-se a falar expressamente em *interrupção*, o que significa o recomeço do prazo para apelar, por inteiro.

**117. Erros materiais:** prescindem de recurso, podendo ser corrigidos de ofício pelo magistrado. São considerados *erros materiais* as incorreções visíveis da decisão, que não dizem respeito a teses jurídicas, mas a referências equivocadas quanto ao nome do réu, número do artigo no qual está incurso, cálculos da pena, entre outros fatores. Ex.: o juiz diz que vai elevar a pena em um terço, mas, ao efetuar o cálculo, acrescenta metade. Pode corrigir de ofício ou ser provocado pela parte, por simples petição.

**Seção IV**
**Da execução**

> **Art. 84.** Aplicada exclusivamente pena de multa, seu cumprimento far-se-á mediante pagamento na Secretaria do Juizado.[118]
>
> **Parágrafo único.** Efetuado o pagamento, o juiz declarará extinta a punibilidade, determinando que a condenação não fique constando dos registros criminais, exceto para fins de requisição judicial.

**118. Competência para a execução:** é exclusiva para a pena pecuniária, não envolvendo nenhuma outra.

# Art. 85

Leis Penais e Processuais Penais Comentadas – Vol. 2 · **Nucci**

> **Art. 85.** Não efetuado o pagamento de multa, será feita a conversão em pena privativa de liberdade, ou restritiva de direitos, nos termos previstos em lei.[119]

**119. Execução da pena de multa:** embora o art. 51 do Código Penal, na redação dada pela Lei 9.268/96, tenha estipulado que a multa, transitada em julgado a decisão que a impôs, deve ser considerada dívida de valor, devendo ser executada como se fosse dívida ativa da Fazenda Pública, na Vara das Execuções Penais (atual redação do *caput* do art. 51, dada pela Lei 13.964/2019), cremos não ter havido qualquer afetação de competência no âmbito do JECRIM. A Lei 9.099/95 é especial em relação ao Código Penal, razão pela qual a multa, caso não seja paga, será executada no próprio JECRIM. No entanto, cessou a possibilidade de transformação da multa em prisão, *nos termos previstos em lei*, pois o Código Penal, alterado que foi o art. 51, acabou com tal situação, consistindo em norma benéfica ao réu. Restaria a transformação da multa em pena restritiva de direitos, o que também não conta com previsão legal. A única situação plausível para que tal conversão se desse seria a previsão efetivada na transação, homologada pelo juiz. Assim, o Ministério Público proporia a pena de multa em determinado montante e, caso não seja paga, a sua conversão em certa pena restritiva de direitos. Havendo concordância do autor do fato, nada impede a concretização da avença.

> **Art. 86.** A execução das penas privativas de liberdade e restritivas de direitos,[120] ou de multa cumulada com estas, será processada perante o órgão competente, nos termos da lei.

**120. Execução de penas privativas de liberdade e restritivas de direitos:** alterando nosso entendimento anterior, deve dar-se no âmbito da Vara das Execuções Criminais, da Justiça Comum, por, basicamente, duas razões: a) a execução de penas privativas de liberdade e restritivas de direitos foge à ideia do Juizado, composta por simplicidade e celeridade; b) não há estrutura de *execução criminal* prevista na Lei 9.099/95, exceto em relação ao singelo pagamento da multa, na Secretaria do Juizado (art. 84, *caput*, desta Lei), como o próprio art. 86 buscou indicar ao mencionar "será processada perante o órgão competente". Este órgão é a Vara das Execuções Criminais, conforme a organização judiciária prevalente no Brasil.

## Seção V
### Das despesas processuais

> **Art. 87.** Nos casos de homologação do acordo civil e aplicação de pena restritiva de direitos ou multa (arts. 74 e 76, § 4.º), as despesas processuais serão reduzidas, conforme dispuser lei estadual.[121]

**121. Despesas processuais:** cabe aos Estados disciplinar os valores das custas e despesas processuais, por lei própria. A única determinação feita pela Lei Federal 9.099/95, que deve ser atendida pela legislação dos Estados, é a redução dos valores quando houver homologação do acordo civil (art. 74) ou da transação (art. 76, § 4.º), em virtude do breve trâmite do procedimento, circunscrito à fase preliminar.

# Seção VI
## Disposições finais[122]

> **Art. 88.** Além das hipóteses do Código Penal e da legislação especial, dependerá de representação a ação penal relativa aos crimes de lesões corporais leves e lesões culposas.[123-124-A]

**122. Institutos desvinculados das infrações de menor potencial ofensivo:** aproveitando-se o cenário da Lei 9.099/95, instituiu-se uma alteração, no campo processual, de ação pública incondicionada para condicionada à representação da vítima, quanto às lesões leves e culposas, bem como criou-se um instituto penal diverso, porém similar ao *sursis*, que é a suspensão condicional do processo.

**123. Ação pública condicionada:** não visualizamos a alteração como medida despenalizadora, mas unicamente como alternativa de política criminal do Estado para melhor equilibrar os valores existentes entre a ação obrigatória do órgão acusatório e os interesses das vítimas de lesões leves e culposas. Os anos demonstraram que esses dois crimes, muitas vezes originários no cenário dos acidentes de trânsito ou em brigas de pouca gravidade, provocavam a atuação necessária do aparato estatal, quando, na realidade, as partes ofendidas não tinham a menor intenção de colaborar com a atividade punitiva, até por considerarem perda de tempo, em face da pequenez da lesão sofrida. Em suma, chegou-se à conclusão de que essas duas espécies de infração penal, em virtude dos inúmeros precedentes, estavam mais próximas do interesse das vítimas do que propriamente do interesse social e estatal em resguardar a integridade física dos ofendidos. Por tal motivo, a lesão leve (art. 129, *caput*, CP) e a lesão culposa (art. 129, § 6.º, CP) passaram a constituir crimes de ação pública condicionada à representação da vítima. Quanto à hipótese de violência doméstica, temos defendido ser caso de ação pública incondicionada, afinal, a referência do art. 88 desta Lei menciona apenas a lesão leve, que se encontra prevista no *caput* do art. 129 do Código Penal, bem como a lesão culposa, prevista no art. 129, § 6.º. Não se incluem outras formas de lesões *qualificadas* (§§ 1.º, 2.º, 3.º e, atualmente, 9.º).

**124. Contravenção de vias de fato:** não temos dúvida de que, se o mais grave – lesão corporal – tornou-se infração de menor potencial ofensivo, o mais leve – agressão sem lesão – também deve seguir o mesmo caminho, por uma interpretação lógico-sistemática e valendo-se da analogia *in bonam partem*. Não há conturbação da segurança jurídica, nem do sistema penal como um todo. *Vias de fato* nada mais representa do que uma agressão idêntica à lesão corporal, porém sem resultar em ferimento visível para a vítima. Um tapa no rosto é *vias de fato*; um soco no rosto, com corte na face, lesão corporal. A atitude é praticamente a mesma, somente mudando a intensidade do ataque e, logicamente, a consequência. Em contrário, sustentando a continuidade da ação pública incondicionada para a contravenção de vias de fato, encontra-se a lição de Grinover, Magalhães, Scarance e Gomes, *Juizado Especial Criminal*, p. 228-229. Os autores sugerem que, adotar a postura que estamos sugerindo, traria "enorme insegurança jurídica num tema que tradicionalmente nunca apresentou maiores divergências". Ora, com a devida vênia, chega-se ao absurdo de, dando um tapa no rosto da vítima e visualizando não ter havido ferida alguma, intensificar-se a agressão, para que uma escoriação visível se faça presente. Essa seria a única forma de afastar o caso da esfera obrigatória de intervenção estatal e permitir que o agressor e a vítima se entendam, posteriormente, sozinhos, evitando-se a ação penal. Quando o Estado, em aplicação literal de dispositivo legal, chega a ponto de gerar a intensificação da violência, pois mais favorável ao agressor, está a evidenciar a falência da lógica em seu sistema normativo. No entanto, uma exceção se abre no cenário da violência

# Art. 89

doméstica: por política criminal, há de se conceder a devida proteção à mulher, de modo que a ação é pública incondicionada.

**124-A. Violência doméstica:** a lesão corporal dolosa, cometida em cenário de violência doméstica, comporta ação pública incondicionada, diante da gravidade da conduta e da política criminal de eliminação dessa espécie de violência contra a mulher. Há de se ressaltar que toda lesão nesse contexto é qualificada, razão pela qual não se considera simples e, por isso, não há sentido em encaixar no art. 88 desta Lei.

> **Art. 89.** Nos crimes em que a pena mínima cominada for igual ou inferior a 1 (um) ano,[125] abrangidas ou não por esta Lei,[125-A] o Ministério Público, ao oferecer a denúncia, poderá propor a suspensão do processo,[125-B-126-A] por 2 (dois) a 4 (quatro) anos,[127] desde que o acusado não esteja sendo processado[128] ou não tenha sido condenado por outro crime,[129] presentes os demais requisitos que autorizariam a suspensão condicional da pena (art. 77 do Código Penal).[130-132]
>
> § 1.º Aceita a proposta pelo acusado e seu defensor,[133] na presença do Juiz, este, recebendo a denúncia,[134] poderá[135] suspender o processo, submetendo o acusado a período de prova, sob as seguintes condições:
>
> I – reparação do dano, salvo impossibilidade de fazê-lo;[136]
>
> II – proibição de frequentar determinados lugares;[137]
>
> III – proibição de ausentar-se da comarca onde reside, sem autorização do juiz;[138]
>
> IV – comparecimento pessoal e obrigatório a juízo, mensalmente, para informar e justificar suas atividades.[139]
>
> § 2.º O juiz poderá especificar outras condições a que fica subordinada a suspensão, desde que adequadas ao fato e à situação pessoal do acusado.[140]
>
> § 3.º A suspensão será revogada se, no curso do prazo, o beneficiário vier a ser processado por outro crime ou não efetuar, sem motivo justificado, a reparação do dano.[141]
>
> § 4.º A suspensão poderá ser revogada se o acusado vier a ser processado, no curso do prazo, por contravenção, ou descumprir qualquer outra condição imposta.[142]
>
> § 5.º Expirado o prazo sem revogação, o juiz declarará extinta a punibilidade.[143-143-A]
>
> § 6.º Não correrá a prescrição durante o prazo de suspensão do processo.[144]
>
> § 7.º Se o acusado não aceitar a proposta prevista neste artigo, o processo prosseguirá em seus ulteriores termos.[145]

**125. Pena mínima:** para a consideração da pena mínima – igual ou inferior a um ano – deve-se levar em consideração o preceito secundário dos tipos penais, onde se encontra a sanção abstratamente prevista, entre os patamares mínimo e máximo. Porém, não se podem olvidar os casos de concurso de crimes. Para esse fim, no caso de concurso material, a soma das penas mínimas dos delitos em concurso deve ser o indicativo para a utilização, ou não, do benefício previsto no art. 89 (ex.: se alguém for acusado de três delitos, em concurso material, cada um deles com seis meses de pena mínima, a soma dará um ano e meio, logo, está fora do alcance da suspensão condicional do processo). Quando se tratar de concurso formal ou crime continuado, toma-se a pena do mais grave dos delitos imputados ao réu, acrescentando-se, igualmente, o mínimo possível, para que se obtenha a pena efetivamente mínima. Se ultrapassar um ano, não cabe a suspensão condicional do processo. Exemplos: a) concurso formal entre homicídio culposo e lesão dolosa: toma-se a pena mínima do homicídio culposo (um ano) e acrescenta-se um sexto (dois meses), atingindo um ano e dois meses, logo, inviável a suspensão condicional do processo; b) crime continuado com três furtos simples: toma-se a pena de um deles, se todos são iguais, ou seja, um ano; acrescenta-se um sexto, atingindo um ano e dois meses, o que também inviabiliza o benefício. Aliás, no contexto do crime continuado, já há a Súmula 723 do STF exatamente nesse sentido.

**125-A. Violência doméstica e familiar:** em vigor a Lei 11.340/2006, está vedada a aplicação de qualquer benefício da Lei 9.099/95, o que envolve, obviamente, a suspensão condicional do processo, aos crimes cometidos com violência doméstica e familiar contra a mulher, independentemente da pena prevista (art. 41).

**125-B. Suspensão condicional do processo e alteração da imputação inicial:** o Superior Tribunal de Justiça amenizou o rigorismo para a aplicação da suspensão condicional do processo, permitindo que se possa fazê-lo já no final do processo, por ocasião do advento de sentença condenatória, embora operando a desclassificação (alteração de tipificação) para infração cuja pena torna admissível o benefício. Por outro lado, é viável, também, que o julgador julgue parcialmente procedente a ação, devendo aplicar, em tese, pena compatível com a suspensão condicional do processo (um ano ou menos). Esse é o teor da Súmula 337: "É cabível a suspensão condicional do processo na desclassificação do crime e na procedência parcial da pretensão punitiva".

**126. Suspensão condicional do processo:** trata-se de um instituto de política criminal, benéfico ao acusado, proporcionando a suspensão do curso do processo, após o recebimento da denúncia, desde que o crime imputado ao réu não tenha pena mínima superior a um ano, mediante o cumprimento de determinadas condições legais, com o fito de atingir a extinção da punibilidade, sem necessidade do julgamento do mérito propriamente dito. É denominado, também, de *sursis* processual.

**126-A.** *Habeas corpus* **e suspensão condicional do processo:** inexiste qualquer incompatibilidade para o ingresso de *habeas corpus* contra processo suspenso em razão do benefício previsto no art. 89 desta Lei. O denunciado pode aceitar a suspensão condicional do processo, por reputar mais favorável naquele momento, mas resolver discutir fatores relevantes, como a materialidade do delito, em *habeas corpus*. Se este for concedido, *tranca-se* a ação, finalizando, de imediato, a suspensão condicional do processo, que não deixa de ser um gravame ao beneficiário, pois há regras a respeitar.

**127. Período de suspensão:** deve variar entre dois a quatro anos. O juiz deve, sempre, motivar a opção tomada, explicando a razão de ter escolhido dois ou mais anos para a suspensão. O critério, segundo nos parece, deve ligar-se à gravidade do delito (apurável pela pena máxima, bem como em virtude da sua espécie, se reclusão ou detenção) e à situação pessoal do agente.

**128. Processo em andamento:** não pode haver a concessão do benefício se o acusado já responde a outro processo. Entendemos ilógica a previsão formulada, sem maiores detalhes. Imagine-se o caso de alguém processado por um delito qualquer, cuja pena mínima é de seis meses de detenção. Torna a praticar outro crime, cuja pena mínima é de três meses. Ora, as duas penalidades mínimas somadas não ultrapassam um ano, motivo pelo qual parece-nos viável que ele possa receber, pelo segundo delito, a suspensão condicional do processo. Poder-se-ia argumentar que ele já deveria ter recebido o benefício quando cometeu o primeiro delito; se não obteve naquele, logo, não deve receber neste também. A conclusão pode ser precipitada, uma vez que um erro não pode justificar outro. Se no primeiro processo o juiz não lhe concedeu a suspensão condicional do processo por entender que não tinha boa conduta social (art.

# Art. 89

Leis Penais e Processuais Penais Comentadas – Vol. 2 · Nucci

77, II, CP). Ora, nada impede que o outro juiz, do segundo processo, tenha ideia diferente e conceda-lhe o benefício, analisando sob outro ângulo a sua vida pregressa. Afinal, é uma análise subjetiva. Entretanto, se estiver respondendo a outro processo, por crime grave, sujeito a pena mínima superior a um ano, parece-nos, de fato, não haver merecimento para a suspensão condicional do processo, pois o somatório de ambas as penalidades mínimas está acima do previsto no art. 89 desta Lei. É lógico que não se inclui na proibição nem o andamento de inquérito policial, nem o trâmite de processo cível. Na jurisprudência: STJ: "1. O benefício previsto no art. 89, *caput*, da Lei n. 9.099/1995, nem sequer chegou a ser oferecido, uma vez que se verificou que o ora agravante já respondia a outra ação penal (autos 0023947-04.2015.8.16.0013), em razão da prática do mesmo crime, qual seja embriaguez ao volante – art. 306 do CTB, na data de 29/9/2015. E, ainda, que foi agraciado, no âmbito da referida ação penal, com a suspensão condicional do processo. Desse modo, não se verifica a alegada negativa de vigência ao art. 10 do CPC ou ao art. 89, *caput*, da Lei n. 9.099/1995, haja vista que a suspensão condicional do processo não será oferecida se o réu estiver sendo processado por outro crime, como no caso dos autos" (AgRg no AREsp 1.772.088 – PR, 5.ª T., rel. Ribeiro Dantas, j. 09.02.2021, v.u.); "2. O STJ possui jurisprudência sedimentada no sentido de que a existência de ação penal em curso contra o denunciado impede a suspensão condicional do processo, com constitucionalidade declarada *incidenter tantum* pelo STF no RHC n. 79.460-2/SP" (AgRg no AREsp 869.673 – SC, 6.ª T., rel. Rogerio Schietti Cruz, j. 18.10.2018, *DJe* 08.11.2018, v.u.).

**129. Reincidência ou maus antecedentes:** cremos que esse requisito é viável. Para receber o benefício da suspensão condicional do processo, é preciso que o réu seja primário e tenha bons antecedentes. Sobre os conceitos de reincidência e antecedentes criminais, consultar as notas 61 ao art. 63 e 4 e 5 ao art. 59 do nosso *Código Penal comentado*.

**130. Requisitos da suspensão condicional da pena (*sursis*):** estão previstos no art. 77 do Código Penal, afora, naturalmente, os que já foram enunciados no *caput* do art. 89 desta Lei (processos em andamento e condenações anteriores). São os seguintes: culpabilidade, antecedentes, conduta social, personalidade do acusado, bem como motivos e outras circunstâncias do crime devem ser favoráveis.

**131. Proponente:** é exclusivamente o órgão acusatório. Cabe ao Ministério Público, como regra, a proposta de suspensão condicional do processo, desde que entenda preenchidos os requisitos legais. Se não o fizer, é incabível a sua substituição pelo magistrado e muito menos pelo próprio acusado. Porém, se o promotor (ou procurador da República) atuar sem justificativa plausível, deve o juiz valer-se do disposto no art. 28 do CPP, por analogia, remetendo-se o feito ao Procurador-Geral de Justiça (ou à Câmara Criminal na esfera federal) para que decida qual é o melhor rumo a tomar. Concordando com o membro do Ministério Público de primeiro grau, insistirá no prosseguimento normal da demanda; concordando com o juiz, deve designar outro membro da instituição para ofertar a proposta. Nesse sentido, há a Súmula 696 do STF.

**132. Suspensão condicional do processo em ação privada:** parece-nos ser viável. A analogia *in bonam partem* novamente deve ser invocada. Se o querelante propuser, aceitando-a o réu, nenhum prejuízo a este ocorrerá. Ao contrário, somente pode beneficiar-se. O único inconveniente é, não desejando o querelante fazer a proposta, inexiste solução jurídica para contornar o problema, uma vez que é hipótese não prevista expressamente em lei. Em contrário, sustentando não caber a suspensão condicional do processo em crimes de ação privada: Cezar Roberto Bitencourt (*Juizados Especiais Criminais Federais*, p. 147).

**133. Aceitação pelo réu e seu defensor:** pensamos que a melhor interpretação é transmitir ao réu, verdadeiro beneficiário da suspensão condicional do processo, o autêntico direito de escolha, porém assistido pelo seu defensor, em audiência. Em caso de divergência, deve prevalecer a vontade do acusado, que, aliás, pode, a qualquer momento, desconstituir seu advogado, indicando outro profissional para defendê-lo.

**134. Recebimento da denúncia:** significa o ajuizamento da ação penal, vale dizer, há justa causa para o processo. Não teria sentido, inexistentes as condições da ação, sem possibilidade jurídica de receber a denúncia, o juiz promover o acordo, suspendendo o processo. Afinal, qual processo? Sem denúncia recebida, não se aperfeiçoou a relação processual.

**135. Faculdade ou dever do juiz:** se houver proposta viável, com a aceitação do acusado, pensamos ser dever do magistrado acolhê-la, determinando a suspensão condicional do processo. Poderá haver o indeferimento, eventualmente, se as condições forem ilegais ou se os requisitos não foram preenchidos.

**136. Reparação do dano:** é uma preocupação em várias fases do processo criminal, buscando-se a satisfação da vítima o mais breve possível, no tocante à reparação civil do dano sofrido. É o que ocorre, por exemplo, para a concessão do *sursis* especial (art. 78, § 2.º, CP) e para o deferimento de livramento condicional (art. 83, IV, CP), dentre outros. Logicamente, não tendo condições econômicas para arcar com o dano, deve receber o benefício do mesmo modo.

**137. Proibição de frequentar determinados lugares:** parece-nos verdadeiro fetiche do legislador a busca frenética por tal medida. Em vários institutos (*v.g.*, *sursis*, art. 78, § 2.º, *a*; livramento condicional, art. 132, § 2.º, *c*, Lei de Execução Penal, liberação da medida de segurança, art. 178, Lei de Execução Penal), está ela prevista, até chegar ao ápice de transformá-la pena alternativa autônoma, substitutiva da privativa de liberdade (art. 47, IV, CP). Na maioria dos casos, não funciona, não é fiscalizada e torna-se, por evidente, completamente inútil, símbolo de impunidade.

**138. Proibição de ausentar-se da Comarca:** há um maior controle judicial se souber para onde segue o acusado, quando em gozo da suspensão condicional do processo. A alteração de endereço, na mesma Comarca, não se inclui nessa condição, embora seja cauteloso avisar ao juízo, até pelo fato de dever o réu justificar suas atividades mensalmente.

**139. Comparecimento em juízo:** embora constitua medida pró-forma, na maior parte das vezes, assinando um livro ou uma ficha no cartório, sem fornecer maiores explicações, não deixa de ser um constrangimento ao acusado, logo um ônus. O ideal seria que o juiz tivesse tempo para ouvi-lo todos os meses, a fim de saber, exatamente, o que faz e como vive.

**140. Outras condições:** faz parte da genérica possibilidade de se buscar alternativas ao caso concreto, embora não previstas expressamente em lei. A mesma tentativa foi feita no art. 79 do Código Penal, ao cuidar do *sursis*. Raramente dá certo, pois medidas de cerceamento à liberdade, não dispostas em lei claramente, podem levar ao abuso e à ofensa à legalidade. Porém, cabe ao juiz, e não ao Ministério Público. Na jurisprudência: STJ: "1. Nos termos do que dispõe o art. 89 da Lei n. 9.099/1995, é facultado ao magistrado estabelecer outras condições para a suspensão condicional do processo, além das previstas nos incisos I a IV do § 1º do art. 89 da legislação de regência, desde que adequadas ao fato e à situação pessoal do acusado. 2. Não há óbice legal, segundo o art. 89, § 2º, da Lei n. 9.099/1995, a que o réu assuma obrigações equivalentes, do ponto de vista prático, a penas restritivas de direitos (tais como a prestação de serviços comunitários ou a prestação pecuniária), visto que tais condições são apenas alternativa colocada à sua disposição para evitar sua sujeição a um processo penal e cuja aceitação depende de sua livre vontade. 3. Agravo regimental não provido" (AgRg no RHC 83810 – PR, 6.ª T., rel. Rogerio Schietti Cruz, 17.08.2017, v.u.); "Não há óbice legal, segundo o art. 89, § 2º, da Lei n. 9.099/1995, a que o réu assuma obrigações equivalentes, do ponto de vista prático, a penas restritivas de direitos (tais como a prestação de serviços comunitários ou a prestação pecuniária), visto que tais condições são apenas alternativas colocadas à sua disposição para

# Art. 89

evitar sua sujeição a um processo penal e cuja aceitação depende de sua livre vontade (AgRg no RHC n. 83.810/PR, Ministro Rogerio Schietti Cruz, Sexta Turma, *DJe* 17/8/2017)" (AgRg no RHC 97.534 – PR, 6.ª T., rel. Sebastião Reis Júnior, 07.06.2018, *DJe* 13.06.2018, v.u.).

**141. Revogação obrigatória:** o benefício não envolve nenhuma medida penal, mas, na realidade, processual. Por isso, espera-se que o réu não torne a ser processado por outro delito. Se isto ocorrer, revoga-se o benefício e ele responderá normalmente, dentro das regras do devido processo legal, com contraditório e ampla defesa, pelo que fez. Há quem sustente a inconstitucionalidade desse dispositivo, em face do princípio da presunção de inocência (cf. Grinover, Magalhães, Scarance e Gomes, *Juizado Especial Criminal*, p. 359). Assim não pensamos. Se o réu se comprometeu a manter conduta exemplar, justamente para evitar o curso do processo criminal, não é razoável que torne a se envolver em outro caso, que possa resultar em nova denúncia. Ademais, não se está condenando o acusado por isso, mas apenas suspendendo um benefício processual e determinando-se a continuidade da instrução. Por isso, não vemos relação com o princípio da presunção de inocência. Certamente, ele é assim presumido tanto no antigo como no novo processo, mas deverá responder por ambos. O mesmo se dá caso, tendo condições, não promover a reparação do dano. Na jurisprudência: STJ: "1. O instituto da suspensão condicional do processo tem previsão no art. 89 da Lei n. 9.099/1995, prevendo o § 3º que 'a suspensão será revogada se, no curso do prazo, o beneficiário vier a ser processado por outro crime ou não efetuar, sem motivo justificado, a reparação do dano'. Dessarte, firmou-se na jurisprudência, por meio do Recurso Especial Repetitivo n. 1.498.034/RS, o entendimento no sentido de que a revogação da suspensão condicional do processo é viável mesmo após o fim do prazo legal. Precedentes do STJ e do STF. 2. Não se exige que os fatos trazidos no novo processo sejam anteriores ao benefício, porquanto o benefício possui índole processual e não penal. De fato, ainda que os fatos trazidos na nova denúncia sejam anteriores à concessão do benefício da suspensão condicional do processo, tem-se que, acaso a denúncia tivesse sido oferecida anteriormente, nem ao menos teria sido feita a proposta de suspensão condicional do processo. Com efeito, 'conforme a literalidade do art. 89 da Lei n. 9.099/1995, a existência de ações penais em curso contra o denunciado impede a concessão do *sursis* processual, traduzindo-se em condição objetiva para a concessão do benefício' (RHC 60.936/RO, Rel. Ministro Ribeiro Dantas, Quinta Turma, julgado em 13/12/2016, *DJe* 19/12/2016). 3. Recurso em *habeas corpus* desprovido" (RHC 95.804 – DF, 5.ª T., rel. Reynaldo Soares da Fonseca, 19.04.2018, *DJe* 30.04.2018, v.u.).

**142. Revogação facultativa:** se o acusado tornar a ser processado, embora por contravenção, conforme a gravidade desta, pode o juiz revogar o benefício, determinando a continuidade do processo. Qualquer outra condição imposta – como, por exemplo, a proibição de frequentar lugares – pode ser desrespeitada, dando ensejo à revogação do benefício. Tudo vai depender do grau de sensibilidade do juiz.

**143. Extinção da punibilidade e invisibilidade do registro:** ultrapassado o período de prova, sem haver revogação, pois cumpridas todas as condições, é natural que haja a extinção da punibilidade. Afinal, o réu demonstrou que o benefício recebido, em nome da política criminal do Estado de evitar, a qualquer custo, punições desnecessárias, atingiu sua finalidade. Por outro lado, o registro dessa situação deve ser feito unicamente para avaliação futura de juiz, também do JECRIM, com o fito de controlar a necessidade e o merecimento para a obtenção de outro *sursis* processual. Não pode ser utilizado para outros fins. Segundo o nosso entendimento, passado o período de prova, sem que o Estado tenha apontado qualquer descumprimento das condições estabelecidas, não há mais cenário para a revogação do benefício. O mesmo se dá no contexto do *sursis* (suspensão condicional da pena). A ineficiência estatal não pode ser debitada da conta do réu.

# Art. 90

**143-A. Competência para analisar o cumprimento das condições:** se a fixação foi realizada pelo juízo estadual, cabe a este fiscalizar; se no juízo federal, igualmente a este. Porém, é viável alterar essa competência pela eficiência do instituto. Na jurisprudência: STJ: "1. É certo que a suspensão condicional do processo é ato bilateral, que pressupõe a concordância clara e inequívoca do Acusado de aceitar a proposta e as condições oferecidas pelo Ministério Público. No caso, ocorreu a anuência da condição de comparecer mensalmente em Juízo para informar e justificar suas atividades, sendo indicado o Juízo Federal mais próximo da residência do Recorrente. 2. Embora caiba à Justiça Federal verificar se as condições impostas estão sendo devidamente executadas, cabível a transferência da fiscalização para Justiça Comum Estadual quando a condição se torna excessiva porque não há Juízo Federal na localidade em que reside o beneficiado com o *sursis* processual, como no caso em que o Recorrente precisa se deslocar para Comarca diversa daquela em que reside, distante mais de 50km (cinquenta quilômetros). 3. Recurso ordinário em *habeas corpus* provido para permitir que o Recorrente cumpra a condição de comparecer mensalmente para informar e justificar atividades em Juízo Estadual da Comarca em que reside, quando cessar a possibilidade de comparecimento periódico por videochamada, adotada temporariamente pela Justiça Federal para prevenção à transmissão do novo coronavírus" (RHC 117.781 – RS, 6.ª T., rel. Laurita Vaz, 09.02.2021, v.u.).

**144. Suspensão da prescrição:** cuida-se de medida salutar, uma vez que o processo, estando suspenso, para *testar* o comportamento do réu, representa um benefício concedido pelo Estado e não mera inépcia para o processamento da causa. Portanto, é correto que se suspenda a prescrição durante o período em que se verifica o comportamento do acusado. O início da suspensão da prescrição dá-se por ocasião da decisão judicial que defere a suspensão condicional do processo e torna a correr a partir da data da decisão que revogar (eventualmente) o benefício. Na jurisprudência: STJ: "2. O agravante busca, em síntese, o reconhecimento da extinção da punibilidade, em virtude do implemento da prescrição da pretensão punitiva estatal, por considerar que a prescrição voltou a correr da data em que descumpridos os requisitos da suspensão condicional do processo e não da data em que foi proferida a decisão revogando referido benefício. (...) 5. Ademais, no que diz respeito em especial à prescrição, tem-se que sua suspensão, em conjunto com a suspensão do processo, ocorre por meio de decisão do Magistrado de origem. Dessa forma, em observância ao paralelismo das formas, apenas é possível retomar sua contagem também por meio de decisão do Juiz que restabelece o curso do processo" (AgRg no HC 632.230 – MS, 5.ª T., rel. Reynaldo Soares da Fonseca, 02.02.2021, v.u.); "1. Enquanto não exarada decisão retomando o curso do processo, não corre o prazo prescricional, suspenso na forma do art. 89, § 6º, da Lei n. 9.099/1995" (REsp 1.799.028 – TO, 6.ª T., rel. Sebastião Reis Júnior, 27.10.2020, v.u.).

**145. Medida óbvia:** se o réu não aceitar a proposta de suspensão condicional do processo, por qualquer razão, é natural que o devido processo legal tenha prosseguimento, buscando-se analisar, ao final, o mérito da imputação.

> **Art. 90.** As disposições desta Lei não se aplicam aos processos penais cuja instrução já estiver iniciada.[146]

**146. Inconstitucionalidade:** as medidas previstas na Lei 9.099/95 contêm inúmeros dispositivos de conteúdo penal, implicando despenalização (transação, suspensão condicional do processo etc.), motivo pelo qual podem retroagir, como prevê a Constituição Federal (art. 5.º, XL). O Supremo Tribunal Federal encaminhou-se nesse sentido. O relator, Ministro Joa-

# Art. 90-A

quim Barbosa, votou pela interpretação do art. 90 conforme a Constituição Federal, "de modo a impedir que dele se extraiam conclusões conducentes a negar a aplicabilidade imediata e retroativa às normas de direito penal mais favoráveis ao réu contidas na lei" (ADI 1.719 – DF, Pleno, rel. Joaquim Barbosa, 18.06.2007, v.u.).

> **Art. 90-A.** As disposições desta Lei não se aplicam no âmbito da Justiça Militar.[146-A]

**146-A. Incompatibilidade no âmbito militar:** a rígida disciplina e o estrito cumprimento às regras de hierarquia, no contexto militar (Forças Armadas e Polícia Militar), tanto que se cuidam dos delitos em legislação à parte, estavam a exigir a inclusão do atual art. 90-A. Tal se deu em decorrência de algumas decisões jurisprudenciais permitindo a aplicação, por exemplo, da transação em crime militar. Haveria, a se manter tal posicionamento, um claro ponto de enfraquecimento das normas militares, mormente as penais. Lembremos que até mesmo a Constituição Federal veda o *habeas corpus* em relação às punições disciplinares militares (art. 142, § 2.º). Na jurisprudência: STJ: "1. Conforme decidido pelo Pleno do Supremo Tribunal Federal, não é inconstitucional o art. 90-A da Lei nº 9.099/1995 que veda a sua aplicação aos crimes militares (RHC 75.753/DF, Rel. Ministra Maria Thereza de Assis Moura, Sexta Turma, *DJe* 25/11/2016). (...)" (AgRg no AREsp 1.104.239 – MG, 5.ª T., rel. Reynaldo Soares da Fonseca, 03.08.2017, v.u.).

> **Art. 91.** Nos casos em que esta Lei passa a exigir representação para a propositura da ação penal pública, o ofendido ou seu representante legal será intimado para oferecê-la no prazo de 30 (trinta) dias, sob pena de decadência.[147]
>
> **Art. 92.** Aplicam-se subsidiariamente as disposições dos Códigos Penal e de Processo Penal, no que não forem incompatíveis com esta Lei.

**147. Dispositivo que perdeu utilidade:** à época da edição da Lei 9.099/95, havia ações em andamento, referentes a lesões simples e culposas. Por isso, entrando em vigor a regra de exigência de representação – condição de procedibilidade – tornou-se importante ouvir as vítimas, para que pudessem dizer, em até 30 dias, se desejavam o prosseguimento da demanda ou mesmo da investigação policial.

## Capítulo IV
### DISPOSIÇÕES FINAIS COMUNS

> **Art. 93.** Lei Estadual disporá sobre o Sistema de Juizados Especiais Cíveis e Criminais, sua organização, composição e competência.[148]

**148. Lei de organização judiciária estadual:** cabe a cada Estado da Federação editar lei estadual, associando-se, ainda, às Resoluções e Provimentos editados pelos Tribunais de Justiça e Tribunais Regionais Federais, para organizar o funcionamento geral do JECRIM.

> **Art. 94.** Os serviços de cartório poderão ser prestados, e as audiências realizadas fora da sede da Comarca, em bairros ou cidades a ela pertencentes,

ocupando instalações de prédios públicos, de acordo com audiências previamente anunciadas.[149]

**Art. 95.** Os Estados, Distrito Federal e Territórios criarão e instalarão os Juizados Especiais no prazo de 6 (seis) meses, a contar da vigência desta Lei.

**Parágrafo único.** No prazo de 6 (seis) meses, contado da publicação desta Lei, serão criados e instalados os Juizados Especiais Itinerantes, que deverão dirimir, prioritariamente, os conflitos existentes nas áreas rurais ou nos locais de menor concentração populacional.

149. **Juizado Itinerante:** encontra-se em funcionamento, em vários Estados da Federação, o denominado Juizado Itinerante, valendo-se de veículos próprios e até mesmo de barcos, para levar justiça a comunidades distantes de centros urbanos, que jamais conseguiriam resolver determinados problemas de outro modo.

**Art. 96.** Esta Lei entra em vigor no prazo de 60 (sessenta) dias após a sua publicação.

**Art. 97.** Ficam revogadas a Lei 4.611, de 2 de abril de 1965, e a Lei 7.244, de 7 de novembro de 1984.

Brasília, 26 de setembro de 1995; 174.º da Independência e 107.º da República.

Fernando Henrique Cardoso

(*DOU* 27.09.1995)

# Lavagem de Capitais

## Lei 9.613, de 3 de março de 1998

*Dispõe sobre os crimes de "lavagem" ou ocultação de bens, direitos e valores; a prevenção da utilização do sistema financeiro para os ilícitos previstos nesta Lei; cria o Conselho de Controle de Atividades Financeiras – COAF, e dá outras providências.*

O Presidente da República:

Faço saber que o Congresso Nacional decreta e eu sanciono a seguinte Lei:

### Capítulo I
### DOS CRIMES DE "LAVAGEM"[1]
### OU OCULTAÇÃO DE BENS, DIREITOS E VALORES[2-2-B]

**Art. 1.º** Ocultar ou dissimular[3-5] a natureza, origem, localização, disposição, movimentação ou propriedade de bens, direitos ou valores provenientes,[6] direta ou indiretamente, de infração penal:[7-9]

I – *(Revogado pela Lei 12.683/2012)*;

II – *(Revogado pela Lei 12.683/2012)*;

III – *(Revogado pela Lei 12.683/2012)*;

IV – *(Revogado pela Lei 12.683/2012)*;

V – *(Revogado pela Lei 12.683/2012)*;

VI – *(Revogado pela Lei 12.683/2012)*;

VII – *(Revogado pela Lei 12.683/2012)*;

VIII – *(Revogado pela Lei 12.683/2012)*.

Pena – reclusão, de 3 (três) a 10 (dez) anos e multa.[10]

§ 1.º Incorre na mesma pena[11] quem, para ocultar ou dissimular a utilização de bens, direitos ou valores provenientes de infração penal:

I – os converte[12-14] em ativos lícitos;[15-16]

II – os adquire,[17-19] recebe, troca, negocia, dá ou recebe em garantia, guarda, tem em depósito, movimenta ou transfere;[20-21]

III – importa ou exporta[22-24] bens com valores[25] não correspondentes aos verdadeiros.[26-27]

§ 2.º Incorre, ainda, na mesma pena quem:[28]

I – utiliza,[29-31] na atividade econômica ou financeira, bens, direitos ou valores que sabe serem provenientes de infração penal;[32-33]

II – participa[34-36] de grupo, associação ou escritório tendo conhecimento de que sua atividade principal ou secundária[37] é dirigida à prática de crimes previstos nesta Lei.[38-39-A]

§ 3.º A tentativa é punida nos termos do parágrafo único do art. 14 do Código Penal.[40]

§ 4.º A pena será aumentada[41] de 1/3 (um terço) a 2/3 (dois terços) se os crimes definidos nesta Lei forem cometidos de forma reiterada,[42] por intermédio de organização criminosa ou por meio da utilização de ativo virtual.[43]

* § 4.º com redação pela Lei 14.478/2022 (*DOU* 22.12.2022), em vigor 180 dias após a sua publicação oficial.

§ 5.º A pena poderá ser reduzida de 1 (um) a 2/3 (dois terços) e ser cumprida em regime aberto ou semiaberto, facultando-se ao juiz deixar de aplicá-la ou substituí-la, a qualquer tempo, por pena restritiva de direitos, se o autor, coautor ou partícipe colaborar espontaneamente com as autoridades, prestando esclarecimentos que conduzam à apuração das infrações penais, à identificação dos autores, coautores e partícipes, ou à localização dos bens, direitos ou valores objeto do crime.[44-44-E]

§ 6.º Para a apuração do crime de que trata este artigo, admite-se a utilização da ação controlada e da infiltração de agentes.[44-F]

**1. Lavagem ou ocultação de bens, direitos e valores:** as condutas delituosas previstas nesta Lei foram denominadas de "lavagem" (as aspas foram colocadas no texto legal) ou ocultação de bens, direitos e valores. Não se fala, expressamente, no tipo penal, em dinheiro, embora esteja ele presente na expressão aberta *valores*. Quanto à ocultação, cuida-se da figura do art. 1.º, *caput*. A *lavagem* propriamente dita está prevista no § 1.º do art. 1.º. As condutas do § 2.º, na realidade, dizem respeito à participação. O termo *lavagem*, em nosso entendimento, é inapropriado. Decorrente da cultura norte-americana, origina-se da década de 20, nos EUA, quando a Máfia criou várias lavanderias para dar aparência lícita a negócios ilícitos, ou seja, buscava-se justificar, por intermédio de um comércio legalizado a origem criminosa do dinheiro arrecadado. Em outros países, o delito é chamado de *branqueamento de dinheiro* (Portugal, França e Espanha). Nos EUA, porém, consolidou-se a denominação *lavagem de dinheiro* (*money laundering*). Explica Antônio Sérgio A. de Moraes Pitombo que "o legislador pátrio preferiu o *nomen juris* 'crimes de lavagem' ou ocultação de bens, direitos e valores (Lei 9.613/98), justificando a escolha em duas razões. Primeiro, a 'lavagem de dinheiro' estaria 'consagrada no glossário das atividades financeiras e na linguagem popular, em consequência de seu emprego internacional (*money laundering*)'. Depois, 'branqueamento' sugeriria a 'inferência racista do vocábulo, motivando estéreis e inoportunas discussões'. A opção por iniciar pelo termo 'lavagem' parece correta, posto que incorporado à língua portuguesa, escrita e falada no Brasil. Palavra de origem francesa, utilizada no garimpo do ouro, veio a ser empregada como sinônimo de 'desmonte'. No momento, o sentido corrente prende-se à ação ou efeito de lavar, portanto, de limpar. Na mesma acepção antiga de 'lava-dura." (*Lavagem de dinheiro*, p. 33). Fosse uma palavra tão incorporada em nosso vocabulário jurídico e não precisaria a inserção das aspas na abertura da Lei 9.613/98. Tanto é estranha que ficou ali instalada com duplo sentido. Logo, cremos que deveríamos ter fixado uma posição própria, ao redigir o tipo penal e titular esta Lei, mencionando a ocultação de bens, direitos e valores ou a sua transformação em ativos aparentemente lícitos. Nem a "lavagem", nem o "branqueamento".

**2. Alcance do delito:** muitos são os estudiosos do crime de lavagem de dinheiro (utili-zaremos esta expressão pela comodidade do entendimento, em relação aos delitos previstos nesta Lei, embora com as críticas formuladas na nota anterior) que o ligam à criminalidade organizada, aos delitos de colarinho branco e às infrações globalizadas, ultrapassando fronteiras e envolvendo vários países. Não resta a menor dúvida de que esta é uma realidade. Muito dinheiro é reciclado, transformando-se em ativos lícitos, cuja procedência é a criminalidade de alto poder aquisitivo, seja este poder proveniente do denominado criminoso de colarinho branco, seja do traficante de entorpecentes ou de outras formas de delinquência que chamaríamos de rica ou abonada, de onde o dinheiro flui com facilidade. Por isso, não aprovávamos o texto anterior desta Lei, vinculando a apuração e punição da lavagem de capitais, desde que conectada a delito anterior, expressamente descrito no art. 1.º (eram os seguintes: tráfico ilícito de drogas, terrorismo, contrabando ou tráfico de armas, extorsão mediante sequestro, crimes contra a administração pública e contra o sistema financeiro nacional, crimes praticados por organização criminosa e cometidos por particular contra administração pública estrangeira). Em boa hora, a Lei 12.683/2012 revogou tal relação (incisos I a VIII), permitindo que qualquer infração penal (crime e contravenção) possa dar ensejo ao cometimento da lavagem de dinheiro e outros valores. Por outro lado, não deixa de acarretar uma desproporcionalidade a condenação de alguém por lavagem de capitais decorrente de tráfico ilícito de drogas em contraste com idêntica condenação decorrente de uma contravenção penal. Não nos parece razoável equiparar para os mesmos fins o cometimento anterior de um delito grave e uma infração de menor potencial ofensivo que, em determinadas situações, pode até mesmo conduzir a uma absolvição, com base no princípio da insignificância. Se o rol taxativo anteriormente previsto era um fator limitante para a aplicação desta Lei, a ampliação sem regras atinge um âmbito exagerado. Na jurisprudência: STF: "O fato de a novel redação do artigo 1º da Lei 9.613/1998 não prever tipos fechados como antecedentes à lavagem, no caso concreto, não acarreta sua atipicidade no tópico alegado, porque, à época das alegadas práticas, a corrupção passiva (descrita) compunha o rol dos crimes antecedentes (como elementar) da lavagem. Alegação de inépcia por atipicidade que se repele. Os demais delitos de lavagem descritos como protraídos ao longo do tempo atraem a incidência do Verbete nº 711 desta colenda Corte" (Inq 3.980, 2.ª T., rel. Edson Fachin, 06.03.2018). STJ: "6. 'O crime de lavagem de capitais é delito autônomo em relação à infração penal antecedente. Assim, a falta de identificação da autoria ou da comprovação da materialidade do crime antecedente não prejudica a imputação de lavagem de ativos, sendo de se exigir apenas a demonstração da ilicitude da origem dos ativo' (AgRg no REsp n. 1.875.233/PR, relator Ministro Jesuíno Rissato – Desembargador Convocado do TJDFT, relator para acórdão Ministro João Otávio de Noronha, Quinta Turma, julgado em 7/6/2022, DJe de 23/6/2022)'" (AgRg no HC 837.535 – RJ 2023/0239175-8, 5.ª T., rel. Ribeiro Dantas, 02.10.2023, v.u.); "16 – Embora a tipificação da lavagem de capitais dependa da existência de um crime antecedente, é possível a autolavagem, isto é, a imputação simultânea, ao mesmo réu, do delito antecedente e do crime de lavagem, desde que sejam demonstrados atos diversos e autônomos daquele que compõe a realização do primeiro crime, circunstância em que não ocorrerá o fenômeno da consunção" (APn 989 – DF, Corte Especial, rel. Nancy Andrighi, 29.03.2022, v.u.).

## 2-A. Teses do Superior Tribunal de Justiça sobre o crime de lavagem de capitais (parte 1):

"1) É desnecessário que o autor do crime de lavagem de dinheiro tenha sido autor ou partícipe da infração penal antecedente, basta que tenha ciência da origem ilícita dos bens, direitos e valores e concorra para sua ocultação ou dissimulação: "2. Em relação ao delito de lavagem de dinheiro, esta Corte Superior tem entendido ser desnecessário que o autor do crime de lavagem de capitais tenha sido autor ou partícipe do delito antecedente, bastando que tenha ciência da origem ilícita dos bens e concorra para sua ocultação ou dissimulação. Somado a isso, não se exige a condenação pela infração antecedente, bastando que o magistrado fique convencido da sua existência. Precedentes (AgRg no HC n. 690.504/SP, relator Ministro Joel Ilan Paciornik, Quinta Turma, julgado em 5/10/2021, DJe de 8/10/2021). 3. Na hipótese, o recorrente está sendo processado por, em tese, integrar organização criminosa de lavagem e ocultação de bens e valores, em função de seu envolvimento com empresa de fachada (B. M.) na condição de 'testa de ferro', sendo, segundo a denúncia, um dos responsáveis pela ocultação da lavagem do dinheiro público proveniente da Assembleia Legislativa do Paraná, que teria sido desviado por seu genitor e codenunciado A.M., garantindo a ocultação dos bens e valores" (AgRg no RHC 189.653 – PR 2023/0405494-5, 5.ª T., rel. Reynaldo Soares da Fonseca, 13.05.2024, v.u.). 2) Nos crimes de lavagem de dinheiro, a denúncia é apta quando apresentar justa causa duplicada, indicando lastro probatório mínimo em relação ao crime de lavagem de dinheiro e à infração penal antecedente. 3) A aptidão da denúncia relativa ao crime de lavagem de dinheiro não exige uma descrição exaustiva e pormenorizada do suposto crime prévio, bastando, com relação às condutas praticadas antes da Lei n. 12.683/2012, a presença de indícios suficientes de que o objeto material da lavagem seja proveniente, direta ou indiretamente, de um daqueles crimes mencionados nos incisos do art. 1º da Lei n. 9.613/1998. 4) O crime de lavagem de dinheiro, antes das alterações promovidas pela Lei n. 12.683/2012, estava adstrito aos crimes descritos no rol taxativo do art. 1º da Lei n. 9.613/1998. 5) O tipo penal do art. 1º da Lei n. 9.613/1998 é de ação múltipla ou plurinuclear, consumando-se com a prática de qualquer dos verbos mencionados na descrição típica e relacionando-se com qualquer das fases do branqueamento de capitais (ocultação, dissimulação, reintrodução), não exigindo a demonstração da ocorrência de todos os três passos do processo de branqueamento. 6) O crime de lavagem ou ocultação de bens, direitos e valores, tipificado no art. 1º da Lei n. 9.613/1998, constitui crime autônomo em relação às infrações penais antecedentes. 7) Embora a tipificação da lavagem de dinheiro dependa da existência de uma infração penal antecedente, é possível a autolavagem – isto é, a imputação simultânea, ao mesmo réu, da infração antecedente e do crime de lavagem –, desde que sejam demonstrados atos diversos e autônomos daquele que compõe a realização da primeira infração penal, circunstância na qual não ocorrerá o fenômeno da consunção. 8) O crime de lavagem de bens, direitos ou valores, quando praticado na modalidade típica de ocultar, é permanente, protraindo-se sua execução até que os objetos materiais do branqueamento se tornem conhecidos. 9) A aquisição de bens em nome de pessoa interposta caracteriza-se como conduta, em tese, de ocultação ou dissimulação, prevista no tipo penal do art. 1º da Lei n. 9.613/1998, sendo suficiente, portanto, para o oferecimento da denúncia. 10) A realização, por período prolongado, de sucessivos contratos de empréstimo pessoal para justificar ingressos patrimoniais como se renda fossem – sem que se esclareça a forma e a fonte de pagamento das parcelas, acrescidas de juros, e sem que isso represente, em nenhum momento, uma correspondente redução do padrão de vida do devedor – é apta a configurar, em tese, ato de dissimulação da origem ilícita de valores, elemento constituinte do delito de lavagem de dinheiro, que extrapole o mero recebimento de vantagens indevidas" (disponível em: <https://scon.stj.jus.br/SCON/jt/doc.jsp?&b=TEMA&p=true&thesaurus=JURIDICO&l=20&i=130&operador=E&ordenacao=MAT,@NUM>. Acesso em: 09 jan. 2003).

**2-B. Teses do Superior Tribunal de Justiça sobre o crime de lavagem de capitais (parte 2):** "1) No crime de lavagem de dinheiro que envolve grande quantidade de agentes residentes em diversas unidades da federação, a regra de competência do local onde se realizaram as operações irregulares será afastada para, em homenagem aos princípios da razoável duração do processo e da celeridade de sua tramitação, dar lugar ao foro do domicílio do investigado. 2) A autoridade judiciária brasileira é competente para julgar os crimes de lavagem ou ocultação de dinheiro cometidos, mesmo que parcialmente, no território nacional, bem como na hipótese em que os crimes antecedentes tenham sido praticados em prejuízo da administração pública, ainda que os atos tenham ocorrido exclusivamente no exterior. 3) Compete ao juízo processante do crime de lavagem de dinheiro apreciar e decidir a respeito da união dos processos (art. 2º, II, da Lei n. 9.613/1998), examinando caso a caso, com objetivo de otimizar a entrega da prestação jurisdicional. 4) O reconhecimento da extinção da punibilidade pela prescrição da infração penal antecedente não implica atipicidade do delito de lavagem (art. 1º da Lei n. 9.613/1998). 5) O delito de evasão de divisas é autônomo e antecedente ao crime de lavagem de capitais, não constituindo este mero exaurimento impunível daquele, nem havendo consunção entre eles. 6) A prática de organização criminosa (art. 1º, VII, da Lei n. 9.613/1998) como crime antecedente da lavagem de dinheiro é atípica antes do advento da Lei n. 12.850/2013, por ausência de descrição normativa. 7) Por ser atípico, não se pode invocar a substituição do crime de organização criminosa por associação criminosa (art. 288 do Código Penal – CP), pois este não estava incluído no rol taxativo da redação original da Lei n. 9.613/1998. 8) Nos crimes de lavagem ou ocultação de bens, direitos e valores, é legítima a exasperação da pena-base pela valoração negativa das consequências do crime em decorrência da movimentação de expressiva quantia de recursos, que extrapole o elemento natural do tipo. 9) A incidência simultânea do reconhecimento da continuidade delitiva (art. 70 do CP) e da majorante prevista no § 4º do art. 1º da Lei n. 9.613/1998, nos crimes de lavagem de dinheiro, acarreta *bis in idem*. 11) O art. 1º, § 5º, da Lei n. 9.613/1998 trata da delação premiada, ato unilateral, praticado pelo agente que, espontaneamente, opta por prestar auxílio tanto à atividade de investigação, quanto à instrução procedimental, independente de prévio acordo entre as partes interessadas, cujos benefícios não podem ultrapassar a fronteira objetiva e subjetiva da demanda, dada sua natureza endoprocessual. 12) A atuação de promotores auxiliares ou de grupos especializados, como o Grupo de Atuação Especial de Combate ao Crime Organizado (GAECO), na investigação de infrações penais, a exemplo do crime de lavagem de dinheiro, não ofende o princípio do promotor natural, não havendo que se falar em designação casuística. 13) Nos crimes de lavagem ou ocultação de bens, direitos e valores, a autoridade policial e o Ministério Público têm acesso, independentemente de autorização judicial, aos dados meramente cadastrais de investigados que não são protegidos pelo sigilo constitucional (art. 17-B da Lei n. 9.613/1998). 14) É possível o deferimento de medida assecuratória em desfavor de pessoa jurídica que se beneficia de produtos decorrentes do crime de lavagem, ainda que não integre o polo passivo de investigação ou ação penal" (disponível em: <https://scon.stj.jus.br/SCON/jt/doc.jsp?&b=TEMA&p=true&thesaurus=JURIDICO&l=20&i=131&operador=E&ordenacao=MAT,@NUM>. Acesso em: 09 jan. 2023).

**3. Análise do núcleo do tipo:** ocultar (esconder, encobrir) ou dissimular (embora termo correlato ao primeiro verbo, tem o significado mais específico de ocultar com astúcia, esperteza, enfim, simular). Os objetos das condutas são a natureza (qualidade), origem (procedência), localização (lugar onde algo se encontra), disposição (destino), movimentação (deslocamento de um lugar a outro) ou a propriedade (titularidade de algo) de bens (coisa material ou imaterial com valor econômico), direito (faculdade de exigir algo de alguém) ou valores (qualquer coisa que se possa expressar em dinheiro). O tipo é misto alternativo, ou seja, pode o agente cometer uma única conduta ou mais de uma e concretiza delito único. Ex.: ocultar um bem

# Art. 1.º

e dissimular a origem de outro valor qualquer = um só delito. Entretanto, é preciso estar no mesmo contexto. Se ocultar valor proveniente de tráfico, em determinada época, para, mais tarde, dissimular a origem de valor advindo de extorsão mediante sequestro, comete dois delitos, podendo-se, inclusive, discutir se concurso material ou crime continuado. Na jurisprudência: STF: "I – O crime de lavagem de dinheiro, pelo menos na modalidade de ocultar, configura crime de natureza permanente, uma vez que, enquanto os bens ou valores encontrarem-se escondidos ou camuflados por obra do agente, a consumação do delito projeta-se no tempo, pois remanesce íntegra a agressão ao objeto jurídico protegido pelo legislador, em especial a administração da justiça" (HC 167.132 AgR, 2.ª T., rel. Ricardo Lewandowski, 14.06.2019, v.u.). STJ: "O crime de lavagem de ativos se caracteriza pela prática de atos de dissimulação e ocultação dos proveitos do delito em bens, com a finalidade de dificultar a rastreabilidade da origem criminosa. Sua consumação através de um ciclo complexo de atos caracteriza crime único, não havendo falar em continuidade delitiva" (AgRg no REsp 1.875.233 – DF, 5.ª T., rel. Jesuíno Rissato – Desembargador Convocado do TJDFT, 07.06.2022, m.v.).

**4. Sujeitos ativo e passivo:** o sujeito ativo pode ser qualquer pessoa, inclusive o autor, coautor ou partícipe da infração penal antecedente. Acompanhamos o entendimento de Rodolfo Tigre Maia nesse sentido: "No caso do preceptivo estudado, ao nosso ver, inexistindo qualquer restrição expressa no tipo penal, não há por que restringir-se a autoria excluindo-se os autores dos crimes pressupostos. De fato. Em primeiro lugar por tratar-se, aqui, da realização de ações tipicamente relevantes e socialmente danosas, que não se confundem com as condutas constantes daqueles. Em segundo lugar pela diversidade das objetividades jurídicas e sujeitos passivos dos tipos envolvidos. (...) Em terceiro lugar porque as atividades de 'lavagem' de dinheiro processam-se via de regra sob a direção e o controle dos autores dos crimes antecedentes, que, nestes casos, por não transferirem a titularidade dos produtos do crime e possuírem o domínio do fato típico, configuram-se como autores. Aliás, nesta hipótese, outro entendimento pode conduzir a uma situação em que existam partícipes ou cúmplices (atuantes apenas na reciclagem) de um crime sem autores. Em quarto lugar, como apontado anteriormente (...), a própria etiologia da incriminação da 'lavagem de dinheiro', originada de sua intensa lesividade quer à administração da justiça, quer à ordem econômica, remete à ampliação dos limites de responsabilidade penal por sua prática" (*Lavagem de dinheiro*, p. 92). Em contrário, dizem Roberto Delmanto, Roberto Delmanto Júnior e Fábio Delmanto que a punição por *lavagem de dinheiro* do autor do crime antecedente configuraria um autêntico *bis in idem*, pois cuidar-se-ia de mero exaurimento. "Com efeito, não se pode impor a alguém que tenha sido punido pela prática de um crime o *dever jurídico de submeter-se espontaneamente à pena*. Daí ser o processo de execução penal (ao contrário do que sucede na esfera privada) *sempre necessário*. (...) Àquele que é condenado pelo delito antecedente não se pode impor o dever jurídico de *espontaneamente* entregar ao Estado, para ser confiscado, o produto ou o provento do crime pelo qual foi apenado. É contra a natureza das coisas, o bom senso e até mesmo a lógica punir o delinquente por ter, ele mesmo, *sem ofender outros bens juridicamente tutelados* (...) ocultado ou dissimulado a origem do dinheiro proveniente do crime que praticou e *pelo qual já está sendo punido*. A conduta posterior é, portanto, *atípica*; a sua punição, ademais, importaria em inadmissível *bis in idem*" (*Leis penais especiais comentadas*, p. 552-553). Assim não vemos. Aliás, se a conduta do agente, posterior ao crime antecedente, buscando ocultar o que fez, fosse sempre atípica, não se poderia punir a ocultação de cadáver (art. 211, CP), pois o homicida nada mais faz que *exaurir* seu crime, buscando impunidade. Ora, é outro bem jurídico tutelado (o respeito aos mortos), motivo pelo qual cabe – posição tranquila na jurisprudência – o concurso material entre homicídio e ocultação do cadáver. No mesmo prisma, o delito de *lavagem de dinheiro* tutela inúmeros bens jurídicos e não se limita a constituir singelo *esgotamento* do crime antecedente. Ilustrando, o tráfico ilícito de entorpecentes, se for o delito antecedente, é crime contra a saúde pública. O delito de *lavagem* pode afetar outros tipos de *saúde*: a do Estado, a da economia e a da paz pública. A lesão à ordem tributária, econômica, financeira, bem como o estímulo à formação e consolidação de organizações criminosas não pode passar desapercebida. O autor de uma extorsão mediante sequestro que gasta o dinheiro divertindo-se, obviamente, não responde por *lavagem de dinheiro*. Porém, o extorsionário que busca ocultar o valor proveniente do resgate, por vezes altas somas, prejudica não somente a apuração do delito anterior, mas fomenta várias outras feridas a bens jurídicos diversos do patrimônio da vítima. Note-se que o dinheiro saiu do *bolso* da pessoa ofendida, quando recolhia imposto e gerava controle financeiro por parte do Estado. Passando às mãos do agente da extorsão, torna-se sujo e deixa de gerar arrecadação para o Estado, que perde o controle de seu destino, proporcionando desregramento na atividade econômica e no sistema financeiro. Sem contar que o próprio agente do delito antecedente pode ter um parceiro especialmente arranjado, que aguarda esse dinheiro para reciclá-lo, tornando-o lícito. Esse indivíduo, embora não tenha *executado* o sequestro, é partícipe da ação criminosa, pois, antes mesmo do delito, estava associado aos autores. Não merece responder somente por extorsão mediante sequestro, até pelo fato de ter sido autor direto da *lavagem do dinheiro*. O sujeito passivo é o Estado; secundariamente, a sociedade.

**5. Elemento subjetivo:** é o dolo. Não há elemento subjetivo específico, nem se pune a forma culposa.

**6. Vinculação a determinados crimes anteriores:** o tipo penal promovia a ligação indispensável da conduta de ocultação ou dissimulação de bens em geral à proveniência criminosa dos mesmos, de maneira direta (o objeto provém, sem intermediário, do crime; ex.: é o dinheiro relativo à venda de drogas ilícitas) ou indireta (o objeto provém, por interposta pessoa ou por via oblíqua, do delito; ex.: alguém recebe um resgate em virtude de extorsão mediante sequestro, compra um imóvel, que é vendido a terceiro de boa-fé, transformando--se igualmente em dinheiro), conforme a relação constante dos incisos I a VIII do art. 1.º. O estabelecimento de uma relação de infrações penais que podiam fazer nascer a lavagem de dinheiro sempre nos pareceu indevido. Afinal, não víamos razão para desconsiderar outros delitos. Ex.: o dinheiro – e pode cuidar-se de alta soma – proveniente de um estelionato pode ser igualmente lavado, porém não se encaixava na figura típica prevista no art. 1.º desta Lei. Em contrário, Antônio Sérgio A. de Moraes Pitombo asseverava que "o estelionato (art. 171, CP), tome-se de modelo, pode trazer altíssimas vantagens patrimoniais. Isso não significa que se deva enquadrá-lo como crime antecedente, pois a repugnância social contra tal ação humana encontra-se abaixo da aversão à conduta do tráfico de entorpecentes. A expressão econômica, resultado do crime, não se apresenta razão suficiente para arrolá-lo na lista de delitos prévios à lavagem de dinheiro. Embora seja necessária, porque crimes que não produzem, com frequência, alta quantidade de bens espúrios desmerecem a tutela penal da lavagem de dinheiro" (*Lavagem de dinheiro*, p. 96). Com isso não concordávamos pelo simples fato de que o objeto jurídico tutelado, em nossa visão, é múltiplo. A contínua movimentação para ocultar ou dissimular a origem de altas somas de dinheiro (ou outros bens e direitos), bem como a sua transformação em capital aparentemente lícito, é péssima para qualquer economia e promove o estímulo ao crime cujo aproveitamento é patrimonial, bem como fomenta, sem dúvida, as associações e organizações criminosas. Ora, pouco interessa que uma organização criminosa é de traficantes de drogas ou de estelionatários, pois o dano à sociedade, sob determinados aspectos, é o mesmo. Seguindo nossa posição, a Lei 12.683/2012 aboliu a relação de delitos antecedentes, passando a mencionar apenas infração penal.

**7. Rol taxativo:** ver o final da nota 2.

**8. Objetos material e jurídico:** o objeto material pode ser o bem, direito ou valor proveniente de crime. O objeto jurídico é complexo, envolvendo a ordem econômica, o sistema financeiro, a ordem tributária, a paz pública e a administração da Justiça. Quem oculta o dinheiro proveniente, por exemplo, da extorsão mediante sequestro ou converte tal montante em ativo lícito, por operações financeiras, acaba impedindo o Estado de descobrir o destino dos bens, valores e direitos originários das infrações antecedentes (por vezes, impossibilita, até mesmo, que o Estado descubra a materialidade e a autoria dos delitos precedentes), mas, também, impede o recolhimento de tributo sobre valores ocultos, pode afetar o sistema financeiro, quando há evasão de divisas de maneira camuflada, promove, por vezes, a formação de grupos econômicos mais fortes que outros, justamente por serem abastecidos por dinheiro de origem ilícita, perturbando a economia, além de instigar a formação de organizações criminosas, pelo ganho fácil, lesando a paz pública.

**9. Classificação:** é crime comum (pode ser praticado por qualquer pessoa); material (depende da ocorrência de qualquer efetivo prejuízo para o Estado ou para a sociedade, consistente em perdas no campo tributário, financeiro, econômico etc.); de forma livre (pode ser cometido por qualquer meio eleito pelo agente); comissivo (os verbos indicam ações); permanente (a consumação se prolonga no tempo, enquanto os bens, valores e direitos estiverem camuflados); unissubjetivo (pode ser cometido por uma só pessoa); plurissubsistente (praticado em vários atos). Admite tentativa (aliás, há expressa previsão no § 3.º, deste artigo).

**10. Benefícios penais:** a pena é elevada e pode comportar, se fixada até quatro anos, a substituição por restritivas de direitos (arts. 43 e 44, CP). Por outro lado, igualmente se fixada até quatro anos, cabe suspensão condicional da pena, desde que o autor seja maior de 70 anos ou esteja gravemente enfermo (art. 77, § 2.º, CP). No mais, o regime prisional deve ser escolhido entre o fechado, semiaberto e aberto, conforme as regras do art. 33 do Código Penal.

**11. Análise do núcleo do tipo:** aproveitando-se da pena fixada para as figuras do *caput*, no § 1.º, outras duas figuras são introduzidas. Serão comentadas nos respectivos incisos.

**12. Análise do núcleo do tipo:** *converter* (transformar) em ativos (bens e valores em geral) lícitos (em harmonia com o ordenamento jurídico, logo, visíveis ao Estado) é a conduta, cujo objeto pode ser bem, direito ou valor proveniente de infrações penais antecedentes. Esta é a autêntica figura de *lavagem de dinheiro*, pois o agente transmuda o bem, valor ou direito ilícito em algo lícito.

**13. Sujeitos ativo e passivo:** o sujeito ativo pode ser qualquer pessoa, inclusive o autor, coautor ou partícipe da infração antecedente (ver a nota 4 *supra*). O sujeito passivo é o Estado; secundariamente, a sociedade.

**14. Elemento subjetivo:** é o dolo. Há elemento subjetivo específico, consistente no intuito de ocultar ou dissimular a utilização dos bens, direitos ou valores provenientes de infração antecedente. Não existe a forma culposa.

**15. Objetos material e jurídico:** o objeto material pode ser o bem, direito ou valor proveniente de qualquer crime antecedente. O objeto jurídico é complexo, envolvendo a ordem econômica, o sistema financeiro, a ordem tributária, a paz pública e a administração da justiça.

**16. Classificação:** é crime comum (pode ser praticado por qualquer pessoa); material (depende da ocorrência de qualquer efetivo prejuízo para o Estado ou para a sociedade, consistente em perdas no campo tributário, financeiro, econômico etc.); de forma livre (pode ser cometido por qualquer meio eleito pelo agente); comissivo (o verbo indica ação); instantâneo (a consumação se dá em momento certo); unissubjetivo (pode ser cometido por uma só pessoa); plurissubsistente (praticado em vários atos). Admite tentativa.

**17. Análise do núcleo do tipo:** *adquirir* (comprar, mediante o pagamento de um preço); *receber* (obter, sem pagar preço), *trocar* (dar algo em substituição de outra coisa); *negociar* (comercializar); *dar* (ceder algo a alguém); *receber em garantia* (obter algo para tornar seguro evento futuro); *guardar* (vigiar, proteger); *ter em depósito* (armazenar, manter à disposição); *movimentar* (aplicar) e *transferir* (levar de um lugar a outro) são as várias condutas alternativas. O objeto pode ser o bem, direito ou valor proveniente de infrações antecedentes.

**18. Sujeitos ativo e passivo:** o sujeito ativo pode ser qualquer pessoa, inclusive o coautor ou partícipe do crime antecedente. O sujeito passivo é o Estado; secundariamente, a sociedade.

**19. Elemento subjetivo:** é o dolo. Há elemento subjetivo específico, consistente no intuito de ocultar ou dissimular a utilização dos bens, direitos ou valores provenientes de infração antecedente. Não existe a forma culposa.

**20. Objetos material e jurídico:** o objeto material pode ser o bem, direito ou valor proveniente de qualquer infração antecedente. O objeto jurídico é complexo, envolvendo a ordem econômica, o sistema financeiro, a ordem tributária, a paz pública e a administração da justiça.

**21. Classificação:** é crime comum (pode ser praticado por qualquer pessoa); material (depende da ocorrência de qualquer efetivo prejuízo para o Estado ou para a sociedade, consistente em perdas no campo tributário, financeiro, econômico etc.); de forma livre (pode ser cometido por qualquer meio eleito pelo agente); comissivo (o verbo indica ação); instantâneo (a consumação se dá em momento certo) nas formas *adquirir*, *receber*, *trocar*, *negociar*, *dar*, *receber em garantia*, *movimentar* e *transferir*, mas permanente (a consumação se prolonga no tempo), na modalidade *guardar* e *ter em depósito*; unissubjetivo (pode ser cometido por uma só pessoa); unissubsistente (cometido num único ato) ou plurissubsistente (praticado em vários atos), conforme o meio eleito pelo agente. Admite tentativa na forma plurissubsistente.

**22. Análise do núcleo do tipo:** *importar* (trazer algo para dentro do território nacional) e *exportar* (remeter algo para fora do território nacional) são as condutas alternativas, que têm por objeto o bem, direito ou valor proveniente de crime antecedente.

**23. Sujeitos ativo e passivo:** o sujeito ativo pode ser qualquer pessoa, inclusive o coautor ou partícipe do crime antecedente. O sujeito passivo é o Estado; secundariamente, a sociedade.

**24. Elemento subjetivo:** é o dolo. Há elemento subjetivo específico, consistente no intuito de ocultar ou dissimular a utilização dos bens, direitos ou valores provenientes de crime antecedente. Não existe a forma culposa.

**25. Valor não correspondente ao verdadeiro:** significa um superfaturamento ou subfaturamento de mercadorias para o fim de acarretar um *prejuízo* para quem quer *lavar* dinheiro. Cuida-se de elemento normativo do tipo, vale dizer, de valoração cultural, a depender, pois, das circunstâncias que envolvem o negócio, em determinada época.

**26. Objetos material e jurídico:** o objeto material pode ser o bem, direito ou valor proveniente de qualquer crime antecedente. O objeto jurídico é complexo, envolvendo a ordem econômica, o sistema financeiro, a ordem tributária, a paz pública e a administração da Justiça.

**27. Classificação:** é crime comum (pode ser praticado por qualquer pessoa); material (depende da ocorrência de qualquer efetivo prejuízo para o Estado ou para a sociedade, consistente em perdas no campo tributário, financeiro, econômico etc.); de forma livre (pode ser cometido por qualquer meio eleito pelo agente); comissivo (os verbos indicam ações); instantâneo (a consumação se dá em momento certo); unissubjetivo (pode ser cometido por uma só pessoa); plurissubsistente (praticado em vários atos). Admite tentativa.

**28. Conivência punível:** *conivente* é aquele que finge não ver o mal causado por outrem. Como regra, no Direito Penal, não se pune a conivência, salvo quando se cria, em lei, o dever de não permanecer omisso. No caso presente, é o que se busca fazer, tornando a omissão de alguém uma conduta penalmente relevante.

**29. Análise do núcleo do tipo:** *utilizar* (valer-se de algo para determinado fim) é a conduta, que se une à atividade econômica ou financeira, visando aos bens, direitos ou valores provenientes de crimes antecedentes. O autor do delito tira proveito do ganho obtido pelo criminoso, razão pela qual se torna igualmente delinquente.

**30. Sujeitos ativo e passivo:** o sujeito ativo pode ser qualquer pessoa. O sujeito passivo é o Estado; secundariamente, a sociedade.

**31. Elemento subjetivo:** é o dolo. Neste caso, exige-se dolo direto, em face da expressão "que sabe". Portanto, quem se vale de algum valor, desconfiando, mas sem certeza, ser originário de crime, não responde pelo delito. Há elemento subjetivo específico, que é voltar a utilização do bem, valor ou direito à atividade econômica ou financeira. Não se pune a forma culposa.

**32. Objetos material e jurídico:** o objeto material pode ser o bem, direito ou valor proveniente de qualquer crime antecedente. O objeto jurídico é complexo, envolvendo a ordem econômica, o sistema financeiro, a ordem tributária, a paz pública e a administração da justiça.

**33. Classificação:** é crime comum (pode ser praticado por qualquer pessoa); material (depende da ocorrência de qualquer efetivo prejuízo para o Estado ou para a sociedade, consistente em perdas no campo tributário, financeiro, econômico etc.); de forma livre (pode ser cometido por qualquer meio eleito pelo agente); comissivo (o verbo indica ação); instantâneo (a consumação se dá em momento certo) ou permanente (a consumação se prolonga no tempo), conforme a maneira de utilização; unissubjetivo (pode ser cometido por uma só pessoa); plurissubsistente (praticado em vários atos). Admite tentativa.

**34. Análise do núcleo do tipo:** *participar* (tomar parte de algo) é a conduta, cujo objeto é o grupo (conjunto de unidades operacionais), a associação (a atividade organizada de pessoas) ou escritório (lugar onde se administra obra ou serviço). Na realidade, o tipo é peculiar, pois visa à punição de pessoa que, embora não realize, pessoal e diretamente, a *lavagem de dinheiro* exerce suas atividades laborativas em lugar que assim procede. Retira vantagem indireta do crime.

**35. Sujeitos ativo e passivo:** o sujeito ativo pode ser qualquer pessoa, inclusive coautor e partícipe do crime antecedente. O sujeito passivo é o Estado; secundariamente, a sociedade.

**36. Elemento subjetivo:** é o dolo. Neste caso, admite-se somente o dolo direto, em face da expressão "tendo conhecimento". Logo, a pessoa que desconfia trabalhar em um lugar que serve à *lavagem de dinheiro*, sem ter certeza, não responde pelo delito. Não há a forma culposa.

**37. Elementos normativos do tipo:** a análise da atividade do grupo, associação ou escritório, denominadas de principal (a mais importante de todas) ou secundária (uma das atividades, mas não a principal), deve ser vista no caso concreto e averiguada conforme a valoração cultural do momento.

**38. Objetos material e jurídico:** o objeto material pode ser o grupo, a associação ou o escritório, cuja atividade principal ou secundária é ligada a crimes previstos nesta Lei. O objeto jurídico é complexo, envolvendo a ordem econômica, o sistema financeiro, a ordem tributária, a paz pública e a administração da justiça.

**39. Classificação:** é crime comum (pode ser praticado por qualquer pessoa); mera conduta (independe da ocorrência de qualquer efetivo prejuízo para o Estado ou para a sociedade, consistente em perdas no campo tributário, financeiro, econômico etc.); de forma livre (pode ser cometido por qualquer meio eleito pelo agente); comissivo (o verbo indica ação), muito embora o contexto seja de uma omissão penalmente relevante, vale dizer, o agente tem algum proveito em tomar parte da atividade do grupo, associação ou escritório ligado à *lavagem de dinheiro*, sem nada fazer para impedir o que se passa; permanente (a consumação se prolonga no tempo, enquanto a participação se der); unissubjetivo (pode ser cometido por uma só pessoa); plurissubsistente (praticado em vários atos). Admite tentativa, embora de rara configuração.

**39-A. Teses do Superior Tribunal de Justiça sobre este crime:** "1) É desnecessário que o autor do crime de lavagem de dinheiro tenha sido autor ou partícipe da infração penal antecedente, basta que tenha ciência da origem ilícita dos bens, direitos e valores e concorra para sua ocultação ou dissimulação. 2) Nos crimes de lavagem de dinheiro, a denúncia é apta quando apresentar justa causa duplicada, indicando lastro probatório mínimo em relação ao crime de lavagem de dinheiro e à infração penal antecedente. 3) A aptidão da denúncia relativa ao crime de lavagem de dinheiro não exige uma descrição exaustiva e pormenorizada do suposto crime prévio, bastando, com relação às condutas praticadas antes da Lei n. 12.683/2012, a presença de indícios suficientes de que o objeto material da lavagem seja proveniente, direta ou indiretamente, de um daqueles crimes mencionados nos incisos do art. 1º da Lei n. 9.613/1998. 4) O crime de lavagem de dinheiro, antes das alterações promovidas pela Lei n. 12.683/2012, estava adstrito aos crimes descritos no rol taxativo do art. 1º da Lei n. 9.613/1998. 5) O tipo penal do art. 1º da Lei n. 9.613/1998 é de ação múltipla ou plurinuclear, consumando-se com a prática de qualquer dos verbos mencionados na descrição típica e relacionando-se com qualquer das fases do branqueamento de capitais (ocultação, dissimulação, reintrodução), não exigindo a demonstração da ocorrência de todos os três passos do processo de branqueamento. 6) O crime de lavagem ou ocultação de bens, direitos e valores, tipificado no art. 1º da Lei n. 9.613/1998, constitui crime autônomo em relação às infrações penais antecedentes. 7) Embora a tipificação da lavagem de dinheiro dependa da existência de uma infração penal antecedente, é possível a autolavagem – isto é, a imputação simultânea, ao mesmo réu, da infração antecedente e do crime de lavagem –, desde que sejam demonstrados atos diversos e autônomos daquele que compõe a realização da primeira infração penal, circunstância na qual não ocorrerá o fenômeno da consunção. 8) O crime de lavagem de bens, direitos ou valores, quando praticado na modalidade típica de ocultar, é permanente, protraindo-se sua execução até que os objetos materiais do branqueamento se tornem conhecidos. 9) A aquisição de bens em nome de pessoa interposta caracteriza-se como conduta, em tese, de ocultação ou dissimulação, prevista no tipo penal do art. 1º da Lei n. 9.613/1998, sendo suficiente, portanto, para o oferecimento da denúncia. 10) A realização, por período prolongado, de sucessivos contratos de empréstimo pessoal para justificar ingressos patrimoniais como se renda fossem – sem que se esclareça a forma e a fonte de pagamento das parcelas, acrescidas de juros, e sem que isso represente, em nenhum momento, uma correspondente redução do padrão de vida do devedor – é apta a configurar, em tese, ato de dissimulação da origem ilícita de valores, elemento constituinte do delito de lavagem de dinheiro, que extrapole o mero recebimento de vantagens indevidas" (disponível em: <https://scon.stj.jus.br/docs_internet/jurisprudencia/jurisprudenciaemteses/Jurisprudencia%20em%20Teses%20166%20-%20Do%20Crime%20de%20Lavagem%20-%20I.pdf>. Acesso em: 05 abr. 2021).

**40. Dispositivo inútil:** qualquer delito pode admitir tentativa, conforme o desenvolvimento do seu *iter criminis* e não pelo fato de estar determinado em lei.

**41. Causa de aumento de pena:** cuida-se de circunstância do crime, vinculada à tipicidade, obrigando-se o juiz a elevar a pena na terceira fase de sua aplicação (ver o art. 68 do Código Penal), conforme os parâmetros fornecidos pela lei. Neste caso, a elevação varia entre um e dois terços. Na jurisprudência: STJ: "3. A eventual incidência da causa de aumento descrita na parte final do § 4º do art. 1º da Lei de Lavagem de Dinheiro, na redação dada pela

# Art. 1.º

Lei n. 12.683/2012, não constituiu empecilho para o juiz manter a separação dos feitos, nos termos do art. 80 do CPP. 4. 'Inexiste pecha na motivação declinada pela instância de origem, que ressaltou não ser conveniente a junção dos feitos em uma única ação sob os fundamentos de complexidade da instrução probatória, quantidade de increpados, celeridade processual e existência de vários réus presos' (RHC 55.413/PR, Rel. Ministra Maria Thereza de Assis Moura, Sexta Turma, julgado em 1º/10/2015, DJe 15/10/2015). 5. Hipótese em que nas quatro ações penais em que há imputação do crime de lavagem de capitais, o Ministério Público pleiteou pela aplicação da causa de aumento descrita na parte final do § 4º do art. 1º da Lei de Lavagem de Dinheiro, independentemente do resultado da ação penal principal, considerando que os fatos foram praticados de maneira reiterada e por intermédio da organização criminosa, na qual os denunciados, segundo a narrativa ministerial, estão inseridos. 6. Após fixada a causa de aumento de pena para cada crime de lavagem de dinheiro, caberá ao Juízo da Vara de Execuções a ulterior soma ou unificação das penas eventualmente impostas em cada uma das ações penais" (AgRg no RHC 157.077 – SP, 5.ª T., rel. Ribeiro Dantas, 03.05.2022, v.u.).

**42. Reiteração criminosa:** a circunstância prevista neste parágrafo diz respeito à denominada habitualidade imprópria, significando a constante prática do delito. Não é a transformação do delito em crime habitual, em que se pune, somente, o conjunto das ações delituosas.

**43. Organização criminosa e emprego de ativos virtuais:** volta-se, outra vez, o legislador à maior severidade, quando se trata de crime organizado. Sempre que a *lavagem de dinheiro* for cometida por meio de organização criminosa, eleva-se a pena. Do mesmo modo, pela facilidade com que se manipula a *criptomoeda*, bem como pela ausência de conhecimentos específicos acerca disso, a lavagem de capitais feita por meio de *ativos virtuais* (valores representados por uma moeda digital, cujo mecanismo de armazenamento e transferência se dá por meio eletrônico) torna mais complexa a investigação e descoberta do delito. A elevação de um a dois terços deve variar de acordo com o grau de envolvimento da organização criminosa no cenário da lavagem de dinheiro ou do volume de ativos virtuais utilizado.

**44. Delação premiada:** *delatar* significa acusar ou denunciar alguém, no sentido processual, quando um acusado, admitindo a prática criminosa, revela que outra pessoa também o ajudou de qualquer forma. O valor da delação, como meio de prova, é relativo, devendo ser confrontado com outras provas. Sobre os prós e contras da delação premiada, consultar a nota 23 ao art. 13 da Lei 9.807/99 (Lei de Proteção a Vítimas e Testemunhas) do nosso *Leis Penais e Processuais comentadas* – Volume 1.

**44-A. Requisitos da delação premiada:** são os seguintes: a) quando autor, coautor ou partícipe colabore com as autoridades, prestando esclarecimentos condutores à apuração da materialidade da infração penal; b) igualmente, esclarecimentos condutores à identificação de outros autores, coautores e partícipes; c) igualmente, esclarecimentos condutores à localização dos bens, direitos ou valores objeto do crime; d) tais esclarecimentos devem ser dados de maneira espontânea, ou seja, sinceros, sem subterfúgio ou qualquer tergiversação. Não haveria necessidade de mencionar, tão especificamente, os termos *autor, coautor* e *partícipe*, bastando falar em *concorrentes* do crime, que abrangeria todos eles. Aliás, citar ao mesmo tempo *autor* e *coautor* foge à técnica, visto que constituem exatamente o mesmo; quando há um executor do tipo, chama-se *autor*; existindo mais de um executor, *coautor*. Cuida-se de um número e não de uma qualidade. Por outro lado, o requisito sempre presente é a *colaboração espontânea*. A ele, deve-se associar pelo menos um dos demais: apuração da materialidade; identificação de concorrente; localização de bens, direitos ou valores objeto do crime.

**44-B. Momento para a concessão dos benefícios:** a Lei 12.683/2012 introduziu, como novidade, a expressão *a qualquer tempo*, indicando possa a delação premiada produzir efeitos concretos tanto no processo de conhecimento, antes da condenação, como também no processo de execução, após o trânsito em julgado da condenação. Em interpretação literal, pode-se chegar à conclusão de que somente a substituição por pena restritiva de direitos poderia ser realizada *a qualquer tempo*, pois esta expressão está inserida logo após o verbo *substituí-la*, tendo por objeto a pena restritiva de direitos. Porém, não cremos tenha sido esta a intenção do legislador. Os benefícios advindos da delação premiada são variados, conforme o alcance e eficiência da colaboração. Deve-se permitir, em interpretação sistemática, a aplicação de todos os benefícios cabíveis, a qualquer tempo, dependendo do valor alcançado pela contribuição do concorrente do crime, mesmo após o trânsito em julgado da decisão condenatória.

**44-C. Opção pelos benefícios:** há os seguintes: a) redução de um a dois terços da pena + cumprimento em regime aberto ou semiaberto; b) perdão judicial (extinção da punibilidade); c) substituição da pena privativa de liberdade por restritiva de direitos. O primeiro deles dá ensejo às seguintes combinações: redução de um terço + regime aberto; redução de mais de um terço + regime aberto; redução de dois terços + regime aberto; redução de um terço + regime semiaberto; redução de mais de um terço + regime semiaberto; redução de dois terços + regime semiaberto. Em tese, a maior redução combina com o mais benéfico regime; a menor redução, com o menos benéfico regime. Sob outro aspecto, ao aplicar a redução, é preciso analisar a faixa de pena alcançada, verificando-se se cabe o regime aberto ou semiaberto. Os fins da delação premiada são três: a) apuração da materialidade do crime; b) identificação dos concorrentes; c) localização dos bens, direitos e valores oriundos do crime. Preenchidas as três, indica-se o perdão judicial, com extinção da punibilidade (antes da sentença condenatória, com trânsito em julgado, afeta a pretensão punitiva do Estado; depois do trânsito em julgado da decisão condenatória, afeta a pretensão executória do Estado). A associação de dois desses fins (apuração do crime + identificação dos autores ou localização dos bens + identificação dos bens etc.) deve levar à substituição por pena restritiva de direitos. Atingir somente um dos três fins da delação, provoca somente a diminuição da pena e a escolha entre os regimes aberto e semiaberto. O critério para diminuição (um a dois terços) deve calcar-se no grau de colaboração: exemplificando, se permitiu identificar todos os concorrentes do crime, diminui-se dois terços; se houve identificação de um ou dois, dentre vários, diminui-se em um terço. Após, conforme o montante atingido, opta-se pelo regime aberto ou semiaberto. Tratando-se de premiação, concedida pelo Estado, ao delator, não se pode ter como teto, para firmar o regime aberto ou semiaberto os limites elencados no art. 33, § 2.º, do Código Penal. Pouco importa tenha a pena alcançado mais que 4 anos para o fim de obter o regime aberto ou mais que 8 anos para receber o regime semiaberto. Afinal, se o colaborador pode ser perdoado, não importando o montante da sua pena, por óbvio, pode receber regime mais favorável como parte do *acordo* para a delação. Entretanto, a possibilidade jurídica de ser concedido o *perdão judicial* não autoriza um acordo de delação realizado sob padrões extralegais. Assim, o juiz não deve homologar uma *sanção legalmente inexistente*, vale dizer, é inviável uma redução maior que 2/3 do total da pena, a pretexto de se argumentar *quem pode o mais* (perdoar), *pode o menos*. Esse raciocínio poderia ser utilizado quando se está dentro dos limites da lei, como exemplificamos anteriormente. Quem receber mais que oito anos pode receber o regime semiaberto, porque a *lei assim prevê*, e, com idêntica razão, se o juiz pode conceder o perdão, pode aplicar o semiaberto para penas acima de oito anos.

**44-D. Combinação de leis:** em várias oportunidades, tanto o STF quanto o STJ têm demonstrado a inviabilidade de *combinação de leis*, para que o juiz não se transforme em legislador, criando uma legislação inexistente. Portanto, há de se acolher a *premiação* desta Lei na integralidade ou de outra qualquer. Exemplo: se a lavagem de dinheiro se der no cenário da organização criminosa, é fundamental optar pela delação predominante, vale dizer, a existente nesta Lei ou a constante da Lei 12.850/2013. Mesclar leis ou *inventar* prêmios, em nosso entendimento, é ilegal.

**44-E. Procedimento para a aceitação da colaboração premiada:** a alteração provocada na Lei 12.850/2013 (organização criminosa) pela Lei 13.964/2019, estabelecendo um procedimento específico para colher a delação, processá-la, coletar provas, atingir a homologação e, depois, utilizá-la em juízo é de cunho francamente favorável aos princípios basilares da Constituição Federal, no tocante à ampla defesa e ao contraditório, não somente em relação ao colaborador, mas, igualmente, aos delatados. Por isso, parece-nos deva ser, sempre, seguido em qualquer captação de delação premiada, advinda de outras leis penais, como é o caso desta Lei de Lavagem de Capitais. Não é crível que, no cenário de uma organização criminosa, deva-se seguir todas as formalidades estabelecidas na Lei 12.850/2013 (art. 3.º-A e seguintes, incluindo as modificações no art. 4.º), para garantir uma colaboração premiada o mais escorreita possível, enquanto no cenário do crime de lavagem de capitais possa-se elaborar a delação e fixar o prêmio de qualquer maneira. Deve haver o respeito ao princípio da igualdade de todos perante a lei para os colaboradores e para os delatados.

**44-F. Ação controlada e infiltração de agentes:** a Lei 13.964/2019 incluiu este parágrafo para deixar clara a viabilidade de se utilizar a ação controlada (esperar o momento certo para dar voz de prisão em flagrante) e a infiltração de agentes (policiais disfarçados, autorizados pela Justiça, ingressam em contexto de crimes de lavagem de capitais). Maiores detalhes sobre ambos podem ser encontrados na análise da Lei 12.850/2013.

**Capítulo II**

**DISPOSIÇÕES PROCESSUAIS ESPECIAIS**

**Art. 2.º** O processo e julgamento dos crimes previstos nesta Lei:

I – obedecem às disposições relativas ao procedimento comum dos crimes punidos com reclusão, da competência do juiz singular;[44-G]

II – independem do processo e julgamento das infrações penais antecedentes, ainda que praticados em outro país, cabendo ao juiz competente para os crimes previstos nesta Lei a decisão sobre a unidade de processo e julgamento;[45]

III – são da competência da Justiça Federal:[46]

*a)* quando praticados contra o sistema financeiro e a ordem econômico-financeira, ou em detrimento de bens, serviços ou interesses da União, ou de suas entidades autárquicas ou empresas públicas;

*b)* quando a infração penal antecedente for de competência da Justiça Federal.

§ 1.º A denúncia será instruída com indícios suficientes da existência da infração penal antecedente, sendo puníveis os fatos previstos nesta Lei, ainda que desconhecido ou isento de pena o autor, ou extinta a punibilidade da infração penal antecedente.[47]

§ 2.º No processo por crime previsto nesta Lei, não se aplica o disposto no art. 366 do Decreto-lei 3.689, de 3 de outubro de 1941 – Código de Processo

| 477 | Lavagem de Capitais | **Art. 2.º** |

> Penal, devendo o acusado que não comparecer nem constituir advogado ser citado por edital, prosseguindo o feito até o julgamento, com a nomeação de defensor dativo.[48]

**44-G. Procedimento:** o disposto no inciso I deste artigo ainda se refere ao Código de Processo Penal, antes da redação dada pela Lei 11.719/2009, que eliminou a diferença entre ritos baseada nas espécies de penas, se reclusão ou detenção. Atualmente, cabe o rito ordinário para crimes cuja pena máxima seja igual ou superior a quatro anos, pouco importando se reclusão ou detenção. Logo, para os delitos previstos nesta Lei continua-se a utilizar o procedimento ordinário, agora inspirado pelo montante da pena máxima cominada em abstrato (10 anos).

**45. Crime antecedente:** não há necessidade de se concluir a apuração e eventual punição dos autores da infração penal antecedente para que se possa processar e julgar o delito de *lavagem de dinheiro*. O importante é, ao menos, a prova da materialidade (prova da existência) do delito antecedente. Portanto, se o processo pelo crime antecedente estiver em andamento, considera-se a situação uma questão prejudicial homogênea, merecedora de gerar a suspensão do processo pelo delito de *lavagem* até que o outro seja julgado. Afinal, é possível que o juiz considere o crime inexistente (ou o fato inexistente), inviabilizando a punição por infração penal prevista na Lei 9.613/98. Menciona este inciso que o delito pode ter sido cometido em outro país. Nesse caso, como é óbvio, deve-se respeitar o princípio da dupla tipicidade (ser crime tanto no Brasil quanto no exterior). Na jurisprudência: STJ: "4. O processo e julgamento dos crimes de lavagem de dinheiro independem do processo e julgamento das infrações penais antecedentes, nos termos do art. 2º, inciso II, da Lei n. 9.613/1998. Dessa forma, a prescrição das contravenções de jogo do bicho não repercute na apuração do crime de branqueamento" (AgRg no HC 497.486 – ES, 5.ª T., rel. Reynaldo Soares da Fonseca, 06.08.2019, v.u.). A Lei 12.683/2012 acrescentou, na parte final, a possibilidade de ser determinada a união do processo (conexão) para julgamento conjunto pelo juiz responsável pelo delito de lavagem de capitais. Este é o foro prevalente. Portanto, ilustrando, apurando-se um crime de estelionato, onde se crê tenha havido, em continuidade, a lavagem do dinheiro produto daquele delito, instaurando o feito para apurar a lavagem, pode ser determinada a junção dos processos (estelionato + lavagem) para apreciação e captação conjunta da prova.

**46. Justiça Federal:** em nosso anterior ponto de vista, seria sempre a Justiça competente, pois o objeto jurídico tutelado, de natureza complexa, envolveria o sistema financeiro nacional, de interesse da União. Foi um equívoco. Em mais apurada reflexão, a lavagem de capitais é um delito capaz de afetar vários bens jurídicos, dentre eles a ordem econômica, o sistema financeiro, a ordem tributária, a paz pública e a administração da Justiça. Ora, quando lesar diretamente o sistema financeiro, por certo, a competência é da Justiça Federal, o que vem determinado pelo inciso III, *a*, deste artigo. Quando o delito antecedente for de competência da Justiça Federal, a lavagem também o é. No mais, cabe à Justiça Estadual apurar e punir o responsável. Afinal, a ordem econômica tem por sujeito passivo a sociedade; a ordem tributária, o Estado (que pode ser a União, Estado-membro e Município); a paz pública, a sociedade; a administração da Justiça, o Estado. Enfim, a União e suas entidades autárquicas e empresas públicas não são sempre afetadas pelos delitos de lavagem de capitais. Ademais, com a modificação introduzida pela Lei 12.683/2012, deixa-se bem claro o interesse do Estado no feito por lavagem de capitais, estabelecendo-se a perda dos bens, direitos e valores do crime em seu favor, *nos casos de competência da Justiça Estadual* (art. 7.º, I, desta Lei). Na jurisprudência: STJ: "3. Nos termos do art. 2º da Lei 9.613/1998, o crime de lavagem de dinheiro será da competência da Justiça Federal quando praticado contra o sistema financeiro,

# Art. 2.º

a ordem econômico-financeira, em detrimento de bens, serviços ou interesses da União, de suas entidades autárquicas ou empresas públicas, ou quando a infração penal antecedente for de competência do Juízo Federal. 4. As evidências coletadas, na espécie, não demonstram a existência do mascaramento de valores ilícitos provenientes do comércio internacional de drogas; tão somente de recursos financeiros oriundos de tráfico de entorpecentes realizado no interior do Município. 5. Não havendo prova de que o delito antecedente é de competência da Justiça Federal, nem tampouco indícios de que os crimes investigados têm potencial para afetar o sistema financeiro nacional ou interesses da União, de suas autarquias ou empresas públicas, é inviável o reconhecimento da competência da Justiça Federal (CC n. 155.351/GO, Rel. Ministro Reynaldo Soares da Fonseca, Terceira Seção, DJe 28/2/2018)" (AgRg no RHC 159.289 – MG, 6.ª T., rel. Rogerio Schietti Cruz, 07.06.2022, v.u.); "1. As operações denominadas de 'pirâmide financeira', sob o disfarce de *marketing* multinível', caracterizam-se por oferecer a seus associados uma perspectiva de lucros, remuneração e benefícios futuros irreais, cujo pagamento depende do ingresso de novos investidores ou de aquisição de produtos para uso próprio, em vez de vendas para consumidores que não são participantes do esquema. 2. Nesse sentido, a captação de recursos decorrente de 'pirâmide financeira' não se enquadra no conceito de 'atividade financeira', para fins da incidência da Lei n. 7.492/1986, amoldando-se mais ao delito previsto no art. 2.º, IX, da Lei 1.521/1951 (crime contra a economia popular). Precedentes. 3. A jurisprudência desta Corte tem se orientado no sentido de que compete à Justiça comum estadual julgar os crimes contra a economia popular, na esteira do enunciado da Súmula n. 498 da Suprema Corte, que dispõe: 'Compete à Justiça dos estados, em ambas as instâncias, o processo e o julgamento dos crimes contra a economia popular.' Precedentes. 4. O delito conhecido como 'lavagem de dinheiro' e tipificado no art. 1.º da Lei 9.613/1998 somente será da competência federal quando praticado contra o sistema financeiro e a ordem econômico-financeira, ou em detrimento de bens, serviços ou interesses da União, ou de suas entidades autárquicas ou empresas públicas (art. 2.º, III, *a*, da Lei 9.613/1998), ou quando a infração penal antecedente for de competência da Justiça Federal (art. 2.º, III, *b*, da Lei 9.613/1998). 5. Não tendo sido coletados, até o momento, dados que sinalizem que a suposta 'lavagem de dinheiro' foi praticada em detrimento de bens, serviços ou interesses da União, ou mesmo que o delito seja conexo com qualquer outro crime de competência da Justiça Federal, é de se reconhecer a competência da Justiça estadual para dar continuidade às investigações. 6. A possibilidade de descoberta de outras provas e/ou evidências, no decorrer das investigações, levando a conclusões diferentes, demonstra não ser possível firmar peremptoriamente a competência definitiva para julgamento do presente inquérito policial. Isso não obstante, tendo em conta que a definição do juízo competente em tais hipóteses se dá em razão dos indícios coletados até então, revela-se a competência da Justiça estadual para condução do inquérito policial. 7. Conflito conhecido, para declarar a competência do Juízo de Direito do Foro Central Criminal Barra Funda – DIPO 4 – São Paulo/SP, o suscitado" (CC 146.153 – SP, 3.ª S., rel. Reynaldo Soares da Fonseca, 11.05.2016, v.u.).

**47. Peça inicial:** a denúncia por *lavagem de dinheiro* pode ser oferecida com base em indícios da existência do crime antecedente, mas o julgamento não pode ser proferido. Ou se prova a existência de infração penal anterior ou aguarda-se o término do processo que o apura e a demonstração da sua materialidade. De fato, a punição dos autores do crime antecedente é desnecessária, seja por qual razão for. Na jurisprudência: STJ: "3. A denúncia de crimes de branqueamento de capitais, para ser apta, deve conter, ao menos formalmente, justa causa duplicada, que exige elementos informativos suficientes para alcançar lastro probatório mínimo da materialidade e indícios de autoria da lavagem de dinheiro, bem como indícios de materialidade do crime antecedente, nos termos do art. 2º, § 1º, da Lei 9.613/98. 4. Outrossim, por ocasião da elaboração da inicial com indícios suficientes da materialidade da infração antecedente, é despiciendo o conhecimento da autoria, a verificação de seu substrato da culpabilidade e sua punibilidade, sendo irrelevante haver condenação transitada em julgado ou até mesmo o trâmite processual persecutório, haja vista a autonomia relativa do processo penal do crime acessório da lavagem em relação ao seu antecedente, principal" (RHC 106.107 – BA, 5.ª T., rel. Ribeiro Dantas, 25.06.2019, v.u.).

**48. Exceção à regra da suspensão do processo:** quando citado por edital, não apresentando defesa, segundo dispõe o art. 366 do CPP, suspende-se o processo e, também, a prescrição, aguardando-se a localização do réu. Cuida-se de alteração legislativa, datada de 1996, no Código de Processo Penal, visando à preservação do direito à ampla defesa. Processar o réu ausente é sempre perigoso, pois ele pode ser condenado sem ter a menor noção da existência da acusação. Entretanto, foi preciso a alteração do art. 366 do CPP para que tal medida fosse adotada. Logo, à lei especial cabe excepcionar a regra geral. Não há que se invocar, neste caso, homenagem à ampla defesa, defendendo a suspensão do processo para os crimes de lavagem de dinheiro, quando houver citação por edital (ficta). Lei especial afasta da aplicação de lei geral. Foi opção de política criminal neste caso e deve ser respeitada, não adiantando invocar conflitos e confusões legislativas para se expressar. Note-se que, antes de 1996, por mais que se julgasse importante não processar um réu citado por edital, em homenagem à ampla defesa, tal medida nunca foi adotada. Foi necessária a modificação do art. 366 do CPP para a implantação da referida suspensão. Logo, o objetivo do art. 2.º, § 2.º, da Lei 9.613/98 foi claro: impedir a suspensão do processo, quando houver a citação por edital. Esta forma de citação – que consideramos vetusta e desnecessária – perdura. Assim sendo, desatendido o chamamento, é lógico que o processo terá prosseguimento. Outra medida qualquer, como, por exemplo, suspendê-lo por conta própria, sem respaldo em lei, seria catastrófico, pois a prescrição correria de toda forma. Em sentido contrário, apregoando a mantença do art. 366 do CPP em detrimento do art. 2.º, § 2.º, desta Lei: Delmanto (*Leis penais especiais comentadas*, p. 574); Rodolfo Tigre Maia (*Lavagem de dinheiro*, p. 125); Marco Antonio de Barros (*Lavagem de dinheiro*, p. 84); Luiz Flavio Gomes (*Lei de lavagem de capitais*, p. 357). Atualmente, com a edição da Lei 12.683/2012, confirma-se o entendimento de que o art. 366 do CPP não é aplicável à Lei de Lavagem de Capitais. Acrescentou-se ao final deste parágrafo: "devendo o acusado que não comparecer nem constituir advogado ser citado por edital, prosseguindo o feito até o julgamento, com a nomeação de defensor dativo". A especialidade imposta, em desacordo com o disposto pelo Código de Processo Penal, deve-se às particularidades do crime de lavagem de capitais. O autor dessa espécie de delito costuma fugir, evitar citação, utilizar-se de "laranjas" e "testas de ferro", enfim, faz o possível para evitar a citação. Por isso, instituiu-se regra peculiar. Na jurisprudência: STJ: "2. Em razão da expressa previsão legal para o prosseguimento do feito (art. 2.º, § 2.º, da Lei n.º 9.613/1998), a aplicação da regra prevista no art. 366 do Código de Processo Penal consubstanciaria um prêmio para o infrator do delito e um obstáculo à descoberta de outros crimes praticados com a lavagem ou a ocultação de dinheiro. 3. No caso, deve ser aplicado o princípio da especialidade, seguindo a regra de que lei especial derroga a geral, o que afasta o conflito aparente de normas" (HC 571.463 – SP, 6.ª T., rel. Laurita Vaz, 29.03.2022, v.u.).

> **Art. 3.º** Os crimes disciplinados nesta Lei são insuscetíveis de fiança e liberdade provisória e, em caso de sentença condenatória, o juiz decidirá fundamentadamente se o réu poderá apelar em liberdade. *(Revogado pela Lei 12.683/2012)*[49]

# Art. 4.º

**49. Aperfeiçoamento legislativo:** em boa hora, a Lei 12.683/2012, acompanhando a moderna jurisprudência pátria, em particular do Supremo Tribunal Federal, promoveu a revogação do art. 3.º desta Lei. Não havia sentido para se vedar a liberdade provisória, com ou sem fiança, de quem respondia pelo delito de lavagem de capitais. Hoje, a tendência do Pretório Excelso é declarar inconstitucional toda lei ordinária que fizer a previsão de vedar, sem critério e genericamente, o benefício da liberdade provisória, com o que concordamos. Ademais, quando houver sentença penal condenatória, em qualquer processo, *deve* o magistrado fundamentar e apresentar os motivos pelos quais mantém o réu solto/preso ou determina a sua prisão/soltura. E o fará com base nos parâmetros fornecidos pelo art. 312 do CPP (prisão preventiva).

> **Art. 4.º** O juiz, de ofício, a requerimento do Ministério Público, ou mediante representação do delegado de polícia, ouvido o Ministério Público em 24 (vinte e quatro) horas, havendo indícios suficientes de infração penal, poderá decretar medidas assecuratórias de bens, direitos ou valores do investigado ou acusado, ou existentes em nome de interpostas pessoas, que sejam instrumento, produto ou proveito dos crimes previstos nesta Lei ou das infrações penais antecedentes.[50-51]
>
> § 1.º Proceder-se-á à alienação antecipada para preservação do valor dos bens sempre que estiverem sujeitos a qualquer grau de deterioração ou depreciação, ou quando houver dificuldade para sua manutenção.[52-52-A]
>
> § 2.º O juiz determinará a liberação total ou parcial dos bens, direitos e valores quando comprovada a licitude de sua origem, mantendo-se a constrição dos bens, direitos e valores necessários e suficientes à reparação dos danos e ao pagamento de prestações pecuniárias, multas e custas decorrentes da infração penal.[53-53-A]
>
> § 3.º Nenhum pedido de liberação será conhecido sem o comparecimento pessoal do acusado ou de interposta pessoa a que se refere o *caput* deste artigo, podendo o juiz determinar a prática de atos necessários à conservação de bens, direitos ou valores, sem prejuízo do disposto no § 1.º.[54]
>
> § 4.º Poderão ser decretadas medidas assecuratórias sobre bens, direitos ou valores para reparação do dano decorrente da infração penal antecedente ou da prevista nesta Lei ou para pagamento de prestação pecuniária, multa e custas.[55]

**50. Medidas assecuratórias:** não há novidade neste artigo. Sempre que houver a possibilidade de se assegurar futuro confisco do produto ou proveito do crime, eventual reparação do dano à pessoa ofendida, inclusive o Estado, bem como o pagamento de despesas processuais e custas, além das penas pecuniárias, o juiz deve decretar medidas de cautela, tornando indisponíveis os bens do suspeito ou acusado, nos termos dos arts. 125 e seguintes do CPP. Age de ofício, a requerimento do Ministério Público ou mediante representação do delegado. Podem-se decretar tais medidas assecuratórias durante a investigação ou da demanda penal. Exige-se, entretanto, prova suficiente de existência do crime (não é preciso *certeza*, bastando indícios suficientes). Registremos, inclusive, a possibilidade de indisponibilidade dos bens para evitar o enriquecimento ilícito. Na jurisprudência: STJ: "I – As medidas previstas no art. 4.º da Lei n. 9.613/1998 dizem respeito a bens, direitos ou valores que sejam instrumento, produto ou proveito do crime de lavagem de dinheiro ou da infração penal antecedente. II – O patrimônio daquele que praticou a lavagem de dinheiro, mas não cometeu o crime antecedente, só poderá ser atingido, com base no art. 4.º da Lei n. 9.613/1998, se for demonstrado que determinados bens, direitos ou valores constituem instrumento, produto ou proveito do crime anterior.

III – O § 2.º do art. 4.º da Lei n. 9.613/1998 deve ser interpretado restritivamente, sob pena de criar indevidas hipóteses de responsabilidade integral ou solidária não previstas em lei. IV – É inviável a tese de que o agente que lavou parcela dos recursos ilícitos deve responder solidariamente pelo prejuízo total decorrente de infração penal antecedente que foi praticada exclusivamente por terceiro. V – Há autonomia entre a lavagem de dinheiro e o crime antecedente, no que se refere à quantificação do proveito econômico, motivo pelo qual só podem ser constritos os bens, direitos ou valores que tenham relação com a lavagem de capitais. Precedentes. VI – Em outras palavras, aqueles que lavam dinheiro só possuem a obrigação de indenizar os danos causados pela infração antecedente enquanto subsistir patrimônio ou proveito que guarde relação direta com os bens, direitos ou valores obtidos de forma ilícita. VII – *In casu*, a agravada recebeu depósito de R$ 500.000,00 (quinhentos mil reais), os quais haviam sido obtidos mediante furto praticado por terceira pessoa. Em seguida, os recursos foram transferidos para a esposa do autor do furto, de modo que não restaram, no patrimônio da agravada, quaisquer bens, direitos ou valores decorrentes da lavagem de dinheiro ou que fossem relacionados ao furto. VIII – É inviável a aplicação do art. 932, inciso V, do Código Civil, para estabelecer a responsabilidade solidária da parte agravada, uma vez que não há provas de que esta tenha obtido proveito ou acréscimo patrimonial em decorrência do furto praticado exclusivamente por outrem. IX – Por outro lado, a esposa do agente que praticou o furto deve responder solidariamente pelos prejuízos experimentados pela ofendida, nos termos da Lei n. 9.613/1998 e do 932, inciso V, do Código Civil, desde que observado, como limite, o montante incorporado ao seu patrimônio, e não pelo valor total do delito. X – Não se pode responsabilizar os corréus da lavagem de dinheiro pelo dano oriundo do crime antecedente, na hipótese em que este foi praticado exclusivamente por um dos agentes, pois o art. 942 do Código Civil estabelece a responsabilidade solidária apenas para os coautores do mesmo ato ilícito" (AgRg no AgRg no REsp 1.970.697, 5.ª T., rel. Messod Azulay Neto, 19.03.2024, v.u.).

**51. Interpostas pessoas:** a Lei 12.683/2012 inovou, ao inserir a possibilidade de se apreender ou sequestrar bens, direitos ou valores, existentes em nomes de *laranjas* ou *testas de ferro*, pessoas que servem de camuflagem para o verdadeiro proprietário, quando se perceber tratar-se de instrumento, produto ou proveito do crime de lavagem de capitais ou das infrações penais antecedentes. Por certo, erros podem ocorrer, atingindo-se terceiros de boa-fé, mas, para isso, há os embargos, previstos no Código de Processo Penal, que devem constituir o espaço cabível para a prova da propriedade ou posse lícita.

**52. Prazo da indisponibilidade do bem:** no art. 131, I, do CPP, estipula-se o prazo de 60 dias para o início da ação penal, sob pena de caducar a medida de sequestro. Neste § 1.º, dobrava-se o prazo, provavelmente, em face da maior gravidade do delito de *lavagem de dinheiro*. Entretanto, a Lei 12.683/2012 deu nova redação ao dispositivo, retirando o prazo especial de 120 dias, voltando a vigorar o de 60 dias, previsto no Código de Processo Penal.

**52-A. Alienação antecipada:** autoriza-se a disposição dos bens, de maneira antecipada, com a finalidade de se assegurar o seu valor, caso estejam sujeitos a algum processo de deterioração ou depreciação, bem como havendo dificuldade para a sua manutenção. Muitos bens podem perder o seu valor, com o passar do tempo, deteriorando-se pela falta de cuidados específicos, como ocorre com vários tipos de imóveis. Outros podem se submeter a uma onda de depreciação, como acontece com joias e ouro. Há, também, aqueles que apresentam dificuldade de manutenção, *v.g.*, o gado de uma fazenda. Melhor aliená-los, depositando-se o dinheiro, do que perdê-los, enquanto estiverem indisponíveis. A alienação antecipada pode ser decretada pelo juiz, de ofício, ou a requerimento de qualquer interessado (Ministério Público, réu ou interposta pessoa).

# Art. 4.º-A

**53. Licitude da origem dos bens:** provoca a sua liberação, o que é medida óbvia. Entretanto, durante a instrução, o ônus da prova é do indiciado/acusado, ou seja, a liberação somente será feita antes do julgamento da causa, se o interessado provar a licitude da origem dos bens. Havendo o julgamento, com absolvição, deve dar-se a liberação automaticamente. Entretanto, a Lei 12.683/2012, conferindo nova redação a este dispositivo, permite a liberação *total ou parcial* dos bens, conforme critério judicial, com vistas a atender a reparação dos danos causados pelo crime e ao pagamento de eventuais condenações em dinheiro (prestação pecuniária e multa), bem como custas. A singela comprovação da licitude dos bens não os exime de responder por outros encargos, como supracitado.

**53-A. Instrumento processual adequado para questionar o sequestro e a alienação de bens:** é o mandado de segurança, pois é preciso tratar-se de direito líquido e certo, a fim de evitar a medida assecuratória decretada pelo juiz. Noutros termos, é fundamental existir prova cabal de origem lícita do bem retirado da disponibilidade do acusado.

**54. Pedido de liberação:** repetindo os termos da anterior redação, com alguns acréscimos, a Lei 12.683/2012 impõe o dever de comparecimento pessoal do acusado ou de interposta pessoa ("laranja") para que possa liberar o bem tornado indisponível, durante o trâmite da investigação ou do processo. Trata-se de condição de procedibilidade para o conhecimento do pedido. Por óbvio, ao final do processo, havendo absolvição, os bens devem ser liberados de qualquer modo. Vê-se que a exigência de comparecimento para liberar bens indisponíveis é uma das formas de trazer o réu ou investigado ao feito, evitando-se a sua ausência. Não deixa de ser estranha a disposição, pois se cuida de direito do acusado participar da instrução – e não dever. Estabelece-se a viabilidade de o juiz determinar medidas para conservar os bens, direitos e valores ou optar pela alienação antecipada, nos termos do § 1.º.

**55. Outras finalidades das medidas assecuratórias:** além da previsão formulada no *caput* deste artigo, autoriza-se, também, a indisponibilidade dos bens, direitos ou valores para a reparação do dano da infração penal antecedente ao crime ou da prevista nesta Lei (lavagem de capitais) ou para pagar prestação pecuniária (pena restritiva de direitos), multa (pena pecuniária) ou custas do processo. A diferença básica entre a finalidade da indisponibilidade do *caput* e a deste § 4.º é a seguinte: naquele caso, buscam-se bens, direitos ou valores ilícitos, provenientes de alguma infração penal (antecedente ou lavagem de capitais); nesta situação, procuram-se bens, direitos ou valores lícitos, pertencentes ao acusado, para resguardar futura indenização do dano causado pelo crime (antecedente ou lavagem), bem como para satisfazer pena em pecúnia ou custas.

> **Art. 4.º-A.** A alienação antecipada para preservação de valor de bens sob constrição será decretada pelo juiz, de ofício, a requerimento do Ministério Público ou por solicitação da parte interessada, mediante petição autônoma, que será autuada em apartado e cujos autos terão tramitação em separado em relação ao processo principal.[55-A]
>
> § 1.º O requerimento de alienação deverá conter a relação de todos os demais bens, com a descrição e a especificação de cada um deles, e informações sobre quem os detém e local onde se encontram.
>
> § 2.º O juiz determinará a avaliação dos bens, nos autos apartados, e intimará o Ministério Público.
>
> § 3.º Feita a avaliação e dirimidas eventuais divergências sobre o respectivo laudo, o juiz, por sentença, homologará o valor atribuído aos bens e determinará sejam alienados em leilão ou pregão, preferencialmente eletrônico, por valor não inferior a 75% (setenta e cinco por cento) da avaliação.

§ 4.º Realizado o leilão, a quantia apurada será depositada em conta judicial remunerada, adotando-se a seguinte disciplina:

I – nos processos de competência da Justiça Federal e da Justiça do Distrito Federal:

*a)* os depósitos serão efetuados na Caixa Econômica Federal ou em instituição financeira pública, mediante documento adequado para essa finalidade;

*b)* os depósitos serão repassados pela Caixa Econômica Federal ou por outra instituição financeira pública para a Conta Única do Tesouro Nacional, independentemente de qualquer formalidade, no prazo de 24 (vinte e quatro) horas; e

*c)* os valores devolvidos pela Caixa Econômica Federal ou por instituição financeira pública serão debitados à Conta Única do Tesouro Nacional, em subconta de restituição;

II – nos processos de competência da Justiça dos Estados:

*a)* os depósitos serão efetuados em instituição financeira designada em lei, preferencialmente pública, de cada Estado ou, na sua ausência, em instituição financeira pública da União;

*b)* os depósitos serão repassados para a conta única de cada Estado, na forma da respectiva legislação.

§ 5.º Mediante ordem da autoridade judicial, o valor do depósito, após o trânsito em julgado da sentença proferida na ação penal, será:[55-B]

I – em caso de sentença condenatória, nos processos de competência da Justiça Federal e da Justiça do Distrito Federal, incorporado definitivamente ao patrimônio da União, e, nos processos de competência da Justiça Estadual, incorporado ao patrimônio do Estado respectivo;

II – em caso de sentença absolutória extintiva de punibilidade, colocado à disposição do réu pela instituição financeira, acrescido da remuneração da conta judicial.

§ 6.º A instituição financeira depositária manterá controle dos valores depositados ou devolvidos.

§ 7.º Serão deduzidos da quantia apurada no leilão todos os tributos e multas incidentes sobre o bem alienado, sem prejuízo de iniciativas que, no âmbito da competência de cada ente da Federação, venham a desonerar bens sob constrição judicial daqueles ônus.

§ 8.º Feito o depósito a que se refere o § 4.º deste artigo, os autos da alienação serão apensados aos do processo principal.

§ 9.º Terão apenas efeito devolutivo os recursos interpostos contra as decisões proferidas no curso do procedimento previsto neste artigo.[55-C]

§ 10. Sobrevindo o trânsito em julgado de sentença penal condenatória, o juiz decretará, em favor, conforme o caso, da União ou do Estado:[55-D]

I – a perda dos valores depositados na conta remunerada e da fiança;

II – a perda dos bens não alienados antecipadamente e daqueles aos quais não foi dada destinação prévia; e

III – a perda dos bens não reclamados no prazo de 90 (noventa) dias após o trânsito em julgado da sentença condenatória, ressalvado o direito de lesado ou terceiro de boa-fé.

§ 11. Os bens a que se referem os incisos II e III do § 10 deste artigo serão adjudicados ou levados a leilão, depositando-se o saldo na conta única do respectivo ente.

# Art. 4.º-A

§ 12. O juiz determinará ao registro público competente que emita documento de habilitação à circulação e utilização dos bens colocados sob o uso e custódia das entidades a que se refere o *caput* deste artigo.[55-E]

§ 13. Os recursos decorrentes da alienação antecipada de bens, direitos e valores oriundos do crime de tráfico ilícito de drogas e que tenham sido objeto de dissimulação e ocultação nos termos desta Lei permanecem submetidos à disciplina definida em lei específica.[55-F]

**55-A. Procedimento para a alienação antecipada:** pode ser instaurado de ofício pelo magistrado competente para apurar o crime de lavagem de capitais, bem como mediante requerimento do Ministério Público ou de parte interessada, como, por exemplo, o réu. Apresenta-se o pedido em petição autônoma, permitindo-se a sua autuação à parte, formando-se um incidente processual, destacado do trâmite do feito principal. Com isso, pode debater a conveniência – ou não – da alienação antecipada, sem prejudicar o andamento do processo onde se apura o crime. Na inicial, insere-se a relação dos bens sob constrição, a merecer alienação de imediato, demonstrando-se onde se localizam, contendo suas descrições e especificações, bem como quem os detém. Permite-se, com isso, seja determinada, pelo juiz, a avaliação de todos, intimando-se o Ministério Público para acompanhar. Nos termos gerais do processo penal, as partes podem oferecer quesitos ao perito oficial e apresentar assistentes técnicos. Oferecido o laudo, os interessados se manifestam e, solucionadas eventuais divergências, o magistrado homologa o valor atribuído a cada bem, determinando a sua alienação em leilão ou pregão (preferencialmente eletrônico). O valor mínimo para arremate é de 75% da avaliação. O *quantum* apurado será depositado em conta judicial remunerada, nos termos expressos pelo § 4.º.

**55-B. Destino dos valores:** os bens, direitos ou valores alienados antecipadamente, conforme previsão do § 1.º do art. 4.º, transformaram-se em dinheiro depositado em conta judicial de banco estatal, preferencialmente. Lembre-se que somente se faz alienação antecipada no tocante aos bens, direitos e valores oriundos do crime, logo, bens considerados ilícitos. Havendo condenação, com trânsito em julgado, nos feitos da Justiça Federal e da Justiça do Distrito Federal, o valor depositado incorpora-se ao patrimônio da União; nos casos da Justiça Estadual, ao patrimônio do Estado. Havendo sentença absolutória *ou* (faltou a conjunção alternativa no texto legal) decisão extintiva da punibilidade, com trânsito em julgado, devolve-se o valor ao acusado, acrescido da remuneração obtida. Desconta-se da quantia a parcela referente aos tributos e multas incidentes sobre o bem alienado, quando o caso.

**55-C. Recursos cabíveis:** como regra, cabe apelação contra a decisão que defere ou indefere a alienação antecipada dos bens, pois proferida em procedimento incidente, com caráter definitivo. Especifica este § 9.º não ter efeito suspensivo o recurso, mas somente devolutivo. Entretanto, tratando-se de decisão teratológica, ferindo nitidamente direito líquido e certo, é possível ajuizar mandado de segurança.

**55-D. Efeitos da condenação:** a condenação definitiva provoca a perda, em favor da União ou do Estado, conforme a competência, a perda dos bens, direitos ou valores tornados indisponíveis. Cabe ao juiz deixar tal situação bem clara ao proferir a sentença condenatória. Inseriu-se a previsão do inciso III, por cautela, voltando-se aos bens tomados de terceiros ("laranjas"), que podem sumir e nem mais reclamar o que, em verdade, não lhes pertencia na realidade. Diante disso, passados 90 dias do trânsito em julgado da condenação, serão também perdidos, salvo interesse de terceiro de boa-fé ou do lesado pelo crime.

**55-E. Uso de bens apreendidos ou sequestrados:** é viável a utilização de bens tornados indisponíveis pelo juízo ou pelo Ministério Público, justamente para mantê-los em bom funcionamento, como, por exemplo, veículos. Por isso, cabe a emissão de documento apropriado para a circulação de tais automóveis.

**55-F. Tráfico ilícito de drogas:** se a lavagem de capitais adveio de tráfico de drogas, gerando a alienação antecipada dos bens, os recursos daí decorrentes serão destinados ao Fundo Nacional Antidrogas (FUNAD), respeitando-se o disposto pela Lei 11.343/2006 (art. 63).

> **Art. 4.º-B.** A ordem de prisão de pessoas ou as medidas assecuratórias de bens, direitos ou valores poderão ser suspensas pelo juiz, ouvido o Ministério Público, quando a sua execução imediata puder comprometer as investigações.[55-G]

**55-G. Medida de cautela:** a prisão cautelar decretada ou a apreensão de coisas em geral pode ser suspensa pelo magistrado, ouvido o Ministério Público, caso possa comprometer as investigações que, obviamente, prosseguem. Cuida-se de uma protelação legal de medida de cautela (como já se faz no tocante ao *flagrante retardado* da Lei 12.850/2013) para não prejudicar a descoberta de outros autores ou de bens, direitos e valores ilicitamente ocultos.

> **Art. 5.º** Quando as circunstâncias o aconselharem, o juiz, ouvido o Ministério Público, nomeará pessoa física ou jurídica qualificada para a administração dos bens, direitos ou valores sujeitos a medidas assecuratórias, mediante termo de compromisso.[56]
>
> **Art. 6.º** A pessoa responsável pela administração dos bens:
>
> I – fará jus a uma remuneração, fixada pelo juiz, que será satisfeita com o produto dos bens objeto da administração;
>
> II – prestará, por determinação judicial, informações periódicas da situação dos bens sob sua administração, bem como explicações e detalhamentos sobre investimentos e reinvestimentos realizados.
>
> **Parágrafo único.** Os atos relativos à administração dos bens sujeitos a medidas assecuratórias serão levados ao conhecimento do Ministério Público, que requererá o que entender cabível.

**56. Indisponibilidade dos bens:** em algumas situações, conforme o bem apreendido, é preciso a administração de alguém, sob pena de perecimento, o que não se deseja, pois pode prejudicar o legítimo proprietário ou o Estado, em caso de confisco. A modificação introduzida pela Lei 12.683/2012 deixou clara a possibilidade de se tratar de pessoa física ou jurídica para o exercício dessa função.

### Capítulo III
### DOS EFEITOS DA CONDENAÇÃO

> **Art. 7.º** São efeitos da condenação, além dos previstos no Código Penal:
>
> I – a perda, em favor da União – e dos Estados, nos casos de competência da Justiça Estadual –, de todos os bens, direitos e valores relacionados, direta ou in-

# Art. 7.º

Leis Penais e Processuais Penais Comentadas – Vol. 2 · **Nucci**

> diretamente, à prática dos crimes previstos nesta Lei, inclusive aqueles utilizados para prestar a fiança, ressalvado o direito do lesado ou de terceiro de boa-fé;[57]
>
> II – a interdição do exercício de cargo ou função pública de qualquer natureza e de diretor, de membro de conselho de administração ou de gerência das pessoas jurídicas referidas no art. 9.º, pelo dobro do tempo da pena privativa de liberdade aplicada.[58]
>
> § 1.º A União e os Estados, no âmbito de suas competências, regulamentarão a forma de destinação dos bens, direitos e valores cuja perda houver sido declarada, assegurada, quanto aos processos de competência da Justiça Federal, a sua utilização pelos órgãos federais encarregados da prevenção, do combate, da ação penal do julgamento dos crimes previstos nesta Lei, e, quanto aos processos de competência da Justiça Estadual, a preferência dos órgãos locais com idêntica função.[58-A]
>
> § 2.º Os instrumentos do crime sem valor econômico cuja perda em favor da União ou do Estado for decretada serão inutilizados ou doados a museu criminal ou a entidade pública, se houver interesse na sua conservação.[58-B]

**57. Figura equiparada:** encontra similar no art. 91, II, do Código Penal. Não é possível que bens, direitos e valores sujeitos à *lavagem* possam ficar em poder dos autores do delito. Por isso, torna-se viável o seu confisco. A Lei 12.683/2012 permite que a perda se dê em favor tanto da União, nos casos de crimes da competência da Justiça Federal, como também do Estado, quando atuar a Justiça Estadual, algo positivo, que deveria ser seguido, inclusive, por outras normas. Alterou-se o destino dos bens dados em função da fiança, que seguiam, exclusivamente, para a União e, agora, podem ir aos Estados, se perdidos, sempre dependendo da competência firmada para a ação penal.

**58. Figura equiparada:** encontra similar no art. 92, I, do Código Penal. As pessoas que, exercendo cargo ou função pública (acrescentemos, por interpretação extensiva, o emprego público), bem como de direção de empresa podem ser vetados para a continuidade dessas atividades pelo dobro do tempo da pena privativa de liberdade aplicada (ex.: aplicada a pena de 3 anos de reclusão, o diretor ficaria seis anos sem exercer essa função). O efeito é automático e não precisa ser proclamado na decisão condenatória. Note-se que não há, nesta hipótese, a exigência legal de motivação na sentença, como se prevê no art. 92, parágrafo único, do Código Penal. Em contrário, sustentando que o efeito deve ser motivado e não é automático: Delmanto (*Leis penais especiais comentadas*, p. 582).

**58-A. Destinação específica dos bens perdidos:** a Lei 12.683/2012 acrescentou o disposto neste § 1.º, permitindo, expressamente, possam União e Estados, conforme a competência para o julgamento do crime de lavagem de capitais, estabelecer, por Regulamento expedido pelo Poder Executivo, o destino dos bens apreendidos e sequestrados, cujo perdimento foi consolidado pela decisão condenatória definitiva. Nem sempre haverá alienação antecipada, convertendo os bens em valores pecuniários, logo, muitos deles restarão em espécie (ex.: carros, lanchas, computadores, imóveis etc.). Devem ser destinados aos órgãos federais (ou estaduais) de prevenção, de combate e de promoção do processo penal. Logo, cabe o uso pelas unidades policiais, pelo Ministério Público e pelo Judiciário.

**58-B. Destinação de bens sem valor econômico:** outra novidade introduzida pela Lei 12.683/2012, permite-se o aproveitamento dos bens sem valor econômico para fins culturais e científicos. Por isso, mencionou-se museu criminal ou entidade pública. Ilustrando, podem ser perdidos computadores e outros objetos de informática já desatualizados, que não poderiam ser usados pelos órgãos estatais.

# Capítulo IV
## DOS BENS, DIREITOS OU VALORES ORIUNDOS
## DE CRIMES PRATICADOS NO ESTRANGEIRO

> **Art. 8.º** O juiz determinará, na hipótese de existência de tratado ou convenção internacional e por solicitação de autoridade estrangeira competente, medidas assecuratórias sobre bens, direitos ou valores oriundos de crimes descritos no art. 1.º, praticados no estrangeiro.[59-59-A]
>
> § 1.º Aplica-se o disposto neste artigo, independentemente de tratado ou convenção internacional, quando o governo do país da autoridade solicitante prometer reciprocidade ao Brasil.[60]
>
> § 2.º Na falta de tratado ou convenção, os bens, direitos ou valores privados sujeitos a medidas assecuratórias por solicitação de autoridade estrangeira competente ou os recursos provenientes da sua alienação serão repartidos entre o Estado requerente e o Brasil, na proporção de metade, ressalvado o direito do lesado ou de terceiro de boa-fé.[61]

**59. Colaboração internacional:** havendo tratado ou convenção (como há, por exemplo, em relação aos delitos de tráfico ilícito de entorpecentes), o juiz brasileiro pode colaborar com autoridade estrangeira competente (conforme as leis vigentes no seu país de origem) para a apreensão ou sequestro de bens, direitos ou valores. Para isso, há necessidade de carta rogatória, que contará com o *exequatur* do Presidente do Superior Tribunal de Justiça e será cumprida pelo juiz federal da região onde se encontra o bem.

**59-A. Equívoco na redação:** o art. 1.º desta Lei eliminou a relação de delitos antecedentes, passando à menção de infração penal. Logo, olvidou-se, no *caput* do art. 8.º tal alteração, continuando-se a fazer referência a *crimes descritos no art. 1.º*.

**60. Reciprocidade:** é o mesmo tratamento utilizado para a extradição. Quando o Brasil não possui tratado com algum país estrangeiro, pode conceder a extradição de alguém, desde que haja a oferta de reciprocidade, vale dizer, no futuro, o Brasil teria um crédito junto ao país solicitante. Dá-se nesse contexto. Se não houver tratado, pode o juiz brasileiro colaborar com o estrangeiro, desde que o governo alienígena prometa reciprocidade.

**61. Repartição dos bens e homologação da sentença estrangeira:** havendo a decretação da indisponibilidade dos bens no Brasil, em virtude de pedido de autoridade estrangeira, para a perda total (confisco), cremos fundamental que o Superior Tribunal de Justiça homologue a sentença estrangeira condenatória, confirmando, pois, que tais bens têm origem ilícita. Assim ocorrendo, haverá a repartição deles entre o Estado requerente e o Brasil, que colaborou na diligência.

## Capítulo V
### DAS PESSOAS SUJEITAS AO MECANISMO DE CONTROLE

> **Art. 9.º** Sujeitam-se às obrigações referidas nos arts. 10 e 11 as pessoas físicas e jurídicas que tenham, em caráter permanente ou eventual, como atividade principal ou acessória, cumulativamente ou não:

I – a captação, intermediação e aplicação de recursos financeiros de terceiros, em moeda nacional ou estrangeira;

II – a compra e venda de moeda estrangeira ou ouro como ativo financeiro ou instrumento cambial;

III – a custódia, emissão, distribuição, liquidação, negociação, intermediação ou administração de títulos ou valores mobiliários.

**Parágrafo único.** Sujeitam-se às mesmas obrigações:

I – as bolsas de valores, as bolsas de mercadorias ou futuros e os sistemas de negociação do mercado de balcão organizado;

II – as seguradoras, as corretoras de seguros e as entidades de previdência complementar ou de capitalização;

III – as administradoras de cartões de credenciamento ou cartões de crédito, bem como as administradoras de consórcios para aquisição de bens ou serviços;

IV – as administradoras ou empresas que se utilizem de cartão ou qualquer outro meio eletrônico, magnético ou equivalente, que permita a transferência de fundos;

V – as empresas de arrendamento mercantil (*leasing*), as empresas de fomento comercial (*factoring*) e as Empresas Simples de Crédito (ESC);

VI – as sociedades que, mediante sorteio, método assemelhado, exploração de loterias, inclusive de apostas de quota fixa, ou outras sistemáticas de captação de apostas com pagamento de prêmios, realizem distribuição de dinheiro, de bens móveis, de bens imóveis e de outras mercadorias ou serviços, bem como concedam descontos na sua aquisição ou contratação;

VII – as filiais ou representações de entes estrangeiros que exerçam no Brasil qualquer das atividades listadas neste artigo, ainda que de forma eventual;

VIII – as demais entidades cujo funcionamento dependa de autorização de órgão regulador dos mercados financeiro, de câmbio, de capitais e de seguros;

IX – as pessoas físicas ou jurídicas, nacionais ou estrangeiras, que operem no Brasil como agentes, dirigentes, procuradoras, comissionárias ou por qualquer forma representem interesses de ente estrangeiro que exerça qualquer das atividades referidas neste artigo;

X – as pessoas físicas ou jurídicas que exerçam atividades de promoção imobiliária ou compra e venda de imóveis;

XI – as pessoas físicas ou jurídicas que comercializem joias, pedras e metais preciosos, objetos de arte e antiguidades;

XII – as pessoas físicas ou jurídicas que comercializem bens de luxo ou de alto valor, intermedeiem a sua comercialização ou exerçam atividades que envolvam grande volume de recursos em espécie;

XIII – as juntas comerciais e os registros públicos;

XIV – as pessoas físicas ou jurídicas que prestem, mesmo que eventualmente, serviços de assessoria, consultoria, contadoria, auditoria, aconselhamento ou assistência, de qualquer natureza, em operações:

*a*) de compra e venda de imóveis, estabelecimentos comerciais ou industriais ou participações societárias de qualquer natureza;

*b*) de gestão de fundos, valores mobiliários ou outros ativos;

*c*) de abertura ou gestão de contas bancárias, de poupança, investimento ou de valores mobiliários;

*d)* de criação, exploração ou gestão de sociedades de qualquer natureza, fundações, fundos fiduciários ou estruturas análogas;

*e)* financeiras, societárias ou imobiliárias; e

*f)* de alienação ou aquisição de direitos sobre contratos relacionados a atividades desportivas ou artísticas profissionais;

XV – pessoas físicas ou jurídicas que atuem na promoção, intermediação, comercialização, agenciamento ou negociação de direitos de transferência de atletas, artistas ou feiras, exposições ou eventos similares;

XVI – as empresas de transporte e guarda de valores;

XVII – as pessoas físicas ou jurídicas que comercializem bens de alto valor de origem rural ou animal ou intermedeiem a sua comercialização; e

XVIII – as dependências no exterior das entidades mencionadas neste artigo, por meio de sua matriz no Brasil, relativamente a residentes no País.

XIX – as prestadoras de serviços de ativos virtuais.

\* Inciso XIX acrescentado pela Lei 14.478/2022 (*DOU* 22.12.2022), em vigor 180 dias após a sua publicação oficial.

## Capítulo VI
### DA IDENTIFICAÇÃO DOS CLIENTES E MANUTENÇÃO DE REGISTROS

**Art. 10.** As pessoas referidas no art. 9.º:

I – identificarão seus clientes e manterão cadastro atualizado, nos termos de instruções emanadas das autoridades competentes;

II – manterão registro de toda transação em moeda nacional ou estrangeira, títulos e valores mobiliários, títulos de crédito, metais, ativos virtuais, ou qualquer ativo passível de ser convertido em dinheiro, que ultrapassar limite fixado pela autoridade competente e nos termos de instruções por esta expedidas;

\* Inciso II com redação pela Lei 14.478/2022 (*DOU* 22.12.2022), em vigor 180 dias após a sua publicação oficial.

III – deverão adotar políticas, procedimentos e controles internos, compatíveis com seu porte e volume de operações, que lhes permitam atender ao disposto neste artigo e no art. 11, na forma disciplinada pelos órgãos competentes;

IV – deverão cadastrar-se e manter seu cadastro atualizado no órgão regulador ou fiscalizador e, na falta deste, no Conselho de Controle de Atividades Financeiras (COAF), na forma e condições por eles estabelecidas;

V – deverão atender às requisições formuladas pelo COAF na periodicidade, forma e condições por ele estabelecidas, cabendo-lhe preservar, nos termos da lei, o sigilo das informações prestadas.

§ 1.º Na hipótese de o cliente constituir-se em pessoa jurídica, a identificação referida no inciso I deste artigo deverá abranger as pessoas físicas autorizadas a representá-la, bem como seus proprietários.

§ 2.º Os cadastros e registros referidos nos incisos I e II deste artigo deverão ser conservados durante o período mínimo de 5 (cinco) anos a partir do encerramento da conta ou da conclusão da transação, prazo este que poderá ser ampliado pela autoridade competente.

§ 3.º O registro referido no inciso II deste artigo será efetuado também quando a pessoa física ou jurídica, seus entes ligados, houver realizado, em um mesmo mês-calendário, operações com uma mesma pessoa, conglomerado ou grupo que, em seu conjunto, ultrapassem o limite fixado pela autoridade competente.

**Art. 10-A.** O Banco Central manterá registro centralizado formando o cadastro geral de correntistas e clientes de instituições financeiras, bem como de seus procuradores.

## Capítulo VII
## DA COMUNICAÇÃO DE OPERAÇÕES FINANCEIRAS

**Art. 11.** As pessoas referidas no art. 9.º:

I – dispensarão especial atenção às operações que, nos termos de instruções emanadas das autoridades competentes, possam constituir-se em sérios indícios dos crimes previstos nesta Lei, ou com eles relacionar-se;

II – deverão comunicar ao COAF, abstendo-se de dar ciência de tal ato a qualquer pessoa, inclusive àquela à qual se refira a informação, no prazo de 24 (vinte e quatro) horas, a proposta ou realização:

*a*) de todas as transações referidas no inciso II do art. 10, acompanhadas da identificação de que trata o inciso I do mencionado artigo; e

*b*) das operações referidas no inciso I;

III – deverão comunicar ao órgão regulador ou fiscalizador da sua atividade ou, na sua falta, ao COAF, na periodicidade, forma e condições por eles estabelecidas, a não ocorrência de propostas, transações ou operações passíveis de serem comunicadas nos termos do inciso II.

§ 1.º As autoridades competentes, nas instruções referidas no inciso I deste artigo, elaborarão relação de operações que, por suas características, no que se refere às partes envolvidas, valores, forma de realização, instrumentos utilizados, ou pela falta de fundamento econômico ou legal, possam configurar a hipótese nele prevista.

§ 2.º As comunicações de boa-fé, feitas na forma prevista neste artigo, não acarretarão responsabilidade civil ou administrativa.

§ 3.º O COAF disponibilizará as comunicações recebidas com base no inciso II do *caput* aos respectivos órgãos responsáveis pela regulação ou fiscalização das pessoas a que se refere o art. 9.º.

**Art. 11-A.** As transferências internacionais e os saques em espécie deverão ser previamente comunicados à instituição financeira, nos termos, limites, prazos e condições fixados pelo Banco Central do Brasil.

## Capítulo VIII
## DA RESPONSABILIDADE ADMINISTRATIVA

**Art. 12.** As pessoas referidas no art. 9.º, bem como aos administradores das pessoas jurídicas, que deixem de cumprir as obrigações previstas nos arts. 10 e 11, serão aplicadas, cumulativamente ou não, pelas autoridades competentes, as seguintes sanções:

I – advertência;

II – multa pecuniária variável não superior:

*a*) ao dobro do valor da operação;

*b*) ao dobro do lucro real obtido ou que presumivelmente seria obtido pela realização da operação; ou

*c*) ao valor de R$ 20.000.000,00 (vinte milhões de reais);

III – inabilitação temporária, pelo prazo de até 10 (dez) anos, para o exercício do cargo de administrador das pessoas jurídicas referidas no art. 9.º;

IV – cassação ou suspensão da autorização para o exercício de atividade, operação ou funcionamento.

§ 1.º A pena de advertência será aplicada por irregularidade no cumprimento das instruções referidas nos incisos I e II do art. 10.

§ 2.º A multa será aplicada sempre que as pessoas referidas no art. 9.º, por culpa ou dolo:

I – deixarem de sanar as irregularidades objeto de advertência, no prazo assinalado pela autoridade competente;

II – não cumprirem o disposto nos incisos I a IV do art. 10;

III – deixarem de atender, no prazo estabelecido, a requisição formulada nos termos do inciso V do art. 10;

IV – descumprirem a vedação ou deixarem de fazer a comunicação a que se refere o art. 11.

§ 3.º A inabilitação temporária será aplicada quando forem verificadas infrações graves quanto ao cumprimento das obrigações constantes desta Lei ou quando ocorrer reincidência específica, devidamente caracterizada em transgressões anteriormente punidas com multa.

§ 4.º A cassação da autorização será aplicada nos casos de reincidência específica de infrações anteriormente punidas com a pena prevista no inciso III do *caput* deste artigo.

**Art. 12-A.** Ato do Poder Executivo federal regulamentará a disciplina e o funcionamento do Cadastro Nacional de Pessoas Expostas Politicamente (CNPEP), disponibilizado pelo Portal da Transparência.

§ 1.º Os órgãos e as entidades de quaisquer Poderes da União, dos Estados, do Distrito Federal e dos Municípios deverão encaminhar ao gestor CNPEP, na forma e na periodicidade definidas no regulamento de que trata o *caput* deste artigo, informações atualizadas sobre seus integrantes ou ex-integrantes classificados como pessoas expostas politicamente (PEPs) na legislação e regulação vigentes.

§ 2.º As pessoas referidas no art. 9.º desta Lei incluirão consulta ao CNPEP entre seus procedimentos para cumprimento das obrigações previstas nos

# Art. 13

arts. 10 e 11 desta Lei, sem prejuízo de outras diligências exigidas na forma da legislação.

§ 3.º O órgão gestor do CNPEP indicará em transparência ativa, pela internet, órgãos e entidades que deixem de cumprir a obrigação prevista no § 1.º deste artigo.

\* Artigo acrescentado pela Lei 14.478/2022 (*DOU* 22.12.2022), em vigor 180 dias após a sua publicação oficial.

**Art. 13**. (*Revogado pela Lei 13.974/2020*).

## Capítulo IX
## DO CONSELHO DE CONTROLE
## DE ATIVIDADES FINANCEIRAS

**Art. 14.** É criado, no âmbito do Ministério da Fazenda, o Conselho de Controle de Atividades Financeiras – COAF, com a finalidade de disciplinar, aplicar penas administrativas, receber, examinar e identificar as ocorrências suspeitas de atividades ilícitas previstas nesta Lei, sem prejuízo da competência de outros órgãos e entidades.

§ 1.º As instruções referidas no art. 10 destinadas às pessoas mencionadas no art. 9.º, para as quais não exista órgão próprio fiscalizador ou regulador, serão expedidas pelo COAF, competindo-lhe, para esses casos, a definição das pessoas abrangidas e a aplicação das sanções enumeradas no art. 12.

§ 2.º O COAF deverá, ainda, coordenar e propor mecanismos de cooperação e de troca de informações que viabilizem ações rápidas e eficientes no combate à ocultação ou dissimulação de bens, direitos e valores.

§ 3.º O COAF poderá requerer aos órgãos da Administração Pública as informações cadastrais bancárias e financeiras de pessoas envolvidas em atividades suspeitas.

**Art. 15.** O COAF comunicará às autoridades competentes para a instauração dos procedimentos cabíveis, quando concluir pela existência de crimes previstos nesta Lei, de fundados indícios de sua prática, ou de qualquer outro ilícito.

**Art. 16.** (*Revogado pela Lei 13.974/2020*).

**Art. 17.** (*Revogado pela Lei 13.974/2020*).

## Capítulo X
## DISPOSIÇÕES GERAIS

**Art. 17-A.** Aplicam-se, subsidiariamente, as disposições do Decreto-Lei 3.689, de 3 de outubro de 1941 (Código de Processo Penal), no que não forem incompatíveis com esta Lei.

**Art. 17-B.** A autoridade policial e o Ministério Público terão acesso, exclusivamente, aos dados cadastrais do investigado que informam qualificação pessoal, filiação e endereço, independentemente de autorização judicial,

> mantidos pela Justiça Eleitoral, pelas empresas telefônicas, pelas instituições financeiras, pelos provedores de internet e pelas administradoras de cartão de crédito.[62]

**62. Violação inconstitucional:** cadastros sigilosos, estejam onde estiverem, com qualquer conteúdo, somente podem ser acessados por ordem judicial. Há muito se consolidou tal entendimento pelo STF e demais tribunais pátrios. Não há razão alguma para se alterar essa posição. De tempos em tempos, por lei ordinária, surge alguma tentativa de violação da intimidade ou da privacidade do indivíduo por órgãos estranhos ao Judiciário, tais como a polícia e o Ministério Público. Pode-se argumentar que são somente dados básicos do averiguado, mas é justamente assim que se principia o descortinar de muitos outros dados, abrindo-se o precedente para outras invasões de organismos alheios ao Poder de Estado, encarregado de verificar a conveniência dessa busca. Aliás, não se compreende o motivo pelo qual não pode a polícia ou o MP dirigir-se ao juiz e pedir acesso a tais dados. Há magistrados 24 horas por dia à disposição dos órgãos policiais (vide o acesso garantido para a prisão temporária). Enfim, permitir o livre acesso, sem a autorização judicial, é abrir perigoso precedente, incompatível com as garantias individuais básicas do cidadão.

> **Art. 17-C.** Os encaminhamentos das instituições financeiras e tributárias em resposta às ordens judiciais de quebra ou transferência de sigilo deverão ser, sempre que determinado, em meio informático, e apresentados em arquivos que possibilitem a migração de informações para os autos do processo sem redigitação.
>
> **Art. 17-D.** Em caso de indiciamento de servidor público, este será afastado, sem prejuízo de remuneração e demais direitos previstos em lei, até que o juiz competente autorize, em decisão fundamentada, o seu retorno.[63]

**63. Afastamento compulsório:** quando houver indiciamento – apontar determinado suspeito, formalmente, como autor ou partícipe do crime – de servidor público, ele deve ser imediatamente afastado de suas funções, certamente ligadas a alguma atividade que deu ensejo à prática do crime de lavagem de capitais. Busca-se preservar, ao máximo, a idoneidade da administração, inviabilizando qualquer influência do funcionário durante a investigação ou processo. Por outro lado, permite-se a continuidade da percepção da sua remuneração, não significando prejuízo imediato, antes do trânsito em julgado de eventual sentença condenatória. Além disso, pode o servidor retornar à ativa, desde que o juiz competente autorize, em decisão fundamentada. Em suma, não vemos riscos à presunção de inocência, mas somente uma medida cautelar legalmente imposta. Porém, o STF proclamou a inconstitucionalidade do dispositivo: "O Tribunal, por maioria, julgou procedente o pedido formulado na ação direta para declarar a inconstitucionalidade do art. 17-D da Lei nº 9.613/1998, com a redação dada pela Lei nº 12.683/2012, nos termos do voto do Ministro Alexandre de Moraes, Redator para o acórdão, vencidos o Ministro Edson Fachin (Relator), a Ministra Cármen Lúcia e, em parte, o Ministro Marco Aurélio. Plenário, Sessão Virtual de 13.11.2020 a 20.11.2020" (ADI 4.911 – DF, redator para o acórdão Alexandre de Moraes).

> **Art. 17-E.** A Secretaria da Receita Federal do Brasil conservará os dados fiscais dos contribuintes pelo prazo mínimo de 5 (cinco) anos, contado a partir

# Art. 18

Leis Penais e Processuais Penais Comentadas – Vol. 2 • **Nucci**

do início do exercício seguinte ao da declaração de renda respectiva ou ao do pagamento do tributo.

**Art. 18.** Esta Lei entra em vigor na data de sua publicação.

Brasília, 3 de março de 1998; 177.º da Independência e 110.º da República.

Fernando Henrique Cardoso

(*DOU* 04.03.1998)

# Meio Ambiente

## Lei 9.605, de 12 de fevereiro de 1998

*Dispõe sobre as sanções penais e administrativas derivadas de condutas e atividades lesivas ao meio ambiente,[1-2] e dá outras providências.*

O Presidente da República:

Faço saber que o Congresso Nacional decreta e eu sanciono a seguinte Lei:

### Capítulo I
### DISPOSIÇÕES GERAIS[3-3-A]

**Art. 1.º** (Vetado.)

**1. Fundamento constitucional:** conforme preceitua o art. 225, *caput*, da Constituição Federal, "todos têm direito ao meio ambiente ecologicamente equilibrado, bem de uso comum do povo e essencial à sadia qualidade de vida, impondo-se ao Poder Público e à coletividade o dever de defendê-lo e preservá-lo para as presentes e futuras gerações". No § 1.º, estipula que "para assegurar a efetividade desse direito, incumbe ao Poder Público: I – preservar e restaurar os processos ecológicos essenciais e prover o manejo ecológico das espécies e ecossistemas; II – preservar a diversidade e a integridade do patrimônio genético do País e fiscalizar as entidades dedicadas à pesquisa e manipulação de material genético; III – definir, em todas as unidades da Federação, espaços territoriais e seus componentes a serem especialmente protegidos, sendo a alteração e a supressão permitidas somente através de lei, vedada qualquer utilização que comprometa a integridade dos atributos que justifiquem sua proteção; IV – exigir, na forma da lei, para instalação de obra ou atividade potencialmente causadora de significativa degradação do meio ambiente, estudo prévio de impacto ambiental, a que se dará publicidade; V – controlar a produção, a comercialização e o emprego de técnicas, métodos e substâncias que comportem risco para a vida, a qualidade de vida e o meio ambiente; VI – promover a educação ambiental

# Art. 1.º

em todos os níveis de ensino e a conscientização pública para a preservação do meio ambiente; VII – proteger a fauna e a flora, vedadas, na forma da lei, as práticas que coloquem em risco sua função ecológica, provoquem a extinção de espécies ou submetam os animais a crueldade". No § 2.º, prevê que "aquele que explorar recursos minerais fica obrigado a recuperar o meio ambiente degradado, de acordo com solução técnica exigida pelo órgão público competente, na forma da lei". No § 3.º, determina que "as condutas e atividades consideradas lesivas ao meio ambiente sujeitarão os infratores, pessoas físicas ou jurídicas, a sanções penais e administrativas, independentemente da obrigação de reparar os danos causados". No § 4.º, estabelece que "a Floresta Amazônica brasileira, a Mata Atlântica, a Serra do Mar, o Pantanal Mato-Grossense e a Zona Costeira são patrimônio nacional, e sua utilização far-se-á, na forma da lei, dentro de condições que assegurem a preservação do meio ambiente, inclusive quanto ao uso dos recursos naturais". No § 5.º, fixa serem "indisponíveis as terras devolutas ou arrecadadas pelos Estados, por ações discriminatórias, necessárias à proteção dos ecossistemas naturais". Finalmente, no § 6.º, estabelece que "as usinas que operem com reator nuclear deverão ter sua localização definida em lei federal, sem o que não poderão ser instaladas". E no § 7.º: "Para fins do disposto na parte final do inciso VII do § 1.º deste artigo, não se consideram cruéis as práticas desportivas que utilizem animais, desde que sejam manifestações culturais, conforme o § 1.º do art. 215 desta Constituição Federal, registradas como bem de natureza imaterial integrante do patrimônio cultural brasileiro, devendo ser regulamentadas por lei específica que assegure o bem-estar dos animais envolvidos". Vê-se, pois, a consistente preocupação do legislador constituinte com o tema tratado, em maiores detalhes, na Lei 9.605/98.

**2. Conceito de meio ambiente:** é o espaço ocupado pelos seres vivos, onde habitam e há interação recíproca, influenciando na forma de vida e na mantença desse lugar, com todas as suas naturais características. Parte da doutrina tece considerações críticas ao termo *meio ambiente*, por indicar a existência de um pleonasmo, afinal, bastaria dizer *ambiente*, que seria o local onde habitam os seres vivos, sendo que *meio* é aquilo que está no centro da alguma coisa (cf. Luís Paulo Sirvinskas, *Manual de direito ambiental*, p. 28; Gilberto Passos de Freitas e Vladimir Passos de Freitas, *Crimes contra a natureza*, p. 17). Pensamos que o termo é adequado, pois cuida-se de uma referência específica ao *habitat* dos seres vivos em geral em nosso planeta. Lembremos que a palavra *ambiente* é mais restrita, podendo significar apenas um lugar qualquer, um recinto, um cômodo de uma residência. O termo *meio* também possui o significado de local onde vivem pessoas, animais ou plantas. Em suma, a junção de ambos – meio ambiente –, tal como utilizada na Constituição Federal, parece-nos adequada, pois resume a exata ideia de ser o espaço onde todos vivemos, seres vivos racionais e irracionais. Valendo-se do estudo de José Afonso da Silva, doutrinadores citam, ainda, mais especificamente, o meio ambiente artificial, constituído pelo espaço urbano (ruas, praças, avenidas, edifícios etc.), o meio ambiente cultural, formado pelo conjunto histórico, artístico, paisagístico etc. (esculturas, paisagens naturais distintas, sítios históricos, entre outros), o meio ambiente natural, composto pelo solo, a água, o ar, a flora etc. (florestas, lagos, rios, entre outros), bem como o meio ambiente do trabalho, estruturado pelas condições onde o ser humano desenvolve suas atividades laborativas (cf. Gilberto Passos de Freitas e Vladimir Passos de Freitas, *Crimes contra a natureza*, p. 18). Não olvidemos o conceito de meio ambiente já utilizado em lei: "o conjunto de condições, leis, influências e interações de ordem física, química e biológica, que permite, abriga e rege a vida em todas as suas formas" (art. 3.º, I, Lei 6.938/81). Importante lembrar, ainda, a lição de Paulo José da Costa Júnior, cuidando do direito penal ecológico, afinal, a ecologia é o ramo científico que busca estudar o relacionamento existente entre os seres vivos e o meio ambiente em que vivem: "Do direito penal social faz parte integrante certamente o direito penal ecológico, se é verdade que o homem retira da natureza os meios necessários à sua existência. Homem e natureza são, portanto, como recorda Abbagnano, dois mundos que vivem em relacionamento recíproco e só 'nesse relacionamento o homem encontra a condição de sua sobrevivência e de sua dignidade'. A ecologia apresenta-se, pois, como um bem social por excelência. E a garantia de um ambiente puro representa um 'direito social' de todo indivíduo, que reivindica tutela eficaz diante do impressionante alargar-se do inquinamento na era presente" (*Direito penal ecológico*, p. 40).

**3. Competência:** como regra, é da Justiça Estadual, pois não há, na proteção ambiental, interesse direto da União, de autarquias ou empresas públicas federais. Entretanto, é preciso constatar se existe algum fator previsto no art. 109, I, da Constituição Federal. Ademais, a competência também pode ser da Justiça Federal, quando agressões ambientes (por exemplo, extermínio de animais) ocorrerem dentro de Unidade de Conservação Ambiental mantida pela União. Na jurisprudência: STJ: "Espécie de ave que figura em lista nacional de extinção. Competência da justiça federal. 1. Tratando-se de matéria de competência comum, à União, aos Estados, ao Distrito Federal e aos Municípios, nos termos do art. 23, incisos VI e VII, da Constituição Federal, compete a preservação do meio ambiente. 2. Ressaindo interesse direto da União, a competência para processar e julgar crime contra a fauna é da Justiça Federal. No caso, tal situação está caracterizada, pois a ave objeto da ação delitiva figura em lista de ameaça de extinção editada pelo Ministério do Meio Ambiente (Portaria n. 444/2014). 3. Agravo regimental desprovido" (AgRg no CC 151.367 – SC, 3.ª S., rel. Antônio Saldanha Palheiro, 22.06.2018).

**3-A. Princípio da insignificância:** admite-se a sua aplicação em material ambiental. Não há dúvida de que a proteção ao meio ambiente é de interesse geral da coletividade, porém, tal perspectiva não elide a possibilidade de se encontrar uma infração penal de ínfimo potencial ofensivo, cujo alcance é estreito e limitado. Desse modo, urge promover a incidência do princípio da intervenção mínima, baluarte do Estado Democrático de Direito, cuja meta é impedir a abusiva interferência estatal, no âmbito penal. Qualquer figura típica incriminadora suporta, em tese, a aplicação da insignificância, dependendo, por óbvio, da análise do caso concreto. Nesse sentido: STF: "Crime ambiental. Pescador flagrado com doze camarões e rede de pesca, em desacordo com a Portaria 84/02, do IBAMA. Art. 34, parágrafo único, II, da Lei 9.605/98. *Rei furtivae* de valor insignificante. Periculosidade não considerável do agente. Crime de bagatela. Caracterização. Aplicação do princípio da insignificância. Atipicidade reconhecida. Absolvição decretada. HC concedido para esse fim. Voto vencido. Verificada a objetiva insignificância jurídica do ato tido por delituoso, à luz das suas circunstâncias, deve o réu, em recurso ou *habeas corpus*, ser absolvido por atipicidade do comportamento" (HC 112.563, 2.ª T., Rel. Ricardo Lewandowski, rel. Cezar Peluso (para acórdão), 21.08.2012). STJ: "1. O denunciado é pescador de origem simples, amadorista, tendo sido apreendidos apenas três molinetes, três varas e dois bagres, o que demonstra a mínima ofensividade da conduta. Ausência de lesividade ao bem jurídico protegido pela norma incriminadora (art. 34, *caput*, da Lei 9.605/98), verificando-se a atipicidade da conduta imputada ao paciente. 2. Recurso ordinário provido para conceder a ordem e determinar o trancamento da Ação Penal 5000614-16.2011.404.7200 (Juízo Federal da Vara Ambiental da Subseção Judiciária de Florianópolis/SC)" (RHC 33.465 – SC, 6.ª T., rel. Sebastião Reis Júnior, j. 13.05.2014).

> **Art. 2.º** Quem, de qualquer forma, concorre para a prática dos crimes previstos nesta Lei, incide nas penas a estes cominadas, na medida da sua culpabilidade, bem como o diretor, o administrador, o membro de conselho e de órgão técnico, o auditor, o gerente, o preposto ou mandatário de pessoa jurídica, que, sabendo da conduta criminosa de outrem, deixar de impedir a sua prática, quando podia agir para evitá-la.[4]

# Art. 3.º

**4. Concurso de agentes e a omissão penalmente relevante:** a primeira parte do art. 2.º é completamente irrelevante, pois se limita a reproduzir o que já existe no art. 29 do Código Penal, aplicável, obviamente, a toda a legislação penal especial, à falta de disposição em sentido contrário. Pune-se, pelo crime ambiental, tanto o autor (executor do tipo penal) – se houver mais de um, são os coautores – como o partícipe (aquele que presta suporte moral ou material ao executor). No momento de fixar a pena, deve-se graduá-la *na medida da culpabilidade* (grau de censura) de cada um dos concorrentes do delito (sobre o tema, consultar a nota 6 ao art. 29, bem como a nota 3 ao art. 59 do nosso *Código Penal comentado*). No mais, a segunda parte do preceito tem a vantagem de deixar bem clara a *relevância da omissão* de certas pessoas, constituindo um adendo ao disposto no art. 13, § 2.º, do Código Penal. Relembremos que a "omissão é penalmente relevante quando o omitente devia e podia agir para evitar o resultado. O dever de agir incumbe a quem: a) tenha por lei obrigação de cuidado, proteção e vigilância". Portanto, o diretor, o administrador, o membro de conselho e de órgão técnico, o auditor, o gerente, o preposto ou o mandatário de pessoa jurídica, que, tomando conhecimento da conduta criminosa de quem quer que seja, desde que possa agir (tenha poder para tanto) para evitá-la, deixar de fazê-lo, responderá como partícipe. Volta-se o art. 2.º à imposição do dever de agir ao integrante de pessoa jurídica (especialmente, os que ocupam cargo de direção e mando), que, verificando, por exemplo, a devastação ilegal de uma floresta, realizada por prepostos, omite-se. Certamente assim age para, no futuro, alegar que nada realizou, nada executou, sendo a responsabilidade penal de natureza pessoal, logo, de empregado seu. Portanto, pretenderá eximir-se de integrar o nexo causal (dar causa ao resultado) do delito, pois não teria executado o ato material de destruição. Entretanto, com a disposição feita no art. 2.º, tal escusa não será válida. Há de se ressaltar, ainda mais, que é fundamental a existência de nexo causal entre a omissão do dirigente da pessoa jurídica e o resultado danoso alcançado no tocante ao meio ambiente. Em outras palavras, não pode o referido dirigente buscar afastar-se do delito, singelamente alegando que sua omissão é penalmente irrelevante; ao contrário, deve procurar, caso seja envolvido em algum ato lesivo ao meio ambiente, provocado por outrem, demonstrar que suas atitudes (ativas ou passivas) não deram causa ao resultado.

> **Art. 3.º** As pessoas jurídicas serão responsabilizadas administrativa, civil e penalmente conforme o disposto nesta Lei, nos casos em que a infração seja cometida por decisão de seu representante legal ou contratual, ou de seu órgão colegiado, no interesse ou benefício da sua entidade.[5-10]
>
> **Parágrafo único.** A responsabilidade das pessoas jurídicas não exclui a das pessoas físicas, autoras, coautoras ou partícipes do mesmo fato.[11-11-A]

**5. Responsabilidade penal da pessoa jurídica:** debatem a doutrina e a jurisprudência pátrias se a pessoa jurídica, tal como, expressamente, previsto neste artigo, bem como na Constituição Federal (art. 225, § 3.º), pode, realmente, ser sujeito ativo de crime. Participamos da discussão em nosso *Código Penal comentado* (nota 4 ao Título II), argumentos que pretendemos reproduzir nesta obra, acrescentando alguns outros. As *principais objeções* à responsabilidade penal da pessoa jurídica são as seguintes: a) a pessoa jurídica não tem vontade, suscetível de configurar o dolo e a culpa, indispensáveis presenças para o direito penal moderno e democrático, que é o direito penal da culpabilidade (não há crime sem dolo e sem culpa, ou *nullum crimen sine culpa*); b) a Constituição Federal não autorizaria, expressamente, a responsabilidade penal e o disposto no art. 225, § 3.º, seria uma mera declaração do óbvio. Assim, à pessoa jurídica reservam-se as sanções civis e administrativas e, unicamente, à pessoa física podem-se aplicar as sanções penais. Nessa ótica, a posição de José Antonio Paganella Boschi: "Já o texto do § 3.º do art. 225 da CF apenas reafirma o que é do domínio público, ou seja, que as pessoas naturais estão sujeitas a sanções de natureza penal e que as pessoas jurídicas estão sujeitas a sanções de natureza administrativa. O legislador constituinte, ao que tudo indica, em momento algum pretendeu, ao elaborar o texto da Lei Fundamental, quebrar a regra por ele próprio consagrada (art. 5.º, inciso XLV) de que responsabilidade penal é, na sua essência, inerente só aos seres humanos, pois estes, como afirmamos antes, são os únicos dotados de consciência, vontade e capacidade de compreensão do fato e de ação (ou omissão) conforme ou desconforme ao direito" (*Das penas e seus critérios de aplicação*, p. 133); c) as penas destinadas à pessoa jurídica não poderiam ser privativas de liberdade, que, na essência, constituem a característica principal do Direito Penal. Afinal, para aplicar uma multa qualquer, basta invocar normas extrapenais (administrativas ou civis); d) as penas são personalíssimas, de forma que a punição a uma pessoa jurídica, certamente, atingiria o sócio inocente, que não tomou parte na decisão geradora do crime. Há outros fundamentos, embora estes sejam os principais. Queremos crer que tal posição foi revista, pois há acórdãos posteriores a essa data, conforme demonstrado abaixo, pela mesma Turma, admitindo a responsabilidade penal da pessoa jurídica. Em sentido contrário, estão aqueles que *defendem a possibilidade* de a pessoa jurídica responder pela prática de um delito. Argumenta-se: a) a pessoa jurídica possui vontade, não somente porque tem existência real, não constituindo um mito, mas porque "elas fazem com que se reconheça, modernamente, sua vontade, não no sentido próprio que se atribui ao ser humano, resultante da própria existência natural, mas em um plano pragmático-sociológico, reconhecível socialmente. Essa perspectiva permite a criação de um conceito novo denominado 'ação delituosa institucional', ao lado das ações humanas individuais" (Sérgio Salomão Shecaira, *Responsabilidade penal da pessoa jurídica*, p. 148; ver, ainda, p. 94-95); b) ainda que não tivesse vontade própria, passível de reconhecimento através do dolo e da culpa, é preciso destacar existirem casos de responsabilidade objetiva, no direito penal, inclusive de pessoa física, como se dá no contexto da embriaguez voluntária, mas não preordenada (sobre o tema, consultar a nota 17 ao art. 28 do nosso *Código Penal comentado*); c) as penas privativas de liberdade não constituem, atualmente, a meta principal a ser alcançada pelo Direito Penal, inclusive para a pessoa física, defendendo-se, cada vez mais, a aplicação de penas alternativas (restritivas de direitos) ou penas pecuniárias, buscando-se evitar os males do encarceramento; d) o artigo 225, § 3.º, da Constituição Federal é, sim, expresso ao admitir a responsabilidade penal da pessoa jurídica, não se podendo fazer uma leitura capciosa do seu conteúdo; e) no tocante às penas serem personalíssimas, o que não se nega, é preciso destacar que a sanção incidirá sobre a pessoa jurídica, e não sobre o sócio. Se este poderá ser, indiretamente, prejudicado pela punição é outro ponto, aliás, fatal de ocorrer em qualquer tipo de crime. Se um profissional liberal for condenado, por exemplo, por homicídio, e levado à prisão, pode sua família sofrer as consequências, ficando privada do seu sustento habitual, embora não tenha participado da prática da infração penal. Cremos estar a razão com aqueles que sustentam a viabilidade de a pessoa jurídica responder por crime no Brasil, após a edição da Lei 9.605/98, que cuida dos crimes contra o meio ambiente, por todos os argumentos supracitados. Além disso, é preciso considerar que a condenação na esfera penal – pouco importando se a pena é somente restritiva de direitos ou multa – é, moralmente, mais efetiva que pronunciamentos judiciais em outras áreas. Tanto é realidade que qualquer pessoa, indiciada em inquérito policial, entendendo tratar-se de um constrangimento ilegal, pode impetrar *habeas corpus* para fazer cessar o referido abuso. Uma ação penal, promovida sem justa causa, é um pesado fardo a suportar, valendo, também, a impetração de *habeas corpus* para o seu trancamento. Ademais, vale lembrar que a interferência de autoridades com maior força de atuação no campo dos delitos ambientais – como o delegado, o membro do Ministério Público e o juiz – torna muito maior a possibilidade de se apurar e punir a infração penal ambiental cometida pela pessoa jurídica. Nesse prisma, confira-se a lição de Gilberto Passos de Freitas e Vladimir Passos de Freitas: "Ora, deixar a ação preventiva e repressiva apenas na esfera administrativa e por conta apenas dos órgãos ambientais é relegar a proteção do meio ambiente à falta de efetividade. Ao contrário, agentes do Ministério Público e juízes, com as garantias constitucionais e plena autonomia no exercício de suas funções, podem exercer, com os poderes da Lei Penal Ambiental, um papel relevante na preservação do meio ambiente" (*Crimes contra a natureza*, p. 25; consultar, ainda, a p. 69, onde há um rol, cada vez maior, dos autores que prestigiam a tese da responsabilidade penal da pessoa jurídica). Entendemos que é momento de cessar o mito da punição penal exclusiva da pessoa física, quando se sabe que, no mundo todo, cada vez mais, a delinquência se esconde por trás de pessoas jurídicas – reais ou de mera fachada –, mas que servem aos propósitos da criminalidade de grande relevo, como os crimes ambientais e, logicamente, os econômicos, financeiros, contra as relações de consumo, tributários, entre outros. A pessoa jurídica, criminalmente punida, pode sofrer danos irreparáveis à sua imagem diante da coletividade, bastando haver cultura suficiente para isso. Pensamos que, com o passar do tempo, também o brasileiro, como já ocorre em outros países, passará a dar importância a quem degrada o meio ambiente de maneira criminosa, podendo rejeitar, por exemplo, a compra de produtos originários de *pessoas jurídicas delinquentes*, dando maior ênfase à finalidade preventiva do Direito Penal. Aliás, seria perfeitamente possível e desejável prever outras figuras típicas contemplando a pessoa jurídica como autora de crime, mormente no contexto dos delitos contra a ordem econômica e financeira e contra a economia popular, valendo-se do conteúdo do art. 173, § 5.º da Constituição Federal. Dependeria, no entanto, da edição de lei expressa a respeito. Porém, em igual prisma, temos a lição de Édis Milaré e Paulo José da Costa Júnior: "A responsabilidade penal da pessoa jurídica, nos tempos hodiernos, especialmente no âmbito do direito privado, no qual estão presentes grandes conglomerados, empresas multinacionais, grupos econômicos, é uma necessidade para fazer frente à criminalidade tributária, econômica, financeira e ecológica" (*Direito penal ambiental*, p. 19). No mais, é preciso lembrar que, historicamente, o Tribunal de Nuremberg chegou a condenar, por crimes de guerra contra a humanidade, não somente pessoas físicas, mas corporações inteiras, como a GESTAPO (Polícia Secreta da Alemanha nazista) e as tropas da SS (grupos especializados de combate da época do nazismo). Confira-se, também, o caso retratado por Sidnei Beneti, a respeito da primeira condenação de pessoa jurídica na Justiça Francesa: "Responsabilidade penal da pessoa jurídica: notas diante da primeira condenação na justiça francesa", *RT* 731/471. Adotam a responsabilidade penal da pessoa jurídica atualmente, além do Brasil: Estados Unidos, Inglaterra, Canadá, Austrália, Cuba, México, China, Japão, Holanda, Portugal, Escócia, França, Áustria e Dinamarca. Note-se, ademais, o disposto no Código Penal do Alabama (EUA), disciplinando o conceito de sujeito ativo do crime: "um ser humano, e, onde for apropriado, uma empresa pública ou privada, uma associação, uma sociedade, um governo ou uma instituição governamental" (art. 13-A, 1-2).

**6. Responsabilidade da pessoa jurídica de direito público:** a lei brasileira não fez qualquer distinção, ao contrário, por exemplo, da expressa exclusão formulada no Código Penal francês (art. 121-2, Título II, Capítulo I). Como já mencionamos na nota anterior, há previsão explícita em alguns Códigos Penais estaduais americanos, como é o caso do Alabama, em relação à possibilidade de se punir a empresa pública e até mesmo o governo. Não vemos nenhum óbice à responsabilidade penal da pessoa jurídica de direito público (União, Estados, Distrito Federal, Municípios, autarquias e fundações públicas). Há quem diga que "eventual punição não teria sentido. Imagine-se um município condenado à pena de multa: ela acabaria recaindo sobre os munícipes que recolhem tributos à pessoa jurídica. Idem restrição de direitos – por exemplo, a pena restritiva de prestação de serviços à comunidade (art. 9.º) seria inviável, já que cabe ao Poder Público prestar tais serviços. Seria redundância" (Gilberto Passos de Freitas e Vladimir Passos de Freitas, *Crimes contra a natureza*, p. 70-71). Assim não nos parece. Em primeiro lugar, não há expressa previsão para a exclusão legal. Em segundo, a condenação criminal tem o seu lado moral, além, obviamente, da meta punitiva. O Município condenado a pagar ao Estado ou à União uma multa elevada por crime ambiental deve fazê-lo, acarretando, sem dúvida, ao Prefeito da gestão delituosa, um fardo político a ser justificado diante de seu eleitorado. Aliás, até mesmo a condenação à prestação de específico serviço à comunidade, fruto de condenação criminal, teria efeito positivo, pois nem sempre a pessoa jurídica de direito público cumpre suas finalidades. O que impediria, por exemplo, uma autarquia federal, autora de crime ambiental, ser condenada à manutenção de um espaço público estadual ou ao custeio de um programa municipal ambiental? Em suma, pode até *parecer* redundante, mas, na prática, não seria.

**7. Personalidades judiciárias:** são entidades admitidas em lei para certas finalidades apenas, mas não são equiparadas à pessoa jurídica, logo, não respondem por crime ambiental. Exemplo disso ocorre com o espólio – o conjunto dos bens deixados pelo falecido aos herdeiros. Preceitua o art. 1.991 do Código Civil que, "desde a assinatura do compromisso até a homologação da partilha, a administração da herança será exercida pelo inventariante". No curso do processo, "ocorrendo a morte de qualquer das partes, dar-se-á a substituição pelo seu espólio..." (art. 110 do CPC/2015). Menciona-se, ainda, que ao inventariante incumbe "representar o espólio ativa e passivamente, em juízo ou fora dele..." (art. 618 do CPC/2015). Em suma, o espólio pode figurar em juízo no polo ativo ou passivo, mas não significa que se constituiu em pessoa jurídica. Logo, não pode cometer delito.

**8. Extinção da pessoa jurídica:** se tal situação ocorrer, aplica-se, por analogia, o art. 107, I, do Código Penal (morte do agente), declarando-se extinta a punibilidade. Entretanto, se houver burla, dando-se por encerrada a atividade de determinada pessoa jurídica, ré em processo criminal, mas criando-se outra, com exatamente os mesmos sócios e finalidades, é possível, em nosso entendimento, manter a ação penal. Extrai-se o mesmo critério utilizado para a pessoa física, cuja identidade é desconhecida ou falsa: "A impossibilidade de identificação do acusado com o seu verdadeiro nome ou outros qualificativos não retardará a ação penal, quando certa a identidade física. A qualquer tempo, no curso do processo, do julgamento ou da execução da sentença, se for descoberta a sua qualificação, far-se-á a retificação, por termo, nos autos, sem prejuízo da validade dos atos precedentes" (art. 259, CPP). Aliás, a bem da verdade, se o magistrado, em caso de pessoa física, que simule sua morte, apresentando certidão falsa, descobrir a tentativa de engodo antes de declarar extinta a punibilidade, o processo criminal terá regular continuidade. Logo, não é crível que a pessoa jurídica possa simular sua "morte" e o juízo ser obrigado a aceitar a extinção da punibilidade.

**9. Citação e interrogatório da pessoa jurídica:** a citação deve ser feita nos moldes apregoados pelo Código de Processo Civil: "Serão representados em juízo, ativa e passivamente: (...) VIII – a pessoa jurídica, por quem os respectivos atos constitutivos designarem ou, não havendo essa designação, por seus diretores" (art. 75) (usa-se de analogia, pois o Código de Processo Penal, editado em 1941, não previa tal possibilidade). Quanto ao interrogatório, conforme já defendemos em nosso *Código de Processo Penal comentado* (nota 8 ao art. 185), deve-se utilizar analogia com a Consolidação das Leis do Trabalho, que permitem ao empregador ser substituído pelo gerente ou qualquer outro preposto que tenha conhecimento do fato. Logo, pode ser interrogado o presidente ou diretor da pessoa jurídica ou quem a direção designar como preposto para tanto. Essa pessoa terá a oportunidade, querendo, de utilizar o direito ao silêncio, como também pode confessar a prática da infração penal.

# Art. 4.º

**10. Benefícios da Lei 9.099/95:** aplicam-se, normalmente, à pessoa jurídica, podendo esta transacionar com o Ministério Público, bem como pode receber o benefício, quando for o caso, da suspensão condicional do processo.

**11. Concurso necessário ou eventual:** outra questão relevante é saber se a pessoa jurídica poderia ser punida sozinha, independentemente de se conseguir apurar qual a pessoa física que, materialmente, executou o delito ambiental. Cremos que o art. 3.º, parágrafo único, deixou claro, a contrário senso, que sim. A responsabilidade penal da pessoa jurídica não exclui a das pessoas físicas – autoras, coautoras ou partícipes – do crime, valendo dizer que são responsabilidades diversas. Ilustrando, se a pessoa física poluir um lago, agindo por sua conta, sofrerá a consequência criminal de sua ação. Porém, se agir a mando da pessoa jurídica, ambas serão penalmente atingidas. No mais, caso se consiga somente verificar que a poluição adveio de ordem e em benefício de uma pessoa jurídica, mas não se atinge a identidade da pessoa física colaboradora, pode-se processar criminalmente, de modo isolado, a pessoa jurídica. No mesmo prisma: Gilberto Passos de Freitas e Vladimir Passos de Freitas, *Crimes contra a natureza*, p. 70. A tendência do STF é permitir o processo-crime contra a pessoa jurídica, sem a necessidade de se incluir a pessoa física no mesmo feito.

**11-A. Denúncia genérica:** há determinados delitos em relação aos quais, após concluídas as investigações, torna-se praticamente impossível ao órgão acusatório especificar, com exatidão, as condutas de cada um dos coautores ou partícipes. Uma dessas hipóteses é o crime contra o meio ambiente, que pode contar com a participação da pessoa jurídica e de uma ou mais pessoas físicas. Diante disso, admite-se a denúncia genérica, desde que fique, com clareza, comprovado que todos os denunciados tomaram parte do delito, embora não se saiba, com precisão, a conduta de cada um.

> **Art. 4.º** Poderá ser desconsiderada a pessoa jurídica sempre que sua personalidade for obstáculo ao ressarcimento de prejuízos causados à qualidade do meio ambiente.[12]
>
> **Art. 5.º** (*Vetado.*)

**12. Desconsideração da pessoa jurídica:** embora seja instituto importante, transferindo a responsabilidade da pessoa jurídica aos sócios, caso aquela se torne insolvente, diz respeito à área civil e não penal. Outra não poderia ser a interpretação em face do disposto no art. 5.º, XLV, CF: "nenhuma pena passará da pessoa do condenado, podendo a obrigação de reparar o dano e a decretação do perdimento de bens ser, nos termos da lei, estendidas aos sucessores e contra eles executadas, até o limite do valor do patrimônio transferido". Portanto, qualquer pena de caráter pecuniário aplicada à pessoa jurídica, caso ela se torne insolvente, não poderá ser executada – o mesmo se dá quando a pessoa física é, criminalmente, condenada ao pagamento de multa. A pena não passará da pessoa do delinquente. Logo, não se poderia *desconsiderar* a pessoa jurídica, buscando o ressarcimento *penal* diretamente dos sócios. Estes, aliás, somente seriam obrigados a cumprir pena – ainda que pecuniária – se forem condenados como coautores, mas cada um cumpre a sua parte da sentença, não sendo responsável pela do corréu. Se a pessoa jurídica, no entanto, em razão do ilícito penal, ficar obrigada a repará-lo civilmente, há possibilidade de se desconsiderar a pessoa jurídica, voltando-se a cobrança aos sócios, conforme o caso. Em contrário, Vania Maria Tuglio defende que "a teoria da desconsideração da pessoa jurídica nasceu de decisões jurisprudenciais, principalmente nos Estados Unidos, Inglaterra e Alemanha e por ela autoriza-se o Poder Judiciário a ignorar a autonomia empresarial, sempre que ficar provado que esta autonomia foi utilizada como expediente para a prática de crime ou fraude. Deste modo, atinge-se direta, pessoal e ilimitadamente o patrimônio dos sócios da empresa condenada criminalmente, desde que provada a fraude na utilização da independência patrimonial. Vale ressaltar que essa desconsideração ataca a eficácia episódica dos atos constitutivos, não a sua validade. A empresa cuja autonomia patrimonial tenha sido desconsiderada, continua válida, assim como todos os demais atos por ela praticados" (*Responsabilidade penal da pessoa jurídica* – outras considerações, p. 1305).

## Capítulo II
### Da aplicação da pena

> **Art. 6.º** Para imposição e gradação da penalidade,[13] a autoridade competente observará:[14-15]
>
> I – a gravidade do fato, tendo em vista os motivos da infração e suas consequências para a saúde pública e para o meio ambiente;
>
> II – os antecedentes do infrator quanto ao cumprimento da legislação de interesse ambiental;
>
> III – a situação econômica do infrator, no caso de multa.

**13. Individualização da pena:** trata-se de preceito constitucional (art. 5.º, XLVI, primeira parte, CF) que a pena aplicada a qualquer condenado fuja a um modelo padronizado. A cada réu, a pena justa, conforme o seu merecimento, diante do grau de censura concreto, acerca do fato e do seu autor, o que se denomina *culpabilidade do fato*. A aplicação da pena é um procedimento judicial discricionário, porém juridicamente vinculado aos requisitos estabelecidos em lei, devidamente motivado, com o fim de atingir a suficiência para prevenir novos delitos e reprovar o crime já cometido. Para tanto, há três estágios: a) primário: fixa-se o *quantum* da pena, entre o mínimo e o máximo previstos, em abstrato, no preceito secundário do tipo penal; b) secundário: opta-se pelo regime de cumprimento (fechado, semiaberto ou aberto); c) terciário: decide-se acerca da possibilidade de substituição da pena privativa de liberdade pela restritiva de direitos ou multa, bem como pela concessão de outros benefícios possíveis, como a suspensão condicional da pena. Para se atingir o estágio primário, há o critério trifásico (art. 68, CP). O juiz deve iniciar o procedimento fixando a pena-base, que é a sua primeira escolha, entre o mínimo e máximo abstratamente existentes, com fundamento nas circunstâncias judiciais previstas no art. 59 do Código Penal (culpabilidade – grau de reprovação social – que é verificado pelos conjuntos dos demais fatores enumerados: antecedentes, conduta social, personalidade, motivos, circunstâncias, consequências do crime e comportamento da vítima). Após, lança o magistrado as circunstâncias legais denominadas agravantes e atenuantes (arts. 61 a 66, CP). Ao final, aplicam-se as circunstâncias legais nomeadas causas de aumento e diminuição.

**14. Critérios específicos:** o art. 6.º da Lei 9.605/98 estipulou, sem afetar o procedimento geral do Código Penal, alguns fatores específicos a considerar por ocasião da individualização da pena. Assim, quando for analisar as circunstâncias do crime e suas consequências, bem como a motivação do agente, o julgador deve levar em conta, particularmente, a gravidade do fato em relação à saúde pública e ao meio ambiente (inciso I). Ao verificar os antecedentes do criminoso (inciso II), devem ter maior valor os que se vincularem à legislação de interesse ambiental (ex.: quem já foi condenado anteriormente por crime contra o meio ambiente pode ter uma pena-base superior a outro réu, condenado, antes, por delito contra o patrimônio). Na aplicação da pena de multa, o critério relativo à situação econômica do infrator já é destacado no Código Penal (art. 60, *caput*), de modo que nenhuma inovação houve.

# Art. 7.º

**15. Fixação da pena para a pessoa jurídica:** os tipos penais incriminadores possuem, no preceito secundário, a cominação abstrata de pena privativa de liberdade. É óbvio que tal modalidade de pena é incompatível com a pessoa jurídica. A esta, somente cabem as sanções previstas no art. 21 desta Lei (multa, restritiva de direitos e prestação de serviços à comunidade). Porém, para se atingir o montante cabível (restritiva de direitos e prestação de serviços), o juiz deve fazer o cálculo como se fosse aplicar a pena privativa de liberdade para, depois, substituí-la por restritiva de direitos ou prestação de serviços à comunidade (esta última, no entanto, não deixa de ser uma restrição de direito). Quanto à multa, o procedimento é o mesmo seguido para a pessoa física, conforme previsto no Código Penal (dias-multa), o que será analisado em comentários ao art. 18 desta Lei.

> **Art. 7.º** As penas restritivas de direitos[16] são autônomas e substituem[17] as privativas de liberdade quando:
>
> I – tratar-se de crime culposo ou for aplicada a pena privativa de liberdade inferior a 4 (quatro) anos;[18]
>
> II – a culpabilidade,[19-20] os antecedentes,[21] a conduta social[22] e a personalidade[23] do condenado, bem como os motivos[24] e as circunstâncias[25] do crime indicarem que a substituição seja suficiente para efeitos de reprovação e prevenção do crime.[26]
>
> **Parágrafo único.** As penas restritivas de direitos a que se refere este artigo terão a mesma duração da pena privativa de liberdade substituída.[27]

**16. Conceito de penas restritivas de direitos:** são as penas alternativas às privativas de liberdade, expressamente previstas em lei, tendo por fim evitar o encarceramento de determinados criminosos, autores de infrações penais consideradas de média gravidade, promovendo-lhes a recuperação através da restrição a determinados direitos. No campo da Lei 9.605/98, as penas restritivas de direitos ganham especial relevo, pois, juntamente com a pena de multa, são as únicas aplicáveis à pessoa jurídica. Logo, nessa peculiar situação, não se trata de medida de política criminal para evitar o cárcere, mas, sim, de medida repressiva adequada em função da qualidade do infrator.

**17. Natureza jurídica:** a doutrina sempre as definiu como autônomas e substitutivas das penas privativas de liberdade. Na realidade, os tipos penais incriminadores trazem, no preceito secundário, as penas abstratas fixadas em reclusão ou detenção, com valores mínimo e máximo de prisão, cabendo ao julgador promover a sua *substituição* pelas restritivas de direitos. Após, elas ganham *autonomia* e são executadas de per si.

**18. Requisito objetivo em relação ao elemento subjetivo e ao quantum da pena:** para delitos culposos, qualquer montante aplicado pelo juiz comporta a substituição por pena alternativa (dá-se o mesmo no contexto dos demais delitos, conforme dispõe o art. 44, I, CP). Quando se tratar de crimes dolosos, a pena há de ser inferior a quatro anos. Nesse ponto, há diferença com o Código Penal. Para os delitos em geral, a pena pode atingir quatro anos (sem superar esse montante), conforme dispõe o art. 44, I, CP, enquanto, para os crimes previstos nesta Lei, a substituição é viável se não se atingir os quatro anos.

**19. Requisitos subjetivos:** a análise conjunta dos elementos apresentados no inciso II deste artigo fornece ao juiz condições de verificar o merecimento do réu para que sua pena privativa de liberdade seja substituída por restritiva de direitos. São as circunstâncias judiciais, igualmente constantes do art. 59 do Código Penal.

**20. Culpabilidade:** trata-se do conceito de culpabilidade em sentido lato, vale dizer, apenas o juízo de reprovação social incidente sobre o fato e seu autor. Não diz respeito à culpabilidade em sentido estrito (juízo de reprovação social incidente sobre o fato e seu autor, devendo este ser imputável, ter agido com consciência potencial da ilicitude e com possibilidade de atuação conforme o Direito, na ótica finalista; cuidando-se do prisma causalista, acrescenta-se a análise do dolo e da culpa), que já foi analisada para considerar o juiz que houve *crime*. Passa-se, agora, à fase da imposição da pena justa, motivo pelo qual leva-se em conta o termo *culpabilidade* no seu sentido amplo, que é o grau de censura existente. Para se chegar ao resultado dessa análise, o magistrado deve valer-se dos demais elementos: antecedentes, conduta social, personalidade, motivos, circunstâncias do crime (faltaram: consequências do delito e comportamento da vítima – esta última é compreensível, pois os crimes ambientais são vagos, ou seja, não possuem vítima determinada; a outra, no fundo, já constou no art. 6.º, I, desta Lei, podendo ser novamente checada nesta fase).

**21. Antecedentes:** são as condenações criminais, com trânsito em julgado, ocorridas antes da data do fato que deu origem ao processo pelo delito ambiental. Há quem sustente – em posição mais rigorosa – serem todos os registros criminais existentes na folha de antecedentes do acusado, inclusive inquéritos arquivados, processos em andamento, absolvições etc. Sobre as posições, consultar as notas 4 e 5 ao art. 59 do nosso *Código Penal comentado*.

**22. Conduta social:** é o papel do réu na comunidade, nos vários contextos possíveis: família, trabalho, escola, vizinhança, contato social etc. Pode-se verificar a conduta social de uma pessoa jurídica, igualmente, pois ela também tem um desempenho social relevante: como se relaciona com seus empregados, com a vizinhança, com o Estado etc.

**23. Personalidade:** é o conjunto de caracteres exclusivos de uma pessoa, parte herdada, parte adquirida. Ser bom ou mau; ser responsável ou irresponsável; ser caridoso ou egoísta e assim sucessivamente. São fatores que individualizam o ser humano e, quando se refletem diretamente na prática do crime, precisam ser considerados pelo magistrado. É natural que esse elemento esteja fora do âmbito da pessoa jurídica.

**24. Motivos:** são os fatores que impulsionam a pessoa à prática do delito. Podem ser fatores passados (ganhos já auferidos, que exigem contraprestação) ou promessas futuras (perspectiva de lucro). O motivo (ou motivos) da infração penal pode(m) significar algo nobre (relevante valor moral, por exemplo) ou repugnante (assegurar a impunidade de delito anterior).

**25. Circunstâncias do crime:** são os elementos residuais, também denominados de circunstâncias judiciais. Estas podem ser compostas por todos os fatores que envolvem a prática do crime, desde que já não estejam constando no tipo básico, nem tenham sido utilizados pelo legislador como agravante ou atenuante, causa de aumento ou diminuição, qualificadora ou privilégio. Em suma, verificado algum fator peculiar pelo julgador – positivo ou negativo – deve ser levado em conta, como já mencionado, se não compuser o âmbito das circunstâncias legais.

**26. Óbices inexistentes:** diversamente do disposto no Código Penal (art. 44, incisos I e II), não se menciona nesta Lei o obstáculo de ser o crime *cometido com violência ou grave ameaça à pessoa* (o que é natural, pois o cenário é totalmente diverso), bem como o empecilho de *ser o réu reincidente em crime doloso* (o que, também, na essência, foi amenizado pelo próprio Código Penal, bastando checar o disposto no § 3.º do mencionado art. 44).

**27. Inaplicabilidade do dispositivo a todas as situações:** as penas restritivas de direitos *podem* ter a mesma duração da privativa de liberdade, quando houver a substituição, caso comportem um paralelo entre elas. Exemplo: pode-se substituir um ano de detenção por um ano de prestação de serviços à comunidade. No entanto, quando a lei fixa o tempo ou muda

# Art. 8.º

a base de cálculo, torna-se inviável seguir o parágrafo único do art. 7.º. Ilustrando: substituir uma pena de seis meses de detenção por prestação pecuniária, que implica o pagamento da importância variável de 1 a 360 salários mínimos não guarda nenhum paralelo, portanto, não pode a pena restritiva de direitos *ter a mesma duração* da privativa de liberdade. O mesmo se dá no tocante à interdição temporária de direitos, consistente em proibição de contratar com o Poder Público, dentre outras, pois o prazo está fixado na própria lei (art. 10).

> **Art. 8.º** As penas restritivas de direito são:[28]
> I – prestação de serviços à comunidade;
> II – interdição temporária de direitos;
> III – suspensão parcial ou total de atividades;
> IV – prestação pecuniária;
> V – recolhimento domiciliar.

**28. Rol das penas alternativas:** são as penas restritivas de direitos destinadas à pessoa física. Quanto às penas alternativas para as pessoas jurídicas, consultar os arts. 21 a 23 desta Lei. Diversamente do que foi previsto no Código Penal (art. 43), as novidades da Lei 9.605/98 ficam por conta da previsão de suspensão parcial ou total de atividades, que, ao contrário, do que muitos pensam, também é viável para a pessoa física, equivalendo à proibição do exercício de cargo, função, atividade pública ou mandato eletivo (art. 47, I, CP) e proibição do exercício de profissão, atividade ou ofício que dependam de habilitação especial, licença ou autorização do poder público (art. 47, II, CP). Portanto, pode-se determinar a um prestador autônomo de serviços gerais, mormente no cenário ambiental, que tenha destruído, indevidamente, um jardim, contendo plantas raras, que suspenda suas atividades por determinado tempo ou definitivamente, dependendo da regularidade de sua situação com relação às disposições legais ou regulamentares de proteção ao meio ambiente. A outra penalidade inovadora é o recolhimento domiciliar, que significa, na realidade, exatamente o regime aberto atual, na modalidade de *albergue domiciliar*. Logo, não tem nenhuma relação com a limitação de fim de semana, vale dizer, a intenção do legislador não foi substituir esta restrição de direitos pela outra. Na verdade, o legislador não tem bom senso algum. Quando a Lei 9.714/98 criou as *novas* penas restritivas de direitos, pretendeu instituir o *recolhimento domiciliar* como uma delas (art. 43, III, CP, vetado pelo Presidente da República). Ora, o mesmo Presidente que, em fevereiro de 1998, sancionou a Lei 9.605/98, contemplando a possibilidade de se conceder à pessoa física o recolhimento domiciliar (vide art. 13 desta Lei), vetou o mesmo recolhimento domiciliar, em novembro de 1998, quando inserido no art. 43, III, do CP, sob a justificativa de ser impossível a sua fiscalização. Não há coerência nisso. Para a lei dos crimes contra o meio ambiente, o recolhimento domiciliar foi admitido; para os delitos em geral, não. Por outro lado, não se previu a limitação de fim de semana na Lei 9.605/98 simplesmente porque o legislador brasileiro não trabalha com um projeto sistemático e organizado na edição de leis. Ademais, foi até bom, pois inexistindo Casas do Albergado, lugares onde deveriam ser recolhidos os condenados sujeitos à limitação de fim de semana (art. 48, CP), tornar-se-ia mais um problema para o Judiciário buscar resolver.

> **Art. 9.º** A prestação de serviços à comunidade[29] consiste na atribuição ao condenado de tarefas gratuitas junto a parques e jardins públicos e unidades de conservação,[30] e, no caso de dano[31] da coisa particular, pública ou tombada, na restauração desta, se possível.[32]

**29. Prestação de serviços à comunidade:** cuida-se de uma pena restritiva de direitos, consistente em conferir ao sentenciado a oportunidade de prestar trabalhos sem remuneração em prol da coletividade. Na realidade, segundo pensamos, é a mais idealista e eficiente pena alternativa. Tem o lado ético, fomentando no condenado um sentimento altruísta, além de carregar o fardo da privação de horas da semana buscando auxiliar terceiros, o que lhe retira tempo para outros afazeres remunerados e para atividades de lazer.

**30. Locais de prestação de serviços:** diversamente do estabelecido no Código Penal (art. 46, § 2.º), cuidando-se, no caso da Lei 9.605/98, de crimes contra o meio ambiente, a atribuições de tarefas gratuitas dar-se-á junto a parques (áreas arborizadas) e jardins (lugares de cultivo de plantas ornamentais) públicos (pertencentes a pessoas jurídicas de direito público), bem como em unidades de conservação (áreas especialmente constituídas pelo poder público para a preservação da natureza).

**31. Restauração do dano:** outra inovação em relação ao Código Penal é a possibilidade de fixar, como tarefa gratuita do condenado, a restauração (recuperação, buscando a volta ao estado original) de coisa particular, pública ou tombada (esta última é a colocada sob proteção estatal para a preservação do estado original) que tenha sido danificada, se possível (o sentenciado pode não ter habilidade suficiente para tanto). Não esclarece, expressamente, a lei se a coisa precisa sofrer o dano por parte do condenado encarregado de restaurá-la. Parece-nos que sim, afinal, foi incluída também a coisa particular. Não teria sentido atribuir a alguém o dever de consertar estrago causado por terceiro em objeto não pertencente ao Estado, nem de uso público. Caso seja essa a pena aplicada, hipótese plausível é a determinação para a restauração de uma área degradada. Ora, se a pena for de dois anos, por exemplo, é natural que, nesse período, torna-se impossível a recuperação completa de uma floresta. Outra solução não pode haver senão a seguinte: finda a pena, cumprida a contento até o ponto em que foi possível, ao término dos dois anos, julga-se extinta a punibilidade do condenado. A partir daí, na área cível, espera-se haver a ação própria, movida pelo Ministério Público, para obrigar à reparação total do dano.

**32. Condições para o desempenho da prestação de serviços à comunidade:** devem ser seguidas as regras estabelecidas no art. 46 do Código Penal, exceto na parte em que a Lei 9.605/98 dispõe em sentido contrário, por ser norma especial. A única distinção é o lugar onde o serviço deve ser prestado: parques, jardins públicos e unidades de conservação. No mais, parece-nos correto seguir os parâmetros gerais da pena, que são os seguintes: a) deve ser concedida a substituição para condenações superiores a seis meses de privação da liberdade (art. 46, *caput*, CP); b) a escolha do lugar destinado à prestação do serviço deve estar de acordo com as aptidões do condenado (art. 46, § 3.º, primeira parte, CP); c) o trabalho gratuito deve ser realizado à razão de uma hora de tarefa por dia de condenação, fixadas de modo a não prejudicar a jornada normal de labor do sentenciado (art. 46, § 3.º, segunda parte, CP); d) se a pena substituída for superior a um ano, o condenado pode cumpri-la em menor tempo, nunca inferior à metade da pena privativa de liberdade fixada (art. 46, § 4.º, CP).

> **Art. 10.** As penas de interdição temporária de direito[33] são a proibição de o condenado contratar com o Poder Público,[34] de receber incentivos fiscais ou quaisquer outros benefícios,[35] bem como de participar de licitações,[36] pelo prazo de 5 (cinco) anos, no caso de crimes dolosos, e de 3 (três) anos, no de crimes culposos.

# Art. 11

Leis Penais e Processuais Penais Comentadas – Vol. 2 · **Nucci**

**33. Interdição temporária de direito:** é a proibição do exercício de qualquer atividade que, como regra, é permitida. Por isso, a punição é temporária. Fosse definitiva, ter-se-ia criado outro tipo de penalidade, muito mais próxima de um *efeito da condenação* do que propriamente de uma sanção penal. São previstas modalidades diferentes das que constam no art. 47 do Código Penal.

**34. Proibição de contratar com o Poder Público:** há contratos que o particular pode celebrar com o Poder Público, independentemente de licitação (os que dependerem da realização do certame constituem objeto da outra pena de interdição de direito, que é o de participar de licitações). Exemplo: o particular condenado por crime ambiental não poderia dar em locação um imóvel seu, ainda que houvesse interesse precípuo da Administração. Na realidade, devemos ressaltar que a condenação por delito ambiental não pode ter efeito *retroativo*, ou seja, se já estiver em andamento um contrato com o Poder Público, a imposição dessa espécie de pena alternativa não pode provocar a rescisão do pacto que se encontra em pleno desenvolvimento.

**35. Recebimento de incentivos fiscais e outros benefícios:** o condenado ficaria impedido de se valer de incentivos fiscais, que é a redução da carga tributária, total ou parcialmente, como estímulo à iniciativa privada para investir dinheiro em programas sociais estatais, bem como outros benefícios, como isenções (hipóteses de não incidência de tributo, autorizada por lei), quando o contribuinte preencher determinados requisitos. Exemplo: o condenado por crime ambiental pode ter o seu eventual interesse em investir em cultura, para poder valer-se de deduções no imposto de renda, prejudicado, conforme previsto na Lei 8.313/91.

**36. Participação em licitações:** o Poder Público, como regra, para escolher pessoas ou empresas privadas com quem celebrará contratos para a compra de produtos ou para o recebimento de serviços, mediante remuneração, deve agir com imparcialidade, oferecendo iguais oportunidades a todos e auferindo, por outro lado, vantagens, pois terminará adquirindo o que deseja pelo menor preço. O particular, no entanto, tem grande interesse em ter por cliente o Estado, por intermédio de seus variados órgãos, afinal, há sempre contratos envolvendo elevadas somas. Há várias modalidades de licitação. Se alguém for condenado por crime ambiental, pode ter como pena alternativa a proibição de participar de licitações pelo prazo de cinco anos (no caso de delitos dolosos) ou de três anos (quando se tratar de crimes culposos). Se o agente tem por hábito participar de vários certames e contratar com o Poder Público regularmente, a pena, com certeza, será das mais onerosas. Deve-se ressaltar, no entanto, que, se um processo licitatório qualquer findou, sagrando-se vencedor determinado réu, autor de crime ambiental, ele não pode ser excluído do certame, deixando o órgão da Administração de celebrar com ele o contrato somente porque há um processo em andamento, que *pode* resultar na proibição de participar de licitação ou mesmo de contratar com o Poder Público (presume-se a sua inocência). Entretanto, se a decisão impositiva da pena alternativa de proibição de participar de licitação transitar em julgado *antes* do término do certame, pode o particular ser excluído.

> **Art. 11.** A suspensão de atividades será aplicada quando estas não estiverem obedecendo às prescrições legais.[37]

**37. Suspensão de atividades:** essa previsão de interdição de direito faz parte do rol de penas restritivas destinadas à pessoa física. O rol da pessoa jurídica está previsto no art. 22. Não se confundem ou inexistiria sentido para haver duas relações distintas. Se coubesse ao intérprete *escolher* o que ele acha melhor aplicar a uma (física) ou a outra (jurídica), bastaria agrupar todas as restritivas de direitos num único artigo e o bom senso do operador do direito faria o resto. Aliás, soa-nos incompreensível que parte da doutrina sustente ser inaplicável o disposto no art. 11 à pessoa física, somente porque tal situação se repete no art. 22, mas não se insurja contra a proibição de contratar com o Poder Público, existente no art. 10, mas também repetida no art. 22. Ora, do mesmo modo que o particular pode ser proibido de contratar com órgãos da Administração Pública, de receber incentivos fiscais e outros benefícios e de participar de licitações, pouco importando quais sejam os contratos, incentivos ou licitações, é óbvio que também a pessoa física pode ter as suas atividades suspensas, sejam quais forem, quando não as cumprir da forma prevista em lei. Afinal, *atividade* é qualquer tipo de trabalho. A única cautela da lei foi vincular a utilização dessa forma de pena restritiva de direitos ao não exercício de acordo com as prescrições legais, podendo-se, inclusive, usar o mesmo critério do Código Penal em relação ao art. 47, incisos I e II. Somente pode o juiz impor a proibição do exercício de cargo, função etc., bem como de profissão, atividade ou ofício, quando o agente cometer algum delito vinculado à prática desse trabalho (art. 56, CP). Por isso, no mesmo prisma, se o autor de delito ambiental, valendo-se de sua atividade, causar dano ao meio ambiente, pode o julgador aplicar-lhe a pena de suspensão das atividades pelo mesmo período da pena privativa de liberdade (art. 7.º, parágrafo único, desta Lei).

> **Art. 12.** A prestação pecuniária[38] consiste no pagamento em dinheiro à vítima ou à entidade pública ou privada com fim social, de importância, fixada pelo juiz, não inferior a 1 (um) salário mínimo nem superior a 360 (trezentos e sessenta) salários mínimos. O valor pago será deduzido do montante de eventual reparação civil a que for condenado o infrator.

**38. Prestação pecuniária:** é pena restritiva de direito, consistente no pagamento, em pecúnia, de certo valor (1 a 360 salários mínimos), fixado pelo juiz, à vítima ou à entidade pública ou privada com fim social, com caráter de antecipação de eventual indenização civil. É certo que o delito ambiental não possui vítima determinada, constituindo crime vago. No entanto, pode-se detectar uma específica comunidade atingida por ato de poluição praticado pelo agente do crime, por exemplo. Dessa forma, a esta coletividade destinar-se-ia o valor referente à prestação pecuniária. Não sendo possível individualizar qualquer parte ofendida, o montante pode ser destinado a entidades públicas ou privadas com fim social. Note-se que a lei não especificou qual seria tal finalidade, razão pela qual não há necessidade de ser vinculada à proteção do meio ambiente, embora devesse o julgador destinar a verba, preferencialmente, a tais entidades. Paga a quantia, se o condenado sofrer ação civil de reparação do dano, o montante que desembolsou, para cumprir a sanção penal, deve ser descontado. Há uma justificativa: o Estado, por meio da prestação pecuniária, descobriu um modo de antecipar a indenização civil pelas mãos do juiz criminal. A sanção penal, que sempre foi totalmente distinta da reparação civil do dano, passa a ser com esta confundida. Não podemos aprovar essa simplificação do direito penal, vale dizer, indenizou a vítima, quando possível, *quita* sua dívida na órbita criminal, como se o ilícito civil fosse idêntico ao penal.

> **Art. 13.** O recolhimento domiciliar[39] baseia-se na autodisciplina e senso de responsabilidade do condenado, que deverá, sem vigilância, trabalhar, frequentar curso ou exercer atividade autorizada,[40] permanecendo recolhido nos dias e horários de folga em residência ou em qualquer local destinado a sua moradia habitual,[41] conforme estabelecido na sentença condenatória.

**39. Recolhimento domiciliar:** *inventou-se* uma prisão com formato de restrição a direito. Façamos uma leitura do art. 36, *caput*, do Código Penal, que cuida do regime aberto

# Art. 14

(espécie de pena privativa de liberdade): "o regime aberto baseia-se na autodisciplina e senso de responsabilidade do condenado". Voltemos os olhos, agora, ao disposto no art. 13 desta Lei: "o recolhimento domiciliar baseia-se na autodisciplina e senso de responsabilidade do condenado...". Outras semelhanças entre o regime aberto e o *recolhimento domiciliar* não constituem mera coincidência, mas apenas falta de imaginação do legislador brasileiro para encontrar alguma pena restritiva de direitos, que, realmente, limite direitos e não imponha uma autêntica forma de *prisão domiciliar*. Aliás, nas cidades que não possuem Casa do Albergado (maioria, no Brasil), utiliza-se da *prisão albergue domiciliar* para o cumprimento da pena privativa de liberdade no regime aberto. Essa espécie de prisão é praticamente idêntica ao recolhimento domiciliar. Entretanto, no Código Penal, cuida-se de pena privativa de liberdade. Nesta Lei, trata-se de pena restritiva de direitos. A natureza jurídica da pena de *recolhimento domiciliar* é, ao contrário do que prevê a lei, privativa de liberdade. Portanto, é o mesmo que substituir "seis por meia dúzia". Questão para reflexão: se o juiz condenar alguém a um ano de reclusão, em regime aberto, inserindo-o em *albergue domiciliar*. Está em regime de prisão. Se o magistrado substituir a pena privativa de liberdade por restritiva de direitos, consistente em *recolhimento domiciliar*, nada muda.

**40. Trabalho, curso ou qualquer outra atividade:** o disposto no art. 13 foi cópia fiel do previsto no art. 36, § 1.º, do Código Penal (que cuida do regime aberto – pena privativa de liberdade). Não deveria ter tido tão pouca imaginação o legislador. Quem está em recolhimento domiciliar (pena considerada *restritiva de direitos*) deveria apenas *trabalhar* fora de casa. Nada de frequentar um *curso* qualquer, sem que se especifique em lei *exatamente* qual tipo de curso será esse. Por outro lado, colocar como faculdade *trabalhar* ou *exercer atividade autorizada* é o mesmo que permitir ao condenado passar o dia desempenhando qualquer ocupação fútil, desde que volte para sua casa no final do dia. Seriedade e especificidade no cumprimento de penas é o que se espera da lei penal.

**41. Residência ou outro local destinado a moradia habitual:** *residência* é "o local em que alguém habita, com intenção de permanecer, mesmo que dele se ausente temporariamente. É a moradia em caráter permanente ou transitório" (cf. Maria Helena Diniz, *Dicionário jurídico*, v. 4, p. 193). *Morada* (ou moradia) é o "local onde se fixa residência" (Maria Helena Diniz, *Dicionário jurídico*, v. 3, p. 348). Ora, o que pretendeu o legislador com tal opção? O condenado pode recolher-se em sua residência ou na casa de praia? Esta última seria a moradia (o melhor termo seria *morada* habitual, isto é, o lugar aonde se vai com frequência)? Se assim for, seria o descrédito total, pois o recolhimento domiciliar (aliás, deveria chamar-se *recolhimento residencial*) permitiria, inclusive, o lazer: ora em casa, na cidade principal, ora na casa de campo ou de praia.

> **Art. 14.** São circunstâncias que atenuam[42] a pena:[43]
>
> I – baixo grau de instrução ou escolaridade do agente;[44]
>
> II – arrependimento do infrator, manifestado pela espontânea reparação do dano, ou limitação significativa da degradação ambiental causada; [45]
>
> III – comunicação prévia pelo agente do perigo iminente[46] de degradação ambiental;[47]
>
> IV – colaboração com os agentes encarregados da vigilância e do controle ambiental.[48]

**42. Atenuantes:** são circunstâncias legais, de caráter objetivo ou subjetivo, que servem para expressar menor culpabilidade, sem qualquer ligação direta com o tipo penal incriminador, devendo o juiz diminuir a pena dentro dos limites mínimo e máximo, abstrata e previamente estabelecidos pela lei.

**43. Especialidade das atenuantes:** cuidando-se de lei especial, cremos que estas atenuantes devem ser particularmente consideradas para os delitos contra o meio ambiente. Porém, nada impede a aplicação das demais atenuantes previstas nos arts. 65 e 66 do Código Penal, quando não conflitarem com o disposto no art. 14 da Lei 9.605/98. Exemplo: a confissão espontânea do agente pode valer como atenuante no cenário do crime ambiental, pois não entra em contradição com nenhuma das previstas na lei especial.

**44. Baixo grau de instrução ou escolaridade do agente:** equivale, esta atenuante, à prevista no art. 65, II, do Código Penal. Neste último caso, o desconhecimento da lei diz respeito à impossibilidade real que o agente tem de conhecer, satisfatoriamente, todos os mandamentos contidos em normas, embora editadas há muito tempo. Na realidade, justamente porque, em nosso sistema, adiciona-se lei, a todo momento, ao universo jurídico já complexo, busca-se dar um certo grau de flexibilidade no momento de aplicação da pena, reconhecendo-se a atenuante do *desconhecimento da lei*. Entretanto, associado ao número abusivo de leis penais existentes, é fundamental reconhecer o *baixo grau de instrução* (conhecimentos adquiridos) ou *escolaridade* (aprendizado auferido na escola) de muitos brasileiros, que podem não compreender, com o alcance demandado pela norma penal, a proteção almejada para o meio ambiente. Por isso, toda vez que o julgador estiver diante de réu de pouca instrução ou escolaridade deve ser mais condescendente e, quando for o caso, atenuar a pena.

**45. Graus e oportunidades de arrependimento:** contempla o Direito Penal as seguintes formas de arrependimento: a) se o agente, durante a execução do crime, mas sem completar os atos executórios e antes da consumação, obviamente, desistir, de maneira voluntária (livre de qualquer coação), dá-se a chamada *desistência voluntária* (art. 15, CP), respondendo somente pelo que já praticou; b) se o agente, após o término dos atos executórios, mas antes da consumação, age em sentido contrário ao que fez, evitando, com sucesso, que o delito se aperfeiçoe, fazendo-o de maneira voluntária (livre de qualquer coação), dá-se o denominado *arrependimento eficaz* (art. 15, CP), respondendo somente pelo que já praticou; c) se o agente, em crimes patrimoniais ou de efeitos meramente patrimoniais, arrepende-se, voluntariamente (livre de qualquer coação), após a consumação, mas antes do recebimento da denúncia, reparando o dano ou restituindo a coisa, beneficia-se pelo instituto do *arrependimento posterior* (art. 16, CP), com diminuição da pena de um a dois terços; d) se o agente se arrepende espontaneamente (com sinceridade) do que já consumou, buscando amenizar ou reparar as consequências do crime, antes da sentença, recebe atenuante (art. 65, III, *b*, CP). Optou a Lei 9.605/98 pela última hipótese inserida no Código Penal. Se o infrator se arrepender e *espontaneamente* (com sinceridade, sem qualquer coação – por exemplo, não pode ser obrigado por meio de ação civil a fazê-lo) promover a reparação do dano ou atenuar as consequências da degradação ambiental causada, logicamente após a consumação (antes, seria o caso de se falar em desistência voluntária ou arrependimento eficaz), até a sentença (usa-se, por analogia, o disposto no Código Penal), deve receber o benefício da atenuação prevista no art. 14, II, desta Lei.

**46. Equívoca expressão:** o perigo já representa uma probabilidade de dano, logo, uma situação de dano iminente. O correto seria ter sido mencionado no inciso III a expressão *perigo atual*. A *iminência* (algo que vai ocorrer em breve) do *perigo* (risco de algo acontecer) é situação nebulosa e que está mais próxima da preparação de um delito do que, propriamente, da execução. E se está mais ligada aos atos preparatórios ou ao início da execução, caso o agente avise a autoridade competente previamente, chegaria a implicar autêntica desistência voluntária. Em conclusão, a expressão, em nosso ponto de vista, foi infeliz.

# Art. 15

**47. Comunicação do perigo de degradação:** essa atenuante não existe, expressamente, no Código Penal. É preciso cautela ao interpretá-la, pois pode significar tanto uma hipótese de arrependimento eficaz (art. 15, CP), como o mero arrependimento (hipótese do inciso II anterior do art. 14 desta Lei) e, também, a confissão espontânea da autoria do crime (art. 65, III, *d*, CP). São hipóteses: a) o agente já consumou os atos executórios, mas o resultado danoso ao meio ambiente ainda não se deu; ele avisa a autoridade competente e esta consegue evitar a degradação. Houve arrependimento eficaz; b) o agente já findou a execução, mas o resultado se dá, a despeito de ter sido avisada a autoridade competente da iminente degradação. Cabe somente a atenuante do inciso III do art. 14 desta Lei. Porém, é interessante considerar que, ao comunicar previamente a iminente degradação ambiental, o agente está, também, se autodenunciando. Se o fizer de maneira espontânea, cremos que essa comunicação pode ser tida como manifestação positiva de sua personalidade, o que representa uma atenuante preponderante (art. 67, CP).

**48. Colaboração com agentes do Estado:** esta é outra hipótese de arrependimento, porém, em atuação conjunta do agente do crime ambiental com os encarregados da vigilância e do controle do meio ambiente. É mais do que óbvio que não exige qualquer ato positivo seu para denunciar a ocorrência de outros crimes, tampouco eventuais coautores ou partícipes. Afinal, se assim fosse, a colaboração seria com os agentes da Justiça e não da vigilância ambiental. O que se tem em vista, neste inciso, é o arrependimento pelo estrago ambiental causado, passando, então, o autor do crime a colaborar com os agentes estatais para que outras situações similares não tornem a ocorrer. Equivale à atenuante inominada do art. 66 do Código Penal (circunstância relevante ocorrida após o delito).

---

**Art. 15.** São circunstâncias que agravam[49] a pena,[50] quando não constituem ou qualificam o crime:[51]

I – reincidência nos crimes de natureza ambiental;[52]

II – ter o agente cometido a infração:

*a)* para obter vantagem pecuniária;[53]

*b)* coagindo outrem para a execução material da infração;[54]

*c)* afetando ou expondo a perigo, de maneira grave, a saúde pública ou o meio ambiente;[55]

*d)* concorrendo para danos à propriedade alheia;[56]

*e)* atingindo áreas de unidades de conservação ou áreas sujeitas, por ato do Poder Público, a regime especial de uso;[57]

*f)* atingindo áreas urbanas ou quaisquer assentamentos humanos;[58]

*g)* em período de defeso à fauna;[59]

*h)* em domingos ou feriados;[60]

*i)* à noite;[61]

*j)* em épocas de seca ou inundações;[62]

*l)* no interior do espaço territorial especialmente protegido;[63]

*m)* com o emprego de métodos cruéis para abate ou captura de animais;[64]

*n)* mediante fraude ou abuso de confiança;[65]

*o)* mediante abuso do direito de licença, permissão ou autorização ambiental;[66]

*p)* no interesse de pessoa jurídica mantida, total ou parcialmente, por verbas públicas ou beneficiada por incentivos fiscais;[67]

# Art. 15

*q)* atingindo espécies ameaçadas, listadas em relatórios oficiais das autoridades competentes;[68]

*r)* facilitada por funcionário público no exercício de suas funções.[69]

**49. Agravantes:** são circunstâncias legais, de caráter objetivo ou subjetivo, que servem para expressar maior culpabilidade, sem qualquer ligação direta com o tipo penal incriminador, devendo o juiz elevar a pena dentro dos limites mínimo e máximo, abstrata e previamente estabelecidos pela lei.

**50. Especialidade das agravantes:** tratando-se de lei especial, cremos que estas agravantes devem ser particularmente consideradas para os delitos contra o meio ambiente. Porém, nada impede a aplicação das demais agravantes previstas nos arts. 61 e 62 do Código Penal, quando não conflitarem com o disposto no art. 15 da Lei 9.605/98. Exemplo: ter cometido o crime ambiental por motivo fútil (art. 61, II, *a*, CP).

**51. Elementares e qualificadoras:** as elementares são os componentes do tipo básico, aqueles que formam a figura fundamental de cada delito (ex.: *matar* + *alguém* = elementares do crime de homicídio, art. 121, CP). As qualificadoras são circunstâncias legais (por isso, eleitas pela lei), integrantes da tipicidade derivada, que servem para elevar a pena abstratamente, tanto o mínimo quanto o máximo (ex.: o motivo fútil é qualificadora do homicídio, razão pela qual a pena de reclusão de seis a vinte anos, para a forma simples, passa a ser de reclusão, de doze a trinta anos na forma qualificada). Evidentemente, se alguma agravante (igualmente circunstância legal, eleita pela lei, embora fora da tipicidade) colidir com uma elementar ou qualificadora, não pode ser aplicada, sob pena de se incidir no indevido *bis in idem* (dupla punição pelo mesmo fato). Acrescentamos, ainda, as causas de aumento (circunstâncias legais, ligadas à tipicidade que provocam aumentos da pena em cotas); se estiverem presentes, não podem ser aplicadas as agravantes que com elas se chocarem.

**52. Reincidência:** "verifica-se a reincidência quando o agente comete novo crime, depois de transitar em julgado a sentença que, no País ou no estrangeiro, o tenha condenado por crime anterior" (art. 63, CP). Criou-se, no inciso I do art. 15, uma hipótese de reincidência específica, que é tornar a cometer delitos de natureza ambiental. Resta a questão: afasta-se a reincidência prevista no art. 61, I, do Código Penal? Parece-nos que outra solução não pode haver. A lei especial passa a considerar *apenas* a reincidência em delitos ambientais como fator de elevação da pena. Portanto, afastou a reincidência genérica (ex.: se o autor de um crime ambiental já foi condenado, anteriormente, por furto, não é reincidente para os fins da Lei 9.605/98).

**53. Obtenção de vantagem pecuniária:** significa que o autor da infração contra o meio ambiente busca alguma forma de lucro, envolvendo o ganho de dinheiro. Ex.: pratica crueldade contra animal silvestre (art. 32 desta Lei), em formato de *show*, para atrair público e cobrar ingresso.

**54. Coação do executor:** essa é uma modalidade importada do art. 62, II, do Código Penal. Quem coagir outra pessoa, física ou moralmente, à execução material (prática efetiva dos atos), além de ser considerado *coator*, responsável pelo delito na forma de autoria mediata, ainda sofrerá punição mais elevada com a incidência desta agravante. O coato (executor) pode escapar da responsabilidade penal pela excludente da coação moral irresistível (art. 22, CP) ou pela atipicidade da conduta (em caso de coação física irresistível, a ausência de vontade elimina a conduta aos olhos do Direito Penal). No entanto, se a coação for resistível – física ou moralmente – responderá pelo delito, mas com a atenuante prevista no art. 65, III, *c*, do Código Penal.

# Art. 15

Leis Penais e Processuais Penais Comentadas – Vol. 2 • **Nucci**    514

**55. Cautela redobrada com o** *bis in idem*: em primeiro lugar, vale ressaltar que o legislador já fez incluir, dentre as circunstâncias judiciais (art. 6.º, I, desta Lei), a situação do inciso II, *c*, do art. 15. Torna a insistir no mesmo ponto, agora elegendo-a como agravante. Seria suficiente uma única previsão. Por outro lado, é fundamental considerar que os crimes previstos nesta Lei possuem, inerentes à sua própria existência e ao bem jurídico que pretendem tutelar, a esfera de proteção à saúde pública e ao meio ambiente. Assim, não poderia haver a previsão, como agravante, que é circunstância legal prevendo um fato específico, de situação tão genérica: afetar ou expor a perigo de *maneira grave* a saúde pública ou o meio ambiente. Deveria ter ficado ao julgador a tarefa de considerar a gravidade do fato, na fixação da pena-base, aliás, como indicou o art. 6.º, I, da Lei 9.605/98. Se não houver redobrada cautela, pode-se punir o agente *duas vezes pelo mesmo fato*. No entanto, a gravidade do fato pode e deve ser enfocada tanto nos delitos ambientais dolosos como nos culposos, afinal, o elemento subjetivo não está colocado em questão. Aliás, a previsibilidade quanto à potencialidade lesiva de um comportamento existe tanto no dolo quanto na culpa.

**56. Concurso de crime pela via indireta:** a agravante, neste caso, é inútil. Se o agente do crime ambiental concorrer (contribuir) efetivamente para causar danos à propriedade alheia, deve responder pelo delito previsto na Lei 9.605/98 em concurso com o crime específico (ex.: dano, art. 163, CP). Se o estrago provocado ao meio ambiente tiver por consequência necessária a causação de dano geral à comunidade, é natural que propriedades alheias sejam, igualmente, atingidas. Logo, parece-nos bastante improvável que o crime ambiental, que, por definição, afeta o meio ambiente, não atinja a propriedade de nenhuma pessoa, inclusive do Estado. No entanto, somente para argumentar, caso o autor degrade sua própria propriedade e, culposamente, os efeitos se estendam à propriedade do vizinho, seria, então, aplicável o disposto neste inciso, pois deixaria de existir concurso de crimes, já que não se prevê, por exemplo, a forma culposa do dano.

**57. Concurso de crime pela via indireta:** as mesmas observações feitas na nota anterior são válidas para esta hipótese. Quem atingir áreas de unidades de conservação, pode responder pelo dano causado em concurso de crimes. Porém, se o autor do crime degradar sua própria propriedade e, com isso, terminar atingindo, ainda que culposamente, uma unidade de conservação vizinha, quando não houver figura típica adequada, poder-se-ia falar na incidência desta agravante.

**58. Concurso de crime pela via indireta:** o que já mencionamos nas duas últimas notas, continua válido para este inciso. Se o agente do crime ambiental, com sua conduta, provocar algum dano a áreas urbanas (local situado na cidade, fora da zona rural) ou a assentamentos humanos (lugares onde pessoas residem), deve responder pelo fato criminoso, em concurso de delitos. No entanto, se o crime ambiental cometido em zona rural provocar consequências igualmente ambientais nas cidades ou em lugares de residências de pessoas, pode-se elevar a pena. Ou ainda, seria aplicável esta agravante se o dano, porventura gerado, for culposo e não houver figura típica compatível.

**59. Período de defeso à fauna:** é a época do ano em que é proibida a caça. Ora, esta é proibida em praticamente todos os lugares do Brasil, em quase todos os meses do ano. Prevê-se uma agravante para incidir sobre a regra e não sobre a exceção, vale dizer, se a caça fosse autorizada durante seis meses por ano e vedada nos outros seis, poder-se-ia usar a agravante para quem caçasse no período proibido. Mas se a vedação é quase total, salvo situações excepcionais, não se pode criar uma agravante de abrangência quase permanente. Ademais, no tocante à proteção à fauna, já está prevista como causa de aumento de pena no art. 29, § 4.º, II, desta Lei. Ainda que se pensasse na fauna ictiológica (peixes), pescar *em período no qual a pesca seja proibida* é elementar do tipo (art. 34, *caput*, desta Lei), logo, não tem aplicação a agravante.

**60. Domingos e feriados:** pode-se sustentar que nesses dias, há menor fiscalização do Estado, por deficiência de pessoal, mas não se pode criar uma agravante pensando nisso. Chega-se a posições que, se generalizadas para outras áreas do Direito Penal, beira o ridículo. Não se pode considerar qualquer deficiência estatal para agravar a pena do autor do crime.

**61. Durante a noite:** é o período natural de ausência da luz solar. Em nosso ponto de vista, não deve ter qualquer relação com horários específicos, mas sim com o fenômeno em si, ligado ao pôr do sol e ao crepúsculo matutino. Essa circunstância é mais plausível que a prevista no inciso anterior, pois guarda sintonia com a menor fiscalização não somente do Estado e de seus agentes, mas da sociedade. Durante a noite, há o repouso, razão pela qual a vigilância geral é diminuída, tanto que há a causa de aumento igualmente no contexto do furto (art. 155, § 1.º, CP). E o outro lado da menor possibilidade de vigilância é o fator *luminosidade*, que, por óbvio, é bastante reduzida durante a noite. Deve-se, no entanto, aplicar a agravante se e quando guardar relação de causalidade com o crime praticado. Se uma conduta de poluição ambiental qualquer começou durante o dia, já ocorrendo por semanas, não se pode aplicar a agravante somente porque a fiscalização a detectou, casualmente, durante uma noite qualquer.

**62. Época de seca ou inundação:** são os opostos. A seca ou estiagem é a época de ausência contínua das chuvas. A inundação é o alagamento, a submersão de várias extensões pela água. É natural que o meio ambiente fique afetado e se torne mais suscetível a danos, conforme o caso. Em época de estiagem, a vegetação fica mais seca, logo, muito mais perigosa, por exemplo, se torna a conduta prevista no art. 42 (soltar balão, quando possível causar incêndio em florestas). Por outro lado, em caso de inundação, animais são desentocados e deslocados para longe de seu habitat, o que favorece a sua apreensão, caça ou matança. Deve-se, no entanto, tomar cuidado com o *bis in idem*, já que existe a causa de aumento, no tocante aos delitos contra a flora, no art. 53, II, *d*, desta Lei.

**63. Espaço protegido:** são os destacados pelo Poder Público para a conservação da natureza. Inserem-se, como exemplos, as unidades de conservação. Ora, se é lugar particularmente resguardado pelo Estado, torna-se mais ousada a conduta do agente e, por consequência, merecedora de punição mais severa.

**64. Método cruel de abate ou captura:** a *crueldade* é o meio de execução que inflige à vítima maior sofrimento do que o necessário, por isso, comporta punição mais elevada para o agente. Muitas vezes, cuida-se de reflexo da sua personalidade sádica. No tocante aos crimes ambientais, a vítima certamente não é o animal abatido ou capturado (este é o objeto material do delito), mas o modo como o autor executa a ação criminosa continua a ser chocante, pois demonstrativo de insensibilidade e, com isso, de personalidade maldosa ou excessivamente egoísta. A caça é proibida (art. 29 desta Lei), mas pode gerar pena mais grave se o abate realizar-se por meio cruel. O mesmo se diga da apreensão de animais, aprisionando-os em lugares apertados, de ar rarefeito, por exemplo, expondo o lado insensível do autor do delito.

**65. Fraude ou abuso de confiança:** a *fraude* é o ardil, consistente em qualquer manobra enganosa do agente. Exemplo: passando-se por veterinário de órgão estatal, alguém ingressa em unidade de conservação de determinada espécie da fauna, com o propósito de abate. O *abuso de confiança* significa que o sentimento de segurança gerado entre duas ou mais pessoas é quebrado por uma delas. Consiste, na realidade, em uma forma de traição. Ex.: confiada a um empregado de longos anos a guarda de uma propriedade, ele é descoberto danificando a floresta nativa, com intuito de lucro. Houve, nesse caso, crime ambiental com abuso de confiança.

**66. Abuso do direito de licença, permissão ou autorização ambiental:** cuida-se, na verdade, de um abuso de confiança entre o autor do crime e o Estado. Este, confiando no

# Art. 16

particular, expede uma licença, permissão ou autorização (termos correlatos, que significam consentir na realização de algo), que, no entanto, é utilizada em manifesto excesso. Se houver autorização para uma fábrica produzir um nível X de substância poluente, não pode ela ultrapassar o referido nível, sob pena de violar a confiança que lhe foi depositada.

**67. Interesse de pessoa jurídica beneficiada pelo Estado:** é uma espécie de traição, pois a empresa, sustentada por dinheiro público ou possuindo uma menor carga tributária, por conta de incentivos fiscais, quando obtenha benefício com a prática de crime contra o meio ambiente – bem jurídico de interesse geral da sociedade – torna-se desleal. Mantém-se com verba pública, mas atenta contra o meio ambiente, direta (por sua própria atitude) ou indiretamente (valendo-se de terceiro). O agente, ainda que seja pessoa física, ciente de que o crime vai beneficiar a pessoa jurídica sustentada de algum modo pelo Poder Público é um *coautor na traição*, justificando-se a pena mais elevada.

**68. Espécies ameaçadas:** são aquelas sujeitas à extinção. Os órgãos públicos competentes possuem listagens dessas espécies (fauna e flora). Por isso, a agravante constitui uma norma penal em branco, dependente de consulta à legislação extrapenal. Quando a circunstância estiver prevista como causa de aumento, naturalmente não se aplica a agravante (ex.: art. 53, II, *c*, desta Lei).

**69. Facilitação de funcionário público:** quando o delito ambiental é cometido sem grande esforço, justamente porque um servidor do Estado permitiu, torna-se mais grave, pois, além do bem jurídico *proteção ao meio ambiente* fere-se, igualmente, a *moralidade* da Administração. Pensamos que, como regra, o funcionário deve ter atuação na área ambiental, para que exista nexo de causalidade entre a sua conduta e o resultado criminoso. Muitas vezes, haverá o crime próprio do funcionário, como, por exemplo, corrupção. E, conforme o mecanismo de execução, ele pode ainda responder como coautor ou partícipe do delito contra o meio ambiente.

> **Art. 16.** Nos crimes previstos nesta lei, a suspensão condicional da pena pode ser aplicada nos casos de condenação a pena privativa de liberdade não superior a 3 (três) anos.[70]

**70. Suspensão condicional da pena:** o *sursis*, conforme previsto no art. 77, *caput*, do Código Penal, pode ser concedido para condenações cuja pena privativa de liberdade não ultrapasse dois anos. O art. 16 da Lei 9.605/98 inova, trazendo a elevação da pena, em caso de condenação, para três anos, aplicável nas hipóteses de delitos contra o meio ambiente. Entretanto, parece-nos que continua em vigor o *sursis* especialmente concedido para pessoas maiores de setenta anos e para os que estiverem gravemente enfermos, cuja pena privativa de liberdade máxima não pode ultrapassar quatro anos (art. 77, § 2.º, CP). Respeita-se, ademais, os outros requisitos do art. 77, incisos I, II e III, do Código Penal. Na jurisprudência: STJ: "2. A Lei n. 9.605/1998, em seu art. 16, estabelece que, nos crimes nela previstos, 'a suspensão condicional da pena pode ser aplicada nos casos de condenação a pena privativa de liberdade não superior a três anos'. 3. Para a suspensão condicional da pena, o art. 77 do Código Penal exige o preenchimento cumulativo dos seguintes requisitos: I) o condenado não seja reincidente em crime doloso, II) a culpabilidade, os antecedentes, a conduta social e a personalidade do agente, bem como os motivos e as circunstâncias, autorizem a concessão do benefício; III) não seja indicada ou cabível a substituição prevista no art. 44 deste Código. 4. No caso em exame, conquanto a pena tenha sido fixada em 3 anos, preenchendo assim o requisito objetivo do art. 16 da Lei n. 9.605/1998, o acórdão impugnado manteve a sentença condenatória, que considerou como desfavoráveis a culpabilidade, a conduta social, as circunstâncias e as consequências do delito, motivo pelo qual os pacientes não têm direito ao *sursis*, pois não preenchidos os requisitos subjetivos previstos no inciso II do art. 77 do Código Penal. 5. *Writ* não conhecido" (HC 350.897 – RS, 5.ª T., rel. Ribeiro Dantas, 18.05.2017, v.u.).

> **Art. 17.** A verificação da reparação a que se refere o § 2.º do art. 78 do Código Penal será feita mediante laudo de reparação do dano ambiental, e as condições a serem impostas pelo juiz deverão relacionar-se com a proteção ao meio ambiente.[71]

**71. *Sursis* especial:** denomina-se *especial* a suspensão condicional da pena, cujas condições estabelecidas pelo juiz, para o cumprimento durante o período de prova, estão previstas no art. 78, § 2.º. Para a concessão dessa espécie de *sursis*, determina a lei que tenha o condenado reparado o dano, salvo impossibilidade de fazê-lo. O art. 17 de Lei 9.605/98, ao cuidar dessa reparação, exige que se realize *laudo de reparação do dano ambiental* (exame pericial realizado por especialista em meio ambiente). Por outro lado, as condições a serem seguidas durante o período de prova não devem ser as comuns, previstas nas alíneas *a*, *b* e *c* do art. 78, § 2.º, do Código Penal (proibição de frequentar determinados lugares; proibição de se ausentar da comarca onde reside, sem autorização judicial; comparecimento mensal e obrigatório a juízo para justificar as atividades). Em substituição, as condições devem guardar alguma relação com a proteção ao meio ambiente. Deixou-se em aberto quais seriam tais condições. Na realidade, o art. 17, parte final, desta Lei passa ter consonância com o disposto no art. 79 do Código Penal ("a sentença poderá especificar outras condições a que fica subordinada a suspensão, desde que adequadas ao fato e à situação pessoal do condenado"). Exemplo de condição razoável para ser cumprida durante o período de prova seria o comparecimento regular em curso apropriado, de instituição pública ou privada de fim social, cuja meta consista no fornecimento de dados e elementos para a preservação do meio ambiente.

> **Art. 18.** A multa será calculada segundo os critérios do Código Penal; se revelar-se ineficaz, ainda que aplicada no valor máximo, poderá ser aumentada até 3 (três) vezes, tendo em vista o valor da vantagem econômica auferida.[72]

**72. Cálculo da pena de multa:** faz-se nos termos do Código Penal (art. 49). Inicialmente, o juiz deve fixar o número de dias-multa (entre 10 e 360 dias-multa), com base nos elementos fornecidos pelo art. 59 do Código Penal. Em seguida, elege o valor do dia-multa, em quantia variável entre um trigésimo e cinco vezes o salário mínimo. Nesse momento, concentra sua análise na capacidade econômica do condenado. Se a multa, ainda que estabelecido no teto, em virtude da situação econômica do réu, for considerada ineficaz, pode ser triplicada (art. 60, § 1.º, CP). O art. 18 apresenta somente uma inovação: determina que o aumento (até o triplo) se faça com base no valor da vantagem econômica auferida pela prática do crime ambiental e não com fundamento na situação econômica do réu. Imagina-se que o agente criminoso, se muito lucrou com o delito contra o meio ambiente, não pode ser apenado com pena de multa ínfima.

> **Art. 19.** A perícia de constatação do dano ambiental,[73] sempre que possível, fixará o montante do prejuízo causado para efeitos de prestação de fiança[74] e cálculo de multa.[75]

# Art. 19

> **Parágrafo único.** A perícia produzida no inquérito civil ou no juízo cível poderá ser aproveitada no processo penal, instaurando-se o contraditório.[76]

**73. Exame de corpo de delito:** os crimes que deixam vestígios materiais devem redundar na elaboração do exame de corpo de delito, que é o exame pericial, para a formação da materialidade (prova da sua existência), conforme prevê o art. 158, CPP. Sobre a diferença entre corpo de delito e exame de corpo de delito, consultar a nota 4 ao art. 158 do nosso *Código de Processo Penal comentado*. Como regra, os crimes contra o meio ambiente são capazes de deixar vestígios (poluições em geral, matança de animais, devastação de florestas, danos a plantas etc.), motivo pelo qual o art. 19 da Lei 9.605/98 faz referência à *perícia de constatação do dano ambiental*. Acrescenta, no entanto, um dado relevante: em lugar de apenas atestar a existência do dano, deve buscar a fixação do montante do prejuízo causado. Isto permite aferir, muitas vezes, a consequente lucratividade para o agente. Essa *avaliação*, em termos econômicos, produziria efeito no campo da fiança e, também, da multa. Esta, como já se mencionou nos comentários ao art. 18 desta Lei, pode ser triplicada em função da vantagem econômica auferida pelo agente, algo que pode ser constatado pela perícia. Assim, além de estabelecer a *existência* do delito, a perícia procura demonstrar o montante do prejuízo, que, no geral, tem equivalência com o valor da vantagem econômica auferida.

**74. Fiança:** é uma garantia real, consistente no pagamento em dinheiro ou na entrega de valores ao Estado, para assegurar o direito de permanecer em liberdade, no transcurso de um processo criminal. Trata-se de uma espécie de caução. A sua forma de cálculo está prevista no art. 325 do Código de Processo Penal. Entretanto, se o inciso III, § 1.º, do art. 325 permite ao juiz que aumente o valor da fiança em até mil vezes, em face da *situação econômica* do preso; levando-se em conta o disposto no art. 19 desta Lei, o referido aumento passa a considerar o *montante do prejuízo causado*. A partir da edição da Lei 12.403/2011, o *quantum* da fiança foi reajustado, alcançando valores autenticamente razoáveis.

**75. Cálculo da multa:** como já analisamos na nota 72 ao art. 18, para, eventualmente, triplicar o valor da multa, torna-se fundamental conhecer o montante da vantagem auferida pelo criminoso, o que, em incontáveis casos, é muito próximo do valor total do prejuízo causado.

**76. Prova emprestada:** a prova emprestada é aquela que migra de um processo a outro, com as mesmas partes. Discute-se a validade de utilização da mesma, em face do contraditório e da ampla defesa. Não há óbice algum em se utilizar a prova emprestada do processo civil no feito criminal, desde que sejam as mesmas partes e, portanto, tenham ambas participado da sua produção pessoalmente. Exemplo: ouve-se uma testemunha no processo cível que "A" move contra "B", contando com a presença dos advogados de ambos. Posteriormente, quando "A" ajuizar ação penal privada contra "B", cuidando dos mesmos fatos, *empresta-se* aquele depoimento, sem necessidade de ouvir, novamente, a mesma testemunha. No caso do art. 19, parágrafo único, da Lei 9.605/98, imagine-se que, em ação civil pública, tendo por autor o Ministério Público e como réu a empresa X, produz-se um exame pericial, com a participação ativa das partes, inclusive com assistentes técnicos. Se o Ministério Público ajuizar ação penal contra a referida empresa X, por crime ambiental, o laudo produzido pode ser utilizado nesta demanda, emprestado que foi do processo civil. Mas, há algo mais a ser considerado. O referido parágrafo único permite o aproveitamento do exame pericial, realizado no inquérito civil (sob a presidência do MP) ou no juízo cível (normalmente, feito por um só perito, ainda que não oficial), no processo penal, *instaurando-se o contraditório*. Duas notas relevantes: a) o laudo pericial, no campo criminal, precisa ser feito por um perito *oficial*; na sua falta, o exame deve ser realizado por duas pessoas idôneas, portadoras de diploma de curso superior, preferencialmente com habilitação na área da perícia a ser realizada (art. 159, CPP); b) o laudo realizado em inquérito civil público não conta com a participação da parte contrária, sendo realizado da maneira unilateral e, eventualmente, o exame pericial retirado de um processo civil qualquer, referente ao mesmo fato, porém com outras partes envolvidas, também não contou com a participação do réu no processo criminal. Como se poderia aproveitá-lo? Determina a parte final do art. 19, parágrafo único, a instauração do contraditório *após* a juntada da perícia realizada. Dependendo do caso concreto, essa situação pode ser viável ou inviável. Se as partes, no feito criminal, por exemplo, concordarem com as conclusões extraídas pelo perito, no laudo produzido na órbita civil, está sanado o problema de não ter havido o contraditório durante a sua produção. Se alguma delas discordar, provavelmente o réu, é preciso assegurar que o perito seja ouvido e colocado como testemunha, submetendo-se a todas as reperguntas do defensor. Havendo impasse técnico, vale dizer, as explicações dadas em audiência não são suficientes, outra alternativa não pode haver senão o refazimento da perícia.

> **Art. 20.** A sentença penal condenatória, sempre que possível, fixará o valor mínimo para reparação dos danos causados pela infração, considerando os prejuízos sofridos pelo ofendido ou pelo meio ambiente.[77]
>
> **Parágrafo único.** Transitada em julgado a sentença condenatória, a execução poderá efetuar-se pelo valor fixado nos termos do *caput*, sem prejuízo da liquidação para apuração do dano efetivamente sofrido.[78]

**77. Formação do título para a execução civil:** autoriza, expressamente, o art. 20 que o magistrado, ao proferir sentença condenatória, estabeleça o valor *mínimo* (abre-se a possibilidade de se demandar por montante superior a esse no cível, especialmente no que toca aos danos morais, impossíveis de serem checados na órbita criminal) para a reparação dos danos ambientais, provocados pelo delito. É natural que possa fazê-lo, pois a perícia produzida para a formação da materialidade (art. 19, *caput*, desta Lei) buscará, sempre, estipular o montante do prejuízo causado. E as partes, no processo-crime, podem contestar esse valor, durante a instrução. Aliás, a fixação da multa reparatória, conforme previsão do art. 297 da Lei 9.503/97 (Código de Trânsito Brasileiro), já prevê a antecipação da indenização civil, feita por juiz criminal.

**78. Execução direta ou liquidação do plus:** se o dano ambiental for mensurado corretamente pelo laudo na esfera penal, basta a execução da sentença criminal (título executivo) no juízo cível. Se algo mais for devido – especialmente, como já dissemos, o dano moral – faz-se a liquidação pelo magistrado civil.

> **Art. 21.** As penas aplicáveis[79] isolada, cumulativa ou alternativamente às pessoas jurídicas, de acordo com o disposto no art. 3.º, são:
>
> I – multa;
>
> II – restritivas de direitos;
>
> III – prestação de serviços à comunidade.

**79. Regras para a aplicação da pena à pessoa jurídica:** o art. 21 desta Lei não inova em absolutamente nada. Em nosso ponto de vista, repete o óbvio, em matéria de aplicação de penas, como no contexto da pessoa física, vale dizer, as penas podem ser fixadas de maneira isolada, cumulativa ou alternativa, dependendo da previsão abstrata feita pelo legislador no

preceito secundário de cada tipo penal e conforme as regras de substituição expostas genericamente. Primeiramente, o rol das penas foi mal estabelecido. A pena de prestação de serviços
à comunidade é e sempre foi uma pena restritiva de direitos, porém, neste artigo, tornou-se
pena autônoma. Logo, o inciso III é inadequado. Por outro lado, há uma falsa impressão de
que o juiz pode fazer o que bem entender em matéria de fixação da pena, independentemente
do previsto em cada tipo penal. Ele seria o próprio "legislador" aplicando penas. Se quiser, fixa
somente multa. Se não desejar, ajunta a multa com a prestação de serviços à comunidade. Em
suma, se justificar, faz o que quiser. É incorreta tal visão. Aliás, porque, se assim fosse, ficaria
sem explicação da previsão da *alternatividade*. Quando o julgador aplicaria a pena alternativamente? O que nos parece correto é o seguinte: há tipos penais que preveem pena única
(ex.: art. 40); outros, por sua vez, preveem penas cumulativas (ex.: art. 41); há, ainda, os que
cominam penas alternativas (ex.: art. 49, parágrafo único); restam aqueles que possibilitam
a aplicação alternativa ou cumulativa (art. 49, *caput*). Assim sendo, as penas previstas para a
pessoa jurídica, porque não podem ser privativas de liberdade, mas são calculadas com base
nestas, obedecem aos mesmos critérios. Ilustrando: a) se a pessoa jurídica causa dano a uma
unidade de conservação, o julgador mensura a pena entre um a cinco anos, conforme os critérios gerais do Código Penal (art. 68). Chegando a um montante de três anos, transforma essa
pena em prestação de serviços à comunidade. É pena isoladamente aplicada; b) se a pessoa
jurídica provoca incêndio em mata, o juiz elege a pena entre dois e quatro anos, na sequência
substitui por pena alternativa e, ainda, fixa a multa, conforme os critérios do Código Penal; c)
se a pessoa jurídica destrói, culposamente, plantas de ornamentação de logradouro público,
o juiz escolhe entre a pena privativa de liberdade, que será substituída pela pena restritiva de
direitos (incluindo-se, aí, a prestação de serviços à comunidade, que é restritiva também) ou
aplica somente multa; d) se a pessoa jurídica destrói, dolosamente, essas mesmas plantas, pode
o juiz fixar a pena privativa (para efeito de mensuração da culpabilidade), substituindo-a por
restritiva de direitos, ou aplica somente a multa, ou fixa as duas. Em suma, está o magistrado
atrelado ao tipo penal incriminador tanto para a pessoa física quanto para a pessoa jurídica.
Não faz o que quer, mas age dentro das possibilidades legais.

> **Art. 22.** As penas restritivas de direitos da pessoa jurídica são:
>
> I – suspensão parcial ou total de atividades;[80]
>
> II – interdição temporária de estabelecimento, obra ou atividade;[81]
>
> III – proibição de contratar com o Poder Público, bem como dele obter
> subsídios, subvenções ou doações.[82]
>
> § 1.º A suspensão de atividades será aplicada quando estas não estiverem
> obedecendo às disposições legais ou regulamentares, relativas à proteção do
> meio ambiente.[83]
>
> § 2.º A interdição será aplicada quando o estabelecimento, obra ou ativi-
> dade estiver funcionando sem a devida autorização, ou em desacordo com a
> concedida, ou com violação de disposição legal ou regulamentar.[84]
>
> § 3.º A proibição de contratar com o Poder Público e dele obter subsídios,
> subvenções ou doações não poderá exceder o prazo de 10 (dez) anos.[85]

**80. Suspensão parcial ou total de atividades:** é a pena restritiva ideal para a pessoa
jurídica que, ao cometer o crime, conforme constatação feita pelo juiz, já não vinha obedecendo
às disposições legais ou regulamentares em relação à proteção do meio ambiente. É substitutiva
da pena prevista nos tipos penais incriminadores, tanto que não tem valor próprio. Se o delito

possuir, em tese, pena de seis meses a um ano de detenção, o magistrado deve suspender, parcial ou totalmente, as atividades da empresa pelo período que elegeu – dentro do mínimo de seis meses ao máximo de um ano, conforme os critérios gerais de aplicação da pena.

**81. Interdição temporária de estabelecimento, obra ou atividade:** nesse caso, não se suspende a atividade da pessoa jurídica total ou parcialmente, como previsto no inciso I, mas pode o juiz interditar um dos estabelecimentos da pessoa jurídica, ou uma das obras que venha conduzindo, ou, ainda, uma das suas atividades e não o conjunto delas. Enfoca-se um ponto de sua atividade, justamente aquele que estiver operando sem autorização ou em desacordo com a concedida, bem como com violação de disposição legal ou regulamentar, conforme prevê o § 2.º. Ilustrando: uma grande empresa, com vários ramos de atividades na área ambiental, pode ter a sua atividade global suspensa total ou parcialmente, por um certo tempo (inciso I), como pode ter uma de suas filiais interditada por determinado tempo (inciso II). Esse tempo de interdição equivale ao que advier do preceito secundário dos tipos penais (ex.: de dois a quatro anos; de três meses a um ano etc.).

**82. Proibição de contratar com o Poder Público ou dele obter benefícios:** várias empresas têm interesse em celebrar contratos com o Poder Público, nas mais variadas áreas, pois, como regra, envolvem altas somas de dinheiro e grandes obras. O contrato pode advir de uma licitação ou não, mas a pena prevista no inciso III proíbe qualquer tipo de contratação. O tempo será o da pena privativa de liberdade, prevista no tipo incriminador, a ser devidamente mensurada e depois substituída pela restritiva de direitos. Outro ponto que pode afetar a pessoa jurídica é a perda de subsídios, subvenções ou doações governamentais – afinal, muitas somente sobrevivem no mercado graças a esses incentivos. O mínimo que devem fazer é respeitar as leis editadas pelo Estado que, de um modo ou outro, as sustenta.

**83. Norma penal em branco:** para a escolha dessa modalidade de pena restritiva de direitos é preciso tomar conhecimento das disposições legais e regulamentares extrapenais, relativas à proteção do meio ambiente.

**84. Norma penal em branco:** para a escolha dessa modalidade de pena restritiva de direitos é preciso tomar conhecimento das disposições legais e regulamentares extrapenais, relativas à proteção do meio ambiente, bem como em relação à formalização das autorizações para atuar na área ambiental.

**85. Limite para a proibição:** ainda que a pessoa jurídica cometa muitos crimes ambientais em concurso material, sofrendo punição acima de dez anos, a proibição de contratar com o Poder Público e dele obter benefícios não poderá ultrapassar o teto de dez anos. Quis o legislador atenuar, de algum modo, esse gravame que, como já dissemos, para muitas empresas é a chave para o seu funcionamento.

> **Art. 23.** A prestação de serviços à comunidade[86] pela pessoa jurídica consistirá em:
>
> I – custeio de programas e de projetos ambientais;[87]
>
> II – execução de obras de recuperação de áreas degradadas;[88]
>
> III – manutenção de espaços públicos;[89]
>
> IV – contribuições a entidades ambientais ou culturais públicas.[90]

**86. Pena restritiva de direitos:** não deveria ter sido colocada em plano autônomo das penas restritivas de direitos, como foi feito no art. 21, III. É a mais adequada de todas as restrições de direitos, pois confere reais benefícios à sociedade em geral.

# Art. 24

Leis Penais e Processuais Penais Comentadas – Vol. 2 • **Nucci**

**87. Custeio de programas e projetos ambientais:** durante o tempo previsto para a pena privativa de liberdade, prevista em abstrato no tipo penal incriminador, que foi mensurada em concreto pelo juiz e depois substituída pela prestação de serviços à comunidade, a pessoa jurídica condenada fica obrigada a custear (sustentar) programas (são os planos que envolvem algum tipo de atividade ligada ao meio ambiente) e projetos (são os planos que cuidam de obras e construções em geral) ambientais (vinculados à melhoria ou mantença do meio ambiente).

**88. Execução de obras de recuperação de áreas degradadas:** durante o tempo previsto para a pena privativa de liberdade, prevista em abstrato no tipo penal incriminador, que foi mensurada em concreto pelo juiz e depois substituída pela prestação de serviços à comunidade, a pessoa jurídica condenada fica obrigada a executar (tornar efetivo, materializar) obras de recuperação (trabalho voltado à recomposição do estado original de algo) de áreas degradadas (lugares deteriorados). Neste caso, embora a lei não seja expressa, parece lógico que essas áreas degradadas tenham conexão com o meio ambiente. Outro ponto: se não houver tempo para a recuperação total, pois a pena findou, deve o Estado buscar outra forma para continuar o trabalho que vinha ocorrendo, executado pela ré (pessoa jurídica condenada).

**89. Mantença de espaços públicos:** durante o tempo previsto para a pena privativa de liberdade, prevista em abstrato no tipo penal incriminador, que foi mensurada em concreto pelo juiz e depois substituída pela prestação de serviços à comunidade, a pessoa jurídica condenada fica obrigada a sustentar determinado espaço público (área destinada a uso e gozo da população em geral, como parques e jardins), significando aplicar tanto dinheiro, como mão de obra, conforme o caso. Finalizada a pena, cabe ao Estado continuar a devida manutenção – ou arranjar outro(a) condenado(a) que o faça.

**90. Contribuição a entidades ambientais e culturais públicas:** durante o tempo previsto para a pena privativa de liberdade, prevista em abstrato no tipo penal incriminador, que foi mensurada em concreto pelo juiz e depois substituída pela prestação de serviços à comunidade, a pessoa jurídica condenada fica obrigada a contribuir (cooperar, colaborar) com entidades ambientais (órgãos públicos que cuidam do meio ambiente) ou culturais (órgãos públicos que lidam com a divulgação e promoção de atividades artísticas ou intelectuais). Essa contribuição não é em pecúnia, pois não se teria um montante a ponderar (quanto o juiz determinaria que fosse pago?) e a lei não fala em *manter* a entidade (o que significa custeio total por um tempo). Portanto, parece-nos que é efetiva cooperação, fornecendo material, mão de obra e outros elementos concretos para que as entidades satisfaçam suas metas.

> **Art. 24.** A pessoa jurídica constituída ou utilizada, preponderantemente, com o fim de permitir, facilitar ou ocultar a prática de crime definido nesta Lei terá decretada sua liquidação forçada, seu patrimônio será considerado instrumento do crime e como tal perdido em favor do Fundo Penitenciário Nacional.[91]

**91. Liquidação da pessoa jurídica:** comungamos do entendimento exposto por Vladimir Passos de Freitas e Gilberto Passos de Freitas no sentido de que "não se tem conhecimento da existência desse tipo de sociedade no Brasil" (voltada à prática de crime ambiental). "Tudo indica que este artigo tem finalidade mais preventiva e que acabará sendo aplicado raramente. A liquidação é uma autêntica pena acessória e deverá, por isso mesmo, ser objeto de expresso pedido na denúncia. Se assim não for, não poderá o juiz impô-la na sentença, pois estaria sacrificando o direito de ampla defesa da ré. Portanto, na inicial acusatória deverá ficar explícita a acusação do desvio de finalidade da pessoa jurídica, e o pedido de sua liquidação ao final. Se assim não for feito, restará ao Ministério Público, que é o órgão detentor de legitimidade para tanto, propor ação própria no juízo cível. À falta de previsão de rito processual cabível, poderá ser aplicado, por analogia, o contido nos arts. 761 e 786 do Código de Processo Civil" (*Crimes contra a natureza*, p. 74). Note-se, ainda, o disposto na segunda parte do art. 24, que é o confisco do seu patrimônio, considerado como instrumento do crime (art. 91, II, *a*, CP), destinando-o ao Fundo Penitenciário Nacional (art. 2.º IV, Lei Complementar 79/94).

### Capítulo III
### DA APREENSÃO DO PRODUTO E DO INSTRUMENTO
### DE INFRAÇÃO ADMINISTRATIVA OU DE CRIME

> **Art. 25.** Verificada a infração, serão apreendidos seus produtos e instrumentos, lavrando-se os respectivos autos.[92]
>
> § 1.º Os animais serão prioritariamente libertados em seu *habitat* ou, sendo tal medida inviável ou não recomendável por questões sanitárias, entregues a jardins zoológicos, fundações ou entidades assemelhadas, para guarda e cuidados sob a responsabilidade de técnicos habilitados.[93]
>
> § 2.º Até que os animais sejam entregues às instituições mencionadas no § 1.º deste artigo, o órgão autuante zelará para que eles sejam mantidos em condições adequadas de acondicionamento e transporte que garantam o seu bem-estar físico.[93-A]
>
> § 3.º Tratando-se de produtos perecíveis ou madeiras, serão estes avaliados e doados a instituições científicas, hospitalares, penais e outras com fins beneficentes.[94]
>
> § 4.º Os produtos e subprodutos da fauna não perecíveis serão destruídos ou doados a instituições científicas, culturais ou educacionais.[95]
>
> § 5.º Os instrumentos utilizados na prática da infração serão vendidos, garantida a sua descaracterização por meio da reciclagem.[96]

**92. Apreensão de bens:** é medida óbvia, prevista há muito tempo no Código de Processo Penal, como também em várias leis administrativas, que regulam o poder de polícia do Estado. Desnecessário, pois, o disposto no art. 25, *caput*. Em caso de infração penal, a autoridade policial deve apreender os objetos que tiverem relação com o fato, assim que forem liberados pela perícia (art. 6.º, II, do CPP), além de colher todas as provas que servirem para o esclarecimento da infração penal (art. 6.º, III, do CPP). Ademais, é fundamental considerar que também o juiz, a requerimento do Ministério Público ou em virtude de representação da autoridade policial, poderá determinar o sequestro do produto do crime (arts. 125 e seguintes do CPP).

**93. Liberação dos animais:** é um mero complemento ao bom senso. Se imperasse, exclusivamente, a aplicação racional na apreciação do caso, outra não poderia ser a solução adotada. Portanto, não haveria necessidade de previsão legal. Os animais apreendidos em mãos criminosas, após a produção rápida da prova pericial (produção do laudo, com as fotos cabíveis), devem ser libertados para o retorno ao seu hábitat ou, na falta de local apropriado, serão encaminhados a jardins zoológicos e outros locais similares e adequados. Não teria o menor cabimento mantê-los apreendidos e à disposição da justiça, no prédio do fórum ou na delegacia de polícia. Por outro lado, é interessante observar que muitos particulares possuem criadouros, credenciados pelo Ibama, justamente para receber esses animais, tratar seus eventuais ferimentos, alimentá-los com o objetivo de devolvê-los, no futuro, à natureza. Como forma de compensação, há autorização legal para que comercializem as crias desses animais, conforme

# Art. 26

o caso específico, para particulares. É uma maneira de permitir que haja sustento para essas instituições colaboradoras. Mesmo assim, parte das crias é inserida na natureza; outra parte é marcada (ex.: anilhas e *microchips*), seguindo à criação de particulares; estes, no entanto, não possuem autorização legal para promover cruzamentos e extrair prole para revenda.

**93-A. Condições adequadas:** a inserção desse parágrafo na Lei 13.052/2014 pretende que os animais apreendidos sejam mantidos em condições saudáveis até a entrega às entidades mencionadas no parágrafo anterior. Nem precisaria ser previsto em lei, caso houvesse bom senso, invariavelmente, por parte de quem as apreendeu. Porém, o advento dessa norma indica que muitos animais, após a apreensão, devem ter sido maltratados – ou mantidos no estado de maus-tratos no qual foram achados –, motivo pelo qual pereceram *antes* de serem atendidos. Esse parágrafo torna a autoridade que os apreende uma garantia de seu bem-estar físico; do contrário, conforme o caso, pode responder pela morte ou por maus-tratos.

**94. Avaliação e doação:** produtos perecíveis (sujeitos à extinção com certa rapidez) ou madeiras (estas são, também, produtos sujeitos ao perecimento), por consequência lógica, não podem ficar à disposição do processo até o trânsito em julgado, para, então, serem confiscados pelo Estado, pois estariam totalmente deteriorados. Por isso, a autorização legal para imediata avaliação e doação a instituições científicas, hospitais, estabelecimentos penais e instituições beneficentes. É preciso cautela para não prejudicar o direito do legítimo proprietário, quando não é o responsável pelo dano ambiental.

**95. Destruição ou doação:** os produtos (aquilo que é fabricado em função do animal, como um empalhamento de bicho abatido) e os subprodutos (aquilo que resta, após a utilização do produto, como o chaveiro produzido com a unha do animal empalhado), quando não estiverem sujeitos ao perecimento (nesse caso, a natureza se encarrega de consumi-los), devem ser destruídos ou doados a instituições científicas, culturais ou educacionais. No exemplo dado, o animal empalhado pode ser encaminhado a um museu de história natural ou a uma escola.

**96. Instrumentos do crime:** em grande número de casos, os instrumentos do crime terminam objeto de destruição, pois são coisas de fabrico, alienação, uso, porte ou detenção ilegais (ex.: armas de fogo sem registro ou com numeração raspada), além de poderem fazer parte de um universo de coisas inúteis (ex.: pedaço de pau usado para matar alguém). No entanto, quanto aos delitos contra o meio ambiente, há vários instrumentos sofisticados utilizados para a destruição de florestas, para o abate de animais ou para a geração de poluição. Por isso, se fossem usados para propósitos lícitos, trariam bons resultados. Assim, estipula o art. 25, § 4.º, que sejam esses bens vendidos, desde que não sirvam para a prática de novos delitos, razão pela qual se providencia a reciclagem.

**Capítulo IV**

**DA AÇÃO**
**E DO PROCESSO PENAL**

> **Art. 26.** Nas infrações penais previstas nesta Lei, a ação penal é pública incondicionada.[97]
>
> **Parágrafo único.** *(Vetado.)*

**97. Ação pública incondicionada:** é desnecessário este artigo. O art. 100 do Código Penal é claro ao dizer que "a ação penal é pública, salvo quando a lei expressamente a declara privativa do ofendido". E no § 1.º do mesmo artigo: "a ação pública é promovida pelo Ministério Público, dependendo, quando a lei o exige, de representação do ofendido ou de requisição do Ministro da Justiça".

> **Art. 27.** Nos crimes ambientais de menor potencial ofensivo, a proposta de aplicação imediata de pena restritiva de direitos ou multa, prevista no art. 76 da Lei 9.099, de 26 de setembro de 1995, somente poderá ser formulada desde que tenha havido a prévia composição do dano ambiental, de que trata o art. 74 da mesma Lei, salvo em caso de comprovada impossibilidade.[98]

**98. Transação condicionada:** apesar de muitos delitos previstos na Lei 9.605/98 serem considerados *infrações de menor potencial ofensivo*, logo, sujeitas à transação penal, há uma condição específica, que deve ser respeitada. Justamente pelo fato de vários crimes contra o meio ambiente envolverem pessoas (físicas ou jurídicas) economicamente abonadas, é razoável que se exija a prévia composição do dano ambiental, vale dizer, o acordo para a reparação da degradação causada. A norma não representa lesão à igualdade, privilegiando os ricos, em detrimento das pessoas mais pobres, pelo fato de ter sido feita a ressalva: *salvo em caso de comprovada impossibilidade.*

> **Art. 28.** As disposições do art. 89[99] da Lei 9.099, de 26 de setembro de 1995, aplicam-se aos crimes de menor potencial ofensivo definidos nesta Lei, com as seguintes modificações:
>
> I – a declaração de extinção de punibilidade, de que trata o § 5.º do artigo referido no *caput*, dependerá de laudo de constatação de reparação do dano ambiental, ressalvada a impossibilidade prevista no inciso I do § 1.º do mesmo artigo;[100]
>
> II – na hipótese de o laudo de constatação comprovar não ter sido completa a reparação, o prazo de suspensão do processo será prorrogado, até o período máximo previsto no artigo referido no *caput*, acrescido de mais 1 (um) ano, com suspensão do prazo da prescrição;[101]
>
> III – no período de prorrogação, não se aplicarão as condições dos incisos II, III e IV do § 1.º do artigo mencionado no *caput*;[102]
>
> IV – findo o prazo de prorrogação, proceder-se-á à lavratura de novo laudo de constatação de reparação do dano ambiental, podendo, conforme seu resultado, ser novamente prorrogado o período de suspensão, até o máximo previsto no inciso II deste artigo, observado o disposto no inciso III;[103]
>
> V – esgotado o prazo máximo de prorrogação, a declaração de extinção de punibilidade dependerá de laudo de constatação que comprove ter o acusado tomado as providências necessárias à reparação integral do dano.[104]

**99. Suspensão condicional do processo:** é viável a sua aplicação aos delitos previstos na Lei 9.605/98, desde que se encaixe no perfil estabelecido na Lei 9.099/95, ou seja, a pena mínima prevista para o crime não ultrapasse um ano. Logo, é mais do que óbvio o erro legislativo – mais um, entre tantos – ao mencionar que as disposições do art. 89 da Lei 9.099/95 (suspensão condicional do processo) são aplicáveis aos delitos *de menor potencial ofensivo*. Quem redigiu a Lei 9.605/98 esqueceu-se que nem todos os benefícios estipulados na Lei 9.099/95 destinam-se às infrações de *menor potencial ofensivo*. Portanto, deve-se, simplesmente, desprezar a referida expressão "aos crimes de menor potencial ofensivo", prevista no *caput* do art. 28 da Lei 9.605/98.

# Art. 28

Vale a aplicação do *sursis* processual (art. 89, Lei 9.099/95) aos delitos cuja pena mínima não seja superior a um ano, com as alterações, quanto às condições, previstas no art. 28.

**100. Extinção da punibilidade condicionada:** a diferença gira em torno da elaboração de um laudo final, demonstrando que, realmente, houve a reparação do dano ambiental. Nos crimes não ambientais, estipula-se a condição de se realizar a reparação do dano, salvo impossibilidade de fazê-lo. Tem-se a impressão de que, nos crimes não ambientais, caso seja detectada, desde logo, a impossibilidade do réu de arcar com o dano, nem se fixa a condição, enquanto nas infrações penais ambientais busca-se a reparação de todo modo, mas, ao final, se não for possível, releva-se a circunstância. Nos delitos contra o meio ambiente, portanto, para a extinção da punibilidade exige-se, apenas, mais um entrave, que é a elaboração de um laudo de constatação da reparação do dano ambiental. Nada de grande relevo, pois ficou prevista a ressalva de o condenado não ter condições de fazê-lo. Assim sendo, se a reparação não se realizar, somente não será extinta a punibilidade se o réu puder reparar o estrago e, ainda assim, não tiver feito. Na jurisprudência: STJ: "1. Tendo sido reconhecida a natureza de suspensão condicional do processo do acordo feito entre o envolvido e o Ministério Público, o entendimento do acórdão recorrido encontra-se no mesmo sentido da jurisprudência desta Corte Superior de que, nos crimes ambientais, a suspensão condicional do processo sujeita-se ao disposto no art. 28 da Lei n. 9.605/1998, só se extinguindo a punibilidade após a emissão de laudo que constate a reparação do dano ambiental, o que não ocorreu no caso. 2. Ademais, conforme consignado pelo Ministério Público Federal, em seu parecer, mesmo que assim não fosse o entendimento, como bem ressaltou o Tribunal de origem, o ora recorrente 'se comprometeu no próprio acordo (transação penal) a reparar os danos que causou ao meio ambiente, constando expressamente que a declaração de extinção da sua punibilidade estava condicionada ao atendimento dessa condição' (fl. 563). Assim, não tendo havido a reparação do dano, incabível a extinção da punibilidade, como bem entendeu o Tribunal de origem (e-STJ fls. 613). 3. Agravo regimental não provido" (AgRg no REsp 1878.790 – DF, 5.ª T., rel. Reynaldo Soares da Fonseca, 06.10.2020, v.u.).

**101. Medida inédita:** o que se tem de novo, no contexto da suspensão condicional do processo, é a possibilidade de prorrogação do benefício por período considerável. Imaginemos que o laudo de constatação – podendo o autor arcar com a reparação do dano – demonstre não estar completa a restauração. O juiz deve prorrogar o prazo da suspensão condicional do processo até o período máximo (quatro anos), acrescido de mais um ano, ou seja, cinco anos, suspensa a prescrição. Teríamos o seguinte quadro: o magistrado fixou o prazo de dois anos para o *sursis* processual, com a obrigação de reparar o dano. Findo o período, realizado o laudo, constata-se que não surtiu efeito. Prorroga-se por outros cinco anos (sete, no total). Se o prazo estabelecido, inicialmente, foi de quatro anos, havendo prorrogação de cinco, formam-se nove anos.

**102. Prorrogação sem condições:** verifica-se que a prorrogação tem uma só finalidade, que é possibilitar a reparação do dano. Por isso, nenhuma outra condição permanece.

**103. Nova dilação:** não fosse uma realidade legal, dir-se-ia tratar-se de brincadeira. Terminada a prorrogação da prorrogação, se o laudo de constatação ainda demonstrar que o dano ambiental não foi integralmente reparado, pode o juiz estender o prazo para mais cinco anos. Portanto, se, inicialmente o prazo do *sursis* processual foi fixado em dois anos, chegamos a doze anos de espera. Caso tenha sido estabelecido no máximo, vamos a quatorze anos de suspensão condicional do processo.

**104. Excesso:** findo o prazo máximo de prorrogação, que pode atingir *14 anos*, a declaração de extinção da punibilidade somente pode ser proferida se o laudo de constatação comprovar ter havido a reparação integral do dano. Se isto não se der, desencadeia-se o prosseguimento da ação penal. Em sã consciência, como é possível instruir um processo, que foi paralisado por quatorze anos? Como subsistiriam certas provas? Restariam testemunhas confiáveis quanto à memorização dos fatos? A eventual pena aplicável surtiria algum efeito várias décadas depois? O objetivo fixado no art. 27 da Lei 9.605/98 é um passo equivocado.

## Capítulo V
## DOS CRIMES CONTRA O MEIO AMBIENTE[105]

### Seção I
### Dos crimes contra a fauna[106-108]

**Art. 29.** Matar, perseguir, caçar, apanhar, utilizar[109-111] espécimes da fauna silvestre, nativos ou em rota migratória, sem a devida permissão, licença ou autorização[112] da autoridade competente, ou em desacordo com a obtida:[113-115]

Pena – detenção, de 6 (seis) meses a 1 (um) ano, e multa.[116]

§ 1.º Incorre nas mesmas penas:

I – quem impede[117-119] a procriação da fauna, sem licença, autorização[120] ou em desacordo com a obtida;[121-122]

II – quem modifica, danifica ou destrói[123-125] ninho, abrigo ou criadouro natural;[126-127]

III – quem vende, expõe à venda, exporta ou adquire, guarda, tem em cativeiro ou depósito, utiliza ou transporta[128-130] ovos, larvas ou espécimes da fauna silvestre, nativa ou em rota migratória, bem como produtos e objetos dela oriundos, provenientes de criadouros não autorizados ou sem a devida permissão, licença ou autorização da autoridade competente.[131-132]

§ 2.º No caso de guarda doméstica de espécie silvestre não considerada ameaçada de extinção, pode o juiz, considerando as circunstâncias, deixar de aplicar a pena.[133]

§ 3.º São espécimes da fauna silvestre todos aqueles pertencentes às espécies nativas, migratórias e quaisquer outras, aquáticas ou terrestres, que tenham todo ou parte de seu ciclo de vida ocorrendo dentro dos limites do território brasileiro, ou águas jurisdicionais brasileiras.[134]

§ 4.º A pena é aumentada de metade, se o crime é praticado:[135]

I – contra espécie rara ou considerada ameaçada de extinção, ainda que somente no local da infração;[136]

II – em período proibido à caça;[137]

III – durante a noite;[138]

IV – com abuso de licença;[139]

V – em unidade de conservação;[140]

VI – com emprego de métodos ou instrumentos capazes de provocar destruição em massa.[141]

§ 5.º A pena é aumentada até o triplo, se o crime decorre do exercício de caça profissional.[142]

§ 6.º As disposições deste artigo não se aplicam aos atos de pesca.[143]

# Art. 29

**105. Tentativa:** é cabível na maior parte dos delitos contra o meio ambiente. Entretanto, sempre que houver a forma culposa ou preterdolosa, torna-se inviável a tentativa. Esta é incompatível com a culpa, tendo em vista que, nesses casos, o agente não deseja o resultado, que ocorre da maneira involuntária. Logo, quem não persegue um objetivo, não pode ser interrompido por terceiros, caracterizando a figura tentada (art. 14, II, CP). Quanto aos delitos preterdolosos, dá-se o mesmo. Ingressando a culpa quanto ao resultado mais grave, já não se pode falar em tentativa.

**106. Fauna:** em conceito amplo, é o conjunto de animais, terrestres ou aquáticos, próprios de determinada região. No entanto, para o fim de aplicação das normas de proteção desta Lei, encontra-se conceituação mais específica no § 3.º do art. 29. Além disso, segundo Gilberto Passos de Freitas e Vladimir Passos de Freitas "os insetos também estão protegidos pela legislação penal, por serem considerados animais. Possuem o corpo constituído por anéis ou segmentos que os dividem em três partes: cabeça, tórax e abdome. Entre os insetos estão, por exemplo, as borboletas (lepidópteros), as abelhas (himenópteros), os grilos (ortópteros) e as cigarras (homópteros)" (*Crimes contra a natureza*, p. 86).

**107. Exigência de perícia:** nos termos do art. 158 do Código de Processo Penal, para as infrações penais que deixarem vestígios materiais (rastros visíveis, após a consumação), deve-se formar a materialidade (prova da existência do crime) por intermédio de exame pericial, direto ou indireto. (Sobre o tema, consultar as notas 2, 3 e 4 ao art. 158 do nosso *Código de Processo Penal comentado*).

**108. Competência:** pode ser da Justiça Estadual ou Federal. Ver a nota 110 *infra*.

**109. Análise do núcleo do tipo:** *matar* (eliminar a vida), *perseguir* (correr atrás), *caçar* (matar ou perseguir para aprisionar, valendo-se de instrumentos próprios, como armas de fogo, arco e flecha, redes etc.), *apanhar* (aprisionar), *utilizar* (fazer uso de algo). O objeto das condutas são espécimes (integrantes) da fauna silvestre (animais selvagens), nativos (originários do Brasil) ou em rota migratória (os que por aqui passam para atingir outros países). Lembremos que as condutas são mistas alternativas, ou seja, o agente pode cometer uma ou várias e responde por um único crime, desde que no mesmo cenário. Na jurisprudência: STJ: "1. A manutenção em cativeiro de pássaros da fauna silvestre brasileira ameaçados de extinção em desacordo com a licença obtida constitui conduta delituosa prevista no art. 29 da Lei n. 9.605/1998. 2. A inserção de informação diversa da que deveria constar no registro para constituição da empresa 'Criatório Soberano', bem como em vários outros documentos amolda-se ao tipo penal previsto no art. 299 do Código Penal. 3. Impossibilidade de absorção do crime de falsidade ideológica pelo crime ambiental, em face da autonomia das condutas, praticadas de forma distinta e em períodos diversos. 4. Recurso especial provido para reformar a sentença de primeiro grau e condenar os réus pelo crime do art. 299 do Código Penal, com retorno dos autos ao juiz de primeiro grau com o fim de aplicação da pena" (REsp 1.745.308 – MG, 6.ª T., rel. Rogerio Schietti Cruz, 07.05.2019, v.u.).

**110. Sujeitos ativo e passivo:** o sujeito ativo pode ser qualquer pessoa, inclusive a jurídica, sem qualquer problema. Afinal, vários animais podem ser caçados para comércio, servindo, pois, aos interesses de pessoa jurídica. O sujeito passivo é a sociedade. Havia o entendimento de que a União seria a interessada maior na proteção da fauna silvestre, porque os animais seriam de sua propriedade. Logo, não somente crimes contra a fauna seriam da competência da Justiça Federal como também o sujeito passivo seria o Estado. Estabelece o art. 1.º da Lei 5.197/67 (Código de Caça) que "os animais de quaisquer espécies, em qualquer fase do seu desenvolvimento e que vivem naturalmente fora do cativeiro, constituindo a fauna silvestre, bem como seus ninhos, abrigos e criadouros naturais, *são propriedades do Estado*, sendo proibida a sua utilização, perseguição, destruição, caça ou apanha" (grifamos). Na realidade, o Superior Tribunal de Justiça, órgão jurisdicional competente para julgar conflitos de competência, chegou à conclusão de que a competência para os delitos contra a fauna não deve ser, sempre, da órbita da Justiça Federal. Em verdade, depende do lugar onde os animais vivem, cancelando-se a Súmula 91, em julgamento proferido em 8 de novembro de 2000 (*DJU* 23.11.2000). Logo, se os animais estiverem em área de proteção do Município ou do Estado-membro, cabe o julgamento à Justiça Estadual; se estiverem em área de proteção da União ou autarquia federal, competente é a Justiça Federal. Em conclusão, nota-se que não é o Estado o autêntico interessado na mantença da fauna silvestre, como não é ele o titular do direito de preservação do meio ambiente. Cuida-se de um interesse da sociedade. A todos nós cabe a defesa do meio ambiente, onde se inserem, obviamente, os animais.

**111. Elemento subjetivo:** é o dolo. Não há elemento subjetivo específico do tipo, nem se pune a forma culposa.

**112. Norma penal em branco:** é preciso consultar a legislação extrapenal para atingir o exato alcance da norma, verificando-se o que há em matéria de permissão, licença e autorização nesse campo. Exemplo: em determinadas épocas do ano e em certas regiões pode haver autorização para o abate de certo espécime, cuja procriação fugiu ao controle e está perturbando o equilíbrio do ecossistema.

**113. Objetos material e jurídico:** o objeto material é o espécime da fauna silvestre, nativo ou em rota migratória. O objeto jurídico é a proteção ao meio ambiente.

**114. Classificação:** comum (pode ser cometido por qualquer pessoa); material (exige resultado naturalístico para a consumação), nas formas *matar*, *caçar*, *apanhar*; formal (não se exige resultado naturalístico, com prejuízo efetivo para o animal, embora possa haver) nas modalidades *perseguir* e *utilizar*; de forma livre (pode ser cometido por qualquer meio eleito pelo agente); comissivo (os verbos indicam ações); instantâneo (a consumação se dá em momento determinado), nas formas *matar*, *caçar*, *apanhar* e *utilizar*, mas permanente (a consumação se arrasta no tempo) na modalidade *perseguir*; de perigo abstrato (a probabilidade de dano ao meio ambiente é presumida no tipo). Embora exista a forma *matar*, prevista no art. 29, é fundamental considerar que eliminar um animal pode não colocar em risco a preservação da fauna. Por isso, o foco principal é a probabilidade de isto vir a ocorrer se a matança for generalizada. Pune-se a conduta isolada como método para impedir um mal maior ao meio ambiente; unissubjetivo (pode ser cometido por um só agente); plurissubsistente (cometido por intermédio de vários atos); admite tentativa.

**115. Princípio da insignificância:** cuida-se de excludente supralegal da tipicidade (ver a nota 27, *h*, e 27-B ao art. 14 do nosso *Código Penal comentado*) perfeitamente aplicável no contexto dos delitos contra o meio ambiente. No caso do art. 29, matar, perseguir, caçar, apanhar, utilizar qualquer animal de mínima importância para o ecossistema (ex.: uma borboleta ou um filhote de pássaro que caiu do ninho). Na jurisprudência: STJ: "A apanha de apenas quatro minhocuçus não desloca a competência para a Justiça Federal, pois não constitui crime contra a fauna, previsto na Lei 5.197/67, em face da aplicação do princípio da insignificância, uma vez que a conduta não tem força para atingir o bem jurídico tutelado" (CC 20.312 – MG, 3.ª S., rel. Fernando Gonçalves, 01.07.1999, v.u., p. 72, embora antigo, serve para ilustração). Outra visão: TJPR: "2. O princípio da insignificância aplica-se aos crimes ambientais excepcionalmente, em razão do princípio da prevenção, que determina que o ente ambiental deve fazer o poluidor reduzir ou eliminar os danos ambientais, tendo em vista que os referidos danos são normalmente irreversíveis. No presente caso, a conduta do acusado, de cassar e abater um pássaro, não se mostra insignificante, devendo ser man-

# Art. 29

tida sua condenação" (Ap. 0003893-78.2018.8.16.0088, 2.ª C. Crim., rel. Luís Carlos Xavier, 03.07.2020, v.u.).

**116. Benefícios penais:** é infração de menor potencial ofensivo, aplicando-se a transação e os demais benefícios da Lei 9.099/95.

**117. Análise do núcleo do tipo:** *impedir* (interromper) a procriação (gerar, dar nascimento a algo) da fauna.

**118. Sujeitos ativo e passivo:** o sujeito ativo pode ser qualquer pessoa, inclusive a jurídica. O sujeito passivo é a sociedade. Ver a nota 110 *supra*.

**119. Elemento subjetivo:** é o dolo. Não há elemento subjetivo específico do tipo, nem se pune a forma culposa.

**120. Norma penal em branco:** ver a nota 112 *supra*.

**121. Objetos material e jurídico:** o objeto material é espécime da fauna. O objeto jurídico é a proteção ao meio ambiente.

**122. Classificação:** comum (pode ser cometido por qualquer pessoa); material (exige resultado naturalístico para a consumação, consistente no efetivo impedimento da procriação); de forma livre (pode ser cometido por qualquer meio eleito pelo agente); comissivo (o verbo indica ação); instantâneo (a consumação se dá em momento determinado); de perigo abstrato (ver a nota 114 ao *caput*); unissubjetivo (pode ser cometido por um só agente); plurissubsistente (cometido por intermédio de vários atos); admite tentativa.

**123. Análise do núcleo do tipo:** *modificar* (alterar), *danificar* (deteriorar) ou *destruir* (aniquilar) são as condutas, cujo objeto pode ser ninho (lugar onde aves procriam), abrigo (refúgio) ou criadouro natural (viveiro de planta advindo da própria natureza, mas também pode significar um lugar onde espécimes procriam e cuidam dos filhotes).

**124. Sujeitos ativo e passivo:** o sujeito ativo pode ser qualquer pessoa, inclusive a jurídica. O sujeito passivo é a sociedade. Ver a nota 110 *supra*.

**125. Elemento subjetivo:** é o dolo. Não há elemento subjetivo específico do tipo, nem se pune a forma culposa.

**126. Objetos material e jurídico:** o objeto material é o ninho, abrigo ou criadouro natural. O objeto jurídico é a proteção ao meio ambiente.

**127. Classificação:** comum (pode ser cometido por qualquer pessoa); material (exige resultado naturalístico para a consumação); de forma livre (pode ser cometido por qualquer meio eleito pelo agente); comissivo (os verbos indicam ações); instantâneo (a consumação se dá em momento determinado); de perigo abstrato (a probabilidade de dano ao meio ambiente é presumida no tipo, ver a nota 114 ao *caput*); unissubjetivo (pode ser cometido por um só agente); plurissubsistente (cometido por intermédio de vários atos); admite tentativa.

**128. Análise do núcleo do tipo:** *vender* (alienar por determinado preço), *expor à venda* (apresentar para alienação por certo preço), *exportar* (faz sair do território nacional), *adquirir* (obter mediante o pagamento de um preço), *guardar* (tomar conta de algo), *ter em cativeiro* (manter em prisão), *ter em depósito* (manter armazenado), *utilizar* (fazer uso de algo), *transportar* (levar de um lugar a outro) são as várias condutas, cujos objetos podem ser ovos (óvulos, fecundados ou não, de animais), larvas (estado do inseto, assim que sai do ovo), espécimes (integrantes) da fauna silvestre (animais selvagens), nativos (originários do Brasil) ou em rota migratória (os que por aqui passam para atingir outros países), produtos (aquilo que é fabricado em função do animal, como um empalhamento de bicho abatido) e objetos (qualquer peça ou coisa) dela oriundo (proveniente da fauna) ou de criadouros (viveiros de plantas e animais) ilegais. Para instruir a ação penal, é imprescindível a prova da materialidade, por meio da apreensão do objeto material deste delito. Na jurisprudência: STJ: "1. Inexiste consunção entre dois crimes em que os bens jurídicos tutelados são distintos, nos termos da jurisprudência assente deste Superior Tribunal, o qual considera que os tipos penais dos arts. 29, § 1º, III, da Lei 9.605/98 e 296, § 1º, III, do Código Penal tutelam bens jurídicos distintos (o primeiro, a fé pública; o segundo, o meio ambiente ecologicamente equilibrado, destacadamente, a fauna silvestre), além de decorrerem de condutas diversas e autônomas (AgRg no REsp n. 1.856.202/SP, Ministro Reynaldo Soares da Fonseca, Quinta Turma, DJe 28/2/2020)" (AgRg no RHC 147.197 – PB, 2.ª T., rel. Sebastião Reis Júnior, 08.02.2022, v.u.).

**129. Sujeitos ativo e passivo:** o sujeito ativo pode ser qualquer pessoa, inclusive a jurídica. O sujeito passivo é a sociedade. Ver a nota 110 *supra*.

**130. Elemento subjetivo:** é o dolo. Não há elemento subjetivo específico do tipo, nem se pune a forma culposa.

**131. Objetos material e jurídico:** o objeto material pode ser ovo, larva, espécime da fauna silvestre, nativa ou em rota migratória, produto ou objeto oriundo da fauna ou de criadouro ilegal. O objeto jurídico é a proteção ao meio ambiente.

**132. Classificação:** comum (pode ser cometido por qualquer pessoa); material (exige resultado naturalístico para a consumação), nas formas *vender, exportar, adquirir, guardar, ter em cativeiro ou depósito* e *transportar*, mas formal (não se exige resultado naturalístico, com prejuízo efetivo para o animal, embora possa haver) nas modalidades *utilizar* e *expor à venda*; de forma livre (pode ser cometido por qualquer meio eleito pelo agente); comissivo (os verbos indicam ações); instantâneo (a consumação se dá em momento determinado), nas formas *vender, exportar, adquirir* e *utilizar*, mas permanente (a consumação se arrasta no tempo) nas modalidades *expor à venda, guardar, ter em cativeiro ou depósito* e *transportar*; de perigo abstrato (a probabilidade de dano ao meio ambiente é presumida no tipo; ver a nota 114 ao *caput*); unissubjetivo (pode ser cometido por um só agente); unissubsistente (cometido em um único ato) ou plurissubsistente (cometido por intermédio de vários atos), conforme o meio eleito pelo agente; admite tentativa na forma plurissubsistente.

**133. Perdão judicial:** acarreta a extinção da punibilidade, quando o juiz deixa de aplicar a pena aos casos de *guarda doméstica* (mantença em cativeiro no lar) de espécime silvestre (animal selvagem) não ameaçado de extinção, dependendo das *circunstâncias*. Não especificou a lei quais seriam estas *circunstâncias*, de modo que o ideal é projetá-las para o contexto do art. 59 do Código Penal. Idealiza-se, pois, um agente que tenha bons antecedentes e conduta social, motivação generosa, além de ter seguido regras sociais convencionais. Em suma, é o perdão judicial previsto para os *donos de papagaios* e animais semelhantes. Muitos são os casos daqueles que possuem aves silvestres domesticadas, em casa, com apego sentimental, além do que o próprio animal já não consegue sobreviver na natureza por si mesmo (lembremos que aves como essas vivem décadas). Não há autorização legal para tanto, mas a situação está consolidada por anos a fio. Compreende-se, portanto, os dois lados: o proprietário do animal a ele está apegado; o animal não tem mais condições de retornar ao *habitat* selvagem. Houve época em que o parque zoológico de São Paulo recusou o recebimento de papagaios, por não haver espaço físico para inseri-los, após o interesse de muitos proprietários de se desfazerem de suas aves, justamente para não terem problemas legais.

# Art. 30

**134. Norma penal explicativa:** várias são as normas penais que buscam esclarecer termos ou expressões constantes dos tipos penais. Esta é uma delas.

**135. Causa de aumento de pena:** significa uma circunstância legal, vinculada à tipicidade, que determina a elevação obrigatória da pena em cotas predeterminadas pelo legislador.

**136. Espécie rara ou ameaçada:** se o animal for considerado raro (incomum) ou estiver ameaçado de extinção (eliminação total), mesmo que em, somente, uma região, aumenta-se a pena. Na realidade, a meta é punir mais severamente aquele que contribui para um dano ambiental de grave proporção, pois o espécime pode ser, definitivamente, abolido. Aplicando-se a causa de aumento, não se pode fazer incidir a agravante, prevista no art. 15, II, *q*, desta Lei, sob pena de *bis in idem*.

**137. Proibição da caça:** esta é vedada, no Brasil, na maior parte do ano e em quase todas as regiões. Portanto, esta é uma causa de aumento de aplicação praticamente obrigatória e generalizada, o que não se encaixa com o objetivo de uma circunstância legal de elevação de pena, que deve ser excepcional.

**138. Período noturno:** ver a nota 61 ao art. 15, II, *i*, *supra*. Aplicando-se a causa de aumento, não se pode fazer incidir a agravante, sob pena de *bis in idem*.

**139. Abuso de licença:** ver a nota 66 ao art. 15, II, *o*, *supra*. Aplicando-se a causa de aumento, não se pode fazer incidir a agravante, sob pena de *bis in idem*.

**140. Unidade de conservação:** ver a nota 57 ao art. 15, II, *e*, *supra*. Aplicando-se a causa de aumento, não se pode fazer incidir a agravante, sob pena de *bis in idem*.

**141. Emprego de métodos ou instrumentos de destruição em massa:** eleva-se a pena se o agente utilizar métodos (processos ou técnicas) ou instrumentos (objetos que servem para a execução de algo) aptos a gerar destruição em massa (aniquilamento em grandes proporções). Se for aplicada esta causa de aumento, conforme a situação concretamente gerada, não se pode fazer incidir qualquer agravante que tenha por base a mesma causa, como, por exemplo, as previstas no art. 15, II, *c, d, e* e *f*.

**142. Aumento até ao triplo:** quando caça for amadora, aplica-se o aumento de metade (inciso II do § 4.º deste artigo). Se, no entanto, for profissional (envolver certo ganho e regularidade) a atividade de caça, a elevação é maior, incidindo o previsto neste parágrafo.

**143. Pesca:** embora seja considerada parte da fauna, exclui-se a pesca do contexto deste artigo.

> **Art. 30.** Exportar[144-146] para o exterior peles e couros de anfíbios e répteis em bruto, sem a autorização[147] da autoridade ambiental competente:[148-149]
>
> Pena – reclusão, de 1 (um) a 3 (três) anos, e multa.[150]

**144. Análise do núcleo do tipo:** *exportar* (enviar algo para fora do território nacional) para o exterior é a conduta pleonástica prevista. Bastaria ter mencionado o verbo *exportar*, que, tradicionalmente, em todos os tipos penais incriminadores, editados no Brasil, tem o significado de enviar algo para o estrangeiro, logo, não é simplesmente remeter de um Estado a outro ou de um Município a outro. O objeto da conduta é pele (órgão que cobre o corpo de ser vivo) e couro (pele espessa de animal) de anfíbios (animais que respiram por brânquias e, depois, por pulmão) e répteis (animal que se arrasta pelo chão) em bruto (sem utilização de manufatura ou transformação industrial).

**145. Sujeitos ativo e passivo:** o sujeito ativo pode ser qualquer pessoa, inclusive a jurídica. O sujeito passivo é a sociedade. Ver a nota 110 *supra*.

**146. Elemento subjetivo:** é o dolo. Não há elemento subjetivo específico do tipo, nem se pune a forma culposa. Observe-se que, considerando-se o verbo *exportar* como a conduta de transferir algo de um lugar para outro, haveria elemento subjetivo específico, ou seja, levar a pele ou o couro *para o exterior*. Como sustentamos haver simples pleonasmo, na redação do tipo, não há elemento subjetivo específico, pois *exportar* já implica mandar algo para fora do País.

**147. Norma penal em branco:** é preciso consultar a legislação extrapenal para atingir o exato alcance da norma, verificando-se o que há em matéria de autorização nesse campo.

**148. Objetos material e jurídico:** o objeto material é a pele ou couro de anfíbios e répteis em bruto. O objeto jurídico é a proteção ao meio ambiente.

**149. Classificação:** comum (pode ser cometido por qualquer pessoa); material (exige resultado naturalístico para a consumação, consistente na efetiva remessa do material para fora do país); de forma livre (pode ser cometido por qualquer meio eleito pelo agente); comissivo (o verbo indica ação); instantâneo (a consumação se dá em momento determinado); de perigo abstrato (a probabilidade de dano ao meio ambiente é presumida no tipo; ver a nota 114); unissubjetivo (pode ser cometido por um só agente); plurissubsistente (cometido por intermédio de vários atos); admite tentativa.

**150. Benefícios penais:** cabe suspensão condicional do processo, pois o mínimo abstratamente previsto não ultrapassa um ano (art. 89, Lei 9.099/95).

> **Art. 31.** Introduzir[151-153] espécime animal no País, sem parecer técnico oficial favorável e licença[154] expedida por autoridade competente:[155-156]
>
> Pena – detenção, de 3 (três) meses a 1 (um) ano, e multa.[157-157-A]

**151. Análise do núcleo do tipo:** *introduzir no país* é o equivalente a importar, ou seja, trazer algo para dentro do território nacional. O objeto é qualquer espécime animal.

**152. Sujeitos ativo e passivo:** o sujeito ativo pode ser qualquer pessoa, inclusive a jurídica. O sujeito passivo é a sociedade. Ver a nota 110.

**153. Elemento subjetivo:** é o dolo. Não há elemento subjetivo específico do tipo, nem se pune a forma culposa.

**154. Norma penal em branco:** para a efetiva aplicação deste tipo penal, torna-se fundamental conhecer as regras estabelecidas pela legislação extrapenal para a introdução, no território nacional, de qualquer espécime animal. Portanto, é preciso ter parecer técnico oficial favorável *e* licença da autoridade competente.

**155. Objetos material e jurídico:** o objeto material é o espécime animal. O objeto jurídico é a proteção ao meio ambiente.

**156. Classificação:** comum (pode ser cometido por qualquer pessoa); material (exige resultado naturalístico para a consumação, consistente na efetiva entrada em território nacional do animal); comissivo (o verbo indica ação); instantâneo (a consumação se dá em momento determinado); de perigo abstrato (a probabilidade de dano ao meio ambiente é presumida no tipo; ver a nota 114 *supra*); unissubjetivo (pode ser cometido por um só agente); plurissubsistente (cometido por intermédio de vários atos); admite tentativa.

# Art. 32

**157. Benefícios penais:** é infração de menor potencial ofensivo, aplicando-se a transação e os demais benefícios da Lei 9.099/95.

**157-A. Competência:** como regra, Justiça Federal.

> **Art. 32.** Praticar ato de abuso, maus-tratos, ferir ou mutilar[158-160] animais silvestres, domésticos ou domesticados, nativos ou exóticos:[161-162]
>
> Pena – detenção, de 3 (três) meses a 1 (um) ano, e multa.[163]
>
> § 1.º Incorre nas mesmas penas quem realiza[164-166] experiência dolorosa ou cruel em animal vivo, ainda que para fins didáticos ou científicos, quando existirem recursos[167] alternativos.[168-169]
>
> § 1.º-A. Quando se tratar de cão ou gato, a pena para as condutas descritas no *caput* deste artigo será de reclusão, de 2 (dois) a 5 (cinco) anos, multa e proibição da guarda.[169-A]
>
> § 2.º A pena é aumentada de 1/6 (um sexto) a 1/3 (um terço), se ocorre morte do animal.[170]

**158. Análise do núcleo do tipo:** *praticar* (cometer, executar) ato de abuso (ação injusta) ou maus-tratos (nocivo manuseio ou uso), *ferir* (lesionar a integridade física) ou *mutilar* (cortar alguma parte do corpo). O objeto das condutas é o animal, em variadas situações. Primeiramente, cabe-nos tecer considerações críticas à péssima redação deste tipo penal. Há lesão ao princípio constitucional da taxatividade, fruto direto da legalidade. O que significa *praticar ato de abuso*? Pode-se inserir qualquer tipo de conduta nesse contexto (ex.: deixar o animal sem água por um dia ou fornecer ração em dose insuficiente, seria abuso?). É preciso muita cautela por parte do Judiciário para avaliar este tipo penal. No tocante à expressão *maus-tratos*, sem especificá-la, novamente se permite uma abertura inadmissível. Foram estabelecidas quatro situações: a) praticar ato de abuso (vaga); b) maus-tratos (vaga); c) ferir (mais precisa); d) mutilar (mais específica). Entretanto, o ideal seria a redação de um tipo penal mais taxativo, com a descrição apropriada de abuso e maus-tratos, pelo menos. Para Édis Milaré e Paulo José da Costa Júnior o abuso significa exigir do animal um "esforço acima de suas forças" (aliás, o que não deixa de ser um pleonasmo, pois *esforço* já implica *reforçar*, logo, ir além da força natural), extrapolan-do limites. É o caso daquele que cavalga por muitas milhas, sem dar o necessário repouso ao animal. Quando os autores cuidam dos *maus-tratos*, Milaré e Costa Júnior dizem ser "o castigo excessivo e desnecessário do animal. É o uso abusivo do relho ou das esporas, castigando de-masiado as montarias, sem necessidade". No entanto, ao fazerem referência às rinhas de galo e brigas de canários, cães e existência de rodeios e vaquejadas dizem que *poderiam* ser exemplos de *maus-tratos*, mas são "justificados em parte pelos costumes" (*Direito penal ambiental*, p. 86). A abertura do tipo penal não é adequada, a ponto de se permitir a interpretação de que certas condutas podem até ser justificadas pelos costumes de determinada região. Em outro enfoque, Vladimir Passos de Freitas e Gilberto Passos de Freitas dizem ser ato de abuso "realizar uso errado do animal". E fornecem o mesmo exemplo do cavalo que cavalga por horas sem que lhe seja permitido o descanso ou oportunidade para comer e beber água. Mas, também entendem constituir ato de abuso – e não maus-tratos – as rinhas de galos. No contexto dos maus-tratos dizem ser o "insulto, ultraje". Dão o exemplo de manter um cão permanentemente fechado em lugar pequeno, sem ventilação ou limpeza (*Crimes contra a natureza*, p. 110). Tantas divergências na interpretação de um tipo penal incriminador não são apropriadas no cenário da taxativida-de. Isto tudo sem contar que se lesionou, igualmente, o princípio da proporcionalidade, pois o delito de maus-tratos contra seres humanos (art. 136, CP), possui pena menor. Criticando, igualmente, a redação deste artigo, conferir a posição de Luís Paulo Sirvinskas (*Tutela penal do meio ambiente*, p. 54). Sobre o objeto material, inserindo-se o confronto com o art. 64 da Lei de Contravenções Penais, ver a nota 161 *infra*. Na jurisprudência: STJ: "1. Comete ato infracional semelhante ao crime do art. 32 da Lei n. 9.605/1998 aquele que, de qualquer modo, concorre para rinha de galos, inclusive os participantes do evento" (AgInt no HC 476.297 – MG, 6.ª T., rel. Rogerio Schietti Cruz, 21.02.2019, v.u.).

**159. Sujeitos ativo e passivo:** o sujeito ativo pode ser qualquer pessoa, inclusive a jurídica. O sujeito passivo é a sociedade. Interessa a esta – e não ao Estado – resguardar o meio ambiente e, no cenário do art. 32, a honestidade pública ou ética comportamental em relação aos animais.

**160. Elemento subjetivo:** é o dolo. Deve-se buscar o elemento subjetivo específico, consistente na vontade de maltratar o animal, agindo com crueldade, por qualquer motivo, inclusive puro sadismo. Afinal, há mutilações que fazem, realmente, parte do costume. Não às rinhas de galos e brigas de cães ou outros animais, mas o corte de orelhas em um cão, como forma de embelezamento da raça. Não existe a forma culposa.

**161. Objetos material e jurídico:** o objeto material, em princípio, deveria ser o animal silvestre (selvagem). Este poderia ser doméstico (criado dentro de casa desde pequeno), domesticado (amansado, domado), nativo (oriundo da fauna brasileira) ou exótico (oriundo da fauna estrangeira). Essa me parecia a mais autêntica interpretação deste tipo penal, reservando-se o art. 64 da Lei das Contravenções Penais para os animais domésticos. Entretanto, a tendência da jurisprudência caminhou no sentido de abranger *todos* os animais, promovendo uma leitura ininterrupta dos objetos do delito: animais silvestres, domésticos, domesticados, nativos ou exóticos, vale dizer, a denominação de domésticos e domesticados não se ligariam apenas aos animais silvestres, mas constituiriam seres independentes. Observo que essa propensão da jurisprudência terminou consolidada pela inclusão, neste artigo, do § 1.º-A, pela Lei 14.064/2020, incluindo cachorros e gatos nesta órbita de proteção penal. Esses animais são, indiscutivelmente, domésticos. O objeto jurídico é a proteção ao meio ambiente e o incentivo à honestidade pública. Na jurisprudência, aceitando qualquer animal, verificar a jurisprudência citada na nota 158 *supra*.

**162. Classificação:** é crime comum (pode ser cometido por qualquer pessoa); material (depende da ocorrência de resultado naturalístico, consistente na efetiva prática de lesão ao animal); de forma livre (pode ser cometido por qualquer meio eleito pelo agente); comissivo (os verbos implicam ações); instantâneo (a consumação se dá em momento determinado), porém aceitando-se a possibilidade de aplicação das formas *praticar ato de abuso* e *maus-tratos*, o delito pode apresentar efeitos permanentes (o resultado se dá em momento certo, mas há vestígios visíveis, pois o animal pode permanecer em estado deplorável); de perigo abstrato (presume-se prejuízo ao meio ambiente e à honestidade pública, caso as condutas do tipo sejam praticadas); unissubjetivo (pode ser cometido por uma só pessoa); plurissubsistente (praticada em vários atos); admite tentativa.

**163. Benefícios penais:** é infração de menor potencial ofensivo, cabendo transação e os demais benefícios previstos na Lei 9.099/95.

**164. Análise do núcleo do tipo:** *realizar* (efetivar, executar) experiência (ensaio, experimentação) dolorosa (que produz dor, aflição) ou cruel (que produz tormenta, dor excessiva e desnecessária) em animal vivo. Nem mesmo o fim didático (aprendizado) ou científico (investigação para conhecimento de dados novos, em vários ramos, como biologia, zoologia etc.) afastaria a punição. A ressalva é a inexistência de recursos alternativos, leia-se, previstos e autorizados em lei extrapenal.

**165. Sujeitos ativo e passivo:** o sujeito ativo pode ser qualquer pessoa, inclusive a pessoa jurídica. O sujeito passivo é a sociedade. Ver a nota 110.

# Art. 32

Leis Penais e Processuais Penais Comentadas – Vol. 2 • NUCCI

**166. Elemento subjetivo:** é o dolo. Não há elemento subjetivo específico, nem se pune a forma culposa.

**167. Norma penal em branco:** a vivissecção (operação realizada em animais vivos com o intuito de estudo científico de fenômenos fisiológicos) é autorizada, nos termos da Lei 11.794/2008. A disciplina é, basicamente, a seguinte: "A criação ou a utilização de animais para pesquisa ficam restritas, exclusivamente, às instituições credenciadas no CONCEA [Conselho Nacional de Controle de Experimentação Animal]" (art. 12); "Qualquer instituição legalmente estabelecida em território nacional que crie ou utilize animais para ensino e pesquisa deverá requerer credenciamento no CONCEA, para uso de animais, desde que, previamente, crie a CEUA [Comissões de Ética no Uso de Animais]" (art. 13); "O animal só poderá ser submetido às intervenções recomendadas nos protocolos dos experimentos que constituem a pesquisa ou programa de aprendizado quando, antes, durante e após o experimento, receber cuidados especiais, conforme estabelecido pelo CONCEA" (art. 14, *caput*); "O animal será submetido a eutanásia, sob estrita obediência às prescrições pertinentes a cada espécie, conforme as diretrizes do Ministério da Ciência e Tecnologia, sempre que, encerrado o experimento ou em qualquer de suas fases, for tecnicamente recomendado aquele procedimento ou quando ocorrer intenso sofrimento" (§ 1.º); "Excepcionalmente, quando os animais utilizados em experiências ou demonstrações não forem submetidos a eutanásia, poderão sair do biotério após a intervenção, ouvida a respectiva CEUA quanto aos critérios vigentes de segurança, desde que destinados a pessoas idôneas ou entidades protetoras de animais devidamente legalizadas, que por eles queiram responsabilizar-se" (§ 2.º); "Sempre que possível, as práticas de ensino deverão ser fotografadas, filmadas ou gravadas, de forma a permitir sua reprodução para ilustração de práticas futuras, evitando-se a repetição desnecessária de procedimentos didáticos com animais" (§ 3.º); "O número de animais a serem utilizados para a execução de um projeto e o tempo de duração de cada experimento será o mínimo indispensável para produzir o resultado conclusivo, poupando-se, ao máximo, o animal de sofrimento" (§ 4.º); "Experimentos que possam causar dor ou angústia desenvolver-se-ão sob sedação, analgesia ou anestesia adequadas" (§ 5.º); "Experimentos cujo objetivo seja o estudo dos processos relacionados à dor e à angústia exigem autorização específica da CEUA, em obediência a normas estabelecidas pelo CONCEA" (§ 6.º); "É vedado o uso de bloqueadores neuromusculares ou de relaxantes musculares em substituição a substâncias sedativas, analgésicas ou anestésicas" (§ 7.º); "É vedada a reutilização do mesmo animal depois de alcançado o objetivo principal do projeto de pesquisa" (§ 8.º); "Em programa de ensino, sempre que forem empregados procedimentos traumáticos, vários procedimentos poderão ser realizados num mesmo animal, desde que todos sejam executados durante a vigência de um único anestésico e que o animal seja sacrificado antes de recobrar a consciência" (§ 9.º); "Para a realização de trabalhos de criação e experimentação de animais em sistemas fechados, serão consideradas as condições e normas de segurança recomendadas pelos organismos internacionais aos quais o Brasil se vincula" (§ 10); "O CONCEA, levando em conta a relação entre o nível de sofrimento para o animal e os resultados práticos que se esperam obter, poderá restringir ou proibir experimentos que importem em elevado grau de agressão" (art. 15); "Todo projeto de pesquisa científica ou atividade de ensino será supervisionado por profissional de nível superior, graduado ou pós-graduado na área biomédica, vinculado a entidade de ensino ou pesquisa credenciada pelo CONCEA" (art. 16).

**168. Objetos material e jurídico:** o objeto material é o animal vivo submetido a experiência dolorosa ou cruel. O objeto jurídico é a proteção ao meio ambiente, mas também a honestidade pública.

**169. Classificação:** comum (pode ser cometido por qualquer pessoa); material (exige resultado naturalístico para a consumação, consistente na realização efetiva de experiência dolorosa ou cruel); de forma livre (pode ser cometido por qualquer meio eleito pelo agente); comissivo (o verbo indica ação); instantâneo (a consumação se dá em momento determinado); de perigo abstrato (independe da prova da probabilidade de efetiva lesão ao meio ambiente ou à honestidade pública); unissubjetivo (pode ser cometido por um só agente); plurissubsistente (cometido por mais de um ato); admite tentativa.

**169-A. Maus-tratos a cães e gatos:** a Lei 14.064/2020 acrescentou o § 1.º-A, elevando em excesso a pena nessa hipótese. Observa-se que, além de reclusão, de 2 a 5 anos, aplica-se multa *e também* se proíbe a guarda do animal por quem o fere. O delito de maus-tratos contra ser humano (art. 136, CP: "expor a perigo a vida ou a saúde de pessoa sob sua autoridade, guarda ou vigilância, para fim de educação, ensino, tratamento ou custódia, quer privando-a de alimentação ou cuidados indispensáveis, quer sujeitando-a a trabalho excessivo ou inadequado, quer abusando de meios de correção ou disciplina") possui uma pena de detenção de 2 meses a 1 ano, *ou* multa e nem toca no assunto da guarda, levando-se em conta se tratar de vítima sob autoridade, guarda ou vigilância do agressor. Noutros termos, retira-se a guarda do cachorro de seu proprietário, porque este o maltratou, mas não se impõe a mesma pena obrigatória ao genitor que maltrata seu filho. É inequívoco ter havido desrespeito ao princípio constitucional da proporcionalidade. Se o Legislativo considerasse indispensável impor uma pena privativa de liberdade de 2 a 5 anos a maus-tratos contra cães e gatos, o mínimo a se esperar é ter coerência para elevar a sanção aplicável a idêntico delito, quando a vítima é uma pessoa. Entretanto, houve um efeito quanto à inserção deste § 1.º-A no art. 32. Há debate acerca deste tipo penal (art. 32 desta Lei) ter revogado, implicitamente, o art. 64 da Lei das Contravenções Penais. Defendíamos que não, pois ele seria aplicado somente a animais silvestres, enquanto a contravenção se voltaria aos domésticos. Entretanto, ao incluir cães e gatos nesta Lei e não no cenário das contravenções penais a sinalização legislativa tornou-se clara, impulsionando o afastamento da aplicação do art. 64 da LCP para maltrato a qualquer animal.

**170. Causa de aumento de pena:** ocorrendo a morte do animal, agrava-se a pena de um sexto a um terço. Cuida-se de um resultado qualificador, demonstrativo da maior gravidade da conduta do agente. A aplicação dessa elevação da pena depende da prova de ter havido dolo ou culpa, por parte do agressor, quanto à possibilidade de se atingir a morte do animal.

> **Art. 33.** Provocar,[171-173] pela emissão de efluentes ou carreamento de materiais, o perecimento de espécimes da fauna aquática existentes em rios, lagos, açudes, lagoas, baías ou águas jurisdicionais brasileiras:[174-175]
>
> Pena – detenção, de 1 (um) a 3 (três) anos, ou multa, ou ambas cumulativamente.[176]
>
> **Parágrafo único.** Incorre nas mesmas penas:
>
> I – quem causa[177-179] degradação em viveiros, açudes ou estações de aquicultura de domínio público;[180-181]
>
> II – quem explora[182-184] campos naturais de invertebrados aquáticos e algas, sem licença, permissão ou autorização[185] da autoridade competente;[186-187]
>
> III – quem fundeia[188-190] embarcações ou lança detritos de qualquer natureza sobre bancos de moluscos ou corais, devidamente[191] demarcados em carta náutica.[192-193]

**171. Análise do núcleo do tipo:** *provocar* (causar, gerar) o perecimento (eliminação, fim) de espécimes (componentes) da fauna aquática (seres que vivem na água), existentes em rios, lagos, açudes, lagoas, baías ou águas jurisdicionais brasileiras. Nota-se que o tipo penal

# Art. 33

Leis Penais e Processuais Penais Comentadas – Vol. 2 · **Nucci**

538

exemplificou (rios, lagos etc.) e, em seguida, generalizou com a expressão "águas jurisdicionais brasileiras", o que envolve, por exemplo, a faixa de doze milhas de mar territorial do Brasil. O método é a emissão (lançamento, circulação) de efluentes (resíduos poluentes, como esgoto sanitário) ou carreamento (condução) de materiais (quaisquer objetos, devendo-se entender os poluentes ou daninhos à vida aquática).

**172. Sujeitos ativo e passivo:** o sujeito ativo pode ser qualquer pessoa, inclusive a pessoa jurídica. O sujeito passivo é a sociedade. Concordamos com Gilberto Passos de Freitas e Vladimir Passos de Freitas, ao incluirmos como sujeitos passivos secundários, além da coletividade, o proprietário dos peixes e outros seres aquáticos dizimados pela poluição. Não concordamos, no entanto, com a inclusão da União, como se fosse ela proprietária do mar territorial (*Crimes contra a natureza*, p. 115-116). O art. 20, IV, da Constituição Federal menciona que são bens da União "as ilhas fluviais e lacustres nas zonas limítrofes com outros países; as praias marítimas; as ilhas oceânicas e as costeiras...". Nada se fala sobre o *mar territorial*, que, na realidade, não pertence a ninguém. Entretanto, em face da existência de convenção internacional a respeito, bem como pelo disposto na Lei 8.617/93 (art. 2.º), especifica-se que a *soberania* do Brasil se estende pela faixa de 12 milhas, o que não significa dizer que o mar *pertence* à União.

**173. Elemento subjetivo:** é o dolo. Não há elemento subjetivo específico, nem se pune a forma culposa.

**174. Objetos material e jurídico:** o objeto material é a fauna aquática. O objeto jurídico é a proteção ao meio ambiente.

**175. Classificação:** comum (pode ser cometido por qualquer pessoa); material (exige resultado naturalístico para a consumação, consistente na eliminação de espécimes da fauna aquática); de forma livre (pode ser cometido por qualquer meio eleito pelo agente); comissivo (o verbo indica ação); instantâneo (a consumação se dá em momento determinado); de perigo abstrato (independe da prova da probabilidade de efetiva lesão ao meio ambiente, pois a morte de alguns seres pode não representar abalo efetivo ao ecossistema); unissubjetivo (pode ser cometido por um só agente); plurissubsistente (cometido por mais de um ato); admite tentativa.

**176. Benefícios penais:** cabe suspensão condicional do processo (art. 89, Lei 9.099/95). Se houver condenação, pode-se aplicar a substituição da pena privativa de liberdade por restritivas de direitos. Conforme o caso, cabe, ainda, a suspensão condicional da pena (ver o disposto no art. 77, CP).

**177. Análise do núcleo do tipo:** *causar* (dar causa a algo) degradação (deterioração) em viveiros (lugares onde se criam peixes e/ou plantas aquáticas), açudes (construções próprias para o represamento de água) ou estações de aquicultura (locais próprios para a multiplicação de animais e plantas aquáticas), de domínio público (de livre acesso da população).

**178. Sujeitos ativo e passivo:** o sujeito ativo pode ser qualquer pessoa, inclusive a jurídica. O sujeito passivo é a sociedade. Secundariamente, o proprietário dos viveiros, açudes ou estações de aquicultura, que, por serem de domínio público, pode ser a União, o Estado, o Município, o Distrito Federal, alguma autarquia ou fundação pública.

**179. Elemento subjetivo:** é o dolo. Não há elemento subjetivo específico, nem se pune a forma culposa.

**180. Objetos material e jurídico:** o objeto material é a fauna aquática. O objeto jurídico é a proteção ao meio ambiente.

**181. Classificação:** comum (pode ser cometido por qualquer pessoa); material (exige resultado naturalístico para a consumação, consistente na realização efetiva de degradação da fauna aquática); de forma livre (pode ser cometido por qualquer meio eleito pelo agente); comissivo (o verbo indica ação); instantâneo (a consumação se dá em momento determinado); de perigo abstrato (independe da prova da probabilidade de efetiva lesão ao meio ambiente); unissubjetivo (pode ser cometido por um só agente); plurissubsistente (cometido por mais de um ato); admite tentativa.

**182. Análise do núcleo do tipo:** *explorar* (tirar proveito de algo) campos naturais (áreas produzidas pela natureza) de invertebrados (animal desprovido de espinha ou coluna) aquáticos (viventes em água) e algas (espécies de vegetais que vivem na água).

**183. Sujeitos ativo e passivo:** o sujeito ativo pode ser qualquer pessoa, inclusive a jurídica. O sujeito passivo é a sociedade.

**184. Elemento subjetivo:** é o dolo. Não há elemento subjetivo específico, nem se pune a forma culposa.

**185. Norma penal em branco:** torna-se essencial conhecer a legislação extrapenal, a fim de conhecer e obter licença, permissão ou autorização da autoridade competente para a exploração pretendida.

**186. Objetos material e jurídico:** o objeto material é a fauna aquática. O objeto jurídico é a proteção ao meio ambiente.

**187. Classificação:** comum (pode ser cometido por qualquer pessoa); material (exige resultado naturalístico para a consumação, consistente na retirada de algum proveito dos campos naturais); de forma livre (pode ser cometido por qualquer meio eleito pelo agente); comissivo (o verbo indica ação); instantâneo (a consumação se dá em momento determinado), mas é viável a forma permanente (a consumação se prolonga no tempo), pois a ação pode ser incessante; de perigo abstrato (independe da prova da probabilidade de efetiva lesão ao meio ambiente aquático); unissubjetivo (pode ser cometido por um só agente); plurissubsistente (cometido por mais de um ato); admite tentativa.

**188. Análise do núcleo do tipo:** *fundear* (colocar âncora) embarcações (transporte que flutua sobre a água) ou *lançar* (atirar) detritos (restos de algo) de qualquer natureza sobre bancos (assentos) de moluscos (espécimes da fauna aquática, que possuem corpo mole e mucoso, bem como concha, respirando através de brânquias ou pulmões) ou corais (animais celenterados que vivem em águas quentes, a pouca profundidade, formando recifes).

**189. Sujeitos ativo e passivo:** o sujeito ativo pode ser qualquer pessoa, inclusive a jurídica. O sujeito passivo é a sociedade.

**190. Elemento subjetivo:** é o dolo. Não há elemento subjetivo específico, nem se pune a forma culposa.

**191. Norma penal em branco:** é preciso consultar a legislação extrapenal para se conhecer quais os lugares onde não se pode ancorar embarcação, tampouco atirar à água qualquer tipo de detrito.

**192. Objetos material e jurídico:** o objeto material é a fauna aquática. O objeto jurídico é a proteção ao meio ambiente.

**193. Classificação:** comum (pode ser cometido por qualquer pessoa); formal (não exige resultado naturalístico para a consumação, consistente na realização do efetivo dano a bancos de moluscos ou corais); de forma livre (pode ser cometido por qualquer meio eleito pelo agente); comissivo (os verbos indicam ações); instantâneo (a consumação se dá em momento determinado); de perigo abstrato (independe da prova da probabilidade de efetiva lesão ao meio ambiente aquático); unissubjetivo (pode ser cometido por um só agente); plurissubsistente (cometido por mais de um ato); admite tentativa.

# Art. 34

**Art. 34.** Pescar[194-196] em período no qual a pesca seja proibida[197] ou em lugares interditados[198] por órgão competente:[199-201]

Pena – detenção, de 1 (um) ano a 3 (três) anos ou multa, ou ambas as penas cumulativamente.[202]

**Parágrafo único.** Incorre nas mesmas penas quem:

I – pesca[203-205] espécies que devam ser preservadas ou espécimes com tamanhos inferiores aos permitidos;[206-207]

II – pesca[208-210] quantidades superiores às permitidas, ou mediante a utilização de aparelhos, petrechos, técnicas e métodos não[211] permitidos;[212-213]

III – transporta, comercializa, beneficia ou industrializa[214-216] espécimes provenientes da coleta, apanha e pesca proibidas.[217-218]

**194. Análise do núcleo do tipo:** *pescar* (apanhar da água o peixe; é o equivalente a matar o animal terrestre, pois termina eliminando o ser capturado, ou pode ser similar à caça, no tocante ao animal, quando se busca apreender peixes, sem matá-los) durante a época em que se proíbe a pesca ou nos locais vedados pelo órgão competente. Na jurisprudência: STF: "A quantidade de peixes apreendida em poder do paciente no momento em que foi detido, fruto da pesca realizada em local proibido e por meio da utilização de aparelhos, petrechos, técnicas e métodos não permitidos, como no caso dos autos, lesou o meio ambiente, colocando em risco o direito constitucional ao meio ambiente ecologicamente equilibrado, o que impede o reconhecimento da atipicidade da conduta. Ademais, os autos dão conta da existência de registros criminais pretéritos, bem como de relatos de que o paciente foi surpreendido por diversas vezes pescando ou tentando pescar em área proibida, a demonstrar a reiteração delitiva do paciente. Os fatos narrados demonstram a necessidade da tutela penal em função da maior reprovabilidade da conduta do agente. Impossibilidade da aplicação do princípio da insignificância. Precedentes. Ordem denegada" (HC 135.404 – PR, 2.ª T., rel. Ricardo Lewandowski, 07.02.2017, v.u.). STJ: "1. A conduta prevista no art. 34 da Lei n. 9.605/1998 possui natureza formal, de perigo abstrato, que prescinde de qualquer resultado danoso para sua configuração" (AgRg no AREsp 1.441.288 – SC, 5.ª T., rel. Joel Ilan Paciornik, 23.04.2019, v.u.).

**195. Sujeitos ativo e passivo:** o sujeito ativo pode ser qualquer pessoa, inclusive a jurídica. O sujeito passivo é a sociedade.

**196. Elemento subjetivo:** é o dolo. Não há elemento subjetivo específico, nem se pune a forma culposa.

**197. Norma penal em branco:** é fundamental conhecer as regras extrapenais para regular a pesca, autorizando ou proibindo o ato e as épocas em que isso ocorre. Dispõe a Lei 11.959/2009: "A atividade pesqueira compreende todos os processos de pesca, explotação e exploração, cultivo, conservação, processamento, transporte, comercialização e pesquisa dos recursos pesqueiros. Parágrafo único. Consideram-se atividade pesqueira artesanal, para os efeitos desta Lei, os trabalhos de confecção e de reparos de artes e petrechos de pesca, os reparos realizados em embarcações de pequeno porte e o processamento do produto da pesca artesanal" (art. 4.º); "O exercício da atividade pesqueira somente poderá ser realizado mediante prévio ato autorizativo emitido pela autoridade competente, asseguradas: I – a proteção dos ecossistemas e a manutenção do equilíbrio ecológico, observados os princípios de preservação da biodiversidade e o uso sustentável dos recursos naturais; II – a busca de mecanismos para a garantia da proteção e da segurança do trabalhador e das populações com saberes tradicionais; III – a busca da segurança alimentar e a sanidade dos alimentos produzidos" (art. 5.º); "O exercício da atividade pesqueira poderá ser proibido transitória, periódica ou permanentemente, nos termos das normas específicas, para proteção: I – de espécies, áreas ou ecossistemas ameaçados; II – do processo reprodutivo das espécies e de outros processos vitais para a manutenção e a recuperação dos estoques pesqueiros; III – da saúde pública; IV – do trabalhador. § 1.º Sem prejuízo do disposto no *caput* deste artigo, o exercício da atividade pesqueira é proibido: I – em épocas e nos locais definidos pelo órgão competente; II – em relação às espécies que devam ser preservadas ou espécimes com tamanhos não permitidos pelo órgão competente; III – sem licença, permissão, concessão, autorização ou registro expedido pelo órgão competente; IV – em quantidade superior à permitida pelo órgão competente; V – em locais próximos às áreas de lançamento de esgoto nas águas, com distância estabelecida em norma específica; VI – em locais que causem embaraço à navegação; VII – mediante a utilização de: a) explosivos; b) processos, técnicas ou substâncias que, em contato com a água, produzam efeito semelhante ao de explosivos; c) substâncias tóxicas ou químicas que alterem as condições naturais da água; d) petrechos, técnicas e métodos não permitidos ou predatórios. § 2.º São vedados o transporte, a comercialização, o processamento e a industrialização de espécimes provenientes da atividade pesqueira proibida" (art. 6.º); "O desenvolvimento sustentável da atividade pesqueira dar-se-á mediante: I – a gestão do acesso e uso dos recursos pesqueiros; II – a determinação de áreas especialmente protegidas; III – a participação social; IV – a capacitação da mão de obra do setor pesqueiro; V – a educação ambiental; VI – a construção e a modernização da infraestrutura portuária de terminais portuários, bem como a melhoria dos serviços portuários; VII – a pesquisa dos recursos, técnicas e métodos pertinentes à atividade pesqueira; VIII – o sistema de informações sobre a atividade pesqueira; IX – o controle e a fiscalização da atividade pesqueira; X – o crédito para fomento ao setor pesqueiro" (art. 7.º).

**198. Interdição:** deve guardar relação com medida de proteção ao meio ambiente. Se tiver outra finalidade, não se pode considerar preenchido o tipo penal do art. 34 desta Lei.

**199. Objetos material e jurídico:** o objeto material é a fauna aquática. O objeto jurídico é a proteção ao meio ambiente.

**200. Classificação:** comum (pode ser cometido por qualquer pessoa); material (exige resultado naturalístico para a consumação, consistente na realização efetiva de morte ou apreensão de peixes); de forma livre (pode ser cometido por qualquer meio eleito pelo agente); comissivo (o verbo indica ação); instantâneo (a consumação se dá em momento determinado); de perigo abstrato (independe da prova da probabilidade de efetiva lesão ao meio ambiente); unissubjetivo (pode ser cometido por um só agente); plurissubsistente (cometido por mais de um ato); admite tentativa.

**200-A. Aplicabilidade do princípio da insignificância:** é viável na hipótese deste tipo incriminador, assim como em outros. A pesca de pouca monta, mesmo que vedada, não é suficiente para perturbar o ecossistema. Na jurisprudência: STF: "I – Nos termos da jurisprudência deste Tribunal, a aplicação do princípio da insignificância, de modo a tornar a ação atípica exige a satisfação de certos requisitos, de forma concomitante: a conduta minimamente ofensiva, a ausência de periculosidade social da ação, o reduzido grau de reprovabilidade do comportamento e a lesão jurídica inexpressiva. II – Paciente que sequer estava praticando a pesca e não trazia consigo nenhum peixe ou crustáceo de qualquer espécie, quanto mais aquelas que se encontravam protegidas pelo período de defeso. III – 'Hipótese excepcional a revelar a ausência do requisito da justa causa para a abertura da ação penal, especialmente pela mínima ofensividade da conduta do agente, pelo reduzido grau de reprovabilidade do comportamento e pela inexpressividade da lesão jurídica provocada' (Inq 3.788/DF, Rel. Min. Cármen Lúcia). Precedente" (AgR HC 0086245-27.2020.1.00.0000, 2.ª T., rel. Ricardo Lewandowski, 29.09.2020, v.u.).

# Art. 34

**201. Confronto com a Lei 7.643/87:** quando se tratar de cetáceos (animais mamíferos, viventes na água, com nadadeiras e grande quantidade de gordura no corpo, bem como bolsas arteriais que servem à oxigenação do organismo, como, ilustrando, baleia, orca, golfinho), aplica-se a lei especial. A pesca de cetáceo implica pena bem mais severa: reclusão, de dois a cinco anos, mais multa de 50 a 100 Obrigações do Tesouro Nacional – OTN, com perda da embarcação em favor da União, em caso de reincidência. O art. 1.º da referida lei, no entanto, além da pesca, prevê a conduta absurda, para fins de respeito ao princípio da taxatividade, que é punir, com a mesma pena, aquele que promover "qualquer forma de molestamento intencional" ao cetáceo. Ora, *molestar* quer dizer tanto atacar, quanto causar dano ou desgosto. Em suma, conforme a interpretação dada ao tipo penal, qualquer mecanismo utilizado pelo agente que possa estressar uma baleia, por exemplo, poderia ser usado para o preenchimento desta figura típica. Naturalmente, o mínimo a fazer é considerá-la, nessa parte, inconstitucional.

**202. Benefícios penais:** cabe suspensão condicional do processo (art. 89, Lei 9.099/95). Se houver condenação, pode-se aplicar a substituição da pena privativa de liberdade por restritivas de direitos. Conforme o caso, cabe, ainda, a suspensão condicional da pena (ver o disposto no art. 77, CP).

**203. Análise do núcleo do tipo:** *pescar* (apanhar da água o peixe; é o equivalente a matar o animal terrestre, pois termina eliminando o ser capturado, ou pode ser similar à caça, no tocante ao animal, quando se busca apreender peixes, sem matá-los) espécies que devam ser preservadas (protegidas, sob pena de extinção) ou espécimes com tamanhos inferiores ao permitido (busca-se evitar a apreensão de peixe em desenvolvimento, para não prejudicar a reprodução). Na jurisprudência: STF: "Pesca em período proibido. Crime ambiental tipificado no art. 34, parágrafo único, inciso I, da Lei nº 9.605/98. Proteção criminal decorrente de mandamento constitucional (CF, art. 225, § 3º). Interesse manifesto do estado na repreensão às condutas delituosas que venham a colocar em situação de risco o meio ambiente ou lhe causar danos. Pretendida aplicação da insignificância. Impossibilidade. Conduta revestida de intenso grau de reprovabilidade. Crime de perigo que se consuma com a simples colocação ou exposição do bem jurídico tutelado a perigo de dano. Entendimento doutrinário. Recurso não provido. (...) O comportamento do recorrente é dotado de intenso grau de reprovabilidade, pois ele agiu com liberalidade ao pescar em pleno defeso utilizando-se de redes de pesca de aproximadamente 70 metros, o que é um indicativo da prática para fins econômicos e não artesanais, afastando, assim, já que não demonstrada nos autos, a incidência do inciso I do art. 37 da Lei Ambiental, que torna atípica a conduta quando praticada em estado de necessidade, para saciar a fome do agente ou de sua família. 6. Nesse contexto, não há como afastar a tipicidade material da conduta, tendo em vista que a reprovabilidade que recai sobre ela está consubstanciada no fato de o recorrente ter pescado em período proibido utilizando-se de método capaz de colocar em risco a reprodução dos peixes, o que remonta, indiscutivelmente, à preservação e ao equilíbrio do ecossistema aquático. 7. Recurso ordinário ao qual se nega provimento" (RHC 125.566 – PR, 2.ª T., rel. Dias Toffoli, 26.10.2016, v.u.).

**204. Sujeitos ativo e passivo:** o sujeito ativo pode ser qualquer pessoa, inclusive a jurídica. O sujeito passivo é a sociedade.

**205. Elemento subjetivo:** é o dolo. Não há elemento subjetivo específico, nem se pune a forma culposa.

**206. Objetos material e jurídico:** o objeto material é o espécime protegido ou com tamanho incompatível, em relação à fauna aquática. O objeto jurídico é a proteção ao meio ambiente.

**207. Classificação:** comum (pode ser cometido por qualquer pessoa); material (exige resultado naturalístico para a consumação, consistente na realização de efetiva apreensão do peixe); de forma livre (pode ser cometido por qualquer meio eleito pelo agente); comissivo (o verbo indica ação); instantâneo (a consumação se dá em momento determinado); de perigo abstrato (independe da prova da probabilidade de efetiva lesão ao meio ambiente); unissubjetivo (pode ser cometido por um só agente); plurissubsistente (cometido por mais de um ato); admite tentativa.

**208. Análise do núcleo do tipo:** *pescar* (apanhar da água o peixe; é o equivalente a matar o animal terrestre, pois termina eliminando o ser capturado, ou pode ser similar à caça, no tocante ao animal, quando se busca apreender peixes, sem matá-los) quantidades superiores à permitida, bem como valendo-se de aparelhos, petrechos, técnicas e métodos não permitidos. Como explicam Vladimir Passos de Freitas e Gilberto Passos de Freitas "o excesso na captura, por vezes apenas por prazer e sem destinar o produto à alimentação, poderá significar diminuição e até mesmo extermínio das espécies. Por outro lado, métodos nocivos também não podem ser admitidos, eis que causam graves danos ao meio ambiente. São, entre outros, as redes de malha fina, tarrafas, covões, espinhéis, joões-bobos (armadilhas com boias que acompanham água), anzóis de galho. Todos esses meios são nocivos, pois alcançam grande número de espécies, a maioria de tamanho pequeno" (*Crimes contra a natureza*, p. 122).

**209. Sujeitos ativo e passivo:** o sujeito ativo pode ser qualquer pessoa. O sujeito passivo é a sociedade.

**210. Elemento subjetivo:** é o dolo. Não há elemento subjetivo específico, nem se pune a forma culposa.

**211. Norma penal em branco:** depende do conhecimento da legislação extrapenal que fornece os parâmetros para a pesca autorizada, em quantidade permitida e quanto ao material a ser utilizado.

**212. Objetos material e jurídico:** o objeto material é a fauna aquática. O objeto jurídico é a proteção ao meio ambiente.

**213. Classificação:** comum (pode ser cometido por qualquer pessoa); material (exige resultado naturalístico para a consumação, consistente na realização efetiva, apreensão do peixe em quantidade excessiva ou por método não permitido); de forma livre (pode ser cometido por qualquer meio eleito pelo agente); comissivo (o verbo indica ação); instantâneo (a consumação se dá em momento determinado); de perigo abstrato (independe da prova da probabilidade de efetiva lesão ao meio ambiente); unissubjetivo (pode ser cometido por um só agente); plurissubsistente (cometido por mais de um ato); admite tentativa.

**214. Análise do núcleo do tipo:** *transportar* (levar de um lugar a outro), *comercializar* (apresentar algo para ser objeto de negócio), *beneficiar* (dar condições a consumo) ou *industrializar* (fazer o aproveitamento como matéria-prima da indústria) espécimes (integrantes da fauna aquática) originários da coleta (recolhimento), apanha (colheita, captura) e pesca (retirar da água) proibidos (vedados por lei). Este tipo, na verdade, é fruto dos demais. Se a pesca é vedada da forma como foi realizada, é natural que a utilização do material coletado também o seja. Na jurisprudência: STF: "Interesse manifesto do estado na repreensão às condutas delituosas que venham a colocar em situação de risco o meio ambiente ou lhe causar danos. Paciente surpreendido com 120 kg (cento e vinte quilos) de pescado. Conduta revestida de intenso grau de reprovabilidade, já que potencialmente suficiente para causar danos significativos ao equilíbrio ecológico do local da pesca. Conhecimento parcial de *habeas corpus*. Ordem denegada. 1. A questão relativa ao princípio da consunção não foi tratada pelo Tribunal Regional Federal da 1.ª Região nem submetido ao crivo do Superior Tribunal de Justiça. Portanto, sua análise, de forma originária, pelo STF, configuraria inegável dupla supressão de instância, a qual não se admite. Precedentes. 2. Não há como se afirmar, de plano, que a conduta do paciente, surpreendido com '1 (uma) canoa, 3 (três) malhadeiras de mica malha 50 medindo 60 (sessenta) metros de comprimento, além de 120 (cento e vinte) quilos de pescado obtido em um único dia em área proibida' seria inexpressiva a ponto de torná-la irrelevante. 3. A quantidade significativa de pescado apreendido em poder do paciente revela-se potencialmente suficiente para causar danos ao equilíbrio ecológico do local da pesca (Reserva de Desenvolvimento Sustentável de Mamirauá), não havendo que se falar, portanto, em incidência do princípio da insignificância na espécie. 4. *Habeas corpus* do qual se conhece parcialmente. Ordem denegada" (HC 130.533 – AM, 2.ª T., rel. Dias Toffoli, 21.06.2016, v.u.).

**215. Sujeitos ativo e passivo:** o sujeito ativo pode ser qualquer pessoa, inclusive a jurídica. O sujeito passivo é a sociedade.

**216. Elemento subjetivo:** é o dolo. Não há elemento subjetivo específico, nem se pune a forma culposa.

**217. Objetos material e jurídico:** o objeto material é o espécime colhido ilegalmente. O objeto jurídico é a proteção ao meio ambiente.

**218. Classificação:** comum (pode ser cometido por qualquer pessoa); material (exige resultado naturalístico para a consumação, consistente na realização efetiva de transporte, comercialização, benefício ou industrialização); de forma livre (pode ser cometido por qualquer meio eleito pelo agente); comissivo (os verbos indicam ações); instantâneo (a consumação se dá em momento determinado), exceto quanto a *transportar*, que é permanente (a consumação se prolonga no tempo); de perigo abstrato (independe da prova da probabilidade de efetiva lesão ao meio ambiente); unissubjetivo (pode ser cometido por um só agente); plurissubsistente (cometido por mais de um ato); admite tentativa.

> **Art. 35.** Pescar[219-221] mediante a utilização de:[222-223]
>
> I – explosivos ou substâncias que, em contato com a água, produzam efeito semelhante;[224]
>
> II – substâncias tóxicas, ou outro meio proibido pela autoridade competente:[225]
>
> Pena – reclusão, de 1 (um) ano a 5 (cinco) anos.[226]

**219. Análise do núcleo do tipo:** *pescar* (apanhar e retirar da água, apreendendo ou matando o espécime aquático) é a conduta principal. São estabelecidos os métodos proibidos nos dois incisos.

**220. Sujeitos ativo e passivo:** o sujeito ativo é qualquer pessoa, inclusive a jurídica e o pescador profissional. Aliás, neste caso, deve até incidir a agravante do art. 61, II, *g*, do Código Penal (abuso de dever inerente à profissão, visto ser atividade regulamentada). O sujeito passivo é a sociedade.

**221. Elemento subjetivo:** é o dolo. Não se exige elemento subjetivo do tipo específico, nem se pune a forma culposa.

**222. Objetos material e jurídico:** o objeto material é a fauna aquática. O objeto jurídico é a proteção ao meio ambiente.

**223. Classificação:** é crime comum (pode ser cometido por qualquer pessoa); material (depende da ocorrência de resultado naturalístico, consistente na efetiva prática de lesão a espécime aquático, em razão do verbo *pescar*); de forma vinculada (só pode ser cometido pelos meios fixados nos incisos I e II); comissivo (o verbo implica ação); instantâneo (a consumação se dá em momento determinado), porém aceitando-se, eventualmente, a forma permanente (a consumação se prolonga no tempo), desde que, por exemplo, uma substância tóxica seja acrescentada à água continuamente, provocando, igualmente, mortes sucessivas de seres aquáticos; de perigo abstrato (presume-se prejuízo ao meio ambiente); unissubjetivo (pode ser cometido por uma só pessoa); plurissubsistente (praticada em vários atos); admite tentativa.

**224. Explosivos e similares:** utilizar (fazer uso) de *explosivos* (substâncias capazes de provocar explosão – forte abalo seguido de intenso ruído causado pelo surgimento repentino de energia física ou expansão do gás) ou outras *substâncias* (qualquer matéria ou artefato), que, em contato com a água produzem efeito similar. O art. 6.º, § 1.º, da Lei 11.959/2009, prevê: "Sem prejuízo do disposto no *caput* deste artigo, o exercício da atividade pesqueira é proibido: (...) VII – mediante a utilização de: a) explosivos; b) processos, técnicas ou substâncias que, em contato com a água, produzam efeito semelhante ao de explosivos; c) substâncias tóxicas ou químicas que alterem as condições naturais da água; d) petrechos, técnicas e métodos não permitidos ou predatórios".

**225. Substâncias tóxicas e outros meios:** *substâncias tóxicas* (são materiais capazes de gerar morte ou lesão em organismos vivos), vale dizer, são venenos. Os outros meios proibidos fazem parte de norma penal em branco, devendo ser consultada a legislação extrapenal cabível para sua detecção. Por exemplo, em determinadas regiões é vedada a pesca com o emprego de rede de malha fina.

**226. Benefícios penais:** cabe a aplicação da suspensão condicional do processo (art. 89, Lei 9.099/95). Não sendo possível, conforme a pena aplicada, é viável a substituição da privativa de liberdade pela restritiva de direitos (quando o máximo da pena não ultrapassar quatro anos) ou a suspensão condicional da pena (art. 77, CP, conforme a pena concretizada).

> **Art. 36.** Para os efeitos desta Lei, considera-se pesca[227] todo ato tendente a retirar, extrair, coletar, apanhar, apreender ou capturar espécimes dos grupos dos peixes, crustáceos, moluscos e vegetais hidróbios, suscetíveis ou não de aproveitamento econômico, ressalvadas[228] as espécies ameaçadas de extinção, constantes nas listas oficiais da fauna e da flora.[229]

**227. Norma penal explicativa:** muitas vezes, insere o legislador uma norma qualquer, em ordenamento penal, para aclarar determinada situação ou terminologia utilizada, facilitando a aplicação dos tipos incriminadores pelo operador do Direito. É o que se dá, por exemplo, com o art. 327 do Código Penal, definindo *funcionário público*. Neste caso, busca-se conceituar *pesca*. Além disso, o art. 2.º, III, da Lei 11.959/2009, define pesca como "toda operação, ação ou ato tendente a extrair, colher, apanhar, apreender ou capturar recursos pesqueiros".

**228. Ressalva à conceituação de pesca:** foi feita a ressalva na parte final do art. 36, tendo em vista que as espécies ameaçadas de extinção não podem ser retiradas da água, logo, constitui crime. Percebe-se o cuidado de definir a pesca permitida, do contrário não teria sentido o mencionado na referida parte final do art. 36.

# Art. 37

**229. Pesca e tentativa:** consideramos os delitos contra a fauna aquática como infrações materiais ou de resultado, vale dizer, é preciso a efetiva lesão (apanhar, retirar da água, matar, apreender) a espécime da fauna aquática, o que não significa dizer ter havido real dano ao meio ambiente. Não importa, os crimes contra o meio ambiente são de perigo abstrato, em grande parte, logo, dispensa a destruição do bem jurídico tutelado, bastando a prática dos atos potencialmente lesivos. Por outro lado, a simples definição do que vem a ser pesca, como já mencionado, tem a facilidade de expor ao operador do Direito a amplitude do termo utilizado no contexto de proteção à fauna aquática, mas não pode, jamais, servir de base para a interpretação concreta de cada tipo penal incriminador. Não concordamos, portanto, com Vladimir Passos de Freitas e Gilberto Passos de Freitas quando dizem que não há tentativa nos crimes ambientais relacionados à pesca, pois o art. 36 definiu-a como o ato *tendente* à retirada, extração, coleta, apanho, apreensão ou captura de espécimes aquáticos (*Crimes contra a natureza*, p. 130). Ora, o que, efetivamente, importa é o verbo – núcleo do tipo – que menciona *pescar*. Essa conduta é de natureza material. Não se pesca nada atirando rede à água. É fundamental apanhar algo nessa rede. Do contrário, terminamos por conferir ao termo um significado vulgar. Passa-se por um sujeito, que mantém rede em algum lugar. Pergunta-se o que ele faz e sua resposta é "estou pescando". Quem indaga, pode, na sequência, querer saber se *pescou* alguma coisa. O outro pode dizer "ainda não pesquei nada". Portanto, o termo tem conotações diversas. O sujeito estava pescando, querendo dizer "tentando pescar" – o que não é usual na linguagem vulgar. O ato efetivo da pesca é apanhar algo. Pensamos, pois, que o verbo do tipo prevalece sobre a definição de *pesca* como ato tendente a apanhar, por exemplo, peixe da água. Aliás, vale a interpretação lógico-sistemática. Quando se analisar o verbo *pescar*, sabe-se que tem significado amplo, nos termos do art. 36: retirar, extrair, coletar, apanhar, apreender ou capturar todos os espécimes ali enunciados, com ou sem fim de lucro. O contrário, torna o crime ambiental relacionado à pesca uma forma anômala de punição de atos executórios, que não tiveram qualquer força para produzir o resultado. Seria negar a teoria objetiva da tentativa e equiparar o crime consumado ao tentado, de maneira implícita, o que é perigoso à segurança exigida pelo princípio da legalidade. O crime ambiental relacionado à pesca não é um delito de atentado. Para que isso se desse, seria preciso colocar no tipo penal incriminador: "pescar ou tentar pescar...". Como se faz com "evadir-se ou tentar evadir-se o preso ou o indivíduo submetido a medida de segurança detentiva, usando de violência contra a pessoa" (art. 352, CP).

> **Art. 37.** Não é crime o abate de animal, quando realizado:[230]
>
> I – em estado de necessidade, para saciar a fome do agente ou de sua família;[231]
>
> II – para proteger lavouras, pomares e rebanhos da ação predatória ou destruidora de animais, desde que legal e expressamente autorizado pela autoridade competente;[232]
>
> III – (*Vetado.*);
>
> IV – por ser nocivo o animal, desde que assim caracterizado pelo órgão competente.[233]

**230. Causas de exclusão da ilicitude:** entendemos desnecessário o disposto no art. 37 desta Lei, pois nada mais são que exemplos de excludentes já previstas no art. 23 do Código Penal, aplicáveis, obviamente, a toda legislação especial, salvo disposição em contrário.

**231. Estado de necessidade:** é a repetição inútil do art. 23, I, c.c. art. 24, ambos do Código Penal. Logicamente, se o agente pode furtar para saciar a fome (denominado *furto* *famélico*) e pode roubar um carro para salvar a vida de um parente necessitado de socorro urgente, pois se configura o estado de necessidade. Aliás, pode *matar* um ser humano para saciar a sua fome (ver o famoso exemplo dos "exploradores de caverna"). Ora, o que se diria do abate de um animal para o mesmo fim? Não há necessidade alguma de ser a lei repetitiva. Havendo a regra geral, cabe ao juiz analisar, posteriormente, o caso concreto. Note-se que o inciso I do art. 37 desta Lei, reitera a expressão *estado de necessidade*, acrescentando "para saciar a fome do agente ou de sua família", como se houvesse outra finalidade específica, além daquela já prevista expressamente no art. 24 do Código Penal (salvar de perigo atual direito próprio ou alheio, cujo sacrifício não é razoável exigir-se).

**232. Inovação esdrúxula:** estamos diante de um estado de necessidade, mediante autorização prévia da autoridade competente. Se o proprietário de uma lavoura abate determinado animal, quando este coloca seu patrimônio, e fonte de sobrevivência, em risco de dano, é lógico estar em estado de necessidade justificante. Afinal, entre o seu patrimônio e um animal qualquer, opta pelo que é mais razoável ser preservado. O mesmo se diga do proprietário de um rebanho, ao matar um lobo ou uma onça, que está a dizimá-lo. Só faltava demandar-se *autorização prévia* da autoridade competente para isso. Iria o dono do rebanho ao órgão ambiental competente – que, em tese, agiria imediatamente –, lavrando-se um termo de licença ou uma autorização, para que, no regresso, possa o prejudicado matar o predador. Se encontrasse alguma rês viva, enfrentaria o tal lobo, que, naturalmente, haveria de estar por ali, aguardando, enquanto faz a digestão. Ironia à parte, não se pode, em hipótese alguma, privar qualquer pessoa de agir em estado de necessidade, fixando-se em lei especial regras e condições para tanto, mormente a estranha obtenção de autorização de órgão competente. Fossem regras extraídas da situação fática e poder-se-ia até entender a preocupação do legislador, mas jamais submeter uma situação de emergência e necessidade à burocracia estatal. No mais, quando o abate de determinado grupo de animais é fundamental para a preservação do equilíbrio do ecossistema, sem haver uma situação concreta de estado de necessidade, busca-se a autorização do IBAMA para tanto. Porém, nesse caso, faz-se o abate assim que o animal é encontrado, independentemente de estar colocando algum outro bem em risco, naquele momento. E, assim ocorrendo, seria conduta atípica, pois o art. 29 desta Lei preceitua ser delito matar animal, sem *autorização*, *licença* ou *permissão*.

**233. Outra inovação sem propósito razoável:** fixa-se, em lei, que o abate de animal nocivo pode ser realizado se o espécime for assim caracterizado como tal pelo órgão competente. Outro estado de necessidade dependente de *autorização prévia* do Estado, o que é ilógico, para dizer o mínimo. Quem se depara com animal nocivo (potencial causador de dano), encontrando-se em situação de necessidade, deve matá-lo, apanhá-lo ou afugentá-lo, de qualquer modo, sem qualquer tipo de avaliação do tal *órgão competente*. Uma cobra ou uma aranha venenosa não precisa ser objeto de laudo para ser considerada espécime nocivo e merecer abate, caso coloque em risco a vida ou a integridade de alguém. No mais, se o animal é, *essencialmente*, nocivo, merecendo extermínio generalizado, obtida a licença do órgão competente, como já se disse, o fato é atípico.

Seção II<br/>Dos crimes contra a flora[234-237]

**Art. 38.** Destruir ou danificar[238-240] floresta considerada de preservação permanente,[241] mesmo que em formação, ou utilizá-la com infringência[242] das normas de proteção:[243-244]

# Art. 38

Leis Penais e Processuais Penais Comentadas – Vol. 2 · Nucci

> Pena – detenção, de 1 (um) a 3 (três) anos, ou multa, ou ambas as penas cumulativamente.[245]
>
> **Parágrafo único.** Se o crime for culposo, a pena será reduzida à metade.[246-247]

**234. Conceito de flora:** é o conjunto das espécies vegetais existentes em determinada região.

**235. Termo de compromisso:** segundo dispõe o art. 60 da Lei 12.651/2012 (Código Florestal), "a assinatura de termo de compromisso para regularização de imóvel ou posse rural perante o órgão ambiental competente, mencionado no art. 59, suspenderá a punibilidade dos crimes previstos nos arts. 38, 39 e 48 da Lei 9.605, de 12 de fevereiro de 1998, enquanto o termo estiver sendo cumprido. § 1.º A prescrição ficará interrompida durante o período de suspensão da pretensão punitiva. § 2.º Extingue-se a punibilidade com a efetiva regularização prevista nesta Lei".

**236. Exigência de perícia:** nos termos do art. 158 do Código de Processo Penal, para as infrações penais que deixarem vestígios materiais (rastros visíveis, após a consumação), deve-se formar a materialidade (prova da existência do crime) por intermédio de exame pericial, direto ou indireto. Sobre o tema, consultar as notas 2, 3 e 4 ao art. 158 do nosso *Código de Processo Penal comentado*). Na jurisprudência: STJ: "II – Sobre os crimes ambientais em comento, assim se pronunciou esta Eg. Quinta Turma, acerca da imprescindibilidade da perícia: 'Para a tipificação dos delitos previstos nos arts. 38 e 38-A da Lei ambiental é necessário que a conduta tenha sido praticada contra vegetação de floresta de preservação permanente (art. 38) e vegetação primária ou secundária, situada no Bioma Mata Atlântica (art. 38-A) (...) O tema é complexo, não facilmente identificável por leigos, sendo imprescindível a realização de perícia na medida em que não é qualquer supressão/destruição que caracteriza o ilícito do art. 38 da Lei Ambiental' (AgRg no AREsp n. 1.571.857/PR, Quinta Turma, Rel. Min. Reynaldo Soares da Fonseca, DJe de 22/10/2019). III – No mesmo sentido, entende a eg. Sexta Turma desta Corte Superior: 'A jurisprudência desta Corte Superior de Justiça está fixada no sentido de que é necessária a 'realização de exame pericial em delitos não transeuntes, sendo possível a sua substituição por outros meios probatórios somente quando a infração não deixar vestígio ou se o corpo de delito houver desaparecido, a teor do disposto nos arts. 158 e 167 do Código de Processo Penal' (AgRg no AgRg no REsp 1.419.093/DF, Rel. Ministro Gurgel de Faria, Quinta Turma, julgado em 10/03/2015, DJe de 26/03/2015; sem grifos no original) (...) O exame de corpo de delito 'direto' somente pode ser suprido por 'outros meios' probatórios, na forma indireta, para fins de comprovação da materialidade dos crimes ambientais de natureza material e não transeunte – no caso, o art. 38 da Lei n.º 9.605/98 –, na hipótese em que houver o desaparecimento dos vestígios ou quando o lugar dos fatos tenha se tornado impróprio à análise pelos experts, circunstâncias excepcionais que não se enquadram ao caso em análise' (AgRg no REsp n. 1.782.765/PR, Sexta Turma, Relª. Minª. Laurita Vaz, DJe de 02/08/2019). IV – No caso concreto, a perícia *in loco* foi dispensada com fundamentação que não se coaduna às exigências do Código de Processo Penal. V – Soma-se a isso o afastamento, *in casu*, de eventual preclusão, tendo em vista o requerimento do laudo em resposta à acusação e o efetivo debate do tema em alegações finais. *Habeas corpus* não conhecido. Ordem parcialmente concedida, de ofício" (HC 570.680 – PR, 5.ª T., rel. Felix Fischer, 26.05.2020, v.u.).

**237. Competência:** pode ser da Justiça Estadual ou Federal. Depende de qual ente estatal administra a Unidade de Conservação ou é responsável por determinada área ocupada pela flora. Se for o Município ou o Estado-membro e suas autarquias ou fundações públicas, a competência é da Justiça Estadual. Caso seja a União, suas autarquias ou fundações públicas, cabe à Justiça Federal.

**238. Análise do núcleo do tipo:** *destruir* (eliminar) ou *danificar* (estragar, deteriorar) *floresta* (grande quantidade de árvores aglomeradas) considerada de preservação permanente (conservação duradoura, sem prazo determinado), mesmo que esteja em formação. Esta é a primeira conduta. *Utilizar* a respectiva floresta, com infringência das normas de proteção. Esta é a segunda conduta. Ambas são normas em branco, porém a segunda parte demanda maior cautela, uma vez que não traz nenhuma pista do que significa a conduta criminosa. Na jurisprudência: STJ: "1. É assente na jurisprudência do Superior Tribunal de Justiça, que, para a tipificação dos delitos previstos nos arts. 38 e 38-A da Lei ambiental é necessário que a conduta tenha sido praticada contra vegetação de floresta de preservação permanente (art. 38) e vegetação primária ou secundária, situada no Bioma Mata Atlântica (art. 38-A) (...) O tema é complexo, não facilmente identificável por leigos, sendo imprescindível a realização de perícia na medida em que não é qualquer supressão/destruição que caracteriza o ilícito do art. 38 da Lei Ambiental (AgRg no AREsp n. 1.571.857/PR, Quinta Turma, de minha relatoria, DJe de 22/10/2019). 2. *In casu*, as instâncias de origem condenaram o recorrente pela existência de provas concretas acerca da destruição de vegetação nativa da Mata Atlântica, em estágio médio de regeneração, sem autorização do órgão ambiental competente, inclusive por meio de laudo pericial, tudo nos termos do art. 38-A da Lei n. 9.605/1998" (AgRg no AREsp 2.026.669 – ES, 5.ª T., rel. Reynaldo Soares da Fonseca, 25.04.2022, v.u.).

**239. Sujeitos ativo e passivo:** o sujeito ativo pode ser qualquer pessoa, inclusive a jurídica. O sujeito passivo é a sociedade.

**240. Elemento subjetivo:** é o dolo. Não se exige elemento subjetivo do tipo específico. Pune-se a forma culposa (ver o parágrafo único).

**241. Norma penal em branco:** deve-se consultar a legislação extrapenal para o conhecimento da matéria, especialmente o disposto pelo Código Florestal (Lei 12.651/2012).

**242. Norma penal em branco:** exemplo de autorização de uso da floresta está no art. 31 do Código Florestal (Lei 12.651/2012): "a exploração de florestas nativas e formações sucessoras, de domínio público ou privado, ressalvados os casos previstos nos arts. 21, 23 e 24, dependerá de licenciamento pelo órgão competente do Sisnama, mediante aprovação prévia de Plano de Manejo Florestal Sustentável – PMFS que contemple técnicas de condução, exploração, reposição florestal e manejo compatíveis com os variados ecossistemas que a cobertura arbórea forme".

**243. Objetos material e jurídico:** é a floresta de preservação permanente. O objeto jurídico é a proteção ao meio ambiente.

**244. Classificação:** é crime comum (pode ser cometido por qualquer pessoa); material (depende da ocorrência de resultado naturalístico, consistente na efetiva destruição, dano ou utilização inadequada da floresta); de forma livre (pode ser cometido por qualquer meio eleito pelo agente); comissivo (os verbos implicam ações); instantâneo (a consumação se dá em momento determinado) nas formas *destruir* e *danificar*, porém permanente (a consumação se prolonga no tempo) na modalidade *utilizar*; de perigo abstrato (presume-se prejuízo ao meio ambiente, caso as condutas do tipo sejam praticadas); unissubjetivo (pode ser cometido por uma só pessoa); plurissubsistente (praticada em vários atos); admite tentativa.

**245. Benefícios penais:** cabe a aplicação da suspensão condicional do processo (art. 89, Lei 9.099/95). Não sendo possível, é viável a substituição da privativa de liberdade pela restritiva de direitos ou a suspensão condicional da pena (art. 77, CP, conforme a pena concretizada). Ademais, o preceito sancionador confere a oportunidade de se optar pela aplicação

# Art. 38-A

isolada da pena de multa, num primeiro grau; pode-se aplicar apenas a privativa de liberdade, num segundo grau; finalmente, é viável a aplicação da privativa de liberdade, cumulada à de multa, em terceiro grau. A opção do magistrado deve variar, conforme o grau de culpabilidade (reprovação social) existente.

**246. Forma culposa:** em caso de imprudência, negligência e imperícia, em lugar do dolo, surge o elemento subjetivo *culpa*. Trata-se de elemento de valoração, devendo ser avaliado, no caso concreto, se houve um comportamento descuidado, infringindo o dever de cuidado objetivo e causando um resultado involuntário, previsível, que podia ter sido evitado.

**247. Benefícios penais:** nesta hipótese, é infração de menor potencial ofensivo, admitindo transação e os outros institutos da Lei 9.099/95.

> **Art. 38-A.** Destruir ou danificar[247-A-247-C] vegetação primária ou secundária, em estágio avançado ou médio de regeneração, do Bioma Mata Atlântica,[247-D] ou utilizá-la com infringência[247-E] das normas de proteção:[247-F-247-G]
>
> Pena – detenção, de 1 (um) a 3 (três) anos, ou multa, ou ambas as penas cumulativamente.[247-H]
>
> **Parágrafo único.** Se o crime for culposo, a pena será reduzida à metade.

**247-A. Análise do núcleo do tipo:** *destruir* (eliminar), *danificar* (estragar, deteriorar) ou *utilizar* (fazer uso, tirar proveito de algo) são as condutas visadas de forma alternativa. Logo, pode o agente destruir *e* danificar *e* utilizar parcelas do objeto tutelado e haverá a constituição de crime único, desde que no mesmo contexto. Pode, ainda, destruir *ou* danificar *ou* utilizar e, no mesmo prisma, ocorrerá delito único. Todas as condutas incriminadas dependem das normas de proteção ambiental, no caso previstas na Lei 11.428/2006. O objeto protegido é a vegetação, primária ou secundária, em estágio avançado ou médio de regeneração, do Bioma Mata Atlântica (é o conjunto da vegetação predominante na Mata Atlântica). Para efeito de destruição ou dano não se envolve o estágio inicial de regeneração da vegetação. No entanto, para fins de utilização, tendo em vista que a Lei 11.428/2006 protege todos os estágios, pode haver a criminalização da conduta de quem usa a vegetação em estágio inicial de regeneração, de maneira indevida. O tipo penal difere do anterior (art. 38), pois cuida não somente da floresta, mas da vegetação em geral existente na Mata Atlântica. Logo, não deixa de ser um tipo especial em relação ao anterior. Na jurisprudência: STF: "2. Delito descrito no art. 38-A da Lei n. 9.605/1998 (Destruir ou danificar vegetação primária ou secundária, em estágio avançado ou médio de regeneração, do bioma Mata Atlântica, ou utilizá-la com infringência das normas de proteção). Condenação confirmada em grau de apelação pela Corte estadual. 3. Alegação de impossibilidade do cumprimento da sentença condenatória antes do trânsito em julgado. Improcedência. 4. Execução provisória da pena. O Plenário, no recente julgamento do HC n. 126.292/SP, de relatoria do Min. Teori Zavascki, firmou entendimento de ser possível o início da execução da pena na pendência de recurso extraordinário ou especial. Isso porque, no plano legislativo, o art. 637 do CPP afirma que os recursos extraordinários não têm efeito suspensivo. 5. Agravo regimental a que se nega provimento" (HC 133.679 AgR – SC, 2.ª T., rel. Gilmar Mendes, 03.05.2016, v.u.).

**247-B. Sujeitos ativo e passivo:** o sujeito ativo pode ser qualquer pessoa, inclusive jurídica. O sujeito passivo é a sociedade.

**247-C. Elemento subjetivo:** é o dolo. Não se exige elemento subjetivo do tipo específico. Diversamente do ocorrido no cenário do art. 38, neste caso não se pune a forma culposa.

**247-D. Bioma Mata Atlântica:** para os efeitos de aplicação do art. 2.º da Lei 11.428/2006, "consideram-se integrantes do Bioma Mata Atlântica as seguintes formações florestais nativas e ecossistemas associados, com as respectivas delimitações estabelecidas em mapa do Instituto Brasileiro de Geografia e Estatística – IBGE, conforme regulamento: Floresta Ombrófila Densa; Floresta Ombrófila Mista, também denominada de Mata de Araucárias; Floresta Ombrófila Aberta; Floresta Estacional Semidecidual; e Floresta Estacional Decidual, bem como os manguezais, as vegetações de restingas, campos de altitude, brejos interioranos e encraves florestais do Nordeste. Parágrafo único. Somente os remanescentes de vegetação nativa no estágio primário e nos estágios secundário inicial, médio e avançado de regeneração na área de abrangência definida no *caput* deste artigo terão seu uso e conservação regulados por esta Lei".

**247-E. Norma penal em branco:** para o pleno conhecimento do alcance do tipo penal incriminador, torna-se essencial ter noção acerca das normas de proteção ambiental, particularmente voltadas à região da Mata Atlântica. Encontram-se na Lei 11.428/2006.

**247-F. Objetos material e jurídico:** o objeto material é a vegetação do Bioma Mata Atlântica, nos termos descritos no tipo penal. O objeto jurídico é a proteção ao meio ambiente.

**247-G. Classificação:** é crime comum (pode ser cometido por qualquer pessoa); material (depende da ocorrência de resultado naturalístico, consistente na efetiva destruição, dano ou utilização inadequada da vegetação); de forma livre (pode ser cometido por qualquer meio eleito pelo agente); comissivo (os verbos implicam ações); instantâneo (a consumação se dá em momento determinado) nas formas *destruir* e *danificar*, porém permanente (a consumação se prolonga no tempo) na modalidade *utilizar*; de perigo abstrato (presume-se prejuízo ao meio ambiente, caso as condutas do tipo sejam praticadas); unissubjetivo (pode ser cometido por uma só pessoa); plurissubsistente (praticada em vários atos); admite tentativa.

**247-H. Benefícios penais:** cabe a aplicação da suspensão condicional do processo (art. 89, Lei 9.099/95). Não sendo possível, é viável a substituição da privativa de liberdade pela restritiva de direitos ou a suspensão condicional da pena (art. 77, CP, conforme a pena concretizada). Ademais, o preceito sancionador confere a oportunidade de se optar pela aplicação isolada da pena de multa, num primeiro grau; pode-se aplicar apenas a privativa de liberdade, num segundo grau; finalmente, é viável a aplicação da privativa de liberdade, cumulada à de multa, em terceiro grau. A opção do magistrado deve variar, conforme o grau de culpabilidade (reprovação social) existente.

> **Art. 39.** Cortar[248-250] árvores em floresta considerada de preservação permanente, sem permissão[251] da autoridade competente:[251-A-253]
>
> Pena – detenção, de 1 (um) a 3 (três) anos, ou multa, ou ambas as penas cumulativamente.[254]

**248. Análise do núcleo do tipo:** *cortar* (derrubar pelo corte; separar uma parte do todo) é a conduta, cujo objeto é árvore (vegetal sustentado por tronco, ramificando-se bem acima do solo) de floresta considerada de preservação permanente (vide a nota 238 ao art. 38).

**248-A. Princípio da insignificância:** não deve ser descartado nenhum crime ambiental sem uma avaliação concreta do caso, em particular a respeito das condições pessoais do agente. Se houver ínfima ofensividade cometida por autor primário, sem antecedentes, pode-se reconhecer a bagatela. Na jurisprudência: STJ: "II – A aplicação do princípio da insignificância, como causa de atipicidade da conduta, especialmente em se tratando de crimes ambientais, é cabível desde que presentes os seguintes requisitos: conduta minimamente ofensiva, ausência de periculosidade do agente, reduzido grau de reprovabilidade do comportamento e lesão jurídica inexpressiva. III – No caso dos autos, o delito em análise se trata da supressão de 2 troncos de árvores nativas, sem autorização do órgão ambiental competente, portanto, não demonstrada a ínfima ofensividade ao bem ambiental tutelado. Ademais, o Eg. Tribunal de origem consignou que o agravante é reincidente específico, o que impede o reconhecimento do aludido princípio" (AgRg no REsp 1.850.002 – MG, 5.ª T., rel. Felix Fischer, 16.06.2020, v.u.).

**249. Sujeitos ativo e passivo:** o sujeito ativo pode ser qualquer pessoa, inclusive a jurídica. O sujeito passivo é a sociedade.

**250. Elemento subjetivo:** é o dolo. Não se exige elemento subjetivo do tipo específico, nem se pune a forma culposa.

**251. Norma penal em branco:** consultar a legislação extrapenal pertinente, para obter dados a respeito das condições de derrubada de árvores. Em especial, checar o disposto no Código Florestal (Lei 12.651/2012).

**251-A. Termo de compromisso:** segundo dispõe o art. 60 da Lei 12.651/2012 (Código Florestal), "a assinatura de termo de compromisso para regularização de imóvel ou posse rural perante o órgão ambiental competente, mencionado no art. 59, suspenderá a punibilidade dos crimes previstos nos arts. 38, 39 e 48 da Lei 9.605, de 12 de fevereiro de 1998, enquanto o termo estiver sendo cumprido. § 1.º A prescrição ficará interrompida durante o período de suspensão da pretensão punitiva. § 2.º Extingue-se a punibilidade com a efetiva regularização prevista nesta Lei".

**252. Objetos material e jurídico:** o objeto material é a árvore situada em floresta de preservação permanente. O objeto jurídico é a proteção ao meio ambiente.

**253. Classificação:** é crime comum (pode ser cometido por qualquer pessoa); material (depende da ocorrência de resultado naturalístico, consistente no efetivo corte da árvore); de forma livre (pode ser cometido por qualquer meio eleito pelo agente); comissivo (o verbo implica ação); instantâneo (a consumação se dá em momento determinado); de perigo abstrato (presume-se prejuízo ao meio ambiente, caso a conduta do tipo seja praticada); unissubjetivo (pode ser cometido por uma só pessoa); plurissubsistente (praticada em vários atos); admite tentativa.

**254. Benefícios penais:** cabe a aplicação da suspensão condicional do processo (art. 89, Lei 9.099/95). Não sendo possível, é viável a substituição da privativa de liberdade pela restritiva de direitos ou a suspensão condicional da pena (art. 77, CP, conforme a pena concretizada). Ademais, o preceito sancionador confere a oportunidade de se optar pela aplicação isolada da pena de multa, num primeiro grau; pode-se aplicar apenas a privativa de liberdade, num segundo grau; finalmente, é viável a aplicação da privativa de liberdade, cumulada à de multa, em terceiro grau. A opção do magistrado deve variar, conforme o grau de culpabilidade (reprovação social) existente.

> **Art. 40.** Causar[255-257] dano direto ou indireto às Unidades de Conservação e às áreas de que trata o art. 27 do Decreto 99.274, de 6 de junho de 1990,[258] independentemente de sua localização:[259-260]
>
> Pena – reclusão, de 1 (um) a 5 (cinco) anos.[261-261-A]
>
> § 1.º Entende-se por Unidades de Conservação de Proteção Integral[262] as Estações Ecológicas,[263] as Reservas Biológicas,[264] os Parques Nacionais,[265] os Monumentos Naturais[266] e os Refúgios de Vida Silvestre.[267]

# Meio Ambiente

**Art. 40**

> § 2.º A ocorrência de dano afetando espécies ameaçadas de extinção no interior das Unidades de Conservação de Proteção Integral será considerada circunstância agravante para a fixação da pena.[268]
>
> § 3.º Se o crime for culposo, a pena será reduzida à metade.[269-270]

**255. Análise do núcleo do tipo:** *causar* (provocar, desencadear, dar causa a algo) dano (lesão a algum bem), direto (sem rodeios, atinge o bem) ou indireto (atinge o bem por via oblíqua) é a conduta, cujos objetos são as Unidades de Conservação ("espaço territorial e seus recursos ambientais, incluindo as águas jurisdicionais, com características naturais relevantes, legalmente instituído pelo Poder Público, com objetivos de conservação e limites definidos, sob regime especial de administração, ao qual se aplicam garantias adequadas de proteção", conforme art. 2.º, I, da Lei 9.985/2000) e as áreas previstas no art. 27 do Decreto 99.274/90, pouco importando a localização. Na jurisprudência: STJ: "2. No caso, a denúncia foi oferecida com embasamento em laudo técnico que atestou a existência de 820 metros de canos de PVC e mangueiras em unidade de conservação para a captação irregular de água a fim de abastecer a propriedade do paciente" (HC 470.664 – DF, 6.ª T., rel. Antonio Saldanha Palheiro, 28.05.2019, v.u.).

**256. Sujeitos ativo e passivo:** o sujeito ativo pode ser qualquer pessoa, inclusive a jurídica. O sujeito passivo é a sociedade. Secundariamente, o ente estatal responsável pela Unidade de Conservação.

**257. Elemento subjetivo:** é o dolo. Não se exige elemento subjetivo do tipo específico. Pune-se a forma culposa (§ 3.º).

**258. Tipo remetido:** é aquele que envia o intérprete da norma para outra, especificando exatamente onde encontrará o resultado buscado. O tipo remetido não deixa de ser uma espécie de norma em branco, por vezes, mormente quando remete o interessado à legislação extrapenal. Dispõe o art. 27 do Decreto 99.274/90 que "nas áreas circundantes das Unidades de Conservação, num raio de dez quilômetros, qualquer atividade que possa afetar a biota, ficará subordinada às normas editadas pelo CONAMA" (Conselho Nacional do Meio Ambiente).

**259. Objetos material e jurídico:** o objeto material é a Unidade de Conservação e as áreas circundantes. Acrescente-se, por óbvio, os componentes das Unidades de Conservação: estações ecológicas, reservas biológicas, parques nacionais, monumentos naturais e refúgios de vida silvestre. O objeto jurídico é a proteção ao meio ambiente.

**260. Classificação:** é crime comum (pode ser cometido por qualquer pessoa); material (depende da ocorrência de resultado naturalístico, consistente na efetiva causação de dano, direto ou indireto, à Unidade de Conservação); comissivo (o verbo implica ação); instantâneo (a consumação se dá em momento determinado); de perigo abstrato (presume-se prejuízo ao meio ambiente, caso a conduta do tipo seja praticada); unissubjetivo (pode ser cometido por uma só pessoa); plurissubsistente (praticada em vários atos); admite tentativa.

**261. Benefícios penais:** cabe a aplicação da suspensão condicional do processo (art. 89, Lei 9.099/95). Não sendo possível, conforme a pena aplicada, é viável a substituição da privativa de liberdade pela restritiva de direitos (quando o máximo da pena não ultrapassar quatro anos) ou a suspensão condicional da pena (art. 77, CP, conforme a pena concretizada).

**261-A. Competência:** depende do local onde estiver a Unidade de Conservação e as demais áreas, bem como quem é o seu titular e responsável pela mantença e fiscalização. Tra-

# Art. 40

Leis Penais e Processuais Penais Comentadas – Vol. 2 • **Nucci**

554

tando-se da União, entidade autárquica ou empresa pública federal, compete à Justiça Federal. No mais, a competência é da Justiça Estadual.

**262. Unidade de Conservação de Proteção Integral:** é a que tem por objetivo "preservar a natureza, sendo admitido apenas o uso indireto dos seus recursos naturais, com exceção dos casos previstos nesta Lei" (art. 7.º, § 1.º, Lei 9.985/2000).

**263. Estação ecológica:** é o lugar que tem por "objetivo a preservação da natureza e a realização de pesquisas científicas. § 1.º A Estação Ecológica é de posse e domínio públicos, sendo que as áreas particulares incluídas em seus limites serão desapropriadas, de acordo com o que dispõe a lei. § 2.º É proibida a visitação pública, exceto quando com objetivo educacional, de acordo com o que dispuser o Plano de Manejo da unidade ou regulamento específico. § 3.º A pesquisa científica depende de autorização prévia do órgão responsável pela administração da unidade e está sujeita às condições e restrições por este estabelecidas, bem como àquelas previstas em regulamento. § 4.º Na Estação Ecológica só podem ser permitidas alterações dos ecossistemas no caso de: I – medidas que visem a restauração de ecossistemas modificados; II – manejo de espécies com o fim de preservar a diversidade biológica; III – coleta de componentes dos ecossistemas com finalidades científicas; IV – pesquisas científicas cujo impacto sobre o ambiente seja maior do que aquele causado pela simples observação ou pela coleta controlada de componentes dos ecossistemas, em uma área correspondente a no máximo 3% (três por cento) da extensão total da unidade e até o limite de 1.500 (um mil e quinhentos) hectares" (art. 9.º, Lei 9.985/2000).

**264. Reserva biológica:** é o lugar que "tem como objetivo a preservação integral da biota e demais atributos naturais existentes em seus limites, sem interferência humana direta ou modificações ambientais, excetuando-se as medidas de recuperação de seus ecossistemas alterados e as ações de manejo necessárias para recuperar e preservar o equilíbrio natural, a diversidade biológica e os processos ecológicos naturais. § 1.º A Reserva Biológica é de posse e domínio públicos, sendo que as áreas particulares incluídas em seus limites serão desapropriadas, de acordo com o que dispõe a lei. § 2.º É proibida a visitação pública, exceto aquela com objetivo educacional, de acordo com regulamento específico. § 3.º A pesquisa científica depende de autorização prévia do órgão responsável pela administração da unidade e está sujeita às condições e restrições por este estabelecidas, bem como àquelas previstas em regulamento" (art. 10, Lei 9.985/2000).

**265. Parque nacional:** é o lugar que "tem como objetivo básico a preservação de ecossistemas naturais de grande relevância ecológica e beleza cênica, possibilitando a realização de pesquisas científicas e o desenvolvimento de atividades de educação e interpretação ambiental, de recreação em contato com a natureza e de turismo ecológico. § 1.º O Parque Nacional é de posse e domínio públicos, sendo que as áreas particulares incluídas em seus limites serão desapropriadas, de acordo com o que dispõe a lei. § 2.º A visitação pública está sujeita às normas e restrições estabelecidas no Plano de Manejo da unidade, às normas estabelecidas pelo órgão responsável por sua administração, e àquelas previstas em regulamento. § 3.º A pesquisa científica depende de autorização prévia do órgão responsável pela administração da unidade e está sujeita às condições e restrições por este estabelecidas, bem como àquelas previstas em regulamento. § 4.º As unidades dessa categoria, quando criadas pelo Estado ou Município, serão denominadas, respectivamente, Parque Estadual e Parque Natural Municipal" (art. 11, Lei 9.985/2000).

**266. Monumento natural:** é o lugar que "tem como objetivo básico preservar sítios naturais raros, singulares ou de grande beleza cênica. § 1.º O Monumento Natural pode ser constituído por áreas particulares, desde que seja possível compatibilizar os objetivos da unidade com a utilização da terra e dos recursos naturais do local pelos proprietários. § 2.º Havendo incompatibilidade entre os objetivos da área e as atividades privadas ou não havendo aquiescência do proprietário às condições propostas pelo órgão responsável pela administração da unidade para a coexistência do Monumento Natural com o uso da propriedade, a área deve ser desapropriada, de acordo com o que dispõe a lei. § 3.º A visitação pública está sujeita às condições e restrições estabelecidas no Plano de Manejo da unidade, às normas estabelecidas pelo órgão responsável por sua administração e àquelas previstas em regulamento" (art. 12, Lei 9.985/2000).

**267. Refúgio de vida silvestre:** é o lugar que "tem como objetivo proteger ambientes naturais onde se asseguram condições para a existência ou reprodução de espécies ou comunidades da flora local e da fauna residente ou migratória. § 1.º O Refúgio de Vida Silvestre pode ser constituído por áreas particulares, desde que seja possível compatibilizar os objetivos da unidade com a utilização da terra e dos recursos naturais do local pelos proprietários. § 2.º Havendo incompatibilidade entre os objetivos da área e as atividades privadas ou não havendo aquiescência do proprietário às condições propostas pelo órgão responsável pela administração da unidade para a coexistência do Refúgio de Vida Silvestre com o uso da propriedade, a área deve ser desapropriada, de acordo com o que dispõe a lei. § 3.º A visitação pública está sujeita às normas e restrições estabelecidas no Plano de Manejo da unidade, às normas estabelecidas pelo órgão responsável por sua administração, e àquelas previstas em regulamento. § 4.º A pesquisa científica depende de autorização prévia do órgão responsável pela administração da unidade e está sujeita às condições e restrições por este estabelecidas, bem como àquelas previstas em regulamento" (art. 13, Lei 9.985/2000).

**268. Agravante:** a pena deve ser agravada, na segunda fase (vide o cálculo da pena na nota 13 ao art. 6.º desta Lei), caso o dano provocado na Unidade de Conservação atinja qualquer espécime ameaçado de extinção. Esta agravante constitui norma penal em branco, dependente do conhecimento das listas elaboradas pelo órgão competente acerca dos componentes da flora que se encaixam nesse perfil.

**269. Forma culposa:** em caso de imprudência, negligência e imperícia, em lugar do dolo, surge o elemento subjetivo *culpa*. Trata-se de elemento de valoração, devendo ser avaliado, no caso concreto, se houve um comportamento descuidado, infringindo o dever de cuidado objetivo e causando um resultado involuntário, previsível, que podia ter sido evitado.

**270. Benefícios penais:** nesta hipótese, é infração de menor potencial ofensivo, admitindo transação e os outros institutos da Lei 9.099/95.

---

**Art. 40-A.** (*Vetado.*)[271]

§ 1.º Entende-se por Unidades de Conservação de Uso Sustentável[272] as Áreas de Proteção Ambiental,[273] as Áreas de Relevante Interesse Ecológico,[274] as Florestas Nacionais,[275] as Reservas Extrativistas,[276] as Reservas de Fauna,[277] as Reservas de Desenvolvimento Sustentável[278] e as Reservas Particulares do Patrimônio Natural.[279]

§ 2.º A ocorrência de dano afetando espécies ameaçadas de extinção no interior das Unidades de Conservação de Uso Sustentável será considerada circunstância agravante para a fixação da pena.[280]

§ 3.º Se o crime for culposo, a pena será reduzida à metade.[281]

---

**271. Consequências do veto:** a figura incriminadora prevalente é a do art. 40, *caput*, desta Lei. Os §§ 1.º e 2.º do art. 40-A a ela devem adaptar-se.

# Art. 40-A

**272. Unidade de Conservação de Uso Sustentável:** é aquela cujo objetivo básico "é compatibilizar a conservação da natureza com o uso sustentável de parcela dos seus recursos naturais" (art. 7.º, § 2.º, Lei 9.985/2000).

**273. Área de proteção ambiental:** "é uma área em geral extensa, com um certo grau de ocupação humana, dotada de atributos abióticos, bióticos, estéticos ou culturais especialmente importantes para a qualidade de vida e o bem-estar das populações humanas, e tem como objetivos básicos proteger a diversidade biológica, disciplinar o processo de ocupação e assegurar a sustentabilidade do uso dos recursos naturais. § 1.º A Área de Proteção Ambiental é constituída por terras públicas ou privadas. § 2.º Respeitados os limites constitucionais, podem ser estabelecidas normas e restrições para a utilização de uma propriedade privada localizada em uma Área de Proteção Ambiental. § 3.º As condições para a realização de pesquisa científica e visitação pública nas áreas sob domínio público serão estabelecidas pelo órgão gestor da unidade. § 4.º Nas áreas sob propriedade privada, cabe ao proprietário estabelecer as condições para pesquisa e visitação pelo público, observadas as exigências e restrições legais. § 5.º A Área de Proteção Ambiental disporá de um Conselho presidido pelo órgão responsável por sua administração e constituído por representantes dos órgãos públicos, de organizações da sociedade civil e da população residente, conforme se dispuser no regulamento desta Lei" (art. 15, Lei 9.985/2000).

**274. Área de relevante interesse ecológico:** "é uma área em geral de pequena extensão, com pouca ou nenhuma ocupação humana, com características naturais extraordinárias ou que abriga exemplares raros da biota regional, e tem como objetivo manter os ecossistemas naturais de importância regional ou local e regular o uso admissível dessas áreas, de modo a compatibilizá-lo com os objetivos de conservação da natureza. § 1.º A Área de Relevante Interesse Ecológico é constituída por terras públicas ou privadas. § 2.º Respeitados os limites constitucionais, podem ser estabelecidas normas e restrições para a utilização de uma propriedade privada localizada em uma Área de Relevante Interesse Ecológico" (art. 16, Lei 9.985/2000).

**275. Floresta Nacional:** "é uma área com cobertura florestal de espécies predominantemente nativas e tem como objetivo básico o uso múltiplo sustentável dos recursos florestais e a pesquisa científica, com ênfase em métodos para exploração sustentável de florestas nativas. § 1.º A Floresta Nacional é de posse e domínio públicos, sendo que as áreas particulares incluídas em seus limites devem ser desapropriadas de acordo com o que dispõe a lei. § 2.º Nas Florestas Nacionais é admitida a permanência de populações tradicionais que a habitam quando de sua criação, em conformidade com o disposto em regulamento e no Plano de Manejo da unidade. § 3.º A visitação pública é permitida, condicionada às normas estabelecidas para o manejo da unidade pelo órgão responsável por sua administração. § 4.º A pesquisa é permitida e incentivada, sujeitando-se à prévia autorização do órgão responsável pela administração da unidade, às condições e restrições por este estabelecidas e àquelas previstas em regulamento. § 5.º A Floresta Nacional disporá de um Conselho Consultivo, presidido pelo órgão responsável por sua administração e constituído por representantes de órgãos públicos, de organizações da sociedade civil e, quando for o caso, das populações tradicionais residentes. § 6.º A unidade desta categoria, quando criada pelo Estado ou Município, será denominada, respectivamente, Floresta Estadual e Floresta Municipal" (art. 17, Lei 9.985/2000).

**276. Reserva Extrativista:** "é uma área utilizada por populações extrativistas tradicionais, cuja subsistência baseia-se no extrativismo e, complementarmente, na agricultura de subsistência e na criação de animais de pequeno porte, e tem como objetivos básicos proteger os meios de vida e a cultura dessas populações, e assegurar o uso sustentável dos recursos naturais da unidade. § 1.º A Reserva Extrativista é de domínio público, com uso concedido às populações extrativistas tradicionais conforme o disposto no art. 23 desta Lei e em regulamentação específica, sendo que as áreas particulares incluídas em seus limites devem ser desapropriadas, de acordo com o que dispõe a lei. § 2.º A Reserva Extrativista será gerida por um Conselho Deliberativo, presidido pelo órgão responsável por sua administração e constituído por representantes de órgãos públicos, de organizações da sociedade civil e das populações tradicionais residentes na área, conforme se dispuser em regulamento e no ato de criação da unidade. § 3.º A visitação pública é permitida, desde que compatível com os interesses locais e de acordo com o disposto no Plano de Manejo da área. § 4.º A pesquisa científica é permitida e incentivada, sujeitando-se à prévia autorização do órgão responsável pela administração da unidade, às condições e restrições por este estabelecidas e às normas previstas em regulamento. § 5.º O Plano de Manejo da unidade será aprovado pelo seu Conselho Deliberativo. § 6.º São proibidas a exploração de recursos minerais e a caça amadorística ou profissional. § 7.º A exploração comercial de recursos madeireiros só será admitida em bases sustentáveis e em situações especiais e complementares às demais atividades desenvolvidas na Reserva Extrativista, conforme o disposto em regulamento e no Plano de Manejo da unidade" (art. 18, Lei 9.985/2000).

**277. Reserva de Fauna:** "é uma área natural com populações animais de espécies nativas, terrestres ou aquáticas, residentes ou migratórias, adequadas para estudos técnico-científicos sobre o manejo econômico sustentável de recursos faunísticos. § 1.º A Reserva de Fauna é de posse e domínio públicos, sendo que as áreas particulares incluídas em seus limites devem ser desapropriadas de acordo com o que dispõe a lei. § 2.º A visitação pública pode ser permitida, desde que compatível com o manejo da unidade e de acordo com as normas estabelecidas pelo órgão responsável por sua administração. § 3.º É proibido o exercício da caça amadorística ou profissional. § 4.º A comercialização dos produtos e subprodutos resultantes das pesquisas obedecerá ao disposto nas leis sobre fauna e regulamentos" (art. 19, Lei 9.985/2000).

**278. Reserva de Desenvolvimento Sustentável:** "é uma área natural que abriga populações tradicionais, cuja existência baseia-se em sistemas sustentáveis de exploração dos recursos naturais, desenvolvidos ao longo de gerações e adaptados às condições ecológicas locais e que desempenham um papel fundamental na proteção da natureza e na manutenção da diversidade biológica. § 1.º A Reserva de Desenvolvimento Sustentável tem como objetivo básico preservar a natureza e, ao mesmo tempo, assegurar as condições e os meios necessários para a reprodução e a melhoria dos modos e da qualidade de vida e exploração dos recursos naturais das populações tradicionais, bem como valorizar, conservar e aperfeiçoar o conhecimento e as técnicas de manejo do ambiente, desenvolvido por estas populações. § 2.º A Reserva de Desenvolvimento Sustentável é de domínio público, sendo que as áreas particulares incluídas em seus limites devem ser, quando necessário, desapropriadas, de acordo com o que dispõe a lei. § 3.º O uso das áreas ocupadas pelas populações tradicionais será regulado de acordo com o disposto no art. 23 desta Lei e em regulamentação específica. § 4.º A Reserva de Desenvolvimento Sustentável será gerida por um Conselho Deliberativo, presidido pelo órgão responsável por sua administração e constituído por representantes de órgãos públicos, de organizações da sociedade civil e das populações tradicionais residentes na área, conforme se dispuser em regulamento e no ato de criação da unidade. § 5.º As atividades desenvolvidas na Reserva de Desenvolvimento Sustentável obedecerão às seguintes condições: I – é permitida e incentivada a visitação pública, desde que compatível com os interesses locais e de acordo com o disposto no Plano de Manejo da área; II – é permitida e incentivada a pesquisa científica voltada à conservação da natureza, à melhor relação das populações residentes com seu meio e à educação ambiental, sujeitando-se à prévia autorização do órgão responsável pela administração da unidade, às condições e restrições por este estabelecidas e às normas previstas em regulamento; III – deve ser sempre considerado o equilíbrio dinâmico entre o tamanho da

# Art. 41

população e a conservação; e IV – é admitida a exploração de componentes dos ecossistemas naturais em regime de manejo sustentável e a substituição da cobertura vegetal por espécies cultiváveis, desde que sujeitas ao zoneamento, às limitações legais e ao Plano de Manejo da área. § 6.º O Plano de Manejo da Reserva de Desenvolvimento Sustentável definirá as zonas de proteção integral, de uso sustentável e de amortecimento e corredores ecológicos, e será aprovado pelo Conselho Deliberativo da unidade" (art. 20, Lei 9.985/2000).

**279. Reserva Particular do Patrimônio Natural:** "é uma área privada, gravada com perpetuidade, com o objetivo de conservar a diversidade biológica. § 1.º O gravame de que trata este artigo constará de termo de compromisso assinado perante o órgão ambiental, que verificará a existência de interesse público, e será averbado à margem da inscrição no Registro Público de Imóveis. § 2.º Só poderá ser permitida, na Reserva Particular do Patrimônio Natural, conforme se dispuser em regulamento: I – a pesquisa científica; II – a visitação com objetivos turísticos, recreativos e educacionais; III – (Vetado.) § 3.º Os órgãos integrantes do SNUC, sempre que possível e oportuno, prestarão orientação técnica e científica ao proprietário de Reserva Particular do Patrimônio Natural para a elaboração de um Plano de Manejo ou de Proteção e de Gestão da unidade" (art. 21, Lei 9.985/2000).

**280. Agravante:** ver a nota 268 ao § 2.º do art. 40.

**281. Forma culposa:** ver a nota 269 ao § 3.º do art. 40.

> **Art. 41.** Provocar[282-284] incêndio em floresta ou em demais formas de vegetação:[285-288]
>
> Pena – reclusão, de 2 (dois) a 4 (quatro) anos, e multa.[289]
>
> **Parágrafo único.** Se o crime é culposo,[290] a pena é de detenção de 6 (seis) meses a 1 (um) ano, e multa.[291]

**282. Análise do núcleo do tipo:** *provocar* (dar causa a algo) é a conduta, cujo objeto é incêndio (fogo intenso que tem forte poder de destruição e de causação de prejuízos de toda ordem) em floresta (grande quantidade de árvores aglomeradas) ou em outras formas de vegetação (envolve todos os cenários similares).

**283. Sujeitos ativo e passivo:** o sujeito ativo pode ser qualquer pessoa, inclusive a jurídica. O sujeito passivo é a sociedade. Secundariamente, conforme o local onde for provocado o incêndio, o ente estatal responsável ou proprietário da área (União, Estado, Município etc.), bem como o proprietário de área particular.

**284. Elemento subjetivo:** é o dolo. Não se exige elemento subjetivo do tipo específico. Pune-se a forma culposa (parágrafo único).

**285. Objetos material e jurídico:** o objeto material é a mata ou floresta. O objeto jurídico é a proteção ao meio ambiente.

**286. Classificação:** é crime comum (pode ser cometido por qualquer pessoa); material (depende da ocorrência de resultado naturalístico, consistente na efetiva produção do incêndio); de forma livre (pode ser cometido por qualquer meio eleito pelo agente); comissivo (o verbo implica ação); instantâneo (a consumação se dá em momento determinado); de perigo abstrato (presume-se prejuízo ao meio ambiente, caso a conduta do tipo seja praticada); unissubjetivo (pode ser cometido por uma só pessoa); plurissubsistente (praticada em vários atos); admite tentativa.

**287. Eliminação da contravenção penal:** o novo Código Florestal (Lei 12.651/2012) extirpou a contravenção relativa a quem *faz fogo*, em floresta, sem tomar as precauções devidas. Remanesce somente o crime do art. 41 desta Lei, quando o agente desencadeia um incêndio (fogo em largas proporções, com ampla possibilidade de causar prejuízos de monta).

**288. Confronto com o art. 250, § 1.º, II, *h*, do Código Penal:** aplica-se o disposto no art. 41 desta Lei, em respeito ao princípio da especialidade, cuidando-se de mata ou floresta. Resta a aplicação do tipo referido do Código Penal quanto à lavoura e pastagem.

**289. Benefícios penais:** não é infração de menor potencial ofensivo, logo, não é cabível o disposto na Lei 9.099/95. Pode o juiz, em caso de condenação, conforme a situação concreta, substituir a pena privativa de liberdade por restritiva de direitos, ou conceder a suspensão condicional da pena (art. 77, CP).

**290. Forma culposa:** em caso de imprudência, negligência e imperícia, em lugar do dolo, surge o elemento subjetivo *culpa*. Trata-se de elemento de valoração, devendo ser avaliado, no caso concreto, se houve um comportamento descuidado, infringindo o dever de cuidado objetivo e causando um resultado involuntário, previsível, que podia ter sido evitado.

**291. Benefícios penais:** nesta hipótese, é infração de menor potencial ofensivo, admitindo transação e os outros institutos da Lei 9.099/95.

> **Art. 42.** Fabricar, vender, transportar ou soltar[292-294] balões que possam provocar incêndios nas florestas[295] e demais formas de vegetação, em áreas urbanas[296] ou qualquer tipo de assentamento humano:[297-298]
>
> Pena – detenção, de 1 (um) a 3 (três) anos ou multa, ou ambas as penas cumulativamente.[299]
>
> **Art. 43.** (*Vetado.*)

**292. Análise do núcleo do tipo:** *fabricar* (manufaturar, construir), *vender* (alienar por determinado preço), *transportar* (levar de um lugar ao outro) ou *soltar* (lançar, liberar) são as condutas, cujo objeto é o balão (veículo mais leve que o ar, que se enche de ar quente, provocado por uma labareda oriunda de uma mecha, encharcada em substância inflamável, formado, tradicionalmente, por papéis e varetas). Naturalmente, refere-se o tipo penal ao tradicional *balão de festa junina*, que voa sozinho e sem rumo, e não ao veículo que serve para o transporte de pessoas, em atividade turística ou de lazer. Afinal, este último é conduzido por um piloto e funciona como um meio de transporte como qualquer outro. É evidente que pode cair e causar incêndio, porém, se assim considerarmos, qualquer avião ou helicóptero tem a mesma possibilidade. A referência feita no tipo em relação aos balões que *possam provocar incêndios* tem por fim evidenciar justamente os artefatos, pela maneira como são constituídos, que fogem ao controle de quem os solta e possuem labaredas fortes o suficiente para dar início a um fogo intenso em qualquer lugar onde caia e tenha a potencialidade para detonar um processo de combustão. Ademais, existe o balão a gás (bexiga) que flutua e, caindo, não provoca dano algum.

**293. Sujeitos ativo e passivo:** o sujeito ativo pode ser qualquer pessoa, inclusive a jurídica. Imagine-se uma festa promovida por uma empresa, que busque divulgar seus produtos, promovendo a soltura de vários balões. O sujeito passivo é a sociedade. Secundariamente, as pessoas atingidas pelo perigo provocado por eventual incêndio causado pela queda do balão.

**294. Elemento subjetivo:** é o dolo. Não há elemento subjetivo específico, nem se pune a forma culposa.

# Art. 44

Leis Penais e Processuais Penais Comentadas – Vol. 2 · **Nucci**

**295. Florestas e demais formas de vegetação:** *floresta* é o agrupamento de várias árvores. Outras formas de vegetação, como arbustos, pastos, canteiros etc., também são aptos a incendiar-se.

**296. Áreas urbanas e outro tipo de assentamento humano:** as áreas urbanas são os locais onde se situam as cidades, com concentração de moradas e estabelecimentos comerciais e industriais. Residualmente, insere-se no tipo qualquer outro assentamento humano (lugar onde moram pessoas).

**297. Objetos material e jurídico:** o objeto material é o balão apto a provocar incêndio. O objeto jurídico é a proteção ao meio ambiente.

**298. Classificação:** comum (pode ser cometido por qualquer pessoa); formal (não exige o resultado naturalístico possível e previsto pelo tipo, que é a geração do incêndio); de forma livre (pode ser cometido por qualquer meio eleito pelo agente); comissivo (os verbos indicam ações); instantâneo (a consumação se dá em momento determinado), exceto na forma *transportar*, quando adquire o aspecto permanente (a consumação se prolonga no tempo); de perigo abstrato (independe da prova da probabilidade de efetiva lesão ao meio ambiente); unissubjetivo (pode ser cometido por um só agente); plurissubsistente (cometido por mais de um ato); admite tentativa.

**299. Benefícios penais:** cabe a aplicação da suspensão condicional do processo (art. 89, Lei 9.099/95). Não sendo possível, é viável a substituição da privativa de liberdade pela restritiva de direitos ou a suspensão condicional da pena (art. 77, CP, conforme a sanção concretizada).

> **Art. 44.** Extrair[300-302] de florestas de domínio público ou consideradas de preservação permanente, sem prévia autorização,[303] pedra, areia, cal ou qualquer espécie de minerais:[304-305]
>
> Pena – detenção, de 6 (seis) meses a 1 (um) ano, e multa.[306]

**300. Análise do núcleo do tipo:** *extrair* (retirar, arrancar) é a conduta, cujo objeto é pedra, areia cal ou outro mineral existente em florestas (agrupamentos de várias árvores) de domínio público (pertencente a ente estatal, mas de uso de toda população) ou consideradas de preservação permanente (vide o conceito na nota 238 ao art. 38).

**301. Sujeitos ativo e passivo:** o sujeito ativo pode ser qualquer pessoa, inclusive a pessoa jurídica. O sujeito passivo é a sociedade. Secundariamente, é o proprietário da área de onde foram extraídos os minerais, sem autorização.

**302. Elemento subjetivo:** é o dolo. Não há elemento subjetivo específico, nem se pune a forma culposa.

**303. Norma penal em branco:** a extração de minerais em geral é regulada por legislação extrapenal, que precisa ser consultada para a composição deste tipo penal. Aliás, na realidade, como se trata de retirada de pedra, areia, cal e outros minerais de florestas, o órgão competente para a autorização deve ser ligado à proteção à flora (por exemplo, o IBAMA) e não o Departamento Nacional de Produtos Minerais (DNPM), que se vincula à mineração em geral.

**304. Objetos material e jurídico:** o objeto material é a pedra, areia, cal ou outra espécie de mineral. O objeto jurídico é a proteção ao meio ambiente.

**305. Classificação:** comum (pode ser cometido por qualquer pessoa); material (exige resultado naturalístico para a consumação, consistente na efetiva extração do minério); de forma livre (pode ser cometido por qualquer meio eleito pelo agente); comissivo (o verbo indica ação);

**Meio Ambiente** **Art. 46**

instantâneo (a consumação se dá em momento determinado); de perigo abstrato (independe da prova da probabilidade de efetiva lesão ao meio ambiente); unissubjetivo (pode ser cometido por um só agente); plurissubsistente (cometido por mais de um ato); admite tentativa.

**306. Benefícios penais:** é infração de menor potencial ofensivo, aplicando-se a transação e os demais benefícios da Lei 9.099/95.

> **Art. 45.** Cortar ou transformar[307-309] em carvão madeira de lei, assim classificada por ato do Poder Público,[310] para fins industriais, energéticos ou para qualquer outra exploração, econômica ou não, em desacordo com as determinações legais:[311-312]
>
> Pena – reclusão, de 1 (um) a 2 (dois) anos, e multa.[313]

**307. Análise do núcleo do tipo:** *cortar* (derrubar pelo corte, separar uma parte de outra) ou *transformar* (alterar, modificar) são as condutas, que têm por objeto a madeira de lei (madeira dura, própria para construções). Pune-se a transformação de material nobre em carvão (substância proveniente, neste caso, de vegetal, por meio da carbonização de madeira, servindo para produzir combustão). Na realidade, o tipo está mal construído. Deveria ser redigido prevendo o *corte* de madeira de lei, para o fim de transformação em carvão, com intuito de utilização industrial, energético ou outra exploração econômica, ou transformar madeira de lei em carvão, com o mesmo intuito. Do modo como ficou, temos o verbo *cortar* desvinculado de um objeto. Somente a conduta *transformar* possui o objeto que é *carvão em madeira de lei*.

**308. Sujeitos ativo e passivo:** o sujeito ativo pode ser qualquer pessoa. O sujeito passivo é a sociedade. Secundariamente, o proprietário das árvores de onde provêm a madeira de lei (ex.: dono da propriedade onde está plantada uma ou mais araucárias).

**309. Elemento subjetivo:** é o dolo. Há elemento subjetivo específico, consistente na finalidade industrial, energética ou outra forma de exploração. Não se pune a forma culposa.

**310. Norma penal em branco dupla:** há dois pontos do tipo penal incriminador que dependem de complementação, proveniente de legislação extrapenal. É preciso que a madeira seja classificada como "de lei" (própria para construções) por ato do Poder Público. Por outro lado, o seu corte ou transformação em carvão depende do estipulado em lei, igualmente extrapenal.

**311. Objetos material e jurídico:** o objeto material é a madeira de lei. O objeto jurídico é a proteção ao meio ambiente.

**312. Classificação:** comum (pode ser cometido por qualquer pessoa); formal (não exige o resultado naturalístico previsto no tipo para a consumação, que seria a efetiva utilização na indústria, em atividade energética ou em outra fonte de exploração); de forma livre (pode ser cometido por qualquer meio eleito pelo agente); comissivo (os verbos indicam ações); instantâneo (a consumação se dá em momento determinado); de perigo abstrato (independe da prova da probabilidade de efetiva lesão ao meio ambiente); unissubjetivo (pode ser cometido por um só agente); plurissubsistente (cometido por mais de um ato); admite tentativa.

**313. Benefícios penais:** é infração de menor potencial ofensivo, aplicando-se a transação e os demais benefícios da Lei 9.099/95.

> **Art. 46.** Receber ou adquirir,[314-316] para fins comerciais ou industriais, madeira, lenha, carvão e outros produtos de origem vegetal, sem exigir a exibição de licença[317] do vendedor, outorgada pela autoridade competente,

# Art. 46

**Leis Penais e Processuais Penais Comentadas – Vol. 2 · Nucci**

> e sem munir-se[318] da via que deverá acompanhar o produto até final benefi-ciamento:[319-320]
>
> Pena – detenção, de 6 (seis) meses a 1 (um) ano, e multa.[321]
>
> **Parágrafo único.** Incorre nas mesmas penas quem vende, expõe à venda, tem em depósito, transporta ou guarda[322-324] madeira, lenha, carvão e outros produtos de origem vegetal, sem licença[325] válida para todo o tempo da viagem ou do armazenamento, outorgada pela autoridade competente.[326-327]

**314. Análise do núcleo do tipo:** *receber* (aceitar algo, acolher) ou *adquirir* (obter mediante o pagamento de certo preço) são as condutas, que têm por objetos a madeira, a lenha, o carvão e outros produtos de origem vegetal. O tipo é misto alternativo, podendo o agente praticar uma ou ambas as condutas e o delito é único, quando no mesmo cenário. O acompanhamento necessário, para que se torne conduta criminosa, em suma, reporta-se à falta de licença para a comercialização. Na jurisprudência: STJ: "2. Com efeito, mostra-se inviável a aplicação do entendimento mais benéfico ao recorrido – reconhecendo a incidência do *ante factum* impunível –, pois, no caso, o crime de falsidade ideológica não constitui, essencialmente, meio necessário para a prática do delito previsto no art. 46 da Lei n. 9.605/1998, nele não se encerrando a sua potencialidade lesiva, ou seja, os crimes subsistem em qualquer contexto fático, independentemente do outro. Precedentes" (AgRg no REsp 1.751.067 – RO, 5.ª T., rel. Ribeiro Dantas, 19.09.2019, v.u.).

**315. Sujeitos ativo e passivo:** o sujeito ativo é o comerciante ou industrial, podendo ser a pessoa jurídica. Não nos parece ser qualquer pessoa, em face do disposto na parte final do tipo "sem munir-se da via que deverá acompanhar o produto até final beneficiamento". Essa é uma precaução de quem exerce o comércio ou a atividade industrial, mas não do particular, que pode comprar lenha ou carvão em qualquer lugar, inclusive na beira da estrada. O sujeito passivo é a sociedade. Secundariamente, o proprietário do lugar de onde foram extraídas a madeira, a lenha, o carvão e outros produtos similares.

**316. Elemento subjetivo:** é o dolo. O elemento subjetivo do tipo específico consiste na finalidade de utilização comercial ou industrial do produto. Não existe a forma culposa.

**317. Norma penal em branco:** pode-se comercializar ou industrializar madeira, lenha, carvão etc., desde que haja licença para tanto, originária da autoridade competente.

**318. Posse da documentação:** ter consigo a documentação cabível, de que a mercadoria é legal, faz parte da obrigação do comerciante ou industrial, até pelo fato de se falar em *beneficiamento* (preparação do material para consumo). Parece-nos, entretanto, que há exagero na redação do tipo penal. Se houver licença para o comércio ou industrialização, ainda que não possua o vendedor a via destinada a comprovar a origem lícita do bem, cuida-se, neste último caso, de infração administrativa.

**319. Objetos material e jurídico:** o objeto material é a madeira, a lenha, o carvão e outros produtos de origem vegetal. O objeto jurídico é a proteção ao meio ambiente.

**320. Classificação:** próprio (somente pode ser cometido pelo comerciante ou industrial); formal (não se exige resultado naturalístico para a consumação, consistente na efetiva comercialização ou industrialização do produto); de forma livre (pode ser cometido por qualquer meio eleito pelo agente); comissivo (os verbos indicam ações); instantâneo (a consumação se dá em momento determinado); de perigo abstrato (independe da prova da probabilidade de efetiva lesão ao meio ambiente); unissubjetivo (pode ser cometido por um só agente); plurissubsistente (cometido por mais de um ato); admite tentativa.

**321. Benefícios penais:** é infração de menor potencial ofensivo, aplicando-se a transação e os demais benefícios da Lei 9.099/95.

**322. Análise do núcleo do tipo:** *vender* (alienar por determinado preço), *expor à venda* (apresentar ao público para a venda por certo preço), *ter em depósito* (possuir algo armazenado), *transportar* (levar de um lugar a outro) e *guardar* (manter sob vigilância) são as condutas (é um tipo misto alternativo, podendo-se praticar uma como várias condutas e consiste num único delito, quando no mesmo cenário), cujos objetos são madeira, lenha, carvão e outros produtos de origem vegetal. Tudo depende da existência ou não de licença.

**323. Sujeitos ativo e passivo:** o sujeito ativo é o comerciante, inclusive a pessoa jurídica. Não fosse, seria inútil estabelecer, na parte final do tipo, a licença *válida para todo o tempo da viagem ou do armazenamento*. Particulares, não comerciantes, que comprem ou vendam, esporadicamente, por exemplo, lenha, não tem necessidade disso. O sujeito passivo é a sociedade.

**324. Elemento subjetivo:** é o dolo. Não há elemento subjetivo específico, nem se pune a forma culposa.

**325. Norma penal em branco:** depende do conhecimento da legislação extrapenal para se obter a autorização necessária voltada ao comércio desses produtos (madeira, lenha, carvão etc.).

**326. Objetos material e jurídico:** o objeto material pode ser madeira, lenha, carvão ou outros produtos de origem vegetal. O objeto jurídico é a proteção ao meio ambiente.

**327. Classificação:** próprio (só pode ser cometido por comerciante); formal (não exige resultado naturalístico para a consumação, consistente em efetivo prejuízo para qualquer bem jurídico); de forma livre (pode ser cometido por qualquer meio eleito pelo agente); comissivo (os verbos indicam ações); instantâneo (a consumação se dá em momento determinado) na modalidade *vender*, mas permanente (a consumação se prolonga no tempo), nas formas *expor à venda, ter em depósito, transportar* e *guardar*; de perigo abstrato (independe da prova da probabilidade de efetiva lesão ao meio ambiente); unissubjetivo (pode ser cometido por um só agente); plurissubsistente (cometido por mais de um ato); admite tentativa (em alguns casos, é de difícil configuração).

> **Art. 47.** (*Vetado.*)
>
> **Art. 48.** Impedir ou dificultar[328-330] a regeneração natural de florestas e demais formas de vegetação:[331-331-A]
>
> Pena – detenção, de 6 (seis) meses a 1 (um) ano, e multa.[332-332-A]

**328. Análise do núcleo do tipo:** *impedir* (obstruir, interromper) ou *dificultar* (tornar algo custoso) são as condutas, que têm por objeto a regeneração natural (reconstituição produzida pela natureza) de florestas e outras formas de vegetação. Se alguma floresta foi danificada, a própria natureza incumbe-se de reparar o estrago, desde que se permita que isso ocorra. Assim, o objetivo do tipo penal é punir aquele que interfere nesse processo natural de recomposição do meio ambiente ao *status* anterior.

**329. Sujeitos ativo e passivo:** o sujeito ativo pode ser qualquer pessoa, inclusive a pessoa jurídica. O sujeito passivo é a sociedade.

**330. Elemento subjetivo:** é o dolo. Não há elemento subjetivo específico, nem se pune a forma culposa.

**331. Objetos material e jurídico:** o objeto material é a floresta ou outra forma de vegetação danificada. O objeto jurídico é a proteção ao meio ambiente.

**331-A. Classificação:** comum (pode ser cometido por qualquer pessoa); material (exige resultado naturalístico para a consumação, consistente em efetivo prejuízo para o meio ambiente); de forma livre (pode ser cometido por qualquer meio eleito pelo agente); comissivo (os verbos indicam ações); instantâneo (a consumação se dá em momento determinado) ou permanente (a consumação se arrasta no tempo), dependente do meio de execução eleito; de perigo abstrato (independe da prova da probabilidade de efetiva lesão ao meio ambiente); unissubjetivo (pode ser cometido por um só agente); plurissubsistente (cometido por mais de um ato); admite tentativa (em alguns casos, é de difícil configuração).

**332. Benefícios penais:** é infração de menor potencial ofensivo, aplicando-se a transação e os demais benefícios da Lei 9.099/95.

**332-A. Termo de compromisso:** segundo dispõe o art. 60 da Lei 12.651/2012 (Código Florestal), "a assinatura de termo de compromisso para regularização de imóvel ou posse rural perante o órgão ambiental competente, mencionado no art. 59, suspenderá a punibilidade dos crimes previstos nos arts. 38, 39 e 48 da Lei 9.605, de 12 de fevereiro de 1998, enquanto o termo estiver sendo cumprido. § 1.º A prescrição ficará interrompida durante o período de suspensão da pretensão punitiva. § 2.º Extingue-se a punibilidade com a efetiva regularização prevista nesta Lei".

> **Art. 49.** Destruir, danificar, lesar ou maltratar,[333-335] por qualquer modo ou meio, plantas de ornamentação de logradouros públicos ou em propriedade privada alheia:[336-337]
>
> Pena – detenção, de 3 (três) meses a 1 (um) ano, ou multa, ou ambas as penas cumulativamente.[338]
>
> **Parágrafo único.** No crime culposo, a pena é de 1 (um) a 6 (seis) meses, ou multa.[339-341]

**333. Análise do núcleo do tipo:** *destruir* (eliminar), *danificar* (estragar), *lesar* (causar dano) ou *maltratar* (tratar mal, insultar, lesar), por qualquer modo ou meio (mecanismo indeterminado), plantas de ornamentação (vegetais que serve de enfeite), situadas em lugares públicos ou em propriedades particulares. O tipo penal é misto alternativo (pode-se praticar uma ou mais de uma das condutas e responde-se por um só delito, desde que no mesmo cenário). A redação e a finalidade são questionáveis. Utiliza o tipo penal de verbos correlatos (danificar = lesar) e vale-se de conduta nebulosa (maltratar). Além disso, usa-se mecanismo totalmente aberto: *qualquer modo ou meio*. Parece-nos ferir princípios penais importantes, como o da intervenção mínima e o da proporcionalidade. Haveria mesmo potencialidade lesiva relevante, para tornar-se crime, a destruição a planta ornamental em propriedade privada? Como poderíamos delimitar, com segurança, o cenário do maltrato à planta? Não lhe dar água com a regularidade pregada por um botânico qualquer seria suficiente? Salvo a hipótese rara e excepcional, porém não impossível, de destruição maciça de plantas ornamentais de um parque público, por exemplo, o resto é falácia e demagogia pura no contexto da edição de leis penais. Logo, deve-se reconhecer a inconstitucionalidade do art. 49 e sua inaplicabilidade.

**334. Sujeitos ativo e passivo:** o sujeito ativo pode ser qualquer pessoa, inclusive a jurídica. O sujeito passivo é a sociedade. Secundariamente, o proprietário das plantas ornamentais.

**335. Elemento subjetivo:** é o dolo. Não há elemento subjetivo específico. Pune-se a forma culposa (ver parágrafo único).

# Art. 50

**Meio Ambiente**

**336. Objetos material e jurídico:** o objeto material é a planta de ornamentação de lugares públicos ou privados. O objeto jurídico é a proteção ao meio ambiente.

**337. Classificação:** comum (pode ser cometido por qualquer pessoa); material (exige resultado naturalístico para a consumação, consistente na efetiva prática de destruição, dano, lesão ou maltrato a planta ornamental); de forma livre (pode ser cometido por qualquer meio eleito pelo agente); comissivo (os verbos indicam ações); instantâneo (a consumação se dá em momento determinado); de perigo abstrato (independe da prova da probabilidade de efetiva lesão ao meio ambiente); unissubjetivo (pode ser cometido por um só agente); plurissubsistente (cometido por mais de um ato); admite tentativa.

**338. Benefícios penais:** é infração de menor potencial ofensivo, aplicando-se a transação e os demais benefícios da Lei 9.099/95.

**339. Forma culposa:** em caso de imprudência, negligência e imperícia, em lugar do dolo, surge o elemento subjetivo *culpa*. Trata-se de elemento de valoração, devendo ser avaliado, no caso concreto, se houve um comportamento descuidado, infringindo o dever de cuidado objetivo e causando um resultado involuntário, previsível, que podia ter sido evitado.

**340. Inconstitucionalidade:** em função do princípio da intervenção mínima, não se pode admitir um tipo penal incriminador que diga respeito a, por exemplo, maltratar plantas ornamentais de forma culposa, sem qualquer intenção, mas em virtude de pura negligência. Seria o ápice do abuso do Estado no intervencionismo na vida privada de cada um. Diz Miguel Reale Júnior que "para total espanto, admite-se também a forma culposa. Assim, tropeçar e pisar por imprudência na begônia do jardim do vizinho é crime" (A Lei Hedionda dos Crimes Ambientais. *Folha de S. Paulo*, Tendências e Debates, dia 6 de abril de 1998). No mesmo prisma crítico, Sirvinskas menciona que o agente, num acidente de trânsito, pode derrubar uma árvore, por imprudência, respondendo, em tese, em concurso formal pelo delito de trânsito e pelo crime ambiental (*Tutela Penal do Meio Ambiente*, p. 79).

**341. Benefícios penais:** é infração de menor potencial ofensivo, aplicando-se a transação e os demais benefícios da Lei 9.099/95.

> **Art. 50.** Destruir ou danificar[342-344] florestas nativas ou plantadas ou vegetação fixadora de dunas, protetora de mangues, objeto[345] de especial preservação:[346-347]
>
> Pena – detenção, de 3 (três) meses a 1 (um) ano, e multa.

**342. Análise do núcleo do tipo:** *destruir* (eliminar) ou *danificar* (produzir lesão) são as condutas, cujo objeto é floresta nativa (original) ou plantada (produzida artificialmente por mãos humanas), bem como a vegetação fixadora de dunas (montes de areia movediça), protetora de mangues (local de lama escura e mole).

**343. Sujeitos ativo e passivo:** o sujeito ativo pode ser qualquer pessoa, inclusive a jurídica. O sujeito passivo é a sociedade. Secundariamente, o proprietário do lugar destruído ou danificado.

**344. Elemento subjetivo:** é o dolo. Não há elemento subjetivo específico, nem se pune a forma culposa.

**345. Norma penal em branco:** depende de consulta à legislação própria extrapenal a obtenção do informe necessário acerca dos lugares objeto de preservação especial.

# Art. 50-A

**346. Objetos material e jurídico:** o objeto material é a floresta nativa ou plantada, bem como vegetação fixadora de dunas e protetor de mangues. O objeto jurídico é a proteção ao meio ambiente.

**347. Classificação:** comum (pode ser cometido por qualquer pessoa); material (exige resultado naturalístico para a consumação, consistente na efetiva destruição ou lesão a florestas e outras vegetações); de forma livre (pode ser cometido por qualquer meio eleito pelo agente); comissivo (os verbos indicam ações); instantâneo (a consumação se dá em momento determinado); de perigo abstrato (independe da prova da probabilidade de efetiva lesão ao meio ambiente); unissubjetivo (pode ser cometido por um só agente); plurissubsistente (cometido por mais de um ato); admite tentativa.

> **Art. 50-A.** Desmatar, explorar economicamente ou degradar[348-350] floresta, plantada ou nativa, em terras de domínio público ou devolutas, sem autorização[351] do órgão competente:[352-353]
>
> Pena – reclusão de 2 (dois) a 4 (quatro) anos e multa.[354]
>
> § 1.º Não é crime a conduta praticada quando necessária à subsistência imediata pessoal do agente ou de sua família.[355]
>
> § 2.º Se a área explorada for superior a 1.000 ha (mil hectares), a pena será aumentada de 1 (um) ano por milhar de hectare.[356]

**348. Análise do núcleo do tipo:** *desmatar* (derrubar árvores em grandes proporções), *explorar* (tirar proveito) economicamente (gerando lucro, como regra, conversível em pecúnia) ou *degradar* (deteriorar) são as condutas alternativas previstas neste tipo misto. A prática de uma ou mais condutas implica, se no mesmo contexto, a configuração de um só delito. O objeto é a floresta (extenso aglomerado de árvores) plantada (produzida artificialmente por mãos humanas) ou nativa (original). O tipo, recentemente criado (Lei 11.284/2006), difere do delito previsto no art. 50 por alguns aspectos: a) *desmatar* significa derrubar árvores, enquanto *destruir* quer dizer eliminar; esta última conduta tem maior amplitude e pode afetar o todo, enquanto a primeira pode atingir somente uma parcela da floresta; b) acrescenta-se ao tipo a *exploração econômica* da floresta, o que não significa, necessariamente, destruição ou geração de dano; c) *degradar* quer dizer causar desgaste, o que se aproxima da conduta danificar, porém é mais brando e pode levar mais tempo para produzir efeitos; d) as condutas do art. 50 atingem florestas objeto de especial preservação, enquanto as ações do art. 50-A dizem respeito a florestas situadas em áreas de domínio público ou desocupadas, sendo dispensável a existência de qualquer norma específica de proteção editada; e) a pena do art. 50-A é consideravelmente maior.

**349. Sujeitos ativo e passivo:** o sujeito ativo pode ser qualquer pessoa, inclusive a jurídica. O sujeito passivo é a sociedade.

**350. Elemento subjetivo:** é o dolo. Não há elemento subjetivo específico, nem se pune a forma culposa.

**351. Norma penal em branco:** embora não seja necessária a edição de norma específica de proteção à floresta, para o desmatamento, exploração ou degradação é indispensável *autorização* do órgão competente. De todo modo, é preciso conhecer as regras para que tal consentimento se dê.

**352. Objetos material e jurídico:** o objeto material é a floresta plantada ou nativa. O objeto jurídico é a proteção ao meio ambiente.

**353. Classificação:** comum (pode ser cometido por qualquer pessoa); material (exige resultado naturalístico para a consumação, consistente em efetivo desmatamento, exploração econômica ou degradação de floresta); de forma livre (pode ser cometido por qualquer meio eleito pelo agente); comissivo (os verbos indicam ações); instantâneo (a consumação se dá em momento determinado), embora possa ter efeitos permanentes (rastros visíveis após a consumação); de perigo abstrato (independe da prova da probabilidade de efetiva lesão ao meio ambiente); unissubjetivo (pode ser cometido por um só agente); plurissubsistente (cometido por mais de um ato); admite tentativa.

**354. Benefícios penais:** não se trata de infração de menor potencial ofensivo e não cabe suspensão condicional do processo. Havendo condenação, é viável a substituição da pena privativa de liberdade por restritiva de direitos ou, até mesmo, a aplicação de suspensão condicional da pena.

**355. Norma desnecessária:** inseriu-se um particular *estado de necessidade*, que já é previsto e aplicável a toda legislação penal, conforme dispõe o art. 24 do Código Penal. É evidente que a derrubada de algumas árvores ou a exploração econômica de uma floresta para a garantia de sobrevivência do agente ou de sua família é ato lícito, pois entre o bem jurídico *vida* e a tutela ao *meio ambiente*, torna-se curial salvar primeiro aquele que é irrecuperável, ou seja, a vida humana.

**356. Causa de aumento de pena incomum:** eleva-se a pena, na terceira fase da aplicação (art. 68, CP), em um ano (e não por cota-parte, isto é, um sexto, um terço, metade etc.) por cada milhar derrubado, explorado ou degradado, desde que a área supere mil hectares. Leva-se em conta, particularmente, a consequência do crime. Assim, quanto maior a extensão da lesão ambiental, mais elevada deve ser a sanção.

> **Art. 51.** Comercializar[357-359] motosserra ou utilizá-la em florestas e nas demais formas de vegetação, sem licença[360] ou registro da autoridade competente:[361-362]
>
> Pena – detenção, de 3 (três) meses a 1 (um) ano, e multa.[363]

**357. Análise do núcleo do tipo:** *comercializar* (negociar, comprar ou vender, permutar etc.) motosserra (serra acionada por motor) é a primeira conduta. Outra possibilidade é *utilizar* (fazer uso de algo) a referida motosserra em florestas e outras formas de vegetação. São condutas alternativas e, para ambas, torna-se fundamental haver licença ou registro desse instrumento.

**358. Sujeitos ativo e passivo:** o sujeito ativo pode ser qualquer pessoa. O sujeito passivo é a sociedade.

**359. Elemento subjetivo:** é o dolo. Não há elemento subjetivo específico, nem se pune a forma culposa.

**360. Norma penal em branco:** a comercialização e utilização de motosserras é regulamentada pelo IBAMA ou órgão estadual conveniado.

**361. Objetos material e jurídico:** o objeto material é a motosserra. O objeto jurídico é a proteção ao meio ambiente.

**362. Classificação:** comum (pode ser cometido por qualquer pessoa); formal (não exige resultado naturalístico para a consumação, consistente em efetivo prejuízo para o meio ambiente); de forma livre (pode ser cometido por qualquer meio eleito pelo agente); comissivo (os verbos indicam ações); instantâneo (a consumação se dá em momento determinado); de

# Art. 52

Leis Penais e Processuais Penais Comentadas – Vol. 2 · **Nucci**

perigo abstrato (independe da prova da probabilidade de efetiva lesão ao meio ambiente); unissubjetivo (pode ser cometido por um só agente); plurissubsistente (cometido por mais de um ato); admite tentativa.

**363. Benefícios penais:** é infração de menor potencial ofensivo, aplicando-se a transação e os demais benefícios da Lei 9.099/95.

> **Art. 52.** Penetrar[364-366] em Unidades de Conservação conduzindo substâncias ou instrumentos próprios para caça ou para exploração de produtos ou subprodutos florestais, sem[367] licença da autoridade competente:[368-369]
>
> Pena – detenção, de 6 (seis) meses a 1 (um) ano, e multa.[370]

**364. Análise do núcleo do tipo:** *penetrar* (ingressar) em Unidades de Conservação (vide o conceito na nota 262 ao art. 40), *conduzindo* (carregando consigo) substâncias (material qualquer) ou instrumentos (objeto que serve para a execução mecânica de um trabalho) adequados à caça (perseguição de animais para matar ou aprisionar), bem como para a exploração (tirar proveito de algo) de produtos ou subprodutos (ver os conceitos na nota 95 ao art. 25, § 3.º) florestais. Cuida-se de tipo penal que pune a preparação do delito, como, no mesmo enfoque, faz o art. 253 do Código Penal, em relação do art. 251.

**365. Sujeitos ativo e passivo:** o sujeito ativo pode ser qualquer pessoa. O sujeito passivo é a sociedade.

**366. Elemento subjetivo:** é o dolo. Há elemento subjetivo específico implícito, consistente na vontade de caçar ou explorar produtos ou subprodutos florestais. Não se pune a forma culposa.

**367. Norma penal em branco:** depende-se da verificação de legislação extrapenal, a fim de se conhecer exatamente quais são as condições para a obtenção de licença para o ato.

**368. Objetos material e jurídico:** o objeto material é a Unidade de Conservação. O objeto jurídico é a proteção ao meio ambiente.

**369. Classificação:** comum (pode ser cometido por qualquer pessoa); formal (não exige resultado naturalístico para a consumação, consistente na efetiva caça ou exploração); de forma livre (pode ser cometido por qualquer meio eleito pelo agente); comissivo (o verbo indica ação); instantâneo (a consumação se dá em momento determinado); de perigo abstrato (independe da prova da probabilidade de efetiva lesão ao meio ambiente); unissubjetivo (pode ser cometido por um só agente); unissubsistente (cometido em um só ato) ou plurissubsistente (cometido por mais de um ato), conforme o meio eleito pelo agente; não admite tentativa, por ser tipo penal que pune a preparação de um outro crime (ver a nota 35, *j*, ao art. 14 do nosso *Código Penal comentado*).

**370. Benefícios penais:** é infração de menor potencial ofensivo, aplicando-se a transação e os demais benefícios da Lei 9.099/95.

> **Art. 53.** Nos crimes previstos nesta Seção, a pena é aumentada de 1/6 (um sexto) a 1/3 (um terço) se:[371]
>
> I – do fato resulta a diminuição de águas naturais, a erosão do solo ou a modificação do regime climático;[372]
>
> II – o crime é cometido:

*a)* no período de queda das sementes;[373]

*b)* no período de formação de vegetações;[374]

*c)* contra espécies raras ou ameaçadas de extinção, ainda que a ameaça ocorra somente no local da infração;[375]

*d)* em época de seca ou inundação;[376]

*e)* durante a noite, em domingo ou feriado.[377]

**371. Causas de aumento de penas:** são circunstâncias legais, vinculadas à tipicidade, que provocam aumentos obrigatórios, em quantidades previamente estabelecidas pela lei, a aplicar na terceira fase da fixação da pena privativa de liberdade.

**372. Diminuição de águas, erosão e modificação do clima:** o crime ambiental, contra a flora, pode acarretar a diminuição de águas naturais (ex.: seca de um rio ou lago), a erosão (gasto lento e gradativo de algo) do solo ou a alteração climática (exterminando-se florestas, em vários casos, provoca-se aumento ou diminuição da temperatura do lugar). São circunstâncias que pioram o meio ambiente, até pelo fato de interferirem na naturalidade das coisas.

**373. Queda de sementes:** significa, para a flora, o período de proliferação das espécies, pois haverá a germinação de novas plantas.

**374. Formação de vegetação:** após a germinação, atinge-se o crescimento da vegetação, exatamente o período previsto nesta causa de aumento de pena. Está a planta, ainda, muito frágil, merecedora de maior proteção.

**375. Espécies raras ou ameaçadas:** se o delito for cometido contra espécimes raros (difíceis de encontrar) ou sujeitos à extinção (eliminação completa), logicamente o crime torna-se mais grave.

**376. Épocas específicas:** a seca (estiagem; falta de chuvas) e a inundação (alagamento de uma região) constituem importantes fatores para o desequilíbrio do ecossistema, motivo pelo qual o crime contra o meio ambiente torna-se mais grave. Se aplicada a causa de aumento, não se pode tornar a levar em conta tal situação, nem como agravante, nem como circunstância judicial.

**377. Dia ou período do dia:** estas causas de aumento já constam no rol das agravantes. Entretanto, quando disserem respeito aos crimes contra a flora, preferem estas àquelas, vale dizer, aplica-se a causa de aumento e não a agravante.

### Seção III
### Da poluição e outros crimes ambientais

**Art. 54.** Causar[378-380] poluição de qualquer natureza em níveis[381] tais que resultem ou possam resultar em danos à saúde humana, ou que provoquem a mortandade de animais ou a destruição significativa da flora:[382-383-A]

Pena – reclusão, de 1 (um) a 4 (quatro) anos, e multa.[384]

§ 1.º Se o crime é culposo:[385]

Pena – detenção, de 6 (seis) meses a 1 (um) ano, e multa.[386]

§ 2.º Se o crime:[387]

I – tornar uma área, urbana ou rural, imprópria para a ocupação humana;[388]

# Art. 54

> II – causar poluição atmosférica que provoque a retirada, ainda que momentânea, dos habitantes das áreas afetadas, ou que cause danos diretos à saúde da população;[389]
>
> III – causar poluição hídrica que torne necessária a interrupção do abastecimento público de água de uma comunidade;[390]
>
> IV – dificultar ou impedir o uso público das praias;[391]
>
> V – ocorrer por lançamento de resíduos sólidos, líquidos ou gasosos, ou detritos, óleos ou substâncias oleosas,[392] em desacordo com as exigências estabelecidas em leis ou regulamentos:[392-A]
>
> Pena – reclusão, de 1 (um) a 5 (cinco) anos.[393]
>
> § 3.º Incorre nas mesmas penas previstas no parágrafo anterior quem deixar[394-396] de adotar, quando assim o exigir a autoridade competente, medidas de precaução em caso de risco de dano ambiental grave ou irreversível.[397-398]

**378. Análise do núcleo do tipo:** *causar* (provocar o surgimento de algo) é a conduta, que tem por objeto a poluição (sujeira, prejudicial à saúde). Esta pode ser produzida *de qualquer modo*, ou seja, qualquer que seja sua origem. Embora pareça desnecessário o tipo dizer que a *poluição* seja em níveis que possam resultar em danos à saúde humana, já que toda forma de poluição é um prejuízo natural à saúde de seres vivos, quer-se demonstrar que a conduta penalmente relevante se relaciona com níveis *insuportáveis*, inclusive aptos a gerar a morte de animais e a destruição de vegetais. Há diferença entre seres humanos e animais ou plantas. Quanto a pessoas, a poluição precisa apenas ser capaz de causar danos à saúde; em relação a animais ou vegetais, é fundamental chegar à mortandade ou destruição. Na jurisprudência: STJ: "O delito previsto na primeira parte do artigo 54 da Lei n. 9.605/1998 possui natureza formal, sendo suficiente a potencialidade de dano à saúde humana para configuração da conduta delitiva, não se exigindo, portanto, a realização de perícia" (EREsp 1.417.279/SC, Rel. Ministro Joel Ilan Paciornik, Terceira Seção, DJe 20/04/2018)'. (...)" (AgRg nos EDcl no RMS 65.473 – PB, 5.ª T., rel. Reynaldo Soares da Fonseca, 10.08.2021, v.u.); "Nesse momento processual, o delito em questão dispensa resultado naturalístico e a potencialidade de dano da atividade descrita na denúncia é suficiente para caracterizar o crime de poluição ambiental, independentemente de laudo específico para a comprovação do dano grave e irreversível ao meio ambiente" (RHC 97.929 – SP, 5.ª T., rel. Ribeiro Dantas, 13.12.2018, v.u.).

**379. Sujeitos ativo e passivo:** pode ser qualquer pessoa, inclusive a jurídica. O sujeito passivo é a sociedade. Secundariamente, a pessoa que sofreu diretamente os efeitos da poluição ou o dono dos animais mortos e das plantas destruídas.

**380. Elemento subjetivo:** é o dolo. Não há elemento subjetivo específico. Pune-se a forma culposa (§ 1.º).

**381. Perícia:** é fundamental nesses casos, para que seja cumprido o disposto no art. 158 do CPP (crimes que deixam vestígios precisam de exame pericial), a realização da perícia para a formação da materialidade.

**382. Objetos material e jurídico:** o objeto material pode ser o ser humano, o animal ou a vegetação. O objeto jurídico é a proteção ao meio ambiente.

**383. Classificação:** comum (pode ser cometido por qualquer pessoa); material (exige resultado naturalístico para a consumação, consistente na efetiva mortandade de animais ou destruição da flora) quanto aos animais e plantas, mas formal (não exige resultado naturalístico necessário, consistente na afetação da saúde humana) com relação a seres humanos; de forma

# Art. 54

Meio Ambiente

livre (pode ser cometido por qualquer meio eleito pelo agente); comissivo (o verbo indica ação); instantâneo (a consumação se dá em momento determinado); de perigo abstrato (independe da prova da probabilidade de efetiva lesão ao meio ambiente); unissubjetivo (pode ser cometido por um só agente); plurissubsistente (cometido por mais de um ato); admite tentativa.

**383-A. Confronto com os artigos 270 e 271 do Código Penal:** tais dispositivos remanescem para abranger situações diversas das previstas pelo art. 54 da Lei 9.605/98. O art. 270 do CP tem por finalidade o envenenamento (colocar substância letal) de água potável (destinada a consumo), além de alimentos e remédios. O art. 54 se volta à mera causação de poluição (prejudicial à saúde, mas não letal) em qualquer área, porém focando o seu alcance primordial ao meio ambiente. O perigo gerado pela conduta do art. 270 do CP é muito superior. O art. 271 do Código Penal menciona a corrupção ou poluição específica de água potável, tornando-a imprópria para consumo (esta é a parte diferenciada do art. 54). O objeto é a água destinada a consumo e deve ela tornar-se inviável de ser ingerida. A situação é mais grave, logo, possui pena mais severa do que a prevista pelo art. 54.

**384. Benefícios penais:** cabe a aplicação da suspensão condicional do processo (art. 89, Lei 9.099/95). Não sendo possível, é viável a substituição da privativa de liberdade pela restritiva de direitos ou a suspensão condicional da pena (art. 77, CP, conforme a sanção concretizada).

**385. Forma culposa:** em caso de imprudência, negligência e imperícia, em lugar do dolo, surge o elemento subjetivo *culpa*. Trata-se de elemento de valoração, devendo ser avaliado, no caso concreto, se houve um comportamento descuidado, infringindo o dever de cuidado objetivo e causando um resultado involuntário, previsível, que podia ter sido evitado.

**386. Benefícios penais:** é infração de menor potencial ofensivo, aplicando-se a transação e os demais benefícios da Lei 9.099/95.

**387. Crime qualificado pelo resultado:** se o resultado originalmente assumido, direta ou indiretamente, pelo agente ultrapassar o programado, ferindo (ou colocando em risco) outros bens jurídicos, havendo a figura típica própria, chega-se ao denominado *delito qualificado pelo resultado*. Consultar a nota 78 ao art. 19 do nosso *Código Penal comentado*.

**388. Área imprópria para ocupação:** várias podem ser as consequências da impropriedade para a ocupação humana em torno de uma área, porém uma das maiores probabilidades é a poluição. Por isso, agrava-se a pena de quem chega ao ponto de afetar uma região qualquer com a atividade poluidora.

**389. Poluição atmosférica:** conforme o caso, a área afetada pela poluição pode recuperar-se, sem se tornar imprópria (inciso I), mas há necessidade de retirada, por um certo período, de pessoas da região, o que gera um problema grave, inclusive no campo social para o Estado. Agrava-se a pena.

**390. Poluição hídrica:** a sujeira lançada à água pode afetar o abastecimento público de toda uma região, motivo pelo qual, pela amplitude alcançada, a pena torna-se mais severa.

**391. Praias:** a poluição pode levar à impossibilidade total ou parcial de frequência da população às praias, que são de propriedade da União, mas de utilização pública. Como o bem afetado é bastante alargado, busca-se elevar a pena.

**392. Resíduos sólidos, líquidos e gasosos:** os restos de substâncias, lançados na natureza, tem, fundamentalmente, força para a poluição (a denominação já é explicativa: são sobras de algo). O mesmo se diga dos detritos (lixo), óleos e substâncias oleosas. Dispõe o art. 3.º, XVI, da Lei 12.305/2010, serem resíduos sólidos o seguinte: "material, substância, objeto ou bem descartado resultante de atividades humanas em sociedade, a cuja destinação

# Art. 55

final se procede, se propõe proceder ou se está obrigado a proceder, nos estados sólido ou semissólido, bem como gases contidos em recipientes e líquidos cujas particularidades tornem inviável o seu lançamento na rede pública de esgotos ou em corpos d'água, ou exijam para isso soluções técnica ou economicamente inviáveis em face da melhor tecnologia disponível". A pena torna-se mais grave diante maior abrangência da área afetada.

**392-A. Norma penal em branco:** rege o assunto, atualmente, a Lei 12.305/2010.

**393. Benefícios penais:** cabe a aplicação da suspensão condicional do processo (art. 89, Lei 9.099/95). Não sendo possível, conforme a pena aplicada, é viável a substituição da privativa de liberdade pela restritiva de direitos (quando o máximo da pena não ultrapassar quatro anos) ou a suspensão condicional da pena (art. 77, CP, conforme a sanção concretizada).

**394. Análise do núcleo do tipo:** *deixar de adotar* (não pôr em prática) medidas de precaução (atitudes acautelatórias) em situação de risco de dano ambiental grave ou irreversível. A condição é haver exigência da autoridade competente. Observe-se ser a preocupação exposta pelo tipo penal de natureza acautelatória, ou seja, é um delito de perigo abstrato, que se perfaz independentemente da prova de qualquer prejuízo ou potencialidade lesiva concreta. O objetivo é evitar que as medidas de precaução, em virtude de risco de dano ambiental grave ou irreversível, sejam preteridas. Cuida-se de um dever imposto por lei, configurando, quando não cumprido, uma infração de mera conduta. Pode já ter ocorrido o dano ambiental, inclusive, mas este tem potencial para agravar-se. Logo, as medidas de cautela tornam-se indispensáveis.

**395. Sujeitos ativo e passivo:** o sujeito ativo é somente a pessoa obrigada a agir, segundo disposição legal. O sujeito passivo é a sociedade.

**396. Elemento subjetivo:** é o dolo. Não há elemento subjetivo específico, nem se pune a forma culposa.

**397. Objetos material e jurídico:** o objeto material é a medida de precaução. O objeto jurídico é a proteção ao meio ambiente.

**398. Classificação:** próprio (só pode ser cometido por qualquer pessoa qualificada); mera conduta (não exige resultado naturalístico para a consumação); de forma livre (pode ser cometido por qualquer meio eleito pelo agente); omissivo (o verbo indica abstenção); instantâneo (a consumação se dá em momento determinado); de perigo abstrato (independe da prova da probabilidade de efetiva lesão ao meio ambiente); unissubjetivo (pode ser cometido por um só agente); unissubsistente (cometido por um só ato); não admite tentativa.

> **Art. 55.** Executar[399-401] pesquisa, lavra ou extração de recursos minerais sem a competente autorização, permissão, concessão ou licença,[402] ou em desacordo com a obtida:[403-404]
>
> Pena – detenção, de 6 (seis) meses a 1 (um) ano, e multa.[405-405-A]
>
> **Parágrafo único.** Nas mesmas penas incorre quem deixa[406-408] de recuperar a área pesquisada ou explorada, nos termos da autorização, permissão, licença, concessão ou determinação do órgão competente.[409-410]

**399. Análise do núcleo do tipo:** *executar* (realizar, tornar efetivo) é a conduta, cujo objeto pode ser a pesquisa (averiguação minuciosa sobre alguma realidade), lavra (arado da terra, em sulcos) ou extração (retirada de algo) de recursos minerais (materiais extraídos de minas). Na jurisprudência: STJ: "1. É inaplicável o princípio da especialidade entre os delitos dos arts. 2º da Lei n. 8.176/1991 e 55 da Lei n. 9.605/1998, porquanto tutelam bens jurídicos diversos: o primeiro protege a ordem econômica e o último, o meio ambiente. Aplica-se, ao caso, o concurso formal de crimes" (AgRg no AREsp 1.156.802 – SP, 6.ª T., rel. Rogerio Schietti Cruz, 06.08.2019, v.u.).

**400. Sujeitos ativo e passivo:** o sujeito ativo pode ser qualquer pessoa, inclusive a jurídica. O sujeito passivo é a sociedade.

**401. Elemento subjetivo:** é o dolo. Não há elemento subjetivo específico, nem se pune a forma culposa.

**402. Norma penal em branco:** para se chegar à exata compreensão do tipo penal, é preciso conhecer a legislação extrapenal, em relação à concessão de autorização, permissão, concessão ou licença para a exploração de recursos minerais (ou proceder-se em desacordo com o que foi obtido).

**403. Objetos material e jurídico:** o objeto material é a pesquisa, lavra ou extração de recursos minerais. O objeto jurídico é a proteção ao meio ambiente.

**404. Classificação:** comum (pode ser cometido por qualquer pessoa); mera conduta ou formal (não exige resultado naturalístico para a consumação, consistente em efetivo prejuízo para o meio ambiente; a mera pesquisa ou lavra configuram crime de mera conduta; a extração passa ao cenário do delito formal, aquele que não exige, mas pode ter, como resultado, efetivo dano ao meio ambiente); de forma livre (pode ser cometido por qualquer meio eleito pelo agente); comissivo (o verbo indica ação); instantâneo (a consumação se dá em momento determinado); de perigo abstrato (independe da prova da probabilidade de efetiva lesão ao meio ambiente); unissubjetivo (pode ser cometido por um só agente); plurissubsistente (cometido por mais de um ato); admite tentativa.

**405. Benefícios penais:** é infração de menor potencial ofensivo, aplicando-se a transação e os demais benefícios da Lei 9.099/95.

**405-A. Confronto com o art. 2.º da Lei 8.176/91:** ambos coexistem. Preceitua o art. 2.º: "Constitui crime contra o patrimônio, na modalidade de usurpação, produzir bens ou explorar matéria-prima pertencentes à União, sem autorização legal ou em desacordo com as obrigações impostas pelo título autorizativo. Pena: detenção, de 1 (um) a 5 (cinco) anos e multa". Tutela-se o patrimônio da União. O art. 55 da Lei 9.605/98 protege o meio ambiente, cujo titular é a sociedade. Logo, são infrações penais diversas.

**406. Análise do núcleo do tipo:** *deixar de recuperar* (não reabilitar) é a conduta, que tem por objeto a área pesquisada (verificada minudentemente) ou explorada (aproveitada de algum modo). Volta-se a exigir o conhecimento da autorização, permissão, licença, concessão ou determinação concedida.

**407. Sujeitos ativo e passivo:** o sujeito ativo só pode ser a pessoa, inclusive a jurídica, que tem o dever de recuperar a área pesquisada ou explorada, conforme consentimento dado pelo Estado, logicamente, submetido a condições. O sujeito passivo é a sociedade.

**408. Elemento subjetivo:** é o dolo. Não há elemento subjetivo específico, nem se pune a forma culposa.

**409. Objetos material e jurídico:** o objeto material é a área pesquisada ou explorada. O objeto jurídico é a proteção ao meio ambiente.

**410. Classificação:** próprio (só pode ser cometido pela pessoa que tenha obrigação de recuperar a área); formal (não exige resultado naturalístico para a consumação, consistente em efetivo dano à área pesquisada ou explorada); de forma livre (pode ser cometido por qualquer

# Art. 56

meio eleito pelo agente); omissivo (o verbo indica inação); instantâneo (a consumação se dá em momento determinado); de perigo abstrato (independe da prova da probabilidade de efetiva lesão ao meio ambiente); unissubjetivo (pode ser cometido por um só agente); unissubsistente (cometido por um ato); não admite tentativa, embora não seja fácil a sua configuração, pois depende da prova de quanto e como deveria o agente iniciar a recuperação da área pesquisada ou explorada.

---

**Art. 56.** Produzir, processar, embalar, importar, exportar, comercializar, fornecer, transportar, armazenar, guardar, ter em depósito ou usar[411-413] produto ou substância tóxica, perigosa ou nociva à saúde humana ou ao meio ambiente, em desacordo[414] com as exigências estabelecidas em leis ou nos seus regulamentos:[415-417-A]

Pena – reclusão, de 1 (um) a 4 (quatro) anos, e multa.[418]

§ 1.º Nas mesmas penas incorre quem:

I – abandona[419-421] os produtos ou substâncias referidos no *caput*, ou os utiliza em desacordo[422] com as normas ambientais ou de segurança.[423-424]

II – manipula,[424-A-424-C] acondiciona, armazena, coleta, transporta, reutiliza, recicla ou dá destinação final a resíduos perigosos de forma diversa da estabelecida em lei ou regulamento.[424-D-424-E]

§ 2.º Se o produto ou a substância for nuclear ou radioativa, a pena é aumentada de 1/6 (um sexto) a 1/3 (um terço).[425-426]

§ 3.º Se o crime é culposo:[427]

Pena – detenção, de 6 (seis) meses a 1 (um) ano, e multa.[428]

---

**411. Análise do núcleo do tipo:** *produzir* (dar origem, criar), *processar* (manipular elementos ou dados), *embalar* (acondicionar em pacotes, caixas etc.); *importar* (trazer algo para dentro do território nacional); *exportar* (levar algo para fora do território nacional); *comercializar* (inserir no mercado para efeito de compra e venda); *fornecer* (abastecer, dar a alguém); *transportar* (levar de um lugar a outro); *armazenar* (guardar em estoque ou armazém); *guardar* (manter sob vigilância); *ter em depósito* (possuir algo à disposição em lugar definido) e *usar* (servir-se de algo) são as várias condutas do tipo misto alternativo, ou seja, a prática de uma ou de várias delas constitui um único delito, desde que no mesmo contexto. O objeto é o produto ou a substância tóxica (venenosa; que pode causar lesões à saúde ou à integridade física de seres vivos). Adjetiva-se a substância tóxica, que por si só é veneno, como *perigosa* (que tem potencial para causar dano) ou *nociva* (que causa dano ou prejudica) à saúde humana ou ao meio ambiente. Parece-nos desnecessária e redundante essa qualificação. Se o produto ou substância é tóxico, logicamente é perigoso e nocivo à saúde humana e ao meio ambiente. Tudo depende, portanto, da autorização legal para o seu uso (seria o *mal necessário*). Usar determinado tipo de veneno para matar insetos ou animais peçonhentos pode representar o emprego de algo perigoso ou nocivo à saúde humana, mas é indispensável, logo, um *mal necessário*. Em suma, bastaria mencionar *produto ou substância tóxica*, conforme as determinações legais. Na jurisprudência: STJ: "2. No que toca ao suscitado cerceamento de defesa e à alegada ausência de materialidade do delito, cumpre destacar que a jurisprudência desta Corte Superior é firme no sentido de que a conduta ilícita prevista no art. 56 da Lei nº 9.605/98 é de perigo abstrato, não sendo necessária a realização de perícia para comprovar a nocividade da substância ou produto. Desse modo, não procede a alegação de ofensa aos arts. 118 e 159, do Código de Processo Penal" (AgRg no AREsp 798.524 – RS, 5.ª T., rel. Ribeiro Dantas, 05.09.2019, v.u.).

**412. Sujeitos ativo e passivo:** o sujeito ativo pode ser qualquer pessoa, inclusive a jurídica. O sujeito passivo é a sociedade. Secundariamente, a pessoa atingida diretamente pelo tóxico, resultando no abalo à sua saúde.

**413. Elemento subjetivo:** é o dolo. Não se exige elemento subjetivo do tipo específico. Pune-se a forma culposa (§ 3.º deste artigo).

**414. Norma penal em branco:** necessita-se do conhecimento da legislação extrapenal para saber exatamente qual produto ou substância tóxica é possível usar, de qualquer modo, bem como quais são as regras para isso. Na jurisprudência: STJ: "1. O agravante foi denunciado como incurso nos artigos 56 e 60, ambos da Lei 9.605/1998, sendo pacífico neste Sodalício que o artigo 56 da Lei 9.605/1998 constitui norma penal em branco, que depende de complementação" (AgRg no RHC 114.692 – RS, 5.ª T., rel. Jorge Mussi, j. 05.05.2020, v.u.).

**415. Objetos material e jurídico:** o objeto material é o produto ou substância tóxica. O objeto jurídico é a proteção ao meio ambiente.

**416. Classificação:** é crime comum (pode ser cometido por qualquer pessoa); formal (não depende da ocorrência de resultado naturalístico, consistente na efetiva lesão à saúde humana ou ao meio ambiente, embora possa ocorrer); de forma livre (pode ser cometido por qualquer meio eleito pelo agente); comissivo (os verbos implicam ações); instantâneo (a consumação se dá em momento determinado) nas formas *produzir, processar, embalar, importar, exportar, comercializar, fornecer* e *usar*, porém permanente (a consumação se prolonga no tempo) nas modalidades *transportar, armazenar, guardar, ter em depósito;* de perigo abstrato (presume-se prejuízo ao meio ambiente e à saúde humana, caso as condutas do tipo sejam praticadas); unissubjetivo (pode ser cometido por uma só pessoa); plurissubsistente (praticada em vários atos); admite tentativa, embora de difícil configuração pela variedade de condutas previstas no tipo.

**417. Confronto com a Lei de Agrotóxicos:** preceitua o art. 15 da Lei 7.802/89 que "aquele que produzir, comercializar, transportar, aplicar, prestar serviço, der destinação a resíduos e embalagens vazias de agrotóxicos, seus componentes e afins, em descumprimento às exigências estabelecidas na legislação pertinente estará sujeito à pena de reclusão, de 2 (dois) a 4 (quatro) anos, além de multa". No art. 16: "O empregador, profissional responsável ou o prestador de serviço, que deixar de promover as medidas necessárias de proteção à saúde e ao meio ambiente, estará sujeito à pena de reclusão de 2 (dois) a 4 (quatro) anos, além de multa de 100 (cem) a 1.000 (mil) MVR. Em caso de culpa, será punido com pena de reclusão de 1 (um) a 3 (três) anos, além de multa de 50 (cinquenta) a 500 (quinhentos) MVR". Nota-se, pois, considerando-se que os agrotóxicos ("produtos e os agentes de processos físicos, químicos ou biológicos, destinados ao uso nos setores de produção, no armazenamento e beneficiamento de produtos agrícolas, nas pastagens, na proteção de florestas, nativas ou implantadas, e de outros ecossistemas e também de ambientes urbanos, hídricos e industriais, cuja finalidade seja alterar a composição da flora ou da fauna, a fim de preservá-las da ação danosa de seres vivos considerados nocivos; substâncias e produtos, empregados como desfolhantes, dessecantes, estimuladores e inibidores de crescimento; componentes: os princípios ativos, os produtos técnicos, suas matérias-primas, os ingredientes inertes e aditivos usados na fabricação de agrotóxicos e afins", conforme art. 2.º, da Lei 7.802/89) também são espécies de substâncias tóxicas, que podem causar dano ao meio ambiente e à saúde humana, haver conflito aparente de normas. Aplica-se qual lei no caso de uso indevido de agrotóxicos? O art. 15 da Lei 7.802/89 ou o disposto no art. 56 da Lei 9.605/98? Bem respondem a essa questão Vladimir Passos de Freitas e Gilberto Passos de Freitas, considerando que, entre leis especiais, prevalece a mais específica dentre elas, cuidando-se, naturalmente, da Lei 7.802/89. Portanto, continuam em vigor os arts. 15 e 16 dessa Lei para aplicação. Alertam, entretanto, os autores: "Mas, muito

# Art. 56

Leis Penais e Processuais Penais Comentadas – Vol. 2 • Nucci

embora assim seja, surgirão situações de flagrante injustiça. Por exemplo, quem for processado pelo crime do art. 56 da Lei 9.605/98 terá direito à suspensão do processo, pois a pena mínima é de um ano de reclusão. Já quem for denunciado pelo art. 15 da Lei 7.802/89 não poderá receber tal benefício. Ainda, no art. 56 da Lei 9.605/98 há forma culposa (art. 56, § 3.º – pena: detenção de 6 meses a um ano e multa). No art. 15 da Lei 7.802/89, não há" (*Crimes contra a natureza*, p. 222-223).

**417-A. Confronto com o art. 278 do Código Penal:** o artigo 278 do Código Penal possui menor número de condutas no tipo penal, algumas delas específicas, não constantes do art. 56 da Lei 9.605/98, como *fabricar* (manufaturar ou construir). Entretanto, pode-se sustentar que essa conduta estaria abrangida pela forma *produzir* (criar, dar origem a algo), prevista no art. 56. O mesmo se pode dizer em relação a *vender*, que seria subsumida em *comercializar*. Assim considerando, o art. 56 seria mais abrangente que o art. 278. Por se tratar o referido art. 56 de norma prevista em lei especial, mais recente, teria revogado o disposto no Código Penal. Entretanto, há que se considerar a parte final do art. 56. Exige-se, para a incriminação, haver a tutela do produto em legislação específica ("em desacordo com as exigências estabelecidas em leis ou nos seus regulamentos"). Por isso, é viável sustentar que a figura típica do art. 278 seria afastada no tocante aos produtos ou substâncias nocivas à saúde humana (ou ao meio ambiente), quando as exigências para a sua atividade estiverem disciplinadas em normas. Por outro lado, remanesceria a figura do art. 278 para os outros casos gerais de *coisas ou substâncias* nocivas à saúde humana, sem específica previsão em leis ou regulamentos.

**418. Benefícios penais:** cabe a aplicação da suspensão condicional do processo (art. 89, Lei 9.099/95). Não sendo possível, é viável a substituição da privativa de liberdade pela restritiva de direitos ou a suspensão condicional da pena (art. 77, CP, conforme a sanção concretizada).

**419. Análise do núcleo do tipo:** *abandonar* (desistir de algo; largar em algum ponto) e *utilizar* (fazer uso de algo) são as condutas, cujos objetos são os produtos ou substâncias tóxicas (vide conceitos na nota 411 *supra*). Quanto à conduta *abandonar*, prevê-se punição para quem deixar em lugar inapropriado os referidos materiais, justamente em função do perigo que eles representam ao meio ambiente. No que se refere à conduta *utilizar*, associa-se às normas de segurança, tornando-se criminosa a conduta de quem manipula tais produtos e substâncias, desrespeitando a segurança imposta por leis e regulamentos, dentre os quais se encontra a Lei 12.305/2010.

**420. Sujeitos ativo e passivo:** o sujeito ativo pode ser qualquer pessoa, inclusive a jurídica. O sujeito passivo é a sociedade. Secundariamente, quem for prejudicado pelo tóxico abandonado ou mal utilizado.

**421. Elemento subjetivo:** é o dolo. Não se exige elemento subjetivo do tipo específico. Pune-se a forma culposa (§ 3.º deste artigo).

**422. Norma penal em branco:** devem ser consultadas as leis e regulamentos extrapenais para tomar conhecimento de onde se pode abandonar esse tipo de produto tóxico, bem como quais são as regras de segurança para usá-lo. Conferir, em especial, o conteúdo da Lei 12.305/2010.

**423. Objetos material e jurídico:** o objeto material é o produto ou substância tóxica. Os objetos jurídicos são a proteção ao meio ambiente e à saúde humana.

**424. Classificação:** é crime comum (pode ser cometido por qualquer pessoa); formal (independe da ocorrência de resultado naturalístico, consistente na efetiva lesão ao meio ambiente ou à saúde humana, embora possa ocorrer); de forma livre (pode ser cometido por qualquer meio eleito pelo agente); comissivo (os verbos implicam ações); instantâneo (a consumação se dá em momento determinado), porém de efeitos permanentes na forma *abandonar* (o resultado continua visível, após a consumação ter-se encerrado); de perigo abstrato (presume-se a potencialidade de dano ao meio ambiente e à saúde humana, caso sejam adotadas as condutas típicas); unissubjetivo (pode ser cometido por uma só pessoa); plurissubsistente (praticada em vários atos); admite tentativa.

**424-A. Análise do núcleo do tipo:** *manipular* (preparar algo com as mãos), *acondicionar* (guardar em determinado local apropriado), *armazenar* (recolher em depósito), *coletar* (recolher, retirar de algum lugar), *transportar* (levar de um local a outro), *reutilizar* (usar novamente a mesma coisa), *reciclar* (empreender o tratamento de resíduos, no caso deste tipo penal) e *dar destinação final* (colocar em lugar de derradeira permanência) são as condutas mistas alternativas, cujo objeto é constituído pelos *resíduos* (lixo, restos de algo) perigosos (potencialmente danosos). Pretende-se punir quem lidar com os resíduos, particularmente, os sólidos, de maneira estranha à prevista em lei. Deve-se consultar o disposto na Lei 12.305/2010 para complementar o tipo penal em branco.

**424-B. Sujeitos ativo e passivo:** o sujeito ativo pode ser qualquer pessoa, inclusive a jurídica O sujeito passivo é a sociedade. Secundariamente, quem for atingido pelo resíduo perigoso.

**424-C. Elemento subjetivo:** é o dolo. Não se exige elemento subjetivo específico. Pune-se a forma culposa (§ 3.º deste artigo).

**424-D. Objetos material e jurídico:** o objeto material é composto pelos resíduos perigosos. O objeto jurídico é a proteção ao meio ambiente.

**424-E. Classificação:** é crime comum (pode ser cometido por qualquer pessoa); formal (independe da ocorrência de resultado naturalístico, consistente na efetiva lesão ao meio ambiente ou à saúde humana, embora possa ocorrer); de forma livre (pode ser cometido por qualquer meio eleito pelo agente); comissivo (os verbos implicam ações); instantâneo (a consumação se dá em momento determinado), nas formas *manipular, acondicionar, coletar, reutilizar, reciclar* e *dar destinação final*, porém permanente (a consumação se arrasta no tempo) nas formas *armazenar* e *transportar*; de perigo abstrato (presume-se a potencialidade de dano ao meio ambiente e à saúde humana, caso sejam adotadas as condutas típicas); unissubjetivo (pode ser cometido por uma só pessoa); plurissubsistente (praticada em vários atos); admite tentativa.

**425. Causa de aumento de pena:** significa um aumento obrigatório, na terceira fase da aplicação da pena privativa de liberdade, após o juiz já ter considerado as circunstâncias judiciais e as agravantes e atenuantes. A pena será elevada de um sexto a um terço, caso o produto e a substância tóxica for nuclear (material "capaz de produzir energia, mediante processo autossustentado de fissão nuclear", art. 1.º, II, Lei 6.453/77) ou radioativas (propriedade de alguns produtos capazes de emitir partículas ou radiação eletromagnética).

**426. Confronto com a Lei de Atividades nucleares:** a Lei 6.453/77 é especial em relação à Lei 9.605/98, embora esta seja mais recente. Portanto, o art. 56 abre espaço para a aplicação do preceituado nos artigos 20, 22, 24 e 25 da Lei 6.453/77. São eles: "art. 20. Produzir, processar, fornecer ou usar material nuclear sem a necessária autorização ou para fim diverso do permitido em lei: Pena: reclusão, de 4 (quatro) a 10 (dez) anos"; "art. 22. Possuir, adquirir, transferir, transportar, guardar ou trazer consigo material nuclear, sem a necessária autorização: Pena: reclusão, de 2 (dois) a 6 (seis) anos"; "art. 24. Extrair, beneficiar ou comerciar ilegalmente minério nuclear: Pena: reclusão, de 2 (dois) a 6 (seis) anos"; "art. 25. Exportar ou importar, sem a necessária licença, material nuclear, minérios nucleares e seus concentrados, minérios de interesse para a energia nuclear e minérios e concentrados que contenham elementos nuclea-

# Art. 57

res: Pena: reclusão, de 2 (dois) a 8 (oito) anos". Assim, concordamos com a ótica de Passos de Freitas, ao mencionar que esta agravante pode ser aplicada a qualquer figura remanescente do art. 56, não prevista na Lei 6.453/77, como, por exemplo, abandonar produto nuclear (*Crimes contra a natureza*, p. 226).

**427. Forma culposa:** em caso de imprudência, negligência e imperícia, em lugar do dolo, surge o elemento subjetivo *culpa*. Trata-se de elemento de valoração, devendo ser avaliado, no caso concreto, se houve um comportamento descuidado, infringindo o dever de cuidado objetivo e causando um resultado involuntário, previsível, que podia ter sido evitado.

**428. Benefícios penais:** é infração de menor potencial ofensivo, aplicando-se a transação e os demais benefícios da Lei 9.099/95.

> **Art. 57.** (*Vetado.*)
>
> **Art. 58.** Nos crimes dolosos previstos nesta Seção, as penas serão aumentadas:[429]
>
> I – de 1/6 (um sexto) a 1/3 (um terço), se resulta dano irreversível a flora ou ao meio ambiente em geral;[430]
>
> II – de 1/3 (um terço) até a 1/2 (metade), se resulta lesão corporal de natureza grave em outrem;[431]
>
> III – até o dobro, se resultar a morte de outrem.[432]
>
> **Parágrafo único.** As penalidades previstas neste artigo somente serão aplicadas se do fato não resultar crime mais grave.[433]
>
> **Art. 59.** (*Vetado.*)

**429. Causas de aumento de pena:** significam um aumento obrigatório, na terceira fase da aplicação da pena privativa de liberdade, conforme as cotas indicadas em lei, após o juiz já ter considerado as circunstâncias judiciais e as agravantes e atenuantes. Pensamos aplicável ao caso o disposto no art. 68, parágrafo único, do Código Penal, em analogia *in bonam partem*. Quando houver a possibilidade de aplicar mais de uma causa de aumento ou mais de uma causa de diminuição de pena, previstas na Parte Especial, pode o magistrado aplicar todas as possíveis ou escolher apenas a mais grave delas, conforme o caso concreto. Por isso, contrastando o disposto no art. 56, § 3.º, com o art. 58 (qualquer dos incisos), o juiz poderia aplicar dois aumentos ou somente o maior.

**430. Dano irreversível:** é a lesão permanente, sem possibilidade de recuperação da área afetada, quanto à flora, ou em relação a outro fator qualquer do meio ambiente (ex.: o extermínio de um espécime da fauna). Parece-nos indispensável exame pericial, pois é infração que, nitidamente, deixa vestígios (art. 158, CPP). Aliás, constituindo, por essência, o crime contra o meio ambiente uma infração de perigo abstrato, quando o dano, conforme retratado nesta causa de aumento, ocorre, cuida-se o exaurimento do delito. Não modifica a tipificação, exceto para acrescentar a causa de aumento.

**431. Lesão de natureza grave:** são os casos previstos no art. 129, §§ 1.º e 2.º, do Código Penal. É crime preterdoloso (ver a nota 432 *infra*).

**432. Crime preterdoloso:** como o dolo dos delitos contra o meio ambiente consiste na vontade de gerar um risco intolerável (dolo de perigo), o resultado danoso, mais grave, advindo do crime de perigo, deve ser a título de culpa. Não há como se punir uma pessoa que abandonou produto tóxico em determinada área com dolo de dano (vontade de lesar ou matar alguém), conseguindo seu intento, com base no art. 56, § 1.º, I, c.c. art. 58, III, da Lei 9.605/98. Cuida-se, nesse caso, de homicídio consumado (art. 121 do Código Penal).

**433. Ressalva relevante:** deixou o legislador bem claro que, havendo resultado mais grave, como aventamos na hipótese anterior (o agente abandonou produto tóxico em determinada área com o propósito de matar alguém), será aplicada outra medida, mas não apenas a causa de aumento do inciso III. E isto é correto. No exemplo dado, deve o agente ser punido por homicídio consumado em concurso formal com o delito ambiental, previsto no art. 56, § 1.º, I, da Lei 9.605/98.

> **Art. 60.** Construir, reformar, ampliar, instalar ou fazer funcionar,[434-436] em qualquer parte do território nacional, estabelecimentos, obras ou serviços potencialmente[437] poluidores, sem licença[438] ou autorização dos órgãos ambientais competentes, ou contrariando[439] as normas legais e regulamentares pertinentes:[440-441]
>
> Pena – detenção, de 1 (um) a 6 (seis) meses, ou multa, ou ambas as penas cumulativamente.[442]

**434. Análise do núcleo do tipo:** *construir* (fabricar, gerar), *reformar* (reconstruir, emendar), *ampliar* (aumentar as dimensões), *instalar* (colocar algo preparado para entrar em funcionamento) e *fazer funcionar* (entrar em atividade) são as condutas, cujo objeto é o estabelecimento (local onde funciona alguma empresa ou instituição), obra (qualquer prédio em construção) ou serviço (atividade) potencialmente poluidora (capaz, em tese, de gerar sujeira). Destaca-se que as condutas podem ser praticadas em qualquer parte do território nacional, o que nos parece insólito, pois qualquer crime somente é apurado quando ocorrido dentro do território brasileiro (art. 5.º, *caput*, do Código Penal). Prevê-se, ainda, o complemento, que são: "sem licença ou autorização" e "contrariando as normas legais e regulamentares". Na jurisprudência: STJ: "De fato, como assinalado no acórdão recorrido, o delito do art. 60 da Lei n. 9.605/1998 é considerado permanente pela jurisprudência do Superior Tribunal de Justiça, contando-se o prazo prescricional na forma do art. 111 do Código Penal, ou seja, do dia em que encerrou a permanência. No entanto, no caso concreto, com o desligamento do ora recorrente da empresa, este perdeu poderes para desfazer a obra, sendo razoável contar a cessação da permanência dessa data e, consequentemente, o início do lapso prescricional, nos termos do art. 111, III, do Código Penal" (AgRg no RHC 102.170 – MG, 6.ª T., rel. Sebastião Reis Júnior, 10.09.2019, v.u.).

**435. Sujeitos ativo e passivo:** o sujeito ativo pode ser qualquer pessoa, inclusive a jurídica. O sujeito passivo é a sociedade.

**436. Elemento subjetivo:** é o dolo. Não se exige elemento subjetivo do tipo específico, nem se pune a forma culposa.

**437. Potencialmente poluidor:** ressaltemos que a lei fez questão de deixar clara a situação de perigo abstrato, pois não se está construindo, reformando, ampliando, instalando ou fazendo funcionar estabelecimento, obra ou serviço *efetivamente* poluidor, isto é, que gera sujeira, maculando o meio ambiente. E ainda que assim fosse, continuaríamos diante de um delito de perigo, embora de perigo concreto.

**438. Norma penal em branco:** é preciso tomar conhecimento da legislação extrapenal, a fim de se saber quando há possibilidade de se obter licença ou autorização para as atividades elencadas no tipo.

# Art. 61

Leis Penais e Processuais Penais Comentadas – Vol. 2 • **Nucci**

**439. Norma penal em branco:** é fundamental consultar a legislação extrapenal para conhecer as regras gerais para operacionalizar o universo de condutas previsto no tipo.

**440. Objetos material e jurídico:** o objeto material é o estabelecimento, obra ou serviço potencialmente poluidor. Pensamos ser necessário realizar-se perícia, para avaliar se há ou não o perigo de emissão de sujeira. O objeto jurídico é a proteção ao meio ambiente.

**441. Classificação:** é crime comum (pode ser cometido por qualquer pessoa); mera conduta (independe da ocorrência de resultado naturalístico, consistente na efetiva produção de poluição, que, ainda assim, seria uma probabilidade de dano); de forma livre (pode ser cometido por qualquer meio eleito pelo agente); comissivo (os verbos implicam ações); instantâneo (a consumação se dá em momento determinado) no geral, porém permanente (a consumação se prolonga no tempo) na modalidade *fazer funcionar*; de perigo abstrato (presume-se prejuízo ao meio ambiente, caso as condutas do tipo sejam praticadas); unissubjetivo (pode ser cometido por uma só pessoa); plurissubsistente (praticada em vários atos); admite tentativa.

**442. Benefícios penais:** é infração de menor potencial ofensivo, aplicando-se a transação e os demais benefícios da Lei 9.099/95.

> **Art. 61.** Disseminar[443-445] doença ou praga ou espécies que possam causar dano à agricultura, à pecuária, à fauna, à flora ou aos ecossistemas:[446-448]
>
> Pena – reclusão, de 1 (um) a 4 (quatro) anos, e multa.[449]

**443. Análise do núcleo do tipo:** *disseminar* (espalhar, propagar) é a conduta, que tem por objeto a doença (enfermidade; o termo é mais apropriado ao ser humano) ou praga (moléstia que ataca animais e plantas), bem como espécies (animais ou vegetais), que possam causar dano à agricultura (cultivo em solo e produção de vegetais úteis ao ser humano), à pecuária (criação de gado), à fauna (conjunto de animais próprio de uma região, abrangendo os aquáticos), à flora (conjuntos de espécies vegetais de determinada região) ou aos ecossistemas (relacionamento entre o meio ambiente e a fauna e a flora que nele habitam).

**444. Sujeitos ativo e passivo:** o sujeito ativo pode ser qualquer pessoa, inclusive a jurídica. O sujeito passivo é a sociedade.

**445. Elemento subjetivo:** é o dolo. Não se exige elemento subjetivo do tipo específico, nem se pune a forma culposa.

**446. Objetos material e jurídico:** o objeto material é a doença, a praga ou espécie que possa causar dano à agricultura, à pecuária, à fauna, à flora ou aos ecossistemas. O objeto jurídico é a proteção ao meio ambiente.

**447. Classificação:** é crime comum (pode ser cometido por qualquer pessoa); formal (independe da ocorrência de resultado naturalístico, consistente na efetiva contaminação geral, embora esta possa ocorrer); de forma livre (pode ser cometido por qualquer meio eleito pelo agente); comissivo (o verbo implica ação); instantâneo (a consumação se dá em momento determinado; de perigo abstrato (presume-se o prejuízo ao meio ambiente, caso a conduta do tipo seja praticada, desnecessária qualquer prova nesse sentido); unissubjetivo (pode ser cometido por uma só pessoa); plurissubsistente (praticada em vários atos); admite tentativa.

**448. Confronto com o art. 259 do Código Penal:** preceitua este último: "difundir doença ou praga que possa causar dano a floresta, plantação ou animais de utilidade econômica. Pena: reclusão, de 2 (dois) a 5 (cinco) anos, e multa". Prevalece o art. 61 da Lei 9.605/98 não somente por ser lei especial, mas também por ser a mais recente. Revogado está, implicitamente, o art.

259, que, aliás, é menos abrangente que o art. 61. Há, na verdade, uma alteração importante. Afastado o art. 259, deixa de subsistir a forma culposa nele prevista, mas não repetida no art. 61 desta Lei. Logo, se a disseminação se der por imprudência do agente, por exemplo, é fato atípico.

**449. Benefícios penais:** cabe a aplicação da suspensão condicional do processo (art. 89, Lei 9.099/95). Não sendo possível, é viável a substituição da privativa de liberdade pela restritiva de direitos ou a suspensão condicional da pena (art. 77, CP, conforme a sanção concretizada).

Seção IV

**Dos crimes contra o ordenamento urbano e o patrimônio cultural**[450]

> **Art. 62.** Destruir, inutilizar ou deteriorar:[451-454]
>
> I – bem especialmente protegido por lei, ato administrativo ou decisão judicial;[455]
>
> II – arquivo, registro, museu, biblioteca, pinacoteca, instalação científica ou similar protegido por lei, ato administrativo ou decisão judicial:[456-458]
>
> Pena – reclusão, de 1 (um) a 3 (três) anos, e multa.[459]
>
> **Parágrafo único.** Se o crime for culposo,[460] a pena é de 6 (seis) meses a 1 (um) ano de detenção, sem prejuízo da multa.[461]

**450. Meio ambiente diversificado:** não se trata mais do meio ambiente natural, mais conhecido da sociedade, composto pela flora, fauna etc. Está-se, agora, cuidando do meio ambiente artificial, chamado pela lei de *ordenamento urbano*, lugar onde habitam os seres humanos, em construções artificiais erguidas, bem como do meio ambiente cultural, envolvendo todos os aspectos históricos, arquitetônicos, científicos etc. Lembremos o disposto no art. 216 da Constituição Federal: "Constituem patrimônio cultural brasileiro os bens de natureza material e imaterial, tomados individualmente ou em conjunto, portadores de referência à identidade, à ação, à memória dos diferentes grupos formadores da sociedade brasileira, nos quais se incluem: I – as formas de expressão; II – os modos de criar, fazer e viver; III – as criações científicas, artísticas e tecnológicas; IV – as obras, objetos, documentos, edificações e demais espaços destinados às manifestações artístico-culturais; V – os conjuntos urbanos e sítios de valor histórico, paisagístico, artístico, arqueológico, paleontológico, ecológico e científico. § 1.º O Poder Público, com a colaboração da comunidade, promoverá e protegerá o patrimônio cultural brasileiro, por meio de inventários, registros, vigilância, tombamento e desapropriação, e de outras formas de acautelamento e preservação. § 2.º Cabem à administração pública, na forma da lei, a gestão da documentação governamental e as providências para franquear sua consulta a quantos dela necessitem. § 3.º A lei estabelecerá incentivos para a produção e o conhecimento de bens e valores culturais. § 4.º Os danos e ameaças ao patrimônio cultural serão punidos, na forma da lei. § 5.º Ficam tombados todos os documentos e os sítios detentores de reminiscências históricas dos antigos quilombos. § 6.º É facultado aos Estados e ao Distrito Federal vincular a fundo estadual de fomento à cultura até cinco décimos por cento de sua receita tributária líquida, para o financiamento de programas e projetos culturais, vedada a aplicação desses recursos no pagamento de: I – despesas com pessoal e encargos sociais; II – serviço da dívida; III – qualquer outra despesa corrente não vinculada diretamente aos investimentos ou ações apoiados".

**451. Análise do núcleo do tipo:** *destruir* (eliminar, extinguir), *inutilizar* (tornar inútil, sem valia) ou *deteriorar* (diminuir o valor, estragar) são as condutas, cujos objetos estão pre-

# Art. 62

Leis Penais e Processuais Penais Comentadas – Vol. 2 • **Nucci**

582

vistos nos incisos I e II. O tipo é misto alternativo, ou seja, se o agente praticar uma ou mais condutas, desde que no mesmo contexto, contra idêntico bem, comete um único delito.

**452. Sujeitos ativo e passivo:** o sujeito ativo pode ser qualquer pessoa, inclusive a jurídica. O sujeito passivo é a sociedade. Secundariamente, o ente estatal ou o particular proprietário do bem afetado.

**453. Elemento subjetivo:** é o dolo. Não se exige elemento subjetivo do tipo específico. Pune-se a forma culposa (ver parágrafo único).

**454. Confronto com o art. 165 do Código Penal:** está este, implicitamente, revogado pelo art. 62 da Lei 9.605/98.

**455. Bem protegido:** bem é valor material ou imaterial, que desperta interesse no ser humano, podendo ser móvel ou imóvel. Os particularmente protegidos por lei, ato administrativo ou decisão judicial são de vários tipos. Exemplo comum é o imóvel tombado pelo órgão competente, vale dizer, quando o Estado coloca-o sob sua guarda, impedindo qualquer alteração de fachada ou mesmo no interior, preservando-se a memória histórica que ele representa. Por vezes, pode ser o imóvel utilizado pelo proprietário, desde que respeitadas as regras impostas e sem possibilidade de modificação de sua estrutura. Há, também, os móveis ou imóveis colocados sob a proteção estatal, em virtude de decisão judicial, quando o Ministério Público (ou outro ente) ajuíza ação civil pública para que determinada região, lugar ou prédio, sejam preservados, em face de seu valor artístico ou histórico. Cuida-se de norma penal em branco, pois há de ser conhecida a lei, o ato administrativo ou a decisão judicial para que se tenha determinado bem por protegido.

**456. Outras instalações:** arquivo (lugar onde se recolhem documentos); registro (instituição onde se transcrevem atos, fatos, títulos etc.), museu (local onde se abrigam coleções de interesse histórico, artístico ou técnico, normalmente aberto à visitação, como incentivo à cultura), biblioteca (local onde se guardam livros e documentos); pinacoteca (lugar onde se guardam pinturas de valor histórico ou artístico, normalmente aberto à visitação, também como forma de incentivo à cultura); instalação científica (lugar onde se desenvolvem projetos em prol da ciência em geral) ou similar (forma residual, para abranger qualquer lugar semelhante – ex.: cinemateca, lugar onde se guardam filmes cinematográficos de valor cultural e histórico).

**457. Objetos material e jurídico:** o objeto material pode ser o bem especialmente protegido, o arquivo, o registro, o museu, a biblioteca, a pinacoteca, a instalação científica ou outra similar. O objeto jurídico é o meio ambiente cultural.

**458. Classificação:** é crime comum (pode ser cometido por qualquer pessoa); material (depende da ocorrência de resultado naturalístico, consistente na efetiva destruição, inutilização ou deterioração do objeto ou lugar); de forma livre (pode ser cometido por qualquer meio eleito pelo agente); comissivo (os verbos implicam ações); instantâneo (a consumação se dá em momento determinado); de dano (lesa-se o bem jurídico tutelado se qualquer das condutas for praticada, pois um bem imóvel tombado pelo Poder Público, por exemplo, se for derrubado, jamais será restaurado exatamente como era antes); unissubjetivo (pode ser cometido por uma só pessoa); plurissubsistente (praticada em vários atos); admite tentativa.

**459. Benefícios penais:** cabe a aplicação da suspensão condicional do processo (art. 89, Lei 9.099/95). Não sendo possível, é viável a substituição da privativa de liberdade pela restritiva de direitos ou a suspensão condicional da pena (art. 77, CP, conforme a sanção concretizada).

**460. Forma culposa:** em caso de imprudência, negligência e imperícia, em lugar do dolo, surge o elemento subjetivo *culpa*. Trata-se de elemento de valoração, devendo ser avaliado, no caso concreto, se houve um comportamento descuidado, infringindo o dever de cuidado objetivo e causando um resultado involuntário, previsível, que podia ter sido evitado.

# Art. 63

Meio Ambiente

**461. Benefícios penais:** é infração de menor potencial ofensivo, aplicando-se a transação e os demais benefícios da Lei 9.099/95.

> **Art. 63.** Alterar[462-464] o aspecto ou estrutura de edificação ou local especialmente protegido por lei, ato administrativo ou decisão judicial, em razão[465] de seu valor paisagístico, ecológico, turístico, artístico, histórico, cultural, religioso, arqueológico, etnográfico ou monumental, sem autorização da autoridade competente ou em desacordo com a concedida:[466-469]
>
> Pena – reclusão, de 1 (um) a 3 (três) anos, e multa.[470]

**462. Análise do núcleo do tipo:** *alterar* (modificar) o aspecto (aparência) ou estrutura (conjunto da construção) de edificação (prédio) ou local especialmente protegido por lei, ato administrativo ou decisão judicial. Este delito complementa o anterior (art. 62), pois, neste caso, não se está destruindo, inutilizado ou deteriorando o bem, mas alterando a sua feição ou corpo original. Tal conduta é, igualmente, inadmissível, pois o que se busca preservar é justamente o bem tal como ele se apresenta, e não como outros queiram.

**463. Sujeitos ativo e passivo:** o sujeito ativo pode ser qualquer pessoa, inclusive a jurídica. O sujeito passivo é a sociedade.

**464. Elemento subjetivo:** é o dolo. Não se exige elemento subjetivo do tipo específico, nem se pune a forma culposa.

**465. Razão da proteção:** não é o fim do agente, mas o motivo pelo qual o Estado determina por lei, ato administrativo ou decisão judicial que um bem qualquer (no caso, edificações e lugares) fique inalterado. Cuida-se de proteção ao valor paisagístico (qualidade daquilo que é apreendido pela visão humana, configurando-se em algo agradável, ou, nos termos legais, a "feição notável com que tenham sido dotados pela natureza ou agenciados pela indústria humana" (art. 1.º, § 2.º, Decreto-lei 25/37); ecológico (qualidade daquilo que é o convívio equilibrado entre o meio ambiente e os seres vivos); turístico (qualidade daquilo que é aprazível aos turistas – pessoas que vão a determinados lugares pelo particular aspecto apresentado); artístico (qualidade daquilo que expõe a criatividade e a originalidade do ser humano, chamando a atenção de outras pessoas para a apreciação); histórico (qualidade daquilo que constitui um retrato fiel dos acontecimentos da vida de um povo, possibilitando o estudo e o conhecimento do desenvolvimento da humanidade); cultural (qualidade daquilo que produz conhecimento e refinamento dos gestos e hábitos do ser humano); religioso (qualidade daquilo que traduz crença em alguma força sobrenatural criadora do Universo); arqueológico (qualidade daquilo que traduz uma visão do passado da humanidade, através de objetos e testemunhos); etnográfico (qualidade daquilo que traduz, em face de pesquisa, os aspectos culturais e sociais de um povo) ou monumental (obra notável, que deve passar à posteridade, como memória de algo).

**466. Objetos material e jurídico:** o objeto material é a edificação ou local especialmente protegido por lei. O objeto jurídico é a proteção ao meio ambiente artificial e cultural.

**467. Classificação:** é crime comum (pode ser cometido por qualquer pessoa); material (depende da ocorrência de resultado naturalístico, consistente na efetiva alteração da edificação ou lugar protegido); de forma livre (pode ser cometido por qualquer meio eleito pelo agente); comissivo (o verbo implica ação); instantâneo (a consumação se dá em momento determinado); de dano (a alteração do que é protegido implica a perda de algum dos valores descritos no tipo); unissubjetivo (pode ser cometido por uma só pessoa); plurissubsistente (praticada em vários atos); admite tentativa.

# Art. 64

**468. Confronto com o art. 166 do Código Penal:** está este, implicitamente, revogado pelo art. 63 da Lei 9.605/98.

**469. Princípio da insignificância:** pode ser aplicado. Conforme o tipo e a extensão da alteração, é possível não haver comprometido, efetivamente, o aspecto ou a estrutura do bem protegido, além de poder ser totalmente reversível. Assim sendo, pode-se considerar crime de bagatela, a depender, pois, da análise concreta da situação.

**470. Benefícios penais:** cabe a aplicação da suspensão condicional do processo (art. 89, Lei 9.099/95). Não sendo possível, é viável a substituição da privativa de liberdade pela restritiva de direitos ou a suspensão condicional da pena (art. 77, CP, conforme a sanção concretizada).

> **Art. 64.** Promover[471-473] construção em solo não edificável, ou no seu entorno, assim considerado em razão de seu valor paisagístico, ecológico, artístico, turístico, histórico, cultural, religioso, arqueológico, etnográfico ou monumental, sem autorização[474] da autoridade competente ou em desacordo com a concedida:[475-476]
>
> Pena – detenção, de 6 (seis) meses a 1 (um) ano, e multa.[477]

**471. Análise do núcleo do tipo:** *promover* (trabalhar em favor de algo) é a conduta, cujo objeto é a construção (qualquer edifício) em solo não edificável (terreno avesso à alteração trazida pela obra), ou no seu entorno (circunvizinhança), em razão dos valores enumerados no tipo (vide a nota 465 ao artigo anterior).

**472. Sujeitos ativo e passivo:** o sujeito ativo pode ser qualquer pessoa, inclusive a jurídica. O sujeito passivo é a sociedade.

**473. Elemento subjetivo:** é o dolo. Não se exige elemento subjetivo do tipo específico, nem se pune a forma culposa.

**474. Norma penal em branco:** necessita-se conhecer a legislação extrapenal para a aplicação deste tipo, tomando-se ciência das regras que autorizam a edificação em qualquer lugar urbano.

**475. Objetos material e jurídico:** o objeto material é a construção em solo não edificável. O objeto jurídico é a proteção ao meio ambiente.

**476. Classificação:** é crime comum (pode ser cometido por qualquer pessoa); formal (independe da ocorrência de resultado naturalístico, consistente na efetiva alteração, destruição, dano ou estrago em lugar valorizado, embora possa ocorrer); de forma livre (pode ser cometido por qualquer meio eleito pelo agente); comissivo (o verbo implica ação); instantâneo (a consumação se dá em momento determinado); de perigo abstrato (presume-se prejuízo ao meio ambiente artificial ou cultural, caso a conduta do tipo seja praticada); unissubjetivo (pode ser cometido por uma só pessoa); plurissubsistente (praticada em vários atos); admite tentativa.

**477. Benefícios penais:** é infração de menor potencial ofensivo, aplicando-se a transação e os demais benefícios da Lei 9.099/95.

> **Art. 65.** Pichar ou por outro meio conspurcar[478-480] edificação ou monumento urbano:[481-482]
>
> Pena – detenção, de 3 (três) meses a 1 (um) ano, e multa.[483]

# Art. 65

**Meio Ambiente**

§ 1.º Se o ato for realizado em monumento ou coisa tombada[484] em virtude do seu valor artístico, arqueológico ou histórico, a pena é de 6 (seis) meses a 1 (um) ano de detenção e multa.[485]

§ 2.º Não constitui crime a prática de grafite realizada com o objetivo de valorizar o patrimônio público ou privado mediante manifestação artística, desde que consentida pelo proprietário e, quando couber, pelo locatário ou arrendatário do bem privado e, no caso de bem público, com a autorização do órgão competente e a observância das posturas municipais e das normas editadas pelos órgãos governamentais responsáveis pela preservação e conservação do patrimônio histórico e artístico nacional.[485-A]

**478. Análise do núcleo do tipo:** *pichar* (escrever em muros ou paredes) ou *conspurcar* (sujar) são as condutas, que têm por objeto edificação (prédios, casas etc.) ou monumento (escultura, estátua etc.) urbano (situado em zona habitada por várias pessoas, como as cidades). Na jurisprudência: STJ: "1. Mostra-se necessária a realização do exame pericial direto ou indireto para tipificação do crime de pichação, pois se trata de infração que deixa vestígios, podendo apenas ser suprido por outros meios de prova quando aquele não puder ser realizado, casos em que deve ser justificada a ausência de laudo por parte das instâncias ordinárias. 2. No caso concreto, diante da inexistência de laudo pericial direto ou indireto, bem como por não ter sido justificada a sua não realização, entendo ser hipótese de absolvição do recorrente do delito do art. 65 da Lei 9.605/98 ante a ausência de materialidade, mantidos os demais termos da condenação. 3. Recurso especial provido" (REsp 1.771.714 – MG, 5.ª T., rel. Joel Ilan Paciornik, 25.06.2019, v.u.).

**479. Sujeitos ativo e passivo:** o sujeito ativo pode ser qualquer pessoa. O sujeito passivo é a sociedade, que passa a conviver com a denominada "poluição visual" nos centros urbanos onde mora e trabalha. Secundariamente, o proprietário da edificação ou monumento, que haverá de ter gastado para limpá-lo.

**480. Elemento subjetivo:** é o dolo. Não se exige elemento subjetivo do tipo específico, nem se pune a forma culposa.

**481. Objetos material e jurídico:** o objeto material é a edificação ou monumento urbano. O objeto jurídico é a proteção ao meio ambiente artificial. Secundariamente, protege-se o patrimônio.

**482. Classificação:** é crime comum (pode ser cometido por qualquer pessoa); material (depende da ocorrência de resultado naturalístico, consistente na efetiva pichação, no ato de grafitar ou conspurcar); de forma livre (pode ser cometido por qualquer meio eleito pelo agente); comissivo (os verbos implicam ações); instantâneo (a consumação se dá em momento determinado); de dano (há prejuízo ao meio ambiente artificial e também ao proprietário do lugar); unissubjetivo (pode ser cometido por uma só pessoa); plurissubsistente (praticada em vários atos); admite tentativa.

**483. Benefícios penais:** é infração de menor potencial ofensivo, aplicando-se a transação e os demais benefícios da Lei 9.099/95.

**484. Monumento ou coisa tombada:** são os bens protegidos pelo Estado, por ato administrativo, impedimento qualquer modificação no aspecto ou na estrutura do objeto tutelado.

**485. Benefícios penais:** é infração de menor potencial ofensivo, aplicando-se a transação e os demais benefícios da Lei 9.099/95.

# Art. 66

**485-A. Uso de grafite:** a inscrição com grafite sempre foi considerada uma "pichação artística", pois feita com desenhos e sinais, muitos dos quais chegam a embelezar o local onde são aplicados. Diante disso, a Lei 12.408/2011 houve por bem retirar do *caput* a conduta antes incriminada de grafitar. Cuida-se do tema, de maneira particular, no § 2.º, deste artigo. O emprego de grafite, visando à valorização do espaço onde for realizado, fundado em concepção artística, torna-se exercício regular de direito. Porém, demanda-se o consentimento do proprietário, locatário ou arrendatário do bem privado ou do órgão competente, no caso de bem público. Por certo, o emprego de grafite, sem tais autorizações, será considerado meio de conspurcar edificação ou monumento urbano, logo, crime.

**Seção V**

**Dos crimes contra
a administração ambiental**[485-B]

> **Art. 66.** Fazer[486-488] o funcionário público afirmação falsa ou enganosa, omitir a verdade, sonegar informações ou dados técnico-científicos em procedimentos de autorização ou de licenciamento ambiental:[489-490]
>
> Pena – reclusão, de 1 (um) a 3 (três) anos, e multa.[491]

**485-B. Aptidão da peça acusatória:** os tipos penais referentes aos crimes contra a administração ambiental foram constituídos em formato aberto, contendo vários elementos normativos, passíveis de interpretação cultural e jurídica, além de normas penais em branco. Por isso, em homenagem ao princípio da taxatividade, exige-se, ao menos, a apresentação de denúncia, contendo minuciosa descrição dos fatos, apta a proporcionar a ampla defesa do acusado.

**486. Análise do núcleo do tipo:** *fazer afirmação* (declarar algo relevante) falsa (não autêntica ou não correspondente à realidade) ou enganosa (artificiosa ou que possui força para iludir) é a primeira conduta. *Omitir a verdade* (deixar de narrar o que é fruto da realidade) ou *sonegar* (deixar de fornecer) informações (dados úteis) ou dados técnico-científicos (informes especializados sobre algum tema) é a segunda conduta, com dois núcleos. O tipo é misto alternativo, pouco importando cometer uma ou mais condutas, no mesmo contexto, implicando delito único. Essas ações ou omissões precisam ocorrer em procedimentos de autorização ou licenciamento ambiental.

**487. Sujeitos ativo e passivo:** o sujeito ativo é o funcionário público (ver conceito no art. 327 do Código Penal, que pode ser utilizado para este fim). O sujeito passivo é a Administração Pública. Secundariamente, é a sociedade, que sofrerá com a liberação indevida de uma autorização ou expedição de licença.

**488. Elemento subjetivo:** é o dolo. Não se exige elemento subjetivo do tipo específico, nem se pune a forma culposa.

**489. Objetos material e jurídico:** o objeto material é a afirmação falsa ou enganosa ou a informação ou dado técnico-científico não fornecido. Os objetos jurídicos são a moralidade da Administração e a proteção ao meio ambiente.

**490. Classificação:** é crime próprio (só pode ser cometido pelo funcionário público); formal (independe da ocorrência de resultado naturalístico, consistente em efetivo prejuízo para o meio ambiente ou para a administração); de forma livre (pode ser cometido por qualquer meio eleito pelo agente); comissivo (o verbo implica ações) na forma *fazer afirmação,* bem como omissivo (os verbos implicam abstenções) nas modalidades *omitir* e *sonegar*; instantâneo (a consumação se dá em momento determinado); de perigo abstrato (presume-se a potencialidade lesiva ao meio ambiente) em relação a um dos bens jurídicos, mas há dano para a imagem da administração; unissubjetivo (pode ser cometido por uma só pessoa); unissubsistente (cometido em um único ato) ou plurissubsistente (praticado em vários atos); admite tentativa na forma plurissubsistente.

**491. Benefícios penais:** cabe a aplicação da suspensão condicional do processo (art. 89, Lei 9.099/95). Não sendo possível, é viável a substituição da privativa de liberdade pela restritiva de direitos ou a suspensão condicional da pena (art. 77, CP, conforme a sanção concretizada).

> **Art. 67.** Conceder[492-494] o funcionário público licença, autorização ou permissão em desacordo[495] com as normas ambientais, para as atividades, obras ou serviços cuja realização depende de ato autorizativo do Poder Público:[496-497]
>
> Pena – detenção, de 1 (um) a 3 (três) anos, e multa.[498]
>
> **Parágrafo único.** Se o crime é culposo,[499] a pena é de 3 (três) meses a 1 (um) ano de detenção, sem prejuízo da multa.[500]

**492. Análise do núcleo do tipo:** *conceder* (expedir, dar) é a conduta, cujos objetos são licença (permissão de caráter duradouro), autorização (permissão de caráter precário) ou permissão (consentimento informal), voltadas a atividades, obras e serviços dependentes do ato de consentimento do Poder Público. A concessão, para tornar-se criminosa, não deve respeitar as normas legais.

**493. Sujeitos ativo e passivo:** o sujeito ativo é o funcionário público (ver o conceito no art. 327 do Código Penal, que pode ser usado neste caso). O sujeito passivo é a Administração Pública. Secundariamente, é a sociedade, que pode ser prejudicada pela concessão indevidamente realizada.

**494. Elemento subjetivo:** é o dolo. Não se exige elemento subjetivo do tipo específico. Pune-se a forma culposa (ver parágrafo único).

**495. Norma penal em branco:** é preciso conhecer quais são as normas da legislação extrapenal, que cuidam das licenças, autorizações e outros atos de permissão do Poder Público para obras, atividades e serviços em geral.

**496. Objetos material e jurídico:** o objeto material é a licença, autorização ou permissão. Os objetos jurídicos são a moralidade da administração e a proteção ao meio ambiente.

**497. Classificação:** é crime próprio (só pode ser cometido pelo funcionário público); formal (independe da ocorrência de resultado naturalístico, consistente em efetivo prejuízo para o meio ambiente ou para a administração); de forma livre (pode ser cometido por qualquer meio eleito pelo agente); comissivo (o verbo implica ação); instantâneo (a consumação se dá em momento determinado); de perigo abstrato (presume-se a potencialidade lesiva ao meio ambiente) em relação a um dos bens jurídicos, mas há dano para a imagem da administração; unissubjetivo (pode ser cometido por uma só pessoa); plurissubsistente (praticada em vários atos); admite tentativa.

**498. Benefícios penais:** cabe a aplicação da suspensão condicional do processo (art. 89, Lei 9.099/95). Não sendo possível, é viável a substituição da privativa de liberdade pela restritiva de direitos ou a suspensão condicional da pena (art. 77, CP, conforme a sanção concretizada).

**499. Forma culposa:** em caso de imprudência, negligência e imperícia, em lugar do dolo, surge o elemento subjetivo *culpa*. Trata-se de elemento de valoração, devendo ser avaliado,

# Art. 68

no caso concreto, se houve um comportamento descuidado, infringindo o dever de cuidado objetivo e causando um resultado involuntário, previsível, que podia ter sido evitado.

**500. Benefícios penais:** é infração de menor potencial ofensivo, aplicando-se a transação e os demais benefícios da Lei 9.099/95.

> **Art. 68.** Deixar,[501-503] aquele que tiver o dever legal ou contratual de fazê-lo, de cumprir obrigação de relevante interesse ambiental:[504-505]
>
> Pena – detenção, de 1 (um) a 3 (três) anos, e multa.[506]
>
> **Parágrafo único.** Se o crime é culposo,[507] a pena é de 3 (três) meses a 1 (um) ano, sem prejuízo da multa.[508]

**501. Análise do núcleo do tipo:** *deixar de cumprir* (não realizar, não tornar efetivo) obrigação (dever, compromisso) de relevante interesse ambiental (importante proveito para o meio ambiente). Ver a nota 501-A *infra*.

**501-A. Norma penal em branco:** o disposto pelo art. 52 da Lei 12.305/2010 sinalizou para a consideração de ser *em branco* este tipo penal, pois o *relevante interesse ambiental* pode encontrar descrição em normas específicas (Art. 52. "A observância do disposto no *caput* do art. 23 e no § 2.º do art. 39 desta Lei é considerada obrigação de relevante interesse ambiental para efeitos do art. 68 da Lei 9.605, de 1998, sem prejuízo da aplicação de outras sanções cabíveis nas esferas penal e administrativa"). Preceituam tais artigos: art. 23, *caput*: "Os responsáveis por plano de gerenciamento de resíduos sólidos manterão atualizadas e disponíveis ao órgão municipal competente, ao órgão licenciador do Sisnama e a outras autoridades, informações completas sobre a implementação e a operacionalização do plano sob sua responsabilidade"; art. 39: "As pessoas jurídicas referidas no art. 38 são obrigadas a elaborar plano de gerenciamento de resíduos perigosos e submetê-lo ao órgão competente do Sisnama e, se couber, do SNVS, observado o conteúdo mínimo estabelecido no art. 21 e demais exigências previstas em regulamento ou em normas técnicas. (...) § 2.º Cabe às pessoas jurídicas referidas no art. 38: I – manter registro atualizado e facilmente acessível de todos os procedimentos relacionados à implementação e à operacionalização do plano previsto no *caput*; II – informar anualmente ao órgão competente do Sisnama e, se couber, do SNVS, sobre a quantidade, a natureza e a destinação temporária ou final dos resíduos sob sua responsabilidade; III – adotar medidas destinadas a reduzir o volume e a periculosidade dos resíduos sob sua responsabilidade, bem como a aperfeiçoar seu gerenciamento; IV – informar imediatamente aos órgãos competentes sobre a ocorrência de acidentes ou outros sinistros relacionados aos resíduos perigosos".

**502. Sujeitos ativo e passivo:** o sujeito ativo é a pessoa que tiver o dever legal ou contratual de cumprir a obrigação. O sujeito passivo é a sociedade.

**503. Elemento subjetivo:** é o dolo. Não há elemento subjetivo específico. Pune-se a forma culposa (parágrafo único deste artigo).

**504. Objetos material e jurídico:** o objeto material é a obrigação descumprida. O objeto jurídico é a proteção ao meio ambiente.

**505. Classificação:** próprio (só pode ser cometido pela pessoa indicada no tipo); formal (não exige resultado naturalístico para a consumação, consistente na efetiva lesão ao meio ambiente); de forma livre (pode ser cometido por qualquer meio eleito pelo agente); omissivo (o verbo indica inação); instantâneo (a consumação se dá em momento determinado); de perigo abstrato (independe da prova da probabilidade de efetiva lesão ao meio ambiente);

unissubjetivo (pode ser cometido por um só agente); unissubsistente (cometido por um só ato); não admite tentativa.

**506. Benefícios penais:** cabe a aplicação da suspensão condicional do processo (art. 89, Lei 9.099/95). Não sendo possível, é viável a substituição da privativa de liberdade pela restritiva de direitos ou a suspensão condicional da pena (art. 77, CP, conforme a sanção concretizada).

**507. Forma culposa:** em caso de imprudência, negligência e imperícia, em lugar do dolo, surge o elemento subjetivo *culpa*. Trata-se de elemento de valoração, devendo ser avaliado, no caso concreto, se houve um comportamento descuidado, infringindo o dever de cuidado objetivo e causando um resultado involuntário, previsível, que podia ter sido evitado.

**508. Benefícios penais:** é infração de menor potencial ofensivo, aplicando-se a transação e os demais benefícios da Lei 9.099/95.

> **Art. 69.** Obstar ou dificultar[509-511] a ação fiscalizadora do Poder Público no trato de questões ambientais:[512-513]
>
> Pena – detenção, de 1 (um) a 3 (três) anos, e multa.[514]

**509. Análise do núcleo do tipo:** *obstar* (provocar impedimento) ou *dificultar* (tornar custoso) são as condutas, que têm por objeto a ação fiscalizadora (ato de vigilância) do Poder Público, quando estiver no contexto de questões (assuntos) ambientais (relativos ao meio ambiente).

**510. Sujeitos ativo e passivo:** o sujeito ativo pode ser qualquer pessoa. O sujeito passivo é a administração pública. Secundariamente, é a sociedade.

**511. Elemento subjetivo:** é o dolo. Não há elemento subjetivo específico, nem se pune a forma culposa.

**512. Objetos material e jurídico:** o objeto material é a ação de fiscalização do Poder Público em matéria ambiental. Os objetos jurídicos são os interesses da administração e a proteção ao meio ambiente.

**513. Classificação:** comum (pode ser cometido por qualquer pessoa); formal (não exige resultado naturalístico para a consumação, consistente no efetivo impedimento à ação do Estado); de forma livre (pode ser cometido por qualquer meio eleito pelo agente); comissivo (os verbos indicam ações); instantâneo (a consumação se dá em momento determinado); de perigo abstrato (independe da prova da probabilidade de efetiva lesão ao meio ambiente), porém de dano, se levarmos em consideração a ação fiscalizadora do Poder Público, logo, o poder de polícia estatal; unissubjetivo (pode ser cometido por um só agente); plurissubsistente (cometido por mais de um ato); admite tentativa.

**514. Benefícios penais:** cabe a aplicação da suspensão condicional do processo (art. 89, Lei 9.099/95). Não sendo possível, é viável a substituição da privativa de liberdade pela restritiva de direitos ou a suspensão condicional da pena (art. 77, CP, conforme a sanção concretizada).

> **Art. 69-A.** Elaborar ou apresentar,[515-517] no licenciamento,[518] concessão florestal ou qualquer outro procedimento administrativo, estudo, laudo ou relatório ambiental total ou parcialmente falso ou enganoso, inclusive[519] por omissão:[520-521]
>
> Pena – reclusão, de 3 (três) a 6 (seis) anos, e multa.[522]
>
> § 1.º Se o crime é culposo:[523]

# Art. 69-A

> Pena – detenção, de 1 (um) a 3 (três) anos.[524]
>
> § 2.º A pena é aumentada de 1/3 (um terço) a 2/3 (dois terços), se há dano significativo ao meio ambiente, em decorrência do uso da informação falsa, incompleta ou enganosa.[525]

**515. Análise do núcleo do tipo:** *elaborar* (constituir em formato de trabalho a ser apresentado) ou *apresentar* (exibir, passar a terceiros) são as condutas alternativas deste tipo misto, que têm por objeto estudo (trabalho específico sobre determinado assunto), laudo (parecer técnico) ou relatório (narração ordenada e minuciosa sobre certo fato). Essas peças devem ser constituídas, no todo ou em parte, de modo falso (não correspondente à realidade) ou enganoso (pronto a ludibriar terceiros). Cuida-se, na realidade, de um delito semelhante à falsa perícia (art. 342, CP). Na jurisprudência: STJ: "7. Constatação pelo Tribunal de origem de que os documentos apresentados continham omissões dolosas e declarações falsas com o propósito de obter licenciamento ambiental que, possivelmente, não seria concedido caso todos os dados básicos estivessem presentes no estudo. Desconstituição da conclusão do Tribunal a quo demandaria revolvimento de matéria fático-probatória, o que é vedado nesta instância extraordinária (Súmula 7/STJ). Precedentes" (REsp 1.947.718 – PR, 6.ª T., rel. Sebastião Reis Júnior, 03.09.2024, v.u.).

**516. Sujeitos ativo e passivo:** o sujeito ativo é somente o técnico ou funcionário encarregado de elaborar estudo, relatório ou laudo. O sujeito passivo é a administração pública. Secundariamente, a sociedade.

**517. Elemento subjetivo:** é o dolo. Não há elemento subjetivo específico. Pune-se a forma culposa (§ 1.º).

**518. Momentos para a concretização do delito:** por ocasião de um procedimento administrativo qualquer, como para a expedição de licença (permissão duradoura) ou concessão (autorização para exploração de determinada área ou recurso) florestal (relativa a matas em geral). Muitas normas de proteção ambiental necessitam de complementos para que tenham relevo penal (normas penais em branco). Esse é o motivo pelo qual inúmeras delas carregam, no tipo, a exigência de prévia autorização do órgão competente. Ora, para que as licenças, autorizações, permissões em geral sejam fornecidas, as autoridades baseiam-se em técnicos, que elaboram pareceres, relatórios, laudos, entre outras peças. Se tais informes forem desencontrados da realidade ou tiverem por finalidade ludibriar a atenção dos fiscais do meio ambiente, podem ser expedidas autorizações irregulares. Estas, por sua vez, terminam, muitas vezes, por impedir a responsabilização criminal daqueles que devastam florestas com intuito de lucro, provocando graves danos ambientais.

**519. Expressão irrelevante:** o relatório, laudo ou estudo será total ou parcialmente falso ou enganoso se forem inseridos dados não compatíveis com a realidade ou, omitidos tais informes. Logo, não nos parece útil ter sido colocada a expressão "inclusive por omissão" no tipo penal.

**520. Objetos material e jurídico:** o objeto material é o estudo, laudo ou relatório ambiental falso ou enganoso. Os objetos jurídicos são a moralidade da administração e a proteção ao meio ambiente.

**521. Classificação:** é crime próprio (só pode ser cometido pelo encarregado da elaboração do relatório, estudo ou laudo); formal (independe da ocorrência de resultado naturalístico, consistente em efetivo prejuízo para o meio ambiente ou para a administração); de forma livre (pode ser cometido por qualquer meio eleito pelo agente); comissivo (os verbos implicam ações); instantâneo (a consumação se dá em momento determinado); de perigo abstrato (presume-se a potencialidade lesiva ao meio ambiente) em relação a um dos bens jurídicos, mas há dano para a imagem da administração; unissubjetivo (pode ser cometido por uma só pessoa); unissubsistente (cometido em um ato) na forma *apresentar* e plurissubsistente (praticado em vários atos) na modalidade *elaborar*; admite tentativa no formato plurissubsistente.

**522. Benefícios penais:** a pena é elevada. Não se trata de infração de menor potencial ofensivo, motivo pelo qual são inaplicáveis os benefícios da Lei 9.099/95. Aplicada a pena, em caso de condenação, até quatro anos, admite-se a substituição por restritiva de direitos. Superior a quatro anos, o regime inicial deve ser o semiaberto ou fechado, conforme o caso. Se aplicada a pena no mínimo legal, cabe *sursis* (art. 16 desta Lei). Caso a pena, superior a três anos, não supere quatro, seria possível a concessão da suspensão condicional da pena a réus maiores de 70 anos ou gravemente enfermos (art. 77, § 2.º, CP).

**523. Forma culposa:** em caso de imprudência, negligência e imperícia, em lugar do dolo, surge o elemento subjetivo *culpa*. Trata-se de elemento de valoração, devendo ser avaliado, no caso concreto, se houve um comportamento descuidado, infringindo o dever de cuidado objetivo e causando um resultado involuntário, previsível, que podia ter sido evitado.

**524. Benefícios penais:** cabe suspensão condicional do processo (art. 89, Lei 9.099/95). Em caso de condenação, é viável a substituição da pena privativa de liberdade por restritiva de direitos ou mesmo a concessão de *sursis*.

**525. Exaurimento do delito e causa de aumento:** o crime é, na forma básica, formal. A apresentação ou elaboração do laudo, relatório ou estudo falso ou enganoso é suficiente para configurá-lo. Porém, se atingir resultado danoso (material), provocando dano ao meio ambiente, exaure-se o delito e a pena será mais grave.

**Capítulo VI**

**DA INFRAÇÃO ADMINISTRATIVA**

**Art. 70.** Considera-se infração administrativa ambiental toda ação ou omissão que viole as regras jurídicas de uso, gozo, promoção, proteção e recuperação do meio ambiente.

§ 1.º São autoridades competentes para lavrar auto de infração ambiental e instaurar processo administrativo os funcionários de órgãos ambientais integrantes do Sistema Nacional do Meio Ambiente – SISNAMA, designados para as atividades de fiscalização, bem como os agentes das Capitanias dos Portos, do Ministério da Marinha.

§ 2.º Qualquer pessoa, constatando infração ambiental, poderá dirigir representação às autoridades relacionadas no parágrafo anterior, para efeito do exercício do seu poder de polícia.

§ 3.º A autoridade ambiental que tiver conhecimento de infração ambiental é obrigada a promover a sua apuração imediata, mediante processo administrativo próprio, sob pena de corresponsabilidade.

§ 4.º As infrações ambientais são apuradas em processo administrativo próprio, assegurado o direito de ampla defesa e o contraditório, observadas as disposições desta Lei.

**Art. 71.** O processo administrativo para apuração de infração ambiental deve observar os seguintes prazos máximos:

I – 20 (vinte) dias para o infrator oferecer defesa ou impugnação contra o auto de infração, contados da data da ciência da autuação;

**II** – 30 (trinta) dias para a autoridade competente julgar o auto de infração, contados da data da sua lavratura, apresentada ou não a defesa ou impugnação;

**III** – 20 (vinte) dias para o infrator recorrer da decisão condenatória à instância superior do Sistema Nacional do Meio Ambiente – SISNAMA, ou à Diretoria de Portos e Costas, do Ministério da Marinha, de acordo com o tipo de autuação;

**IV** – 5 (cinco) dias para o pagamento de multa, contados da data do recebimento da notificação.

**Art. 72.** As infrações administrativas são punidas com as seguintes sanções, observado o disposto no art. 6.º:

I – advertência;

II – multa simples;

III – multa diária;

IV – apreensão dos animais, produtos e subprodutos da fauna e flora, instrumentos, petrechos, equipamentos ou veículos de qualquer natureza utilizados na infração;

V – destruição ou inutilização do produto;

VI – suspensão de venda e fabricação do produto;

VII – embargo de obra ou atividade;

VIII – demolição de obra;

IX – suspensão parcial ou total de atividades;

X – (*Vetado.*);

XI – restritiva de direitos.

§ 1.º Se o infrator cometer, simultaneamente, duas ou mais infrações, ser-lhe-ão aplicadas, cumulativamente, as sanções a elas cominadas.

§ 2.º A advertência será aplicada pela inobservância das disposições desta Lei e da legislação em vigor, ou de preceitos regulamentares, sem prejuízo das demais sanções previstas neste artigo.

§ 3.º A multa simples será aplicada sempre que o agente, por negligência ou dolo:

I – advertido por irregularidades que tenham sido praticadas, deixar de saná-las, no prazo assinalado por órgão competente do SISNAMA ou pela Capitania dos Portos, do Ministério da Marinha;

II – opuser embaraço à fiscalização dos órgãos do SISNAMA ou da Capitania dos Portos, do Ministério da Marinha.

§ 4.º A multa simples pode ser convertida em serviços de preservação, melhoria e recuperação da qualidade do meio ambiente.

§ 5.º A multa diária será aplicada sempre que o cometimento da infração se prolongar no tempo.

§ 6.º A apreensão e destruição referidas nos incisos IV e V do *caput* obedecerão ao disposto no art. 25 desta Lei.

§ 7.º As sanções indicadas nos incisos VI a IX do *caput* serão aplicadas quando o produto, a obra, a atividade ou o estabelecimento não estiverem obedecendo às prescrições legais ou regulamentares.

§ 8.º As sanções restritivas de direito são:

I – suspensão de registro, licença ou autorização;

II – cancelamento de registro, licença ou autorização;

III – perda ou restrição de incentivos e benefícios fiscais;

IV – perda ou suspensão da participação em linhas de financiamento em estabelecimentos oficiais de crédito;

V – proibição de contratar com a Administração Pública, pelo período de até 3 (três) anos.

**Art. 73.** Os valores arrecadados em pagamento de multas por infração ambiental serão revertidos ao Fundo Nacional do Meio Ambiente, criado pela Lei 7.797, de 10 de julho de 1989, ao Fundo Naval, criado pelo Decreto 20.923, de 8 de janeiro de 1932, ao Fundo Nacional para Calamidades Públicas, Proteção e Defesa Civil (Funcap), criado pela Lei 12.340, de 1.º de dezembro de 2010, e aos fundos estaduais ou municipais de meio ambiente, ou correlatos, conforme dispuser o órgão arrecadador.

§ 1.º Reverterão ao Fundo Nacional do Meio Ambiente 50% (cinquenta por cento) dos valores arrecadados em pagamento de multas aplicadas pela União, percentual que poderá ser alterado a critério dos órgãos arrecadadores.

§ 2.º (*Vetado.*)

**Art. 74.** A multa terá por base a unidade, hectare, metro cúbico, quilograma ou outra medida pertinente, de acordo com o objeto jurídico lesado.

**Art. 75.** O valor da multa de que trata este Capítulo será fixado no regulamento desta Lei e corrigido periodicamente, com base nos índices estabelecidos na legislação pertinente, sendo o mínimo de R$ 50,00 (cinquenta reais) e o máximo de R$ 50.000.000,00 (cinquenta milhões de reais).

**Art. 76.** O pagamento de multa imposta pelos Estados, Municípios, Distrito Federal ou Territórios substitui a multa federal na mesma hipótese de incidência.

## Capítulo VII
### DA COOPERAÇÃO INTERNACIONAL PARA A PRESERVAÇÃO DO MEIO AMBIENTE

**Art. 77.** Resguardados a soberania nacional, a ordem pública e os bons costumes, o Governo brasileiro prestará, no que concerne ao meio ambiente, a necessária cooperação a outro país, sem qualquer ônus, quando solicitado para:

I – produção de prova;

II – exame de objetos e lugares;

III – informações sobre pessoas e coisas;

IV – presença temporária da pessoa presa, cujas declarações tenham relevância para a decisão de uma causa;

V – outras formas de assistência permitidas pela legislação em vigor ou pelos tratados de que o Brasil seja parte.

§ 1.º A solicitação de que trata este artigo será dirigida ao Ministério da Justiça, que a remeterá, quando necessário, ao órgão judiciário competente para decidir a seu respeito, ou a encaminhará à autoridade capaz de atendê-la.

§ 2.º A solicitação deverá conter:

I – o nome e a qualificação da autoridade solicitante;

II – o objeto e o motivo de sua formulação;

III – a descrição sumária do procedimento em curso no país solicitante;

IV – a especificação da assistência solicitada;

V – a documentação indispensável ao seu esclarecimento, quando for o caso.

**Art. 78.** Para a consecução dos fins visados nesta Lei e especialmente para a reciprocidade da cooperação internacional, deve ser mantido sistema de comunicações apto a facilitar o intercâmbio rápido e seguro de informações com órgãos de outros países.

## Capítulo VIII
## DISPOSIÇÕES FINAIS

**Art. 79.** Aplicam-se subsidiariamente a esta Lei as disposições do Código Penal e do Código de Processo Penal.[526]

**526. Dispositivo óbvio:** não há a menor necessidade de se estabelecer em lei especial que as regras gerais do Código Penal e do Código de Processo Penal aplicam-se aos delitos contra o meio ambiente, sempre que necessário, vale dizer, quando a legislação específica não fixar de modo contrário.

**Art. 79-A.** Para o cumprimento do disposto nesta Lei, os órgãos ambientais integrantes do SISNAMA, responsáveis pela execução de programas e projetos e pelo controle e fiscalização dos estabelecimentos e das atividades suscetíveis de degradarem a qualidade ambiental, ficam autorizados a celebrar, com força de título executivo extrajudicial, termo de compromisso[527] com pessoas físicas ou jurídicas responsáveis pela construção, instalação, ampliação e funcionamento de estabelecimentos e atividades utilizadores de recursos ambientais, considerados efetiva ou potencialmente poluidores.

§ 1.º O termo de compromisso a que se refere este artigo destinar-se-á, exclusivamente, a permitir que as pessoas físicas e jurídicas mencionadas no *caput* possam promover as necessárias correções de suas atividades, para o atendimento das exigências impostas pelas autoridades ambientais competentes, sendo obrigatório que o respectivo instrumento disponha sobre:

I – o nome, a qualificação e o endereço das partes compromissadas e dos respectivos representantes legais;

II – o prazo de vigência do compromisso, que, em função da complexidade das obrigações nele fixadas, poderá variar entre o mínimo de 90 (noventa) dias e o máximo de 3 (três) anos, com possibilidade de prorrogação por igual período;

III – a descrição detalhada de seu objeto, o valor do investimento previsto e o cronograma físico de execução e de implantação das obras e serviços exigidos, com metas trimestrais a serem atingidas;

IV – as multas que podem ser aplicadas à pessoa física ou jurídica compromissada e os casos de rescisão, em decorrência do não cumprimento das obrigações nele pactuadas;

V – o valor da multa de que trata o inciso IV não poderá ser superior ao valor do investimento previsto;

VI – o foro competente para dirimir litígios entre as partes.

§ 2.º No tocante aos empreendimentos em curso até o dia 30 de março de 1998, envolvendo construção, instalação, ampliação e funcionamento de estabelecimentos e atividades utilizadores de recursos ambientais, considerados efetiva ou potencialmente poluidores, a assinatura do termo de compromisso deverá ser requerida pelas pessoas físicas e jurídicas interessadas, até o dia 31 de dezembro de 1998, mediante requerimento escrito protocolizado junto aos órgãos competentes do SISNAMA, devendo ser firmado pelo dirigente máximo do estabelecimento.

§ 3.º Da data da protocolização do requerimento previsto no § 2.º e enquanto perdurar a vigência do correspondente termo de compromisso, ficarão suspensas, em relação aos fatos que deram causa à celebração do instrumento, a aplicação de sanções administrativas contra a pessoa física ou jurídica que o houver firmado.

§ 4.º A celebração do termo de compromisso de que trata este artigo não impede a execução de eventuais multas aplicadas antes da protocolização do requerimento.

§ 5.º Considera-se rescindido de pleno direito o termo de compromisso, quando descumprida qualquer de suas cláusulas, ressalvado o caso fortuito ou de força maior.

§ 6.º O termo de compromisso deverá ser firmado em até 90 (noventa) dias, contados da protocolização do requerimento.

§ 7.º O requerimento de celebração do termo de compromisso deverá conter as informações necessárias à verificação da sua viabilidade técnica e jurídica, sob pena de indeferimento do plano.

§ 8.º Sob pena de ineficácia, os termos de compromisso deverão ser publicados no órgão oficial competente, mediante extrato.

**527. Termo de compromisso:** se houver acordo entre os órgãos de controle ambiental e pessoas físicas ou jurídicas para a regularização de atividades relativas à exploração ambiental, pode haver reflexo na órbita penal, afetando a prova do dolo ou da culpa, bem como servindo de obstáculo à propositura da ação penal, por falta de justa causa. Depende, pois, da análise do caso concreto.

**Art. 80.** O Poder Executivo regulamentará esta Lei no prazo de 90 (noventa) dias a contar de sua publicação.[528]

**528. Regulamentação:** foi feita pelo Decreto 6.514/2008.

**Art. 81.** (*Vetado.*)

**Art. 82.** Revogam-se as disposições em contrário.

Brasília, 12 de fevereiro de 1998; 177.º da Independência e 110.º da República.

Fernando Henrique Cardoso

(*DOU* 13.02.1998; ret. 17.02.1998)

# Mercado de Capitais

## Lei 6.385, de 7 de dezembro de 1976

*Dispõe sobre o mercado de valores mobiliários e cria a Comissão de Valores Mobiliários.*

O Presidente da República:

Faço saber que o Congresso Nacional decreta e eu sanciono a seguinte Lei:

(...)

### Capítulo VII-B
### DOS CRIMES CONTRA O MERCADO DE CAPITAIS[1-2]

**1. Mercado de capitais:** constitui uma parcela do sistema financeiro, com a finalidade de intermediar a negociação entre os investidores e os que precisam de capital para implantar ou expandir projetos empresariais. Lida com valores mobiliários, como ações, debêntures e outros títulos, valendo-se da bolsa de valores, de corretores e outras instituições financeiras. É o direito penal do mercado de valores ou direito penal bursátil (Renato de Mello Jorge Silveira, "Crimes contra o mercado de capitais". In: Souza e Araújo, *Direito penal econômico*, p. 239). Silveira ainda menciona: "cuida-se, sim, de uma particular criminalização supraindividual, bastante complexa, e que difere, sintomaticamente, da grande maioria das construções mormente vistas, em especial pelo que aqui vislumbra, de profunda interferência, para além do habitualmente reconhecido, da instância da Comissão de Valores Mobiliários no aperfeiçoamento dos próprios tipos penais. Há de se procurar, assim, evidenciar as particularidades e a delimitação conceitual do Direito Penal bursátil, para, sob tais luzes, poder sustentar sua aplicação" (Renato de Mello Jorge Silveira, "Crimes contra o mercado de capitais". In: Souza e Araújo, *Direito penal econômico*, p. 240). Especifica Marcelo Costenaro Cavali que o mercado de capitais é parte integrante do Sistema Financeiro Nacional. Portanto, os delitos contra o mercado de capitais são espécies dos crimes contra o sistema financeiro nacional, formado pelos mercados de crédito, de câmbio e de capitais (*Manipulação do mercado de capitais*, p. 274). Embora cuide de negociações envolvendo altas somas e valores, sendo fundamental

# Art. 27-C

para o sistema financeiro de um modo geral, o mercado de capitais tem sido fiscalizado e controlado, de maneira mais eficiente, por órgãos estranhos ao Judiciário (como a Comissão de Valores Mobiliários), razão pela qual a intervenção do direito penal não nos convence. O princípio da intervenção mínima exige a imprescindibilidade de se usar a sanção penal como *ultima ratio* e, neste cenário, além de organismos administrativos serem mais eficazes para controlar o mercado de capitais, basta uma pesquisa para detectar a inoperância do direito penal: inexistem condenações em número suficiente para demonstrar a atuação penal. Sobre esse aspecto, Denis Morelli acrescenta que, "para a sociedade, portanto, subsiste a sensação de impunidade, na medida em que há muitas condutas tipificadas como criminosas, mas não há a correspondente atividades do Estado na esfera penal. De fato, se a pretensão do legislador, ao criar dispositivos penais para a Lei n. 6.385/1976, era impor uma sensação de segurança e confiança em relação ao mercado de capitais nacional, a carência de efetivas ações incrimina-doras acaba por gerar o efeito inverso" (In: Codorniz e Patella, *Comentários à lei do mercado de capitais*, p. 620).

**2. Competência:** é da Justiça Federal, aplicando-se o disposto pelo art. 109, IV, da Cons-tituição Federal ("IV – os crimes políticos e as infrações penais praticadas em *detrimento de bens, serviços ou interesse da União* ou de suas entidades autárquicas ou empresas públicas, excluídas as contravenções e ressalvada a competência da Justiça Militar e da Justiça Eleitoral", destacamos). Na jurisprudência: STJ: "2. A Lei 6.385/76 não prevê a competência da Justiça Federal, porém é indiscutível que, caso a conduta possa gerar lesão ao sistema financeiro nacio-nal, na medida em que põe em risco a confiabilidade dos aplicadores no mercado financeiro, a manutenção do equilíbrio dessas relações, bem como a higidez de todo o sistema, existe o interesse direto da União. 3. O art. 109, VI, da Constituição Federal não tem prevalência sobre o disposto no seu inciso IV, podendo ser aplicado à espécie, desde que caracterizada a relevância da questão e a lesão ao interesse da União, o que enseja a competência da Justiça Federal. 4. Conflito conhecido para declarar a competência do Juízo Federal da 2ª Vara Crimi-nal da Seção Judiciária do Estado de São Paulo, um dos suscitados" (CC 82.961 – SP, 3.ª S., rel. Arnaldo Esteves Lima, 27.05.2009, v.u., embora antigo, é a posição ainda hoje predominante).

### Manipulação do mercado

> **Art. 27-C.** Realizar operações simuladas ou executar[3-5] outras manobras fraudulentas destinadas a elevar, manter ou baixar a cotação, o preço ou o volume negociado de um valor mobiliário, com o fim de obter vantagem indevida ou lucro, para si ou para outrem, ou causar dano a terceiros:[6-7]
>
> Pena – reclusão, de 1 (um) a 8 (oito) anos, e multa de até 3 (três) vezes o montante da vantagem ilícita obtida em decorrência do crime.[8]

**3. Análise do núcleo do tipo:** *realizar* (colocar em prática, desenvolver) e *executar* (fazer, efetuar, elaborar) são as condutas típicas, de certo modo sinônimas, cujo objeto pode ser a *operação simulada* (combinação de ações disfarçadas) ou *manobra fraudulenta* (meios ardilo-sos). Costuma-se fazer uma distinção entre simulação e fraude, embora para fins penais, neste tipo, seja irrelevante. Enquanto "simular" significa um fingimento, "fraudar" representa uma ilusão. Portanto, ambas se voltam a enganar alguém e, com isso, perturbar a lisura do mercado de capitais. Fingindo existir uma operação que, na verdade, não existe, serve para ludibriar o investidor; diga-se o mesmo, em fórmula mais aberta, quando o agente se vale de qualquer instrumento trapaceiro ou burlista para produzir idêntico resultado. Associe-se a operação simulada ou execução de manobra fraudulenta à elevação, mantença ou redução de cotação (valor de referência), preço (valor de alguma coisa) ou volume (quantidade) negociado de *valor mobiliário* (título financeiro). A produção da simulação ou fraude tem por fim a obtenção de *vantagem indevida* ou *lucro*, que precisa ser, por consequência, também *indevido*, para si ou para outrem, bem como havendo a viabilidade de o objetivo ser a lesão a terceiro (sem lucro pessoal). Há quem sustente tratar-se de norma penal em branco, cujo complemento seria fornecido por normas administrativas, como as emitidas pela CVM (Morelli, In: Codorniz e Patella, *Comentários à lei do mercado de capitais*, p. 613). Porém, assim não nos parece. O tipo é formado por elementos normativos, passíveis de valoração, que deve buscar *apoio* nas demais normas do sistema do mercado de capitais; no entanto, não é uma norma penal com um *vazio*, dependente de complementação de outra fonte normativa. A descrição deste tipo incriminador contém todos os componentes para a compreensão da conduta delituosa, pois inexiste uma relação de operações simuladas ou de manobras fraudulentas com um complemento; deve-se avaliar, concretamente, o que significam tais mecanismos para lesar o mercado de capitais. Sob essa ótica, Bitencourt e Breda dizem não ser norma penal em branco, mas há necessidade de se conhecer atos administrativos, como a Resolução n. 8/79 da CVM, definindo situações de infração grave cometida no âmbito do mercado de capitais (*Crimes contra o sistema financeiro nacional e contra o mercado de capitais*, p. 370). Na jurisprudência: STJ: "2. Na hipótese, os fatos narrados na denúncia se subsomem, em tese, ao delito descrito no art. 27-C da Lei n. 6.385/1976 (Manipulação do Mercado), notadamente ante a apuração pela Comissão de Valores Mobiliários (CVM) no sentido da execução de supostas manobras fraudulentas no mercado de capitais, ocasionadoras de vantagem indevida para a pessoa jurídica 'J', empresa na qual o recorrente atuava como Gerente de Relações com investidores. Com efeito, está-se, no mínimo, diante de fatos de natureza complexa envolvendo o mercado de valores mobiliários, além de funcionários de grandes instituições do ramo. É evidente, portanto, que a operação realizada no mercado de ações não é matéria sobre a qual recaia exame simples, a ponto de se apontar flagrante ilegalidade pela existência, conforme alegado pela defesa, da 'mera recompra de ativos', mormente quando os elementos apresentados ao Ministério Público são fornecidos pela própria Comissão de Valores Mobiliários, responsável por fiscalizar o setor, em conjunto com declarações prestadas pelos denunciados em sede policial" (AgRg no RHC 196.094 – SP, 5.ª T., rel. Reynaldo Soares da Fonseca, 16.09.2024, v.u.); "3. No caso, a denúncia, formal e materialmente apta, foi recebida pelos crimes de manipulação de mercado e *insider trading*. A conduta, tal como descrita, foi capaz de movimentar, no mercado, quantia expressiva que, pela dimensão das perdas, *refletiu no sistema financeiro, sobretudo pelo prejuízo suportado pelos investidores*" (RHC 55.813 – RJ, 6.ª T., rel. Rogerio Schietti Cruz, 25.06.2019, v.u., destacamos).

**4. Sujeitos ativo e passivo:** o sujeito ativo pode ser qualquer pessoa. "Na prática, será cometido por quem efetivamente opera no mercado de capitais, desde acionistas e investidores até administradores das companhias, passando por operadores de instituições financeiras, distribuidoras ou corretoras de valores mobiliários etc." (Cavali, *Manipulação do mercado de capitais*, p. 278). O sujeito passivo é o Estado, interessado em manter a regularidade do mercado de capitais. Secundariamente, a pessoa que tenha sofrido prejuízo.

**5. Elemento subjetivo do tipo:** é o dolo. Inexiste a forma culposa. Há o elemento subjetivo específico consistente em "obter vantagem indevida ou lucro, para si ou para outrem, ou causar dano a terceiro". Há, em primeiro plano, a dupla finalidade – obter vantagem ou lucro indevido para si ou para outrem – além de um outro objetivo – causar lesão a terceiro. Na jurisprudência: TRF-4: "14. A figura delitiva em julgamento exige, para a sua consumação, a presença do elemento subjetivo constituído do dolo duplamente específico, no sentido de que o agente haja com a vontade livre e consciente de alterar artificialmente o regular funcionamento dos mercados de valores mobiliários e obter vantagem indevida, ou lucro, para si ou

# Art. 27-D

para outrem, ou causar dano a terceiro" (ACR 5067096-18.2012.4.04.7100, 7.ª T., rel. Cláudia Cristina Cristofani, 18.12.2019, v.u.).

**6. Objetos material e jurídico:** o objeto material é a operação simulada ou a manobra fraudulenta. O objetivo jurídico é a lisura e o correto desenvolvimento das operações do mercado de capitais, que assegura, ainda, a higidez do sistema financeiro.

**7. Classificação:** é crime comum (qualquer pessoa pode praticá-lo); formal (independe da ocorrência de efetivo prejuízo a terceiros); de perigo abstrato (há uma probabilidade de dano presumida); de forma livre (pode ser cometido com qualquer método); comissivo (as condutas implicam ações); instantâneo (a consumação ocorre em momento definido); unissubjetivo (pode ser cometido por uma só pessoa); plurissubsistente (cometido por vários atos); admite tentativa.

**8. Benefícios penais:** há uma faixa cominada em abstrato com uma variação extensa e injustificada, pois a pena mínima é de um ano e a máxima atinge oito, algo incomum no cenário penal. De qualquer forma, admite, em tese, tanto suspensão condicional do processo quanto o acordo de não persecução penal. Em caso de condenação, raramente a pena, por um só delito, atinge patamar superior a quatro anos, motivo pelo qual cabe a substituição por restritivas de direito. A multa, também, foge à regra do Código Penal (dias-multa) para estabelecer um valor equivalente ao montante da vantagem indevida efetivamente obtida. Entretanto, o crime é formal, bastando a prática da conduta para o delito se aperfeiçoar, prescindindo da obtenção de vantagem ilícita. O paradoxo é que a multa somente será aplicada se (e somente se) houver o exaurimento, vale dizer, a infração atingir um resultado material (obtenção da vantagem). Caso não alcance esse alvo, não se pode utilizar o sistema geral do Código Penal (dias-multa), em face da legalidade: a pena pecuniária, neste crime, é bem clara e diz respeito ao montante da vantagem indevida que, não existindo, afasta a aplicação da multa.

## Uso indevido de informação privilegiada

> **Art. 27-D.** Utilizar[9-12] informação relevante de que tenha conhecimento, ainda não divulgada ao mercado, que seja capaz de propiciar, para si ou para outrem, vantagem indevida, mediante negociação, em nome próprio ou de terceiros, de valores mobiliários:[13-14]
>
> Pena – reclusão, de 1 (um) a 5 (cinco) anos, e multa de até 3 (três) vezes o montante da vantagem ilícita obtida em decorrência do crime.[15]
>
> § 1.º Incorre na mesma pena quem repassa[16-18] informação sigilosa relativa a fato relevante a que tenha tido acesso em razão de cargo ou posição que ocupe em emissor de valores mobiliários ou em razão de relação comercial, profissional ou de confiança com o emissor.[19-20]
>
> § 2.º A pena é aumentada em 1/3 (um terço) se o agente comete o crime previsto no *caput* deste artigo valendo-se de informação relevante de que tenha conhecimento e da qual deva manter sigilo.[21]

**9. Análise do núcleo do tipo:** *utilizar* (fazer uso de algo, empregar) é o verbo cujo objeto é a *informação relevante* (esclarecimento importante). Esse informe é do conhecimento (ciência) do agente do delito, não merecedor de divulgação *ainda* (até aquele momento, vale dizer, será transmitida ao mercado em período oportuno futuro; por óbvio, fosse informe liberado para divulgação o crime inexistiria), apto a fornecer meios para atingir uma *vantagem indevida* (lucro ou ganho ilícito). Essa propagação de dados privilegiados para o mercado de capitais se dá por meio de qualquer negociação de valores mobiliários, que pode ser feita em nome próprio (do autor do delito) ou de terceiros (muitos dos quais podem ser "testas de ferro"). Exige-se, para a concretização deste crime, a verificação da *potencialidade lesiva* da divulgação de informação, mas não se demanda o efetivo prejuízo patrimonial de alguém ou mesmo a afetação naturalística do mercado de capitais como um todo. A transmissão de informação considerada irrelevante para gerar vantagem indevida torna o fato atípico; não se trata de avaliação de uma situação relativa à insignificância (ou crime de bagatela), mas de uma correta interpretação do tipo penal deste delito, que exige a *capacidade de propiciar* a vantagem ilícita. Demonstrando a inaptidão do relato divulgado não há concretização do tipo penal. A conjunção da *utilização* da informação importante com a *negociação* de valores imobiliários demanda um *plus* no tocante à simples divulgação, ou seja, é fundamental que o agente, detentor de informe privilegiado negocie valores imobiliários; se não o fizer, inexiste viabilidade para atingir a concretização do delito, pois não haveria o *uso efetivo* do dado relevante. Explica Morelli que "a relevância penal do crime de *insider trading* funda-se na assunção de que o mercado de capitais é extremamente dependente da confiança de seus participantes. (...) A negociação com o uso de informação privilegiada, assim, seria capaz de ferir o regular funcionamento do mercado de capitais, tendo o potencial, inclusive, de obstruir o seu desenvolvimento, ao afastar investidores presentes e potenciais. A proibição do *insider trading* também é justificada por pensamentos mais simples, de ordem ética" (In: Codorniz e Patella, *Comentários à lei do mercado de capitais*, p. 634). Na jurisprudência: STJ: "3. No caso, a denúncia, formal e materialmente apta, foi recebida pelos crimes de manipulação de mercado e *insider trading*. A conduta, tal como descrita, foi capaz de movimentar, no mercado, quantia expressiva que, pela dimensão das perdas, *refletiu no sistema financeiro, sobretudo pelo prejuízo suportado pelos investidores*" (RHC 55.813 – RJ, 6.ª T., rel. Rogerio Schietti Cruz, 25.06.2019, v.u., destacamos). TRF-3: "1. O delito de *insider trading* consiste na utilização de informação relevante não divulgada ao mercado, por quem deva manter sigilo, com a finalidade de obter vantagem ilícita. A consumação independe da efetiva obtenção de vantagem ou lucro na negociação com valores mobiliários. 2. O art. 155, § 1º, da Lei n. 6.404/76 estabelece, em termos gerais, o que deve ser considerado informação relevante. 3. A Instrução Normativa n. 358/02, da Comissão de Valores Mobiliários, elenca atos ou fatos considerados relevantes, dispõe sobre o dever de divulgação e veda a negociação de valores mobiliários pelos administradores antes da comunicação ao mercado" (ApCrim 0002511-03.2018.4.03.6181, 5.ª T., rel. André Nekatschalow, 27.05.2019, v.u.).

**10. Informação privilegiada e informe sigiloso:** considera-se *privilegiada* a informação que se encontra na esfera de conhecimento de alguém como uma vantagem ou direito inerente ao seu posto, como o diretor de empresa tem ciência de negócios futuros ou do descortinar de prejuízos que possa afetar o mercado de capitais. A informação *sigilosa* (secreta ou confidencial) alcança um certo profissional que lida com aspectos jurídicos, contábeis ou similares, mas que deve deixá-la oculta, pois não é sua atribuição divulgá-la. Se o faz, rompe a confiança depositada em seu posto de trabalho ou em sua atividade laborativa. É o caso do advogado, que tem o dever de guardar sigilo das informações recebidas do seu cliente. Portanto, o detentor de informação privilegiada, usando-a para obter vantagem indevida em negócio com valores mobiliários (como ações na bolsa de valores) pratica a figura do *caput*. O detentor de informe sigiloso, em razão de sua atividade, ao transmiti-la a terceiro não autorizado, quebra a lealdade e responde pela figura do § 1.º. Quando o detentor da informação sigilosa a utiliza em benefício próprio, almejando vantagem indevida por meio de negócio de valores mobiliários, responde com base no *caput*, acrescendo-se a causa de aumento do § 2.º.

**11. Sujeitos ativo e passivo:** o sujeito ativo precisa ser pessoa que detém a informação privilegiada incabível de revelação ao mercado. Como aponta Silveira, podem ser os "acionistas

# Art. 27-D

Leis Penais e Processuais Penais Comentadas – Vol. 2 • **Nucci**

controladores, os diretores, membros do conselho de administração, do conselho fiscal, bem como quaisquer outros órgãos com funções técnicas ou consultivas, assim determinados por disposição estatutária, bem como empregados da companhia em geral, uma vez que a estes cabe, por via de uma acessoriedade administrativa, o dever de sigilo sobre fatos relevantes" (In: Souza e Araújo, *Direito penal econômico*, p. 289). O sujeito passivo é o Estado, interessado em manter a lisura do mercado de capitais. Secundariamente, quem tenha sofrido prejuízo com a conduta do agente.

**12. Elemento subjetivo do tipo:** é o dolo. Não existe a forma culposa. Há o fim específico de gerar vantagem para si ou para outrem.

**13. Objetos material e jurídico:** o objeto material é a informação relevante que não devia ter sido divulgada. O objeto jurídico é a lisura e o correto desenvolvimento das operações do mercado de capitais, que assegura, ainda, a higidez do sistema financeiro. Na jurisprudência: TRF-2: "O prejuízo à confiança e à segurança do mercado mobiliário é justamente o bem jurídico tutelado pelo tipo" (Ap. 0008777-57.2013.4.02.5001, 2.ª T., rel. Simone Schreiber, 23.03.2021, v.u.).

**14. Classificação:** é crime próprio (somente a pessoa detentora de informe privilegiado); formal (independe da ocorrência de efetivo prejuízo a terceiros); de perigo abstrato (há uma probabilidade de dano presumida); de forma livre (pode ser cometido com qualquer método); comissivo (a conduta implica ação); instantâneo (a consumação ocorre em momento definido); unissubjetivo (pode ser cometido por uma só pessoa); unissubsistente (cometido em um só ato) ou plurissubsistente (cometido por vários atos); admite tentativa na forma plurissubsistente.

**15. Benefícios penais:** admite, em tese, tanto suspensão condicional do processo como o acordo de não persecução penal. Em caso de condenação, raramente a pena, por um só delito, atinge patamar superior a quatro anos, motivo pelo qual cabe a substituição por restritivas de direito. A multa, também, foge à regra do Código Penal (dias-multa) para estabelecer um valor equivalente ao montante da vantagem indevida efetivamente obtida. Entretanto, o crime é formal, bastando a prática da conduta para o delito se aperfeiçoar, prescindindo da obtenção de vantagem ilícita. O paradoxo é que a multa somente será aplicada se (e somente se) houver o exaurimento, vale dizer, a infração atingir um resultado material (obtenção da vantagem). Caso não alcance esse alvo, não se pode utilizar o sistema geral do Código Penal (dias-multa), em face da legalidade: a pena pecuniária, neste crime, é bem clara e diz respeito ao montante da vantagem indevida que, não existindo, afasta a aplicação da multa. Na jurisprudência: TRF-2: "I – A vantagem ilícita decorrente da prática do art. 27-D da Lei 6385/76 não engloba o ganho bruto obtido com a venda das ações, mas sim o lucro que tal operação, em tese, rendeu ao investigado. Adotando-se o primeiro entendimento, chegar-se-ia à equivocada conclusão de que também a propriedade das ações, que integrava licitamente o patrimônio do investigado, seria ilícita. II – Fixado, portanto, que o suposto lucro advindo com a venda das ações foi de R$ 162.646.092,00, tal é o valor da vantagem ilícita suscetível de bloqueio, a fim de resguardar eventual pagamento de pena pecuniária em caso de condenação, não havendo qualquer necessidade de se triplicar o valor da multa" (Ap. 0509349-73.2015.4.02.5101, Vice-Presidência, rel. Messod Azulay Neto, 10.10.2016, v.u.).

**16. Análise do núcleo do tipo:** *repassar* (passar algo novamente) é a conduta cujo objeto é a *informação sigilosa* (secreta) concernente a um *fato relevante* (qualquer verdade, acontecimento ou realidade importante). Essa informação chega ao agente por conta de *cargo* ou *posição* (posto em qualquer estrutura empregatícia) em *emissor de valores mobiliários* (instituição apta a lidar com títulos financeiros). Outra possibilidade é a informação chegar ao autor do delito por conta de *relação comercial* (trato nos negócios), *profissional* (exercício laboral) ou de *confiança* (segurança ou intimidade) no emissor. O delito assume formatos mais abertos que a figura prevista no *caput*; neste caso, a informação é legitimamente do sujeito, que pode utilizá-la indevidamente. Na modalidade do § 1.º, a informação secreta chega ao conhecimento do sujeito porque ele tem uma função qualquer na empresa emissora de títulos passando a conhecer o conteúdo de certos dados ou negociou com a referida empresa e teve acesso ao elemento informativo sigiloso, bem como pode exercer trabalho que pressupõe o dever de sigilo de tudo o que conhece por conta disso. Por isso o verbo é diferente: no primeiro caso (*caput*) é a utilização de informe de que tem conhecimento em decorrência de sua atividade; no segundo (§ 1.º) é a transmissão de algo que chegou à ciência do agente para permanecer oculto.

**17. Sujeitos ativo e passivo:** o sujeito ativo é apenas quem possui informe sigiloso que lhe chegou ao conhecimento. O sujeito passivo é o Estado, interessado na regularidade do mercado de capitais. Secundariamente, a pessoa prejudicada pela divulgação da informação.

**18. Elemento subjetivo do tipo:** é o dolo, não havendo a forma culposa. Não há elemento subjetivo específico.

**19. Objetos material e jurídico:** o objeto material é a informação sigilosa. O objeto jurídico é a lisura e regularidade do mercado de capitais e do sistema financeiro.

**20. Classificação:** é crime próprio (somente a pessoa detentora de informe sigiloso); formal (independe da ocorrência de efetivo prejuízo a terceiros); de perigo abstrato (há uma probabilidade de dano presumido); de forma livre (pode ser cometido com qualquer método); comissivo (a conduta implica ação); instantâneo (a consumação ocorre em momento definido); unissubjetivo (pode ser cometido por uma só pessoa); unissubsistente (cometido em um só ato) ou plurissubsistente (cometido por vários atos); admite tentativa na forma plurissubsistente.

**21. Causa de aumento de pena:** a cota de elevação da sanção é fixa – um terço, não cabendo discricionariedade por parte do julgador. Esta causa de aumento somente é passível de aplicação, como regra, a quem utiliza informação relevante e *sigilosa*, recebida em decorrência da atividade exercida, para negociar valores imobiliários. Portanto, o empresário que tem noção de negócio futuro, com potencial de gerar consequência no mercado de capitais e se vale disso para negociar valores imobiliários, comete o crime descrito no *caput*, sem a viabilidade de incidir a causa de aumento. O advogado da empresa, conhecendo o informe, em razão da sua atividade, que pressupõe o dever de guardar segredo, ao utilizar esse dado para negociar valores imobiliários comete o crime previsto no *caput* com a causa de aumento. Ele usou informe secreto, violando não somente a confiança da empresa na qual trabalha, mas, também, atingiu a lisura do mercado de capitais, podendo auferir vantagem indevida.

### Exercício irregular de cargo, profissão, atividade ou função

> **Art. 27-E.** Exercer,[22-24] ainda que a título gratuito, no mercado de valores mobiliários, a atividade de administrador de carteira, de assessor de investimento, de auditor independente, de analista de valores mobiliários, de agente fiduciário ou qualquer outro cargo, profissão, atividade ou função, sem estar, para esse fim, autorizado ou registrado na autoridade administrativa competente, quando exigido por lei ou regulamento:[25-26]
>
> Pena – detenção de 6 (seis) meses a 2 (dois) anos, e multa.[27]

**22. Análise do núcleo do tipo:** *exercer* (desenvolver algo com regularidade; desempenhar uma função) é o verbo cujo complemento se volta à atividade de *administrador de* *carteira* (pessoas autorizadas a gerir investimentos alheios), *assessor de investimento* (atividade de quem fornece orientação para aplicação financeira), *auditor independente* (profissional habilitado a promover análise contábil em empresas e outras pessoas jurídicas), *analista de valores mobiliários* (profissional apto a elaborar relatórios de avaliação dos ativos), *agente fiduciário* (profissional de instituição financeira devidamente autorizada para representar investidores ou ter a custódia de seus bens) ou *qualquer outro cargo, profissão, atividade ou função* (após enumerar atividades específicas, abre-se a viabilidade de acolher qualquer outro profissional, atuante no mercado de capitais, cuja autorização ou licença é exigida), quando atuantes no mercado de valores mobiliários. Essas atividades podem ser praticadas a título oneroso (como regra), mas, também, a título gratuito, pois o foco é combater a atuação de pessoas não autorizadas, visto que o mercado de capitais possui várias entidades que, direta ou indiretamente, o controlam ou fiscalizam. Exigindo-se a lisura das atuações nesse cenário, movido, em grande parte, pela confiança, torna-se fundamental a habilitação para tanto, não podendo haver o amadorismo de pessoas, mesmo que atuando honestamente. Nesta hipótese, cuida-se de norma penal em branco, dependente de complemento ligado a conhecer a autoridade administrativa competente para fornecer a autorização ou licença, promovendo o registro do profissional, quando *exigido por lei ou regulamento*. A utilização do verbo *exercer* é determinante para apontar o crime habitual, como ocorre em outros tipos penais, não se podendo aceitar, para a configuração do crime, a prática de uma só conduta, demandando-se a regularidade de ações para a demonstração de um comportamento inadequado e, por isso, pernicioso ao bem jurídico tutelado. Na jurisprudência: TRF-5: "1. Sentença que condenou o apelante pela prática do crime previsto no art. 27-E da Lei nº 6.385/76, com base em inúmeras provas que atestam o exercício da atividade de analista de valores mobiliários, sem a prévia autorização da CVM. 2. Não obstante a defesa postule a absolvição, afirmando que 'as aulas do apelante tinham cunho absolutamente didático', não caracterizando atividade de analista de valores mobiliários, os *prints* com a oferta dos serviços prestados pelo réu e o diálogo entre o réu e um dos compradores dos seus serviços, entre outras provas, infirmam a versão da atipicidade da conduta. 3. Tampouco a hipótese é de erro de tipo. No caso concreto, chama a atenção a informação da CVM de que o réu 'solicitou a concessão de prazo para que obtivesse o credenciamento como analista de valores mobiliários. Tal solicitação foi atendida desde que, durante o prazo necessário para a obtenção do credenciamento perante a Associação de Analistas e Profissionais de Investimento do Mercado de Capitais (APIMEC) como analista de valores mobiliários, o demandante se abstenha de realizar transmissões ao vivo durante o pregão nas quais seriam realizadas análises gráficas de índice e de dólar'. O réu, no entanto, frustrou o acordo. Disto resulta a conclusão de que o réu tinha plena consciência de que as atividades por ele exercidas correspondiam a atividades de analista de valores mobiliários e, mesmo após ser advertido de que as análises não poderiam ser feitas, enquanto não obtivesse o credenciamento, o réu continuou a fazê-las, o que demonstra seu dolo, diante do agir consciente e livre" (Ap. 08000802320194058201, 1.ª T., rel. Elio Wanderley de Siqueira Filho, 01.10.2020, v.u.).

**23. Sujeitos ativo e passivo:** o sujeito ativo pode ser qualquer pessoa, justamente porque o alvo é aquele que, sem autorização, exerce atividade controlada e fiscalizada no mercado de capitais. O sujeito passivo é o Estado, que zela pela regularidade do mercado.

**24. Elemento subjetivo do tipo:** é o dolo, não havendo a forma culposa. Inexiste elemento subjetivo específico.

**25. Objetos material e jurídico:** o objeto material é atividade exercida sem autorização. O objeto jurídico é a lisura e regularidade do mercado de capitais e do sistema financeiro.

**26. Classificação:** é crime comum (qualquer pessoa pode praticá-lo); formal (independe da ocorrência de efetivo prejuízo a terceiros); de perigo abstrato (há uma probabilidade de dano presumida); de forma livre (pode ser cometido com qualquer método); comissivo (as condutas implicam ações); habitual (demanda várias ações demonstrativas de um comportamento inadequado); unissubjetivo (pode ser cometido por uma só pessoa); plurissubsistente (cometido por vários atos); não admite tentativa, por se tratar de delito habitual.

**27. Benefícios penais:** cuida-se de infração de menor potencial ofensivo, que admite transação e suspensão condicional do processo. Em caso de condenação, pode-se substituir a pena privativa de liberdade por restritiva de direitos.

> **Art. 27-F.** As multas cominadas para os crimes previstos nos arts. 27-C e 27-D deverão ser aplicadas em razão do dano provocado ou da vantagem ilícita auferida pelo agente.[28]
>
> **Parágrafo único.** Nos casos de reincidência, a multa pode ser de até o triplo dos valores fixados neste artigo.

**28. Critério para a fixação da multa:** o disposto neste artigo não nos parece adequado, porque os arts. 27-C e 27-D já indicam no preceito secundário a referência a um critério diferenciado de estabelecimento da pena pecuniária: "multa de até 3 (três) vezes o montante da vantagem ilícita obtida em decorrência do crime". Aliás, comentando essa peculiaridade, nota-se que somente haverá a fixação da multa se *houver* vantagem ilícita efetivamente obtida pelo agente, visto que, para a consumação do delito, demanda-se apenas a prática da conduta, sem necessidade de se atingir a referida vantagem. Desse modo, o disposto neste artigo acrescenta um dado a mais, consistente em ter havido efetivo *dano*, passível de mensuração em pecúnia para dar azo à aplicação da multa. No entanto, há algumas observações indispensáveis: (a) é justo que se possa fixar a multa baseando-se na vantagem ilícita obtida pelo agente, porque haveria proporcionalidade; no entanto, apontar o dano provocado, de difícil apuração, há que se voltar à totalidade dos prejuízos advindos pela manipulação do mercado de capitais ou da divulgação de informação privilegiada ou sigilosa, o que pode atingir cifras altíssimas e o agente não teria condições de arcar com isso; (b) se o preceito secundário desses dois artigos já estabelece o critério da multa, não haveria necessidade de se utilizar o art. 27-F. No entanto, buscando aplicabilidade ao disposto neste preceito, deve-se avaliar que a pena pecuniária dos crimes previstos nos arts. 27-C e 27-D, destinada ao réu primário, deve se referir ao montante da vantagem ilícita obtida (quanto ao dano provocado, torna-se mais complexa a avaliação, como exposto acima). Se houver reincidência, a multa pode atingir o triplo dessa vantagem. Portanto, a aplicação de multa de *até* três vezes o montante da vantagem ilícita somente pode ocorrer se houver reincidência. Quanto a esta, seria uma reincidência genérica ou específica? Em leitura lógico-sistemática, parece se tratar de específica o disposto no parágrafo único, o que justificaria triplicar a multa referente ao valor ilícito auferido. Se não se cuidar de reincidência no mesmo delito contra o mercado de capitais, inexistiria razão para triplicar a punição pecuniária. Em leitura estrita, ao mencionar reincidência, sem qualquer complemento, deve-se deduzir a referência a qualquer reiteração criminosa, motivo pelo qual o reincidente pode ter valores de multa triplicados (ex.: condenado antes por lesão corporal grave, ao ser apenado pela prática de delito de manipulação do mercado, estaria enquadrado nesse parágrafo). Segundo nos parece, a multa deve acompanhar a vantagem ilícita (ou o dano provocado, conforme o caso); se o agente reiterar a prática de delito contra o mercado de capitais pode ter a multa triplicada, pois não encontra justificativa plausível impingir multa mais elevada para quem é reincidente genérico. Por derradeiro, não havendo vantagem ilícita (ou dano provocado), não há multa aplicável.

> (...)
> **Art. 34.** Esta Lei entrará em vigor na data de sua publicação.
> **Art. 35.** Revogam-se as disposições em contrário.
> Brasília, 7 de dezembro de 1976; 155.º da Independência e 88.º da República.
> Ernesto Geisel
>
> (*DOU* 09.12.1976)

# Migração

## Lei 13.445, de 24 de maio de 2017

*Institui a Lei de Migração.*[1]

O Presidente da República:

Faço saber que o Congresso Nacional decreta e eu sanciono a seguinte Lei:

### Capítulo I
### DISPOSIÇÕES PRELIMINARES

### Seção I
### Disposições Gerais

**Art. 1.º** Esta Lei dispõe sobre os direitos e os deveres do migrante e do visitante,[2] regula a sua entrada e estada no país[3-4] e estabelece princípios e diretrizes para as políticas públicas para o emigrante.

§ 1.º Para os fins desta Lei,[5] considera-se:[6]

I – (*Vetado*);

II – imigrante: pessoa nacional de outro país ou apátrida que trabalha ou reside e se estabelece temporária ou definitivamente no Brasil;

III – emigrante: brasileiro que se estabelece temporária ou definitivamente no exterior;

IV – residente fronteiriço: pessoa nacional de país limítrofe ou apátrida que conserva a sua residência habitual em município fronteiriço de país vizinho;

V – visitante: pessoa nacional de outro país ou apátrida que vem ao Brasil para estadas de curta duração, sem pretensão de se estabelecer temporária ou definitivamente no território nacional;

VI – apátrida: pessoa que não seja considerada como nacional por nenhum Estado, segundo a sua legislação, nos termos da Convenção sobre o Estatuto

# Art. 1.º

> dos Apátridas, de 1954, promulgada pelo Decreto 4.246, de 22 de maio de 2002, ou assim reconhecida pelo Estado brasileiro.
>
> § 2.º (*Vetado*).

**1. Migrante:** é a pessoa que se desloca de um lugar a outro; no caso desta Lei, cuida-se da pessoa estrangeira que ingressa no território brasileiro por qualquer razão ou da pessoa nacional que parte para o exterior, também por qualquer motivo. Inclui-se no âmbito do estrangeiro a pessoa apátrida, aquele que não possui nacionalidade reconhecida por qualquer país. O anterior Estatuto do Estrangeiro é revogado e substituído pela Lei de Migração, razão pela qual se busca evitar a utilização do termo *estrangeiro*. É o que se observa da leitura do art. 1º, referindo-se ao migrante e ao visitante. No entanto, essa denominação não afasta o uso do mencionado termo, pois *estrangeiro* é estampado em vários trechos da Constituição Federal.

**2. Imigrante e visitante:** são os estrangeiros, que ingressam no Brasil. Preceitua o art. 1.º, III, da Constituição Federal que "a República Federativa do Brasil, formada pela união indissolúvel dos Estados e Municípios e do Distrito Federal, constitui-se em Estado Democrático de Direito e tem como fundamentos: (...) III – a dignidade da pessoa humana". O art. 3.º, IV, CF, prevê: "Constituem objetivos fundamentais da República Federativa do Brasil: (...) IV – promover o bem de todos, sem preconceitos de origem, raça, sexo, cor, idade e quaisquer outras formas de discriminação". Na sequência, por óbvio, estabelece o art. 5.º, *caput*, o seguinte: "Todos são iguais perante a lei, sem distinção de qualquer natureza, garantindo-se aos brasileiros *e aos estrangeiros* residentes no país a inviolabilidade do direito à vida, à liberdade, à igualdade, à segurança e à propriedade (...)" (grifamos). Portanto, o imigrante e o visitante não somente são bem-vindos ao Brasil, como protegidos e igualados em direitos humanos fundamentais aos nacionais.

**3. Fonte material da legislação do migrante/visitante:** dispõe o art. 22, XV, da Constituição Federal: "Compete privativamente à União legislar sobre: (...) XV – emigração e imigração, entrada, extradição e expulsão de estrangeiros." Cabe, pois, à União editar normas para regular a entrada, permanência e saída do estrangeiro do território nacional.

**4. Competência para julgar crimes cometidos por estrangeiro:** é da Justiça Federal. Conforme prevê o art. 109, X, da Constituição Federal: "Aos juízes federais compete processar e julgar: (...) X – os crimes de ingresso ou permanência irregular de estrangeiro (...)."

**5. Abrangência dos comentários à Lei de Migração:** pretendemos tecer linhas gerais a respeito do ingresso e permanência lícitas no Brasil, bem como as formas legais para a saída do estrangeiro, particularmente as modalidades compulsórias. Por outro lado, comentaremos o novo tipo penal inserido no Código Penal, por essa Lei (art. 232-A). Resta, ainda, quanto ao estrangeiro, o delito previsto no art. 338 do Código Penal (reingresso de estrangeiro expulso), porém, remetemos o leitor ao nosso *Código Penal comentado*.

**6. Conceito de estrangeiro (migrante ou visitante):** é a pessoa que possui vínculo jurídico-político com outro Estado que não o Brasil. Por exclusão, o estrangeiro é aquele que não é considerado brasileiro (art. 12, CF: "São brasileiros: I – natos: a) os nascidos na República Federativa do Brasil, ainda que de pais estrangeiros, desde que estes não estejam a serviço de seu país; b) os nascidos no estrangeiro, de pai brasileiro ou mãe brasileira, desde que qualquer deles esteja a serviço da República Federativa do Brasil; c) os nascidos no estrangeiro de pai brasileiro ou de mãe brasileira, desde que sejam registrados em repartição brasileira competente ou venham a residir na República Federativa do Brasil e optem, em qualquer tempo, depois de atingida a maioridade, pela nacionalidade brasileira; II – naturalizados: a) os que, na forma da lei, adquiram a nacionalidade brasileira, exigidas aos originários de países de língua portuguesa apenas residência por um ano ininterrupto e idoneidade moral; b) os estrangeiros de qualquer nacionalidade, residentes na República Federativa do Brasil há mais de quinze anos ininterruptos e sem condenação penal, desde que requeiram a nacionalidade brasileira".

**Art. 2.º** Esta Lei não prejudica a aplicação de normas internas e internacionais específicas sobre refugiados, asilados, agentes e pessoal diplomático ou consular, funcionários de organização internacional e seus familiares.

### Seção II
### Dos Princípios e das Garantias

**Art. 3.º** A política migratória brasileira rege-se pelos seguintes princípios e diretrizes:

I – universalidade, indivisibilidade e interdependência dos direitos humanos;

II – repúdio e prevenção à xenofobia, ao racismo e a quaisquer formas de discriminação;

III – não criminalização da migração;

IV – não discriminação em razão dos critérios ou dos procedimentos pelos quais a pessoa foi admitida em território nacional;

V – promoção de entrada regular e de regularização documental;

VI – acolhida humanitária;

VII – desenvolvimento econômico, turístico, social, cultural, esportivo, científico e tecnológico do Brasil;

VIII – garantia do direito à reunião familiar;

IX – igualdade de tratamento e de oportunidade ao migrante e a seus familiares;

X – inclusão social, laboral e produtiva do migrante por meio de políticas públicas;

XI – acesso igualitário e livre do migrante a serviços, programas e benefícios sociais, bens públicos, educação, assistência jurídica integral pública, trabalho, moradia, serviço bancário e seguridade social;

XII – promoção e difusão de direitos, liberdades, garantias e obrigações do migrante;

XIII – diálogo social na formulação, na execução e na avaliação de políticas migratórias e promoção da participação cidadã do migrante;

XIV – fortalecimento da integração econômica, política, social e cultural dos povos da América Latina, mediante constituição de espaços de cidadania e de livre circulação de pessoas;

XV – cooperação internacional com Estados de origem, de trânsito e de destino de movimentos migratórios, a fim de garantir efetiva proteção aos direitos humanos do migrante;

XVI – integração e desenvolvimento das regiões de fronteira e articulação de políticas públicas regionais capazes de garantir efetividade aos direitos do residente fronteiriço;

XVII – proteção integral e atenção ao superior interesse da criança e do adolescente migrante;

XVIII – observância ao disposto em tratado;

XIX – proteção ao brasileiro no exterior;

XX – migração e desenvolvimento humano no local de origem, como direitos inalienáveis de todas as pessoas;

XXI – promoção do reconhecimento acadêmico e do exercício profissional no Brasil, nos termos da lei; e

XXII – repúdio a práticas de expulsão ou de deportação coletivas.

**Art. 4.º** Ao migrante é garantida no território nacional, em condição de igualdade com os nacionais, a inviolabilidade do direito à vida, à liberdade, à igualdade, à segurança e à propriedade, bem como são assegurados:

I – direitos e liberdades civis, sociais, culturais e econômicos;

II – direito à liberdade de circulação em território nacional;

III – direito à reunião familiar do migrante com seu cônjuge ou companheiro e seus filhos, familiares e dependentes;

IV – medidas de proteção a vítimas e testemunhas de crimes e de violações de direitos;

V – direito de transferir recursos decorrentes de sua renda e economias pessoais a outro país, observada a legislação aplicável;

VI – direito de reunião para fins pacíficos;

VII – direito de associação, inclusive sindical, para fins lícitos;

VIII – acesso a serviços públicos de saúde e de assistência social e à previdência social, nos termos da lei, sem discriminação em razão da nacionalidade e da condição migratória;

IX – amplo acesso à justiça e à assistência jurídica integral gratuita aos que comprovarem insuficiência de recursos;

X – direito à educação pública, vedada a discriminação em razão da nacionalidade e da condição migratória;

XI – garantia de cumprimento de obrigações legais e contratuais trabalhistas e de aplicação das normas de proteção ao trabalhador, sem discriminação em razão da nacionalidade e da condição migratória;

XII – isenção das taxas de que trata esta Lei, mediante declaração de hipossuficiência econômica, na forma de regulamento;

XIII – direito de acesso à informação e garantia de confidencialidade quanto aos dados pessoais do migrante, nos termos da Lei 12.527, de 18 de novembro de 2011;

XIV – direito a abertura de conta bancária;

XV – direito de sair, de permanecer e de reingressar em território nacional, mesmo enquanto pendente pedido de autorização de residência, de prorrogação de estada ou de transformação de visto em autorização de residência; e

XVI – direito do imigrante de ser informado sobre as garantias que lhe são asseguradas para fins de regularização migratória.

§ 1.º Os direitos e as garantias previstos nesta Lei serão exercidos em observância ao disposto na Constituição Federal, independentemente da situação migratória, observado o disposto no § 4.º deste artigo, e não excluem outros decorrentes de tratado de que o Brasil seja parte.

§ 2.º (*Vetado*).

§ 3.º (*Vetado*).

§ 4.º (*Vetado*).

# Capítulo II
## DA SITUAÇÃO DOCUMENTAL DO MIGRANTE E DO VISITANTE

### Seção I
### Dos Documentos de Viagem

**Art. 5.º** São documentos de viagem:

I – passaporte;

II – *laissez-passer*;

III – autorização de retorno;

IV – salvo-conduto;

V – carteira de identidade de marítimo;

VI – carteira de matrícula consular;

VII – documento de identidade civil ou documento estrangeiro equivalente, quando admitidos em tratado;

VIII – certificado de membro de tripulação de transporte aéreo; e

IX – outros que vierem a ser reconhecidos pelo Estado brasileiro em regulamento.

§ 1.º Os documentos previstos nos incisos I, II, III, IV, V, VI e IX, quando emitidos pelo Estado brasileiro, são de propriedade da União, cabendo a seu titular a posse direta e o uso regular.

§ 2.º As condições para a concessão dos documentos de que trata o § 1.º serão previstas em regulamento.

### Seção II
### Dos Vistos

### *Subseção I*
### *Disposições Gerais*

**Art. 6.º** O visto é o documento que dá a seu titular expectativa de ingresso em território nacional.

**Parágrafo único.** (*Vetado*).

**Art. 7.º** O visto será concedido por embaixadas, consulados-gerais, consulados, vice-consulados e, quando habilitados pelo órgão competente do Poder Executivo, por escritórios comerciais e de representação do Brasil no exterior.

**Parágrafo único.** Excepcionalmente, os vistos diplomático, oficial e de cortesia poderão ser concedidos no Brasil.

**Art. 8.º** Poderão ser cobrados taxas e emolumentos consulares pelo processamento do visto.

**Art. 9.º** Regulamento disporá sobre:

I – requisitos de concessão de visto, bem como de sua simplificação, inclusive por reciprocidade;

II – prazo de validade do visto e sua forma de contagem;

III – prazo máximo para a primeira entrada e para a estada do imigrante e do visitante no país;

IV – hipóteses e condições de dispensa recíproca ou unilateral de visto e de taxas e emolumentos consulares por seu processamento; e

V – solicitação e emissão de visto por meio eletrônico.

**Parágrafo único.** A simplificação e a dispensa recíproca de visto ou de cobrança de taxas e emolumentos consulares por seu processamento poderão ser definidas por comunicação diplomática.

**Art. 10.** Não se concederá visto:

I – a quem não preencher os requisitos para o tipo de visto pleiteado;

II – a quem comprovadamente ocultar condição impeditiva de concessão de visto ou de ingresso no país; ou

III – a menor de 18 anos desacompanhado ou sem autorização de viagem por escrito dos responsáveis legais ou de autoridade competente.

**Art. 11.** Poderá ser denegado visto a quem se enquadrar em pelo menos um dos casos de impedimento definidos nos incisos I, II, III, IV e IX do art. 45.

**Parágrafo único.** A pessoa que tiver visto brasileiro denegado será impedida de ingressar no país enquanto permanecerem as condições que ensejaram a denegação.

*Subseção II*
*Dos Tipos de Visto*

**Art. 12.** Ao solicitante que pretenda ingressar ou permanecer em território nacional poderá ser concedido visto:

I – de visita;

II – temporário;

III – diplomático;

IV – oficial;

V – de cortesia.

*Subseção III*
*Do Visto de Visita*

**Art. 13.** O visto de visita poderá ser concedido ao visitante que venha ao Brasil para estada de curta duração, sem intenção de estabelecer residência, nos seguintes casos:

I – turismo;

II – negócios;

III – trânsito;

IV – atividades artísticas ou desportivas; e

V – outras hipóteses definidas em regulamento.

§ 1.º É vedado ao beneficiário de visto de visita exercer atividade remunerada no Brasil.

§ 2.º O beneficiário de visto de visita poderá receber pagamento do governo, de empregador brasileiro ou de entidade privada a título de diária, ajuda de custo, cachê, pró-labore ou outras despesas com a viagem, bem como concorrer a prêmios, inclusive em dinheiro, em competições desportivas ou em concursos artísticos ou culturais.

§ 3.º O visto de visita não será exigido em caso de escala ou conexão em território nacional, desde que o visitante não deixe a área de trânsito internacional.

*Subseção IV*
*Do Visto Temporário*

**Art. 14.** O visto temporário poderá ser concedido ao imigrante que venha ao Brasil com o intuito de estabelecer residência por tempo determinado e que se enquadre em pelo menos uma das seguintes hipóteses:

I – o visto temporário tenha como finalidade:

*a)* pesquisa, ensino ou extensão acadêmica;

*b)* tratamento de saúde;

*c)* acolhida humanitária;

*d)* estudo;

*e)* trabalho;

*f)* férias-trabalho;

*g)* prática de atividade religiosa ou serviço voluntário;

*h)* realização de investimento ou de atividade com relevância econômica, social, científica, tecnológica ou cultural;

*i)* reunião familiar;

*j)* atividades artísticas ou desportivas com contrato por prazo determinado;

II – o imigrante seja beneficiário de tratado em matéria de vistos;

III – outras hipóteses definidas em regulamento.

§ 1.º O visto temporário para pesquisa, ensino ou extensão acadêmica poderá ser concedido ao imigrante com ou sem vínculo empregatício com a instituição de pesquisa ou de ensino brasileira, exigida, na hipótese de vínculo, a comprovação de formação superior compatível ou equivalente reconhecimento científico.

§ 2.º O visto temporário para tratamento de saúde poderá ser concedido ao imigrante e a seu acompanhante, desde que o imigrante comprove possuir meios de subsistência suficientes.

§ 3.º O visto temporário para acolhida humanitária poderá ser concedido ao apátrida ou ao nacional de qualquer país em situação de grave ou iminente instabilidade institucional, de conflito armado, de calamidade de grande proporção, de desastre ambiental ou de grave violação de direitos humanos ou de direito internacional humanitário, ou em outras hipóteses, na forma de regulamento.

§ 4.º O visto temporário para estudo poderá ser concedido ao imigrante que pretenda vir ao Brasil para frequentar curso regular ou realizar estágio ou intercâmbio de estudo ou de pesquisa.

§ 5.º Observadas as hipóteses previstas em regulamento, o visto temporário para trabalho poderá ser concedido ao imigrante que venha exercer atividade laboral, com ou sem vínculo empregatício no Brasil, desde que comprove oferta de trabalho formalizada por pessoa jurídica em atividade no país, dispensada esta exigência se o imigrante comprovar titulação em curso de ensino superior ou equivalente.

§ 6.º O visto temporário para férias-trabalho poderá ser concedido ao imigrante maior de 16 anos que seja nacional de país que conceda idêntico benefício ao nacional brasileiro, em termos definidos por comunicação diplomática.

§ 7.º Não se exigirá do marítimo que ingressar no Brasil em viagem de longo curso ou em cruzeiros marítimos pela costa brasileira o visto temporário de que trata a alínea *e* do inciso I do *caput*, bastando a apresentação da carteira internacional de marítimo, nos termos de regulamento.

§ 8.º É reconhecida ao imigrante a quem se tenha concedido visto temporário para trabalho a possibilidade de modificação do local de exercício de sua atividade laboral.

§ 9.º O visto para realização de investimento poderá ser concedido ao imigrante que aporte recursos em projeto com potencial para geração de empregos ou de renda no país.

§ 10. (*Vetado*).

*Subseção V*
*Dos Vistos Diplomático, Oficial e de Cortesia*

**Art. 15.** Os vistos diplomático, oficial e de cortesia serão concedidos, prorrogados ou dispensados na forma desta Lei e de regulamento.

**Parágrafo único.** Os vistos diplomático e oficial poderão ser transformados em autorização de residência, o que importará cessação de todas as prerrogativas, privilégios e imunidades decorrentes do respectivo visto.

**Art. 16.** Os vistos diplomático e oficial poderão ser concedidos a autoridades e funcionários estrangeiros que viajem ao Brasil em missão oficial de caráter transitório ou permanente, representando Estado estrangeiro ou organismo internacional reconhecido.

§ 1.º Não se aplica ao titular dos vistos referidos no *caput* o disposto na legislação trabalhista brasileira.

§ 2.º Os vistos diplomático e oficial poderão ser estendidos aos dependentes das autoridades referidas no *caput*.

**Art. 17.** O titular de visto diplomático ou oficial somente poderá ser remunerado por Estado estrangeiro ou organismo internacional, ressalvado o disposto em tratado que contenha cláusula específica sobre o assunto.

**Parágrafo único.** O dependente de titular de visto diplomático ou oficial poderá exercer atividade remunerada no Brasil, sob o amparo da legislação trabalhista brasileira, desde que seja nacional de país que assegure reciprocidade de tratamento ao nacional brasileiro, por comunicação diplomática.

**Art. 18.** O empregado particular titular de visto de cortesia somente poderá exercer atividade remunerada para o titular de visto diplomático, oficial ou de cortesia ao qual esteja vinculado, sob o amparo da legislação trabalhista brasileira.

**Parágrafo único.** O titular de visto diplomático, oficial ou de cortesia será responsável pela saída de seu empregado do território nacional.

### Seção III
### Do Registro e da Identificação Civil do Imigrante e dos Detentores de Vistos Diplomático, Oficial e de Cortesia

**Art. 19.** O registro consiste na identificação civil por dados biográficos e biométricos, e é obrigatório a todo imigrante detentor de visto temporário ou de autorização de residência.

§ 1.º O registro gerará número único de identificação que garantirá o pleno exercício dos atos da vida civil.

§ 2.º O documento de identidade do imigrante será expedido com base no número único de identificação.

§ 3.º Enquanto não for expedida identificação civil, o documento comprobatório de que o imigrante a solicitou à autoridade competente garantirá ao titular o acesso aos direitos disciplinados nesta Lei.

**Art. 20.** A identificação civil de solicitante de refúgio, de asilo, de reconhecimento de apatridia e de acolhimento humanitário poderá ser realizada com a apresentação dos documentos de que o imigrante dispuser.

**Art. 21.** Os documentos de identidade emitidos até a data de publicação desta Lei continuarão válidos até sua total substituição.

**Art. 22.** A identificação civil, o documento de identidade e as formas de gestão da base cadastral dos detentores de vistos diplomático, oficial e de cortesia atenderão a disposições específicas previstas em regulamento.

### CAPÍTULO III
### DA CONDIÇÃO JURÍDICA DO MIGRANTE E DO VISITANTE

### Seção I
### Do Residente Fronteiriço

**Art. 23.** A fim de facilitar a sua livre circulação, poderá ser concedida ao residente fronteiriço, mediante requerimento, autorização para a realização de atos da vida civil.

**Parágrafo único.** Condições específicas poderão ser estabelecidas em regulamento ou tratado.

# Art. 24

**Art. 24.** A autorização referida no *caput* do art. 23 indicará o Município fronteiriço no qual o residente estará autorizado a exercer os direitos a ele atribuídos por esta Lei.

§ 1.º O residente fronteiriço detentor da autorização gozará das garantias e dos direitos assegurados pelo regime geral de migração desta Lei, conforme especificado em regulamento.

§ 2.º O espaço geográfico de abrangência e de validade da autorização será especificado no documento de residente fronteiriço.

**Art. 25.** O documento de residente fronteiriço será cancelado, a qualquer tempo, se o titular:

I – tiver fraudado documento ou utilizado documento falso para obtê-lo;

II – obtiver outra condição migratória;

III – sofrer condenação penal; ou

IV – exercer direito fora dos limites previstos na autorização.

## Seção II
### Da Proteção do Apátrida e da Redução da Apatridia

**Art. 26.** Regulamento disporá sobre instituto protetivo especial do apátrida, consolidado em processo simplificado de naturalização.

§ 1.º O processo de que trata o *caput* será iniciado tão logo seja reconhecida a situação de apatridia.

§ 2.º Durante a tramitação do processo de reconhecimento da condição de apátrida, incidem todas as garantias e mecanismos protetivos e de facilitação da inclusão social relativos à Convenção sobre o Estatuto dos Apátridas de 1954, promulgada pelo Decreto 4.246, de 22 de maio de 2002, à Convenção relativa ao Estatuto dos Refugiados, promulgada pelo Decreto 50.215, de 28 de janeiro de 1961, e à Lei 9.474, de 22 de julho de 1997.

§ 3.º Aplicam-se ao apátrida residente todos os direitos atribuídos ao migrante relacionados no art. 4.º.

§ 4.º O reconhecimento da condição de apátrida assegura os direitos e garantias previstos na Convenção sobre o Estatuto dos Apátridas, de 1954, promulgada pelo Decreto 4.246, de 22 de maio de 2002, bem como outros direitos e garantias reconhecidos pelo Brasil.

§ 5.º O processo de reconhecimento da condição de apátrida tem como objetivo verificar se o solicitante é considerado nacional pela legislação de algum Estado e poderá considerar informações, documentos e declarações prestadas pelo próprio solicitante e por órgãos e organismos nacionais e internacionais.

§ 6.º Reconhecida a condição de apátrida, nos termos do inciso VI do § 1.º do art. 1.º, o solicitante será consultado sobre o desejo de adquirir a nacionalidade brasileira.

§ 7.º Caso o apátrida opte pela naturalização, a decisão sobre o reconhecimento será encaminhada ao órgão competente do Poder Executivo para publicação dos atos necessários à efetivação da naturalização no prazo de trinta dias, observado o art. 65.

§ 8.º O apátrida reconhecido que não opte pela naturalização imediata terá a autorização de residência outorgada em caráter definitivo.

§ 9.º Caberá recurso contra decisão negativa de reconhecimento da condição de apátrida.

§ 10. Subsistindo a denegação do reconhecimento da condição de apátrida, é vedada a devolução do indivíduo para país onde sua vida, integridade pessoal ou liberdade estejam em risco.

§ 11. Será reconhecido o direito de reunião familiar a partir do reconhecimento da condição de apátrida.

§ 12. Implica perda da proteção conferida por esta Lei:

I – a renúncia;

II – a prova da falsidade dos fundamentos invocados para o reconhecimento da condição de apátrida; ou

III – a existência de fatos que, se fossem conhecidos por ocasião do reconhecimento, teriam ensejado decisão negativa.

## Seção III
## Do Asilado

**Art. 27.** O asilo político, que constitui ato discricionário do Estado, poderá ser diplomático ou territorial e será outorgado como instrumento de proteção à pessoa.

**Parágrafo único.** Regulamento disporá sobre as condições para a concessão e a manutenção de asilo.

**Art. 28.** Não se concederá asilo a quem tenha cometido crime de genocídio, crime contra a humanidade, crime de guerra ou crime de agressão, nos termos do Estatuto de Roma do Tribunal Penal Internacional, de 1998, promulgado pelo Decreto 4.388, de 25 de setembro de 2002.

**Art. 29.** A saída do asilado do país sem prévia comunicação implica renúncia ao asilo.

## Seção IV
## Da Autorização de Residência

**Art. 30.** A residência poderá ser autorizada, mediante registro, ao imigrante, ao residente fronteiriço ou ao visitante que se enquadre em uma das seguintes hipóteses:

I – a residência tenha como finalidade:

*a*) pesquisa, ensino ou extensão acadêmica;

*b*) tratamento de saúde;

*c*) acolhida humanitária;

*d*) estudo;

*e)* trabalho;

*f)* férias-trabalho;

*g)* prática de atividade religiosa ou serviço voluntário;

*h)* realização de investimento ou de atividade com relevância econômica, social, científica, tecnológica ou cultural;

*i)* reunião familiar;

II – a pessoa:

*a)* seja beneficiária de tratado em matéria de residência e livre circulação;

*b)* seja detentora de oferta de trabalho;

*c)* já tenha possuído a nacionalidade brasileira e não deseje ou não reúna os requisitos para readquiri-la;

*d)* (*Vetado*);

*e)* seja beneficiária de refúgio, de asilo ou de proteção ao apátrida;

*f)* seja menor nacional de outro país ou apátrida, desacompanhado ou abandonado, que se encontre nas fronteiras brasileiras ou em território nacional;

*g)* tenha sido vítima de tráfico de pessoas, de trabalho escravo ou de violação de direito agravada por sua condição migratória;

*h)* esteja em liberdade provisória ou em cumprimento de pena no Brasil;

III – outras hipóteses definidas em regulamento.

§ 1.º Não se concederá a autorização de residência a pessoa condenada criminalmente no Brasil ou no exterior por sentença transitada em julgado, desde que a conduta esteja tipificada na legislação penal brasileira, ressalvados os casos em que:

I – a conduta caracterize infração de menor potencial ofensivo;

II – (*Vetado*); ou

III – a pessoa se enquadre nas hipóteses previstas nas alíneas *b, c* e *i* do inciso I e na alínea *a* do inciso II do *caput* deste artigo.

§ 2.º O disposto no § 1.º não obsta progressão de regime de cumprimento de pena, nos termos da Lei 7.210, de 11 de julho de 1984, ficando a pessoa autorizada a trabalhar quando assim exigido pelo novo regime de cumprimento de pena.

§ 3.º Nos procedimentos conducentes ao cancelamento de autorização de residência e no recurso contra a negativa de concessão de autorização de residência devem ser respeitados o contraditório e a ampla defesa.

**Art. 31.** Os prazos e o procedimento da autorização de residência de que trata o art. 30 serão dispostos em regulamento, observado o disposto nesta Lei.

§ 1.º Será facilitada a autorização de residência nas hipóteses das alíneas *a* e *e* do inciso I do art. 30 desta Lei, devendo a deliberação sobre a autorização ocorrer em prazo não superior a sessenta dias, a contar de sua solicitação.

§ 2.º Nova autorização de residência poderá ser concedida, nos termos do art. 30, mediante requerimento.

§ 3.º O requerimento de nova autorização de residência após o vencimento do prazo da autorização anterior implicará aplicação da sanção prevista no inciso II do art. 109.

§ 4.º O solicitante de refúgio, de asilo ou de proteção ao apátrida fará jus a autorização provisória de residência até a obtenção de resposta ao seu pedido.

> § 5.º Poderá ser concedida autorização de residência independentemente da situação migratória.
>
> **Art. 32.** Poderão ser cobradas taxas pela autorização de residência.
>
> **Art. 33.** Regulamento disporá sobre a perda e o cancelamento da autorização de residência em razão de fraude ou de ocultação de condição impeditiva de concessão de visto, de ingresso ou de permanência no país, observado procedimento administrativo que garanta o contraditório e a ampla defesa.
>
> **Art. 34.** Poderá ser negada autorização de residência com fundamento nas hipóteses previstas nos incisos I, II, III, IV e IX do art. 45.
>
> **Art. 35.** A posse ou a propriedade de bem no Brasil não confere o direito de obter visto ou autorização de residência em território nacional, sem prejuízo do disposto sobre visto para realização de investimento.
>
> **Art. 36.** O visto de visita ou de cortesia poderá ser transformado em autorização de residência, mediante requerimento e registro, desde que satisfeitos os requisitos previstos em regulamento.
>
> (...)

## Capítulo V
### DAS MEDIDAS DE RETIRADA COMPULSÓRIA[7]

**7. Diferença entre repatriação, deportação, expulsão, extradição e transferência de presos:** a extradição é um instrumento de cooperação internacional para a entrega de pessoa acusada da prática de crime a Estado estrangeiro, seja para responder ao processo, seja para cumprir a pena. Portanto, quando o Brasil extradita alguém significa que está colaborando para a repressão à criminalidade internacional, embora o extraditando possa não ter feito nada de errado em solo nacional. A repatriação é o encaminhamento do estrangeiro ao seu país de origem porque algum fator impeditivo não autorizou a sua entrada no Brasil. A deportação é a saída compulsória do território nacional, quando o estrangeiro aqui se encontra de maneira irregular, no campo da migração. A expulsão é a saída compulsória do território nacional do estrangeiro considerado inconveniente aos interesses nacionais, por exemplo, o autor de crime doloso. Cumpre lembrar que o reingresso de estrangeiro expulso é crime (art. 338, CP). Por derradeiro, convém mencionar a transferência de pessoa condenada, por meio de tratado. Como ilustração, o tratado de transferência de presos que o Brasil celebrou com Canadá, Argentina e Chile, inspirado pelo sequestro do empresário Abílio Diniz, cujos autores eram, na maioria, estrangeiros provenientes desses três países. Por pressões internacionais, firmou-se, primeiramente, o tratado para a transferência de presos entre Brasil e Canadá, assinado em Brasília, em 15 de julho de 1992. Foi aprovado pelo Decreto Legislativo 22, de 24 de agosto de 1993, passando a valer a partir da edição do Decreto 2.547 da Presidência da República, de 14 de abril de 1998. Em suma, esse tratado – que não é de extradição – prevê a possibilidade de condenados brasileiros no Canadá virem cumprir sua pena no Brasil, bem como que condenados canadenses no Brasil possam cumprir a pena no seu país de origem. As condições são as seguintes: "o crime pelo qual a pena foi imposta também deve constituir infração criminal no Estado Recebedor" (princípio da dupla tipicidade); "o preso deverá ser nacional do Estado Recebedor", "na ocasião da apresentação do pedido (...) devem restar pelo menos seis meses de pena por cumprir", não deve pender "de julgamento qualquer recurso em relação à condenação imposta ao preso no Estado Remetente ou que tenha expirado o prazo para a interposição de recurso".

# Art. 46

## Seção I
## Disposições Gerais

> **Art. 46.** A aplicação deste Capítulo observará o disposto na Lei 9.474, de 22 de julho de 1997,[8] e nas disposições legais, tratados, instrumentos e mecanismos que tratem da proteção aos apátridas ou de outras situações humanitárias.

**8. Trata-se do Estatuto do Refugiado.**

> **Art. 47.** A repatriação, a deportação e a expulsão serão feitas para o país de nacionalidade ou de procedência do migrante ou do visitante, ou para outro que o aceite, em observância aos tratados dos quais o Brasil seja parte.
>
> **Art. 48.** Nos casos de deportação ou expulsão, o chefe da unidade da Polícia Federal poderá representar perante o juízo federal, respeitados, nos procedimentos judiciais, os direitos à ampla defesa e ao devido processo legal.

## Seção II
## Da Repatriação

> **Art. 49.** A repatriação consiste em medida administrativa de devolução de pessoa em situação de impedimento ao país de procedência ou de nacionalidade.
>
> § 1.º Será feita imediata comunicação do ato fundamentado de repatriação à empresa transportadora e à autoridade consular do país de procedência ou de nacionalidade do migrante ou do visitante, ou a quem o representa.
>
> § 2.º A Defensoria Pública da União será notificada, preferencialmente por via eletrônica, no caso do § 4.º deste artigo ou quando a repatriação imediata não seja possível.
>
> § 3.º Condições específicas de repatriação podem ser definidas por regulamento ou tratado, observados os princípios e as garantias previstos nesta Lei.
>
> § 4.º Não será aplicada medida de repatriação à pessoa em situação de refúgio ou de apatridia, de fato ou de direito, ao menor de 18 anos desacompanhado ou separado de sua família, exceto nos casos em que se demonstrar favorável para a garantia de seus direitos ou para a reintegração a sua família de origem, ou a quem necessite de acolhimento humanitário, nem, em qualquer caso, medida de devolução para país ou região que possa apresentar risco à vida, à integridade pessoal ou à liberdade da pessoa.
>
> § 5.º (*Vetado*).

## Seção III
## Da Deportação

> **Art. 50.** A deportação é medida decorrente de procedimento administrativo que consiste na retirada compulsória de pessoa que se encontre em situação migratória irregular em território nacional.

§ 1.º A deportação será precedida de notificação pessoal ao deportando, da qual constem, expressamente, as irregularidades verificadas e prazo para a regularização não inferior a sessenta dias, podendo ser prorrogado, por igual período, por despacho fundamentado e mediante compromisso de a pessoa manter atualizadas suas informações domiciliares.

§ 2.º A notificação prevista no § 1.º não impede a livre circulação em território nacional, devendo o deportando informar seu domicílio e suas atividades.

§ 3.º Vencido o prazo do § 1.º sem que se regularize a situação migratória, a deportação poderá ser executada.

§ 4.º A deportação não exclui eventuais direitos adquiridos em relações contratuais ou decorrentes da lei brasileira.

§ 5.º A saída voluntária de pessoa notificada para deixar o país equivale ao cumprimento da notificação de deportação para todos os fins.

§ 6.º O prazo previsto no § 1.º poderá ser reduzido nos casos que se enquadrem no inciso IX do art. 45.

**Art. 51.** Os procedimentos conducentes à deportação devem respeitar o contraditório e a ampla defesa e a garantia de recurso com efeito suspensivo.

§ 1.º A Defensoria Pública da União deverá ser notificada, preferencialmente por meio eletrônico, para prestação de assistência ao deportando em todos os procedimentos administrativos de deportação.

§ 2.º A ausência de manifestação da Defensoria Pública da União, desde que prévia e devidamente notificada, não impedirá a efetivação da medida de deportação.

**Art. 52.** Em se tratando de apátrida, o procedimento de deportação dependerá de prévia autorização da autoridade competente.

**Art. 53.** Não se procederá à deportação se a medida configurar extradição não admitida pela legislação brasileira.

## Seção IV
## Da Expulsão

**Art. 54.** A expulsão consiste em medida administrativa de retirada compulsória de migrante ou visitante do território nacional, conjugada com o impedimento de reingresso por prazo determinado.

§ 1.º Poderá dar causa à expulsão a condenação com sentença transitada em julgado relativa à prática de:

I – crime de genocídio, crime contra a humanidade, crime de guerra ou crime de agressão, nos termos definidos pelo Estatuto de Roma do Tribunal Penal Internacional, de 1998, promulgado pelo Decreto 4.388, de 25 de setembro de 2002; ou

II – crime comum doloso passível de pena privativa de liberdade, consideradas a gravidade e as possibilidades de ressocialização em território nacional.

§ 2.º Caberá à autoridade competente resolver sobre a expulsão, a duração do impedimento de reingresso e a suspensão ou a revogação dos efeitos da expulsão, observado o disposto nesta Lei.

§ 3.º O processamento da expulsão em caso de crime comum não prejudicará a progressão de regime, o cumprimento da pena, a suspensão condicional do

# Art. 55

> processo, a comutação da pena ou a concessão de pena alternativa, de indulto coletivo ou individual, de anistia ou de quaisquer benefícios concedidos em igualdade de condições ao nacional brasileiro.[9]
>
> § 4.º O prazo de vigência da medida de impedimento vinculada aos efeitos da expulsão será proporcional ao prazo total da pena aplicada e nunca será superior ao dobro de seu tempo.

**9. Igualdade entre condenado brasileiro e estrangeiro:** esse dispositivo encerra uma disputa jurisprudencial, há muito conhecida, relativa à possibilidade de receber o estrangeiro todos os benefícios penais, previstos em lei, para o brasileiro, em caso de condenação. Pode-se conceder ao estrangeiro todas as medidas de política criminal para evitar o encarceramento no regime fechado por todo o cumprimento da pena. Tornam-se válidos o *sursis* ou a pena alternativa, evitando-se o cumprimento da pena em regime carcerário. Se for inserido no regime fechado, o estrangeiro pode pleitear a progressão para o regime semiaberto e para o aberto. Enfim, os benefícios de execução penal são os mesmos para nacionais e estrangeiros.

> **Art. 55.** Não se procederá à expulsão quando:
>
> I – a medida configurar extradição inadmitida pela legislação brasileira;
>
> II – o expulsando:
>
> *a)* tiver filho brasileiro que esteja sob sua guarda ou dependência econômica ou socioafetiva ou tiver pessoa brasileira sob sua tutela;[9-A]
>
> *b)* tiver cônjuge ou companheiro residente no Brasil, sem discriminação alguma, reconhecido judicial ou legalmente;
>
> *c)* tiver ingressado no Brasil até os 12 anos de idade, residindo desde então no país;
>
> *d)* for pessoa com mais de 70 anos que resida no país há mais de dez anos, considerados a gravidade e o fundamento da expulsão; ou
>
> *e)* (*Vetado*).

**9-A. Filho brasileiro:** STJ: "1. 'Na forma da jurisprudência, não se viabiliza a expulsão de estrangeiro visitante ou migrante do território nacional quando comprovado tratar-se de pai de criança brasileira que se encontre sob sua dependência socioafetiva (art. 55, II, a, da Lei nº 13.445/2017). Precedentes: STF, RE 608.898, Rel. Ministro Marco Aurélio, Tribunal Pleno, DJe 6/10/2020; STF, RHC 123.891-AgR, Rel. Ministra Rosa Weber, Primeira Turma, DJe 4/5/2021' (HC n. 666.247/DF, relator Ministro Sérgio Kukina, Primeira Seção, julgado em 10/11/2021, DJe de 18/11/2021). 2. Prevalência do princípio da prioridade absoluta no atendimento dos direitos e interesses da criança e do adolescente, no qual se insere o direito à convivência familiar, consoante o disposto no art. 227 da CF. Precedentes. 3. *Habeas corpus* concedido para revogar a Portaria n. 478, de 18/03/2009, do Ministro de Estado da Justiça e da Segurança Pública. Agravo interno da União julgado prejudicado" (HC 426.782 – SP, rel. Teodoro Silva Santos, 1.ª S., j. 12.06.2024, *DJe* 18.06.2024).

> **Art. 56.** Regulamento definirá procedimentos para apresentação e processamento de pedidos de suspensão e de revogação dos efeitos das medidas de expulsão e de impedimento de ingresso e permanência em território nacional.

**Art. 57.** Regulamento disporá sobre condições especiais de autorização de residência para viabilizar medidas de ressocialização a migrante e a visitante em cumprimento de penas aplicadas ou executadas em território nacional.

**Art. 58.** No processo de expulsão serão garantidos o contraditório e a ampla defesa.

§ 1.º A Defensoria Pública da União será notificada da instauração de processo de expulsão, se não houver defensor constituído.

§ 2.º Caberá pedido de reconsideração da decisão sobre a expulsão no prazo de dez dias, a contar da notificação pessoal do expulsando.

**Art. 59.** Será considerada regular a situação migratória do expulsando cujo processo esteja pendente de decisão, nas condições previstas no art. 55.

**Art. 60.** A existência de processo de expulsão não impede a saída voluntária do expulsando do país.

**Seção V**
**Das Vedações**

**Art. 61.** Não se procederá à repatriação, à deportação ou à expulsão coletivas.

**Parágrafo único.** Entende-se por repatriação, deportação ou expulsão coletiva aquela que não individualiza a situação migratória irregular de cada pessoa.

**Art. 62.** Não se procederá à repatriação, à deportação ou à expulsão de nenhum indivíduo quando subsistirem razões para acreditar que a medida poderá colocar em risco a vida ou a integridade pessoal.

(...)

**CAPÍTULO VIII**
**DAS MEDIDAS DE COOPERAÇÃO**

**Seção I**
**Da Extradição**

**Art. 81.** A extradição é a medida de cooperação internacional entre o Estado brasileiro e outro Estado pela qual se concede ou solicita a entrega de pessoa sobre quem recaia condenação criminal definitiva ou para fins de instrução de processo penal em curso.[10]

§ 1.º A extradição será requerida por via diplomática ou pelas autoridades centrais designadas para esse fim.

§ 2.º A extradição e sua rotina de comunicação serão realizadas pelo órgão competente do Poder Executivo em coordenação com as autoridades judiciárias e policiais competentes.

# Art. 82

**10. O conceito de extradição vem claramente exposto nesta Lei, diversamente do que ocorria antes, no Estatuto do Estrangeiro. Em análise dos requisitos da extradição:** STF: "IV – O Extraditando não é brasileiro nato ou naturalizado; os fatos narrados são considerados crimes no Brasil e no Estado requerente; não é crime político ou de opinião; os fatos são punidos com pena superior a 2 (dois) anos e não existem informações de que o extraditando seja refugiado e que não será submetido a julgamento perante tribunal ou juízo de exceção (art. 82, Lei 445/2017), bem como não se tem notícia de que tenha sido indultado, ou mesmo contemplado pela concessão de anistia, graça, refúgio ou asilo territorial no Brasil (art. 82, IX, Lei 13.445/2017). V – Requisitos dos artigos 83 e 88, § 3º, da Lei de Migração presentes. Inexistência de qualquer hipótese impeditiva prevista no artigo 5º, LII, da Constituição Federal e no artigo 82, VII, da Lei 13.445/2007. VI – Reciprocidade oferecida pelo Reino dos Países Baixos e compromissos do artigo 96 da Lei 13.445/2017 assumidos (detração e comutação da prisão em 30 anos). VII – O Extraditando responde a processo penal no Brasil pela prática do crime de tráfico de entorpecentes, tendo sido condenado, sem trânsito em julgado, ainda. VIII – A simples alegação de que a extradição colocará a vida do extraditando em risco sem comprovação idônea não obsta o deferimento do pedido. IX – Extradição deferida, condicionada a entrega à formalização dos compromissos assumidos pelo Estado requerente e à conclusão do processo penal a que responde o Extraditando (artigo 95, Lei de Migração e Tratado de Transferência de Pessoas Condenadas e Execução de Penas Impostas por Julgamentos entre o Brasil e o Reino dos Países Baixos – Haia 23/01/2009), sem prejuízo da prerrogativa do Presidente da República de promover a sua entrega imediata" (Ext 1.586 – DF, 2.ª T., rel. Nunes Marques, 29.03.2021, v.u.).

---

**Art. 82.** Não se concederá a extradição quando:

I – o indivíduo cuja extradição é solicitada ao Brasil for brasileiro nato;[11]

II – o fato que motivar o pedido não for considerado crime no Brasil ou no Estado requerente;[12]

III – o Brasil for competente, segundo suas leis, para julgar o crime imputado ao extraditando;[13]

IV – a lei brasileira impuser ao crime pena de prisão inferior a dois anos;[14]

V – o extraditando estiver respondendo a processo ou já houver sido condenado ou absolvido no Brasil pelo mesmo fato em que se fundar o pedido;[15]

VI – a punibilidade estiver extinta pela prescrição, segundo a lei brasileira ou a do Estado requerente;[16]

VII – o fato constituir crime político ou de opinião;[17]

VIII – o extraditando tiver de responder, no Estado requerente, perante tribunal ou juízo de exceção;[18] ou

IX – o extraditando for beneficiário de refúgio, nos termos da Lei 9.474, de 22 de julho de 1997, ou de asilo territorial.[19]

§ 1.º A previsão constante do inciso VII do *caput* não impedirá a extradição quando o fato constituir, principalmente, infração à lei penal comum ou quando o crime comum, conexo ao delito político, constituir o fato principal.[20]

§ 2.º Caberá à autoridade judiciária competente a apreciação do caráter da infração.[21]

§ 3.º Para determinação da incidência do disposto no inciso I, será observada, nos casos de aquisição de outra nacionalidade por naturalização, a anterioridade do fato gerador da extradição.[22]

§ 4.º O Supremo Tribunal Federal poderá deixar de considerar crime político o atentado contra chefe de Estado ou quaisquer autoridades, bem como crime contra a humanidade, crime de guerra, crime de genocídio e terrorismo.[23]

§ 5.º Admite-se a extradição de brasileiro naturalizado, nas hipóteses previstas na Constituição Federal.[24]

**11. Regra constitucional prevalente:** dispõe o art. 5.º, LI, da Constituição Federal o seguinte: "nenhum brasileiro será extraditado, salvo o naturalizado, em caso de crime comum, praticado antes da naturalização, ou de comprovado envolvimento em tráfico ilícito de entorpecentes e drogas afins, na forma da lei". A norma constitucional data de 1988 e a atual Lei de Migração foi editada em harmonia à Magna Carta. A situação, em relação ao brasileiro, pode ser reduzida às seguintes hipóteses: a) brasileiro nato: jamais será extraditado; b) brasileiro naturalizado: poderá ser extraditado, caso a naturalização tenha sido obtida após o cometimento da infração penal, motivadora do pedido; c) brasileiro naturalizado: poderá ser extraditado, caso fique comprovado seu envolvimento em tráfico ilícito de drogas. A primeira situação referente ao brasileiro naturalizado é lógica, uma vez que o agente criminoso buscou a sua permanência no país, conseguindo a cidadania nacional, para fugir à responsabilidade em relação a fato criminoso já praticado. Em outros termos, tratou-se de uma naturalização *fraudulenta*. Na segunda hipótese, torna-se incompreensível a medida tomada pelo legislador constituinte. O brasileiro naturalizado que, *mesmo após ter conseguido a cidadania nacional*, envolver-se (quer-se, pelo menos, entender que haja decisão condenatória com trânsito em julgado, comprovando sua culpa) em tráfico ilícito de drogas, poderá ser extraditado. Por que não em casos de homicídios, estupros ou latrocínios (crimes mais graves)? Ou tortura (não somente grave, mas delito contra a humanidade)? Em suma, a eleição feita com relação aos delitos ligados ao tráfico ilícito de entorpecentes foi casuística e não se justifica.

**12. Dupla tipicidade:** um dos requisitos fundamentais para haver a extradição é a constatação da dupla tipicidade, ou seja, o fato cometido pelo extraditando necessita ser considerado crime (e não contravenção penal) tanto no Brasil como no Estado requerente. Essa avaliação envolve os elementos do tipo e não a sua denominação. Portanto, o *nomen juris* é indiferente, valendo checar se a conduta típica, como um todo, é idêntica nos dois países. Na jurisprudência: STF: "2. A conduta atribuída ao extraditando corresponde, no Brasil, àquela prevista no art. 217-A, c/c o art. 226, II, do Código Penal, estando atendido, portanto, o requisito da dupla tipicidade" (Ext 1.770, 2.ª T., rel. Nunes Marques, 12.08.2024, v.u.); "1. A extradição busca processar e julgar o extraditando em decorrência do cometimento da prática de delito de homicídio qualificado, previsto no art. 391 do Código Penal chileno. 2. Incidem, no caso, a dupla tipicidade e a dupla punibilidade, de acordo com as legislações brasileira e chilena" (Ext 1.662, 2.ª T., rel. André Mendonça, 17.06.2024, v.u.).

**13. Competência da Justiça brasileira para o caso:** esse é um impedimento natural à extradição, pois afeito à soberania nacional. Se as leis brasileiras autorizam a ação da Justiça local para processar e julgar o caso, nada justifica que o agente seja enviado ao exterior para um julgamento por tribunal estrangeiro. Exemplo: se o crime tiver o início da execução nos Estados Unidos e o resultado se der no Brasil, cabe o julgamento à Justiça Federal brasileira (art. 6.º, CP, c/c o art. 109, V, CF). Logo, não será concedida a extradição, ainda que solicitada pela Justiça americana.

**14. Penas razoáveis:** não tem sentido possibilitar a extradição de alguém, em processo complexo e custoso, para ser processado e condenado a uma pena de multa, por exemplo. Por isso, elegeu a lei brasileira o montante superior a dois anos de pena privativa de liberdade.

# Art. 82

**Leis Penais e Processuais Penais Comentadas – Vol. 2 · Nucci**

Devemos entender que essa seja a pena máxima – e não a mínima. Portanto, delitos cuja pena máxima em abstrato não cheguem a dois anos estão fora da relação da viabilidade de extradição. Essa previsão está de acordo com o conceito de crimes de menor potencial ofensivo: os que possuem pena máxima igual ou inferior a dois anos. Somente se pode extraditar o autor de infração penal que não seja de menor potencial ofensivo. Conferir: STF: "O fato de a lei estrangeira cominar pena privativa de liberdade, alternativamente à pena de multa, não impede o deferimento da extradição. O requisito da mínima ofensividade do delito sobre o qual se funda o pedido de extradição, previsto no art. 77, IV, da Lei 6.815/80 [hoje art. 82, IV, Lei 13.445/2017], deve ser aferido exclusivamente sob a ótica da pena cominada na lei brasileira. Precedentes" (Ext 1.409 – DF, 1.ª T., rel. Edson Fachin, 15.03.2016, v.u.).

**15. Vedação do *bis in idem*:** corretamente, seguindo parâmetros internacionais de respeito aos direitos humanos fundamentais, ninguém deve ser julgado e processado duas ou mais vezes pelo mesmo fato. Por isso, se o extraditando estiver respondendo no Brasil pelo crime sobre o qual pesa um pedido de extradição, será este indeferido. O mesmo ocorrerá, caso o extraditando já tenha sido julgado, no Brasil.

**16. Prescrição:** é um instituto utilizado no Brasil para vedar processos contra agentes de crimes ocorridos há muito tempo. Alguns outros países se valem, igualmente, da prescrição, havendo os que não a utilizam. Os fundamentos para sua adoção são variados (desde que o esquecimento do fato pela população com o decurso do tempo até a alteração comportamental natural do agente em razão do passar dos anos). Em suma, deve-se checar o prazo prescricional, previsto para o delito, objeto do pedido de extradição, segundo a lei brasileira e de acordo com a lei do país requerente (se houver a adoção da prescrição). A que for mais favorável será a lei aplicável. Por isso, constatando-se a prescrição, conforme a lei nacional ou de acordo com a estrangeira, não mais se autoriza a extradição. Na jurisprudência: STF: "1. Requisito da dupla tipicidade previsto no art. 77, inc. II, da Lei n. 6.815/1980 [atual art. 82, II, Lei 13.445/2017] cumprido: fatos delituosos imputados ao extraditando correspondentes, no Brasil, ao crime de estelionato (art. 171 do Código Penal brasileiro). 2. O pedido formulado pelo Estado requerente atende apenas parcialmente aos pressupostos necessários ao deferimento, porque o fato delituoso que lhe serve de fundamento está prescrito, de acordo com os arts. 171, 109, inc. III, e 111, inc. I, do Código Penal brasileiro, aplicando-se o disposto no art. 77, inc. VI, da Lei n. 6.815/1980. 3. Extradição indeferida" (Ext 1.432 – DF, 2.ª T., rel. Cármen Lúcia, 03.05.2016, v.u.).

**17. Crime político e de opinião:** dispõe o art. 5.º, LII, da Constituição Federal: "não será concedida extradição de estrangeiro por crime político ou de opinião". Acrescentou-se, em 1988, diretamente no texto constitucional, a vedação à extradição por delito de opinião. O crime político é aquele que ofende interesses políticos do Estado, tais como a independência, a honra, a forma de governo, entre outros. Há, basicamente, três critérios para averiguar se o crime em questão é político: a) *critério objetivo*: liga-se à qualidade do bem jurídico ameaçado ou ofendido (ex.: a soberania do Estado ou sua integridade territorial); b) *critério subjetivo*: leva em conta a natureza do motivo que impele à ação, devendo ser sempre político (ex.: conseguir dinheiro destinado a sustentar a atividade de um partido político clandestino); c) *critério misto*: é a conjunção dos dois anteriores. Trata-se da tendência atual. Existem crimes denominados *políticos relativos* (complexos ou mistos), que são os delitos comuns determinados, no todo ou em parte, por motivos políticos. Os crimes de opinião são os que representam abuso na liberdade de manifestação do pensamento. A qualificação do crime como político ou de opinião é do Estado ao qual é pedida a extradição, e não do país que a requer. No caso brasileiro, o critério é extraído pelo Supremo Tribunal Federal.

**18. Juízo ou tribunal de exceção:** preceitua o art. 5.º, XXXVII, da Constituição Federal: "não haverá juízo ou tribunal de exceção". Do mesmo modo, consagrando, em outras palavras, o mesmo princípio, que é a preservação do juiz natural e imparcial, estabelece o art. 5.º, LIII: "ninguém será processado nem sentenciado senão pela autoridade competente". Por isso, em atendimento à tradição brasileira de evitar os juízos ou tribunais parciais, especialmente criados para o julgamento de casos particulares, veda essa Lei a extradição, caso o agente seja submetido a esse tipo de Corte no exterior. Na jurisprudência: STF: "7. É possível também ao Supremo Tribunal Federal rejeitar o pedido de extradição passiva quando a submissão do estrangeiro à Jurisdição do Estado requerente possa implicar em violação a direitos humanos internacionalmente reconhecidos, dentre eles, a garantia de ser julgado por juiz isento, imparcial, e sob a égide do devido processo legal. Óbice também previsto no art. 82, VIII, da Lei de Migração. 8. Ressuma dos autos notícia de que o Estado Requerente vem sendo questionado por atitudes de menoscabo à democracia, inclusive de glosas, feitas pelo Parlamento Europeu, ao aumento do controle realizado pelo Poder Executivo e à pressão política no trabalho dos Magistrados (Resolução de 13 de março de 2019). A isso, somam-se as evidências de instabilidade política, com demissões de juízes e prisões de opositores ao governo (E-doc. 49). 9. Contexto no qual há fundada dúvida quanto às garantias de que o extraditando será efetivamente submetido a um tribunal independente e imparcial, a salvo de instabilidades e pressões exógenas e endógenas. 10. Pedido de extradição indeferido, em razão dos óbices plasmados no art. 82, II, VII e VIII da Lei 13.445/2017" (Ext. 0018880-87.2019.1.00.0000, 2.ª T., rel. Edson Fachin, j. 06.08.2019, v.u.).

**19. Refugiado:** preceitua o art. 33 da Lei 9.474/97 que "o reconhecimento da condição de refugiado obstará o seguimento de qualquer pedido de extradição baseado nos fatos que fundamentaram a concessão de refúgio". Esses fatos, como regra, sustentam-se nos seguintes aspectos, definidos no art. 1º da referida Lei: "Será reconhecido como refugiado todo indivíduo que: I – devido a fundados temores de perseguição por motivos de raça, religião, nacionalidade, grupo social ou opiniões políticas encontre-se fora de seu país de nacionalidade e não possa ou não queira acolher-se à proteção de tal país; II – não tendo nacionalidade e estando fora do país onde antes teve residência habitual, não possa ou não queira regressar a ele, em função das circunstâncias descritas no inciso anterior; III – devido a grave e generalizada violação de direitos humanos, é obrigado a deixar seu país de nacionalidade para buscar refúgio em outro país". Além disso, os efeitos da condição de refugiado estendem-se aos familiares (ascendentes e descendentes, bem como aos demais membros da família, quando houver dependência econômica, estando todos no território nacional), nos termos do art. 2.º. Impede-se o reconhecimento da condição de refugiado, nos termos do art. 3.º, aos indivíduos que: "I – já desfrutem de proteção ou assistência por parte de organismo ou instituição das Nações Unidas que não o Alto Comissariado das Nações Unidas para os Refugiados – Acnur; II – sejam residentes no território nacional e tenham direitos e obrigações relacionados com a condição de nacional brasileiro; III – tenham cometido crime contra a paz, crime de guerra, crime contra a humanidade, crime hediondo, participado de atos terroristas ou tráfico de drogas; IV – sejam considerados culpados de atos contrários aos fins e princípios das Nações Unidas".

**20. Crime político ou de opinião secundário:** não impedirá a extradição. Por vezes, há um delito comum muito grave (como a extorsão mediante sequestro), que pode ligar-se a um crime político qualquer. Essa conexão não servirá de obstáculo à extradição. O mesmo se diga quando o caráter comum do delito (extorsão mediante sequestro) prevalecer sobre o seu aspecto político (sequestro realizado para firmar uma posição política).

**21. Apreciação do caráter político ou de opinião:** cabe ao Supremo Tribunal Federal.

**22. Naturalização fraudulenta:** já comentamos em nota anterior que a naturalização conseguida *depois* da prática do delito não é causa impeditiva à extradição.

# Art. 83

**23. Restrição ao conceito de crime político:** essa tem sido a tendência mundial, em especial no que toca ao terrorismo. O delito político atenta contra as instituições políticas de um Estado, devendo centrar-se em objetivos de igual monta, voltando-se o agente contra o Governo ou seus agentes. Não seria mesmo viável admitir-se o caráter de infração política à conduta de quem faz explodir uma bomba, por exemplo, em local de grande circulação de civis, longe de instalação militar ou governamental, ferindo e matando milhares de inocentes. Lutas políticas não devem envolver cidadãos comuns, eleitos como alvos fáceis e mortos ao acaso, somente para provocar comoção nacional. Quem assim age, distante de ideais verdadeiramente ideológicos, mais se assemelha a um delinquente perverso, cuja bandeira política é somente camuflagem para seus propósitos criminosos comuns.

**24. Extradição de brasileiro naturalizado:** tema já abordado na nota 7 *supra*.

> **Art. 83.** São condições para concessão da extradição:
>
> I – ter sido o crime cometido no território do Estado requerente ou serem aplicáveis ao extraditando as leis penais desse Estado; e[25]
>
> II – estar o extraditando respondendo a processo investigatório ou a processo penal ou ter sido condenado pelas autoridades judiciárias do Estado requerente a pena privativa de liberdade.[26]

**25. Territorialidade ou extraterritorialidade:** para que o Brasil possa extraditar o estrangeiro, torna-se imperioso saber se o Estado requerente, conforme as leis que o regem, podem processar o extraditando, seja pelo princípio da territorialidade (o crime aconteceu em seu território) ou por regras de extraterritorialidade (a lei do Estado requerente alcança o ato do estrangeiro no lugar onde ele realizou a infração penal).

**26. Investigação ou processo no exterior:** é preciso verificar se o Estado solicitante apresentou, entre os vários documentos, cópia de sentença condenatória, com trânsito em julgado, impondo pena privativa de liberdade – não se autoriza a extradição para cumprimento de pena restritiva de direitos ou para o pagamento de multa. Por outro lado, pode-se extraditar alguém cuja prisão cautelar (preventiva, por exemplo) tenha sido decretada pela autoridade competente do Estado requerente, conforme a legislação estrangeira. Quer isso significar que não é preciso, necessariamente, ser uma prisão decretada por magistrado, como ocorre no Brasil. Se a polícia ou o Ministério Público, em outro país, tem competência para isso, pode-se autorizar a extradição.

> **Art. 84.** Em caso de urgência, o Estado interessado na extradição poderá, previamente ou conjuntamente com a formalização do pedido extradicional, requerer, por via diplomática ou por meio de autoridade central do Poder Executivo, prisão cautelar com o objetivo de assegurar a executoriedade da medida de extradição que, após exame da presença dos pressupostos formais de admissibilidade exigidos nesta Lei ou em tratado, deverá representar à autoridade judicial competente, ouvido previamente o Ministério Público Federal.[27]
>
> § 1.º O pedido de prisão cautelar deverá conter informação sobre o crime cometido e deverá ser fundamentado, podendo ser apresentado por correio, *fax*, mensagem eletrônica ou qualquer outro meio que assegure a comunicação por escrito.[28]
>
> § 2.º O pedido de prisão cautelar poderá ser transmitido à autoridade competente para extradição no Brasil por meio de canal estabelecido com o

ponto focal da Organização Internacional de Polícia Criminal (Interpol) no país, devidamente instruído com a documentação comprobatória da existência de ordem de prisão proferida por Estado estrangeiro, e, em caso de ausência de tratado, com a promessa de reciprocidade[29] recebida por via diplomática.

§ 3.º Efetivada a prisão do extraditando, o pedido de extradição será encaminhado à autoridade judiciária competente.[30]

§ 4.º Na ausência de disposição específica em tratado, o Estado estrangeiro deverá formalizar o pedido de extradição no prazo de sessenta dias, contado da data em que tiver sido cientificado da prisão do extraditando.[31]

§ 5.º Caso o pedido de extradição não seja apresentado no prazo previsto no § 4.º, o extraditando deverá ser posto em liberdade, não se admitindo novo pedido de prisão cautelar pelo mesmo fato sem que a extradição tenha sido devidamente requerida.[32]

§ 6.º A prisão cautelar poderá ser prorrogada até o julgamento final da autoridade judiciária competente quanto à legalidade do pedido de extradição.[33]

**27. Pedido de prisão cautelar:** havendo necessidade, especialmente para evitar que o extraditando fuja do Brasil, o Estado requerente pode pleitear a prisão cautelar. Ouvido o Ministério Público Federal, cabe ao Ministro relator do STF decretá-la, ou não, feita a avaliação dos pressupostos mínimos indispensáveis. A lei menciona somente *autoridade judicial competente*, dando a impressão de que qualquer magistrado poderia fazê-lo. No entanto, segundo cremos, somente quem pode autorizar a extradição tem competência para decretar a prisão, no caso, o Pretório Excelso.

**28. Formalidade do pedido:** o Estado requerente pode fazer o pedido chegar às autoridades brasileiras por qualquer meio idôneo possível. Esta norma já era prevista no anterior Estatuto do Estrangeiro.

**29. Reciprocidade:** em respeito à soberania dos países e cuidando-se a extradição de um instrumento de *cooperação* internacional para reprimir a criminalidade, é fundamental haver reciprocidade de tratamento. Portanto, pode o Brasil manter um tratado específico para todos os casos de extradição que eventualmente ocorram com outro país (ex.: Estados Unidos, Itália, Chile, Equador, México, Bolívia, Lituânia, Venezuela, Colômbia, Uruguai, Bélgica, Argentina, Austrália), como também, na ausência do tratado, pode aceitar o pedido de extradição feito por país, desde que este lhe ofereça, expressamente, reciprocidade. Em outros termos, o país pede a extradição de determinada pessoa e menciona que, no futuro, havendo interesse do Brasil, poderá lhe conceder a extradição de quem seja o seu objetivo atingir. A assinatura de tratado e de convenção nasce da vontade do Presidente da República (art. 84, VIII, CF), referendada pelo Congresso Nacional (art. 49, I, CF).

**30. Encaminhamento ao Judiciário:** efetivada a prisão cautelar do extraditando, encaminha-se o feito ao STF para deliberação. Significa, portanto, que o Executivo já avaliou o pleito e considerou-o apto a seguir à frente.

**31. Prazo para a formalização do pedido de extradição:** a partir da edição dessa Lei, passa a ser de 60 dias o prazo que o Estado requerente possui para ingressar com o pedido oficial de extradição, após a prisão cautelar ter-se efetivado. Anteriormente, dispunha-se de 90 dias. A despeito disso, se houver tratado de extradição entre o Brasil e o Estado requerente, deve-se respeitar o prazo estipulado no tratado (ex.: no caso da Argentina, o pedido deve ingressar em 45 dias).

# Art. 85

**32. Excesso de prazo:** gera constrangimento ilegal o fato de ter sido efetivada a prisão cautelar e o Estado requerente não ter ingressado com o pedido principal no prazo máximo de 60 dias. Se isso ocorrer, deve-se soltar o extraditando. Eventual novo pedido de prisão cautelar somente será conhecido caso já exista pedido de extradição formalizado.

**33. Duração da prisão cautelar:** pode estender-se até final julgamento do STF a respeito do mérito da extradição. Trata-se de medida correta, pois o Pretório Excelso não deve reunir--se, em plenário, para decidir um caso cujo resultado possa ser temerário, caso o extraditando esteja solto.

> **Art. 85.** Quando mais de um Estado requerer a extradição da mesma pessoa, pelo mesmo fato, terá preferência o pedido daquele em cujo território a infração foi cometida.[34]
>
> § 1.º Em caso de crimes diversos, terá preferência, sucessivamente:
>
> I – o Estado requerente em cujo território tenha sido cometido o crime mais grave, segundo a lei brasileira;
>
> II – o Estado que em primeiro lugar tenha pedido a entrega do extraditando, se a gravidade dos crimes for idêntica;
>
> III – o Estado de origem, ou, em sua falta, o domiciliar do extraditando, se os pedidos forem simultâneos.
>
> § 2.º Nos casos não previstos nesta Lei, o órgão competente do Poder Executivo decidirá sobre a preferência do pedido, priorizando o Estado requerente que mantiver tratado de extradição com o Brasil.
>
> § 3.º Havendo tratado com algum dos Estados requerentes, prevalecerão suas normas no que diz respeito à preferência de que trata este artigo.[35]

**34. Disputa entre Estados e regra geral:** um criminoso pode agir em vários países, nascendo, portanto, o interesse na sua extradição proveniente de várias partes. O Brasil, segundo consagração feita pelo art. 85, *caput*, dessa Lei, seguirá o preceituado em sua própria legislação penal (art. 5.º, *caput*, CP), ou seja, prevalece a regra geral, que é o princípio da territorialidade. Um infrator deve ser julgado no lugar onde praticou o crime. Essa, afinal, é uma das finalidades da pena: servir de exemplo e fator de intimidação à sociedade. Terá preferência o país em cujo território o delito concretizou-se. A partir daí, havendo infrações que se estendam por mais de um território estrangeiro, surgem as regras complementares previstas nos incisos I, II e III do art. 85, § 1.º: a) a preferência segue ao Estado onde foi cometido o crime mais grave, gravidade esta analisada conforme a nossa legislação; b) transfere-se, na sequência, o direito de preferência ao Estado, na hipótese de igualdade quanto à gravidade dos delitos, que primeiro houver pedido a extradição; c) quando os pedidos forem simultâneos, a preferência termina com o Estado de origem do extraditando (de sua nacionalidade), ou, na falta dessa constatação, onde ele mantinha domicílio; d) depois disso, decidirá o Governo brasileiro como quiser, dando preferência ao país com o qual tiver tratado de extradição, conforme preceitua o disposto no § 2.º do art. 85. Na jurisprudência: STF: "1. O artigo 79, § 1.º e incisos, da Lei n. 6.815/1980 [atual art. 85, § 1º e incisos, da Lei 13.445/2017] estabelece critérios para determinar a preferência em relação a Estados estrangeiros que formulem, concomitantemente, pedidos de extradição. 2. In casu, o extraditando também é requerido pelo Governo da Hungria nos autos da Extradição n. 1.408, a fim de que responda naquele país por crimes idênticos, mas que não caracterizam litispendência (delitos praticados em locais, tempo, modo, circunstâncias e contra vítimas diferentes), a acarretar a análise da preferência do Estado requerente de que trata o artigo 79, § 1.º e incisos, da Lei n. 6.815/80 [atual art. 85, § 1o e incisos, da Lei 13.445/2017], *incidindo, in casu,* o inciso II do mencionado artigo: 'o que em primeiro lugar houver pedido a entrega do extraditando, se a gravidade dos crimes for idêntica'. A gravidade dos crimes é idêntica e o pedido do Governo da Hungria, formalizado em 17/07/2015, antecedeu o do Governo da Romênia, apresentado em 06/08/2015, impondo-se o deferimento do pedido do Governo húngaro, restando prejudicado o pleito do Governo romeno. 3. Pedido de extradição prejudicado" (Ext 1.411 – DF, 1.ª T., rel. Luiz Fux, 16.02.2016, v.u.).

**35. Regra especial:** não se adota o disposto no art. 85, para a eleição do Estado reque-rente, em caso de disputa pelo extraditando, quando houver tratado. Este funcionará como *lei especial,* que afasta a aplicação da norma geral da Lei de Migração. É natural que, possuindo tratado com o país "X", terá este preferência em obter o extraditando, em lugar do país "Y", que nenhum acordo mantém com o Brasil, salvo se o próprio tratado dispuser em sentido diverso.

> **Art. 86.** O Supremo Tribunal Federal, ouvido o Ministério Público, poderá autorizar prisão-albergue ou domiciliar ou determinar que o extraditando responda ao processo de extradição em liberdade, com retenção do docu-mento de viagem ou outras medidas cautelares necessárias, até o julgamento da extradição ou a entrega do extraditando, se pertinente, considerando a situação administrativa migratória, os antecedentes do extraditando e as circunstâncias do caso.[36]

**36. Prisão cautelar e suas alternativas:** sempre foi condição para o STF deliberar sobre o pedido de extradição que o extraditando estivesse preso cautelarmente como condição de procedibilidade do pedido. Conferir: STF: "A prisão preventiva é condição de procedibilidade do pedido de extradição, não sendo este um requisito excepcionável quanto à alegada debilidade da saúde do extraditando" (Ext 1.409 – DF, 1.ª T., rel. Edson Fachin, 15.03.2016, v.u.). No entanto, o próprio Supremo Tribunal Federal já havia produzido decisões liberatórias, permitindo que o extraditando ficasse em prisão domiciliar, por exemplo. Diante disso, o legislador inseriu nesse dispositivo, expressamente, várias alternativas: a) permitir a prisão-albergue (em Casa do Alber-gado) ou domiciliar; b) permanecer o extraditando em liberdade com retenção do passaporte; c) aplicar outras medidas alternativas, como as previstas no art. 319 do CPP (não sair do Distrito Federal ou da Comarca onde reside, por exemplo). Para isso, o STF avaliará situação administra-tiva migratória, os antecedentes do extraditando e as circunstâncias concretas do caso avaliado.

> **Art. 87.** O extraditando poderá entregar-se voluntariamente ao Estado requerente, desde que o declare expressamente, esteja assistido por advoga-do e seja advertido de que tem direito ao processo judicial de extradição e à proteção que tal direito encerra, caso em que o pedido será decidido pelo Supremo Tribunal Federal.[37]

**37. Partida voluntária:** sob a égide do Estatuto do Estrangeiro não se inseria tal cláusula, pois se argumentava ser uma matéria que envolvia a soberania nacional (como exemplo: STF: "Nos termos da jurisprudência do Supremo Tribunal Federal, a anuência do extraditando ao pedido de entrega não desobriga o Estado requerente do atendimento das exigências que timbram o processo extradicional. Noutro falar, a concordância do estrangeiro requestado não afasta o exame, por esta nossa Casa de Justiça, da legalidade do pedido de extradição" [Ext 1.156 – Reino da Suécia, T.P., rel. Carlos Britto, 04.06.2009, v.u.]). Na atual Lei, permi-te-se a entrega voluntária do extraditando ao Estado requerente, inserindo como condições:

# Art. 88

a) declaração expressa nesse sentido; b) assistência de advogado; c) advertência de que tem direito a um processo judicial de extradição e à proteção jurídica; d) deliberação do STF. Com a devida vênia, nem antes era uma questão de soberania nacional, nem mesmo agora seria preciso tantos requisitos. Se o extraditando quiser deixar o Brasil voltando (ou dirigindo-se) ao país requerente, o Brasil não pode se imiscuir. Seria absurda a decisão do STF negando a saída do extraditando do Brasil, após ele expressar claramente seu desejo de *ir embora*. O que farão as autoridades brasileiras? Vão naturalizá-lo brasileiro à força? Tivemos um precedente histórico. O conhecido Ronald Biggs, acusado de ter assaltado o trem pagador na década de 1960 na Inglaterra, veio para o Brasil e aqui permaneceu por vários anos, a despeito de pedido (negado) de extradição feito pelo seu país de origem. Ocorre que, após dois derrames, Biggs não quis enfrentar o sistema de saúde gratuito brasileiro e resolveu entregar-se voluntariamente à Inglaterra. Este país mandou um jato privado e Biggs foi embora juntamente com a assistência de seu filho brasileiro. Preferiu terminar sua existência terrena em presídio britânico, cercado de cuidados médicos.

> **Art. 88.** Todo pedido que possa originar processo de extradição em face de Estado estrangeiro deverá ser encaminhado ao órgão competente do Poder Executivo diretamente pelo órgão do Poder Judiciário responsável pela decisão ou pelo processo penal que a fundamenta.[38]
>
> § 1.º Compete a órgão do Poder Executivo o papel de orientação, de informação e de avaliação dos elementos formais de admissibilidade dos processos preparatórios para encaminhamento ao Estado requerido.[39]
>
> § 2.º Compete aos órgãos do sistema de Justiça vinculados ao processo penal gerador de pedido de extradição a apresentação de todos os documentos, manifestações e demais elementos necessários para o processamento do pedido, inclusive suas traduções oficiais.[40]
>
> § 3.º O pedido deverá ser instruído com cópia autêntica ou com o original da sentença condenatória ou da decisão penal proferida, conterá indicações precisas sobre o local, a data, a natureza e as circunstâncias do fato criminoso e a identidade do extraditando e será acompanhado de cópia dos textos legais sobre o crime, a competência, a pena e a prescrição.[41]
>
> § 4.º O encaminhamento do pedido de extradição ao órgão competente do Poder Executivo confere autenticidade aos documentos.[42]

**38. Pedido feito pelo Brasil:** o órgão judiciário que proferir uma decisão condenatória ou expedir um mandado de prisão a um estrangeiro, no exterior, ou brasileiro, também localizado no exterior, deve encaminhá-la ao Poder Executivo para que o Brasil se torne o Estado requerente da extradição.

**39. Avaliação do Executivo:** a norma em comento é clara, apontando caber ao órgão executivo preparar o pedido de extradição, conforme o que vem disposto em eventual tratado mantido pelo Brasil e pelo Estado estrangeiro requerido ou preparando uma oferta de reciprocidade.

**40. Atribuição do Judiciário:** levando-se em consideração que a decisão condenatória ou consubstanciada em prisão cautelar partiu de um órgão judicial, por óbvio, cabe a este reunir todos os documentos necessários para instruir o pedido de extradição a ser feito pelo Executivo a outro país. São fundamentais as cópias do processo e sua tradução oficial, além de algum outro documento exigido por eventual tratado existente entre o Brasil e o Estado requerido.

**41. Formalidades:** não destoam essas formalidades das mesmas que o Brasil exige quando um Estado estrangeiro requer a extradição de pessoa que se encontra em território nacional. É preciso avaliar a dupla tipicidade, a ocorrência ou não da prescrição, o montante da pena a ser aplicada, a lisura do processo judicial, enfim, todos os dados necessários para que o Estado requerido se sinta à vontade para conceder a extradição.

**42. Autenticidade:** a partir do momento que o Poder Executivo brasileiro avaliza a documentação recebida do órgão judiciário, entende-se tenham sido autenticados, ou seja, reputados verdadeiros.

> **Art. 89.** O pedido de extradição originado de Estado estrangeiro será recebido pelo órgão competente do Poder Executivo e, após exame da presença dos pressupostos formais de admissibilidade exigidos nesta Lei ou em tratado, encaminhado à autoridade judiciária competente.[43]
>
> **Parágrafo único.** Não preenchidos os pressupostos referidos no *caput*, o pedido será arquivado mediante decisão fundamentada, sem prejuízo da possibilidade de renovação do pedido, devidamente instruído, uma vez superado o óbice apontado.[44]

**43. Recebimento do pedido de extradição:** quando proveniente do Estado estrangeiro cabe ao Executivo nacional receber e processar o pedido inicialmente, verificando os seus pressupostos formais, por exemplo, haver tratado entre o Brasil e o Estado requerente ou ter o Estado estrangeiro oferecido reciprocidade. Ultrapassada essa fase, segue ao Judiciário.

**44. Arquivamento do pedido:** se os pressupostos formais do pedido não estiverem presentes, o Executivo determina o arquivamento, sem enviar os autos ao STF. Pode haver novo pleito, provido de outros documentos, reabrindo-se o trâmite da extradição.

> **Art. 90.** Nenhuma extradição será concedida sem prévio pronunciamento do Supremo Tribunal Federal sobre sua legalidade e procedência, não cabendo recurso da decisão.[45]

**45. Filtro de legalidade feito pelo STF:** como previsto no anterior Estatuto do Estrangeiro, cabe ao Supremo Tribunal Federal analisar a legalidade do pedido de extradição, feito por Estado estrangeiro, não cabendo recurso da decisão, pois tomada pelo Plenário do Pretório Excelso.

> **Art. 91.** Ao receber o pedido, o relator designará dia e hora para o interrogatório do extraditando e, conforme o caso, nomear-lhe-á curador ou advogado, se não o tiver.[46]
>
> § 1.º A defesa, a ser apresentada no prazo de dez dias contado da data do interrogatório, versará sobre a identidade da pessoa reclamada, defeito de forma de documento apresentado ou ilegalidade da extradição.[47]
>
> § 2.º Não estando o processo devidamente instruído, o Tribunal, a requerimento do órgão do Ministério Público Federal correspondente, poderá converter o julgamento em diligência para suprir a falta.[48]

> § 3.º Para suprir a falta referida no § 2.º, o Ministério Público Federal terá prazo improrrogável de sessenta dias, após o qual o pedido será julgado independentemente da diligência.[49]
>
> § 4.º O prazo referido no § 3.º será contado da data de notificação à missão diplomática do Estado requerente.[50]

**46. Início do procedimento:** nada se alterou do anterior Estatuto do Estrangeiro para esta Lei. O relator designa, como primeiro ato, o interrogatório do extraditando. Se não tiver, ser-lhe-á nomeado advogado ou curador (nesse caso, se for inimputável).

**47. Defesa de âmbito restritivo:** o Supremo Tribunal Federal analisa os requisitos previstos nesta Lei para a concessão da extradição, mas jamais ingressa no mérito da decisão do Estado solicitante, avaliando o acerto ou desacerto da sentença condenatória ou da decretação da prisão cautelar. É o que se denomina *contenciosidade limitada*. Seria uma indevida intromissão na soberania de outra nação. Ou o Brasil presta sua colaboração no cenário internacional, buscando reprimir o crime que extravasa fronteiras, ou não o faz. Deve, pois, confiar no Judiciário estrangeiro. O mesmo se diga das situações em que o Brasil é o Estado solicitante. Não se vai admitir que o Estado solicitado reavalie a decisão tomada pelo Judiciário nacional, quanto ao mérito da condenação ou da decretação de uma prisão cautelar. Por isso, podem-se checar fatores exteriores, como a identidade do extraditando, se houve defeito em relação aos documentos exigidos ou mesmo se há legalidade para o pedido (por exemplo, não se tratar de crime político ou de opinião). Na jurisprudência: STF: "1. O processo de extradição no Brasil é submetido ao sistema de contenciosidade limitada (Lei n. 13.445/2017 – Lei de Migração –, art. 91, § 1.º), não cabendo ao Supremo analisar o mérito da acusação ou as provas que fundamentam o pedido. Precedentes" (Ext 1.699, 2.ª T., rel. Nunes Marques, 19.06.2023, v.u.).

**48. Diligências complementares:** o STF pode converter o julgamento em diligência para sanar alguma falha, obtendo algum documento ou realizando algum outro meio de prova. Embora o dispositivo mencione que essa conversão se fará a pedido do Ministério Público, nada impede que o relator assim determine de ofício.

**49. Prazo da diligência:** estipula-se em 60 dias, quando o pleito de conversão do julgamento em diligência for feito pelo Ministério Público. Tratando-se de determinação do relator, cabe a este estabelecer o prazo necessário.

**50. Notificação ao Estado requerente:** se a diligência depender de ações do Governo estrangeiro, a sua missão diplomática ser notificada. Do contrário, cabe ao MPF providenciar o dado necessário.

> **Art. 92.** Julgada procedente a extradição e autorizada a entrega pelo órgão competente do Poder Executivo, será o ato comunicado por via diplomática ao Estado requerente, que, no prazo de sessenta dias da comunicação, deverá retirar o extraditando do território nacional.[51]

**51. Retirada do extraditando:** nada se alterou da lei anterior para a presente. Concedida a extradição, o Estado requerente deve providenciar a retirada do Brasil da pessoa extraditada em até 60 dias. Continua, sem expressa previsão legal, o grau de vinculação da decisão do STF e a decisão final do Presidente da República. Significa, portanto, que continuará o debate jurídico a respeito. Parece-nos que, autorizada a extradição pelo STF, cabe ao Chefe do Poder Executivo a última palavra, pois ele poderá conceder asilo ao extraditando. No entanto, o melhor caminho seria a colocação nítida nesta Lei a respeito do assunto. E, mais, seria muito mais razoável que o Presidente da República, antes de ouvir o STF, concedesse asilo ou refúgio ao extraditando, se assim considerasse cabível.

> **Art. 93.** Se o Estado requerente não retirar o extraditando do território nacional no prazo previsto no art. 92, será ele posto em liberdade, sem prejuízo de outras medidas aplicáveis.[52]

**52. Liberdade do extraditando:** se não for retirado, pelo Estado requerente, em 60 dias, estando preso, será imediatamente solto. É o que também previa a lei anterior. As outras medidas aplicáveis, mencionadas nesse parágrafo, são o processo de expulsão ou deportação, por exemplo.

> **Art. 94.** Negada a extradição em fase judicial, não se admitirá novo pedido baseado no mesmo fato.[53]

**53. Negativa do STF:** considera-se a decisão final, não podendo haver extradição concedida pelo Poder Executivo. Aliás, também não será admitido novo pedido feito pelo Estado requerente, com base nos mesmos motivos.

> **Art. 95.** Quando o extraditando estiver sendo processado ou tiver sido condenado, no Brasil, por crime punível com pena privativa de liberdade, a extradição será executada somente depois da conclusão do processo ou do cumprimento da pena, ressalvadas as hipóteses de liberação antecipada pelo Poder Judiciário e de determinação da transferência da pessoa condenada.[54]
>
> § 1.º A entrega do extraditando será igualmente adiada se a efetivação da medida puser em risco sua vida em virtude de enfermidade grave comprovada por laudo médico oficial.[55]
>
> § 2.º Quando o extraditando estiver sendo processado ou tiver sido condenado, no Brasil, por infração de menor potencial ofensivo, a entrega poderá ser imediatamente efetivada.[56]

**54. Extraditando processado no Brasil:** o dispositivo é semelhante ao previsto no anterior Estatuto do Estrangeiro. Se o extraditando estiver sendo processado ou tiver sido condenado no Brasil, a extradição, como regra, deve aguardar a conclusão do processo ou do cumprimento da pena (desde que seja privativa de liberdade). Na anterior legislação, ressalvava-se a possibilidade de ser o extraditando expulso pelo Chefe do Poder Executivo mesmo antes do término da pena. Nesta Lei, mencionam-se as hipóteses de liberação antecipada pelo Judiciário, como a liberdade condicional ou o regime aberto, além de ser viável a transferência do preso para cumprir pena em seu país de origem, se houver tratado com o Brasil nesse sentido.

**55. Adiamento da extradição:** como já era previsto antes, a extradição pode atrasar-se caso a pessoa esteja enferma gravemente, necessitando de cuidados imprescindíveis, sob pena de colocar a vida em risco.

**56. Infração de menor potencial ofensivo:** esse dispositivo é novo e libera a extradição caso o extraditando esteja respondendo por infração de menor potencial ofensivo. A ideia por trás da norma é que essa espécie de infração não causa perturbação suficiente à sociedade brasileira, a ponto de se exigir o cumprimento da pena neste país.

> **Art. 96.** Não será efetivada a entrega do extraditando sem que o Estado requerente assuma o compromisso de:[57]
>
> I – não submeter o extraditando a prisão ou processo por fato anterior ao pedido de extradição;[58]
>
> II – computar o tempo da prisão que, no Brasil, foi imposta por força da extradição;[59]
>
> III – comutar a pena corporal, perpétua ou de morte em pena privativa de liberdade, respeitado o limite máximo de cumprimento de trinta anos;[60]
>
> IV – não entregar o extraditando, sem consentimento do Brasil, a outro Estado que o reclame;[61]
>
> V – não considerar qualquer motivo político para agravar a pena;[62] e
>
> VI – não submeter o extraditando a tortura ou a outros tratamentos ou penas cruéis, desumanos ou degradantes.[63]

**57. Cláusulas limitadoras:** a extradição poderá ser concedida pelo STF, impondo-se condições ao Estado solicitante. Cuida-se da aplicação do princípio da especialidade, vale dizer, o extraditando somente pode ser processado ou punido pelos fatos autorizados pelo processo de extradição. Se elas forem expressamente aceitas, encaminha-se o acusado ou condenado ao exterior. Do contrário, será ele colocado em liberdade. É evidente que, encaminhado ao Estado solicitante, poderia este descumprir o que foi acordado e punir o extraditando da maneira como lhe aprouver, inclusive aplicando, por exemplo, a pena de morte. Entretanto, tal não se dá. Acordos entre Estados são normalmente respeitados, sob pena de gerar consequências negativas na órbita das relações diplomáticas entre as nações de reflexos incalculáveis.

**58. Fatos anteriores ao pedido:** no momento em que o Estado solicitante faz o pedido de extradição ao Governo brasileiro, encaminhando-se o caso à avaliação do STF, é lógico que já se tem, na maioria das vezes, a amplitude das acusações que pesam contra o extraditando. Elas serão devidamente analisadas pelo Pretório Excelso. Não é cabível, portanto, que, após a autorização concedida, enviado o extraditando ao exterior, seja ele processado por fatos ocorridos, anteriores ao pedido, omitidos da Corte brasileira. Seria uma tergiversação inadmissível. Ilustrando: o STF autoriza a extradição de um acusado por tráfico ilícito de drogas. Posteriormente, o Estado solicitante resolve processá-lo, também, por crime político ou de opinião, o que não é permitido pela regra brasileira. Tal situação é indevida. Entretanto, pode ocorrer boa-fé por parte do Estado solicitante. Imagine-se que outro crime grave, além do tráfico ilícito de drogas, seja descoberto quando o extraditando já se encontra no estrangeiro. Pode o Estado solicitante encaminhar ao Governo brasileiro e, obviamente, à avaliação do Supremo Tribunal Federal, um pedido de extensão, vale dizer, pede-se autorização para incluir outro delito no âmbito da acusação. Se estiver de acordo com as leis brasileiras, certamente, o STF concederá a extensão.

**59. Detração:** conforme o disposto no art. 42 do Código Penal, o período de prisão cautelar deve ser descontado do tempo de cumprimento da pena aplicada. A mesma regra se aplica ao caso de extradição. Tendo em vista a possibilidade de decretação da prisão cautelar do extraditando, impõe-se que esse período seja descontado da eventual futura condenação do agente no exterior. Na jurisprudência: STF: "4. O compromisso de detração da pena, considerando o período de prisão decorrente da extradição, deve ser assumido antes da entrega do

# Migração — Art. 97

preso, não obstando a concessão da extradição. O mesmo é válido para os demais compromissos previstos no art. 96 da Lei 13.445/2017" (Ext 1.679, 1.ª T., rel. Rosa Weber, 14.09.2022, v.u.).

**60. Comutação de penas inadmissíveis:** seguindo-se os parâmetros de aplicação de pena no Brasil, têm-se por incabíveis as denominadas penas cruéis, dentre as quais ressaltou esta Lei a pena corporal, a prisão perpétua e a pena de morte. No caso desta última, não se pode proibir o Estado solicitante de aplicá-la, em casos similares aos permitidos pela legislação brasileira (em tempo de guerra, para crimes militares). No mais, o Estado solicitante deve comprometer-se a transformar a pena corporal, perpétua ou de morte em pena privativa de liberdade. Além disso, essa Lei impõe o limite de 30 anos para o cumprimento das penas privativas de liberdade. Baseou-se no anterior limite máximo de cumprimento de pena previsto no art. 75 do Código Penal. Atualmente, pela nova redação dada pela Lei 13.964/2019, o limite passou a 40 anos, mas isso não altera o previsto nesta Lei de Migração, que é especial em relação ao Código Penal. Por outro lado, é pacífico o entendimento de que não pode o Brasil impor, como cláusula limitadora, a observância de regras processuais peculiares ao direito interno, por exemplo, a aplicação da suspensão condicional do processo, prevista na Lei 9.099/95.

**61. Entrega do extraditando a outro Estado:** evitando-se a utilização de subterfúgios, não permite a legislação brasileira que o Estado solicitante, recebendo o extraditando, proceda a sua entrega a outro Estado, sem expressa e prévia autorização do Brasil, no caso, avaliada pelo STF. Poderia, por exemplo, a Itália, que tem tratado com o Brasil, requerer a extradição de alguém, consegui-la, para depois entregar o agente à França, país que não ofereceu reciprocidade ao Governo brasileiro. Essa burla é evitada pela imposição da cláusula limitadora descrita no inciso IV do art. 96 dessa Lei.

**62. Agravamento da pena por motivação política:** trata-se de consequência natural da vedação à extradição por crime político. Logo, se o Estado solicitante não conseguiria receber o agente criminoso, em caso de crime considerado político, também não pode processá-lo por delito comum, mas agravar-lhe a pena, com base em motivação política. Seria outra forma de burlar a barreira imposta pelo governo brasileiro.

**63. Tortura e outros tratamentos similares:** este dispositivo foi acrescido por essa Lei, acompanhando o disposto na Constituição Federal (art. 5.º, XLVII), que veda todo tipo de pena cruel, em que naturalmente se podem incluir a tortura e tratamentos desumanos ou degradantes. Por óbvio, a conceituação do que venha a ser tratamento *desumano* ou *degradante* é complexa e indeterminada. Portanto, deve-se analisar cada situação concreta. Essa avaliação será feita pelo STF, conforme os dados enviados pelo Estado requerente.

> **Art. 97.** A entrega do extraditando, de acordo com as leis brasileiras e respeitado o direito de terceiro, será feita com os objetos e instrumentos do crime encontrados em seu poder.[64]
>
> **Parágrafo único.** Os objetos e instrumentos referidos neste artigo poderão ser entregues independentemente da entrega do extraditando.

**64. Objetos e instrumentos do crime:** o dispositivo repete norma anterior, o que se justifica tendo em vista a colaboração brasileira para a apuração, processo e eventual condenação de autor de crime ocorrido fora do território nacional. Primeiro, o Brasil entrega o extraditando ao Estado requerente, com autorização do STF; por evidente, deve encaminhar os objetos e instrumentos do crime, encontrados em poder do agente (se houver). Aliás, conforme prevê o parágrafo único deste artigo, mesmo que o extraditando não seja entregue ao Estado

# Art. 98

requerente, podem ser remetidos os objetos e instrumentos do crime porventura encontrados em seu poder; provavelmente para instruir investigação no exterior.

> **Art. 98.** O extraditando que, depois de entregue ao Estado requerente, escapar à ação da Justiça e homiziar-se no Brasil, ou por ele transitar, será detido mediante pedido feito diretamente por via diplomática ou pela Interpol e novamente entregue, sem outras formalidades.[65]

**65. Retorno ao Brasil:** após a entrega do extraditando ao Estado requerente, por fuga ou outro motivo similar, pode ele retornar a território nacional. Se for detido, pode ser novamente encaminhado ao Estado estrangeiro sem necessidade de passar pelo crivo do STF; afinal, seria mera formalidade.

> **Art. 99.** Salvo motivo de ordem pública, poderá ser permitido, pelo órgão competente do Poder Executivo, o trânsito no território nacional de pessoa extraditada por Estado estrangeiro, bem como o da respectiva guarda, mediante apresentação de documento comprobatório de concessão da medida.[66]

**66. Trânsito de extraditado:** a pessoa extraditada por Governo estrangeiro para o Brasil poderá ficar solta, caso seja permitido pela autoridade competente (na lei anterior, mencionava-se o Ministro da Justiça); hoje, é preciso verificar a postura do Judiciário, pois será o órgão competente para apurar e, sendo o caso, punir o extraditado pelo crime de interesse nacional. Há uma ressalva no próprio dispositivo legal: *salvo motivo de ordem pública*, representando um fundamento para a decretação da prisão cautelar.

## Seção II
### Da Transferência de Execução da Pena[67]

**67. Transferências de execuções de penas:** conforme esclarecido na nota 7 (tratando da diferença entre repatriação, deportação, expulsão, extradição e transferência de presos), quando estrangeiros, provenientes da Argentina, Chile e Canadá, em 1989, sequestraram o empresário Abílio Diniz e, depois, foram condenados a longas penas, teve início uma campanha, naqueles países, por meio de autoridades governamentais, para que os sentenciados fossem cumprir pena em seus países de origem. Após muitos debates, celebraram-se tratados para que isso pudesse ocorrer. Os sentenciados foram, então, encaminhados a seus Estados para cumprir as penas em liberdade condicional. Por meio da reciprocidade, decidiu-se que o mesmo poderia ser aplicado a brasileiros condenados no estrangeiro que quisessem vir cumprir suas penas no Brasil. Desse modo, no Capítulo VIII, a Seção II desta Lei prevê a possibilidade de brasileiros (também moradores ou vinculados ao Brasil), condenados no exterior, possam cumprir as suas penas em território nacional. A Seção III dessa Lei estabelece as condições para que estrangeiros condenados no Brasil possam cumprir pena no exterior.

> **Art. 100.** Nas hipóteses em que couber solicitação de extradição executória, a autoridade competente poderá solicitar ou autorizar a transferência de execução da pena, desde que observado o princípio do *non bis in idem*.[68-68-A]

Migração **Art. 100**

> **Parágrafo único.** Sem prejuízo do disposto no Decreto-lei 2.848, de 7 de dezembro de 1940 (Código Penal),[68-B] a transferência de execução da pena será possível quando preenchidos os seguintes requisitos:
>
> I – o condenado em território estrangeiro for nacional ou tiver residência habitual ou vínculo pessoal no Brasil;
>
> II – a sentença tiver transitado em julgado;
>
> III – a duração da condenação a cumprir ou que restar para cumprir for de, pelo menos, um ano, na data de apresentação do pedido ao Estado da condenação;
>
> IV – o fato que originou a condenação constituir infração penal perante a lei de ambas as partes; e
>
> V – houver tratado ou promessa de reciprocidade.

**68. Homologação de sentença estrangeira para fim de cumprimento de pena imposta a brasileiro no exterior:** em primeiro lugar, cabe relembrar ser inviável a extradição de brasileiro a requerimento de juízo estrangeiro para que ele possa ser processado ou cumpra pena por delito cometido no exterior. Diante disso, em princípio, caso um brasileiro cometa infração penal em território estrangeiro, deve ser processado no Brasil (as autoridades estrangeiras enviam as provas colhidas ao juízo brasileiro). Entretanto, pode haver o caso de ser o nacional processado e condenado por juízo alienígena, vindo a se refugiar em território brasileiro. A partir da edição da Lei 13.445/2017 (Lei da Migração), tem o Superior Tribunal de Justiça entendido ser possível a homologação de sentença estrangeira para essa finalidade, com fundamento no art. 100 da mencionada lei. Na realidade, o disposto pelos arts. 100 a 105 da Lei da Migração refere-se, basicamente, aos tratados celebrados pelo Brasil com Estados estrangeiros para a troca de condenados, vale dizer, o preso estrangeiro condenado no Brasil poderia optar por cumprir a sua pena em seu país de origem, assim como o brasileiro condenado no estrangeiro poderia optar por cumprir a sua pena em território nacional. Entretanto, a redação dos arts. 100 a 102 da Lei 13.445/2017 pode ser interpretada, em sentido lato, como a viabilidade jurídica de se obrigar um brasileiro, que se encontra em território nacional, a cumprir sentença condenatória estrangeira no Brasil, desde que homologada pelo STJ. Tem-se considerado, neste caso, o surgimento de outra hipótese de homologação de sentença estrangeira, além das previstas pelo art. 9.º do Código Penal. *In verbis*, dispõe o art. 100 da Lei da Migração: "Nas hipóteses em que couber solicitação de *extradição executória*, a autoridade competente poderá solicitar ou autorizar a *transferência de execução* da pena, desde que observado o princípio do *non bis in idem*" (grifamos). Esses seriam os requisitos impostos pelo parágrafo único do referido artigo: "sem prejuízo do disposto no Decreto-Lei 2.848, de 7 de dezembro de 1940 (Código Penal), a transferência de execução da pena será possível quando preenchidos os seguintes requisitos: I – o condenado em território estrangeiro for nacional ou tiver residência habitual ou vínculo pessoal no Brasil; II – a sentença tiver transitado em julgado; III – a duração da condenação a cumprir ou que restar para cumprir for de, pelo menos, 1 (um) ano, na data de apresentação do pedido ao Estado da condenação; IV – o fato que originou a condenação constituir infração penal perante a lei de ambas as partes; e V – houver tratado ou promessa de reciprocidade". Entre os julgados do STJ: "Cuida-se de carta rogatória por meio da qual a Justiça portuguesa solicita, com amparo nos arts. 100 e 101, § 1.º, da Lei n. 13.445/2017, reconhecimento da sentença proferida no Processo n. 1593/12.5GACSC pelo Tribunal Judicial da Comarca de Lisboa Oeste – Juízo Local Criminal de Sintra – Juiz 3, com a consequente transferência da execução da pena imposta ao brasileiro F.A.O., com base na promessa de reciprocidade para casos análogos. Na origem, F.A.O. foi condenado pela Justiça

# Art. 100

portuguesa, por sentença transitada em julgado, à pena de 12 anos de prisão pela prática dos crimes de roubo, rapto e violação de burla informática (fls. 11-12). Determinada a intimação do interessado, esta restou frustrada, razão pela qual foi o feito remetido à Defensoria Pública da União, que, atuando no exercício da curadoria especial, apresentou impugnação às fls. 80-84, por meio da qual requereu: (i) a concessão dos benefícios da justiça gratuita; (ii) a intimação pessoal do réu; (iii) a determinação da instrução do processo com os documentos necessários à elucidação dos fatos imputados ao interessado nos termos do art. 260 do CPC; e (iv) a intimação pessoal da Defensoria Pública da União para acompanhar o feito. Remetidos os autos ao Ministério Público Federal, este manifestou-se às fls. 88-90, opinando pela reautuação da presente carta rogatória para Homologação de Sentença Estrangeira e, com relação ao mérito, pelo reconhecimento da sentença proferida no âmbito do Processo n. 1593/12.5GACSC pelo Tribunal Judicial da Comarca de Lisboa Oeste – Juízo Local Criminal de Sintra – Juiz 3, com a consequente transferência da execução da pena imposta ao brasileiro Fernando de Almeida Oliveira. É, no essencial, o relatório. Decido. Analisando a questão, é o caso de acolher a manifestação ministerial para determinar a reautuação do feito como Homologação de Sentença Estrangeira. Verifica-se que a homologação de sentença estrangeira, para viabilizar a transferência da execução da pena, é devida quando atendidos os pressupostos estabelecidos no art. 100 da Lei n. 13.445/2017, quais sejam: a) o condenado em território estrangeiro for nacional ou tiver residência habitual ou vínculo pessoal no Brasil; b) a sentença tiver transitado em julgado; c) a duração da condenação a cumprir ou que restar para cumprir for de, pelo menos, 1 (um) ano, na data de apresentação do pedido ao Estado da condenação; d) o fato que originou a condenação constituir infração penal perante a lei de ambas as partes; e e) houver tratado ou promessa de reciprocidade. No caso, como bem salientado pelo *parquet*, verifica-se que o condenado é nacional e tem residência do Brasil (fls. 57-58), a decisão estrangeira transitou em julgado (fl. 49), a duração da condenação a cumprir é de 4 (quatro) anos de prisão efetiva (fls. 10-46), os fatos que originaram a condenação constituem infração penal perante a lei brasileira (arts. 148 e 157 do CP) e há tratado firmado entre o Brasil e Portugal, promulgado no Brasil pelo Decreto n. 8.049/2013, além da promessa de reciprocidade. Ante o exposto, acolho o parecer de fls. 88-90, determino a reautuação do presente feito como Homologação de Sentença Estrangeira e, tendo em vista o preenchimento dos requisitos legais, homologo o referido título judicial proferido no âmbito do Processo n. 1593/12.5 GACSC pelo Tribunal Judicial da Comarca de Lisboa Oeste – Juízo Local Criminal de Sintra, com a consequente transferência da execução da pena imposta ao brasileiro F.A.O. Comunique-se o teor desta decisão ao Juízo rogante por intermédio da autoridade central. Publique-se. Intimem-se" (Carta Rogatória 15.889 – EX (2020/0300292-2), Humberto Martins (presidente), 19.04.2021).

**68-A. Caso de conhecido jogador de futebol condenado por estupro na Itália:** em decisão mais recente, o STJ confirmou a possibilidade de homologar sentença estrangeira para que brasileiro, condenado no exterior, cumpra pena no Brasil. Conferir: "Por último, destaca-se, ainda que a negativa em homologar a sentença estrangeira geraria a impossibilidade completa de nova persecução penal do requerido R. de S., na medida em que não poderá ser novamente processado e julgado pelo mesmo fato que resultou em sua condenação na Itália. Trata-se do instituto do *non bis in idem*, também contemplado no art. 100 da Lei n. 13.445/2017, que assim dispõe: 'Nas hipóteses em que couber solicitação de extradição executória, a autoridade competente poderá solicitar ou autorizar a transferência de execução da pena, desde que observado o princípio do *non bis in idem*' [sem grifo no original]. A Egrégia Segunda Turma do Supremo Tribunal Federal, em acórdão da lavra do eminente Ministro Gilmar Mendes, ao interpretar os arts. 5.º, 6.º e 8.º do Código Penal, assentou que a proibição da dupla incriminação também incide no âmbito internacional. Assim, no Brasil, não se admite que um cidadão seja novamente processado e julgado pelos mesmos fatos que resultaram em sua condenação definitiva no exterior. (...) Portanto, a não homologação da sentença estrangeira terá o condão de deixar o requerido impune, pois não será julgado no Brasil e poderá permanecer em território nacional sem cumprir a pena imposta na Itália. Defender que não se possa executar aqui pena imposta em processo estrangeiro, portanto, é o mesmo que defender a impunidade do requerido pelo crime praticado, o que não se pode admitir sob pena de violação dos deveres assumidos pelo Brasil no plano internacional. De outro lado, se, por hipótese, fosse o requerido novamente aqui processado, condenado e cumprisse pena, seguiria ainda sujeito à pena imposta pela Justiça italiana, o que violaria, repita-se, o princípio do *non bis in idem*. (...) A alegação que a homologação da sentença estrangeira implica violação da soberania nacional não merece acolhimento. Por certo, a jurisprudência do Supremo Tribunal Federal considerava que atentava contra a soberania nacional a homologação de sentença estrangeira que resultasse na aplicação da pena privativa de liberdade. Isso porque, a redação do art. 9.º do Código Penal é bastante clara ao dispor que: (...) A eficácia da sentença penal estrangeira estava limitada apenas aos efeitos secundários da condenação, porque se adotava o princípio da territorialidade das penas, segundo o qual o Estado que impôs a condenação é que deve ordenar e executar a pena. (...) Com a edição do art. 100 da Lei n. 13.445/2017, não há mais dúvida acerca da possibilidade da transferência da execução da pena, pois houve mitigação do princípio da territorialidade das penas previsto no art. 9º do Código Penal. Como o novo instituto veda a propositura de nova ação penal sobre o mesmo fato no território nacional, assegurou-se maior efetividade da jurisdição criminal. Reconhece-se, assim, conforme jurisprudência mencionada do Egrégio Supremo Tribunal Federal, o princípio do non bis in idem no plano internacional. A norma posterior representada pela Lei n. 13.445/2017, que disciplina a matéria, prevalece sobre a norma anterior prevista do Código Penal que apenas admitia a transferência de penas acessórias, por força do critério cronológico para resolução das antinomias. Com o novo arcabouço jurídico, não é mais possível considerar que a homologação de sentença penal estrangeira implica ofensa à soberania nacional, conforme sedimentada jurisprudência do Supremo Tribunal Federal" (STJ, HDE 7.986 – EX, Corte Especial, rel. Francisco Falcão, 20.03.2024, m.v.).

**68-B. Dispositivos do Código Penal:** respeita-se o previsto nesta Lei, sem prejuízo dos benefícios estipulados no Código Penal, tais como *sursis*, livramento condicional, penas alternativas etc. Se o preso for incluído em presídio estadual, competente para decidir o andamento da sua execução penal será a justiça estadual. Se inserido em presídio federal, a competência será do juízo federal. Consultar a nota 70 *infra*.

> **Art. 101.** O pedido de transferência de execução da pena de Estado estrangeiro será requerido por via diplomática ou por via de autoridades centrais.
>
> § 1.º O pedido será recebido pelo órgão competente do Poder Executivo e, após exame da presença dos pressupostos formais de admissibilidade exigidos nesta Lei ou em tratado, encaminhado ao Superior Tribunal de Justiça para decisão quanto à homologação.[69]
>
> § 2.º Não preenchidos os pressupostos referidos no § 1.º, o pedido será arquivado mediante decisão fundamentada, sem prejuízo da possibilidade de renovação do pedido, devidamente instruído, uma vez superado o óbice apontado.

**69. Homologação de sentença estrangeira:** além das hipóteses previstas no art. 9.º, I e II, do Código Penal, surge mais essa necessária homologação de decisão estrangeira para que o brasileiro (ou interessado) possa cumprir a sua pena em território nacional. Cabe ao Superior Tribunal de Justiça a homologação.

# Art. 102

> **Art. 102.** A forma do pedido de transferência de execução da pena e seu processamento serão definidos em regulamento.
>
> **Parágrafo único.** Nos casos previstos nesta Seção, a execução penal será de competência da Justiça Federal.[70]

**70. Competência da Justiça Federal:** conforme dispõe o art. 109, III, da Constituição Federal, compete aos juízes federais apreciar "as causas fundadas em tratado ou contrato da União com Estado estrangeiro ou organismo internacional". É exatamente o que representam os tratados firmados entre o Brasil e Estados estrangeiros. É preciso destacar, no entanto, a jurisprudência consolidada no Brasil no sentido de que o juiz competente para acompanhar a execução penal é o responsável pelo presídio. Se estadual, justiça estadual. Se federal, justiça federal. Na jurisprudência: TJSP: "Transferência de pessoa condenada. Medida de cooperação internacional. Paciente condenada pela justiça portuguesa à pena de 07 anos de prisão devido ao cometimento do crime de tráfico de entorpecentes. Pedido de relaxamento da prisão ou concessão de prisão domiciliar. Impossibilidade. Transferência que teve seu trâmite regular com base na Convenção sobre a Transferência de Pessoas Condenadas entre os Estados Membros da Comunidade dos Países de Língua Portuguesa, na Lei n. 13.445/2017, no Decreto n. 9.199/2017 e na Portaria do Ministério da Justiça n. 89/2018. Ausência de pleito de prisão domiciliar perante o d. juízo a quo. Paciente que não cumpre prisão preventiva. Pedido de expedição de guia de recolhimento e cadastramento da execução penal. Cabimento. Inviabilidade de expedição da guia de recolhimento pelo juízo de conhecimento. Condenação imposta pela justiça portuguesa. Paciente que se encontra presa em estabelecimento prisional vinculado à Secretaria de Administração Penitenciária do Estado de São Paulo. Expedição da guia de recolhimento e formação do processo de execução que deve ser levado a efeito no âmbito do juízo da execução penal estadual. Documentos encaminhados pelo Ministério da Justiça que viabilizam a expedição da guia de recolhimento e a formação do processo de execução. Ordem parcialmente concedida" (HC 2086701-32.2020.8.26.0000; 16.ª C., rel. Leme Garcia; 14.07.2020, v.u.).

## Seção III
### Da Transferência de Pessoa Condenada

> **Art. 103.** A transferência de pessoa condenada poderá ser concedida quando o pedido se fundamentar em tratado ou houver promessa de reciprocidade.
>
> § 1.º O condenado no território nacional poderá ser transferido para seu país de nacionalidade ou país em que tiver residência habitual ou vínculo pessoal, desde que expresse interesse nesse sentido, a fim de cumprir pena a ele imposta pelo Estado brasileiro por sentença transitada em julgado.
>
> § 2.º A transferência de pessoa condenada no Brasil pode ser concedida juntamente com a aplicação de medida de impedimento de reingresso em território nacional, na forma de regulamento.
>
> **Art. 104.** A transferência de pessoa condenada será possível quando preenchidos os seguintes requisitos:
>
> I – o condenado no território de uma das partes for nacional ou tiver residência habitual ou vínculo pessoal no território da outra parte que justifique a transferência;

## Migração

### Art. 115

II – a sentença tiver transitado em julgado;

III – a duração da condenação a cumprir ou que restar para cumprir for de, pelo menos, um ano, na data de apresentação do pedido ao Estado da condenação;

IV – o fato que originou a condenação constituir infração penal perante a lei de ambos os Estados;

V – houver manifestação de vontade do condenado ou, quando for o caso, de seu representante; e

VI – houver concordância de ambos os Estados.

**Art. 105.** A forma do pedido de transferência de pessoa condenada e seu processamento serão definidos em regulamento.

§ 1.º Nos casos previstos nesta Seção, a execução penal será de competência da Justiça Federal.[71]

§ 2.º Não se procederá à transferência quando inadmitida a extradição.

§ 3.º (*Vetado*).

**71. Competência da Justiça Federal:** conforme dispõe o art. 109, III, da Constituição Federal, compete aos juízes federais apreciar "as causas fundadas em tratado ou contrato da União com Estado estrangeiro ou organismo internacional". É exatamente o que representam os tratados firmados entre o Brasil e Estados estrangeiros.

(...)

**Art. 115.** O Decreto-lei 2.848, de 7 de dezembro de 1940 (Código Penal), passa a vigorar acrescido do seguinte art. 232-A:

**"Promoção de migração ilegal**

Art. 232-A. Promover,[72-74] por qualquer meio, com o fim de obter vantagem econômica, a entrada ilegal de estrangeiro em território nacional ou de brasileiro em país estrangeiro:[75-76]

Pena – reclusão, de dois a cinco anos, e multa.[77-78]

§ 1.º Na mesma pena incorre quem promover, por qualquer meio, com o fim de obter vantagem econômica, a saída de estrangeiro do território nacional para ingressar ilegalmente em país estrangeiro.[79]

§ 2.º A pena é aumentada de um sexto a um terço se:[80]

I – o crime é cometido com violência; ou

II – a vítima é submetida a condição desumana ou degradante.

§ 3.º A pena prevista para o crime será aplicada sem prejuízo das correspondentes às infrações conexas."[81]

**72. Análise do núcleo do tipo:** *promover* significa ser a origem de algo ou dar impulso a alguma coisa. O objeto da conduta é a *entrada ilegal de estrangeiro em território nacional* ou a *entrada de brasileiro em país estrangeiro*. A migração é justamente a passagem ou mudança de um lugar a outro. Essa Lei regula a emigração e a imigração, quando realizadas de forma correta. Dar impulso à saída de brasileiros para o exterior ou à entrada de estrangeiros em território nacional descumprindo a Lei de Migração é o fundamento desse tipo penal incriminador. O modo de execução é aberto, vale dizer, por qualquer meio. Prevê-se ainda uma finalidade

# Art. 121

específica, que é a obtenção de vantagem econômica. Seria o que, na fronteira EUA-México, denomina-se *coiote*, o guia conhecedor da região, que promove a entrada ilegal de imigrantes vindos do México nos Estados Unidos, mediante paga.

**73. Sujeitos ativo e passivo:** podem ser qualquer pessoa.

**74. Elemento subjetivo:** é o dolo. Existe o elemento subjetivo específico, consistente na obtenção de vantagem econômica. Não há a forma culposa.

**75. Objetos material e jurídico:** o objeto material é a entrada ilegal no Brasil ou em país estrangeiro. O objeto jurídico é interesse da Administração Pública em regulamentar a migração de pessoas, quando envolver o Brasil.

**76. Classificação:** trata-se de crime comum (aquele que não demanda sujeito ativo qualificado ou especial); formal (delito que não exige resultado naturalístico, consistente em qualquer prejuízo efetivo à Administração Pública ou à sociedade); de forma livre (pode ser cometido por qualquer meio eleito pelo agente); comissivo (o verbo indica ação); instantâneo (cujo resultado se dá de maneira instantânea, não se prolongando no tempo); unissubjetivo (que pode ser praticado por um só agente); plurissubsistente (via de regra, vários atos integram a conduta); admite tentativa.

**77. Benefícios penais:** se a condenação não ultrapassar quatro anos, porque não se trata de crime violento, é cabível a substituição da pena privativa de liberdade por restritiva de direitos. Outra possibilidade, para penas até dois anos, como regra, pode ser cabível a suspensão condicional da pena.

**78. Competência:** analisando-se literalmente o disposto pelo art. 109 da Constituição Federal, que disciplina a competência dos juízes federais, pode-se apontar como sendo da Justiça Federal o ingresso e a permanência ilegal de estrangeiros do Brasil (art. 109, X, primeira parte). No entanto, quando se refere à promoção do ingresso ilegal de brasileiro no exterior ou a saída e ingresso do estrangeiro no exterior deve ser competência da Justiça Estadual, como acontece com o tráfico de pessoas (art. 149-A, CP).

**79. Outra forma do tipo penal:** a diferença desse crime diante da figura do *caput* concentra-se no objeto, que, nessa hipótese, é a saída de estrangeiro do Brasil para ingressar ilegalmente em país estrangeiro.

**80. Causas de aumento de pena:** torna-se mais grave o crime se envolver qualquer forma de violência física, além de envolver a vítima em condição desumana (cruel) ou degradante (humilhante). É preciso verificar se o intuito do agente é apenas promover a migração ilegal ou se envolve o crime de tráfico de pessoas (art. 149-A, CP).

**81. Infrações conexas:** impõe-se o sistema da acumulação material, ou seja, além da migração ilegal pode-se punir o agente também por infrações conexas como o tráfico de pessoas, o sequestro ou cárcere privado, dentre outros. Aliás, quando houver conexão entre o delito de promoção da entrada ilegal de estrangeiro no Brasil e a saída de brasileiro ou estrangeiro do território nacional, a competência da Justiça Federal atrai o julgamento dos demais crimes.

> (...)
>
> **Art. 121.** Na aplicação desta Lei, devem ser observadas as disposições da Lei 9.474, de 22 de julho de 1997, nas situações que envolvam refugiados e solicitantes de refúgio.
>
> **Art. 122.** A aplicação desta Lei não impede o tratamento mais favorável assegurado por tratado em que a República Federativa do Brasil seja parte.

**Art. 123.** Ninguém será privado de sua liberdade por razões migratórias, exceto nos casos previstos nesta Lei.

**Art. 124.** Revogam-se:

I – a Lei 818, de 18 de setembro de 1949; e

II – a Lei 6.815, de 19 de agosto de 1980 (Estatuto do Estrangeiro).

**Art. 125.** Esta Lei entra em vigor após decorridos 180 dias de sua publicação oficial.

Brasília, 24 de maio de 2017; 196.º da Independência e 129.º da República.

Michel Temer

*Osmar Serraglio*

*Aloysio Nunes Ferreira Filho*

*Henrique Meirelles*

*Eliseu Padilha*

*Sergio Westphalen Etchegoyen*

*Grace Maria Fernandes Mendonça*

(*DOU* 25.05.2017)

# Organização Criminosa

## Lei 12.850, de 2 de agosto de 2013

*Define organização criminosa e dispõe sobre a investigação criminal, os meios de obtenção da prova, infrações penais correlatas e o procedimento criminal; altera o Decreto-Lei 2.848, de 7 de dezembro de 1940 (Código Penal); revoga a Lei 9.034, de 3 de maio de 1995; e dá outras providências.*

A Presidenta da República:

Faço saber que o Congresso Nacional decreta e eu sanciono a seguinte Lei:

### Capítulo I
### DA ORGANIZAÇÃO CRIMINOSA[1]

> **Art. 1.º** Esta Lei define organização criminosa e dispõe sobre a investigação criminal,[2-2-A] os meios de obtenção da prova,[3] infrações penais correlatas[4] e o procedimento criminal[5] a ser aplicado.

**1. Importância do conceito:** definir *organização criminosa* é tarefa complexa e controversa, tal como a própria atividade do crime nesse cenário. Trata-se da atuação da delinquência estruturada, que visa ao combate de bens jurídicos fundamentais para o Estado Democrático de Direito. A relevância da conceituação se deve também ao fato de ter sido criado um tipo penal específico para punir os integrantes dessa modalidade de associação. Sob outro prisma, não se pode escapar da etimologia do termo *organização*, que evidencia uma estrutura ou um conjunto de partes ou elementos, devidamente ordenado e disposto em bases previamente acertadas, funcionando sempre com um ritmo e uma frequência ponderáveis no cenário prático. Em suma, cuida-se da associação de agentes, com caráter estável e duradouro, para o fim de praticar infrações penais, devidamente estruturada em organismo pré-estabelecido, com divisão de tarefas, embora visando ao objetivo comum de alcançar qualquer vantagem ilícita, a ser partilhada entre os seus integrantes. Na lição de Rodolfo Tigre Maia, por outro lado, o "crime organizado é a forma de criminalidade consentânea com o estágio atual do desenvolvimento do modo capitalista de produção (inclusive do capitalismo de estado que vigorou na antiga URSS), marcado sobretudo pela hegemonia norte-americana no pós-guerra, pelo incremento do desemprego, pela interdependência das economias nacionais, pela contínua associação do capital bancário com o capital industrial, pela crescente concentração e internacionalização do capital, processo anteriormente designado por imperialismo mas hoje, para esvaziar seu conteúdo ideológico, mais conhecido pelo epíteto neoliberal de 'globalização da economia' (...) Os empresários do crime criam corporações – as armas mais poderosas do crime organizado – aos moldes organizacionais das tradicionalmente operantes no mercado convencional (estas também frequentemente flagradas em práticas ilegais), para o cumprimento destes misteres ou infiltram-se em empresas legítimas com as mesmas finalidades" (*O Estado desorganizado contra o crime organizado*, p. 21-22). Não se pode discordar dessa visão empresarial do crime, que se molda como se fosse autêntica corporação, com "diretoria, gerências regionais e locais, funcionários", na busca do lucro, em estrita hierarquia, com invasão nas entranhas dos órgãos estatais, dispondo de tecnologia de ponta, conexões variadas no mercado, atitudes de controle estrito de obediência, validando a violência como exemplo para a fidelidade dos seus membros e espalhando-se, sempre e cada vez mais, não somente pelo território nacional, mas, sobretudo, para outros países. Os danos e o perigo que provocam à sociedade e ao Estado são imensuráveis, até porque essas organizações têm a capacidade de corroer a honestidade pública, corrompendo políticos e autoridades e gerando descrédito às instituições oficiais, bem como fomentando a impunidade no tocante aos crimes em geral.

**2. Investigação criminal:** a expressão utilizada significa o método pelo qual a autoridade competente pode empreender as diligências necessárias para descobrir e apurar a prática da infração penal e sua autoria. Pode tratar-se do inquérito policial (procedimento administrativo, presidido por delegado de polícia, com a finalidade específica de coletar provas para sustentar eventual ação penal) ou de outro procedimento investigatório, conduzido por outra autoridade, como sindicâncias e processos administrativos em geral.

**2-A. Criação de Vara específica:** nada impede que a organização judiciária de cada Estado-membro delibere, pela via legal, criar uma Vara de Organização Criminosa, para apurar, processar e julgar os crimes previstos nesta Lei 12.850/2003.

**3. Meios de prova:** são todos os recursos, diretos ou indiretos, utilizados para alcançar a verdade dos fatos no processo. Podem ser lícitos – os admitidos pelo ordenamento jurídico – ou ilícitos – contrários ao ordenamento, logo, vedados pela Constituição Federal (art. 5.º, LVI). Os meios de prova lícitos devem ser ponderados pelo juiz na formação do seu livre convencimento (art. 155, *caput*, do CPP), embora sempre fundamentado (art. 93, IX, CF). Quanto à utilização, ou não, dos meios ilícitos, consultar as notas ao art. 157 do nosso *Código de Processo Penal comentado*.

**4. Infrações correlatas:** são os tipos penais incriminadores, criados em função do delito de organização criminosa, constantes dos arts. 18 a 21 desta Lei.

**5. Procedimento criminal:** cuida-se da sucessão dos atos do processo, cuja finalidade é apurar a prática de infração penal (materialidade) e sua autoria. Há diferentes encadeamentos dos atos processuais, dando margem a procedimentos mais amplos e genéricos (comuns) ou mais complexos e específicos (especiais).

§ 1.º Considera-se organização criminosa a associação de 4 (quatro) ou mais pessoas[6] estruturalmente ordenada[7] e caracterizada pela divisão de tarefas,[8] ainda que informalmente, com objetivo de obter, direta ou indiretamente, vantagem de qualquer natureza,[9] mediante a prática de infrações penais cujas penas máximas sejam superiores a 4 (quatro) anos,[10] ou que sejam de caráter transnacional.[11]

**6. Número de pessoas:** o número mínimo de associados, para configurar o crime organizado, resulta de pura política criminal, pois é variável e discutível. Segundo nos parece, conforme o caso concreto, *duas* pessoas podem organizar-se, dividir tarefas e buscar um objetivo ilícito comum. Por certo, não é comum que assim ocorra, embora não seja impossível. Tanto que a Lei 11.343/2006 (Lei de Drogas), no seu art. 35, prevê a associação de duas ou mais pessoas para o fim de praticar, reiteradamente ou não, os crimes previstos nos arts. 33 e 34 (tráfico). Independente disso, optou o legislador pela ideia esboçada pela *anterior* redação do art. 288 do Código Penal, constitutiva da *quadrilha ou bando*, que é a reunião de mais de três pessoas, logo, quatro ou mais. Vale observar que, a partir da edição da Lei 12.850/2013, modificando-se a redação do referido art. 288 do Código Penal, eliminou-se o título (quadrilha ou bando), que, de fato, era defasado e corroído pelo tempo, atingindo-se a terminologia adequada, correspondente a "associação criminosa". Entretanto, retrocedendo na antiga inteligência da composição de *quadrilha ou bando*, estipulou-se o mínimo de três pessoas para a sua configuração. Permanece-se, lamentavelmente, sem uniformidade: mantém-se o número de duas pessoas na Lei de Drogas; cria-se o mínimo de três pessoas na associação criminosa do Código Penal; e exige-se, pelo menos, quatro pessoas na organização criminosa.

**7. Estrutura:** exige-se um conjunto de pessoas estabelecido de maneira ordenada, significando alguma forma de hierarquia (superiores e subordinados), com objetivos comuns, no cenário da ilicitude. Não se concebe uma *organização criminosa* sem existir um escalonamento, permitindo ascensão no âmbito interno, com chefia e chefiados. O crime organizado é uma autêntica *empresa criminal*.

**8. Divisão de tarefas:** *a decorrência natural de uma organização é a partição de trabalho, de modo que cada um possua uma atribuição particular, respondendo pelo seu posto; aliás, tal como se dá na estrutura empresarial. A referida divisão não precisa ser formal,* ou seja, constante em registros, anais, documentos ou prova similar. O aspecto *informal,* nesse campo, prevalece, justamente por se tratar de atividade criminosa, logo, clandestina.

**9. Vantagem de qualquer natureza:** o objetivo da organização criminosa é alcançar uma *vantagem* (ganho, lucro, proveito), como regra, de cunho econômico, embora se permita de *outra natureza* (disputa de poder; conquista de votos; ascensão a cargo ou posto etc.). O ponto faltoso da lei é a ausência de especificação da *ilicitude* da vantagem, embora seja absolutamente ilógico o crime organizado buscar uma meta lícita. Afinal, o meio para alcançar a referida vantagem se dá por intermédio da prática de infração penal, o que demonstra a ilicitude do proveito auferido. De outra parte, essa vantagem pode ser obtida de maneira *direta*, ou seja, executada a conduta criminosa, advém o ganho (ex.: efetivado o sequestro de pessoa e pago o resgate, os delinquentes obtêm diretamente a vantagem), ou de modo *indireto*, vale dizer, desenvolvida a atividade criminosa, o lucro provém de outras fontes (ex.: ao se realizar a contabilidade de uma empresa, inserindo dados falsos, o ganho advém da sonegação de impostos porque os informes à Receita são inferiores à realidade).

**10. Infrações com pena superior a quatro anos:** este elemento também é fruto de política criminal, porém equivocada. Não há sentido em se limitar a configuração de uma organização criminosa, cuja atuação pode ser extremamente danosa, à gravidade abstrata de infrações penais. Em primeiro lugar, corretamente, o texto normativo menciona *infração penal*, em lugar de *crime*, podendo abranger, em tese, tanto os crimes quanto as contravenções penais. Entretanto, inexiste

# Art. 1.º

contravenção com pena máxima superior a quatro anos, tornando o conceito de organização criminosa, na prática, vinculado estritamente aos delitos. De outra parte, mesmo no tocante aos crimes, eliminam-se os que possuem penas máximas iguais ou inferiores a quatro anos. Ora, é evidente poder existir uma organização criminosa voltada à prática de jogos de azar (contravenção penal) ou de furtos simples (pena máxima de quatro anos).

**11. Infrações transnacionais:** independentemente da natureza da infração penal (crime ou contravenção) e de sua pena máxima abstrata, caso transponha as fronteiras do Brasil, atingindo outros países, a atividade permite caracterizar a *organização criminosa* como transnacional. Logicamente, o inverso é igualmente verdadeiro, ou seja, a infração penal ter origem no exterior, atingindo o território nacional. Na jurisprudência: STJ: "1. Apresentada fundamentação concreta, evidenciada na natureza, quantidade e variedade da droga apreendida (durante a investigação foram realizados 12 (doze) flagrantes, que resultaram na apreensão de aproximadamente 1,1 toneladas de cocaína e 3 toneladas de maconha, e na prisão de 21 (vinte e uma) pessoas), bem como no fato de o paciente integrar organização criminosa internacional com diversos membros e frentes de atuação (trata-se de organização criminosa que estaria adquirindo grandes carregamentos de cocaína no Paraguai e Bolívia para distribuição no Rio Grande do Sul, Minas Gerais, São Paulo e Rio de Janeiro), não há que se falar em ilegalidade do decreto de prisão preventiva" (RHC 52.107 – RS 2014/0251964-6, 6.ª T., rel. Nefi Cordeiro, *DJ* 11.11.2014).

> § 2.º Esta Lei se aplica também:[12]
>
> I – às infrações penais previstas em tratado ou convenção internacional quando, iniciada a execução no País, o resultado tenha ou devesse ter ocorrido no estrangeiro, ou reciprocamente;[13]
>
> II – às organizações terroristas, entendidas como aquelas voltadas para a prática dos atos de terrorismo legalmente definidos.[14]

**12. Aplicabilidade por extensão:** embora esta Lei tenha sido editada para tipificar o delito de organização criminosa, regulando o procedimento de sua apuração, optou-se por estender a sua aplicação (ação controlada, infiltração, colaboração premiada, captação de provas etc.) a outras infrações penais, consideradas de elevada danosidade social.

**13. Crimes à distância:** a primeira hipótese de aplicabilidade por extensão diz respeito às infrações penais – crime ou contravenção – previstas em tratados e convenções internacionais, assumidos pelo Brasil, como ocorre com o tráfico de drogas e o de pessoas, desde que tenham início em território nacional, atingindo o estrangeiro, ou reciprocamente. Em face disso, o crime relativo ao tráfico de pessoas (art. 149-A, CP), ainda que cometido por um só agente, admite a inserção no contexto da Lei 12.850/2013. Ilustrando, pode-se utilizar a ação controlada. Sob outro aspecto, o crime de tráfico ilícito de drogas (Lei 11.343/2006, art. 33), quando transnacional, embora praticado por apenas três agentes, comporta, exemplificando, a colaboração premiada, nos termos da nova Lei 12.850/2013. Observe-se haver divergência entre o disposto pela novel Lei 12.850/2013 e pela Lei 11.343/2006 quanto aos benefícios da colaboração premiada. Exemplo disso é a inviabilidade de perdão judicial no âmbito da Lei de Drogas, mas a sua possibilidade no cenário da Lei 12.850/2013. Ora, cuidando-se esta de lei mais recente, deve prevalecer sobre a anterior, desde que a situação se encaixe no art. 1.º, § 2.º, I, da mencionada Lei 12.850/2013.

**14. Terrorismo:** a atual redação deste inciso foi dada pela Lei 13.260/2016, que tipificou o terrorismo e suas formas de execução. Portanto, eliminou-se a anterior previsão, mais flexível, passando-se a indicar exatamente a fonte em que o operador do direito deve buscar unir a interpretação da organização criminosa no cenário do terrorismo.

> **Art. 2.º** Promover, constituir, financiar ou integrar,[15-17] pessoalmente ou por interposta pessoa,[18] organização criminosa:[19-20-C]
>
> Pena – reclusão, de 3 (três) a 8 (oito) anos, e multa,[21] sem prejuízo das penas correspondentes às demais infrações penais praticadas.[22-22-A]

**15. Análise do núcleo do tipo:** o tipo prevê as seguintes condutas alternativas: *promover* (gerar, originar algo ou difundir, fomentar, cuidando-se de verbo de duplo sentido), *constituir* (formar, organizar, compor), *financiar* (custear, dar sustento a algo) ou *integrar* (tomar parte, juntar-se, completar). Cuidando-se de tipo penal misto alternativo, pode o agente praticar uma ou mais que uma das condutas ali enumeradas para configurar somente um delito. Das formas verbais previstas, parece-nos inadequada a figura *promover*. Primeiro, pelo duplo sentido; segundo, porque o significado de *gerar* encaixa-se no outro verbo *constituir*; ainda, no significado de difundir, torna-se estranha a figura de difundir a organização criminosa, algo que, normalmente, é camuflado. Em verdade, bastaria o verbo *integrar*, que abrangeria todos os demais. Quem promove ou constitui uma organização, naturalmente a integra; quem financia, igualmente, a integra, mesmo como partícipe. Exige-se, para a configuração do crime, a estabilidade e a permanência, a fim de diferenciar do mero concurso de pessoas. Na jurisprudência: STF: "Tendo por elemento subjetivo do tipo o dolo de associação à prática de ilícitos, a consumação da infração penal prevista no art. 2º, *caput*, da Lei 12.850/2013 protrai-se durante o período em que os agentes permanecem reunidos pelos propósitos ilícitos comuns, circunstância que caracteriza a estabilidade e a permanência que o diferem do mero concurso de agentes, motivo pelo qual é conceituado pela doutrina como crime permanente" (Inq 3.989, 2.ª T., rel. Edson Fachin, 11.06.2019, v.u.).

**16. Sujeitos ativo e passivo:** o sujeito ativo pode ser qualquer pessoa, desde que se identifique, claramente, a associação de, pelo menos, quatro pessoas. Esse número mínimo pode ser constituído, inclusive, por menores de 18 anos, que, embora não tenham capacidade para responder pelo delito, são partes fundamentais para a configuração do grupo. Naturalmente, não se está falando de crianças ou adolescentes simplesmente utilizados como instrumentos para a prática de delitos diversos, mas de jovens com perfeita integração aos maiores de 18, tomando parte da divisão de tarefas e no escalonamento interno. Há casos concretos de menores de 18 anos que são os líderes da quadrilha, enquanto os maiores não passam de subordinados. Aliás, na nova redação do art. 288, parágrafo único, do CP, prevê-se, nitidamente, a participação de crianças e adolescentes. Igualmente, a previsão da causa de aumento do art. 2.º, § 4.º, I, da Lei 12.850/2013. A previsão feita nesta Lei, exigindo quatro pessoas para configurar a organização criminosa, provoca a derrogação do art. 2.º da Lei 12.694/2012 (institui o colegiado para julgar agentes do crime organizado) – que menciona três ou mais pessoas –, pois não há sentido algum para se ter, no ordenamento nacional, dois conceitos simultâneos e igualmente aplicáveis do mesmo instituto. Logo, para se invocar o colegiado, independentemente da expressão "para os efeitos desta lei" (Lei 12.694/2012), deve-se estar diante de autêntica organização criminosa, hoje com quatro pessoas no mínimo. Do mesmo modo, afasta-se do art. 2.º da Lei 12.694/2012 a previsão de crimes cuja pena máxima seja *igual* a quatro anos. Somente penas superiores a quatro ou delitos transnacionais envolvem a organização criminosa. O sujeito passivo é a sociedade, pois o bem jurídico tutelado é a paz

# Art. 2.º

pública. Cuida-se de delito de perigo abstrato, ou seja, a mera formação e participação em organização criminosa coloca em risco a segurança da sociedade.

**17. Elemento subjetivo do crime:** o delito é doloso, não se admitindo a forma culposa. Exige-se o elemento subjetivo específico implícito no próprio conceito de organização criminosa: obter vantagem ilícita de qualquer natureza.

**18. Modo de execução:** a expressão *pessoalmente ou por interposta pessoa* é elemento normativo do tipo, dependente de valoração cultural. Seria até mesmo desnecessário, pois equivale a dizer que o agente pode integrar uma organização criminosa direta ou indiretamente, o que é evidente. Mas a cautela do legislador é compreensível, tendo em vista os inúmeros casos de agentes que, realmente, tomam parte de organismos criminosos valendo-se de um "laranja" – o nome vulgar para a *interposta pessoa*. Aliás, a pessoa que se coloca de permeio entre o agente e a organização criminosa pode ser física ou jurídica (vide o caso de *empresas-fantasma*); pode, inclusive, ser pessoa *fantasma*, cujo nome figura no quadro do organismo delituoso, embora seja fictício, criado pelo verdadeiro membro. Esses artifícios não servirão a impedir a criminalização da conduta do integrante da organização criminosa.

**19. Objetos material e jurídico:** o objeto material é a própria estrutura criminosa, formada para a prática de infrações penais; o objeto jurídico é a paz pública, em primeiro plano; secundariamente, a administração pública e a segurança pública.

**20. Classificação:** o crime é comum, podendo ser cometido por qualquer pessoa; formal, não exigindo para a consumação qualquer resultado naturalístico, consistente no efetivo cometimento dos delitos almejados; de forma livre, podendo ser cometido por qualquer meio eleito pelo agente; comissivo, pois os verbos representam ações; permanente, cuja consumação se prolonga no tempo, enquanto perdurar a associação criminosa. Conferir: STF: "3. Em se tratando de delito de natureza permanente, cujos efeitos protraem-se no tempo, revela-se típica a conduta pertinente ao crime de organização criminosa quando a sua consumação, a despeito de iniciada antes da vigência da Lei 12.850/2013, é contemporânea à normativa tipificadora" (RHC 173.224 AgR, 2.ª T., rel. Edson Fachin, 14.02.2020, v.u.); de perigo abstrato, cuja potencialidade lesiva é presumida em lei; plurissubjetivo, que demanda várias pessoas para a sua concretização; plurissubsistente, praticado em vários atos. Não admite tentativa, pois o delito é condicionado à existência de estabilidade e durabilidade para se configurar. Portanto, enquanto não se vislumbrar tais elementos, cuida-se de irrelevante penal. De outra sorte, detectada a estabilidade e durabilidade, por meio da estrutura ordenada e divisão de tarefas, o crime está consumado.

**20-A. Prisão cautelar:** os autores do crime de organização criminosa, como regra, apresentam perigo para a ordem pública, pois integram uma forma eficiente de cometimento de delitos, pela via organizada e estruturada. Diante disso, é viável decretar a prisão preventiva a quem for reconhecido integrante desses agrupamentos organizados. Não se quer com isso dizer devam os juízes sempre deferir a prisão cautelar para quem for indiciado ou processado por organização criminosa. No entanto, há bons e sólidos motivos para que isso possa ocorrer. Cada caso deverá ser analisado de per si. Na jurisprudência: STF: "1. É idônea e adequada a fundamentação que se assenta na gravidade concreta do delito e reiteração delitiva ao manter a prisão preventiva do paciente. 2. A necessidade de se interromper ou diminuir a atuação de integrantes de organização criminosa, enquadra-se no conceito de garantia da ordem pública, constituindo fundamento idôneo e suficiente para a prisão preventiva. Precedentes. 3. A existir elementos indicativos de que ao menos uma das condutas delitivas tem seus atos de desdobramento ainda persistentes, não há que se falar em ausência de contemporaneidade para imposição da prisão cautelar. Precedentes. 4. A inexistência de argumentação apta a infirmar o julgamento monocrático conduz à manutenção da decisão recorrida" (HC 214.495 AgR, 2.ª T., rel. Edson Fachin, 13.06.2022, v.u.); "2. Organização criminosa e lavagem de capitais (art. 2º, § 2º, da Lei 12.850/2013 e art. 1º, § 4º, da Lei 9.613/1998). 3. Prisão preventiva. Revogação. Impossibilidade. Jurisprudência consolidada no sentido de ser idônea a custódia cautelar decretada para resguardo da ordem pública considerada a gravidade concreta do crime" (HC 190.232 AgR, 2.ª T., rel. Gilmar Mendes, 10.10.2020, v.u.).

**20-B. Duração da prisão cautelar:** o art. 22, parágrafo único, dessa Lei prevê um prazo de 120 dias, para réu preso, prorrogáveis, se preciso, por outros 120 dias. No entanto, há várias situações nas quais o acusado possui contra si várias imputações, lastreadas em crimes graves, mas oriundos de leis diversas. Havendo prisão cautelar decretada, deve ela obedecer, necessariamente, o prazo máximo de 240 dias apenas pelo fato de envolver a acusação de organização criminosa? Cremos que não, pois existindo outros delitos tornam-se ainda mais complexas a instrução e a apuração dos fatos, sempre garantindo a ampla defesa e o contraditório. Se a imputação se limita ao crime de organização criminosa deve-se seguir a lei (art. 22, parágrafo único, dessa Lei). Abrangendo mais delitos, respeitar-se-ão os princípios da razoabilidade e da proporcionalidade.

**20-C. Mulher gestante, mãe de filho menor de 12 anos ou pessoa deficiente:** faz jus à prisão domiciliar (art. 318-A, CPP). No entanto, é preciso que o crime cometido não seja violento (ou com grave ameaça) contra a pessoa e não pode ter por vítima o filho ou a pessoa dependente. Por isso, cuida-se de prisão preventiva a ser cumprida em segregação domiciliar. Na jurisprudência: STF: "1. A nova alteração na legislação processual penal, com a inclusão, pela Lei 13.769, de 19/12/2018, dos arts. 318-A e 318-B, não implica reconhecer que a prisão domiciliar terá incidência irrestrita ou automática para toda gestante, mãe ou responsável por criança ou pessoa com deficiência. Deve o julgador, como em todo ato restritivo de liberdade, proceder ao exame da conveniência da medida à luz das particularidades do caso concreto. 2. Paciente presa preventivamente pela prática do crime de organização criminosa. De outro lado, demonstrou-se que ela possui dois filhos, um deles nascido em 8/11/2017, portanto, com 1 ano e 7 meses. 3. Consideradas as circunstâncias e condições em que se desenvolveu a ação, mostra-se cabível a substituição da prisão preventiva pela segregação domiciliar, por ser medida que se revela, a um só tempo, garantidora da proteção à maternidade, à infância e ao melhor interesse do menor e também suficiente para preservar a ordem pública, a aplicação da lei penal e a regular instrução criminal. 4. Ordem de *Habeas corpus* parcialmente concedida" (HC 158.123, 1.ª T., rel. Marco Aurélio, rel. p/ Acórdão Alexandre de Moraes, 11.06.2019, m.v.).

**21. Benefícios penais:** aplicada a pena de até quatro anos, não se tratando de crime violento contra a pessoa, admite, em tese, a aplicação de pena alternativa. Porém, em face da gravidade do delito, é preciso considerar que os requisitos subjetivos podem não se encontrar preenchidos (culpabilidade, antecedentes, conduta social, personalidade, motivos e circunstâncias, conforme art. 44, III, CP) para o benefício ser concedido. No mais, conforme a quantidade de pena (até quatro anos), pode-se fixar o regime fechado, semiaberto ou aberto; entretanto, tratando-se de infração cometida por agentes organizados, parece-nos cabível uma acurada avaliação judicial, aplicando-se o regime fechado sempre que necessário.

**22. Acumulação material:** adota-se o sistema da acumulação material, ou seja, pune-se o integrante da organização criminosa, com base no delito previsto no art. 2.º da Lei 12.850/2013, juntamente com todos os demais delitos eventualmente praticados para a obtenção de vantagem ilícita. Somam-se as penas.

# Art. 2.º

**22-A. Acordo de não persecução penal:** a reforma introduzida pela Lei 13.964/2019 no Código de Processo Penal criou a figura do acordo de não persecução penal, voltado a infrações penais cuja pena mínima seja inferior a 4 anos, cometidos sem violência ou grave ameaça (art. 28-A). Desse modo, em tese, seria aplicável ao crime de organização criminosa previsto no art. 2.º desta Lei. Ocorre que, no inciso II do § 2.º do art. 28-A do CPP, veda-se a aplicação desse acordo "se o investigado for reincidente ou se houver elementos probatórios que indiquem conduta criminal habitual, reiterada ou profissional, exceto se insignificantes as infrações penais pretéritas". Parece-nos que o integrante de organização criminosa incide nessa vedação, pois a sua conduta, até para configurar o delito, há de ser frequente, durável, demonstrando estabilidade. Por isso, equivale a uma criminalidade habitual, reiterada ou profissional, tanto que o delito é classificado como permanente (consumação protraída no tempo). Além disso, a mesma Lei 13.964/2019 inseriu o delito de organização criminosa, quando voltado à prática de delito hediondo ou equiparado, no rol dos crimes hediondos (art. 1.º, parágrafo único, V, Lei 8.072/90). Ainda a reforma da Lei 13.964/2019 incluiu o art. 1.º-A na Lei 12.694/2012, prevendo a possibilidade de os Tribunais de Justiça e Regionais Federais instalarem Varas Criminais Colegiadas para julgar delitos relativos a organizações criminosas armadas ou que possuam armas à disposição, bem como o delito do art. 288-A do Código Penal (milícias) e as infrações penais conexas às mencionadas. Tudo está a demonstrar a incompatibilidade de um instituto despenalizador, como o acordo de não persecução penal, com a gravidade do crime de organização criminosa.

> **§ 1.º** Nas mesmas penas incorre quem impede ou, de qualquer forma, embaraça[23-25] a investigação de infração penal que envolva organização criminosa.[26-27]

**23. Análise do núcleo do tipo:** cuida-se de um tipo penal de *obstrução à justiça*. Os verbos do tipo, de ordem alternativa, são: *impedir* (obstar, interromper, tolher) e *embaraçar* (complicar, perturbar, causar embaraço). Na realidade, os termos são sinônimos, mas se pode extrair, na essência, a seguinte diferença: *impedir* é mais forte e provoca cessação; *embaraçar* é menos intenso, significando causar dificuldade. Tanto faz se o agente pratica um deles ou ambos os verbos, pois incide em crime único. A expressão *de qualquer forma* é elemento normativo do tipo, de fundo cultural, sendo mesmo desnecessária, afinal, volta-se à conduta *embaraçar*, que significa perturbar. O seu significado já representa algo aberto, passível de se concretizar *de qualquer modo*. As condutas se voltam ao objeto *investigação de infração penal, envolvendo organização criminosa*, portanto, qualquer persecução criminal, devidamente prevista em lei, conduzida por autoridade competente – como regra, o delegado em inquéritos policiais – tratando do crime de organização criminosa, previsto no art. 2.º, *caput*, da Lei 12.850/2013. Segundo cremos, impedir ou embaraçar *processo judicial* também se encaixa nesse tipo penal, valendo-se de interpretação extensiva. Afinal, se o *menos* é punido (perturbar mera investigação criminal), o *mais* (processo instaurado pelo mesmo motivo) também deve ser. No mesmo sentido: Rogério Sanches Cunha e Ronaldo Batista Pinto (*Crime organizado*, p. 19); Cleber Masson e Vinícius Marçal (*Crime organizado*, p. 113); estes últimos citam, também, Ana Luiza Almeida Ferro, Flávio Cardoso Pereira e Gustavo Gazzola, Eduardo Luiz Santos Cabette e Marcius Tadeu Maciel Nahur. Na jurisprudência: STJ: "1. A tese de que a investigação criminal descrita no art. 2º, § 1º, da Lei n. 12.850/13 cinge-se à fase do inquérito não deve prosperar, eis que as investigações se prolongam durante toda a persecução criminal, que abarca tanto o inquérito policial quanto a ação penal deflagrada pelo recebimento da denúncia. Com efeito, não havendo o legislador inserido no tipo a expressão estrita 'inquérito policial', compreende-se ter conferido à investigação de infração penal o sentido de persecução penal, até porque carece

# Organização Criminosa

# Art. 2.º

de razoabilidade punir mais severamente a obstrução das investigações do inquérito do que a obstrução da ação penal. Ademais, sabe-se que muitas diligências realizadas no âmbito policial possuem o contraditório diferido, de tal sorte que não é possível tratar inquérito e ação penal como dois momentos absolutamente independentes da persecução penal" (HC 487.962 – SC, 5.ª T., rel. Min. Joel Ilan Paciornik, *DJe* 07.06.2019).

**24. Sujeitos ativo e passivo:** o sujeito ativo pode ser qualquer pessoa. O sujeito passivo é o Estado, pois o bem jurídico tutelado é a administração da justiça.

**25. Elemento subjetivo do crime:** pune-se a título de dolo, não se admitindo a forma culposa. Não há elemento subjetivo específico.

**26. Objetos material e jurídico:** o objeto material é a investigação de infração penal, envolvendo organização criminosa; o objeto jurídico é a administração da justiça.

**27. Classificação:** o crime é comum, podendo ser cometido por qualquer pessoa; formal, não exigindo para a consumação qualquer resultado naturalístico, consistente no efetivo impedimento da investigação na forma *embaraçar*, mas material, quando se refere ao verbo *impedir*, pois demanda a cessação da referida investigação por ato do agente; de forma livre, podendo ser cometido por qualquer meio eleito pelo agente; comissivo, pois os verbos representam ações; instantâneo, cuja consumação se dá em momento determinado na linha do tempo; de dano, cujo bem afetado é a administração da justiça; unissubjetivo, que pode ser cometido por um único agente; plurissubsistente, praticado em vários atos. Admite tentativa, pois o *iter criminis* comporta interrupção, tanto na modalidade *impedir* como na forma *embaraçar*. Neste último caso, torna-se mais rara a sua configuração, em particular pela expressão *de qualquer forma*.

> § 2.º As penas aumentam-se até a metade se na atuação da organização criminosa houver emprego de arma de fogo.[28-29]

**28. Causa de aumento:** aumenta-se a pena de até metade, para o delito previsto no art. 2.º, *caput*, quando, ao atuar, a organização criminosa fizer emprego de arma de fogo (art. 2.º, § 2.º, da Lei 12.850/2013). Diversamente do previsto pelo art. 288, parágrafo único, do Código Penal, que menciona *associação criminosa armada*, neste parágrafo enfoca-se a *atuação* do integrante da organização criminosa, logo, *ação*, associada ao uso de *arma de fogo*. Referir-se a grupo *armado* permite a dedução de se tratar de arma própria (instrumentos voltados exclusivamente ao ataque e à defesa, tais como revolver, punhal, espada etc.) ou arma imprópria (foice, arpão, faca etc.). No campo da organização criminosa, somente tem cabimento a arma própria e, particularmente, a arma de fogo. Em suma, o integrante da organização criminosa deve utilizar, efetivamente, arma de fogo, para a prática de infrações penais, destinadas a auferir vantagem ilícita. Da mesma forma que hoje prevalece no campo do roubo, não é preciso apreender a arma de fogo e periciá-la para que incida esta causa de aumento. Afinal, somente se exige o exame pericial nos crimes que deixam vestígios; por óbvio, não é o caso de *emprego de arma de fogo*, passível de figuração com a simples ameaça. Logo, a prova testemunhal é suficiente para demonstrar a causa de aumento. Na jurisprudência: STJ: "2. Não há ilegalidade na aplicação da causa de aumento prevista no § 2º do art. 2º da Lei 12.850/13 em 1/3, em decorrência da quantidade e qualidade das armas empregadas pela organização criminosa" (AgRg no REsp 1.837.977 – RS, 6.ª T., rel. Nefi Cordeiro, 18.02.2020, v.u.); "2. A jurisprudência desta Corte Superior é firme em assinalar que a determinação de segregar cautelarmente o réu deve efetivar-se apenas se indicada, em dados concretos dos autos, a necessidade da prisão (*periculum libertatis*), à luz do disposto no art. 312 do CPP. 3. O juiz de primeira instância apontou concretamente a presença dos vetores contidos no art. 312 do CPP, para justificar a necessidade

# Art. 2.º

da prisão preventiva da paciente. Assinalou a sua participação em uma organização criminosa atuante em tráfico de drogas, venda de *explosivos, armas, munições*, assim como na prática de homicídios, na qual desempenha a função 'de 'tesoureira' [no grupo criminoso] chefiado por seu irmão (...)', que 'está recolhido em um presídio federal, a pedido deste juízo, dada a insegurança de mantê-lo em qualquer cárcere de nosso estado'. 4. *Habeas corpus* denegado" (HC 303.527 – CE, 6.ª T., rel. Rogerio Schietti Cruz, 30.06.2016, v.u., grifamos).

**29. Crítica ao critério de aumento:** estabelecer o aumento com um teto (metade), sem se fixar o mínimo é imprudente. Diante disso, quanto vale a elevação mínima? Não há penas fixadas em horas (art. 11, CP), logo, um dia é o mínimo possível. No entanto, seria autêntica forma de tergiversação elevar de um dia a pena de três anos de reclusão. Cuida-se de mecanismo inadequado.

> § 3.º A pena é agravada para quem exerce o comando, individual ou coletivo, da organização criminosa, ainda que não pratique pessoalmente atos de execução.[30]

**30. Agravante:** a elevação da pena-base deve dar-se quando o agente atuar como comandante, líder ou chefe da organização criminosa. Essa liderança pode ser individual, exercida por uma só pessoa, ou coletiva, dividida com outros integrantes. A menção final – *ainda que não pratique pessoalmente atos de execução* – é desnecessária, pois, segundo o disposto pelo art. 29 do Código Penal, quem, de qualquer modo, concorre para o crime incide nas penas a ele cominadas. Portanto, *qualquer atividade* é capaz de gerar a concorrência no delito. Conforme a teoria objetiva do conceito de autor – formal ou individual – pode-se considerar o comandante da organização criminosa como autor ou partícipe. Segundo a teoria objetivo-formal, autor é aquele que executa o tipo penal (executor); partícipe é quem auxilia o executor, sem ingressar no tipo de qualquer forma. De acordo com a teoria objetivo-individual (também denominada *teoria do domínio do fato*), autor é quem executa o tipo e também comanda a ação típica; partícipe é quem auxilia o autor, sem ingressar no tipo. Para aplicar a agravante prevista no § 3.º, é suficiente liderar o crime organizado, seja ele considerado autor, seja partícipe. No Código Penal, igualmente, há previsão para agravante similar, constante do art. 62, I. Entende-se, majoritariamente, que uma agravante vale um sexto da pena-base.

> § 4.º A pena é aumentada de 1/6 (um sexto) a 2/3 (dois terços):[31]

**31. Causas de aumento de pena:** são circunstâncias legais, que determinam a elevação da pena de um sexto a dois terços, integrando o tipo incriminador, motivo pelo qual, quando aplicadas, permitem o rompimento da pena máxima, constante do tipo abstrato. Ilustrando, se a pena-base for estabelecida no máximo (oito anos), havendo a incidência desta causa de aumento, pode-se ultrapassar tal montante.

> I – se há participação de criança ou adolescente;[32]

**32. Participação de criança ou adolescente:** o termo *participação* significa *tomar parte*, podendo ser entendido tanto no contexto dos adolescentes integrantes efetivos do agrupamento (concurso impróprio) como também pela instrumentalização de crianças e adolescentes (autoria mediata). De toda forma, detectada a ligação do menor de 18 anos à organização criminosa, cabe a incidência da causa de aumento. A opção pelo grau do aumento (1/6 a 2/3) deve vincular-se ao número de crianças ou adolescentes encontrados na organização. Ilustrando, se um adolescente, aumenta-se um sexto; se inúmeros, dois terços. Em contrário, Bitencourt e Busato sustentam que "a participação de menores não é suficiente para perfazer o mínimo constitutivo exigido por lei (quatro ou mais), porque são inimputáveis e a eles, consequentemente, não pode ser atribuída a prática de crime de nenhuma natureza" (*Comentários à Lei de Organização Criminosa*, p. 64). Entretanto, a participação de criança ou adolescente apontada no texto legal não diz respeito à *responsabilização criminal* nem de um nem de outro. Quer referir-se apenas à inclusão do menor de 18 anos no cenário da organização criminosa, deturpando a formação da sua personalidade. Logo, se a criança ou adolescente *integra* o grupo ou é somente utilizada por ele, trata-se de questão irrelevante. Nessa linha: Masson e Marçal, *Crime organizado*, p. 87.

> II – se há concurso de funcionário público, valendo-se a organização criminosa dessa condição para a prática de infração penal;[33]

**33. Concurso de funcionário público:** o tipo é claro no sentido de se valer o crime organizado da atuação do servidor público para o cometimento das infrações penais, que servem de meio para atingir a vantagem ilícita. Não se trata de praticar apenas crimes funcionais, ou seja, os delitos do funcionário público contra a administração, mas qualquer infração penal em que a atuação do servidor seja útil. O grau de aumento deve ser dosado conforme o nível de comprometimento do funcionário público para beneficiar a organização criminosa; afinal, cuida-se de uma maneira de corrupção do servidor. Ilustrando, quando o funcionário atuar como simples partícipe, a pena pode ser elevada em um sexto; quando atuar diretamente na prática do delito, beneficiando a organização, o aumento deve ser maior, podendo atingir os dois terços.

> III – se o produto ou proveito da infração penal destinar-se, no todo ou em parte, ao exterior;[34]

**34. Produto ou proveito destinado ao exterior:** o produto da infração penal é a vantagem obtida diretamente pelo cometimento do delito (ex.: no roubo a banco, o dinheiro auferido do cofre é o produto da infração penal). O proveito do crime é o recurso advindo do produto, quando transformado em outra vantagem (ex.: subtraído o dinheiro do banco, no roubo, os agentes compram um imóvel; é o proveito do delito). O fundamento da causa de aumento é a maior dificuldade em rastrear, localizar e sequestrar ou apreender o produto ou proveito da infração penal cometida pela organização quando tudo é encaminhado ao exterior. Naturalmente, os denominados *paraísos fiscais* acolhem vultosas somas de dinheiro *sujo*, protegendo os delinquentes, em especial quando organizados. Aliás, justamente por conta disso, em época recente, acrescentou-se o § 1.º ao art. 91 do Código Penal, permitindo que seja decretada a perda de bens ou valores equivalentes ao produto ou proveito do crime quando estes não forem encontrados ou quando se localizarem no exterior. E, no § 2.º, do mesmo artigo, dispõe-se que as medidas assecuratórias, como o sequestro, poderão abranger bens ou valores equivalentes do investigado ou acusado para posterior decretação da perda. Noutros termos, quando o criminoso destinar o produto ou proveito do delito ao exterior, pode-se sequestrar seu patrimônio lícito, localizado no Brasil, para se fazer compensação. Esse é o motivo inspirador da causa de elevação da pena, pois encaminhar a vantagem auferida ao estrangeiro faz com que o seu confisco seja difícil, quando não impossível, além de camuflar a materialidade do delito. O grau de elevação da pena – um sexto a dois terços – deve basear-se no montante desviado. Pouca quantidade admite o aumento de um sexto; quantidades mais significativas podem levar a elevação de até dois terços.

> IV – se a organização criminosa mantém conexão com outras organizações criminosas independentes;[35]

**35. Conexão com outras organizações criminosas:** a atividade do crime organizado é perigosa, colocando em risco a paz pública. Mais grave se torna o cenário quando há algum tipo de ligação entre duas ou mais organizações independentes, no Brasil ou no exterior. Observou-se, nos últimos tempos, o nefasto contato entre organizações criminosas de presídios, cada uma delas comandando uma facção e uma região do país. A danosidade social é elevada, justificando a causa de aumento. O grau de elevação da pena deve voltar-se ao número de organizações conectadas, bem como à profundidade dos laços existentes. Ilustrando, se há conexão com outra organização de pequeno porte, o aumento cinge-se a um sexto; caso a ligação se dê com organização de grande porte ou com mais de uma, a elevação pode chegar até dois terços.

> V – se as circunstâncias do fato evidenciarem a transnacionalidade da organização.[36]

**36. Transnacionalidade da organização:** esta causa de aumento pode ser inaplicável, evitando-se o *bis in idem*, quando se tratar de organização transnacional. Afinal, a *transnacionalidade* teria sido elementar do tipo incriminador (art. 2.º, *caput*, c.c. o art. 1.º, § 1.º, da Lei 12.850/2013). Parecia-nos que esta elevação da pena poderia abranger todos os casos, mas, de fato, há organizações criminosas que se formam interiormente, sem qualquer aspecto transnacional. Por isso, reconhecemos estar com razão a posição de Masson e Marçal: "o caráter transnacional não é elemento inerente a toda e qualquer organização criminosa, não fazendo parte de sua essência". Depois, argumentam os autores que, se o caráter exclusivamente transnacional for levado em conta para a tipificação de organização autora de delitos com pena máxima inferior a 4 anos, não terá incidência a causa de aumento (*Crime organizado*, p. 91). Portanto, havendo tipificação com base na transnacionalidade, esta causa de aumento não se aplica. Porém, quando não for utilizada para se concretizar o delito de organização criminosa, pode servir de elevação. Não haveria um uso sub-reptício do *bis in idem* caso a tipificação tenha alicerce completamente diverso da circunstância de agravamento da sanção penal. Na jurisprudência: STF: "VI – Apesar de a transnacionalidade constituir uma das formas de tipificação do crime de organização criminosa, a configuração desse delito, no caso, ocorreu em virtude de o grupo então investigado ser contumaz na prática de infrações penais cujas penas máximas são superiores a 4 anos, circunstância igualmente suficiente e autônoma prevista no § 1º do art. 1º da Lei 12.850/2013. Com efeito, a constatação da transnacionalidade da organização permite agravar a reprimenda, na segunda etapa da dosimetria, por incidência do art. 2º, § 4º, V, da mesma Lei, sem que configure *bis in idem*" (HC 204.651 AgR, 2.ª T., rel. Ricardo Lewandowski, 22.08.2021, v.u.).

> § 5.º Se houver indícios suficientes de que o funcionário público integra organização criminosa, poderá o juiz determinar seu afastamento cautelar do

> cargo, emprego ou função, sem prejuízo da remuneração, quando a medida se fizer necessária à investigação ou instrução processual.[37]

**37. Afastamento cautelar:** essa providência encontra-se em harmonia com as medidas cautelares alternativas à prisão, instituídas pela Lei 12.403/2011, em particular, a prevista pelo art. 319, VI, do Código de Processo Penal: "suspensão do exercício de função pública ou de atividade de natureza econômica ou financeira quando houver justo receio de sua utilização para a prática de infrações penais". Em lugar da decretação da prisão preventiva, que necessita preencher todos os requisitos do art. 312 do CPP, pode-se tomar medida menos drástica, afastando o servidor de seu posto para evitar qualquer prejuízo à persecução penal. Para tanto, exige-se a demonstração de *indícios suficientes* de integração do funcionário na organização criminosa. A prova indiciária é indireta, compondo-se de um processo indutivo, conforme previsão do art. 239 do CPP. Dado certo fato comprovado, liga-se a outro ou outros, que permitem concluir a ligação do servidor à organização. Há dois aspectos a considerar: a) indícios suficientes de existência da organização criminosa (materialidade); b) indícios suficientes de integração do servidor à organização criminosa (autoria). Ambos são indispensáveis para que o juiz ordene o afastamento do funcionário de seu cargo, emprego ou função. Cuidando-se de medida processual cautelar, mantém-se a remuneração do servidor. O foco para o seu afastamento é a conveniência da investigação ou da instrução processual. Note-se que, havendo grave comprometimento à instrução (ameaça a testemunha, destruição de provas etc.), é caso de decretação da prisão preventiva (art. 312, CPP). No mais, quase sempre, por questão de pura lógica, deve-se afastar o servidor do seu posto, quando detectado o seu envolvimento em organização criminosa, pois não teria sentido apurar a infração penal mantendo-o em plena atividade.

> § 6.º A condenação com trânsito em julgado acarretará ao funcionário público a perda do cargo, função, emprego ou mandato eletivo e a interdição para o exercício de função ou cargo público pelo prazo de 8 (oito) anos subsequentes ao cumprimento da pena.[38]

**38. Efeito da condenação:** esse efeito da condenação é genérico e automático, imposto por força de lei, logo, independe da imposição expressa do magistrado na decisão condenatória. Equivale aos efeitos genéricos do art. 91 do Código Penal, que também independem de fixação na sentença. Observa-se uma contradição entre este parágrafo e o § 5.º, pois, neste último, somente se pode determinar o afastamento cautelar do funcionário de seu cargo, emprego ou função; enquanto, no § 6.º, determina-se a perda do cargo, função, emprego ou *mandato eletivo*. Por uma questão de coerência, da mesma forma que se pode determinar a perda do mandato eletivo, deveria ter sido prevista a medida cautelar de afastamento das atividades parlamentares. Quanto à perda do mandato eletivo, cuidando-se de senadores e deputados federais, há a discussão no tocante à formalização da referida perda. Há duas posições: a) decorre, automaticamente, de lei, assim que transita em julgado a sentença condenatória, pouco importando o *quantum* da pena, sem necessidade de deliberação do Parlamento, pois o condenado perde os direitos políticos (art. 15, III, CF); b) deve ser deliberada pela Casa Legislativa correspondente (Senado ou Câmara), após o trânsito em julgado da sentença condenatória, nos termos do art. 55, § 2.º, da Constituição Federal. Em nosso ponto de vista, a segunda posição é a correta, pois a lei ordinária não tem o condão de afastar a expressa disposição constitucional, que sujeita a análise da perda do mandato, em caso de condenação transitada em julgado, à deliberação da Casa Parlamentar correspondente. O disposto pelo art. 15,

# Art. 2.º

Leis Penais e Processuais Penais Comentadas – Vol. 2 · **Nucci**

III, da Constituição tem alcance genérico, envolvendo qualquer condenado, mas a regra do art. 55, § 2.º, é especial em relação à primeira. Norma especial afasta a aplicação de norma geral. O mesmo se dá no tocante à competência do Tribunal do Júri. Genericamente, cabe a esse Tribunal julgar os crimes dolosos contra a vida; porém, tratando-se de delito doloso contra a vida cometido por parlamentar federal, compete ao STF o julgamento. Afinal, a regra especial prevalece sobre a geral. Estabelece-se, ainda, a interdição para o exercício de função ou cargo público pelo prazo de oito anos, contados após o cumprimento da pena. É interessante observar outra contradição nesse preceito, pois não se interdita, por igual prazo, o exercício de mandato parlamentar. Noutros termos, impõe-se a perda do mandato, mas não se interdita o condenado a tornar a exercê-lo. Além disso, determina-se a perda de emprego público, mas não se interdita, por oito anos, o retorno ao posto.

> § 7.º Se houver indícios de participação de policial nos crimes de que trata esta Lei, a Corregedoria de Polícia instaurará inquérito policial e comunicará ao Ministério Público, que designará membro para acompanhar o feito até a sua conclusão.[39]

**39. Atribuição investigatória:** houve expressa opção política pela atribuição investigatória à Corregedoria da Polícia no tocante ao colhimento de dados probatórios contra policial de qualquer escalão, quando envolvido em organização criminosa. Com isso, afasta-se a atividade da Corregedoria de Polícia Judiciária, a cargo do juiz, bem como a atividade investigatória direta do Ministério Público. Aliás, o próprio dispositivo determina a comunicação da investigação instaurada ao *Parquet*, para que designe membro para acompanhar o feito até o final. Enfim, quem investiga o agente policial nos crimes previstos na Lei 12.850/2013 é a própria Polícia, sob fiscalização do Ministério Público. Caso o policial seja militar, deve ser investigado pela Corregedoria da Polícia Civil, pois não se trata de delito militar – inexiste previsão no Código Penal Militar –, com acompanhamento do Ministério Público. Na mesma ótica, Bitencourt ressalta que "essa previsão legal atende textualmente a determinação constitucional, qual seja, que cabe ao Ministério Público exercer o controle externo da atividade policial (art. 129, VII). (...) Ou seja, ao Ministério Público caberá 'acompanhar o feito até a sua conclusão'. Acompanhar a investigação não se confunde com *assumir a investigação* e muito menos comandá-la. Na verdade, o Ministério Público tem o dever de acompanhar e exercer efetivamente o controle externo da atividade policial, mas jamais querer assumir o seu papel, substituí-la em sua função, em verdadeira crise de identidade. O Ministério Público é o titular da ação penal, que não se confunde com investigação preliminar, que é constitucionalmente atribuída à polícia judiciária" (*Comentários à Lei de Organização Criminosa*, p. 70). Denominando essa interpretação de "leitura afoita e parcial" do dispositivo e também que essa conclusão seria "míope", os promotores de justiça Masson e Marçal, possivelmente em leitura corporativista, entendem que o Ministério Público pode investigar à vontade, independentemente do modelo estabelecido pelo § 7.º do art. 2.º (*Crime organizado*, p. 110). É preciso considerar que até hoje não houve lei estabelecendo *como* o MP pode investigar autonomamente. Por outro lado, o STF, ao *permitir* essa investigação, buscou estabelecer uma série de limitações, em nome dos direitos e das garantias individuais, nem sempre observadas nessas investigações. Assim, ao deixar de lado o significado do § 7.º do art. 2.º da Lei 12.850/2013, está-se ignorando a letra da lei, em *homenagem* a uma interpretação questionável de dispositivos constitucionais. Haverá o dia em que essa matéria será mais precisamente tratada tanto pelo Legislativo quanto pelo Pretório Excelso.

> § 8.º As lideranças de organizações criminosas armadas ou que tenham armas à disposição deverão iniciar o cumprimento da pena em estabelecimentos penais de segurança máxima.[39-A]

**39-A. Potencial inconstitucionalidade:** os estabelecimentos penais de segurança máxima destinam-se ao regime fechado; desse modo, cuida-se de uma forma indireta de determinar que o condenado líder de organização criminosa armada comece a cumprir pena no regime fechado. Entretanto, a previsão feita pela Lei dos Crimes Hediondos (art. 2.º, § 1.º, Lei 8.072/90) de iniciar a pena no regime fechado foi considerada inconstitucional pelo Supremo Tribunal Federal, por lesão ao princípio da individualização da pena (HC 111.840 – ES, Pleno, rel. Dias Toffoli, 27.06.2012, m. v.). Noutros termos, decidiu-se, naquele julgamento, ser inviável padronizar o regime inicial de cumprimento da pena; a escolha do regime precisa pautar-se pelos requisitos do art. 59 do Código Penal (circunstâncias judiciais). Nesta lei, cuidando do crime de organização criminosa, há possibilidade de haver condenação a uma pena inferior a 8 anos, permitindo, em tese, a fixação dos regimes fechado, semiaberto ou aberto (a pena mínima é de 3 anos de reclusão e, mesmo se considerando as elevações dos §§ 2.º e 3.º do art. 2.º, pode chegar a 4 anos, dando ensejo ao aberto; pode atingir mais de 4 e até 8, dando abertura para o semiaberto). Porém, se o referido § 8.º determina o *início* do cumprimento da pena em estabelecimento penal cabível ao regime fechado está-se impondo este regime para o condenado começar a cumprir a sua pena. Incide-se na mesma hipótese do art. 2.º, § 1.º, da Lei 8.072/90, já declarada inconstitucional pelo STF. Em conclusão, não é possível determinar o cumprimento inicial do sentenciado, *automaticamente*, em estabelecimento penal onde vigora o regime fechado.

> § 9.º O condenado expressamente em sentença por integrar organização criminosa ou por crime praticado por meio de organização criminosa não poderá progredir de regime de cumprimento de pena ou obter livramento condicional ou outros benefícios prisionais se houver elementos probatórios que indiquem a manutenção do vínculo associativo.[39-B]

**39-B. Impedimento à progressão:** em princípio, está-se inserindo dispositivo obstando a progressão de regime e a obtenção do livramento condicional para quem é condenado por integrar organização criminosa ou cometer delito pela via da organização criminosa, desde que haja elementos a apontar a manutenção do vínculo associativo durante a execução da pena. Nem a Lei dos Crimes Hediondos previu tamanha rigidez, pois inseriu, no art. 83, V, do Código Penal, a viabilidade de obtenção do livramento condicional quando o condenado atingir 2/3 do cumprimento da pena (exceto se fosse considerado reincidente específico). Por outro lado, proibia, realmente, a progressão de regime, mantendo o regime fechado desde o início de modo integral (art. 2.º, § 1.º, Lei 8.072/90). Mas esta norma foi considerada inconstitucional pelo Supremo Tribunal Federal, por ferir o princípio constitucional da individualização da pena (HC 82.959 – SP, Pleno, rel. Marco Aurélio, 23.02.2006, m.v.); posteriormente, o referido art. 2.º, § 1.º, foi modificado pela Lei 11.464/2007, permitindo expressamente a progressão, mas impondo o regime inicial fechado (a nova redação também foi declarada inconstitucional pelo STF, por ferir o princípio da individualização da pena, na medida em que a lei não poderia fixar o regime fechado *inicial* de modo padronizado: HC 111.840 – ES, Pleno, rel. Dias Toffoli, 27.06.2012, m. v.). Diante disso, não pode haver a proibição genérica de progressão de pena ou de obtenção de livramento condicional, tese jurídica já apreciada e consolidada pelo STF. Por outro lado, o referido § 9.º menciona que essa vedação se dá quando houver elementos *probatórios indicativos da manutenção do vínculo associativo*. Então, pode-se vedar a progressão de regime, o livramento condicional ou outro benefício baseado em *critérios subjetivos* do condenado, fundado em cometimento de falta grave (manter contato via celular com a organização criminosa) ou pela prática de

# Art. 3.º

Leis Penais e Processuais Penais Comentadas – Vol. 2 · **Nucci** 662

fato previsto como delito (integração a organização criminosa), que dá margem, inclusive, à regressão de regime (art. 118, I, Lei de Execução Penal). Além disso, é possível que esse envolvimento com o crime organizado, mesmo depois de condenado, seja apontado em eventual exame criminológico, demonstrando falta de merecimento à progressão. Em síntese, a vedação automática é inconstitucional, mas pode ser brecada a progressão (ou a obtenção do livramento condicional) quando o juiz, analisando os requisitos subjetivos, atestar que o sentenciado continua ligado a organização criminosa.

## Capítulo II
## DA INVESTIGAÇÃO E DOS MEIOS DE OBTENÇÃO DA PROVA[39-C]

> **Art. 3.º** Em qualquer fase da persecução penal,[40] serão permitidos, sem prejuízo de outros já previstos em lei, os seguintes meios de obtenção da prova:

**39-C. Meios de obtenção de prova:** lança-se a ideia de que há diferença entre o *meio de prova* e o *meio de obtenção de prova*, servindo, em verdade, mais para confundir do que para esclarecer. Utiliza-se o termo *meio de prova* para especificar um instrumento por meio do qual se demonstra a ocorrência de um fato juridicamente relevante (ex.: prova testemunhal; ouve-se a testemunha para se confirmar ou não um acontecimento). Quer-se apontar o *meio de obtenção de prova* para conceituar um caminho pelo qual se atinge o instrumento adequado para a demonstração de um fato juridicamente relevante (ex.: ação controlada; método de investigação por meio do qual se protela uma prisão em flagrante, com a finalidade de colher mais provas, a fim de se chegar a um mais eficiente resultado). Pois bem, sob esse prisma, a colaboração premiada, em nosso entendimento, é um meio de prova e não um simples caminho para se atingir a prova. As declarações do delator, que assume o crime e indica comparsas, tem força probatória por si só, embora de valor relativo, dependente de confirmação por outras provas. É exatamente o mesmo enfoque dado à confissão do acusado: um meio de prova, de valor relativo, dependente de confirmação por outras provas. Portanto, a despeito de o art. 3.º-A, introduzido nesta Lei, em virtude da edição da Lei 13.964/2019, ter colocado expressamente que a delação premiada é um negócio jurídico e *meio de obtenção de prova*, a natureza jurídica do instituto não se desfaz simplesmente porque a lei o aponta de maneira diversa de sua essência. Aliás, se a colaboração premiada não fosse um meio de prova nem haveria necessidade de existir o § 16 do art. 4.º desta Lei, impedindo o seu *uso exclusivo* para decretar medidas cautelares ou proferir decisões de recebimento da denúncia ou queixa, bem como sentença condenatória. Por isso, nem todos os instrumentos do art. 3.º configuram meios de obtenção de prova. A colaboração premiada, tal como ocorre com a confissão, é um meio de prova (seu valor é apurado em cada caso concreto); a captação ambiental é um meio de prova, pois seus registros permitem o conhecimento direto ou indireto de fatos relevantes ao processo; a interceptação de comunicações é um meio de prova, não se podendo separar o ato de interceptar do mero registro da gravação (constituem a mesma coisa em momentos diferentes). Por outro lado, a ação controlada, em si mesma, não produz prova; ela depende do que for colhido ao longo de seu desenvolvimento; o acesso a registros de ligações telefônicas e telemáticas e outros dados cadastrais produzem documentos, estes, sim, meios de prova; o afastamento dos sigilos financeiro, bancário e fiscal, do mesmo modo, configura o meio de obter a prova documental; a infiltração policial é outro mecanismo para obter prova, que pode ser testemunhal e documental; finalmente, a cooperação entre instituições e órgãos estatais também representa um mecanismo de extração de futuras provas.

**40. Persecução penal:** é a denominação da atividade estatal de investigação e processo, no âmbito criminal, com vistas a apurar a prática de infração penal e sua autoria. Inicia-se, como regra, pela instauração do inquérito policial – procedimento administrativo, sob a presidência da autoridade policial, visando à colheita de provas suficientes a demonstrar a materialidade e a autoria do delito, cuja meta é permitir a formação do convencimento do órgão acusatório – passando, na sequência, ao processo criminal, instaurado em virtude do recebimento da denúncia ou queixa, assegurando-se ao acusado os direitos constitucionais da ampla defesa e do contraditório. Colhem-se provas e atinge-se a decisão de mérito, condenando-se ou absolvendo-se o réu.

> I – colaboração premiada; [41]

**41. Colaboração premiada:** ver os comentários à Seção I abaixo.

> II – captação ambiental de sinais eletromagnéticos, ópticos ou acústicos; [42]

**42. Captação ambiental:** é a conversa ocorrida em certo local (não pelo telefone, nem por carta ou outro meio similar), possibilitando o contato pessoal entre os interlocutores, enquanto alguém *colhe*, por qualquer meio (gravação de voz, registro de imagem fotográfica, filmagem), o que se passa entre ambos. Atualmente, em decorrência da Lei 13.869/2019, que modificou o art. 10 da Lei 9.296/96 e, na sequência, da Lei 13.964/2019, incluindo os artigos 8.º-A e 10-A, também da Lei 9.296/96, a captação ambiental (ou escuta ambiental), quando realizada, *sem autorização judicial*, constitui crime e, portanto, prova ilícita. A menção a sinais eletromagnéticos, ópticos ou acústicos significa, apenas, a ampla possibilidade de se gravar a voz, filmar, fotografar e registrar, por qualquer aparelho, de apropriada tecnologia, imagens e sons. É válido registrar que, se um dos interlocutores, conversando em ambiente aberto, grava a conversa, não se trata de captação ambiental (ou escuta ambiental), para o efeito de exigir prévia autorização judicial, sob pena de se considerar crime. Afinal, a conversa *pertence* a ambos os lados; se um grava, para se proteger de alguma ameaça, extorsão ou outra forma de agressão, torna-se prova lícita.

> III – ação controlada; [43]

**43. Ação controlada:** ver os comentários ao art. 8.º.

> IV – acesso a registros de ligações telefônicas e telemáticas, a dados cadastrais constantes de bancos de dados públicos ou privados e a informações eleitorais ou comerciais; [44]

**44. Acesso a registros de ligações, dados e informações:** regulando o disposto neste inciso, encontra-se o art. 15 da referida Lei, nos seguintes termos: "o delegado de polícia e o Ministério Público terão acesso, independentemente de autorização judicial, apenas aos dados cadastrais do investigado que informem exclusivamente a qualificação pessoal, a filiação e o endereço mantidos pela Justiça Eleitoral, empresas telefônicas, instituições financeiras, provedores de internet e administradoras de cartão de crédito". A previsão do referido art. 15 não

# Art. 3.º

Leis Penais e Processuais Penais Comentadas – Vol. 2 • Nucci

merece censura, pois os dados cadastrais referentes à qualificação pessoal (nome completo, RG, CPF, profissão, nacionalidade, estado civil), à filiação (nome dos pais) e ao endereço (lugar de domicílio ou residência) não constituem *meios de prova* contra o indivíduo, mas sua identificação. O direito de não produzir prova contra si mesmo nunca abrangeu a ocultação de tais dados. Igualmente, não tem o investigado ou acusado o direito de manter silêncio sobre isso. Esses informes constituem dados de natureza pública, não constituindo cenário da intimidade, razão pela qual é desnecessária a intervenção judicial. Por isso, a autoridade policial e o membro do Ministério Público podem acessar os mencionados dados diretamente dos entes retratados no artigo. Aliás, podem ir além, consultando outros órgãos, como os de proteção ao crédito, lojas etc.

> V – interceptação de comunicações telefônicas e telemáticas, nos termos da legislação específica;[45]

**45. Interceptação telefônica e telemática:** *interceptação*, no sentido jurídico, significa o ato de se imiscuir em conversa alheia, seja por meio telefônico ou computadorizado, seja por outras formas abertas ou ambientais (embora nestes últimos casos, a lei não adote o termo *interceptação*, mas escuta ou captação ambiental). A Constituição Federal, expressamente, cuida da inviolabilidade da comunicação telefônica, como regra, autorizando, por exceção, que, por ordem judicial, para fins de investigação criminal ou instrução processual penal, ocorra a interceptação, com a consequente gravação, para utilização como meio de prova (art. 5.º, XII). A Lei 9.296/96 disciplina a forma legal para a ocorrência da interceptação telefônica. Portanto, essa é a legislação específica para o tema. Sob outro aspecto, denomina-se escuta telefônica a interceptação realizada com a ciência de um dos interlocutores da conversa. Não se pode considerá-la, pois, autêntica interceptação telefônica, passível de tipificação no art. 10 da Lei 9.296/96. Logo, deve-se resolver a questão, admitindo-se ou negando-se a gravação, porventura realizada, como meio lícito de prova, no âmbito das regras gerais de direito. Os tribunais têm admitido que um dos interlocutores grave a conversa, usando-a como prova, sob a assertiva de que esse diálogo pertence a ambas as partes envolvidas; não se trata de uma interceptação de terceiro, devassando conversa alheia. No entanto, se um dos lados pede *expressamente* sigilo no que está sendo falado, parece-nos que a gravação feita pela outra parte pode ser considerada ilícita, por violação da intimidade e do segredo assim pactuado. Entretanto, se essa gravação de conversa sigilosa puder constituir benefício penal a quem a realizou, cabe a sua utilização (legítima defesa, estado de necessidade, inexigibilidade de conduta diversa, delação premiada etc.). Ilustrando, um dos interlocutores pode ser vítima de crime, valendo-se da escuta telefônica – realizada pela polícia, por exemplo, a seu pedido – para evitar uma extorsão ou livrar-se de uma ameaça. Outro exemplo seria a gravação feita, mesmo invadindo conversa alheia (interceptação telefônica) para isentar-se da prática de um crime em relação ao qual está sendo acusado injustamente. Há que se considerar, ainda, a viabilidade de interceptação telemática (feita por meio informatizado), que é autorizada por lei, embora a Constituição Federal (art. 5º, XII) não a mencione expressamente (nem poderia, em virtude da época em que foi editada – 1988 – inexistindo essa forma de comunicação no Brasil). No entanto, os tribunais têm permitido a interceptação, com autorização judicial, com base em interpretação extensiva e teleológica, em busca do sentido traçado pela Carta Magna, que é resguardar o sigilo, a intimidade e a privacidade do indivíduo e não pode servir de incentivo ou escudo para o cometimento de crimes. Note-se que, há muito tempo, tem-se autorizado a abertura de correspondência de presos, mesmo não existindo expressa autorização no referido art. 5.º, XII da CF, que menciona apenas a possibilidade de violação de comunicação telefônica, por ordem judicial. Na jurisprudência: "O Supremo Tribunal, em julgamento paradigmático, reconheceu, já sob a égide do ordenamento constitucional vigente, que o sigilo de correspondência não é absoluto, tendo esta Corte conferido validade à interceptação da correspondência remetida pelos sentenciados, 'eis que a cláusula tutelar da inviolabilidade do sigilo epistolar não pode constituir instrumento de salvaguarda de práticas ilícitas' (HC nº 70.814/SP, Primeira Turma, Relator o Ministro Celso de Mello, DJ de 24/6/94). 11. Em face da concepção constitucional moderna de que inexistem garantias individuais de ordem absoluta, mormente com escopo de salvaguardar práticas ilícitas (v.g. HC nº 70.814/SP), a exceção constitucional ao sigilo alcança as comunicações de dados telemáticos, não havendo que se cogitar de incompatibilidade do parágrafo único do art. 1º da Lei nº 9.296/96 com o art. 5º, inciso XII, da Constituição Federal. Precedente e doutrina. 12. Recurso ordinário ao qual se nega provimento" (RHC 132.115, 2.ª T., rel. Dias Toffoli, 06.02.2018, v.u.). STJ: "2. A decisão que decretou a quebra do sigilo telefônico dos pacientes descreveu, com clareza, a situação objeto da investigação, havendo sido efetivamente demonstrado que a interceptação telefônica seria uma medida adequada e necessária para a apuração da infração penal noticiada e para o prosseguimento das investigações, de maneira que está preservada, integralmente, a validade das provas colhidas" (HC 341.752 – PR, 6.ª T., rel. Rogerio Schietti Cruz, 23.08.2018, v.u.).

> VI – afastamento dos sigilos financeiro, bancário e fiscal, nos termos da legislação específica;[46]

**46. Afastamento de sigilo financeiro, bancário e fiscal:** o sigilo financeiro é regulado pela LC 105/2001. Somente pode ser quebrado, para fins de prova, mediante autorização judicial. No mais, os sigilos bancário e fiscal são igualmente tutelados pela Constituição Federal, sob o bem jurídico da *intimidade* e *vida privada*, razão pela qual também só comportam quebra por meio de autorização expedida por juiz competente. Na jurisprudência: STJ: "1. 'A adoção das medidas excepcionais de quebra do sigilo bancário e fiscal do recorrente encontra amparo na presença de indícios da autoria e de prova da materialidade dos crimes imputados, além da demonstração de imprescindibilidade das medidas para o aprofundamento das investigações e esclarecimento dos fatos, situação que não pode, em princípio, ser considerada violadora de direito líquido e certo dos investigados.' (RMS 55.691/MT, Rel. Ministro Jorge Mussi, Quinta Turma, julgado em 02/08/2018, *DJe* 22/08/2018). 2. No caso em exame, tal como pontuado pelo TRF da 3ª Região, a medida decretada apresenta suficiente motivação, sendo certo que o magistrado processante demonstrou a necessidade da determinação, haja vista o enorme prejuízo ao erário em pauta, superior a vinte milhões de reais, bem como a gravidade dos fatos mencionados na denúncia. 3. Hipótese em que os recorrentes foram denunciados, juntamente com outros 12 corréus, por, em tese, integrarem organização criminosa voltada à prática de crimes envolvendo as obras do Complexo Viário do Rio Baquirivu, em Guarulhos-SP, consistente no superfaturamento, além de outras irregularidades, tanto no processo de licitação quanto na execução do contrato, que, segundo auditoria do TCU, causou um prejuízo de mais de 20 milhões de reais aos cofres públicos federais e municipais. Nessa senda, o *Parquet* Federal vislumbrou a urgência de pleitear a quebra do sigilo bancário e fiscal, 'por ser medida imprescindível para colher elementos suplementares no âmbito da denúncia ora oferecida, especialmente para se ter ideia das consequências (prejuízo financeiro e social) da atividade da organização criminosa ora denunciada (...)', razões bem esmiuçadas na cota encaminhada juntamente à exordial acusatória. 4. A decisão que determinou a quebra do sigilo bancário está devidamente fundamentada, sendo a referida ordem judicial calcada em elementos fáticos devidamente justificados na instância ordinária para a continuidade das investigações envolvendo crimes contra Administração Pública com prejuízo milionário em apuração. 5. Recurso em mandado de segurança não provido" (RMS 46.863 – SP, 5.ª T., rel. Ribeiro Dantas, 01.10.2019, v.u.).

> VII – infiltração, por policiais, em atividade de investigação, na forma do art. 11;[47]

**47. Infiltração de agentes:** ver os comentários ao art. 10.

> VIII – cooperação entre instituições e órgãos federais, distritais, estaduais e municipais na busca de provas e informações de interesse da investigação ou da instrução criminal.[48]

**48. Cooperação entre instituições e órgãos estatais:** a cooperação entre instituições e órgãos federais é decorrência lógica do funcionamento da máquina estatal, além de constituir uma ação positiva de colaboração e não um mecanismo de demonstração da verdade de um fato. Por isso, soa-nos desnecessária tal previsão. Na jurisprudência: "2. Na hipótese dos autos, a investigação visava apurar crimes de associação criminosa, peculato, fraude em licitação, falsificação de documentos, corrupção passiva e ativa, lavagem de dinheiro, entre outros crimes (Operação Sevandija). Dessa forma, a atuação da Polícia Federal estava amparada no art. 3º, VIII, da Lei n. 12.850/2013, que, expressamente, preconiza ser possível a cooperação entre instituições e órgãos federais distritais, estaduais e municipais na busca de provas e informações de interesse da investigação ou da instrução criminal" (AgRg no RHC 85.670 – SP, 6.ª T., rel. Rogerio Schietti Cruz, 25.06.2019, v.u.).

> § 1.º Havendo necessidade justificada de manter sigilo sobre a capacidade investigatória, poderá ser dispensada licitação para contratação de serviços técnicos especializados, aquisição ou locação de equipamentos destinados à polícia judiciária para o rastreamento e obtenção de provas previstas nos incisos II e V.[48-A]

**48-A. Dispensa de licitação:** dispõe o inciso II: "captação ambiental de sinais eletromagnéticos, ópticos ou acústicos"; preceitua o inciso V: "interceptação de comunicações telefônicas e telemáticas, nos termos da legislação específica". A licitação é um procedimento público, aberto a qualquer interessado em fornecer materiais de que o Estado necessita. Porém, é perfeitamente compreensível a dispensa de licitação nessas hipóteses, pois os equipamentos precisam ser modernos, avançados em tecnologia e, de preferência, desconhecidos do mundo criminoso. De nada adiantaria tantos aparatos se a organização criminosa pudesse, de pronto, adquirir outros que afetassem o bom funcionamento dos que pertencem ao Estado. Em suma, a medida de cautela soa-nos razoável.

> § 2.º No caso do § 1.º, fica dispensada a publicação de que trata o parágrafo único do art. 61 da Lei 8.666, de 21 de junho de 1993, devendo ser comunicado o órgão de controle interno da realização da contratação.[48-B]

**48-B. Controle interno:** a fiscalização da lisura quanto ao procedimento de compra e escolha do fornecedor, além dos valores gastos, deve ficar a cargo de um organismo interno da polícia, como a Corregedoria, por exemplo. A Lei 14.133/2021 (nova lei de licitações e contratos administrativos) prevê, no art. 91, que "os contratos e seus aditamentos terão forma escrita e serão juntados ao processo que tiver dado origem à contratação, *divulgados e mantidos à disposição do público em sítio eletrônico oficial*" (grifamos). Porém, já o § 1º desse artigo prevê a possibilidade de sigilo: "será admitida a manutenção em sigilo de contratos e de termos aditivos quando imprescindível à segurança da sociedade e do Estado, nos termos da legislação que regula o acesso à informação". Com isso, o art. 61, parágrafo único, da Lei 8.666/93 (que previa a publicidade) foi substituído por norma já prevendo a exceção, impedindo de tornar público o contrato, exatamente o previsto no § 2.º, desta Lei.

## Seção I
## Da Colaboração Premiada[49-50]

**49. Conceito de colaboração premiada:** *colaborar* significa prestar auxílio, cooperar, contribuir; associando-se ao termo *premiada*, que representa vantagem ou recompensa, extrai-se o significado processual penal para o investigado ou acusado que dela se vale: admitindo a prática criminosa, como autor ou partícipe, revela a concorrência de outro(s), permitindo ao Estado ampliar o conhecimento acerca da infração penal, no tocante à materialidade ou à autoria. Embora a lei utilize a expressão *colaboração premiada*, cuida-se, na verdade, da *delação premiada*. O instituto, tal como disposto em lei, não se destina uma mera cooperação de investigado ou acusado, mas aquela na qual se descobre dados desconhecidos quanto à autoria ou materialidade da infração penal. Por isso, trata-se de autêntica *delação*, no perfeito sentido de admitir a prática do crime e *acusar* ou *denunciar* alguém. O valor da colaboração premiada é relativo, pois se trata de uma declaração de interessado (investigado ou acusado) na persecução penal, que pretende auferir um benefício, prejudicando terceiros. Embora assuma a prática do crime, o objetivo não é a pura autoincriminação, mas a consecução de um prêmio. Diante disso, é inviável lastrear a condenação de alguém, baseado unicamente em uma delação. É fundamental que esteja acompanhada de outras provas, nos mesmos moldes em que se considera o valor da confissão. Conferir o disposto pelo art. 4.º, § 16, da Lei 12.850/2013. Afrânio Silva Jardim não tem grandes restrições à colaboração premiada, que vê como um negócio jurídico processual. Sendo a delação facultativa, torna-se mais um instrumento de que se pode valer a defesa de um acusado. Se não se pode impedir alguém de confessar, também não se pode fazê-lo no tocante à delação. Esta, no entanto, merecerá uma avaliação específica do juiz, dentro do seu livre convencimento motivado (prefácio da obra *Crime organizado* – Masson e Marçal, p. 10-11). Na jurisprudência: STF: "Em decisão unânime, a Segunda Turma do Supremo Tribunal Federal (STF) decidiu, na sessão desta terça-feira [28.5.2019], que *não cabe ao Poder Judiciário compelir o Ministério Público a firmar acordo de colaboração premiada com réus ou investigados, não havendo, por parte destes, direito líquido e certo para exigir em juízo sua celebração*. Com o julgamento de agravo regimental, foi mantida decisão do ministro Edson Fachin, relator, que em decisão individual havia negado seguimento a mandado de segurança sobre o tema. Em seu voto pelo desprovimento do agravo regimental, Fachin explicou que *o acordo de colaboração premiada constitui negócio jurídico*, cuja conveniência e oportunidade não se submetem ao crivo do Estado-juiz. Segundo ele, trata-se de um negócio jurídico-processual personalíssimo e sua celebração é medida processual voluntária por essência. O relator também ressaltou que, no acordo de colaboração premiada, cada sujeito processual tem missão própria. De acordo com o § 6º do art. 4º da Lei 12.850/2013 (que define organização criminosa e os meios de obtenção de prova, entre eles a colaboração premiada), o juiz não participa das negociações realizadas entre as partes para a formalização do acordo, que poderá ocorrer entre o delegado de polícia, o investigado e o defensor, com a manifestação do Ministério Público, ou, conforme o caso,

# Art. 3.º

entre o Ministério Público e o investigado ou acusado e seu defensor. (...) A decisão unânime foi tomada no julgamento de agravo regimental em mandado de segurança impetrado contra a procuradora-geral da República, e que tramita em sigilo, envolvendo um condenado em duas ações penais decorrentes da Operação Lava-Jato (grifamos)" (disponível em: <http://portal.stf.jus.br/noticias/verNoticiaDetalhe.asp?idConteudo=412407&tip=UN>. Acesso em: 5 fev. 2020).

**50. Prós e contras da delação premiada:** são *pontos considerados negativos* da colaboração premiada: a) oficializa-se, por lei, a traição, forma antiética de comportamento social; b) pode ferir a proporcionalidade na aplicação da pena, pois o delator recebe pena menor que os delatados, autores de condutas tão graves quanto as dele; c) a traição, como regra, serve para agravar ou qualificar a prática de crimes, motivo pelo qual não deveria ser útil para reduzir a pena; d) não se pode trabalhar com a ideia de que os fins justificam os meios, na medida em que estes podem ser imorais ou antiéticos; e) a existente delação premiada não serviu até o momento para incentivar a criminalidade organizada a quebrar a *lei do silêncio*, regra a falar mais alto no universo do delito; f) o Estado não pode aquiescer em barganhar com a criminalidade; g) há um estímulo a delações falsas e um incremento a vinganças pessoais. São *pontos considerados positivos* da delação premiada: a) no universo criminoso, não se pode falar em ética ou em valores moralmente elevados, dada a própria natureza da prática de condutas que rompem as normas vigentes, ferindo bens jurídicos protegidos pelo Estado; b) não há lesão à proporcionalidade na aplicação da pena, pois esta é regida, basicamente, pela culpabilidade (juízo de reprovação social), que é flexível. Réus mais culpáveis devem receber penas mais severas. O delator, ao colaborar com o Estado, demonstra menor culpabilidade, portanto, pode receber sanção menos grave; c) o crime praticado por traição é grave, justamente porque o objetivo almejado é a lesão a um bem jurídico protegido; a delação seria a *traição com bons propósitos*, agindo *contra* o delito e em favor do Estado Democrático de Direito; d) os fins podem ser justificados pelos meios, quando estes forem legalizados e inseridos, portanto, no universo jurídico; e) a ineficiência atual da delação premiada condiz com o elevado índice de impunidade reinante no mundo do crime, bem como ocorre em face da falta de agilidade do Estado em dar efetiva proteção ao réu colaborador; f) o Estado já está barganhando com o autor de infração penal, como se pode constatar pela transação, prevista na Lei 9.099/95. A delação premiada é, apenas, outro nível de transação; g) o benefício instituído por lei para que um criminoso delate o esquema no qual está inserido, bem como os cúmplices, pode servir de incentivo ao arrependimento sincero, com forte tendência à regeneração interior, um dos fundamentos da própria aplicação da pena; h) a falsa delação, embora possa existir, deve ser severamente punida; i) a ética é juízo de valor variável, conforme a época e os bens em conflito, razão pela qual não pode ser empecilho para a delação premiada, cujo fim é combater, em primeiro plano, a criminalidade organizada. Parece-nos que a delação premiada é um *mal necessário*, pois o bem maior a ser tutelado é o Estado Democrático de Direito. Não é preciso ressaltar que o crime organizado tem ampla penetração nas entranhas estatais e possui condições de desestabilizar qualquer democracia, sem que se possa combatê-lo, com eficiência, desprezando-se a colaboração dos conhecedores do esquema, dispondo-se a denunciar coautores e partícipes. No contexto das pessoas de bem, sem dúvida, a traição é desventurada, mas não se pode dizer o mesmo ao transferir a análise para o âmbito do crime, por si só, desregrado, avesso à legalidade, contrário ao monopólio estatal de resolução de conflitos, regido por *leis* esdrúxulas e extremamente severas, totalmente distantes dos valores regentes dos direitos humanos fundamentais. A rejeição à ideia da colaboração premiada constituiria um autêntico *prêmio* ao crime organizado e aos delinquentes em geral, que, sem a menor ética, ofendem bens jurídicos preciosos, mas o Estado não lhes poderia semear a cizânia ou a desunião, pois não seria *moralmente* aceitável. Se os criminosos atuam com regras próprias, pouco ligando para a ética, parece-nos viável provocar-lhes a cisão, fomentando a delação premiada. A *lei*

# Art. 3.º-A

**Organização Criminosa** | 669

*do silêncio*, no universo criminoso, ainda é mais forte, pois o Estado não cumpriu sua parte, consistente em diminuir a impunidade, atuando, ainda, para impedir que réus colaboradores pereçam em mãos dos delatados. Ademais, como exposto nos fatores positivos da delação, o arrependimento pode surgir, dando margem à confissão espontânea e, consequentemente, à delação. Nesse prisma, Carla Domenico afirma que "o instinto natural de defesa para alguns deu lugar ao instinto natural de sobrevivência. Nesse cenário, o que antes era visto como algo inconcebível tornou-se, de fato, uma alternativa, por vezes um desejo. Desejo de mudança. (...) virou lugar comum a afirmação de que a palavra do colaborador é imprestável, indigna de crédito, porque obtida em um acordo no qual há troca de interesse e, por isso, deve ser desprezada. Nada mais falacioso. (...) Assim, a mentira é o decreto da própria morte. Essa, sem dúvida, a maior garantia do instituto. O que se tem, portanto, atrás da figura do colaborador é um ser humano que muito refletiu, responsável por seus atos e não um mentiroso contumaz" ("Com a palavra: o colaborador", *in*: Moura e Bottini, *Colaboração premiada*, p. 107 e 110). O prêmio deve emergir em lugar da pena, afinal, a regeneração do ser humano torna-se elemento fundamental, antes mesmo de se pensar no *castigo* merecido pela prática da infração penal. Porém, cenas teatrais, barganhas misteriosas, delações falsas e todos os atos de vingança, sem qualquer utilidade efetiva, devem ser punidos com rigor em relação a todos que desse lamentável cenário tomarem parte, desde o delator até os operadores do direito. Em suma, pensamos ser a colaboração premiada um instrumento útil, aliás, como tantos outros já utilizados, legalmente, pelo Estado, como, por exemplo, a interceptação telefônica, que fere a intimidade, em nome do combate ao crime.

> **Art. 3.º-A.** O acordo de colaboração premiada é negócio jurídico processual e meio de obtenção de prova, que pressupõe utilidade e interesse públicos.[50-A]

**50-A. Negócio jurídico e meio de obtenção de prova:** a Lei 13.964/2019 introduziu os arts. 3.º-A a 3.º-C, nesta Lei, com a finalidade de aperfeiçoá-la. O primeiro ponto, constante do art. 3.º-A, foi deixar bem claro que a delação premiada é um *negócio jurídico* e não um simples ato unilateral de alguém que pretende um benefício a qualquer custo. Depois, ratificou o já constante no título do Capítulo II desta Lei, apontando a delação premiada como um *meio de obtenção de prova*. Reiteramos o que expusemos na nota 39-C *supra*: a *natureza jurídica* da colaboração premiada é de meio de prova. Ela não é um singelo caminho para a obtenção do instrumento apto a provar algo; a narrativa do delator, que *assume* a prática do delito, apontando seus comparsas, é prova importante – como a confissão do acusado – embora tenha valor probatório relativo, dependente de confirmação por outras provas. Somente pelo fato de se exigir ratificação probatória não significa descaracterizar a sua essência de meio apto a demonstrar um fato juridicamente relevante. Se a simples menção em texto legal desfigurasse um instituto jurídico, estar-se-ia tratando do *habeas corpus*, até hoje, como um recurso (como consta do texto do CPP) e não como ação constitucional, que, efetivamente, é. Outro aspecto importante a ser analisado é a parte final do art. 3.º-A, ao indicar que o acordo de colaboração premiada deve pressupor *utilidade* e *interesse públicos*, afastando-se do seu âmbito qualquer outro objetivo, que se aparte disso, como especulações concernentes à vida privada ou à intimidade de alguém. Ilustrando, não se deve inserir nesse tipo de acordo qualquer menção a um crime que diga respeito à honra, de interesse exclusivo da pessoa ofendida, sem alcance e abrangência ao interesse público.

# Art. 3.º-B

> **Art. 3.º-B.** O recebimento da proposta para formalização de acordo de colaboração demarca o início das negociações e constitui também marco de confidencialidade, configurando violação de sigilo e quebra da confiança e da boa-fé a divulgação de tais tratativas iniciais ou de documento que as formalize, até o levantamento de sigilo por decisão judicial.[50-B-50-C]

**50-B. Confidencialidade:** depois de inúmeras delações estampadas na imprensa antes mesmo de terem sido acertadas com o Ministério Público ou com a polícia, de maneira formal, o legislador agiu, introduzindo o marco de confidencialidade no art. 3.º-B, *caput*, a partir do recebimento da proposta de acordo encaminhada pelo colaborador ao órgão público responsável. É verdade que o sigilo já envolve a investigação criminal há muito tempo, como se pode observar pela leitura do texto do art. 20, *caput*, do Código de Processo Penal ("A autoridade assegurará no inquérito o sigilo necessário à elucidação do fato ou exigido pelo interesse da sociedade"). Entretanto, segundo nos parece, a confidencialidade exigida agora, claramente, no processamento do acordo de colaboração premiada tem *força de lei*, equivalendo à decisão judicial, que decreta o sigilo da investigação. Note-se o disposto pela parte final do *caput* do referido art. 3.º-B, apontando que esse sigilo segue até o seu *levantamento* por decisão judicial. Somente o juiz pode tornar público o acordo, mesmo assim somente após o recebimento da denúncia ou queixa, "sendo vedado ao magistrado decidir por sua publicidade em qualquer hipótese" (parte final do § 3.º do art. 7.º da Lei 12.850/2013). Esta vedação foi introduzida pela Lei 13.964/2019 certamente com base em fatos pretéritos, quando autoridades judiciárias liberaram a publicidade de acordos de delação premiada ainda em fase pré-processual, causando graves prejuízos a terceiros. Mesmo estabelecido o marco de confidencialidade, exige-se, ainda, a lavratura do termo respectivo, vinculando, formalmente, as partes a ele (§ 2.º do art. 3.º-B).

**50-C. Consequências da ruptura da confidencialidade:** estabelece o art. 3.º-B, *caput*, configurar *violação do sigilo* e *quebra da confiança* e da *boa-fé* a divulgação do conteúdo das tratativas iniciais para o acordo de colaboração premiada ou de documento formalizador dessa tratativa. Parece-nos cabível determinar a instauração de investigação criminal para apurar o crime de violação de sigilo ou segredo, conforme o caso concreto (arts. 325 ou 153, *caput*, do Código Penal). Por outro lado, o vazamento de informações não pode impedir a formalização do acordo, nem o anular, pois o interesse público está acima disso, além de ser mecanismo útil igualmente ao delator. É preciso findar a reiterada inatividade do Poder Público para apurar a divulgação indevida de acordos de delações premiadas. Tome-se por exemplo o que tem acontecido com a imagem do colaborador, cuja publicidade é proibida (art. 5.º, V, Lei 12.850/2013). Muitos órgãos de imprensa divulgam quem é o colaborador, com fotos inclusive, mesmo antes da formalização do acordo, sob o manto da liberdade de imprensa; ocorre que, esta cede espaço ao direito à intimidade, à vida privada, à imagem e à honra, nos precisos termos do art. 220, § 1.º, da Constituição Federal, que faz expressa menção ao art. 5.º, X, da mesma Carta. Infelizmente, não se tem apurado o excesso cometido pela imprensa, que deveria respeitar o texto legal, protetivo da figura do colaborador (registre-se que a divulgação inadequada chega a gerar um crime – art. 18 da Lei 12.850/2013).

> **§ 1.º** A proposta de acordo de colaboração premiada poderá ser sumariamente indeferida, com a devida justificativa, cientificando-se o interessado.[50-D]

**50-D. Indeferimento sumário:** segundo dispõe o § 1.º, a proposta de acordo de colaboração premiada pode ser sumariamente indeferida pelos órgãos receptores (MP e/ou Delegado).

# Organização Criminosa

# Art. 3.º-B

Evita-se o processamento de delações inúteis, sem validade para as investigações criminais em curso. Exige-se que haja a devida justificação do indeferimento, dando-se ciência ao interessado. Resta lacunosa a consequência desse indeferimento injustificado, pois não há qualquer sanção ao poder público, nem qualquer caminho a ser percorrido pelo colaborador. Aliás, algo que já aconteceu deu-se no cenário de uma proposta de acordo não acolhida por um membro do Ministério Público e o delator dirigiu-se ao Delegado, que a aceitou, encaminhando ao Judiciário para a homologação. Embora tenhamos o entendimento de que somente o titular da ação penal (MP) poderia acolher ou rejeitar a proposta, o STF permitiu que a autoridade policial o fizesse (ADI 5.508, Pleno, 20.06.2018, m.v.). Entretanto, se tanto o Ministério Público (ainda que se percorra todas as suas instâncias) quanto a autoridade policial indeferirem a proposta, mesmo sem a devida justificativa, inexiste alternativa legal para o colaborador. Ver, ainda, a nota 50-E *infra*.

> § 2.º Caso não haja indeferimento sumário, as partes deverão firmar Termo de Confidencialidade para prosseguimento das tratativas, o que vinculará os órgãos envolvidos na negociação e impedirá o indeferimento posterior sem justa causa.[50-E]

**50-E. Formalização do termo:** não havendo indeferimento sumário, recebe-se a proposta de acordo de colaboração premiada, lavrando-se um termo, que pode ser uma só peça, contendo o recebimento da proposta de colaboração e a adesão à confidencialidade, confirmando-se o marco já indicado no art. 3.º-B, *caput*. Esse *conteúdo escrito* tem a finalidade de *vincular* os órgãos públicos, envolvidos no caso, impedindo o indeferimento posterior da proposta *sem a ocorrência de justa causa*. A referida vinculação ao prosseguimento do acordo pretende evitar que os órgãos públicos (MP e/ou polícia) participantes da negociação voltem atrás depois de tomar conhecimento das informações prestadas pelo delator. Se houver o indeferimento posterior sem motivo plausível, parece-nos cabível peticionar ao juiz responsável pela homologação. Se este considerar indevido o indeferimento, determinará o prosseguimento das tratativas. Se a intervenção judicial não fosse admissível, a letra da lei seria inútil ao preceituar que os termos firmados *impedem o indeferimento posterior sem justa causa*. Sob outro aspecto, a continuidade das tratativas não impede que o celebrante, terminada a fase inicial, se recuse a firmar o acordo, levando-o à homologação. Nota-se que, mesmo realizadas as modificações nesta Lei pela reforma trazida pela Lei 13.964/2019, o legislador não conseguiu firmar um nível estável de segurança para os acordos de delação. Se, por um lado, quer-se vincular o Poder Público à proposta de acordo feita pelo colaborador, caso não haja indeferimento sumário, não se obriga que o acordo seja realmente efetivado e levado à homologação. E, mesmo que homologado, permite-se a retratação pelas partes. Enfim, inexiste segurança jurídica eficiente para o acordo, sem elementos visíveis e claros para que seja refutado, depois de já encaminhado e mesmo que tenha sido homologado judicialmente.

> § 3.º O recebimento de proposta de colaboração para análise ou o Termo de Confidencialidade não implica, por si só, a suspensão da investigação, ressalvado acordo em contrário quanto à propositura de medidas processuais penais cautelares e assecuratórias, bem como medidas processuais cíveis admitidas pela legislação processual civil em vigor.[50-F]

**50-F. Desnecessidade da suspensão de investigação:** a lavratura dos termos referidos permite, como regra, a continuidade da investigação criminal para apurar os fatos. Pode-se, no entanto, firmar na proposta de acordo que, aceito este para processamento, não mais sejam decretadas medidas cautelares processuais penais restritivas de direitos do delator (ou medidas similares previstas na legislação processual civil). Dependendo do conteúdo da delação, é viável ao Poder Público concordar em não requerer ao juiz medidas cautelares, como a prisão, o sequestro de bens ou similares, incentivando o colaborador a dar a mais extensa informação possível.

> § 4.º O acordo de colaboração premiada poderá ser precedido de instrução, quando houver necessidade de identificação ou complementação de seu objeto, dos fatos narrados, sua definição jurídica, relevância, utilidade e interesse público.[50-G]

**50-G. Instrução prévia para o acolhimento do acordo:** esta novidade, introduzida pela Lei 13.964/2019, é importante para que os termos da colaboração premiada possam ser bem delineados. Nem sempre consegue o delator apresentar, desde logo, todas as provas necessárias para demonstrar que a sua narrativa é verdadeira ou dará bons frutos no futuro. Enfim, podem existir dúvidas a respeito dos informes prestados e a viabilidade de se realizar uma instrução não deve ser descartada. Em princípio, soa-nos favorável empreender uma produção antecipada de provas (art. 156, I, CPP) para assegurar, desde logo, a idoneidade do material colhido, sob o crivo do contraditório e da ampla defesa. Porém, entendendo-se que essa *instrução* seria uma investigação mais aprofundada empreendida pela polícia ou pelo Ministério Público, tudo o que for colhido servirá apenas para instruir o próprio acordo de colaboração premiada, sem ter valor em juízo, pois ausente o contraditório e a ampla defesa. De todo modo, o objetivo da instrução prévia à homologação tem por objetivo tornar mais claro ou identificar o objeto da delação, envolvendo os fatos narrados e sua definição jurídica como infrações penais (ou civis), além de se avaliar a sua importância para a investigação em curso e, fundamentalmente, a utilidade pública. Afinal, nem toda narrativa de um potencial delator pode ser considerada fato criminoso adequado ao que está sendo investigado pelo Estado.

> § 5.º Os termos de recebimento de proposta de colaboração e de confidencialidade serão elaborados pelo celebrante e assinados por ele, pelo colaborador e pelo advogado ou defensor público com poderes específicos.[50-H]

**50-H. Formalidades da proposta e da confidencialidade:** o termo de recebimento da proposta de delação premiada e o termo de confidencialidade deverão ser elaborados pelo celebrante (MP ou Delegado) e, então, assinados por ele, pelo colaborador e pelo seu advogado constituído ou, na sua falta, pelo defensor público. São, em suma, documentos públicos, pois produzidos por servidores do Estado. Embora neste parágrafo haja menção ao plural (termos), nada impede que seja lavrada uma só peça, contendo o recebimento da proposta de colaboração e a aderência à confidencialidade.

> § 6.º Na hipótese de não ser celebrado o acordo por iniciativa do celebrante, esse não poderá se valer de nenhuma das informações ou provas apresentadas pelo colaborador, de boa-fé, para qualquer outra finalidade.[50-I]

**50-I. Vedação de acesso às provas:** havendo recusa ao acordo pelo poder público, este não poderá se valer das informações ou provas fornecidas pelo colaborador, de boa-fé (eis que, tendo agido de má-fé, as provas podem ser usadas), para qualquer outra finalidade. Por outro lado, se houver desistência do delator de boa-fé para o fechamento do acordo, cremos não poder o órgão público valer-se das provas ou informações oferecidas, ao menos para incriminar o próprio colaborador, fazendo-se um paralelo com o preceituado pelo art. 4.º, § 10, Lei 12.850/2013.

> **Art. 3.º-C.** A proposta de colaboração premiada deve estar instruída com procuração do interessado com poderes específicos para iniciar o procedimento de colaboração e suas tratativas, ou firmada pessoalmente pela parte que pretende a colaboração e seu advogado ou defensor público.[50-J]

**50-J. Procurador com poderes especiais:** tratando-se de proposta de acordo, cada vez mais formal para garantia das partes envolvidas, a petição do colaborador deve ser constituída por seu advogado, que fará juntar procuração com poderes específicos para tanto, indicando claramente os fins para os quais se destinam, tal como se faz para o ajuizamento de queixa-crime, por delito contra a honra, a fim de não se supor que o delator desconheça o conteúdo da peça elaborada. Afinal, quem irá se autoincriminar, apontando cúmplices, é o colaborador – e não o advogado – razão pela qual se demanda a procuração com poderes específicos. Frise-se que esses poderes precisam estender-se por todo o procedimento, de maneira expressa. Outra possibilidade é a procuração em termos gerais, porém, com a assinatura do delator, junto com o advogado, na petição expositiva da proposta de acordo. Cuidando-se de defensor público, parece-nos deva o colaborador assinar sempre a petição propondo o acordo, já que não há procuração, pois houve indicação do defensor para o patrocínio do caso.

> **§ 1.º** Nenhuma tratativa sobre colaboração premiada deve ser realizada sem a presença de advogado constituído ou defensor público.[50-K]

**50-K. Defesa presente:** exige-se a presença do advogado *constituído* ou de um defensor público indicado para que se comece a tratativa sobre delação premiada. É uma garantia ao colaborador. Tal medida, introduzida pela Lei 13.964/2019, tem por fim suprir lacuna causadora de problemas concretos anteriormente verificados, quando colaboradores, mal orientados, comunicavam fatos relevantes ao Ministério Público ou à polícia e, depois, não conseguiam dar prosseguimento ao acordo, prejudicando-se com isso.

> **§ 2.º** Em caso de eventual conflito de interesses, ou de colaborador hipossuficiente, o celebrante deverá solicitar a presença de outro advogado ou a participação de defensor público.[50-L]

**50-L. Conflito de interesses ou defesa insuficiente:** é fundamental que o órgão público (MP ou Delegado) também se envolva na fiscalização da completa e devida assistência jurídica ao colaborador. Se não perceber o apoio devido, deve solicitar outro advogado ou defensor público. Esta é a postura ética do membro do *Parquet* ou da autoridade policial, vale dizer, não obter vantagem de eventual deficiência do defensor para extrair mais coisas indevidas do colaborador. Há duas hipóteses: a) *conflito de interesses* entre o delator e seu advogado, podendo

# Art. 4.º

Leis Penais e Processuais Penais Comentadas – Vol. 2 • **Nucci**

674

demonstrar que um quer falar mais, enquanto o outro pretende o menos; outra possibilidade diz respeito às vantagens a serem auferidas pelo colaborador, evidenciando que um quer fechar o acordo e o outro entende ser desfavorável o cenário e assim por diante; b) *colaborador hipossuficiente*, apontando para a pobreza do delator e a constituição de um advogado cuja atuação é deficiente para o caso, demonstrativa de inaptidão para conduzir o acordo. Caso o celebrante não atente para o disposto neste parágrafo poderá comprometer, depois, a homologação do acordo pelo juiz ou até mesmo provocar falhas insuperáveis durante a instrução criminal.

> § 3.º No acordo de colaboração premiada, o colaborador deve narrar todos os fatos ilícitos para os quais concorreu e que tenham relação direta com os fatos investigados.[50-M]

**50-M. Amplitude da delação:** o colaborador deve narrar *tudo* o que sabe de ilícito, a fim de se verificar se tem relação com os fatos investigados. Porém, a inserção desta norma visa a evitar que se indague ou exija do colaborador *outros ilícitos*, que nem estejam sendo investigados. Ou seja, o delator não deve virar testemunha à disposição do órgão acusatório, narrando fatos ou situações estranhas à sua própria delação. Logo, admitir a prática criminosa é o primeiro passo; após, apontar os cúmplices e o que cada um fez; em terceiro, demonstrar a ligação imediata entre as condutas e tudo o que está sendo pelo Estado investigado. Enfim, quer-se afastar aquela *conversa informal*, mesmo sob pressão, quando o declarante, interessado em acordo, *fala demais* e não se encaixa, depois, no perfil devido de colaborador com direito à premiação prevista em lei.

> § 4.º Incumbe à defesa instruir a proposta de colaboração e os anexos com os fatos adequadamente descritos, com todas as suas circunstâncias, indicando as provas e os elementos de corroboração.[50-N]

**50-N. Incumbência da defesa:** cabe ao defensor do colaborador apresentar todas as provas que tiver, a fim de comprovar a narrativa do delator. Buscando-se contornar a denominada *delação informal*, a lei impõe à defesa do colaborador o ônus de dar início à prova que irá sustentar o acordo, apresentando fatos coerentes e minuciosamente descritos, com todas as suas circunstâncias, apontando as provas e os fundamentos para a corroborar.

> **Art. 4.º** O juiz poderá,[51] a requerimento das partes, conceder[52-52-B] o perdão judicial, reduzir em até 2/3 (dois terços) a pena privativa de liberdade ou substituí-la por restritiva de direitos daquele que tenha colaborado efetiva e voluntariamente[53-53-A] com a investigação e com o processo criminal, desde que dessa colaboração advenha um ou mais dos seguintes resultados:

**51. Requisitos da delação premiada:** há dois cumulativos (colaboração efetiva e voluntária cumulada com a avaliação da personalidade do colaborador, a natureza, as circunstâncias, a gravidade e a repercussão social do fato criminoso e eficácia da colaboração), associados a um (ou mais) requisito(s) previstos nos incisos I a V do art. 4.º. Na jurisprudência: STF: "O acórdão embargado não deixou qualquer margem para dúvida quanto ao fato de que o embargante merecia a redução da pena pela colaboração para a descoberta de outros corréus, mas não fazia jus ao perdão ou a uma diminuição de pena em maior amplitude, porque a sua colaboração não teve continuidade durante o andamento da ação penal. Pelo mesmo motivo, não faz jus à substituição da pena prevista no art. 4.º da Lei 12.850/2013" (AP 470 – MG, Tribunal Pleno, rel. Joaquim Barbosa, *DJ* 13.11.2013); "Acordo de colaboração premiada (art. 4.º da Lei n.º 12.850/2013). Negócio jurídico processual personalíssimo. Impugnação por coautores ou partícipes do colaborador. Inadmissibilidade. Possibilidade de, em juízo, confrontarem as declarações do colaborador e de impugnarem, a qualquer tempo, medidas restritivas de direitos fundamentais adotadas em seu desfavor. Precedente. Acesso, pelo delatado, a todos os elementos de prova documentados nos autos dos acordos de colaboração, incluindo-se as gravações audiovisuais dos atos de colaboração de corréus (Súmula vinculante n.º 14). Direito que, segundo o juízo reclamado, foi assegurado. Impossibilidade de, na via estreita da reclamação, questionar-se a veracidade das informações prestadas pelo juízo reclamado. Possibilidade de o agravante, invocando a decisão recorrida, postular esse acesso ao juízo reclamado. Agravo regimental não provido. 1. Por se tratar de negócio jurídico personalíssimo, o acordo de colaboração premiada não pode ser impugnado por coautores ou partícipes do colaborador na organização criminosa e nas infrações penais por ela praticadas, ainda que venham a ser expressamente nominados no respectivo instrumento no relato da colaboração e em seus possíveis resultados (HC n.º 127.483/PR, Pleno, de minha relatoria, *DJe* de 4/2/2016). 2. A homologação do acordo de colaboração, por si só, não produz nenhum efeito na esfera jurídica do delatado, uma vez que não é o acordo propriamente dito que poderá atingi-la, mas sim as imputações constantes dos depoimentos do colaborador ou as medidas restritivas de direitos fundamentais que vierem a ser adotadas com base nesses depoimentos e nas provas por ele indicadas ou apresentadas 3. As cláusulas do acordo de colaboração, contra as quais se insurge o agravante, não repercutem, nem sequer remotamente, em sua esfera jurídica, razão por que não tem interesse jurídico nem legitimidade para impugná-las. 4. O agravante, com fundamento na Súmula Vinculante n.º 14 do Supremo Tribunal Federal, poderá ter acesso a todos os elementos de prova documentados nos autos dos acordos de colaboração – incluindo-se as gravações audiovisuais dos atos de colaboração de corréus – para confrontá-los, mas não para impugnar os termos dos acordos propriamente ditos. 5. Considerando-se que, segundo o juízo reclamado, o acesso a tais elementos foi assegurado ao agravante, descabe, na via estreita da reclamação, questionar-se a veracidade dessas informações. 6. Se, como alega o agravante, o juízo reclamado limitou-se a garantir o acesso das gravações audiovisuais a outros acusados, nada obsta que, invocando os fundamentos da decisão recorrida, postule esse acesso diretamente ao juízo reclamado. 7. Agravo regimental não provido" (Rcl 21258 AgR – PR, 2.ª T., rel. Dias Toffoli, 15.03.2016, v.u.).

**52. Possibilidades para o prêmio:** constatando ter havido a colaboração premiada, o juiz pode tomar uma das seguintes medidas: a) conceder o perdão judicial, julgando extinta a punibilidade; b) condenar o réu colaborador e reduzir a pena em até 2/3. Houve evidente erro pelo não estabelecimento de um mínimo; assim sendo, pode ser de apenas um dia – o que seria uma tergiversação desproporcional aos fins da pena. Portanto, parece-nos deva a diminuição mínima acompanhar o que consta na maioria da legislação penal, ou seja, 1/6; c) substituir a pena privativa de liberdade por restritiva de direitos, dentre as previstas pelo art. 43 do Código Penal. A opção deve levar em consideração o grau de cooperação do delator, pois quanto mais amplo e benéfico aos interesses do Estado, maior deve ser o seu prêmio. Nesta hipótese, deve haver bom senso por parte do julgador, pois uma pena muito elevada não comportaria a substituição por restritivas de direitos porque poderia ser uma prestação excessiva ou algo inócuo (ex.: fixar uma pena de reclusão, de 20 anos e substituir por prestação de serviços à comunidade por igual período nos soa ilógico; do mesmo modo, uma pena de 30 anos de reclusão, com a simples proibição de frequentar determinados lugares). Se a colaboração for eficiente e ampla, mais correto é conceder o perdão judicial. Se não for tão eficaz, havendo

# Art. 4.º

pena elevada, parece-nos ideal diminuir a sanção. Reserva-se a substituição por restritivas de direitos para colaborações de médio alcance, com penas privativas de liberdade aplicadas em níveis compatíveis com a restrição fixada. A escala, naturalmente, é a seguinte: a) perdão judicial (não cumpre pena, nem gera antecedente criminal); b) substituição da pena privativa de liberdade por restritiva de direitos, seja qual for o montante, pois o art. 4.º, *caput*, não especifica, embora não nos aparente ser compatível com penas privativas de liberdade muito elevadas; c) redução da pena privativa de liberdade em até dois terços. Em virtude do princípio da legalidade, as opções dadas pelo legislador como recompensa ao delator são apenas três (supracitadas). Não se pode mesclar *prêmios*, nem os desta Lei, nem mesmo os de outras normas, que também preveem hipóteses de *colaboração premiada*. Exemplo disso seria aplicar uma pena privativa de liberdade, diminui-la em 2/3 e substituir por penas restritivas de direitos. A *premiação* é alternativa e não cumulativa. Ademais, é preciso que o Judiciário assuma a responsabilidade de conceder o perdão judicial a determinados delatores; torna-se muito mais escorreito e aberto do que firmar penas pífias, apenas para *constar* ter havido condenação. Os Tribunais Superiores têm firmado posição *contrária* à combinação de leis penais, como ocorreu, por exemplo, com a hipótese de conflito das leis de drogas (Lei 6.368/76 – anterior – e Lei 11.343/2006 – atual). Deve o Judiciário optar pela aplicação de uma ou outra lei. O mesmo critério precisa ser adotado para o contexto da delação premiada, pois o juiz não legisla, captando partes de várias leis e construindo uma inédita, desconhecida do Parlamento. Além disso, se determinado caso gera, ilustrando, os crimes de organização criminosa e lavagem de dinheiro, há de se optar por qual trilha jurídica seguir. Utiliza-se a delação premiada prevista nesta Lei ou o prêmio previsto naquela Lei de Lavagem de Capitais, sob pena de gerar sanções ou recompensas absurdas, jamais previstas pelo legislador. Ademais, diante do conflito aparente de normas, o mais indicado seria utilizar o princípio da sucessividade (lei posterior afasta a aplicação de lei anterior). Assim, havendo o concurso material de lavagem de dinheiro e organização criminosa, prevalece a colaboração premiada desta última. Afinal, ambas são leis especiais, logo, a mais recente prevalece.

**52-A. Cláusulas para a percepção do prêmio:** em nome do princípio da legalidade, para auferir algo positivo do acordo de colaboração, torna-se imperioso seguir as condições fixadas em lei, pelos incisos I a V do art. 4.º. Não vemos como possível estabelecer outras cláusulas, criadas pelo operador do direito, para ofertar ao delator. Assim também não vemos como viável *inventar* benefícios não previstos em lei. Entretanto, vislumbra-se que os tribunais estão em aprendizado a respeito dessa Lei, proferindo decisões díspares e que ainda não asseguram um entendimento uniforme e seguro sobre os limites da colaboração premiada.

**52-B. Limites ao negócio jurídico da colaboração premiada:** o acordo de delação premiada é regido por lei, respeitando-se o princípio da legalidade, que rege o direito codificado brasileiro, razão pela qual encontra seus limites nas normas postas. Inexiste o sistema da barganha (*plea bargain*) na justiça criminal, podendo o Ministério Público promover acordos livres e amplos com o colaborador, criando cláusulas a serem cumpridas e concebendo penas e modos de execução totalmente fora dos parâmetros previstos pelas leis penais e de execução penal. Detectou-se nos últimos anos, em cenários de operações especiais de combate à corrupção e outros delitos, exatamente a implantação de um mecanismo de acordos prevendo situações inéditas para o sistema punitivo no âmbito da colaboração premiada. Muito se utilizou a denominada *teoria dos poderes implícitos*, associada ao aforismo de que *quem pode o mais, pode o menos,* levando à fixação de inúmeras cláusulas totalmente imprevisíveis – legalmente falando – nos acordos firmados, com base na Lei 12.850/2013. Marcelo Costenaro Cavali explica que "a leitura feita por membros do Ministério Público Federal, porém, foi mais ousada. (...) Com isso, implementou-se, *na prática*, instituto próximo ao *plea bargain* estadunidense, cuja introdução em nosso ordenamento jurídico foi proposta em alguns projetos de lei que se encontram em tramitação no Congresso Nacional. (...) a prática dos acordos de colaboração tem sido diversa da sistemática imaginada pelo legislador" ("Duas faces da colaboração premiada: visões 'conservadora' e 'arrojada' do instituto na Lei 12.850/13", *in*: Moura e Bottini, *Colaboração premiada*, p. 262). Estabeleceu-se uma insegurança jurídica, ferindo o básico princípio da igualdade de todos perante a lei (art. 5.º, *caput*, CF). Cada delator, conforme o caso e de acordo com o perfil do delatado, recebia um prêmio totalmente diferente de outro, pois essas vantagens eram criadas para aplicação ao caso concreto, sem respeitar o disposto em lei. Aliás, a ideia de que *quem pode o mais, pode o menos* somente pode ser aplicada para situações específicas, desde que se respeite a legalidade. Sob o pretexto de que, uma vez poder o juiz decretar a prisão cautelar, logo, poderia aplicar a condução coercitiva diretamente a testemunhas e suspeitos, sem prévia intimação, gerando cenários abusivos, tanto que essa conduta se transformou em crime de abuso de autoridade, com a edição da Lei 13.869/2019 (art. 10). A autoridade celebrante do acordo de delação premiada não é membro do Legislativo e, ainda que fosse, para se editar uma pena inédita (ou um modo de executá-la diferenciado), há um trâmite nas duas Casas do Parlamento, com a sanção do Poder Executivo, razão pela qual é inaplicável a teoria dos poderes tácitos. Vale mencionar, desde logo, que os excessos produzidos foram cortados pela edição da Lei 13.964/2019, com substanciais alterações na Lei 12.850/2013 (vide o exemplo do art. 4.º, § 7.º, II, desta Lei). Vinícius Vasconcelos aponta que "a justiça criminal negocial no processo penal pátrio precisa, necessariamente, respeitar critérios definidos na legislação, em atenção à legalidade, fomentando um modelo limitado de acordos no âmbito criminal" (*Colaboração premiada no processo penal*, p. 164). E, cuidando de acordos realizados na denominada Operação Lava Jato, indica as seguintes disparidades: a) pena de 30 anos de prisão, a ser cumprida em regime fechado por lapso não superior a cinco anos nem inferior a três, com posterior progressão diretamente ao aberto, mesmo sem preencher os requisitos legais; b) pena de 20 anos de reclusão a ser cumprida do seguinte modo: dois anos e três meses em regime fechado *diferenciado*; nove meses em regime semiaberto *diferenciado*, cumulando com prestação de serviços à comunidade. De 20 anos, a pena cai para 3 anos, cumpridos em regimes *diferenciados*, vale dizer, totalmente diversos da população carcerária comum (*Colaboração premiada no processo penal*, p. 168). No mesmo prisma, Nefi Cordeiro expõe, com propriedade, que "o princípio da anterioridade da pena criminal é garantia contra o abuso estatal. Nossa Constituição Federal e nosso Código Penal repetem a regra democrática constante de que a pena tem delimitação legal prévia, não se permitindo aumentá-la, reduzi-la ou simplesmente alterá-la. (...) a proporcionalidade não justifica a aplicação de penas menos graves do que as legalmente previstas, em invenção violadora do dever estatal de persecução penal lícita e ao dever de isonomia com os demais perseguidos em igual situação típica. (...) Pelo princípio da legalidade da pena, não poderá o Estado impor resposta penal diversa daquela cominada. Não se podem impor penas inventadas, penas melhoradas, mesmo sob a justificativa de favorecimento ao condenado" (*Colaboração premiada*, p. 62 e 65). Eis outros exemplos de negócios jurídicos de delação premiada, homologados pelo juízo: a) estabelecimento de regimes de cumprimento de pena sem qualquer padrão, vale dizer, ao acaso; b) liberação de bens envolvidos nas atividades ilícitas da organização criminosa, permitindo-se que delatores detivessem quantias ponderáveis para o *sustento da família*, quantias essas advindas da prática criminosa, sem previsão legal para isso; c) fixação de regras para a área civil, como a *imunidade* em relação à propositura de ações de improbidade administrativa. Note-se que o acordo penal terminava por *vincular* o Ministério Público atuante na área cível; d) benefícios ligados a familiares do colaborador; foram inseridas cláusulas apontando que determinados familiares do delator ficariam imunes à ação persecutória; e) a pena de multa, que acompanha muitos crimes, foi tratada de modo indivi-

# Art. 4.º

dualizado, ou seja, a cada caso concreto impunha-se ou não multas; além disso, media-se o montante da multa de maneira diferenciada; f) suspensão do trâmite de outros processos criminais (ou investigações) em relação ao delator; g) estabelecimento de formas diferenciadas da lei a respeito do cumprimento de serviços prestados à comunidade; h) os acordos chegaram ao ápice de prever formas alternativas de suspensão da prescrição; i) alterou-se jurisprudência do STF, prevendo que todos os benefícios de execução penal seriam calculados tendo por base a pena unificada – e não o total previsto ou aplicado; j) fixou-se multa compensatória, por conta do(s) crime(s) praticado(s), aleatoriamente, sem qualquer padrão legal; k) vedou-se o acesso do delator à justiça, impedindo-o de se valer de *habeas corpus* e outras medidas legalmente previstas; l) generalizou-se o dever do delator de falar a verdade não somente no processo no qual houve acordo, mas em todos os demais que existissem ou surgissem no futuro; m) pretendeu-se obrigar o delator a não impugnar o acordo feito, negando-lhe, portanto, acesso à Justiça, constitucionalmente previsto; n) estabeleceu-se, ao arrepio da organização judiciária, que o juiz da execução deveria ser o mesmo da homologação do acordo. Sobre favores extralegais, mesmo no campo civil, como manutenção de carros blindados para a proteção da família ou imóveis e altas quantias em dinheiro, dentre outros, Nefi Cordeiro especifica que "a justificativa da razoabilidade, do menor dano gerado ao processado, efetivamente se funda no argumento de que, como poderia ser negociada até a não persecução penal, favores menores não estariam vedados. Volta a necessidade de ser lembrado, porém, que juiz e promotor não fazem negociações de direitos seus, mas que negociam o direito de persecução penal que recebeu o estado das vítimas, da sociedade, que demandam uma resposta controlada (nos limites fixados pelo legitimado legislador) e que não podem criar favores fora da autorização legal. (...) Embora em um negócio jurídico possam as partes livremente negociar, isso se dá no limite da lei e da disponibilidade patrimonial. Não se pode negociar o que seja objeto ilícito, pois nossa legislação civil expressamente o impediu – e favores estatais não autorizados são ilícitos! Não pode o negociador estatal dispor do que não foi legalmente autorizado" (*Colaboração premiada*, p. 59).

**53. Colaboração efetiva e voluntária com a investigação e com o processo criminal:** a medida da eficiência da cooperação será verificada pelo preenchimento dos demais requisitos. Quanto à voluntariedade, significa agir livre de qualquer coação física ou moral, embora não se demande a espontaneidade (sinceridade ou arrependimento). O dispositivo utiliza a cumulatividade no tocante à colaboração, mencionando a investigação *e* o processo. É natural que se exija do delator a mesma cooperação dada na fase investigatória quando transposta à fase judicial; noutros termos, tal como a confissão, de nada adianta apontar cúmplices durante o inquérito para, depois, retratar-se em juízo. A cumulação é razoável. Entretanto, se o investigado não colabora durante a investigação, mas o faz na fase processual, pode-se acolher a delação premiada, dispensando-se a cumulatividade.

**53-A. Delação e prisão cautelar:** não somos favoráveis à ideia de ser preciso decretar a prisão preventiva para que se possa obter a colaboração premiada, eis que a custódia provisória perderia o seu caráter emergencial e ganharia um aspecto rudimentar de *fórmula de pressão* para que o Estado obtenha algo interessante. Esta última finalidade não tem previsão no ordenamento jurídico; logo, constitui um evidente constrangimento ilegal. Sob outro aspecto, o acordo de delação é de direito material, não envolvendo matizes processuais. Por óbvio, se ocorre a colaboração, perde o sentido a existência ou permanência de uma prisão cautelar, mas nada impede que, depois de solto o delator, surjam novas evidências de seu comportamento, justificadoras de prisão provisória. Na jurisprudência: STJ: "Segundo a dicção do art. 4º da Lei 12.850/2013, a extensão do acordo de colaboração limita-se a aspectos relacionados com a imposição de pena futura, isto é, alude-se à matéria situada no campo do direito material, e não do processo. VI – Nos casos em que a liberação do acusado derivou da expectativa fundada de que, com o acordo, haveria de prestar a colaboração a que se incumbiu, não se exclui; verificadas as particularidades da situação, possa-se restabelecer a segregação cautelar. VII – Será de avaliar-se, em cada caso, a extensão do olvido com que se houve o colaborador, frente aos termos do acordo, porquanto não é apenas a circunstância de seu descumprimento que determinará a retomada da prisão preventiva, quando essa foi afastada à conta de sua celebração. VIII – Nos casos em que a intensidade do descumprimento do acordo de colaboração mostrar-se relevante, a frustração da expectativa gerada com o comportamento tíbio do colaborador permite o revigoramento da segregação cautelar, mormente quando seu precedente afastamento deu-se pelo só fato da promessa homologada de colaboração. Recurso ordinário desprovido" (RHC 76.026 – RS, 5.ª T., rel. Félix Fischer, 06.10.2016, v.u.).

> I – a identificação dos demais coautores e partícipes da organização criminosa e das infrações penais por eles praticadas;[54-54-A]

**54. Identificação dos demais coautores e partícipes da organização criminosa e das infrações penais por eles praticadas:** estabeleceu-se um rigor excessivo neste dispositivo, que não há na Lei 9.807/99 (Lei de Proteção a Testemunha), em que se menciona somente "a identificação dos demais coautores ou partícipes da ação criminosa", ou na Lei 9.613/98 (Lei de Lavagem de Capitais), em que há alternatividade. Demanda-se não somente a descoberta dos *demais* (todos) coautores e partícipes, mas também das infrações penais cometidas. Se, porventura, o colaborador entregar os outros cúmplices, mas não for capaz de apontar *todos* os delitos cometidos pela organização criminosa, não poderá, segundo o estrito teor legal, beneficiar-se do instituto. Segundo nos parece, há de se conceder valor à delação de um membro da organização, identificando os demais e crimes suficientes a envolver todos os apontados, independentemente de *esgotar* as práticas delitivas; afinal, uma organização de amplo alcance comete inúmeras infrações que nem mesmo todos os seus integrantes conhecem.

**54-A. Atuação dos coautores e partícipes em relação à delação:** já frisamos em outras notas, inclusive citando jurisprudência, que o delator não pode ter o seu acordo impugnado ou contestado por quem é delatado, como coautor ou partícipe. Porém, estes têm o direito de participar do contraditório durante a instrução, desde que estejam também denunciados. Na jurisprudência: STF: "I – 'Por se tratar de negócio jurídico personalíssimo, o acordo de colaboração premiada não pode ser impugnado por coautores ou partícipes do colaborador na organização criminosa e nas infrações penais por ela praticadas (...). De todo modo, nos procedimentos em que figurarem como imputados, os coautores ou partícipes delatados – no exercício do contraditório – poderão confrontar, em juízo, as declarações do colaborador e as provas por ele indicadas, bem como impugnar, a qualquer tempo, as medidas restritivas de direitos fundamentais eventualmente adotadas em seu desfavor' (HC 127.483, Rel. Min. Dias Toffoli, Tribunal Pleno). II – Para dissentir do acórdão impugnado e verificar a procedência dos argumentos consignados no apelo extremo, seria necessário o reexame das cláusulas constantes do termo de colaboração premiada – o que é vedado pela Súmula 454/STF – e das normas infraconstitucionais pertinentes ao caso, sendo certo que eventual ofensa à Constituição seria apenas indireta. III – Agravo regimental a que se nega provimento" (RE 1.103.435 AgR, 2.ª T., rel. Ricardo Lewandowski, 17.05.2019, v.u.).

> II – a revelação da estrutura hierárquica e da divisão de tarefas da organização criminosa;[55]

# Art. 4.º

**55. Revelação da estrutura hierárquica e da divisão de tarefas da organização criminosa:** denunciar a composição e o escalonamento da organização pode ser útil ao Estado para apurar e descobrir a materialidade de infrações penais e a autoria, verdadeiro objetivo da investigação. Entretanto, torna-se raro e difícil desvelar a estrutura de um organismo e as tarefas desempenhadas pelos seus integrantes sem que se revele a identificação dos coautores e partícipes ou as infrações penais. Este requisito não será de fácil e frequente aplicação.

> III – a prevenção de infrações penais decorrentes das atividades da organização criminosa;[56]

**56. Prevenção de infrações penais decorrentes das atividades da organização criminosa:** nos mesmos termos já comentados no item anterior, será de rara aplicação este requisito, de maneira isolada, pois a revelação de *futuras* infrações do crime organizado, sem desvelar quem são os coautores e partícipes ou os crimes já praticados, é quase inviável.

> IV – a recuperação total ou parcial do produto ou do proveito das infrações penais praticadas pela organização criminosa;[57]

**57. Recuperação total ou parcial do produto ou do proveito das infrações penais praticadas pela organização criminosa:** obter de volta a vantagem auferida pela organização criminosa, retornando às vítimas o que lhes foi tomado, é medida importante. Muitas vezes, age o crime organizado contra o Estado, invadindo os cofres públicos, o que representa enorme perda para a sociedade. Tendo em vista que basta um dos requisitos para valer o prêmio ao colaborador, torna-se imprescindível valorar, com precisão, a cooperação dada, pois a restituição de valor baixo não pode gerar amplo benefício. Ilustrando, se a delação permite a recuperação total do produto ou proveito do crime – o que termina auxiliando, também, na localização de autores e partícipes –, pode-se até aplicar o perdão; mas, se a recuperação é parcial – e de pouca monta –, há de se partir para uma redução mínima de pena, tal como um sexto.

> V – a localização de eventual vítima com a sua integridade física preservada.[58]

**58. Localização de eventual vítima com a sua integridade física preservada:** este é um ponto relevante, que merece, de fato, o prêmio advindo da delação. Entretanto, é de aplicação específica, geralmente ao crime de extorsão mediante sequestro ou ao sequestro. De todo modo, encontrar a vítima, no cativeiro, constitui, por si só, medida de extrema importância.

> § 1.º Em qualquer caso, a concessão do benefício levará em conta a personalidade do colaborador, a natureza, as circunstâncias, a gravidade e a repercussão social do fato criminoso e a eficácia da colaboração.[59]

**59. Personalidade do colaborador, natureza, circunstâncias, gravidade, repercussão do fato criminoso e eficácia da colaboração:** a previsão formulada no § 1.º do art. 4.º mistura, em um só contexto, elementos de ordem subjetiva com os de ordem objetiva, além de um já mencionado anteriormente. A personalidade se destaca como o elemento subjetivo, condizente à pessoa do colaborador. Significa o conjunto de caracteres pessoais do indivíduo, parte herdada, parte adquirida (agressivo/calmo; responsável/irresponsável; trabalhador/ocioso etc.). Deve-se ocupar o juiz de verificar se a personalidade do agente – positiva ou negativa – relaciona-se ao fato praticado, para que se busque a *culpabilidade de fato* (e não a culpabilidade de autor). Exemplo: sujeito ganancioso (característica de personalidade) integra organização criminosa para sonegar milhões em tributos. Deve ser apenado mais gravemente e, conforme o caso, quando se torna delator, não merece o perdão judicial. Quanto à natureza, as circunstâncias, a gravidade e a repercussão, ligam-se ao fato criminoso. Não se deve vislumbrar o quadro no tocante à gravidade abstrata do delito, mas a concreta. Por mais séria a infração penal, abstratamente falando, torna-se essencial analisar o que ela provocou na realidade. Esses fatores devem girar em torno, na verdade, do tipo de benefício que o delator poderá auferir. Quanto à *eficácia* da colaboração, reputamos desnecessária a menção, pois já se encontra ínsita ao requisito *colaboração efetiva*, previsto no *caput* do art. 4.º.

> § 2.º Considerando a relevância da colaboração prestada, o Ministério Público, a qualquer tempo, e o delegado de polícia, nos autos do inquérito policial, com a manifestação do Ministério Público, poderão requerer ou representar ao juiz[60] pela concessão de perdão judicial[61] ao colaborador, ainda que esse benefício não tenha sido previsto na proposta inicial, aplicando-se, no que couber, o art. 28 do Decreto-Lei 3.689, de 3 de outubro de 1941 (Código de Processo Penal).[62]

**60. Momento para a considerar a relevância da colaboração:** realizada a proposta de acordo pelo delator e devidamente aceita pelo poder público, seguindo-se o trâmite descrito nos artigos 3.º-B e 3.º-C, celebra-se o acordo. Homologado ou não, é possível que se detecte depois da proposta inicial uma colaboração muito importante, convencendo o delegado ou o membro do Ministério Público (ou ambos) a estender o benefício para o prêmio máximo: perdão judicial. Essa situação pode ser captada tanto na fase investigatória quanto em juízo. Por isso, durante o inquérito, pode dar-se o pleito de perdão judicial da seguinte forma: a) o delegado, nos autos do inquérito policial, com a manifestação do Ministério Público, representa pela aplicação do prêmio máximo, que é o perdão judicial, causador da extinção da punibilidade; b) o delegado, nos autos do inquérito, representa e, antes de seguir ao juiz, passa pelo Ministério Público para colher sua manifestação, seguindo-se o pleito de perdão judicial; c) o Ministério Público, valendo-se do inquérito, requer ao magistrado a aplicação do perdão judicial. Em suma, delegado e promotor, juntos, representam pelo perdão; delegado representa, promotor é ouvido e segue ao juiz; promotor requer diretamente ao juiz. Havendo processo iniciado, cabe ao MP pleitear o perdão, ampliando a proposta inicial.

**61. Perdão judicial:** cuida-se de causa de extinção da punibilidade, consistente em se abster o Estado de aplicar a punição a quem cometeu infração penal, com fundamento em política criminal. Várias razões podem inspirar a previsão legal de perdão judicial: sentimentais, utilitárias, instrumentais etc. No caso da delação premiada, trata-se de fundamento utilitário, baseando-se em uma troca: captação de provas importantes *versus* não punibilidade de infrator. Na verdade, o perdão é a medida mais benéfica que se pode conceder ao delator, considerando-se a amplitude e a eficiência de sua colaboração.

**62. Iniciativa da proposta de perdão:** sendo o Ministério Público o titular da ação penal, caberia a ele celebrar o acordo de colaboração premiada, de maneira exclusiva, em particular quando envolvesse o perdão judicial, que termina provocando a extinção da punibilidade do delator. Por isso, quando o delegado representasse pelo perdão judicial, em virtude da delação

# Art. 4.º

ocorrida, deveria ser colhida a concordância do *Parquet*. Se este não concordasse, poderia o interessado enviar o caso à instância superior do MP, nos termos do art. 28 do CPP. No entanto, após o STF ter permitido que o delegado celebrasse qualquer acordo, mesmo sem a concordância ministerial (ADI 5.508, Pleno, decisão de 20.6.2018), é certo que também pode representar pelo perdão judicial, independentemente do aval do MP. Diante disso, cremos ser inútil a previsão do art. 28 do CPP na parte final do § 2.º do art. 4.º. Por óbvio, não participando o juiz de qualquer negociação com o delator, caso nem o delegado nem o MP pleiteiem a aplicação do perdão, não cabe à autoridade judicial invocar o art. 28, como se fosse situação semelhante ao arquivamento de inquérito no processo penal comum. A concessão de um benefício qualquer ao delator não tem similitude com a obrigatoriedade de ajuizamento da ação penal. Lembre-se, ainda, que o magistrado não pode conceder perdão de ofício.

> § 3.º O prazo para oferecimento de denúncia ou o processo, relativos ao colaborador, poderá ser suspenso por até 6 (seis) meses, prorrogáveis por igual período, até que sejam cumpridas as medidas de colaboração, suspendendo-se o respectivo prazo prescricional.[63]

**63. Prazo de seis meses:** durante a investigação criminal, é possível que a colaboração do delator dependa de mais dados ou informes, até que se possa verificar a autenticidade dos informes prestados. Por isso, autoriza-se a suspensão, por seis meses – prorrogáveis por outros seis – do prazo para o oferecimento da denúncia. Segundo nos parece, cuidando-se de suspensão ocorrida durante a investigação cabe ao juiz, que fiscalize o seu curso, acatá-la. Em situação excepcional ou teratológica, pode o magistrado acionar a instância superior do Ministério Público para confirmar a suspensão da oferta da peça acusatória ou, não sendo o caso, designar outro membro do MP para oferecê-la. Observe-se que, após a reforma trazida pela Lei 13.964/2019, incluiu-se o art. 3.º-B, § 4.º, nesta Lei, para autorizar, até mesmo, a realização de *instrução prévia*, antes da homologação do acordo de colaboração premiada. Essa nova previsão harmoniza-se à viabilidade de suspensão do prazo de oferecimento da denúncia, a fim de se checar a veracidade das informações prestadas pelo delator. Eventualmente, pode-se suspender o processo, com a mesma finalidade. Nesta hipótese, seria o equivalente a uma questão prejudicial homogênea (art. 93, CPP), que deve ser proposta pelo Ministério Público, como regra. O propósito é *validar* a efetividade da colaboração.

> § 4.º Nas mesmas hipóteses do *caput* deste artigo, o Ministério Público poderá deixar de oferecer denúncia se a proposta de acordo de colaboração referir-se a infração de cuja existência não tenha prévio conhecimento e o colaborador:[64]
>
> I – não for o líder da organização criminosa;
>
> II – for o primeiro a prestar efetiva colaboração nos termos deste artigo.

**64. Não oferecimento da denúncia:** questão interessante é a previsão formulada neste parágrafo, no sentido de se autorizar o Ministério Público, quando presentes as hipóteses do *caput* (colaboração efetiva e voluntária com um ou mais resultados previstos nos incisos I a V), a *deixar de oferecer denúncia* se a infração não for previamente conhecida, o colaborador não for o líder da organização criminosa *e* for o primeiro a prestar real cooperação. Num primeiro momento, entendíamos que esse não oferecimento de denúncia precisaria ter um prazo para não equivaler ao arquivamento da investigação. Mas, ao que tudo indica a intenção da lei é realmente essa. Elencou os dados para esse prêmio ao delator de não ser processado: a) não é o líder da organização criminosa; b) é o primeiro a colaborar; c) aponta crime inédito, do qual o Estado não tenha conhecimento. Preenchidos esses requisitos, o delator não precisaria ser processado para, ao final, receber pena privativa de liberdade diminuída, ter a prisão substituída por restrição de direitos ou ser perdoado. Simboliza um acordo de não persecução penal sem qualquer condição, a não ser delatar os comparsas com eficiência. Equivale a um *perdão tácito*, que não se confunde com o perdão judicial, causa de extinção da punibilidade. Lembre-se que a causa de extinção da punibilidade faz parte de política criminal do Estado, devendo estar expressamente prevista em lei. Não há nenhuma causa extintiva da punibilidade *extralegal* ou *supralegal*. De todo modo, precisa ser levado à homologação do juiz para ter eficácia, fornecendo ao delator o mínimo de garantia – a mesma que há quando um inquérito é arquivado em outros casos. Porém, como todo acordo de colaboração premiada, cremos indispensável que haja resultado concreto desse auxílio prestado; do contrário, pode-se reabrir o caso, havendo denúncia contra o delator. Em suma, se não é denunciado, inexiste sentença condenatória, portanto, não vislumbramos a viabilidade de fazer o delator cumprir qualquer espécie de sanção penal. Do contrário, o acordo de colaboração premiada tornar-se-ia um livre acordo entre acusação e defesa (*plea bargain*, nos moldes do direito consuetudinário), algo que o princípio da legalidade do sistema codificado, adotado no Brasil, rejeita. Mas é uma faculdade do órgão acusatório – e não um direito subjetivo do colaborador. Se o MP entende ser inviável deixar o delator sem qualquer sanção, parece-nos que não se aplica o § 4.º. De qualquer forma, é fundamental registrar que esta Lei se torna cada vez mais complexa – e, por vezes, confusa –, a ponto de não se saber ao certo como lidar com a colaboração premiada. Ora se aponta para o perdão judicial, ora para o não oferecimento de denúncia, ora para acordos pré-processo e até mesmo com realização de instrução durante a investigação. Tudo isso sem contar com os inúmeros acordos já realizados e homologados, prevendo situações estranhas e peculiares, totalmente fora dos parâmetros legais do direito penal e da execução penal. Muito há a percorrer até que se consolide uma lei bem estruturada e uma jurisprudência harmônica.

> § 4.º-A. Considera-se existente o conhecimento prévio da infração quando o Ministério Público ou a autoridade policial competente tenha instaurado inquérito ou procedimento investigatório para apuração dos fatos apresentados pelo colaborador.[64-A]

**64-A. Conhecimento prévio:** deduz-se esse conhecimento quando o MP ou a autoridade policial tenha instaurado inquérito ou procedimento investigatório para a apuração dos fatos ofertados pelo delator, o que é óbvio. Afinal, se não soubesse do fato criminoso, inexistiria instauração oficial de investigação. Assim ocorrendo, não é cabível o *prêmio máximo* do não oferecimento de denúncia contra o colaborador e, com isso, arquivar-se, na prática, a investigação em relação a ele.

> § 5.º Se a colaboração for posterior à sentença, a pena poderá ser reduzida até a metade ou será admitida a progressão de regime ainda que ausentes os requisitos objetivos.[65]

**65. Colaboração durante a execução penal:** antes do advento da Lei 12.850/2013, houve casos em que sentenciados, ao longo do cumprimento da pena, almejavam auxiliar a descoberta de certos delitos e a punição de seus autores, mas nunca tiveram qualquer vantagem em agir desse modo. Por isso, em boa hora, permitiu-se a redução da pena ou a progressão antecipada de regime. Neste último caso, deve-se dispensar qualquer condição, seja ela objetiva (tempo de cumprimento de pena) como subjetiva (merecimento). Embora não se mencione expressamente a dispensa dos requisitos subjetivos, por óbvio, se o mais (tempo de cumprimento) é afastado, o menos (merecimento) também deve ser. Ademais, o interesse público na delação premiada, durante a fase executória da pena, deve *falar mais alto*, evidenciado, inclusive, o merecimento do sentenciado nesse cenário. É preciso ressaltar que, em operações passadas, de maneira indevida, o conteúdo deste parágrafo foi utilizado como cláusula de acordo de colaboração premiada para delatores que nunca foram nem sequer processados. Isso terminou resultando em situações estranhas, invasoras da competência do juízo de execução penal, pois, *antes de qualquer processo ou condenação*, já se estava prevendo *quando* ele poderia progredir de regime. Essa situação foi vedada expressamente pelo disposto no § 7.º, II, deste artigo.

> § 6.º O juiz não participará das negociações realizadas entre as partes para a formalização do acordo de colaboração, que ocorrerá entre o delegado de polícia, o investigado e o defensor, com a manifestação do Ministério Público, ou, conforme o caso, entre o Ministério Público e o investigado ou acusado e seu defensor.[66]

**66. Imparcialidade do juiz:** corretamente, a lei exclui o juiz das negociações entre o Estado e o delator, pois deverá o magistrado, na sequência, homologar a avença, desde que seja regular e legal. Realizam negociação o delegado, o investigado e o seu defensor, contando com a manifestação do Ministério Público; ou o Ministério Público, o investigado e seu defensor. Efetivado o acordo, lavra-se o termo por escrito, nos termos do art. 6.º da Lei 12.850/2013. Lembremos que o STF permitiu ao delegado celebrar o acordo diretamente com o colaborador, mesmo sem a concordância do Ministério Público.

> § 7.º Realizado o acordo na forma do § 6.º deste artigo, serão remetidos ao juiz, para análise,[67] o respectivo termo, as declarações do colaborador e cópia da investigação, devendo[67-A] o juiz ouvir sigilosamente o colaborador, acompanhado de seu defensor, oportunidade em que analisará os seguintes aspectos na homologação:
>
> I – regularidade e legalidade;[68]
>
> II – adequação dos benefícios pactuados àqueles previstos no *caput* e nos §§ 4.º e 5.º deste artigo, sendo nulas as cláusulas que violem o critério de definição do regime inicial de cumprimento de pena do art. 33 do Decreto-Lei 2.848, de 7 de dezembro de 1940 (Código Penal), as regras de cada um dos regimes previstos no Código Penal e na Lei 7.210, de 11 de julho de 1984 (Lei de Execução Penal) e os requisitos de progressão de regime não abrangidos pelo § 5.º deste artigo;[69]
>
> III – adequação dos resultados da colaboração aos resultados mínimos exigidos nos incisos I, II, III, IV e V do *caput* deste artigo;[69-A]
>
> IV – voluntariedade da manifestação de vontade, especialmente nos casos em que o colaborador está ou esteve sob efeito de medidas cautelares.[69-B]

**67. Incidente de delação premiada:** deve o termo (o relato da colaboração e seus possíveis resultados; as condições da proposta do Ministério Público ou do delegado de polícia; a declaração de aceitação do colaborador e de seu defensor; as assinaturas do representante do Ministério Público ou do delegado de polícia, do colaborador e de seu defensor; a especificação das medidas de proteção ao colaborador e à sua família, quando necessário) ser autuado em apartado, como um autêntico incidente do inquérito ou do processo, para que possa ser sigilosamente distribuído a um juiz, nos termos do art. 7.º da Lei 12.850/2013. Entretanto, somente se distribui esse incidente caso o inquérito ainda não possua juiz certo (ou o processo). Se assim for, respeita-se, por prevenção, o magistrado competente, dirigindo-lhe o pedido de homologação do acordo. Há que se preservar o conteúdo do incidente, de modo que tudo deve ser "envelopado", longe das vistas de servidores do cartório (policial ou judicial), encaminhando-se diretamente ao juiz (art. 7.º, § 1.º, da Lei 12.850/2013). Estabelece-se o prazo de 48 horas para a apreciação do pleito, embora não seja prazo fatal. O objetivo do magistrado é *analisar* todo o material e não, simplesmente, homologar de pronto, como se fosse uma singela decisão. É complexa e vai implicar muita gente, devendo ser bem formado o incidente de delação premiada.

**67-A. Dever do magistrado:** antes da reforma introduzida pela Lei 13.964/2019, era faculdade do juiz ouvir o delator, na presença de seu defensor; passa a ser uma obrigação, sem a qual a homologação não surtirá efeito, manchando-a de vício insanável. Mais uma garantia de que o delator não está sendo pressionado além das suas forças e capacidade de narrar os fatos. A oitiva do colaborador será sigilosa. O segredo de justiça, nessa hipótese, diz respeito à publicidade geral, vedando-se o acesso de qualquer pessoa estranha à investigação criminal; porém, a inquirição do delator, pelo juiz, a fim de avaliar a sua voluntariedade, deve ser feita na presença tanto do defensor quanto do membro do Ministério Público. A menção à presença do defensor não exclui o promotor, mas apenas assegura que o colaborador precisa de um advogado durante esse ato. Na jurisprudência: STJ: "6. Ao determinar que deverá 'o juiz ouvir sigilosamente o colaborador', o art. 4.º, § 7.º, da Lei n. 12.850/2013 não estabelece uma regra perpétua quanto à restrição da publicidade do ato. Trata-se, apenas, de preservar aquele momento incipiente da investigação, em que o sigilo se faz necessário para assegurar a eficácia de diligências em andamento, as quais podem ser frustradas se o indivíduo delatado tiver acesso a elas. 7. Todavia, oferecida e recebida a denúncia, a regra volta a ser a que deve imperar em todo Estado Democrático de Direito, isto é, publicidade dos atos estatais e respeito à ampla defesa e ao contraditório, nos termos do art. 7.º, § 3.º, da Lei n. 12.850/2013" (REsp 1.954.842 – RJ, 6.ª T., rel. Rogerio Schietti Cruz, 14.05.2024, v.u.).

**68. Formalidades do acordo:** extrinsecamente, deve o delator entrar em composição com o Ministério Público (ou com a autoridade policial), sempre assistido por advogado, a fim de ofertar o que sabe e receber a proposta de benefícios. Essa composição deve ser analisada pelo juiz, vale dizer, checar se houve apoio de defensor, se a proposta feita encontra-se de acordo com o disposto em lei, entre outros fatores (arts. 3.º-A a 3.º-C, 4.º e 6.º desta Lei). Intrinsecamente, é preciso avaliar o grau de voluntariedade do colaborador, pois somente se admite a delação, quando feita de maneira integralmente livre de qualquer espécie de coação física ou moral. Eis um ponto essencial para a imparcialidade do magistrado; se este atuar *ativamente*, em conjunto com a autoridade policial ou com o Ministério Público, durante a investigação, compromete a sua imparcialidade para homologar o acordo. Observe-se a cautela da nova redação do inciso IV deste parágrafo, demandando particular atenção do magistrado, ao avaliar o grau de voluntariedade do colaborador, quando este estiver (ou tiver estado) sob efeito de medidas cautelares e, logicamente, a principal delas é a prisão provisória. Não se demanda *espontaneidade* (arrependimento pelo crime cometido ou qualquer nível de sinceridade de

# Art. 4.º

propósito), mas tão somente a livre opção pelo auxílio aos órgãos estatais de persecução penal. Outros dois pontos: regularidade (requisitos do art. 6.º desta Lei) e legalidade (regras do art. 4.º desta Lei). Várias novas normas foram estabelecidas pela Lei 13.964/2019, especialmente as que vedam a concessão de benefícios contrários ao disposto em leis (conforme previsto neste parágrafo, inciso II). Na jurisprudência (antes da reforma da Lei 13.964/2019): STJ: "2. O Plenário do STF, nos autos do HC n. 127.483, de relatoria do Ministro Dias Toffoli, ao analisar a idoneidade de novo acordo de colaboração premiada com réu que já descumprira acordo anterior, esclareceu que, no acordo de colaboração premiada, a homologação judicial, prevista no art. 4º, § 7.º, da Lei n. 12.850/2013, se limita a aferir a regularidade, a voluntariedade e a legalidade do acordo, sendo de todo inadequada a emissão de qualquer juízo de valor sobre as declarações do colaborador. O referido acórdão enfatizou a inadmissibilidade da impugnação do acordo de colaboração premiada por coautores ou partícipes do colaborador, ressaltando que restava apenas a possibilidade de, em juízo, 'confrontarem as declarações do colaborador e de impugnarem, a qualquer tempo, medidas restritivas de direitos fundamentais adotadas em seu desfavor'. Salientou a irrelevância de descumprimento de anterior acordo de colaboração, sob o argumento de que o inadimplemento 'se restringiu ao negócio jurídico pretérito, sem o condão de contaminar, *a priori*, futuros acordos de mesma natureza'. 3. O fato de a Lei n. 12.850/2013 não oferecer critérios de rescisão do acordo de colaboração premiada, bem como o ineditismo das questões trazidas pela defesa, a ponto de não haver outro precedente além do supracitado sobre os temas ventilados, força a conclusão de que, no caso vertente, não há como constatar-se constrangimento ilegal que, pela sua envergadura, possa ser classificado como teratológico. 4. Agravo regimental não provido" (AgInt no HC 392.452 – PR, 6.ª T., rel. Rogerio Schietti Cruz, 13.06.2017, v.u.).

**69. Adequação dos benefícios à lei:** esta inserção, proporcionada pela Lei 13.964/2019, foi uma das mais importantes. Desde o início da vigência da Lei 12.850/2013, foi possível verificar a celebração de acordos contendo cláusulas estranhas à legislação, gerando excessos de toda ordem. Os benefícios do delator, para o cenário da organização criminosa, são apenas três, conforme o *caput*: perdão, redução em até 2/3 da pena privativa de liberdade ou substituição desta por restritiva de direitos. Há o benefício de não oferecimento de denúncia (§ 4.º, art. 4.º, desta Lei), que equivale ao arquivamento do inquérito, mas sem imposição de sanção. Nada se menciona, nesta Lei, a respeito de acordo quanto ao regime inicial de cumprimento da pena privativa de liberdade. Além do mais, o que consta no § 5.º deste artigo diz respeito à fase de execução penal (se a delação ocorrer depois da sentença condenatória, o colaborador poderá ter reduzida a sua pena até a metade ou ser admitida a progressão de regime ainda que ausentes os requisitos objetivos). O que se viu, nos últimos tempos, foram acordos inadequados, já prevendo o tempo em que o delator ficaria em cada regime, além de colocar, ilustrando, uma pessoa com dezenas de anos de pena privativa de liberdade em regime inicial aberto, entre outros disparates. Espera-se que, com a nova lei, respeitem-se essas regras, pois delação premiada é algo sério e normatizado. Não se trata de acordo livre, como se não existisse lei a reger o devido processo legal no Brasil.

**69-A. Parâmetros de atuação do colaborador:** o juiz deve verificar se o colaborador agiu dentro do cenário dele exigido, conforme dispõem os incisos I a V do art. 4.º, *caput* ("I – a identificação dos demais coautores e partícipes da organização criminosa e das infrações penais por eles praticadas; II – a revelação da estrutura hierárquica e da divisão de tarefas da organização criminosa; III – a prevenção de infrações penais decorrentes das atividades da organização criminosa; IV – a recuperação total ou parcial do produto ou do proveito das infrações penais praticadas pela organização criminosa; V – a localização de eventual vítima com a sua integridade física preservada"). Afinal, está fazendo um acordo e precisa dar efetiva

# Organização Criminosa

## Art. 4.º

colaboração à Justiça. Isto inclui a análise do magistrado acerca do benefício prometido: pouca colaboração, benefício menor; extensa delação, benefício maior. É interessante observar que o juiz deve verificar a *adequação dos resultados* da colaboração aos *resultados mínimos* exigidos nos incisos I a V do *caput*. Não se define o que são *requisitos mínimos*, razão pela qual se deve projetar o preceituado pelo art. 6º, I, desta Lei: *possíveis resultados* prometidos pelo colaborador.

**69-B. Voluntariedade e medidas cautelares:** esta é outra alteração trazida pela Lei 13.964/2019, confiando-se na sensibilidade e no equilíbrio do magistrado. É fundamental analisar a voluntariedade (ato livre de *qualquer* coação) do delator, especialmente quando sujeito a medidas cautelares. A principal delas é a prisão preventiva (ou temporária, conforme o caso). Há muitas delações conseguidas mediante a ameaça da prisão cautelar ou depois desta medida ter sido decretada, prometendo-se a soltura, caso se efetive a colaboração. O juiz precisa consagrar o Estado Democrático de Direito. Quem quer colaborar que o faça, mas jamais o agente do Estado pode, praticamente, chantageá-lo com a espada da prisão em sua cabeça ou mesmo com a decretação da indisponibilidade de seus bens.

> § 7.º-A. O juiz ou o tribunal deve proceder à análise fundamentada do mérito da denúncia, do perdão judicial e das primeiras etapas de aplicação da pena, nos termos do Decreto-Lei 2.848, de 7 de dezembro de 1940 (Código Penal) e do Decreto-Lei 3.689, de 3 de outubro de 1941 (Código de Processo Penal), antes de conceder os benefícios pactuados, exceto quando o acordo prever o não oferecimento da denúncia na forma dos §§ 4.º e 4.º-A deste artigo ou já tiver sido proferida sentença.[69-C]

**69-C. Responsabilidade judicial:** a partir da reforma da Lei 13.964/2019, passa-se a exigir do magistrado e do tribunal maior empenho para avaliar o acordo feito entre MP ou delegado e delator. É preciso verificar a gravidade (ou não) do que foi narrado na denúncia (ou constar da imputação formulada no acordo) e os benefícios pactuados para ver se possuem equilíbrio. Uma informação de segunda categoria não pode receber o perdão judicial, por exemplo. Do mesmo modo, uma informação completa e muito relevante pode ter o perdão concedido. Enfim, é o trabalho do juiz de *julgar* o acordo. Não analisará o acordo se já houver sentença condenatória, com trânsito em julgado, mas isto será da alçada do juiz das execuções penais.

> § 7.º-B. São nulas de pleno direito as previsões de renúncia ao direito de impugnar a decisão homologatória.[69-D]

**69-D. Nulidade absoluta da renúncia a recursos:** inseriu-se esse parágrafo para maior garantia ao colaborador, visto que vários acordos foram celebrados, no pretérito, contendo cláusula impeditiva de recursos questionadores da decisão homologatória. Algumas previam a impossibilidade de ajuizamento de *habeas corpus*, o que era nitidamente inconstitucional.

> § 8.º O juiz poderá recusar a homologação da proposta que não atender aos requisitos legais, devolvendo-a às partes para as adequações necessárias.[70]

**70. Recusa da homologação ou adequação da proposta:** o juiz não participará da negociação, nos termos do disposto pelo § 6.º deste artigo, motivo pelo qual é limitada a sua atuação nesse cenário. Ele pode recusar-se a homologar o acordo se vislumbrar qualquer ir-

# Art. 4.º

regularidade ou ilegalidade e, principalmente, se constatar falta de voluntariedade. Quanto à *adequação ao caso concreto*, o máximo que o magistrado pode realizar é a devolução dos autos às partes para que promovam as adequações necessárias. A nova redação (Lei 13.964/2019) tirou do magistrado, corretamente, a possibilidade de ele mesmo consertar o acordo, pois, na verdade estaria se intrometendo onde não poderia, tomando posição ativa na negociação. Deve retornar a proposta às partes, sem homologar. A lei não especifica o recurso cabível para o ato judicial de homologação ou de indeferimento, razão pela qual, ocorrendo o indeferimento, cremos deva ser utilizada a apelação, decisão com força de definitiva, proferida no incidente de delação premiada. Se o juiz homologar, não cabe recurso, pois há falta de interesse, afinal, as partes requereram a referida homologação. Quando se tratar de relator, em colegiado, o recurso é o agravo.

> § 9.º Depois de homologado o acordo, o colaborador poderá, sempre acompanhado pelo seu defensor, ser ouvido pelo membro do Ministério Público ou pelo delegado de polícia responsável pelas investigações.[71]

**71. Providências após a homologação:** realizado o acordo, é o momento mais adequado de o delator prestar a sua colaboração, pois estará seguro, não podendo ser posteriormente processado sem o respeito aos benefícios prometidos. Em nossa visão, os mencionados benefícios prometidos precisam ser confirmados, do contrário o acordo pode ser rompido, havendo processo-crime contra o delator. Não fosse assim, inexistiria *acordo* propriamente dito, mas um mero testemunho do colaborador que valeria por si mesmo, o que não seria crível, até mesmo pelo fato de que a palavra isolada do delator não serve para decretar medidas cautelares reais ou pessoais, para receber a peça acusatória nem para fundamentar a sentença condenatória (§ 16, art. 4.º, desta Lei).

> § 10. As partes podem retratar-se da proposta,[72] caso em que as provas autoincriminatórias produzidas pelo colaborador não poderão ser utilizadas exclusivamente em seu desfavor.[73]

**72. Retratação da proposta:** é interessante o caminho adotado pela nova lei, ao permitir a retratação (voltar atrás, desdizer-se) de qualquer das partes (Ministério Público ou autoridade policial, dependendo de quem celebrou o acordo, e investigado). Não se especificou qualquer razão para isso, mas é possível acreditar não tenha havido sucesso na obtenção de provas, tal como prometido pelo delator, permitindo ao poder público a retratação. Ou, sob outro prisma, o colaborador pode entender que a delação lhe trará mais prejuízos do que vantagens, voltando atrás. Defendíamos que a retratação deveria ocorrer depois da homologação e antes da sentença condenatória, considerando a ideia de que, antes da homologação, bastaria não apresentar a proposta ao juiz para tanto. Logo, o recuo teria que se dar após o ato judicial de chancela do acordo. No entanto, convencemo-nos de haver outra visão mais racional sobre o tema, que não é tratado com clareza pela Lei 12.850/2013. Em primeiro lugar, a partir da reforma introduzida pela Lei 13.964/2019, a proposta de acordo apresentada pelo colaborador, não sendo sumariamente indeferida, será formalmente considerada pela lavratura de um termo próprio, vinculando as partes, especialmente os órgãos públicos, impedindo o indeferimento posterior sem justa causa (art. 3.º-B desta Lei). Existe aí uma formalização inegável, já se podendo cuidar de *retratação*. Em mais aprofundada reflexão, soa-nos, de fato, incompreensível que, homologada a proposta pelo juiz, consolidado o acordo, permita-se a retratação. Afinal, a lei indica a retratação de uma proposta de acordo, o que aponta para uma diferença entre essa fase inicial de negociação e a sua consolidação, tornando-se acordo judicialmente homologado. Permitir a retratação depois da homologação, mesmo que até a sentença, torna o pacto inseguro e claudicante. É preciso que a doutrina e a jurisprudência tornem o vácuo legal em situação jurídica mais consolidada. Enfim, passamos a defender que a retratação possa ser realizada após a formalização da proposta de acordo por termo até a homologação do acordo pelo juiz por qualquer dos envolvidos no pacto. Masson e Marçal sustentam uma a viabilidade unilateral de retratação até a homologação judicial. Depois disso, somente se houver distrato das partes até a sentença (*Crime organizado*, p. 273). Não se pode discordar desse ponto de vista, pois o distrato consolidaria a livre vontade de ambas as partes, inexistindo insegurança nesse ato conjunto.

**73. Destino das provas:** as provas produzidas por conta da delação, que incriminem o colaborador, não poderão ser usadas *exclusivamente* contra seus interesses no feito. Noutros termos, havendo a retratação, tudo o que foi produzido após a delação ter sido feita somente não valerá *contra* o delator, mas poderá ser utilizada pelo acusador no tocante a outros investigados ou corréus. Essa medida pode ser complicada, pois se o colaborador voltou atrás – somente para ilustrar – porque se arrependeu de ter entregado os demais cúmplices, querendo evitar represália, a utilização das provas advindas em face da colaboração *contra* os outros pode ser perigosa ao delator. Sob outro prisma, ilustrando, caso o Ministério Público se retrate, nenhum benefício advirá ao delator, mas as provas produzidas podem ser usadas contra outros envolvidos, chegando a um paradoxo: a ajuda do delator serviu, mas ele não recebe prêmio algum; apenas não terá as provas surgidas por sua cooperação utilizadas contra sua pessoa. Isso pode ser insuficiente, pois o órgão de persecução penal, em fontes independentes, pode amealhar provas suficientes para também condenar o delator. Segundo cremos, a retratação também deveria ser submetida ao crivo judicial, para homologação, avaliando-se as vantagens e desvantagens da medida.

> § 10-A. Em todas as fases do processo, deve-se garantir ao réu delatado a oportunidade de manifestar-se após o decurso do prazo concedido ao réu que o delatou.[73-A]

**73-A. Manifestação do réu após o delator:** o delator, embora possa também ser acusado, é um colaborador, com benefícios, para entregar companheiros de crime e dar outros detalhes do delito. Logo, funciona, na prática, com um autêntico acusador. Aliás, não fosse assim, o Ministério Público não teria interesse em fazer acordo algum. Logo, é mais que justo, para garantir a ampla defesa, que o delator fale *antes* do réu delatado. A decisão foi tomada pelo STF nesse sentido (HC 166.373 – PR, Pleno, redator para o acórdão Alexandre de Moraes, 02.10.2019, m.v.). Ainda: STF: "4. O delatado tem o direito de falar por último sobre todas as imputações que possam levar à sua condenação. O direito de falar por último está contido no exercício pleno da ampla defesa englobando a possibilidade de refutar todas, absolutamente todas as informações, alegações, depoimentos, insinuações, provas e indícios em geral que possam, direta ou indiretamente, influenciar e fundamentar uma futura condenação penal, entre elas as alegações do delator. 5. *Habeas Corpus* deferido, com a fixação da seguinte Tese: "Havendo pedido expresso da defesa no momento processual adequado (art. 403 do CPP e art. 11 da Lei 8.038/90), os réus têm o direito de apresentar suas alegações finais após a manifestação das defesas dos colaboradores, sob pena de nulidade" (HC 166.373, Tribunal Pleno, rel. Edson Fachin, 30.11.2022, v.u.).

> § 11. A sentença apreciará os termos do acordo homologado e sua eficácia.[74]

# Art. 4.º

Leis Penais e Processuais Penais Comentadas – Vol. 2 · **Nucci**

**74. Aplicação efetiva do acordo:** finda a instrução do processo-crime, permanecendo o acordo homologado entre delator e Estado, o juiz apreciará a sua abrangência para aplicação do que ali foi celebrado. É preciso haver equilíbrio entre a delação e os efeitos concretos que ela tenha gerado no processo, ou seja, para que o benefício programado no acordo seja realmente aplicado, torna-se indispensável avaliar o prometido pelo colaborador e o efetivado ao longo da instrução. Assim, é possível, por exemplo, deixar de aplicar o perdão judicial, constante do acordo, porque a colaboração terminou sendo secundária e não teria sentido extinguir a punibilidade do delator.

> § 12. Ainda que beneficiado por perdão judicial ou não denunciado, o colaborador poderá ser ouvido em juízo a requerimento das partes ou por iniciativa da autoridade judicial.[75]

**75. Oitiva do colaborador em juízo:** beneficiado com o prêmio máximo – perdão judicial – ou não denunciado, o delator não está imune a prestar declarações durante a instrução, inclusive porque a sua atuação pode ter levado à denúncia contra um ou mais comparsas. Embora a sua palavra exclusiva não seja suficiente para a condenação (nem mesmo para o recebimento da peça acusatória), é certo que auxiliou a chegar à formalização da acusação contra os coautores ou partícipes do crime. Ouvi-lo em juízo pode ser do interesse das partes e mesmo do magistrado, razão pela qual pode ser intimado a fazê-lo. Em nossa visão, não pode se recusar, invocando o direito ao silêncio, mas não tem cabimento o compromisso de dizer a verdade. Sendo delator, torna-se naturalmente suspeito, até porque quer o prêmio avençado.

> § 13. O registro das tratativas e dos atos de colaboração deverá ser feito pelos meios ou recursos de gravação magnética, estenotipia, digital ou técnica similar, inclusive audiovisual, destinados a obter maior fidelidade das informações, garantindo-se a disponibilização de cópia do material ao colaborador.[76]

**76. Registro das tratativas e dos atos:** antes da reforma trazida pela Lei 13.964/2019, o registro seria feito *sempre que possível*. Dizíamos, à época, que isso seria positivo, mas quando os meios estivessem disponíveis no local da investigação. Foram tantos os abusos e as pressões sofridas pelos delatores que hoje a lei *impõe* a gravação magnética, o registro por estenotipia, digital ou técnica similar, inclusive audiovisual. Tudo com a finalidade de obter a *maior fidelidade* das informações, além de garantir a disponibilização de cópia do material ao colaborador. É uma forma de evitar eventual abuso de poder por parte da autoridade que conduz a negociação. Torna-se indispensável gravar tudo: tratativas e declarações prestadas pelo delator, atestando-se a sua idoneidade. Na jurisprudência: STF: "4. Nulidade do acordo de colaboração premiada e ilicitude das declarações dos colaboradores. Necessidade de respeito à legalidade. Controle judicial sobre os mecanismos negociais no processo penal. Limites ao poder punitivo estatal. Precedente: 'O acordo de colaboração homologado como regular, voluntário e legal deverá, em regra, produzir seus efeitos em face do cumprimento dos deveres assumidos pela colaboração, possibilitando ao órgão colegiado a análise do parágrafo 4º do artigo 966 do Código de Processo Civil' (STF, QO na PET 7.074, Tribunal Pleno, rel. Min. Edson Fachin, j. 29.6.2017) 5. Como orientação prospectiva, ou até um apelo ao legislador, deve-se assentar a obrigatoriedade de registro audiovisual de todos os atos de colaboração premiada, inclusive negociações e depoimentos prévios à homologação. Interpretação do art. 4º, § 13, Lei 12.850/2013. Nova redação dada pela Lei 13.964/19. 6. Situação do colaborador diante da nulidade do acordo.

Tendo em vista que a anulação do acordo de colaboração aqui em análise foi ocasionada por atuação abusiva da acusação, penso que os benefícios assegurados aos colaboradores devem ser mantidos, em prol da segurança jurídica e da previsibilidade dos mecanismos negociais no processo penal brasileiro. Precedente: direito subjetivo ao benefício se cumpridos os termos do acordo (STF, HC 127.483/PR, Plenário, rel. Min. Dias Toffolli, j. 27.8.2015) e possibilidade de concessão do benefício de ofício pelo julgador, ainda que sem prévia homologação do acordo (RE-AgR 1.103.435, Segunda Turma, rel. Min. Ricardo Lewandowski, j. 17.5.2019). 7. Dispositivo. Ordem de habeas corpus concedida parcialmente, para declarar a nulidade do acordo de colaboração premiada e reconhecer a ilicitude das declarações incriminatórias prestadas pelos delatores, nos termos do voto" (HC 143.427, 2.ª T., rel. Gilmar Mendes, 25.08.2020, v.u.). STJ: "5. Ademais, mesmo se então vigente a atual redação do art. 4º, § 13, da Lei 12.850/2013, com a obrigatoriedade da gravação das tratativas e dos atos de colaboração, o Superior Tribunal de Justiça possui entendimento firmado de que o reconhecimento de nulidades no processo penal, sejam absolutas ou relativas, reclama uma efetiva demonstração do prejuízo à parte (art. 563 do CPP). Assim, sendo a finalidade precípua do registro do ato garantir a voluntariedade da avença e a fidedignidade do conteúdo das declarações do colaborador, não se pode ignorar haver o colaborador, no caso concreto, realizado a leitura filmada dos termos de colaboração, e, na sequência, ratificado seu conteúdo na audiência judicial de homologação do acordo e reiterado as informações nas petições apresentadas nos autos" (AgRg na Pet 15.624 – DF, Corte Especial, rel. Raul Araújo, 16.08.2023, v.u.).

> § 14. Nos depoimentos que prestar, o colaborador renunciará, na presença de seu defensor, ao direito ao silêncio e estará sujeito ao compromisso legal de dizer a verdade.[77]

**77. Renúncia ao direito ao silêncio:** não teria sentido pretender cooperar invocando o direito de permanecer calado. O termo utilizado – *renunciar* – pode dar margem a questionamento quanto à sua constitucionalidade, visto que o direito ao silêncio tem base na Constituição Federal. Entretanto, nenhum direito possui caráter absoluto e todos se voltam à proteção dos interesses individuais. Além disso, não se trata de abrir mão definitivamente do direito, mas num determinado momento para o caso concreto. Se o delator quer o *prêmio* pela colaboração prestada, pois fez um acordo legal com o Estado, não há outro caminho a não ser participar do processo, prestando declarações, como informante. Em qualquer hipótese, entretanto, não vemos sentido em compromissá-lo, como se testemunha imparcial fosse. Ele tem interesse no prêmio e é isso que poderá perder, caso fuja à versão anteriormente ofertada, que deu margem à celebração do acordo. Se figurar no polo passivo, embora colaborador, *deve* manifestar-se em interrogatório, pois assim acordou, mas o valor de suas declarações tem o mesmo alcance (relativo) de qualquer outro réu. Em qualquer hipótese, a previsão formulada pelo art. 4.º, § 14, é constitucional. Na jurisprudência: STF: "Caberá ao próprio indivíduo decidir, livremente e na presença da sua defesa técnica, se colabora (ou não) com os órgãos responsáveis pela persecução penal. Os benefícios legais oriundos da colaboração premiada servem como estímulo para o acusado fazer uso do exercício de não mais permanecer em silêncio. Compreensível, então, o termo 'renúncia' ao direito ao silêncio não como forma de esgotamento da garantia do direito ao silêncio, que é irrenunciável e inalienável, mas sim como forma de 'livre exercício do direito ao silêncio e da não autoincriminação pelos colaboradores, em relação aos fatos ilícitos que constituem o objeto dos negócios jurídicos', haja vista que o acordo de colaboração premiada é ato voluntário, firmado na presença da defesa técnica (que deverá orientar o investigado acerca das consequências do negócio jurídico) e que possibilita grandes vantagens ao acusado.

# Art. 4.º

Portanto, a colaboração premiada é plenamente compatível com o princípio do 'nemo tenetur se detegere' (direito de não produzir prova contra si mesmo)" (ADI 5.567, Tribunal Pleno, rel. Alexandre de Moraes, 21.11.2023, v.u.).

> § 15. Em todos os atos de negociação, confirmação e execução da colaboração, o colaborador deverá estar assistido por defensor.[78]

**78. Garantia da ampla defesa:** este parágrafo consagra a ampla defesa, situação evidentemente positiva para o âmbito da colaboração premiada. A delação é uma admissão de culpa, que envolve a entrega de comparsas, motivo pelo qual é situação delicada, a ser realizada com consciência e assistência jurídica de um advogado.

> § 16. Nenhuma das seguintes medidas será decretada ou proferida com fundamento apenas nas declarações do colaborador:[79]
> I – medidas cautelares reais ou pessoais;
> II – recebimento de denúncia ou queixa-crime;
> III – sentença condenatória.

**79. Valor relativo da delação:** temos defendido, há muito, o valor relativo da delação, pois é possível o envolvimento de vários interesses escusos, inclusive vingança, abrangendo mentiras e falsidades. Diante disso, este parágrafo estabelecia a vedação de qualquer condenação baseada, unicamente, na colaboração premiada. Reproduzia o mesmo caráter de relatividade conferido à confissão do réu (art. 197, CPP). Porém, as pressões sobre os colaboradores, nos últimos tempos, foram tantas e tão intensas, noticiadas pela imprensa inclusive, que a reforma da Lei 13.964/2019 houve por bem aumentar a lista dos atos processuais relativos, que não podem depender somente da delação. Atualmente, não se pode confiar, exclusivamente, na delação para os seguintes atos: medidas cautelares reais (sequestro) ou pessoais (prisão); recebimento de denúncia ou queixa; sentença condenatória. A lei, em nosso entendimento, está correta. É preciso colocar um basta na situação privilegiada da autoridade policial ou ministerial que *força* a colaboração e, pior, com base exclusiva nesta, expede vários mandados de busca, de prisão e de indisponibilidade de bens. Uma única delação tinha o condão de provocar um estrago imenso, respingando em várias pessoas. Depois, não comprovada, os danos causados eram irreversíveis. É preciso entender que o combate ao crime organizado não se traduz em vilipêndio a postulados firmes e democráticos do processo penal e muito menos em afastamento dos direitos e garantias individuais. O Estado precisa agir dentro da lei e isso não é pedir muito, mas exigir o óbvio. Na jurisprudência: STF: "6. A colaboração premiada é meio de obtenção de prova (artigo 3º da Lei 12.850/2013). Não se placita – antes ou depois da Lei 12.850/2013 – condenação fundada exclusivamente nas declarações do agente colaborador. Na espécie, as provas documentais, testemunhais e perícias produzidas, além corroborar as declarações dos colaboradores, comprovaram a autoria e o dolo para além de dúvida razoável (*beyond a reasonable doubt*), inexistentes causas de exclusão de ilicitude e culpabilidade. Condenação, em concurso material, da corrupção passiva com a lavagem de capitais (...)" (AP 694 – MT, 1.ª T., rel. Roberto Barroso, 02.05.2017, v.u.). STJ: "5. A jurisprudência do Supremo Tribunal Federal tem entendido que 'a colaboração premiada, como meio de obtenção de prova, tem aptidão para autorizar a deflagração da investigação preliminar, visando à aquisição de coisas materiais, traços ou declarações dotados de força probatória. Essa, em verdade, constitui sua verdadeira vocação probatória. Todavia, os depoimentos do colaborador premiado, sem outras provas idôneas de corroboração, não se revestem de densidade suficiente para lastrear um juízo condenatório' (AP 1003, Relator(a): Min. EDSON FACHIN, Relator(a) p/ Acórdão: Min. DIAS TOFFOLI, Segunda Turma, julgado em 19/6/2018, ACÓRDÃO ELETRÔNICO DJe-262 DIVULG 5/12/2018 PUBLIC 6/12/2018)" (HC 506.999 – PR, 5.ª T., rel. Reynaldo Soares da Fonseca, j. 05.09.2019, *DJe* 16.09.2019, v.u.).

> **§ 17.** O acordo homologado poderá ser rescindido em caso de omissão dolosa sobre os fatos objeto da colaboração.[79-A]

**79-A. Omissão dolosa:** outra novidade introduzida pela Lei 13.964/2019 é a viabilidade de se *rescindir* um acordo de colaboração premiada já homologado, desde que se comprove ter havido omissão do delator em relação a algum fato *relevante*, objeto da delação. Porém, o alerta: essa omissão não pode ser meramente acidental ou culposa. É fundamental seja *dolosa*, ou seja, claramente desejada por algum motivo escuso. Entretanto, sempre foi viável, segundo o disposto no § 10 deste artigo, a retratação das partes em relação ao acordo firmado, de modo que não há grande diferença entre *rescindir* o acordo homologado ou *retratar-se* do mesmo, a menos que se entenda que a retratação somente é cabível antes da homologação. Porém, isto não faz sentido, visto que antes da avaliação judicial basta que as partes não firmem o acordo e não o levem à homologação. Ademais, a previsão da retratação foi inserida em tópico posterior ao procedimento da *homologação judicial*, prevista nos §§ 7.º a 9.º.

> **§ 18.** O acordo de colaboração premiada pressupõe que o colaborador cesse o envolvimento em conduta ilícita relacionada ao objeto da colaboração, sob pena de rescisão.[79-B]

**79-B. Cessação da atividade ilícita:** outro ponto detectado ao longo dos últimos anos, que agora a Lei 13.964/2019 traz como novidade, é a continuidade da conduta ilícita do delator, depois que já houve a celebração do acordo e a aplicação da sanção atenuada. Se isto for provado, o acordo pode ser rescindido. Não foram poucos os casos, noticiados pela imprensa, de colaboradores que retornaram às suas antigas atividades (em particular, vários doleiros). Mas é preciso que o MP atue para que isto se dê. Por vezes, nada se faz pelo simples fato de que o doleiro (ou outro *peixe pequeno*) entregou um graúdo – e isto já seria suficiente. Porém, não é. O que é justo para um, precisa ser igualmente justo para o outro. Algumas operações contra o crime organizado e a corrupção privilegiaram *graúdos* e trataram com absoluta brandura os que consideraram *pequenos*. Geralmente, os denominados *graúdos* eram pessoas famosas ou muito ricas. Os chamados *pequenos*, os desconhecidos, como naturalmente são os doleiros, ao menos do grande público.

> **Art. 5.º** São direitos do colaborador:
> I – usufruir das medidas de proteção previstas na legislação específica;[80]

**80. Medidas de proteção:** as medidas de proteção são previstas pela Lei 9.807/99 (Lei de Proteção a Testemunhas e Vítimas), particularmente, o disposto pelos arts. 7.º, 8.º e 9.º. *In verbis*: "Art. 7.º Os programas compreendem, dentre outras, as seguintes medidas, aplicáveis isolada ou cumulativamente em benefício da pessoa protegida, segundo a gravidade e as

# Art. 5.º

circunstâncias de cada caso: I – segurança na residência, incluindo o controle de telecomunicações; II – escolta e segurança nos deslocamentos da residência, inclusive para fins de trabalho ou para a prestação de depoimentos; III – transferência de residência ou acomodação provisória em local compatível com a proteção; IV – preservação da identidade, imagem e dados pessoais; V – ajuda financeira mensal para prover as despesas necessárias à subsistência individual ou familiar, no caso de a pessoa protegida estar impossibilitada de desenvolver trabalho regular ou de inexistência de qualquer fonte de renda; VI – suspensão temporária das atividades funcionais, sem prejuízo dos respectivos vencimentos ou vantagens, quando servidor público ou militar; VII – apoio e assistência social, médica e psicológica; VIII – sigilo em relação aos atos praticados em virtude da proteção concedida; IX – apoio do órgão executor do programa para o cumprimento de obrigações civis e administrativas que exijam o comparecimento pessoal. Parágrafo único. A ajuda financeira mensal terá um teto fixado pelo conselho deliberativo no início de cada exercício financeiro"; "Art. 8.º Quando entender necessário, poderá o conselho deliberativo solicitar ao Ministério Público que requeira ao juiz a concessão de medidas cautelares direta ou indiretamente relacionadas com a eficácia da proteção"; "Art. 9.º Em casos excepcionais e considerando as características e gravidade da coação ou ameaça, poderá o conselho deliberativo encaminhar requerimento da pessoa protegida ao juiz competente para registros públicos objetivando a alteração de nome completo. § 1.º A alteração de nome completo poderá estender-se às pessoas mencionadas no § 1.º do art. 2.º desta Lei, inclusive aos filhos menores, e será precedida das providências necessárias ao resguardo de direitos de terceiros. § 2.º O requerimento será sempre fundamentado e o juiz ouvirá previamente o Ministério Público, determinando, em seguida, que o procedimento tenha rito sumaríssimo e corra em segredo de justiça. § 3.º Concedida a alteração pretendida, o juiz determinará na sentença, observando o sigilo indispensável à proteção do interessado: I – a averbação no registro original de nascimento da menção de que houve alteração de nome completo em conformidade com o estabelecido nesta Lei, com expressa referência à sentença autorizatória e ao juiz que a exarou e sem a aposição do nome alterado; II – a determinação aos órgãos competentes para o fornecimento dos documentos decorrentes da alteração; III – a remessa da sentença ao órgão nacional competente para o registro único de identificação civil, cujo procedimento obedecerá às necessárias restrições de sigilo. § 4.º O conselho deliberativo, resguardado o sigilo das informações, manterá controle sobre a localização do protegido cujo nome tenha sido alterado. § 5.º Cessada a coação ou ameaça que deu causa à alteração, ficará facultado ao protegido solicitar ao juiz competente o retorno à situação anterior, com a alteração para o nome original, em petição que será encaminhada pelo conselho deliberativo e terá manifestação prévia do Ministério Público."

> II – ter nome, qualificação, imagem e demais informações pessoais preservados;[81]

**81. Informes pessoais preservados:** quanto à preservação do nome, qualificação, imagem e outras informações pessoais, sem dúvida, possui caráter absoluto no tocante ao público em geral, particularmente em relação à mídia. Porém, jamais poderá ficar oculto da defesa dos outros corréus, criando-se um testemunho secreto, sem qualquer identidade. O princípio constitucional da ampla defesa veda o sigilo extremado de provas, permitindo o acesso dos defensores a qualquer meio constante dos autos. Lembremos, inclusive, que há delatores totalmente excluídos, porque não denunciados, bem como há os colaboradores-réus, que receberão redução da pena. Os primeiros podem ser ouvidos como informantes, pois já possuem acordos homologados, mas devem dizer a verdade sobre o que sabem. Os segundos

695           Organização Criminosa      **Art. 5.º**

devem ser ouvidos como corréus, mas sem a proteção do direito ao silêncio, pois igualmente já possuem acordos homologados, prevendo um limite de punição. Em todo caso, a defesa dos outros acusados pode conhecer a sua identidade, contraditá-los e dirigir-lhes perguntas.

> III – ser conduzido, em juízo, separadamente dos demais coautores e partícipes;[82]

**82. Condução em separado:** o direito de ser conduzido ao fórum separadamente dos demais coautores e partícipes é uma imposição lógica de sua postura de delator. Colocados todos juntos, por certo, seria o colaborador agredido e até morto. Cuida-se, na realidade, de uma medida de ordem administrativa, da alçada do Poder Executivo, que providencia as escoltas necessárias aos transportes de presos. Pode-se – e deve-se – ampliar o entendimento para manter o delator totalmente separado dos outros corréus durante toda a instrução, em recintos diversos no fórum ou tribunal.

> IV – participar das audiências sem contato visual com os outros acusados;[83]

**83. Participação em audiências sem contato com os demais:** a participação nas audiências sem contato visual com os outros acusados é direito relativo, pois depende de várias circunstâncias: a) se, no local, onde todos são ouvidos e acompanham a audiência, há videoconferência, para que se possa colocar o delator em sala separada, se ele quiser, podendo visualizar a produção da prova, sem ser pelos demais visto; b) não havendo aparelhagem, cabe ao colaborador decidir se quer permanecer em sala de audiência, acompanhando o desenvolvimento da colheita probatória, ou se prefere ficar em outro local, afastado dos demais acusados; c) existindo necessidade de acareação, mesmo entre delator e delatado, pois é um meio de prova lícito, por óbvio, haverá contato visual entre ambos; d) havendo necessidade de reconhecimento, conforme o caso, pode ser obrigado a ficar lado a lado com outro corréu para que certa testemunha identifique um dos dois, persistindo dúvida. Por outro lado, quando o delator for perdoado, ingressará no feito não mais como corréu, mas como testemunha; nessa hipótese, utilizará o disposto pelo art. 217 do CPP, podendo-se retirar os acusados da sala ou transferir o depoimento para sala de videoconferência.

> V – não ter sua identidade revelada pelos meios de comunicação, nem ser fotografado ou filmado, sem sua prévia autorização por escrito;[84]

**84. Preservação da identidade:** não ter a sua identidade revelada pelos meios de comunicação, nem ser fotografado ou filmado, sem sua prévia autorização por escrito, é uma decorrência natural da proteção aos seus dados pessoais, situação já prevista no inciso II. De qualquer modo, ratifica-se a ideia de que a mídia, escrita ou televisionada, deve guardar estrito sigilo acerca da identidade do delator, mesmo que a descubra por qualquer fonte. Aliás, passou a constituir crime tal divulgação, nos termos do art. 18 desta Lei. Poder-se-ia argumentar a existência de confronto entre o disposto neste inciso V do art. 5.º da Lei 12.850/2013 e a previsão feita pelo art. 220, § 1.º, da Constituição Federal ("nenhuma lei conterá dispositivo que possa constituir embaraço à plena liberdade de informação jornalística em qualquer veículo de comunicação social, observado o disposto no art. 5.º, IV, V, X, XIII e XIV"). Há somente um conflito aparente de normas, pois a liberdade de informação jornalística cede espaço ao direito à intimidade, à vida privada e à imagem das pessoas (art. 5.º, X, CF). Diante disso, é viável

# Art. 6.º

que a lei ordinária possa disciplinar algumas situações em que a liberdade de imprensa não é total. Ademais, não se trata unicamente de tutelar a imagem do delator, mas a sua segurança individual e, também, o interesse público em jogo.

> VI – cumprir pena ou prisão cautelar em estabelecimento penal diverso dos demais corréus ou condenados.[85]

**85. Cumprimento de pena e da prisão cautelar em separado:** o direito de cumprir pena em estabelecimento penal diverso dos demais coautores e partícipes é correto, evitando-se represálias fatais contra o colaborador. Aliás, não somente cabe a distinção de presídios, mas também de cela ou pavilhão. Noutros termos, é sabido que a lei do silêncio impera no campo da marginalidade, de modo que o delator se torna um inimigo geral dos delinquentes, podendo ser agredido e morto em qualquer lugar, até mesmo por um estranho. A mais adequada medida de proteção do Estado é separar o delator em certo presídio e, dentro deste, em ala específica, longe dos demais presos. Após terem ocorrido fatos concretos, no passado, como a inclusão do delator e do delatado no mesmo presídio, ainda em prisão cautelar, com resultados negativos, a Lei 13.964/2019 inseriu a separação dos dois no momento da prisão temporária ou preventiva.

> **Art. 6.º** O termo de acordo da colaboração premiada deverá ser feito por escrito e conter:[86]

**86. Formalidades do termo de acordo:** considerando-se a gravidade concreta da delação, ato pelo qual o agente de um delito se autoincrimina e entrega comparsas, recebendo um prêmio por isso, é fundamental a lavratura de um termo formal e completo, contendo o acordo com o Estado e todos os detalhes necessários.

> I – o relato da colaboração e seus possíveis resultados;[87]

**87. Relato da colaboração e potencial resultado:** levando-se em consideração a *troca* de vantagens entre o Estado (receptor da informação privilegiada) e o delator (fornecedor da informação privilegiada), torna-se essencial elaborar um termo em que conste tudo aquilo que o colaborador sabe e o que pretende narrar. A partir disso, descrevem-se os resultados *possíveis* (identificação de coautores; crimes cometidos; delitos a praticar etc.), captando-se uma linha harmônica entre o informe prometido pelo delator e o potencial ganho para a persecução penal. Com base nisso, pode-se estipular o *prêmio* adequado ao delator, conforme a amplitude do resultado (se ele merece perdão judicial, redução ou substituição da pena). Na jurisprudência: STJ: "1. O acordo de colaboração premiada, negócio jurídico personalíssimo celebrado entre o Ministério Público e o réu colaborador, gera direitos e obrigações apenas para as partes, em nada interferindo na esfera jurídica de terceiros, ainda que referidos no relato da colaboração. 2. Assim sendo, supostos coautores ou partícipes do réu colaborador nas infrações desveladas, ainda que venham a ser expressamente nominados no respectivo instrumento no 'relato da colaboração e seus possíveis resultados' (art. 6.º, I, da Lei n.º 12.850/2013), não possuem legitimidade para contestar a validade do acordo. 3. Não há direito dos 'delatados' a participar da tomada de declarações do réu colaborador, sendo os princípios do contraditório e da ampla defesa garantidos pela possibilidade de confrontar, em juízo, as declarações do colaborador e as provas por ele indicadas, bem como impugnar, a qualquer tempo, as medidas restritivas de direitos fundamentais eventualmente adotadas em seu desfavor. 4. Precedentes do STF e do STJ. 5. Recurso desprovido" (RHC 68.542 – SP, 6.ª T., rel. Maria Thereza de Assis Moura, 19.04.2016, v.u.). TJMS: "Por se tratar de um negócio jurídico processual personalíssimo, o acordo de colaboração premiada não pode ser impugnado por coautores ou partícipes do colaborador na organização criminosa e nas infrações penais por ela praticadas, ainda que venham a ser expressamente nominados no respectivo instrumento quando do 'relato da colaboração e seus possíveis resultados' (art. 6º, I, da Lei nº 12.850/13). (...) Outrossim, negar-se ao delatado o direito de impugnar o acordo de colaboração não implica desproteção a seus interesses. A uma porque a própria Lei nº 12.850/13 estabelece que 'nenhuma sentença condenatória será proferida com fundamento apenas nas declarações de agente colaborador' (art. 4º, § 16). A duas porque, como já exposto, será assegurado ao delatado, pelo contraditório judicial, o direito de confrontar as declarações do colaborador e as provas com base nela obtidas (STF, HC 127.483, Relator Min. Dias Toffoli, Tribunal Pleno, julgado em 27/08/2015, processo eletrônico *DJe*-021 divulg. 03-02-2016, public. 04-02-2016)" (HC 1413020-10.2016.8.12.0000 – MS, 1.ª Câmara Criminal, rel. Manoel Mendes Carli, 24.01.2017, v.u.).

> II – as condições da proposta do Ministério Público ou do delegado de polícia;[88]

**88. Proposta do Estado:** o negociador estatal é o membro do Ministério Público ou o delegado de polícia; este último, no entanto, somente deveria agir com a concordância daquele – titular da ação penal, em nossa visão. A formalização do termo, contendo o benefício prometido ao delator, é a garantia de que o colaborador alcançará o perdão ou a diminuição/substituição da pena caso suas informações permitam atingir o objetivo estatal de descobrir, perseguir, desordenar e processar os envolvidos na organização criminosa. É preciso frisar, novamente, que as condições da proposta feita pelo Estado *não podem ser ilimitadas*, mas baseadas nessa Lei. Não se está criando, por meio da Lei 12.850/2013, um sistema processual totalmente diverso no Brasil. Continuamos atrelados ao direito codificado e não ao consuetudinário; os órgãos acusatórios não possuem plena liberdade para negociar com o indiciado ou réu, pois devem agir dentro da lei. Enfim, abusos e excessos ocorreram, no pretérito, no fechamento de acordos de delação premiada, que merecem correção, sob pena de se instalar, por meio da prática forense, um novo sistema processual penal no ordenamento brasileiro de livre barganha.

> III – a declaração de aceitação do colaborador e de seu defensor;[89]

**89. Aceitação do delator:** dentre os requisitos imprescindíveis para a concessão do *prêmio* encontra-se a prova cabal da *voluntariedade* do colaborador. Portanto, deve constar do termo a sua expressa declaração de aceitação da proposta estatal, juntamente com seu defensor. Para reafirmar esse aspecto relevante, cabe ao juiz, antes da homologação do acordo, ouvir o delator sigilosamente, acompanhado de seu defensor, em audiência (§ 7.º do art. 4.º, desta Lei).

> IV – as assinaturas do representante do Ministério Público ou do delegado de polícia, do colaborador e de seu defensor;[90]

**90. Assinaturas:** embora esteja mencionado que pode haver a assinatura do membro do Ministério Público *ou* do delegado de polícia, conforme já expusemos, não nos parece cabível à autoridade policial elaborar por completo o acordo de delação, tendo em vista não ser o titular

# Art. 7.º

da ação penal. Não lhe cumpre transacionar em nome do Estado, pois a busca de provas, cujo cenário se dá durante a investigação, tem a finalidade de informar e formar a *opinio delicti* do membro do Ministério Público. Ora, se o destinatário do conjunto probatório do inquérito é o *Parquet*, é natural que este deva aquiescer acerca do futuro da ação penal e sua amplitude. Porém, o STF permitiu a atuação direta da autoridade policial.

> V – a especificação das medidas de proteção ao colaborador e à sua família, quando necessário.[91]

**91. Medidas de proteção ao colaborador:** conforme previsto no art. 5.º desta Lei, tendo em vista a delação realizada, represálias podem advir ao próprio colaborador ou à sua família, motivo pelo qual, no termo de acordo, o Estado precisa comprometer-se a assegurar as medidas de proteção constantes da Lei 9.807/99. Ver a nota 80, *supra*.

> **Art. 7.º** O pedido de homologação do acordo será sigilosamente[92] distribuído, contendo apenas informações que não possam identificar o colaborador e o seu objeto.[93]

**92. Sigilo do procedimento:** o incidente da delação premiada, quando o termo de acordo for lavrado, será encaminhado ao juiz para homologação. Somente após, o colaborador prestará as informações necessárias. Portanto, entre o fechamento do acordo e o aval judiciário é imprescindível haver segredo. Especifica este artigo a distribuição sigilosa do referido incidente, vedando-se qualquer acesso no tocante à identidade do delator e o objeto da investigação. Esse sigilo deve ser geral, envolvendo inclusive serventuários. Por óbvio, a distribuição não se dá sem o envolvimento de algum funcionário, devendo este ser especialmente designado para tanto. Ressalte-se constituir crime revelar a identidade do colaborador (art. 18 desta Lei) ou descumprir a determinação de sigilo (art. 20 desta Lei).

**93. Prevenção:** se o inquérito policial, em que ocorrer a delação, já tiver sido distribuído a um juiz certo, o incidente de colaboração premiada a ele será encaminhado.

> § 1.º As informações pormenorizadas da colaboração serão dirigidas diretamente ao juiz a que recair a distribuição, que decidirá no prazo de 48 (quarenta e oito) horas.[94]

**94. Prazo impróprio:** embora se fixe o prazo de 48 horas para a homologação, cuida-se de prazo impróprio, ou seja, uma vez descumprido não gera qualquer consequência. Entretanto, deve-se salientar que, conforme o caso concreto, diante da urgência da descoberta de provas em relação à organização criminosa, cabe ao magistrado homologar o mais breve possível.

> § 2.º O acesso aos autos será restrito ao juiz, ao Ministério Público e ao delegado de polícia, como forma de garantir o êxito das investigações, assegurando-se ao defensor, no interesse do representado, amplo acesso aos elementos de prova que digam respeito ao exercício do direito de defesa, devidamente precedido de autorização judicial, ressalvados os referentes às diligências em andamento.[95]

**95. Restrição de acesso aos autos e garantias de ampla defesa:** este parágrafo representa uma cautela necessária, tendo em vista o sigilo da investigação e dos termos de eventual acordo com o delator. Houve o cuidado de se estabelecer o acesso ao juiz, ao Ministério Público e ao delegado de polícia, mas também – o que é elogiável – ao advogado do representado (indiciado ou colaborador). Essa é a atual posição da jurisprudência, ou seja, livre acesso ao inquérito, mesmo com determinação judicial de sigilo, ao defensor constituído pelo suspeito. Outros advogados não podem imiscuir-se na investigação, caso não tenham procuração de algum investigado diretamente ligado ao caso. Impõe-se a cautela de ser a vista dos autos precedida de autorização judicial apenas para registrar qual defensor acessou a investigação, como medida de controle. Se o magistrado indeferir a vista, sem fundamento, cabe a impetração de mandado de segurança. Quando houver uma diligência em andamento, por certo, inexiste qualquer viabilidade de acesso do defensor. Exemplo disso é a escuta telefônica judicialmente autorizada; enquanto estiver em desenvolvimento, não cabe acompanhamento pela defesa do investigado, sob pena de se tornar inútil. Busca-se assegurar o sigilo da colaboração premiada, mas também garantir o direito da defesa de ter acesso aos autos da investigação. De qualquer forma, tem-se notado o rompimento do sigilo pela imprensa, que obtém dados do acordo antes mesmo de ser homologado pelo juízo. Diante da falta de dados acerca da origem do vazamento, os tribunais têm negado qualquer alegação de invalidade do acordo. Neste campo, a falha se concentra na ausência de interesse do poder público de instaurar investigação autônoma para descobrir *quem* deu causa ao vazamento e em quais circunstâncias. Na jurisprudência: STF: "1. O conteúdo dos depoimentos prestados em regime de colaboração premiada está sujeito a regime de sigilo, nos termos da Lei 12.850/2013, que visa, segundo a lei de regência, a dois objetivos básicos: (a) preservar os direitos assegurados ao colaborador, dentre os quais o de 'ter nome, qualificação, imagem e demais informações pessoais preservados' (art. 5º, II) e o de 'não ter sua identidade revelada pelos meios de comunicação, nem ser fotografado ou filmado, sem sua prévia autorização por escrito' (art. 5º, V, da Lei 12.850/2013); e (b) 'garantir o êxito das investigações' (arts. 7º, § 2.º). 2. O sigilo perdura, em princípio, enquanto não '(…) recebida a denúncia' (art. 7º, § 3.º) e especialmente no período anterior à formal instauração de inquérito. Entretanto, instaurado formalmente o inquérito propriamente dito, o acordo de colaboração e os correspondentes depoimentos permanecem sob sigilo, mas com a ressalva do art. 7º, § 2.º, da Lei 12.850/2013, a saber: 'o acesso aos autos será restrito ao juiz, ao Ministério Público e ao delegado de polícia, como forma de garantir o êxito das investigações, assegurando-se ao defensor, no interesse do representado, amplo acesso aos elementos de prova que digam respeito ao exercício do direito de defesa, devidamente precedido de autorização judicial, ressalvados os referentes às diligências em andamento' (Rcl 22009-AgR, Relator Min. Teori Zavascki, Segunda Turma, *DJe* de 12.5.2016). 3. Assegurado o acesso do investigado aos elementos de prova carreados na fase de inquérito, o regime de sigilo consagrado na Lei 12.850/2013 guarda perfeita compatibilidade com a Súmula Vinculante 14, que garante ao defensor legalmente constituído 'o direito de pleno acesso ao inquérito (parlamentar, policial ou administrativo), mesmo que sujeito a regime de sigilo (sempre excepcional), desde que se trate de provas já produzidas e formalmente incorporadas ao procedimento investigatório, excluídas, consequentemente, as informações e providências investigatórias ainda em curso de execução e, por isso mesmo, não documentadas no próprio inquérito ou processo judicial' (HC 93.767, Relator Min. Celso de Mello, Segunda Turma, *DJe* de 1º.4.2014). 4. É certo, portanto, que a simples especulação jornalística a respeito da existência de acordo de colaboração premiada ou da sua homologação judicial ou de declarações que teriam sido prestadas pelo colaborador não é causa juridicamente suficiente para a quebra do regime de sigilo, sobretudo porque poderia comprometer a investigação. 5. Agravo regimental a que se nega provimento" (Pet 6.164 AgR – DF, 2.ª T., rel. Teori Zavascki, 06.09.2016, v.u.).

# Art. 7.º

> § 3.º O acordo de colaboração premiada e os depoimentos do colaborador serão mantidos em sigilo até o recebimento da denúncia ou da queixa-crime, sendo vedado ao magistrado decidir por sua publicidade em qualquer hipótese.[96]

**96. Publicidade geral e específica:** a regra, no âmbito da persecução penal, é o sigilo do inquérito policial em relação ao público em geral, exceto aos advogados. No entanto, quando necessário, o juiz pode decretar o sigilo da investigação e somente o advogado com procuração do indiciado terá acesso aos autos. Em juízo, a regra é a publicidade geral, prevendo o acesso de qualquer pessoa aos autos do processo e aos atos realizados em audiências ou sessões de julgamento. Porém, é viável decretar o sigilo também do processo para zelar pela intimidade de alguém ou com base no interesse público. Nesta hipótese, veda-se a publicidade geral (de qualquer pessoa do povo), mas se mantém a publicidade específica (acesso às partes – acusado, seu defensor e órgão acusatório). No cenário do acordo de colaboração premiada, desde a apresentação da proposta ao poder público até o recebimento da denúncia ou queixa, prevalece o sigilo absoluto, imposto por lei (art. 3.º-B desta Lei), complementado por este parágrafo. Após o ajuizamento da ação, como regra, levanta-se o sigilo, tornando público o processo. Nada impede que, fundado no interesse público, o magistrado mantenha o sigilo durante a instrução em juízo, com acesso apenas das partes envolvidas. Entretanto, a parte final "sendo vedado ao magistrado decidir por sua publicidade em qualquer hipótese" foi acrescida pela Lei 13.964/2019, mantendo, por força de lei, o sigilo durante todo o procedimento pelo qual passa o acordo de delação premiada. Justifica-se essa inclusão por fatos concretos ocorridos no passado, quando o sigilo foi levantado por magistrado, causando imensa repercussão política em face da divulgação da delação, sem que esta nem mesmo tenha produzido efeitos materiais, como o ingresso de ação penal em juízo. Sob outro aspecto, caso o processo transcorra normalmente, dentro do cenário da publicidade, ainda assim o delator mantém certos direitos, indicados no art. 5.º, que devem constar do acordo realizado. Um deles prevê a não revelação de sua identidade pelos meios de comunicação, impedindo-se fotos ou filmes que captem sua imagem. Em suma, mesmo que o acordo deixe de ser sigiloso, nos termos aventados por este parágrafo, a publicidade alcançada pode ser relativa, diante dos direitos do delator (art. 5.º desta Lei). Na jurisprudência: STF: "2. Sustenta-se a necessidade de manutenção do sigilo para que sejam preservados 'nome, qualificação, imagem e as demais informações pessoais, bem como àquelas atinentes à multa imposta por ocasião da celebração do acordo pelo ora Agravante, pois tais informação caracterizam elementos que não são dotados de qualquer interesse público'. 3. Defende, ainda, que a decisão agravada representa 'violação direta ao que preceitua o artigo 7.º, *caput*, e § 3.º, da Lei 12.850/2013'. (...) 10. Não houve violação ao princípio da inércia da jurisdição, pois como bem ponderou o Procurador-Geral da República, 'ao contrário do alegado, a vedação do artigo 7.º, § 3.º, da Lei n. 12.850/13 sequer alcançava o Ministro relator, por já se encontrar ultrapassado o recebimento da denúncia. Além disso, a decisão não foi proferida de ofício, mas após manifestação das partes, com posicionamento do Ministério Público Federal favorável ao levantamento do sigilo dos autos'" (Pet 6.520 – DF, Tribunal Pleno, rel. Edson Fachin, 23.09.2024, v.u.). STJ: "5. Pretensão à requisição ao Ministério Público de informações 'sobre a existência de procedimentos, relatos e declarações de colaboradores que digam respeito aos fatos versados nos presentes autos'. Inadmissibilidade. Nos termos do art. 7º, § 3º, da Lei 12.850, '[o] acordo de colaboração premiada e os depoimentos do colaborador serão mantidos em sigilo até o recebimento da denúncia ou da queixa-crime, sendo vedado ao magistrado decidir por sua publicidade em qualquer hipótese'. Assim sendo, o acusado somente tem direito de examinar eventual colaboração premiada em que tenha sido delatado após o recebimento da denúncia instruída com essa colaboração, e, não possível o procedimento ainda em tramitação perante o Ministério Público" (AgRg na APn 897 – DF, Corte Especial, rel. Maria Isabel Gallotti, 18.05.2022, v.u.).

## Seção II
## Da Ação Controlada[97]

**97. Conceito de ação controlada:** trata-se do retardamento legal da intervenção policial ou administrativa, basicamente a realização da prisão em flagrante, mesmo estando a autoridade policial diante da concretização do crime praticado por organização criminosa, sob o fundamento de se aguardar o momento oportuno para tanto, colhendo-se mais provas e informações. Assim, quando, futuramente, a prisão se efetivar, será possível atingir um maior número de envolvidos, especialmente, se viável, a liderança do crime organizado.

> **Art. 8.º** Consiste a ação controlada em retardar a intervenção policial ou administrativa[98] relativa à ação praticada por organização criminosa ou a ela vinculada,[99] desde que mantida sob observação e acompanhamento para que a medida legal se concretize no momento mais eficaz à formação de provas e obtenção de informações.[100-101]

**98. Intervenção administrativa:** essa modalidade de intervenção volta-se aos órgãos de controle interno das instituições, particularmente a policial (Corregedoria da Polícia). Desse modo, não somente o delegado está autorizado a retardar o flagrante, em intervenção policial, como também a Corregedoria não precisa intervir, de pronto, caso existam agentes policiais na organização criminosa.

**99. Pessoas vinculadas à organização criminosa:** permite-se a ação controlada no tocante a delitos cometidos também por outras pessoas, que não pertencem à organização criminosa investigada, mas estão a ela ligadas.

**100. Natureza jurídica da ação controlada:** é um meio de obtenção de prova. Retardada a prisão em flagrante, pode-se alcançar as provas mais adequadas, quando ela se realizar.

**101. Requisitos para o desenvolvimento da ação controlada:** a lei não os estabelece expressamente, mas devem ser observados, ao menos, os seguintes: a) *tratar-se de infração penal praticada por organização criminosa ou pessoa a ela ligada:* a ação controlada não é autorizada para toda e qualquer infração penal, por mais grave que seja. Trata-se de mecanismo criado para o combate ao crime organizado, voltando-se, portanto, aos delitos praticados nesse cenário. Lembremos que, prevalecendo o princípio da obrigatoriedade da ação penal, bem como da indeclinabilidade da investigação, em razão de crime de ação pública incondicionada, assim que se vislumbra, por exemplo, um flagrante, deve a autoridade policial prender de imediato o agente, lavrando o respectivo auto. Por vezes, assim agindo, pode deter o criminoso de menor importância, permitindo que o líder do agrupamento, despertado pela prisão efetivada, fuja. A ação controlada mitiga o poder estatal de agir imediatamente após o cometimento do delito; b) *existir investigação formal instaurada para averiguar as condutas delituosas da organização criminosa:* a ação controlada não pode ser medida informal de investigação; há que se instaurar o procedimento adequado para acompanhar a conduta da polícia; c) *encontrar-se a organização criminosa em permanente e atual observação e vigilância, inclusive pelo mecanismo da infiltração de agentes:* a ação controlada não pode nascer por mero acaso, mas precisa ser fruto da observação e do acompanhamento das atividades da organização criminosa, um dos importantes mecanismos idealizados para essa vigilância é a infiltração de agentes; d) *ter*

# Art. 8.º

*o objetivo de amealhar provas para a prisão e/ou indiciamento do maior número de pessoas*: retardar a intervenção policial ou administrativa deve ter propósitos específicos e relevantes, consistentes em conseguir o mais amplo espectro de provas com o objetivo de desbaratar a organização, identificar seus integrantes, reaver o produto ou proveito dos delitos, enfim, ter inconteste ganho pela ação retardada do Estado; e) *comunicação prévia ao juiz competente*: como se mencionou, a ação controlada deve ser formalizada e nada mais correto que se submeter ao crivo judicial, afinal, direitos e garantias individuais estão em jogo, assim como a própria legalidade da atuação estatal; f) *respeitar os eventuais limites fixados pelo magistrado*: não deve ser a regra, mas a exceção, pois não cabe ao juiz fixar os parâmetros da ação controlada, uma atividade típica de investigação. "Quem mais pode saber até onde ir é o delegado e, também, o Ministério Público, porém não o Magistrado, que não deve buscar provas nessa fase investigatória". Entretanto, em casos excepcionais, é preciso a intervenção judicial, impondo alguns limites, em especial quando envolver intervenções mais contundentes, como quebra de sigilo bancário ou fiscal, interceptação telefônica etc.

> **§ 1.º** O retardamento da intervenção policial ou administrativa será previamente comunicado ao juiz competente que, se for o caso, estabelecerá os seus limites e comunicará ao Ministério Público.[102-103]

**102. Procedimento:** instaura-se inquérito policial para apurar o crime de organização criminosa e os delitos por ela praticados. A autoridade policial, que preside a investigação, percebe ser indispensável a *ação controlada* por parte de seus agentes, como forma de ampliar a colheita de provas e permitir maior noção e conhecimento acerca da organização criminosa. Diante disso, oficia ao juiz responsável pelo acompanhamento da investigação, fazendo a comunicação – não se trata de um pedido de autorização prévio, nos termos deste parágrafo. Ciente da ação controlada que se iniciará, o magistrado pode, conforme o caso concreto, estabelecer limites, no cenário jurídico, para a atuação policial. Entretanto, não poderá imiscuir-se no procedimento, ditando como fazer nem onde empreender. O Ministério Público será cientificado e nada impede que proponha alguma diligência ou procedimento específico, bem como sugira ao juiz alguma espécie de limite a ser imposto. Na jurisprudência: STJ: "6. A ação controlada realizada na investigação, tendo como alvo o ora recorrente, foi previamente comunicada ao juízo e ao Ministério Público, nos termos do artigo 8.º, § 1.º, da Lei n.º 12.850/2013, não necessitando de anterior autorização judicial para o seu aperfeiçoamento, pois a norma assim não dispôs, o que não obsta a possibilidade da fixação de limites pelo magistrado para a execução da medida, por ocasião da prévia comunicação" (RHC 84.366 – RJ, 6.ª T., rel. Maria Thereza de Assis Moura, j. 23.08.2018, *DJe* 03.09.2018, v.u.).

**103. Possibilidade de indeferimento:** a lei não se refere a tal possibilidade, mas apenas à fixação de limites. Entretanto, o magistrado é o juiz da legalidade e a autoridade que zela pelos direitos fundamentais; logo, se a ação controlada não se justificar, porque os fundamentos apresentados pela autoridade são totalmente inconsistentes, cremos que pode haver o indeferimento. Ditar *como* a polícia deve trabalhar, jamais. Porém, negar por completo a ação controlada e impor limites, sim.

> **§ 2.º** A comunicação será sigilosamente distribuída de forma a não conter informações que possam indicar a operação a ser efetuada.[104]

**104. Sigilo da operação:** o inquérito é o primeiro procedimento a ser distribuído ao juiz competente; na sequência, vem a comunicação de ação controlada, que não mais precisa de distribuição, visto haver juiz certo. Mais adequado seria ter mencionado que a comunicação será *encaminhada* – e não distribuída – ao magistrado. O importante é enviar a referida comunicação em envelope lacrado, sem que chegue ao conhecimento de qualquer serventuário da justiça ou da polícia. Da mesma forma, ocorrerá a devolução à autoridade policial.

> § 3.º Até o encerramento da diligência, o acesso aos autos será restrito ao juiz, ao Ministério Público e ao delegado de polícia, como forma de garantir o êxito das investigações.[105]

**105. Restrição de acesso aos autos:** há certas diligências que precisam ser viabilizadas pelos agentes policiais ou serventuários da justiça, como elaboração de ofícios, realização de buscas ou apreensões etc. Portanto, quem tomar conhecimento dos autos tem o dever funcional de manter absoluto sigilo, sob pena de responder por crime (art. 325 do CP).

> § 4.º Ao término da diligência, elaborar-se-á auto circunstanciado acerca da ação controlada.[106]

**106. Finalização da ação controlada:** deve-se lavrar auto circunstanciado contendo todos os passos das diligências policiais, com nomes de pessoas envolvidas (quem fez as buscas, os suspeitos, os eventuais presos etc.) e todas as atividades efetivadas para que se possa avaliar o critério utilizado para prorrogar a prisão em flagrante e os ganhos advindos disso. Afinal, constituirá meio de prova judicial no futuro.

> **Art. 9.º** Se a ação controlada envolver transposição de fronteiras, o retardamento da intervenção policial ou administrativa somente poderá ocorrer com a cooperação das autoridades dos países que figurem como provável itinerário ou destino do investigado, de modo a reduzir os riscos de fuga e extravio do produto, objeto, instrumento ou proveito do crime.[107]

**107. Respeito à soberania de outros países:** evitando-se um conflito internacional, havendo necessidade de estender diligências policiais para outros locais, situados em países diversos do Brasil, há de se buscar a cooperação das autoridades estrangeiras. Além disso, se houver uma prisão, efetivada em território internacional, depender-se-á, no futuro, da concessão de extradição, para que se possa trazer o detido ao Brasil.

### Seção III
### Da Infiltração de Agentes[108]

**108. Conceito de infiltração de agentes:** o termo *infiltração* representa uma penetração, em algum lugar ou coisa, de maneira lenta, pouco a pouco, correndo pelos seus meandros. Tal como a infiltração de água, que segue seu caminho pelas pequenas rachaduras de uma laje ou parede, sem ser percebida, o objetivo deste meio de captação de prova tem idêntico perfil. O instituto da *infiltração de agentes* destina-se justamente a garantir que agentes de polícia, em tarefas de investigação, possam ingressar, legalmente, no âmbito da organização criminosa,

# Art. 10

Leis Penais e Processuais Penais Comentadas – Vol. 2 • **Nucci**

como *integrantes*, mantendo identidades falsas, acompanhando as suas atividades e conhecendo a sua estrutura, divisão de tarefas e hierarquia interna. Nessa atividade, o agente infiltrado pode valer-se da *ação controlada* para mais adequadamente desenvolver seus objetivos.

> **Art. 10.** A infiltração de agentes[109] de polícia em tarefas de investigação, representada pelo delegado de polícia ou requerida pelo Ministério Público, após manifestação técnica do delegado de polícia quando solicitada no curso de inquérito policial,[110] será precedida de circunstanciada, motivada e sigilosa autorização judicial, que estabelecerá seus limites.[111]

**109. Natureza jurídica:** é um meio de obtenção de prova, envolvendo a busca de provas de qualquer espécie (documentos, testemunhas etc.).

**110. Momento para a infiltração:** como regra, durante a investigação policial, por sugestão do delegado ou do Ministério Público, autorizada pelo juiz. Porém, nada impede, como a colaboração premiada, seja realizada igualmente durante a instrução criminal. Afinal, observa-se no art. 10, *caput*, da Lei 12.850/2013, que deve haver manifestação técnica prévia do delegado, quando a diligência for requerida pelo Ministério Público *durante o curso do inquérito*; a contrário senso, indicada pelo *Parquet*, durante o curso do processo, também é cabível, sem necessidade da referida manifestação da autoridade policial. Entretanto, quem a realizará será sempre o agente policial, de modo que é preciso estar em perfeita harmonia com a polícia judiciária para que haja qualquer sucesso na empreitada. Se requerida durante o processo, deve constar de incidente sigiloso, seguindo ao delegado para a viabilização.

**111. Requisitos básicos para a infiltração:** são os seguintes: a) *ser agente policial*: a anterior Lei 9.034/95, que cuidava do crime organizado, permitia também a atuação de agentes de inteligência, advindos de órgãos diversos da polícia. Tal situação não é mais admitida; somente agentes policiais, federais ou estaduais, podem infiltrar-se em organizações criminosas; b) *estar em tarefa de investigação*: demonstra a necessidade de não se elaborar investigação informal, especialmente infiltrada. É fundamental a instauração de inquérito, em caráter sigiloso, para que se faça a infiltração. Para o início das atividades, não há qualquer atuação do juiz; cabe ao delegado representar pela infiltração, já oferecendo a sua avaliação técnica acerca da diligência, isto é, o alcance, a viabilidade concreta, o nível do pessoal apto a empreendê-la, entre outros fatores relevantes. Feita a representação da autoridade policial, ouve-se o Ministério Público. É viável que o *Parquet* faça o requerimento, após a manifestação técnica do delegado ou elabore o seu requerimento, para, na sequência, colher a manifestação técnica referida. O importante é que o pleito de infiltração chegue às mãos do juiz devidamente instruído.

> § 1.º Na hipótese de representação do delegado de polícia, o juiz competente, antes de decidir, ouvirá o Ministério Público.[112]

**112. Autorização judicial motivada:** cabe ao juiz, que acompanha o desenvolvimento da investigação criminal, *autorizar* a infiltração de agentes em organização criminosa. Poder-se-ia argumentar não ser ideal a participação ativa do magistrado nesta fase da investigação criminal, porque ele poderia comprometer a sua isenção. Tal alegação, em nosso entendimento, não é válida, pelos seguintes motivos: 1) o juiz que acompanha qualquer inquérito, no Brasil, como regra, não é o mesmo a julgar o feito (é o que se espera do juiz das garantias); 2) a infiltração de agentes é atividade invasiva da intimidade alheia, pois servidores públicos, passando-se por outras pessoas, entram na vida particular de muitos indivíduos, razão pela qual o magistrado precisa vislumbrar razões mínimas para tanto; 3) a atividade do agente infiltrado funciona como meio de obtenção de prova, que terá fundamental importância em processo-crime a ser instaurado no futuro. A autorização judicial deve ser *fundamentada* (conter todos os argumentos fáticos e jurídicos que indiquem a necessidade da diligência), *circunstanciada* (trata-se apenas da motivação detalhada, constituindo, então, uma repetição) e *sigilosa* (proferida sem a publicidade geral, vale dizer, de conhecimento de qualquer pessoa).

> § 2.º Será admitida a infiltração se houver indícios de infração penal[113] de que trata o art. 1.º e se a prova não puder ser produzida por outros meios disponíveis.[114]

**113. Materialidade do crime investigado:** a infiltração de agentes somente pode dar-se caso se comprove ao magistrado, para obter a autorização necessária, a prova *mínima* de existência do crime de organização criminosa; ou, se demonstrada esta, indícios de crimes por ela praticados. Não é indispensável *certeza* da materialidade, mas *indícios*, que significam fatos comprovados a levar, indiretamente, ao delito principal. Certamente, por se tratar de uma organização, os indícios de infração penal, referidos neste parágrafo, representam igualmente a fundada suspeita em relação à autoria, pois seria ilógico supor prova da existência da organização sem o conhecimento de qualquer de seus integrantes.

**114. Subsidiariedade da infiltração policial:** nos mesmos moldes sustentados para a interceptação telefônica, que é invasiva à intimidade alheia, a infiltração não deve ser a primeira medida de investigação policial. O meio de obtenção de prova se caracteriza como a *ultima ratio* (a derradeira hipótese), quando não mais existirem meios idôneos para captar todo o cenário da organização criminosa.

> § 3.º A infiltração será autorizada pelo prazo de até 6 (seis) meses, sem prejuízo de eventuais renovações, desde que comprovada sua necessidade.[115]

**115. Prazo de seis meses:** o período inicial máximo é de seis meses – podendo ser deferida por menor tempo. Cabe prorrogação por outros períodos de até seis meses cada um, sem haver um limite, que, no entanto, deve ficar ao prudente critério judicial, pois seria inadmissível uma infiltração de caráter permanente e indefinido. Por outro lado, demanda-se *comprovada* necessidade para a prorrogação, esperando-se do juiz uma avaliação minuciosa sobre cada pedido nesse sentido.

> § 4.º Findo o prazo previsto no § 3.º, o relatório circunstanciado será apresentado ao juiz competente, que imediatamente cientificará o Ministério Público.[116]

**116. Relatório:** a cada final de período, aprovado pelo juiz, deve a autoridade policial, responsável pelos agentes infiltrados, elaborar relatório *minucioso* contendo todos os detalhes da diligência até então empreendida. O relato é fundamental para o magistrado ter subsídio para, eventualmente, prorrogar o pedido de infiltração, mas também para tomar conhecimento do andamento da atividade, pois ela constrange direitos individuais. O relatório será imediatamente conhecido pelo Ministério Público, que deve se manifestar antes da autorização inicial ou de cada prorrogação.

> § 5.º No curso do inquérito policial, o delegado de polícia poderá determinar aos seus agentes, e o Ministério Público poderá requisitar, a qualquer tempo, relatório da atividade de infiltração.[117]

**117. Relatório parcial:** denominado *relatório de atividade*, pode ser determinado pela autoridade policial diretamente ao agente infiltrado, mesmo antes do prazo, assim como requisitado pelo Ministério Público para acompanhamento do caso. Cuida-se de providência de acompanhamento importante, a fim de manter proximidade com a diligência efetuada, afinal, agentes estatais atuam imersos em cenário criminoso.

> **Art. 10-A.** Será admitida a ação de agentes de polícia infiltrados virtuais, obedecidos os requisitos do *caput* do art. 10, na internet, com o fim de investigar os crimes previstos nesta Lei e a eles conexos, praticados por organizações criminosas, desde que demonstrada sua necessidade e indicados o alcance das tarefas dos policiais, os nomes ou apelidos das pessoas investigadas e, quando possível, os dados de conexão ou cadastrais que permitam a identificação dessas pessoas.[117-A]

**117-A. Infiltração virtual:** valendo-se da internet, é agora possível que haja a infiltração de agentes policiais em sites e redes sociais para a captação da prova. O objetivo é a organização criminosa de qualquer natureza. A infiltração não deve ser a primeira prova a ser implementada, mas aquela que for imprescindível, depois de outras terem sido produzidas. Por isso, há de se demonstrar a sua *necessidade*, além de apontar o seu *alcance*, especificando quem serão os investigados. Sendo viável, logo no início, devem ser apontados os dados de conexão ou cadastrais das pessoas investigadas. Há várias organizações criminosas voltadas à prática de crimes sexuais no cenário da pedofilia e do tráfico de pessoas.

> § 1.º Para efeitos do disposto nesta Lei, consideram-se:[117-B]
>
> I – dados de conexão: informações referentes a hora, data, início, término, duração, endereço de Protocolo de Internet (IP) utilizado e terminal de origem da conexão;
>
> II – dados cadastrais: informações referentes a nome e endereço de assinante ou de usuário registrado ou autenticado para a conexão a quem endereço de IP, identificação de usuário ou código de acesso tenha sido atribuído no momento da conexão.

**117-B. Dados técnicos:** este parágrafo destina-se a conceituar os dados de conexão e os dados cadastrais.

> § 2.º Na hipótese de representação do delegado de polícia, o juiz competente, antes de decidir, ouvirá o Ministério Público.[117-C]

**117-C. Procedimento:** havendo representação do delegado (o que se espera, pois serão policiais os agentes utilizados para a tarefa), ouve-se o Ministério Público para que o juiz possa decidir. Entretanto, o contrário pode dar-se: há um requerimento do MP, ouvindo-se a autoridade policial (art. 10, *caput*, desta Lei).

> § 3.º Será admitida a infiltração se houver indícios de infração penal de que trata o art. 1.º desta Lei e se as provas não puderem ser produzidas por outros meios disponíveis.[117-D]

**117-D. Indícios de organização criminosa:** há uma repetição desnecessária, mas se firma o propósito de somente se admitir a infiltração caso sejam comprovados os indícios suficientes da prática do crime de organização criminosa. Além disso, consolida-se o entendimento de que a infiltração é prova subsidiária, vale dizer, não deve ser a primeira proposta para a investigação. Só se usa a infiltração se não houver outro meio.

> § 4.º A infiltração será autorizada pelo prazo de até 6 (seis) meses, sem prejuízo de eventuais renovações, mediante ordem judicial fundamentada e desde que o total não exceda a 720 (setecentos e vinte) dias e seja comprovada sua necessidade.[117-E]

**117-E. Prazo de infiltração:** o prazo normal é de seis meses, porém, como toda norma similar, prevê-se a viabilidade de prorrogação, em caso de necessidade devidamente demonstrada. Em outras hipóteses de infiltração de policiais (art. 10, § 3.º, desta Lei) o prazo inicial é de até 6 meses, podendo ser renovado, quando indispensável, mas sem um limite. Neste parágrafo, no entanto, fixou-se o teto de 720 dias, sem que se tenha uma explicação plausível para tanto. Pode-se argumentar que as pesquisas infiltradas, pela internet, podem ser mais ágeis e fáceis, motivo pelo qual não haveria substrato para a renovação ilimitada da operação. De todo modo, no cenário da interceptação telefônica, tem-se observado a prorrogação dos prazos fixados em lei por tempos sucessivos e sem um limite preciso.

> § 5.º Findo o prazo previsto no § 4.º deste artigo, o relatório circunstanciado, juntamente com todos os atos eletrônicos praticados durante a operação, deverão ser registrados, gravados, armazenados e apresentados ao juiz competente, que imediatamente cientificará o Ministério Público.[117-F]

**117-F. Relatório e guarda das gravações:** a previsão contida neste parágrafo é clara, notando-se a diferença existente quando comparada com o conteúdo do § 4º do art. 10 *supra*, porque na infiltração de agentes que se dá em nível pessoal e direto apresenta-se um relatório circunstanciado, sem necessidade de outras provas materiais. Porém, cuidando-se de material extraído da rede mundial de computadores, a facilidade de baixar e captar arquivos, fotos, extratos e outros documentos permite o armazenamento em discos rígidos e similares. Por isso, o relatório faz-se acompanhar do registro de tudo. Destina-se a amparar eventual pedido de prorrogação da infiltração.

> § 6.º No curso do inquérito policial, o delegado de polícia poderá determinar aos seus agentes, e o Ministério Público e o juiz competente poderão requisitar, a qualquer tempo, relatório da atividade de infiltração.[117-G]

**117-G. Relatório a qualquer tempo:** da mesma forma que ocorre com a infiltração de agentes, fora do ambiente virtual, faz-se idêntica previsão neste contexto. A qualquer tempo, pode o delegado, o Ministério Público e o juiz requisitar relatório de toda a atividade até então realizada de infiltração. Espera-se que isso seja feito, pelo menos, a cada renovação do pedido para o seu prosseguimento.

> § 7.º É nula a prova obtida sem a observância do disposto neste artigo.[117-H]

**117-H. Nulidade absoluta:** estipula-se uma falha insanável, que, pela gravidade do que foi feito, deve ser considerada absoluta. Afinal, cuida-se da invasão de privacidade, por meio da internet. No entanto, a posição atual do Supremo Tribunal Federal tem sido no sentido de que até mesmo a ocorrência de nulidade absoluta não provoca o efeito de refazimento obrigatório da prova ou do ato processual, sem que a parte demonstre a materialização de prejuízo.

> **Art. 10-B.** As informações da operação de infiltração serão encaminhadas diretamente ao juiz responsável pela autorização da medida, que zelará por seu sigilo.[117-I]
>
> **Parágrafo único.** Antes da conclusão da operação, o acesso aos autos será reservado ao juiz, ao Ministério Público e ao delegado de polícia responsável pela operação, com o objetivo de garantir o sigilo das investigações.[117-J]

**117-I. Trânsito direto ao juiz:** pretendendo não espalhar o conteúdo do andamento das diligências, a lei impõe o encaminhamento de qualquer informação diretamente ao juiz responsável pela autorização da medida. Atualmente, deve ser o juiz das garantias, introduzido nos arts. 3.º-A a 3.º-F do Código de Processo Penal pela Lei 13.964/2019. O magistrado deverá zelar pelo seu sigilo.

**117-J. Zelo pelo sigilo:** é preciso que se diga que não somente o magistrado, mas o MP e o delegado terão acesso aos autos da investigação realizada por meio de infiltração. Além deles, os policiais infiltrados também têm conhecimento. Conhecendo a imensa capacidade de vazamento desse tipo de investigação sigilosa, espera-se que, havendo a indevida divulgação, tome-se providência para apurar a fonte a fim de se atingir a responsabilização criminal.

> **Art. 10-C.** Não comete crime o policial que oculta a sua identidade para, por meio da internet, colher indícios de autoria e materialidade dos crimes previstos no art. 1.º desta Lei.[117-K]
>
> **Parágrafo único.** O agente policial infiltrado que deixar de observar a estrita finalidade da investigação responderá pelos excessos praticados.[117-L]

**117-K. Excludente de ilicitude:** eventual falsidade concretizada pelo agente infiltrado, embora possa configurar fato típico, não é antijurídico, em face do que consta expressamente neste artigo. No entanto, mesmo que não houvesse a previsão formulada pelo *caput* do art. 10-C, o fato seria lícito, visto que autorizado em lei, como se pode constatar pela simples leitura do *caput* do art. 10-A.

**117-L. Excesso punível:** se o policial infiltrado deixar de seguir as regras da finalidade da investigação, poderá responder pelos excessos cometidos, que se desdobram em nível doloso ou culposo. Eventualmente, pode-se tratar de excessos não puníveis, como o exculpante e o acidental. No cenário da invasão de computadores alheios, mesmo quando se refere a uma organização criminosa, é possível que o agente policial capte algum material de seu particular interesse, fugindo ao objetivo da infiltração. Poderá responder pela figura criminosa gerada, como, por exemplo, a previsão feita pelo art. 241-B do Estatuto da Criança e do Adolescente ("Adquirir, possuir ou armazenar, por qualquer meio, fotografia, vídeo ou outra forma de registro que contenha cena de sexo explícito ou pornográfica envolvendo criança ou adolescente").

> **Art. 10-D.** Concluída a investigação, todos os atos eletrônicos praticados durante a operação deverão ser registrados, gravados, armazenados e encaminhados ao juiz e ao Ministério Público, juntamente com relatório circunstanciado.[117-M]
>
> **Parágrafo único.** Os atos eletrônicos registrados citados no *caput* deste artigo serão reunidos em autos apartados e apensados ao processo criminal juntamente com o inquérito policial, assegurando-se a preservação da identidade do agente policial infiltrado e a intimidade dos envolvidos.[117-N]

**117-M. Reiteração do armazenamento:** já se fez referência à gravação de tudo e encaminhamento ao juiz para que o sigilo seja mantido. Ver a nota 117-F. Renova-se, aqui, o mesmo preceito, agora no contexto da finalização da investigação.

**117-N. Incidente de infiltração de agentes:** deve-se destacar em autos apartados todas as atividades nesse sentido mantidas, incluindo as decisões judiciais e todas as manifestações do MP e do delegado. Nesse apêndice serão reunidos todos os atos eletrônicos realizados, juntamente com o inquérito policial. Deve-se preservar a identidade do agente policial infiltrado e a intimidade dos envolvidos. Essa é a lei. Na prática, nos últimos anos, a imprensa fica sabendo de absolutamente tudo o que se passa em sigilo. Chega a divulgar claramente os dados do delator e nada acontece. Nem um inquérito é instaurado para apurar o vazamento. E assim tem corrido o sigilo em várias instituições: devassado e divulgado pela imprensa como se fosse um ato público qualquer.

> **Art. 11.** O requerimento do Ministério Público ou a representação do delegado de polícia para a infiltração de agentes conterão a demonstração da necessidade da medida, o alcance das tarefas dos agentes e, quando possível, os nomes ou apelidos das pessoas investigadas e o local da infiltração.[118]
>
> **Parágrafo único.** Os órgãos de registro e cadastro público poderão incluir nos bancos de dados próprios, mediante procedimento sigiloso e requisição da autoridade judicial, as informações necessárias à efetividade da identidade fictícia criada, nos casos de infiltração de agentes na internet.[118-A]

**118. Conteúdo do requerimento ou representação:** são, basicamente, quatro elementos a constar da representação do delegado ou do requerimento do Ministério Público: a) *demonstração de indícios de materialidade* (art. 10, § 2.º, desta Lei): como já mencionamos em item anterior, é fundamental haver prova mínima do crime de organização criminosa; b) *necessidade da medida*: deve envolver a indispensabilidade da diligência oculta e seu caráter subsidiário (art. 10, § 2.º, segunda parte, desta Lei). Não há de ser a primeira medida investigatória tomada pela polícia, mas um nítido complemento a outras diligências já efetivadas, aptas, inclusive, a evidenciar a materialidade; c) *alcance das tarefas*: é o ponto indicativo ao juiz quanto ao grau de intromissão na intimidade alheia, quando se investiga infiltrado. Com base nessa exposição, o magistrado

# Art. 12

poderá – ou não – estabelecer os limites jurídicos da diligência, nos termos preceituados pelo art. 10, *caput*, parte final, desta Lei; d) *nomes ou apelidos dos investigados*: cuida-se de informe necessário apenas quando a autoridade policial ou o Ministério Público tiver conhecimento dos integrantes da organização – ao menos, alguns. Confere-se maior consistência ao pedido e garante-se visibilidade ao quesito referente à materialidade do crime de organização; e) *local da infiltração*: nos mesmos termos do subitem anterior (nomes), é preciso indicar, quando conhecido, o local da infração, vale dizer, onde funciona ou atua a organização criminosa. Embora não seja indispensável, pois a lei menciona "quando possível", deve-se verificar a sua ligação natural com a materialidade do delito. Dificilmente se poderá indicar ao juiz indícios de existência do delito se não se for capaz nem mesmo de apontar a localidade.

**118-A. Órgãos de registro e cadastro público:** possibilita-se incluir nesses órgãos os dados da identidade fictícia criada pelos policiais na sua infiltração, com a finalidade de conferir credibilidade aos agentes; afinal, cuidando-se de participação em organização criminosa pela rede mundial de computadores, torna-se muito mais fácil, por meio de *hackers*, a verificação da identidade da pessoa nos *sites* apropriados. Então, torna-se essencial garantir que a "consulta" feita pela organização possa resultar favorável ao agente infiltrado, sob pena de ele ser excluído do grupo, onde pretende infiltrar-se e ainda sofrer represália. Impõe-se a requisição pelo juiz, evitando-se a banalização de alteração de dados em sistemas de informação oficiais, além de se demandar sigilo.

> **Art. 12.** O pedido de infiltração será sigilosamente distribuído, de forma a não conter informações que possam indicar a operação a ser efetivada ou identificar o agente que será infiltrado.[119]

**119. Distribuição sigilosa:** ao mencionar a *distribuição* – uma providência de cunho administrativo – quer-se dizer a autuação, numeração e registro. Deve ser feita de modo a ocultar o seu conteúdo das vistas de servidores não qualificados a tanto. O agente infiltrado, na realidade, deve ficar sempre oculto e protegido. Por outro lado, a determinação legal para a *distribuição* significa a não aceitação de infiltração informal, sem a identificação estatal do procedimento.

> **§ 1.º** As informações quanto à necessidade da operação de infiltração serão dirigidas diretamente ao juiz competente, que decidirá no prazo de 24 (vinte e quatro) horas, após manifestação do Ministério Público na hipótese de representação do delegado de polícia, devendo-se adotar as medidas necessárias para o êxito das investigações e a segurança do agente infiltrado.[120]

**120. Medidas necessárias:** autorizando a diligência, não cabe ao juiz adotar as medidas necessárias para o êxito das investigações e a segurança do agente infiltrado. Tais providências competem à própria polícia. Sob outro aspecto, toda vez que o requerimento para a infiltração partir do Ministério Público, deve-se ouvir a autoridade policial (art. 10, *caput*, desta Lei).

> **§ 2.º** Os autos contendo as informações da operação de infiltração acompanharão a denúncia do Ministério Público, quando serão disponibilizados à defesa, assegurando-se a preservação da identidade do agente.[121]

**121. Acompanhamento:** havendo denúncia, apontando como membros de uma organização criminosa determinadas pessoas, estas passam a ter direito à ampla defesa e ao contraditório. Este parágrafo estipula que os autos da infiltração serão *disponibilizados* à defesa, vale dizer, o defensor do(s) acusado(s) terá acesso às diligências efetivas. Porém, surge um problema quanto a expressão: "assegurando-se a preservação da identidade do agente". Ora, como esse agente poderá depor como testemunha, no futuro, se ficar incógnito? Não se pode admitir uma "testemunha sem rosto". Ela não pode ser contraditada, nem perguntada sobre muitos pontos relevantes, visto não se saber quem é. Além disso, todos os relatórios feitos por esse agente camuflado – e nunca revelado – não podem ser contestados, tornando-se provas irrefutáveis, o que se configura um contrassenso para o campo da ampla defesa. A única solução viável para que todo o material produzido por esse agente se torne válido é a sua identificação à defesa do acusado, possibilitando o uso dos recursos cabíveis. É responsabilidade do Estado garantir a segurança de seus servidores policiais, não se podendo prejudicar o direito constitucional à ampla defesa por conta disso. O agente pode e dever ficar oculto do público em geral e do acesso da imprensa, mas jamais do réu e do seu defensor. Por outro lado, torna-se possível ocultar a identidade do agente infiltrado caso não seja arrolado pelo órgão acusatório como testemunha e apenas sejam juntados aos autos os documentos amealhados durante o processo de infiltração. Nesta hipótese, independentemente de se buscar a contradita ao agente policial, pode a defesa centrar seus esforços na prova documental produzida – especialmente quando a infiltração se dá pela internet e ocorre a captação de vários arquivos que valem por si sós, como fotos, vídeos, dentre outros.

> **§ 3.º** Havendo indícios seguros de que o agente infiltrado sofre risco iminente, a operação será sustada mediante requisição do Ministério Público ou pelo delegado de polícia, dando-se imediata ciência ao Ministério Público e à autoridade judicial.[122]

**122. Sustação da atividade:** o agente infiltrado pode estar em perigo, motivo pelo qual não tem cabimento perpetuar a missão que lhe foi designada. A expressão *risco iminente* representa uma hipótese de perigo concreto, algo que está em vias de acontecer. O perigo já significa uma *probabilidade de dano*; portanto, o que se pretende é evitar a efetiva exposição do agente ao dano. Antes de se chegar a esse cenário, afasta-se a infiltração, preservando-se a incolumidade física do agente. Note-se que o Ministério Público, tomando ciência disso, *requisita* a sustação à autoridade policial, cientificando-se o juiz (algo mais raro, pois o agente policial deve comunicar, em primeiro plano, o delegado ao qual se reporta amiúde). Quando a própria autoridade policial tomar conhecimento do fato, susta diretamente a operação, cientificando o MP e o juiz.

> **Art. 13.** O agente que não guardar, em sua atuação, a devida proporcionalidade com a finalidade da investigação, responderá pelos excessos praticados.[123]
>
> **Parágrafo único.** Não é punível, no âmbito da infiltração, a prática de crime pelo agente infiltrado no curso da investigação, quando inexigível conduta diversa.[123-A]

**123. Excesso na atuação:** em princípio, a atuação do agente policial infiltrado, por ser prevista nesta Lei como meio de obtenção de prova, constitui atividade lícita (estrito cumprimento do dever legal). Logo, alguns fatos típicos podem ser praticados, como a ocultação de

# Art. 13

Leis Penais e Processuais Penais Comentadas – Vol. 2 • **Nucci**

identidade e outras falsidades, mas abrigados pela excludente de ilicitude mencionada. Em suma, não há crime. Essa é a linha adotada na infiltração virtual, como se observa do disposto pelo art. 10-C, *caput*, desta Lei ("não comete crime o policial que oculta a sua identidade..."). O mesmo critério, nesse cenário, deve ser aplicado à infiltração pessoal e direta na organização criminosa. Por outro lado, o agente policial pode responder pelo excesso a que der causa, quando deixar de "observar a estrita finalidade da investigação" (art. 10-C, parágrafo único, desta Lei). Entretanto, neste artigo 13, opta-se somente por indicar que, havendo *desproporcionalidade* entre a conduta do agente – configurando, naturalmente, um ilícito penal – e a finalidade da investigação, o agente responderá pelos excessos cometidos. Em primeiro plano, deve-se enfocar o eventual excesso no estrito cumprimento do dever legal: investigar, infiltrado, praticando os fatos típicos (mas lícitos) compatíveis com esse método investigatório (falsidade material ou ideológica, falsa identidade etc.). Havendo excesso (utilização de documento falso para outros fins, que não a investigação), o agente responderá por isso. Deve-se analisar a conduta excessiva sob o prisma doloso ou culposo, podendo-se, então, buscar um tipo penal compatível. Há, igualmente, no campo do excesso, as figuras dos excessos exculpante e acidental, a merecerem avaliação no caso concreto. Entretanto, no parágrafo único (analisado na próxima nota), deixa-se outra válvula aberta para o agente, quando extrapolar a sua tarefa investigatória, praticando *ilícitos diversos da mera ocultação de identidade* (esta é da essência da sua atuação infiltrada), indicando-se a excludente de culpabilidade consistente em inexigibilidade de conduta diversa. Assim, considera a lei haver fato típico e ilícito, mas não reprovável (logo, não punível), o que permite afirmar inexistir crime, no âmbito penalmente relevante.

**123-A. Possibilidade de causa excludente de culpabilidade:** a infiltração de agentes policiais no crime organizado permite, por razões óbvias, que o referido infiltrado participe ou até mesmo pratique alguns ilícitos penais, seja para mostrar lealdade e confiança aos líderes, seja para acompanhar os demais. Constrói-se, então, a excludente capaz de imunizar o agente infiltrado pelo cometimento de algum injusto penal: inexigibilidade de conduta diversa (art. 13, parágrafo único, desta Lei). Trata-se de excludente de culpabilidade, demonstrando não haver censura ou reprovação social ao autor do injusto penal (fato típico e antijurídico), porque se compreende estar ele envolvido por circunstâncias especiais e raras, evidenciando não lhe ter sido possível adotar conduta diversa. O Código Penal nem mesmo prevê essa excludente de culpabilidade de modo expresso, mas somente duas de suas espécies, que são a coação moral irresistível e a obediência hierárquica (art. 22 do CP). A inexigibilidade de conduta diversa tem sido acolhida como excludente supralegal da culpabilidade, passando, a partir da edição desta Lei, à mais expressa legalidade. Estabelece-se, entretanto, um requisito/limite para a avaliação da (in)exigibilidade de outra conduta do agente: proporcionalidade entre a conduta do agente e a finalidade da investigação (art. 13, *caput*, da Lei 12.850/2013). Ilustrando, o agente se infiltra em organização criminosa voltada a delitos financeiros; não há cabimento em matar alguém somente para provar lealdade a um líder. Por outro lado, é perfeitamente admissível que o agente promova uma evasão de divisas em auxílio à organização criminosa. No primeiro caso, o agente responderá por homicídio e não poderá valer-se da excludente, visto a desproporcionalidade existente entre a sua conduta e a finalidade da investigação. No segundo, poderá invocar a inexigibilidade de conduta diversa, pois era a única atitude viável diante das circunstâncias. Na jurisprudência: TJRS: "Cumpre registrar, inicialmente, que o parágrafo único do art. 13 da Lei 12.850/2013 prevê causa de exclusão de culpabilidade, pois permite que o agente infiltrado – na tentativa de elucidar os delitos a que sua infiltração se destina esclarecer – pratique 'crime', quando inexigível outra conduta. Assim, o fato de o agente infiltrado ter se disfarçado de consumidor não macula a prisão do paciente" (HC 70059454884 – RS, 2.ª Câm. Criminal, rel. Marco Aurélio de Oliveira Canosa, *DJ* 10.07.2014).

# Organização Criminosa — Art. 14

> **Art. 14.** São direitos do agente:
> I – recusar ou fazer cessar a atuação infiltrada;[124]

**124. Recusa e cessação da infiltração:** não aceitar a atividade de agente infiltrado é natural, pois o trabalho precisa ser feito por quem realmente está apto e deseja enfrentar o risco. Entretanto, inserir em lei a possibilidade de recusa favorece o agente policial, que não pode ser compelido a isso, sob pena de violação funcional. Quanto a cessar a atuação infiltrada, não pode ser um direito absoluto e infundado, pois pode comprometer toda uma operação, colocando em risco outros agentes, e fazer o Estado perder muito em todos os sentidos. Diante disso, a cessação deve ligar-se a motivos imperiosos, comprometedores da segurança do agente, de sua família ou algum problema inédito, que não mais lhe dê condições de permanência. Em suma, seus motivos serão averiguados no âmbito administrativo.

> II – ter sua identidade alterada, aplicando-se, no que couber, o disposto no art. 9.º da Lei 9.807, de 13 de julho de 1999, bem como usufruir das medidas de proteção a testemunhas;[125]

**125. Alteração de identidade:** essa alteração de identidade e as medidas de proteção devem respeitar o caráter excepcional, como está preceituado no *caput* do art. 9.º da Lei 9.807/99, *in verbis*: "Em casos excepcionais e considerando as características e gravidade da coação ou ameaça, poderá o conselho deliberativo encaminhar requerimento da pessoa protegida ao juiz competente para registros públicos objetivando a alteração de nome completo. § 1.º A alteração de nome completo poderá estender-se às pessoas mencionadas no § 1.º do art. 2.º desta Lei, inclusive aos filhos menores, e será precedida das providências necessárias ao resguardo de direitos de terceiros. § 2.º O requerimento será sempre fundamentado e o juiz ouvirá previamente o Ministério Público, determinando, em seguida, que o procedimento tenha rito sumaríssimo e corra em segredo de justiça. § 3.º Concedida a alteração pretendida, o juiz determinará na sentença, observando o sigilo indispensável à proteção do interessado: I – a averbação no registro original de nascimento da menção de que houve alteração de nome completo em conformidade com o estabelecido nesta Lei, com expressa referência à sentença autorizatória e ao juiz que a exarou e sem a aposição do nome alterado; II – a determinação aos órgãos competentes para o fornecimento dos documentos decorrentes da alteração; III – a remessa da sentença ao órgão nacional competente para o registro único de identificação civil, cujo procedimento obedecerá às necessárias restrições de sigilo. § 4.º O conselho deliberativo, resguardado o sigilo das informações, manterá controle sobre a localização do protegido cujo nome tenha sido alterado. § 5.º Cessada a coação ou ameaça que deu causa à alteração, ficará facultado ao protegido solicitar ao juiz competente o retorno à situação anterior, com a alteração para o nome original, em petição que será encaminhada pelo conselho deliberativo e terá manifestação prévia do Ministério Público".

> III – ter seu nome, sua qualificação, sua imagem, sua voz e demais informações pessoais preservadas durante a investigação e o processo criminal, salvo se houver decisão judicial em contrário;[126]

**126. Preservação de dados pessoais:** este item guarda o mesmo problema constante do art. 12, § 2.º, desta Lei, pois menciona a completa ocultação do agente infiltrado, durante a investigação *e processo criminal*, o que, na interpretação literal, envolve a defesa. Entretanto, na parte final deste dispositivo, prevê-se a autorização judicial em contrário, vale dizer, deve ser autorizado o acesso à defesa do réu ou investigado, neste último caso se já foi indiciado. Outra opção seria tornar a prova completamente invisível para o defensor e, por via de consequência, um arremedo de *devido processo legal*. Essa preservação, entretanto, poderia ser mantida caso o infiltrado não figure como testemunha e apenas apresente provas documentais, por exemplo.

> IV – não ter sua identidade revelada, nem ser fotografado ou filmado pelos meios de comunicação, sem sua prévia autorização por escrito.[127]

**127. Preservação da imagem:** este ponto é correto e mantém o agente infiltrado fora do alcance da mídia. Deveria haver um tipo penal incriminador específico para a violação deste direito, como há para o colaborador (art. 18 desta Lei). Não existindo, melhor refletindo, parece-nos aplicável o tipo previsto no art. 20 desta Lei: "descumprir determinação de sigilo das investigações que envolvam a ação controlada e a infiltração de agentes". Afinal, toda a investigação relativa à infiltração de agentes deve guardar sigilo, incluindo, por óbvio, a pre-servada identidade do infiltrado.

**Seção IV**

**Do Acesso a Registros, Dados Cadastrais, Documentos e Informações**

> **Art. 15.** O delegado de polícia e o Ministério Público terão acesso, in-dependentemente de autorização judicial, apenas aos dados cadastrais do investigado que informem exclusivamente a qualificação pessoal, a filiação e o endereço mantidos pela Justiça Eleitoral, empresas telefônicas, instituições financeiras, provedores de internet e administradoras de cartão de crédito.[128]

**128. Acesso a registros, dados, documentos e informações:** como regra, a intimidade e a vida privada são bens jurídicos tutelados pela Constituição Federal; invadi-los, para efeito de investigação criminal, deve contar com ordem judicial. No caso deste artigo, autoriza-se a capta-ção pelo Ministério Público e pelo delegado de polícia, diretamente, sem determinação judicial, de dados cadastrais do investigado relativos à sua qualificação pessoal, filiação e endereço em órgãos públicos (Justiça Eleitoral) e privados (empresas de telefonia, instituições financeiras, provedores da internet e administradoras de cartões de crédito). Não há lesão constitucional, pois esses dados têm natureza pública – e não íntima – podendo ser conhecidos por qualquer pessoa. O nome, a filiação, o endereço, número do RG e do CPF, entre outros, são aspectos concernentes ao indivíduo, mas não de natureza privada. Tanto é verdade que, no momento do interrogatório, o acusado não tem direito ao silêncio na parte relativa aos seus dados pes-soais, para preencher a sua qualificação. Qualquer pessoa tem o dever de se identificar perante órgãos estatais, de forma que essa captação pelo MP e pela polícia independe de autorização judicial. Na jurisprudência: TRF-4: "(...) 2. A decisão recorrida determinou o trancamento de inquérito policial instaurado para apuração de possível prática do delito tipificado no artigo 21 da Lei 12.850/2013, visto que 'histórico de chamadas/mensagens efetuadas e recebidas' e 'relação de ERBs (Estações Radiobase)' não podem ser incluídas no elemento 'dados cadastrais' a que se refere o artigo 15 da Lei 12.850/2013. 3. O artigo 15 da Lei 12.850/2013 busca coibir eventuais excessos e violações a direitos e garantias fundamentais daqueles que estão sendo investigados por parte dos órgãos incumbidos da *persecutio criminis*. 4. Os dados cadastrais a que se refere o artigo 15 da Lei 12.850/2013 dizem respeito, exclusivamente, a qualificação pessoal, a filiação e o endereço mantidos pela Justiça Eleitoral, empresas telefônicas, instituições financeiras, provedores de internet e administradoras de cartão de crédito. 5. As informações referentes às relações das chamadas/mensagens efetuadas ou recebidas, duração, e relação das ERBs utilizadas pelos terminais estão sujeitas à cláusula de reserva de jurisdição (CF, artigo 5º, inciso XII), conclusão que se extrai do próprio cotejo dos artigos 15 e 21, parágrafo único, da Lei 12.850/13, haja vista ser nítida a vontade do legislador em diferenciar os conceitos de 'dados cadastrais', 'registros', 'documentos' e 'informações'. 6. Negativa de provimento ao recurso criminal em sentido estrito e ao reexame necessário" (RCSE 5009657-86.2016.404.7204 – SC, 8.ª T., rel. Victor Luiz dos Santos Laus, 15.02.2017, v.u.).

> **Art. 16.** As empresas de transporte possibilitarão, pelo prazo de 5 (cinco) anos, acesso direto e permanente do juiz, do Ministério Público ou do delegado de polícia aos bancos de dados de reservas e registro de viagens.[129]

**129. Dados de empresas de transporte:** além do juiz, cabe ao Ministério Público e ao delegado de polícia (estes últimos mesmo sem ordem judicial) acessar o banco de dados de tais empresas. Tais informes também não constituem parte do universo privado de alguém; afinal, as passagens são compradas para transporte *público*, podendo – e devendo – o Estado, por seus agentes, controlar quem viaja e quando o faz em aeronaves, navios, ônibus e similares.

> **Art. 17.** As concessionárias de telefonia fixa ou móvel manterão, pelo prazo de 5 (cinco) anos, à disposição das autoridades mencionadas no art. 15, registros de identificação dos números dos terminais de origem e de destino das ligações telefônicas internacionais, interurbanas e locais.[130]

**130. Dados privilegiados:** esses informes são privados, pois identificam os contatos de uma pessoa, vale dizer, para quem liga, quando liga e quanto tempo fala. Tais dados já não fazem parte de universo público, motivo pelo qual dependem de autorização judicial, não podendo o Ministério Público ou o delegado acessá-los diretamente. Conferir a jurisprudência da nota 128 *supra*.

### Seção V
### Dos Crimes Ocorridos na Investigação e na Obtenção da Prova

> **Art. 18.** Revelar[131-133] a identidade, fotografar ou filmar o colaborador, sem sua prévia autorização por escrito:[134-135]
> Pena – reclusão, de 1 (um) a 3 (três) anos, e multa.[136]

**131. Análise do núcleo do tipo:** *revelar* significa descobrir, dar conhecimento de algo a alguém, tendo por objeto a *identidade* (informes pessoais, que servem a individualizar alguém, tal como nome, data de nascimento, profissão etc.) – é a primeira conduta. Há, também, outras duas, todas alternativas: *fotografar* (registrar em formato digital ou eletrônico a imagem de alguém) e *filmar* (registrar em película, base digital ou formato eletrônico a movimentação de algo ou alguém). O objeto da revelação da identidade, da fotografia e do filme é o colaborador, entendido este como o delator cujo acordo já foi apresentado ao poder público. A partir da assinatura dos termos de recebimento da proposta e de confidencialidade passa a ser tutelado

# Art. 19

pelo tipo penal em comento. O sigilo entra em vigor e a divulgação de dados referentes ao colaborador pode prejudicá-lo seriamente. O termo *colaborador* é elemento normativo do tipo, dependente de valoração jurídica. Nesta Lei, encontra-se o conceito de quem é colaborador e quais são os seus direitos, dentre os quais o de possuir a identidade e a imagem preservadas (art. 5.º, II e V). A expressão *sem sua prévia autorização por escrito* constitui elemento ligado à ilicitude, porém foi inserida no tipo, de forma que, havendo o consentimento da vítima, a conduta se torna atípica. Note-se que, de maneira incomum, pois o bem jurídico tutelado é a administração da justiça, permite-se que o delator concorde em ser fotografado, filmado ou ter sua identidade revelada. Entretanto, há explicação plausível para isso: uma vez que o colaborador preste *devidamente* a sua cooperação com o Estado, nos termos do acordo celebrado, a preservação de sua identidade passa a ser um problema seu.

**131-A. Liberdade de imprensa:** como já frisamos em notas anteriores, vários órgãos de imprensa têm divulgado a identidade de delatores, publicando fotos e vídeos, sem qualquer autorização em inúmeras fases da investigação e do processo. Alega-se a proteção da liberdade de imprensa, garantida pelo art. 220, § 1.º, da Constituição Federal, bem como o interesse público na informação. Entretanto, esse mesmo dispositivo ressalva o respeito ao disposto pelo art. 5.º, X, da mesma Carta, dizendo respeito à intimidade, vida privada, imagem e honra do indivíduo. Portanto, a divulgação de dados do colaborador não poderia ocorrer, pois o real interesse público é a obtenção de informações suficientes para o combate ao crime organizado e não a especulação a respeito do que o delator pode dizer ou não. Ademais, tem o colaborador o direito fundamental de não ter a sua intimidade devassada, bem como a sua imagem conspurcada, somente porque resolveu fornecer dados ao Estado em relação ao cometimento de crime.

**132. Sujeitos ativo e passivo:** o sujeito ativo pode ser qualquer pessoa. O sujeito passivo são o Estado e o colaborador, ambos com interesse na mantença do sigilo de sua identidade.

**133. Elemento subjetivo do tipo:** o crime é punido a título de dolo, não se prevendo a forma culposa. Inexiste elemento subjetivo específico.

**134. Objetos material e jurídico:** o objeto material é a identidade ou a imagem do colaborador. O objeto jurídico é a administração da justiça, mas também o direito à imagem.

**135. Classificação:** o crime é comum, podendo ser cometido por qualquer pessoa; formal, não exigindo para a consumação qualquer resultado naturalístico, consistente no efetivo prejuízo para o Estado ou para o colaborador; de forma livre, podendo ser cometido por qualquer meio eleito pelo agente; comissivo, pois os verbos representam ações; instantâneo, cuja consumação se dá em momento determinado na linha do tempo; unissubjetivo, que demanda apenas uma pessoa para a sua concretização; unissubsistente (cometido num só ato) ou plurissubsistente (praticado em vários atos), dependendo do modo de execução. Admite tentativa, na forma plurissubsistente, pois há um *iter criminis* fracionável.

**136. Benefícios penais:** cabe acordo de não persecução penal, pois a pena mínima é inferior a quatro anos. Se houver condenação, podem ser aplicadas penas alternativas, pois não se trata de delito violento.

> **Art. 19.** Imputar[137-139] falsamente, sob pretexto de colaboração com a Justiça, a prática de infração penal a pessoa que sabe ser inocente, ou revelar informações sobre a estrutura de organização criminosa que sabe inverídicas:[140-141]
>
> Pena – reclusão, de 1 (um) a 4 (quatro) anos, e multa.[142]

**137. Análise do núcleo do tipo:** a denunciação caluniosa é crime complexo em sentido amplo, constituído, como regra, da calúnia e da conduta lícita de levar ao conhecimento da autoridade pública – delegado, juiz ou promotor – a prática de uma infração penal e sua autoria. Portanto, se o agente imputa falsamente a alguém a prática de fato definido como crime, comete o delito de calúnia. Se transmite à autoridade o conhecimento de um fato criminoso e do seu autor, pratica conduta permitida expressamente pelo Código de Processo Penal (art. 5.º, § 3.º). Entretanto, a junção das duas situações (calúnia + comunicação à autoridade) faz nascer o delito de denunciação caluniosa, de ação pública incondicionada, porque está em jogo o interesse do Estado na administração da justiça. Em particular, a Lei 12.850/2013 cria neste art. 19 uma espécie de denunciação caluniosa, cujo autor é o delator. *Imputar* significa atribuir algo a alguém, tratando-se da conduta cujo objeto é a *falsa* (não autêntica) prática de infração penal (crime ou contravenção). O móvel para tanto é o *pretexto de colaboração com a Justiça*, atitude típica do delator. Demanda-se *dolo direto*, pois o tipo menciona *que sabe ser inocente*. Diversamente da denunciação caluniosa prevista no art. 339 do Código Penal, a disciplinada pelo art. 19 da Lei 12.850/2013 dispensa que a imputação falsa *dê causa à instauração* de processo ou investigação. Tal diferença se explica pelo fato de o colaborador já estar envolvido em investigação ou processo criminal, assim como o delatado; portanto, a denunciação caluniosa que pratique *piora* a situação de corréu ou o envolve em feito criminal de maneira indevida. Há um segundo aspecto nesse tipo penal, consistente em *revelar* (descortinar, mostrar o oculto) informes (dados esclarecedores sobre algo) falsos (não autênticos) sobre a estrutura de determinada organização criminosa. Igualmente, o dolo direto (*que sabe inverídicas*). As duas condutas são alternativas, significando que, imputar falsamente ou revelar informes falsos, se cometidas as duas juntas ou apenas uma delas representa o cometimento de delito único. Quanto à inocência do imputado, além de o agente ter esse conhecimento, exigem a doutrina e a jurisprudência majoritárias, com razão, que o imputado seja realmente prejudicado pela ação do autor, isto é, seja injustamente investigado ou processado, para, ao final, ocorrer o arquivamento ou a absolvição por falta de qualquer fundamento para vinculá-lo à autoria. Porém, se a punibilidade estiver extinta (pela prescrição, anistia, abolição da figura delitiva, entre outros fatores) ou se ele tiver agido sob o manto de alguma excludente de ilicitude ou de culpabilidade, enfim, se o inquérito for arquivado ou houver absolvição, por tais motivos, não há crime de denunciação caluniosa. Tal se dá porque havia possibilidade concreta de ação da autoridade policial ou judiciária, justamente pela existência de fato típico (havendo autor sujeito a investigação ou processo), embora não seja ilícito, culpável ou punível. É admissível a hipótese de crime impossível (art. 17, CP) quando o agente, ainda que aja com vontade de denunciar alguém, sabendo-o inocente, à autoridade, termina por fazer com que esta encontre subsídios concretos de cometimento de outro crime. Seria indevido punir o agente por delito contra a *administração da justiça*, já que esta só teve a ganhar com a comunicação efetuada.

**138. Sujeitos ativo e passivo:** o sujeito ativo é o delator envolvido em investigação criminal ou processo. O sujeito passivo é o Estado; secundariamente, a pessoa prejudicada pela falsa imputação. A imputação deve dirigir-se a *pessoa determinada*, não se considerando configurado o crime se o agente imputar genericamente uma conduta criminosa a diversos indivíduos, sem qualquer especificação de conduta. O mesmo se diga quando houver referências genéricas no tocante à estrutura da organização criminosa. É fundamental o término da investigação criminal ou do processo para que se possa julgar corretamente o delito do art. 19. Na realidade, é uma medida de ordem prática, que envolve uma questão prejudicial facultativa, vale dizer, o juiz pode suspender o feito até que se conheça a conclusão do processo relativo à denunciação caluniosa.

**139. Elemento subjetivo do tipo:** é o dolo, na sua forma direta, como já mencionado. Não há a forma culposa. Cremos presente o elemento subjetivo do tipo específico, consistente na vontade de induzir o investigador ou julgador em erro, prejudicando a administração da justiça.

# Art. 20

Leis Penais e Processuais Penais Comentadas – Vol. 2 • **Nucci**

**140. Objetos material e jurídico:** o objeto material é a prática de infração penal ou a informação sobre estrutura de organização criminosa. O objeto jurídico é a administração da justiça.

**141. Classificação:** o crime é próprio, basicamente de mão própria, pois somente o delator, pessoal e diretamente, pode fazer a imputação ou a revelação; formal (delito que não exige, para sua consumação, resultado naturalístico, consistente no efetivo prejuízo para a administração da justiça); de forma livre (pode ser cometido por qualquer meio eleito pelo agente); comissivo ("imputar" e "revelar" implicam ações); instantâneo (cuja consumação não se prolonga no tempo, dando-se em momento determinado); unissubjetivo (aquele que pode ser cometido por um único sujeito); plurissubsistente (delito cuja ação é composta por vários atos, permitindo-se o seu fracionamento); admite tentativa, embora de difícil configuração.

**142. Benefícios penais:** cabe acordo de não persecução penal, pois a pena mínima é inferior a quatro anos. Em caso de condenação, não se tratando de delito violento, pode haver a substituição da pena privativa de liberdade por restritiva de direitos.

> **Art. 20.** Descumprir[143-145] determinação de sigilo das investigações que envolvam a ação controlada e a infiltração de agentes:[146-147]
>
> Pena – reclusão, de 1 (um) a 4 (quatro) anos, e multa.[148]

**143. Análise do núcleo do tipo:** *descumprir* significa deixar de seguir uma determinação, que, nesta hipótese, é o resguardo do sigilo (segredo) demandado no tocante às investigações, desde que estas envolvam *ação controlada* e *infiltração de agentes*. Neste último caso, envolve a identidade do infiltrado, igualmente protegida pelo sigilo. O objeto jurídico tutelado é a administração da justiça. A expressão *determinação de sigilo* é elemento normativo do tipo, dependente de valoração jurídica. Há duas fontes para a ordem do segredo de justiça nas investigações, cuidando da apuração de crimes de organização criminosa: a) por ordem judicial, como previsto pelo art. 23 desta Lei ("o sigilo da investigação poderá ser decretado pela autoridade judicial competente"); b) *ex lege* (por força de lei), conforme se vê no art. 8.º, § 2.º ("a comunicação será sigilosamente distribuída...") e art. 12 ("o pedido de infiltração será sigilosamente distribuído..."). Embora o sigilo possa perdurar durante toda a persecução penal, apenas configura crime a revelação de dados na *investigação* – e não em relação ao processo. Não se trata de norma penal em branco, mas de tipo aberto, contendo vários elementos normativos do tipo. Além da referida expressão *determinação de sigilo*, há também *ação controlada*, cujo significado se encontra no art. 8.º desta Lei, e *infiltração de agentes*, cujo alcance se dá no art. 10 da mesma Lei.

**144. Sujeitos ativo e passivo:** o sujeito ativo pode ser o funcionário público, responsável legal pelo trâmite dos papéis oficiais, desde a fase da investigação até o final do processo, bem como aqueles que tiverem acesso aos autos, como o advogado. Afinal, cuida-se de *descumprimento* de *determinação* judicial ou legal, dirigindo-se a todos que acessarem os dados sigilosos e tinham o dever de preservá-los. O sujeito passivo é o Estado; secundariamente, as pessoas prejudicadas pelo rompimento do sigilo.

**145. Elemento subjetivo do tipo:** é o dolo. Não há a forma culposa, nem se exige elemento subjetivo específico.

**146. Objetos material e jurídico:** o objeto material é a determinação de sigilo; o objeto jurídico é a administração da justiça.

**147. Classificação:** o crime é próprio (somente pode ser praticado por sujeito ativo qualificado); formal (delito que não exige, para sua consumação, resultado naturalístico, consistente no efetivo prejuízo para a administração da justiça); de forma livre (pode ser cometido por qualquer meio eleito pelo agente); comissivo ("descumprir" implica ação); instantâneo (cuja consumação não se prolonga no tempo, dando-se em momento determinado); unissubjetivo (aquele que pode ser cometido por um único sujeito); unissubsistente (crime cuja ação é formada por ato único) ou plurissubsistente (delito cuja ação é composta por vários atos, permitindo-se o seu fracionamento), dependendo do caso concreto; admite tentativa, na forma plurissubsistente, embora de difícil configuração.

**148. Benefícios penais:** cabe acordo de não persecução penal, pois a pena mínima é inferior a quatro anos. Em caso de condenação, não se tratando de delito violento, pode haver a substituição da pena privativa de liberdade por restritiva de direitos.

> **Art. 21.** Recusar ou omitir[149-151] dados cadastrais, registros, documentos e informações requisitados pelo juiz, Ministério Público ou delegado de polícia, no curso de investigação ou do processo:[152-153]
>
> Pena – reclusão, de 6 (seis) meses a 2 (dois) anos, e multa.[154]
>
> **Parágrafo único.** Na mesma pena incorre quem, de forma indevida, se apossa,[155-157] propala, divulga ou faz uso dos dados cadastrais de que trata esta Lei.[158-159]

**149. Análise do núcleo do tipo:** *recusar* (não aceitar) ou *omitir* (deixar de fazer algo; não mencionar) são as condutas alternativas (a prática de uma delas ou de ambas gera somente um delito, quando no mesmo contexto), tendo por objeto dados cadastrais (informações de indivíduos constantes em cadastro de empresa, entidade governamental e instituições em geral), registros (anotações de fatos inseridas em banco de dados), documentos (qualquer base material onde se podem registrar fatos e atos de vontade, tais como papéis, discos DVD ou CD etc.) e informações (dados gerais, funcionando como figura residual dos demais elementos). Enfocam-se somente os objetos relacionados a *requisições* (atos de exigência formulados por autoridade em relação a outra pessoa, autoridade ou não, desde que prevista em lei) feitas por juiz, Ministério Público ou delegado de polícia. O período para a configuração do delito, que seria uma particular forma de *desobediência*, transcorre no curso da investigação, formalmente instaurada, como o inquérito policial, ou do processo.

**150. Sujeitos ativo e passivo:** o sujeito ativo pode ser qualquer pessoa, a quem é dirigida a requisição. O sujeito passivo é o Estado.

**151. Elemento subjetivo do tipo:** o delito é doloso, não havendo a forma culposa. Segundo cremos, há o elemento subjetivo específico implícito, referente à intenção de prejudicar ou obstruir a ação da justiça. Afinal, nem toda requisição deve ser atendida, pois existem as ilegais, como, por exemplo, se o delegado requisitar dados bancários do investigado; somente o juiz pode fazê-lo. Nessa hipótese, se o destinatário da requisição se recusar a atendê-lo está no exercício regular de direito.

**152. Objetos material e jurídico:** o objeto material é o dado, o registro, o documento ou a informação; o objeto jurídico é a administração da justiça.

**153. Classificação:** o crime é comum (pode ser praticado por qualquer pessoa); formal (delito que não exige, para sua consumação, resultado naturalístico, consistente no efetivo prejuízo para a administração da justiça); de forma livre (pode ser cometido por qualquer meio eleito pelo agente); omissivo (os verbos implicam inações); instantâneo (cuja consumação não se prolonga no tempo, dando-se em momento determinado); unissubjetivo (aquele que pode

# Art. 22

ser cometido por um único sujeito); unissubsistente (crime cuja ação é formada por ato único). Não admite tentativa, pois o delito é omissivo próprio, de modo que praticado em um único ato.

**154. Benefícios penais:** trata-se de infração de menor potencial ofensivo, comportando transação. Em caso de condenação, pode haver a substituição da pena privativa de liberdade por restritiva de direitos.

**155. Análise do núcleo do tipo:** *apossar* (tomar posse de algo), *propalar* (divulgar, espalhar), *divulgar* (tornar conhecido, difundir) ou *fazer uso* (utilizar para algum fim), cujo objeto é o dado cadastral *de que trata esta lei*. Naturalmente, só se podem considerar os informes sigilosos que foram requisitados pela autoridade competente, constantes de autos sigilosos e foram usados de forma indevida. Esta expressão (*forma indevida*) constitui elemento normativo do tipo, ligado à ilicitude. Porém, como foi introduzido no tipo incriminador, se a ação for *devida* (legal), o fato é atípico.

**156. Sujeitos ativo e passivo:** o sujeito ativo só pode ser qualquer pessoa. O sujeito passivo é o Estado, pois o bem jurídico é a administração da justiça. Secundariamente, tutela a intimidade, tendo por sujeito passivo o indivíduo prejudicado pela revelação dos dados.

**157. Elemento subjetivo do tipo:** o elemento subjetivo é o dolo, não havendo a forma culposa. Não se exige o elemento subjetivo específico.

**158. Objetos material e jurídico:** o objetivo material é o dado cadastral; o objeto jurídico é a administração da justiça.

**159. Classificação:** o crime é comum (pode ser praticado por qualquer pessoa); formal (delito que não exige, para sua consumação, resultado naturalístico, consistente no efetivo prejuízo para a administração da justiça ou para a vida privada de outrem); de forma livre (pode ser cometido por qualquer meio eleito pelo agente); comissivo (os verbos implicam ações); instantâneo (cuja consumação não se prolonga no tempo, dando-se em momento determinado); unissubjetivo (aquele que pode ser cometido por um único sujeito); unissubsistente (crime cuja ação é formada por ato único) ou plurissubsistente (cometido em vários atos), conforme o meio eleito pelo agente. Admite tentativa, quando na forma plurissubsistente, embora de rara configuração.

## Capítulo III
## DISPOSIÇÕES FINAIS

> **Art. 22.** Os crimes previstos nesta Lei e as infrações penais conexas serão apurados mediante procedimento ordinário previsto no Decreto-Lei 3.689, de 3 de outubro de 1941 (Código de Processo Penal), observado o disposto no parágrafo único deste artigo.[160-160-A]
>
> **Parágrafo único.** A instrução criminal deverá ser encerrada em prazo razoável, o qual não poderá exceder a 120 (cento e vinte) dias quando o réu estiver preso, prorrogáveis em até igual período, por decisão fundamentada, devidamente motivada pela complexidade da causa ou por fato procrastinatório atribuível ao réu.[161]

**160. Procedimento ordinário e duração do processo:** o procedimento ordinário segue os arts. 396 e seguintes do Código de Processo Penal. Recebida a denúncia, que pode conter um rol de até oito testemunhas, ordena o juiz a citação do réu para responder à acusação, em dez dias, por escrito (art. 396, CPP). Essa resposta, que pode ser denominada de *defesa prévia*, é obrigatória, vale dizer, se o acusado, por seu advogado, não a apresentar, o magistrado deve nomear defensor dativo para assumir o caso ou remeter o feito à Defensoria Pública (art. 396-A, § 2.º, CPP). Nessa defesa inicial, o réu alega toda a matéria desejada, bem como propõe provas, podendo juntar um rol de até oito testemunhas (art. 396-A, CPP). Conforme o alegado pelo acusado, o juiz pode absolvê-lo sumariamente, nos termos do art. 397, I a IV, do CPP. Ausente a hipótese da absolvição, designa-se audiência de instrução e julgamento, intimando-se o réu, seu defensor e o Ministério Público. Se partes requererem, intimam-se as testemunhas da acusação e da defesa (art. 399, CPP). Na audiência, ouvem-se a vítima (quando houver), as testemunhas de acusação, as de defesa, os peritos (se indicados), passando-se, no final, ao interrogatório do acusado (art. 400, CPP). Finalizando, as partes podem requerer as diligências que julgarem necessárias para a apuração dos fatos (art. 402, CPP). Não havendo, passa-se à fase dos debates orais. A acusação e a defesa têm 20 minutos, para cada um, prorrogáveis por outros 10. O juiz, se viável, deve dar a sentença no termo da audiência. Eventualmente, em processos complexos, o magistrado pode conceder prazo para a juntada de memoriais, prolatando a sentença depois. A novidade introduzida por esta Lei, não constante do Código de Processo Penal, é o estabelecimento do prazo máximo de 120 dias, quando o réu estiver preso, prorrogáveis por igual período (parágrafo único). Na verdade, esse seria o prazo *limite*, vez que a norma retrata um prazo *razoável*, não excedente aos 120 dias. Duas considerações merecem ser feitas: a) a jurisprudência pátria consagrou o entendimento de que, para encerrar a instrução de acusado preso, deve-se respeitar um prazo *razoável*, sem que se possa fixar um período exato; b) instituir um prazo certo pode ser positivo, controlando-se, com maior eficiência, a razoabilidade, mas também pode tornar-se negativo, como no caso. Afinal, 240 dias podem ser um período muito longo (oito meses), que não se pode dizer *razoável* ou *proporcional*, dependendo do caso concreto. Segue-se o procedimento previsto no art. 22 desta Lei não apenas para o crime de organização criminosa, cuja pena varia de três a oito anos de reclusão, mas também para os conexos (art. 76, CPP). Somente para ilustrar, apurando-se o crime conexo de omissão de dados cadastrais (art. 21 da Lei 12.850/2013), cuja pena é de reclusão, de seis meses a dois anos (infração de menor potencial ofensivo), não se aplicando a transação, a pena a ser fixada pode ser inferior ao prazo máximo estabelecido para a instrução de réu preso. Quando comentamos a reforma processual penal de 2008, envolvendo o Código de Processo Penal, mencionamos ter sido melhor não estabelecer um prazo certo para a instrução findar – seja de réu preso, seja de solto. Tais períodos, fixados em lei, podem ser longos demais, ou curtos em demasia. Por isso, a mais adequada proposta é exigir a *razoabilidade* e a *proporcionalidade* em todo e qualquer caso. Assim não sendo, o que se verá, aplicando o disposto no art. 22 desta Lei, é o debate intenso nos tribunais acerca da qualidade do prazo estabelecido. Os 120 dias (prorrogáveis em até igual período) são próprios ou impróprios? Noutros termos, ultrapassados tais dias, a prisão do réu se torna, automaticamente, ilegal? Ainda, fixando-se os 120 dias e prorrogando-se por outros 120 dias, pode-se questionar a sua razoabilidade e, com isso, concluir pelo excesso de prazo? Enfim, parece-nos que o estabelecimento do prazo de até 120 dias (prorrogáveis por outros 120) deve representar apenas um limite ilustrativo do razoável, *conforme o caso concreto*. Sob dois prismas: a) apurando-se o crime de organização criminosa (pena de reclusão de três a oito anos), existindo vários corréus, com diversos defensores, presos em locais diferentes, demonstrando complexidade invulgar, tramitando em Vara com muitos processos, pode-se acolher como razoável os 240 dias; se houver atuação procrastinatória da defesa, parece-nos até possível ultrapassar tal período; b) havendo um só réu, em causa sem complexidade, tramitando em Vara com número regular de feitos, atingir 120 dias ou mais pode configurar excesso, ferindo a razoabilidade. Em suma, o *caso concreto* deve determinar o mais adequado prazo para findar a instrução, segundo a razoabilidade e a proporcionalidade. De todo modo, o teto de 120 dias (ou 240) merece ser considerado, em primeiro plano; ultrapassado tal prazo, sem qualquer justificativa plausível, ocorre o excesso.

# Art. 23

**160-A. Prazo para a investigação:** alguns julgados têm afirmado que essa Lei fixou um prazo para instrução criminal de réu preso (120 dias, prorrogáveis por outros 120), mas não o fez para a investigação. Esta, por sua vez, também pode contar com indiciado preso preventivamente. Em nosso entendimento, se o indiciado for preso provisoriamente, na fase investigatória, deve-se seguir os prazos da prisão temporária ou da prisão preventiva em fase de inquérito (10 dias). Há posição incluindo na *instrução criminal*, como se fosse um prazo geral, a investigação, envolvendo todo o período de 120 dias, o que não nos parece cabível, vez que, em matéria de prisão, há de existir uma interpretação, pelo menos, literal; não se confunde *instrução criminal* com investigação.

**161. Duração razoável do processo:** a fixação de prazo para findar a instrução nem sempre representa a mais adequada garantia ao acusado para que não fique detido por tempo excessivo, como já mencionado na nota 160 *supra*. De qualquer forma, o disposto neste parágrafo único autoriza a prorrogação do prazo de 120 dias por igual período, fazendo referência a situações já consagradas, como causas justas pela jurisprudência para tanto: complexidade da causa ou fato procrastinatório provocado pela defesa. E, como regra, para todas as decretações de prisões cautelares e outras restritivas de direitos, a fundamentação idônea, baseada em fatos concretos, é exigível. Lembremos que a discussão acerca desse prazo (120 a 240 dias) cinge-se, apenas, a processos envolvendo organizações criminosas, mas não o delito de associação criminosa (art. 288, CP) ou milícia privada (art. 288-A, CP). Estes últimos continuam envoltos no cenário dos crimes comuns, que não são regidos por prazo específico, obedecendo o princípio maior da duração razoável do processo.

> **Art. 23.** O sigilo da investigação poderá ser decretado pela autoridade judicial competente, para garantia da celeridade e da eficácia das diligências investigatórias, assegurando-se ao defensor, no interesse do representado, amplo acesso aos elementos de prova que digam respeito ao exercício do direito de defesa, devidamente precedido de autorização judicial, ressalvados os referentes às diligências em andamento.[162]
>
> **Parágrafo único.** Determinado o depoimento do investigado, seu defensor terá assegurada a prévia vista dos autos, ainda que classificados como sigilosos, no prazo mínimo de 3 (três) dias que antecedem ao ato, podendo ser ampliado, a critério da autoridade responsável pela investigação.

**162. Sigilo da investigação e celeridade:** haverá sigilo por força de lei, por ocasião da distribuição dos pedidos de ação controlada e infiltração de agentes (art. 8.º, § 2.º; art. 12), assim como no início do procedimento de apresentação da proposta de acordo pelo colaborador ao poder público, com o marco de confidencialidade (art. 3.º-B, desta Lei). Por outro lado, quando se instaurar investigação para cuidar de delito ligado a organização criminosa, o juiz *pode* – e muitas vezes, em nossa ótica, deve – decretar o sigilo. Os requisitos para tanto são: a) celeridade da diligência; b) eficácia da diligência. Compreende-se a parte referente à eficácia, tendo em vista que a apuração do delito de organização criminosa ou crime conexo lida com casos de extrema gravidade, merecendo ficar longe do acesso de qualquer pessoa estranha à investigação e mesmo aos advogados, que não tenham procuração nos autos, tampouco representem investigados já indiciados. Porém, a celeridade não se coaduna com sigilo. Pode-se realizar diligência com rapidez ou não, independentemente do segredo judicial. Afirma a norma em comento poder o defensor, no interesse do *representado* – entendendo-se como o indiciado, que lhe deu procuração – ter amplo acesso aos elementos de prova, com autorização judicial prévia, no tocante a diligências já realizadas. Sem dúvida, não haveria o menor sentido em autorizar o defensor a acompanhar a diligência em plena realização; seria ineficiente por completo. Sob outro prisma, não se compreende o sentido da autorização judicial prévia, tendo em vista constituir direito do defensor do indiciado acessar os autos da investigação sempre que quiser. Entretanto, burocratizou-se o referido acesso, devendo o defensor despachar petição com o magistrado para tomar conhecimento das diligências investigatórias. Outra novidade inserida por esta Lei (art. 23, parágrafo único) diz respeito ao chamamento de pessoa investigada – ainda não indiciada – para ser formalmente ouvida em declarações, com a prévia vista dos autos ao seu defensor. Afinal, assim ocorrendo, pode ser o momento para se realizar o indiciamento, com abertura da possibilidade de interrogatório. Portanto, intimando-se o investigado para declarações, deve-se dar ciência ao seu defensor, se já o possuir. De todo modo, é preciso fazer constar do mandado de intimação do investigado o direito de ter advogado, inclusive com acesso aos autos *antes* do seu comparecimento. Se estiver preso, deve-se dar vista dos autos à Defensoria Pública, antes de ouvi-lo ou mesmo indiciá-lo. Cuida-se de uma construção concreta para privilegiar o princípio constitucional da ampla defesa, o que não torna o inquérito contraditório, mas somente aprimora o seu trâmite.

> (...)
>
> **Art. 27.** Esta Lei entra em vigor após decorridos 45 (quarenta e cinco) dias de sua publicação oficial.
>
> Brasília, 2 de agosto de 2013; 192.º da Independência e 125.º da República.
>
> Dilma Rousseff
>
> *José Eduardo Cardozo*
>
> (*DOU* 05.08.2013 – Ed. extra)

# Presídio Federal

## Lei 11.671, de 8 de maio de 2008

*Dispõe sobre a transferência e inclusão de presos em estabelecimentos penais federais de segurança máxima e dá outras providências.*

O Presidente da República:

Faço saber que o Congresso Nacional decreta e eu sanciono a seguinte Lei:

> **Art. 1.º** A inclusão de presos em estabelecimentos penais federais de segurança máxima[1] e a transferência de presos de outros estabelecimentos[2] para aqueles obedecerão ao disposto nesta Lei.

**1. Presídios federais:** esses estabelecimentos penais já deviam existir no Brasil há muito tempo, visto que condenados por delitos da esfera federal para ali seriam levados a fim de cumprir a pena, no regime fechado. A União também deveria manter colônias penais para o semiaberto, bem como Casas do Albergado, para o aberto. Ocorre que, como resultado de uma longa fase de Justiça seletiva, reinante em nosso país, desde o descobrimento até época recente (e ainda não superada) as condenações provenientes da Justiça Federal eram relativas, majoritariamente, a tráfico de drogas internacional. Quando se conseguiria constatar os criminosos de *colarinho branco* – a maioria dos julgados da esfera federal – recebendo penas privativas de liberdade, a serem cumpridas, inicialmente, em regime fechado? Trata-se de fenômeno de alguns anos para cá. Por outro lado, não se conhecia, igualmente, o avanço das organizações criminosas, de todos os tipos, penetrando presídios, constituindo facções criminosas e dominando estabelecimentos penais estaduais (sempre foram os Estados que supriram a omissão da União em providenciar presídios fechados). O advento do telefone celular e a sua enorme amplitude, atingindo várias camadas da sociedade, permitiu o acesso a quadrilhas e, com isso, a comunicação dos presos, no regime fechado, com quem está livre aumentou consideravelmente. O Estado vem se mostrando incapaz de vedar o sinal do celular em presídios; logo, chefes do crime organizado têm comandado ações delituosas de *dentro para fora*. Quando a situação se

# Art. 2.º

tornou caótica, a União resolveu investir em presídios de segurança máxima, agora não mais para prender criminosos condenados pela Justiça Federal, mas todo e qualquer delinquente perigoso, que precise ficar, realmente, afastado de qualquer contato com a sociedade. Antes do surgimento desses presídios, os condenados pela Justiça Federal ficavam recolhidos em presídios estaduais. À época, surgiu inclusive um conflito de competência para saber qual seria o juiz responsável pela execução da pena. O STJ editou a Súmula 192, dispondo: "compete ao Juízo das Execuções Penais do Estado a execução das penas impostas a sentenciados pela Justiça Federal, Militar ou Eleitoral, quando recolhidos a estabelecimentos sujeitos à administração estadual". Não bastasse, a inércia estatal é antiga. Confira-se o disposto pelo art. 3.º da Lei 8.072/90: "A União manterá estabelecimentos penais, de segurança máxima, destinados ao cumprimento de penas impostas a condenados de alta periculosidade, cuja permanência em presídios estaduais ponha em risco a ordem ou incolumidade pública" (geralmente, assim considerados os autores de crimes hediondos e equiparados). Passaram-se décadas até que a União finalmente cumprisse a lei; mesmo assim, até o momento há presídios federais em número insuficiente.

**2. Transferências de presos:** como consta da nota anterior, podem ser condenados pela Justiça Federal ou Estadual, desde que preencham o requisito da periculosidade, como previu o art. 3.º da Lei dos Crimes Hediondos (Lei 8.072/90).

> **Art. 2.º** A atividade jurisdicional de execução penal nos estabelecimentos penais federais será desenvolvida pelo juízo federal da seção ou subseção judiciária em que estiver localizado o estabelecimento penal federal de segurança máxima ao qual for recolhido o preso.[3]
>
> **Parágrafo único.** O juízo federal de execução penal será competente para as ações de natureza penal que tenham por objeto fatos ou incidentes relacionados à execução da pena ou infrações penais ocorridas no estabelecimento penal federal.[3-A]

**3. Competência da Justiça Federal:** cabe ao juízo federal controlar a execução das penas de quem cumpre a sanção em estabelecimento construído e administrado pela União. Ao juízo estadual compete cuidar da execução das penas dos que estiverem inseridos em estabelecimento penal mantido pelo Estado.

**3-A. Regra de competência:** o art. 2.º, *caput*, estabelece a competência do juízo da execução penal nos presídios federais a ser desenvolvida pelo juiz federal da região. O parágrafo único, introduzido pela Lei 13.964/2019, tem por fim ampliar a competência do magistrado federal para processar casos de crimes cometidos durante a execução penal – e a esta execução relacionados –, conduzida pelo juízo federal ou em estabelecimento penal federal. Enfim, congrega-se no juízo universal da execução penal federal tudo o que ocorrer de ilícito neste cenário.

> **Art. 3.º** Serão incluídos em estabelecimentos penais federais de segurança máxima aqueles para quem a medida se justifique no interesse da segurança pública ou do próprio preso, condenado ou provisório.[4-5]
>
> **§ 1.º** A inclusão em estabelecimento penal federal de segurança máxima, no atendimento do interesse da segurança pública, será em regime fechado de segurança máxima, com as seguintes características:[5-A]
>
> I – recolhimento em cela individual;

II – visita do cônjuge, do companheiro, de parentes e de amigos somente em dias determinados, por meio virtual ou no parlatório, com o máximo de 2 (duas) pessoas por vez, além de eventuais crianças, separados por vidro e comunicação por meio de interfone, com filmagem e gravações;

III – banho de sol de até 2 (duas) horas diárias; e

IV – monitoramento de todos os meios de comunicação, inclusive de correspondência escrita.

§ 2.º Os estabelecimentos penais federais de segurança máxima deverão dispor de monitoramento de áudio e vídeo no parlatório e nas áreas comuns, para fins de preservação da ordem interna e da segurança pública, vedado seu uso nas celas e no atendimento advocatício, salvo expressa autorização judicial em contrário.[5-B]

§ 3.º As gravações das visitas não poderão ser utilizadas como meio de prova de infrações penais pretéritas ao ingresso do preso no estabelecimento.[5-C]

§ 4.º Os diretores dos estabelecimentos penais federais de segurança máxima ou o Diretor do Sistema Penitenciário Federal poderão suspender e restringir o direito de visitas previsto no inciso II do § 1.º deste artigo por meio de ato fundamentado.[5-D]

§ 5.º Configura o crime do art. 325 do Decreto-Lei 2.848, de 7 de dezembro de 1940 (Código Penal), a violação ao disposto no § 2.º deste artigo.[5-E]

**4. Segurança pública ou do próprio preso:** preceitua-se que a transferência se paute em dois aspectos: a) em nome da *segurança pública*, de modo a evitar que o preso continue a agir, de maneira indisciplinada, coordenando ou integrando organização criminosa, bem como conturbando a ordem do estabelecimento penal onde se encontra; b) em razão da *segurança do próprio preso*, seja definitivo ou provisório, quando a transferência se justifica para proteger a vida ou a incolumidade física de qualquer indivíduo ameaçado e *condenado* por outros presos; em vários presídios estaduais, não há o *seguro*, ou seja, local específico para inserir o sujeito vítima de outros detentos. Portanto, a inclusão desse preso no presídio federal se dá em caráter protetivo. Na jurisprudência: STJ: "I – Conforme a jurisprudência desta Corte, 'A transferência e a inclusão de presos em estabelecimento penal federal de segurança máxima, bem como a renovação de sua permanência, justifica-se no interesse da segurança pública ou do próprio preso, nos termos do art. 3.º da Lei n. 11.671/2008, sendo medida de caráter excepcional' (HC n. 481.550/RS, relatora Ministra Laurita Vaz, Sexta Turma, julgado em 21/2/2019, DJe de 11/3/2019). II – No caso dos autos, o agravante é apontado como um dos líderes da facção criminosa comando vermelho; seu histórico disciplinar aponta faltas disciplinares graves; e, segundo as instâncias de origem, ostenta elevado grau de periculosidade, circunstâncias que justificaram a transferência para o presídio federal com objetivo de assegurar a segurança pública" (AgRg no HC 853.703 – RJ, 5.ª T., rel. Messod Azulay Neto, 09.09.2024, v.u.).

**5. Requisitos envolvendo o preso a ser transferido:** nos termos do art. 3.º, do Decreto 6.877/2009, que diz respeito à Lei 11.671/2009, são os seguintes: "I – ter desempenhado função de liderança ou participado de forma relevante em organização criminosa; II – ter praticado crime que coloque em risco a sua integridade física no ambiente prisional de origem; III – estar submetido ao Regime Disciplinar Diferenciado – RDD; IV – ser membro de quadrilha ou bando, envolvido na prática reiterada de crimes com violência ou grave ameaça; V – ser réu colaborador ou delator premiado, desde que essa condição represente risco à sua integridade física no ambiente prisional de origem; ou VI – estar envolvido em incidentes de fuga, de violência ou de grave indisciplina no sistema prisional de origem".

**5-A. Características do presídio federal de segurança máxima:** a inclusão da nova redação ao art. 3.º desta Lei, com o objetivo de elencar a conformação do presídio federal nos incisos I a IV do § 1.º, além das disposições nos demais parágrafos, aproximou bastante esse formato ao do Regime Disciplinar Diferenciado, o que pode causar certas situações peculiares. Ingressando no presídio federal de segurança máxima, não estando em RDD, o preso se sujeitará ao recolhimento em cela individual; à visita do cônjuge, do companheiro, de parentes e de amigos em dias determinados, por meio virtual ou no parlatório, com o máximo de duas pessoas por vez, além de eventuais crianças, separados por vidro e comunicação por interfone, com filmagem e gravações; banho de sol de até duas horas diárias; monitoramento de todos os meios de comunicação, inclusive correspondência escrita. Basicamente, está-se diante de modelos que chegam a ser contraditórios, pois as previsões do presídio federal são muito parecidas com as do Regime Disciplinar Diferenciado. Mas o preso não precisa estar em RDD para sofrer essas restrições; basta ser transferido para presídio federal. O que se diz na Lei de Execução Penal é que o integrante-líder de organização criminosa em RDD obrigatoriamente cumprirá sua pena em presídio federal (art. 52, § 3.º, LEP). Mas não todos os incluídos nesse regime. Por outro lado, os que causarem problemas, como regra, estarão no RDD, mas a transferência para presídio federal não depende dessa inclusão em RDD. É bem clara a lei para incluir o preso no estabelecimento federal: "interesse da segurança pública ou do próprio preso". Nada se fala em RDD. Este é mais gravoso, mas fica muito próximo às características de aprisionamento normal do presídio federal. O RDD vai um pouco além: visitas quinzenais da família; outras pessoas, se autorizadas pelo juiz; participação em audiência por videoconferência, de preferência. No mais, os sistemas se equivalem (estar cumprindo pena no presídio federal e estar incluído no regime disciplinar diferenciado).

**5-B. Modelo de vigilância:** o § 2.º do art. 3.º desta Lei apresenta o molde da vigilância no presídio federal: vigilância de áudio e vídeo por todos os locais do estabelecimento, exceto nas celas e no atendimento advocatício, salvo autorização judicial em contrário. Em primeiro ponto, não colocar vigilância nas celas contorna justamente o ideal de Bentham e seu Panóptico. Em segundo, não supervisionar o contato com o advogado é um direito decorrente da ampla defesa e da prerrogativa do defensor. Não se compreende, entretanto, a parte final: "salvo expressa autorização judicial em contrário". Poderia o magistrado autorizar a vigilância dentro das celas? Poderia autorizar a vigilância do atendimento advocatício? Cremos que não, logo, a parte final não tem eficácia.

**5-C. Gravação e meio de prova:** quando se grava o encontro do preso com suas visitas, para garantir a segurança do presídio, não se gera autorização para o uso desse material, como meio de prova, contra o condenado, de infrações penais pretéritas ao ingresso do preso no estabelecimento. Mas, a contrário senso, pode-se usar essa gravação para qualquer infração penal cometida, por exemplo, dentro do presídio. Não se compreende essa diferença. Em tese, a gravação do encontro do preso e suas visitas deve destinar-se apenas e tão-somente para a segurança do presídio e autoridades e agentes da segurança pública. Mas não poderia, nunca, produzir prova contra o preso, não importando qual seja a infração eventualmente descoberta pela referida gravação.

**5-D. Atuação dos diretores dos presídios federais:** sem fixar requisitos ou circunstâncias fáticas, ao menos em tese, autoriza-se o diretor de estabelecimento penal federal de segurança máxima ou o Diretor do Sistema Penitenciário Federal a suspender ou restringir o direito de visitas dos presos. Exige-se, apenas, ato fundamentado. Fundamentar-se-á em que bases? Não se expõe. Logo, se a lei deixa a questão em aberto, pode-se deduzir que qualquer ato restritivo pode ser reavaliado pelo juiz federal competente para a execução penal naquele presídio.

**5-E. Sigilo garantido:** no § 2.º, prevê-se o monitoramento de áudio e vídeo no parlatório e áreas comuns, com a finalidade de garantir a ordem interna e segurança pública. Não se usará nas celas e no atendimento advocatício. Essa captação de imagens e conversas deverá ser guarnecida pelo sigilo. Quem quebrar esse segredo, poderá responder pelo delito de violação de sigilo funcional, conforme disposto pelo art. 325 do Código Penal: "revelar fato de que tem ciência em razão do cargo e que deva permanecer em segredo, ou facilitar-lhe a revelação: Pena – detenção, de seis meses a dois anos, ou multa, se o fato não constitui crime mais grave". Nos parágrafos: "§ 1.º Nas mesmas penas deste artigo incorre quem: I – permite ou facilita, mediante atribuição, fornecimento e empréstimo de senha ou qualquer outra forma, o acesso de pessoas não autorizadas a sistemas de informações ou banco de dados da Administração Pública; II – se utiliza, indevidamente, do acesso restrito. § 2.º Se da ação ou omissão resulta dano à Administração Pública ou a outrem: Pena – reclusão, de 2 (dois) a 6 (seis) anos, e multa".

> **Art. 4.º** A admissão do preso, condenado ou provisório, dependerá de decisão prévia e fundamentada do juízo federal competente,[6] após receber os autos de transferência[7-8] enviados pelo juízo responsável pela execução penal ou pela prisão provisória.[9]
>
> § 1.º A execução penal da pena privativa de liberdade, no período em que durar a transferência, ficará a cargo do juízo federal competente.[10]
>
> § 2.º Apenas a fiscalização da prisão provisória será deprecada, mediante carta precatória, pelo juízo de origem ao juízo federal competente, mantendo aquele juízo a competência para o processo e para os respectivos incidentes.[11]

**6. Juízo de admissão:** está correta a fixação da competência do juiz federal da região onde se encontra o presídio federal de segurança máxima, pois é ele o responsável pela condução das execuções das penas de quem ali estiver, além de ser igualmente responsável por controlar a capacidade do estabelecimento penal (vide art. 11, *caput*, desta Lei). Conferir a Súmula 639 do STJ: "Não fere o contraditório e o devido processo decisão que, sem ouvida prévia da defesa, determine transferência ou permanência de custodiado em estabelecimento penitenciário federal".

**7. Autos de transferência:** não são os autos da execução penal, mas, na realidade, trata-se de um ofício feito pelo juiz do local onde se encontra o preso que precisa ser transferido, solicitando a admissão ao juiz federal, corregedor do presídio federal de segurança máxima, para onde o detento deve seguir, instruído com as principais peças dos autos da execução, demonstrativas da periculosidade do preso (ex.: cópia do processo administrativo, onde consta a prática de falta grave – como fuga do presídio, além de outras peças, que representem o perigo à segurança pública ou ao próprio preso). Posteriormente, admitida a inserção do preso no estabelecimento federal, enviam-se os autos da execução. Ver a nota abaixo.

**8. Conteúdo dos autos do processo de inclusão ou de transferência:** nos parâmetros do art. 4.º do Decreto 6.877/2009, devem ser encartados os seguintes documentos: "I – tratando-se de preso condenado: a) cópia das decisões nos incidentes do processo de execução que impliquem alteração da pena e regime a cumprir; b) prontuário, contendo, pelo menos, cópia da sentença ou do acórdão, da guia de recolhimento, do atestado de pena a cumprir, do documento de identificação pessoal e do comprovante de inscrição no Cadastro de Pessoas Físicas – CPF, ou, no caso desses dois últimos, seus respectivos números; e c) prontuário médico; e II – tratando-se de preso provisório: a) cópia do auto de prisão em flagrante ou do mandado de prisão e da decisão que motivou a prisão cautelar; b) cópia da denúncia, se hou-

# Art. 5.º

ver; c) certidão do tempo cumprido em custódia cautelar; d) cópia da guia de recolhimento; e e) cópia do documento de identificação pessoal e do comprovante de inscrição no CPF, ou seus respectivos números.

**9. Juiz da instrução:** a lei autoriza a transferência para presídio federal de segurança máxima também de presos provisórios, que não tenham sido ainda condenados. Tudo depende da sua periculosidade efetiva. Ilustrando: processa-se o chefe do crime organizado de determinada região, embora ele seja primário e ainda não registre antecedentes. A sua influência na cadeia local ou no presídio estadual pode ser determinante para gerar perigo à segurança pública. Logo, quem faz o pedido de transferência é o juiz da instrução do processo, onde foi decretada a prisão preventiva. Outra hipótese cuida da condenação em primeiro grau, havendo apelação do réu preso; extrai-se a guia de recolhimento provisório e será esta a instruir o pedido de transferência, quando necessário, acompanhada das razões e outros documentos atestando a periculosidade do acusado.

**10. Transferência provisória:** esta Lei trata a transferência de presos, de qualquer estabelecimento penitenciário fechado do Brasil, como provisória. Imagina-se que, pelo período suficiente, a cortar a influência do preso em outros detentos ou mesmo na organização criminosa. Assim sendo, é correto prever que, enquanto o transferido estiver no presídio federal, a execução da sua pena será conduzida pelo juiz federal corregedor do estabelecimento de segurança máxima (ex.: progressão, livramento condicional, remição etc.).

**11. Fiscalização via precatória:** tratando-se de réu preso, por força de preventiva, com o processo principal tramitando em Vara Criminal para apurar a sua culpa, inexistem, ainda, autos de execução penal; logo, não há também autos de transferência. Mantida a competência do juiz de origem para conduzir o processo em todos os seus termos, cabe-lhe determinar a expedição de carta precatória ao juiz federal corregedor do presídio para que este fiscalize o comportamento do preso. Não há nenhuma decisão acerca da execução penal, pois ainda inexiste condenação.

---

**Art. 5.º** São legitimados para requerer o processo de transferência, cujo início se dá com a admissibilidade pelo juiz da origem da necessidade da transferência do preso para estabelecimento penal federal de segurança máxima, a autoridade administrativa, o Ministério Público e o próprio preso.[12]

§ 1.º Caberá à Defensoria Pública da União a assistência jurídica ao preso que estiver nos estabelecimentos penais federais de segurança máxima.[13]

§ 2.º Instruídos os autos do processo de transferência, serão ouvidos, no prazo de 5 (cinco) dias cada, quando não requerentes, a autoridade administrativa, o Ministério Público e a defesa, bem como o Departamento Penitenciário Nacional – DEPEN, a quem é facultado indicar o estabelecimento penal federal mais adequado.[14]

§ 3.º A instrução dos autos do processo de transferência será disciplinada no regulamento para fiel execução desta Lei.[15]

§ 4.º Na hipótese de imprescindibilidade de diligências complementares, o juiz federal ouvirá, no prazo de 5 (cinco) dias, o Ministério Público Federal e a defesa e, em seguida, decidirá acerca da transferência no mesmo prazo.[16]

§ 5.º A decisão que admitir o preso no estabelecimento penal federal de segurança máxima indicará o período de permanência.[17]

§ 6.º Havendo extrema necessidade, o juiz federal poderá autorizar a imediata transferência do preso e, após a instrução dos autos, na forma do § 2.º deste artigo, decidir pela manutenção ou revogação da medida adotada.[18]

§ 7.º A autoridade policial será comunicada sobre a transferência do preso provisório quando a autorização da transferência ocorrer antes da conclusão do inquérito policial que presidir.[19]

**12. Legitimidade ativa:** estipula esta Lei serem aptos a requerer a transferência do preso a autoridade administrativa (diretor do estabelecimento onde se encontra o preso a ser transferido), o Ministério Público (órgão estadual ou federal, que acompanha a execução penal ou o processo de conhecimento) e o próprio preso (definitivo ou provisório). Nota-se que esta Lei não prevê a possibilidade de o juiz da execução penal ou do processo agir de ofício. No entanto, a intervenção do juiz acabará ocorrendo, quando o Ministério Público ou o preso assim solicitar. Nesta hipótese, cabe ao juiz deferir o pleito de transferência, oficiando ao juiz federal corregedor do presídio federal de segurança máxima. No caso da autoridade administrativa, o pedido será também encaminhado ao juiz da execução penal (ou do processo), sendo deferido pelo magistrado responsável, oficiando-se, então, ao juiz federal competente. A fórmula adotada nesta Lei evita que o juiz de onde está o preso aja de ofício, sem provocação; porém, exige que a autoridade administrativa, o MP ou o preso (por seu defensor ou diretamente) requeira ao juiz de origem, para que este aprove o pleito e oficie ao juiz federal para onde deverá seguir o réu ou condenado. Eis por que não há recurso previsto para o indeferimento do pedido de transferência, feito pela autoridade judiciária do local de origem. Prevê-se, isto sim, conflito de competência, caso o juiz da origem peça e o juiz do destino negue o pedido. Ver a nota 23 ao art. 9.º *infra*.

**13. Atuação da defensoria pública da União:** cuidando-se de presídios federais de segurança máxima, cabe à Defensoria Pública da União a assistência judiciária ao preso ali inserido, desde que este não possua advogado constituído. Incluída como órgão da execução penal, pela Lei 12.313/2010, a Defensoria Pública deve atual nos Estados e na esfera federal. Portanto, há a Defensoria Pública Estadual e a Defensoria Pública da União. Nos termos do art. 81-A da Lei de Execução Penal (Lei 7.210/84), "a Defensoria Pública velará pela regular execução da pena e da medida de segurança, oficiando, no processo executivo e nos incidentes da execução, para a defesa dos necessitados em todos os graus e instâncias, de forma individual e coletiva". Depois, fixam-se as suas atribuições, no art. 81-B: "I – requerer: a) todas as providências necessárias ao desenvolvimento do processo executivo; b) a aplicação aos casos julgados de lei posterior que de qualquer modo favorecer o condenado; c) a declaração de extinção da punibilidade; d) a unificação de penas; e) a detração e remição da pena; f) a instauração dos incidentes de excesso ou desvio de execução; g) a aplicação de medida de segurança e sua revogação, bem como a substituição da pena por medida de segurança; h) a conversão de penas, a progressão nos regimes, a suspensão condicional da pena, o livramento condicional, a comutação de pena e o indulto; i) a autorização de saídas temporárias; j) a internação, a desinternação e o restabelecimento da situação anterior; k) o cumprimento de pena ou medida de segurança em outra comarca; l) a remoção do condenado na hipótese prevista no § 1.º do art. 86 desta Lei; II – requerer a emissão anual do atestado de pena a cumprir; III – interpor recursos de decisões proferidas pela autoridade judiciária ou administrativa durante a execução; IV – representar ao Juiz da execução ou à autoridade administrativa para instauração de sindicância ou procedimento administrativo em caso de violação das normas referentes à execução penal; V – visitar os estabelecimentos penais, tomando providências para o adequado funcionamento, e requerer, quando for o caso, a apuração de responsabilidade; VI – requerer à

# Art. 6.º

Leis Penais e Processuais Penais Comentadas – Vol. 2 · **Nucci**    732

autoridade competente a interdição, no todo ou em parte, de estabelecimento penal. Parágrafo único. O órgão da Defensoria Pública visitará periodicamente os estabelecimentos penais, registrando a sua presença em livro próprio".

**14. Estabelecimento federal adequado:** esta norma afasta a dúvida acerca de qual seria o estabelecimento federal de segurança máxima adequado para se pleitear a transferência de preso perigoso. Não se trata, portanto, de um critério de quem solicita a transferência a escolha pura e simples do presídio de segurança máxima. Já que é preciso zelar pela lotação do estabelecimento penitenciário (art. 11, *caput*, desta Lei), nada mais adequado do que existir um órgão federal que tenha acesso geral aos presídios do país. Diante disso, para instruir os autos de transferência (ofício do juiz da origem, com documentos), ouvem-se a autoridade administrativa, o MP e a defesa, enviando-se ao Departamento Penitenciário Nacional, que poderá indicar o lugar mais adequado. Observa-se, portanto, que a vontade do preso não é prevalente, mas sim o critério estatal. Esses detentos, transferidos para presídios federais de segurança máxima podem ser transportados do seu local de origem para um lugar do outro lado do país, dificultando o acesso a família e amigos. Este é o ônus a suportar pela periculosidade gerada.

**15. Instrução dos autos de transferência:** ver a nota 7 *supra*.

**16. Oitivas antes da admissão:** por precaução, se o pedido feito não estiver completamente instruído, gerando dúvida, cabe ao magistrado federal ouvir o MP Federal e a defesa do réu ou sentenciado. Lembrar que a defesa pode ser a constituída pelo detento ou, senão tiver, manifestar-se-á a Defensoria Pública da União.

**17. Período de permanência:** o juiz federal, que recebe o transferido, estipulará um período de permanência, o que é algo extremamente subjetivo. A lei deveria ter sido mais clara. Porém, o art. 10, § 1.º, estipula o máximo de 360 dias, inclusive passível de renovação, mas não trata do prazo mínimo.

**18. Transferência urgente:** segundo dispõe a norma, em caso de *extrema necessidade*, pode-se acolher o preso, dispensando-se em primeira mão a documentação e os pareceres das partes envolvidas. Mesmo assim, observa-se que o juízo de admissibilidade, em caráter de urgência, depende do magistrado federal corregedor do presídio de segurança máxima.

**19. Transferência na fase de inquérito:** prevê-se a viabilidade da transferência do preso – prisão temporária ou preventiva – para o presídio federal de segurança máxima, enquanto estiver sendo investigado. Logo, nem é preso condenado, nem processado, mas simplesmente indiciado. Nada impede que um chefe de organização criminosa, investigado, mas preso preventivamente, conturbe o local onde está detido.

> **Art. 6.º** Admitida a transferência do preso condenado, o juízo de origem deverá encaminhar ao juízo federal os autos da execução penal.[20]

**20. Autos de execução:** autorizada a transferência do condenado, o juiz competente para a execução da pena passa a ser o magistrado federal corregedor do presídio de segurança máxima. É natural que tenha, em mãos, os autos originais da execução penal do preso. É o que se faz quando um preso passa de um presídio a outro em qualquer esfera.

> **Art. 7.º** Admitida a transferência do preso provisório, será suficiente a carta precatória remetida pelo juízo de origem, devidamente instruída, para que o juízo federal competente dê início à fiscalização da prisão no estabelecimento penal federal de segurança máxima.[21]

**21. Precatória relativa ao preso provisório:** repete-se, em termos equivalentes, o disposto pelo art. 4.º, § 2.º, desta Lei. Conferir a nota 11 *supra*.

> **Art. 8.º** As visitas feitas pelo juiz responsável ou por membro do Ministério Público, às quais se referem os arts. 66 e 68 da Lei 7.210, de 11 de julho de 1984, serão registradas em livro próprio, mantido no respectivo estabelecimento.[22]

**22. Fiscalização do presídio:** dispõem os arts. 66 e 68 da Lei de Execução Penal: "Art. 66. Compete ao Juiz da execução: (...) VII – inspecionar, mensalmente, os estabelecimentos penais, tomando providências para o adequado funcionamento e promovendo, quando for o caso, a apuração de responsabilidade. Art. 68. Incumbe, ainda, ao Ministério Público: (...) Parágrafo único. O órgão do Ministério Público visitará mensalmente os estabelecimentos penais, registrando a sua presença em livro próprio". O objetivo é constatar a regularidade de funcionamento desse estabelecimento; constatada a irregularidade cabe a proposta de interdição.

> **Art. 9.º** Rejeitada a transferência, o juízo de origem poderá suscitar o conflito de competência perante o tribunal competente, que o apreciará em caráter prioritário.[23]

**23. Conflito de competência anômalo:** o autêntico conflito de competência divide-se em positivo e negativo. Quando positivo, duas autoridades judiciárias se proclamam competentes para apreciar determinada questão; cabe ao Tribunal local decidir quem é o competente, tratando-se de juízes ligados à mesma Corte (conflito entre juízes estaduais do mesmo Estado: decide o conflito o Tribunal de Justiça; conflito entre juízes federais da mesma Região: decide o Tribunal Regional Federal respectivo). Se houver afirmação de competência pelo juiz estadual e pelo juiz federal (ligados a Tribunais diversos), cabe ao Superior Tribunal de Justiça). Há o conflito negativo, quando duas autoridades judiciárias negam a sua competência. Usa-se o mesmo critério já descrito. No caso desta Lei, inexiste um autêntico conflito de competência. A questão não se liga à competência (atribuição legal para julgar determinada questão), pois o art. 4.º, *caput*, desta Lei é claríssimo: cabe ao juiz corregedor do presídio federal de segurança máxima admitir ou não o preso a ser transferido. Portanto, o juiz que requer a transferência *não é competente* para decidir isto. Como se pode falar em conflito de competência quando o magistrado federal corregedor do presídio federal de segurança máxima *nega* a admissão do preso, ou seja, *indefere* a transferência? Pode-se, então, dizer que o legislador "aproveitou" o conflito de competência (entre juízes) para criar, na verdade, um *conflito de entendimentos* ou um *conflito de decisões*. Em suma, o juiz competente para avaliar a necessidade da transferência é o juiz federal corregedor do presídio federal de segurança máxima. Outras autoridades judiciárias, que requerem a transferência, *não são competentes* para essa decisão. Mas, para que não se consagre um *super-juiz*, que decide, sozinho, a respeito da transferência, o legislador valeu-se do instituto já existente – conflito de competência – para que um tribunal superior decida a respeito. Mas é relevante assinalar que se trata de conflito de decisões.

> **Art. 10.** A inclusão de preso em estabelecimento penal federal de segurança máxima será excepcional e por prazo determinado.[24]
>
> § 1.º O período de permanência será de até 3 (três) anos, renovável por iguais períodos, quando solicitado motivadamente pelo juízo de origem,

# Art. 10

observados os requisitos da transferência, e se persistirem os motivos que a determinaram.[25]

§ 2.º Decorrido o prazo, sem que seja feito, imediatamente após seu decurso, pedido de renovação da permanência do preso em estabelecimento penal federal de segurança máxima, ficará o juízo de origem obrigado a receber o preso no estabelecimento penal sob sua jurisdição.[26]

§ 3.º Tendo havido pedido de renovação, o preso, recolhido no estabelecimento federal em que estiver, aguardará que o juízo federal profira decisão.[27]

§ 4.º Aceita a renovação, o preso permanecerá no estabelecimento federal de segurança máxima em que estiver, retroagindo o termo inicial do prazo ao dia seguinte ao término do prazo anterior.[28]

§ 5.º Rejeitada a renovação, o juízo de origem poderá suscitar o conflito de competência, que o tribunal apreciará em caráter prioritário.[29]

§ 6.º Enquanto não decidido o conflito de competência em caso de renovação, o preso permanecerá no estabelecimento penal federal.[30]

**24. Excepcionalidade da reclusão:** não se trata essa inserção de penalidade, como figura o Regime Disciplinar Diferenciado (RDD), muito embora os incluídos nesse regime possam ser transferidos ao presídio federal de segurança máxima. Portanto, o ideal é haver um prazo limite para ser cumprido. Por outro lado, periculosidade não se avalia unicamente por meio de prazos fixos no calendário; diante disso, pode haver prorrogação até quando as autoridades judiciárias reputarem justificadas aquela modalidade de prisão.

**25. Prazo de inserção no presídio federal:** cabe à autoridade judiciária responsável pelo presídio de segurança máxima estabelecer o período, podendo ser, na primeira fixação, de até 3 anos (conforme redação dada pela Lei 13.964/2019). Posteriormente, pode ser renovado, por iguais períodos, quando solicitado, motivadamente, pelo juízo de origem. Mas não há um limite estabelecido em lei. Quer isto dizer que é viável renovar-se o período tantas vezes quantas forem necessárias, sempre respeitando – a cada vez – o prazo máximo de 3 anos. Não se trata de RDD (uma forma de sanção), mas de cumprimento em presídio federal de segurança máxima. Na jurisprudência: STF: "3. A Lei n. 11.671/2008 possibilita sucessivas extensões da permanência do preso em estabelecimento prisional de segurança máxima, uma vez evidenciada a necessidade da providência. Precedentes" (HC 228.955 AgR, 2.ª T., rel. Nunes Marques, 12.09.2023, v.u.).

**26. Estipulação de prazo excessivamente limitada:** parece um contrato, cujas partes têm interesses disponíveis, o que não é o caso espelhado nesta Lei. Deve o juiz de origem renovar o pedido de mantença do preso no presídio federal, mas isto não pode significar qualquer medida em caráter absoluto. Se não requereu até o término do prazo inicialmente fixado, deve receber o preso de volta e lidar com isso, Ora, em jogo está a segurança pública ou a do próprio preso, motivo pelo qual há de se ter flexibilidade. Cuida-se de prazo impróprio – decorrido, não acarreta sanção. A sociedade não pode pagar o preço de ter um magistrado olvidado o seu dever de requerer a prorrogação. Enfim, *cada caso deve ser um caso*, analisado *de per si*.

**27. Pedido de renovação:** parece-nos oportuna a intervenção da defensoria constituída ou pública para argumentar em nome do preso. Enquanto se processa o pedido de renovação, o preso continuará no estabelecimento de segurança máxima.

**28. Retroatividade do termo inicial:** nem precisava haver este dispositivo. Se o prazo anterior terminou, mas se está processando um pleito de renovação, por óbvio, deferido este, deve-se emendar um prazo findo ao novo prazo que principia.

**29. Rejeição da renovação:** se o juiz federal responsável pelo presídio de segurança máxima *rejeitar* a prorrogação, a Lei permite invocar o "conflito de competência" que, como já expusemos na nota 23 ao art. 9.º, é somente um conflito de entendimentos. De todo modo, o Tribunal Superior haverá de decidir, nos termos da organização judiciária.

**30. Cautela da manutenção do *status quo*:** enquanto não for decidida a questão da prorrogação, havendo "conflito de competência", o preso permanecerá no estabelecimento de segurança máxima, a fim de não provocar mais transtornos.

> **Art. 11**. A lotação máxima do estabelecimento penal federal de segurança máxima não será ultrapassada.[31]
>
> § 1.º O número de presos, sempre que possível, será mantido aquém do limite de vagas, para que delas o juízo federal competente possa dispor em casos emergenciais.[32]
>
> § 2.º No julgamento dos conflitos de competência, o tribunal competente observará a vedação estabelecida no *caput* deste artigo.[33]

**31. Lotação máxima:** chega a ser interessante o disposto nesta Lei, pois em todos os estabelecimentos penitenciários da Justiça Estadual deveria figurar a mesma norma. Sabe-se que, ao contrário disso, os presídios estaduais, no regime fechado, estão superlotados. As colônias penais desfiguraram-se para simbolizar o regime aberto. E este, há muito, virou mera prisão domiciliar. Então, o que se coloca em lei, no Brasil, não significa absolutamente nada. Espero que, na esfera dos presídios federais de segurança máxima, esse preceito seja cumprido, pois não é no resto do país.

**32. Vagas livres:** não há dúvida de que este dispositivo representa um avanço para a legislação pertinente ao sistema penitenciário nacional. Entretanto, o Estado não cumpre a lei, bastando verificar todos os dispositivos nitidamente violados da Lei de Execução Penal por todos os entes federativos. Assim sendo, nada garante que esta norma da reserva de vagas será cumprida. Somente o tempo poderá atestar. Mas, se isto for aplicado realmente, trata-se de uma cautela indispensável, pois o presídio não deve atingir sua máxima lotação; se assim ocorrer, não haverá "vagas de emergência", sob pena de ultrapassar o limite máximo estabelecido em lei.

**33. Tribunal respeita limite legal:** nada mais justificável e adequado. Porém, como o Estado não cumpre a lei no Brasil, bastando ver o desprezo a vários dispositivos da Lei de Execução Penal, resta saber se, agora, irá seguir o preceito legal. Só o tempo dirá.

> **Art. 11-A**. As decisões relativas à transferência ou à prorrogação da permanência do preso em estabelecimento penal federal de segurança máxima, à concessão ou à denegação de benefícios prisionais ou à imposição de sanções ao preso federal poderão ser tomadas por órgão colegiado de juízes, na forma das normas de organização interna dos tribunais.[34]

**34. Colegiado de juízes:** autorizado pela Lei 12.694/2012 (art. 1.º), pode-se instalar o colegiado de magistrados para tomar decisões em execução penal, quando envolver presos envolvidos em organizações criminosas.

> **Art. 11-B**. Os Estados e o Distrito Federal poderão construir estabelecimentos penais de segurança máxima, ou adaptar os já existentes, aos quais será aplicável, no que couber, o disposto nesta Lei.[35]

**35. Extensão desta Lei para presídios estaduais:** inserido pela Lei 13.964/2019, demonstra-se a meta de igualar os presídios de segurança máxima federal ao estabelecimento penal de igual nível quando estiver em Estado ou Distrito Federal. Busca-se, com razão, a igualdade entre presídios federais e estaduais, quando ambos os modelos trabalham com o mesmo sistema: segurança máxima.

---

**Art. 12.** Esta Lei entra em vigor na data de sua publicação.

Brasília, 8 de maio de 2008; 187.º da Independência e 120.º da República.

LUIZ INÁCIO LULA DA SILVA

Tarso Genro

*(DOU* 09.05.2008)

# Prisão Temporária

## Lei 7.960, de 21 de dezembro de 1989

*Dispõe sobre prisão temporária.*

O Presidente da República:

Faço saber que o Congresso Nacional decreta e eu sanciono a seguinte Lei:

**Art. 1.º** Caberá prisão temporária:[1-3]

I – quando imprescindível para as investigações do inquérito policial;[4-4-A]

II – quando o indiciado[5] não tiver residência fixa ou não fornecer elementos necessários ao esclarecimento de sua identidade;[6-6-A]

III – quando houver fundadas razões, de acordo com qualquer prova admitida na legislação penal, de autoria ou participação do indiciado nos seguintes crimes:[7-7-A]

*a)* homicídio doloso (art. 121, *caput*, e seu § 2.º);

*b)* sequestro ou cárcere privado (art. 148, *caput*, e seus §§ 1.º e 2.º);

*c)* roubo (art. 157, *caput*, e seus §§ 1.º, 2.º e 3.º); [7-A1]

*d)* extorsão (art. 158, *caput*, e seus §§ 1.º e 2.º);[7-A2]

*e)* extorsão mediante sequestro (art. 159, *caput*, e seus §§ 1.º, 2.º e 3.º);

*f)* estupro (art. 213, *caput*, e sua combinação com o art. 223, *caput*, e parágrafo único);[7-B-7-C]

*g)* atentado violento ao pudor (art. 214, *caput*, e sua combinação com o art. 223, *caput*, e parágrafo único);[7-D]

*h)* rapto violento (art. 219, e sua combinação com o art. 223, *caput*, e parágrafo único);[8]

*i)* epidemia com resultado de morte (art. 267, § 1.º);[8-A]

*j)* envenenamento de água potável ou substância alimentícia ou medicinal qualificado pela morte (art. 270, *caput*, combinado com o art. 285);[8-B]

# Art. 1.º

Leis Penais e Processuais Penais Comentadas – Vol. 2 • Nucci

> *l)* quadrilha ou bando [atual associação criminosa] (art. 288), todos do Código Penal;[8-C]
>
> *m)* genocídio (arts. 1.º, 2.º e 3.º da Lei 2.889, de 1.º.10.1956), em qualquer de suas formas típicas;[8-D]
>
> *n)* tráfico de drogas (art. 12 da Lei 6.368, de 21.10.1976);[9]
>
> *o)* crimes contra o sistema financeiro (Lei 7.492, de 16.06.1986);[9-A]
>
> *p)* crimes previstos na Lei de Terrorismo.[9-B]

**1. Prisão temporária:** é uma modalidade de prisão cautelar, cuja finalidade é assegurar uma eficiente investigação criminal policial, cuidando-se de infração penal de particular gravidade, devidamente apontada em lei. A sua inequívoca vantagem consiste em promover a substituição da antiga *prisão para averiguação*, realizada pela polícia, sem o crivo judicial, nem o acompanhamento do Ministério Público, que poderia redundar, muitas vezes, em autêntico abuso de autoridade impunível, pois desconhecido ou de difícil comprovação. A Constituição Federal de 1988 (art. 5.º, LXI) preceitua que "ninguém será preso senão em flagrante delito ou por ordem escrita e fundamentada de autoridade judiciária competente, salvo nos casos de transgressão militar ou crime propriamente militar, definidos em lei". Outros detalhes sobre a prisão para averiguação podem ser encontrados na nota 10 ao art. 282 do nosso *Código de Processo Penal comentado*. A sua desvantagem concentra-se no fato de ser muito amplo o leque de opções para a sua decretação, além do que, como tem curtíssimo prazo, torna-se praticamente inviável contestá-la por intermédio da interposição de *habeas corpus* (não há tempo hábil para o julgamento pelo tribunal). Levando-se em consideração o seu aspecto negativo, torna-se essencial possa o magistrado avaliar, com o máximo de atenção, a sua real necessidade, pois a liberdade é a regra, constituindo a prisão, autêntica exceção, em função do princípio constitucional da presunção de inocência. Na jurisprudência: STJ: "1. O encarceramento provisório do indiciado, como medida excepcional, deve estar amparado nas hipóteses taxativamente previstas na legislação de regência e em decisão judicial devidamente fundamentada. 2. O objetivo primordial da prisão temporária é o de acautelar o inquérito policial, procedimento administrativo voltado a esclarecer o fato criminoso e, por outra angulação, a servir de lastro à acusação" (HC 537.734 – AM, 6.ª T., rel. Rogerio Schietti Cruz, 06.10.2020, v.u.).

**1-A. Medidas cautelares alternativas à prisão:** a Lei 12.403/2011 criou várias medidas cautelares diversas da prisão, com o fim de serem utilizadas em lugar da segregação cautelar, inclusive durante a fase de investigação criminal. Por isso, antes de se decretar, de pronto, a prisão temporária, deve-se analisar a viabilidade de aplicação de qualquer das medidas previstas pelo art. 319 do CPP. Conforme o caso, evita-se o mal do encarceramento precoce, restringindo de algum modo a liberdade do indiciado.

**2. Hipótese para a decretação:** muito se discute a respeito dos requisitos para a decretação da prisão temporária. Seriam os incisos I, II e III, do art. 1.º, desta Lei, cumulativos ou alternativos? Se forem considerados cumulativos, a prisão temporária praticamente desaparece do cenário processual, pois se tornaria muito difícil localizar uma situação em que alguém cometa um dos delitos descritos no inciso III, além de ser imprescindível para a investigação e não possua, o suspeito, residência fixa ou elementos para estabelecer sua identidade. Por outro lado, se forem considerados alternativos, tornar-se-ia banal a decretação da prisão temporária. Bastaria que ele não tivesse residência fixa e por mais ínfima que fosse a infração penal cometida comportaria a decretação da prisão temporária. Nem uma solução nem outra se afiguram razoáveis. Por isso, concordamos com a doutrina que procura, como sempre, consertar os equívocos legislativos e fixa, como parâmetro, a reunião do inciso III com o inciso I ou com o inciso II. Nessa ótica, Maurício Zanoide de Moraes (*Leis penais especiais e sua interpretação jurisprudencial*, v. 2, p. 2869). Somente se pode decretar a prisão temporária quando o agente cometer uma das infrações descritas no inciso III do art. 1.º (crimes considerados mais graves) associado à imprescindibilidade para a investigação policial (ex.: as testemunhas temem reconhecer o suspeito) ou à situação de ausência de residência certa ou identidade inconteste (ex.: pode dar-se a fuga do suspeito). Na jurisprudência: STJ: "1. A prisão temporária poderá ser decretada quando presentes quaisquer hipóteses previstas no art. 1º da Lei n. 7.960/89. No caso, verifica-se que a prisão temporária está devidamente fundamentada, pois, apesar de o delito imputado estar previsto no rol do crimes que autorizam a decretação da prisão temporária (art. 1º, inciso III, alínea *c*, da Lei n. 7.960/89), o fato de o agravante encontrar-se foragido é fundamento suficiente para manter a prisão temporária decretada em seu favor (art. 1º, inciso I, da Lei n. 7.960/89), haja vista que é imprescindível para as investigações do inquérito policial o seu interrogatório e reconhecimento pessoal. Agravo regimental desprovido" (AgRg no RHC 78.432 – SP, 5.ª T., rel. Joel Ilan Paciornik, 28.03.2017, v.u.).

**2-A. Gravidade da infração penal:** pode ser motivo para a decretação da prisão temporária, respeitado o rol previsto no art. 1.º desta Lei. Lembre-se de que a gravidade há de ser *concreta*, apurada nos fatos ocorridos e não em abstrato. Torna-se fundamental associar-se esse elemento objetivo aos demais (imprescindibilidade para a investigação policial ou ausência de elementos suficientes para identificar o indiciado ou sua residência). Na jurisprudência: STJ: "1. É firme o entendimento de que a 'prisão temporária tem como objetivo assegurar a investigação criminal quando estiverem sendo apurados crimes graves expressamente elencados na lei de regência e houver fundado receio de que os investigados – sobre quem devem pairar fortes indícios de autoria – possam tentar embaraçar a atuação estatal' (RHC 144.813/BA, Rel. Ministro Antonio Saldanha Palheiro, Sexta Turma, julgado em 24/08/2021, DJe 31/08/2021). 2. No caso, o Relator da ação originária destacou que a prisão temporária foi embasada na imprescindibilidade da medida para a conclusão das investigações, destacando que o paciente apontado, em tese, como fornecedor, destruiu um aparelho celular ao notar a presença dos policiais" (AgRg no HC 712.737 – SP, 5.ª T., rel. Reynaldo Soares da Fonseca, 08.02.2022, v.u.).

**3. Prova da materialidade e indícios suficientes de autoria:** embora fossem elementos desejáveis, não são indispensáveis para a decretação da prisão temporária. Como já expusemos, essa modalidade de prisão cautelar substitui, para melhor, a antiga prisão para averiguação, pois há controle judicial da sua realização e das diligências policiais. No entanto, nem sempre é possível aguardar a formação da materialidade (prova da existência da infração penal) e a colheita de indícios suficientes de autoria para que se decrete a temporária. Ela é medida urgente, lastreada na conveniência da investigação policial, justamente para, prendendo legalmente um suspeito, conseguir formar, com rapidez, o conjunto probatório referente tanto à materialidade quanto à autoria. Aliás, se fossem exigíveis esses dois requisitos (materialidade e indícios suficientes de autoria), não haveria necessidade da temporária. O delegado representaria pela preventiva, o juiz a decretaria e o promotor já ofereceria denúncia. A prisão temporária tem a função de propiciar a colheita de provas, quando, em crimes graves, não houver como atingi-las sem a detenção cautelar do suspeito.

**4. Imprescindibilidade para as investigações do inquérito policial:** certamente é um elemento imponderável, sem parâmetro determinado, comportando uma gama imensurável de alegações feitas pela autoridade policial ao juiz. Entretanto, melhor assim. Muito mais razoável do que a anterior *prisão para averiguação*, chancelada por muitos julgados como legítima, mas que expunha o detido a toda sorte de privações, sem o acompanhamento judicial. Por isso, quando a autoridade policial, atualmente, representa pela prisão temporária, é obrigada a dar os motivos dessa necessidade, expondo fundamentos que serão avaliados, caso a caso, pelo magistrado competente. Em suma, embora aberto o requisito, propicia interpretação e fundamentação, tornando a prisão cautelar mais clara e sujeita ao controle jurisdicional superior. Vale destacar o alerta de Mauricio Zanoide de Moraes, no sentido de que é essencial a existência prévia de inquérito para a decretação da temporária: "Sem autos, sem investigação, enfim, sem inquérito policial instaurado, não há como legitimamente se fundamentar por meio de elementos indiciários públicos e sujeitos ao contraditório uma medida tão excepcional como a prisão cautelar de alguém" (*Leis penais especiais e sua interpretação jurisprudencial*, v. 2, p. 2879). Na jurisprudência: STJ: "3. Consta do decreto prisional fundamentação idônea para a decretação e manutenção da prisão temporária do paciente, tendo em vista a existência de indícios de que o acusado integra organização criminosa complexa e responsável pelo tráfico de drogas em pelo menos oito pontos de vendas de drogas na cidade de Limeira/SP. Ademais, ressaltou o magistrado singular que o paciente possui posição de destaque no grupo delituoso e integra as fileiras do 'Primeiro Comando da Capital'. 4. Destacou o Juízo de primeiro grau que o crime imputado está previsto no art. 1º, III, n, da Lei n. 7.960/1989 e que a segregação é imprescindível para as investigações do inquérito policial, tendo em vista a existência de 'elementos concretos, quais sejam, a apreensão de dados, evitando-se, ainda, que os custodiados combinem versões' (fl. 155), razões pelas quais não se observa flagrante ilegalidade a ser sanada, haja vista o preenchimento dos requisitos legais para a prisão temporária" (AgRg no HC 921.693 – SP, 6.ª T., rel. Og Fernandes, 07.10.2024, v.u.).

**4-A. Finalização do inquérito:** como regra, não mais admite a decretação da prisão temporária; se necessário, deve-se considerar o advento da prisão preventiva. Afinal, não havendo os elementos suficientes para a preventiva, quando a investigação se encontra no final, torna-se inadmissível a substituição pela temporária.

**5. Indiciado:** não é exclusivamente o indiciado que está sujeito à prisão temporária. Lembremos que *indiciado* é o suspeito formalmente apontado pela autoridade policial como autor da infração penal, com registro na sua folha de antecedentes. Por vezes, a prisão temporária torna-se necessária justamente para saber se determinado suspeito é o autor do delito, devendo, pois, ser indiciado. Ex.: testemunhas narram ter visto o crime e, pelas características do agente, supõem ser Fulano, mas sem certeza. Para que se faça o reconhecimento, imaginando-se que Fulano está para mudar-se do local, pode o delegado representar pela prisão temporária, que, decretada pelo juiz, permitirá a formalização do reconhecimento pelas testemunhas, confirmando a suspeita ou não. Ratificada a suspeita, ocorre o indiciamento. Afastada, será o indivíduo colocado em liberdade sem o formal indiciamento.

**6. Residência fixa e identidade conhecida:** esses dois elementos permitem a correta qualificação do suspeito, impedindo que outra pessoa seja processada ou investigada em seu lugar, evitando-se, por isso, o indesejado erro judiciário. Aquele que não tem residência (morada habitual) em lugar determinado *ou* que não consegue fornecer dados suficientes para o esclarecimento da sua identidade (individualização como pessoa) proporciona insegurança na investigação policial. Portanto, se, eventualmente, a ser apurado, praticou um crime grave (descrito no inciso III), pode ter a prisão temporária decretada, com o fito de se concluir o inquérito de maneira eficiente, apontando a autoridade policial, com maior segurança, quem seria o autor da infração penal. Afinal, durante o período da prisão temporária, pode-se determinar a apuração de quem é, realmente, o indiciado, promovendo-se a sua identificação criminal (ex.: colheita e exame da impressão dactiloscópica).

**6-A. Prisão preventiva utilitária:** a Lei 12.403/2011 inseriu o parágrafo único no art. 313 do CPP [hoje, § 1º.], prevendo a hipótese de se decretar a prisão preventiva, quando houver dúvida sobre a identidade civil da pessoa ou quando ela não fornecer dados suficientes para esclarecê-la; entretanto, assim que identificado, deve o preso ser colocado imediatamente em liberdade, salvo se outra hipótese recomendar a manutenção da medida. Deve-se utilizar a mesma ideia para o campo da prisão temporária, ao menos quando decretada com fundamento no inciso II do art. 1.º desta Lei. Feita a devida identificação do suspeito ou indiciado, nada impede seja prontamente revogada a temporária.

**7. Rol de delitos considerados graves:** objetivando o estabelecimento de um parâmetro para a decretação da prisão temporária, que não pode ser banalizada, justamente pela facilidade na sua concessão, deve-se buscar na relação do inciso III do art. 1.º, desta Lei, o contexto dentro do qual pode agir o magistrado. Na jurisprudência: STJ: "2. No caso, as decisões que decretaram/mantiveram a prisão temporária do paciente demonstraram a necessidade da medida extrema, destacando o *modus operandi* (o indiciado teria golpeado a vítima com uma faca, perto da residência da mesma, em plena luz do dia, em princípio por motivo fútil), revelador da periculosidade social do agente. Ressalta-se, ainda, a imprescindibilidade da prisão para a elucidação dos fatos, reconhecimento pessoal do indiciado pelas testemunhas e conclusão do inquérito policial. Ademais, há necessidade de proteger as testemunhas e o recorrente ainda não foi localizado; os mandados de prisão expedidos em seu desfavor ainda não foram cumpridos. 3. O fato de o mandado de prisão expedido em 21/2/2018 ainda não ter sido cumprido reforça a necessidade da prisão temporária, tendo em vista a dificuldade de continuidade e conclusão das investigações criminais. Precedentes" (RHC 116.985 – RJ, 5.ª T., rel. Reynaldo Soares da Fonseca, 12.11.2019, v.u.).

**7-A. Modulação da prisão temporária pelo STF:** em fevereiro de 2022, o Supremo Tribunal Federal julgou as ADIs 3.360 e 4.190, relativas à aplicação da Lei 7.960/89, referente à prisão temporária e consagrou, em verdade, o entendimento majoritário na doutrina a respeito dos requisitos para a decretação dessa medida cautelar (Plenário, rel. Edson Fachin, redator para o acórdão, sessão virtual de 04.02.2022 a 11.02.2022. m.v.). Não houve um acréscimo conceitual ou que viabilizasse uma compreensão inédita sobre o contexto da prisão temporária, embora tenha sido muito relevante para consolidar, de maneira clara, pelo Pretório Excelso, a avaliação dos termos da mencionada Lei. A Corte Suprema concluiu, em interpretação conforme a Constituição, que a imposição dessa medida constritiva da liberdade precisa agregar os seguintes requisitos de modo cumulativo: (a) ser imprescindível para a investigação policial (art. 1.º, I, Lei 7.960/89), cujo quadro necessita de alicerce em *elementos concretos*, afastando-se conjecturas, palpites ou suposições de caráter abstrato; (b) jamais ser decretada como *prisão para averiguação*, quando se viola o direito à não autoincriminação; (c) inviável a temporária apenas porque o suspeito não possui residência fixa (art. 1.º, II, Lei 7.960/89); (d) exige-se a demonstração de fundadas razões de autoria ou participação nos delitos elencados no art. 1.º, III, da Lei 7.960/89, vedada analogia ou interpretação extensiva; (e) deve-se enfocar fatos novos ou contemporâneos à decretação da prisão temporária, nos moldes exigidos para a preventiva (art. 312, § 2.º, do CPP); (f) não for indicada a aplicação de medida cautelar alternativa (arts. 282, § 6.º, 319 e 320, do CPP); (g) concentrar-se em fato criminoso concretamente grave, bem como às condições pessoais do agente (art. 282, II, do CPP). Analisando-se a decisão, torna-se essencial destacar, em primeiro plano, ser realmente inadequado supor que a prisão temporária pudesse ser uma singela substituição da antiga *prisão para averiguação* existente antes do advento da Constituição de 1988, consistente em se privilegiar o *poder de polícia* do Estado, permitindo que os agentes da segurança pública conduzissem coercitivamente alguém ao distrito policial para ser ouvido ou apresentar documento e confirmar a sua identidade. A partir do texto constitucional de 1988, a prisão somente tem sentido se feita em flagrante delito, por qualquer pessoa, ou por ordem escrita e fundamentada da autoridade judiciária competente. Portanto, há muito deixou de ser uma simples *prisão para averiguação*. Se assim foi (ou é) decretada, em verdade, constitui abuso de autoridade. Dessa forma, a temporária

# Art. 1.º

demanda elementos concretos para alicerçar uma investigação policial relevante, calcada, por certo, na gravidade concreta da infração penal, visto que essa é a consagrada lição doutrinária e da maioria da jurisprudência. Por outro lado, a vagueza do texto da Lei 7.960/89 levou a dificuldades para a interpretação, pois não se explicava satisfatoriamente se os requisitos expostos nos incisos I, II e III do art. 1.º seriam alternativos ou cumulativos. Chegou-se à conclusão majoritária, para ter lógica e eficiência, que haveria de estar presente o inciso I e o III ou o II e o III. Embora a decisão do STF se refira à inviabilidade de decretação da temporária porque o suspeito não possui residência fixa, o mais relevante sempre disse respeito à sua identificação para que pudesse ser convenientemente processado. Então, muitas vezes, decretava-se a temporária para saber exatamente quem era o suspeito, cuja identidade estava duvidosa e essa medida foi consagrada, inclusive, no cenário da prisão preventiva (art. 313, § 1.º, do CPP). Ora, se cabe para a mais grave medida cautelar (preventiva) pode ser aplicada à menos grave, pois de menor duração (temporária). Quanto à indispensabilidade de se respeitar o rol do inciso III do art. 1.º da Lei 7.960/89, também era o entendimento dominante, mas não se compreende a vedação à utilização de analogia ou interpretação extensiva, formas *expressamente* admitidas no âmbito processual penal (art. 3.º do CPP). A indicação de ser conveniente a prisão temporária apenas se não couber medida cautelar alternativa parece-nos acertada e essa conclusão advém da mesma assertiva exposta no cenário da conversão da prisão em flagrante em preventiva. Sobre os indícios suficientes de autoria (ou participação) era o mínimo que se poderia esperar de medida cautelar tão precoce e geralmente decretada em termos mais vagos do que a preventiva. Além disso, a demanda por fatos novos e contemporâneos segue a mesma linha agora exigida para a preventiva. Finalmente, as condições pessoais do agente (primário ou reincidente, bons ou maus antecedentes, dentre outros fatores) sempre constituíram um farol para qualquer medida constritiva da liberdade. Em conclusão, a decisão do Pretório Excelso não trouxe nenhum paradigma inédito para a prisão temporária, além do que já vinha sendo recomendado pela doutrina majoritária e, igualmente, pela jurisprudência dominante. No entanto, a ratificação de conceitos importantes pelo STF consolida mais um passo na direção da garantia aos direitos fundamentais. Consolidando o entendimento exposto: STF: Rcl 68.990 AgR, 1.ª T., rel. Luiz Fux, 19.08.2024, v.u. Na jurisprudência: STJ: "3. Na espécie, observa-se que o decreto temporário não observou tais diretrizes. Em que pese tenha mencionado a imprescindibilidade para as investigações do inquérito e fundadas razões de autoria do indiciado, verifica-se que o decreto não apresentou justificativas em fatos novos ou contemporâneos, adequação à gravidade concreta do crime, às circunstâncias do fato e às condições pessoais do indiciado e a não suficiência da imposição de medidas cautelares, carecendo, dessarte, de fundamentação apta a justificar a prisão" (AgRg no HC 833.232 – MG, 5.ª T., rel. Ribeiro Dantas, 04.03.2024, v.u.).

**7-A1. Roubo com novas causas de aumento:** inseridos pelas Leis 13.654/2018 e 13.964/2019, os §§ 2.º-A ("a pena aumenta-se de 2/3 (dois terços): I – se a violência ou ameaça é exercida com emprego de arma de fogo; II – se há destruição ou rompimento de obstáculo mediante o emprego de explosivo ou de artefato análogo que cause perigo comum) e 2.º-B ("se a violência ou grave ameaça é exercida com emprego de arma de fogo de uso restrito ou proibido, aplica-se em dobro a pena prevista no *caput* deste artigo) devem ser acrescidos às hipóteses permissivas da decretação da prisão temporária. Embora a Lei 7.960/89 não preveja, expressamente, tais hipóteses, porque recentes, cuida-se de interpretação lógico-sistemática. Neste caso, utiliza-se a interpretação para envolver novas causas de aumento de pena, que tornam o roubo mais grave; logo, com muito mais razão, cabe a decretação de prisão temporária. Embora exista decisão do STF vedando o uso de interpretação extensiva ou analogia, quer-se crer se volte à utilização de crimes mais graves como parâmetro para utilizar essa modalidade de prisão para delitos mais brandos. No entanto, quando infrações penais mais brandas comportam prisão temporária, estando no mesmo cenário, parece-nos ser indispensável a consideração de que as mais graves também admitam. Nem se pode falar de interpretação extensiva, mas lógico-sistemática. Se o roubo de formato simples (art. 157, *caput*, do CP) comporta prisão temporária, torna-se natural conceber que o roubo cometido com emprego de arma de fogo de uso restrito, igualmente, assim acolha.

**7-A2. Sequestro relâmpago:** a nova figura de aumento, relativa à extorsão, conhecida por *sequestro relâmpago*, constante do art. 158, § 3.º, do Código Penal (acrescida pela Lei 11.923/2009), não está descrita no art. 1.º, inciso III, *d*, da Lei 7.960/89. Entretanto, trata-se de lei processual, que admite a interpretação lógico-sistemática. Logo, se cabe prisão temporária para formas mais brandas de extorsão (*caput*, §§ 1.º e 2.º), com maior razão deve-se estender a possibilidade para a modalidade mais grave, hoje prevista no § 3.º.

**7-B. Inovação legal:** o advento da Lei 12.015/2009 modificou o contexto da figura típica relativa ao estupro. No art. 213, passa-se a prever tanto a conjunção carnal quanto outros atos libidinosos, unificando o que antes era dividido em *estupro* e *atentado violento ao pudor*. No mais, a revogação do art. 223 trouxe, apenas, uma inovação, pois o seu conteúdo deslocou-se para os §§ 1.º e 2.º do art. 213. Não houve, pois, *abolitio criminis*, porém uma recolocação das figuras típicas. Permanece a possibilidade de decretação da prisão temporária para o estupro, na forma simples, bem como para a sua figura qualificada (resultando lesão grave ou morte).

**7-C. Estupro de vulnerável:** admite a decretação da prisão temporária. A antiga previsão de presunção de violência, contida no art. 224 do Código Penal (revogado pela Lei 12.015/2009), transformou-se no art. 217-A do Código Penal. Embora este artigo não esteja elencado no art. 1.º da Lei da Prisão Temporária, cuida-se, somente, de uma modalidade de estupro, embora com pena mais grave. O *estupro de vulnerável* não é um tipo penal inédito, mas somente uma decorrência da realocação de figuras típicas. Portanto, antes da Lei 12.015/2009, afirmava-se ter havido estupro com presunção de violência, quando a vítima era vulnerável; hoje, pode-se dizer ter havido estupro de vulnerável, no mesmo cenário. Assim, a meta da Lei 7.960/89 continua válida: permitir a decretação da prisão temporária nos casos de delitos graves, muitos deles hediondos, como é o caso do estupro, seja ele de vítima comum, seja de ofendido vulnerável. Ademais, se para a figura mais branda (estupro de pessoa comum) admite-se a temporária, com maior razão, cabe a prisão cautelar no tocante à figura mais severa (estupro de vulnerável). Lembre-se, ainda, que a Lei da Prisão Temporária é processual, admitindo, para coerência com o sistema normativo, a interpretação lógico-sistemática ou teleológica. Por isso, o estupro de vulnerável permite a prisão temporária.

**7-D. Atentado violento ao pudor:** deixa de ser considerado figura autônoma, passando a constar no âmbito do estupro (art. 213). Desse modo, a revogação do art. 214 não significa uma *abolitio criminis*, mas somente uma realocação da figura típica. Continua a ser possível a decretação da prisão temporária para essa modalidade de crime sexual, agora contido na figura do estupro.

**8. Revogação do rapto violento:** a Lei 11.106/2005 eliminou o crime de rapto violento (art. 219, e sua combinação com o art. 223, *caput*, e parágrafo único). Entretanto, não houve descriminalização total da conduta, pois o art. 148, § 1.º, V, do Código Penal, acabou absorvendo a figura típica do antigo art. 219. Como o sequestro ou cárcere privado (alínea *b* deste inciso) comporta prisão temporária, nesse contexto nada mudou, na prática.

**8-A. Epidemia com resultado morte:** embora seja um crime de raríssima ocorrência, a sua previsão, nesta Lei, advém da gravidade da pena; além disso, passou a constar, também, no rol do art. 1.º da Lei dos Crimes Hediondos.

# Art. 2.º

**8-B. Envenenamento de água potável ou substância alimentícia ou medicinal qualificado pela morte:** igualmente, cuida-se de delito de raríssima ocorrência, mas aqui inserido pela severidade das penas cominadas; em razão disso, terminou por figurar, também, no art. 1.º da Lei dos Crimes Hediondos, na primeira versão de 1990. Hoje, não mais consta como delito hediondo.

**8-C. Quadrilha ou bando:** este delito passou a ser denominado *associação criminosa* (art. 288, CP). Deve-se fazer a adaptação necessária para o tipo substitutivo, incluindo, ainda, por questão de lógica, o crime de milícia (art. 288-A, CP) e o delito de organização criminosa (art. 2.º, Lei 12.850/2013) para fins de decretação da prisão temporária. Esses últimos são formatos de associação criminosa mais graves, com penas superiores. É importante ressaltar que a permissão para a decretação de temporária para a associação criminosa acarreta igual autorização para abranger os crimes conexos, embora não previstos expressamente nesta Lei. Na jurisprudência: STJ: "1. Decorre de comando constitucional expresso que ninguém será preso senão por ordem escrita e fundamentada de autoridade judiciária competente (art. 5.º, LXI). A prisão temporária é regida pela Lei n. 7.960/1989, que prevê em seu art. 1.º as hipóteses de seu cabimento. 2. No caso, foram apresentados fundamentos concretos para justificar a decretação da prisão temporária do agravante, por haver indícios de sua participação na prática dos crimes previstos nos arts. 171, § 2.º, VI, e art. 288, *caput*, ambos do Código Penal. 3. Ademais, não há notícia de que o mandado de prisão foi cumprido até o momento, encontrando-se o réu em local incerto e não sabido, corroborando a necessidade da custódia, tendo em vista que o recolhimento dele ao cárcere é imprescindível para as investigações" (AgRg no HC 914.790 – GO, 6.ª T., rel. Antonio Saldanha Palheiro, 02.09.2024, v.u.).

**8-D. Genocídio:** o delito é de extraordinária ocorrência, mas de invulgar importância, motivo pelo qual foi inserido nesta Lei; pelo mesmo fundamento, encontra-se previsto como crime hediondo (art. 1.º, parágrafo único, I, Lei 8.072/90).

**9. Tráfico ilícito de drogas:** embora a alínea *n* faça menção exclusiva ao art. 12 da Lei 6.368/76, hoje constante do art. 33 da Lei 11.343/2006, deve-se empreender a adaptação típica da nova legislação para envolver as figuras previstas nos arts. 34 a 37 da referida Lei 11.343/2006. É o que nos parece atualmente, em mais detida reflexão sobre o tema.

**9-A. Sistemas financeiros:** são previstos na Lei 7.492/86 (arts. 2.º a 23).

**9-B. Terrorismo:** o crime e suas formas de realização vêm tipificados pela Lei 13.260/2016. Autoriza-se a prisão temporária em delitos dessa gravidade, durante a fase investigatória, se necessário, até mesmo pelo fato de que foram considerados infrações penais os atos preparatórios (art. 5.º da referida Lei). Noutros termos, se o legislador se preocupou em tipificar a preparação do ato terrorista, por óbvio, a prisão cautelar pode tornar-se imprescindível, a depender do caso concreto.

> **Art. 2.º** A prisão temporária será decretada pelo Juiz,[10] em face da representação da autoridade policial ou de requerimento do Ministério Público, e terá o prazo de 5 (cinco) dias, prorrogável por igual período em caso de extrema e comprovada necessidade.[11-13]
>
> § 1.º Na hipótese de representação da autoridade policial, o Juiz, antes de decidir, ouvirá o Ministério Público.[14]
>
> § 2.º O despacho que decretar a prisão temporária deverá ser fundamentado e prolatado dentro do prazo de 24 (vinte e quatro) horas, contadas a partir do recebimento da representação ou do requerimento.[15-15-B]

§ 3.º O Juiz poderá, de ofício, ou a requerimento do Ministério Público e do Advogado, determinar que o preso lhe seja apresentado, solicitar informações e esclarecimentos da autoridade policial e submetê-lo a exame de corpo de delito.[16-16-A]

§ 4.º Decretada a prisão temporária,[16-B] expedir-se-á mandado de prisão, em duas vias, uma das quais será entregue[17] ao indiciado e servirá como nota de culpa.[18]

§ 4.º-A O mandado de prisão conterá necessariamente o período de duração da prisão temporária estabelecido no *caput* deste artigo, bem como o dia em que o preso deverá ser libertado.[18-A]

§ 5.º A prisão somente poderá ser executada depois da expedição de mandado judicial.[19]

§ 6.º Efetuada a prisão, a autoridade policial informará o preso dos direitos previstos no art. 5.º da Constituição Federal.[20]

§ 7.º Decorrido o prazo contido no mandado de prisão, a autoridade responsável pela custódia deverá, independentemente de nova ordem da autoridade judicial, pôr imediatamente o preso em liberdade, salvo se já tiver sido comunicada da prorrogação da prisão temporária ou da decretação da prisão preventiva.[21]

§ 8.º Inclui-se o dia do cumprimento do mandado de prisão no cômputo do prazo de prisão temporária.[21-A]

**10. Decretação por autoridade judiciária e prazo de duração:** é o procedimento correto, pois a Constituição Federal (art. 5.º, LXI) somente permite a prisão decretada por autoridade judiciária competente, em ordem escrita e fundamentada, além da prisão em flagrante, que pode ser efetivada por qualquer pessoa. Por outro lado, diversamente das demais formas de prisão cautelar, no caso de prisão temporária, não pode o magistrado decretá-la de ofício. Há, invariavelmente, de existir requerimento do Ministério Público ou representação da autoridade policial. Note-se, ainda, que se trata de uma prisão cautelar com prazo fixo, o que é raro no ordenamento jurídico pátrio. Entendemos, no entanto, que o prazo de cinco dias, prorrogáveis por outros cinco, é o limite máximo, podendo, se for o caso, ser diminuído. Ex.: o juiz pode decretar a temporária por três dias, por exemplo, sem prorrogação. O mínimo, portanto, será de um dia e o máximo, incluída a prorrogação, de dez. Ilustrando: pode existir a hipótese de se necessitar da prisão temporária unicamente para a realização de um reconhecimento. Nada impede, então, que o juiz, por sugestão da própria autoridade policial, a decrete por um dia. O importante é que não ultrapasse, em hipótese alguma, o limite máximo de dez dias. Sustentando a mesma posição, encontra-se Maurício Zanoide de Moraes (*Leis penais especiais e sua interpretação jurisprudencial*, p. 2890). Consultar, ainda, a nota 12 *infra*.

**11. Prorrogação absolutamente indispensável:** a lei é bem clara ao dispor que a prorrogação da prisão temporária por até 5 (cinco) dias (pode haver uma extensão de um a cinco dias) deve realizar-se em caso de *extrema* (algo extraordinário) e *comprovada* (demonstrada por alguma prova) necessidade. Logo, não basta que a autoridade policial oficie ao magistrado apenas e tão somente representando pela prorrogação, sob o singelo argumento de ainda não estarem concluídas as diligências investigatórias necessárias. É indispensável que esclareça, ao juiz, o que efetivamente fez no primeiro período (de um a cinco dias), apresentando provas (ex.: depoimentos colhidos) e demonstrando o que pretende fazer num segundo período (de um a cinco dias). Deve-se evitar a banalização da prisão temporária pela simples razão de ser uma modalidade de prisão cautelar praticamente avessa à impugnação, por absoluta falta de

# Art. 2.º

tempo hábil. Se o magistrado a decretar por cinco dias, sem atentar para a sua real necessidade, prorrogando-a por outros cinco, do mesmo modo, como fará o preso para recorrer? Nenhum *habeas corpus* será julgado no exíguo prazo de cinco ou dez dias pelo tribunal. A única chance seria a concessão de medida liminar, revogando a prisão temporária, proferida pelo relator. Porém, se isto não ocorrer, nada mais poderá ser feito.

**12. Prisão temporária em caso de crimes hediondos e equiparados:** o art. 2.º, § 4.º, da Lei 8.072/90, estabelece que o prazo da prisão temporária nos casos de delitos hediondos, tráfico ilícito de entorpecentes, tortura e terrorismo pode atingir 30 (trinta) dias, prorrogáveis por igual período, em caso de extrema e comprovada necessidade. Portanto, cria-se uma prisão cautelar que pode atingir até sessenta dias, sem acusação formalizada, apenas para o transcurso da investigação policial. Mais uma vez, é preciso cautela do magistrado nessa decretação, visto ser um período extenso, que pode redundar em fracasso, demonstrando não ser o preso o autor da infração penal. Não haveria reparação para a prisão por 60 dias. Se a prisão temporária foi decretada sem fundamento sólido, ultrapassado o seu período de duração, nada tendo sido apurado contra o preso, que é colocado em liberdade sem a formalização de acusação, pensamos caber, sem dúvida, indenização civil em ação própria, movida contra o Estado. Tudo isto, sem prejuízo de eventual responsabilidade penal e civil das autoridades envolvidas, naturalmente se for apurado dolo na conduta de quem representou pela temporária e/ou de quem a decretou, abusando de seu poder. Outro ponto importante é a eleição do período ideal para a realização das diligências propostas pela autoridade policial, razão pela qual não é preciso, em caso de crime hediondo ou equiparado, decretar-se a temporária pelo prazo máximo de trinta dias, nem o prorrogar, automaticamente, para outro período de trinta dias. O caso concreto irá demonstrar qual a melhor posição a ser adotada tanto pela polícia quanto pelo juízo. Ex.: pode-se decretar a temporária por dez dias e prorrogá-la por cinco dias, como é viável decretá-la por quinze dias, prorrogando-a por outros quinze. Não deixemos de lembrar que a impugnação a essa prisão cautelar é dificultada pela exiguidade do tempo. Ainda que atinja os 60 (sessenta) dias, há muitos tribunais que, pelo excesso de serviço, não conseguiriam julgar eventual *habeas corpus* impetrado pelo preso. Resta-lhe eventual concessão de liminar pelo relator. Convém lembrar que Roberto Delmanto Júnior sustenta a inconstitucionalidade desse dispositivo, autorizando a prisão temporária por trinta dias (prorrogáveis por mais trinta), sob o argumento de ferir a isonomia processual e a igualdade de todos perante a lei. Afinal, diz o autor, se o preso cautelarmente, em virtude de flagrante ou preventiva, acarreta o prazo de dez dias para o término do inquérito, não poderia haver uma prisão temporária de até sessenta dias para crimes hediondos e equiparados (*As modalidades de prisão provisória e seu prazo de duração*, p. 251-252). Assim não nos parece. Isonomia é justamente tratar desigualmente os desiguais. Autores de crimes hediondos e assemelhados são mais perigosos que outros delinquentes, tanto que a Lei 8.072/90 lhes confere tratamento mais rigoroso, o que é, inclusive, seguido pela Constituição Federal (art. 5.º, XLIII). Pode-se discutir se o prazo de até 60 (sessenta) dias não seria exagerado, mas não se pode pretender a equiparação do autor de roubo (sujeito à prisão temporária de cinco dias, prorrogáveis por outros cinco) com o autor de latrocínio (sujeito à prisão temporária de trinta dias, prorrogáveis por outros trinta), sob o fundamento da "igualdade de todos perante a lei". Ademais, é preciso verificar que o advento da lei da prisão temporária ocorreu muitas décadas depois da edição do Código de Processo Penal, que previa os tais dez dias para a conclusão do inquérito para casos de flagrante e preventiva. Outros fatores, como já analisamos, fizeram nascer a temporária, de modo que perdeu espaço a prisão preventiva na fase policial. Logo, são incomparáveis os dois institutos e suas finalidades, até por uma visão histórica de ambos.

**13. Prisão temporária seguida de prisão preventiva:** essa hipótese, em nosso entendimento, somente seria viável em uma situação. Imagine-se que, em caso complexo, a autoridade policial representa pela temporária, apurando crime hediondo e o juiz a decreta por trinta dias. Findo esse período, havendo necessidade, devidamente comprovada, ocorre a prorrogação por outros trinta dias. Ao final da temporária, o inquérito é remetido à Justiça e o Ministério Público, oferecendo denúncia, requer a decretação da prisão preventiva. O magistrado recebe a denúncia e decreta a preventiva. O que nos soa ilógico e abusivo é a decretação da prisão temporária por sessenta dias e, após esse longo período, a autoridade policial representar pela preventiva, o juiz conceder e a investigação policial ainda continuar por outros dez dias (art. 10, *caput*, CPP). Seriam setenta dias para um inquérito de indiciado preso, o que se afigura inconcebível. Antes do advento da Lei 7.960/89, a autoridade policial tinha a possibilidade de representar pela prisão preventiva, durante o inquérito, por não dispor de outro meio para manter, legalmente, preso o investigado. A partir da Lei da Prisão Temporária, não há mais necessidade de se usar os dois institutos sucessivamente: temporária + preventiva. Ou um, ou outro. Há crimes que não comportam temporária (ex.: estelionato). Se for indispensável prender cautelarmente um indiciado por estelionato, em vias de fugir, cabe a decretação da prisão preventiva e a autoridade policial terá 10 (dez) dias para concluir o inquérito. Porém, a aplicação da temporária seguida de preventiva, exclusivamente durante a fase investigatória, parece-nos situação abusiva.

**14. Prévia oitiva do Ministério Público:** se a prisão advém da necessidade investigatória da polícia, é natural ouvir-se, antes da decretação, o Ministério Público, titular da ação penal. Afinal, se o órgão acusatório entender dispensável a prisão cautelar, pois já tem elementos suficientes para apresentar a denúncia, pode opor-se à decretação, tomando as medidas cabíveis para o início da ação penal. Por outro lado, o membro do Ministério Público atua, durante a investigação policial, como fiscal da lei, devendo, também, zelar pela integridade e liberdade do suspeito, quando entender não ser o caso de decretação da temporária, podendo opinar em sentido contrário. Seu parecer, por certo, não vincula o juiz, que pode, mesmo assim, decretar a prisão.

**15. Fundamentação da decisão e prazo:** não se trata de mero despacho, mas de autêntica decisão, pois se está lidando com a liberdade de alguém. Por outro lado, é evidente que a decisão deve ser fundamentada, como, aliás, todas as demais decisões do Poder Judiciário (art. 93, IX, CF). Acrescente-se que a motivação não pode ser *pro forma*, lastreada, por exemplo, na própria representação do delegado ("acolhendo os motivos expostos pela autoridade policial, decreto a prisão de 'X' por cinco dias"). O magistrado precisa dar os *seus* próprios argumentos para decretar a temporária. Além disso, o prazo de 24 h (vinte e quatro horas), na prática, não se dá. A urgência na decretação desse tipo de prisão impõe maior agilidade, motivo pelo qual, havendo representação da autoridade policial, ouve-se o Ministério Público de imediato, passando-se o pedido ao juiz, que acolherá, sendo o caso, o pedido algumas horas depois. Se um indiciado está prestes a fugir, a demora de vinte e quatro horas é mais que suficiente para que desapareça. A bem da verdade, há sempre juízes de plantão, durante as vinte e quatro horas do dia, com a finalidade de analisar as representações das autoridades policiais nesse sentido.

**15-A. Sucessiva decretação da preventiva:** a carência de motivação, no tocante à prisão temporária, pode ser suprida pela posterior decretação, devidamente fundamentada, da prisão preventiva. Ademais, se coube o *mais* (prisão preventiva), termina-se por justificar o *menos* (prisão temporária).

**15-B. Inviabilidade de supressão de instância:** o pedido de revogação da prisão temporária deve ser dirigido ao juiz que a decretou. Negado, cabe a interposição de *habeas*

# Art. 2.º

*corpus* junto ao Tribunal de 2.º grau. Somente após a decisão desta Corte, poder-se-ia seguir ao Superior Tribunal de Justiça. Do contrário, haveria supressão de instância.

**16. Apresentação do preso:** o § 3.º está mal situado, dando a impressão de que a pessoa sujeita à prisão temporária poderia estar presa antes mesmo da expedição do mandado, o que não pode ocorrer, conforme se vê no § 5.º deste artigo. O correto seria inseri-lo após o § 6.º. De toda forma, a providência prevista no § 3.º tem por finalidade resguardar a integridade física do preso, autorizando que o juiz, de ofício ou a requerimento do Ministério Público ou do advogado do suspeito, possa determinar a apresentação da pessoa detida para que se verifique eventual situação de abuso (ex.: tortura), bem como pode o magistrado preferir encaminhar diretamente o preso para exame de corpo de delito e ainda solicitar informes da autoridade policial. Essa situação é anômala e somente se dará se houver suspeita de agressão ilegal ao preso.

**16-A. Juiz inquisidor:** não se admite possa o magistrado seguir além do previsto em lei (apresentação do preso, submetê-lo a exame de corpo de delito e solicitar esclarecimentos da autoridade policial), ingressando na atividade investigatória por qualquer meio.

**16-B. Prevenção:** o magistrado que decreta a prisão temporária torna-se prevento para o conhecimento de eventual futura ação penal. Cumpre-se o disposto no art. 75, parágrafo único ("A distribuição realizada para o efeito da concessão de fiança ou da decretação de prisão preventiva ou de qualquer diligência anterior à denúncia ou queixa prevenirá a da ação penal"), em combinação com o art. 83 ("Verificar-se-á a competência por prevenção toda vez que, concorrendo dois ou mais juízes igualmente competentes ou com jurisdição cumulativa, um deles tiver antecedido aos outros na prática de algum ato do processo ou de medida a este relativa, ainda que anterior ao oferecimento da denúncia ou da queixa...", ambos do Código de Processo Penal. Essa é outra das razões pelas quais não se deve manter um juiz especial, desvinculado de Vara Criminal, para apreciar as prisões cautelares, afinal, não poderá ele tornar-se prevento.

**17. Fundamento constitucional:** "o preso tem direito à identificação dos responsáveis por sua prisão ou por seu interrogatório policial" (art. 5.º, LXIV, CF).

**18. Mandado em duas vias e nota de culpa:** na realidade, é despiciendo mencionar que o mandado de prisão será expedido em duas vias, uma das quais será entregue ao preso (não é necessariamente *indiciado*, podendo ser mero suspeito), *servindo* como nota de culpa. Ora, esta é o documento oficial que se entrega ao indiciado *preso em flagrante*, para que saiba os motivos da sua prisão, o nome da autoridade que lavrou o auto, as testemunhas e o nome do condutor. Expede-se a *nota de culpa* porque não há mandado de prisão a ser cumprido, logo, inexiste a *segunda via* a ser entregue ao preso. Quando o mandado de prisão é expedido (art. 286, CPP), em duas vias, uma delas deve ficar com a pessoa detida, justamente para tomar conhecimento dos motivos da prisão, autoridade que decretou etc. Logo, ou há mandado de prisão ou nota de culpa. Lembremos que o suspeito, embora preso temporariamente, pode não ser indiciado, razão pela qual soa estranho entregar-lhe a denominada nota de *culpa*. Esta é passada às mãos do preso em decorrência de prisão em flagrante, pois, com a lavratura do auto, a autoridade policial já tem elementos suficientes para indiciar o agente do crime, tornando-se cabível falar em nota de culpa.

**18-A. Prazo certo da prisão incluído no mandado de prisão:** essa inclusão decorre da prática dos vários anos de vigência desta Lei. Inserindo-se no mandado de prisão o tempo exato da prisão e já expressando a data de soltura, não havendo prorrogação comunicada a tempo, a própria autoridade policial colocará o preso em liberdade na data assinalada.

**19. Previsão como situação óbvia:** embora pareça evidente que uma prisão somente se pode concretizar *após* a expedição do mandado judicial, pois há de se entregar ao preso uma cópia deste, na prática, sabe-se que há muitos casos de detenções efetivadas antes mesmo do pleito ao juiz para a decretação da temporária. Assim ocorrendo, configura-se abuso de autoridade. No entanto, em algumas situações, apesar de o magistrado saber que o suspeito já se encontra detido, termina validando a ilegalidade, decretando a prisão temporária e expedindo o mandado do mesmo modo. Essa prática deve ser evitada, afinal, havendo juiz disponível, dia e noite, para analisar as representações policiais pela temporária, não se justifica que a detenção do suspeito se faça *antes* da avaliação judicial ocorrer. Imagine-se que o magistrado entenda incabível a prisão temporária e indefira o pleito. Como fica a situação daquele que já se encontra detido, *sem ordem judicial* e *sem flagrante*? Outra resposta não pode haver senão a constatação do abuso de autoridade, em tese.

**20. Direitos constitucionais do preso:** a) comunicação da prisão ao juiz competente, à família do preso ou à pessoa por ele indicada (art. 5.º, LXII, CF); b) informação de que pode permanecer calado (direito ao silêncio), sendo-lhe assegurada a assistência tanto da família quanto do advogado (art. 5.º, LXIII, CF); c) identificação dos responsáveis por sua prisão ou por seu interrogatório policial (art. 5.º, LXIV, CF). Quanto ao informe em relação ao direito de permanecer calado, cremos que há necessidade de evolução nesse cenário. Normalmente, a autoridade policial só comunica ao preso seu direito ao silêncio no ato do interrogatório, quando, na realidade, em nível ideal, deveria alertá-lo desde o momento em que a voz de prisão é dada, ainda longe das dependências policiais.

**21. Libertação do preso:** deve ser feita diretamente pela autoridade policial, sem necessidade de alvará de soltura judicial, ao término do prazo da prisão temporária, caso não haja, evidentemente, prorrogação. Eventualmente, pode ocorrer não somente a referida prorrogação, como também a decretação da prisão preventiva. Nesta última hipótese, temos sustentado que é fundamental a remessa dos autos do inquérito ao fórum para que o Ministério Público apresente denúncia. Não há sentido em findar a temporária e, na sequência, ser decretada a preventiva, continuando a autoridade policial a investigar o caso, sem haver o início da ação penal. Outro ponto a observar é a liberação do preso *antes* do término do prazo da prisão decretada pelo juiz. A lei foi modificada em 2019 e continua omissa quanto a esse aspecto. Sempre nos pareceu que a autoridade judicial deveria expedir alvará de soltura, quando a polícia, entendendo nada mais haver a investigar, oficiasse ao magistrado comunicando a desnecessidade do prolongamento da prisão (ex.: uma prisão temporária é decretada por 30 dias e, ao final de 10 dias, já há prova suficiente, por exemplo, quanto à autoria, bem como tem o suspeito domicílio certo. Mas, ainda existem alguns dados importantes a coletar quanto à materialidade. Logo, desnecessária a extensão da detenção por outros 20 dias; caberia ao juiz revogar a temporária, expedindo-se alvará de soltura). Quem tem autoridade para prender, deve ter para soltar. No caso do § 7.º, autoriza a lei que, *findo o prazo da temporária*, o preso seja imediatamente liberado. Logo, a autorização dada à polícia para realizar a soltura advém de lei. Antes de o prazo terminar, entretanto, não existe tal autorização, motivo pelo qual caberia a quem decretou a prisão, revogar sua própria decisão.

**21-A. Prazo computado como penal:** todo período envolvendo prisão, seja processual ou cautelar, seja penal, como cumprimento de pena, exige a contagem como previsto no art. 10 do Código Penal. Noutros termos, o primeiro dia de prisão já é o primeiro dia do cômputo do prazo total. Isto se torna bem claro com a inserção do § 8.º pela Lei 13.869/2019. Aliás, se o procurado for preso – para efeito de prisão temporária – em determinado dia, às 23h55, constando esse horário no mandado de prisão, já terá cumprido um dia, mesmo que por cinco minutos detido. Assim, o que se sabe é que, nessas hipóteses, costuma a polícia, mesmo que prenda o sujeito às 23h55, lançar no mandado um horário diverso, como 0h10. Isto faz a investigação policial ganhar um dia inteiro.

# Art. 3.º

**Art. 3.º** Os presos temporários deverão permanecer, obrigatoriamente, separados dos demais detentos.[22]

**22. Separação obrigatória:** a lei é clara ao determinar a separação obrigatória dos presos temporários dos demais detentos. Note-se, pois, que a separação precisa envolver todos os outros indivíduos presos, inclusive o que estão em prisão cautelar, porém, por causa diversa, como, por exemplo, em virtude de preventiva. A Lei de Execução Penal (Lei 7.210/84), anterior à Lei da Prisão Temporária (Lei 7.960/89) mencionou que os presos provisórios ficarão separados dos condenados em definitivo (art. 84, *caput*). Mas o art. 3.º da Lei ora em comento, em nossa visão, foi além, impondo a separação de todos os outros detentos. Há motivo para tanto. O preso temporário pode ser um mero suspeito, que nem venha a ser indiciado, razão pela qual não deve ser colocado em contato com condenados ou com pessoas que já respondem a processo-crime e estão com prisão preventiva decretada. Se tal preceito não for respeitado, cabe a impetração de habeas corpus diretamente ao juiz de primeiro grau (competente é o magistrado que decretou a temporária), inserindo-se, como autoridade coatora, o delegado ou o diretor do presídio aonde se encontra detido o suspeito, solicitando-se a concessão de liminar para que a separação seja, imediatamente, assegurada. Paralelamente, deve o defensor do preso ingressar com representação contra a autoridade responsável pela prisão ilegal.

**Art. 4.º** O art. 4.º da Lei 4.898, de 9 de dezembro de 1965, fica acrescido da alínea *i*, com a seguinte redação:[23]

**23. Alteração na Lei de Abuso de Autoridade:** a Lei 4.898/65 foi revogada. Consultar a nova Lei de Abuso de Autoridade.

**Art. 5.º** Em todas as comarcas e seções judiciárias haverá um plantão permanente de 24 (vinte e quatro) horas do Poder Judiciário e do Ministério Público para apreciação dos pedidos de prisão temporária.[24]

**24. Plantão permanente:** deve haver juízes e membros do Ministério Público, em regime de plantão, nas 24 horas do dia, justamente para evitar que a autoridade policial alegue ter sido obrigada a prender alguém, suspeito de crime grave, *antes* de obter do magistrado a decretação da temporária. Não deve mais ser aceita tal escusa, motivo pelo qual explicitamos na nota 19 ao art. 2.º, § 5.º, desta Lei, constituir abuso de autoridade *prender primeiro* e obter o mandado de prisão *depois*.

**Art. 6.º** Esta Lei entra em vigor na data de sua publicação.

**Art. 7.º** Revogam-se as disposições em contrário.

Brasília, 21 de dezembro de 1989; 168.º da Independência e 101.º da República.

José Sarney

(*DOU* 22.12.1989)

# Responsabilidade de Prefeitos e Vereadores

## Decreto-lei 201, de 27 de fevereiro de 1967

*Dispõe sobre a responsabilidade dos Prefeitos e Vereadores,
e dá outras providências.*

O Presidente da República, usando da atribuição que lhe confere o § 2.º, do artigo 9.º, do Ato Institucional 4, de 07 de dezembro de 1966:

Decreta:

> **Art. 1.º** São crimes de responsabilidade[1-2] dos Prefeitos Municipal,[3] sujeitos ao julgamento do Poder Judiciário,[4] independentemente do pronunciamento da Câmara dos Vereadores:

**1. Crimes de responsabilidade:** trata-se de nomenclatura inadequada, utilizada para apontar os delitos funcionais dos Prefeitos Municipais, sujeitos a penas privativas de liberdade e similares, julgados pelo Poder Judiciário. São os crimes, descritos no art. 1.º deste Decreto-lei, os atinentes à responsabilidade penal do Chefe do Executivo local. Ora, nada mais são do que crimes comuns contra a Administração Pública, em foco particular para a administração municipal. Afinal, todo funcionário público, ao cometer crime contra a administração (conforme os tipos incriminadores do Código Penal), pratica um crime de sua responsabilidade. Observa-se que as infrações descritas no art. 4.º desta Lei constituem os autênticos crimes de responsabilidade, no sentido político-administrativo, tanto que não são julgados pelo Judiciário, mas pela Câmara de Vereadores. A Constituição Federal também se vale da expressão *crimes de responsabilidade* para indicar as infrações político-administrativas cujo julgamento não compete ao Poder Judiciário, mas sim a outros órgãos do Estado. Exemplo disso é o disposto pelo art. 29-A: "§ 2.º Constitui crime de responsabilidade do Prefeito Municipal: I – efetuar repasse que supere os limites definidos neste artigo; II – não enviar o repasse até o dia vinte de cada mês; ou III – enviá-lo a menor em relação à proporção fixada na Lei Orçamentária. § 3.º Constitui crime de responsabilidade do Presidente da Câmara Municipal o desrespeito ao § 1.º deste artigo". Esses delitos de responsabilidade estão previstos diretamente no texto constitucional e estão fora da alçada do Judiciário. Outro exemplo de infrações político-administrativas, denominadas de crimes de responsabilidade: "Art. 85. São crimes de responsabilidade os atos do Presidente da República que atentem contra a Constituição Federal e, especialmente, contra: I – a existência da União; II – o livre exercício do Poder Legislativo, do Poder Judiciário, do Ministério Público e dos Poderes constitucionais das unidades da Federação; III – o exercício dos direitos políticos, individuais e sociais; IV – a segurança interna do País; V – a probidade na administração; VI – a lei orçamentária; VII – o cumprimento das leis e das decisões judiciais. Parágrafo único. Esses crimes serão definidos em lei especial, que estabelecerá as normas de processo e julgamento. Art. 86. Admitida a acusação contra o Presidente da República, por dois terços da Câmara dos Deputados, será ele submetido a julgamento perante o Supremo Tribunal Federal, nas infrações penais comuns, ou perante o Senado Federal, nos crimes de responsabilidade". Finalmente, a lei específica, que cuida do julgamento das infrações político-administrativas é a Lei 1.079/50, já usada, inclusive, para afastar um Presidente da República em 1992. Observe-se o texto da referida Lei 1.079/50: "Art. 1.º São crimes de responsabilidade os que esta lei especifica. Art. 2.º Os crimes definidos nesta lei, ainda quando simplesmente tentados, são passíveis da pena de perda do cargo, com inabilitação, até cinco anos, para o exercício de qualquer função pública, imposta pelo Senado Federal nos processos contra o Presidente da República ou Ministros de Estado, contra os Ministros do Supremo Tribunal Federal ou contra o Procurador-Geral da República. Art. 3.º A imposição da pena referida no artigo anterior não exclui o processo e julgamento do acusado por crime comum, na justiça ordinária, nos termos das leis de processo penal". Em suma, os *crimes de responsabilidade* constituem infrações político-administrativas, não tendo absolutamente nenhuma relação com as figuras típicas descritas no art. 1.º deste Decreto-lei. Na jurisprudência: STF: "1. Após a edição da SV 46 o posicionamento adotado pelo Supremo Tribunal Federal tornou-se vinculante no tocante a competência privativa da União para legislar sobre a definição dos crimes de responsabilidade e o estabelecimento das respectivas normas de processo e julgamento; ou seja, o verbete vinculante tanto se refere às normas de direito material (a definição dos crimes de responsabilidade), quanto às de direito processual (o estabelecimento das respectivas normas de processo e julgamento). 2. Na presente hipótese, a decisão da Comissão Processante da Câmara de Vereadores de Cajati, ao receber a denúncia contra o Prefeito municipal, amparou-se no crime de responsabilidade definido nos art. 1º, inciso I, e art. 4º do Decreto-Lei 201/67 (doc. 8, fl. 65 e doc. 18). Igualmente, a Câmara Municipal de Cajati não se afastou do comando, segundo o qual será constituída a Comissão processante, com três Vereadores sorteados entre os desimpedidos, os quais elegerão, desde logo, o Presidente e o Relator (art. 5º, II, do DL 201/67). Dessa forma, não criou, tampouco inovou na definição dos crimes de responsabilidade previsto na legislação citada, em sintonia com a Súmula Vinculante 46. 3. Ratifica-se, portanto, o entendimento aplicado, de modo a manter, em todos os seus termos, a decisão recorrida. 4. Recurso de Agravo a que se nega provimento" (Rcl 42.494 AgR, 1.ª T., rel. Alexandre de Moraes, 13.10.2020, v.u.). STJ: "É admissível a coautoria e a participação de terceiros nos crimes de responsabilidade de prefeitos e vereadores previstos no Decreto-lei 201/1967. Precedente" (AgRg no AREsp 651699 – MG, 5.ª T., rel. Reynaldo Soares da Fonseca, 24.05.2016, v.u.).

**2. Lei de Licitações (Lei 14.133/2021):** é preciso observar que esta lei prevalece sobre o Decreto-lei 201/67 quando se exigir licitação.

**3. Extinção do mandato do Prefeito:** segue-se a Súmula 703 do STF: "a extinção do mandato do Prefeito não impede a instauração de processo pela prática dos crimes previstos no art. 1.º do Decreto-lei 201/67". O ex-prefeito responde pelo crime praticado, mas perde o direito ao foro privilegiado, devendo ser julgado em primeira instância. *Vide*, nesse caso, o disposto na Súmula 451 do STF: "a competência especial por prerrogativa de função não se estende ao crime cometido após a cessação definitiva da atividade funcional".

**4. Competência para o julgamento:** tratando-se de crimes comuns cometidos por Prefeitos, no exercício do cargo ou em função deste, são julgados pelo Poder Judiciário. No entanto, os Prefeitos possuem *foro privilegiado* e devem ser julgados diretamente pelo Tribunal de Justiça do seu Estado (art. 29, X, da CF). Pensamos que *todo e qualquer crime comum* deveria ser julgado pelo Tribunal de Justiça, mesmo os que fossem considerados *delitos federais*, pela nítida opção feita pela Constituição. No entanto, tem prevalecido o entendimento, no caso dos Prefeitos, que, cometidos crimes federais, devem ser julgados pelo Tribunal Regional Federal da sua área de atuação. Hoje, o julgamento tem sido realizado pelas Câmaras ou Turmas do Tribunal e não mais pelo Plenário da Corte, como se fazia antigamente.

> I – apropriar-se[5-8] de bens ou rendas públicas, ou desviá-los em proveito próprio ou alheio;[9-11]

**5. Análise do núcleo do tipo:** *apropriar-se* significa tomar posse ou apossar-se de coisa pertencente a outrem. No âmbito do Código Penal, o crime de apropriação tutela a propriedade e a posse de bens de particulares. Nesse caso, protegem-se os bens públicos (coisas de propriedade da Prefeitura) e as rendas públicas (arrecadação amealhada pelo Município, por meio de tributos para fazer frente às suas necessidades). Sob outro aspecto, essa forma de crime aproxima-se mais do peculato (art. 312 do CP), quando o funcionário público apropria-se de dinheiro, valor ou outro bem móvel de quem tem a posse em razão do cargo. É o chamado peculato-apropriação. A segunda parte do tipo previsto no art. 1.º, I, desse Decreto-lei segue o rumo do denominado peculato-desvio, significando *desviar* (alterar o normal destino de algo) ou desencaminhar (mudar o rumo). Ambas as figuras (apropriar-se e desviar) enfocam uma especial meta: em proveito próprio ou alheio (sempre pessoas não autorizadas por lei a receber o valor). Na jurisprudência: STF: "Ação Penal Originária. 2. *Emendatio libelli* – art. 383 do Código de Processo Penal. Denúncia que capitulou os fatos no art. 312, 2ª figura, do Código Penal (peculato-desvio), e no art. 1º, V, do Decreto-Lei 201/67 (ordenar despesa não autorizada por lei), em concurso formal. Consunção do crime de ordenar despesa não autorizada por lei pelo crime de peculato. Figura típica especial de peculato, própria do Prefeito, na forma do art. 1º, I, do Decreto-Lei 201/67. Nova capitulação dos fatos no art. 1º, I, do Decreto-Lei 201/67. 3. Peculato. Acusação de que o réu, então Prefeito Municipal de Macapá, desviou recursos públicos de que tinha a disponibilidade jurídica, em proveito de 37 (trinta e sete) síndicos contratados de forma inconstitucional pela Prefeitura para o Conjunto Habitacional Mucajá. Não configuração da elementar 'desviar'. O 'desvio' pressupõe a alocação dos recursos públicos em finalidade incompatível com a atividade estatal. Precedentes. Recursos alocados em uma finalidade de interesse social. Atipicidade da conduta. 4. Ação penal julgada improcedente, absolvendo-se o réu, na forma do art. 386, III, do CPP" (AP 924, 2.ª T., rel. Gilmar Mendes, 08.08.2017). STJ: "1. Esta Corte possui o entendimento de que o pagamento de salário ao servidor público não configura o delito do art. 1º, I, do Decreto-Lei n. 201/67, por se tratar de obrigação legal do gestor público. Precedentes. 2. A contratação de parentes do chefe do executivo, embora possa ocasionar forma de provimento direcionada ou com fraude, é passível de sanções administrativas ou civis, não se submetendo a responsabilização criminal. 3. Do mesmo modo, a apropriação dos salários, sem a prestação dos serviços atinentes ao cargo em foi nomeada, pode configurar, em tese, infração disciplinar ou ato de improbidade, mas não fato típico. 4. Agravo interno desprovido" (AgInt no REsp 1.859.830 – SC, 5.ª T., rel. Joel Ilan Paciornik, 25.08.2020, v.u.).

**6. Sujeitos ativo e passivo:** o sujeito ativo é o Prefeito Municipal. O passivo é a Municipalidade.

# Art. 1.º

**7. Elemento subjetivo do tipo:** é o dolo. Apesar de o verbo *apropriar-se* já conter o elemento relativo à finalidade de apossamento da coisa, há elementos subjetivos específicos destacados: em proveito próprio ou alheio. Na jurisprudência: STJ: "I – O entendimento deste Tribunal Superior é no sentido de que deve ser comprovado o *dolo específico* de causar prejuízo ao erário, bem como o efetivo dano às contas municipais, a fim de que seja possível a condenação pelo delito previsto no art. 1º do Decreto-Lei n. 201/1967" (AgRg no AREsp 1.957.990 – GO, 5.ª T., rel. Jesuíno Rissato (Desembargador Convocado do TJDFT), 08.02.2022, v.u.); "2. O art. 1º, inciso I, do Decreto-Lei nº 201/1967 tipifica como crime a conduta de 'apropriar-se de bens ou rendas públicas, ou desviá-los em proveito próprio ou alheio', o qual exige, para a sua configuração, a presença do dolo específico de enriquecimento ilícito" (REsp 1799355 – RJ, 6.ª T., rel. Laurita Vaz, 28.05.2019, v.u.).

**8. Empréstimo ou uso rápido:** da mesma forma que se discute a viabilidade do *peculato de uso*, pode-se estender ao presente contexto a referida análise. O Prefeito que utilizar um veículo oficial para assuntos particulares, pretendendo devolvê-lo, segundo pensamos, comete um ilícito administrativo, mas não penal. Porém, o mesmo não se aplica a dinheiro, coisa fungível. O apossamento de valores monetários, pretendendo devolver no futuro, configura a apropriação ou o desvio.

**9. Objetos material e jurídico:** o objeto material é o bem ou a renda pública. O objeto jurídico é a higidez patrimonial e moral da Administração Pública municipal.

**10. Classificação:** trata-se de crime próprio (somente pode ser cometido por pessoa com qualificação especial, no caso *ser Prefeito*); material (crime que exige um resultado naturalístico visível, consistente do rumo alterado do bem ou da verba); de forma livre (pode ser cometido por qualquer meio eleito pelo agente); comissivo (os verbos indicam *ações*); instantâneo (delineia-se o momento consumativo em determinada época do tempo); unissubjetivo (pode ser cometido por uma só pessoa); plurissubsistente (cometido por meio de vários atos); admite tentativa.

**11. Prefeito que desvia verba e aplica em outra obra:** somente se admite a movimentação de verbas e bens do Município, conforme a lei orçamentária e as demais diretrizes legais. Portanto, o prefeito pode movimentar discricionariamente apenas certos tipos de verbas. No mais, o desvio, mesmo em proveito alheio, pode caracterizar o crime.

> II – utilizar-se,[12-14] indevidamente, em proveito próprio ou alheio, de bens, rendas ou serviços públicos;[15-16]

**12. Análise do núcleo do tipo:** *utilizar-se* (fazer uso de algo) é a conduta principal, cujo objeto é o bem (patrimônio do Município), a renda (valores monetários arrecadados) ou o serviço público (atividades desenvolvidas pelo Município no interesse da comunidade). Essa figura conta, ainda, com o termo *indevidamente* (elemento normativo do tipo), que se vincula à ilicitude do ato. Porém, inserido no tipo, caso o uso seja *devido*, a conduta é atípica. Difere do crime anterior (inciso I) porque neste o agente visa somente à utilização de algo e não ao apossamento definitivo. Porém, isso não invalida, em nosso modo de ver, a nota *supra*, tratando do *empréstimo* ou *uso rápido* de determinado bem. Portanto, se o Prefeito, valendo-se do carro oficial, faz um desvio para passar em lugar que somente a ele interessa, cuida-se de uma ilicitude administrativa, talvez até improbidade, mas não chega às raias de ferir o bem jurídico penalmente tutelado. Situação diversa é pegar o carro oficial e partir com a família para um fim de semana de lazer e descanso: o uso é prolongado e ilícito. Mais uma vez, o uso indevido de dinheiro, configura o crime, pois se trata de bem fungível. Ora, quem retira do cofre público a quantia de R$ 5.000,00, por menor prazo que seja, nunca irá devolver a mesmíssima quantia (mesmas notas a ponto de provar que não as usou). Sendo bem fungível, é fácil usá-lo e depois repor a mesma quantia, sem que se consiga demonstrar a rápida utilização. Em suma, o crime consuma-se. Quanto aos serviços públicos, cremos necessário um certo tempo. Mandar passar asfalto na frente da casa do Prefeito, quando outras casas da região também são beneficiadas, pode até não ser ético, mas crime também não é. Porém, utilizar o trator, com a condução de servidor público municipal, para fazer a piscina da casa do Prefeito, sem dúvida, é delito. Na jurisprudência: STF: "5. A colaboração espontânea do ex-Prefeito, que revelou a aquisição de alimentos, bebidas alcoólicas e outros para benefício pessoal e político do réu, bem como o uso ilegal das linhas de celulares, tudo às custas dos cofres da prefeitura, está devidamente corroborada pelos documentos apreendidos – notas e recibos de fornecedores, extratos com timbre da municipalidade, quebra de sigilo telefônico até 2007 –, juntados nos volumes 6 e 7, a demonstrarem a participação do réu nos eventos delituosos. 6. Ações penais julgadas procedentes para condenar-se o réu à pena definitiva de 8 (oito) anos e 3 (três) meses de reclusão, a ser cumprida inicialmente no regime fechado, pela prática do crime previsto no art. 1º, I e II, do Decreto-Lei n. 201/1967, na forma dos arts. 29 e 71 do Código Penal e pelo crime do art. 288 do Código Penal. 7. Em cumprimento ao § 2º do art. 1º do Decreto-Lei n. 201/1967, fica o réu condenado à pena de inabilitação, por 5 (cinco) anos, para o exercício de cargo ou função pública, como efeito da condenação por crimes contra a Administração Pública" (AP 973, Pleno, rel. Gilmar Mendes, rel. para o acórdão Nunes Marques, 29.09.2021, por maioria). STJ: "4. Não houve demonstração da existência de dolo específico de se utilizar indevidamente, em proveito próprio ou alheio, de bens, renda ou serviços públicos, o que necessário para a configuração da elementar subjetiva do delito do art. 1.º, inciso II, do Decreto-Lei n. 201/1967, nos termos de pacífica jurisprudência desta Corte Superior. 5. Além disso, as instâncias ordinárias entenderam ter ocorrido o desvio das verbas públicas porque teria havido o pagamento de parcelas relativas à conclusão da obra, antes que essa fosse integralmente finalizada, o que estaria em desacordo com o contrato administrativo celebrado. Entretanto, tal fato, embora, em tese, possa configurar ilícito administrativo ou civil, não se amolda ao tipo penal em questão, que exige a intenção de desviar as verbas públicas em proveito próprio ou alheio. 6. No caso, além de não ter havido a demonstração de tal finalidade de desvio (dolo específico), as próprias instâncias pretéritas reconheceram que cerca de 96,58% (noventa e seis vírgula cinquenta e oito por cento) da obra licitada foi concluída pela empresa contratada, o que também, sem a indicação de prova concreta em sentido contrário, corrobora a conclusão pela não configuração do delito em questão. 7. O tipo penal do art. 1.º, inciso II, do Decreto-Lei n. 201/1967, criminaliza o desvio de recursos públicos em favor do Prefeito (próprio) ou de terceiros (alheio). Se os recursos públicos foram utilizados em favor do próprio Município, para adimplir parte da folha de pagamentos dos servidores, não está configurada a elementar do delito pelo qual foi o Recorrente condenado, ainda que a destinação originária dos recursos repassados ao Município fosse diversa" (REsp 1.973.787 – PB, 6.ª T., rel. Laurita Vaz, 08.03.2022, v.u.).

**13. Sujeitos ativo e passivo:** o sujeito ativo é o Prefeito Municipal. O passivo é a Municipalidade.

**14. Elemento subjetivo do tipo:** é o dolo. O elemento subjetivo específico é dado pela expressão: "em proveito próprio ou alheio". Não há forma culposa.

**15. Objetos material e jurídico:** o objeto material é o bem, a renda ou o serviço público. O objeto jurídico é a administração municipal, nos aspectos patrimonial e moral.

**16. Classificação:** trata-se de crime próprio (somente pode ser cometido por pessoa com qualificação especial, no caso *ser Prefeito*); material (crime que exige um resultado naturalístico visível, consistente do rumo alterado do bem ou da verba); de forma livre (pode ser cometido

# Art. 1.º

por qualquer meio eleito pelo agente); comissivo (o verbo indica *ação*); instantâneo (delineia-se o momento consumativo em determinada época do tempo) ou permanente (a consumação se arrasta no tempo), dependendo do modo de execução; unissubjetivo (pode ser cometido por uma só pessoa); plurissubsistente (cometido por meio de vários atos); admite tentativa.

> III – desviar, ou aplicar[17-19] indevidamente, rendas ou verbas públicas;[20-21]

**17. Análise do núcleo do tipo:** *desviar* (retirar do caminho normal e colocar em outro rumo) e *aplicar* (empregar para determinado fim) são as condutas alternativas, cujo objeto é a renda (quantia arrecadada pelo Município) ou verba (quantia ao Município destinada pelo Estado ou União) pública. Inseriu-se no tipo penal um elemento normativo, vinculado à ilicitude: indevidamente. Há de se fazer uma valoração jurídica, pois o emprego de verbas em obras e serviços públicos é obrigação do Prefeito. O ponto fundamental é o desvio ou aplicação *fora da previsão ou dos limites* legais. Na jurisprudência: STF: "II. Art. 1º, III, do Decreto-lei nº 201/67. III.1 Materialidade 5. O crime consiste em aplicar o Administrador verba pública em destinação diversa da prevista em lei. 6. Os extratos bancários (fls. 56-78) evidenciam que a conta 6488-2, Agência 3575-0, do Banco do Brasil, abrigava especificamente recursos vinculados ao Programa DST/AIDS. Evidenciam, por igual, que dali partiu uma transferência no valor de R$ 858.488,84, em 14.07.2011, destinada à 'CONTA ÚNICA SAÚDE' (fls. 278/279). O extrato de fls. 61 demonstra que dessa conta única do Fundo Municipal de Saúde saíram os recursos destinados ao cumprimento de uma ordem de pagamento em favor da MACAPAPREV (fls. 200). 7. Nesse mesmo sentido, o Ofício nº 912/2013-MACAPAPREV (fls. 223), apontando que 'o crédito realizado na conta corrente deste órgão no dia 20/07/2011 no valor de R$ 2.193.313,90 destinou-se a cobertura de repasse parte segurado [sic] Secretaria Municipal de Saúde- SEMSA meses de setembro/2010 a junho/2011'. Não bastasse isso, o depoimento em juízo de M. do E. S. F. da S., testemunha arrolada pela defesa, confirma a destinação dos recursos do programa DST/AIDS para pagamento de débitos da Prefeitura com o instituto de previdência municipal – MACAPAPREV (fls. 656/658). 8. A defesa não trouxe aos autos nenhum elemento de prova que indicasse ter sido a verba do Programa DST/AIDS efetivamente aplicada em sua destinação legal, limitando-se a sustentar que "é bem provável que tais despesas possam ter sido aplicadas com fundamento na própria política de DST-AIDS, ou ainda em situações de emergência, tal como autoriza o artigo 36, § 2º, da Lei 8080/90" (fls. 432). II.2 AUTORIA 9. A sequência dos acontecimentos que resultaram na destinação irregular dos recursos públicos demonstra que o réu não só tinha conhecimento da transferência das verbas vinculadas ao Programa DST/AIDS para quitação de débitos da Prefeitura junto ao MACAPAPREV, como compartilhou com pessoas próximas ter tomado esta decisão. 10. No dia 13.07.2011, véspera da transferência do valor de R$ 858.488,84 da conta 6488-2, agência 3575-0, do Banco do Brasil, vinculada ao Programa DST/AIDS, para a conta do Fundo Municipal de Saúde, houve uma reunião de que participaram o réu, então prefeito municipal, os secretários de finanças e de saúde do município – os corréus A. C. de L. M. e E. M. de J. –, e M. do E. S. F. da S., contador da Prefeitura. Na reunião, tratou-se da operação objeto da imputação. Tanto a ocorrência da reunião quanto a efetiva participação do réu foram confirmadas por M. do E. S. em juízo. 11. Não bastasse isso, ainda na fase pré-processual A. C. de L. M. declarou que R. G. tinha conhecimento da operação ilegal descrita na denúncia (fls. 85/86). Saliente-se que A. C. de L. era secretário municipal nomeado por R. G. e pessoa de sua confiança. 12. Naquele mesmo dia 13 de julho, data da referida reunião, partiu do Gabinete da Secretaria Municipal de Saúde o Ofício 1035/2011-GAB/SEMSA/PMM (fls. 41), que, fazendo remissão a 'determinação superior' encaminhou à Secretaria Municipal de Finanças, relação das contas referentes às transferências 'fundo a fundo', 'para que seja processada a imediata centralização das mesmas em uma única conta'. 13. Ato contínuo, o réu R. G. firmou pessoalmente a Ordem Bancária em favor do MACAPAPREV, de 19.07.2011 (fls. 200). 14. Por outro lado, não procedem as alegações apresentadas pela defesa no sentido de que os secretários municipais detinham autonomia orçamentária e financeira na gestão desses recursos, sendo a assinatura do prefeito na ordem bancária em favor da MACAPAPREV uma questão 'meramente burocrática'. A tese não se sustenta se considerado que o réu participou da reunião em que se decidiu sobre a destinação dos recursos e apôs sua assinatura na ordem bancária, tudo a demonstrar domínio do fato e o poder de gestão dos recursos efetivamente empregados em finalidade diversa da estabelecida por lei. 15. Também não merece ser acolhida a tese defensiva de que a operação ilegal foi efetivada por 'necessidades contingenciais momentâneas', tampouco que visou atender a interesse público. Não se pode ter por aceitável destinar verbas vinculadas a programa de saúde relevantíssimo, para contornar falha decorrente da má gestão dos recursos municipais, pelo próprio prefeito, referente à manutenção da previdência especial dos servidores. II.3 Quanto a capitulação penal 16. A conduta narrada na denúncia amolda-se, com precisão, ao tipo previsto no inciso III, do art. 1°, do Decreto-Lei 201/67, e – como já observado no momento do recebimento da denúncia –, não cabe a desclassificação para o delito tipificado no artigo 315 do Código Penal, tendo em vista o princípio da especialidade. III. Conclusão 17. Os elementos probatórios produzidos na instrução processual demonstraram que o réu, com plena consciência da ilicitude dos seus atos, atuou na forma descrita na denúncia para 'desviar, ou aplicar indevidamente' recursos públicos destinados ao Programa DST/AIDS para pagamento de débitos da Secretaria Municipal de Saúde com a Macapá Previdência. 18. Este o quadro, julgo procedente a pretensão punitiva estatal para condenar A. R. R. G. da S. pela prática da conduta prevista no art. 1°, III, do Decreto-Lei 201 a 10 meses de detenção, em regime aberto, substituída a pena privativa de liberdade por uma restritiva de direito. Pronuncio a prescrição da pretensão punitiva estatal pela pena concretamente aplicada" (AP 984, 1.ª T., rel. Roberto Barroso, 11.06.2019, v.u.). STJ: "2. A aplicação da agravante prevista no art. 61, II, g, do Código Penal – CP ter o agente cometido o crime com abuso de poder ou violação de dever inerente a cargo, ofício, ministério ou profissão – ao delito previsto no art. 1°, III, do Decreto-Lei n. 201/67 – Crime de responsabilidade de Prefeitos e Vereadores – Configura indevido *bis in idem*. Precedentes" (HC 481.010 – BA, 5.ª T., rel. Joel Ilan Paciornik, 13.12.2018, v.u.).

**18. Sujeitos ativo e passivo:** o sujeito ativo é o Prefeito. O passivo é a Municipalidade. Note-se que não se insere a coletividade, pois a obra realizada pode até atender os reclamos da população, mas as regras orçamentárias não se fazem a bel-prazer do Prefeito.

**19. Elemento subjetivo do tipo:** é o dolo. Inexistem elemento subjetivo específico e a forma culposa.

**20. Objetos material e jurídico:** o objeto material é a renda ou verba pública. O Objeto jurídico é a administração municipal, nos lados patrimonial e moral.

**21. Classificação:** trata-se de crime próprio (somente pode ser cometido por pessoa com qualificação especial, no caso *ser Prefeito*); material (crime que exige um resultado naturalístico visível, consistente do rumo alterado do bem ou da verba); de forma livre (pode ser cometido por qualquer meio eleito pelo agente); comissivo (os verbos indicam *ações*); instantâneo (delineia-se o momento consumativo em determinada época do tempo); unissubjetivo (pode ser cometido por uma só pessoa); plurissubsistente (cometido por meio de vários atos); admite tentativa.

# Art. 1.º

Leis Penais e Processuais Penais Comentadas – Vol. 2 • **Nucci**

> IV – empregar[22-24] subvenções, auxílios, empréstimos ou recursos de qualquer natureza, em desacordo com os planos ou programas a que se destinam;[25-26]

**22. Análise do núcleo do tipo:** *empregar* (dar destino a algo, atingindo determinado fim) é a conduta cujos objetos são as subvenções (auxílio pecuniário vindo de outros Poderes, geralmente Executivo Estadual ou Federal), auxílios (outras formas de ajuda destinada ao Município), empréstimos (quantias em dinheiro que serão retornadas pelo Município) ou recursos de qualquer natureza (trata-se da fórmula residual, que pretende abranger todos os demais itens que o Município pode receber para determinado fim, em seu benefício). Esses benefícios, auferidos pelo Município, têm destino certo, na maior parte das vezes; por isso, não podem ser aplicados em outro plano ou programa. Se assim for feito, consuma-se o crime desse inciso.

**23. Sujeitos ativo e passivo:** o sujeito ativo é o Prefeito. O passivo é a Municipalidade.

**24. Elemento subjetivo do tipo:** é o dolo. Não há elemento subjetivo específico nem a forma culposa.

**25. Objetos material e jurídico:** o objeto material é a subvenção, o auxílio, o empréstimo ou o recurso voltado a plano ou programa destinado ao Município.

**26. Classificação:** trata-se de crime próprio (somente pode ser cometido por pessoa com qualificação especial, no caso *ser Prefeito*); material (crime que exige um resultado naturalístico visível, consistente do rumo alterado do benefício auferido pelo Município); de forma livre (pode ser cometido por qualquer meio eleito pelo agente); comissivo (o verbo indica *ação*); instantâneo (delineia-se o momento consumativo em determinada época do tempo); unissubjetivo (pode ser cometido por uma só pessoa); plurissubsistente (cometido por meio de vários atos); admite tentativa.

> V – ordenar ou efetuar[27-29] despesas não autorizadas por lei, ou realizá-las em desacordo com as normas financeiras pertinentes;[30-31]

**27. Análise do núcleo do tipo:** *ordenar* (determinar que algo seja feito) e *efetuar* (realizar) são as condutas alternativas, cujo objeto são as despesas *não autorizadas por lei* (elemento normativo do tipo, cuja análise espelha um ponto em branco, a ser sanado por outras normas). A segunda conduta menciona a realização (concretização de algo) dessas despesas já referidas *em desacordo com as normas financeiras pertinentes* (outro elemento normativo, que espelha norma em branco, merecendo complemento de outras normas). A acusação deve demonstrar a conduta principal associada à falta de cumprimento das leis e normas pertinentes. Essa exposição dos fatos precisa constar da denúncia, permitindo a ampla defesa.

**28. Sujeitos ativo e passivo:** o sujeito ativo é o Prefeito. O sujeito passivo é a Municipalidade.

**29. Elemento subjetivo do tipo:** é o dolo. Não há elemento subjetivo específico nem a forma culposa.

**30. Objetos material e jurídico:** o objeto material é a despesa não autorizada em lei. O objeto jurídico é a administração municipal, nos seus aspectos patrimonial e moral.

**31. Classificação:** trata-se de crime próprio (somente pode ser cometido por pessoa com qualificação especial, no caso *ser Prefeito*); material (crime que exige um resultado naturalístico visível, consistente do rumo alterado das despesas do Município); de forma livre (pode ser cometido por qualquer meio eleito pelo agente); comissivo (os verbos indicam *ações*); instantâneo (delineia-se o momento consumativo em determinada época do tempo); unissubjetivo (pode ser cometido por uma só pessoa); plurissubsistente (cometido por meio de vários atos); admite tentativa.

> VI – deixar de prestar[32-34] contas anuais da administração financeira do Município à Câmara de Vereadores, ou ao órgão que a Constituição do Estado indicar, nos prazos e condições estabelecidos;[35-36]

**32. Análise do núcleo do tipo:** *deixar de prestar* é uma conduta omissiva, significando a abstenção de conduta obrigatória. O objeto é a conta anual da administração do Município (até 31 de março do ano seguinte aos gastos). O destino dessas contas, como regra, é a Câmara de Vereadores. Outro órgão é o Tribunal de Contas do Município. A conduta omissiva do Prefeito, nos prazos legais, permite a concretização do delito. Verificar a Lei de Responsabilidade Fiscal (LC 101/2000). Na jurisprudência: STJ: "1. Esta Corte Superior entende que '[o] atraso na prestação de contas pode configurar por si só a figura típica descrita no art. 1º, VI, do Decreto-Lei n. 201/1967 (HC 255.957/AM, Ministra Marilza Maynard (Desembargadora convocada do TJ/SE), Quinta Turma, DJe 25/2/2013)' (AgRg no REsp 1.195.566/RN, relator Ministro Sebastião Reis Júnior, Sexta Turma, julgado em 5/11/2013, DJe de 25/11/2013). 2. O Tribunal de origem consignou que o prazo final para prestar contas seria em '29/05/2014, tendo sido o então Prefeito intimado por três vezes pela FUSASA para apresentação das contas. Posteriormente, foi citado pelo TCU em 24/08/2015, tendo-se quedado inerte em todas as oportunidades, até que, apenas em 17/11/2015, após a instauração da Tomada de Contas Especial nº 25255.020.606/14/12, veio cumprir a obrigação, configurando, dessa forma, a não apresentação da prestação das contas do convênio em causa no prazo exigido'. 3. Soma-se a isso o fato de que 'a mora na prestação das contas redundou na declaração de irregularidade das contas emitida pelo TCU, impossibilitando que, à época, fosse verificada a regularidade no uso da verba pública'. 4. Assim, não se vislumbra violação à legislação federal na condenação do recorrente, uma vez que esta Corte Superior entende que a mora na prestação de contas pode configurar o delito previsto no art. 1º, VI, do Decreto-Lei n. 201/1967" (REsp 1.846.483 – RN, 6.ª T., rel. Antonio Saldanha Palheiro, 20.09.2022, v.u.).

**33. Sujeitos ativo e passivo:** o sujeito ativo é o Prefeito. O sujeito passivo é a Municipalidade.

**34. Elemento subjetivo do tipo:** é o dolo. Não há elemento subjetivo específico nem a forma culposa.

**35. Objetos material e jurídico:** o objeto material é a conta anual da administração municipal. O objeto jurídico é a tutela da administração municipal, nos seus aspectos patrimonial e moral.

**36. Classificação:** trata-se de crime próprio (somente pode ser cometido por pessoa com qualificação especial, no caso *ser Prefeito*); formal (crime que não exige um resultado naturalístico visível), *omissivo* (os verbos indicam *inações*); instantâneo (delineia-se o momento consumativo em determinada época do tempo); unissubjetivo (pode ser cometido por uma só pessoa); unissubsistente (cometido por meio de ato único); não admite tentativa.

> VII – deixar[37-39] de prestar contas, no devido tempo, ao órgão competente, da aplicação de recursos, empréstimos subvenções ou auxílios internos ou externos, recebidos a qualquer título;[40-41]

**37. Análise do núcleo do tipo:** *deixar de prestar* cuida de outra conduta omissiva, tendo por objeto as contas provenientes de recursos, empréstimos, subvenções ou auxílios internos ou externos, recebidos pela Municipalidade. Associado a tais elementos, há o fator temporal: *no devido tempo*. É norma em branco, pois é preciso consultar qual o prazo para a prestação das contas em relação a todos os fatores apontados no tipo incriminador. Na jurisprudência: STJ: "1. O Tribunal de origem, após exame do conjunto fático-probatório amealhado aos autos, concluiu pela existência de elementos concretos e coesos a ensejarem a manutenção da condenação da agravante pela prática do crime tipificado no art. 1º, inciso VII, do Decreto-lei n. 201/1967. 2. O acórdão assentou que o dolo da acusada está amplamente demonstrado e que a prova colhida ao longo da instrução criminal é suficiente para amparar o édito condenatório. 3. Não é cabível afirmar que a consumação do delito dependeria da citação feita pelo TCU, pois '[a] jurisprudência desta Corte Superior de Justiça cristalizou-se no sentido de que as esferas civil, penal e administrativa são independentes e autônomas entre si, de tal sorte que as decisões tomadas nos âmbitos administrativo ou cível não vinculam a seara criminal' (EDcl no AgRg no REsp 1.831.965/RJ, Rel. Ministra Laurita Vaz, 6ª T., DJe de 18/12/2020)" (AgRg nos EDcl no REsp 2.011.599 – PE, 6.ª T., rel. Rogerio Schietti Cruz, 20.09.2022, v.u.).

**38. Sujeitos ativo e passivo:** o sujeito ativo é o Prefeito. O passivo é a Municipalidade.

**39. Elemento subjetivo do tipo:** é o dolo. Não há elemento subjetivo específico nem a forma culposa.

**40. Objetos material e jurídico:** o objeto material é a conta ao órgão competente, da aplicação de recursos, empréstimos subvenções ou auxílios internos ou externos, recebidos a qualquer título. O objeto jurídico é a tutela da administração municipal, nos aspectos patrimonial e moral.

**41. Classificação:** trata-se de crime próprio (somente pode ser cometido por pessoa com qualificação especial, no caso *ser Prefeito*); formal (crime que não exige um resultado naturalístico visível), *omissivo* (os verbos indicam *inações*); instantâneo (delineia-se o momento consumativo em determinada época do tempo); unissubjetivo (pode ser cometido por uma só pessoa); unissubsistente (cometido por meio de ato único); não admite tentativa.

> VIII – contrair[42-44] empréstimo, emitir apólices, ou obrigar o Município por títulos de crédito, sem autorização da Câmara, ou em desacordo com a lei;[45-46]

**42. Análise do núcleo do tipo:** *contrair* (aceitar, realizar, concretizar) é a primeira conduta cujo objeto é o empréstimo (valor a ser restituído no futuro); *emitir* (colocar no mercado) apólice (certificado de obrigação mercantil) é a segunda conduta; a terceira é *obrigar* (tornar impositivo) o Município por meio de títulos de crédito (promissórias, cheques etc.). São três figuras típicas incriminadoras que podem se dar cumulativamente. O fator relevante é a falta de autorização da Câmara Municipal ou a contrariedade legal. Vale, portanto, o conhecimento de um complemento de norma para verificar se o delito se realizou.

**43. Sujeitos ativo e passivo:** o ativo é o Prefeito. O passivo é a Municipalidade.

# Responsabilidade de Prefeitos e Vereadores

**Art. 1.º**

**44. Elemento subjetivo do tipo:** é o dolo. Não há elemento subjetivo do tipo nem existe a forma culposa.

**45. Objetos material e jurídico:** o objeto material é o empréstimo, a apólice ou o título de crédito. O objeto jurídico é a tutela da administração municipal, nos aspectos patrimonial e moral.

**46. Classificação:** trata-se de crime próprio (somente pode ser cometido por pessoa com qualificação especial, no caso *ser Prefeito*); formal (crime que não exige um resultado naturalístico visível), *comissivo* (os verbos indicam *ações*); instantâneo (delineia-se o momento consumativo em determinada época do tempo); unissubjetivo (pode ser cometido por uma só pessoa); unissubsistente (cometido num só ato) na forma *emitir*, mas plurissubsistente (cometido por mais de um ato) nas outras formas; admite tentativa, na modalidade plurissubsistente.

> IX – conceder[47-49] empréstimo, auxílios ou subvenções sem autorização da Câmara, ou em desacordo com a lei;[50-51]

**47. Análise do núcleo do tipo:** *conceder* (liberar, fazer valer algo) é a conduta principal cujo objeto é o empréstimo, auxílios ou subvenções, desde que sem autorização da Câmara, ou em desacordo com a lei. Observa-se que o Prefeito não pode *pedir empréstimo* ou *emprestar* valores do Município *sem autorização* do Legislativo ou da lei. Cuida-se de norma em branco, dependente do complemento para se saber *como* o empréstimo pode ser realizado.

**48. Sujeitos ativo e passivo:** o sujeito ativo é o Prefeito. O passivo é a Municipalidade.

**49. Elemento subjetivo do tipo:** é o dolo. Não há elemento subjetivo específico nem a forma culposa.

**50. Objetos material e jurídico:** o objeto material é o empréstimo, os auxílios ou as subvenções. O objeto jurídico é a tutela da administração municipal, nos aspectos patrimonial e moral.

**51. Classificação:** trata-se de crime próprio (somente pode ser cometido por pessoa com qualificação especial, no caso *ser Prefeito*); formal (crime que não exige um resultado naturalístico visível), *comissivo* (o verbo indica *ação*); instantâneo (delineia-se o momento consumativo em determinada época do tempo); unissubjetivo (pode ser cometido por uma só pessoa); plurissubsistente (cometido por mais de um ato) nas outras formas; admite tentativa na modalidade plurissubsistente.

> X – alienar ou onerar[52-54] bens imóveis, ou rendas municipais, sem autorização da Câmara, ou em desacordo com a lei;[55-56]

**52. Análise do núcleo do tipo:** *alienar* (vender por um certo preço) ou *onerar* (sujeitar a algum tipo de fardo) são as condutas alternativas, cujo objeto é o bem imóvel ou a renda municipal, desde que sem autorização legal ou do Parlamento Municipal. É norma em branco, dependente de conhecimento das normas que autorizam a alienação ou oneração de bens ou rendas municipais. Ver a Lei de Licitações.

**53. Sujeitos ativo e passivo:** é o Prefeito o sujeito ativo. O passivo é a Municipalidade.

**54. Elemento subjetivo do tipo:** é o dolo. Não há elemento subjetivo específico nem a forma culposa.

**55. Objetos material e jurídico:** o objeto material é o bem imóvel ou a renda municipal. O objeto jurídico é a tutela da administração municipal, nos aspectos patrimonial ou moral.

**56. Classificação:** trata-se de crime próprio (somente pode ser cometido por pessoa com qualificação especial, no caso *ser Prefeito*); formal (crime que não exige um resultado naturalístico visível), *comissivo* (o verbo indica *ação*); instantâneo (delineia-se o momento consumativo em determinada época do tempo); unissubjetivo (pode ser cometido por uma só pessoa); plurissubsistente (cometido por mais de um ato) nas outras formas; admite tentativa.

> XI – adquirir[57-59] bens, ou realizar serviços e obras, sem concorrência ou coleta de preços, nos casos exigidos em lei;[60-61]

**57. Análise do núcleo do tipo:** *adquirir* (comprar por certo preço) bens (coisas com valor econômico) é a primeira conduta; *realizar* (concretizar) serviços e obras, a segunda. Em princípio, nada existe de errado nisso. Porém, o complemento do tipo explica: sem concorrência ou coleta de preços, nos casos exigidos em lei. Comprar e concretizar eventuais benefícios para o Município pode depender de *concorrência* ou *coleta de preços*, para garantir a isenção e a imparcialidade da Administração. Tais casos são previstos em lei, tornando este tipo uma norma em branco.

**58. Sujeitos ativo e passivo:** o sujeito ativo é o Prefeito. O passivo é a Municipalidade.

**59. Elemento subjetivo do tipo:** é o dolo. Não há elemento subjetivo específico nem a forma culposa.

**60. Objetos material e jurídico:** o objeto material é o bem ou o serviço ou a obra. O objeto jurídico é a tutela da administração municipal, nos aspectos patrimonial ou moral.

**61. Classificação:** trata-se de crime próprio (somente pode ser cometido por pessoa com qualificação especial, no caso *ser Prefeito*); formal (crime que não exige um resultado naturalístico visível, consistente em perda para o Município), *comissivo* (os verbos indicam *ações*); instantâneo (delineia-se o momento consumativo em determinada época do tempo); unissubjetivo (pode ser cometido por uma só pessoa); plurissubsistente (cometido por mais de um ato) nas outras formas; admite tentativa.

> XII – antecipar ou inverter[62-64] a ordem de pagamento a credores do Município, sem vantagem para o erário;[65-66]

**62. Análise do núcleo do tipo:** *antecipar* (realizar algo antes do tempo certo) e *inverter* (trocar a ordem de colocação, passando quem está na frente para trás) são as condutas alternativas cujo objeto é a ordem de pagamento a credores do Município, sem vantagem para o erário. Quando o Município é condenado a pagar algo a alguém, há uma fila de precatórios a ser respeitada. Quem chegou antes, recebe primeiro. Se o Prefeito antecipa o pagamento de quem está atrás, na fila, comete o delito; o mesmo ocorre se houver inversão, remetendo alguém para trás e outrem para frente. Há uma ressalva: vantagem para o erário. Ocorre que, de tempos em tempos, como regra, por lei, admite-se antecipar pagamentos, de quem está atrás na fila, *desde que abram mão* de certas quantias, com vantagem para o Município. Noutros termos, paga-se primeiro quem renunciou a quantias. No entanto, pagar a quantia cheia a quem não abriu mão de nada é justamente o que compõe essa figura típica.

# Art. 1.º

**63. Sujeitos ativo e passivo:** o sujeito ativo é o Prefeito. O passivo é a Municipalidade. Secundariamente, as pessoas prejudicadas pelas ações do Prefeito.

**64. Elemento subjetivo do tipo:** é o dolo. Não há elemento subjetivo específico nem a forma culposa.

**65. Objetos material e jurídico:** o objeto material é a ordem de pagamento a credores do Município. O jurídico é a tutela à administração municipal, nos aspectos patrimonial e moral.

**66. Classificação:** trata-se de crime próprio (somente pode ser cometido por pessoa com qualificação especial, no caso *ser Prefeito*); formal (crime que não exige um resultado naturalístico visível, consistente em perda efetiva para o Município), *comissivo* (os verbos indicam *ações*); instantâneo (delineia-se o momento consumativo em determinada época do tempo); unissubjetivo (pode ser cometido por uma só pessoa); plurissubsistente (cometido por mais de um ato) nas outras formas; admite tentativa.

> XIII – nomear, admitir ou designar[67-69] servidor, contra expressa disposição de lei;[70-71]

**67. Análise do núcleo do tipo:** *nomear* (designar alguém para o exercício de um cargo ou função), *admitir* (aceitar como funcionário, empregando) ou *designar* (dispor um posto na estrutura administrativa para alguém) são as condutas alternativas, cujo objeto é o servidor. O elemento normativo do tipo consubstancia-se na expressão: *contra expressa disposição de lei*. Uma norma penal em branco, em busca do complemento que disponha da nomeação, admissão ou designação conforme os ditames legais. Na jurisprudência: STJ: "1. A jurisprudência desta Corte entende que 'o crime do art. 1º, XIII, do Decreto-lei 201/1967 é formal, porque basta a conduta de admitir, nomear ou designar pessoa para exercer cargo ou função pública em desconformidade com a legislação pertinente, independente do prejuízo à Administração Pública ou vantagem ao prefeito para sua consumação. (...)' (HC 370.824/PB, relator Ministro Ribeiro Dantas, Quinta Turma, julgado em 10/10/2017, DJe 17/10/2017). 2. Ainda, se a consumação do delito se dá com a nomeação ilegal de servidor, o crime deve ser considerado instantâneo, sendo a permanência no cargo mero efeito do delito. 3. Importante destacar, no ponto, que 'não se pode confundir crime permanente, em que a consumação se protrai no tempo, com delito instantâneo de efeitos permanentes, em que as consequências são duradouras' (REsp 897.426/SP, relatora Ministra Laurita Vaz, Quinta Turma, julgado em 27/3/2008, DJe 28/ 4/2008). 4. Acerca do tema, a situação dos autos se assemelha àquela em que praticado crime de estelionato previdenciário para obtenção fraudulenta de benefícios. Em relação ao terceiro intermediário, o delito é considerado instantâneo, e a prescrição é contada a partir do recebimento da primeira prestação indevida; em relação ao beneficiário, o crime é permanente, sendo o termo inicial da prescrição a data de cessação de recebimento das prestações indevidas. Precedentes" (AgRg no REsp 1.827.789 – BA, 6.ª T., rel. Antonio Saldanha Palheiro, 07.12.2021, v.u.); "4. Eventual contratação das pessoas indicadas pelo Recorrente por ente privado que recebe recursos da Municipalidade não é um ato de nomeação, admissão ou designação de servidor, não se amoldando à figura típica do art. 1.º, inciso XIII, do Decreto-Lei n.º 201/67. 5. Recurso especial conhecido e parcialmente provido para restabelecer a decisão que rejeitou a denúncia, nos termos do art. 395, inciso I, do Código de Processo Penal" (REsp 1.779.601 – SP, 6.ª T., rel. Laurita Vaz, 05.12.2019, v.u.); "1. O artigo 1º, XIII, do Decreto-lei 201/67 que descreve a conduta atribuída ao réu é norma penal em branco homogênea que condiciona a adequação típica ao disposto no ordenamento jurídico acerca da investidura em

# Art. 1.º

cargo ou emprego público" (REsp 1.682.764 – MA, 5.ª T., rel. Joel Ilan Paciornik, 06.11.2018, DJe 14.11.2018).

**68. Sujeitos ativo e passivo:** o sujeito ativo é o Prefeito. O passivo é a Municipalidade.

**69. Elemento subjetivo do tipo:** é o dolo. Não há elemento subjetivo específico nem a forma culposa.

**70. Objetos material e jurídico:** o objeto material é o servidor. O objeto jurídico é a tutela da administração municipal, nos aspectos patrimonial e moral.

**71. Classificação:** trata-se de crime próprio (somente pode ser cometido por pessoa com qualificação especial, no caso *ser Prefeito*); formal (crime que não exige um resultado naturalístico visível, consistente em perda efetiva para o Município), *comissivo* (os verbos indicam *ações*); instantâneo (delineia-se o momento consumativo em determinada época do tempo); unissubjetivo (pode ser cometido por uma só pessoa); plurissubsistente (cometido por mais de um ato) nas outras formas; admite tentativa.

> XIV – negar[72-74] execução a lei federal, estadual ou municipal, ou deixar de cumprir ordem judicial, sem dar o motivo da recusa ou da impossibilidade, por escrito, à autoridade competente;[75-76]

**72. Análise do núcleo do tipo:** *negar* (dispor-se a não cumprir) e *deixar de cumprir* (não atender) são as condutas alternativas, cujos objetos são, para a primeira, execução a lei federal, estadual ou municipal; para a segunda, ordem judicial. Há uma válvula de escape, inserida no tipo: "sem dar o motivo da recusa ou da impossibilidade, por escrito, à autoridade competente". Portanto, fornecendo o motivo da recusa ou impossibilidade, é viável a consideração de atipicidade da conduta. Na jurisprudência: STJ: "2. 'Conforme precedente da Suprema Corte, o crime de responsabilidade previsto no art. 1º, XIV, do Decreto-lei nº 201/67, é 'delito formal ou de mera conduta, que se consuma com o fato de o prefeito deixar de cumprir ordem judicial sem dar as razões que justifiquem, perante a autoridade competente que deve aceitá-las ou não' (EDcl no AgRg no REsp n. 1.374.716/SC, relator Ministro Moura Ribeiro, Quinta Turma, julgado em 25/2/2014, DJe de 7/3/2014)" (AgRg no AREsp 1.731.205, 6.ª T., rel. Antônio Saldanha Palheiro, 12.12.2023, v.u.).

**73. Sujeitos ativo e passivo:** o sujeito ativo é o Prefeito. O passivo é a Municipalidade.

**74. Elemento subjetivo do tipo:** é o dolo. Não há elemento subjetivo do tipo nem a forma culposa.

**75. Objetos material e jurídico:** o objeto material é a lei federal, estadual ou municipal, assim como a ordem judicial. O objeto jurídico é a tutela da administração municipal, nos aspectos patrimonial e moral.

**76. Classificação:** trata-se de crime próprio (somente pode ser cometido por pessoa com qualificação especial, no caso *ser Prefeito*); formal (crime que não exige um resultado naturalístico visível, consistente em perda efetiva para o Município), *omissivo* (o verbo indica *inação* nas formas negar e deixar de cumprir); instantâneo (delineia-se o momento consumativo em determinada época do tempo); unissubjetivo (pode ser cometido por uma só pessoa); unissubsistente (cometido por um ato); não admite tentativa.

> XV – deixar de fornecer[77-79] certidões de atos ou contratos municipais, dentro do prazo estabelecido em lei;[80-81]

**77. Análise do núcleo do tipo:** *deixar de fornecer* é a conduta omissiva, cujo objeto é a certidão de ato ou contrato municipal, *nos termos da lei*. Eis a parte em branco, a ser complementada por outras normas. De toda forma, é um crime omissivo que pode abranger funcionários da administração municipal, ou seja, nem sempre é o Prefeito, diretamente, o encarregado legal a fornecer a certidão. Depende, pois, de consultar a lei.

**78. Sujeitos ativo e passivo:** o sujeito ativo é, como regra, o Prefeito. O passivo é a Municipalidade. Secundariamente, a pessoa prejudicada pela negativa do documento.

**79. Elemento subjetivo do tipo:** é o dolo. Não há elemento subjetivo específico nem a forma culposa.

**80. Objetos material e jurídico:** o objeto material é a certidão de ato ou contrato municipal. O objeto jurídico é a tutela da administração municipal, nos aspectos patrimonial e moral.

**81. Classificação:** trata-se de crime próprio (somente pode ser cometido por pessoa com qualificação especial, no caso *ser Prefeito*); formal (crime que não exige um resultado naturalístico visível, consistente em perda efetiva para o Município), *omissivo* (o verbo indica *inação* nas formas negar e deixar de cumprir); instantâneo (delineia-se o momento consumativo em determinada época do tempo); unissubjetivo (pode ser cometido por uma só pessoa); unissubsistente (cometido por um ato); não admite tentativa.

> XVI – deixar de ordenar[82-84] a redução do montante da dívida consolidada, nos prazos estabelecidos em lei, quando o montante ultrapassar o valor resultante da aplicação do limite máximo fixado pelo Senado Federal;[85-86]

**82. Análise do núcleo do tipo:** *deixar de ordenar* é a conduta omissiva de quem tem obrigação de agir, reduzindo o montante da dívida municipal, quando ultrapassar o limite fixado pelo Senado. Trata-se de norma penal em branco: "nos prazos estabelecidos em lei". É preciso conhecer tais leis para ter a exata noção do prazo, assim como o limite estabelecido pelo Senado. Sobre a dívida pública consolidada, ver o art. 29, I, da Lei de Responsabilidade Fiscal (LC 101/2000).

**83. Sujeitos ativo e passivo:** o sujeito ativo é o Prefeito. O passivo é a Municipalidade.

**84. Elemento subjetivo do tipo:** é o dolo. Não há elemento subjetivo específico nem a forma culposa.

**85. Objetos material e jurídico:** o objeto material é o montante da dívida consolidada. O objeto jurídico é a tutela da administração municipal, nos aspectos patrimonial e moral.

**86. Classificação:** trata-se de crime próprio (somente pode ser cometido por pessoa com qualificação especial, no caso *ser Prefeito*); formal (crime que não exige um resultado naturalístico visível, consistente em perda efetiva para o Município), *omissivo* (os verbos indicam *inação*); instantâneo (delineia-se o momento consumativo em determinada época do tempo); unissubjetivo (pode ser cometido por uma só pessoa); unissubsistente (cometido por um ato); não admite tentativa.

> XVII – ordenar ou autorizar[87-89] a abertura de crédito em desacordo com os limites estabelecidos pelo Senado Federal, sem fundamento na lei orçamentária ou na de crédito adicional ou com inobservância de prescrição legal;[90-91]

# Art. 1.º

**87. Análise do núcleo do tipo:** *ordenar* (determinar) ou *autorizar* (dar permissão) são as condutas alternativas, cujo objeto é a abertura de crédito. Volteando essa abertura, está o desencontro com os limites fixados pelo Senado, a ausência de respaldo da lei orçamentária ou na de crédito adicional, bem como as prescrições legais. A norma é evidentemente em branco, necessitando de conhecimento dos referidos limites do Senado, dos meandros da lei orçamentária e das demais prescrições legais acerca do tema.

**88. Sujeitos ativo e passivo:** o sujeito ativo é o Prefeito. O passivo é a Municipalidade.

**89. Elemento subjetivo do tipo:** é o dolo. Não há elemento subjetivo específico nem a forma culposa.

**90. Objetos material e jurídico:** o objeto material é a abertura de crédito. O objeto jurídico é a tutela da administração municipal, nos aspectos material e moral.

**91. Classificação:** trata-se de crime próprio (somente pode ser cometido por pessoa com qualificação especial, no caso *ser Prefeito*); formal (crime que não exige um resultado naturalístico visível, consistente em perda efetiva para o Município), *comissivo* (os verbos indicam *ação*); instantâneo (delineia-se o momento consumativo em determinada época do tempo); unissubjetivo (pode ser cometido por uma só pessoa); plurissubsistente (cometido por um ato); admite tentativa.

> XVIII – deixar de promover ou de ordenar,[92-94] na forma da lei, o cancelamento, a amortização ou a constituição de reserva para anular os efeitos de operação de crédito realizada com inobservância de limite, condição ou montante estabelecido em lei;[95-96]

**92. Análise do núcleo do tipo:** *deixar de promover ou ordenar* são as condutas omissivas alternativas, cujo objeto é o cancelamento, a amortização ou a constituição de reserva para anular os efeitos de operação de crédito realizada com inobservância de limite, condição ou montante estabelecido em lei. O tipo menciona claramente "na forma da lei", o que evidencia o caráter de norma penal em branco.

**93. Sujeitos ativo e passivo:** o sujeito ativo é o Prefeito. O passivo é a Municipalidade.

**94. Elemento subjetivo do tipo:** é o dolo. Não há elemento subjetivo específico nem a forma culposa.

**95. Objetos material e jurídico:** o objeto material é a reserva para anular os efeitos de operação de crédito realizada com inobservância de limite, condição ou montante estabelecido em lei. O objeto jurídico é a tutela da administração municipal, nos aspectos patrimonial e moral.

**96. Classificação:** trata-se de crime próprio (somente pode ser cometido por pessoa com qualificação especial, no caso *ser Prefeito*); formal (crime que não exige um resultado naturalístico visível, consistente em perda efetiva para o Município), *omissivo* (os verbos indicam *inação*); instantâneo (delineia-se o momento consumativo em determinada época do tempo); unissubjetivo (pode ser cometido por uma só pessoa); unissubsistente (cometido por um ato); não admite tentativa.

> XIX – deixar de promover ou de ordenar[97-99] a liquidação integral de operação de crédito por antecipação de receita orçamentária, inclusive os respectivos juros e demais encargos, até o encerramento do exercício financeiro;[100-101]

**97. Análise do núcleo do tipo:** *deixar de promover* ou *ordenar* (não cumprir sua obrigação) são condutas alternativas cujo objeto é a liquidação integral de operação de crédito por antecipação de receita orçamentária, inclusive os respectivos juros e demais encargos, até o encerramento do exercício financeiro. Busca-se a regularidade das contas municipais para que o sucessor do Prefeito não encontre uma situação caótica nas finanças do Município. Se o antecessor o fizer, deve responder criminalmente por isso.

**98. Sujeitos ativo e passivo:** o sujeito ativo é o Prefeito. O passivo é a Municipalidade.

**99. Elemento subjetivo do tipo:** é o dolo. Não há elemento subjetivo específico nem a forma culposa.

**100. Objetos material e jurídico:** o objeto material é a liquidação integral de operação de crédito por antecipação de receita orçamentária, inclusive os respectivos juros e demais encargos, até o encerramento do exercício financeiro. O objeto jurídico é a tutela da administração municipal, nos aspectos patrimonial e moral.

**101. Classificação:** trata-se de crime próprio (somente pode ser cometido por pessoa com qualificação especial, no caso *ser Prefeito*); formal (crime que não exige um resultado naturalístico visível, consistente em perda efetiva para o Município), *omissivo* (os verbos indicam *inação*); instantâneo (delineia-se o momento consumativo em determinada época do tempo); unissubjetivo (pode ser cometido por uma só pessoa); unissubsistente (cometido por um ato); não admite tentativa.

> XX – ordenar ou autorizar,[102-104] em desacordo com a lei, a realização de operação de crédito com qualquer um dos demais entes da Federação, inclusive suas entidades da administração indireta, ainda que na forma de novação, refinanciamento ou postergação de dívida contraída anteriormente;[105-106]

**102. Análise do núcleo do tipo:** *ordenar* (determinar) ou *autorizar* (dar permissão) são as condutas alternativas cujo objeto é a realização de operação de crédito com qualquer um dos demais entes da Federação, inclusive suas entidades da administração indireta, ainda que na forma de novação, refinanciamento ou postergação de dívida contraída anteriormente. Insere-se no tipo penal a expressão "em desacordo com a lei", demonstrando tratar-se de norma penal em branco. As finanças do Município precisam ser organizadas, motivo pelo qual há regras para contrair empréstimos e empenhar valores em nome do Município.

**103. Sujeitos ativo e passivo:** o sujeito ativo é o Prefeito. O passivo é a Municipalidade.

**104. Elemento subjetivo do tipo:** é o dolo. Não há elemento subjetivo específico nem a forma culposa.

**105. Objetos material e jurídico:** o objeto material é a realização de operação de crédito com qualquer um dos demais entes da Federação, inclusive suas entidades da administração indireta, ainda que na forma de novação, refinanciamento ou postergação de dívida contraída anteriormente. O objeto jurídico é a tutela da administração municipal, nos seus aspectos patrimonial e moral.

**106. Classificação:** trata-se de crime próprio (somente pode ser cometido por pessoa com qualificação especial, no caso *ser Prefeito*); formal (crime que não exige um resultado naturalístico visível, consistente em perda efetiva para o Município), *comissivo* (os verbos indicam *ação*); instantâneo (delineia-se o momento consumativo em determinada época do

# Art. 1.º

Leis Penais e Processuais Penais Comentadas – Vol. 2 · **Nucci**

tempo); unissubjetivo (pode ser cometido por uma só pessoa); plurissubsistente (cometido por um ato); admite tentativa.

> **XXI** – captar[107-109] recursos a título de antecipação de receita de tributo ou contribuição cujo fato gerador ainda não tenha ocorrido;[110-111]

**107. Análise do núcleo do tipo:** *captar* (conseguir, alcançar) é o verbo do tipo cujo objeto são os recursos a título de antecipação de receita de tributo ou contribuição cujo fato gerador ainda não tenha ocorrido. Trata-se de conduta periclitante para a saúde financeira do Município, razão pela qual se tornou crime a partir da edição da Lei 10.028/2000.

**108. Sujeitos ativo e passivo:** o sujeito ativo é o Prefeito. O passivo é a Municipalidade.

**109. Elemento subjetivo do tipo:** é o dolo. Não há elemento subjetivo específico nem a forma culposa.

**110. Objetos material e jurídico:** o objeto material é o recurso a título de antecipação de receita de tributo ou contribuição cujo fato gerador ainda não tenha ocorrido. O objeto jurídico é a tutela da administração municipal, nos lados patrimonial e moral.

**111. Classificação:** trata-se de crime próprio (somente pode ser cometido por pessoa com qualificação especial, no caso *ser Prefeito*); formal (crime que não exige um resultado naturalístico visível, consistente em perda efetiva para o Município), *comissivo* (o verbo indica *ação*); instantâneo (delineia-se o momento consumativo em determinada época do tempo); unissubjetivo (pode ser cometido por uma só pessoa); plurissubsistente (cometido por um ato); admite tentativa.

> **XXII** – ordenar ou autorizar[112-114] a destinação de recursos provenientes da emissão de títulos para finalidade diversa da prevista na lei que a autorizou;[115-116]

**112. Análise do núcleo do tipo:** *ordenar* (determinar) ou *autorizar* (conceder permissão para algo ou alguém) são as condutas alternativas cujo objeto é a destinação de recursos provenientes da emissão de títulos para finalidade diversa da prevista na lei que a autorizou. Observa-se, também nesse tipo, a figura da norma penal em branco, devendo-se conhecer a *lei que a autorizou.*

**113. Sujeitos ativo e passivo:** o sujeito ativo é o Prefeito. O passivo é a Municipalidade.

**114. Elemento subjetivo do tipo:** é o dolo. Não há elemento subjetivo específico nem a forma culposa.

**115. Objetos material e jurídico:** o objeto material é a destinação de recursos provenientes da emissão de títulos para finalidade diversa da prevista na lei que a autorizou. O objeto jurídico é a tutela da administração municipal, nos lados patrimonial e moral.

**116. Classificação:** trata-se de crime próprio (somente pode ser cometido por pessoa com qualificação especial, no caso *ser Prefeito*); formal (crime que não exige um resultado naturalístico visível, consistente em perda efetiva para o Município), *comissivo* (os verbos indicam *ação*); instantâneo (delineia-se o momento consumativo em determinada época do tempo); unissubjetivo (pode ser cometido por uma só pessoa); plurissubsistente (cometido por um ato); admite tentativa.

**XXIII** – realizar ou receber[117-119] transferência voluntária em desacordo com limite ou condição estabelecida em lei.[120-121]

**117. Análise do núcleo do tipo:** *realizar* (tornar efetivo) ou *receber* (aceitar para uso) são as condutas alternativas cujo objeto é a transferência voluntária em desacordo com limite ou condição estabelecida em lei. Trata-se de norma penal em branco, dependente, para a correta aplicação, do conhecimento dos limites e das condições fixadas em lei específica acerca das finanças públicas.

**118. Sujeitos ativo e passivo:** o sujeito ativo é o Prefeito. O passivo é a Municipalidade.

**119. Elemento subjetivo do tipo:** é o dolo. Não há elemento subjetivo específico nem a forma culposa.

**120. Objetos material e jurídico:** o objeto material é a transferência voluntária em desacordo com limite ou condição estabelecida em lei. O objeto jurídico é a tutela da administração municipal, nos lados patrimonial e moral.

**121. Classificação:** trata-se de crime próprio (somente pode ser cometido por pessoa com qualificação especial, no caso *ser Prefeito*); formal (crime que não exige um resultado naturalístico visível, consistente em perda efetiva para o Município), *comissivo* (os verbos indicam *ação*); instantâneo (delineia-se o momento consumativo em determinada época do tempo); unissubjetivo (pode ser cometido por uma só pessoa); plurissubsistente (cometido por um ato); admite tentativa.

**§ 1.º** Os crimes definidos neste artigo são de ação pública,[122] punidos os dos itens I e II, com a pena de reclusão, de dois a doze anos,[123] e os demais, com a pena de detenção, de três meses a três anos.[124]

**122. Ação pública incondicionada:** significa que o Ministério Público pode (e deve) agir, tão logo tenha ciência da prática dos delitos previstos nesta Lei.

**123. Penas mais elevadas:** destinam-se as penas de reclusão, de dois a doze anos, para os crimes mais graves (apropriação e utilização indevida de bens públicos). Faltou, no entanto, a previsão da pena de multa, sempre ligada a delitos patrimoniais.

**124. Penas mínimas:** os demais delitos, embora graves, porque cometidos pelo Prefeito, suportam punição menor, que é a detenção, de três meses a três anos. Ao menos, não configuram infração de menor ofensivo. Porém, admitem a suspensão condicional do processo (art. 89 da Lei 9.099/95).

**§ 2.º** A condenação definitiva em qualquer dos crimes definidos neste artigo, acarreta a perda de cargo e a inabilitação, pelo prazo de cinco anos, para o exercício de cargo ou função pública, eletivo ou de nomeação, sem prejuízo da reparação civil do dano causado ao patrimônio público ou particular.[125]

**125. Efeito da condenação:** embora sem distinguir entre a modalidade de condenação (reclusão ou detenção; pena superior ou inferior), estabelece-se a perda de cargo e a inabilitação, pelo prazo de cinco anos, para o exercício de cargo ou função pública, eletivo ou de nomeação (nomeação não mais existe; era reservado para a época do governo militar), sem prejuízo da reparação civil do dano causado ao patrimônio público ou particular. É preciso ponderar que

# Art. 2.º

se trata de efeito obrigatório e necessário da sentença condenatória. Nem mesmo é preciso que o juiz o aponte na decisão. Basta executar o julgado. No entanto, inexistindo a pena principal, por qualquer motivo, deixa de ser viável decretar este efeito da condenação. Na jurisprudência: STJ: "4. O § 2º do art. 1º do Decreto-Lei 201/67 prevê efeito específico e não automático da condenação definitiva, exigindo, portanto, fundamentação adequada para a aplicação das penas acessórias de perda de cargo e inabilitação, pelo prazo de cinco anos, para o exercício de cargo ou função pública. Precedentes do STF e do STJ. 5. Ordem concedida para afastar as sanções de perda do mandato e inabilitação para o exercício de cargo ou função pública pelo prazo de cinco anos" (HC 529.095 – SC, 3.ª Seção, rel. Nefi Cordeiro, 28.10.2020, v.u.); "3. As penas acessórias previstas no § 2º do art. 1º do Decreto-Lei n. 201/67 – perda de cargo e a inabilitação, pelo prazo de cinco anos, para o exercício de cargo ou função pública, eletivo ou de nomeação – não decorrem automaticamente da condenação, devendo o magistrado fundamentar a sua aplicação. Precedentes" (HC 481.010 – BA, 5.ª T., rel. Joel Ilan Paciornik, 13.12.2018, v.u.).

> **Art. 2.º** O processo dos crimes definidos no artigo anterior é o comum do juízo singular,[126] estabelecido pelo Código de Processo Penal, com as seguintes modificações:
>
> I – Antes de receber a denúncia, o Juiz ordenará a notificação do acusado para apresentar defesa prévia, no prazo de cinco dias.[127] Se o acusado não for encontrado para a notificação, ser-lhe-á nomeado defensor, a quem caberá apresentar a defesa, dentro no mesmo prazo.[128-129]
>
> II – Ao receber a denúncia, o Juiz manifestar-se-á, obrigatória e motivadamente, sobre a prisão preventiva do acusado, nos casos dos itens I e II do artigo anterior, e sobre o seu afastamento do exercício do cargo durante a instrução criminal, em todos os casos.[130]
>
> III – Do despacho, concessivo ou denegatório, de prisão preventiva, ou de afastamento do cargo do acusado, caberá recurso, em sentido estrito, para o Tribunal competente, no prazo de cinco dias, em autos apartados. O recurso do despacho que decreta a prisão preventiva ou o afastamento do cargo terá efeito suspensivo.[131]
>
> § 1.º Os órgãos federais, estaduais ou municipais, interessados na apuração da responsabilidade do Prefeito, podem requerer a abertura do inquérito policial ou a instauração da ação penal pelo Ministério Público, bem como intervir, em qualquer fase do processo, como assistentes da acusação.[132]
>
> § 2.º Se as previdências para a abertura do inquérito policial ou instauração da ação penal não forem atendidas pela autoridade policial ou pelo Ministério Público estadual, poderão ser requeridas ao Procurador-Geral da República.[133]

**126. Juízo comum:** adaptando-se o conteúdo desse artigo à atual Constituição Federal, o Prefeito possui, hoje, foro privilegiado, junto ao Tribunal de Justiça. Portanto, o *juízo comum* é o Tribunal. Na jurisprudência: STJ: "1. A jurisprudência desta Corte Superior de Justiça e do Supremo Tribunal Federal – STF orienta-se no sentido de que o rito previsto no artigo 2º do Decreto-lei n. 201/1967 somente se aplica aos detentores de mandato eletivo, não se estendendo àqueles que não mais ostentam a qualidade de prefeito quando do oferecimento da denúncia. Precedente" (AgRg no REsp 1.753.319 – SP, 5.ª T., rel. Joel Ilan Paciornik, 21.02.2019, v.u.).

**127. Defesa preliminar:** embora tratada como *defesa prévia*, em verdade, cuida-se da denominada *defesa preliminar*, aquela que é apresentada após o oferecimento da denúncia e antes do seu recebimento. Nessa peça, busca-se evidenciar a inviabilidade do processo-crime, por qualquer razão, passando desde a não configuração de crime até atingir a falta de provas. Na jurisprudência: STJ: "1. O processo penal é regido pelo princípio do *tempus regit actum*, assim, se no momento do oferecimento da denúncia os acusados não exerciam função/cargo público, torna-se dispensável a defesa prévia prevista no art. 2º, I, do Decreto Presidencial nº 201/67, que tem por escopo a proteção do interesse público e da atividade exercida pelo servidor público, motivo da real preocupação do legislador. 2. No caso, não tendo a defesa demonstrado em que medida a ausência de notificação anterior ao recebimento da denúncia poderia gerar prejuízo à sua ampla defesa na ação penal, não há se falar em nulidade, uma vez que, nos termos do art. 563 do Código de Processo Penal, 'nenhum ato será declarado nulo, se da nulidade não resultar prejuízo para a acusação ou para a defesa'. 3. Ademais, a defesa preliminar nos crimes de responsabilidade de prefeitos é suprida pela resposta à acusação do rito ordinário, onde é permitida não apenas a formal rejeição da denúncia como inclusive mais ampla e beneficamente ao acusado, o juízo de sua sumária inocência. (AgRg no RHC 88.026/PE, relator Ministro Nefi Cordeiro, Sexta Turma, julgado em 13/8/2019, DJe de 22/8/2019)" (AgRg no RHC 163.645 – TO, 5.ª T., rel. Reynaldo Soares da Fonseca, 16.08.2022, v.u.).

**128. Acusado não encontrado:** não nos parece viável tal hipótese, visto tratar-se de Prefeito Municipal. No entanto, se o chefe do Executivo abandonar o cargo, pode-se (devendo--se) notificá-lo por edital. Decorrido tal prazo, pode-se falar em nomeação de defensor dativo.

**129. Número de testemunhas:** deve seguir a regra do processo penal comum.

**130. Decisão judicial:** o desembargador relator deve receber a denúncia de maneira *fundamentada*, pois o acusado apresentou defesa preliminar; logo, não cabe o recebimento simples da peça acusatória, sob pena de nulidade. Além disso, o recebimento deve ser feito pelo colegiado. O relator fundamenta o seu voto, mas submete aos demais membros da Câmara ou Turma. Sobre a prisão preventiva, obedece aos critérios do art. 312 do CPP e não simplesmente ao fato de o Prefeito responder com base nos incisos I e II do art. 1.º dessa Lei. Finalmente, quanto ao afastamento do cargo, é mais uma decisão a ser tomada pelo colegiado, mediante proposta do relator – ou não.

**131. Agravo regimental:** não se aplica mais o recurso em sentido estrito, pois o caso passa a ser julgado pelo Tribunal. Portanto, se o relator, *de per si*, decretar a preventiva ou o afastamento do cargo, cabe agravo regimental à Câmara ou Turma. Porém, se o colegiado assim o fizer, a alternativa ao Prefeito é impetrar HC junto ao Superior Tribunal de Justiça, se a decisão for a preventiva. Caso seja o afastamento do cargo, cabe mandado de segurança junto ao STJ.

**132. Comunicação de crime:** na realidade, não há necessidade de ser um órgão público a requerer a apuração da responsabilidade penal do Prefeito. A ação é pública incondicionada, motivo pelo qual qualquer pessoa pode ofertar requerimento para esse objetivo. Por óbvio, deve o pleito ser acompanhado de provas, sob pena de incidir no vazio. O Ministério Público, em segundo grau, avaliará se cabe provocar o Judiciário. Mesmo para a produção das provas preliminares, há de se distribuir o feito a um desembargador relator, que fiscalizará as investigações. Colhidas as provas, pela polícia e pelo MP, pode haver denúncia, momento em que incidirão as normas já comentadas.

**133. Norma ultrapassada:** quem pode ajuizar demanda contra o Prefeito é justamente o Procurador-Geral de Justiça. Logo, essa norma não tem aplicação.

> **Art. 3.º** O Vice-Prefeito, ou quem vier a substituir o Prefeito, fica sujeito ao mesmo processo do substituído, ainda que tenha cessado a substituição.[134]

# Art. 4.º

Leis Penais e Processuais Penais Comentadas – Vol. 2 · **Nucci**

**134. Norma explicativa:** se o Vice-Prefeito substituir o Prefeito, fica sujeito às mesmas obrigações e, por óbvio, aos mesmos delitos.

> **Art. 4.º** São infrações político-administrativas dos Prefeitos Municipais sujeitas ao julgamento pela Câmara dos Vereadores e sancionadas com a cassação do mandato:
>
> I – Impedir o funcionamento regular da Câmara;
>
> II – Impedir o exame de livros, folhas de pagamento e demais documentos que devam constar dos arquivos da Prefeitura, bem como a verificação de obras e serviços municipais, por comissão de investigação da Câmara ou auditoria, regularmente instituída;
>
> III – Desatender, sem motivo justo, as convocações ou os pedidos de informações da Câmara, quando feitos a tempo e em forma regular;
>
> IV – Retardar a publicação ou deixar de publicar as leis e atos sujeitos a essa formalidade;
>
> V – Deixar de apresentar à Câmara, no devido tempo, e em forma regular, a proposta orçamentária;
>
> VI – Descumprir o orçamento aprovado para o exercício financeiro;
>
> VII – Praticar, contra expressa disposição de lei, ato de sua competência ou omitir-se na sua prática;
>
> VIII – Omitir-se ou negligenciar na defesa de bens, rendas, direitos ou interesses do Município sujeito à administração da Prefeitura;
>
> IX – Ausentar-se do Município, por tempo superior ao permitido em lei, ou afastar-se da Prefeitura, sem autorização da Câmara dos Vereadores;
>
> X – Proceder de modo incompatível com a dignidade e o decoro do cargo.
>
> **Art. 5.º** O processo de cassação do mandato do Prefeito pela Câmara, por infrações definidas no artigo anterior, obedecerá ao seguinte rito, se outro não for estabelecido pela legislação do Estado respectivo:
>
> I – A denúncia escrita da infração poderá ser feita por qualquer eleitor, com a exposição dos fatos e a indicação das provas. Se o denunciante for Vereador, ficará impedido de votar sobre a denúncia e de integrar a Comissão processante, podendo, todavia, praticar todos os atos de acusação. Se o denunciante for o Presidente da Câmara, passará a Presidência ao substituto legal, para os atos do processo, e só votará se necessário para completar o *quorum* de julgamento. Será convocado o suplente do Vereador impedido de votar, o qual não poderá integrar a Comissão processante.
>
> II – De posse da denúncia, o Presidente da Câmara, na primeira sessão, determinará sua leitura e consultará a Câmara sobre o seu recebimento. Decidido o recebimento, pelo voto da maioria dos presentes, na mesma sessão será constituída a Comissão processante, com três Vereadores sorteados entre os desimpedidos, os quais elegerão, desde logo, o Presidente e o Relator.
>
> III – Recebendo o processo, o Presidente da Comissão iniciará os trabalhos, dentro em cinco dias, notificando o denunciado, com a remessa de cópia da denúncia e documentos que a instruírem, para que, no prazo de dez dias, apresente defesa prévia, por escrito, indique as provas que pretender produzir e arrole testemunhas, até o máximo de dez. Se estiver ausente do Município, a notificação far-se-á por edital, publicado duas vezes, no órgão oficial, com intervalo de três dias, pelo menos, contado o prazo da primeira publicação.

Decorrido o prazo de defesa, a Comissão processante emitirá parecer dentro em cinco dias, opinando pelo prosseguimento ou arquivamento da denúncia, o qual, neste caso, será submetido ao Plenário. Se a Comissão opinar pelo prosseguimento, o Presidente designará desde logo, o início da instrução, e determinará os atos, diligências e audiências que se fizerem necessários, para o depoimento do denunciado e inquirição das testemunhas.

IV – O denunciado deverá ser intimado de todos os atos do processo, pessoalmente, ou na pessoa de seu procurador, com a antecedência, pelo menos, de vinte e quatro horas, sendo lhe permitido assistir as diligências e audiências, bem como formular perguntas e reperguntas às testemunhas e requerer o que for de interesse da defesa.

V – Concluída a instrução, será aberta vista do processo ao denunciado, para razões escritas, no prazo de 5 (cinco) dias, e, após, a Comissão processante emitirá parecer final, pela procedência ou improcedência da acusação, e solicitará ao Presidente da Câmara a convocação de sessão para julgamento. Na sessão de julgamento, serão lidas as peças requeridas por qualquer dos Vereadores e pelos denunciados, e, a seguir, os que desejarem poderão manifestar-se verbalmente, pelo tempo máximo de 15 (quinze) minutos cada um, e, ao final, o denunciado, ou seu procurador, terá o prazo máximo de 2 (duas) horas para produzir sua defesa oral (Redação dada pela Lei 11.966, de 2009).

VI – Concluída a defesa, proceder-se-á a tantas votações nominais, quantas forem as infrações articuladas na denúncia. Considerar-se-á afastado, definitivamente, do cargo, o denunciado que for declarado pelo voto de dois terços, pelo menos, dos membros da Câmara, em curso de qualquer das infrações especificadas na denúncia. Concluído o julgamento, o Presidente da Câmara proclamará imediatamente o resultado e fará lavrar ata que consigne a votação nominal sobre cada infração, e, se houver condenação, expedirá o competente decreto legislativo de cassação do mandato de Prefeito. Se o resultado da votação for absolutório, o Presidente determinará o arquivamento do processo. Em qualquer dos casos, o Presidente da Câmara comunicará à Justiça Eleitoral o resultado.

VII – O processo, a que se refere este artigo, deverá estar concluído dentro em noventa dias, contados da data em que se efetivar a notificação do acusado. Transcorrido o prazo sem o julgamento, o processo será arquivado, sem prejuízo de nova denúncia ainda que sobre os mesmos fatos.

**Art. 6.º** Extingue-se o mandato de Prefeito, e, assim, deve ser declarado pelo Presidente da Câmara de Vereadores, quando:

I – Ocorrer falecimento, renúncia por escrito, cassação dos direitos políticos, ou condenação por crime funcional ou eleitoral.

II – Deixar de tomar posse, sem motivo justo aceito pela Câmara, dentro do prazo estabelecido em lei.

III – Incidir nos impedimentos para o exercício do cargo, estabelecidos em lei, e não se desincompatibilizar até a posse, e, nos casos supervenientes, no prazo que a lei ou a Câmara fixar.

**Parágrafo único.** A extinção do mandato independe de deliberação do plenário e se tornará efetiva desde a declaração do fato ou ato extintivo pelo Presidente e sua inserção em ata.

**Art. 7.º** A Câmara poderá cassar o mandato de Vereador, quando:

I – Utilizar-se do mandato para a prática de atos de corrupção ou de improbidade administrativa;

II – Fixar residência fora do Município;

III – Proceder de modo incompatível com a dignidade da Câmara ou faltar com o decoro na sua conduta pública.

§ 1.º O processo de cassação de mandato de Vereador é, no que couber, o estabelecido no art. 5.º deste decreto-lei.

§ 2.º (*Revogado pela Lei 9.504, de 1997*).

**Art. 8.º** Extingue-se o mandato do Vereador e assim será declarado pelo Presidente da Câmara, quando:

I – Ocorrer falecimento, renúncia por escrito, cassação dos direitos políticos ou condenação por crime funcional ou eleitoral;

II – Deixar de tomar posse, sem motivo justo aceito pela Câmara, dentro do prazo estabelecido em lei;

III – Deixar de comparecer, em cada sessão legislativa anual, à terça parte das sessões ordinárias da Câmara Municipal, salvo por motivo de doença comprovada, licença ou missão autorizada pela edilidade; ou, ainda, deixar de comparecer a cinco sessões extraordinárias convocadas pelo prefeito, por escrito e mediante recibo de recebimento, para apreciação de matéria urgente, assegurada ampla defesa, em ambos os casos;

IV – Incidir nos impedimentos para o exercício do mandato, estabelecidos em lei e não se desincompatibilizar até a posse, e, nos casos supervenientes, no prazo fixado em lei ou pela Câmara.

§ 1.º Ocorrido e comprovado o ato ou fato extintivo, o Presidente da Câmara, na primeira sessão, comunicará ao plenário e fará constar da ata a declaração da extinção do mandato e convocará imediatamente o respectivo suplente.

§ 2.º Se o Presidente da Câmara omitir-se nas providências no parágrafo anterior, o suplente do Vereador ou o Prefeito Municipal poderá requerer a declaração de extinção do mandato, por via judicial, e se procedente, o juiz condenará o Presidente omisso nas custas do processo e honorários de advogado que fixará de plano, importando a decisão judicial na destituição automática do cargo da Mesa e no impedimento para nova investidura durante toda a legislatura.

§ 3.º O disposto no item III não se aplicará às sessões extraordinárias que forem convocadas pelo Prefeito, durante os períodos de recesso das Câmaras Municipais.

**Art. 9.º** O presente decreto-lei entrará em vigor na data de sua publicação, revogadas as Leis 211, de 7 de janeiro de 1948, e 3.528, de 3 de janeiro de 1959, e demais disposições em contrário.

Brasília, 24 de fevereiro de 1967; 146.º da Independência e 79.º da República.

H. CASTELLO BRANCO

*Carlos Medeiros Silva*

(*DOU* 27.02.1967; ret. 14.03.1967)

# Serviços de Telecomunicações

## Lei 9.472, de 16 de julho de 1997

*Dispõe sobre a organização dos serviços de telecomunicações, a criação e funcionamento de um órgão regulador e outros aspectos institucionais, nos termos da Emenda Constitucional 8, de 1995.*

O Presidente da República:

Faço saber que o Congresso Nacional decreta e eu sanciono a seguinte Lei:

(...)

### Capítulo II
### DAS SANÇÕES PENAIS[1]

> **Art. 183.** Desenvolver[2-4] clandestinamente atividades de telecomunicações:[5-10]
> Pena – detenção de dois a quatro anos,[11] aumentada da metade[12] se houver dano a terceiro, e multa de R$ 10.000,00 (dez mil reais).[13]
> **Parágrafo único.** Incorre na mesma pena quem, direta ou indiretamente, concorrer para o crime.[14-15]

**1. Fundamento constitucional:** "Compete ao Poder Executivo outorgar e renovar concessão, permissão e autorização para o serviço de radiodifusão sonora e de sons e imagens, observado o princípio da complementaridade dos sistemas privado, público e estatal" (art. 223, *caput*, CF). O controle da comunicação social é essencial e cabe à União promovê-lo. Por isso, disciplina o art. 1.°, da Lei 9.472/97, o seguinte: "Compete à União, por intermédio do órgão regulador e nos termos das políticas estabelecidas pelos Poderes Executivo e Legislativo, organizar a exploração dos serviços de telecomunicações. Parágrafo único. A organização inclui, entre outros aspectos, o disciplinamento e a fiscalização da execução, comercialização

# Art. 183

e uso dos serviços e da implantação e funcionamento de redes de telecomunicações, bem como da utilização dos recursos de órbita e espectro de radiofrequências". Em suma, é vedada a exploração clandestina, sem conhecimento, aprovação e fiscalização dos órgãos estatais, das transmissões de radiodifusão de sons e imagens.

**2. Análise do núcleo do tipo:** desenvolver significa aplicar, movimentar ou fazer crescer, cujo objeto é a atividade de telecomunicação. Nos termos do art. 60, § 1.º, desta Lei, "telecomunicação é a transmissão, emissão ou recepção, por fio, radioeletricidade, meios ópticos ou qualquer outro processo eletromagnético, de símbolos, caracteres, sinais, escritos, imagens, sons ou informações de qualquer natureza". Insere-se no tipo o elemento normativo descrito por clandestinamente. Vulgarmente, é clandestino o que é realizado às ocultas, como regra, ilegal ou ilegítimo. Neste caso, a norma pena explicativa, prevista no art. 184, parágrafo único, serve de esclarecimento: "considera-se clandestina a atividade desenvolvida sem a competente concessão, permissão ou autorização de serviço, de uso de radiofrequência e de exploração de satélite". Na jurisprudência: STF: "1. O tipo penal de desenvolvimento clandestino de atividades de telecomunicação, sob a modalidade de serviço de comunicação multimídia, é crime formal e sua consumação se dá com o mero exercício da atividade de modo clandestino, sendo prescindível o resultado naturalístico. Precedentes: HC 175.562, Segunda Turma, Rel. Min. Cármen Lúcia, DJe de 20/3/2020; e HC 124.795-AgR, Primeira Turma, Rel. Min. Rosa Weber, DJe de 3/9/2019; e HC 142.738-AgR, Segunda Turma, Rel. Min. Gilmar Mendes, DJe de 21/6/2018. 2. A segurança dos meios de comunicação, tutelada no artigo 183 da Lei 9.472/1997, reclama o funcionamento seguro dos serviços de comunicação regularmente instalados no país. Precedentes: HC 119.979, Primeira Turma, Rel. Min. Rosa Weber, DJe de 3/2/2014; e HC 128.130, Segunda Turma, Rel. Min. Teori Zavascki, DJe de 23/9/2015. 3. O princípio da insignificância incide quando presentes, cumulativamente, os seguintes vetores: i) mínima ofensividade da conduta do agente, ii) nenhuma periculosidade social da ação, iii) grau reduzido de reprovabilidade do comportamento, e iv) inexpressividade da lesão jurídica provocada. 4. *In casu*, o paciente foi sentenciado à pena de 2 (dois) anos de detenção, em regime aberto, substituída por duas penas restritivas de direito, em razão da prática do crime tipificado no artigo 183 da Lei 9.472/1997. 5. O *habeas corpus* é ação inadequada para a valoração e exame minucioso do acervo fático-probatório engendrado nos autos. 6. Voto-vista no sentido da denegação da ordem" (HC 161.659, 1.ª T., rel. Marco Aurélio, rel. para acórdão: Luiz Fux, 31.08.2020, m.v.); "3. É possível afirmar, ao menos neste juízo superficial, que a conduta possui relevo para a esfera penal (art. 183 da Lei 9.472/1997), na medida em que a utilização precária de transmissores não autorizados interfere potencialmente em outros serviços de comunicação, muitas vezes ligados à saúde e à segurança pública. 4. Crime formal que se consuma com o mero desenvolvimento clandestino da atividade de telecomunicação. Proteção legislativa voltada ao regular funcionamento do sistema de telecomunicações e não a eventual prejuízo econômico advindo da ação. Inaplicabilidade do princípio da insignificância. Conduta que oferece ao menos perigo de lesão (potencial, em termos de risco) ao bem jurídico tutelado" (AgR no RHC 122.338, 1.ª T., rel. Alexandre de Moraes, 22.03.2019, m.v.); "1. A jurisprudência desta Corte é no sentido de que "o crime descrito no art. 183 da Lei n.º 9.472/97 é formal e, *a fortiori*, de perigo abstrato, porquanto o desenvolvimento de atividade de radiofrequência sem autorização do órgão regulador é suficiente para comprometer a regularidade do sistema de telecomunicações independentemente da comprovação de prejuízo (...) ainda que, eventualmente, sejam de baixa frequência as ondas de radiodifusão emitidas pela rádio clandestina, não cabe cogitar quanto à aplicação do princípio da insignificância para fins de descaracterização da lesividade material da conduta" (HC 131.591-AgR, Rel. Min. Luiz Fux). Precedentes" (AgR no HC 154454, 1.ª T., rel. Roberto Barroso, 28.06.2019, m.v.). STJ: "1. O acórdão recorrido encontra-se no mesmo sentido da jurisprudência dessa Corte

Superior de Justiça de que a prática do serviço de radiodifusão, sem autorização da ANATEL, independentemente da potência em que opere, configura o fato tipificado no art. 183 da Lei 9.472/1997 (AgRg no AREsp 1.131.414/SP, relator Ministro JORGE MUSSI, Quinta Turma, julgado em 26/9/2017, DJe 16/10/2017). Precedentes" (AgRg no AREsp 1.998.264 – MS, 5.ª T., rel. Reynaldo Soares da Fonseca, 08.03.2022, v.u.).

**3. Sujeitos ativo e passivo:** o sujeito ativo pode ser qualquer pessoa. O sujeito passivo é o Estado-União.

**4. Elemento subjetivo do tipo:** é o dolo. Não se exige elemento subjetivo específico, nem se pune a forma culposa.

**5. Objetos material e jurídico:** o objeto material é a atividade de telecomunicação. O objeto jurídico é o monopólio de controle da atividade de telecomunicação pela União.

**6. Classificação:** comum (pode ser cometido por qualquer pessoa); formal (não exige resultado naturalístico para a consumação, consistente na efetiva lesão a bem ou interesse estatal); de forma livre (pode ser cometido por qualquer meio eleito pelo agente); comissivo (o verbo indica ação); permanente (a consumação se protrai no tempo, enquanto estiver em desenvolvimento a atividade); de perigo abstrato (não depende de efetiva lesão ao bem jurídico tutelado); unissubjetivo (pode ser cometido por um só agente); plurissubsistente (cometido por intermédio de vários atos); admite tentativa.

**7. Internet via rádio:** se a atividade é clandestina, configura o delito do art. 183 desta Lei. Na jurisprudência: STF: "1. O desenvolvimento clandestino de atividade de transmissão de sinal de internet, via rádio, comunicação multimídia, sem a autorização do órgão regulador, caracteriza, por si só, o tipo descrito no artigo 183 da Lei n.º 9.472/97, pois se trata de crime formal, inexigindo, destarte, a necessidade de comprovação de efetivo prejuízo" (HC 152.118 AgR, 1.ª T., rel. Luiz Fux, j. 07.05.2018, m.v.). STJ: "2. O entendimento proferido pelo TRF da 5ª Região encontra-se no mesmo sentido da jurisprudência desta Corte Superior de Justiça de que o serviço de transmissão de sinal de internet caracteriza atividade de telecomunicação, ainda que se trate de serviço de valor adicionado nos termos do art. 61, § 1º, da Lei n. 9.472/1997, motivo pelo qual, quando operado de modo clandestino, amolda-se, em tese, ao delito descrito no art. 183 da referida norma (EDcl no REsp 1.837.102/ES, relator Ministro Antonio Saldanha Palheiro, Sexta Turma, DJe de 12/12/2019)" (AgRg no REsp 1.997.078 – SE, 5.ª T., rel. Reynaldo Soares da Fonseca, 14.06.2022, v.u.).

**8. Princípio da insignificância:** é inaplicável, tendo em vista a importância do bem jurídico tutelado. Nesse prisma: Súmula 606 do STJ: "Não se aplica o princípio da insignificância aos casos de transmissão clandestina de sinal de internet via radiofrequência que caracterizam o fato típico previsto no artigo 183 da Lei 9.472/97". Na jurisprudência: STF: "1. Ambas as turmas deste Supremo Tribunal Federal reconhecem que o fornecimento de conexão à internet é misto, envolvendo tanto o serviço telefônico quanto o de valor adicionado, de maneira que a simples prestação do serviço, sem autorização da Anatel, configura, em tese, o tipo previsto no art. 183 da Lei n. 9.427, de 1997. 2. A tipicidade formal, por subsunção da conduta ao texto legal, todavia, também consoante a jurisprudência de ambas as Turmas desta Suprema Corte, não inviabiliza a aplicabilidade do princípio da insignificância nessa prática delitiva, mas desde que (i) a conduta do agente seja minimamente ofensiva, (ii) não haja risco social da ação, (iii) seja reduzido o grau de reprovabilidade do comportamento e (iv) seja inexpressiva a lesão jurídica. 3. Ausente laudo que ateste a relevância concreta da lesão e havendo, a seu turno, indícios da mínima ofensividade, deve ser reconhecida a ausência de tipicidade material na situação posta sob exame. 4. Agravo regimental provido, a fim de conceder a ordem de *habeas corpus*, para, por aplicação do princípio da insignificância, absolver o paciente/agravante da

# Art. 183

conduta imputada na ação penal em referência" (HC 165.577 AgR, 2.ª T., rel. Gilmar Mendes, rel. para acórdão: Edson Fachin, 08.09.2021, por empate). STJ: "1. Nos termos da orientação consolidada na Súmula n. 606/STJ, '[n]ão se aplica o princípio da insignificância a casos de transmissão clandestina de sinal de internet via radiofrequência, que caracteriza o fato típico previsto no art. 183 da Lei n. 9.472/1997'. 2. Com efeito, 'o serviço de transmissão de sinal de internet caracteriza atividade de telecomunicação, ainda que se trate de serviço de valor adicionado nos termos do art. 61, § 1º, da Lei n. 9.472/1997, motivo pelo qual, quando operado de modo clandestino, amolda-se, em tese, ao delito descrito no art. 183 da referida norma' (EDcl no REsp n. 1.837.102/ES, rel. Min. Antonio Saldanha Palheiro, Sexta Turma, DJe de 12/12/2019)" (AgRg na Revisão criminal 5.838, 3.ª S., rel. Jesuíno Rissato, 14.11.2023, v.u.). Sobre o tema, a Súmula 606 do STJ: "Não se aplica o princípio da insignificância a casos de transmissão clandestina de sinal de internet via radiofrequência, que caracteriza o fato típico previsto no art. 183 da Lei 9.472/1997".

**9. Atividade ligada à telefonia:** é apta a se subsumir no delito previsto neste artigo.

**10. Radiotransmissor da polícia:** configura o crime em relação a quem o utilizar, pouco importando que o equipamento não lhe pertença.

**11. Benefícios penais:** não se trata de infração de menor potencial ofensivo, portanto, em caso de condenação, admite-se a aplicação do *sursis* (art. 77, CP), conforme a pena fixada, bem como a substituição por restritivas de direitos (art. 44, CP).

**12. Causa de aumento:** o crime é formal, vale dizer, a mera prática da atividade de telecomunicação é suficiente para caracterizá-lo. Porém, havendo dano, de qualquer espécie, a terceiro atinge-se o exaurimento do delito e, nessa hipótese, a lei estabelece um aumento de metade da pena, a ser aplicado na terceira fase de individualização (art. 68, CP).

**13. Pena pecuniária:** distanciando-se do critério de dias-multa, previsto no Código Penal (art. 49), há a cominação de valor fixo. Não cabe qualquer atualização monetária, nem redução em caso de pobreza.

**14. Participação:** estabelece o tipo penal que o partícipe, direto ou indireto, deverá ser apenado com a mesma faixa do executor. Afasta-se, com isso, a aplicação da diminuição prevista pelo art. 29, § 1.º, do Código Penal (participação de menor relevância).

**15. Confronto com o art. 70 da Lei 4.117/62:** preceitua este artigo que "constitui crime punível com a pena de detenção de 1 (um) a 2 (dois) anos, aumentada da metade se houver dano a terceiro, a instalação ou utilização de telecomunicações, sem observância do disposto nesta Lei e nos regulamentos". Neste caso, não há atividade clandestina, mas infração às regras de utilização da telecomunicação. Na jurisprudência: STJ: "1. O Superior Tribunal de Justiça tem entendimento firme no sentido de que o traço diferenciador entre os crimes previstos nos artigos 183 da Lei n. 9.472/1999 e 70 da Lei n. 4.117/1962 é a habitualidade. E, para a configuração do primeiro exige-se a prática rotineira da conduta de desenvolver atividade de telecomunicação clandestina, como ocorreu no caso dos autos. 2. O Tribunal local, após aprofundada análise dos elementos colhidos no curso da instrução criminal, concluiu que a conduta praticada pelo agente amolda-se ao tipo penal do crime de desenvolver clandestinamente serviços de internet, via rádio, sem autorização da ANATEL, e entender de modo diverso, no intuito de abrigar o pleito defensivo de absolvição do acusado, demandaria o revolvimento do material fático-probatório, providência exclusiva das instâncias ordinárias e vedada a este Sodalício em sede de recurso especial, ante o óbice do Enunciado n. 7 da Súmula desta Corte. 3. Agravo regimental desprovido" (AgRg no REsp 1748368 – PE, 5.ª T., rel. Jorge Mussi, j. 06.11.2018, *DJe* 22.11.2018).

> **Art. 184.** São efeitos da condenação penal transitada em julgado:[16]
>
> I – tornar certa a obrigação de indenizar o dano causado pelo crime;[17]
>
> II – a perda, em favor da Agência, ressalvado o direito do lesado ou de terceiros de boa-fé, dos bens empregados na atividade clandestina, sem prejuízo de sua apreensão cautelar.[18]
>
> **Parágrafo único.** Considera-se clandestina a atividade desenvolvida sem a competente concessão, permissão ou autorização de serviço, de uso de radiofrequência e de exploração de satélite.

**16. Efeitos da condenação:** são efeitos extrapenais e genéricos, além de automáticos, não necessitando vir expresso na sentença condenatória. Cuida-se de uma reprodução do disposto pelo art. 91, I e II, do Código Penal. Na jurisprudência: TRF-3: "Além disso, como já mencionado, o art. 184 da Lei 9.472/97 estabelece que um dos efeitos da condenação é a perda, em favor da Agência, ressalvado o direito do lesado ou de terceiros de boa-fé, dos bens empregados na atividade clandestina, sem prejuízo de sua apreensão cautelar. Nessa esteira, a restituição de coisas apreendidas fica condicionada a comprovação de 03 (três) requisitos, quais sejam: 1) propriedade do bem pelo requerente; 2) ausência de interesse no curso do inquérito ou da instrução judicial na manutenção da apreensão; e 3) não estar o bem sujeito à pena de perdimento. Diferentemente dos demais equipamentos e objetos apreendidos, que comprovadamente foram empregados na atividade clandestina de telecomunicações, a acusação não se desincumbiu do ônus de comprovar que a quantia apreendida seja produto do crime ou que constitua proveito auferido pelo agente com a prática do fato criminoso. O único elemento capaz de vincular a quantia em espécie à atividade ilícita é o fato de que a apreensão se deu no mesmo imóvel. A localização geográfica do numerário, por si só, não constitui fundamento idôneo para o perdimento do bem. Dessa forma, por não restar demonstrada a origem ilícita do numerário apreendido, acolho o pedido da defesa para determinar a restituição do numerário correspondente a R$ 14.000,00 apreendido nos autos (ID 285552152 – pag. 20)" (Apelação Criminal 0002478-69.2014.4.03.6143, 11.ª T., rel. José Marcos Lunardelli, 12.08.2024, v.u.).

**17. Indenização civil:** a parte que se sentir lesada pela prática do crime pode requerer a reparação civil do dano. Atualmente, com o advento da Lei 11.719/2008, na mesma ação penal, em que se busca a punição do autor do crime, pode o ofendido pleitear a indenização civil. Conferir as notas 56 e 56-A ao art. 387 do nosso *Código de Processo Penal comentado*.

**18. Perda de bens:** todos os equipamentos e maquinários utilizados para a atividade de telecomunicação podem ser apreendidos, por medida cautelar, desde a fase investigatória, em face de decisão judicial, até a sentença condenatória, onde serão considerados perdidos. De qualquer forma, em vez de se destiná-los à União, como ocorre no Código Penal, são desviados para a Agência (Art. 8.º "Fica criada a Agência Nacional de Telecomunicações, entidade integrante da Administração Pública Federal indireta, submetida a regime autárquico especial e vinculada ao Ministério das Comunicações, com a função de órgão regulador das telecomunicações, com sede no Distrito Federal, podendo estabelecer unidades regionais"). Ressalva-se, por natural, o direito de terceiro de boa-fé, o qual poderá restituir os aparelhos usados na atividade clandestina, da qual não tinha conhecimento.

> **Art. 185.** O crime definido nesta Lei é de ação penal pública, incondicionada, cabendo ao Ministério Público promovê-la.[19-21]

# Art. 216

**19. Ação pública incondicionada:** não havia necessidade de se firmar essa situação, pois a regra é justamente o contrário, ou seja, quando a lei silenciar, a ação é pública incondicionada. Para ser condicionada à representação da vítima ou à requisição do Ministro da Justiça, bem como para ser privada, torna-se preciso expressa menção em lei.

**20. Existência de processo administrativo:** não obsta o ajuizamento de ação penal, pois a atividade do Ministério Público é independente, dando-se no âmbito criminal.

**21. Avaliação das provas:** há de ser colhido um conjunto probatório seguro e válido para alicerçar a condenação, não sendo toleráveis meros indícios de atividade clandestina de telecomunicações.

> (...)
> **Art. 216.** Esta Lei entra em vigor na data de sua publicação.
> Brasília, 16 de julho de 1997; 176.º da Independência e 109.º da República.
> Fernando Henrique Cardoso
>
> (*DOU* 17.07.1997)

# Sistema Financeiro

## Lei 7.492, de 16 de junho de 1986

*Define os crimes contra o Sistema Financeiro Nacional[1-3] e dá outras providências.*

O Presidente da República:

Faço saber que o Congresso Nacional decreta e eu sanciono a seguinte Lei:

> **Art. 1.º** Considera-se instituição financeira,[4-5] para efeito desta Lei, a pessoa jurídica de direito público[6] ou privado,[7] que tenha como atividade[8] principal ou acessória, cumulativamente ou não, a captação, intermediação ou aplicação de recursos financeiros (*vetado*) de terceiros, em moeda nacional ou estrangeira, ou a custódia, emissão, distribuição, negociação, intermediação ou administração de valores mobiliários.[9]
>
> **Parágrafo único.** Equipara-se à instituição financeira:
>
> I – a pessoa jurídica que capte ou administre seguros, câmbio, consórcio, capitalização ou qualquer tipo de poupança, ou recursos de terceiros;[10]
>
> I-A – a pessoa jurídica que ofereça serviços referentes a operações com ativos virtuais, inclusive intermediação, negociação ou custódia;[10-A]
>
> \* Inciso I-A acrescentado pela Lei 14.478/2022 (*DOU* 22.12.2022), em vigor 180 dias após a sua publicação oficial.
>
> II – a pessoa natural que exerça quaisquer das atividades referidas neste artigo, ainda que de forma eventual.[11]

**1. Fundamento constitucional:** preceitua o art. 192 que "o sistema financeiro nacional, estruturado de forma a promover o desenvolvimento equilibrado do País e a servir aos interesses da coletividade, em todas as partes que o compõem, abrangendo as cooperativas de crédito, será regulado por leis complementares que disporão, inclusive, sobre a participação do capital estrangeiro nas instituições que o integram".

**2. Sistema Financeiro Nacional:** significa o conjunto de operações, medidas e transações, inclusive atividades fiscalizatórias de agentes específicos, que diz respeito ao emprego

# Art. 1.º

dos recursos econômicos disponíveis pelo Estado para sua atuação eficiente na busca de seus objetivos constitucionais, voltados, em suma, ao bem-estar da comunidade em geral. Um Estado financeiramente saudável implica disponibilidade de caixa para atender às várias demandas constitutivas de seus propósitos maiores, como a construção de uma sociedade livre, justa e solidária, assegurado o desenvolvimento nacional, a erradicação da pobreza e a marginalização, reduzindo as desigualdades sociais e regionais, bem como promovendo o bem de todos, sem qualquer preconceito (art. 3.º, CF). Como bem esclarece Fábio Nusdeo, "quando se fala em finanças, pensa-se na disponibilidade de moeda ou dinheiro – mediata ou imediata – a chama da liquidez. Nessas condições, uma sociedade comercial, uma família ou uma associação esportiva, poderão ter uma situação econômica muito boa – um patrimônio sólido, equipamentos fabris, um belo estádio – mas poderão também estar em situação financeira péssima, por lhes faltar recursos monetários disponíveis para o pagamento de suas obrigações do dia a dia. Diz-se que estão *ilíquidos*" (*Curso de economia*, p. 55). Dá-se o mesmo com o Estado. De nada adianta possuir um sistema tributário eficiente para a colheita de impostos em geral, bem como possuir bons propósitos e ideais econômicos, se não houver uma política financeira eficaz e saudável. Aliás, nas palavras de Régis Fernandes de Oliveira, a "ciência das finanças é, antes de tudo, informativa. Fornece dados ao político para que ele decida. Procura os fenômenos econômicos, por exemplo, que possam servir de incidência para alguma norma tributária, fornecendo meios arrecadatórios ao Estado; estuda as reais necessidades da sociedade, os meios disponíveis para atendimento dos interesses públicos, sob os mais variados aspectos, e municia os agentes públicos para que possam decidir sobre temas os mais variados, inclusive de política fiscal" (*Manual de direito financeiro*, p. 24). Note-se, pois, que a preocupação com as finanças públicas não se restringe ao disposto no art. 192 da Constituição, tampouco à Lei 7.492/86. Há outras normas constitucionais (ex.: arts. 163 a 169), bem como outras leis penais (ex.: arts. 359-A a 359-H do Código Penal) e extrapenais (ex.: Lei de Responsabilidade Fiscal – Lei Complementar 101/2000), cuidando das finanças, ou melhor, da saúde financeira nacional.

**3. Normas complementares:** as Leis 4.595/64 (dispõe sobre a política e as instituições monetárias, bancárias e creditícias), 4.728/65 (disciplina o mercado de capitais) e Lei Complementar 105/2001 (cuida do sigilo das operações das instituições financeiras) completam o quadro de análise do sistema financeiro nacional, constituindo fontes úteis para o estudo dos tipos penais incriminadores previstos na Lei 7.492/86.

**4. Norma penal explicativa:** por vezes, para evitar interpretações divergentes e conferir maior abrangência a um termo ou expressão, a lei penal promove conceituações, que, em regra, estão fora de seu âmbito de atuação. O art. 1.º da Lei 7.492/86 insere-se nesse contexto, fixando um conceito amplo de *instituição financeira*. Em visão crítica, explica Manoel Pedro Pimentel que "é amplíssimo o conceito, alargado ainda mais com as disposições dos ns. I e II, do parágrafo único deste artigo, que equipara à instituição financeira a pessoa jurídica que capte ou administre seguros, câmbio, consórcio, capitalização ou qualquer tipo de poupança, ou recursos de terceiros, bem como a pessoa natural que exerça quaisquer atividades referidas no artigo, ainda que de forma eventual. Sabemos que a amplitude do conceito de instituição financeira se deveu, em grande parte, à casuística acumulada pelo Banco Central, através de sucessivas experiências com as mais diversas entidades que lidavam com recursos de terceiros ou com títulos ou valores mobiliários. A rede de proteção lançada pelo art. 1.º e seu parágrafo único foi trançada com malha fina, para que não escapasse conduta alguma, lesiva ou perigosa, contra o Sistema Financeiro Nacional, razão pela qual o dispositivo legal tornou-se excessivamente amplo" (*Crimes contra o sistema financeiro nacional*, p. 29). Vale conferir, ainda, o art. 1.º, § 1.º, da Lei Complementar 105/2001, que traz uma relação de instituições financeiras.

**5. Natureza jurídica:** como ensina René Ariel Dotti, são "entes jurídicos abstratos e coletivos, cujo objetivo é lidar com os fluxos dos meios de pagamento, com moeda e crédito, especificamente" (Crime contra o sistema financeiro nacional – consórcio – empresa administradora – empréstimo em dinheiro para empresas do mesmo grupo – caracterização, *RT* 718/359).

**6. Instituições financeiras de direito público:** são, basicamente, as que estão enumeradas no art. 1.º da Lei 4.595/64: a) Conselho Monetário Nacional; b) Banco Central do Brasil; c) Banco do Brasil S/A; d) Banco Nacional do Desenvolvimento Econômico e Social (BNDES); e) outras instituições públicas.

**7. Instituições financeiras de direito privado:** são as seguintes, fundamentalmente: a) sociedades de financiamentos e investimentos; b) sociedades de crédito imobiliário; c) bancos de investimento; d) fundos de investimento; e) cooperativas de crédito; f) associações de poupança; g) bolsas de valores; h) empresas corretoras; i) empresas distribuidoras (cf. Aloysio Lopes Pontes, citado por Manoel Pedro Pimentel, *Crimes contra o sistema financeiro nacional*, p. 29).

**8. Atividades das instituições financeiras:** captar (conquistar, atrair), intermediar (deslocar de um lugar para outro) e aplicar (empregar, investir para obter ganho) recursos financeiros (meios pecuniários) de terceiros, bem como custodiar (guardar, tutelar), emitir (colocar em circulação, lançar em mercado), distribuir (entregar a outros), negociar (comerciar), intermediar (servir de contato entre partes) e administrar (gerir, tomar conta de algo) valores mobiliários (títulos emitidos por sociedades anônimas).

**9. Valores mobiliários:** são os títulos emitidos por sociedades anônimas (ex.: ações), que podem ser negociados em bolsa.

**10. Instituição financeira por equiparação:** são as situações previstas nos dois incisos do parágrafo único, representativas de seguradoras, casas de câmbio, empresas administradoras de consórcios e de capitalização ou de poupança, bem como aquelas que se dedicam à captação ou administração de qualquer recurso de terceiros (esta última constituindo uma forma aberta e extremamente abrangente). Administradoras de cartão de crédito, para alguns, não são consideradas instituições financeiras. São, também, instituições financeiras os fundos de pensão: STF: RHC 85.094-4 – SP, 2.ª T., rel. Gilmar Mendes, 15.02.2005, v.u.

**10-A. Prestação de serviços de ativos virtuais:** a inclusão do inciso I-A adveio da edição da Lei 14.478/2022, que dispõe sobre a prestação de serviços de ativos virtuais (valores representados por uma moeda digital, cujo mecanismo de armazenamento e transferência se dá por meio eletrônico), regulamentando as prestadoras desses serviços, de modo que se aproveitou o ensejo para equiparar tais empresas a instituições financeiras.

**11. Pessoa natural equiparada a instituição financeira:** nesse caso, o abuso foi ainda maior e inadequado, pois equiparou a pessoa física a uma instituição financeira, devidamente regularizada e fiscalizada. "Trata-se de exercício clandestino e desautorizado de atividades financeiras na medida em que as normas regulamentares exigem autorização estatal para seu funcionamento" (Manoel Pedro Pimentel, *Crimes contra o sistema financeiro nacional*, p. 34). Busca atingir os denominados "fantasmas", "testas de ferro", "homens de palha", "laranjas", embora pessoas que estreita ligação com os delinquentes do "colarinho branco" (STJ, REsp 20.748 – SP, 5.ª T., rel. Assis Toledo, v.u.). Conferir: STJ: "1. Conforme disposto no art. 1º, parágrafo único, II, da Lei n. 7.492/86, a pessoa física que exerça atividade com recursos financeiros de terceiros, ainda que de modo eventual, se equipara à instituição financeira" (AgRg no REsp 1.565.341 – RJ, 5.ª T., rel. Joel Ilan Paciornik, j. 16.08.2018, *DJe* 27.08.2018).

# Art. 2.º

Leis Penais e Processuais Penais Comentadas – Vol. 2 · **Nucci**

784

**Dos crimes contra o Sistema Financeiro Nacional**

> **Art. 2.º** Imprimir,[12-14] reproduzir ou, de qualquer modo, fabricar ou pôr em circulação, sem autorização[15] escrita da sociedade emissora, certificado,[16] cautela[17] ou outro documento[18] representativo de título[19] ou valor[20] mobiliário:[21-22]
>
> Pena – reclusão, de 2 (dois) a 8 (oito) anos, e multa.
>
> **Parágrafo único.** Incorre na mesma pena quem imprime,[23-25] fabrica, divulga, distribui ou faz distribuir prospecto ou material de propaganda relativo aos papéis referidos neste artigo.[26-27]

**12. Análise do núcleo do tipo:** *imprimir* (fazer a impressão de algo, estampar), *reproduzir* (multiplicar, tornar a fazer), *fabricar* (construir, produzir), *pôr em circulação* (emitir, introduzir no mercado), tendo por objetos o certificado, a cautela ou qualquer outro documento representativo de título ou valor mobiliário (ex.: ações).

**13. Sujeitos ativo e passivo:** o sujeito ativo é qualquer pessoa; o sujeito passivo é o Estado; secundariamente, aqueles que forem prejudicados pelo delito.

**14. Elemento subjetivo:** é o dolo. Não se exige elemento específico do tipo, nem se pune a forma culposa.

**15. Elementos normativos:** introduziu-se no tipo penal incriminador a expressão "sem autorização escrita da sociedade emissora", que é, em regra, elemento da ilicitude, vale dizer, se houvesse autorização, a conduta tornar-se-ia lícita. Entretanto, por ter sido introduzida a falta de autorização no tipo penal, caso esta seja fornecida, o fato é atípico. Aliás, outros elementos normativos, dependentes de valoração jurídica, são os termos *certificado* e *cautela*.

**16. Certificado:** é o documento que comprova um depósito ou uma aplicação (ex.: certificado de depósito bancário – CDB).

**17. Cautela:** é o título provisório representativo de ação ou debênture.

**18. Interpretação analógica:** a expressão "ou outro documento representativo de título ou valor mobiliário" faz parte do processo de interpretação analógica, ou seja, o tipo penal estabelece objetos materiais precisos (certificado e cautela) e depois amplia para que sejam inseridos outros semelhantes.

**19. Título:** é o documento que certifica a existência de um direito.

**20. Valor mobiliário:** ver a nota 9 ao art. 1.º.

**21. Objetos material e jurídico:** os objetos materiais são o certificado, a cautela ou outro documento representativo de título ou valor mobiliário. O objeto jurídico é a credibilidade pública dos valores mobiliários.

**22. Classificação:** é crime comum (qualquer pessoa pode praticá-lo); formal (independe da ocorrência de efetivo prejuízo a terceiros); de perigo abstrato (há uma probabilidade de dano presumida); de forma livre (pode ser cometido com qualquer método); comissivo (as condutas implicam ações); instantâneo (a consumação ocorre em momento definido); unissubjetivo (pode ser cometido por uma só pessoa); unissubsistente (cometido por um só ato) na forma "pôr em circulação" ou plurissubsistente (cometido por vários atos) nas modalidades "imprimir", "reproduzir" e "fabricar"; admite tentativa nas formas plurissubsistentes.

**23. Análise do núcleo do tipo:** *imprimir* (fazer a impressão de algo, estampar), *fabricar* (construir, produzir), *divulgar* (tornar público, difundir), *distribuir* (entregar a terceiros, espalhar), *faz distribuir* (promover a distribuição por intermédio de outrem), tendo por objetos prospecto (impresso com ilustrações e informações) e material de propaganda (qualquer instrumento de propagação de ideias), desde que relacionados a certificado, cautela ou documento representativo de título ou valor mobiliário.

**24. Sujeitos ativo e passivo:** o sujeito ativo é qualquer pessoa. O sujeito passivo é o Estado; secundariamente, quem foi prejudicado pela conduta criminosa.

**25. Elemento subjetivo:** é o dolo. Não há elemento subjetivo específico, nem se pune a forma culposa.

**26. Objetos material e jurídico:** o objeto material é o prospecto ou material de propaganda. O objeto jurídico é a credibilidade dos títulos e valores mobiliários.

**27. Classificação:** é crime comum (qualquer pessoa pode praticá-lo); formal (independe da ocorrência de efetivo prejuízo a terceiros); de perigo abstrato (há uma probabilidade de dano presumida); de forma livre (pode ser cometido com qualquer método); comissivo (as condutas implicam ações); instantâneo (a consumação ocorre em momento definido), mas eventualmente pode assumir a forma permanente, caso, por exemplo, a divulgação arraste-se no tempo; unissubjetivo (pode ser cometido por uma só pessoa); plurissubsistente (cometido por vários atos); admite tentativa.

> **Art. 3.º** Divulgar[28-30] informação falsa[31-32] ou prejudicialmente incompleta sobre instituição financeira:[33-36]
>
> Pena – reclusão, de 2 (dois) a 6 (seis) anos, e multa.

**28. Análise do núcleo do tipo:** *divulgar* significa tornar público ou difundir, por qualquer meio ou método, inclusive pela imprensa (ver a nota abaixo). O objeto da propagação é a *informação* (dado ou conhecimento de algo) *falsa* (não autêntica, fictícia) ou *incompleta* (não acabada, truncada) a respeito de instituição financeira. Note-se que, no último caso, o informe incompleto precisa ser *prejudicial* (nocivo, lesivo), isto é, ter potencialidade lesiva, a despeito de não acabado, afinal, dados truncados podem não ser úteis, nem trazer qualquer problema à instituição financeira. Como ensina Manoel Pedro Pimentel, ser *prejudicialmente incompleta* "gera alguma perplexidade no intérprete, pois é carregada de intensa subjetividade" (*Crimes contra o sistema financeiro nacional*, p. 43).

**29. Sujeitos ativo e passivo:** o sujeito ativo é qualquer pessoa. O sujeito passivo é o Estado; secundariamente, quem foi prejudicado pela conduta criminosa.

**30. Elemento subjetivo:** é o dolo. Não há elemento subjetivo específico, nem se pune a forma culposa.

**31. Formas excluídas:** não interessam ao preenchimento do tipo penal a informação *verdadeira*, ainda que prejudicial à instituição financeira, tampouco, como já exposto em nota anterior, a informação incompleta inútil.

**32. Extensão do falso:** é fundamental que se analise, ainda, a amplitude do informe *não autêntico*. Se alguém divulgar que uma instituição financeira possui muitas dívidas e não vai conseguir honrá-las, pode propagar o que é *parcialmente* falso, vale dizer, há dívidas, mas ela poderá pagá-las. Nessa situação, se a parcialidade do falso for suficiente para abalar a credibilidade da instituição junto aos investidores, pode-se considerar preenchido o tipo penal. Do contrário, cuida-se de fato atípico.

# Art. 4.º

Leis Penais e Processuais Penais Comentadas – Vol. 2 · **Nucci**

**33. Objetos material e jurídico:** o objeto material é a informação falsa ou prejudicialmente incompleta. Os objetos jurídicos são a credibilidade do mercado financeiro e a proteção ao investidor.

**34. Classificação:** é crime comum (qualquer pessoa pode praticá-lo); formal (independe da ocorrência de efetivo prejuízo a terceiros, embora este possa ocorrer); de perigo abstrato (há uma probabilidade de dano presumida) na forma "informação falsa", mas de perigo concreto (dependente de prova da potencialidade lesiva) na modalidade "prejudicialmente incompleta"; de forma livre (pode ser cometido com qualquer método); comissivo (a conduta implica ação), excepcionalmente comissivo por omissão (art. 13, § 2.º, CP); instantâneo (a consumação ocorre em momento definido), mas eventualmente pode assumir a forma permanente, caso, por exemplo, a divulgação arraste-se no tempo; unissubjetivo (pode ser cometido por uma só pessoa); unissubsistente (cometido em um único ato) ou plurissubsistente (cometido por vários atos), conforme o meio eleito pelo agente. Ex.: se a divulgação for verbal, em uma roda de investidores, trata-se de método unissubsistente; se a divulgação se der por meio escrito (folhetos a distribuir), cuida-se de método plurissubsistente; admite tentativa na forma plurissubsistente.

**35. Conflito com a Lei de Imprensa:** dispõe o art. 16, II, da Lei 5.250/67 que constitui crime "publicar ou divulgar notícias falsas ou fatos verdadeiros truncados ou deturpados, que provoquem: (...) II – desconfiança no sistema bancário ou abalo de crédito de instituição financeira ou de qualquer empresa, pessoa física ou jurídica". Cuida-se de conflito aparente de normas, a ser resolvido pelo critério da sucessividade, ou seja, lei posterior afasta a aplicação de lei anterior. Deve-se, pois, aplicar o art. 3.º da Lei 7.492/86, mais recente, que não estabelece a forma de divulgação.

**36. Conflito com a Lei 11.101/2005 (Falência):** dispõe o art. 170: "Divulgar ou propalar, por qualquer meio, informação falsa sobre devedor em recuperação judicial, com o fim de levá-lo à falência ou de obter vantagem". Nessa hipótese, prevalece o disposto na Lei 11.101/2005, em detrimento do art. 3.º da Lei 7.429/86, não somente por ser aquela mais recente, mas também por ser especial em relação a esta última.

---

**Art. 4.º** Gerir[37-39] fraudulentamente[40-41] instituição financeira:[42-44]
Pena – reclusão, de 3 (três) a 12 (doze) anos, e multa.
**Parágrafo único.** Se a gestão[45-47] é temerária:[48-51]
Pena – reclusão, de 2 (dois) a 8 (oito) anos, e multa.[52]

---

**37. Análise do núcleo do tipo:** gerir significa administrar, gerenciar, dirigir, fazendo-o de fato ou de direito. O objeto da gestão é a instituição financeira, tal como definido no art. 1.º desta Lei. Logo, o tipo diz respeito à tomada de decisões administrativas na instituição financeira, conforme dispõem a lei e o seu estatuto. Deve haver necessariamente fraude. Sobre esse elemento do tipo, consulta a nota própria abaixo. Na jurisprudência: STF: "1. A gestão fraudulenta, prevista no art. 4º, *caput*, da Lei 7.492/1986 caracteriza-se penalmente pela conduta de gerir fraudulentamente instituição financeira, crime que não se confunde com aquele previsto no parágrafo único do mesmo art. 4º (gestão temerária de instituição financeira), de menor lesividade e menor gravidade penal, embora ambos visem a tutelar o mesmo bem jurídico, qual seja, a estabilidade e higidez do sistema financeiro nacional. 2. A tutela penal das duas condutas, em linhas gerais, visa a resguardar a atuação segura das instituições financeiras, mormente em consideração à volatilidade e risco financeiro que são inerentes a uma economia de natureza globalizada, de cujo regular funcionamento é fiadora a confiança dos investidores na higidez das aludidas instituições. 3. A gestão fraudulenta diferencia-se da gestão temerária, porquanto a primeira consubstancia-se na prática de atos de gestão de uma instituição financeira, pelo emprego de fraude, ardil ou qualquer manobra de natureza desleal que vise a induzir terceiras pessoas em erro e, desse modo, produzir um ou mais resultados predeterminados pelo agente, que age com dolo, associada à obtenção de vantagem indevida em proveito próprio ou alheio. 4. O objetivo do legislador ao criminalizar a gestão temerária não foi o de penalizar a conduta do gestor de induzir terceiras pessoas em erro para auferir vantagem, mas sim a conduta que, embora praticada abertamente, sem qualquer ardil ou tentativa de ocultação, atente, quando acarretar risco injustificável ou desproporcional ao universo de investidores, contra a higidez da instituição financeira administrada. 5. A gestão fraudulenta no âmbito doutrinário é reconhecida por força do ardil, compreendido via condutas comissivas ou omissivas, desde que, em quaisquer dos casos, vise a induzir terceiras pessoas em erro. Trata-se, por exemplo, da não inclusão deliberada, nos balanços ou registros da instituição, de informações concernentes à situação de higidez financeira, com o objetivo de iludir terceiros investidores e/ou órgãos oficiais de fiscalização do mercado" (AP 892, 1.ª T., rel. Luiz Fux, 26.02.2019, m.v.). STJ: "O recorrente encontra-se denunciado como incurso nos arts. 4.º, 6.º e 10 da Lei n. 7.492/1986. Pela leitura atenta da inicial acusatória, constata-se que a fraude considerada para tipificar o tipo penal do art. 4º da Lei n. 7.492/1986, é a prática dos tipos penais descritos nos arts. 6.º e 10 do mesmo diploma legal. Apenas com o exame mais aprofundado dos elementos de prova será possível aferir se a prática dos crimes descritos nos arts. 6.º e 10 da Lei de crimes contra o sistema financeiro tipificam o crime de gestão fraudulenta, ficando absorvidos por este, ou se, não tipificando o crime do art. 4.º da Lei n. 7.492/1986, configuram tipos autônomos subsidiários, conhecidos na doutrina como 'soldado de reserva'" (AgRg no RHC 188.922 – SP, 5.ª T., rel. Ribeiro Dantas, 13.08.2024, m.v.).

**38. Sujeitos ativo e passivo:** o sujeito ativo é o administrador da instituição financeira (consultar o art. 25 da Lei 7.492/86). O sujeito passivo é o Estado. Secundariamente, todos os que forem prejudicados pela gestão fraudulenta.

**39. Elemento subjetivo:** é o dolo. Não há a forma culposa, nem se exige elemento subjetivo específico.

**40. Elemento normativo do tipo:** *fraude* quer dizer meio enganoso, ação de má-fé com o fito de ludibriar, enfim, é gênero do artifício (esperteza), do ardil (armadilha, cilada), do abuso de confiança e outras atitudes de igual perfil. Cuida-se de elemento aberto do tipo penal, valendo-se da interpretação, sob o prisma cultural e, também, jurídico. Exemplo: o administrador simula empréstimo em benefício próprio, a fim de iludir o fisco (cf. Rodolfo Tigre Maia, *Dos crimes contra o sistema financeiro nacional...*, p. 57).

**41. Concurso com outras infrações penais:** é viável. A gestão fraudulenta pode ser punida em concurso material ou formal, dependendo do caso concreto, com outros delitos, como falsificação de documentos, estelionato, sonegação fiscal etc.

**42. Objetos material e jurídico:** o objeto material pode ser todo instrumento utilizado pelo administrador para promover a gestão fraudulenta (documento falsificado; contrato indevidamente lavrado; dinheiro irregularmente transferido etc.). Os objetos jurídicos são a credibilidade do mercado financeiro e a proteção ao investidor.

**43. Classificação:** é crime próprio (somente pode ser praticado por sujeito qualificado); formal (independe da ocorrência de efetivo prejuízo a terceiros, embora este possa ocorrer); de perigo concreto (dependente de prova da potencialidade lesiva, afinal, menciona-se a ocorrência de fraude, na primeira figura); de forma livre (pode ser cometido com qualquer método);

# Art. 4.º

comissivo (a conduta implica ação), excepcionalmente comissivo por omissão (art. 13, § 2.º, CP); instantâneo (a consumação ocorre em momento definido), mas, eventualmente, pode assumir a forma permanente, caso, por exemplo, a gestão assuma o caráter fraudulento, como regra, através de sucessivos atos, todos concatenados; unissubjetivo (pode ser cometido por uma só pessoa); unissubsistente (cometido em um único ato) ou plurissubsistente (cometido por vários atos), conforme o meio eleito pelo agente; admite tentativa na forma plurissubsistente.

**44. Conflito com a Lei 1.521/51 (Economia Popular):** preceitua o art. 3.º, IX, da referida Lei: "gerir fraudulenta ou temerariamente bancos ou estabelecimentos bancários, ou de capitalização; sociedades de seguros, pecúlios ou pensões vitalícias; sociedades para empréstimos ou financiamento de construções e de vendas de imóveis a prestações, com ou sem sorteio ou preferência por meio de pontos ou quotas; caixas econômicas; caixas Raiffeisen; caixas mútuas, de beneficência, socorros ou empréstimos; caixas de pecúlio, pensão e aposentadoria; caixas construtoras; cooperativas, sociedades de economia coletiva, levando-as à falência ou à insolvência, ou não cumprindo qualquer das cláusulas contratuais com prejuízo dos interessados". Pelos critérios da sucessividade (lei mais recente afasta a aplicação de lei mais antiga) e especialidade (lei especial afasta a aplicação de lei geral), deve prevalecer o disposto no art. 4.º da Lei 7.492/86, afastada a aplicação da Lei 1.521/51. Note-se que a lei de 1986 cuida, especificamente, dos delitos contra o sistema financeiro, envolvendo, pois, a economia popular. Segundo nos parece, a intenção do legislador, em 1986, foi *reescrever* o quadro relativo à administração de pessoas jurídicas que lidam com dinheiro de terceiros, de modo a manter a confiabilidade no sistema financeiro, mas, por óbvio, refletindo na economia popular. Então, envolve o que efetivamente interessa na ótica legislativa, devendo-se considerar afastado o inciso IX do art. 3.º da antiquada Lei 1.521/51. Porém, há posição contrária, entendendo coexistirem ambas as figuras típicas. Consultar as notas 37-A a 37-E da Lei 1.521/51.

**45. Análise do núcleo do tipo:** *gerir* significa administrar, gerenciar, dirigir. O objeto da gestão é a instituição financeira, tal como definido no art. 1.º desta Lei. Logo, o tipo diz respeito à tomada de decisões administrativas na instituição financeira, conforme dispõem a lei e o seu estatuto. Deve haver grande risco. Sobre esse elemento do tipo, consulta a nota própria abaixo. Na jurisprudência: STJ: "1. O crime de gestão temerária de instituição financeira caracteriza-se como crime acidentalmente habitual, razão pela qual, embora um único ato seja suficiente para a configuração do crime, a sua reiteração não configura pluralidade de delitos. Precedentes do STJ e do STF" (HC 391.053 – SP, 6.ª T., rel. Sebastião Reis Júnior, 30.05.2019, v.u.); "1. A desvaloração de circunstância judicial que acarreta exasperação da pena-base deve estar fundada em elementos concretos, não inerentes ao tipo penal. 1.1. Para o crime de gestão temerária, o desrespeito a regras da instituição financeira é inerente ao tipo penal. Precedente. 1.2. *In casu*, o desvalor da culpabilidade pelo dolo intenso foi justificado nas circunstâncias fáticas e pessoais que determinaram o crime, tendo o Tribunal de origem destacado a quantidade de operações indevidas e a concessão de empréstimos indevidos a parentes. 2. Agravo regimental desprovido" (AgRg no REsp 1.579.289 – RN, 5.ª T., rel. Joel Ilan Paciornik, j. 05.06.2018, *DJe* 13.06.2018).

**46. Sujeitos ativo e passivo:** o sujeito ativo é o administrador da instituição financeira (consultar o art. 25 da Lei 7.492/86). O sujeito passivo é o Estado. Secundariamente, todos os que forem prejudicados pela gestão temerária.

**47. Elemento subjetivo:** é o dolo de perigo. Não há a forma culposa, nem se exige elemento subjetivo específico. Embora de rara ocorrência, admite-se o dolo eventual, demandando-se, entretanto, clara prova de que o administrador assumiu o risco de gerar perigo concreto para a instituição financeira (cf. Comparato, *Crime contra a ordem econômica*, p. 578).

**48. Elemento normativo do tipo e legalidade:** *temerário* significa arriscado, perigoso e imprudente. O termo é extremamente vago e aberto. Pensamos ofender o princípio da taxatividade e, por consequência, a legalidade. Exige o art. 5.º, XXXIX, da Constituição, que "não há crime sem lei anterior que o *defina...*" (grifamos). Ora, a doutrina é praticamente unânime ao apontar, como corolário dessa *definição*, seja ela bem-feita, com detalhes suficientes para ser bem compreendida por todos, vale dizer, os tipos penais incriminadores necessitam ser *taxativos*. Está bem longe de atingir esse objetivo o crime previsto no art. 4.º, parágrafo único, da Lei 7.492/86. É inconstitucional, embora os tribunais sejam extremamente flexíveis para aceitar tipos abertos. Não há informe de declaração de inconstitucionalidade nesse prisma por tribunal pátrio. Sustentando, identicamente, a lesão à taxatividade: Antônio Sérgio Altieri de Moraes Pitombo, "Considerações sobre o crime de gestão temerária de instituição financeira", p. 51. Os tribunais, no entanto, assim não o têm considerado. Logo, necessita-se trabalhar com o conceito de *temerário*, buscando aplicar, sempre que possível, uma interpretação restritiva, concedendo-lhe limitado alcance, sob pena de se chegar ao absurdo de punir administradores de instituição financeiras por atos tolos, que podem ser considerados de péssima gestão – fruto, possivelmente, da falta de vocação para o exercício da função – mas jamais de elevado risco, adrede planejado. Vale mencionar a precisa lição de Manoel Pedro Pimentel: "A forma culposa não foi prevista. Entretanto, e aqui reside outro perigo da exagerada abertura do tipo objetivo, os léxicos apontam, como sinônimo do vocábulo *temerário*, a palavra *imprudente*. Poderá, portanto, ser interpretada como *gestão temerária* a simples *gestão imprudente*, embora esta se caracterize por tratar-se de comportamento meramente *culposo*, uma vez que a *imprudência* é uma das formas da *culpa*, consoante o disposto no art. 18, II, do CP. A confusão será possível, portanto, em razão da tautologia, que apresente a *imprudência* como causa de um comportamento *temerário*, que, por sua vez, teratologicamente, geraria um *crime doloso*. Ao redigir o parágrafo único do art. 4.º, ora examinado, o legislador não se deu conta de que a gestão *temerária* pode resultar de simples *imprudência*, e que seria aconselhável prever a *forma culposa* para esta modalidade de infração" (*Crimes contra o sistema financeiro nacional*, p. 52). Sobre a impropriedade da redação do tipo, consultar, ainda, Miguel Reale Júnior (*Problemas penais concretos*, p. 18).

**49. Objetos material e jurídico:** o objeto material pode ser todo instrumento utilizado pelo administrador para promover a gestão temerária (contrato de risco; empréstimos concedidos sem garantia suficiente etc.). Os objetos jurídicos são a credibilidade do mercado financeiro e a proteção ao investidor.

**50. Classificação:** é crime próprio (somente pode ser praticado por sujeito qualificado); formal (independe da ocorrência de efetivo prejuízo a terceiros, embora este possa ocorrer); de perigo concreto (dependente de prova da potencialidade lesiva, afinal, menciona-se a ocorrência de elevado risco – algo *temerário*); de forma livre (pode ser cometido com qualquer método); comissivo (a conduta implica ação), excepcionalmente comissivo por omissão (art. 13, § 2.º, CP); instantâneo (a consumação ocorre em momento definido), mas, eventualmente, pode assumir a forma permanente, caso, por exemplo, a gestão assuma o caráter temerário, como regra, através de sucessivos atos, todos concatenados; unissubjetivo (pode ser cometido por uma só pessoa); unissubsistente (cometido em um único ato) ou plurissubsistente (cometido por vários atos), conforme o meio eleito pelo agente; admite tentativa na forma plurissubsistente.

**51. Habitualidade:** em nosso entendimento, não se trata de crime habitual próprio. Este delito se caracteriza pela prática de vários atos que, somente em conjunto, têm potencial para lesar o bem jurídico tutelado. O exemplo trazido do Código Penal, concernente ao curandeirismo (art. 284) é elucidativo. Quem faz diagnóstico (art. 284, III), uma vez na vida, sem ser médico, não se torna, obviamente, curandeiro e não afeta a saúde pública. Porém, aquele que

# Art. 5.º

se especializa nisso, atraindo várias pessoas e atuando de forma reiterada pode gerar efetivo transtorno à saúde pública, desviando doentes dos médicos e levando-os ao curandeiro. O mesmo não ocorre no tipo penal da gestão fraudulenta ou temerária. Uma única ação do administrador, desde que envolta pela fraude (ou pelo elevado risco), pode ser suficiente para prejudicar seriamente a saúde financeira da instituição. Logo, o delito não é habitual. Na jurisprudência: STJ: "8.1. 'Pacificou-se nos Tribunais Superiores o entendimento de que o crime de gestão fraudulenta classifica-se como habitual impróprio, bastando uma única ação para que se configure. Precedentes do STJ e do STF' (HC 284.546/SP, Rel. Ministro Jorge Mussi, Quinta Turma, julgado em 1º/3/2016, DJe 8/3/2016). 9. 'O tipo penal do art. 4º da Lei 7.492/86 é crime formal consumando-se mediante a comprovação da gestão fraudulenta, independentemente da efetiva lesão ao patrimônio de instituição financeira ou prejuízo dos investidores, poupadores ou assemelhados' AgRg no AREsp 926.372/SP, Rel. Ministro Nefi Cordeiro, Sexta Turma, julgado em 15/12/2016, DJe 2/2/2017)" (AgRg no REsp 1.877.651 – PR, 5.ª T., rel. Joel Ilan Paciornik, 14.09.2021, v.u.).

**52. Punição mais branda:** é perfeitamente justificável a menor pena para este delito (gestão temerária) em comparação ao crime previsto no *caput* (gestão fraudulenta). O fator *culpabilidade* (grau de censura) foi levado em consideração pelo legislador, afinal, quando o administrador se vale de *fraude*, que implica má-fé, abuso de confiança e outros atos maliciosos, demonstra personalidade diversa (pior) do que o administrador que gerencia a instituição financeira de maneira arrojada, levando-a a situações de elevado risco. Agir de má-fé é bem diferente do que atuar com demasiada e desaconselhada ousadia.

> **Art. 5.º** Apropriar-se,[53-55] quaisquer das pessoas mencionadas no art. 25 desta Lei, de dinheiro, título, valor ou qualquer outro bem móvel de que tem a posse, ou desviá-lo em proveito próprio ou alheio:[56-57]
>
> Pena – reclusão, de 2 (dois) a 6 (seis) anos, e multa.
>
> **Parágrafo único.** Incorre na mesma pena qualquer das pessoas mencionadas no art. 25 desta Lei, que negociar[58-60] direito, título ou qualquer outro bem móvel ou imóvel de que tem a posse,[61] sem autorização[62] de quem de direito.[63-64]

**53. Análise do núcleo do tipo:** apropriar-se significa apossar-se ou tomar como sua coisa alheia. O objeto da apropriação é dinheiro (cédulas ou moedas), título (documento que certifica um direito), valor (qualquer coisa que possua representação em dinheiro) ou bem móvel (coisa de valor que tenha movimento próprio). Vale-se o tipo de interpretação analógica, isto é, dá-se o exemplo daquilo que pode ser objeto de apropriação (dinheiro, título, valor) e, após, amplia-se para qualquer outro bem móvel, que também tenha equivalência com algo de interesse econômico. Outro aspecto diz respeito a desviar (dar destino diverso do que seria devido) em proveito (ganho, lucro) próprio ou de terceiro dinheiro, título, valor ou outro bem móvel. Exige-se que o agente tenha a posse do objeto da apropriação ou do desvio. Se não se tratar de bens pertencentes à instituição financeira, cremos tratar-se da apropriação descrita no art. 168 ou no art. 312 do Código Penal (ver a nota abaixo, referente ao sujeito ativo). Cuida-se de tipo misto alternativo (possui duas condutas puníveis alternativas, isto é, se o agente praticar ambas, será punido por um só delito).

**54. Sujeitos ativo e passivo:** o sujeito ativo é somente o administrador em geral (conforme expressa remissão feita ao art. 25 da Lei 7.492/86). Correta é a análise de Manoel Pedro Pimentel (*Crimes contra o sistema financeiro nacional...*, p. 55), ao indicar que o art. 5.º criou uma apropriação indébita especial apenas em função do agente do crime. Não se fala em apropriação ou desvio de bens da instituição financeira, mas de qualquer bem de que tem a posse. Ora, se o administrador tiver a posse de coisa pertencente a funcionário seria crime contra o sistema financeiro nacional? É evidente que não. Logo, deve-se interpretar restritivamente o alcance deste tipo penal. A apropriação ou o desvio exige que o dinheiro, título, valor ou outro bem móvel pertença à instituição financeira, a qual dirige de alguma forma. Os sujeitos passivos são o Estado e a instituição financeira, cujo bem foi objeto de apropriação ou desvio. Secundariamente, pode-se mencionar também a pessoa prejudicada pela prática do crime.

**55. Elemento subjetivo:** é o dolo. No caso da primeira figura (apropriação), não há elemento subjetivo específico, pois a vontade de se apossar de coisa pertencente a outra pessoa já está ínsita no verbo "apropriar-se". Quanto à modalidade "desviar", exige-se o elemento específico, consistente na vontade de obter proveito para si ou para outrem. Não há a forma culposa.

**56. Objetos material e jurídico:** o objeto material pode ser o dinheiro, o título, o valor ou qualquer outro bem móvel de que tem a posse; os objetos jurídicos são a credibilidade do mercado financeiro e a proteção do investidor.

**57. Classificação:** é crime próprio (somente pode ser praticado por sujeito qualificado, isto é, aquele que possui o bem); material (depende da perda do bem); de forma livre (pode ser cometido com qualquer método); comissivo ou omissivo, conforme o caso; instantâneo (a consumação ocorre em momento definido); unissubjetivo (pode ser cometido por uma só pessoa); unissubsistente (cometido em um único ato) ou plurissubsistente (cometido por vários atos), conforme o meio eleito pelo agente; admite tentativa na forma plurissubsistente.

**58. Análise do núcleo do tipo:** *negociar* significa fazer negócio, comerciar, concluir acordos. Neste caso, tem por objeto direito (interesse ligado a crédito e valores em geral), título (documento de certifica um direito) ou outro bem móvel (coisa de valor que tenha movimento próprio) ou imóvel (coisa de valor sem movimento próprio, como casa, terreno, prédio etc.) de que tem posse (é o exercício de fato dos poderes inerentes à propriedade, como uso, gozo, fruição etc.), sem autorização (vide nota abaixo).

**59. Sujeitos ativo e passivo:** o sujeito ativo é somente o administrador em geral (conforme expressa remissão feita ao art. 25 da Lei 7.492/86). Correta é a análise de Manoel Pedro Pimentel (*Crimes contra o sistema financeiro nacional...*, p. 55), ao indicar que o art. 5.º criou uma apropriação indébita especial apenas em função do agente do crime. Não se fala em apropriação ou desvio de bens da instituição financeira, mas de qualquer bem de que tem a posse. Ora, se o administrador tiver a posse de coisa pertencente a funcionário seria crime contra o sistema financeiro nacional? É evidente que não. Logo, deve-se interpretar restritivamente o alcance deste tipo penal. A negociação exige que o direito, título, valor ou outro bem móvel ou imóvel pertença à instituição financeira, a qual dirige de alguma forma. Do contrário, exemplificando, se o diretor vende objeto de que tem a posse, pertencente a um funcionário, cuida-se de estelionato (art. 171, § 2.º, I, CP). Os sujeitos passivos são o Estado e a instituição financeira, cujo bem foi objeto de negociação escusa. Secundariamente, pode-se mencionar também a pessoa prejudicada pela prática do crime.

**60. Elemento subjetivo:** é o dolo. Neste caso, não há o elemento subjetivo específico, nem se pune a modalidade culposa.

**61. Posse e detenção:** o tipo penal, inexplicavelmente, fugindo à tradição da apropriação indébita (ver art. 168 do Código Penal), excluiu a figura da mera detenção (ter o objeto em mãos, provisoriamente, mas sem ordem para utilizá-lo como bem quiser). A posse, por seu turno, implica usufruir, gozar e tirar vantagem do bem, ainda que sem a transmissão da propriedade.

# Art. 6.º

**62. Elemento normativo do tipo:** a autorização (consentimento, aquiescência) do titular do bem torna o fato atípico, dependendo, naturalmente, da interpretação do caso concreto. Inseriu-se, pois, no tipo incriminador, elemento pertinente à ilicitude. Somente para argumentar, se não houvesse a expressão "sem autorização de quem de direito", o fato de alguém negociar bem de que tem a mera posse (e não a propriedade) configuraria fato típico, porém, se o titular desse o consentimento seria lícito. Logo, a referida expressão não tem utilidade prática.

**63. Objetos material e jurídico:** o objeto material pode ser o dinheiro, o título ou qualquer outro bem móvel ou imóvel de que tem a posse; os objetos jurídicos são a credibilidade do mercado financeiro e a proteção do investidor, desde que se leve em conta a observação já realizada de que o bem precisa pertencer à instituição financeira. Do contrário, cuidar-se-ia de uma apropriação indébita comum.

**64. Classificação:** é crime próprio (somente pode ser praticado por sujeito qualificado, isto é, aquele que possui o bem); material (depende da perda do bem); de forma livre (pode ser cometido com qualquer método); comissivo (o verbo *negociar* implica ação) e, excepcionalmente, comissivo por omissão (art. 13, § 2.º, CP); instantâneo (a consumação ocorre em momento definido); unissubjetivo (pode ser cometido por uma só pessoa); unissubsistente (cometido em um único ato) ou plurissubsistente (cometido por vários atos), conforme o meio eleito pelo agente; admite tentativa na forma plurissubsistente.

> **Art. 6.º** Induzir ou manter[65-67] em erro sócio, investidor ou repartição pública[68] competente, relativamente a operação[69] ou situação[70] financeira, sonegando-lhe informação[71] ou prestando-a falsamente:[72-74]
>
> Pena – reclusão, de 2 (dois) a 6 (seis) anos, e multa.

**65. Análise do núcleo do tipo:** *induzir* quer dizer incutir ou persuadir; *manter* significa fazer permanecer ou conservar. Portanto, o agente leva alguém a ter uma falsa percepção da realidade (erro) ou busca conservar a vítima nessa situação. Os objetos das condutas são o sócio, o investidor ou a repartição pública competente. Refere-se o engano a operação ou situação financeira. O método para tanto é a sonegação (ocultação) de informação ou a prestação de informe falso. Não fosse a conduta delituosa cometida em cenário de instituição financeira, caracterizaria estelionato (art. 171, *caput*, CP). Na jurisprudência: STJ: "O crime previsto no art. 6º da Lei n. 7.492/1986 se caracteriza pelo fato de o agente induzir ou manter em erro repartição pública (também sócio ou investidor), relativamente a operação financeira ou situação financeira da empresa, por meio de duas possíveis formas: ou fornecimento de informação falsa ou sonegação de informações. O erro se consubstancia na falsa percepção ou representação da realidade proporcionada. A manipulação de informações contábeis a fim de ocultar ou transmitir falsa percepção das operações financeiras efetivamente realizadas é circunstância ínsita ao referido delito. 7. Excluída a valoração negativa relativa às circunstâncias do delito inserto no art. 6º da Lei 7.492/1986, deve a pena ser reduzida proporcionalmente" (REsp 1.577.747 – GO, 6.ª T., rel. Rogerio Schietti Cruz, j. 20.06.2017, *DJe* 26.06.2017).

**66. Sujeitos ativo e passivo:** o tipo penal passa a impressão de admitir qualquer pessoa como agente, mas não se deve desse modo analisá-lo. Seria por demais simplista pensar que o faxineiro da instituição financeira, por exemplo, teria informação suficiente para sonegar ao sócio ou investidor, no tocante a uma operação financeira. Logo, somente quem detém informação relevante referente a operação ou situação financeira da instituição pode ser qualificado a cometer o delito. Pode até não pertencer à instituição, porém o mais comum é que integre seus quadros. Em ótica semelhante, consultar Manoel Pedro Pimentel (*Crimes contra o sistema financeiro nacional...*, p. 62). Os sujeitos passivos são o Estado e a instituição financeira, cujo bem foi objeto de negociação escusa. Secundariamente, pode-se mencionar também a pessoa prejudicada pela prática do crime, como o sócio ou o investidor. Com relação à repartição pública, ver a nota 68 *infra*.

**67. Elemento subjetivo:** é o dolo. Não se exige elemento subjetivo específico, nem existe a forma culposa.

**68. Repartição pública competente:** o legislador, ao incluir no tipo penal a *repartição pública* como objeto da conduta do agente, em nosso entendimento, andou mal. Não se engana, ilude ou insere em falsa percepção da realidade uma *repartição* (seção em que se divide um órgão público). Engana-se uma pessoa (ou várias), mas não o lugar onde esses agentes do Estado trabalham. Se, por exemplo, buscou-se punir aquele que sonega informes preciosos do Banco Central, o correto seria estabelecer no tipo "funcionários da repartição pública competente à fiscalização da instituição financeira". A redação, tal como está, fere o princípio da taxatividade, pois torna incompreensível o verdadeiro alcance do tipo. Ainda argumentando, seria o agente capaz de responder por tal crime se sonegar informação de um membro do Ministério Público Federal? Seria esta instituição considerada "repartição pública competente"? Cremos que não. Eis por que a impropriedade da redação.

**69. Operação financeira:** é a transação relativa à circulação de dinheiro e outros títulos da instituição financeira.

**70. Situação financeira:** é o estado em que se encontra a instituição financeira, ou seja, sua situação econômica, envolvendo a capacidade de investimento e liquidez.

**71. Informação:** é um dado a respeito de alguma situação ou de alguém. No caso deste tipo penal, deve-se circunscrever o dado a alguma operação ou situação financeira da instituição, além de se exigir *relevância* (importância crucial; grande valor). Informes insignificantes são incapazes de provocar a concretização do delito, formando crime de bagatela, logo, fato atípico.

**72. Objetos material e jurídico:** o objeto material pode ser o sócio, o investidor ou o funcionário da repartição pública competente a fiscalizar a instituição financeira; os objetos jurídicos são a credibilidade do mercado financeiro e a proteção do investidor.

**73. Classificação:** é crime próprio (somente pode ser praticado por sujeito qualificado, isto é, aquele que detém informação relevante); formal (não depende da ocorrência de efetivo prejuízo para a instituição ou para o mercado financeiro); de forma vinculada (só pode ser cometido através da sonegação de informação ou da prestação de informe falso); comissivo (induzir implica ação) ou omissivo (manter em erro ilustra omissão); instantâneo (a consumação ocorre em momento definido), em regra, podendo assumir a forma de delito permanente (ex.: caso a sonegação da informação seja mantida por longo período, enquanto o sócio, investidor ou outro permanece em erro); unissubjetivo (pode ser cometido por uma só pessoa); unissubsistente (cometido em um único ato) ou plurissubsistente (cometido por vários atos), conforme o meio eleito pelo agente; admite tentativa na forma plurissubsistente, portanto, somente quando relativa à conduta comissiva.

**74. Torpeza bilateral:** não afasta o crime, pois em jogo está a credibilidade da instituição e do mercado financeiro. Logo, se um investidor, querendo beneficiar-se ilicitamente de uma operação financeira, por exemplo, termina logrado pela prestação de uma informação falsa por funcionário da instituição financeira, este último deve responder pelo delito.

# Art. 7.º

> **Art. 7.º** Emitir, oferecer ou negociar,[75-77] de qualquer modo,[78] títulos[79] ou valores[80] mobiliários:[81-82]
>
> I – falsos ou falsificados;[83]
>
> II – sem registro prévio de emissão junto à autoridade competente,[84] em condições divergentes das constantes do registro ou irregularmente registrados;[85]
>
> III – sem lastro ou garantia suficientes nos termos da legislação;[86]
>
> IV – sem autorização prévia da autoridade competente, quando legalmente exigida:[87]
>
> Pena – reclusão, de 2 (dois) a 8 (oito) anos, e multa.

**75. Análise do núcleo do tipo:** *emitir* significa colocar em circulação; *oferecer* quer dizer apresentar algo para que seja aceito; *negociar* significa transacionar, comerciar. Os objetos das condutas são os títulos (documentos que certificam um direito) ou valores mobiliários (são os títulos emitidos por sociedades anônimas, que podem ser negociados em bolsa), preenchidas as hipóteses descritas nos incisos. Cuida-se de tipo misto alternativo, ou seja, há três condutas possíveis e mesmo que o agente pratique todas, será punido por um só delito.

**76. Sujeitos ativo e passivo:** o sujeito ativo por ser qualquer pessoa. Porém, algumas formas podem exigir sujeito qualificado, como o gestor da instituição financeira, que teria condições de *emitir* um valor mobiliário, sem o registro prévio junto à autoridade competente. Outra pessoa não poderia fazê-lo em seu lugar, salvo se cometesse, concomitantemente, o crime de falsidade documental. O sujeito passivo é o Estado. Secundariamente, as pessoas prejudicadas pelas condutas típicas.

**77. Elemento subjetivo:** é o dolo. Não se exige elemento subjetivo específico, nem se pune a forma culposa.

**78. Norma penal em branco:** a expressão "de qualquer modo" dá a entender, em um primeiro momento, que o crime possui forma livre e pode ser cometido de acordo com a inesgotável imaginação do agente. Entretanto, o sentido nos parece diverso. Títulos e valores mobiliários, para serem emitidos, oferecidos e negociados, possuem leis específicas regentes, razão pela qual há dependência do conhecimento dessas regras para se captar *quais os modos* pelos quais as condutas típicas têm condições de realização.

**79. Títulos:** são os documentos representativos de um direito.

**80. Valores mobiliários:** são os títulos emitidos por sociedades anônimas, que podem ser negociados em bolsa (ex.: ações).

**81. Objetos material e jurídico:** os objetos materiais são os títulos e os valores mobiliários; os objetos jurídicos são a credibilidade do mercado financeiro e a proteção ao investidor.

**82. Classificação:** é crime comum (pode ser praticado por qualquer pessoa). Eventualmente, pode assumir a feição de delito próprio (exige sujeito qualificado, isto é, aquele que detém competência para emitir o título ou valor mobiliário); formal (não depende da ocorrência de efetivo prejuízo para a instituição ou para o mercado financeiro); de forma vinculada (só pode ser cometido dentro das regras para a emissão, oferecimento ou negociação de títulos e valores mobiliários); comissivo (os verbos indicam ações); instantâneo (a consumação ocorre em momento definido); unissubjetivo (pode ser cometido por uma só pessoa); unissubsistente (cometido em um único ato, nas formas *emitir* e *oferecer*) ou plurissubsistente (cometido por mais de um ato na modalidade *negociar)*; admite tentativa na forma plurissubsistente.

**83. Falso e falsificado:** a diversidade de termos nos parece despicienda. Bastaria mencionar falso. O que é falsificado é igualmente falso (não verdadeiro, não autêntico), pouco interessando se a falsidade é material (documento integralmente construído ou parcialmente modificado) ou ideológica (documento verdadeiro, mas preenchido de modo irregular, por completo ou parcialmente). Pretender dizer que *falsificado* é o título ou valor mobiliário parcialmente falso representa, apenas, uma tentativa de justificar o excesso de linguagem utilizado na redação do inciso I deste artigo. Lembremos, ainda, que a falsidade grosseira (facilmente perceptível) não é suficiente para constituir o crime (consultar a nota 24-A ao art. 297 do nosso *Código Penal comentado*).

**84. Autoridade competente:** pode ser o Banco Central do Brasil (para títulos em geral) ou a Comissão de Valores Mobiliários (para valores mobiliários). Aliás, por tal razão, mencionamos anteriormente, possuir o tipo uma forma vinculada e ser norma penal em branco. É preciso conhecer o modo pelo qual um título ou valor mobiliário se forma e pode circular.

**85. Norma complementar:** checar as Leis 6.385/76 (Mercado de valores mobiliários) e 4.728/65 (Mercado de capitais).

**86. Lastro e garantia:** *lastro* é base ou sustento de algo; *garantia* é seguro ou certo de ocorrer. Títulos e valores mobiliários precisam, evidentemente, ter lastro e garantia suficientes para poder circular como se fosse a "moeda" do sistema financeiro. É fundamental consultar a legislação própria para ter noção desses valores. Checar a Lei 6.404/76 (Sociedade por ações).

**87. Autorização prévia da autoridade competente:** como já mencionamos, além de os títulos e valores mobiliários necessitarem de registro regular junto às instituições competentes (Banco Central ou Comissão de Valores Mobiliários), há também a participação do Conselho Monetário Nacional, que define as bases do mercado de valores mobiliários (art. 3.º, Lei 6.385/76). Cuida-se, por certo, de norma penal em branco, havendo exigência de conhecimento das regras impostas em outras leis extrapenais.

> **Art. 8.º** Exigir,[88-90] em desacordo com a legislação[91] (*vetado*), juro, comissão ou qualquer tipo de remuneração sobre operação de crédito ou de seguro, administração de fundo mútuo ou fiscal ou de consórcio, serviço de corretagem ou distribuição de títulos ou valores mobiliários:[92-94]
>
> Pena – reclusão, de 1 (um) a 4 (quatro) anos, e multa.

**88. Análise do núcleo do tipo:** *exigir* significa ordenar ou demandar, com aspecto evidentemente impositivo na conduta. O objeto é juro (rendimento de um capital), comissão (retribuição paga a um intermediário) ou outro tipo de remuneração (recompensa) incidente sobre operação de crédito (compromisso assumido em razão de crédito obtido) ou de seguro (contrato entre seguradora e segurado, em que este paga determinada quantia àquela para assegurar que, havendo perda, total ou parcial, de um bem, receba, em retorno, uma indenização), administração de fundo mútuo (formação de um conjunto de recursos implementados por investidores, administrado por instituição financeira, para rateio futuro dos rendimentos) ou fiscal (investimentos feitos para futuro abatimento no Imposto de Renda) ou de consórcio (esquema de autofinanciamento para a compra de bens de consumo duráveis, formando-se grupos com vários participantes, todos contribuintes, durante meses, para a obtenção de um preço e, aos poucos, para todos serem contemplados com o bem almejado, por sorteio, como

# Art. 8.º

regra), serviço de corretagem (atividade de pessoa que serve de intermediário entre vendedor e comprador, representando um ou outro, se necessário) ou distribuição de títulos (documentos representativos de um direito) ou valores mobiliários (títulos emitidos por sociedades anônimas). A expressão "ou qualquer outro tipo de remuneração" é parte da denominada interpretação analógica, isto é, oferece-se, no tipo, os modelos (juro e comissão), extraindo-se, após, outras formas de remuneração semelhantes, logo, de conteúdo nitidamente econômico. Na jurisprudência: TJMG: "O ajuizamento de ação em que se nega totalmente a dívida, discutindo-se a inexistência do débito e a ilegalidade da inscrição negativa em órgãos de restrição creditícia, autoriza o Poder Judiciário a conceder a tutela antecipada para exclusão, a fim de que se impossibilite a divulgação de inadimplência, até o julgamento final da demanda. A cobrança de juros sem taxa prevista em lei é crime previsto no artigo 8.º da Lei 7.492/1986, ensejando a remessa de cópia do feito ao Ministério Público Federal" (AI 1.0016.15.012242-8/001 – MG, 15.ª Câmara Cível, rel. Antônio Bispo, 04.08.2016).

**89. Sujeitos ativo e passivo:** o sujeito ativo pode ser qualquer pessoa, embora acabe sendo, pela própria natureza da conduta, alguém ligado às atividades descritas no tipo (operação de crédito ou de seguro, serviço de administração de fundo mútuo ou fiscal etc.). O sujeito passivo é o Estado, pois é a credibilidade do mercado financeiro que está em jogo. Secundariamente, a pessoa lesada pela indevida remuneração exigida.

**90. Elemento subjetivo:** é o dolo. Não se exige elemento subjetivo específico, nem se pune a forma culposa.

**91. Norma penal em branco:** depende do complemento de outras normas para o conhecimento da *indevida* exigência de juro, comissão ou outra remuneração nas operações e serviços descritos no tipo. Afinal, sabe-se que, autorizado por lei, dentro de determinados limites, é viável a cobrança de juro, comissão e outras remunerações similares.

**92. Objetos material e jurídico:** os objetos materiais são o juro, a comissão e outro tipo de remuneração exigida; os objetos jurídicos são a credibilidade do mercado financeiro e a proteção ao investidor.

**93. Classificação:** é crime comum (pode ser praticado por qualquer pessoa); formal (não depende da ocorrência de efetivo prejuízo para a instituição, para o mercado financeiro ou para terceiro); de forma livre (pode ser cometido com qualquer método); comissivo (o verbo indica ação); instantâneo (a consumação ocorre em momento definido); unissubjetivo (pode ser cometido por uma só pessoa); unissubsistente (cometido em um único ato) ou plurissubsistente (cometido por mais de um ato), dependendo do modo como é praticado; admite tentativa na forma plurissubsistente.

**94. Confronto com a Lei 1.521/51:** o art. 4.º, da mencionada lei (Crimes contra a Economia Popular) estabelece que "constitui crime da mesma natureza a usura pecuniária ou real, assim se considerando: a) cobrar juros, comissões ou descontos percentuais, sobre dívidas em dinheiro, superiores à taxa permitida por lei; cobrar ágio superior à taxa oficial de câmbio, sobre quantia permutada por moeda estrangeira; ou, ainda, emprestar sob penhor que seja privativo de instituição oficial de crédito; b) obter, ou estipular, em qualquer contrato, abusando da premente necessidade, inexperiência ou leviandade de outra parte, lucro patrimonial que exceda o quinto do valor corrente ou justo da prestação feita ou prometida". Parece-nos que ambos podem subsistir, ou seja, o art. 8.º da Lei 7.492/86 não revogou o art. 4.º da Lei 1.521/51. Este último é mais amplo, fugindo ao âmbito das operações e serviços descritos no art. 8.º, ligados ao mercado financeiro, podendo ser aplicado em empréstimos feitos entre particulares.

| 797 | Sistema Financeiro | **Art. 10** |

> **Art. 9.º** Fraudar[95-97] a fiscalização ou o investidor, inserindo ou fazendo inserir, em documento comprobatório de investimento em títulos ou valores mobiliários, declaração falsa ou diversa da que dele deveria constar:[98-99]
>
> Pena – reclusão, de 1 (um) a 5 (cinco) anos, e multa.

**95. Análise do núcleo do tipo:** *fraudar* significa enganar e iludir, tendo por objeto, nesta situação, a fiscalização do Estado ou o investidor. A fraude desenvolve-se através da inserção (*inserir* equivale a introduzir; *fazendo inserir* equivale a proporcionar que se introduza) de declaração (afirmação, relato, depoimento ou manifestação) falsa (não autêntica) ou diversa da que deveria constar em documento (escrito, produzido por alguém, revestido de certa forma, destinado a comprovar um fato, ainda que seja a manifestação de uma vontade) comprobatório de investimento em títulos ou valores mobiliários. Lembremos que o falso grosseiro não tem potencialidade lesiva, não servindo para configurar o crime. Por outro lado, este delito situa-se no âmbito das instituições financeiras. Se outro for o documento falsificado, pode dar ensejo à aplicação do art. 299 do Código Penal, bem como a outras leis especiais (*v.g.*, art. 3.º, X, Lei 1.521/51).

**96. Sujeitos ativo e passivo:** o sujeito ativo é qualquer pessoa. O sujeito passivo é o Estado, que, por seus agentes, promove a fiscalização do mercado financeiro, podendo ser também o investidor lesado.

**97. Elemento subjetivo:** é o dolo. Inexiste elemento subjetivo específico e não se pune a forma culposa.

**98. Objetos material e jurídico:** o objeto material é o documento comprobatório de investimento em títulos ou valores mobiliários; os objetos jurídicos são a credibilidade do mercado financeiro e a proteção ao investidor.

**99. Classificação:** é crime comum (pode ser praticado por qualquer pessoa); formal (não depende da ocorrência de efetivo prejuízo para a instituição, para o mercado financeiro ou para terceiro); de forma livre (pode ser cometido com qualquer método); comissivo (os verbos indicam ações); instantâneo (a consumação ocorre em momento definido); unissubjetivo (pode ser cometido por uma só pessoa); unissubsistente (cometido em um único ato) ou plurissubsistente (cometido por mais de um ato), dependendo do modo como é praticado; admite tentativa na forma plurissubsistente.

> **Art. 10.** Fazer inserir[100-102] elemento falso ou omitir elemento exigido pela legislação em demonstrativos contábeis de instituição financeira,[103] seguradora ou instituição integrante do sistema de distribuição de títulos de valores mobiliários:[104-105]
>
> Pena – reclusão, de 1 (um) a 5 (cinco) anos, e multa.

**100. Análise do núcleo do tipo:** *fazer inserir* significar proporcionar que seja introduzido; *omitir* quer dizer suprimir, deixar de mencionar ou fazer. Os objetos podem ser elemento falso (não autêntico), na forma da inserção, ou elemento exigido pela legislação em demonstrativo contábil (norma em branco a depender de consulta na legislação própria), na modalidade omissiva. Houve esquecimento do legislador quanto à forma *inserir* (introduzir), motivo pelo qual, segundo nos parece, podemos dar à expressão "fazer inserir" uma interpretação extensiva, envolvendo, também, o ato de "inserir". Afinal, se o menos grave (fazer inserir) é punido, com maior razão, a situação mais séria (inserir) também deve ser.

# Art. 11

**101. Sujeitos ativo e passivo:** o sujeito ativo pode ser qualquer pessoa na modalidade "fazer inserir", porém somente aqueles que lidam com a elaboração dos demonstrativos contábeis na forma "omitir". O sujeito passivo é o Estado. Secundariamente, a pessoa lesada pela inserção falsa ou pela omissão, normalmente, o investidor.

**102. Elemento subjetivo:** é o dolo. Não se exige elemento subjetivo específico, nem se pune a forma culposa.

**103. Redundância:** bastaria a menção à instituição financeira, pois as outras (seguradora ou instituição integrante do sistema de distribuição de títulos de valores mobiliários) também o são.

**104. Objetos material e jurídico:** o material é formado pelos demonstrativos contábeis das instituições mencionadas no art. 10. Os jurídicos são a credibilidade do mercado financeiro e a proteção ao investidor.

**105. Classificação:** é crime comum (pode ser praticado por qualquer pessoa), na modalidade "fazer inserir", porém próprio (somente pode ser praticado por sujeito qualificado), quando se cuida da conduta "omitir"; formal (não depende da ocorrência de efetivo prejuízo para a instituição, para o mercado financeiro ou para terceiro); de forma livre (pode ser cometido com qualquer método); comissivo na forma "fazer inserir" e omissivo na outra; instantâneo (a consumação ocorre em momento definido); unissubjetivo (pode ser cometido por uma só pessoa); unissubsistente (cometido em um único ato), na forma omissiva, ou plurissubsistente (cometido por mais de um ato), quando se tratar da modalidade "fazer inserir"; admite tentativa na forma plurissubsistente.

> **Art. 11.** Manter ou movimentar[106-108] recurso ou valor[109] paralelamente à contabilidade exigida[110] pela legislação:[111-113]
>
> Pena – reclusão, de 1 (um) a 5 (cinco) anos, e multa.

**106. Análise do núcleo do tipo:** *manter* significa conservar ou sustentar algo; *movimentar* quer dizer mover ou deslocar de um lugar a outro. O objeto das condutas é recurso (é o bem material de conteúdo econômico direto, como dinheiro) ou valor (é o bem que tem representação em dinheiro, ou seja, importância patrimonial ou econômica, como um metal precioso) paralelo à contabilidade oficial da instituição financeira. É o chamado *caixa dois*, em que o administrador mantém recursos não oficialmente registrados, com finalidades diversas (evasão de divisas, pagamento de suborno, sonegação fiscal, irregular distribuição de lucros entre diretores, formação de cartéis etc.). O verbo *manter*, quando utilizado em tipos penais, constrói o denominado delito habitual, isto é, aquele que somente se forma através da prática reiterada e contínua de várias condutas, traduzindo um estilo de vida indesejado e lesivo ao bem jurídico tutelado (outros detalhes, consultar a nota 5, letra *i*, Título II, Parte Geral, do nosso *Código Penal comentado*). Portanto, neste caso, em tese, somente seria considerado crime a reiterada conservação de recursos em paralelo à contabilidade oficial. Uma ou outra vez em que fosse desviado o recurso para tal fim, poderia ser considerado um irrelevante penal. Ocorre que, ao valer-se o tipo penal de um segundo verbo (*movimentar*), que, naturalmente, não possui o caráter habitual, basta o deslocamento do recurso, uma única vez, para conta paralela ou não oficial, para o delito concretizar-se. Logo, o primeiro verbo perdeu totalmente o sentido, uma vez que *movimentar* envolve *manter*, vale dizer, este é de alcance mais restrito e o primeiro, mais amplo. Bastaria, em nosso ponto de vista, constar no tipo penal o segundo verbo apenas. Há quem sustente ser habitual em ambas as formas (cf. Manoel Pedro Pimentel, *Crimes contra o sistema financeiro nacional*, p.

94-95). Lembremos que o *caixa dois* mantido por outras empresas, que não sejam consideradas instituições financeiras, não pode configurar o delito previsto neste artigo 11, uma vez que esta Lei é voltada, tão somente, às pessoas descritas no art. 1.º.

**107. Sujeitos ativo e passivo:** o sujeito ativo é somente o administrador, o interventor, o diretor, enfim, a pessoa que tenha controle sobre a entrada dos recursos da instituição financeira, podendo aplicá-los em contabilidade paralela à oficial. O sujeito passivo é o Estado. Secundariamente, a pessoa prejudicada, como, por exemplo, o investidor.

**108. Elemento subjetivo:** é o dolo. Não há elemento subjetivo específico, nem se pune a forma culposa.

**109. Recurso ou valor:** ver a nota 106 *supra*.

**110. Norma penal em branco:** é preciso conhecer a legislação referente à contabilidade necessária para a regularidade de captação e aplicação de recursos da instituição financeira. Assim sendo, pode-se saber se há desvio de recursos ou valores para destinos não oficiais.

**111. Objetos material e jurídico:** o objeto material é o recurso ou o valor mantido ou movimentado. Os objetos jurídicos são a credibilidade do mercado financeiro e a proteção ao investidor.

**112. Classificação:** é crime próprio (somente pode ser praticado pelo administrador ou controlador dos recursos da instituição financeira); formal (não depende da ocorrência de efetivo prejuízo para a instituição, para o mercado financeiro ou para terceiro, embora possa ocorrer); de forma livre (pode ser cometido com qualquer método); comissivo (os verbos implicam ações); instantâneo (a consumação ocorre em momento definido), na forma *movimentar*, porém habitual (dependente da realização de condutas reiteradas), quando se cuida da modalidade *manter*; unissubjetivo (pode ser cometido por uma só pessoa); unissubsistente (cometido em um único ato) ou plurissubsistente (cometido por mais de um ato), conforme o método eleito pelo agente. Admite-se a tentativa na forma plurissubsistente, embora de rara configuração.

**113. Concurso de crimes:** admite-se o concurso de delitos, isto é, a configuração do art. 11 desta Lei com outros, como falsidade material ou ideológica, estelionato, corrupção ativa, bem como com crime contra a ordem tributária. Um *caixa dois* de instituição financeira pode ter variadas finalidades, sem que o tipo tenha feito menção a qualquer delas. Logo, detectada a movimentação de recursos de maneira não oficial, configura-se este crime do art. 11. Se o agente tinha por fim, também, sonegar tributos, há concurso formal ou material (dependendo do caso) com as formas previstas na Lei 8.137/90. Os bens tutelados são diversos, não configurando *bis in idem*. A proteção ao mercado financeiro e ao investidor é diversa da tutela da arrecadação tributária do Estado. Portanto, um administrador pode manter *caixa dois* para usar quando lhe for conveniente e, além disso, proporcionar aos diretores maiores rendimentos, sonegando-se tributos. A simples existência de *fim específico de agir*, presente na Lei 8.137/90, não tem o condão de afastar a configuração do delito previsto no art. 11 da Lei 7.492/86, pois ambas são especiais e tutelam bens jurídicos diversos.

> **Art. 12.** Deixar,[114-116] o ex-administrador de instituição financeira, de apresentar, ao interventor,[117] liquidante,[118] ou síndico,[119] nos prazos e condições estabelecidas em lei[120] as informações, declarações ou documentos de sua responsabilidade:[121-122]
>
> Pena – reclusão, de 1 (um) a 4 (quatro) anos, e multa.

**114. Análise do núcleo do tipo:** *deixar de apresentar* significa evitar ou não fazer voluntariamente a exibição ou entrega de algo. O objeto da conduta é informação (dado a respeito de algo ou alguém), declaração (depoimento de alguém ou lista referente a algo) ou documento (escrito ou outra base material voltada a comprovar um fato) sob responsabilidade do agente. Busca-se compelir o ex-administrador da instituição financeira a colaborar, criando um *dever legal* de agir, a auxiliar os eventuais processos de intervenção, liquidação ou falência existentes.

**115. Sujeitos ativo e passivo:** o sujeito ativo é o ex-administrador da instituição financeira. O sujeito passivo é o Estado. Secundariamente, as pessoas prejudicadas pela sonegação dos dados exigidos.

**116. Elemento subjetivo:** é o dolo. Não se exige elemento subjetivo específico, nem se pune a forma culposa.

**117. Interventor:** é a pessoa designada a conduzir a instituição financeira, nomeada pelo Banco Central, em caso de suspeita de irregularidade no seu funcionamento.

**118. Liquidante:** é a pessoa, nomeada pelo Banco Central, para promover a liquidação extrajudicial (dissolução) da instituição financeira, pagando credores e findando os negócios.

**119. Síndico:** atualmente, é o administrador judicial, nomeado pelo juiz em caso de falência decretada, para apurar os débitos, fazer o pagamento aos credores, dando fim ao montante de bens arrecadados.

**120. Norma penal em branco:** torna-se fundamental conhecer a legislação própria, conhecendo-se quais são os prazos e as condições fixadas em lei para que haja a apresentação das informações, declarações ou documentos necessários.

**121. Objetos material e jurídico:** o objeto material é a informação, a declaração ou o documento sob responsabilidade do ex-administrador. Os objetos jurídicos são a credibilidade do mercado financeiro, pois a transparente intervenção e saneamento da instituição financeira, bem como eventual liquidação ou processo de falência realizados limpidamente favorecem tal imagem, além da proteção ao investidor.

**122. Classificação:** é crime próprio (somente pode ser praticado pelo ex-administrador da instituição financeira). Aliás, de *mão própria*, ou seja, somente pode ser cometido diretamente pelo agente indicado no tipo, não admitindo coautoria, mas somente participação; formal (não depende da ocorrência de efetivo prejuízo para a instituição, para o mercado financeiro ou para terceiro, embora possa ocorrer); de forma livre (pode ser cometido com qualquer método); omissivo (os verbos *deixar de apresentar* constituem uma omissão); instantâneo (a consumação ocorre em momento definido); unissubjetivo (pode ser cometido por uma só pessoa); unissubsistente (cometido em um único ato). Não admite tentativa, por ser tratar de crime omissivo próprio, logo, unissubsistente.

---

**Art. 13.** Desviar (*vetado*)[123-125] bem alcançado pela indisponibilidade legal[126] resultante de intervenção,[127] liquidação extrajudicial[128] ou falência[129] de instituição financeira:[130-132]

Pena – reclusão, de 2 (dois) a 6 (seis) anos, e multa.

\* V. arts. 188, III, e 189, I, Dec.-lei 7.661/45 (Lei de Falência – Revogada); e art. 173, Lei 11.101/2005 (Lei de recuperação e Falência).

**Parágrafo único.** Na mesma pena incorre o interventor, o liquidante ou o síndico que se apropriar[133-135] de bem abrangido pelo *caput* deste artigo, ou desviá-lo em proveito próprio ou alheio.[136-137]

**123. Análise do núcleo do tipo:** *desviar* significa dar destino diverso do anterior ou afastar de algum lugar. Envolve o bem considerado indisponível em razão de intervenção do órgão competente, liquidação extrajudicial ou falência da instituição financeira. Quanto à possibilidade de ocorrência de falência, ver a nota 129 a seguir.

**124. Sujeitos ativo e passivo:** o sujeito ativo é qualquer pessoa, muito embora comumente seja o administrador que tem o bem sob sua guarda e responsabilidade. O sujeito passivo é o Estado. Secundariamente, a pessoa prejudicada pelo desvio, em especial o investidor.

**125. Elemento subjetivo:** é o dolo. Não há elemento subjetivo específico, nem se pune a forma culposa.

**126. Indisponibilidade legal:** cuida o artigo apenas da indisponibilidade gerada pela intervenção, não envolvendo bens impenhoráveis ou inalienáveis, como os bens de família (Lei 8.009/90). Trata-se de norma penal em branco, dependendo de consulta às normas que permitem a colocação dos bens da instituição financeira em indisponibilidade (checar arts. 36 a 38 da Lei 6.024/74).

**127. Intervenção:** significa que o Banco Central do Brasil, encarregado de fiscalizar a atuação das instituições financeiras, pode ingressar na administração de alguma delas que esteja apresentando problemas e irregularidades no seu funcionamento. Para tanto, nomeia um interventor, que assume a direção. Dentre as hipóteses autorizadoras da intervenção, para exemplificar, temos: a) a entidade sofre prejuízo, decorrente de má administração, sujeitando a riscos os seus credores; b) são verificadas reiteradas infrações a dispositivos da legislação bancária, não regularizadas após as determinações do Banco Central do Brasil (art. 2.º, I e II, Lei 6.024/74). A intervenção é decretada *ex officio* pelo Banco Central do Brasil, ou por solicitação dos administradores da instituição, caso possuam esta competência, com indicação das causas do pedido (art. 3.º, Lei 6.024/74). O período da intervenção não excederá a 6 meses, o qual, por decisão do Banco Central do Brasil, poderá ser prorrogado, uma única vez, até o máximo de outros 6 meses (art. 4.º). A intervenção produz, desde sua decretação, os seguintes efeitos: a) suspensão da exigibilidade das obrigações vencidas; b) suspensão da fluência do prazo das obrigações vincendas anteriormente contraídas; c) inexigibilidade dos depósitos já existentes à data de sua decretação (art. 6.º, Lei 6.024/74). Cessará a intervenção: "a) se os interessados, apresentando as necessárias condições de garantia, julgados a critério do Banco Central do Brasil, tomarem a si o prosseguimento das atividades econômicas da empresa; b) quando, a critério do Banco Central do Brasil, a situação da entidade se houver normalizado; c) se decretada a liquidação extrajudicial, ou a falência da entidade" (art. 7.º).

**128. Liquidação extrajudicial:** decreta-se a liquidação extrajudicial da instituição financeira, de ofício, pelo Banco Central: "a) em razão de ocorrências que comprometam sua situação econômica ou financeira especialmente quando deixar de satisfazer, com pontualidade, seus compromissos ou quando se caracterizar qualquer dos motivos que autorizem a declaração de falência; b) quando a administração violar gravemente as normas legais e estatutárias que disciplinam a atividade da instituição, bem como as determinações do Conselho Monetário Nacional ou do Banco Central do Brasil, no uso de suas atribuições legais; c) quando a instituição sofrer prejuízo que sujeite a risco anormal seus credores quirografários; d) quando, cassada a autorização para funcionar, a instituição não iniciar, nos 90 (noventa) dias seguintes, sua liquidação ordinária, ou quando, iniciada esta, verificar o Banco Central do Brasil que a morosidade de sua administração pode acarretar prejuízo para os credores". Pode haver requerimento dos administradores ou proposta do interventor (art. 15, Lei 6.024/74). Se o Banco Central optar pela liquidação, em lugar de mera intervenção, "indicará a data em que se tenha caracterizado o estado que a determinou, fixando o termo legal da liquidação que não

# Art. 13

poderá ser superior a 60 (sessenta) dias contados do primeiro protesto por falta de pagamento ou, na falta deste, do ato que haja decretado a intervenção ou a liquidação" (art. 15, § 2.º, Lei 6.024/74). A "liquidação extrajudicial será executada por liquidante nomeado pelo Banco Central do Brasil, com amplos poderes de administração e liquidação, especialmente os de verificação e classificação dos créditos, podendo nomear e demitir funcionário; fixando-lhes os vencimentos, outorgar e cassar mandatos, propor ações e representar a massa em juízo ou fora dele" (art. 16, *caput*, Lei 6.024/74).

**129. Falência:** conforme previsão feita no art. 21 da Lei 6.024/74, "à vista do relatório ou da proposta previstos no art. 11, apresentados pelo liquidante na conformidade do artigo anterior, o Banco Central do Brasil poderá autorizá-lo a: (...) b) requerer a falência da entidade, quando o seu ativo não for suficiente para cobrir pelo menos a metade do valor dos créditos quirografários, ou quando houver fundados indícios de crimes falimentares". A despeito disso, o art. 2.º da Lei 11.101/2005 (Lei de Recuperação de Empresa e Falência) estipula que "esta lei não se aplica a: (...) II – instituição financeira pública ou privada, cooperativa de crédito, consórcio, entidade de previdência complementar, sociedade operadora de plano de assistência à saúde, sociedade seguradora, sociedade de capitalização e outras entidades legalmente equiparadas às anteriores". Sobre a possibilidade de decretação da falência de instituição financeira, entretanto, ensina Mauro Rodrigues Penteado que as instituições financeiras "apenas não ingressam, de imediato, no processo judicial de execução coletiva empresarial, passando antes, por intervenção e liquidação extrajudicial. Porém, tal seja o desfecho da liquidação, ou a constatação de fatos que constituam crimes falimentares, no curso do processo administrativo, a falência poderá ser decretada, quando, então, a nova lei passará ser a elas aplicável, ao reverso do que reza a cabeça do artigo, redigida sem qualquer ressalva quanto a esse aspecto. É o caso, por exemplo, das instituições financeiras, das entidades abertas, e mesmo algumas fechadas, de previdência privada, das sociedades operadoras de planos de saúde privada e das sociedades seguradoras" (*Comentários à lei de recuperação de empresas e falência*, p. 104-105).

**130. Objetos material e jurídico:** o objeto material é o bem considerado indisponível; os objetos jurídicos são a credibilidade do mercado financeiro e a proteção ao investidor. Se a instituição financeira, apesar de ter os bens alcançados pela indisponibilidade, não tem como mantê-los para futuros ressarcimentos, é lógico que o mercado financeiro é afetado pela desconfiança dos investidores em geral.

**131. Classificação:** é crime comum (pode ser praticado por qualquer pessoa); formal (não depende da ocorrência de efetivo prejuízo para a instituição ou para o mercado financeiro); de forma livre (pode ser cometido por qualquer método); comissivo (o verbo indica ação); instantâneo (a consumação ocorre em momento definido); unissubjetivo (pode ser cometido por uma só pessoa); plurissubsistente (cometido por mais de um ato); admite tentativa.

**132. Tipo especial:** existiria um conflito aparente de normas entre este delito e a apropriação descrita no art. 5.º. Porém, resolve-se pela regra da especialidade. Quando o bem desviado ou sujeito à apropriação for alcançado pela indisponibilidade, aplica-se o art. 13. Do contrário, pode-se utilizar o art. 5.º. Além disso, é preciso atenção para o sujeito ativo, que, no caso do art. 13, pode ser igualmente qualificado, como no parágrafo único (interventor, liquidante ou administrador judicial).

**133. Análise do núcleo do tipo:** *apropriar-se* significa apossar-se ou tomar como sua coisa alheia. O objeto da apropriação é o bem tornado indisponível. Outro aspecto diz respeito a *desviar* (dar destino diverso do que seria devido) em proveito (ganho, lucro) próprio ou de terceiro o bem indisponível. Diversamente do disposto no art. 5.º desta Lei, não se exige que o agente tenha a posse do objeto da apropriação ou do desvio. Cuida-se, entretanto, no art. 13, parágrafo único, apenas dos bens pertencentes à instituição financeira, o que é mais lógico do que o disposto no referido art. 5.º. Está-se diante de tipo misto alternativo (possui duas condutas puníveis alternativas, isto é, se o agente praticar ambas, será punido por um só delito).

**134. Sujeitos ativo e passivo:** o sujeito ativo é somente o interventor, o liquidante ou o administrador judicial (antigo síndico). O sujeito passivo é o Estado. Secundariamente, a pessoa lesada pela apropriação ou pelo desvio, como, por exemplo, o investidor.

**135. Elemento subjetivo:** é o dolo. No caso da primeira figura (apropriação), não há elemento subjetivo específico, pois a vontade de se apossar de coisa indisponível, pertencente a instituição financeira, já está ínsita no verbo "apropriar-se". Quanto à modalidade "desviar", exige-se o elemento específico, consistente na vontade de obter proveito para si ou para outrem. Não há a forma culposa.

**136. Objetos material e jurídico:** o objeto material é o bem indisponível da instituição financeira; os objetos jurídicos são a credibilidade do mercado financeiro e a proteção do investidor.

**137. Classificação:** é crime próprio (somente pode ser praticado por sujeito qualificado); material (depende da perda do bem). Em igual sentido, Pimentel (*Crimes contra o sistema financeiro*, p. 103); de forma livre (pode ser cometido com qualquer método); comissivo (os verbos indicam ações e não se exige a posse prévia do bem); instantâneo (a consumação ocorre em momento definido); unissubjetivo (pode ser cometido por uma só pessoa); plurissubsistente (cometido por vários atos); admite tentativa. Há quem sustente ser inadmissível a tentativa por ser difícil apurar qual o momento em que o agente, *que detém a posse da coisa*, dela pretende apossar-se. Pensamos de maneira diversa. Em primeiro lugar, a apropriação (como sustentamos em nosso *Código Penal comentado*, art. 168) pode ser praticada num único ato (se o agente detiver a posse) ou em vários (se buscar a posse e, depois, tornar sua coisa alheia). Mas, no caso presente, o tipo penal não exige a posse prévia, não podendo o intérprete chegar à conclusão de que *toda* apropriação (tomar como seu o que pertence a outrem) exige ter, sempre, o uso e gozo do bem. Fosse assim, não haveria necessidade alguma de constar nos tipos do art. 168 do Código Penal, bem como no art. 5.º desta Lei a expressão "de que tem a posse" (no caso do art. 168, consta também "ou a detenção"), afinal, seria algo "implícito". Assim, pode-se perfeitamente admitir a possibilidade de o agente tomar para si coisa pertencente à instituição financeira, não possuindo posse prévia. Torna-se conduta, como regra, plurissubsistente, sendo natural admitir-se a tentativa, embora de difícil comprovação.

> **Art. 14.** Apresentar[138-140] em liquidação extrajudicial,[141] ou em falência[142] de instituição financeira, declaração de crédito ou reclamação falsa, ou juntar a elas título falso ou simulado:[143-145]
>
> Pena – reclusão, de 2 (dois) a 8 (oito) anos, e multa.
>
> \* V. art. 189, II, Dec.-lei 7.661/45 (Lei de Falência – revogada); e art. 175, Lei 11.101/2005 (Lei de recuperação e Falência).
>
> **Parágrafo único.** Na mesma pena incorre o ex-administrador ou falido que reconhecer,[146-148] como verdadeiro, crédito que não o seja.[149-150]

**138. Análise do núcleo do tipo:** *apresentar* quer dizer oferecer, exibir ou mostrar. O objeto da conduta é declaração de crédito (é o pedido feito por quem se diz credor de alguma importância para receber o montante almejado) ou reclamação (é o pedido de restituição de algo que pertença a outrem) falsa (não autêntica). A segunda conduta, *juntar*, significa

# Art. 15

anexar ou inserir em algum processo. O objeto é título (é o documento representativo de um valor) falso (não autêntico) ou simulado (que imita o real). Parece-nos suficiente o termo *falso*, pois o que é simulado também não corresponde à realidade, logo, é falso. Há crime similar na Lei 11.101/2005 (Recuperação judicial e falência): "Art. 175. Apresentar, em falência, recuperação judicial ou recuperação extrajudicial, relação de créditos, habilitação de créditos ou reclamação falsas, ou juntar a elas título falso ou simulado: Pena – reclusão, de 2 (dois) a 4 (quatro) anos, e multa". Pensamos deva prevalecer o disposto no artigo 14 desta Lei por se tratar de norma específica às instituições financeiras, inclusive no tocante ao seu processo de falência.

**139. Sujeitos ativo e passivo:** o sujeito ativo pode ser qualquer pessoa. O sujeito passivo é o Estado. Secundariamente, a pessoa lesada pela conduta do agente.

**140. Elemento subjetivo:** é o dolo. Não se exige elemento subjetivo específico, nem se pune a forma culposa.

**141. Liquidação extrajudicial:** ver a nota 128 ao art. 13.

**142. Falência:** ver a nota 129 ao art. 13.

**143. Objetos material e jurídico:** o objeto material pode ser a declaração de crédito ou a reclamação falsa, bem como o título falso ou simulado. Os objetos jurídicos são a credibilidade do mercado financeiro e a proteção ao investidor.

**144. Classificação:** é crime comum (pode ser praticado por qualquer pessoa) nas formas descritas no *caput*, porém próprio (somente pode ser cometido por sujeito qualificado) na modalidade do parágrafo único; formal (não depende da ocorrência de efetivo prejuízo para a instituição ou para o mercado financeiro); de forma vinculada (deve-se respeitar a forma da declaração de crédito ou da reclamação, bem como do título); comissivo (os verbos indicam ações); instantâneo (a consumação ocorre em momento definido); unissubjetivo (pode ser cometido por uma só pessoa); unissubsistente (cometido em um único ato) ou plurissubsistente (cometido por mais de um ato), conforme o meio eleito pelo agente; admite tentativa na forma plurissubsistente.

**145. Concurso de crimes:** pode ocorrer, caso a pessoa que apresente a declaração de crédito falsa seja a mesma que providenciou a falsificação de um título para acompanhar a referida declaração. Entretanto, o crime de *uso de documento falso* (art. 304, CP), sendo genérico, cede espaço à aplicação deste (art. 14, Lei 7.492/86), por ser especial.

**146. Análise do núcleo do tipo:** *reconhecer* significa admitir como certo. O objeto é o crédito indevido.

**147. Sujeitos ativo e passivo:** o sujeito ativo é somente o ex-administrador ou o falido. O sujeito passivo é o Estado. Secundariamente, a pessoa lesada pelo reconhecimento indevido de crédito.

**148. Elemento subjetivo:** é o dolo. Não se exige elemento subjetivo do tipo, nem se pune a forma culposa.

**149. Objetos material e jurídico:** ver a nota 143 ao *caput*.

**150. Classificação:** ver a nota 144 ao *caput*.

> **Art. 15.** Manifestar-se[151-153] falsamente o interventor, o liquidante ou o síndico (*vetado*) a respeito de assunto[154] relativo a intervenção, liquidação extrajudicial ou falência de instituição financeira:[155-156]

> Pena – reclusão, de 2 (dois) a 8 (oito) anos, e multa.
>
> \*V. art. 189, II a IV, Dec.-lei 7.661/45 (Lei de Falência-revogada); e art. 171, Lei 11.101/2005 (Lei de recuperação e Falência).

**151. Análise do núcleo do tipo:** *manifestar-se* quer dizer divulgar, declarar ou exprimir. O objeto da conduta é assunto pertinente à intervenção, liquidação extrajudicial ou falência de instituição financeira. Insere-se, no tipo, o termo *falsamente* (não autêntico, sem correspondência com a realidade) para qualificar a manifestação feita pelo agente. Logo, é natural supor que o interventor, o liquidante e o administrador judicial da falência somente estão proibidos, sob pena de responder criminalmente por isso, de dar declarações *falsas* (irreais) sobre o processo por eles conduzido. Essa espécie de divulgação pode afetar, ainda mais, a credibilidade do mercado financeiro, já abalada pela intervenção, liquidação ou falência. Dessa forma, exige-se, por óbvio, que a divulgação de informe não autêntico tenha potencialidade lesiva, não podendo cingir-se a assuntos supérfluos e inofensivos. Há crime similar na Lei 11.101/2005 (Recuperação judicial e falência): "Art. 171. Sonegar ou omitir informações ou prestar informações falsas no processo de falência, de recuperação judicial ou de recuperação extrajudicial, com o fim de induzir a erro o juiz, o Ministério Público, os credores, a assembleia geral de credores, o Comitê ou o administrador judicial: Pena – reclusão, de 2 (dois) a 4 (quatro) anos, e multa". Pensamos deva prevalecer o disposto neste artigo 15 por se tratar de lei específica às instituições financeiras, inclusive no tocante ao seu processo de falência.

**152. Sujeitos ativo e passivo:** o sujeito ativo é somente o interventor, o liquidante ou o administrador judicial da falência. O sujeito passivo é o Estado. Secundariamente, a pessoa lesada pela divulgação falsa.

**153. Elemento subjetivo:** é o dolo. Não se exige elemento subjetivo específico, nem se pune a forma culposa.

**154. Assunto:** é um tema que versa sobre algo ou considerações sobre determinada matéria. No caso deste tipo penal, é natural que o *assunto* diga respeito ao que se passa no processo de intervenção, de liquidação extrajudicial ou da falência (como se dá, os motivos, dívidas existentes, montante dos créditos etc.).

**155. Objetos material e jurídico:** o objeto material é o assunto relativo à intervenção, liquidação extrajudicial ou falência de instituição financeira. Os objetos jurídicos são a credibilidade do mercado financeiro e a proteção ao investidor.

**156. Classificação:** é crime próprio (somente pode ser praticado por sujeito qualificado); formal (não depende da ocorrência de efetivo prejuízo para a instituição ou para o mercado financeiro); de forma livre (pode ser cometido através de qualquer meio); comissivo (o verbo indica ação); instantâneo (a consumação ocorre em momento definido); unissubjetivo (pode ser cometido por uma só pessoa); unissubsistente (cometido em um único ato, como, por exemplo, se a manifestação for oral) ou plurissubsistente (cometido por mais de um ato, se, *v.g.*, a manifestação ocorrer por escrito); admite tentativa na forma plurissubsistente.

> **Art. 16.** Fazer operar,[157-159] sem a devida autorização,[160] ou com autorização obtida mediante declaração (*vetado*) falsa, instituição financeira,[161] inclusive de distribuição de valores mobiliários[162] ou de câmbio:[163-164]
>
> Pena – reclusão, de 1 (um) a 4 (quatro) anos, e multa.

# Art. 16

**157. Análise do núcleo do tipo:** *fazer operar* significa entrar em funcionamento. O objeto da conduta é a instituição financeira. Sabe-se que é indispensável autorização do Banco Central para que qualquer instituição financeira possa operar (art. 10, X, Lei 4.595/64), de modo que o tipo penal visa coibir atividade não autorizada ou cuja permissão adveio do fornecimento à autoridade competente de documentação não autêntica para a finalidade. Porém, a edição da Lei 10.303/2001 não influiu na vigência do art. 16, ora em comento. Na jurisprudência: STJ: "1. Conforme disposto no art. 1º, parágrafo único, II, da Lei n. 7.492/86, a pessoa física que exerça atividade com recursos financeiros de terceiros, ainda que de modo eventual, se equipara à instituição financeira. 1.1. No caso, a pessoa física supostamente praticava operação não autorizada de câmbio e a habitualidade da conduta não é requisito da tipificação do art. 16 da Lei n. 7.492/86. 2. Agravo regimental desprovido" (AgRg no REsp 1.565.341 – RJ, 5.ª T., rel. Joel Ilan Paciornik, j. 16.08.2018, *DJe* 27.08.2018). TRF-1: "Compra premiada ou venda premiada. Captação de recursos de terceiros. Atividade assemelhada a consórcio. Caracterização, em tese, como instituição financeira. Lei 7.492, art. 1º. Entendimento atual do STJ no sentido de que: 'A circunstância (acessória) de, em uma das formas de contratação pactuada, a contemplação implicar a isenção do sorteado de pagamentos posteriores, não afasta a sua natureza de verdadeiro consórcio – apenas indicia a sua inviabilidade econômica e seu possível caráter de 'pirâmide financeira'. Mas não é fundamento para afastar a natureza de consórcio, se presentes os elementos essenciais (*essentialia*), necessários e suficientes para a qualificação do negócio como consórcio. (...) A causa do negócio jurídico – a contratação de administradora para gerir grupos de pessoas com a finalidade de, mediante esforços econômicos comuns, adquirirem bens e serviços, sem a utilização de empréstimos ou financiamentos bancários – confirma estar-se diante de sistema de consórcio. (...) De todo modo, ainda que não se tratasse de verdadeiro consórcio, é inegável a existência de captação e administração de recursos de terceiros, elementos suficientes para o preenchimento do conceito de instituição financeira por equiparação previsto no artigo 16, p. único, I, da Lei n. 7.492/86' (STJ, RHC 55.173/ES; RHC 50.101/BA). 4. Recurso no sentido estrito não provido. A Turma, à unanimidade, negou provimento ao recurso no sentido estrito" (Recurso em Sentido Estrito 0005186-17.2016.4.01.3900, 3.ª T., rel. Mário César Ribeiro, j. 10.04.2018).

**158. Sujeitos ativo e passivo:** o sujeito ativo pode ser qualquer pessoa. Se a instituição funciona sem autorização, portanto, sem o reconhecimento oficial do Banco Central do Brasil, qualquer um pode dirigi-la, tomando medidas para que opere no mercado financeiro. Logo, não se exige qualidade especial do agente. Mesmo no caso de concessão de autorização, mas mediante o oferecimento de declaração falsa, o dirigente da instituição pode ser qualquer pessoa, não se tratando, pois, de um autêntico dirigente. É um simulacro de instituição, conduzida por um arremedo de administrador. O sujeito passivo é o Estado. Secundariamente, a pessoa lesada pelas operações realizadas.

**159. Elemento subjetivo:** é o dolo. Não se exige elemento subjetivo específico, nem se pune a forma culposa.

**160. Norma penal em branco:** a inserção da expressão *sem a devida autorização* (elemento normativo do tipo) implica a necessidade de consulta à legislação própria para saber qual é a autorização indispensável, qual o órgão emissor e quais os requisitos para tanto. O mesmo se diga quanto à expressão *com autorização obtida mediante declaração falsa*.

**161. Consórcio:** equipara-se, como instituição financeira, para os fins de aplicação desta Lei, o consórcio. Portanto, se este operar sem autorização do Banco Central do Brasil, é possível a configuração do delito previsto no art. 16 desta Lei.

**162. Valores mobiliários ou de câmbio:** não havia necessidade de inclusão desses termos no tipo penal, pois cuida-se de atividade típica da instituição financeira.

**163. Objetos material e jurídico:** o objeto material é a instituição financeira; os objetos jurídicos são a credibilidade do mercado financeiro e a proteção ao investidor.

**164. Classificação:** é crime comum (pode ser praticado por qualquer pessoa); formal (não depende da ocorrência de efetivo prejuízo para o mercado financeiro ou para qualquer investidor); de forma livre (pode ser cometido com variado método); comissivo (o verbo indica ação); instantâneo (a consumação ocorre em momento definido). Eventualmente, o crime pode adquirir um caráter permanente, desde que a instituição se mantenha em funcionamento irregular; unissubjetivo (pode ser cometido por uma só pessoa); plurissubsistente (cometido por mais de um ato); admite tentativa.

> **Art. 17.** Tomar ou receber[165-167] crédito, na qualidade de qualquer das pessoas mencionadas no art. 25, ou deferir operações de crédito vedadas, observado o disposto no art. 34 da Lei 4.595, de 31 de dezembro de 1964:[169-171]
>
> Pena – reclusão, de 2 (dois) a 6 (seis) anos, e multa.
>
> **Parágrafo único.** Incorre na mesma pena quem:
>
> I – em nome próprio, como controlador, ou na condição de administrador da sociedade, conceder ou receber[172-174] adiantamento de honorários, remuneração, salário ou qualquer outro pagamento, nas condições referidas neste artigo;[175-176]
>
> II – de forma disfarçada, promover[177-179] a distribuição ou receber lucros de instituição financeira.[180-181]

**165. Análise do núcleo do tipo:** *tomar* (contrair, conquistar) ou *receber* (aceitar, acolher) são os verbos cujo objeto é o *crédito* (uma despesa concedida a uma pessoa, para que seja paga posteriormente) às pessoas indicadas no art. 25 desta Lei (controlador e os administradores de instituição financeira, assim considerados os diretores, gerentes; são equiparados aos administradores da instituição financeira o interventor, o liquidante ou síndico). Sob outro ângulo, inclui-se no tipo incriminador o ato de *deferir o crédito* (autorizar a despesa), nos termos do art. 34: "É vedado às instituições financeiras realizar operação de crédito com a parte relacionada. (...) § 3.º Considera-se parte relacionada à instituição financeira, para efeitos deste artigo: I – seus controladores, pessoas físicas ou jurídicas, nos termos do art. 116 da Lei n.º 6.404, de 15 de dezembro de 1976; II – seus diretores e membros de órgãos estatutários ou contratuais; III – o cônjuge, o companheiro e os parentes, consanguíneos ou afins, até o segundo grau, das pessoas mencionadas nos incisos I e II deste parágrafo; IV – as pessoas físicas com participação societária qualificada em seu capital; e V – as pessoas jurídicas: a) com participação qualificada em seu capital; b) em cujo capital, direta ou indiretamente, haja participação societária qualificada; c) nas quais haja controle operacional efetivo ou preponderância nas deliberações, independentemente da participação societária; e d) que possuírem diretor ou membro de conselho de administração em comum. § 4.º Excetuam-se da vedação de que trata o *caput* deste artigo, respeitados os limites e as condições estabelecidos em regulamentação: I – as operações realizadas em condições compatíveis com as de mercado, inclusive quanto a limites, taxas de juros, carência, prazos, garantias requeridas e critérios para classificação de risco para fins de constituição de provisão para perdas prováveis e baixa como prejuízo, sem benefícios adicionais ou diferenciados comparativamente às operações deferidas aos demais clientes de mesmo perfil das respectivas instituições; II – as operações com empresas controladas

# Art. 17

pela União, no caso das instituições financeiras públicas federais; III – as operações de crédito que tenham como contraparte instituição financeira integrante do mesmo conglomerado prudencial, desde que contenham cláusula contratual de subordinação, observado o disposto no inciso V do art. 10 desta Lei, no caso das instituições financeiras bancárias; IV – os depósitos interfinanceiros regulados na forma do inciso XXXII do *caput* do art. 4.º desta Lei; V – as obrigações assumidas entre partes relacionadas em decorrência de responsabilidade imposta a membros de compensação e demais participantes de câmaras ou prestadores de serviços de compensação e de liquidação autorizados pelo Banco Central do Brasil ou pela Comissão de Valores Mobiliários e suas respectivas contrapartes em operações conduzidas no âmbito das referidas câmaras ou prestadores de serviços; e VI – os demais casos autorizados pelo Conselho Monetário Nacional. § 5.º Considera-se também realizada com parte relacionada qualquer operação que caracterize negócio indireto, simulado ou mediante interposição de terceiro, com o fim de realizar operação vedada nos termos deste artigo". Essas duas primeiras condutas são alternativas, isto é, se o agente praticar uma delas ou ambas, comete um só delito. O ato de tomar é ativo, implicando buscar obter o crédito. O ato de receber é passivo, representando acolher o crédito que lhe foi destinado por outra pessoa. A segunda parte do tipo refere-se a *deferir* (autorizar, conferir) o crédito às pessoas nomeadas no art. 34 é ativo. Na jurisprudência: STJ: "1. 'A Terceira Seção desta Corte perfilha o entendimento de que, dentre as diversas espécies de operadoras de planos de saúde, apenas aquelas aptas a comercializar seguro-saúde podem, em tese, ser equiparadas à instituição financeira, para fins do art. 1º, parágrafo único, da Lei n. 7.492/1986' (CC n. 148.110/MG, Relatora p/ acórdão Ministra Maria Thereza de Assis Moura, *DJe* 13/12/2016). 2. No caso concreto, constatou-se que a operadora de plano de saúde não foi constituída sob a forma de sociedade anônima, não capta dinheiro dos usuários para fins de previdência privada, muito menos comercializa seguros-saúde, razão pela qual não pode ser considerada uma sociedade seguradora. 3. Agravo regimental improvido" (AgInt no REsp 1709199 – RS, 6.ª T., rel. Sebastião Reis Júnior, j. 09.10.2018, *DJe* 31.10.2018); "Para a configuração do delito previsto no art. 17 da Lei n. 7.492/1986, mostra-se irrelevante que a origem dos valores tomados como empréstimo seja da própria administradora ou dos consorciados. Assim, ainda que o empréstimo tenha se originado da utilização da taxa de administração do consórcio, isso não elide, por si só, a prática do crime" (REsp 1.577.747 – GO, 6.ª T., rel. Rogerio Schietti Cruz, 20.06.2017, *DJe* 26.06.2017).

**165-A. Convalidação do empréstimo pelo Banco Central:** não interfere na configuração do delito, nem influi no andamento de investigação criminal ou processo-crime.

**166. Sujeitos ativo e passivo:** o sujeito ativo somente pode ser o controlador, os administradores de instituição financeira (diretores e gerentes) ou, por equiparação, o interventor, o liquidante ou o administrador judicial da falência. O sujeito passivo é o Estado. Secundariamente, a pessoa lesada pela conduta do agente, como, por exemplo, o investidor.

**167. Elemento subjetivo:** é o dolo. Não se exige elemento subjetivo específico, nem se pune a forma culposa.

**168. Maneiras de execução:** o crédito pode ser conseguido pelo agente de modo *direto* (sem subterfúgio, passando da instituição financeira à posse do autor do crime) ou *indireto* (com tergiversação, passando da instituição financeira a terceiro e deste ao autor do crime).

**169. Objetos material e jurídico:** o objeto material é o crédito; os objetos jurídicos são a credibilidade do mercado financeiro e a proteção ao investidor.

**170. Classificação:** é crime próprio (somente pode ser praticado por agente qualificado); formal (não depende da ocorrência de efetivo prejuízo para a instituição ou para o mercado financeiro); de delito de perigo abstrato, não dependente, pois, da prova da potencialidade lesiva do empréstimo ou do adiantamento para saúde financeira da instituição (nessa ótica, Pimentel, *Crimes contra o sistema financeiro*, p. 135). Em contrário, sustentando ser de perigo concreto, logo, dependendo da prova da potencialidade lesiva da conduta, Miguel Reale Júnior (*Problemas penais concretos*, p. 67-69); de forma livre (pode ser cometido por qualquer método eleito pelo agente); comissivo (os verbos indicam ações). Embora a forma *receber* seja passiva, implica ação, pois o agente deve aceitar o que lhe é oferecido; instantâneo (a consumação ocorre em momento definido); unissubjetivo (pode ser cometido por uma só pessoa); unissubsistente (cometido em um único ato) ou plurissubsistente (cometido por mais de um ato), dependendo de como é viabilizado o empréstimo ou adiantamento; admite tentativa na forma plurissubsistente.

**171. Conflito aparente de normas:** em função do critério da sucessividade, lei mais recente afasta a aplicação de lei anterior. Por isso, o art. 17 desta Lei devia prevalecer sobre o delito previsto no art. 34, § 1.º, da Lei 4.595/64 (hoje, revogado). Por outro lado, em razão do critério da especialidade, prevalece o disposto no art. 17, quando se cuidar de instituição financeira e nas específicas condutas descritas neste tipo, em detrimento do art. 177, § 1.º, III, do Código Penal.

**172. Análise do núcleo do tipo:** *conceder* (outorgar, dar) ou *receber* (aceitar, acolher) adiantamento de honorários (pagamento a advogados e outros profissionais liberais), remuneração (recompensa ou gratificação), salário (remuneração regular paga ao empregado pelo serviço prestado) ou outro pagamento (qualquer valor entregue a terceiro). O tipo não deixa de ser estranho, pois repete, com outras palavras, o disposto no *caput*. Note-se que, se o administrador da instituição financeira recebe adiantamento *de qualquer espécie* (o *caput* não discrimina) incide na figura típica. Logo, não há sentido em se repetir no parágrafo único, inciso I, o mesmo, embora, nessa situação, faça-se um rol de *adiantamentos* possíveis (honorários, remuneração, salário ou outro pagamento). Se o administrador *concede* (dá a alguém) está, em última análise, deferindo o adiantamento, o que também já está previsto no *caput*. Aliás, se o administrador conceder adiantamento de honorários ao advogado da instituição financeira, pensamos não estar configurado o delito do art. 17, pois, no inciso I, última parte, fez-se referência expressa ao seguinte contexto: "nas condições referidas neste artigo". Ora, as condições do artigo dizem respeito a adiantamentos e empréstimos a pessoas ligadas à administração da sociedade ou seus parentes, mas não a advogados, médicos, outros funcionários sem poder de mando etc.

**173. Sujeitos ativo e passivo:** o sujeito ativo é o controlador ou o administrador. Excluiu-se o interventor, o liquidante e o administrador judicial. Entretanto, como já mencionamos, estes terminam incluídos no *caput*, que é mais genérico. O sujeito passivo é o Estado. Secundariamente, a pessoa lesada pelo adiantamento realizado.

**174. Elemento subjetivo:** é o dolo. Não há elemento subjetivo específico, nem se pune a forma culposa.

**175. Objetos material e jurídico:** o objeto material é o adiantamento; os objetos jurídicos são a credibilidade do mercado financeiro e a proteção ao investidor.

**176. Classificação:** é crime próprio (somente pode ser praticado agente qualificado); formal (não depende da ocorrência de efetivo prejuízo para a instituição ou para o mercado financeiro); de forma livre (pode ser cometido por qualquer método); comissivo (os verbos indicam ações); instantâneo (a consumação ocorre em momento definido); unissubjetivo (pode ser cometido por uma só pessoa); unissubsistente (cometido em um único ato) ou plurissubsistente (cometido por mais de um ato), dependendo do método eleito; admite tentativa na forma plurissubsistente.

# Art. 18

**177. Análise do núcleo do tipo:** *promover* significa dar causa a alguma coisa ou provocar. O objeto da conduta é a distribuição (repartição, entrega a várias pessoas) de lucros (rendimentos obtidos em decorrência de um investimento realizado; neste caso, abrange os dividendos, que são os lucros líquidos destinados aos sócios ou investidores) da instituição financeira. Logicamente, cuida-se de obrigação do controlador ou administrador distribuir os *lucros* auferidos, porém deve fazê-lo abertamente, contabilizados e conhecidos. O tipo penal tem por fim punir o agente que promove a repartição *camuflada* ("de forma disfarçada"), não contabilizada, nem aparente dos referidos lucros. Não deixa de ser norma penal em branco, dependente do conhecimento de outras normas, que explicitam quais os mecanismos regulares para a distribuição dos rendimentos obtidos pela instituição financeira. Portanto, não se encaixando nesse perfil, podemos tachar a distribuição de "camuflada" ou "disfarçada". Por outro lado, na segunda parte do tipo, menciona-se a conduta de *receber* (aceitar) os lucros distribuídos de maneira irregular. A redação é ambígua e dá margem a questionamentos no tocante ao sujeito ativo, como veremos na próxima nota.

**178. Sujeitos ativo e passivo:** o sujeito ativo pode ser o controlador, o administrador, o liquidante, o interventor e o administrador judicial, que são as pessoas com poder para *distribuir* os lucros da instituição financeira. Não teria sentido mencionar *qualquer pessoa*, pois irreal. Por outro lado, na segunda parte, ao tratar do *recebimento* de lucros da instituição financeira, pode-se imaginar qualquer pessoa. Entretanto, a redação mereceria uma específica menção a quem distribui e quem recebe os tais lucros. O sujeito passivo é o Estado. Secundariamente, a pessoa lesada pela irregular distribuição dos lucros.

**179. Elemento subjetivo:** é o dolo. Não há elemento subjetivo específico, nem se pune a forma culposa.

**180. Objetos material e jurídico:** o objeto material é o lucro da instituição financeira; os objetos jurídicos são a credibilidade do mercado financeiro e a proteção ao investidor.

**181. Classificação:** é crime próprio (somente pode ser praticado agente qualificado) na forma *distribuir*, porém comum (pode ser cometido por qualquer pessoa) na modalidade *receber*; formal (não depende da ocorrência de efetivo prejuízo para a instituição ou para o mercado financeiro); de forma livre (pode ser cometido por qualquer método); comissivo (os verbos indicam ações); instantâneo (a consumação ocorre em momento definido), embora de efeitos permanentes (o rastro deixado pela consumação do delito continua visível, dando a impressão de se tratar de crime permanente, quando, na realidade, é apenas o efeito visível da infração instantânea); unissubjetivo (pode ser cometido por uma só pessoa); unissubsistente (cometido em um único ato) ou plurissubsistente (cometido por mais de um ato), dependendo do método eleito; admite tentativa na forma plurissubsistente.

> **Art. 18.** Violar[182] sigilo de operação ou de serviço prestado por instituição financeira ou integrante do sistema de distribuição de títulos mobiliários de que tenha conhecimento, em razão de ofício:
>
> Pena – reclusão de 1 (um) a 4 (quatro) anos, e multa.

**182. Artigo revogado:** em nosso entendimento, este artigo não tem mais aplicação, pois foi revogado, tacitamente, pelo art. 10 da Lei Complementar 105/2001. Embora a pena seja idêntica, aplica-se à violação de sigilo nas operações e serviços prestados por instituição financeira, bem como para a integrante do sistema de distribuição de títulos mobiliários (considerada instituição financeira pelo art. 1.°, II, da Lei Complementar 105/2001) o tipo penal do art. 10 supramencionado. No mesmo prisma, foi revogado o art. 38 da Lei 4.595/64, que cuidava do mesmo tema (este, por expressa disposição do art. 13 da Lei Complementar 105/2001).

# Art. 19

> **Art. 19.** Obter,[183-185] mediante fraude, financiamento em instituição financeira:[186-187]
>
> Pena – reclusão, de 2 (dois) a 6 (seis) anos, e multa.
>
> **Parágrafo único.** A pena é aumentada de 1/3 (um terço) se o crime é cometido em detrimento de instituição financeira oficial ou por ela credenciada para o repasse de financiamento.[188]

**183. Análise do núcleo do tipo:** obter significa conseguir ou alcançar algo. O objeto é financiamento (importância destinada a custear a despesa de algo, antecipando-se numerário, a ser pago posteriormente) promovido por instituição financeira. Logicamente, não se pune a obtenção de qualquer tipo de financiamento, mas somente o que for conseguido mediante fraude (logro, engano, vale dizer, aquele que não seria concedido não fosse o engodo utilizado pelo agente). As questões relativas a empréstimos não se encaixam neste artigo, nem podem ser consideradas crimes contra o sistema financeiro. A tendência majoritária é no sentido de ser sempre competência da Justiça Federal. Na jurisprudência: STJ: "I – O Tribunal concluiu que a agravante praticou a conduta do art. 19 da Lei n. 7.492/1986 porque concorreu para a celebração do negócio jurídico fraudulento. Dada a impossibilidade do reexame de fatos e provas, conforme disposto na Súmula n. 7, STJ, é inviável concluir de modo diverso. II – As fraudes pressupõem, em maior ou menor medida, a existência de falhas nos procedimentos de segurança usualmente adotados. Além disso, basta a obtenção do financiamento mediante fraude para caracterizar o delito do art. 19 da Lei n. 7.492/1986" (AgRg no AREsp 2.422.623 – SP, 5.ª T., rel. Messod Azulay Neto, 11.06.2024, v.u.); "1. A agravante concorreu para a obtenção fraudulenta de financiamento perante a Caixa Econômica Federal – CEF, mediante a alimentação do sistema com informações falsas, em perfeita adequação típica da conduta prevista no art. 19 da Lei n. 7.492/1986. Precedentes. Nos termos do aresto hostilizado, não há falar em crime impossível, pois não se pressupôs a ineficácia absoluta do meio ou a absoluta impropriedade do objeto, não podendo esta Corte rever o posicionamento das instâncias ordinárias, nos termos da Súmula n. 7 do STJ. 2. O dolo na conduta da agravante também foi confirmado pelo Tribunal de origem. Posto isso, a reversão desse entendimento encontra igualmente empecilho na Súmula n. 7 do STJ. 3. Não constituindo a violação ao dever funcional elemento do tipo do crime de obtenção fraudulenta de financiamento em instituição financeira, correta a aplicação da agravante prevista no art. 61, II, 'g', do Código Penal – CP. 4. A conclusão das instâncias ordinárias no sentido de que 'a prova dos autos deixou claro que a ré atuou de forma autônoma, não havendo qualquer elemento concreto a indicar que cumpria ordem de autoridade superior', só é reversível mediante o reexame da prova dos autos, operação vedada na ocasião do julgamento do recurso especial. 5. O *quantum* de aumento na fração de 2/3, em virtude do reconhecimento da continuidade delitiva, mostra-se razoável, haja vista o cometimento de 24 infrações penais" (AgRg no REsp 1.931.098 – PR, 5.ª T., rel. Joel Ilan Paciornik, 13.09.2022, v.u.).

**184. Sujeitos ativo e passivo:** o sujeito ativo pode ser qualquer pessoa. O sujeito passivo é o Estado. Secundariamente, a pessoa lesada pela conduta típica.

**185. Elemento subjetivo:** é o dolo. Não se exige elemento subjetivo específico, nem se pune a forma culposa.

**186. Objetos material e jurídico:** o objeto material é o financiamento; os objetos jurídicos são a credibilidade do mercado financeiro e a proteção ao investidor. Pode parecer que seria a tutela do patrimônio da instituição financeira, mas, na essência, é a credibilidade exi-

# Art. 20

Leis Penais e Processuais Penais Comentadas – Vol. 2 • **Nucci**

gida do mercado financeiro. Por isso, o sujeito passivo principal é o Estado e não a instituição eventualmente lesada.

**187. Classificação:** é crime comum (pode ser praticado por qualquer pessoa); formal (não depende da ocorrência de efetivo prejuízo para a instituição ou para o mercado financeiro). Pode parecer delito material (de resultado naturalístico), o que se nos afigura inviável. O financiamento pode ser conseguido de maneira fraudulenta, entretanto, se devidamente quitado, no prazo programado, não resulta em prejuízo efetivo para a instituição financeira, muito embora a credibilidade do mercado financeiro tenha corrido risco do mesmo modo (perigo abstrato). Logo, cuida-se de crime formal, que pode – mas não necessita sempre – ter resultado danoso efetivo; de forma livre (pode ser cometido de qualquer modo pelo agente); comissivo (o verbo indica ação); instantâneo (a consumação ocorre em momento definido); unissubjetivo (pode ser cometido por uma só pessoa); plurissubsistente (cometido por mais de um ato); admite tentativa.

**188. Causa de aumento de pena:** a obtenção de financiamento, mediante fraude, em instituição financeira estatal ou sob a responsabilidade do Estado, torna a conduta mais grave, pois maior o risco de lesão à credibilidade do mercado financeiro. Afinal, é sabido que as instituições oficiais geram, naturalmente, maior confiança aos investidores. Na jurisprudência: STJ: "Para a incidência da causa de aumento do art. 19, parágrafo único, da Lei n. 7.492/1986 é suficiente que o crime tenha sido cometido em detrimento de instituição financeira oficial ou por ela credenciada para o repasse de financiamento. Não é necessário que o valor financiado por meio de fraude advenha de verba oriunda de programa governamental, pois na elementar da majorante não há essa exigência específica. 2. Praticado o delito em desfavor da Caixa Econômica Federal, empresa pública federal e, portanto, instituição financeira oficial, é devida a aplicação da majorante" (REsp 1.840.408 – RS, 6.ª T., rel. Laurita Vaz, 13.10.2020, v.u.).

> **Art. 20.** Aplicar,[189-191] em finalidade diversa da prevista em lei[192] ou contrato,[193] recursos provenientes de financiamento concedido por instituição financeira oficial ou por instituição credenciada para repassá-lo:[194-196]
>
> Pena – reclusão, de 2 (dois) a 6 (seis) anos, e multa.

**189. Análise do núcleo do tipo:** aplicar significa empregar ou investir. O objeto da conduta é o recurso (numerário) originário de financiamento (importância destinada a custear a despesa de algo, antecipando-se quantia, a ser paga posteriormente) concedido por instituição financeira oficial (estatal) ou outra, devidamente credenciada pelo Estado para repassá-lo. Busca-se proteger o recurso levantado em órgão oficial – ou controlado pelo Estado – do emprego em finalidade diversa para a qual foi liberado. Com isso, mantém-se a credibilidade no mercado financeiro, com instituições fortalecidas e investidores protegidos. Se os recursos provenientes de financiamento forem desviados, não há política estatal de controle de gastos e emprego racional de verbas que se sustente. Na jurisprudência: STJ: "1. A consumação do delito previsto no art. 20 da Lei n. 7.492/1996 é aquela em que o acusado aplica, com finalidade diversa da prevista em lei ou contrato, recursos provenientes de financiamento, o que não se confunde com a data em que é firmado o contrato com a instituição financeira" (AgRg no AREsp 531.544 – RR, 6.ª T., rel. Rogerio Schietti Cruz, 10.03.2020, v.u.).

**190. Sujeitos ativo e passivo:** o sujeito ativo pode ser qualquer pessoa. O sujeito passivo é o Estado. Secundariamente, a pessoa lesada pela incorreta aplicação dos recursos, podendo ser a instituição financeira ou os investidores.

**191. Elemento subjetivo:** é o dolo. Não se exige elemento subjetivo específico, nem se pune a forma culposa.

**192. Conceito de lei:** tratando-se de tipo penal incriminador, o conceito de lei deve ser restritivo, significando norma emanada do Poder Legislativo, não se incluindo decretos, portarias, provimentos etc.

**193. Norma penal em branco:** para a exata compreensão deste tipo penal, é preciso consultar a lei, que tutela o emprego de financiamentos públicos, ou o contrato celebrado entre a instituição financeira e o particular.

**194. Objetos material e jurídico:** o objeto material é o recurso obtido em financiamento; os objetos jurídicos são a credibilidade do mercado financeiro e a proteção ao investidor.

**195. Classificação:** é crime comum (pode ser praticado por qualquer pessoa); formal (não depende da ocorrência de efetivo prejuízo para a instituição ou para o mercado financeiro); de forma livre (pode ser cometido por qualquer meio eleito pelo agente); comissivo (o verbo indica ação); instantâneo (a consumação ocorre em momento definido); unissubjetivo (pode ser cometido por uma só pessoa); unissubsistente (cometido em um único ato) ou plurissubsistente (cometido por mais de um ato); admite tentativa na forma plurissubsistente.

**196. Conflito aparente de normas:** o tipo penal do art. 315 do Código Penal ("dar às verbas ou rendas públicas aplicação diversa da estabelecida em lei") é genérico; logo, pelo critério da especialidade, cuidando-se de financiamento obtido em instituição financeira, prevalece o crime previsto no art. 20 desta Lei.

> **Art. 21.** Atribuir-se,[197-200] ou atribuir a terceiro, falsa identidade, para realização de operação de câmbio:[201-202]
>
> Pena – detenção, de 1 (um) a 4 (quatro) anos, e multa.
>
> **Parágrafo único.** Incorre na mesma pena quem, para o mesmo fim, sonega[203-205] informação que devia prestar ou presta informação falsa.[206-208]

**197. Análise do núcleo do tipo:** *atribuir* significa imputar ou conferir. O objeto da conduta é a falsa (não autêntica) identidade. Logo, o agente pode apresentar-se como pessoa diversa ou pode apresentar terceiro como outra pessoa. Em suma, realizando uma operação de câmbio (compra e venda de moeda estrangeira), não exibe sua verdadeira identidade (conjunto de características peculiares a uma pessoa determinada, que permite reconhecê-la e individualizá-la, envolvendo o nome, a idade, o estado civil, a filiação, o sexo etc.). Não se inclui no conceito de identidade o endereço ou o telefone. Assim agindo, torna difícil ou impossível a fiscalização que o Banco Central exerce sobre as operações de câmbio, de modo a evitar muitos outros delitos, como a lavagem de dinheiro, a evasão de divisas e a sonegação fiscal.

**198. Sujeitos ativo e passivo:** o sujeito ativo pode ser qualquer pessoa. O sujeito passivo é o Estado. Secundariamente, a pessoa prejudicada pela operação de câmbio realizada.

**199. Elemento subjetivo:** é o dolo. Exige-se elemento subjetivo específico, consistente na realização de operação de câmbio. Não se pune a forma culposa.

**200. Conflito aparente de normas:** confrontando este tipo penal com o art. 307 do Código Penal, vê-se que a finalidade do agente proporcionará a opção pela norma aplicável. No art. 21 desta Lei, a meta é a realização de operação de câmbio. No art. 307 é a obtenção de qualquer vantagem para si ou para outrem ou a geração de dano a terceiro. Este delito possui pena mais branda (detenção de 3 meses a 1 ano ou multa, constituindo crime subsidiário, ou

# Art. 21

seja, "se o fato não constitui elemento de crime mais grave), enquanto o crime previsto no art. 21 desta Lei prevê sanção mais severa (detenção de 1 a 4 anos e multa), o que é perfeitamente lógico. A falsa identidade ou o informe não autêntico em operação de câmbio é mais grave do que simplesmente apresentar-se com outra identidade para auferir uma vantagem ínfima qualquer, em detrimento de particular. As operações de câmbio representam, como já dissemos, pontes para atingir infrações penais do porte de lavagem de dinheiro, sonegação fiscal e evasão de divisas. Outro ponto a considerar é o disposto no art. 64 da Lei 8.383/91, prevendo a responsabilidade – como coautores do crime de falsidade – do gerente e do administrador da instituição financeira ou assemelhadas que colaborarem para a abertura de conta ou movimentação de recursos sob nome falso, de pessoa física ou jurídica inexistente e de pessoa jurídica liquidada de fato ou sem representação regular. Embora tal regra esteja prevista, de modo genérico, no art. 29 do Código Penal, o referido art. 64 somente consolidou o dever de cautela dos gerentes e administradores no trato com contas bancárias e movimentações de recursos financeiros.

**201. Objetos material e jurídico:** o objeto material é a operação de câmbio; os objetos jurídicos são a credibilidade do mercado financeiro e a proteção ao investidor. Se as operações de câmbio não forem corretamente fiscalizadas, há vários riscos para a saúde financeira das instituições, logo, compromete-se a credibilidade do mercado.

**202. Classificação:** é crime comum (pode ser praticado por qualquer pessoa); formal (não depende da ocorrência de efetivo prejuízo para a instituição ou para o mercado financeiro); de forma livre (pode ser cometido por qualquer meio eleito pelo agente); comissivo (os verbos indicam ações); instantâneo (a consumação ocorre em momento definido); unissubjetivo (pode ser cometido por uma só pessoa); plurissubsistente (cometido por mais de um ato); admite tentativa.

**203. Análise do núcleo do tipo:** *sonegar* quer dizer ocultar ou encobrir. O objeto da conduta é a informação solicitada para a operação de câmbio. *Prestar* significa fornecer. O objeto desta conduta é a informação (qualquer dado relevante) falsa (não autêntica). O parágrafo único não cuida da identidade do agente que realiza operação de câmbio, mas dos dados por ele passados à instituição financeira (por exemplo, omitindo que já realizou operação de câmbio anterior, ultrapassando a cota permitida pelo Banco Central ou fornecendo informe falso a respeito da viagem ao exterior que pretende realizar).

**204. Sujeitos ativo e passivo:** o sujeito ativo pode ser qualquer pessoa. O sujeito passivo é o Estado. Secundariamente, a pessoa prejudicada pela operação realizada com dados incorretos.

**205. Elemento subjetivo:** é o dolo. Exige-se elemento subjetivo específico, consistente na vontade de realizar operação de câmbio. Não se pune a forma culposa.

**206. Objetos material e jurídico:** o objeto material é a operação de câmbio. Os objetos jurídicos são a credibilidade do mercado financeiro e a proteção ao investidor, como já exposto na nota 201 anterior.

**207. Classificação:** é crime comum (pode ser praticado por qualquer pessoa); formal (não depende da ocorrência de efetivo prejuízo para a instituição ou para o mercado financeiro); de forma livre (pode ser cometido por qualquer meio eleito pelo agente); comissivo (o verbo *prestar* indica ação). Quanto ao verbo *sonegar*, cuida-se de uma conduta omissiva (ocultar, deixar de dizer), porém está inserida num contexto comissivo, isto é, a realização de operação de câmbio. A sonegação não é um fim em si mesmo, mas um método pelo qual o agente consegue efetivar o câmbio almejado. Não consideramos, pois, o delito como omissivo puro; instantâneo (a consumação ocorre em momento definido); unissubjetivo (pode ser cometido por uma só pessoa); plurissubsistente (cometido por mais de um ato); admite tentativa. Como já mencionamos, o cenário de realização deste crime é a efetivação de operação de câmbio, que se desdobra em vários atos. Logo, não é crime unissubsistente (passível de cometimento num único ato), motivo pelo qual é perfeitamente viável a tentativa. Ex.: enquanto se processa a operação de câmbio, descobre-se a falsidade de uma informação prestada ou desvenda-se o dado sonegado, abortando o procedimento e podendo haver prisão em flagrante por tentativa. Logicamente, pode-se perceber a dificuldade de ocorrer a figura tentada, embora não seja impossível.

**208. Tipo misto alternativo:** a composição do tipo penal demonstra haver alternatividade nas condutas, vale dizer, o agente pode praticar uma só delas (ex.: "atribuir-se falsa identidade") ou mais de uma (ex.: "atribuir-se falsa identidade" e "prestar informação falsa"), desde que voltado à mesma operação de câmbio e responderá por um único crime. Somente de efetivar mais de uma operação de câmbio ocorrerá concurso material (ou crime continuado, conforme o caso).

> **Art. 22.** Efetuar[209-211] operação de câmbio não autorizada,[212] com o fim de promover evasão de divisas do País:[213-214]
>
> Pena – reclusão, de 2 (dois) a 6 (seis) anos, e multa.
>
> **Parágrafo único.** Incorre na mesma pena quem, a qualquer título, promove,[215-217] sem autorização legal,[218] a saída de moeda ou divisa para o exterior, ou nele mantiver depósitos não declarados à repartição federal competente.[219-220]

**209. Análise do núcleo do tipo:** *efetuar* significa realizar ou executar. O objeto da conduta é a operação de câmbio não autorizada. Diversamente do delito previsto no art. 21, onde se cuida de operação de câmbio permitida, muito embora o agente se apresente com falsa identidade, sem que se exija finalidade específica (ex.: pode comprar dólares com dinheiro auferido sem comprovação, sonegando renda e deixando de pagar imposto), no caso do art. 22 há uma dupla demanda: a operação de câmbio deve ser proibida e a finalidade precisa ser a evasão de divisas. Aliás, no parágrafo único do art. 22, há o crime de evasão de divisas, independentemente do dinheiro ter origem em operação de câmbio não autorizada. Portanto, argumentando, podemos visualizar o concurso de crimes entre os arts. 21 e 22 se o agente, com falsa identidade, realiza operação de câmbio e, depois, leva o montante para o exterior em quantidade que deveria ter sido declarada à repartição federal. Por isso, mencionamos nos comentários ao art. 21 ser este um delito mais grave que o previsto no art. 307 do CP, pois a meta do agente pode ser a evasão de divisas, justamente o que o motivou a realizar a operação de câmbio com identidade falsa. Na jurisprudência: STJ: "5. Comete o delito tipificado no art. 22, parágrafo único, primeira parte, da Lei n. 7.492/1986, aquele que efetua operações de câmbio não autorizadas e promove, sem autorização legal, a evasão de divisas do País, independentemente do valor, dado não carecer o referido tipo penal de complementação por ato regulamentar (ut, APn n. 970/DF, relatora Ministra Maria Isabel Gallotti, Corte Especial, julgado em 4/5/2022, DJe de 20/6/2022.). Salienta-se que é desnecessária a saída física de moeda do território nacional para a configuração do referido tipo penal" (AgRg no REsp 2.143.704 – RJ, 5.ª T., rel. Reynaldo Soares da Fonseca, 06.08.2024, v.u.); "7. O delito de evasão de divisas, previsto no art. 22, parágrafo único, da Lei n. 7.492/1986, pode ser praticado não só mediante a efetiva saída do território nacional de pessoa que deixe de declarar às autoridades moeda ou divisa como também mediante técnicas mais elaboradas e complexas como o sistema de remessas de valores por meio de compensações, o que é conhecido como operação dólar-cabo ou euro-cabo. 8. Para a caracterização do tipo penal descrito no art. 22, parágrafo único, primeira parte, da Lei n. 7.492/1986, não se exige complementação por meio de regulamentação

# Art. 22

do órgão federal competente, mas a transferência, transporte ou remessa física de moeda ou recursos ao exterior por meio de transações financeiras realizadas sem autorização legal e à margem da proteção da política cambial brasileira. 9. A pessoa física responde pelos fatos típicos por ela praticados no âmbito da empresa que ela mesma controla e administra, não importando o fato de a conta bancária aberta para tal finalidade – recebimento de recursos no exterior – estar em nome da empresa, e não em nome dos denunciados" (AgRg no REsp 1.463.883 – PR, 5.ª T., rel. João Otávio de Noronha, 17.08.2021, v.u.).

**210. Sujeitos ativo e passivo:** o sujeito ativo pode ser qualquer pessoa. O sujeito passivo é o Estado. Secundária e eventualmente, a pessoa lesada pela operação ilegal.

**211. Elemento subjetivo:** é o dolo. Demanda-se elemento subjetivo específico, consistente na finalidade de realizar evasão de divisas (retirada de moeda estrangeira do país, levando-a ao exterior). Não se pune a forma culposa.

**212. Norma penal em branco:** é preciso consultar a legislação que regulamenta as operações de câmbio para estar ciente da sua regularidade.

**213. Objetos material e jurídico:** o objeto material é a operação de câmbio não autorizada. Os objetos jurídicos são a credibilidade do mercado financeiro e a proteção ao investidor. A realização de câmbio ilegal, buscando retirar moeda estrangeira do país, tem a capacidade de lesar a saúde financeira das instituições, comprometendo a política econômico-financeira do Estado, prejudicando, pois, em último grau, o próprio investidor.

**214. Classificação:** é crime comum (pode ser praticado por qualquer pessoa). No mesmo prisma: Rodolfo Tigre Maia (*Dos crimes contra o sistema financeiro nacional*, p. 134-135) e Pimentel (*Crimes contra o sistema financeiro*, p. 157). Há voz dissonante, sustentando que o tipo penal seria voltado apenas aos agentes que estivessem sujeitos às regras do Banco Central, o que não parece cabível, uma vez que a operação de câmbio não autorizada pode ser feita por qualquer um (vide, como exemplo, o caso dos *doleiros*); formal (não depende da ocorrência de efetivo prejuízo para a instituição ou para o mercado financeiro, nem mesmo da ocorrência da evasão de divisas); de forma livre (pode ser cometido por qualquer meio eleito pelo agente); comissivo (o verbo indica ação); instantâneo (a consumação ocorre em momento definido); unissubjetivo (pode ser cometido por uma só pessoa); plurissubsistente (cometido por mais de um ato); admite tentativa.

**215. Análise do núcleo do tipo:** *promover* quer dizer gerar ou causar algo. O objeto da conduta é a saída de moeda (papel-moeda ou peças metálicas, representando o dinheiro nacional) ou divisa (é a moeda estrangeira ou título que a represente) para o exterior. O tipo refere-se, ainda, ao motivo da conduta, mencionando *a qualquer título*, ou seja, sob qualquer pretexto (ex.: gastar com turismo, efetuar um negócio, pagar um tratamento de saúde etc.). Assim sendo, não há elemento subjetivo específico. *Manter* significa conservar ou sustentar determinada situação. O objeto da conduta é o depósito no exterior. O termo *depósito* normalmente é utilizado para representar um montante em moeda entregue, para guarda, a um estabelecimento bancário. Ocorre que, não nos parece tenha o tipo penal a pretensão de ser tão restritivo nesse sentido, uma vez que a meta é combater a evasão de divisas e outros delitos daí advindos (como, *v.g.*, a sonegação fiscal). Portanto, parece-nos que qualquer depósito (mantença de moeda em determinado lugar), no exterior, não declarado à receita federal, pode configurar o delito (ex.: pode o agente *depositar* o dinheiro em um cofre de banco, sem que este tenha noção do que consta no seu interior, razão pela qual não se pode cuidar da situação apenas como um *depósito bancário*). A utilização do verbo *manter* demonstra a opção legislativa por um delito habitual, vale dizer, não se configura o crime se o depósito feito no exterior tiver caráter eventual. Portanto, se o agente promover a saída da moeda estrangeira do território nacional, sem autorização legal, comete o delito previsto no art. 22, parágrafo único. Se receber o dinheiro no exterior, somente comete o delito desse mesmo parágrafo, caso *mantiver* o depósito (habitualidade), sem declaração à repartição federal brasileira. O ingresso de dinheiro estrangeiro no País não pode ser vinculado a este tipo penal. Na jurisprudência: STJ: "2. O crime de evasão de divisas se configura com a omissão da comunicação legalmente imposta, ao Banco Central, de patrimônio no exterior, no dia 31 de dezembro do ano-base. Precedentes do STJ e do STF" (APn 928/DF, Corte Especial, rel. Maria Isabel Gallotti, 18.05.2022, v.u.); "1. No caso, o Tribunal Regional, em observância aos pormenores da situação concreta, entendeu que incide nas penas do art. 22 da Lei n. 7.492/1986 aquele que efetua operações de câmbio não autorizadas e promove, sem autorização legal, a evasão de divisas do País, independentemente do valor, não havendo falar que o tipo penal necessita de complementação por regulamentação do órgão federal competente, o que se encontra em consonância com a jurisprudência firmada pelo Superior Tribunal de Justiça" (AgRg no REsp 1.849.140 – RS, 6.ª T., rel. Sebastião Reis Júnior, 01.09.2020, v.u.).

**216. Sujeitos ativo e passivo:** o sujeito ativo pode ser qualquer pessoa. O sujeito passivo é o Estado. Secundariamente, a pessoa lesada pela conduta.

**217. Elemento subjetivo:** é o dolo. Não há elemento subjetivo específico (note-se que a expressão *a qualquer título* abre inúmeras opções, demonstrativas de não haver um objetivo especial), nem se pune a forma culposa.

**218. Norma penal em branco:** é preciso tomar conhecimento da legislação específica, que regulamenta a saída de moeda ou divisa para o exterior e a mantença de depósito fora do Brasil.

**219. Objetos material e jurídico:** o objeto material é a moeda ou a divisa. Os objetos jurídicos são a credibilidade do mercado financeiro e a proteção ao investidor. A reserva cambial de um país é fundamental para a saúde financeira das suas instituições e para a garantia do investidor.

**220. Classificação:** é crime comum (pode ser praticado por qualquer pessoa); formal (não depende da ocorrência de efetivo prejuízo para a instituição ou para o mercado financeiro); de forma livre (pode ser cometido por qualquer meio eleito pelo agente); comissivo (os verbos indicam ações); instantâneo (a consumação ocorre em momento definido) quanto à conduta *promover*, mas habitual (dependente da realização de várias condutas reiteradas, demonstrativas de um todo, consistente na vontade de possuir depósito fora do país em caráter duradouro) quanto ao verbo *manter*; unissubjetivo (pode ser cometido por uma só pessoa); plurissubsistente (cometido por mais de um ato); admite tentativa, exceto na forma habitual.

> **Art. 23.** Omitir, retardar ou praticar,[221-223] o funcionário público, contra disposição expressa de lei,[224] ato de ofício necessário ao regular funcionamento[225] do sistema financeiro nacional, bem como a preservação dos interesses e valores da ordem econômico-financeira:[226-228]
>
> Pena – reclusão, de 1 (um) a 4 (quatro) anos, e multa.

**221. Análise do núcleo do tipo:** *omitir* significa deixar de fazer algo, *retardar* quer dizer protelar ou atrasar, *praticar* implica realizar ou executar algo. O objeto das condutas alternativas é o ato de ofício (conduta pertinente a uma função) necessário ao regular funcionamento do sistema financeiro nacional e para a preservação dos interesses e valores da ordem econômico--financeira. Busca-se, com este tipo penal, garantir que o funcionário público, cuja competência

# Art. 23

diga respeito às atividades econômico-financeiras do Estado, atue com eficiência para zelar pela regularidade do sistema financeiro, logo, pela saúde do mercado financeiro. O tipo não deixa de se apresentar contraditório, ao misturar condutas basicamente omissivas (omitir e retardar) com outra, comissiva, afirmando dever a atuação ou inação ser *contrária a disposição expressa de lei*. Ora, é razoável que o funcionário possa deixar de fazer o que deveria ou atrasar o que não poderia, *contra o disposto em lei*; porém, torna-se bem mais difícil imaginar que o funcionário *pratique* ato de ofício necessário ao regular funcionamento do sistema financeiro e para a preservação dos interesses e valores da ordem econômico-financeira *contra a lei*. Se está realizando ato para preservar o regular funcionamento do sistema financeiro, não teria sentido *agir contra lei*, a menos que se deduza ser esta um fator de instabilidade para o referido sistema financeiro.

**222. Sujeitos ativo e passivo:** o sujeito ativo é o funcionário público (podemos nos valer do disposto no art. 327 do Código Penal, definindo o que vem a ser funcionário público, para fins penais). O sujeito passivo é o Estado. Secundariamente, a pessoa prejudicada pela conduta típica.

**223. Elemento subjetivo:** é o dolo. Não há elemento subjetivo específico, nem se pune a forma culposa.

**224. Norma penal em branco:** é fundamental conhecer a legislação que regulamenta os deveres do funcionário público para a verificação deste tipo penal.

**225. Elementos normativos do tipo:** *regular* funcionamento do sistema financeiro nacional e preservação dos *interesses e valores* da ordem econômico-financeira são expressões vagas, de conteúdo valorativo, dependentes de interpretação por demasiado aberta. Não há critério seguro para se saber o que é *interessante* à ordem econômico-financeira, quais *valores* devem ser os mais importantes ou o que, exatamente, quer dizer o *regular* funcionamento do sistema financeiro. Fere o princípio da taxatividade, merecendo, para que possa ser aplicado, uma interpretação restritiva, ou seja, somente condutas *nitidamente* perturbadoras da tranquilidade e credibilidade do mercado financeiro poderiam ser incluídas neste tipo penal. Vale, pois, ressaltar o alerta de Xavier de Albuquerque: "Não basta, é claro, para acusar-se alguém do obscuro delito do art. 23, indicar-se a norma de competência, instituidora do dever legal de agir, ou aquela que equivocadamente se tome como tal. Esta, se pertinente, tem função limitadora à integração do *elemento normativo* consistente no *ato de ofício*, tão somente. A *necessidade*, que destina o ato à realização das finalidades tidas em consideração, constitui *elemento normativo* diverso, a pressupor e exigir diferente norma integradora. Por tudo isso, acusação que não contenha todos os dados indispensáveis à caracterização do delito previsto no art. 23 da Lei 7.492/86, não satisfará os requisitos do art. 41 e, consequentemente, não poderá ultrapassar o juízo de viabilidade do art. 516 – sensivelmente mais amplo do que o do art. 43, I – todos do Código de Processo Penal [este último foi revogado e substituído pelo art. 395, conforme dispõe a Lei 11.719/2008]" (*Sobre a criminalidade econômica: o enigmático crime funcional contra o sistema financeiro nacional*, p. 81).

**226. Objetos material e jurídico:** o objeto material é o ato de ofício. Os objetos jurídicos são a credibilidade do sistema financeiro e a proteção ao investidor.

**227. Classificação:** é crime próprio (somente pode ser praticado por sujeito qualificado); formal (não depende da ocorrência de efetivo prejuízo para a instituição ou para o mercado financeiro); de forma livre (pode ser cometido por qualquer meio eleito pelo agente); comissivo (o verbo indica ação) na modalidade *praticar*, omissivo (o verbo implica inação) na forma *omitir*, quanto ao verbo *retardar*, como regra, cuida-se de um não fazer a tempo certo, mas pode representar conduta comissiva (fazer algo que possa provocar atraso em outra atividade); instantâneo (a consumação ocorre em momento definido); unissubjetivo (pode ser cometido por uma só pessoa); unissubsistente (cometido em um único ato), quando omissivo, ou plurissubsistente (cometido por mais de um ato), quando comissivo, conforme o caso; admite tentativa na forma plurissubsistente.

**228. Conflito aparente de normas:** confrontando este tipo penal com o art. 319 do Código Penal (prevaricação), independentemente deste último possuir elemento subjetivo específico ("para satisfazer interesse ou sentimento pessoal"), o importante é o critério da especialidade. Logo, dá-se preferência à aplicação do art. 23 desta Lei.

> **Art. 24.** *(Vetado.)*

### Da aplicação e do procedimento criminal

> **Art. 25.** São penalmente responsáveis, nos termos desta Lei, o controlador e os administradores de instituição financeira, assim considerados os diretores, gerentes *(vetado)*.[229-230]
>
> § 1.º Equiparam-se aos administradores de instituição financeira *(vetado)* o interventor, o liquidante ou o síndico.
>
> § 2.º Nos crimes previstos nesta Lei, cometidos em quadrilha ou coautoria, o coautor ou partícipe que através de confissão espontânea revelar à autoridade policial ou judicial toda a trama delituosa terá sua pena reduzida de um a dois terços.[231]

**229. Norma penal explicativa:** estabelece a Lei 7.492/86, de maneira expressa, que o controlador, os administradores de instituição financeira (diretores e gerentes), bem como o interventor, o liquidante e o administrador judicial podem responder pelos crimes contra o sistema financeiro nacional. Não nos parece útil o artigo, pois cada tipo penal poderia conter, quando fosse o caso (vide o exemplo do art. 5.º), a relação dos agentes possíveis. Por outro lado, somente o § 1.º tem maior eficiência, já que estipula quem seria responsável *por equiparação* aos controladores e administradores da instituição financeira. Na jurisprudência: STJ: "1. Embora o delito de gestão fraudulenta de instituição financeira classifique-se como crime próprio, exigindo-se do sujeito ativo a condição especial constante no artigo 25 da Lei n. 7.492/1986, tal situação não impede que, mediante a norma de extensão prevista no artigo 29 do Código Penal, a condição especial do gestor da instituição financeira se comunique a terceiros estranhos a ela" (AgRg no HC n. 858.967 – SP, 5.ª T., rel. Ribeiro Dantas, 04.03.2024, v.u.); "1. A jurisprudência desta Corte é pela possibilidade de gerentes de agência bancária serem sujeitos ativos dos delitos de gestão fraudulenta e de gestão temerária, desde que na análise do caso concreto esteja configurada a atuação com uso de poderes próprios de gestão" (AgRg no REsp 1.374.090 – PR, 5.ª T., rel. Joel Ilan Paciornik, j. 07.08.2018, *DJe* 15.08.2018).

**230. Denúncia genérica:** em vários casos de crimes contra o sistema financeiro, a diversidade de autores, coautores e partícipes pode ser bastante extensa, justificando a apresentação de uma denúncia genérica, ou seja, sem a especificação precisa do comportamento de cada um dos agentes para a consecução do delito (ver a nota 96 ao art. 41 do nosso *Código de Processo Penal*). Na jurisprudência: STJ: "1. Nos termos do art. 25 da Lei n. 7.492/1986, os sujeitos ativos para o cometimento de crimes contra o sistema financeiro nacional serão os controladores e os administradores de instituição financeira, assim considerados os diretores e gerentes. 2. Hipótese em que um dos acusados exercia o cargo de gerente da filial da instituição financeira,

# Art. 26

em Santo André/SP, e as outras duas, supervisoras, todos funcionários do Banco PanAmericano Consórcios Nacional Ltda., formularam contrato de cessão de cota de consórcio com clientes da referida instituição, o que evidencia a possibilidade de os indiciados figurarem no polo passivo da ação penal. 3. A conduta dos indiciados, conquanto integrantes da empresa de consórcio, supostamente incorrem na prática de crime previsto da Lei n. 7.492/1986, cuja ação criminal tem processamento e julgamento realizado pela Justiça Federal. 4. A jurisprudência desta Terceira Seção firmou-se no sentido de que 'a Lei 7.492/1986 equipara ao conceito de instituição financeira a pessoa jurídica que capta ou administra seguros, câmbio, consórcio, capitalização ou qualquer tipo de poupança, ou recursos de terceiros. Encontrando-se a conduta tipificada, ainda que em tese, em dispositivo da Lei 7.492/1986, a ação penal deve ser julgada na Justiça Federal. Havendo interesse da União na higidez, confiabilidade e equilíbrio do sistema financeiro, tem-se que a prática ilícita configura matéria de competência da Justiça Federal' (CC 41.915/SP, rel. Ministro Arnaldo Esteves Lima, Terceira Seção, *DJU* de 1/2/2005). 5. Conflito conhecido para declarar competente o Juízo Federal da 2.ª Vara Criminal Especializada em Crimes contra o Sistema Financeiro Nacional e Lavagem ou Ocultação de Bens Direitos e Valores da SJ/SP, o suscitante" (CC 115.911 – SP, 3.ª S., rel. Ribeiro Dantas, 11.05.2016, v.u.).

**231. Delação premiada:** ver os comentários feitos à Lei 9.807/99.

> **Art. 26.** A ação penal, nos crimes previstos nesta Lei, será promovida pelo Ministério Público Federal, perante a Justiça Federal.[232-232-A]
>
> **Parágrafo único.** Sem prejuízo do disposto no art. 268 do Código de Processo Penal, aprovado pelo Dec.-lei 3.689, de 3 de outubro de 1941, será admitida a assistência da Comissão de Valores Mobiliários – CVM, quando o crime tiver sido praticado no âmbito de atividade sujeita à disciplina e à fiscalização dessa Autarquia, e do Banco Central do Brasil quando, fora daquela hipótese, houver sido cometido na órbita de atividade sujeita à sua disciplina e fiscalização.[233]

**232. Ação penal e competência:** estipula a Lei 7.492/86 que a competência para apurar os delitos nela previstos são da esfera federal, cumprindo, pois, o previsto no art. 109, VI, da Constituição Federal (compete à Justiça Federal processar e julgar os crimes contra o sistema financeiro e a ordem econômico-financeira *nos casos determinados por lei*). Na jurisprudência: STJ: "1. Nos termos do art. 109, VI, da CF, os crimes contra o sistema financeiro e a ordem econômico-financeira são da competência da Justiça Federal nos casos determinados em lei. O art. 26 da Lei 7.492/86, que trata dos crimes contra o sistema financeiro nacional, dispõe que a ação penal, nesses casos, será promovida pelo Ministério Público Federal, perante a Justiça Federal. 2. O Superior Tribunal de Justiça, ao interpretar esse dispositivo, fixou o entendimento de que o crime do art. 19 da Lei 7.492/86 será da competência da Justiça federal quando os recursos obtidos mediante fraude perante instituição financeira possuírem destinação específica. 3. *In casu*, a conduta em apuração diz respeito à concessão de fraudulenta de financiamentos por instituição financeira com finalidade definida (aquisição de veículo automotor), o que se subsume, em tese, ao tipo previsto no art. 19 da Lei 7.492/86, o que atrai a competência da Justiça Federal para processar e julgar o feito, nos termos do art. 26 daquele normativo. 4. Conflito conhecido para declarar a competência do juízo suscitado (juízo federal da 10ª Vara Criminal especializada em crimes contra o sistema financeiro e crimes de lavagem de valores da Seção Judiciária do Estado de São Paulo)" (CC 151.188 – SP, 3.ª S., rel. Antonio Saldanha Palheiro, 14.06.2017, v.u.). Não fosse o disposto no art. 26, vários delitos poderiam ser da competência da Justiça Estadual, por não envolver diretamente o interesse da União ou de entidades autárquicas ou empresas públicas federais (ex.: um empréstimo feito por instituição financeira oficial estadual a seu diretor envolveria interesse localizado em determinado Estado e não abrangeria a União. Porém, neste caso, por disposição legal, a competência é federal). A meta, naturalmente, é considerar qualquer ofensa à credibilidade do mercado financeiro, mesmo que localizada em determinada unidade da Federação, algo que possa atingir o sistema financeiro nacional, direta ou indiretamente. Como não há estipulação em contrário, para todas as infrações previstas nesta Lei a ação é pública incondicionada.

**232-A. Sociedade de economia mista:** não atrai a competência federal.

**233. Assistente de acusação:** o ofendido, nos termos do art. 268 do CPP, pode intervir, nas ações penais públicas, como assistente do Ministério Público. Nos casos dos delitos da Lei 7.492/86, o sujeito passivo é sempre o Estado. Porém, há órgãos, como a Comissão de Valores Mobiliários e o Banco Central do Brasil, com interesse concomitante e maior grau de especialização no assunto, com possibilidade de auxiliar o Ministério Público Federal no polo ativo. Temos defendido (ver a nota 3 ao art. 268 do nosso *Código de Processo Penal comentado*) que a intervenção de pessoas jurídicas, de direito público ou privado, como assistentes do Ministério Público, diante do interesse público a preservar, é perfeitamente viável. O art. 26, parágrafo único, desta Lei somente reforça o nosso posicionamento.

> **Art. 27.** Quando a denúncia não for intentada no prazo legal, o ofendido poderá representar ao Procurador-Geral da República, para que este a ofereça, designe outro órgão do Ministério Público para oferecê-la ou determine o arquivamento das peças de informação recebidas.[234]

**234. Disposição processual desnecessária:** cabe ao Ministério Público Federal a titularidade, exclusiva, para a propositura de ação penal, com relação aos crimes previstos nesta Lei. Se, recebido o inquérito policial ou outras peças de informação, decorrer o prazo legal para o oferecimento da denúncia (15 dias para indiciado solto; 5 dias para preso, conforme art. 46, *caput*, CPP), a ação pode ser intentada pelo ofendido (art. 29, CPP). Ora, nos delitos contra o sistema financeiro, previstos nesta Lei, o sujeito passivo é o Estado. Eventualmente, algum investidor prejudicado pode agir, valendo-se, como já explicitado, da ação penal privada subsidiária da pública. Poderíamos imaginar, ainda, o interesse da Comissão de Valores Mobiliários ou do Banco Central do Brasil para promovê-la, já que têm legitimidade, inclusive, para figurar como assistentes de acusação. No mais, parece-nos natural que o próprio Ministério Público Federal tome as providências necessárias para coibir eventual retardo injustificado do Procurador da República responsável pela ação penal. Por outro lado, caso o Ministério Público entenda não haver elementos suficientes para a propositura, o caminho é a promoção do arquivamento, nos termos do art. 28 do CPP.

> **Art. 28.** Quando, no exercício de suas atribuições legais, o Banco Central do Brasil ou a Comissão de Valores Mobiliários – CVM, verificar a ocorrência de crime previsto nesta Lei, disso deverá informar[235] ao Ministério Público Federal, enviando-lhe os documentos necessários à comprovação do fato.[236]
>
> **Parágrafo único.** A conduta de que trata este artigo será observada pelo interventor, liquidante ou síndico que, no curso de intervenção, liquidação extrajudicial ou falência, verificar a ocorrência de crime de que trata esta Lei.[237]

**235. Imposição do dever de comunicação de crime:** agentes do Banco Central do Brasil ou da Comissão de Valores Mobiliários – órgãos que detém legitimidade para ingressar

# Art. 29

como assistentes de acusação, conforme art. 26, parágrafo único, desta Lei – *devem* comunicar ao Ministério Público Federal a ocorrência de crime contra o sistema financeiro, quando dele tomarem conhecimento. Pensamos, inclusive, que tais órgãos podem, igualmente, oficiar à Polícia Federal ou comunicar ao juiz federal, desde que alguma atitude seja tomada. Se não o fizer, o agente pode ser responsabilizado funcionalmente.

**236. Dispensabilidade do inquérito:** seguindo o parâmetro estabelecido pelo Código de Processo Penal, qualquer ação penal somente pode ser proposta e recebida pelo juiz se estiver corretamente instruída com provas pré-constituídas, ou seja, é indispensável haver *justa causa* para a relação processual criminal instalar-se regularmente. Normalmente, o inquérito policial cumpre a função de colher tais provas, servindo de base ao oferecimento da denúncia. Porém, se o Ministério Público obtiver provas regularmente formadas por outros meios, é dispensável o inquérito (ver os arts. 12 e 46, § 1.º, CPP). No caso presente, uma investigação promovida por órgão legalmente encarregado de fiscalizar as atividades da instituição financeira (Banco Central ou CVM) pode redundar na colheita de provas suficientes para evidenciar o cometimento de crime por algum diretor ou gerente. Enviando as peças do Ministério Público, não há necessidade de se repetir a produção da prova em inquérito policial.

**237. Extensão do dever de agir:** é natural que o interventor, o liquidante e o administrador judicial (antigo síndico) tenham igual dever, pois estão lidando, diretamente, com a instituição financeira, conhecendo, pois, sua situação e as eventuais irregularidades passíveis de tipificação penal.

> **Art. 29.** O órgão do Ministério Público Federal, sempre que julgar necessário, poderá requisitar, a qualquer autoridade, informação, documento ou diligência relativa à prova dos crimes previstos nesta lei.[238]
>
> **Parágrafo único.** O sigilo dos serviços e operações financeiras não pode ser invocado como óbice ao atendimento da requisição prevista no *caput* deste artigo.[239]

**238. Poderes investigatórios:** considerando a data de edição da lei (1986), o art. 29, *caput*, conferiu ao representante do Ministério Público poder de requisição a qualquer autoridade, demandando informes ou documentos necessários à produção de prova dos delitos contra o sistema financeiro nacional. Atualmente, após o advento da Constituição Federal de 1988 e da Lei Orgânica Nacional do Ministério Público (Lei 8.625/93), em especial em face do disposto no art. 129, VI, da CF, seria desnecessário o disposto neste artigo, pois é prerrogativa funcional da instituição requisitar dados para formar o seu convencimento acerca da ocorrência de um crime e de quem seja o autor.

**239. Requisição do MP e sigilo das operações financeiras:** parece-nos que o artigo precisa ser interpretado à luz do atual posicionamento predominante da jurisprudência. A operação financeira é de caráter sigiloso, mas essa situação não detém o Ministério Público de investigar as atividades das instituições financeiras ou de seus controladores e administradores. Porém, deve-se respeitar o direito à intimidade, garantindo-se o sigilo fiscal e bancário de pessoas físicas (diretores, gerentes e outros), em face do disposto no art. 5.º, X, da CF. Logo, para quebrá-los, necessita o Procurador da República da ordem judicial, a ser buscada no juízo federal competente.

> **Art. 30.** Sem prejuízo do disposto no art. 312 do Código de Processo Penal, aprovado pelo Dec.-lei 3.689, de 3 de outubro de 1941, a prisão preventiva do acusado da prática de crime previsto nesta Lei poderá ser decretada em razão da magnitude da lesão causada *(vetado)*.[240]

**240. Constitucionalidade duvidosa:** a previsão feita neste dispositivo é de constitucionalidade duvidosa. Se a intenção era reforçar o conteúdo do artigo 312 do CPP, demonstrando que, em alguns casos, pode haver necessidade de se decretar a prisão de administradores e outros agentes criminosos, em face do cometimento de crimes contra o sistema financeiro, porque estão presentes a materialidade, indícios suficientes de autoria e qualquer outro dos requisitos do referido artigo 312 (garantia da ordem pública ou da ordem econômica, aplicação da lei penal, conveniência da instrução), a medida de custódia cautelar é viável e não ofende o princípio da presunção de inocência. Por outro lado, a simples descoberta de magnitude da lesão (ex.: evasão de divisas de elevado montante) não pode ser causa eficiente e suficiente para a prisão preventiva. Afinal, a liberdade é a regra; a prisão, a exceção, como resultado do estado de inocência, constitucionalmente assegurado.

> **Art. 31.** Nos crimes previstos nesta lei e punidos com pena de reclusão, o réu não poderá prestar fiança, nem apelar antes de ser recolhido à prisão, ainda que primário e de bons antecedentes, se estiver configurada situação que autoriza a prisão preventiva.[241]

**241. Regras para prisão e liberdade:** esta é outra norma que, atualmente, não possui qualquer utilidade. Estabelece o art. 31 que todos os delitos apenados com reclusão, previstos na Lei 7.492/86, são inafiançáveis. Nesse prisma, o dispositivo é estéril, pois a impossibilidade de estabelecimento de fiança não impede o juiz de conceder liberdade provisória, *sem fiança*, nos termos do art. 310, § 1.º, do Código de Processo Penal. Por outro lado, a menção à impossibilidade de apelar em liberdade, ainda que primário e de bons antecedentes, se estiver configurada situação autorizadora da prisão preventiva é óbvia. Aliás, esse é o ideal: se os requisitos da prisão preventiva estiverem configurados, é natural que o juiz decrete a custódia cautelar, podendo fazê-lo ainda durante a instrução, mas também após a sentença condenatória. Assim agirá não somente nos casos de crimes contra o sistema financeiro, mas em todas as outras infrações penais graves que demandem idêntica providência.

> **Art. 32.** *(Vetado.)*
>
> § 1.º *(Vetado.)*
>
> § 2.º *(Vetado.)*
>
> § 3.º *(Vetado.)*
>
> **Art. 33.** Na fixação da pena de multa relativa aos crimes previstos nesta Lei, o limite a que se refere o § 1.º do art. 49 do Código Penal, aprovado pelo Dec.-lei 2.848, de 7 de dezembro de 1940, pode ser estendido até o décuplo, se verificada a situação nele cogitada.[242]

**242. Elevação da multa:** refere-se, em verdade, o art. 33 desta Lei, ao disposto no art. 60, § 1.º, do Código Penal ("a multa pode ser aumentada até triplo, se o juiz considerar que, em virtude da situação econômica do réu, é ineficaz, embora aplicada no máximo"), fazendo a ressalva de que o aumento pode se dar até o décuplo. Logo, o limite do art. 49, § 1.º, do CP, pode ser rompido (360 dias-multa, calculado cada dia em cinco salários mínimos) para até dez vezes mais.

> **Art. 34.** Esta Lei entra em vigor na data de sua publicação.
>
> **Art. 35.** Revogam-se as disposições em contrário.
>
> Brasília, em 16 de junho de 1986; 165.º da Independência e 98.º da República.
>
> José Sarney
>
> (*DOU* 18.06.1986)

# Tortura

## Lei 9.455, de 7 de abril de 1997

*Define os crimes de tortura e dá outras providências.*

O Presidente da República:

Faço saber que o Congresso Nacional decreta e eu sanciono a seguinte Lei:

**Art. 1.º** Constitui crime de tortura:[1-3]

I – constranger[4] alguém[5] com emprego de violência ou grave ameaça,[6] causando-lhe sofrimento[7] físico ou mental:[8-9]

*a)* com o fim de obter informação, declaração ou confissão[10] da vítima ou de terceira pessoa;[11-13]

*b)* para provocar ação ou omissão de natureza criminosa;[14]

*c)* em razão de discriminação racial ou religiosa;[15-16]

II – submeter[17-18] alguém, sob sua guarda, poder ou autoridade, com emprego de violência ou grave ameaça,[19] a intenso sofrimento físico ou mental,[20] como forma de aplicar castigo pessoal ou medida de caráter preventivo.[21-24]

Pena – reclusão, de 2 (dois) a 8 (oito) anos.

§ 1.º Na mesma pena incorre quem submete[25-26] pessoa presa ou sujeita a medida de segurança[27] a sofrimento[28] físico ou mental, por intermédio[29] da prática de ato não previsto em lei ou não resultante de medida legal.[30-32]

§ 2.º Aquele que se omite[33-34] em face dessas condutas, quando tinha o dever de evitá-las[35] ou apurá-las, [36-38] incorre na pena de detenção de 1 (um) a 4 (quatro) anos.[39]

§ 3.º Se resulta[40] lesão corporal de natureza grave ou gravíssima,[41] a pena é de reclusão de 4 (quatro) a 10 (dez) anos; se resulta morte, a reclusão é de 8 (oito) a 16 (dezesseis) anos.[42]

§ 4.º Aumenta-se a pena de 1/6 (um sexto) até 1/3 (um terço):[43]

I – se o crime é cometido por agente público;[44-45]

# Art. 1.º

> II – se o crime é cometido contra criança,[46] gestante,[47] portador de deficiência,[48] adolescente ou maior de 60 (sessenta) anos;[49]
>
> III – se o crime é cometido mediante sequestro.[50]
>
> § 5.º A condenação acarretará[51] a perda do cargo, função ou emprego público[52] e a interdição para seu exercício pelo dobro do prazo da pena aplicada.[53]
>
> § 6.º O crime de tortura é inafiançável[54] e insuscetível de graça ou anistia.[55-56-A]
>
> § 7.º O condenado por crime previsto nesta Lei, salvo a hipótese do § 2.º, iniciará o cumprimento da pena em regime fechado.[57-57-A]

**1. Tortura:** "designa qualquer ato pelo qual dores ou sofrimentos agudos, físicos ou mentais, são infligidos intencionalmente a uma pessoa a fim de obter, dela ou de uma terceira pessoa, informações ou confissões; de castigá-la por ato que ela ou uma terceira pessoa tenha cometido, ou seja, suspeita de ter cometido; de intimidar ou coagir esta pessoa ou outras pessoas; ou por qualquer motivo baseado em discriminação de qualquer natureza; quando tais dores ou sofrimentos são infligidos por um funcionário público ou outra pessoa no exercício de funções públicas, ou por sua instigação, ou com seu consentimento ou aquiescência. Não se considerará como tortura as dores ou sofrimentos que sejam consequência unicamente de sanções legítimas, ou que sejam inerentes a tais sanções ou dela decorram" (Convenção da Organização das Nações Unidas, de Nova York, art. 1.º, 1). Preferimos, no entanto, um conceito mais abrangente, entendendo por tortura qualquer método de submissão de uma pessoa a sofrimento atroz, físico ou mental, contínuo e ilícito, para a obtenção de qualquer coisa ou para servir de castigo por qualquer razão.

**2. Fundamento constitucional:** "a lei considerará crimes inafiançáveis e insuscetíveis de graça ou anistia a prática de tortura, o tráfico ilícito de entorpecentes e drogas afins, o terrorismo e os definidos como crimes hediondos, por eles respondendo os mandantes, os executores e os que, podendo evitá-los, se omitirem" (art. 5.º, XLIII). Incluímos, também, a proibição à concessão de indulto, conforme expressa previsão da Lei 8.072/90 (art. 2.º, I). Há, por certo, autores defendendo a tese de que a Lei mencionada não poderia ter previsto proibição para a concessão de indulto para a tortura e outros crimes, uma vez que a Constituição fala somente em graça. Logo, onde a Constituição não proibiu, não poderia a lei ordinária fazê-lo. Não concordamos com tal postura. Sabemos que indulto e graça são institutos da mesma natureza (é a clemência concedida a condenados pelo Presidente da República). Além disso, dentre as atribuições do Presidente (art. 84, XII, CF), figura apenas a possibilidade de concessão de indulto, porém a leitura que se faz, inclusive com aplicação prática, é "indulto coletivo" ou "indulto individual" (graça). Em suma, por uma questão de lógica, no art. 5.º, XLIII, onde se lê *graça*, leia-se também *indulto*.

**3. Competência:** a tortura é crime comum. Logo, a competência é da Justiça Estadual ou Federal, conforme o lugar em que for cometida, além dos outros fatores previstos no art. 109 da Constituição Federal. Assim, ilustrando, se o suspeito é torturado em uma delegacia de polícia civil, deve apurar o delito a Justiça Estadual. Se, por outro lado, é torturado em uma delegacia da polícia federal, cabe à Justiça Federal. Porém, jamais será considerado crime militar, pouco importando ser cometido por militar contra civil ou por militar contra militar. Não há tipificação do delito de tortura no Código Penal Militar, nem em tratado ou convenção a esse respeito.

**4. Análise do núcleo do tipo:** *constranger* significa forçar alguém a fazer alguma coisa ou tolher seus movimentos para que deixe de fazer algo. Na jurisprudência: STJ: "3. Na espécie, a peça acusatória narra que os recorrentes, associados a terceiros, concorreram, moral e materialmente, para a tortura com resultado morte, ocultação de cadáver, sendo executada a vítima com choques elétricos e afogamentos, para a obtenção de informações, tendo, com as suas presenças e condutas, garantido o êxito da empreitada criminosa. 4. O fato de os recorrentes não terem praticado a conduta descrita pelo verbo núcleo do tipo não tem o condão de tornar atípica sua parcela de contribuição para a ação comum, independentemente se na forma de coautoria ou de participação, sendo suficiente a existência de consciente cooperação na realização do plano global. Houve a descrição do liame subjetivo entre as condutas, indicando que os recorrentes foram responsáveis por vigiar o lado de fora do estabelecimento onde os fatos ocorreram, a fim de evitar qualquer obstáculo ou imprevisto a regular a realização do tipo de injusto" (RHC 112.309 – GO, 6.ª T., rel. Sebastião Reis Júnior, 25.06.2019, v.u.).

**5. Sujeitos ativo e passivo:** o sujeito ativo pode ser qualquer pessoa, o mesmo acontecendo com o passivo.

**6. Violência e grave ameaça:** por tradição, no sistema penal brasileiro, o termo *violência* é usado para representar agressão física, quando a grave ameaça significa uma agressão moral, uma intimidação. Em gênero, são duas formas de violência – a física e a moral.

**7. Sofrimento físico ou mental:** o padecimento de um ser humano pode dar-se em nível de dor corpórea (sofrimento físico) ou de aflição e angústia (sofrimento mental). A lei não inclui o sofrimento moral, decorrente de martírio relativo a valores variáveis de pessoa para pessoa, no que agiu bem, pois seria muito impalpável para o contexto da tortura.

**8. Objetos material e jurídico:** o objeto material é a pessoa que sofre a tortura; o objeto jurídico é complexo, envolvendo tanto a liberdade do ser humano como, também, a sua integridade física.

**9. Elemento subjetivo:** exige-se o dolo, não existindo a forma culposa. Há elemento subjetivo do tipo específico: "obter informação, declaração ou confissão da vítima ou de terceira pessoa"; "provocar ação ou omissão de natureza criminosa" e "por motivo de discriminação racial ou religiosa". Limitou-se, indevidamente, o alcance do tipo da tortura. Aquele que, por exemplo, torturar alguém por sadismo, não poderá ser inserido nesta figura criminosa, o que é incompreensível.

**10. Informação, declaração e confissão:** em termos normais, a informação configura um dado útil a respeito de algo ou alguém, normalmente, transmitido de maneira informal; a declaração constitui um depoimento ou um pronunciamento solene, como regra, reduzido por escrito; a confissão é a admissão de culpa, assumindo-se a prática de fato criminoso, feita de maneira voluntária, expressa e pessoalmente à autoridade competente, reduzida por escrito. Na realidade, toda vez que houver constrangimento para a obtenção de eventual informação, declaração ou confissão por parte de alguém, invade-se a seara das provas obtidas por meios ilícitos, logo, criminosas. Por isso, a informação, declaração ou confissão não terá efeito algum no processo ou inquérito para a qual foi produzida. Os documentos que as contêm devem ser desentranhados dos autos, não prestando para a valoração como prova. Na jurisprudência: STJ: "1. Diversamente do previsto no tipo do inciso II do art. 1º da Lei n. 9.455/1997, definido pela doutrina como tortura-pena ou tortura-castigo, a qual requer intenso sofrimento físico ou mental, a tortura-prova, do inciso I, alínea 'a', não traz o tormento como requisito do sofrimento causado à vítima. Basta que a conduta haja sido praticada com o fim de obter informação, declaração ou confissão da vítima ou de terceira pessoa e que haja causado sofrimento físico ou mental, independentemente de sua gravidade ou sua intensidade. 2. Na hipótese dos autos, as instâncias de origem reconheceram que a atuação dos policiais causou sofrimento físico e mental às vítimas e se deu com a finalidade de obter a confissão do local onde estavam os objetos furtados e a arma do crime. 3. Assim, por ser o delito de tortura especial em relação

# Art. 1.º

ao crime de lesão corporal, previsto no art. 129 do CP, a conduta praticada pelos recorridos amolda-se ao tipo previsto no art. 1º, I, 'a', da Lei n. 9.455/1997. 4. Recurso especial parcialmente conhecido e, nessa extensão, provido, para restabelecer a condenação pelo crime de tortura qualificada, nos moldes em que fixada pela sentença de primeiro grau" (REsp 1.580.470 – PA, 6.ª T., rel. Rogerio Schietti Cruz, j. 21.08.2018, v.u.).

**11. Vítima e terceira pessoa:** a vítima é a pessoa que sofre o constrangimento físico ou moral; a terceira pessoa é aquela que fornece a informação, declaração ou confissão, quando se depara com a tortura da vítima. Portanto, pode-se obter dados do próprio torturado ou de pessoa não agredida diretamente, porém à custa do sofrimento alheio. Ambos são sujeitos passivos do delito de tortura (ex.; tortura-se um irmão para que o outro confesse a prática de um crime).

**12. Dificuldade probatória:** é inequívoco que a colheita de provas, em casos de tortura, mormente quando esta se passa em pleno recinto controlado pelo Estado (como é o caso, por exemplo, de uma delegacia de polícia), é tarefa intrincada e complexa. As provas jamais serão abundantes, pois o que se faz, como regra, é realizado sob o mais absoluto sigilo, longe das vistas de testemunhas. Se há tortura, presentes estão apenas os próprios agentes do delito. Por isso, não havendo confissão – o que seria deveras raro – é preciso contrastar e confrontar provas, em especial, laudos e as explicações dos responsáveis pela prisão da pessoa submetida à tortura.

**13. Prova da materialidade:** nos termos do art. 158 do Código de Processo Penal, se a infração penal deixar vestígios materiais, deve-se realizar exame pericial (exame de corpo de delito). É o que se dá no caso de tortura física. Porém, se a tortura for psicológica, é natural que não deixe rastro, sendo dispensável a realização de perícia.

**14. Coação moral irresistível:** o agente torturador constrange alguém, através de violência ou grave ameaça, a praticar ação criminosa, constituindo nítida coação moral irresistível (art. 22, CP). Exemplo: sequestra-se a família do gerente de um banco, ameaçando-a de morte, caso o funcionário da empresa não retire do cofre todo o dinheiro lá existente. Responde o agente coator tanto pela tortura quanto pelo crime patrimonial contra o banco. O gerente, por sua vez, invocará a excludente de culpabilidade da coação moral irresistível (art. 22, CP).

**15. Discriminação racial ou religiosa:** dois são os grupos que podem ser alvo do delito de tortura: a) o conjunto de indivíduos de mesma origem étnica, linguística ou social pode formar uma raça; b) o agrupamento de pessoas que seguem a mesma religião. Houve lamentável restrição, deixando ao largo da proteção deste artigo outras formas de discriminação, como a ideológica, filosófica, política, de orientação sexual, entre outras.

**16. Classificação:** trata-se de crime comum (qualquer pessoa pode cometer); formal (o resultado visado não precisa ser, necessariamente atingido, isto é, obtenção das metas estipuladas nas alíneas *a*, *b* e *c*, do inciso I); de dano; de forma livre; instantâneo (a consumação é determinada no tempo), porém pode, eventualmente, assumir a forma permanente (a consumação se arrasta enquanto perdurar o constrangimento); comissivo ("constranger" implica ação) e, excepcionalmente na forma omissiva (ver o art. 1.º, § 2.º desta lei); unissubjetivo (pode ser cometido por uma só pessoa); plurissubsistente (normalmente, é cometido por vários atos); admite tentativa. Em outro sentido, na jurisprudência: STJ: "2.O tipo penal do art. 1.º, I, 'a', da Lei n. 9.455/1997 é classificado como crime próprio, pois exige condição especial do sujeito ativo, ou seja, é um delito que somente poderá ser praticado por pessoa que tenha a vítima sob sua guarda, poder ou autoridade, como é o caso de policial que extrair confissão do ofendido" (AgRg no HC 675.999 – PB, 5.ª T., rel. Ribeiro Dantas, 05.10.2021, v.u.). Não nos parece adequada essa conclusão à figura do art. 1º, inciso I, pois somente o inciso II se refere a guarda, poder ou autoridade. Quem pretende extrair informação, declaração ou confissão de alguém não precisa ser uma autoridade; nada impede que qualquer pessoa deseje torturar a vítima para essa finalidade. Pode-se até concordar que agentes estatais podem incidir nessa hipótese com maior frequência, embora o tipo penal não exija esse perfil. Note-se o conteúdo do seguinte julgado: STJ: "2. A condenação encontra-se devidamente fundamentada, pois as condutas descritas, referentes a despir, chicotear com uma corrente, dar socos e chutes, ameaçar mediante o uso arma de fogo e restrição da liberdade dos ofendidos, para obter uma confissão sobre o responsável pelo fornecimento de comandas falsas para o consumo no estabelecimento comercial dos sentenciados, se amoldam ao art. 1º, I, 'a' e § 3º, em relação à vítimas maiores de idade e ao ofendido que sofreu lesão grave e, bem como ao art. 1º, I, 'a' e § 4º, II, todos da Lei n. 9.455/97, em relação à vítimas menores de idade" (AgRg no AREsp 1.780.475 – PR, 6.ª T., rel. Olindo Menezes, 15.06.2021, v.u.).

**17. Análise do núcleo do tipo:** submeter significa dominar, sujeitar, dobrar a resistência. O objeto é a pessoa que está sob guarda (vigilância), poder (força típica da autoridade pública) ou autoridade (força advinda de relação de mando, inclusive da esfera cível, como o tutor em relação ao tutelado, o curador no tocante ao curatelado e mesmo os pais em relação aos filhos menores). Muitas situações de tortura configuram violência doméstica, pois cometidas dentro do lar pelo agressor contra a mulher e filhos ou filhas. Outra situação comum é a agressão de babás contra crianças colocadas sob seus cuidados. Na jurisprudência: STJ: "1. Havendo a desclassificação do crime de tortura-crime para o de tortura-castigo, por se tratar este último de crime próprio, é necessário que a exordial acusatória narre a prévia existência do vínculo de subordinação entre o sujeito ativo e a vítima (obrigação de cuidado, proteção ou vigilância), pois, do contrário, eventual condenação será considerada nula, tendo em vista não só a ofensa ao princípio da correlação, como também ao contraditório e à ampla defesa, na medida em que ao acusado só é possível formular sua defesa no limite da acusação penal constante da denúncia" (AgRg no HC 467.522 – RS, 6.ª T., rel. Nefi Cordeiro, 21.05.2019, v.u.); "A paciente, em tese, como forma de castigar a criança K.G.F.A., teria a amarrado pelas mãos, de forma que ficasse sempre em pé, privando-a de alimentação e banho por quatro dias. Outrossim, a paciente teria agredido a criança, com uma mangueira, por diversas vezes, gerando diversos hematomas, a indicar o risco concreto na manutenção da liberdade da acusada, mormente diante dos princípios constitucionais protetores da criança (artigo 227, *caput*, da Constituição Federal)" (HC 466.077 – MG, 5.ª T., rel. Reynaldo Soares da Fonseca, 12.02.2019, v.u.).

**18. Sujeitos ativo e passivo:** são qualificados, exigindo atributos específicos. Somente comete essa forma de tortura quem detiver outra pessoa sob sua guarda, poder ou autoridade.

**19. Violência ou grave ameaça:** ver a nota 6 *supra*.

**20. Intenso sofrimento físico ou mental:** esta é justamente a nota particular da tortura: a subjugação de alguém para que sofra intensamente, na esfera física ou mental. No caso presente, a dor e a aflição têm por base de sustentação a concretização de um castigo. Ver, ainda, a nota 7 *supra*.

**21. Castigo pessoal ou medida de caráter preventivo:** essa forma é a denominada "tortura-castigo", visando à aplicação de medida repressiva ou preventiva. É natural que o sofrimento deva ser ilícito, pois há formas de aflição legalizadas, como a prisão em regime fechado. Outro exemplo é o espancamento de crianças pequenas, realizado por pais, outros responsáveis por sua guarda e empregados, como babás, contratados para cuidar de crianças. Um dos exemplos mais comuns e chocantes é o castigo imposto contra bebês, chacoalhando-o para que pare de chorar ("shaking baby"). Há, ainda, os castigos imoderados, impostos por pessoas que têm a guarda legal ou fática de crianças.

# Art. 1.º

**22. Objetos material e jurídico:** o objeto material é a pessoa castigada; o objeto jurídico é complexo, envolvendo tanto a liberdade do ser humano, como, também, a sua integridade física.

**23. Elemento subjetivo:** é o dolo, possuindo elemento subjetivo do tipo específico, que é o de aplicar castigo pessoal ou medida de caráter preventivo. Note-se que não se trata de submeter alguém a uma situação de mero maltrato, mas, sim, ir além disso, atingindo uma forma de ferir com prazer ou outro sentimento igualmente reles para o contexto. Não existe a forma culposa.

**24. Classificação:** trata-se de crime próprio (somente sujeitos qualificados podem cometê-lo); material (deve-se atingir o resultado "intenso sofrimento físico ou mental" para sua consumação); de dano; de forma livre; instantâneo (a consumação é determinada no tempo), porém pode, eventualmente, assumir a forma permanente (a consumação se arrasta enquanto perdurar o período do sofrimento); comissivo ("submeter" implica ação) e, excepcionalmente na forma omissiva (ver o art. 1.º, § 2.º desta lei); unissubjetivo (pode ser cometido por uma só pessoa); plurissubsistente (normalmente, é cometido por vários atos); admite tentativa.

**25. Análise do núcleo do tipo:** embora previsto no § 1.º, cuida-se de outro tipo básico, logo, dependente do *caput* apenas no que se refere à pena. Submeter significa dominar, sujeitar, dobrar a resistência. O objeto desta conduta é a pessoa presa ou que esteja sujeita a medida de segurança (normalmente, por uma questão de coerência, internada em hospital de custódia e tratamento). Lembremos que, constitucionalmente, todo preso tem direito de ter respeitada a sua integridade física e moral (art. 5.º, XLIX, CF).

**26. Sujeitos ativo e passivo:** o sujeito ativo pode ser apenas o agente circunscrito à órbita da Administração Pública, pois somente o Estado pode, legalmente, prender alguém. Nada impede, entretanto, que o autor de uma agressão seja pessoa estranha aos quadros administrativos, por exemplo, a agressão de um preso contra outro. Mas, nessa hipótese, responderá por crime outro, de natureza comum. O sujeito passivo, no entanto, é qualificado, devendo ser preso ou sujeito à internação, fruto de ato legal. Porém, se a prisão for ilegal, advindo de ato de autoridade, pode-se cometer o delito de tortura em concurso material ou formal (dependendo do caso concreto) com abuso de autoridade. Se houver detenção ilegal, promovida por particular, passa-se a falar de outro delito, como sequestro ou cárcere privado, onde também pode haver grave sofrimento físico ou moral (art. 148, § 2.º, CP).

**27. Prisão e medida de segurança:** conforme já exposto em nota anterior, o tipo penal cuida de duas modalidades de privação da liberdade, promovidas pelo poder punitivo estatal: a pena privativa de liberdade e a internação em virtude de medida de segurança. Não se está cuidando, pois, de outras formas criminosas de privação da liberdade, como o sequestro.

**28. Sofrimento físico ou mental:** ver a nota 7 *supra*.

**29. Método de execução:** cuida-se de norma penal em branco, dependente de complementação, pois envolve *qualquer* ato não previsto *em lei* ou que tenha origem em *medida ilegal*. O primeiro (ato não previsto em lei) é a ação ou omissão necessariamente constrangedora, do contrário não há sofrimento, desautorizada pela lei penal, processual penal ou de execução penal, vale dizer, fora do contexto legal de lesão à liberdade individual. Ressaltemos que a prisão, por si só, é um constrangimento, porém, se executada na forma da lei, é válida e não pode ser considerada como elemento de tortura. Porém, inserir o preso em uma solitária ("cela-forte") configura justamente o ato *não previsto em lei* capaz de gerar sofrimento físico e mental, logo, tortura. O segundo (ato não resultante de medida legal) é ainda mais aberto, constituindo toda ação ou omissão configuradora de abuso, justamente porque desassociada de providência inspirada em lei. A aplicação de sanção disciplinar é ato previsto em lei, mas precisa decorrer de medida legal, isto é, nos moldes estabelecidos pela Lei de Execução Penal.

Logo, a sanção de isolamento na própria cela, por exemplo (art. 53, IV, Lei 7.210/84), somente pode dar-se por ato *motivado* do diretor do estabelecimento. Caso a ordem de isolamento não tenha sustentáculo em falta do preso, mas por capricho do funcionário, trata-se de ato não resultante de medida legal, logo, passível de configurar o delito de tortura. O mesmo se diga, em outra ilustração, do Regime Disciplinar Diferenciado (art. 52, Lei de Execução Penal). Cuida-se de uma espécie mais rigorosa de regime fechado, porém expressamente prevista em lei. Não obstante, se o diretor do presídio insere o detento no RDD, sem autorização e sem conhecimento judicial, pode praticar o crime de tortura.

**30. Objetos material e jurídico:** o objeto material é a pessoa presa ou internada; o objeto jurídico é complexo, envolvendo tanto a liberdade do ser humano como, também, a sua integridade física.

**31. Elemento subjetivo:** é o dolo, sem necessidade de elemento específico. Não há a forma culposa.

**32. Classificação:** trata-se de crime próprio (praticado por pessoa ligada à administração penitenciária), pois o tipo ainda menciona "ato não previsto em lei" e "não resultante de medida legal", mostrando o dever do autor, que não foi cumprido; material (deve-se atingir o resultado naturalístico "sofrimento físico ou mental" para sua consumação); de dano; de forma livre; instantâneo (a consumação é determinada no tempo), porém pode, eventualmente, assumir a forma permanente (a consumação se arrasta enquanto perdurar o período do sofrimento); comissivo ("submeter" implica ação) e, excepcionalmente na forma omissiva (ver o art. 1.º, § 2.º, desta Lei); unissubjetivo (pode ser cometido por uma só pessoa); plurissubsistente (normalmente, é cometido por vários atos); admite tentativa.

**33. Análise do núcleo do tipo:** *omitir-se* quer dizer deixar de fazer algo ou postergar providências diante das condutas anteriormente descritas, que implicam a prática de tortura. É a omissão penalmente relevante, vale dizer, a posição do garantidor, aquele que tem o dever de impedir o resultado. Na jurisprudência: STJ: "1. O delito de tortura descrito no § 2º do inciso II do art. 1º da Lei n. 9.455/1997, denominado de tortura imprópria, implica a existência de vínculo hierárquico entre o executor imediato da tortura e a autoridade que se tornou omissa na obrigação de impedir ou apurar o ato delituoso. A referida figura delitiva possui como elemento objetivo do tipo a omissão decorrente de vontade livre, consciente e dirigida, de inação do superior diante do delito praticado pelo subordinado, tanto que, caso não tivesse sido prevista pelo legislador, eventualmente responderia o agente por crime de prevaricação ou de condescendência criminosa, situação que não se coaduna com a hipótese apresentada. 2. No caso, o paciente, na qualidade de Guarda Municipal, nas mesmas condições de tempo e local dos demais acusados, teria se omitido em face das condutas praticadas pelos corréus – submissão da vítima que estava sob sua guarda e poder, com emprego de violência e grave ameaça, a intenso sofrimento físico e mental –, quando tinha o dever legal de evitá-las, de maneira que deve responder o paciente pelo delito de tortura propriamente dita, prevista no art. 1º, inciso II, da Lei n. 9.455/1997, consoante o disposto no art. 13, § 2º, do Código Penal. 3. Ordem denegada" (HC 467.015 – SP, 6.ª T., rel. Antonio Saldanha Palheiro, 30.05.2019, v.u.).

**34. Sujeitos ativo e passivo:** o sujeito ativo é qualificado, exigindo-se, expressamente, que tenha o dever *jurídico* de evitá-las e apurá-las. Como regra, é o agente público. Embora não esteja claro no tipo, somente se pode considerar configurado o delito omissivo caso o dever de agir advenha de lei (inclusive, pela lógica, podendo-se utilizar o disposto no art. 13, § 2.º, CP), não se podendo considerar um dever apenas moral, sob pena de ampliação indevida da figura criminosa. O sujeito passivo pode ser qualquer pessoa ou alguém qualificado, a depender do tipo em exame.

**35. Evitar e apurar:** *evitar* é impedir ou tolher a ocorrência; *apurar* é tomar conhecimento e constatar. Portanto, a autoridade diretamente responsável pelo presídio tem poder para evitar a inserção de alguém em solitária, enquanto o juiz corregedor do estabelecimento penal, cientificando-se do ocorrido, tem o dever de apurar o que houve.

**36. Objetos material e jurídico:** o objeto material é a pessoa que sofre a tortura; o objeto jurídico é complexo, constituído tanto da liberdade do ser humano como, também, da sua integridade física.

**37. Elemento subjetivo:** é o dolo, não se exigindo elemento específico. Não há a forma culposa.

**38. Classificação:** trata-se de crime próprio (exige sujeito qualificado); formal (não precisa atingir um resultado naturalístico para a sua consumação); de dano ou perigo, conforme o caso concreto; de forma livre; instantâneo (a consumação é determinada no tempo), porém pode, eventualmente, assumir a forma permanente (a consumação se arrasta enquanto perdurar o período da omissão diante do sofrimento da vítima); omissivo (implica não fazer o que era devido); unissubsistente (normalmente, é cometido por um único ato); não admite tentativa.

**39. Brandura da pena:** é incompreensível a condescendência do legislador justamente com a pessoa (normalmente, autoridade) que tem poder para fazer cessar a tortura e se omite, ou que pode apurar os responsáveis pelo ato repugnante e silencia. A pena de detenção mínima de um ano comporta não somente suspensão condicional do processo, como também vários outros benefícios (substituição por restritiva de direitos, *sursis* etc.).

**40. Formas qualificadas pelo resultado:** do fato-base (tortura) pode advir um resultado qualificador (lesão grave ou morte), que torna o delito particularmente merecedor de sanção mais elevada. Em nosso entendimento, o crime qualificado pelo resultado pode dar-se com dolo na conduta antecedente (tortura) e dolo ou culpa na consequente (lesão ou morte). O tipo penal, se desejasse construir uma figura preterdolosa, ou seja, com dolo na primeira etapa (tortura) e *somente* culpa na segunda (lesão ou morte) deveria ter sido explícito, como, aliás, foi feito no art. 129, § 3.º, do Código Penal. Em contrário, reconhecemos, encontra-se, ainda, a maioria da doutrina e da jurisprudência. Logo, se houver dolo, mesmo que eventual, no tocante à lesão ou à morte, transfigura-se o delito para outra figura típica, como, por exemplo, homicídio com emprego de tortura (art. 121, § 2.º, III, CP). Confira-se, por todos, Alberto Silva Franco, *Legislação penal interpretada*, p. 3106.

**41. Lesão grave ou gravíssima:** os termos não são utilizados, separadamente, no Código Penal, embora tenha sido admitida a distinção na doutrina e também na jurisprudência. Portanto, as figuras descritas no art. 129, § 1.º, do Código Penal, são denominadas de lesões graves. As formas descritas no art. 129, § 2.º, constituem as lesões gravíssimas.

**42. Não aplicação à figura omissiva:** este § 3.º não deve ser aplicado ao delito omissivo do § 2.º, tendo em vista, pelo menos, duas razões: a) o resultado lesão grave, gravíssima ou morte termina sendo consequência direta da violência, grave ameaça ou do sofrimento físico e mental imposto à vítima. Logo, a conduta omissiva não se encaixa nesse perfil; b) a pena aplicada à tortura propriamente dita é de reclusão, aumentada na hipótese de haver resultado qualificador (lesão grave ou morte), mas a pena do agente que se omite cinge-se à esfera da detenção, não sendo lógico, pois, transformá-la em reclusão somente pelo fato de ter havido resultado mais grave originário da tortura (realizada por outrem). Reclusão e detenção não são, para o ordenamento penal, penas de espécies diferentes (conferir no art. 69, *caput*, CP, última parte).

**43. Causas de aumento de pena:** são circunstâncias legais, jungidas ao tipo incriminador, que permitem a elevação da pena em patamares superiores ao máximo abstratamente previsto, se necessário. O julgador deve graduar o aumento (1/6 a 1/3) levando em conta o caso concreto e não fatores meramente aritméticos, ou seja, se estiverem presentes as três hipóteses deste parágrafo, a elevação seria de um terço; se somente uma estiver presente, a elevação seria de um sexto. Conforme a situação concreta, pode-se elevar em um terço a pena, ainda que exista somente uma das três hipóteses descritas. No mesmo prisma, Alberto Silva Franco, *Legislação complementar interpretada*, p. 3109.

**44. Agente público:** conforme o caso, pode constituir crime de abuso de autoridade. . Na jurisprudência: STJ: "1. Não é possível utilizar a condição de agente público para exasperar a pena-base, na primeira fase da dosimetria, e concomitantemente, para aplicar a causa de aumento de pena prevista no art. 1.º, § 4.º, inciso I, da Lei n.º 9.455/97, sob pena de *bis in idem*" (REsp 1.762.112 – MT, 6.ª T., rel. Laurita Vaz, 17.09.2019, v.u.).

**45. Aplicação à figura omissiva:** entendíamos que constituiria *bis in idem* (dupla punição pelo mesmo fato) aplicar essa causa de aumento ao crime previsto no art. 1.º, § 2.º, quando este delito próprio fosse cometido por agente público (cf. nosso: *O valor da confissão como meio de prova no processo penal*, p. 261). Melhor refletindo, observamos que o delito omissivo *supra*mencionado não estabelece como autor apenas o agente público. Ao contrário, prevê que há punição para aquele que se omite quando tinha o *dever* de evitar o resultado – ou apurar a ocorrência da tortura (neste caso, sim, o agente público). A fonte do dever jurídico de agir está no art. 13, § 2.º, do Código Penal, que, segundo o disposto no art. 12 do mesmo Código, é aplicável à legislação especial, salvo quando esta dispuser em sentido contrário, o que não constitui o caso presente. Logo, a posição de garante pode ser assumida tanto pelo agente público como por outra pessoa (ex.: o pai, que não impede, podendo fazê-lo, a tortura sofrida pelo filho numa dependência policial para extração da confissão). Por isso, quando o omitente for agente público deve sofrer pena mais severa, justamente pela posição que ocupa, em regra, atuando em defesa da sociedade. Ainda defendendo a impossibilidade de aplicação da causa de aumento em virtude do *bis in idem*, ver a lição de Alberto Silva Franco, *Legislação complementar interpretada*, p. 3108.

**46. Criança e adolescente:** entendemos que criança é a pessoa com até onze anos completos, seguindo os moldes do Estatuto da Criança e do Adolescente. A partir dos doze anos completos, torna-se adolescente. Porém, para os fins desta Lei, tal distinção é praticamente irrelevante, pois ambas as situações estão previstas como causa de aumento.

**47. Gestante:** é a mulher grávida em qualquer mês de gestação. Protege-se não somente a gestante, que teria menor capacidade de resistência, mas também o feto. O importante a destacar é que o dolo do agente envolva esta situação. Não é viável punir o autor do delito se ele não tinha condições de imaginar que a mulher, vítima da tortura, estava grávida. Igualmente: Alberto Silva Franco, *Legislação complementar interpretada*, p. 3108.

**48. Portador de deficiência:** é a pessoa incapacitada, total ou parcialmente, para os atos em geral, seja por deficiência física, seja em face de defeito mental.

**49. Maior de 60 anos:** o Estatuto da Pessoa Idosa (Lei 10.741/2003) corrigiu a imperfeição da antiga redação deste inciso, que não previa aumento de pena caso a vítima fosse pessoa idosa.

**50. Forma de execução:** é preciso considerar esta causa de aumento como método de execução da tortura, ou seja, priva-se a liberdade para submeter a vítima a sofrimento físico ou mental. Na mesma ótica: Alberto Silva Franco, *Legislação complementar interpretada*, p. 3109. Se o contrário se der, vale dizer, caso haja a privação da liberdade como meta (sequestro ou cárcere privado – art. 148, CP, ou extorsão mediante sequestro – art. 159, CP), temos outros

# Art. 1.º

delitos mais graves a apurar. Se fosse aplicada a pena da tortura com a causa de aumento deste inciso em concurso material com o crime de sequestro, por exemplo, haveria nítido *bis in idem*.

**51. Perda decorrente de lei:** a perda é automática, pois fundada diretamente em lei, logo, não precisa figurar expressamente na sentença condenatória. Basta a Administração, após o trânsito em julgado da decisão condenatória, executar o ato de exclusão do servidor. Na jurisprudência: STF: "1. A Justiça Comum é competente para declarar a perda do cargo de militar como efeito da condenação pela prática de crime comum. Precedentes. 2. Agravo regimental desprovido" (ARE 1.122.625 AgR, 2.ª T., rel. Edson Fachin, 31.05.2019, v.u.). STJ: "1. Nas hipóteses de condenação por crimes previstos no art. 1º da Lei n. 9.455/1997, como no caso, conforme dispõe o § 5º do art. 1º do citado diploma legal, a perda do cargo, função ou emprego público é efeito automático da condenação, sendo dispensável sua fundamentação concreta. Precedentes do STJ e do STF" (AgRg no AREsp 1.103.702 – SC, 6.ª T., rel. Rogerio Schietti Cruz, 02.06.2020, v.u.); "2. 'A perda do cargo, função ou emprego público é efeito automático da condenação pela prática do crime de tortura, não sendo necessária fundamentação concreta para a sua aplicação' (AgRg no Ag 1388953/SP, Rel. Ministra Maria Thereza de Assis Moura, Sexta Turma, julgado em 20/6/2013, *DJe* 28/6/2013, grifei)" (AgRg no AgRg no AREsp 1.079.767 – SE, 6.ª T., rel. Antonio Saldanha Palheiro, j. 17.10.2017, v.u.).

**52. Cargo, função, emprego público:** cargo é o posto criado por lei, com denominação e remuneração próprias, com número certo, vinculando o servidor à administração estatutariamente; função é a atribuição que o Estado impõe aos seus servidores para realizarem atividades nos Três Poderes, sem ocupar cargo ou emprego; emprego público é o posto criado por lei na estrutura hierárquica da administração pública, com denominação e padrão de vencimentos próprios, mas ocupado por servidor que possui vínculo contratual, regido pela CLT.

**53. Interdição do exercício de cargo, função ou emprego público:** deve-se entender que se trata de outro cargo, função ou emprego, uma vez que o anterior, perdido por força de lei, não mais será recuperado. Parece-nos que o agente, condenado por tortura, jamais deveria voltar a ocupar cargo, função ou emprego público, de modo que a interdição por prazo determinado é equivocada.

**54. Crime inafiançável:** cuida-se de dispositivo decorrente da proibição constitucional (art. 5.º, XLIII). Entretanto, falar-se em delito inafiançável, atualmente, é inútil, pois existe a possibilidade de se conceder a qualquer acusado a liberdade provisória, *sem fiança*, desde que não estejam presentes os requisitos para a decretação da prisão preventiva. Ora, ser um crime inafiançável não quer dizer nada, na prática, pois o indiciado ou réu pode ser solto pelo juiz sem o recolhimento de nenhuma quantia em dinheiro, vale dizer, sem pagamento de fiança. A Lei 9.455/97 abrandou a situação do torturador, pois proibiu somente a concessão de liberdade provisória com fiança. Omitiu o que vinha disposto na Lei 8.072/90 supracitada, com relação à tortura, que vedava também a liberdade provisória sem fiança. Passa esta a ser cabível, portanto.

**55. Insuscetibilidade de graça, indulto e anistia:** é outra decorrência do texto constitucional (art. 5.º, XLIII). Graça é o indulto individual (perdão concedido pelo Presidente da República, por decreto, a quem ele deseje – art. 84, XII, CF). Segundo nos parece, onde se lê *graça*, deve-se ler igualmente *indulto*, pois este nada mais é do que o perdão coletivo (igualmente concedido pelo Presidente da República, por decreto, a quem queira). Aliás, não fosse essa a melhor interpretação e o Presidente não poderia conceder graça, pois esta modalidade de perdão não está elencada dentre as suas atribuições (o art. 84 da CF menciona somente indulto e comutação). Mas, por certo, tanto pode o Chefe do Executivo conceder um (graça) como o outro (indulto) – e assim vem sendo feito desde a edição da Constituição de 1988. Logo, é vedada a concessão tanto de um (graça) quanto de outro (indulto) à tortura, por força do art. 5.º, XLIII, da CF. Em contrário, sustentando a viabilidade de aplicação do indulto: Alberto Silva Franco, *Legislação complementar interpretada*, p. 3110. Anistia é o esquecimento de fatos criminosos (perdão concedido pelo Congresso Nacional, por meio de lei). Não se aplica à tortura.

**56. Comutação:** é apenas o indulto parcial, perdoando-se uma parte da pena. De todo modo, é indulto e, conforme expusemos na nota anterior, dever ser abrangido pela proibição de sua concessão.

**56-A. Notificação prévia ao recebimento da denúncia:** desnecessidade. Conferir: STJ: "No caso, o paciente foi condenado pelos crimes descritos no art. 1.º, inciso I, alínea *a*, c/c o § 4.º da Lei 9.455/1997, e no art. 299 do Código Penal, situação que afasta a obrigatoriedade de oferecimento de resposta antes do recebimento da denúncia, nos termos do art. 514 do Código de Processo Penal. Precedentes" (HC 167.503 – MG, 5.ª T., rel. Marco Aurélio Bellizze, 21.05.2013).

**57. Início da pena no regime fechado, por força de lei, e progressão:** a previsão feita neste parágrafo não mais se aplica, pois o Supremo Tribunal Federal declarou a inconstitucionalidade do art. 2.º, § 1.º, da Lei dos Crimes Hediondos, que impunha o regime inicial fechado como obrigatório. Com base no princípio constitucional da individualização da pena, o Pretório Excelso afirmou caber ao juiz, na concretização da pena, a escolha do regime, com base nos elementos constantes do art. 59 do Código Penal. Essa decisão afeta, por uma questão de lógica, igualmente, este parágrafo. Admite-se a progressão de regime, como se dá no cenário de qualquer delito. Atualmente, a partir da decisão tomada pelo Plenário do STF, em 23 de fevereiro de 2006, considerando inconstitucional a vedação à progressão para os crimes hediondos e equiparados (HC 82.959 – SP, rel. Marco Aurélio, m.v.), passa-se a uma uniformidade maior na execução penal dos delitos, sejam eles hediondos ou meramente equiparados. A modificação da Lei dos Crimes Hediondos pela Lei 11.464/2007 colocou fim à discussão, adotando a possibilidade de progressão para qualquer crime, embora com prazos diferenciados, a depender da sua natureza. Consultar, ainda, as notas 18 e 21-A ao art. 33 do nosso *Código Penal comentado*.

**57-A. Possibilidade de início da pena em regime fechado:** em que pese inexistir a obrigatoriedade de ser o regime fechado o inicial para o cumprimento da pena, isso não significa a impossibilidade de essa decisão ser proferida. É imprescindível lembrar que o regime inicial deve ser escolhido pelo magistrado, na decisão condenatória, conforme os elementos previstos pelo art. 59 do Código Penal (art. 33, § 3º, do CP). Portanto, cuidando-se o crime de tortura de uma infração penal grave, equiparada a hediondo, a depender da situação concreta, é viável o estabelecimento do regime inicial fechado. Na jurisprudência: STF: "4. Requerimento para fixação do regime semiaberto para cumprimento da reprimenda. Impossibilidade. Regime mais gravoso lastreado nas circunstâncias em que o delito foi praticado. 'O réu é servidor estadual, tendo abusado do poder a ele confiado para torturar os detentos, quando deveria estar zelando pela ordem e pelo cumprimento da lei'. O acórdão impugnado atende aos princípios da proporcionalidade e da individualização da pena" (HC 203.485 AgR, 2.ª T., rel. Gilmar Mendes, 15.09.2021, v.u).

> **Art. 2.º** O disposto nesta Lei aplica-se ainda quando o crime não tenha sido cometido em território nacional, sendo a vítima brasileira ou encontrando-se o agente em local sob jurisdição brasileira.[58]

**58. Extraterritorialidade incondicionada:** o Brasil manifesta interesse punitivo ainda que o crime de tortura seja cometido fora do território nacional, constituindo uma exceção ao princípio-regra da territorialidade (art. 5.º, CP). Porém, tal interesse se volta à tortura cometida contra vítima brasileira ou quando o torturador se ache em local sujeito à jurisdição brasileira (território nacional ou de sede diplomática brasileira). Não há condições fixadas para que a ação penal tenha início, o que consideramos ser inútil e até mesmo inconstitucional (sobre o tema, consultar a nota 69 ao art. 7.º, e 92 ao art. 8.º, do nosso *Código Penal comentado*).

> **Art. 3.º** Esta Lei entra em vigor na data de sua publicação.
>
> **Art. 4.º** Revoga-se o art. 233 da Lei 8.069, de 13 de julho de 1990 – Estatuto da Criança e do Adolescente.
>
> Brasília, 7 de abril de 1997; 176.º da Independência e 109.º da República.
>
> Fernando Henrique Cardoso
>
> *(DOU 08.04.1997)*

# Tráfico de Pessoas

## Lei 13.344, de 6 de outubro de 2016

*Dispõe sobre prevenção e repressão ao tráfico interno e internacional de pessoas e sobre medidas de atenção às vítimas; altera a Lei 6.815, de 19 de agosto de 1980, o Decreto-lei 3.689, de 3 de outubro de 1941 (Código de Processo Penal), e o Decreto-lei 2.848, de 7 de dezembro de 1940 (Código Penal); e revoga dispositivos do Decreto-lei 2.848, de 7 de dezembro de 1940 (Código Penal).*

O Presidente da República:

Faço saber que o Congresso Nacional decreta e eu sanciono a seguinte Lei:

> **Art. 1.º** Esta Lei dispõe sobre o tráfico de pessoas[1] cometido no território nacional contra vítima brasileira ou estrangeira[2] e no exterior contra vítima brasileira.[3]
>
> **Parágrafo único.** O enfrentamento ao tráfico de pessoas compreende a prevenção e a repressão desse delito, bem como a atenção às suas vítimas.[4]

**1. Tráfico de pessoas:** o significado vulgar do termo *tráfico* é comércio, negócio, num sentido, bem como movimentar-se, deslocar-se, noutro prisma. No entanto, tem-se reservado o seu uso para o comércio ou deslocamento ilícito de coisas e pessoas. Há previsão legal para a punição do tráfico de animais silvestres; tráfico de drogas; tráfico de mulheres e, agora, de modo mais amplo (e correto) o tráfico de pessoas. Se, no passado, visualizava-se somente o tráfico de mulheres, para fins sexuais ou escravidão, passaram-se a registrar inúmeros casos envolvendo, também, pessoas do sexo masculino, seja para finalidade sexual, seja para escravidão e vários outros motivos, hoje enumerados no art. 149-A do Código Penal (I – remover-lhe órgãos, tecidos ou partes do corpo; II – submetê-la a trabalho em condições análogas à de escravo; III – submetê-la a qualquer tipo de servidão; IV – adoção ilegal; ou V – exploração sexual). Houve alteração anterior, introduzida no Código Penal, prevendo o tráfico de pessoas, mas apenas para finalidade de exercício da prostituição ou outra forma de exploração

# Art. 2.º

sexual (arts. 231 e 231-A, hoje revogados por esta Lei). Realmente, a previsão era restrita e equivocada, pois a exploração sexual é somente parte do universo do tráfico de pessoas; sob um segundo prisma, a prostituição nem sempre caracteriza exploração, visto ser atividade de pessoa adulta, que a desenvolve livremente, havendo, inclusive, países que a legalizaram (ex.: Alemanha, Austrália, Holanda etc.). Em suma, o âmbito de tutela da presente Lei 13.344/2016 é muito mais extenso e, como já destacamos, correto.

**2. Territorialidade:** o princípio da territorialidade baseia-se no conceito de soberania, assegurando que se aplique a lei penal brasileira a todos os crimes cometidos em território nacional, portanto contra brasileiros ou estrangeiros (art. 5.º, CP: "Aplica-se a lei brasileira, sem prejuízo de convenções, tratados e regras de direito internacional, ao crime cometido no território nacional". O território brasileiro abrange o solo, onde vive a nação, o espaço aéreo acima do solo até a camada divisória da atmosfera, o mar territorial de 12 milhas, rios, lagos e mares interiores e parte destes quando estiverem em região fronteiriça. Por outro lado, as exceções previstas em convenções ligam-se às imunidades diplomáticas e consulares, pois os representantes de nações estrangeira possuem *imunidade à jurisdição brasileira*. No mais, os §§ 1.º e 2.º do Código Penal estendem a aplicabilidade da lei penal brasileira a aeronaves e embarcações: a) quando de natureza pública ou a serviço do governo brasileiro, onde quer que se encontrem; b) quando de bandeira brasileira de propriedade privada estiverem navegando em alto-mar ou em sobrevoo por este espaço; c) quando de bandeira estrangeira de propriedade privada estiverem em território nacional.

**3. Extraterritorialidade:** significa o interesse brasileiro em aplicar a lei penal nacional a crimes praticados por estrangeiro contra brasileiro, no exterior, desde que nesse local não haja punição (art. 7.º, § 3.º, CP). Além disso, o Brasil obriga-se a punir o autor de crime ocorrido no exterior, quando estiver vinculado a tratado ou convenção (art. 7.º, II, *a*, CP), referindo-se ao tráfico internacional de pessoas (Decreto n.º 5.017/2004), respeitadas as condições estabelecidas pelo art. 7.º, § 2.º, do mesmo Código Penal.

**4. Convenção das Nações Unidas contra o crime organizado transnacional relativo à prevenção, repressão e punição do tráfico de pessoas, em especial mulheres e crianças:** firmada pelo Brasil, inclusive no tocante ao aditamento de 2003 (aprovado pelo Decreto 5.017/2004), estipula os seguintes objetivos, no art. 2.º: "a) prevenir e combater o tráfico de pessoas, prestando uma atenção especial às mulheres e às crianças; b) proteger e ajudar as vítimas desse tráfico, respeitando plenamente os seus direitos humanos; e c) promover a cooperação entre os Estados-Partes de forma a atingir esses objetivos". Segue-se, nesta Lei, o propósito preventivo e repressivo em relação aos delitos, mas, também, apoio à vítima, sempre fragilizada nesta espécie de infração penal.

## Capítulo I
### DOS PRINCÍPIOS E DAS DIRETRIZES

**Art. 2.º** O enfrentamento ao tráfico de pessoas atenderá aos seguintes princípios:

I – respeito à dignidade da pessoa humana;[5]

II – promoção e garantia da cidadania e dos direitos humanos;[6]

III – universalidade, indivisibilidade e interdependência;

IV – não discriminação por motivo de gênero, orientação sexual, origem étnica ou social, procedência, nacionalidade, atuação profissional, raça, religião, faixa etária, situação migratória ou outro *status*;[7]

V – transversalidade das dimensões de gênero, orientação sexual, origem étnica ou social, procedência, raça e faixa etária nas políticas públicas;[8]

> VI – atenção integral às vítimas diretas e indiretas, independentemente de nacionalidade e de colaboração em investigações ou processos judiciais;[9]
>
> VII – proteção integral da criança e do adolescente.[10]

**5. Dignidade da pessoa humana:** princípio regente de vários outros, sobre o qual se constrói a base do Estado Democrático de Direito (art. 1.º, III, CF), significa a garantia de que cada indivíduo terá condições materiais mínimas para a sua sobrevivência honesta e honrada, além de lhe ser assegurada a respeitabilidade, no tocante à sua autoestima. É importante registrar que o combate ao tráfico de pessoas não significa uma luta permeada de recursos ilimitados, agressivos e invasores por parte do Estado, pois em várias situações, diversamente de tráfico de pessoas, encontram-se hipóteses de imigração (legal ou ilegal), prostituição individual, trabalho ilegal no estrangeiro, entre outras categorias. Desenvolvemos os temas desta nota, em detalhes, em nossas obras *Princípios constitucionais penais e processuais penais* e *Prostituição, lenocínio e tráfico de pessoas*.

**6. Direitos humanos:** hoje ligados estreitamente ao princípio da dignidade da pessoa humana, são os essenciais a conferir ao ser humano a sua máxima individualidade entre todas as criaturas existentes no planeta, mas também assegurando-lhe, perante qualquer comunidade, tribo, reino ou cidade, condições mínimas de respeito à sua integridade físico-moral e de sobrevivência satisfatória. É o conceito que desenvolvemos em nosso livro *Direitos humanos versus segurança pública*. Tanto este inciso II quanto o III apontam para o respeito aos direitos humanos e à universalidade da tutela dos relevantes aspectos individuais da vítima do tráfico de pessoas. Entretanto, jamais se deve olvidar o respeito à ampla defesa, ao contraditório, às inviolabilidades de domicílio e comunicações privadas, a não ser por ordem judicial, no tocante ao suspeito da prática do crime.

**7. Antidiscriminação:** o mínimo que se pode esperar do Estado (nacional ou estrangeiro) para o combate ao tráfico de pessoas, dentro do respeito aos direitos e à dignidade humana, é fazê-lo de forma ampla, geral e irrestrita. A motivação do agente estatal, quando manchada pelo preconceito ou pela discriminação, torna inútil a proteção pretendida pelas Nações Unidas nesse terreno. Diante disso, não importa se homem ou mulher; se hétero ou homossexual; se pobre ou rico; se a origem é o continente africano, americano, europeu etc.; se nacional ou estrangeiro; se a atividade profissional é a própria prostituição individual; se imigrante em situação ilegal; se jovem ou de idade avançada, enfim, cuida-se de tutelar o *ser humano*.

**8. Transversalidade:** cuida-se de um novo método de aprendizagem, variando o conteúdo programático das escolas, apegando-se a conceitos de ética e cidadania, ampliando o alcance dos alunos, que transcendem a sala de aula e atingem vários aspectos da realidade. São novos instrumentos para a constituição do currículo escolar, calcados em valores interessantes ao cotidiano das pessoas. Portanto, ilustrando, não se deve instruir o aluno para conhecer simplesmente fatos históricos, sem que se possa transcender o ensino para o conhecimento transversal, fundado na realidade. Diante disso, ao tratar de temas polêmicos como orientação sexual, transexualidade, drogas, racismo, discriminação, religião etc., não mais se utiliza um único parâmetro para se posicionar (sim ou não), mas um *pode ser* ou um *talvez* ou ainda um *provável*, o que favorece a transversalidade do conhecimento e fomenta a igualdade, o respeito ao ser humano acima de tudo, a ética no cotidiano, enfim, um comportamento humano flexível, abstraindo-se do preconceito e acolhendo novas concepções.

**9. Auxílio incondicionado:** trata-se de ponto relevante desta Lei, pois desvincula a prestação de auxílio estatal à vítima do tráfico de pessoas e aos que forem indiretamente atingidos (ex.: o filho da mulher submetida a exploração sexual), sem *exigir* a contraprestação de *prestar declarações contra* o autor do delito.

# Art. 3.º

Leis Penais e Processuais Penais Comentadas – Vol. 2 · **Nucci**

**10. Proteção integral infantojuvenil:** a Convenção internacional sobre o tráfico de pessoas, considerado o Protocolo Adicional, para efeito da tutela nela prevista, conceitua *criança* como todo ser humano com menos de 18 anos (art. 3.º, *d*). Entretanto, esta Lei, conforme o Estatuto da Criança e do Adolescente, já difere a conceituação, inserindo ambas: criança (pessoa com até 11 anos completos) e adolescente (pessoa entre 12 e 17 anos completos).

---

**Art. 3.º** O enfrentamento ao tráfico de pessoas atenderá às seguintes diretrizes:[11]

I – fortalecimento do pacto federativo, por meio da atuação conjunta e articulada das esferas de governo no âmbito das respectivas competências;

II – articulação com organizações governamentais e não governamentais nacionais e estrangeiras;

III – incentivo à participação da sociedade em instâncias de controle social e das entidades de classe ou profissionais na discussão das políticas sobre tráfico de pessoas;

IV – estruturação da rede de enfrentamento ao tráfico de pessoas, envolvendo todas as esferas de governo e organizações da sociedade civil;

V – fortalecimento da atuação em áreas ou regiões de maior incidência do delito, como as de fronteira, portos, aeroportos, rodovias e estações rodoviárias e ferroviárias;

VI – estímulo à cooperação internacional;

VII – incentivo à realização de estudos e pesquisas e ao seu compartilhamento;

VIII – preservação do sigilo dos procedimentos administrativos e judiciais, nos termos da lei;

IX – gestão integrada para coordenação da política e dos planos nacionais de enfrentamento ao tráfico de pessoas.

---

**11. Enfrentamento ao tráfico de pessoas:** os incisos deste artigo fornecem importantes pontos não somente para o enfrentamento do crime de tráfico de pessoas, mas deveriam ser utilizados para o combate ao crime em geral no Brasil. Há muito se busca a integração entre os Estados da Federação, em particular na busca e troca de informações sobre atividades criminosas e seus autores; em várias situações, há organizações não governamentais envolvidas (como, no caso de proteção à criança e/ou adolescente) com as quais o Estado também precisa dialogar e trocar informes. Incentivar a sociedade a participar da discussão sobre as políticas de combate ao tráfico de pessoas é outro meio salutar para que todos cumpram o seu dever constitucional de auxiliar a segurança pública, merecendo extensão a outras infrações penais. Quanto ao sigilo, trata-se de recomendação expressa da Convenção internacional, no tocante à intimidade e vida privada das vítimas.

## Capítulo II
### DA PREVENÇÃO AO TRÁFICO DE PESSOAS

---

**Art. 4.º** A prevenção ao tráfico de pessoas dar-se-á por meio:[12]

I – da implementação de medidas intersetoriais e integradas nas áreas de saúde, educação, trabalho, segurança pública, justiça, turismo, assistência social, desenvolvimento rural, esportes, comunicação, cultura e direitos humanos;

# Art. 6.º

> II – de campanhas socioeducativas e de conscientização, considerando as diferentes realidades e linguagens;
>
> III – de incentivo à mobilização e à participação da sociedade civil; e
>
> IV – de incentivo a projetos de prevenção ao tráfico de pessoas.

**12. Medidas preventivas:** a sociedade que desenvolve mecanismos eficientes de prevenção ao crime obtém maior sucesso nesse campo do que outras, que somente reprimem a delinquência. Um dos fatores de fracasso brasileiro no combate à criminalidade concentra-se, justamente, na ausência de uma política criminal definida pelo Estado, por meio de seus Poderes Executivo, Legislativo e Judiciário. Cada agente político toma medidas isoladas, além de se legislar, na área penal, para *solucionar* emergências, criando leis incongruentes e contraditórias. Naturalmente, se as previsões constantes dos incisos I a IV do art. 4.º desta Lei não saírem do campo abstrato, inexistirá prevenção eficaz.

## Capítulo III
### DA REPRESSÃO AO TRÁFICO DE PESSOAS

> **Art. 5.º** A repressão ao tráfico de pessoas dar-se-á por meio:[13]
>
> I – da cooperação entre órgãos do sistema de justiça e segurança, nacionais e estrangeiros;
>
> II – da integração de políticas e ações de repressão aos crimes correlatos e da responsabilização dos seus autores;
>
> III – da formação de equipes conjuntas de investigação.

**13. Medidas repressivas:** além de se prever a figura típica incriminadora (art. 149-A, CP) e outras medidas processuais penais, insere-se, neste artigo, o trabalho *conjunto* entre os órgãos judiciários e de segurança pública, no âmbito nacional ou estrangeiro. É o mínimo que o Estado brasileiro deveria implementar em relação ao enfrentamento de todos os crimes, por exemplo, o tráfico de drogas. Há entraves de variadas ordens para que se forme a integração ideal. Um deles concerne à existência básica de três polícias: a militar, a civil e a municipal (sem mencionar a florestal e rodoviária), que não *se comunicam* com a frequência necessária para combater a delinquência, especialmente a organizada. Além disso, não se confere à segurança pública e seus órgãos a atenção devida, tanto na formação de seus agentes quanto na remuneração à altura das suas responsabilidades. Diante desse desolador quadro, a letra da lei restará morta ao se deparar com a realidade.

## Capítulo IV
### DA PROTEÇÃO E DA ASSISTÊNCIA ÀS VÍTIMAS

> **Art. 6.º** A proteção e o atendimento à vítima direta ou indireta do tráfico de pessoas compreendem: [14]
>
> I – assistência jurídica, social, de trabalho e emprego e de saúde;
>
> II – acolhimento e abrigo provisório;
>
> III – atenção às suas necessidades específicas, especialmente em relação a questões de gênero, orientação sexual, origem étnica ou social, procedência,

Art. 7.º

nacionalidade, raça, religião, faixa etária, situação migratória, atuação profissional, diversidade cultural, linguagem, laços sociais e familiares ou outro *status*;

IV – preservação da intimidade e da identidade;

V – prevenção à revitimização no atendimento e nos procedimentos investigatórios e judiciais;

VI – atendimento humanizado;

VII – informação sobre procedimentos administrativos e judiciais.

§ 1.º A atenção às vítimas dar-se-á com a interrupção da situação de
exploração ou violência, a sua reinserção social, a garantia de facilitação do
acesso à educação, à cultura, à formação profissional e ao trabalho e, no caso
de crianças e adolescentes, a busca de sua reinserção familiar e comunitária.

§ 2.º No exterior, a assistência imediata a vítimas brasileiras estará a cargo
da rede consular brasileira e será prestada independentemente de sua situação
migratória, ocupação ou outro *status*.

§ 3.º A assistência à saúde prevista no inciso I deste artigo deve compreender os aspectos de recuperação física e psicológica da vítima.

**14. Atenção à vítima:** segue-se o disposto pelo art. 6.º do Protocolo Adicional da Convenção
de combate ao tráfico de pessoas, matéria fundamental para restabelecer o equilíbrio das vítimas.
Prevê-se, no art. 201 do Código de Processo Penal, igualmente, uma série de medidas protetivas
e recuperadoras para a pessoa ofendida pela prática do crime em geral; porém, como é típico,
no Brasil, a lei não é cumprida nem mesmo pelo poder público. Espera-se que o disposto no
art. 6.º desta Lei seja seguido minimamente, a menos que configurem outras normas de ficção.

**Art. 7.º** A Lei 6.815, de 19 de agosto de 1980, passa a vigorar acrescida
dos seguintes artigos:[15-16]

"Art. 18-A. Conceder-se-á residência permanente às vítimas de tráfico de
pessoas no território nacional, independentemente de sua situação migratória
e de colaboração em procedimento administrativo, policial ou judicial.

§ 1.º O visto ou a residência permanentes poderão ser concedidos, a título
de reunião familiar:

I – a cônjuges, companheiros, ascendentes e descendentes; e

II – a outros membros do grupo familiar que comprovem dependência
econômica ou convivência habitual com a vítima.

§ 2.º Os beneficiários do visto ou da residência permanentes são isentos
do pagamento da multa prevista no inciso II do art. 125.

§ 3.º Os beneficiários do visto ou da residência permanentes de que trata
este artigo são isentos do pagamento das taxas e emolumentos previstos nos
arts. 20, 33 e 131."

"Art. 18-B. Ato do Ministro de Estado da Justiça e Cidadania estabelecerá
os procedimentos para concessão da residência permanente de que trata o
art. 18-A."

"Art. 42-A. O estrangeiro estará em situação regular no País enquanto
tramitar pedido de regularização migratória."

**15 e 16. Estatuto do Estrangeiro:** revogado pela Lei 13.445/2017.

## Capítulo V
## DISPOSIÇÕES PROCESSUAIS

**Art. 8.º** O juiz, de ofício, a requerimento do Ministério Público ou mediante representação do delegado de polícia, ouvido o Ministério Público, havendo indícios suficientes de infração penal, poderá decretar medidas assecuratórias relacionadas a bens, direitos ou valores pertencentes ao investigado ou acusado, ou existentes em nome de interpostas pessoas, que sejam instrumento, produto ou proveito do crime de tráfico de pessoas, procedendo-se na forma dos arts. 125 a 144-A do Decreto-lei 3.689, de 3 de outubro de 1941 (Código de Processo Penal).[17]

§ 1.º Proceder-se-á à alienação antecipada para preservação do valor dos bens sempre que estiverem sujeitos a qualquer grau de deterioração ou depreciação, ou quando houver dificuldade para sua manutenção.[18]

§ 2.º O juiz determinará a liberação total ou parcial dos bens, direitos e valores quando comprovada a licitude de sua origem, mantendo-se a constrição dos bens, direitos e valores necessários e suficientes à reparação dos danos e ao pagamento de prestações pecuniárias, multas e custas decorrentes da infração penal.[19]

§ 3.º Nenhum pedido de liberação será conhecido sem o comparecimento pessoal do acusado ou investigado, ou de interposta pessoa a que se refere o *caput*, podendo o juiz determinar a prática de atos necessários à conservação de bens, direitos ou valores, sem prejuízo do disposto no § 1.º.[20]

§ 4.º Ao proferir a sentença de mérito, o juiz decidirá sobre o perdimento do produto, bem ou valor apreendido, sequestrado ou declarado indisponível.[21]

**17. Apreensão e sequestro:** seguindo idêntica tendência constante da Lei 13.260/2016 (terrorismo), as medidas assecuratórias têm por finalidade retirar da alçada do autor do crime (indiciado ou acusado) todos os bens, direitos e valores por ele amealhados, incluindo os instrumentos usados para a prática do delito, o produto (vantagem direta obtida) ou o proveito (vantagem indireta auferida) da infração. A norma em comento refere-se a *investigado ou acusado*, mas nos parece essencial que ele tenha, pelo menos, sido indiciado – apontado formalmente pela autoridade policial como o autor da infração penal. A mera suspeita sobre alguém não permite medidas constritivas à sua liberdade ou à sua propriedade, em virtude do princípio da presunção de inocência. Exige-se, para tanto, a prova, mesmo por indícios, da origem ilícita dos bens em geral: *indícios suficientes de infração penal*, logo indícios suficientes da materialidade de crime de tráfico de pessoas. O Código de Processo Penal, igualmente, cuida dos instrumentos do crime no cenário da *apreensão* feita pela autoridade competente, reservando o *sequestro* para os produtos e proveitos de qualquer crime, demandando, em outras palavras, a prova de *indícios veementes da procedência ilícita dos bens* (art. 126). Deve-se aproveitar a norma do CPP para, juntando-se à descrita neste artigo 8.º, apontar para a materialidade do crime de tráfico de pessoas (mesmo formada por indícios nesta fase inicial da investigação ou do processo) associada à origem ilícita dos objetos apreendidos ou sequestrados (igualmente valendo os indícios).

**18. Alienação antecipada:** tem sido uma tendência de leis atuais, evitando-se a perda total ou parcial de bens sujeitos à deterioração, quando tenham sido judicialmente retirados de quem os detinha. A Lei 12.694/2012, cuidando do julgamento em primeiro grau de crimes praticados por organização criminosa, provocou a inserção do art. 144-A no Código de Pro-

# Art. 8.º

Leis Penais e Processuais Penais Comentadas – Vol. 2 · **NUCCI**

cesso Penal, seguindo a mesma linha desta Lei: "o juiz determinará a alienação antecipada para preservação do valor dos bens sempre que estiverem sujeitos a qualquer grau de deterioração ou depreciação, ou quando houver dificuldade para sua manutenção". Há três hipóteses para a alienação antecipada: a) deterioração (o bem pode dissipar-se ou arruinar-se); b) depreciação (perde-se muito de seu valor); ou c) dificuldade de manutenção (torna-se complexo para o Estado conservá-lo, sem produzir muitos gastos). Enfim, a medida parece drástica, mas, na essência, protege o interesse do próprio indiciado ou acusado.

**19. Embargos de terceiro e impugnação do indiciado ou réu:** há, basicamente, duas formas de enfrentar a apreensão ou sequestro. Conforme dispõe o art. 130 do Código de Processo Penal, há a impugnação ofertada pelo acusado, no inciso I (impropriamente chamada de embargos) e os embargos de terceiro de boa-fé, no inciso II. A primeira delas é uma nítida contestação ao ato judicial, devendo ser autuada à parte, como um incidente procedimental, instruída e julgada. Por óbvio, o seu julgamento pode restar sobrestado até a finalização do processo-crime principal, que cuida do delito de terrorismo. As provas podem ser as mesmas, motivo pelo qual se torna difícil ao juiz liberar bens, quando o feito se encontra em desenvolvimento. De qualquer modo, se houver absolvição, os bens devem ser liberados de pronto. Havendo condenação, o juiz deve explicitar quais bens seguem bloqueados e quais podem ser liberados. A segunda forma – embargos de terceiro de boa-fé – precisa ser conhecida e julgada pelo magistrado tão logo esteja instruída no apenso, em incidente procedimental. As provas são diferentes, pois cabe ao terceiro demonstrar ao juízo *nada ter a ver* com o acusado ou suas ações. Portanto, merece ter os seus bens restituídos de pronto. Sob outro prisma, o terceiro de má-fé, ajuizando embargos, sofrerá a mesma privação que o acusado, devendo aguardar o fim da instrução principal. Considera-se de má-fé o terceiro que obteve o bem diretamente do acusado, por transação fictícia, valor ínfimo ou doação. Além disso, cuidando-se de terceiro de boa-fé, não pode haver a retenção de nenhum valor, sob pretexto de servir a outras finalidades (reparação dos danos, pagamento de multa etc.). Quanto ao acusado, sendo absolvido, nada será retido. Somente quando o réu for condenado ou os embargos do terceiro de má-fé forem julgados improcedentes, faz-se a retenção de quantia para pagamento de prestação pecuniária (pena restritiva de direitos), multas (pena pecuniária) e custas do processo. No tocante à reparação de danos para a(s) vítima(s), é preciso haver pedido expresso, formulado no próprio processo-crime, uma vez que permitido pela atual legislação processual penal. O juiz não teria como mensurar e agir de ofício para indenizar uma ou mais vítimas, sem o interesse destas na reparação. Além disso, o acusado tem o direito de impugnar a soma e valer-se do contraditório e da ampla defesa também nessa questão.

**20. Comparecimento pessoal:** trata-se de uma maneira de conhecer o paradeiro do acusado, podendo haver processo-crime, com garantia de contraditório e ampla defesa. Alguns indiciados ou réus fogem e seu único interesse é o desbloqueio de bens; para tanto, envia procurador, pretendendo obter a liberação. Essa norma já foi introduzida na Lei de Lavagem de Dinheiro, no art. 4.º, § 3.º: "nenhum pedido de liberação será conhecido sem o comparecimento pessoal do acusado ou de interposta pessoa a que se refere o *caput* deste artigo, podendo o juiz determinar a prática de atos necessários à conservação de bens, direitos ou valores, sem prejuízo do disposto no § 1.º". Não deixa de ser medida peculiar, pois as pessoas acusadas da prática de um delito não são obrigadas a acompanhar a instrução do seu processo; possuem o *direito* de audiência, inclusive pelo fato de deterem o direito ao silêncio. Logo, esse dispositivo, criando uma condição de procedibilidade, é de questionável constitucionalidade.

**21. Efeitos da condenação:** dispõe o art. 91 do Código Penal: "são efeitos da condenação: I – tornar certa a obrigação de indenizar o dano causado pelo crime; II – a perda em favor da União, ressalvado o direito do lesado ou de terceiro de boa-fé: a) dos instrumentos do crime, desde que consistam em coisas cujo fabrico, alienação, uso, porte ou detenção constitua fato ilícito; b) do produto do crime ou de qualquer bem ou valor que constitua proveito auferido pelo agente com a prática do fato criminoso. § 1.º Poderá ser decretada a perda de bens ou valores equivalentes ao produto ou proveito do crime quando estes não forem encontrados ou quando se localizarem no exterior. § 2.º Na hipótese do § 1.º, as medidas assecuratórias previstas na legislação processual poderão abranger bens ou valores equivalentes do investigado ou acusado para posterior decretação de perda". É esperado do julgador que se pronuncie a respeito das medidas assecuratórias tomadas ao longo da investigação ou instrução. O produto do crime é o benefício resultante diretamente da atividade criminosa; o proveito do delito é o benefício resultado indiretamente do crime (exemplos: a) furtar a soma de R$ 1.000,00 (esse valor é o produto do crime); b) furtar a soma de R$ 1.000,00 e comprar um computador (o bem é o proveito do crime). Ambas as situações comportam o perdimento, pois a ninguém é dado *lucrar* com o cometimento de um delito. Este § 4.º apenas evidencia o que já é previsto no Código Penal, até de maneira mais ampla. A diferença entre bem *apreendido*, *sequestrado* ou *tornado indisponível* é a seguinte: os primeiros devem ser recolhidos diretamente pela autoridade policial, cuidando-se de produto ou proveito do crime; os segundos advêm de decisão judicial, quando já estão em poder de terceiros ou quando encontram-se sob posse do investigado ou réu, mas há dúvida em relação à sua origem; os terceiros são os frutos de especialização de hipoteca legal (imóveis) ou arresto (móveis), quando têm origem lícita, mas precisam ser indisponibilizados para futura indenização da vítima ou pagamento de multa e custas.

> **Art. 9.º** Aplica-se subsidiariamente, no que couber, o disposto na Lei 12.850, de 2 de agosto de 2013.[22]

**22. Organização criminosa:** cuida-se da lei disciplinadora do crime organizado, prevendo, como meios de prova, no art. 3.º, os seguintes: "I – colaboração premiada; II – captação ambiental de sinais eletromagnéticos, ópticos ou acústicos; III – ação controlada; IV – acesso a registros de ligações telefônicas e telemáticas, a dados cadastrais constantes de bancos de dados públicos ou privados e a informações eleitorais ou comerciais; V – interceptação de comunicações telefônicas e telemáticas, nos termos da legislação específica; VI – afastamento dos sigilos financeiro, bancário e fiscal, nos termos da legislação específica; VII – infiltração, por policiais, em atividade de investigação, na forma do art. 11; VIII – cooperação entre instituições e órgãos federais, distritais, estaduais e municipais na busca de provas e informações de interesse da investigação ou da instrução criminal". Há conjugação entre o tráfico de pessoas e a organização criminosa, pois vários grupos organizados dedicam-se exatamente àquela espécie de delito. Portanto, um dos instrumentos para apurar e punir os autores do tráfico é a colaboração premiada.

> **Art. 10.** O Poder Público é autorizado a criar sistema de informações visando à coleta e à gestão de dados que orientem o enfrentamento ao tráfico de pessoas.[23]

**23. Sistema de informações:** trata-se de matéria de segurança pública universal, logo, nem precisava constar de lei. Um país, sem informes sobre a criminalidade e seus autores, sucumbe ao enfrentamento de maneira aviltante. Portanto, como previsto em outros textos normativos, é preciso implementar o referido sistema em vez de continuar repetindo lei após lei a mesma coisa.

# Art. 11

> **Art. 11.** O Decreto-lei 3.689, de 3 de outubro de 1941 (Código de Processo Penal), passa a vigorar acrescido dos seguintes arts. 13-A e 13-B:
>
> "Art. 13-A. Nos crimes previstos nos arts. 148, 149 e 149-A, no § 3.º do art. 158 e no art. 159 do Decreto-lei 2.848, de 7 de dezembro de 1940 (Código Penal),[24] e no art. 239 da Lei 8.069, de 13 de julho de 1990 (Estatuto da Criança e do Adolescente),[25] o membro do Ministério Público ou o delegado de polícia poderá requisitar, de quaisquer órgãos do poder público ou de empresas da iniciativa privada, dados e informações cadastrais da vítima ou de suspeitos.[26]
>
> Parágrafo único. A requisição, que será atendida no prazo de 24 (vinte e quatro) horas, conterá:[27]
>
> I – o nome da autoridade requisitante;
>
> II – o número do inquérito policial; e
>
> III – a identificação da unidade de polícia judiciária responsável pela investigação."
>
> "Art. 13-B. Se necessário à prevenção e à repressão dos crimes relacionados ao tráfico de pessoas, o membro do Ministério Público ou o delegado de polícia poderão requisitar, mediante autorização judicial, às empresas prestadoras de serviço de telecomunicações e/ou telemática que disponibilizem imediatamente os meios técnicos adequados – como sinais, informações e outros – que permitam a localização da vítima ou dos suspeitos do delito em curso.[28]
>
> § 1.º Para os efeitos deste artigo, sinal significa posicionamento da estação de cobertura, setorização e intensidade de radiofrequência.[29]
>
> § 2.º Na hipótese de que trata o *caput*, o sinal:
>
> I – não permitirá acesso ao conteúdo da comunicação de qualquer natureza, que dependerá de autorização judicial, conforme disposto em lei;[30]
>
> II – deverá ser fornecido pela prestadora de telefonia móvel celular por período não superior a 30 (trinta) dias, renovável por uma única vez, por igual período;[31]
>
> III – para períodos superiores àquele de que trata o inciso II, será necessária a apresentação de ordem judicial.[32]
>
> § 3.º Na hipótese prevista neste artigo, o inquérito policial deverá ser instaurado no prazo máximo de 72 (setenta e duas) horas, contado do registro da respectiva ocorrência policial.[33]
>
> § 4.º Não havendo manifestação judicial no prazo de 12 (doze) horas, a autoridade competente requisitará às empresas prestadoras de serviço de telecomunicações e/ou telemática que disponibilizem imediatamente os meios técnicos adequados – como sinais, informações e outros – que permitam a localização da vítima ou dos suspeitos do delito em curso, com imediata comunicação ao juiz."[34]

**24. Delitos previstos no Código Penal:** são os seguintes: a) *sequestro e cárcere privado:* "art. 148. Privar alguém de sua liberdade, mediante sequestro ou cárcere privado. Pena – reclusão, de um a três anos. § 1.º A pena é de reclusão, de dois a cinco anos: I – se a vítima é ascendente, descendente, cônjuge ou companheiro do agente ou maior de 60 (sessenta) anos; II – se o crime é praticado mediante internação da vítima em casa de saúde ou hospital; III – se a privação da liberdade dura mais de quinze dias; IV – se o crime é praticado contra menor de 18 (dezoito) anos; V – se o crime é praticado com fins libidinosos. § 2.º Se resulta à vítima, em razão de maus-tratos ou da natureza da detenção, grave sofrimento físico ou moral: Pena

– reclusão, de dois a oito anos; b) *redução a condição análoga à de escravo*: "art. 149. Reduzir alguém a condição análoga à de escravo, quer submetendo-o a trabalhos forçados ou a jornada exaustiva, quer sujeitando-o a condições degradantes de trabalho, quer restringindo, por qualquer meio, sua locomoção em razão de dívida contraída com o empregador ou preposto: Pena – reclusão, de dois a oito anos, e multa, além da pena correspondente à violência. § 1.º Nas mesmas penas incorre quem: I – cerceia o uso de qualquer meio de transporte por parte do trabalhador, com o fim de retê-lo no local de trabalho; II – mantém vigilância ostensiva no local de trabalho ou se apodera de documentos ou objetos pessoais do trabalhador, com o fim de retê-lo no local de trabalho. § 2.º A pena é aumentada de metade, se o crime é cometido: I – contra criança ou adolescente; II – por motivo de preconceito de raça, cor, etnia, religião ou origem"; c) *tráfico de pessoas*: "art. 149-A. Agenciar, aliciar, recrutar, transportar, transferir, comprar, alojar ou acolher pessoa, mediante grave ameaça, violência, coação, fraude ou abuso, com a finalidade de: I – remover-lhe órgãos, tecidos ou partes do corpo; II – submetê-la a trabalho em condições análogas à de escravo; III – submetê-la a qualquer tipo de servidão; IV – adoção ilegal; ou V – exploração sexual. Pena – reclusão, de 4 (quatro) a 8 (oito) anos, e multa. § 1.º A pena é aumentada de um terço até a metade se: I – o crime for cometido por funcionário público no exercício de suas funções ou a pretexto de exercê-las; II – o crime for cometido contra criança, adolescente ou pessoa idosa ou com deficiência; III – o agente se prevalecer de relações de parentesco, domésticas, de coabitação, de hospitalidade, de dependência econômica, de autoridade ou de superioridade hierárquica inerente ao exercício de emprego, cargo ou função; ou IV – a vítima do tráfico de pessoas for retirada do território nacional. § 2.º A pena é reduzida de um a dois terços se o agente for primário e não integrar organização criminosa"; d) *extorsão com sequestro relâmpago*: "art. 158 e seu § 3.º Constranger alguém, mediante violência ou grave ameaça, e com o intuito de obter para si ou para outrem indevida vantagem econômica, a fazer, tolerar que se faça ou deixar de fazer alguma coisa: (...) § 3.º Se o crime é cometido mediante a restrição da liberdade da vítima, e essa condição é necessária para a obtenção da vantagem econômica, a pena é de reclusão, de 6 (seis) a 12 (doze) anos, além da multa; se resulta lesão corporal grave ou morte, aplicam-se as penas previstas no art. 159, §§ 2.º e 3.º, respectivamente; e) *extorsão mediante sequestro*: art. 159. Sequestrar pessoa com o fim de obter, para si ou para outrem, qualquer vantagem, como condição ou preço do resgate: Pena – reclusão, de oito a quinze anos. § 1.º Se o sequestro dura mais de 24 (vinte e quatro) horas, se o sequestrado é menor de 18 (dezoito) ou maior de 60 (sessenta) anos, ou se o crime é cometido por bando ou quadrilha: Pena – reclusão, de doze a vinte anos. § 2.º Se do fato resulta lesão corporal de natureza grave: Pena – reclusão, de dezesseis a vinte e quatro anos. § 3.º – Se resulta a morte: Pena – reclusão, de vinte e quatro a trinta anos. § 4.º Se o crime é cometido em concurso, o concorrente que o denunciar à autoridade, facilitando a libertação do sequestrado, terá sua pena reduzida de um a dois terços".

**25. Delito previsto na Lei 8.069/90:** é o seguinte: "art. 239. Promover ou auxiliar a efetivação de ato destinado ao envio de criança ou adolescente para o exterior com inobservância das formalidades legais ou com o fito de obter lucro: Pena – reclusão de quatro a seis anos, e multa. Parágrafo único. Se há emprego de violência, grave ameaça ou fraude: Pena – reclusão, de 6 (seis) a 8 (oito) anos, além da pena correspondente à violência".

**26. Requisição de dados e informes cadastrais pelo delegado ou membro do MP:** norma similar foi introduzida, anteriormente, pela Lei 12.850/2013 (Lei da Organização Criminosa), consistente em procedimento célere para obter dados e informações de cadastro, vale dizer, nada que significa invasão de intimidade ou privacidade, pois de caráter público. O cadastro de uma empresa, contendo endereço da sua clientela, chega a ser negociado para transmissão a quem inicia um negócio e deseja enviar, por exemplo, convites ou alguma forma de propaganda a pessoas já cadastradas por outra empresa.

# Art. 11

**27. Prazo de 24 horas:** trata-se de um período muito extenso quando envolve o sequestro de uma pessoa. A requisição deveria ser atendida *imediatamente*, sob pena de desobediência.

**28. Requisição mediante autorização judicial:** eis um ponto peculiar da nova Lei, pois, se é o delegado ou membro do Ministério Público que requisita (exige o cumprimento por força de lei), tal medida independe de outra autoridade, no caso a judicial, autorizar. No entanto, cuidando-se de invasão da intimidade/privacidade, pois gera a localização da vítima ou dos suspeitos (hipóteses diversas de simples registro cadastral), depende-se de autorização judicial. Assim sendo, quem, na verdade, *requisita* o meio técnico adequado para a localização de vítima/suspeito é a autoridade judiciária. Todavia, o STF julgou constitucional o dispositivo, autorizando a requisição direta do MP ou delegado: "1. Reconhecida a constitucionalidade do diploma impugnado e não vislumbrando dúvida sobre a interpretação constitucionalmente adequada da norma, pedidos contidos na presente ação direta julgados improcedentes. 2. Tese: 'São passíveis de requisição sem controle judicial prévio, mas sempre sujeito ao controle judicial posterior, a localização de terminal ou IMEI de cidadão em tempo real por meio de ERB por um período determinado e desde que necessário para os fins de reprimir os crimes contra a liberdade pessoal descritos no art. 13-A do Código de Processo Penal; o extrato de ERB; os dados cadastrais dos terminais fixos não figurantes em lista telefônica divulgável e de terminais móveis; o extrato de chamadas telefônicas; o extrato de mensagens de texto (SMS ou MMS); e os sinais para localização de vítimas ou suspeitos, após o decurso do prazo de 12 horas constante do § 4º do art. 13-B do Código de Processo Penal'" (ADI 5.642, Tribunal Pleno, rel. Edson Fachin, 18.04.2024, v.u.).

**29. Sinal:** refere-se, como regra, ao celular e ao GPS.

**30. Conteúdo da comunicação:** outra insensatez do texto normativo, pois não permitir o conhecimento do conteúdo ("grampo") pode não servir à localização da vítima e à punição do autor do crime; por outro lado, se a requisição, como se viu na nota anterior, *deve* ser feita por juiz, não há nenhum sentido no previsto neste inciso (depender de autorização judicial). Em suma, feita a requisição *judicial*, deve envolver todos os fins necessários.

**31. Período de 30 dias:** a lei de interceptação telefônica menciona o prazo de quinze dias para a escuta, prorrogável por mais quinze. Atualmente, tem-se por jurisprudência dominante que esse prazo pode ser prorrogado várias vezes, caso a infração se perpetue no tempo. Logo, o disposto neste inciso já nasce com julgados contrários ao seu preciso texto. Sob outro prisma, quando houver requisição judicial (o que é preciso para os objetivos deste artigo), pouco importa o período superior a 60 dias. Diante disso, o inciso III é outra contradição.

**32. Período superior a 60 dias:** ver a nota anterior.

**33. 72 horas para instaurar inquérito:** a prática de crimes referentes à privação da liberdade da vítima não pode se sujeitar a prazos tão extensos. Algumas horas a mais podem representar o desaparecimento permanente da pessoa ofendida. Logo, não tem sentido algum o lapso de 72 horas para instaurar inquérito.

**34. Contradição normativa:** perpetua-se a ilogicidade do texto legal, pois, como já vimos, para a espécie de crime previsto neste artigo, com a violação da intimidade para a localização da vítima ou do suspeito, *tudo* deve ser feito com autorização judicial. Logo, parece-nos improcedente, pois inconstitucional, inserir na lei que, na ausência de manifestação judicial, outra autoridade tem acesso a dados sigilosos. Seria o mesmo que sustentar o pedido de prisão feito por membro do MP e, caso o juiz não decida em x horas, o próprio promotor pode decretar a custódia. Se o juiz não segue a celeridade exigida pelo caso, descumpre sua função pública e pode ser responsabilizado funcionalmente. Outro magistrado pode ser acionado para suprir a abstenção do colega, mas a ordem constitucional não será violada por conta disso. Contudo, o STF considerou constitucional o dispositivo (consultar a nota 28 *supra*).

> **Art. 12.** O inciso V do art. 83 do Decreto-lei 2.848, de 7 de dezembro de 1940 (Código Penal), passa a vigorar com a seguinte redação:
>
> "Art. 83. ..........................................................................
>
> ..........................................................
>
> V – cumpridos mais de dois terços da pena, nos casos de condenação por crime hediondo, prática de tortura, tráfico ilícito de entorpecentes e drogas afins, tráfico de pessoas e terrorismo, se o apenado não for reincidente específico em crimes dessa natureza.[35]
>
> ............................................................." (NR)

**35. Crime hediondo e equiparado:** inseriu-se o tráfico de pessoas no mesmo cenário dos delitos hediondos e similares, permitindo o livramento condicional somente quando o condenado atingir 2/3 do cumprimento da sua pena. Porém, não deixa de ser contraditório o fato de o tráfico de pessoas *não ser hediondo*, mas possuir o mesmo prazo para atingir o direito ao livramento condicional. Pode-se questionar essa equiparação do prazo *sem* atender o critério da classificação do delito como hediondo ou similar, vale dizer, atribuir 2/3 para obter o livramento condicional a um crime *nem hediondo nem equiparado* é desproporcional, logo, inconstitucional.

> **Art. 13.** O Decreto-lei 2.848, de 7 de dezembro de 1940 (Código Penal), passa a vigorar acrescido do seguinte art. 149-A:
>
> "Tráfico de Pessoas[36]
>
> Art. 149-A. Agenciar,[37-39] aliciar, recrutar, transportar, transferir, comprar, alojar ou acolher pessoa, mediante grave ameaça, violência, coação, fraude ou abuso, com a finalidade de:[40-41]
>
> I – remover-lhe órgãos, tecidos ou partes do corpo;[42]
>
> II – submetê-la a trabalho em condições análogas à de escravo;[43]
>
> III – submetê-la a qualquer tipo de servidão;[44]
>
> IV – adoção ilegal;[45] ou
>
> V – exploração sexual.[46]
>
> Pena – reclusão, de 4 (quatro) a 8 (oito) anos, e multa.[47]
>
> § 1.º A pena é aumentada de um terço até a metade se:[48]
>
> I – o crime for cometido por funcionário público no exercício de suas funções ou a pretexto de exercê-las;[49]
>
> II – o crime for cometido contra criança, adolescente ou pessoa idosa ou com deficiência;[50]
>
> III – o agente se prevalecer de relações de parentesco, domésticas, de coabitação, de hospitalidade, de dependência econômica, de autoridade ou de superioridade hierárquica inerente ao exercício de emprego, cargo ou função;[51] ou
>
> IV – a vítima do tráfico de pessoas for retirada do território nacional.[52]
>
> § 2.º A pena é reduzida de um a dois terços se o agente for primário e não integrar organização criminosa."[53-54]

# Art. 13

**36. Nova figura típica incriminadora:** trata-se de delito inédito em nossa legislação (da maneira como redigido), intitulado *tráfico de pessoas*, instituído por esta Lei, que também serviu para revogar os arts. 231 e 231-A. Estes dois cuidavam apenas do tráfico para fim de prostituição ou exploração sexual. Finalmente, uma lei mais racional e bem equilibrada do que outras antecedentes. Temos criticado em nossas obras, incluindo a monografia *Prostituição, lenocínio e tráfico de pessoas*, que o referido tráfico não se concentra apenas no campo sexual, abrangendo um contingente muito maior e mais amplo. Portanto, os arts. 231 e 231-A eram, de fato, vetustos. Precisavam mesmo de um reparo completo, o que foi feito diante da criação do art. 149-A, cuja pretensão punitiva é muito mais abrangente. O tráfico de pessoas dá-se em todas as hipóteses descritas nos cinco incisos do novel artigo, além do que também criticávamos o uso do termo *prostituição*, como meta do traficante e da vítima. Foi alterado para a forma correta: exploração sexual. Nem sempre a prostituição é uma modalidade de exploração, tendo em vista a liberdade sexual das pessoas, quando adultas e praticantes de atos sexuais consentidos. Ademais, a prostituição individualizada não é crime, no Brasil, de modo que muitas mulheres (e homens) seguem para o exterior justamente com esse propósito e não são vítimas de traficante algum. Em suma, a alteração é bem-vinda e, em nosso entendimento, quanto à parte penal, tecnicamente bem-feita.

**37. Análise do núcleo do tipo:** as condutas identificadas são alternativas (a prática de uma ou mais de uma gera somente um delito, quando no mesmo contexto fático): *agenciar* (tratar de algo como representante de outrem); *aliciar* (seduzir ou atrair alguém para alguma coisa); *recrutar* (atrair pessoas, formando um grupo, para determinada finalidade); *transportar* (levar alguém ou alguma coisa de um lugar para outro, valendo-se de um veículo qualquer); *transferir* (levar algo ou alguém de um lugar para outro); *comprar* (adquirir algo pagando um certo preço); *alojar* (dar abrigo a alguém); *acolher* (proporcionar hospedagem). O objeto dessas condutas é a pessoa humana, sem qualquer distinção de gênero, orientação sexual, origem étnica ou social, procedência, nacionalidades, atuação profissional, raça, religião, faixa etária, situação migratória ou outro *status*, abrangendo, inclusive, a transversalidade das dimensões de gênero (transexuais e travestis), conforme espelha o art. 2.º, IV e V, da própria Lei 13.344/2016. O objetivo do agente pode ser variado: uma das opções descritas nos incisos I a V (remoção de órgãos, tecidos ou partes do corpo; submissão a trabalho em condições similares à de escravo; submissão a qualquer espécie de servidão; adoção ilegal ou exploração sexual). Outro ponto importante, que também era objeto de nossas críticas ao antigo delito de tráfico de pessoas para fins sexuais (arts. 231 e 231-A, hoje revogados) concentrava-se justamente na ausência da descrição, no tipo penal, da *forma* pela qual o agente praticaria o crime. O legislador atende, agora, o objetivo principal, não permitindo um tipo aberto em demasia. A sua atividade precisa dar-se no cenário da grave ameaça (realização de mal intenso à vítima; violência moral), violência (agressão física), coação (forma de constrangimento, que se dá por violência material ou moral, incluindo nesta última a chantagem), fraude (forma de colocar outrem em erro, enganando-o, para obter qualquer vantagem) ou abuso (excesso, que precisa ser interpretado na esfera do direito; portanto, quem vai além do exercício de um direito, exagerando). Na jurisprudência: TRF-1: "1. O tipo penal previsto na redação original do art. 231 do Código Penal, que criminalizava o tráfico internacional de mulheres para o exercício da prostituição, foi submetido a sucessivas alterações legislativas (Leis n°s 11.106/2005, 12.015/2009 e, finalmente, a Lei n° 13.344/2016), as quais engendraram a ampliação dos destinatários da tutela jurídico-penal (passando da criminalização do tráfico internacional de mulheres para a tipificação do tráfico de pessoas, mulheres ou homens, nos âmbitos nacional e internacional), bem como do rol de bens jurídicos tutelados (uma vez que a criminalização não se circunscreve mais apenas em relação à exploração sexual, abrangendo bens jurídicos como a integridade física, a dignidade e a liberdade). 2. A revogação formal do tipo previsto no art. 231 do Código Penal pela Lei nº 13.344/2016 foi sucedida, de forma automática, porém parcial, pela criminalização das condutas atualmente previstas no art. 149-A do CP. 3. A pena prevista para o crime descrito no art. 149-A, *caput*, do CP é de 04 (quatro) a 8 (oito) anos de reclusão e multa, superior àquela alhures prevista no art. 231, *caput*, do Código Penal (reclusão de três a oito anos), devendo esta ser aplicada no caso concreto. 4. A materialidade delitiva e a respectiva autoria estão devidamente comprovadas por bilhetes de passagem aérea, declarações colhidas nas fases de inquérito e em juízo, pela Informação Policial nº 002/2005, pelos autos de reconhecimento e pela interceptação telefônica constante da Medida Cautelar de Quebra de Sigilo de Dados e/ou Telefônico em apenso. 5. Em casos deste jaez, que envolvem tráfico internacional de mulheres para exploração sexual, as declarações das vítimas gozam de destacada relevância, máxime quando convergentes com os demais elementos probatórios hauridos nos autos, como ocorre in casu. 6. O elemento subjetivo do tipo também ficou caracterizado. As provas dos autos são convergentes e suficientes para formar a convicção judicial no sentido de que as rés, de forma livre e consciente e mediante fraude, concorreram para promover a saída das vítimas para a Espanha, onde foram obrigadas a se prostituir. Incorreram, assim, ambas as rés na conduta descrita no art. 231, § 2º do Código Penal, com a redação originária. 7. A culpabilidade das rés se mostra elevada, em razão de, além de terem promovido o aliciamento, mediante fraude, e a saída do país das vítimas para prostituição na Espanha, terem imposto condições às vítimas para que regressassem ao Brasil, as quais foram proibidas de regressar até o pagamento de supostas dívidas e/ou que providenciassem o embarque de outras mulheres para substituí-las na prostituição. 8. Os motivos (lucro às custas da exploração sexual alheia) também são desfavoráveis às rés. 9. As consequências específicas do crime são graves, uma vez que se trata de delito formal, que prescinde do resultado naturalístico para sua consumação, a qual se operou com o simples aliciamento e transporte das vítimas para fins de exploração sexual no exterior. A efetiva submissão das vítimas à prostituição, como ocorreu no caso, configura um plus de gravidade das consequências do crime. 10. As circunstâncias também são desfavoráveis, uma vez que as recorridas se valeram da hipossuficiência econômica das vítimas para aliciá-las e considerando que estas foram mantidas em local de difícil acesso, inviabilizando qualquer possibilidade de fuga. 11. Recurso de apelação do Ministério Público Federal provido" (Apelação Criminal 2007.35.02.003776-0 – GO, 4.ª T., rel. Néviton Guedes, *DJ* 16.05.2018).

**38. Sujeitos ativo e passivo:** podem ser qualquer pessoa.

**39. Elemento subjetivo do tipo:** é o dolo. Não há a forma culposa. Exige-se o elemento subjetivo específico, consistente em atingir uma das quatro metas sugeridas pelos incisos I a V, que são alternativas, ou seja, o agente pode ter mais de uma finalidade, mas pelo menos uma delas. Sem o preenchimento da vontade específica, o crime pode transformar-se em outra figura, como o constrangimento ilegal (art. 146, CP), sequestro (art. 148, CP), extorsão (art. 158, CP) etc.

**40. Objetos material e jurídico:** o objeto material é a pessoa humana, submetida ao agente para as finalidades descritas nos incisos I a V deste artigo. O objeto jurídico é a liberdade individual, mas, acima de tudo, cuida-se de um tipo de múltipla proteção, envolvendo a dignidade sexual, o estado de filiação, a integridade física, enfim, a própria vida. Pode-se, então, afirmar cuidar-se de uma tutela penal à dignidade da pessoa humana.

**41. Classificação:** cuida-se de crime comum (pode ser cometido por qualquer pessoa humana, sem necessidade de qualificação especial); formal (não exige resultado naturalístico para se consumar, bastando a realização de uma das condutas alternativas do tipo); de forma livre (pode ser praticado por qualquer meio eleito pelo agente); comissivo (os verbos demonstram tratar-se de ação); instantâneo (a consumação se dá em momento determinado

# Art. 13

Leis Penais e Processuais Penais Comentadas – Vol. 2 · **Nucci**

no tempo) nas formas *agenciar, aliciar, recrutar, comprar*, mas permanente (a consumação se arrasta no tempo, enquanto a conduta do agente se realizar) nas modalidades *transportar, transferir, alojar* e *acolher*; plurissubsistente (a ação desenvolve-se em vários atos). Admite tentativa, embora de difícil configuração.

**42. Remoção de órgãos, tecidos ou partes do corpo:** *remover* significa retirar de um lugar para inserir em outro. *Órgãos* são formações orgânicas constituídas por tecidos, com particular função no corpo humano, tais como o coração, o rim, o estômago etc. *Tecidos* constituem o conjunto de células em disposição uniforme com o objetivo de realizar certas funções no organismo humano, tal como o tecido adiposo, que armazena gordura. *Partes do corpo* significam a parte residual, ou seja, quando não se encaixar nas figuras antecedentes, envolvendo todo o conjunto do corpo humano, como o dedo, o braço etc. É importante frisar que a Lei 9.434/97 (comentada em nosso *Leis penais e processuais penais comentadas*, v. 1) disciplina a remoção de órgãos, tecidos ou partes do corpo humano e, no seu art. 1.º, parágrafo único, exclui desse rol o sangue, o esperma e o óvulo. Além disso, é curial apontar a permissão dada pela legislação para que haja a *doação* de órgãos, tecidos e partes do corpo, desde que em conformidade com o texto da referida Lei 9.434/97. Um dos pontos mais relevantes é a gratuidade da conduta, por parte de quem faz a doação, além de somente caber a remoção de órgão duplo (como o rim) ou que possa reconstituir-se (como alguns tecidos). Ademais, outro fator importante é o *consentimento válido* do doador, algo que o crime, ora previsto no art. 149-A do CP, não respeita, por óbvio (os métodos são violentos, constrangedores ou fraudulentos). Reunindo-se as condições para a doação legal, nos arts. 9.º e 10 da Lei 9.434/97, temos: a) consentimento da vítima, sujeita à retirada do tecido, órgão ou outra parte; b) capacidade de consentimento (maior de idade); c) disposição gratuita; d) finalidade terapêutica *comprovada* ou para transplantes *indispensáveis* ao receptor. Este requisito, quando a doação ocorrer entre pessoas estranhas, deve ser submetido à apreciação do Poder Judiciário, pois é necessário o alvará, autorizando o transplante. Por isso, se a finalidade terapêutica for duvidosa, como no caso de incompatibilidade entre doador e receptor, nega-se a autorização; e) destinatário cônjuge ou parentes consanguíneos até o quarto grau inclusive; f) autorização dada preferencialmente por escrito, diante de pelo menos duas testemunhas, especificando o tecido, órgão ou parte do corpo a ser retirada; g) destinatário constituído por qualquer pessoa estranha, desde que haja autorização judicial (desnecessária esta tratando-se de medula óssea); h) disposição de órgão que se constituir em duplicidade (ex.: rins) ou partes do corpo humano que não impliquem cessação da atividade orgânica do doador, nem lhe acarrete prejuízo para a vida sem risco à integridade ou comprometimento da saúde mental. No caso de parte do fígado, embora se trate de órgão único, tem-se entendido haver possibilidade, pois não haveria prejuízo para o doador; i) retirada da parte do corpo humano sem causar mutilação (decepamento de qualquer membro) ou deformação inaceitável; j) consentimento expresso do receptor, com inscrição em lista de espera. Se o receptor for juridicamente incapaz (menor de 18, por exemplo), um de seus pais ou responsável legal pode suprir o consentimento. Em caso de menor de 18 anos, atuando como doador, torna-se indispensável a autorização de ambos os pais ou responsáveis legais, além da autorização judicial, desde que para transplante de medula óssea (art. 9.º, § 6.º, da Lei do Transplante). Desse conjunto de regras específicas e rigorosas capta-se o entendimento de que nem mesmo o simples consentimento da vítima autoriza a remoção de órgãos, tecidos e outras partes do corpo humano. Assim sendo, o consentimento da vítima, no caso do art. 149-A, igualmente, não produz efeito algum. Há, por trás da proteção individual, o nítido propósito de resguardar a dignidade humana nesse campo. O inciso I do mencionado art. 149-A enquadra-se, com perfeição, no triste cenário do tráfico de órgãos, que realmente ocorre mundo afora. Afinal, em face dos rigorosos procedimentos previstos em várias legislações

# Art. 13

(nacional e internacional), os traficantes vendem as partes do corpo humano por um valor elevado. Para isso, torna-se imperiosa a captura da vítima, surgindo, então, o tráfico de pessoas.

**43. Submissão a trabalho em condições análogas à de escravo:** esta finalidade também compõe o cenário do tráfico de pessoas, em especial, infelizmente, dentro do próprio território nacional. Sob falsas promessas (fraude), na maioria das vezes, trabalhadores atravessam o País em busca de um trabalho honesto e bem remunerado, largando tudo para trás. Ao chegarem ao local, onde estaria o posto prometido, percebem o logro e, a partir daí, veem-se limitados em seu direito de locomoção, bem como, para sobreviver, submetem-se ao trabalho em condições desumanas; por isso a referência legislativa às condições similares à de escravo. É preciso ressaltar a existência do tipo específico de *redução a condição análoga à de escravo*, previsto no artigo anterior (art. 149, CP). A pena deste último crime, sem causa de aumento, varia de dois a oito anos de reclusão, e multa, além da pena relativa à violência (leia-se, a outro delito cometido, como lesões corporais, para capturar ou manter a vítima em certo lugar). Quando há o tráfico (interno ou externo) para essa finalidade a pena aumenta, corretamente, para reclusão de quatro a oito anos, e multa.

**44. Submissão a qualquer tipo de servidão:** o termo *servidão* possui o significado de escravidão ou sujeição intensa de alguém em face de outrem. Parece incidir este inciso em duplicidade, já que no inciso II mencionou-se o trabalho em condições análogas à de escravo. No entanto, embora o tipo, neste caso, termine com uma abertura interpretativa considerável, abrange todas as formas de escravidão *diversas* do trabalho. Afinal, o art. 149, de fato, refere-se ao trabalhador, nas variadas maneiras de se tornar *escravo*. Pode haver o tráfico de pessoas para fins de subjugação humana envolvendo uma finalidade não incluída nos demais incisos (ex.: casar-se com uma mulher, contra a sua vontade, mantendo-a cativa).

**45. Adoção ilegal:** a *adoção*, como definimos em nossa obra *Estatuto da Criança e do Adolescente comentado*, é o estabelecimento do vínculo legal de paternidade e/ou maternidade a uma pessoa que, biologicamente, não é descendente, mas assim passa a ser considerada para todos os fins de direito. Há um procedimento judicial, legalmente previsto (Lei 8.069/90), para a constituição de uma família substituta à natural. Existe a previsão de adoção nacional e internacional. O que não se admite mais é aquela antiga concepção de *filho de criação* (ex.: um casal cuida de uma criança, sem qualquer laço jurídico, até que se torne adulta). Igualmente, protege-se o estado de filiação, fortalecendo a ideia de que o ser humano *deve* ter o direito de conhecer seus pais biológicos e, ainda que seja adotado, tudo se realiza legal e judicialmente. A denominada *adoção à brasileira* não passa de um crime previsto no art. 242 do Código Penal, cuidando-se de situação muito comum no passado, mas ainda existente no presente, em particular no cenário do tráfico de crianças (ex.: uma pessoa *compra* um bebê, que foi sequestrado em outro Estado ou país, registrando-o diretamente em seu nome como filho). Há, sem dúvida, importância na previsão formulada no novo tipo penal do art. 149-A, tutelando o tráfico de pessoas (neste contexto, crianças majoritariamente) para a finalidade de realizar uma adoção, sem conhecimento do Poder Judiciário. Note-se que, nesta hipótese, pode haver uma meta bondosa por parte de quem *adota* a criança (não por parte do traficante, que visa ao lucro; sem descartar que o próprio traficante seja também o adotante), pretendendo dar-lhe um lar, sem qualquer intento violento ou constrangedor. Não importa esse tipo de *finalidade*, pois, antes disso, protegem-se o estado de filiação e o controle estatal sobre o procedimento legal de adoção. Pode o julgador, na aplicação da pena, verificar exatamente o contexto fático, a fim de, por exemplo, conferir uma pena menor a quem *adota* uma criança ilegalmente em comparação ao traficante de pessoa para fins de escravidão. Por isso, para haver *justa pena*, tornam-se fundamentais o conhecimento e a aplicação da individualização da pena, princípio constitucionalmente previsto.

# Art. 13

Leis Penais e Processuais Penais Comentadas – Vol. 2 • **Nucci**

**46. Exploração sexual:** finalmente, o legislador acordou e refez o seu entendimento para o sentido correto, em nossa visão. As antigas figuras de tráfico de pessoas (arts. 231 e 231-A, revogados) envolviam a finalidade de exercício da prostituição *ou outra forma* de exploração sexual, dando a entender que a prostituição seria, sempre, uma maneira de explorar o ser humano. Em nossa monografia *Prostituição, lenocínio e tráfico de pessoas*, buscamos demonstrar o atraso desse ponto de vista, tendo em conta que inexiste a *autoexploração*, o que ocorre no tocante a vários profissionais do sexo, adultos, ganhando a vida pelo contato sexual com quem se disponha a pagar certa quantia. Sob outro prisma, afirmar que todo o agenciador da prostituição deve ser punido é outro retardo, pois esse agenciador pode perfeitamente ser benéfico ao profissional do sexo, retirando-o das ruas para abrigá-lo em local específico. Falar, hoje em dia, em "casa de prostituição" como figura delituosa é uma hipocrisia, pois o comércio sexual se dá em vários locais, a olhos vistos, seja uma casa especial para tanto, seja em locais denominados motéis, hotéis, bares etc. A Lei 13.344/2016 merece aplauso nesse prisma, pois já se está debatendo a legalização e regulamentação da atividade sexual de maiores de idade, quando não há violência, ameaça ou fraude. Em suma, a finalidade de exploração sexual – sem menção à prostituição – é muito mais abrangente e pode, em certas situações, até envolver a prostituição. Tudo depende do modo como esta é exercida, da idade do profissional do sexo e do seu consentimento. *Explorar* significa tirar proveito de algo ou enganar alguém para obter algo. Unindo esse verbo com a atividade sexual, visualiza-se o quadro de tirar proveito da sexualidade alheia, valendo-se de qualquer meio constrangedor, ou enganar alguém para atingir as práticas sexuais com lucro. Explora-se sexualmente outrem, a partir do momento em que este é ludibriado para qualquer relação sexual ou quando o ofendido propicia lucro somente a terceiro, em virtude de sua atividade sexual. A expressão *exploração sexual* difere de *violência sexual*. Logo, o estuprador não é um explorador sexual. Por outro lado, *exploração sexual* não tem o mesmo sentido de *satisfação sexual*. Portanto, a relação sexual, em busca do prazer, entre pessoa maior de 18 anos com pessoa menor de 18 anos não configura exploração sexual. Na jurisprudência: STJ: "2. A prostituição, nem sempre, é uma modalidade de exploração, tendo em vista a liberdade sexual das pessoas, quando adultas e praticantes de atos sexuais consentidos. No Brasil, a prostituição individualizada não é crime e muitas pessoas seguem para o exterior justamente com esse propósito, sem que sejam vítimas de traficante algum. 3. No caso, o tribunal *a quo* entendeu que as supostas vítimas saíram voluntariamente do país, manifestando consentimento de forma livre de opressão ou de abuso de vulnerabilidade (violência, grave ameaça, fraude, coação e abuso). Concluir de forma diversa implica exame aprofundado do material fático-probatório, inviável em recurso especial, a teor da Súm. n. 7/STJ" (AgRg nos EDcl no AREsp 1.625.279 – TO, 5.ª T., rel. Reynaldo Soares da Fonseca, 23.06.2020, v.u.).

**47. Benefícios penais:** se empregada a pena mínima, pode o juiz aplicar, desde logo, o regime aberto, significativo de *prisão domiciliar*, na maior parte do Brasil. O crime, quando cometido com violência ou grave ameaça, não permite a conversão da pena privativa de liberdade em restritiva de direitos; no entanto, cometido com fraude, é viável a referida substituição. O legislador incluiu no art. 83, V, do Código Penal o novo crime de tráfico de pessoas, exigindo o cumprimento de 2/3 da pena para a obtenção do livramento condicional. Por certo, ainda *sonha* com a aplicabilidade desse benefício, que, na prática, quase inexiste, pois o condenado prefere, evidentemente, a progressão de regimes (fechado para o semiaberto e, deste, para o aberto), passível de atingimento a cada período, conforme previsto pelo art. 112 da Lei de Execução Penal. Consultar a nota 35 ao art. 12 *supra*.

**48. Causas de aumento:** são as circunstâncias, que envolvem a prática do crime (tipo básico = *caput*), tornando-o mais grave. Por isso, aplica-se um aumento variável de um terço

855 — Tráfico de Pessoas — **Art. 13**

até a metade, na terceira fase da aplicação da pena, podendo, se for preciso, romper o teto da pena cominada (no caso, oito anos).

**49. Agente funcionário público:** sobre o conceito de *funcionário público*, para fins penais, confira-se o disposto pelo art. 327 do Código Penal. Naturalmente, o tráfico de pessoas torna-se muito mais grave quando o servidor público o comete, visto que está atuando contra os interesses da própria Administração para a qual presta seu trabalho. Ademais, em muitos casos, quem pratica esse delito é um servidor encarregado da segurança pública, vale dizer, a pessoa responsável pela luta *contra* a criminalidade. É relevante anotar o seguinte: o funcionário pode estar em pleno exercício de sua função, como também estar fora dela, mas valer-se disso para o cometimento do delito.

**50. Vítimas vulneráveis:** o tráfico de pessoas torna-se mais grave, quando a vítima é vulnerável, pois a sua capacidade de defesa é diminuta. Além do trauma muito mais sério acarretado ao ofendido, evidencia-se uma negativa característica da personalidade do agente – a covardia. *Criança* é a pessoa humana até 11 anos completos (seguindo-se a linha do Estatuto da Criança e do Adolescente; a partir dos doze, cuida-se de *adolescente*. *Idoso* é a pessoa com mais de 60 anos (Estatuto do Idoso). *Deficiente* é a pessoa com alguma limitação física, mental, intelectual ou sensorial. Nos termos do art. 2.º do Estatuto da Pessoa com Deficiência, "considera-se pessoa com deficiência aquela que tem impedimento de longo prazo de natureza física, mental, intelectual ou sensorial, o qual, em interação com uma ou mais barreiras, pode obstruir sua participação plena e efetiva na sociedade em igualdade de condições com as demais pessoas".

**51. Relações particulares com a vítima:** no mesmo sentido que a causa de aumento do inciso anterior, busca-se agravar a pena do agente que abusa da confiança nele depositada, demonstrando lados negativos de sua personalidade, tanto a covardia quanto a ingratidão. O ofendido torna-se mais vulnerável nessas hipóteses. *Parentes* são as pessoas que possuem laços de consanguinidade ou quando, juridicamente, tornam-se integrantes da mesma família (como o caso do adotado). Dispõe o Código Civil a respeito: "art. 1.591. São parentes em linha reta as pessoas que estão umas para com as outras na relação de ascendentes e descendentes. Art. 1.592. São parentes em linha colateral ou transversal, até o quarto grau, as pessoas provenientes de um só tronco, sem descenderem uma da outra. Art. 1.593. O parentesco é natural ou civil, conforme resulte de consanguinidade ou outra origem. Art. 1.594. Contam-se, na linha reta, os graus de parentesco pelo número de gerações, e, na colateral, também pelo número delas, subindo de um dos parentes até ao ascendente comum, e descendo até encontrar o outro parente. Art. 1.595. Cada cônjuge ou companheiro é aliado aos parentes do outro pelo vínculo da afinidade. § 1.º O parentesco por afinidade limita-se aos ascendentes, aos descendentes e aos irmãos do cônjuge ou companheiro. § 2.º Na linha reta, a afinidade não se extingue com a dissolução do casamento ou da união estável". *Relações domésticas* são as estabelecidas entre pessoas que comungam da mesma vida familiar, demonstrando intimidade e afeto, vivendo sob o mesmo teto (pode ser formada a relação doméstica entre amigos, entre parentes – o que já está incluído no aspecto anterior, enfim, entre quaisquer pessoas, entre casais – quando inexiste casamento). *Relações de coabitação* dizem respeito aos liames estabelecidos entre pessoas que vivam sob o mesmo teto, independentemente de afeto ou intimidade (ex.: relação entre moradores de uma pensão). *Relações de hospitalidade* são os laços firmados entre anfitrião e hóspede. Quem recebe uma visita, expõe a sua vida doméstica e permite a entrada em seu domicílio, motivo pelo qual anfitrião e visitante devem mútua confiança e reciprocidade. *Relações de dependência econômica* constituem uma definição nova, em matéria de circunstância de aumento da pena. Significam os liames estabelecidos entre pessoas que se vinculem por meio da relação econômica: dependente (recebe ajuda financeira) e dominante (presta a ajuda financeira). Pode dar-se entre parentes ou não. *Relações de autoridade* dizem respeito à autoridade civil, formando-se a partir do liame entre pessoas que se tornam dependentes de outra para conduzir a vida (ex.: tutor/tutelado; curador/curatelado; guardião/ pupilo). *Relações de superioridade hierárquica* constituem, também, circunstância de aumento de pena inédita, constituindo o laço firmado entre pessoas, no serviço público, demonstrativo de relação de mando e obediência. Eis o motivo pelo qual se menciona o exercício de emprego (público), cargo ou função.

**52. Retirada da vítima do território nacional:** embora o tipo penal básico (*caput*) não construa uma diferença entre o tráfico nacional e o internacional, vê-se, por meio desta causa de aumento, que o internacional é considerado mais grave. Portanto, quando se atingir uma fase do exaurimento do delito (a retirada do território nacional não é necessária para a consumação), levando, com efetividade, a vítima para fora do país (o que torna mais difícil a sua localização, bem como o seu resgate pelas autoridades brasileiras), há o aumento da pena.

**53. Causas de diminuição da pena:** nos termos já definidos para a causa de aumento, cuida-se de circunstância envolvente do tipo básico (*caput*), propiciando a redução da pena, mesmo que, quando necessário, seja preciso romper o piso (neste caso, quatro anos). Em nosso entendimento, este parágrafo é despropositado e ingressa na contramão do esforço para punir, efetivamente, o traficante de pessoas. Ser *primário* é o oposto de ser *reincidente* (tornar a praticar um crime, depois de já ter sido definitivamente condenado por delito anterior, no prazo de cinco anos). Não se menciona possuir o agente *maus antecedentes*, o que nos parece uma falha grave. O traficante de pessoas pode ter múltiplas condenações; caso pratique o crime após cinco anos da extinção de punibilidade de sua última condenação, é primário; recebe um prêmio absurdo da legislação, consistente na diminuição de sua pena como se fosse uma mera tentativa (vide art. 14, II, CP). Se o piso da pena (quatro anos) já é brando para a gravidade do crime, imagine-se a aplicação da causa de diminuição, que é obrigatória e não fica ao critério subjetivo do magistrado julgador. A outra condição é não integrar organização criminosa. Esta, conforme dispõe o art. 1.º, § 1.º, da Lei 12.850/2013, significa: "considera-se organização criminosa a associação de 4 (quatro) ou mais pessoas estruturalmente ordenada e caracterizada pela divisão de tarefas, ainda que informalmente, com objetivo de obter, direta ou indiretamente, vantagem de qualquer natureza, mediante a prática de infrações penais cujas penas máximas sejam superiores a 4 (quatro) anos, ou que sejam de caráter transnacional". Desenvolvemos mais detalhes, acerca disso, em nossa obra *Organização criminosa*.

**54. Critério para a diminuição:** cremos que se deva seguir, porque objetivo, o critério estabelecido para a tentativa, vale dizer, o grau atingido durante o percurso criminoso (*iter criminis*). Como o delito é formal, consuma-se diante da simples prática da conduta, independentemente de qualquer resultado naturalístico (ex.: basta recrutar pessoas para o fim de tráfico; o crime está consumado, ainda que qualquer das vítimas deixe de ingressar nas figuras dos incisos I a V do art. 149-A, ou seja, não é preciso, por ilustração, remover o órgão para a concretização, entre outros resultados). No entanto, se o traficante conseguir levar a pessoa para outro Estado ou país, removendo-lhe o órgão (como exemplo), o percurso criminoso foi muito além do necessário. Para a primeira hipótese, praticando a conduta, ficando *distante* da finalidade, pode-se diminuir a pena em dois terços. Para a segunda hipótese, atingindo a finalidade e exaurindo o delito, pode-se diminuir a pena em um terço. Na jurisprudência: TRF-4: "1. Os Tribunais Superiores firmaram entendimento no sentido de não se admitir a conjugação de partes mais benéficas das referidas normas, para criar-se uma terceira lei, sob pena de violação aos princípios da legalidade e da separação de Poderes. A aplicação retroativa da lei posterior somente é possível quando feita integralmente, como forma de favorecer o réu. 2. Nessa linha, a aplicação da minorante prevista no artigo 149-A, § 2º, do Código Penal, é possível apenas considerando, na íntegra, as alterações promovidas pela Lei nº 13.344/2016, que introduziu novas disposições sobre o delito de tráfico de pessoas, em substituição aos artigos 231 e 231-A do Código Penal" (5001451-31.2017.4.04.7210, 7.ª T., rel. Luiz Carlos Canalli, juntado aos autos em 10.07.2018).

## Capítulo VI
### DAS CAMPANHAS RELACIONADAS AO ENFRENTAMENTO AO TRÁFICO DE PESSOAS

**Art. 14.** É instituído o Dia Nacional de Enfrentamento ao Tráfico de Pessoas, a ser comemorado, anualmente, em 30 de julho.

**Art. 15.** Serão adotadas campanhas nacionais de enfrentamento ao tráfico de pessoas, a serem divulgadas em veículos de comunicação, visando à conscientização da sociedade sobre todas as modalidades de tráfico de pessoas.

## Capítulo VII
### DISPOSIÇÕES FINAIS

**Art. 16.** Revogam-se os arts. 231 e 231-A do Decreto-lei 2.848, de 7 de dezembro de 1940 (Código Penal).

**Art. 17.** Esta Lei entra em vigor após decorridos 45 (quarenta e cinco) dias de sua publicação oficial.

Brasília, 6 de outubro de 2016; 195.º da Independência e 128.º da República.

Michel Temer

(*DOU* 07.10.2016)

# Trânsito

## Lei 9.503, de 23 de setembro de 1997

*Institui o Código de Trânsito Brasileiro.*

O Presidente da República:

Faço saber que o Congresso Nacional decreta e eu sanciono a seguinte Lei:

(...)

### Capítulo XIX
### DOS CRIMES DE TRÂNSITO[1]

Seção I

Disposições gerais

**Art. 291.** Aos crimes cometidos na direção de veículos automotores,[2-6] previstos neste Código, aplicam-se as normas gerais do Código Penal e do Código de Processo Penal, se este Capítulo não dispuser de modo diverso,[7] bem como a Lei 9.099, de 26 de setembro de 1995, no que couber.[8]

§ 1.º Aplica-se aos crimes de trânsito de lesão corporal culposa[9-10] o disposto nos arts. 74, 76 e 88 da Lei 9.099, de 26 de setembro de 1995, exceto se o agente estiver:

I – sob a influência de álcool ou qualquer outra substância psicoativa que determine dependência;[10-A]

II – participando, em via pública, de corrida, disputa ou competição automobilística, de exibição ou demonstração de perícia em manobra de veículo automotor, não autorizada pela autoridade competente;[10-B]

III – transitando em velocidade superior à máxima permitida para a via em 50 km/h (cinquenta quilômetros por hora).[10-C]

# Art. 291

> § 2.º Nas hipóteses previstas no § 1.º deste artigo, deverá ser instaurado inquérito policial para a investigação da infração penal.[10-D]
>
> § 3º (Vetado).
>
> § 4º O juiz fixará a pena-base segundo as diretrizes previstas no art. 59 do Decreto-Lei 2.848, de 7 de dezembro de 1940 (Código Penal), dando especial atenção à culpabilidade do agente e às circunstâncias e consequências do crime.[10-E]

**1. Crimes de trânsito:** é a denominação dada aos delitos cometidos na direção de veículos automotores, desde que sejam de perigo – abstrato ou concreto – bem como de dano, desde que o elemento subjetivo constitua *culpa*. Não se admite a nomenclatura de *crime de trânsito* para o crime de dano, cometido com dolo. Portanto, aquele que utiliza seu veículo para, propositadamente, atropelar e matar seu inimigo comete homicídio – e não simples crime de trânsito.

**2. Finalidade da lei:** é a proteção da segurança viária. Preceitua o art. 1.º, § 2.º: "O trânsito, em condições seguras, é um direito de todos...". O art. 28 menciona que o motorista deve dirigir levando em conta a "segurança do trânsito".

**3. Crimes de perigo:** a maioria dos tipos penais incriminadores deste Capítulo da Lei 9.503/97 é constituída por delitos de perigo, variando entre abstrato e concreto. Há apenas dois que se incluem dentre os crimes de dano: homicídio culposo e lesões corporais culposas.

**4. Perigo abstrato e perigo concreto:** constitui-se delito de perigo abstrato a figura típica penal cuja probabilidade de ocorrência do dano (perigo) é presumida pelo legislador, independendo de prova no caso concreto. Exemplo: entregar a direção de veículo automotor a pessoa não habilitada (art. 310) é crime de perigo abstrato. Basta a prova da conduta e presume-se o perigo. Por outro lado, considera-se crime de perigo concreto a figura típica que, fazendo previsão da conduta, exige prova da efetiva probabilidade de dano a bem jurídico tutelado. Exemplo: dirigir veículo automotor sem estar devidamente habilitado, *gerando* perigo de dano (art. 309). É indispensável que a acusação, além de descrever na denúncia ou queixa a conduta (dirigir o veículo), faça menção à concreta possibilidade de dano (invadindo a contramão ou subindo na calçada e quase atingindo pedestres, por exemplo).

**5. Constitucionalidade dos crimes de perigo abstrato:** partilhamos do entendimento de que esses delitos não ofendem nenhum princípio constitucional. Ao elaborar um tipo penal incriminador, valendo-se das regras de experiência, o legislador pode idealizar a proibição de uma conduta por gerar perigo indesejado à sociedade, como pode criar uma proibição *se* e *quando* gerar perigo insuportável à sociedade. O primeiro caso constitui delito de perigo abstrato (ex.: é crime trazer consigo arma de fogo, sem autorização da autoridade competente, porque a experiência já ditou que o comportamento é daninho e perturba a paz social). No segundo caso, temos o perigo concreto (ex.: colocar em risco a vida ou a saúde alheia somente constitui o delito do art. 132 do Código Penal se *realmente* houver risco direto e iminente de dano, a depender do caso concreto).

**6. Absorção dos delitos de perigo pelos de dano:** os crimes previstos nos artigos 304 a 311 da Lei 9.503/97 são de perigo, razão pela qual, havendo lesão efetiva, devem ser absorvidos pelos delitos de dano. Não há sentido em se punir o perigo, quando o dano consumou-se. Se o agente dirige sem habilitação de maneira a colocar em risco a incolumidade pública e a segurança viária, deve ser punido por crime de perigo. No entanto, se assim agindo, acaba atropelando e matando alguém, por exemplo, atingiu-se o que se pretendia evitar, ou seja, a perda da vida. O homicídio culposo absorve a direção sem a devida habilitação. A alteração promovida no art. 308 ("racha"), incluindo o resultado danoso, torna-se exceção. Cria-se a figura do delito qualificado pelo resultado, admitindo a forma de *perigo* na conduta antecedente e *dano culposo* na conduta consequente. Portanto, havendo "racha", com resultado morte, sendo esta um fruto da culpa, o agente responde pelo crime do art. 308, § 2º, e não com base no homicídio culposo (art. 302, *caput*) desta Lei. Na jurisprudência: STJ: "2. A jurisprudência dominante nesta Corte Superior rechaça a aplicação do princípio da consunção entre os tipos penais previstos nos arts. 303 e 309 do Código de Trânsito Brasileiro – CTB (lesão corporal na direção de veículo e dirigir veículo sem a devida habilitação), por tutelarem bens jurídicos diversos e não guardarem relação de crime meio e crime fim entre si" (AgRg no RHC 117.454 – PR, 5.ª T., rel. Ilan Paciornik, j. em 21.11.2019, v.u.).

**7. Advertência inútil:** tanto o Código Penal (art. 12) quanto o de Processo Penal (art. 1.º) estabelecem a sua aplicabilidade a todas as normas de legislação especial, salvo quando esta dispuser de modo diverso.

**8. Lei 9.099/95 e JECRIM:** aplica-se a referida lei a todas as infrações de menor potencial ofensivo, incluindo-se, dentre estas, aquelas cuja pena máxima não ultrapasse dois anos, cumulada ou não com multa (ampliação efetivada pela Lei 11.313/2006, que modificou o art. 61 da Lei 9.099/95), bem como as contravenções penais. A competência é do Juizado Especial Criminal. Entretanto, se houver conexão ou continência, vinculando a infração de menor potencial ofensivo a outro crime, que não o seja, respeita-se a competência prevista para o processamento da infração penal mais grave.

**9. Finalidade do dispositivo:** antes do advento da Lei 11.705/2008, indicava-se na anterior redação do art. 291, parágrafo único, desta Lei, ser viável a aplicação de institutos benéficos da Lei 9.099/95 (composição civil dos danos, transação e representação da vítima) aos crimes de lesão corporal culposa, embriaguez ao volante e participação em competição não autorizada. A atual redação do § 1.º do art. 291 tem por finalidade excluir do âmbito de infrações de menor potencial ofensivo a embriaguez ao volante (art. 306) e a participação em competição não autorizada (art. 308). Mantém-se a lesão corporal culposa, sob condições. O agente não pode preencher qualquer das hipóteses previstas nos incisos I a III do § 1.º. Se for detectada qualquer dessas situações, a lesão corporal culposa, caracterizada como infração penal de trânsito, deixa de ser considerada de menor potencial ofensivo. Logo, não caberá transação ou composição dos danos, nem se exige representação da vítima.

**10. Constitucionalidade do dispositivo:** mantendo o nosso posicionamento de que cabe à lei ordinária definir quais são as infrações de menor potencial ofensivo, o disposto no art. 291, § 1.º, incisos I a III, da Lei 9.503/97, com a redação dada pela Lei 11.705/2008, é constitucional. Em outros termos, pode o legislador apontar as condições para que se possa acolher determinado crime como infração de menor potencial ofensivo, sujeita aos benefícios da Lei 9.099/95.

**10-A. Influência de álcool ou substância análoga:** não é preciso, na realidade, estar completamente embriagado, bastando a *influência* (animação, excitação) da bebida. Entretanto, torna-se fundamental que o álcool ou outra substância psicoativa (drogas em geral, capazes de atuar sobre o sistema nervoso) determine uma alteração substancial de comportamento em relação à direção do veículo. Não se pode afastar a lesão corporal culposa dos benefícios da Lei 9.099/95 pela simples *suposição* de que, tendo havido ingestão de alguma bebida alcoólica ou substância psicoativa, automaticamente está o motorista negativamente influenciado para a condução do veículo. Portanto, há necessidade de se averiguar cada caso concreto, sem estabelecer parâmetro predefinido para a aplicação do inciso I do § 1.º do art. 291.

# Art. 292

Leis Penais e Processuais Penais Comentadas – Vol. 2 · **Nucci**

**10-B. Participação em disputa, competição, exibição ou demonstração:** cuida-se da figura vulgarmente conhecida como *racha*, descrita como delito pelo art. 308 desta Lei. Tendo em vista que este tipo penal incriminador envolve um crime de perigo, uma vez configurado o dano (lesão corporal leve), pune-se pela infração mais grave (art. 302, *caput* ou 303), que absorve o art. 308. Logo, cuidando-se de lesão corporal culposa, decorrente do crime descrito no art. 308, não se pode considerá-la de menor potencial ofensivo. Afastam-se os benefícios da Lei 9.099/95, o que está correto. Vale relembrar que o art. 308, atualmente, contém dois parágrafos indicando resultados qualificadores (lesão grave e morte). Nessas hipóteses, quando houver a prática do "racha", seguido de lesão grave ou morte da vítima, aplica-se o art. 308, pois trata-se de um delito de perigo seguido de resultado danoso, decorrente de culpa.

**10-C. Velocidade excessiva:** trata-se da aplicação da infração administrativa prevista no art. 218, III, desta Lei (dirigir em velocidade superior à máxima permitida para a via em 50%), considerada gravíssima, embora *importada* com erro. O referido art. 218, III, indica o excesso quando atingida a velocidade superior à máxima em 50%, enquanto o inciso III do § 1.º do art. 291 menciona 50 km/h. O equívoco soa-nos evidente. O motorista que dirigir a 90 km/h em via cuja velocidade máxima é de 50 km/h, provocando acidente, com lesões corporais culposas, pode receber os benefícios da Lei 9.099/95, pois a velocidade em excesso não atingiu 50 km/h (isso se daria se a velocidade fosse maior que 100 km/h). No entanto, cuida-se de infração administrativa gravíssima, uma vez que foi ultrapassado o limite máximo de velocidade em mais de 50%. O ideal seria a menção em percentual e não é parâmetro fixo, vale dizer, 50 km/h.

**10-D. Inquérito policial:** o indicativo de que a lesão corporal culposa, quando cometida no cenário de qualquer das situações descritas nos incisos I a III do § 1.º do art. 291, não deve ser considerada infração de menor potencial ofensivo emerge, novamente, pelo disposto no § 2.º. Não se deve lavrar um mero termo circunstanciado, previsto na Lei 9.099/95, mas, sim, instaurado inquérito policial. Assim fazendo, haverá posterior remessa ao Ministério Público para o eventual oferecimento de denúncia, cuidando-se de ação penal pública incondicionada.

**10-E. Circunstâncias preponderantes:** a inserção do § 4.º nesse dispositivo volta a apontar a ignorância legislativa para o tema. Pretende-se indicar ao juiz que, ao fixar a pena-base, ele deve levar em conta as circunstâncias do art. 59 do Código Penal, o que é óbvio. Por outro lado, recomenda-se especial atenção a três dos oito requisitos nesse artigo existentes: a) culpabilidade; b) circunstâncias; c) consequências do crime. Ora, o primeiro item – culpabilidade – configura-se como o conjunto dos demais. Havendo maior culpabilidade (maior reprovação ou censura à conduta do réu) significa que os demais elementos do art. 59 são, para o acusado, negativos. Portanto, não pode ser fator preponderante, pois é conglobante dos demais. Indicar as *circunstâncias* do crime como elemento preponderante é risível, visto que todos os elementos do art. 59 são circunstâncias e é mais que sabido que esse fator representa o *resíduo* do referido art. 59. O que não mais se encaixa em outro elemento pode-se lançar neste. Diante disso, é ilógico apontar um fator aberto e residual como preponderante. Finalmente, o único fator do art. 59 que poderia ser indicado como preponderante é a consequência do crime, vale dizer, o resultado negativo que vai além do resultado típico.

> **Art. 292.** A suspensão ou a proibição[11] de se obter a permissão[12] ou a habilitação[13] para dirigir veículo automotor pode ser imposta isolada ou cumulativamente com outras penalidades.[14]

**11. Suspensão e proibição:** suspende-se a permissão ou habilitação de quem já possui; proíbe-se de receber a permissão ou habilitação de quem ainda não tem.

**12. Permissão e habilitação:** a permissão é a primeira habilitação de alguém, com prazo de um ano, visando-se testar a sua postura como motorista. Se não cometer infração grave ou gravíssima, nem for reincidente em infração média, pode obter a habilitação definitiva.

**13. Pena restritiva de direito do Código Penal:** não mais se aplica o disposto no art. 47, III, c.c. art. 57, ambos do Código Penal, quanto à suspensão da habilitação para dirigir veículo. A penalidade passa a ser regida pela Lei 9.503/97. Restou, no mencionado art. 47, III, a suspensão da autorização para dirigir veículo automotor, no caso, destinada apenas aos ciclomotores (ver arts. 96, II, *a*, 2, c.c. 141 do Código de Trânsito Brasileiro).

**14. Aplicação da suspensão ou proibição de dirigir veículo:** a restrição ao direito de dirigir pode constituir penalidade principal e isolada, decorrente de transação, por exemplo, como pode representar uma cumulação (vide os tipos penais dos arts. 302, *caput*, e 303) com pena privativa de liberdade. Não se pode condicionar o término da suspensão ou proibição do direito de dirigir veículo à submissão a novo exame no órgão de trânsito, pois seria medida ilegal.

> **Art. 293.** A penalidade de suspensão ou de proibição de se obter a permissão ou a habilitação, para dirigir veículo automotor, tem a duração de 2 (dois) meses a 5 (cinco) anos.[15]
>
> § 1.º Transitada em julgado a sentença condenatória, o réu será intimado a entregar à autoridade judiciária, em 48 (quarenta e oito) horas, a Permissão para Dirigir ou a Carteira de Habilitação.[16]
>
> § 2.º A penalidade de suspensão ou de proibição de se obter a permissão ou a habilitação para dirigir veículo automotor não se inicia enquanto o sentenciado, por efeito de condenação penal, estiver recolhido a estabelecimento prisional.[17]

**15. Duração da restrição ao direito de dirigir:** estabeleceu-se um excessivo espaço para o magistrado, variando de dois meses a cinco anos. Para encontrar a justa medida, deve o julgador valer-se da *culpabilidade* (grau de censura merecido pelo agente), em face da gravidade do fato por ele praticado. Em nosso ponto de vista, fixando o mínimo, o máximo ou qualquer medida no meio-termo, deve o juiz fundamentar, expondo, claramente, as razões que o levaram a esse *quantum*. Por outro lado, parece-nos razoável que, como regra, o magistrado leve em consideração o padrão estabelecido para a pena privativa de liberdade. Não haveria sentido em fixar a pena privativa de liberdade no mínimo legal e suspender a carteira de habilitação por período muito superior ao mínimo, sem um fundamento específico. Entretanto, estamos convencidos da posição adotada pelo Superior Tribunal de Justiça, ao apontar a gravidade dos crimes de dano, previstos nesta Lei, particularmente, homicídio culposo e lesão culposa, apontando para a viabilidade de se suspender o direito de dirigir pelo mesmo prazo fixado para a pena privativa de liberdade. Anoto, entretanto, ser indispensável respeitar o limite fixado neste artigo, vale dizer, 5 anos, em face do princípio da legalidade. Na jurisprudência: STJ: "Agravo regimental em embargos de declaração em embargos de divergência em recurso especial. Homicídio culposo na direção de veículo automotor (art. 302 do Código de Trânsito Brasileiro). *Suspensão da habilitação pelo mesmo prazo da pena privativa de liberdade. Razoabilidade diante da gravidade concreta do delito.* Súmula 168/STJ. Agravo regimental desprovido. 1. Encontra óbice no enunciado n. 168 da Súmula/STJ, o recurso que se volta contra acórdão que adotou a mesma orientação seguida pela jurisprudência da Terceira Seção desta Corte no sentido de

# Art. 294

**Leis Penais e Processuais Penais Comentadas – Vol. 2 · Nucci**

que *é possível a suspensão da habilitação pelo mesmo prazo da pena privativa de liberdade em casos de crimes de homicídio culposo e lesão corporal culposa na direção de veículo automotor, quando constatada a gravidade da conduta, não ficando o magistrado adstrito à análise das circunstâncias judiciais do art. 59* do Código Penal. Precedentes da Quinta Turma do STJ: (...) Precedentes da Sexta Turma do STJ: (...) 2. A demonstração da existência de uniformidade de entendimento entre as Turmas julgadoras sobre o objeto da controvérsia prescinde da existência de julgado da Terceira Seção do STJ examinando o mesmo tema. 3. Agravo regimental desprovido" (AgRg nos EDcl nos EREsp 1.817.950 – SP, rel. Reynaldo Soares da Fonseca, 3.ª Seção, j. 25.11.2020, *DJe* 30.11.2020, grifamos).

**16. Intimação para entrega da carteira:** fixou-se o prazo em horas, razão pela qual é preciso constar no mandado de intimação exatamente o momento em que o oficial de justiça intimou o acusado a entregar o documento. Torna-se relevante essa menção, pois, caso não seja apresentada a carteira, pode o réu responder pelo delito previsto no art. 307, parágrafo único. Além disso, somente se pode considerar cumprida qualquer penalidade envolvendo a suspensão da habilitação ou a permissão para dirigir quando a carteira for entregue à autoridade judiciária.

**17. Efetividade da sanção restritiva de direito:** não teria sentido, se o réu estivesse cumprindo pena em regime fechado, entregar a carteira de habilitação, valendo como restrição do direito de dirigir veículo automotor. Encontrando-se preso, é natural que não possa mesmo dirigir. Logo, para que se torne pena efetivamente aplicada, aguarda-se que o sentenciado esteja em liberdade, ainda que continue a cumprir pena, por exemplo, no regime aberto.

> **Art. 294.** Em qualquer fase da investigação ou da ação penal, havendo necessidade para a garantia da ordem pública, poderá o juiz, como medida cautelar, de ofício, ou a requerimento do Ministério Público ou ainda mediante representação da autoridade policial, decretar, em decisão motivada, a suspensão da permissão ou da habilitação para dirigir veículo automotor, ou a proibição de sua obtenção.[18]
>
> **Parágrafo único.** Da decisão que decretar a suspensão ou a medida cautelar, ou da que indeferir o requerimento do Ministério Público, caberá recurso em sentido estrito, sem efeito suspensivo.[19]

**18. Suspensão cautelar do direito de dirigir:** cuida-se de medida positiva, a ser tomada de ofício pelo magistrado, ou atendendo a requerimento do Ministério Público ou representação da autoridade policial, embora a lei seja, mais uma vez, redundante ao exigir decisão *fundamentada*. Insistimos: *todas* as decisões do juiz devem ser motivadas, segundo preceito constitucional (art. 93, IX, CF). Outro ponto importante de análise é a utilização de um dos elementos para a decretação da prisão preventiva: *garantia da ordem pública*. Parece-nos vago esse requisito, de modo que o ideal seria atrelar a suspensão do direito de dirigir, como medida cautelar, à gravidade do crime de trânsito cometido. Tomada essa medida, o indiciado ou réu deve entregar o documento, depois de intimado a fazê-lo, nos termos do art. 293, § 1.º (48 horas), sob pena de responder pelo crime previsto no art. 307, parágrafo único. Na jurisprudência: STJ: "VI – No que concerne à asserção da Defesa acerca de que a medida não poderia ser imposta de ofício pelo magistrado primevo; na hipótese, não verifico qualquer flagrante ilegalidade a ser sanada, tendo em vista que, a despeito das alterações promovidas no Código de Processo Penal, pela Lei nº 13.964, de 24 de dezembro de 2019, que passaram a exigir a prévia manifestação do Ministério Público para que o magistrado decida acerca da imposição, ou, não, de medidas cautelares, não houve alteração no art. 294, do CTB, que, ainda, possibilita a imposição da medida cautelar, em exame, de ofício pelo Juiz, não se olvidando, outrossim, a conclusão da eg. Corte de origem de que 'a suspensão da habilitação para dirigir encontra amparo no comando normativo disposto no artigo 294 do Código de Trânsito Brasileiro, cuja aplicação decorre do princípio da especialidade, em relação ao Código de Processo Penal', não se configurando o constrangimento ilegal suscitado" (AgRg no HC 711.713 – PR, 5.ª T., rel. Jesuíno Rissato (Desembargador convocado do TJDFT), 22.02.2022, v.u.).

**19. Cabimento de recurso em sentido estrito:** a decisão que deixar de decretar a suspensão cautelar do direito de dirigir será impugnada pelo Ministério Público através de recurso em sentido estrito, naturalmente sem efeito suspensivo. Porém, a decisão que suspender cautelarmente o direito, pode ser impugnada pelo indiciado ou réu, através do mesmo recurso, embora sem o efeito suspensivo. Se a decisão judicial, entretanto, for manifestamente ilegal (imotivada ou sem qualquer sustentação na gravidade do delito ou para a garantia da ordem pública), pensamos caber o mandado de segurança, para evitar dano a direito líquido e certo. Sobre a possibilidade de conhecimento do mandado de segurança, vide a jurisprudência citada na nota anterior.

> **Art. 295.** A suspensão para dirigir veículo automotor ou a proibição de se obter a permissão ou a habilitação será sempre comunicada pela autoridade judiciária ao Conselho Nacional de Trânsito – CONTRAN, e ao órgão de trânsito do Estado em que o indiciado ou réu for domiciliado ou residente.[20]

**20. Fiscalização:** a medida judicial precisa ser comunicada às autoridades encarregadas da fiscalização do trânsito e dos condutores de veículos automotores. Evita-se, com isso, o surgimento de contradição, como poderia ocorrer se o réu entregasse sua carteira de habilitação em juízo, mas providenciasse uma segunda via na esfera administrativa.

> **Art. 296.** Se o réu for reincidente na prática de crime previsto neste Código, o juiz aplicará a penalidade de suspensão da permissão ou habilitação para dirigir veículo automotor, sem prejuízo das demais sanções penais cabíveis.[21]

**21. Reincidência em crime de trânsito:** reincidente é aquele que, já tendo sido anteriormente condenado por algum delito, torna a cometer crime (art. 63, CP). No caso previsto neste artigo, criou-se uma figura de reincidência específica, vale dizer, para que o juiz aplique a suspensão da permissão ou da habilitação, é preciso que o acusado seja reincidente na prática de crime *previsto neste Código*. Pensamos, pois, que ele precisa cometer um delito de trânsito, ser condenado com trânsito em julgado, para, após, tornar a praticar outro crime de trânsito no período de cinco anos (art. 64, I, CP). Assim ocorrendo, o magistrado fixará a pena prevista no tipo (por exemplo, privativa de liberdade), associada à suspensão da permissão ou habilitação de dirigir veículo automotor. Lembremos que se trata de uma pena autônoma, isto é, o juiz deve determinar a suspensão da permissão ou habilitação ainda que inexista previsão específica no tipo penal incriminador. Por outro lado, não cabe proibir a obtenção da permissão ou da habilitação, uma vez que não consta o termo "proibição" neste dispositivo legal (art. 296). A partir da edição da Lei 11.705/2008, tornou-se obrigatória a suspensão da permissão ou da habilitação, na situação descrita neste artigo. Anteriormente, cuidava-se de ato judiciário facultativo.

> **Art. 297.** A penalidade de multa reparatória[22] consiste no pagamento, mediante depósito judicial em favor da vítima, ou seus sucessores, de quantia calculada com base no disposto no § 1.º do art. 49 do Código Penal,[23] sempre que houver prejuízo material resultante do crime.[24]
>
> § 1.º A multa reparatória não poderá ser superior ao valor do prejuízo demonstrado no processo.[25]
>
> § 2.º Aplica-se à multa reparatória o disposto nos arts. 50 a 52 do Código Penal.[26]
>
> § 3.º Na indenização civil do dano, o valor da multa reparatória será descontado.[27]

**22. Multa reparatória:** constitui uma penalidade aplicada ao autor do crime de trânsito, com a finalidade de reparação civil do dano, porém imposta por juiz criminal, o que torna o instituto de caráter misto. Na essência, entretanto, é antecipação de indenização civil. O disposto neste artigo continua aplicável, mesmo em face da modificação introduzida no Código de Processo Penal (art. 387, IV), possibilitando a fixação de indenização civil do dano na sentença penal condenatória, desde que se apure uma quantia ao longo da instrução sob o crivo do contraditório. Afinal, lei especial afasta a aplicação de lei geral.

**23. Valor da multa:** a referência feita ao art. 49, § 1.º, do Código Penal, é equivocada. Não se pode imaginar a fixação de uma reparação civil de dano com base em 1/30 do salário mínimo até o máximo de cinco salários. Seria, nitidamente, insuficiente em várias situações. Logo, o correto é interpretar ser cabível a fixação da multa reparatória nos termos do art. 49, *caput* e § 1.º, do Código Penal. O magistrado escolhe um montante de 10 a 360 dias-multa. Após, estabelece o valor do dia-multa. Conseguirá, pois, na maioria dos casos, encontrar a quantia justa para a vítima.

**24. Prejuízo material:** a lei é clara ao exigir apenas a indenização ao dano material, excluindo-se do processo-crime a discussão sobre eventual dano moral. O ideal é que, durante o trâmite da instrução criminal, o magistrado permita (e até determine) a produção de prova do *quantum* relativo ao dano material sofrido pelo ofendido. O réu terá condições de se defender não somente a respeito da materialidade e da autoria do delito de trânsito como também do valor indenizatório a pagar.

**25. Constitucionalidade do dispositivo:** nenhuma ofensa existe ao devido processo legal e seus corolários (ampla defesa e contraditório). Como se disse anteriormente, o réu pode se defender e apresentar provas em relação ao valor da multa reparatória, discutindo se houve dano material e qual o seu montante. Naturalmente, para que se preserve o direito de defesa, torna-se indispensável que o órgão acusatório ou o assistente de acusação peça, ainda durante a instrução, a fixação da multa reparatória. No mínimo, por se tratar de antecipação de indenização civil, deve o magistrado indagar das partes se pretendem discutir acerca desse tema e, consequentemente, do valor devido. Se as partes refutarem o debate, não pode o juiz fixar de ofício a multa reparatória na sentença. Se resolverem discutir a respeito, a provocação que o juiz faça, durante a instrução, não é ofensiva ao princípio da iniciativa das partes, pois o magistrado se limita a instar os interessados a manifestar interesse em calcular eventual indenização civil. O ideal seria a ampliação dessa medida para outras espécies de infrações penais, desonerando a vítima que não necessitaria ir ao cível para obter a indenização merecida.

**26. Execução da multa:** seguindo-se o estabelecido no Código Penal, a multa deve ser paga dentro de dez dias, a contar do trânsito em julgado da decisão condenatória. Pode ser parcelada, inclusive com desconto diretamente no salário do sentenciado, desde que não prejudique o seu sustento e de sua família. Cobra-se em Vara Cível. Em nosso entendimento, é atribuição da vítima ou de seus sucessores promover a execução, não cabendo ao Ministério Público tomar a iniciativa, afinal, inexiste interesse público em jogo. Lembremos que não se trata de multa representativa de sanção penal, mas antecipação de indenização civil.

**27. Desconto em eventual indenização civil:** a vítima, não satisfeita pela fixação da multa reparatória feita pelo juiz do processo criminal, pode demandar na esfera cível uma complementação, desde que efetivamente compatível com os danos materiais ocorridos. Aliás, pode, também, pleitear a fixação de danos morais ao juízo cível. Em suma, da indenização estabelecida na órbita civil, desconta-se o que já tenha sido pago no juízo criminal.

---

**Art. 298.** São circunstâncias que sempre agravam[28] as penalidades dos crimes de trânsito ter o condutor do veículo cometido a infração:

I – com dano potencial para duas ou mais pessoas ou com grande risco de grave dano patrimonial a terceiros;[29]

II – utilizando o veículo sem placas, com placas falsas ou adulteradas;[30]

III – sem possuir Permissão para Dirigir ou Carteira de Habilitação;[31]

IV – com Permissão para Dirigir ou Carteira de Habilitação de categoria diferente da do veículo;[32]

V – quando a sua profissão ou atividade exigir cuidados especiais com o transporte de passageiros ou de carga;[33]

VI – utilizando veículo em que tenham sido adulterados equipamentos ou características que afetem a sua segurança ou o seu funcionamento de acordo com os limites de velocidade prescritos nas especificações do fabricante;[34]

VII – sobre faixa de trânsito temporária ou permanentemente destinada a pedestres.[35]

**Parágrafo único.** (*Vetado*).

---

**28. Agravantes:** são circunstâncias legais, que volteiam o crime, sem fazer parte do tipo penal incriminador, servindo ao juiz para elevar a pena do acusado.

**29. Dano potencial e grande risco:** a dupla menção a situações de perigo concreto, uma ligada à possibilidade de ocorrência de dano a pessoas, outra vinculada à probabilidade de concretização de grave dano patrimonial, somente são viáveis para os crimes de dano (homicídio culposo e lesões culposas). É preciso considerar que os outros delitos de trânsito são de perigo, logo, considerar a probabilidade de dano potencial para pessoas ou grave dano patrimonial a terceiros seria o indevido *bis in idem*. Afinal, o perigo já serviu para a tipificação da infração penal, não podendo ser utilizada, novamente, para agravar a pena. Porém, se o autor de homicídio culposo (ou lesões culposas), além de atingir a vítima, colocar em risco duas ou mais pessoas, bem como provocar a probabilidade de dano patrimonial a terceiros, incidiria a agravante prevista neste inciso. Na jurisprudência: STJ: "1. A incidência da agravante prevista no art. 298, I, do CTB ('dano potencial para duas ou mais pessoas ou com grande risco de grave dano patrimonial a terceiros') ocorreu em razão do dano no veículo de Jairo e, ainda, ao potencial dano para as pessoas que passavam pelo local. 2. Não há incompatibilidade entre a sobredita agravante e os delitos de trânsito culposos. Precedentes" (AgRg no AREsp 2.391.112 – SP, 5.ª T., rel. Ribeiro Dantas, 12.09.2023, v.u.).

**30. Ausência ou falsificação de placas:** a prática de crime de trânsito, que, normalmente, demanda estar o agente dirigindo veículo automotor, torna a infração mais grave se for constatada a ausência de placas no veículo, uma vez que dificulta – ou até impossibilita – a identificação

# Art. 298

do agente. Por outro lado, a existência de placas falsificadas (ou adulteradas, termo sinônimo) provoca o mesmo efeito. A falsificação pode ser material (fabricação de placa por agente não autorizado) ou ideológica (placa emitida por órgão de trânsito competente, porém baseada em dados irreais). Devemos observar que, se a adulteração for realizada pelo próprio agente do crime de trânsito, responderá ele, em concurso material, pelo delito previsto no art. 311 do Código Penal.

**31. Ausência de permissão ou habilitação:** o cerne da agravante consiste em ter o agente provocado um crime de trânsito sem ao menos possuir licença estatal para conduzir veículo automotor (ex.: participar de competição não autorizada – art. 308). Não se trata de *presunção* de culpa ou de buscar uma relação de causa e efeito entre a conduta do motorista e o resultado típico. Logo, não configura situação de responsabilidade penal objetiva. A circunstância agravante vincula-se à pessoa do agente, que apresenta maior culpabilidade (grau de censura), em razão de dirigir veículo automotor infringindo regra estatal impositiva, que exige preparo e licença. É preciso cautela, apenas, quando a mesma circunstância for erigida à categoria de causa de aumento de pena, como ocorre nos casos dos arts. 302, § 1.º, I, e 303, parágrafo único, para não haver dupla incidência em função da mesma causa (*bis in idem*).

**32. Permissão ou habilitação diversa:** as mesmas observações feitas na nota anterior são válidas nesta situação. Dirigir com permissão ou habilitação diversa da concedida pelo órgão de trânsito equivale a não ter licença para fazê-lo (ex.: quem é habilitado para conduzir automóvel pode não ser para dirigir motocicleta). Conferir as categorias no art. 143 do Código de Trânsito Brasileiro.

**33. Motorista profissional:** cuida-se de agravante voltada a quem se vale da condução de veículo automotor como profissão principal (ex.: motorista de ônibus de transporte coletivo de passageiros) ou como atividade extra, mas com a exigência de desenvolver cuidados especiais (ex.: motorista de perua de transporte escolar). A circunstância mais grave é o cometimento de crime de trânsito justamente pelo condutor que deveria ter maior cuidado e zelar com afinco pela segurança viária. Nesse prisma, pouco importa se o motorista profissional cometer o crime dirigindo seu veículo particular, em férias: a agravante deve incidir do mesmo modo.

**34. Veículo adulterado:** a utilização de veículo automotor cujos equipamentos de série – preparados pela fábrica para conferir maior segurança aos motoristas e pedestres – foram modificados, afetando o seu estado original, pode configurar a agravante. Cuida-se de norma penal em branco, pois é fundamental checar as especificações do fabricante, bem como as regras impostas pelas leis de trânsito, a fim de saber se a transformação do veículo realmente foi irregular e aumentou o risco no seu uso.

**35. Faixas para pedestres:** as marcas colocadas na via pública indicando tratar-se de *faixas de segurança* para a travessia de pedestres servem, justamente, para provocar a sensação de diminuição de risco a quem busca cruzar ruas e avenidas, por onde trafegam veículos automotores. Aguarda-se, portanto, dos motoristas que tenham particular respeito pelas referidas faixas, esperando que o pedestre termine a travessia em segurança, antes de iniciar a marcha do veículo ou buscando freá-lo, a tempo, para evitar atropelamento. Portanto, se o crime de trânsito ocorre exatamente nessa faixa de segurança, é natural supor o desleixo do condutor e sua maior culpabilidade. Exemplo: trafegar em alta velocidade (art. 311), em faixa de pedestre. Deve-se evitar, no entanto, o *bis in idem*, isto é, não se aplica a agravante quando a circunstância já constituir causa de aumento de pena (art. 302, § 1.º, II; art. 303, parágrafo único). Na jurisprudência: STJ: "2. No caso, a causa de aumento do art. 302, § 1º, II, do Código de Trânsito Brasileiro é de ordem objetiva, vez que diz respeito ao modo como o delito de homicídio culposo fora perpetrado, porém, não restou demonstrado que tal circunstância entrou na esfera de conhecimento do paciente. Assim, deve ser afastado o aumento operado na derradeira etapa do cálculo dosimétrico, sob pena de responsabilização objetiva" (AgRg no HC 436.212 – SP, 5.ª T., rel. Ribeiro Dantas, 18.05.2021, v.u.).

> **Art. 299.** (*Vetado.*)[36]

**36. Atenuante da menoridade:** dizia o vetado art. 299 o seguinte: "Nas infrações penais de que trata este Código não constitui circunstância atenuante o fato de contar o condutor do veículo menos de vinte e um anos, na data do evento, ou mais de setenta, na data da sentença". A razão do veto concentrou-se no fato de ser da tradição do direito brasileiro a concessão de atenuante para todo réu menor de 21 anos, à época da prática do fato criminoso. Logo, continua sendo aplicável o disposto no art. 65, I, do Código Penal.

> **Art. 300.** (*Vetado.*)[37]

**37. Perdão judicial:** dizia o vetado art. 300 o seguinte: "Nas hipóteses de homicídio culposo e lesão corporal culposa, o juiz poderá deixar de aplicar a pena, se as consequências da infração atingirem, exclusivamente, o cônjuge ou companheiro, ascendente, descendente, irmão ou afim em linha reta do condutor do veículo". A motivação ao veto cingiu-se ao fato de ser o perdão judicial previsto no Código Penal (art. 121, § 5.º; art. 129, § 8.º) mais favorável ao réu, pois menos restritivo. Graças à atitude do Presidente da República, vetando o art. 300 desta Lei, surgiram dois entendimentos, tornando confusa a aplicação do instituto do perdão: a) não cabe a sua aplicação, pois não constante o benefício da lei especial, que deve prevalecer sobre a lei geral; b) cabe a aplicação do perdão, pois o objetivo do veto foi justamente permitir a incidência dessa causa de extinção da punibilidade tal como tradicionalmente feito em relação aos casos de homicídio culposo e lesão culposa. Além disso, deve-se levar em conta o princípio da isonomia. Não há sentido para a seguinte contradição: se o agente matar alguém culposamente fora do contexto do trânsito, pode receber o benefício; se o fizer na direção de veículo automotor, deixa de ser contemplado. Ademais, é fundamental lembrar que o perdão judicial, tanto para o homicídio culposo, quanto para a lesão culposa, sempre teve o maior número de casos no contexto dos delitos de trânsito. Poderíamos, ainda, invocar o disposto no art. 291, *caput*, desta Lei, que recomenda a aplicação das normas gerais do Código Penal, salvo se houver disposição em sentido contrário, o que não ocorre. Na doutrina, esta última é a posição predominante.

> **Art. 301.** Ao condutor de veículo, nos casos de sinistros de trânsito de que resulte vítima, não se imporá a prisão em flagrante nem se exigirá fiança, se prestar pronto e integral socorro àquela.[38]

**38. Proibição da prisão em flagrante:** cuida-se de medida salutar, pois os crimes de trânsito, quando provocam danos (homicídio ou lesões corporais), são culposos, motivo pelo qual se espera do condutor a sensibilidade de prestar pronto e integral socorro à pessoa atingida. Se não agiu propositadamente, constituindo o acidente fruto da sua imprudência, negligência ou imperícia, a conduta ideal é a prestação de socorro, que não poderia, naturalmente, terminar ocasionando a sua prisão. Não há compatibilidade entre o incentivo à prestação de ajuda à vítima do delito de trânsito e a prisão do condutor em flagrante, obrigando-o a se submeter, por exemplo, à prestação de fiança para sair do cárcere. Por outro lado, quando o crime ocorrer e

# Art. 302

Leis Penais e Processuais Penais Comentadas – Vol. 2 • **Nucci**

870

houve omissão de socorro, torna-se situação mais grave, gerando causa de aumento de pena (art. 302, § 1.º, III; art. 303, parágrafo único).

## Seção II

## Dos crimes em espécie

> **Art. 302.** Praticar[39-40] homicídio culposo[41-42] na direção[43] de veículo automotor:[44-46]
>
> Penas – detenção, de 2 (dois) a 4 (quatro) anos, e suspensão ou proibição de se obter a permissão ou a habilitação para dirigir veículo automotor.[47-49]
>
> § 1.º No homicídio culposo cometido na direção de veículo automotor, a pena é aumentada de 1/3 (um terço) à 1/2 (metade),[50] se o agente:
>
> I – não possuir Permissão para Dirigir ou Carteira de Habilitação;[51]
>
> II – praticá-lo em faixa de pedestres ou na calçada;[52]
>
> III – deixar de prestar socorro,[53] quando possível fazê-lo sem risco pessoal,[54] à vítima do sinistro;
>
> IV – no exercício de sua profissão ou atividade, estiver conduzindo veículo de transporte de passageiros;[55]
>
> V – (*Revogado pela Lei 11.705/2008.*)
>
> § 2.º (*Revogado pela Lei 13.281/2016.*)
>
> § 3.º Se o agente conduz veículo automotor sob a influência de álcool ou de qualquer outra substância psicoativa que determine dependência:[56]
>
> Penas – reclusão, de cinco a oito anos, e suspensão ou proibição do direito de se obter a permissão ou a habilitação para dirigir veículo automotor.[57]

**39. Análise do núcleo do tipo:** a redação do tipo incriminador é nitidamente defeituosa, arranhando o princípio da taxatividade. O correto seria: "matar alguém", acrescentando a forma culposa "por imprudência, negligência ou imperícia", findando com a circunstância "na direção de veículo automotor". Entretanto, é possível identificar o que pretendeu o legislador, inclusive pelo fato de haver a figura do homicídio bem descrita no Código Penal (art. 121, *caput*), sanando-se, pela interpretação judicial, a incorreta exposição da conduta típica. Por outro lado, a pena mais severa atribuída ao homicídio culposo, como delito de trânsito (o homicídio culposo do art. 121, § 3.º, tem pena de detenção, de um a três anos), não fere o princípio da isonomia, uma vez que se está tratando desigualmente situações desiguais. A caótica falta de segurança viária, causadora de muitos acidentes de trânsito, justifica a tomada de medidas estatais mais rígidas, como a edição da Lei 9.503/97, inclusive com a criação de inéditas figuras típicas (como o delito de competição não autorizada – racha – previsto no art. 308), bem como com o aumento de penas (homicídio e lesões corporais).

**39-A. Absorção do crime de perigo pelo delito de dano:** para não se atingir o homicídio e a lesão corporal, no trânsito, o legislador fixou vários outros tipos penais, que seguem a linha do crime de perigo. Punindo-se o avanço do agente no contexto do perigo, crê-se haver diminuição da viabilidade de ocorrência do dano. No entanto, se o agente dirige embriagado e comete homicídio culposo, o primeiro delito de perigo terminou servindo de meio para o cometimento do delito-fim (dano). Este absorve aquele.

**40. Sujeitos ativo e passivo:** qualquer pessoa.

# Art. 302

**41. Elemento subjetivo:** é a culpa. A forma dolosa não é considerada crime de trânsito. Porém, em vários crimes de trânsito, há a aceitação do dolo eventual. Na jurisprudência: STJ: "5. Na espécie, foram apontados elementos que podem sugestionar a presença do dolo eventual: ação volitiva do réu, que ingeriu bebida alcoólica antes de conduzir o veículo e trafegava em alta velocidade – 151,2 km/h –, desrespeitando os cruzamentos com vias preferenciais, colidindo com veículo de terceiro. 6. O Superior Tribunal de Justiça vem entendendo que o dolo eventual não é extraído da 'mente do agente', mas das circunstâncias do fato, de forma que a ocorrência de uma morte e de uma lesão corporal faz parte do resultado assumido pelo agente, que sob a influência de álcool, em alta velocidade e desrespeitando as regras de trânsito, foi o responsável pelo fatídico acidente. Tais elementos, bem delineados na denúncia, demonstram a antevisão do acusado a respeito do resultado assumido, justificando a imputação. 7. O art. 302 do CTB define o delito de homicídio culposo na direção de veículo automotor. O § 3º acrescido pela Lei n. 11.546/2017 apenas previu que, se o agente por ocasião do acidente estiver sob influência de álcool ou outra substância psicoativa, a pena será mais grave – 5 a 8 anos de reclusão. 8. Não significa, por isso, dizer que aqueles que dirigiam embriagados ou sob efeito de substâncias psicoativas e se envolveram em homicídio no trânsito, assumindo o risco de produzir o resultado, tenham que, de pronto, ser beneficiado com a desclassificação do delito para a modalidade culposa. 9. A análise da alegada divergência jurisprudencial está prejudicada, pois a suposta dissonância aborda a mesma tese que amparou o recurso pela alínea 'a' do permissivo constitucional, e cujo julgamento esbarrou no óbice do Enunciado n. 7 da Súmula deste Tribunal" (AgRg no AREsp 1.166.037 – PB, 5.ª T., rel. Reynaldo Soares da Fonseca, j. 17.12.2019, v.u.).

**42. Objetos material e jurídico:** o objeto material é a pessoa que morre, vítima da conduta do agente; o objeto jurídico é, primordialmente, a vida humana, mas, secundariamente, a segurança viária.

**43. Circunstância específica:** deve o agente estar na direção de veículo automotor – "todo veículo a motor de propulsão que circule por seus próprios meios, e que serve normalmente para o transporte viário de pessoas e coisas, ou para a tração viária de veículos utilizados para o transporte de pessoas e coisas. O termo compreende os veículos conectados a uma linha elétrica e que não circulam sobre trilhos (ônibus elétrico)" – conforme Anexo I do Código de Trânsito Brasileiro). Não há necessidade de estar situado na via pública, podendo ocorrer o delito em área privada, como, por exemplo, em ruas ou alamedas de um condomínio horizontal.

**44. Classificação:** é crime comum (pode ser praticado por qualquer pessoa); material (exige resultado naturalístico, consistente na morte da vítima); de forma parcialmente vinculada (demanda o tipo que o agente esteja na direção de veículo automotor); comissivo (exige ação) e, excepcionalmente, comissivo por omissão (art. 13, § 2.º, CP); instantâneo (consuma-se com a morte do ofendido); de dano (exige-se lesão ao bem tutelado); unissubjetivo (pode ser cometido por uma só pessoa); plurissubsistente (demanda vários atos); não admite tentativa por se tratar de delito culposo.

**45. Compensação de culpas e responsabilidade exclusiva da vítima:** é sabido que, em Direito Penal, não se pode cogitar de *compensação de culpas*. Ilustrando, se o motorista de um veículo, imprudentemente, atropela e causa lesão corporal em um passante que, por seu lado, atravessou a rua de forma negligente, inexiste viabilidade para a absolvição do motorista unicamente porque ambos os envolvidos estavam errados. Não se trata de dívida civil, onde se faz a compensação, mas de crime. Assim, no exemplo ofertado, caso o motorista também se machuque, é possível, em tese, a punição tanto deste quanto do pedestre, pois os dois deram causa à figura típica prevista no art. 302, *caput*, da Lei 9.503/97. A situação é diversa se a culpa for *exclusiva* da vítima. É óbvio que, nessa hipótese, deve-se absolver o motorista. Na

# Art. 302

Leis Penais e Processuais Penais Comentadas – Vol. 2 · **Nucci**

jurisprudência: STJ: "2. O comportamento imprudente da vítima não tem o condão de excluir a responsabilidade penal do agravante, visto que seu comportamento também foi imprudente. Essa condição deve ser valorada na análise das circunstâncias judiciais para a individualização da pena do agravante. 3. O comportamento da vítima não afasta a responsabilidade penal do agravante pelo sinistro porque não é admitida a compensação de culpas no Direito Penal" (AgR no AgREsp 951249, 6.ª T., rel. Rogério Schietti Cruz, j. em 27.10.2017).

**46. Indispensabilidade do laudo:** não se tratando o homicídio culposo de infração de menor potencial ofensivo, é fundamental, para a formação da materialidade, a realização de exame pericial.

**47. Pena cumulativa:** exige o tipo penal a aplicação de, pelo menos, duas penas. Indica uma privativa de liberdade, associada a uma restritiva de direitos. Entretanto, pode-se aplicar, ainda, o disposto no Código Penal (art. 44), substituindo-se a pena de detenção de dois a quatro anos por uma restritiva de direitos e uma multa ou por duas restritivas de direitos Ex.: aplica-se a substituição de dois anos de detenção por dois anos de prestação de serviços à comunidade, multa e a suspensão da habilitação, neste último caso, por um período que varia de dois meses a cinco anos, conforme disposto no art. 293, *caput*, Lei 9.503/97. A violência impeditiva da concessão da pena alternativa (art. 44, I, do CP) deve ser dolosa, não abrangendo a culpa. Ainda na jurisprudência: STJ: "2. Consoante a jurisprudência desta Corte Superior, a imposição da pena de suspensão do direito de dirigir é exigência legal, conforme previsto no art. 302 da Lei 9.503/97. O fato de o paciente ser motorista profissional de caminhão não conduz à substituição dessa pena restritiva de direito por outra que lhe seja preferível (HC 66.559/SP, 5ª Turma, Rel. Min. Arnaldo Esteves, *DJU* de 07/05/2007). 3. Agravo regimental desprovido" (AgRg no AREsp 1.044.553 – MS, 5.ª T., rel. Reynaldo Soares da Fonseca, 23.05.2017, v.u.).

**48. Pena acessória:** não há previsão legal, razão pela qual o magistrado não pode aplicar nenhuma perda definitiva de direito, tampouco obrigar o agente a restrição de direito fora do rol do art. 43 do Código Penal ou quando não prevista nesta Lei, como medida jurisdicional.

**49. Perdão judicial:** ver a nota 37 ao art. 300 *supra*.

**50. Causa de aumento de pena:** é a circunstância legal, jungida ao tipo penal incriminador, que provoca uma elevação da pena em cota parte de aplicação obrigatória pelo juiz, podendo, se necessário, ultrapassar o limite máximo previsto no preceito secundário. No caso presente, exemplificando: se o julgador der quatro anos de detenção e houver uma causa de aumento, a pena subirá para cinco anos e quatro meses.

**51. Ausência de permissão ou habilitação:** consultar a nota 31 ao art. 298, III, *supra*.

**52. Cometimento em faixa de pedestre:** consultar a nota 35 ao art. 298, VII, *supra*.

**53. Omissão de socorro:** é preciso distinguir esta causa de aumento de pena do delito previsto no art. 304. Neste último tipo penal, deve-se pressupor que o condutor do veículo não é culpado pelo acidente. Sua obrigação consiste em ser solidário, socorrendo a vítima, mesmo que a culpa caiba a esta ou a terceiro. No caso do homicídio culposo com aumento de pena por omissão de socorro, o agente provocador da morte da vítima possui o dever de solidariedade, devendo providenciar socorro à pessoa a quem não desejava atingir, mas o fez em face de sua desatenção ao conduzir veículo automotor. Por outro lado, o delito do art. 304 é subsidiário, bastando checar o disposto no preceito secundário ("se o fato não constitui elemento de crime mais grave"). Finalmente, é preciso destacar que, ocorrendo morte instantânea da vítima e de fácil e nítida comprovação, não é cabível exigir-se do motorista que preste socorro a um cadáver, algo ilógico e insensato.

**54. Risco pessoal:** é questionável essa ressalva. Quando alguém gera o risco de ocorrência de resultado danoso a terceiro fica obrigado a intervir, sob pena de responder pela omissão (art. 13, § 2.º, *c*, CP). O mesmo se pode dizer no contexto do estado de necessidade: se o autor gerou o perigo, não poderia, em tese, invocar a excludente. Ainda assim, há corrente doutrinária sustentando que, ao provocar o perigo por culpa, o agente pode escapar da punição, valendo-se do estado de necessidade (consultar a nota 118 ao art. 24 do nosso *Código Penal comentado*). Algo que nos parece, no entanto, razoável é a probabilidade de, permanecendo no local, buscando socorrer a vítima, sofrer ataque de terceiros (tentativa de linchamento). Nessa situação, entre a sua vida e a da pessoa ferida, pode furtar-se ao socorro, invocando estado de necessidade. Contudo, abalo emocional não é desculpa para evitar o socorro, até pelo fato de que o art. 28, I, do Código Penal preceitua não excluir da responsabilidade penal a emoção ou a paixão.

**55. Cautela específica decorrente de profissão ou atividade:** reportamo-nos à nota 33 ao art. 298, V, *supra*. Entretanto, com algumas ressalvas. Nessa hipótese (art. 302, § 1.º, IV), o agente deve estar *no exercício* de sua profissão ou atividade ligada, naturalmente, à condução de veículo de transporte de passageiro. Diversamente, no caso da agravante, não se exige o cometimento da infração penal *durante* o exercício da profissão ou atividade. Outro aspecto relevante diz respeito à redução do alcance da causa de aumento, pois se refere apenas a condutores de veículos de transporte de passageiros e não de carga, como mencionado na agravante, que envolve tanto passageiros quanto carga.

**56. Influência de álcool e substância análoga:** concretizado o homicídio culposo, tal como previsto no *caput* deste artigo, cria-se a figura qualificada, apontando estar o agente condutor do veículo causador do acidente sob a influência de álcool ou substância psicoativa determinadora de dependência. Nessa hipótese, o motorista provocou a morte da vítima de maneira culposa (imprudência, negligência ou imperícia) estando, ao mesmo tempo, influenciado pelo álcool ou substância análoga. Quer-se concluir que foi detectada a culpa (por imprudência, negligência ou imperícia) e, além disso, estava o condutor alcoolizado ou perturbado. Não basta a simples influência do álcool ou substância análoga para configurar, automaticamente, a culpa, pois seria uma hipótese desnecessária de responsabilidade penal objetiva. Então, primeiro se constata ter havido imprudência, negligência ou imperícia, registrando-se o homicídio culposo na forma simples (*caput*). Em seguida, constatando-se a influência do álcool ou substância similar no condutor, tipifica-se o crime na forma qualificada do § 3.º. É preciso lembrar que esse parágrafo não é um *resultado qualificador*, mas uma *qualificadora*. Por isso, é possível unir-se o § 3.º, com sua pena destacada de reclusão de cinco a oito anos (e suspensão ou proibição do direito de se obter a permissão ou a habilitação) com as causas de aumento do § 1.º (incisos I a IV). Afinal, a pena-base será deduzida do § 3.º (5 a 8 anos de reclusão). Depois, acrescentam-se as agravantes e as atenuantes. Em seguida, na terceira fase, aplicam-se as causas de aumento ou diminuição. De qualquer modo, cria-se uma figura típica consagrando a culpa gravíssima – a culpa consciente – fazendo com que se torne desnecessário buscar a punição do agente por dolo eventual, migrando-se para a figura do homicídio doloso e levando o caso à apreciação do júri.

**57. Benefícios penais:** a pena prevista para o homicídio culposo qualificado, se aplicada no mínimo (5 anos) ou no máximo (8 anos), permite o início do cumprimento no regime semiaberto. Aliás, convém destacar que é possível a fixação do regime fechado, pois este é um dos únicos delitos culposos com pena de reclusão. Estão afastadas as penas restritivas de direitos (art. 43, CP). Cumula-se à privativa de liberdade a restrição ao direito de dirigir (suspensão ou proibição).

# Art. 303

**Art. 303.** Praticar[58-59] lesão corporal culposa[60-61] na direção[62] de veículo automotor:[63]

Penas – detenção, de 6 (seis) meses a 2 (dois) anos e suspensão ou proibição de se obter a permissão ou a habilitação para dirigir veículo automotor.[64-65]

§ 1.º Aumenta-se a pena de 1/3 (um terço) à metade, se ocorrer qualquer das hipóteses do § 1.º do art. 302.[66]

§ 2.º A pena privativa de liberdade é de reclusão de dois a cinco anos, sem prejuízo das outras penas previstas neste artigo, se o agente conduz o veículo com capacidade psicomotora alterada em razão da influência de álcool ou de outra substância psicoativa que determine dependência, e se do crime resultar lesão corporal de natureza grave ou gravíssima.[66-A]

**58. Análise do núcleo do tipo:** como já analisado no artigo antecedente, o tipo encontra--se mal redigido, arranhando o princípio da taxatividade. O correto seria: "ofender a integridade corporal ou a saúde de outrem", acrescido da forma culposa "por imprudência, negligência ou imperícia", findando com a circunstância especial "na direção de veículo automotor". Salva-se a aplicação do tipo do art. 303, interpretando-se o disposto no Código de Trânsito Brasileiro com o art. 129, *caput*, c.c. art. 18, II, do Código Penal. Entendemos não ferir o princípio da proporcionalidade, pois é intenção legislativa adotar postura mais rigorosa com a lesão corporal decorrente de acidente de trânsito. Por isso, a lesão culposa comum do Código Penal (art. 129, § 6.º) tem pena menor (detenção, de dois meses a um ano).

**58-A. Absorção do crime de perigo:** todo delito de dano, possuindo no mesmo contexto a previsão de crimes de perigo (risco de gerar um dano), termina por absorver os de perigo. É o caminho natural trilhado pela legislação penal, que cria delitos de perigo justamente para evitar a ocorrência do dano. Ilustrando, não há razão para punir o agente que, em velocidade incompatível com o local, provocar lesão culposa na direção de veículo com duas figuras delitivas. O excesso de velocidade (art. 311) deve ser absorvido pela lesão (art. 303). Quando o legislador considera o perigo importante, insere como qualificadora ou causa de aumento do delito de dano, como fez no tocante, por exemplo, a dirigir sem habilitação e causar lesão culposa (art. 303, § 1.º).

**58-B. Princípio da insignificância:** não se aplica, como regra, pois se trata de crime culposo, praticado por imprudência, negligência ou imperícia, sem intenção de atingir o resultado. Pune-se a conduta e não o resultado. Logo, desde que se torne típica a conduta (atesta-se a imprudência, por exemplo), a punição é necessária para desmotivar o agente a seguir, dali por diante, com atitudes desatenciosas. Na jurisprudência: STJ: "1. A hipótese dos autos não autoriza a incidência do princípio da insignificância em relação ao crime de lesão corporal culposa no trânsito. Primeiro, não se pode considerar que a ofensa perpetrada foi de pouca importância, em especial porque o art. 303 do CTB visa tutelar a integridade física e a segurança no trânsito. Ademais, na espécie, não está evidenciado o reduzido grau de reprovabilidade do comportamento, tendo em vista os maus antecedentes (homicídio tentado) e o contexto do delito, que foi majorado pela omissão de socorro e praticado em concurso com os crimes de embriaguez ao volante, afastar-se o condutor do local do sinistro, resistência e desacato" (AgRg no AREsp 2.318.729 – RJ, 6.ª T., rel. Antonio Saldanha Palheiro, 22.08.2023, v.u.).

**59. Sujeitos ativo e passivo:** qualquer pessoa.

**60. Elemento subjetivo:** é a culpa. A forma dolosa não é considerada crime de trânsito.

# Art. 304

**61. Objetos material e jurídico:** o objeto material é a pessoa lesionada, vítima da conduta do agente; o objeto jurídico é, primordialmente, a integridade física do ser humano, mas, secundariamente, a segurança viária.

**62. Circunstância específica:** ver a nota 43 ao art. 302.

**63. Classificação:** é crime comum (pode ser praticado por qualquer pessoa); material (exige resultado naturalístico, consistente na existência de lesão à vítima); de forma parcialmente vinculada (demanda o tipo que o agente esteja na direção de veículo automotor); comissivo (exige ação) e, excepcionalmente, comissivo por omissão (art. 13, § 2.º, CP); instantâneo (consuma-se com a lesão ao ofendido); de dano (exige-se prejuízo efetivo ao bem tutelado); unissubjetivo (pode ser cometido por uma só pessoa); plurissubsistente (demanda vários atos); não admite tentativa por se tratar de delito culposo.

**64. Infração de menor potencial ofensivo:** cabe a aplicação dos benefícios previstos na Lei 9.099/95.

**65. Perdão judicial:** ver a nota 37 ao art. 300 *supra*.

**66. Causas de aumento:** ver as notas 50 a 57 ao art. 302, § 1.º.

**66-A. Influência de álcool ou outra substância psicoativa que determine dependência:** cria-se, nesse parágrafo, uma lesão corporal culposa qualificada por duas razões: a) ter o condutor do veículo provocado a lesão culposa na vítima sob influência do álcool ou substância análoga; b) ser a lesão considerada grave ou gravíssima (art. 129, §§ 1.º ou 2.º, do Código Penal). Lembre-se de ser preciso, primeiro, demonstrar a culpa do motorista, provando-se a imprudência, negligência ou imperícia. A culpa não decorre automaticamente do uso do álcool ou substância análoga, pois seria criada uma hipótese desnecessária de responsabilidade penal objetiva. Então, verificada a culpa, devem-se enfocar o condutor e a espécie de lesão causada à vítima, aplicando-se a figura qualificada, cuja pena é de reclusão de dois a cinco anos, com possibilidade de fixar a suspensão ou proibição de dirigir. Nada impede que, constatando-se a figura qualificada, elegendo-se a faixa de onde se retira a pena-base (dois a cinco anos de reclusão), apliquem-se depois as agravantes e atenuantes e, na sequência, as causas de aumento ou diminuição; no caso presente, as causas de aumento do § 1.º. Acrescente-se ter sido preocupação legislativa impor uma punição mais severa a quem atua com culpa gravíssima, por conta da ingestão de álcool ou outra droga.

> **Art. 304.** Deixar[67-68] o condutor do veículo,[69-70] na ocasião do sinistro, de prestar imediato socorro à vítima, ou, não podendo fazê-lo diretamente, por justa causa,[71] deixar de solicitar auxílio da autoridade pública:[72]
>
> Penas – detenção, de 6 (seis) meses a 1 (um) ano, ou multa, se o fato não constituir elemento de crime mais grave.[73]
>
> **Parágrafo único.** Incide nas penas previstas neste artigo o condutor do veículo, ainda que a sua omissão seja suprida por terceiros[74] ou que se trate de vítima com morte instantânea[75] ou com ferimentos leves.[76]

**67. Análise do núcleo do tipo:** cuida-se de omissão de socorro, no contexto dos acidentes de trânsito. *Deixar* (omitir-se; evitar) de *prestar socorro* (dispensar auxílio) *imediato* (rápido, instantâneo) à vítima de acidente automobilístico, de maneira direta (pessoalmente), ou, não sendo viável proceder dessa forma, por justa causa (ver nota abaixo), não buscar ajuda da autoridade pública para que preste o almejado socorro. A obrigação é de condutor de veículo envolvido no evento, não necessariamente culpado pelo acidente. Aliás, se for o causador de

# Art. 304

Leis Penais e Processuais Penais Comentadas – Vol. 2 · **Nucci**

lesão à vítima, em razão de sua imprudência, negligência ou imperícia, responderá pelo delito próprio, com causa de aumento (art. 302, § 1.º, III; art. 303, parágrafo único).

**68. Sujeitos ativo e passivo:** o sujeito ativo é somente o condutor de veículo automotor envolvido no acidente. Outras pessoas que passem pelo local (condutores de veículos ou pedestres), alheios ao evento, estão obrigadas a prestar socorro igualmente, mas por força do disposto no art. 135 do Código Penal, não se incluindo no art. 304 do Código de Trânsito Brasileiro, embora a pena seja idêntica. O sujeito passivo é a vítima do acidente de trânsito.

**69. Elemento subjetivo:** é o dolo de perigo. Não se pune a forma culposa, nem há elemento subjetivo do tipo específico.

**70. Objetos material e jurídico:** o objeto material é a pessoa ferida, que não foi socorrida; o objeto jurídico é a proteção à vida e à integridade física do ser humano.

**71. Elemento normativo do tipo:** inseriu-se a expressão "por justa causa" no tipo incriminador, constituindo elemento pertinente à análise da licitude ou ilicitude da conduta. Na realidade, a obrigação do condutor do veículo, quando se envolve em acidente onde há vítima, deve ser a prestação de socorro direto à pessoa lesada. Entretanto, se houver *justa causa* (motivo razoável, dentro dos padrões juridicamente admitidos), pode prestar o auxílio por interposta pessoa, buscando apoio de qualquer autoridade preparada para tanto (ex.: bombeiro, policial, agentes de controle de tráfego etc.). O motivo juridicamente relevante liga-se aos padrões de legítima defesa ou estado de necessidade (ex.: o condutor pode passar mal e também necessitar de socorro; pode, também, como já exposto em nota anterior, ser ameaçado de linchamento e ter que deixar o local).

**72. Classificação:** é crime próprio (só pode ser praticado por pessoa específica); formal (não exige resultado naturalístico, consistente na existência de lesão efetiva à vítima). Havíamos sustentado, anteriormente, em nosso livro *Crimes de trânsito*, cuidar-se de crime de mera conduta (infração que jamais provoca resultado no plano naturalístico). Melhor refletindo, cremos tratar-se de delito formal, pois a falta de socorro *pode* trazer resultado naturalístico; de forma livre (pode ser cometido de qualquer forma); omissivo (demanda-se uma abstenção); instantâneo (o resultado não se prolonga no tempo); de perigo (não se exige prejuízo efetivo ao bem tutelado); unissubjetivo (pode ser cometido por uma só pessoa); unissubsistente (basta um ato: o não fazer); não admite tentativa por se tratar de delito omissivo próprio.

**73. Crime subsidiário:** somente se aplica o tipo penal do art. 304, caso não ocorra delito mais grave, como, por exemplo, o homicídio culposo (art. 302, § 1.º, III).

**74. Omissão suprida por terceiros:** deve-se analisar com cautela esse dispositivo. Somente se configura a omissão de socorro caso o condutor do veículo, envolvido no acidente, deixe de auxiliar a vítima, retirando-se do local, ocasião em que a pessoa ferida é ajudada por terceiros. No entanto, acontecendo o acidente, se terceiros, melhor aparelhados a tanto, oferecem seus préstimos para socorrer a vítima, é óbvio que não se pode punir o condutor do veículo por ter permitido que outras pessoas ajudassem.

**75. Morte instantânea:** outro ponto a merecer cuidado para sua aplicação. Se a vítima morrer instantaneamente, situação nítida e clara, torna-se ilógico exigir que o condutor do veículo preste socorro. Não se auxilia cadáver, constituindo crime impossível (objeto absolutamente impróprio, conforme prevê o art. 17 do Código Penal). Haveria condições de punir o condutor se o ofendido (morto instantaneamente) deixar de ser socorrido, mas não houver certeza acerca da sua morte. Essa é uma hipótese viável, uma vez que a obrigação de ser solidário é um dos fundamentos de existência do tipo penal de omissão de socorro (art. 304, Lei 9.503/97; art. 135, CP).

**76. Vítima com ferimentos leves:** neste caso torna-se essencial contar com a colaboração da pessoa a ser socorrida, pois, muitas vezes, justamente por ter sofrido ferimentos leves, há recusa em seguir para um hospital ou lugar similar. Não teria o menor sentido o condutor do veículo *constranger* a vítima a ser socorrida somente para evitar o enquadramento no art. 304, parágrafo único, da Lei 9.503/97.

> **Art. 305.** Afastar-se[77-78] o condutor do veículo do local do sinistro,[79-80] para fugir à responsabilidade penal ou civil que lhe possa ser atribuída:[81]
>
> Penas – detenção, de 6 (seis) meses a 1 (um) ano, ou multa.

**77. Análise do núcleo do tipo:** *afastar-se* (retirar-se; ir embora) do local do acidente de trânsito, com o fim de não ser penal ou civilmente responsabilizado. Trata-se do delito de fuga à responsabilidade, que, em nosso entendimento, é inconstitucional. Contraria, frontalmente, o princípio de que ninguém é obrigado a produzir prova contra si mesmo – *nemo tenetur se detegere* (ver a nota 1 ao Livro I do nosso *Código de Processo Penal comentado*). Inexiste razão plausível para obrigar alguém a se autoacusar, permanecendo no lugar do crime, para sofrer as consequências penais e civis do que provocou. Qualquer agente criminoso pode fugir à responsabilidade, exceto o autor de delito de trânsito. Logo, cremos inaplicável o art. 305 da Lei 9.503/97. Nesse sentido, o Tribunal de Justiça de São Paulo, o Tribunal de Justiça de Minas Gerais e o Tribunal de Justiça de Santa Catarina já consideraram inconstitucional o art. 305. TJSP: "Incidente de inconstitucionalidade (CF, art. 97; CPC, arts. 480 a 482). Código de Trânsito Brasileiro, art. 305 – fuga à responsabilidade penal e civil. Tipo penal que viola o princípio do art. 5.º, LXIII – garantia de não autoincriminação. Extensão da garantia a qualquer pessoa, e não exclusivamente ao preso ou acusado, segundo orientação do STF. Imposição do tipo penal que acarreta a autoincriminação, prevendo sanção restritiva da liberdade, inclusive para a responsabilidade civil. Inconstitucionalidade reconhecida. Incidente acolhido. É inconstitucional, por violar o art. 5.º, LXIII, da Constituição Federal, o tipo penal previsto no art. 305 do Código de Trânsito Brasileiro" (Órgão Especial, Arguição de Inconstitucionalidade 990.10.159020-4, rel. Boris Kauffmann, 14.07.2010, m.v.). TJMG: "Incidente de inconstitucionalidade – Reserva de Plenário – Art. 305, do Código de Trânsito Brasileiro – Incompatibilidade com o direito fundamental ao silêncio – Inconstitucionalidade declarada" (Corte Superior, Incidente de Inconstitucionalidade 1.0000.07.456021-0, rel. Sérgio Resende, 11.06.2008, m.v.). Apesar disso, o STF proclamou a constitucionalidade do art. 305: "Decisão: O Tribunal, por maioria, apreciando o tema 907 da repercussão geral, deu provimento ao recurso extraordinário, nos termos do voto do Relator, vencidos os Ministros Gilmar Mendes, Marco Aurélio, Celso de Mello e Dias Toffoli (Presidente). Em seguida, por maioria, fixou-se a seguinte tese: 'A regra que prevê o crime do art. 305 do Código de Trânsito Brasileiro (Lei n.º 9.503/97) é constitucional, posto não infirmar o princípio da não incriminação, garantido o direito ao silêncio e ressalvadas as hipóteses de exclusão da tipicidade e da antijuridicidade', vencidos os Ministros Gilmar Mendes, Marco Aurélio e Celso de Mello, que votaram contrariamente à tese. Não participou, justificadamente, da votação da tese, o Ministro Roberto Barroso. Ausente, justificadamente, a Ministra Rosa Weber. Plenário, Sessão Ordinária, 14.11.2018" (disponível em: <http://www.stf.jus.br/portal/jurisprudenciaRepercussao/verAndamentoProcesso.asp?incidente=4985877&numeroProcesso=971959&classeProcesso=RE&numeroTema=907>. Acesso em: 18 fev. 2019).

**78. Sujeitos ativo e passivo:** o sujeito ativo é somente o condutor do veículo envolvido em acidente de trânsito; o sujeito passivo é o Estado.

**79. Elemento subjetivo:** é o dolo. Não se pune a forma culposa. Exige-se o elemento subjetivo específico consistente na finalidade de fugir à responsabilidade penal ou civil.

# Art. 306

Leis Penais e Processuais Penais Comentadas – Vol. 2 • Nucci

**80. Objetos material e jurídico:** o objeto material é o local do acidente; o objeto jurídico é a administração da justiça.

**81. Classificação:** é crime próprio (só pode ser praticado por pessoa específica); formal (não exige resultado naturalístico, consistente na existência de lesão efetiva ao Estado); de forma livre (pode ser cometido de qualquer forma); comissivo (demanda-se uma ação), excepcionalmente comissivo por omissão (art. 13, § 2.º, CP); instantâneo (o resultado não se prolonga no tempo); unissubjetivo (pode ser cometido por uma só pessoa); plurissubsistente (exige-se vários atos); admite tentativa.

> **Art. 306.** Conduzir veículo automotor[82-84] com capacidade psicomotora alterada em razão da influência[85] de álcool ou de outra substância psicoativa que determine dependência:[86-89]
>
> Penas – detenção, de 6 (seis) meses a 3 (três) anos, multa e suspensão ou proibição de se obter a permissão ou a habilitação para dirigir veículo automotor.[90-90-A]
>
> § 1.º As condutas previstas no *caput* serão constatadas por:
>
> I – concentração igual ou superior a 6 decigramas de álcool por litro de sangue ou igual ou superior a 0,3 miligrama de álcool por litro de ar alveolar;[90-B] ou
>
> II – sinais que indiquem, na forma disciplinada pelo Contran, alteração da capacidade psicomotora.[90-C]
>
> § 2.º A verificação do disposto neste artigo poderá ser obtida mediante teste de alcoolemia ou toxicológico, exame clínico, perícia, vídeo, prova testemunhal ou outros meios de prova em direito admitidos, observado o direito à contraprova.[90-D]
>
> § 3.º O Contran disporá sobre a equivalência entre os distintos testes de alcoolemia ou toxicológico para efeito de caracterização do crime tipificado neste artigo.[90-E-90-F]
>
> § 4.º Poderá ser empregado qualquer aparelho homologado pelo Instituto Nacional de Metrologia, Qualidade e Tecnologia – INMETRO – para se determinar o previsto no *caput*.

**82. Análise do núcleo do tipo:** cuida-se do delito denominado de embriaguez ao volante. Conduzir (guiar, dirigir) é a conduta visada, tendo por objeto o veículo automotor. É preciso considerar que este delito não mais precisa ocorrer em via pública, pois essa expressão foi retirada do tipo penal. Logo, é possível caracterizar-se o delito em locais diversos, tais como estacionamentos e áreas internas de condomínios, lojas, shoppings, sítios, fazendas etc. Não é imprescindível, para a caracterização deste crime, a individualização de vítimas, vale dizer, é dispensável a identificação de quem, efetivamente, correu o risco de ser atingido, sofrendo lesão, em virtude do comportamento do agente. Sustentávamos que seria perigosa a punição de alguém, com base em um delito cuja pena pode atingir três anos de detenção, calcado em perigo abstrato, sem demonstração do grau de intoxicação do agente. Entretanto, é preciso considerar que a construção de tipos penais incriminadores, calcados no perigo abstrato, podem ser justificados, quando fatos anteriores, coletados pelo legislador à saciedade, indiquem ser a conduta incompatível com o nível de segurança pretendido pela sociedade em qualquer cenário. Essa é a hipótese da embriaguez ao volante. Torna-se inteiramente incabível dirigir veículo automotor, sob influência de álcool ou substância análoga, desde que isso altere a sua percepção na direção do automóvel. Do mesmo modo, não quer o Estado que alguém possa portar arma de fogo, sem autorização da autoridade competente, ou ter consigo droga ilícita.

Por isso, após dezesseis anos de vigência do Código de Trânsito Brasileiro, há tempo mais que suficiente para se colher dados acerca dos males da direção de veículo após ingerir bebida alcoólica ou substância similar. Cremos justificável o perigo abstrato na figura do art. 306. Na jurisprudência: STJ: "1. O STJ entende que a demonstração, por teste de etilômetro, de que o réu dirigia veículo automotor com a concentração de álcool por litro de ar alveolar superior à permitida pela legislação é, entre outras provas, suficiente para ensejar sua condenação pela prática do crime previsto no art. 306 do Código de Trânsito Brasileiro, como no caso, mesmo que não tenham sido invocados outros elementos para tanto" (AgRg no AREsp 1.943.818 – PR, 6.ª T., rel. Rogerio Schietti Cruz, 15.03.2022, v.u.); "2. O crime do art. 306 do Código de Trânsito Brasileiro é de perigo abstrato. Sendo assim, a ocorrência de perigo concreto, causado pela conduta do agente, não é elemento inerente ao tipo penal, e autoriza a negativação da culpabilidade e o aumento da pena-base. Precedentes da Quinta e da Sexta Turma desta Corte Superior" (AgRg no REsp 1.895.296, 6.ª T., rel. Laurita Vaz, 07.12.2021, v.u.).

**82-A. Análise comparativa:** o tipo penal do art. 306 desta Lei já sofreu três modificações. A redação original, datada de 1997, era a seguinte: "Conduzir veículo automotor, na via pública, sob a influência de álcool ou substância de efeitos análogos, expondo a dano potencial a incolumidade de outrem". Após, a alteração provocada em 2008, levou à seguinte: "Conduzir veículo automotor, na via pública, estando com concentração de álcool por litro de sangue igual ou superior a 6 (seis) decigramas, ou sob a influência de qualquer outra substância psicoativa que determine dependência: Penas – detenção, de 6 (seis) meses a 3 (três) anos, multa e suspensão ou proibição de se obter a permissão ou a habilitação para dirigir veículo automotor. Parágrafo único. O Poder Executivo federal estipulará a equivalência entre distintos testes de alcoolemia, para efeito de caracterização do crime tipificado neste artigo". Finalmente, a redação atual contornou os graves erros da anterior, retomando o princípio básico da original, porém modificada. Inicialmente, o crime de embriaguez ao volante caracterizava-se pela condução de veículo automotor *sob a influência* de álcool ou substância de efeitos análogos, expondo a incolumidade alheia a dano potencial, vale dizer, perigo concreto. Depois, abandonou-se o perigo concreto, mas se fixou um patamar para a embriaguez ao volante: seis decigramas por litro de sangue. Essa redação inviabilizou, completamente, a apuração e punição, pois exigia do próprio acusado que realizasse o exame pericial, para apontar aquele nível de álcool no sangue, produzindo prova contra si mesmo, o que é inconstitucional. Atualmente, voltou-se à redação original, lastreada apenas na *influência do álcool*, sem nível predefinido, ao mesmo tempo em que se adotou o perigo abstrato.

**83. Sujeitos ativo e passivo:** o sujeito ativo pode ser qualquer pessoa; o passivo é a sociedade.

**84. Elemento subjetivo:** é o dolo de perigo. Não existe a forma culposa, nem se exige elemento subjetivo específico.

**85. Influência de álcool ou substância psicoativa que gere dependência:** basta a provocação de excitação psicomotora, causada pelo álcool ou substância similar, como remédios de uso controlado ou drogas ilícitas, suficiente para perturbar os sentidos, obnubilando a atenção exigível de qualquer motorista. Diante disso, inexiste necessidade de se demonstrar um nível prefixado de concentração de álcool por litro de sangue. Entretanto, o perigo emerge, mesmo abstrato, quando a capacidade psicomotora do motorista é afetada pela *influência* do álcool ou outra droga.

**86. Objetos material e jurídico:** o objeto material é o veículo automotor; o objeto jurídico é a segurança viária.

# Art. 306

Leis Penais e Processuais Penais Comentadas – Vol. 2 · **Nucci**

**87. Classificação:** é crime comum (pode ser praticado por qualquer pessoa); formal (não exige resultado naturalístico, consistente na existência de lesão efetiva a alguém); de forma livre (pode ser cometido de qualquer forma); comissivo (demanda-se uma ação) e, excepcionalmente, comissivo por omissão (art. 13, § 2.º, CP); instantâneo (o resultado não se prolonga no tempo); de perigo abstrato (não se exige prejuízo efetivo ao bem tutelado, nem mais é essencial a prova da probabilidade de ocorrência do dano); unissubjetivo (pode ser cometido por uma só pessoa); plurissubsistente (demanda vários atos); admite tentativa, embora de difícil configuração.

**88. Uso do bafômetro ou colheita de sangue:** não é exigível, pois ninguém é obrigado a produzir prova contra si mesmo. Entretanto, o Estado não perde o poder de polícia por conta disso. Se um motorista for flagrado colocando em risco a segurança viária, sob a suspeita de estar dirigindo influenciado pelo álcool, pode ser impedido de prosseguir. A atual redação do art. 306, particularmente no tocante ao descrito nos §§ 1.º e 2.º, permite demonstrar a prática do crime por variados meios. O motorista pode ser compelido a sair do veículo, fazer testes de equilíbrio emocional e motor, respondendo a perguntas, pois cabe ao poder de polícia do Estado verificar o seu estado.

**89. Confronto com o art. 34 da Lei das Contravenções Penais:** o delito do art. 306 provocou a revogação parcial do referido art. 34 ("Dirigir veículos na via pública, ou embarcações em águas públicas, pondo em perigo a segurança alheia"), na parte relativa aos veículos automotores. Resta o art. 34 para a aplicação no tocante às embarcações.

**90. Penas cumulativas:** é um crime com três espécies de penas cumulativamente aplicadas (privativa de liberdade, pecuniária e restritiva de direito), embora se possa substituir a pena privativa de liberdade, a teor do disposto no art. 44 do Código Penal, por outras restrições a direitos, como, por exemplo, prestação de serviços à comunidade.

**90-A. Absorção por delito de dano:** parece-nos seja o caminho indicado. Não há possibilidade de se considerar que o crime de perigo, existente para evitar a concretização do delito de dano, seja punido quando o dano já se efetivou. Ilustrando, sob outro cenário: se o homicídio for cometido com emprego de arma de fogo e o agente não possuir porte ou registro da arma, será punido somente por homicídio. Não mais interessa a infração referente à arma de fogo, crime de perigo, pois atingido o delito de dano. Contudo, a questão pode estar superada, tendo em vista a inclusão da embriaguez como qualificadora no homicídio culposo e na lesão culposa. Portanto, não se debate mais a absorção. Obviamente, resta afastada a aplicação do crime do art. 306, a menos que se atinja o indevido *bis in idem*.

**90-B. Concentração de álcool no sangue:** a indicação dessa concentração é um ponto de apoio para fiscalizar o motorista, buscando constatar a alteração da capacidade psicomotora, porém, não é determinante. Pode ser que, mesmo em menor quantidade, haja perturbação para dirigir. Além do grau apontado neste inciso, é curial a avaliação de quem se deparar com o motorista e tiver que avaliar a sua capacidade para conduzir veículo. A conduta descrita no *caput* cuida da direção de veículo automotor *sob influência* do álcool, pouco importando o volume. Diante disso, a previsão feita no § 1.º, I, diz respeito a quem se submeter a exame de sangue ou soprar o etilômetro (bafômetro), por conduta voluntária, apresentando níveis superiores ao indicado. Porém, mais uma vez, no âmbito criminal, não se pode obrigar o condutor a se submeter a tais testes, embora o STF tenha firmado posição no sentido de, não soprado o bafômetro, possa a administração impor sanção de suspensão da carteira de habilitação.

**90-C. Sinais de alteração da capacidade psicomotora:** há vários indícios de alteração da capacidade mental para controlar os movimentos corporais, tais como modificação na fala, incapacidade de se equilibrar, tremor nas mãos, linguagem desconexa etc. Não há necessidade de disciplina pelo Contran, pois o disposto pelo § 1.º diz respeito a processo penal, vale dizer, como comprovar o previsto no *caput*. Em nosso entendimento, os dois incisos pretendem evidenciar o desnecessário em matéria penal, tendo em vista que o tipo básico é mais que suficiente para a compreensão do delito. Ademais, não cabe a nenhum órgão de trânsito estipular, por meio de ato administrativo, como se comprova um crime.

**90-D. Meios de prova:** a redação atual do *caput* seria suficiente para caracterizar a conduta delituosa, valendo a prova da alteração da capacidade psicomotora para dirigir, em decorrência de álcool ou outra substância de efeito análogo por todos os meios lícitos de provas. Porém, o legislador quis deixar bem claro quais seriam esses meios, depois de vários equívocos cometidos em leis anteriores tratando desse tema.

**90-E. Lei em branco:** dispúnhamos que o art. 306 não seria norma penal em branco para haver a ingerência do Poder Executivo, no âmbito da edição de decretos, com o objetivo de produzir prova acerca da embriaguez. Não haveria *norma processual em branco*. Entretanto, refletindo detidamente sobre o tema, chegamos a diversa conclusão, lastreado na obviedade do aforismo: *quem pode o mais, pode o menos*. Se o Legislativo pode criar uma lei penal incriminadora *em branco*, dependente do complemento editado por órgãos de outros Poderes, como se dá no caso da Lei de Drogas, cujo complemento advém de Portaria da ANVISA para conceituar drogas ilícitas, por certo, pode editar norma processual em branco. O princípio da legalidade rege o Direito Penal, mas não, diretamente, o Processo Penal. Eis o motivo pelo qual a tessitura da norma penal é mais delicada do que a processual, respeitando-se, fielmente, o preceito: não há crime sem prévia lei; não há pena, sem prévia lei. Nada impede que, no cenário processual penal, seja autorizado ao CONTRAN, órgão de trânsito ligado ao Poder Executivo, fixar os critérios técnicos para demonstrar a equivalência entre os distintos testes de alcoolemia e toxicológico. Afinal, a concentração de álcool no sangue, indicando embriaguez, também pode ser encontrada nos alvéolos pulmonares, razão pela qual é possível equiparar o exame de sangue ao teste do etilômetro (vulgo bafômetro).

**90-F. Confronto com outro delito de perigo:** não há absorção, pois um crime não é meio para a prática do outro. Sob outro prisma, os tipos são diversos e um pode ser cometido sem necessariamente o outro se configurar. Essa completa independência justifica a não absorção. Consulte-se: Súmula 664 do STJ: "É inaplicável a consunção entre o delito de embriaguez ao volante e o de condução de veículo automotor sem habilitação". Na jurisprudência: STJ: "2. O Tribunal de origem afastou a aplicação da consunção e condenou o agravante pela prática, em concurso material, dos crimes previstos pelos arts. 306 e 309 do CTB, em consonância com a jurisprudência desta Corte Superior, segundo a qual o delito de embriaguez ao volante não se constitui em meio necessário para o cometimento da direção de veículo automotor sem a devida habilitação, sequer como fase de preparação, tampouco sob o viés da execução do crime na direção de veículo automotor. 3. Os crimes em causa possuem momentos consumativos também distintos, na medida em que o art. 306 do CTB (embriaguez ao volante) é de perigo abstrato, de mera conduta, enquanto o art. 309 do CTB (direção de veículo automotor sem a devida habilitação) é de perigo concreto (REsp 1.810.481, Rel. Ministro Ribeiro Dantas). 4. Tendo havido a indicação na origem de que os delitos, autônomos, resultaram de ações distintas, motivo pelo qual não preenchido o requisito para o reconhecimento do concurso formal, rever o ponto, tal como pretende a defesa, implicaria, ainda, revisão do conjunto fático-probatório, providência que não encontra espaço na via eleita, nos termos da Súmula 7/STJ" (EDcl no HC 700.764 – SC, 6.ª T., rel. Olindo Menezes (Desembargador convocado do TRF da 1ª Região), 22.02.2022, v.u.).

# Art. 307

**Art. 307.** Violar[91-92] a suspensão ou a proibição de se obter a permissão ou a habilitação[93] para dirigir veículo automotor[94-95] imposta com fundamento neste Código:[96]

Penas – detenção, de 6 (seis) meses a 1 (um) ano, e multa, com nova imposição adicional de idêntico prazo de suspensão ou de proibição.[97]

**Parágrafo único.** Nas mesmas penas incorre o condenado que deixa de entregar, no prazo estabelecido no § 1.º do art. 293, a Permissão para Dirigir ou a Carteira de Habilitação.[98]

**91. Análise do núcleo do tipo:** cuida-se do delito da violação da proibição de dirigir. *Violar* (infringir, transgredir) a suspensão ou proibição de se obter a permissão ou habilitação para dirigir veículo automotor. Cuida-se de tipo penal incriminador cuja finalidade é fazer valer a sanção ou medida cautelar imposta por conta de outro delito de trânsito. Portanto, se o juiz suspender a habilitação de alguém, como medida cautelar (art. 294) ou pena (ex.: art. 302), infringindo a ordem, provoca a configuração do delito. Na jurisprudência: STJ: "1. É atípica a conduta contida no art. 307 do CTB quando a suspensão ou a proibição de se obter a permissão ou a habilitação para dirigir veículo automotor advém de restrição administrativa (HC n. 427.472/SP, Maria Thereza de Assis Moura, Sexta Turma, *DJe* 12/12/2018)" (AgRg no RHC 110.158 – SP, 6.ª T., rel. Sebastião Reis Junior, 25.06.2019, v.u.).

**92. Sujeitos ativo e passivo:** o sujeito ativo é a pessoa proibida de dirigir; o passivo é a sociedade.

**93. Permissão e habilitação:** consultar a nota 12 ao art. 292.

**94. Elemento subjetivo:** é o dolo. Não se pune a forma culposa, nem se exige elemento subjetivo específico.

**95. Objetos material e jurídico:** o objeto material é o veículo automotor conduzido sem autorização; o objetivo jurídico é a administração da justiça. Na jurisprudência: STJ: "1. Da leitura do artigo 307 do Código de Trânsito Brasileiro, verifica-se que o objeto jurídico tutelado pela norma incriminadora é a administração da justiça, vale dizer, trata-se de infração penal que busca dar efetividade e real cumprimento a sanção cominada em outro delito de trânsito" (RHC 99.585 – PR, 5.ª T., rel. Jorge Mussi, 19.03.2019, v.u.).

**96. Classificação:** é crime próprio (somente pode ser praticado sujeito qualificado); mera conduta (não há resultado naturalístico, consistente na existência de lesão efetiva a alguém); de forma livre (pode ser cometido de qualquer forma); comissivo (demanda-se uma ação) e, excepcionalmente, comissivo por omissão (art. 13, § 2.º, CP); instantâneo (o resultado não se prolonga no tempo); de perigo abstrato (não se exige prejuízo efetivo ao bem tutelado, nem mesmo prova da probabilidade de ocorrência do dano); unissubjetivo (pode ser cometido por uma só pessoa); plurissubsistente (demanda vários atos); admite tentativa, embora seja de difícil configuração.

**97. Pena acessória:** trata-se de pena acessória à principal. Além da pena privativa de liberdade (detenção, de seis meses a um ano) e multa, deve o juiz aplicar prazo adicional de suspensão ou proibição de permissão ou habilitação para dirigir veículo nos moldes anteriormente fixados e não cumpridos.

**98. Crime por equiparação:** a violação da suspensão ou proibição de dirigir veículo automotor equipara-se ao fato de, intimado, o motorista não entregar a permissão ou habili-

# Art. 308

tação. Afinal, não procedendo à entrega, significa que poderia dirigir, possuindo o documento indispensável à apresentação à autoridade de trânsito.

> **Art. 308.** Participar,[99-100] na direção de veículo automotor, em via pública, de corrida, disputa ou competição automobilística ou ainda de exibição ou demonstração de perícia em manobra de veículo automotor,[100-A] não autorizada pela autoridade competente,[101-103] gerando situação de risco à incolumidade pública ou privada:[104-105]
>
> Penas – detenção, de 6 (seis) meses a 3 (três) anos, multa e suspensão ou proibição de se obter a permissão ou a habilitação para dirigir veículo automotor.[106]
>
> § 1.º Se da prática do crime previsto no *caput* resultar lesão corporal de natureza grave, e as circunstâncias demonstrarem que o agente não quis o resultado nem assumiu o risco de produzi-lo, a pena privativa de liberdade é de reclusão, de 3 (três) a 6 (seis) anos, sem prejuízo das outras penas previstas neste artigo.[106-A]
>
> § 2.º Se da prática do crime previsto no *caput* resultar morte, e as circunstâncias demonstrarem que o agente não quis o resultado nem assumiu o risco de produzi-lo, a pena privativa de liberdade é de reclusão de 5 (cinco) a 10 (dez) anos, sem prejuízo das outras penas previstas neste artigo.[106-B]

**99. Análise do núcleo do tipo:** cuida-se do crime de participação em competição não autorizada, vulgarmente conhecido como *racha*. *Participar* (tomar parte, associar-se a algo) de corrida (ato de correr, percorrendo uma distância predeterminada), disputa (cuida-se da corrida, quando há rivalidade entre dois motoristas) ou competição (é a corrida entre vários participantes) automobilística não autorizada, causando perigo concreto à incolumidade pública ou privada. É preciso que o *racha* ocorra em via pública. Nesse ponto, entretanto, equivocou-se o legislador, pois há muitas competições não autorizadas que ocorrem em condomínios fechados, igualmente perigosas. O correto seria exigir a participação em corrida, disputa ou competição *apenas* na direção de veículo automotor, sem indicar local público. Na jurisprudência: STJ: "4. Devidamente delineado pelas provas dos autos que o agravante estaria, em tese, participando de disputa automobilística denominada popularmente de 'racha', o fato de não ser o seu carro o envolvido no abalroamento não descaracteriza o nexo causal, haja vista a efetiva existência de coautoria, configurada exatamente pela prática, em tese, do crime objeto da consunção" (AgRg no HC 814.007 – SP, 5.ª T., rel. Reynaldo Soares da Fonseca, 06.06.2023, v.u.).

**100. Sujeitos ativo e passivo:** o sujeito ativo é qualquer pessoa; o passivo é a sociedade.

**100-A. Exibição ou demonstração de perícia em manobra de veículo automotor:** além da competição resultante no racha (corrida, disputa ou competição), há, ainda, os desmandos do condutor do veículo, promovendo manobras arriscadas como o denominado cavalo de pau, bem como outras mostras de habilidade, tais como arranques rápidos cantando pneus, entre outras similares.

**101. Elemento normativo do tipo:** a menção à ausência de autorização da autoridade competente é ligada à antijuridicidade. Portanto, quando a autoridade responsável pelo trânsito conceder licença para a realização da competição, de que espécie for, não se configura o delito.

**102. Elemento subjetivo:** é o dolo de perigo. Não há a forma culposa, nem se exige o elemento subjetivo específico.

# Art. 308

**103. Objetos material e jurídico:** o objeto material é o veículo utilizado para o *racha*. O objeto jurídico é a segurança viária.

**104. Classificação:** é crime comum (pode ser praticado por qualquer pessoa); formal (não se exige resultado naturalístico, consistente na existência de lesão efetiva a alguém); de forma livre (pode ser cometido de qualquer forma); comissivo (demanda-se uma ação) e, excepcionalmente, comissivo por omissão (art. 13, § 2.º, CP); instantâneo (o resultado não se prolonga no tempo); de perigo concreto (exige-se prova da probabilidade de ocorrência do dano); unissubjetivo (pode ser cometido por uma só pessoa, na modalidade *corrida*) ou plurissubjetivo (somente se comete com duas ou mais pessoas, nas formas *disputa* e *competição*); plurissubsistente (demanda vários atos); admite tentativa, embora seja de difícil configuração.

**104-A. Crime de perigo concreto:** a expressão que constava da anterior redação deste tipo penal, no final do artigo, era: "desde que resulte dano potencial à incolumidade pública ou privada". Trata-se de conteúdo indicativo do perigo concreto, ou seja, a potencialidade lesiva que precisa ser investigada, demonstrada e provada para haver condenação. Hoje, com a edição da Lei 12.971/2014, passou-se a: "gerando situação de risco à incolumidade pública ou privada". Não nos parece tenha havido qualquer alteração substancial. Continua-se a exigir o perigo concreto, devendo-se provar qual foi o risco gerado pelo "racha" e a potencial lesão a terceiros para a configuração do crime.

**105. Absorção pelo crime de dano:** se, em razão do *racha*, houver morte ou lesão corporal, o crime de dano (homicídio culposo qualificado ou doloso, lesão culposa qualificada) absorve o de perigo, que é o previsto no art. 308. Nada mudou nesse contexto.

**106. Pena cumulativa:** exige-se a aplicação cumulada de três espécies de pena (privativa de liberdade, multa e restritiva de direito). Entretanto, permite-se a substituição da pena privativa de liberdade por outras penas restritivas de direito, conforme previsto no art. 44 do Código Penal. A edição da Lei 12.971/2014 limitou-se a elevar o máximo abstrato da pena privativa de liberdade para três anos, evitando-se com isso a sua caracterização como infração de menor potencial ofensivo, afastando-se o âmbito da transação.

**106-A. Crime qualificado pelo resultado:** a modificação inserida pela Lei 13.281/2016, revogando o § 2.º do art. 302, que criava um *bis in idem* em relação a este parágrafo do art. 308, permite, agora, a aplicação deste dispositivo. Essa figura é um delito qualificado pelo resultado, significando um crime de perigo (dolo de perigo), descrito no *caput*, seguido por um resultado qualificador danoso. De maneira correta, o legislador deixou bem claro que o referido resultado danoso somente pode dar-se por culpa do agente: "as circunstâncias demonstrarem que o agente não quis o resultado nem assumiu o risco de produzi-lo". Logo, se houver dolo (geralmente, o dolo eventual) no tocante ao resultado danoso, pune-se pela figura da lesão corporal grave (art. 129, § 1.º ou § 2.º). Há uma contradição, pois a pena do crime doloso é menor do que a prevista neste tipo. No entanto, havendo dolo de dano, não há outra solução, em razão do princípio da legalidade.

**106-B. Crime qualificado pelo resultado:** de acordo com o exposto na nota anterior, havendo "racha" (conduta movida pelo dolo de perigo), com resultado morte (advindo de culpa, como deixou claro o legislador: "as circunstâncias demonstrarem que o agente não quis o resultado nem assumiu o risco de produzi-lo"), responde o agente com base neste art. 308. Não há absorção de homicídio culposo (crime de dano), porque esta figura também contempla o dano culposo causado na vítima. Logo, o art. 308 torna-se especial em relação ao art. 302, que é geral.

Art. 309

**Art. 309.** Dirigir[107-108] veículo automotor, em via pública,[109-110] sem a devida Permissão para Dirigir ou Habilitação ou, ainda, se cassado o direito de dirigir, gerando perigo de dano:[111-112-A]

Penas – detenção, de 6 (seis) meses a 1 (um) ano, ou multa.

**107. Análise do núcleo do tipo:** é o delito de dirigir sem habilitação. *Dirigir* (operar o mecanismo, encaminhar) veículo automotor, em via pública, sem possuir permissão ou habilitação, provocando perigo concreto para a segurança viária. Na jurisprudência: STJ: "1. Não se verifica, pela visão que o momento o permite, ilegalidade a ser sanada na decisão que condenou o réu pela prática do delito previsto no art. 309 do CTB, pois baseada nas provas produzidas nos autos, concluindo-se pela existência de perigo concreto de dano a partir de sua conduta, posto que 'conduzia veículo automotor sem a devida habilitação, tendo sido visto pelos policiais pilotando sua motoneta em zigue-zague por entre os veículos, além de ter avançado o sinal vermelho e desrespeitado diversas sinalizações de parada obrigatória em cruzamentos'. 2. Agravo regimental improvido" (AgRg no HC 704.525 – SP, 6.ª T., rel. Olindo Menezes (Desembargador convocado do TRF da 1ª Região), 15.03.2022, v.u.); "1. 'Nos termos dos precedentes desta Corte, o crime tipificado no art. 309 do Código de Trânsito Brasileiro é de perigo concreto, sendo necessária a ocorrência de perigo real ou concreto, diante da exigência contida no próprio texto do dispositivo' (AgRg no AREsp 1.027.420/SE, Rel. Ministro Felix Fischer, Quinta Turma, julgado em 14/3/2017, DJe de 22/3/2017), como na presente hipótese, diante da ocorrência do perigo concreto" (AgRg no AgRg no AREsp 1.556.343 – SC, 5.ª T., rel. Joel Ilan Paciornik, 06.10.2020, v.u.).

**108. Sujeitos ativo e passivo:** o sujeito ativo é qualquer pessoa; o sujeito passivo é a sociedade.

**109. Elemento subjetivo:** é o dolo de perigo. Não se pune a forma culposa, nem se exige elemento subjetivo específico.

**110. Objetos material e jurídico:** o objeto material é o veículo automotor; o objetivo jurídico é a segurança viária.

**111. Classificação:** é crime comum (pode ser praticado por qualquer pessoa). Críamos ser delito próprio (cometido somente por pessoa não habilitada), mas, em verdade, cuida-se de delito comum, pois qualquer um pode cometer; formal (não se exige resultado naturalístico, consistente na existência de lesão efetiva a alguém); de forma livre (pode ser cometido de qualquer forma); comissivo (demanda-se uma ação) e, excepcionalmente, comissivo por omissão (art. 13, § 2.º, CP); instantâneo (o resultado não se prolonga no tempo); de perigo concreto (exige-se prova da probabilidade de ocorrência do dano); unissubjetivo (pode ser cometido por uma só pessoa); plurissubsistente (demanda vários atos); admite tentativa, embora seja de difícil configuração.

**112. Confronto com o art. 32 da Lei das Contravenções Penais:** o referido art. 32 ("Dirigir, sem a devida habilitação, veículo na via pública, ou embarcação a motor em águas públicas") está derrogado pelo art. 309 da Lei 9.503/97. Remanesce a figura relativa às embarcações. Quanto à falta de habilitação para dirigir veículo automotor, aplica-se somente o disposto no art. 309. É o teor da Súmula 720 do Supremo Tribunal Federal: "O art. 309 do Código de Trânsito Brasileiro, que reclama decorra do fato perigo de dano, derrogou o art. 32 da Lei das Contravenções Penais no tocante à direção sem habilitação em vias terrestres".

**112-A. Confronto com o art. 306:** ver a nota 90-F *supra*.

# Art. 310

**Art. 310.** Permitir, confiar ou entregar[113-114] a direção de veículo automotor[115-116] a pessoa não habilitada, com habilitação cassada ou com o direito de dirigir suspenso, ou, ainda, a quem, por seu estado de saúde, física ou mental, ou por embriaguez,[117] não esteja em condições de conduzi-lo com segurança:[118]

Penas – detenção, de 6 (seis) meses a 1 (um) ano, ou multa.

**113. Análise do núcleo do tipo:** é a entrega de volante a pessoa não autorizada. Permitir (dar licença ou liberdade), confiar (ter confiança em) ou entregar (passar às mãos de alguém) a direção de veículo automotor a pessoa não autorizada a conduzi-lo (por falta de habilitação ou em virtude de estado de saúde, física ou mental, bem como por embriaguez). O crime é de perigo abstrato, não necessitando de prova do risco concreto que a coletividade tenha corrido. A segurança viária não se coaduna com pessoas não habilitadas dirigindo veículos. Na jurisprudência: STJ: "4. O crime do art. 310 do CTB é de perigo abstrato, portanto, não é exigível, para o aperfeiçoamento do crime, a ocorrência de lesão ou de perigo de dano concreto na conduta de quem permite, confia ou entrega a direção de veículo automotor a pessoa não habilitada, com habilitação cassada ou com o direito de dirigir suspenso, ou ainda a quem, por seu estado de saúde, física ou mental, ou por embriaguez, não esteja em condições de conduzi-lo com segurança. Nesses termos, a realização do resultado material morte deve ser punido independentemente, não havendo, portanto, falar em *bis in idem*" (AgRg no HC 660.844 – SP, 5.ª T., rel. Ribeiro Dantas, 10.05.2022, v.u.).

**114. Sujeitos ativo e passivo:** o sujeito ativo pode ser qualquer pessoa; o passivo é a sociedade.

**115. Elemento subjetivo:** é o dolo de perigo. Não há a forma culposa, nem se exige elemento subjetivo específico.

**116. Objetos material e jurídico:** o objeto material é a direção de veículo automotor; o objeto jurídico é a segurança viária.

**117. Embriaguez:** basta que o condutor esteja sob influência de álcool ou substância de efeito análogo, mesmo que não ocorra a embriaguez completa.

**118. Classificação:** é crime comum (pode ser praticado por qualquer pessoa); formal (não se exige resultado naturalístico, consistente na existência de lesão efetiva a alguém). Pensávamos ser crime de mera conduta (aquele que jamais produz resultado naturalístico), mas, na verdade, é formal; de todo modo, de perigo abstrato; de forma livre (pode ser cometido de qualquer forma); comissivo (demanda-se uma ação), em regra, e, excepcionalmente, comissivo por omissão (art. 13, § 2.º, do CP); instantâneo (o resultado não se prolonga no tempo); de perigo abstrato (não se exige prova da probabilidade de ocorrência do dano); unissubjetivo (pode ser cometido por uma só pessoa); plurissubsistente (demanda vários atos); admite tentativa, embora seja de difícil configuração.

**Art. 311.** Trafegar[119-120] em velocidade incompatível[121-123] com a segurança nas proximidades de escolas, hospitais, estações de embarque e desembarque de passageiros, logradouros estreitos, ou onde haja grande movimentação ou concentração de pessoas, gerando perigo de dano:[124]

Penas – detenção, de 6 (seis) meses a 1 (um) ano, ou multa.

**119. Análise do núcleo do tipo:** é a direção em velocidade incompatível com o local. *Trafegar* (transitar), com veículo automotor, em velocidade incompatível (fora do previsto pelos órgãos de trânsito) em torno de lugares públicos, como escolas, hospitais, estações de embarque e desembarque de passageiros, logradouros estreitos e outros locais com movimentação ou concentração de pessoas, provocando perigo concreto. É relevante demonstrar que este tipo penal revogou, tacitamente, o art. 34 da Lei das Contravenções Penais (no tocante aos veículos), conforme se vê do referido art. 34: "dirigir veículos na via pública, ou embarcações em águas públicas, pondo em perigo a segurança alheia: Pena – prisão simples, de quinze dias a três meses, ou multa, de trezentos mil réis a dois contos de réis". Na jurisprudência: STJ: "1. Se as instâncias ordinárias concluíram, com base no conjunto fático-probatório dos autos, que o agravante trafegava em velocidade excessiva e perigosa em via de intensa movimentação de pessoas (Rodovia Inácio Barbosa – Orla de Atalaia), causando perigo de dano a transeuntes e demais veículos, tendo sido perseguido por viatura policial, mostra-se configurada a prática do delito do art. 311 do CTB. A revisão da questão encontra óbice na Súmula n. 7/STJ" (AgRg no AREsp 1.876.145 – SE, 6.ª T., rel. Jesuíno Rissato, 11.04.2023, v.u.); "2. Nos termos da jurisprudência desta Corte, o art. 34 da Lei de Contravenções Penais foi derrogado pelo disposto no art. 311 do Código de Trânsito Brasileiro, 'tendo em vista que Código de Trânsito Brasileiro regulou inteiramente a matéria referente à condução de veículo automotor nas vias terrestres do território nacional, não mais havendo espaço para aplicação de qualquer outra sanção penal além das previstas no aludido Código' (RESP nº 1.633.335/SP, Relator Ministro Sebastião Reis Júnior, Sexta Turma, DJ de 28/11/2016). 3. No caos, consta da sentença que o paciente trafegou em alta velocidade, realizando manobras e ultrapassagens perigosas, além de manobras de zigue-zague, tendo quase provocado colisão com o veículo de uma das testemunhas, em via de grande movimentação, o que caracteriza a prática do delito previsto no retrocitado dispositivo de lei. 4. A conduta do réu sujeitou a risco concreto a higidez física dos dois passageiros do veículo da testemunha, que restou ultrapassado a 150 km/h, tendo sido obrigado a realizar manobra para evitar uma grave colisão, o que não se confunde com a prática de 'racha', sendo descabido falar em *bis in idem* na condenação pelos crimes do art. 132 do CP e 308 do CTB. Se as instâncias ordinárias reconheceram que as condutas descritas na peça acusatória se subsumem aos tipos penais previstos no art. 308 do CTB e do art. 132 do CP, para infirmar tal conclusão seria necessário revolver o contexto fático-probatório dos autos, providência que não se coaduna com a via do *writ*. 5. *Writ* não conhecido. Ordem concedida, de ofício, tão somente para afastar a condenação pela contravenção penal do art. 34 do Decreto-lei n. 3.688/1941, ficando mantido, no mais, o teor do decreto condenatório" (HC 581.283 – SP, 5.ª T., rel. Ribeiro Dantas, 09.06.2020, *DJe* 15.06.2020).

**120. Sujeitos ativo e passivo:** o sujeito ativo é qualquer pessoa; o passivo é a sociedade.

**121. Norma penal em branco:** deve-se buscar um complemento nas leis de trânsito de cada local, analisando-se qual é a velocidade estabelecida para a via pública.

**122. Elemento subjetivo:** é o dolo de perigo. Não se pune a forma culposa, nem se exige elemento subjetivo específico.

**123. Objetos material e jurídico:** o objeto material é o veículo automotor; o objeto jurídico é a segurança viária.

**124. Classificação:** é crime comum (pode ser praticado por qualquer pessoa); formal (não se exige resultado naturalístico, consistente na existência de lesão efetiva a alguém); de forma livre (pode ser cometido de qualquer forma); comissivo (demanda-se uma ação) e, excepcionalmente, comissivo por omissão (art. 13, § 2.º, CP); instantâneo (o resultado não se prolonga no tempo); de perigo concreto (exige-se prova da probabilidade de ocorrência do

# Art. 312

**Leis Penais e Processuais Penais Comentadas – Vol. 2 · Nucci**

dano); unissubjetivo (pode ser cometido por uma só pessoa); unissubsistente (demanda um único ato); não admite tentativa por se tratar de delito cometido em um só ato.

> **Art. 312.** Inovar[125-126] artificiosamente,[127-128] em caso de sinistro automobilístico com vítima, na pendência do respectivo procedimento policial preparatório, inquérito policial ou processo penal, o estado de lugar, de coisa ou de pessoa, a fim de induzir a erro o agente policial, o perito, ou juiz:[129]
>
> Penas – detenção, de 6 (seis) meses a 1 (um) ano, ou multa.
>
> **Parágrafo único.** Aplica-se o disposto neste artigo, ainda que não iniciados, quando da inovação, o procedimento preparatório, o inquérito ou o processo aos quais se refere.[130]

**125. Análise do núcleo do tipo:** é o crime de fraude processual. *Inovar* (renovar, introduzir novidade), com perspicácia ou habilidade, quando houver acidente automobilístico com vítima, antes ou durante investigação policial ou processo criminal, o estado de lugar, de coisa ou de pessoa, com a finalidade de *induzir* (incutir, gerar) a erro o agente policial, o perito ou o juiz.

**126. Sujeitos ativo e passivo:** o sujeito ativo pode ser qualquer pessoa; o passivo é o Estado.

**127. Elemento subjetivo:** é o dolo. Não se pune a forma culposa, exigindo-se elemento subjetivo específico consistente em induzir a erro o agente policial, o perito ou o juiz.

**128. Objetos material e jurídico:** o objeto material é o lugar, a coisa ou a pessoa objeto da inovação artificial; o objeto jurídico é a administração da justiça.

**129. Classificação:** é crime comum (pode ser praticado por qualquer pessoa); formal (não se exige resultado naturalístico, consistente na existência de lesão efetiva a alguém); de forma livre (pode ser cometido de qualquer forma); comissivo (demanda-se uma ação) e, excepcionalmente, comissivo por omissão (art. 13, § 2.º, CP); instantâneo (o resultado não se prolonga no tempo); unissubjetivo (pode ser cometido por uma só pessoa); plurissubsistente (demanda mais de um único ato); admite tentativa.

**130. Cautela desnecessária:** o *caput* do art. 312 menciona poder a inovação ocorrer na pendência de procedimento policial preparatório, durante inquérito ou processo criminal. Ora, o que pode haver *antes* do procedimento preparatório? Cremos que nada. Tomando conhecimento da prática da infração penal, mesmo que ainda não instaurado o inquérito, o procedimento policial preparatório tem início. Logo, não nos parece que deva existir algo antes disso.

> **Art. 312-A.** Para os crimes relacionados nos arts. 302 a 312 deste Código, nas situações em que o juiz aplicar a substituição de pena privativa de liberdade por pena restritiva de direitos, esta deverá ser de prestação de serviço à comunidade ou a entidades públicas, em uma das seguintes atividades: [130-A]
>
> I – trabalho, aos fins de semana, em equipes de resgate dos corpos de bombeiros e em outras unidades móveis especializadas no atendimento a vítimas de trânsito;
>
> II – trabalho em unidades de pronto-socorro de hospitais da rede pública que recebem vítimas de sinistro de trânsito e politraumatizados;
>
> III – trabalho em clínicas ou instituições especializadas na recuperação de sinistrados de trânsito;

> IV – outras atividades relacionadas a resgate, atendimento e recuperação de vítimas de sinistros de trânsito.

**130-A. Pena alternativa restrita:** a introdução do art. 312-A acompanha uma tendência legislativa generalizada no mundo, em razão da prática do crime de trânsito. O juiz, em caso de substituição da pena privativa de liberdade por restritiva de direitos, *deve* aplicar a prestação de serviços à comunidade nos locais indicados nos incisos deste artigo. Quer-se, com isso, conscientizar o autor do delito de trânsito dos males que a condução indevida de veículos pode causar a terceiros. Na jurisprudência: STJ: "1. Nos termos da jurisprudência desta Corte, em 'uma interpretação teleológica da legislação especial sobre os crimes de trânsito permite considerar que a prestação de serviços à comunidade é a alternativa padrão, devido à sua finalidade pedagógica, que é evidenciada pelo art. 312-A da Lei n. 9.503/1997, sendo certo que o paciente, no caso destes autos, foi condenado pelo crime de lesão corporal culposa na direção de veículo automotor, previsto no art. 303, *caput*, do CTB, crime que está entre aqueles para os quais aquele dispositivo prevê a substituição de pena privativa de liberdade por pena restritiva de direitos' (AgRg no HC 617.512/SC, Rel. Ministro Reynaldo Soares da Fonseca, Quinta Turma, julgado em 24/11/2020, DJe 27/11/2020)" (AgRg no HC 663.773 – SC, 5.ª T., rel. Joel Ilan Paciornik, 05.10.2021, v.u.).

> **Art. 312-B.** Aos crimes previstos no § 3.º do art. 302 e no § 2.º do art. 303 deste Código não se aplica o disposto no inciso I do *caput* do art. 44 do Decreto-Lei 2.848, de 7 de dezembro de 1940 (Código Penal).[131]

**131. Inviabilidade de penas alternativas:** a inserção deste artigo pela Lei 14.071/2020 tem a nítida finalidade de impedir a concessão de penas restritivas de direitos em substituição à privativa de liberdade, quando se tratar de homicídio culposo, cometido sob a influência de álcool ou substância análoga, bem como de lesão corporal culposa, no mesmo cenário. Em primeiro lugar, cumpre destacar a imprecisão da reforma legislativa. A indicação de não aplicação do inciso I do art. 44 do Código Penal ("aplicada pena privativa de liberdade não superior a quatro anos e o crime não for cometido com violência ou grave ameaça à pessoa ou, qualquer que seja a pena aplicada, se o crime for culposo") poderia levar a duas interpretações: a) retirou-se qualquer teto para a aplicação de pena alternativa, o que tornaria a reforma legislativa simplesmente inócua para quem, dirigindo embriagado, mata ou lesiona alguém; b) retirou-se, em verdade, a parte do inciso que diz respeito aos crimes culposos, vale dizer, inexistir teto para a aplicação da substituição. Por mais que se queira sustentar haver uma dúvida e, por isso, deva-se aplicar o princípio da prevalência do interesse do réu (*in dubio pro reo*), assim não nos parece. A técnica legislativa foi equivocada, por certo. Deveria, simplesmente, ter mencionado ser incabível penas restritivas de direitos para aquelas modalidades de homicídio e lesão corporal, em lugar de indicar o inciso I do art. 44 do Código Penal. Sob outro aspecto, seria ingenuidade supor que, na atual fase da política criminal em relação aos delitos de trânsito, cometidos com o agente embriagado, a intenção seria amenizar ou tornar inútil a reforma da lei. Lembremos que a Lei 13.546/2017 incluiu sanção penal muito mais rigorosa para quem comete homicídio culposo, em estado de embriaguez (reclusão, de cinco a oito anos e suspensão ou proibição do direito de se obter a permissão ou a habilitação para dirigir veículo automotor) ou lesão corporal, quando alcoolizado (reclusão, de dois a cinco anos, sem prejuízo de outras penas previstas no art. 303, havendo lesão grave ou gravíssima). O Superior Tribunal de Justiça já fixou entendimento de que a suspensão do direito de dirigir, por quem comete homicídio ou lesão, sob efeito de álcool ou droga análoga, pode ser estabelecido em patamar equivalente à gravidade do fato, sem necessidade de seguir o disposto no art. 59 (vide a nota 15 ao art. 293 desta Lei), demonstrando, cada vez mais, o rigor quanto à punição do motorista embriagado que mata ou lesiona gravemente alguém. Outro lado da questão diz respeito à adoção de uma punição mais grave a quem atua com culpa gravíssima, algo previsível de ser acolhido pelo sistema legislativo, como figura típica incriminadora entre o dolo eventual e a culpa inconsciente. Note-se que um homicídio culposo, cometido por motorista embriagado, afirma a tese da culpa consciente, de maneira nítida, com pena de reclusão, de cinco a oito anos, valendo ressaltar que o mínimo punitivo é quase idêntico à sanção estabelecida para o homicídio doloso simples, que é reclusão, de seis anos. Por isso, em interpretação teleológica, a reforma legislativa não mais aceita a pena alternativa para delitos tão sérios, como o homicídio culposo e a lesão culposa, com resultado grave ou gravíssimo, em estado de embriaguez. Outro ponto a ser destacado é que, pela primeira vez, consta em lei penal, como ocorreu na redação dada ao art. 303, § 2.º, do CTB, uma pena rigorosa para um delito culposo, resultante em lesão, mas sendo esta de natureza grave ou gravíssima. Ora, em tese, se o crime é culposo, pouco importaria a natureza da lesão, pois o agente não quis o resultado. Ocorre que, mesmo sem a nitidez do fundamento, expressada em lei, pode-se deduzir a adoção da maior punição a quem, agindo com culpa consciente, porque dirige alcoolizado, produz na vítima uma lesão grave ou gravíssima. Enfim, por todos os ângulos que se possa analisar, o objetivo da Lei 14.071/2020 foi recrudescer a punição e não a tornar inútil ou até amenizá-la. Em suma, quem comete o crime de homicídio culposo ou lesão culposa (com resultado grave ou gravíssimo), em estado de ebriedade, submete-se a pena privativa de liberdade, sem possibilidade de substituição por restritiva de direitos.

**Capítulo XX**

**DISPOSIÇÕES FINAIS
E TRANSITÓRIAS**

(...)

**Art. 340.** Este Código entra1 em vigor 120 (cento e vinte) dias após a data de sua publicação.

**Art. 341.** Ficam revogadas as Leis 5.108, de 21 de setembro de 1966, 5.693, de 16 de agosto de 1971, 5.820, de 10 de novembro de 1972, 6.124, de 25 de outubro de 1974, 6.308, de 15 de dezembro de 1975, 6.369, de 27 de outubro de 1976, 6.731, de 4 de dezembro de 1979, 7.031, de 20 de setembro de 1982, 7.052, de 2 de dezembro de 1982, 8.102, de 10 de dezembro de 1990, os arts. 1.º a 6.º e 11 do Dec.-lei 237, de 28 de fevereiro de 1967, e os Decretos-leis 584, de 16 de maio de 1969, 912, de 2 de outubro de 1969, e 2.448, de 21 de julho de 1988.

\* Deixamos de publicar os Anexos a esta Lei.

Brasília, 23 de setembro de 1997; 176.º da Independência e 109.º da República.

Fernando Henrique Cardoso

(*DOU* 24.09.1997; ret. 25.09.1997)

# Referências Bibliográficas

ADORNO, Sérgio. Sistema penitenciário no Brasil. Problemas e desafios. *Revista do Conselho Nacional de Política Criminal e Penitenciária*. vol. 1. n. 2. Brasília: Ministério da Justiça, 1993.

ALBUQUERQUE, Cândido; REBOUÇAS, Sérgio. *Crimes contra o sistema financeiro nacional. Comentários à Lei 7.492/1986 e à Lei 6.385/1976*. São Paulo: Tirant lo Blanch, 2022.

ALBUQUERQUE, Xavier de. Sobre a criminalidade econômica: o enigmático crime funcional contra o sistema financeiro nacional (art. 23 da Lei 7.492/86). *Revista Forense*. vol. 86. n. 311. p. 75. São Paulo: jul.-set. 1990.

ALVIM, Rui Carlos Machado. O direito de audiência na execução penal – Uma tentativa de sua apreensão. *Revista dos Tribunais*. vol. 636. p. 257. São Paulo: RT, out. 1988.

ALVIM, Rui Carlos Machado. Execução penal: o direito à remição da pena. *Revista dos Tribunais*. vol. 606. p. 286. São Paulo: RT, abr. 1986.

AMARAL, Augusto Jobim do; Pereira, Gustavo Oliveira de Lima Pereira; Borges, Rosa Maria Zaia (org.). *Direitos humanos e terrorismo*. Porto Alegre: PUC-RS, 2014.

ANDRADE, Vander Ferreira. *Legislação penal especial*. São Paulo: Pillares, 2005.

ANGELO, Claudiney de. Marcas. *Anotações práticas e teóricas ao Código da Propriedade Industrial*. São Paulo: Leud, 2000.

AQUINO, José Carlos G. Xavier de. O cárcere e o juiz criminal. In: Lagrasta Neto, Caetano; Nalini, José Renato; Dip, Ricardo Henry Marques (coords). *Execução penal – Visão do Tacrim*. São Paulo: Oliveira Mendes, 1998.

ARAÚJO, Cláudio Th. Leotta de; Menezes, Marco Antônio. Em defesa do exame criminológico. *Boletim do IBCCrim*. n. 129. p. 3. São Paulo: ago. 2003.

ARAÚJO, Marina Pinhão Coelho; SOUZA, Luciano Anderson (coord.). *Direito penal econômico. Leis penais especiais*. São Paulo: RT, 2019. vol. 1.

ARENDT, Hannah. *Eichmann em Jerusalém. Um relato sobre a banalidade do mal*. 28. reimpressão. Trad. José Rubens Siqueira. São Paulo: Companhia das Letras, 2021.

AVOLIO, Luiz Francisco Torquato. *Provas ilícitas – Interceptações telefônicas, ambientais e gravações clandestinas*. 3. ed. São Paulo: RT, 2003.

AzEVEDO, Tupinambá Pinto de. Crimes Hediondos e regime carcerário único: novos motivos de inconstitucionalidade. *Revista da Associação dos Juízes do Rio Grande do Sul – Ajuris*. n. 70. Porto Alegre, Ajuris, 1997.

BARBIERO, Louri Geraldo. Execução penal provisória: necessidade de sua implantação imediata. *Revista dos Tribunais*. vol. 764. p. 471-473. São Paulo: RT, jun. 1999.

BARROS, Antonio Milton. *A lei de proteção a vítimas e testemunhas*. Franca: Lemos & Cruz, 2003.

BARROS, Carmen Silvia de Moraes. *A individualização da pena na execução penal*. São Paulo: RT, 2001.

BARROS, Marco Antonio de. *Lavagem de dinheiro – Implicações penais, processuais e administrativas*. São Paulo: Juarez de Oliveira, 1998.

BELLOQUE, Juliana Garcia. *Sigilo bancário – Análise crítica da LC 105/2001*. São Paulo: RT, 2003.

BENETI, Sidnei Agostinho. *Execução penal*. São Paulo: Saraiva, 1996.

BENJAMIN, Antonio Herman; MARQUES, Claudia Lima. MIRAGEM, Bruno. *Comentários ao Código de Defesa do Consumidor*. 2. ed. São Paulo: RT, 2006.

BIANCHINI, Alice; GOMES, Luiz Flávio; CUNHA, Rogério Sanches; OLIVEIRA, William Terra de. *Nova Lei de Drogas comentada*. São Paulo: RT, 2006.

BIASOTTI, Carlos. Do excesso ou desvio de execução. In: LAGRASTA NETO, Caetano; NALINI, José Renato; DIP, Ricardo Henry Marques (coords.). *Execução penal* – Visão do TACrimSP. São Paulo: Oliveira Mendes, 1998.

BICUDO, Hélio. *Lei de segurança nacional. Leitura crítica*. São Paulo: Paulinas, 1986.

BITENCOURT, Cezar Roberto; BUSATO, Paulo César. *Comentários à Lei de Organização Criminosa (Lei n. 12.850/2013)*. São Paulo: Saraiva, 2014.

BITENCOURT, Cezar Roberto. Competência para execução da pena de multa à luz da Lei 9.268. *Boletim IBCCrim*. n. 69. p. 17. São Paulo: ago. 1998.

BITENCOURT, Cezar Roberto. *Juizados Especiais Criminais Federais. Análise comparativa das Leis 9.099/95 e 10.259/2001*. São Paulo: Saraiva, 2003.

BITENCOURT, Cezar Roberto. Limitação de fim de semana: uma alternativa inviável no Brasil. *Revista dos Tribunais*. vol. 693. p. 297. São Paulo: RT, jul. 1993.

BITENCOURT, Cezar Roberto. Penas pecuniárias. *Revista dos Tribunais*. vol. 619. p. 414. São Paulo: RT, maio 1987.

BITENCOURT, Cezar Roberto. Princípios garantistas e a delinqüência do colarinho branco. *Revista Brasileira de Ciências Criminais*. vol. 11. São Paulo: RT, 1995.

BITENCOURT, Cezar Roberto. Regimes penais e exame criminológico. *Revista dos Tribunais*. vol. 638. p. 260. São Paulo: RT, dez. 1988.

BITENCOURT, Cezar Roberto. A suspensão condicional da pena. *Revista da Associação dos Juízes do Rio Grande do Sul*. vol. 52. p. 118. Porto Alegre, jul. 1991.

BITENCOURT, Cezar Roberto; BREDA, Juliano. *Crimes contra o sistema financeiro nacional e contra o mercado de capitais*. 3. ed. São Paulo: Saraiva, 2014.

BITTAR, Carlos Alberto. *Teoria e prática da concorrência desleal*. São Paulo: Saraiva, 1989.

BORGES, Paulo César Corrêa. *O crime organizado*. São Paulo: Unesp, 2002.

BORGES, Rosa Maria Zaia; AMARAL, Augusto Jobim do; PEREIRA, Gustavo Oliveira de Lima Pereira (org.). *Direitos humanos e terrorismo*. Porto Alegre: PUC-RS, 2014.

Boschi, José Antonio Paganella. *Das penas e seus critérios de aplicação*. 2. ed. Porto Alegre: Livraria do Advogado, 2002.

Bottini, Pierpaolo Cruz; Moura, Maria Thereza de Assis. (coord.). *Colaboração premiada*. São Paulo: RT, 2017.

Breda, Juliano. *Gestão fraudulenta de instituição financeira e dispositivos processuais da Lei 7.492/86*. Rio de Janeiro/São Paulo: Renovar, 2002.

Busato, Paulo César. Bitencourt, Cezar Roberto. *Comentários à Lei de Organização Criminosa (Lei n. 12.850/2013)*. São Paulo: Saraiva, 2014.

Callegari, André Luís; Lira, Cláudio Rogério Sousa; Reghelin, Elisangela Melo; Meliá, Manuel Cancio; Linhares, Raul Marques. *O crime de terrorismo*. Reflexões críticas e comentários à Lei do Terrorismo. De acordo com a Lei n. 13.260/2016. Porto Alegre: Livraria do Advogado, 2016.

Camargo, Ruy Junqueira de Freitas. A execução das penas criminais e a atuação dos juízes corregedores. *Justitia*. vol. 84. p. 33.São Paulo: Ministério Público do Estado de São Paulo: 1.º trim. 1974.

Cardoso, Tatiana. A midialização do terrorismo. In: Borges et al. *Direitos humanos e terrorismo*. Porto Alegre: PUC-RS, 2014.

Carvalho, França. Do livramento condicional. In: Lagrasta Neto, Caetano; Nalini, José Renato; Dip, Ricardo Henry Marques (coords.). *Execução penal* – Visão do TACrimSP. São Paulo: Oliveira Mendes, 1998.

Carvalho, Ivan Lira de. A atividade policial em face da lei de combate ao crime organizado. *Jurisprudência do Superior Tribunal de Justiça e Tribunais Regionais Federais*. vol. 10. n. 103. p. 9-18. São Paulo: Lex, 1998.

Carvalho, L. G. Grandinetti Castanho de; Prado, Geraldo. *Lei dos Juizados Especiais criminais comentada e anotada*. 4. ed. Rio de Janeiro: Lumen Juris, 2006.

Carvalho, Paulo de Barros. *Curso de Direito Tributário*. 13. ed. São Paulo: Saraiva, 2000.

Carvalho, Paulo Roberto Galvão de; Mendonça, Andrey Borges de. *Lei de Drogas comentada artigo por artigo*. São Paulo: Método, 2007.

Cavali, Marcelo Costenaro. *Manipulação do mercado de capitais. Fundamentos e limites da repressão penal e administrativa*. São Paulo: Quartier Latin, 2018.

Cerqueira, João da Gama. *Tratado da propriedade industrial*. Atualizado por Newton Silveira e Denis Borges Barbosa. 3. ed. Rio de Janeiro: Lumen Juris, 2012.

Cervini, Raúl; Gomes, Luiz Flávio. *Crime organizado*. 2. ed. São Paulo: RT, 1997.

Cervini, Raúl; Gomes, Luiz Flávio. *Interceptação telefônica – Lei 9.296, de 24.07.96*. São Paulo: RT, 1997.

Cervini, Raúl; Gomes, Luiz Flávio; Oliveira, William Terra de. *Lei de Lavagem de Capitais*. São Paulo: RT, 1998.

Codorniz, Gabriela; Patella, Laura (coord.). *Comentários à lei do mercado de capitais. Lei n. 6.385/1976*. São Paulo: Quartier Latin, 2015.

Cogan, Arthur. *Crimes contra a segurança nacional. Comentários, legislação, jurisprudência*. São Paulo: RT, 1976.

Comparato, Fábio Konder. Crime contra a ordem econômica. *Revista dos Tribunais*. vol. 734. p. 572. São Paulo: RT, 1996.

COMPARATO, Fábio Konder. Crime contra a ordem econômica. Interpretação do art. 17 da Lei 7.492/86. *Revista dos Tribunais.* vol. 749. p. 555. São Paulo: RT, 1998.

CORDEIRO, Nefi. *Colaboração premiada. Caracteres, limites e controles.* Rio de Janeiro: Forense, 2020.

COSTA JUNIOR, Paulo José da. *Direito penal ecológico.* São Paulo: Forense Universitária, 1996.

COSTA JUNIOR, Paulo José da. *Direito penal das licitações. Comentários aos arts. 89 a 99 da Lei 8.666, de 21.6.1993.* 2. ed. São Paulo: Saraiva, 2004.

COSTA JUNIOR, Paulo José da; QUEIJO, M. Elizabeth; MACHADO, Charles M. *Crimes do colarinho branco.* 2. ed. São Paulo: Saraiva, 2002.

COSTA JUNIOR, Paulo José da. MILARÉ, Édis. *Direito Penal ambiental – Comentários a Lei 9.605/98.* Campinas: Millennium, 2002.

COSTA JUNIOR, Paulo José da; PEDRAZZI, Cesare. *Direito Penal societário.* 3. ed. São Paulo: DPJ, 2005.

COSTA JUNIOR, Paulo José da. DENARI, Zelmo. *Infrações tributárias e delitos fiscais.* 4. ed. São Paulo: Saraiva, 2000.

CUNHA, Rogério Sanches; BIANCHINI, Alice; GOMES, Luiz Flávio; OLIVEIRA, William Terra de. *Nova Lei de Drogas comentada.* São Paulo: RT, 2006.

CUNHA, Rogério Sanches; PINTO, Ronaldo Batista. *Crime organizado*: comentários à nova lei sobre o crime organizado – Lei n. 12.850/2013. 2. ed. Salvador: JusPodivm, 2014.

DAVID, Fernando Lopes. *Dos crimes contra o sistema financeiro nacional.* São Paulo: Iglu, 2003.

DELMANTO, Celso. *Crimes de concorrência desleal.* São Paulo: José Bushatsky, 1975.

DELMANTO, Fábio M. de Almeida; DELMANTO, Roberto; DELMANTO JÚNIOR, Roberto. *Leis penais especiais comentadas.* Rio de Janeiro/São Paulo/Recife: Renovar, 2006.

DELMANTO, Roberto; DELMANTO JÚNIOR, Roberto; DELMANTO, Fábio M. de Almeida. *Leis penais especiais comentadas.* Rio de Janeiro/São Paulo/Recife: Renovar, 2006.

DELMANTO JÚNIOR, Roberto. *As modalidades de prisão provisória e seu prazo de duração.* 2. ed. Rio de Janeiro/São Paulo: Renovar, 2001.

DELMANTO JÚNIOR, Roberto; DELMANTO, Roberto; DELMANTO, Fábio M. de Almeida. *Leis penais especiais comentadas.* Rio de Janeiro/São Paulo/Recife: Renovar, 2006.

DENARI, Zelmo; COSTA JÚNIOR, Paulo José da. *Infrações tributárias e delitos fiscais.* 4. ed. São Paulo: Saraiva, 2000.

DI PIETRO, Maria Sylvia Zanella. *Direito Administrativo.* 11. ed. São Paulo: Atlas, 1999.

DINIZ, Maria Helena. *O estado atual do biodireito.* 6. ed. São Paulo: Saraiva, 2009.

DIP, Ricardo Henry Marques. Competência para a execução da multa do art. 51, Código Penal: julgados do Tribunal de Alçada Criminal de São Paulo. In: LAGRASTA NETO, Caetano; NALINI, José Renato; DIP, Ricardo Henry Marques (coords.). *Execução penal – Visão do TACrimSP.* São Paulo: Oliveira Mendes, 1998.

DIP, Ricardo Henry Marques. Execução jurídico-penal ou ético-penal. In: LAGRASTA NETO, Caetano; NALINI, José Renato; DIP, Ricardo Henry Marques (coords.). *Execução penal – Visão do TACrimSP.* São Paulo: Oliveira Mendes, 1998.

DOMINGUES, Douglas Gabriel. *Comentários à lei da propriedade industrial.* Rio de Janeiro: Forense, 2009.

DOTTI, René Ariel. Crime contra o sistema financeiro nacional – Consórcio – Empresa administradora – Empréstimo em dinheiro para empresas do mesmo grupo – Caracterização. *Revista dos Tribunais*. vol. 718. p. 359. São Paulo: RT, 1995.

DOTTI, René Ariel. A crise da execução penal e o papel do Ministério Público. *Justitia*. vol. 129. São Paulo: Ministério Público do Estado de São Paulo, abr.-jun. 1985.

DOTTI, René Ariel. O Direito Penal econômico e a proteção do consumidor. *Revista de Direito Penal e Criminologia*. vol. 33. Rio de Janeiro: Forense, 1982.

DOTTI, René Ariel. A Lei de Execução Penal – perspectivas fundamentais. *Revista dos Tribunais*. vol. 598. p. 275. São Paulo: RT, ago. de 1985.

DOTTI, René Ariel. As novas linhas do livramento condicional e da reabilitação. *Revista dos Tribunais*. vol. 593. p. 295. São Paulo: RT, mar. 1985.

DOTTI, René Ariel. Problemas atuais da execução penal. *Revista dos Tribunais. vol. 563*. p. 279. São Paulo: RT, set. 1982.

DUARTE, João Paulo. *Terrorismo*. Caos, controle e segurança. São Paulo: Desatino, 2014.

DUARTE, João Paulo. Processo penal executório. *Revista dos Tribunais*. vol. 576. p. 308. São Paulo: RT, out. 1983.

DUVAL, Hermano. *Concorrência desleal*. São Paulo: Saraiva, 1976.

FARIA, Bento de. *Código Penal brasileiro comentado*. Rio de Janeiro: Record, 1961. v. V.

FARIA, Bento de. *Repertório da Constituição Nacional. Lei de Segurança Nacional*. Rio de Janeiro: F. Briguiet, 1935.

FERNANDES, Antonio Scarance. Crime organizado e legislação brasileira. In: PENTEADO, Jaques de Camargo (coord.). *Justiça Penal – Críticas e sugestões*. São Paulo: RT, 1995. vol. 3.

FERNANDES, Antonio Scarance. Execução penal – Questões diversas. *Justitia*. vol. 143. São Paulo: Ministério Público do Estado de São Paulo, jul.-set. 1988.

FERNANDES, Antonio Scarance. O Ministério Público na execução penal. In: GRINOVER, Ada Pellegrini; BUSANA, Dante (coords.). *Execução penal*. São Paulo: Max Limonad, 1987.

FERNANDES, Antonio Scarance; GOMES FILHO, Antonio Magalhães; GRINOVER, Ada Pellegrini; GOMES, Luiz Flávio. *Juizados Especiais Criminais. Comentários à Lei 9.099, de 26.09.1995*. 5. ed. São Paulo: RT, 2005.

FERRAZ, Devienne. Da pena de multa e sua execução. In: LAGRASTA NETO, Caetano; NALINI, José Renato; DIP, Ricardo Henry Marques (coords.). *Execução penal – Visão do TACrimSP*. São Paulo: Oliveira Mendes, 1998.

FERREIRA, Álvaro Érix. Penas restritivas de direito – Jurisprudência. In: LAGRASTA NETO, Caetano; NALINI, José Renato; DIP, Ricardo Henry Marques (coords.). *Execução penal – Visão do TACrimSP*. São Paulo: Oliveira Mendes, 1998.

FERREIRA, Ivette Senise. *Tutela penal do patrimônio cultural*. São Paulo: RT, 1995.

FERREIRA, Roberto dos Santos. *Crimes contra a ordem tributária (Comentários aos arts. 1.º a 3.º, 11, 12, 15 e 16 da Lei 8.137, de 27.12.1990, e 34 da Lei 9.249, de 26.12.1995)*. São Paulo: Malheiros, 1995.

FIGUEIRA JÚNIOR, Joel Dias; TOURINHO NETO, Fernando da Costa. *Juizados Especiais Federais cíveis e criminais. Comentários à Lei 10.259, de 10.07.2001*. São Paulo: RT, 2002.

FÖPPEL, GAMIL; Rafael de Sá Santana. *Crimes tributários*. Salvador: JusPodivm, 2005.

FRAGOSO, Heleno Cláudio. *Lei de segurança nacional, uma experiência antidemocrática*. Porto Alegre: Sergio Antonio Fabris, 1980.

FRANÇA, San Juan. Da revogação obrigatória. In: LAGRASTA NETO, Caetano; NALINI, José Renato; DIP, Ricardo Henry Marques (coords.). *Execução penal – Visão do TACrimSP*. São Paulo: Oliveira Mendes, 1998.

FRANCO, Alberto Silva. *Legislação complementar interpretada*. São Paulo: RT, 2001.

FRANCO, Alberto Silva; STOCO, Rui (coords.). *Leis penais especiais e sua interpretação jurisprudencial*. 7. ed. São Paulo: RT, 2001. vol. 1 e 2.

FREITAS, GILBERTO PASSOS DE; FREITAS, VLADIMIR PASSOS DE. Abuso de autoridade. *Notas de legislação, doutrina e jurisprudência à Lei 4.898, de 09.12.1965*. 5. ed. São Paulo: RT, 1993.

FREITAS, GILBERTO PASSOS DE; FREITAS, VLADIMIR PASSOS DE. *Crimes contra a natureza*. 8. ed. São Paulo: RT, 2006.

FREITAS, VLADIMIR PASSOS DE (coord.). *Código Tributário Nacional comentado*. 2. ed. São Paulo: RT, 2004.

FREITAS, VLADIMIR PASSOS DE. (coord.) *Comentários ao Estatuto do Estrangeiro e opção de nacionalidade*. Campinas: Millennium, 2006.

GAGLIARDI, Pedro. Dos incidentes da execução: a reclamação. In: LAGRASTA NETO, Caetano; NALINI, José Renato; DIP, Ricardo Henry Marques (coords.). *Execução penal – Visão do TACrimSP*. São Paulo: Oliveira Mendes, 1998.

GENOFRE, Fabiano; SILVA, José Geraldo da; LAVORENTI, Wilson. *Leis penais especiais anotadas*. 5. ed. Campinas: Millennium, 2004.

GENOFRE, Fabiano; GRINOVER, Ada Pellegrini; FERNANDES, Antonio Scarance; GOMES, Luiz Flávio. *Juizados Especiais Criminais. Comentários à Lei 9.099, de 26.09.1995*. 5. ed. São Paulo: RT, 2005.

GOMES, José Carlos. O Estado democrático de direito e o terrorismo. In: TOLEDO et al. *Repressão penal e crime organizado*. Os novos rumos da política criminal após o 11 de setembro. São Paulo: Quartier Latin, 2009.

GOMES, Luiz Flávio; CERVINI, Raúl. *Crime organizado*. 2. ed. São Paulo: RT, 1997.

GOMES, Luiz Flávio; CERVINI, Raúl. *Interceptação telefônica – Lei 9.296, de 24.07.96*. São Paulo: RT, 1997.

GOMES, Luiz Flávio; GOMES FILHO, Antonio Magalhães; GRINOVER, Ada Pellegrini; FERNANDES, Antonio Scarance. *Juizados Especiais Criminais. Comentários à Lei 9.099, de 26.09.1995*. 5. ed. São Paulo: RT, 2005.

GOMES, Luiz Flávio; OLIVEIRA, William Terra de; CERVINI, Raúl. *Lei das Armas de Fogo*. São Paulo: RT, 1998.

GOMES, Luiz Flávio; OLIVEIRA, William Terra de. *Lei de Lavagem de Capitais*. São Paulo: RT, 1998.

GOMES, Luiz Flávio; OLIVEIRA, William Terra de; BIANCHINI, Alice; CUNHA, Rogério Sanches. *Nova Lei de Drogas comentada*. São Paulo: RT, 2006.

GOMES, Suzana de Camargo. *Crimes eleitorais*. 4. ed. São Paulo: RT, 2010.

GOMES FILHO, Antonio Magalhães. A defesa do condenado na execução penal. In: GRINOVER, Ada Pellegrini; BUSANA, Dante (coords.). *Execução penal*. São Paulo: Max Limonad, 1987.

GONÇALVES, Luiz Carlos dos Santos. *Crimes eleitorais e processo penal eleitoral.* São Paulo: Atlas, 2012.

GOULART, José Eduardo; PIRES NETO, Antônio Luiz. O direito da execução penal. In: LAGRASTA NETO, Caetano; NALINI, José Renato; DIP, Ricardo Henry Marques (coords.). *Execução penal* – Visão do TACrimSP. São Paulo: Oliveira Mendes, 1998.

GRECO FILHO, Vicente. *Interceptação telefônica* – *Considerações sobre a Lei 9.296, de 24 de julho de 1996.* 2. ed. São Paulo: Saraiva, 2005.

GRECO FILHO, Vicente. *Tóxicos* – *Prevenção* – *Repressão.* 9. ed. São Paulo: Saraiva, 1993.

GRINOVER, Ada Pellegrini. Anotações sobre os aspectos processuais da Lei de Execução Penal. In: GRINOVER, Ada Pellegrini; BUSANA, Dante (coords.). *Execução penal.* São Paulo: Max Limonad, 1987.

GRINOVER, Ada Pellegrini. O crime organizado no sistema italiano. In: PENTEADO, Jaques de Camargo. *Justiça Penal* – *Críticas e sugestões.* São Paulo: RT, 1995. vol. 3.

GRINOVER, Ada Pellegrini. A legislação brasileira em face do crime organizado. *Revista de Processo.* vol. 87. p. 70. São Paulo: RT, 1997.

GRINOVER, Ada Pellegrini. Natureza jurídica da execução penal. In: GRINOVER, Ada Pellegrini; BUSANA, Dante (coords.). *Execução penal.* São Paulo: Max Limonad, 1987.

GRINOVER, Ada Pellegrini; GOMES FILHO, Antonio Magalhães; FERNANDES, Antonio Scarance; GOMES, Luiz Flávio. *Juizados Especiais Criminais. Comentários à Lei 9.099, de 26.09.1995.* 5. ed. São Paulo: RT, 2005.

GULLO, Roberto Santiago Ferreira. *Direito penal econômico.* 2. ed. Rio de Janeiro: Lumen Juris, 2005.

HAMMERSCHMIDT, DENISE (COORD.). *Crimes Hediondos e assemelhados.* Curitiba: Juruá, 2020.

HORVATH, Estevão; OLIVEIRA, Régis Fernandes de. *Manual de direito financeiro.* 6. ed. São Paulo: RT, 2003.

HUNGRIA, Nelson. *Dos crimes contra a economia popular e das vendas a prestações com reserva de domínio.* Rio de Janeiro: Jacintho, 1939.

HUNGRIA, Nelson; DOTTI, René Ariel. *Comentários ao Código Penal.* Rio de Janeiro: GZ, 2016. v. VII.

ISOLDI FILHO, Carlos Alberto da Silveira. Exame criminológico, parecer da CTC e a nova Lei 10.792/2003. *Informe* – *Boletim do Sindicato dos Promotores e Procuradores de Justiça do Estado de Minas Gerais.* n. 21. fev. 2004.

JESUS, Damásio Evangelista de. *Lei Antitóxicos anotada.* 8. ed. São Paulo: Saraiva, 2005.

JESUS, Damásio Evangelista de. *Leis das Contravenções Penais anotada.* 10. ed. São Paulo: Saraiva, 2004.

JUSTEN FILHO, Marçal. *Comentários à lei de licitações e contratos administrativos.* 11. ed. São Paulo: Dialética, 2005.

KARAM, Maria Lúcia. *Juizados Especiais Criminais* – *A concretização antecipada do poder de punir.* São Paulo: RT, 2004.

LAGOS, Daniel Ribeiro; MIGUEL, Alexandre. A execução penal: instrumentalização e competência. *Revista dos Tribunais.* vol. 690. p. 398. São Paulo: RT, abr. 1993.

LANFREDI, Luís Geraldo Sant'Ana; SOUZA, Luciano Anderson; SILVA, Luciano Nascimento; TOLEDO, Otávio Augusto de Almeida (coord.). *Repressão penal e crime organizado*. Os novos rumos da política criminal após o 11 de setembro. São Paulo: Quartier Latin, 2009.

LAVORENTI, Wilson; GENOFRE, Fabiano; SILVA, José Geraldo da. *Leis penais especiais anotadas*. 5. ed. Campinas: Millennium, 2004.

LEITE, Rita de Cássia Curvo. *Transplantes de órgãos e tecidos e direitos da personalidade*. São Paulo: Juarez de Oliveira, 2000.

LIMA, Paulo A. C. *Lei de segurança nacional. Crítica e exegese*. Rio de Janeiro: Edições Trabalhistas, 1979.

LINHARES, Marcello Jardim. *Contravenções penais: comentários ao Decreto-lei 3.688, de 03.10.1941, e às contravenções previstas em leis especiais*. São Paulo: Saraiva, 1980. vols. 1 e 2.

LINHARES, Raul Marques; CALLEGARI, André Luís; LIRA, Cláudio Rogério Sousa; REGHELIN, Elisangela Melo; MELIÁ, Manuel Cancio. *O crime de terrorismo*. Reflexões críticas e comentários à Lei do Terrorismo. De acordo com a Lei n. 13.260/2016. Porto Alegre: Livraria do Advogado, 2016.

LIRA, Cláudio Rogério Sousa; REGHELIN, Elisangela Melo; MELIÁ, Manuel Cancio; LINHARES, Raul Marques; CALLEGARI, André Luís. *O crime de terrorismo*. Reflexões críticas e comentários à Lei do Terrorismo. De acordo com a Lei n. 13.260/2016. Porto Alegre: Livraria do Advogado, 2016.

MACHADO, Charles M.; QUEIJO, M. Elizabeth; COSTA JUNIOR, Paulo José da. *Crimes do colarinho branco*. 2. ed. São Paulo: Saraiva, 2002.

MACHADO, Hugo de Brito. *Curso de direito tributário*. 20. ed. São Paulo: Malheiros, 2002.

MACHADO, Hugo de Brito. *Estudos de direito penal tributário*. São Paulo: Atlas, 2002.

MACIEL, Adhemar Ferreira. Observações sobre a lei de repressão ao crime organizado. *Revista Brasileira de Ciências Criminais*. vol. 12. p. 93. São Paulo: RT, 1995.

MAIA, Rodolfo Tigre. *Dos crimes contra o sistema financeiro nacional – Anotações à Lei Federal 7.492/86*. São Paulo: Malheiros, 1996.

MAIA, Rodolfo Tigre. *O Estado desorganizado contra o crime organizado – Anotações à Lei Federal 9.034/95 (organizações criminosas)*. Rio de Janeiro: Lumen Juris, 1997.

MAIA, Rodolfo Tigre. *Lavagem de dinheiro – Lavagem de ativos provenientes de crime – Anotações às disposições criminais da Lei 9.613/98*. São Paulo: Malheiros, 2004.

MAIEROVITCH, Walter Fanganiello. As associações criminosas transnacionais. In: Penteado, Jaques de Camargo. *Justiça Penal – Críticas e sugestões*. São Paulo: RT, 1995. vol. 3.

MAGALHÃES, Edgard Noronha. Direito penal. São Paulo: Saraiva, 2001. v. 3.

MALUF, Elisa Leonesi. *Terrorismo e prisão cautelar*: eficiência e garantismo. São Paulo: LiberArs, 2016.

MARÇAL, Vinícius; MASSON, Cleber. *Crime organizado*. 4. ed. São Paulo: Método, 2018.

MARCÃO, Renato. A instrução criminal conforme a Lei 10.409/2002 (Lei Antitóxicos) na visão do Supremo Tribunal Federal. *Notícias Forenses*. abr. 2006.

MARCÃO, Renato. *Tóxicos. Leis 6.368/1976 e 10.409/2002 anotadas e interpretadas*. 3. ed. São Paulo: Saraiva, 2005.

MARTINS, Sérgio Mazina. Vadiagem – Conceito. *Revista Brasileira de Ciências Criminais*. vol. 4. São Paulo: RT, 1993.

MASSON, Cleber; MARÇAL, Vinícius. *Crime organizado*. 4. ed. São Paulo: Método, 2018.

MÉDICI, Sérgio de Oliveira. *Contravenções penais (doutrina, prática, jurisprudência, legislação)*. 2. ed. Bauru: Jalovi, 1980.

MÉDICI, Sérgio de Oliveira. Processo de execução penal. *Revista Brasileira de Ciências Criminais*. vol. 2. p. 98. São Paulo: RT. abr.-jun. 1993.

MEIRELLES, Hely Lopes. *Direito administrativo brasileiro*. 29. ed. Atualização: Eurico de Andrade Azevedo, Délcio Balestero Aleixo e José Emmanuel Burle Filho. São Paulo: Malheiros, 2004.

MELIÁ, Manuel Cancio; LINHARES, Raul Marques; CALLEGARI, André Luís; LIRA, Cláudio Rogério Sousa; REGHELIN, Elisangela Melo. *O crime de terrorismo*. Reflexões críticas e comentários à Lei do Terrorismo. De acordo com a Lei n. 13.260/2016. Porto Alegre: Livraria do Advogado, 2016.

MENDONÇA, Andrey Borges de. CARVALHO, Paulo Roberto Galvão de. *Lei de Drogas comentada artigo por artigo*. São Paulo: Método, 2007.

MENDRONI, Marcelo Batlouni. *Crime organizado. Aspectos gerais e mecanismos legais*. São Paulo: Juarez de Oliveira, 2002.

MENEZES, Marco Antônio e ARAÚJO, Cláudio Th. Leotta de. Em defesa do exame criminológico. *Boletim do IBCCrim*. vol. 129. p. 3. São Paulo: RT, ago. 2003.

MILARÉ, Édis; COSTA JUNIOR, Paulo José da. *Direito penal ambiental. Comentários a Lei 9.605/98*. Campinas: Millennium, 2002.

MIRABETE, Julio Fabbrini. *Execução penal*. 9. ed. São Paulo: Atlas, 2000.

MONIZ, Edmundo. *A lei de segurança nacional e a justiça militar*. Rio de Janeiro: Codecri, 1984.

MONTEIRO, Antonio Lopes. *Crimes hediondos. Texto, comentários e aspectos polêmicos*. 7. ed. São Paulo: Saraiva, 2002.

MONTEIRO, Marisa Marcondes. A competência para a aplicação da lei nova mais benéfica. In: GRINOVER, Ada Pellegrini; BUSANA, Dante (coords.). *Execução penal*. São Paulo: Max Limonad, 1987.

MORAES, Maurício Zanoide de. O problema da tipicidade nos crimes contra as relações de consumo. In: SALOMÃO, Estellita Heloísa. *Direito penal empresarial*. São Paulo: Dialética, 2001.

MORAES, Maurício Zanoide de. *Sigilo financeiro*. In: STOCCO, Rui; FRANCO, Alberto Silva. *Leis penais especiais e sua interpretação jurisprudencial*. 7. ed. São Paulo: RT, 2001. vol. 2.

MOURA, Maria Thereza de Assis; BOTTINI, Pierpaolo Cruz (coord.). *Colaboração premiada*. São Paulo: RT, 2017.

MUJALLI, Walter Brasil. *A propriedade industrial*. Nova lei de patentes. Lei 9.279, de 14 de maio de 1996. Leme: LED, 1997.

NABARRETE NETO, André. Extinção da punibilidade nos crimes contra a ordem tributária. *Revista Brasileira de Ciências Criminais*. vol. 17. p. 172. São Paulo: RT, 1997.

NALINI, José Renato. *Ética geral e profissional*. 3. ed. São Paulo: RT, 2001.

NALINI, José Renato. Pode o juiz melhorar a execução penal?. In: LAGRASTA NETO, Caetano; NALINI, José Renato; DIP, Ricardo Henry Marques (coords.). *Execução penal – Visão do TACrimSP.* São Paulo: Oliveira Mendes, 1998.

NANNI, Giovanni Ettore. A autonomia privada sobre o próprio corpo, o cadáver, os órgãos e tecidos diante da Lei Federal n. 9.434/97 e da Constituição Federal. In: LOTUFO, Renan. *Direito civil constitucional.* São Paulo: Max Limonad, 1999.

NOGUEIRA, Carlos Frederico Coelho. A Lei da "Caixa Preta". In: PENTEADO, Jaques de Camargo. *Justiça Penal – Críticas e sugestões.* São Paulo: RT, 1995. vol. 3.

NOGUEIRA, Paulo Lúcio. *Contravenções penais controvertidas.* 5. ed. São Paulo: Leud, 1996.

NOSTRE, Guilherme Alfredo de Moraes. In: PITOMBO, Antonio Sérgio Altieri de Moraes; SOUZA JR., Francisco Satiro de (coords.). *Comentários à Lei de Recuperação de Empresas e Falência.* São Paulo: RT, 2007.

NUCCI, Amanda Ferreira de Souza. *Execução penal e transexualidade.* Dissertação de mestrado. PUC-SP: apresentada e aprovada em 21.02.2020.

NUCCI, Guilherme de Souza. *Código de Processo Penal comentado.* 24. ed. Rio de Janeiro: Forense, 2025.

NUCCI, Guilherme de Souza. *Código Penal comentado.* 25. ed. Rio de Janeiro: Forense, 2025.

NUCCI, Guilherme de Souza. *Manual de Direito Penal.* 21. ed. Rio de Janeiro: Forense, 2025.

NUCCI, Guilherme de Souza. *Manual de Processo Penal.* 6. ed. Rio de Janeiro: Forense, 2025.

NUCCI, Guilherme de Souza. *Tribunal do Júri.* 10. ed. Rio de Janeiro: Forense, 2024.

NUCCI, Guilherme de Souza. *Individualização da pena.* 8. ed. Rio de Janeiro: Forense, 2022.

NUCCI, Guilherme de Souza. *Manual de Processo Penal e Execução Penal.* 14. ed. Rio de Janeiro: Forense, 2017.

NUCCI, Guilherme de Souza. *Direitos Humanos* versus *Segurança Pública.* Rio de Janeiro: Forense, 2016.

NUCCI, Guilherme de Souza. *Corrupção e Anticorrupção.* Rio de Janeiro: Forense, 2015.

NUCCI, Guilherme de Souza. *Princípios constitucionais penais e processuais penais.* 4. ed. Rio de Janeiro: Forense, 2015.

NUSDEO, Fábio. *Curso de economia.* 4. ed. São Paulo: RT, 2005.

OLIVEIRA, Abreu. Incidentes da execução penal. In: LAGRASTA NETO, Caetano; NALINI, José Renato; DIP, Ricardo Henry Marques (coords.). *Execução penal – Visão do TACrimSP.* São Paulo: Oliveira Mendes, 1998.

OLIVEIRA, Antonio Cláudio Mariz de. *Reflexões sobre os crimes econômicos. Revista Brasileira de Ciências Criminais.* vol. 11. p. 949 São Paulo: RT, 1995.

OLIVEIRA, Régis Fernandes de; HORVATH, Estevão. *Manual de direito financeiro.* 6. ed. São Paulo: RT, 2003.

OLIVEIRA, Roberto Silva. In: FREITAS, Vladimir Passos de. *Comentários ao Estatuto do Estrangeiro e opção de nacionalidade.* Campinas: Millennium, 2006.

OLIVEIRA, William Terra de. O crime de lavagem de dinheiro. *Boletim IBCCrim.* n. 65. p. 9-10. São Paulo: ago. 1998.

OLIVEIRA, William Terra de; GOMES, Luiz Flávio. *Lei das armas de fogo.* São Paulo: RT, 1998.

OLIVEIRA, William Terra de; GOMES, Luiz Flávio; CERVINI, Raúl. *Lei de Lavagem de Capitais.* São Paulo: RT, 1998.

OLIVEIRA, William Terra de; GOMES, Luiz Flávio; CUNHA, Rogério Sanches; BIANCHINI, Alice. *Nova Lei de drogas Comentada.* São Paulo: RT, 2006.

OLIVEIRA NETO, Geraldo Honório de. *Manual de direito das marcas.* São Paulo: Pilares, 2007.

OSÓRIO, Fábio Medina; SCHAFER, Jairo Gilberto. Dos crimes de discriminação e preconceito – Anotações à Lei 8.081, de 21.9.90. *Revista dos Tribunais.* vol. 714. p. 329. São Paulo: RT, 1995.

PAES, P. R. Tavares. *Propriedade industrial.* São Paulo: Saraiva, 1982.

PATELLA, Laura (coord.); CODORNIZ, Gabriela. *Comentários à lei do mercado de capitais. Lei n. 6.385/1976.* São Paulo: Quartier Latin, 2015.

PAULSEN, Leandro. *Tratado de direito penal tributário brasileiro.* São Paulo: Saraiva, 2022.

PEDRAZZI, Cesare; COSTA JUNIOR, Paulo José da. *Direito penal societário.* 3. ed. São Paulo: DPJ, 2005.

PEREIRA, Gustavo Oliveira de Lima Pereira; BORGES, Rosa Maria Zaia; AMARAL, Augusto Jobim do (org.). *Direitos humanos e terrorismo.* Porto Alegre: PUC-RS, 2014.

PESSOA, Mário. *Da aplicação da lei de segurança nacional.* São Paulo: Saraiva, 1978.

PIERANGELI, José Henrique. *Crimes contra a propriedade industrial e crimes de concorrência desleal.* São Paulo: RT, 2003.

PIMENTEL, Manoel Pedro. Aspectos penais do Código de Defesa do Consumidor. *Revista dos Tribunais.* vol. 661. p. 249. São Paulo: RT, 1990.

PIMENTEL, Manoel Pedro. *Crimes contra o sistema financeiro nacional (Comentários à Lei 7.492, de 16.6.86).* São Paulo: RT, 1987.

PINTO, Ronaldo Batista; CUNHA, Rogério Sanches. *Crime organizado:* comentários à nova lei sobre o crime organizado – Lei n. 12.850/2013. 2. ed. Salvador: JusPodivm, 2014.

PIRES NETO, Antônio Luiz. GOULART, José Eduardo. O direito da execução penal. In: LAGRASTA NETO, Caetano; NALINI, José Renato; DIP, Ricardo Henry Marques (coords.). *Execução penal – Visão do TACrimSP.* São Paulo: Oliveira Mendes, 1998.

PITOMBO, Antônio Sérgio A. de Moraes. *Comentários à Lei de Recuperação de Empresas e Falência.* São Paulo: RT, 2006.

PITOMBO, Antônio Sérgio A. Considerações sobre o crime de gestão temerária de instituição financeira. In: SALOMÃO, Heloísa Estellita. *Direito penal empresarial.* São Paulo: Dialética, 2001.

PITOMBO, Antônio Sérgio A. *Lavagem de dinheiro. A tipicidade do crime antecedente.* São Paulo: RT, 2003.

PITOMBO, Sérgio Marcos de Moraes. *Breves notas sobre a novíssima execução penal. Reforma penal.* São Paulo: Saraiva, 1985.

PITOMBO, Sérgio Marcos de Moraes. Emprego de algemas – Notas em prol de sua regulamentação. *Revista dos Tribunais.* vol. 592. p. 275. São Paulo: RT, fev. 1985.

PITOMBO, Sérgio Marcos de Moraes. Os regimes de cumprimento de pena e o exame criminológico. *Revista dos Tribunais.* vol. 583. p. 312. São Paulo: RT, maio 1984.

PODVAL, Roberto (org.). *Temas de Direito Penal econômico.* São Paulo: RT, 2001.

PONTE, Antonio Carlos da. *Crimes eleitorais*. São Paulo: Saraiva, 2008.

PRADO, Geraldo. *Elementos para uma análise crítica da transação penal*. Rio de Janeiro: Lumen Juris, 2003.

PRADO, Geraldo. *Limite às interceptações telefônicas e a jurisprudência do Superior Tribunal de Justiça*. 2. ed. Rio de Janeiro: Lumen Juris, 2006.

PRADO, Geraldo; CARVALHO, L. G. Grandinetti Castanho de. *Lei dos Juizados Especiais Criminais comentada e anotada*. 4. ed. Rio de Janeiro: Lumen Juris, 2006.

QUEIJO, M. Elizabeth; MACHADO, Charles M.; COSTA JUNIOR, Paulo José da. *Crimes do colarinho branco*. 2. ed. São Paulo: Saraiva, 2002.

QUEIROZ, Carlos Alberto Marchi de. *Crime organizado no Brasil*. São Paulo: Iglu, 1998.

REALE JÚNIOR, Miguel. *Problemas penais concretos*. São Paulo: Malheiros, 1997.

REALE JÚNIOR, Miguel. Crime organizado e crime econômico. *Revista Brasileira de Ciências Criminais*. vol. 13. p. 183. São Paulo: RT, 1996.

REALE JÚNIOR, Miguel. A lei hedionda dos crimes ambientais. *Folha de S. Paulo*, Tendências e Debates, 06.04.1998.

REGHELIN, Elisangela Melo; MELIÁ, Manuel Cancio; LINHARES, Raul Marques; CALLEGARI, André Luís; LIRA, Cláudio Rogério Sousa. *O crime de terrorismo*. Reflexões críticas e comentários à Lei do Terrorismo. De acordo com a Lei n. 13.260/2016. Porto Alegre: Livraria do Advogado, 2016.

REZEK, J. F. *Direito internacional público – Curso elementar*. 6. ed. São Paulo: Saraiva, 1996.

RIBEIRO, Benedito Silvério. Penas alternativas. In: LAGRASTA NETO, Caetano; NALINI, José Renato; DIP, Ricardo Henry Marques (coords.). *Execução penal – Visão do TACrimSP*. São Paulo: Oliveira Mendes, 1998.

RIBEIRO, Djamila. *Pequeno manual antirracista*. 13. reimpressão. São Paulo: Companhia das Letras, 2021.

RIBEIRO, Zilma Aparecida da Silva. O recurso de agravo na Lei de Execução Penal. In: GRINOVER, Ada Pellegrini; BUSANA, Dante (coords.). *Execução penal*. São Paulo: Max Limonad, 1987.

RICUPERO, René. Livramento condicional. In: LAGRASTA NETO, Caetano; NALINI, José Renato; DIP, Ricardo Henry Marques (coords.). *Execução penal – Visão do TACrimSP*. São Paulo: Oliveira Mendes, 1998.

ROSA, Antonio José Miguel Feu. *Execução penal*. São Paulo: RT, 1998.

RULLI JÚNIOR, Antonio. Penas alternativas. In: LAGRASTA NETO, Caetano; NALINI, José Renato; DIP, Ricardo Henry Marques (coords.). *Execução penal – Visão do TACrimSP*. São Paulo: Oliveira Mendes, 1998.

SÁ, Maria de Fátima Freire de. *Biodireito e direito ao próprio corpo – Doação de órgãos, incluindo o estudo da Lei n. 9.434/97, com as alterações introduzidas pela Lei n. 10.211/01*. 2. ed. Belo Horizonte: Del Rey, 2003.

SABINO JR., Vicente. *Direito penal*. São Paulo: Sugestões Literárias, 1967. v. 3.

SALOMÃO, Heloisa Estellita (coord.). *Direito penal empresarial*. São Paulo: Dialética, 2001.

SAMUEL JÚNIOR; SANTOS, Evaristo dos. Remição – Perda dos dias decorrente de falta grave – Uma outra posição. In: LAGRASTA NETO, Caetano; NALINI, José Renato; DIP, Ricardo Henry Marques (coords.). *Execução penal – Visão do TACrimSP*. São Paulo: Oliveira Mendes, 1998.

SANTANA, Rafael de Sá; FÖPPEL, Gamil. *Crimes tributários*. Salvador: JusPodivm, 2005.

SANTOS, Christiano Jorge. *Crimes de preconceito e de discriminação. Análise jurídico-penal da Lei 7.716/89 e aspectos correlatos*. São Paulo: Max Limonad, 2001.

SANTOS, Evaristo dos; SAMUEL JÚNIOR. Remição – Perda dos dias decorrente de falta grave – Uma outra posição. In: LAGRASTA NETO, Caetano; NALINI, José Renato; DIP, Ricardo Henry Marques (coords.). *Execução penal – Visão do TACrimSP*. São Paulo: Oliveira Mendes, 1998.

SCHAFER, Jairo Gilberto; OSÓRIO, Fábio Medina. Dos crimes de discriminação e preconceito – Anotações à Lei 8.081, de 21.09.90. *Revista dos Tribunais*. vol. 714. p. 329. São Paulo: RT, 1995.

SCUDELER, Marcelo Augusto. *Do direito das marcas e da propriedade industrial*. Campinas: Servanda, 2013.

SEBASTIÃO, Jurandir. *Responsabilidade médica civil, criminal e ética (comentários, referências ao direito positivo aplicável, à doutrina e à jurisprudência)*. 3. ed. Belo Horizonte: Del Rey, 2003.

SHECAIRA, Sérgio Salomão et al. Racismo. *Escritos em homenagem a Alberto Silva Franco*. São Paulo: RT, 2003.

SHECAIRA, Sérgio Salomão et al. *Temas atuais de direito criminal* – Responsabilidade penal da pessoa jurídica e medidas provisórias. São Paulo: RT, 1999.

SILVA, Alberto Luís Camelier da. *Concorrência desleal*. Atos de confusão. 1. ed. 2ª t. São Paulo: Saraiva, 2014.

SILVA, César Dario Mariano da. *Estatuto do desarmamento* – De acordo com a Lei 10.826/2003. Rio de Janeiro: Forense, 2005.

SILVA, José Geraldo da; LAVORENTI, Wilson; GENOFRE, Fabiano. *Leis penais especiais anotadas*. 5. ed. Campinas: Millennium, 2004.

SILVA, Luciano Nascimento; TOLEDO, Otávio Augusto de Almeida; LANFREDI, Luís Geraldo Sant'Ana; SOUZA, Luciano Anderson (coord.). *Repressão penal e crime organizado*. Os novos rumos da política criminal após o 11 de setembro. São Paulo: Quartier Latin, 2009.

SILVA, Valentim Alves da. A intervenção do juiz na execução da pena. *Revista dos Tribunais*. vol. 444. p. 257. São Paulo: RT, out. 1972.

SILVA JÚNIOR, Hédio. Direito penal em preto e branco. *Revista Brasileira de Ciências Criminais*. vol. 27. p. 327, São Paulo: RT, 1999.

SILVA JÚNIOR, Walter Nunes. Crime organizado: a nova lei. *Revista dos Tribunais*. vol. 721. p. 382. São Paulo: RT, 1995.

SILVEIRA, Newton. *A propriedade intelectual e a nova lei de propriedade industrial (Lei n. 9.279, de 14-5-1996)*. São Paulo: Saraiva: 1996.

SILVEIRA, Newton. *Curso de propriedade industrial*. São Paulo: RT, 1977.

SIQUEIRA, Galdino. *Código Penal brasileiro comentado*. v. V.

SIQUEIRA FILHO, Élio Wanderley de. Quadrilha ou bando – Crimes praticados por organizações criminosas – Inovações da Lei 9.034/95. *Revista dos Tribunais*. vol. 716. p. 403. São Paulo: RT, 1995.

SIRVINSKAS, Luís Paulo. *Manual de direito ambiental*. 3. ed. São Paulo: Saraiva, 2005.

SIRVINSKAS, Luís Paulo . *Tutela penal do meio ambiente* – Considerações atinentes à Lei 9.605, de 12.2.1998. São Paulo: Saraiva, 1998.

SMANIO, Gianpaolo Poggio. *Criminologia e Juizado Especial Criminal*. Modernização do processo penal. *Controle social*. São Paulo: Atlas, 1997.

SOARES, José Carlos Tinoco. *Crimes contra a propriedade industrial e de concorrência desleal*. São Paulo: RT, 1980.

SOARES, José Carlos Tinoco. *Lei de patentes, marcas e direitos conexos*. Lei 9.279 – 14.05.1996. São Paulo: RT, 1997.

SOARES, José Carlos Tinoco. *Processo civil nos crimes contra a propriedade industrial*. São Paulo: Jurídica Brasileira, 1998.

SOUZA, Luciano Anderson de; SILVA, Luciano Nascimento. TOLEDO, Otávio Augusto de Almeida. LANFREDI, Luís Geraldo Sant'Ana (coord.). *Repressão penal e crime organizado*. Os novos rumos da política criminal após o 11 de setembro. São Paulo: Quartier Latin, 2009.

SOUZA, Osni de. Da remição – A perda dos dias remidos por falta grave. In: LAGRASTA NETO, Caetano; NALINI, José Renato; DIP, Ricardo Henry Marques (coords.). *Execução penal – Visão do TACrimSP*. São Paulo: Oliveira Mendes, 1998.

STOCO, Rui; FRANCO, Alberto Silva (coord.). *Leis penais especiais e sua interpretação jurisprudencial*. 7. ed. São Paulo: RT, 2001. vol. 1 e 2.

STOCO, Rui; STOCO, Leandro de Oliveira. *Legislação eleitoral interpretada* – doutrina e jurisprudência. 4. ed. São Paulo: RT, 2012.

SWENSSON, Walter. A competência do juízo da execução. In: LAGRASTA NETO, Caetano; NALINI, José Renato; DIP, Ricardo Henry Marques (coords.). *Execução penal – Visão do TACrimSP*. São Paulo: Oliveira Mendes, 1998.

SZKLAROWSKY, Leon Frejda. Crimes de racismo – Crimes resultantes de discriminação ou preconceito de raça, cor, etnia, religião ou procedência nacional. *Revista dos Tribunais*. vol. 743. p. 459. São Paulo: RT, 1997.

TEJO, Célia Maria Ramos. *Dos crimes de preconceito de raça ou de cor*. Comentários à Lei 7.716, de 5 de janeiro de 1989. Campina Grande: Universidade Estadual da Paraíba, 1998.

TOLEDO, Otávio Augusto de Almeida; LANFREDI, Luís Geraldo Sant'Ana; SOUZA, Luciano Anderson; SILVA, Luciano Nascimento (coord.). *Repressão penal e crime organizado*. Os novos rumos da política criminal após o 11 de setembro. São Paulo: Quartier Latin, 2009.

TORON, Alberto Zacharias. Aspectos penais da proteção ao consumidor. *Revista dos Tribunais*. vol. 671. p. 289. São Paulo: RT, 1991.

TOURINHO NETO, Fernando da Costa; FIGUEIRA JÚNIOR, Joel Dias. *Juizados Especiais Federais cíveis e criminais. Comentários à Lei 10.259, de 10.07.2001*. São Paulo: RT, 2002.

TUCCI, Rogério Lauria. Progressão na execução das penas privativas de liberdade. *Revista dos Tribunais*. vol. 630. p. 269. São Paulo: RT, abr. 1998.

TUGLIO, Vânia Maria. Responsabilidade penal da pessoa jurídica – Outras considerações. Manual prático da promotoria de justiça do meio ambiente. vol. 2. São Paulo: Ministério Público do Estado de São Paulo e Imprensa Oficial, 2005.

VASCONCELOS, Vinicius Gomes de. *Colaboração premiada no processo penal*. 2. ed. São Paulo: RT, 2018.

VERAS, Ryanna Pala. O racismo à luz do STF. *Boletim Científico ESMPU*. ano III. n. 11. Brasília: Escola Superior do Ministério Público da União, abr.-jun. 2004.

# Índice Remissivo

## A

**ARMAS**

Arma de fogo de uso proibido: nota 91-A, art. 16, § 2º.

Arma penhorada: nota 1-E1, art. 4º, *caput*.

Banco Nacional de Perfis Balísticos: art. 34-A.

Causas de aumento de pena: arts. 19 e 20.

Comércio ilegal de arma de fogo: art. 17.

Concurso com crime de dano: nota 39, alínea *f*, art. 14.

Concurso de crimes de armas ou munições diferentes: nota 39-A2, art. 14, *caput*.

Concurso possível entre porte de arma e munição: nota 39-A1, art. 14, *caput*.

Confronto com o art. 19 da Lei de Contravenções Penais: nota 39, alínea *g*, art. 14.

Disparo de arma de fogo: art. 15.

Eliminação do crime impossível: nota 101-A, art. 17, § 2º, e nota 109-A, art. 18, parágrafo único.

Erro de tipo e de proibição: nota 39, alínea *e*, art. 14.

Estado de necessidade: nota 39, alínea *h*, art. 14.

Exercício de atividade profissional de risco: nota 1-I1, art. 10, § 1º, I.

Fundamento constitucional: nota 1, art. 12.

Inexigibilidade de conduta diversa: nota 39, alínea *i*, art. 14.

Legítima defesa: nota 39, alínea *h*, art. 14.

Legítima defesa potencial: nota 39, alínea *m*, art. 14.

Liberdade provisória: art. 21.

Omissão de cautela: art. 13.

Porte de arma desmontada: nota 39, alínea *c*, art. 14.

Porte de arma desmuniciada: nota 39, alínea *b*, art. 14.

Porte de arma funcional: art. 6.º, § 1.º-B.

Porte de arma por policiais: nota 39, alínea *n*, art. 14.

Porte de arma quebrada e inapta a qualquer disparo: nota 39, alínea *d*, art. 14.

Porte ilegal de acessórios e munições: nota 39, alínea *a*, art. 14.

Porte ilegal de arma de fogo de uso permitido: art. 14.

Posse irregular de arma de fogo de uso permitido: art. 12.

Posse ou porte de arma de fogo por membros do Ministério Público e da Magistratura: nota 39, alínea *l*, art. 14.

Posse ou porte de mais de uma arma de fogo, acessório ou munição: nota 39, alínea *j*, art. 14.

Posse ou porte ilegal de arma de fogo de uso restrito: art. 16.

Princípio da insignificância: nota 106-A, art. 18.

SINARM: nota 1, art. 1.º.

Reincidência específica: nota 111-A, art. 20, II.

Renovação do Registro: nota 11-A, art. 12.

Restituição da arma: nota 1-D, art. 4.º.

Tráfico internacional de arma de fogo: art. 18.

Transporte em bolsa: nota 39, alínea *o*, art. 14.

Uso permitido: nota 35-A, art. 14, *caput*.

Vencimento do registro: nota 1-C, art. 3.º.

## C

## COLEGIADO EM ORGANIZAÇÃO CRIMINOSA

Competência: nota 7, art. 1.º, § 3.º.

Composição: nota 6, art. 1.º, § 2.º.

Conceito de organização criminosa: nota 14, art. 2.º.

Medidas judiciais admissíveis: nota 3, art. 1.º.

Motivos e circunstâncias para o colegiado: nota 4, art. 1.º, § 1.º.

Presídio Federal de segurança máxima: nota 3-A, art. 1.º.

Regulamento do colegiado: nota 13, art. 1.º, § 7.º.

Regras de competência do colegiado: art. 1-A.

Videoconferência: nota 11, art. 1.º, § 5.º.

## CRIMES CONTRA A ECONOMIA POPULAR

Abandonar lavoura ou plantações, suspender a atividade de fábricas ou meios de transporte, mediante indenização paga pela desistência da competição: art. 3º, II.

Agravantes específicas: nota 58, art. 4º, § 2º.

Celebrar ajuste para impor determinado preço de revenda: art. 2º, VIII.

Concurso de agentes: nota 57, art. 4º, § 1º.

Direção, administração ou gerência de mais de uma empresa ou sociedade com o fim de impedir ou dificultar a concorrência: art. 3º, VIII.

Favorecer ou preferir comprador ou freguês em detrimento de outro: art. 2º, II.

Fraudar escriturações, lançamentos, registros, relatórios, pareceres: art. 3º, X.

Fraudar pesos ou medidas padronizados em lei ou regulamentos: art. 2º, XI.

Obter ganhos ilícitos em detrimento do povo: art. 2º, IX.

Provocar a alta ou baixa de preços de mercadorias, títulos públicos, valores ou salários: art. 3º, VI.

Recusar prestação de serviço essencial à subsistência: art. 2º, I.

Usura pecuniária: nota 44, art. 4º.

Usura real: nota 45, art. 4º.

Violar contrato de venda a prestações, fraudando sorteios ou deixando de entregar a coisa vendida: art. 2º, X.

## D

## DISQUE-DENÚNCIA

Conceito: nota 1, art. 1º.

Informante identificado: nota 2, art. 3º.

Proteção a testemunhas: nota 6, art. 4º-C.

Recompensa: nota 3, art. 4º.

Ressarcimento do informante: nota 8, art. 4º-C, § 2º.

Revelação da identidade do informante: nota 5, art. 4º-B.

Sanções contra quem atuar contra o informante: nota 7, art. 4º-C, § 1º.

Unidades de ouvidoria: nota 4, art. 4º-A.

## E

## ECA

Ação penal: nota 8, art. 227.

Adolescente, conceito: nota 5, art. 225.

Criança, conceito: nota 4, art. 225.

Crimes em espécie:

– Aliciamento, assédio, instigação ou constrangimento, por qualquer meio de comunicação, de criança, com o fim de com ela praticar ato libidinoso: notas 115-118, art. 241-D.

– Aquisição, posse ou armazenamento, por qualquer meio, de fotografia, vídeo ou outra forma de registro que contenha cena de sexo explícito ou pornográfica envolvendo criança ou adolescente: notas 100 a 107, art. 241-B.

- Corrupção de menor de 18 anos para prática de infração penal: notas 158 a 167, art. 244-B.
- Definição legal da expressão *cena de sexo explícito ou pornográfica*: nota 119, art. 241-E.
- Descumprimento de prazos quando se tratar de adolescente privado da liberdade: notas 49 a 55, art. 235.
- Divulgação por qualquer meio, inclusive por meio de sistema de informática ou telemático, de fotografia, vídeo ou outro registro que contenha cena de sexo explícito ou pornográfica envolvendo criança ou adolescente: notas 95 a 99-E, art. 241-A.
- Impedimento ou embaraço à ação de autoridade no exercício de função prevista em lei: notas 56 a 61, art. 236.
- Omissão da autoridade competente em relação à libertação de criança ou adolescente: notas 41 a 48, art. 234.
- Omissão da autoridade policial em relação à comunicação de apreensão de criança ou adolescente: notas 29 a 34, art. 231.
- Omissão do encarregado de serviço ou dirigente de estabelecimento voltado à gestante no tocante a registros e declarações: notas 9 a 14, art. 228.
- Omissão do médico, enfermeiro ou dirigente de estabelecimento no tocante à identificação e exames do neonato e da parturiente: notas 15 a 20, art. 229.
- Privação da liberdade da criança ou do adolescente sem as formalidades legais: notas 21 a 28, art. 230.
- Produção ou direção de representação artística envolvendo criança ou adolescente em cena pornográfica: notas 86 a 92, art. 240.
- Promessa ou entrega de filho ou pupilo a terceiro, mediante paga ou recompensa: notas 68 a 74, art. 238.
- Promoção ou auxílio ao envio de criança ou adolescente ao exterior, sem as formalidades legais: notas 75 a 85, art. 239.

- Simulação de participação de criança ou adolescente em cena de sexo explícito ou pornográfica por meio de adulteração, montagem ou modificação de fotografia, vídeo ou qualquer outra forma de representação visual: notas 108-114, art. 241-C.
- Submissão de criança ou adolescente a prostituição ou exploração sexual: notas 149 a 155, art. 244-A.
- Submissão de criança ou adolescente a vexame ou constrangimento: notas 35 a 40, art. 232.
- Subtração de criança ou adolescente de quem o tem sob guarda com o fim de colocação em lar substituto: notas 62 a 67, art. 237.
- Venda, fornecimento e outras condutas em relação à substância entorpecente destinada a criança ou adolescente: notas 130 a 139, art. 243.
- Venda, fornecimento ou entrega a criança ou adolescente de arma, munição ou explosivo: notas 120 a 129, art. 242.
- Venda, fornecimento ou entrega a criança ou adolescente de fogos de estampido ou de artifício perigosos: notas 140 a 148, art. 244.
- Venda ou exposição à venda de fotografia, vídeo ou outro registro que contenha cena de sexo explícito ou pornográfica envolvendo criança ou adolescente: notas 93 a 94, art. 241.

Redução da capacidade penal: nota 2, art. 1.º.

Responsabilidade penal: nota 1, art. 1.º.

## ESCUTA ESPECIALIZADA

Depoimento especial, conceito e procedimento: nota 33, art. 8º; nota 42, art. 12.

Direitos específicos: nota 5, art. 2º.

Direito ao silêncio: nota 20, art. 5º.

Formas de violência: notas 9 a 15, art. 4º.

Garantias: nota 1, art. 1º; nota 20, art. 5º.

Medidas de proteção: notas 63 a 69, art. 21.

Políticas de proteção: nota 58, art. 14.

Produção antecipada de provas: nota 37, art. 11.

Serviços de atendimento: nota 59, art. 15.

Violação de sigilo profissional, crime: notas 72 a 76, art. 24.

## ESTATUTO DA ADVOCACIA

Crime de violação de direito ou prerrogativa de advogado: art. 7º-B.

Prerrogativas do advogado: nota 4, art. 7º-B.

## EXECUÇÃO PENAL

Adaptação dos benefícios penais à nova realidade das penas: nota 249, art. 111.

Agravo em execução: nota 419, art. 197.

Algemas, utilização: nota 421, art. 199.

Apreciação dos benefícios de execução penal: nota 237-A, art. 105.

Aprovação no ENEM: nota 288-A, art. 126, § 1º, I.

Assistência à saúde: nota 29, art. 14.

Assistência ao egresso: nota 25, art. 10, parágrafo único; nota 40, art. 25.

Assistência educacional: nota 32, art. 17.

Assistência jurídica: nota 31, art. 15.

Assistência material: nota 27, art. 12.

Assistência religiosa: nota 39, art. 24.

Assistência social: nota 38, art. 22.

Autonomia do direito de execução penal: nota 4, art. 1.º.

Banco de horas: nota 52-A, art. 33.

Cadeia Pública: nota 236, art. 102.

Casa do Albergado: notas 229 a 231, arts. 93 a 95.

Centro de Observação: nota 232, art. 96.

Classificação do condenado: nota 15, art. 5.º.

Colônia agrícola, industrial ou similar: notas 226 a 228, arts. 91 e 92.

Comissão Técnica de Classificação: nota 19, art. 6.º; nota 20, art. 7.º.

Competência para impor o RDD: nota 143-A, art. 54, § 2º.

Conceito: nota 2, art. 1.º.

Conselho da Comunidade: notas 207 e 208, arts. 78 e 79.

Conselho Penitenciário: notas 199 a 201, arts. 69 e 70.

Cooperação da comunidade: nota 14, art. 4.º.

Conversa telefônica: nota 133-E, art. 52, § 7º.

Conversão da medida de segurança em prisão domiciliar: nota 378-A, art. 175.

Critérios para a progressão de regime: nota 251, art. 112.

Departamento Penitenciário Nacional: nota 202, art. 72.

Departamento Penitenciário local: arts. 73 e 74.

Desinternação progressiva: nota 388, art. 178.

Detração de medida cautelar de restrição de direitos: nota 157-A, art. 60, parágrafo único.

Deveres do condenado: notas 63 a 90, art. 39.

Devido processo legal na execução penal: nota 258, art. 112.

Direção e pessoal dos estabelecimentos penais: notas 203 e 204, arts. 75 a 77.

Direito Penitenciário: nota 4-A, art. 1.º.

Direitos fundamentais: nota 11, art. 3.º.

Direitos políticos: nota 12, art. 3.º.

Egresso, conceito: nota 41, art. 26.

Entrevistas monitoradas: nota 131-A, art. 52, V.

Estabelecimentos penais: notas 209 a 221, arts. 82 a 86.

Exame criminológico: nota 18, art. 6.º.

Exame criminológico e regime semiaberto: nota 22, art. 8.º.

Exame criminológico fundamentado sob o prisma da execução: nota 255-D, art. 112.

Exame criminológico não vinculativo: nota 251-A, art. 112.

Exame de classificação: nota 18, art. 6.º.

Execução penal jurisdicional: nota 416, art. 194.

Execução provisória da pena: nota 9, art. 2.º, parágrafo único, e nota 250-B, art. 111.

Falta grave durante o cumprimento da pena: nota 259-A, art. 112, VIII, § 3.º.

Falta grave e princípio da legalidade: nota 109, art. 50.

Faltas disciplinares graves: notas 109 a 117, art. 50.

Faltas disciplinares graves, procedimento de apuração: notas 152 a 155, art. 59.

Faltas disciplinares graves e penas restritivas de direitos: notas 119 a 122, art. 51.

Faltas disciplinares leves e médias: art. 49.

Fato descrito como crime doloso: nota 122-A, art. 52.

Finalidade da pena: nota 6, art. 1.º.

Fiscalização do conteúdo de correspondência: nota 131-B, art. 52, VI.

Formalidades para a prisão: nota 243, art. 107.

Fundamentos constitucionais: nota 1, art. 1.º.

Gravação e fiscalização: nota 133-D, art. 52, § 6.º.

Guia de recolhimento: nota 239, art. 106.

Hospital de Custódia e Tratamento Psiquiátrico: notas 233 a 235, arts. 99 a 101.

Incidentes de execução: nota 390 ao Título VII.

– Anistia e indulto: notas 408 a 415, arts. 187 a 193.

– Conversão da pena em medida de segurança: nota 403, art. 183.

– Conversão da pena privativa de liberdade em restritiva de direitos: notas 392 a 394, art. 180.

– Conversão da pena restritiva de direitos em privativa de liberdade: notas 395 a 402, art. 181.

– Conversão do tratamento ambulatorial em internação: nota 405, art. 184.

– Excesso ou desvio de execução: notas 406 e 407, arts. 185 e 186.

– Reconversão da medida de segurança em pena: nota 404, art. 183.

Individualização executória da pena: nota 15, art. 5.º.

Indulto humanitário: nota 415-B, art. 193.

Início do prazo para o cômputo de novos benefícios: nota 250-A, art. 111.

Início formal da execução da pena: nota 237, art. 105.

Internações provisória e de longa duração: nota 244, art. 108.

Isolamento do preso: notas 150 e 151, art. 58.

Isolamento preventivo: nota 156, art. 60.

Jornada de trabalho: nota 52, art. 33.

Juízo universal da execução penal: nota 248, art. 111.

Jurisdição: nota 7, art. 2.º.

Legalidade, princípio: nota 98, art. 45.

Liderança em organização criminosa: nota 133-A, art. 52, § 3.º.

Livramento condicional: notas 302 a 328, arts. 131 a 146.

Livramento condicional, indulto e comutação de penas: nota 258, art. 112, VIII, § 2.º.

Médico particular: nota 94, art. 43

Medidas de segurança: notas 371 a 376, arts. 171 a 174.

– Cessação da periculosidade: notas 377 a 389, arts. 175 a 179.

Ministério Público: notas 196 a 198, arts. 67 e 68.

Monitoração eletrônica:

– Deveres do condenado sob vigilância: art. 146-C

– Em saída temporária: nota 279-A, art. 122.

– Hipóteses de cabimento: notas 328-B e 328-C, art. 146-B.

– Hipóteses de revogação: art. 146-D.

Multa: notas 366 a 370, arts. 164 a 170.

Natureza jurídica: nota 3, art. 1.º.

Órgãos da execução penal:

– Aplicação da lei penal posterior favorável: notas 172 e 173, art. 61, I.

– Aplicação da medida de segurança e substituição da pena por medida de segurança: nota 186, art. 61, V, *d*.

– Autorização de saída temporária: nota 182, art. 61, IV.

– Composição e instalação do Conselho da Comunidade: nota 194, art. 61, IX.

– Conselho Nacional de Política Criminal e Penitenciária: nota 159, art. 61.

– Conversão da pena privativa de liberdade em restritiva de direitos: nota 185, art. 61, V, *c*.

– Conversão da pena restritiva de direitos em privativa de liberdade: nota 184, art. 61, V, *b*.

– Cumprimento de pena ou medida de segurança em outra Comarca: nota 189, art. 61, V, *g*.

– Declaração de extinção da punibilidade: nota 174, art. 61, II.

- Desinternação e restabelecimento da situação anterior: nota 188, art. 61, V, *f*.
- Detração e remição da pena: notas 177 e 178, art. 61, III, *c*.
- Emissão anual do atestado de pena a cumprir: nota 195, art. 61, X.
- Fiscalização do correto cumprimento da pena, da medida de segurança e dos presídios: notas 191 e 192, art. 61, VI e VII.
- Forma de cumprimento da pena restritiva de direitos e fiscalização da execução: nota 183, art. 61, V, *a*.
- Incidentes de execução: nota 181, art. 61, III, *f*.
- Interdição de estabelecimento penal: nota 193, art. 61, VIII.
- Juízo de Execução: nota 160, art. 61.
- Livramento condicional: nota 180, art. 66, III, *e*.
- Progressão ou regressão nos regimes: nota 176, art. 61, III, *b*.
- Remoção do condenado para presídio federal: nota 190, art. 61, V, *h*.
- Revogação da medida de segurança: nota 187, art. 61, V, *e*.
- Soma ou unificação de penas: nota 175, art. 61, III, *a*.
- Suspensão condicional da pena: nota 179, art. 61, III, *d*.
- Ministério Público: nota 161, art. 61.
- Conselho Penitenciário: nota 162, art. 61.
- Departamentos Penitenciários: nota 163, art. 61.
- Patronatos: nota 164, art. 61.
- Conselho da Comunidade: nota 165, art. 61.

Participação em audiências: nota 131-C, art. 52, VII.

Patronato: notas 205 e 206, arts. 78 e 79.

Penas restritivas de direito: notas 329 a 331, arts. 147 e 148.

- Interdição temporária de direitos: notas 342 a 348, arts. 154 e 155.
- Limitação de fim de semana: notas 337 a 341, arts. 151 a 153.
- Prestação de serviços à comunidade: notas 332 a 336, arts. 149 e 150.

Penitenciária: notas 222 a 225, arts. 87 a 90.

Permissão de saída: notas 274 a 277, arts. 120 e 121.

Possibilidade de inclusão no RDD: nota 132, art. 52, § 1.º, I; nota 133, art. 52, § 1.º, II.

Preso provisório: notas9 e 10, art. 2.º, parágrafo único.

Preso provisório e faltas disciplinares: nota 118, art. 50, parágrafo único.

Preso provisório e trabalho facultativo: nota 49, art. 31, parágrafo único.

Prévia oitiva do condenado: nota 248-A, art. 111.

Prisão especial e execução provisória: nota 10, art. 2.º, parágrafo único.

Prisão albergue domiciliar (PAD): nota 266, art. 117.

Privatização dos presídios: nota 54, art. 34, § 2.º.

Progressão de regimes, critérios e requisitos: nota 251, art. 112.

Progressão de regimes e exame criminológico não vinculativo: 251-A.

Progressão de regimes e falta grave: nota 253, art. 112.

Progressão de regimes e inquérito em andamento: nota 254, art. 112.

Progressão de regime – novas faixas: nota 255, art. 112, § 1.º.

Progressão de regime nos casos de condenados por crimes hediondos ou equiparados, com resultado morte, quando reincidentes: nota 255-B, art. 112, VIII.

Progressão de regime nos casos de condenados por crimes hediondos ou equiparados, quando reincidentes: nota 255-A, art. 112, VII.

Progressão de regime para mulheres: nota 259-A, art. 112.

Progressão de regime e múltiplos crimes: nota 257-A, art. 112, VIII, § 1.º.

Progressão de regimes por saltos: nota 256, art. 112.

Progressão de regime – requisitos: nota 255-A, art. 112, VIII, § 1.º.

Proibição de receber determinada visita: nota 84-C, art. 41, X.

Recolhimento em cela individual: nota 128, art. 52, II.

Recompensas: nota 145, art. 55; notas 146 a 148, art. 56.

Recusa à submissão de identificação de perfil genético: nota 117-D, art. 50, VIII.

Regime aberto: notas 260 a 265, arts. 113 a 116; nota 273, art. 119.

Regime disciplinar diferenciado (RDD): notas 122-A a 133-E, art. 52.

Regime disciplinar diferenciado (RDD) com prazo definido: nota 133-B, art. 52, § 4.º.

Regime semiaberto e albergue domiciliar: nota 266-B, art. 117.

Registros criminais, cancelamento: nota 424, art. 202.

Regressão de regime: nota 267, art. 118.

Regulamentação de visitas: nota 129, art. 52, III.

Renovação das condições; livramento condicional: nota 321-A, art. 140.

Remição: notas 286 a 301, arts. 126 a 130.

Remuneração do trabalho do preso: nota 45, art. 29.

Revogação do benefício da progressão, nota 259-B, art. 112.

Saída da cela para banho de sol: nota 131, art. 52, IV.

Saída da cela para trabalho: nota 130, art. 52, IV

Saída temporária - metas: nota 279, art. 122, § 2.º.

Saídas temporárias: notas 278 a 285, arts. 122 a 125.

Sanções disciplinares: notas 134 a 139, art. 53.

Sanções disciplinares, procedimento: notas 140 a 144, art. 54.

Sanções disciplinares, aplicação: nota 149, art. 57.

Solitária: nota 100, art. 45, § 2.º.

Suspensão condicional da pena: notas 349 a 365, arts. 156 a 163.

Tempo gasto em leitura: nota 295-A, art. 126.

Trabalho do condenado: nota 43, art. 28.

Trabalho efetivo e comprovado: nota 53-A, art. 34.

Trabalho externo excepcional: nota 55, art. 36.

Trabalho externo, requisitos: nota 60, art. 37.

Trabalho externo, causas de revogação: nota 61, art. 37.

Transexuais femininas e travestis: nota 211-A, art. 82, § 2º.

Verificação individualizada da situação do condenado: nota 281-B, art. 123, III.

Vigilância eletrônica: nota 318-B, art. 139.

Visita íntima: nota 84, art. 39, X.

Visualização do conteúdo do celular: nota 117-D, art. 50, VII.

## INDÍGENA

Atenuante: nota 4, art. 56, *caput*.

Capacidade civil e penal: nota 7, art. 57.

Crimes contra o índio: notas 8 a 28, art. 58.

Fundamento constitucional: nota 1.

História do silvícola brasileiro: nota 2.

Índio e comunidade indígena: nota 3.

## JUIZADOS ESPECIAIS CRIMINAIS – JECRIM

Ações de impugnação no âmbito do JECRIM: nota 102, art. 82.

Acordo, não cumprimento: nota 66, art. 76.

Acordo, necessidade de homologação: nota 67, art. 76.

Afastamento do lar, medida cautelar: nota 47, art. 69.

Apelação: nota 100, art. 82.

Audiência de instrução, adiamento: nota 91, art. 80.

Audiência preliminar, conceito: nota 50, art. 72.

Audiência preliminar, presenças: notas 51 a 53, art. 72.

Autoridade policial, conceito: nota 41, art. 69.

Celeridade, princípio da: nota 12, art. 2.º.

Citação: nota 34, art. 66.

Citação por edital: nota 35, art. 66.

Colégio Recursal: nota 101, art. 82.

Competência do JECRIM: nota 28, art. 63.

Competência originária e JECRIM: nota 7, art. 1.º.

Competência para analisar o cumprimento das condições: nota 143-A, art. 89, § 5º.

Composição civil dos danos: nota 56, art. 74; nota 90, art. 79.

Composição do JECRIM: nota 15, art. 60.

Conciliador, conceito: nota 55, art. 73.

Concurso de crimes: nota 24, art. 61.

Conexão e JECRIM: notas 16 e 17, art. 60.

Conflito de atribuições entre autoridade policial e juiz: nota 44, art. 69.

Continência e JECRIM: notas 16 e 17, art. 60.

Contravenção de vias de fato, representação: nota 124, art. 88.

Crimes de abuso de autoridade e normas da Lei 9.099/95: nota 22, art. 61.

Crimes de ação privada e transação: nota 62, art. 76.

Crimes de trânsito e normas da Lei 9.099/95: nota 21, art. 61.

Crimes de violência doméstica e familiar contra a mulher e Lei 9.099/95: nota 25-A, art. 61.

Crimes ligados às drogas para consumo pessoal e Lei 9.099/95: nota 23, art. 61.

Crimes tentados: nota 25, art. 61.

Debates orais: nota 96, art. 81.

Decadência do direito de representação: nota 59, art. 75.

Defensor no âmbito do JECRIM: nota 40, art. 68.

Defesa preliminar: nota 92, art. 81.

Denúncia, recebimento motivado: nota 93, art. 81.

Denúncia oral: notas 78 e 79, art. 77.

Despesas processuais: nota 121, art. 87.

Economia processual, princípio da: nota 11, art. 2.º.

Embargos de declaração: nota 109, art. 83.

Execução, competência: nota 118, art. 84.

Execução, multa: nota 119, art. 85.

Extensão dos benefícios às Justiças Eleitoral e Militar: nota 6, art. 1.º.

Fundamento constitucional: nota 3, art. 1.º.

Fundamento de existência: nota 4, art. 1.º.

Habeas corpus para questionar a tipicidade do fato: nota 72-A, art. 76, § 4º.

Informalidade, princípio da: nota 10, art. 2.º.

Infração de menor potencial ofensivo, conceito: nota 18, art. 61.

Interrogatório: nota 95, art. 81.

Intimação: notas 36, 37 e 38, art. 67.

Justiça comum e JECRIM: nota 5, art. 1.º.

Lesões corporais, representação: nota 122 e 123, art. 88.

Materialidade da infração penal: nota 83, art. 77.

Multa, possibilidade de redução: nota 68, art. 76.

Nulidades no contexto do JECRIM: nota 31, art. 65.

Ofendido, intimação para a audiência: nota 88, art. 78.

Oralidade, princípio da: nota 8, art. 2.º.

Organização judiciária e JECRIM: nota 30, art. 64.

Penalidades aplicáveis: nota 65, art. 76.

Prazo em dobro para a Defensoria: nota 26-A, art. 62.

Prisão em flagrante: nota 46, art. 69.

Procedimentos especiais e aplicabilidade da Lei 9.099/95: nota 20, art. 61.

Proposta do Ministério Público, faculdade ou obrigação: nota 64, art. 76.

Publicidade, princípio da: nota 29, art. 64.

Queixa, recebimento motivado: nota 93, art. 81.

Queixa oral: nota 85, art. 77.

Recurso, legitimação dúplice: nota 103, art. 82.

Registro dos atos e colheita da prova: nota 33, art. 65.

Renúncia ao direito de queixa ou representação: nota 57, art. 74.

Sentença: notas 96 e 99, art. 81.

Simplicidade, princípio da: nota 9, art. 2.º.

Suspensão condicional do processo, conceito: nota 126, art. 89.

Suspensão condicional do processo, condições: notas 136 a 140, art. 89.

Suspensão condicional do processo e ação privada: nota 132, art. 89.

Suspensão condicional do processo e prescrição: nota 144, art. 89.

Suspensão condicional do processo, pena mínima: nota 125, art. 89.

Suspensão condicional do processo, período de suspensão: nota 127, art. 89.

Suspensão condicional do processo, requisitos: notas 128 e 129, art. 89.

Suspensão condicional do processo, revogação: notas 141 e 142, art. 89.

Termo circunstanciado, arquivamento: nota 63, art. 76.

Termo circunstanciado, conceito: nota 42, art. 69.

Termo circunstanciado, composição: nota 45, art. 69.

Termo circunstanciado e diligências indispensáveis: nota 80, art. 77.

Testemunhas, intimação para a audiência: nota 89, art. 78.

Transação e constitucionalidade: nota 14, art. 2.º.

Transação e recursos cabíveis: nota 74, art. 76.

Transação e sentença: nota 75, art. 76.

Transação e violência doméstica: nota 70, art. 76.

Transação, inviabilidade: nota 69, art. 76.

Transação, nova proposta: nota 90, art. 79.

Turma Recursal: nota 101, art. 82.

## L

### LAVAGEM DE CAPITAIS

Ação controlada: nota 44-E, art. 1.º, § 6.º.

Ação controlada e infiltração de agentes: nota 44-F, art. 1º, § 6º.

Análise do núcleo do tipo: nota 3, art. 1.º, *caput*; nota 11, art. 1.º, § 1.º; nota 12, art. 1.º, § 1.º, I; nota 17, art. 1.º, § 1.º, II; nota 22, art. 1.º, § 1.º, III; nota 29, art. 1.º, § 2.º, I; nota 34, art. 1.º, § 2.º, II.

Classificação do crime: nota 9, art. 1.º, *caput*; nota 16, art. 1.º, § 1.º, I; nota 21, art. 1.º, § 1.º, II; nota 27, art. 1.º, § 1.º, III; nota 33, art. 1.º, § 2.º, I; nota 39, art. 1.º, § 2.º, II.

Colaboração internacional: nota 59, art. 8.º.

Combinação de leis: nota 44-D, art. 1.º, § 5.º.

Competência: nota 46, art. 2.º.

Conceito: nota 1.

Efeitos da condenação: notas 57 e 58, art. 7.º.

Elemento subjetivo, nota 5, art. 1.º, *caput*; nota 14, art. 1.º, § 1.º, I; nota 19, art. 1.º, § 1.º, II; nota 24, art. 1.º, § 1.º, III; nota 31, art. 1.º, § 2.º, I; nota 36, art. 1.º, § 2.º, II.

Fiança: nota 49, art. 3.º.

Homologação de sentença estrangeira: nota 61, art. 8.º.

Liberdade provisória: nota 49, art. 3.º.

Medidas assecuratórias: nota 50, art. 4.º.

Objetos material e jurídico: nota 8, art. 1.º, *caput*; nota 15, art. 1.º, § 1.º, I; nota 20, art. 1.º, § 1.º, II; nota 26, art. 1.º, § 1.º, III; nota 32, art. 1.º, § 2.º, I; nota 38, art. 1.º, § 2.º, II.

Procedimento para a aceitação da colaboração premiada: nota 44-E, art. 1º, § 5º.

Rol taxativo de delitos anteriores: nota 7, art. 1.º, *caput*.

Sujeitos ativo e passivo: nota 4, art. 1.º, *caput*; nota 13, art. 1.º, § 1.º, I; nota 18, art. 1.º, § 1.º, II; nota 23, art. 1.º, § 1.º, III; nota 30, art. 1.º, § 2.º, I; nota 35, art. 1.º, § 2.º, II.

Suspensão do processo em caso de revelia: nota 48, art. 2.º.

Teses do Superior Tribunal de Justiça sobre o crime de lavagem de capitais: notas 2-A e 2-B, Capítulo I: Dos crimes de "lavagem" ou ocultação de bens, direitos e valores.

Vinculação a delitos anteriores: nota 6, art. 1.º, *caput*; nota 45, art. 2.º.

## M

### MEIO AMBIENTE

Ação penal: nota 97, art. 26.

Agravantes, conceito: nota 49, art. 15.

Agravantes, espécies: notas 50 a 69, art. 15.

Apreensão de bens: nota 92, art. 25.

Atenuantes, conceito: nota 42, art. 14.

Atenuantes, espécies: notas 43 a 48, art. 14.

Competência: nota 3, art. 1.º.

Concurso de agentes: nota 4, art. 2.º.

Crimes ambientais diversos:

- Causas de aumento de pena: notas 429 a 433, art. 58.
- Construção e outras condutas ilegais em relação a obras ou serviços poluidores: notas 434 a 442, art. 60.
- Disseminação de doença ou praga: notas 443 a 449, art. 61.
- Execução de pesquisa, lavra ou extração de recursos minerais: notas 399 a 410, art. 55.
- Poluição perigosa à saúde humana, mortandade de animais ou destruição da flora: notas 378 a 398, art. 54.
- Produção e outras condutas ilegais em relação a substâncias tóxicas: notas 411 a 428, art. 56.

Crimes contra a administração ambiental:

- Afirmação falsa ou enganosa de funcionário público em procedimentos ambientais: notas 486 a 491, art. 66.
- Causação de obstáculo ou dificuldade em relação à fiscalização do Poder Público: notas 509 a 514, art. 69.
- Concessão ilegal pelo funcionário público de licenças em geral para obras e serviços: notas 492 a 500, art. 67.
- Elaboração ou apresentação de estudos e outros falsos ou enganosos: notas 515 a 525, art. 69-A.
- Omissão quando ao cumprimento de obrigação de interesse ambiental: notas 501 a 508, art. 68.

Crimes contra a fauna:

- Excludentes de ilicitude: notas 230 a 233, art. 37.
- Exportação de peles e couros: notas 144 a 150, art. 30.
- Introdução de espécime animal no País: notas 151 a 157, art. 31.
- Maus-tratos contra animais: notas 158 a 170, art. 32.
- Morte e perseguição e aprisionamento de animais: notas 105 a 143, art. 29.
- Pesca com instrumentos proibidos: notas 219 a 226, art. 35.
- Pesca e aplicação do princípio da insignificância: nota 200-A, art. 34.

- Pesca proibida: notas 194 a 218, art. 34.
- Provocação do perecimento de espécime da fauna aquática: notas 171 a 193, art. 33.

Crimes contra a flora:

- Causas de aumento de pena: notas 371 a 377, art. 53.
- Comercialização ilegal de motosserra ou utilização em florestas, sem licença: notas 357 a 363, art. 51.
- Corte ilegal de árvores em floresta: notas 248 a 254, art. 39.
- Corte ou transformação em carvão de madeira de lei: notas 307 a 313, art. 45.
- Dano em Unidades de Conservação: notas 255 a 270, art. 40.
- Desmatamento, exploração ou degradação de florestas: notas 348 a 356, art. 50-A.
- Destruição, dano, lesão ou maltrato a plantas de ornamentação: notas 333 a 341, art. 49.
- Destruição ou dano a floresta de preservação permanente: notas 238 a 247, art. 38.
- Destruição ou dano a floresta nativa ou plantada: notas 342 a 347, art. 50.
- Extração de minerais de florestas: notas 300 a 306, art. 44.
- Fabricação, venda, transporte e soltura de balões: notas 292 a 299, art. 42.
- Impedimento ou dificuldade à regeneração natural de florestas: notas 328 a 332, art. 48.
- Penetração em Unidades de Conservação com substâncias e instrumentos impróprios: notas 364 a 370, art. 52.
- Provocação de incêndio em floresta: notas 282 a 291, art. 41.
- Recebimento ou obtenção de madeira, lenha, carvão e outros produtos, sem licença: notas 314 a 327, art. 46.

Crimes contra o ordenamento urbano e o patrimônio cultural:

- Alteração de aspecto ou estrutura de edificação protegida: notas 462 a 470, art. 63.

- Destruição, inutilização ou deterioração de bens, arquivos e outros: notas 451 a 461, art. 62.
- Pichação e outras condutas ilegais em relação a edificações ou monumentos: notas 478 a 485, art. 65.
- Promoção de construção em solo não edificável: notas 471 a 477, art. 64.

Exame de corpo de delito: nota 73, art. 19.

Fiança: nota 74, art. 19.

Fundamento constitucional: nota 1, art. 1.º.

Individualização da pena: nota 13, art. 6.º.

Interdição temporária de direitos, conceito: nota 33, art. 10.

Interdição temporária de direitos, espécies: notas 34 a 36, art. 10.

Meio ambiente, conceito: nota 2, art. 1.º.

Multa: nota 72, art. 18.

Omissão penalmente relevante: nota 4, art. 2.º.

Penas restritivas de direitos, conceito: nota 16, art. 7.º.

Penas restritivas de direitos da pessoa jurídica: notas 80 a 85, art. 22.

Penas restritivas de direitos, espécies: nota 28, art. 8.º.

Penas restritivas de direitos, natureza jurídica: nota 17, art. 7.º.

Penas restritivas de direitos, requisitos para a concessão: notas 18 a 27, art. 7.º.

Personalidades judiciárias, responsabilidade penal: nota 7, art. 3.º.

Pesca, conceito: nota 227, art. 36.

Pessoa jurídica, citação e interrogatório: nota 9, art. 3.º.

Pessoa jurídica, desconsideração da: nota 12, art. 4.º.

Pessoa jurídica e denúncia genérica: nota 11-A, art. 3.º.

Pessoa jurídica e concurso necessário ou eventual: nota 11, art. 3.º.

Pessoa jurídica, extinção: nota 8, art. 3.º.

Pessoa jurídica, fixação da pena: nota 15, art. 6.º; nota 79, art. 21.

Pessoa jurídica, liquidação: nota 91, art. 24.

Pessoa jurídica, responsabilidade penal: nota 5, art. 3.º.

Pessoa jurídica de direito público, responsabilidade penal: nota 6, art. 3.º.

Prestação de serviços à comunidade, conceito: nota 29, art. 9.º.

Prestação de serviços à comunidade da pessoa jurídica: notas 86 a 90, art. 23.

Prestação de serviços à comunidade, locais: nota 30, art. 9.º.

Prestação de serviços à comunidade, regras: nota 32, art. 9.º.

Prestação de serviços à comunidade, restauração do dano: nota 31, art. 9.º.

Prestação pecuniária: nota 38, art. 12.

Princípio da insignificância: nota 248-A, art. 39, *caput*.

Prova emprestada: nota 76, art. 19.

Recolhimento domiciliar: notas 39 a 41, art. 13.

Resíduos perigosos: notas 424-A a 424-E, art. 56.

Resíduos sólidos: notas 392-A, art. 54.

Sentença condenatória e título para execução civil: nota 77, art. 20.

Suspensão condicional da pena: nota 70, art. 16; nota 71, art. 17.

Suspensão condicional do processo: notas 99 a 104, art. 28.

Suspensão de atividades: nota 37, art. 11.

Transação condicionada: nota 98, art. 27.

Unidades de Conservação de Uso Sustentável, conceito: nota 272, art. 40-A.

Unidades de Conservação de Uso Sustentável, espécies: notas 273 a 279, art. 40-A.

## MERCADO DE CAPITAIS

Competência: nota 2.

Critério para a fixação da multa: nota 28, art. 27-F.

Exercício irregular de cargo, profissão, atividade ou função: art. 27-E.

Manipulação do mercado: art. 27-C.

Mercado de capitais: nota 1.

Uso indevido de informação privilegiada: art. 27-D.

## MIGRAÇÃO

Competência: nota 4, art. 1º.

Conceito de estrangeiro: nota 6, art. 1º.

Crime político e de opinião, nota 17, art. 82.

Diferença entre deportação, expulsão, extradição e transferência de presos: nota 7, Capítulo V.

Extradição, competência: nota 13, art. 82.

Extradição, cláusulas limitadoras, nota 57, art. 96.

Extradição, requisitos: notas 25 e 26, art. 83.

Prisão do estrangeiro: nota 27, art. 84; nota 36, art. 86.

Promoção de Migração Ilegal, notas 72 a 81, art. 115.

Refugiado: nota 19, art. 82.

Transferências de execuções de penas: nota 67, Seção II.

## O

## ORGANIZAÇÃO CRIMINOSA

Acordo de não persecução penal: nota 22-A, art. 2º.

Adequação dos benefícios à lei: nota 69, art. 4.º, § 7.º, II.

Cessação da atividade ilícita: nota 79-B, art. 4.º, § 18.

Competência para a proteção: nota 5, art. 1.º.

Conceito: nota 1, art. 1.º.

Colaboração durante a execução penal: nota 65, art. 4.º, § 5.º.

Confidencialidade: nota 50-B, art. 3.º-B.

Conhecimento prévio: nota 64-A, art. 4.º, § 4.º-A.

Cumprimento de pena e da prisão cautelar em separado: nota 85, art. 5.º, VI.

Delação premiada, medidas de proteção: nota 80, art. 5.º.

Deveres do colaborador: nota 69-A, art. 4º, § 7º, III.

Excludente de ilicitude: nota 117-K, art. 10-C.

Formalidades do acordo: nota 68, art. 4.º, § 7.º, I.

Imparcialidade do juiz: nota 66, art. 4.º, § 6.º.

Infiltração virtual: nota 117-A, art. 10-A.

Investigação criminal: nota 2, art. 1.º.

Lideranças de organizações criminosas armadas: art. 2.º, § 8.º.

Manifestação do réu após o delator: nota 73-A, art. 4.º, § 10-A.

Meios de prova: nota 3, art. 1.º.

– Ação controlada: notas 97 a 106, art. 8.º.

– Captação ambiental: nota 42, art. 3.º.

– Colaboração premiada: notas 49 e 50.

– Interceptação telefônica: nota 45, art. 3.º.

– Infiltração de agentes: notas 109 a 117, art. 10.

– Obtenção de prova: nota 39-C, Capítulo II – Da Investigação e dos Meios de Obtenção da Prova.

– Quebra de sigilo: nota 46, art. 3.º.

Não oferecimento da denúncia: nota 64, art. 4.º, § 4.º.

Negócio jurídico e meio de obtenção de prova: nota 50-A, art. 3.º-A.

Nulidade absoluta da renúncia a recursos: nota 69-D, art. 4.º, § 7.º-B.

Omissão dolosa: nota 79-A, art. 4.º, § 17.

Órgãos de registro e cadastro público: nota 118-A, art. 11, parágrafo único.

Procurador com poderes especiais: nota 50-I, art. 3.º-C.

Recusa da homologação ou adequação da proposta: nota 70, art. 4.º, § 8.º.

Reiteração do armazenamento: nota 117-M, art. 10-D.

Registro das tratativas e dos atos: nota 70, art. 4.º, § 13.

Regras para a colaboração premiada: arts. 3.º-A e 3.º-B.

Sigilo da colaboração premiada: nota 96, art. 7.º, § 3.º.

Responsabilidade judicial: nota 69-C, art. 4.º, § 7.º-A.

Terrorismo internacional: nota 14, art. 1.º.

Trânsito direto ao juiz: nota 117-I, art. 10-B.

Valor relativo da delação: nota 79, art. 4.º, § 16.

Voluntariedade e medidas cautelares: nota 69-B, art. 4.º, § 7.º, IV.

# P

## PRESÍDIO FEDERAL

Atuação da defensoria pública da União: nota 15, art. 5.º, § 1.º.

Autos de execução: nota 22, art. 6.º.

Características: nota 7-A, art. 3.º, § 1.º.

Colegiado de juízes: nota 36, art. 11-A.

Competência: nota 3-A, art. 2.º, parágrafo único.

Fiscalização do presídio: nota 24, art. 8.º.

Gravação e meio de prova: nota 7-C, art. 3.º, § 3.º.

Juízo de admissão: nota 8, art. 4.º.

Juízo da instrução: nota 11, art. 4.º.

Legitimidade ativa: nota 14, art. 5.º.

Modelo de vigilância: nota 7-B, art. 3.º, § 2.º.

Período de permanência: nota 19, art. 5.º, § 5.º.

Prazo de inserção no presídio federal: nota 27, art. 10, § 1.º.

Prorrogação da permanência: art. 11-A.

Sigilo garantido: nota 7-E, art. 3, § 5.º.

Transferência provisória: nota 12, art. 4.º, § 1.º.

## PRISÃO TEMPORÁRIA

Conceito: nota 1, art. 1.º.

Crimes hediondos e equiparados: nota 12, art. 2.º.

Decisão fundamentada: nota 15, art. 2.º.

Decretação pela autoridade judiciária: nota 10, art. 2.º.

Formalidades: notas 16, 18, 19 e 20, art. 2.º.

Hipóteses para a decretação: nota 2, art. 1.º.

Imprescindibilidade para a investigação criminal: nota 4, art. 1.º.

Libertação do preso: nota 21, art. 2.º.

Materialidade e indícios suficientes de autoria: nota 3, art. 1.º.

Ministério Público, parecer: nota 14, art. 2.º.

Modulação da prisão temporária pelo STF: nota 7-A, art. 1º, III.

Plantão permanente: nota 24, art. 5.º.

Prorrogação indispensável: nota 11, art. 2.º.

Prisão preventiva, confronto: nota 13, art. 2.º.

Separação obrigatória dos demais presos: nota 22, art. 3.º.

Terrorismo: nota 9-A, art. 1.º.

# R

## RESPONSABILIDADE DE PREFEITOS E VEREADORES

Ação pública incondicionada: nota 122, art. 1.º, § 1.º.

Acusado não encontrado: nota 128, art. 2.º.

Alienação ou oneração de bens imóveis ou rendas municipais: art. 1.º, X.

Antecipação ou inversão de ordens de pagamento a credores: art. 1.º, XII.

Apropriação ou desvio de bens públicos: art. 1.º, I.

Aquisição de bens ou realização de serviços e obras de forma irregular: art. 1.º, XI.

Cancelamento, a amortização ou a constituição de reserva para anular os efeitos de operação de crédito: art. 1.º, XVIII.

Captação de recursos a título de antecipação de receita cujo fato gerador ainda não tenha ocorrido: art. 1.º, XXI.

Competência para o julgamento: nota 4, art. 1.º.

Comunicação de crime: nota 133, art. 2.º.

Concessão de empréstimo, auxílios ou subvenções em desacordo com a lei: art. 1.º, IX.

Contrair empréstimo, emitir apólices em desacordo com a lei: art. 1.º, VIII.

Crimes de responsabilidade: nota 1, art. 1.º.

Defesa preliminar: nota 127, art. 2.º.

Deixar de fornecer certidões: art. 1.º, XV.

Deixar de ordenar a redução do montante da dívida no prazo: art. 1.º, XVI.

Deixar de prestar contas: art. 1.º, VII.

Destinação diversa de recursos provenientes da emissão de títulos: art. 1.º, XXII.

Desvio de rendas ou verbas públicas: art. 1.º, III.

Efeito da condenação: nota 125, art. 1.º, § 2.º.

Efetuação ou ordenação de despesas não autorizadas: art. 1.º, V.

Emprego de recursos de forma ilícita: art. 1.º, IV.

Extinção do mandato do Prefeito: nota 3, art. 1.º.

Juízo comum: nota 126, art. 2.º.

Lei de Licitações (Lei 14.133/2021): nota 2, art. 1.º.

Liquidação integral de operação de crédito por antecipação de receita orçamentária: art. 1.º, XIX.

Negar execução a lei federal, estadual ou municipal: art. 1.º, XIV.

Nomeação, admissão ou designação de servidor de forma ilegal: art. 1.º, XIII.

Número de testemunhas: nota 129, art. 2.º.

Ordenar ou autorizar a abertura de crédito de forma ilegal: art. 1.º, XVII.

Penas mais elevadas: nota 123, art. 1.º, § 1.º.

Penas mínimas: nota 124, art. 1.º, § 1.º.

Realização de operação de crédito com qualquer um dos demais entes da Federação de forma ilegal: art. 1.º, XX.

Realizar ou recebimento de transferência voluntária em desacordo com limite ou condição estabelecida em lei: art. 1.º, XXIII.

Utilização indevida de bens públicos: art. 1.º, II.

## S

## SERVIÇOS DE TELECOMUNICAÇÃO

Ação penal pública incondicionada: nota 11, art. 185.

Conceito de atividade clandestina: art. 184, parágrafo único.

Efeitos da condenação (art. 184):
– A perda, em favor da Agência, ressalvado o direito do lesado ou de terceiros de boa-fé, dos bens empregados na atividade clandestina, sem prejuízo de sua apreensão cautelar (II).
– Tornar certa a obrigação de indenizar o dano causado pelo crime (I).

Crime em espécie:
– Desenvolver clandestinamente atividades de telecomunicação: art. 183.

## SISTEMA FINANCEIRO

Ação penal: nota 232, art. 26.

Assistente de acusação: nota 233, art. 26.

Competência: nota 232, art. 26.

Crimes contra o sistema financeiro nacional:
– Aplicação ilegal de recursos provenientes de financiamento: notas 189 a 196, art. 20.
– Apresentação de crédito ou reclamação falsa em liquidação extrajudicial ou falência de instituição financeira: notas 138 a 145, art. 14, *caput*.
– Apropriação de bem indisponível: notas 133 a 137, art. 13, parágrafo único.
– Apropriação de dinheiro, título, valor e outros bens: notas 53 a 64, art. 5.º.
– Atribuição de falsa identidade para realização de operação de câmbio: notas 197 a 208, art. 21.
– Desvio de bem indisponível: notas 123 a 132, art. 13.
– Divulgação de informação falsa sobre instituição financeira: notas 28 a 36, art. 3.º.
– Efetivação de operação de câmbio ilegal, com o fim de evasão de divisas: notas 209 a 220, art. 22.
– Emissão, oferecimento ou negócio ilegal de títulos ou valores mobiliários: notas 75 a 87, art. 7.º.
– Exigência ilegal de juro, comissão ou outra remuneração sobre operação de crédito ou seguro, entre outros: notas 88 a 94, art. 8.º.
– Fraude à fiscalização ou em relação ao investidor: notas 95 a 99, art. 9.º.
– Gestão fraudulenta: notas 37 a 44, art. 4.º, *caput*.
– Gestão temerária: notas 45 a 52, art. 4.º, parágrafo único.
– Impressão, reprodução, fabricação e colocação em circulação ilegal de documentos em geral representativos de títulos e valores mobiliários: notas 12 a 27, art. 2.º.

- Indução ou mantença em erro de sócio, investidor ou repartição pública em relação a operação ou situação financeira: notas 65 a 74, art. 6.º.
- Inserção de elemento falso ou omissão de elemento em demonstrativos contábeis de instituição financeira e outras: notas 100 a 105, art. 10.
- Manifestação falsa de interventor, liquidante ou administrador judicial: notas 151 a 156, art. 15.
- Mantença ou movimentação de recurso ou valor paralelo à contabilidade oficial: notas 106 a 113, art. 11.
- Obtenção fraudulenta de financiamento: notas 183 a 188, art. 19.
- Omissão quanto à apresentação de informações em geral de sua responsabilidade: notas 114 a 122, art. 12.
- Omissão, retardamento ou prática ilegal de funcionário público quanto a ato de ofício para o funcionamento do sistema financeiro: notas 221 a 228, art. 23.
- Operacionalizar ilegalmente instituição financeira: notas 157 a 164, art. 16.
- Receber empréstimo ou adiantamento ilegal: notas 165 a 181, art. 17.
- Reconhecimento indevido de crédito: notas 146 a 150, art. 14, parágrafo único.
- Violação de sigilo de operação ou serviço de instituição financeira: nota 182, art. 18.

Delação premiada: nota 231, art. 25.

Denúncia genérica: nota 230, art. 25.

Dever de comunicação do crime: nota 235, art. 28.

Dispensabilidade do inquérito policial: nota 236, art. 28.

Fundamento constitucional: nota 1.

Ministério Público, poder de investigação: notas 238 e 239, art. 29.

Multa, critério para elevação: nota 242, art. 33.

Pessoas penalmente responsáveis: nota 229, art. 25.

Prisão preventiva: nota 240, art. 30.

Recurso em liberdade: nota 241, art. 31.

Sistema financeiro nacional, conceito: nota 2.

# T

## TORTURA

Análise das figuras típicas incriminadoras: notas 4 a 39, art. 1.º, I e II, §§ 1.º e 2.º.

Anistia: nota 55, art. 1.º, § 6.º.

Causas de aumento de pena: notas 43 a 50, art. 1.º, § 4.º.

Conceito: nota 1, art. 1.º.

Competência: nota 3, art. 1.º.

Comutação: nota 56, art. 1.º, § 6.º.

Delito qualificado pelo resultado: notas 40 a 42, art. 1.º, § 3.º.

Efeitos da condenação: notas 51 a 53, art. 1.º, § 5.º.

Extraterritorialidade: nota 58, art. 2.º.

Fiança: nota 54, art. 1.º, § 6.º.

Fundamento constitucional: nota 2, art. 1.º.

Graça: nota 55, art. 1.º, § 6.º.

Indulto: nota 55, art. 1.º, § 6.º.

Possibilidade de início da pena em regime fechado: nota 57-A, art. 1.º, § 7.º.

Regime de cumprimento de pena: nota 57, art. 1.º, § 7.º.

## TRÁFICO DE PESSOAS

Alienação antecipada: nota 18, art. 8.º.

Antidiscriminação: nota 7, art. 2.º.

Apreensão e sequestro: nota 17, art. 8.º.

Atenção à vítima: nota 14, art. 6.º.

Auxílio incondicionado: nota 9, art. 2.º.

Comparecimento pessoal: nota 20, art. 8.º.

Conteúdo da comunicação: nota 30, art. 11.

Contradição normativa: nota 34, art. 11.

Convenção das Nações Unidas contra o crime organizado transnacional relativo à prevenção, repressão e punição do tráfico de pessoas, em especial mulheres e crianças: nota 4, art. 1.º.

Crime hediondo e equiparado: nota 35, art. 12.

Delito previsto na Lei 8.069/1990: nota 25, art. 11.

Delitos previstos no Código Penal: nota 24, art. 11.

Dignidade da pessoa humana: nota 5, art. 2.º.

Direitos humanos: nota 6, art. 2.º.

Efeitos da condenação: nota 21, art. 8.º.

Embargos de terceiro e impugnação do indiciado ou réu: nota 19, art. 8.º.

Enfrentamento ao tráfico de pessoas: nota 11, art. 3.º.

Extraterritorialidade: nota 3, art. 1.º.

Medidas preventivas: nota 12, art. 4.º.

Medidas repressivas: nota 13, art. 5.º.

Nova figura típica incriminadora: nota 36, art. 13.

Organização criminosa: nota 22, art. 9.º.

Período de 30 dias: nota 31, art. 11.

Período superior a 60 dias: nota 32, art. 11.

Prazo de 24 horas: nota 27, art. 11.

Proteção integral infantojuvenil: nota 10, art. 2.º.

Requisição de dados e informes cadastrais pelo delegado ou membro do MP: nota 26, art. 11.

Requisição mediante autorização judicial: nota 28, art. 11.

Sinal: nota 29, art. 11.

Sistema de informações: nota 23, art. 10.

Territorialidade: nota 2, art. 1.º.

Transversalidade: nota 8, art. 2.º.

Visto permanente: nota 16, art. 7.º.

## TRÂNSITO

Agravantes: notas 28 a 35, art. 298.

Crimes de trânsito:

– Absorção dos delitos de perigo pelos de dano: nota 6, art. 291.

– Conceito: nota 1.

– Perigo abstrato e perigo concreto: nota 4, art. 291.

Crimes em espécie:

– Condução sem habilitação: notas 82 a 90-B, art. 306.

– Direção em velocidade incompatível: notas 119 a 124, art. 311.

– Direção sem habilitação: notas 107 a 112, art. 309.

– Fuga à responsabilidade penal: notas 77 a 81, art. 305.

– Homicídio culposo: notas 39 a 57, art. 302.

– Inovação artificiosa de local de acidente: notas 125 a 130, art. 312.

– Lesões culposas: notas 58 a 66, art. 303.

– Omissão de socorro: notas 67 a 76, art. 304.

– Participação em competição automobilística não autorizada: notas 99 a 106, art. 308.

– Permissão, confiança ou entrega de veículo a pessoa não habilitada e outras: notas 113 a 118, art. 310.

– Violação da suspensão ou proibição de dirigir: notas 91 a 98, art. 307.

Duração da restrição ao direito de dirigir: notas 15 a 17, art. 293.

Fiscalização: nota 20, art. 295.

Inviabilidade de penas alternativas: nota 131, art. 312-B.

Medida cautelar de suspensão da permissão ou habilitação: notas 18 e 19, art. 294.

Multa reparatória: notas 22 a 27, art. 297.

Prisão em flagrante: nota 38, art. 301.

Suspensão ou proibição para permissão ou habilitação para dirigir veículos: notas 11 a 14, art. 292.

Reincidência: nota 21, art. 296.

# Obras do Autor

*Código de Processo Penal comentado*. 24. ed. Rio de Janeiro: Forense, 2025.

*Código Penal comentado*. 25. ed. Rio de Janeiro: Forense, 2025.

*Curso de Direito Penal*. Parte geral. 9. ed. Rio de Janeiro: Forense, 2025. vol. 1.

*Curso de Direito Penal*. Parte especial. 9. ed. Rio de Janeiro: Forense, 2025. vol. 2.

*Curso de Direito Penal*. Parte especial. 9. ed. Rio de Janeiro: Forense, 2025. vol. 3.

*Curso de Direito Processual Penal*. 22. ed. Rio de Janeiro: Forense, 2025.

*Curso de Execução Penal*. 8. ed. Rio de Janeiro: Forense, 2025.

*Drogas – De acordo com a Lei 11.343/2006*. Rio de Janeiro: Forense, 2025.

*Estatuto da Criança e do Adolescente Comentado*. 6. ed. Rio de Janeiro: Forense, 2025.

*Leis Penais e Processuais Penais Comentadas*. 16. ed. Rio de Janeiro: Forense, 2025. vols. 1 e 2.

*Manual de Direito Penal. Volume Único*. 21. ed. Rio de Janeiro: Forense, 2025.

*Manual de Processo Penal. Volume Único*. 6. ed. Rio de Janeiro: Forense, 2025.

*Código Penal Militar Comentado*. 5. ed. Rio de Janeiro: Forense, 2024.

*Direito Penal. Partes geral e especial*. 9. ed. São Paulo: Método, 2024. Esquemas & Sistemas.

*Prática Forense Penal*. 15. ed. Rio de Janeiro: Forense, 2024.

*Processo Penal e Execução Penal*. 8. ed. São Paulo: Método, 2024. Esquemas & Sistemas.

*Tribunal do Júri*. 10. ed. Rio de Janeiro: Forense, 2024.

*Habeas Corpus*. 4. ed. Rio de Janeiro: Forense, 2022.

*Individualização da pena*. 8. ed. Rio de Janeiro: Forense, 2022.

*Provas no Processo Penal*. 5. ed. Rio de Janeiro: Forense, 2022.

*Prisão, medidas cautelares e liberdade*. 7. ed. Rio de Janeiro: Forense, 2022.

*Tratado de Crimes Sexuais*. Rio de Janeiro: Forense, 2022.

*Código de Processo Penal Militar comentado*. 4. ed. Rio de Janeiro: Forense, 2021.

*Criminologia*. Rio de Janeiro: Forense, 2021.

*Organização Criminosa*. 5. ed. Rio de Janeiro: Forense, 2021.

*Pacote Anticrime Comentado*. 2. ed. Rio de Janeiro: Forense, 2021.

*Execução Penal no Brasil – Estudos e Reflexões.* Rio de Janeiro: Forense, 2019 (coordenação e autoria).

*Instituições de Direito Público e Privado.* Rio de Janeiro: Forense, 2019.

*Manual de Processo Penal e Execução Penal.* 14. ed. Rio de Janeiro: Forense, 2017.

*Direitos Humanos* versus *Segurança Pública.* Rio de Janeiro: Forense, 2016.

*Corrupção e Anticorrupção.* Rio de Janeiro: Forense, 2015.

*Prostituição, Lenocínio e Tráfico de Pessoas.* 2. ed. Rio de Janeiro: Forense, 2015.

*Princípios Constitucionais Penais e Processuais Penais.* 4. ed. Rio de Janeiro: Forense, 2015.

*Crimes contra a Dignidade Sexual.* 5. ed. Rio de Janeiro: Forense, 2015.

*Dicionário Jurídico.* São Paulo: Ed. RT, 2013.

*Código Penal Comentado* – versão compacta. 2. ed. São Paulo: Ed. RT, 2013.

*Tratado Jurisprudencial e Doutrinário.* Direito Penal. 2. ed. São Paulo: Ed. RT, 2012. vols. I e II.

*Tratado Jurisprudencial e Doutrinário.* Direito Processual Penal. São Paulo: Ed. RT, 2012. vols. I e II.

*Doutrinas Essenciais. Direito Processual Penal.* Organizador, em conjunto com Maria Thereza Rocha de Assis Moura. São Paulo: Ed. RT, 2012. vols. I a VI.

*Doutrinas Essenciais. Direito Penal.* Organizador, em conjunto com Alberto Silva Franco. São Paulo: Ed. RT, 2011. vols. I a IX.

*Crimes de Trânsito.* São Paulo: Juarez de Oliveira, 1999.

*Júri* – Princípios Constitucionais. São Paulo: Juarez de Oliveira, 1999.

*O Valor da Confissão como Meio de Prova no Processo Penal. Com comentários à Lei da Tortura.* 2. ed. São Paulo: Ed. RT, 1999.

*Tratado de Direito Penal.* Frederico Marques. Atualizador, em conjunto com outros autores. Campinas: Millenium, 1999. vol. 3.

*Tratado de Direito Penal.* Frederico Marques. Atualizador, em conjunto com outros autores. Campinas: Millenium, 1999. vol. 4.

*Tratado de Direito Penal.* Frederico Marques. Atualizador, em conjunto com outros autores. Campinas: Bookseller, 1997. vol. 1.

*Tratado de Direito Penal.* Frederico Marques. Atualizador, em conjunto com outros autores. Campinas: Bookseller, 1997. vol. 2.

*Roteiro Prático do Júri.* São Paulo: Oliveira Mendes e Del Rey, 1997.